本书由浙大城市学院资助，
为浙大城市学院科研成果

"古希腊罗马哲学原典集成"
编 委 会

古希腊罗马哲学原典集成

主编　王晓朝

柏拉图全集

修订版

上卷

[古希腊] 柏拉图　著　王晓朝　译

人民出版社

"古希腊罗马哲学原典集成"
丛书要目

"古希腊罗马哲学原典集成"
丛 书 总 序

　　古希腊罗马哲学诞生于世界文明发展史上的"轴心时代"。它历时久远，学者众多，流派纷呈，典籍丰盛，诚为世界古代文明之瑰宝。从人类思想史来看，古希腊罗马哲学是整个西方哲学的源头和初始阶段。"在希腊哲学的多种多样的形式中，差不多可以找到以后各种观点的胚胎和萌芽。"（恩格斯语）20 世纪初，古希腊罗马哲学大量传入中国，成为中国现代学术的一个重要研究领域，成为中国现代哲学发展的重要思想资源。改革开放以来，中国的古希腊罗马哲学研究者坚持翻译与研究并重，译介了大量原典，促进了研究的深入，经典诠释和文本解读成为古希腊罗马哲学研究的重要方法。

　　古希腊罗马哲学研究在原杭州大学和四校合并以后的浙江大学有着悠久的历史和光荣的传统。严群先生（1907—1985）是福建侯官人，字孟群，号不党，著名哲学家、哲学史家、翻译家。他是严复先生的侄孙，甚受严复先生钟爱。1935 年他负笈西行，赴美国哥伦比亚大学研究院深造，1938 年转入耶鲁大学研究院古典语文系，学习梵文、希腊文、拉丁文、希伯来文、意大利文等多种语文。1939 年回国以后，他先后在燕京大学、浙江大学、浙江师范学院、杭州大学任教。1983 年担任杭州大学古希腊哲学研究室主任。严群先生学贯中西，经常用中西比较的方法研究哲学。他"平生素抱尽译柏氏（柏拉图）全书之志"，视翻译为沟通中西哲学文化之要途，为中国哲学界开辟古希腊哲学研究贡献良多。

陈村富先生是我国著名的哲学史家、宗教学家。1964 年他于北京大学哲学系西方哲学研究生毕业，1965 年在中国社科院哲学研究所从事外国哲学的翻译和研究工作，1976 年到杭州大学工作，1986 年被破格提拔为教授。历任杭州大学哲学系主任、浙江大学基督教与跨文化研究中心（教育部哲学社会科学创新基地）主任。他主要研究古希腊哲学和基督教的跨文化传播。20 世纪 90 年代初，他在原杭州大学成立了相关研究机构，在中国高校首开宗教文化研究风气之先河。他自始至终参加了哲学界的跨世纪工程《希腊哲学史》多卷本的撰写，为这一重大项目的完工作出重要贡献。他在《希腊哲学史》第四卷中倡导地中海文化圈的研究，有力地推动了中国学术界的跨文化研究。他还出版了《转型期的中国基督教》等重要著作，主编《宗教文化》（1—5 辑）。在他的带领下，一大批青年学者茁壮成长，形成了跨文化研究的浙大特色和浙大学派。2021 年 11 月，陈村富先生受聘为浙大城市学院名誉教授。2022 年 3 月 18 日，浙大城市学院新时代马克思主义宗教学研究院成立。陈村富先生担任研究院名誉院长。

薪火相传，学林重光！一百年前，中国学者吴献书率先翻译古希腊大哲学家柏拉图的原著《理想国》（商务印书馆 1921 年版），是为中国哲学界系统译介古希腊哲学原典之肇始；一百年后，我们研究院隆重推出译丛——"古希腊罗马哲学原典集成"，以此纪念先贤，激励后学，秉承初心，砥砺奋进，完成译介全部古希腊罗马哲学原典的任务，努力开创中国哲学界古希腊罗马哲学研究的新局面，为深入开展文化交流、文明互鉴、构建人类命运共同体贡献力量！

感谢人民出版社的大力支持！感谢责任编辑张伟珍女士付出的辛劳！

王晓朝

2022 年 7 月 1 日

于杭州浙大城市学院教师公寓

目　录 Contents

修订版译者序

白驹过隙，时光荏苒。悄然间，拙译《柏拉图全集》已经出版了 20 年，我私下里把它称做"原版"。到了 2018 年，应发展学术的需要，《柏拉图全集》出了"增订版"，至今也已有 5 年时间。今年，我们将会迎来《柏拉图全集》的第三个版本，我提议出版社把它命名为"修订版"。

2018 年 10 月至 2021 年 6 月，我在中山大学哲学系（珠海）做了三年讲席教授。2021 年 7 月，我前往浙大城市学院任特聘教授。2022 年 3 月 18 日，在学校领导的关心和精心指导下，我和一些同事成立了新时代马克思主义宗教学研究院。建院伊始，我们即隆重推出大型译丛——"古希腊罗马哲学原典集成"，试图以此行动纪念先贤，激励后学，秉承初心，砥砺奋进，完成译介全部古希腊罗马哲学原典的任务，努力开创中国学术界人文研究的新局面。柏拉图的著作是古希腊哲学原典不可或缺的一个重要组成部分，将《柏拉图全集》修订版纳入"古希腊罗马哲学原典集成"是自然而然、顺理成章的事。

《柏拉图全集》修订版以增订版为修订蓝本，主要修订之处是增订版出版以后发现的若干错误。同时进一步加强文字校对，努力发现和改正错误，提高译文质量。

最后，衷心感谢人民出版社领导的大力支持！感谢责任编辑张伟珍女士付出的辛劳！

王晓朝

2024 年元月 1 日

增订版译者前言

拙译中文版《柏拉图全集》自 2003 年开始出版以来,十来个年头匆匆而过。应社会大众的阅读需要,在出版界朋友的帮助下,全集多次重印,而在此期间,译者也在不断地听取和收集各方面的批评意见,并在教学和科研间隙对全集进行修订。最近几年,译者承担的教学和研究工作相对较少,有了对全集进行全面修订的充裕时间,遂有这个全集增订版的问世。

译者除了对原版译文进行逐字逐句的修订外,还做了以下工作:

(1) 原版中各篇对话的提要译自伊迪丝·汉密尔顿所撰写的各篇对话短序。本次修订,所有提要均由译者本人撰写,内中包含译者自身的阅读结果,写出来供读者参考。

(2) 考虑到研究的需要,也考虑到柏拉图的疑伪之作至今尚无最终定论,因此借修订之机,补译柏拉图伪作 16 种。它们是:《阿尔基比亚德上篇》(Alcibiades I)、《阿尔基比亚德下篇》(Alcibiades II)、《希帕库斯篇》(Hipparchus)、《克利托丰篇》(Clitophon)、《塞亚革斯篇》(Theages)、《弥诺斯篇》(Minos)、《德谟多库篇》(Demodocus)、《西绪福斯篇》(Sisyphus)、《厄里西亚篇》(Eryxias)、《阿西俄库篇》(Axiochus)、《情敌篇》(Rival Lovers)、《论公正》(On Justice)、《论美德》(On Virtue)、《神翠鸟》(Halcyon)、《定义集》(Definitions)、《诗句集》(Epigrams)。

(3) 专有名词(人名、地名、族名、神名)有少量改动和增添;哲学概念和术语的译名结合近年来的研究动态有改动,并以注释的方式说明旧译和新译的基本情况。

（4）文中注释有较多修改和增添。所有注释均由译者参照已有各种版本柏拉图著作的注释加以取舍、改写、综合、添加。

（5）柏拉图著作标准页在原版中在页边标注，考虑到中国人的阅读习惯和排版的方便，修订版改为文间标注。

（6）除原版中列举的参考资料外，本次修订着重参考了下列图书：

J. Burnet, Platonis Opera, 5 vols, Oxford, Clarendon Press, 1900—1907.

Plato, Complete Works, ed. By John M. Cooper, Hackett Publishing Company, Indianapolis, Cambridge, 1997.

（7）参考 John M. Cooper 编辑的英文版柏拉图全集中的索引，重编增订版索引，并增加希腊文对照。

近年来，中国高校大力推广人文素质教育，阅读经典著作成为素质教育的重要内容。为适应这种社会需要，译者将修订版的《柏拉图全集》分为十册出版，以解决全集篇幅过大，一般学生和社会读者难以全部购买的问题。待各分册出版完成以后，再视社会需要，出版完整的增订版《柏拉图全集》。现在，全集分册的出版已经完成。新的合集共分三卷，各卷包含的内容是：

上卷：中文版序、译者导言、柏拉图年表、柏拉图谱系表、柏拉图著作篇名缩略语表、申辩篇、克里托篇、斐多篇、卡尔米德篇、拉凯斯篇、吕西斯篇、欧绪弗洛篇、美涅克塞努篇、小希庇亚篇、伊安篇、高尔吉亚篇、普罗泰戈拉篇、美诺篇、欧绪德谟篇、克拉底鲁篇、斐德罗篇、会饮篇。

中卷：国家篇（10 卷）、泰阿泰德篇、巴门尼德篇、智者篇、政治家篇、斐莱布篇、蒂迈欧篇。

下卷：克里底亚篇、法篇（12 卷）、伊庇诺米篇、大希庇亚篇、阿尔基比亚德上篇、阿尔基比亚德下篇、希帕库斯篇、克利托丰篇、塞亚革斯篇、弥诺斯篇、德谟多库篇、西绪福斯篇、厄里西亚篇、阿西俄库篇、情敌篇、论公正、论美德、神翠鸟、定义集、书信、诗句集、总索引。

借《柏拉图全集》增订版出版之机，重复译者在原版"译者导言"中说过的话："译作的完成之日，就是接受批评的开始。敬请读者在发现错误的时候发表批评意见，并与译者取得联系（通信地址：100084 清华大学人文学院哲学系；电子邮件：xiaochao@tsinghua.edu.cn），以便译者在有需要再版时予以修正。"

感谢学界前辈、同行、朋友的教诲、建议和批评！

感谢人民出版社为出版中文版《柏拉图全集》所付出的巨大努力！

感谢中文版《柏拉图全集》出版以来阅读过该书的所有读者！感谢中文版《柏拉图全集》出版以来，对该书做出评价和提出批评意见的所有人！

王晓朝

2017 年 9 月 18 日

中 文 版 序

汪子嵩

　　继苗力田主持翻译的《亚里士多德全集》出版以后，由王晓朝翻译的《柏拉图全集》又将陆续出版，对于我国学习和研究古代希腊思想史，这是值得庆幸的好事。

　　柏拉图的对话是古代希腊留给我们的，最早由哲学家亲自写定的完整的著作。苏格拉底以前的哲学家留下的只是一些残篇，苏格拉底自己没有写过什么著作，他的思想活动，主要只能从柏拉图的对话中才能窥见。在近代，西方曾经有些研究者怀疑柏拉图对话的真伪问题，但现在学者们几乎公认极大多数对话确实出自这位哲学家的手笔。

　　柏拉图的对话无疑是希腊文化留下的瑰宝。它不但为我们展示了一个在西方哲学史上最早的，也是两千多年来影响最大的理性主义的哲学体系；而且在文学史上也是极其优美的杰作，尤其是在他的早中期对话中，既充满了机智幽默的谈话，又穿插了许多动人的神话故事和寓言。他的对话可以与希腊古代的史诗、著名的悲剧和喜剧媲美，是世界上不朽的文学名著。因此不但为学习哲学和文学的人所必读，而且是世界各国许多人所喜读。我国从20世纪20年代起就有人翻译柏拉图对话了，但直到现在，可能还有柏拉图全部著作的将近一半左右篇幅尚未翻译出版，所以这部全集的出版是十分必要的、及时的。

一

关于柏拉图的生平和著作的情况，译者在导言中已经做了必要的介绍，我在这里只想补充谈几点自己的体会。

柏拉图是苏格拉底的学生，他们生活的时代已经是雅典的民主政治从兴盛繁荣走向衰落。一些政治野心家在公民会议上靠着蛊惑人心的演说煽动群众，夺取政权，成为专制独裁者，使人民从主人沦为群氓；雅典终于在伯罗奔尼撒战争中失败了，政治和经济遭受重创，国内道德沦丧。当时活跃在思想界的是一批自命为青年导师的智者，他们虽然提出了"人是万物的尺度"，用以反对旧有的"神是万物的尺度"，突出了人的尊严和地位，起了重要的启蒙和革命的作用；但是他们又将"人"解释为只是个别的个人，我感觉是甜的就是甜的，陷入了主观主义和感觉主义，否认有客观的真理，甚至提出只有维护强者的利益才是正义。正是在这种情况下，苏格拉底挺身而出，以螫刺、惊醒雅典的"牛虻"自居。他经常和智者、青年们讨论什么是正义、什么是勇敢等伦理问题，他们都以某一具体的实例作为回答，苏格拉底挑出其中的矛盾，迫使他们承认自己的无知。这就是苏格拉底使用的辩证法，也是"辩证法"一词的原始含义。柏拉图的早期对话几乎全是这种苏格拉底式的辩证法的具体运用和精彩表述。

原来苏格拉底所要探求的并不是某一特殊的可以称为正义或勇敢的道德行为，而是正义作为正义或勇敢作为勇敢的普遍的本质定义，它不是依某个人或某些人的爱好，也不是因时因地而有所不同；它应该是普遍适用的，在同类事物中只有一个，它是纯粹的，是永恒不变的，是绝对的。这样的正义或勇敢（的本质），是只有理性才能认识，感觉无法认知的。人从感觉产生意见，它是不确定的，甚至是虚幻的；只有从理性才能产生确定的真正的知识，才能认识客观真理。柏拉图发展了苏格拉底的思想，将理性提高到最崇高的位置，可以说他将"人是万物的尺度"又提到"只有人类理性才是认识和评价万物的最高准则"的高度。

柏拉图将每一同类事物的本质定名为"Idea",一般译为"理念"。柏拉图在有些对话中是将它解释为思想中主观的"念"的,但在更多处却说它是理性认识的对象,是客观的存在,所以有人主张译为"型"或"相",本书均译为"相"。对于苏格拉底提出的什么是正义或勇敢的问题,柏拉图认为正确的回答应该是正义有"正义的相",勇敢有"勇敢的相"。他由此创立了被称为"相论"的理性主义的哲学体系,主要见于他的中期对话《斐多篇》和《国家篇》。这在西方哲学史上,是现在能够见到的最早提出的完整的哲学体系。两千多年来,它在西方哲学史上的影响几乎是无与伦比的,对世界哲学的发展也产生了深远的影响。

在柏拉图的相论中出现了两个世界:一个是相的世界,另一个是现实的世界;前者是真实的,后者是变幻的。这样便发生了这两个世界的关系问题:它们是不是相互分离的?这就是说,相的世界是不是也和现实世界一样,是独立自存的?早在柏拉图的学园内部,在他的学生们中间就已经为这个问题发生争论,他的弟子亚里士多德在《形而上学》中便有两处批评柏拉图将"相"和具体事物分离的学说,他认为普遍只能存在于具体事物之中,而不能在具体事物之外独立自存。这个问题是哲学史上著名的所谓分离问题,两千多年来许多哲学家一直围绕这个问题争辩不休。

这个相和具体事物的关系,从本体论说,就是普遍和个别的关系;从认识论说,就是理性认识和感性认识的关系;从政治和伦理生活说,也就是理想和现实的关系。这些都是历代哲学家、思想家永恒讨论的话题。

柏拉图既是哲学家,又是文学家、诗人,同时又是热衷于政治的思想家。他很想将他那套应该根据理性标准建立的政治体制在现实世界中实现,为当时混乱纷争的希腊城邦树立一个样板。为此他三次远赴西西里,希望那里的叙拉古城邦的执政者能够接受他的教导,按照理性治理城邦。结果是一次次都失败了,他只能返回雅典,在他创立的学园中著书立说。他最负盛名的对话《国家篇》大概是他返回雅典之后写成的,比较完整地论述了他的理想的政治制度。他认为一个城邦是由三部分人分工组成的：一部分是统治者，他们必须具有最高的知识，表现人的理性，智慧是他们的美德，由此柏拉图提出了所谓"哲学王"的想法；第二部分是保卫城邦的武士，表现人的激情，他们的美德是勇敢；除此以外的一般公民，表现人的欲望，接受理性的指导和武士的保卫；如果这三部分人都能正确地负起各自的职责，和谐共处，便是节制的美德。一个城邦如果能够达到这样的程度，便是实现了城邦的正义。这样，柏拉图对"正义的相"做了一个具体的说明，使它不再只是一个空洞的名称了。

在当时希腊诸城邦中，柏拉图比较服膺斯巴达。斯巴达在社会政治经济制度方面虽然比较落后，还保留了原始公社的不少残迹，比如没有私有制，财物由全体公民共享（农牧业劳动是由被他们征服的异族奴隶承担的），婴儿也由公社共养等；但是斯巴达崇奉尚武精神，养成精锐善战的军队，在伯罗奔尼撒战争中大获全胜，战败了雅典，夺取了希腊城邦盟主的地位。柏拉图因此设想在他的理想城邦中男女间可以任意相处，生产的婴儿应该共同抚养和教育；没有私有财产，尤其是担任行政职务的统治者更不应该有私人的房屋和土地，他们只能从公民那里得到作为服务报酬的工资，大家一起消费。这就是柏拉图提出的共产、共妻、共子的主张。（他的弟子亚里士多德批评他，说这种主张是违背人的固有天性的。）人们已经从仰望神话中的天国，转变为要开始设计地上人间的乐园了。柏拉图是这种理想主义在西方的最早创始者。

柏拉图的思想是有发展变化的，现在公认他的对话可以分为早期、中期和后期。早期对话主要表现苏格拉底式的辩证法，中期对话建立柏拉图自己的相论，这些是清楚的，是学术界比较一致的看法。但是后期对话的主要特点是什么呢？在学者中就有各种不同的解释，有的说是他原有相论的发展和扩大，但是不少学者指出，在较前的后期对话《巴门尼德篇》的第一部分中，巴门尼德对少年苏格拉底的相论提出了严格的批评，在这些批评论证中有一些和后来亚里士多德对柏拉图相论的批评是一致的。这是不是表示柏拉图已经发现了自己相论中存在问题，因此加以批评？他是要否定原来的相论呢，还是仅仅要作一些修正？

如果我们将他后期对话中的一些论点和中期对话中的论点做比较，确实可以发现它们有许多不同之点。比如：在他的相论中，从感觉得到的意见和由理性得到的知识是绝对对立的，但是在《泰阿泰德篇》中，他却认为由意见也可以产生真的知识。他原来强调只有智慧才能得到真正的善和幸福，感情和欲望只能服从理性知识，但在《斐莱布篇》中，他却论证善是智慧和快乐的结合。在他的相论中，更多注意的是伦理和政治方面的问题，有关抽象的概念和范畴的讨论不多，但在后期对话中，对于抽象的范畴或"种"，如"ON"（英文 Being，一般译为"存在"，有人主张译为"是"）、"一"、"动"和"静"、"同"和"异"等，几乎经常成为思辨讨论的重要题目。又如在他的相论中，主要讨论的几乎都是涉及人和社会方面的问题，对于早期希腊哲学集中讨论的关于万物的本原即自然哲学的问题很少提到，但在后期对话《蒂迈欧篇》中，他却提出了一个完整的宇宙论体系，由创世者（Demiurgos）创造宇宙的学说。它在历史上起了很大作用，被早期基督教哲学家奉为理论基础。在政治思想上，柏拉图在理想国中提出哲学王，主张贤人政制（aristocracy 这个字，希腊文是指由出身好的人担任统治，这个"出身好"既可以理解为出身于高贵的家族，便可以译为贵族政制，柏拉图便被说成是一个"反动的奴隶主贵族的哲学家"；但也可以理解为赋有好的品格，便可以译为贤人或好人政制；统观全文，柏拉图显然是在后一意义上使用这个词的），他主张实行人治。但在实践中一再失败以后，他大概认识到这样的贤人是可想而不可得的，在后期对话《政治家篇》中表现出从人治转向法治的思想，到他最后也是最长的对话《法篇》中，他批评斯巴达只崇尚武力和战争，不知道城邦最好的状态是和平；认为不能给统治者以过分强大的权力，必须对他们进行监督和限制，因此城邦必须制定详尽的法律。《法篇》为理想城邦的政治、经济、社会、文化各个方面规定了法律条款，成为后来罗马法的蓝本。柏拉图的政治思想已经从人治转为法治。

　　柏拉图的后期对话不仅在内容上和他的早、中期对话有很大不同，而且在写作的文字形式上也发生了很大的变化。在早、中期著作中，对话形式非常明显，一问一答均简明扼要，生动活泼，富有文学色彩；而在后期著作中却常常从简短的对话变成冗长的独白，如《蒂迈欧篇》便通篇由主要发言人蒂迈欧长篇大论地申述他的宇宙论学说，是一篇具有深刻思辨的却又有点枯燥乏味的哲学论文，失去了对话的文学意味，《法篇》也有类似的情况。再有，便是苏格拉底在对话中的地位也有了明显的改变。在早、中期对话中，苏格拉底是其中的主角，领导主宰谈话的进程；但在后期著作中，他的地位改变了：在《巴门尼德篇》中，少年苏格拉底是被爱利亚学派的老哲学家巴门尼德批判的对象；在《智者篇》和《政治家篇》中，主宰对话的是一位由爱利亚来的客人，少年苏格拉底成为被追寻的对象；在《蒂迈欧篇》中，苏格拉底仅在开始时作为主持人出现，指定蒂迈欧发言，接着便全部由蒂迈欧讲述；到最后的《法篇》中，在对话者的名单中便根本见不到苏格拉底的名字了。从这个对话名单中，我们可以设想柏拉图的哲学兴趣似乎已经从以继承和发展苏格拉底的思想为主，转向爱利亚学派的思想了。

　　我国过去对柏拉图哲学的翻译、介绍和研究，一直集中于他的早、中期对话，尤其是被称为"理想国"的《国家篇》；对他的后期对话中的思想，很少被提及和重视。但是他的后期思想在古代希腊思想的发展史上，以至在整个西方思想的发展史上都起过重要的作用，因此我在这里多讲了一些，希望能够引起研究柏拉图的学者的兴趣和重视。虽然这些后期对话的译文在全集第一卷中是看不到的，要在以后几卷中才能读到。

二

　　在我国，将柏拉图的对话译为中文还是开始得比较早的，20 世纪二三十年代就有吴献书先生译的《理想国》（即《国家篇》），郭斌和、景昌极先生译的《柏拉图五大对话集》，张师竹先生初译、张东荪先生改译的《柏拉图对话集六种》相继出版。他们译的都是柏拉图的早、中期对话，并且都是用文言文翻译的。其中除郭斌和先生用希腊文译校外，其余均根据英译文转译，主要是 Jowett 的译本和娄卜丛书的希、英文对照的《柏拉图文集》中的英译文。

我国近代翻译界先驱严复先生的后裔严群先生精通希腊文，是本书译者王晓朝的尊师。他早在 20 世纪 40 年代便已译有柏拉图对话多种，解放后一再修改润色，于 1963 年出版后期对话《泰阿泰德》和《智术之师》（即《智者篇》），1983 年出版早期对话三种，1985 年严先生去世后，经学生整理，于 1993 年又出版对话三种，其中包括后期对话《费雷泊士》（即《斐莱布篇》）。严先生的译文也使用严复的文言文体。译文以希腊原文为基准，根据娄卜丛书的《柏拉图文集》，参考公认的权威英译本。

我国的哲学翻译工作在 20 世纪 50 年代有很大的发展。1957 年以后陆续出版的由北京大学哲学系外国哲学史教研室编译的一套"西方古典哲学原著选辑"完全用白话文翻译，在《古希腊罗马哲学》中，将柏拉图对话中的许多重要论点分别做了摘译，译者是任华先生，主要根据的也是娄卜丛书本。

1986 年郭斌和先生和他的学生张竹明先生用白话文翻译《理想国》全文出版，他们根据的是娄卜丛书本和牛津版 Jowett & Campbell 的希腊原文，并参考了多种英译文。

1963 年出版了朱光潜先生翻译的《柏拉图文艺对话集》，他将柏拉图前后期七篇对话中有关文学艺术的论述全文或部分地译出。2000 年又出版了杨绛先生翻译的《斐多》。这两位文学大师虽然是根据英、法译文转译的，但他们的中译文当然是非常精美的，表现了柏拉图著作的文学风采。

此外还应当指出，1995 年由苗力田主编，作为高等学校文科教材的《古希腊哲学》选译本中，对柏拉图的中、后期的重要对话中的重要内容，都做了选译，这部分负责编译者是余纪元，他根据的主要是娄卜丛书的希腊原文。

从以上并不完备的介绍中，可以看到柏拉图对话的中文翻译虽然至今还不够完全，但是不断有所前进：译文从文言转为白话，向更有规范的现代汉语发展；翻译从英、德、法文转译趋向根据希腊原文；翻译的范围也从早、中期对话扩大到后期对话。这些变化为现在翻译全集开辟了途径。

在以上介绍前辈学者的译著中，我没有提到 1943 年出版的陈康先生译注的《柏拉图巴曼尼得斯篇》，因为我认为陈先生这部著作并不是一般的翻译作品，应该说它是用中文写出的、对柏拉图《巴门尼德篇》做出创造性阐释的研究性专著。柏拉图的这篇对话，两千多年来被学术界认为是一个最大的谜。它分为两个部分：第一部分是老年哲学家巴门尼德批评少年苏格拉底的相论，第二部分是巴门尼德引导少年苏格拉底进行思想训练，提出八组假设的逻辑推论，得出不同的结果。从古至今学者们一直在争辩：被批评的少年苏格拉底的相论是不是柏拉图自己的相论？第二部分的八组逻辑推论是什么意思？它和第一部分又有什么联系？许多学者做出各种猜想，都没有能解开这个谜。当代哲学史家 W.K.C. 格思里在他著名的《希腊哲学史》第四、五卷中对柏拉图的每篇对话都做了详细的论述，但他认为要理解《巴门尼德篇》的目的，实在是很困难的，因此对它的第二部分只写了短短三页，没有做认真的解释。王晓朝翻译这部全集主要参考用的英译本《柏拉图对话全集》的编者 E. 汉密尔顿为《巴门尼德篇》写的提要中也说：这篇对话给读者带来极大的困难，它那些不断在字面上变动的论证实在令人难以理解，例如他说的"'一'在时间中变得比自己年老些时，也就比它自己年轻些"等等。对于这篇几乎令所有学者感到困惑的对话，陈先生提出了他自己的解释。

陈先生认为了解这篇对话的关键就是所谓分离问题，哲学史一般都认为在柏拉图的相论中，相和具体事物是相互分离的。1940 年陈先生在德国柏林大学博士论文《亚里士多德论分离问题》中对此做了深入的研究，他将柏拉图和亚里士多德著作中所有关于分离的论述全部集中整理、分类研究，发现分离问题的实质是自足，像两个具体事物甲和乙可以彼此分开，在空间中独立自存，才是所说的分离。而柏拉图的相乃是事物追求的目的，它和事物只在尊荣和价值上有高低程度的不同，彼此间有距离，而不是空间上的分离。陈先生以这个观点分析《巴门尼德篇》中少年苏格拉底的相论，认为少年苏格拉底是明确主张相和具体事物之间是互相分离的，他将相看成和具体事物一样，也是在空间中独立自存的，这就是将抽象的相也物体化了，因此无法说明相和具体事物的联系和结合，他的相论只能被巴门尼德驳倒。陈先生认为少年苏格拉底的相论并不是柏拉图自己的相论，它们是有根本区别的。他还专文考证少年苏格拉底的相论大约是当时柏拉图学园中某些人提出的主张。

这样，问题便集中到分离和结合的关系上：相和具体事物是分离还是结合的？在什么情况下它们相互分离，什么情况下可以结合？《巴门尼德篇》的第二部分中的思想训练，便是以八组虚拟的逻辑推论形式研究这个问题。它是从第一部分中引申出来的，所以这两个部分有密切联系，由它们组成的这篇对话成为一个统一的整体。但是在这八组推论中，柏拉图首先提出的却不是相和个别事物的结合和分离，而是抽象的相和相之间的结合和分离问题。因为在柏拉图原来的相论中，每一类事物的同名的相如"人的相"和"大的相"，也是彼此独立的，柏拉图并没有专门讨论它们之间的关系。不过在《巴门尼德篇》中，柏拉图将同一类事物的普遍的相改为最普遍的范畴，如"是（Being）"、"一"、整体和部分、动和静、同和异、大和小等等，讨论它们之间的结合和分离问题。他先选择两个最普遍的范畴——"一"和"是"作为虚拟推论的前提。第一组推论的前提是：如果一和是不结合，只是孤立的一，那么它便不能和许多对立的范畴如整体和部分、动和静等等相结合，它便什么都不是，甚至也不是一自己。第二组推论的前提与之相反：如果一和是互相结合，那么它便可以和许多对立的范畴相结合，甚至它既是知识，又是感觉，又是意见。以后的推论实际上说明了：具体事物就是这些普遍范畴的集合体。这些结论都是经过复杂的逻辑推论才得出的，上述汉密尔顿提出的年龄问题，便是第二组推论中的第 13 个推论。柏拉图以相当复杂的逻辑步骤论证：一和是相结合，便也可以和"年老些"与"年少些"这对相反的范畴相结合。（152A—155C）陈先生不但为这个推论中的每一逻辑判断做了详细的注释，而且还写了一篇专文《柏拉图年龄论研究》（载《陈康论希腊哲学》）。

陈先生对《巴门尼德篇》所做的解释，在柏拉图其他后期对话中可以得到佐证。其一是在《智者篇》中的"通种论"。柏拉图选取了在《巴门尼德篇》中出现过的三对对立的范畴（他称为"种"）：是和不是、动和静、同和异（这些都是在其他后期对话中也经常提到，作为重要讨论对象的），用详细的逻辑论证，证明它们是彼此相通，即可以互相结合的。在《巴门尼德篇》中，这种结合还只是虚拟的可能性，到《智者篇》中，"通种论"已经变为正面的证明了。其二是在《斐莱布篇》中，柏拉图将"划分"和"结合"的方法提高到"辩证法"的高度。在柏拉图的对话中，关于辩证法有三种不同的说法：在早期对话中，他说的辩证法就是这个字的最初词义，即苏格拉底的对话问答法。在中期对话《国家篇》中，他认为辩证法是高于其他一切学科的学问，它能认知"相"以至最高的"善"，相当于后来亚里士多德所说的"第一哲学"，不过他不称为哲学而称为辩证法。但对于这门学问的具体内容，他没有做深入的探讨。到后期对话《智者篇》和《政治家篇》中，爱利亚的来客要少年苏格拉底为智者和政治家下定义，定义的方法叫二分法，即将事物不断划分（分析），如《智者篇》中将事物分为生物和无生物，生物又分为动物和植物，动物又分为两足的和四足的；将这些分析的结果综合起来，"两足的动物"便是"人"的定义。在《政治家篇》中对此加以纠正，说只有在合适的点（即"种"）上划分，才能得出正确的结果。如果只将动物分为两足的和四足的，并不能显示人的特征，反而将鸟和人分到同一类去了；必须将两足动物再分为有翼的和无翼的，只有"无翼的两足动物"才是人的定义。（这就是人类最初认识的科学分类法，后来亚里士多德经常举这个例子。）作为政治家，他具有的知识应当和工人、农民、医生的实践知识不同，是理论性的；但他的理论知识又不是评论性的，而是指导性的；政治家是统治人的，但统治又可以分为"依靠暴力"和"根据自愿"两种，依靠暴力统治的是暴君，只有根据公民自愿统治的才是真正的政治家。柏拉图认为只有这样，既从相似事物中分析它们的差别，又能综合把握它们的共同性，即既能从一中看到多，又能从多中把握一，能够将一和多统一起来的，才是"真正的辩证法，它能够使人更好地通过理性发现真理"。(287A)[①]

柏拉图在后期对话中所说的这第三种辩证法，实际上就是分析与综合的辩证法，也就是寻求一和多的辩证关系的方法，是哲学研究的重要方法。自从柏拉图提出以后，首先为亚里士多德所接受，成为他进行哲学研究的重要方法。

古希腊爱利亚学派的巴门尼德首创"Being"（希腊文"ON"）的一元论，提出"是"和"不是"是辨别命题的真和假的标准。柏拉图在早、中期对话中对此没有专门重视，直到后期对话《巴门尼德篇》开始，将"Being"和"一"作为最普遍的范畴，讨论它们和其他普遍范畴的分离和结合的问题；在其他后期对话中更不断深入讨论普遍范畴间的分析和综合的问题，认为这是最高的哲学——辩证法。柏拉图的后期思想对亚里士多德哲学的形成和发展起了很大的影响作用。亚里士多德专门研究"Being"的问题，提出研究最普遍最纯粹的"Being as Being"（希腊文"to on hei on"）即是"第一哲学"的任务，从而在西方哲学史上开创了"Ontology"（一般译为"本体论"，现在也有人主张译为"存在论"或"是论"）。他的主要研究方法就是对"Being"做了各种分析和综合，比如将它分析为本体（实体）及其属性——性质、数量、关系等十个范畴，分析为形式与质料、本质与偶性、潜能与现实等等，然后又将它们综合起来，研究它们相互之间的关系。不过柏拉图的分析与综合和亚里士多德的分析与综合有一点重要的区别：柏拉图对它们主要是做抽象的

---

① 参见汪子嵩：《柏拉图谈辩证法》，载纪念贺麟先生的生平与学术的《会通集》，三联书店 1993 年版。

逻辑推理，亚里士多德却特别重视根据经验事实对它们做推理论证。柏拉图在《巴门尼德篇》第二部分所做的抽象范畴间的逻辑推理，可以说是后来黑格尔的《逻辑学》的先河；而亚里士多德的本体论学说，可以说是为当时哲学和科学的研究提供了科学的方法论。

当我们仔细阅读柏拉图和亚里士多德的著作时，可以发现亚里士多德的思想，无论是形而上学、自然哲学、逻辑学以至伦理学和政治学，都深受柏拉图后期对话的思想影响，其中有些是对柏拉图思想的继承和发展，有些则是批评和修正。这是符合历史事实的，因为当代西方学者们的研究已经证明：当青年亚里士多德到雅典进柏拉图学园学习时，进入老年的柏拉图已经开始撰写他的后期对话了。因此我们必须研究柏拉图的后期对话，才能理解从柏拉图哲学向亚里士多德哲学的发展过程，才能厘清从巴门尼德开始的，经过柏拉图到亚里士多德思想的发展线索，才能说明西方哲学中本体论的开创和形成。

陈康先生一贯认为：学术研究的内容是会变动的，随着新资料的发现或观点的发展，研究的结论先后会有所不同。他认为重要的乃是研究的方法。他将他的研究方法概述为："每一结论，无论肯定与否定，皆从论证推来。论证皆循步骤，不作跳跃式的进行。分析务必求其精详，以免混淆和遗漏。无论分析、推论或下结论，皆以其对象为依归，各有它的客观基础，不作广泛空洞的断语，更避免玄虚到使人不能捉摸其意义的冥想，来'饰智惊愚'。研究前人思想时，一切皆以此人著作为根据，不以其与事理或有不符，加以曲解（不混逻辑与历史为一谈）。研究问题时，皆以事物的实况为准，不顾及任何被认为圣经贤训。总之，人我不混，物我分清。一切皆取决于研究的对象，不自作聪明，随意论断。"①60年前，陈先生将当时欧洲大陆流行的这种严格的学术研究方法介绍进中国，他用这种方法研究译注了这部柏拉图的《巴门尼德篇》。

---

① 《陈康哲学论文集》"作者自序"，台湾联经出版事业股份有限公司1985年版。

王晓朝告诉我：在翻译这部《柏拉图全集》以后，他们几位年轻的学者还将对柏拉图的对话，分篇进行研究注释。我想，这将是大大推动我国希腊哲学史研究的好事。翻译和研究本来是相辅相成，相互促进的。翻译必须先对原著的逻辑有所研究和理解，所以是以研究为基础；研究既然用中文写出，也就必须对原著有所翻译。现代西方学术界对于研究古典著作又提出了新的研究方法，如分析法、解释法等。现在中西方学术交流日益频繁，我国的年轻学者们既可直接接受西方的学术训练，又经常参加国际学术活动，当然可能以新的研究方法创造出新的研究成果，既参考借鉴前辈学者的经验，又超过前辈学者的成就。

*　　　　　*　　　　　*

从 20 世纪 70 年代我们开始编写《希腊哲学史》起，王晓朝就参加了我们的工作，并为该书第一卷编写"译名对照表"。他在原杭州大学攻读硕士学位期间，便已从严群先生修习古希腊文；后来在英国攻读博士学位期间，又专攻古希腊文两年。他的希腊文根底，应该说是比较着实的，但他还谦虚地说："译者至今仍未能达到抛开辞典和各种已有西文译本，仅依据希腊原文进行翻译的水准。"他以娄卜丛书《柏拉图文集》的希腊原文为基准，参考了学术界公认的权威英译本。这种态度是实事求是的。我只读了其中之一短篇对话，对他的译文不能妄加评说。好在译者以极为诚挚的态度，欢迎读者的批评。我认为要使我国的学术研究繁荣起来，学术批评是必不可少的。不过学术评论必须建立在正确的态度上，应该是经过读书研究，采取平等的切磋讨论的方式；而不应该是盛气凌人、毫无根据地扣大帽子的"大批判"的方式。

译者导言[*]

　　柏拉图（公元前 427 年—前 347 年）是古希腊最有代表性的大思想家、大哲学家、大文学家、大教育家。他的思想与著作（主要是对话）对西方哲学理念与整个文化的发展发挥过重要作用，有着极其深远的影响，把他在西方思想史和文化史上的地位比做中华文化传统中的孔子丝毫也不过分。

　　希腊文化是西方文化的两大源头（古希伯来与古希腊）之一，是古希腊人留给全人类的一笔巨大的精神遗产，而柏拉图对话就是希腊文化宝库中最有代表性的宝藏。柏拉图对话不仅属于西方人，而且也属于全人类。

　　翻译柏拉图对话不需要花很多篇幅去说明理由。但是，为了帮助广大读者阅读和使用这部中译《柏拉图全集》，译者有义务提供相关背景材料。

一、柏拉图生平概述

　　柏拉图的思想影响很大，但记载他的生平的史料不多。人们介绍他的生平主要依据第欧根尼·拉尔修的《著名哲学家的生平和学说》和柏拉图自传性的《第七封信》。《著名哲学家的生平和学说》的作者第欧根尼·拉尔修是公元 1 世纪的传记作家。他记载了众多希腊哲学家的思想和生平，全书共十

---

　　* 本文撰写时借鉴了范明生先生的《柏拉图哲学述评》和汪子嵩先生等撰写的《希腊哲学史》中的相关部分，特致谢意。

卷，其中第三卷全部用于记载柏拉图，共 109 节。柏拉图的《第七封信》是柏拉图传世书信（共 13 封）中最长的一封，大多数学者承认这封信是柏拉图真作，把它当做可靠的史料进行研究和引证。

柏拉图（Plato）于公元前 427 年 5 月 7 日出生在雅典附近的伊齐那岛。他的父亲阿里斯通（Ariston）和母亲珀里克提俄涅（Perictione）都出自名门望族。父亲的谱系可以上溯到雅典最后一位君王科德鲁斯（Codrus）。母亲出自梭伦（Solon）家族。柏拉图属于梭伦的第六代后裔。

柏拉图原名阿里斯托克勒（Aristocles）。据说，他的体育老师见他体魄强健，前额宽阔，就把他叫做柏拉图，而在希腊文中"plato"的意思就是宽广。柏拉图有两个哥哥阿得曼图（Adeimantus）和格老孔（Glaucon），在柏拉图对话中常有出现。柏拉图还有一个姐姐名叫波托妮（Potone），她是后来柏拉图学园的继承人斯彪西波（Speusippus）的母亲。柏拉图的父亲去世后，他的母亲改嫁给她的堂叔皮里兰佩（Pyrilampes），生子安提丰（Antiphon）。皮里兰佩和雅典民主派领袖伯里克利（Pericles）关系密切，柏拉图在《卡尔米德篇》中以颂扬的口吻提到过他的这位继父。

柏拉图出生的那年伯罗奔尼撒战争已经进行到第四个年头。柏拉图从小在继父家度过，受到良好的教育。他在青年时期热衷于文艺创作，写过赞美酒神的颂诗和其他抒情诗，富有文学才能。大约 20 岁时，柏拉图追随哲学家苏格拉底（Socrates），直到苏格拉底被雅典当局处死为止，前后约有七八年时间。在此期间，雅典发生了一系列重大事件：伯罗奔尼撒战争以雅典失败而告终；"三十僭主"推翻民主政制，但因施行暴政而在八个月后又被群众推翻；雅典恢复民主政治，但它又以莫须有的罪名处死了苏格拉底。苏格拉底之死给柏拉图留下了终身难以忘怀的印象，也改变了他一生的志向。从他 70 岁高龄时撰写的自传式的《第七封信》中可以看出，他在青年时期热衷于政治，希望能参加政治事务，公正地治理城邦，但是实际经验告诉他，包括雅典在内的所有城邦都不能做到这一点。最后，他认为只有在正确的哲学指导下才能分辨正义和非正义，只有当哲学家成为统治者，或者当政治家成为真正的哲学家时，城邦治理才能是真正公正的。这就是他在《国家篇》①中提出的一个重要思想，即所谓的"哲学王"，让哲学家治理国家，或让统治者成为哲学家。

柏拉图主要是哲学家，但也可以说他是一位政治家——一位政治思想家。柏拉图青年时产生的政治志向实际上贯穿他一生，他后来三次西西里之行就是为了实现他的政治理想。在他的对话中有不少地方讨论政治问题，集中讨论政治问题的除了《国家篇》以外，还有《政治家篇》和《克里底亚篇》。《克里底亚篇》是柏拉图的最后一篇对话，虽然只写了一个开头，但柏拉图在其中提出一个理想的"大西洋岛"，成为后来西方思想家们的乌托邦的原型，英国近代哲学家培根就写过一本《新大西洋岛》。

苏格拉底去世以后，柏拉图遵从老师的教导外出游历。他于公元前399年离开雅典，先后到过麦加拉、埃及、居勒尼、南意大利和西西里等地，到公元前387年才返回雅典。他在游历中考察了各地的政治、法律、宗教等制度，研究了数学、天文、力学、音乐等理论和各种哲学学派的学说。在这样广博的知识基础上，柏拉图逐步形成了他自己的学说，以及对改革社会制度的见解。他回到雅典以后便建立学园，全面制定他自己的哲学体系，进一步传播他的学说，培养人才，期望实现他的理想。

公元前387年，柏拉图在朋友的资助下在雅典城外西北角的阿卡德摩（Academus）建立学园。此地原为阿提卡英雄阿卡德摩的墓地，设有花园和运动场。这是欧洲历史上第一所综合性传授知识、进行学术研究、提供政治咨询、培养学者和政治人才的学校。柏拉图的学园建校后园址长期未变，直到公元前86年罗马统帅苏拉围攻雅典时才被迫迁入城内，以后一直存在到公元529年被东罗马皇帝查士丁尼下令关闭为止，前后持续存在达九百年之久。以后西方各国的主要学术研究院都沿袭它的名称叫"Academy"。

学园的创立是柏拉图一生最重要的功绩。当时希腊世界大批最有才华

① 《国家篇》在过去译为《理想国》，就其希腊原名"Politeia"而言，没有"理想"的意思。但就其内容来说，柏拉图确实在书中阐述了一个理想的国家，它是柏拉图的"理想国"。

的青年受它的吸引，来到这里。他们聚集在柏拉图周围从事科学研究和学术讨论，为后来西方各门自然科学和社会科学的发展提供了许多原创性的思想。柏拉图的后半生除了短期去过西西里以外都在这里度过，他的著作大多数在这里写成。可以说，柏拉图的学园在西方开创了学术自由的传统，是希腊世界最重要的思想库和人才库。还应该提到的是，柏拉图建立的学园“Academy”和后来西方各国沿袭这个名称的各种纯学术研究团体也有不同，柏拉图学园的目的之一就是要为城邦培养治理人才，与当时许多城邦有政治联系。虽然柏拉图在实践中经过多次碰壁以后，他的政治理想也有所降低了，但他想按照哲学的正义原则治理城邦的思想却并没有放弃。他的一生虽然以主要的精力从事哲学研究，越来越少参加政治实践，但期望以他的思想影响城邦统治者，俨然以“帝王师”自居，这一点倒是和中国儒家的传统相近的。

为了能够实践自己的政治理想，柏拉图曾三次赴西西里岛与叙拉古统治者狄奥尼修一世（Dionysus）打交道，希望说服后者制定新政，用最好的法律来治理这个国家，但最后还是遭到失败。从此以后，柏拉图放弃了参与政治实践，将全部精力用于办好学园。

公元前 347 年，柏拉图在参加一次婚礼宴会时无疾而终，享年 80 岁，葬于他耗费了半生才华的学园。柏拉图晚年在希腊世界享有崇高的声誉，他当时在人们心目中的形象可用他的学生亚里士多德的悼词来佐证：

岿岿盛德，莫之能名。
光风霁月，涵育贞明。
有诵其文，有瞻其行。
乐此盛世，善以缮生。①

① 罗泽编：《亚里士多德残篇》第 623 页，中译文引自吴寿彭《亚里士多德传》，《哲学史论丛》，吉林人民出版社 1980 年版，第 434 页。诗中大意是说，柏拉图的崇高与伟大难以用言语来颂扬，他的文章和道德都已经达到最高境界，现在再也没有一个人能够达到他这样高的成就了，他是仁慈的、幸福的。

二、柏拉图著作的真伪及次序

柏拉图的大部分著作都是对话。在希腊历史上，这种体裁虽然不是他第一个使用，但"柏拉图使这种写作形式得到完善，所以应该把发明对话并使之富有文采的功劳归于他"。[①] 柏拉图的对话不仅是哲学著作，而且也是文学作品，和著名的希腊史诗和戏剧一样，有着非常优美的文采，又有极其感人的魅力。"在柏拉图手里，对话体运用得特别灵活，不从抽象概念而从具体事例出发，生动鲜明，以浅喻深，由近及远，去伪存真，层层深入，使人不但看到思想的最后成就或结论，而且看到活的思想的辩证发展过程。柏拉图树立了这种对话体的典范，后来许多思想家都采用过这种形式，但是至今没有人能赶上他。柏拉图的对话是希腊文学中的一个卓越的贡献。"[②]

柏拉图对话所涉及的内容极为广泛，哲学、伦理、自然科学问题、政治、教育、语言、艺术，等等，几乎无所不谈。他以前的所有希腊哲学家的名字和某些重要学说都在对话中出现，唯有德谟克利特除外。他以前的希腊重要诗人、戏剧家的名字也多数出现在对话中。所以我们可以说柏拉图的对话是希腊文化的一部百科全书。通过阅读柏拉图对话，我们可以了解希腊民族的精神世界，从中得到精神的享受和文化的熏陶。

柏拉图对话的真伪，是两千多年来一直有争议的问题，我们在此做详细介绍。第欧根尼·拉尔修在《著名哲学家的生平和学说》第三卷中用了15节（第48—62节）的篇幅介绍柏拉图著作，其中比较重要的内容有：

第一，早在公元前3世纪时，拜占庭的学问渊博的亚历山大图书馆馆长阿里斯托芬（约公元前257年—前180年，和著名喜剧作家阿里斯托芬同名）曾将柏拉图的对话按三篇一组的次序，分成以下各组，第一组：《国家篇》、

---

① 第欧根尼·拉尔修：《著名哲学家的生平和学说》第3卷，第48节。
② 朱光潜：《柏拉图文艺对话集》译后记，第335页。

《蒂迈欧篇》、《克里底亚篇》；第二组：《智者篇》、《政治家篇》、《克拉底鲁篇》；第三组：《法篇》、《弥努斯篇》、《厄庇诺米篇》；第四组：《泰阿泰德篇》、《欧绪弗洛篇》、《申辩篇》；第五组：《克里托篇》、《斐多篇》、《书信》。其他对话则作为独立著作，没有规定次序。①

第二，公元 1 世纪时亚历山大里亚的塞拉绪罗（死于公元 36 年）说柏拉图的著作真的有 56 种，他将《国家篇》的十卷算成十种，12 卷的《法篇》算成 12 种，实际上只有 36 种。塞拉绪罗给每一种加上两个标题，一个是谈话人的名字，另一个是讨论的主题，还说明这对话是属于什么性质的。他按四篇一组（tetralogy）把全部对话分为九组，第一组：《欧绪弗洛篇》，或论虔敬，试验的，《苏格拉底的申辩》，伦理的，《克里托篇》，或论责任，伦理的，《斐多篇》，或论灵魂，伦理的；第二组：《克拉底鲁篇》，或论正名，逻辑的，《泰阿泰德篇》，或论知识，试验的，《智者篇》，或论存在，逻辑的，《政治家篇》，或论君王，逻辑的；第三组：《巴门尼德篇》，或论"相"，逻辑的，《斐莱布篇》，或论快乐，伦理的，《会饮篇》，或论善，伦理的，《斐德罗篇》，或论爱，伦理的；第四组：《阿尔基比亚德上篇》，或论人性，助产术的，《阿尔基比亚德下篇》，或论祈祷，助产术的，《希帕库篇》，或爱好获得者，伦理的，《竞争者篇》，或论哲学，伦理的；第五组：《塞革亚篇》，或论哲学，助产术的，《卡尔米德篇》，或论自制，试验的，《拉凯斯篇》，或论勇敢，助产术的，《吕西斯篇》，或论友爱，助产术的；第六组：《欧绪德谟篇》，或论诡辩，反驳的，《普罗泰戈拉篇》，或论智者，批判的，《高尔吉亚篇》，或论修辞，反驳的，《美诺篇》，或论美德，试验的；第七组：《大希庇亚篇》，或论美，反驳的，《小希庇亚篇》，或论虚假，反驳的，《伊安篇》，或论《伊利昂纪》，试验的，《美涅克塞努篇》，或葬礼演说，伦理的；第八组：《克利托芬篇》，或异论，伦理的，《国家篇》，或论正义，政治的，《蒂迈欧篇》，或论自然，物理的，《克里底亚篇》，或大西洋岛故事，伦理的；第九组：《弥

---

① 参见第欧根尼·拉尔修：《著名哲学家的生平和学说》第 3 卷，第 61—62 节。

努斯篇》，或论法，政治的，《法篇》，或论立法，政治的，《厄庇诺米篇》，或夜间议会或哲学家，政治的，《书信》，13 封信，伦理的。①

第三，第欧根尼·拉尔修指出：以下十篇托名柏拉图的对话，已被认为是伪作。它们是：《弥冬篇》（Midon）或《养马人篇》；《厄律克西亚篇》（Eryxias）或《厄拉西斯特拉图篇》；《阿尔孔篇》（Alcyon）或《西绪福篇》（Sisyphus）；《阿克西俄库篇》（Axiochus）；《弗阿克人篇》（Phaeacians）；《德谟多库篇》（Demodocus）；《凯利冬篇》（Chelidon）；《第七天篇》或《赫伯多米篇》（Hepdomic）；《厄庇美尼德篇》（Epimenides）。② 这些被认定是伪作的对话有些已经失传。

公元 5 世纪的柏拉图学园也发生了对柏拉图著作真伪问题的争论。当时著名的新柏拉图主义代表人物之一普洛克罗（Proclus，公元 410 年—485 年）不仅认为《厄庇诺米篇》和《书信》是伪作，甚至认为最重要的《国家篇》也是伪作。

近代西方学术界疑古成风，19 世纪有许多哲学史家对柏拉图的著作真伪提出质疑。当时的学者把柏拉图的思想看成是前后一贯的、严格的哲学体系，认为《国家篇》的思想是这个体系的总结和顶峰。按照这种想法，他们把那些和《国家篇》思想有明显不一致的对话当做伪作，并以此安排柏拉图对话的先后次序。比如著名的哲学史家文德尔班在 1892 年出版的《哲学史教程》中认为："在可疑作品中最重要的是《智者篇》、《政治家篇》和《巴门尼德篇》。这些作品也许不是柏拉图创作的，很可能是他的学派中和爱利亚学派的辩证法和论辩术有密切关系的人们写成的。"③ 哲学史家宇伯威格总结说："如果我们把古代和近代的批评加在一起，那么塞拉绪罗提出的四种一组的 36 种著作中，只有五种从来没有遭到过怀疑。"④

---

① 参见第欧根尼·拉尔修：《著名哲学家的生平和学说》第 3 卷，第 59—61 节。
② 参见第欧根尼·拉尔修：《著名哲学家的生平和学说》第 3 卷，第 62 节。
③ ［德］文德尔班：《哲学史教程》中译本上册，第 142—143 页。
① ［德］宇伯威格 – 普雷希特：《古代哲学》，第 195 页。

进入 20 世纪以来，学者们经过认真研究，取得了比较一致的意见，肯定现存柏拉图作品中大多数作品，特别是那些重要的著作是真作。纳入这个中译本《柏拉图全集》正文的 26 篇对话被公认为柏拉图真作，纳入附录的两篇对话和书信的真伪虽仍有争议，但多数学者持肯定态度。因此我们大致可以放心地说，这 26 篇对话是柏拉图的原作，是我们可以用来研究柏拉图思想的第一手资料，而对附录中的两篇对话则可当做参考资料来用。

柏拉图的《书信》共有 13 封，主要是关于柏拉图思想和实际活动的传记性记录，对于了解柏拉图的生平及其为人都很重要。对其真伪，学者们也有各种不同的说法。但大多数学者认为其中最重要也是最长的第七和第八两封信是真的；对第一、第二、第十二等三封信则认为是伪作的较多。

柏拉图从事对话写作前后相距约 50 年，要为它们安排一个写作时间上的顺序非常困难。古代似乎还没有人想到要把柏拉图的全部著作按先后次序排列，只是有人将它们按照内容进行分类，如上面提到塞拉绪罗将柏拉图的对话分别定为伦理的、政治的、逻辑的，等等。第欧根尼还记录了他们的分类法：将对话分为两大类，教授的和研究的，教授的又可以分为理论的和实践的，理论的分为物理的和逻辑的，实际的分为伦理的和政治的；研究的也可以分为两种，一种是训练心灵的，另一种是战胜论敌的；前者又分为助产术的和试验的；后者又分为提出批评反驳的和推翻论敌主要观点的。①

19 世纪一些哲学史家和古典学者提出有关柏拉图对话的分类和先后次序的看法，其中最有代表性的是以下几家。

古典"解释学"的创始人、德国著名的柏拉图专家施莱尔马赫（F.Schleiermacher）认为柏拉图从青年时代开始就意识到自己的哲学目的，有完整的系统框架，所以他撰写对话有明确意识到的顺序。据此他将柏拉图对话分为三个不同阶段：第一，预备性的，主要是《斐德罗篇》、《普罗泰戈拉篇》、《巴门尼德篇》，作为辅助的有《吕西斯篇》、《拉凯斯篇》、《卡尔米

---

② 第欧根尼·拉尔修：《著名哲学家的生平和学说》第 3 卷，第 49 节。

德篇》、《欧绪弗洛篇》、《申辩篇》、《克里托篇》等。第二，间接探讨性的，主要说明知识和理智活动，它们是《泰阿泰德篇》、《智者篇》、《政治家篇》、《斐多篇》、《斐莱布篇》，作为辅助的有《高尔吉亚篇》、《美诺篇》、《欧绪德谟篇》、《克拉底鲁篇》、《会饮篇》等。第三，建设性的，主要是《国家篇》、《蒂迈欧篇》、《克里底亚篇》，作为辅助的是《法篇》。①

阿斯特（G.A.E.Ast）的看法恰恰相反，从根本上否认施莱尔马赫的论断。他认为各篇对话之间没有任何内在联系，这些对话无论是内容还是形式都是戏剧性的，每篇对话都是一个哲学的剧本，其目的是多方面的，不可能设想有共同的哲学目的，绝大多数对话没有肯定的哲学结果。他认为柏拉图是融诗人、艺术家、哲学家于一身的人，根本不会提出任何肯定的见解，没有一个完整的哲学体系。他无非是推动学生们去思考研究，每篇对话都是独立的著作，每篇伟大的对话都像一个有生命的机体，是精巧完整的均衡的整体。他将柏拉图的著作分为三类：第一，诗和戏剧性占优势的，有《普罗泰戈拉篇》、《斐德罗篇》、《高尔吉亚篇》、《斐多篇》。第二，突出辩证法因素的，有《泰阿泰德篇》、《智者篇》、《政治家篇》、《巴门尼德篇》、《克拉底鲁篇》。第三，诗和辩证法因素相结合的，有《斐莱布篇》、《会饮篇》、《国家篇》、《蒂迈欧篇》、《克里底亚篇》。他还认为只有这 14 篇对话是柏拉图的真作。②

赫尔曼（K.F.Hermann）和施莱尔马赫一样认为柏拉图的全部著作是一个有机发展的整体，但他并不认为它们是事先设计的产物，而是柏拉图思想发展过程的自然产物。他以苏格拉底之死和第一次西西里之行结识毕泰戈拉学派这两件事实作标志，将柏拉图对话分为三个时期：第一，苏格拉底学派时期，都是短篇对话，主要有《吕西斯篇》、《卡尔米德篇》、《拉凯斯篇》、《普罗泰戈拉篇》、《欧绪德谟篇》，认为这些对话都写于苏格拉底被处死以前，

① 参见 ［德］施莱尔马赫：《柏拉图对话导论》，第 1—47 页。

② 阿斯特：《柏拉图的生平和著作》第 376 页，引自 ［英］格罗特：《柏拉图及苏格拉底其他友人》第 1 卷，第 175 页。

写作目的是反对当时的智者；苏格拉底死后接着写下《申辩篇》、《克里托篇》、《高尔吉亚篇》、《欧绪弗洛篇》、《美诺篇》。第二，麦加拉时期或辩证法时期，《泰阿泰德篇》、《克拉底鲁篇》、《智者篇》、《政治家篇》、《巴门尼德篇》。第三，成熟时期，从公元前385年到去世，受毕泰戈拉学派重大影响的著作有《斐德罗篇》、《会饮篇》、《斐多篇》、《斐莱布篇》、《国家篇》、《蒂迈欧篇》、《克里底亚篇》，最后是《法篇》。①

上述学者的分类或分期带有很强的主观成分。这种主观性解释的最突出的例子是蒙克（E.Munk）。他认为柏拉图对话是在苏格拉底死后将他当做真正的哲学家的理想典范来写的，因此他主张一种完全不同的排列次序，认为这些对话展示了苏格拉底一生的哲学成长；从苏格拉底作为一个少年出现的《巴门尼德篇》开始，由巴门尼德将他引进哲学，直到苏格拉底一生的最后一幕，表现苏格拉底之死的《斐多篇》是最后一篇对话。从《巴门尼德篇》到《斐多篇》，部分是艺术的顺序，是相继的历史剧；部分是哲学的顺序，是他学说的发展史，这就形成了一个苏格拉底的圆圈。但这种看法现在已经很少有人接受了。②

从19世纪后半叶开始，学者们逐渐采取比较科学的方法进行研究，经过学者们的长期努力，有关柏拉图对话的先后顺序和分期问题基本上取得了比较一致或相接近的意见。他们研究使用的方法有以下这些：

第一，根据文体风格和语言检验。

柏拉图的著述活动前后经历半个世纪之久，他使用的词汇、文法、句子结构必然是有改变的。一些学者根据这个特点研究柏拉图的对话，最早是由英国著名的古典学者坎贝尔在他1867年发表的著作《柏拉图的〈智者篇〉和〈政治家篇〉：附修订的希腊语校勘和英语注释》一书中提出的。亚里士

---

① 赫尔曼：《柏拉图著作的历史和体系》，第340、368页，引自［英］格罗特：《柏拉图及苏格拉底其他友人》第1卷，第176—178页。

② 蒙克：《柏拉图著作的自然顺序》，引自卢托斯拉夫斯基：《柏拉图的逻辑学的起源和发展》，第51—52页。

多德在《政治学》（1264B26）中说《法篇》是柏拉图晚年著作，迟于《国家篇》，第欧根尼·拉尔修记载说《法篇》是柏拉图死后留在蜡版上未加修饰的著作。[①] 坎贝尔依据这些记载，把《法篇》定为柏拉图的最后著作，作为一个鉴定标准。他又赞同学者们的普遍看法，《申辩篇》、《克里托篇》是柏拉图最早的著作，作为另一个鉴定标准。确定了柏拉图最早的对话和最迟的对话以后，他考察柏拉图各篇对话中使用的词汇、文法、结构，考察文体风格的演变和各种语言现象，尤其是柏拉图使用小品副词和虚词（如冠词、副词、前置词、连接词等）的演变情况。通过这样的考察可以看出《法篇》和《申辩篇》的区别很大，《蒂迈欧篇》、《克里底亚篇》、《斐莱布篇》与《法篇》比较接近，可以将它们定为后期著作，而《国家篇》、《斐德罗篇》、《泰阿泰德篇》、《巴门尼德篇》等处于两个极端之间。

第二，根据古代著作的直接证据。

古代著作中提到的柏拉图对话的先后材料是确定它们的次序的有力旁证资料，如上面提到过的亚里士多德说过《法篇》后于《国家篇》以及第欧根尼·拉尔修提到《法篇》是柏拉图最后未加润饰的作品。但是这类材料不但不多，使用时也必须慎重。

第三，根据对话中涉及的有关人物和事件。

这也是判断对话编年顺序的有效方法，可惜在对话中提到的这类事实也不多。一般都举《泰阿泰德篇》为例。这篇对话开始就提到参加科林斯战役的泰阿泰德因受伤和染病被送回雅典，不久死亡。历史上发生过的科林斯战役有两次，分别在公元前394年和前369年。学者们经过仔细考证，肯定泰阿泰德参加的是公元前369年的那一次，由此确定这篇对话写于这一年以后。又如《法篇》（638 B）中提到叙拉古征服洛克利，这件事发生在公元前356年，是狄奥尼修二世干的，当时柏拉图已经超过70岁了，由此也可以佐证《法篇》是柏拉图的晚年著作。但在使用这个方法时也要十分慎重。比

---

① 第欧根尼·拉尔修：《著名哲学家的生平和学说》第3卷，第37节。

如柏拉图在《巴门尼德篇》中讲的少年苏格拉底和老年巴门尼德的会晤，在《智者篇》和《泰阿泰德篇》又重提过。究竟历史上是否真的发生过这样一次会晤，学者们也一直有争论。有人认为这是符合历史事实的，并以此来推算巴门尼德的生年；有人则认为这是柏拉图的虚构，历史上根本不可能发生这样一次会晤。

第四，根据对话中相互涉及的内容。

在一篇对话中提到另外一篇对话的有关内容，这是判断这些对话的先后次序问题的重要材料。《智者篇》和《泰阿泰德篇》中重述《巴门尼德篇》中叙述的那次苏格拉底和巴门尼德的会晤，许多学者据此认为这两篇对话后于《巴门尼德篇》。《智者篇》开始提出的问题是要讨论智者、政治家、哲学家这三种人的性质，要分别为他们下定义。由爱利亚来的客人和三个对话者塞奥多洛、少年苏格拉底、泰阿泰德分别讨论。《智者篇》是由泰阿泰德回答有关智者的问题，《政治家篇》是由少年苏格拉底回答有关政治家的问题。因此学者们认为《政治家篇》后于《智者篇》，二者是紧接着的一组；按照柏拉图原来的设计，本来还应该有由塞奥多洛回答有关哲学家问题的《哲学家篇》，可惜没有写成。这样《巴门尼德篇》、《泰阿泰德篇》、《智者篇》、《政治家篇》四篇对话的先后次序大致可以肯定，它们的内容和形式也是比较接近的。与此类似，在《蒂迈欧篇》开始柏拉图也安排了三个人，蒂迈欧、克里底亚、赫谟克拉底与苏格拉底对话。《蒂迈欧篇》由蒂迈欧主讲有关自然界、宇宙直至动植物的生成和构造问题，《克里底亚篇》由克里底亚主讲有关政治、社会和国家的生成问题，可惜只写了个开始；也有人由此推论柏拉图原来可能计划还有一篇由赫谟克拉底主讲的对话，主要内容可能是讨论人、知识和哲学（或伦理道德）问题。

第五，依据苏格拉底在对话中的地位以及对话中戏剧性成分的多少来确定对话顺序。

除了以上四种方法和根据外，一般学者还使用另一种方法判断柏拉图对话的先后顺序，即看苏格拉底在对话中的地位以及对话中戏剧性的多少来确定。在柏拉图的早期对话直到《国家篇》中，苏格拉底始终是主要发言人，一直由他领导讨论，重要的思想和理论都是通过他的口来阐述的。讨论的形式也比较生动活泼，一问一答，长篇论述较少，经常有别人插话，讽刺幽默，戏剧性的场面较多。从《巴门尼德篇》开始，苏格拉底成为少年苏格拉底，原来独占的主讲人地位被巴门尼德取代了。《智者篇》和《政治家篇》中，领导对话的是巴门尼德的同乡、从爱利亚来的客人，苏格拉底也只是少年苏格拉底，虽然在《政治家篇》中，他还是主要谈话人，在《蒂迈欧篇》中苏格拉底仅只是个简单的提问题者，到《法篇》便根本没有苏格拉底出现了。这些后期对话还有一个特点，就是原来戏剧性场面大为减少，对话往往由两个人进行，其中之一是主讲人，长篇大论地发表他的理论，另一个人不过简单提点问题而已。因此有人认为柏拉图年纪越大，年轻时的文学创作天才就越少。但是我们应该看到问题的另一面，那便是柏拉图的哲学思想随着他年龄的增长越来越成熟和深刻了。当然这个标准也同样不能绝对化，在被认为是柏拉图的后期著作中，至少《泰阿泰德篇》和《斐莱布篇》是例外，这两篇对话的主要发言人仍是苏格拉底，对话的形式也比较活泼。其中《泰阿泰德篇》还是比较接近《国家篇》时期的著作，所以也有人将它列为中期对话。至于《斐莱布篇》，由于这篇对话是讨论伦理问题的，所以有人认为主要发言人当然非苏格拉底莫属。

西方学者使用上述各种方法，分别提出了各自有关柏拉图对话的编年顺序。罗斯在《柏拉图的相论》书中将它们总结概括排列成对照表。[①] 他们虽然各有不同，但大体上我们可以看出有以下一些共同点：

第一，《卡尔米德篇》、《拉凯斯篇》、《吕西斯篇》，这三篇都是讨论某个伦理问题——自制、勇敢、友爱的，从内容到形式都极其相似，自古以来被人摆在一起，加上讨论虔敬的《欧绪弗洛篇》讨论美德和知识的《普罗泰戈拉篇》，讨论美的《大希庇亚篇》和《伊安篇》，大体上都

---

① 罗斯：《柏拉图的相论》，第 2 页，参见范明生：《柏拉图哲学述评》，第 44—45 页。

摆在一起，虽然先后次序各有不同，但都将它们归属于初期的苏格拉底的对话。

第二，《申辩篇》和描述他不愿越狱的《克里托篇》在时间和内容上都是相联的，都是记述苏格拉底为人的，也属于初期对话。凡是主张柏拉图是在苏格拉底去世后才开始写对话的学者往往将这两篇置于所有对话之首，认为《申辩篇》是柏拉图写的第一篇对话，凡是主张柏拉图在苏格拉底去世以前已经写过对话的则将这两篇插进以上初期对话之中。

第三，《斐多篇》虽然写的是苏格拉底服毒以前的情况，在时间上紧接《克里托篇》以后，但一般学者都认为《斐多篇》陈述柏拉图相论的重要思想，和《国家篇》并列，是柏拉图中期的主要对话。不过《国家篇》的第一卷一般认为是柏拉图初期写的，后来才写第二至第十卷。

第四，《美诺篇》、《欧绪德谟篇》、《高尔吉亚篇》、《美涅克塞努篇》和《克拉底鲁篇》一般都列在初期对话和《斐多篇》至《国家篇》之间。

第五，《会饮篇》和《斐德罗篇》是两篇内容和形式都非常接近的对话，一般将它们和《斐多篇》、《国家篇》列在一起。《斐德罗篇》后半部分所讲的内容——辩证法，已经和《智者篇》、《政治家篇》接近了。

第六，《巴门尼德篇》、《泰阿泰德篇》、《智者篇》和《政治家篇》这四篇对话，一般都连在一起，列在《国家篇》之后，已经属于柏拉图后期对话，也有人将前两篇对话列为中期对话。

第七，肯定属于后期对话的，还有《蒂迈欧篇》、《克里底亚篇》、《斐莱布篇》和《法篇》。

这样当代柏拉图学者大体上已经可以说是得出了基本上比较一致的结论，虽然对某几篇对话应该摆前一点还是后一点还存在分歧；但对主要对话的位置却基本上肯定了。其中最重要的一点就是不再认为《国家篇》是全部柏拉图哲学体系的总结，也就是最后的对话，而认为它只是柏拉图前期相论的总结。

我国希腊哲学专家范明生先生借鉴西方学者的研究成果，将柏拉图的对话分为三期，特摘录如下，供读者参考。[①]

第一，早期对话：《申辩篇》、《克里托篇》、《拉凯斯篇》、《吕西斯篇》、《卡尔米德篇》、《欧绪弗洛篇》、《小希庇亚篇》、《普罗泰戈拉篇》、《高尔吉亚篇》、《伊安篇》。这些对话属于所谓的"苏格拉底的对话"，它们的主要论题和方法基本上属于苏格拉底，其哲学内容主要作为苏格拉底和智者的思想资料来引用，但也包括柏拉图在写作加工中掺入的部分思想。

第二，中期对话：《欧绪德谟篇》、《美涅克塞努篇》、《克拉底鲁篇》、《美诺篇》、《斐多篇》、《会饮篇》、《国家篇》、《斐德罗篇》。这个时期柏拉图已经摆脱苏格拉底的影响，建立起自己的哲学体系，对话所表现的哲学内容可以视为柏拉图本人的思想。

第三，后期对话：《巴门尼德篇》、《泰阿泰德篇》、《智者篇》、《政治家篇》、《斐莱布篇》、《蒂迈欧篇》、《克里底亚篇》、《法篇》。与中期对话相比，这个时期柏拉图的思想发生显著变化，是对中期思想的修正、发展和更新。

三、柏拉图著作的版本

柏拉图著作的编纂、校订、注释在西方学术界有很长的历史。最早的拉丁文版柏拉图著作于 1483 年—1484 年由斐奇诺（Marsilio Ficino，1433 年—1499 年）编纂，出版于翡冷翠（即佛罗伦萨），1491 年在威尼斯重印。最早的希腊文版是由马努修斯（A.Manutius）1513 年在威尼斯出版的。1578 年由斯特方（H.Stephanus）在巴黎出版的希腊文版，并附有萨尔拉努（J.Serranus）的拉丁文译文的三卷本。斯特方所编定的分卷、页码和分栏（A，B，C，D，E），以后为各国学者广泛采用。如：《国家篇》429 D，即指斯特方本第 429

---

① 参见汪子嵩等：《希腊哲学史》第二卷，第 641 页。上述分期及对话次序与本书的编排顺序并不一致，请勿混淆。

页 D 栏，中译《柏拉图全集》亦将标准页的页码和分栏作为边码标出。后来，德国的贝刻尔（I.Bekker）将历来的注释一并辑入，1823 年于柏林发表了校刊本。迄今为止，公认为较好的柏拉图著作的希腊文版，是由英国哲学史家伯奈特（J.Burnet，1863 年—1923 年）校订的牛津版六卷本《柏拉图著作集》（Platonis Opera，1899 年—1906 年）。

自古以来，有关柏拉图著作，有大量的注释，如亚历山大里亚的欧多鲁斯（Eudorus of Alexandria，约公元前 1 世纪）、士麦拿的塞俄（Theo of smyrna，约公元 2 世纪）和阿尔比努（Albinus）等人的注释，都受到后人重视。近代的一些学者对古代的注释进行了整理，汇集在一起出版。如斯塔尔鲍姆（G.Stalbaum）1827 年—1842 年于德国的戈塔（Gotha）和埃尔福特（Erfurt）出版的 12 卷本；赫尔曼（K.F.Hermann）1851 年—1853 年于莱比锡出版的六卷本，以后，沃尔拉布（M.Wohlrab）1884 年—1887 年出版的修订版。

现代各种通行语言的柏拉图著作的译本更是不胜枚举。这里择要列举英、法、德文的著名译本。

英译柏拉图著作的全译本，最早是泰勒（T.Taylor）1804 年于伦敦出版的五卷全译本，接着是由卡里（Cary）和戴维斯（Davis）等分别译出的博恩（Bohn）版六卷全译本。现在流传较广的是乔伊特（B.Jowett）1871 年发表的牛津版五卷本，每篇对话都有详细的引论、分析提要；近年来有人进行个别修订，于 1953 年出了第四版修订本。此外，常用的还有由伯里（R.G.Bury）、肖里（P.Shorey）等分别译出的 12 卷本娄卜（Loeb）古典丛书版，是希腊文和英译对照的。美国的汉密尔顿（H.Hamilton）和亨廷顿·凯恩斯（Huntington Cairns）等将现有较好的各家不同的译文汇编在一起，1963 年出版了普林斯顿版的一卷本《柏拉图对话全集》，附有比较完整的索引，使用起来比较方便。

法文译本比较通行的是由著名古典学者罗斑（L.Robin）和克若瓦塞（Croiset）等分工译出的布德学会（Association Guillaume Bude）版本，每篇对话都有引论，说明写作的年代背景、来源、结构以及对话人物和讨论的主题等。

重要德文译本有米勒（H.Müller）于 1850 年—1860 年发表的莱比锡版的八卷本；施莱尔马赫译的六卷本，1804 年—1810 年柏林版；米勒译的八卷本，1850 年—1866 年莱比锡版；阿佩尔特（O.Apelt）1912 年—1922 年发表的莱比锡版 25 卷本，附有比较丰富的文献资料和比较详备的索引；奥托（W.F.Otto）等根据施莱尔马赫译本和斯特方编码于 1957 年—1959 年出版了六卷本的通俗柏拉图全集，称做 Rowohlt 版本；1974 年吉贡（Gigon）又重新出版了米勒的八卷本，苏黎世和慕尼黑版；1970 年—1983 年霍夫曼等（H.Hofmann）等在施莱尔马赫和米勒版本基础上重新加工出版了《柏拉图研究版》，八卷九册，是德希对照本，希腊文根据的是法国布德学会版。

重要法文译本有：库赞（V.Cousin）于 1825 年—1840 年编译的 13 卷本；罗斑等自 20 世纪初至三四十年代完成的布德学会版，一直享有盛誉，再版至今；还有苏依莱（J.Souilhe）译的全集，1926 年完成；尚布利（E.Chambry）和巴柯（R.Baccou）翻译的八卷本，自 30 年代至 50 年代巴黎版；70 年代以来拉卡斯（A.Laks）、布利松（L.Brisson）等校订或重译尚布利和巴柯的译本，新译本在陆续出版。

意大利文译本，现在常用的有三种：马尔梯尼（E.Martini）译本，1915 年—1930 年第一版，1975 年第二版；瓦吉米利（M.Valgimigli）等九人合译的九卷本，1987 年最后完成；由阿多尔诺（F.Adorno）和冈比亚纳（G.Cambiano）合译的全集，1988 年完成。

自从 20 世纪 20 年代以来，柏拉图的思想经过中国学者们的介绍和研究，逐渐为中国人所了解，柏拉图的许多对话已被严群、朱光潜、陈康等著名学者翻译成中文。许多重要学者也高度重视柏拉图对话的翻译，做过许多工作，如张东逊等。改革开放以来，中国大陆又有一些新译本问世，香港学者邝健行亦翻译了一些柏拉图对话。尽译柏拉图对话是许多老一辈学者的理想和毕生为之奋斗的目标，然而由于种种原因，《柏拉图全集》一直未能问世，但他们做出的贡献是任何时候都不可抹杀的。为了纪念他们的功绩，亦为了能使读者对照已有译本进行研究，兹将译者所知道的所有柏拉图对话中译本列举如下（按出版年代先后为序）：

吴献书译：《理想国》，商务印书馆，1921 年版，1957 年重印。

张师竹等译：《柏拉图对话集六种》，商务印书馆，1933 年版。

郭斌和、景昌极译：《柏拉图五大对话》，商务印书馆，1934 年版。

陈康译注：《巴曼尼得斯篇》（即《巴门尼德篇》），商务印书馆，1946 年版，1982 年重印。

严群译：《泰阿泰德、智术之师》（即《智者篇》），商务印书馆，1961 年版。

朱光潜译：《柏拉图文艺对话集》，人民出版社，1963 年版，1980 年重印。

严群译：《游叙弗伦、苏格拉底的申辩、克里同》（即《申辩篇》、《欧绪弗洛篇》、《克里托篇》），商务印书馆，1983 年版。

邝健行译：《波罗塔哥拉篇》（即《普罗泰戈拉篇》），台北中国文化大学出版社，1985 年版。

郭斌和、张竹明译：《理想国》（即《国家篇》），商务印书馆，1986 年版。

严群译：《赖锡斯、拉哈斯、费雷泊士》（即《吕西斯篇》、《拉凯斯篇》、《斐莱布篇》），商务印书馆，1993 年版。

黄克剑译：《政治家》，北京广播学院出版社，1994 年版。

戴子钦译：《柏拉图对话七篇》，辽宁教育出版社，1998 年版。

杨绛译：《斐多》，辽宁人民出版社，2000 年版。

四、有关中译《柏拉图全集》的说明

中译《柏拉图全集》的翻译工作是在前人努力的基础上进行的，但它不是上述中译文的汇编，不是老译文加新译文，而是由译者全部重译并编辑的一个全集本。之所以要这样做，那是因为汉语和中国的教育制度在 20 世纪中发生了巨大的变化，现在的中青年读者若无文言文功底，对出自老一辈翻译家之手的柏拉图对话已经读不懂了。已有译本出自多人之手，专有名词和重要哲学术语的译名很不统一。为了解决这些难题以适应时代和读者的需要，译者不得不放弃捷径，将柏拉图著作全部重译，这样做决不意味着对前人工作的不敬。

柏拉图对话的原文是古希腊文，要译成汉语，最佳途径当然是从希腊原文直接翻译。但是，这种做法要求翻译者具有很高的希腊语水平，而希腊语的难度是任何一位学过希腊语的中国人都能体会得到的。译者师从首开中国学界研究希腊哲学之先河的严群先生，在攻读硕士学位期间聆听先生教诲，修习了古希腊文。后来赴英国利兹大学攻读博士学位期间又由 Barbara Spensley 博士单独传授古希腊文两年。然而由于种种原因，译者至今仍未能达到抛开辞典和各种已有西文译本，仅依据希腊原文进行翻译的水准。本人在跨入新世纪的时候已经在向 50 岁靠拢，而又热切希望能尽早完成先师严群先生未竟之愿，故此这个译本各篇以希腊原文为基准，版本为娄卜丛书中的《柏拉图文集》（Plato, Plato, The Loeb Classical Library, Harvard University Press, 12 vols.），翻译中参考了学术界公认的权威英译文。这种做法希望学界人士予以理解。译者对中国学界所有能抛开一切西文译本，从希腊原文直接翻译希腊典籍的学者均表示敬意，亦望学者们能依据希腊原文指出译文中的问题，以利译者修正错误。

中译《柏拉图全集》在编排上借鉴了由伊迪丝·汉密尔顿和亨廷顿·凯恩斯编辑的《柏拉图对话全集》（Edith Hamilton & Huntington Cairns, ed., Plato The Collected Dialogues, including the letters, with Introduction and Prefactory Notes, Princeton, 1961）。这个英译本汇集了西方研究柏拉图哲学的顶尖学者（F. M. Cornford, W. K. C. Guthrie, Benjamin Jowett, W. H. D. Rouse, A. E. Taylor, J. Wright 等）的译本，其权威性在学术界得到公认，到 1987 年为止已经重印 13 次。编者之一伊迪丝·汉密尔顿女士在这个版本中为各篇对话写了短序，对我们理解各篇对话的概况有一定作用，故采纳，作为中译本各对话的提要。

　　译者从读硕士研究生开始即有幸得到汪子嵩、范明生、陈村富、姚介厚等先生的教诲，对他们从事的多卷本《希腊哲学史》的写作过程很清楚，也为配合该书的写作编制过专门的"希腊罗马姓名译名手册"。为此，《柏拉图全集》的专有名词中译以《希腊哲学史》中的译名为基准，哲学术语的译法也尽可能多地吸取《希腊哲学史》的研究成果。

　　为了能够凸显中译《柏拉图全集》的学术功能，便于学者们在研究中使用，译者参考西方学术界的研究成果和已有中文研究著作，尤其是范明生先生的研究成果，制作了柏拉图年表、谱系表、译名对照表、篇名缩略语表和全书索引，在此对范明生先生的特许表示谢意。

　　翻译柏拉图对话需要有高度的哲学修养和文学修养，也需要有关于希腊生活方方面面的知识。译者的学术兴趣主要属于哲学学科，在翻译中唯有本着"忠实、通顺"的原则，力求将文本的原意表达出来，因此有许多地方无法兼顾到文采，这也是要请读者们理解的地方。

　　译作的完成之日，就是接受批评的开始。敬请读者在发现错误的时候发表批评意见，并与译者取得联系（通信地址：100084 清华大学人文学院哲学系；电子邮件：xiaochao@tsinghua.edu.cn），以便译者在有需要再版时予以修正。

王晓朝

于北京清华园

2001 年 4 月 8 日

柏拉图年表[*]

6100 年　西亚移民定居克里特岛。

3000 年　克里特岛进入青铜时代。

2000—1500 年　克里特文明（弥诺斯文化）。

1600—1380 年　克里特文明三次被毁。

2000 年　欧洲地区部落大迁徙，阿该亚人进入希腊半岛。

1600—1500 年　迈锡尼文明创建，希腊语的线形文字 B 代替以前的线形文字 A，向奴隶制过渡。

1500 年　阿该亚人进入克里特岛，取代原有居民，在克里特的主要城市建立统治。

12 世纪初　迈锡尼的阿伽门农（Agamemnon）统率希腊半岛境内的联军，远征小亚细亚西岸的特洛伊。

1125 年左右　巴尔干地区部落大迁徙，多立斯人摧毁迈锡尼，迈锡尼文明告终。

1000 年左右　爱琴海地区进入铁器时代。

900—800 年　具有固定地区和共同方言的埃俄利亚人、伊奥尼亚人、多立斯人形成。传说中的荷马（Homer）、赫西奥德（Hesiod）时代。开始在南意大利（大希腊）殖民。

---

[*]　本年表根据范明生先生《柏拉图哲学述评》（上海人民出版社 1984 年版，第 515—522 页）所附年表改编，译者对人名、地名等专有名词的译名做了统一，部分内容做了修改与补充。年表中的年代除特别标明外全部指公元前，有关柏拉图著作的撰写年代仅供参考。

776 年　第一次奥林匹克赛会（竞技会、运动会）举行。

804 年　传说中的莱喀古斯（Lycurgus）为斯巴达立法。

660 年　扎琉库斯（Zaleucus）为南意大利希腊殖民城邦洛克里制定已知希腊最早法律。

640 年　卡隆达斯（Charondas）为西西里希腊殖民城邦卡塔那制定法律。

624?—547? 年　米利都学派哲学家泰勒斯（Thales）。

620 年　雅典执政官德拉科（Dracos）并颁布法律。

610?—546? 年　米利都学派哲学家阿那克西曼德（Anaxi mander）。

6 世纪初　奥菲斯（Orpheus）教兴起。

594—593 年　梭伦（Solon）改革，颁布解负令，废除债务奴隶制，创立四百人议事会。

588?—525? 年　米利都学派哲学家阿那克西美尼（Anaxi menes）。

580?—500? 年　毕泰戈拉学派创始人毕泰戈拉（Pythagoras）。

565?—473? 年　爱利亚学派先驱者塞诺芬尼（Xenophanes）。

560—527 年　庇西特拉图（Pisistratus）成为雅典僭主。

546—545 年　波斯征服小亚细亚沿海希腊殖民城邦。

544—541 年　米利都哀歌体诗人福库利得（Phocylides）鼎盛年。

540 年　麦加拉哀歌体诗人塞奥格尼（Theognis）鼎盛年。

540—480 年　爱菲索哲学家赫拉克利特（Heraclitus）。

540 年　波吕克利图（Polyclitus）成为萨摩斯僭主。毕泰戈拉移居南意大利克罗顿，意大利学派兴起。

525—456 年　悲剧诗人埃斯库罗斯（Aeschylus）。

518—438 年　抒情诗人品达（Pindar）。

约 6—5 世纪　爱利亚学派哲学家巴门尼德（Parmenides）。

510 年　庇西特拉图建立的僭主政体告终。

509 年　政治家克利斯提尼（Cleisthenes）在雅典确立民主政体，积极推行改革。

500?—440?年　原子论哲学家留基伯（Leucippus）。

500?—428?年　多元论哲学家阿那克萨哥拉（Anaxagoras）。

499年　小亚细亚伊奥尼亚城邦起义反对波斯的统治。

496?—406年　悲剧诗人索福克勒斯（Sophocles）。

492—449年　希波战争。

490年　马拉松之役。希腊雕刻家斐狄亚斯（Phidias）出生于雅典。爱利亚学派哲学家芝诺（Zeno）出生于爱利亚。

487年　雅典创立贝壳驱逐法以防止僭主政体。

485?—406年　悲剧诗人欧里庇得斯（Euripides）。

484?年　历史学家希罗多德（Herodotus）出生。

483?—375?年　智者高尔吉亚（Gorgias）。

483—482年　雅典发现新银矿，国库增加收入。

481?—411?年　智者普罗塔哥拉（Protagoras）。

479年　伊奥尼亚诸希腊城邦争取独立，试图摆脱波斯统治。

478年　以雅典为首建立提洛同盟。

472年　埃斯库罗斯的悲剧《波斯人》参加演出得头奖。

469—399年　哲学家苏格拉底（Socrates）。

465年　埃斯库罗斯的悲剧《普罗米修斯》演出。

464年　斯巴达地震，国有奴隶希洛人起义。

462年　政治家伯里克利（Pericles）开始在雅典产生影响。

460年　雅典推行陪审员薪给制。

460?—400?年　历史学家修昔底德（Thucydides）。

460?—370?年　医学家希波克拉底（Hippocrates）。

460?—370?年　原子论哲学家德谟克利特（Democritus）。

458年　索福克勒斯的悲剧《阿伽门农》演出得头奖。

457年　雅典人和斯巴达人战于塔那格拉，雅典战败。

454—453年　提洛同盟金库从提洛移到雅典，标志着雅典海上帝国的建立。

451 年　雅典修改公民资格法律，限制公民人数。雅典进入全盛时代。

450—385? 年　喜剧诗人阿里斯托芬（Aristophanes）。

447 年　雅典的帕特农（Parthenon）神庙开始兴建。

436—338 年　雅典辩论家伊索克拉底（Isocrates）。

435?—370? 年　犬儒学派创始人安提司泰尼（Antisehenes）。

435?—360? 年　昔勒尼学派创始人阿里斯提波（Aristippus）。

431—404 年　伯罗奔尼撒战争。

431 年　索福克勒斯的《俄狄浦斯王》和欧里庇得斯的《美狄亚》相继上演。

430 年　希罗多德撰写《历史》告一段落。

430—355 年　历史学家色诺芬（Xenophon）。

430?—424? 年　欧里庇得斯的悲剧《赫库巴》演出。

430 年　雅典发生瘟疫。伯里克利受审和被罚。

429 年　伯里克利卒。雅典开始向公民征收财产税。

427 年　柏拉图出生于雅典附近的伊齐那岛。

427 年　雅典第二次发生瘟疫。阿里斯托芬的第一部喜剧《宴会》在雅典的酒神节演出。

425 年　斯巴达的国有奴隶希洛人逃亡。阿里斯托芬的喜剧《阿卡纳人》演出。

424 年　历史学家修昔底德遭到驱逐。雅典人在安菲波利斯被斯巴达人打败，从此雅典在战争中逐渐失利（苏格拉底和阿尔基比亚德参加过这次战役）。阿里斯托芬的喜剧《骑士》演出得头奖。

423 年　雅典人和斯巴达人订立一年休战和约。阿里斯托芬的喜剧《云》演出，剧中讽刺苏格拉底。

422 年　阿谟菲坡里战役（苏格拉底参加这次战役）。阿里斯托芬的喜剧《马蜂》演出。

421 年　雅典和斯巴达再次订立同盟条约，为期 50 年。阿里斯托芬的喜剧《和平》演出。柏拉图假托的《国家篇》、《蒂迈欧篇》、《克里底亚篇》中的谈话进行的时期。欧里庇得斯的悲剧《请愿的妇女》演出。

420? 年　在伯罗奔尼撒的巴塞建造阿波罗神庙。

419 年　尼昔亚斯（Nicias）和阿尔基比亚德（Alcibiades）当选为雅典的将军。

418 年　原和雅典结盟的阿耳戈斯败于斯巴达，因此和斯巴达人结盟并建立贵族政体；次年即被推翻，重新恢复和雅典人的结盟。欧里庇得斯的《伊安》演出。

416 年　雅典人攻陷弥罗斯岛后进行大屠杀。索福克勒斯的悲剧《厄勒克特拉》演出。

415 年　雅典海军在阿尔基比亚德、尼昔亚斯等人领导下远征叙拉古。阿尔基比亚德奉召回国，归途中逃往斯巴达。

414 年　阿里斯托芬的喜剧《鸟》上演。

413 年　雅典同盟国相继脱离、拒纳年贡、经济困难而征收进出口税。雅典帝国开始瓦解。雅典远征叙拉古海军遭到覆灭。二万多雅典奴隶逃亡。欧里庇得斯的悲剧《伊菲革涅亚在陶洛人里》等演出。

412 年　雅典盟国暴动。斯巴达和波斯结盟并接受波斯资助共同对抗雅典。萨摩斯在雅典支持下出现平民革命，反对贵族奴隶主的统治。以斯巴达为首的伯罗奔尼撒诸城邦的海军集中于米利都，雅典的海军集中于萨摩斯。

411 年　雅典发生寡头政变，推翻民主政体，建立四百人议事会，遭到驻萨摩斯雅典海军反对；不久废除四百人议事会，由温和的寡头党执政，召回阿尔基比亚德。阿里斯托芬的喜剧《吕西斯特剌忒》和《地母节妇女》上演。

410?—339 年　学园派哲学家斯彪西波（Speusippus），柏拉图的外甥，学园的第二任领导人。

410 年　雅典在库梓科战役获胜，恢复民主政体，拒绝斯巴达的和平建议。索福克勒斯的悲剧《菲罗克忒忒斯》演出得头奖。

408?—354 年　狄翁（Dion），柏拉图的最重要的朋友和学生之一。

407 年　阿尔基比亚德回雅典出任将军职务。赫谟克拉底（Hermocrates）在叙拉古被杀。

406 年 3 月　雅典在诺丁姆战役败绩，阿尔基比亚德引咎辞职，3 月雅典在阿癸努赛战役获胜，但雅典审判和宣告指挥该战役的将军们有罪，遭到苏格拉底的反对。索福克勒斯和欧里庇得斯相继去世。

405 年　萨摩斯人取得雅典公民权。雅典在埃戈斯坡塔弥战役败绩。狄奥尼修斯一世（Dionysus I）成为叙拉古僭主。阿里斯托芬的喜剧《蛙》演出。

404 年　伯罗奔尼撒战争以雅典向斯巴达投降结束。雅典出现以柏拉图的近亲克里底亚（Critias）、卡尔米德（Charmides）为首的"三十僭主"政体。

403 年　"三十僭主"政体覆灭，雅典恢复民主政体。

401 年　索福克勒斯去世不久，其悲剧《俄狄浦斯在科罗诺斯》演出得头奖。

400?—314 年　学园派哲学家色诺克拉底（Xenocates），柏拉图学园的第三任领导人。

399 年　苏格拉底在民主政体下遭到指控和被处死。柏拉图离开雅典到麦加拉等地游学。柏拉图假托的《申辩篇》、《克里托篇》、《斐多篇》中谈话进行的时期。

398 年　修昔底德的《伯罗奔尼撒战争史》发表。

395—387 年　科林斯战争，柏拉图曾参加该战争。柏拉图到埃及、昔勒尼等地游学。

395—394 年　雅典和底比斯等结盟反对斯巴达。

394—391? 年　柏拉图撰写《伊安篇》。

392—390? 年　波吕克拉底（Polycrates）发表小册子攻击已去世的苏格拉底。

390? 年　柏拉图撰写《克拉底鲁篇》。

390—389 年　雅典宣布征收四十分之一的战争税。

389 年　阿里斯托芬的《公民大会妇女》和传世的最后喜剧《财神》演出。

387 年　柏拉图第一次访问南意大利和西西里，结识塔壬同民主政体领袖阿启泰，以及叙拉古僭主狄奥尼修斯一世。回雅典后创立学园，开始构思《国家篇》。

387—367? 年　柏拉图撰写《国家篇》。

387 年后　撰写《美涅克塞努篇》、《高尔吉亚篇》。

386—382? 年　撰写《美诺篇》。

385—380? 年　撰写《会饮篇》。

384 年　亚里士多德（Aristotle）出生于斯塔吉拉。

384 年　德谟斯提尼（Demosthenes）出生于雅典。

378—377 年　雅典为首的第二次海上同盟组成。

377 年　雅典实行新的财产税。

375?—287 年　哲学家塞奥弗拉斯特（Theophrastus），柏拉图和亚里士多德的著名学生。

371 年　雅典和斯巴达建立和平。斯巴达在琉克特腊战败，国势逐渐衰落。

369—367 年　柏拉图撰写《泰阿泰德篇》。

388? 年　叙拉古僭主狄奥尼修斯一世去世。柏拉图应邀第二次访问西西里。亚里士多德进入学园。

366? 年　柏拉图撰写"第十三封书信"。

361 年　柏拉图应邀第三次访问西西里。回雅典后构思《法篇》。

360 年　柏拉图撰写"第十二封书信"。

359—336 年　马其顿兴起。菲力出任马其顿执政。

357 年　雅典收复失地刻索尼苏斯和欧玻亚。狄翁回西西里，领导推翻狄奥尼修斯二世的统治。柏拉图在此前后撰写《蒂迈欧篇》。

356—323 年　亚历山大大帝出生于马其顿的佩拉。

354 年　狄翁成为叙拉古僭主，不久被卡利浦斯（Callipus）谋杀。柏拉图撰写"第七封书信"。

353 年　卡利浦斯被推翻。柏拉图撰写"第八封书信"。

351 年　德摩斯梯尼发表《斥菲力书》。

347 年　柏拉图逝世，斯彪西波继任学园领导；亚里士多德和色诺克拉底等离开雅典到阿泰努等地。

346 年　狄奥尼修斯二世在叙拉古重建僭主政体。

344—343 年　提摩勒昂（Timoleon）领导推翻狄奥尼修斯二世的统治。

343 年　亚里士多德应邀担任亚历山大的老师。

341—270 年　晚期哲学家伊壁鸠鲁。

335 年　亚里士多德回雅典创建逍遥学派。

336 年　斯多亚学派创始人芝诺（Zeno）出生于季蒂昂。

公元 529 年　东罗马帝国皇帝查士丁尼下令关闭学园。

公元 1459—1521 年　意大利的佛罗伦萨出现柏拉图学园。

柏拉图谱系表 [*]

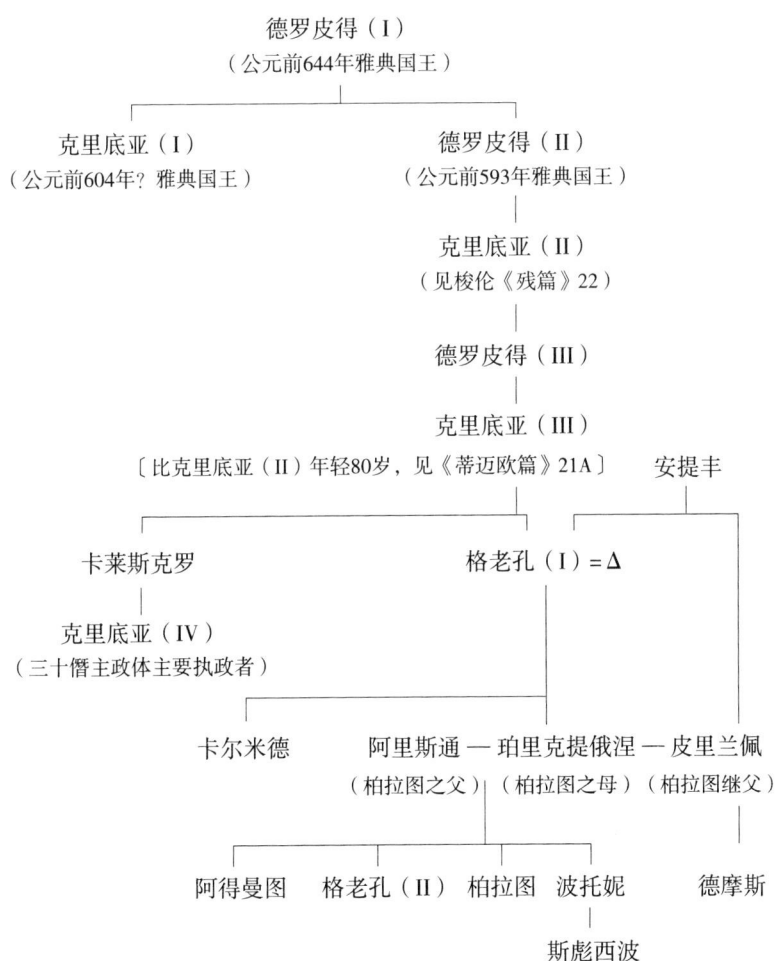

德罗皮得（I）
（公元前644年雅典国王）

克里底亚（I）
（公元前604年？雅典国王）

德罗皮得（II）
（公元前593年雅典国王）

克里底亚（II）
（见梭伦《残篇》22）

德罗皮得（III）

克里底亚（III）
〔比克里底亚（II）年轻80岁，见《蒂迈欧篇》21A〕

安提丰

卡莱斯克罗

格老孔（I）＝Δ

克里底亚（IV）
（三十僭主政体主要执政者）

卡尔米德

阿里斯通 — 珀里克提俄涅 — 皮里兰佩
（柏拉图之父）（柏拉图之母）（柏拉图继父）

德摩斯

阿得曼图　格老孔（II）　柏拉图　波托妮

斯彪西波

柏拉图著作篇名及缩略语表

希腊文	中文	英文	缩略语
Ἀπολογία	申辩篇	Apology	Ap.
Χαρμίδης	卡尔米德篇	Charmides	Chrm.
Κρατύλος	克拉底鲁篇	Cratylus	Cra.
Κριτίας	克里底亚篇	Critias	Criti.
Κρίτων	克里托篇	Crito	Cri.
Ἐπίνομις	伊庇诺米篇	Epinomis*	Epin.
Ἐπίπιστολαι	书信	Letters***	Ltr.
Εὐθύδημος	欧绪德谟篇	Euthydemus	Euthd.
Εὐθύφρων	欧绪弗洛篇	Euthyphro	Euthphr.
Γοργίας	高尔吉亚篇	Gorgias	Grg.
Ἱππία Μείζων	大希庇亚篇	Greater Hippias**	G.Hp.
Ἱππία Ἐλάττων	小希庇亚篇	Lesser Hippias	L.Hp.
Ἴων	伊安篇	Ion	Ion
Λάχης	拉凯斯篇	Laches	Lch.
Νόμοι	法篇	Laws	L.
Λύσις	吕西斯篇	Lysis	Ly.
Μένεξένος	美涅克塞努篇	Menexenus	Mx.
Μένων	美诺篇	Mono	M.
Παρμενίδης	巴门尼德篇	Parmenides	Prm.
Φαίδων	斐多篇	Phaedo	Phd.
Φαῖδρος	斐德罗篇	Phaedrus	Phdr.
Φίληβος	斐莱布篇	Philebus	Phlb.
Πρωταγόρας	普罗泰戈拉篇	Protagoras	Prt.
Πολιτεία	国家篇	Republic	R.

续表

希腊文	中文	英文	缩略语
Σοφιστὴς	智者篇	Sophist	Sph.
Πολιτικὸς	政治家篇	Statesman	Stm.
Συμπόσιον	会饮篇	Symposium	Smp.
Θεαίτητος	泰阿泰德篇	Theaetetus	Tht.
Τίμαιος	蒂迈欧篇	Timaeus	Ti.
Ἀλκιβιάδης	阿尔基比亚德上篇	Alcibiades**	Alc.
Ἀλκιβιάδης δεύτερος	阿尔基比亚德下篇	Second Alcibiades*	2Alc.
Ἵππαρχος	希帕库斯篇	Hipparchus*	Hppr.
Κλειτοφῶν	克利托丰篇	Clitophon**	Clt.
Θεάγης	塞亚革斯篇	Theages*	Thg.
Μίνως ἢ Περί Νόμο	弥诺斯篇	Minos*	Min.
Δημόδοκος	德谟多库篇	Demodocus*	Dem.
Σίσυφος	西绪福斯篇	Sisyphus*	Sis.
Ἐρυξιας	厄里西亚篇	Eryxias*	Eryx.
Αξίοχος	阿西俄库篇	Axiochus*	Ax.
Ἐπασταί	情敌篇	Rival Lovers*	Riv.
Περί Δίκαιω	论公正	On Justice*	Just.
Περί Ἀρετη	论美德	On Virtue*	Virt.
Ἀλκυών	神翠鸟	Halcyon*	Hal.
Ὅροι	定义集	Definitions*	Def.
Ἐπίγραμμαι	诗句集	Epigrams***	Epgr.

* 表示伪作。

** 表示大多数学者认为不是柏拉图真作。

*** 书信和诗句集的各篇各节真伪情况不一。

申 辩 篇

提 要

本篇是柏拉图的早期对话。希腊文标题是"Ἀπολογία Σωκράτης",意为"苏格拉底的申辩",中文标题译为"申辩篇",亦有中译者译为"申辩"、"苏格拉底的申辩"。公元 1 世纪,亚历山大里亚的塞拉绪罗在编定柏拉图作品篇目时,将本篇排在第一组四联剧的第二篇,并称本篇的性质是伦理的。① 本篇篇幅不大,译成中文约 2.4 万字。

苏格拉底(公元前 469 年—前 399 年)是雅典公民,哲学家,柏拉图的老师。公元前 399 年,时年 70 岁的苏格拉底被人指控,出庭受审,面对大约由 500 位雅典公民组成的审判团为自己辩护。他受到的主要指控是"毒害青年,不信城邦崇敬的神,而相信其他新的精灵"。(24b)整篇辩护词分为三部分:第一,主要的辩解(17a—35d);第二,审判团投票判苏格拉底有罪后的简短陈辞(36a—38c);第三,审判团判决苏格拉底死刑后的最后陈辞(38c—42a)。

苏格拉底在西方文化传统中具有耶稣般的圣人地位,苏格拉底受审是西方历史上的所谓"千古奇冤"。这篇对话不是苏格拉底受审时的现场记录,

---

① 参见第欧根尼·拉尔修:《名哲言行录》3:58,该书名亦译为《著名哲学家的生平和学说》。

而是柏拉图的事后追忆或再创作。对话的具体发表时间不详，约于苏格拉底实际受审和被处死以后的若干年内公诸于世。写作本篇时，柏拉图依据自己对苏格拉底的了解，严厉反驳苏格拉底所受到的指控，栩栩如生地刻画了苏格拉底的为人。尽管无法最终确定这篇辩护词与苏格拉底的真实讲话有多接近，可以肯定的是，它与苏格拉底实际言辞的基本精神是一致。

　　苏格拉底对柏拉图产生过重大影响。"苏格拉底之死"使柏拉图的整个人生在青年时代发生重要转折。阅读柏拉图著作可从本篇开始。它与《克里托篇》《斐多篇》在内容上构成了一组"苏格拉底对话"，都与"苏格拉底之死"有关。本篇提供了苏格拉底的思想方法、生活方式、宗教信仰等方面的细节，为我们了解苏格拉底的思想提供了重要线索。

正　文

　　【17】雅典人①，我不知道我的原告对你们有什么影响；而对我来说，我几乎不知道自己是谁，他们的讲话太有说服力了。不过，他们说的话几乎没有一丁点儿是真的。在他们的众多谎言中有一点特别令我感到惊讶，就是你们一定要小心提防、别让像我这样能干的演说家把你们给骗了。【b】当我表明自己根本不是一名能干的演说家时，他们讲这种马上就会遭到事实驳斥的话并不感到羞耻，而我感到他们才是最厚颜无耻的，除非他们把讲真话的人称做能干的演说家。如果他们是这种意思，那么我同意我是一名演说家，但不是他们讲的这一种，因为如我所说，他们说的话实际上没有一句是真的。【c】从我这里，你们听到的将全部是真话，宙斯②在上，雅典人，尽管我不会像他们那样斟酌词句和精心表达，而是直截了当、脱口而出，因为我相信我说的话是公正的，但我不想让你们中的任何人另做他想。我这把年纪

---

　　① 雅典人（ἄνδρες Ἀθηναῖοι），苏格拉底对审判团的称呼，原意为"雅典的男子"。
　　② 宙斯（Διὸς），希腊主神。

的人像名年轻人似的在你们面前信口雌黄是不得体的。

雅典人，有件事我的确需要求你们：如果你们听到我在申辩中用了我习惯于在集市上、钱庄柜台边或其他地方使用的相同的话，你们许多人在这些地方听过我说话，不要感到惊讶，也不要喧哗。【d】现在的情况是这样的：这是我在 70 岁的时候第一次出现在法庭上，所以我对在这个地方该讲什么话完全陌生。【18】就好比我真的是一名外邦人，如果我以我自幼习得的方言和方式讲话，你们当然得原谅我，所以我现在的请求并不过分，请别在意我的讲话方式，无论是好是坏，而要集中精力听我说得是否公正，因为审判官①的德性②与公正相连，而演讲者的德性就在于说真话。

雅典人，我首先要为自己辩护，驳斥早先那些虚假的控词，对付最先的那批原告，然后再来对付后来的控词和后来的原告。【b】有许多人向你们控告我已经好多年了，但他们的控词没有一句是真的。我害怕这些人胜过害怕阿尼图斯③和他的朋友，尽管阿尼图斯等人也很难对付。然而，前面这批人更难对付，雅典人；你们中许多人自幼就受他们的影响，他们虚假地指控我，让你们相信，说有个人名叫苏格拉底，是个有智慧的人，他上知天文，下知地理，钻研天上地下的一切事物，还能使较弱的论证变得较强。【c】雅典人，这些散布谣言的人是我最危险的原告，因为听到谣言的人会相信研究这些事情的人甚至会不信神④。况且，这批原告人数众多，指控我已有多年；还有，这批原告是在你们最容易相信他们的年纪对你们说的，你们中有些人听到这些谣言时还是儿童或少年，所以这场官司他们赢定了，因为根本无人替我辩护。

最荒唐的是我连他们是谁也不知道，说不出他们的名字，【d】只知道其

---

① 审判官（δικαστής）。

② 德性（ἀρετή），亦常译为"善"、"善德"，与"恶"、"恶德"相对时译为"美德"。这个词的基本意思是"功能"、"效用"、"价值"、"长处"、"卓越"、"优点"，用于伦理则为"善"、"德"、"品德"、"善德"。

③ 阿尼图斯（Ἄνυτος）是一位修辞学家，指控苏格拉底的三名原告之一。

④ 神（Θεός），亦译为"神灵"、"神祇"。

中有一位是喜剧作家。① 这些人邪恶地用谎言来说服你们，在说服别人的时候也说服他们自己，所有这些人都是极难对付的；我不可能把他们中的某一个带到法庭上来当面对质，或是驳斥他；我在为自己辩护时好像在做拳击练习，提出质疑而无人应答。我要你们明白，我的原告有两拨：一拨是最近对我提出指控的人，【e】另一拨是我刚才提到的从前的原告。我想你们是知道的，我应该首先针对后者为自己辩护，因为你们最先听到他们的指控，听的比前者多得多。

那么好吧，雅典人！【19】我必须尝试在我可以说话的短暂时间里，根除在你们心中萦绕多年的谣言。我希望能有更好的对你我双方都有益的方式，也希望我的辩护获得成功，但我知道这很难，我完全明白这有多难。即便如此，让我开始吧，就当它是神的意愿，我必须服从法律来为自己辩护。

让我们从头开始。【b】美勒托② 在写这份诉状时相信③ 的那些谣言来源于从前对我的指控，这些指控是什么？他们在造谣时说了些什么？我必须把他们当做我现在的原告，宣读一下他们的诉状。他们的诉状大体上是这样的：苏格拉底行不义之事④，他整天忙忙碌碌，考察天上地下的事情；他使较弱的论证变得较强，还把这些教给别人。【c】你们自己在阿里斯托芬的喜剧中已经看到，那里就有一个苏格拉底走着台步，自称在腾云驾雾，口中胡言乱语，说些我一无所知的事情。如果有人精通这样的知识，那么我这样说并不表示轻视这些知识，免得美勒托对我提出更多的指控，但是，雅典人，我跟这些事情无关，在这一点上，我要请你们中的大多数人为我作证。我想你们中的很多人听过我谈话，【d】如果有人听我讨论过这样的问题，无论长短，

---

① 指下面提到名字的阿里斯托芬（Ἀριστοφάνης），他的喜剧《云》（第225行以下）出现苏格拉底这个人物，该剧首次上演于公元前423年。

② 美勒托（Μέλητος），指控苏格拉底的三名原告之一，参见《欧绪弗洛篇》（2b），那里提到美勒托是个没有名气的雅典公民，当时还很年轻。下文（23e）说美勒托代表诗人，因此他的父亲可能是诗人。

③ 相信（πιστεύων）。

④ 行不义之事（ἀδικέω），希腊诉状中的常规用词，犯法、犯罪。

都可以站出来揭发我。由此你们会明白，有关我的其他流言均属同类。

这些流言没有一样是真的。如果你们听到有人说我招生收费，那么也同样不是真的。【e】不过，我想如果有人能像林地尼的高尔吉亚①、开奥斯的普罗狄科②、埃利斯的希庇亚③一样去教化民众，那倒是件好事。他们个个都能去任何城邦，劝说那里的青年离开自己的同胞公民去依附他们，【20】这些年轻人与自己城邦的公民交往无需付任何费用，而向他们求学不仅要交学费，而且还要感恩不尽。我确实还听说有一位来自帕罗斯④的智者正在我们这里访问，因为我碰到过一个人，他在智者身上花的钱超过其他所有人的总和，这个人就是希波尼库之子卡里亚。卡里亚有两个儿子，我对他说："卡里亚，你瞧，如果你的两个儿子是马驹或牛犊，【b】我们不难找到一位驯畜人，雇他来完善它们的德性⑤，这位驯畜人不外乎是一位马夫或农夫。但由于他们是人，你打算请谁来管教他们？谁是完善和改良他们的德性的专家？我想你有儿子，所以一定考虑过这个问题。有这样的人，还是没有？"他说："当然有。"我说："他是谁？从哪里来？他要收多少钱？"他说："苏格拉底，他是帕罗斯来的厄文努斯⑥，收费五个明那⑦。"【c】想厄文努斯要是真懂行，收费又如此合理，那么他真是个幸福的人。如果我有这种知识，那我一定会为此感到自豪并自鸣得意，但是，雅典人，我没有这种知识。

---

① 高尔吉亚（Γοργίαςό Λεοντίνος），约公元前485年—前380年，著名智者。
② 普罗狄科（Πρόδικος όΚεῖος），约公元前5世纪后半叶，著名智者。
③ 希庇亚（Ἱππίαςό Ἠλεῖος），约公元前5世纪末，重要智者。
④ 帕罗斯（Πάρος），海岛名。
⑤ 德性（ἀρετή），事物各自的特性，亦即"天性"。
⑥ 厄文努斯（Εὔηνος），诗人，在柏拉图《斐多篇》（60d9）、《斐德罗篇》（267a3）中出现。
⑦ 明那（μνᾶ）是希腊硬币的名称，亦译为"米那"。古希腊的货币单位主要有：塔伦特（τάλαντ）、明那、德拉克玛（δραχμή）、奥波尔（ὀβολός）、查库斯（χαλκός）。这些货币单位同时又是重量单位。古希腊货币是银本位制的。按阿提卡币制，1德拉克玛约为4.31克，所以1德拉克玛的货币就相当于4.31克白银。100德拉克玛合1明那（431克），60明那合1塔伦特（25.8公斤），1德拉克玛合6奥波尔（约为0.718克），1奥波尔合8查库斯（约为0.09克）。查库斯币值很小，是铜币。

也许你们有人会打断我，插话说："苏格拉底，你的麻烦① 是从哪里来的？这些流言从何而起？你要是不做这些出格的事，这些有关你的流言和说法决不会产生，除非你的行为与大多数人不同。【d】把实情告诉我们吧，省得我们武断。"任何人这样说似乎都是对的，我会向你们解释我蒙受这种名声和诬陷的原因。所以，注意听。你们中有些人也许会以为我在开玩笑，但我保证我所说的一切都是真的。使我拥有这种名声的原因无非就是某种智慧。哪一种智慧？也许是人的智慧。【e】我也许真的拥有这种智慧，而我提到的这些人拥有的智慧可能不止是人的智慧；否则我就无法解释了，因为我确实没有这种智慧，无论谁说我有这种智慧都是在撒谎，是对我的恶意诽谤。不要喧哗，雅典人，哪怕你们认为我在口出狂言，因为我要讲的这些话② 不是我发明的，我会把这个值得信赖的来源告诉你们。我要恳请德尔斐③ 的神④ 为我作证，看我的智慧是否真是智慧，是什么样的智慧。【21】你们认识凯勒丰⑤。他自幼便是我的同伴，也是你们大多数人的同伴，在最近的这次逃亡⑥ 中和你们一起出逃，又一起回来。你们肯定知道他是什么样的人，做起事来有多么莽撞。他有一次去德尔斐求神谕，如我所说，雅典人，请你们不要喧哗，他竟然提了这个问题，是否有人比我更智慧，庇提亚的女祭司⑦ 拿起签来说，没有人更智慧。凯勒丰已经死了，但他的兄弟会向你们证明此事。

---

① 麻烦（πρᾶγμα），意为事情、事务、麻烦、职业等，此处作麻烦解。
② 话（λόγος）。
③ 德尔斐（Δελφοί）是希腊宗教圣地，建有著名的阿波罗神庙。德尔斐小镇位于帕那索斯山脚下的福切斯的一个区域，该区域名为庇索，庇索亦为德尔斐的古名。
④ 指阿波罗（Ἀπολλον），希腊太阳神和智慧之神。
⑤ 凯勒丰（Καιρεφών），雅典民主派人士。
⑥ 伯罗奔尼撒战争以后，斯巴达人为战败的雅典建立寡头制，"三十僭主"掌握统治权，很多民主派逃离雅典。这里提到的逃亡发生在公元前 404 年，这些人过了八个月以后返回雅典。当时苏格拉底留在雅典，没有出逃。
⑦ 德尔斐古称庇索（Πῡθώ），在德尔斐的阿波罗神庙中发神谕的女祭司被称做庇提亚的（Πῡθία）女祭司。

【b】考虑到这一点，我把这件事告诉你们乃是因为我想向你们揭示这种诽谤的起源。听到女祭司的这个回答我就寻思："神说这话是什么意思？他为什么要打哑谜呢？我非常明白自己根本没有什么智慧；他说我是最有智慧的，这样说是什么意思呢？神一定不会撒谎，否则便与其本性不合。"困惑了很长时间，我最后勉强决定用这样的方法去试探一下神的意思；【c】我去探访一位智慧声望很高的人，以为在那里就能证明那个说法是错的，我可以回应那个神谕说"这里就有一个人比我更有智慧，而你却说我最智慧"。于是，我对这个人进行了试探，我不需要披露他的名字，但可以说他是我们的一位政治家，我的印象是这样的：许多人，尤其是他自己，觉得他很有智慧，但实际上没有智慧。于是，我试着告诉他，【d】他只是以为自己有智慧，但并非真的有智慧。结果他就开始讨厌我，在场的许多人也对我不满。所以，我离开了，我在寻思："我比这个人更有智慧，因为我俩其实都不懂什么是美①，什么是善②，但他在自己不懂的时候认为自己懂，而我在自己不懂的时候认为自己不懂；所以在这一点上我比他有智慧，我不认为自己懂那些不懂的事情。"后来我又去探访另外一个人，他在智慧方面的名气更大，【e】事情看来是一样的，结果我把这个人和其他许多人都给得罪了。

从那以后，我一个又一个地去探访。我明白自己被人怨恨，也感到伤心和害怕，但我寻思这个神谕是最重要的，所以我必须去找所有那些拥有知识名望的人查考这个神谕的意义。【22】雅典人，神犬③在上，我必须对你们说真话。我经历的事情是这样的：在我侍奉神的查考中，我发现那些声名显赫的人几乎都有不足，而那些被认为低劣的人倒比较明智④。我必须把我的奔波告诉你们，我干这样的苦活是为了证明那个神谕无法驳倒。在这些政治家之后，我去探访诗人，包括悲剧诗人、酒神赞歌诗人，【b】等等，想在这

---

① 美（καλόν）。

② 善（ἀγαθόν）。

③ 此处原文为"狗"（κύνα），指埃及神犬。希腊人发誓时的一种说法。

④ 明智（φρονίμως）。

些人中间看到我比他们无知。我拿起他们精心创作的诗歌，问他们这些诗是什么意思，为的是能同时向他们学到一些东西。雅典人，我实在羞于开口把事实真相告诉你们，但我必须说出来。几乎所有在场者都能比这些作者更好地解释这些诗歌。【c】我马上就明白了，诗人不是靠知识创作他们的诗歌，而是凭某种天生的才能或灵感①，就好像预言家和先知也能说许多美妙的话语，但却不懂他们说的话是什么意思。诗人在我看来有同样的体验。我同时看到，由于他们能写诗，于是就认为自己在其他方面也很有智慧，而实际上他们没有智慧。所以我又退却了，就像我对政治家的考察一样，我想我比他们要强一些。

【d】最后我去找手艺人，因为我清楚地知道自己实际上什么都不懂，也相信我会发现他们对许多美好的事物拥有知识。在这一点上我没有搞错，他们懂的事情我不懂，就此而言他们比我更智慧。但是，雅典人，这些能工巧匠似乎也有和诗人一样的错误：他们中的每一人，由于在自己所从事的行当里取得成功，就以为自己在别的最大的事情②上也很有智慧，【e】这一错误遮蔽了他们拥有的智慧，于是我就代那神谕问自己，我是愿意像我原来那样，既没有他们的智慧也没有他们的无知，还是像他们这样兼有二者。我对自己那个神谕做了回答，我应当是原来的我，这样对我最好。

雅典人，这些考察带来的后果是，我遭到很多人的忌恨，【23】这种忌恨很难对付，成了我的沉重负担；许多诽谤来自这些人，我拥有智慧的名声也来自他们，因为我对他们进行考察时，在场的人会以为我证明了与我谈话的人没有智慧，所以我有智慧。雅典人，最为可能的是，只有神才是智慧的，他的谕言的意思是，人的智慧很少价值或没有价值，【b】当他说到苏格拉底这个人的时候，只是在以我的名字为例，就好像说"凡人啊，苏格拉底这个人在你们中间是最有智慧的，他知道他的智慧毫无价值"。时至今日，

---

① 灵感（ἐνθουσιάζοντες），原意为"有神灵附体"。

② 最大的事情（τα μέγιστα），指治理国家或关心公民美德这样的大事。

我仍然遵循神的旨意，到处探访我认为有智慧的人，无论是本地公民还是外邦人。要是我认为他没有智慧，我就代神告诉他，你没有智慧。做这些事使我根本无暇参与公共事务，也确实没空照管自己的私事，由于侍奉神，我一贫如洗。

【c】还有，年轻人自发地跟随我，他们有很多空闲时间，家里又很富裕，喜欢听人受到盘问；他们自己也经常模仿我，去盘问别人。我想，他们看到许多人自以为拥有一些知识，而实际上所知甚少或一无所知。结果就是那些受到盘问的人生气了，【d】但不是对他们自己生气，而是冲着我。他们说："苏格拉底这个人是个传播瘟疫的家伙，把年轻人都带坏了。"如果有人问，苏格拉底做了什么、教了什么，把年轻人带坏了，他们就哑口无言，因为他们不知道，但是，为了显得他们知道，于是就随口说些现成的、对所有热爱知识的人① 都可提出的指责，说什么"天上地下的事"、"不信神"、"使较弱的论证变得较强"；我肯定他们不想说真话，我已经证明他们声称自己拥有知识，而实际上一无所知。我认为这些人是热爱名声的人②，【e】他们野心勃勃、人数众多、异口同声、令人信服地谈论我；他们对我的诽谤长期以来已经充塞了你们的耳朵。他们中的美勒托攻击我，还有阿尼图斯和吕孔③，美勒托代表诗人，阿尼图斯代表手艺人和政治家，吕孔代表演说家，为之鸣冤叫屈，【24】所以我一开始就说，如果我能在如此短暂的时间内消除你们头脑中根深蒂固的错误印象，那简直是个奇迹。雅典人，这就是事情的真相。我没有任何隐瞒或歪曲。我相当明白我的这种行为招来忌恨，但这正好证明我说的是真话，【b】我之所以受到诽谤，根源就在于此。无论你们现在还是今后要了解这件事，能发现的就是这些了。

针对我早先那批控告者，我的申辩已经够了。下面我要针对这位自称的

---

① 热爱知识的人（φιλσοφούντω）。

② 热爱名声的人（φιλότιμοι）。

③ 吕孔（Λύκων）是一位演说家，指控苏格拉底的三名原告之一。

大好人、热爱城邦的人①美勒托和后一批控告者为自己辩护。由于这些控告者是另一批，让我们和刚才一样先来看他们宣誓后的诉状。它大体上是这样的：苏格拉底有罪，他毒害青年，不信城邦相信的神，【c】而信新的精灵②的事情。这就是他们的指控。让我们逐一考察。

他说我因毒害青年而犯法③。雅典人，我要说美勒托犯规，因为他用轻率的态度对待一桩严肃的事情，用一些琐屑的理由把大家召来法庭，还对他从来不感兴趣的事摆出一副关切焦虑的模样，我会证明事情就是这样的。【d】美勒托，过来说话。你认为教年轻人学好是头等重要的大事吗？

"当然。"④

那么好，来吧，告诉这些先生谁让年轻人学好。你说你发现有个人在毒害青年，也就是我，所以把我弄到这里来，向这些人控告我。来吧，请你大声说说，让年轻人学好的是谁。你瞧，美勒托，你沉默了，不知道说什么好了。你这样不显得丢脸吗？这岂不足以证明我说的话，你对这类事根本不关心吗？【e】告诉我，我的大好人，谁在改善我们的年轻人？

"法律。"

这不是我要问的，我要问的是谁有法律知识来做这件事？

"这些审判官，苏格拉底。"

你什么意思，美勒托？他们有能力教育青年，使他们学好吗？

"当然。"

他们全体，还是有些人能，有些人不能？

"他们全体。"

【25】好极了，赫拉⑤在上！你提到有那么多人在让青年学好。这些听

---

① 热爱城邦的人（φιλόπολις）。

② 精灵（δαίμων），亦译为"灵异"或"灵机"。在希腊人的观念中，精灵的地位比神低，比凡人高，精灵能长寿，但并非不死。

③ 犯法（ἀδικεῖν），这个词也有"犯规"的意思。

④ 引号中是美勒托的回答，下同。

⑤ 赫拉（Ἥραν），女神，宙斯之妻，掌管婚姻和生育。

众怎么样？他们在教青年学好还是学坏？

"他们也在教青年学好。"

议员①们呢，他们怎么样？

"议员，他们也一样。"

那么，美勒托，公民大会②怎么样？公民大会的成员在毒害青年，还是在教他们学好？

"他们教青年学好。"

如此说来，似乎所有雅典人都在使青年成为好人，只有我除外，只有我在毒害他们。你是这个意思吗？

"我确实就是这个意思。"

【b】你对我的谴责，让我倒了大霉。告诉我，你认为这种情况也会在马身上发生吗？所有人都在改良马，但只有一个人在毒害它们？或者说情况正好相反，有一个人能够改良马，或者很少人，亦即驯马师，能够改良马，而大多数人，如果他们有马或用马，是在毒害它们，不是吗？美勒托，无论是马还是别的动物，不都是这种情况吗？无论你和阿尼图斯是否承认，情况就是这样。如果只有一个人在毒害我们的青年，而其他人都在教他们学好，那这些青年真是幸运极了。

【c】美勒托，你已经充分表明，你从来没有关心过我们的青年；你清楚地表明了你的无动于衷；你对拿来提起诉讼的这件事从未深思熟虑。

宙斯在上，美勒托，也请你告诉我们，一个人是和善良的公民住在一起

①　议员（βουλευταί），指"五百人会议"的成员。公元前509年，克利斯提尼改组梭伦所创设的"四百人长老会议"为"五百人会议"，使之成为比较平民化的机构。克利斯尼提按照人们所居住的地域，把整个阿提卡划分为一百个自治的"区"（δῆμος，德莫），每十个区组成一个新的以地域为基础的"乡族"（φῡλή）。雅典共有十个乡族，每一乡族各选派五十名代表参加"五百人会议"，任期一年，且无论何人，一生只能任两次议员。

②　公民大会（ἐκκλησία），克利斯提尼改革后，公民大会是雅典城邦最高权利机构，由全体男性成年公民参加。

好，还是与邪恶的家伙住在一起好？我的好朋友①，说吧，这个问题并不难。恶人总是伤害身边的人，好人则对他们有益，是这样吗？

"当然是这样。"

【d】宁愿受到身边人的伤害，不愿从他那里得到好处，会有这样的人吗？回答我，大善人，法律命令你回答。有人宁可受伤害吗？

"当然没有。"

好吧，你在这里控告我，说我毒害青年，让他们变坏，我这样做是有意的还是无意的？

"有意的。"

下面你该怎么说，美勒托？你这般年纪的人要比我这般年纪的人聪明，所以你知道恶人总是在伤害最接近他们的邻人，【e】好人总是在对他们行善，而我愚昧无知，竟然不明白这一点，也就是说，我要是伤害一个与我接近的人，就得冒着被他伤害的危险，所以我犯下如此大罪是有意的，如你所说，是吗？我不信，美勒托，【26】我也不认为还有别的人会信。要么我没有毒害青年，要么我毒害了青年，但却是无意的，而你在这两种情况下都在撒谎。如果我无意中伤害了他们，法律不会要你把无意中犯下过失的人弄到这里来，而会让人私下里训诫我；显然，我要是学好了，就会停止我无意中所做的事。而你过去故意回避我，不肯开导我，现在却把我弄到这里来，这个地方是那些需要接受惩罚的人要来的，而不是那些需要开导的人要来的。

【b】因此，雅典人，我说得已经很清楚了：美勒托从来没有关心过这些事。但无论如何，美勒托，请告诉我们，我如何毒害青年；根据你的诉状，你说我教他们不要相信城邦相信的神，而要相信其他新的精灵，是这样吗？我是这样教他们、毒害他们的吗？

"这正是我的意思。"

【c】我们正在谈论的神在上，美勒托，你把话说清楚，向我和这些人说

---

① 我的好朋友（τᾶν），称呼用语，只在阿提卡方言中使用。

清楚：我无法确定你的意思，你是说我教别人有神，因此我本人信神，还是说我是个完全不信神的无神论者，并且不认为自己因此而有罪，因为我信的神不是城邦相信的神，而是其他神，这就是你对我的指控，它们是另外一些神。或者说，你的意思是我根本不信神，而且教唆别人也不信神。

"我就是这个意思，你完全不信神。"

【d】奇怪的美勒托。你为什么要这样说呢？我不也像其他人一样，相信太阳和月亮是神吗？

"不，宙斯在上，各位审判官，他不信神，因为他说太阳是石头，月亮是泥土。"

亲爱的美勒托，你没想到你正在控告阿那克萨戈拉①吧？你如此藐视在场的人，以为他们无知，连克拉佐门尼的阿那克萨戈拉的书中充斥着这样的说法都不知道，还有，去书店花一个德拉克玛②就能买到这些书，【e】如果我假装说这些看法是我自己的，那么向我学习的年轻人岂不是要嘲笑苏格拉底，尤其是这些说法，如此荒谬？宙斯在上，美勒托，这就是你对我的看法，我不相信有神吗？

"这就是我说的，你根本不信神。"

你的话没人信，美勒托，甚至，我认为，连你自己都不信。雅典人，这个人在我看来极为自负和放肆。【27】似乎就是出于这种自负、暴虐和年轻气盛，他才告我的状。他像是造了一个谜语，用来试探我："智慧的苏格拉底能知道我在开玩笑、我的话是自相矛盾的，或者我能骗过他和其他人吗？"我认为，他给我安的罪名确实自相矛盾，他如同在说"苏格拉底由于不信神而犯了罪，但他信神"，这当然是玩笑的一部分。

【b】雅典人，跟我一起来，看他为什么会显得自相矛盾，而你，美勒托，务必回答我们。而你们，请记住我一开始就提出的要求，如果我按习惯

---

① 阿那克萨戈拉（Αναξαγόρας），古希腊早期自然哲学家（约公元前 500 年—约前 428 年），出生于克拉佐门尼（Κλαζομένιος），公元前 480 年赴雅典。

② 希腊货币名，约合银 4.31 克。

的方式讲话，请你们不要喧哗。

美勒托，相信人的活动而不相信人，世上有这样的人吗？让他回答问题，别一次又一次地喧哗。不相信马而相信马夫的活动，世上有这样的人吗？或者说，相信吹笛子的活动而不相信笛手，有这样的人吗？不，我的大好人，【c】没有这样的人。如果你不想回答，我来替你和这些雅典人说。但是下一个问题你必须回答。会有人相信精灵的活动而不相信精灵吗？

"没有。"

谢谢你的回答，尽管是在这些人的逼迫下吞吞吐吐说出来的。你说我相信精灵并传授有关精灵的事，无论新老，按你的说法，我相信精灵的事情，这是你在诉状中说的。但若我相信有关精灵的事情，那么我必定相信精灵。难道不是这样吗？是这样的。既然你不回答，我认为你已经同意了。【d】我们不是相信，精灵要么是神，要么是神的子女吗？对还是不对？

"当然对。"

那么，倘若如你所说，我相信精灵，而精灵又是某种神，这就是我刚才说的你在说谜语和开玩笑，你起先说我不信神，然后又说我信神，因为我信精灵。另外，如果精灵是神的子女，是神与女仙① 所生，或神与某些人说的其他什么凡人所生，那么什么人会认为，有神的子女，却没有神？【e】这太荒唐了，就好比说相信有马和驴生的孩子，即骡子，而不相信有马和驴。美勒托，你用这条罪状控告我，要么是为了用这个考我们，要么是因为不知道我有什么真的罪行可以拿来告我。哪怕人们智力低下，你也没有办法让人们相信，一个人相信精灵的事情，相信神的事情，【28】却不相信精灵、神、英雄。

雅典人，我认为，对美勒托的控告，我不需要做冗长的辩解来证明自己无罪，我说的这些话已经够了。而我前面所说有许多人忌恨我，你们要明白这是真的。这是我被控有罪的原因，如果我被定罪，那么起作用的既不是美

---

① 女仙（νύμφη），亦译为"宁妇"。

勒托，也不是阿尼图斯，而是谎言和众人的忌恨。【b】我认为，谎言和忌恨已经毁掉了许多好人，而这种事还会继续。你们不必担心，这种事不会到我为止。

也许有人会说："苏格拉底，忙于做这种琐事，给自己招来杀身之祸，你不感到丢脸①吗?"然而我会义正辞严地回答说："你这个人②，如果你认为凡有点自尊的人要在掂量了生与死之后才决定做某事是否值得，那么你说错了；他在采取任何行动时只考虑他的行为是否正义、【c】他做的事像是好人做的还是坏人做的。"依你的看法，死在特洛伊③的半神④是微不足道的，尤其是忒提斯之子⑤，他不愿受辱，因此轻视生命。当他渴望杀死赫克托耳⑥时，他的女神母亲对他说了一番话，我想这番话是这样的："孩儿啊，如果你要为你的同伴帕特洛克罗⑦复仇，杀死赫克托耳，你的死期也便来临，因为赫克托耳一死，马上就轮到你。"⑧听了这番话，他蔑视死亡和危险，【d】更加担心自己会卑鄙地活着而不能为他的朋友复仇。他说："如果不能向那个恶棍讨还血债，那就让我立即去死，胜过徒然坐在船舶前让人嘲笑，成为大地的负担。"⑨你们认为他多想过死亡和危险吗?

雅典人，这就是事情的真相⑩：某人一旦采取了他的立场，并相信这种

---

① 丢脸（αἰσχύνη），有羞愧、可耻之意。希腊人主张行事节制、力求中庸，而苏格拉底对各行各业的人进行查访，没能做到这一点，因而是丢脸的。

② 人（ἄνθρωπε），单数，此处做称呼有强烈蔑视的含义。

③ 特洛伊（Τροία），位于小亚细亚，邻近黑海。约公元前 1240 年—前 1230 年，迈锡尼王阿伽门农率阿该亚联军远征特洛伊，诗人荷马的《伊利亚特》取材于此。

④ 半神（ἡμιθέων），指英雄。参见荷马：《伊利亚特》12：23，赫西奥德：《工作与时日》159。

⑤ 指阿喀琉斯（Ἀχίλλειος），相传为阿耳戈英雄珀琉斯和海洋女神忒提斯所生，在特洛伊战争中是阿该亚联军一方的大英雄。

⑥ 赫克托耳（Ἕκτωρ），特洛伊王国战将，曾杀死阿喀琉斯的朋友帕特洛克罗，后来被阿喀琉斯所杀。

⑦ 帕特洛克罗（Πατρόκλος），阿该亚联军战将，在特洛伊城下被赫克托耳所杀。

⑧ 参见荷马：《伊利亚特》18：95—96。

⑨ 参见荷马：《伊利亚特》18：98 以下。

⑩ 真相（ἀλήθεια），真理。

立场是最好的，或者是他的指挥官把他安排在那里，我想他就必须留在那里，面对危险，不会去考虑死亡或其他事情，更不要说有其他顾虑了。【e】雅典人，如果我不能一如既往地这样做，那么倒是令人震惊的，在波提狄亚、安菲波利斯，以及代立昂①，我曾经像其他人一样，按照你们选出的将军的命令，冒着生命危险坚守岗位；后来，当神指派我过一种热爱智慧②的生活，这是我认为和相信的，考察我自己和其他人，【29】而我却由于怕死或其他原因脱离岗位。那我真是做了一件可怕的事，我应当被公正地召到这里来受审，因为我不信神、不服从神谕、怕死、不智慧而自以为智慧。雅典人，怕死只是不智慧而以为自己智慧、不知道而自以为知道的另一种形式。没人知道，死也许是人的福中最大的，【b】但是人们都害怕，就好像他们知道死是最大的恶。以为自己知道那些不知道的事情，这种无知肯定是最应受到惩罚的。雅典人，这就是我和世上其他人不同的地方，如果我说自己在某个方面比某人更有智慧，也是因为这一点，由于我不可能恰当地知道哈得斯③那里的事情，所以我就认为自己不知道。但我确实知道，做坏事和忤逆尊者，无论这尊者是神还是人，是邪恶的、可耻的。与这些我知道是坏的坏事相比，我从不害怕或回避我不知道没准是好的好事。【c】即使你们现在判我无罪，不相信阿尼图斯——他对你们说了，要么一开始就不该把我弄到这个法庭上来，我现在既然已经上了法庭，你们就必须将我处死，因为要是判我无罪，你们的儿子会去实践苏格拉底的教导，彻底堕落——如果你们对我说："苏格拉底，我们现在不相信阿尼图斯，我们判你无罪，但有一个条件，你不能再花时间进行这种考察，【d】不能再爱知，要是被我们知道你仍旧在这样做，那么你必死无疑。"要是你们在这些条件下判我无罪，我会这样回答："雅典人，我向你们致敬，我爱你们，但我宁可服从神而不服从你们，只要我还有一口气，还能做事，我就决不会停止爱知，我要用习惯的方

---

① 波提狄亚（Ποτίδαια）、安菲波利斯（Ἀμφίπόλις）、代立昂（Δελίον），均为地名。

② 原文为"φιλοσοῦντα"。

③ 哈得斯（Ἀιδου），冥神，掌管冥府地狱，词意为"看不见"。

式激励你们，向我遇到的每一个人说：尊敬的先生，你是雅典人，是这个以智慧和力量著称的最伟大的城邦的人；【e】如果你只渴望尽力获取金钱、名声和荣誉，而不追求智慧和真理，不关心如何让灵魂①变成最好的，你难道不感到羞耻吗？"如果你们中有人驳斥我的说法，说自己关心这些事，那么我不会让他马上走，我自己也不走，我会询问他、考察他、羞辱他——如果我发现他没有德性，反而说自己有——责备他【30】把价值最大的事情当做最不要紧的事情，把琐碎的小事当做大事。对我遇到的每个人我都会这样做，无论是青年还是老人，是外邦人还是本地人，我尤其要为你们这样做，因为你们是离我最近的同胞。你们一定要明白。这是神命令我这样做的，我相信在这城里没有比我对神的侍奉更大的善行。因为我忙忙碌碌，所做的事情无非就是劝导你们，无论老少，最应关注的不是你们的身体②或财富，【b】而是你们灵魂的最佳状态；好比我对你们说："财富之所以好是因为德性，德性使财富以及其他所有对人有益的东西成为好的，无论个人的还是集体的。"

那么，我若说这样的话毒害青年，这个建议必定是有害的，但若有人说我提供的建议不是这样的，那么他在胡说八道。就此，雅典人，我会对你们说："无论你们是否相信阿尼图斯，【c】无论你们是否判我无罪，都要明白这是我的既定行为，哪怕要我死许多回。"请安静，雅典人，记住我的请求，听我讲话，不要打断我，我相信听我讲话对你们有好处。我还要告诉你们其他事情，你们听了以后也许会狂呼乱叫。你们一定不要这样做。你们一定要明白，如果你们杀了这种人，我就是我说的这种人，那么你们对我的伤害不如对你们自己的伤害。【d】美勒托也好，阿尼图斯也罢，都无法以任何方式伤害我；他不能伤害我，因为我不相信坏人伤害好人是合法的；他无疑想要杀了我，放逐我，或者剥夺我的公民权，他或其他人认为这是对我的巨大伤害，但我不会这样认为。我想，他现在正在做的事会给他自己带来更大

---

① 灵魂（ψῡχή），亦译灵、魂，原意为"气息"。
② 身体（σῶμα），亦译肉体、肉身。

的伤害，因为他试图不公正地处死一个人。确实，雅典人，我现在远非像
常人所想象的那样在为自己辩护，而是在为你们辩护，【e】免得你们给我定
罪而误用神赐给你们的礼物；如果你们杀了我，再找一个像我这样的人是不
容易的。神把我指派给这座城邦——尽管这话听起来有点可笑，但我还是要
说——这座城邦就像一匹高贵的骏马，因身形巨大而行动迟缓，需要一只牛
虻来刺激它。我相信，神把我安放在这座城里，就是为了让我起这样的作
用。我一刻不停地去激励你们中的每个人，【31】整天指责和劝导你们，无
论在哪里，只要我发现自己在你们中间。

雅典人，要在你们中间找到另一个这样的人是不容易的，如果你们相信
我，那就赦免我。你们也很容易被我激怒，就好像昏睡中的人被惊醒，恨不
得一巴掌把我打倒；如果相信阿尼图斯的话，你们也会轻易地杀了我，然后
你们可以在你们的余生继续昏睡，除非神眷顾你们，另外指派一个人到你们
中间来。我就是神馈赠给这个城邦的礼物，【b】你们可以通过下列事实明白
这一点：我多年来放弃自己的全部私事，简直不像是凡人的所作所为，我总
是关心和接近你们，像父亲或长兄那样敦促你们关注德性。如果我从中谋
利，对我提供的建议收费，那还有些道理，但是现在你们亲眼看到，尽管控
告我的人厚颜无耻地说我犯有各种罪行，【c】但有一件事他们不敢提出来，
就是说我勒索或收取报酬，因为他们不能提供证人。而我却可以提供证据说
明我说的是真话，这就是我的贫穷。

我这样做似乎有些奇怪，私下里给人提建议，到处奔走，但却不肯冒险
去公民大会，在那里给城邦提建议。其中的原因，你们已经在许多地方听我
说过，【d】有神①或精灵发出声音②，美勒托在他的诉状中嘲笑过这一点。这
种事从我小时候就开始了，每当这种声音出现的时候，它总是阻止我本来要
做的事情，却从来不鼓励我去做什么。它反对我参与公共事务，我认为反对

---

① 神（θεῖον）。
② 声音（φωνή），这里的声音是精灵发出的。

得漂亮。雅典人，你们肯定知道，如果我很久以前就参与政事，那么我早就死了，对你们和对我自己都没有什么好处。【e】别因为我说了真话就发火；凡是坦诚地反对你们，或反对其他人，想要阻止城邦发生不正义、不合法的事情的人，都不可能保全性命。【32】真正为正义而战的人若想活命，哪怕多活很短的时间，必须过一种私人的生活，而不是去参政。

我将为此提供重大证据，它不是言辞，而是你们看重的行动。请听我以往的经历，你们即可知道，我不会因为怕死而向违背正义者屈服，哪怕不屈服就会马上死。我要告诉你们的事情很普通，在法庭上常能听见，但它们是真的。【b】雅典人，除了担任议员我在城邦里没有担任过其他公职，那时候轮到我们安提奥启乡族①当主席，你们想要审理"十将军"②的案子，因为他们在海战结束后未能运回阵亡将士的遗体。这样做是非法的，你们后来也承认。当时的主席中只有我一人反对你们做违法的事，投了反对票。那些演说家打算弹劾我，逮捕我，你们也在鼓噪，怂恿他们这样做，【c】但我认为自己应当冒险站在法律和正义的一边，而不应当由于害怕被监禁或处死，支持你们进行一场不公正的审判。

这件事发生的时候，城邦还是民主制。等到成了寡头制，"三十僭主"③

---

① 公元前 509 年，雅典政治家克利斯提尼进行政治体制改革。按居住区域，整个阿提卡划分为一百个区（δῆμος），"德莫"，每十个区组成一个乡族（φυλή）。每一乡族各派 50 名代表组成"五百人议会"，任期一年。"五百人议会"是比较平民化的机构，其职责是为公民大会准备提案，并执行公民大会的决议，亦负责重大案件的审理。安提奥启（Ἀντιοχίς）乡族是阿提卡十个乡族之一。

② 克利斯提尼改革以后，雅典的军事组织实行十将军制：每年由十个乡族各选一名将军，组成"十将军委员会"，负责该年的军事指挥事宜。十将军中有一人为首席将军。公元前 406 年，雅典海军在爱琴海西部莱斯堡岛南面战胜斯巴达人。退兵时因海上风暴骤起，雅典海军未能收回阵亡将士的遗体，统兵的十位将军因此受到控告。原告提议不必个别审理，要求统一由民众投票表决，意欲置他们于死地。这种做法不符合雅典的法律，但轮值主席团中只有苏格拉底一人反对。

③ 伯罗奔尼撒战争后，斯巴达取胜，在雅典扶植成立寡头制政府，公元前 404 年，雅典成立由三十僭主掌权的政府，但仅掌权八个月。三十僭主起初只处死一些人们不喜欢的政客，后来诛杀民主制的支持者、富有的公民和外邦人。苏格拉底不是民主派，在三十僭主统治时期没有离开雅典。

召我和其他四人去圆厅①，命令我们去萨拉米②把勒翁③抓来处死。【d】他们对许多人发出过类似的命令，想让尽可能多的人承担罪责。这时我再次用行动，而不是用言辞，表明我宁愿死，如果你们不感到我这样说太粗鲁的话，也不愿做这种不公正、不虔敬的事。政府的力量虽然强大，但不能强迫我去作恶。离开圆厅以后，其他四人径直去了萨拉米抓勒翁，而我回家了。【e】要是这个政府没有马上倒台，我可能已经为这件事被处死了。关于这件事，有许多人可以向你们作证。

如果我参与公共事务，像一个好人必须做的那样行事，维护公道，并把这一点看得无比重要，那么你们认为我这些年还能活命吗？差得很远，雅典人，【33】其他任何人都做不到。我这一生，无论是履行公务，还是处理私事，都是始终如一的。我从来不向任何行不义的人妥协，无论是那些被某些人恶意地称为我的学生的人，还是其他人。我从来不是任何人的老师。如果有人愿意来听我谈话，做我关心的那些事，无论年轻人还是老人，我也决不吝惜把机会给任何人，但我不会收了钱就谈话，【b】不收钱就不谈。我准备回答所有人的提问，无论贫富，只要他们愿意回答我的问题，听我谈论。因此我不能对这些人变好了或是没变好负责，要我对此负责是不公平的，因为我从来没有许诺要教他们什么，也没有教给他们什么。如果有人说他曾向我学习，或者从我这里私下里听到某些其他人没听说过的事情，你们完全可以断定他说的不是真话。

【c】那么，为什么有人乐意花费大量时间与我为伴呢？雅典人，原因你们已经听到了，我已经把事情真相全部告诉你们了。他们乐意听我盘问那些自以为有智慧而实际上没有智慧的人。做这种事并非不愉快。这样做，我说过，是神指派我做的，通过神谕和托梦，还有神命令人去做事时的其他各种显现方式。雅典人，这是真的，很容易识别。

---

① 圆厅（θόλος），一所圆形建筑，在雅典"五百人议会"议事厅旁。
② 萨拉米（Σαλαμίνιος）。
③ 勒翁（Λέον）。

【d】如果我毒害一些青年，并且过去就在毒害他们，那么他们中的某些人现在年纪已经大了，要是他们发现我在他们年轻时给他们提的建议不好，那么他们现在会站出来指责我，为自己报仇。要是他们自己不愿意，他们的亲戚、父亲、兄弟或其他远亲会记得这些事，如果他们的家庭被我伤害，他们都会走上来报复我。【e】我看到许多人就在这里，第一位克里托，他跟我同龄，住在同一个区，是这位克里托布卢的父亲；其次是斯费图的吕珊尼亚斯，他是埃斯基涅的父亲；还有凯菲索的安提丰，他是厄庇革涅的父亲；还有一些人在这里，他们的兄弟以这种方式消磨时间；尼科司特拉图，塞奥佐提德之子，他是塞奥多图的兄弟，不过塞奥多图已经死了，所以尼科司特拉图不能影响他的兄弟；【34】帕拉留斯在这里，他是德谟多库斯之子，塞亚革斯的兄弟；这里还有阿狄曼图，他是阿里斯通之子，他的兄弟柏拉图就在那边；还有埃安托多鲁，他的兄弟阿波罗多洛就在这边。①

我还能说出许多人的名字来，美勒托肯定应当用他们中的某些人为他自己的讲话作证人。如果他忘了，那么让他现在就这样做；如果他有什么要说，我愿意把时间让给他。雅典人，你们看，情况正好相反。这些人全都准备帮助我这个毒害人的人，【b】帮助我这个伤害了他们的亲戚的人，如美勒托和阿尼图斯所说。被毒害了的人也许还有理由要来帮助我，那些没有被毒害的人，他们年纪较大的亲戚，没有理由要来帮我，除非有一个公正而又恰当的理由，这就是他们知道美勒托在撒谎，而我说的是真话。

各位，这些话，也许还有其他一些相同的话，【c】就是我在为自己申辩时必须说的话了。你们中也许有人想起自己以往受审时所做的申辩会生我的

———————

① 苏格拉底这段话提到了许多在场的乡邻、朋友和学生的名字：克里托（Κρίτων）、克里托布卢（Κριτοβούλος）、斯费图（Σφήττιος）的吕珊尼亚斯（Λυσανίας）、埃斯基涅（Αἰσχίνης）、凯菲索（Κηφισιεύς）的安提丰（Ἀντιφῶν）、厄庇革涅（Ἐπιγένης）、尼科司特拉图（Νικόστρατος）、帕拉留斯（Πάραλος）、阿狄曼图（Ἀδείμαντος）、柏拉图（Πλάτων）、埃安托多鲁（Αἰαντόδωρος）、阿波罗多洛（Ἀπολλόδωρος）。

气，尽管案子①不如我的重，但他在受审时痛哭流涕，苦苦哀求，把他们的孩子以及其他亲戚朋友也带到法庭上来，以博取最大程度的同情，但这些事我是不会做的，宁愿冒好像是最大的危险。【d】这样想的人也许会对我更加固执，并为此生气，投我的反对票来发泄怒火。你们中如果有这样的人，我假定没有，但若有的话，我想这样回答就很好：我的大善人，我也有家庭，用荷马的话来说就是，我不是"出生于岩石或古老的橡树"，②我的父母也是人，所以我也有家庭，有儿子，雅典人，有三个呢，一个已经接近成年，有两个还是小孩。但我不需要带他们中的哪个上来求你们投票放了我。我为什么不做这种事？【e】雅典人，不是我刚愎自用，也不是我轻视你们。我面对死亡是否勇敢与此无关，事关我的名誉，事关你们的名誉，事关整个城邦的名誉，以我这样的年纪和声望，做这种事不可能是对的。我的名望，无论真假，人们一般认为苏格拉底在某些方面优于大多数人。【35】如果你们中有人在智慧、勇敢，或其他德性方面被认为是卓越的，但却有这样的举止，那真是一种耻辱。然而，我经常看到有人做这种事，在受审的时候，尽管还算个人物，但却表现得极差，以为死是一件可怕的事情，好像你们要是不处死他们，他们就能不朽③。【b】我认为这些人给城邦带来了耻辱，所以陌生人看了免不了会想，这些拥有高贵品德、被选举担任公职、接受其他荣耀的人，其实和女人没什么不同。雅典人，如果你们还有一点荣誉感，都不该这样做；如果我们这样做了，你们也一定不该允许。你们要明确，谁要是把这种可怜的表演带上法庭、使城邦成为笑柄，你们更应当投他的反对票，而不是给那缄口沉默的人投反对票。

【c】雅典人，除了声望问题，我认为向审判官求情是不对的，靠乞求逃脱也不应该，正确的做法是开导和说服他们。占据审判席的人④不是为了施

---

① 案子（ἀγῶνα），官司。

② 荷马：《奥德赛》19：163。

③ 不朽（ἀθάνατος），不死。

④ 占据审判席的人（οἱ καθήμενοι），即审判官。

舍公正，而是要裁判公正，审判官立下誓言，不是要按照自己的喜好施舍，而是要依据法律审判。所以我们一定不能让你们背弃誓言，你们也不应该习惯于背弃誓言。否则，我们双方的行为都是对法律的不敬。

【d】雅典人，你们别指望我以这样的方式对待你们，我认为这样做既不光彩，又不正当，亦不虔敬，尤其是，宙斯在上，美勒托就在这里告我不虔敬；很清楚，如果我用哀求来对你们庄严的誓言施暴，以此来说服你们，那么我就是在教你们神是不存在①的，而我的申辩也就成了控告自己不信神。但这绝非事实，雅典人，因为我笃信神，我的原告没有哪个能比得上我。我请你们和神②，用对我和对你们最好的方式，审判我。③

【e】雅典人，你们判我有罪，我有其他很多理由不生你们的气，【36】我对这个结果并不感到意外。令我十分惊讶的倒是双方的投票，我没想到票数会如此接近，而不是差距很大。现在看来，如果再有 30 票投向另一方，我就会被宣布无罪开释了。④【b】我认为，我本人已经把美勒托的控告清除了，不仅如此，大家都很清楚，如果阿尼图斯和吕孔没有与美勒托联手前来控告我，那么美勒托就得为他没有得到五分之一的赞成票而缴一千德拉克玛的罚款了。

他⑤提议⑥要处死我。就这样吧！雅典人，我应当向你们提出什么不同

---

① 存在（εἶναι），亦译为是、有、在。

② 这里的神是单数，具体所指不明。

③ 苏格拉底的初次发言到此结束，审判团投票表决，判苏格拉底有罪，美勒托提议处死苏格拉底。

④ 依雅典法律规定，审判第一轮由全体审判官投票表决，按多数票决定被告是否有罪。原告一方如得票不足全票的五分之一，即为诬告，应缴罚款一千德拉克玛。无史料明确记载审判苏格拉底一案的审判团有多少人。第欧根尼·拉尔修在《名哲言行录》中说，苏格拉底"以 281 票被判有罪，比那些同意判他无罪的票要多"。（2.41）依此计算，苏格拉底一案第一轮投票有 281 票赞成，220 票反对，原告三人，共得 281 赞成票，若三人平均，少于全票的五分之一。

⑤ 指美勒托。

⑥ 提议（τιμάω），原意是"评判"或"荣耀"，引申为法律用语，指"量刑"。

的建议来替代①呢？显然应当是按照品行②我应得的，那它是什么呢？按照
我的品行我要遭受或付出什么呢？我有意不去过普通人的平静生活，放弃大
多数人的追求：财富、家产、将军的高位、演说家、其他职位，或者参加城
里的朋党和帮派，不是吗？【c】我认为自己过于忠厚，参与这些事情难免送
命。所以，我没有去那里做这些事，如果去了，对你们和对我自己都没有什
么好处，而是与你们个别私下相处，做有最大好处的事情；我试图逐个劝说
你们，在关心你自己之前不要关心你的身外之物，要尽可能地善良与明智，
不要在关心城邦自身之前关心城邦拥有的东西，【d】对其他事物也要按同样
的方式来关心。我既然是这样的一个人，那么按我的品行，我该得到什么样
的对待呢？应当是好的！雅典人，如果真的要按我的品行来提出我应得的，
而且是我该得的那种好事，那么对我这样一个需要闲暇来劝勉你们的贫穷的
恩人③，应当得到什么样的好处呢？雅典人，给我这种人最恰当的对待，就
是在市政厅④里用膳，比你们中在奥林匹亚赛会上的胜利者更适合得到这样
的待遇，无论是赛马还是赛车。【e】奥林匹亚赛会的胜利者好像在为你们造
福，而我就是在为你们造福；他不需要这种供养，而我需要。所以，按照公
正的原则，依据我的品行，我的提议是：【37】在市政厅用膳。

当我这样说的时候，你们可能会认为我很傲慢，就像我在谈论乞怜和妥
协时一样，但是雅典人，不是这么回事；真实情况倒应当是这样的，我确信
自己从来没有对谁行不义，至少不曾故意行不义，但我无法让你们确信这
一点，因为我们在一起交谈时间太短。【b】如果我们有一条法律，像其他
地方⑤一样，规定判死刑的大案的审理时间不是一天而是几天，你们就会被
说服了，而现在要在这么短的时间里，从这么大的诬告中解脱出来是不容易

---

① 苏格拉底的案子没有固定的处罚，法律规定原告和被告各提一种处罚方式，审判团在这两种方式中选择一种，但不能提出第三种处罚。
② 品行（ἄξιός）。
③ 恩人（εύεγρέτης）。
④ 雅典市政厅（πρυτνεῖον），在这里举行公宴，招待有功将领或奥林匹亚赛会胜利者。
⑤ 斯巴达的法律就是这样规定的。

的。我确信，我没有对任何人行不义，我也不会对自己行不义，不会说自己该得恶报，给自己提出这样一种惩罚方式。我怕什么？怕遭受美勒托提议的这种处罚吗？我说了，我不知道这对我是好事还是坏事。难道我不这样，而要从我明知道是坏的事情中另找一种来处罚我吗？【c】难道要监禁？我为什么要被监禁，总是①受制于当政者，给"十一人"②当奴隶呢？罚款，在付清前先要监禁吗？这对我来说是一回事，因为我没钱交罚金。放逐，行吗？你们也许会接受这个提议。

雅典人，我要何等贪生怕死，才会如此不合理，乃至于看不出你们这些我的同胞公民无法忍受我的行为和言论，【d】觉得我的言行难以承受，惹人忌恨，想要设法除掉它；那么，其他人就比较容易忍受这些事情吗？雅典人，不可能。我这样的年纪遭到放逐，被赶出城邦，一个接一个，这可真是一种美妙的生活，因为我非常明白，无论我去了哪里，都会像这里一样有青年来听我谈话。【e】如果我把他们赶走，那么他们会让他们的兄长来把我赶走；如果我不把他们赶走，那么他们的父亲和其他亲戚会为了这些青年来赶我走。

也许有人会说：苏格拉底，如果你离开我们，你不就可以安安静静地过你的日子，不用再谈话了吗？在这一点上要使你们中的某些人信服是最难的。【38】如果我说要我保持沉默是不可能的，因为这样做有违神的旨意，那么你们不会相信我，会以为我在讥讽③你们。如果我又说，天天谈论德性，谈论其他你们听我说过的事——听我对自己和其他人的考察，我要说，未经考察的生活不值得过，而这对人而言正是最大的善——你们更加不会相信我。【b】如我所说，事情就是这样，雅典人，但不容易让你们信服。同时，我也不习惯认为自己这样的品行该受惩罚。如果我有钱，我会提议一笔我付得起的罚金，因为那样不会给我带来什么伤害，可是我没有钱，除非你们愿意把罚金

---

① 总是（ἀεί），一直、永远。
② "十一人"（ἕνδεκα），负责监狱管理和执行刑罚的典狱官，由抽签选定。
③ 讥讽（εἰρωνευμένω）。

定在我能付得起的范围内，也许我能付一明那银子①。这就是我的提议。

雅典人，柏拉图在这里，还有克里托、克里托布卢、阿波罗多洛，他们要我提议罚款 30 明那，他们做担保。那么好吧，我就提这些了，他们有足够的能力为这笔罚款担保。②

【c】雅典人，要不了多久，那些反对城邦的人就会认为你们有罪，因为你们杀了有智慧的苏格拉底，那些想责怪你们的人也会这么看，他们会说我是有智慧的，哪怕我没有智慧，只要你们再等一段时间，这件事就会发生。瞧我这把年纪，活得很长，现在接近死亡了。我说这些话并非针对你们全体，【d】而是针对投票判处我死刑的人，对这些人我要说：雅典人，你们也许认为我很难用语言来说服你们，赢得这场官司，就好像为了获释我应当什么都说，什么都做。远非如此。我很难赢得这场官司，其原因不是缺乏言辞，而是缺乏厚颜无耻和懦弱，不肯对你们说那些你们喜欢听的话。我不会痛哭流涕，摇尾乞怜，【e】不做也不说那些不合自己品行的话，而你们习惯从其他人那里听到这种话。我不认为面临危险就可以做任何卑贱的事，我对我的申辩方式并不后悔。我宁可做了这样的申辩以后去死，也不愿活着再去做其他申辩。【39】因为，无论在审案中，还是在战斗中，我和其他人都不应该想方设法逃避死亡。打仗的时候，人常常可以放下武器，跪地求饶，乞求敌人的怜悯，面对各种危险，避免死亡的办法多的是，只要你敢说敢做。【b】但是，雅典人，逃离死亡并不难，难的是逃离邪恶，因为邪恶比死亡跑得更快。我现在年纪又大，跑得又慢，已经快要被那个跑得较慢的死亡追上了，而那些控告我的人尽管身手敏捷，却也已经被那个跑得较快的邪恶③追上了。现在我要离开你们了，接受你们判我的死刑；他们却要接受

---

① 公元前 5 世纪末，一名雇工一天的标准工钱为 1 德拉克玛，1 明那合 100 德拉克玛，所以是相当大的一笔钱。第欧根尼·拉尔修在《名哲言行录》中则说："他提议支付 25 德拉克玛。"（2.41）

② 审判团再次投票，判处苏格拉底死刑，苏格拉底做最后陈述。第欧根尼·拉尔修在《名哲言行录》中说："后来，通过了对他的死刑判决，还新增了 80 张票。"（2.42）

③ 邪恶（κακίας）。

真理所判的有罪和不公正。所以，让我遵守我受到的判决，他们遵守他们受到的判决。事情也许就应该是这样的，我认为他们也应该得到他们应得的。

【c】现在我愿对那些判我死刑的人说些预言，因为我现在正处于人最容易说预言的时候，也就是临死前。我要说，杀我的人，宙斯在上，我一死，你们的报应很快就会降临，比你们给我的死刑要残酷得多。你们现在这样做了，以为自己的生活无需接受考察，而如我所说，结果完全相反。将来考察你们的人会有很多，我一直在阻拦他们，【d】而你们看不到。他们会更加严厉，因为他们比你们年轻，会令你们更加恼火。如果你们相信杀人就能阻止有人指责你们活得不对头，那么这个念头不对。想要逃避这种考察，既无可能又不光彩，最好、最方便的办法不是堵住别人的嘴，而是自己尽力成为最好的人。这就是我临行前留给你们这些投票判我有罪的人的预言。

【e】趁官员们还在忙碌，而我还没有去我的受死之地，我很高兴对你们这些投票判我无罪的人谈谈这样一件事。所以，各位，跟我一起再待一会儿。只要还可以，我们可以聊聊天。【40】我想把你们当朋友，跟你们说说刚才所发生的这件事对我意味着什么。各位审判官，我这样称呼①你们才对，我碰到的这件事非常奇妙。从前，那个与我相伴的精灵的声音总会不断地出来反对我，如果我要做什么错事，无论事情多么微小，它都会加以阻止；而现在，你们看，我碰上了这件人们都认为是最凶险的事，然而，【b】无论是我今晨离家，还是我来到法庭，或者是在我发言的时候，这个神的信号都没有阻拦我。在其他场合，这种阻拦经常出现在我说话的时候，但这一次它对我说的每句话，对我做的每件事，都没有进行阻拦。对此我是怎么想的，原因何在？我会告诉你们的。我以为我碰上的这件事是一种福气，而我们中那些认为死亡是一种恶的人肯定错了。【c】对此我有令人信服的证据，因为我要做的事情如果不对，那么我熟悉的信号不会不阻拦我。

---

① 苏格拉底在前面都称审判团为"雅典人"，面对投票判自己无罪的审判官，他改了称呼。

让我们来想象一下，这为什么很有希望^①成为一件好事。因为死亡无非就是两种情况之一：它要么是一种湮灭，死者毫无知觉；要么如人所说，它是一种真正的转变和迁徙，是灵魂从一处移居到另一处。【d】如果人死以后毫无知觉，就像进入无梦的长眠，那么死亡真是一种奇妙的境界。我想，要是某人把他睡得十分香甜、连梦都不做一个的夜晚挑出来，拿来与他今生已经度过的其他夜晚和白天相比，那么就能看到，有多少个白天和黑夜能比这个夜晚更好，更舒服，且不说普通人，哪怕是伟大的国王^②，也会发现能够香甜熟睡的夜晚与其他日夜相比屈指可数。【e】如果死亡就是这个样子，那么我要说这真是一件好事，因为到那个时候，永恒好像也并不比一个夜晚更长。另外，如果死亡就是从这里转移到那里，而且人们所说的事情是真的，即所有死人都在那里，【41】各位审判官，还有什么比这更好？如果能够抵达冥府，逃避那些在这里称自己为审判官的人，就会在那里见到真正的审判官，弥诺斯、拉达曼堤斯、埃阿科斯^③，还能见到特里普托勒摩斯^④以及其他所有半神，他们由于生前正直而死后成为神，这样的旅行会是凄惨的吗？还有，要是能与奥菲斯、穆赛乌斯、赫西奥德、荷马^⑤相伴，你们中谁不愿付出高额代价？如果这是真的，那么我情愿死很多次。【b】若能在那里见到帕拉墨得斯^⑥和忒拉蒙之子埃阿斯^⑦，以及其他因不公正审判而死的古人，拿我的遭遇与他们相比，那么这样的生活对我来说太美妙了。我认为，这没有什

---

① 希望（ἐλπίς）。

② 伟大的国王（τὸν μέγαν βασιλέα）。

③ 希腊神话传说中的冥府判官分别是弥诺斯（Μίνως）、拉达曼堤斯（Ῥαδάμανθυς）、埃阿科斯（Αἰακος）。

④ 特里普托勒摩斯（Τριπτόλεμος），生前是人，死后成为神。

⑤ 希腊诗人：奥菲斯（Ὀρφεύς）、穆赛乌斯（Μουσαῖος）、赫西奥德（Ἡσίοδος）、荷马（Ὅμηρος）。前两人为神话传说中的人物。

⑥ 帕拉墨得斯（Παλαμήδης），参加特洛伊战争，被指控通敌，被阿该亚人用石头砸死。

⑦ 忒拉蒙（Τελαμῶνος）之子埃阿斯（Αἴας），特洛伊战争中的阿该亚联军勇将。参见《奥德赛》11：541。

么不快乐。最重要的是，我会在那里考察和检验人，就像我在这里做的一样，看他们当中谁有智慧，谁自以为有智慧。

审判团的先生们，【c】如果有机会考察那个统帅大军征讨特洛伊的首领①，或者有机会向奥德修斯②、西绪福斯③，以及其他无数的男男女女提问，人还有什么代价会不愿付出呢？与他们谈话，与他们为伴，考察他们，是一种极大的幸福。他们在任何情况下都不会因为谈话而把一个人处死。如果我们听到的这些事情属实，那么他们在那里比我们在这里更幸福，因为他们的余生是不死的。

审判团的先生们，你们也必须抱着良好的希望看待死亡，【d】请你们记在心里，好人生前死后都不能受到伤害，众神④不会对他的事情无动于衷。我现在碰到的这件事不是偶然的，而是清楚地显示给我的，死亡和从杂事中摆脱，这样对我更好。这就是神的征兆在此过程中没有前来阻拦我的原因。因此，我肯定不怨恨那些投票判我死刑的人和控告我的人。当然了，他们不是因为想到了这些事情才投我的反对和控告我的，【e】他们是要伤害我，因此他们应受谴责。但我对他们有个请求。各位，我的儿子长大以后，如果你们认为他们关心金钱或其他东西胜过关心德性，如果他们自以为是而实际上什么也不是，那么请你们用我对付你们的办法报复我的儿子，像我使你们伤心一样使他们伤心。请你们责备他们，就像我责备你们，因为他们不关心正确的事情，【42】在他们实际上一文不值的时候自认为了不起。如果你们这样做了，那么我算是得到了你们的公平对待，我的儿子也一样。

是我该走的时候了，我去死，你们去活。无人知道谁的命更好，只有神知道。

---

① 指阿该亚联军统帅阿伽门农。

② 奥德修斯（Ὀδυσσεύς），阿该亚联军将领，为人狡诈，荷马史诗《奥德赛》的主角。

③ 西绪福斯（Σίσυφος），科林斯国王，暴君，死后被罚在地狱里推巨石上山，快到顶时巨石滚下，重新再推，循环不止。

④ 众神（θεοί），亦译诸神。

克里托篇

提　要

克里托是本篇谈话人。他的名字成为本篇对话标题，符合柏拉图对话命名的通例。公元 1 世纪的塞拉绪罗在编定柏拉图作品篇目时，将本篇编为第一组四联剧的第三篇，并称本篇的性质是伦理的，称本篇的主题是论义务。[①] 本篇对话篇幅短小，译成中文约 1 万字。

本篇对话的场景是关押苏格拉底的囚室。从苏格拉底受审到执行死刑有一个月的间隙。雅典城邦一年一度派遣船只前往宗教圣地德洛斯朝觐。按照惯例，这条神圣的大船返回雅典之前不能处死任何犯人。苏格拉底受审之时，城邦派往圣地朝觐的大船已经出发。由于某种原因，这次朝觐所花的时间较长。苏格拉底的朋友们利用这段时间制订计划，想要营救苏格拉底出狱，让他离开雅典。克里托自己有足够的钱可以用来解救苏格拉底，其他许多朋友也乐意奉献，许多外邦的朋友可以帮助苏格拉底在那里过上幸福生活。克里托于某日傍晚得知那条朝觐的大船就要到达雅典的消息，于是他贿赂狱卒，于次日凌晨前去探监，把营救计划告诉苏格拉底，劝他逃走。两人的谈话就此展开。

面对克里托的劝告，苏格拉底拒绝逃跑。苏格拉底问：用以恶报恶的方

[①]　参见第欧根尼·拉尔修：《名哲言行录》3∶58。

式来保护自己是否正当？雅典法庭对他的判决肯定不公，但违反法律逃跑就正确吗？如果个人可以置法律于不顾，那会给国家造成什么样的伤害？苏格拉底认为，雅典法庭判处苏格拉底死刑是错误的，但审判本身是合法的，是由法庭按照法律程序进行的。因此，服从合法的判决是公民的责任。公民只要受到审判，就要服从判决，哪怕法庭的判决是错误的。如果公民个人可以漠视法庭的判决，那么所有法律和秩序都会荡然无存。苏格拉底在本篇中试图证明：公民在任何情况下都必须服从国家的法律，除非他改变对法律的看法；公民受到错误的审判，冤枉他的不是法律，而是滥用法律的人；如果受冤枉的公民越狱逃跑，那么他的行为是对法律本身的挑战，其结果将会使整个社会制度归于无效。

正　文

谈话人：苏格拉底、克里托①

苏　【43】为什么来这么早，克里托？时候已经不早了？

克　还很早。

苏　有多早？

克　就快要天亮了。

苏　真奇怪，狱卒还能听你的。

克　他现在对我相当友好，苏格拉底。我常来，还塞了一些东西给他。

苏　你刚到，还是来了有一会儿了？

克　有一会儿了。

苏　【b】那你为什么不叫醒我，而是安静地坐在这里？

克　我不敢，苏格拉底，宙斯在上，我只希望自己不会失眠和感到沮丧。看你睡得那么香，我真感到惊讶。我故意不叫醒你，好让你尽量过得舒

---

①　克里托（Κρίτων），苏格拉底的老朋友，与苏格拉底年纪相仿。

服一些。我以前经常认为你的生活方式是幸福的，现在你虽然大祸临头，却仍旧能够镇定自若、泰然处之。

苏　克里托，像我这把年纪的人还要抱怨我必死的事实，那就太不像话了。

克　【c】其他与你年纪相仿的人也会陷入厄运，但年纪大并不能阻止他们抱怨命运。

苏　是这样的。但你为什么来这么早呢？

克　我带来一个坏消息，苏格拉底，对你来说你显然不会认为这个消息是坏的，但对我和对你的所有朋友来说，这个消息是个坏消息，我们很难承受，尤其是我。

苏　【d】什么消息？莫不是那条从德洛斯^①回来的船已经到了，我必须去死了吗？

克　船还没到，但是根据那些从索尼昂^②下船的人带来的消息，我相信它今天就会到了。所以，船显然今天会到，你的生命明天必定终结。

苏　我愿如此，这是最好的结果。如果众神希望如此，那就让它这样吧。不过，我认为那条船今天到不了。

克　【44】为什么你会这样想？

苏　我会跟你解释。那条船到后的第二天我必须死。

克　管事的人是这么说的。

苏　所以我认为船今天到不了，明天才会到。我刚才做的梦可以为证。看来你刚才不叫醒我是对的。

克　你做的什么梦？

苏　我梦见一位白衣丽人向我走来。【b】她叫我的名字，说"苏格拉底，

_____

①　德洛斯（Δήλος），小岛名，希腊神话中说它原是漂浮的，直到宙斯将它锚定。这里是阿波罗的出生地，也是后来所谓"德洛斯同盟"的大本营。德洛斯原译"提洛"。

②　索尼昂（Σουνίου），阿提卡南端的一个著名海角。

第三天你会抵达土地肥沃的弗提亚"。①

　　克　一个怪梦，苏格拉底。

　　苏　在我看来，克里托，它的意思很清楚。

　　克　似乎太清楚了，我亲爱的苏格拉底，现在还是听我的，救救你自己吧。你要是死了，对我来说就不仅是一场灾难。我不仅失去一位无法替代的朋友，【c】而且有许多与你我不太熟的人会以为是我让你去死的，因为本来花点钱我就可以救你出狱，但我却没能这样做。重钱财而轻朋友，没有比这更加可耻的恶名了，大多数人不会相信，尽管我们全力敦促你离开此地，是你自己拒绝了。

　　苏　我善良的克里托，我们为什么要顾忌多数人的想法呢？应当得到更多关注的是那些最懂道理的人，他们会相信事实真相。

　　克　【d】可是，你瞧，苏格拉底，众人的意见也不得不顾。你当前的处境足以表明众人带来的伤害不会小，如果在他们中间把名声搞坏了，众人也会作大恶。

　　苏　但愿他们既能做大恶，又能行大善，那就好了，只是现在他们两样都不能。他们既不能使人聪明，也不能使人愚蠢；他们的行为完全是任意的。

　　克　【e】也许吧。但是请你告诉我，苏格拉底，你是否担心，要是你逃离此地，我和你的其他朋友会碰上麻烦，有人会告发我们帮你逃跑，就好像我们把你偷走似的，因此我们的财产会被没收，或者要付巨额罚金，【45】还会受到其他惩罚？如果你有这样的顾虑，那么请打消这些念头。我们冒险救你是正当的，如果必要，我们可以冒更大的危险。接受我的建议吧，别再固执了。

　　苏　我记得这些事，克里托，我也记得其他许多事情。

　　克　别再担心了。为了把你从这里弄出去，那些人索要的钱不算多。还

———————————

　　① 荷马：《伊利亚特》9：363。弗提亚（Φθία）是帖撒利的一个区，阿喀琉斯的家乡。

有，你难道不知道那些告密者很容易收买，要搞定他们花不了多少钱？【b】我的钱随时可用，我想，足够了。如果你担心我，因此不愿意花我的钱，那么还有一些外邦人在这里提供帮助。他们中有一位底比斯人西米亚斯①，专门为此而来，带了足够的钱。克贝②也这样，还有其他许多人。所以，如我所说，别为了这种顾虑而对要不要救你自己感到犹豫不决，也别顾忌你在法庭上说过的话，【c】说你不知道离开雅典以后该如何自处，因为在你去的许多地方，你都会受到欢迎。如果你想去帖撒利③，我有朋友在那里，他们会款待你、保护你，在帖撒利没人会伤害你。

另外，苏格拉底，我认为你的做法是不公正的，在能够得救的时候放弃自己的生命，像你的敌人一样加快你的命运进程，如他们所愿加速毁掉你自己。【d】更有甚者，我认为你辜负了你的儿子，在能够抚养和教育他们的时候，你却要离开和抛弃他们。这样做，表明你不关心他们的命运。他们将来的命运可能就是孤儿的命运。要么不要孩子，要么就与他们在一起，精心抚养和教育他们。在我看来你似乎选择了一条最轻松的道路，而我认为你应当像一名善良、勇敢的人那样去选择，尤其是一个自称要终身关注德性的人。

【e】我感到羞耻，既为你，也为我们这些朋友，省得你碰上的所有事情都被人归因于我们一方的胆怯；你上法庭去接受审判，这样做其实没有必要，而现在这个荒唐的结果会被人认为，由于我们一方胆小怕事，事情失控了，【46】在我们有可能救你、也能够救你的时候，我们没能救你，或者说你没能救你自己，哪怕说我们还有一丁点儿用处。想一想吧，苏格拉底，这样做不仅是邪恶，而且是羞耻，既对你，也对我们。你仔细想一想吧，或者说，考虑的时间已经过了，现在到了该下决心的时候了，以后不会再有机会

---

① 西米亚斯（Σιμμίας），毕泰戈拉学派哲学家，底比斯（Θῆβαι）人。荷马史诗中提到有好几座城市的名字叫底比斯，最著名的有波埃提亚的底比斯、特洛亚的底比斯、埃及的底比斯。

② 克贝（Κέβης），毕泰戈拉学派哲学家。

③ 帖撒利（Θεττλία），希腊半岛北部的一个地区。

了，整件事今晚必须完成。如果我们再拖延，那就不可能了，就太迟了。让我用各种理由来说服你，苏格拉底，听我的话，不要再固执了。

苏　【b】亲爱的克里托，你的热情若有正确的目的，必定有很高的价值；但若没有，你的热情越高，我就越难对付。因此，我们必须考察是否要按这种方式行事，不仅现在，而且一直以来，我不是那种随便接受建议的人，除非经过思考证明它是最好的。现在我碰上这种命运，但我不能放弃惯常使用的论证，【c】它们在我看来依然如故。我像从前一样高度评价和敬重这些原则，如果现在我们提不出更好的论证，那么我肯定不会同意你的看法；哪怕民众用监禁、处死、没收财产来恐吓我们，就好像我们是小孩子，我也不会同意。我们该如何最合理地考虑这个问题呢？【d】是否应当先来看你关于民众意见的论证，看一个人是否应当在各种场合都要注意某些意见，而不必理会其他意见呢？或者说，在我被判死刑之前谈这个问题也许是适宜的，而现在谈这个问题，显然就成了空洞的论证，实际上是一种游戏和胡说？我渴望与你一道进行考察，克里托，让我们来看这个论证在我当下处境中会以各种方式向我呈现出不同的意义，还是会保持原样，我们应当抛弃它还是相信它。【e】那些思想严谨的人在各种场合说过，就像我刚才说的那样，民众的某些意见应当高度尊重，而其他意见则不必理会。神灵在上，克里托，你认为这是一个完善的说法吗？你作为一个凡人，不像明天就要死去，【47】所以眼前呈现的这种不幸不会使你丧失理智。所以请你考虑，一个人一定不能听从民众的所有意见，而只能尊重民众的某些意见，不尊重民众的其他意见，一个人也不必听从所有人的意见，有些人的意见要听，有些人的意见不必听，这个说法不是很合理吗？你有什么要说的？这个说法不对吗？

克　说得很对。

苏　一个人要尊重好意见，而不要尊重坏意见，对吗？

克　对。

苏　好意见就是聪明人的意见，坏意见就是愚蠢者的意见，对吗？

克　当然对。

苏　好吧。有这样一个说法：【b】一个专门从事身体锻炼的人应当重视所有人的赞美和责备，还是应当听从一个人的意见，即医生或教练的意见？

克　只听一个人的意见。

苏　因此，他应当畏惧一个人的责备、欢迎一个人的赞美，而不理会其他许多人的意见，是吗？

克　显然如此。

苏　所以他必须按照那个人，那个教练或其他内行。认为正确的意见来行动和锻炼，来吃饭与喝水，而不用理会其他人的想法，对吗？

克　就是这样。

苏　【c】很好。如果他违背那个人，不听他的意见或赞美，而是计较众多没有知识的人的意见，他会不受伤害吗？

克　当然会。

苏　这种伤害是什么、它朝向何处、它会影响人的哪个部分？

克　显然要伤害他的身体，这是它想要摧毁的。

苏　说得好。涉及其他事情，我们不必尽数列举，而关于行动当然有正义和不义、可耻与光荣、【d】善良与邪恶之分，这是我们现在正在谈论的主题，我们应当顺从和恐惧众人的意见，还是应当接受一个人的意见，假定这个人对这些事情拥有知识，在他面前我们应当感到恐惧和羞耻，超过面对其他所有人。如果我们不遵守他的指点，我们就会伤害和弄坏我们自己的某个部分，正义的行动会改善它，不义的行动会摧毁它。或者说，这些话没啥道理？

克　我认为确实如此，苏格拉底。

苏　现在来看，如果我们由于不顺从那些内行的人的意见而毁掉了可被健康所改善、可被疾病所摧毁的部分，这个部分被摧毁了，【e】那么这样的生活还值得过吗？我说的这个部分是身体，对不对？

克　对。

苏　身体被摧毁了、朝着坏的方向发展，这样的生活还值得过吗？

克　不值得。

苏　不义的行动伤害我们的某个部分、正义的行动使我们的某个部分受益，我们的这个部分要是毁坏了，这样的生活还值得过吗？或者说，我们认为我们的这个部分，【48】无论它是什么，与正义和不义相关，比身体还要低劣吗？

克　绝对不会。

苏　这个部分更加珍贵？

克　珍贵得多。

苏　所以我们不应当过多地考虑大多数人会怎么说我们，而应当考虑那个懂得正义和不义的人会说些什么，这个人就是真理本身。所以，首先，你错误地相信我们应当注意众人对什么是正义、美、善及其对立面的意见。但有人会说："众人能够处死我们。"

克　【b】这太明显了，苏格拉底，有人肯定会这么说。

苏　但是，我可敬的朋友，我们刚才通过的论证，我想，依然有效。我们来考察一番，看下面的陈述是否依然成立：最重要的事情不是活着，而是善良地活。

克　这个陈述依然成立。

苏　善良的生活、美好的生活、正义的生活是一回事，这个陈述依然成立吗？

克　依然成立。

苏　到现在为止我们的看法一致，下面我们必须考察【c】在雅典人没有赦免我的时候逃离此处，这样的行为对我来说是正当的吗？如果这样做是正当的，那么我们要尝试一番；如果这样做是不正当的，那么我们要抛弃这种念头。至于你提出的钱财、名声、孩子的抚养等问题，克里托，这些想法实际上属于民众，他们轻率地把人判处死刑，也随意免去人的死罪，只要办得到他们就干，并不深入思考，这是大多数人的想法。然而，对我们来说，由于我们的论证已经引导我们进到这一步，如我们刚才所说，唯一有效的思考是，【d】向那些愿意把我带出此地的人付钱，向他们表示感谢，我们自己也为逃跑提供帮助，这样的行为正当吗？或者说我们做这些事情全都错了。如果看到我们的行动是不正当的，那就根本不需要考虑如果留在这里、静坐不动，是否必死、是否必定受其他罪的问题。

克　我认为你说得很好，苏格拉底，但我们还是要考虑一下该做些什么。

苏　【e】让我们一起来考察这个问题，我亲爱的朋友，如果你在我说话的时候能够提出反对意见，那就请你随时提出，我会注意听的，但若你没有反对意见，我亲爱的克里托，那就请你停止，不要再重复说我必须违反雅典人的意愿离开这里。我认为，在我行动之前说服你是重要的，【49】而不是违反你的愿望去行动。现在来看，我们考察的起点是否得到了恰当的说明，请用你认为最好的方式尝试回答我的问题。

克　我试试看吧。

苏　我们不是说过，人一定不会以任何方式自愿作恶，或者说人作恶必定会以一种方式、而不以另一种方式？作恶绝不可能是善良的或可敬的，【b】这是我们过去一致的看法，或者说在过去的几天里，我们所有这些一致的看法都已荡然无存？我们这把年纪的人竟然没能注意到，在多年严肃的讨论中，我们其实与儿童无异？尤其是，事实真相就是我们曾经说过的那样，而无论大众是否同意，我们是否还要继续承受比现在还要糟糕的事情？或者换一种比较温和的说法，对作恶者来说，作恶或行不义在任何情况下都是有害的和可耻的？我们是不是这样说的？

克　是的。

苏　所以，人一定不能作恶。

克　当然不能。

苏　由于人一定不能作恶，所以在受到虐待时，人一定不能像大多数人所相信的那样，以恶报恶。

克　【c】好像是这样的。

苏　现在请你告诉我，克里托，人应不应当虐待他人？

克　一定不能。

苏　那么好，如果一个人受到虐待，那么他像大多数人所说的那样以恶报恶，这样做对吗？

克　这样做绝不可能是对的。

苏　虐待他人与作恶没有什么区别。

克　你说得对。

苏　无论受到什么样的虐待，【d】人绝对不可以恶报恶，不可虐待任何人。克里托，我知道你不会同意这一点，它与你的信念是对立的。我知道，只有很少人是这样想的，或者坚持这种看法，坚持这种看法的人与反对这种看法的人缺乏共同基础，他们不可避免地会藐视对方的观点。所以，请你仔细考虑，你我对这种观点的态度是否相同，你是否同意让这种观点——作恶和以恶报恶是不对的，以虐待对虐待也是不对的——成为我们交谈的基础。或者说，你不同意这种观点，【e】不愿以这种观点作为我们讨论的基础？我长期坚持这种观点，现在仍然这样看，你若有别样想法，现在就告诉我。当然了，你要是认同我们前面的意见，那就请听下一个要点。

克　我认同前面的意见，赞同你的看法。请你说下去。

苏　那我就来说下一个要点，或者倒不如让我来问你：一个人与他人达成了公正的协议，他应当履行还是违反？

克　应当履行。

苏　我们来看从中可以推出什么结论：如果我们离开这里而无城邦的允许，【50】我们是否虐待了我们最不应当虐待的人？我们是否应当履行一项公正的协议？

克　我不能回答你的问题，苏格拉底。我不知道。

苏　请你这样想。假定我们正计划逃离此地，或者不管人们怎么叫它，法律和国家会前来向我们提问："告诉我，苏格拉底，你打算做什么？你打算用这样的行动来摧毁我们吗【b】——法律、整个城邦、与你有关的一切？

如果法庭的宣判没有效力，是废纸一张，可以被个人所废除，这样的城邦能不毁灭吗？"对这个问题和其他相同的论证，我们该如何回答？还有许多话可说，尤其是代表正在被我们摧毁的法律的演说家会说，法庭的宣判应当坚决执行。【c】而我们回答说："城邦虐待我，它的决定不对。"我们应当这样说，还是该另外说些什么？

克　是的，宙斯在上，苏格拉底，这是我们的回答。

苏　如果法律说："这不正是我们之间的协议吗，苏格拉底？或者说，你要遵守城邦的判决。"那我们该怎么说。如果我们对这样的用语表示惊讶，它们也许会说："苏格拉底，别在意我们说了些什么，你只需要回答我们的问题，【d】因为你习惯于通过问与答来进行讨论。来吧，你现在对我们和这个城邦提出了什么指控，想以此来摧毁我们？我们难道没有首先赋予你生命，因为正是通过我们，你的父母才结了婚，生下了你？你说话，你对我们这些涉及婚姻的法律有什么要批评的吗？"我会说，我没什么要批评的。"你对涉及儿童抚养和你也接受过的教育的法律有什么要批评的吗？【e】与此相关的那些法律没能正确指导你的父亲对你进行艺术和身体方面的教育吗？"我会说，这些法律是正确的。"很好。"它们会继续说："在你出生、长大成人、接受教育以后，你能否认，你和你的前辈首先都是我们的产物和仆人吗？如果是这样的话，你认为我们之间权力平等吗，无论我们对你怎么做，你也可以正当地对我们怎么做？【51】你并不拥有与你父亲同样的权力，你也不拥有与你的主人同样的权力，假定你有主人，所以无论他们对你做了什么，你都不能进行报复，他们责备你，你不能回嘴，他们鞭打你，你不能还手，其他许多事情也一样。你认为自己有权报复你的国家和法律吗？如果我们想要毁掉你，并且认为这样做是对的，你就可以反过来尽力毁掉我们，借此进行报复吗？如此在意德性的你，会声称自己有权这样做吗？你的智慧竟然不明白，你的国家比你的母亲、父亲、所有前辈更加值得荣耀、【b】更加可敬、更加神圣，它在众神和聪明人中间拥有更大的荣耀，所以你必须崇拜它、顺从它、在它愤怒时安抚它，甚于对你愤怒时的父亲？你必须说服它，或者服从它的命令，安静地忍受它要你忍受的事情，无论是鞭打还是囚禁，如果它让你去参战，你会受伤或战死，但你必须服从。这样做是正确的，人一定不能放弃、后撤、逃离岗位，无论是战场还是法庭，或者是在任何地方，【c】人必须服从他的城邦和国家的命令，或者按照正义的本性去说服它们。对你的父母施暴是不虔敬的；对你的国家施暴就更是极端地不虔敬了。"对此我们该如何回答，克里托，法律说的是不是真话？

克　我认为它们说的是真话。

苏　"现在请你想一想，苏格拉底，"法律可能会说："如果我们说得对，那么你现在打算要做的事情没有公正地对待我们。我们给了你出生，抚养你长大，教育你；【d】我们给了你和其他所有同胞公民一份我们能够办到的好处。即便如此，任何一位雅典人，只要到了投票的年纪，已经观察了城邦的事务和我们这些法律，我们仍旧公开宣布会给他们这样的机会，如果他对我们不满，我们允许他带着他的财产去他喜欢去的地方。我们这些法律都不会加以阻拦，如果他对我们或对城邦不满，【e】如果你们中的某一位想去殖民城邦生活，或者想去其他任何地方，他都可以保留他的财产。然而，我们说了，你们这些留下来的人，不管是谁，当他看到我们如何进行审判、如何以其他方式管理城邦的时候，实际上也就与我们达成了一项协议，要服从我们的指导。我们说，这个不服从的人犯了三重罪过：首先，我们是他的父母，他不服从我们就是不服从父母；其次，我们把他抚养成人，而他不服从我们；再次，【52】尽管有协议，但他既没有服从我们，又没有在我们犯了错的时候尽力说服我们，让我们做得比较好。然而，我们只是提建议，不会下达野蛮的命令；我们提供两种选择，要么说服我们，要么按我们说的去做。但他实际上两样都没做。我们要说的是，苏格拉底，你也一样，如果你做了你们心里想做的事，那么这些指控就是针对你的；你不再是最不应该受惩罚的雅典人，而是罪行最严重的雅典人。"如果我说："为什么会这样？"那么它们无疑有充分的理由责骂我，说我就是那些与它们最明确地订有协议的雅典人。【b】它们会这样说："苏格拉底，我们有重要的证据表明你对我们和这个国家是友善的。如果这个城邦没有让你格外地喜悦，你就不会一直在这里居住，在所有雅典人中，你在这方面是最突出的。你从来没有离开过这个城邦，哪怕是去参加节庆，或是为了其他什么理由，只有执行军务除外；你从来没有像其他人那样去其他城邦居住；【c】你没有了解其他城邦或其他法律的愿望；我们和我们的城邦让你感到满意。所以，你确凿无疑地选择了我们，同意做一名在我们治下的公民。还有，你在这个城邦生儿育女，这就表明你对这个城邦是友善的。在你受审的时候，如果你愿意，你可以提议判你流放，而你现在打算做的事情违背了城邦的愿望，因为你当时就可以在城邦同意的情况下做到你现在想做的事。你当时非常自豪，对判你死刑一点儿也不生气，而且说过宁可死也不愿被放逐。然而，这些话并没有让你感到羞耻，【d】你不尊重我们法律，你打算摧毁我们，你的行为就像最下贱的想要逃跑的奴才，你违反了你先前的承诺和与我们达成的协议，在我们治下做一位公民。现在请你先回答我们这个问题，当我们说你同意要按照法律来生活，不仅在言语上，而且在行动中与我们保持一致的时候，我们说的是真话吗？"对此我们该怎么说，克里托？我们必须否认吗？

克 我们必须同意，苏格拉底。

苏 "确实。"它们会说："你正在违反承诺，【e】破坏你当初在没有压力和欺骗的情况下与我们签定的协议，你和我们签定协议时有足够的时间思考。如果你不喜欢我们，【53】如果你感到我们之间的协议不公平，那么你已经有70年的时间可以离开。你没有选择去拉栖代蒙①或克里特②，你总是说那里治理得很好，也没有选择去其他城邦，希腊人的或外国人的。你比瘸子、瞎子或其他残疾人更少离开雅典。很清楚，这座城邦对你格外友善，超过对其他雅典人，我们法律也一样，若是没有法律，哪个城邦会喜悦？而现在，你不想遵守我们之间的协议了吗？你不想遵守了，苏格拉底，如果

---

① 拉栖代蒙（Λᾰκεδαίμων），斯巴达的别名。
② 克里特（Κρήτη），岛名。

我们能说服你，你可别因为离开这个城邦而让你自己成为笑柄。请你想一想，违反我们之间的协议，犯下这种过错，对你或你的朋友有什么好处。很明显，【b】你的朋友们会面临流放、剥夺公民权、没收财产的危险。至于你本人，如果你去了邻近的城邦——治理良好的底比斯①或麦加拉②——你会成为它们的政府的敌人；所有那些关心他们城邦的人都会用怀疑的眼光看你，把你当做法律的摧毁者。【c】你也会增强审判官们的信心，坚信他们给你判刑是正确的，因为任何摧毁法律的人很容易被认为是在毒害年轻人和无知者。或者说，你会避开那些治理良好的城邦、举止文明的人士？如果你这样做了，那么你的生活还值得过吗？你还会与他们交往和谈话而不以为耻吗？你有什么要对他们说的？像你在这里说的一样，对他们说德性和正义是人最宝贵的财富、【d】行动要合法，要遵守法律吗？你们认为苏格拉底这样做体面吗？有人肯定会认为不体面。或者说，你会离开那些地方，去帖撒利投靠克里托的朋友？你在那里会发现极大的自由和混乱无序，那里的人无疑会乐意听你讲自己如何荒唐地化装逃跑，如何披上羊皮袄，或者穿上其他逃跑者常用的行头，以此改变形象。那里难道不会有人说，你这个人，活不了多久了，【e】竟会如此贪生怕死，乃至于违反最重要的法律？也许没人会这样说，苏格拉底，如果你不得罪人；如果你得罪人了，许多难听话就够你受的。你会活着，做所有人的奴仆，听从他们的召唤。你在帖撒利能做的事情不就是混饭吃吗，就好像你去帖撒利是为了赴宴？至于你那些关于正义【54】以及其他德性的谈话，它们在哪里？你说你想活下去是为了儿子，你想把他们抚养成人，教育他们。怎么会呢？你想把他们带去帖撒利，在那里把他们带大，教育他们，使他们成为外邦人，让他们也能过上幸福生活，是吗？如果你不想带他们去，那么他们最好还是在这里长大成人，受教育，而你虽然还活着，但不在这里，是吗？是的，你的朋友会照顾他们。你去了帖撒利生

---

① 底比斯（Θῆβαι），城邦名，常译为"迪拜"。
② 麦加拉（Μέγαρα），城邦名。

活，他们会照顾你的儿子，如果你去了冥府，他们就不照顾你的儿子吗？只要那些自称是你的朋友的人名副其实，【b】必须假定他们会照料你的儿子。听我们的劝吧，苏格拉底，是我们把你抚养大的。不要把你的子女、你的生命或其他东西的价值视为高于善的价值，为的是，当你抵达冥府时，你可以面对那里的统治者说出这些话来为自己辩白。如果你做了这件事，你在这里不会觉得事情变好了、比较公正了、比较有价值了，你的任何一位朋友也不会这么看，而当你抵达彼岸的时候，事情对你来说也不会变得较好。没错，你就要离开此地了，如果你走了，那么在此之前虐待你的不是我们法律，而是人；【c】如果你可耻地以恶报恶、以虐待对虐待，违反我们之间订立的协议，不履行自己的承诺，那么在你虐待了你最不应该虐待的人以后——你自己、你的朋友、你的国家，还有我们——我们会在你还活着的时候对你表示愤怒，我们的兄弟、冥府里的法律也不会热情欢迎你，因为它们知道你试图尽力摧毁我们。别让克里托把你说服了，【d】去做他说的那件事，你还是听我们的吧。"

克里托，亲爱的朋友，我向你保证，我仿佛真的听到了这些话，就好像科里班忒们①听到了神笛的声音，这些话的回音在我心中萦绕，使我不可能听到其他任何声音。我的信念至此都已经说了，如果你要反对我的这些信念，那么你是徒劳的。然而，如果你认为自己还能说些有用的事情，那么请讲。

克 我无话可说，苏格拉底。

苏 那就这样吧，克里托，让我们按照这种方式行事，【e】因为这是神为我们指引的道路。

---

① 科里班忒（Κορυβαντιῶντες），众神之母库柏勒的祭司，有多位，施行秘仪时狂歌乱舞，并用长矛相互碰撞，在疯狂中自伤。

斐 多 篇

提 要

本篇以谈话人斐多的名字命名。公元 1 世纪的塞拉绪罗在编定柏拉图作品篇目时，将本篇列为第一组四联剧的第四篇，并称本篇的性质是"伦理的"，称本篇的主题是"论灵魂"。① 本篇对话篇幅较长，译成中文约 5.1 万字。

本篇的直接谈话人是苏格拉底的门生斐多和佛利的厄刻克拉底。苏格拉底在受刑之日与前来看望他的门生同道一起讨论灵魂，最后喝毒药而死。在场的斐多后来返回佛利，向崇拜苏格拉底的厄刻克拉底转述那一天讨论的详细内容和苏格拉底临终就义的情节。柏拉图试图把对话写成苏格拉底面临死亡时发表谈话的精确记载，为此提出了一份在场者的完整名单。（59b）

与苏格拉底在狱中交谈的主要人物是两位来自底比斯的青年，西米亚斯和克贝，他们属于毕泰戈拉学派，由他们讲述的观点较多地代表毕泰戈拉学派。苏格拉底首先陈述了他的主要论点：尽管哲学家把自杀视为犯罪，但真正的哲学家是视死如归的人。（60b—70b）然后，各种赞成灵魂不朽的论据逐步提出：（1）人死后灵魂并不是简单地被湮没，而是继续成为某种东西，灵魂在与肉体结合之前是有理智的（70c—78b）；（2）灵魂是单一的事物，

---

① 参见第欧根尼·拉尔修：《名哲言行录》3：58。

不可分解，永远与自身保持一致（78b—84b）；（3）从"型相"推论灵魂不朽，灵魂赋予肉体生命，灵魂不接纳死亡，因此灵魂不朽（102a—107b）。关于灵魂的讨论最后导出道德上的教训：信仰灵魂不朽是合理的，它使人知道前面有一个无止境的未来，关心灵魂符合人的长远利益，道德上的善恶选择具有令人敬畏的意义。

讨论进行了一整天，苏格拉底在喝下毒药之前讲述了希腊神话中亡灵奔赴冥府的情景。苏格拉底对这些有关末世的情节持谨慎态度，但他认为这些情景与真相必有某些相似之处。

正 文

谈话人：厄刻克拉底、斐多

厄 【57】斐多，苏格拉底在狱中喝下毒药的那一天，你和他本人在一起，还是别人告诉你这件事？

斐 我本人在场，厄刻克拉底。

厄 他死前说了些什么？他是怎么死的？我很想知道这些事。这些日子从佛利①去雅典的人不多，【b】好长时间也没人从雅典来，能清楚地告诉我们发生了什么事，只知道他喝毒药而死，没有其他细节了。

斐 【58】你们连他怎样受审都没听说过吗？

厄 有人对我们讲过，所以我们感到奇怪，因为审判以后隔了很长时间才执行。为什么会这样，斐多？

斐 那是一种偶然，厄刻克拉底。审判他的前一天，雅典人派往德洛斯的那条船刚在船头上挂上花环。

厄 那是一条什么船？

———————

① 佛利（Φλιους），伯罗奔尼撒半岛的一个小镇。

斐　雅典人说，忒修斯①曾经乘这条船去克里特，带了七对童男童女做供品。他救了他们的命，【b】自己也得救了。传说当时雅典人对阿波罗发誓，如果这些人能活着回来，他们会派使团去德洛斯朝觐。从那以后，他们每年都派使团去见这位神。他们立法，使城邦在朝觐期间保持洁净，从朝觐船起航、抵达德洛斯并返回雅典，这段时间不能处死任何罪犯，如果风向不对，【c】朝觐船有时要花很长时间才能回来。阿波罗的祭司在朝觐船首挂上花环，朝觐的使命就算开始了，而我说过，这是苏格拉底受审的前一天。由于这个原因，苏格拉底从受审到处决，在狱中待了很长时间。

厄　他死时的实际情况如何，斐多？他说了些什么？做了些什么？有哪些朋友和他在一起？或者说，看守不让他们进去，所以他死的时候没有朋友在场？

斐　【d】不，不是这样的。有一些朋友在场，实际上，人还不少。

厄　请你仁慈地把详细情况都告诉我们，除非你有急事。

斐　我有时间，我会尝试着把整件事情都告诉你，回忆苏格拉底给我带来的快乐是其他任何事情都无法相比的，无论是我自己讲还是听别人讲。

厄　那太好了，斐多，你会发现你的听众也会有同样的感觉。所以现在就把所有细节尽可能准确地告诉我们吧。

斐　我确实发现在那里有一种非常奇特的体验。【e】尽管我在见证我的这位朋友的死亡，但我竟然没有感到遗憾，这个人当时的行为和言语都显得很快乐，高尚地去死而无丝毫恐惧，厄刻克拉底，此事让我感到震撼，【59】哪怕是去冥府，他也有众神的保佑，会平安到达那里，若真有人去过。这是我没有感到遗憾的原因，而在这种时候，感到悲伤很自然，不过我也没有体会到我们在惯常的哲学讨论中会有的快乐——我们当时的论证属于这种讨论——我的感觉非常奇特，想到他就要死去，快乐与痛苦的感觉就奇异地交

---

① 忒修斯（Θησεύς），希腊英雄。传说克里特国王米诺斯强迫雅典人供献童男童女给半人半牛的怪物弥诺陶吞食。忒修斯自愿去克里特，杀死怪物，返回雅典后修建雅典城，继任国王。

织在一起。我们这些在场的人全都这样，时而欢笑，时而哭泣；我们中有个人尤其如此，他是阿波罗多洛①，你认识这个人，也知道他的德行。

厄 【b】我当然认识。

斐 他几乎控制不住，我和其他人也很激动。

厄 谁很激动，斐多，有哪些人在场？

斐 本地人有阿波罗多洛，我已经提到过他了，克里托布卢和他的父亲②，还有赫谟根尼③、厄庇革涅④、埃斯基涅⑤、安提斯泰尼⑥。还有培阿尼亚的克特西普⑦、美涅克塞努⑧和其他一些人。我想，柏拉图当时病了。

厄 有外邦人在场吗？

斐 【c】有，底比斯的西米亚斯⑨、克贝⑩和斐冬得斯⑪，还有来自麦加拉的欧几里德⑫和忒尔西翁⑬。

厄 阿里斯提波⑭和克莱俄布洛图⑮呢？他们在那里吗？

斐 不在。据说他们在伊齐那。⑯

厄 还有别人吗？

---

① 阿波罗多洛，苏格拉底的朋友，也在《申辩篇》中出现。

② 克里托布卢的父亲是克里托，也在《申辩篇》中出现，《克里托篇》以他的名字命名。

③ 赫谟根尼（Ἡρμογένης），《克拉底鲁篇》的谈话人之一。

④ 厄庇革涅，也在《申辩篇》中出现。

⑤ 埃斯基涅，也在《申辩篇》中出现。

⑥ 安提斯泰尼（Ἀντισθένης），雅典人。

⑦ 克特西普（Κτήσιππος），帕安（Παιᾶν）人，也在《吕西斯篇》、《欧绪德谟篇》中出现。

⑧ 美涅克塞努（Μενέξεινος），也在《吕西斯篇》中出现，《美涅克塞努篇》以他的名字命名。

⑨ 西米亚斯，也在《克里托篇》中出现。

⑩ 克贝，也在《克里托篇》中出现。

⑪ 斐冬得斯（Φαιδώνδης），来自底比斯。

⑫ 欧几里德（Εὐκλείδης），《泰阿泰德篇》的谈话人。

⑬ 忒尔西翁（Τερψίων），《泰阿泰德篇》的谈话人。

⑭ 阿里斯提波（Ἀρίστιππος），昔勒尼学派哲学家。

⑮ 克莱俄布洛图（Κλέομβροτος）。

⑯ 伊齐那（Αἰγίνη），地名。

斐　我想大概就是这些人了。

厄　那么好吧，你们是怎么谈话的呢？

斐　我试着从头开始，把一切都告诉你。【d】前些日子，我们这些人经常去探访苏格拉底。天亮前我们先在举行那场审判的法庭边上集合，那里离监狱很近，监狱开门时间不会很早，我们每天都先在那里等候，说着话，直到监狱开门。等门开了，我们就进去看望苏格拉底，在那里和他一待就是一天。【e】那一天，我们聚集得很早，因为我们在前一天晚上离开监狱时听说从德洛斯返回的那条船已经到了，所以我们相约第二天尽早在老地方碰头。我们到了以后，看守没有像平常那样开门让我们进去，而是走出来让我们等着，直到他来通知我们。他说：“十一人①正在给苏格拉底松绑，告诉他今天就要处决。”【60】过了一会儿，看守回来让我们进去。我们走到里面，看见刚卸去镣铐的苏格拉底，克珊西帕②——你们知道她——坐在苏格拉底身边，怀里抱着他们的小儿子。克珊西帕一看见我们就哭了起来，说了女人在这种情况下一般会说的话：“苏格拉底，这是你最后一次跟你的朋友说话了！”苏格拉底看着克里托，他说：“克里托，找人把她送回家。”克里托的一些随从把她带走了，【b】她哭得死去活来。

苏格拉底坐在床上，盘着腿用手按摩双脚，边按边说：“被人们称做快乐的这件事情真是太奇怪了，快乐与它所谓的对立面，亦即痛苦，不可思议地联系在一起，关系极为密切！人不能同时拥有它们，但若追求其中之一，并且抓住了它，也几乎总能抓住另一个，就好像两个身子共用一个脑袋。我想，【c】假如伊索③注意到这一点，那么他会写一个寓言，说神希望它们之间的对立得到和解，但又做不到，于是就把它们的头捆在一起，这样一来，人无论抓住哪一个，另一个也会跟着出现。我现在似乎就是这种情况。长时间捆绑使我的腿很疼，但是现在快乐跟着来了。”

① “十一人”（ἕνδεκα），参见《申辩篇》37c 注。
② 克珊西帕（Ξανθίππη），苏格拉底之妻。
③ 伊索（Αἴσωπος），寓言作家。

　　克贝插话说："对，宙斯在上，苏格拉底，你很好地提醒了我。厄文努斯① 前天问我，【d】此前也有其他人问，什么事情在诱使以前从来不写诗的你在进了监狱以后写起诗来，把伊索寓言写成韵文，创作了一首阿波罗颂。如果你有什么考虑，请你告诉我，厄文努斯肯定还会问我这个问题，我该怎么回答他。"

　　对他说实话，克贝，苏格拉底说，我写诗不是为了去和他的诗竞争，因为我知道这不是一件容易的事，【e】而是为了发现某些梦的意义来满足我的良心，我在梦中经常得到告诫，要我实践这种技艺。我的梦是这个样子的：同样的梦，过去经常做，它们形式不一样，但老在说同样的事。它说："苏格拉底，创作和练习这些技艺② 吧。"我过去想，这是在给我指点和建议，要我去做我正在做的事，【61】就好像在运动场上鼓励运动员赛跑，这个梦也是在鼓励我做我正在做的事，亦即实践哲学这门技艺，哲学是最高的技艺，我正在做哲学。但是现在，在我受审以后，这位神③ 的节日让我的死刑不能马上执行，我以为我的梦吩咐我去练习这种通俗的技艺，所以我一定不能违背它的意愿，应当写诗。【b】我想，我不应当离开这里，而要顺从那个梦，通过写诗来满足我的良心，这样做比较安全。所以我首先写了颂诗来荣耀这位神，当前的节日就是属于他的。在那以后，我意识到，一名诗人如果真是诗人，他必须创作寓言，而不是创造论证。由于我本人不是寓言的讲述者，所以我就采用我知道的和手头能找到的故事，伊索寓言，信手将我读到的一些故事写成了诗歌。克贝，把这些情况告诉厄文努斯，我祝他万事如意，让他来跟我道别，告诉他，要是他足够聪明，【c】尽力来跟随我。我好像今天就要走了，雅典人下了命令。

　　西米亚斯说："你给厄文努斯的建议是什么样的，苏格拉底？我碰见他好多回，据我的观察，他根本不情愿接受你的建议。"

---

① 厄文努斯，诗人，在《申辩篇》（20a，c）中出现。

② 此处原文是"μουσική"（音乐)，该词指缪斯女神掌握的各种技艺，包括写诗。

③ 指阿波罗神。

怎么会这样呢，他说，厄文努斯不是一名哲学家吗？

我想是的，西米亚斯说。

那么厄文努斯会情愿的，就像其他每一个分有哲学价值的人。不过，他也许不会拿走他自己的命，因为他们说这样做是不对的。【d】说这些话的时候，苏格拉底把脚踩到地上，在此后的讨论中一直保持着这样的姿势。

然后克贝问："你这样说是什么意思，苏格拉底，对自己施暴是不对的，是哲学家就会愿意追随一个就要去死的人吗？"

得了吧，克贝，你和西米亚斯一直陪伴菲罗劳斯①，就没听说过这些事吗？

没听说什么确定的，苏格拉底。

确实，我也是道听途说，但我不在意把我听说的事情都告诉你，因为对一个行将离世的人来说，【e】讲述和考察我们相信的有关这一旅程的故事也许是最合适的。日落之前，我们还能做什么事？

不管原因是什么，苏格拉底，人们总说自杀是不对的，是吗？至于你现在的问题，我以前待在底比斯的时候听菲罗劳斯说过，也听别人说过，但我从来没有听人清楚地解释过这件事。

【62】他说，好吧，我们必须尽力而为，这样你也许就能听到一种解释了。如果这件事，像其他所有事情一样，是非常简单的，你也许会感到震惊，这件事就是，在某些时候，对某些人来说，生不如死。如果事情是这样的，那么你会惊讶地发现，那些死对他们来说比较好的人错误地帮助了他们自己，他们必须等待别人来帮他们的忙。

克贝不知不觉地说起他自己的方言来②，他微笑着说："宙斯知道怎么回事。"

【b】确实，苏格拉底说，以这种方式来讲述似乎不大合理，但也许还真

---

① 菲罗劳斯（Φιλόλαος），毕泰戈拉学派的主要哲学家。
② 克贝来自底比斯。

有几分道理。有一种解释是用秘仪的语言说出来的，我们人就像是某种囚犯，一定不能解放自己，也不能逃跑。这在我看来是一种给人深刻印象的教义，很难完全理解。不过，克贝，我认为它说得很好，众神是我们的看护者，人是它们的一样所有物。你不这样想吗？

我这样想，克贝说。

那么，要是你的一样所有物自杀了，【c】在你没有向他发出任何你希望它死的信号之前，你不生气吗？如果你有办法惩罚它，你会惩罚它吗？

当然会，他说。

那么好，让我们这样说，在神指示必须这样做之前，人一定不能杀了他自己，这样做也许并非不合理，就像我们现在面对的情况一样。

【d】好像是这样的，克贝说。至于你说哲学家情愿死，准备去死，这样说似乎很奇怪，苏格拉底，如果我们刚才的说法是合理的，也就是说，神是我们的保护者，我们是它的所有物。人类中最聪明的人，如果说他们没有了这种服务而不感到生气，那是不合理的，他们是由最好的主人——众神——统治的，因为一个聪明人无法相信，在他获得自由以后，他会更好地照顾他自己。愚蠢的人也许很容易这样想，【e】以为必须逃离他的主人；他不会想到，人一定不能逃离好主人，而应当尽可能长时间地与好主人待在一起，逃跑是很愚蠢的。聪明人总是想要和比他优秀的人待在一起。所以，苏格拉底，与我们前面所说的观点相反的说法像是真的，聪明的人对死感到愤怒，而愚蠢的人对死感到快乐。

我想，听了这番话，苏格拉底被克贝的论证逗乐了。【63】他环顾四周，说："克贝总是在进行某种论证，他肯定不愿被人轻易说服。"

西米亚斯说："说实话，苏格拉底，我本人认为克贝提出了一个要点。真正的聪明人为什么要回避比他自己好的主人的服务，轻率地离开他们呢？我想克贝的论证是针对你的，因为你正在轻率地离开我们，也正在离开那些好主人，如你本人所说，众神。"

【b】你们俩说得都很有道理，我想你的意思是我必须针对这种意见提出抗辩，就好像我在法庭上。

你必须这样做，西米亚斯说。

那么好吧，他说，让我试着对你们提出抗辩，让它比我对审判团做的抗辩更有说服力。因为，西米亚斯和克贝，如果我并不相信自己首先应当去找其他聪明善良的神灵，然后去找那些虽然已经死了，但比现今仍旧活在世上的人更好的人，那么我对死亡不感到愤怒就是错的。【c】可以肯定，我确实期待与好人为伴。我不会完全坚持这一点，但我若是坚持这些事情中的任何事情，那么我要说的是我将要去神那里，它们是非常好的主人。这就是我不愤怒的原因，因为我抱有美好的希望，有某种未来在等着死亡以后的人，就像我们多年来一直被告知的那样，这个美好的未来是为好人准备的，而不是为恶人准备的。

好吧，苏格拉底，西米亚斯说，在你离开我们的时候，你打算把这种信念留给你自己，【d】还是拿来与我们分享？我肯定认为这也是对我们的一种赐福，与此同时，这也是你的抗辩，如果你所说的能让我们信服。

他说，我试试看，但是让我们先来看克里托有什么要说的，他好像等了有一会儿了。

克里托说，只有一件事，那个会把毒药拿来给你的人对我说，要我告诫你尽量少说话。他说，人说话的时候会全身发热，【e】而吃药的时候身体不能发热，否则的话还得喝第二次或第三次。

苏格拉底答道："别理他，让他去准备，需要喝两次就喝两次，需要喝三次就喝三次。"

克里托说，我知道你会这样说，但是他烦了我很长时间了。

他说，随他便。我想要在你们面前提出我的论证，我的审判官，说明为什么我认为一个把一生真正贡献给哲学的人在面对死亡时感到欢乐可能是对的，【64】他充满希望，认为自己死后能在那边获得最大的幸福。西米亚斯和克贝，我要试着告诉你们，这种事如何可能。我有点担心，其他人可能无法理解，那些以正确的方式实践哲学的人实际上就是正在死，在练习死亡。

如果这是真的，那么终生都在期待死亡的他们，在他们渴望和期盼的事情真的到来时愤怒，那就确实太奇怪了。

西米亚斯笑了，他说："宙斯在上，苏格拉底，你让我发笑，【b】尽管现在我没有笑的心情。我想，大多数人在听了你的话以后，会认为你把哲学家刻画得很好，我们底比斯人会完全同意，哲学家是近死之人，大多数人都很明白，他们命该如此。"

他们说的应该是真话，西米亚斯，除了你说他们明白。他们不明白真正的哲学家在什么意义上是近死之人，也不明白他们在什么意义上命该如此，【c】他们应该得到什么样的死亡。但是，别在意他们的想法，就在我们之间谈论。我们相信有死亡这回事吗？

西米亚斯说，当然有。

死亡不就是灵魂与肉体的分离吗？我们相信，死亡无非就是肉体本身与灵魂分离开来、灵魂本身与肉体分离开来，是吗？除此之外，死亡还能是别的什么吗？

没有了，死亡就是这么回事，他说。

那么想一想，我的大好人，看你是否分享我的看法，【d】因为这样做会引导我们对我们正在考察的事情有较好的知识。你认为哲学家的这个部分①是否应当关心所谓的快乐，比如饮食之乐？

绝不应当。

性事之乐呢？

一点儿都不应当关心。

与身体的其他需要有关的快乐呢？你认为这样的人②会看重这些需要吗，我指的是漂亮的衣裳和鞋子，以及其他身体的装饰品？【e】你认为哲学家会看重这些东西还是轻视这些东西，除了那些离了它们就活不下去的

---

① 指灵魂。
② 指哲学家。

东西。

我想真正的哲学家会轻视它们。

他说，你不认为，总的说来，人要关注的不是身体，而应当尽可能背离身体，转向灵魂吗？

我认为人要关注的是灵魂。

【65】所以，首先，这些事情清楚地表明，哲学家比其他人更应当尽可能地切断他的灵魂与肉体的联系，对吗？

显然如此。

在这样的事情中找不到快乐或者与这些事无关的人，会被大多数人认为不配活着，与死差不多；这就是那个不关注身体快乐的人。

你所说的肯定对。

那么，知识的获取是什么样的？人在寻求知识的时候，如果与身体相连，身体会成为障碍吗？我的意思是，【b】举例来说，人在看或听的时候能否发现任何真理，甚至连诗人也曾告诉我们，我们实际上没有看到或听到任何东西，如果身体的这两种官能也是不清楚或不精确的，我们其他的官能就更不可能精确了，因为它们比视觉和听觉差。你不这样认为吗？

我当然这样认为，他说。

他问道，那么灵魂什么时候获得真理？每当它与身体一道试图考察事物，它显然受到欺骗。

【c】对。

假如在任何地方，任何在者①对灵魂变得清楚了，这不就是推理吗？

是的。

确实，灵魂在没有这些感官给它添麻烦的时候可以最好地进行推理，既没有听觉，又没有视觉，既没有痛苦，又没有快乐，在它探寻在者的时候，

---

① 在者（ὄν），亦译为"存在"、"实在"、"真在"、"实体"。许多英译者将"ὄν"视为"οὐσία"的同义词，译为"essence"或"reality"。

它处于最独立的状态下，离开肉体，尽可能不与肉体有任何接触或联系。

是这样的。

【d】所以哲学家的灵魂最藐视肉体，想要逃离肉体，寻求独立。

显然如此。

下面这些问题怎么样，西米亚斯？我们说没说过有正义本身这样的东西？

我们确实这样说过，宙斯在上。

有美这样的东西吗，有善吗？

当然有。

你曾用你的眼睛看到过这些东西吗？

肯定没有。

或者说你曾经用你身体的某种感官把握过它们吗？我指的是所有像大、健康、力量这样的事物，简言之，所有其他事物的本体①，亦即它们各自根本上所存在的那个在者。【e】通过身体来对它们进行沉思是最真实的吗？或者情况是这样的，我们中的任何人准备得最充分，他对他正在考察的事物本身的把握也就最准确，也就最接近关于这个事物的知识？

显然如此。

所以，不将视觉与其思想相连、或不将任何感觉与其推理拉扯到一起、【66】只用思想逼近对象的人，会做得最成功，只用纯粹思想的这个人，凭自身试图追踪每一纯粹的实在，尽可能切断他本身与眼睛、耳朵的联系，简言之，切断与整个身体的联系，因为身体使灵魂混乱，不追随灵魂获取真理和智慧，无论身体是否与灵魂相连。西米亚斯，如果有人这样做了，他的灵魂能抵达实在吗？

你说的确实很对，苏格拉底。

---

① 本体（οὐσία），意为"真实的存在"，英译者将其译为"essence"或"reality"，亦译为"本质"、"实在"、"实体"等。

【b】所有这些事情必定会使真正的哲学家相信和相互传说，他们会说："似乎有这样一条道路，沿着它走我们可以摆脱混乱，因为只要我们还拥有身体，我们的灵魂就与这样一种恶融合在一起，我们就决无可能恰当地获得我们想要的东西，亦即被我们确认的真理。身体用成百上千种方式让我们忙碌，因为身体需要营养。还有，【c】如果身体得了某些疾病，这些疾病也会阻碍我们寻求真理。身体使我们充满需要、欲望、恐惧，各种幻觉和诸多胡言乱语，所以，如前所说，我们实际上没有任何思想来自身体。身体和它的欲望只会引发战争、内乱和争斗，因为一切战争都可归因于获取财富的欲望，【d】身体以及对身体的关注奴役了我们，强迫我们去获取财富，所有这些事情让我们忙碌，没有时间去实践哲学。最糟糕的是，一旦我们有了某些闲暇，可以转向某些考察了，身体又会到处出现，产生混乱，带来恐惧，因此身体妨碍我们看见真理。

"我们确实已经看到，如果我们曾经拥有纯粹的知识，【e】那么我们必须摆脱肉体，用独立的灵魂观察事物本身。由此看来，我们似乎只有到了那个时候，在我们死去以后，我们才能获得我们想要的东西，我们声称是这种东西的热爱者，亦即智慧，而不是在我们还活着的时候；如果有身体相伴就不可能获得任何纯粹的知识，那么两样事情中有一样是真的：要么我们绝对不能获得知识，要么我们在死后能获得知识。【67】到了那个时候，而不是在此之前，灵魂是独立的，离开了肉体。当我们还活着的时候，如果我们约束自己，尽可能避免与肉体联系，除非必需不与肉体接触，如果我们不受肉体性质的感染，洗涤我们所受的玷污，直到神亲自来救我们，那么我们可以离知识最近。以这种方式，我们可以逃避愚蠢的肉身，使自己不受污染，我们有可能与志同道合者相伴，通过我们自己的努力，我们将认识一切纯粹的东西，【b】这大概就是真理，因为不纯洁者获得纯洁的东西是不允许的。"

西米亚斯，就是这些事情，一切爱好学习的人都必须以恰当的方式相互传说和相信。你不这样认为吗？

我确实这样认为，苏格拉底。

苏格拉底说，如果这是真的，我的朋友，那么在抵达我要去的那个地方时，不管在哪里，我很有希望获得我们以往全神贯注想要获得的东西，【c】所以，我现在受命就要踏上的旅程充满了美好的希望，对其他人来说也一样，只要他的心灵已经做好准备，已经净化。

确实如此，西米亚斯说。

所谓净化，不就是我们在前不久的论证中提到过的那件事吗？也就是尽可能使灵魂与肉体分离，使之习惯于摆脱肉体的各个部分，聚拢自己，【d】在现在和将来，尽可能独立自存，摆脱肉体的桎梏？

没错，西米亚斯说。

灵魂的自由和与肉体的分离被称做死亡吗？

确实是这样的，他说。

我们说，只有那些以正确的方式实践哲学的人最想要灵魂获得自由，灵魂与肉体的解脱和分离不就是哲学家全神贯注要做的事吗？

好像是这样的。

因此，如我开头所说，如果某人一生都训练自己在尽可能接近死亡的状态中生活，【e】那么死亡到来时他感到愤怒，岂不是很可笑吗？

当然可笑。

他说，事实上，西米亚斯，那些以正确的方式实践哲学的人就是在练习死亡，他们是所有人中最不怕死的。请你这样想：如果他们完全疏远身体，想让他们的灵魂独立，而当这种情况发生时又感到害怕和愤怒，那岂不是非常荒唐吗？如果他们出发前往一个地方，【68】到达那里能获得他们终生期盼的东西，亦即智慧，在那里他们能够摆脱他们疏远了的肉体的呈现，他们能不高兴吗？许多人，在他们的情人、妻子或孩子死去以后，抱着在那里见到与他们为伴的人、与他们待在一起的希望，自愿去了地下世界①。所以，一名真正的智慧爱好者抱有同样的希望，知道自己除了在冥府中不可能发现

---

① 即冥府、地狱。

任何智慧，这样的人难道会在死亡时感到愤怒，不乐意踏上这一旅程吗？我的朋友，【b】如果他是一名真正的哲学家，他必定会这样想，因为他坚定地相信，除了在那里，他在别的地方决不可能发现纯粹的智慧。如果事情是这样的，那么，如我刚才所说，说这种人会怕死是极不合理的。

他说，宙斯在上，确实不合理。

苏格拉底说，所以，你们已经得到充分的说明，你们看到任何人对死生气，【c】都不是智慧的热爱者，而是身体的热爱者，他也是财富和荣誉的热爱者，爱其中之一，或两者都爱。

确实如你所说。

他说，西米亚斯，被我们称做勇敢的品性不就特别属于拥有这种气质的人吗？

对，这一点不容怀疑。

还有，哪怕被大多数人称做节制的这种品性，亦即不对情欲屈膝下跪、蔑视情欲、冷漠而又严谨地对待情欲，【d】这种品性不是只适合那些最藐视身体、过一种哲学生活的人吗？

必然如此，他说。

如果你愿意考虑一下其他人的勇敢和节制，你会发现他们很奇怪。

奇怪什么，苏格拉底？

你知道他们全都把死亡当做一种大恶？

确实如此，他说。

他们中的勇敢者，在面对死亡的时候，会害怕更大的恶吗？

是这样的。

因此，害怕和恐惧使所有人勇敢，除了哲学家。然而，说通过恐惧和胆怯能使人勇敢是不合理的。

【e】肯定不合理。

他们中的节制者又如何？他们的经验不同吗？有某种可能使他们节制吗？我们说这是不可能的，然而他们这种天真的节制的经验带来了相同的结果：他们害怕他们想要的其他快乐被剥夺，所以他们就约束自己的某些快乐，因为他们被其他的快乐征服了。现在，被快乐所控制就是他们所谓的许可，【69】但实际情况是他们控制某种快乐，因为他们被其他快乐所控制。这就与我们刚才提到的情况相似了，某种许可以某种方式使他们节制。

这样说好像是对的。

我的好西米亚斯，我担心这不是一种获取德性的正确交换，用快乐交换快乐、痛苦交换痛苦、恐惧交换恐惧，【b】就像用大硬币换小硬币一样，但只有一种货币可以拿来交换所有这些东西，这就是智慧。有了智慧，我们才有真正的勇敢、节制、正义，总之一句话，才有真正的德性，而无论快乐与恐惧，以及诸如此类的东西是否呈现。没有智慧，德性之间的相互交换只是德性的虚幻显现；它实际上只适合奴隶，而没有健全的成分或真理，节制、勇敢、正义，【c】实际上是清除了所有这些东西的，智慧本身就是一种清洁或净化。就像那些为我们建立了秘仪的人，他们不是低劣的，而是很久以前就说谜语的人，他们说凡是没有入会和不圣洁的人到达地下世界以后将要躺在泥淖里，而那些入了会的圣洁的人到达那里以后将会与众神住在一起。如那些与秘仪相关的人所说，【d】持杖者①很多，酒神信徒②很少。在我看来，后者无非就是那些以正确的方式实践哲学的人。我今生今世不遗余力地做事，为的就是能够置身哲人之列，我一直千方百计地渴望成为这样的人。我的渴望是否正确，我们是否能有什么成效，我想，只要神愿意，在我们到达那边的时候，我们很快就能知道。

这就是我的辩护，西米亚斯和克贝，我好像是对的，【e】离开你们和我在这里的主人，没有愤怒或抱怨，相信在那边，和在这边一样，能够找到好主人和好朋友。如果我的辩白能令你们信服，胜过雅典人的审判团，那就好了。

---

① 持杖者（ναρθηκοφόροι），参加酒神仪式的人手持顶端松果形的木杖。
② 酒神信徒（βάκχοι）。

苏格拉底说完以后，克贝说话了。他说，苏格拉底，【70】其他你都说得很好，只是你有关灵魂的说法很难让人相信。他们认为，灵魂离开肉体以后就不再存在于任何地方，而是在人死的那一天毁灭或溶化，就在离开肉体的那一刻；在离开肉体的时候，它就像气息或烟雾那样散去，飘走了，不再是任何东西，不再存在于任何地方。如果灵魂确实能够聚拢自身，独立自存，逃避你刚才列举的那些罪恶，【b】那么我们会抱有很多良好的希望，苏格拉底，相信你所说的是真的；但是，要相信这一点需要有坚定的信念和有说服力的论证，相信灵魂在人死后仍旧存在，相信它仍旧拥有某种能力和理智。

你说的是对的，克贝，苏格拉底说，但是我们该做什么？你想要我们讨论这种说法是否正确吗？

我个人乐意听听你对这个问题的想法，克贝说。

苏格拉底说，我不认为有人听了我的谈话会说我喋喋不休，【c】讨论与我无关的问题，哪怕他是一名喜剧诗人，所以，我们必须彻底考察这个问题，如果你认为我们应当这样做。让我们以这样一种方式来开始考察：已经死去的人的灵魂是否存在于地下世界。我们记得有一个古老的传说，讲灵魂离开这边以后到达了那边，然后它们又回到这边，从死中复活。如果这是真的，死者能够复活，那么我们的灵魂必定在那边存在，【d】因为如果它们不存在，它们就不能回来；如果生者确实来自死者，而非来自其他源泉，那就足以证明这些事情是这样的。如果情况并非如此，那么我们还需要另一个论证。

是这样的，克贝说。

苏格拉底说，如果你想更容易理解这一点，那么不要只想到人，而要想到所有动物和植物，【e】简言之，一切有生成的事物，让我们来看它们是否以这样一种方式生成，也就是从它们的对立面中生成，如果它们有对立面，比如美者是丑者的对立面，正义者是非正义者的对立面，以及其他事例。让我们来考察，这些有对立面的事物是否必定从它们的对立面中生成，而非源于其他，比如，某个事物变得较大，它必定是从那先前较小的事物变来的。

是的。

所以，如果某个较小的事物生成了，那么它来自先前较大的事物，【71】是这个较大的事物变得较小了？

是这样的，他说。

弱者从强者生成，快者从慢者生成？

确实如此。

还有，如果某个较坏的事物生成了，那么它不是来自较好的事物吗？较为正义者不是来自较为不义者吗？

当然。

所以我们已经充分确立，一切事物均以相反相成的方式产生？

对。

关于这些对立面，还有一个要点是这样的，【b】每一对相反相成的事物之间有两个过程：从一个到另一个，再从另一个到第一个；在较大者和较小者之间有增加和减少，我们把一个称做增加，把另一个称做减少？

对，他说。

还有分离与结合、冷却与加热，以及所有这样的事物，哪怕我们有时候没有这个过程的名称，但实际上这个过程必定无处不在，事物在相互之间生成，有一个相互变化的过程？

没错，他说。

【c】那么好吧，生有对立面吗？就好比睡是醒的对立面？

当然有。

它是什么？

是死，他说。

因此，如果生与死是对立的，那么它们相互生成，二者之间有两个生成的过程吗？

当然。

苏格拉底说，我来告诉你我刚才谈论的两对事物中的一对，这对事物本身和两个过程，你把另一对告诉我。【d】我要讲的是，睡与醒；醒来源于睡，睡来源于醒。两个过程，一个是去睡觉，另一个是醒过来。你接受这个说法吗，或者不接受？

当然接受。

你来告诉我生与死，以同样的方式。你不是说死是生的对立面吗？

是的。

它们相互生成吗？

对。

从生中生成的是什么？

是死。

从死中生成的是什么？

是生，必须承认。

那么，克贝，活的生灵和事物从死的东西中生成吗？

【e】好像是这样的，他说。

那么我们的灵魂存在于地下世界。

好像是这样的。

在这个事例中，两个变化过程中有一个是清楚的，死相当清楚，不是吗？

确实如此。

那么我们该怎么办？我们不需要提供变化的对立的过程吗？在这个事例中要受责备的是自然吗？或者说我们必须提供另一个与死相对立的过程？

我们必须提供。

这个过程是什么呢？

复活。

【72】因此，他说，如果有复活这回事，那么它必定是一个从死到生的过程。

是这样的。

所以我们之间有了一致的看法：生来自死，就像死来自生，如果是这样的话，那么足以证明死者的灵魂必定存在于某处，从那里它们能够返回。

他说，我想，苏格拉底，从我们达成的一致看法中可以推出这个结论。

以这种方式来考虑，他说，克贝，我认为我们达成一致的看法没有错。【b】如果变化的两个过程并非总是相互平衡，就好像它们在循环往复，而是从一个起点生成，直接地走向对立的终点而没有返回起点或转向，那么你会明白一切事物最终都会处于相同的状态，以同样的方式受到影响，停止变化了？

他说，你这样说是什么意思？

我的意思不难理解。举例来说，如果有一个入睡的过程，但没有一个苏醒的过程与之相应，那你明白，到了最后一切事物都会表明【c】恩底弥翁①的故事是没有意义的。说它没有意义，乃是因为一切事物都和他有着相同的经历，都会入睡。如果万物都结合在一起，没有任何事物是分离的，那么阿那克萨戈拉说的话就是对的了："一切事物都混合在一起。"以同样的方式，我亲爱的克贝，如果一切有生命的事物逐渐死去，【d】并且保持死的状态不再复活，那么万物最终都是死的，没有活的，是吗？哪怕活的东西可以来自其他源泉，但由于一切活着的东西都在死去，所以一切事物怎么能够避免被死亡吸收呢？

不能避免，苏格拉底，克贝说，我认为你说的话完全正确。

他说，克贝，我认为这个事例非常明确，我们的一致看法没有错：确实有复活这回事，【e】生者来源于死者，死者的灵魂是存在的。

还有，苏格拉底，克贝又说道，你经常提起的那个理论如果是对的，那么它也是一个例子，我们的学习无非就是一种回忆。按照这种理论，我们必

---

① 恩底弥翁（Ἐνδυμίων），希腊神话中一位俊美的牧羊人，月神塞勒涅爱上了他，宙斯应月神的要求赐他永久睡眠，以葆青春常在。

定在某个先前的时间学到了我们现在回忆起来的东西。【73】仅当我们的灵魂在进入人体之前就存在于某处，这才有可能。所以，按照这种理论，灵魂也好像是某种不朽的东西。

克贝，西米亚斯插话说，这种说法有哪些证明？请你提醒，我一下子想不起来了。

有一个很好的论证，克贝说，这就是人们以正确的方式提问，并总能按其意愿提供答案，【b】如果他们内心不拥有这种知识和正确的解释，他们就不能这样做。如果把一个图形或其他类似的东西画给他们看，就会最清楚地表明事情就是这样的。①

西米亚斯，苏格拉底说，如果这还不能令你信服，那么让我们来看，如果我们以某种方式来考察这个问题，你是否会同意，因为你怀疑我们所说的学习就是回忆？

西米亚斯说，不是我有什么怀疑，而是我想要体验一下我们正在讨论的这件事情，回忆，听了克贝说的话，我正在回忆，也几乎完全信服了。但不管怎么说，我乐意听你对这个问题的解释，以你打算使用的方式。

【c】你要我用这种方式，苏格拉底说。我们确实同意，如果说某人回忆起什么，那么他必定从前就知道它。

是这样的。

我们不也同意，当知识以这种方式来到心里，它就是回忆吗？我说的方式是什么意思？是这样的：当某人看见或听到，或以别的方式感受一样事物，他不仅知道这个事物，而且也想起另一样事物，他对这样事物的知识与对前一样事物的知识不是相同的，而是不同的，我们说他回忆起来到他心中的第二样事物，这样说不对吗？

【d】你这话是什么意思？

是这样的，知道一个人的知识肯定与知道一把竖琴的知识不同。

---

① 参见《美诺篇》81e，那里详细解释了学习就是回忆。

当然。

那么好，你知道情人之间会发生什么事：当他们看到一把竖琴、一件衣裳，或他们所爱的人习惯使用的其他物品，他们知道这把竖琴，而拥有这把竖琴的男孩的形象也会来到他们心里。这就是回忆，就好像某个人，一看见西米亚斯，就经常回忆起克贝，其他这样的事情还有成千上万。

确实有成千上万，西米亚斯说。

他说，【e】有一段时间没有看见某些事物，因此已经把它们给忘了，而这个时候又体验到了它，这种事情不是一种回忆吗？

当然是。

还有，他说，一个人看见一张马的画或一张竖琴的画能回忆起一个人来吗，或者说看见一幅西米亚斯的画能回忆起克贝来吗？

肯定能。

或者看见一张西米亚斯的画能想起西米亚斯本人来吗？

他肯定能。

【74】在所有这些事例中，回忆能由与之相同的事物引起，也能由与之不同的事物引起吗？

能。

当回忆由与之相同的事物引起时，人一定会有这样的体验，他会考虑，与回忆起来的事物相比，它在哪些方面有缺陷，或是完全相同，不会吗？

肯定会。

他说，想一想事情是否是这样的：我们说有些事物是相等的。我的意思不是一根木棍与一根木棍相等、一块石头与一块石头相等，或者诸如此类的相等，而是超越所有这些相等的某样东西，即相等本身。我们要说这样东西存在，还是说它不存在？

【b】宙斯在上，西米亚斯说，我们确实要说这样东西存在。

我们知道它是什么吗？

当然知道。

我们什么时候获得关于它的知识？不是从我们刚才提到的那些事物开始的吗？从看见相同的木棍、石头或其他事物开始，我们想到那些与它们不同的东西？或者在你看来它们并没有什么不同？也可以这样看：相等的石头和木棍，在保持相等的时候，对一个人显得像是相等的，而对另一个人显得像是不相等的？

确实如此。

【c】但是，这些相等的事物本身怎么样？它们曾经对你显得像是不相等吗，或者说相等就是不相等？

从来没有过，苏格拉底。

因此，这些相等的事物与相等本身是不同的？

我认为它们一点儿也不同，苏格拉底。

但它确实来自相等的事物，尽管它们与那个"相等"不同，你已经引申和掌握了关于相等的知识？

完全正确，苏格拉底。

它① 与它们② 相似还是不相似？

当然相似。

这倒没什么区别。只要看到一样事物会使你想起另一样事物，无论它们相同还是不相同，【d】都必定是回忆。

是这样的。

那么好，他说，我们体验到这样的事情吗？就像我们刚才讲的相等的木棍和其他相等的东西的事例，它们在我们看来似乎是相等的吗，在相等本身的意义上？它们作为相等者存在有某些缺陷，或者没有？

有很大的缺陷，他说。

无论何时，当某人看到某个事物，【e】意识到他现在看见的东西想要与

---

① 指"相等"本身。

② 指相等的事物。

其他某些实在相似，但未能做到这一点，不能与另一事物相似，因为其自身低劣，在这种情况下我们会同意，那个这样想的人必定在先拥有关于他说的想要相似的事物的知识，但有缺陷吗？

必定拥有。

好，关于相等的事物和相等本身，我们不也体验到这一点吗？

确实如此。

在我们第一次看见相等的事物，【75】意识到它们都在努力追求与相等本身相似，但又有缺陷之前，我们一定拥有关于相等的知识。

是这样的。

我们肯定也同意，我们这种观念①得自视觉、触觉，或其他感觉，而不能以其他任何方式进入我们心里，我要说，这是因为所有这些感觉都是相同的。

它们是相同的，苏格拉底，无论如何，在我们的论证想要澄清的这个方面。

【b】我们的感觉必定会使我们意识到，我们通过它们所感受的所有事物都努力想要追求相等的事物，但是缺乏相等；或者说我们该怎样表达？

是这样说的。

所以在我们开始看或听，或开始用其他感官感受事物之前，我们必定拥有关于相等本身的知识，如果我们想要把我们关于相等的物体的感觉归因于相等本身，意识到这些相等的事物全都渴望与相等本身相似，但却又是低劣的。

这可以从前面说过的话中推论出来，苏格拉底。

但是，从出生那一刻起，我们不就已经开始看和听，以及用我们的其他感官去感受了吗？

当然。

① 指"相等"的观念。

【c】那么我们必定在此之前就已经获得了有关相等的知识。

对。

所以我们必定是在出生之前获得了这个知识。

好像是这样的。

因此，如果我们拥有这个知识，我们在出生之前和出生之后，不仅马上知道相等，而且知道较大、较小，以及诸如此类的事情，因为我们当前的论证不仅是关于相等的，而且也适用于美本身、【d】善本身、正义、虔敬，以及如我所说，在我们对它们提问和回答的时候，可以给它打上"它是什么"的标记的所有这样的事物。所以在我们出生之前，我们必定已经获得了全部关于它们的知识。

是这样的。

在各自获取这个知识的时候，如果我们没有忘记它，那么我们保持着知的状态，终生拥有知识，因为知也就是获取知识，保有知识，不丢失。我们不是把丢失知识称做遗忘吗？

【e】确实如此，苏格拉底，他说。

但是，我想，如果我们在出生前获得了这个知识，然后在出生的时候失去了它，后来通过使用我们的感官与我们提到的那些事物相连，我们恢复了先前拥有的知识，我们可以正确地称之为回忆吗？

当然可以。

【76】某个人看或听，或用其他感官感受事物被认为是可能的，由此把他已经忘记了的、与相同或不同相连的其他事物放入心中。如我所说，从中可有两个推论：要么是我们生来就有关于它的知识，我们所有人全都终生知道它；要么是后来学习知识的人只是在回忆，学习就是回忆。

事情肯定就是这样的，苏格拉底。

你会做哪一种选择，西米亚斯？【b】我们生来就有这个知识，还是我们后来回忆起我们先前拥有知识的这些事物？

我现在没法选，苏格拉底。

好吧，还有一个选择你能选吗？关于它你有什么意见？一个有知识的人能够对他所知道的事物提供解释，或者不能？

他必定能够这样做，苏格拉底，他说。

你认为每个人都能给我们刚才提到的这些事物提供解释吗？

我希望他们能，西米亚斯说，但我担心到了明天，世上能解释得如此恰当的人就一个也没有了。

【c】所以，你不认为每个人都拥有关于这些事物的知识？

我确实不这样认为。

所以他们在回忆他们曾经学到的东西？

他们必定如此。

我们的灵魂什么时候获得有关它们的知识？肯定不会从我们出生为人开始。

确实不会。

在那之前？

是的。

所以，西米亚斯，我们的灵魂在获得人形之前也存在，它们过去就拥有理智。

除非我们是在出生那一刻获得了知识，苏格拉底，这样的时间还是留给我们的。

【d】有道理，我的朋友，但我们失去这些知识又在什么时候呢？我们刚才同意我们并非生来就拥有知识。难道我们在获得知识的同时又失去知识，或者说你还能提到其他时间？

我不能，苏格拉底，我没有意识到自己刚才是在胡说。

他说，所以，这就是我们的立场吗，西米亚斯？如果我们老在谈论的那些本体①——美、善，以及所有这一类东西——存在，我们把我们感受到的

---

① 本体（οὐσία），亦译为"实在"、"实体"。

所有事物都归因于在者，【e】发现它以前就存在，并且是我们的，我们拿这些事物与它相比，那么，正如这些事物存在，所以我们的灵魂必定在我们出生之前存在。如果这些在者不存在，那么这个论证完全无效。这些在者存在，我们的灵魂在我们出生之前存在，二者具有同等的必然性，这是我们的立场吗？如果前者不存在，那么后者也不存在，是吗？

西米亚斯说，我不认为还能有什么疑问，二者都存在，具有同等的必然性，这是一个机会，我们的论证可以得出结论：【77】我们的灵魂在我们出生前存在，你现在正在谈论的在者也同样存在。在我个人看来，没有什么事情能那么清楚，所有这样的事物必定存在，美、善，以及所有你刚才提到的事物。我还认为我们已经提供了充分的证明。

克贝会怎么看？苏格拉底说，因为我们也一定要说服克贝。

我认为他充分信服了，西米亚斯说，尽管他是最难被论证说服的人，但我相信他已完全信服，【b】我们的灵魂在我们出生前就已存在。然而，我本人不认为灵魂在死后继续存在这一点已经得到了证明；克贝提到的大多数人的意见仍然成立，人死的时候他的灵魂就消散了，这是灵魂存在的终结。如果灵魂有生成，它的构成来自某些其他的源泉，在进入人体之前就存在，在进入人体以后又离开人体，那么有什么能防止它本身死亡和被摧毁？

【c】克贝说，你说得对，西米亚斯。我们需要证明的事情已经证明了一半，我们的灵魂在我们出生前存在，要完成这个论证，还需要证明的是它在我们死后也一样存在。

苏格拉底说，西米亚斯和克贝，如果你们把这个论证与我们前面达成一致意见的论证，每一生者必定源于死者，结合起来，那么整个论证已经得到了证明。如果灵魂先前存在，【d】它在走向生命和出生时，必定来自死，或是死的，而非来自其他地方，所以它怎么能够在死后回避存在，因为它必定会再次出生？你所说的甚至现在也已经得到证明。然而，我认为你和西米亚斯想要更加充分地讨论这个论证。你们似乎有一种幼稚的恐惧，【e】害怕灵魂离开身体的时候真的被风刮走和吹散，尤其是人死的时候碰巧刮大风，而不是晴朗的天气。

克贝笑了，他说，苏格拉底，就算我们害怕，请你试着改变我们的心灵，或者倒不如假定我们并不害怕，而是我们中间有一名儿童真有这些恐惧；请你试着说服他，别把死亡当做妖怪。

苏格拉底说，你应该每天对他念一通咒语，直到赶走他的恐惧。

【78】克贝说，我们现在该上哪儿去找一名好巫师来对付这些恐惧，你现在就要离开我们了？

希腊是一个大国，克贝，会有一些好人，外邦人的部落也不少。你们应当把他们中间的巫师全部找出来，不要怕麻烦，也不要怕花钱，因为没有任何事情你们花钱能有更大的收益。你也必须在你们中间找，因为要找到比你们自己能更好地做这件事的人可能不容易。

【b】我会去做的，克贝说，不过，要是你乐意，还是让我们回到刚才离开的论证。

我当然乐意。

好极了，他说。

那么我们必须向自己提出这样一些问题：哪一类事物像是会被吹散的？代表哪一类事物说话，人应当害怕这种情况，为了哪一类事物，人不应当害怕这种情况？然后我们应该考察灵魂属于哪一类事物，其结果，要么为灵魂感到恐惧，要么为灵魂感到欢乐。

你说的是对的。

【c】任何复合的事物或天然的混合物容易破裂为它的组成部分，只有非复合的事物，如果有的话，不太会破裂？

我想是这么回事，克贝说。

始终保持相同、处于相同状态的事物最不像是复合的，而那些不停地发生变化、从不相同的事物是复合的事物？

我认为是这样的。

让我们回到前面处理过的那些事物上来，【d】我们在提问和回答时对它们的存在的本体做了解释；它们一直是相同的，处于相同的状态，还是在不停地发生变化；相等本身、美本身、每一事物本身、真者，会受任何变化的影响吗？或者说真正存在的每一个，都被它自身所统一，保持着相同，决不容忍任何变化？

克贝说，它必定保持着相同，处于相同的状态，苏格拉底。

【e】许多美的具体事物怎么样，比如人、马、衣服，或其他东西，许多相等的具体事物怎么样，所有那些拥有与其他东西相同名称的事物怎么样？它们保持着相同，还是总体上与那些其他的在者对立，可以说它们从来不以任何方式与其自身保持相同，或者保持相互之间关系上的相同？

是后一种情况，它们从不处于相同的状态。

【79】后一类事物你们能够触摸和看见，或用其他感官感受，但那些始终保持相同的事物只能由心灵的推理的力量来把握吗？我们看不见它们，它们是不可见的。

完全正确，他说。

那么你想要我们假定有两类存在，可见的和不可见的吗？

让我们做这样的假定。

不可见的始终保持相同，而可见的决不保持相同吗？

让我们也做这样的假定。

【b】我们自身一部分是身体，一部分是灵魂吗？

是这样的。

我们说身体更像是哪一类存在，与哪一类存在关系比较密切？

与可见的关系比较密切，任何人都能明白。

灵魂怎么样，它是可见的还是不可见的？

它对人来说是不可见的，苏格拉底，他说。

好，我们的意思是对人眼而言的可见和不可见，或是对其他事物而言，你怎么想？

对人眼而言。

那么对灵魂该怎么说？它可见，还是不可见？

不可见。

所以它是不可见的吗？

是。

【c】所以灵魂比身体更像是不可见者，而身体更像是可见者？

毫无疑问，苏格拉底。

我们前不久还说过，灵魂用身体来考察事物，无论是通过听、看或其他感官——因为经过身体来考察事物要通过感官来进行——灵魂会被身体拉向那些从不保持相同的事物，灵魂本身会误入歧途，与这种事物接触的时候会感到困惑和眩晕，好像喝醉酒似的？

对。

【d】但是，当灵魂用自身来考察时，它进入那个纯粹、永存、不朽、不变的领域，灵魂独立自存时与那里的事物本性相近，它总是与它们待在一起，也能够这样做；它不再迷路，而是保持着相同的状态，接触具有相同性质的事物，灵魂的这种体验被称做智慧吗？

你说得很好，也说得完全正确，苏格拉底。

【e】根据我们前面说的和刚才说的来判断一下，你认为灵魂与哪一类事物更相似，其本性更加相近？

他说，苏格拉底，我想面对这一连串的论证，哪怕最愚昧的人也会同意，灵魂完全可能更像那一类始终以同样状态存在的事物，而不像以不同状态存在的事物。

身体怎么样？

身体更像另一类事物。

【80】也用这种方式来看一下：当灵魂与身体在一起的时候，天性命令一个做臣民、被统治，另一个统治，做主人。然后再问，你认为哪一个更像是神圣的，哪一个更像是可朽的？你不认为神圣者的天性就是统治和领导，而可朽者的天性就是被统治和做臣民吗？

我是这么看的。

灵魂与哪一类事物相似?

苏格拉底,灵魂显然与神圣者相似,身体显然与可朽者相似。

那么请考虑,克贝,从我们已经说过的所有话中可否推论,【b】灵魂最像是神圣者,是无死亡的、有理智的、统一的、不可分解的,始终与其自身相同,而身体最像是凡人,是可朽的、多重的、无理智的、可分解的,从不保持持续的相同。我亲爱的克贝,我们还有什么可说,表明事情不是这样的吗?

我们没有。

好吧,如果事情是这样的,那么肉体容易分解不是很自然吗?因为灵魂才是完全或几乎不会分解的?

【c】当然。

他说,你明白吗,当人死的时候,这个可见的部分、存在于可见世界中的、被我们称做身体的肉体,是天然命定要分解的,会化成碎片消散,但这些事不会马上发生,而会保存一段时间,事实上,人死的时候如果条件恰当、季节有利,身体保存的时间会相当长?如果尸体干化或涂上香油防腐,就像在埃及,那么在长的难以置信的时间里它几乎保持完整,【d】哪怕尸体腐烂了,其中有些部分,比如骨头、肌腱或其他相似的东西,无论如何可以说它们是无死的。不是这样吗?

是这样的。

灵魂,这个不可见的部分,会去一个与之种类相同的、高尚的、纯洁的、不可见的地方去寻找善者和聪明的神,那里实际上就是冥府,如果情况允许的话,我的灵魂必定很快就会去那里——具有这样的种类和本性的灵魂,在离开身体的时候会消散和被摧毁吗,【e】如大多数人所说?远非如此,我亲爱的西米亚斯和克贝,所发生的事情更像是这样的:如果灵魂从肉体中解脱出来的时候是纯洁的,没有沾上肉体的成分,因为它不愿与活的肉体有什么联系,而是完全聚拢自己,回避肉身,并且总是在练习怎样死得容易些，【81】实际上，这就是以正确的方式实践哲学。这不就是练习死亡吗？

确实是。

灵魂以这种状态走向与它自己相似的不可见者、神圣者、不朽者、智慧者，到达那里时它是快乐的，它摆脱了自己的困惑、无知、恐惧、激情和人的其他毛病，像那些加入秘仪者所说的那样，真正地与众神一道度过余下的时光。我们要这样说，克贝，还是采用别的说法？

要这样说，宙斯在上，克贝说。

【b】但我想，如果灵魂在离开肉体的时候已被玷污，是不纯洁的，因为它总是与肉体联系在一起，侍奉肉体，被肉体的情欲和快乐施了魔法，以为对它来说，除了可以触摸、观看、吃喝，或能用于性生活享受的东西，其他似乎什么都不存在，如果灵魂已经习惯于仇恨、畏惧、回避那些对眼睛来说模糊不清的，但却是有理智的、只能依靠哲学来把握的东西——你认为这样的灵魂能够不受污染地逃离，独立自存吗？

【c】不可能，他说。

由于不断地与身体交合与联系，以及通过大量的练习，灵魂无疑会被有形体的东西渗透，这些东西在灵魂中变得根深蒂固。

是这样的。

我的朋友，我们必须相信肉身的元素是沉重的、笨拙的、属土的、可见的。由于这个原因，灵魂变得沉重，由于害怕不可见者或哈得斯，被拉回可见的世界。我们得知，【d】它在坟场和墓碑间游荡，在那里可以看见的幻影和幽灵，就是由这样的灵魂产生的，这样的灵魂没有解脱和净化，而是分有可见者，因此能被看见。

好像是这样的，苏格拉底。

确实是这样的，克贝。还有，它们不是好人的灵魂，而是低劣的人的灵魂，它们被迫在那里游荡，为它们先前受到的坏的教养而接受惩罚。【e】它们一直在游荡，直到它们渴望的、能与它们相伴的东西，即有形体的东西，再次将它们囚禁在肉身中，到了那个时候，它们很像是会具有它们活着的时候已经练就的品格。

你说的这些品格是什么样的，苏格拉底？

举例来说，那些肆无忌惮地实施贪吃、强暴、酗酒的人，像是要去与驴子或其他相似的动物为伴。【82】你不这样认为吗？

很像。

那些极度崇敬不义、实施暴政、掠夺抢劫的人会加入狼、鹰、鸢的部落，或者我们说他们会去其他什么地方？

肯定会去这些部落，克贝说。

所以很清楚，人的宿命与其以往的行为方式相一致吗？

是很清楚，当然是这样。

他们中最幸福的人，也将拥有最好的宿命，【b】他们是那些实践通行的美德和社会美德的人，他们称这些美德为节制和正义，这些美德通过习俗和实践来发展，无需哲学和理智？

他们为什么是最幸福的呢？

因为他们像是再次加入一个社会的、温和的群体，比如蜜蜂、黄蜂、蚂蚁的群体，也可能再次加入一个这样的人的群体，成为有节制的人。

像是这样。

未实践哲学、不能在离世时完全纯洁的人，不可能加入众神的群体，【c】只有那些热爱学问的人才行。我的朋友西米亚斯和克贝，由于这个原因，那些以正确的方式实践哲学的人远离所有肉体的情欲，主宰它们，而决不向它们投降；这样做根本不是因为担心耗费金钱和财产，这是大多数人和那些爱钱者所担心的，也不是因为害怕丢脸和坏名声，就像那些雄心勃勃的人和热爱荣誉的人所担心的，实践哲学的人会远离它们。

那样做不符合他们的天性，苏格拉底，克贝说。

【d】宙斯在上，不符合，苏格拉底说。那些关心他们自己的灵魂、不愿为了侍奉他们的肉体而活着人，会把所有这些事情都打发掉。他们不会像那些不知道自己要去哪里的人一样，在与他们相同的道路上行走，而是相信任何与哲学和与他们的拯救和涤罪相反的事情都不能做，他们转向这条道路，追随哲学的指引。

怎么会这样，苏格拉底？

我会告诉你的，他说。当哲学掌握了他们的灵魂的时候，【e】热爱学问的人知道他的灵魂被囚禁在身体中，依附身体，被迫通过身体来考察其他事物，就像要透过囚室去考察，而不是依靠它自己去考察，在无知的泥淖中打滚。哲学看到这种囚禁的最糟糕的特点在于持有欲望，所以这个囚犯本人对他自身的禁闭贡献最大。【83】如我所说，学问的热爱者知道哲学把握了他们的灵魂，然后温和地鼓励灵魂，告诉它们，通过眼睛进行的考察充满了欺骗，就好像通过耳朵和其他感官，试图以此解放灵魂。然后，哲学劝告灵魂尽量撤离感官，除非迫不得已不使用感官，哲学吩咐灵魂要靠自己聚拢自身，只相信自身和任何在者，【b】由于独立自存，灵魂凭自身去理解，不把它凭其他方式考查的东西当做真的，因为这样的东西在不同的环境下是不同的，是可感的和可见的，而灵魂本身看见的东西是理智的和不可见的。真正的哲学家的灵魂认为一定不能反对这种拯救，所以尽可能远离快乐、欲望和痛苦；他意识到剧烈的快乐、痛苦和欲望引起的不仅是像生病或放纵欲望所要忍受的那样可以期待的痛苦，【c】而且是最大的、最极端的恶，尽管有一点他没有意识到。

他没有意识到的是什么，苏格拉底？克贝问。

每个人的灵魂，当它感受到与某个对象相连的剧烈的快乐或痛苦时，不可避免地就相信引起这种情感的事物必定非常清楚，非常真实，而这个对象并非如此。这样的对象大部分是可见的，不是吗？

当然是的。

【d】这样的经验最完全地把灵魂与身体捆绑在一起吗？

为什么会这样？

因为每一快乐或痛苦都像一根铆钉，把灵魂牢牢地钉在肉体上，使它们结合在一起。它使灵魂成为有形体的，所以它相信真相就是身体所说的那样。由于它与身体分享信念，使身体愉悦，我想它不可避免地要与身体分享它的生活方式和品性，因此不能以纯洁的状态抵达冥府；它启程离开的时候，总是带着肉体，【e】所以很快就会坠入另一肉体，与之一道成长，就好像在那里播种似的。由于这个原因，它决无可能与神圣者、纯洁者、统一者相伴。

你说得非常对，克贝说。

由于这个原因，学问的真正热爱者是节制的和勇敢的，或者说，你认为大多数人说的哪些原因才是对的？

【84】我肯定不认为他们是对的。

确实不对。哲学家的灵魂会这样推论：它不认为哲学来解放它的时候，它应该先从快乐和痛苦中得到解救，然后再次成为囚犯，由此徒劳无益，就像珀涅罗珀①对待自己织的衣物。哲学家的灵魂平静地对待这样的情感；它追随理性、始终借助理性来沉思真实的东西和神圣的东西，它们不是意见的对象。受此教养，它相信人只要活着就应当以这种方式生活，死后可以抵达与其本性相似的处所，免除人的罪恶。【b】经过这样的教养之后，西米亚斯和克贝，灵魂就没有什么危险，不需要担心在与肉身分离的时候灵魂会被大风刮散，从而不再是任何东西，不复存在于任何地方。

【c】说完这番话后，苏格拉底沉默了好久。他好像在沉思刚才说的话，我们大多数人也在思索。但是，西米亚斯和克贝在小声耳语。苏格拉底回过神来注意到他们，就向他们提问。他说，怎么了，你们认为我的论证缺少什么吗？对任何想要彻底讨论这些事情的人来说，仍旧会有许多疑点或反对意见。如果你们在议论其他主题，那么我无话可说，但若你们对理解这个主题有困难，如果你们认为这个论证还能进一步改进，那么就请直截了当地把你们的看法说出来，由你们自己来解释，【d】如果你们认为自己能够做得更好，

---

① 珀涅罗珀（Πηνελόπη），荷马史诗中的英雄奥德修斯之妻，她为了拒绝贵族子弟的求婚而将白天织好的衣物晚上拆除，以此拖延时间。

那么就在讨论中带上我吧。

我会对你说真话，苏格拉底，西米亚斯说。我们俩都有些困难，几次催促对方向你提问，因为我们想要听到你的看法，但我们又感到犹豫，不想给你添麻烦，免得让处在当前不幸中的你不高兴。

听了此话，苏格拉底温和地笑了，他说："真的，西米亚斯，【e】我不认为我当前的命运是一种不幸，如果我不能说服你们相信这一点，那么我肯定难以说服其他人，而你们担心我会比过去更难对付。你们似乎认为我在预言方面比天鹅差。天鹅从前也唱歌，但当它们意识到自己必须去死的时候，它们会最大声、最甜蜜地歌唱，【85】就好像它们对自己就要启程去神那里感到欢乐，因为它们是神的仆人。而人，由于他们自己怕死，就说了天鹅的谎言，说天鹅的临终绝唱是对它们的死感到悲哀与伤心。这些人没想到鸟儿在饥饿、寒冷和其他窘境中是不唱歌的，夜莺、燕子、戴胜①都不会，尽管这些人确实说这些鸟儿感到痛苦的时候就唱哀歌。天鹅也不会这样做，【b】但我相信它们属于阿波罗神，它们有预见，拥有关于未来的知识，它们会为了那个地下世界的幸福而歌唱，在它们将要死的那一天，它们会比以前唱得更响亮，比以前更加欢乐。我相信自己与天鹅同为仆人，献身于同一位神，我从我的主人那里收到的预言的礼物不比天鹅差，在告别今生的时候不会比它们更加感到沮丧。因此，你们一定要想怎么说就怎么说，想怎么问就怎么问，只要雅典人的执法官还允许。"

说得好，西米亚斯说。我会告诉你我的困难，【c】然后克贝会说为什么他不能接受你所说的。我相信，如你所说，尽管在我们还活着的时候要获得有关这个主题的精确知识是不可能的或极为困难的，但若不对相关的说法做彻底的考察，或在进行全面的考察而精疲力竭之前就放弃，那是非常软弱的表现。人应该获得这样的结果之一：要么学到关于这些事情的真相或者为自己去发现它，要么，如果这是不可能的，【d】就采用人的最优秀、最可靠的

---

① 戴胜（ἔποψ），一种鸟的名字。

理论，以之作筏，在海上航行，靠它去穿越生活中的险境，除非有人能使这一航程更加安全，更少危险，能依靠某种神圣的理论乘上更坚实的航船。所以，哪怕是现在，由于你已经说了你的做法，我在提问时不会感到羞耻，也不会因为没有说出我的想法而在今后责备自己。在考察我们已经说过的话时，我自己或者和克贝一道，我们感到它显得不很充分。

【e】苏格拉底说："你很有可能是对的，我的朋友，但是告诉我，它怎么不充分。"

以这种方式进行论证在我看来好像不充分，他说："对竖琴与琴弦的和谐，可以做出同样的论证，所谓和谐就是存在于调好音的竖琴中的某种不可见的、【86】无形体的、美妙的、神圣的东西，而竖琴本身和它的琴弦是物体的、有形的、复合的、属土的，与可朽者密切相连。如果有人打坏了竖琴，割断了琴弦，使用与你相同的论证，他坚持说和谐必定仍旧存在，是不能被摧毁的，但这对竖琴和琴弦来说是不可能的，因为它们是可朽的，琴弦断裂时和谐不可能仍旧存在，而对和谐来说，它与神圣者和不朽者关系密切，【b】具有相同的性质，会在可朽的东西之前被摧毁；他会说，和谐本身必定仍旧存在，而造琴的木头和琴弦却在和谐遭受痛苦之前必定腐烂。确实，苏格拉底，我认为你必须记住，我们真的假定灵魂是这样一种东西，就像肉体会受到热与冷、干与湿，以及其他这类事物的影响而伸缩，【c】我们的灵魂也是一些事物的混合与和谐，它们能按正确的比例和尺度混合而成。如果灵魂是某种和谐或调音，显然，当我们的身体由于疾病和其他邪恶而不合尺度地松懈了或伸展了，灵魂必定马上被摧毁，哪怕它是最神圣的，就像在音乐和所有艺术家的作品中可以发现的其他和谐一样，而物体的残留部分会长时间延续，直到它们腐烂或者被焚毁。请考虑，【d】对一个把灵魂视为物体成分的混合物、在我们称之为死亡的过程中第一个消亡的人，我们该如何回答。"

苏格拉底如他习惯的那样敏锐地看着我们，笑了，他说："西米亚斯说得相当公平。如果你们中有谁比我更加足智多谋，为什么不来回答他，因为西米亚斯似乎已经胜任地处理了这个论证。【e】然而，我想在我们回答他之前，应该听一下克贝的反对意见，为的是让我们也有时间仔细考虑我们的回答。听了他的意见，如果我们认为他们的想法与我们合拍，那么我们就表示赞同，否则就捍卫我们的论证。来吧，克贝，告诉我们，令你感到困惑的是什么？"

【87】克贝说，我来告诉你，你的这个论证在我看来与你以前的论证有同样的问题，可以受到同样的批评。我不否认你的这个论证很优雅，如果我这样说不算冒犯的话，充分证明了我们的灵魂在采用当前的形式之前就存在，但我不相信在我们死后，灵魂同样存在于某个地方。我并不赞成西米亚斯的反对意见，说灵魂并不比肉身更加强大和更加持久，因为我认为灵魂在所有这些方面都要比肉身优越得多。你的这个论证会说："为什么你仍旧不信呢？因为你已经看到了，人死了，他的较弱的部分继续存在，【b】你不认为他那个更加持久的部分在那段时间必定会留存吗？"考虑一下这个要点，看我说的是否有意义。

像西米亚斯一样，我也需要一幅图像，因为我想这个论证很像有人在一位年老的裁缝死的时候说这个人没死，而是安全、健全地存在于某个地方，并且提供例证说【c】他为自己缝制的斗篷还很好，没有腐烂。如果有人不信，就会问一个人是否会比一件经常穿着和磨损的上衣延续得更长，如果回答是人延续得更长，就会被当做证据来说明这个人是安全的和健全的。但是西米亚斯，我认为情况并非如此，请考虑我下面要说的话。任何人都会明白说这种话的人是在胡说八道。那位裁缝制作和穿破了许多这样的斗篷。【d】他在许多件斗篷朽坏之后死去，但在最后一件斗篷朽坏之前死去。这并不表明人比斗篷还要低劣或软弱。我想，这幅图像说的是灵魂与肉体的关系，任何人就灵魂与肉体说同样的话在我看来说得都有意义，灵魂长时间地延续，而肉体较弱，活得较短。他可以说每个灵魂都穿破了许多肉体，尤其是如果它活了很多年。如果肉体处于流变状态，并且在这个人还活着的时候就在毁损，【e】而灵魂会更新已经毁损的肉身，那么得出这样的结论是不可避免的，灵魂死亡的时候会穿着最后一个肉体，仅在最后这个肉体之前死亡。灵魂死亡的时候，肉体很快就会腐烂和消散，显示出它本性的虚弱。所以我们不能相信这个论证，【88】而要对我们的灵魂在我们死后继续存在于某处充满信心。如果有人开始对人使用这个论证，甚至超过你所做的，不仅肯定灵魂在我们出生之前存在，而且肯定没有理由说某些灵魂不存在，而是在我们死后继续存在，因此不断地处在生与死的轮回之中；如果有人向他保证说，灵魂的本性如此强大，它能在许多肉体中幸存，承认了这一点，但若不进一步承认灵魂不会由于多次出生而毁损，最终也不会在某一次死亡中完全被摧毁，那么他会说，【b】无人知道哪一次死亡和肉体的消解带来了灵魂的最终毁灭，因为我们中没有人能明白这个道理。在这种情况下，任何带着自信面对死亡的人都是傻子，除非他能证明灵魂是完全不朽的。如果他不能，那么快要死的人必定总是在为他的灵魂担心，害怕当前的这一次灵魂与肉身的分离会带来灵魂的完全毁灭。

【c】听了他们说的，我们全都非常沮丧，这是我们后来相互告知的。我们本来已经非常相信前面的论证了，但他们似乎让我们又感到困惑，使我们不仅怀疑已经说过的，而且怀疑后来要说的，我们不配提出批评，也不能确定地承认这个话题本身。

厄　众神在上，斐多，我同情你，因为在听你讲的时候，【d】我发现我也在对自己说：我们要相信什么论证？苏格拉底的论证是极为令人信服的，但现在又变成不可信的了；灵魂是某种和谐的说法对我格外有吸引力，现在是这样，一直是这样，你提到它的时候提醒了我，我本人以前也是这样想的。现在我又有了需要，要其他论证来令我信服，好像从头开始似的，灵魂不会随着人的死亡一同死去。所以告诉我，宙斯在上，苏格拉底怎样处理这个论证。他也很沮丧吗，【e】就像你说的其他人那样，或者说他不沮丧，而是平静地拯救他的论证，他的拯救是令人满意的还是不甚恰当的？把你知道的一切都尽可能准确地告诉我们。

斐　我肯定经常崇拜苏格拉底，厄刻克拉底，但从未像在这个场合似的更加崇拜他。【89】他做了回答，这可能不奇怪。使我极为惊讶的是，他以愉快、温和、可敬的方式收下了两位年轻人的论证，他极为敏锐地察觉到这一讨论对我们产生的影响，他极好地治疗了我们的沮丧，把我们从溃败和逃跑中召回，让我们掉转头与他一道考察他们的论证。

厄　他是怎么做的？

斐　我会告诉你。我当时正好坐在他右边的一张矮凳上，【b】所以他比我高很多。他摸着我的头，把我颈后的头发挽在手里，因为他有时有玩我头发的习惯。他说："明天，斐多，你可能会剪去这头美丽的卷发。"

很有可能，苏格拉底，我说。

如果接受我的建议，你就不会了。

为什么不会？我问。

他说，今天我要剪去我的头发，你要剪去你的头发，如果我们的论证在我们手中死去，【c】而我们又不能让它复活。假如我是你，而这个论证从我这里逃走了，我要发誓，像阿耳戈斯人[①]所做的那样，在我举行反攻、打败西米亚斯和克贝的论证之前，让我的头发不要再长出来。

但是，我说，有人说甚至连赫拉克勒斯[②]也不能一次对付两个人。

那就召我做你的伊俄拉俄斯[③]，在天还亮的时候。

我会叫你的，但在这个情况下是伊俄拉俄斯召唤赫拉克勒斯。

这没什么区别，他说，但首先有某种经验我们必须小心提防。

什么经验？我问。

【d】我们不要变得厌恶理论，就像有人变得厌恶人类。没有比仇视合理的论证更大的人能承受的邪恶了。厌恶理论和厌恶人类以同样的方式产生。厌恶人类来自一个没有知识或技艺的人，他起先极为信任某人，相信这个人是完全可信的、理智健全的、值得信赖的，然后过了没多久，发现这个人是邪恶的、不可靠的，然后这种情形又发生在别的事例中，当一个人频繁地有

---

① 阿耳戈斯人（Ἀργεῖοι），对斯巴达战败，发誓不复故土不留发。
② 赫拉克勒斯（Ἡρακλῆς），希腊神话中的英雄，做出许多业绩。
③ 伊俄拉俄斯（Ἰόλαος），赫拉克勒斯的侄子，曾协助赫拉克勒斯杀死九头水蛇。

了这种经验，【e】尤其是和那些他相信是最亲密的朋友的人，然后，到了最后，经受多次打击，他变得仇视所有人，相信无人在任何方面是健全的。你没见过这种事情发生吗？

我确实见过，我说。

这是事情的一种可耻的状态，他说，显然是由于这样一种建立人际关系的企图，而又没有任何处理人际事务的技艺，因为这样的技艺会使人相信，【90】非常好的人和非常坏的人实际上都相当稀少，大部分人处于两个极端之间。

我说，你这是什么意思？

他说，就像非常高和非常矮一样。你认为还有什么事情比找到一个极高或极矮的人更稀罕？或者狗或其他任何东西？或者，还有，极快或极慢，丑或美，白或黑？你不明白在所有这些事例中，处于两个极端的都非常稀罕和稀少，而处于两端之间的非常多，非常充沛？

当然，我说。

【b】然而，他说，如果有一场比谁恶的竞赛，那么你认为胜利者也很少吗？

这一点很像，我说。

确实很像，他说，但是论证在某一点上不像人。刚才我只是在跟随你的引导。这里面的相似性倒不如说是这样的：一个缺乏论证技艺的人信任一个论证，把它当做真的，然后过了没多久又相信它是假的——就像有时候是，有时候不是——对另一个论证也这样，一再重复。你知道某些花时间专门研究对立的人相信他们自己最终变得非常聪明，【c】只有他们弄懂了任何对象或任何论证都不是健全的或可靠的，而是一切事物都只是上下波动地存在着，就像在尤里普斯①，不会在任何时间和地点停滞不动。

---

① 尤里普斯（Εὔριπος），海峡，位于尤卑亚岛与希腊大陆波埃提亚地区之间，波涛汹涌。

你说得很对，我说。

那么好，斐多，他说，有一个真的、可靠的论证，是人能够理解的，如果有人把这样的论证当做有时真、有时不真，【d】不是责备他自己或是他自己缺乏技艺，而是由于他的沮丧，最终很快地把对他自己的责备轻易地转为责备论证，用他的余生仇视和辱骂合理的讨论，由此失去了认识真理和获得关于在者的知识的机会，这就很可悲了。

是的，宙斯在上，我说，确实可悲。

【e】那么，这是第一件我们必须提防的事情，他说。我们一定不可允许这样的信念进入我们心中，没有什么论证是健全的，我们倒应当相信，尽管现在还不健全，但我们必须鼓足勇气，渴望达到健全，【91】你和其他人为了你们仍在继续的整个生命的缘故要这样做，我为了死亡本身的缘故要这样做。我此刻的危险在于对死亡缺乏一种哲学的态度，像那些相当无教养的人一样，我渴望在论证中让你们变得较好，因为那些无教养的人，在他们对任何事情进行论证时，注意的不是讨论主题的真理，而只是急于让那些在场的人接受他们提出的观点。我与他们的区别仅在这一范围：我不会渴望得到那些在场者的赞同，让他们认为我所说的是真的，除了偶尔会有这种情况，但我非常渴望我本人应当彻底相信事情是这样的。因为我想——瞧这种精神多么有争议——如果我说的是真的，【b】那么它是一件应当信服的好事；另外，如果死亡之后无物存在，那么至少在我死前的这个时刻，我会比那些在场者较少沮丧和悲哀，因为我的愚蠢不会再随我继续存在——若继续存在那可是件坏事——而会短时间内走向终结。因此，做好准备，西米亚斯和克贝，他说，我下面就来处理你们的论证。如果你们接受我的建议，【c】那么少想一些苏格拉底，多想一些真理。如果你们认为我说得对，那就同意我；如果不对，那就用所有论证来反对我，你们要注意，我热切地希望不欺骗我自己和你们，像一只黄蜂，在我走的时候把我的螫针留在你们身上。

我们必须开始了，他说，如果我显得忘了你们所说的，首先请你们提醒我。如我所信，西米亚斯有点怀疑和恐惧，【d】灵魂尽管比肉体更神圣、更美丽，然而作为一种和谐，要比肉体先死。我想，克贝同意我的看法，灵魂延续的时间比肉体长，但无人知道灵魂是否经常穿破许多肉体，在离开它的最后的肉体时，灵魂本身是否也遭到毁灭。这就是死亡，灵魂的毁灭，因为身体总是被摧毁的。西米亚斯和克贝，这些问题是我们必须考察的吗？

【e】他们俩都表示同意，要考察这些问题。

他问，那么你们否定我们先前的全部说法，还是否定某些说法，不否定其他说法？

否定某些说法，他们俩说，不否定其他说法。

他说，我们说过学习就是回忆，【92】如果是这样的话，那么我们的灵魂必定存在于其他地方，在我们之前存在，在它被囚禁于肉体之前存在，这些说法怎么样？

克贝说，就我个人来说，我当时就非常信服这些说法，现在也还这样看，超过其他任何说法。

西米亚斯说，这也是我的立场，如果我连这一点也曾有过改变，那就太令人惊讶了。

但你们必须改变你们的看法，我的底比斯朋友，苏格拉底说，【b】如果你们相信和谐是一样复合的事物，灵魂是一种处在紧张状态下的肉体的成分的和谐，那么你们肯定不会允许自己坚持一个复合的和谐存在于灵魂得以构成的那些成分之前了，你们会吗？

绝对不会，苏格拉底，西米亚斯说。

他说，你意识到吗，这是你说灵魂在它取得形体，亦即人的身体之前就存在，它是由那些还不存在的成分构成的时候实际上已经说了的看法？和谐不像你所比喻的那样，竖琴、琴弦、音调，【c】尽管仍旧没有和谐化，但存在着，和谐是由它们最后构成的，又是最先被摧毁的。你们如何能使这一说法与你们前面的说法合拍？

没有办法，西米亚斯说。

他说，一个关于和谐的说法肯定应当比其他任何说法显得更和谐。

是应当这样，西米亚斯说。

所以，你的说法有不合拍的地方吗？请考虑你喜欢哪一种说法，学习就是回忆，还是灵魂是一种和谐。

【d】我更喜欢前者，苏格拉底。我在没有证据的情况下就采纳了后者，因为它有某种可能性和貌似有理，这也是它能吸引许多人的原因。我知道依靠以可能性为基础的论据的那些论证是自命不凡的，如果对它们不警觉，它们肯定会骗人，在几何学中是这样，在其他事情中也是这样。然而，回忆的理论和学问建立在值得接受的假设的基础上，因为说我们的灵魂在进入肉体之前就存在，就像我们用"它是什么"这些词【e】来限定的那一类的本体一样，我本人认为接受它是相当正确的。因此我不能接受灵魂是一种和谐的理论，无论这个理论来自我本人，还是来自其他人。

你是怎么想的，西米亚斯？你认为和谐，【93】或其他任何复合的事物，天然地处在一种与构成事物的部分不同的状态中吗？

我完全不这样认为，西米亚斯说。

如我所想，它也不能以一种与它的成分不同的方式行动或受动？

他表示同意。

因此必须假定和谐并不指导它的构成部分，而是被它们所指导。

他接受这一点。

因此和谐远非一项运动，或者发出一个声音，或者做其他事情，以一种与它的构成部分相对立的方式。

确实远非如此。

每一和谐的本性依赖它被和谐化的方式吗？

我不懂，他说。

【b】如果它越来越多地被和谐化，它就越来越多地是一个和谐，如果它越来越少地被和谐化，它就越来越少地是一个和谐。

当然。

对灵魂来说这也是对的吗，一个灵魂比另一个灵魂越来越多地更是一个灵魂，或者越来越少地更是灵魂，甚至少到最小的程度？

根本不是这样。

好吧，宙斯在上，他说。我们说一个灵魂拥有理智和美德，【c】是好的，另一个灵魂拥有愚蠢和邪恶，是坏的。这些说法对吗？

它们肯定是的。

持有灵魂是一个和谐这种理论的人对这些居于灵魂内的事物，也就是美德和邪恶，会说什么呢？这些东西是某些其他的和谐和不和谐吗？善灵魂是和谐化了的，是一个和谐，在它自身中有另一个和谐，而恶灵魂本身缺乏和谐，又在其自身中没有另一个和谐吗？

我不知道说什么好，西米亚斯说，但持有这个假设的人显然必定会对它说些什么。

【d】我们前面已经同意，他说，一个灵魂不会比另一个灵魂更多或更少地是灵魂，这就意味着，一个和谐不会比另一个和谐更多或更少地是和谐。不是这样吗？

当然如此。

那个不会更多或更少地是和谐的事物是不会更多或更少地和谐化了的事物。是这样吗？

是这样的。

那个不会更多或更少和谐化了的事物不能更多或更少地分有和谐，或者说它能这样做。

能这样做。

【e】那么，如果一个灵魂不会更多或更少地比另一个灵魂更是灵魂，那么它已经和谐化到了相同的程度。

是这样的。

如果是这样的话，那么它不会更多地分有不和谐或和谐。

它不会。

如果是这种情况，一个灵魂能比另一个灵魂有更多的邪恶，或比另一个灵魂有更多的美德吗，如果邪恶是不和谐，美德是和谐？

不能。

【94】西米亚斯，按照正确的推理，倒不如说，如果灵魂是一个和谐，那么没有灵魂会分有任何邪恶，因为和谐肯定完全是这样一种事物，就是和谐，决不会分有不和谐。

它肯定不会。

灵魂，由于完全是这样一种事物，就是灵魂，也不会分有邪恶吗？

它怎么能分有邪恶呢，按照我们已经说过的这种看法？

所以依据这一论证，一切生灵的灵魂都是同等好的，如果灵魂按其本性就同等地是这样一种事物，就是灵魂。

我想是这样的，苏格拉底。

【b】我们的论证正确吗，他说，如果灵魂是一个和谐的假设是正确的，看起来它似乎应该走到这一步？

完全不对，他说。

再说，人有各个部分，你能说出除了灵魂以外，人的哪个部分在统治人吗，尤其当它是一个聪明的灵魂？

我不能。

它在这样做的时候是在顺从还是在抗拒肉体的情感？我的意思是，举例来说吧，肉身发热和口渴时，灵魂把它拉向对立面，不要喝水；肉身饥饿时，不要吃东西，【c】我们可以看到灵魂抗拒肉体情感的成千上万的其他例子。不是吗？

确实如此。

另一方面，我们前面同意过，如果灵魂是一个和谐，那么它决不会由于紧张或松弛、琴弦的拨动，以及对它的组成部分所做的其他事情，而跑调，灵魂会追随这些构成要素，而决不会指导它们吗？

我们是同意过，当然。

好吧，灵魂现在好像是在做相反的事，【d】统治所有人说的构成灵魂的所有要素，几乎终生都在反对它们，指引它们的道路，对它们施以严厉的、痛苦的处罚，有时候像体育训练和医术，有时候是比较温和的训诫和鼓励，与欲望、激情、恐惧交谈，就好像两个不同的人在谈话，如荷马在《奥德赛》中所说，奥德修斯"捶打胸部，内心自责地这样说，我的心啊，忍耐吧，你忍耐过种种恶行"①。【e】你认为，当诗人写下这些话的时候，他会认为灵魂是一个和谐、是一个受肉体的情感引导的事物吗？他不是在把灵魂当做它们的统治者和主人，灵魂本身要比和谐更加神圣吗？

是的，宙斯在上，我认为是这样的，苏格拉底。

【95】因此，我的好朋友，我们说灵魂是一个和谐是相当错误的，如果这样说的话，我们就与神圣的诗人荷马的意见不同，也和我们自己的意见不同。

是这样的。

很好，苏格拉底说。对我们来说，对付底比斯的哈耳摩尼亚似乎相当合理和顺利，我亲爱的克贝，我们该怎么办，用什么样的论证能够对付卡德摩斯？②

克贝说，我想你会有办法的。你处理这个关于和谐的论证的方式令我感到相当惊奇。【b】西米亚斯在讲他的困难时，我感到相当惊奇，不知是否有人能对付他的论证，当他不能抵抗你的论证的初次突击时，我哑口无言了。所以，要是卡德摩斯的论证遭遇相同的命运，那我不会感到奇怪。

我的好人，苏格拉底说，别吹捧，免得厄运降临，颠覆我们将要做出的论证。不过，还是把它留给神来关心吧，我们的任务是按照荷马史诗的方式紧紧把握论证，看你所说的里面有什么东西。我总结一下你的问题：【c】一名哲学家在将死之前充满自信，认为在地下世界他的生活会比他曾经过的其

---

① 荷马：《奥德赛》20：17。
② 在希腊传说中，哈耳摩尼亚（Ἀρμονίας）是卡德摩斯（Κάδμος）的妻子，底比斯的创建者。哈耳摩尼亚这个名字的词意是"和谐"，苏格拉底在此处开玩笑，把西米亚斯和克贝比做两位传说人物，对付了哈耳摩尼亚以后，现在必须对付卡德摩斯（克贝）。

他任何生活都要好得多，而你认为必须向他证明灵魂是不朽的、不可摧毁的，这样才能避免这种既愚蠢又单纯的自信。为了证明灵魂是强大的，因为它是神圣的，它在我们出生为人之前就存在，你说所有这些论证都没有说明灵魂是不朽的，只说明它是长存的。它从前存在了很长时间，【d】它知道很多，行动很多，由于这个原因，使它不再是不朽的；确实，它进入人体就是它毁灭的开始，就像得了疾病；它会痛苦地过这种生活，最终会被摧毁，我们称之为死亡。你说，就我们每个相关者的恐惧来说，一次还是多次进入肉身没有什么差别，因为对一个不傻的人来说，对此感到害怕是很自然的，如果他不知道或不能证明灵魂不朽。我认为，这就是你的断言，克贝，我经常精心加以复述，【e】为的是不想遗漏任何要点，如果你希望，可以再增加或减少一些东西。

克贝说："我现在没什么要增加或减少的。这就是我说的。"

苏格拉底停顿了很长时间深思。然后他说：【96】"你提出的问题并非不重要，克贝，因为它需要彻底考察生成与毁灭的原因。如果你希望，我会向你解释一下我在这些事情上的经历。然后，如果我说的某些事情对你有用，你可以用它来说服我们接受你的立场。"

我确实希望听你的解释，克贝说。

那就听着，克贝，我来告诉你，他说。年轻的时候，我对被他们称做自然学的智慧有着极大的热情，因为我想，要是能知道每一事物的原因那就太好了，它为什么生成，【b】为什么毁灭，为什么存在。我在考察中经常改变想法，首先遇到了诸如此类的问题：热与冷产生的某种发酵滋养生灵吗，如某些人所说？我们认为，是我们的血、气、火，或者不是这些东西，而是脑给我们提供了听觉、视觉、嗅觉，从中又产生记忆和意见，而从已经变得较为稳定的记忆和意见中产生知识，是吗？又如，当我在考察这些事物如何毁灭、天上和地下的事情如何发生时，【c】最后我相信，得出结论，我完全不具有进行这一类考察的天生的才能，对此我将给你提供充足的证据。这种考察使我变得相当茫然，乃至于对从前那些我和其他人认为我清楚地知道了的事情也不懂了，所以我不懂我以前认为我懂的事情，这种事情很多，尤其是人是怎样成长的。我从前认为，任何人显然都明白，人通过吃喝而成长，【d】食物使人成长，吃肉长肉，吃骨头长骨头，以同样的方式，适宜的部分添加到身体的其他所有部分，所以人就成长了，从原先体形较小到后来变得较大，就这样小人变成了大人。这就是我以前的想法。你不认为它是合理的吗？

我认为它是合理的，克贝说。

那么再考虑这一点：我原以为我的看法是令人满意的，【e】一个身材高大的人身旁站着一个矮个子，高个子比矮个子高一头，马也一样，一匹马比另一匹高。比这更清楚的是，十比八大，因为八加上了二，二尺比一尺长，因为二尺超过一尺的长度是它自身长度的一半。

你现在对这些事情是怎么想的呢？

宙斯在上，我远非认为自己懂得这些事情中的任何一件事情的原因。我甚至不允许自己说一加一变成二，要么是这个一被加上，要么是加上这个一，【97】或者说，一加上这个被加上的一变成二，因为这个一加到另外一个一上。我感到奇怪，当它们中的每一个相互分离的时候，它们各自是一，它们在那个时候不是二，但当它们相互接近的时候就成了二，这就是它们变成二的原因，亦即它们来到一起或被放置在一起。我也不再能被说服，说划分一样东西，【b】这种划分就是它变成二的原因，因为刚才我们说的变成二的原因正好相反。刚才的原因是它们来到一起，一个加上另一个，而现在的原因是从一里面拿走一部分，使其分离。

我不再说服自己说我懂得为什么一或其他任何事物生成、死亡或存在，用这种老的考察方法，我不接受它，而我有了自己的杂乱的方法。有一天，【c】我听某人说他从阿那克萨戈拉的一本书上读到，心灵指引一切，它是一切事物的原因。这个原因使我感到高兴，它似乎是好的，换句话说，心灵应当是一切事物的原因，我想如果是这样的话，那么起指导作用的心灵会指导一切，以最好的方式安排每一事物。因此，如果有人希望懂得每个事物的原因，它为什么会产生、灭亡或存在，【d】就得去发现它变成这样、被作用或作用的最好的方式。依据这些前提，人才适宜考察，关于这件事情和其他事情，什么是最好的。同一个人必定不可避免地也懂得什么是最坏的，因为这是同一知识的一部分。在我反思这个主题时，我高兴地认为，在阿那克萨戈拉那里，我找到了一位完全符合自己心意的关于原因问题的老师，【e】他会告诉我，首先，大地是平的还是圆的，然后他会告诉我为什么必定是这样，向我说明为什么这样最好，为什么它最好是这样的。如果他说大地位于宇宙中间，他就会具体说明为什么在中间对它来说比较好，如果他把这些事情告诉我，我就打算决不再去期望获得任何其他原因。【98】我还打算以同样的方式寻找他对其他事物的解释，太阳、月亮、其他天体、它们的相对速度、它们的转向、它们所发生的一切，还有，它们各自以什么样的方式作用或被作用是最好的。我决不会想到，说这些事物都受心灵指引的阿那克萨戈拉，会给这些事物提出其他什么原因，而不是去说明它们现在的状态对它们来说是最好的。【b】一旦把最好① 作为每一事物的原因和一切事物的最终原因，我想他会继续解释一切事物的共善，而我就不会拿我的希望去交换一种运气了。我渴望搞到他的书，尽快阅读，为的是尽快懂得最好和最坏。

这个美妙的希望马上就破灭了，在我读他的书时，我看到这个人根本没有使用心灵，也没有赋予它任何管理事物的职责，【c】而是提到气、以太②、水，以及其他许多稀奇古怪的东西作为原因。这在我看来就好像说，苏格拉底的行动全部归因于他的心灵，然后在试图说出我做的每件事情的原因时，就说我能坐在这里是因为我的身体是由骨头和肌肉组成的，因为骨头是坚硬的，从关节处分开，肌肉能够收缩和松弛，【d】肉和皮包裹着骨头，把骨头和肌肉结合在一起，还有，骨头悬挂在关节上，肌肉的收缩和松弛使我的肢体能弯曲，这就是我能够弯曲我的肢体坐在这里的原因。

---

① 好（ἀγαθὸν），中性形容词，用于判断事物好坏时译为"好"，用于道德判断时译为"善"，该形容词的最高级"βέλτιστος"译为"最好"、"最善"或"至善"。

② 以太（αἰθήρ），纯洁的气，参见本篇109b。

还有，他会提到我跟你谈论过的其他诸如此类的原因：声音、气、听，成千上万这样的东西，但他就是不提真正的原因，这个原因就是雅典人决定判我有罪，认为这样比较好，【e】由于这个原因，我认为我最好坐在这里，更正确地说是待在这里接受他们下令要对我进行的任何惩罚。我以神犬的名义起誓，我的这些肌肉和骨头也可以很早以前就在麦加拉，【99】或者在波埃提亚①人中间了，我的信念会带着它们去那里，只要我认为这样做是最好的过程，不接受城邦下达的任何惩罚更正确、更高尚，我应当逃走。把这些东西称做原因真是太荒唐了。如果有人说没有这些骨头、肌肉，以及所有这样的事物，我就不能做我决定要做的事，那么这样说是对的，但说它们就是我所做的事情的原因，而不说我选择的那个最好的过程是原因，我在按我的心灵采取行动，【b】那么这样说非常懒惰，很不准确。你们可以猜想一下这里面的问题，这就是不能区分事物的真正原因和那些缺了它们原因就不能作为原因来行动的事物。许多人会这样做，就像人们在黑暗中摸索；他们把黑暗称做原因，给了它一个并不属于它的名称。这就是为什么有人说围绕大地的是漩涡，诸天使大地停留在这个地方，【c】有人则说大地依托气，气就像一个大锅盖。他们有可能提到这些事物存在于最佳位置的能力，但这不是他们想要寻找的，他们也不相信它有任何神圣的力量，他们相信有一天能够发现一个更加强大、更加永久的阿特拉斯②，更好地把一切事物结合在一起，他们不相信是"真好"和"捆绑"在约束它们，使它们结合在一起。任何人教导说有这样一种原因在起作用，我都乐意成为他的门生。然而，由于我所学不多，自己不能发现它，【d】向别人又学不到，所以我想了一个第二好的办法，你想听我给你解释我是如何忙着探寻这个原因的吗，克贝？

我比其他所有人都更愿意听，他说。

---

① 波埃提亚（Βοιωτία），地名。
② 阿特拉斯（Ἄτλας），古希腊神话中的一位老神，背负天柱。亦为提坦巨人之一，死后变成一座大山，胡须和头发变成森林，头变成山顶，在世界的尽头顶着天上的繁星。欧洲人常用他手托地球的形象装饰地图集，并称地图集为阿特拉斯。

在那以后，他说，在我对考察事物已经厌倦的时候，我想我一定要小心回避那些观察日蚀者的经验，【e】因为他们中有些人伤了眼睛，除非他们通过水或其他质料的反射来观看。我心里有了类似的想法，我担心我的灵魂会完全瞎了，如果我用我的眼睛观察事物，试图用我的各种感官去把握它们。所以我想要找一个避难所，以语词为工具讨论和考察事物的真理。但这个比喻也许不恰当，【100】因为我肯定不承认以语词为工具考察事物的人会比观看事实的人更多地处理图像。然而，我以这样一种方式开始：在每一场合，把对我显得最令人信服的关于原因和其他事情的理论拿来作为我的前提，凡与此相合的，我会把它们视为真的，凡与此不合的，我会把它们视为不真。但我想把自己的意思说得更清楚些，因为我不认为你现在已经听懂了。

不，宙斯在上，克贝说，我不太懂。

【b】他说，我的意思是这样的。我的这些想法没什么新颖之处，但我决不停止谈论，我在别处谈过，在我们谈话的前半部分也在说。下面我尝试着把我本人关心的这种原因告诉你。我掉转头来谈这些常被人提及的事物，从它们开始说起。我假定美、美本身、大，以及其他所有同一类事物是存在的。如果你们同意我这样做，同意它们是存在的，那么我希望能把作为讨论结果的这个原因告诉你，从而发现灵魂是不朽的。

【c】你就说吧，我同意你这样做，克贝说，我急着想听到你的结论。

那么请考虑，他说，看你们是否也有我下面说的这些看法，因为我想，如果有任何美的事物在美本身之外，那么它之所以美的原因就在于它分有美本身，我对其他一切事物也可以说这样的话。你们同意这一类原因吗？

我同意。

【d】我不再去理解或承认其他那些精致的原因，如果有人对我说一个事物之所以是美的，乃是因为它有绚丽的色彩、形状或其他这样的东西，我都将置之不理——因为所有这些说法都令我困惑——我只是天真地或者也许是愚蠢地坚持这样一种观点，一样事物之所以是美的，乃是因为美本身呈现在该事物中或者该事物分有美本身，或者你们可以描述该事物与我们提到的美的联系，因为我不会坚持这种联系的精确性质，而会坚持由于美本身一切美的事物才是美的。我想，【e】这是我能给你和其他人的最保险的回答。如果我坚持这一点，我想我就决不会陷入谬误。对我和其他人来说，这是我们能提供的保险的回答，亦即由于美本身，美的事物才成为美的。或者说，你不这样想？

我这样想。

那么，由于大本身，大的事物是大的，较大的事物是较大的，由于小本身，较小的事物是小的吗？

是的。

那么，你不会接受这样的说法，【101】一个人比另一个人高一个头是由于"头"，这个矮的人之所以较矮也是由于同样的原因，你会提供证据说你的意思无非就是，一切较大的事物成为较大是由于大本身，这就是事物是较大的原因，一切较小的事物成为较小的是由于小本身，这是事物较小的原因。如果你说一个人较高或较矮的原因是"头"，我想你会害怕遭到某些相反的论证的驳斥：首先，较大的事物较大、较小的事物较小，其原因是相同的；【b】其次，较大的事物较大是由于"头"，而头是小的，这很奇怪，也就是说某个较大的人由于某个较小的事物而成为较大的。你不害怕这个论证吗？

我肯定害怕，克贝笑着说道。

那么，你会害怕说十比八大的原因在于二，二是大的原因，而会说数量是大小的原因，事物的大小是由于数量，或者你会害怕说二尺比一尺大一半的原因是一半，而会说是由于大本身，这里面的害怕是相同的。

当然。

那么，你不会避免说一加一，增加是二的原因，【c】一分为二，划分是二的原因吧？你会响亮地宣称，除了分有某个它分享的本体，你不知道每一事物是怎样生成的，就这些例子而言，除了分有二本身，你不知道还有其他变成二的原因，就如要成为一必须分有一本身，你会把增加、划分，以及其他微妙的原因打发掉，留给那些比你聪明的人去回答。而你，【d】如他们所说，害怕自己的影子和缺乏经验，会紧紧把握你的安全的前提来提供回答。如果有人攻击你的前提本身，你会漠视他，在你考察后续的推论是否与前提一致、相互之间有无矛盾之前，你不会回答他们的攻击。当你必须为你的前提本身提供解释时，你会以同样的方式开始：你会假设另一个前提，【e】这个前提在你看来是那些较高的前提中最好的，直到你得到某些可接受的东西，但是，如果你希望发现真理，你在同时讨论前提和它的推论时不能像争论者那样把两样东西混为一谈。这些人根本不讨论这一点，也不思考这个问题，【102】但他们的智慧使他们把一切都混杂在一起，只要能使他们自己高兴，但若你是一名哲学家，我想你会按我说的去做。

你说得非常对，西米亚斯和克贝齐声说。

厄 对，宙斯在上，斐多，他们是对的，我认为苏格拉底把这些事情说得非常清楚，哪怕是一个理智有限的人也能明白。

斐 是的，确实如此，厄刻克拉底，所有在场者也都这么想。

厄 我们也这样想，我们这些人不在场，但现在听到了。你们后来又说了些什么？

斐 我记起来是这样的，在上面的观点被接受以后，【b】大家同意存在着各种"型"①，其他事物获得它们的名称是由于分享它们，苏格拉底接下去问：如果你说这些事物是这样的，那么当你说西米亚斯比苏格拉底高、但比斐多矮的时候，你的意思难道不是在西米亚斯身上既有高又有矮吗？

我是这个意思。

但是，他说，你同意"西米亚斯比苏格拉底高"【c】这个陈述的语词不

---

① 型（εἰδώς），柏拉图哲学的核心概念，源于希腊文动词"εἴδω"（看、知）。柏拉图在对话中交替使用型和相（ἰδέα），其意义没有严格区别。中国学者对这两个词有多种译法：理型、埃提、理念、观念、概念、形、相、形式、意式、通式、原型、理式、范型、模式、榜样、模型、式样。其中最流行的译法是理念。译者接受我国学术界的研究成果，在各处酌情分别译为"型"或"相"。《斐多篇》中的这个范畴统译为"型"。上文中所说绝对的善、绝对的美、绝对的大，或善本身、美本身、大本身指的都是"型"。

表达事情的真相吗？西米亚斯比苏格拉底高，肯定不是因为西米亚斯的本性，因为他是西米亚斯，而是因为他正好拥有高的性质吗？他比苏格拉底高的原因也不是因为苏格拉底是苏格拉底，而是因为与其他人的高的性质相比，苏格拉底拥有矮的性质。

对。

他比斐多矮的原因也不是因为斐多是斐多，而是因为与西米亚斯的矮的性质相比，斐多拥有高的性质。

是这样的。

【d】所以，西米亚斯被称做既是矮的又是高的，介于二者之间，当他被一个人的高的性质征服时，他显出矮的性质，当他的高的性质征服其他人的矮的性质时，他显出高的性质。说完这句话，苏格拉底笑道，我说的有点像念书，但事实确实如我所说。其他人都表示同意。

我的目的是让你们同意我的看法。在我看来，不仅高本身决不愿意同时既高又矮，我们身上的高的性质也决不接受矮或被矮征服，【e】这样就会发生两种情况：要么高在它的对立面向它逼近时，高逃跑或退却；要么高由于矮的逼近而被摧毁。高不愿意忍受和接受矮，并变成与其原先不同的另一样事物，而我接受和忍受矮，但仍旧保持是同一个人，是这个矮人。而高的性质，由于是高的，不能冒险成为小的。【103】以同样的方式，我们的矮不愿意变成高，或者一直成为高，其他任何对立物在仍旧是它自己的时候，也不会愿意变成或者是它的对立面；当这种事情发生时，它要么离开，要么被摧毁。

我完全同意，克贝说。

当他听到此话时，在场者——我记不清他是谁了——有人说："众神在上，我们在前面的讨论中①不是同意现存事物来自它们的对立面吗，亦即较大者来自较小者，较小者来自较大者，这也就是在说对立面如何生成，对立

---

① 指前文 70d—71a。

面来自它们的对立面，而现在，我想按照我们现在所说的，这种情况决不会发生？"

听了这番话，苏格拉底转过脸去对插话者说道："你勇敢地提醒了我们，【b】但你不明白我们现在说的和前面说的有什么区别，我们前面说的是对立的事物来自它的对立面，我们现在说的是对立者本身决不会变成与其对立的那个对立者本身，无论是我们身上的对立者，还是自然中的对立者。所以，我的朋友，我们原先谈论的是具有对立性质的事物，用这些性质的名称称呼这些事物，但是现在我们谈论的是这些对立者本身，由于对立者本身在这些事物中的呈现，事物才得到它们的名称，【c】而对立者本身决不会容忍相互生成。"他看着克贝说："这个人说的话让你也感到有什么不安吗？"

现在还没有，克贝说，但我不否认有许多事情让我感到不安。

那么我们完全同意，他说，对立者决不会与其自身对立。

完全同意。

那么请考虑，看你是否也同意下面这一点。有某样东西你称为热，有某样东西你称为冷。

有。

它们与你称为雪和火的东西一样吗？

【d】宙斯在上，不一样。

所以热是火以外的某个事物、冷是雪以外的某个事物吗？

是的。

我相信你认为，是雪的这个事物不会接受热，如我们前述，而依然是其所是，雪仍是雪，热仍是热，而当热逼近雪时，它要么在热面前撤退，要么被摧毁。

是那么回事。

所以火，在冷逼近时，要么逃走，要么被摧毁；它决不会冒险接受冷，而依然是其所是，火仍是火，冷仍是冷。

【e】你说的是对的。

那么，对这些事物中的某一些也可以这样说，不仅有永远配得上它自己的名称的型本身，还有那些不是型但有其存在特点的事物。也许我能把我的意思说得更清楚些："单"必定总是赋予我们现在提及的这个事物的名称，不是这样吗？

当然是。

【104】它是存在的事物中唯一被称做单的事物吗？——这是我的问题——或者说除了单本身之外还有其他一些事物也必定总是被称做单，这些事物也还有它自己的名字，因为它具有这样的性质，决不会与单分离？我的意思可以用三这个数字来说明，其他例子也还有很多。考虑一下三：不仅肯定可以一直用它自己的名称来称呼它，而且也可以把它称做单，而单和三不是同一的，你不这样认为吗？这是三的性质，也是五的性质，【b】也是所有数字中的一半具有的性质；它们中的每一个都是单，但它不是单本身。同理，二、四、以及整个数列中间隔一位出现的数，它们中的每一个，在不能与"双"本身等同时，始终是双。你不同意吗？

当然同意。

你瞧！我想要说清楚的事情是这样的：不仅那些对立者本身不会相互接纳，而且那些相互之间并不对立、但其自身总是包含对立的事物也是这样，这些事物不接受那些与其自身中的型对立的型；当它逼近时，它们要么灭亡，要么逃跑。【c】我们不是该说，三在变成双数之前，在它仍然是三的时候，将要灭亡或承受任何事情？

那是肯定的，克贝说。

然而，二确实不是三的对立面？

确实不是。

那么，不仅对立的型不接受它的对立者的逼近，而且其他事物也不接受它的对立者的进攻。

很对。

那么你想要我们，要是我们能做到，界定一下这些事物吗？

我肯定想。

【d】它们是被任何占据它们的事物所驱逐的事物，它们不仅包含事物的型，而且也总是包含某些与这些事物的型对立的型？

你这是什么意思？

就是我们刚才说过的那个意思，你肯定知道三的型占领的事物必定不仅是三，而且也是单。

当然。

我们说与获得这一结果的型相对立的型决不能到它这里来。

不能。

那么在这里起作用的是单这个型吗？

是的。

与之对立的是双的型吗？

是的。

【e】所以双的型决不会进入三。

决不会。

所以，三不会分有双吗？

决不会。

所以，三是非双。

是的。

至于我刚才说我们必须界定，那就是，哪一类事物，虽然不是某事物的对立者，并不与某事物对立，然而不接受对立者，就像三这个例子一样，尽管它不与双对立，【105】然而它不接受双，因为它总是带着双的对立面①；二与单、火与冷，以及其他大量事物也是这样，看你是否会这样界定，对立者不仅不接受它的对立面，而且会携带某些对立者进入它占据的事物，携带这些对立者的事物也不会接受与其相对立的事物。为了更新一下你的记忆，

---

① 双的对立面是单。

让你多听几遍没有什么坏处。五不接受双的型，它的双倍是十，十也不接受单的型。双倍本身是其他事物的对立面，然而它不接受单的型。【b】一点五和其他这样的分数不接受"整全"的型，三分之一也不接受，等等，如果你跟得上我，同意我的意见。

我完全同意你的意见，克贝说，我跟得上。

从头开始，把你的看法再告诉我，他说，不要像回答问题似的，要像我做的这样。我说除了我一开始说过的那个保险的回答以外，我看到了另一个保险的回答。如果你问我，什么东西进入身体，【c】使身体发热，我的回答不会是那个保险而又无知的答案，亦即热，而是我们现在的论证提供的一个更精致的答案，亦即火；如果你问什么东西进入身体，使身体得病，我不会说疾病，而会说发烧。如果问一个数字中的什么东西呈现使它成为单，我不会不说单而说一，其他事情也一样。现在来看你是否充分理解我想要你理解的意思。

相当充分。

那么回答我，他说，什么东西呈现在肉体中，使它成为活的？

灵魂。

【d】始终这样吗？

当然。

灵魂无论占据什么东西，总是给它带来生命吗？

是的。

生命有无对立面？

有。

是什么？

死亡。

那么，要和我们前面已经说的一致，灵魂决不接受它携带的东西的对立面？

确实如此，克贝说。

好吧，我们把那个不接受双的型的东西称做什么？

非双。

我们把不接受正义和不接受音乐的东西称做什么？

【e】非音乐，另一个叫非正义。

很好，不接受死亡的叫什么？

不死。

灵魂不接受死亡吗？

不接受。

所以灵魂是不死的。

对，灵魂不死。

很好，他说。我们可以说这已经得到了证明，你怎么认为？

相当恰当地得到了证明，苏格拉底。

好吧，克贝，他说，如果非双必定是不可摧毁的，【106】那么三肯定也是不可摧毁的吗？

当然。

如果非热必定不可摧毁，那么每当任何携带热的事物趋向雪，它会安全地退却而不融化，因为它不能被摧毁，也不会待在原处接受热吗？

你说的是对的。

同理，如果非冷是不可摧毁的，那么当某种冷攻击火的时候，它既不会熄灭，也不会被摧毁，而会安全地退却。

必然如此。

【b】那么对不死也必须说同样的话吗？如果不死的东西也是不可毁坏的，那么当死亡逼近的时候灵魂不可能被摧毁。因为这样说与我们已经说过的一致，灵魂不接受死亡，或灵魂是不死的，这就像三，我们说，三不是双，单也不是双；火不是冷，火中的热也不是冷。但有人会说，【c】什么东西在阻止单在不变成双的时候被摧毁，换言之，什么东西在阻止双在不变成单的时候被摧毁？如果非双不是不可摧毁的，那么我们就不能坚持对这个人的反对意见，他说非双是可摧毁的。如果我们同意非双是不可摧毁的，那么我们很容易坚持，在双到来的时候，单和三已经隐退了，对火、热以及其他事情，我们也能持同样的看法。

肯定能。

【d】所以现在，如果我们同意非死是不可摧毁的，那么灵魂除了是非死以外，是不可摧毁的。如果不是这样，我们需要另一个论证。

进到这一步，不需要另一个论证了，如果永久延续的不死者会接受摧毁，那就没有任何东西能抵抗摧毁了。

所有人都会同意，苏格拉底说，神、生命的型，以及任何不死的事物，决不会被摧毁。

宙斯在上，所有人都会同意这一点，我想，众神更是如此。

【e】如果不死是不可摧毁的，那么灵魂，如果它是不死的，也会是不可摧毁的吗？

必定如此。

那么，当死亡降临人的时候，死去的似乎是他的有死的部分，这部分屈从死亡，给死亡让出位置，而他的不死的部分安全地离开，它是不可摧毁的。

好像是这样的。

【107】那么，克贝，他说，灵魂是最不死的和不可毁灭的，我们的灵魂真的会在地下世界居住。

对这些我没有什么更多的反对意见要说了，苏格拉底，克贝说，我也不怀疑你的论证。如果在这里的西米亚斯，或其他人，有什么要说，他也不会保持沉默，因为我不知道今后还有什么机会比现在更好，如果他想说什么，或者想听有关这些主题的任何意见，他都可以提出来。

当然，西米亚斯说，对已经说过的这些事情，我本人没有其他理由可提出怀疑；然而，由于我们的主题的重要性和我带着人性弱点的卑微的看法，【b】对我们已经说了的这些事情，我私下里仍旧感到有些悲哀。

你这样说是对的，西米亚斯，苏格拉底说，但我们最初的假设需要更加清晰的考察，哪怕我们发现它们令人信服。如果你恰当地分析它们，我想，你会尽力追随这个论证，等到结论也清楚了，你就不需要进一步探讨了。

没错。

【c】先生们，你们现在可以这样想，如果灵魂是不朽的，那么它不仅在被我们称做我们的生命的这段时间，而且在所有时间都需要我们的关心，如果灵魂得不到关心，那么人处在可怕的危险之中。如果死亡逃避一切事物，这对邪恶者来说倒是一种极大的恩惠，因为他们不仅摆脱了肉体，而且也摆脱了他们的邪恶与灵魂。【d】但是现在灵魂好像是不朽的，除了尽可能变好和变聪明以外，灵魂不能逃避邪恶或得到拯救，因为灵魂要去地下世界，它能带去的只有它的教育和成长，据说这些东西会给死者带来最大的好处或伤害，就在去那边的旅程开始的时候。

据说人死的时候，他命中注定的那个保护他的精灵开始引导他进入某个地方，【e】而那些已经在那里聚集的灵魂，在接受审判以后，必定会在一位向导的带领下开始前往地下世界，这位向导负有引导它们前往那里的责任。经历了它们必须经历的事情，在那里待够了规定的时间以后，在很久以后，会有另外一位向导把他们再带回来。【108】这个旅程不像埃斯库罗斯的《忒勒福》①所描述的那样。他说只有一条路通往哈得斯，而我认为通往哈得斯的路不是只有一条，也不是笔直的，否则就不需要向导了；如果只有一条道，就不会有人迷路了。那里好像有许多条岔路和十字路口，我根据世上那些圣仪和习俗得出这个判断。

这些守规矩的、聪明的灵魂跟着向导走，它们对路上的景色并不陌生，而那些深深依附肉体的灵魂，【b】如我从前所说，长期围着肉体和这个可见的世界盘旋，在做了许多抵抗和受了许多痛苦之后，不得不被指定的看护

---

① 埃斯库罗斯（Αἰσχύλος），公元前 525 年—前 456 年，古希腊著名悲剧作家，其作品《忒勒福》（Τήλεφος）已佚失。

它们的精灵领走。有过许多不洁行为的不洁的灵魂与那些卷入不公正的杀戮，或犯有其他罪行的灵魂在那里汇合，这些罪行是同类的，是这种灵魂的行为，其他灵魂碰到它们转身而去，唯恐避之不及，【c】不愿与之同行或给它们引路；这样的灵魂孤独地漫游，完全迷失方向，直到某个确定的时候来临，被迫领着去它们恰当的居处。而那些过着纯洁、节制生活的灵魂找到同行者和众神的指引，每个灵魂都住在适合它们的地方。

大地有许多奇怪的地方，大地本身在性质和大小方面不像曾经讨论过这些问题的人所说的那样，而像此人说的这样，他的看法令我信服。

【d】西米亚斯说，你这样说是什么意思，苏格拉底？我本人也听说过许多关于大地的事情，但肯定不是你信服的这样。我很乐意听你说说这些事情。

说实话，西米亚斯，在我看来，要把这些事情告诉你不需要格劳科斯①的技艺，要想证明它们为真则需要更多的技艺，我可能做不到。还有，即使我有这种知识，我剩余的时间恐怕也不够讲这个故事了。【e】然而，没有什么可以阻止我告诉你，令我信服的是大地的形状和它有哪些区域。

能听到这些也就够了，西米亚斯说。

【109】那么好，他说，我信服的第一件事情是，如果大地是位于诸天中间的一个圆面，那么它不需要气或其他什么力量来防止它下坠。诸天在所有方向上具有的相同性质和大地本身的平衡足以支持它，因为处在同质的某事物之中的平衡的物体比其他任何东西都不容易向某个方向倾斜，而会保持不动。他说，这就是我被说服的第一个要点。

应该是这样的，西米亚斯说。

其次，大地很大，我们生活在从费西斯河②到赫拉克勒斯柱石③的一个

---

① 格劳科斯（Γλαύκος），希腊神话中的海神，擅长预言。

② 费西斯（Φάσιδος），河名。

③ 直布罗陀海峡东端两岸的两个岬角——欧洲的直布罗陀和非洲的穆塞山，被称为"赫拉克勒斯柱石"，相传由希腊神话英雄赫拉克勒斯置于此地。

很小的滨海地区，【b】就像蚂蚁或青蛙围着池塘在池畔居住；许多其他民族也住在大地的众多这样的区域。大地有无数洞穴，形状大小各异，水、雾、气汇集到这里。大地本身是纯洁的，平躺在纯洁的天空中，天空中繁星点缀，大多数讨论这些主题的人把纯洁的气称做以太。【c】水、雾、气是以太的残渣，它们不断流入大地的洞穴。我们居住在大地的洞穴中，却不明白这一点，以为自己住在上面，住在大地的表面。这就像有人住在大洋深处，却以为自己住在大洋表面。透过海水看见太阳和其他天体，【d】他会以为大海就是天空；由于他的迟缓和虚弱无力，他从来没有抵达大海的表面，或把他的头伸出水面，或者离开大海，到我们住的这个地方来，他没见到这个地方比他自己的那个区域更纯洁，更美丽，他也从来没有从见到过的人那里听说过它。

我们的经验是相同的：我曾住在大地的某个洞穴中，却相信自己住在大地的表面；我们把气称做诸天，星辰好像是在天上穿行；还有一点也是相同的，由于我们的迟缓和虚弱无力，【e】我们不能抵达天空的顶端；如果有人能抵达它的顶端，或者长上翅膀飞到那里，把他的头伸向天外，就像海中的鱼伸出头来看我们住的区域，那么他会看见那里的事物，如果他的本性能够承受对它们进行沉思，那么他会知道，【110】这才是真正的天空、真正的光明、真正的大地，因为这里的大地、这些石头、整个地区都是腐烂的，被侵蚀了的，就像海中的一切都受到咸水的侵蚀。

有人会说，海里生长的东西都不值一提，因为那里没有哪样东西是充分生长了的；凡是有土的地方就有洞穴、沙子、无边无际的烂泥，无法以任何方式与我们居住的区域相比美。所以轮过来，上面的事物远优于我们知道的事物。【b】确实，如果现在是讲故事的恰当时候，西米亚斯，那么诸天之下大地表面的这些事情的性质值得一听。

西米亚斯说，不管怎么说，我们很乐意听这个故事。

那么好，我的朋友，首先，据说大地从上往下看就像那些用 12 块皮缝制的圆形的球；它有许多种颜色，有关这些颜色，【c】我们的画家使用的颜色可以给我们一些提示；整个大地有这些颜色，但比这些颜色更明亮，更纯洁；一部分是海蓝的，极为美丽，一部分是金黄的，还有一部分是白的，比粉笔和雪更白；大地还有其他颜色，比我们见过的颜色数量更多，更加绚丽。大地的这些洞穴里充满水和气，【d】呈现出它们自己的颜色，在多种颜色中闪现，整个大地看上去色彩绚丽，连绵不绝。大地的表面生长着美丽的植被，树木、花朵、果实，还有小山和石头，平滑、透明、多色，极为艳丽。【e】我们这里的宝石，玉髓、碧玉、翡翠，等等，只是一些碎片。而那里的所有石头全都是宝石，甚至更加美丽。原因是那里的石头是纯洁的，不会因浸泡而腐蚀或腐烂，或者被流入这里的洞穴的水和气侵蚀；这里的水和气给土、石、动物、植物带来疾病，使之变得丑陋。【111】所有这些事物，还有金、银和其他金属，装饰着大地本身。这些东西数量众多，到处浮现，所以大地是有福者的美景。大地上有许多生灵，还有人，有些住在内陆，有些住在天边，就像我们住在海边一样，还有些住在岛上，有气环绕，但是接近大陆。【b】总之，在我们这里是水和海，在它们那边是气，在它们那边是以太，在我们这里是气。那里的天气使它们不会生病，它们的寿命也比这里的人长得多；它们的视觉、听觉、理智，以及其他所有能力，都比我们优越，就如在纯度方面气优于水，以太优于气；它们有奉献给众神的圣地和神庙，众神真的居住在那里，【c】众神用语言、预言、视觉和它们交际；它们看见了太阳、月亮、星辰本身，它们的其他幸福也与此相应。

这就是整个大地及其环境的性质。围绕着整个大地，有许多地区处在洞穴中；有些地区比我们居住的地区更低，更开阔；有些地区比我们居住的地区低，有狭窄的入口；还有一些不那么低，但更加开阔。【d】所有这些地方都通过地表下的各种宽窄不同的渠道连在一起，这样也就有了许多出口，通过这些出口，大量的水从一处流向另一处，就像注入搅拌用的大碗；大地底下，热的和冷的水形成的巨大河流永久流淌，那里还有许多火，形成巨大的火河，【e】还有许多潮湿的岩浆，有些比较清，有些比较混，就好像西西里的熔岩流动形成泥石流。这些泥石流所到之处会把各个地区由于大地震荡所产生的沟壑填平。这些震荡的自然原因是这样的：大地有一个最大的洞穴，【112】贯穿整个大地，它就是荷马提到的"那地方很深，是大地最深的坑……"①，而他在别处，他和许多诗人都称之为塔塔洛斯②；所有河流都注入这个深渊，又从那里流向各处，【b】每条河受到它流经的土地的性质的影响。它们流进流出塔塔洛斯的原因在于水是没有根基的，或者说水没有坚实的基础，它上下震荡波动，与水在一起的气和风也一样，随着水从大地的一个地区流到另一个地区。就像人的呼吸，不停地呼出和吸进气，所以在这里，气在一进一出的时候随着水的波动产生可怕的大风。【c】每当退却到我们所谓的大地较低的部分，水流入这些部分，把它们灌满，就好像水被吸进来了；水从这些部分退却以后，还会有水再进来，这些部分还会流淌通过那些渠道来的水，这些渠道穿过地表，可以到达其他地方，流经这些渠道的水创造出海、沼泽、河、泉。从那里，【d】水还会再次在大地下面流动，有些围着许多比较大的地区流动，有些围着比较小、比较低的地区流动，然后流回塔塔洛斯，有些水坠落的地点比原来喷发出去的地方深，有些水坠落的地点变化不大，但总的说来都会比喷发出去的地点深一些；有些水坠落到深渊的对面，有些则仍在同一面；有些水在大地上一次或多次绕行，就像蛇一样，然后落得极深，再返塔塔洛斯深渊。水从各个方向坠入深渊，【e】乃至于触及中心是可能的，但不可能超过深渊的中心，因为面对从两面流来的河流的深渊的这个部分是陡峭的。

此外还有众多其他大河，它们中有四条值得注意，最大的一条在大地外面流淌的是环形的，被称做俄刻阿诺③；它对面朝相反方向流动的一条大河叫做阿刻戎④；【113】它流经许多沙漠地区，然后穿越地下抵达阿刻卢西

---

① 荷马：《伊利亚特》8：14；参见8：481。
② 塔塔洛斯（Τάρταρος），希腊神话中的地下世界，地狱。
③ 俄刻阿诺（Ωκεανός），希腊神话中环绕大地的大洋河，亦为大洋神的名字。
④ 阿刻戎（Αχέρον），希腊神话中的冥河，亦为摆渡亡灵去冥府的船夫之名。

亚湖^①，大部分灵魂在肉身死后会来这里，在那里待一段时间，或长或短，等候一个既定的时刻，然后再被送出去投胎。第三条河位于这两条河之间，它的发源地接近一个燃烧着大火的地区，【b】那里有一个比我们的海还要大的湖，炽热的水和泥浆在里面沸腾。污浊的泥浆和熔岩从那里流出来，形成了这条环形的河，它流经之处有大风伴随，流经许多地方后直抵阿刻卢西亚湖边，但没有与那里的湖水混合，而是在地下涌动多次后注入塔塔洛斯；这条河被称做皮利福来格松^②，它的熔岩流动着把碎片抛撒在大地的各个部分。【c】第四条河在这条河的对面，被称做斯提吉亚^③，据说它首先流入一个可怕的蛮荒之地，那里灰蒙蒙的一片，由这条河的河水流入而形成的湖被称做斯提克斯^④。由于它的水的作用，灵魂坠入湖中能获得可怕的力量；这条河在风的伴随下潜入地下，它流淌的路线与皮利福来格松河相反，会流到阿刻卢西亚湖的对面；它的水不会与其他水混合，它也是环形的，最后流到皮利福来格松河的对面坠入塔塔洛斯。诗人告诉我们，这第四条河的名字叫考西图斯^⑤。

【d】这就是这些事物的性质。死者到达那个地方以后，各自被看护他的精灵领走，首先要被交付审判，看它们以前是否过着善良和虔诚的生活。那些生活被裁定过的不好不坏的灵魂启程去阿刻戎，它们在湖边上船，被送往湖中。它们在那里居住，【e】先前若犯有任何罪行，要在那里接受惩罚来洗涤罪恶；它们各自也会为它们先前的善行得到一份相应的奖励。那些曾经犯下重罪的灵魂，比如盗窃圣物、邪恶违法地杀人，以及其他恶行，被视为不可救药的——它们的恰当命运是被扔下塔塔洛斯深渊，再也不能出来。那些被认为犯有重罪但仍可挽救的灵魂，比如一时冲动之下冒犯了

① 阿刻卢西亚湖（Αχεροσιαδος），希腊神话中的冥间湖泊。

② 皮利福来格松（Πυριφλεγέθοντι），希腊神话中的地下火河。

③ 斯提吉亚（Στύγια），希腊神话中围绕地下世界的河流，水黑难渡。

④ 斯提克斯（Στύξ），湖名，柏拉图此处的说法与希腊神话中的说法有所不同。

⑤ 考西图斯（Κωκυτός），冥河名，关于地下世界、冥府、地狱的描述，参见《奥德赛》10：511 以下，11：157。

父母，【114】但后来忏悔了，又比如在冲动的时候杀了人，这些灵魂必须扔进塔塔洛斯，但一年以后它们会从波涛里再冒出来，犯了杀人罪的灵魂会去考西图斯河，对父母施暴的灵魂会去皮利福来格松河。当它们随波逐流来到阿刻卢西亚湖边的时候，它们大声哭喊嚎叫，喊着一些名字，有些是被它们杀害的人，有些是被它们虐待的人，【b】乞求能允许它们进入湖中，乞求能接受它们。如果说服成功了，那么它们就进入湖中，对它们的处罚也就到头了；如果说服不成功，它们会被带回塔塔洛斯，从那里再去各条河流，这个过程不会停止，一直到它们成功说服受害者，这就是审判官给它们指定的惩罚。

【c】那些被认定以往过着一种极为虔诚生活的灵魂会得到解放，会从大地的这些区域被释放，就像从监狱里被释放；它们启程向上去一个纯洁的居所，在大地表面生活。这些灵魂用哲学充分洗涤过自己，它们今后的生活是没有肉身的；它们甚至可以启程去一些更加美丽的地方居住，这些地方很难描述清楚，我们现在也没有时间这样做了。由于我们已经讲述过的这些事情，西米亚斯，人在今生必须尽力获取美德和智慧，因为他以后能获得的奖赏是美好的，希望是巨大的。

【d】没有一个聪明人会坚持认为我说的这些事情是真的，但我认为人值得冒险相信它——因为这种冒险是高尚的——也就是说，这件事，或其他相似的事，对我们的灵魂和它们的住处来说是真的，因为灵魂显然是不朽的，人应该向自己反复讲述这件事，就好像念咒语，这就是我拉长了我的故事的原因。【e】这就是一个人可以为他自己的灵魂感到高兴的原因，如果他在活着的时候漠视身体的快乐和身体的装饰物，这些东西带来的损害大于好处，通过学习的快乐认真关心他自己，不是用外在的东西装饰灵魂，而是用它自己的饰品，【115】亦即节制、正义、勇敢、自由、真理，在这种状态下等候去地下世界的旅行。

苏格拉底继续说，好吧，你们，西米亚斯、克贝，还有其他人，都会在某个时间各自去去做这种旅行，而我命中注定的那一天现在已经在召唤我了，就像某个悲剧中的人物说的话，现在我该去洗澡了，我认为在喝毒药以前洗个澡比较好，省得给那些妇女添麻烦来洗我的遗体。

【b】苏格拉底说完这些话以后，克里托说话了。很好，苏格拉底，关于你的孩子或其他什么事情，你还有什么要交待我和其他人的？我们怎样做能让你最高兴？

没什么新的要说了，克里托，苏格拉底说，只有我一直在跟你说的那件事，无论做什么事情，都要关心你自己，这样做就会让我高兴，也会让你自己高兴，哪怕你现在不同意我的看法，但若你否定你自己，【c】不愿沿着我们现在说的和过去许多场合说过的道路前进，那么哪怕你现在更加强烈地和我的看法保持一致，你亦将一无所获。

我们一定尽力按你的吩咐去做，克里托说，但我们该如何埋葬你呢？

随你们的便，苏格拉底说，如果你们能抓住我，而我也不想逃离你们。他偷偷地笑了，看着我们说：我没有说服克里托，【d】我就是坐在这里和你们说话、要你们做这样做那样的苏格拉底，而他认为我是一样东西，是他马上就会看到的这具遗体，所以他问该如何埋葬我。我已经说了很长时间，说了很多话，我说等我喝下毒药，我就不能和你们在一起了，我就要离开你们，去享受有福者的好运，我试图让你们放心，也让我自己放心，但我对他说的所有的话似乎都白费了。他说，你们代我向克里托担保，这项担保与他向审判团作的担保正好相反。他担保我会待在这里，【e】你们必须担保我死了以后不会待在这里，而是离开，这样的话，克里托比较容易做到他的担保，不会在看到我的遗体被烧了或者被埋了的时候生我的气，就好像我正在承受可怕的痛苦，他也不会在葬礼上说他正在搬或抬出去埋的是苏格拉底。我亲爱的克里托，你非常明白，不能很好地表达自己的意思不仅是一种错误，而且会给灵魂带来伤害。你必须高兴一点，【116】说你正在埋的是我的遗体，你可以按你喜欢的方式去埋，最能合乎习俗就好。

说完这些话，苏格拉底起身去另一个房间洗澡，克里托陪他一道进去，让我们在外等候。所以我们待在那里，相互之间交谈，就已经说过的提问，然后又说起降临于我们的巨大的不幸。【b】我们都感到像是失去了一位父亲，我们的余生都成了孤儿。苏格拉底洗澡的时候，他的孩子来见他——他的儿子有两个还很小，一个要大一些——他家里的那些妇女也来了。他当着克里托的面和他们说话，交待了一些事情。然后他让妇女和孩子离开，他自己又回到我们中间来。此时已近日落，因为他在里屋待了好一阵子。洗完澡后他来到我们中间坐下，和我们又交谈了一会儿，【c】典狱官的一名随从走进来，站在他面前说："我不会像责备其他人那样责备你，苏格拉底。我让他们服从我的上级的命令喝毒药的时候，他们生我的气，诅咒我。而你在这里的这段时间，我以其他各种方式知道你在所有来这里的人中是最高尚、最温和、最优秀的。所以现在我也知道，你不会给我找麻烦，你知道谁对你的死负有责任，会把你的怒火朝着他们发。你知道我来是干什么的。你一路走好，你要忍耐一下，怎么方便就怎样做吧。"【d】那名随从流着眼泪，转身走了出去。苏格拉底看着他说："你也一路走好；我们会按照你的吩咐去做。"他把脸转过来对我们说："这个人挺讨人喜欢的！我在这里的这段时间，他经常来跟我交谈，真是一个非常容易亲近的人。他为我流下眼泪是真诚的。来，克里托，让我们服从他的命令。去把毒药拿来，如果已经准备好；如果还没准备好，让那个人快点准备。"

【e】克里托说，苏格拉底，我想太阳还在山顶上闪耀，还没下山。我知道以往某些人在接到命令以后拖了很久才喝毒药，这种时候可以多吃一点，多喝一点，亲戚朋友也可以与他们亲爱的人多待一会儿。你别忙，我们还有时间。

克里托，他们这样做是很自然的，苏格拉底说，他们认为这样做能得到一些好处，【117】但对我不合适。我不指望稍晚一些喝毒药能有什么好处，我期待的是不要让我亲眼看到自己由于想活命而变得滑稽可笑，在已经没有时间的时候故意拖延。所以，照我说的去做，别拒绝我。

听了这些话，克里托向站在一旁的奴仆点头示意；那名奴仆走了出去，过了一会儿与监刑官①一道走进来，监刑官端着已经调好的一杯毒药。苏格拉底看见他，就说："噢，我的大善人，你是这方面的行家，告诉我该怎么做？"【b】他说："只要喝下去就行，然后站起来走几圈，感到两腿发沉时就躺下，毒药自己会起作用。"厄刻克拉底，监刑官把杯子递给苏格拉底，苏格拉底相当高兴地接了过来，丝毫没有惊慌，脸上也没变色，而是看着那个人，不动声色地说："我倒一点儿奠神，你看怎么样？这样做允许吗？""我们只准备了够用的。"那个人说。

【c】我明白了，苏格拉底说，但有件事我想是允许的，是必须做的，我要向众神祈祷，愿我从这里去那边的行程一路顺风。这就是我的祷告，愿我心想事成。

说这些话的时候，他端着酒杯，然后镇静、轻松地一饮而尽。此前我们中的大多数人都还能控制自己的眼泪，但看到他喝毒药的时候，我们再也控制不住自己；我的眼泪哗哗地流了下来。所以，我蒙住我的脸。我为我自己哭泣，【d】而不是为了他——我的不幸是失去了这样一位同道。甚至在我之前，克里托就止不住流泪而站了起来。阿波罗多洛的哭泣一直没停，而此刻禁不住嚎啕大哭起来，使屋里的每个人更加悲伤欲绝，只有苏格拉底除外。他说："这是在干什么？你们这些人真奇怪！【e】就是因为这个原因，我把那些妇女打发走，要避免这种不体面的事，有人跟我说过，人应当安安静静地去死。所以，保持安静，控制你们自己。"

他的话让我们感到羞耻，我们停止了哭泣。他在屋里踱步，当他说双腿发沉的时候，他就按照那个人事先的交代躺了下来，给他毒药的那个人摸了一下他的身体，稍后又试他的脚和腿，【118】他先是用力按他的脚，问他是否还有感觉，苏格拉底说没有。然后，他又按他的腿肚子，并逐步向上移，向我们表明苏格拉底的身子正在变冷和变硬。他又摸了一下，说等到冷抵达他的心脏时，他就走了。当苏格拉底的肚子变凉的时候，苏格拉底揭开原先

---

① 原文为"十一人"（ἕνδεκα），参见《申辩篇》37c注。

蒙上的盖头，说了他最后的话。他说："克里托，我们欠阿斯克勒庇俄斯① 一只公鸡；要用公鸡向他献祭，千万别忘了。"克里托说："我们会做的，如果还有其他事情，请告诉我们。"但是，苏格拉底没有回答。过了一会儿，他微微地动了一下；那个人揭开他的盖头来看时，他的眼睛已经不动了。看到此状，克里托替他合上了嘴和双眼。

厄刻克拉底，这就是我们这位同道的结局，我们要说，在我们所知的所有人中间，他是最善良、最明智、最正直的。

---

① 阿斯克勒庇俄斯（Ασκληπιός），希腊医神，在其神庙中过夜的病人向他奉献公鸡，以求病愈。苏格拉底此话的意思是，死亡是对生命中的疾病的治疗。

卡尔米德篇

提　要

本篇是柏拉图的早期作品，以谈话人卡尔米德的名字命名。整个谈话由苏格拉底讲述，与苏格拉底交谈的有克里底亚和卡尔米德。谈话的开场白交代了谈话的背景和年代，即波提狄亚战役（公元前432年）刚结束的时候，这场战役是整个伯罗奔尼撒战争的起点。苏格拉底从波提狄亚军营返回雅典，一抵达就直奔他惯常去的运动场，与人交谈。对话中的苏格拉底约40岁，而卡尔米德还很年轻。苏格拉底以年轻人的良师益友的姿态主导了这场谈话。公元1世纪的塞拉绪罗在编定柏拉图作品篇目时，将本篇列为第五组四联剧的第二篇，称其性质是"探询性的"，称其主题是"论节制"。① 本篇篇幅较短，译成中文约2万字。

节制的希腊文是"σῶφρον"，这个希腊词主要有三种含义：（1）理智健全、通情达理、头脑清晰、明智，与褊狭、愚妄、傲慢、错乱意思相反；（2）谦卑、稳重、博爱、仁慈，尤其指年少者对年长者、位卑者对位尊者的谦恭；（3）对各种欲望的自我约束和自我控制。这个词一般英译为"temperance"，而"σῶφρον"的派生词"σωφροσὑνη"一般英译为"self-control"。掌握该词的三种含义对于理解本篇谈话有特殊的意义。节制是隐藏

---

① 参见第欧根尼·拉尔修：《名哲言行录》3∶59。

在"认识你自己"、"切勿过度"这两句德尔斐箴言背后的精神，它要人们接受美德为人性所设的界限，约束欲望的冲动，服从和谐与适度的内在法则。

本篇以寻找"节制"的定义为目标。对话中提出了这样一些定义：(1)节制就是有序而又平静地做事，就是对长者合乎礼仪的谦逊的举止，恬静的合乎规矩的行为；(159b)(2)节制使人感到羞耻，使人谦虚，节制就是谦虚；(160e)(3)节制就是管好自己的事，做自己的事；(161b)(4)节制就是做好事，不做坏事；(164b)(5)节制就是认识自我。(165a)苏格拉底在讨论中指出了这些定义的缺陷，引出了一个知识论的定义：节制既是一种关于其他知识的知识，又是一种"关于节制本身的知识"，(166c)"当一个人拥有知道他自己的知识，他就会认识他自己"。(169e)然而，在苏格拉底的进一步诘难下，这一定义也遭到失败，"我们已经承认为一切事物中最优秀的事物最后竟会变成毫无用处的东西"。(175b)苏格拉底使听众相信了自己的无知，但也在谈话过程中激发了他们的独立思考。苏格拉底本人的观点反映了他的"美德即知识"的观念所产生的困难。

正　文

谈话人：苏格拉底

【153】我们昨天黄昏时分从位于波提狄亚①的营地返回雅典，由于在外甚久，我就去了以往常去之处，旧地重游一番，心里感到特别高兴。特别是，我径直去了陶瑞亚斯②体育场，就在女王③神庙对面，在那里我见到很多人，大多数是熟人，【b】有些我不认识。他们见我突然出现，远远地从各

---

① 波提狄亚（Ποτείδαια），城邦名，雅典邻邦，公元前432年背弃雅典，公元前429年被雅典围困攻陷。

② 陶瑞亚斯（Ταυρέας），地名，词意为"公牛"。

③ 女王（Βασίλεα），指冥府女王，其神庙位于雅典卫城（ἀκρό-πολις）南面。

处迎上前来，和我打招呼，那个野人似的凯勒丰①站起身来，率先来到我面前，抓住我的手说："苏格拉底，你是怎样从战斗中脱险的？"在我们离开波提狄亚之前，那里发生了激战，但是在雅典的人刚得到消息。

我答道："就像你刚才看到我的这样。"

【c】他说："我们在这里听说这一仗打得很厉害，许多朋友都牺牲了。"

我说："这个消息相当准确。"

他说："你当时在场吗？"

"是的，我在那里。"

"那就请你坐下来，给我们详细讲讲，到现在为止，我们还不知道什么细节。"说着话，他领我来到卡莱克鲁斯之子克里底亚②身边，让我在那里坐下。

【d】坐下的时候，我跟克里底亚和其他人打招呼，把军营里的事情讲给他们听，回答他们的提问，他们的问题很多，各不相同。

这些事说得差不多以后，我回过头来问他们家里发生的事，涉及哲学和年轻人的现状，有没有哪位青年变得智慧或美貌出众，或者两方面都很突出。此时，克里底亚朝着大门口看了一眼，【154】有几位青年正向这里走来，他们大声争论着，后面还跟着一大群人。他说："苏格拉底，美貌出众的青年，我想你马上就能做决定，因为刚才进来的这些人都是那个被认为是当今最美貌的年轻人的开道者和情人，我想他本人不会离得太远，就要露面了。"

"他是谁？"我说："谁是他的父亲？"

【b】"你可能认识他。"他说："只是你离开此地时他还没有长大。他是卡尔米德③，我舅舅格老孔④的儿子，我的表弟。"

---

① 凯勒丰（Καιρεφών），雅典民主派人士，苏格拉底的朋友，性格暴烈，做事莽撞，曾就德尔斐神谕向苏格拉底提问，参见《申辩篇》21a。
② 卡莱克鲁斯（Καλλαίσχρους），柏拉图外祖父的兄弟；克里底亚（Κριτίας），柏拉图的舅父。
③ 卡尔米德（Χαρμίδης），克里底亚的表弟。
④ 格老孔（Γλαύκων），克里底亚的舅舅，卡尔米德之父。

"苍天在上，我当然认识他。"我说："他还是个孩子的时候就很值得注意。现在我想他必定已经长成个大小伙子了。"

"你马上就能看到他现在长成什么样，有多大变化了。"就在他说话的时候，卡尔米德走进了体育场。

你一定不可相信我的判断，我的朋友。只要涉及相貌俊美的人，我就是一把破尺子，因为每个这种年纪的人在我眼里都是美的。【c】即便如此，就在卡尔米德进来的那一刻，我还是对他的相貌和形体感到震惊，在那里的每个人在我看来都爱他，他一进来就把他们搞得神魂颠倒，还有跟在他后面的许多爱慕者。我这种年纪的人受到影响可能不足为奇，但我注意到，哪怕是那些孩子也没有一个在左顾右盼，而是盯着卡尔米德看，就好像他是一尊雕像。凯勒丰喊我说：【d】苏格拉底，你认为这位青年怎么样？他的脸蛋漂亮吗？"

"漂亮极了。"我说。

"如果他愿意脱衣服，"他说："你就不会注意他的脸蛋了，他的身体非常完美。"

此时其他人也像凯勒丰一样议论着相同的事情，我说："赫拉克勒斯①在上，你们对一个人的描绘不平衡，如果他正好还有另外一样小东西。"

【e】"那是什么？"克里底亚说。

"如果他正好有完美的灵魂，"我说："那是很恰当的，因为他出自你的家族。"

"他在这个方面也很优秀。"他说。

"那么，在看他的身体之前，我们为什么不让他袒露这个部分呢？他肯定已经到了愿意讨论事情的年纪。"

"确实如此。"克里底亚说："因为他不仅是一名哲学家，【155】而且还是一名诗人，他自己这么认为，其他人也这么认为。"

"这是上苍的恩赐，我亲爱的克里底亚。"我说："在你的家族可以追溯

---

① 赫拉克勒斯（Ηρακλῆς），希腊神话中的大英雄。

到梭伦。但是，你为什么不喊他过来考考他呢？尽管他还很年轻，当着你的面让他和我们谈话也没什么不妥，因为你是他的监护人和表兄。"

【b】"你说得对，"他说："那我就喊他过来。"他马上对他的仆人说："喂，去喊卡尔米德来见一位医生，他昨天对我说身体不舒服。"然后，克里底亚对我说："你瞧，他最近抱怨说早晨起来头疼。干吗不对他说你知道治头疼的偏方呢？"

"没理由不这样做，"我说："只要他愿意过来。"

"噢，他会来的。"他说。

【c】他说得没错，卡尔米德果然过来了。他的到来引起一阵欢笑，已经围成圈坐下的人推旁边的人给他让个位置，好让他坐下。结果就是，原来坐在这一头的那个人被挤得站起身来，而坐在另一头的那个人被人压在身下，只好挪到外边去。最后，卡尔米德走了过来，在克里底亚和我之间坐下。这时候，我的朋友，我却感到有点胆怯了，尽管我原来以为跟他谈话轻而易举，但我先前盲目的自信在这一刻消失了。【d】克里底亚说我就是那个知道偏方的人，而他以一种无法言喻的方式盯着我看，好像要向我提问，就在体育场里的人全都围了过来的时候，我高贵的朋友，我看见他外衣下俊美的身子，顿时点燃我的欲火，无法遏制自己。我突然想起，昔狄亚斯[①]真是最聪明的爱情诗人，他在与某人谈到美男子时提建议说："看这头雄狮，对它奉承讨好是最糟糕的，只会成为它的晚餐。"因为我感到自己好像已经被这样一头野兽吞食了。不过，当他问我是否知道治疗头疼的偏方时，我还是尽力回答。

"怎么治法？"他说。

【e】我说，有一种树叶吃了可以治头疼，不过在使用时需要念咒语。如果在使用树叶时不停地念咒语，头疼就能痊愈，如果不念，那么树叶就失效了。

---

① 昔狄亚斯（Κυδίας），一位晦涩的抒情诗人。

【156】他说："请你口述，我把它写下来。"

"要我允许，"我说："还是不要我允许。"

"当然要。"他笑着说。

"很好，"我说："你确实知道我的名字吗？"

"要是不知道，那我太丢脸了，"他说："我的同伴聊天时经常说起你，我还记得，当我还是个孩子的时候，就在这里见过你和克里底亚。"

【b】"太好了，"我说："那么我可以更加自由地说一说这个咒语的本性了。刚才我有点犯难，不知该用什么方法来向你证明它的效力。它的本性，卡尔米德，不只是能够治头疼。你可能听好医生说过这种事，如果你眼睛痛去看医生，他们会说不能光治眼睛，【c】还要同时治疗头部。他们还会说，如果只治头部而不治整个身体，那是非常愚蠢的。按照这一原则，他们对整个身体进行治疗，对整个身体和部分一起治疗。你听他们说过这样的话，注意过这种情况吗？"

"是的，我注意过。"他说。

"那么我说的好像是对的，你接受这一原则？"

"绝对接受。"他说。

【d】听他表示赞同，我比较安心了，先前的自信又一点点地恢复，我回过神来了。所以我说："好，卡尔米德，这个原则和咒语是一样的。我在军中服役时向札耳谟克西①的一位色雷斯医生学会了这种咒语，据说这位医生能使人不朽。这位色雷斯人说，希腊医生说的我刚才告诉你的这些话是对的。'但是，我们的国王札耳谟克西，'【e】他说：'是一位神，国王说过，你们不应当不治我的头而治我的眼睛，或者不治我的身体而只治我的头，所以你们不应当不治灵魂而只治身体。就是由于这个缘故，许多疾病希腊的医生治不了，因为他们无视整体，而实际上，整体如果不处于良好状态，部分是不可能好的。'他说：'对整个人来说，灵魂既是身体健康的源泉，又是

---

① 札耳谟克西（Ζαλμόξιδος），波斯国王。

身体疾病的来源，它们从灵魂中流出，【157】其方式就如眼睛受头部的影响。因此要想头的组成部分和身体的其他部分健康，治疗灵魂是必需的，首要的。'他说：'我亲爱的朋友，治疗灵魂需要用到某些咒语，这些咒语由美妙的话语组成。在灵魂中产生节制，是这样的话语作用的结果，一旦灵魂获取和拥有了节制，要为头部和身体的其他部分提供健康就容易了。'【b】他在教我治疗方法和咒语时还说：'别听任何人的劝，让你用偏方治疗他的头，除非他先把灵魂交付给你，让你用咒语治疗。因为这是现在某些医生会对病人犯下的错。他们试图脱离灵魂的健康来产生身体的健康。'他严厉地告诫我，【c】对财富、地位、美貌的乞求要置若罔闻。所以，我已经向他承诺并信守这一诺言，如果你愿意，那么按照这位陌生人的指示，我首先要把色雷斯人的咒语用于你的灵魂，然后我才会用偏方治疗你的头。如果你不愿意，那么我们什么都不能为你做了，我亲爱的卡尔米德。"

听我说了这些话，克里底亚说："头疼对这位年轻人来说会转变成一种幸运，苏格拉底，【d】由于他的头，他不得不改善他的才智。不过，让我来告诉你，苏格拉底，卡尔米德不仅在同龄人中间相貌出众，而且在你说的有咒语的这种东西上也超越同龄人，这种东西就是节制，不是吗？"

"是的，确实是。"我说。

"那么你必须知道，他不仅拥有当今时代最有节制的青年的名声，而且在与他年纪相应的其他任何事情上绝不亚于别人。"

【e】"相当正确，卡尔米德，我认为你一定会在所有这样的事情上胜过其他人。"我说："因为我认为，在这里无人能够轻易指出哪两个雅典家族的联姻能产生比你的家族更加优秀和高贵的后裔。你父亲的家族，亦即德洛庞达之子克里底亚①的家族，【158】受到阿那克瑞翁②、梭伦③和其他许多诗人

① 德洛庞达（Δρωπίδος）是克里底亚之父，但这位克里底亚是对话中的克里底亚的祖父，参见《蒂迈欧篇》20e。
② 阿那克瑞翁（Ανακρέον），希腊抒情诗人，约生于公元前570年。
③ 梭伦（Σόλωνος），雅典政治家、立法家，约生于公元前639年。

的颂扬，称颂这个家族拥有杰出的美貌、美德，以及其他一切被称做幸福的东西。你母亲的家族也同样。你的母舅皮里兰佩[①]声名远扬，是这个国家最优秀、最有影响的人，因为他多次担任使者去见波斯大王和其他人，所以这个家族的各个方面丝毫也不逊色于其他家族。作为这样的祖先的后代，你像是拥有骄傲的资本。【b】在可见的美貌方面，格老孔的乖儿子，在我看来你的外貌绝对不会辱没他们。但若在美貌之外你还拥有节制，以及你在这里的朋友提到的其他品性，那么你母亲真的养了一个幸福的儿子，我亲爱的卡尔米德。现在的情况是这样的：如果节制已经在你身上呈现，你已经足够节制，那么你不需要咒语了，无论是札耳谟克西的咒语还是希珀波瑞人阿巴里斯[②]的咒语，【c】你马上就可以得到治头疼的偏方。但若你显得仍然缺乏这些东西，那么在我给你偏方之前，我必须使用咒语。所以你来告诉我：你同意你朋友的看法，断定自己已经拥有足够的节制，还是会说你仍然缺乏节制？"

卡尔米德脸红了，显得更加楚楚动人，这个年纪的人容易害羞。然后他以一种相当尊严的方式做了回答，说在当前情况下不容易说同意还是不同意。【d】他说："这是因为，一方面，如果我否认我是节制的，那么这样说自己不仅显得很奇怪，而且同时也使这里的克里底亚成了撒谎者，其他许多人也一样，因为按他的说法，我好像是节制的。另一方面，如果我应当表示同意并赞扬我自己，这样做也许会显得令人讨厌。所以，我不知道该如何回答。"

我说："你说得相当合理，卡尔米德。【e】我想，我们应当在一起考察这个问题，你是否拥有我正在探求的这种东西，这样你就不会被迫说你不想说的话了，而我也不必以一种不负责的方式看病了。如果你愿意，我想和你一起考察这个问题；如果你不愿意，我们可以放弃。"

---

① 皮里兰佩（Πυριλαμπους），卡尔米德的舅舅。

② 希珀波瑞人（Υπερβορέου），希腊传说来自希腊北方的一个民族，词意为"和北风一起来的人"。阿巴里斯（Αβαρις）为该族著名的巫师。

"哎哟，我非常愿意这样做。"他说道："所以，继续吧，以你认为最好的方式考察这件事。"

"那么好，"我说："在这些情况下，我认为下述方法是最好的。【159】现在很清楚，如果节制在你身上呈现，你会有某种关于节制的看法。我假定，如果节制真的存在于你身上，它会提供一种它存在的感觉，借此你会形成一种看法，不仅知道你拥有节制，而且知道它是哪一种事物。或者你不这么想？"

"是的，"他说："我是这么想的。"

"好吧，由于你知道怎么讲希腊语。"我说："我假定你能表达这个印象，就以它冲击你的方式？"

"也许吧。"他说。

"好，为了帮助我们决定节制是否存在于你身上，请说出你的看法，什么是节制。"我说。

【b】一开始他犹豫不决，不太愿意回答这个问题。然而，最后他说在他看来，节制就是有序而又平静地做一切事情，比如在街上行走、谈话，以这样的方式做其他事情。"所以我认为，"他说："总的说来，你问的这样东西是某种平静。"

"你也许是对的。"我说："卡尔米德，至少有些人会说平静是节制。【c】但是让我们来看里面是否还有什么东西。告诉我，节制是一种值得敬佩的东西，不是吗？"

"是的。"

"你在抄写老师布置的作业时，快捷地抄写字母比较好，还是平静地①抄写比较好？"

"快捷地。"

"阅读的时候，快捷好还是缓慢好？"

---

① 平静地（ἡσυχῇ），这个希腊词也含有缓慢的意思。

"快捷好。"

"弹竖琴或摔跤的时候，敏捷和锐利不是远远胜过平静和迟缓吗？"

"是的。"

"拳击和角力不也一样吗？"

"确实如此。"

【d】"在跑、跳以及身体的所有运动中，行动敏捷和灵活者是值得敬佩的，而那些行动困难和迟缓者是丑陋的，不是吗？"

"好像是这么回事。"

"那么，"我说："在身体这件事情上，不是比较平静的运动，而是最迅速，最有活力的运动才是最好的。不是吗？"

"确实如此。"

"但是，节制是一种值得敬佩的东西吗？"

"是的。"

"那么就身体而言，不是平静，而是敏捷才是更加有节制的，因为节制是一种值得敬佩的东西。"

"这样说似乎是合理的。"他说。

【e】"那么好吧，"我说："学习中的灵敏不是比学习中的困难要好吗？"

"学习中的灵敏好。"

"但是，"我说："学习中的灵敏就是学得快，学习中的困难就是学得慢吗？"

"是的。"

"迅速地教另外一个人，不是比平静迟缓地教他要好得多吗？"

"是的。"

"那么，平静而迟缓地回想或回忆，这样做比较好，还是迅猛快捷地这样做比较好？"

"迅猛，"他说："和快捷。"

【160】"明智不是灵魂的某种活力吗，而非某种平静？"

"对。"

"还有，这样说也对，理解所说的话，书写老师布置的作业，聆听琴师的教导，以及在其他许多场合，不是平静地理解，而是尽可能敏捷地理解是最好的。"

"是的。"

"还有，在思想的动作和制定计划时，【b】我想，不是最平静地思考的人和感到难以思考和发现的人值得赞扬，而是那些能够轻省快捷地这样做的人值得赞扬。"

"一点儿没错。"他说。

"因此，卡尔米德，"我说："在所有这些情况下，涉及灵魂和身体，我们认为快捷和迅速比缓慢和平静要好吗？"

"好像是的。"他说。

"那么我们得出结论，节制并非一种平静，有节制的生活也不是平静的，就此论证涉及的范围而言，因为有节制的生活必然是一种值得敬佩的东西。【c】我们有两种可能性：要么生活中的平静的行为显得比快捷强健的行为更好，要么很少生活中的平静的行为显得比快捷强健的行为更好。如果是这样的话，我的朋友，即使有少量平静的行为比迅猛快捷的行为更好，即使按照这种假设，节制是由缓慢地做事情构成的，而不是由迅猛快捷地做事情构成的，在行走、言语和其他事情上都是这样；【d】平静的生活也不会比它的对立面更节制，因为在论证过程中，我们把节制列为值得敬佩的事物，快捷的事物已经变得不比平静的事物差了。"

"我认为你说得很对，苏格拉底。"他说。

"那么再来一遍，卡尔米德。"我说："精力要更加集中地看看你自己，确定节制的呈现对你产生什么影响，什么样的事情会有这种影响，然后把这些事情都归拢在一起，清楚而勇敢地告诉我，【e】节制在你看来是个什么东西？"

他停顿了一会儿，努力思索了一番，然后说："嗯，在我看来，节制使人感到耻辱和害羞，所以我认为，真正的节制必定是谦虚。"

"但是，"我说："我们刚才不是同意节制是一种值得敬佩的东西吗？"

"是的，我们同意。"他说。

"由此可见，有节制的人是好人吗？"

"是。"

"不能使人变好的东西会是好的吗？"

"当然不是。"

"那么，节制不仅是一样值得敬佩的事物，而且也是好的事物。"

【161】"我同意。"

"那么好，"我说："荷马说'对于乞讨人来说，羞怯不是好品格。'① 你不同意他的说法吗？"

"噢，"他说："我同意。"

"所以看起来，谦虚既是好的，又是不好的。"

"是这样的。"

"但是，节制必定是一样好东西，它呈现在谁那里，就使谁变好，它不呈现在谁那里，就使谁变坏。"

"噢，是的，在我看来，确实像你说的这样。"

【b】"那么节制不会是谦虚，如果节制真的是一样好东西，而谦虚不比坏更好。"

"你所说的令我相当信服，苏格拉底。"他说："但是，把你对节制的后续定义的看法告诉我。我刚想起，有人说节制就是管好自己的事。告诉我，如果你认为这个人说得对。"

【c】我说："你真不幸，这个定义是你从克里底亚那里捡来的，或者是从其他某个聪明人那里捡来的。"

"我猜来自其他人，"克里底亚说："因为肯定不是我讲的。"

---

① 荷马：《奥德赛》17：347。

"这又有什么区别?"卡尔米德说:"从谁那里听来?"

"一点儿区别都没有,"我答道:"因为问题的关键不是谁说的,而是他说的对不对。"

"我喜欢你现在这个说法。"他说。

"这对你有用,"我说:"如果我们能够成功地发现它的意思,那我会感到十分惊讶,因为这句话就像一个谜语。"

"怎么会呢?"他说。

【d】"我的意思是,"我说:"当他说出这些词的时候,我不认为他的真实含义是管好你自己的事。或者说,你认为教写字的老师在读和写的时候什么也没做吗?"

"正好相反,我认为他在做事。"

"你认为教写字的老师只教你读和写自己的名字,还是也教其他的孩子?你写你的敌人的名字也和写你自己的名字和你朋友的名字一样多吗?"

"一样多。"他说。

【e】"你在做这件事的时候是忙忙碌碌的,不节制的吗?"

"完全不是。"

"但是,如果读和写是做事,那么你在做的岂不是别人的事吗?"

"我假定我在做其他人的事。"

"那么,我的朋友,医疗是做事,所以建筑、纺织,以及从事某种技艺,都是做事?"

"确实如此。"

"那么好,"我说:"你认为在一个秩序良好的城邦里,法律会强迫每个人织自己的布,洗自己的衣服、【162】做自己的鞋子、油瓶、刮身板以及其他东西,每个人都按照同样的原则,不去管别人的事,只做自己的事吗?"

"不,我认为不会是这种情况。"他说。

"但是,"我说:"如果一个城邦得到有节制的管理,它必定治理得很好。"

"当然。"他说。

"那么，如果节制就是'管好你自己的事'，它就不会以这种方式管这种事。"

"显然不是。"

"那么，说节制就是'管好你自己的事'的人显然是在说谜语，如我刚才所说，【b】因为我不认为他的头脑会那么简单。或者说，你听某个傻子说了这样的话吗，卡尔米德？"

"远非如此，"他说："他似乎非常聪明。"

"那么我认为，他肯定在说谜语，因为要想弄懂'管好你自己的事'是什么意思是非常困难的。"

"也许是很难。"他说。

"那么'管好你自己的事'到底是什么意思？你能说吗？"

"我完全不知所措，"他说："也许说这句话的人自己也不知道是什么意思。"这样说的时候，他笑了，看着克里底亚。

【c】很清楚，克里底亚焦躁不安有一会儿了，他也很想对卡尔米德和在场的其他人表达自己的意见。在此之前，他尽力抑制自己，但现在再也无法克制了。在我看来，我先前的怀疑肯定是对的，卡尔米德有关节制的说法就是从克里底亚那里捡来的。而卡尔米德想要这个定义的作者本身来接管论证，而不想由自己来进行，【d】于是就说自己已经被驳倒，怂恿克里底亚来继续论证。克里底亚不愿这样做，在我看来，他生气了，生卡尔米德的气，就像一名诗人对糟蹋他的诗句的演员生气。所以他瞪了卡尔米德一眼，说："卡尔米德，就因为你不懂这个人说节制就是'管好你自己的事'到底是什么意思，所以你认为这个人自己也不知道了吗？"

【e】"别这样，亲爱的克里底亚。"我说："像他这样年纪的人不懂这些事情一点儿也不奇怪，而你，由于你的年纪和经验，很像是懂的。所以，你若是同意节制就是那个人所说的意思，并且愿意接管论证，那么我很高兴与你一道考察这个问题，看所说的是对还是错。"

"我差不多已经准备好了，我同意。"克里底亚说："接管这个论证。"

"我敬佩你的作为。"我说:"现在告诉我:你也同意我刚才说的,所有手艺人都在制造某些东西吗?"

"是的,我同意。"

【163】"在你看来,他们只造他们自己的东西,还是也造其他人的东西?"

"也造其他人的。"

"不是只造他们自己的东西,他们还是有节制的吗?"

"这有什么可反对的?"他说。

"我没有什么反对意见。"我说:"但我们来看把节制定义为'管好你自己的事'的人有没有反对意见,如果管别人的事也是有节制的,那么真可以说没有反对意见了。"

"但是,"他说:"我承认的是那些'造'别人的东西的人是有节制的,我同意那些'做'别人的事情的人是有节制的吗?"

【b】"告诉我,"我说:"你把造和做当做一回事吗?"

"一点儿也不,"他说:"我也不把工作和制造当做一回事。这是我向赫西奥德①学来的,他说'工作并不可耻'。如果他所说的工作就是你刚才用造和做这两个术语提到的这一类事情,你以为赫西奥德还会说造鞋、卖咸鱼、做娼妓并不可耻吗?你不应该这样想,苏格拉底,你最好像我一样,【c】宁可相信他所说的工作是和做与造不同的一些事情,在某些情况下,造或制造某些东西若是没有高尚相伴随,就会变成可耻,但是工作决不会是任何一种可耻。由于他把'工作'这个名称给了那些高尚而又有用的造,那么只有这样的造才是'工作'和'行动'。我们表达他的思想,一定要说他认为只有这些事情才是'某人自己的',而一切有害的事物都是其他人的。结果就是,我们必须假定,赫西奥德以及其他聪明人把那些管好自己事情的人称做有节

---

① 赫西奥德(Ησίοδος),希腊早期诗人,约公元前 8 世纪。引文见赫西奥德:《工作与时日》311。

制的。"

【d】"克里底亚，"我说："我理解你的讲话开头非常好，你说你把那些'某人自己的'和'自己的'东西称做好的，把做好事称做'行动'，因为我曾不下百遍地听普罗狄科①区分词义。好吧，我允许你给每个语词下定义，以你喜欢的方式，只要你能弄清你使用的任何语词的含义。【e】现在从头开始，更加清楚地下定义：做好事，或者制造好东西，或者无论你想怎么叫它，就是你所谓的节制吗？"

"是的。"他说。

"那么，实施邪恶行动的人是不节制的，实施良好行动的人是有节制的吗？"

"你难道不这么看，我的朋友？"

"别在意我怎么看，"我说："我们现在不是在考察我怎么想，而是在考察你怎么说。"

"那么好吧，"他说："我否定做坏事不做好事的人是有节制的，我肯定做好事不做坏事的人是有节制的。所以我给你一个清晰的定义，节制就是做好事。"

【164】"我没有理由认为你说的不是真话。但我确实感到惊讶，"我说："如果你相信有节制的人对他们的节制一无所知。"

"我根本没有这样想过。"他说。

"但你刚才不是说，"我说："没有任何事情可以阻挡手艺人是有节制的，哪怕他们在做其他人的事？"

"是的，我是这样说过。"他答道："但那又怎么样？"

"不怎么样，但是告诉我你是否认为，医生在为人提供健康时做了一些事，【b】这些事既对他自己有用，又对他治疗的人有用。"

"是的，我同意。"

---

① 普罗狄科（Προδίκος），公元前5世纪著名智者。

"做这些事情的人做的是他应当做的事吗？"

"是的。"

"做了应当做的事情的人是有节制的，不是吗？"

"他当然是有节制的。"

"医生必须知道什么时候他的治疗是有用的，什么时候是无用的吗？每个手艺人也一样，他必须知道什么时候他做的工作会使他受益，什么时候不会吗？"

"不一定。"

【c】"那么有的时候，"我说："医生不知道自己采取的行动是有益的还是有害的。如果他有益地采取行动，那么按照你的论证，他的行动是有节制的。或者说，这并不是你说的意思？"

"是我的意思。"

"那么看起来，在某些场合他有益的行动，在这样做的时候，他有节制的行动，但他对自己的节制一无所知吗？"

"但是，"他说："苏格拉底，这种情况决不会发生。【d】如果你认为从我前面承认的事情必定得出这个结论，那么我会撤回我的某些陈述，并且不怕丢脸地承认我犯了错误，而不愿承认一个对自己一无所知的人会是有节制的。事实上，认识你自己，这正是我想说的什么是节制，我完全同意刻在德尔斐神庙里的这句铭文。在我看来，这句铭文刻在那里有特别的目的，尽管它是神对那些进到这里来的人打招呼的话，就好像人们平常说的'万福'，【e】尽管在这里说'万福'不是一个正确的说法，但我们确实应当相互敦促'要有节制'。所以，按照这种方式神对那些进入他的庙宇的人打招呼，而不是按照人的方式，或者说，我假定献上这句铭文的人是这么想的。他对进来的人要说的话无非就是'要有节制'，这就是他要说的。【165】不过他在说的时候非常晦涩，像预言家那样。'认识你自己'和'切勿过度'是一回事，如铭文所示，而我本人也这么看，有人也许会表示怀疑，我想后来献上'不要过分'、'立誓必会破灭'这些铭文的人就是这种情况。因为这些人想，'认识你自己'是一项建议，而不是神对进入神庙者打招呼的话，所以，想到献上一些并非无用的告诫语，他们就写了这些东西，刻在神庙里。我为什么要说这些话，原因在此，【b】苏格拉底，我承认前面所说的一切——关于这个主题，有些事情也许你说的更加正确，也许我说的更加正确，但我们所说的都不清楚——而关于这个定义，我现在希望给你一个新的解释，除非你当然已经同意，节制就是认识你自己。"

"但是，克里底亚，"我说："你跟我说话，就好像我承认对我自己的问题知道答案，就好像只要我真的愿意，就会同意你的意见。情况不是这样的，倒不如说，由于我自己的无知，【c】我在你的陪伴下不断地考察提出来的任何问题。不过，如果我认为自己想通了，我愿意说出我同意还是不同意。只是在我思考的时候你要等待。"

"好吧，你好好地想。"他说。

"对，我在想，"我说："嗯，如果所谓节制就是知道，那么节制显然就是某种知识，是关于某事物的知识，不是这样吗？"

"是的，是关于某事物自身的知识。"他说。

"那么医学也一样，"我说："是一种知识，是关于健康的知识吗？"

"当然。"

"现在，"我说："如果你问我，'如果医学是一种关于健康的知识，【d】它会给我们带来什么利益，它会产生什么？'我会回答它提供的利益不是微小的。因为健康是我们的一种良好的结果，如果你同意这就是它产生的东西。"

"我同意。"

"如果你问我造房子的事，这是一种建造房屋的知识，问我它产生什么，我会说它产生房屋，其他技艺也一样。所以你应当代表节制来提供一个回答，因为你说它是一种关于自我的知识，【e】因此应当问你：'克里底亚，由于节制是一种关于自我的知识，它能产生什么配得上这个名称的良好结果？'来吧，请你告诉我。"

"苏格拉底，"他说："你没有正确地引导我们的考察。其他知识相互之间都有相同的性质，而这种知识却不像其他知识那样具有相同的性质。但你在进行考察的时候把它们全都当做一样的了。""比如，"他说："算术和几何的技艺有什么产物，能与建筑时产生的房屋、纺织时产生的衣服相对应，【166】从众多的技艺中可以提供许多例子。在这些情况下，你应当向我指出同样的产物，但你却不能做到。"

我说："你说得对。但是我能在各种情况下向你指出，一种知识是关于什么的知识，它与知识本身是有区别的。比如，算术的技艺当然就是关于奇数和偶数的知识——它们本身有多少，与其他数有什么关系——不是吗？"

"确实如此。"他说。

"奇数和偶数与算术本身不是有区别吗？"

"当然。"

【b】"还有，称重是一门关于重与轻的技艺；重与轻与称重的技艺有区别。你同意吗？"

"是的，我同意。"

"那么，由于节制也是一种关于某事物的知识，请你说一下，这个与节制本身有区别的事物是什么。"

"这正是我的意思，苏格拉底。"他说："你在对节制的考察中指出节制与其他知识不同的地方，【c】然后你开始寻找某种方式能够发现它与其他各种知识相似的地方。但事情不是这样的，倒不如说其他技艺都是关于其他事物的知识，而不是关于事物本身的知识，而唯有节制是一种既是其他知识的知识，又是关于节制本身的知识。我认为你非常自觉地在做你前不久否认的事情——你试图驳斥我，无视真正的问题所在。"

"噢，天哪！"我说："你怎么会这样想，哪怕我要驳斥你所说的一切，我会由于其他任何原因这样做，【d】而不会由于我要对我自己的陈述进行彻底的考察——我害怕的是，我不自觉地认为我懂某些事情，而实际上我不懂。这就是我声称现在要做的事，主要是为了我自己而考察这些论证，但也许也为了我的朋友。你不是相信，为了共同的善，或者为了大多数人的善，对每一现存事物的陈述都应当变得清楚吗？"

"确实如此，苏格拉底。"他说。

"那么，鼓足勇气，我的朋友，回答在你看来最好的问题，【e】而不要在意是克里底亚还是苏格拉底被驳倒了。你要在意的是论证本身，看对它的驳斥会带来什么后果。"

"行，我会按你说的去做，因为在我看来你的谈话是有意义的。"

"那么，请你提醒我一下。"我问道："关于节制，你说了些什么。"

"我说，"他答道："唯有节制既是一种关于它本身的知识，又是一种其他知识的知识。"

"那么，"我说："它也会是一种无知识的知识吗，如果它是一种知识的知识？"

"当然。"他说。

【167】"那么只有节制的人会认识他自己，能考察他知道或不知道的事情，还能以同样的方式考察其他人，看一个人什么时候真的知道他知道的事情和认为他知道的事情，什么时候不知道他认为他知道的事情，而其他人都不能这样做。是节制的、节制、认识你自己，其意义全在于此，知道自己知道什么和不知道什么。这不就是你的意思吗？"

"是的。"他说。

【b】"那么，让我们干了这第三杯酒，幸运之酒①，让我们重新开始，考察两点：第一，一个人知道和不知道他知道和不知道的事情，这样的情况是可能的还是不知道是否可能；第二，如果这种情况是完全可能的，那么那些知道这一点的人有什么益处。"

"是的，我们应当考察这两个要点。"他说。

---

① 此处原意为"第三杯酒，为了救世主宙斯"。在启程前饮酒时连干三杯，第三杯酒被认为是幸运之酒。

"那么，来吧，克里底亚。"我说："看你在这些事情上是否能比我强一些。因为我感到有困难。要我把我的难处告诉你吗?"

"是的，请你告诉我。"

"好的，"我说："整件事情不是与这一点相关吗，如果你刚才说的是真的，【c】你说有一种知识不是任何事物的知识，而只是它本身和其他知识的知识，而这同一种知识也是无知识的知识?"

"是的，确实如此。"

"那么，你来看，我们试图想说的这件事情有多么奇怪，我的朋友，因为，如果你在其他事例中寻找相同的东西，你会发现，我认为，这是不可能的。"

"怎么会呢，你指的是什么事例?"

"好比说这样一些事例，比如，请你考虑，如果你认为可以有这样一种视觉，它不像其他视觉那样，是事物的视觉，而是视觉本身和其他视觉的视觉，也是无视觉的视觉，【d】尽管它是视觉的一种类型，但它看不见颜色，只能看见视觉本身和其他视觉。你认为有这样一种东西吗?"

"苍天在上，没有，我不这么认为。"

"有一种听觉，听不见声音，但能听见听觉本身和其他听觉，还能听见无听觉的听觉吗?"

"也没有这种东西。"

"再以所有感觉为例，看是否会有这样一种感觉，它是众感觉的感觉，是感觉本身的感觉，但它感觉不到其他感觉能感觉到的感觉。"

"我不认为有这样的东西。"

【e】"你认为有这样一种欲望，它不是为了快乐，而是为了它本身和其他欲望吗?"

"肯定没有。"

"也不会有任何一种希望，我认为，不是为了任何善，而只是为了希望本身和其他希望。"

"没有，以下类推，也没有。"

"你会说有一种这样的爱，不是任何好事物的爱，而是它自身的爱和其他爱的爱吗？"

"不，"他说："我不会。"

【168】"你是否曾经观察到有一种恐惧，恐惧它本身和其他恐惧，但它是可怕的事物的恐惧，不怕任何事物？"

"我从未观察到这样的东西。"他说。

"或者说有一种意见是关于它自身和其他意见的，但却不像其他意见那样对任何事物发表意见？"

"从来没有。"

"但是我们刚才好像说过，有一种这样的知识，它不是任何一个知识部门的知识，而是知识本身和其他知识的知识。"

"是的，我们说过。"

"如果真的有这样一种东西，那不是很奇怪吗？然而，我们还不应当只说没有这种东西，而是要继续考察，看是否有这种东西。"

【b】"你说得对。"

"那么来吧，这种知识是某事物的知识吗，它有'是某物的'知识的某种能力吗？你怎么说？"

"是的，它有这种能力。"

"我们说，与其他事物相比，较大者有一种是较大的能力吗？"

"是的，它有。"

"假定与某个较小的事物相比，较大者会变得较大。"

"必然如此。"

"那么，如果我们想要发现某个较大的事物比较大的事物和较大本身还要大，但它又不能比其他较大的事物更大，【c】那么肯定会发生这种情况，如果它真的比它自身还要大，它也会比它自身还要小，不是吗？"

"那肯定会是这种情况，苏格拉底。"他说。

"由此也可推论，我假定，如果有一种两倍的事物是它自身或其他两倍的事物的两倍，那么它也会是它自身或其他两倍的事物的一半，因为我不会假定有任何两倍的事物，除非它也是一半。"

"没错。"

"还有，比它自身大的事物也可以比它自身小，比它自身重的事物也可以比它自身轻，【d】比它自身年老的事物也可以比它自身年轻，其他相同的事例还很多——具有某种能力的事物将其能力用于它自身，必定也会使这种能力指向的事物具有这种性质，不是吗？我的意思是这样的，以听为例，我们不是说，听无非就是关于声音的吗？"

"是的。"

"如果听真的听到它本身，那么它会听到拥有声音的它本身吗？因为，否则的话，它不会有任何听了。"

"必然如此。"

"视觉我想也一样，我的大好人，如果视觉真的看到它本身，它一定会有某些颜色吗？【e】因为视觉肯定不能看无颜色的东西。"

"不能，肯定是这样的。"

"那么你注意到，克里底亚，在我们举的几个事例中，有些是绝对不可能的，而有些是非常可疑的，如果它们曾经把它们自己的能力用于它们本身，是吗？体积、数量、等等，属于绝对不可能的这一组，不是这样吗？"

"肯定是这样的。"

"还有，听或看，或者实际上，任何一种运动都会推动它自身，或者热会加热它本身——所有这些情况也会使有些人不信，【169】尽管有些人也许是相信的。我们需要的，我的朋友，是某个大人物来详细解释这一点，是否没有任何事物能够天然地将其自己的能力用于它自身，而只能用于其他事物，或者说，有些事物能这样做，有些事物不能。我们也需要他来确定，是否有事物能将能力用于它们自身，我们称做节制的知识就在它们中间。我不把自己当做有能力处理这些事务的人，【b】由于这个原因，我既不能合理地陈述是否可能有一种知识的知识，如果肯定有这样一种知识的话，我也不能接受节制作为这样一种知识，直到我考察清楚这样一种东西对我们是否有益。现在我预测节制是一种有益的、好的东西。那么你，卡莱克鲁斯之子，由于把节制定义为知识的知识属于你，更由于无知识也属于你，所以请你先澄清这一点，我刚才提到的这种知识是可能的，【c】然后在显示了它的可能性以后，继续显示它是有用的。这样的话，也许，你对什么是节制的正确看法也会使我满意。"

听了这些话，克里底亚明白了我的难处，就好比一个人打呵欠传染给其他人，他似乎也受我的影响而感到困难了。但由于他在坚持己见方面是出了名的，不愿当着同伴的面承认无法回答我的问题，【d】于是就支支吾吾地掩饰他的困惑。所以，为了能使我们的争论继续下去，我说："好吧，克里底亚，现在让我们假定这一点，有一种知识的知识，它的存在是可能的——它是否真的存在我们可以在其他场合考察。来吧，如果它是完全可能的，那么知道某人知道什么和不知道什么岂不是更为可能？我想，我们确实说过，这就是认识你自己和有节制的基础，是吗？"

【e】"是的，确实如此。"他说："我似乎能跟得上你的结论了，苏格拉底，因为，如果一个人拥有能拥有知道它自己的知识，那么这个人也会成为像他拥有的这种知识这样的人。例如，拥有敏捷的人是敏捷的，拥有美的人是美的，拥有知识的人是知道的。所以，当一个人拥有知道它自己的知识，我想他会是一个认识他自己的人。"

"令我困惑的不是这一点，"我说："当一个人拥有知道他自己的知识，他就会认识他自己，而是拥有这种知识的这个人为什么必然知道他知道什么和他不知道什么。"

【170】"但是这两样事情是一回事，苏格拉底。"

"也许吧，"我说："但我还是担心像过去一样困惑，因为我仍旧不明白，知道一个人知道什么和不知道什么怎么会和它本身的知识是一回事。"

"你这话是什么意思？"

"我的意思是这样的，"我说："假定有一种知识的知识，它除了是一种划分事物的能力，说一个是知识，另一个不是知识，它还能是什么吗？"

"不能了，它只能是这种能力。"

【b】"还有，它和拥有或缺乏有关健康的知识、拥有或缺乏有关正义的知识是一回事吗？"

"完全不是一回事。"

"我想，一种知识是医学，另一种知识是政治，而我们涉及的是纯粹、简单的知识。"

"那又怎样？"

"因此，当一个人缺乏这种关于健康和正义的附加的知识，而只知道知识，这是他拥有的唯一的知识，那么他很像是知道他知道某些事情，拥有某种知识，以此人为例也好，以其他人为例也罢，不是吗？"

"是。"

【c】"那么，他是如何凭着这种知识知道他自己知道什么呢？因为他会凭着医学知道健康，但不是凭着节制，他会凭着音乐知道和谐，但不是凭着节制，他会凭着技艺知道造房子，但不是凭着节制，等等，不是这样吗？"

"好像是这样的。"

"但是凭着节制，如果它只是一种知识的知识，一个人如何知道他知道健康，或者他知道造房子呢？"

"他完全不能知道。"

"那么对这一点都不知道的人不会知道他知道什么，而只知道他知道。"

"很像是这样。"

【d】"那么，这不会是有节制的或节制：知道一个人知道什么和不知道什么，而只有知道这一点的人和知道自己不知道的人才是有节制的，或者说事情好像是这样的。"

"有可能是这样。"

"当另外一个人声称知道某事物，我们的朋友也不能发现他是否知道他说他知道或不知道的东西。但是，他好像只知道这么多，那个人有某种知识，但它是关于什么的知识，节制不会告诉他。"

"显然如此。"

【e】"所以，他既不能区别假装是医生的人和真正的医生，也不能在其他专家中做这种区别。让我们来看后面的推论：如果有节制的人或其他任何人要区分真医生和假医生，他该怎么办呢？我假定，他不会去讨论医学问题，因为我们说过，医生知道的无非就是健康和疾病，不是这样吗？"

"是的，是这样的。"

"但是对于知识，医生一无所知，因为我们已经把这种功能完全归于节制了。"

"是的。"

【171】"医生也不知道任何关于医学的事情，因为医学是一种知识。"

"对。"

"然而，有节制的人会知道医生拥有某种知识，但是为了试图掌握它是何种知识，他不会考察它是关于什么的知识吗？因为要给每一种知识下定义，不仅要说它是知识，而且还要说它是关于什么的知识，是吗？"

"是的，当然要说它是关于什么的知识。"

"医学可以定义为一种关于健康和疾病的知识，由此可以把医学与其他知识区别开来。"

"对。"

【b】"由此可以推论，想要考察医学的人会在能找到医学的地方发现它，因为我不会假定他会在不能找到医学的地方发现它，你的看法呢？"

"肯定不能。"

"那么想要正确进行这种考察的人会查考医生做的事情，因为他在这些事情上是医学人，这些事情就是健康与疾病。"

"好像是这样的。"

"他会观察医生的言行，看医生说的是否正确，做的是否正确吗？"

"必然如此。"

"但是，不懂医学技艺的人能听得懂这些事情吗？"

"肯定不能。"

【c】"事实上，除了医生，似乎无人能够做到这一点，甚至有节制的人自己也做不到。如果他能做到，那么他不仅是有节制的人，还会是一名医生。"

"是这么回事。"

"那么，事情的结果是，如果节制只是一种关于知识和无知识的知识，它就不能区分懂得这种特殊技艺的人和不知道这些技艺但假装或假设自己懂的人，它也不能认识其他任何真正技艺的实践者的方式，除非这个人是在他自己的领域中。"

"好像是这样的。"他说。

【d】"那么，克里底亚，"我答道："我们从节制中会得到什么益处，如果它具有这种性质？因为，如果像我们一开始假定的那样，^① 有节制的人知道他知道什么和不知道什么（他知道前者但不知道后者），能够考察处在相同情景中的其他人，那么这就是我们做个有节制的人的最大的好处。因为这样一来，我们这些拥有节制的人就会过一种摆脱谬误的生活，【e】那些处于我们管辖之下的人也能过这样一种生活。我们自己既不会去尝试做那些我们不懂的事情——倒不如说我们会寻找那些懂这些事情的人，把事情托付给他们做——也不相信那些受我们管辖的人能做任何事情，除非他们能正确地做，也就是做他们拥有知识的事情。就这样，凭着节制，每个家庭都能很好地生活，每个城邦都能很好地治理，凡有节制统治之处，事情都能良好地运作。【172】随着谬误被根除，正确在进行控制，处于这种境况下的人必定会言行高尚，令人敬佩，而行事良好，成功发展，他们就会幸福。这不就是我们所说的节制吗？克里底亚。"我说："当我们说，知道一个人知道什么和不

---

① 参见本篇 167a。

知道什么是一件好事的时候？"

"这确实是我们的意思。"他说。

"但是现在你明白，"我说："这种知识没有显示出来。"

"我明白了。"他说。

【b】"那么好，"我说："这就是这种有关知识和无知的知识的益处吗，我们现在发现它就是节制——有这种知识的人学习任何东西会更容易，在他所学的东西之外，一切事物都会更加清楚地向他显示，他会接受这种知识？他也能以他本人知道的一种更为有效的方式来考察其他人，而那些不拥有这种知识的人会以一种较为软弱的、不太有成果的方式来进行考察。【c】我的朋友，这些不都是我们应当从节制中获得的益处吗？或者说，我们把它当做某种更加伟大的事物，要求它比实际情况更加伟大？"

"也许是这样的。"他说。

"也许，"我说："也许我们正在索求某种无用的东西。我这样说是因为某种有关节制的怪事变得清楚了，如果它具有这种性质。如果你愿意，让我们考察这件事情，既承认知道一样知识是可能的，【d】又承认我们一开始假定的节制就是知道一个人知道什么和不知道什么，让我们承认这一点而不要否认它。承认所有这些事情，让我们来更加彻底地考察，如果它是这个样子的，它是否会以任何方式有益于我们。因为我们刚才说的，有关节制我们把它当做对于家庭和城邦的治理具有很大益处的东西（如果它是这样的话），但是，克里底亚，这样说在我看来不是很好。"

"什么地方说得不好？"他问。

"因为，"我说："我们过于轻率地同意，如果我们中的每个人都会做他知道的事情，而会把他不知道的事情交给其他知道的人去做，那么它就是一件有很大益处的东西。"

【e】"我们同意这一点有什么不对吗？"他说。

"我认为不对。"我答道。

"那就太奇怪了，苏格拉底。"他说。

"神犬在上，"我说："在我看来也很奇怪，由于这个原因，当我刚才意识到这一点的时候，我说某件奇怪的事情出现了，我担心我们并没有正确地进行考察。因为，哪怕节制就是这个样子的无可怀疑，【173】它还是没有清楚地向我显示它给我们带来什么好处。"

"怎么会这样呢？"他说："告诉我，这样我们俩都能明白你说的意思。"

"我想我正在使自己变成一个傻瓜，"我说："但不管怎么说，如果我们对自己有那么一点儿关心，考察对我们呈现的事情是必要的，不能随意开始。"

"你说得对。"他说。

"那么，"我说："请听我做的一个梦，看它是从羊角门穿过还是从象牙门穿过。① 如果节制真的统治我们，【b】是我们所定义的那样，那么一切事情都会按照知识去做：既不会有人说他是一名舵手（但他实际上不是）来欺骗我们，也不会有医生、将军或其他职业的人假装知道他并不知道的事情来逃避我们的注意。情况就是这样，我们不能获得比我们现在更大的身体健康，在海上或在战斗中遇险时我们不能获得平安，我们不能得到制造精良的衣服、【c】鞋子以及其他用品吗，因为我们会雇用真正的匠人？还有，如果你愿意，我们甚至可以同意预言的技艺是一种关于是什么的知识，节制会指导它把骗子找出来，让真正的预言家成为启示未来的先知。【d】我承认，整个人类，如果这样说是恰当的，会以一种有知识的方式行事和生活——因为节制会监视它，不会允许无知识潜入我们中间，成为我们的同伴。但是，按照知识行事是否就能使我们行事良好和幸福，这是我们还要了解的，我亲爱的克里底亚。"

"但另一方面，"他说："如果你消除了按照知识行事，你就不能稳获幸福的奖赏。"

---

① 参见荷马：《奥德赛》19：564—567，真的梦、会应验的梦穿越羊角门，假的梦、骗人的梦穿越象牙门。

"请你再指导我一个小要点，"我说："你说某事物是按照知识完成的，【e】你指的是制鞋的知识吗？"

"天哪，绝对不是！"

"是制造铜器的知识吗？"

"肯定不是。"

"那么是使用羊毛、木头或其他相似的东西的知识吗？"

"当然不是。"

"那么，"我说："我们不再与按照知识进行生活的人是幸福的这个说法相一致了。因为这些人按照我们提到的方式生活，而你却不承认他们是幸福的，不过我想你的意思是把幸福的人限定为那些在某些具体事情上按照知识生活的人。也许你指的是我刚才提到的那个人，【174】那个知道一切未来之事的人，亦即预言家。你指的是预言家还是别的什么人？"

"我既指这个人，"他说："又指另一个人。"

"哪一个？"我说："能知道过去、现在和未来的这种人会有不知道的事情吗？让我们假定有这样的人存在。我想，对这个人你会说没有人比他更能按照知识生活了。"

"肯定没有。"

"还有一件事是我想要知道的：哪一样知识使他幸福？所有知识都同等地起这种作用吗？"

"不，它们起的作用很不一样。"他说。

【b】"好吧，那么哪一种知识特别使他幸福？是凭着它可以知道有关过去、现在和未来的事情的知识吗？是凭着它可以懂得下跳棋的知识吗？"

"噢，怎么会呢？"他说。

"是凭着它可以懂得计算的知识吗？"

"当然不是。"

"是凭着它可以懂得健康的知识吗？"

"这样说要好一些。"他说。

"但是最为可能的情况是，"我说："凭着这种知识他能懂得什么？"

"凭着这种知识他能懂得善与恶。"他说。

"你真可悲，"我说："你领着我兜了一大圈，【c】一直把真相隐藏起来，按照知识生活并不能使我们成功和幸福，哪怕我们拥有所有知识，但是我们不得不拥有这种有关善恶的知识。因为，克里底亚，如果你同意从其他知识中把这种知识拿走，那么医学就不能够照样给予健康，制鞋就不能照样生产鞋子，织布的技艺就不能照样织布，领航的技艺就不能照样保证我们在海上平安，将军的技艺就不能照样保证我们在战争中安全，是吗？"

"我想仍旧会是老样子。"

【d】"然而，我亲爱的克里底亚，如果缺乏这种知识，我们做好这些事情、从中获益的机会就会消失。"

"你说得对。"

"那么，这种知识无论如何不像是节制，而是一种其功能对我们有益的知识。因为它不是关于知识的知识，或者是知识的缺乏，而是关于善恶的知识。所以，如果后者是有益的，那么节制对我们来说就是别的什么东西。"

"但是，节制为什么就不是有益的知识呢？"他说：【e】"如果节制是一种知识的知识，支配着其他知识，那么我假定它也会支配有关善恶的知识，并且对我们有益。"

"这种知识能使我们健康吗？"我说："能使我们健康的不是医疗的技艺吗？它要执行其他技艺要完成的任务，而不是让各门技艺完成它们自己的任务吗？我们刚才不是庄严地宣称节制是关于知识的知识，或者是知识的缺乏，而不是其他什么东西吗？我们说没说过？"

"好像是这样的，说过。"

"所以节制不是生产健康的匠人的知识，是吗？"

"肯定不是。"

【175】"因为健康属于另外一种技艺，不是吗？"

"对，健康属于另外一种技艺。"

"那么，节制是一种没有益处的知识，我亲爱的朋友。因为我们刚才已经把这种益处奖赏给了另外一种技艺，不是吗？"

"确实如此。"

"如果节制不产生有益的东西，它怎么能是有益的呢？"

"它显然没有任何益处，苏格拉底。"

"那么你瞧，克里底亚，我早先的担心是有理由的，我刚才正确地指责自己在节制中没有发现任何有用的东西，不是吗？【b】因为，如果说我在考察中起过作用，那么我没有假设我们已经承认为一切事物中最优秀的事物最后竟会变成毫无用处的东西。而现在，我们陷入了最糟糕的境地，无法找到这个被立法家赐名为节制的存在的事物。再说，我们还对从我们的论证中推导出来的许多事情表示赞同。比如，我们承认有一种知识的知识，而我们的论证并不允许我们做出这样的陈述。还有，我们承认这种知识知道其他知识的任务，而我们的论证①也不允许我们这样说，因为这样一来的话，我们有节制的人就会变成知道的人，【c】既知道他知道的事情，又不知道他不知道的事情。我们以最为慷慨的方式做出这一让步，相当忽视一个人有可能以某种方式知道他完全不知道的事情——因为我们的赞同就相当于说他知道他不知道的事情。然而，我想，没有比这更不合理的事了。【d】尽管这一考察对我们显得相当圆满和容易，但它一点儿也不能帮助我们发现真理。实际上，它在一定程度上嘲弄了真理，极为侮慢地把我们早先一致赞同和发明的节制的定义暴露为无用的。对此，我自己并不感到有太多的烦恼，但我为你感到烦恼，卡尔米德。"我说："我确实感到烦恼，【e】有这样的身体，此外还有一颗最节制的灵魂，但你从节制中却得不到任何好处，节制对你当前的生活也没有任何用处。如果节制真是无用的，那么我代表那个花了大力气从色雷斯人那里学来的咒语更加感到烦恼。我确实不相信会是这种情况，而宁可认为我是一名无用的探索者。【176】因为我认为节制是一种伟大的善，如果你

---

① 指苏格拉底在 169d 和 173a—d 做的假设。

真的拥有它，你就幸福了。所以，看看你是否拥有这种节制，是否不再需要咒语——因为，如果你拥有节制，我给你的建议都可以当做碎嘴子的唠叨，无论用什么论证，也不能发现任何东西，而你自己只要是有节制的，就会幸福。"

卡尔米德说："苍天在上，苏格拉底，我不知道自己是否拥有节制——因为，【b】我怎能知道连你和克里底亚都不能发现的这种东西的性质，如你所说？不过，我并非真的相信你的话，苏格拉底，我想我非常需要咒语，对我来说，我愿意听你每天念咒语，直到你说我已经听够了为止。"

"很好，卡尔米德，"克里底亚说："如果你这样做了，那么你的节制令我信服，也就是说，如果你允许苏格拉底对你念咒语，无论事情大小都决不背弃他。"

【c】"这是我今后要做的事情，"他说："我决不会放弃。如果我不服从我的监护人，不执行你的命令，那么我的行为就非常糟糕了。"

"那么好，"克里底亚说："这些就是我的指示。"

"我将执行你的指示，"他说："从今天开始。"

"看着我，"我说："你们俩在密谋什么？"

"没有什么，"卡尔米德说："我们已经商量完了。"

"你们要强制执行，"我问："甚至不给我事先听一下的机会吗？"

"我们必须强制执行，"卡尔米德说："因为在这里的这个人给我下了命令，所以你最好想想自己该怎么办吧。"

【d】"想有什么用，"我说："当你决定要用暴力解决问题时，没有一个活人能够抵抗。"

"那么好，"他说："你就别抗拒了。"

"很好，我不会的。"我说。

拉凯斯篇

提　要

　　本篇是柏拉图的早期作品，以谈话人之一拉凯斯的名字命名。参与谈话的人物较多，均为希腊历史上的真实人物。拉凯斯是一位杰出的雅典将军，参加过伯罗奔尼撒战争。尼昔亚斯也是优秀的雅典将军，参加过多次战争，公元前413年被俘和被处死。历史学家修昔底德的《伯罗奔尼撒战争》记载了他的事迹。谈话人吕西玛库的父亲是雅典政治家阿里斯底德，谈话人美勒西亚的父亲是雅典政治家修昔底德。与他们的父亲相比，这两位谈话人没有什么重要的业绩和崇高的名声，因而关心他们儿子的教育和成长。文中说，他们的儿子也在场聆听整个谈话。苏格拉底主导了这场谈话。依据导言，谈话时间约为公元前424年以后。

　　公元1世纪的塞拉绪罗在编定柏拉图作品篇目时，将本篇列为第五组四联剧的第三篇，称其性质是"探询性的"，称其主题是"论勇敢"。①"勇敢"的希腊文是"ἀνδρεία"，拉丁文一般译为"virtue"、"fortitudo"，英文一般译为"courage"、"manliness"、"manly spirit"，意思是男子气，雄伟、坚定、刚毅、镇定、大胆，尤指军事上的勇敢。谈话人对勇敢做了较为详尽的探讨，试图界定这个概念。对话篇幅较短，译成中文约2万字。

---

　　① 参见第欧根尼·拉尔修：《名哲言行录》3：59。

谈话的导言部分（178a—181d）相当详细。吕西玛库和美勒西亚邀请了两名雅典老将军一同观看武士斯特西劳的武装格斗表演，然后聚在一起交谈。吕西玛库和美勒西亚希望自己的儿子能学习这门技艺，以便日后创造祖先般的辉煌业绩，而拉凯斯建议吕西玛库向在场的苏格拉底请教如何训导和教育年轻人。

第一部分（181e—189d），讨论学习武装格斗。尼昔亚斯认为，学习这种技艺对年轻人的各个方面都有益，应当接受这种训导。首先，可以使年轻人把闲暇时间用于学习知识；其次，参加这种训练能够增进身体健康；再次，可以提高作战技能，用于实战；再次，可以激发年轻人参加其他科目训练的愿望和当将军的雄心；再次，掌握这种知识可以使人变得勇敢和大胆；最后，武装格斗使敌人心惊胆战。拉凯斯指出，那些传授武装格斗技艺的武师在战场上没有突出的表现，胆小鬼学习这门技艺会变得鲁莽，勇敢者学习这门技艺会招来别人的妒忌和批评。他们寻求苏格拉底的帮助。苏格拉底指出，首先应当考察这门技艺是什么？然后再去寻找这门技艺的专家，向他们请教。学习武装格斗是形式，其目的是照看年轻人的灵魂。当年轻人的老师，老师自己的灵魂必须是善的。吕西亚斯提议，请苏格拉底来主持谈话，考察相关问题。

第二部分（189d—201c），讨论什么是勇敢。苏格拉底在谈话中指出，与穿盔甲作战的技艺相关的美德就是勇敢，所以首先要定义什么是勇敢，然后再来讨论年轻人如何通过学习和训练变得勇敢。苏格拉底清楚地告诉人们，无人能给勇敢下定义，因为他们并不拥有关于勇敢的知识。只有勇敢的行为而不知道什么是勇敢，只能算做无知。最后苏格拉底建议他的伙伴重新学习，接受教育。他本人也要这样做。

正　文

谈话人：吕西玛库、美勒西亚、尼昔亚斯、拉凯斯、苏格拉底、阿里斯

底德（吕西玛库之子）、修昔底德（美勒西亚之子）

吕　【178】你们已经观看了那名男子汉的武装格斗①，尼昔亚斯②和拉凯斯③。美勒西亚④和我邀请你们一同观看，当时我们没有告诉你们为什么要去看他表演，而现在我们要做些解释，因为我们认为应当坦诚待人，尤其是对你们。现在有些人，【b】当别人向他们寻求建议时，他们会嗤笑请教者的坦诚，而在回答问题时隐匿自己的想法，一味迎合别人，说些与他们自己的想法不同而别人喜欢听的事情。但是，我们认为你们不仅能够形成判断，而且在形成判断后能如实说出你们的想法，正是由于这个缘故，【179】我们对你们充满信心，想要和你们进行交流。我说了这么长的开场白，缘由是这样的：我们的两个儿子在这里，这是我朋友美勒西亚的儿子，他叫修昔底德⑤，取了他祖父的名字；这是我的儿子，也取了他祖父的名字，我们叫他阿里斯底德⑥，这是我父亲的名字。我们决心尽力照看好这些青年，别像大多数父母一样，孩子成年的时候放任不管，让他们随心所欲，做自己喜欢做的事。不，我们认为现在应该有一个真正的开端了，【b】在我们力所能及的范围内。由于我们知道你们俩也有儿子，所以我们认为你们，或你们当中有人，会关心使他们成为优秀者的训练这样一类事情。如果你们对此类事情没有经常关注，那就让我们来提醒你们，你们一定不能忽视这件事，所以请你们和我们一道商议如何关心你们的儿子。尼昔亚斯和拉凯斯，尽管我讲话显得有些啰嗦，但你们必须聆听。【c】你们现在要知道，我们是带着午餐来的，孩子和我们一起吃。我们要对你们坦诚，完全如我一开始所说的那样：我们各自都会把自己的父亲的大量优

---

① 武装格斗（μαχόμενον ἐν ὅπλοις），其原意为"穿上盔甲战斗"，希腊重装步兵的全副装备。

② 尼昔亚斯（Νικίας），雅典将军。

③ 拉凯斯（Λάχης），雅典将军。

④ 美勒西亚（Μελησίας），雅典政治家修昔底德之子。

⑤ 修昔底德（Θουκυδίδης），美勒西亚之子。

⑥ 阿里斯底德（Ἀριστείδης），吕西玛库之子。

秀事迹讲给年轻人听，讲他们在战争年代与和平时期如何处理盟邦和这个城邦的事务。但是，我们俩都不会谈到自己的业绩。【d】这是我们在他们面前感到羞愧的地方，我们责备我们的父亲在我们成长时任凭我们过一种放纵的生活，而他们当时忙于其他人的事务。我们也向在这里的年轻人指出这一点，并告诫他们，如果放纵自己、不听管教，他们就会变得一文不值，但若努力了，他们也许能够变得配得上他们承袭的名字。①现在孩子们答应听话了，所以我们正在考虑的问题是用什么样的训导或实践能使他们变成最优秀的人。【e】有人向我们推荐了这种训导方式，说年轻人学习武装格斗是一件好事。他赞扬了你们刚才看过他表演的那位武士，还鼓励我们去见他。所以我们认为应当去见他，应当带你们一起去，不仅同场观看表演，也参与我们对孩子的教育，【180】如果你们愿意的话，向他们提出建议。这就是我们想要和你们分享的事情。所以，现在该你们向我们提建议了，不仅要谈这种训导形式——无论你们认为是否应当学——而且要谈你们推崇的、适合年轻人学习和掌握的其他种类的训导形式。你们还要告诉我们，在我们的共同事业中你们想扮演什么角色。

尼　我本人为你们的计划鼓掌，吕西玛库②和美勒西亚，我已做好准备，打算参与。我想，拉凯斯也已经准备好了。

拉　【b】你说得很对，尼昔亚斯。不过吕西玛库刚才所说的关于他父亲和美勒西亚父亲的话，我认为，不仅对他们适用，而且对我们、对每个忙于公务的人都适用，因为这种情况很普遍——他们忽略了他们的私人事务、子女和其他事情，对孩子疏于管教。【c】所以在这一点上你是正确的，吕西玛库。但令我惊讶的是，你请我们在年轻人的教育方面与你们一道出谋划策，却不邀请在这里的苏格拉底！首先，他来自你所在的那个区；其次，他总是

---

①　给家中长子取祖父的名字是希腊人的风俗。关于两位年轻人的未来，参见《泰阿泰德篇》150e，那里提到阿里斯底德成为苏格拉底的同伴，但后来很快就离开了。《塞亚革斯篇》130a以下提到阿里斯底德和修昔底德。

②　吕西玛库（Λυσίμαχος），雅典政治家阿里斯底德之子。

花费时间在那些年轻人从事学习或你们寻找的这种高尚事业的地方逗留。

吕　你什么意思，拉凯斯？我们的朋友苏格拉底关心过这种事情吗？

拉　当然，吕西玛库。

尼　关于这一点我确信不比拉凯斯少，因为就在最近，【d】他给我的儿子介绍过一位音乐老师。这个人的名字是达蒙①，是阿伽索克莱②的学生，在各方面都很有造诣，不仅精通音乐，而且精通你们认为这个年纪的孩子值得花费时间的其他所有技艺。

吕　苏格拉底、尼昔亚斯、拉凯斯，像我这把年纪的人不再熟悉年轻人了，因为年迈而大部分时间待在家里。【e】但是你，索佛隆尼司库③之子，如果有好建议给你的同乡，你应当提供。你有义务这样做，因为通过你的父亲，你是我的朋友。他和我一直交情不薄，亦无什么争执，直到他去世。当前的谈话提醒了我，孩子们在家闲谈时经常苏格拉底长、苏格拉底短，赞不绝口，【181】但我从未想到要问，你们讲的苏格拉底是否就是索佛隆尼司库之子。告诉我，孩子们，你们经常谈起的苏格拉底就是这位苏格拉底吗？

孩子们　没错，父亲，就是他。

吕　我高兴极了，赫拉在上，苏格拉底，你保持了令尊的美名，他是个大好人，我更加高兴的是我们两家的亲密关系又可以更新了。

拉　无论如何都别让这个人走，【b】吕西玛库，因为我看到他不仅保持着他父亲的名声，而且维护了他祖国的名声。从代立昂④撤退时，他和我一起行军，我可以告诉你，如果其他人都像他一样，我们的城邦就安全了，就不会遭受这样的灾难了。

吕　苏格拉底，你正在接受的赞扬肯定是崇高的，既因为它出自可信

---

①　达蒙（Δάμων），人名。

②　阿伽索克莱（Ἀγαθοκλῆς），人名。

③　索佛隆尼司库（Σωφρονίσκος），苏格拉底之父。

④　代立昂（Δελίον），地名，公元前424年雅典军队在此被波埃提亚人打败，这一年是伯罗奔尼撒战争的第八个年头。《会饮篇》220e处谈话人阿尔基比亚德谈到苏格拉底在这次战斗中的言行。

之人，又因为他们赞扬你的这些品质。你要相信，听到你有如此高的声望，我心中真有说不尽的快乐，请你把我当做对你心存善意之人。【c】你本人早就应该光临寒舍，把我们当做你的朋友，这样做肯定是对的。好吧，由于我们已经相互认识了，从今往后，你要和我们多来往，和我们熟悉起来，和这些年轻人熟悉起来，保持我们家族间的友谊。所以，答应我们这样做吧，我们也会提醒你恪守自己的承诺。现在，你对我们最初那个问题有什么要说的吗？你的意见是什么？武装格斗对年轻人来说是不是有用的学习科目？

苏　【d】好的，我会尽力而为，就这些事情给你们提建议，吕西玛库，也会就你要我关注的其他事情说一些看法。但是我比其他一些人年轻，经验也不如他们丰富，所以更为恰当的是让我先听其他人谈话，便于我向他们学习。如果在他们的讲话之外我有什么要添加的，到那时我再对你们说，教导和说服你和其他人。来吧，尼昔亚斯，你们俩中的哪一位为什么不开始呢？

尼　【e】噢，没理由为什么不开始，苏格拉底。我认为，学习这个部门的知识对年轻人的各个方面都是有益的。首先，使年轻人不把闲暇时间花在他们通常喜欢做的事情上，而用于学习这种知识，这是一个好主意，【182】参加这种训练能够增进身体健康，它不会比体育训练差，也不会比体育训练舒服，同时，这种武装格斗和骑术尤其适合自由的公民参加训练。因为在我们身为竞争者的格斗中，在依靠我们的战斗来解决的事务中，只有那些受过训练的人知道如何使用战争的武器和装备。还有，哪怕在实战中，当你必须与其他一些人列阵作战时，这种形式的训导也有某些好处。但是，它的最大好处在于，阵形一旦崩溃，个人就必须单打独斗，【b】要么是追击，攻击某个在保护自己的人，要么是撤退，保护你自己，避免受到任何追击者的攻击。掌握这门技艺的人，无论是一对一，还是一对多，都能很好地保护自己，而不会受到伤害，在各种情形下都有许多有利的地方。还有，这种学习会激发我们参与其他优秀训导科目的愿望，因为每个学了武装格斗的人都想要学习下一个科目，那就是有关战术的学问；【c】一旦掌握了这门学问，有了自尊，他就会去学习做一名将军的完整技艺。所以事情已经很清楚，所有值得男子汉去学习和训练的学问和事业都与这后一种技艺相连，都以武装格斗为起点。我们还要添加一个好处，这样说并不意味着这个好处最小，这种知识会使每个人在战场上比以往更大胆，更勇敢。让我们不要忽略这一点，尽管有些人会认为这不值一提，【d】这种技艺会在需要时使男子汉看上去威风凛凛，让敌人看了心惊胆战。所以，吕西玛库，我的看法就是年轻人应当接受这些教育，这样考虑的理由我都已经说过了。如果拉凯斯有什么要说，那么我很乐意听。

拉　事实上，尼昔亚斯，很难坚持说某种学习一定不需要，因为学习任何事情似乎都是好主意。【e】就武装格斗而言，如果它真的是一门知识，如那些教它的人所宣称的那样，亦如尼昔亚斯所说，那么这种知识一定要学；但若它并非一个真正的学习科目，那些声称要教这种知识的人是在欺骗我们，或者说它是一个学习的科目，但并非很重要，那么学习它有什么必要呢？之所以这样说，那是因为我在想，如果武装格斗真的有什么名堂，它不可能逃避拉栖代蒙人的关注，【183】他们一生都在寻求和从事可以增强他们在战争中的优越性的那些知识和事业。即使拉栖代蒙人忽略这种技艺，这种技艺的教师也肯定不会忽略这一事实，拉克戴孟人在整个希腊人中间最关心这种事，有人参加武装格斗在他们那里获得荣耀，就能挣大钱，这种情况就像在我们这里荣耀悲剧诗人。【b】这样一来，若有人设想自己是一名优秀的悲剧作家，他不会到雅典周边的其他城邦去巡回演出，而是直奔这里，把他的作品演给我们的人民看，这种事情其实很自然。我观察到，这些武师把拉克戴孟视为禁地，不敢涉足那里。他们到处奔走，愿意给任何人表演，就是不愿给斯巴达人表演——他们实际上精心挑选观众，也就是说承认有许多人的战斗技能超过他们。【c】还有，吕西玛库，我在战场上和这样的人打过交道，知道他们有多少本事。因此，我们有可能对这种事做出一手的判断。小心谨慎地说，这种武装格斗技艺的练习者没有一个在战斗中有杰出的表现。然而在其他各种技艺中，出名的人总是能实践这些技艺的人。而实践武装格斗这种技艺的人似乎运气最差。例如，【d】斯特西劳①这个人，你们和我刚刚看过他的表演，可以作见证，当着那么多观众的面，他在那里大吹大擂自己的神勇，而我曾经见过他在战场上的真实表现，可以更好地证明情况并非如此。当时他在一艘战船上当水兵，向一条运输船发起攻击，他使用的武器是钩镰枪，是长枪和镰刀的结合，像它的主人一样在军中独一无二。他的其他独特的地方不值一提，【e】让我来告诉你们他发明的这把钩镰枪的遭遇。战斗中，他的钩镰枪被那条运输船的索具给缠住了。所以斯特西劳使劲拉，想把它解脱出来，但他做不到，两条船擦肩而过。他紧紧抓住长枪在甲板上奔跑。等到运输船交错而过，把他向前拉的时候，他仍旧紧握长枪，【184】长枪在他手中滑动，直到最后只剩枪柄在他手里。看到他的笨拙举动，运输船上的人鼓掌大笑，有人向甲板上扔石头，砸在他的脚下，他才扔掉枪柄，看见那杆奇特的枪挂在运输船上晃动，就连最沉闷的人也忍不住大笑。这些事情也许有一些价值，如尼昔亚斯所认为的那样，【b】但我自己的体验我已经说过了。所以，如我开始所说，它要么是一种技艺，但用处很少，它要么不是一种技艺，但有人说它是或者想把它说成是一种技艺，无论情况如何，这种技艺都不值得学习。在我看来，如果胆小鬼想象自己掌握了这种技艺，他会由于变得鲁莽而更加清楚地表明他是什么样的人，而在勇敢者的情况下，【c】每个人都会看着他，如果他有丝毫闪失，就会引来大量的批评。其原因在于，声称拥有这种知识的人是妒忌的对象，除非他的本事远远超过其他人，否则在他宣布自己拥有这种知识的时候，不可避免地要成为嘲笑的对象。所以，学习这种技艺在我看来就是这种情况，吕西玛库。但是，如我前面说过，我们一定不能让在这里的苏格拉底走掉，而应当向他请教，让他告诉我们他对这件事的看法。

吕　好的，我确实想询问你的意见，苏格拉底，因为在我看来，【d】可以称得上我们的顾问的人需要在关键时刻投上决定性的一票。如果这两人意

---

① 斯特西劳（Στησίλαος），人名。

见一致，那么没必要进入这样的程序，而现在的情况是，你看到拉凯斯已经对尼昔亚斯投了反对票。所以我们确实需要听听你的意见，看你打算把赞成票投给谁。

苏　你在说什么，吕西玛库？你打算把你的赞成票投给我们多数人赞同的意见吗？

吕　噢，是的，除此之外还能怎么办，苏格拉底？

苏　【e】你，美勒西亚，也想这样做吗？假定应当有一位顾问来决定你的儿子必须参加某项体育训练，你会接受多数人的意见，还是接受在好教练的指导下接受这种教育和训练的人的意见？

美　可能是后者，苏格拉底。

苏　你会被他说服，而不被我们四个人说服吗？

美　可能。

苏　所以，我认为做一个好决定要依据知识，而不是依据多数原则？

美　当然。

苏　所以，在当前这个事例中，也必须首先考察一下，【185】在我们正在争论的这件事情上，我们中间是否有专家。如果我们中间有人是专家，那么我们应当听他的，哪怕他只是一个人，也不要去管其他人的意见。如果我们中间没有专家，那么我们必须到其他人中间去寻找专家。或者说，你和吕西玛库认为我们正在讨论的事情微不足道，不是我们的头等大事？我假定，真正的问题在于，你们的儿子是否要转变为有价值的人，管理父亲全部财产的方式与儿子转变的方式是一致的。

美　你说得对。

苏　所以我们在这些事情上必须练习未雨绸缪。

美　对，我们应当这样做。

苏　【b】那么，为了与我刚才所说的相一致，如果我们想要发现我们中间谁对体育最在行，我们应当如何进行考察？不就是寻找学习和练习过这种技艺的人和在这个特殊科目中有好老师的人吗？

美　我想是这样的。

苏　甚至在那之前，我们难道不应当考察我们正在寻找其老师的这门技艺是什么吗？

美　你什么意思？

苏　我要是这样说，也许会清楚一些：当我们问我们中间谁是这门技艺的专家，谁不是这门技艺的专家，并出于这个目的想要寻找这门技艺的老师的时候，【c】我并不认为我们已经就我们要咨询和考察什么初步达成了一致的意见。

尼　但是，苏格拉底，我们不是在考察武装格斗的技艺，讨论年轻人是否必须学习这门技艺吗？

苏　是这样的，尼昔亚斯。但是，当某人考虑是否应当用眼药的时候，你认为此刻他要接受的意见是关于眼药的还是关于眼睛的？

尼　关于眼睛的。

苏　【d】同理，当某人考虑要不要给一匹马上鞍子，我假定他此刻要接受的意见是关于马的，而不是关于马鞍的，对吗？

尼　对。

苏　总之，当某人由于某样事物的缘故而考虑另一样事物的时候，他要接受的意见是关于这样事物的，而不是有关由于这样事物的缘故而考虑的其他事物。

尼　必定如此。

苏　所以，涉及给我们提建议的人，我们应当问的是，他是否我们所关心的那个事物的专家，正是为了这个事物的缘故，我们在考虑。

尼　当然。

苏　【e】所以，我们现在要宣布，为了年轻人的灵魂的缘故，我们正在考虑学习的形式，是吗？

尼　是的。

苏　那么问题就是，我们中间是否有人是关心灵魂的专家，能够很好地关心灵魂，如果有这方面的好老师，我们必须去探访。

拉 这算什么，苏格拉底？难道你从来没有注意到，在某些事情上有人无师自通，比和老师待在一起的人做得更好？

苏 是的，我见过这种人，拉凯斯，但若这种人声称是某种技艺的大师，你不会非常情愿地相信他们，【186】除非他们拿出一些他们这种技艺的精良产品给你看，不能只拿一样，而要拿出多样。

拉 你说得对。

苏 那么，拉凯斯和尼昔亚斯，由于吕西玛库和美勒西亚出于使这些年轻人的灵魂尽可能变好的愿望，要我们就他们的两个儿子向他们提建议，如果我们说我们有这方面的老师，我们必须做的事情是把这些老师告诉他们，首先这些老师自己的灵魂是善的，也能照看许多年轻人的灵魂，【b】其次他们也显然教导过我们。或者，如果我们中有人说他没有老师，但通过自己的努力成绩斐然，那么他必须说明有哪些人在他的影响下变好了，无论这些人是雅典人还是异邦人，是奴隶还是自由民。如果这不是我们中的任何人的情况，我们应当去寻找其他老师，而不能冒险糟蹋我们的朋友的孩子，招来他们亲戚的极大指责。现在，吕西玛库和美勒西亚，【c】我要第一次说到我自己，我在这个方面没有老师。不过，我从年轻的时候就希望有老师可以跟随。但我没有钱拿去给智者，只有他们声称能够使我成为有教养的人，而另一方面我本人直到现在也没能发现这种技艺。如果尼昔亚斯或拉凯斯发现或者学到了这种技艺，我不会感到奇怪，因为他们比我富裕，可以向其他人学习这种技艺，他们也比我年长，所以他们可能已经发现了这种技艺。【d】所以在我看来，他们能够教育人，因为如果不对自己拥有的知识充满自信，他们就决不会这样毫不犹豫地指出年轻人追求的东西是有益的还是有害的。在其他事情上我对他们充满信心，但他们对这件事情的看法不一样使我感到奇怪。所以，我向你提出一个反建议，吕西玛库，正如拉凯斯催促你把我留住，不让我走，向我提问，我现在要求你别让拉凯斯走，或者别让尼昔亚斯走，【e】而要向他们提问，说苏格拉底否认对这些事情拥有知识，没有能力确定你们中间哪一个说得对，因为他否认在这方面有什么发现，也不是任何人的学生。所以，拉凯斯和尼昔亚斯，你们可以分别告诉我们，谁在你们所说的教育青年这件事情上最能干，你们是否向其他人学到了这种技艺的知识，或者说你们自己发明了这种技艺，如果你们向某人学到了这种技艺，【187】他是你们尊敬的老师，那么是否还有其他人与他们共享同样的技艺。我说这些话的原因是，如果你们公务过于繁忙，我们可以去见这些人，给他们送些礼，或者恳求他们帮忙，说服他们来管教我们和你们的孩子，这样他们就不会变得一文不值，辱没先辈了。但若你们自己是这门技艺的发现者，请向我们举例说明，哪些人通过你们的关心，已经使他们从原来一文不值转变为优秀的人。【b】如果你们现在是第一次想要开始教育人，你们必须注意有可能产生的危险，因为你们的试验品的不是卡里亚人①，而是你们自己的儿子和你们朋友的孩子，你们一定不要去做那句谚语说不要做的事情——"从制作酒坛开始学习陶艺"②。现在请告诉我们，从这些选项中你们会做何种选择，哪些对你们是恰当的，合适的，哪些是你们要排除的。吕西玛库，从他们那里发现这些事情，别让他们跑了。

吕　【c】我喜欢苏格拉底说的话，先生们。但是你们是否愿意就这些事情提问，对它们做出解释，必须要由你们自己来决定，尼昔亚斯和拉凯斯。至于在这里的美勒西亚和我，如果愿意对苏格拉底的全部问题给出完整的回答，我们肯定很乐意。因为，如我一开始就说的那样，我们邀请你们就这些事情给我们提建议的原因是，你们思考这些事情很自然——尤其是你们的孩子也像我们的孩子一样，【d】都到了受教育的年龄。所以，如果你们不反对，你们可以讲话，与苏格拉底一道探讨这个主题，相互交换论证。因为他正确

---

①　希腊有句谚语叫"拿一名卡里亚人来冒险"（ἐν τῷ Καρὶ κινδυνεύειν）。卡里亚位于小亚细亚，雅典人瞧不起那里的人，认为他们卑贱。

②　酒坛是最大的陶器，学习陶艺应当从较小的陶器开始。同一谚语也出现在《高尔吉亚篇》514 e。

地说了，我们咨询的事情是我们各项事务中最重要的。所以，如果你们认为这是必须做的事，下定决心吧。

尼　我很清楚，吕西玛库，你对苏格拉底的了解是有限的，你熟悉他的父亲，【e】但和这个人没有什么接触，除了他还是个孩子的时候——我假定他当时混在你们中间，和你们同去的人在一起，追随他的父亲去神庙，或者参加其他公共集会。但他成年以后，你显然仍旧不熟悉这个人。

吕　你这样说到底是什么意思，尼昔亚斯？

尼　在我看来你好像不晓得，凡是与苏格拉底有亲密接触、与他交谈的人，必定会被他的论证牵着鼻子走，哪怕他谈论的事情与一开始很不相同，直到谈话人回答了有关自己的所有问题，【188】说出自己现在的生活方式和以往的生活方式。在谈话人顺服这种盘问之前，你明白苏格拉底不会放你走，直到他对每一个细节都进行彻底的考察。我个人已经熟悉了他的路数，知道必须接受他的这种处理，还有，我完全明白必须顺服。我喜欢与这个人为伴，吕西玛库，你千万别把它当做一件坏事，【b】因为它会引以我们的关注，关心我们做过的事情或做错了的事情。倒不如说，我认为不逃避这种处理而是自愿按照梭伦的说法①终生学习的人，不会认为年纪大了自然会带来智慧，必定会更加关注他的余生。我接受苏格拉底的盘问，既非不寻常，又非不愉快，【c】但我很早就明白，只要苏格拉底在这里，讨论的主题很快就会转为关于我们自己的，而不是关于我们孩子的。如我所说，我本人不在乎以任何苏格拉底喜欢的方式与他谈话，但是我要询问在这里的拉凯斯对这些事情有什么感受。

拉　关于讨论我只有一种感受，尼昔亚斯，或者如果你喜欢，我得说我的感受不是一种而是两种，因为对有些人来说，我显得像是一个热衷讨论的人，而在另一些人眼中，我像是一个痛恨讨论的人。当我听到有人谈论美

---

① 柏拉图在此处及稍后提及梭伦（Σόλων）的名言："我到了老年仍旧学了许多东西。"（《残篇》18）亦见《国家篇》536d。梭伦是雅典政治家和立法家（约公元前640年—前558年），公元前594年任雅典执政官，实行改革。

德或某种智慧的时候，【d】如果他真的是一个人，配得上他说出来的话，那么我会非常乐意看到说话人和他的言辞之间有恰当与和谐。这样的人在我看来是真正懂音乐的，不是依靠竖琴①或其他某些令人愉悦的乐器，而是依靠言行一致，在他自己的生活中产生一种美妙的谐音，这种谐音是多利亚式的②，而不是伊奥尼亚式的③，我想，它甚至也不是弗里基亚式的④或吕底亚式的⑤，而是仅有的真正希腊式的谐音。【e】这样的人说话令我心喜悦，由于我对他说的话表现出热情，使大家认为我是一个热衷讨论的人；但是那些以相反方式行事的人说话令我感到厌恶，他说得越好，我感觉越糟，所以他的谈话使我显得像是一个痛恨讨论的人。我现在确实不熟悉苏格拉底的言辞，但我相信，我以前就知道他的行为，在他身上我看到了言谈公正和各种坦诚。【189】所以，如果他拥有这种能力，那么我对他表示赞同，并且愿意顺服他，十分愉快地接受他的考察，我也不会感到学习是一种负担，因为我赞同梭伦的话——我希望到老仍旧能够学习许多东西——但有一点小小的保留，我只向好人学习。让梭伦为我担保，只要老师自己是个好人，我一定不会表明自己是个愚蠢的懒学生。【b】至于我的老师是否比我年轻，是否不够出名，诸如此类的事情我一点儿都不在乎。因此，苏格拉底，我向你奉献自己，请你开导我，按你过去喜欢的方式驳斥我，另外，欢迎你向我了解我知道的任何事情。自从那次我们在战场上共赴危难，我对你的品性就有了这样的看法，你的勇敢为我树立了榜样，想要有个好名声，必须提供这样的证明。所以，你想怎么说就怎么说，完全不要顾忌我们之间的年龄差异。

苏　【c】我们确实挑不出你有什么毛病，因为你还没有做好准备，既提出建议，又参加共同探讨。

---

① 古希腊的竖琴（λύρα），有七根弦。

② 多利亚式的（δωριστί），在古希腊各地区音乐中，多利亚的音乐雄伟壮丽，被视为希腊音乐的代表。

③ 伊奥尼亚式的（ιαστί）。

④ 弗里基亚式的（φρυγιστί）。

⑤ 吕底亚式的（λυδιστί）。

吕　这个任务显然是我们大家的，苏格拉底，因为我把你算做我们当中的一员，所以请你接替我的位置，代表这些年轻人，把需要向他们学习的人找出来，然后，通过和孩子们交谈，与我们一道向他们提建议。因为我年纪大了，经常忘记我要问的问题，也记不住回答。【d】谈话中若开始新的论证，我的记性也不那么好。所以，请你来主持，考察我们提出的这些主题。我愿意在一边听，我在听你谈话时，愿意做你们认为最好的事情，在这里的美勒西亚也愿意。

苏　让我们按照吕西玛库和美勒西亚的建议去做，尼昔亚斯和拉凯斯。问一下我们自己刚才提出来考察的问题是什么，也许不是个坏主意：【e】在这一类训导中，我们有老师吗？我们能使其他什么人变得较好？然而，我想还有另外一种考察方式会使我们面临同样境地，这种方式说不定更加接近起点。无论什么事物，假定我们知道添加其他事物于该事物之上能使其变好，还有，假定我们能够进行这种添加，那么我们显然知道对该事物应当查考些什么，乃至于知道怎样才能最容易、最好地获得该事物。【190】你们也许听不懂我的意思，换个说法会容易些：假定我们知道视力，在添加给眼睛的时候，会使眼睛的视力变好，还有，我们能够把视力添加给眼睛，那么我们显然知道视力这种东西是什么，对视力我们应当查考些什么，乃至于知道怎样才能最容易、最好地获得视力。但若我们既不知道视力本身是什么，也不知道听力是什么，我们就很难成为眼睛或耳朵的顾问或医生，【b】乃至于知道获得视力或听力的最佳方式。

拉　你说得对，苏格拉底。

苏　好吧，拉凯斯，这两个人现在不正在寻求我们的建议，以什么方式才能把美德添加到他们儿子的灵魂中去，使其变好吗？

拉　是的，确实如此。

苏　那么我们从知道什么是美德开始是不必要的吗？【c】如果我们不能非常确定地知道该事物是什么，又怎能就如何获得该事物的最佳方式向其他人提建议呢？

拉　我不认为有其他方法可以做到这一点，苏格拉底。

苏　那么我们说，拉凯斯，我们知道它是什么。

拉　是的，我们要这样说。

苏　我假定，我们知道的事物，我们一定能够说出来，是吗？

拉　当然。

苏　啊，我的大好人！让我们不要直接从考察整个美德开始——这样的话任务过于繁重——【d】让我们首先来看我们对它的某个部分是否拥有充分的知识。这样的话，我们的考察可能会容易些。

拉　是的，让我们照你想要的方式去做吧，苏格拉底。

苏　好，我们应当选择美德的哪一个部分呢？我们应当挑选的显然不就是与武装格斗技艺相连的那个部分吗？我假定，人人都会认为这种技艺导向勇敢，不是吗？

拉　我认为他们肯定这样想。

苏　那么，拉凯斯，就让我们首先来说一下什么是勇敢。【e】然后，我们再考察用什么方式把勇敢添加给年轻人，一直说到通过职业和学习来进行这种添加。不过，现在还是先试着说一下我的问题，也就是什么是勇敢。

拉　宙斯在上，苏格拉底，这个问题不难：如果一个人坚守阵地，保护自己，打击敌人，不逃跑，那么你可以肯定他是一个勇敢的人。

苏　说得好，拉凯斯。不过我恐怕没有把话说清楚，你没有回答我想要问的问题，而是另外一个问题。

拉　你这是什么意思，苏格拉底？

苏　【191】我会告诉你的，要是我能做到的话。我假定，你提到的那个人是勇敢的，也就是打击敌人，坚守阵地的人？

拉　是的，这是我的看法。

苏　我同意。但是对另一个人你怎么看，他与敌人作战，但不是坚守阵地，而是撤退？

拉　你什么意思，撤退？

苏 嗯，我指的是西徐亚①人的那种战法，有进有退；【b】我想荷马赞扬埃涅阿斯②的马，说它们知道"如何熟练地追击或是逃跑，在平原上跑向东跑向西"③，他还称赞埃涅阿斯本人具有害怕和逃跑的知识，称他为"恐惧和溃退的制造者"。④

拉 荷马说得对，苏格拉底，他讲的是车战，而你讲的是西徐亚人的骑兵。骑兵以这种方式作战，而重装步兵以我说的这种方式作战。

苏 【c】斯巴达的重装步兵也许是一个例外，拉凯斯。因为他们说，在普拉蒂亚⑤战役中，斯巴达人在对抗手执轻盾的敌军士兵时，不是坚守阵地，而是撤退了。等到波斯⑥人的阵势散去，他们又像骑兵一样进行回击，最后打赢了这场战斗。

拉 你说得对。

苏 所以，如我刚才所说，该受责备的是我的问题提得很糟糕，【d】使你回答得很糟糕，因为我想要向你了解的不仅是重装步兵的勇敢，还有骑兵的勇敢，还有各种士兵的勇敢。我想要包括在内的不仅是战争中的人的勇敢，还有在海上冒险的人的勇敢，还有在处于疾病、贫穷中的人的勇敢，还有在国家事务中的人的勇敢；还有，我想要包括在内的不仅是抗拒痛苦或恐惧的人的勇敢，【e】还有抗拒欲望和快乐的人的勇敢，无论是坚守阵地，还是撤退——因为有些人在这些事务中是勇敢的，不是吗，拉凯斯？

拉 确实如此，苏格拉底。

苏 所以，所有这些人都是勇敢的，但有些人在抗拒快乐中表现出勇敢，有些人在忍受痛苦中表现出勇敢，有些人在克制欲望中表现出勇敢，有些人在克服恐惧中表现出勇敢。而其他人，我想，在同样情况下表现出

---

① 西徐亚（ΣKυθια），欧洲东南部的古代王国，希罗多德记载了该国的情况。

② 埃涅阿斯（Aἰνειας），荷马史诗中的人物。

③ 荷马：《伊利亚特》5：223。

④ 荷马：《伊利亚特》8：108。

⑤ 普拉蒂亚（Πλαταιαί），城邦名，位于波埃提亚。

⑥ 波斯（Περσία），古代西亚大帝国。

胆怯。

拉　是的，他们表现出胆怯。

苏　那么什么是勇敢和胆怯？这是我想要发现的。所以请再次试着首先说出什么是勇敢，这种勇敢在所有事例中都是相同的。或者说，你还没有清楚地理解我的意思？

拉　不是很清楚。

苏　【192】好吧，我的意思是这样的：假定我问什么是快捷，我们可以在跑步、弹琴、讲话、学习以及其他各种行为中找到快捷——我们实际上可以说，就其值得一提的范围内，我们只要动动胳膊，动动腿，动动舌头，出出声，或者想一想，都能表现出这种性质，是吗？或者说，这仍旧不是你想要表达这种性质的方式？

拉　是的，确实如此。

苏　那么，如果有人问我："苏格拉底，对处于所有这些事例中的被你称做快捷的这种性质，你会怎么说？"【b】我会回答他，我所谓的快捷就是在短时间里做完许多事情的力量，无论是讲话，还是跑步，还是其他各种事情。

拉　你说得很对。

苏　那么你自己来努力一下，拉凯斯，以同样的方式说一说勇敢。它是一种什么样的力量，由于它会在快乐或者痛苦，以及我们刚才所说的其他所有事例中都会出现，因此被称做勇敢？

拉　【c】好吧，如果一定要说它在各种事例中的性质是什么，那么我认为它是一种灵魂的坚持。

苏　如果要回答我们的问题，这样做是必须的。在我看来，现在的情况是这样的：我认为你没有把所有坚持都当做勇敢。我这样想的原因是，拉凯斯，我相当确定你把勇敢当做一样非常好的东西了。

拉　最好的东西之一，你可以确定。

苏　那么你会说与智慧相伴的坚持是一样好的、高尚的东西吗？

拉　确实如此。

苏　【d】假定它与愚蠢相伴会怎么样？结果不是正好相反，它会变成坏的、有害的东西吗？

拉　是的。

苏　你会把一样坏的、有害的东西称做好东西吗？

拉　不，这样说不对，苏格拉底。

苏　那么你不允许说这种坚持是勇敢，因为它不是好的，而勇敢是好的。

拉　你说得对。

苏　那么，按照你的看法，只有聪明的坚持才是勇敢。

拉　好像是这么回事。

苏　【e】那么让我们来看它在什么方面是聪明的，在大事情和小事情上都聪明吗？比如，某个人聪明地花他自己的钱，表现出坚持，知道他现在花一些钱，以后会得到更多的钱，你会说这个人是勇敢的吗？

拉　宙斯在上，我不会这么说。

苏　好吧，假定某人是医生，他的儿子或其他病人患了肺炎，向他要些吃的和喝的，【193】而这个人坚持不给，一直加以拒绝？

拉　不，这也肯定不是勇敢，完全不是。

苏　好吧，假定一个人坚持战斗，他的战斗意愿基于聪明的算计，因为他知道其他人不久就会来支援他，到那时敌人就会比他这一方少，战斗力也会比他这一方弱，还有，他的阵地也比较坚固；你会说，拥有这种智慧和准备，表现得比较坚持的人是勇敢的，还是说对方营中那些坚守阵地的人是勇敢的？

拉　【b】我会说对方营中的人，苏格拉底。

苏　但是这个人的坚持显然比前者的坚持要愚蠢。

拉　你说得对。

苏　你会说，在遭遇骑兵攻击时表现出坚持、懂得骑术的人，与缺少这种知识的人相比,不那么勇敢。

拉　是的,我会这样说。

苏　那么,表现出坚持的人,虽然有着投石、射箭或其他技艺的知识,但不那么勇敢。

拉　【c】是的,确实如此。

苏　潜水下井,或者在其他类似的情况下,有许多人愿意坚持,但没有这方面的技能,你会说他们比那些有这方面技能的人勇敢。

拉　为什么不能这样说,除此之外,还能怎么说,苏格拉底?

苏　没有了,如果这就是这个人的想法。

拉　不管怎么说,这就是我的想法。

苏　然而,拉凯斯,这种冒险和坚持的人肯定比那些有技能做事的人愚蠢。

拉　他们显然如此。

苏　【d】我们现在发现,愚蠢的大胆和坚持,不仅是可耻的,而且是有害的,如我们前面所说。

拉　确实如此。

苏　但是我们已经赞同勇敢是一件高尚的事情。

拉　是的,它是高尚的。

苏　但是现在,正好相反,我们说一件可耻的事情,愚蠢的坚持,是勇敢。

拉　对,我们好像是这样的。

苏　你认为我们这样说有意义吗?

拉　宙斯在上,没有意义,苏格拉底,我肯定不这样说。

苏　【e】那么,按照你的说法,拉凯斯,我设定你我并没有把自己调成多利亚式的音调,因为我们的行为和言辞不和谐。在行为方面,我想任何人都会说我们分有勇敢这种品质,而在言辞上,我不认为他会这样说,如果他听了我们当前的讨论。

拉　你说得绝对正确。

苏　那么好，处于这种状况对我们有什么好处吗？

拉　肯定没有，但是我们没办法。

苏　你愿意把我们说的话限定在某个范围内吗？

拉　限定在什么范围，哪句话？

苏　【194】就是命令我们坚持这句话。如果你愿意，让我们在探索中坚守阵地，让我们坚持，这样一来勇敢本身就不会拿我们开玩笑了，说我们不能勇敢地探索勇敢——如果坚持毕竟也有可能是勇敢。

拉　我不打算放弃，苏格拉底，尽管我不太熟悉这种论证。但是，想到我们的谈话，一种绝对的取胜的愿望占据了我，【b】我确实对自己不能按照这种方式表达自己的想法感到悲哀。我仍旧认为自己知道什么是勇敢，但我不明白它刚才是怎么逃走的，所以我不能用言辞把它盯住，说出什么是勇敢。

苏　好，我的朋友，一名好猎手应当跟踪追迹，决不放弃。

拉　完全正确。

苏　那么，如果你同意，让我们召唤在这里的尼昔亚斯也来打猎——他可能更加擅长。

拉　【c】我愿意——为什么不？

苏　那么好，来吧，尼昔亚斯，如果你能做到，救救你的朋友们，他们在论证的波涛前随波逐流，发现自己困难重重。你瞧，当然了，我们的探索走上了绝路，所以说说你对勇敢的看法，把我们从困境中解救出来，用言辞把你的意思说出来，以此坚定你自己的看法。

尼　我已经想了有一会儿了，你们没有按正确的方式给勇敢下定义，苏格拉底。你没有使用你说过的一条重要意见，我以前听说过。

苏　哪一条意见，尼昔亚斯？

尼　【d】我经常听你说，我们中间有人是好的，因为他是聪明的，我们中间有人是坏的，因为他是无知的。

苏　宙斯在上，你说得对，尼昔亚斯。

尼　因此，如果一个人真是勇敢的，他显然是聪明的。

苏　你听到他说什么了吗，拉凯斯？

拉　听到了，但我不太明白他的意思。

苏　噢，我明白，他好像说勇敢是某种智慧。

拉　嗯，他说的是一种什么样的智慧，苏格拉底？

苏　【e】你为什么不问他呢？

拉　好吧。

苏　来吧，尼昔亚斯，告诉他，按照你的看法，勇敢是哪一种智慧。我不会认为它就是吹笛子的技艺。

尼　当然不是。

苏　也不是弹竖琴的技艺。

尼　远远不是。

苏　那么这是一种什么知识，是关于什么的？

拉　你正在以正确的方式向他提问。

苏　让他说，它是一种什么样的知识。

尼　【195】我要说的是，拉凯斯，勇敢是一种在战争和其他情况下有关害怕或希望的知识。

拉　他说的话真是稀奇古怪，苏格拉底。

苏　你说这话的时候心里怎么想的，拉凯斯？

拉　我心里怎么想？嗯，我认为智慧与勇敢是很不相同的东西。

苏　噢，尼昔亚斯，无论如何，就说智慧与勇敢不同吧。

拉　他肯定会说相同——这正是他胡说八道的地方。

苏　好，让我们开导他，但不要开他的玩笑。

尼　很好，但我发现，苏格拉底，【b】拉凯斯想要证明我胡说八道，只是因为他刚才表明他自己是这种人。

拉　确实如此，尼昔亚斯，我将试着证明这件事，因为你正在胡说八道。马上举一个例子：在生病这个事例中，医生不是知道要害怕什么的人吗？或者说你认为勇敢的人就是那些知道的人？你会把医生叫做勇敢者吗？

尼　不，当然不会。

拉　我不去想象，你会认为农夫也是这种情况，尽管我设想他们是知道耕种土地的时候要害怕什么的人。其他各种工匠也知道在他们的具体行当中要害怕什么，期盼什么。【c】但是我们无论如何都无法把这些人说成是勇敢的。

苏　你认为拉凯斯是什么意思，尼昔亚斯？因为他好像说出了某些事情。

尼　对，他是说了一些事情，但他说的不正确。

苏　为什么？

尼　他认为医生有关疾病的知识可以超越描述健康和疾病，而我认为他们的知识仅限于此。拉凯斯，你设想一个人害怕痊愈超过害怕生病吗？或者说，你不认为有许多不愿从疾病中康复的事例吗？【d】告诉我，你坚持认为在所有事例中，活着更可取吗？在许多事例中，不是生不如死吗？

拉　好，至少在这一点上我同意你的看法。

尼　你认为，那些死了更好的人和那些活着更好的人会害怕同样的事情吗？

拉　不，我不这样认为。

尼　但你认为这种知识属于医生或其他匠人，而那些知道害怕和不怕什么的人反而没有知识，他们就是我称做勇敢的人，是吗？

苏　你明白他的意思吗，拉凯斯？

拉　【e】是的，我明白——他把预言家称做勇敢者。因为除了预言家，还有谁能知道活着好还是死了好？你自己怎么样，尼昔亚斯，你承认自己是预言家吗，或者说，你不是预言家，所以你不是勇敢的？

尼　噢，你在说什么？你不是认为，可以恰当地说预言家知道害怕什么和希望什么吗？

拉　是的，我是这个意思，如果预言家不知道，还有谁能知道？

尼　对我正在谈论的这个人我有更多的话要说，我的朋友，因为预言家知道的只是将要发生的事情的征兆，【196】而人会经历死亡、疾病、破产，会经历胜利和失败，在战斗中或在其他各类竞赛中。但是，人是否应该承受这些事情，为什么更适宜由预言家来判断，而不是由其他人来判断呢？

拉　苏格拉底，我不清楚尼昔亚斯到底想要说什么。因为他没有选择预言家、医生或其他人作为他所谓的勇敢的人，除非他认为某位神才是他所指的。【b】在我看来，尼昔亚斯不愿意坦率地承认他所说的话都是没有意义的，为了掩饰他的难处，他就东拉西扯。不过，哪怕是你我，如果想要避免自相矛盾，也会这样东拉西扯。如果我们正在法庭上讲话，这样做也许情有可原，但在我们这样的聚会中，有什么必要说这么一大堆废话呢？

苏　【c】我看不出他这样做有什么理由，拉凯斯。不过，我们要看到尼昔亚斯说出了一些道理，而不是为说话而说话。让我们从他那里把他的意思弄得比较清楚，如果他说的有理，我们就赞成，如果他说的无理，我们再来开导他。

拉　你来向他提问，苏格拉底，如果你想发现他说的道理。我想我已经问够了。

苏　我不反对这样做，因为这场考察将是我们俩的合作。

拉　很好。

苏　【d】那么告诉我，尼昔亚斯，或者说，告诉我们，因为拉凯斯和我共享这个论证：你说勇敢就是有关希望和害怕的理由的知识吗？

尼　是的。

苏　确实很少有人拥有这种知识，如你所说，医生和预言家都没有这种知识，他们没有获得这种具体的知识，因此不是勇敢的。这不就是你说的意思吗？

尼　就是。

苏　那么，如谚语所说，这种事情确实不是"每头母猪都知道的"，所以母猪不会是勇敢的吗？

尼　我不这样想。

苏　【e】那么很清楚，尼昔亚斯，你不会把克罗密昂的母猪①当做勇敢的。我这样说不是在开玩笑，而是因为我在想，凡是持有这种立场的人必定否认任何野兽是勇敢的，或者承认某些野兽，狮子、豹子或某种野猪，足够聪明，乃至于知道如此困难、很少有人能够明白的事情。像你一样定义勇敢的人不得不肯定，狮子和雄鹿、公牛和猴子，依其本性同样都是勇敢的。

拉　【197】诸神在上，你说得好极了，苏格拉底！坦率地回答我们，尼昔亚斯，你是否真的认为那些我们全都承认是勇敢的野兽在这些方面比我们人还要聪明，或者说，你是否有胆量反对这个总的观点，说它们不是勇敢的。

尼　绝非如此，拉凯斯，我确实把野兽或其他这类东西称做勇敢的，它们缺乏理智，不害怕应当害怕的事情。不过，我倒不如称它们为鲁莽的和疯狂的。或者说，【b】你真的认为我会把所有儿童称做勇敢的吗，他们什么都不怕，因为他们没有理智？正好相反，我认为鲁莽和勇敢不是一回事。我的观点是，很少有人拥有勇敢和预见，而大量的人，男人、女人、儿童、野兽，拥有大胆、无畏、鲁莽，缺乏预见。这些事例，你和市井之辈都称之为勇敢的，【c】而我说的勇敢者是有智慧的人。

拉　你瞧，苏格拉底，这个人用话语把自己打扮得多么漂亮，尽说他自己的观点。而对那些人人赞同是勇敢者的人，他却试图剥夺他们的荣誉。

尼　我不想剥夺你的荣誉，拉凯斯，所以你不必惊慌失措。我宣布，你是聪明的，拉玛库斯②也是聪明的，你们同时又是勇敢的，我要说，还有其他许多雅典人也是这样。

---

①　希腊神话中的猛兽，在科林斯境内的一个村庄克罗密昂（Κρομμυῶν），被英雄忒修斯（Θησεύς）杀死。参见普罗塔克：《忒修斯传》9。

②　拉玛库斯（Λάμαχος），雅典将军，公元前415年与尼昔亚斯、阿尔基比亚德统兵远征西西里，战死于叙拉古。

拉　这一点我不说了，尽管我可以说下去，免得落下口实，让你把我叫做典型的埃克松尼亚^① 人。

苏　【d】别在意他，拉凯斯，我不认为你知道他从我们的朋友达蒙那里获得了这种智慧，达蒙花了大量时间与普罗狄科^② 待在一起，在所有智者中，普罗狄科拥有最为擅长区分这类语词含义的名声。

拉　噢，苏格拉底，能干地做出这种区分，肯定更适合一名智者，而不适合城邦认为可以当她的领导人的人。

苏　【e】好，我假定它是合适的，我的好朋友，因为做大事的人要有大智慧。但是，我认为应该问一下尼昔亚斯，当他以这种方式定义勇敢的时候，他是怎么想的。

拉　好吧，你来问他，苏格拉底。

苏　这正是我打算做的事，我的好朋友。不过，别以为我已经把你从这个论证中解脱了。注意听，和我一道考察我们在说的事情。

拉　很好，如果有必要这样做。

苏　【198】是的，确有必要。而你，尼昔亚斯，请你从头开始再次告诉我——你知道，我们在这个论证开头的地方考察勇敢，这个时候我们把它作为美德的一个部分来考察，是吗？

尼　是的，是这样的。

苏　你不是自己做出回答，认定它是一个部分，是其他许多部分之一，这些部分都放在一起被称做美德，是吗？

尼　是的，为什么不是？

苏　你也像我一样谈论这些部分吗？除了勇敢，我把节制、正义，以及其他诸如此类的东西称做美德的部分。你不这么做吗？

尼　【b】确实如此。

---

① 埃克松尼（Αἰξωνή），雅典的一个区，该区人以说大话出名。

② 普罗狄科（Πρόδικος），公元前 5 世纪著名智者。

苏 停一下。在这些要点上我们意见一致，但是让我们来考察害怕和相信的理由，以便确定你对待它们的方式和我们不一样。我们会告诉你我们是怎么想的，如果你不同意，请你来开导我们。我们把那些产生恐惧的东西当做可怕的，而把那些不产生恐惧的东西当做可以期待的；恐惧不仅由已经发生了的恶来产生，而且也由可以预见的恶来产生。由于害怕是对未来的恶的期待——或者说，这不就是你的观点吗，拉凯斯？

拉 【c】我完全同意，苏格拉底。

苏 你听到了我们不得不说的话，尼昔亚斯：可怕的事情是未来的恶，能激发希望的东西要么是未来的非恶，要么是未来的善。你同意这一点吗，或者说关于这个主题你有别的看法？

尼 我同意这一点。

苏 你宣布勇敢就是关于这些事情的知识吗？

尼 正是。

苏 让我们来看，在第三点上我们是否全都意见一致。

尼 你所谓的第三点是什么？

苏 【d】我会解释。在我和在场的朋友来看，就关于各种事物的知识而言，似乎不是有一种知识我们可以靠它来知道过去的事情怎样发生，也不是有另一种知识我们可以靠它来知道现在的事情怎样发生，更没有一种知识我们可以靠它来知道这些现在还没有发生的事情将来会如何以最佳方式发生，而是在各种情况下，这些知识就是一种知识。以健康为例，除了医疗这门技艺，不会有其他技艺分别与过去、现在、未来的健康相关联，这门技艺尽管是一门技艺，但它要考察现在怎么样、过去怎么样，将来会怎么样。【e】还有，以大地的产物为例，农耕的技艺与之情况相同。还有，我认定你们俩都可以作见证，以战争为例，统兵的技艺就是最能预见未来和其他时间的技艺——这门技艺也不认为必须由巫师的技艺来统领，而要掌握战争的技艺，【199】就要能够更好地熟悉当前的战争事务和未来的战争事务。事实上，按照法律，不是巫师给将军下命令，而是将军给巫师下命令。这不就是我们要说的话吗，拉凯斯？

拉　是的，是这样的。

苏　那么好，你同意我们的意见吗，尼昔亚斯，同一种知识是对同一种事物的理解，无论将来、现在，或者过去？

尼　对，在我看来好像是这样的，苏格拉底。

苏　【b】好吧，我的好朋友，你说勇敢是关于可怕的事物和可望的事物的知识，不是吗？

尼　是的。

苏　我们已经同意可怕的事物和可望的事物是未来的善和未来的恶。

尼　是的。

苏　而同一种知识是关于相同事物的——未来的也好，其他种类的也罢。

尼　对，是这样的。

苏　那么，勇敢不仅是关于可怕的和可望的事物的知识，【c】因为它理解的不仅是将来的善与恶，而且理解现在、过去和一切时间的善与恶，恰如其他各种知识。

尼　好像是这样的，无论怎么说。

苏　那么你已经告诉我们的勇敢相当于第三个部分，尼昔亚斯，而我们问你的是全部勇敢是什么。现在，按照你的看法，勇敢不仅是有关可怕的事物和可望的事物的知识，【d】而且你自己认为它实际上是关于所有善恶加在一起的知识。你同意这种新的改变吗，尼昔亚斯，或者，你有什么要说？

尼　这样说好像是对的，苏格拉底。

苏　那么，一个有这种知识的人似乎在各方面都远离美德了，在所有的善的事例中，他真的知道它们现在是什么，将来是什么，曾经是什么吗？在恶的事例中他也同样知道吗？你认为这个缺乏节制、正义、虔敬的人自身，【e】就有能力分别处理神事和人事，知道什么是可怕的和什么是可望的，能通过他的关于如何与他们正确联系的知识为他自己提供善物吗？

尼　我想你抓住了要点，苏格拉底。

苏　那么，你现在正在谈论的东西，尼昔亚斯，就不是一部分美德，而是全部美德。

尼　似乎如此。

苏　我们肯定已经说过，勇敢是美德各部分之一。

尼　是的，我们说过。

苏　那么我们现在说的观点似乎站不住脚了。

尼　显然不能。

苏　那么，尼昔亚斯，我们还没有发现什么是勇敢。

尼　好像没有。

拉　【200】噢，我亲爱的尼昔亚斯，你在我刚才回答苏格拉底的问题时讥笑我，我还以为你肯定能够做出这个发现。事实上，我抱着很大的希望，在达蒙的智慧的帮助下，你能处理整个问题。

尼　这就是你的良好态度，拉凯斯，在你刚才表明自己对勇敢一无所知以后，就认为这个问题不再重要了。而我会否变成和你一样的人，却使你感兴趣。【b】显然，只要你把我算做像你一样无知，那么自称必须知道这些事情和对这些事情一无所知对你来说没有什么区别。好吧，在我看来，你似乎在按常人的方式行事，紧盯其他人而不盯自己。关于当前这个话题，我已经说够了，如果还有什么要点没有充分涉及，那么我想我们可以在达蒙和其他人的帮助下晚些时候再来纠正——你认为可以讥笑达蒙，但你从来没有见过他。【c】等我在这些要点上感到保险了，我也会开导你，不会妒忌你的努力——因为在我看来，你似乎非常可悲地需要学习。

拉　你很能干，尼昔亚斯，我知道。但不管怎样，我要建议在这里的吕西玛库和美勒西亚对你我说再见，不要把你我当做年轻人的老师，而要请这位苏格拉底来为孩子们服务，如我开始所说。如果我的儿子也是这般年纪，我也要这样做。

尼　我同意，如果苏格拉底真的愿意教导这些孩子，【d】那就别去寻找其他老师了。事实上，我很乐意把尼刻拉图① 交给他，如果他愿意。但是，每当我以某种方式提起这件事，他总是向我推荐其他人，而不愿自己来接受这项工作。不过，让我们来看苏格拉底是否比较愿意听你的话，吕西玛库。

吕 嗯，他会的，尼昔亚斯，因为我本人愿意为他做许多事情，而这些事情我实际上不愿意替别人做。你在说什么，苏格拉底？你愿意回应我们的请求，和我们一道积极地帮助年轻人尽可能变好吗？

苏 【e】噢，如果我拒绝帮助任何人尽可能学好，吕西玛库，那真是一件可怕的事情。如果在我们刚才的谈话中，我显得像是有知识的，而其他两人显得像是没有知识，那么应当向我发出专门的邀请，由我来承担这项任务；但是现在事情是这样的，我们全都陷入困境。【201】既然如此，为什么还要在我们中间找一个人来承担这项任务，而不偏向其他人呢？我的想法是，他不应当挑选我们中的任何人。但是，事已至此，看看我下面要提出的忠告是否恰当，当然，仅限于我们中间：有关我们的当务之急，朋友们，我要说的是，联合起来尽可能寻找老师，首先是为我们自己，我们确实需要一位老师，然后是为年轻人，这种寻找不需要花钱，也不需要用其他东西。我不想建议说，我们自己就安于现状吧。【b】如果有人笑话我们这把年纪还要去上学，那么我想用荷马的话来回答他："对于乞讨人来说，羞怯不是好品格。"② 所以，不要去管别人怎么说，让我们联合起来，寻求我们自己的兴趣爱好和孩子们的兴趣爱好。

吕 我喜欢你说的话，苏格拉底，实际上，我年纪最大，也最愿意与孩子们一起去上学。【c】请你为我做件小事，明天早晨到我家来，别拒绝，这样我们就可以好好地就这些事情制定计划了，现在，让我们结束谈话吧。

苏 遵命，吕西玛库，我明天来找你，愿神许可。

---

① 尼刻拉图（Νικήρατος），尼昔亚斯之子。
② 荷马：《奥德赛》17:347。

吕西斯篇

提　要

　　本篇是柏拉图的早期作品，以谈话人之一吕西斯的名字命名。苏格拉底热衷于寻找出身高贵、聪明英俊、有教养的雅典青年谈话。某天，他从雅典城外西北郊的阿卡德摩去吕克昂，路遇希波泰勒等青年，受邀进到一所摔跤学校里与人谈话。吕西斯是一位英俊而谦逊的青年，受到年龄较大的希波泰勒的爱慕和追捧。整篇谈话以苏格拉底事后追述的形式撰写。

　　公元 1 世纪的塞拉绪罗在编定柏拉图作品篇目时，将本篇列为第五组四联剧的第四篇，称其性质是"探询性的"，称其主题是"论友谊"。①"友谊"的希腊文是"φιλία"，这个词也有爱、爱慕、爱情、友爱的意思。在本篇中，爱的含义包括父母、子女、亲属之间的爱，也包括个人之间的情爱，以及古希腊男同性恋者之间的情爱，如文中希波泰勒对吕西斯的爱慕。情爱在本篇中多有涉及，但并非本篇的主题，而在《斐德罗篇》和《会饮篇》中有更加详细的讨论。本篇谈话篇幅较短，译成中文约 1.9 万字。

　　谈话可以分为三个部分：第一部分（203a—211d），谈论希波泰勒对吕西斯的情爱以及吕西斯的父母对儿子的教育和管束；第二部分（211e—218c），讨论什么是友谊，什么人可以做朋友；第三部分（218c—223b）推翻已有的

---

　　①　参见第欧根尼·拉尔修：《名哲言行录》3：59。

结论，指明尚未发现友谊的本质。

苏格拉底主导了整个谈话。谈话从讨论希腊男性青年的交友和情爱入手，兼及父母对子女的爱护和教育，由此进入友谊的一般性质的讨论。他并非真的想要得到青年人对这个问题的看法，而是引导他们思考一系列哲学问题：什么是朋友？朋友是爱者还是被爱者？只爱别人而不被别人爱的人算是朋友吗？好人是其他好人的朋友吗？友爱的基础是什么？论证中提出的每一个论断都不能令人满意，乃至于到了最后，苏格拉底说自己虽然和年轻人是朋友，但却不知道什么是朋友。他与青年谈话的目的是激发他们思考，使之转向自己的内心世界，考察自己的生活，学会认识自己。

正　文

【203】当时我从阿卡德摩①径直去吕克昂②，走的是城墙外下面的那条小路；经过帕诺普③泉的入口时，我碰到希洛尼谟之子希波泰勒④和培阿尼亚人克特西普⑤，还有其他一些年轻人和他们站在一起。见我走过来，希波泰勒说："嗨，苏格拉底，你打哪儿来，要去哪里？"

"我从阿卡德谟来，"我说："要去吕克昂。"

"噢，干吗不到我们这儿来呢？你不来？我向你保证，你的时间不会白费。"

"你说的是哪里？你们又有哪些人？"

"就在这里。"他说。把一扇敞开的门和一片面对城墙的空地指给我看。他说："我们很多人都在这里消磨时光。除了我们，还有其他一些人在这

① 阿卡德摩（Ἀκαδημία），地名，位于雅典城外西北郊，建有纪念希腊英雄阿卡德摩的一所花园和运动场。柏拉图后来在此创办学校，他的学派被称做学园派。
② 吕克昂（Λύκαιον），地名，亚里士多德后来在此建立学校，称吕克昂学园。
③ 帕诺普（Πάνοπος），地名。
④ 希波泰勒（Ἱπποθάλης），希洛尼谟（Ἱερωνύμος）之子。
⑤ 克特西普（Κτησίππος），培阿尼亚人（Παιανίας）。

里——【204】他们长得都挺漂亮。"

"这是什么地方，你们在这儿干吗？"

"这是一所新的摔跤学校，"他说："最近才建起来。但我们花很多时间在这里讨论事情，要是有你参加，我们会很高兴。"

"你们真是太好了，"我说："在这里谁是老师？"

"你的老朋友和崇拜者弥库斯①。"

"噢，宙斯在上，他是个认真的人，能干的训导者。"

"那么好，进来吧，看看有谁在这里？"

【b】"首先我想听听要我进来干什么——那个最漂亮的人的名字。"

"谁最漂亮，我们各有不同的看法，苏格拉底。"

"所以告诉我，希波泰勒，你认为谁最漂亮？"

他羞红了脸，说不出话来，所以我说："啊！你不必回答这个问题，希波泰勒，还是告诉我你是否在和这些青年中的某一位谈恋爱——我能看出你不仅在恋爱，而且已经陷得很深了。【c】我也许在其他事情上不那么能干，但我有一种神赐的本事，一眼就能看出谁在恋爱，他爱的是谁。"

听了此话他的脸更红了，使得克特西普说："太妙了，希波泰勒，脸红成这样，不肯把情人的名字告诉苏格拉底。假如他跟你多待一会儿，不停地听到这个名字，非感到厌烦不可。【d】他已经快把我们给吵聋了，苏格拉底，不停地在我们耳边讲吕西斯。他就好像喝醉了酒，而我们在半夜里被他吵醒，听到的都是吕西斯。糟糕的是，他在平常谈话中也不停地讲吕西斯，更为不堪的是他想用他的情诗和文章把我们淹死。最糟糕的是，他用他那自命不凡的声音对着他的情人唱歌，而我们还得耐心听。而现在，你问他名字的时候他倒脸红了。"

【e】"吕西斯一定很年轻，"我说："我这样说是因为我想不起他是谁来了。"

---

① 弥库斯（Μίκκος），人名。

"那是因为大家并不经常叫他自己的名字，而是说他是某某人的儿子，但他的父亲是个名人。我敢肯定，你知道这孩子长什么样，他的相貌足以告诉你他是谁了。"

"告诉我他是谁的儿子。"我说。

"他是埃克松尼①的德谟克拉底②的长子。"

"噢，恭喜你，希波泰勒，找了一位精神饱满、高贵的爱人！【205】来吧，表演给我看，像你当着你这些朋友的面那样，这样我就能知道你是否懂得一位情人当着他的男朋友的面应当说些什么，或者当着其他人的面应当说些什么。"

"你把他说的话当真吗，苏格拉底？"

"你否认你在和他提到的这个人恋爱吗？"

"不，但我完全否认我给他写过情诗。"

"这个人有病，他在胡说。"克特西普喊道。

【b】"好吧，希波泰勒，"我说："我不需要听什么诗歌或颂词，你为你的情人写也好，没有为他写也罢。你只要告诉我一个大概的意思，我就能知道你会如何对待他。"

"噢，你为什么不问克特西普呢？他一定能全部回想起来，因为他说我不停地在他耳边说这些事，把他的耳朵都要吵聋了。"

"我确实记得很清楚，"克特西普说："说起来真是太可笑了，苏格拉底。我的意思是，就是他，全神贯注地盯着他的情人，完全不能正常地说话，【c】连一个孩子都不如。你能想象这有多么荒唐吗？他能想到要说的或要写的，尽是那些满城皆知的事情——有关德谟克拉底、这孩子的祖父、他的所有祖先的诗歌，他们的财富和骏马，他们在庇提亚③赛会、伊斯弥亚④

---

① 埃克松尼（Αἰξωνή），雅典的一个区。
② 德谟克拉底（Δημοκράτης），人名。
③ 庇提亚（Πυθώ），地名。
④ 伊斯弥亚（Ἴσθμια），地名。

赛会、奈梅亚① 赛会上取得的胜利，参加赛车比赛和骑马比赛。② 然后他还真的写了古代的事情。就在前天，他给我们朗诵了一首短诗，【d】讲的是赫拉克勒斯的功绩，说他们的一位祖先如何在家中款待这位英雄，因为他和这位英雄有亲戚关系——说赫拉克勒斯③ 是宙斯和他们部落创建者的女儿生的——真的，尽是些乡间老妇纺纱时说的陈词滥调。这就是他朗诵和歌唱的，苏格拉底，还要强迫我们听。"

听了这番话，我说："希波泰勒，你应当受到嘲笑。你真的还没有获胜，就已经在创作和歌唱你的胜利颂歌了吗？"

"我没有为自己创作和歌唱胜利颂歌。"

"你只是自己认为没有。"

"怎么会呢？"他说。

【e】"这些颂歌确实都与你有关。"我说。"如果你征服了这样一位青年，那么你所说的和你所唱的一切都会转变为歌颂你自己，你是胜利者，赢得了这样一位男朋友。但若他跑了，那么你对他的美与善的赞扬越是热烈，你就显得越是有了巨大的损失，【206】也就更应当受到嘲笑。这就是情场老手在没有获得情人之前不会赞美情人的原因，他担心将来事情会有变化。此外，那些漂亮男孩被人赞美，会头脑膨胀，以为自己真是个人物了。你不认为事情就是这样的吗？"

"确实如此。"他说。

"他们越是头脑膨胀，也就越难上手。"

"好像是这样的。"

"好吧，如果一名猎人惊吓猎物，使其变得更难捕捉，你会怎么想？"

"他真够笨的。"

---

① 奈梅亚（Νεμέα），地名。

② 古代希腊有四个希腊全民族的赛会（运动会）：奥林匹亚赛会、庇提亚赛会、伊斯弥亚赛会、奈梅亚赛会，赛会期间不仅有体育比赛，而且还有各种文艺活动。

③ 赫拉克勒斯（Ἡρακλῆς），希腊神话英雄，有许多伟大业绩。

【b】"用语言和音乐去驱赶野兽，而不是引诱它，哄骗它，岂不是一种巨大的误用？"

"嗯，是的。"

"那么，小心点儿，希波泰勒，别用你的诗歌辱没自己。我不认为你会说一个用诗歌伤害自己的人仍旧是好诗人——毕竟，他伤害了自己。"

【c】"不，当然不会。"他说："这样说没有任何意义。但这也正是我把这些事情告诉你的原因，苏格拉底。那么，一个人应该对他预期的男朋友说些什么和做些什么，才能使男朋友喜欢他，你能向我提出什么不同的建议吗？"

"这可不容易说。但若你愿意带我去和他交谈，我也许能给你做个示范，如何与他谈话，而不是用你这里的朋友说你使用的那种方式对他说话和唱歌。"

"这不难，"他说："只要你愿意和克特西普一起去，【d】坐下来开始谈话，我想他一定会过来的。他真的很喜欢听人谈话，苏格拉底。此外，他们正在庆祝赫耳墨斯^①的节日，那些青少年都聚集在一起。不管怎么说，他可能会来的，万一他不来，他和克特西普相互认识，因为克特西普的堂兄是美涅克塞努^②，美涅克塞努是吕西斯最亲密的伙伴。所以，如果他自己不来，就让克特西普去喊他。"

【e】"就这么办吧。"我说。带着克特西普，我走进摔跤学校，其他人跟着我们。进到里面以后，我们发现献祭和崇拜典礼已经结束，但青少年们仍旧穿着节日盛装，聚在一起，玩羊趾骨游戏。他们大部分人在庭院里玩耍，也有些人聚在更衣室的角落里，从小篮子里摸出许多趾骨来。【207】还有一些人站着围观，看着他们玩，其中就有吕西斯。他站在青少年中间，头上戴着花冠，不仅称得上是一名漂亮的男孩，而且是一名有教养的年轻绅士。我

---

① 赫耳墨斯（Ἑρμῆς），希腊神灵，为众神传信并接引亡灵入冥府。

② 美涅克塞努（Μενεξένος），人名。

们走到更衣室的另一端，那里比较安静，坐下来开始聊天。吕西斯不停地转过头来朝我们这边看，显然有些想过来的意思，但又怕难为情，不敢独自走过来。过了一会儿，【b】美涅克塞努走了进来，他在庭院里的游戏结束了，看到克特西普和我，他过来找了个位子坐下。看到他来了，吕西斯也走了过来，坐在美涅克塞努旁边，然后，其他人也都围了上来。当希波泰勒（让我们别忘了他）看到人们都围坐在一起的时候，他找了一个后面的位子——以为待在这里吕西斯就看不见他了，生怕自己会冒犯吕西斯——就在那里听我们谈话。

然后，我看着美涅克塞努，问他："德谟封①之子，你们俩哪个岁数大？"

"对此我们有争议。"他说。

【c】"那么，你们俩哪个家族更高贵可能也有争议。"我说。

"是这样的。"他说。

"你们俩哪个更漂亮也是这样的。"他们俩都笑了。

"当然了，我不会问你们俩谁更富裕。因为你们是朋友，不是吗？"

"当然是！"

"俗话说，朋友共有一切；所以在这个方面，你们不会有什么分歧，如果你们俩真的是朋友。"

他们都表示同意。

【d】然后我就问他们谁比较正义，谁比较聪明，直到有人进来找美涅克塞努，说教练喊他。似乎他在祭仪中还有事要做，所以他走了。于是，我接着问吕西斯："我可以假定，吕西斯，你的父母非常爱你，对吗？"

"噢，是的。"他说。

"所以他们希望你越快乐越好，对吗？"

"当然了。"

【e】"好吧，假定一个人是奴隶，不能做他喜欢做的事，你认为他会快

---

① 德谟封（Δημοφῶν），美涅克塞努之父。

乐吗?"

"不会,宙斯在上,我不这样认为。"

"那么好,如果你的父母爱你,想要你快乐,那么他们肯定会想方设法确保你是快乐的。"

"当然是这样。"他说。

"所以他们允许你做你喜欢做的事,从来不责备你或者阻止你去做你想做的事。"

"不对,苏格拉底,有很多事情他们不让我做。"

【208】"你这样说什么意思?"我说:"他们想要你快乐,却又阻止你做你想做的事。还是这样说吧。假定你想坐你父亲的马车,自己握着缰绳赶车。你的意思是,他们不会让你这样做?"

"对,"他说:"他们不会让我这样做。"

"好吧,他们会让谁来赶车?"

【b】"家里有车夫,他从我父亲那里挣工钱。"

"什么? 他们相信雇来的车夫而不相信你,对那些马他可以做他喜欢做的事,为此还要付工钱给他?"

"嗯,是的。"

"我假定他们会让你去赶骡车,如果你想拿起鞭子抽打骡子,他们也会允许的,是吗?"

"他们为什么会允许?"他说。

"有谁得到允许抽打它们吗?"

"当然,"他说:"赶骡车的人。"

"他是奴隶还是自由人?"

"奴隶。"

"如此看来,你的父母相信奴隶胜过相信自己的儿子,把他们的财产托付给他而不是托付给你,让他做他想做的事,【c】但是阻止你。不过,告诉我另一件事情。他们允许你管自己的生活,还是说他们连这也不允许?"

"你在开玩笑吧？"

"那么谁在管你？"

"管我的书童① 就在这里。"

"他不是个奴隶吗？"

"那又如何？他是我们家的，不管怎么说。"

"太奇怪了，一个自由人要受奴隶的管束。这个管你的人如何管你；我的意思是，他做些什么？"

"他主要送我去上学。"

"你们学校里的老师，他们也要管你，是吗？"

"确实如此。"

【d】"看来你父亲已经决定给你加派一些主人和暴君。不过，等你回家去你母亲那儿，她会让你做你喜欢做的事，能使你快乐的事，比如她在织布时会让你摆弄羊毛和织机，是吗？她不会阻止你碰那些梳子、梭子和其他织布工具，是吗？"

【e】"阻止我？"他笑了："如果我碰那些东西，她会打我。"

"太可怜了！"我说："你一定犯了大错，冒犯了你的父母。"

"没有，我发誓！"

"那么，他们为什么要用如此奇怪的方式阻碍你快乐，不让你做你喜欢做的事？为什么他们要让你整天处于他人管束之下？【209】为什么你几乎不能做任何你想做的事情？结果就是，看起来，你的众多家产对你没有任何好处。除了你，其他人在支配它们，再说到你这个人，尽管出身良好，却要由别人来照看，而你，吕西斯，什么也管不了，你想做的事情一样也做不成。"

"噢，苏格拉底，这是因为我还没有完全成年。"

"不是这样的，德谟克拉底之子，因为还是有些事情，我想，你的父母会交给你做，而不需要等到你完全成年。【b】比如，当他们希望有人为他们

---

① 书童（παιδαγωγός），侍候主人及其子弟读书并做杂事的未成年的仆人。

写点什么或者读点什么的时候，我敢打赌，在这个家的所有人中间，你是他们的首选。对吗？"

"对。"

"没有人会告诉你哪个字母先写，哪个字母后写，在读的时候也一样。当你拿起竖琴的时候，我确信你的父亲或母亲都不会阻止你调紧或者放松哪一根琴弦，你想怎么做都可以，或者是用琴拨子弹琴还是只用手指头弹琴。"

"不，他们不会。"

【c】"那么，这是怎么回事？他们在这些事情上会让你自行其是，但并非在我们已经谈过的所有事情上都会这样做？"

"我想，这是因为我对这些事情是懂行的，但对其他事情不懂。"

"啊！"我说："所以你父亲并不是在等你成年，然后把一切都交给你，而是只要他认为你比他还要懂得多了，他就会把他自己，以及属于他的一切，都交给你。"

"我猜想是这样的。"他说。

"那么好吧。"我说："你的邻居怎么样？【d】他会像你父亲一样对你进行管束吗？当他知道你在管理家产方面比他懂得还要多，他会把财产托付给你吗，或者他宁可自己来管理？"

"我想他会把家产交给我来管。"

"雅典人会怎么样？你认为，当他们察觉到你懂的够多了，就会把他们的事务交给你去管吗？"

"我肯定他们会的。"

"好，宙斯在上，让我们不要止步于此。"我说："那位伟大的国王怎么样？【e】他会让他的长子，亚细亚王位的继承人，来给他的炖汤里添加任何调料吗，或者他会托付我们，假定我们来到这位国王面前，并且令人信服地证明我们的烹调技术极为高超？"

"噢，当然是让我们来做。"

"他不会让他的儿子往汤罐里放一丁点儿东西，而我们可以往里面放任何东西，哪怕我们想往里面撒一把盐。"

"对。"

【210】"再比如他的儿子害了眼疾，而他知道他的儿子不懂医术，那么他会允许他的儿子自己去触摸眼睛，还是会去阻止他？"

"阻止他。"

"但若他知道我们是医生，他会阻止我们给他的儿子治病吗？哪怕我们要撑开他儿子的眼皮，敷上药粉，因为他会认为我们知道我们在干什么。"

"对。"

"所以，他会把事情托付给我们做，而不是交给他自己或他的儿子，无论什么事，只要我们对他显得比他自己或他的儿子更有技术。"

"他一定会这样做，苏格拉底。"他说。

"所以，整件事情是这样的，我亲爱的吕西斯：凡在我们内行的领域中，【b】人人都会相信我们，无论是希腊人还是野蛮人，是男人还是女人，在此范围内，我们可以按我们的意愿行事，不会有人阻拦我们。在这些事情上我们自己是自由的，还能控制其他人。这些事情属于我们，因为我们从中可以得到某些好处。而在那些我们并不懂行的领域中，没有人会允许我们按自己的意愿行事，也不会有人把这些事托付给我们做，【c】而是每个人都会尽力阻止我们，不仅陌生人会阻拦，甚至连我们的父亲、母亲、亲戚、朋友都会阻拦。在这些事情上，我们自己要服从其他人的命令；这些东西实际上不是我们的，因为我们从中得不到任何好处。你同意是这么回事吗？"

"我同意。"

"那么好吧，在那些我们一无是处的领域中，我们会成为某人的朋友吗，或者有人会爱我们，和我们交朋友吗？"

"根本不会。"

"如此说来，如果你是无用的，那么你父亲不爱你，如果某个人是无用的，那么其他人也不会爱他，是吗？"

"不爱。"

【d】"但若你变聪明了，我的孩子，那么人人都会成为你的朋友，人人都会与你亲近，因为你是有用的和好的。如果你没有变聪明，没有人会成为你的朋友，哪怕你的父母和亲戚。现在，告诉我，吕西斯，在一个人的心灵还没有接受过训练的领域中，他有可能成为行家吗？"

"这怎么可能呢？"他说。

"如果你需要老师，那么你的心灵还没有受过训练。"

"对。"

"那么你不是一位行家，因为你还没有让你自己的心灵受过训练。"

"你迫使我走到这一步，苏格拉底！"

【e】听了吕西斯最后的回答，我看了希波泰勒一眼，差点犯下大错，因为这时候我心里想说的是："你对你的男朋友说话就应当这样说，希波泰勒，挫败他们，把他们打回原形，而不是像你这样吹捧，奉承他们。"然而，看到希波泰勒听了我们的谈话以后表现出来的焦急和生气的样子，我顿时想起他为什么要站得那么远，以避免被吕西斯看见，所以我勒住了自己的舌头，没有对希波泰勒说这些话。【211】就在这个时候，美涅克塞努回来了，坐在吕西斯旁边，就是他原来坐的地方。吕西斯转过身来，天真幼稚地在我耳边轻声私语，不想让美涅克塞努听见。"苏格拉底，把你刚才对我说的话告诉美涅克塞努。"

我对他说："为什么你自己不告诉他，吕西斯？你刚才听得很仔细。"

"我是听得很仔细。"他说。

【b】"那就试试看，尽可能把刚才的话全都记起来，这样你就能清楚地告诉他了。要是你忘了什么，你可以在下次碰到我的时候再问我。"

"我会的，苏格拉底，你可以放心。但是现在你跟他谈些别的事情吧，这样我在回家之前也可以听到。"

"行，我想我必须这样做，因为这是你的要求。但若美涅克塞努想要驳斥我，你得出手救我。你难道不知道他是一个什么样的争论者吗？"

"我当然知道——他争论起来真是不顾一切。这就是我为什么想要你跟他讨论的原因。"

【c】"这样我就能使自己成为一个傻瓜吗？"

"不，这样你就能给他一个教训！"

"你在说什么？他非常能干，又是克特西普这方面的学生。你瞧，克特西普本人就在这里！"

"别在意任何人，苏格拉底。开始讨论吧，向他提问。"

我们俩的戚戚私语被克特西普打断了，他问："这是你们两人的私下谈话吗，我们可以分享吗？"

【d】"你们当然可以分享！"我说："吕西斯对我刚才说的有些事情不太懂，不过他说他认为美涅克塞努懂，要我去问他。"

"那么你为什么还不问呢？"

"我正想这么做，"我说："美涅克塞努，请你告诉我一些事。我从小就想要拥有一些东西。你知道是怎么回事，每个人都不一样，【e】有人想要马，有人想要狗，有人想要钱，有人想要名声。嗯，我对这些东西不那么热衷，但却有着火一样的热情想要有朋友，我以在上的宙斯的名义起誓，我宁要一位好朋友，不要世上最漂亮的鹌鹑或最出色的斗鸡，更不要世上最名贵的马或狗。我以神犬的名义起誓，我心中确信，我宁可要一位朋友，而不要大流士①国王的全部黄金，【212】甚至不要当大流士。这就是我对朋友和同伴的高度评价。这就是为什么，当我看到你和吕西斯在一起的时候，我心中真感到茫然；我在想，你们俩还如此年轻，就已经快速轻易地得到了我说的这种东西，真是太神奇了。因为你们事实上相互拥有，把对方当做真正的朋友，还那么快。而我就不一样了，就获得这种东西来说，我甚至连一个人怎样成为另一个人的朋友都不知道，这就是我想要向你提出的问题，因为你已有这方面的经验。【b】所以，告诉我，当某人爱另外一个人的时候，他们俩中间的哪一个成为另一个人的朋友，是那位爱者，还是被爱者？或者说，这

---

① 大流士（Δαρεῖος），波斯国王，公元前 521 年继位，死于公元前 486 年。

两种说法没有区别?"

"我看不出有什么区别。"他说。

"你的意思是,"我说:"他们俩都成了对方的朋友,而他们俩只有一个在爱对方?"

"在我看来好像是这样的。"他说。

"嗯,再来看这一点:如果某人爱某人,但被爱者不一定回过来爱那位爱者,有这种可能吗?"

"对,有可能。"

"他甚至有可能被恨吗?【c】这不就是年轻人常有的对待爱他们的人的方式吗?他们深深地爱着对方,但是感到自己没有得到爱的回报,甚至被恨。你不认为这是真事吗?"

"是真事。"他说。

"在这样的事例中,一个人是爱者,另一个被爱。对吗?"

"对。"

"那么谁是谁的朋友呢?爱者是被爱者的朋友,无论他是否得到被爱者的回爱,或者哪怕是被恨?或者说被爱者是爱者的朋友?或者情况是这样的,两个人都没有爱对方,也都不是对方的朋友?"

【d】"好像是这样的。"他说。

"所以我们的看法与先前不同了。起先我们认为,如果某人爱另一个人,他们就都是朋友。但是现在,除非他们都爱对方,否则他们就不是朋友。"

"也许是这样的。"

"由此可见,爱者若不能得到回爱,就不能成为被爱者的朋友。"

"好像不能。"

"所以,没有什么爱马者,除非马也爱他们,也没有什么爱鹌鹑者、爱狗者、爱酒者、爱锻炼者。【e】更没有什么爱智者,除非智慧也爱他们。尽管这些东西不是人的朋友,但确实有人爱它们,这就使说了下面这些话的诗人成了撒谎者,'有朋友,有子女,有骁勇的战马和猎犬,这样的人幸福吗?'"①

"我不这么看。"他说。

"那么你认为他说得对?"

"是的。"

"那么，被爱者是爱它的人的朋友，或者说，美涅克塞努，被爱者好像是爱它的人的朋友，【213】无论被爱者爱他还是恨他。举例来说，那些幼儿，因为太幼小还不能表现他们的爱，但却不会因为太幼小而不能表达他们的恨，当人们受到母亲或父亲的责罚时，这种时候就会表现出他们的恨来，恨他们的父母，恨他们最亲密的朋友。"

"好像是这样的。"

"所以按照这一推论，爱者不是朋友，而被爱者是朋友。"

"是这样的。"

"所以，被恨者是敌人，恨者不是敌人。"

"显然如此。"

"如果是被爱的对象，而非爱者，是朋友，那么许多人被他们的敌人所爱，被他们的朋友所恨，【b】这些人对他们的敌人来说是朋友，对他们的朋友来说是敌人。但是，我亲爱的朋友，这样说没有任何意义，我实际上认为，成为一个人的朋友的敌人和成为一个人的敌人的朋友是完全不可能的。"

"对，苏格拉底，我认为你说得对。"

"那么，如果这是不可能的，会使爱者成为被爱者的朋友。"

"显然如此。"

"也使恨者成为被恨者的敌人。"

"必然如此。"

【c】"那么我们要被迫同意我们前面的说法，某人经常是某个非朋友的朋友，甚至是某个敌人的朋友。你爱某人而他不爱你，甚至恨你，就是这种

---

① 梭伦:《残篇》23。

情况。某人经常是某个非敌人的敌人，甚至是某个朋友的敌人，当你恨某人而他不恨你，甚至爱你，这种情况就发生了。"

"也许。"他说。

"那么我们该怎么办呢？"我说："如果既不是那些爱者，又不是那些被爱者，也不是那些既爱又被爱的人？除了这些人以外，是否还有其他人我们可以说能够相互成为朋友呢？"

"宙斯在上，"他说："我肯定想不出还有什么人能相互成为朋友。"

【d】"美涅克塞努，"我说：你认为我们的整个探讨也许走了一条错误的道路吗？"

"我认为肯定是这样的，苏格拉底。"吕西斯说。说这话的时候，他的脸又红了。我得到非常深刻的印象，他的这句话是无意识地脱口而出，因为他在全神贯注地倾听我们的谈话，非常清楚我们说了些什么。

这时候，我想让美涅克塞努松口气，【e】也为另一位① 喜爱哲学而感到高兴，于是我就转向吕西斯，与他直接交谈起来。我说："你说得对，吕西斯，如果我们的探讨沿着正确的道路前进，就不会像现在这样迷失方向了。让我们不要再朝这个方向前进了。这条探索道路在我看来太艰难了。我想我们最好还是返回我们刚才迷失方向的地方，【214】寻求诗人的指点，聆听前辈发出的人类智慧之声。谁是朋友，有关这个论题他们说过的话决不是微不足道的：神本身使人们成为朋友，把他们聚在一起。我记得他们是这样说的，'神总是使同类相聚'②，【b】使他们相互认识。或者说，你没听说过这些话吗？"

他说他听说过。

"一帮博学的贤人也说了同样的意思，同类的东西必定永远是朋友，你没有读过他们的书吗？你知道，这些人谈论和撰写有关自然和宇宙的事情。"

---

① 指吕西斯（Λύσις）。

② 荷马：《奥德赛》17：218。

"是的，我读过。"他说。

"那么你认为他们说得对吗？"我问道。

"也许是对的。"他说。

"我说，也许只对一半，"我说："也许全对，但我们读不懂。【c】按照我们的思路，某个恶人与另一个恶人越接近，联系越多，他就越会变成另一个恶人的敌人。因为他会对其行不义之事。那些行不义的人和那些承受不义的人不可能成为朋友。不是这样吗？"

"是这样的。"他说。

"那么，这就使得这个说法有一半不对了，如果我们假定恶人相互喜爱。"

"你说得对。"他说。

"但是我想，他们的说法的意思是好人相互喜爱，是好朋友，【d】而恶人——如另一种说法所说的那样——决不会相互喜爱，甚至不会喜爱他们自己。他们变化多端，极不稳定。如果某个事物与它自己都不是同类，与它自身都不一致，而是变化莫测，那么它很难喜爱其他事物，成为其他事物的朋友。你不同意吗？"

"噢，我同意。"他说。

"好，我的朋友，在我看来，那些说'同类是朋友'的人的隐藏的意思是，只有善者是朋友，而恶者决不会与善者或恶者成为真正的朋友。你同意吗？"

他点头表示同意。

【e】"所以，我们现在知道了。我们知道什么是朋友了。我们的讨论告诉我们，只有好人才能成为朋友。"

"在我看来，这一点好像完全正确。"

"我也是，"我说："不过，对此我仍有一些不安。宙斯在上，让我们来看我为什么仍旧有点怀疑。喜爱朋友就是喜爱与其相同的人，就像他对他的同类是有用的那样，是吗？我可以用更好的方式来表达我的意思：当某个事物，无论它是什么，喜爱别的事物时，它怎么能够以它不能有益或伤害它自身的方式有益或伤害它的同类呢？【215】或者说，不能以对它自己做某事的方式对其同类做些什么吗？不能互相帮助的事物能互相珍视吗？此外，还有什么办法吗？"

"不，没有了。"

"如果不被珍视，有任何事物能成为朋友吗？"

"不能。"

"那么好吧，同类不是朋友。但是，善者仍旧是善者的朋友，就其是善的而言，而同类不能是朋友，就其是相同的而言，不是这样吗？"

"也许是。"

"那么，这个看法怎么样？一个善人，就其是善的而言，不是自足的吗？"

"是自足的。"

【b】"自足的人之所以不需要任何东西，不就是因为他的这种自足性吗？"

"他怎么能这样呢？"

"不需要任何东西的人也不会珍视任何东西。"

"不，他不会。"

"不珍视的东西，他不会爱。"

"肯定不会。"

"凡是不爱的人不是朋友。"

"显然不是。"

"那么这世上的善人怎么能够成为善人的朋友呢？他们分开的时候不会相互思念，因为哪怕在这种时候他们也是自足的，而他们在一起的时候，又不会相互需要。像这样的人还有可能以任何方式相互珍惜吗？"

"没有。"

"但是，不相互珍惜对方的人不能成为朋友。"

"对。"

【c】"现在，吕西斯，考虑一下我们是怎样偏离正道的。在这个地方，我们好像整个儿搞错了，是吗？"

"怎么会呢？"他问道。

"我曾经听某人说——我刚刚才想起——同类相敌，好人敌视好人。他引用赫西奥德的话为证，'陶工对陶工生气，诗人对诗人生气，乞丐对乞丐生气。'①【d】他还说这对其他任何事物都是一样的，事物越是相同，就越会充满妒忌和争斗，就越会相互仇恨，而事物差别越大，就越会结成友谊。穷人要和富人交朋友，弱者要和强者交朋友——为了帮助的缘故——病人要和医生交朋友，总之，无知的人必须珍视有知识并爱他的人。【e】然后他继续提出一个给人深刻印象的观点，说相同者完全不是相同者的朋友，实际情况正好相反，事物的对立程度越高，相互之间就越是友好，因为每个事物都想要它的对立面，而不想要和它相同的东西。干要湿，冷要热，苦要甜，利要钝，虚要盈，盈要虚，其他一切事物莫不如此。他说，相异者是其对立面的食粮，相同者不喜欢与其相同者。好吧，我的朋友，【216】我认为他非常能干，把这些事情说得很清楚。不过，你们俩认为他说得怎么样？"

"听起来好像不错，"美涅克塞努说："至少你听了他的话以后把它说成这样。"

"那么我们应当说对立者是其对立者的最佳朋友吗？"

"绝对要这样说。"

"但是，美涅克塞努，"我说："这是错的。所有那些爱挑事的好辩之士马上就会跳出来指责我们，【b】问我们敌意是不是与友谊最为对立的东西。我们该如何回答他们呢？我们不是必须承认他们说得对吗？"

"是的，我们要承认。"

"那么，他们会继续问，是某个朋友对这个朋友有敌意，还是这个朋友对某个朋友有敌意？"

---

① 赫西奥德：《工作与时日》25—26。

"都不是。"他答道。

"所以正义者是非正义者的朋友，节制者是非节制者的朋友，善者是恶者的朋友，是吗?"

"我不这样认为。"

"但若，"我说:"某事物是某事物的朋友，因为它们是对立的，那么这些事物必定是朋友。"

"你说得对，它们必定是朋友。"

"所以，相同者不是相同者的朋友，对立者也不是对立者的朋友。"

"显然不是。"

【c】"但是还有一个要点我们必须加以考虑。我们可能忽视了其他某些事情，这些事物可能都不是朋友，而是某个既非恶又非善的事物会变成善者的朋友，正是由于这个原因。"

"你这话是什么意思?"他问道。

"宙斯在上，"我说:"我自己也不知道。我有点头晕，因为我们的论证太复杂了。也许那句古老的谚语说得对，美者是朋友。无论如何，美的东西与那些柔软平滑的东西有相似之处，【d】也许正是由于这个原因，我们触摸起来就感到很光滑，因为它就是这样的东西。我现在坚持这种看法，好的就是美的。你认为怎样?"

"我同意。"

"好吧，现在我要像预言家那样封蜡①了，我要说，既非善又非恶的事物是美者和善者的朋友。请注意，看我说预言的动机是什么。在我看来，事物似乎有三种:好的、坏的、不好不坏的。你怎么看?"

"在我看来也是这样。"他说。

【e】"善者不是善者的朋友，恶者也不是恶者的朋友，善者也不是恶者的朋友。我们先前的论证不允许这些说法。只剩下一种可能性。如果某事物

---

① 预言家或巫师写下预言，用蜡封装起来。

可以成为任何事物的朋友，那么善的事物或恶的事物都不可能成为善者或与其自身相同者的朋友。因此，我不认为任何事物能成为恶者的朋友。"

"对。"

"但我们刚说过，相同者不是相同者的朋友。"

"对。"

"所以既非善又非恶的事物不会是某个与其相同的事物的朋友。"

"显然不会。"

【217】"由此可见，只有既非善又非恶的事物是善者的朋友，仅对善者而言。"

"看来这是必然的。"

"那么好，孩子们，我们当前的陈述在沿着正确的道路前进吗？假定我们考虑一个健康的身体。它不需要医生的帮助。它处于良好状态。所以，没有一个身体健康的人是医生的朋友，因为他的健康状态良好。对吗？"

"对。"

"但是病人，我想，会由于他的疾病而是医生的朋友。"

"当然了。"

"嗯，疾病是一种坏的事物，而医药是有益的和好的。"

"是。"

【b】"而身体，作为身体，既不好又不坏。"

"对。"

"由于疾病，身体被迫欢迎和热爱医药。"

"我也这样认为。"

"所以，既不好又不坏的事物变成好事物的朋友，因为某些坏事物的呈现。"

"看起来是这样的。"

"但是很清楚，这是在它与恶者接触变成坏事物之前。因为一旦变坏了，它就不再追求善者或者做善者的朋友。【c】记住，我们说过恶者不可能是善

者的朋友。"

"这是不可能的。"

"现在请考虑我下面要说的话。我认为有些事物本身就是它们呈现的那个样子，有些事物则不是。例如，你用各种颜色的染料给某样东西染色，颜色就会呈现在被染的那个东西上。"

"一点儿没错。"

"那么，染过色以后的东西和用来染色的东西，也就是颜料，是同一类东西吗？"

"我不懂你的意思。"他说。

【d】"你这样看，"我说："如果有人把你的金发抹上白铅，那么你的头发是白色的，还是呈现白色？"

"呈现白色。"他说。

"然而，它确实呈现了白。"

"对。"

"但你的头发毕竟还不是白的。尽管呈现了白，你的头发不是白的，就好像说它不是黑的。"

"对。"

【e】"但是，我的朋友，当老年把这种颜色引入你的头发时，它就变得与它现在呈现的样子相同，由于白的呈现而是白的了。"

"当然了。"

"那么，这就是我要问的问题。如果某事物呈现出一样事物，那么该事物与它在其中呈现的那个事物是相同种类的吗？或者说仅当那个事物以某种方式呈现的时候才是这样？"

"仅当那个事物以某种方式呈现的时候才是这样。"他说。

"那么，不好不坏的事物由于坏事物的呈现，有的时候还没有变坏，而有的时候变坏了。"

"当然。"

"那么好吧，当它不是坏的，但坏已经呈现的时候，这种坏的呈现使它想要好的事物。【218】但是这种使它变坏的呈现又会剥夺它要变好的愿望和对好事物的热爱。因为它已经不再是不好不坏的，而是坏的。而坏东西不能是好东西的朋友。"

"对，不能。"

"由此我们可以推论，那些已经聪明了的不再爱智慧①，无论他们是神还是人。而那些对他们自己是坏的一无所知的人也不会热爱智慧，因为坏人和愚蠢的人不爱智慧。还剩下的就是那些拥有无知这种坏东西的人，但还没有被无知变得无知和愚蠢。他们还明白自己不懂那些不知道的事情。【b】这样一来，结果就是那些既不好又不坏的人热爱智慧，而所有那些坏人不热爱智慧，那些好人也不热爱智慧。因为我们先前的讨论已经弄清，对立者不是对立者的朋友，相同者也不是相同者的朋友。记得吗？"

"当然记得。"他们俩都做了回答。

"所以，吕西斯和美涅克塞努，我们现在已经有了确定的发现，知道了什么是朋友，对什么可以是朋友。【c】因为我们坚持说，无论是在灵魂中，还是在身体里，还是在任何地方，那些本身既不好又不坏的事物，由于坏的呈现，而成为好事物的朋友。"

他们俩心悦诚服，完全赞同这个结论，而我自己也非常高兴。我有了一种成功猎人的满足感，心里很舒坦，但随后我又不知不觉地有点怀疑起来，这种疑心是从哪里来的，我不知道。也许，我们全都赞同的这个观点根本不是真的。这是多么可怕的想法！"噢，不对！"我大叫起来。"吕西斯和美涅克塞努，我们发现的宝藏只是一场春梦。"

"为什么？"美涅克塞努说。

【d】"我担心已经在论证友谊时栽了跟斗，我们的论证不比骗子的论证强。"

---

① 指不再从事哲学，不再哲学化。

"怎么会呢?"他问道。

"让我们这样看,"我说:"但凡是朋友的人,他是某人的朋友还是不是某人的朋友?"

"他必须是某人的朋友。"他说。

"他这样做根本没有原因和目的,还是有原因和目的?"

"有原因和目的。"

"某样事物是某人交朋友的原因,它是他的朋友,还是既不是他的朋友又不是他的敌人?"

"我不太明白你的意思。"他说。

【e】"这很自然。"我说:"如果我们试着换个方式,你可能就明白了——我想,我自己也可以更好地明白自己说过的话。我们刚才说过,病人是医生的朋友。对吗?"

"对。"

"他成为医生的朋友的原因是疾病,而他的目的是为了健康,对吗?"

"对。"

"疾病是一样坏事情吗?"

"当然是。"

"那么什么是健康?"我问道:"健康是好事情,还是坏事情,还是不好不坏?"

"好事情。"他说。

【219】"我想我们也还说过,身体是一种不好不坏的事物,由于疾病,也就是说,由于一种坏事物,而成为医药的朋友。医药是一种好事物,由于健康这种目的,医药得到了友谊。而健康是一种好事情。这些都对吗?"

"对。"

"健康是朋友,还是不是朋友?"

"是朋友。"

"疾病是敌人吗?"

"肯定是。"

【b】"所以，既不好又不坏的东西是好东西的朋友，由于某种坏东西和敌人的缘故，为的是某种好东西和朋友。"

"似乎如此。"

"所以，朋友之所以是朋友，其目的是为了朋友，其原因是他的敌人。"

"看起来是这样的。"

"那么好吧，"我说："由于我们已经走了这么远，孩子们，我们一定要十分小心，免得上当受骗。事实上，朋友变成朋友的朋友，与此相似，相同者变成相同者的朋友，我们说这是不可能的——这个问题我就不谈了。但是还有一个要点我们必须考察，【c】这样我们才能如刚才所说，不上当受骗。我们说，医药由于健康的原因而成为朋友。"

"对。"

"那么，健康也是朋友？"

"当然是。"

"然而，如果健康是朋友，那是由于某事物的缘故。"

"对。"

"如果要和我们先前的论证，某事物是朋友，一致起来。"

"确实如此。"

"这样一来，它岂不也是那个作为原因的朋友的朋友了吗？"

"对。"

"我们不是必须放弃这种方式的追问吗？【d】我们必须抵达某个第一原则，它不会把我们再带回另一个朋友，追溯到最先是朋友的某个事物，由于该事物的缘故，我们说其他一切事物也都是朋友，不是吗？"

"我们必须这样做。"

"这就是我下面要谈的，由于该事物的缘故被我们称做朋友的所有其他事物，就像该事物的诸多幻影，有可能欺骗我们，而该事物最先真的是朋友。让我们以这样的方式来思考它。假定某人认定某事物具有很高的价值，好比一位父亲把他的儿子看得高于他的其他全部所有物。这样的人，【e】由于把儿子看得高于一切，也会高度评价其他事物吗？举例来说，如果他得知他的儿子喝了毒芹汁，而酒能解毒，救他儿子的命，那么他也会看重酒吗？"

"嗯，肯定会。"他说。

"也会看重盛酒的器皿吗？"

"当然会。"

"在这种时候，他会对土制的酒杯、三大杯酒、他的儿子等量齐观吗？或者说事情是这样的，花费所有的心思在这些事物上，不是由于其他事情的缘故才提供了这些事物，【220】而是由于其他某个事物的缘故，才提供了其他所有事物，是吗？我不否认，我们经常说金银具有很高的价值。但是，事情不是这样的，这样说不会使我们更加接近真理，而是我们赋予另外某个事物以最高的价值，正是由于该事物的缘故，才提供了金子和其他一切辅助性的东西，无论它是什么。我们可以这样说吗？"

"当然可以。"

"关于朋友我们不是也可以做同样的解释吗？当我们说起所有是我们朋友的那些事物，【b】由于另一个朋友的缘故，它们是我们的朋友，很清楚，这种时候我们只是在使用'朋友'这个词。真正的朋友确实就是那个归总一切所谓友谊的事物。"

"对，确实如此。"他说。

"那么真正的朋友不是为了某个朋友的缘故才是朋友。"

"对。"

"由于某个朋友的缘故而是朋友，这个观点就说到这里。但是，好事物是朋友吗？"

"在我看来好像是的。"

【c】"然而正是由于坏东西，好东西才得到喜爱。你们瞧，这句话如何站得住脚！我们刚才说过有三类事物：好的、坏的、不好不坏的。假定只剩下两类事物，坏的已经消除，不会再影响身体、心灵或其他任何我们说它不好不坏的事物。好的事物对我们有用吗，或者说它已经变得无用？【d】这是因为，若没有任何东西再来伤害我们，我们也就不需要任何帮助。这样一来，事情变得很清楚，正是由于有坏的事物，我们才高度评价好事物，喜爱好事物——就好像好事物是对抗坏事物的良药，而坏事物是疾病，所以，没有疾病就不需要良药。好事物得到我们这些不好不坏的人的喜爱，其原因在于坏事物，而好事物本身，以及由于它自身的缘故，好事物没有任何用处，不是吗？"

"事情好像是这样的。"他说。

【e】"那么，我们的朋友，对于所有那些被我们称做'由于另一个朋友的缘故而是朋友'的其他事物而言是终点的事物，与这些事物没有相同之处。因为它们被称做朋友是由于另一个朋友的缘故，而真正的朋友似乎必须具有与此完全相反的性质。事情很清楚，它是由于某个敌人的缘故而是朋友。敌人消除了，它似乎就不再是朋友了。"

"似乎不是，"他说："至少按照我们现在说的不是。"

【221】"宙斯在上，"我说："使我感到奇怪的是，如果坏东西被消除了，是否还可能有饥饿、口渴或同类的欲望。还是说，只要是人和其他动物，就会有饥饿，但这种饥饿不会造成伤害。还有口渴，以及其他所有欲望，但它们都不是坏的，因为坏东西都已经灭绝了。或者说，以后会怎么样，以后不会怎么样，问这种问题是很可笑的？谁知道呢？但我们确实知道这一点：饥饿有可能给饥饿者带来伤害，也可能给饥饿者带来帮助。对吗？"

"这是肯定的。"

【b】"那么，口渴或其他诸如此类的欲望有时候能被感到有益，有时候能被感到有害，有时候既无益又无害，这不也是对的吗？"

"绝对是对的。"

"如果坏事物被消除了，这跟不那么坏的事物也一起被消除有什么关系吗？"

"没有关系。"

"所以那些既不好又不坏的欲望将继续存在，哪怕那些坏事物被消除了。"

"好像是这样的。"

"有可能热情地期待和热爱某事物，但对它却没有友好的感觉吗？"

"在我看来好像不可能。"

"所以仍旧会有某些友好的事物，哪怕坏事物被消除。"

"对。"

【c】"但这是不可能的，如果坏是某事物朋友的原因，那么随着坏事物被消除，该事物还是另外某事物的朋友。原因被消除了，由此原因而产生的事物不再能够存在。"

"这样说是对的。"

"我们前面不是同意过，朋友热爱某事物，它之所以热爱某事物，乃是由于该事物的缘故吗？所以我们不认为正是由于坏的缘故，既不好又不坏的事物才热爱好的事物吗？"

"对。"

【d】"而现在看起来似乎出现了爱与被爱的其他原因。"

"好像是的。"

"那么，如我们刚才所说，欲望真能是友谊的原因吗？所谓欲望就是对欲望的对象表示友好，凡有欲望时就会表示友好吗？与此相比，我们先前有关什么是朋友的谈话全都是闲聊，就像一首冗长的诗歌吗？"

"这是因为我们有机会漫谈。"他说。

【e】"但是，还有一点，"我说："事物希望获得它缺乏的东西。对吗？"

"对。"

"缺乏者是它所缺乏的东西的朋友。"

"我想是这样的。"

"变得缺乏就是某些东西从它那里被取走了。"

"为什么不能这样呢？"

"那么事情似乎是这样的，热爱、友谊、欲望所指向的事物属于它本身，吕西斯和美涅克塞努。"

他们俩都表示同意。

"如果你们俩相互之间是朋友，那么你们很自然地以某种方式属于对方。"

"确实如此。"他们一起说道。

【222】"如果一个人期望另一个人，我的孩子们，或者深情地爱他，那么除非他在他的灵魂中，或者在某些性格、习惯中，或者在他的灵魂方面，属于他爱的对象，否则他不会对他爱的人有所期望，或者深情地爱他。"

"当然啦。"美涅克塞努说，但是吕西斯没说话。

"好吧，"我说："生来属于我们的东西已经把它自身向我们显示，作为我们必须热爱的东西。"

"看来是这样的。"他说。

【b】"那么真正的而非虚假的爱人必定会是他爱慕的对象的朋友。"

吕西斯和美涅克塞努只是点头表示同意，而希波泰勒听了很高兴，脸色一阵红，一阵白。

想要回顾一下这个论证，我说："在我看来，吕西斯和美涅克塞努，如果属于和相同有某些区别，那么我们对什么是朋友还有些话可说。如果属于和相同变成一回事，那么就不能轻易地消除我们前面的论证：相同者对相同者来说是无用的，因为它们是相同的。【c】还有，承认无用者是朋友会带来一定的打击。所以，我说，如果你们感到没问题，因为我们有点儿陶醉于讨论之中，那么我们为什么不同意说属于的事物和相同的事物有某些区别呢？"

"当然可以。"

"我们要假设，好的事物属于每个人，而坏的事物是外在的吗？或者假定坏的事物属于坏的事物，好的事物属于好的事物，不好不坏的事物属于不好不坏的事物？"

他们俩说他们喜欢后一种关系。

【d】"噢，我们又转回来了，孩子们。"我说："我们陷入了与我们最先排除的那个有关友谊的论证相同的境地。因为非正义者对非正义者还是朋友，恶者对恶者还是朋友，就像善者对善者是朋友一样。"

"好像是这样的。"他说。

"那么该怎么办呢？如果我们说好东西和属于我们的东西是相同的，还有其他别的说法能替换善者只对善者是朋友吗？"

"没有。"

"但是，我们在这个要点上已经驳斥过自己。或者说你们不记得了？"

"我们记得。"

【e】"所以我们对我们的论证还能做什么？或者说事情已经很清楚，剩下来没什么要做了？我确实要像法庭上能干的发言人那样问你们，对已经说过的这些事情你们是否都考虑过了。如果既非被爱者又非爱者，既非相同者又非不同者，既非善者又非相属的事物，亦非任何其他我们谈过的事物——噢，我们谈过的事情那么多，我实在记不起来了，但若这些事物都不是朋友，那么我确实没什么要说了。"

【223】说完这些话，我想到要跟一位年纪大些的人说些事情。正在此时，美涅克塞努和吕西斯的看护人鬼使神差般地出现了。他们带着这两位青年的兄弟，喊他们一道回家。确实，此时天色已晚。起初，我们这群人想把他们轰走，但他们根本不在意我们，只是一个劲地用他们的异邦口音喊孩子们回家。【b】我们想，他们可能在赫耳墨斯节上喝醉了酒，样子很难缠，于是我们屈服了，四散而去。不过，就在他们要离去的时候，我说："现在我们已经干完了这件事，吕西斯和美涅克塞努，我，一个老头，还有你们，使自己成了傻瓜。在场的这些人会到处去说，我们相互之间是朋友——我把自己算做你们的朋友——但是我们却还未能发现什么是朋友。"

欧绪弗洛篇

提　要

　　本篇属于柏拉图的早期对话，以谈话人欧绪弗洛的名字命名。虚拟的对话时间是苏格拉底受到指控之前，地点在雅典中心市场，法庭的入口处。公元 1 世纪的塞拉绪罗在编定柏拉图作品篇目时，将本篇列为第一组四联剧的第一篇，并称其性质是"探询性的"，称其主题是"论虔敬"。① 这篇对话篇幅较短，译成中文约 1.3 万字。

　　苏格拉底说自己受到严重控告，将要上法庭受审。欧绪弗洛说自己打算告发自己的父亲杀人。欧绪弗洛家的一名雇工醉酒后杀死了欧绪弗洛家的一名家奴；欧绪弗洛之父把杀人者捆绑起来扔在沟渠里，然后派人去雅典问祭师该如何处置杀人凶手，在派往雅典的人返回之前，杀人者冻饿而死。欧绪弗洛认为自己的父亲确实杀了人，打算以亵渎的罪名告发父亲。欧绪弗洛的其他亲属认为他父亲没有杀人，只是没有料想到他会冻饿而死，更何况这个被扔在沟里的人本身是个杀人犯，死不足惜。欧绪弗洛想要告发自己的父亲是杀人犯，这样的行为才是亵渎的。

　　欧绪弗洛自认为是宗教方面的专家，懂得什么是虔敬，什么是亵渎。苏格拉底搁下儿子告发父亲到底对不对的问题，把话题引向虔敬的定义和本

---

　　①　参见第欧根尼·拉尔修：《名哲言行录》3：58。

性。欧绪弗洛坚定地认为自己告发父亲杀人是虔敬的，法律实行公正的原则，无论犯罪的是你的父母，还是其他人，而不告发则是亵渎的。(6b) 应苏格拉底的要求，欧绪弗洛在给虔敬下定义时认为虔敬就是诸神与凡人之间的相互交易，诸神全都喜爱的就是虔敬的，诸神全都痛恨的就是亵渎的。苏格拉底通过一系列提问，揭露欧绪弗洛陈述中的内在矛盾，指出原有定义需要纠正。(15b) 讨论无确定结果，欧绪弗洛匆匆离去。

"亲亲互隐"还是"亲亲互告"，人们观点上的分歧显示了法律与人情的冲突。从法律角度看，正义的原则应当贯穿一切，无亲等之差别，而从伦理角度看，亲亲互告显然违反仁爱原则。二者之间的矛盾该如何化解呢？这就是所谓"欧绪弗洛难题"。学术界至今仍在探讨这一难题。

正　文

谈话人：欧绪弗洛、苏格拉底

欧　【2】苏格拉底，是你呀！出了什么新鲜事，让你离开经常蹓跶的吕克昂①，到这王宫前庭来消磨时间？你肯定不会像我一样，要来见国王②告发某人吧？

苏　这种事，雅典人不叫告发，而叫控告③，欧绪弗洛④。

欧　【b】你在说什么？一定有人控告你了，因为你不像是要告诉我，你告发了别人。

苏　确实没有。

---

①　吕克昂（Λύκειον），位于雅典东门外，邻近阿波罗神庙。亚里士多德后来在此建立学园。

②　雅典在王政期间由国王统治，国王的住处是为王宫。废除国王以后，雅典由选举产生的九名执政官（ἄρχων）统治，原王宫成为执政官办公之处。此处将首席执政官也称为"王"（βασιλεύς），但他实际上并非国王。英译者将之译为"king-archon"。

③　告发（δίκη）是一般民事诉讼，控告（γραφή）是重大案件。

④　欧绪弗洛（Εὐθύφρων），本篇谈话人。

欧　那么是有人控告你了？

苏　确实如此。

欧　他是谁？

苏　我真的不太了解他，欧绪弗洛。他显然相当年轻，没什么名气。我想他们叫他美勒托。他是皮索区的人，也许你认识这个区的名叫美勒托的人，长头发，胡须不多，长着鹰钩鼻。

欧　我不认识他，苏格拉底。他控告你什么？

苏　【c】告我什么？这件事并非微不足道，我想，像他这样的年轻人对如此重要的问题懂得那么多，实在是非同小可。他说，他知道我们的青年如何被腐蚀，知道谁在腐蚀青年。他很像是个聪明人，看到我由于无知而去腐蚀他的同龄人，【d】于是就像城邦起诉我，就像孩子向母亲哭诉。在我看来，他是唯一以正当方式开始从政的人，因为关心青年、尽可能使他们学好，确实就是政治家的要务，就像一位好农夫首先关心秧苗，然后关心其他庄稼。【3】所以，美勒托也是这样做的，首先清除我们这些摧残柔嫩秧苗的人，然后如他所说，他显然就会关心那些比较成熟的庄稼，给城邦带来巨大的福利，成为城邦幸福的源泉，对这位已经在这条正道上出发的人，他获得成功的可能性可以看好。

欧　但愿如此，苏格拉底，不过我担心事情会适得其反。在我看来，他一旦开始伤害你，就是在损坏国家的命脉。告诉我，他说你腐蚀青年是怎么说的？

苏　【b】听他说起来真是稀奇古怪，他说我是一位造神者，因为我创造了新的神，而不相信原有的神，由于这个缘故他要控告我，这是他说的。

欧　我明白了，苏格拉底。那是因为你说有神灵不时地告诫你。① 所以，他写状纸控告你，因为他把你当做一位在宗教事务上标新立异的人，他上法庭诬告你，因为他知道这类事情很容易误导大众。【c】我的案子也一样。我

---

① 参见《申辩篇》31d。

在公民大会^①上谈论宗教事务，预言未来，他们就嘲笑我，说我疯了，然而我的预言从来没有落空。无论如何，他们妒忌所有像我们这样做这种事的人。不必担心他们，还是去见他们吧。

苏 亲爱的欧绪弗洛，如果只是受到嘲笑，那倒没什么关系，因为雅典人并不在意他们认为能干的人，只要这个人不把他的智慧教给别人；但若他们认为这个人使别人变得像他了，他们就会生气，【d】无论是像你所说的出于妒忌，还是由于其他原因。

欧 这种事情，我肯定不想考察他们对我的感觉。

苏 也许你给他们留下的印象是没有什么可利用的，不愿教你自己的智慧；而我就不一样了，我担心他们会认为我想把自己不得不说的事情告诉任何人，不仅不收费，而且乐意奖赏任何愿意听我讲话的人。【e】如果他们想要嘲笑我，如你所说他们嘲笑你一样，那么看到他们在法庭上耗费时间嘲笑人和开玩笑，我不会有什么不高兴的；但若他们变得严肃起来，那么最后的结果无法预见，只有你这样的预言家能够知道。

欧 也许不会有什么结果，苏格拉底，你去尽力打好你的官司，我也会尽力打好我的官司。

苏 你打什么官司，欧绪弗洛？你是被告，还是原告？

欧 原告。

苏 你要告发谁？

欧 【4】我要告^②的这个人会使别人以为我疯了。

苏 你在追的这个人能轻易逃脱你的追踪吗？

欧 决非如此，他已经老态龙钟了。

苏 他到底是谁？

欧 我的父亲。

---

① 公民大会（ἐκκλησία）。

② 告（διώκω），这个希腊词的法律含义是告发、起诉，它的另一个意思是"追赶"，所以下文苏格拉底说"你在追"。

苏　老兄！你要告你自己的父亲？

欧　没错。

苏　你告他什么？他犯了什么案？

欧　谋杀，苏格拉底。

苏　天哪！欧绪弗洛，大多数人肯定不知道是否能做这种事，也不知道这样做是否正确。【b】能做这种事的极少，只有那些拥有极高智慧的人才能这样做。

欧　对，我向宙斯起誓，苏格拉底，是这样的。

苏　那么你父亲杀的那个人是你的亲戚吧？否则很清楚，你不会为一个非亲非故的人死了而去告发你的父亲。

欧　真可笑，苏格拉底，因为你认为被害者是陌生人还是亲戚会有区别。我们只需注意杀人者的行为是否正当；如果他的行为是正当的，那么就放过他，【c】如果不正当，那么就告发他，也就是说，无论杀人者与你是否共用一个炉台或一张饭桌。如果知道这样的人犯了谋杀罪而继续与他为伴，不用把凶手送上法庭的方法来洗脱自己和洗涤他的罪过，那么你们的罪过相同。这个案子中的死者是我家的一名雇工，我们在那克索斯①开垦时雇他在农场里干活。他醉酒发怒，杀了我们的一名家奴，所以我父亲把他的手脚都捆绑起来，扔进沟渠，【d】然后派人回这里来，②问祭司该如何处置。那个时候我父亲没有多想，也没太在意那个被捆绑起来的人，因为他是个杀人凶手，哪怕死了也没有什么大不了的。饥寒交迫，手足被缚，使他在那派去问讯的人回来之前就一命呜呼。我告发我父亲杀人，但我父亲和其他亲属对我怀恨在心，他们说我父亲没有杀那个人，被杀的那个人自己是个杀人犯，对这样的人不需要多加考虑，因为他是个杀人犯。【e】他们说，儿子告发父亲

---

①　那克索斯（Νάξος），爱琴海基克拉迪群岛中的一个岛屿。雅典城邦地域狭小，不足以提供足够的粮食。城邦定期组织海外殖民团体外出垦荒，或建立新城邦。新城邦建立后仍与母邦保持关系，其公民仍为雅典公民。

②　回雅典。

杀人是不孝①的。但是神对虔敬和不虔敬是什么态度，他们的看法是错的，苏格拉底。

苏 可是，宙斯在上，欧绪弗洛，你认为自己有关神的知识如此精确，懂得什么是虔敬，什么是亵渎，因此在你讲的这种事情发生的时候，你并不害怕把你的父亲送上法庭而背上不孝之名？

欧 苏格拉底，如果我并不拥有这方面的精确知识，【5】那我欧绪弗洛也就一无是处，与他人无异了。

苏 尊敬的欧绪弗洛，我应当现在就成为你的学生，这件事至关重要，这样的话，我在我的案子中就能挑战美勒托，我可以对他说，我过去就认为有关神的知识是最重要的，而他说我有罪，说我创造和发明新的神灵，【b】而现在我已经成了你的学生。我会对他说："美勒托，如果你同意欧绪弗洛在这些事情上是聪明的，那么请你考虑一下我，我也拥有正确的信仰，别把我送上法庭。如果你不这样认为，那么请你控告我的老师，而不是控告我，他腐蚀老人，腐蚀我和他自己的父亲，对我进行教导，对他的父亲进行矫正和惩罚。"如果他不相信，不肯放弃对我的控告，也不将控告转向你，那么我在法庭上会重复同样的挑战。

欧 对，宙斯在上，苏格拉底，如果他把我告上法庭，那么我想我会很快找到他的弱点，【c】法庭上的谈话很快就会集中在他身上，而不是在我身上。

苏 我亲爱的朋友，正因为我知道会这样，所以我渴望成为你的学生。我知道其他人，以及这位美勒托，都好像忽视你了，而他把我看得一清二楚，乃至于要控告我亵渎。所以，宙斯在上，把你刚才自认为清楚明白的事情告诉我：【d】你说的虔敬和亵渎是什么，既和谋杀相关，又和其他事情相关？虔敬在各种行为中都相同，而亵渎总是一切虔敬的事物的对立面，亵渎

---

① 希腊文"ὅσιος"，在人际关系方面译为孝、孝顺、孝敬，涉及人神关系，译为虔敬或虔诚。希腊文"ἀνόσιος"译为不孝或不虔敬，亦即亵渎。

的事物就其是亵渎的而言，总是以某种"型"① 或形象呈现于我们吗？

欧 确实如此，苏格拉底。

苏 那么告诉我，你说什么是虔敬，什么是亵渎？

欧 我说，所谓虔敬就是做我现在正在做的事，告发罪犯，无论是杀人，盗窃神庙，还是其他，【e】无论罪犯是你的父母，还是其他人，不告发他们就是亵渎。苏格拉底，请注意我能引用强大的证明，这就是法律。我已经对其他人说过，不能偏袒那些亵渎的人，无论他是谁，这样的行为是正确的。这些人相信宙斯是诸神中最优秀、最公正的，【6】但也同意说宙斯捆绑他自己的父亲②，因为他父亲不公正地吞食了他的其他儿子，而出于同样的原因，他父亲也曾阉割他自己的父亲③。但是这些人现在却对我发火，因为我告发了我父亲的罪恶。他们自相矛盾，对诸神是一种说法，对我又是另一种说法。

苏 欧绪弗洛，这确实也就是我成为被告的原因，因为我发现很难接受人们对诸神的看法，这也很有可能是他们说我犯了错的原因。【b】不过，如果现在你对这些事情有充分的知识，也分享他们的意见，那么我们似乎必须赞同他们的看法。因为，除了承认我们自己没有他们那样的知识，我们还有什么话可说？凭着友谊之神④ 起誓，请你告诉我，你确实相信这些事情是真的吗？

欧 是的，苏格拉底，甚至还有更加令人惊讶的事情，大多数人对这些事情没有知识。

苏 你相信诸神之间确实有战争、【c】仇杀、殴斗，以及诗人讲述的其他事情，或者相信优秀作家撰写的其他神话故事，送往卫城供奉的女神长袍

---

① 型（ἰδέα），柏拉图哲学的基本概念，参见《斐多篇》Phd.103e。

② 宙斯的父亲是天神克洛诺斯（Κρόνος），担心子女推翻他的统治，吞食宙斯的兄长和姐姐。

③ 克洛诺斯的父亲是天神乌拉诺斯（Οὐρανός），被克洛诺斯阉割。

④ 友谊之神（Φιλίου），指雅典娜（Ἀθηνᾶ）。

上就绣着这些事情，是吗？欧绪弗洛，我们要说这些事情都是真的吗？

欧 不仅这些事情是真的，苏格拉底，而且我刚才说过，如果你想听，我可以把我知道的许多与诸神有关的事情告诉你，你听了以后肯定会惊叹不已。

苏 我不会感到惊讶，等我们有空的时候，你可以把这些事情讲给我听。现在，你还是比较清楚地回答我刚才提出的问题，我的朋友，【d】我的问题是什么是虔敬，而你对我的开导不恰当，你告诉我你现在正在告发你的父亲犯了杀人罪，你这样做是虔敬的。

欧 我说的是真话，苏格拉底。

苏 也许。不过，你同意其他还有许多虔敬的行为。

欧 有。

苏 那么，请记住，我没有要求你从许多虔敬的行为中举出一样或者两样来告诉我，而是要你告诉我，那个使一切虔敬的行为成为虔敬的"型"本身是什么，因为你同意一切亵渎的行为之所以是亵渎的，【e】一切虔敬的行为之所以是虔敬的，都是通过某个型，你不记得了吗？

欧 我记得。

苏 那么告诉我，这个型本身是什么，让我能够看见它，拿它来做榜样，说你的或其他人的某个行为是虔敬的，如果某个行为不是虔敬的，我就说它是亵渎的。

欧 如果这就是你想要的，苏格拉底，那就让我来告诉你。

苏 这就是我想要的。

欧 【7】那么好吧，凡是诸神喜爱的就是虔敬的，凡是诸神不喜爱的就是亵渎的。

苏 好极了，欧绪弗洛！你已经按我想要的方式做了回答。我不知道它是否正确，但你显然将会证明你所说的是真的。

欧 当然。

苏 那么来吧，让我们考察一下我们这么说的意思。诸神喜欢的行为或人是虔敬的，诸神痛恨的行为或人是亵渎的。虔敬和亵渎不是一回事，而是相当对立的。不是这样吗？

欧 确实是这样。

苏 这似乎是一个很好的说法。

欧 【b】是的，苏格拉底。

苏 我们还说过，诸神处于不和的状态之中，相互争斗，欧绪弗洛，他们相互为敌。我们也说过这样的话吗？

欧 说过。

苏 什么样的分歧会引起仇恨与愤怒？让我们按这样一种方式来考虑。如果你我对两个数字中哪一个较大有不同看法，这样的分歧会使我们成为仇敌，产生愤怒吗？【c】难道我们不应该通过计算来迅速达成一致意见吗？

欧 我们肯定应该这样做。

苏 还有，如果我们对长短问题有分歧，难道我们不会量一下，迅速地结束争执吗？

欧 我们会这样做。

苏 关于轻重问题的分歧，我们会通过称一下重量来解决。

欧 当然。

苏 那么，如果我们不能达成一致，什么样的分歧使我们生气和相互敌视？对这个问题你也许没有现成的答案，【d】但我们可以考察一下，由我来告诉你这些事情是正确的还是错误的，是美的还是丑的，是好的还是坏的。当我们不能得出满意的结论，使你我以及其他人产生分歧、莫衷一是、相互交恶的，不正是这些事情吗？

欧 对，苏格拉底，就是在这些事情上我们产生分歧。

苏 那么诸神的情况如何，欧绪弗洛？如果他们确实有意见分歧，那么也一定是在这些问题上，对吗？

欧 必定如此。

苏 【e】那么按照你的论证，我亲爱的欧绪弗洛，不同的神把不同的事物视为正确的，美的，丑的，好的，坏的，除非它们对这些事情的看法有分歧，否则就不会闹别扭，对吗？

欧　你说得对。

苏　它们喜欢的是它们各自认为美的，好的，正确的事物，仇恨的是与这些事物对立的事物，对吗？

欧　确实如此。

苏　但你说过，同样的事情，某些神认为是正确的，某些神认为是错误的，诸神因此发生争执而不和，【8】相互之间发生战争。不是吗？

欧　是的。

苏　如此看来，同样的事物既被神所喜爱，又被神所仇恨，既是神喜爱的，又是神仇恨的。

欧　似乎如此。

苏　按照这种论证，同样的事物可以既是虔敬的又是亵渎的吗？

欧　也许是吧。

苏　所以，你没有回答我的问题，你这个怪人。我的问题不是何种同样的事物既被神所喜爱，又被神所仇恨，【b】既是神喜爱的，又是神仇恨的。所以，一点儿也不奇怪，如果你提出某个行为，亦即惩罚你父亲，可以讨得宙斯的欢心，但会遭到克洛诺斯和乌拉诺斯的痛恨，可以讨得赫淮斯托斯① 的欢心，但会遭到赫拉② 的厌恶，其他神灵若对这件事情有不同的看法，也会带来这样的结果。

欧　我认为，苏格拉底，无论谁不公正地杀了人就应当受到惩罚，在这一点上诸神的看法是一致的。

苏　【c】好吧，欧绪弗洛，你听说有谁认为不公正地杀了人或做了其他事不应受到惩罚？

---

①　赫淮斯托斯（Ήφαίστος），希腊火神、锻冶之神，宙斯与赫拉之子。
②　赫拉（Ήραν），女神，宙斯之妻。

欧　他们从未停止争论这件事情，在别的地方或在法庭上，因为他们犯下许多过失，所以为了逃避惩罚，任何事情他们都会做，任何话他们都会说。

苏　他们同意说自己做错事了吗，欧绪弗洛，尽管同意，他们仍然说自己不应当受惩罚吗？

欧　不，在这一点上他们不同意。

苏　所以他们没有公正地说话，没有公正地做事。因为他们不敢这么说，或者不敢争辩做了错事也不必受到惩罚，【d】我认为他们会否认做错了。不是吗？

欧　是的。

苏　所以他们不争论犯下过失的人必须受惩罚，但他们在谁犯下过失、他做了什么、什么时候做的这些事情上会有不同意见。

欧　你说得对。

苏　诸神不也有相同的经历，如果它们确实在公正和不公正的问题上看法不一，如你的论证所认为的那样？有些人断言它们相互伤害，而有些人否定，【e】但是诸神或凡人中没有一个敢说犯了过失不必受惩罚。

欧　是的，苏格拉底，你说的要点是对的。

苏　如果诸神确实也会有不同意见，那么那些不同意的，无论是凡人还是诸神，会就每一行为进行争论。有的说这样做是公正的，有的说这样做是不公正的。难道不是这样吗？

欧　是的，确实如此。

苏　【9】来吧，我亲爱的欧绪弗洛，开导我，让我也变得聪明些。你有何证据表明诸神全都认为那个人被杀是不公正的，他在你家做工，杀了人，被主人捆绑起来，在捆他的那个人从祭司那里知道该如何处置他之前，因被捆绑而死，做儿子的代表这样一个人指责和告发他的父亲。【b】来吧，请你试着清楚地告诉我，诸神必定全都认为这种行为是正确的。如果你能给我恰当的证明，我一定会对你的智慧赞不绝口。

欧 这个任务可不轻，苏格拉底，尽管我能够清楚地告诉你。

苏 我知道你认为我比法官蠢，因为你显然已经向他们证明这些行为是不公正的，诸神全都痛恨这样的行为。

欧 只要他们愿意听我说，苏格拉底，我会清楚地说给他们听。

苏 【c】如果他们认为你说得好，他们当然愿意听。但你刚才在说话、而我在思考的时候，我突然冒出一个念头，我对自己说："假如欧绪弗洛决定性地向我证明，诸神全都认为这样的死亡是不公正的，那么在什么更大的范围内，我向他学到了虔敬和亵渎的性质？这一行为似乎被诸神痛恨，但虔敬和亵渎并没有因此而被定义，因为被诸神痛恨的事情也可以被诸神喜爱。"所以我不会坚持这一点，如果你愿意，【d】让我们假定，诸神全都会认为这个行为是不公正的，它们全都痛恨这种行为。然而，这不就是我们在讨论中做出的纠正吗？说诸神全都痛恨的就是亵渎的，诸神全都喜爱的就是虔敬的，有些神喜爱有些神痛恨的既不是虔敬的又不是亵渎的，或者既是虔敬的又是亵渎的？这不就是你现在希望我们定义虔敬和亵渎的方法吗？

欧 有什么能阻碍我们这样做，苏格拉底？

苏 我这一方看来没有，欧绪弗洛，但你这一方要看一下这个建议能否使你轻易地把你许诺过的事情教我。

欧 【e】我会非常肯定地说，虔敬就是诸神全都热爱的，与此相反，诸神全都痛恨的就是亵渎。

苏 让我们再考察一下这个陈述是否健全，或者说我们得放弃它，不能因为只是我们中的某个人或其他人说了某件事情是这样的，我们就接受说这件事情是这样的？或者，我们应当考察一下说话人是什么意思？

欧 我们必须考察，但我确实认为这是一个很好的陈述。

苏 【10】我们很快就会更好地知道这个陈述怎么样了。请考虑，虔敬的事物被诸神喜爱，因为它是虔敬的，还是它是虔敬的，因为它是诸神喜爱的事物？

欧 我不明白你的意思，苏格拉底。

苏　我试着说得更加清楚一些：我们说被携带的和正在携带的，被引导的和正在引导的、被看的和正在看的，你明白它们相互之间都有区别，区别在哪里吗？

欧　我认为我是明白的。

苏　同理，被爱的是某个事物，正在爱的是另一个不同的事物。

欧　当然。

苏　【b】那么告诉我，被携带的事物之所以是一个被携带的事物，乃是由于它被携带，还是有别的什么原因？

欧　不，就是这个原因。

苏　被引导的事物之所以如此，由于它被引导，被看见的事物之所以如此，由于它被看见，对吗？

欧　确实如此。

苏　被看见的不是因为它是一个被看见的事物，而是正好相反，它是一个被看见的事物，由于它正在被看；被引导的也不是因为它是一个被引导的事物，而是由于它正在被引导，所以它是一个被引导的事物；被携带的不是因为它是一个被携带的事物，而是由于它正在被携带，【c】所以它是一个被携带的事物。我想说的是清楚的，是吗，欧绪弗洛？我想说的是，如果有任何事物正在被改变，或以任何方式受影响，不是因为它是一个正在被改变的事物而正在被改变，而是由于它正在被改变而是一个被改变的事物。或者说你不同意？

欧　我同意。

苏　被爱的事物既是被改变的事物又是受某事物影响的事物吗？

欧　确实如此。

苏　那么它和刚才提到的例子情况是一样的；被爱的事物不是因为它是一个被爱的事物而被爱，而是它是被爱的事物，由于它被其他事物所爱。

欧　必定如此。

苏　【d】那么关于虔敬我们该怎么说，欧绪弗洛？按照你的说法，虔敬的事物当然受到所有神的喜爱，是吗？

欧 是的。

苏 虔敬的东西被喜爱，因为它是虔敬的，还是由于别的什么原因？

欧 没有别的原因了。

苏 如此说来，它被喜爱，由于它是虔敬的，而不是它是虔敬的，由于它被喜爱？

欧 显然如此。

苏 然而，它是被喜爱的和诸神所喜爱的，由于它被诸神所爱，是吗？

欧 当然。

苏 那么，诸神喜爱的东西与虔敬的东西不是一回事，欧绪弗洛，虔敬的东西与诸神喜爱的东西也不一样，而你说是一样的，它们是两种不同的事物。

欧 【e】怎么会这样呢，苏格拉底？

苏 因为我们同意虔敬的事物被喜爱是由于这个原因，由于它是虔敬的，而不是由于它得到喜爱才是虔敬的。难道不是这样吗？

欧 是的。

苏 另一方面，神喜爱的事物之所以如此乃是因为它被诸神所喜爱，是由于它被爱这个事实，而非它被爱是由于它是神喜爱的。

欧 对。

苏 但若被神喜爱的事物和虔敬的事物是一样的，我亲爱的欧绪弗洛，那么虔敬的事物被喜爱是由于它是虔敬的，【11】神喜爱的事物被喜爱也是由于它是神喜爱的；但若神喜爱的事物是神喜爱的，由于它被诸神所喜爱，那么虔敬的事物之所以是虔敬的也是由于诸神喜爱它。但你现在看到，它们在相反的情况下完全不同：一种情况是，被喜爱的事物之所以是被喜爱的事物，乃是由于它是被喜爱的；另一种情况是，被喜爱的事物之所以如此，乃是由于它正在被爱。我想，欧绪弗洛，当你问什么是虔敬的时候，你似乎并不希望清楚地把它的本性告诉我，而是告诉我它的一种影响或属性，【b】虔敬的事物具有被诸神全都喜爱的属性，但你没有告诉我什么是虔敬。现在，要是你愿意，别对我隐瞒了，从头开始，告诉我什么是虔敬，无论它是诸神喜爱的，还是有其他属性——我们不必为此争吵——请你热心地告诉我，什么是虔敬，什么是亵渎。

欧　但是，苏格拉底，我现在根本不知道如何把我的想法告诉你，我们提出来的任何命题都好像是在打转，不肯固定下来。

苏　你的陈述，欧绪弗洛，似乎属于我的祖先代达罗斯①。【c】如果这些陈述是我说的，是我提出来的，你也许会开我的玩笑，说和我这个代达罗斯的后代在一起，讨论中得出的结论也会逃跑，不肯待在安放它的地方。然而，由于这些论断是你的，所以我们得笑话你，如你本人所说，它们不肯待在你安放它们的地方。

欧　我认为这个玩笑适用于我们的讨论，苏格拉底，因为使这些结论打转、不肯待在同一个地方的不是我；【d】在我看来你就是代达罗斯，而由我提出来的论断是确定不移的。

苏　看起来我使用我的技艺比代达罗斯更在行，我的朋友，他只能把他本人的作品造成能移动的，而我不仅能使其他人移动，而且能使自己移动。我的技艺中最厉害的部分就是我是能干的，但并不想成为能干的，因为我宁可让你的陈述在我这里保持不动，【e】胜过拥有坦塔罗斯②的财富以及代达罗斯的技艺。不过，这一点已经讲够了。因为我认为你在制造不必要的麻烦，我和你一样，渴望找到一种可以教导我什么是虔敬的方式，在你这样做之前千万别放弃。想想看，你是否认为凡是虔敬的必然是公正的。

欧　我想是这样的。

苏　那么，凡是公正的也一定是虔敬的吗？或者说，凡是虔敬的都是公

---

①　代达罗斯（Δαιδάλος），希腊传说中的建筑师和雕刻家，据说他雕刻的石像会走路，眼睛会动。苏格拉底打趣称自己是代达罗斯的后代，因为苏格拉底的父亲是石匠和雕刻匠，苏格拉底年轻时也当过雕刻匠。

②　坦塔罗斯（Ταντάλος），希腊传说中的吕底亚国王，十分富有。

正的，【12】但是并非所有公正的都是虔敬的，而是有些是，有些不是？

欧 我跟不上你的话，苏格拉底。

苏 然而你比我年轻，就如你比我聪明。如我所说，你正在制造麻烦，由于你的智慧的财富。集中精力，老兄，我所说的不难把握。我所说的正好与诗人 ① 所说的相反："你不希望说出宙斯的名字，是他做的，【b】他使一切事物生长，凡有恐惧之处也有羞耻。"我不同意诗人的看法。要我告诉你为什么吗？

欧 请说。

苏 我不认为"凡有恐惧之处也有羞耻"，因为在我看来有许多人恐惧疾病、贫穷等等可怕的东西，但并不为他们恐惧的东西羞耻。你不这样认为吗？

欧 我确实这样想。

苏 然而，有羞耻之处也有恐惧。【c】有人对某样事物感到羞耻和窘迫，不也会同时感到恐惧和害怕恶名吗？

欧 他肯定会害怕。

苏 所以说"凡有恐惧之处也有羞耻"是不对的，而是有羞耻之处也会有恐惧，因为恐惧包括的范围比羞耻广。羞耻是恐惧的一部分，就像奇数是数的一部分，结果会是，有数的地方也会有奇数，这样说是不对的，而应当说有奇数的地方也有数。你现在跟得上我了吗？

欧 当然。

苏 这就是我前面问的这种事情，【d】凡有虔敬之处也有公正，然而有公正之处并非总是有虔敬，因为虔敬是公正的一部分。我们是否要这样说，或者你有其他想法？

欧 没有，我的想法与之相似，因为你说的好像是对的。

苏 现在来看下面的事情：如果虔敬是公正的一部分，那么我们似乎必

---

① 指斯塔昔努（Στασίνος），希腊诗人，撰有长诗《塞浦路斯人》（Κύπρια），已佚失。

须找到它是公正的哪个部分。现在假定你问我们刚才提到的事情，比如数的哪个部分是偶数，偶数是什么数，那么我会说，偶数是能被二分成两个相同部分的数，不是能被三分成两个不同部分的数。或者，你不这么认为？

欧　我是这样想的。

苏　【e】以这种方式试着告诉我，虔敬是公正的什么部分，这样我们就能告诉美勒托，不要再伤害我们，不要控告我亵渎，因为我已经向你充分学习了什么是信神的，什么是虔敬，什么不是信神的，什么不是虔敬。

欧　我认为，苏格拉底，信神的和虔敬的是公正的一部分，与侍奉诸神有关，而与侍奉人有关的是公正的其他部分。

苏　在我看来你说得很好，但我仍旧需要一点儿知识。【13】我不懂你说的侍奉是什么意思，因为你说的诸神的侍奉和其他事物的侍奉不是一个意思，比如，我们说，并非每个人都知道怎样侍奉马匹，知道怎样侍奉马匹的是养马人。

欧　对，我是这么看的。

苏　所以养马是马的侍奉。

欧　是。

苏　同理，并非每个人都知道怎样侍奉猎犬，知道怎样侍奉猎犬的是猎人。

欧　是这样的。

苏　【b】所以狩猎是猎犬的侍奉。

欧　是。

苏　养牛是牛的侍奉。

欧　是这样的。

苏　而虔敬和信神是诸神的侍奉，欧绪弗洛。你是这个意思吗？

欧　是的。

苏　现在，侍奉在各种情况下都有相同的效果，其目的都是为了侍奉的对象好处和福利，如你所看到的，马在养马人的侍奉下得到好处，变得更好。或者说，你不这样认为？

欧　我这样认为。

苏　所以，养狗使狗得到好处，养牛使牛得到好处，【c】其他事物莫不如此。除非你认为侍奉的目的在于伤害侍奉的对象，是吗？

欧　宙斯在上，我绝对不这样想。

苏　侍奉的目的是为了有益于侍奉的对象吗？

欧　当然。

苏　那么，虔敬作为对诸神的侍奉，其目的也是为了使诸神得益，使它们变好吗？你同意，当你做一件虔敬的事情时，你使某位神变好，是吗？

欧　宙斯在上，我不同意。

苏　我也不认为这是你的意思，远非如此，【d】但这是我刚才问你诸神的侍奉是什么意思的原因，因为我不相信你指的是这种侍奉。

欧　相当正确，苏格拉底。我指的不是这种侍奉。

苏　很好，那么虔敬是对诸神什么样的侍奉呢？

欧　这种侍奉，苏格拉底，就像奴仆对他们的主人。

苏　我明白了。它像是一种对诸神的服侍。

欧　正是这样。

苏　你能告诉我医生进行服事想要实现什么目标吗？你不认为这个目标是获得健康吗？

欧　我是这样想的。

苏　【e】造船工的服事怎么样？它想要实现什么目标？

欧　这很清楚，苏格拉底，造船。

苏　建筑师的服事是造房子吗？

欧　是的。

苏　那么告诉我，老兄，对诸神的服事想要实现什么目标？你显然知道，因为你说自己在所有人中拥有关于神的最好的知识。

欧　我说的是真话，苏格拉底。

苏　那么告诉我，宙斯在上，诸神使用我们，把我们当做它们的奴仆，为的是实现什么卓越的目标？

欧　许多好东西，苏格拉底。

苏　【14】将军们也一样，我的朋友。不管怎么说，你能轻易地告诉我他们主要的关心，这就是在战争中取胜，不是吗？

欧　当然是。

苏　我认为，农夫也获得许多好东西，但他们努力的要点是从土地中生产粮食。

欧　确实如此。

苏　那么好，你会如何总结诸神获得的许多好东西呢？

欧　刚才我对你说过，苏格拉底，要获得关于这些事情的准确知识是一项繁重的任务，【b】但是简要说来，就是在祈祷和献祭中知道怎么说和怎么做能让诸神喜欢，这些都是虔敬的行为，可以保全私人的住宅和城邦的公共事务。与这些令诸神喜悦的行为相反的行为是亵渎的，会颠覆和摧毁一切。

苏　如果你愿意，你能更加简洁地回答我的问题，【c】欧绪弗洛，但你并不热心开导我，这一点很清楚。你刚要说到节骨眼上，又偏离了正题。如果你提供了回答，那么我现在就已经从你这里获得了有关虔敬本性的充足知识。没办法，爱好询问的人必须跟随他爱的东西，无论询问会把他引向何处。再问你一次，什么是虔诚，什么是虔敬？它们是关于献祭和祈祷的知识吗？

欧　它们是。

苏　献祭就是给诸神送礼，祈祷就是向诸神乞讨吗？

欧　一点都不错，苏格拉底。

苏　【d】从这个陈述可以推论，虔敬是一种如何给诸神送礼和向诸神乞讨的知识。

欧　你很好地理解了我说的意思，苏格拉底。

苏　这是因为我非常想要得到你的智慧，我用心听讲，不会错过你讲的每一个词。但是告诉我，什么是对诸神的服事？你说就是向它们乞讨和给予它们礼物吗？

欧　我是这样说的。

苏　正确的乞讨就是向它们索取我们需要的东西吗？

欧　还能是什么？

苏　【e】正确的给予就是它们需要的东西由我们来给它们，给有需要的人送礼谈不上什么技艺娴熟。

欧　对，苏格拉底。

苏　那么虔敬就是一种诸神与凡人之间交易的技艺，是吗？

欧　交易，是的，如果你喜欢这样叫它。

苏　如果它不是这样，我不会喜欢这样叫它。但是告诉我，诸神从我们奉献的礼物中能得到什么好处？它们给了我们什么是所有人都清楚的。【15】我们的好东西没有一样不是从它们那里得来的，但是它们从我们这里得到的东西如何使它们得到益处？或者，我们在这种交易中是否占了它们的便宜，我们从它们那里得到了所有好东西，而它们从我们这里一无所获？

欧　苏格拉底，你假定诸神通过从我们这里得到的东西来获益吗？

苏　从我们这里得到的礼物对诸神来说还能是什么，欧绪弗洛？

欧　除了荣耀、敬仰，还有我刚才说的讨好它们，你认为还能是什么？

苏　【b】那么，欧绪弗洛，虔敬就是讨好诸神，而不是对它们有益或亲近，是吗？

欧　我认为虔敬是一切事物中对它们最亲近的。

苏　所以，虔敬再次成为对诸神亲近的东西。

欧　确实如此。

苏　你说这话的时候感到惊讶了吗，因为你的论证似乎在移动，不能固定在你安放它们的地方？你还会指责我是能造出事物来移动的代达罗斯吗？尽管你本人比代达罗斯更在行，造出事物来转圆圈。【c】难道你不明白，我们的论证游移不定，转了一大圈又回到原来的地方？你肯定记得我们在前面发现虔敬和被神喜爱不是一回事，而是有差异。或者说，你不记得了？

欧 我记得。

苏 那么你没有意识到你正在说对诸神亲近的就是虔敬的，是吗？对神亲近与被神喜爱是相同的吗？或者说是不同的？

欧 确实如此。

苏 要么我们在赞同前面的看法时错了，要么，如果我们前面是对的，那么我们现在错了。

欧 似乎如此。

苏 所以我们必须再次从头开始，考察什么是虔敬。在我学会之前，我决不放弃。别认为我一钱不值，【d】集中精力，把真相告诉我。世上若有人知道这个真相，那就是你，我一定不能放你走，就像普洛托斯①，直到你说出来为止。如果你对虔敬和亵渎没有真知灼见，你就不会代表一名奴仆，冒险告发你的老父亲杀人。你会感到恐惧，担心自己要是不能公正地行事会引起诸神的愤怒，在凡人面前你也会感到羞耻，【e】但是现在我知道了，你相信自己拥有关于虔敬和亵渎的清楚的知识。所以，告诉我，我的大好人欧绪弗洛，别再对我隐瞒你的想法。

欧 另外再找时间吧，苏格拉底，我有急事，现在就得走。

苏 这是在干什么，我的朋友？你扔下我不管，【16】让我巨大的希望落空，我原来想要向你学习虔敬和亵渎的本性，以逃脱美勒托的控告，我可以对他说，我已经从欧绪弗洛那里获得有关神圣事物的智慧，我的无知不会再使我轻率地、别出心裁地对待这些事情，这样的话，我的余生就会过得好些了。

---

① 普洛托斯（Πρωτεύς），变幻无常的海神，参见荷马：《奥德赛》，IV.382 以下。

美涅克塞努篇

提　要

　　本篇主要内容是苏格拉底复述的一篇葬礼演说词，赞颂雅典城邦自建城以来抗击外敌入侵的英雄业绩。苏格拉底说这篇演说词是从他的修辞学老师阿丝帕希娅那里听来的。与苏格拉底谈话的是他的年轻朋友美涅克塞努，他是苏格拉底圈子里的重要成员，曾在《吕西斯篇》和《斐多篇》中出现。公元1世纪的塞拉绪罗在编定柏拉图作品篇目时，将本篇列为第七组四联剧的第四篇，称其性质是"伦理性的"，亦称"葬礼演说词"。[①] 这篇对话篇幅较短，译成中文约1.2万字。

　　历史上的苏格拉底于公元前399年被处死，阿丝帕希娅死在苏格拉底之前，而这篇演说词涉及多处历史事件，还提到科林斯战争（公元前395年—前387年）。由于这种"年代错误"，许多19世纪的学者否定它是柏拉图的作品，而现代学者一般都肯定它是柏拉图真作，因为亚里士多德在他的《修辞术》中两次引用本篇（1367b8，1415b30），称之为"苏格拉底的葬礼演说词"。亚里士多德是柏拉图学园的成员，很难想象亚里士多德竟然不知道这篇作品的作者。但若承认它的作者是柏拉图，问题也就转化为柏拉图为什么要撰写这篇作品。有学者认为这篇对话不是一篇严肃的对话，而是一篇嘲谑

---

　　① 参见第欧根尼·拉尔修：《名哲言行录》3：59。

作品。由此可见，柏拉图撰写的对话并不具有完全的历史真实性。

对话一开始，美涅克塞努说雅典议事会正在物色人，到即将举行的阵亡将士葬礼上发表演说，但很难找到恰当人选。苏格拉底说在雅典公众面前赞扬雅典人并不难。接下去他就应邀复述他昨天刚从阿丝帕希娅那里听来的一篇葬礼演说词。演说词提及雅典城邦的起源，讲述雅典城邦经历希波战争、伯罗奔尼撒战争、科林斯战争，赞扬雅典人帮助盟邦、抗击外侮、捍卫正义的民族精神，歌颂阵亡将士的爱国热情，勉励生者要勇敢面对时艰，教养遗孤，重振邦威，以此告慰死者。这篇演说词的内容和文体与伯里克利的同名演说相似，但在对雅典政治历史的评价和复兴城邦的政治主张方面迥然不同。伯里克利将伯罗奔尼撒战争描述为雅典人争取自由的正义战争，而本篇演说词认为这场战争是希腊各城邦之间自相残杀的不义之战。

正　文

谈话人：美涅克塞努、苏格拉底

苏　【234】你，美涅克塞努①，打哪儿来？从市场②来吗？

美　对，苏格拉底——从议事会③来，说准确点儿。

苏　你在议事会？为什么？噢，我明白了，你想象你的学校教育和哲学已经完成，打算转向更高的追求。你以为自己已经为此做好了准备。你这般年纪的人，【b】我的神童，已经要担负起管理我们这些老人的重任了，为的是便于你的家族延续它的传统，派人来关照我们。

美　苏格拉底，有你的允许和批准，我会很乐意担任公职；否则的话，我不会去。不过，我今天之所以去了议事会，那是因为我听说议事会想要选

---

①　美涅克塞努（Μενέξενος），人名。

②　市场（ἀγορά），雅典卫城的市场，苏格拉底常在市场与人谈话。

③　议事会（ἐκκλησία），公元前411年，雅典发生寡头政变，推翻原有民主政体，创建四百人议事会，遭到驻萨摩斯的雅典海军反对，其后不久四百人议事会被废除。

人给战争死难者致悼词。他们将要举行公共葬礼，你知道的。

苏 当然知道。他们选了谁？

美 还没选。他们把这件事推迟到明天。但我想阿基努斯①或狄翁②可能会选上。

苏 确实，在战争中牺牲，从许多方面来看，都像是一种极好的命运，【c】美涅克塞努。哪怕他是一个贫民，也能得到庄严的葬礼，哪怕他乏善可陈，也能从行家嘴里得到赞美，这些人说话可不是即兴发挥，而是很早就做了精心准备。他们的赞美好极了，就像对我们的灵魂念了咒语，分送给每一个别的人，【235】有着众多华美的辞藻，既赞扬那些他应当赞扬的人，也赞扬他不应当赞美的人，他们还以各种方式赞美这个城邦，赞美在战争中牺牲的人，赞美我们的祖先和前辈，还赞美我们这些仍旧活着的人。这样一来，美涅克塞努，受到他们的赞扬我欣喜无比，真有点飘飘然，不知自己是谁了。【b】每一次，我听他们讲话就被他们迷住，这个时候我就变成了另外一个人——我相信自己突然间已经变得比从前更高大，更高尚，更英俊了。每年从其他城邦前来追随我、听我谈话的朋友对我也会更加敬畏，这种事情经常发生。因为就像我一样，他们也受到影响，改变了他们对我的看法，改变了他们对城邦其他人的看法；他们被演讲者征服了，认为这个城邦比他们以往所认为的更加神奇。这种高尚和强大的感觉会在我身上驻留超过三天。【c】这些演讲者的话语和声音一直在我耳边轰鸣，到了第三天结束或第四天，我才回过神来，明白自己在哪里。而在那之前，我想象自己生活在福岛③上。这就是我们能干的演说家干的事。

美 你老是拿演说家开玩笑，苏格拉底。不过我想，这一次参选的演讲者不会很轻松，因为要到最后一刻才做决定，演讲者也许只能被迫临时凑合一下。

---

① 阿基努斯（Αρχίνος），人名。

② 狄翁（Δίων），雅典演说家。

③ 福岛是希腊神话中的仙境，亡灵赴地府受审后，善者的灵魂被送往福岛。

苏 【d】胡说，我的大好人。他们中间的每个人都有一些现成的演说词，哪怕要临时拼凑一下也不是什么难事。如果被迫在伯罗奔尼撒①人中间说雅典人的好话，或者在雅典人中间说伯罗奔尼撒人的好话，那么只有一名优秀的演说家能够赢得听众的信服，为自己赢得名声；但若你对着那些你正在赞美的民众讲话，被他们认为讲得好也不算什么伟大的功绩。

美 你认为不算，苏格拉底？

苏 对，宙斯在上，肯定不算。

美 【e】如果议事会选了你，要你去做讲演，你能去吗？

苏 事实上，美涅克塞努，我要是能去也一点儿都不奇怪。我正好有一位相当优秀的演讲术的教师。她就是那位造就了许多优秀演说家的女士——除了其他优秀者之外——有一位杰出的希腊演说家伯里克利②，克珊西普③之子。

美 这位女士是谁？但很显然，你指的是阿丝帕希娅④。

苏 【236】对，我指的就是她——她和梅特洛比乌⑤之子孔努斯⑥。他们是我的两位教师，孔努斯教音乐，阿丝帕希娅教演讲。如果一个人能接受这样的教育，熟练掌握演讲技能，那真是不足为奇！哪怕有人接受的教育不如我——比如一个人向兰普斯⑦学音乐，跟拉姆努西亚⑧人安提丰⑨学修辞——哪怕是这样的人，尽管有这些不利之处，也能在雅典人中赞美雅典人时赢得

---

① 伯罗奔尼撒（Πελοπόννησος），地名，此处"伯罗奔尼撒人"指参加伯罗奔尼撒同盟与雅典作战的斯巴达、科林斯等城邦的人。

② 伯里克利（Περικλής），公元前 490 年—前 429 年，雅典大政治家。

③ 克珊西普（Ξάνθιππος），伯里克利之父。

④ 阿丝帕希娅（Ἀσπασία），伯里克利的情妇。

⑤ 梅特洛比乌（Μητροβίους），人名。

⑥ 孔努斯（Κόννος），人名。

⑦ 兰普斯（Λάμπους），人名。

⑧ 拉姆努西亚（Ῥαμνουσία），地名。

⑨ 安提丰（Ἀντιφῶν），演说家。兰普斯是一位受尊敬的音乐家，修昔底德称安提丰是希腊最优秀的演说家。此处的讥讽要点是无人能比这两位行家更有造诣。

声望。

美　如果要你演讲，你必须说些什么？

苏　要凭我自己，很像是什么也说不出来；但碰巧就在昨天，【b】我在上课时阿丝帕希娅朗读了一篇葬礼演说词，是写给同一批死者的。因为，如你刚才所说，她听说要选人去做演讲。于是，她就把在那种场合该讲什么话复述给我听，一部分是当场构思的，一部分则来自她以前的想法，她从伯里克利的葬礼演说词中采用了许多片断，但我相信，伯里克利的演说词实际上是她写的。

美　你还能记得阿丝帕希娅说了些什么吗？

苏　我想我能。我确实是这位女士本人教的——【c】每一次，要是我记不住，很难逃掉一顿打。

美　那么你干吗不复述一下她说的话呢？

苏　我担心，要是我泄露了她的演讲词，她会朝我发火的。

美　别害怕，苏格拉底。说吧！无论你愿意复述阿丝帕希娅的，还是其他什么人的，我都非常感谢你。你只要说就行了。

苏　但你也许会嘲笑我，如果在你看来，我这把年纪的人还要像个孩子似的玩这种把戏。

美　绝对不会，苏格拉底。无论如何，就说说这篇演讲吧。

苏　嗯，你肯定是哪个人，【d】哪怕要我脱衣服跳舞，我都非常愿意满足你的要求——尤其是就我们俩在这儿。好吧，注意听。我想，她的讲演一开始就提到死者本身——如下所述：

"关于这些人的功绩，他们刚从我们这里得到他们该得的崇敬，[①] 带着这些崇敬他们踏上命定的旅程，城邦和他们的家人护送他们上路。【e】我们现

---

① 阵亡将士的遗体公开陈列，供人瞻仰和哀悼，然后抬至墓地安葬，演说家在墓地发表葬礼演说词。

在必须用话语向他们提供其他的认可，这是法律指定给他们的，也是义务所要求我们做的。这些业绩已经英勇地完成，这时候通过雄辩的语言可以积累和增强听众对业绩完成者的纪念和荣耀。显然，需要有一篇讲演，既按其所该得的赞美死者，又仁慈地告诫活着的人，鼓励死者的儿子和兄弟学习他们的勇敢，慰藉死者的父亲、母亲，以及他们仍旧在世的曾父母。

【237】"嗯，我们什么样的讲演能发挥这种作用呢？我们对勇士们的赞扬怎样开头才是正确的呢？他们活着的时候用他们的勇敢使他们的家人和朋友欢乐，又用他们的死亡换取幸存者的安全？我认为，按照一种使他们变勇敢的相同顺序来赞扬他们是恰当的——这是一种自然的顺序；他们之所以变得勇敢，乃是因为他们是他们勇敢的父亲的儿子。因此，让我们首先赞美他们高贵的出身，其次赞美他们得到的抚养和教育。【b】在那之后，让我们来观察他们完成的业绩，说明他们有多么高尚，完全配得上他们的出生和成长。

"这些人的高贵起源植根于他们高贵的祖先。他们的祖先不是移民，亦非从其他某个地方抵达这里，使他们的后裔作为外邦人生活在这块土地上，而是使他们的后裔成为这块土地的儿女，真正居住在这里，生存在他们祖先的家中，他们不像其他民族的人那样由一位继母来抚养，【c】而是由一位母亲来抚养，这位母亲就是他们生活的这块土地。现在他们牺牲了，躺在他们熟悉的地方，大地母亲生下他们、抚育他们，如今又把他们当做自己的儿女来接纳，让他们在她的怀抱中安息。这位母亲确实是最应当首先颂扬的；以这样的方式，这些人的高贵出身也就同时得到了颂扬。

"我们的土地确实值得赞扬，不仅值得我们赞扬，而且值得全人类赞扬。其理由很多，但首先最重要的是她幸运地得到众神的青睐。众神为了这块土地所发生的争执，以及最后进行的裁决，为我们所说的话作了见证。①【d】得到众神赞美的土地难道还不该被全人类赞美吗？第二项赞美归于她也是完

---

① 雅典娜（Αθηνᾶ）和波塞冬争做雅典主神。波塞冬用三尖叉击打岩石，从岩石缝里跳出一匹马；雅典娜使岩石上长出一棵橄榄树。雅典人认为橄榄树有用，选定雅典娜作为城邦保护神，并以她的名字作为城邦的名字，称为"雅典"。

全正当的，当各种生灵——野兽和家畜——在整个大地茁壮成长和繁盛的时候，我们这块土地没有生出野蛮的怪兽，保持着她的纯洁。在所有动物中，她选择和生育了人类，人这种生灵不仅在智力上远远高于其他动物，而且只有人才承认正义和众神。

"一切能生育的东西都会为其后裔提供所需要的食物，【e】这一事实有力地证明了下面的断言：是这片土地生育了这些人的祖先和我们的祖先。要想清楚地看出一名妇女是否真的生育，可以按照这样一个标志来判断：给孩子喂奶，还是卖掉不是她自己生的婴儿。在这里，大地，我们的母亲，也以这种方式充分证明是她抚养了人。在古时候，是她首先，【238】也只有她，为人提供了恰当的食物，小麦和大麦，这是人类最优良、最高级的营养，因为她真的是这种生灵的母亲。这样的证据严格说来更能说明大地，胜过说明妇女，因为大地并没有模仿妇女怀孕和生育，而是妇女模仿大地。

"她提供这种谷物并不吝啬，而是把它也分配给其他生灵。后来她给她的子女产出橄榄油，慰藉他们的辛劳。把子女抚养长大成人以后，【b】她引入众神统治和教育他们。众神——在这样的场合省略众神的名字是恰当的，我们认识它们——把我们装备起来，使我们能够生存，把各种技艺传授给我们，以满足我们日常生活所需，早于其他民族，他们教会我们如何获得和使用武器，以保卫这片土地。

"在经历我描述的这种出身和教育之后，这些人的祖先生活在他们为自己创造的政治制度之下，【c】在此应当简要提及。因为政治制度塑造它的人民；好的政治制度塑造好人，与此相反的政治制度塑造坏人。因此我必须说明，我们的祖先是由一个良好的政治制度塑造的，幸而有此，他们和当前这代人——这些已经死去的人就属于这一代——是好人。因为从那时起到现在，我们的政治制度是相同的，是一种贵族政制；① 我们现在由一些最优秀

---

① 贵族政制（ἀριστοκρατία），从文中叙述的意思看，这种政制实际上是贤人政制，一旦统治者实行世袭，这种政制才可称为贵族政制。

的人统治，并且总的看来，从遥远的古代开始一直如此。有人把我们的政治制度称做民主制，还有人用他乐意使用的其他名称；【d】实际上，它是在民众赞同的基础上由一些最优秀的人来实施统治。我们一直有国王，起初是世袭的，然后是民选的。① 然而在城邦里，民众在诸多方面拥有至高无上的权力；在某个既定的时候，他们把职位和权力赋予那些被认为最优秀的人，任何人都不会由于弱势、贫穷、出身低贱而被排除在外，也不会像别的城邦发生的那样，由于相应的优势而获得荣耀。倒不如说，只有一条原则：凡被认为智慧或善良者担任公职，行使权力。

【e】"我们拥有这种政治制度的原因在于我们的平等出身。其他城邦则是由来源多样、状况不等的人组成的，所以他们的政治制度也不平等——僭主制②和寡头制③。它们的有些居民把其他居民当做奴隶，而后者把前者当做主人。【239】我们和我们的同胞公民是兄弟，都是一个母亲生的，不认为把其他人当做主人或当做奴隶是对的。自然过程中的这种平等出身使我们寻求法律权利的平等，相互之间只看重对方在善良与智慧方面的名声。

"正是由于我们这种卓越的政治制度，这些人的祖先——我们的前辈——和这些人自己，都是在完全自由中成长的，出身都是高贵的，在私人和公共事务中，能够完成许多闻名于世的辉煌业绩。【b】他们认为自己有义务为自由而战，无论是希腊人对抗希腊人，还是希腊人作为一个整体对抗野蛮人。我的时间有限，无法细述他们如何捍卫他们的国家，抗击欧谟尔普④和亚马孙人⑤的入侵，以及抗击更早的侵略者，如何保护阿耳戈斯⑥人，抗

---

① 雅典废除国王以后，选举产生九名执政官（ἄρχων）实行统治，首席执政官也称为"王"（βασιλεύς），主要掌管宗教事务，英译者译为"king-archon"。

② 僭主制（δεσποτεία）。

③ 寡头制（ὀλιγαρχία）。

④ 欧谟尔普（Εὐμόλπους），色雷斯人首领，曾助厄琉息斯人入侵阿提卡。

⑤ 亚马孙人（Ἀμαξόνων），本都斯的一个好战的女族，传说曾入侵雅典，被英雄式修斯逐回亚细亚。

⑥ 阿耳戈斯（Ἄργος），地名，位于伯罗奔尼撒半岛的一个城邦。

击卡德摩斯①的子孙，如何保护赫拉克勒斯②的子孙，反对阿耳戈斯人。此外，诗人们已经用卓越的诗歌颂扬这些古人的英勇事迹，使他们闻名遐迩；所以，【c】如果我们试图用散文阐述相同的内容，我们也许只能屈居第二。

"由于这个原因，也由于他们已经获得了应得的奖赏，我想这些功绩我就不多说了。至于迄今为止尚无诗人有此荣耀加以歌颂的那些高尚主题，这是一片尚未开垦的处女地——我认为我必须提到和颂扬，消除其他人对它们的陌生感，便于这些业绩被人写成颂歌和其他种类的诗歌，适宜在舞台上进行表演。

"我首先想要叙说的业绩是这样的。当波斯人③主宰亚细亚、【d】试图奴役欧罗巴的时候，这块土地的子孙，我们的父辈，把他们打了回去——首先赞扬他们的勇敢既是正确的，又是必要的。显然，要想很好地颂扬这项业绩，必须很好地思考，直到能设身处地理解那个时代，当时整个亚细亚都已臣服于第三位波斯国王。居鲁士④，三位国王中的第一位，凭着他的热情解放了他的波斯同胞公民，【e】使他们的主人米地亚人⑤沦为奴隶，与此同时，他还统治了亚细亚其他各地，远抵埃及；他的儿子⑥统治了埃及和利比亚的大部分地区，只要能够渗透。⑦大流士⑧，第三位国王，用他的陆上军力把帝国的疆域拓展至西徐亚⑨，【240】又用他的舰队控制了大海和岛屿，无人敢与之争锋。所有人的心灵被他震慑，众多尚武的强大民族都成为波斯人奴役

---

① 卡德摩斯（Καδμείους），底比斯城创建者。指希腊传说中七国共同抵抗底比斯之战。

② 赫拉克勒斯（Ἡρακλῆς），希腊神话英雄，出生于底比斯，赫拉克勒斯的子孙（Ἡρακλείδαις）指底比斯人。雅典人曾帮助底比斯人抗击阿耳戈斯人。

③ 波斯人（Πέρσας）。

④ 居鲁士（Κῦρος），波斯第一位国王，公元前559年击败米地亚人，自居王位至公元前529年。

⑤ 米地亚人（Μῆδος）。

⑥ 居鲁士之子，波斯第二位国王冈比西斯（Καμβύσες），公元前529年—前522年在位。

⑦ 利比亚（Λιβύα），地名，当时希腊人所说的利比亚指非洲北部。

⑧ 大流士（Δαρεῖος），波斯第一位国王居鲁士的女婿，公元前522年—前485年在位。

⑨ 西徐亚（Σκύθης）。

下的帝国臣民。

"大流士谴责我们和埃雷特里亚①人。借口说我们合谋反对萨尔迪斯②，大流士派遣 50 万大军登上运兵船和战舰，又派出三百艘战船，命令他们的统帅达提斯③把雅典人和埃雷特里亚人统统俘虏回来，如果达提斯想要他的脑袋继续长在脖子上。

【b】"达提斯航行到了埃雷特里亚，攻打那里的人，他们在那个时代的希腊人的战争中得到高度尊重，享有崇高声望，但有许多人袖手旁观。达提斯三日之内就打败了他们。他还横扫他们整个国家，不让任何人逃跑。做这件事，他用了这样的办法：把他的士兵开往埃雷特里亚边境，排成横队，从岛屿的这一边到那一边，手拉手地穿过整个国家，【c】这样一来，他们就能向他们的国王报告无人漏网了。

"达提斯和他的军队离开埃雷特里亚，抱着同样的企图在马拉松④上岸，自信能像对付埃雷特里亚人一样，轻易地将雅典人置于他们的轭下成为战俘。尽管这些行动的第一项已经完成，第二项正在进行，但除了拉栖代蒙人⑤以外，没有一个希腊城邦曾对埃雷特里亚人或雅典人伸出过援手——拉栖代蒙人【d】是在战斗开始后的那一天到达的。其他城邦的人全都惊恐万状，四处躲藏，只顾眼前的平安。

"置身于这样的场景，我要说，人们会明白在马拉松抗击野蛮人⑥的军队的这些人有多么勇敢，他们挫败了整个亚细亚的骄横，首次对野蛮人竖起了战利品⑦。他们指明了前进的道路，他们教导其他人，波斯人的力量并非不可战胜，人多势众也好，财富巨大也好，都会在勇敢面前让路。【e】我宣

---

① 埃雷特里亚（Ἐρετριά），优卑亚岛上的一个城邦。

② 萨尔迪斯（Σάρδεσια），地名。

③ 达提斯（Δᾶτις），人名。

④ 马拉松（Μαραθῶν），地名。

⑤ 拉栖代蒙人（Λᾰκεδαίμων），即斯巴达人。

⑥ 指波斯人。

⑦ 胜利的象征，占领敌军阵地后在战场上竖起木桩，将敌军的盔甲挂在上面。

布，这些人不仅是我们的身体之父，而且是我们的自由之父，不仅是我们的父亲，而且是这个大陆上的每一个人的父亲。正是由于看到了这项业绩，希腊人敢于为他们后来的解放冒战争的危险——他们是在马拉松战斗的那些人的学生。

【241】"因此，我的讲演要把最高等级的荣耀归于他们，要把第二位的荣耀归于那些在萨拉米①附近海面和在阿特米西乌②进行战斗和获取胜利的人。有关这些人的业绩，人们也能提供详细解释——他们如何坚守阵地，抵挡敌人从海上和陆上发起的进攻，如何把侵略者赶走。而我只提我认为他们所获得的最杰出的成就：他们是马拉松勇士的继承者，完成了可与马拉松勇士相媲美的业绩。马拉松的勇士在那里向希腊人表明，我们可以以少胜多，【b】从陆上打退野蛮人的进攻，但在海上会如何仍存疑问，因为波斯人享有不可战胜的名声，由于他们兵员众多、供应充分、技术娴熟、军力强大。这尤其是那些在海战中取胜的勇士们的光荣，他们把希腊人从第二种恐惧中解放出来，使人们不再害怕敌军舰船和兵员的优势。结果就是，其他希腊人有了两位老师——【c】马拉松战斗中的勇士和萨拉米海战中的水手；作为前者的学生，其他希腊人学习陆战，作为后者的学生，其他希腊人学习海战，由此他们抛弃了恐惧野蛮人的习惯。

"有关希腊人争取解放的业绩，我把普拉蒂亚③列在第三位，无论是参战人数，还是勇敢程度——说到底，这是拉栖代蒙人和雅典人共同努力的结果。

"所以，参加这些战役的人驱逐了巨大的危险。我们现在正在歌颂他们的勇敢，将来我们的后代也会歌颂他们。后来，【d】虽然仍有许多希腊城邦

---

① 萨拉米（Σαλαμία），海岛名。
② 阿特米西乌（Αρτεμισίῳ），地名。这次战斗发生于公元前 480 年—前 479 年，大流士之子薛西斯率波斯军队第二次入侵希腊本土。
③ 普拉蒂亚（Πλατία），地名。公元前 479 年波斯将领马多尼厄斯率兵侵犯希腊，希腊联军与侵略者决战于普拉蒂亚，以少胜多，取得决战胜利。

臣服于野蛮人，还有传闻说那位国王本人心里还想对希腊发动新的战争。因此，我们提起这些人也是对的，他们扫荡了大海，把野蛮人的军队彻底清除，使他们的先驱者为我们的解放事业所做的贡献臻于完成。他们是参加欧律墨冬① 河口海战的勇士、远征塞浦路斯② 的勇士，【e】以及远航到埃及③ 和其他地方的人。我们必须满怀感恩地提到他们，因为他们迫使那位国王当心自己的安全，不再策划毁灭希腊的阴谋。

【242】"就这样，为了保护我们自己和我们的希腊同盟者，整个城邦把这场抗击野蛮人的战争坚持到了最后。然而，一旦取得和平，城邦获得荣耀，就像成功者会招来妒忌一样，我们的城邦招来了邻邦的妒忌——通过妒忌又产生了怨恨。于是，她只好犹豫不决地与希腊人打仗。战争爆发的时候，为了波埃提亚④ 人的自由，雅典人与拉栖代蒙人在唐格拉⑤ 开战，【b】尽管战况不明，但后续的行动是决定性的。因为拉栖代蒙人在撤退的时候抛弃了那些他们前去帮助的人，但我们的人两天后在恩诺斐塔⑥ 取得了胜利，公正地让那些不公正地遭到流放的人回归。他们是波斯战争以后最先为希腊人的自由而战的人，以新的方式——【c】希腊人反对希腊人；由于他们证明了自己是勇士，解放了他们前去支援的那些人，他们是第一批被光荣地埋葬在这个公墓中的人。

"后来，一场大战⑦ 爆发，所有希腊人攻打我们的城邦，蹂躏我们的土地，对我们城邦曾经为他们做的事情恩将仇报，我们的国人在海上打败了

---

① 欧律墨冬（Εὐρυμέδων），河名。

② 塞浦路斯（Κύπρος），地名。

③ 埃及（Αἴγυπτ），这些军事行动大约发生在公元前 461 年—前 458 年。

④ 波埃提亚（Βοιωτία），地区名，位于希腊本土中部。

⑤ 唐格拉（Τανάγρα），地名，位于波埃提亚东部，公元前 457 年雅典人在此处被拉栖代蒙人打败。

⑥ 恩诺斐塔（Οἰνοφύτα），波埃提亚重镇。

⑦ 指伯罗奔尼撒战争的前半部分（公元前 432 年—前 421 年），亦称做"阿基达弥亚战争"，阿基达弥亚是一位斯巴达国王的名字。

他们，在斯法特里亚①俘虏了指挥他们的拉栖代蒙人将领，后来又饶恕了他们，【d】把他们遣送回家，缔结了和平。我们的国人认为，与同一民族的人打仗只要取胜就可以了，不必为了报复一个城邦而毁灭整个希腊的共同利益，而对付野蛮人就应当全面开战。参加这次战争而后被埋葬在这里的人值得赞扬，因为他们表明了，如果有人认为在从前那场对付野蛮人的战争中有其他人比雅典人还要勇敢，那么这不是真的。【e】当希腊人盛行内讧的时候，尽管在希腊人中间表现最好的是雅典人，但在这种情况下，他们表明雅典人会被希腊人自己征服，而希腊人曾经共同努力征服野蛮人。

"在这次和平之后，第三次战争②爆发——战争极为惨烈，【243】令人们所有的期盼破灭。许多勇士在战争中牺牲，长眠在这里。许多人在西西里海岸边倒下，为了林地尼③人的自由，他们曾在战争中多次竖起战利品。为了恪守誓言，他们渡海去这些地方保护林地尼人，而当他们的城邦发现由于距离太过遥远而无法及时增援他们的时候，他们放弃计划，遭遇了不幸。他们的敌人，尽管是对手，对他们的自制和勇敢的赞扬多于其他朋友。赫勒斯旁④海战中也有许多人牺牲，【b】他们在一次行动中就俘获了敌人的全部战船，此外还在多次交战中获胜。

"我之所以说这次战争极为惨烈，令所有期盼破灭，乃是由于其他极端妒忌我们城邦的希腊人竟然与他们最凶恶的敌人、那位国王谈判，当年被他们和我们共同联合驱逐出去的敌人又被他们请了回来，⑤联合起来对付我们的城邦。

【c】"就在这个时候，我们城邦的力量和勇敢光芒四射。她的敌人以为

---

① 斯法特里亚（Σφαγία），地名。此事发生在公元前 425 年，即伯罗奔尼撒战争的第七个年头。

② 希波战争算第一次。第三次战争指波罗奔尼撒战争的后半部分，战争爆发的起因是雅典派兵远征西西里，战争一直延续至公元前 404 年。

③ 林地尼（Λεοντῖνος），地名。

④ 赫勒斯旁（Ἑλλήσποντ），地名。

⑤ 公元前 412 年斯巴达人与波斯人联合进攻雅典人。

她已经被战争消耗殆尽，我们的舰船当时被困在米提利尼^①，但是，我们的公民自己组织了 60 条船前往救援。他们的勇敢得到世人公认，因为他们战胜了敌人，拯救了朋友。由于遭遇厄运，他们在海上遇难，未能埋葬在这里。^② 我们必须永远纪念他们，赞扬他们，【d】因为凭借他们的勇敢，我们不仅赢得了那场海战，而且赢得了整场战争。通过他们，城邦重新获得了不可战胜的名声，哪怕是整个世界都来攻打她，也不能取胜。这种信念是真实的。因为我们是被我们自己的内讧打败的，不是被其他人打败的；对于他们，我们时至今日仍旧立于不败之地，但是，我们征服了我们自己，我们用自己的手把自己打倒了。

【e】"后来，当战事平息、我们与领国和平相处的时候，内战^③ 在我们中间爆发，以这样的方式进行：如果人们命中注定要打内战，那么没有人能够期盼他的城邦免遭其他城邦的打击。多么令人欢欣鼓舞，多么自然——与其他希腊人的期盼形成鲜明对照——来自庇莱乌斯^④ 的公民与雅典城里的民众达成了和解！他们中止了讨伐在厄琉息斯^⑤ 的那些人的战争，表现出极大的节制！

【244】"凡此种种事件发生的唯一原因在于他们拥有真正的同胞之情，这种情感给他们基于血缘关系的友谊提供了坚实的基础，这种友谊不仅是言辞，而且是事实。我们也必须纪念在这场战争中死于相互之手的人和试图通过仪式达成协和的人，就如我们今日所为——祈祷和献祭——向冥府众神祈祷，他们掌管死者，因为我们自己也是被和解的。他们不是出于恶意或敌意

---

① 米提利尼（Μυτιλήνη），地名，该战役发生在公元前 407 年。

② 公元前 406 年阿基努斯群岛战役，雅典战胜斯巴达，但损失了 25 艘战船的全部兵员。

③ 这场内战指公元前 403 年，三十僭主寡头统治，恢复雅典民主制，时值伯罗奔尼撒战争末期，他们在斯巴达的帮助下掌权。

④ 庇莱乌斯（Πειραιῶς），阿提卡半岛西部的一个港口，距离雅典约四哩。

⑤ 厄琉息斯（Ἐλευσῖς），地名，公元前 404 年，三十僭主在雅典执政 18 个月后被逐往厄琉息斯。

才相互攻伐，【b】而是由于遭遇不幸才进行还击。我们这些仍旧活着的人自己可以作证，我们属于同一种族，已经为我们过去所做的事情和我们承受的事情相互宽恕。

"在那之后，我们获得了完全的和平，我们的城邦得享安宁。她原谅了那些野蛮人；她已经沉重地打击了他们，而他们也元气大伤。但是希腊人激起了她的愤怒，因为她想起这些人如何以怨报德，【c】——通过勾结野蛮人，剥夺她的战船，而这些战船曾经救援他们，还要拆毁城墙，而正是我们的城墙曾经使他们的城墙免于被拆毁。① 城邦制定了一项政策，不再保卫被奴役的希腊人，无论是各城邦之间相互奴役，还是被野蛮人奴役，并依此行事。所以，由于这是我们的政策，【d】拉栖代蒙人认为我们这些自由卫士已经倒下，他们现在要做的事情是奴役其他希腊人，以此为他们的主要目标。

"我干吗还要继续讲这个故事呢？从现在起，我不再讲述从远古直到我们上一代所发生的事情。我们自己全都记得，希腊的主要部族——阿耳戈斯人、波埃提亚人、科林斯② 人——如何在惊恐万状之下感到需要我们城邦，最为神奇的是，连那位国王也感到困惑，他的拯救不是起于别处，而是来自这个城邦，而他曾经疯狂地想要摧毁这个城邦。

【e】"事实上，如果有人想要公正地指责我们的城邦，那么他可以正确地指责她，说她始终过于富有同情心，总是热心地帮助弱者。尤其是当前这个时期，她不能坚持恪守她制定的政策——【245】亦即拒绝帮助那些受到奴役，但以往曾不公正地伤害过她的那些城邦。正好相反，她还是伸出援手，前去救援，把希腊人从奴隶制下解放出来，使他们获得自由，直到他们再次奴役他们自己的同胞。另一方面——出于对那些在马拉松、萨拉米、普拉蒂亚竖起战利品的胜利者的尊重——她不能忍受亲自去帮助那位国王，而

---

① 为了抵抗薛西斯的侵略，雅典人放弃了他们的城墙，转移到海上，用战船组成"木头城墙"，打击侵略者，如希波战争期间萨拉米海战中所为。斯巴达在伯罗奔尼撒战争结束时的和平条款中提出要拆毁雅典城墙和战船。

② 科林斯（Κορίνθια），城邦名。

是只允许那些流放者和雇佣兵去帮助他，大家都赞同她是这位国王的救星。在重修城墙和战船以后，【b】她接受了对她发动的战争，她这样做是被迫的，为了帕罗斯①人对拉栖代蒙人作战。

"那位国王看到拉栖代蒙人在海战中已经无法支持下去，开始害怕我们的城邦。出于想和我们断绝联系的愿望，他要我们放弃拉栖代蒙人从前交给他的在亚细亚大陆上的希腊人，②作为继续与我们和其他同盟者结盟的代价。他之所以这样做，【c】乃是因为他相信我们会拒绝这项要求，这样他就可以用这个借口与我们断绝同盟。他对其他结盟者的估计也是错的；科林斯人、阿耳戈斯人、波埃提亚人以及其他城邦愿意把那些在亚细亚的希腊人交给他，并愿意与他发誓订立条约，只要他能支付一笔钱，他们就会把这些在亚细亚大陆上的希腊人交给他。但只有我们城邦不愿这样做，不肯出卖他们或者立下誓言。这就是我们这个城邦高尚的地方，我们的自由精神是健全的、健康的，我们对野蛮人从心底里感到厌恶，【d】因为我们是纯种希腊人，没有混杂一点儿蛮夷的污点。这是由于那些按出生是野蛮人、按法律是希腊人的部落——珀罗普斯、卡德摩斯、埃古普托斯、达那俄斯的后代，③——不住在我们中间。我们单独居住——我们是希腊人，而非半个野蛮人。因此，我们的城邦充满对外族人的强烈憎恨。

"就这样，我们发现自己再次受到孤立，【e】因为我们拒绝犯下可耻的、亵渎神灵的罪行，把希腊人交给野蛮人去处置。于是我们又落入从前导致我们战败的相同境地，然而这一次，有神明的庇佑，战争的结局比上一次要好：我们与盟邦的联系虽然被切断，但我们没有失去战船、城墙、殖民地。由于这个原因，我们的敌人对于能够缔结和平也非常高兴！但是，【246】我

---

① 帕罗斯（Πάρος），爱琴海上的一个岛屿。

② 公元前412年，斯巴达人引入波斯人参加伯罗奔尼撒战争，打击雅典人。

③ 珀罗普斯（Πέλοπες）、卡德摩斯（Καδμείους）、埃古普托斯（Αἴγυπτος）、达那俄斯（Δαναοίς），均为传说中某些希腊城邦国家的国王或王子。许多希腊城邦都有探险家，在建城的传说中，珀罗普斯来自小亚细亚，在迈锡尼建城，卡德摩斯来自腓尼基，在底比斯建城，埃古普托斯和达那俄斯来自埃及和利比亚，在阿耳戈斯建城。

们在这场战争中失去了许多勇士，比如在科林斯险恶的战场上牺牲的人，在莱卡乌姆[①]叛乱中遇难的人。还有，在困境中解救过那位国王的人、把拉栖代蒙人逐出大海的人也是非常勇敢的。我要提醒你们和我一道，赞美他们，荣耀他们。

"事实上，这就是长眠于此的勇士们的业绩，是那些为雅典牺牲的勇士们的行为。我已经对他们做了许多赞颂，但是可讲的事迹还有很多，更加精彩；【b】要想逐一细说，那是许多个昼夜都不够的。所以我们必须纪念牺牲者，就像在战争中一样，每个人都要鼓励他们的后代，要他们不要辱没先辈的英名，不要胆怯，不要退却。所以，勇士的儿子们，我今天已经对你们进行了鼓励，【c】但凡今后有机会遇见你们，我还要不断提醒你们，鼓励你们，使你们努力成为勇士。

"在这样的场合，我有义务转达我们的父亲对在家里的人的嘱咐，每一次要冒生命危险的时候，他们总是命令我们这样做，因为他们知道自己有可能牺牲。我要把我自己从他们那里听来的话转告你们——按照他们话语来判断——如果他们现在还活着，也会乐意讲给你们听的。无论我对你们说了什么，你们一定要想象你们是在听他们讲话。下面就是他们的嘱咐：

【d】"'孩子们，当前情况表明，你们是勇敢的父亲所生。与其卑贱地活着，我们宁可高尚地去死，不愿使你们和你们的后代受到指责，也不愿辱没我们的父辈和祖宗。我们认为，给他的家族带来耻辱的人纵然活着也等于死人，我们认为，凡人也好，众神也罢，没有一个会成为这种人的朋友，无论是活在这个世界上，还是死后去下面那个世界。

"'所以，你们必须记住我们说的话，无论做什么事，【e】都要凭借勇敢去实现，要知道，没有勇敢，所有财富和生活方式都是可耻的，卑鄙的。因为，财富不会给胆小鬼带来荣耀，这种人的财产实际上属于别人，不属于他

---

① 莱卡乌姆（λεχαίων），地名。

自己，身体的美貌和膂力也不会给人带来荣耀，尽管胆小鬼身上好像有这些东西。正好相反，它们只会使人更加明白他是个什么样的人，他有多么胆怯。还有，【247】一切知识若与正义和其他美德相分离，均可视为欺诈，而非智慧。

"'由于这些原因，你们要始终坚定不渝地勇敢行事，以各种方式全面超越我们和我们祖先的荣耀。如果你们不这样做，那么可以肯定，如果我们在勇敢方面超过你们，我们的胜利会给我们带来耻辱；如果我们被你们超越了，我们的失败会给我们带来快乐。给我们带来失败、【b】给你们带来胜利的最确定的方式是你们自己做好准备，决不要辱没或浪费你们祖先的卓越名声，因为你们要明白，对一个有自尊的人来说，不是由于他自身的功绩，而是由于他祖先的荣耀而受到赞扬，这是一种耻辱而不是光荣。祖先的光荣对后代来说是一个高尚而珍贵的宝库，但若只是享用宝库中的财富和荣耀，不能将之传给后代，因为自己既不去获取，又缺乏公众的认可，那么这样做是可耻的，怯懦的。【c】如果你们按照我们的告诫去生活，那么当命运要你们到我们这里来的时候，我们会把你当做朋友来接待；但若你不听我们的建议，像胆小鬼那样行事，那么没有人会欢迎你。要你转达给我们的儿子的话就说到这里。

"'至于对我们那些仍旧还活着的父母，应当不停地鼓励他们忍受悲哀，要他们平静地对待我们的死亡，不要聚在一起伤心。【d】因为他们能够忍受降临于他们的不幸，这些不幸足以使他们悲伤，不需要别人再来激发。比较好的办法是治疗和抚慰他们，提醒他们众神已经回答了他们最虔诚的祈祷。因为他们没有祈求让他们的儿子永生，而是祈求让他们的孩子勇敢和荣耀。这就是——最大的恩惠——他们得到的东西。凡人要在今生拥有一切是不容易的，不能期待一切如意。

"'如果他们勇敢地承受悲伤，那么他们真的就是勇敢的儿子们的父亲，他们自己也是勇敢者；【e】如果他们过于悲哀，那么会给人们的怀疑提供理由，要么他们不是我们的父亲，要么人们对我们的赞扬是错的。这两种情况一定不要发生。正好相反，他们必须成为我们的颂扬者，表明他们自己也是真正的人，是真正的人的真正的父亲。"切勿过度"一直被认为是一条极好的谚语——因为它确实极好。因为，人的一生的最佳安排，或者全部安排，就是依靠自己来提升幸福。【248】这样的人生活好坏不依赖其他人，不听凭命运摆布；这样的人是有节制的，是勇敢的和聪明的。财产来而复去，子女得而复失，他都会记住那句谚语；因为他依靠自己，不会过度欢乐，也不会过度悲伤。

【b】"'这种人就是这样，我们期待我们的父亲是这样的人，我们希望他们是这样的人，我们说他们是这样的人。还有，这也是我们自己现在要做的事——既不要太悲伤，也不要太害怕，哪怕我们的死期降临。我们恳求我们的父母带着这样的情感度过余生。我们想要他们知道，对我们唱挽歌和痛哭不会给我们带来专门的快乐。正好相反，如果死者还能感知活人的事，【c】那么使我们最不高兴的事情是他们伤害自己和过度悲哀。而听到他们平静而有节制地承受痛苦会使我们开心。这时候我们的生命会有一个结局，这对凡人来说是最高尚的，所以更为恰当的事情是庆祝而不是悲哀。只要照料和抚养我们的妻子和儿女，把心思转移到对活人的关心上来，他们很快就会忘记不幸，【d】更加高尚地生活，更加正直地生活，与我们的希望更加一致。

"'对我们的父母要说的话就是这些。这个城邦——我们要勉励她照料我们的父母和子女，要她教育我们的子女珍惜我们年迈的父母，如果我们真的不知道城邦会很好地照料他们——不需要我们的任何告诫。'

【e】"孩子们，父母们，死去的勇士命令我把这些话告诉你们，我已经十分用心地说了。就我自己而言，以这些勇士的名义，我请求他们的儿子效仿他们，我恳求他们的父亲要对自己有信心，要知道，我们，作为个人和作为社团，都会珍惜你们的老年，照料你们，无论在任何地方，我们中的任何人遇上了你们中的任何一位。无疑，你们自己也明白城邦对你们的关心：她已经制定了法律，由城邦来供养战死者的家属，城邦会照顾他们的子女和父母。【249】与其他由城邦供养的公民相比，照料这些勇士的父母，使他们免受不公正的对待，更是最高行政当局的主要职责。城邦本身帮助抚养烈士的遗孤，尽力使他们不感到自己是孤儿。他们尚未成年的时候，城邦对他们起着父亲的作用。等他们成年以后，城邦就会给他们各自配上重装步兵的全副盔甲，指派他去担负终生的使命，把他父亲使用过的武器交给他，借此告诉和提醒他父亲走过的道路，【b】与此同时，为了征兆的缘故，允许他第一次去祖宗的灶台，那里摆放着各种兵器，在那里他成为一家之主。①

"至于那些死难者本身，城邦决不会忘记荣耀他们，每年都为他们举行公祭，又对每位烈士分别给予祭奠，此外还举行竞技、赛马、音乐等各项比赛。很简单，对死者来说，【c】城邦以儿子和后嗣的身份自居；对死者的儿子来说，城邦以父亲的身份自居；对死者的父母和长辈来说，城邦以保护人的身份自居；城邦对他们全都担负起完全和持久的责任。

"想到这一点，你们应当更加耐心地忍受你们的悲哀，这样你们就能使死难者和活着的人都感到高兴，你们的悲哀也就更容易抚慰和治愈。你们大家都已经按照习俗对死者表示了哀悼，现在可以回去了。"

【d】美涅克塞努，你已经听到了米利都的阿丝帕希娅的演说词。

美　宙斯在上，苏格拉底，你的阿丝帕希娅确实非常幸运，她是一个女人，竟然能够创作这样一篇演说词。

苏　如果你有怀疑，可以跟我一起去听她演讲。

美　我经常和阿丝帕希娅说话，我知道她是个什么样的人。

苏　那好吧，难道你不崇拜她、对她的演讲不表示感谢吗？

美　我崇拜她，苏格拉底，我非常感激这篇演讲——【e】对她，或者对向你复述这篇演讲的人。还有，我感谢把这篇演讲讲给我听的人，为了这

---

① 雅典在大狄奥尼修斯节庆期间，让战死者家属中已成年的儿子身穿重装步兵的盔甲，在剧场与民众见面，此后成为一家之主，掌管家庭和家产。

件事，也为了他的其他许多帮助。

苏 很好，但你一定别把我出卖了，这样的话，我以后还会把她许多精美的政治演说词告诉你。

美 放心吧。我不会的。只是，你一定要告诉我。

苏 好吧，一言为定。

小希庇亚篇

提　要

　　本篇是柏拉图的早期作品，以谈话人希庇亚的名字命名。柏拉图有两篇对话，都叫"希庇亚"，较长的称做《大希庇亚篇》，较短的称做《小希庇亚篇》。亚里士多德引述过《小希庇亚篇》，但没有提及作者的名字。一般认为《小希庇亚篇》是柏拉图的真作，因为从亚里士多德时代起人们就一直这么看，而《大希庇亚篇》则是伪作。公元1世纪的塞拉绪罗在编定柏拉图作品篇目时，将本篇列为第五组四联剧的第四篇，称其性质是"驳斥性的"，称其主题是"论虚假"。①"虚假"一词的希腊文是"ψευδής"。这个词的释义有"假"、"错"、"撒谎"，等等。这个希腊词的反义词是"ἀληθής"（真、对、真实、诚实）。谈话篇幅较短，译成中文约1.2万字。

　　谈话可以分为三个部分：第一部分（363a—365d），交代谈话场景，引出主题。希庇亚是一位伟大的智者，在奥林比亚赛会上展示自己的演讲才能。表演过后，苏格拉底要求希庇亚进一步解释他对荷马史诗中的两位英雄阿喀琉斯和奥德修斯的看法。希庇亚对自己的智慧充满自信，声称"从未发现有任何人在任何事情上比我强"。（364a）希庇亚说，荷马在史诗中认为阿喀琉斯是攻打特洛伊的希腊英雄中"最优秀，最勇敢的"，是诚实的，而奥

---

① 参见第欧根尼·拉尔修：《名哲言行录》3：60。

德修斯是"聪明的",是撒谎者,不讲真话。希庇亚同意荷马的看法,认为诚实和说谎是对立的,同一个人不能既是诚实的,又是撒谎者。

第二部分(365d—369b),讨论诚实和说谎的关系。苏格拉底对希庇亚的观点提出质疑。苏格拉底指出,撒谎者是有能力的人,没有能力的人不能撒谎,撒谎者是有知识的人,最能就事物说真话,也最能就事物说假话;在任何学问和技艺中,同一个人可以既是诚实的,又是撒谎者,既说真话,又说假话。在苏格拉底的追问下,希庇亚承认自己没有能力找到诚实与说谎对立的事例。

第三部分(369c—376c),揭示有意和无意、自觉和不自觉的矛盾。希庇亚坚持认为,阿喀琉斯是诚实的,他撒谎是无意的,不自觉的;奥德修斯无论是在说真话还是在撒谎,都是有意的,自觉的;无意撒谎者比有意撒谎者要好。苏格拉底说自己一开始的想法与希庇亚完全对立,然后又认为自己的想法太轻率,需要进一步讨论"自觉做坏事的人好,还是不自觉地做坏事的人好"这个问题。(373c)经过一番推论,他们答出"那些自觉地作恶的灵魂比那些不自觉地作恶的灵魂要好"这样的结论。(375d)希庇亚和苏格拉底都表示不能接受这个结论。苏格拉底说,普通人在这些事情上摇摆不定,不足为奇,但像希庇亚这样的聪明人也这样,那真是太可怕了!

正 文

谈话人:欧狄库、苏格拉底、希庇亚

欧 【363】你为何不说话,苏格拉底,在希庇亚①做了一番展示之后?你为什么不和我们一道赞扬他所说的某些观点和事情,或者对某些事情进行考察,如果你感到有什么事情他说得不好——尤其是,大多数声称要来分享哲学训练的人已经离开,只剩下我们自己了?

---

① 希庇亚(Ἰππίας),智者,谈话人。

苏 确实如此，欧狄库①，【b】希庇亚刚才谈论荷马时提到的有些事情我想再听听。因为你父亲阿培曼图②曾经说荷马的《伊利亚特》比《奥德赛》要好，就好比阿喀琉斯③比奥德修斯④要好；他说，这两部诗歌一部是关于奥德修斯的，另一部是关于阿喀琉斯的。我想就此再提些问题，如果希庇亚愿意。对这两个人他是怎么想的？【c】他们中的哪一位他认为更好？因为在刚才的展示中他已经把所有事情都告诉我们了，有关其他诗人的事和有关荷马的事。

欧 希庇亚显然不会拒绝回答你向他提出的任何问题。对吗，希庇亚？如果苏格拉底问你一些事，你愿意回答，还是不愿意回答？

希 噢，如果我不愿意，那就太奇怪了，欧狄库。每逢希腊人在奥林比亚⑤举行庆典，【d】我都要从埃利斯⑥的家中去那里的神庙，应邀在那里讲话，谈论任何我准备展示的主题，回答任何问题，只要有人想问。现在我几乎不可能不回答苏格拉底的问题。

苏 【364】你的心灵状态确如天神一般，希庇亚，如果你每次去奥林比亚神庙都对你的灵魂的智慧充满自信！如果有体育运动员去那里参加竞赛，也能对他的身体无所担忧，充满自信，就像你所说的对你的理智一样，那么我会感到惊讶！

希 我处于这样的心灵状态是合理的，苏格拉底。从我参加奥林比亚竞技会的比赛开始，我从未发现有任何人在任何事情上比我强。

苏 【b】答得好，希庇亚。你的名望对埃利斯城邦和你的父母来说是一座智慧的丰碑。不过，关于阿喀琉斯你对我们是怎么说的？你说他们哪一位比较好，在什么方面？刚才你演讲的时候有很多人在场，尽管我不明白你

---

① 欧狄库（Εὔδικυς），谈话人，也出现在《大希庇亚篇》。
② 阿培曼图（Απημάντος），欧狄库之父。
③ 阿喀琉斯（Αχίλλειος），荷马史诗中的希腊联军大英雄。
④ 奥德修斯（Οδσσεύς），荷马史诗中的希腊联军英雄。
⑤ 奥林比亚（Ολυμπία），地名。
⑥ 埃利斯（Ἠλεῖος），地名。

说的事情，但我对要不要向你提问犹豫不决。刚才人太多了，我不想由于提问而妨碍你的表演。而现在，只有我们几个，欧狄库又催着要我向你提问，【c】所以，你就说吧，清楚地对我们进行一番指导。关于这两个人，你是怎么说的？你如何区分他们？

希　好吧，我也很高兴能比刚才更加清楚地向你解释我对这些人和其他人的看法。我说荷马把阿喀琉斯说成那些去特洛伊①的人中间"最优秀和最勇敢"的人，把涅斯托耳②说成最聪明的人，把奥德修斯说成最狡猾的人。

苏　你在说什么？希庇亚，如果我难以理解你的话，经常重复我的问题，【d】你能帮个忙，不笑话我吗？请你试着温和地、好脾气地回答我。

希　苏格拉底，我收费授徒，如果我本人不能仁慈地对待你的提问，温和的加以回答，那是我的耻辱。

苏　说得好。说实话，当你说这位诗人把阿喀琉斯说成"最优秀和最勇敢"的人，把涅斯托耳说成最聪明的人的时候，【e】我想我懂你的意思。但是当你说他把奥德修斯说成最狡猾的人的时候——嗯，说实话，我完全不明白你这样说是什么意思。不过，告诉我这一点吧，也许能使我理解得好些。荷马没把阿喀琉斯说成狡猾的吗？

希　肯定没有，苏格拉底，而是说他最朴素、最诚实；因为在那段所谓"祈祷词"中，他让他们交谈，阿喀琉斯对奥德修斯说：【365】"拉埃尔特③之子、宙斯的后裔、足智多谋的奥德修斯，我会把心里想要做的事明明白白地说出来，我相信我一定会这样做。有些人心里想的是一回事，嘴上说的是另一回事，这种人就像哈得斯④的大门那样可恨。【b】而我心里怎么想，嘴上就怎么说。"⑤在这几行诗中，他清楚地揭示了他们各自的行为方式，阿喀

---

①　特洛伊（Τροία），地名。
②　涅斯托耳（Νέστωρ），荷马史诗中的希腊联军英雄。
③　拉埃尔特（Λαερτες），奥德修斯之父。
④　哈得斯（Άιδης），亦译冥府。
⑤　荷马：《伊利亚特》9：308—310，312—314。这段"祈祷词"的场景是奥德修斯、福尼克斯、埃阿斯恳求阿喀琉斯平息愤怒，重返战斗。

琉斯是诚实的，朴素的，而奥德修斯是狡猾的，是撒谎者[①]；因为他让阿喀琉斯对奥德修斯说了这些话。

苏　现在，希庇亚，我也许懂你的意思了。你的意思是狡猾的人是撒谎者，或者像撒谎者。

希　【c】确实如此，苏格拉底。荷马在许多地方都把奥德修斯说成这种人，既在《伊利亚特》，又在《奥德赛》当中。

苏　所以看起来，荷马认为诚实的人是一种人，撒谎者是另一种人，他们不是同一种人。

希　他怎能不这样想，苏格拉底？

苏　你自己也这样想吗，希庇亚？

希　当然，苏格拉底，如果我有别的想法，那岂不是很奇怪？

苏　【d】那么我们不谈荷马了，因为我们不可能去问他写下这些诗句时是怎么想的。但由于你显然接下了这件事，对你所说的他的意思表示同意，那就由你来代表荷马和你自己来回答我的问题。

希　好吧。不管问什么，请尽量简短。

苏　你认为撒谎者，就像病人一样，没有能力做任何事情，还是有能力做某些事情？

希　我说他们非常有能力做许多事情，尤其是骗人。

苏　【e】所以，按照你的论点，他们好像既是有能力的，又是狡猾的。对吗？

希　对。

苏　他们是狡猾的，是骗子，是由于愚蠢和笨拙，还是由于狡诈和某种理智？

希　肯定是由于狡诈和理智。

苏　所以他们好像是理智的。

---

① 或译为"说了假话的人"，无论其主观意向是否欺骗。

希　对，宙斯在上。他们非常精明。

苏　既然他们是理智的，他们不知道他们在做什么，还是知道他们在做什么？

希　知道得很。这就是他们干坏事的方式。

苏　明白他们知道的事，那么他们是无知的，还是聪明的？

希　【366】当然是聪明的，至少在这些事情上：欺骗。

苏　停一下。让我们回忆一下你说了些什么。你主张撒谎者是有能力的，有理智的，有知识的，在他们撒谎的这些事情上是聪明的，是吗？

希　我是这么主张的。

苏　诚实者和撒谎者不同，相互之间完全对立吗？

希　我是这么说的。

苏　那么好吧。按照你的论点，撒谎者是有能力的人，聪明的人。

希　当然。

苏　【b】当你说撒谎者在这些事情上是有能力的，聪明的时候，你的意思是他们有能力撒谎，如果他们想要撒谎的话，还是在他们是撒谎者的事情上没有能力？

希　我的意思是他们有能力。

苏　那么，简言之，撒谎者是聪明的，有能力撒谎。

希　对。

苏　所以，一个没有能力撒谎和无知的人不会是个骗子。

希　对。

苏　【c】但是一个人，当他想做某事的时候就能做，这样的人是有能力的。我的意思是，有些人受阻于疾病或其他类似的事情不能这样做，有些人，比如你，要是愿意，就有能力写下我的名字。你有能力做这件事，只要你想做。这就是我的意思。或者，你不会说这样的人是有能力的吧？

希　我会这样说。

苏　现在告诉我，希庇亚，你不是精于计算和算术吗？

希　我对所有这些都极为精通，苏格拉底。

苏　所以如果有人问你，七百的三倍是多少，如果你愿意，你难道不会马上把正确答案告诉他吗？

希　【d】当然会。

苏　因为你在这些事情上是最能干，最聪明的吗？

希　是的。

苏　那么，你仅仅是最有能力的，最聪明的，还是你在这些你是最有能力，最聪明的事情上也是最优秀的，也就是在算术中？

希　当然也是最优秀的，苏格拉底。

苏　那么关于这些事情，你最有能力说真话吗？

希　【e】我认为是这样的。

苏　但对同样这些事情，你能说假话吗？请你仍以到现在为止表现出来的坦率和宽宏大量的态度来回答，希庇亚斯。假如有人问你三乘七百是多少，而你想要撒谎，始终一贯地说这些事情的假话，【367】那么你能极好地撒谎吗？或者说，对计算一无所知的人比你更有能力撒谎，如果他希望这样做的话？你不认为，无知者经常不自觉地说了真话，当他希望说假话的时候，如果发生这种情况，乃是因为他不懂；而你，一个聪明人，如果希望撒谎，你能始终一贯地撒谎吗？

希　能，事情就像你说的一样。

苏　那么，撒谎者在其他事情上撒谎，而不对数字撒谎——对数字他不会撒谎吗？

希　不，宙斯在上，对数字他也撒谎。

苏　【b】所以我们应当坚持这一点，希庇亚，有这样的人，他对计算和数字撒谎。

希　是的。

苏　谁会是这个人？他一定没有能力撒谎吗，如你刚才同意的那样，如果他想要成为一名撒谎者？如果你记得，你说过一个没有能力撒谎的人决不会变成撒谎者。

希　我记得。我说过。

苏　你刚才不是说你最有能力在计算方面撒谎吗？

希　对。我也说过这样的话。

苏　【c】那么，你也最有能力在计算方面说真话吗？

希　当然。

苏　那么同一个最有能力人对计算既能说假话又能说真话。这个人在这些事情上是好的，是算术家，是吗？

希　是的。

苏　那么谁在计算方面成了撒谎者，希庇亚，这个好人以外的其他人吗？因为这个人也是有能力的，诚实的。

希　显然如此。

苏　那么，你看到同一个人对这些事情可以既是撒谎者又是诚实的，【d】诚实者并不比撒谎者好到哪里去吗？确实，诚实者和撒谎者是同一个人，二者并非完全对立，如你刚才所假设的那样。

希　好像不是对立的，至少在这个范围内。

苏　那么，你希望考察其他范围吗？

希　如果你想要。

苏　你对几何不也很擅长吗？

希　是的。

苏　那么好，在几何学中不也是一样的吗？同一个人不是最有能力对几何图形既说真话又说假话，也就是说，他就是几何学家吗？

希　是。

苏　还有其他人在这些事情上是好的，① 或者是几何学家吗？

希　【e】没有其他人了。

---

① 在某些事情上好，亦即擅长做这些事情。

苏　那么这个好的、聪明的几何学家在这两个方面最有能力，不是吗？如果说有人能对图形说假话，那就是这个人，这个好的几何学家，是吗？因为他有能力撒谎，而坏人是没有能力的；一个没有能力撒谎的人不能成为撒谎者，如你所承认的那样。

希　对。

苏　让我们来考察第三个人，天文学家，【368】你认为对他的技艺你知道得比前面那些人的技艺更好，对吗，希庇亚？

希　对。

苏　天文学中不也存在相同的情形吗？

希　可能是这样的，苏格拉底。

苏　在天文学中也是这样，如果有谁是撒谎者，那一定是那个好天文学家，他有能力撒谎。而一定不会是那个没有能力的人，因为他是无知的。

希　好像是这种情形。

苏　所以同一个人在天文学中既是诚实的又是撒谎者。

希　好像是这样的。

苏　【b】那么来吧，希庇亚。让我们对所有学问做相似的考察。看有什么学问与我们说过的这些学问不同，或者全都是这个样子？我知道你在许多门技艺中都是最聪明的人，因为我曾听到你为此而自夸。在市场上，在钱庄老板的桌边，你谈论你那伟大的、令人妒忌的智慧。你说你有一次去奥林比亚，身上所有东西都是你自己制造的。首先，你戴的戒指——你从这样东西开始说起——是你自己的作品，【c】表明你懂得如何雕刻戒指。另外有一枚印章，也是你的作品，还有一块刮身板①和一个油瓶，是你自己造的。然后你说，你自己切割皮子做了你现在穿在脚上的这双凉鞋、自己织布做了这件斗篷和外衣②。最令所有人感到非比寻常的，展示出最伟大的智慧的，是

---

①　一种工具，用来刮除体育训练以后为清洗汗水和泥土涂在皮肤上的橄榄油的残渣。

②　希腊人长达膝盖的短袖束腰外衣。

你外衣上镶的花边，很像最昂贵的波斯花边，也是你自己做的。除了这些东西，你说你还带来了诗歌——史诗、悲剧、【d】酒神颂歌以及各式各样的散文作品。你说你带来知识，这种知识使你在我刚才提到的所有科目中出人头地，还有韵律、谐音、订正字母，此外还有许多事情，如果我还记得。噢，我好像忘了提起你的记忆术，你认为自己在这方面是最出色的。我假定，【e】我还忘了其他许多事情。但是，我要说，看一下你自己的技艺——它们已经足够了——还有其他人的技艺，告诉我，你是否发现有任何事例，在其中一个人是诚实的，而另一个人（注意区别，不是同一个人）【369】是撒谎者。找一个事例，无论用你的什么智慧，或者你要是喜欢，叫它罪恶也可以，或者随便你怎么叫它；但是你找不到，我的朋友，因为根本不存在这样的事例。所以，你说吧！

希　但是，我做不到，苏格拉底；至少，我现在做不到。

苏　我想，你决无可能做到。但若我说的是真的，你应当记得从我们的论证中可以推论出来的结果。

希　我完全不明白你的意思，苏格拉底。

苏　我假定这是因为你没有使用你的记忆术；你显然认为现在你不需要。不过，我会提醒你的。【b】你记得你说过阿喀琉斯是诚实的，而奥德修斯是撒谎者，是狡猾的吗？

希　我说过。

苏　那么你现在明白了，我们已经发现这同一个人既是撒谎者又是诚实的，所以如果奥德修斯是撒谎者，那么他也变成了诚实的，如果阿喀琉斯是诚实的，那么他也变成了撒谎者，所以，这两个人不是相互不同的，也不是相互对立的，而是相同的，是吗？

希　噢，苏格拉底！你老是在编造论证之网。【c】你把论证最困难的地方挑出来，纠缠这些细节，而不就整个主题展开讨论。所以，现在，如果你愿意，我会用充足的论据向你证明，荷马把阿喀琉斯说得比奥德修斯好，不是撒谎者，而把后者说成是骗人的，撒了许多谎，比阿喀琉斯要坏。然后，如果你愿意，你可以提供一项与我的论证相匹配的论证，以证明奥德修斯较好。以这种方式，在场的人就能比以前更加明白我们中间谁讲得比较好。

苏 【d】希庇亚，我不质疑你比我聪明，但这是我的习惯，别人说了些什么，我就密切注意他，尤其是说话者在我看来是聪明的。这是因为我想要了解他的意思，我不停地向他提问，对他说的事情逐一加以考察，这样我自己就能弄明白了。如果说话者在我看来是个没有价值的人，那我既不会提问，也不在意他说了些什么。用这种方法，你能知道我把哪些人当做聪明人。【e】你会发现我谈到这类人的时候是一贯的，我不停地向他提问，这样才能从中获益，学到某些东西。所以，我注意到，你在刚才的讲话中引述的那些诗句——阿喀琉斯对奥德修斯说话，表明奥德修斯好像是个骗子——在我看来是荒谬的，如果你说的对，【370】那么我们不能在任何地方把奥德修斯（狡猾的这一个）人描绘成骗子，并且按照你的论证，阿喀琉斯才应当被描绘成狡猾的。在任何情况下，他都撒了谎。他先说了你刚才复述过的那些话："有些人心里想的是一回事，嘴上说的是另一回事，这种人就像冥王的大门那样可恨。"①【b】稍后，他说自己不会听从奥德修斯和阿伽门农②的劝告，也不会留在特洛伊。他又说："明天我会向宙斯和全体天神献祭，然后我会把船只装上货物，拖到海上。只要你愿意，这样的事还值得你关心，那么你就会看到，拂晓时我的船就会航行在多鱼的赫勒斯旁③海上，【c】我的人热心划桨；要是那位闻名的震撼大地的海神赐我顺利的航行，第三天我就能到达土地肥沃的弗提亚。"④ 还有，在此之前，他在辱骂阿伽门农时说："我现在要回弗提亚，带着我那些有着鸟嘴形船头的战船，那样要好得多，【d】我可不想在这里忍受侮辱，为你挣得财产和金钱。"⑤ 尽管他说了这

---

① 荷马：《伊利亚特》9：308。

② 阿伽门农（Ἀγαμέμνον），迈锡尼国王，攻打特洛伊时的希腊联军统帅。

③ 赫勒斯旁（Ἑλλήσποντ），地名。

④ 荷马：《伊利亚特》9：357—363。"震撼大地的海神"指波赛冬。弗提亚（Φθία），神话中的冥府福地。

⑤ 荷马：《伊利亚特》1：169—171。

些事情——一次当着全军的面，一次当着他的同伴的面——但他没有在任何地方准备或者企图拉走战船，航行回家。倒不如说，他表现出一种对说真话的高度蔑视。所以，希庇亚，我从头到尾都在向你提问，【e】因为我感到困惑，诗人对这两个人的刻画哪一个更好，我想他们两位都是"最优秀的和最勇敢的"，很难辨别哪一位更好，不仅涉及他们哪一个在说真话，哪一个在撒谎，而且也涉及美德；因为在这个方面，两个人也差不多。

希　那是因为你没有正确地看待这个问题，苏格拉底。阿喀琉斯说谎的时候，他被刻画为撒谎，但不是有意的，而是无意的，他被迫待在军中，等这支军队遭遇不幸的时候提供帮助。而奥德修斯撒谎是有意的，有目的的。

苏　你在欺骗我，亲爱的希庇亚，你在模仿奥德修斯！

希　【371】完全不是，苏格拉底！你什么意思？你指什么？

苏　我指你说阿喀琉斯撒谎不是有意的——他也是这样的一个骗子和阴谋家，还要加上他的欺诈，如荷马所说的那样。他表现得比奥德修斯还要聪明，很容易就把奥德修斯骗了而不被察觉，面对奥德修斯，他自相矛盾，而奥德修斯竟然没有察觉。不管怎么说，奥德修斯没有被刻画成对阿喀琉斯说了些什么，【b】表明他察觉到阿喀琉斯撒了谎。

希　你在说什么，苏格拉底？

苏　你难道不知道，他在对奥德修斯说自己拂晓时就要起航回家以后，他对埃阿斯没有说自己要起航回家，而是另一种说法？

希　他在哪里说的？

苏　在那些诗句中，他说："在英勇的普利亚姆①之子、【c】神一般的赫克托耳②杀死阿耳戈斯人，放火烧毁密耳弥冬③人的营帐之前，我不会准备参加这场流血的战争。但我怀疑，尽管赫克托耳渴望打仗，但他一定会在我

---

①　普利亚姆（Πρίαμος），人名，特洛伊国王。
②　赫克托耳（Ἥκτωρ），人名，特洛伊王子。
③　密耳弥冬（Μυρμιδόν），地名。

的营帐和黑色的船只前停下来。"①【d】所以，希庇亚，你认为这位忒提斯②之子，曾经受教于贤人喀戎③的人，记性那么坏吗——尽管前不久他还用最极端的言辞攻击撒谎者——他本人对奥德修斯说要起航回家，对埃阿斯他说要留下？他这样做不是有意的吗？他把奥德修斯当做大傻瓜，以为凭着自己这样的阴谋和谎言可以轻易地让他上当？

希　【e】在我看来不是这么回事，苏格拉底。倒不如说，在这些事情上也是由于阿喀琉斯的诚实，所以被诱导着对埃阿斯和奥德修斯说了不同的话。而奥德修斯无论是在说真话还是在撒谎，都是有意的。

苏　那么说到底，奥德修斯要比阿喀琉斯好。

希　肯定不是这样，苏格拉底。

苏　为什么不是？刚才不是已经表明无意撒谎者比有意撒谎者要好吗？

希　【372】但是，苏格拉底，那些故意不公正的、自觉的、有目的的作恶者怎么会比那些不自觉地行事的人要好呢？因为这些人似乎更加温和，当他们行事不公正但不自知，或者撒谎，或者做其他坏事的时候。法律也一样，对那些自觉作恶和撒谎的人要比对那些不自觉地作恶的人严厉得多。

苏　【b】你瞧，希庇亚，我说过我向聪明人提问非常固执，我说的是真话吗？我想这可能是我唯一可取之处，而我拥有的其他品质全都是没有价值的。我搞错了事物存在的方式，不知道它们如何存在——当我与你们这些人当中的某一位在一起的时候，你们拥有崇高的智慧名声，全体希腊人都可以为你们的智慧作证，我为这一点找到了充分的证据，我证明了自己一无所知。我很好地认识到，【c】我对这些事情的看法和你完全不同；我不同意聪明人的意见，还能有什么更大的证据能证明我的无知呢？但我神奇地拥有的一项良好品质救了我，我学习而不怕羞耻。我询问和提问，对回答我的问题的人抱着深深的感激之情，从来不会忘了向他们表示感谢。当我学会了

---

① 荷马：《伊利亚特》9：650。

② 忒提斯（Θέτις），海洋女神，希腊神话说阿喀琉斯为珀琉斯和这位海洋女神所生。

③ 喀戎（Χείρωνος），人名。

什么东西，我也决不否认，或者把学到的东西说成是自己的发现。与此相反，我会赞扬教我的人，把他们当做聪明人，宣称我是向他学来的。【d】所以，我现在不能同意你说的话，我非常强烈地表示反对。我非常明白这是我的错——这是由于我就是我是的这种人，不会把自己说得更好，超过我应得的。在我看来，希庇亚，我的看法和你说的完全对立：那些伤害别人的人、行事不公正的人、撒谎骗人的人、做了错事的人是自觉的，而非不自觉的，他们比那些不自觉的这样做的人要好。然而，有时候我相信与此相反的观点，【e】我来回反复思考这个问题——这显然是由于我的无知所致。而此刻我又显得太轻率了，竟然认为自觉做坏事的人比不自觉地做坏事的人要好。我要责备前面那些论证，它们要为我当前的处境负责，它们使我认为那些不自觉地做这些事情的人比那些自觉地做这些事情的人更无价值。【373】所以，请对我发发善心，不要拒绝治疗我的灵魂。如果你能把我的灵魂从无知中解救出来，胜过给我的身体治病，那么你真的是帮了我的大忙了。但若你想发表长篇演说，我要提前告诉你，你治不好我，因为我跟不上你。如果你愿意回答我的问题，像刚才一样，你会使我极大地获益，我认为你本人也不会受到伤害。我也想公正地请求你的帮助，阿培曼图之子，因为是你强迫我与希庇亚讨论。所以现在，如果希庇亚不愿回答我，你要代我向他求情。

欧　【b】好吧，苏格拉底，我认为希庇亚不需要我们的恳求。因为他早先不是这样说的，他说他不会逃避任何人的提问。对吗，希庇亚？这不是你说的吗？

希　是我说的。但是苏格拉底老是在论证上制造混乱，他的争论好像不公平。

苏　噢，杰出的希庇亚，我不是自觉的，否则的话我就是聪明的和可怕的了，按照你的论证，我是不自觉的。所以请你对我仁慈一些，因为你说应当温和地对待不自觉地做了不公正事情的人。

欧　【c】不管怎么说，就这么办吧，希庇亚。为了我们，也为了你前面说过的话，回答苏格拉底向你提出的问题。

希　好吧，我会回答的，因为你提出了请求。苏格拉底，你想问什么就问吧。

苏　希庇亚，我很想考察我们刚才说的：自觉做坏事的人好，还是不自觉地做坏事的人好。我认为，我们进行考察的最佳方式如下。请你回答。你把某类赛跑者称做好赛跑者吗？

希　【d】是的。

苏　也有一类坏的吗？

希　对。

苏　你认为跑得好的是好赛跑者，跑得坏的是坏赛跑者吗？

希　对。

苏　跑得慢就是跑得坏，跑得快就是跑得好吗？

希　对。

苏　那么，在比赛中，跑得快是好事，跑得慢是坏事吗？

希　还能怎样？

苏　那么，哪一种人是较好的赛跑者：自觉地跑得慢的人，还是不自觉地跑得慢的人？

希　自觉地跑得慢的人。

苏　跑步不也是做事吗？

希　做事，当然了。

苏　如果是做事，它不也是在完成某件事情吗？

希　【e】是的。

苏　所以跑得坏的人很坏地完成了一件事，在赛跑中是可耻的。

希　很坏，还能怎样？

苏　跑得慢的人就是跑得坏吗？

希　是的。

苏　所以那个好的赛跑者自觉地完成了这件坏的和可耻的事，而那个坏的赛跑者是不自觉的吗？

希　好像是这样的，至少。

苏　那么，在赛跑中不自觉地做了坏事的人比自觉地做了坏事的人更无价值吗？

希　【374】在赛跑中，至少是这样的。

苏　摔跤比赛怎么样？哪一位是比较好的摔跤手，自觉摔倒的，还是不自觉地摔倒的？

希　自觉摔倒的，好像是这样的。

苏　在摔跤比赛中，摔倒更可耻，还是把对手摔倒更可耻？

希　摔倒更可耻。

苏　所以，在摔跤比赛中，自觉地完成某些可耻事情的那个人比不自觉地完成这些事情的那个人更是一名较好的摔跤手。

希　好像是这样的。

苏　其他身体活动怎么样？【b】不是身体较好的人更能够完成两类活动吗：强的和弱的、丑陋的和美妙的？所以，每当完成丑陋的身体活动时，身体好的人自觉地完成，身体差的人不自觉地完成，是吗？

希　就膂力而言，也是这样的。

苏　优雅怎么样，希庇亚？不是较好的身体能够自觉地摆出那些丑陋的姿势，较差的身体则是不自觉的吗？你怎么想？

希　没错。

苏　【c】笨拙也一样，自觉的笨拙与美德相关，而不自觉的笨拙与可鄙相关。

希　显然如此。

苏　关于声音你会说些什么？你会说哪一位较好，有意跑调的，还是无意跑调的？

希　有意这样做的。

苏　那些无意这样做的处于较差的境地？

希　对。

苏　你宁可拥有善物还是拥有恶物？

希　善物。

苏　那么你宁可自觉地拥有瘸腿，还是不自觉地拥有瘸腿？

希　【d】自觉地。

苏　但是，拥有瘸腿不就表示拥有无价值的、笨拙的腿吗？

希　是的。

苏　好，再来；看不清不就表示拥有无价值的眼睛吗？

希　对。

苏　那么，哪一种眼睛你希望拥有和使用：你能用它们自觉地看不清楚和看错的眼睛，还是不自觉地看不清楚和看错的眼睛？

希　那些有了它们人就能自觉地看的眼睛。

苏　所以你认为自觉地完成可鄙结果的器官好于不自觉地吗？

希　是的，在这些类别的事例中。

苏　那么，用一句话来概述，耳朵、鼻子、嘴【e】以及所有感官：那些不自觉地完成坏结果的感官不值得拥有，因为它们是无价值的，而那些自觉地完成坏结果的感官值得拥有，因为它们是好的。

希　我也这样认为。

苏　那么好吧。哪些用具用来工作比较好？哪些人用来自觉地达成坏结果的用具，还是不自觉地用来达成坏结果的用具？比如，是人用来不自觉地很坏地操纵方向的那个舵，还是人用来自觉地很坏地操纵方向的那个舵？

希　人用来自觉地很坏地操纵方向的那个舵。

苏　弓、琴、笛，以及其他东西，不也是同样的情况吗？

希　【375】你说得对。

苏　那么好吧。一匹有着这种灵魂的马、骑着它的人能自觉地让它跑得坏，拥有一匹这样的马比较好，还是拥有一匹不自觉地跑得坏的马比较好？

希　自觉地。

苏　所以，这是一匹比较好的马。

希　是的。

苏　那么，有了这匹较好的马的灵魂，人可以自觉地做出这个灵魂的可鄙的行为，有了无价值的母马的灵魂，人可以不自觉地做出这些可鄙的行为。

希　肯定是这样的。

苏　狗，或者其他动物，也是这么回事吗？

希　是的。

苏　那么好吧。对弓箭手来说，【b】拥有一颗自觉射不中靶子的灵魂较好，还是拥有一颗不自觉地这样做的灵魂较好？

希　自觉这样做的灵魂。

苏　所以就射箭术而言，这种灵魂也是比较好的吗？

希　是的。

苏　不自觉地射不中靶子的灵魂比自觉地射不中靶子的灵魂更无价值。

希　在射箭术中，确实如此。

苏　医学怎么样？自觉地对身体干坏事在医疗中不是更好吗？

希　是的。

苏　那么这种灵魂在这种技艺中比其他灵魂要好。

希　对。

苏　那么好吧。至于弹琴弹得较好、【c】吹笛子吹得较好，以及在这些技艺和学问中做事做得较好的灵魂——不是它在自觉地完成坏的和可耻的事，而那些较无价值的灵魂这样做是不自觉的吗？

希　显然如此。

苏　有些奴隶的灵魂自觉地做错事和做坏事，我们也许宁可拥有这样的奴隶，不要那些不自觉地这样做的奴隶，因为他们在这些事情上比较好。

希　是的。

苏　那么好吧。我们难道不希望拥有我们自己处于最佳状态的灵魂吗？

希　希望。

苏 【d】所以，它是自觉地作恶或者做错事比较好，还是不自觉地这样做比较好？

希 这样的结论是可怕的，苏格拉底，如果那些自觉地作恶的灵魂比那些不自觉地作恶的灵魂要好！

苏 不管怎么说，看起来就是这样，至少它与我们已经说过的话相符。

希 我不这么看。

苏 但是，希庇亚，我认为这些结论对你也是一样的。请你再次回答：公正是某种能力还是知识，或者既是能力又是知识？或者说，公正必定是其中之一吗？

希 【e】是的。

苏 但若公正是灵魂的能力，不是灵魂越有能力也就越公正吗？因为，我的杰出的朋友，这种灵魂不是向我们显示是比较好的灵魂吗？

希 是的，它向我们显示了。

苏 但若公正是知识会怎么样？不是灵魂越聪明就越公正，越无知也就越不公正吗？

希 对。

苏 但若公正既是能力又是知识会怎么样？不是灵魂越是更多地拥有二者——知识和能力——就越公正，越无知也就越不公正吗？结果不是必然如此吗？

希 好像是这样的。

苏 这个比较有能力，比较聪明的灵魂被视为较好的，【376】在它要完成的所有事情中有较强的能力，可以很好地做事，也可以可耻地做事，是吗？

希 是的。

苏 那么，每当它要达成可耻的结果，它这样做是自觉的，凭着它的能力和技艺，这些东西好像是公正的属性，要么二者都是，要么其中之一是。

希 好像是这样的。

苏　做不公正的事就是很坏地做事，而约束自己不做不公正的事就是很好地做事。

希　对。

苏　所以比较能干的和比较好的灵魂，当它不公正地做事时，会自觉地做不公正的事，而无价值的灵魂会不自觉地做事，是吗?

希　显然如此。

苏　【b】好人就是有好灵魂的人，坏人就是有坏灵魂的人，不是吗?

希　是的。

苏　因此，好人自觉地做不公正的事，而坏人不自觉地这样做；也就是说，只要好人有一颗好灵魂。

希　但他肯定有。

苏　所以，那个自觉地做错事、做可耻之事、做不公正之事的人，希庇亚——也就是说，如果有这样的人——他无非就是那个好人。

希　在这一点上我无法同意你的意见，苏格拉底。

苏　【c】我本人也不同意，希庇亚。但是，考虑到这个论证，我们现在无法加以拒绝，无论它是怎么看我们的。然而，如前所说，我在这些事情上摇摆不定，来回反复，从不相信同一件事。我，或者任何普通人，在这些事情上摇摆不定，不足为奇。但若你们这些聪明人也会这样——这对我们来说真是太可怕了，如果我们不能停止摇摆，哪怕在我们与你们为伴之后。

伊 安 篇

提 要

本篇是柏拉图的早期作品，以谈话人伊安的名字命名。公元 1 世纪的塞拉绪罗在编定柏拉图作品篇目时，将本篇列为第七组四联剧的第三篇，称其性质是"探询性的"，称其主题是"论《伊利亚特》"。[①] 谈话篇幅短小，译成中文约 1.1 万字。

对话开始是简短的序言。(530a—531a) 与苏格拉底交谈的伊安是一位来自爱菲索的吟诵者。诗歌的创作和吟诵在古希腊被视为一门技艺和行业。吟诵者和医生、工匠一样被视为能工巧匠，凭借某种技能吟诵诗歌。技艺 (τέχνη) 这个词亦有手艺、技能、艺术、行业、行当、职业等含义，既可指文学、音乐、绘画、雕刻等艺术，又可指医药、耕种、骑射、畜牧等行业。伊安在节日庆典上吟诵荷马史诗，自认为是全希腊最伟大的吟诵者。他的自信与自满和苏格拉底的表现形成鲜明对照。谈话主体分为三个部分：

第一部分 (531a—532b)，谁能比较好地解释诗人的作品，谁能比较好地评价吟诵者的表现，谁能比较好地谈论专业问题。讨论得出的初步结论是：几乎所有诗人都处理相同的主题，因此同一个人可以恰当地评价和判断所有诗人，专业人士比诗人能更好地谈论相同的题材。

---

① 参见第欧根尼·拉尔修：《名哲言行录》3：59。

第二部分（532b—536d），证明吟诵者凭借灵感吟诵诗歌。伊安认为苏格拉底的意见不能解释他的情况：谈论其他诗人，伊安没有兴趣，也无话可说，更无贡献，而一谈论荷马，他马上头脑清醒，全神贯注，有一肚子话要说。苏格拉底认为这种现象不难解释，吟诵者谈论诗人的基础不是知识和技艺，而是神灵附体或灵感。缪斯女神首先使某些人产生灵感，然后通过他们传递灵感。在诗歌创作和吟诵中，诗人是最初的环节，乐师、演员、吟诵者是中间环节，观众是最后一环。在缪斯神力的吸引下，他们都像被磁石吸附的一个个的铁环，形成一条长链。诗歌就像光和长着翅膀的东西，是神圣的；只有神灵附体，诗人才能在神灵的激励下超越自我，离开理智，创作诗歌，否则他绝对不可能写出诗来。创作不是凭借知识和技艺，而是受神的指派。优秀的诗人受上天指派解释诸神的话语，而吟诵者又解释诗人的话语。诗人是神的代言人，吟诵者是诗人的代言人。

第三部分（536d—542b），证明吟诵者凭借知识和技艺谈论荷马。伊安要求苏格拉底更好地说明吟诵者赞扬荷马时有神灵附体或神志不清。苏格拉底指出，某一门技艺的行家比诗人更能判断那些有关技艺的谈论，因为这些行家掌握了这门技艺。苏格拉底最后要伊安在两种解释中做选择：使伊安能谈论荷马的是知识或者是对一门技艺的掌握，使伊安能谈论荷马的是得到神圣的馈赠，被荷马附身。

正 文

谈话人：苏格拉底、伊安

苏　【530】伊安①，你好！这个时候来看我们，你打哪儿来？从你的家乡爱菲索②来吗？

---

①　伊安（Ιων），本篇对话人。
②　爱菲索（Ἐφέσος），地名。

　　伊　不，才不是呢，苏格拉底。我从埃皮道伦① 来，参加了那里的阿斯克勒庇俄斯② 节庆典。

　　苏　你是告诉我，埃皮道伦人为了荣耀这位神在那里举行了诵诗比赛吧？

　　伊　的确是的！他们还举行了各种诗歌和音乐③ 比赛。

　　苏　真的！你们参加比赛了吗？结果怎样？

　　伊　【b】我们拔得头筹，苏格拉底！

　　苏　听你这样说真是太好了。嗯，你就瞧着吧，下面该轮到我们在雅典的大节④ 上获胜了。

　　伊　我们会赢的，苏格拉底，如果神保佑。

　　苏　说实话，伊安，我经常羡慕你的吟诵者⑤ 行当。你干的这个职业要求你外出时穿得漂漂亮亮，美丽动人；你同时还必须熟悉诗人——许多优秀诗人，【c】荷马列于首位，他是最优秀、最神圣的——你必须弄懂他的思想，而非仅仅熟读他的诗句！干你们这一行确实令人羡慕！我的意思是，如果不懂诗人的意思，就决无可能成为优秀的吟诵者。吟诵者必须向听众呈现诗人的思想，除非懂得诗人的意思，否则不可能很好地呈现。所有这些都令人羡慕。

　　伊　你说得太对了，苏格拉底。拿我自己来说，我在这门技艺的这个部分上花费了最大的功夫。我认为，关于荷马我比其他任何人都要讲

---

　　①　埃皮道伦（Ἐπιδαύρος），希腊南部的一个城镇，建有阿斯克勒庇俄斯神庙。

　　②　阿斯克勒庇俄斯（Ασκληπιός），医神。

　　③　音乐（μουσική）一词源于艺术女神缪斯（ήΜοῦσα），广义上包括艺术的多个分支，并非仅指音乐。此处音乐一词是在广义上使用的。

　　④　指泛雅典娜节（Παναθαήναια），全希腊性质的节庆，各城邦都会派人来参加，祭祀雅典保护神雅典娜。

　　⑤　吟诵者（ῥαψῳδός），在各种节庆中吟诵诗歌的人，后来成为一种职业。

得好，【d】无论兰萨库斯①的梅特罗多洛②，萨索斯③的斯特西洛图④、格老孔⑤，还是其他任何一位已经仙逝或者仍旧还活着的人，都不能像我一样丰富与精炼地解读荷马。

苏 听你这么说真是太好了，伊安。如果要你演示一番，你不会感到有什么勉为其难的吧？

伊 当然，苏格拉底，我擅长给荷马诗句润色，很值得一听。我为荷马如此增色，我认为，配得上荷马子孙⑥向我奉献金冠。

苏 【531】是吗？不过还是另外再找时间吧。我现在特别想要你回答我的问题：你只对荷马的诗神奇地能干，还是同样熟悉赫西奥德⑦和阿基洛库斯⑧？

伊 不，我不熟悉，我只朗诵荷马。我认为这已经足够了。

苏 有没有什么话题，荷马和赫西奥德说的是相同的呢？

伊 有，我认为有。有很多。

苏 那么，对这些话题，你会把荷马的诗句解说得比赫西奥德的更美吗？

伊 【b】解说得同样好，苏格拉底，对这些话题，在他们说得一致的地方。

苏 他们说得不一致的话题你会怎么办？比如，占卜。荷马说过占卜，赫西奥德也说过。

伊 当然说过。

---

① 兰萨库斯（Λαμψακηνὸς），地名。
② 梅特罗多洛（Μητρόδωρος），人名。
③ 萨索斯（Θάσιος），地名。
④ 斯特西洛图（Στησίμβροτος），人名。
⑤ 格老孔（Γλαύκων），人名。
⑥ 荷马子孙是荷马史诗吟诵者的行会，他们最初声称是荷马的后裔。
⑦ 赫西奥德（Ἡσίοδος），希腊诗人。
⑧ 阿基洛库斯（Αρχιλόχους），希腊诗人，擅长抒情诗和讽刺诗。

苏　好吧。在这两位诗人谈论占卜的所有地方，他们意见相同的地方也好，意见不同的地方也罢，谁能解释得比较好和比较美：是你，还是某位占卜师，如果他是出色的？

伊　占卜师。

苏　假定你就是一位占卜师：如果你真的能够解释两位诗人意见相同的地方，你难道不也能知道如何解释他们意见不同的地方吗？

伊　这很清楚。

苏　【c】那么，你怎么有本事解说荷马，而不能解说赫西奥德和其他诗人呢？是因为荷马谈论的话题和其他所有诗人都不一样吗？他主要讲的不也是战争故事，讲社会上的人——好人与坏人，普通人和匠人——怎样相处吗？谈到众神，他不也是在讲它们相互之间如何相处，和凡人怎样来往吗？他不也是在讲述天上和地下发生的那些事情，讲述众神与英雄的出生吗？【d】这些就是荷马创作诗歌时的题材，不是吗？

伊　你说得对，苏格拉底。

苏　其他诗人怎么样？他们撰写相同的题材吗？

伊　对，苏格拉底，但他们的方式与荷马不一样。

苏　怎么不一样？他们的方式比较差吗？

伊　差远了。

苏　荷马的方式更好吗？

伊　宙斯在上，荷马的方式真的更好。

苏　好吧，伊安，亲爱的，假如有一群人讨论算术，其中有人讲得最好，【e】我想会有人知道如何把这位讲得最好的找出来。

伊　对。

苏　知道如何找出讲得最差的，和这个人是同一个人，还是别的人？

伊　当然是同一个人。

苏　这个人掌握了算术的技艺，对吗？

伊　对。

苏 好吧。假定有一群人在讨论饮食健康，他们中间有个人讲得最好。会有一个人知道这位最优秀的谈论者讲得最好，而有另一个人知道那个最差的谈论者讲得最差吗？或者说同一个人就能判断两种情况？

伊 显然是同一个人。

苏 他是谁？我们把他称做什么？

伊 医生。

苏 那么，概括一下我们说的意思：【532】当一些人谈论相同的话题，总是同一个人知道如何识别最佳谈论者和最差谈论者。如果他不知道如何识别坏的谈论者，他肯定也不知道如何识别好的谈论者——当然，就同一话题而言。

伊 是这样的。

苏 那么，这样一来，就变成同一个人对两种识别都"神奇地能干"① 了。

伊 对。

苏 你声称荷马和其他诗人，包括赫西奥德和阿基洛库斯，全都谈论相同的话题，但并非讲得一样好。他是好的，而他们是差的。

伊 对，这是真的。

苏 【b】如果你真的知道谁说得好，你也知道那些说得差的低劣的谈论者。

伊 显然如此。

苏 你太优秀了！所以，如果我们说伊安对荷马和其他所有诗人都一样能干，这样说不会有错。因为你自己同意，同一个人可以恰当地判断所有谈论相同题材的人，而所有诗人几乎都处理相同的话题。

伊 可是，苏格拉底，你该如何解释我的事情呢？人们讨论其他诗人的时候，【c】我就集中不了精力，也没有能力贡献什么有价值的看法，只会打

---

① 参见本篇 531a。

瞌睡。但若有人提到荷马，我马上就清醒过来，全神贯注地听，也有一肚子话要说。

苏 这不难解释，我的朋友。无论谁都能告诉你，你没有能力以知识和技艺为基础谈论荷马。因为，如果你的能力来自技艺，你就能谈论其他所有诗人。瞧，诗歌的技艺是一个整体，不是吗？

伊 是的。

苏 【d】现在我们把其他任何一门技艺作为一个整体来考虑：其中不也贯穿着相同的原则吗？它适用于能够被掌握的每一门技艺。要我对你说这些话是什么意思吗，伊安？

伊 宙斯在上，当然要，苏格拉底。我喜欢听你这样的聪明人讲话。

苏 我希望这是真的，伊安。不过，聪明？你肯定是聪明人，你们吟诵者和演员肯定是聪明人，你和你在使用他们作品的诗人肯定是聪明人。至于我，只说老实话，普通人说话就是这个样子。【e】我的意思是，哪怕是我现在向你提出的这个问题，你瞧它有多么普通和平凡。谁都能听懂我的话：一旦掌握了作为一个整体的技艺，你难道不会把相同的原则贯彻到底吗？让我们通过以下讨论来把握这一点：整个绘画是不是一门技艺？

伊 是的。

苏 古往今来画家很多，他们有好的，也有差的。

伊 当然。

苏 你见过有人能够指出阿格拉俄封①之子波吕格诺图②的作品什么地方好，什么地方不好，【533】但却不能指出其他画家作品的优劣吗？别人向他展示其他画家的作品，他就要打瞌睡，什么也说不出来，没有什么可贡献——但是，当他必须要对波吕格诺图或其他某个画家（只要是这一个）做出判断的时候，他就会突然醒来，专心致志，有一肚子的话要说——你知道

---

① 阿格拉俄封（Ἀγλαοφῶντος），人名。

② 波吕格诺图（Πολυγνώτους），公元前 5 世纪希腊大画家。

有这样的人吗？

伊　宙斯在上，当然没有！

苏　好吧，再以雕刻为例。【b】你见过有人能够解释麦提翁① 之子代达罗斯②、帕诺培乌斯③ 之子厄培乌斯④、萨摩斯⑤ 的塞奥多洛⑥，或某个雕刻家的精美作品，但在面对其他雕刻家的作品时，却会打瞌睡，无话可说吗？

伊　宙斯在上，没有。我没见过。

苏　进一步说，这是我的看法，你从来不知道有谁是这样的——在吹笛子方面没有，在弹琴方面没有，在伴唱方面没有，在诵诗方面没有——你从来不认识这样的人，【c】他对奥林普斯⑦，或者对萨弥拉斯⑧，或者对奥菲斯⑨，或者对斐米乌斯⑩ 这位来自伊塔卡⑪ 的吟诵者能够很好地解释，但对伊安这位来自爱菲索的吟诵者却没有什么贡献，无法说出他的吟诵是否成功——你从来不知道有这样的人。

伊　在这一点上我无话可说，不跟你强辩，苏格拉底。但有一点我是知道我自己的：我谈论荷马比谁都要强，一提起荷马我就有许多话要说，大家也都承认我说得好。但是对其他诗人我就不这样了。你说这是怎么回事。

苏　【d】我的确知道这是怎么回事，伊安，我马上就告诉你我是怎么想的。我刚才说过，这不是一个你已经掌握了的主题——很好地谈论荷马；这

---

① 麦提翁（Μητίονος），人名。

② 代达罗斯（Δαιδάλος），希腊神话中的建筑师和雕刻家，希腊雕刻艺术的祖师爷。

③ 帕诺培乌斯（Πανοπέως），人名。

④ 厄培乌斯（Ἐπειους），雕刻家。

⑤ 萨摩斯（Σαμίους），地名。

⑥ 塞奥多洛（Θεοδώρους），雕刻家。

⑦ 奥林普斯（Ὀλύμπους），人名。

⑧ 萨弥拉斯（Θαμύρους），人名。

⑨ 奥菲斯（Ὀρφεύς），希腊神话诗人。

⑩ 斐米乌斯（Φημίους），人名。

⑪ 伊塔卡（Ἰθάκα），地名。

是一种神圣的力量在推动你，就像一块磁石在移动铁环。这是欧里庇得斯①
的说法，大多数人称之为"赫拉克勒斯石"②。这块石头不仅拉动这些环，如
果它们是铁的，【e】而且也把力量赋予这些环，使它们也能像这块石头一样
拉动其他环，许多铁环悬挂在一起，形成一条很长的铁链。它们之中蕴涵的
力量全都依赖这块石头。以同样的方式，缪斯③首先使某些人受到激励，然
后通过这些受到激励的人吸引其他热衷艺术的人，形成一条长链。你知道，
这些创作史诗的诗人，如果他们是好的，没有一个掌握了他们这个主题；他
们受到激励，充满了灵感，这就是他们能够说出所有这些美妙诗句的原因。
抒情诗人也一样，如果他们是好的；【534】就像那些科里班忒④在狂舞时头
脑并不清醒一样，抒情诗人创造那些美妙诗句时头脑也不清醒，而是一旦
开启和谐与韵律的航程，就充满了酒神信徒⑤般的疯狂。就像酒神信徒一旦
被神灵附身就要去河流中汲取乳液和蜜汁，但决不是在他们头脑清醒的时
候——抒情诗人的灵魂也一样，【b】他们自己就是这样说的。诗人告诉过我
们，他们在缪斯的幽谷和花园里，在那流蜜的清泉旁采集诗歌，从那里把诗
歌带给我们，就像蜜蜂一样飞舞。他们这样说是对的。因为诗人是想象的，
长翅膀的，神圣的，只有受到激励，超越他的心灵，离开他的理智，否则不
可能创作诗歌。只要还有理智，人就缺乏写诗或者发预言的能力。【c】由于
诗人的创作不是凭借精通，也不是就他们的主题说许多美妙的东西，如你谈
论荷马一样，而是凭借神的馈赠——每一位诗人都能美妙地创作，只要受到
缪斯的推动，有的能创作酒神颂，有的能创作颂神诗，有的能创作合唱诗，

---

① 欧里庇得斯（Εὐριπίδης），希腊三大悲剧家之一，生于公元前 484 年，死于公元前
407 年。

② 赫拉克勒斯石（ἡλίθος Ἡρακλείη），天然磁石产于玛格奈昔亚和小亚细亚的赫拉
克利亚（Ἡρακλεία），故此得名。

③ 缪斯（ἡMοῦσα），希腊神话中九位艺术和科学女神的通称，此处指诗神。

④ 科里班忒（Κορυβαντες），希腊宗教中大母神的祭司，在举行祭仪时狂歌乱舞，并
用长矛胡乱碰撞，在疯狂中互伤。

⑤ 酒神信徒醉酒后的疯狂，参见欧里庇得斯：《酒神的女祭司》（Bacchae）708—711。

有的能创作史诗，有的能创作短长格诗；如果创作的是其他类型的诗歌，他们的作品就毫无价值。你瞧，不是精通使他们能够说出这些诗句，而是由于某种神力，这是因为，他们若是通过对这个主题的掌握能很好地谈论一种类型的诗歌，那么他们也能谈论其他所有类型的诗歌。【d】由于这个原因，神剥夺他们的理智，把他们当做仆人来使用，就像对待占卜师和预言家一样，而我们这些听众应当知道，他们不是说出这些具有如此崇高价值的人，因为他们的理智已经失去；真正说话的是神本身，神通过诗人把声音传达给我们。这种解释的最佳证据来自卡尔昔斯①的廷尼库斯②，他从来没有创作过一首值得一提的诗歌，除了那首人人传诵的颂歌，它几乎是所有抒情诗中最美的，【e】绝对是"缪斯的作品"，如他自己所说。所以，我认为，胜过其他事情，神用这件事向我们表明，使我们不怀疑，那些美妙的诗歌不是人的，甚至不是来自人，而是神的，来自神；诗人什么都不是，只是众神的代表，被依附他们的东西占有了。【535】为了表明这一点，神故意让这位最差的诗人唱出最美妙的抒情诗。你认为我说得不对吗，伊安？

伊　宙斯在上，对，我确实认为你说得对。你的话说得我心悦诚服，苏格拉底，依我看，优秀的诗人凭借神的馈赠才把这些源自众神的诗歌向我们呈现。

苏　而你们这些吟诵者又呈现了诗人的话语。

伊　说得对。

苏　如此说来，你们就是转呈者的转呈者喽？

伊　相当正确。

苏　【b】等一下，伊安，我还有个问题。别对我保守任何秘密。当你在很好地吟诵史诗，深深地拨动听众的心弦的时候，要么是你吟诵奥德修斯的时候——他如何跳上高台，面向那些求婚者除去他的伪装，用箭将他们射

---

① 卡尔昔斯（Χαλκιδεύς），地名。
② 廷尼库斯（Τύννιχος），人名。

死——要么是你吟诵阿喀琉斯猛追赫克托耳①的时候，要么是你吟诵安德洛玛刻②、赫卡柏③、普利亚姆④的悲惨故事的时候，【c】你的神志是清醒吗，或者说你已经灵魂出窍？你的灵魂处于激情中，相信自己身临其境，无论是在伊塔卡，还是在特洛伊，或是在史诗中的事情实际发生的地方？

伊 你向我提供了一个鲜活的事例，苏格拉底！我不会对你保守秘密。听着，每当我吟诵一段悲惨的故事，我就热泪盈眶；每当我讲述一个恐怖的或可怕的故事，我也会害怕得毛骨悚然，心跳不已。

苏 【d】好吧，伊安，我们要说这个人在这样的时候神志是清醒的吗：参加节日庆典，人人衣着华丽，头戴金冠，尽管什么衣饰也没失去，但却在那里痛哭流涕——或者说，站在百万友善的民众中间，他感到恐怖，尽管无人想要剥去他的衣服，或者想要伤害他？这个时候他的神志是清醒的吗？

伊 宙斯在上，不是，苏格拉底。绝对不是，说真话。

苏 你要知道，你对你的大多数听众也产生了同样的效果，不是吗？

伊 【e】我非常明白我们做的事。我每次站在讲坛上往下看，他们大声哭喊，露出恐慌的表情，随着故事情节的进展，他们充满了惊愕。你瞧，我必须随时注意他们的情况：如果我成功地让他们哭了，那么我会欢笑，就好像我得了他们的钱财；如果他们笑了，那么我就该哭了，就好像我自己丢了钱财。

苏 你知道观众是最后一环，不是吗——就是我说的借助那块赫拉克勒斯石（磁石）的作用，相互之间获得力量的那些环？【536】中间的环是你们这些吟诵者或演员，最初的环是诗人本身。通过所有这些环，这位神把人们的灵魂拉向他所希望的地方，把力量从一个环传向另一个环。就好比第一个环悬挂在那块磁石上，合唱队的舞蹈演员、教舞蹈的教师、教师们的助手，

---

① 赫克托耳（Ἕκτωρ），特洛伊王子。
② 安德洛玛刻（Ανδρομάχος），荷马史诗中的人物。
③ 赫卡柏（Ἑκάβη），荷马史诗中的人物。
④ 普利亚姆（Πρίαμος），特洛伊国王。

全都悬挂在由缪斯吸引着的那些环上，形成了一条巨大的链条。【b】一名诗人依附一位缪斯，另一名诗人依附另一位缪斯，我们称之为"被附身"，这个意思相当接近了，因为他被把握了。从这些最初的环开始，也就是从诗人们开始，其他人分别依附在诗人身上，受到激励，有些人依附这个诗人，有些人依附那个诗人，有些人从奥菲斯那里得到灵感，有些人从穆赛乌斯①那里得到灵感，还有许多人依附荷马，被荷马附身。你是其中之一，伊安，你被荷马把握了。有人吟诵其他诗人的作品时，你打瞌睡，无话可说；【c】而这位诗人的任何诗歌一旦响起，你马上就苏醒过来，神采飞扬，有许多话要说。你要知道，这不是由于你掌握了有关荷马的知识，才能说出你想说的话来，而是由于得到神的馈赠，因为你被把握了。科里班式就是这种情况，他们有着敏锐的耳朵，但只对专门的乐曲，那首乐曲属于他们依附的神；伴随那首乐曲，他们有许多歌词和舞蹈动作；如果音乐不一样，他们就茫然不知所措了。你也一样，伊安，有人提起荷马，你就有许多话要说，【d】而提到其他诗人，你就茫然若失；对这个问题的解释就是——因为你问我，为什么你关于荷马有许多话要说，而对其他诗人无话可说——不是对主题的把握，而是神的馈赠，使你能够神奇地吟诵荷马的颂歌。

伊　你说得真好，苏格拉底。不过，要是你能很好地说明，足以令我信服我在赞扬荷马时神灵附体或神志不清，那么我会更加惊奇。如果你听过我谈论荷马，我不信你会这样想。

苏　【e】我确实想听你谈论，但你先回答我的问题：你谈论荷马的哪个话题最拿手？我想你不会对所有话题都很拿手吧？

伊　相信我，苏格拉底，我对每一个话题都很在行。

苏　对你正好一无所知的那些话题你肯定不在行，哪怕荷马谈论过它们。

伊　荷马讲过这些话题，而我却不知道——请问是什么话题？

---

① 穆赛乌斯（Μουσαῖος），希腊神话传说中的诗人。

苏 【537】荷马不是在许多地方谈论过技艺，对这个话题说了许多话吗？比如说，驾驭马车，要是我能记得那些诗句，我就背给你听。

伊 不，让我来背。我肯定记得。

苏 那就告诉我涅斯托耳①对他的儿子安提罗科斯②说了什么，当时在举行帕特洛克罗③的葬礼，赛车比赛前，涅斯托耳告诫他的儿子拐弯时要当心。

伊 他说："你要倚靠在精制的战车里，【b】要在辕马的左侧，然后用刺棒和吆喝声驱赶，放松手里的缰绳。在拐弯处，要让里侧的辕马紧挨着路标驶过，让战车轮毂挨近那作标记的石头。但你一定要当心，切不可让那石头碰坏战车！"④

苏 【c】够了。谁能比较好地知道荷马这些话说的是否对，伊安，或者不限于这些具体的诗句——是医生还是驭手？

伊 当然是驭手。

苏 因为他掌握了这门技艺，还是有别的什么原因？

伊 没有。就是因为他掌握了这门技艺。

苏 神把知道某种功能的能力赋予每一门技艺。我的意思是，航海教我们的事情，我们不可能从医学中学到，是吗？

伊 当然不能。

苏 医学教我们的事情我们也不能从建筑中学到。

伊 【d】当然不能。

苏 其他每一门技艺莫不如此：我们通过掌握一门技艺学到的事情不可能通过掌握另一门技艺来学到，对吗？不过，先回答我这个问题。你同意技艺有不同——门技艺与另一门技艺是不同的吗？

---

① 涅斯托耳（Νέστωρ），荷马史诗中的希腊联军英雄。

② 安提罗科斯（Ἀντιλόχος），荷马史诗中的人物。

③ 帕特洛克罗（Πατρόκλος），荷马史诗中的人物。

④ 荷马：《伊利亚特》23：335—340。

伊　对。

苏　这就是你确定哪些技艺不同的方法吗？当我发现涉及一种情况的知识所处理的主题与涉及另一种情况的知识不同的时候，【e】我就声称这门技艺与另一门技艺不同。你是这么做的吗？

伊　是。

苏　我的意思是，如果有一些相同主题的知识，我们为什么要说有两门不同的技艺呢？——尤其是当它们各自允许我们知道相同的主题！以手指为例：我知道有五个手指头，关于它们你也和我知道得一样多。现在假定我问你，这是同一门技艺——算术——教会了你和我相同的事情，或者说是两门不同的技艺。当然了，你会说同一门技艺。

伊　对。

苏　【538】现在请你回答我刚才提出的问题。你认为，这种情况对所有技艺来说都是相同的——相同的技艺必定教相同的主题，不同的技艺，如果它是不同的，必定教不相同的主题，而教不同的主题——对吗？

伊　我是这样想的，苏格拉底。

苏　那么，没有掌握一门技艺的人不能很好地判断属于这门技艺的事情，无论是谈论，还是做事。

伊　【b】对。

苏　那么，谁能比较好地知道在你刚才背诵的诗句里荷马是否说得美和说得好？是你，还是驭手？

伊　驭手。

苏　当然了，这乃是因为你是一名吟诵者，不是一名驭手。

伊　对。

苏　吟诵者的技艺和驭手的技艺不同吗？

伊　不同。

苏　如果它不同，那么它的知识也是关于不同主题的。

伊　是的。

苏 【c】那么，荷马在某个时候不是说涅斯托耳的小妾赫卡墨得① 给受伤的马卡昂② 喝大麦药酒吗？他好像说："她用青铜锉锉下一些山羊奶酪，拌入普拉尼③ 酒中，还在汤中放上一些葱调味。"④ 荷马说得对吗？这里的好处方来自医生的技艺，还是吟诵者的技艺？

伊 医生的。

苏 荷马在某个时候说：【d】"她像铅坠子钻到深处，那坠子拴在圈养的公牛头上取来的角尖，它一直往下坠，给吃生肉的鱼带来死亡的命运。"⑤ 我们应当说是凭着钓鱼人的技艺，还是吟诵者的技艺能够判断定他是否说得美，说得好？

伊 这很明显，苏格拉底。是凭着钓鱼人的技艺。

苏 【e】好吧，再请看。假定你是提问者，你问我："苏格拉底，由于你正在寻找荷马所涉及的每门技艺的段落——每门技艺应当加以判断的段落——那么请你告诉我：属于占卜师和占卜这门技艺的段落有哪些，这些段落他应当能够判断创作得好还是不好？"你瞧，我能轻易地给你一个正确的回答。在《奥德赛》中，诗人经常说起这种事情，就像特奥克吕墨诺斯⑥——墨拉普斯⑦ 子孙的预言家——说的话：【539】"啊，你们这些恶人，你们在遭受什么灾难？你们的头脸手脚全都被黑夜笼罩，呻吟之声阵阵，两颊挂满泪珠。走廊里充满阴魂，又把厅堂遍布，全都要急匆匆地奔向黑暗的地狱，太阳的光芒从空中消失，【b】滚滚涌来的是邪恶的浓雾。"⑧ 在《伊利亚特》中，诗人也经常说起这种事情，比如城墙边的那场战事。他说："他

① 赫卡墨得（Ἑκαμήδη），人名。
② 马卡昂（Μαχάον），人名。
③ 普拉尼（Πραμνεία），山名，产葡萄酒。
④ 荷马：《伊利亚特》11：630，639—640。
⑤ 荷马：《伊利亚特》24：80—82。
⑥ 特奥克吕墨诺斯（Θεοκλύμενος），人名。
⑦ 墨拉普斯（Μελάμπος），人名。
⑧ 荷马：《奥德赛》20：351—357。柏拉图略去了第 354 行。

们正急于要跨越壕沟，一只老鹰向他们飞来，在队伍左侧高高地盘旋，【c】鹰爪紧紧抓着一条血红色的大蛇，大蛇还活着，仍在拼力挣扎，不忘厮斗。它扭转身躯朝着老鹰猛击，甩中老鹰的颈旁前胸，老鹰痛得抛下大蛇，落在那支队伍中间。【d】它自己大叫一声，乘风飞去。"① 我要说，这些段落和其他相似的段落属于占卜师。要由占卜师来考察和判断。

伊　这个回答是对的，苏格拉底。

苏　噢，你的回答也是对的，伊安。你现在告诉我——就好像我从《奥德赛》和《伊利亚特》中为你选出属于医生、占卜师、【e】钓鱼人的段落——以同样的方式，伊安，由于你对荷马作品的经验比我丰富，请你为我挑选一些属于吟诵者和他的技艺的段落，这些段落吟诵者能够比其他人更好地加以考察和判断。

伊　我的回答，苏格拉底，是"全部"。

苏　这不是你的回答，伊安。不是"全部"。或者你如此健忘？不，一位吟诵者不会如此健忘。

伊　【540】你认为我忘了什么？

苏　你还记得自己说过吟诵者的技艺和驭手的技艺不同吗？

伊　我记得。

苏　你不是同意由于他们是不同的，所以他们知道不同的主题吗？

伊　是的。

苏　所以按照你的看法，吟诵者的技艺不能知道一切，吟诵者也不能。

伊　但是，像这样的事情是例外，苏格拉底。

苏　【b】你用"像这样的事情"来表示例外的其他技艺的几乎全部主题，不是吗？但是，吟诵者能知道什么事情，如果不是一切的话？

伊　不管怎么说，我的看法是，他知道一个男人和一个女人适合说什么话——或者一名奴隶和一名自由民，或者一名追随者和一名领导人。

---

① 荷马：《伊利亚特》12：200—207。

苏 所以——一位领导人在海上，他的船遇到风暴，他会说什么——你的意思是吟诵者会比舵手更知道该说些什么吗？

伊 不会，不会。舵手更知道。

苏 【c】当他在处理病人的时候，一名领导人应当说什么——吟诵者会比医生更知道吗？

伊 不会，也不会。

苏 但他知道一名奴隶应当说什么。这是你的意思吗？

伊 是的。

苏 举例来说，一名奴隶是个牧牛人，在牛群受惊要狂奔的时候，他应当说什么来让他的牛镇静下来——吟诵者知道说什么，而牧牛人不知道吗？

伊 肯定不是。

苏 关于纺织羊毛，【d】纺织毛线的妇女应当说些什么吗？

伊 不应当。

苏 男人应当说些什么吗，如果他是一名将军，要鼓舞士气？

伊 应当！吟诵者要知道的就是这种事情。

苏 什么？吟诵者的技艺和将军的技艺是一样的吗？

伊 嗯，我肯定知道将军应当说些什么。

苏 这也许是因为你正好也是一名将军，伊安！我的意思是，假如你正好同时既是驭手又是琴师，【e】那么你会识别好骑手和坏骑手。但若我问你："哪一门技艺教你好骑术——使你成为骑手的技艺，还是使你成为琴师的技艺？"

伊 骑手，我会说。

苏 如果你也能识别好琴师和坏琴师，教会你识别的技艺是使你成为琴师的技艺，而不是使你成为骑手的技艺。你不同意吗？

伊 同意。

苏 嗯，由于你知道将军的事务，你知道这一点是凭着当将军，还是凭着当一名好的吟诵者？

伊　我认为这两种说法没有什么区别。

苏　【541】什么？你说没区别？按照你的看法，吟诵者和将军是一门技艺，还是两门技艺？

伊　一门，我认为。

苏　所以，任何一名好吟诵者也是一名好将军。

伊　当然了，苏格拉底。

苏　还可以推论，任何一名好将军也是好吟诵者。

伊　不。这一次我不同意。

苏　【b】但是你同意：任何一名好吟诵者也是一名好将军。

伊　我非常赞同。

苏　你不是全希腊最优秀的吟诵者吗？

伊　迄今为止，苏格拉底。

苏　你也是一名将军吗，伊安？全希腊最优秀的？

伊　当然了，苏格拉底。这方面，我也是从荷马的诗歌中学来的。

苏　噢，苍天在上，伊安，你既是希腊最优秀的将军，又是希腊最优秀的吟诵者，但你为什么只奔走于各地吟诵诗歌，【c】不去指挥军队？你认为希腊真的需要一名头戴金冠的吟诵者，而根本不需要将军吗？

伊　苏格拉底，我的城邦被你们雅典人统治和指挥；我们不需要将军。此外，你的城邦和斯巴达都不会选我做将军。你们认为自己在这方面够好了。

苏　伊安，你说得太好了。你不是认识西泽库①人阿波罗多洛②吗？

伊　他是干什么的？

苏　【d】他是个外邦人，但却屡次被雅典人选为将军。安德罗斯③人法

---

① 西泽库（Κυζικός），地名。
② 阿波罗多洛（Ἀπολλόδωρος），人名。
③ 安德罗斯（Ἄνδρος），地名。

诺斯提尼①、克拉佐门尼② 人赫拉克利德③——他们也是外邦人；他们已经证明了他们值得被关注，雅典人任命他们担任将军或其他公职。你认为，这个城邦，在做出了这样的任命之后，不会挑选爱菲索人伊安来荣耀他们，如果城邦认为他值得关注？【e】为什么会这样？不就是因为你们这些来自爱菲索的人长期在雅典居住已经成了雅典人吗？不就是因为爱菲索这个城邦并不比其他城邦差吗？

但是你，伊安，你在误导我，如果你说的是真的，那么使你能够赞扬荷马的是知识或者是对一门技艺的掌握。你使我确信，你知道许多关于荷马的可爱的知识，你许诺要表演给我看，但是你却在欺骗我，离你的表演越来越远。你甚至不愿告诉我，你如此神奇地能干的事情是什么，尽管我一直在恳求你。真的，你活像普洛托斯④，弯来扭去，变化多端，【542】直到最后，你想逃离我的把握，把你自己说成是一名将军，以此逃避我要你做的证明，你对荷马为何出奇地聪明。

如果你真的掌握了你的主题，并且如我刚才所说向我许诺要为我表演荷马，那么你是在伤害我。如果你没有掌握你的主题，而是得到神圣的馈赠，被荷马附身，所以能够说出许多关于这位诗人的美妙话语，但却不知道这是怎么回事——如我所说——那么你没有伤害我。所以，请你选择吧，你想要我们怎样看待你——一个做错事的凡人，还是某个神圣者？

伊　【b】这有巨大差别，苏格拉底。被当做神圣者比较可爱。

苏　那我们就这么看你了，伊安，用比较可爱的方式：作为一位神圣者，而不是作为一位某门技艺的大师，你是荷马颂词的吟诵者。

---

① 法诺斯提尼（Φανοσθένη），人名。
② 克拉佐门尼（Κλαζομένιος），地名。
③ 赫拉克利德（Ηρακλείδης），人名。
④ 普洛托斯（Πρωτεύς），海神波赛冬的仆人，有能力变形，以避免回答问题。参见荷马：《奥德赛》4：385。

高尔吉亚篇

提　要

　　本篇属于柏拉图早期对话中较晚的作品，以谈话人高尔吉亚的名字命名。公元 1 世纪的塞拉绪罗在编定柏拉图作品篇目时，将本篇列为第六组四联剧的第三篇，称其性质是"驳斥性的"，称其主题是"论修辞"。① 谈话篇幅较长，译成中文约 6.8 万字。对话发生在雅典某个公共场所，大约写于公元前 455 年—前 447 年间，与《普罗泰戈拉篇》写作时间相近。

　　"修辞"（ῥητορική）在希腊文中含义很广。古希腊人心目中的修辞学是运用语言的一门技艺。文辞的修饰、正确的语法、铿锵的音韵、崇高的风格都是修辞学的研究对象，而不限于演讲中的立论和词句修饰。希腊修辞学的发展与希腊古典时期智者的活动有密切的关联。词源学、语法学、音韵学、论辩术、演讲术都是修辞学的分支。修辞在本篇中主要指演讲术。

　　本篇记载了苏格拉底同三位智者的精彩辩论。高尔吉亚是声名显赫的修辞学大师，正在雅典一展雄姿。波卢斯是高尔吉亚的门徒，已经撰写了演讲术和论辩术的著作。卡利克勒也是一位坚定的智者，在对话中是最主要的发言人。凯勒丰是一位追随苏格拉底的青年，在对话中只起帮腔作用。整场讨论，苏格拉底同三位智者多次交锋，讨论了三个主要问题：（1）演讲术的定

---

① 参见第欧根尼·拉尔修：《名哲言行录》3：59。

义、对象和本质；（2）道德原则和道德信念；（3）人生理想和政治哲学。

第一部分（447a—461b），苏格拉底与高尔吉亚的谈话。对话开始时，苏格拉底问高尔吉亚是做什么的？高尔吉亚说自己是一位优秀的演说家，精通演讲术。（449a）高尔吉亚先后给演讲术下了三个定义：第一，演讲术是使用言语（讲话）的技艺；（449d）第二，演讲术的言语所涉及的事物是最伟大、最崇高的；（451d）第三，演讲术的本质在于它是一种劝说的技艺，掌握了演讲术可带来自由。（452d）苏格拉底在讨论中建议区别两种不同的"劝说"：一是根据学得的知识分辨正确和错误，以此劝说人；另一种是根据似是而非的论辩使人相信某种意见。（452d）演讲术与什么是公正和不公正无关。所以，演说家不是法庭和其他集会上的关于公正和不公正的事情的教师，而只是一名劝说者。（455a）演说家不会不公正地使用演讲术，也不愿意去做不公正的事情。（461b）

第二部分（461b—481b），苏格拉底与波卢斯的讨论。波卢斯指责苏格拉底诱使高尔吉亚自相矛盾，反问苏格拉底什么是演讲术。（462C）苏格拉底认为演讲术是一种旨在产生某种满足和快乐的技巧。（462C）他直率地指出：演讲术根本不是知识意义上的技艺，只是一种用来讨人喜欢的奉承的本领，不值得赞誉。波卢斯不承认演讲术是冒牌的知识，骄傲地宣称演说家和僭主一样是城邦中最强有力的人，能在法庭或公共集会上左右局势，甚至能按照自己的意愿处死人。苏格拉底针锋相对地指出：演说家和僭主都是城邦中最没有能力的人，因为他们不知道什么是善，不能按照人的本性行善，只有知识和能力是善。（466B—469C）双方围绕演讲术的本质，探讨做不公正的事情和承受不公正的事情哪一样更糟糕。

第三部分（481b—527e），苏格拉底与卡利克勒辩论。卡利克勒的介入将辩论推向高潮。他认为苏格拉底对波卢斯的驳斥时而依据"约定"，时而依据"自然"，而智者主张人人生而平等，要靠自己的才能出人头地，强者战胜并统治弱者才是自然的正义。（481D—484A）苏格拉底从道德哲学的高度批判卡利克勒，并阐述自己的人生理想和政治伦理。他指出，灵魂和身体都要做到公正和自我节制；如果一味追求强权，效法僭主，滥用权力，剥夺他人生命和财产，只能步入歧途；统治者治理城邦的首要任务是改善公民的灵魂，给他们知识教养，使他们过一种追求善的理性生活，这才是政治家的真正职责。（504A—513C）在对话的最后部分，苏格拉底讲述了人死了以后其亡灵在冥府受审的故事，警示世人要行善不要作恶。（523A—527E）

正　文

谈话人：卡利克勒①、苏格拉底、凯勒丰②、高尔吉亚③、波卢斯④

卡　【447】他们说，这才是你在一场战争或者战斗中应当起的作用，苏格拉底。

苏　哦？我们像俗话说的那样"筵席将散才姗姗来迟"了吗？我们迟到了吗？

卡　没错，你们错过了一场温文尔雅的盛宴！高尔吉亚刚给我们做了一场精彩纷呈的演示⑤。

苏　这是凯勒丰的错，卡利克勒。他让我们在市场上闲逛得太久了。

凯　【b】没关系，苏格拉底。我还有个补救的办法。高尔吉亚是我的朋友，所以他会给我们演示的——如果你认为合适，现在就可以，或者其他时间，如果你喜欢。

卡　这算什么，凯勒丰？苏格拉底急于想听高尔吉亚演讲吗？

凯　对。这就是我们到这里来的原因。

卡　那么好，在你们喜欢的任何时候到我家来。高尔吉亚住在我家，在

---

①　卡利克勒（Καλλίκλεις），人名。

②　凯勒丰（Καιρεφών），人名。

③　高尔吉亚（Γοργίας），著名智者，鼎盛年约为公元前 427 年。

④　波卢斯（Πωλός），人名。

⑤　演示（ἐπδείξατο），智者在授课时示范演讲，展示他们的演讲能力。

那里他会演示给你们看。

苏　太好了，卡利克勒。但是，他愿意和我们讨论吗？【c】我想从这个人身上发现他的技艺能成就什么，他既在宣扬又在传授的事情是什么。至于另外一件事情，演示，就按你的建议，让他另外再找时间吧。

卡　向他提问，这不算什么，苏格拉底。实际上，这是他的演示的一部分。刚才他要我们在场的人随意提问，并且说他会回答所有问题。

苏　好极了！向他提问，凯勒丰。

凯　问他什么呢？

苏　【d】问他是谁？

凯　你这是什么意思？

苏　好，假定他是制鞋的，他会说他是个鞋匠，不是吗？或者说你不明白我的意思？

凯　我明白。我会问他的。请你告诉我，高尔吉亚，卡利克勒刚才说你声称要回答任何人有可能向你提出的任何问题，他说得对吗？

高　【448】他说得对，凯勒丰。实际上我刚刚做出承诺，我要说多年来还没有人向我提出过什么新问题。

凯　要是这样的话，你回答问题一定轻而易举，高尔吉亚。

高　不信你可以随便试试，凯勒丰。

波　宙斯在上，凯勒丰！要试就试我吧，如果你愿意！我想高尔吉亚相当累了。他刚刚才结束他的长篇讲话。

凯　真的吗，波卢斯？你认为你提供的回答比高尔吉亚更令人赞赏吗？

波　【b】这有什么关系，只要这些回答对你来说足够好就行了？

凯　是没有什么关系！那就由你来回答，因为这是你情愿的。

波　那你就提问吧。

凯　行。假定高尔吉亚对他兄弟希罗狄库① 从事的技艺很有见识。那

---

① 希罗狄库（Ηρόδικος），人名。

么我们该用什么样的正确名称来称呼他呢？不就是与他兄弟相同的那个名称吗？

波　是的。

凯　所以我们把他称做医生是对的吗？

波　是。

凯　如果他也在阿格拉俄封①之子阿里斯托丰②，或者阿里斯托丰的兄弟从事的行当里也很有经验，对他的正确称呼是什么呢？

波　显然是画家。

凯　【c】既然他对某一门技艺有见识，那么这门技艺是什么，对他的正确称呼又是什么？

波　人们有许多技艺是凭着经验发明的，凯勒丰。对，就是这种经验使我们花时间沿着技艺之路前进，而缺乏经验会使他们在偶然性的道路上摸索。不同的人以不同的方式从事这些不同的技艺，最优秀的人从事最优秀的技艺。我们的高尔吉亚确实在这群人中间，他享有最令人钦佩的技艺。

苏　【d】波卢斯为了能以令人钦佩的方式提供演讲，显然已经做了精心准备，高尔吉亚。但他没在做他对凯勒丰许诺的事情。

高　他到底怎么没在做，苏格拉底？

苏　在我看来，他似乎不在回答问题。

高　那么你怎么不向他提问，要是你愿意？

苏　不，我不愿意，除非你本人想要回答问题。我很想向你提问。我很清楚，尤其是从他已经说过的话中可以看出，波卢斯本人更加热衷于演讲术，而不是讨论。

波　【e】你为什么这样说，苏格拉底？

苏　因为，波卢斯，当凯勒丰问你高尔吉亚在什么技艺中有见识时，你

---

① 阿格拉俄封（Ἀγλαοφῶντος），人名。

② 阿里斯托丰（Ἀριστοφῶν），人名。

就大唱赞歌，好像有人在诋毁它似的。但你没有回答这门技艺是什么。

波　我不是回答说它是一门最令人钦佩的技艺吗？

苏　确实如此。不过，没人问你高尔吉亚的技艺怎么样，而是问你这门技艺是什么，人们应当把高尔吉亚称做什么。所以，【449】正如凯勒丰向你提出前一个问题，你以令人钦佩的简洁的方式做了回答，现在请你也以这种方式告诉我们，他的技艺是什么，我们应当怎样称呼高尔吉亚。或者倒不如，高尔吉亚，为什么你本人不告诉我们你在什么技艺中有见识，我们该如何称呼你？

高　演讲术，苏格拉底。

苏　所以我们应当称你为演说家吗？

高　对，一名优秀的演说家，苏格拉底，如果你真的想要称我为"我自豪地说我是"的人①，如荷马所说。

苏　我当然这样想。

高　那你就这样称呼我好了。

苏　【b】我们不是说你也能使其他人成为演说家吗？

高　我确实是这么说的。不仅在这里，而且在其他地方。

苏　那么好，高尔吉亚，你愿意用我们现在这种方式完成这场讨论吗？一问一答，至于像波卢斯刚才想要开始的长篇大论，你还是放到别的场合去用。请别对你的承诺后悔，而是简洁地回答问你的问题。

高　有些回答，苏格拉底，必须提供长篇大论。【c】尽管如此，我会试着尽可能简洁。这实际上也是我宣称过的。无人能比我更加简短地叙说同样的事情。

苏　这正是我们需要的，高尔吉亚！向我展示一下你的简洁，以后有机会再去发表鸿篇巨制。

高　很好，我会这样做的。你会说你从未听到任何人讲话如此简洁。

---

① 荷马：《伊利亚特》6：211。

苏　那么来吧。你声称自己在演讲术中是有见识的，【d】也能使别人成为演说家。请问，演讲术与什么事情相关？比如，纺织与做衣服相关，不是吗？

高　是。

苏　所以，同样的道理，音乐与创作乐曲相关吗？

高　是。

苏　赫拉①在上，高尔吉亚，我很喜欢你的回答，没有比它们更加简洁的回答了。

高　对，苏格拉底，我敢说我很好地回答了问题。

苏　你是这样的。现在请你也以这种方式回答有关演讲术的问题。它是关于什么的，它与哪些事情有关，它是一种知识吗？

高　【e】它是关于言语②的。

苏　哪一种言语，高尔吉亚？那些解释病人应当如何治疗才能康复的言语吗？

高　不是。

苏　所以演讲术并不涉及所有言语。

高　哦，不涉及。

苏　但它使人能说话。

高　对。

苏　也能使人在他们谈论的事情上聪明吗？

高　当然。

苏　【450】那么，我们刚才谈到的医疗的技艺，使人既能拥有智慧，又能谈论疾病吗？

高　必定如此。

---

① 赫拉（Ἥραν），希腊神话中的天后。

② 言语（λόγος），亦译讲话。

苏　那么这门技艺显然也和言语有关。

高　对。

苏　它是关于疾病的言语，是吗？

高　确实如此。

苏　身体的训练不也和言语有关吗，谈论身体条件好坏的言语？

高　对，是这样的。

苏　实际上，高尔吉亚，其他技艺也是这样。【b】它们中的每一门技艺都与那些谈论具体技艺的对象的言语有关。

高　显然如此。

苏　那么，既然你把与言语相关的技艺称做演讲术，为什么不把其他技艺称做演讲术呢？它们也涉及言语！

高　苏格拉底，原因在于其他技艺的知识构成几乎全都与你双手的劳作以及诸如此类的活动有关。而在演讲术中没有这样的体力劳动。它的活动和影响全部依赖言语。【c】因此我考虑演讲术的技艺和言语相关。我要说我的这个看法是对的。

苏　我不确定我是否理解了你想说的这种技艺。但我很快就会弄明白的。告诉我这一点。有一些技艺供我们练习，没有吗？

高　有。

苏　在所有这些技艺中，我想，有些技艺主要是在制造东西，很少讲话，还有一些技艺根本不需要讲话，只要沉默地去做就行了。比如绘画、雕刻以及其他许多技艺。【d】当你说演讲术与其他技艺没有什么关系的时候，我想你指的就是这种技艺。或者说，你指的不是这种技艺？

高　是这种技艺，苏格拉底。你很好地理解了我的意思。

苏　那么，有其他一些技艺，在完成它们的任务时用的是言语，实际上不需要体力劳动，或者只需要耗费很少的体力。我们可以算术、计算、几何，甚至跳棋和其他许多技艺为例。它们中有些涉及言语的程度和活动一样，有些涉及言语要多一些。它们的活动和影响完全依赖言语。【e】我想你的意思是，演讲术就是这种技艺。

高　对。

苏　但你肯定不想把这些技艺中的任何一门都称做演讲术，尽管，如你所说，演讲术是通过言语来产生影响的技艺。如果有人想找麻烦，他会提出责问说："所以，你把算术称做演讲术吗，高尔吉亚？"但我很确定，你不会说算术或几何是演讲术。

高　【451】对，你说得相当正确，苏格拉底。你正确地理解了我的意思。

苏　那么，继续。请你完成回答我的问题。由于演讲术是一门主要使用言语的技艺，由于还有其他一些这样的技艺，请你试着说明，这门通过言语来产生影响的演讲术是关于什么的。假定有人问起我刚才提到过的任何一门技艺："苏格拉底，【b】什么是算术的技艺？"我会告诉他，如你刚才告诉我的那样，它是通过言语来产生影响的技艺之一。如果他进一步问我："这些技艺是关于什么的？"我会说，它们涉及偶数与奇数，无论这样的数字有多少。如果他再问："被你称做计算的技艺是什么？"我会说，它也是一门这样的技艺，完全通过言语来产生影响。如果他继续问："它是关于什么的？"我会以那些在公民大会上引起人们关注的人的讲话方式回答说，【c】计算在有些方面与算术是相同的——因为它涉及相同的事情，偶数与奇数——在有些方面与算术不同，算术要考察奇数和偶数的数量，二者与其自身的关系，以及相互之间的关系。如果有人问起天文学，我会回答，它也通过言语来产生它的影响，然后如果他问："天文学的言语是关于什么的，苏格拉底？"我会说："天文学的言语涉及日月星辰的运动和它们的相对速度。"

高　你这样说相当正确，苏格拉底。

苏　【d】噢，高尔吉亚，轮到你的时候你再说。实际上，演讲术是那些完全用言语来实施和产生影响的技艺之一，不是吗？

高　是。

苏　那么告诉我：这些技艺是关于什么事物的？如果有这样一些事物，哪样事物与演讲术所使用的言语有关？

高　人所关心的最伟大的事物，苏格拉底，最高尚的事物。

苏　但是，这个说法也有争议，高尔吉亚。它不是很清楚。【e】我肯定你听过人们在宴饮中唱歌，一边唱，一边数，"第一位是享有健康，第二位是享有美丽，第三位"——这些歌词的作者是这么写的——"是诚实地获取财富"。

高　对，我听到过。你为什么要提到它？

苏　【452】假定这位歌词的作者所说的这些东西的生产者现在就在这里，和你在一起：一位医生、一位教练、一位财务专家。假定这位医生首先说："苏格拉底，高尔吉亚在骗你。不是他的技艺，而是我的技艺，才和人类最伟大的善有关。"如果我问他："你算什么，竟敢这样说？"我假定他会说他是一名医生。"你说这话是什么意思？最伟大的善真的是你的技艺的产物吗？""当然了，苏格拉底。"我假定他会说："因为它的产物就是健康。还能有什么善比健康更大呢？"【b】假定接下去轮到那位教练，他说："如果高尔吉亚能够向你展示从他的技艺里产生的善比从我的技艺里产生的善更大，苏格拉底，那么我也感到太惊讶了。"我也会问这个人："你是干什么的，先生，你的产品是什么？""我是一名教练。"他说："我的产品是使人身体健美和强壮。"在那名教练之后，那位财务专家会说，我肯定他说话带有相当轻蔑的语气，【c】"请你一定要考虑一下，苏格拉底，你是否知道有任何善，高尔吉亚的善，比财富更大。"我们会对他说："真的吗？那就是你生产的东西吗？"他会说，对。"你作为什么说这样的话？""作为一名财务专家。""那么好吧，"我们说："你把财富断定为人类最大的善吗？""当然了。"他说。"啊，但是，在这里的高尔吉亚会驳斥这一点。他宣称他的技艺是一样比你的善更大的善的源泉。"我们说。这位专家接下来显然会问：【d】"请告诉我这种善是什么？让高尔吉亚回答我吧！"所以，来吧，高尔吉亚。请你考虑一下这些人提出的问题和我提出的问题，给我们一个你的回答。你宣称是人类最大的善、你声称自己是它的生产者的这样东西是什么？

高　这样东西实际上确实是最大的善，苏格拉底。它是人类本身自由的源泉，同时它又是每个人在自己的城邦里统治其他人的源泉。

苏　你指的这样东西到底是什么？

高　【e】我指的是在法庭上用言语劝说法官、在议事会中用言语劝说议员、在公民大会或其他政治集会中用言语劝说参会者的能力。事实上，有了这种能力，你可以让医生成为你的奴隶，让体育教练也成为你的奴隶。至于你的那个财务专家，他会变得不为自己挣钱，而为其他人挣钱；实际上为你挣钱，如果你有能力讲话，劝说众人。

苏　【453】我现在认为，你已经很接近弄清楚你把演讲术当做什么样的技艺了，高尔吉亚。如果我没弄错，你说演讲术是劝说的生产者。总之，它的全部事务就在于此。或者，你能指出演讲术可以做的其他任何事情来吗，除了往听众的灵魂里灌输劝说？

高　不能，苏格拉底。我想你相当恰当地界定了演讲术。总之，它就是一种劝说。

苏　【b】那么，注意听，高尔吉亚。你应当知道，有些人在与别人讨论时真的想要拥有与其讨论的主题相关的知识，我相信我是一个这样的人。我想，你也是一个这样的人。

高　好，那又怎样，苏格拉底？

苏　让我现在就来告诉你。你可以确定地知道，我不知道从你正在谈论的演讲术中产生出来的劝说是什么，或者它劝说的主题是什么。尽管我确实怀疑你说的劝说是哪一种劝说，它是关于什么的，【c】但我仍旧要向你提出同样的问题，从你正在谈论的演讲术中产生的劝说是什么，它是关于什么的。当我有这种疑问的时候，为什么我要向你提问，而不是自己来回答呢？因为我跟随的不是你，而是我们的讨论，让它以这样的方式来进行，使我们正在谈论的事情最清晰地向我们显示。所以，请考虑我向你重提问题是否公平。假定我问你画家宙克西①是哪一个。如果你告诉我，他是一个画画的

---

① 宙克西（Ζεῦξις），人名。

人，那么我问"这位画家画的是哪一种画，在哪里画的"不是很公平吗？

高　对，公平。

苏　【d】其原因不就是实际上还有其他画家，他们画许多其他的画吗？

高　对。

苏　如果除了宙克西没有人是画家，你的回答就会是一个很好的回答，是吗？

高　当然。

苏　那么好，再来告诉我演讲术的事。你认为只有演讲术灌输劝说，还是其他技艺也这样做？我的意思是这样的：一个人教某个主题或其他主题，他是在就他所教的事情劝说人，还是不是？

高　他肯定在这样做，苏格拉底。他尤其是在劝说。

苏　【e】让我们再次以刚才讨论过的技艺为例。算术和算术家不是在教我们一切与数有关的事情吗？

高　是的，他是这样做的。

苏　他也在劝说吗？

高　是的。

苏　所以算术也是劝说的生产者吗？

高　显然如此。

苏　现在如果有人问我们，它生产什么样的劝说，它的劝说是关于什么的，那么我假定我们会回答他，它是通过教奇数和偶数的范围而产生的劝说。【454】我们能够说明我们刚才正在谈论的其他所有技艺是劝说的生产者，也能说明劝说是什么，劝说是关于什么的。不对吗？

高　对。

苏　所以演讲术并非唯一的劝说的生产者。

高　没错。

苏　在这种情况下，既然演讲术不是唯一生产这种产品的生产者，其他技艺也这样做，那么我们重复提出在画家那个例子中向我们的谈话人提出的问题就是对的："演讲术这门技艺是什么样的劝说，它的劝说是关于什么的?"或者说，【b】你认为重复提出这个问题是不对的?

高　不，我认为是对的。

苏　那么好，高尔吉亚，由于你也这样认为，就请你回答。

高　这种劝说，苏格拉底，我的意思是，它是一种在法庭和其他那些大型集会上发生的劝说，如我刚才所说。它涉及那些公正的和不公正的事情。

苏　对，高尔吉亚，我怀疑这就是你所指的劝说，而演讲术的劝说是关于这些事情的。但是，它是关于什么的问题似乎是清楚的，如果我过一会儿再向你提出这样的问题，你就不会感到奇怪了，【c】不过现在我要继续我的提问——如我所说，我之所以要提出问题，为的是我们能够有序地推进讨论。我要追随的不是你；这样做为的是防止我们养成随意胡乱猜测和摘取他人片言只语的习惯。这样做允许你按照你想要的任何方式提出你的假设。

高　对，我想你这样做相当正确，苏格拉底。

苏　那么，让我们来考察一下这个观点。有某样东西你称为"学会了的"吗?

高　有。

苏　很好。也有某样东西你称做"相信了的"吗?

高　【d】是的，有。

苏　好，你认为，学会了的和正在学、相信了的和相信，它们是相同的，还是不同的?

高　我当然假定它们是不同的，苏格拉底。

苏　你假定得对。这就是你能对我说的：如果有人问你，"有真的和假的信念这样的东西吗，高尔吉亚?"你会说有，我肯定。

高　对。

苏　那么，有真的和假的知识这样的东西吗?

高　完全没有。

苏　所以很清楚，它们是不同的。

高　你说得对。

苏　【e】但是那些学会了的人和那些相信了的人肯定都被说服了。

高　是这样的。

苏　那么你希望我们确定两种类型的劝说吗，一种提供信念但没有知识，另一种提供知识？

高　是的，我希望。

苏　那么，演讲术在法庭和其他集会上生产的劝说，涉及公正的和不公正的事情，是哪一种类型的？它的结果是信而不知，还是知？

高　这很明显，确实，它的结果是信。

苏　所以很清楚，演讲术实施的劝说来自信，而非来自教，【455】涉及什么是公正和不公正？

高　对。

苏　所以，演说家不是法庭和其他集会上的关于公正和不公正的事情的教师，而只是一名劝说者，因为我假定，他不能在如此短暂的时间内教会如此重要的事情。

高　对，他肯定不能。

苏　那么好吧，让我们来看关于演讲术我们到底该怎么说。【b】因为，请你注意，连我自己对我说的话都不太清楚。每当城邦开会挑选医生、造船工或其他各种手艺人，这肯定不是演说家提建议的时候，是吗？因为显然是最有造诣的手艺人应当去承担这些工作。演说家也不是一个在有关修建城墙、港口或船坞的会议上提建议的人，而那些建筑师才是这样的人。需要商谈选拔将军、【c】排兵布阵、抗击敌军、占领敌国等事务的时候，不是演说家，而是将军们会提出建议。关于这些事情你会怎么说，高尔吉亚？由于你声称自己是一名演说家，而且还能使别人成为演说家，我们完全应当发现你的技艺的特点。请你体察我的用心，我这样做完全是为了你好。也许真有某个在场的人想要成为你的门徒。我注意到有些人，人数实际上还不少，他们羞于向你提问。因此，当我提问时，【d】请设想他们也在提问："高尔吉亚，如果与你交往，我们能有什么收获呢？我们能给城邦提什么建议呢？只涉及那些公正和不公正的事情吗？或者也涉及苏格拉底刚才提到的这些事情呢？"请试着回答这些问题。

高　行，苏格拉底，我会试着把演讲术能完成的事情清楚地告诉你。你自己也已经很好地这样做了，因为你确实知道，不是吗，【e】那些有关修建雅典人的船坞和城墙，以及港口装备的建议，来自塞米司托克勒[①]，有些情况下来自伯里克利[②]，而不是来自建筑师？

苏　人们是这样谈论塞米司托克勒的，高尔吉亚。我本人也听伯里克利提出过修建中部城墙的建议。

高　【456】在挑选你刚才提到的那些手艺人时，苏格拉底，你知道是演说家在提出建议，他们对这些事情的看法说服了人们。

苏　对，高尔吉亚，令我感到惊讶的是，我应当很早就问你演讲术能完成什么。因为我要是这样看待演讲术的话，那么它在范围上是某种超自然的东西。

高　哦，是的，苏格拉底，只要你了解演讲术的全部，它实际上包含一切，【b】并将一切能完成的事情置于它的管辖之下。我将给你充分的证明。很多次，我和我的兄弟或其他医生一道去看望他们的某个病人，病人不愿喝药，拒绝开刀，不接受烧灼术。医生无法说服他，而我却用修辞术的技艺获得了成功。我也坚持说，如果一名演说家和一名医生来到你喜欢的任何一座城市，在议事会或其他集会上比赛讲话，看谁能被选为医生，【c】那名医生完全不会有出人头地的机会，而那位能言善辩的人会被选上，只要他愿意。如果他与其他任何手艺人竞争，那么是这位演说家，而不是其他手艺人，能够劝说民众选他，因为在民众面前，无论谈论的是什么主题，演说家都要比其他手艺人更具有说服力。这就是这门技艺所能成就的伟大之处，以

---

　①　塞米司托克勒（Θεμιστοκλέςς），公元前 528 年—前 460 年，雅典政治家。
　②　伯里克利（Περικλές），公元前 490 年—前 429 年，雅典大政治家。

及它的成就的种类！然而，人们应当像使用其他竞争性技能一样来使用演讲术，【d】苏格拉底。在其他情况下，人们也一定不要用一种竞争性的技艺来反对任何人或所有人，这是因为他学会了拳击，或拳击加摔跤，或武装格斗，由此使他自己比他的朋友和敌人强。而要痛打、刺伤或者杀死一个人自己的朋友是没有理由的！设想有某个人去了摔跤学校以后，身体强健，成了一名拳击手，然后痛打他的父母或其他家庭成员和朋友。宙斯在上，没有理由因此而痛恨体育教练或者传授武装格斗的人，【e】把这些人从他们的城邦里赶走！这些人传授他们的技艺用来公正地对付敌人或作恶者，用于自卫而不用于侵犯，是他们的学生误用了他们的力量和技能。【457】所以不是他们的教师是邪恶的，也不是这种技艺有罪或邪恶；而是那些滥用它的人确实是邪恶的人。对演讲术来说，这也同样是对的。演说家有讲话反对任何人的能力，能够谈论任何主题，所以在集会上，简言之，【b】在他喜欢谈论的所有事情上更有说服力，但是，他有能力剥夺医生或其他手艺人的名声这一事实不会给他这样做的理由。他会公正地使用演讲术，就像使用任何竞争性的技艺。我假定，如果有人成了演说家，并用这种能力和技艺去作恶，那么我们不要痛恨他的教师，把他从我们的城邦驱逐出去。因为这位教师传授的这种技艺要公正地使用，【c】而这位学生把它用到相反的地方去了。所以应当被痛恨、驱逐，乃至于处死的是这位误用者，而不是这位教师。

苏 高尔吉亚，我想你像我一样经历过许多讨论，在讨论中你会注意到有这样一类事情：参与者要共同限定他们正在讨论的事情是不容易的，【d】所以，要互教互学，来完成他们的讨论。与此相反，如果他们就某个观点进行争论，有人坚持说对方的观点不对或不清楚，然后恼羞成怒，认为对方说的话是恶意的。他们变得急于要在争论中取胜，而不是考察讨论的主题。事实上，到了最后有人会染上一种最可耻的风气，相互谩骂，听到这样的讨论甚至会使听众感到后悔，认为真不该来听这些人讨论。【e】我为什么要提到这些？因为在我看来，你现在说的话与你一开始对演讲术的看法很不一致，或者很不合拍。所以，我有点害怕对你进行考察，怕你把我当做急于取胜的对象，而不是为了澄清我们要讨论的问题。【458】就我而言，我很乐意继续向你提问，如果你和我是同类人，否则我就算了。我是哪一类人呢？我是自己说了错话遭到驳斥而感到高兴的人，我也是驳斥说了错话的其他人而感到高兴的人，我还是一个自己受到驳斥不会比驳斥别人更不高兴的人。因为我把受到驳斥当做一件更大的好事，之所以如此，乃是因为使自己摆脱错误比使他人摆脱错误是一件更大的好事。我不会假定，对我们现在所讨论的主题持有一种虚假的信念，对一个人来说，还会有什么事情比这更糟糕。所以，【b】如果你说你也是这类人，让我们继续讨论；但若你认为我们应当放弃讨论，那就让我们了结它，到此结束。

高　哦，是的，苏格拉底，我说我本人也是你描述的这类人。还有，也许我们还要记在心里，在场的这些人也是这类人。因为，前不久，甚至在你到达之前，【c】我已经为他们作了长时间的展示，如果我们继续这场讨论，也许拖得太久了。我们也应当为他们着想，别让他们中间想要做其他事情的人滞留在这里。

凯　你们自己都能听到这些人的喧闹，高尔吉亚和苏格拉底。他们想要聆听你们必须说的一切。至于我本人，我希望我决不会如此忙碌，乃至于要在以这种方式进行的这场讨论结束之前离去，因为我发现做其他事情更实际。

卡　【d】众神在上，凯勒丰，事实上，此前我也听过许多讨论，但我不知道是否有我此刻这样快乐的。所以，只要你们愿意讨论，哪怕要谈一整天，我都乐意奉陪。

苏　我没有什么要紧的事情要停止讨论，卡利克勒，只要高尔吉亚愿意。

高　话说到这一步我再不愿意，苏格拉底，那就是我的耻辱了。更何况我说过愿意回答任何人的任何提问。【e】好吧，如果这些人都还行，我们就继续讨论，你想问什么就问吧。

苏　那么好，高尔吉亚，让我来告诉你，你说的事情中有什么令我惊讶的。也许你说得对，是我没有正确理解你的意思。你说过你能使任何一位愿意向你学习的人成为演说家吗？

高　说过。

苏　所以他在集会上谈论任何主题都是有说服力的，不是通过传授，而是通过劝说吗？

高　【459】对，是这样的。

苏　提醒你一下，你刚才说演说家在健康问题上甚至比医生更有说服力。

高　是的，我说过，不过，是在集会上更有说服力。

苏　"在集会上"的意思不就是"在那些没有知识的人中间"吗？因为，在那些有知识的人中间，我不认为他会比医生更有说服力。

高　你说得对。

苏　如果他比医生更有说服力，不就证明了他比有知识的人更有说服力吗？

高　是的，没错。

苏　【b】尽管他不是一名医生，对吗？

高　对。

苏　一名非医生，我想，在医生知道的事情上肯定是不知道的。

高　显然如此。

苏　所以，当一名演说家比医生更有说服力的时候，一名无知者会比无知者中间的有知者更有说服力。这不就是可以从中推论出来的吗？

高　是的，是这样的，至少在这个例子中。

苏　那么，关于演说家和演讲术，这样说也是对的，相对于其他技艺而言。演讲术不需要拥有它们所谈论的事物状况的任何知识；【c】它只需要发现某种产生劝说的技巧，为的是使它自己在那些没有知识的人眼中显得比那些实际拥有知识的人更有知识。

高　哦，苏格拉底，尽管你没有学会其他任何技艺，而只学会这种技艺，但却能使你自己显得不比那些手艺人差，这样的事情不是很轻松吗？

苏　是否由于这个原因演说家不比其他掌握某些技艺的手艺人差，这个问题如果与我们的论证有关，我们过一会儿就考察。【d】不过，现在让我们先来考虑这个论点。涉及什么是公正和不公正、什么是可耻的和高尚的、什么是好的和坏的，演说家是否处于相同的位置，就好像他在什么是健康的问题上，以及他在其他技艺的主题的问题上？他是否缺乏知识，也就是说，他是否不知道这些事物是什么，什么是好的或什么是坏的，什么是高尚的，什么是可耻的，什么是公正和不公正？他用一些办法生产关于这些事情的劝说——尽管他不懂这些事情——但在那些不懂的人中间，【e】他似乎比那些懂行的人知道得还要多，是吗？或者说，他必须懂行，在到你这里来之前，那些演讲术的未来的学生在这些事情上已经有见识了？如果他不懂，那么你这位演讲术的教师，在他到你这里来的时候，不会把这些事情教给他——因为这不是你的工作——而只是使他在大众面前显得好像拥有关于这些事情的知识，而实际上他并不拥有这种知识，使他显得像个好人，而实际上他并不是个好人？或者说，你根本不能教他演讲术，除非他知道有关这些事情的真相从哪里开始？【460】像这样的事情如何站得住脚，高尔吉亚？对，宙斯在上，对我们进行启示吧，告诉我们演讲术能成就什么，这是你刚才答应过的。

高　好吧，苏格拉底，我假定，即使他真的不拥有这种知识，他也可以向我学习这些事情。

苏　等一下！你这样说没错。如果你使某人成为一名演说家，那么他必定已经懂得什么是公正，什么是不公正，要么是他以前就懂的，要么是后来向你学到的。

高　对，是这样的。

苏　【b】是吗？一个已经学会了木匠的人是一个木匠，不是吗？

高　是。

苏　一个已经学会了音乐的人不是一个音乐家吗？

高　是。

苏　一个已经学会了医学的人是一个医生，不是吗？以同样的理由，学会了其他某样技艺的人不也是这样吗？一个学会了某个具体主题的人拥有的知识使他成为这种人吗？

高　是的，他是这种人。

苏　按照同样的推论，一个学会了什么是公正的人不也是公正的吗？

高　是的，完全正确。

苏　我想，公正的人做公正的事情吗？

高　对。

苏　【c】演说家不是肯定是公正的吗，公正的人不是肯定想要做公正的事情吗？

高　显然如此。

苏　因此，演说家决不会想做不公正的事情。

高　不会，显然不会。

苏　你还记得前不久你说过，【d】我们不应当抱怨我们的体育教练，或者把他们从我们的城邦里驱逐出去，如果某个拳击手把他的拳击技艺用于做不公正的事情，同理，如果某个演说家不公正地使用他的演讲技艺，我们也不应当抱怨他的老师，或者把他从城邦里驱逐出去，而应当这样对待那个做了不公正的事情的人，那个不恰当地使用演讲技艺的人？你有没有说过这样的话？

高　说过。

苏　【e】但是现在，这个人，这位演说家，好像决不会做不公正的事情，不是吗？

高　对，不会做。

苏　在我们开始讨论的时候，高尔吉亚，你说演讲术与言语相关，它涉及的不是偶数和奇数，而是涉及公正和不公正。对吗？

高　对。

苏 好，在你这样说的时候，我以为演讲术决不会是一样不公正的东西，因为它总是在谈论公正。【461】但是，你稍后就说演说家也会不公正地使用演讲术，对此我感到惊讶，并且认为你的说法前后不一致，于是我说了那番话，我说如果你像我一样，认为受到驳斥是一件有益的事情，那么值得继续讨论下去，但若你不是这样的人，就让我们停止讨论。而现在，随着我们刚才对这个问题进行后续的考察，你自己也能看到，结论正好相反，演说家不会不公正地使用演讲术，【b】也不愿意去做不公正的事情。我以神犬的名义起誓，高尔吉亚，要想彻底考察这些事情如何成立，短时间的讨论无法完成！

波 真的吗，苏格拉底？你现在说的有关演讲术的看法是你的真实想法吗？或者说你真的认为，正是由于高尔吉亚不太愿意承认你的进一步说法，演说家也知道什么是公正，什么是高尚，什么是善，如果有人到这里来向他学习，但并不拥有这种知识以开始学习，而他说他本人会教这个人，【c】然后就在这个地方某些所谓前后不一致的地方就出现在他的陈述中——就是这一点让你兴奋不已，是你在诱导他，使他面对这样的问题——你认为有谁会否认他本人知道什么是公正，也会教其他人公正？把你的论证引导到这样一个结果，这是一种极大的鲁莽的标志。

苏 最令人钦佩的波卢斯，我们想要得到同伴和儿子不是没有原因的。当我们已经年迈，变得步履蹒跚的时候，你们这些年轻人会用手在我们的行动和言语两方面把我们的生活扶正。【d】如果高尔吉亚和我在言语中有失误——好，请你伸出援助之手，再次把我们扶正。这是唯一正确的办法。如果你认为我们表示同意是错的，那么只要你喜欢，我肯定愿意回顾任何我们都同意的地方，只是你要注意一件事。

波 你什么意思？

苏 你要约束冗长的讲话风格，波卢斯，从一开始你就试图长篇大论。

波 真的？我就不能自由发言，想怎么说就怎么说吗？

苏 【e】我的好朋友，如果来到雅典这个全希腊言论最自由的地方，而只有你不能自由发言，那就太难为你了。但是请你换个方式想问题。如果你发表长篇讲话而又不愿回答别人向你提出的问题，而我没有自由，【462】非得听你讲话，不能走开，那岂不是也太难为我了吗？但若你还在意我们已经进行的讨论，想让它走上正道，那么如我刚才所说，请你回顾一下你认为最好的观点。你要像高尔吉亚和我一样，轮番提问和回答，让我和你自己都接受反驳。我以为，你懂高尔吉亚在行的这门同样的技艺？或者说，你不懂？

波 是的，我懂。

苏 你不也邀请人随意向你提问，任何时候都可以，因为你相信你会做出回答，像一个有知识的人那样？

波 当然。

苏 【b】那就请你现在做出选择：要么提问，要么回答。

波 很好，我会的。告诉我，苏格拉底，你认为高尔吉亚为演讲术所困惑，那么你说它是什么？

苏 你问的是我说它是一门什么技艺吗？

波 正是。

苏 说实话，波卢斯，我认为它根本不是技艺。

波 那么好，你认为演讲术是什么？

苏 【c】在我最近读的一篇论文中，它是你说的生产技艺的那个东西。

波 你这话什么意思？

苏 我指的是一种技巧。

波 所以你认为演讲术是一种技巧？

苏 是的，我是这样想的，除非你说它是别的什么东西。

波 它是一种为了什么的技巧？

苏 为了产生某种满足和快乐。

波 你不认为演讲术是一种令人钦佩的东西，能够给人以满足吗？

苏 真的，波卢斯！你已经从我说它是什么有了发现，【d】所以继续问我是否不认为它是令人钦佩的吗？

波　我不是已经发现你说它是一种技巧了吗？

苏　由于你推崇满足，你愿意在一件小事上使我满足吗？

波　当然愿意。

苏　请你向我提问，烤面饼是一门什么样的技艺。

波　行。烤面饼是一门什么样的技艺？

苏　它根本不是技艺，波卢斯。你现在说："那么它是什么？"

波　行。

苏　它是一种技巧。你说："它是一种为了什么的技巧。"

波　行。

苏　【e】为了产生满足和快乐，波卢斯。

波　所以演讲术和烤面饼是同样的吗？

苏　噢，不，完全不同，尽管它是同类实践的一部分。

波　你指的是什么实践？

苏　我担心，要是说出事情的真相会太鲁莽。我有点犹豫不决，为了高尔吉亚的缘故，怕的是他会认为我在讽刺他的职业。我不知道高尔吉亚实践的是否这种演讲术——【463】事实上，在我们前面的讨论中，我们还没有弄清楚他认为演讲术是什么。而我说的演讲术是某种事务的一部分，它根本不值得钦佩。

高　哪一种演讲术是这样的，苏格拉底？说吧，别对我有什么顾忌。

苏　那么好，高尔吉亚，我认为，有一种实践不像技艺，而是一种用来产生预感的心灵，【b】一种大胆而又自然地与人打交道的能干的心灵。我基本上称之为"奉承"。我认为这种实践也有许多组成部分，烤面饼也是其中的一个组成部分。这个部分好像是一门技艺，但在我看来它根本不是技艺，而是一种技巧和常规。我把演讲术也称做这种实践的一部分，还有化妆和智术。这些是它的四个组成部分，【c】它们指向四种对象。所以，如果波卢斯想要发现它们，那就让他去发现好了。他还没发现我称之为奉承的演讲术是什么。我还没有回答这个问题逃脱了他的关注，所以他继续问我是否认为它是令人钦佩的。但是，在我还说不出它是什么的时候，我不会考虑它是否令人钦佩或可耻。因为这样做是不对的，波卢斯。不过，如果你想要发现这一点，那就问我，我说演讲术是奉承，它是奉承的哪个部分。

波　我会问的。告诉我，它是奉承的哪个部分？

苏　【d】你理解我的问题吗？演讲术是政治的一个部分的影像。

波　是吗？那么你说它是令人钦佩的，还是可耻的？

苏　我说它是一样可耻的事物——我把坏的事物称做可耻的——因为我必须回答你，尽管你已经知道我是什么意思。

高　宙斯在上，苏格拉底，我也不明白你什么意思！

苏　【e】这相当合理，高尔吉亚。我还没有把一切都说清楚。在这里的这匹小马驹又年轻又冲动。

高　别管他。请你告诉我，你说演讲术是政治的一个部分的影像是什么意思？

苏　行，我会试着说明我对演讲术的看法。【464】如果我没有这样做，波卢斯在这里会驳斥我。我想，有某种东西你称做身体，有某种东西你称做灵魂，是吗？

高　是的，当然。

苏　你也想过它们各自有一种健康状态吗？

高　是的，我想过。

苏　好吧。还有一种貌似健康，而实际上不健康的状态吗？我指的是这样一种事情。有许多人看起来身体健康，但除了医生或某些体育教练，没人会注意到他们不健康。

高　没错。

苏　我要说，身体和灵魂中都有这样一种东西，它会使身体和灵魂看起来似乎是健康的，【b】而实际上并非如此。

高　是这样的。

苏　来吧，我会更加清楚地告诉你我说的是什么意思，要是我能做到。

我要说的是，有两门技艺与这一对主题相关，与灵魂相关的技艺我称之为政治；与身体相关的技艺，尽管它是一门技艺，但我还不能给你一个现成的名称，但是照料身体是一门技艺，我说它有两个部分：体育和医疗。在政治中，与体育相对应的是立法，【c】与医疗相对应的是公正。这些对子的每一成员都有共同的特点，医疗对体育，公正对立法，因为它们关心相同的事情。然而，它们之间确实还有某些方面不同。所以它们一共是四个部分，总是提供关心，在一种情况下是为了身体，在另一种情况下是为了灵魂，它们想要看到最好的东西。奉承注意到了它们——我不说它是凭着认知，而说它只是凭着猜测——把它自身也分成四个部分，【d】各自戴上面具，假冒这些技艺的特点。它根本不去想什么是最好的；以当前最大的快乐做诱饵，它愚蠢地嗤笑和欺骗，给人留下高尚的印象。烤面饼带上了医疗的伪装，假装知道什么食物对身体最好，所以当一位烤面饼的师傅和一名医生不得不在儿童面前竞争，或者在那些像儿童一样无知的大人面前竞争，请他们来决定烤面饼的师傅和医生谁对食物的好坏有专门的知识，那么这位医生会饿死。【465】我把这件事称做奉承，我说这件事是可耻的，波卢斯——我说这一点也是对着你说的——因为它猜测什么是快乐，而不考虑什么是最好的。我说它不是一门技艺，而是一种技巧，因为它不懂它所应用的任何事物的性质，而正是凭着这种知识它才能应用这些事物，所以它不能解释每一事物的原因。我拒绝把缺乏这种解释的事情称做技艺。如果你对这些说法有争议，我愿意提交它们来讨论。

【b】所以，烤面饼，如我所说，是一种戴着医疗面具的奉承。化妆是一种以同样方式戴着体育面具的奉承；一种可悲的、欺骗的、可耻的、粗野的东西，一种以形状和颜色、光滑的外表、上等的穿着来实施欺骗的东西，它使人追求外在的美，而放弃通过体育得来的他们自己的美。所以，我不愿发表长篇演说，【c】我愿意用几何学家的方式来对你说话——你现在也许跟得上我了——所谓化妆可归于体育，所谓烤面饼可归于医疗；或者宁可说好像是这样的：所谓化妆可以归入体育，所谓智术可以归入立法，还有所谓烤面饼可以归入医疗，所谓演讲术可以归入公正。然而，如我说的那样，尽管以这种方式进行的活动有天壤之别，但由于它们关系如此密切，智者和演说家倾向于混在一起，在同一领域工作，处理相同的主题。他们不知道如何对待自己，其他人也不知道如何对待他们。事实上，【d】如果灵魂不统治身体，而是身体统治它自己，如果烤面饼和医疗不是由灵魂来观察和区分，而是由身体本身来对它们做出判断，依据它得到的满意来裁决，那么阿那克萨戈拉①关于这个世界的说法就会盛行，波卢斯，我的朋友——你熟悉这些观点——一切事物会在相同的地方混合在一起②，医疗和健康这些事情就不会有什么区别，还有烤面饼的事情。

你们现在已经听到我对演讲术的看法。它是烤面饼在灵魂中的对应部分，【e】烤面饼是它在身体中的对应部分。我也许做了一件荒唐的事情：我不让你发表长篇演说，而我自己谈论了那么长时间。尽管我应当得到原谅，因为我要是讲得简洁，你就不明白，不知道如何回答我的提问，所以你需要这样的叙述。所以，【466】哪怕我也不知道如何回答你的问题，你也必须详细地讲述。如果我能回答，那就让我来对待它们。这样做才是真正的公平。如果你现在知道如何回答我的问题了，请你回答。

波 噢，你说了些什么？你认为演讲术是奉承？

苏 我说它是奉承的一部分。你不记得了，波卢斯，你还这么年轻？以后老了你会变成什么样？

波 所以你认为优秀的演说家在他们的城邦里被视为奉承者吗？

苏 【b】你这是在提问，还是演讲的开头？

波 我在问问题。

苏 我认为根本就没有人理会他们。

波 你什么意思，没有人理会他们吗？他们不是在城邦里拥有最大的权

---

① 阿那克萨戈拉（Ἀναξαγόρας），哲学家，约生于公元前500年，卒于公元前428年。

② 阿那克萨戈拉有一篇论文以这样的话语开头："万物一体"，描述了宇宙的原初状态。参见第欧根尼·拉尔修：《名哲言行录》2：6。

力吗?

苏　没有,如果你说的"拥有权力"的意思是指某种对权力拥有者好的东西。

波　我正是这个意思。

苏　那么我认为演说家在任何城邦中拥有的权力是最小的。

波　真的?他们难道不像僭主一样,只要他们愿意或认为恰当,就可以处死任何人,【c】剥夺他们的财产,把他们从城邦里驱逐出去吗?

苏　我凭着神犬起誓,波卢斯!我对你说的每件事情都感到困惑,不知道你是在对自己说这些事情,表达你自己的观点,还是在向我提问。

波　我在向你提问。

苏　很好,我的朋友。如果你是在提问,那么你一下子就向我提了两个问题。

波　你什么意思,两个问题?

苏　你刚才不是说了这样的话:"演说家难道不像僭主一样,【d】只要愿意,就可以处死任何人,只要认为恰当,就剥夺任何人的财产,把他们从城邦里驱逐出去吗?"

波　是的,我说了。

苏　在这种情况下,我说有两个问题,我对这两个问题都会做出回答。我要说,波卢斯,演说家和僭主在他们的城邦里拥有最小的权力,【e】这是我刚才说过的。因为他们想要做的事情几乎都做不成,尽管他们肯定在做他们认为最适合做的事情。

波　好,这不就是拥有大权吗?

苏　我说这不是,至少波卢斯说这不是。

波　我说这不是?我肯定说这是!

苏　凭着……,你肯定说这不是!因为你说拥有大权对拥有者来说是好的。

波　是的,我是说过。

苏　那么，如果一个人在他缺乏理智的时候做他认为最适宜的事情，你认为这是件好事吗？你会把这也称做"拥有大权"吗？

波　不，我不会。

苏　那么，你要驳斥我，证明演说家确实有理智，【467】演讲术是一门技艺，而不是奉承？如果你不驳斥我，那么演说家在他们的城邦里做他们认为适宜的事情不会获得任何好处，僭主也一样。你说权力是一样好东西，但你也同意我的观点，在没有理智的情况下做自认为适宜的事情是坏的。或者说你不同意？

波　不，我同意。

苏　那么，只要波卢斯没有驳倒苏格拉底，说明演说家或僭主在做他们想做的事情，怎么能说他们在他们的城邦里拥有大权？

波　【b】这个人……

苏　……否认他们在做他们想做的事情。来吧，驳斥我。

波　你刚才不是同意说他们在做他们认为适宜的事情吗？

苏　是的，我仍旧同意这一点。

波　那么他们不就是在做他们想做的事情吗？

苏　我说他们不做他们想做的事情。

波　尽管他们做他们认为适宜的事情？

苏　这是我说的意思。

波　你的话真是太过分了，苏格拉底！荒唐透顶！

苏　别攻击我，我的出类拔萃的波卢斯，请按你自己的风格讲话。【c】要是你能做到，就向我提问，证明我错了。否则的话，你必须回答我的问题。

波　行，我愿意回答，以便弄明白你在说什么。

苏　你认为，当人们做事情的时候，他们想要的是他们正在做的事情，还是想要通过做这件事情来得到的东西？比如，你认为在医生的嘱咐下吃药的人想要的是他们正在做的事情，亦即吃药，以及吃药带来的不舒服，还是想要健康，为了得到健康他们才去吃药？

波　他们想要的显然是他们的健康。

苏　【d】航海的船员也一样，以及以其他途径挣钱的那些人，他们正在做的事情不是他们想要的东西——因为有谁会想要危机重重、千辛万苦的航海呢？他们想要的是发财致富，我假定，正是为了这个目的他们才去航海。为了财富的缘故，他们才去航海。

波　对，是这样的。

苏　事实上，这在各种情况下不都是一样的吗？如果某人为了某样东西的缘故而做某件事情，他想要的不是他正在做的事情，而是想要这样东西，【e】为了这样东西的缘故他才做这件事情？

波　对。

苏　世上有既不是好的，又不是坏的这样的事物吗，或者说世上有的事物都介于二者之间，不好不坏？

波　不会有这样的事物，苏格拉底。

苏　你说智慧、健康、财富一类的事物是好的，它们的对立面是坏的吗？

波　是的，我会这样说。

苏　所谓不好不坏，你的意思是有时候分有好东西，有时候分有坏东西，有时候二者都不分有，比如坐、走、跑、航海，【468】或者石头、木头一类的东西，是吗？这些就是你的意思吗？或者说你所谓的不好不坏指的是其他事物？

波　不，我指的就是这些事物。

苏　那么人们在做事的时候，他们是为了好的事情去做这些介于二者之间的事情，还是为了这些介于二者之间的事情去做好的事情呢？

波　【b】肯定是为了好的事情而去做介于二者之间的事情。

苏　所以，是为了追求这些好事情我们才去行走，每当我们行走的时候，我们假定行走比较好。与此相反，当我们站着不动的时候，我们也是为了同样的事情，好的事情，才站着不动的。不是这样的吗？

波　是这样的。

苏　我们不也处死人，如果我们做这种事情的话，或者放逐他，剥夺他的财产，因为我们假设做这些事情对我们来说比不做这些事情要好吗？

波　你说得对。

苏　因此，是为了那些好事物的缘故，所有做这些事情的人才做这些事。

波　我同意。

苏　我们不是同意过，我们想要的，【c】不是那些为了某种缘故而做的事情，而是这种事物，为了这种事物的缘故我们才做这些事情？

波　对，就是这样的。

苏　因此，我们不是只想要杀人，或者把他们从城邦里驱赶出去，剥夺他们的财产，等等；我们想要做这些事情，只是因为这样做有益，如果做这些事情有害，我们就不做了。因为我们想要的事物是好的，如你所同意的那样，我们不想要那些不好不坏的事物，更不想要那些坏的事物。对吗？你认为我说得对吗，波卢斯，或者你认为我说得不对？你为什么不回答？

波　我认为你说得对。

苏　【d】由于我们同意，如果一个人，无论他是僭主还是演说家，处死某个人，或者放逐他，或者剥夺他的财产，因为这个人假定这样做对他本人比较好，而实际上这样做比较坏，那么这个人是在做他自己认为适当的事情，不是吗？

波　是的。

苏　如果这些事情实际上是坏的，他也是在做他想要做的事情吗？你为什么不回答？

波　行，我不认为他在做他想要做的事情。

苏　【e】这样的人在城邦里能够拥有大权吗，如果拥有大权真是件好事情，如你所同意的？

波　他不能。

苏　所以我说得对，当时我说既不拥有大权，又不做他想做的事情，一个人才可能在他的城邦里做他认为适宜的事情。

波　真的，苏格拉底！你好像不喜欢处于这样的地位，在城邦里做你认为合适的事情，宁可不处于这样的地位！每当你看到有人处死他认为适宜的人，或者剥夺他的财产，或者把他吊起来，你好像不羡慕！

苏　你指的是公正的，还是不公正的？

波　【469】无论他以什么方式做这件事，他不都被人羡慕吗？

苏　别出声，波卢斯。

波　怎么了？

苏　因为你不应该羡慕那些不值得羡慕的人或可悲的人。你应该对他们表示遗憾。

波　真的？这就是你对我正在谈论的这些人的想法？

苏　当然。

波　所以，一个人处死任何他认为适宜的人，并且公正地这样做了，你认为这个人是可悲的，要对他表示遗憾吗？

苏　不，我不这么看，但我认为这样的人不值得钦佩。

波　你刚才不是说他是可悲的吗？

苏　【b】是的，我指的是不公正地杀人的人，我的朋友，此外也要对他表示遗憾。而公正地杀人的人不需要钦佩。

波　不公正地被杀的人肯定既是遗憾的又是不幸的。

苏　不会比杀他的人更不幸，也不会比公正地被杀的人更不幸。

波　怎么会这样呢，苏格拉底？

苏　因为做不公正的事情实际上是最糟糕的事情。

波　真的？那是最糟糕的吗？承受不公正的事情难道不是更加糟糕吗？

苏　不，根本不是。

波　所以你宁愿承受不公正之事，也不会去做不公正之事？

苏 【c】在我两样都不情愿，但若我必须挑选，那么我会选择承受不公正，不会选择实施不公正。

波 那么，你不打算当一名僭主？

苏 不，除非你说的当僭主的意思就是做我做的事情。

波 我的意思刚才说过了，就是占据一个职位，在城邦里做任何你认为恰当的事情，无论是处死人，还是放逐他们，在一切事情上都能随心所欲，只要你认为合适。

苏 【d】哦，你真是太神奇了！我给你讲一件事，请你批评。想象我在人群拥挤的市场上，袖子里揣着匕首，对你说："波卢斯，我刚得到某种神奇的僭主的权力。所以，如果我认为处死你在这里看到的某个人是合适的，那么他马上就会被处死。如果我认为让哪个人头破血流是合适的，那么他马上就得头破血流。如果我认为让哪个人的衣服被撕烂是合适的，那么他的衣服马上就得被撕烂。这显示了我在这个城邦里的权力有多大！"【e】假定你不相信我的话，我就亮出匕首。看到匕首，你会说："苏格拉底，每个人都拥有这样的大权。所以只要你认为合适，任何房子都可以烧毁，雅典人的船坞和战船，以及他们的所有船只，无论是公家的还是私人的，都可以烧毁。"但是，做一个人认为合适的事情，这并不是所谓的拥有大权。或者说，你认为这就是拥有大权？

波 不是，至少不是这个样子的。

苏 【470】那么你能告诉我你反对这类权力的理由吗？

波 是的，我能。

苏 它是什么？告诉我。

波 理由是，以这种方式行事的人必定要受惩罚。

苏 受惩罚不是一件坏事吗？

波 是，确实是。

苏 那么好，我的令人惊讶的朋友，在此你再次涉及了一个观点：按照自己认为适宜的事情采取行动要和行动有益相一致，我想这是一件好事，这显然就是拥有大权。否则它就是一件坏事，【b】实际上也没有什么权力。让我们也来考虑一下另外一个观点。我们刚才提到的这些事情，杀人、放逐、剥夺他们的财产，有的时候是好的，有的时候是不好的，我们同意吗？

波　是的，我们同意。

苏　这个观点确实是你我双方都同意的吗？

波　是的。

苏　那么你是什么时候开始说做这些事情比较好的？告诉我，你从哪里开始的？

波　你为什么自己不回答这个问题，苏格拉底？

苏　【c】好吧，波卢斯，如果你更乐意听我说话，那么我要说，当一个人公正地做这些事情的时候，它是比较好的，但当一个人不公正地做这些事情的时候，它是比较糟的。

波　要驳斥你真的很难，苏格拉底！但你刚才说的这些话，就连小孩也能驳斥你，告诉你说错了。

苏　这样的话，我会非常感谢那个小孩，正如要是你驳斥我，消除我的胡言乱语，我也非常感谢你。帮朋友的忙请别犹豫。驳斥我。

波　好，苏格拉底，要驳斥你，我们不需要去讲古代的历史。【d】喔，讲讲当前发生的大事件就足以证明许多做事不公正的人是幸福的。

苏　哪一类事件？

波　要我说，阿凯劳斯①，佩尔狄卡②之子，正在统治马其顿，你能想起这个人来吗？

苏　哦，哪怕我想不起来，我也听说过这个人。

波　你认为他是幸福的还是不幸的？

苏　我不知道，波卢斯。我还没见过这个人。

---

① 阿凯劳斯（Αρχέλαος），人名。
② 佩尔狄卡（Περδίκας），人名。

波 【e】真的？要是你见过他，你就知道了，没见过他，你怎么可能知道他是否幸福？

苏 不知道，我确实不知道，宙斯在上！

波 那么苏格拉底，你显然也不会说你知道那位大王[①]是幸福的。

苏 对，是这样的，因为我不知道他受过什么教育，是否公正。

波 真的？幸福完全是由这些东西来决定的吗？

苏 是的，波卢斯，所以我才这样说。我说那些值得敬重的人和善良的人，那些男男女女，是幸福的，而那些不公正的人和邪恶的人是不幸的。

波 【471】所以按照你的推论阿凯劳斯这个人是不幸的？

苏 是的，我的朋友，如果他真的不公正。

波 噢，他当然是不公正的！他现在拥有的王权原本不属于他，他的母亲实际上是佩狄卡斯的兄弟阿凯塔斯[②]的一名女奴。按理说，他是阿凯塔斯的奴隶，如果他想要做事公正，那么他仍旧应当是阿凯塔斯的奴隶，按你的推论他会很幸福。而他却神奇般地"不幸"，他犯了非常可恶的罪行。首先，【b】他派人请来他的主人和叔父，诡称要帮他夺回被佩狄卡斯剥夺的王位。他设宴款待他，把他灌醉了，还有他的儿子亚历山大[③]，也就是他的堂兄，和他一般年纪。然后他把他们扔进一驾马车，乘黑夜把他们送走，把他们俩都杀了，毁尸灭迹。尽管他犯下这些罪行，他仍旧不明白他变得有多么"不幸"，也没有丝毫悔恨。他拒绝通过公正地抚养他的兄弟、把王位传给他来使自己变得"幸福"，【c】他是佩狄卡斯的合法儿子，一个大约七岁左右的孩子，王位本应由他继承。相反，不久以后，他就把他扔到井里淹死了，然后告诉孩子的母亲克勒俄帕特拉[④]，说他在追一只鹅的时候掉进井里送了命。现在由于这个原因，由于他在马其顿人当中犯了最可怕的罪行，所以他

---

① 指波斯国王，非常富有，握有大权。

② 阿凯塔斯（Ἀλκέτας），人名。

③ 亚历山大（Ἀλέξανδεϱ），人名。

④ 克勒俄帕特拉（Κλεοπάτϱα），人名。

是最"不幸"的，而不是最幸福的，但毫无疑问，在雅典有某些人，【d】从你本人开始，宁可当一名马其顿人，而不愿当阿凯劳斯。

苏 在我们开始讨论的时候，波卢斯，我已经称赞你，因为我认为你受过很好的演讲术的训练。但我也认为你轻视讨论的实践。你假定我说一个行事不公正的人是不幸福的，用这些论证连一个孩子也能驳倒我，你用这样的论证来驳斥我，我现在就要接受，这就是你的全部论证吗？你从哪里得来这种想法，我的大好人？事实上，我对你说的每一件事情都不同意！

波 【e】你只是不愿意承认罢了，你的实际想法和我是一样的。

苏 我的神奇的先生，你想用演讲的方式驳斥我，就如那些法庭上的人所为，他们认为自己正在驳斥某种说法的时候就是这么干的。在那里，一方认为需要驳斥另一方，就提出许多可以辩驳的证据，用这些论证来代表自己的意思，而持有相反说法的人只提出一个证据，或者一个也提不出来。这样的"驳斥"对于发现真相来说是没有价值的，因为面对多数人的驳斥，【472】会有人成为多数人提出的虚假证据的牺牲品。现在也是这样，如果这就是你想要用来反对我，说明我说得不对的证据，几乎每个雅典人和外邦人在你说的这些事情上都会站在你一边。如果你喜欢，尼刻拉图① 之子尼昔亚斯② 可以为你作证，还有他的兄弟，他们长期在狄奥尼修斯③ 圣地的三脚祭坛奉献。【b】如果你喜欢，斯凯利亚④ 之子阿里司托克拉底⑤ 也可以为你作证，此人在庇提亚的阿波罗神庙⑥ 对神的献祭极为丰盛。如果你喜欢，伯里克利全家或其他家族，你都可以选来为你作证。但无论如何，尽管我只有一个人，我还是不同意你。你没有强迫我，而是提出许多虚假的论据来反对我，试图剥夺我的财产，亦即真理。对我而言，如果我不能为你举出一个证人来

---

① 尼刻拉图（Νικήρατος），人名。
② 尼昔亚斯（Νικίας），人名。
③ 狄奥尼修斯（Διονυσίως），神名。
④ 斯凯利亚（Σκελλίους），人名。
⑤ 阿里司托克拉底（Αριστοκράτης），人名。
⑥ 庇提亚（Πυθία）的阿波罗神庙，位于德尔斐，德尔斐古称庇索（Πυθώ）。

赞同我的观点，那么我假定，在我们已经讨论过的事情上，我的收获都不值一提。【c】我假定你也没有什么收获，如果我不能站在你一边为你作证，尽管我只是一个人，而你轻视其他所有人。

所以，有这样一种驳斥的方式，是你和其他许多人接受的。但也有另一种，是我接受的。让我们对这两种方式做一些比较，看它们有什么差别。毕竟，我们之间争论的问题绝非微不足道的，而是至关重要的，拥有关于它的知识是最令人羡慕的，不拥有关于它的知识是最可耻的。这件事情的核心就是能识别或不能识别谁是幸福的和谁是不幸福的。【d】以我们当前讨论的第一个问题为例：你相信一个人可以不公正地做事，而不公正的人可能是幸福的，因为你相信阿凯劳斯既是不公正的又是幸福的。我们可以把它理解为这就是你的观点吗？

波　可以。

苏　但我说这是不可能的。这是我们之间争论的一个要点。有道理！尽管他不公正地做事，但他是幸福的——也就是说，如果他受到应有的惩罚，是吗？

波　哦，不，肯定不是！这样的话他就是最可悲的！

苏　【e】但若一个不公正地行事的人不能得到他应得的，那么，按照你的推论，他会是幸福的吗？

波　这是我说的。

苏　按照我的看法，波卢斯，不公正做事的人，不公正的人，是全然可悲的，如果他没有为他犯下的恶行受到应有的惩罚，他就更加可悲，如果他付出了代价，从众神和凡人的手中得到了应有的惩罚，他就要好些了。

波　【473】你想要坚持的立场真是荒谬绝伦，苏格拉底！

苏　对，我在试着让你也站到和我相同的立场上来，我的大好人，因为我把你当朋友。现在，这些就是我们的分歧。请你和我一道来观察。我前面说过，不是吗，行不公正之事比承受它更糟糕？

波　是的，你说过。

苏　而你说承受不公正更糟糕。

波　对。

苏　我说行不公正之事的那些人是可悲的，但被你"驳斥"。

波　你当然应当受到驳斥，宙斯在上！

苏　【b】所以，你是这样想的，波卢斯。

波　所以，我真的这样想。

苏　也许吧。还有，你认为那些做不公正的事情的人是幸福的，只要他们没有为此付出代价。

波　我确实这样看。

苏　而我说他们是最可悲的，那些付了代价的要稍微好一点。你也想驳斥这个说法吗？

波　喔，这个说法甚至比其他说法更难驳斥，苏格拉底！

苏　不是难，而是肯定，波卢斯。这是不可能的。真理决不会被驳倒。

波　你什么意思？好比有人在做不公正的事情时被抓住了，【c】他搞阴谋想立自己为僭主。假如他被抓住了，在拉肢架上受刑，眼睛也被烧坏了。假定他受了各种酷刑，被迫举证他的妻儿，让他们也受苦。到了最后，他被钉在柱子上，或者身上涂满油污。要是他没有被抓住，把他自己立为僭主，终生统治他的城邦，可以随心所欲做事，【d】成为本邦公民和异邦人羡慕的对象，他的福气为人们所称道，那么他就会比较幸福，是吗？这就是你说的不可能驳斥的事情吗？

苏　这一次你是在吓唬我，波卢斯，而不是在驳斥我。刚才你是在用证据来论证。不过，请你提醒我一下：这个人在搞阴谋，不公正地立他自己为僭主，你这样说了吗？

波　是的，我说了。

苏　在这个事例中，两种情况都不会有比较幸福的，不公正地获得了僭主的权力不会比较幸福，付出了代价的也不会比较幸福，因为在两个可悲的人中间不会有一个比另一个更幸福。【e】而是那个逃脱了被抓，成为僭主的人更加可悲。怎么回事，波卢斯？你在笑？这是另一种驳斥方式吗，别人提出一个看法你就笑，而不是驳斥他？

波 你不认为你已经被驳倒了吗，苏格拉底，你说的这些事情没人会这样看？你可以问在场的任何人。

苏 波卢斯，我不是政治家。去年抽签我被选为议事会成员，我们的部落担任轮值主席，【474】我必须召集投票，我进了会场，人们大笑。我不知道该怎么办。所以，别让我召集在场的人投票。如果你没有更好的"驳斥"要提供，如我刚才所建议的那样，那就让我说话，而你试着提出我认为的这种驳斥。因为我不知道如何就我说的任何事情提出一位证人，这是正在跟我讨论的人干的事。我是轻视民众的。我不知道如何召集投票，我甚至不和民众讨论事情。【b】所以想一下，看你是否愿意通过回答我的问题来驳斥我。我确实相信，你和我，还有其他每一个人，都认为做不公正之事比承受不公正之事更糟糕，不付出代价比付出代价更糟糕。

波 我确实相信我不相信，也没有其他人相信。所有，你宁可承受不公正，而不是去行不公正，是吗？

苏 是的，你和其他每个人也会这样做。

波 决非如此！我不会，你不会，其他任何人都不会。

苏 【c】那么你不愿意回答问题吗？

波 我当然愿意。实际上，我急于知道你要说什么。

苏 只要你回答我的问题，就当这是我的第一个问题，你会知道的。你认为哪一种情况更糟糕，波卢斯，做不公正之事，还是承受不公正？

波 我认为承受不公正更糟糕。

苏 你这样想？你认为哪一种情况更可耻，做不公正之事，还是承受不公正？告诉我。

波 做不公正之事。

苏 如果做实际上更可耻，那么它也是更糟糕的，不是吗？

波 不，根本不是。

苏 【d】我明白了。你显然不相信值得赞赏的和善的是一回事，坏的和可耻的是一回事。

波 对，我确实不相信。

苏 好吧，这种情况会怎么样？当你把所有值得赞赏的事物称做可赞赏的时候，比如身体，或者颜色、图形、形状、声音，或者实践，你在每一次这样做的时候就没有什么想法吗？首先，以身体为例，你不是因为相对于其他有用的事物而言它们有用，才称它们为值得赞赏的吗，或者你是因为某种快乐才称它们为值得赞赏的，如果看着身体使看的人得到享受？在身体的值得赞赏的性质上，你还能说出其他什么原因来吗？

波 【e】不，我不能。

苏 所有其他事物不也一样吗？你不是由于有某种快乐或利益，或者二者皆有，才把形状或颜色称做值得赞赏的吗？

波 是的，我是这样做的。

苏 声音和其他与音乐有关的事物不也一样吗？

波 是的。

苏 我想，与法律和习俗相关的事情——当然是值得赞赏的法律和习俗——肯定也是这样，它们之所以值得赞赏不外乎它们是快乐的或有益的，或者二者皆有。

波 【475】不，我不认为它们会是这样的。

苏 学习领域中值得赞赏的事情不也一样吗？

波 确实如此。是的，苏格拉底，你联系快乐和善来给值得赞赏的事物下定义，值得赞赏。

苏 所以我给可耻的事物下定义也可以联系与快乐和善相反的痛苦和恶，不是吗？

波 必定如此。

苏 因此，两样值得赞赏的事物中的一样比另一样更值得赞赏，之所以如此，乃是因为它在快乐或有益方面超过了对方，或者在两方面都超过对方。

波　是的，没错。

苏　两样可耻的事物中的一样比另一样更可耻，【b】之所以如此，乃是因为它在痛苦或恶的方面超过对方。这不也是必定如此吗?

波　是的。

苏　那么好，我们刚才关于做不公正的事和承受不公正的事是怎么说的? 你不是说过承受不公正的事更糟糕，而做不公正的事更可耻吗?

波　我是这样说过。

苏　如果做不公正之事实际上比承受不公正之事更可耻，那么不就是由于做不公正之事更痛苦，在痛苦方面超过承受不公正之事，或者是由于在恶的方面超过承受不公正之事，或者在两个方面都超过了吗? 这不也是必然如此吗?

波　当然如此。

苏　【c】让我们先来看这一点：做不公正之事在痛苦方面超过承受不公正之事，做的人比承受的人受到更大的伤害，是吗?

波　不，苏格拉底，完全不是这么回事!

苏　所以，做不公正之事在痛苦方面不超过承受不公正之事。

波　肯定不超过。

苏　所以，如果做不公正之事在痛苦方面不超过承受不公正之事，它在这一点上也不会在两方面超过承受不公正之事。

波　显然不会。

苏　那么它只能在其他方面超过了。

波　是的。

苏　在恶的方面超过。

波　显然如此。

苏　所以，由于做不公正之事在恶的方面超过承受不公正之事，做不公正之事要比承受它糟糕。

波　这很清楚。

苏　【d】大多数人，还有你刚才，同意我们的意见，做不公正之事比承受不公正之事更可耻，是吗？

波　是的。

苏　现在，你瞧，做不公正之事变得更糟糕了。

波　显然如此。

苏　那么你会欢迎更糟糕和更可耻的事情，超过较不糟糕和较不可耻的事情吗？请不要回避问题，波卢斯。你不会受到任何伤害的。请你高尚地臣服于论证，就好像你去看医生，回答我。对我问你的问题说是或者不是。

波　【e】不是，我不会那样做的，苏格拉底。

苏　其他人会吗？

波　不会，我不这么想，无论如何，不会按照这个论证。

苏　那么，我是对的，我说你和我，还有其他任何人，都不会去做不公正的事情，超过承受不公正的事情，因为做不公正之事确实更糟糕。

波　好像是这样的。

苏　所以你瞧，波卢斯，这种驳斥与其他驳斥相比，完全没有相同之处。如果只有我同意你的意见，【476】那么你是我的全部需要，尽管你这一派只有一个人，我还是需要你的同意和证明。我只召集你一个人投票，其他人我都忽略掉了。在这一点上，就让它成为我们的判决。下面，让我们来考察我们之间争论的第二个要点，也就是做不公正的事情付出代价是更糟糕的事情，如你所假定的，或者不付出代价是更糟糕的事情，这是我的看法。

让我们以这种方式来看一下。你说付出代价和做错事而被公正地绳之以法是一回事吗？

波　是的，我是这样说的。

苏　【b】那么你能说一切公正的事情就其是公正的而言都是不值得钦佩的吗？仔细想一想，把你的想法告诉我。

波　是的，我认为它们都不值得钦佩。

苏　也请考虑一下这个观点。如果某人对某物采取行动，那么也必定有某物承受它，以完成这个行动吗？

波　是的，我认为是这样的。

苏　这个完成了的行动就是行动者通过这个行动作用于承受者的那个行动吗？我的意思是，比如某个人打人，必定有某个人被打吗？

波　肯定有。

苏　如果打人的人打得狠或打得快，【c】那么被打的人也以同样的方式挨打吗？

波　是的。

苏　所以被打的人也会以任何方式对打他的人采取行动吗？

波　对，是这样的。

苏　所以，同样的道理，如果某个人在做烧灼的手术，那么必定有人被烧灼吗？

波　当然。

苏　如果他被严重地或痛苦地烧灼，那么被烧的人接受烧灼的方式就是烧他的人进行烧灼的方式，对吗？

波　对。

苏　同样的道理不也可以用来解释某个人开刀？因为有某人被切割。

波　对。

苏　如果切割得很大、很深、很痛，【d】那么被切割的人也以同样的方式被切割吗？

波　显然如此。

苏　我们小结一下，看你是否同意我刚才说的：在所有事例中，一事物无论以何种方式作用于另一事物，被作用的事物也以同样的方式承受这个行动。

波　是的，我同意。

苏　同意了这一点，那么付出代价是承受者的行动，还是行为者的行动?

波　它必定是承受者的行动，苏格拉底。

苏　要通过采取行动的某个人吗？

波　当然。通过实施惩罚的人。

苏　【e】一个正确、公正地实施惩罚的人？

波　是的。

苏　这个行为是公正的，还是不公正的？

波　是公正的。

苏　所以受惩罚的人在付出代价时是在公正地承受吗？

波　显然如此。

苏　我想，这是大家同意的，公正的事情是值得钦佩的吗？

波　对。

苏　所以这些人中一个在做值得钦佩的事情，另一个，那个受到惩罚的人，值得钦佩的事情在他身上完成了。

波　是的。

苏　【477】那么，如果这些事情是令人钦佩的，它们也是好的吗？因为它们既不愉快，又无利益。

波　确实如此。

苏　因此，付出代价的那个人有好事情在他身上完成吗？

波　显然。

苏　因此，他得到了益处吗？

波　是的。

苏　他得到的好处是我认为的那种好处吗？如果他公正地受到惩罚，他的灵魂会得到改善吗？

波　是的，好像是这样的。

苏　因此，付出代价的那个人从他的灵魂中赶走了某种坏东西吗？

波　是的。

苏 喔，他赶走的坏东西是最严重的吗？【b】请以这样一种方式看问题：在一个人的财务中，你发现还有比贫穷更坏的事情吗？

波 没有，只有贫穷是最坏的。

苏 一个人的身体情况怎么样？你会说这方面的坏由虚弱、患病、丑陋，以及诸如此类的事情组成吗？

波 是的，我会。

苏 你相信灵魂也有某种腐败状态吗？

波 当然。

苏 你不把这种状态称做不公正、无知、胆怯等等吗？

波 我肯定会这样说。

苏 关于这三件事情，人的财务，人的身体，人的灵魂，【c】你说有三种腐败的状态，亦即贫穷、疾病和不公正，是吗？

波 是。

苏 这些腐败状态中哪一种最可耻？不就是不公正吗，不就是人的灵魂的整个腐败吗？

波 确实是这样的。

苏 如果这是最可耻的，那么它也是最坏的吗？

波 你这是什么意思，苏格拉底？

苏 我的意思是这样的：我们前面取得过一致意见的看法蕴含着这样一个意思，最可耻的事物之所以如此，乃是因为它是最大的痛苦的源泉，或者是最大的伤害的源泉，或者是二者的源泉。

波 确实如此。

苏 我们现在同意，【d】不公正和整个灵魂的腐败是最可耻的事情。

波 我们是同意了。

苏 所以，它之所以是最痛苦的或最可耻的，乃是因为它在痛苦，或在伤害，或在这两个方面都超过其他，是吗？

波 必然如此。

苏　那么不公正、不受惩罚、胆怯、无知比贫穷和患病更痛苦，是吗？

波　不，我不这么想，苏格拉底，从我们已经说过的话里面好像推不出这一点。

苏　所以，人的灵魂腐败是最可耻的，【e】其原因是它通过某种巨大的伤害和令人震惊的恶超越了其他，而在痛苦方面没有超过其他，按照你的推论。

波　好像是这样的。

苏　但是在最大的伤害方面进行超越的东西，我想，肯定是最糟糕的事物。

波　是的。

苏　那么，不公正，缺乏管束和所有其他形式的灵魂腐败是最糟糕的事情。

波　显然如此。

苏　喔，摆脱贫穷的技艺是什么？不就是财务管理吗？

波　是。

苏　摆脱疾病的技艺是什么？不就是医疗吗？

波　【478】肯定是。

苏　摆脱邪恶和不公正的技艺是什么？如果你不确定，可以这样看：身体有病的人，我们送他去哪里，去见什么人？

波　去看医生，苏格拉底。

苏　行为不公正，不受管束的人，我们送他去哪里？

波　去见法官，你认为如何？

苏　这样做不就是让他们付出代价吗？

波　是的，我同意。

苏　那些正确地实施惩罚的人在这样做的时候不是使用了一种公正吗？

波　这一点是清楚的。

苏　那么，消除贫穷的是财务管理，【b】消除疾病的是医疗，消除不公正和不受约束的是公正。

波　显然如此。

苏　喔，这些东西中，哪一样最值得钦佩？

波　哪一样，你什么意思？

苏　财务管理，医疗，公正。

波　公正最值得钦佩，苏格拉底。

苏　如果公正真的是最值得钦佩的，那么它在这个例子中既不是最快乐的，又不是最有益的，或者二者都不是，对吗？

波　对。

苏　喔，在获得医疗的时候，有什么事是愉快的吗？人们在得到治疗的时候很享受吗？

波　不，我不这么认为。

苏　但它是有益的，不是吗？

波　是。

苏　【c】由于他们正在消除某些很坏的东西，让身体得到康复，暂时忍受痛苦对他们来说是值得的。

波　当然。

苏　喔，如果一个人正在接受治疗，或者他从来不生病，那么就他的身体而言，哪一种情况下人是最幸福的？

波　显然是从来不生病。

苏　因为幸福显然不是消除某种恶的事情；倒不如说，幸福是从一开始就不染上恶。

波　是这样的。

苏　【d】很好，两个人，各自在身体或灵魂上有某种恶，他们哪一个更可悲，是那个接受治疗摆脱了恶的人，还是那个没有接受治疗仍旧保持恶的人？

波　那个没有接受治疗的人，在我看来是这样的。

苏　喔，付出代价就不是要消除那个最大的恶，亦即腐败？

波　是的。

苏　对，我想，因为这样的公正会使人们自控，变得比较公正。公正已经证明自己是一种对抗腐败的治疗。

波　是的。

苏　那么，最幸福的人是那个灵魂中没有任何恶的人，而我们已经说明这种恶是最严重的。

波　这很清楚。

苏　【e】我假定，第二位的是那个消除了恶的人。

波　显然如此。

苏　这就是那个受到告诫和谴责的人，那个付了代价的人。

波　是的。

苏　那么，继续作恶的人，不能消除恶的人，他的生活是最糟糕的。

波　显然如此。

苏　这不就是那个人，【479】如你所说的阿凯劳斯和其他僭主、演说家、统治者，使他自己所处的位置吗，尽管犯下极大的罪行，使用了最不公正的方法，又成功地逃脱了训诫和惩罚，没有付出代价？

波　这很清楚。

苏　对，我的大好人，我想这些人的所作所为就像一名讳疾忌医的病人，患了重病，【b】却不愿为他身体的过失向医生支付代价，又像小孩一样，害怕烧灼术或外科手术，因为它们是痛苦的。你也会这样想吗？

波　是的，我会。

苏　这是因为他显然不知道健康和身体好的含义。以我们现在同意的观点为基础，那些逃避付出代价的人也在做同样的事情，波卢斯。他们关注的是付代价的痛苦，但是漠视它的好处，根本不知道有不健康的灵魂的生活比有不健康的身体的生活要可悲得多，【c】这个灵魂由于不公正和不虔诚而腐败。也是由于这个原因，他们不遗余力地逃避付出代价，不愿消除这种最糟糕的东西。他们为自己寻找金钱和朋友，寻找可能具有说服力的讲话方法。如果我们现在同意的这一点是真的，波卢斯，那么你明白从我们的论证中可以推出什么事情来吗？或者说，你喜欢我们把这些结论摆出来吗？

波　是的，如果你认为我们应当这样做。

苏　从中可以推出，不公正，做不公正的事情，是最糟糕的，不是吗？

波　【d】是的，显然如此。

苏　我们已经说明付出代价可以消除这种恶，是吗？

波　好像是这样的。

苏　如果不付出代价，那么恶仍旧存在，是吗？

波　是的。

苏　所以，做不公正的事情是第二糟糕的事情。当一个人依其本性做了不公正的事情而又不付出代价，这是第一糟糕的事情，是一切糟糕的事情中最糟糕的。

波　似乎如此。

苏　我们之间争论的不就是这一点吗，我的朋友？【e】你认为阿凯劳斯是幸福的，他犯了大罪而又不付出代价，而我的看法正好相反，逃避为他的恶行付出代价，无论他是阿凯劳斯，还是其他人，都是或应当是最可悲的，超过其他所有人，做不公正之事的人总是比承受不公正之事的人更可悲，逃避付出代价的人总是比付了代价的人更可悲。我不是说过这些事情吗？

波　是的。

苏　我们不是已经证明这个说法是正确的吗？

波　显然是正确的。

苏　【480】有道理。如果这些事情是真的，波卢斯，那么演讲术的大用处在哪里？以我们现在同意的观点为基础，一个人应当保护自己，决不去做不公正的事情，知道自己若是做了，会有大麻烦。难道不是这样吗？

波　是的，没错。

苏　如果他或其他人在意不公正的行为，他应当自愿去他可以付出代价的地方，越快越好；【b】他应当去见法官，就好像去看医生，他焦虑的是不要让不公正这种疾病迅速蔓延，乃至于他的灵魂到后来变得无法治愈。波卢斯，如果我们前面同意的观点真的能站住脚，我们其他还能说什么？这些陈述不是必然以这种方式与我们前面的观点相吻合吗？

波 喔，是的，苏格拉底。其他我们还能说什么？

苏 所以，如果演讲术是用来为不公正辩护的，波卢斯，为自己的不公正，为自己的亲属的不公正，为自己的同伴的不公正，为自己的子女的不公正，为自己的国家的不公正，【c】那么它对我们没有任何用处，除非将它用于相反的目的它才是有用的：首先和最重要的是谴责他自己，然后是谴责他的家庭成员和其他与他亲近的人，他们正好在某个时间做了不公正的事情；他不应当隐瞒恶行，而要将它公布于众，这样可以付出代价，重获健康；迫使他自己和其他人不要做胆小鬼，而要咬紧牙关，勇敢地面对，就好像去见医生，接受手术和烧灼，追求善的和值得钦佩的东西，而不在意要承受的痛苦。如果他的不公正的行为要接受鞭打的处罚，【d】他应当去接受鞭打；如果应当坐牢，那么就去坐牢；如果要付罚款，那么就交罚金；如果应当流放，那么就接受放逐；如果应该处死，那么就去死。他应该是他自己的主要原告，是他自己家庭其他成员的原告，要用他的演讲术来消除糟糕的事情，亦即不公正，把这些不公正的行为都揭露出来。对此我们会肯定还是否定，波卢斯？

波 【e】我认为这些说法是荒唐的，苏格拉底，尽管你无疑认为这些说法与前面的那些观点相一致。

苏 那么，我们要么抛弃这些说法，要么认为它们是必然推出的结论？

波 是的，只能这样。

苏 另一方面，反过来说，假定一个人不得不伤害某个人，某个敌人或其他任何人，而他没有承受来自他的这个敌人的任何不公正的事情——这是要小心提防的事情——如果这个敌人对其他人做了不公正的事情，【481】那么我们的人应当以各种方式来观察，看他做了些什么，也看他说了些什么，看他的敌人有没有去法官那里付出他的代价。如果他的敌人确实去了，那么他应当设法开释他的敌人，不要让他付代价了。如果他的敌人偷了许多黄金，他应当设法让他的敌人不要归还黄金，而是保留黄金，以一种不公正的、无视神明的方式，让他自己和他的人挥霍这笔钱。如果他的敌人的罪行应当被处死，他应当设法让他的敌人活命，不被处死，最好是让他的敌人变得不会死，永远活在腐败之中，如果不可能做到这一点，【b】也要让他尽可能活得长。对，我认为演讲术对这种事情是有用的，波卢斯，因为对没有意愿做不公正的事情的人，演讲术在我看来似乎没有多少用处——哪怕它实际上有某些用处——因为它的有用性到现在为止还没有以任何方式显示。

卡　凯勒丰，你来告诉我，苏格拉底此刻是在说真心话，还是在开玩笑？

凯　我认为他是绝对真诚的，卡利克勒。尽管，你最好还是问他自己。

卡　众神在上！这正是我急于想问的。告诉我，苏格拉底，【c】我们现在应该把你当做认真的还是在开玩笑？如果你是认真的，如果你说的这些事情确实是真的，那么我们凡人的生活岂不就要颠倒过来，我们做的事情不是显然与我们应当做的事情正好相反吗？

苏　好吧，卡利克勒，如果人类并不分享共同的经验，而是有人分享这种经验，有人分享那种经验，那么我们每个人都有某些独特的经验不与他人共享，【d】要把自己经验到的东西与他人交流不是一件易事。之所以这样说，乃是因为我明白，你和我现在真的是在共享一种相同的经验：我们各自是两个对象的热爱者，我爱克利尼亚①之子阿尔基比亚德②和哲学，你爱雅典的"德莫"③和皮里兰佩④的"德莫"⑤。我注意到，你在各种情况下都不会与你热

---

①　克利尼亚（Κλεινίας），人名。
②　阿尔基比亚德（Ἀλκιβιάδης），人名。
③　德莫（δήμου），雅典的区，在句中指各个区的人。
④　皮里兰佩（Πυριλαμπους），人名。
⑤　此处"德莫"暗指皮里兰佩的儿子德摩斯（δήμους）。

爱的对象对抗，无论他说什么，或者宣布什么，尽管你很能干。【e】你不断地来回改变自己的观点。如果你在公民大会上说了什么，遭到雅典各个区的反对，你就改变自己的看法，说些他们想听的话。当你与那位长相俊美的年轻人皮里兰佩之子在一起的时候，这样的事情就在你身上发生。你不能反对你的情人说的话或他们的提议，所以当有人听到你说完全同意他们的解释，并对这种解释有多么荒唐感到惊愕的时候，你可能会说——如果有人提醒你要把真相告诉他——【482】除非有人阻止你的情人说话，否则你决不会阻止他们说这些事情。在这种情况下你一定要相信，你也必须听我说这样的事情，不是在我说这些事情的时候感到惊愕，而是必须阻止我热爱的哲学说这些事情。因为她总是在说你现在从我这里听到的这些话，我亲爱的朋友，她比我的其他相好更加稳定。至于克利尼亚之子，他说的话这一刻与下一刻不同，而哲学说的话始终如一，【b】她在说的这些事情令你感到震惊，尽管说这些事情的时候你是在场的。所以，要么驳斥她，说明做不公正的事情而不付出代价不是一切坏事情的终极，而我刚才说它是，要么做别的选择，对此不予驳斥，然后以神犬、埃及人的神的名义起誓，卡利克勒不同意你的观点，卡利克勒一辈子都与你的观点不合。不过，我的大好人，在我看来，我的竖琴和合唱队可能跑调了，所以我的音调不和谐，【c】使得大多数人不同意我的看法，与我对立，所以我最好还是把弦调好，把音校准，而不是与自己不和，与自己对立，尽管我只是一个人。

卡 苏格拉底，我认为你在这些讲话中哗众取宠，你真是一个取悦大众的人。你在这里对着大家卖弄技巧，就像波卢斯做过的事情一样，他当时指责高尔吉亚容忍你对高尔吉亚这样做。因为他说，不是吗，【d】你问高尔吉亚是否愿意教前来向他学习演讲术的人，但对那些不知道什么是公正的人，高尔吉亚羞于说不愿意，因为按照一般的习俗，他要是加以拒绝就会遭到诟病，于是他说愿意教。因此波卢斯说，由于高尔吉亚在这一点上表示同意，他就被迫自相矛盾，就像你现在这样。波卢斯当时嘲笑你，我想他这样做是对的。现在，同样的事情在波卢斯身上发生了。正是由于相同的原因，我不赞成波卢斯的做法，他赞成你的意见，做不公正的事情比承受不公正的事情更可耻。【e】作为这种承认的一个结果，他在讨论中被你束缚住了，缄默了，乃至于羞于说出他内心的想法。尽管你声称追求真理，但你实际上把这场讨论引向那些大众青睐的观点，这些观点只有按照法律来看是令人钦佩的，按照自然① 则不是。而这两样东西，自然和法律，【483】在大部分场合下是相互对立的，所以，如果一个人羞于说出内心的想法，他就被迫自相矛盾。事实上，这就是你想出来的能干的伎俩，在你的讨论中恶毒地加以使用：如果一个人依据法律来讲话，你就狡猾地依据自然向他提问；如果他依据自然来讲话，你就依据法律向他提问。这就是刚才在这里发生的事情，讨论的问题是做不公正的事情和承受不公正的事情。波卢斯的意思是依据法律做不公正的事情更加可耻，你在争论的时候就把他的意思当做是依据自然。依据自然，一切事物越糟糕也就越可耻，就像承受不公正的事情，而依据法律，则是做不公正的事情更可耻。【b】不，没有人会愿意承受不公正的事情，只有奴隶才愿意这样做，对奴隶来说，死了比活着好，受到虐待的时候，奴隶不能保护自己，也没有其他人在意这种事。我相信，我们法律的制定者是弱者，是多数人。所以他们要制定法律，为他们自己制定奖赏和惩罚，【c】心里想的是他们自己的利益。作为吓唬那些人群中比较有力量的人的方法，为了防止那些有能力的人获取的一份利益超过他们，他们就说得到超过应得部分的利益是"可耻的"和"不公正的"，而做不公正的事情无非就是试图得到比应得的一份更多的利益。我认为，他们喜欢得到平均的一份，因为他们是低能的。

为什么试图得到比多数人更多的一份利益依照法律被说成是不公正的和可耻的，为什么人们要称之为做不公正的事情，这些就是原因。【d】但是我相信，自然本身已经揭示，比较好的和比较能干的人获得比那些比较差的和比较不能干的人更多的利益是一件公正的事情。自然在许多地方表明应该是

---

① 本性（φύσις），希腊文中的本性与自然是一个词，人的自然就是人的本性。

这样的，在其他动物中，在所有城邦里，在人的种族中，自然表明所谓公正就是这样被决定的：优秀者统治低劣者，拥有比低劣者更多的一份利益。薛西斯① 发兵侵略希腊，【e】或者他的父亲② 发兵侵略西徐亚③，这样做依据的是哪一种公正？这样的事例不胜枚举。我相信这些人做这些事情依据的是公正的本性——对，宙斯在上，依据的是自然的法则，而不会是依据我们制定出来的所谓法律。我们在我们中间造就最优秀、最强大的人，但要趁他们还年轻的时候，就把他们像幼狮一样抓来，用符咒使他们屈服，【484】使他们成为奴隶，告诉他们每个人所得不能多于平等的那一份，这才是值得钦佩的、公正的。但可以肯定的是，本性平等的人会站起来，摆脱各种控制，打碎一切枷锁，逃避所有这一切，他会践踏我们的文件、我们的计谋和咒语、我们所有违反自然的法律。他，这个奴隶，会站起来宣布，【b】他才是我们的主人，自然的正义之光将在这里闪耀。我想，品达④ 在他的那首颂歌里也提到了我在说的事情，他说："法律，万物之王，可朽的凡人与不朽的诸神，"他还说，这种法律"支配一切，高举双手把公正赐给最强暴的行为，赫拉克勒斯⑤ 的业绩我可拿来证明，他无须付钱……"⑥ 他的话大意如此——我不太熟悉他的诗——他说赫拉克勒斯赶走了革律翁⑦ 的牛，赫拉克勒斯没有付钱，【c】革律翁也没有把牛送给他，他这样做的根据是天然的公正，那些低劣者的牛和其他所有财产都属于优秀者和比较好的人。

这就是事情的真相，如果你放弃哲学，转到更加重要的事情上来，你会承认的。哲学无疑是一样令人愉快的东西，苏格拉底，只要在人生恰当的时

① 薛西斯（Ξέρξης），生于公元前519年，卒于公元前465年，波斯国王，公元前485年—前465年在位。
② 薛西斯的父亲是波斯国王大流士一世。
③ 西徐亚（Σκυθία），地名。
④ 品达（Πίνδαρος），希腊诗人，生于公元前518年。
⑤ 赫拉克勒斯（Ἡρακλῆς），希腊神话中的大英雄，有诸多伟大业绩。
⑥ 品达：《残篇》第169条。
⑦ 革律翁（Γηρυόν），希腊神话中的巨人，他的牛被赫拉克勒斯夺走。

候有节制地学习哲学。但若花费过多的时间去学习哲学，那么它是人的祸根。这是因为，哪怕一个人天性适宜学习哲学，但若他沉迷于哲学超过恰当的时间，【d】他也一定会变得在日常事务上毫无经验，而这些事务是一个值得钦佩的好人应当思考、应当熟悉的。这样的人会变得对他们城邦的法律一无所知，也不知道在公共场合和私下里该用什么样的语言与他人交谈，更不明白人生享乐和风情，总而言之，他们完全缺乏人生经验。所以，当他们大着胆子参加私人活动或公共活动时，【e】就像我说的那些参加政治的人大着胆子进入你的行当，使用你这种语言，结果立马成为笑柄。欧里庇得斯说过这种事情的结果，"每个人要在一件事情上"闪亮发光，"全神贯注地做这件事，把每一天的大部分时间用来做这件事，而这件事是他最擅长的"。①【485】一个人无论在哪件事情上是低劣的，他就会回避它和责骂它，而当他赞扬其他事情时，他认为自己在这件事情上是能干的，以为这样做也就是在赞美他自己。然而，我相信两方面兼而有之才是最恰当的。按照你的教育的需要学习一定量的哲学，这是一件令人钦佩的事情，所以当你还是个孩子的时候，实践哲学并不可耻，但若你长大成人之后仍旧学习哲学，【b】那么事情就变得滑稽可笑了，苏格拉底！我自己面对哲学化了的人的反应很像面对讲话吞吞吐吐、像儿童一样在玩耍的人。当我看到一个孩子讲话吞吞吐吐，在那里玩耍，我会感到喜欢，因为对他来说以这种方式讲话仍旧是恰当的。我发现这是一件令人喜悦的事情，是他值得培养的象征，这种方式对这个年纪的儿童来说是恰当的。而当我听到一个小孩十分清晰地讲话，我会认为这种声音很刺耳，会伤了我的耳朵。我想，用这样的方式讲话适合奴隶。【c】但是，当我听到一个成年人讲话吞吞吐吐，或者看到他像儿童一样玩耍，我会感到这是滑稽可笑的，不像成年人的作为，这个人该受鞭笞。现在，我也以同样的方式对待那些从事哲学的

---

① 欧里庇得斯（Εὐριπίδης），希腊悲剧诗人，公元前484年—前407年。参见欧里庇得斯：《安提俄珀》残篇20。

人。当我看到一名少年学习哲学，我会赞同，我认为这是恰当的，把这名少年视为值得培养的，我也会把那些不从事哲学的人视为缺乏教养的，【d】今后也不会有任何令人钦佩或高尚的行为。但是，当我看到一位成年人仍旧在从事哲学，不愿放弃，我想这样的人需要鞭笞。因为，如我刚才所说，这样的人非常典型，哪怕他有极高的天赋，也会变得不像个男人，回避去市中心和市场——按照这位诗人①的说法，男人在那里崭露头角——【e】一辈子躲在某个角落里，和三四个奴才窃窃私语，从来不谈什么有教养的、重要的或者恰当的事情。

苏格拉底，我确实对你非常敬重，抱有深深的善意。我发现自己有了欧里庇得斯剧中的泽苏斯②对安菲翁③的那种感觉，他的话我刚才引用过。事实上，他对他兄弟说的话到我这里就变成了我对你说的话。"你放弃了你应当全身心投入的事情，尽管你的精神禀赋如此崇高，但你把自己展现给世界的时候却像个孩子。【486】在公正的议事会里你不能正确地讲话，或者发出什么似乎有理的、有说服力的声音。你也不能代表其他人提出任何大胆的建议。"④所以，我亲爱的苏格拉底——请别对我生气，因为我是为了你好才对你这样说的——你不认为我说的你走的这条道路是可耻的吗，还有那些在哲学道路上走过头了的人？正因如此，如果有人抓住你，或者抓住其他像你这样的人，送你去监狱，罪名是你做了不公正的事情，而实际上你没有，这种时候你就知道自己没有任何用处了。你会头晕目眩，【b】你会张口结舌，你不知道该说什么好。你会被送上法庭，面对一帮恶毒无赖的控告，最后被处死，如果他们要求处死你。然而，苏格拉底，"这怎么会是一件聪明的事情，这种把俊美的男子变得难看的技艺"⑤，既不能保护他自己，又不能拯救他自

---

① 参见荷马：《伊利亚特》9：441。

② 泽苏斯（Ζῆθος），人名。

③ 安菲翁（Αμφίον），人名。

④ 欧里庇得斯：《安提俄珀》残篇21。

⑤ 欧里庇得斯：《安提俄珀》残篇25。

己和其他人，使之摆脱极端危险的处境，被他的敌人剥夺全部财产，【c】在他的城邦里过一种绝对无权的生活？说得更加残忍一些，对这样的人谁都可以打他的耳光而不必付出代价。听我说，我的好人，停止这种反驳。"练习一下积极生活的甜美音乐，从你为了变得聪明而受到驳斥的地方开始。把那些精妙的东西留给其他人"——无论我们应当称之为愚蠢还是胡言乱语——"它们会使你独居空屋"，① 值得羡慕的不是那些驳斥了这种微不足道的小事的人，【d】而是那些拥有生命、名望，以及其他许多好东西的人。

苏 假如我真的拥有一颗黄金做的灵魂，卡利克勒，而我在一堆石头中发现了一块试金石，你不认为我应当为此感到高兴吗？如果我打算用来考验我的灵魂的这块石头是最好的石头，考验下来以后它说我的灵魂已经得到了很好的照料，你不认为我能够很好地知道这一点，知道我的灵魂形态良好，不需要进一步考验了吗？

卡 【e】你的问题的要点是什么，苏格拉底？

苏 我会告诉你的。我相信，能碰上你真的非常幸运。

卡 你为什么这么说？

苏 我非常明白，如果你和我的灵魂相信的事情是一致的，【487】那么它一定是真的。我意识到，一个要把灵魂置于恰当的考验之下，看它是否公正地生活的人必定拥有三项品质，而你全部都有，它们就是知识、善意和坦率。我碰到过许多人，他们不能考验我，因为他们不像你这么聪明。其他一些人是聪明的，但他们不愿把真相告诉我，因为他们不像你那么关心我。至于这两位来访者，【b】高尔吉亚和波卢斯，他们俩是聪明的，也喜欢我，但缺乏坦率，显得过于害臊了。难怪！他们的害臊到了这样一种程度，由于害臊，他们各自竟然当着众人的面，在讨论最重要的问题的时候自相矛盾。你拥有其他人所没有的这三样品质。你受过相当好的教育，【c】许多雅典人都会同意这一点，你对我抱有善意。我这样说有什么证据呢？我会告诉你的。

---

① 卡利克勒此处再次引用欧里庇得斯。

我知道，卡利克勒，在智慧方面你们有四个人是同伙：你、阿菲德那① 人提珊德尔②、安德罗提翁③ 之子安德隆④、科拉吉斯⑤ 人瑙昔居德⑥。有一次，我听说你们商议一个人的智慧应当开发到什么程度，我知道某种意见在你们中间占了上风：【d】你号召大家不要过分热情地追求哲学化，乃至于迂腐，而要警惕，不要变得聪明过头，不经意间给自己带来毁灭。所以，你向我提出的建议与你向你最亲密的同伴提出的建议是相同的，听到你的建议，我有了充分的证据证明你确实对我心存善意。至于我说你能够坦率地讲话而不害臊，你本人已经这样说了，你刚才讲的那番话已经证明了这一点。所以，当前这些事情进展到什么地步是清楚的。【e】在我们的讨论中如果有任何观点你我意见一致，那么这个观点已经被你我恰当地做了考验，没有必要再做进一步的考验，因为你决不会由于缺乏智慧或过于害臊而对我的意见让步，也不会对我撒谎。你是我的朋友，你自己也是这样说的。所以，在我们相互一致的地方最终都能把握真理。最令人钦佩的是，卡利克勒，对这些事情的考察是你要我承担的任务，一个人应当成为什么样的人，他应当献身于什么事务，【488】他应当做到什么地步，年老的时候做到什么地步，年轻的时候做到什么地步。对我来说，如果我这辈子从事了什么不恰当的行当，请你一定要理解我犯下这个错误不是故意的，而是由于无知。所以，别放弃你已经对我开始的训诫，而要清楚地告诉我应当献身于什么事业，怎样才能走上这条道路；如果你现在使我赞同了你的意见，而以后我没有去做我表示赞同的事情，那么你可以把我当做一个非常愚蠢的人，【b】不可救药，以后再也不对我进行训诫，因为我是一个低劣的家伙。

请你从头开始，重新表述一下你的立场。你和品达都认为正确的那个

---

① 阿菲德那（Αφιδναῖος），地名。
② 提珊德尔（Τείσανδρον），人名。
③ 安德罗提翁（Ανδροτίων），人名。
④ 安德隆（Ἄνδρων），人名。
⑤ 科拉吉斯（Χολαργές），地名。
⑥ 瑙昔居德（Ναυσικύδης），人名。

"天然的公正"是什么？是优秀者应当用武力夺走属于低劣者的东西、比较好的人应当统治比较差的人、高贵的人应当比低劣的人拥有更多的利益吗？你没说其他什么东西是公正，是吗？我记得没错吧？

卡　没错，我就是这么说的，而且现在还会这么说。

苏　你所说的"比较好的"人和"优秀的"人是同一个人吗？【c】我刚才不明白，也想象不出你是什么意思。你把比较强的人称做优秀的，所以那些比较弱的人应当接受比较强的人的命令吗？这也是我认为你刚才试图说明的，你说大城邦按照所谓的天然公正攻击小城邦，因为它们是优秀的和比较强的，假定优秀、【d】比较强、比较好，是一回事。或者说，有可能一个人是比较好的，但也是低劣的或者较弱的吗，或者是比较强大的，但也是更加邪恶的？或者说"比较好"和"优秀的"确实有相同的定义吗？请为我清楚地界定这一点。"优秀的"、"比较好"和"比较强"是相同的还是不同的？

卡　很好，我正要清楚地告诉你，它们是相同的。

苏　除了有某个优秀的人，不是还有许多人生来就是优秀的吗？他们实际上就是给这个人制定法律的那些人，如你本人刚才所说。

卡　当然。

苏　所以许多人的统治是优秀者的统治。

卡　是的，没错。

苏　【e】许多人的统治不也是比较好的人的统治吗？我想，按照你的推论，优秀者也是比较好的那个人。

卡　是的。

苏　这些人的统治不是天然令人钦佩的吗，因为他们也是优秀的人。

卡　这就是我的看法。

苏　喔，拥有平等的一份利益，做不公正的事情比承受不公正的事情更可耻，不就是许多人的统治吗，【489】如你刚才所说？是这样的，还是不是这样的？请你小心，别被我抓住漏洞而丢脸。拥有平等的一份利益，不去获取比较大的一份利益，做不公正的事情比承受不公正的事情更可耻，那么许多人服从还是不服从这种统治？请别吝惜对我的问题做出回答，卡利克勒，这样的话，我可以从你那里确认你是否同意我的观点，这才是一个有能力下判断的人的赞同。

卡　行，许多人确实服从这种统治。

苏　【b】所以，做不公正的事情比承受不公正的事情更可耻，或者说，只拥有平等的一份利益，依据的不仅是法律，而且也是自然。由此可见，你前面说得不对，你对我的指责也是错的，你当时说自然和法律是相互对立的，说我尽管很明白这一点，但在陈述中犯了可悲的错误，别人提到自然的时候，我就诉诸法律，而别人提到法律的时候，我就诉诸自然。

卡　这个人不会停止胡言乱语！告诉我，苏格拉底，你这把年纪的人还在咬文嚼字，吹毛求疵，挑剔别人的用词，不感到可耻吗？【c】你认为我说的优秀只表示优秀而不能表示比较好吗？我不是对你说过，我用"比较好"和"优秀"指的是同一事物吗？或者说，你以为我指的是一群奴隶和乱七八糟的人，除了有点儿力气之外没有什么用处，这些人凑在一起说了一些话，然后这些话就是法规吗？

苏　有道理，最聪明的卡利克勒。这是你要说的吗？

卡　当然是。

苏　【d】那么好，我神奇的朋友，我刚才还在猜测你用"优秀"指的就是这样的人，我向你提问是因为我想清楚地知道你的意思。我真的不会假定你认为二比一更优秀，或者奴隶比你更优秀，因为他们比你强壮。我们还得重头来过，请你告诉我，你说的"比较好"是什么意思，因为比较好不是比较强？喔，我奇妙的朋友，请你教我一些容易的东西，以免我在你的学校里退学。

卡　【e】你在讥讽我，苏格拉底。

苏　不，我没有，卡利克勒，是你刚才借着那位泽苏斯对我竭尽讥讽之能事！但不管怎么说，告诉我，你用"比较好"这个词指的是什么人？

卡　我指比较高尚的人。

苏 所以，你明白你自己说了几个词，但什么也没说清楚吗？你不会说你用"比较好"和"优秀"这些词指比较聪明或者比较什么的人吧？

卡 不，宙斯在上，我指的就是这些人。

苏 【490】所以按照你的推论，一个聪明人经常比无数不聪明的人更优秀，这个人应当统治，其他人应当被统治，这个统治者得到的份额要大于被统治者。我认为这就是你打算表达的意思——我不想咬文嚼字——这个人优于其他无数的人。

卡 是的，这确实就是我的意思。我认为这就是天然的公正：比较优秀的人，比较聪明的人，应当统治比他们低劣的人，也应当获得更多的利益。

苏 【b】等一下！你这一次又是什么意思？假定我们许多人像现在这样聚集在一起，在同一个地方，共同分享大量的食物和饮料，假定我们是乱七八糟的一群人，有些强壮，有些虚弱，再假定我们中间有一个是医生，在这些事情上比其他人聪明。他很像是比有些人强壮，比有些人虚弱，但肯定比我们聪明，那么他肯定会在这些事务中比较好和优秀吗？

卡 是的，他会。

苏 【c】所以，他应该拥有比我们更多的食物，因为他比较好吗？或者说他应该是分配各种食物的人，因为是他在掌管，而不应该弄到更大的一份食物来消费，用于他自己的身体，如果他这样做了还能逃避惩罚？相反，他得到的食物难道不会比有些人多，比有些人少，如果他正好是所有人中身体最虚弱的，这样一来，不就是最优秀的人得到最少的一份食物了吗，卡利克勒？难道不是这样吗，我的好朋友？

卡 【d】你在不停地谈论食物、饮料和医生，真是一派胡言。我指的不是这些东西！

苏 你不是说比较聪明的人是比较好的人吗？说是还是不是。

卡 是，我说过。

苏 但是比较好的人不是应该拥有更大的一份吗？

卡 无论如何，不是食物或饮料。

苏　我明白了。也许是衣服？织布匠应当拥有最大的衣服，应当穿着最多、最漂亮的衣服到处行走吗？

卡　你什么意思，衣服？

苏　说鞋子也行，很明显，这个领域最聪明的人，【e】最优秀的人应当拥有更大的份额。鞋匠也许会穿着最大的鞋子和最多的鞋子到处行走。

卡　你什么意思，鞋子？你一直在胡说八道！

苏　喔，如果你指的不是这类东西，那么也许是这样的。拿农夫来说吧，他是一个聪明的人，一个令人钦佩的人，擅长里面的事情。他也许应当拥有更多的一份种子，把它们尽可能多地撒在他自己的土地上。

卡　你怎么老是不停地说相同的事情，苏格拉底！

苏　是的，卡利克勒，不仅是相同的，而且是关于相同主题的。

卡　【491】众神在上！你在一直不停地谈论鞋匠、清洁工、厨师和医生，就好像我们的讨论和他们有关似的！

苏　那么你说我们的讨论和谁有关？优秀的人、比较聪明的人公正地拥有更大的一份，你讲这些干什么？你记不住我是怎么推进讨论的，又不把你的看法告诉我，是吗？

卡　我一直在对你说。首先，所谓优秀者我指的不是鞋匠或厨师，而是那些在城邦事务上的聪明人，【b】他们知道如何良好地管理国家。他们不仅聪明，而且勇敢，有能力完成他们的意愿，不会由于灵魂的虚弱而后退。

苏　我的好卡利克勒，你看出你我相互指责的不是同一件事吗？你说我老是在说同样的事情，为此批评我，而我正好与你相反，说你从来不就同一主题说同样的事情。【c】一个时候你把比较好的和优秀的界定为比较强的，然后又界定为比较聪明的，现在又变成了其他什么东西：优秀的和比较好的被你说成是比较勇敢的。但是，我的好伙伴，请你一劳永逸地告诉我，你说的比较好和优秀指的是什么人，他们在什么方面比较好和优秀。

卡　我已经说过，我指的是那些在城邦事务上很聪明的人，【d】而且他们也是勇敢的。由这些人来统治城邦是恰当的，所谓公正就是他们作为统治者应当拥有比其他人，那些被统治的人，更大的一份利益。

苏　但是他们自己怎么样，我的朋友？

卡　什么怎么样？

苏　统治还是被统治？

卡　你什么意思？

苏　我的意思是每一个个人统治他自己，或者说他根本不需要统治他自己，只需要统治别人？

卡　统治自己是什么意思？

苏　这没有什么深奥的。只是许多人的想法：【e】自我节制，做自己的主人，控制自身的快乐和欲望。

卡　你太让人高兴了！你说的自我节制的人就是那些傻瓜！

苏　怎么会呢？谁都能看出我不是这个意思。

卡　你是这个意思，苏格拉底，非常确定。一个人要是被奴役，怎么还能证明是幸福的呢？倒不如说，这是令人钦佩的，是天然公正的——我现在极为坦率地对你说——正确生活的人应当允许他的欲望尽可能增长，【492】而不是约束它们。当它们尽可能增长的时候，他应当能够凭着勇敢和理智致力于这些欲望的实现，让它们得到最大的满足。但是我相信，这对许多人来说是不可能的，因此他们由于感到羞耻就贬低能做到这一点的人，以此掩饰他们自己的无能。如我前面说过，他们说缺乏规矩是可耻的，所以要由他们统治那些天生比较好的人，当他们缺乏能力为自己提供足够的快乐时，他们的胆怯引导他们去赞扬自我节制和公正。【b】至于那些人，要么生来就是国王的儿子，要么天生就有能力保障自己的统治地位，当上僭主或国君，对他们来说，还有什么比自我节制和公正更可耻和更糟糕，尽管这些人自由自在地享受好事物而没有任何障碍，但他们怎么会把多数人的法律、他们的谈论和他们的批评当做主人来强加到自己头上？或者说，【c】他们身处"令人钦佩的"，公正和自我节制的统治集团之下，他们能够给予朋友的东西还不如给予敌人得多，以这种方式统治他们的城邦，他们怎么能够存在下去而不变得可悲？倒不如说，苏格拉底，事情的真相——你声称要追求的东西——是这样的：如果给养充足，那么放纵自己、无拘无束、自由自在是卓越的和幸福的；至于其他那些事情，那些华丽的词藻，那些违反自然的人的契约，完全是毫无价值的胡言乱语！

苏 【d】你的讲话非常坦率，你的论证方式确实在为你得分，卡利克勒。你现在清楚地说出其他人心里在想却不愿说出来的话。所以我请求你，不要有任何懈怠，这样才能使我们如何生活这个问题真的变清楚。告诉我：你是说要是一个人成为他应当是的那种人，他就不应当约束他的欲望，而应当让它们尽可能地膨胀，从这样和那样的资源中为它们寻求满足，【e】而这就是卓越？

卡 对，这就是我说的。

苏 所以，把那些没有任何需要的人称做幸福的是不对的？

卡 不对，如果对的话，石头和尸体会是最幸福的。

苏 但是这么一来，被你称做最幸福的那些人的生命也成了一件奇怪的事情。欧里庇得斯说过："有谁知道，死就是生，生就是死？"① 如果他说得对，我不会感到奇怪。【493】我们也许真的死了。我曾经听某个聪明人说过，我们现在是死的，我们的身体是我们的坟墓，我们的欲望所在的灵魂的那个部分实际上是一种能被说服的东西，摇摆不定。因此，有个能干的人讲了一个故事，他是西西里人或者意大利人，他把灵魂的这个部分称做水罐，由于它动摇不定，很容易接受建议和被说服，【b】就这样轻易地改变了名称。② 他把未入会的人称做傻瓜③，认为傻瓜的灵魂的这个部分就是他们的欲望的居所，是不受控制和约束的，这个部分没有紧紧地封闭，就像有裂缝的水罐。他就是依据它的不稳定性来想象它的形象的。这个人，卡利克勒，他的观点与你正好相反，他指出在哈得斯里面——哈得斯的意思是不

---

① 欧里庇得斯：《波吕伊都斯》残篇7。
② 水罐（πίθος）和可被说服的（πίθανόν）词形相近，所以说轻微地改变了名称。
③ 未入会的（αμνήτοι）和傻瓜（ανοήτοι）的词形相近。这里的"入会"指加入秘仪。

可见的^①——那些没入会的人是最可悲的。他们得用另一样漏水的东西——筛子，去为那只漏水的水罐取水。这就是他把灵魂比做筛子的原因（这是跟我谈话的那个人说的）。【c】由于他们的灵魂是漏的，所以他把傻瓜的灵魂比做筛子，因为筛子有许多洞，蠢人不可信并且易忘，因此不能保存任何东西。这个解释总体上有点奇怪，但我把它告诉你，它确实表达了我的意愿，想要说服你，改变你的想法，如果我能做到的话：选择有序的生活，这种生活是恰当的，可以在任何既定时间的环境中得到满足，而不是选择一种永远无法满足的、不受约束的生活。【d】如果我能说服你，你会改变想法，相信那些过着有序生活的人比那些不受约束的人更幸福吗，或者说如果我能提供更多诸如此类的故事，你能多少有些改变吗？

卡　你说的后面这件事情比较现实，苏格拉底。

苏　好吧，让我给你描述另一幅画面，和刚才那个出自同一学派。考虑一下你对这两种类型的生活会怎么看：自我节制的人的生活和不受约束的人的生活。这幅画是这样的：假定有两个人，各自有许多罐子。【e】属于一个人的罐子都很好，装满了东西，一只盛酒，一只盛蜜，一只盛奶，其他罐子装了其他各式各样的东西。假定这些东西的来源是稀缺的，只有通过非常艰苦的劳动才能得到。然后这个人装满了他的罐子，不再往里添加什么东西，也不再想到这些罐子。他现在可以休息了。至于另一个人，他也有许多资源可以搞到这些东西往罐子里添加，尽管很艰苦，【494】但他的器皿是漏的，有裂缝。他被迫不断地往里装，日夜不停，受苦受累。如果有一种生活就是我描述的这个样子，你会说不受约束的人的生活比有秩序的人的生活更加幸福吗？讲了这个故事，我能说服你，让你承认有秩序的生活比不受约束的生活好吗，或者说我不能说服你？

卡　你不能，苏格拉底。那个把自己装满了的人不会再有任何快乐，他被装满了，也就既不能体验到快乐，【b】也不能体验到痛苦，这种人就像

---

① 不可见的（ἀιδὲς）与哈得斯（Ἀιδης）词形相近。

一块石头，如我刚才所说。倒不如说，快乐的生活是这样构成的：尽可能地流入。

苏　如果有大量东西流入，必定有大量东西流出，供它们流出的那些缝隙也一定很大，是吗？

卡　当然是。

苏　噢，你在谈论的是一种海鸟的生活，而不是死尸或石头的生活。告诉我，你认为有没有一种事情叫饥饿，饿了就吃？

卡　是的，有。

苏　【c】有没有一种事情叫口渴，渴了就喝？

卡　有，还有其他所有欲望，它们能够被满足，它们能享受，所以能够幸福的生活。

苏　好极了，我的大好人！请你继续说下去，因为你刚开了个头，千万别害臊。我显然也不应当害臊。首先请你告诉我，一个人身上发痒，用手去挠，能够挠到心满意足，而且挠一辈子，这样的人的生活是否也是幸福的。

卡　【d】胡说八道，苏格拉底。你是一个典型的、讨好大众的奉承者。

苏　这就是我刚才把波卢斯和高尔吉亚吓坏了，使他们感到害臊的地方。不过，你肯定不会感到害臊，因为你是一个勇敢的人。你只要回答我的问题就可以了，请吧。

卡　我说即使那个挠痒的人也会有愉快的生活。

苏　如果是愉快的生活，那么也是幸福的吗？

卡　是的，确实如此。

苏　【e】要是他只挠他的头——或者我还要进一步提问吗？如果有人不断地提问，一个接一个，想一想你该如何回答。娈童①的生活，作为这类事情的极致，难道不是最可耻、最可悲的生活吗？或者，你还会说，只要他们的需要得到最大的满足，他们就是幸福的？

---

①　娈童（κίναδος），男同性恋性行为中被动的一方，尤指男孩子。

卡　你把我们的讨论引到这样的事情上来，你不感到可耻吗？

苏　我杰出的伙伴，这样做的人是我，还是刚才说了这样一些话的人，只要自己感到快乐，【495】无论做什么都是幸福的，至于这种快乐是好的还是坏的没有什么区别？也请你告诉我，你是否认为快乐与善是相同的，或者说有某些快乐不是好的。

卡　喔，如果我说它们不同，我的论证就不能保持一致，所以我说它们是相同的。

苏　你在破坏你前面的陈述，卡利克勒，如果你说的与你想的相反，你不再适合与我一道考察事情的真相。

卡　【b】你也破坏了你的陈述，苏格拉底。

苏　如果我这样做了，那是我的不对，你这样做了，是你的不对。不过，请你考虑一下，我神奇的朋友，善物肯定不只是不受约束的享受。如果是这样的话，我们刚才暗示过的许多可耻的事情以及其他许多事情显然就会尾随而来。

卡　那是你的看法，苏格拉底。

苏　你真的认同这些事情吗，卡利克勒？

卡　是的，我认同。

苏　【c】所以，我们是在你是诚实的这个前提下进行这场讨论的？

卡　确实如此。

苏　行，由于这就是你的想法，请你为我区别下面的事情：我想，有某样东西你称做知识，是吗？

卡　是的。

苏　你刚才不是说有这样一种东西，勇敢加知识，是吗？

卡　是的，我说过。

苏　只是由于假定勇敢和知识有区别，你才把它们当做两样东西来说吗？

卡　是的，就是这样的。

苏　那么好，你说快乐和知识是相同的还是不同的？

卡　【d】当然不同，你是这个世上最聪明的人。

苏　勇敢和快乐也肯定不同？

卡　当然。

苏　行，让我们把这一点记录在案：来自阿卡奈[①]的卡利克勒说快乐和善是相同的，知识和勇敢相互之间不同，也和善不同。

卡　来自阿罗卑克[②]的苏格拉底在这一点上表示不同意。或者他表示同意？

苏　【e】他不同意。我相信卡利克勒来见他本人的时候也不同意。告诉我：你不认为做事情做得好的人拥有和做事情做得不好的人完全相反的经验吗？

卡　不，我认为。

苏　既然这些经验是相反的，那么就健康和疾病来说，它们必定也是不同的吗？因为我想，一个人不可能同时既是健康的又是有病的，也不可能同时既赶走了健康又赶走了疾病。

卡　你这是什么意思？

苏　【496】以你喜欢的身体的某个部分为例，想一想。一个人可能眼睛有病，我们称之为"眼疾"，是吗？

卡　当然。

苏　那么他的眼睛肯定不可能同时也是健康的？

卡　不，绝无可能。

苏　如果他消除了眼疾会怎么样？他会把眼睛的健康也消除了，最后同时将两样东西都消除了吗？

卡　不，一点儿也不。

---

① 阿卡奈（Αχαρνεία），地名。

② 阿罗卑克（Αλωπεκῆθεν），雅典的一个区，苏格拉底是这个区的人。

苏 【b】我假定，如果发生这样的事情，那可真令人惊讶，也是极不合理的，不是吗?

卡 是的，很不合理。

苏 但他会轮流获得和消除健康和疾病，我假定。

卡 对，我同意。

苏 强壮和虚弱不也是这种情况吗?

卡 是的。

苏 快捷和迟缓呢?

卡 是的，也是这样的。

苏 他也会轮流获取和消除好事物和幸福以及它们的对立面坏事物和不幸吗?

卡 毫无疑问，他会。

苏 【c】所以，如果我们发现有些事物是被人同时拥有和消除的，那么这些事物显然不会是好事物和坏事物。我们同意这一点吗? 请非常仔细地加以考虑，然后再告诉我。

卡 我对此表示完全同意。

苏 现在往后退，回到我们前面意见一致的地方。你提到过饥饿——它是一件愉快的事情还是痛苦的事情? 我指的是饥饿本身。

卡 是一件痛苦的事情。但对一个饥饿的人来说，吃是快乐的。

苏 【d】我同意。我理解。但是饥饿本身是痛苦的，不是吗?

卡 我也是这么说的。

苏 口渴也一样吗?

卡 肯定一样。

苏 我还要继续问吗，或者说，你同意每一种缺乏和欲望都是痛苦的?

卡 我同意。你不用再问了。

苏 说得好。你不会说，对一个口渴的人来说喝是一件快乐的事情?

卡 对，我会这样说。

苏　在你谈论的这个例子中，我想"一个口渴的人"意味着"一个处在痛苦中的人"，对吗？

卡　【e】对。

苏　喝就是对这种缺乏的补充，是一种快乐？

卡　是的。

苏　所以，就一个人在喝而言，你的意思不就是他感到享受吗？

卡　确实如此。

苏　哪怕他仍在口渴？

卡　对，我同意。

苏　哪怕他仍处在痛苦中？

卡　对。

苏　你观察到这样的结果吗，当你说一个人口渴喝水的时候，你实际上是说一个处在痛苦中的人同时感受到快乐？这种情况不是在同一个地方同时发生吗，在灵魂中或在身体中，随你高兴？我不认为这会有什么区别。是这样的，还是不是这样的？

卡　是这样的。

苏　但是你说一个做事情做得好的人【497】不可能同时也做得坏。

卡　对，我是这样说的。

苏　然而你同意一个处在痛苦中的人感受到快乐是可能的。

卡　显然如此。

苏　所以，感到快乐和做事情做得好不是一回事，处在痛苦中和做事情做得坏不是一回事，结果就是，愉快的事物变得和好的事物不同了。

卡　我不明白你的这些能干的谈论想要干什么，苏格拉底。

苏　你实际上是明白的。你只是假装不明白而已，卡利克勒。我们再前进一小步。

卡　你为什么还要继续胡说八道？

苏　【b】为的是让你明白你对我的斥责有多么聪明。作为喝的结果，我们每个人不是同时停止感到口渴和感到快乐吗？

卡　我不知道你这样说是什么意思。

高　别这样，卡利克勒！为了我们的利益，回答他，让讨论可以进行下去。

卡　但苏格拉底老是这样，高尔吉亚。他专门提出一些微不足道的、没有价值的问题，然后加以驳斥！

高　这对你来说又有什么区别呢？评价它们不是你的事，卡利克勒。你答应过苏格拉底，他可以用任何他喜欢的方式驳斥你。

卡　【c】行，那你就继续问这些琐碎的小问题吧，因为高尔吉亚听了会高兴。

苏　你是一个幸福的人，卡利克勒，能在这些小事情上领悟伟大的奥秘。我真没想到我这样做是得到允许的。所以，就从你刚才中断的地方开始，告诉我，我们每个人是否在停止感到快乐的同时也停止感到口渴。

卡　这是我的看法。

苏　他在停止快乐的同时不是也停止饥饿，或者也停止了其他欲望吗？

卡　是的。

苏　【d】那么一个人停止痛苦和停止快乐不也是同时的吗？

卡　是的。

苏　但是他肯定不会同时停止拥有好事物和坏事物，这是你同意的。你现在还同意吗？

卡　是的，我同意。这是为什么？

苏　因为它证明了好事物与快乐的事物不是一回事，坏事物与痛苦的事物不是一回事。因为快乐的事物和痛苦的事物会同时停止，而好事物和坏事物不会同时停止，因为它们实际上是不同的事物。所以，快乐的事物怎么能和好事物相同，痛苦的事物怎么能和坏事物相同呢？

如果你喜欢，可以用这个方式来看一下，因为我假定你不会也同意这个论证。【e】请考虑一下这一点。你把某些人称做好的，不就是因为好事物在他们身上呈现吗，就好像你把他们称做好看的，因为好看在他们身上呈现？

卡　是的，我是这么看的。

苏　那么好吧，你把傻瓜或胆小鬼称做好的吗？你刚才没有这样做，而是把勇敢的和聪明的人称做好的。或者说你不把这些人称做好的？

卡　噢，是的，我会这样做的。

苏　那么好，你见过愚蠢的儿童享受快乐吗？

卡　是的，我见过。

苏　你从未见过愚蠢的人享受快乐吗？

卡　不，我想我是见过的。但这又怎样？

苏　【498】不怎么样。请你只管回答。

卡　是的，我见过。

苏　好吧，你见过聪明人感受痛苦或感受快乐吗？

卡　是的，我料定我是见过的。

苏　现在，谁更多地感觉到痛苦或者快乐，聪明人还是愚蠢的人？

卡　这没有什么大的区别。

苏　相当好。你曾见过战斗中的胆小鬼吗？

卡　我当然见过。

苏　好吧，敌人撤退的时候，你认为谁会感到更多的快乐，是胆小鬼还是勇敢者？

卡　【b】我想他们都感到快乐，胆小鬼感到的快乐也许更多一些。如果不是这样，那么他们的快乐程度差不多。

苏　是没有什么差别。所以胆小鬼也感到快乐？

卡　噢，是的，确实如此。

苏　显然，傻瓜也感到快乐。

卡　是的。

苏　敌人前进的时候，只有胆小鬼感到痛苦，还是勇敢者也感到痛苦？

卡　他们都感到痛苦。

苏 痛苦程度相同吗？

卡 胆小鬼也许感到更多的痛苦。

苏 当敌人撤退时，他们不是感到更多的快乐吗？

卡 也许。

苏 所以，傻瓜和聪明人、胆小鬼和勇敢者，【c】都能感受到程度大体相同的痛苦和快乐，如你所说，或者胆小鬼比勇敢者感受到更多的痛苦和快乐，是吗？

卡 这是我的看法。

苏 但是可以肯定的是，聪明的和勇敢的人是好的，胆小的人和傻瓜是坏的。

卡 是的。

苏 因此，好人和坏人感受到快乐和痛苦的程度几乎完全相同。

卡 我同意。

苏 那么，好人与坏人的好坏程度几乎完全相同，或者说坏人甚至更好些？

卡 【d】宙斯在上！我不知道你是什么意思。

苏 你说好人是好的，坏人是坏的，由于好的或坏的事物在他们那里呈现，好的事物是快乐的，坏的事物是痛苦的，你不知道？

卡 不，我知道。

苏 如果感到快乐的人真的感到快乐，那么好事物，亦即快乐，在他们那里呈现，不是吗？

卡 当然。

苏 那么那些感到快乐的人，由于好事物在他们那里呈现，不是好人吗？

卡 不，是好人。

苏 那么好，坏的事物，亦即痛苦，不在那些感到痛苦的人那里呈现吗？

卡　它们呈现。

苏　【e】你确实说过，由于坏的事物的呈现，坏的人是坏的。或者你不会再这样说了？

卡　不，我会这样说。

苏　所以，所有那些感受到快乐的人是好的，所有那些感受到痛苦的人是坏的。

卡　对，是这样的。

苏　感受到快乐或痛苦越多的人就越多好或坏，感受到它们越少的人就越少好或坏，感受到它们的程度几乎相同的人就越是差不多好或坏。

卡　是的。

苏　你不是说，聪明的人和愚蠢的人、胆小的人和勇敢的人，感受到的快乐和痛苦的程度几乎是一样的，胆小的人甚至感受到更多？

卡　是的，我说过。

苏　那么，请你和我一起来看从我们一致的意见中可以添加什么推论。【499】有人说谈论和考察令人钦佩的事物"两次，甚至三次"是一件令人钦佩的事情。我们说聪明的人和勇敢的人是好的，不是吗？

卡　是的。

苏　傻瓜和胆小鬼是坏的？

卡　是的，这样说是对的。

苏　再来，感到快乐的人是好的？

卡　是的。

苏　感到痛苦的人是坏的？

卡　必定如此。

苏　好人和坏人感受到相同程度的痛苦和快乐，坏人的感受也许更加强烈。

卡　是的。

苏　这么一来，事情不就变成那个坏人既是好的又是坏的，其好坏程度和那个好人相同，甚至比好人还要好？【b】按照前面那些说法，如果一个人拥有快乐的事物就相当于他拥有好的事物，这不就可以从中推论出来了吗？事情不是必定如此吗，卡利克勒？

卡　苏格拉底，我听你讲了有一会儿了，对你的意见我也表示同意，但我认为，如果有人开玩笑似的告诉你某些观点，你都乐意像个孩子似的抓住它。所以，你真的以为我或其他人根本不相信有些快乐是比较好的，有些快乐是比较坏的。

苏　【c】噢，卡利克勒！你真是个无赖。你对待我就像对待小孩。一会儿你说事情是这样的，一会儿你说事情是那样的，所以你在欺骗我。不过，我并不认为你从一开始就想欺骗我，因为我把你当做我的朋友。然而现在我显然被误导了，我已经没得选择，只好如古谚所说"在我拥有的东西里选最好的"，接受你给我的东西。你现在的观点显然是，有些快乐是好的，有些快乐是坏的。对吗？

卡　【d】对。

苏　好的事物是有益的事物，坏的事物是有害的事物吗？

卡　是的，这样说是对的。

苏　有益的事物就是那些产生好东西的事物，坏的事物就是产生坏东西的事物吗？

卡　这是我的看法。

苏　现在，你认为快乐就是我们刚才联系身体时提到的吃喝一类事情吗？这些快乐中有一些在身体里产生健康、气力，或者其他优秀品质，这些快乐是好的，【e】而那些产生相反事物的快乐是坏的吗？

卡　对，是这样的。

苏　同理，有些痛苦是好的，有些痛苦是坏的吗？

卡　当然。

苏　那么，我们不应当选择和实施拥有好的快乐和痛苦吗？

卡　是的，我们应当。

苏　但不会对坏的快乐和痛苦这样做，对吗？

卡　显然如此。

苏　没错，如果你还记得，①波卢斯和我都认为，我们做所有事情确实应当以善为目的。我们最后认为一切行动的目的就是善，为了善的缘故我们做其他所有事情，【500】而不是为了这些事情的缘故而善，你也这样认为吗？你愿意投我们一票，使同意这种观点的人有三个吗？

卡　是的，我愿意。

苏　所以我们应当做其他事情，包括那些快乐的事情，为了善的缘故，而不是为了快乐的缘故而善。

卡　是这样的。

苏　那么，每个人都能选择哪一种快乐是好的，哪一种快乐是坏的吗，或者说做这种选择在每一情况下都需要行家？

卡　需要一位行家。

苏　让我们回想一下我对波卢斯和高尔吉亚说过的话。②【b】如果你还记得，我说有某些实践关注它们自身，而不是进一步考虑快乐和只想获取快乐，有些实践对于什么是比较好的和什么是比较坏的是无知的，有其他一些实践知道什么是好的和什么是坏的。我把烤面饼的"技巧"（不是技艺）放在那些关心快乐的事情当中，而把医疗的技艺置于那些关注善的技艺当中。宙斯在上，我以这位友谊之神的名义起誓，卡利克勒，请你别想跟我开玩笑，也别用那些实际上与你的真实观点相反的看法来回答我的提问，【c】请你不要把我的观点当做开玩笑来接受！因为你明白，我们的讨论涉及我们应当以何种方式生活，哪怕是理智低下的人也会比我们更加严肃地对待。做男子汉的事情，在民众中讲话，练习演讲术，积极参加你们这些人近来从事的政治活动，这就是你敦促我，要我接受的生活方式吗？或者说是这种命耗费

---

①　参见本篇 468b。
②　参见本篇 464b—465a。

在哲学上的生活？后面这种生活方式与前一种生活方式有什么区别？【d】区别它们也许是最好的，如我正在尝试的那样；做完了这件事，达成了一致意见，认定这两种生活方式是不同的，然后再去考察它们之间如何不同，它们中哪一种生活方式是我们应当过的。现在，也许你还不知道我在说些什么。

卡　是的，我确实不知道。

苏　噢，我会讲得更加清楚一些。考虑到你我达成过一致意见，有一样事物作为好的，有一样事物作为快乐的，快乐与好有区别，快乐和好各有一种实践，旨在获取它们，寻求快乐的是一方，寻求好的是另一方——你先表个态，同意不同意这个观点。【e】你同意吗？

卡　是的，我同意。

苏　如果你认为我当时说得对，那么你也要进一步同意我当时对他们说的话。我说过，不是吗，我不认为烤面饼是一种技艺，而是一种技巧，【501】而医疗是一种技艺。我说过，有一样东西，医疗，这种技艺既要考察它服务的对象的本性，也要考察它做的事情的原因，能够对这些分别做出合理的解释。而只关心快乐的另一样东西，它的服务是全身心投入的，以一种完全不像技艺的方式指向它的对象，根本不考察快乐的性质和快乐的原因。它这样做是极为不合理的，也完全不做什么区分。【b】它只是通过常规和技巧保存惯常发生的事情的记忆，这也是它提供快乐的方式。现在，首先请你考虑这种解释是否恰当，是否还有其他解释，然后集中精力考虑灵魂的事情。有些对灵魂的思考是有技艺顺序的，拥有先见之明，知道什么东西对灵魂最好，而其他一些思考忽略这一点，像在考察其他事物的时候一样，只考察灵魂获得快乐的方式，而不考虑哪一种快乐比较好，哪一种快乐比较坏，不关注其他事情而只关注灵魂的满足，【c】无论这些快乐是比较好的，还是比较坏的，你看呢？在我看来，卡利克勒，我认为有这样的先见，我说这类事情是奉承，既在身体这个例子中，又在灵魂这个例子中，以及在其他例子中，在其中一个人可以等待快乐而无需考虑什么比较好，什么比较坏。至于你，你愿意加入我们吗？你对这些事情持有相同的看法，还是反对这些意见？

卡　不，我不反对。我跟你一道前进，既加速你的论证，又让在这里的高尔吉亚感到满意。

苏　【d】喔，只有一个灵魂是这种情况，不涉及两个或多个灵魂吗？

卡　不，也涉及两个或多个灵魂。

苏　有可能让一群灵魂一次全都满足，而无需考虑什么是最好的吗？

卡　是的，我假定有可能。

苏　你能告诉我哪些行当是做这件事的吗？不过，要是你喜欢，还是由我来提问，你认为与此相关的你就说是，【e】你认为与此无关的你就说不是。首先让我们来看吹笛子。你不认为它是这类行当中的一种吗，卡利克勒？它只给我们提供快乐而不考虑其他事情吗？

卡　是的，我想是这样的。

苏　所有诸如此类的行当不也是这样做的吗？比如，竖琴比赛？

卡　是的。

苏　训练合唱队和创作赞美诗怎么样？你不认为它们是同一类事情吗？你认为美勒斯①之子喀涅西亚②想过要说这种事情会导向改善他的听众吗，【502】或者说他好像只考虑如何让大批观众满足？

卡　显然是后一种情况，苏格拉底，至少喀涅西亚是这样的。

苏　他的父亲美勒斯怎么样？你认为他对着竖琴歌唱的时候，在意过什么是最好的这个问题吗？或者说他连什么是最快乐的都不在意？因为他用他的歌声给他的观众带来痛苦。不过，你考虑一下，你是否认为所有对着竖琴唱歌和赞美诗的创作都不是为了快乐的缘故。

卡　不，我认为是的。

苏　【b】那种庄严的，激发敬畏的行当，悲剧的创作，怎么样？它追求

---

① 美勒斯（Μέλητος），人名。

② 喀涅西亚（Κινησίαν），人名。

的是什么？这项工作，悲剧创作的意图仅仅是为了让观众满意，如你所认为的那样，还是说它也竭力不说那些腐朽的东西，而说出或唱出那些可能令人不愉快但却是有益的台词和歌声，无论观众是否感到快乐？你认为悲剧是以这些方式中的哪一种方式创作的？

卡　【c】这很明显，苏格拉底，它更倾向于提供快乐，使观众满意。

苏　我们刚才不是把诸如此类的事情说成是奉承吗？

卡　是的，我们说过。

苏　那么好，如果从整个创作中除去旋律、节奏和韵步，结果不就只剩下话语了吗？

卡　必定如此。

苏　这些话语不是说给聚集起来的民众听的吗？

卡　我同意。

苏　那么诗学是一种"取悦于大众的演说"① 吗？

卡　【d】显然如此。

苏　那么这种取悦于大众的演说就是演讲术。或者你不认为诗人在舞台上践行演讲术？

卡　不，我认为是的。

苏　所以，我们现在已经发现了一种面对大众的演讲术，是说给男人、妇女、儿童、奴隶和自由民听的。我们不太喜欢它，说它是一种奉承。

卡　是的，是这样的。

苏　很好。那些对着雅典公民和【e】其他由自由民组成的城邦里的人进行的演讲怎么样？我们对这种演讲术怎么看？你认为演说家们总是在讲话并且在意什么是最好的这个问题吗？他们总是把他们的眼光放在通过他们的言语能使公民尽可能地变好吗？或者说，他们也倾向于让公民们感到满意，

---

① 取悦大众的演说（δημηγορία），同源名词"δημηγορὸς"在本篇482处译为"取悦大众的人"，同源动词"δημηγορειν"译为"取悦大众"。

由于他们自己的私人的善的缘故而轻视公共的善，他们对待民众就像对待儿童，【503】他们唯一的企图就是使民众感到满意吗？

卡　你问的问题不是一个简单的问题，因为有些人说他们这样做是由于关心公民，也有些人就像你所谈论的这个样子。

苏　你的回答相当好。如果这件事情真的有两个部分，那么有一个部分是奉承，我假定，它就是可耻的公共演说，而另一部分——让公民的灵魂尽可能地好，竭力叙说最优秀的事情，无论听众发现这种演说是更加令人愉快的，还是更加令人不愉快的——是某种令人钦佩的事情。【b】但是你从未见过演讲术的这种类型——或者说，如果你能提到任何一位这种类型的演说家，为什么不让我也知道他是谁呢？

卡　不，宙斯在上！我肯定不能向你提到任何一位我们同时代的演说家。

苏　那么好，你能提到从前那些时代的任何人，在他开始公共演讲以后，雅典人被认为变得比较好了，而他们以前是比较坏的吗？我肯定不知道这个人会是谁。

卡　【c】什么？他们没有告诉你塞米司托克勒已被证明是个好人吗？还有喀蒙①、米尔提亚得②和最近去世的伯里克利，你也曾经听过他讲话？

苏　卡利克勒，如果你前面谈论的这种德性是真的，那么可以说是这样的，你当时谈论的是欲望的满足，个人自己的欲望和其他人的欲望。如果它不是真的，而我们在后来的讨论中被迫同意的事情才是真的——应当得到满足的是那些能使人变好的欲望，【d】而不是那些能使人变坏的欲望，这是一门技艺要做的事——那么我不明白我怎么能说这些人中有哪一位已被证明是这样的人。

卡　但若你小心观察，你会发现他们是这样的人。

---

① 喀蒙（κίμων），人名。
② 米尔提亚得（Μιλτιάδης），人名。

苏　那就让我们平静地考察一下这件事，看这些人中间是否有人已被证明是这样的人。喔，这个好人，【e】这个讲话时在意什么是最好的这一点的人，是不会随意乱说的，他总是带着某种看法，就像其他手艺人似的，每个人总是想着自己的产品，不会随意选择和使用材料，这样他才能赋予他的产品某种形状，不是吗？看一下画匠，以他为例，或者要是你喜欢，以建筑师、造船工，或者你喜欢的其他手艺人为例，【504】看他们每个人如何把他要造的东西组织起来，让这些组件相互之间契合，直到整个产品有序地制造出来。还有其他手艺人，包括我们最后提到的那些手艺人，那些关心身体的人，体育教练和医生，无疑也把秩序和组织赋予身体。情况就是这样的，我们同意还是不同意？

卡　就算是吧。

苏　所以，如果一幢房子得到了组织和秩序，那么它是好房子，如果它没有被组建起来，那么它是很坏的房子？

卡　我同意。

苏　对一条船来说，这也是对的吗？

卡　【b】是的。

苏　对我们的身体来说，这肯定也是对的吗？

卡　是的，我们可以肯定。

苏　我们的灵魂怎么样？如果它没有被组织起来，它会是好的吗，或者说，如果它得到某种组织和秩序？

卡　按照我们前面所说的，我们也必须同意这一点。

苏　那些在身体中产生，作为身体有组织有秩序的结果的那些事物，我们用什么名字叫它们？

卡　你也许指的是健康和力气。

苏　【c】是的，我是这个意思。那些在灵魂中产生，作为灵魂有组织有秩序的结果的那些事物，我们叫它什么？试着发现它，把它的名字告诉我，就像在身体那个例子中一样。

卡　你自己为什么不说呢，苏格拉底？

苏　行，如果这样做能让你比较开心，我会做的。如果你认为我说得对，你就表示同意。如果你认为我说得不对，你就驳斥我，一定不要后退。我认为，用来表示身体有组织的状况的名字是"健康"，它是在身体里产生的健康和其他优点的结果。是不是这样？

卡　是这样的。

苏　【d】用来表示灵魂有组织有秩序的状况的名称是"合法"和"法律"，引导人们变得遵守法律和循规蹈矩，也就是公正和自我节制。你同意不同意？

卡　就算是吧。

苏　所以，这就是有技艺的、善良的演说家，当他把他的任何话语以及他的所有行为，他的所有馈赠或收取，应用于人们的灵魂的时候，他会注意到的事情。【e】他总是关注公正如何能够在他的同胞公民的灵魂中产生和存在，不公正如何能够被消除，自我节制如何能够产生，缺乏约束如何能够被消除，其他优点如何能够产生，邪恶如何能够离去。你同意不同意？

卡　我同意。

苏　是的，这样做有什么好处，卡利克勒，身体有病或佝偻的时候，给它提供大量令人愉快的食物、饮料和其他东西，这种时候这样做不会给它带来一丁点儿好处，或者说正好相反，公平地说，给它带来的好处比较少？是这样吗？

卡　【505】就算是吧。

苏　是的，因为我不认为人的身体处于可怕状况时这样做会有什么好处，因为这也是他的生活，他的生活一定是悲惨的。或者说，不是这样的？

卡　是这样的。

苏　喔，一个人身体健康时，医生一般都会允许他满足欲望，比如，饿的时候吃，渴的时候喝，想吃多少就吃多少，想喝多少就喝多少，而在他生病时，医生决不会允许他满足欲望，这样做不也是对的吗？至少，你也赞同吗？

卡 是的，我赞同。

苏 【b】这对灵魂来说不也是同样的吗，我杰出的朋友？只要它是腐朽的，在这种情况下它是愚蠢的，无约束的，不公正的，不虔诚的，应当克制它的欲望，不允许它做任何事情，除了能使它变得比较好的事情。你同不同意？

卡 我同意。

苏 因为这样做无疑对灵魂来说比较好？

卡 对，是这样的。

苏 让它远离欲望不就是管束它吗？

卡 是的。

苏 所以灵魂受约束比缺乏约束要好，这就是你自己刚才想到的。

卡 【c】我根本不知道你是什么意思，苏格拉底。你问别人好了。

苏 这个家伙不愿意从这场讨论涉及的每一件事情中受益，不愿意受到约束。

卡 我也没有忽视你说的每一件事。我给你这些回答只是为了高尔吉亚的缘故。

苏 很好。我们现在该怎么办？让我们的讨论半途而废吗？

卡 你自己决定好了。

苏 有人说，故事讲到一半就不说了是不允许的。【d】我们必须给它安个尾巴，别让它成为没尾巴的东西。请你回答剩余的问题，让我们的讨论有个结尾。

卡 你真是纠缠不休，苏格拉底！如果你想听我说话，那就放弃这场讨论，或者跟其他人去完成这场讨论。

苏 其他还有谁愿意呢？我们一定不能让这场讨论不完整。

卡 你自己就不能完成讨论吗，要么自说自话，要么自问自答？

苏　【e】如果这样的话，厄庇卡尔谟①的一句话在我头上应验了：我证明自己是自足的，"一个人要说两个人前面说过的话"。但是看起来我好像根本没得选。让我们就这么办吧。我假定，我们全都急于知道我们正在讨论的事情是对还是错。搞清楚这一点对大家都有好处。所以，我会检讨这场讨论，【506】说出我对这场讨论的看法，如果你们中间有人不认同我的看法，一定要反对我，驳斥我。因为我在说这些事情的时候肯定没有任何知识；是的，我在和你们一起探讨，所以我的对手要是有了清晰的看法，我第一个会接受。不过，我这样说是基于你们认为这场讨论应当进行到底。如果你们不想这样做，我们现在就停止，各自回家。

高　【b】不，苏格拉底，我不认为我们现在就要离开。你必须完成这场讨论。在我看来，其他人也是这样想的。我本人肯定想要听你依靠自己完成讨论的剩余部分。

苏　行，高尔吉亚。我本人喜欢和卡利克勒一起继续讨论，直到我把他送给我的安菲翁对泽苏斯说的话②归还给他。喔，卡利克勒，由于你不愿意和我一道把这场讨论进行到底，那就请你听我讲，【c】如果你认为我讲错了，可以打断我。如果你对我进行驳斥，我不会像你一样由于受到驳斥而感到恼火，而会继续把你当做我最大的恩人记录在案。

卡　说吧，我的好朋友，你自己去完成这场讨论。

苏　那么好，听着，我要从头开始讲一下这场讨论。令人快乐的事物和好的事物是一回事吗？——卡利克勒和我同意，它们不是一回事。——做令人快乐的事情是为了好事物的缘故，还是做好事情是为了令人快乐的事物的缘故？——做令人快乐的事情是为了好事物的缘故。——【d】所谓令人快乐，就是快乐在我们身上呈现的时候，我们感到快乐，所谓好，就是好在我们身上呈现的时候，我们是好的，是吗？——没错。——但是，我们，以

---

①　厄庇卡尔谟（Ἐπίχαρμος），公元前 530 年—前 440 年，喜剧诗人，引文出处不详。

②　参见本篇 485e。

及其他一切好的事物，当某些优点在我们身上呈现的时候，我们肯定是好的吗？——是的，我认为必然如此，卡利克勒。但是，每一事物的优点呈现的最佳方式，无论是器皿、身体、灵魂，还是任何动物，不只是一些老方式，而要归于各种组织、正当和它们各自天生所获得的技艺。【e】是吗？——是的，我同意。——所以，由于它们的组织，每样事物的优点是有组织的，有秩序的吗？——是的，我会说是这样的。——所以，当某种秩序，对每一事物来说恰当的秩序，在每一事物中产生的时候，使存在的每一事物都成为好的，是吗？——是的，我认为是这样的。——但是，有秩序的事物肯定是有序的，是吗？——当然。——【507】一个有序的灵魂是自我节制的吗？——绝对是。——所以，自我节制的灵魂是好的灵魂。对此我个人说不出什么来了，我的朋友卡利克勒；如果你能说出什么来，请你教我。

卡　你就说吧，我的大好人。

苏　我说，如果自我节制的灵魂是好的灵魂，那么受到与自我节制相反的方式影响的灵魂是坏的灵魂。于是，它就变成愚蠢的和不受约束的灵魂。——对。——自我节制的人肯定会去做那些对诸神和凡人适宜的事情。因为他要是做了不适宜的事情，【b】他就不是自我节制的了。——必定如此。——当然了，如果他做了对凡人适宜的事情，他也会做公正的事情，而对诸神，他会做虔敬的事情，一个做公正的事和虔敬的事的人必定是公正的和虔敬的。——是这样的。——是的，他也必定会是勇敢的，因为一个自我节制的人不会追求或回避不适宜的事物，而会回避或追求他应当回避或追求的事物，无论这些事物是要做的事情，还是人，或者是快乐或痛苦，他坚定不移，在应当忍受的地方忍受它们。【c】所以，这种情况必定是这样的，卡利克勒，自我节制的人，由于他是公正的、勇敢的、虔敬的，如我们说过的那样，所以他是一个全善的人，好人会做好事，他所做的一切都令人敬佩，做好事的人是有福的，是幸福的，而腐败的人，那个做坏事的人，是可悲的。这个人所处的状况与自我节制的人相反，这个人就是你赞扬的不受约束的人。

这就是我对这个问题的处理，我说它是对的。如果它是对的，那么一个想要幸福的人显然必须追求和实践自我节制。【d】我们中的每个人必须尽快逃离不受约束的状况，跑得越快越好，他尤其要弄清是否有受约束这种需要，如果确实有这种需要，那么他本人，或他家里的任何人，个别的公民或者整个城邦，必须付出代价，受到约束，只要他还想幸福。我认为，这个目标是一个人在生活中要加以寻求的，在行动中，他应当把他自己的事务和城邦的事务全部指向这个目标，【e】让公正和自我控制在这个有福的人身上呈现。他不会允许他的欲望不受约束，或者努力去满足他的欲望——这是一种没完没了的恶——过一种掠夺者的生活。这样的人不会与其他人亲近，也不会与神亲近，因为他不会是一名合作者，而没有合作就没有友谊。是的，卡利克勒，有聪明人说过，【508】合作、友谊、秩序、自制和公正把天地聚合在一起，把众神和凡人联系在一起，这就是他们把这个宇宙称做"世界秩序"的原因，我的朋友，而不是不受约束的"世界混乱"。我相信，你没有注意这些事实，尽管你在这些事情上是一个聪明人。你没有注意到有比例的平等在众神和凡人中间都有很大的力量，而你假定你要去获取一份更大的利益。这是因为你轻视几何学。

【b】好吧。我们要么驳斥这个论证，说明使幸福者幸福不是通过公正和自我节制，使可悲者可悲不是通过恶，要么说，如果我的论证是对的，我们必须考虑会有什么样的后果。这些后果全都是前面提到过的，卡利克勒，你当时问我讲这些话是否认真，我说如果有人做了什么不公正的事，他应当是他自己的控告者，或者是他的儿子或朋友的控告者，他应当把演讲术用于这个目的。还有，你当时认为波卢斯由于害臊而承认的东西实际上是对的，【c】做不公正的事情比承受不公正的事情更糟糕，更可耻，演说家的正确方式应当是公正和知道什么是公正，波卢斯在发言的时候声称高尔吉亚由于害臊才同意这个观点。

事情就是这样，现在让我们来考察你对我的责疑，看它对还是不对。你说我不能保护自己，也不能保护我的朋友和亲属，不能把他们从巨大的危险中解救出来，只能乞求先到者的怜悯，就像那些没有权利的人，【d】无论他想要打我的耳光，用你蛮横的表达法，或者剥夺我的财产，或者把我赶出城邦，或者最后把我处死。按照你的推理，处于这种境地是世上最可耻的事情。我自己的推论已经说了很多遍，但是再说一遍亦无妨。卡利克勒，我否定被人不公正地打耳光是最可耻的事，【e】我的身体挨打或者我的钱包被抢也不是最可耻的事情，我肯定不公正地打我或者抢走我的东西更加可耻，更加糟糕，与此同时，抢劫或奴役我，或者闯进我家，总而言之，对我和我的财产采取种种不公正行动的人比我这个承受这些行为的人更糟糕，更可耻。我们在前面讨论中得出过这些结论，我要说，它们通过钢铁和钻石般的论证确立和结合在一起，哪怕这样说相当粗鲁。【509】所以，无论如何，它似乎是这样的。如果你或某个比你更加有力的人不想摧毁这些结论，那么任何谈论我现在说的这些事情以外的其他事情的人不会说得更好。至于我，我的解释始终如一，我不知道这些事情怎么是这样的，但我碰到的人没有一个，就像在这件事情上一样，其他还能说些什么而不荒唐可笑的。【b】所以我再次确信，这些事情就是这样的。如果它们是这样的——如果不公正对犯下不公正的人来说是最糟糕的事情，如果一个人没有付出应付的代价更加糟糕，如果可能的话，比那个最糟糕的人还要糟糕——那么，能使一个不能为自己提供保护的人不变得真正可笑的保护是什么？不就是那样会尽力伤害我们的东西吗？是的，情况必定如此，这是一种最可耻的保护，既不能提供给自己，也不能提供给朋友和亲属。【c】第二种保护驱赶第二糟糕的事情，第三种保护驱赶第三可耻的事情，以此类推。依其本性，每一样坏事物都是比较大的，能够提供保护，防止受它伤害的那些事物都是更加令人钦佩的，而不能这样做是更加可耻的。事情就是这样的吗，卡利克勒，或者说是其他样子的？

卡 是的，不是其他样子的。

苏 那么，在做不公正的事情和承受不公正的事情这两件事中，我们说做不公正的事情更糟糕，承受不公正的事情不那么坏。那么，【d】一个人凭什么能够为自己提供保护，以便得到两方面的好处，一方面来自不做不公正的事情，另一方面来自不承受不公正的事情？是力量还是希望？我的意思是：当一个人不希望承受不公正的时候，他会避免承受它，或者说，当他获得力量的时候，他会避免承受不公正？

卡　当他获取力量的时候。至少，这一点很明显。

苏　做不公正的事情怎么样？当一个人不希望做不公正的事情时，【e】这是否就足够了——因为他不愿做——或者说他也要为此获得一种力量和技艺，所以除非他学习和实践这种技艺，否则就会陷入不公正？你为什么不回答，卡利克勒？至少你要回答这个问题：波卢斯和我在我们前面的讨论中被迫表示同意，无人因为想做不公正的事情而去做不公正的事情，所有人做不公正的事情都是不自愿的，[①] 你认为我们这样做是对还是错？

卡　【510】就算对吧，苏格拉底，这样你可以完成这个论证。

苏　所以我们显然应当获得某种力量和技艺来对抗这一点，这样的话，我们就不会做不公正的事情了。

卡　对。

苏　那么这种能确保我们不承受不公正，或者尽可能少承受不公正的技艺是什么呢？考虑一下你想到的技艺是不是我想到的技艺。我想到的是：一个人要么自己就是他的城邦里的统治者，甚至是一名僭主，或者是掌权的那个集团的成员。

卡　看见了吗，苏格拉底，【b】只要你说出任何正确的事情，我都已经准备好为你鼓掌？我认为你的这段话说到点子上了。

苏　喔，考虑一下我下面的话是否也说得不错。我认为，作为某人朋友的这个人尤其是老人和聪明人称之为朋友的人，他是喜欢另一个人的人。你不是也这样认为吗？

卡　是的，我也这样认为。

---

① 参见本篇 467c—468e。

苏　那么，在僭主这个例子中，僭主是野蛮的、无教养的统治者，在他的城邦里有人比他要好得多，这个僭主无疑害怕他，【c】决不会全心全意地成为他的朋友。

卡　是这样的。

苏　比这个僭主还要低劣得多的人也不会成为僭主的真正朋友，因为这个僭主会藐视他，决不会一本正经地把他当做朋友。

卡　这样说也对。

苏　只剩一个人与僭主拥有相同的秉性，他的好恶都与僭主相同，愿意被统治，做顺民，这样的人才值得一提。【d】这个人会在城邦里掌握大权，没有人能伤害他而不受惩罚。不是这样吗？

卡　是这样的。

苏　所以，如果在那个城邦里有某个年轻人在想，"我用什么办法能够掌握大权，使得无人能够不公正地对待我？"那么，这显然就是他要走的道路：从小养成习惯，像他的主人一样去喜欢和厌恶，确保尽可能像主人一样。不是这样吗？

卡　是这样的。

苏　按照你们这些人的说法，【e】这样一来，这个人在城邦里就会避免不公正的对待，并能获取大权吗？

卡　哦，是的。

苏　也会免除不公正的行动吗？或者说完全不是这么回事，因为他会像那个不公正的统治者，会站在统治者身旁获得大权，是吗？在我看来，情况正好相反，以这种方式他肯定会具备这种能力，尽可能多地做不公正的事情，逃避因这样的行为需要付出的代价。对吗？

卡　显然如此。

苏　【511】所以，当他的灵魂变得腐朽，由于模仿他的主人而堕落，由于他的权力而变得残缺的时候，他会惹来最糟糕的事情。

卡　我不知道你怎么能够不断地朝着各个方向歪曲我们的讨论，苏格拉底。或者说，你不知道这位"模仿者"要是喜欢，会处死你的"非模仿者"，剥夺他的财产？

苏 【b】我不知道，卡利克勒。我不是聋子。我听你说过，也听波卢斯说过很多遍，城里头其他人也这样讲。但你现在也要听我说。我要说的是，是的，他会杀了他，如果他喜欢，但这是一个邪恶的人杀了一个令人敬佩的人，一个好人。

卡 这不正是最恼火的事情吗？

苏 对，然而对一个有理智的人来说并非如此，如我们的讨论所指出的那样。或者说你认为一个人应当尽可能长时间地去实践这些能把我们从危难中解救出来的技艺吗，【c】就像你告诉我要实践的演讲术，在法庭上能保全我们的性命？

卡 是的，宙斯在上，这是给你的一项很好的建议！

苏 好，我杰出的伙伴，你认为游泳的技能非常宏伟吗？

卡 不，宙斯在上，我不这么看。

苏 但是，当人们陷入需要这种技能的险境时，它肯定也能把人从死亡中拯救出来。【d】如果你认为这种技能无足轻重，我可以告诉你一种比它更加重要的技艺，船老大的技艺，它像演讲术一样，不仅能从巨大的危险中拯救我们的灵魂，而且能拯救我们的身体和财产。这种技艺是真实的，有序的，它不会摆出一副伟大的姿态，尽管它的成就是如此宏伟。然而，尽管它的成就与那种在法庭上实施的技艺的成就相同，但它只挣了两个奥波尔[①]，我想，如果它把人平安地从伊齐那[②]送到这里；【e】如果把我刚才提到的这些人从埃及或本都[③]送到这里，这项服务可就大了，那个乘客，他的子女，财物，女人，把他们送到目的地，在港口靠码头下船，它只挣了两个德拉

---

① 奥波尔（ὀβολός），希腊硬币名。1 德拉克玛合 6 奥波尔。
② 伊齐那（Αἰγίνη），地名。
③ 本都（Πόντος），地名，位于黑海南岸，古代有本都国。

克玛①，如果有那么多的话。拥有这种技艺和完成这些业绩的人，也会十分谦恭地下船，在船边侍候。我想，他完全是一名行家，可以推断不让他的哪一名乘客在深海里淹死，至于他可以伤害哪一名乘客，由此他自己可以从中得益，是不清楚的，【512】他知道送他们下船的时候，他们的身体和灵魂没有比他们上船的时候更好。所以他推断，如果一个人染上无法治愈的重病而不淹死，那么这个人是可悲的，因为他不死，从他那里得不到什么好处。如果一个人在比他的身体宝贵得多的地方，在他的灵魂中，染上许多难以治愈的疾病，那么这个人的生命活得毫无价值，如果他把这个人从海里，从监狱里，或从其他任何地方救出来，不会给他带来任何好处。【b】他知道，一个腐败的人最好还是别活着，因为这个人必定会邪恶地生活。

这就是尽管船老大救了我们的命，也不习惯表白自己的原因，建造城墙的工程师也不会这样做，他在保全我们的身体方面，有时候不亚于一名将军或其他人，更不必提船老大了。因为他有时候保全了整座城市。你不会认为他也是鼓动家一类的吧，会吗？然而，【c】如果他也像你们这些人一样讲话，卡利克勒，荣耀他的职业，他会用言语使你窒息，紧急地告诉你，人应当成为工程师，因为其他所有职业都无法与之相比。这些话会表达他的观点。但是你无论如何会藐视他和他的技艺，你会称他为"工程师"，把这个词当做贬义词来使用。你既不愿意把自己的女儿嫁给他的儿子，也不会娶他的女儿。但是，想一下你赞扬自己的活动的那些理由，【d】你藐视工程师和我刚才提到的其他人的理由有什么公正可言呢？我知道你会说自己是一个比较好的人，来自比较好的家庭。但是你说的"比较好"和我说的意思不一样，你说的比较好只意味着保全自己的性命和财产，而不管你正好是什么样的人，有什么样的长处，所以你对工程师、医生，以及其他为保全我们而发明的技艺的指责已被证明是滑稽可笑的。但是，我的有福之人，请你看一下，高尚

---

① 德拉克玛（δραχμή），希腊货币名。公元前 409 年—前 406 年，一个劳工的日标准工资是 1 德拉克玛。

的事情与好的事情是不是保全和被保全以外的事情。【e】一个真正的人也许应当停止考虑自己能活多久的问题。他不应当迷恋今生，而应当把这些考虑交给神，宁可相信那位村妇说的话，无人能够逃脱他的命运。因此，他应当考虑在他还尽可能好的时候如何才能平静地过完他的余生。【513】通过变得像那个他生活于其下的政权吗？如果是这种情况，你现在就应该使你本人尽可能地像雅典人，要是你自己期待与雅典人亲近，在这座城邦里拥有大权。请你看一下这样做对你我是否有益，我的朋友，这样的话，他们所说的在帖撒利①的女巫们身上发生的事才不会在我们身上发生，她们想把月亮从天上拉下来②。我们对这种公民权力的选择会耗费我们最宝贵的东西。如果你认为，当你还不像这个政权的时候，【b】某个人或其他人会交给你这种技艺，使你能用它在这座城邦里获得大权，无论你是为了变得较好还是为了变得较坏，那么在我看来，卡利克勒，你得到的不是一项好建议。如果你期待产生任何真正的结果，赢得雅典各个德莫的居民的友谊，哦，对了，宙斯在上，以及皮里兰佩之子德摩斯③的友谊，你一定不要成为他们的模仿者，而要以你自己这个人天然地和他们相似。无论谁使你变得与这些人极为相似，他都会以你最想要的方式使你成为政治家，【c】也成为演说家。因为每个群体的人都喜欢带有自己特点的话语，厌恶那些外邦人的腔调——除非你还有其他什么话要说，我亲爱的朋友。要对这一点作答，我们还能说些什么吗，卡利克勒？

卡　我不知道，苏格拉底——你说的好像有点对，但是大多数人会发生的事情也会在我身上发生，我没有被你真的说服。

苏　卡利克勒，这是由于你对民众的热爱存在于你的灵魂中，对我进行抗拒。但若我们以一种比较好的方式经常细致地考察这些事情，【d】你会被说服的。请你回忆一下，我们说过有两种实践关心一个具体的事物，无论它

①　帖撒利 (Θετταλία)，地名。
②　指引发月食。
③　德摩斯 (δήμους)，人名。参见本篇481d。

是身体还是灵魂。① 两个事物中的一个涉及快乐，另一个涉及什么是最好的，我们不是要去满足它，而是要对抗它。这不就是我们当时对它们的区分吗？

卡　是的，没错。

苏　现在，它们中的一个，涉及快乐的那一个，是卑贱的，它实际上什么都不是，只是奉承，对吗？

卡　【e】就算是吧，如果你喜欢。

苏　而另一个，旨在使我们关心的事物，无论是身体还是灵魂，尽可能地好，它是比较高尚的吗？

卡　是的，是这样的。

苏　那么，难道我们不应该试图关心这座城邦和它的公民，旨在使这些公民本身尽可能地好吗？我们在前面已经发现，如果缺乏这一点，如果他们的意愿像是挣大钱，谋取一个位置统治民众，【514】或者谋取其他有权力的位置，但这个位置不是令人钦佩的和好的，那么他们无论提供多少其他服务都没有好处。我们要把这个观点当做真的吗？

卡　当然，如果这能使你更加高兴。

苏　那么，卡利克勒，假定你和我要处理一些城邦的公共事务，我们各自要负责一些公共建筑——建设的主要工程有：城墙、船坞、神庙——【b】我们必须仔细考察我们自己，首先看我们是不是建筑方面的专家，我们向谁学过这门技艺？我们必须这样做，还是一定不会这样做？

卡　是的，我们一定会这样做。

苏　嗯，其次，我们必须检查，不是吗，我们是否在私人事务中做过这种事情，比如说，为我们的朋友造过房子，或者为我们自己造过房子，无论这幢建筑是令人钦佩的还是丑陋的。如果我们在考察中发现我们的老师已经被证明是优秀的，【c】有名望的，我们在他们的指导下进行的建筑是大量的和令人钦佩的，那些在我们离开我们的老师以后由我们独立建设的建筑物也

---

① 参见本篇500b。

是大量的，那么，如果是这种情况，我们开始从事公共建筑是明智的。但若我们既不能指出老师，又不能指出我们建造的建筑物，要么是根本没有，要么是许多毫无价值的建筑物，那么要从事公共建筑和召集人们去从事公共建筑肯定是愚蠢的。【d】我们要说这种观点是对的，还是不对的？

卡　对，我们会这么说。

苏　在所有情况下不都是这样吗，尤其是如果我们试图从事公共事务，相互邀约，以为我们是能干的医生？无疑，我会考察你，你也会考察我："好吧，众神在上，苏格拉底自己的身体健康状况怎么样？有其他什么人，奴隶也好，自由民也罢，由于苏格拉底而从病中康复吗？"我想，我也会对你提出相同的问题。【e】如果我们找不到任何人，无论是外邦来的访客还是本镇的居民，无论是男人还是女人，他们的身体得到改善的原因是由于我们，那么宙斯在上，卡利克勒，在私人活动中产生许多一般的或成功的结果之前，在对这门技艺有过足够的练习之前，他们应当试一下"从做一口大缸开始学习陶艺"，如那句谚语所说，然后再去亲身参与公共实践，也召集其他人像他们这样做，民众若是愚蠢到这种地步岂不是真的非常可笑吗？你难道不认为像这样的开始是愚蠢的吗？

卡　是的，我认为是愚蠢的。

苏　【515】现在，我最杰出的伙伴，由于你本人正好刚开始从事城邦事务，你邀请我，并且责备我不这样做，我们难道不需要相互考察吗？"嗯，卡利克勒曾经使哪位公民有过改进吗？有哪个从前是邪恶的、不公正的、不受约束的、愚蠢的人，无论是外邦来的访客还是本镇的居民，是奴隶还是自由民，由于卡利克勒，现在变得令人敬佩的和好的吗？"告诉我，卡利克勒，【b】如果有人向你提出这些问题，你会怎么说？你能说出有谁通过和你的联系变得比较好吗？你想在这些问题面前退缩吗——哪怕你在试图从事公共事务之前的私人活动中产生过什么积极的成果？

卡　你喜欢赢，苏格拉底。

苏　我不是为了喜欢赢才向你提问的。倒不如说，我真的想要知道这种方式，无论它是什么，【c】你假定城邦事务应当以这种方式在我们中间进行。现在你已经进入到这个城邦的事务，我们可以得出结论，除了我们这些公民应当尽可能地好，你还献身于其他某个目标，是吗？我们不是已经多次同意，这是一个在政治领域活动的人要做的事情吗？我们已经同意，还是没有同意？请回答。是的，我们已经同意。（让我来替你回答。）所以，如果这是一个好人应当为他自己的城邦弄清楚的事情，那就回想一下你在前面提到过的那些人，【d】告诉我你是否还认为伯里克利、喀蒙、米尔提亚得和塞米司托克勒已经被证明是好公民。

卡　是的，我仍旧这样看。

苏　所以，如果他们是好公民，那么他们每个人显然都在使公民变得比他们以前更好。是，还是不是？

卡　是。

苏　所以，当伯里克利第一次开始在民众中演讲的时候，雅典人比他最后做那些演讲的时候还要糟糕吗？

卡　也许是的。

苏　没有什么"也许"，我的好人。从我们已经同意的那些观点中必定推论出这一点，如果他真的是个好公民。

卡　【e】那又怎样？

苏　不怎么样。但是请你也告诉我这一点。由于伯里克利，雅典人变得比较好了，还是正好相反，他们被伯里克利腐蚀了？不管怎样，这是我听说的，伯里克利使雅典人变得愚蠢和胆怯，变成夸夸其谈的人和斤斤计较的人，因为他第一个给公民发工资。

卡　你听到说这种话的人的耳朵被打开花了，苏格拉底。

苏　哦，这种事情我不是刚听到。我知道得不太清楚，你也一样，伯里克利最初享有很好的名望，当雅典人很坏的时候，他们从来不用任何可耻的罪名控告他。但是后来，他使他们转变为"令人钦佩的和好的"民众，【516】到了他的晚年，他们指控他盗用公款，到最后要判他死刑，显然由于他们认为他是个恶人。

卡　是吗？这样做使伯里克利成了恶人了吗？

苏　一个照料驴、马、牛的人至少看起来像是个坏人，如果他踢、抵、咬这些畜生，由于它们野性大发，而当他驯服了这些畜生以后，这些畜生却不会对他这样做。【b】或者说，你不认为这个照料牲口的人是个坏人，当这些牲口被驯服，变得比较温和的时候，他会比这些牲口更狂野？你认为是这样的，还是不是这样的？

卡　噢，是这样的，这样说我可以让你满意。

苏　要让我满意，你还得继续回答我的提问。人也是一种动物吗？

卡　当然是。

苏　伯里克利不就是人的照管者吗？

卡　是的。

苏　是吗？那么按照我们刚才同意的观点，如果他照管他们，【c】如果他真的擅长政治，他不会把他们从比较不公正变成比较公正吗？

卡　不，他会这样做。

苏　如荷马所说，公正者是温和的①。你会怎么说？你会说同样的话吗？

卡　是的。

苏　但是伯里克利对他们肯定比他们驯服以前更加野蛮，他们对他也一样，而伯里克利一点儿也不希望这种事情发生。

卡　你要我同意你的看法吗？

苏　是的，如果你认为我说得对。

卡　那就算同意吧。

苏　如果更加野蛮，那么也就是更加不公正和更加坏，是吗？

———————

①　在荷马史诗中的表达是"野蛮而非公正的"，参见《奥德赛》6：120，9：175，13：201。

卡 【d】就算是吧。

苏 所以按照这样的推论，伯里克利并不擅长政治。

卡 至少，你否认他擅长。

苏 宙斯在上，你刚才表示了同意，所以你也否认了。现在让我们来谈喀蒙。告诉我：那些被他服务过的人不是用陶片投票把他放逐，使人们十年都不能听到他的声音吗？他们不是对塞米司托克勒做了同样的事情，用流放来惩罚他吗？他们不是投票处死享有马拉松战役名望的米尔提亚得，【e】要不是由于议事会主席①反对，他已经被扔进深坑了吗？然而，这些事情不会发生在这些人身上，如果他们是好人，如你所说他们是好人。至少不会像那些好驭手，他们起初不会摔下马车，但在他们驯好了马匹，自己也成为比较好的驭手以后，他们真的会摔下马车。这种情况不会在驾驶马车或其他工作中发生。或者说你认为会发生？

卡 不，我认为会发生。

苏 【517】如此看来，我们前面的说法似乎是对的，我们不知道在这个城邦有谁已经被证明擅长政治。你同意我们现在还活着的人中间一个也没有，尽管你说过去曾经有过，并且以这些人为例。但是我们已经证明他们和现在还活着的人是一样的。结果就是，如果这些人是演说家，他们实践的既不是真正的演讲术——如果是这样的话，他们就不会被放逐了——又不是奉承的演讲术。

卡 但是，苏格拉底，我们这个时代的任何人所取得的成就肯定远远超过【b】你说的这些人的成就。

苏 不，我奇怪的朋友，我不是在批评这些人，就他们是城邦的公仆而言。倒不如说，我认为他们已被证明是比现在这些人更好的公仆，就其满足城邦的欲望而言他们更加能干。事情的真相是，在重新引导城邦的欲望，而

---

① 议事会主席（πρύτανις），议事会轮置部落的成员，每天抽签选出，主持议事会和公民大会。

不是与这些欲望妥协，使用说服或约束使公民们变得更好这些方面，【c】他们与我们的同时代人真的没有很大差别。这也是一个好公民的任务。是的，我也同意你的意见，在提供战船、城墙、船坞以及其他许多同类事情上比我们现在的领导人更能干。

现在，你和我在我们的谈话中正在做一件奇怪的事情。我们一直在讨论，我们也不断地向后退，回到同一个地方，都不承认对方的观点。对我来说，我相信你已经多次同意并承认，我们的这个主题有两个部分，【d】既涉及身体又涉及灵魂。它的一个部分是服务性的，我们的身体饿了或渴了，它能够给我们提供食物和饮水，我们的身体冷了，它能够给我们提供衣服、被褥、鞋子，以及我们的身体有需求的其他东西。在对你说话的时候，我故意使用相同的例子，让你更容易理解。我想你是同意的，这些就是店主、进口商或生产者能够提供的东西，【e】生产这些东西的有烤面包的、做点心的、纺织工、鞋匠、制革匠，所以一点儿也不奇怪，这些人会认为自己是看管身体的人，其他人也会这么看——每一个不知道在这些实践活动之上还有一类技艺的人都会这样看，这类技艺就是体育和医学，它们才是身体的真正看管者，应当由它们来恰当地控制所有这些技艺和使用它们的产品，因为只有它们才拥有什么样的饮食对身体健康来说是好的这种知识，【518】而其他技艺是缺乏这种知识的。由于这个原因，其他技艺对身体来说是奴仆和佣人，是无教养的，而体育和医学是它们合法的女主人。嗯，我说的这些事情对灵魂来说也是对的，我想你有时候明白我的意思，对我的看法表示同意。但是过了一会儿，【b】你又开始说在我们城邦里有过一些人已经被证明是令人敬佩的好的公民，当我问他们是谁的时候，你似乎对我提出一些政治领域里的人，很像如果我问你"谁被证明或者是一个身体的好的看管者"的时候，你会提出来的人，你十分严肃地回答说："面包师塞亚里翁①，撰写论西西里②

---

① 塞亚里翁（Θεαρίων），人名。
② 西西里（Σικελία），地名。

的烤面饼的书的米赛库斯①，店主萨拉姆布斯②，因为这些人已经被证明是极好的身体的看管者，第一位提供了极好的面包，第二位提供了面饼，【c】第三位提供了葡萄酒。"

如果我对你说："喂，你对体育一无所知。"你也许会十分恼火。你对我提到的这些人是仆人，欲望的满足者！在这些事例中他们根本不懂什么是令人钦佩的和好的。他们喂饱和养肥人们的身体，如果他们有机会，他们也会毁掉人们原先的肌肉，而他们全都受到人们的赞扬！后者由于缺乏经验，【d】会因为生病和失去肌肉而提出指责，不是对那些让他们整天去参加宴会的人，而是对任何正好与他们在一起向他们提建议的人。是的，如果前面那些东西给人带来疾病，而这些东西已被证明是不健康的，他们就会指责那些人，说那些人对他们做了坏事，而对前面那些人，【e】那些对他们的疾病负有责任的人，他们却大加赞扬。你现在干的事情也很像我刚才说的这样，卡利克勒。你赞扬那些设宴向我们的公民提供他们所希望吃到的各种美味佳肴的人。人们说这些人使我们的城邦伟大！【519】但是由于早先那些领导人，这个城邦腐败和溃烂了，这一点他们根本没有注意到。因为他们用港口、船坞、城墙、税收以及类似的垃圾来喂养我们的城邦，但在这样做的时候缺乏公正和自我节制。所以，当相应的疾病出现的时候，他们就指责向他们提建议的人，并且赞扬塞米司托克勒、喀蒙和伯里克利，而这些人才是要对他们的疾病负责的人。要是你不小心，他们也许会对你我的朋友阿尔基比亚德下手，【b】当他们不仅失去获得的东西，而且失去他们原本拥有的东西时，尽管你对他们的疾病不需要负责，但你可能加重他们的疾病。

然而，有一件愚蠢的事情，我本人既看到它发生，又听说它与我们早先的领导人有关。因为我注意到，无论什么时候城邦对它的某个政治家下手，因为他做了不公正的事情，他们都会生气，愤怒地抱怨说他们承受了可怕的事

---

① 米赛库斯（Μίθαικος），人名。
② 萨拉姆布斯（Σάραμβος），人名。

情。他们为这个城邦做了许多好事，所以这些人遭到毁灭是不公正的，【c】他们的论证就这样继续下去。但这种论证是完全虚假的。没有一个城邦领导人会被他领导的这个城邦毁灭。那些职业的政治家的情况倒像那些职业的智者。因为智者也一样，尽管他们在其他事情上是聪明的，但会做这种荒唐的事情：智者声称是传授美德的教师，但他们不断地指责他们的学生对他们不好，不交学费，对所受到的恩惠一点儿都不感恩，尽管得到了老师很好的服务。然而，还有什么比这样说更不合理吗，【d】这些人已经变好了，变得公正了，他们的不公正被他们的老师消除了，他们已经获得了公正，但他们却会伤害老师——他们会做这样的事情吗？你不认为这样说很荒唐吗，我的朋友？你已经使我发表了一篇真正面对民众的演说，卡利克勒，因为你不愿意回答我的问题。

卡　没人回答你的问题，你就不能说话吗？

苏　【e】我显然能说话。但我的讲话变得冗长了，因为你不愿意回答我。但是，我的大好人，友谊之神在上，告诉我：有人说他已经使某人变好了，这个人会挑他的毛病，指责那个使他好的人是非常邪恶的，你认为这样说合理吗？

卡　不合理，我也这样认为。

苏　你没听那些自称教民众美德的人说过这样的话吗？

卡　【520】不，我听说过。但是你为什么要提到那些完全毫无价值的人？

苏　你为什么要谈论那些人，尽管他们自称是这个城邦的领导人，全心全意使城邦尽可能地好，但是后来又转过来指责它是最邪恶的？你认为他们和其他人有什么不同吗？是的，我的有福之人，智者和演说家是一种人，是同样的人，或者说几乎完全相同，这是我对波卢斯说的。但由于你没有看到这一点，【b】你假定两种技艺中的一种，演讲术，是神奇的，而你嘲笑另一种技艺。然而，智术实际上比演讲术更令人敬佩，就像立法比公正的管理更令人敬佩，体育比医学更令人敬佩。而我自己一个人会假定，公共的演说家和智者是仅有的不适宜去批评那些接受了他们的教育而又对他们做坏事的人，否则他们说的话会同时又是对他们自己的谴责，因为按照同样的论证，他们完全没有给那些人带来什么好处，而他们声称使之受益了。难道不是这样吗？

卡 【c】不，是这样的。

苏 如果我说得对，那么无疑只有他们处在提供荣耀的位置上——不收费，好像是合理的。某个人得到了另外一项好处，举例来说，他接受了体育教练的指导，走得比以前快了，如果教练向他提供另一项好处，使他得到荣耀，【d】而不是同意在他教会学生快走的时候就尽快收取确定的费用。因为我不假定人们会由于走得慢而采取不公正的行动，而是由于不公正人们会采取不公正的行动。对吗？

卡 对。

苏 所以，如果某人消除了这样东西，不公正，他不会害怕受到不公正的对待。因为只有他在提供荣耀这种好处时是安全的，如果某人真的能使人成为好的。不是这样吗？

卡 我同意这种说法。

苏 那么，这就是在其他事情上提建议而收费不可耻的原因，比如造房子或其他技艺。

卡 【e】是的，显然如此。

苏 但是这种活动，关心的是一个人如何能尽可能地好，如何以最好的方式管理他自己的家庭或城邦，如果拒绝提供相关的建议，除非某人付钱给你，那是相当可耻的。对吗？

卡 对。

苏 之所以如此，原因是清楚的，事实上，在所有好处中，只有这种好处会使获得好处的人产生做好事来回报的愿望，所以我们认为这是一个提供这种好处的人的好兆头，他会得到回报，获得好处的人会为他做好事，但若他不提供这种好处，这就不是一个好兆头了。事情是这样的吗？

卡 【521】是这样的。

苏 现在，请你为我准确地描述一下关心城邦的类型，这是你要我做的事。是努力奋斗，像一名医生那样，使雅典人尽可能的好，还是做好为他们服务的准备，与他们交往，尽可能使他们满足？对我说真话，卡利克勒。就像你一开始就十分坦率地讲话，你应当继续说出你心里的想法才是好的。现在就说吧，好好地说，体面地说。

卡　要我说的话，好像是做好为他们服务的准备。

苏　【b】所以，最高贵的人，你要我做好奉承的准备。

卡　是的，如果你发现不矫揉造作更愉快，苏格拉底。因为，如果你不做这种事——

苏　我希望你不要重复已经说过许多遍的话，任何想要处死我的人会来处死我。这样，我就不用重复我说过的话了，这是一个恶人对一个好人做的事。也不要说他会来没收我的任何财产，这样我就不用回答，他会这样做表明他不知道如果使用我的财产。倒不如说，正如他不公正地没收了我的财产，所以在得到它以后，【c】他也会不公正地使用我的财产，如果这样做是不公正的，那么是可耻的，如果是可耻的，那么是恶的。

卡　瞧你有多么自信，苏格拉底，好像这些事情在你身上一件都不会发生！你认为只要过你自己的日子，不跟他们打交道，就不会被某个也许非常腐败和邪恶的人告上法庭了。

苏　如果我认为在这个城邦里这样的事情不会对任何人发生，那么我真的是个傻瓜，卡利克勒。但我非常明白：【d】如果我上了法庭，面对你提到的某种危险，那么控告我的人是个恶人——因为没有一个好人会把一个没有做错事的人告上法庭——如果我被处死，那也没什么可奇怪的。要我告诉你我有这种预期的理由吗？

卡　是的，我要。

苏　我相信，我是少数雅典人之一——所以，别说我是唯一的一个，在我们的同时代人中唯一的一个——掌握了真正的政治技艺，从事真正的政治。这是因为，我在各个场合的讲话不以使人满意为宗旨，而以至善①为宗

————————

① 亦译"最好的事物"。

旨。【e】它们不会以"最令人愉快的东西"为目标。因为我不愿意做你推荐的那些能干的事情，所以我在法庭上不知道该说些什么。我对波卢斯做过的同样的解释又回来了。因为我的受审就像一名医生被一个由儿童组成的陪审团审判，如果有一名烤面饼的厨师对医生提出指控。想一想，这样的一个人被抓到这些人中间，在辩护的时候能说些什么，如果有人提出指控说："孩子们，这个人对你们干了许多大坏事，是的，对你们。他用手术刀杀死你们中间最年轻的，【522】烧灼你们，通过欺骗和恐吓，他让你们困惑。他给你们吃苦药，迫使你们又饥又渴。他不给你们吃大量的、各种各样的甜食，而我会这样做！"你认为在这种令人绝望的困境下，那个医生还能说什么？或者如果他说实话，"对，孩子们，我所做的所有这些事情都是为了健康"，你认为在这种时候，这些"法官"会如何咆哮？他们的声音不会很响吗？

卡　也许会吧。

苏　我认为会这样的！你不认为那名医生完全不知该怎么说吗？

卡　【b】是的，他会这样。

苏　我知道这类事情也会发生在我身上，如果我上了法庭。因为我不能指出我为他们提供了什么快乐，这些服务和好处他们相信自己已经得到了，但我既不羡慕那些提供快乐的人，又不羡慕那些得到快乐的人。如果有人指责我败坏青年，让他们感到困惑，或者指责我在公开和私下场合用严厉的话语污辱老人，我也不能说出事实真相。我不能说，【c】噢，"是的，我所说的和所做的所有事情都是为了公正，我'尊敬的法官'"——用你们这些人的话来说——我也不能说别的什么。所以，我假定自己只好听天由命了。

卡　你认为，苏格拉底，一个在他的城邦里处于如此境地的人，一个不能保护他自己的人，是令人敬佩的吗？

苏　是的，卡利克勒，只要他还拥有你们经常承认的他应当拥有的东西：只要他保护自己，不说和不做与凡人和众神相关的任何不公正的事情。【d】因为这是一种你我经常同意的最有效的自我保护。现在如果有人指责我不能为自己或别人提供这种保护，那么我在受到斥责时会感到羞耻，无论这种驳斥发生在有许多人在场的时候，还是只有少数人在场的时候，或者是发生在我们两人之间；如果我由于缺乏这种能力而被处死，我真的会十分恼火。但若我走到生命的尽头是由于缺乏这种奉承的演讲术，那么我知道你会看到我从容就义。【e】没有完全失去理智和勇敢的人没有一个会怕死，做不公正的事情才是他要害怕的。因为带着一颗装满不公正行为的灵魂抵达哈得斯①，这是一切坏事情的终极。要是你喜欢，我愿意给你解释一下，说明事情就是这样的。

卡　行，因为其他事情你都讲完了，这件事你也可以讲完。

苏　【523】把你的耳朵伸过来——他们是这样说的——这是一个很好的解释。你会认为这只是一个故事，但我相信，尽管我认为这是一个解释，我在讲的时候是把它当做真的来告诉你的。如荷马所说，在宙斯、波塞冬②、普路托③从他们的父亲那里接管了王权以后，在他们中间划分了王权。克洛诺斯④时代有一条关于人类的法律，甚至连众神都继续遵守，一个生活公正和虔敬的人今生走到终点的时候，他会去福岛⑤居住，【b】过一种完全幸福的生活，不受邪恶的侵害，而一个生活不公正和不虔敬的人死了，他会去一个被他们称做塔塔洛斯⑥的监狱，接受报应和处罚。在克洛诺斯时代，乃至于后来宙斯刚取得王权的时候，那些人在他们还活着的时候就要面对活的法官的审判，这些法官在他们就要死的那一天审判他们。由于审判不准确，所以普路托和福岛的看守去见宙斯，告诉他那些人自行其是，【c】去了他们不该去的地方。所以宙斯说："好吧，我要下令停止这种审判。这种审判之所以不好，乃是因为被审的人穿着衣服。他们是在还活着的时候受审的。"他

---

① 哈得斯（Ἀίδης），地下世界，冥府。掌管地下世界的冥王亦叫哈得斯，他是宙斯的兄长。

② 波塞冬（Ποσειδῶν），宙斯的兄长，掌管水界。

③ 普路托（Πλούτων），宙斯的兄长，即哈得斯。

④ 克洛诺斯（Κρόνος），宙斯的父亲，老天神。

⑤ 福岛（μακάρος νῆσος），死者亡灵在冥府受审后，善者被送往福岛居住。

⑥ 塔塔洛斯（Τάρταρος），地狱。

说："有许多人灵魂邪恶，但却包裹在漂亮的身体里，出生高贵而又十分富有，受审的时候会有许多证人跑来证明他们的生活是公正的。【d】这些事情使法官们充满敬畏，马上通过审判，而法官自己在进行审判时也穿着衣服，他们的眼睛、耳朵和整个身体就像屏风一样屏蔽着他们的灵魂。所有这些东西，他们自己的衣服，被审者的衣服，都已证明是他们的障碍。"他说："我们首先要做的就是不让他们提前知道自己的死期。而现在他们有这种知识。【e】这就是我已经告诉普罗米修斯①要停止的事情。其次，他们受审的时候必须剥去所有这些东西，赤裸裸的，因为要在他们死后才对他们进行审判。法官也应当是赤裸裸的，是死了的，只用他自己的灵魂去研究那些刚死去的人的灵魂，这些人已经与他的亲属分离，把他们的全部装饰打扮都留在大地上，这样的审判才会是公正的。在你们想到这件事之前我已经想到了，我已经任命了我的儿子做法官，两个来自亚细亚，弥诺斯②和拉达曼堤斯③，【524】一个来自欧罗巴，埃阿科斯④。他们死后，就去了荒野当法官，那里是个三岔路口，往前面走有两条路，一条通往福岛，另一条通往塔塔洛斯。拉达曼堤斯审判来自亚细亚的人，埃阿科斯审判来自欧罗巴的人。弥诺斯比较年长，负责终审，如果其他两名法官有什么审判难以决断，就由他处理，这样一来涉及人该走哪条路的审判也许就可以尽可能公正了。"

【b】卡利克勒，这就是我听说的，我相信它是真的。基于这些解释，我得出结论：像这样的事情是会发生的。我认为，死亡无非就是两样东西的分离，灵魂与身体。所以，在它们分离以后，它们各自的处境不会比那个人活着的时候糟糕得多。身体保持着它的本性，在意得到照料和其他一切明显对它呈现的事情。【c】如果一个人有身体，比如说，他活着的时候体形庞大

---

① 普罗米修斯（Προμηθεύς），造福于人类的神，因盗天火给人类而触怒宙斯，受到惩罚。

② 弥诺斯（Μίνως），冥府判官，生前为克里特王。

③ 拉达曼堤斯（Ῥαδάμανθυς），冥府判官，生前为克里特英雄，弥诺斯的兄弟。

④ 埃阿科斯（Αἰακος），冥府判官，生前是阿喀琉斯之父，助阿波罗建造特洛伊城墙。

（要么是生来很大，要么是通过养育，或者是通过二者），他的尸体在他死了以后也很庞大。如果他很胖，那么死者的尸体也很胖，等等。如果一个人在意留长发，他的尸体也会留有长发。还有，如果一个人生前是个囚犯，身上有鞭笞的伤痕或其他伤口，死了以后他的尸体仍旧可以看到同样的印记。如果一个人活着的时候手脚被打断或扭曲，【d】他死后这些痕迹依然清晰可见。总之，一个人活着的时候他的身体无论怎样处理，所有处理后留下的痕迹，或者大部分痕迹，在他死后的一段时间里，是清晰的。因此，我认为，同样的事情对灵魂来说也是真的，卡利克勒。灵魂一旦剥去外衣，像身体一样裸露，灵魂中存在的一切也是清晰的，既有生来就有的东西，又有后来发生的事情，人的灵魂中拥有的东西实际上是他追求每样东西的结果。所以，它们来到法官面前——【e】从亚细亚来的人到了拉达曼堤斯面前——拉达曼堤斯让它们站住，研究每个人的灵魂而不知道它是谁。他经常能够找出那位大王①的灵魂，或者其他某位国王或统治者的灵魂，【525】注意到他的灵魂没有什么地方是健康的，而是遍布疤痕，这是背信弃义和做事不公正的结果，他的每个行为都在他的灵魂上留下印记。被包裹起来的一切都是欺骗和虚伪的结果，没有什么是正直的，全都由于这颗灵魂没有得到真理的滋养。他看到这颗灵魂是畸形的，充满丑恶，其原因可归于行为的奢侈、放荡、专横、失禁。看到这颗灵魂，他就把它径直送往监狱关押，到那里去等候接受与它相应的命运。

【b】对每一个受到公正惩罚的人来说，这样做是恰当的，因为这样做能使他变得比较好，使他从中受益，或者让他成为其他人的榜样，看到他遭受的种种苦难，其他人可以感到害怕和变得比较好。那些从中受益的人，那些向众神和凡人付了代价的人，他们所犯的错误是可以矫正的；即便如此，他们还是要通过受苦受难的方式才能受益，在这里和在哈得斯，因为除此之外，【c】没有其他可以消除不公正的方式。从那些犯有终极大罪的人中间可

---

① 指波斯国王。

以选出榜样，由于犯了这样的罪行，他们已经变得无法救治。这些人自己不再能够从接受惩罚中获益，因为他们是不可治的。然而，看到他们在哈得斯的监狱里接受最残忍、最可怕、最悲惨的折磨，其他人确实从中受益，那些永久受折磨的人起着样板的作用，【d】对那些正在到来的不公正的人是一个可见的警示。我宣布，阿凯劳斯是他们中的一员，如果波卢斯说得对，其他任何像他那样的僭主也是。我假定，这些样板中的大多数实际上来自僭主、国王、统治者这个等级和那些积极从事城邦事务的人，这些人犯下了最严重的和最不虔敬的错误，因为他们处在能这样做的位置。荷马也是这些事情的一名证人，【e】因为他描述了那些在哈得斯中接受永久惩罚的国王和统治者：坦塔罗斯①、西绪福斯②和提堤俄斯③。至于忒耳西忒斯④和其他邪恶的公民，没有一个被说成周围全是最残酷的刑罚，好像他不可救治似的；我假定，他不在那个位置上，由于这个原因他也比那些处在那个位置上的人幸福。事实上，卡利克勒，【526】那些变得极端邪恶的人确实来自有权力的等级，尽管肯定没有什么东西阻止最有权力的人中间的好人不发生这样的转变，而那些不发生转变的人应当受到热情的敬仰。因为这是一件难事，卡利克勒，当你发现自己享有充分的自由，可以胡作非为的时候，你仍旧能够一辈子过着公正的生活，这样的人最值得赞扬。几乎没有人被证明是这样的人。不过，还是有人已经被证明是这样的人，在这里和在其他地方，我假定还会有一些人值得敬佩，他们拥有美德，能公正地执行托付给他们的事务。【b】他们中有一位，吕西玛库⑤之子阿里斯底德⑥已经被证明，他确实非常出名，甚至在希腊的其他地方也很有名气。但是，我的大好人，大多数我们的统治者已经被证明是坏的。

---

① 坦塔罗斯（Ταντάλος），人名。
② 西绪福斯（Σίσυφος），人名。
③ 提堤俄斯（Τιτυός），人名。
④ 忒耳西忒斯（Θερσίτης），人名。
⑤ 吕西玛库（Λυσίμαχος），人名。
⑥ 阿里斯底德（Αριστείδης），人名。

所以，如我所说，法官拉达曼堤斯抓住了某个这样的人，他对这个人一无所知，既不知他是谁，又不知他是哪里人，只知道他是邪恶的。一旦确定了这一点，他就在那个人身上打下烙印，标明是可治的或是不可治的，只要他瞧着适宜，然后就打发那个人去塔塔洛斯，那个人一到那里，【c】就开始接受相应的惩罚。有一次，他审查了另一颗灵魂，它过着一种虔敬的生活，献身于真理，也许是某位公民的灵魂，也许是其他人的灵魂，尤其是——我无论如何要说——一位哲学家的灵魂，他专注于自己的事务，生前没有碌碌无为。他敬重这个人，送这个人去福岛居住。埃阿科斯也一样，做着同样的事情。他们俩各自手持权杖做出审判。弥诺斯坐在那里监督他们。只有他的权杖是黄金的，荷马诗中的奥德修斯说看见他了，【d】"手握黄金权杖，在亡灵中宣判"。①

对我来说，卡利克勒，这些解释令我信服，我在考虑的是我将如何向这位法官袒露我的灵魂，让它越健康越好。所以我轻视大多数人视为荣耀的事情，通过实践真理，我真的试图尽力做一个非常好的人，【e】作为一个好人而活着，当我死的时候，也要像一个好人那样去死。我也号召其他所有人，在我所能企及的范围内——我尤其要号召你，作为对你的号召的回应——走这条生活道路，这场竞赛，我认为比所有竞赛更有价值。我要让你接受这样的任务，因为当你出现在我刚才说的这种法庭上接受审判的时候，你不能够保护你自己。你来到那位法官面前，【527】伊齐娜②之子，他抓住你审问，你目瞪口呆，不亚于我在这里的表现，也许有人会打你的耳光，向你泼洒各种污秽。

你也许认为这种解释就像乡间老妇讲的荒诞故事，打心眼儿里瞧不起。如果我们能够在某个地方发现更好的、更真实的解释，那么它受到轻视不足为奇。然而，你看到这里有三个人，【b】当今希腊最聪明的人——你、波卢

---

① 荷马：《奥德赛》11：569。

② 伊齐娜（Αἴγίνη），希腊神话中的仙女，伊齐娜之子在文中指卡利克勒，卡利克勒的家乡是伊齐那。

斯、高尔吉亚——你们不能证明还有另外一种生活是人应当过的，而不是过这种显然到了另外一个世界也有益的生活。但是在那么多论证中，只有这种论证经历了驳斥存活下来，并且稳固地站立：做不公正的事情比承受不公正更要警惕，一个人最要关注的事情不是"好像是好的"，而是"是好的"，既在他的公共生活中，又在他的私人生活中；如果一个人在某些方面被证明是坏的，他就应当受到惩罚，【c】仅次于公正的第二样最好的事情就是通过付出应有的代价、接受惩罚而变得公正；各种形式的奉承，无论是对自己还是对别人，无论是多还是少，都应当避免，演讲和其他各种活动永远应当用来支持公正的事物。

所以，听我说，跟上我，到我这里来，等你来到这里，你今生会很幸福，你在今生的终点也会幸福，如那个解释所表明的。让某些人把你当做傻瓜来轻视，向你泼洒污秽，要是他喜欢。嗯，【d】是的，宙斯在上，充满自信地让他来对付你和污辱你。如果你真的是个令人敬佩的人，是个好人，是个践行美德的人，那么不会有什么可怕的事情对你发生。然后，在我们一起践行美德以后，到了最后，当我们认为自己应当去做事的时候，我们会转向政治，或者说，等我们能够比现在更好地商讨的时候，我们再来商谈我们喜欢的各种主题。像我们当前这种情况是可耻的——对于相同的主题我们从来没有相同的看法，而这些主题是最重要的——我们要力陈己见，仿佛我们是其他人。【e】我们缺乏教养到了何等可悲的地步。所以，让我们使用这个已经向我们显明了的解释，以它为向导，它告诉我们这种生活方式是最好的，在生前和死后都要践行公正和其他美德。所以让我们自己遵循它，也号召其他人这样做，让我们不要遵循你相信并且号召我遵循的生活方式。因为这种生活方式是毫无价值的，卡利克勒。

普罗泰戈拉篇

提　要

本篇属于柏拉图早期对话中较晚的作品，以谈话人普罗泰戈拉的名字命名。公元 1 世纪的塞拉绪罗在编定柏拉图作品篇目时，将本篇列为第六组四联剧的第二篇，称其性质是"驳斥性的"，称其主题是"论智者"。[①] 谈话篇幅较长，译成中文约 4.2 万字。对话场景设在雅典某个公共场所，大约写于公元前 455 年—前 447 年间，与《高尔吉亚篇》写作时间相近。

对话采用苏格拉底自述的形式，描写苏格拉底同当时最负盛名的智者普罗泰戈拉讨论美德问题。对话时间设定在伯罗奔尼撒战争之前，此时苏格拉底年约 40 岁，普罗泰戈拉则已年过花甲，智者普罗狄科和希庇亚的年纪同苏格拉底相仿。对话地点在雅典富翁卡里亚家中，他经常出资赞助智者的活动。

整篇对话可以分为三个组成部分。第一部分（309a—317e），简短的序言之后由苏格拉底转述他与希波克拉底的交谈。希波克拉底听说普罗泰戈拉到达雅典，极为兴奋地去找苏格拉底，要苏格拉底代为引荐，去见普罗泰戈拉，并打算付钱给他，做普罗泰戈拉的学生。苏格拉底询问希波克拉底这样做的目的，要他先搞明白智者是什么人，并指出希波克拉底在不知道智者是

---

① 　参见第欧根尼·拉尔修：《名哲言行录》3：59。

什么人的时候就要把自己的灵魂托付出去风险很大。他们抵达卡里亚家中以后，见到了普罗泰戈拉和其他著名智者，观察了这些智者及其追随者在卡里亚家中的活动情况。最后应他们的要求，普罗泰戈拉召集了一场聚会，所有人都参加，由他和苏格拉底进行对话。

第二部分（318a—328e），讨论美德是否可教的问题。普罗泰戈拉重申智者教育的最重要功能是使人变好，在道德上变善，成为一位好公民。苏格拉底指出，道德方面的事务和技术方面的事务不同，美德是不可教的，即使是最聪明，最优秀的公民也不能把他们拥有的美德传给自己的儿子或其他人，要求普罗泰戈拉做进一步的解释。普罗泰戈拉讲述了普罗米修斯为人类盗火的神话故事，指出人类由此拥有了一份神性，宙斯派遣赫耳墨斯把公正和羞耻感送给人类，让所有人都拥有一份美德，所以人的美德是神授的，每个人都拥有一份公正和其他公民美德。但是人们不把这种美德当做天然的或者自我生成的，而是当做某种可教的东西，可以在接受者身上加以精心培育。

第三部分（329a—361e），探讨美德的整体性问题。苏格拉底要普罗泰戈拉回答，美德是以公正、自制和虔诚为部分组成的一样东西，还是一个实体？俩人在讨论中涉及了一般性的美德、具体美德，以及二者间的关系问题。在讨论中，由于普罗泰戈拉回答问题的方式引发了一场争吵，随后又转而讨论西摩尼得的诗歌。（339a—347b）苏格拉底重申了他的观点，"任何人做错事或做坏事都是不自愿的"。（345e）经过这段离题的谈论后，讨论重新采用一问一答的方式进行。这场讨论最后得出了戏剧性的结果，双方的论点各自走向反面。苏格拉底开始时说美德不可教，但到后来却证明所有美德都是知识，这是对美德可教的最好证明。普罗泰戈拉开始时认为美德可教，但却证明美德不是知识，而是情感，这就使它们成为完全不可教的东西了。苏格拉底对这种结果表示惊讶，表示要进一步讨论这些问题。

柏拉图的早期对话一般只讨论某一种美德的定义，并且都没有得出肯定的结论；本篇却将美德作为一个整体加以考察，对公正、自制、虔敬、勇敢等主要美德进行分析，认为它们有共同性，都和知识相连，都受智慧的支配。这是苏格拉底的理性主义伦理学的一个总结。

正 文

谈话人：朋友、苏格拉底

友 【309】你打哪儿来，苏格拉底？不，你别告诉我，让我猜猜看。你显然一直在追求那位已经长大成人，并且对你心甘情愿的阿尔基比亚德[1]。嗯，我前些日子还见过他，他确实已经是个漂亮的男人了——这话只在我们俩中间说，"男人"对他来说是个恰当的词，他已经长胡子了。

苏 【b】噢，那又怎么样？我想你是荷马的崇拜者，荷马说年轻人刚开始长胡子的时候是最迷人的，[2] 这正是阿尔基比亚德所处的年龄段。

友 那么，你有什么事儿吗？你刚才和他在一起吗？这个年轻人对你怎么样？

苏 我想他对我很好，尤其是今天，因为他站在我一边，说了很多支持我的话。[3] 你说得没错，我刚才还和他在一起。但是，有件很奇怪的事我想告诉你。尽管我们待在一起，但我完全没有注意到他；说真的，我在大部分时间里把他给忘了。

友 【c】你们俩怎么会有这种事呢？想必你碰上某个比他更漂亮的人了，但肯定不是这个城邦的。

苏 比他漂亮得多。

友 你在说什么？他是雅典公民还是外邦人？

苏 外邦人。

---

① 阿尔基比亚德（Ἀλκιβιάδης），约公元前 450 年—前 404 年，雅典将军，年轻时因美貌和理智出众而著名。他与苏格拉底的交往和友谊参见《会饮篇》215a。

② 参见荷马：《伊利亚特》24∶348；《奥德赛》10∶279。

③ 参见本篇 336b，347b。

友 他来自哪里？

苏 阿布德拉。

友 这个外邦人在你看来比克利尼亚①的儿子还要漂亮吗？

苏 拥有最高智慧的人怎么就不能是最漂亮的呢？

友 什么？你是说你在陪伴一位聪明人吗，苏格拉底？

苏 【d】他是现在还活在世上的人中间最聪明的——如果你认为最聪明的人就是最漂亮的人——他是普罗泰戈拉②。

友 你说什么？普罗泰戈拉在镇上吗？

苏 已经有两天了。

友 噢，你刚才跟他在一起，你从他那里来吗？

苏 【310】对，我们在一起谈了很长时间。

友 好吧，请你坐下，如果你现在有空，把你们的谈话都告诉我们。让那个孩子给你让个座。

苏 行。我把你们愿意听当做你们对我的帮助。

友 正好相反，是你对我们的帮助，如果你能告诉我们。

苏 这么说来，这种帮助是双向的。好吧，整件事情是这样的：

【b】今晨破晓时分，阿波罗多洛③之子、法松④的兄弟希波克拉底⑤用棍子敲我的门，门开了，他急匆匆地走进来，大声喊道："苏格拉底，你醒了，还是仍在睡觉？"

听到他的声音，我说："是希波克拉底吗？我希望没什么坏消息。"

"没有，只有好消息。"他答道。

"那我太高兴了，"我说："什么事情让你在这个时候到我这里来？"

---

① 克利尼亚（Κλεινίας），阿尔基比亚德之父。

② 普罗泰戈拉（Πρωταγόρας），著名智者。

③ 阿波罗多洛（Απολλόδωρος），人名。

④ 法松（Φάσων），人名。

⑤ 希波克拉底（Ιπποκράτης），人名。除了本篇提到的内容以外，其余事迹不详。

"普罗泰戈拉到了。"他说着，站到我的床边。

"前天到的，"我说："你才知道？"

【c】"对！昨晚才知道。"他一边说一边摸到我的床边，在我脚头坐下，他继续说："对，是昨天晚上，在我从欧诺厄①回来以后。我的奴隶萨堤罗斯②逃跑了。我想告诉你，当时我正在追赶他，但有件事冒出来，让我顾不上去管他了。回家以后我们吃了晚饭，正要上床睡觉，我的兄弟告诉我普罗泰戈拉已经到了。【d】我当时立马就想来找你，不过我明白，时间确实太晚了。我上床睡了一会儿，倦意一过我就上这儿来了。"

看他如此坚决而又显得非常激动，于是我问他："那又怎样？普罗泰戈拉伤害过你吗？"

他笑着答道："你说对了，他伤害了我，苏格拉底。他独霸智慧，一点儿也不给我。"

"噢，你瞧，"我说："如果你能按他出的价给钱，他也会使你变得聪明。"

【e】"如果事情只是这样，那倒也简单了。"他说："我自己宁可破产，我的朋友也一样。但我来找你的原因是想让你为我的事去跟他谈谈。我自己太年轻，另外，我从未见过普罗泰戈拉或者听过他讲话。他上次到镇上来的时候，我还是个孩子。【311】他是个社会名流，苏格拉底，大家都说他是个极为能干的演说家。我们现在就过去，好吗？这样就肯定能截住他了。我听说他住在希波尼库③之子卡里亚④的家里。来吧，让我们现在就去。"

"现在别去，"我说："太早了。不如我们去院子里散散步，等待天明，好吗？我们到那时再去。普罗泰戈拉大部分时间都待在屋子里，所以你别急，我们肯定能截住他。"

【b】于是我们起身，去院子里踱步。我想知道希波克拉底的决心有多

---

① 欧诺厄（Οἰνόη），地名。

② 萨堤罗斯（Σάτυρος），人名。

③ 希波尼库（Ἱππονίκος），人名。

④ 卡里亚（Καρία），人名。

大，于是就开始向他提问，对他进行考察。"告诉我，希波克拉底，"我说："你试图想方设法接近普罗泰戈拉，为的是他能向你提供服务，而你打算付现钱给他。但是，他是干什么的，你希望自己变成什么样的人？我的意思是，【c】假定你打定主意要去见与你同名的科斯①的名医希波克拉底，付钱给他，为的是他能向你提供服务，那么如果有人问，你要付钱给他的这位希波克拉底是干什么的，你会怎么说呢？"

"我会说他是一名医生。"他说。

"你希望自己成为什么样的人？"

"医生。"

"假定你想去见阿耳戈斯②的波吕克利图③或雅典的斐狄亚斯④，付钱给他们，如果有人问你，你想付钱给他们的这些人从事什么职业，你会怎么说？"

"我会说，他们是雕刻师。"

"你希望成为什么样的人？"

"显然是雕刻师。"

【d】"好吧，"我说："你和我，现在要去见普罗泰戈拉，我打算代你付钱给他，用我们自己的钱，如果还不足以说服他，也会用上我们朋友的钱。假定有人看到我们如此热情，问我们：'告诉我：【e】苏格拉底和希波克拉底，你们为什么要付钱给普罗泰戈拉？他是干什么的？'对此我们该怎么说？斐狄亚斯被称做雕刻师，荷马被称做诗人。我们听到这位普罗泰戈拉被称做什么？"

"噢，他被称做智者，苏格拉底。"

"那么，是他作为一名智者，我们才要付钱给他吗？"

---

① 科斯（Κῶς），岛名。

② 阿耳戈斯（Ἀργεῖοι），地名。

③ 波吕克利图（Πολύκλειτος），人名。

④ 斐狄亚斯（Φειδίας），人名。

"是的。"

【312】"如果有人问，你去见普罗泰戈拉，希望自己成为什么样的人，你会怎么说？"

他脸上绯红地回答说，——此时天色已亮，可以看到他脸红——"如果这也和前面的例子相同，那么显然是成为一名智者。"

"什么？你想做一名智者，把自己向整个希腊世界呈现，你不感到可耻吗？"

"是的，我会感到可耻，苏格拉底，说老实话。"

"那么好吧，你瞧，希波克拉底，你期待从普罗泰戈拉那里得到的也许不是这种教育。【b】你期待得到的科目也许不是你从你的文法老师、音乐老师和摔跤教练那里得来的那种样子的。你不是为了成为一名专家而接受他们的专门指导，而是为了成为一个文明人接受一般的教育。"

"确实如此！这正是你可以从普罗泰戈拉那里得到的教育。"

"那么，你现在知道该怎么办了吗，或者说你没想过这个问题？"我说。

"你什么意思？"

【c】"你将把你的灵魂交给一位是智者的人去处理，这是你自己说的。如果你确实知道智者是什么人，那么我会感到奇怪。然而，要是你不知道这一点，你就不知道你把灵魂托付出去是对还是错。"

"但是，我认为我是知道的。"他说道。

"那么告诉我，你认为智者是什么人？"

"我想，"他说："就像这个名称所表示的那样，智者是一个懂得事情的聪明人。"

【d】"可是，你对画家和建筑师也可以说同样的话，他们是懂得事情的聪明人。但若有人问我们，'在哪些方面聪明？'对画家，我们也许会回答，'在制造相关的图像方面聪明'，在其他事例中也可以这样回答。但若有人问，'智者怎么样？他们如何聪明地懂得事情？'——我们该如何回答？他们擅长制造什么？"

"苏格拉底，除了说智者是把人造就为能干的演说家的专家，我们还能说什么？"

"我们的回答是正确的，但不充分，因为它会引发另外一个问题：【e】智者在什么主题上使你成为能干的演说家？比如，演奏竖琴的演员使你在他从事的主题，亦即弹竖琴方面成为能干的。对吗？"

"对。"

"那么好。智者在什么主题上使你成为一名能干的演说家？"

"这很清楚，就是他懂的那个主题。"

"很像是这样的。那么智者懂得并且使他的学生也懂得主题是什么呢？"

"宙斯在上，"他说："我真的不知道该怎么说了。"

【313】我继续讲我的下一个观点："你知道你将把你的灵魂置于何种危险之中吗？如果你必须把你的身体托付给某人，冒着使它变得健康或患病的危险，那么你会慎重考虑要不要这样做，你会踌躇好几天，向你的亲朋好友咨询。而现在你要托付的东西，亦即你的灵魂，比你的身体更有价值，【b】你在生活中做的所有事情做得好与坏都取决于你的灵魂变得更有价值或者更无价值，但我却看不到你向你的父亲和兄弟询问，或者找一个你的朋友来商量，要不要把你的灵魂托付给这个刚刚到达这里的陌生人。噢，不对，你听说他在头天晚上就到了——是吗？——而第二天早晨你就来到这里，不是跟我讨论是否应当把自己托付给他，而是打算花你自己的钱和你朋友的钱，【c】你好像已经想得很清楚了，无论如何要跟普罗泰戈拉交往，而这个人你承认并不认识，也从来没跟他说过话，你称他为智者，尽管你显然不知道智者是什么人，就打算把自己交付给他。"

"苏格拉底，听你这么一说，好像是这么回事。"

"那么，我说得对吗，希波克拉底，智者是销售滋养灵魂的营养的商人？我觉得智者就是这样的人。"

"但是，什么是滋养灵魂的营养？"

【d】"教育，我会这样说。你瞧，或者说，智者在为他出售的东西做广告时会欺骗我们，就像那些在市场上出售供养身体的粮食的商人。一般说来，这些在市场上卖粮食的人不知道什么东西对身体是好的，什么东西对身体是坏的——他们只是在推销他们出售的一切——那些买粮食的人也不知道，除非买者正好是体育教练或医生。以同样的方式，这些人带着他们的教育周游列邦，以批发或零售的方式把它们卖给想要买他们教育的人，向这些人推荐他们所有的产品，但是，我的朋友，【e】如果这些人中间有人不知道他们的哪些产品对灵魂有益，哪些产品对灵魂有害，那么我一点儿也不会感到奇怪。与此相仿，那些向他们购买的人也不知道，除非他们中间正好有人是灵魂的医生。所以，如果你是一名有知识的消费者，你可以安全地向普罗泰戈拉或其他人购买教育。但若你不是有知识的消费者，【314】请别拿你最珍贵的东西进行危险的赌博，因为购买教育的风险远远大于购买食物。向商人购买食物和饮料时，在把它们吃进或喝进你的身体之前，你可以把它们连带包装从商铺里拿回家，可以把它们存放在一个地方，然后向行家询问自己应当吃什么和喝什么，【b】不应当吃什么和喝什么，应当吃多少，在什么时候吃。所以，你的购买冒的风险不大。但是，你不可能把教育装在一个单独的容器里带走。你放下钱，通过学习得到教育，也就把它装在灵魂里带走了，你离开的时候就已经受益或受害了。不管怎么说，这些问题我们都应当思考，要取得我们长者的帮助。要想深入考察这样的大问题，你我都还太年轻了。好吧，现在让我们去做一开始想要做的事，去听这个人讲话；听了他的讲话以后，【c】我们也可以与其他人交谈。要知道，不是只有普罗泰戈拉一个人在那里。埃利斯[①]的希庇亚[②]也在那里，还有科斯的普罗狄科[③]，我相信。还有许多人在那里，他们全都是聪明人。"

意见一致以后，我们出发了。到了卡里亚家的大门口，我们在那里站了一会儿，继续讨论路上谈论的一些问题，不想在问题没解决之前就进去。所

---

① 埃利斯（Ἠλεῖος），地名。

② 希庇亚（Ἱππίας），著名智者。

③ 普罗狄科（Πρόδικος），著名智者。

以，我们站在门外交谈，直到有了共同的看法，【d】我想看门人听到了我们的声音，他是一个阉人，大批智者的到来使他对来访者有一肚子火，因为在我们敲了门，他打开大门的时候，一看到我们，他就说："哈哈！又有智者来了。他很忙。"说着，他就用双手砰的一声用力关上了大门。我们又敲门，他透过门缝说："没听到我说他很忙吗？"【e】"我的好人，"我说："我们不是来找卡里亚的，我们也不是智者。请你不要生气！我们想见普罗泰戈拉。这是我们到这里来的原因。所以，请你替我们通传一下。"慢吞吞地，他给我们开了门。

进到里面，我们见到了普罗泰戈拉，他在柱廊里散步，有两群人跟着他。一边是希波尼库之子卡里亚、【315】伯里克利①之子帕拉卢斯②，也就是卡里亚的同母异父兄弟、格老孔③之子卡尔米德④；另一边是伯里克利的另一个儿子克珊西普⑤、菲罗美鲁之子腓力庇得、门德⑥的安提谟鲁⑦，他是普罗泰戈拉的金牌学生，通过专门的学习成为一名智者。那些紧随其后、听他们交谈的人好像都是外邦人，【b】是普罗泰戈拉周游列邦时吸引过来的。他用奥菲斯⑧一般美妙的声音迷惑了他们，而他们也像是被符咒镇住了似的跟着他来到这里。他们就像是一个歌舞队，队里也有一些本地人，他们的舞蹈让我兴奋，我看着他们美妙地舞动，小心翼翼，不让自己挡住普罗泰戈拉的道。当他和那些紧随左右的人转身向后走的时候，跟在后面的听众秩序井然，立刻朝两边分开，让出道来，等他们走过，两边又重新合拢，紧随其后。真是美妙极了！

---

① 伯里克利（Περικλές），雅典大政治家，将军，约公元前 495 年—前 429 年。

② 帕拉卢斯（Πάραλος），人名。

③ 格老孔（Γλαύκων），人名。

④ 卡尔米德（Χαρμίδης），人名。

⑤ 克珊西普（Ξάνθιππος），人名。

⑥ 门德（Μενδαῖος），地名。

⑦ 安提谟鲁（Αντίμοιρος），人名。

⑧ 奥菲斯（Ὀρφεύς），希腊神话中的色雷斯诗人和歌手，据说他的琴声能使猛兽俯首，顽石点头。

【c】这时候我看到，就像荷马说得那样，① 埃利斯的希庇亚端坐在对面门廊的一个高位上，围着他在长凳上就座的有阿库美努② 之子厄律克西马库③、密利努④ 的斐德罗⑤、安德罗提翁⑥ 之子安德隆⑦，还有一些埃利斯人和几个其他城邦的人。他们好像正在向希庇亚提问，问的是天文和物理方面的问题，而他坐在高位上，正在逐一解答他们的疑难。

【d】不仅如此，我还见到了一位坦塔罗斯⑧，科斯的普罗狄科也在这个镇上。他占据了一个大房间，希波尼库以前用它做仓库，由于来访者太多，卡里亚把房间清理出来用做客房。当时普罗狄科还在床上，身上披着羊皮袄，盖着毛毯。【e】坐在床边睡椅上的是来自克拉梅斯⑨ 的鲍萨尼亚⑩，和他在一起的有个漂亮的小男孩，我得说他很有教养，人也长得漂亮。我想我听到他的名字是阿伽松⑪，如果他是鲍萨尼亚的小情人，那么我不会感到惊讶。所以，这个小男孩在那里，两位阿狄曼图⑫ 也在那里，一位是凯皮斯⑬ 之子，另一位是琉科罗菲得斯⑭ 之子，好像还有其他一些人。【316】他们在谈些什么，我站在外面听不清楚，尽管我真的很想听普罗狄科讲话，这个人在我看

---

① 参见荷马：《奥德赛》，11：601。
② 阿库美努（Ἀκουμενοῦ），人名。
③ 厄律克西马库（Ἐρυξίμαχός），人名。
④ 密利努（Μυρρινοῦ），地名。
⑤ 斐德罗（Φαῖδρος），人名。
⑥ 安德罗提翁（Ἀνδροτίων），人名。
⑦ 安德隆（Ἄνδρων），人名。
⑧ 坦塔罗斯（Τάνταλος），希腊神话中的吕底亚国王，因为他把自己的儿子剁成碎块给神吃，触怒主神宙斯，被罚永世站在水中。"那水深至下巴，他口渴想喝水时，水就减退，他头上有果树，饿了想吃果子时，树枝就升高。"（荷马：《奥德赛》，11：582）柏拉图此处将普罗狄科接受提问比做坦塔罗斯受酷刑。
⑨ 克拉梅斯（Κεραμέους），地名。
⑩ 鲍萨尼亚（Παυσανίους），人名。
⑪ 阿伽松（Ἀγάθων），人名。
⑫ 阿狄曼图（Ἀδείμαντος），人名。
⑬ 凯皮斯（Κήπις），人名。
⑭ 琉科罗菲得斯（Λευκολοφίδους），人名。

来真像天神一般，无所不知。他的嗓音低沉，在房间里引起回响，但我听不清他在说些什么。

我们到了以后没多久，漂亮的阿尔基比亚德接踵而至（你们称他为漂亮的，对此我不予争辩），跟他一起来的还有卡莱克鲁斯[①]之子克里底亚[②]。【b】我们进到院内，花了一些时间到处走走看看，然后去见普罗泰戈拉。我说："普罗泰戈拉，这位希波克拉底和我特意来看你。"

"你们希望单独跟我谈，还是大家一起聊？"他说。

"我们无所谓，"我说："我们把来访目的告诉你，然后由你决定好了。"

"说吧，你们来的目的是什么？"他问道。

"这位希波克拉底是阿波罗多洛的儿子，他的家族非常伟大，声名显赫。他自己的天赋能力在他这个年纪的人中间是最优秀的。【c】我的印象是，他想要在这个城邦里成为一名受尊敬的人，他认为，要是他本人与你有联系，他的想法就最有可能实现。所以，现在就请你做决定。单独跟我们谈这件事，还是当着其他人的面？"

"你的谨慎在我看来是恰当的，苏格拉底。慎重为的是，一个外邦人来到一些强大的城邦，【d】试图劝说他们中最优秀的青年抛弃他们的亲朋好友，无论年老还是年少，与他交往，通过这种交往来改善自己。这样的活动会引起大量的妒忌、敌意和阴谋。嗯，我断言智者的技艺是一种古老的技艺，但是古代从事这种技艺的人害怕带来怨恨，于是掩饰它，有时候伪装成诗歌，如荷马[③]、赫西奥德[④]、西摩尼得[⑤]所为，有时候伪装成宗教祭仪和预言，奥菲斯和穆赛乌斯[⑥]可以为证，【e】我注意到，它有时候伪装成体育，如塔

---

① 卡莱克鲁斯（Καλλαίσχρους），人名。
② 克里底亚（Κριτίας），人名。
③ 荷马（Ὅμηρος），诗人。
④ 赫西奥德（Ἡσίοδος），诗人。
⑤ 西摩尼得（Σιμωνίδην），诗人。
⑥ 穆赛乌斯（Μουσαῖος），诗人。

壬同①的伊克库斯②，还有我们时代的塞林布里亚③人希罗狄库④，他从前是麦加拉⑤人，是个一流的智者。你们自己的阿伽索克莱斯⑥是个伟大的智者，用音乐作伪装，如开奥斯⑦的皮索克勒德⑧以及其他许多人所为。【317】他们全都像我说的那样，用各种技艺作掩护来躲避恶意的怨恨。这就是我和他们不同的地方，因为我不相信他们的目的能够实现；我认为他们实际上失败了，没能在城邦的强权人物面前掩饰他们的真实目的。【b】而大众就不用说了，他们什么也察觉不了，只会附和他们领导人的话语。噢，他们想逃跑但不成功，在逃跑时被公开逮捕，这样做，从一开始就是极其愚蠢的，而且不可避免地引起人们更大的愤怒，因为除了其他各种原因外，人们会把逃跑者视为真正的恶棍。所以，我的做法与他们截然不同。我承认我是一名智者，我教育人，【c】我认为这种承认比否认要好，也比较谨慎。我在其他许多方面也非常小心，所以，神明保佑，我避免了由于承认是一名智者而会带来的伤害。我从事这项职业已经多年，现在我年事已高，足够做你们当中任何一人的父亲。所以，如果你确实有这种请求，我会感到极大的快乐，我愿意当着这个院子里所有人的面公开讲授我的课程。"

【d】在我看来，他想在普罗狄科和希庇亚面前炫耀一下他的技艺，想在我们这些崇拜者中间获取荣耀，所以我说："很好，那么我们为什么不请普罗狄科、希庇亚，还有他们的伙伴都过来呢？这样他们也能听到我们谈话。"

"当然可以。"普罗泰戈拉说。

"你想搞一场讨论课，让大家都坐下参加讨论吗？"卡里亚提出一项建议，

---

① 塔壬同（Ταραντῖνος），地名。

② 伊克库斯（Ἴκκος），人名。

③ 塞林布里亚（Σηλυμβρια），地名。

④ 希罗狄库（Ἡρόδικος），人名。

⑤ 麦加拉（Μέγαρὰ），地名。

⑥ 阿伽索克莱斯（Αγαθοκλῆς），人名。

⑦ 开奥斯（Κεῖος），地名。

⑧ 皮索克勒德（Πυθοκλείδης），人名。

这似乎是唯一可行之事。我们大喜过望，因为马上就能听到聪明人讲话了，我们为自己搬来了板凳和躺椅，【e】在希庇亚身边摆放好，那里原先已经有一些板凳。与此同时，卡里亚和阿尔基比亚德去把普罗狄科从床上叫起来，让他们那里的人全都过来。

我们全都坐好以后，普罗泰戈拉说："好吧，大家都到了，苏格拉底，现在请你讲一下，你刚才代表这位青年对我说的是什么事。"

【318】"好的，普罗泰戈拉，"我说："我刚才说了我们来访的目的。请允许我像刚才那样开始。这位希波克拉底想要成为你的学生，所以，很自然，他想知道跟你学了以后会有什么结果。我们必须要说的就是这些了。"

普罗泰戈拉听了我的话，就说："年轻人，如果你跟我学，你能得到的就是，从你开始的那天起，回家的时候你会成为一个比较好的人，【b】第二天也一样。每一天，日复一日，你会变得越来越好。"

听了这话，我说："普罗泰戈拉，你这样说并不奇怪，反倒很像是这么回事。为什么呢？因为哪怕是你，尽管已经如此年迈和睿智，如果有人教你一些你正好不知道的事情，你也会有所长进。但若情况发生变化，这位希波克拉底突然改变主意，想去向那位新近刚来镇上的年轻人、赫拉克利亚①的宙克西波②学习，【c】希波克拉底去找他，就像他来找你一样，从宙克西波那里听说了同样的事情，就像从你这里听说的一样——和他待在一起，希波克拉底每天也会变得比较好，有所长进。如果希波克拉底问他，自己会以什么方式变得比较好，在什么方面取得长进，宙克西波会说在绘画方面。又若希波克拉底跟底比斯③的俄尔萨戈拉④学习，从他那里听到了同样的事情，和从你这里听到的一样，并且问跟他学习自己在什么方面每天都会变得比较好，【d】俄尔萨戈拉会说在吹笛子方面。以这种方式，你必须告诉我和我正

---

① 赫拉克利亚（Ἡράκλεια），地名。

② 宙克西波（Ζεύξιππος），人名。

③ 底比斯（Θῆβαι），地名。

④ 俄尔萨戈拉（Ὀρθαγόρας），人名。

在代表他提问的这位青年，回答这个问题：如果希波克拉底跟普罗泰戈拉学习，他真的能够变成一个比较好的人吗，跟你待在一起，他在什么方面每一天都能取得长进？"

听了我的话，普罗泰戈拉说："问得好，苏格拉底，听到好问题，我只会非常高兴。如果希波克拉底到我这里来，【e】他不会有跟其他某些智者学习时的体验。这些人虐待年轻人，违反学生的意愿，强迫他们去学那些他们在学校里想要逃课的科目，教他们算术、天文、几何、音乐和诗学，"——说到这里的时候，他瞧了希庇亚一眼——"但若到我这里来，他只学他想要学的东西。【319】我教的是健全的深思熟虑，在私人事务方面，如何最好地管理家庭事务，在公共事务方面，如何实现人的最大潜能，在政治讨论和行动中获得成功。"

"我听懂你的意思了吗？"我问道："你好像在谈论有关公民的技艺，许诺要使人成为好公民。"

"这正是我的意思，苏格拉底。"

"好吧，这真是一门令人敬佩的技艺，你发展了它，如果你确实拥有。【b】我要对你说的全是我自己的想法，完全没有其他意思。事实上，普罗泰戈拉，我从来没想过这种东西是能够教的，但你说能教，我也无法提出质疑。我唯一正确的做法就是解释我从哪里得来这种它不可教的念头，它不像某种东西，可以由一个人传授给另一个人。我认为，和希腊世界的其他人一样，雅典人是聪明的。我注意到，当我们参加公民大会的时候，如果城邦要兴建某些工程，我们请建筑师给我们提建议；如果要造船，我们请造船的工匠给我们提建议；【c】其他被认为可学的和可教的事情莫不如此。但若有其他不是工匠的人，试图就这些事务提建议，那么无论他有多么英俊和富裕，或者他的出身有多么高贵，人们都不会接受他。人们会嘲笑他，对他嗤之以鼻，把他轰下台，直到他要么放弃说话，自己走下台去，要么由卫士长按照大会主席团的命令把他拉下台。【d】这就是他们处理那些被认为是技术性事务的方式。但若事情是商谈城邦的管理，那么任何人都能站起来提建议，木匠、铁匠、鞋匠、商人、船主、富人、穷人、贵族、平民——无论是什么都没关系——没有人会猛烈地批评他，说他没有在老师的教导下受过这方面的训练，竟敢在这里提建议。【e】之所以如此，其原因是清楚的：他们认为这种东西是不可教的。除了公共生活，私人生活也贯穿同样的原则，我们最聪明、最优秀的公民也不能把他们拥有的美德传给其他人。看一下伯里克利，他是在这里的这几位年轻人的父亲。【320】他在教师所能教的所有事情上给了他们极好的教育，而在他本人真正在行的事情上，他既没有亲自教他们，也没有让其他人教他们，他的儿子们不得不像那些走散了的神牛一样，到处溜达吃草，碰到什么德性就吃进去。让我们再好好地看一下克利尼亚，在场的这位阿尔基比亚德的弟弟。当时伯里克利成了他的监护人，伯里克利担心阿尔基比亚德会把克利尼亚带坏。所以他就把他们分开，把克利尼亚安置在阿里夫隆①家里，想让他在那里受教育。六个月以后，【b】阿里夫隆把克利尼亚送还给阿尔基比亚德，因为他对克利尼亚束手无策。诸如此类的事情还有很多，我无法细说，好人自己是好的，但从来不能成功地使其他人变好，无论是家庭成员，还是完全陌生的人。基于这些事实，普罗泰戈拉，我认为美德是不可教的。但是听了你必须说的这些话，我发生了动摇；我在想，你正在谈论的这种事情一定是有的。我把你当做一个经验丰富、学识渊博、深思熟虑的人。所以，要是你能清楚地向我们说明美德如何可教，请你千万别把你的解释隐藏起来。"

【c】"我没想过要对你们隐瞒，苏格拉底。"他答道："但是，你们希望我用讲故事的方式来解释，就像一位老人给一名年轻人讲故事，还是以论证的方式来解释？"

许多听众都说随他的便，无论哪种形式都可以。他说："我想，我还是给你们讲故事吧，这样会比较轻松一点儿。"

【d】"从前有一个时期，众神已经存在，但是可朽的族类还不存在。到

----

① 阿里夫隆（Ἀρίφρονος），人名。

了它们出现的既定时候，众神在大地上把土、水，以及这两种东西的混合物搅拌在一起，塑造了它们。等到要把它们拿到阳光下的时候，众神指派普罗米修斯①和厄庇墨透斯②来装备它们，把恰当的力量和能力分配给每一族类。

"厄庇墨透斯请普罗米修斯把分配能力的事情让给他来做。'等我完成了分配，'他说：'你可以来视察。'普罗米修斯同意了，于是厄庇墨透斯就开始分配能力。

【e】"他给了某些动物力气，但没有给它们快捷，他把快捷给了那些比较弱小的动物。他武装了某些动物，但没有武装其他动物，【321】而是发明了一些手段让它们能够自保。他补偿那些体形较小的动物，让它能飞，或者让它们能在地底下居住。对那些体形庞大的动物来说，身体本身就是一种保护。就这样，他不断地平衡他的分配，进行调整，并且事先采取措施，不让任何一个族类有遭到灭绝的可能。

"在向它们提供了避免相互摧毁的保护措施以后，【b】他为它们发明了抵御天气变化的办法。他让它们长出密密的毛或坚实的皮，足以抵挡冬天的风暴，也能有效地抵挡酷暑，睡觉时还能用做天然的被褥。他还让有些动物脚上长蹄子，有些动物脚上长茧子，起到鞋子的作用。然后他又给它们提供各种形式的营养，让有些动物吃植物，让有些动物吃树上结的果子，还让有些动物吃植物的块根。他让有些动物靠吃其他动物来维生。他让有这种能力的动物很少生育，而让被这些动物食用的其他动物多生多育，以便它们能够维系种族的生存。

【c】"但厄庇墨透斯不那么聪明，他在给这些没有理智的动物分配力气和能力的时候，竟然把所有装备都用光了，人这个族类完全没有得到任何装备。正当他手足无措之际，普罗米修斯前来视察，看到其他动物都装备得很恰当，样样齐全，只有人是赤身裸体的，没有鞋子，没有床，没有武

---

① 普罗米修斯（Προμηθεὺς），神话人物。
② 厄庇墨透斯（Ἐπιμηθεύς），神话人物。

器，而此时已经到了所有族类，包括人在内，要在大地上显现在阳光下的那一天。【d】这时候，普罗米修斯竭尽全力寻找某些装备让人能够存活，他从赫淮斯托斯①和雅典娜②那里偷来了各种实用技艺的智慧和火（要是没有火，这种智慧实际上没有什么用处），把它们直接给了人类。人获得了这种用来维持生存的智慧，但还没有获得在一个社团里共同生活的智慧，政治智慧，因为这种智慧由宙斯③掌管。普罗米修斯不再能够任意进入天上的城堡，那是宙斯之家，此外，那里的卫兵非常可怕。【e】但是，他偷偷地溜进雅典娜和赫淮斯托斯合用的密室，那是他们练习他们的技艺的地方，从赫淮斯托斯那里偷走了用火的技艺，【322】从雅典娜那里偷取了她的技艺，把它们给了人类。由此开始，人类就有了生存所需要的资源。故事后来说，普罗米修斯被判盗窃罪，全都是因为厄庇墨透斯的告发。

"由于人拥有一份神的特许，所以在动物中只有人崇拜诸神，人与诸神有一种亲属关系，只有人竖立神坛和塑造神像。不久以后，他们就能清晰地讲话，有了语词，并且发明了房屋、衣服、【b】鞋子、毯子，向大地获取食物。有了这样的装备，人类最初孤立地散居各处，没有城市。他们被野兽吞食，因为同野兽相比，他们在各方面都非常孱弱，尽管他们的技能适宜获取食物，但不足以与野兽搏斗。这是因为他们还不拥有政治技艺，而战争技艺就是其中的一部分。他们确实试图通过建立城邦的方法以求群居和生存。结果是，当他们这样做了以后，他们又彼此为害，【c】因为他们不拥有政治的技艺，重新四处流散和被毁灭。宙斯担心整个人的族类会遭到毁灭，于是派遣赫耳墨斯④把公正和羞耻感带给人类，让城市可以建立秩序，用友谊的纽带把人们团结起来。赫耳墨斯问宙斯他应当如何分配公正和羞耻。'我应该像分配其他技艺那样分配它们吗？其他技艺是这样分配的：由一个人掌握医

---

① 赫淮斯托斯（Ἡφαίστος），希腊火神和锻冶之神。
② 雅典娜（Ἀθηνᾱ），神名。
③ 宙斯（Διὸς），希腊主神。
④ 赫耳墨斯（Ἑρμῆς），希腊众神的使者，亡灵的接引者。

疗的技艺，足以为许多普通人服务；其他各种技艺的掌握者也是这样。【d】
我要用这种方式在人类中建立公正和羞耻，还是把它们分配给所有人？''分
给所有人，'宙斯说：'让他们每人都有一份。如果只有少数人拥有它们，就
像其他技艺的情况那样，那么城邦决不会产生。你要替我立法：凡有人不能
分有羞耻感和公正，就把他处死，因为他是城邦的祸害。'

"正因如此，苏格拉底，当雅典人（以及其他城邦的人）在争论与建筑
上的卓越或其他专门行业的技能有关的问题时，他们认为只有极少数人有权
提出建议，【e】除了这些挑选出来的少数人，他们不接受其他任何人的建议。
你自己也已经提出这个观点，我还可以添加很好的理由。但若他们的争论涉
及政治上的卓越，【323】这种卓越完全从公正和节制开始，他们接受任何人
的意见，也有很好的理由这样做，因为他们认为这种具体的美德，政治的或
公民的美德，为所有人分享，否则就不会有任何城邦。这就是我的解释，苏
格拉底。

"所以，把这一点考虑为所有人都拥有一份公正和其他公民美德这一普
遍信念的进一步证明，你就不会认为自己受骗了。在其他技艺中，如你所
说，如果某人声称自己是个好笛手，或者擅长别的什么技艺，而实际上他不
是，【b】那么人们会嘲笑他或对他发火，他的家人会赶过来，把他捆绑起来，
就好像他是个疯子。但是论及公正或其他社会的美德，即使人们知道某个人
是不公正的，但若他把事实真相公开地说出来，那么人们都称之为真正的疯
狂，而在前面那个事例中，他们会称之为一种体面的感觉。【c】他们会说，
每个人必须声称自己是公正的，而实际上他们不是，不肯假装公正的人一定
是疯子，因为一个人必定拥有某些公正，否则他就不是人。

"那么，这就是我的第一个观点：承认每个人都是这种美德的建议者是
合理的，理由是每个人都有一份这种美德。下面我试图向你说明，人们不把
这种美德当做天然的或者自我生成的，而是当做某种可教的东西，可以在接
受者身上加以精心培育。

【d】"就恶而言，人们普遍把恶当做由于本性或厄运而产生的痛苦，在

这种情况下，无人会对那些遭受这种痛苦的人发火，或者训斥、告诫、惩罚他们，或者试图矫正他们。对他们我们只是表示遗憾。无人会愚蠢到这种地步，会像对待丑陋、矮小、虚弱的人一样去对待他们。我假定，其原因就在于他们知道这些事情发生在人身上是一种自然的过程，或者是命中注定的，这些疾病是这样，这些疾病的对立者也是这样。【e】就善而言，对那些通过实践，训练和教育在人身上产生的善物，如果某个人不拥有这些善，而是拥有与它们相对应的恶，那么他会发现他自己是愤慨、惩罚和指责的对象。【324】在这些恶德中间有不公正和不虔敬，以及与公民美德相反的各种德性。这个领域中的过错总会碰上愤慨和指责，其原因很清楚，因为人们相信这种美德可以通过实践和教导来获得。苏格拉底，惩罚的真正意义的关键在于这样一个事实，【b】人们把美德当做可以通过训练来获得的东西。无人会考虑到一个人做了错事这样一个简单的事实而惩罚作恶者，除非这个人做事情像野兽一样愚蠢和恶毒。合理的惩罚不是对过去的错误的报复——因为已经做过的事情不可能挽回——而是着眼于未来，【c】防止作恶者和任何看到他受惩罚的人重犯罪恶。这种把惩罚视为威慑的态度隐含着美德可以习得的意思，这也是所有在私下或公共场合寻仇的人的态度。所有人都会寻仇，惩罚那些他们认为恶待他们的人，雅典人，你的同胞公民，尤其会这样做。因此，按照我的论证，雅典人和那些人一样，认为美德是可以习得和可教的。所以，你的同胞公民在政治事务中有很好的理由接受铁匠和鞋匠的建议。【d】他们确实认为美德是可以习得和可教的。在我看来，这两种主张都已经得到充分的证明，苏格拉底。

"现在来看你剩余的难处，你提出一个有关好人的问题，这些好人把能教的一切都教给他们的儿子，使他们在这些事务中变得聪明，但却不能使他们在这些具体的美德中比其他人更好，而这些好人自己在这些德性方面是杰出的。【e】关于这个主题，苏格拉底，我将放弃故事，而诉诸于论证。请考虑：要使一个城邦存在，有没有一种东西是全体公民必须拥有的？就在这里，而非在其他任何地方，有对你的问题的解答。如果有这样一种东西，那么它不是木匠的技艺、【325】铁匠的技艺、陶工的技艺，而是公正、节制和虔诚——我可以把它们统称为人的美德，它似乎就是这种每个人都应当拥有的东西，在想要学习什么或者做什么事情的时候，有了这种美德他就应当行动，但若没有这种美德他就不应当行动；【b】我们似乎应当对那些不拥有美德的人，男人、女人或儿童，进行训导和惩罚，直到他们接受的惩罚使他们变好，若有人对这些惩罚和训导不做回应，就应当把他从城邦里驱逐出去，或者处死；如果情况就是这样，这就是这件事情的性质，好人在所有事情上教育他们的儿子，唯独在这件事情上无能为力，那么我们不得不对我们的好人的行为感到惊讶，这样做真是太离奇了。我们已经说明他们把这种东西当做可教的，既在私人生活中，又在公共生活中。由于这是一种可以传授、可以培养的东西，他们有可能让他们的儿子去学那些即使学不懂也不会被处死的东西吗，但若他们在学习美德中失败了，不能得到美德的滋养——【c】不仅被处死，而且要剥夺财产，实际上对整个家族都是一种彻底的毁灭——那么你认为他们没有把这种东西教给他们的儿子，或者没有尽可能地关心他们吗？我们必须认为他们会这样做的，苏格拉底。

"从孩子幼年起直到他们自己还活在这个世上，【d】他们一直在教导和矫正他们的孩子。一旦孩子能够明白事理，保姆、母亲、老师以及父亲本人都在争着使孩子尽可能变好，抓住一切机会用行动和言语教育他，告诉他这是对的，那是不对的，这是高尚的，那是丑恶的，这是虔诚的，那是亵渎的，应当这样做，不应当那样做。如果他自愿服从，那么好；如果不服从，他们就用吓唬和殴打来矫正他，就好像他是一块扭曲的木板。【e】在那以后，他们把他送去上学，告诉他的老师要更加关注他的品行，胜过关心他的语法和音乐课程。老师们关心这些事情，当孩子们学会了文字，能够理解书面语言和口头语言，老师们会把好诗人的作品放在孩子们的桌上，让他们阅读和背诵，【326】还有那些包含着许多训诫的作品，用许多段落颂扬古代的善人，这样一来，孩子们就会受到激励，模仿他们，成为像他们那样的人。同样，当孩子们学习弹竖琴的时候，音乐老师也培养学生们的道德尊严感和自我节制，【b】教他们更加好的一些诗人的作品，亦即抒情诗和赞美诗人。老师们给他们配乐，使节奏和旋律进入孩子们的灵魂，使他们变得比较温顺，使他们的语言和行动变得比较有节奏，比较和谐。在做了所有这些事情以后，他们还把孩子们送到体育教练那里去，好让他们拥有强健的身体，与他们现在的心灵相匹配，【c】使他们在战争或其他活动中不会由于身体虚弱而变成胆小鬼。

"这就是那些最有能力的人，也就是最富有的人，做的事情。他们的儿子很早就开始上学，【d】很迟才离开学校。等他们停止上学的时候，城邦强迫他们学习法律，并用法律规范他们的生活。他们不能按自己的意愿行事。可以用老师教写字做比喻，对那些初学写字的学生，他们先用笔在蜡板上轻轻地写字，然后让学生照着他们写的样子描。以同样的方式，城邦效仿以往那些伟大的立法家发明的法律制定法律，迫使人们依法实行统治和接受统治。城邦惩罚任何逾越这些法律的人，在你们的城邦和其他一些城邦，这种惩罚被称做'矫正'，【e】因为它是一种起矫正作用的法律行为。

"有那么多的关心和关注赋予美德，既在公共场合，又在私人场合，这种时候，苏格拉底，你仍旧对美德可教感到困惑吗？如果它是不可教的，那才是一件怪事。

"那么，为什么好父亲生的许多儿子一无是处？我想要你也明白，【327】如果我刚才关于美德说的话是对的，一个城邦要想存在，就没有人可以是美德方面的外行，这一点实际上也不值得惊讶。这是因为，如果我所说的这种看法是对的——其实没有比这更加正确的看法了——那就以其他任何职业或学习为例来考虑一下这种说法。比如，假设除非我们全都应当是笛手，否则城邦就不能存在，每个人都在这方面展现他的最佳能力，每个人都在公开场合或私人场合把这种技艺传授给其他人，并且训斥差的笛手，【b】而且无限制地一直这样做下去，就好像我们现在不会有人吝惜或者隐瞒他的关于公正与合法的知识，就好像他在从事其他职业时会这样做似的。我们每个人都拥有公正和美德，这件事关系到我们大家的利益，所以我们全都乐意相互告知和传授什么是公正，什么是合法。好吧，如果我们全都拥有吹笛子般的热情，急切而又慷慨地相互传授，那么，苏格拉底，你认为好笛手的儿子们比坏笛手的儿子们更像是能够成为好笛手吗？我完全不这么想。【c】当某个儿子正好生来就有吹笛子的天赋，他当然就会进步，能够成名；否则的话，他就会默默无闻。在许多情况下，好的笛手的儿子会变差，差的笛手的儿子会变好。但是作为笛手，与那些从来没有学过吹笛子的普通人相比，他们全都是能干的。同理，与那些缺乏教育、法庭、文明道德的劝说压力的人相比，你必须把在人类社会中抚养成长、在法律下培养出来的最不公正的人，【d】当做公正的典范，他们就像在去年的勒奈亚①节上被剧作家斐瑞克拉底②搬上舞台的那些人那么野蛮。毫无疑问，如果你发现自己置身于这样的人中间，这些人就像那部戏的合唱队中的那些仇视人类的人，【e】那么你会乐意遇见像欧律巴图或佛律农达③这样的人，并且会对这里的民众的不道德深感悲哀。情况就是这样，苏格拉底，你过于敏感，由于这里的每个人都是美德的教师，都在尽力而为，所以你一个美德的教师也看不见。【328】你也可以寻找一位希腊语的教师，但你在他们中间一个也找不到。如果你问谁能把这些技艺教给我们的工匠的儿子，那么你也不会更加成功，这些技艺他们当然会向他们的父亲学习，只要他们的父亲有这种能力，他们的父亲的同行朋友有这种能力。要使某个人能够持续不断地进行教育是困难的，而要为完全不懂任何技艺的人找到一位老师是容易的。美德和其他一切事情都是这样。如果有某人能在美德方面比我们自己有那么一丁点进步，他就应该得到珍惜。

【b】"我认为我自己就是一个这样的人，特别适合帮助其他人变得高尚和善良，完全配得上我收的那些学费，甚至应当收得更多，连我的学生也这样认为。这就是我按照下面的方式收取费用的原因：【c】仅当学生自愿的时

---

① 勒奈亚（Λήναια），地名。

② 斐瑞克拉底（Φερεκράτης），人名。

③ 欧律巴图（Εύρυβάτος）和佛律农达（Φρυνώνδας），均为历史人物，为人邪恶，他们的名字被当做邪恶的代名词。

候，他才付全价；否则他就去神庙，立下誓言以后说出他认为我的课程值多少钱，然后就付他说的这个价。

"苏格拉底，你已经听了我的神话故事和关于美德可教的论证，雅典人认为事情就是这样的，善良的父亲生下卑劣的儿子，卑劣的父亲生下善良的儿子，这种事不值得奇怪，因为哪怕是波吕克利图的儿子们，【d】他们与在场的帕拉卢斯和克珊西普同龄，与他们的父亲相比也一无是处，其他艺术家的儿子们也一样。但是，现在就指责他们俩①是不公平的；他们还有希望，因为他们还年轻。"

到这里，普罗泰戈拉结束了具有大师风范的展示，停止了讲话。我出神地凝视着他，就好像他还会再说些什么似的。我继续急切地等待聆听他的讲话，等察觉到他已经真的结束了的时候，我才回过神来，【e】看着希波克拉底，我说："阿波罗多洛之子，非常感谢你把我引到这里来。我刚才从普罗泰戈拉那里听到的这些话真是太神奇了。我过去曾经认为好人不会通过凡人的实践来变好，而现在我信服了，有这样的实践，但是还有一个小小的障碍，我肯定普罗泰戈拉会做解释的，【329】因为他已经做了那么多解释。现在，你能听到一篇与此相仿的讲话，来自伯里克利或其他雄辩的演说家，如果你碰巧正好在场，而他们中的某个人在谈论这个主题。但若试着向他们中的某个人提问，他们就不能回答你的问题，或者就像一本书似的不会提出它自己的问题。针对他们讲话中的一些小事情提问，他们就像一些铜碗，被敲打以后就会长时间地发出响声，直到你用手捂住它们。【b】这就是这些演说家的作为：向他们提出一个小问题，他们就会发表长篇演说。但是在这里的普罗泰戈拉不一样，尽管他完全有能力发表一篇美妙的长篇演讲，如我们刚才所见，但也有能力简略地回答问题，他能够提问，然后等待和接受回答——这些都是罕见的造诣。

"现在，噢，普罗泰戈拉，我想要的东西不多了，只要你回答了我的一

---

① 指伯里克利之子帕拉卢斯和克珊西普。

个小问题，我想要的就全都有了。你说美德可教，【c】如果说有什么人能够说服我接受这个看法，那么这个人就是你。但是你说的有一件事情让我有点困惑，也许你能让我的灵魂感到满足。你说宙斯把公正和羞耻感赐予人类。在你的演讲的许多地方，你还说公正、自制①、虔诚，以及所有这些东西都可以合成一样东西：美德。【d】你能把这一点再说一遍，说得更加准确吗？美德是以公正、自制和虔诚为组成部分的一样东西吗？或者说，我刚才提到它们名称的这些东西全都是一个实体？仍旧让我感到好奇的就是这一点。"

"这是一个很容易解答的问题，苏格拉底。"他答道："美德是一个实体，你正在问的这些东西都是它的部分。"

"部分，就像脸的部分那样：嘴巴、鼻子、眼睛、耳朵，是吗？或者像金子的部分那样，部分与部分、部分与整体之间，除了大小不同，其他没有什么差别？"

【e】"我想，是前一种意义，苏格拉底，就像脸的部分，对整张脸而言。"

"那么，请你告诉我，是有些人拥有一个部分，有些人拥有另一个部分，还是，如果你拥有它们中的任何一个部分，你必定拥有所有部分？"

"决非如此，因为许多人是勇敢的，但却是不公正的，还有许多人是公正的，但却不是智慧的。"

"那么这些东西也是美德的部分吗——智慧和勇敢？"

【330】"绝对是，智慧确实是美德的最大部分。"

"每一部分都与其他部分不同吗？"

"对。"

"每个部分都有它自己独特的力量或功能吗？以脸为例，眼睛和耳朵不同，它的力量或功能也不同，其他部分也是这样：它们在力量或功能方面，

---

① 此处的希腊词是"σωφροσύνη"。这个词有多种含义，包括自我节制、克制身体欲望、自我认识、判断力强、明智，等等。对柏拉图来说，"σωφροσύνη"是一种综合的品德。

或者在其他方面，各不相同。【b】美德的部分是否也是这样？它们各不相同吗，无论是它们本身，还是它们的力量或功能？如果我们的类比有效，情况必定如此，这样说难道还不清楚吗？"

"是的，必定如此，苏格拉底。"

"那么，美德的其他部分没有一个与知识、公正、勇敢、节制、虔诚相同。"

"我同意。"

【c】"好吧，现在让我们总的来考虑一下这些事物是哪一类事物。首先有一个好问题：公正是一样事物，还是不是一样事物？我想它是一样事物。你怎么想？"

"我也这么想。"

"那么，下一步：假定有人问我们，'普罗泰戈拉和苏格拉底，告诉我你们刚才提到名字的这个事物，公正。它本身是公正的还是不公正的？'我的回答会是它是公正的。你会做出什么样的回答？和我的回答相同还是不同？"

"相同。"

"那么公正就是一类公正的事物。我会对提问者做出这样的回答。你也会这样回答吗？"

"会的。"

【d】"假定他再进一步问我们，'你们也会说有一样事物被称做虔诚吗？'我们会说我们会这样说，不会吗？"

"也会。"

"'你们说这样事物依其本性是不虔诚的还是虔诚的？'【e】对这个问题我本人会有点恼火，我会说：'嗨，你安静点！如果虔诚本身是不虔诚的，其他任何事物怎么能是虔诚的？'你会怎么说？你不也会以同样的方式做出回答吗？"

"绝对如此。"

"假定他下面继续问我们：'那么你们刚才是怎么说的？难道我听错了？

我想你们俩说美德的部分是连在一起的，但没有一个部分与其他部分相同。'【331】我会回答说：'你听到的都没错，只有这一点我没有说。这是在这里的普罗泰戈拉回答我的问题时说的。'如果他说：'普罗泰戈拉，是这么回事吗？你说了美德的一个部分与另一部分不同吗？这是你的看法吗？'对此你该如何回答他？"

"我会承认，也必须承认，苏格拉底。"

"好吧，如果我们接受这一点，普罗泰戈拉，假定他下面继续提问，我们该怎么说：'那么，公正的事物不是虔诚的，虔诚的事物也不是公正的，是吗？或者说，公正是不虔诚的事物的，【b】虔诚是不公正的事物的，因此它是不公正的，而公正是不虔诚的，是吗？'我们该怎么对他说呢？就我个人而言，我会回答说公正是虔诚的，虔诚也是公正的，我也会代表你做出同样的回答，如果你允许，公正与虔诚是一回事，或者说它们非常相似，我特别要加以强调的是，公正是像虔诚那样的同一类事物，虔诚也是像公正那样的同一类事物。你怎么想？你会否决这种回答，还是会同意这种回答？"

【c】"噢，苏格拉底，说我承认公正就是虔诚、虔诚就是公正，在我看来事情不是那么绝对清楚。这里似乎有一种差别存在。但这种差别又是什么呢？不过，要是你愿意，我们就让公正是虔诚、虔诚是公正好了。"

"别这样对待我！我想要考察的不是愿意不愿意、同意不同意的问题。我想要的是你和我一道沿着这条路线进行考察，我想，如果我们把'如果'、'要是'这些词都剔除了，我们的论证就会得到最好的检验。"

【d】"那好吧，行。公正确实与虔诚有某些相似的地方。毕竟任何事物都会以某种方式与其他事物相似。以某种方式，白与黑相似，硬和软相似，其他所有各种通常对立的事物莫不如此。就连我们刚才说的那些有着不同力量或功能，【e】但并不属于同一类的事物——脸的部分——也会以某种方式相互之间显得相似。所以，按照这种方法，如果你愿意，你可以证明这些事物相互之间也都是相同的。但是，若是因为它们具有某些相同的地方，无论这些相同的地方有多么细微，就把它们称做相同，或者由于它们之间有某些细微的不同之处，就把它们称做不同，那就不对了。"

我吓了一跳，对他说："噢，你认为公正和虔诚之间的关系就是这样的吗，它们之间确实只有某些细微的相同之处吗？"

【332】"不完全这样，但似乎也不像你所认为的那样。"

"那么，好吧，由于在我看来，你似乎对此有点反感，那就让我们放弃它，考虑你提出来的另一个要点。你认为有愚蠢这样一种东西吗？"

"有。"

"与它完全对立的东西不就是智慧吗？"

"好像是的。"

"当人们正确而有益地行事时，在你看来他们是在有节制地行事，还是与此相反？"

"有节制地行事。"

"那么，是由于有节制，他们才有节制地行事吗？"

【b】"必定如此。"

"那些不能正确地行事的人行事愚蠢，那些以这种方式行事的人不节制地行事，是吗？"

"我同意。"

"愚蠢地行事的对立者是有节制地行事吗？"

"是的。"

"愚蠢的行为是带着愚蠢进行的，正如有节制的行为是带着节制进行的，是吗？"

"是的。"

"如果某件事情是带着力量去做的，那么这件事强有力地完成了；如果是带着无力去做的，那么这件事做得很无力，是吗？"

"我同意。"

"如果带着快捷做某事，那么这件事很快地完成了；如果带着缓慢，那么这件事做得很慢，是吗？"

"是。"

【c】"所以，以某种方式做任何事情，这些事情的完成都有某种性质，以对立的方式做任何事情，它的完成也都有对立的性质，是吗?"

"我同意。"

"那就让我们继续。有美这样的东西吗?"

"有。"

"除了丑，还有什么东西与它对立吗?"

"没有。"

"有善这样的东西吗?"

"有。"

"除了恶，还有什么东西与它对立吗?"

"没有。"

"有高音这样一种东西吗?"

"有。"

"除了低音，还有什么东西与高音对立吗?"

"没有。"

【d】"所以，一样东西可以有一个对立者，只有一个对立者，没有许多个对立者，是吗?"

"我同意。"

"假定我们现在需要数一下我们都同意的观点。我们都同意一样东西有一个对立者，没有多个对立者，是吗?"

"是的，我们同意了。"

"以对立的方式做事情，它们在完成时也是对立的吗?"

"是的。"

"我们已经同意，愚蠢地完成了的事情以某种方式与有节制地完成了的事情对立，是吗?"

"我们同意。"

"有节制地做事情是依据节制来做事，愚蠢地做事情是依据愚蠢来做事，是吗？"

"同意。"

【e】"如果它是以一种对立的方式来做的，那么它是依据对立的那个东西来做的，对吗？"

"对。"

"一件事情依据节制来做，另一件事情依据愚蠢来做，是吗？"

"是的。"

"以一种对立的方式？"

"是的。"

"依据对立的东西？"

"是的。"

"那么，愚蠢是节制的对立者，对吗？"

"好像是这样的。"

"那么好吧，你记得我们前面同意过愚蠢是智慧的对立者吗？"

"是的，我记得。"

"一样东西只有一个对立者吗？"

"当然。"

【333】"那么在这些命题中我们应该抛弃哪一个命题，普罗泰戈拉？一样事物只有一个对立者，还是我们说过的智慧与节制不同，它们各自都是美德的部分，还有，由于有差别，它们是不同的，它们自身不同，它们的力量或功能也不同，就像脸的部分那样？我们应该抛弃哪个命题？这两种说法似乎不太合拍，【b】相互之间不能和谐。如果一样事物只有一个对立者，而愚蠢是一样事物，它显然有两个对立者，节制和智慧，这如何可能呢？不是这么回事吗，普罗泰戈拉？"

他表示同意，尽管非常犹豫，我继续说道：

"节制和智慧难道就不能是一样事物吗？前不久，公正和虔诚看起来几乎就是同样的事物。来吧，普罗泰戈拉，我们现在不能放弃，不能在我们把这些松散的头绪理清之前半途而废。所以，我要问你，某个行事不公正、但似乎有节制的人，在你看来他行事不公正吗？"

【c】"说这样的话我会感到羞耻，苏格拉底，尽管许多人这样说。"

"那么我应当对他们说话，还是对你说话？"

"如果你愿意，为什么不首先驳斥一下大多数人的看法呢？"

"我无所谓，只要你能做出回答，无论是你自己的看法，还是别人的看法。我最主要的兴趣在于考察这个论证，尽管正好是我在提问，而你在回答，但我们同样都要接受考察。"

【d】普罗泰戈拉起初有点腼腆，说这个论证对他来说太难把握，但过了一会儿，他同意回答。

"那就让我们从这个问题重新开始。"我说："你认为有些人在行事不公正的时候能是明智的吗？"

"让我们假定是这样吧。"他说。

"你用'明智'这个词的意思是有良好的判断力吗？"

"是的。"

"有良好的判断力意味着在行事不公正时有良好的判断吗？"

"就算是吧。"

"靠着不公正地行事，他们是否得到良好的结果？"

"仅当他们得到良好的结果，他们才会不公正地行事。"

"那么，你是说这里还是有些好东西的，是吗？"

"是的。"

"这些好东西组成了对人们有益的东西，是吗？"

【e】"神灵在上，是的！哪怕它们对人无益，我仍旧会说它们是好的。"

我能看出普罗泰戈拉这会儿真的有点跟我较劲了，他在努力抗拒回答更多的问题。于是，我小心翼翼地修饰了我提问时的腔调。

"普罗泰戈拉，你指的是对人无益的事物，还是没有任何益处的事物？

你把这样的事物称做好的吗?"

【334】"当然不是,"他说:"但我知道有许多东西对人是无益的,食品、饮料、药物,以及其他东西,而有些东西是有益的;还有一些东西对人既无益又无害,但对马却有益或有害;还有一些东西只对牛有益;有些东西只对狗有益;有些东西对这些动物都无益,但对树木有益;【b】有些东西对树根来说是好的,但对幼苗来说是坏的,比如粪肥,如果施在根部,那么对所有植物都是好的,但若施在叶子或幼苗上,就会完全摧毁它们。或以橄榄油为例,它对所有植物都是极坏的,它也是除了人以外的一切动物毛发的最糟糕的敌人,而它对人的头发是有益的,就像它对人的身体的其他部分有益一样。但是,好的形式多种多样,【c】就拿油脂来说,它对人体的外部是好的,它对人体的内部是很坏的,就是由于这个原因,医生普遍禁止他们的病人在食物里放很多油,只能加一点点,只要能够消除食物或调料中的异味就可以了。"

听众对普罗泰戈拉的这番话报以热烈的掌声,等到掌声完全平息下来的时候,我说:【d】"普罗泰戈拉,我好像有点健忘,如果有人对我发表长篇大论,我就会把演讲的主题给忘了。现在,就当我有点耳聋,而你在跟我谈话,你会想你最好还是对我大声说话,比对别人说话时更响。以同样的方式,你现在碰上一个健忘的人,如果要让我跟得上你,你必须简短地做出你的回答。"

"你到底要我的回答有多短?比必要的还要短吗?"

"绝非如此。"

"和必要的一样长吗?"

【e】"是的。"

"那么,我的回答应当和我认为必要的一样长,还是和你认为必要的一样长?"

"好吧,我听说,当你就某个主题在开导别人的时候,【335】你能够长篇大论,如果你选择这样做的话,从来不会偏离主题,你也能简洁明了,无人能够比你更简洁。所以,如果你想继续和我谈话,请使用后一种表达方式，简短。"

"苏格拉底，我曾经和许多人进行过舌剑唇枪的比赛，如果我接受你的要求，按照我的对手的要求去做，我就不会被认为优于其他任何人了，普罗泰戈拉这个名字也就不会在希腊家喻户晓，人人皆知了。"

【b】我能看出他对他前面的回答感到不舒服，不愿意在这场辩证的讨论中继续回答问题，所以我想我和他一起进行的工作该结束了，于是我说："你知道，普罗泰戈拉，我们这一轮谈话没有按照你认为应当的方式进行，我本人也不太高兴。但凡你愿意主持一场以我能跟得上的方式进行的讨论，我会参加，与你一起交谈。人们说——你自己也这样说——你在讨论事情的时候，【c】既能长篇大论，又能简洁地讲话。毕竟，你是一位聪明人。但是我不具有发表长篇演讲的能力，尽管我希望自己有这种能力。所以，事情取决于你，你能长能短，迁就我吧，使这场讨论能有机会。但若你不愿意，而我也还有别的事要去忙，不能待在这里听完你的长篇大论——我确实要去其他地方——所以我现在就要走了。尽管我能肯定，能够听完这些演讲是一件美事。"

【d】说完这些话，我起身离去，但就在这个时候，卡里亚把我拦住，用右手抓住我的手腕，用左手抓住我穿的这件外衣。"我们不让你走，苏格拉底。"他说道："没有你，我们的谈话就不会是这个样子了，所以请你留下，和我们在一起，我求你了。没有别的什么能比你和普罗泰戈拉之间的争论使我更想听了。请你一定让我们大家的这个愿望得到满足。"

【e】此时我已经站了起来，好像真的要离开了。我说："希波尼库之子，你对智慧的热爱一直令我尊敬，而此时此刻，我尤其感到荣耀和亲近。如果你的要求是我能够做到的，那么我一定会尽量满足你。然而，现在的情形就好像你要求我赶上那位获得冠军的来自希墨腊①的短跑运动员克里松②，或者

---

① 希墨腊（Ιμερα），希腊城邦名，位于西西里岛北部海岸。

② 克里松（Κρίσων），人名。

像是要我和那些长跑运动员进行竞赛，或者要我大步行走，敌得上那些整日里行走的递送快信的人。【336】除了说我比你更希望自己能够这样做，我还能说什么呢，只不过我确实赶不上这些赛跑运动员的步伐，如果你想观看我和克里松一起跑步，那么你必须要求他放慢速度，跑得跟我一样慢，因为我跑不快，而他却能慢跑。所以，如果你打定主意想听普罗泰戈拉和我谈话，那么你现在必须要求他回答我的问题，【b】就像他一开始那样——简洁。如果他不这样做，我们的对话又怎么能够进行呢？在我个人看来，对话中的相互交流与公开演讲是相当不同的。"

"但是，你瞧，苏格拉底，普罗泰戈拉也有他的想法，他说过，应当允许他以他认为恰当的方式来主导这场讨论，他想要得到的许可决不亚于你。"

就在这个时候，阿尔基比亚德站起来说："你这样说没有任何意义，【c】卡里亚。苏格拉底承认自己无法把握长篇讲话，也承认普罗泰戈拉在这方面比他强。但是在进行辩证的讨论、理解已有论证、进行新的论证的时候，如果普罗泰戈拉拒绝这样做，那么我会感到惊讶。现在，要是普罗泰戈拉承认自己在辩证法方面比苏格拉底差，那么这对苏格拉底来说就足够了。但若普罗泰戈拉对此提出质疑，那就让他进行一问一答式的对话，不要在每一次做出回答时发表冗长的讲话，把讨论中遇到的各项事端搅混，【d】因为他并不想把问题理清楚，直到大部分听众都忘了所要讨论的问题是什么，尽管我向你们保证，苏格拉底是不会忘记的，他说自己得了健忘症是在开玩笑。所以，我认为苏格拉底在这场争论中处于比较强的地位。我们中的每个人必须弄清他本人的见解。"

我想，接着阿尔基比亚德说话的是克里底亚，他说："好吧，普罗狄科和希庇亚，【e】卡里亚好像明显地偏袒普罗泰戈拉，而阿尔基比亚德像平常一样想要出风头。但是我们中的任何人都不需要对苏格拉底或普罗泰戈拉进行党派性的支持。相反，我们应当联合起来请求他们双方不要过早地结束我们的聚会。"

【337】下面说话的是普罗狄科。他说："你说得很好，克里底亚。旁听

这种讨论的人必须公正地聆听两位对话人的讲话，但这种公正不是平等对待。二者是有区别的。我们必须公正地聆听，但不会给予平等的关注：比较多的关注应当给予比较聪明的谈话人，比较少的关注给予不那么聪明的谈话人。【b】在我看来，你们俩必须就这些问题展开争论，但是不要争吵。朋友间的相互争论是善意的，而争吵在相互敌对的人中间发生。以这样的方式，我们的聚会才能有魅力，对你们这些谈话人来说，你们肯定能赢得我们这些聆听者的好评，而不是赞扬。因为好评真诚地内在于听众的灵魂，而赞扬经常只是欺骗性的口头表达。【c】还有，我们这些人，作为你们的听众，会得到极大的愉悦，但不是得到满足，因为通过学习某些事情和参与某种理智活动可以感到愉悦，这是一种心灵状态；而得到满足不得不与吃东西有关，或者经历身体的其他某些快乐。"

普罗狄科的评论被我们中的大多数人热情地接受了，然后，聪明的希庇亚说："先生们，我把你们这些在场的人全都当做我的亲戚、【d】密友和同胞公民，这是依据本性来说的，而非依据习俗。因为依据本性，那么同类相聚，而习俗是人类的僭主，经常违背本性约束我们。然而，我们是可耻的，因为我们理解事物的本性——我们这些人是希腊人中最聪明的，现在有幸来到这座城市，这所名副其实的智慧的殿堂，聚集在城中最大、最庄严的房子里——【e】但却不能，我要说，创造出与所有这些尊严相配的东西，而是相互斗嘴，就好像我们是社会的渣滓。因此，我恳求你们，向你们提建议，普罗泰戈拉和苏格拉底，你们和解吧，接受我们的仲裁。【338】你，苏格拉底，如果普罗泰戈拉不适应简洁的问答，那么你一定不要过分坚持简洁的讨论，你可以放慢讨论的节奏，让我们也能更多地感受到讨论的庄严和优雅。还有你，普罗泰戈拉，一定不要在大风劲吹时扬满船帆出海航行，把大地留在远处，自己消失在修辞的汪洋大海之中。【b】你们双方都要折衷一下。所以，这就是你们要做的事，接受我的建议吧，挑选一个人做裁判、调解人，或者监督人，使你们的发言长度保持适中。"

在场的每一个人都认为这是一个好主意，表示支持。卡里亚说他本来就不愿意让我走，他们要求我选一名裁判。我说，挑选一个人来裁决我们的讲话是不适宜的。"如果选中的这个人比我们差，那么让比较差的人来裁决比他强的人是不对的。如果他和我们水平相当，那么让他当裁判仍旧不合适，【c】因为他也会和我们一样行事，让他当裁判实在是多此一举。那么，选一个比我们强的人当裁判？说实话，我认为你们要想选出一个比普罗泰戈拉还要聪明的人是不可能的。如果你们选了一个并不比他强的人，但却宣称他比普罗泰戈拉强，那么这是对普罗泰戈拉的侮辱。普罗泰戈拉不是一个无足轻重的人，你们可以给他指定一位监督人。而对我来说，我无所谓，怎么办都可以。由于你们关心这场聚会和正在进行的这些讨论，【d】要让它能够继续下去，我想这么做。如果普罗泰戈拉不愿回答问题，那就让他提问，让我来回答，同时我会尝试着告诉他我认为问题该如何回答。等我回答完他想要提出的所有问题，到那时再让他尝试着以同样的方式向我解释。所以，要是他还没有做好准备，愿意回答提出的各种问题，你们和我可以紧急地联合起来恳求他，就像你们恳求我一样，别把这场聚会给糟蹋了。【e】这样做不需要选一位监督者，因为你们全都是监督者。"

大家都同意应该这样做。普罗泰戈拉本来不想参加，但他不得不同意我的建议，由他来提问，等他问题提够了以后，再进行简短的回答。

【339】于是，他开始提问，他大体上是这样说的："在我看来，苏格拉底，人的教育的最大部分是掌握诗歌，这样说我指的是理解诗人用词的能力，知道什么时候一首诗正确地创作了，什么时候没有正确地创作，知道如何分析一首诗，回应与它相关的问题。所以，我现在提出来的这些问题的线索仍旧涉及我们当前讨论的主题，亦即美德，只不过转移到了诗歌领域。西摩尼得在一首诗中对帖撒利①的克瑞翁②之子斯科帕斯③说：【b】'一个人要

---

① 帖撒利（Θετταλία），地名。
② 克瑞翁（Κρέον），人名。
③ 斯科帕斯（Σκόπας），人名。

变好真的很难，手脚和心灵都要循规蹈矩，他的成长方能不受指责……'①你知道这首抒情诗，还是要我把它全都背出来？"

我告诉他没有这种必要，我知道这首诗，并且正好特别关注过这首诗。

"好，"他说："那么，你认为这首诗写得好不好？"

"写得很好。"

"如果诗人自相矛盾，你也认为它写得很好吗？"

"不。"

【c】"那么，你看仔细些。"

"我说过，我对它已经相当熟悉。"

"那么你一定知道在这首诗后来的某个地方，诗人写道：'庇塔库斯②的格言也不合拍，无论他有多么聪明。他说，要做一个好人是难的。'"

"你认得出来吗，这些诗句是同一个人写的？"

"我认得出来。"

"噢，你认为后面那段诗和前面那段诗一致吗？"

"在我看来好像是一致的。"我说道（但我这样说的时候有点担心，怕他有什么特别用意）："在你看来不是这样的吗？"

【d】"有谁会说这两段诗中讲的事情是一致的？首先，他说自己认为一个人要真的变好很难，然后，在稍后一点的地方他忘了自己原先说过的话，批评庇塔库斯，而庇塔库斯说的意思和他自己说的意思是一样的，做一个好人很难，他拒绝接受庇塔库斯的看法，而这也就是他自己的看法。然而，他指责与自己说过同样话的人，显然也就是在指责他自己，所以，要么前面这个说法是不对的，要么后面这个说法是不对的。"

【e】普罗泰戈拉这番妙语博得听众的阵阵掌声。一开始，我感到自己就像遭到一名优秀拳击手的痛打。在普罗泰戈拉的演讲术和其他人的喧嚣

---

① 此处引文原为诗歌。由于柏拉图在下文中对这几句诗要做逐字逐句的详细分析，因此译者在正文中将原诗含义详细译出，无法顾及诗体。

② 庇塔库斯（Πιττακòς），人名。

面前，我头晕目眩，眼前一片黑暗。后来，对你说实话，我镇定下来，思索了一下这位诗人的意思，我转向普罗狄科，喊他的名字，"普罗狄科，"我说：【340】"西摩尼得是你的同乡，不是吗？你有义务来拯救他，所以我不在意请求你的帮助，就像荷马说的那样，斯卡曼德①请求西谟伊斯②的帮助，当时他被阿喀琉斯③围困：'亲爱的兄弟，让我们一起阻遏这位英雄的神力。'④所以，我也请求你的帮助，免得我们这位令人闻风丧胆的普罗泰戈拉摧毁西摩尼得。【b】而且，说实话，普罗狄科，复原西摩尼得的意思确实需要你的特殊技艺，刚才你就用这种技艺区别了'想要'和'欲求'，还有其他一些语词。所以，告诉我你是否同意我的建议，因为在我看来，西摩尼得是否自相矛盾是不清楚的。把你的看法现在就告诉我们。'变'⑤和'是'⑥是相同的，还是不同的？"

"神灵在上，是不同的。"

"好吧。那么，西摩尼得在第一段诗中宣称他自己的看法是，一个人要变好真的很难。"

【c】"对。"普罗狄科说。

"然后他批评庇塔库斯没有说出和他相同的意思，如普罗泰戈拉所认为的那样，而是说了其他不同的意思。因为庇塔库斯没有说'变'好是难的，如西摩尼得所说，而是说'做'好人是难的。如普罗狄科所说，'做'和'变'不是一回事，普罗泰戈拉。【d】如果它们不是一回事，那么西摩尼得并不自相矛盾。普罗狄科和其他许多人也许会同意赫西奥德的看法，'变'成好人是难的：'诸神使那些在通往善德的道路上行走的人流下汗水，但是，一旦

---

① 斯卡曼德（Σκάμανδρος），河神名。

② 西谟伊斯（Σιμόις），河神名。

③ 阿喀琉斯（Ἀχίλλειος），荷马史诗中的大英雄。

④ 荷马：《伊利亚特》21：308。

⑤ 变（γενέσθαι）。

⑥ 是（εἶναι），在下面亦译为"做"。

达到善德的顶峰，尽管还会遇到困难，但以后的路就容易走了。'"①

听了这些话，普罗狄科为我鼓掌，但是普罗泰戈拉说："苏格拉底，你复原的西摩尼得有一个会带来严重后果的错误，比你想要矫正的错误更大。"

"噢，我的复原工作做得很糟糕。"我说道："我是一名可笑的医生，我的治疗比疾病本身还要坏。"

"对，就是这样。"他说。

【e】"怎么会这样呢？"我说。

"大家都同意拥有美德是这个世上最难的事，在这种时候，如果这位诗人说拥有美德无关紧要，那就极大地表现了他的无知。"

然后，我说："天神在上，普罗狄科参加我们的讨论真是太及时了。【341】普罗泰戈拉，普罗狄科的智慧很可能具有古代的和神圣的起源，可以返溯到西摩尼得的时代，甚至更早。尽管你的经验非常广泛，但似乎不能延伸到智慧这个部门，而我作为普罗狄科的学生受到了这方面的教育。所以现在看来，你并不明白西摩尼得使用'难'这个词和你使用这个词的意思不一样。每当我用 δεινοῦ② 这个词来赞扬你或其他人的时候，普罗狄科会用相同的方式来矫正我，【b】比如说，'普罗泰戈拉是个极为聪明的人'。当我这样说的时候，他问我把好事物称做 δεινοῦ 不感到羞耻吗。因为 δεινοῦ 就是坏。没有人会说'坏的富裕'或'坏的和平'，而会说'坏的疾病'、'坏的战争'、'坏的贫困'。所以，开奥斯人和西摩尼得当时也许把'难'这个词理解为坏，或者理解为你不知道的其他意思。让我们来问一下普罗狄科。【c】要询问西摩尼得的方言，问他算是问对了人。普罗狄科，西摩尼得说的'难'是什么意思？"

"坏。"

"就是由于这个原因，他批评庇塔库斯说'做一个好人是难的'，就好像他听到庇塔库斯说'做一个好人是坏的'。对吗，普罗狄科？"

---

① 赫西奥德：《工作与时日》，第 289 行。

② "δεινοῦ"英译为"terrible"，有可怕的、极度的、极坏的、很糟的、厉害的等意思，在俚语中也有极好的、了不起，等等含义。

"你以为西摩尼得还能有其他什么意思吗？"普罗狄科说："他正在责备庇塔库斯不懂得如何恰当区分意义，庇塔库斯来自列斯堡①，在一种野蛮的方言中长大。"

【d】"好吧，普罗泰戈拉，你听到普罗狄科说的话了。你还有什么要回应的吗？"

"你完全搞错了，普罗狄科。"普罗泰戈拉说："我肯定西摩尼得说的'难'的意思与我们是一样的；它的意思不是'坏'，而是不容易，要做出许多努力才能完成。"

"噢，不过，我也这么认为，普罗泰戈拉。"我说："这就是西摩尼得的意思，普罗狄科明白这一点。他刚才是在开玩笑，想要考验一下你为自己的陈述辩护的能力。【e】西摩尼得说的'难'不是'坏'的意思的最佳证明可以在下一句诗中找到，这句诗是：'只有神能拥有这种特权。'他完全不可能先说做一个好人是坏的，然后再说只有神有这种特权。普罗狄科会因此而把西摩尼得视为一个堕落的人，【342】根本不像开奥斯人。但是，如果你愿意考验一下我对诗歌的把握（用你的话来说），我想告诉你我对西摩尼得这首诗的目的是怎么想的。如果你不愿意，我会听你说。"

听了我的话，普罗泰戈拉说："你想说，你就说吧。"然后普罗狄科、希庇亚，以及其他一些人也怂恿我说。

"那么好吧，"我说："我会尝试向你们解释我对这首诗是怎么想的。首先要说的是，哲学有她最古老的根源，【b】并在克里特②和拉栖代蒙③的希腊人中广泛传播，那些地区也集中了世上最多的聪明人。但是当地人否认这一点，伪装成无知者，以掩盖正是由于他们的智慧，他们才是希腊世界的领导者这一事实，这种情形就像普罗泰戈拉刚才谈论过的智者一样。他们的公开形象是擅长打仗的武士，在这方面比其他人优越，他们想要加深人们对他

---

① 列斯堡（Λέσβιος），地名。

② 克里特（Κρήτη），地名。

③ 拉栖代蒙（Λᾰκεδαίμων），地名，即斯巴达（Σπάρτη）。

们的这种印象的原因是，如果他们的优点的真正基础，亦即智慧，为人们所知，那么每个人都会开始培养这种能力。这是一项顶尖的秘密，连那些居住在其他城邦的斯巴达人的部落也不知道，【c】所以你们看到几乎所有人的耳中都充斥着这样一些言谈，说斯巴达人手戴皮手套，身穿羊皮短褂，疯狂地进行军事训练，就好像斯巴达的政治权力依赖的就是这些东西似的。当斯巴达的公民想要有某些隐私，能够自由地、公开地与他们的智者讨论问题时，他们就疏远镇上那些斯巴达化了的外邦人和外国人，不让世上其他人知道他们的秘密聚会。【d】因此，他们的年轻人不会忘记自己所学的东西，但他们不允许自己的青年去其他城邦旅行（克里特人也不允许）。在克里特和斯巴达，不仅男人，还有妇女，都为他们的教育感到自豪。你们知道该如何检验我的论点是否真实吗，斯巴达人在哲学和争论方面受到过最好的教育？【e】随便找一个普通的斯巴达人，跟他谈一会儿。你们会发现，一开始他几乎不能把握谈话的目的，但若进到谈话的某些关键点，他会像一名优秀的弓箭手那样一箭中的，他会进行简要的评价，让你们永远不会忘记，而与他谈话的人在这种时候都像是无助的婴儿。敏锐的观察者很早就知道这一点了：做一名斯巴达人就是要做一名哲学家，【343】远远超过要做一名运动员。他们知道，能说出这样的话来，就标志着他是一名完善的受过教育的人。我们谈论过米利都①的泰勒斯②、米提利尼③的庇塔库斯、普里耶涅④的彼亚斯⑤、我们自己的梭伦⑥、林杜斯⑦的克莱俄布卢斯⑧、泽恩⑨的密松⑩这样一些人，第七

---

① 米利都（Μιλήσιος），地名。
② 泰勒斯（Θαλῆς），人名。
③ 米提利尼（Μυτιληναῖος），地名。
④ 普里耶涅（Πριηνεὺς），地名。
⑤ 彼亚斯（Βίας），人名。
⑥ 梭伦（Σόλωνος），人名。
⑦ 林杜斯（Λίνδιος），地名。
⑧ 克莱俄布卢斯（Κλεόβουλος），人名。
⑨ 泽恩（Χηνεύς），地名。
⑩ 密松（Μύσων），人名。

位就是拉栖代蒙的喀隆①。他们全都仿效、崇拜和学习斯巴达文化。【b】你们可以看到，他们精辟的格言和警句体现了这种独特类型的斯巴达智慧，他们都把他们的智慧的最初成果奉献给德尔斐的阿波罗神庙，把'认识你自己'、'切勿过度'这样一些格言篆刻在那里，这些格言现在几乎被所有人挂在嘴上。

"我说的要点是什么？古代哲学的典型风格就是拉科尼亚式的②简洁。【c】在这种语境下，庇塔库斯的这句格言——做一个好人很难——在私下里广为流传，也赢得了贤人们的赞同。所以，雄心勃勃、想要获得哲学名望的西摩尼得认为，如果能够成功地打倒和推翻这句格言，就像一名摔跤手，或者把这句格言表达得更好，那么他自己就能成为那个时代的名人。所以他创作了这首诗，有意识地攻击这句格言。我的看法就是这样。

"现在让我们一起来检验我的假设，看我说的是否正确。【d】如果这位诗人全部想要说的意思是'变成一个好人是难的'，那么这首诗的开头就变得不可思议了，因为他在这里添加了一个表示对立的连接词。③除非我们假定西摩尼得正在把庇塔库斯的格言当做对手在说话，否则这样做就没有意义。庇塔库斯说，做一个好的人很难；而西摩尼得驳斥说：'不对，【e】要变成一个好人才是难的，庇塔库斯，真的。'请注意，他没有说'真的好'，他也不是在某些事物是真的好，其他事物是好的，但并非真的如此在这样的语境下谈论真。要是这样的话，会产生一种天真的印象，不像是西摩尼得要说的意思。'真的'这个词在诗句中的位置一定是倒装的。我们必须想象庇塔库斯在说话，西摩尼得在回答，用这种方法来理解这句格言，【344】就好像庇塔库斯说：'噢，先生，要做好人很难。'西摩尼得答道：'你说的不对，庇

---

① 喀隆（Χίλων），人名。
② 拉科尼亚（Λάκωνιος）是希腊伯罗奔尼撒半岛上的一个城邦。该地人讲话简洁明了，后世遂将拉科尼亚式的讲话作为简洁、精练的代名词。
③ 这个连接词是"ὥσπερ"，意思是"一方面，……而另一方面"，但是苏格拉底没有引用后一句诗，这句诗也没有保存下来，所以我们无法确知这里表达的是哪一种意义上的对立。

塔库斯，不是做好人难，而是变成一个好人难，因为一方面他的手脚和心灵都得循规蹈矩，另一方面他的成长也要不受指责，这才是真的难。'按这种方式，添加'一方面'这个连接词就变得有意义了，而'真的'这个词放在句尾也就正确了。后续的诗句都明显有利于我这种解释。这首诗有很多细节，【b】表明了它的优点；确实，这首诗风格优雅，构思缜密，但要依据这样的解释考察全诗，就得花费很长时间。所以让我们换个方式，只看一下它的整体结构和它的意向，它从头到尾都是为了驳斥庇塔库斯的格言。

"几行诗以后，他说（想象他正在讲话）：要变成一个好人真的很难，【c】尽管短时间做好人是可能的，但要持续处于这种状态，一直做好人，如你所说，庇塔库斯，那是不可能的，是凡人做不到的。只有神才有这种特权，'而人不可避免地是坏的，一旦无法改变的厄运降临就会被抛弃。'

"说吧，无法改变的厄运一旦降临在一条船上，谁会被抛弃？显然不是那些普通乘客，他们总是轻易受到他人的影响。你无法把一个已经躺在地上的人打倒，【d】而只能把站着的人打倒，让他躺倒在地。同理，无法改变的厄运可以抛弃那些能干的人，而不能抛弃那些始终没有能力的人。狂风暴雨可以使舵手变得无能，坏的季节可以使农夫一无所获，医生也会遇到同样的事。好的事物很容易变成坏的，如另一位诗人所说，'好人有时候是坏的，有时候是好的'，但是坏的事物不容易变成坏的，因为它始终是坏的。因此，当无法改变的厄运降临到一个能干的、【e】聪明的、善良的人身上时，他必定'不可避免地是坏的'。庇塔库斯，你说'做一个好人很难'，实际上，要变成一个好人才是难的，变好还有可能，但要'是'一个好人是不可能的。'事情顺，每个人都好；事情不顺，每个人都坏。'那么，从字面上说，什么是事情顺呢？什么事情能使人成为好人呢？【345】显然是通过学习。什么样的事情能顺利造就一名好医生呢？显然是学习如何治病。'事情不顺，每个人都坏。'那么，谁会成为一个坏医生呢？很清楚，他首先要是一个医生，其次他要是一个好医生。他实际上会变成一个坏医生，而我们这些对医学一知半解的人决不会由于事情不顺而变成医生，在建筑或其他职业中也一样，【b】我们成不了木匠或其他行家。如果一个人不能因为事情不顺而成为医生，那么他显然也不能成为一名坏医生。以同样的方式，随着时间的流逝，好人也可以逐渐变坏，或者由于艰辛，疾病或其他真正不顺的境况而变坏，这就是知识的缺失。但是坏人决不可能变坏，因为他一直都是坏的。如果他要变坏，【c】那么他首先必须变好。所以，诗歌的这一部分要讲的道理就是，做一个好人并继续保持这种状态是不可能的，但是一个人，这同一个人有可能变好，也可能变坏，那些最好的人是众神永远喜爱的。

"所有这些都是针对庇塔库斯而言，而下面几行诗讲得更加清楚：'在短促的人生中进行无望的探索，寻求一件不可能的事情，但我决不会陡然放弃。我想要在那些采摘大地成熟果实的人中间找到一位不受任何指责的人。等我一发现，我就会告诉你。'【d】你们瞧，这些话多么有力，整首诗都在不断地批评庇塔库斯的格言：'我赞扬和热爱所有那些自愿不作恶的人。甚至众神也在努力反抗必然的命运。'说这些话也是出于同样的目的。因为，西摩尼得不是那么无教养，【e】乃至于会说他赞扬一切自愿不作恶的人，就好像有人自愿作恶似的。我本人确信无疑，没有一个聪明人会相信有人自愿犯错误，或自愿做任何错事或坏事。他们非常明白，任何人做错事或做坏事都是不自愿的。所以，西摩尼得也一样，【346】他不是说他要赞扬那些自愿不作恶的人，倒不如说他把'自愿'这个词运用于他自身。他察觉到，一个好人，一个高尚的人，经常迫使自己去热爱和赞扬某些与他自己完全不同的人，比如与他疏远了的父亲、母亲和祖国。而位于相同处境下的无赖和恶棍会非常高兴地看到他们的父母和祖国碰上麻烦，会邪恶地加以揭露和斥责，【b】由此让他自己抛弃对他们应负的责任不会引起注意。这样的人实际上会夸大他们的抱怨，引发他人对父母和祖国的敌视，而好人会隐藏这种烦恼，强迫他们自己发出赞扬，就好比由于父母或祖国错误地对待他们，他们生气了，但他们让自己平静下来，心平气和地寻求和解，强迫自己去热爱和赞扬他们自己的民众。我想西摩尼得会不止一次地想起，他本人赞扬过一些僭主或其他诸如此类的人，这样做不是自愿的，而是被迫的。【c】所以，他正在对庞塔库斯说，庞塔库斯，我之所以要责备你，不是因为我喜欢挑剔，而是因为，'在我看来，那个人既不是坏的，又不是软弱的，而是心灵健全、懂得公义的，我不责备他，因为我不是一个喜欢责备的人，傻瓜的数量是无限的'，这里的含义是，爱挑剔的人会竭力责备他们，'任何人都不愿与傻瓜为伍'。【d】这里的意思不是白的不能与黑的混淆，这在许多场合下都是可笑的，而是他本人宁可接受介于二者之间的状态而不受指责。'我不寻找'，他说：'一位不受任何指责的人，在那些采摘大地成熟的果实的人中间，但若我找到了这样的人，我就会告诉你。'这里的意思是，我从来不用这些话赞扬任何人，但我很乐意与一位不做任何错事的普通人在一起，因为我自愿地'赞扬和热爱所有人'——【e】请注意赞扬这个词的列斯堡方言形式，因为他正在对庞塔库斯讲话——'所有不作恶的人'（这是在'自愿'这个词前面应当停顿的地方），'自愿，我赞扬和热爱'，但是对有些人我的赞扬和热爱是不自愿的。所以，如果你以一种合理的、真实的，甚至中庸的方式讲话，庞塔库斯，【347】我决不会责备你。但由于你对这个极为重要的问题发表了完全错误的观点，所以我要责备你。

"好吧，普罗狄科和普罗泰戈拉。"我总结说："这就是我对西摩尼得撰写这首诗歌时的心境所做的解释。"

【b】然后希庇亚说："你对这首诗的分析给我留下了很好的印象，苏格拉底。我本人也曾对它有过一番谈论，如果你愿意，我想讲给你听。"

"很好，不过还是换个时间吧。"阿尔基比亚德说："现在该做的是，苏格拉底和普罗泰戈拉必须达成一致，如果普罗泰戈拉仍有问题要问，那就让苏格拉底回答，如果普罗泰戈拉做出别样选择，那就请他回答苏格拉底的提问。"

【c】然后我说："我把这一点留给普罗泰戈拉去决定，如果他同意，我们干吗不把这个有关诗歌的主题搁下，返回我最初向他提出的那个问题？普罗泰戈拉，能与你共同探讨我非常乐意。讨论诗歌使我联想起许多二流的、普通人的宴饮。这些人没什么教养，靠喝酒聊天来娱乐，【d】还会花大钱请来女乐师，和着笛子的声音唱歌，在柔弱的颤音中寻求乐趣。但在高尚的、有文化的人参加的宴饮中，你看不到吹笛、弹琴和跳舞的姑娘，只要能和与自己一样的人相伴，他们就能享受乐趣，而无需那些肤浅的胡说八道。他们会用自己的嗓子参加严肃的讨论，或是说话，或是聆听，哪怕喝着酒也是如此。【e】我们的集会也一样，如果参加集会的人都像我们自己所声称的那样，那么我们并不需要新异的声音，哪怕是诗人的声音也不需要。没有人能够解释清楚诗人在说些什么，在许多场合，只要一讨论起诗歌来，有些人会说诗人是这个意思，有些人会说诗人是那个意思，根本无法对诗歌的主题做出总结性的概括。【348】最优秀的人会避免这样的讨论，而乐意使用他们自己的语言，鼓足勇气把自己的观点亮出来。我认为应当追随这样的人，把诗人扔在一边，用我们自己的语言来进行讨论。我们要加以检验的是真理和我们的心灵。如果你有问题要问，那么我已经做好了回答的准备；或者说，如果你愿意的话，你可以为我做同样的事，我们可以回到我们前面中断了的地方，尝试着得出结论。"

【b】说完这些，我又说了一些能起同样作用的话，但是普罗泰戈拉没有明确表示他想怎么做。所以，阿尔基比亚德看了卡里亚一眼说："卡里亚，普罗泰戈拉不说清楚他愿意还是不愿意参加讨论，你认为他这样做好吗？我肯定不这么想。他应当要么说他参加，要么说他不参加，这样我们也就可以知道他的想法了，而苏格拉底能够开始讨论，或者其他人能够重起话题。"

【c】在我看来，阿尔基比亚德的这些话使普罗泰戈拉感到窘迫，更不必提卡里亚以及其他所有人的坚持了。到了最后，他吞吞吐吐地答应继续我们之间的对话。表明他做好了回答问题的准备。

"普罗泰戈拉，"我说："我不希望你误解我和你谈话的动机，除了探讨那些长期令我困惑的问题，我没有其他目的。我认为，荷马说过【d】'两个人一起行走，一个人先拿主意，'①这行诗说到了事情的要害。无论在行动

---

① 荷马：《伊利亚特》10：224。

中，还是在言语和思想上，若有人相伴就可以足智多谋。如果一个人有了自己的想法，他会马上环顾四周，直至找到另外一个人，对他说明自己的想法，从他那里得到确认。有一个特别的原因，使我宁可与你交谈，而不去找其他人：我认为你最有资格考察这类高尚的、【e】可尊敬的人必须考察的事情，尤其是美德问题。除了你，还能有谁呢？其他一些人自己是高尚的、善良的，但不能使别人成为这样的人，你和他们不同，你不仅认为自己是高尚的和善良的，而且也能使别人成为善良的，你对自己充满自信，因此不像其他人那样隐藏这种技艺，【349】而是公开向整个希腊世界广而告之，称自己是一名智者，突显你是一名美德的教师，第一个认为为此而收费是恰当的。因此，在考察这些问题的时候，我怎么能够不请求你的帮助，与我一道进行考察呢？舍此别无他途。

"所以，现在请你提醒一下我原先提出的问题，【b】从头开始。然后我再和你一道就其他一些问题进行考察。我相信，原先的问题是这样的：智慧、节制、勇敢、公正、虔诚——这五个名称指的是同一事物，还是在每个名称背后有一个独特的事物，这个事物有它自己的力量或功能，每一事物均与其他事物不同？【c】你说它们不是同一事物的不同名称，这些名称中的每一个都指代一个独特的事物，所有这些事物都是美德的组成部分，但它们不像金子的组成部分，各个部分都相同，并与由这些部分组成的整体相同，而像脸的组成部分，各部分与整体不同，相互之间也不同，各有自己不同的力量或功能。如果你现在仍旧保持这种看法，那么你就说一下；如果你已经改变看法，那么请你说一下新的看法。如果你现在想说一些完全不同的观点，【d】我肯定不会抓住你原先的看法不放。真的，哪怕你想要对我前面的观点进行验证，我也不会感到惊讶。"

"我想要对你说的是，苏格拉底，所有这些事物都是美德的部分，其中有四个组成部分相互之间非常相似，但是勇敢则与它们完全不同。我提出的证据是真的，你会发现有许多人极端不公正、不虔诚、不节制、无智慧，但却非常勇敢。"

【e】"噢，停一下。"我说："这件事值得深究。你会说勇敢者是自信的，或者是别的什么样的吗？"

"是的，他们是自信的，并且做好了行动准备，而大多数人都会感到害怕。"

"噢，那么你同意美德是某种好东西，你声称自己是美德的教师，因为美德是好的吗？"

"美德是一切事物中最好的，除非我丧失理智。"

"那么它是部分卑鄙、部分高尚，还是全部高尚？"我问道。

"它肯定是全部高尚，极为高尚。"

【350】"你知道谁会无畏无惧地钻入井中？"

"当然知道，潜水者。"

"这是因为他们知道他们在干什么，还是因为别的原因？"

"因为他们知道他们在干什么。"

"谁在骑马打仗时充满自信？骑手还是非骑手？"

"骑手。"

"谁在用盾牌打仗时会这样，轻盾步兵还是非轻盾步兵？"

"轻盾步兵，如果你下面要问的还是这一类问题，我的回答就是这样。那些拥有正确知识的人比那些不拥有正确知识的人要自信，对某个人来说，获得这种知识以后比获得这种知识之前更加自信。"

【b】"但你有没有见过这样的人，完全缺乏有关所有这些事情的知识，但却在做这些事情的时候充满自信？"

"我见过，他们全都过于自信了。"

"他们的自信是勇敢吗？"

"不是，因为这样一来，勇敢就会成为某种卑劣的事物了。这些人疯了。"

"那么，你说的勇敢的人是什么意思呢？他们不是充满自信吗？"

【c】"这一点我仍旧这么看。"

"那么，这些如此自信的人变得不是勇敢的，而是发疯了，是吗？另外，最聪明的人是最自信的、最自信的人也是最勇敢的吗？如此说来，结论会是智慧就是勇敢。"

"你很坏，苏格拉底，你没有记住我回答你的问题时说的话。你问我勇敢者是自信的吗，我同意了。但你没有问我自信者是否勇敢的。如果你问的是这个问题，【d】那么我会说'并非所有自信者都是勇敢的'。你在其他任何地方都没有指出我同意勇敢者是自信的这个命题是错误的。你后来说明的是知识增添了人的自信心，使人比那些没有知识的人更自信。在后来的推论中你得出结论说，勇敢和智慧是同样的事物。但是按照这种推理，你也会得出结论说，力量和智慧是同样的事物。起先，【e】你问我强者是有力量的吗？我说是的。然后你问我那些懂得如何摔跤的人比那些不懂的人更有力量吗？个别的摔跤手在学习以后比他们学习之前更有力量吗？对此我又说是的。在我对这些事情表示同意以后，你就可以准确地使用这些同意了的观点来证明智慧就是力量。但在此过程中，我没有在任何地方同意有力量者是强大的，【351】只同意强大者是有力量的。力量和力气不是一回事。力气产生于知识，也来自疯狂或激情。力量则来自自然和身体的恰当培育。所以，自信和勇敢也不是一回事，由此推论，勇敢者是自信的，但并非一切自信者都是勇敢的。因为，自信，就像力气一样，可以来自技艺，也可以来自激情或疯狂，而勇敢来自自然和灵魂的恰当培育。"

【b】"普罗泰戈拉，你会说有些人生活得好、有些人生活得坏吗？"

"是的。"

"但是，如果一个人生活在贫困和痛苦之中，你会认为他生活得好吗？"

"不会，确实不会。"

"噢，如果他度过了一生，快乐地生活，你会认为他过得好吗？"

"我是这么看的。"

【c】"那么，快乐地生活是好的，痛苦地生活是坏的吗？"

"是的，只要他在高尚的事物中生活，取得快乐。"

"什么，普罗泰戈拉？你肯定不像大多数人那样，把某些快乐的事物称做坏的，把某些痛苦的事物称做好的吗？我的意思是，一样快乐的事物是好的，仅就其是快乐的而言，亦即，它会带来的后果是快乐，而不是其他；另一方面，痛苦的事物是坏的，亦以同样的方式，仅就其是痛苦的而言，不是吗？"

【d】"苏格拉底，我不知道我是否应当像你提问那样简洁地回答——一切快乐的事物是好的，一切痛苦的事物是坏的。在我看来，更加安全的回应不仅是我当前想到的这种回答，而且要从我的一生出发来看问题，一方面，有一些令人快乐的事物不是好的，另一方面，有一些令人痛苦的事物不是坏的，此外还有第三类事物是中性的——既不好也不坏。"

【e】"你把那些分有快乐或产生快乐的事物称做令人快乐的吗？"

"当然。"

"所以我的问题是这样的：事物之所以是令人快乐的，就在于它们是好的吗？我在问的是，快乐本身是好的还是坏的。"

"就像你老是说的那样，苏格拉底，让我们一起来考察这个问题，如果你说的似乎有理，可以认为快乐和好的事物是相同的，那么我们会达成一致意见；否则我们会表示不同意见。"

"你希望由你来引导这项考察吗，还是由我来？"

"由你来引导比较合适，因为这个想法是你提出来的。"

【352】"行，不知这一点是否有助于澄清问题？当某人根据外貌评价一个人的健康状况或身体的其他功能时，他会观察对方的脸和四肢，还会说：'让我看看你的胸膛和后背，这样我才能更好地检查。'我想要的考察就是这一类的。看到你在好（善）和快乐问题上的立场，我需要对你说这样一些话：来吧，【b】普罗泰戈拉，好好想一想！你对知识怎么看？你会随大流，还是有自己的看法？大多数人是这样想的，它不是一样强大的事物，既不是一位领袖，也不是一位统治者。他们根本不会以别的方式考虑知识，反倒会认为，人身上经常呈现知识，但统治他的不是知识，而是其他一些东西——有

时候是愤怒，有时候是快乐，【c】有时候是痛苦，有时候是爱情，经常是恐惧；他们认为他的知识就像一名奴仆，完全被其他这些东西牵着鼻子走。现在，你也这样看吗，或者说在你看来，知识是一样优秀的事物，能够统治人，只要人能够区分善恶，他就不会被迫按知识所指点的以外的方式行事，要拯救一个人，理智就足够了？"

"我的看法不仅如你所说，苏格拉底，而且我还要进一步强调，【d】把智慧和知识当做其他什么东西、而不视为人的活动的最强大的力量，这种想法确实可耻。"

"你是对的。你明白大多数人的看法不能使我们信服。他们坚持说，大多数人不愿意做最好的事情，哪怕他们知道它是什么，知道自己能做这件事。我曾经问过他们不做好事的原因，他们说，那些以这种方式做这件事的人之所以这样做，【e】乃是因为受到我刚才提到的快乐、痛苦，或其他什么东西的统治。"

"我认为民众说错话是司空见惯的事，苏格拉底。"

【353】"来吧，那就试着和我一起来说服他们，告诉他们所谓被快乐征服是怎么一回事，正因如此，尽管他们知道什么是最好的事情，但就是不愿意去做。如果我们只是告诉他们，你们说得不对，可以证明你们说的话是错的，那么他们会问：'普罗泰戈拉和苏格拉底，如果不是被快乐所征服的经验，而是别的什么东西，那么你们俩说它是什么？告诉我们吧。'"

"苏格拉底，我们为什么一定要去考察那些普通人的意见呢，他们说话从来不经过思考？"

【b】"我想这样做能帮助我们发现勇敢，发现它如何与美德的其他部分相连。如果你愿意按我们刚才同意的方式谈话，由我来引导讨论，按照我认为能够澄清问题的最佳方式进行，那就请你跟随我；如果你不愿意，那我就放弃谈话。"

"不，你说得对；按你刚才的方法继续吧。"

【c】"那么我就接着刚才的话头说；如果他们问：'我们刚才谈论被快乐

所征服，你们这样说是什么意思？'我会以这样的方式回答他们：'听着，普罗泰戈拉和我会向你们解释的。先生们，这里说的无非就是你们经历的事情——你们经常被饮食男女之类快乐的事情所征服，尽管你们知道这些事情是毁灭性的，但还是沉迷于其中。'对此他们会表示同意。然后你和我会再问他们：'在什么意义上，【d】你们把这些事情称做毁灭性的？是因为它们各自本身是快乐的，并能直接产生快乐，还是因为它们后来会带来疾病、贫困和诸如此类的后果？或者说，即使它后来不会带来这些后果，而只是提供快乐，但它仍旧是一件坏事情，因为它以各种方式提供快乐？'所以，普罗泰戈拉，我们能够假定他们会做出其他什么回答，而不是回答说坏的事物之所以是坏的，不是因为它们带来直接的快乐，而是因为后来发生的疾病之类的事情吗？"

【e】"我想大多数人会这样回答的。"

"'那么，带来疾病和贫困，它们也带来痛苦吗？'我想他们会表示同意的。"

"是的。"

"'好人们，如普罗泰戈拉和我所坚持的那样，【354】你们认为这些事物是坏的，其原因无非在于这样一个事实，它们导致痛苦，剥夺了我们其他的快乐，是吗？'他们会表示同意吗？"

普罗泰戈拉认为他们会表示同意。

"那么，再来，假定我们向他们提出一个相反的问题：'你们说某些痛苦的事情也可以是好的，你们不会说体育、军训、医生的治疗，包括烧灼术、外科手术、吃药、节食，这样一些事情是好事吧，尽管它们是痛苦的？'他们会这样说吗？"

"是的。"

【b】"那么你们称这些事情为好的，不是因为它们会引起极度的疼痛和痛苦，而是因为它们最终将带来身体的健康和良好状况、城邦的安全、统治其他人和财富的权力？他们会表示同意吗？"

"是的。"

"'这些事情是好的，仅在于它们带来快乐的结果，减缓或避免痛苦吗？或者说除了快乐与痛苦，你们还有其他的标准，以此为基础你们把这些事情称做好的？'【c】我想，他们会说没有。"

"我会同意你的想法。"

"'所以你们把追求快乐视为善，而把避免痛苦视为恶？'"

"是的。"

"'所以，你们把痛苦当做恶，把快乐当做善，因为你们把一件令人非常愉快的事情称做恶的，当它剥夺了我们的比它所能提供的快乐更大的快乐时，【d】或者当它带来比内在于它的快乐更大的痛苦时，是这样吗？但若你们把这件令人非常愉快的事情称做恶的还有其他原因，除了我说的这个标准之外还有别的标准，那么你们可以告诉我们它是什么，或者说你们做不到。'"

"我也认为他们做不到。"

"'关于痛苦的实际状况不也一样吗？你们把受苦的实际状况称为好的，只要它能减缓比它本身更大的痛苦，【e】或者能够带来比痛苦更大的快乐，对吗？现在，当你们把受苦的实际状况称做好的时候，如果你们正在使用我建议的这个标准以外的标准，你们可以告诉我们它是什么，但是你们不可能做到。'"

"你说得对。"

"噢，再说，先生们，假如你们问我：'这一点你干吗要说这么多，说得那么细？'我会回答说，请你们原谅。首先，要说明被你们称做'被快乐征服'是什么意思不是一件容易的事；【355】其次，所有论证都以此为起点。不过，哪怕是现在，后退仍旧是可能的，如果你们能够说出善是快乐以外的某样东西，恶是痛苦以外的某样东西。或者说，你们只要快乐而无痛苦地活着就足够了吗？如果这就够了，除了好的事物引起快乐、坏的事物引起痛苦，你们说不出其他意思来，那就听我说。我要对你们说，即便如此，你们的立场仍旧是荒谬的，【b】因为你们不断地说一个人知道什么是恶，但就是要去做，他总是被快乐所驱使和征服；还有，你们说一个人知道什么是善，但就是不去做，这个时候你们也用眼前的快乐来加以解释，说他被快乐所征服。如果我们不同时使用快乐、痛苦、善、恶这么多名称，这种说法的荒唐之处立刻就能显示出来；因为这些东西会变成只有两样东西，【c】让我们用两个名称来称呼它们，第一样东西是'善恶'，第二样东西是'乐苦'。然后，以此为基础，让我们说一个人知道恶的事情是恶的，对其他名称也这么说。如果这时候有人问我们：'为什么？'我们会回称：'被征服了。''被什么征服了？'他会问我们。我们不能再说，'被快乐'，——因为'快乐'已经改了名字，被称做'善'了——所以我们会这样说，并且回答'他被……征服了'。他会问，'被什么征服？''被善，'我们会说：'苍天在上！'【d】如果碰巧提问者很粗鲁，他会大笑着挖苦我们说：'你们说的这些话太荒谬了——一个人知道什么是恶，他就去做坏事，当这件坏事并非必然要做的时候，他被善征服了。''所以，'他会说：'就你们自己来说，善重于恶，还是善轻于恶？'我们显然会回答说，善不重于恶，否则的话，我们说被快乐征服了的这个人就不会做任何错事了。他会说：'善为什么重于恶，或者恶为什么重于善？【e】仅仅因为一个大些，一个小些，或者一个多些，一个少些吗？'我们不得不表示同意。'所以很清楚，'他会说：'你们说的被征服的意思就是为了得到比较少的好事物而得到比较多的坏事物。'这一点就说到这里吧。

"所以，现在让我们回过头来，把快乐和痛苦这些名称用于这些非常相同的事物。现在让我们说，【356】一个人做了我们前面称之为'恶'的事情，现在我们要称之为'痛苦'的事情，我们知道它们是痛苦的，但却被令人愉快的事情所征服，尽管这些令人愉快的事情显然并不重于它们。但是，除了相对的过度或不足，快乐如何重于痛苦呢？不就是一件（用其他的话来说）比较大或比较小、比较多或比较少、程度上比较强或比较弱的事情吗？

"这是因为，如果有人说：'苏格拉底，当下的快乐与后来的快乐和痛苦很不一样，'我会回答说：【b】'这种差别只能是快乐和痛苦的差别，而不会是其他方式的不同。称重量是一个很好的比喻，你们把快乐的事情都放在一起，也把痛苦的事情放在一起，一头担起快乐，一头担起痛苦，竭力保持平衡，然后说出哪一头更重一些。但若你们称的是快乐的事情和快乐，那么一定会有一头较大或较多；如果你们称的是痛苦的事情和痛苦，也必然会有一头较大或较小。如果你们称的是快乐的事情和痛苦的事情，痛苦的事情被快乐的事情超过了——无论是近的被远的超过了，还是远的被近的超过了——你们不得不采取行动，【c】让快乐的事情占上风；另一方面，如果快乐的事情被痛苦的事情超过了，那么你们一定不会这样做。这在你们看来有什么区别吗，我的朋友？'我知道他们不会说出其他什么话来。"

普罗泰戈拉表示同意。

"既然如此，我会对他们说：'回答我的这个问题：同样大小的东西放在眼前看起来比较大，而放在远处则显得比较小，不是吗？'他们会说，是的。'东西的厚薄和数量也一样吗？同样的声音，距离较近听起来就比较响，【d】距离较远听起来就比较轻吗？'他们会表示同意。'那么，要是我们现在的幸福依赖于此，那么做和选择比较大的事情，避免和不做比较小的事情，我们会视之为我们生活中的拯救吗？这会是一种度量的技艺，还是一种表面现象的力量？表面现象经常把我们引向歧途，使我们陷入混乱，经常改变我们对相同事物的看法，使我们后悔自己对大大小小的事物采取的行动和选择，与此相反，【e】度量的技艺通过向我们显示真理，能使现象的力量消失，能给我们带来心灵的安宁，让我们的心灵坚定地植根于真理之中，能够拯救我们的生命。'因此，要是这些人同意这一点，在心里记得这一点，那么能拯救我们的是度量的技艺，还是其他技艺？"

"我同意，是度量的技艺。"

"如果我们的生命得到拯救取决于我们对奇数和偶数的选择，这个时候要正确地比较事物的大小，【357】无论是拿同类的事物与它本身比，还是拿一种事物与另一种事物比，无论是放得比较近，还是放得比较远，那会怎么样？这种时候拯救我们生命的是什么？肯定是知识而不是其他什么东西，特别是度量方面的知识，因为它是一种有关事物大小的技艺，是吗？实际上，它不就是算术吗，算术就是处理奇数和偶数的？'这些人会同意还是不同意我们的看法？"

普罗泰戈拉认为他们会同意。

"那么好吧，我的好人们，既然我们的生命想要获得拯救取决于正确选择善恶，【b】无论它们或大或小，或多或少，或近或远，那么我们的拯救似乎首先就是一种度量，这种度量要研究相关的过度、不足和相等，不是吗？"

"必定如此。"

"由于它是一种度量，它必定也是一种专门的技艺，是一种知识。"

"他们会同意这个说法。"

"这种技艺、这种知识到底是什么，我们可以以后再考察；【c】为了回答你们向普罗泰戈拉和我提出的问题，承认它是某种知识就足够了。如果你们还记得，当我们同意没有任何事物比知识更强大或更好，只要知识呈现的时候，它总是对快乐和其他一切事物占据上风的时候，你们提出了这个问题。在这个时候，你们说快乐甚至经常统治那些有知识的人；由于我们没有同意这一点，你们就继续问我们：'普罗泰戈拉和苏格拉底，如果这种经历不是被快乐所征服，【d】那么你们说它是什么呢？告诉我们吧。'如果我们当时直截了当地回答说它是无知，那么你们会嘲笑我们，但若你们现在嘲笑我们，你们就是在嘲笑你们自己。因为你们已经同意了我们的看法，那些人在对快乐与痛苦，亦即善与恶，进行选择的时候，使他们犯错误的原因就是缺乏知识，不仅仅是缺乏知识，【e】而且缺乏你们刚才同意了的那种度量的知识。你们一定知道，没有知识的错误行动就是无知的。所以，这就是所谓的'被快乐征服'——无知处于最高程度，这就是普罗泰戈拉、普罗狄科、希庇亚声称要加以治疗的。但是你们相信它是无知以外的其他事物，你们自己不去智者那里，也不把你们的孩子送去智者那里接受训导，而相信我们正

在处理的事情和你们一样是不可教的。由于担心你们的金钱，不想付钱给他们，所以你们在私人生活和公共生活中都做得很糟。'

【358】"这就是我们应当对这些人做出的回答。现在我要问你们，希庇亚、普罗狄科，还有普罗泰戈拉——这也是你们的谈话——你们认为我说的是否正确。"他们全都认为我说得非常正确。

"所以你们同意快乐是善，痛苦是恶。我请求得到区分语词的普罗狄科的豁免，无论你称之为快乐、【b】惬意，还是喜悦，还是用你喜欢的其他方式来称呼这类事情，我的杰出的普罗狄科，请对我的问题的内容做出回应。"普罗狄科大笑着表示同意，其他人也一样。

"那么好吧，你们这些家伙，这个问题怎么样？并非一切行为都会导向无痛苦、快乐、高尚、有益的生活，对吗？高尚的活动不是善的和有益的，对吗？"

他们表示同意。

【c】"如果快乐就是善，那么没有一个知道或相信有其他比他正在做的事情更好的事情的人，在他有可能做更好的事情时，会去继续做他正在做的事。能使人放弃的无非就是无知，能控制自己的无非就是智慧。"

他们全都表示同意。

"那么，好吧，你们会说无知就是拥有一种虚假的信念，在一些重要的事情上受骗吗？"

对此他们全都表示同意。

【d】"好，没有人会自愿趋向于恶或者趋向于他相信是恶的东西；也不会有人，看起来，按其本性，想要趋向于他相信是恶的东西，而不是趋向于善的东西。在他被迫要在两样坏的事物中做选择的时候，如果他能够挑选较小的，不会有人挑选较大的。"

他们又再一次表示同意。

"好吧，有被你们称做恐惧或害怕的这种东西吗？我是对你说的，普罗狄科。我说，你是否把这种东西称做害怕或恐惧，这是一种对某种恶的事情的预期。"

【e】普罗泰戈拉和希庇亚认为，对害怕和恐惧来说这样说是对的，但是普罗狄科认为这样说只适用于恐惧，不适用于害怕。

"好吧，这没什么关系，普罗狄科。如果到现在为止我说的都是对的，那么任何愿意趋向于他所恐惧的事物的人，当他能够趋向于他不恐惧的事物时，他会这样做吗？或者说根据我们已经同意了的那些看法，这是不可能的吗？因为我们已经同意，人们会把他害怕的东西当做恶的，没有人会自愿趋向那些他认为是恶的事情，或者自愿选择这些事情。"

【359】他们全都表示同意。

"好，普罗狄科和希庇亚，根据我们已经确定的这个看法，让普罗泰戈拉向我们做一番辩护吧，让他告诉我们他最初的回答是否正确。我指的不是他一开始的回答，因为当时他说美德有五个部分，相互之间都各不相同，各自有其独特的力量或功能。我现在想说的不是他的这个看法，【b】而是他后来说的话。因为他后来说，美德的五个部分中有四个非常相似，只有一个，也就是勇敢，与其他部分很不一样。他当时说，我能根据下面的证据知道这一点：'你会发现，苏格拉底，有些人极为不虔诚、不公正、不节制、无知识，然而却非常勇敢；凭着这一点，你会认识到勇敢与美德的其他所有部分很不相同。'当时我对这个回答感到非常惊讶，但是现在我在和你们谈论了这些事情以后感到更加惊讶。然后我问他，他说的勇敢是否就是自信。他说：'是的，并且也是做好行动的准备。'【c】你还记得你做过这个回答吗？"

他说他做过。

"好，那么请你告诉我们，这个勇敢者准备好要采取的是什么行动？同样的行动是否也可以看做是胆怯者的？"

"不。"

"不同的行为？"

"是的。"

"胆怯者会趋向于那些激励自信的事物，而勇敢者会趋向那些值得害怕的事物吗?"

"大多数人是这样说的。"

【d】"对,但是我要问的不是这一点。倒不如说,我要问的是,你们说勇敢者大胆地趋向什么,趋向那些令人害怕的事物,相信它们值得害怕,还是趋向那些不令人害怕的事物?"

"按你刚才所说的,前者是不可能的。"

"你又说对了,所以,如果我们的证明是正确的,那么没有人会趋向那些他认为可怕的事物,因为不能控制自己的人都是无知的。"

他表示同意。

【e】"但是所有人,勇敢者和胆怯者,趋向于他们充满信心的事物;所以,勇敢者和胆怯者趋向于相同的事物。"

"但是,苏格拉底,胆怯者趋向的事物与勇敢者趋向的事物完全相反。比如,勇敢者自愿参战,而胆怯者不愿意。"

"参战是高尚的还是可耻的?"

"高尚的。"

"好吧,如果它是高尚的,我们在前面同意过,那么它也是好的,因为我们同意所有高尚的行为都是好的。"

"非常正确,我始终相信这一点。"

【360】"非常正确;但是你会说谁不愿意参战,参战是高尚的和好的?"

"胆怯者。"

"如果一样事物是高尚的和好的,那么它也是快乐的吗?"

"我们完全同意这点。"

"所以,这些胆怯者,有着完全的知识,不愿意趋向于比较高尚、比较好、比较快乐的事物吗?"

"如果我们同意这一点,我们就会破坏我们前面同意看法。"

"勇敢者怎么样,他会趋向于比较高尚、比较好、比较快乐的事物吗?"

"我们必须同意这一点。"

"所以，一般说来，当勇敢者害怕时，他们的害怕不是可耻的；当他们感到自信时，他们的自信也不是可耻的。"

"对。"

【b】"如果不是可耻的，那么它是高尚的吗?"

他表示同意。

"如果它是高尚的，那么它也是好的吗?"

"是的。"

"而胆怯者的、鲁莽者和疯子的害怕与自信是可耻的，对吗?"

他表示同意。

"他们的自信是可耻的和坏的，除了无知和愚蠢，还有其他任何原因吗?"

【c】"不，没有其他原因。"

"那么好吧，就是由于这个原因，胆怯的人是胆怯的，你称之为胆怯还是勇敢?"

"绝对如此。"

"所以，由于胆怯者对所害怕的事物的无知，他们才表现得胆怯吗?"

他表示同意。

"你同意通过胆怯，他们是胆怯的吗?"

他说他同意。

"所以，我们能够得出结论说，胆怯就是对什么事物值得害怕、什么事物不值得害怕的无知。"

他点了点头。

【d】"好吧，现在勇敢是胆怯的对立者。"

他说是的。

"所以，关于什么事物值得害怕、什么事物不值得害怕的智慧是这种无知的对立者吗?"

他又点了点头，但是非常犹豫。

"所以，关于什么事物值得害怕、什么事物不值得害怕的智慧是勇敢，它是这种无知的对立面。"

说到这里，他甚至不愿意再点头了，他保持沉默。

于是我说："普罗泰戈拉，你怎么啦？不愿意对我的问题说是或不是？"

"你自己回答吧。"

【e】"我只有一个问题还要问你。你仍旧相信，像你原先那样，有些人是极端无知的，但仍旧非常勇敢吗？"

"我认为，你只想要赢得这个论证，苏格拉底，这就是你强迫我回答的原因。所以，我会满足你的，我会说，以我们已经同意了的看法为基础，这在我看来是不可能的。"

"除了回答这些关于美德的问题，尤其是美德本身是什么的问题，【361】我问这些事情没有其他原因。因为我知道，如果我们能够弄清了这一点，那么就能解决我们俩谈论了很久的那个问题——我认为美德不可教，而你认为美德可教。

"在我看来，我们的讨论已经转而针对我们了，如果它有它自己的声音，它会嘲笑我们说：'苏格拉底和普罗泰戈拉，【b】你们俩真是太荒唐了。苏格拉底，你原先说美德不可教，但是现在你论证了相反的观点，试图证明一切都是知识——公正、节制、勇敢——在这种情况下，美德当然就显得是非常可教的了。另一方面，如果美德是知识以外的某种东西，像普罗泰戈拉原先试图想要说的那样，那么它显然是不可教的。但若美德整个儿转变为知识，像你现在所敦促我们的那样，苏格拉底，如果还说美德不可教，那可就太奇怪了。好吧，普罗泰戈拉原先坚持美德可教，【c】但是现在他认为事情正好相反，敦促我们说任何美德几乎都不会转变为知识。据此来看，美德几乎完全不可教。'

"喔，普罗泰戈拉，看到我们现在已经陷入泥淖，困惑不已，【d】我有一种最强烈的愿望，想要弄清它，我希望能够继续我们当前的谈话，直到弄清美德本身是什么，然后再返身考察美德是否能教，别让厄庇墨透斯在这场考察中第二次挫败我们，就好像在你讲的故事中，他在分配技艺时把我们给忽略了。我更加喜欢你讲的这个故事中的普罗米修斯，超过喜欢厄庇墨透斯。由于我采用了普罗米修斯的预见，把我的生活当做一个整体来预想，所以我关注这些事情，如果你愿意，如我开始时所说，我会很乐意与你一道来考察这些事情。"

【e】"苏格拉底，我高度评价你的热情和你通过论证寻找出路的方式。我真的不认为我是个坏人，我肯定是最后一个能容纳恶意的人。确实，我告诉过许多人，我对你的尊敬超过我遇到的任何人，肯定超过你这一代人中的其他人。我要说，如果你在智慧方面在凡人中赢得最高声望，我也不会感到惊讶。我们以后会考察这些事情，只要你愿意，不过现在我们该把我们的注意力转到别处去了。"

【362】"那我们就到这里吧，如果你希望如此。我其实早就该去赴约了。我之所以还待在这里，只是为了表明我喜欢我们高贵的同道卡里亚。"

我们的谈话就这样结束了，我们各自离去。

美 诺 篇

提 要

本篇介于早期对话和中期对话之间，以谈话人美诺的名字命名。公元 1 世纪的塞拉绪罗在编定柏拉图作品篇目时，将本篇列为第六组四联剧的第四篇，称其性质是"试探性的"，称其主题是"论美德"。①《普罗泰戈拉篇》的结尾就是本篇的开端。参加讨论的共有四人，主要对话人是苏格拉底和美诺。美诺是一位来自拉利萨的青年，出身高贵，自负而又傲慢，听过智者高尔吉亚的讲演，被时髦的论题和见解弄得晕头转向。在讨论中，美诺的一名小奴隶被喊来回答几何问题。还有一位阿尼图斯，据说是控诉苏格拉底的三名原告中的一个。谈话篇幅较短，译成中文约 2.3 万字。整篇对话可以分为三个部分。

对话第一部分（70a—80d），美诺提出美德是否可教的问题。苏格拉底指出，我连美德是什么都不知道，怎么能知道它是否可教呢？于是问题转向什么是美德。美诺自负地列举了大量的具体美德。苏格拉底指出，询问美德是什么不是要你列举具体的美德，而是要寻找美德的"型相"，要把握所有美德共同的东西，而不是把它打碎，把"一"变成"多"。

对话第二部分（80d—86d），转为讨论"型相"的先验性。苏格拉底以

---

① 参见第欧根尼·拉尔修：《名哲言行录》3：59。

灵魂不朽为依据，提出获得知识不是通过教育，而是灵魂通过回忆生前获得的实在和真理，学习就是回忆。为了证明这一点，苏格拉底引导从未受过教育的小奴隶推导出几何学中的勾股定理。

对话第三部分（86e—100c），阿尼图斯参加了这部分对话。苏格拉底假设：如果美德是知识，它便是可教的，但是根本就没有教美德的教师，所以美德是不可教的。为了解决这个悖论，苏格拉底提出要区分"真意见"（正确的意见）和"知识"。他指出，正确的意见和知识都是真的。它们的区别在于：知识已经在人的心灵上固定下来，而真意见却没有固定下来，不加以捆绑便随时可能跑掉。正确的行为必须要有正确的指导，正确的指导不是来自知识，便是来自正确的意见。

本篇从形式上看，讨论的问题和讨论的方式与早期对话相似，而在内容上则属于中期对话。柏拉图在其中已经发展了苏格拉底的思想，形成了自己的哲学理论，而苏格拉底讽刺性的"自知其无知"正在消失。

正　文

谈话人：美诺、苏格拉底、童奴、阿尼图斯

美　【70】请你告诉我，苏格拉底，美德能教吗？或者说，美德不可教，而是实践的结果，或者说二者都不是，而是人凭着天性或以其他某种方式拥有美德？

苏　好吧，美诺①。从前，帖撒利②人的马术和财富在希腊人中享有盛名，而在我看来，【b】现在，他们好像也由于他们的智慧而得到尊崇，更不必提你们的朋友、拉利萨③人阿里斯提波④的同胞公民了。你们的这种名

---

① 美诺（Μένων），人名。
② 帖撒利（Θετταλία），地名。
③ 拉利萨（Λαρισαῖ），地名。
④ 阿里斯提波（Ἀρίστιππος），人名。

望与高尔吉亚①相连，因为他在去你们城邦的时候，喜欢上了杰出的阿留亚戴②人，你们热爱的阿里斯提波就是其中之一，由于他的智慧，高尔吉亚爱上了他，其他优秀的帖撒利人也一样。尤其是，他使你们养成了习惯，对任何有可能向你们提出的问题给予大胆而又自信的回答，【c】就像行家会做的那样。确实，他本人做好了准备，回答任何希腊人希望向他提出的问题，而这些问题也确实得到了回答。但在雅典，我亲爱的美诺，情况正好相反，就好像这里发生了饥荒，智慧都从我们城邦跑到你们那里去了。【71】如果你想要向我们的人提出这种问题，他们一定会发笑，并且对你说："外邦来的好人，你一定以为我是幸福的，如果你确实认为我知道美德是否能教或美德是从哪里来的；但实际上，我根本不知道美德是否能教，也不拥有关于美德本身是什么这个问题的任何知识。"

【b】我本人，美诺，在这个方面和我的同胞一样贫困，我责备自己，因为我对美德完全无知。如果我连什么是美德都不知道，又怎么能够知道它拥有什么性质呢？或者说你认为有人对美诺一无所知，却知道他是英俊的、富有的、出身高贵的，或者正好相反吗？你认为有这种可能吗？

美　我不这样认为；但是，苏格拉底，你真的不知道什么是美德吗？【c】我们回家以后，可以对其他人这样说吗？

苏　你们不仅可以这样说，我的朋友，而且我相信，我从来没有遇到过知道这一点的人。

美　怎么会呢？高尔吉亚在这里的时候，你见过他吗？

苏　见过。

美　你认为他不知道吗？

苏　我完全不记得了，美诺，所以无法告诉你我当时是怎么想的。他也许知道；你知道他曾经说过的话，【d】所以由你来提醒我他说了些什么。如

---

① 高尔吉亚（Γοργίας），人名。
② 阿留亚戴（Αλευάδαι），人名。

果你愿意，也可以说说你自己的看法，因为你肯定分享了他的观点。

美 是的。

苏 那我们就不要管他了，因为他不在这里。美诺，众神在上，你自己会说什么是美德吗？说吧，不要拒绝我们，如果你和高尔吉亚表明你们知道这一点，那就表明我刚才说的话是最可悲、最不真实的，我说我从来没有遇到过任何人知道这一点。

美 【e】要我告诉你并不难，苏格拉底。首先，如果你想要男人的美德，这种美德很容易叙说①，男人的美德由能够管理公共事务组成，在这样做的时候有益于他的朋友，伤害他的敌人，而又能小心行事不让自己受到伤害；如果你想要女人的美德，这种美德也不难描述，她一定能够很好地管理家务，管好家里的财产，服从她的丈夫；儿童的美德，不管是男孩还是女孩，又不同了；如果你想要老人的美德，老人的美德也是这样；或者说你想要的是自由民或奴隶的美德。【72】除此之外，还有许多美德，所以一个人不可能说不出什么是美德。每项行动、每个年纪、我们的每项任务、我们中的每一个人，都有一种美德——嗯，苏格拉底，对恶德说同样的话也是对的。

苏 我真是幸运极了，美诺；我在寻找一种美德，却发现你有一群美德，就像有一大群蜜蜂。不过，美诺，【b】随着蜜蜂这个想象，如果我问你蜜蜂的本性是什么，而你回答说有许多蜜蜂，有各种各样的蜜蜂，如果我问你："你的意思是，就它们是蜜蜂而言，有许多只蜜蜂，有许多种蜜蜂，它们相互之间各不相同，是吗？或者说它们在一个方面没有什么不同，但在其他方面，比如在它们的美丽上，或者在它们的大小上，或者在其他方面，是不同的？"你会怎么回答。告诉我，如果遇到这样的问题，你会怎么回答？

美 我会说，就它们都是蜜蜂而言，它们相互之间没有区别。

苏 如果我继续说："告诉我，美诺，【c】正是由于这样东西它们全都是相同的，相互之间没有区别，那么这样东西是什么？"你能告诉我吗？

---

① 叙说（λόγος），亦译为描述。

美　我能。

苏　所以美德这个事例也一样。尽管它们有许多个，有许多种，但它们全都有某个相同的"型相"①，使它们成为美德，在要弄清什么是美德的时候，应当看到这一点。【d】或者说，你不懂我的意思。

美　我想我是懂的，但我肯定不像我自己所希望的那样能完全把握这个问题的意思。

苏　我在问，你是否认为在美德这个事例中，只有一种美德是男人的，另一种美德是女人的，等等，或者说在健康、身材、体力这些事例中也一样？你认为有一种健康是男人的，另一种健康是女人的吗？或者说，如果它是健康，【e】那么它在任何地方都相同，无论是在男人身上，还是在其他任何地方？

美　男人的健康在我看来和女人的健康是一样的。

苏　身材和体力也这样吗？如果一位妇女是强壮的，那么体力就是相同的，拥有相同的型相，因为我说的"相同"的意思是，体力就其是体力而言没有区别，无论是在男人身上还是在女人身上。或者说，你认为有区别吗？

美　我不这么认为。

苏　那么，美德就其是美德而言，【73】无论是在孩子或老人身上，还是在男人或女人身上，会有什么区别吗？

美　我认为，苏格拉底，这个事例不知怎么的与其他事例不太一样。

苏　怎么会呢？你不是说过男人的美德在于良好地管理城邦，而女人的美德在于良好地管理家务吗？

美　我说过。

苏　如果不能有节制地、公正地进行管理，有可能良好地管理城邦、家庭，或者别的事务吗？

美　肯定不能。

---

①　型相（εἰδώς, ἰδέα），柏拉图哲学的基本概念，亦译为"理念"。

苏　【b】如果他们公正地、有节制地进行管理，那么他们在这样做的时候必须带着公正和节制吗？

美　必定如此。

苏　所以男人和女人，如果他们是好的，需要同样的东西，亦即公正和节制。

美　好像是这么回事。

苏　孩子和老人怎么样？如果他们是不节制的和不公正的，他们能是好的吗？

美　当然不是。

苏　但若他们是节制的和公正的，他们是好的吗？

美　是的。

苏　【c】所以，所有人都以同样的方式是好的，因为他们通过获得相同的性质而变成好的。

美　好像是这样。

苏　如果他们不拥有相同的美德，他们就不会以同样的方式是好的。

美　他们肯定不会是好的。

苏　那么，由于美德全都是相同的，请你记住高尔吉亚和你的看法，试着告诉我，你们说的这种相同的东西是什么。

美　【d】如果你在寻找一种适合所有事例的说法，那么它只能是能够统治人。

苏　这确实是我正在寻找的东西，但是，美诺，在儿童或奴隶的事例中美德是相同的吗？也就是说，他们能够统治他们的主人吗？你认为实行统治的人还是奴隶？

美　我完全不这样想，苏格拉底。

苏　当然不会是这样，我的好人。考虑另一个要点：你说美德就是能够统治。我们是否应该加上“公正地”或“不公正地”这些词？

美　我也这样想，因为公正是美德。

苏　【e】你说的是美德，还是一种美德？

美　你这样问是什么意思？

苏　就像其他任何事物一样。比如，要是你愿意，以圆为例，关于它我会说它是一种形状，而不是只说它是形状。我之所以这样说是因为还有别的形状。

美　你说得很对。所以我也会说，不仅公正是一个美德，其他也还有许多美德。

苏　【74】它们是什么？告诉我，就像我能对你提到其他形状，如果你要我这样做的话，你也能提到其他美德。

美　我认为勇敢是一种美德，还有节制、智慧，还有尊严，还有其他许多。

苏　我们又遇到了同样的麻烦，美诺，尽管方式不一样；在寻找一种美德的时候，我们找到了许多美德，但我们找不到一种能覆盖其他所有美德的美德。

美　【b】苏格拉底，我还不能发现你正在寻找的东西，一种能覆盖所有美德的美德，就像在其他事例中那样。

苏　很像是这样的，但若我能做到，我渴望能够取得进展，因为你明白相同的情况可以运用于一切事物。如果某人问你我刚才提到的事情，"什么是形状，美诺？"而你告诉他"圆是形状"，然后他会像我刚才问你的那样对你说："圆是形状还是一种形状？"你肯定会告诉他圆是一种形状。

美　我肯定会这样说。

苏　【c】你会这样说的理由是还有别的形状。

美　对。

苏　如果他继续问你，别的形状是什么，你会告诉他吗？

美　我会。

苏　所以，事情是一样的，如果他问你什么是颜色，你说白就是颜色，你的提问者打断你："白是颜色还是一种颜色？"你会说它是一种颜色，因为还有其他颜色，你不会吗？

美　我会。

苏　如果他要求你说出其他颜色，【d】那么你会提到不亚于白的其他颜色。

美　是的。

苏　然后，要是他像我一样推进这个论证，说："我们总是抵达多；不要用这种方式对我说话，但由于你用一个名称来称呼所有这些杂多的事物，还说尽管它们是相对的，但没有一个不是一种形状，所以请你告诉我，这个既可以用于圆也可用于直的这个被你称做形状的东西是什么，【e】因为你说圆像直一样是一种形状。"你没有说过这样的话吗？

美　我说过。

苏　在这样说的时候，你确定圆不会比直更圆，直也不会比圆更直吗？

美　肯定不会，苏格拉底。

苏　然而，你说圆并不比直更是一种形状，直也并不比圆更是一种形状。

美　这样说是对的。

苏　那么形状这个名称可以用于什么事物呢？请你试着告诉我。如果在被问到形状或颜色这样的问题时，【75】你回答说"我不明白你想要什么，我的好人，也不明白你什么意思"，那么提问者可能会感到惊讶，并说"你不明白我正在寻找所有这些事例的共同点吗"？美诺，如果有人问你："可以运用于圆、直，以及其他被你称做形状的事物的这个东西，在所有这些形状中都相同的这个东西是什么？"你会仍旧无话可说吗？试着说说看，这样你就可以为回答有关美德的问题练习一下。

美　【b】不，苏格拉底，还是你来告诉我吧。

苏　你想要我帮助你吗？

美　当然。

苏　然后你会愿意把有关美德的事情告诉我吗？

美　我会的。

苏　那么我们一定要向前推进。这个主题值得我们这样做。

美　确实如此。

苏　来吧，让我们试着告诉你什么是形状。看你是否接受这样的说法。让我们说形状就是始终追随颜色而存在的事物。这种说法能使你满意吗，【c】或者说你要以别的方式寻找它？如果你用这种方式定义美德，我会感到满意的。

美　但是这种说法非常愚蠢，苏格拉底。

苏　怎么会呢？

美　你说形状始终追随颜色。那么好，如果某人说他不知道什么是颜色，关于形状他也有同样的困惑，你认为该给他一个什么样的回答呢？

苏　当然是给他一个真实的回答，如果我的提问者是那些能干的、擅长争论者中的一员，我会对他说："我已经提供了我的答案；如果它是错的，驳斥它是你的工作。"然后，如果他们是朋友，【d】就像你我一样，相互之间想要进行讨论，他们必定会以更加温和、更加恰当的方式做出回答。我这样说的意思是，这些答案不一定是真的，但他使用的术语必须是提问者所熟悉的。我也会尝试着使用这样的术语。【e】你是否把某事物称做"终端"？我指的是作为界限或边界这样的事物，我要说，所有这些事物都是相同的。普罗狄科①也许不同意我们的看法，但是你肯定会把某些事物称做"终结"或"完成"——我想要表达的意思就是这些，没有什么精妙的含义。

美　我会这样说的，我想我明白你的意思了。

苏　【76】再说，你称某个事物为平面，称某个事物为立体，就像几何学中那样，是吗？

美　是的。

苏　由此你可以明白我说的形状是什么意思了，因为我说到各种形状的

---

①　普罗狄科（Πρόδικος），著名智者，擅长精确区分词意。

这一端点，所谓形状就是立体的终端；简言之，形状就是立体的边界。

美　那么你说什么是颜色，苏格拉底？

苏　你真坏，美诺。你净给一个老头找麻烦，要他回答问题，【b】而你自己却不愿意回想一下，把高尔吉亚有关美德的说法告诉我。

美　等你回答了这个问题，苏格拉底，我就会告诉你。

苏　哪怕是瞎子也会通过跟你谈话知道你长得很英俊，还有许多情人。

美　你干吗要这样说？

苏　因为你在谈话中老是在下命令，就像那些被宠坏了的人一样，在他们年轻的时候，他们的行为就像僭主。【c】你也许认识到我在相貌英俊的人面前处于劣势，所以我会帮助你回答问题。

美　无论如何，你要帮助我。

苏　你想要我按照高尔吉亚的方式来回答问题吗，这是你最容易跟得上的？

美　我当然想要这样做。

苏　你们俩说过有事物的流射吗，像恩培多克勒[①]那样？

美　当然说过。

苏　有各种孔道，流射通过这些孔道开辟自己的道路吗？

美　是这样的。

苏　【d】有些流射适宜进入某些孔道，而其他孔道太大或太小？

美　是这样的。

苏　有某种被你称做视觉的东西吗？

美　有。

苏　据此，"把握我所说的"，如品达[②]所说，因为颜色就是来自形状的

---

①　恩培多克勒（Ἐμπεδοκλέα），公元前5世纪后半叶的西西里哲学家。他认为任何物体都有连续不断的、细微不可见的粒子放射出来。流射的粒子进入合适的孔道，进入感官，与构成感官的元素相遇，形成感觉。

②　品达（Πίνδαρος），诗人。引文见《残篇》105。

流射，与视觉相适应并被察觉。

美 在我看来，这个答案好极了，苏格拉底。

苏 这个答案也许是以你习惯的方式提供的。同时我认为你可以从这个答案推演出什么是声音、【e】什么是气味，以及其他许多这样的东西。

美 确实如此。

苏 这个答案很具体，美诺，所以你喜欢它，胜过那个关于形状的答案。

美 对。

苏 这个答案不太好，阿勒西得谟①之子，我相信另一个答案更好些，我认为，要是你不像昨天告诉我的那样在秘仪开始之前就离开了，而是待在那里加入秘仪，那么你会同意我的看法。

美 如果你能给我更多这样的回答，苏格拉底，【77】那么我会待下去的。

苏 我并不缺乏把这些事情告诉你的热情，既为了你，也为了我自己，但我不能告诉你很多。来吧，你也试着兑现你对我的承诺，告诉我作为一个整体的美德的性质，不要再把一弄成多，就像有人打碎了什么东西时会开玩笑说的那样，而要允许美德保持完整和健全，【b】告诉我什么是美德，因为我已经给你提供了范例。

美 我认为，苏格拉底，美德，如诗人所说，就是"在美好的事物中发现快乐和有能力"。所以我说美德就是向往美好的东西并有能力获得它们。

苏 你的意思是，人在向往美的事物时也向往好的事物吗？

美 当然。

苏 你假定有人向往坏的事物，【c】而其他人向往好的事物吗？我的好人，你难道不认为所有人都向往好事物吗？

美 我不这样认为。

---

① 阿勒西得谟（Αλεξιζήμους），美诺之父。

苏　但有人向往坏的事物吗？

美　是的。

苏　你的意思是他们相信坏的事物是好的，或者说他们知道这些事物是坏的，但仍旧向往它们吗？

美　我认为两种情况都存在。

苏　你认为，美诺，有人知道坏事物是坏的，但却向住它们吗？

美　我确实这样认为。

苏　你说的向往是什么意思？是确保自己得到它的意思吗？

美　还能有什么意思？

苏　【d】他认为坏的事物对拥有它的人有益，或者说他知道这些事物会伤害他？

美　有些人相信坏的事物对他们有益，其他人知道坏事物会伤害他们。

苏　你认为那些相信坏的事物有益于他们的人知道这些事物是坏的吗？

美　不，我不这样认为，但我无法全信这一点。

苏　那就清楚了，那些不知道事物是坏的人不向往坏的事物，【e】但他们向住那些他们相信是好的，而实际上是坏的事物。由此可见，那些对这些事物没有知识、但相信它们是好的人显然向住好的事物。不是这样吗？

美　很像是这样的。

苏　那么好，那些你说向往坏事物的人，相信坏事物伤害它们的拥有者，知道这些拥有者会被它们伤害吗？

美　肯定知道。

苏　【78】他们不认为那些受到伤害的人是可悲的吗，就其被伤害而言？

美　这也是不可避免的。

苏　那些可悲的人是不幸福的吗？

美　我也这样认为。

苏　有人希望可悲和不幸福吗？

美　我不这样认为，苏格拉底。

苏　那么，没有人想要坏的事物，美诺，除非他确实想要这样做。因为除了向往并确保得到坏事物，其他还有什么事情是可悲的？

美　【b】你好像是对的，苏格拉底，无人想要得到坏事物。

苏　你刚才不是说，美德就是向往好事物并有能力确保获得它们吗？

美　是的，我说过。

苏　在这个表述中，向往这一点对每个人来说都是共同的，在这一点上没有人会比其他人更好。

美　似乎如此。

苏　那么显然，如果一个人比另一个人更好，那么他必定更好地确保得到它们。

美　是这样的。

苏　那么，按照你的论证，【c】确保获得好事物的能力就是美德。

美　我认为，苏格拉底，事情完全就像你现在理解的一样。

苏　那就让我们来看你说的是否对，也许你是正确的。你说获取好事物的能力就是美德吗？

美　是的。

苏　所谓好事物，举例来说，你指的是健康和财富吗？

美　是的，也指获取金银财宝、在城邦里获取荣耀和职务。

苏　所谓好事物，你指的不是这些事物以外的其他好事物吗？

美　不，我的意思是所有这一类事物。

苏　【d】很好。美诺，你真是波斯大王的世交，按照你的看法，美德就是获取金银的能力。你要在获取这个词前面加上公正地和虔诚地这些词，美诺，还是认为加不加无所谓，哪怕是不公正地获取这些东西，你也仍旧称之为美德吗？

美　肯定不会，苏格拉底。

苏　那么你会称之为邪恶？

美　确实，我会。

苏　由此看来，这种获取必须伴随公正、【e】节制、虔诚，或者美德的其他部分；如果不伴随，它就不是美德，哪怕它提供了好的事物。

美　没有这些事物，怎么能有美德呢？

苏　那么，当不公正地这样做的时候，无论是为自己还是为他人，不仅不能获取金银，而且也不能获取美德。

美　好像是这样的。

苏　所以，提供这样的好东西不会比不提供这样的好东西更是美德，【79】但是很显然，无论怎么做，只要伴随着公正就是美德，任何不与这类事情相伴的行为就是邪恶。

美　我认为，事情必定像你所说的那样。

苏　我们前不久说过，这些事物各自都是美德的一部分，亦即公正、节制，以及所有这样的事物，是吗？

美　是的。

苏　那么，你在耍我，美诺。

美　怎么会呢，苏格拉底？

苏　因为我刚才请求你别把美德打成碎片，并且向你示范了应当如何回答问题。而你并没有加以注意，【b】反而告诉我美德就是公正地获取那些好东西，你还说，公正是美德的一部分。

美　我说了。

苏　所以，从你同意的看法可以推论，你的任何行为在进行的时候伴随着美德的部分就是美德，因为你说公正是美德的一部分，就像所有这样的性质一样。我为什么要这么说？因为当我请求你把作为一个整体的美德告诉我的时候，你远远没有告诉我它是什么。倒不如说，你说每一行动若伴随着美德的一个部分，它就是美德，【c】就好像你说过作为一个整体的美德是什么似的，所以我已经知道了这一点，哪怕你把它弄成碎片。我认为，如果采取每一行动时伴随着美德的一部分就是美德，那么你必须从一开始就面对这个同样的问题，我亲爱的美诺，亦即什么是美德？这是某个人在说的话，采取某个行动伴随着公正就是美德。你不认为你应当再次面对这个同样的问题吗，或者你认为一个人不知道美德本身，却能知道什么是美德的部分？

美 我不这样认为。

苏 【d】如果你还记得，我在回答你有关形状问题的时候，我们拒绝了那种试图使用那些仍旧是考察的主题，然而使用尚未取得一致意见的术语做出的回答。

美 我们拒绝这种回答是对的。

苏 那么，当然了，我的好先生，你一定不认为，当作为一个整体的美德的性质仍旧处在考察之中时，用那些你能对任何人说清楚它的性质的美德部分的术语，或者通过这种方式的讲述能够弄清其他事情的方式，能够解决问题，而这样做只会使同样的问题再次摆在你面前——【e】当你叙说你说的这些事情时，你能找到美德的什么本性？或者说，你认为我这样说没什么意义？

美 我认为你说得对。

苏 那就重头开始回答我的问题：你和你的朋友说什么是美德？

美 【80】苏格拉底，甚至在我见到你以前我就听说，你总是处于一种困惑的状态，你也把其他人带入这种状态，我现在认为你在耍我和骗我，把我置于你的符咒之下，所以我现在相当困惑。确实，跟你开个玩笑，你就像一条扁平的鳐鱼，不仅样子像，各方面都像，无论谁靠近它，碰到它，就会全身麻痹，【b】你现在就好像对我产生了这种效果，我的心灵和嘴唇都麻木了，我没有办法回答你的问题。尽管我在大庭广众之下上千次地谈论过美德，而且我认为我讲得非常好，但是现在我竟然说不出什么是美德。我想你是聪明的，不离开雅典去别的地方居住，因为你要是在另一个城邦作为一名外邦人也这样行事，你会因为实施巫术而被驱逐。

苏 你是个无赖，美诺，我几乎上了你的当。

美 你干吗说得这么直白，苏格拉底？

苏 【c】我知道你为什么要把我刻画成这种形象了。

美　你为什么认为我这样做了？

苏　噢，我也该刻画一下你的形象，作为回报。我知道，所有英俊的男人对他们自己的形象都感到欣喜；这是他们的长处，我认为漂亮的人的形象也是漂亮的，所以我不再刻画你的形象作为回报。如果说鳐鱼本身是麻木的，并且使其他东西麻木，那么我和它有点像，但在其他方面就不像了，因为我在使别人困惑的时候，我本人并没有答案，当我引起其他人的困惑时，我比其他人更加困惑。所以，我现在不知道什么是美德；【d】在你与我接触之前你也许是知道的，而你现在肯定像一个不知道的人。不管怎么说，我想和你一起考察和探讨美德可能是什么。

美　你连它是什么都不知道，苏格拉底，又如何去寻找呢？你会把一个你根本不知道的东西当做探索的对象吗？哪怕你碰到它，你怎么知道它就是那个你不知道的东西呢？

苏　【e】我知道你想说什么，美诺。你明白你正在提出一个什么样的争论者的论证吗，一个人既不能寻找他知道的东西，也不能寻找他不知道的东西？他不能寻找他知道的东西——因为既然他知道，也就不需要再去寻找——他也不能寻找他不知道的东西，因为他不知道自己要寻找什么。

美　【81】这个论证在你看来不健全吗，苏格拉底？

苏　在我看来不健全。

美　你能告诉我为什么吗？

苏　可以。我听一些聪明的男人和妇女谈论神圣的事务……

美　他们说什么？

苏　我认为，他们说的既是真实的，又是美好的。

美　他们说了什么，他们是谁？

苏　说这些事的人是男祭司和女祭司，【b】他们关心的是能解释他们的祭司活动。品达也谈论过这种事，我们的诗人中也有许多受到神灵的激励。他们说过这样一些话，看你是否把他们说的当做真理。他们说，人的灵魂是不朽的；在某些时候它走向终结，他们称之为死亡；在某些时候它会再生，但它决不会毁灭，所以，人必须尽可能虔诚地生活。"珀耳塞福涅① 会在第九年返回阳间，对那些遭受厄运的灵魂进行惩罚，【c】从它们中间产生高贵的国王，无比强大，充满智慧，在后来的时代里被人称为神一般的英雄。"②由于灵魂是不朽的，重生过多次，已经在这里和在地下世界看见过所有事物，没有什么是它不知道的；所以灵魂能把它从前知道的事情，【d】有关美德和其他事情，回忆起来，一点儿也不值得惊讶。由于整个自然都有亲缘关系，灵魂已经学习了一切事物，没有任何东西能够阻止一个人，在回忆起一件事情以后——这个过程人们称之为学习——去为他自己发现其他的一切，如果他是勇敢的，能持之以恒地探索，从不懈怠，因为探索和学习，作为一个整体，就是回忆。因此，我们一定不要相信这个争论者的论证，因为它会使我们懈怠，只有懦弱者喜欢听到它，【e】而我的辩证法③ 会使他们振奋精神，热心探索。我相信这是真的，我想与你一道考察美德的本质。

美 是的，苏格拉底，但是你说我们不在学习，所谓学习只不过是回忆罢了，这样说是什么意思？你能把这一点也教给我吗？

苏 如我刚才所说，美诺，你是个小无赖。当我说没有教、只有回忆的时候，【82】你现在问我是否能教你，你在伺机发现我自相矛盾的地方。

美 不，宙斯在上，苏格拉底，我这样说不是我的意图，而只是我的习惯。如果你能以某种方式说明事情是像你说的这样，那就请你说吧。

苏 这不是一件容易的事，但既然这是你的要求，我愿意尽力而为。【b】你有很多跟班，喊一个过来，随便哪一个，我拿他来证明给你看。

美 行。噢，你，过来一下。

苏 他是希腊人吗？他说希腊语吗？

---

① 珀耳塞福涅（Φερσεφόνα），希腊神话中的冥后，主神宙斯与谷物女神得墨忒耳所生。她在地面上采花时，大地突然开裂，冥王哈得斯跳出来把她劫走，带入冥府，强娶为妻。为此，得墨忒耳悲痛万分，到处寻找，致使田地荒芜，到处饥馑。宙斯命令哈得斯每年春天允许珀耳塞福涅回到母亲身边。

② 品达：《残篇》133。原文为诗歌。

③ 辩证法（διαλετικός）。

美　是的，很地道。他是我家生家养的奴隶。

苏　注意听，看他是在回忆，还是在向我学习。

美　我会注意的。

苏　告诉我，孩子，你知道有一种正方的图形吗，就像这个一样？①

童　知道。

苏　【c】那么，正方形就是它的四条边都相等的图形吗？

童　是的，确实如此。

苏　它也有穿过中点的这些相等的线段吗？

童　是的。

苏　这样的图形可以大一些，也可以小一些，是吗？

童　是的。

苏　好，如果这条边长两尺，这另外一条边也长两尺，那么整个是多少尺？你这样想：如果它的这条边有两尺，而那条边只有一尺，岂不是马上就可以知道这个图形是两尺吗？

童　是的。

苏　【d】如果这条边也长两尺，那么它肯定就是两尺的两倍，是吗？

童　是的。

苏　二乘二是多少？算算看，把结果告诉我。

童　四，苏格拉底。

---

①　苏格拉底在沙地上画了一个正方形 ABCD，然后对那个童奴说话。"穿过中点的线段"指把这些边长的中点连接起来的线段，它们也同时穿过正方形的中心，亦即线段 EF 和 GH。

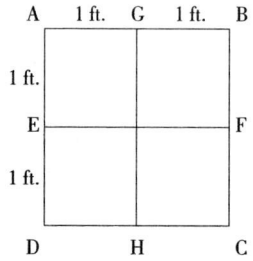

苏　我们现在可以画一个图形，它的大小是这个图形的两倍，而它的四条边也像这个图形一样相等。

童　是的。

苏　那会是多少尺？

童　八尺。

苏　来吧，试着告诉我它的边长是多少。【e】这条边是二尺。是它的两倍的那些边的边长是多少？

童　这很明显，苏格拉底，它会是这个长度的两倍。

苏　您瞧，美诺，我没有教这孩子任何东西，而只是在对他提问。现在他认为他知道这条线的长度，这个八尺的图形以这条线为基础。你同意吗？

美　我同意。

苏　他知道吗？

美　肯定不知道。

苏　他认为这条线是这个长度的两倍。

美　是的。

苏　现在来看他如何按秩序进行回忆，因为人必须回忆。告诉我，孩子，一个大小是两倍的图形以长度是两倍的线段为基础吗？【83】我说的图形是这样的图形，不是一条边长，一条边短，而是像这个图形一样，各条边全都相等，而大小是这个图形的两倍，也就是说是八尺。想一想，你是否仍旧相信这个图形以长度是它两倍的线段为基础。

童　我相信。

苏　好吧，现在如果我们在这里加上同样的长度，这条线段是否就加倍了呢？

童　是的，确实如此。

苏　那么一个八尺的正方形会以它为基础，如果我们有四条这么长的线段？

童　是的。

苏 【b】好吧，现在让我们从它开始画四条相等的线段，它确实就是你说的八尺的正方形吗？

童 当然。

苏 这个图形里有四个正方形，每一个都和这个四尺的正方形相等吗？

童 是的。

苏 那么它有多大？不是有原来那个图形四倍那么大吗？

童 当然了。

苏 那么大小是原来那个图形四倍的这个正方形是它的两倍吗？

童 不是，宙斯在上。

苏 那么这个图形的大小是原来那个图形的几倍？

童 四倍。

苏 【c】那么，我的孩子，以两倍边长的线段为基础的图形的大小不是原来图形的两倍，而是四倍，对吗？

童 你说得对。

苏 四乘四等于十六，不是吗？

童 是的。

苏 八尺大小的正方形要以多长的线段为基础呢？按照这条线我们得到的是一个四倍大小的正方形，不是吗？

童 是的。

苏 现在这个四尺的正方形是以这条线段为基础的，它是这个长度的一半，是吗？

童 是的。

苏 很好。这个八尺的正方形不是这个图形的两倍，也不是那个图形的一半①，是吗？

① 亦即八尺的正方形是四尺的正方形的两倍，是十六尺的正方形的一半，以两尺长的线段为基础使正方形加倍，以四尺边长的线段为基础使正方形减半。

童　是的。

苏　被当做基础的这条线段比这条长，【d】比哪条短吗？不是这样吗？

童　我想是的。

苏　很好，你怎么想就怎么说。现在告诉我，这条线段不是两尺，那条线段不是四尺，对吗？

童　对。

苏　这条作为八尺的正方形的基础的线段一定比这个两尺的正方形的边长要长，比那个四尺的正方形的边长要短，是吗？

童　必定如此。

苏　【e】那么试着告诉我，你说这条边有多长。

童　三尺。

苏　如果是三尺，让我们添上这条边的一半，它就是三尺，对吗？这一段是二，这一段是一。在这里，也同样，这些是两尺，这一段是一尺，这样一来，你说的整个图形就出来了，是吗？

童　是的。

苏　如果这条边是三尺，那条边也是三尺，整个图形的大小会是三尺乘三尺吗？

童　好像是这样的。

苏　三尺乘三尺是多少？

童　九尺。

苏　那个大小加倍了的正方形是多少尺？

童　八尺。

苏　所以，八尺的图形不能以三尺的线段为基础，是吗？

童　显然不能。

苏　【84】但是它要以多长的线段为基础呢？试着准确地告诉我们，如果你不想计算，可以在图上指给我们看。

童　宙斯在上，苏格拉底，我不知道。

苏　你要明白，美诺，他的回忆到了哪一步。开始的时候他不知道八尺的正方形的基本线段是什么；那个时候他以为自己知道，充满自信地做了回答，就好像他知道似的，他也不认为自己有什么困惑，然而到了现在他还是不知道，他认为自己处在困惑之中，就好像他不知道，【b】也不认为他知道。

美　没错。

苏　所以，涉及他不知道的事情，他现在处于一个比较好的位置吗？

美　我也同意这一点。

苏　我们像鳐鱼一样使他困惑和麻木，这样做给他带来什么伤害了吗？

美　我不这样认为。

苏　确实，我们可能已经获得了一些东西，与寻找到事情的真相有关，因为现在，由于他不知道，所以他乐意去寻找，而此前他认为他能够轻易地在大庭广众之下发表精美的演说，【c】对着大批听众谈论使正方形的大小加倍，说它必定要以两倍长度的线段为基础。

美　好像是这样的。

苏　你认为，在他试图发现他认为自己知道而实际上不知道的东西之前，在他陷入困惑、明白自己不知道之前，他会期望知道吗？

美　我不这样认为，苏格拉底。

苏　那么让他麻木一下会使他受益吗？

美　我是这么想的。

苏　现在来看，在与我一道寻找时，他如何走出他的困境。我只是提问，不教他，其他什么也不做。【d】你注意看我有没有教他什么，或者向他解释什么，而不只是询问他的看法。

孩子，你告诉我，这不就是一个四尺的图形吗？你明白吗？

童　我明白。

苏　我们在这个图形边上再加一个和它相同的图形，好吗？

童　好。

苏　还能再加上第三个相同的图形吗？

童　能。

苏　还能在这个角落的位置① 添上一个图形吗？

童　肯定能。

苏　所以我们有了这四个相同的图形吗？

童　是的。

苏　【e】很好，那么整个图形的大小是这一个② 的几倍？

童　四倍。

苏　我们想要得到的图形的大小是第一个图形的两倍，或者说你不记得了？

童　我肯定记得。

苏　【85】从这个角到那个角的连线把这些图形分割成两半吗？③

童　是的。

---

① 苏格拉底现在画一个十六尺的正方形，他先添上两个四尺的正方形，如下图，然后在这个角落的位置再添上一个四尺的正方形，由此完成包含四个四尺的正方形的十六尺的正方形。

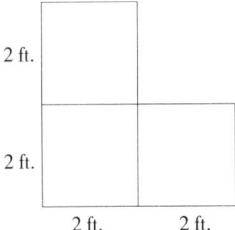

② "这一个"指内在于整个正方形的任何一个面积为四平方尺的小正方形。

③ 苏格拉底现在画四个内在的正方形的对角线，亦即 FH，HE，EG，GF，共同构成正方形 GHFE。

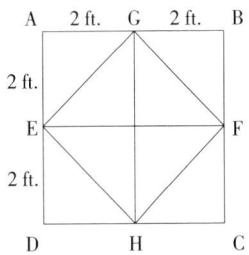

苏　这四条相同的线段把这个图形①包围起来了吗？

童　是的。

苏　现在考虑：这个图形有多大？

童　我不明白。

苏　这里面一共有四个图形，这些对角线把它们对半分割，不是吗？

童　是的。

苏　在这个图形②中，有几个这样大小的图形？

童　四个。

苏　在这个图形中，有几个这样大小的图形？③

童　两个。

苏　四和二是什么关系？

童　【b】两倍。

苏　这个图形④有多大？

童　八尺。

苏　它以什么线段为基础？

童　以这条线段为基础。

苏　这条线段，从这个四尺图形的一个角延伸到另一个角吗？

童　是的。

苏　能干的人把它称做对角线，所以，如果对角线是它的名称，你说这个两倍的图形以这条对角线为基础吗？

童　非常确定，苏格拉底。

苏　你怎么认为，美诺？【c】他的回答中有没有不是他自己的看法？

美　没有，全都是他自己的。

———————

① 亦即 GFHE。

② 又指 GFHE，苏格拉底正在问从 GFHE 有多少个三角形可以割取。

③ 亦即任何一个内在的正方形。

④ 又指 GHFE。

苏　然而，我们不是前不久还说过他不知道吗？

美　对。

苏　所以这些看法在他身上，还是不在他身上？

美　在。

苏　所以，一个不知道的人在他身上可以有对他不知道的事物的真的看法吗？

美　好像是这样的。

苏　这些刚被激发出来的看法就像是梦，如果有人不断地以各种方式问他这些相同的问题，【d】你知道，到了最后，他关于这些事情的知识会像其他人的知识一样准确。

美　好像是这样的。

苏　他知道这些知识不是通过教，而只是接受提问，在他自身中寻找到这种知识。

美　是的。

苏　在他自身中寻找到知识不就是回忆吗？

美　当然是。

苏　他必定是在某个时候获得了他现在拥有的知识，否则他就是始终拥有知识？

美　是的。

苏　如果他始终拥有知识，那么他会始终知道。【e】如果他的知识是获得的，那么他的知识不是今生得来的。或者说，有人教过他几何学？因为他会以同样的方式表现出他拥有全部几何学知识，还有其他所有知识。有人教过他这些事情吗？你应该知道，尤其是，他是在你家里家生家养的。

美　但是据我所知，没有人教过他。

苏　然而，他拥有这些看法，或者说他没有？

美　我们似乎也无法说他没有这些看法，苏格拉底。

苏　【86】如果他的这些看法不是今生得来的，岂非清楚地表明他是在其他时候拥有和学到这些看法的吗？

美　似乎如此。

苏　那么是在他还不是人的时候？

美　是的。

苏　所以，在他存在而又还不是人的时候，他有了真实的见解，这些见解被提问激发出来，变成知识，他的灵魂不会在所有时候都在学习，是吗？因为很清楚，在他存在的所有时间里，他要么是人，要么不是人。

美　好像是这样的。

苏　【b】那么，如果有关实在的真理始终存在于我们的灵魂之中，灵魂必定是不朽的，正因如此，你才会始终充满自信地试图寻找和回忆你现在不知道的东西——这就是回忆，而你不把它称做回忆，是吗？

美　我似乎有理由相信你说的是对的。

苏　我也这么想，美诺。我不坚持说我的论证在其他各方面都是对的，但是我想要不惜一切代价，竭尽全力，用我的言词和行动，使我们能够成为比较好的人，比较勇敢而不那么懒惰，如果我们相信一个人必须探索那些不知道的事情；【c】而不是相反，如果我们相信寻找我们不知道的事情是不可能的，我们一定不要去寻找。

美　在这一点上我也认为你的看法是对的，苏格拉底。

苏　既然我们看法相同，人必须去探索和发现他不知道的东西，那么我们是否应当一道去试着发现什么是美德？

美　当然了。苏格拉底，我会非常高兴地参加考察，聆听你对我最初那个问题的回答，我们还应当尝试一下这个假设，【d】美德是某种可教的东西，或者说它是一种天赋，或者说它是以某种方式到人这里来的。

苏　如果我是在指点你，美诺，而不是自己在进行思考，那么我们不应当考察美德是否可教的问题，或者说，在我们考察了美德本身是什么这个问题之前不应当这样做。但由于你甚至不想主宰你自己，为的是你可以是自由的，而是想要统治我，并且这样做了，我只好同意你的意见——因为我又能怎么办呢？所以看起来，我们必须在还不知道某个事物的本性的时候去考察它的某些性质。【e】不过请你为了我放松一下你的统治，我同意考察它是否可教，或者使用假设的方法。所谓假设，我指的是几何学家在进行考察时常用的这种方法。【87】比如，如果有人问他们，是否有某个具体的区域能以一个给定的圆中的三角形来表达，他们中的某个人会说："我还不知道这个区域是否有这种性质，但是我认为我可以使用一个对解决这个问题有用的假设。这个假设是这样的：如果这个区域是这样一种情况，有人把它当做一个长方形来运用于某个圆中某条给定的直线，【b】如果拿这个图形和另一个同类的图形相比，它是有缺陷的，那么我会考虑一种替代的结果，而其他结果根本不可能发生。所以，通过使用这个假设，我愿意告诉你，是否有可能在这个圆中表达这个图形的结果——也就是说，它是否可能。"所以，让我们也用这样的方式谈论美德，因为我们不知道它是什么或者它有什么性质，让我们用假设的方法考察它是否可教，并且可以这样说，在存在于灵魂之中的事物中，哪一类东西是美德，它是否可教？首先，如果它是知识以外的某种东西，它是否可教，【c】或者如我们刚才所说，它是否可以回忆？别在意我们用的是哪个词，这没有什么区别。它可教吗？或者任何人都很清楚，除了知识，没有任何东西能教给人，对吗？

美　我认为是这样的。

苏　但若美德是一种知识，那么它显然可教。

美　当然。

苏　我们已经很快地处理了这个问题，如果它是这种东西，它能教，如果它是其他不同种类的东西，它不能教。

美　我们确实这样做了。

苏　下面要考虑的要点似乎是，美德是知识还是别的什么东西。

美　【d】这好像是下面要考虑的要点。

苏　好吧，我们说美德本身是某样好东西，这个假设对我们来说可靠吗，它是某样好东西吗？

美　当然。

苏　如果有什么好东西和知识不同，与知识分离，那么美德很可能不是一种知识；但若没有什么好东西是知识所不能囊括的，我们猜想美德是一种知识，那就对了。

美　是这样的。

苏　【e】美德肯定使我们变好吗？

美　是的。

苏　如果我们是好的，那么我们是受益的，因为一切好的事物都是有益的。不是这样吗？

美　是这样的。

苏　所以美德是某种有益的东西吗？

美　从我们已经同意了的观点中必定可以推论出这一点来。

苏　让我们来考察什么样的事物对我们有益，一样样地把它们说出来。我们说，有健康、美貌，还有财富。我们说这些东西，以及其他相同种类的东西，有益于我们，我们没有这样说过吗？

美　我们说过。

苏　然而我们还说过，这些事物有时候也带来伤害。【88】你同意还是不同意这种说法？

美　我同意。

苏　那么，请看，在每一事例中决定这些事物对我们有益还是有害的主要因素是什么？不就是正确使用它们对我们有益，错误地使用它们对我们有害吗？

美　当然。

苏　现在让我们看一下灵魂的性质。有这样一些东西你称之为节制、公正、勇敢、理智、强记、慷慨，等等吗？

美　有。

苏　【b】考虑一下这些东西有哪一个你相信不是知识，而是与知识不同的东西；它们不是有时候伤害我们，有时候对我们有益吗？以勇敢为例，如果勇敢者不聪明那就是鲁莽；一个人鲁莽的时候是没有理智的，他会受到伤害，当他有理智的时候，他会受益。

美 是的。

苏 这对节制和思想敏锐来说也一样，学会它们并理智地加以使用，那么它们是有益的，如果没有理智，那么它们是有害的，不是吗？

美 确实如此。

苏 【c】简言之，灵魂从事和承受的一切，如果由智慧指导，其结局就是幸福；但若由无知来指导，其结局正好相反，是吗？

美 很像是这样。

苏 那么，如果美德是灵魂中的某种东西，它必定是有益的，它必定是知识，因为灵魂所有性质本身既不是有益的也不是有害的，【d】而由于伴随着智慧或愚蠢，它们变成有害的或有益的。这个论证表明，美德是有益的，它必定是某种智慧。

美 我同意。

苏 再说，我们刚才提到过的其他事物，比如财富等等，有时候是好的，有时候是有害的。正如灵魂的其他性质，有智慧的指引，这些事物就是有益的，由愚蠢来指引，【e】这些事物就是有害的，所以在这些事例中，如果灵魂正确地使用和指引它们，会使它们有益，如果错误地使用它们，则对它们有害，不是吗？

美 确实如此。

苏 聪明的灵魂正确地指引它们，愚蠢的灵魂错误地指引它们吗？

美 是这样的。

苏 所以，人可以这样论说一切事物；人的所有其他活动依赖于灵魂，灵魂本身的活动依赖于智慧，【89】假定这些活动是好的。按照这一论证，有益的应当是智慧，我们说美德是有益的吗？

美 当然。

苏　所以我们说美德是智慧，无论是美德的整体，还是美德的部分，是吗？

美　你所说的，苏格拉底，在我看来相当正确。

苏　那么，如果是这样的话，善者并非依其本性而是善的，对吗？

美　我不这样认为。

苏　【b】如果它们是这样的，就会有下列推论：如果善者依其本性而是善的，那么我们就会有这样的人，他们知道年轻人中间有哪些人依其本性是善的；我们会把他们挑出来的人送往卫城①抚养，派人看守，在门上贴上封条，比保管金子还要小心，不让其他人腐蚀他们，让他们成年时可以为国家所用。

美　这样做相当合理，苏格拉底。

苏　【c】由于善者并非依其本性而是善的，那么是学习使他们成为善的吗？

美　必定如此，我现在是这样想的，苏格拉底，很清楚，按照我们的假设，如果美德是知识，那么它是可教的。

苏　也许是吧，宙斯在上，但我们对此表示同意也许不对。

美　然而，它刚才好像还是对的。

苏　如果它非常健全，那么我们不仅要想到它刚才是对的，还要想到它现在和将来也是对的。

美　【d】这里的难处是什么？你心里想到了什么，所以你不喜欢它，怀疑美德是知识？

苏　我会告诉你的，美诺。如果美德是知识，那么它是可教的，我不是说这样说是错的，而是要看是否可以合理地怀疑美德是知识。告诉我这一

① 卫城（ἀκρό-πολις），原意是设防的居民聚居点。这是个合成词。"ἀκρό"的意思是"高"，"πολις"的意思是"城、城邦"。卫城最早建在山上或高地上，便于防守，后来由于农耕的发展和定居的需要，也建于平原或河畔，以城墙和城堡为防卫，遂成为拥有生产场所和宗教生活中心的城市。一个城市加上周围面积大小不等的乡村，成为城邦。

点：如果不仅有美德，而且还有其他什么东西是可教的，难道不会必定有人教它，也有人学它吗？

美　我是这样想的。

苏　【e】还有，如果与此相反，某样事物既没有人教，也没有人学，我们能够正确地假定这个主题不可教吗？

美　是这样的，但是，你认为美德没有教师吗？

苏　我经常在试图寻找有无美德的教师，尽管我竭尽全力，但还是找不到。我在寻找的时候有许多人的帮助，特别是那些我相信在这种事情上最有经验的人。不过，现在，美诺，阿尼图斯①在这里正好有机会跟我们坐在一起。让我们和他分享我们的探索。【90】我们这样做是合理的，因为安尼图斯，首先我们得说他是安塞米翁②之子，安塞米翁非常富有，也很有智慧，但他不是自动变得很富有，或者是像底比斯人伊司美尼亚③那样得到了馈赠，他最近获得了波吕克拉底④的财产，凭的是他自己的智慧和努力。其次，他好像从来不显得傲慢、自夸和冒犯他人，【b】而是言行举止非常体面和庄重。还有，他很好地抚养、教育了我们在这里的这位朋友，如大多数雅典人所相信的那样，因为他们正在选他担任最高公职。所以在像他这样的人的帮助下寻找美德的教师是对的，无论有无这样的教师，如果有的话，他们是谁。因此，阿尼图斯，请你参加我和你的客人朋友美诺的讨论，我们想要考察的是谁是美德的教师。请你这样想，【c】如果我们想使美诺成为一名好医生，我们应当把他送到什么样的老师那里去？我们难道不该把他送到医生那里去吗？

阿　当然。

苏　如果我们想使他成为一名好鞋匠，那么把他送到鞋匠那里去，

---

① 阿尼图斯（Ἄνυτος），苏格拉底的指控人之一，参见《申辩篇》23e。
② 安塞米翁（Ἀνθεμίωνος），人名。
③ 伊司美尼亚（Ἰσμηνίας），人名。
④ 波吕克拉底（Πολυκράτης），人名。

是吗？

阿 是的。

苏 其他行业也一样吗？

阿 当然。

苏 就此相同的主题，请再以这种方式告诉我，我们说想要让他成为医生，把他送到医生那里去，这样说是对的；【d】每当我们这样说的时候，我们的意思是宁可把他送到那些实践这种技艺的人那里去，不要把他送到不实践这种技艺的人那里去，这些人为了这种实践而收取费用，并且表明他们自己是任何想要到他们这里来学习的人的老师。不正是有这种想法在心里，我们把他送去才是对的吗？

阿 是的。

苏 对于吹笛子和其他行当来说，这样说也是对的吗？【e】有些人想使某人成为一名笛手，但又拒绝送他去见那些自称教这门技艺并因此而挣钱的人，而是给其他人找麻烦，这些人并不想做这方面的教师，也没有学生，而我们却想把他送到他们那里去，向他们学习，要是这样做，会是非常愚蠢的，不是吗？你难道不认为这样做非常不合理吗？

阿 宙斯在上，我是这样认为的，这些人的做法非常无知。

苏 相当正确。然而，你现在可以和我谈论一下在这里的美诺、我们的客人朋友了。他曾经告诉我，阿尼图斯，他渴望获得智慧和美德，【91】这种东西使男人能够很好地管理家庭和他们的城邦，照顾好他们的父母，能像一名善人那样，知道如何欢迎和送别本邦公民和外邦人。【b】考虑一下，要学习这种美德，我们应当把他送去见谁呢？或者说，要是按照我们刚才所说，我们显然应当送他去见那些自称为美德教师的人，他们愿意为任何希望学习的希腊人提供服务，他们的服务要收取确定的费用，是吗？

阿 你说的这些人是谁，苏格拉底？

苏 你肯定知道他们是那些被人们称做智者的人。

阿 【c】赫拉克勒斯^①在上，嘘，别出声，苏格拉底。但愿我的亲朋好友，无论是雅典人还是外邦人，不会发疯，乃至于要到那些人那里去，被他们伤害，因为他们显然会带来毁灭，他们在腐蚀他们的追随者。

苏 你什么意思，阿尼图斯？这些人也声称知识是有益的，但竟然如此不同，不仅不能像其他人那样，有益于其他人托付给他们的人，反而要腐蚀他们，【d】甚至还厚颜无耻地期待在这一过程中挣钱，是吗？我发现我很难相信你，因为我知道是有一个人，普罗泰戈拉，从他的这种知识中挣的钱比一个有那么多著名作品的斐狄亚斯^②，再加十个雕刻匠挣到的钱还要多。你说的事情确实很特别，如果能找到那些修补拖鞋和衣服的人，【e】他们在一个月里把拖鞋和衣服补好了，但是这些拖鞋和衣服比送来补的时候更破了；如果是这样的话，他们很快就得饿死，而整个希腊竟然在 40 年里没有注意到普罗泰戈拉在腐蚀那些与他频繁来往的人，在送他们走的时候，这些人的道德状况比他们刚来的时候更糟。我相信他死的时候已经快 70 岁了，从事他的技艺已有 40 年。整个这一时期，到今天为止，他的声誉一直很高；不仅普罗泰戈拉是这种情况，其他许多人也是这种情况，有些出生得比他早，【92】有些到今天仍旧活着。我们可以说，你认为他们是在故意欺骗和败坏青年，或者并不明白自己在干什么吗？我们要把这些被某些人认为最聪明的人视为疯子吗？

阿 他们远远不是疯了，苏格拉底。倒不如说，是那些向他们付钱的年轻人疯了，【b】更糟糕的是那些亲属把他们的年轻人托付给智者，大多数城邦允许他们到来，也不驱赶试图以这种方式行事的本邦公民和外邦人。

苏 有智者伤害过你吗，阿尼图斯，或者说，你为什么那么恨他们？

阿 没有，宙斯在上，我从来没有和智者打过交道，我也不允许我们的人民这样做。

---

① 赫拉克勒斯（Ἡρακλῆς），神名。
② 斐狄亚斯（Φειδίας），雅典著名雕刻匠。

苏　所以你对他们完全无任何经验可谈？

阿　但愿我没有这种经验。

苏　【c】噢，我的好先生，如果你对智者完全没有任何经验，你怎么能够知道他们的教导是好还是坏？

阿　这很容易，因为我知道他们是谁，无论我对他们有无经验。

苏　你也许是个巫师，阿尼图斯，根据你自己说的话，我无法想象你是如何知道这些事情的。不过，【d】让我们不要试着去寻找谁的陪伴会使美诺邪恶——如果你喜欢，就让他们是智者好了——而是告诉我们，为了有益于你的在这里的这位你们家族的朋友，在这么大一个城邦里，他应当去谁那里，去某个值得去的地方，获得我刚才描述的这种美德。

阿　你自己为什么不告诉他？

苏　我确实提到过那些我认为是美德教师的人，【e】但是你说我错了，也许你是对的。所以还是你来告诉他，在雅典人中他应当去谁那里。告诉他你想要他去找到的人的名字。

阿　为什么要告诉他具体的人的名字？如果他愿意听从劝导，他遇到的每一位雅典绅士都比智者更能够使他变好。

苏　这些绅士没有向任何人学习，自动地变成有美德的，【93】并且能够把他们本人从来没有学过的东西教给其他人吗？

阿　我相信这些人向那些在他们之前的绅士学习过，或者说你不认为这个城邦里有很多好人？

苏　我相信，阿尼图斯，在这里有许多人在处理公共事务时是好的，过去也有许多好人，但是他们也是教他们自己美德的好教师吗？这是我们正在讨论的要点，我们问的不是这里有没有好人，【b】或者过去有没有好人，而是我们考察了很长时间的美德是否能教。在这个考察过程中，我们正在询问现在和过去的好人是否知道如何把他们自己拥有的美德传授给别人，或者说一个人能否把它传授给其他人，或者从其他人那里接受它。这是美诺和我长时间考察的问题。我们要以这样的方式来看待这个问题，【c】要依据你自己已经说过的话。你不会说塞米司托克勒[①] 是个好人吗？

阿　我会这样说。他甚至是最优秀的人。

苏　因此他是教他自己美德的一名优秀教师，如果有这样的人的话？

阿　我是这样想的，如果他想要成为这样的人。

苏　但是你认为他不想要其他人成为高尚的人，尤其是他的儿子吗？或者你认为他会妒忌这一点，【d】因此故意不把自己的美德传给他的儿子吗？你难道没有听说他教自己的儿子克莱俄芳图[②]成为一名优秀的骑手吗？他能直立在马背上投镖枪，还能做其他许多惊人的事情，这是他父亲教他的，是他擅长的，这些事情都需要好教师。你从你的长辈那里没听说过这件事吗？

阿　我听说过。

苏　所以人们不能因为这个儿子在美德方面的缺陷而责备他天赋不佳，【e】对吗？

阿　也许不能。

苏　但你是否曾听任何人，年轻的或年老的，说克莱俄芳图、塞米司托克勒之子，是个好人和聪明人，像他父亲一样呢？

阿　从来没有。

苏　我们相信，他想要教他的儿子其他事情，但却不能比他的邻居更好地教他本身拥有的这种技艺，如果美德确实可教，对吗？

阿　也许不对，宙斯在上。

苏　然而，如你刚才所同意的那样，他是过去最优秀的美德的教师之一。【94】让我们考虑另外一位，吕西玛库[③] 之子阿里斯底德[④]。你同意他是个好人吗？

---

① 塞米司托克勒（Θεμιστοκλἐς），公元前 5 世纪雅典著名政治家，反波斯战争中的领袖。

② 克莱俄芳图（Κλεόφαντος），人名。

③ 吕西玛库（Λυσίμαχος），人名。

④ 阿里斯底德（Αριστείδης），人名。

阿　我非常肯定。

苏　阿里斯底德也给了他的儿子吕西玛库[①]雅典最好的教育，这些科目都有教师传授，你认为他使他变得比其他人要好吗？你是他的同伴，【b】知道他是什么样的人。或者我们还可以举出伯里克利[②]这位有大智慧的人。你知道他养了两个儿子，帕拉卢斯[③]和克珊西普[④]？

阿　我知道。

苏　像许多雅典人一样，他教他们成为优秀的骑手，教他们各种技艺，让他们接受体育训练，让他们精通这些技艺，使他们在这些方面不亚于任何人，但是他不想使他们成为好人吗？我知道他想，但这种东西是不能教的。为了不让你认为只有很少一些微不足道的雅典人在这方面是无能的，让我们想一想修昔底德[⑤]吧，他也养了两个儿子，【c】美勒西亚[⑥]和斯特芳[⑦]，他在其他事情上也给过他们极好的教育。他们是雅典最好的摔跤手——他把一个儿子托付给克珊西亚[⑧]，把另一个儿子托付给欧多克索[⑨]，这两人被公认为他们那个时代最优秀的摔跤手，或者说你不记得了？

阿　我记得，我听说过。

苏　【d】很清楚，他不是没有教他的儿子那些要花钱才能学的东西，但他在教他们那些不花钱的东西时——使他们成为好人——失败了，如果这种事情是可教的话？或者说，修昔底德也许是个微不足道的人，他在雅典和其他盟邦里没有很多朋友，是吗？他属于一个伟大的家族；他在这个城邦和其他希腊人中有巨大影响，所以，如果美德能教，他会找到那些能使他的儿子

---

① 此处的这位吕西玛库与其祖父同名。参见《拉凯斯篇》179A。
② 伯里克利（Περικλές），雅典大政治家。
③ 帕拉卢斯（Πάραλος），人名。
④ 克珊西普（Χανθίππη），人名。
⑤ 修昔底德（Θουκυδίδης），人名。
⑥ 美勒西亚（Μελησίας），人名。
⑦ 斯特芳（Στέφανος），人名。
⑧ 克珊西亚（Ξανθίας），人名。
⑨ 欧多克索（Εὐδώχος），人名。

成为好人的人来教他的儿子，【e】无论是本邦公民还是外邦人，如果他本人忙于公务，没有时间。但是，我的朋友阿尼图斯，美德肯定是不能教的。

阿　我认为，苏格拉底，你太容易得罪人了。如果你听我的话，我建议你小心为好。在其他城邦也许也是这样，但在这里肯定是这样，伤害人比有益于人要容易得多。【95】我想你自己是知道这一点的。

苏　美诺，我想阿尼图斯生气了，对此我一点儿也不感到惊讶。他以为，从一开始我就在诬蔑这些人，而他相信自己是其中的一员。如果他真的明白什么是诬蔑，他会停止生气的，不过他现在还不知道。你来告诉我，在你们的人中间有高尚的人吗？

美　肯定有。

苏　【b】很好，他们愿意把自己奉献给年轻人，当他们的老师吗？他们同意当老师，认为美德能教吗？

美　不，宙斯在上，苏格拉底，有时候你会听到他们说它能教，有些时候说它不能。

苏　他们在这一点上都不能取得一致意见，我们能说他们是教这种东西的老师吗？

美　我不这样认为，苏格拉底。

苏　进一步说，你认为这些智者，只有他们承认自己是美德的教师，是美德的教师吗？

美　【c】在这一点上我特别敬重高尔吉亚，苏格拉底，你从来就没有听他许诺过这一点。确实，当他听到他们这样宣称的时候，还嘲笑过他们。他认为，应当使人成为能干的演说家。

苏　那么你不认为智者是教师吗？

美　我不知道该怎么说，苏格拉底；像大多数人一样，有时候我认为他们是教师，有时候我认为他们不是。

苏　你知道吗，不仅你和其他公众人物有时候认为它能教，【d】有时候认为它不能教，诗人塞奥格尼①也说过这样的话？

美　在哪里说的？

苏　在他的哀歌里，他说："和这些人一道吃喝，与这些人做伴。讨好这些权贵，因为你从这些善人那里你会学到善。【e】如果你和恶人混在一起，你甚至会丧失你拥有的智慧。"你瞧，在这里他好像说美德能教，不是吗？

美　好像是的。

苏　在别的地方，他有点变了。他说："如果能做这件事，那么理智就能灌输了"，而那些能做这件事的人"会得到大量的、无数的金钱"，还有，"好父亲不会生下坏儿子，因为他会被聪明的话语说服，【96】但你决不能把坏人教好"。你明白这位诗人在同一主题上自相矛盾吗？

美　他好像是的。

苏　你能说出其他有哪个行业，在其中那些自称是这一行业教师的人不仅不被认为是教师，而且还被人认为他们自己根本没有这个行业的知识，【b】在他们自认为能教的这个行业中非常可怜吗？或者其他有哪个行业，在其中被承认是宝贵的教师的人，有时候说它能教，有时候说它不能教吗？你能说那些对这个问题如此困惑的人能是它的有效的教师吗？

美　不，宙斯在上，我不能。

苏　那么好，如果智者和那些自身高贵的人都不是这个行业的教师，那么显然也没有其他人是这个行业的教师，对吗？

美　我不认为有其他人。

苏　【c】如果没有教师，那么也没有学生？

美　如你所说，是这样的。

苏　我们同意过，一个既无教师又无学生的科目是不可教的吗？

美　我们同意过。

---

①　塞奥格尼（Θέογνιν），公元前6世纪中期希腊人。下面的诗句引自他的《哀歌》33—36，434—438。

苏　现在看来，美德似乎在任何地方都没有教师，是吗？

美　是这样的。

苏　如果没有教师，那么也没有学生？

美　似乎如此。

苏　所以，美德不能教，是吗？

美　【d】显然不能教，如果我们的考察是正确的。不过，苏格拉底，我确实有点怀疑是否没有好人，或者好人是以什么方式来的。

苏　我们可能都是可怜的试验品，你和我，美诺。高尔吉亚没有恰当地教育你，普罗狄科也没有恰当地教育我。所以我们必须把注意力转移到我们自己身上，寻找某个能使我们变好的人。【e】我之所以这样说是看到我们最近的考察是可笑的，因为我们看不到，不是只有知识的指引人在他们的事务中才能获得成功，这可能也是成为好人的知识逃避我们的原因。

美　你这是什么意思，苏格拉底？

苏　我的意思是：我们同意好人必定是有益的，这是对的，不可能是别的样子。不是这样吗？

美　是的。

苏　如果他们在我们的事务中给予我们正确的指导，他们是有益的。【97】我们同意这一点也是对的吗？

美　是的。

苏　但是，如果一个人没有知识，他就不能正确地指导；在这一点上，我们的同意好像不正确。

美　你是什么意思？

苏　我会告诉你的。一个人知道去拉利萨的路，或者知道你喜欢的其他任何地方，那么他去那里，或者带别人去那里的时候，他会很好、很正确地带领他们，是吗？

美　当然。

苏　【b】如果有人对该走哪条路有正确的看法，但没有去过那里，也确实没有相关的知识，他不也能正确地引导吗？

美 肯定能。

苏 只要他在其他人拥有知识的事情上拥有正确的看法，他就不会是一个比那些有知识的人差的向导，只要他拥有真意见，尽管他没有知识。

美 他不会在各方面差。

苏 所以，真意见在指导和行为矫正上，在各个方面都不会比知识差。在我们对美德本性的考察中，这一点被我们忽略了，【c】当我们说只有知识能指导行为矫正的时候，因为真意见也能这样做。

美 似乎如此。

苏 所以，正确的意见并不比知识的用处少。

美 是的，在此范围内，苏格拉底。但是有知识的人总是获得成功，而拥有真意见的人只在有些时候获得成功。

苏 你什么意思？有正确意见的人不能始终获得成功吗，在他的意见是正确的时候？

美 看起来确实是这样的，但让我感到困惑，【d】苏格拉底，如果是这样的话，知识的价值为什么被人们看得远远高于正确的意见，它们为什么不同。

苏 你知道你感到困惑的原因吗，或者说，要我来告诉你？

美 请你务必告诉我。

苏 因为你没有注意代达罗斯①的雕像，不过，在帖撒利也许一个他的雕像也没有。

美 你这样说的时候心里想的是什么？

苏 要是不把它们捆起来，它们就会逃跑，要是把它们捆住，【e】它们就会待在原地。

美 那又怎样？

---

① 代达罗斯（Δαιδάλος），希腊神话中的建筑师和雕刻家。

苏　获得一个未加捆绑的代达罗斯的作品值不了多少钱，就像得到一个会逃跑的奴隶，因为它不会待在原地，如果捆绑起来，就非常值钱了，因为他的作品非常美丽。我在这样说的时候心里想的是什么？真意见。因为真的意见，只要固定不动，【98】它是一样好东西，它们做的事情是好的，但是它们不愿意在一个地方待很久，会从人的心灵中逃走，所以它们没有什么价值，直到给它们提供解释的理性来把它们捆住。美诺，我的朋友，这就是回忆，我们前面同意过。它们被捆绑以后，也就马上变成了知识，然后它们就待在原处了。这就是知识的价值为什么远远高于正确意见的原因①，知识与正确意见的区别就在于有无捆绑。

美　是的，宙斯在上，苏格拉底，好像是这么回事。

苏　【b】确实，我讲这些话也好像不拥有知识而只是在猜测。然而，我肯定不认为我说正确意见和知识有区别是在猜测。如果我声称自己知道什么——我只在很少的一些事情上这样声称——我会把它当做我知道的事情之一。

美　应该这样，苏格拉底。

苏　那么好，当正确的意见指导着每一行动过程的时候，它不比知识差吗？

美　我认为你在这一点上也是对的。

苏　【c】那么，正确的意见既不比知识差，也不比知识在指导行动方面用处小，拥有正确意见的人也不会比拥有知识的人用处小。

美　是这样的。

苏　我们同意过好人是有益的。

美　对。

苏　那么，由于不仅通过知识，而且也通过正确意见，人是好的，而当他们是好的时候，他们对他们的城邦有益，【d】而知识或正确意见来到人身

---

①　原因（αἰτία）。

上，都不是凭借本性，而是后来获得的——或者说它们的到来凭借本性吗？

美 我不这样认为。

苏 那么，如果它们都不是凭借本性而来的，那么人也不是凭借本性而来的。

美 肯定不是。

苏 由于善不是凭借本性而来的，我们下面要探讨的就是善是否能教。

美 对。

苏 我们认为它能教，如果它是知识，是吗？

美 是的。

苏 如果它是知识，那么它能教，是吗？

美 确实如此。

苏 【e】如果有美德的教师，那么它能教，如果没有美德的教师，那么它不能教，是吗？

美 是这样的。

苏 然后我们同意没有美德的教师，是吗？

美 我们同意。

苏 所以我们同意，它既不能教，又不是知识，是吗？

美 确实是这样的。

苏 但我们肯定同意美德是一样好东西，是吗？

美 是的。

苏 由它来正确地指导，既是有用的，又是好的，是吗？

美 肯定是。

苏 【99】只有这两样东西，真信念和知识，能正确地进行指导，如果人拥有这些东西，他能提供正确的指导。事情有时候由于偶然的机遇会变得正确，但这样的事情不能归于人的指导，而在有人正确指导的地方，要归因于这两样东西：真信念或者知识。

美 我认为是这样的。

苏　现在，由于美德不能教，它似乎不再是知识吗？

美　好像不是。

苏　【b】所以两样好的、有益的东西中有一样被排除在外了，知识不是公共事务的向导。

美　我不这样认为。

苏　所以，不是凭借某种智慧，或者凭借聪明，像塞米司托克勒以及阿尼图斯刚才提到的那些人领导着他们的城邦，是吗？这就是他们不能使其他人成为像他们一样的人的原因，因为不是知识使他们成为这样的人。

美　事情很像你说的这样，苏格拉底。

苏　因此，如果不是凭借知识，那么唯一可以替代的说法是凭借正确的意见，【c】政治家们凭借着正确的意见为了他们的城邦沿着正确的道路前进。在对待知识这个问题上，他们无异于预言家和宣布神谕的人。受到神的激励，他们也说了许多真话，但他们对他们所说之事并无知识。

美　可能是这样的。

苏　所以，美诺，把这些人称做神圣的是否正确，他们没有任何理智，但他们在如此重要的事情上的言行却是正确的？

美　当然正确。

苏　我们把刚才提到的祭司和预言家，【d】还有所有诗人，称做神圣的，这样做应当是对的，我们也不会把政治家称做不神圣的，因为他们也受到众神的影响和激励，他们的讲话引导人们在许多重要事情上获得成功，尽管他们对自己所说的话没有知识。

美　确实如此。

苏　女人也一样，美诺，还有斯巴达人，他们把好人称做神圣的，在赞颂某个人的时候，他们就说"这个人是神圣的"。

美　【e】他们好像是对的，尽管阿尼图斯在这里会对你这样说感到恼火。

苏　我不在乎，我们会和他再谈，只要我们的这种方式是对的；以这种方式，我们进行了整个讨论，我们谈论和考察了美德，它既不是一种天赋，也不能教，而是一种来自众神的恩赐，美德没有理智的陪伴，【100】除非我们的政治家中有人能使其他人成为政治家。如果有这样的人，那么可以说他生活在活人之中，就像荷马说提瑞西亚生活在死人之中，也就是说，"只有他还保留着智慧，其他人则成为飘忽的魂影"①。以同样的方式，就美德而言，这样的人在这里就好比处于影子中的唯一实体。

美 【b】我认为你说得很妙，苏格拉底。

苏 美诺，根据这个推论，我们可以说美德是众神的恩赐，出现在我们中的那些能够拥有它的人身上。对此我们应当有清楚的认识，在我们考察它如何呈现在人身上之前，我们首先试图发现美德本身是什么。不过，现在我该走了。你要使你的客人朋友阿尼图斯信服你本人信服的事情，为的是让他更有责任感。如果你获得成功，你也会给雅典人带来益处。

---

① 提瑞西亚（Τειρεσίαν），史诗中的人物。荷马：《奥德赛》第10卷，第494—495行。

欧绪德谟篇

提　要

　　本篇属于柏拉图早期对话中较晚的作品，以谈话人欧绪德谟的名字命名。公元 1 世纪的塞拉绪罗在编定柏拉图作品篇目时，将本篇列为第六组四联剧的第一篇，称其性质是"驳斥性的"，称其主题是"论争辩"。① 谈话篇幅较长，译成中文约 3.2 万字。对话写作时间与《高尔吉亚篇》相近，大约写于公元前 455 年—前 447 年间。苏格拉底在本篇中向克里托追述前一天他在吕克昂的运动场与两名智者——欧绪德谟和狄奥尼索多洛进行的辩论。他们是两兄弟，享有辩论家的盛名，自称无所不知，无所不能，能够驳倒任何人，还自称只要交学费，他们能使别人也成为这方面的专家。

　　序言部分（271a—272d），苏格拉底与克里托交谈，向他介绍两位智者的情况和前一天发生的谈话概况。

　　主体部分（272e—304c），苏格拉底回忆和讲述前一天发生的谈话。整场对话经过下列主要回合：

　　欧绪德谟声称通过问答能向雅典青年灌输美德。苏格拉底要他们对一位青年克利尼亚显示智慧，教会他懂得热爱智慧和实践美德。（271a—274d）

　　欧绪德谟对这位青年进行诱导。他问克利尼亚，学习者是学他懂的东

西，还是学他不懂的东西？克利尼亚说学他不懂的东西。欧绪德谟诘难说：你总是在懂得如何拼写以后才跟老师学习拼写的，你难道不是在学习你懂的东西吗？克利尼亚茫然不知所对，两名智者洋洋自得。（275d—277d）

苏格拉底指出智者是在利用"学习"一词的双重含义偷换概念。（277e—278a）转过来，苏格拉底自己要在与年轻人谈话方面给智者做一个展示。他对克利尼亚循循善诱，使这位青年懂得应当正确学习和使用知识，实践美德，过善良而美好的生活，懂得向父辈学习知识比继承财产更重要。（278e—282e）

两位智者重拾这一论证，与年轻人克特西普展开激辩，甚至使用了谩骂。克特西普在讨论中处于下风。他们提出了一系列的诡辩命题，展示了智者虚无主义的立场。苏格拉底驳斥这些诡辩，说它们的论辩虽然高明，可以博得人们的喝彩，但它们堵塞了通向真理的道路，抹煞了美和善，抹煞了一切事物的差异，实质上是要缝上大家的嘴。他告诫他们最好只在私下场合玩弄这种诡辩，如果在公众中玩弄，小心人们也会用诡辩来回敬他们。（283a—304b）

结尾部分（304c—307c），苏格拉底与克里托交谈，联系世人对哲学家和政治家的看法，对智者的技艺（争论和论证）进行了一些价值评估。

本篇保存了大量智者诡辩的实例。这是现存古希腊文献中最早驳斥诡辩的著作。

正　文

谈话人：克里托、苏格拉底

克　【271】他是谁，苏格拉底，昨天在吕克昂①和你谈话的那个人？我去的时候很多人围着你，我挤不进去，什么都听不清。我伸长脖子朝里望了

---

①　吕克昂（Λύκαιον），地名。

一眼，我看跟你谈话的是个陌生人。他是谁？

苏 你问的是哪一个，克里托^①？在那里跟我谈话的不是只有一个人，而是两个人。

克 【b】我问的是坐在你右手边的那个人——坐在你们中间的是阿西俄库^②的小儿子。他长得真快，苏格拉底，个子快有我们的克里托布卢^③那么高了。不过，克里托布卢比较瘦，而那个孩子长得非常漂亮，一表人才。

苏 你问的这个人是欧绪德谟^④，克里托，他的兄弟狄奥尼索多洛^⑤坐在我左边，他也参加了讨论。

克 我不认识他们，苏格拉底。我猜他们是新智者。【c】他们从哪儿来，有什么特别的智慧？

苏 按出生，我想，他们是从开俄斯^⑥那边来的。作为殖民者，他们去了图里^⑦，后来又离开那里，已经在这一带过了好多年。至于你问他们俩有什么智慧，那就太神奇了，克里托！他们俩绝对是无所不知、无所不能，乃至于我以前从来不知道有哪一位是真正的拳击手。他们俩绝对是全能的角斗士^⑧，【d】不像那两位阿卡奈人^⑨只能用身体战斗。首先，这俩人掌握了所有身体的技艺，擅长披挂盔甲作战，【272】还能把这种技艺教给任何人，只要他们交学费；其次，他们俩在法庭战斗中也是佼佼者，还能教其他人如何讲话、如何撰写适合在法庭上发表的演讲。原先这是他们仅有的技艺，而现在他们在摔跤这门技艺上也功德圆满了。他们现在已经掌握了这种形式的战斗，这是他们原先没有尝试过的；结果是，单独一个人根本无法与他们抗

---

① 克里托（Κρίτων），人名。

② 阿西俄库（Αξίοχος），人名。

③ 克里托布卢（Κριτοβούλος），人名。

④ 欧绪德谟（Ἐυθύδημος），人名。

⑤ 狄奥尼索多洛（Διονυσόδωρος），人名。

⑥ 开俄斯（Χίους），地名。

⑦ 图里（Θουρίαους），地名。

⑧ "全能角斗"是摔跤和拳击的组合。

⑨ 阿卡奈人（Ἀχαρνεύς），族名。

衡，【b】他们已经能够娴熟地打口仗，论证和驳斥任何事情，无论是对还是错。所以，克里托，我想把我自己交给他们，因为他们说自己在很短时间里就能使其他人像他们一样能干。

克　怎么回事，苏格拉底？你就不担心，你这把年纪了，不嫌太老吗？

苏　我一点儿也不担心，克里托——我已经有了足够多的榜样和勇气，我无所畏惧。这两人自己在开始学习我想要的这种智慧时，年纪已经很大了，我指的是争论术的智慧。去年或者前年，他们还没有成为聪明人。【c】我唯一担心的是我可能会使这两位陌生人丢脸，就好像我已经使那位琴师，梅特洛比乌①之子孔努斯②丢脸，他到现在还想教我弹竖琴。那些和我一起学竖琴的孩子们一看到我就发笑，把孔努斯叫做"老头的老师"。所以我担心有人同样会去嘲笑这两位陌生人；要是担心发生这种事情，他们可能不愿意收我做学生。所以，克里托，我已经说服其他一些老头跟我一道去学习弹竖琴，【d】在这件事情上我也想这么做。你自己干吗不跟我一起去呢？我们可以带上你的儿子做钓饵抓住他们——我保证他们想要捕捉这些孩子的愿望会使他们也给我们上课。

克　我不反对，苏格拉底，如果你真的认为这个计划很好。但是首先请对我解释一下，这两个人的智慧是什么，好在我们去学习之前让我有点印象。

苏　你马上就能听到，因为我不能假装我没注意过这俩人。事实上，我正在努力回忆当时说的话，【e】我想从头开始把整件事情讲给你听。真的很凑巧，我当时独自坐在更衣房那里，就在你看见我的那个地方，已经想到我该走了。就在我要起身的时候，经常在我心中出现的那位神明显现了。【273】于是我又坐下，不一会儿，这两人，欧绪德谟和狄奥尼索多洛，走了进来，还有一些人跟在他们后面，他们的学生，在我看来，他们的人数相当多。这

---

① 梅特洛比乌（Μητροβίους），人名。
② 孔努斯（Κόννος），人名。

俩人进来以后就沿着回廊来回走，走了两三圈，克利尼亚①也进来了，你说得没错，他已经长大成人了。很多人跟着他，那是他的情人，他们中间有克特西普②，一位来自帕安③的年轻人——长得很英俊，【b】除了有一般年轻人的那种莽撞。克利尼亚在运动场入口处就看到我独自坐在这边，于是就径直朝我走来，在我的右边坐下，就像你说的那样。欧绪德谟和狄奥尼索多洛看见他了，他们起初站在那里说话，还不时地朝我们这边张望（我很留意地看着他们），过了一会儿，他们走了过来。其中一位，欧绪德谟，坐到了这个孩子的边上，另一位在我的左边挨着我坐下，【c】其他人也找到他们能坐的地方一一坐下。由于我很长时间没见过他们俩了，所以我很好地问候了他们，然后我对克利尼亚说，你要知道，克利尼亚，这俩人的智慧，欧绪德谟和狄奥尼索多洛的，必须用来处理重要的事务，而不是微不足道的事务。他们知道战争的所有事情，也就是想做一名好将军必须懂得的一切事情，比如排兵布阵、发布军令、披挂盔甲打仗，此外还有，他们使人能在法庭上战胜对手，如果有人伤害他。

【d】听到我说的这些话，他们显然没在意，因为他们俩笑着相互看了一眼，欧绪德谟说："我们现在对这些事情不再热心了，苏格拉底，我们把这些事当做杂耍"。

我非常惊讶，我说："如果这么重要的事情都成了杂耍，那么你们的主业一定非常辉煌。苍天在上，告诉我，你们的主业是什么？"

他说："是美德，苏格拉底，我们认为我们能够比其他任何人更好、更快地教美德。"

【e】"天哪，我说，你们做出了一项什么样的论断！这种天赐的本领你们是在哪里找到的？我仍旧在想着你们，如我刚才所说，你们俩特别擅长披挂盔甲打仗，所以我用这种方式谈到你们。你们以前来访问我们的时候，我

---

① 克利尼亚（Κλεινίας），人名。
② 克特西普（Κτήσιππος），人名。
③ 帕安（Παιᾶν），地名。

记得你们就做出过这样的断言！现在，若你们真的拥有其他的智慧，那么愿你们吉祥——你们瞧，我对你们说话的口吻就好像你们是神，【274】想要你们宽恕我前面说过的话。但你们要保证，欧绪德谟和狄奥尼索多洛，你们说的是真话——你们的论断把话说得太满，使我不由地产生一丝怀疑。"

"放宽心吧，苏格拉底，事情确实就像我们说的那样。"

"那么，我把你们拥有这种智慧看得比那位伟大的国王拥有一个大帝国还要幸福！不过，你们还是告诉我，你们打算演示这种智慧吗，或者你们想怎么做？"

【b】"我们到这里来就是为了这个目的，苏格拉底，演示一下，如果有人想学，我们就教他。"

"我向你们保证，每一个没有得到这种智慧的人都希望得到它；首先是我，然后是在这里的克利尼亚，除了我们以外，还有克特西普和其他人。我一边说，一边指着那些克利尼亚的情人，这个时候他们已经聚拢在我们周围了。之所以如此，因为克特西普原来坐得离克利尼亚很远，欧绪德谟侧着身子和我说话的时候，【c】显然挡住了克特西普的视线，使他看不清坐在我们俩中间的克利尼亚。所以克特西普既想看见他的情人，又对这场讨论有兴趣，于是就首先站起身来，站到我们正面。其他人看到他这样做，也都纷纷效仿，既有克利尼亚的情人，【d】又有欧绪德谟和狄奥尼索多洛的追随者。我对欧绪德谟说打算学的人指的就是他们。然后，克特西普急切地表示同意，其他人也表示同意，他们全都请求这俩兄弟演示他们智慧的力量。"

于是，我说："欧绪德谟和狄奥尼索多洛，请你们尽力满足这些人的要求吧，演示给我们看——这样做也是为了我的缘故。要完整地进行演示显然是一项浩大的工程，【e】不过请先告诉我这一点：你们只能使那些已经被说服必须向你们学习的人变好，还是也能使那些在这一点上还没有被说服的人变好，既因为他相信这一点，美德根本不能教，又因为他认为你们俩不是美德的教师？来吧，告诉我，按照这一线索说服他美德可教、你们是他能最好地学习美德的老师，这项任务属于同一种技艺还是另一种技艺？"

"属于同一种技艺，苏格拉底。"狄奥尼索多洛说。

【275】"那么，狄奥尼索多洛，我说，你和你的兄弟是当今世界最能鼓励人学习哲学和实践美德的人吗？"

"这确实就是我们的想法，苏格拉底。"

"那就把你们的其他展示放到以后再做，现在证明给我们看：说服在这里的这位青年，让他明白自己必须热爱智慧和留意美德，这样你们对我和对所有陪在这里的人就尽到义务了。这个孩子的情况是这样的：我和所有这些人都想要他尽可能变好。他是阿西俄库的儿子、老阿尔基比亚德①之孙、【b】现在还活着的阿尔基比亚德的外甥，他的名字叫克利尼亚。他还年轻，我们都为他担心，就像对其他年轻人一样，怕有人会抢先把他的心灵引向歧途，毁了他。你们俩的到来真的非常及时。如果你们不反对，就请你们试一试这个孩子，当着我们的面和他交谈。"

我说的几乎就是这些话，我说完以后，【c】欧绪德谟勇敢而又自信地做出回答："这对我们来说没什么区别，苏格拉底，只要这个年轻人愿意回答问题。"

我说："他实际上习惯回答问题，因为这些人老是问他各种各样的问题，跟他交谈。所以他回答问题相当勇敢。"

下面发生的事情，克里托，我要怎样叙述才恰当呢？要能具体回忆起这样的智慧可不是一件小事，【d】它如此伟大。所以，我必须像诗人一样呼唤缪斯和记忆女神，由此开始我的叙述。好吧，我想起来了，欧绪德谟当时是这样开始的："克利尼亚，哪一种人是学习者，是聪明人还是无知的人？"

碰到这个重大的问题，那个孩子羞红了脸，带着疑惑的眼光望着我。见他有点困惑，我说："克利尼亚，放宽心，【e】大胆地选择在你看来是正确的答案——他也许能给你提供很大的帮助。"

就在这个时候，狄奥尼索多洛脸上带着微笑，凑到我耳边小声说："苏

---

① 阿尔基比亚德（Ἀλκιβιάδης），人名。

格拉底，我向你预告，无论这个小伙子怎样回答，都会遭到驳斥"。

【276】当他说这话的时候，克利尼亚做出了他的回答，所以我没有机会提醒他当心；他回答说："聪明人是学习者。"

然后欧绪德谟说："某些人你称他们为老师，有还是没有？"

克利尼亚表示同意："有。"

"老师是那些要学习的人的教师，我假定，以同样的方式，音乐老师和写字老师是你和其他那些孩子的老师，当你们是学生的时候，是吗？"

他表示同意。

"当你们学习的时候，你们还不知道你们正在学的东西，是吗？"

"是不知道。"他说。

【b】"你们不知道这些东西的时候是聪明的吗？"

"肯定不聪明。"他说。

"如果不聪明那就是无知，对吗？"

"确实是这样的。"

"所以在学习过程中你们是不知道的，而在你们无知的时候，你们在学习，对吗？"

这个孩子点了点头。

"那么，是无知者在学习，克利尼亚，而不是像你所说的那样，聪明人学习。"

【c】当他说完这句话的时候，狄奥尼索多洛和欧绪德谟的追随者马上热烈鼓掌和欢笑，就像一个合唱队看到指挥做出一个手势。然后，还没等那孩子喘过气来，狄奥尼索多洛迫不及待地重拾论证。他说："好吧，克利尼亚，当一个写字的老师要你听写，这是孩子们都要学的，是聪明的孩子在学习，还是无知的孩子在学习？"

"聪明的。"克利尼亚说。

"那么是聪明的孩子在学习，而不是无知的孩子在学习，所以你刚才给了欧绪德谟一个错误的回答。"

【d】这两人的支持者大声欢笑起来，崇拜他们的精明能干。而我们这些人全都目瞪口呆，一句话也说不出来。欧绪德谟看到我们困惑的样子，想要使我们进一步陷入混乱，所以他不想放过那个孩子，他继续发问，像一名能干的舞蹈家，就同一个问题颠来倒去反复提问。他说："学习者学习他们知道的事情，还是学习他们不知道的事情？"

【e】此时狄奥尼索多洛又在我耳边小声说："这是另外一个问题，苏格拉底，就像第一个问题那样。"

"可怜我们吧。"我说："第一个问题就肯定够好的了！"

"我们的所有问题都同样不可回避，苏格拉底。"他说。

"毫无疑问，这就是你们的学生如此崇拜你们的原因。"我说。

就在克利尼亚回答欧绪德谟学习者学他们不知道的东西时，欧绪德谟又按照前面的方式继续提问。

【277】他说："那么，你不认识字母吗？"

"我认识。"他说。

"你全部认识它们吗？"

他表示同意。

"任何人听写的时候，他不是在听写字母吗？"

他表示同意。

【b】"那么，他不是在听写你知道的东西，如果你真的全部知道它们？"

对此他也表示同意。

"那么好，"他说："你不是一个学习某人听写的那些东西的人，是吗，而是一个不知道他的字母就是他要学习的东西的人？"

"不。"他说："我是一个学习的人。"

"所以你在学习你知道的东西，"他说："如果你真的知道所有字母。"

他表示同意。

"那么你刚才的回答是错的。"他说。

欧绪德谟这话还没完全出口，狄奥尼索多洛就像接球似的接过话头，对着那孩子说："欧绪德谟完全是在欺骗你，克利尼亚。告诉我，所谓学习不就是获得某人所学到的知识吗？"

克利尼亚表示同意。

【c】"那么，什么是知道？"他说："除了已经拥有知识，还能是别的什么吗？"

他表示同意。

"那么，不知道就是还没有拥有知识吗？"

克利尼亚表示同意他的看法。

"那么，获得某样东西的人是已经获得的人，还是没有获得的人？"

"是没有获得的人。"

"你不是承认，那些不知道的人属于还没有拥有某些东西的人吗？"

克利尼亚点头表示同意。

"那么，学习者属于获得的人，不属于拥有的人吗？"

他表示同意。

"那么，是那些不知道的人在学习，克利尼亚，而不是那些知道的人在学习。"

【d】欧绪德谟急于想把这位年轻人第三次摔倒，我看到他快要支持不住了，想给他一个喘气的机会，不让他变得胆小，给我们带来羞辱，于是我鼓励他说："克利尼亚，如果你对这些论证感到陌生，那么不要感到惊讶，因为你也许还不明白这些来访者和你在做什么。他们的所作所为和科里班忒①秘仪引人入会是一样的。如果你曾经入过会，那你知道在这样的场合会有舞蹈和游戏，【e】而这俩人现在做的无非就是围着你跳舞和游戏，想吸引你入会。所以你现在必须想象自己在聆听智者秘仪的第一部分。首先，如普罗狄科所说，你必须学会正确地使用语词；而我们这两位来访者刚才已经指出

_____

① 科里班忒（Κορυβαντες），希腊宗教中大母神的祭司，在举行祭仪时狂歌乱舞，并用长矛胡乱碰撞，在疯狂中互伤。

了这一点，你不明白人们使用学习这个词【278】不仅是指一个开始没有知识的人后来获得知识，而且也指这个人当他有了知识以后使用它来考察相同的事情，无论是口头谈论还是实际去做。（实际上，人们称后者为理解，而不是学习，不过他们有时候的确也把它称做学习。）但是这一点，如他们所指出的那样，被你忽略了——把同一个词用在相反的人身上，有知识的和无知识的。第二个问题也差不多，【b】他们问你，人们学习他们知道的东西还是学习他们不知道的东西。这些事情是学习的肤浅的部分（这也是我告诉你们这些人在开玩笑的原因）；我之所以把这些事情称为浅薄的，因为一个人哪怕学了很多，甚至学了所有这样的事情，也不会比以前聪明，能弄清事情是怎么一回事，而只能用来和别人开玩笑，利用语词的不同意义把人弄得晕头转向，就好比有人想要坐下，但有人把凳子抽走，当他摔得四脚朝天时，【c】其他人就哈哈大笑。所以，你必须把他们的表演都视为纯粹的游戏。但在此之后，他们无疑会告诉你一些严肃的事情，如果他们愿意，我会引导他们，让他们保证把他许诺给我的东西交出来。他们说他们会演示一种鼓励性的技艺，现在看来，他们认为必须从跟你开玩笑开始。所以，欧绪德谟和狄奥尼索多洛，【d】这个玩笑就开到这里吧，我认为玩笑已经开够了。下面要做的事情是，展示一下你们如何说服这位年轻人，让他必须献身于智慧和美德。而在此之前，我想先给你们俩在方法上演示一下，我是以这种方式做这种事情的，也让你们明白我想听的是哪一类事情。如果你们认为我的做法不那么专业、滑稽可笑，请别笑话我——我只不过是急于想听到你们的智慧，所以大胆地在你们面前临时演示一下。【e】因此，请你们和你们的门徒约束一下自己，不要发笑；至于你，阿西俄库之子，请你回答我的问题。

"所有人都希望做得好吗？或者说，我担心，这个问题可能是最会让你们发笑的问题之一？我假定，甚至提出这样的问题也是愚蠢的，因为几乎不会有人不希望做得好。"

"不会，没有这样的人。"克利尼亚说。

"那么好吧。"我说："下一个问题是，由于我们希望做得好，我们如何才能这样做呢？不就是通过拥有许许多多善物（好东西）吗？或者说，这个问题提的比刚才那个还要蠢，因为我想事情很显然就是这种情况？"

他表示同意。

【279】"那么好，现存事物中哪些种类的事物对我们来说是好的？或者说，这个问题也许不难，我们不需要一位重要人物来提供答案，因为每个人都会告诉我们，富裕就是一种好，不是吗？"

"确实如此。"他说。

【b】"健康和英俊也是这样，也还有能充分提供身体需要的其他东西，对吗？"

他表示同意。

"还有，高贵的出身、权力、荣誉，在自己的国家里显然是善物。"

他表示同意。

"那么，还有哪些善物我们没提到呢？不是还有节制、公正、勇敢吗？苍天在上，克利尼亚，告诉我，你是否认为，如果我们把它们算做善物，或者我们拒绝这样做，我们应当把它们放在什么正确的地方吗？在这一点上，也许有人会和我们争论——你是怎么看的？"

"它们是善物。"克利尼亚说。

【c】"很好。"我说："那么，我们应当把智慧放在什么地方呢？放在这些善物中间，或者说我们应该如何对待它？"

"放在善物中间。"

"现在可以确定，我们没有落下任何值得一提的善物。"

"我不认为我们落下了。"克利尼亚说。

但在这个时候我想到了一样善物，我说："天哪，克利尼亚，我们差一点把最伟大的善物落下了！"

"哪一种善物？"他说。

"好运，克利尼亚，每一个人，哪怕最卑微的人，都说它是最伟大的善物。"

"你说得对。"他说。

【d】思索片刻，我又说："阿西俄库之子，你和我几乎已经当着我们的来访者的面把自己弄得滑稽可笑了"。

"怎么会呢？"他说。

"因为我们刚才在列举善物的时候提到了好运，我们现在又在重头说同样的事情。"

"你什么意思？"

"有样东西已经提到了，然后又提到，同样的话说两遍，这样做确实可笑。"

"你这样说是什么意思？"

"智慧肯定是好运，我说——连小孩都知道这一点。"

他感到吃惊——他还那么年轻，头脑简单。

【e】看到他那吃惊的样子，我说："你知道，克利尼亚，如果一名笛手能成功地演奏笛子，你难道不认为他拥有最好的运气吗？"

他表示同意。

"那么，教写字的老师在读和写方面呢？"

"当然。"

"海上的危险怎么样，你肯定不认为，一般说来，会有人比聪明的舵手更加幸运？"

"肯定不会。"

【280】"还有，假定你参加一场战役，你宁可和什么样的将军一道分享危险和幸运，聪明的将军还是无知的将军？"

"聪明的将军。"

"如果你病了，你宁可和一位聪明的医生还是和一位无知的医生一道冒风险？"

"聪明的医生。"

"那么，这是你的看法。"我说："在聪明人的陪伴下做事情比在无知者的陪伴下做事情更加幸运，是吗？"

他表示同意。

"所以，智慧在各种情况下都使人幸运，因为我不认为智慧会犯错误，而是必定永远正确和幸运，否则的话，它就不再是智慧了。"

【b】我们最后达成了一致意见（我不知道是如何达成的），总的说来是这样的：如果一个人有智慧，他不需要添加任何好运。当我们确定这一点以后，我又回过头来问他我们前面的那些陈述是否会受影响。我说："我们确定，如果我们已经拥有许多善物，我们就会幸福和做得好。"

他表示同意。

【c】"如果这些善物对我们没有益处，或者说如果它们对我们有某些益处，在哪一种情况下拥有善物使我们幸福？"

"如果它们对我们有某些益处。"他说。

"如果我们只是拥有它们，但并没有使用它们，它们会对我们有益吗？比如说，如果我们拥有大量的食物，但没有吃它，或者我们拥有大量的饮料，但没有喝它，我们从这些东西中会产生什么益处吗？"

"肯定不会。"他说。

"那么好，如果每位工匠都拥有他做的工作所必需的所有材料，但是从来不用它，他能依据理智很好地处理一名工匠所需要的所有材料吗？比如，给一位木匠提供所有工具和大量的木头，但他没有做工，【d】能说他从他拥有的东西中受益吗？"

"完全不能。"他说。

"那么好，如果某人拥有金钱和我们刚才提到的所有善物，但他没有加以使用，作为拥有这些善物的结果，他是幸福的吗？"

"显然不是，苏格拉底。"

我说："由此可见，一个人要想幸福不仅必须拥有这些善物，而且也必须使用它们，否则就不可能由于拥有这些善物而得到益处。"

"你说得对。"

【e】"那么，这两样事情，拥有善物和使用它们，足以使人幸福吗，克利尼亚?"

"在我看来是这样的，无论如何。"

我说："如果他正确地使用，或者他不正确地使用?"

"如果他正确地使用它们。"

"说得好，"我说："现在我假设如果某人错误地使用一样东西比把它搁在一边会带来更大的伤害——第一种情况是恶，【281】第二种做法既不恶又不善。或者说，这不是我们要坚持的看法?"

他同意说这是我们要坚持的。

"那么下面该怎么说呢? 在工作和使用木头中，肯定是正确地使用木匠的知识而不是其他什么东西会带来正确的使用吗?"

"肯定不是其他东西。"

"还有，我假定在制造器皿时，产生正确方法的是知识。"

他表示同意。

"还有，"我说："涉及我们原先提到的那些善物——【b】财富、健康、俊美——是知识，还是别的什么东西，在支配和指引我们正确地使用它们?"

"是知识。"他说。

"那么，知识在各种情况的拥有或行为中，似乎不仅给人提供好运，而且也提供善举。"

他表示同意。

"那么，苍天在上，"我说："没有判断力和智慧，拥有其他东西会有什么益处吗? 一个没有判断力的人，如果他拥有很多东西，也做了很多事，或者如果他拥有很多东西，但几乎不做事，在哪一种情况下他得到的益处比较多? 【c】请你这样想：如果他做的事情比较少，他犯的错误也就比较少；如果他犯的错误比较少，他做的事情也就不那么坏；如果他做的事情不那么坏，他也就不会比较不幸了，是吗?"

"是的，确实如此。"他说。

"在哪一种情况下，人会做的事情比较少，是穷人还是富人？"

"穷人。"他说。

"软弱的人和强壮的人呢？"

"软弱的人。"

"有荣耀的人和没有荣耀的人呢？"

"没有荣耀的人。"

"勇敢和节制的人做的事情比较少，还是胆小的人做的事情比较少？"

"胆小的人。"

"那么，如果某个人是懒惰的，而不是勤快的，我们也可以说同样的话吗？"

他表示同意。

【d】"还有缓慢的和敏捷的、视力与听力差的和敏锐的？"

我们同意所有诸如此类的比较都是这种情况。

"所以，总结一下，克利尼亚，"我说："关于我们从一开始就称之为好的所有事物，正确的解释似乎不在于它们本身依其本性是好的，而是在下述情况下它才是好的：如果是无知在控制它们，那么它们就是比它们的对立物更大的恶，因为它们在一个坏的统治者的主宰下会更加能干；【e】但若是判断力和智慧在支配它们，那么它们是比较大的善物。然而，就其本身来说，它们无善恶价值可言。"

他说："好像是你说的这么回事。"

"那么，我们交谈的结果是什么呢？不就是其他那些事物既不是善的，又不是恶的，而这两样事物，智慧是善，无知是恶吗？"

他表示同意。

【282】"那么，让我们来考虑下面该怎么说：由于我们全都希望幸福，由于我们似乎依靠拥有这些事物和正确地使用它们才变得幸福，由于知识是正确和好运的源泉，所以，每个人似乎必定要用各种手段做好准备，使自己尽可能变得聪明——不是这种情况吗？"

"是的，是这样的。"他说。

"某个人认为自己应当从他的父亲那里得到这种东西，【b】而不是得到金钱，不仅要从他的父亲那里，而且要从他的监护人和朋友那里得到这种东西（尤其是他的城邦里的这些人和在别的地方声称是他的情人的人），他恳求他们赐给他一些智慧，这样做没什么可耻的，克利尼亚，如果因为这个原因，他成了他的情人或任何人的仆人或奴隶，为了变得聪明而愿意提供高尚的侍奉，这样做也并不可耻。或者，你不这样认为?"我说。

"在我看来，你似乎绝对正确。"他说。

【c】"仅当智慧能教，克利尼亚。"我说："因为智慧不会自觉自愿地来到人这里，我这样说才是对的。这一点仍旧有待我们去考察，还没有在你我之间达成一致意见。"

"在我看来，苏格拉底，"他说："我认为智慧能教。"

我乐了，我说："我喜欢你说话的方式，我的好伙伴，你给了我一个很好的转折点，把我从对这个要点的冗长的考察中解脱出来，无论智慧能否传授。现在，由于你相信智慧能够传授，也相信它是能使人幸福和交好运的唯一存在的东西，【d】所以你肯定会同意人必须热爱智慧，你的意思是你自己要这样做吗?"

"这正是我想做的事情，苏格拉底，只要我能做到。"

听了这话，我非常兴奋，我说："欧绪德谟和狄奥尼索多洛，这就是我提供的样本，我想要的鼓励性的论证就是这个样子的，尽管不成熟，也许还有点啰嗦，有些困难的地方。现在，你们中间无论哪一位愿意，就请你以专业的方式就相同的事情为我们提供演示。或者说，如果你们不希望这样做，【e】那就从我停下来的地方开始，把后面这些话告诉这个孩子：为了成为一个幸福的人和好人，他是否应当获得各种知识，或者是否有一种知识是他必须获得的，这种知识是什么。我在开始的时候就说过，这一点对我们来说极为重要，这位年轻人应当成为聪明的和善良的。"

【283】这就是我所说的，克里托，我特别关注后来发生的事，观察他们

会如何重拾论证，会从什么地方开始说服这位年轻人实践智慧和美德。这两个人中的兄长狄奥尼索多洛首先拾起了这个论证，我们全都盯着他，希望能马上听到他的精彩讲话。这就是后来发生的事，【b】因为这个人确实是以一种绝妙的方式开始论证的，克里托，值得你好好听一听，它是鼓励人们趋向美德的。

"告诉我，苏格拉底，"他说："还有其他所有你们这些说自己想要使这位年轻人变聪明的人——你们这样说是在开玩笑，还是认真的？"

他的话让我想到，我们在前面要他们跟这个孩子谈话时，他们肯定以为我们在开玩笑，这就是他们后来开玩笑、【c】没有和他认真交谈的原因。一有了这个想法，我就更加坚持我们是绝对认真的。

狄奥尼索多洛说："好吧，小心点儿，苏格拉底，你没发现你自己在否定这些话。"

我想了一下，我说："我决不会否认这些话。"

"噢，很好，"他说："你说你想要他变得聪明吗？"

"非常想。"

"但是在当前，"他说："克利尼亚是聪明的，还是不聪明的？"

他说他还不聪明，至少——"噢，他是个谦虚的人。"我说。

【d】"但是，你们这些人希望他变聪明，"他说："而不希望他无知吗？"

我们表示同意。

"因此，你们希望他变成一个不是他的人，不再是现在这个他了。"

听了这些话，我感到困惑，当我仍处于这种状态时，他接着对我说："由于你希望他不再是现在的他，所以你显然希望他死，而不是希望他变成其他什么样子。这样的朋友和情人必定有很高的价值，他们最希望他们的爱人彻底毁灭！"

【e】听了此话，克特西普为他的情人的缘故勃然大怒，他说："图里来的客人，如果这不是一句相当粗鲁的评价，我会说'你自己去死吧'，你要记住，你怎么能够对我、对我们大家撒谎，竟然说出我认为如此邪恶的话来——我会希望这个人死!"

"怎么了,克特西普,"欧绪德谟说:"你认为有可能撒谎吗?"

"苍天在上,是的,有可能,"他说:"如果我认为不可能,那我就是疯了。"

"一个人说话的时候在谈论他在说的事物,还是不说话的时候在谈论他在说的事物?"

【284】"说话的时候。"他说。

"所以,如果他说了这样事物,那么他没有说其他事物吗,除了他在说的这样事物?"

"当然。"克特西普说。

"他说的这样事物是存在的各样事物之一,与其他事物不同吗?"

"当然。"

"那么说这样事物的人说的是这样事物。"他说。

"是的。"

"但是,说这样事物的人肯定说的是这样事物,说的是真话——所以,狄奥尼索多洛如果说的是这样事物,他说的是真话,没有对你们撒谎。"

【b】"是的。"克特西普说:"但是谈论这些事物的人,欧绪德谟,谈论的事物是不存在的。"

欧绪德谟说:"这些事物肯定不存在吗?"

"是的,它们不存在。"

"不存在的事物肯定不存在于任何地方吗?"

"不存在于任何地方。"

"那么当这些事物不存在于任何地方的时候,任何人,无论是谁,不可能对这些不存在的事物做任何事情使它们存在吗?"

"在我看来不太可能。"克特西普说。

"那么好吧,演说家对人讲话时,他们什么都没做吗?"

"不,他们做了某些事情。"他说。

【c】"那么，如果他们做了某些事情，他们也造了某些事情吗？"

"是的。"

"那么，'说'既是'做'又是'造'吗？"

他表示同意。

"那么，无人说不存在的事物，因为这样一来他就是在'造'某些事物，而你承认无人能够造出不存在的东西。所以，按照你自己的说法，没有人撒谎；但若狄奥尼索多洛真的说话了，那么他说的是真话，他说的是存在的事物。"

"是的，确实如此。"克特西普说："但是他说的事物只以某种方式存在，而不是真正地存在。"

【d】"你什么意思，克特西普？"狄奥尼索多洛说："有某些人按照事物的存在来谈论事物吗？"

"肯定有，"他说："绅士和那些说真话的人。"

"嗯，好吧，"他说："好事物是好的，坏事物是坏的吗？"

他表示同意。

"你承认绅士按照事物的存在来谈论事物吗？"

"是的，我承认。"

"那么，好人谈论坏事物的坏，克特西普，如果他们按照事物的存在来谈论。"

"他们肯定这样做，"他说："无论他们如何谈论坏人的坏。【e】如果你接受我的建议，那么你会小心不让自己成为他们中的一员，让好人说你们的坏话。因为其他人都肯定好人谈论坏人的坏。"

"他们极大地谈论大，热烈地谈论热吗？"欧绪德谟问。

"确实如此，"克特西普说："更有甚者，他们冷漠地谈论那些以僵硬的方式说话的人。"

"你，克特西普，"狄奥尼索多洛说："是在骂人，你确实是在骂人。"

"我肯定没有做这种事，狄奥尼索多洛，"他说："因为我喜欢你，我只是给你一点友好的建议，【285】努力说服你，不要对我那么粗鲁，决不要对我说我想要我最珍贵的朋友去死。"

由于他们之间似乎出言不逊，我开始对克特西普开玩笑，我说："克特西普，我认为我们应当接受客人们告诉我们的事情，如果他们是在好意帮助我们，不要为了片言只语而发生争执。如果他们真的懂得如何摧毁人，从而使坏人和蠢人变成好人和聪明人，【b】无论这是他们俩自己的发明，还是从别人那里学来的一种死亡或毁灭的方法，那么他们都能毁掉坏人和造出好人，如果，如我所说，他们知道怎么做这件事——噢，他们显然是知道的，因为他们特别宣称他们最近发现的这种技艺就是能使坏人变好的技艺——那么让我们赞同他们的观点，允许他们毁掉这个孩子，再造一个聪明的出来——对我们其他人也可以这样做！【c】但若你们这些年轻人感到害怕，那就让他们'拿卡里亚人①来试验'，如他们所说，我也会是牺牲品。我已经老了，打算冒这个险，我在这里把自己交给狄奥尼索多洛，他就好比是科尔喀斯②的美狄亚③。让他把我摧毁，或者要是他喜欢，把我给煮了，或者对我做他想做的任何事情，但他必须能使我变好。"

克特西普说："我也做好了准备，苏格拉底，把自己交给这些来访者；我甚至允许他们剥我的皮，比现在更坏地对待我，只要我的皮囊最后不会成为一个空皮袋，【d】就像玛息阿④一样，而要装上一些美德。不过，狄奥尼索多洛在这里以为我对他生气了。生气的不是我——我只不过是在反对他说的事情，我发现这些事情是可以反驳的。所以，我的狄奥尼索多洛，大方一些，别把对立称做滥用——滥用完全是另外一回事。"

狄奥尼索多洛答道："你是在假定存在着对立这样一种事情的前提下说

_____

① 卡里亚（Καρια），地名。这是古希腊人的习语，此处的人很愚蠢。此处的意思相当于说"在一条狗或一头猪身上试验"。

② 科尔喀斯（Κόλχως），地名。

③ 美狄亚（Μηδία），希腊神话中科尔喀斯国王的女儿，精通巫术。

④ 玛息阿（Μαρσύας），希腊神灵。他与阿波罗神比赛，他吹笛子，阿波罗弹竖琴，后来被阿波罗活剥了皮。

这番话的吗，克特西普？"

【e】"我肯定是的。"他说："绝对是这样的。你认为没有这种事情吗，狄奥尼索多洛？

"不管怎么说，你不能很好地证明你曾经听说过一个人与另外一个人对立。"

"真的吗？"他答道："那么好，如果你想要听我的证明，就来听一听克特西普与狄奥尼索多洛的对立。"

"你要证明一下吗？"

"我当然要。"他说。

"那么好。"他继续说道："语词描述每一存在的事物吗？"

"当然。"

"它们把它作为存在的事物来描述，还是把它当做不存在的事物来描述？"

"当做存在的事物。"

【286】"现在如果你还记得，克特西普。"他说："我们刚才说过没有人会谈论不存在的事物，因为显然没有人谈论不存在的东西。"

"好吧，那又如何？"克特西普说："这样一来，你我之间不就或多或少地对立了吗？"

"如果我们俩都在描述同样的事情，"他说："我们会是对立的吗？在这种情况下，我假定我们是在说同一样事情。"

他表示同意。

【b】"但是，当我们都没有描述这件事情的时候，我们会相互对立吗？或者说，在这种情况下，我们俩根本就没有想到这件事情？"

对此他也表示同意。

"但是，当我在描述这件事情，而你在描述另一件事情的时候，我们对立吗？或者我在说这件事情，而你什么都没说，这种情况会怎么样？什么都没说的人如何与说了的人对立呢？"

克特西普此时沉默了，但我对整个论证感到震惊。【c】我说："你这是什么意思，狄奥尼索多洛？我以前实际上听许多人讲过这个论证，但每次听我总是感到震惊。普罗泰戈拉的追随者经常使用它，在他们之前也有人用过。在我看来，它总是以一种神奇的方式不仅颠覆其他论证，而且也颠覆它本身。但是我想，我将从你这里，而不是从其他人那里学到关于这个论证的真理。这个论证总体上宣布根本没有讲假话这种事情，不是吗？人必定要么讲真话，要么不讲话，是吗？"

他表示同意。

【d】"现在你会说不可能讲假话，但可能'想'假话吗？"

"不，想假话也是不可能的。"他说。

"那么绝对没有虚假的看法这种东西。"我说。

"没有。"他说。

"那么也没有无知，没有任何无知的人吗？或者说，如果有无知的话，这不正是无知吗——虚假地谈论事物？"

"这当然是无知。"他说。

"然而，根本没有这样的事物。"我说。

"他说没有。"

"你做出这个论述只是为了论证吗，狄奥尼索多洛——说一些令人惊讶的事情——或者你真的相信没有无知的人吗？"

【e】"你要做的事情就是驳斥我。"他说。

"噢，如果接受你的论题，没有人说假话，还会有驳斥这回事吗？"

"不，没有。"欧绪德谟说。

"那么，狄奥尼索多洛刚才不是要我驳斥他吗？"我说。

"一个人怎么可能要一种根本不存在的东西呢？你有提出这种要求的习惯吗？"

"我提出这一点的原因，欧绪德谟，在于我相当糊涂，弄不懂这些精妙的事情。我要问一个可能相当愚蠢的问题，请你们宽容。请你们这样看：【287】如果虚假地讲、虚假地想，还有无知，都是不可能的，那么无论谁做任何事情也就不可能犯错误，是吗？我的意思是，一个人在他的行动中犯错误是不可能的——或者说，这不就是你们说的意思吗？"

"当然，是的。"他说。

"这就是我的那个愚蠢的问题产生的地方。"我说："如果我们没有人在行动、言论或思想中犯错误——如果真是这样的话——苍天在上，你们俩到这里来教什么？【b】你们刚才不是说，如果有人想要学习美德，你们能最好地教他美德吗？"

"真的，苏格拉底，"狄奥尼索多洛插话说："你是个老克洛诺斯①，你现在提到我们一开始说的话，是吗？我设想，要是我去年说了一些话，你现在都会提出来，但对于处理当前的论证没有什么帮助。"

"嗯，你瞧，"我说："这些论证太难了（它当然很难，因为它们来自聪明人），你提到的最后一个论证处理起来特别困难。你刚才说的'对于处理论证没有帮助'到底是什么意思，狄奥尼索多洛？【c】你的意思不就是我不能驳斥它？请你告诉我，'我在处理这个论证时没有帮助'这话还有其他意思吗？"

"至少，处理你的这句话不是很难。"他说："所以继续吧，回答我。"

"在你回答我之前吗，狄奥尼索多洛？"我说。

"你拒绝回答？"他说。

"嗯，这样公平吗？"

"很公平。"他说。

"根据什么原则？"我说："不就是这个原则吗，你来到这里，在现在这个场合，作为一个完全掌握论证技艺的人，【d】你知道什么时候应当回答，什么时候不必回答？所以，你现在拒绝做出任何回答，因为你明白你现在不应当回答，是吗？"

"你在这里喋喋不休地谈论回答问题，"他说："但是，我的好伙伴，顺

---

　　① 克洛诺斯（Κρόνος），希腊老天神，宙斯之父，象征着"过时"。

从我的指导，回答问题，因为你承认我是聪明的。"

"那么我必须服从，"我说："我似乎是被迫这么做的，因为你在发布命令，所以你问吧。"

"有感觉的事物是有灵魂的事物吗，或者说没有灵魂的事物也有感觉?"

"有灵魂的事物有感觉。"

"你知道那句话有感觉吗?"他问道。

"我不知道，老天爷都不知道。"

"那么你刚才为什么要问我，我的那句话是什么意思（感觉）① ?"

【e】"我假定，"我说："那是因为我犯了一个非常愚蠢的错误，没有其他原因。不过，我也许没有犯错误，当我说这些话有意思时，这样说是对的。你说我犯了错误，还是没有犯错误? 因为，要是我没有犯错误，你不会拒绝我，无论你有多么聪明，你会'对于处理论证没有帮助'。如果我犯了错误，那么你们刚才讲的话就不对了，【288】你们说过犯错误是不可能的——我不是在谈论你们去年说的话。所以，狄奥尼索多洛和欧绪德谟，我说，看起来，这个论证没有取得进步，老麻烦仍旧存在，在打倒其他人的时候自己也摔倒了。你的技艺没有发现如何防止这种事情发生，尽管你们对精确使用语词有了神奇的展示。"

【b】克特西普说："噢，先生们，你们来自图里，或者来自开俄斯，或者来自其他任何地方，你们的讲话方式确实令人赞叹，无论你们喜欢以什么风格讲话，哪怕你们是在彻头彻尾地胡说八道，也没有什么关系!"

我担心这些尖刻的话会引起另一番争执，就开始让克特西普再次安静下来。我说："克特西普，我得把刚才对克利尼亚说过的话对你再说一遍，你看不到我们客人的智慧有多么深邃。只是他们俩不愿意给我们一个严肃的证明，【c】而是像那名埃及智者普洛托斯② 一样给我们变戏法。所以让我们

---

① "意思"和"感觉"的希腊原文都是"νόος"，英文分别译为"meaning"和"sense"。
② 普洛托斯（Πρωτεὺς），人名。

模仿墨涅拉俄斯①，拒绝放他们俩走，直到他们把严肃的一边显示给我们看。我真的认为，只要他们认真地开始了，他们那里某些极好的东西就会出现，所以让我们祈祷、鼓励、恳求他们，让这些好东西变得众所周知。至于我，我想我应当再次起引导的作用，【d】指出我祈祷他们能成为什么样的人。就从我前面中断的地方开始，我将尽力把后续的事情说完，以此激励他们采取行动，希望他们能被我的真诚所感动，真实地表现自己。"

"所以，克利尼亚，"我说："提醒我一下，刚才我们是在什么地方中断的。我记得，好像就是在我们最后都同意必须热爱智慧的地方，不是吗？"

"是的。"他说。

"嗯，对智慧的热爱，或者哲学，就是获得知识，不是吗？"

"是的。"他说。

【e】"好吧，如果我们以正确的方式来做这件事，我们会获得什么样的知识？对这个问题最简洁的回答不就是一种对我们有益的知识吗？"

"当然。"他说。

"如果我们知道如何到各地去寻找埋藏在地下的大量黄金，那么这种知识对我们有好处吗？"

"也许。"他说。

"但在前面②，"我说："我们已经彻底证明了这样一个观点，哪怕我们无需挖掘就能得到所有黄金，我们仍然不会变得比较好——不，哪怕我们知道如何点石成金，【289】这种知识仍旧没有任何价值。因为，除非我们也能知道如何使用黄金，否则黄金就不会拥有任何价值。或者说，你不记得了？"

"不，我记得很清楚。"他说。

"其他种类的知识似乎也没有任何价值，这些知识知道如何制造器皿、

---

① 墨涅拉俄斯（Μενέλαος），希腊神话中的斯巴达王，阿伽门农的兄弟，美女海伦的丈夫。

② 参见本篇 280d。

是否能挣钱，或者是医学方面的，等等，除非知道如何使用它制造出来的东西——不是这样吗？"

他表示同意。

【b】"还有，如果存在一种如何使人不朽的知识，但若没有如何使用这种不朽的知识，它似乎仍旧没有价值，如果按照我们前面接受的前提来推断。"

我们对此取得了一致的意见。

我说："那么我们所需要的这种知识，我亲爱的朋友，要能结合制造东西的知识和如何使用它制造的东西的知识。"

"好像是这样的。"他说。

【c】"所以我们似乎根本不需要都成为竖琴的制造者，娴熟地掌握诸如此类的知识。因为，制造的技艺是一回事，使用的技艺是另外一回事；它们是相当不同的，尽管它们处理的是同一事物。制造竖琴和演奏竖琴有很大的区别，没有吗？"

他表示同意。

"我们不需要老是提到制造笛子的技艺，因为还有另外一个同样明显的例子。"

他说是的。

"那么，认真点。"我说："假定我们要学习撰写演讲辞的技艺，如果我们想要幸福，这种技艺是我们必须获得的吗？"

"我不这么看。"克利尼亚答道。

【d】"你这样说有什么根据？"我问道。

"好吧。"他说："我注意到某些答道，我看到有些演讲辞的制造者并不懂得如何使用他们自己撰写的演讲辞，就像那些竖琴制造者不知道如何使用他们的竖琴一样。在前一个例子中也一样，有某些人能够使用演讲辞的制造者已经撰写出来的演讲辞，但他们自己不能撰写。所以很清楚，涉及演讲辞也一样，一种是制造它的技艺，另一种是使用它的技艺。"

"在我看来。"我说："你已经有了充足的证据，说明撰写演讲辞的技艺并非一经获得人就能幸福的技艺。但与此相连，【e】我期待我们长时间一直在寻找的知识会出现。因为，就我所知，每当我与这些撰写演讲辞的人接触，我确实感到他们绝顶聪明，克利尼亚；他们的这种技艺在我看来是神奇的，高尚的。然而，这种技艺终究并没有什么了不起，因为它是巫师技艺的一部分，【290】但又比巫师的技艺差一些。因为巫师的技艺由诱捕蟒蛇、蜘蛛、毒蝎及其他毒物和治疗疾病组成，而这种技艺由迷惑和说服陪审团、公民大会及其他各类团体的成员组成。或者说，你对此有不同的看法？"

"不。"他说："我的看法和你刚才说的差不多。"

"那么，我们下面应当进到哪一步呢？"我问道："进到哪一项技艺？"

"我想我有点迷惑了。"他说。

"但我想我已经找到它了。"我说。

"是哪一项技艺？"克利尼亚说。

【b】"在我看来是将军的技艺。"我说："是这项技艺，而不是其他技艺，一个人得到它就能幸福。

"在我看来好像不是。"他说。

"为什么不是？"我说。

"嗯，这项技艺是一种猎取人的技艺。"

"那怎么说？"我说。

他说："任何一种猎取的技艺无非就是追踪和捕捉，每当猎手捕捉到他们追踪的猎物时，他们不能使用它，他们，还有渔夫，要把猎物交给厨师。【c】还有，几何学家、天文学家、算术家（在一定意义上，他们也是猎人，他们没有一个制造他们使用的工具和图表，他们只是发现了那些已经存在的东西），他们自己不知道如何使用他们的猎物，而只知道如何猎取，所以他们把使用他们的发现的任务交给辩证法家——至少，他们中间这样做的人并非完全是傻瓜。"

"说得好，我说，最聪明，最能干的克利尼亚！真是这么回事吗？"

【d】"确实如此！将军也一样。"他说："每当他们捕获城市或军营，他们就把它交给政治家——因为他们自己不知道如何使用他们捕捉到的东西——我想象，这里的方式是一样的，捕鹌鹑的把鹌鹑交给养鹌鹑的。所以，他说，如果我们需要一种其本身就知道如何使用它通过制造或捕捉得来的东西的技艺，而这种技艺能使我们幸福，那么，他说，我们必须寻找将军的技艺以外的其他技艺。"

克 【e】你什么意思，苏格拉底？这些话都是那个年轻人说的吗？

苏 你不相信这些话吗，克里托？

克 苍天在上，我一点儿都不相信！因为，在我看来，如果这些话都是他说的，那么他根本不需要教育，既不需要欧绪德谟的教育，也不需要其他人的教育。

苏 哎呀，那么这些话也许是克特西普讲的，你瞧我这记性！

克 【291】也不像是克特西普的想法！

苏 噢，至少有一点我可以保证，讲这话的既不是欧绪德谟也不是狄奥尼索多洛。你假定，我的好克里托，有某种高级的存在者在那里，说了这些事情——因为我肯定听到这些话了。

克 那好吧，苍天在上，苏格拉底，我肯定认为有某种高级的存在者，肯定有。但你以后还要继续寻找那种技艺吗？你有没有找到你正在寻找的东西？

苏 【b】找到它，我亲爱的朋友——我想没有！我们真的是非常滑稽可笑——就像一群孩子在追逐云雀；我们总以为自己能捉住每一个知识，而它们总是在逃跑。所以，我干吗要重新讲述整个故事呢？我们进到国王的技艺，对它进行彻底的考察，看它是否就是能够提供和制造幸福的那种技艺，就在那里，我们又进入了迷宫；我们以为快要走到头了，【c】却又蓦然发现自己回到了原地，我们探索开始时遇到的麻烦又出现了，就像我们开始时遇到的麻烦一样多。

克　怎么会这样呢，苏格拉底？

苏　我会告诉你的。我们认为政治家的技艺和国王的技艺是一样的。

克　接下去该怎么说？

苏　将军和各行各业的人把自己制造出来的东西交给这种技艺，因为唯有这种技艺知道如何使用它们。在我们看来，它显然就是我们正在寻找的技艺，它也是城邦的公正行为的原因，【d】用埃斯库罗斯①的话来说，只有这种技艺为国家掌舵，支配一切事物，统治一切事物，使一切事物成为有用的。

克　你的这个想法不是很好吗，苏格拉底？

苏　如果你听了后来发生的事，克里托，你自己就会有看法了。我们再一次以这样的方式提出这个问题：嗯，这种统治一切事物的国王的技艺能不能对我们产生某种效果？【e】肯定能，我们相互之间说道。你不也会这样说吗，克里托？

克　是的，我会。

苏　那么，你会说它的结果是什么呢？比如说，如果我问你，医生的技艺，当它统治它所控制的一切事物时，产生的结果是什么，你会说这个结果是健康吗？

克　是的，我会。

苏　你自己的耕种的技艺怎么样，【292】当它统治它所控制的一切事物时——它产生什么结果？你难道不会说它从大地中为我们提供营养吗？

克　是的，我会。

苏　嗯，国王的技艺，当它统治它所控制的一切时，它产生什么？你也许不能轻易地找到答案。

克　不，我确实做不到，苏格拉底。

---

①　埃斯库罗斯（Αἰσχύλος），公元前 525 年—前 456 年，希腊第一位悲剧家，被誉为"希腊悲剧之父"。

苏　我也做不到，克里托。但你至少明白这一点，如果它是我们正在寻找的技艺，那么它必须是有某种用处的。

克　是的，确实如此。

苏　那么它肯定会给我们提供某些好东西吗？

克　这是必然的，苏格拉底。

苏　【b】当然，克利尼亚和我一起同意过，除了某种知识，没有任何东西是好的。

克　是的，你说过这一点。

苏　那么，可以把其他一些结果归于政治家的技艺——这些结果，当然有许多，比如，使公民富裕和自由、不用党派纷争干扰他们——所有这些事情本身都无所谓善恶，但这种技艺必须使他们聪明，使他们分享知识，【c】如果这种知识对他们有益，能使他们幸福。

克　说得对。所以，按照你的解释，这一点无论如何是你们同意了的。

苏　那么国王的技艺使人聪明和好吗？

克　为什么不，苏格拉底？

苏　它使所有人在各个方面都好吗？它是这种能传授各种知识的技艺吗，制鞋、木作以及其他知识？

克　我不这么想，苏格拉底。

苏　【d】那么它传授什么知识？它对我们有什么用处？它一定不是那些无善恶之别的结果的制造者，它也一定不能传授其他知识，而只能传授它自己。现在，我们能试着说出它是什么，我们该如何使用它吗？你是否同意我们说，它是这样一种东西，凭借它我们能够使其他人好？

克　当然同意。

苏　那么据我们所知，它们在什么方面是好的，在什么方面是有用的？或者我们要继续说它们会使其他人好，【e】其他人也会对其他人做同样的事情？但是，它们以什么样的可察觉的方式是好的不能以任何方式向我们显明，尤其是我们相当轻视这些我们说是政治家的技艺的结果的这些事情。就像格言"科林苏斯[①]、宙斯之子"那样，如我所说，要寻找什么知识能使我们幸福，我们遇到了前所未有的困难，甚至比以前更糟糕。

克 可怜我们吧，苏格拉底，你自己似乎陷入了可怕的混乱。

苏 【293】我记得，克里托，当我陷入这种困境的时候，我开始大声叫嚷，再次向两位来访者求救，他们就像天上的俩兄弟[②]，请他们把我和这位年轻人从这第三波论证的浪潮[③]中解救出来，努力以各种可以察见的方式说清楚我们应当拥有的这种知识是什么，如果我们想要以正确的方式安度余生。

克 接下去怎么样？欧绪德谟愿意对你启示什么东西吗？

苏 【b】当然愿意！我的朋友，他以一种庄重的方式开始讲述："苏格拉底，你愿意让我教你这种使你一直困惑的知识，还是证明你拥有它？"

"噢，真是太神奇了。"我说："你有这种能力吗？"

"当然有。"他说。

"那么，苍天在上，请你证明我拥有这种知识！对我这样年纪的人来说，这样做比学习这种知识要容易得多。"

"那么，你只管回答我的问题就行。"他说："有什么东西是你知道的吗？"

"噢，是的。"我说："多得很，尽管都是微不足道的。"

"这就够了。"他说："你假定任何存在的事物可能不是它所是的那个东西吗？"

【c】"天哪，不，我不这样认为。"

"你知道某些事情吗？"他说。

"是的，我知道。"

"那么，如果你真的知道，你是知道的吗？"

"当然，就某个具体事物而言。"

---

① 科林苏斯（Κόρινθος），神话人物。这句格言意指任何种类的空洞重复。
② 指卡斯托耳（Κάστωρ）和波吕丢克斯（Πολυδεύκης），海员的守护神，宙斯之子。
③ 前两波论证浪潮参见本篇 292a 和 292d—e。

"这没什么关系,因为如果你是知道的,你不就必定知道一切吗?"

"苍天在上,怎么会呢。"我说:"有许多其他事物是我不知道的。"

"那么,如果有任何事物是你不知道的,那么你是不知道的。"

"就是这样,我的朋友。"我说。

"因此你会不那么知道吗?"他说:"刚才你还说你是知道的,结果就是你是你所是的这个人,【d】然后你又说你不知道,在同一时间,涉及同样的事情。"

"很好。欧绪德谟——如谚语所说,'无论你怎么说都是好的!'但我怎么知道我们正在寻找到的知识呢?因为对同一事物来说不可能既是又不是,如果我知道一样事物,我绝对知道一切事物——因为我不能在同一时间既知道又不知道——由于我知道一切事物,我也知道这种知识,这就是你的那一块智慧吗?"

【e】"你正在用你自己的嘴驳斥你自己,苏格拉底。"他说。

"但是,欧绪德谟,"我说:"你不也遇到同样的情况吗?因为,只要我能忍受与你和这位亲爱的狄奥尼索多洛为伴,我就根本不会感到恼火。告诉我,你们俩不知道某些存在的事物吗,不是有其他一些事物是你们不知道的吗?"

"远非如此,苏格拉底。"狄奥尼索多洛说。

"怎么回事?"我说:"你什么都不知道吗?"

"正好相反。"他说。

【294】"那么你知道一切。"我说:"因为你知道某些事物吗?"

"是的,一切。"他说:"只要你真的知道哪怕一样事物,你也知道一切。"

"噢,天哪!"我说:"多么神奇啊!一项伟大的赐福真相大白了!但这不可能是真的吧,其他所有人要么知道一切,要么一无所知?"

"好吧。"他说:"我不假定他们知道某些事物、不知道其他事物,因此就同时既知道又不知道。"

"但是接下去该怎么样呢?"我问道。

"每一个人。"他说："如果真的知道某些事物，那么他知道一切。"

【b】"众神在上，狄奥尼索多洛，"我说："尽管我煽动你们去考虑这个有点困难的问题，但我明白你们俩都是认真的——你们俩真的知道一切事物吗？比如说，木作和制鞋？"

"是的，确实如此。"他说。

"所以你们俩能够缝皮子？"

"是的，没错，我们能用鹅卵石铺路。"

"你们也拥有星辰和沙子的数量这样一类知识吗？"

"当然。"他说："你以为我们会否认这一点？"

【c】在这里克特西普插话了："为了一劳永逸，狄奥尼索多洛，给我一些关于这些事情的证据，让我相信你们俩在说真话。"

"要我向你证明什么呢？"他问道。

"你知道欧绪德谟有几颗牙齿吗，他知道你有几颗牙齿吗？"

他说："已经告诉你我们知道一切你还不满意？"

"一点儿也不满意。"他答道："你们只需要把这件事情告诉我就可以证明你们说的是真话。因为，如果你们说出你们有多少牙齿，然后让我们来数一下，就可以证明你们说的对不对，然后我们在其他事情上都会相信你们了。"

【d】嗯，他们不愿意这样做，因为他们认为自己受到嘲笑，但他们在受到克特西普的质疑时宣称知道每一件事情。到了最后，克特西普实际上几乎没有什么问题没有向他们提出，甚至追问他们知不知道那些最无耻的事情。他们俩非常勇敢地面对他的问题，宣称自己在每一种情况下都是知道的，就像被驱赶的野猪面对进攻。结果，克里托，甚至连我自己，出自纯粹的不相信，【e】最后也追问狄奥尼索多洛是否知道如何跳舞，对此他做出的回答是他肯定知道。

我说："尽管你这样的年纪在智慧上有长足的进步，但我假定你不会舞剑，也不会在车轮上转圈，对吗？"

"没有什么事情是我不会的。"他说。

"你只在当前知道一切。"我问道:"还是你的知识是永久的?"

"我的知识是永久的。"他说。

"当你还是个孩子,当你刚出生的时候,你就知道一切吗?"

他们俩不约而同地回答说:"是的。"

【295】对此我们实在难以置信;欧绪德谟问道:"你不相信吗,苏格拉底?"

"嗯,有一点,可能吧。"我说:"你们俩真是聪明绝顶。"

"但若你愿意回答我的问题,"他说:"我会证明给你看,你也会承认这些神奇的事情。"

"不过,"我说:"没有什么事情比在这些要点上受到驳斥更让我喜欢。因为,要是我不明白我自己的智慧,而你将要证明我知道一切,并且始终如此,那么我这辈子还能拥有什么更大的幸运呢?"

"那你就回答问题吧。"他说。

【b】"问吧,我准备好了。"

"嗯,苏格拉底。"他说:"当你拥有知识的时候,你拥有还是不拥有某样东西?"

"我拥有某样东西。"

"凭着你依靠它才拥有知识的那样东西,你知道了这样东西,还是凭着其他什么东西?"

"凭着我依靠它才拥有知识的那样东西。我假定你指的是灵魂,或者说你指的不是灵魂吗?"

"你这样说不感到羞耻吗,苏格拉底?别人向你提问,你却反问对方。"

"很好,"我说:"但我该怎么办?我愿意按你说的去做。但要是我不明白你的问题,你想要我仍旧只能回答,而不能进一步询问吗?"

【c】"听了我说的话,你肯定会有所把握,不对吗?"他说。

"是的,我能。"我说道。

"那就按照你理解的意思来回答好了。"

"那么好吧，"我说："如果你说的话是一种意思，而我把它理解成另外一种意思，然后就按照后面一种意思来回答，如果我根本回答不到点子上，你会满意吗？"

"我会满意的，"他说："尽管我不认为你会满意。"

"那么我肯定不会回答问题，"我说："直到我理解这个问题。"

"你在回避你一直理解的问题，"他说："因为你在喋喋不休地胡言乱语，你真是老年痴呆了。"

【d】我明白他生气了，因为我要弄清他的话是什么意思，他想用一张语词之网包围我，把我捉住。这时候我想起，每当我不肯对孔努斯①让步时，他也会生气，其结果就是他不在我身上花那么多力气了，因为他认为我是愚蠢的。由于我已经下定决心也要听这个人的课，我想我最好还是让步，否则他会认为我不配当他的学生。【e】于是我说："好吧，欧绪德谟，如果你认为这样做是合适的，我们一定按你说的办法做，因为你在谈话方面是行家，而我只有这门技艺的一些皮毛的知识。所以，回过头来，你从头开始问吧。"

"你从头开始回答，"他说："你是否知道你凭着某样东西才知道自己知道什么东西？"

"我凭着灵魂知道它。"我说。

【296】他又来了，他说："给问题添加其他的意思！我没问你凭什么，而是你是否凭某样东西？"

"是的，我确实又回答得太多了，我说，因为我受的教育太少了。请你原谅，从现在开始我要简单地回答，我凭着某样东西知道我所知道的东西。"

"你所凭的东西始终是同一个吗，他说，或者是某个时候凭这样东西，某个时候凭另一样东西？"

我说："始终是同一个，每当我知道的时候，我是凭着这样东西的。"

---

① 琴师，参见本篇272c。

"你能停止添加别的意思吗?"他说。

"但是我担心'始终'这个词会把我们绊倒。"

【b】"它不会对我们这样做,"他说:"要是有人被绊倒的话,那就是你。来吧,你还是回答问题吧:你始终凭着这样东西去知道吗?"

"始终,"我说:"因为我必须去掉我刚才说的'每当我……的时候'。"

"那么你始终知道,凭着这样东西。由于你始终知道,所以下一个问题是,你凭着这样东西知道某些东西,凭着其他东西知道其他事情,或者说你凭着这样东西知道一切事情?"

"我凭着这样东西知道所有一切事情,"我说:"也就是,我知道那些事情。"

"你又来了,"他说:"你又在画蛇添足了!"

"好吧,我收回'我知道的那些事情'。"我说。

"不,别拿掉了,"他说:"我不是要你帮我什么忙。【c】你只要回答我的这个问题:如果你不知道一切事情,你能知道所有一切事情吗?"

"如果我能知道所有一切事情,那可真是个奇迹。"我说。

他说:"那你现在就把你喜欢添加的事情都说出来吧,因为你承认你知道所有一切事情了。"

"我好像是承认了,"我说:"尤其是我的'我知道的那些事情'没起作用,所以我知道一切。"

"你还承认你始终知道(凭着你知道的这样东西),当你知道的时候,或者随你便,你想加什么就加什么,因为你已经承认你始终知道,同时知道所有事情。显然,甚至当你还是个孩子的时候,【d】当你刚出生的时候,当你的母亲刚怀上你的时候,你就知道了。如果你真的始终知道,那么在你来到这个世上之前,在天地被创造出来之前,你就知道所有一切事情。苍天在上,"他说:"你将始终知道,你将知道一切,如果我想这么说的话。"

"我希望你想要这么说,最尊敬的欧绪德谟,"我说:"如果你确实是在说真话。但是依你的能力,我不太相信你能做到,除非你的兄长狄奥尼索多洛能够伸出援手——这样的话，也许你们俩就能做到了。【e】我继续说道，告诉我，关于其他事情，我看不到与你们这些有着巨大智慧的人进行争论的可能性，说我不知道一切事情，因为你们说我知道；但是这样一类事情我还可以说一下，欧绪德谟——我该怎么说我知道好人是不公正的？来吧，告诉我，我知道这一点，还是不知道？"

"噢，是的，你知道这点。"他说。

"我知道什么？"我说。

"好人是不公正的。"

【297】"对，我始终知道这一点，"我说："但这不是我的问题——我正在问的是，我从哪里得知好人是不公正的？"

"没有任何地方。"狄奥尼索多洛说。

"那么这是某件我不知道的事情。"我说。

"你正在毁坏这个论证，欧绪德谟对狄奥尼索多洛说：'这个家伙在这里会变成不知道的，然后会同时既知道又不知道。'狄奥尼索多洛涨红了脸。"

【b】"但是你，"我说："欧绪德谟，你说什么？你的无所不知的兄长不像是犯了错误，对吗？"

"我是欧绪德谟的兄长吗？"狄奥尼索多洛马上又插话说。

我说："把这个问题放过去吧，我的好朋友，直到欧绪德谟指导我，让我明白我是怎么知道好人是不公正的，别对我那么吝啬，这么点儿事情都不告诉我。"

"你正在逃跑，苏格拉底，"狄奥尼索多洛说："你拒绝回答问题。"

"嗯，我有很好的理由，"我说："因为我不是你们俩任何一个人的对手，【c】所以我毫不犹豫地要逃离你们俩。我比赫拉克勒斯①要软弱得多，但是就连他也不能打败两位许德拉②，因为有一位许德拉就像一位女智者，

---

① 赫拉克勒斯（Ἡρακλῆς），希腊神话中的大英雄。
② 许德拉（Ὕδρα），希腊神话中的九头水蛇。

如果有人砍去她的一个头，她能在原处生出许多头来，另外一位许德拉智者就像一只从海里上岸的螃蟹——最近才来的，我想。这只螃蟹上岸以后跟赫拉克勒斯聊天，然后乘他不备，咬了他的左脚，使他痛苦不堪，赫拉克勒斯把他的外甥伊俄拉俄斯①喊来帮忙，【d】伊俄拉俄斯来了，成功地解救了他。但若我的伊俄拉俄斯来帮我，那么他只能给我带来伤害，而不是带来好处。"

念完这通咒语、讲完这个故事以后，狄奥尼索多洛说："你能告诉我，伊俄拉俄斯是赫拉克勒斯的外甥，还是你的外甥？"

"嗯，看来我最好还是回答你的问题，狄奥尼索多洛，"我说："因为你不会停止提问——我相当确信——你心怀妒忌，不想让欧绪德谟把那块智慧教给我。"

"现在就回答我的问题。"他说。

【e】"好吧，"我说："我的回答是，伊俄拉俄斯是赫拉克勒斯的外甥，但要把他说成我的外甥，我想无论以任何方式都做不到。因为我的兄弟，帕特洛克勒②，不是他的父亲，尽管赫拉克勒斯的兄弟伊菲克勒③的名字与我兄弟的名字有点像。"

"帕特洛克勒，"他说："是你的兄弟吗？"

"是的，确实是的，"我说："我们俩同母不同父。"

"那么他既是又不是你的兄弟。"

"我们不是同一个父亲，我的好朋友，"我说："他的父亲是凯瑞德姆④，我的父亲是索佛隆尼司库⑤。"

"那么，凯瑞德姆和索佛隆尼司库都是父亲吗？"他问道。

【298】"当然，"我说："前者是我的父亲，后者是他的父亲。"

---

① 伊俄拉俄斯（Ιόλαος），神话人物。

② 帕特洛克勒（Πατροκλῆς），人名。

③ 伊菲克勒（Ιφικλῆς），神话人物。

④ 凯瑞德姆（Καιρέδημος），人名。

⑤ 索佛隆尼司库（Σωφρονίσκος），人名。

"凯瑞德姆除了是父亲以外还是什么吗？"

"除了是我的父亲以外，他至少还是其他什么。"我说。

"那么他是父亲，而又是父亲以外的其他什么吗？或者说，你像一块石头吗？"

"我想你会把我说成是石头的，"我说："尽管我感到自己不像石头。"

"那么你是石头以外的东西吗？"他说。

"是的，我肯定是石头以外的东西。"

"你是石头以外的东西，不就说明你不是石头吗？"他说："同理，如果你是金子以外的东西，那么你不是金子吗？"

"对。"

"那么，凯瑞德姆是一个父亲以外的东西，所以他不是一个父亲。"他说。

"所以，他好像不是一个父亲。"我说。

【b】"如果凯瑞德姆是父亲，"欧绪德谟插话说："那么，另一方面，索佛隆尼司库由于是父亲以外的东西，他不是父亲，所以你，苏格拉底，没有父亲。"

"在这里克特西普接过了论证，"他说："你们的父亲不也一样吗？他不是我的父亲以外的东西吗？"

"远非如此。"欧绪德谟说。

"什么！你父亲和我父亲是相同的吗？"他问道。

"相同，肯定相同。"

【c】"我不同意。但是，欧绪德谟，请你告诉我，他只是我的父亲，还是世上所有人的父亲？"

"他也是其他人的父亲。"他答道："否则的话，你认为同一个人既是父亲又不是父亲吗？"

"我肯定没有这种想法。"克特西普说。

他说，"你怎么想——你认为某样东西能够既是金子又不是金子吗？或者既是人又不是人吗？"

"不过，也许吧，欧绪德谟，"克特西普说："如谚语所说，两根线不能扯到一块去。如果你说你的父亲是所有人的父亲，那么你是在虚张声势。"

"但他是父亲。"他答道。

克特西普说："他只是人的父亲，还是马和其他所有动物的父亲？"

【d】"他是所有一切的父亲。"他说。

"你的母亲也是所有一切的母亲吗？"

"是的。"她是。

"你母亲是海胆的母亲吗？"

"是的，你母亲也是。"他说。

"所以你是小鱼、小狗、小猪的兄弟。"

"是的，你也是。"他说。

"你父亲变成了公猪和公狗。"

"你父亲也是。"他说。

"你马上就会承认自己就是这些畜生的，克特西普，如果你回答我的问题，"狄奥尼索多洛说："告诉我，你有狗吗？"

"有，一条恶狗。"克特西普说。

【e】"它有小狗吗？"

"它确实有，它们都像老狗一样。"

"所以这条老狗是小狗的父亲吗？"

"是的，我亲眼看到这条老狗与母狗交配。"他说。

"很好，这只老狗不是你的吗？"

"当然是。"他说。

"那么，由于它是父亲，并且是你的，所以这条狗就成了你的父亲，你成了这些小狗的兄弟，不是吗？"

不让克特西普有说话的机会，狄奥尼索多洛接过话头说："再回答我一个小问题：你打过你的这条狗吗？"

克特西普笑了，他说："没错，我打过这条狗，因为我不能打你！"

"那么你是在打你自己的父亲吗？"他问道。

【299】"我确实有更多的理由打你们的父亲，"他说："因为他生了这么能干的儿子。但是我假设，欧绪德谟，你们的父亲和这些小狗从你们的智慧中得到了极大的好处！"

"但是他并不需要许多好东西，克特西普——他不需要，你也不需要。"

"你也不需要吗，欧绪德谟？"他问道。

【b】"其他任何人也都不需要。告诉我，克特西普，你认为病人在需要的时候喝药是一件好事情，或者在你看来不是一件好事情？还有，你认为一个人要去打仗的时候，配备武装好，还是不配备武装好？"

"在我看来是好事情，"他说："不过我认为你又要玩弄你那迷人的诡计了。"

"要从事探索的最佳方式就是继续回答问题，"他说："由于你承认人在需要的时候喝药是一件好事情，那么他不应当尽可能地多喝吗？如果有人弄了一车子藜芦①泡药给他喝，这难道不是一件好事情吗？"

【c】克特西普说："确实好极了，欧绪德谟，如果喝药的人有德尔斐②的神像那么高大！"

"还有，"他说："由于配备武装去打仗是好事，人应当尽可能多地携带长枪和盾牌吗，如果这些装备真的是好东西？"

"这些装备真的是好东西，"克特西普说："但你本人肯定不相信这一点吗，欧绪德谟？你不会宁可带一支枪和一面盾吧？"

"是的，我会这样做。"

"你也会以这种方式武装革律翁③和布里亚柔斯④吗？"他问道："我想你

---

① 藜芦，一种植物，有毒，也有医效，用来治疗精神紊乱。

② 德尔斐（Δελφοί），希腊宗教圣地。

③ 革律翁（Γηρυόν），希腊神话中的巨人，有三个头和三个身子，他的牛被赫拉克勒斯夺走。

④ 布里亚柔斯（Βριάρεως），希腊神话中的巨人，有五十个头和一百只手。

和你在这里的同伴会更加能干，考虑一下你们俩披挂盔甲作战。"

【d】欧绪德谟沉默了，但狄奥尼索多洛又重提克特西普前面做出的回答，继续发问："那么关于金子会怎么样？按照你的看法拥有它是一件好事吗？"

"确实是的，在这种情况下，拥有很多。"克特西普说。

"很好，人不应当始终拥有好东西、到处拥有好东西吗？"

"应当，应当如此。"他说。

"你承认金子也是好东西之一吗？"

"是的，我已经承认过了。"他说。

【e】"那么人应当始终拥有它，到处拥有它，尤其是他本身吗？如果某人的肚子里有三塔伦特①金子，脑壳里有一塔伦特金子，每只眼睛里有一个金斯达特②，那么这个人不就是最幸福的人吗？"

"好吧，欧绪德谟，"克特西普说："西徐亚③人确实说过，最幸福、最优秀的人就是在他们的脑壳里有大量金子的人（你们在前面谈论狗是我的父亲的时候用的也是这种办法）；还有，更加惊人的是，故事说他们甚至用自己镀金的脑壳喝酒，手拿着自己的脑壳，看着里面的东西！④"

【300】"告诉我，"欧绪德谟说："西徐亚人和其他人能看见东西，还是不能看见东西？"

"能，我假定。"

"你也这样吗？"他问道。

"是的，我也这样。"

"你看见我们的外衣吗？"

---

① 塔伦特（τάλαντ），古希腊重量单位。1塔伦特约为25.8公斤。

② 希腊人把一定重量的铸币称做斯达特（στατήϱ），有金银两种，一个金斯达特约值20德拉克玛。

③ 西徐亚（Σκυθια），地名。

④ 希罗德德描述过西徐亚人用敌人的镀金脑壳喝酒的习俗，参见希罗多德：《历史》IV.65。

"是的。"

"那么这些外衣是能看的。"

"当然能看。"克特西普说。

"嗯，它们看什么？"他说。

"什么也没看。还有你，也许吧，别假定你在看它们，你真是个讨人喜欢的无辜者。但是你让我惊讶，欧绪德谟，竟然睁着眼睡着了；如果有可能谈论和说根本不存在的事物，那么你现在正在这样做。"

【b】"但是沉默者的谈论肯定是不可能的。"狄奥尼索多洛说。

"完全不可能。"克特西普说。

"那么，谈论者的沉默也不可能吗？"

"更加不可能。"他答道。

"但是，每当你提到石头、木头、铁块的时候，你不是在谈论沉默者吗？"

"如果我经过铁匠铺，那么我不是，"他说："因为那里的铁块据说会讲话和大声叫喊，如果有人在打铁。所以，在这里，谢谢你的智慧，你在胡说八道而并不自知。但是把另外一个要点证明给我看，怎么会有谈论者的沉默。"

【c】我注意到克特西普很想出风头，他喜欢这样做。

"每当你沉默的时候，"欧绪德谟说："你不是对一切事物都沉默了吗？"

"是的，我是这样的。"他说。

"因此，涉及谈论，你也是沉默的，如果'谈论'也包括在一切事物之中。"

"什么？"克特西普说："一切事物不是沉默的，是吗？"

"我想不是。"欧绪德谟说。

"那么好，我的好朋友，一切事物都讲话吗？"

"所有讲话的事物讲话，我假定。"

"但是，"他说："这不是我的问题——我想要知道，一切事物是沉默的，还是说话的?"

【d】"要么都不是,要么都是,"狄奥尼索多洛插话说:"我敢肯定你不知道如何对付这个回答!"

克特西普狂笑起来,他说:"欧绪德谟,你的兄长把这个论证给弄坏了,毁掉了!"克利尼亚非常高兴,也笑了起来,这样一来,克特西普更加趾高气扬,忘乎所以。这是我的看法,克特西普就是道听途说,从这些人那里捡来了这些东西,因为当今世上不可能还有其他人拥有能与之相比的智慧。

【e】于是我说:"克利尼亚,你为什么要对如此严肃和美好的事情发笑?"

"苏格拉底,你怎么啦,你见过美丽的事物吗?"狄奥尼索多洛问道。

"是的,我确实见过许多。"狄奥尼索多洛。

【301】"它们与美丽的事物是不同的,"他问道:"还是相同的?"

"这个问题让我陷入困境,我想我可以发发牢骚。"我答道:"它们全都与美丽本身不同,但它们各自都拥有某些美。"

"如果你面前有一头公牛,你是一头公牛吗?因为现在我在你面前,你是狄奥尼索多洛吗?"

"上天不容。"我说。

"但是,以什么样的方式,"他说:"不同的事物是不同的,仅仅因为不同的事物出现在不同的事物面前吗?"

【b】"你在这里碰到难处了吗?"我说。(我急于拥有这俩人的智慧,我尝试模仿它。)

"我怎么会碰到难处呢?"他说:"不仅我不会碰到难处,而且其他每个人也不会碰到难处,当一件事情是不可能的时候。"

"你在说什么,狄奥尼索多洛?美丽的东西不是美的,丑陋的东西不是丑的吗?"

"是的,如果我喜欢的话。"他说。

"你喜欢吗?"

"当然。"他说。

"那么，相同的东西是相同的，不同的东西是不同的，不也是这种情况吗？【c】因为我不猜想不同的是相同的，但我认为，哪怕是一个孩子也不会怀疑不同的事物是不同的。但是你肯定会故意忽略这一点，狄奥尼索多洛，因为你和你的兄弟在其他各个方面都让我震惊，你们把这种论证的技艺发挥到极点，臻于完善，就像把他们的专门事务处理得很恰当的工匠。"

"那么你知道，"他说："什么是各种工匠的恰当事务？比如，你知道摆弄那些金属是谁的事务？"

"是的，我知道——是铁匠的事务。"

"制造陶器是谁的事务？"

"陶工的。"

"还有，屠宰、剥皮、切肉、烹饪、油炸是谁的事务？"

【d】"厨师的。"我说。

"如果一个人做他专门的事务，他会做好吗？"

"当然会。"

"厨师的专门事务是切肉和剥皮吗，如你所说？你同意过这一点，不是吗？"

"是的，我同意过，但是请你原谅我。"

"那么很清楚，"他说："如果有人把那厨师宰了，切成肉片，煮熟或油炸，那么他显然在做专门的事务。假如有人把铁匠放在铁砧上锻打，或者把陶工放在转盘上转，【e】他也在做专门的事务。"

"波塞冬①在上！"我喊道："你在你们的智慧上添上了最精彩的一笔！你认为这样的技艺会是我的吗？"

"苏格拉底，"他说："如果它变成了你的技艺，你会认识它吗？"

"只要你愿意，我说，我显然认识它。"

"那是什么，他说——你认为你认识自己的所有物吗？"

"是的，除非你禁止它——因为我的全部希望必须从你开始，到欧绪德

---

① 波塞冬（Ποσειδῶν），希腊神话中的海神，宙斯的兄弟。

谟那里结束。"

"你认为这些东西由你控制和随意支配，因此是你的吗？【302】比如一头公牛或一只绵羊：你把这些东西当做你自己的，因为你可以随意把它们卖了，或者拿去献给任何神吗？如果你不能以这种方式处理它们，它们就不是你的吗？"

"由于我知道有些好东西会从他们的问题中显现出来，同时，由于我急于想听个究竟，所以我说，确实如此——只有这样的东西是我的。"

"很好，"他说："你把所有拥有灵魂的东西称做活物，不是吗？"

"是的。"我说。

【b】"你承认只有那些你有权对它们做刚才我提到的那些事情的东西才是你的吗？"

"我承认。"

他故意停顿了一下，好像他在考虑某些重大问题，然后他说："苏格拉底，你有家族神宙斯吗？"

我猜想这个论证就要结束（如果它能转变为正确的），于是就开始努力想要离开，却不料我已经在那里像被网住的鱼一样乱蹦乱跳了。

"不，我没有，狄奥尼索多洛。"我说。

【c】"那么你是一个可悲的贱民，甚至根本不是一个雅典人，如果你既没有家族神，又没有神龛，也没有其他诸如此类的有益于绅士的东西。"

"够了，狄奥尼索多洛——注意一下你的讲话，别用这么尖刻的话给我上课。我确实拥有祭坛；我拥有神龛，家族神的和祖先神的，还有其他诸如此类的东西，就像其他雅典人一样。"

"嗯，其他雅典人怎么样？"他说："他们也都没有家族神宙斯吗？"

"没有一个伊奥尼亚① 人会这样说，"我说："那些殖民城邦的人不会这

---

① 伊奥尼亚（Ἰονία），古代希腊地区名，位于小亚细亚西岸中段从南到北的一条狭长地带，还包括萨摩斯和开俄斯两个岛屿。希腊人在这里建立的 12 个殖民城邦，其中包括米利都、爱菲索、科罗封等，是希腊哲学最早发生的地方。

样说，我们自己也不会这样说。我们确实有一位家族神阿波罗①，【d】由于伊安②的世系，但我们不把宙斯称做家族神。倒不如说我们称他为'家族的护卫者'或'部落的护卫者'，我们也把雅典娜③当做我们的'部落的护卫者'。"

"噢，够了。"狄奥尼索多洛说："因为你好像拥有阿波罗、宙斯、雅典娜。"

"当然。"我说。

"那么，这些都是你的神吗?"他说。

"我的祖先，"我说："和我的主人。"

"但是不管怎么说，他们是你的。"他说："你难道不承认他们是你的吗?"

"是的，我承认，"我说："我会怎么样呢?"

【e】"那么，这些神，"他说："也是活物吗？因为你承认凡有灵魂的东西是活物。或者说这些神没有灵魂吗?"

"噢，是的，它们有灵魂。"我说。

"所以他们是活物吗?"

"是的，是活物。"我说。

"你同意你可以随意处置属于你的活物，你有权赠送和出售它们，把它们献祭给任何神。"

"是的，我同意，我说——在这一点上我没有退却，欧绪德谟。"

【303】"那么直截了当地告诉我，"他说："由于你承认宙斯和其他众神是你的，你有权出售它们，赠送它们，或者以你喜欢的方式对待它们，就像你对待其他活物一样吗?"

你瞧，克里托，我当时坐在那里一声不吭，就像被那个论证打倒了似

---

① 阿波罗（Απολλον），宙斯之子，太阳神。
② 伊安（Ιων），传说中的阿波罗之子。
③ 雅典娜（Αθηνᾱ），宙斯之女，雅典保护神。

的。但就在这个时候克特西普前来助战，他说："好啊①，赫拉克勒斯，多么美妙的论证！"狄奥尼索多洛说："赫拉克勒斯是一个坏蛋，还是那个坏蛋是赫拉克勒斯？"克特西普说："波塞冬在上，多么神奇的论证！我服了——这两人是不可战胜的。"

【b】这个时候，我亲爱的克里托，在场的人无一例外地赞扬这个论证和这两个人，他们欢笑、鼓掌，把他们捧上了天，直到精疲力尽才慢慢平息下来。在先前的谈话中，在进行每一项论证的时候，只有欧绪德谟的崇拜者发出过这样的喧哗；而现在似乎吕克昂的每一柱廊都回荡着掌声，为他们的成功感到喜悦。【c】甚至我自己也受到感染，打算宣布我今生今世从未见过如此聪明的人；我完全被他们的技艺征服，于是我开始赞颂他们说，噢，幸福的哥俩，你们拥有的天赋真是太神奇了，在如此短暂的时间里迅速地完成了这项艰巨的工作！你们的论证中有许多精美的东西，欧绪德谟和狄奥尼索多洛，其中有一样是伟大的，你们从不在乎多数人的想法，【d】或者说，不在乎那些有影响或有名望的人的想法，而只注意像你们这一类人的想法。我相信，很少有人会像你们一样赞扬这些论证，而大多数人对这些论证理解甚浅，我敢肯定，他们要用诸如此类的论证来驳斥其他人比他们被这些论证所驳斥更可耻。不过，你们的演示有一种公共精神和仁慈的方面；每当你们否认有任何事物是美的、好的、白的，【e】否认不同者在任何方面都不同，你们实际上把人们的嘴都缝上了，如你们所说。但由于你们似乎也把自己的嘴缝上了，你们说话时的迷人方式和尖刻用词也就在很大程度上被消除了。但是一切事物中最伟大的事物是你们的技艺，这种技艺是如此精妙，每一个人都能在很短的时间里掌握它。我本人通过观察克特西普发现了这一点，【304】看到他在关键时刻很快就能模仿你们。你们的技艺能够很快学会是一件好事，但不能使它本身很好地进行公开展示。如果你们接受我的建议，请你们不要对公众讲话；否则听众很快就能掌握，并且不会向你们表示

---

① 好啊（εὐγε,ἔφη），英文译为"Bravo"。这个词有两个意思，一是好，二是坏蛋、无赖。

感谢。你们俩最好在私下里争论，或者，如果你们必须有一名听众，那么别让任何人参加，除非他能给你们钱。【b】如果你们是聪明的，你们会向你们的门徒提出同样的建议，决不要和任何人争论，除了你们自己相互之间。物以稀为贵，欧绪德谟，水是最贱的，尽管如品达① 所说水是最好的。不过，来吧，我说，看看是否能让我和克利尼亚来听你们的课。

说完这些事情，克里托，做了其他一些简短的评论以后，【c】我们分开了。现在，你想个办法和我们一道去听他们的课，因为他们宣称能教任何愿意付学费的人，年纪和能力都不能阻止任何人轻易地学到他们的智慧。跟你特别有关的是，他们说他们的技艺不是挣钱的障碍。

克　好吧，苏格拉底，我这个人很乐意听，也很乐意学；问题在于我担心自己不是欧绪德谟这一类的人。【d】正好相反，我是你提到的另一类人中的一个，宁可被这种论证驳斥，也不愿用这种论证去驳斥别人。现在要向你提建议我似乎会显得可笑，但我还是想把我听到的事情告诉你。昨天你们的讨论结束以后，我在离开的时候碰到一个人（这个人自己在智慧方面有很高的声誉，是那些擅长撰写法庭演讲词的人之一），他说，克里托，你不是这些聪明人的门徒？苍天在上，我说，不是——人太多了，我听不见，尽管我站得相当近。不过，他说，【e】这种论证还是可以听一听的。什么论证？我问道。你会听到当今世上最聪明的人谈论这种论证。我说，他们是怎么对你展示的？没啥名堂，他说，除了一些老生常谈，你任何时候都能从这些人那里听到——瞎聊，对一些不会有结果的事情争个没完。（这基本上是他的原话。）但是，我说，哲学是一样迷人的东西。迷人，【305】我天真的朋友？他说，得了吧，一文不值！如果你刚才在场，我想你会为自己的朋友的讲话感到脸红，他真是太奇怪了，竟然愿意把自己交由这些人处置，他们根本不在意自己在说些什么，只是咬文嚼字。这些人，如我刚才所说，是当今时代最有影响的人。然而，事实上，克里托，这些活动和从事这种活动的人都是

① 品达（Πίνδαρος），希腊诗人。参见品达：《奥林匹亚颂歌》I.1。

没有价值的，【b】可笑的。在我看来，苏格拉底，这个人错就错在批评这种活动，其他批评这种活动的人也错了。至于愿意在大庭广众之下与这样的人争论，在我看来似乎值得申斥。

苏 克里托，像这样的人确实很奇怪。还有，我到现在还不知道该怎么回击。这个遇到你、攻击哲学的人是哪一类人？他是那些在法庭上辩论的能干的人之一吗，一名演说家？或者说他是把这样的人武装起来战斗的人之一，一名撰写讲稿供演说家使用的作家？

克 【c】他肯定不是一名演说家，确实不是。我也不认为他曾去过法庭。但是他们说他懂得这个行当——非常在行——他是一个能干的人，擅长撰写演讲稿。

苏 现在我明白了——我自己想说的就是这种人。这些人，克里托，普罗狄科①把他们说成是占据着介于哲学家与政治家之间的无人区。他们认为自己是最聪明的人，他们不仅是最聪明的，而且也在许多人眼中是最聪明的，所以，除了哲学的追随者，【d】没有人能剥夺他们享有世人普遍的尊敬。因此，他们认为，如果他们把这些人说得一钱不值，那么这场智慧的名声的竞争的胜利在所有人眼中就无可争议地马上属于他们了。他们认为，他们确实是最聪明的，每当他们在私人谈话中被打断，他们就归罪于欧绪德谟和他的同伙。他们自认为是聪明的，并且认为理应如此，因为他们认为自己不仅在哲学中相当出色，而且在政治中也是这样。【e】是的，他们在智慧上的自负是相当自然的，因为他们认为他们拥有所需要的各种智慧；还有，避开危险和冲突，他们采摘智慧的果实。

克 那么，苏格拉底，你认为他们所说的这些话有意思吗？无法否认的是，他们的论证貌似可信。

苏 【306】它是貌似可信的，克里托，但不是真理。要说服他们相信这一点不是一件容易的事，两样事物一样是善的，一样是恶的，在这种情况

---

① 普罗狄科（Πρόδικος），著名智者。

下，位于这两样事物之间并且分有它们的某个人或某样事物比其中一样事物要差，比另一样事物要好；另一种情况，如果这个事物分有的是两样特别的善物，那么它比这两样善物的每一样都要差，从其目的来看，这两样善物中的每一样（作为这个事物的组成部分）都是有用的。【b】仅在居间者分有两样特别恶的事物的情况下，它比它分有的这两样事物都要好。现在，如果哲学是好的，政治家的活动也是好的（各自有不同的目的），那些分有二者的人居于其间，那么这些人在胡说八道，因为他们比二者都要差。如果哲学和政治家的活动一好一坏，那么他们比后者的实践者要好，比前者的实践者要差；如果二者都是坏的，那么他们说的话会有某些真理，【c】否则，他们就一点儿真理也没有了。我不认为他们会同意二者（哲学与政治）都是坏的，也不会同意一好一坏。事实上，在分有二者的时候，涉及政治或哲学的价值这个目标，他们比二者都要差；尽管他们处于第三的位置上，但他们想要被人当做第一。然而，我们应当原谅他们的野心，不要生气，我们仍旧应当看到他们就是这样的人。【d】毕竟，我们应当尊敬每一个说话明智的人，他们勇敢地追求智慧，辛勤劳动。

克　好吧，苏格拉底，如我老是跟你讲的那样，我仍旧感到困惑，不知道应当如何对待我的儿子。我的小儿子还很小，但是克里托布卢已经长大成人，需要有人帮他。事实上，每当我遇见你，我就想起自己所碰到的种种麻烦，【e】全都是为了这个孩子，好比说找个出身高贵的女人结婚给他们做后娘，多挣些钱让他们能够过上好日子，根本没有时间考虑他们的教育。但另一方面，每当我看到这些自称能教育人的人，我就感到震惊；与他们中的每一个人相比，【307】我都感到无地自容，我们之间说话我说得坦率一些。所以结果就是，我不知道该如何说服我的孩子去学哲学。

苏　我亲爱的克里托，你难道不明白，无论做哪一行，愚蠢卑劣者居多，严肃高尚者极少？比如说，你不认为体育是一件好事情吗？还有挣钱、演说、将军的技艺？

克　是的，这些行当当然会给我留下这种印象。

苏 【b】那么好，在这些行业中，你难道没有注意到大多数人的表现都很平庸吗？

克 是的，确实如此——你说的完全正确。

苏 但你会因此而回避从事任何行业，也不让你的儿子去从事任何行业吗？

克 这样做就不对了，苏格拉底。

苏 那么，不要做你不应当做的事，克里托，也别为那些实践哲学的人担心，无论他们是好是坏。【c】倒不如认真思考事情本身：如果哲学在你看来是微不足道的，那就让所有人都回避它，而不仅仅是你的儿子。但若你对哲学的看法也和我一样，那么如谚语所说，让"你自己和你的家人"用心去追求它，实践它。

克拉底鲁篇

提　要

本篇属于柏拉图中期对话，以谈话人之一克拉底鲁的名字命名。公元 1 世纪的塞拉绪罗在编定柏拉图作品篇目时，将本篇列为第二组四联剧的第一篇，称其性质是"逻辑性的"，称其主题是"论名称的正确性"。[①] 谈话篇幅较长，译成中文约 4.9 万字。

在本篇中与苏格拉底展开讨论的有赫谟根尼和克拉底鲁。前者是苏格拉底的门徒和至友，苏格拉底受审和被处死时他都在场，克拉底鲁是希腊哲学家赫拉克利特的信奉者。围绕名称的正确性这个主题，苏格拉底与他们讨论了语言的起源、名称的由来、名称的作用、名称的意义、命名的方式等问题，做了大量正面论述。整篇对话可以分为两个部分：第一部分是苏格拉底与赫谟根尼进行讨论，第二部分主要是苏格拉底与克拉底鲁进行讨论。

第一部分（383a—427e）：讨论名称正确性。赫谟根尼介绍了克拉底鲁的观点。克拉底鲁认为，每样事物都有一个正确的名称或名字，这个名称依其本性而属于该事物；事物的名称不是人们约定俗成的，而是自然生成的，具有一种符合事物本性的正确性。赫谟根尼认为，属于某个具体事物的名称没有一个是自然赋予的，而是由确立这些用法的人制定规则，用某个名称来称

---

① 参见第欧根尼·拉尔修：《名哲言行录》3：59。

呼这个事物。苏格拉底在讨论中批评了名称约定俗成的看法，指出名称是人辨识事物的工具，因此只能根据事物的本性给事物命名。命名者就是习俗制定者，他们观看事物的"形状"，把合乎事物本性的名称用声音和音节表达出来。（390e）在讨论中，苏格拉底考察了大量的语词的词源和本义，进而提出命名是用字母和音节对事物的本性进行摹仿。为了给每一事物制定一个标记或名称，名称制定者使用字母或原素，摹仿它们所指称的事物，然后把字母组合成其他所有名称。（424a）苏格拉底还把名称（语词）区分为"原初名称"和"派生名称"两类，讨论了二者之间的关系。

第二部分（427e—440e）：名称与事物的关系。苏格拉底指出，如果正确地提供了名称，那么这些名称与用它们命名的事物相似。所以，人可以通过名称来了解事物，也可以通过事物本身来了解事物。苏格拉底在讨论中批评了赫拉克利特的流变学说。他指出，名称提供者在提供名称时相信一切事物都处于运动和流变之中，然而，事物存在的方式未必如此。如果事物无法保持同一，它就不可能是这一事物，也不能被任何人所知，甚至要说有作为知识的事物也是不合理的。也就是说，如果事物始终在流逝，那就不会有知识，不会有任何人知道任何事物，也不会有任何事物被知道。苏格拉底强调，存在着美本身、善本身和其他各种事物本身，这些事物是永恒不变的，要研究事物普遍绝对的型相或本质，才能保证名称的正确性。在苏格拉底的引导下，克拉底鲁接受了苏格拉底的主要观点。

整篇对话所讨论的名称问题在柏拉图对话中是一个新的论题。苏格拉底对这个论题的探讨包含着许多奇妙的猜测，偶尔也有对真理的洞察，甚至是非常深刻的顿悟。对话的大部分篇幅用于猜测众多名称（语词）的来源，因此整篇对话显得冗长。然而，正是通过大量使人疲倦的阅读，苏格拉底的形象才生动地显现出来。

正 文

谈话人：赫谟根尼、克拉底鲁、苏格拉底

赫 【383】我们要让苏格拉底参加我们的讨论吗？

克 只要你乐意。

赫 苏格拉底，克拉底鲁①说每个事物都有一个正确的名称②、一个依其本性③而属于该事物的名称。事物的名称不是人们约定俗成的，只要乐意，人们想叫它什么就叫它什么——用他们自己的母语来称呼它——而是具有一种名称的符合其本性的正确性，这对任何人来说都是一样的，无论是希腊人还是野蛮人。【b】所以我问他，他自己的名字是否真的是"克拉底鲁"。他回答说，是。"苏格拉底的名字呢？"我说。"他的名字是苏格拉底。""这对其他每个人来说也一样吗？我们叫他的那个名字就是他的名字吗？""这对你肯定不适用。你的名字不是'赫谟根尼'，哪怕世上所有人都叫你赫谟根尼。"我急于要他告诉我他是什么意思。他的回应故弄玄虚，支支吾吾。【384】他装出一副拥有某些隐秘知识的样子，以此迫使我同意他的看法；如果他能把他的想法讲明白，我倒是可以讲述他对名称的看法。所以，如果你能解释一下克拉底鲁神谕一般的意思，我会乐意听的。尽管我宁可听到你自己对名称的正确性的看法，如果你能讲一讲你的看法。

苏 赫谟根尼，希波尼库④之子，有句古谚说【b】"要知道好东西是非常难的"，要知道名称肯定不是一件易事。当然了，如果我听过普罗狄科⑤那门收费 50 德拉克玛⑥的课，他自己介绍说这门课就是对这个主题的完整

---

① 克拉底鲁（Κρατύλος），人名。
② 名称（ὄνομα），亦译"名字"。
③ 本性（φύσις），亦译"自然"。
④ 希波尼库（Ἱππονίκου），人名。
⑤ 普罗狄科（Πρόδικος），著名智者。
⑥ 德拉克玛（δραχμή），古希腊货币名，约合 4.31 克白银。

处理，那就不会有任何事情妨碍你直接了解有关名称正确性的真理了。但由于我只听了一门【c】一个德拉克玛的课，因此我不知道名称的正确性到底是怎么一回事。然而，我已经做好准备，与你和克拉底鲁一道进行考察。至于他否认你的真正的名字是"赫谟根尼①"，我怀疑他是在开玩笑。也许他想到你想挣钱，但每次都失败了。无论如何，如我所说，要懂得这些事情是很难的，所以我们必须联合起来进行考察，看到底谁正确，是你还是克拉底鲁。

赫 好吧，苏格拉底，我经常和克拉底鲁谈论这个问题——也和其他许多人谈——但无人能够说服我去相信名称的正确性是由人们的约定俗成和一致同意决定的。【d】我相信你给予一样事物的名称就是它的正确的名称。如果你改变它的名称，给它另一个名称，那么这个新名称也和老名称一样正确。比如，我们给我们家养的奴隶换个名字，这个新名字和老名字一样正确。属于某个具体事物的名称没有一个是自然赋予的，而是由确立这些用法的人制定规则，用某个名称来称呼这个事物。不过，要是我在这一点上错了，【e】我不仅打算听取克拉底鲁的看法，也打算听取任何人的看法，向他们学习。

苏 【385】你也许是对的，赫谟根尼。让我们来看。你说任何人无论决定把某个具体事物叫做什么，这就是它的名称吗？

赫 我是这么说的。

苏 无论做这种决定的是一个人还是一个社团吗？

赫 是的。

苏 这会怎么样？假定我把存在的某个事物——比如，把一个事物叫做"人"——假定我把"马"这个名字给这个事物，而把"人"这个名字给一个我们现在叫做"马"的事物。这同一个事物会有一个公共的名字"人"，

———

① 赫谟根尼（Ἑρμογένης），人名。这个名字的词义是赫耳墨斯所生的，即赫耳墨斯之子。赫耳墨斯（Ἑρμῆς）在希腊神话中是众神的使者，接引亡灵的神，多才多艺，首创字母。

但有一个私人的名字"马"，是吗？你是这个意思吗？

赫 【b】是的。①

苏 所以，一个人无论说某个事物的名称是什么，对他来说，这就是它的名称吗？

赫 是的。

苏 某个人说一个事物有多少个名称，无论他是在什么时候说的，这个事物真有那么多名称吗？

赫 是的，苏格拉底，因为我想不出名称能以其他任何方式是正确的。我用我给这个事物的名称叫它，你用你给他的不同的名称叫它。以同样的方式，【e】我看到不同的社团对相同的事物有不同的名称——这些希腊人与其他希腊人用的名称不同，希腊人与外邦人用的名称也不同。

苏 让我们来看，赫谟根尼，你在把握存在的事物时是否也会有相同的情况。每个具体事物是什么，或者它的本质②只和个人相关联吗，如普罗泰戈拉③所说的那样？他说人"是万物的尺度"，事物对我显得怎样，它就是怎样，【386】事物对你显得怎样，它就是怎样。你同意这种看法吗？或者说你相信事物有某种它们自己的确定的存在或本质？

赫 有好多次了，苏格拉底，每当困惑不解的时候，我就被驱赶到普罗泰戈拉的学说中逃避困境，尽管我根本不相信这种学说。

苏 你的困惑是什么？【b】你真的被迫相信根本没有坏人这回事吗？

赫 不，众神在上，我没有。我发现自己确实相信有坏人，而且很多。

苏 什么？你从不相信有任何人很好吗？

赫 很好的人不多。

苏 但你还是相信有某些好人的，是吗？

---

① 英译者 C.D.C.Reeve 认为希腊原文此处有错乱，将 385b2—d1 移至 387c5。参见 Schofield, *Classical Quarterly* 22（1972）。中译本采用这一处理方式。

② 本质（οὐσία）。

③ 普罗泰戈拉（Πρωταγόρας），著名智者。

赫　是。

苏　对这样的人你是怎么看的？或者说是这样的：非常好的人是非常聪明的，而非常坏的人是非常愚蠢的吗？

赫　是的，【c】这是我相信的事情。

苏　但若普罗泰戈拉讲的是真话——如果这就是《真理》①，事物就是每个人所相信的那个样子，怎么可能一个人聪明，另一个人愚蠢呢？

赫　不可能。

苏　在我看来，你坚定地相信，如果存在智慧，也存在愚蠢，那么普罗泰戈拉讲的不可能是真话。毕竟，如果每个人相信为真的事物对他来说就是真的，【d】那么没有人能比其他人更聪明。

赫　对。

苏　但你也排斥欧绪德谟②的看法，每一事物始终同时拥有各种属性。因为，若是美德和邪恶始终同时属于每一事物，就会再次表明有些人好，有些人坏，是不可能的。

赫　对。

苏　但若两种学说都不对，如果并非每一事物始终同时拥有各种属性，亦非每一事物对每个人来说拥有个别的存在或本质，那么很清楚，事物有某些它们自己的确定的存在或本质。【e】它们并非与我们相连，或随着它们对我们的显现而变化。它们是独立自存的，与它们自己的存在或本质相连，这些存在或本质符合本性地是它们自己的。

赫　我同意，苏格拉底。

苏　如果事物具有这样一种本性，那么与这些事物相连的表现出来的行为不也一样吗？或者说，行为不也算是存在的某一类事物吗？

赫　当然算。

---

① 柏拉图此处在拿普罗泰戈拉的著作《真理》开玩笑。

② 欧绪德谟（Εὐθύδημος），人名。

苏　所以，行为按照行为自身的本性发生，【387】而非按照我们所相信的事情发生。比如说，假定我们在切割一些物品。如果我们采用我们选择的任何一种方式切割，使用我们选择的任何一种工具，那么我们在切割中不会取得成功。但若我们在各种情况下按照切割的本性和被切割的物品的本性，使用最符合本性的切割工具，我们就会取得成功，就能正确地切割。然而，如果我们试图违反本性进行切割，那我们就错了，不会有什么建树。

赫　【b】至少可以说，这是我的看法。

苏　还有，如果我们焚烧某些物品，我们的焚烧一定不能按照我们每个人自己的信念去做，而要按照正确的信念去做——也就是说，这种信念告诉我们如何焚烧物品，如何焚烧才是符合本性的，焚烧它的最符合本性的工具是什么？

赫　对。

苏　其他所有行为也都是这种情况吗？

赫　肯定是。

苏　讲话不也是这样吗，或者说讲话也是一种行为吗？

赫　是的。

苏　如果某人以他相信的任何一种方式讲话，他会正确地讲话吗？或者倒不如说是这样，如果他按照符合事物本性的方式进行言说、以符合被言说的事物的本性的方式言说它们、【c】使用符合本性的工具言说它们，那么他会有所建树，能够成功地讲话，是吗？但若他以其他任何方式讲话，他就错了，不会有任何建树，是吗？

赫　【387c5】我相信是这样的。①

苏　【385b2】告诉我这一点。有被你叫做说真话这么一回事吗，有被你叫做说假话这么一回事吗？

赫　有，确实有。

---

①　此处插入 385b2—d1。

苏　那么有些陈述是真的，而其他一些陈述是假的吗？

赫　是的。

苏　那些言说存在的事物的陈述是真的，那些言说不存在的事物的陈述是假的吗？

赫　是的。

苏　所以，有可能在一个陈述中既说存在的事物，又说不存在的事物吗？

赫　当然。

苏　【c】说一个陈述是真的，是整个陈述真，而不是部分陈述真吗？

赫　是整个陈述真，不是部分陈述真，但陈述的部分也应是真的。

苏　是大部分真而不是小部分真，还是全部都真？

赫　在我看来，它们全部都真。

苏　有陈述的某个部分比名称还要小吗？

赫　没有，名称是最小的部分。

苏　在一个真的陈述中，我们说的这个东西① 是最小的部分吗？

赫　是。

苏　那么按你的看法，这个部分是真的。

赫　是的。

苏　一个假陈述的部分是假的吗？

赫　对。

苏　所以，不可能说名称的真或假吗，因为陈述的真或假是可能的？

赫　【385d1】当然可能。

苏　【387c6】现在，使用名称是讲话的一部分，因为正是依靠使用名称人们言说事物。

赫　当然。

———————

① 指名称。

苏　如果言说或讲话是一种行为，这种行为与事物有关，那么使用名称不也是一种行为吗？

赫　是的。

苏　【d】我们看不出这些行为并非与我们相连，而是有其专门的本性吗？

赫　我们看得出。

苏　所以，如果要和我们前面说的一致，那么我们不能按照我们的选择来给事物命名；倒不如说，我们必须按照符合本性的方法，使用符合本性的工具来给它们命名。以这种方式我们会有所建树，成功地进行命名，舍此别无他途。

赫　好像是这样的。

苏　还有，说一个人必须切割，他必定要用某种物品来切割吗？

赫　是的。

苏　说一个人必须编织，他必定要用某种物品来编织吗？【e】说一个人必须穿孔，他必定要用某种物品来穿孔吗？

赫　当然。

苏　说一个人必须命名，他必定要用某种物品来命名吗？

赫　【388】对。

苏　要穿孔，必须用什么物品？

赫　钻子。

苏　编织呢？

赫　梭子。

苏　命名呢？

赫　名称。

苏　说得好！所以名称也是一种工具吗？

赫　是的。

苏　假定我问"梭子是一种什么样的工具？"你不会回答说"我们编织

用的工具"吗?

赫　【b】我会。

苏　在编织的时候,我们做什么?我们不是在把混在一起的纬线和经线分开吗?

赫　是的。

苏　关于钻子或其他工具,你不也可以按照同样的方式加以回答吗?

赫　当然。

苏　你也能以同样的方式回答有关名称的问题,因为它们是工具。在命名的时候,我们在做什么?

赫　我不知道该怎样回答。

苏　我们不是在相互之间指称吗,也就是说,在按照事物的本性划分事物?

赫　我们确实在这样做。

苏　所以,就像用梭子区分经线和纬线,【c】名称就是提供指称的工具,也就是说,用来划分存在者。

赫　是的。

苏　梭子不是织工的工具吗?

赫　当然。

苏　所以,织工会很好地使用梭子;很好地使用梭子就被用来指称织工的行为。同理,指称者会很好地使用名称;很好地使用名称就被用来指称指称者的行为。

赫　是的。

苏　当一名织工很好地使用梭子时,他在使用谁的产品?

赫　木匠的。

苏　【d】每个人都是木匠,还是只有掌握了木作技艺的人是木匠?

赫　只有掌握了木作技艺的人是木匠。

苏　当钻孔的人使用钻子时,他在使用谁的产品?

赫　铁匠的。

苏　每个人都是铁匠，还是只有掌握了这种技艺的人是铁匠？

赫　只有掌握了这种技艺的人是铁匠。

苏　好。当指称者使用名称时，他用的是谁的产品？

赫　我不知道。

苏　你至少可以告诉我这一点吗？谁或什么给我们提供了我们使用的名称？

赫　我也不知道。

苏　你不认为给我们提供名称的是习俗①吗？

赫　就算是吧。

苏　那么，当指称者使用名称的时候，【e】他在使用制定习俗者的产品。

赫　我相信他是这样做的。

苏　你认为每个人都是习俗制定者，还是只有拥有这种技艺的人才是习俗制定者？

赫　只有拥有这种技艺的人。

苏　由此可知，不是每个人都能提供名称，赫谟根尼，【389】而是只有名称制造者才能提供，他似乎就是习俗制定者——这种匠人在世人中最难发现。

赫　我看是这样的。

苏　现在来吧，考虑一下习俗制定者在提供名称时在什么地方观看。以前面的讨论作为你的向导。木匠在制造梭子时在什么地方观看？他不就是在观看其本性适合纺织的事物吗？

赫　当然。

苏　【b】假定木匠在制造时，那支梭子破了。他会看着这个破梭子制造

_____

① 习俗（νόμος），这个希腊词亦有法律的意思。

另一支梭子吗？或者说他会看着它的形状①另外再造一支吗？

赫　按我的想法，他会看着它的形状。

苏　那么称它的形状为梭子本身会是绝对正确的。

赫　我想是这样的。

苏　因此，当他必须制造一支梭子用于织造衣物时，无论衣物的厚薄，无论衣物是亚麻的还是羊毛的，这支梭子不是必须拥有梭子的形状吗？【c】这位工匠不是必须把天然最佳适宜进行其工作的这种本性置于其中吗？

赫　是的。

苏　对其他工具来说也一样。当一位匠人发现了天然适合于某样工作的工具，他必须使用来制造工具的材料体现为工具。他一定不能凭他自己的选择把工具造成任何形状，而必须造成天然适合的形状。所以，铁匠似乎必须知道如何在铁块中体现钻头的类型，使之符合本性地适合各种类型的工作。

赫　当然。

苏　木匠必须在木头中体现天然适合各种织造的梭子的类型。

赫　对。

苏　因为对每一种类型的纺织而言，有一种类型的梭子是天然适合的。【d】工具的制造莫不如此。

赫　是的。

苏　所以习俗制定者不也必须懂得如何在声音和音节中体现天然适合每一事物的名称吗？如果他是一位真正的名称的提供者，他不也必须，在制造和提供每个名称的时候，观看名称本身是什么吗？如果不同的习俗制定者不是从相同的音节中制造出每一个名称，【e】那么我们一定不要忘了，不同的铁匠在为相同类型的工作制造相同的工具时，不会全用同一块铁把它们

---

① 形状（εἰδώς, ἰδέα），亦译为型相（型、相），柏拉图哲学的核心概念。此处为贴近语境，译为形状。

制造出来。但只要他们赋予它相同的形状——哪怕这种形状在不同的铁中体现——这个工具将会是正确的，【390】无论它在希腊制造，还是在外国制造。不是这样吗？

赫　肯定是这样的。

苏　你不也以同样的方式评价希腊的和外国的习俗制定者吗？只要他们给每样事物提供了适合它的名称的形状，无论它在什么音节中体现，他们就同样是优秀的习俗制定者，无论他们在希腊还是在外国。

赫　当然。

苏　那么，在任何一块给定的木头中体现梭子最适宜的形状，谁像是知道这一点的人？【b】是制造梭子的木匠，还是使用梭子的织工？

赫　都像，苏格拉底，我就说是使用梭子的人吧。

苏　所以，谁使用竖琴制造者的产品？不就是那个最懂得如何监管竖琴的制造，也知道竖琴造得好坏的人吗？

赫　当然。

苏　他是谁？

赫　竖琴演奏者。

苏　指导造船的是谁？

赫　【c】船老大①。

苏　谁是那个能够最好地监管习俗制定者的工作，无论是本邦的还是外国的，判断它的产品？不就是使用这些习俗的人吗，无论是哪一个？

赫　是的。

苏　这个人不就是懂得如何提问的人吗？

赫　当然。

苏　他也知道如何回答问题吗？

赫　是的。

---

①　船老大（κῠβερνήτης），亦译舵手。

苏 你把懂得如何提问与回答的人称做什么？你不称他为辩证法家①吗？

赫 是的，我会这样做。

苏 【d】所以，制造舵是木匠的工作。要造好舵，必须要有船老大的监管。

赫 显然如此。

苏 但是，习俗制定者的工作好像是制造名称。要想很好地提供名称，必须由辩证法家来监管习俗制定者。

赫 对。

苏 由此可知，提供名称并非像你认为的那样是一件不重要的事情，赫谟根尼，它也不是一项不重要的工作，或者随便什么人都能做的事情。所以，克拉底鲁说得对，【e】事物拥有符合其本性的名称，并非每个人都是制造名称的工匠，而只有那些能够看出每样事物符合其本性的名称的人才是名称的制造者，他能够用字母②和音节来体现事物的形状。

赫 我不知道如何反对你的意见，苏格拉底，【391】对我来说，马上改变观点也很勉强。我想，如果你能告诉我什么是你说的名称的符合其本性的正确性是什么意思，那么我会比较容易被你说服。

苏 我亲爱的赫谟根尼，对这个问题我没有什么具体的看法。你忘了我刚才对你说的话，我不懂名称，但我想和你一道进行考察。我们现在正在考察它们，你和我，至少对这一点我们比以前清楚了，名称拥有某种符合其本性的正确性，【b】并非每个人都知道如何很好地给事物命名。不是这样吗？

赫 当然。

苏 所以我们下一步的任务就是试图发现这种正确性是什么，如果你确实想知道。

---

① 辩证法家（διαλετικός）。

② 字母（γράμματα）。

赫　我当然想知道。

苏　那么我们就来考察这一点。

赫　我该怎么做呢？

苏　最正确的方式是向那些已经在行的人学习，但你必须向他们付钱，还要深切地感谢他们——这些人是智者。你的兄弟卡里亚①从他们那里得到了智慧的名声，这是付了一大笔钱以后的回报。【c】所以你最好去找他，恳求他能把他从普罗泰戈拉那里学来的有关名称正确性的知识教给你，因为你还没有自己的钱可以用来交学费。

赫　但是乞求普罗泰戈拉的《论真理》对我来说是荒唐的，苏格拉底，就好像我想要获得包含在他这本书中的知识、认为它们有价值似的，当我完全拒斥它们的时候。

苏　好吧，如果这样做对你不合适，【d】那么你不得不向荷马以及其他诗人学习。

赫　荷马在什么地方谈论过名称，苏格拉底？他说了些什么？

苏　他在许多地方谈过。他区分凡人称呼事物的名称和众神称呼事物的名称，在这些地方他谈得最好，也最重要。或者说，你不认为这些段落告诉我们某些关于名称正确性的事情非常值得注意吗？【e】诸神确实用符合事物本性的正确名称来称呼事物——或者说你并不这样认为？

赫　我确实知道，如果众神用任何名称称呼事物，它们用的名称肯定是正确的。不过，你指的是哪些段落？

苏　你知道他在什么地方提到那条与赫淮斯托斯②进行过一场战斗的特洛伊河，众神称之为克珊托斯（Ξάνθος）③，而凡人称之为斯卡曼德（Σκάμανδρος）④？

---

①　卡里亚（Καρία），人名。

②　赫淮斯托斯（Ἡφαίστος），希腊神话中的火神。

③　希腊神话中的河神。参见荷马：《伊利亚特》21：332—380。

④　希腊神话中的河神。参见荷马：《伊利亚特》20：74。

赫　我当然知道。

苏　【392】你不认为知道把这条河称做克珊托斯比称做斯卡曼德更加正确是一件令人惊叹的事情吗？或者说，考虑一下，如果你愿意，他说某种鸟"诸神称之为铜铃鸟（χαλκίδα），而凡人称之为苍鹰（κύμινδις）"①。你认为知道把这种鸟叫做铜铃鸟比叫做苍鹰要正确得多是一件不重要的事情吗？荷马和其他诗人告诉我们的其他相似的事情怎么样？比如，【b】把某座山叫做密里那（Μυρίνα）比叫做巴提亚（Βατίει）更加正确？②不过，这些例子对你我来说可能太难理解。我想，考察荷马说的赫克托耳③的儿子的两个名字，斯卡曼德里乌（Σκαμάνδριος）和阿斯堤阿那克斯（Ἀστυάναξ），比较容易，更在人力所及的范围之内。当然，你知道我指的是哪些诗句。④

赫　我当然记得。

苏　你以为，给这个孩子起的阿斯堤阿那克斯和斯卡曼德里乌这两个名字，荷马认为哪一个比较正确？

赫　【c】我真的说不出来。

苏　你这样想。如果问你谁提供的名字比较正确，是那些比较聪明的人，还是那些比较愚蠢的人，你会怎么回答？

赫　这很清楚，那些比较聪明的人。

苏　总的说来，你认为哪一类人比较聪明，城邦的女人，还是男人？

赫　城邦的男人。

苏　现在你知道了，不是吗，荷马告诉我们，赫克托耳的儿子被特洛伊城的男人叫做阿斯堤阿那克斯？⑤【d】如果说男人叫他阿斯堤阿那克斯，那么斯卡曼德里乌不就显然是女人叫的吗？

---

①　荷马：《伊利亚特》14：291。

②　参见荷马：《伊利亚特》2：813以下。

③　赫克托耳（Ἕκτωρ），在特洛伊战争中，赫克托耳是特洛伊一方的猛将，后来被阿喀琉斯杀死。

④　参见荷马：《伊利亚特》6：402—403。

⑤　参见荷马：《伊利亚特》22：506。

赫　可能是这样的。

苏　荷马不也会认为特洛伊的男人比他们的女人要聪明吗？

赫　我假定他会这样认为。

苏　所以，他想必会认为，对这个孩子来说，阿斯堤阿那克斯这个名字比斯卡曼德里乌更加正确吗？

赫　显然如此。

苏　好吧，让我们来考察一下为什么这个名字更加正确。荷马本人不是有个很好的解释吗，【e】"他独自捍卫了他们的城邦和巍峨的护垣？"① 你瞧，由于这个原因，把这位捍卫者的儿子称做捍卫者（Ἀστυάναξ）或者城邦之主（ἄστυ, ἄναξ）似乎是正确的，如荷马所说，他的父亲正在捍卫。

赫　这在我看来好像是对的。

苏　对吗？你明白了吗，赫谟根尼？连我本人都还没有明白。

赫　不对，我确实还不明白。

苏　【393】但是，我的好朋友，荷马不是也给赫克托耳起了名称吗？

赫　如果他这样做，他起了什么名称？

苏　好吧，在我看来，"赫克托耳"这个名字或多或少和"阿斯堤阿那克斯"有相同的地方，因为它们都是希腊人的名字。主人（ἄναξ）和拥有者（ἕκτωρ）所指称的东西几乎相同，因为二者都是用于国王的名称。一个人当然拥有他是主人的东西，因为他显然掌控、占据和拥有这些东西。【b】不过你也许会认为我在胡说八道，因为我错误地假定我已经发现了荷马对名称正确性的看法的线索。

赫　不，我不认为你错了。你可能真的已经发现了线索。

苏　无论如何，在我看来，把狮子的后代称做"狮子"，把马的后代称做"马"是对的。我在这里讲的不是马以外的正好由马生下来的某些怪兽，而是这种动物合乎本性生下来的后代。如果违反其本性，【c】一匹马生下了

————————

① 荷马：《伊利亚特》22：507，句中的"他"指赫克托耳。

一只牛犊，那么它应当被叫做"牛犊"，而不是"马驹"。如果某个不是人的后代的东西由人生下来，我不认为它应当被叫做"人"。对树和其他所有东西也可以这么说。你同意吗？

赫 我同意。

苏 好。但是你最好仔细想一下我刚才讲的例子，免得中了我的圈套，因为按照同样的论证，国王的后代应当被称做"国王"。用相同的音节来指称还是用不同的音节来指称同样的事物则没有什么关系。【d】如果增加或减少字母，也没有什么关系，只要这个事物的存在或本质处于可控的状态，能够被它的名称所表达。

赫 你这样说是什么意思？

苏 我的意思很简单。你知道，当我们谈论元素或字母表里的字母时，我们说出来的是它们的名称，而不是字母本身，E, Υ, O, Ω 这四个字母除外。[①] 我们也给其他所有元音字母和辅音字母制造名称，【e】如你所知，给它们添加一些字母。只要我们能把字母的力量或能力包括在内，我们就可以正确地用名称叫它，它也会向我们表达自己。以"$\beta\tilde{\eta}\tau\alpha$"为例，添加 η, τ，α 这几个字母，并不会伤害或妨碍整个名称表达习俗制定者所希望表达的元素或字母的本性，他非常明白如何给字母提供名称。

赫 我相信你说得对。

苏 【394】同样的道理不是也可以用来解释"国王"吗？一位国王有可能是国王的儿子，一个好人有可能是好人的儿子，一个优秀的人有可能是优秀的人的儿子，等等。所以，除非生下了怪物，每一类生灵的后代都是同类的，应当用同样的名称来称呼它们。但是由于构成名称的音节是多样的，所以对那些没有这方面知识的人来说实际上相同的名称就显得不同了。同理，

---

① 字母的名称即字母的读法。希腊文字母"ε"读做"epsilon"，"υ"读做"upsilon"，"o"读做"omicron"，"ω"读做"omega"。但这些读法在柏拉图时代没有使用，当时的人在说这几个字母时只是把它的音读出来，所以柏拉图在这里说这四个字母除外。

医生①用的药，给它们添加不同的颜色和气味，对我们来说就显得不同，尽管它们实际上是相同的，【b】对一名医生来说显得相同，因为他只看它们的药力能否治病，而不关心添加上去的东西。与此相仿，知道名称的人看到的是名称的力量或功能，而不在意字母有无添加、换位或减少，哪怕某个已有的名称完全由不同的字母来体现。所以，举例来说，我们刚才讨论的赫克托耳和阿斯堤阿那克斯这两个名称，除了"τ"，没有一个字母是相同的，但它们所指称的事物却是相同的。【c】"Ἀρχέπολις"（城邦首领）这个名称的字母与它们有什么共同之处？然而，它表达了相同的事物。其他还有许多名称指的也是国王；指称将军②的名称也有好几个，比如"Ἆγις"（领队）、"Πολέμαρχος"（统帅）、"Εὐπόλεμος"（好武士）；指称医生的也有其他一些名称，比如"Ἰατροκλῆς"（名医）、"Ἀκεσίμβροτος"（凡人的医者）。与它们的字母和音节不同的名称，我们也许能找到许多，但它们一旦说出来，就具有相同的力量或能力。这一点你清楚不清楚？

赫 【d】当然清楚。

苏 那么，那些按本性所生的东西应当给予它们与其父亲相同的名称。

赫 是的。

苏 那些违反本性所生的东西怎么样，那些生下来的怪物？比如，一个虔诚的好人有了一个不虔诚的儿子，那么这个儿子一定不能拥有他父亲的名称，③而应当用他所属的那类人的名称来称呼他，就好比我们前面举过的例子，马生下了牛犊，是吗？

赫 是的。

苏 【e】那么，应当给虔诚父亲的不虔诚儿子以儿子所属的那类人的名称吗？

赫 对。

---

① 医生（ἰατρός）。

② 将军（στρᾰτηγος）。

③ 即不能被称为虔诚的好人。

苏 那么，他不应当被称做"Θεόφιλυς"（为神所爱的）、"Μνησίθευς"（为神在意的），或其他同一类的名称，而应当给予某些指称相反事物的名称，如果名称想要真正地正确。

赫 这样做完全对，苏格拉底。

苏 因此，俄瑞斯忒斯①（山民）这个名字肯定是正确的，赫谟根尼，无论它是偶然得来的，还是因为某些诗人刻意想要表现这位英雄的残忍、凶猛和本性中的野性。

赫 【395】好像是这样的，苏格拉底。

苏 他父亲的名字好像也是符合本性的。

赫 它是符合本性的。

苏 是的，因为阿伽门农②是一个行动刚毅、坚忍不拔的人，由于他的美德或长处而能完成他的计划。他的军队坚持攻打特洛伊，他的坚忍不拔由此可见一斑。因此"阿伽门农"这个名字的意思是，这个人是可敬的（ἀγαστὸς），因为他坚守他的阵地（ἐπιμονή）。阿特柔斯这个名字似乎也是正确的，【b】因为他谋杀克律西波斯，极为残忍地对待堤厄斯忒斯，因此摧毁（ἀτηρά）了自己的德性。③然而，他的名字的意思有点歪曲和模糊，所以不能把他的本性表达给每一个人。但对那些懂得名称的人来说，它恰当地表达了"阿特柔斯"的意思。因为无论这个名称对应的是他的固执

---

① 俄瑞斯忒斯（Ὀρέστης），阿伽门农之子，这个名字的词意是"山民"。

② 阿伽门农（Ἀγαμέμνων），阿耳戈斯王和迈锡尼王，特洛伊战争时的希腊联军统帅。战争结束后返国时被其妻和奸夫谋杀。他的儿子俄瑞斯忒斯被他的姐姐送走，长大后与姐姐共谋杀死母亲及其奸夫为父亲报仇。为此受到复仇女神惩罚，变成疯子，后来被女神雅典娜解救，归国继承王位。

③ 阿特柔斯（Ἀτρεὺς）是珀罗普斯（Πέλοπες）之子。克律西波斯（Χρυσίππος）和堤厄斯忒斯（Θυέστης）都是阿特柔斯的兄弟。阿特柔斯与堤厄斯忒斯一起杀死克律西波斯，然后逃往迈锡尼，在那里当了国王。后来堤厄斯忒斯勾引阿特柔斯之妻，企图篡夺王位，阴谋败露后逃离迈锡尼。阿特柔斯杀了堤厄斯忒斯的两个儿子，并把他们的肉做成菜肴宴请堤厄斯忒斯。堤厄斯忒斯发现自己吃了儿子的肉后诅咒阿特柔斯的子孙，这个诅咒在阿特柔斯的儿子阿伽门农身上应验。

（ἀτειρὲς），还是他的大胆（ἄτρεστος），或是他的摧毁（ἄτηρος），【c】对他来说都是正确的。我认为珀罗普斯①这个名称也起得很恰当，因为珀罗普斯的意思是一个只看见眼前事物的人（πέλας, οπσες）。

赫　怎么会这样呢？

苏　因为，按照传说，珀罗普斯对谋杀密耳提罗斯②会给他的整个部落长期带来灾难这件事毫无预见。他急于想用一切手段来达到娶希波达弥亚③做新娘的目的，【d】他只看到手边或眼前的事情——也就是说，附近的（πέλας）东西。每个人也都会同意，如果有关坦塔罗斯④的传说是真的，那么他的名字也是正确的，与他的本性相合。

赫　关于他有哪些传说？

苏　他们说，他的一生有许多可怕的灾难降临于他——最后一桩灾难是他的国家最终毁灭——他死以后在冥府受罚，【e】头顶上有石头高悬（ταλαντεία），与他的名字非常吻合。确实好像有某个希望把他称做“灾难深重者”（ταλαντατος）的人把这个名称篡改成了坦塔罗斯（Ταντάλος）。他的父亲据说是宙斯⑤，这个名字也有丰富的含义，【396】尽管很难理解。因为“宙斯”这个名字就像一个短语，可以分成两部分，“宙那”（Ζῆνα）和“狄亚”（Δία），我们中有些人用这个部分，有些人用那个部分。但这两个名称后来又重新合在一起，表达这位神的本性——这就是我们说过的一个名称应当起的作用。确实，除了这位万民之王、万物之主，没有谁更会是生命（ζῆν）的源泉，无论对我们来说，还是对其他生灵来说。就这样，宙

---

① 珀罗普斯（Πέλοπες）是坦塔罗斯（Ταντάλος）之子，他的父亲把他剁成碎块供神食用，但宙斯使他复活。他后来去了厄利斯，与那里的国王俄诺玛俄斯比赛驾车，获得胜利后娶公主希波达弥亚为妻。

② 密耳提罗斯（Μυρτίλος）是赫耳墨斯之子、国王俄诺玛俄斯的御者。他被珀罗普斯收买，锯裂主人的车轴，使主人赛车失败。他后来被珀罗普斯抛入海中。

③ 希波达弥亚（Ιπποδαμεία），厄利斯王国的公主。

④ 坦塔罗斯（Ταντάλος），希腊神话中的吕底亚国王。

⑤ 宙斯（Διὸς），天神。

那和狄亚合在一起正确地给这位神命名，【b】他始终是一切生灵的源泉（διʹ όν ζῆν）。但是，如我所说，他的名字可以分成"宙那"和"狄亚"两个部分，但实际上是一个。听到宙斯是克洛诺斯①之子，人们起初会觉得有点不虔敬，因为说宙斯是伟大的理智的后代似乎更加合理。但实际上，克洛诺斯这个名称的意思不是孩子（κόρος），而是他的理智或理解的纯洁性和明晰性。② 根据传说，他是乌拉诺斯③（天空）之子，这个名称也是正确的，因为用οὐρανία（天上的）这个名称可以很好地表示向上看——看上面的东西（όρῶσα τὰ ἄνω）——而天文学家说，【c】赫谟根尼，向上看可以导致心灵纯洁。如果我能记得赫西奥德④的神谱，他甚至提到了众神更早的祖先，我就不会停止解释他给予它们的名称的正确性，直到我检验了这种刹那间来到我心里的智慧——【d】我不知道它是从哪里来的——看它是否能贯穿始终。

赫 真的，苏格拉底，在我看来你就像一名先知，突然受到激励以后发布神谕。

苏 是的，赫谟根尼，在我看来，普罗巴提亚区⑤的欧绪弗洛⑥最应当受到责备，我受到的激励是从他那里来的。我从拂晓开始就和他在一起，聆听他的长篇讨论。他肯定受到了激励，因为他不仅用他超人的智慧充斥了我的双耳，而且占据了我的灵魂。【e】所以，在我看来这是我们必须做的事情：今天，我们要使用这种智慧，完成对名称的考察，而明天，如果你们这些人也同意，我们要驱邪除怪，让我们自身洁净，只要我们能够找到能干的人来

---

① 克洛诺斯（Κρόνος）是宙斯之父，天神乌拉诺斯之子。

② 苏格拉底说克洛诺斯这个名字不是从"κόρος"，而是从"κόρειν"（扫除）派生出来的。克洛诺斯的性格是纯洁的，他的理智是清晰的，因为二者都被很好地清扫过了。

③ 乌拉诺斯（Οὐρανός），天神。

④ 赫西奥德（Ἡσίοδος），诗人。

⑤ 普罗巴提亚（Προσπαλτία），地名，雅典的一个区。

⑥ 欧绪弗洛（Εὐθύφρων），人名，很可能就是《欧绪弗洛篇》中的那位对话人，他在对话中被描写为有关乌拉诺斯、克洛诺斯、宙斯的权威。参见《欧绪弗洛篇》4e—5a,5e—6a。

为我们涤罪①——【397】无论他是祭司还是聪明人。

赫　这样做对我来说可行。但要是能听到有关名称的剩余内容，我会很高兴的。

苏　好，这就是我们必做之事。由于我们现在已经有了某种纲要可以遵循，为了发现名称本身是否能向我们证明名称的提供不是偶然的，而是具有某种正确性，你想要我们从哪些名称开始呢？【b】英雄和凡人的名字据说可能会欺骗我们。毕竟，如我们一开始所看到的那样，他们的名字经常来自他们祖先的名字，因此他们的名字中有些经常是不恰当的。有些名字仅仅表达了一种期待，希望他们以后能够证明这些名字是恰当的，比如欧提基德斯（Εὐτυχίδηε，幸运之子）、索西亚斯（Σωσίας，救助者、救星）、塞奥菲鲁（Θεόφιλος，为神所爱的），等等。但是我想，我们最好还是把这样的名字搁下。我们最有可能在其中发现名称正确性的是那些本性不变的事物的名称，因为要为这样的事物提供名称需要最大程度的全神贯注，【c】有些甚至是某种超人的力量在起作用。

赫　我认为这样做是有意义的，苏格拉底。

苏　所以，从众神（θεοì）这个名称开始，看它为什么可以用来正确地称呼诸神，不就对了吗？

赫　可能是对的。

苏　我猜想事情是这样的。在我看来，希腊最早的居民只相信那些现今在许多外国人那里仍旧相信的神灵——太阳、月亮、大地、星辰、天空。【d】由于这些东西总是在移动和奔跑，他们称之为 θεοì，因为它们的本性就是奔跑（θεῖν）。后来，知道了其他的神，他们就全用这个名称来称呼它们了。你认为是这么回事吗——或者说我在胡说八道？

赫　很像是这么回事。

----

① 涤罪（κάθαρσις）。

苏 我们下面应该考察什么呢？显然是精灵①，然后是英雄，然后是凡人，不是吗？

赫 【e】是的，下面要考察精灵。

苏 精灵这个词的正确意思是什么，赫谟根尼？你要考虑一下我下面要说的事情是否有点意思。

赫 你说吧，我会考虑的。

苏 你知道赫西奥德说精灵是什么吗？

赫 不，我不记得。

苏 你记得他谈论黄金种族吗，这是世上最早诞生的人类？

赫 是的，我记得。

苏 他是这么说的："自从这个种族被命运销蚀以后，【398】他们被称做神圣的精灵；他们生活在大地上，是善良的，他们抵御邪恶，守护凡人。"②

赫 那又怎样？

苏 嗯，我不认为他说的黄金种族的意思是这个种族的人是用黄金造的，而是指这个种族是善良的、高尚的。我认为他把我们叫做黑铁的种族恰好证明了这一点。

赫 没错。

苏 所以，你难道不认为当今时代存在的某些好人，【b】赫西奥德也会说这样的人属于黄金种族吗？

赫 他可能会这样说。

苏 好人和聪明人有什么区别吗？

赫 不，没有区别。

苏 我想，这是主要的，因为精灵是聪明的和有知的（δαίμονης），赫

---

① 精灵（δαίμων），亦译守护神。
② 赫西奥德：《工作与时日》121—123。

西奥德说它们被命名为精灵（δαίμονης）。在我们的阿提卡①老方言②中，我们实际上有这个词。所以，赫西奥德和其他诗人说得好，好人死后有很好的前程和荣耀，变成精灵，【c】给它们的这个名称与智慧相吻合。我本人还断定，确实，每一个好人，无论生前还是死后，都是精灵一般的，都可以正确地被叫做精灵。

赫　我完全同意你的看法，苏格拉底。但是英雄（ἥρως）这个名称怎么样？什么是英雄？

苏　我想这不难解释，这个名称没有多少变化，它表示英雄是爱（ἔρως）的结晶。

赫　这样说是什么意思？

苏　你难道不知道英雄是半神（ἡμίθεοι）吗？

赫　那又如何？

苏　它表明，所有英雄都是神与凡人之间爱情的产物，要么是神与凡间妇女所生，【d】要么是女神与凡间男人所生。如果你像前面一样，依据阿提卡老方言来考察，你会理解得更好，因为它会向你表明，英雄（ἥρως）这个词与爱（ἔρως）这个词只有微小的差别——英雄们都是由爱而生的。要么，这就是它们被称做英雄的原因，要么因为他们是智者、能干的语言制造者（ῥήτορες）和辩证法家、技艺娴熟的提问者（ἐρωτᾶν）——因为提问（εἴρειν）就是说（λέγειν）。因此，如我们刚才所说，在阿提卡方言中，英雄转义为语言制造者和提问者。【e】英雄们的高贵后裔由此组成一个聪明人和修辞学家的部落。这不难理解。但你能否告诉我，为什么人类的成员要叫做人（ἄνθρωποι）？这个问题比较难理解。

赫　我怎能做到呢，苏格拉底？要是我能做到，我不会束缚自己的，我想你好像比我更能发现这个答案。

---

① 阿提卡（Ἀττική），地名。

② 方言（γλῶσσα）。

苏　【399】你好像真的相信欧绪弗洛式的激励。

赫　当然。

苏　你坚信这一点肯定是对的。确实，我刚才似乎有一种这样的灵感，但若我不小心，那么到今天结束的时候我会聪明过头。所以，请你注意听。我们首先必须记住下面这条有关名称的观点：我们经常增加字母、减少字母、改变重音，但这样一来就离我们想要命名的事物远了。以"Διì φίλος"（宙斯的朋友）为例。为了让我们能有一个名称而不是一个短语，【b】我们去掉了第二个 ι，并且把第二个音节的抑音发成锐音（δίφιλος）。在其他例子中，我们的做法正好相反，添加字母，把原先的锐音发成抑音。

赫　没错。

苏　现在，我认为我们用来称呼人的这个名称就属于这种情况。它原来是一个短语，后来变成一个名称。字母 α 被省略了，而最后一个音节变成了抑音。

赫　你这是什么意思？

苏　【c】人这个名称意味着其他动物不会考察和推论它们看到的任何事物，也不会逼近观察任何事物。而人只要一看到某个事物——也就是说，"ὄπωπε"（看到）——马上就会逼近观察它，对它进行推论。因此在动物中只有人可以被正确地命名为"ἄνθρωποι"——接近观察它所见的（ἀναθρῶν ἃ ὄπωπε）。

赫　下面考察哪一个名称？我可以把我想要得到解释的名称告诉你吗？

苏　当然可以。

赫　【d】在我看来，下面要解释的名称与前面这个名称正好相连。我们来谈论一下人的肉体与灵魂。

苏　当然可以。

赫　那就让我们像刚才一样来分析它们的名称。

苏　你是说我们应当考察灵魂和肉体是否合理地得到了命名？

赫　是的。

苏 要我讲此刻的想法，我认为那些赋予灵魂这个名称的人在心里是这么想的。他们想到，灵魂出现在肉体里，使肉体有了生命，【e】灵魂给了肉体吸气的力量，肉体复活了（ἀναψῦχον），而当这种复活衰败时，肉体就死了，完结了。由于这个原因，我认为，他们称这种力量为灵魂（ψυχὴν）。但是，请你等一会儿，如果你不在意，我想象欧绪弗洛的门徒们会藐视这种分析，认为这种解释是粗糙的。【400】但是我想我窥见了一种他们会认为比较有说服力的解释。你听一下，看它是否讨你喜欢。

赫 告诉我吧，我会听的。

苏 当你考虑每个肉体的本性时，除了灵魂，有什么东西在支撑它，支持它，使它活着和运动？

赫 没有其他任何东西。

苏 当你考虑其他一切事物的本性时，会怎么样？你不同意阿那克萨戈拉①的看法吗，心灵或灵魂使一切事物有序，支撑着一切事物？

赫 我同意。

苏 【b】所以，这种力量支持和支撑着（ὀχεῖ καὶ ἔχει）整个本性，给予这种力量的一个好名称应当是"支撑本性者"（φυσέχην）。这个词也可以更加优雅地发音，读做 ψυχήν。

赫 绝对是这样的，我还认为这个解释比另一种解释更加科学。

苏 是的，是这样的。就这样，按这种正确的方式命名，它有了它的真正的名称（亦即 ψυχήν），我感到挺有趣的。

赫 我们对下一个词该怎么说呢？

苏 你指的是肉体的名称吗？

赫 对。

苏 有很多话要说，在我看来好像是这样的——如果把这个名称稍微改变一下，那就有更多的话要说了。【c】有些人说肉体（σῶμα）是灵魂的坟

---

① 阿那克萨戈拉（Αναξαγόρας），古希腊哲学家。

墓（σῆμα）①，依据是它今生就被埋葬在肉体中，而另外一些人说把它叫做标志（σῆμα）是正确的，因为灵魂可以借助肉体指称任何它想要指称的东西。我想，这个名称很像是奥菲斯②的追随者赋予肉体的，他们感到灵魂由于某些事情正在接受惩罚，肉体是安全地圈养或囚禁灵魂的地方——如"σῆμα"这个名称本身所提示的那样——直到惩罚完毕；按照这种解释，这个词的字母无需作任何改动。

赫　【d】我想我们已经恰当地考察了这些名称，苏格拉底。但是，我们能够沿着你前面讨论宙斯的路径来考察其他神灵的名称，看给他们的名称是否正确吗？

苏　宙斯在上，我们肯定能够这样做，赫谟根尼。作为有理智的人，我们必须承认的、首要的、最好的考察路径是这样的：我们首先承认我们对众神本身一无所知，对它们称呼自己的名字一无所知——尽管很清楚，它们称呼自己的名字是正确的名字。【e】名称正确性的第二条最好的路径是，如我们在祈祷词中所说的那样，我们希望众神对于我们给它们的名字能够高兴，因为我们不知道其他名字。我认为这是一种很好的习俗。【401】所以，如果你认为这样做可行，让我们开始我们的考察，首先对众神宣布，我们要考察的不是它们——因为我们不认为自己配得上进行这样的考察——而是凡人，以及凡人给了众神以它们的名字这种信念。无论如何，这样做不会有什么冒犯。

赫　你所说的在我看来是合理的，苏格拉底，所以让我们按照你的建议开始。

苏　【b】我们要按照习俗，从赫斯提③开始吗？

赫　行。

苏　你认为提供赫斯提这个名字的人心里是怎么想的呢？

---

①　希腊文"σῆμα"是个多义词，既有坟墓的意思，又有标志的意思。

②　奥菲斯（Ὀρφεύς），希腊神话人物，奥菲斯教的教主。

③　赫斯提（Ἑστίας），希腊灶神或家室女神。

赫 这不是一个容易回答的问题，在我看来。

苏 无论如何，赫谟根尼，第一位名称给予者不会是普通人，而是崇高的思想家和精妙的推论家。

赫 那又怎么样？

苏 嗯，在我看来很明显，就是这种人把名称赋予事物，哪怕对着阿提卡的希腊人考察外国名称，【c】也同样容易发现它们是什么意思。举例来说，我们在阿提卡方言中叫做"οὐσίαν"（本质）的东西，有些人叫它"ἐσίαν"，还有人叫它"ὠσίαν"。那么，首先按照这些名称中的第二个来称呼"Ἐστίας"这个事物的本质是合理的。此外，我们自己说，这就是（ἔστιν）分有本质的东西，由于这个原因，在者被叫做"Ἐστίας"也是正确的。我们甚至在古时候把本质叫做"ἐσσίαν"。还有，如果一个人心里想的是献祭，【d】他会明白名称给予者自己是以这种方式理解这件事的，因为任何把一切事物的本质叫做"ἐσσίαν"的人很自然地会在向其他所有众神献祭之前先向赫斯提献祭。另一方面，那些使用"ὠσίαν"这个名称的人似乎非常赞同赫拉克利特①的学说，一切皆流，无物常住——因为一切事物的原因和源头是推动者（ὠθοῦν），所以可以很好地将它命名为"ὠσίαν"。关于这一点我们已经说够了，因为我们对此确实没有什么知识。【e】在赫斯提之后，我们来考察瑞亚②和克洛诺斯是对的，尽管我们已经讨论了后者的名字。嗯，也许，我下面要对你说的都是胡说八道。

赫 你为什么这样说，苏格拉底？

苏 因为我在心里已经发现了一大群智慧。

赫 什么种类的智慧？

苏 它听上去十分荒唐，【402】然而在我看来又有几分道理。

赫 怎么会这样呢？

---

① 赫拉克利特（Ἡράκλειτος），公元前 5 世纪希腊早期哲学家。

② 瑞亚（Ῥέαν），众神之母。她是乌拉诺斯和该亚之女，克洛诺斯之妻。

苏　我似乎看到赫拉克利特萌生了荷马也曾告诉过我们的那种古代智慧——这种智慧非常古老，就像克洛诺斯和瑞亚的时代那么久远。

赫　你指的是什么？

苏　赫拉克利特在某个地方说"一切皆流，无物常住"，存在的事物就像一条河流那样在流动（ῥοῇ），他说"你不能两次走下同一条河"。

赫　没错。

苏　那么好吧，你不认为把克洛诺斯和瑞亚这两个名称给了诸神祖先的人对事物的理解方式与赫拉克利特相同吗？【b】或者说你认为他把两位祖先都称做河流（ῥευμάτα）纯粹是偶然的？[①] 荷马说了同样的话，"俄刻阿诺[②]，众神的始祖，众神的母亲忒提斯"。[③] 我想赫西俄德说的话也差不多。还有，奥菲斯在某个地方说："美丽流动的大洋是最先婚配的，【c】俄刻阿诺与他的姐姐忒提斯结婚，她也是他的母亲之女。"[④] 你瞧他们的意见有多么一致，全都和赫拉克利特的学说相吻合。

赫　我认为你说的有点意思，苏格拉底，但我不明白忒提斯（Τηθὺς）[⑤] 这个名字的含义。

苏　但这个词本身实际上已经告诉你，它只不过就是略加改动的泉水（ἐπικεκρυμμένον）这个词！凡是渗透出来的东西（διαττώμενον）或者过滤出来的东西（ηθούμενον）都像泉水，【d】忒提斯这个名字就是由这两个词合成的。

赫　这个词很优雅，苏格拉底。

苏　确实很优雅。下一个该轮到谁了？宙斯我们已经讲过了。

赫　是的，我们讲过了。

---

① 瑞亚（Ῥέαν）的发音与河流（ῥευμάτα）相近，苏格拉底显然期待赫谟根尼听到克洛诺斯（Κρόνος）的时候能与小溪（κρόυνος）相连。

② 俄刻阿诺（Ὠκεανός），乌拉诺斯和该亚之子，大洋神，海神与河神之父。

③ 荷马：《伊利亚特》14：201。

④ 荷马：《伊利亚特》14：302。

⑤ 忒提斯，乌拉诺斯和该亚之女，俄刻阿诺的妻子，海神与河神之母。

苏　所以，让我们来讨论他的兄弟，波塞冬①和普路托②（无论我们叫他普路托还是叫他别的什么名字）。

赫　就这么办吧。

苏　在我看来，无论是谁最先给了波塞冬这个名字，原因就在于他看到波浪的力量阻止他在水中行走，【e】没法前进，就好像被锁链捆住了双脚（δεσμòς τῶν ποδῶν）。所以他呼唤这位神、大海力量的掌控者为"波塞冬"，因为他的双脚被捆住了（ποσίδεσμον）——"ε"这个字母可能是为了发音悦耳而添加。但也许情况并非如此。这个名称中的"σ"这个字母最初也许是两个"λ"，因为对这位神来说，许多事情是已知的（πολλ εἰδος）。【403】或者说，他也许被称做"摇撼者"（ὁ σείων），因为他摇晃（σείειν）大地，"π"和"δ"这两个字母是后加的。至于普路托，他之所以得到这个名字是因为他是财富的源泉（πλοῦτος），而财富来自地下。在我看来，大部分人叫他普路托，因为他们害怕他们看不见的东西（αιδες），因此采用了他的另一个名字"哈得斯"（Ἀιδης）③，把他与冥府联系在一起。

赫　【b】你自己是怎么想的？

苏　我认为人们对这位神灵的权能有许多错误的看法，不恰当地恐惧他。他们感到害怕，因为我们一旦死了就要永远待在他的地界里。他们感到恐惧，因为灵魂脱离了肉体以后要去那里。但是我想，所有这些事情，再加上这位神的名称和职司，均指向同一个方向。

赫　怎么会这样？

苏　【c】我会把我的想法告诉你。但是首先回答我：能把一个生灵捆绑起来，使它待在某个地方的是力量和期望④，它们哪一个要强些？

赫　期望要强得多，苏格拉底。

---

① 波塞冬（Ποσειδῶν），海神，宙斯的兄弟。
② 普路托（Πλούτων），冥神，宙斯的兄弟。
③ "哈得斯"，即冥府、地狱。
④ 期望（ἐπῑθῡμία）。

苏　那么你不认为许多人会逃离哈得斯，如果他不用最强大的锁链捆绑去了他那里的人吗？

赫　他们显然会逃。

苏　所以，如果他用最强大的锁链来捆绑他们，而非用力量来掌握他们，那么他必定是在用某种期望捆绑他们。

赫　显然如此。

苏　好吧，期望有许多种，不是吗？

赫　是。

苏　所以，如果他真的要用最强大的锁链捆绑他们，【d】他必须使用最大的期望。

赫　对。

苏　有什么期望比想与某人交往而使自己变得较好的期望更大呢？

赫　不，肯定没有，苏格拉底。

苏　所以，让我们说，就是由于这些原因，赫谟根尼，去了那里的人没有一个期望回到这里来。【e】哈得斯知道如何美妙地讲这些话，似乎每一个人——甚至塞壬们①——都被他的魔力所征服。由此看来，这位神灵是一名完善的睿智者，是那些与他在一起的人的大保惠师。确实，在他那个地方的下面，在他的周围，有大量的财富，他甚至还从地下给我们送来无数的善物。这就是他得到"普路托"这个名字的原因。另一方面，由于他愿意与仍旧拥有肉身的人联系，但只在他们的灵魂涤去所有欲望和身体的邪恶之时才会与他们交际，【404】在你看来他难道不像个哲学家吗？他不是非常明白，当人们摆脱了他们的肉体时，他才能用追求美德的期望束缚他们，而当他们还能感受到身体的激动与疯狂时，连他父亲克洛诺斯那著名的锁链也不能约束他们，使他们与他待在一起吗？

赫　可能是这样的，苏格拉底。

---

①　塞壬（Σειρῆνας），希腊神话中的人身鸟足的美女神，共八名，另一说共三名。

苏 【b】所以事情更像是这样的，赫谟根尼，哈得斯之名并非源于"不可见"（Ἄιδης），而是来自"他知道"（εἰδέναι）一切美妙的事物，这就是习俗制定者把他叫做"哈得斯"的原因。

赫 好吧。有关得墨忒耳、赫拉、阿波罗、雅典娜、赫淮斯托斯、阿瑞斯，以及所有其他众神又是怎么回事呢？关于他们我们能说些什么呢？

苏 得墨忒耳[①]之所以叫这个名字似乎是由于她提供（διδοῦσα）食物，就像一位母亲（μήτηρ）；赫拉[②]的意思是可爱者（ἐρατή），【c】确实，据说宙斯爱她，与她结婚。但也许习俗制定者，作为一位崇高的思考者，把"ἀέρα"（气）这个词变形，把这个名字的尾巴放到头里来，称她为"赫拉"——如果你重复念几遍这个名字，你就明白了。至于斐瑞法塔（Φερρέφαττα）[③]：许多人害怕这个名字和阿波罗的名字，似乎就在于他们对名称的正确性一无所知，因为他们把第一个名称改成了珀耳塞福涅（Φερσεφόνην），然后这个名称就显得可怕了。但是斐瑞法塔这个名字真的只表示这位女神是聪明的——因为事物都在变动，智慧是把握（ἐφαπτόμενον）、理解（ἐπαφῶν）、追随（ἐπακολουθεῖν）它们的力量。因此，把这位女神叫做"斐瑞珀法"（Φερέπαφα）或与此相似的名字是正确的，也就是说，由于她的智慧，她有力量把握变动的事物（ἐπαφὴν τοῦ φερομένου）——也就是由于这个原因，哈得斯娶她为王后，哈得斯自己是聪明的。但是现今人们注重声音的悦耳胜过注重真相，所以他们改变了她的名字，叫她"斐瑞法塔"。还有，如我所说，同样的事情也发生在阿波罗[④]身上。【e】许多人害怕他的名字，因为他们以为这个名字表示某种可怕的东西[⑤]。你注意到这一点了吗？

赫 我当然注意到了，你说的是对的。

---

① 得墨忒耳（Δημήτηρ），希腊神话中的谷物女神。

② 赫拉（Ἥραν），希腊神话中的天后，宙斯的姐姐和妻子。

③ 斐瑞法塔是珀耳塞福涅的另一个名字。珀耳塞福涅是希腊神话中的冥后得墨忒耳之女。

④ 阿波罗（Απολλον），太阳神，宙斯之子。

⑤ 他们把阿波罗这个名字与摧毁者（απολυῶν）联系起来。

苏　然而，在我看来，这个名字确实最适合这位神的权能。

赫　为什么？

苏　至少，我会试着说出我的看法。我认为，【405】没有一个名字能够涵盖和表达这位神在音乐①、预言、医药、箭术四方面的所有本事。

赫　你所谈论的是一个相当惊人的名称；所以，你继续说吧，做出解释。

苏　它当然是一个委婉的名字。毕竟，它是这位音乐之神的名字。我从医生和巫师进行净化和洁身说起，他们用药物熏烟和熏香，【b】让人清洗污垢、喷淋除邪，这些做法全都起着同样的效果，不是吗，也就是使人的身体和灵魂清洁和纯净？

赫　当然。

苏　但是，阿波罗不就是一位洁净神吗，他消除（ἀπολούων）各种不洁的邪恶，把我们从邪恶中解救（ἀπολύων）出来？

赫　当然。

苏　由于他是一名医者，清洗荡涤我们的罪恶，【c】所以把他叫做"ἀπολούων"（清洗者）是正确的。另一方面，他发预言，用帖撒利②方言的这个名字来称呼他可能是最正确的，也就是说，由于他的率真（ἁπλοῦν）和真诚（这些词的意思是一样的），所有帖撒利人都把这位神叫做"阿波洛"（Ἄπλουν）。还有，他总是（ἀεί）在发射（βολῶν），因为他是射箭能手，所以他也是 Ἀειβάλλων（总是发射）。要理解他的名字如何与他的音乐禀赋相一致，我们必须明白字母"α"经常表示"在一起"（τὸ ὁμοῦ）的意思，就像在"ἀκόλουθόν"（追随者或侍从）和"ἄκοιτιν"（床伴、配偶、丈夫）这两个词中一样。在这个例子中，它的意思是移动到一起（ὁμοῦ πόλησις），无论是天穹围绕我们所说的"极"（πολεῖ）移动到一起，还是被

---

①　音乐（μουσικὴ）。

②　帖撒利（Θετταλία），地名。

我们称为协和（συμφωνία）的音乐中的和谐变动；【d】因为，如那些天文家和音乐家所说，所以这些事物都按照某种和谐移动到一起。阿波罗是主掌和谐之神，它使万物聚合在一起（ὁμοπολῶν），无论是诸神还是凡人。所以，正如"ἀκόλουθον"和"ἄκοιτιν"这两个名称是从"ὁμοκέλεθον"和"ὁμοκοιτιν"中派生出来的，用"α"取代"ὁμο"，我们叫他阿波罗，尽管他实际上是"Ὁμοπολῶν"（使事物聚合者）。【e】我们在这个词中塞入了第二个"λ"，免得他的名字带有压迫性的意思。① 即便如此，确实，有些人，对他的名字的力量没有正确地考察，仍旧害怕它，因为他们怀疑它的意思是某种毁灭。但是，如前所说，【406】他的名字真的体现了这位神的所有权能，他是率真的，是一位总是在发射的清洗者、是万物的聚合者。至于缪斯（ἡΜοῦσα）和一般的音乐和诗歌，他们之所以得到这些名称，似乎源于他们渴望（μῶσθαι）进行考察和做哲学。勒托②之所以叫这个名字，那是由于她很温和（πραότητος），愿意（ἐθελήμος）满足人们的要求。或者说，她的名字也许源于那些讲方言而不是讲阿提卡语的人，许多人叫她勒娑（Ληθὼ）——显然是由于她的性格不是粗鲁的，【b】而是温和的，平顺的（λεῖον）。阿耳忒弥③这个名字似乎源于她的健康（ἀρτεμὲς）和有序，因为她渴望贞洁（παρθενίας）。或者是由于某个人称她为"美德的考察者"（ἀρετῇ ἵστορα）或"男女交媾的厌恶者"（ἄροτον μισησάσης）。出于这些原因中的某个原因，或者出于所有原因，某个名称制定者提供了这个名字，用它来称呼这位女神。

赫 狄奥尼修斯④和阿佛洛狄忒⑤怎么样？

苏 你的问题对我来说真大，希波尼库之子，因为对这些神灵的名称不仅有一种严肃的解释，也有一种开玩笑似的解释。【c】要听严肃的解释，

---

① "ἀπολον"的意思是彻底摧毁、屠杀。

② 勒托（Λητὼ），在希腊神话中是提坦巨人科俄斯和福柏的女儿，被宙斯所爱，生阿波罗和阿耳忒弥。

③ 阿耳忒弥（Ἄρτεμις），月亮和狩猎女神，阿波罗的孪生姐妹。

④ 狄奥尼修斯（Διονυσίως），希腊酒神。

⑤ 阿佛洛狄忒（Ἀφροδίτη），希腊爱与美的神，相当于罗马神话中的维纳斯。

你得去问其他人，但也没有什么事情能妨碍我们来听听这种开玩笑似的解释——甚至诸神也喜欢开玩笑。狄奥尼修斯，葡萄的赐予者（ὁ διδοὺς τὸν οἶνον）可以开玩笑地被叫做"Διδοίνυσος"；而葡萄酒（οἶνος）可以最正确地被称做"οἰόνους"，因为它使大多数喝了葡萄酒的人在他们不明白的时候认为自己明白了（οἴεσθαι νοῦν ἔχειν）。关于阿佛洛狄忒，没有与赫西奥德不同的观点——我们赞同他的看法，【d】这位女神之所以被叫做阿佛洛狄忒是由于她在海浪的泡沫（ἀφροῦς）中诞生。①

赫　作为一名雅典人，苏格拉底，你肯定不会忘了雅典娜②，或者赫淮斯托斯和阿瑞斯。

苏　我不会忘记他们。

赫　不会，确实不会。

苏　要解释雅典娜如何得到其他名字不难。

赫　哪一个名字？

苏　帕拉斯（Παλλάς）——你知道我们用这个名字叫她。

赫　当然。

苏　在我看来，如果我们认为这个名字源于【e】携带武器和盔甲的舞蹈，那么不会有错，因为人们举手投足，或者把地上的任何事物举起来，都被称做摇晃（πάλλειν）、【407】跳舞、正在摇晃（πάλλεσθαι）、正在跳舞。

赫　没错。

苏　她被称做帕拉斯就是由于这个原因。

赫　这样叫她是对的。但你如何解释她的另外一个名字？

苏　你指的是"雅典娜"？

赫　对。

苏　这是一个分量更重的问题，我的朋友。古人对雅典娜的看法似乎与

---

① 参见赫西奥德：《神谱》195—197。
② 雅典娜（Ἀθηνᾶ），希腊智慧妇女神、雅典保护神。

现在解释荷马的专家相同。【b】他们中有许多人在解释这位诗人的时候说他把雅典娜说成理智或思想。名称的制造者对这位女神的想法似乎相同。确实，他在谈到这位女神的时候用了更加崇高的语词，说她是"神的特有的心灵"（θεοῦ νόησις），就好像她是"ἀθεονόα"——在非阿提卡的文风中用"α"取代"η"，再去掉"ι"和"σ"。① 但也许这不是解释。他也许把这位女神叫做"Θεονόη"，由于女神拥有无与伦比的有关神圣事物的知识（τὰ θεῖα νοούσης）。如果我们假定他叫这位女神"Ηθονόη"，我们也不会错得太离谱，因为他想要把这位女神等同于理智的特性（τὴν ἐν τῷ ἤθει）。【c】然后，要么是这位制定者本人，要么是他的后继者，按他们的想法把这个名字改得比较美，叫她雅典娜（Ἀθηνάαν）。

赫　关于赫淮斯托斯② 你怎么说？你怎么解释他？

苏　你问的是这位高尚的光明法官（φάεος ἵστορα）吗？

赫　好像是的。

苏　那还不清楚，他的名字就是"Φαῖστος"，只是前面加了字母"η"，任何人都能看清这一点。

赫　可能是这样的——除非你还有另外一种看法。嗯，你可能会有的。

苏　那就来防止这种情况发生，问我有关阿瑞斯③ 的名字。

赫　噢，你自己已经问了！

苏　行，如果这就是你想要的。把一位喜欢打仗的神叫做阿瑞斯（Ἄρης），从各个方面来看都是恰当的，因为阿瑞斯相当于"ἄρρεν"（男子气）和"ἀνδρεια"（勇敢），【d】或者表示刚毅不屈的性格，具有这样性格的人叫做"ἄρρατος"。

---

① "雅典娜"这个词的变化情况如下：从"θεοῦ νόησις"中去掉"σις"，得到"θεοῦνόη"，在非阿提卡文风中加上阴性冠词，把"η"改成"α"，得到"ἀθεοῦνόα"。由于在当时"ο"和"οῦ"没有区别，可写作"ἀθεονόα"。

② 赫淮斯托斯（Ἥφαῖστος），希腊火神和匠神。

③ 阿瑞斯（Ἄρης），希腊战神，宙斯与赫拉之子。

赫　确实是这样的。

苏　看在神的分上，我们不要再谈论众神了，谈论众神会使我感到害怕。但你可以随便问，"直至我们看到欧绪弗洛的战马如何昂首阔步，一往无前"。①

赫　我会这样做的，但我还想再问一位神，赫耳墨斯②，【e】因为克拉底鲁说我不是赫谟根尼（赫耳墨斯之子）。让我们考察一下这位神的名字和含义，看克拉底鲁这样说是什么意思。

苏　好吧，赫耳墨斯这个名字似乎和语言有某种关系：他是一位解释者（ἑρμηνεύς）、信使、小偷、骗子、讨价还价者【408】——诸如此类的事情都与语言的力量有很大关系。嗯，如前提及③，"εἴρειν"的意思是"使用语词"，这个名称的其他部分说——如荷马常说的那样——"ἐμήσατό"（他设想），这个词的意思是"谋划"。出于这两个词，习俗制定者构造了这位发明了讲话（λέγειν）和语词的神的名字，因为"εἴρειν"的意思与"λέγειν"相同。这就好像他在告诉我们："人啊，【b】你们把这位发明了语言（τὸ εἴρειν ἐμήσατο）的神叫做'Εἰρέμης'是对的。但是我们，为了美化这个名称，如我们所假设的那样，今天把这位神叫做赫耳墨斯。"

赫　现在我敢肯定克拉底鲁没有说错，我不是赫谟根尼（赫耳墨斯的儿子），因为我不擅长发明语词。

苏　但是，把潘④说成是赫耳墨斯双形的儿子是合理的。

赫　【c】你是怎么想的？

苏　你知道，言语指称一切事物（τὸν Πᾶνα），并使事物循环往复，言语有正确与错误这两种形式吗？

赫　当然知道。

---

① 荷马：《伊利亚特》5：221—222；有关欧绪弗洛参见本篇396d。
② 赫耳墨斯（Ἑρμῆς），希腊神灵，宙斯的信使。
③ 参见本篇398d。
④ 潘（Πᾶν），希腊山林、畜牧神。他的身子是人，腿和脚是羊，头上有角。

苏　好吧，正确的部分是精致，神圣的，是居于上界的众神拥有的，而错误的部分是居于下界的凡人拥有的，是粗鲁的、好色的（τραγικόν）；因为就在这里，在可悲的（τραγικòν）生活中，可以发现绝大多数神话故事和虚假的传说。

赫　当然。

苏　因此，把言说一切事物（Πàν）并使之循环（ἀεì πολῶν）者叫做"Πàν αἰπόλος"（潘—山羊—牧者）是正确的。【d】赫耳墨斯的这位双形的儿子，上半部分是精致的，下半部分是粗鲁的、好色的。他本身既是言语本身，又是言语的兄弟，因为他是赫耳墨斯之子。兄弟之间相似不值得奇怪。不过，如我所说，我们不要再谈论众神了。

赫　如果你不想谈这一类神，苏格拉底，那我们就不谈了。但有什么事能让你不讨论这样一些神呢——太阳、月亮、星辰、【e】大地、以太、空气、火、水、季节、年度？

苏　你要我做的事情太多了！不过，要是能让你喜欢，我愿意。

赫　当然，我喜欢。

苏　你想要我先讲哪一个？或者说，由于你首先提到太阳（ἥλιος），我们要从太阳开始吗？

赫　当然可以。

苏　如果我们使用多利亚方言的这个名称，【409】我想事情会变得比较清楚，因为多利亚人把太阳叫做"ἅλιος"。所以，ἅλιος 也许和事实相符，太阳升起的时候把人聚集（ἁλίζειν）在一起，或者始终沿着轨道围绕大地转动（ἀεὶ εἱλεῖν ἰών），或者说它好像是指颜色（ποικίλλει），这是大地的产物，因为"ποικίλλειν"的意思和"αἰολεῖν"（快速地来来回回）的意思相同。

赫　月亮（σελήνη）是怎么回事？

苏　这个名称似乎肯定会使阿那克萨戈拉陷入尴尬的境地。

赫　怎么会呢？

苏　它似乎已经指出阿那克萨戈拉最近提出的理论，【b】月亮的光来自太阳，实际上是相当古老的。

赫　为什么呢？

苏　"σέλας"（明亮的光）和"φῶς"（光）是一回事。

赫　是的。

苏　嗯，如果阿那克萨戈拉的追随者们说得对，那么月光（σελήνη）始终既是新的（νέον），又是旧的（ἔνον），因为他们说太阳围绕月亮旋转，太阳始终在给月亮增添新的光，而月亮以前的光仍旧保持在那里。

赫　当然。

苏　但有许多人把月亮叫做"Σελαναίαν"。

赫　对，他们是这样叫的。

苏　由于月光始终既是旧的又是新的（σελας νέον ἔνον ἔχει ἀεί），【c】所以它的正确名称是"Σελαενονεοάεια"，这个词压缩以后就成了"Σελαναία"。

赫　它也是一个酒神颂歌式[①]的名称，苏格拉底！关于月份和星辰你有什么必须说的？

苏　月份（μεὶς）的正确名称是"μείης"，源自"μειοῦσθαι"（减少）。而星辰（ἄστρα）的名称似乎源于"ἀστραπή"（闪电），因为闪电是使眼睛向上看（ἀναστρέφει τὰ ὦπα）的原因。因此，它真的应当被叫做"ἀναστρωπὴ"，不过今天这个名称被美化了，叫做"ἀστραπή"。

赫　火和水怎么样？

苏　【d】我对火（πῦρ）真的感到困惑。所以，要么是欧绪弗洛的缪斯把我甩了，要么是这个词确实难度极大。但是请你注意，每当我陷入这样的困境，我会用什么样的方法摆脱它。

赫　什么方法？

苏　我会告诉你的，但你先要回答我的问题。你能告诉我"火"这个名

---

① 酒神颂歌献给酒神狄奥尼修斯，用词复杂，多用复合词。

称是怎么来的吗？

赫　我肯定不能。

苏　这就是我产生疑问的地方。我想希腊人，【e】尤其是那些居住在外国的，采用了许多外语的名称。

赫　那又怎么样？

苏　嗯，如果有人试图发现这些名称是否正确地提供，把它们当做希腊语来处理，而不是当做外来语来处理，那么你知道他会陷入困境。

赫　他很有可能会这样。

苏　【410】好吧，现在来看一下"火"，看它是不是外来词——因为要把它与希腊语联系起来确实不是一件易事。此外，弗里基亚①人显然使用同样的名称，只是有轻微的改动。比如"水"（ὕδωρ）、"狗"（κύνας），等等。

赫　好像是这样的。

苏　因此，尽管人们可以谈论这些名称，但一定不能推得太远。所以，这就是我放弃"水"和"火"的原因。但是，"气"怎么样，赫谟根尼？【b】它之所以被叫做 ἀήρ 是由于它从大地上提升（αἴρει）某些东西吗？或者是由于它始终在流动（ἀεὶ ῥεῖ）？或者是由于气的流动形成风（πνεῦμα）？因为诗人们把风（πνεύματα）称做气流（ἀῆται），不是吗？所以，也许某个诗人说"ἀητόρρους"（气流动）在"πνευματόρρους"（风吹）的地方，由此表明他正在谈论气。至于以太，我想做以下解释：把它叫做"ἀειθεήρ"是对的，因为它总是在气之上流动（ἀεὶ θεῖ ῥέων）。用"γαῖα"这个名字来指称大地（γῆ）比较好；【c】因为"γαῖα"被正确地称做一位"母亲"，如荷马告诉我们的那样，"γεγάασιν"指的是"产出"。好吧，下面是哪一个？

赫　季节（ὧραι），苏格拉底，还有用来指称"年度"的两个名称，"ἐνιαυτος"和"ἔτος"。

苏　如果你想知道有关季节这个名称的可能有的真相，你一定要看到这

---

①　弗里基亚式的（φρυγιστί）。

个事实，它在古阿提卡方言中拼做"ὁραι"。把季节称做"ὁραι"（把一事物与其他事物区别或标定的东西）是正确的，因为这些季节区分（ὁρίζουσαι）了冬天和夏天、各种季风、大地的果实。至于"ἐνιαυτος"和"ἔτος"，【d】它们实际上是一个名称。我们看到，较早的时候宙斯的名字分成两个——有些人叫他"Ζῆνα"，有些人叫他"Δία"（宾格）。① 好吧，年度的名称也同样是这种情况。年或年度使大地上的植物和动物在既定的季节产生和成长，并在年度自身中巡视它们。因此，有些人叫它"ἔτος"，因为它巡视（ἐτάζαι）事物，而其他人叫它"ἐνιαυτος"，因为它这样做是在其自身之中（ἐαυτοι）。整个短语是在自身中巡视它们（ἐν ἑαυτῷ ἐτάζον），但这个短语带来的结果是用这两个不同的名称来称呼年度。因此，这两个名称，"ἐνιαυτος"和"ἔτος"，【e】源自同一个短语。

赫　我说，苏格拉底，你正在取得巨大的进展！

苏　我想我正在拼命地驱使我那显而易见的智慧。

赫　当然了。

苏　你甚至还可以对我再次加以肯定。

赫　【411】嗯，我们已经完成了对这一类名称的考察，下面我想看看有关德性的那些名称的正确性是如何提供的。我指的是智慧（φρόνησις）、理智（σύνεσις）、正义（δικαιοσύνη），以及所有其他诸如此类的美好名称。

苏　你正在搅动的这些类别的名称没有一个是不重要的，赫谟根尼，不过，既然我已经穿上了狮子皮②，那么我一定不能丧失信心。所以我似乎必须考虑智慧、理智、判断（γνώμην）、知识（ἐπιστήμην）这些语词的意思，以及你所说的其他所有美妙的词汇。

赫　【b】我们当然不能停止不前，直到我们这样做了。

苏　以埃及神犬的名义起誓，我想这是一个很好的灵感——它就在此刻

① 参见本篇395e以下。
② 指神话英雄赫拉克勒斯穿的奈梅亚狮皮。

在我心中出现了！当今时代我们大部分哲人在探讨存在的事物的本性时，由于不停地转圈子而头晕目眩，而这些事物本身对他们就显得像是在朝各个方向旋转和运动。【c】嗯，我认为古代给事物提供名称的人也很像这些哲人。然而，他们不把这种情况归咎于他们自身的内部状况，而是归咎于事物本身的性质，他们认为没有任何事物是稳定的或永久的，一切事物都在流动，这个世界永远充满各种运动和生成变化。我之所以这样说，是因为你刚才提到的名称使我有了这样的想法。

赫　怎么会这样呢，苏格拉底？

苏　你也许没有注意到，这些名称的提供都以一个假设为基础，叫这些名称的事物都在运动、流变或发生。

赫　没有，我从来没有想到这一点。

苏　【d】那好吧，从头开始，我们提到的第一个名称无疑就是这样的。

赫　哪个名称？

苏　智慧（φρόνησις）。智慧是对运动和流变的理解（φορᾶς νόησις）。或者说可以把它解释为乐于运动（φορᾶς ὄνησις）。在这两种情况下，它都必定与运动有关。如果你想要另外一个例子，那么判断（γνώμην）这个名称表达了这样一个事实，下判断就是考察或研究任何有生成（γονῆς νώμησις）的事物；因为研究（νωμᾶν）和考察（σκοπεῖν）是一回事。如果你还想要一个例子，那么理解（νόησις）本身就是对新事物（νέο ἥσις）的向往。而说事物是新的，指的就是它们始终在生成。这样的事物是灵魂所向往的，【e】按照这个名称提供者的想法，"νόησις"所表达的，在古代不是"νοέεσις"，而是"νοέσις"，但是用"η"取代了两个"ε"。我们刚刚看到，节制（σωφροσύνη）是智慧（φρόνησις）的拯救者（σωτηρία）。【412】知识（ἐπιστήμην）表示高贵的灵魂追随（ἔπεται）事物的运动，既不超前也不落后。所以我们必须在这个名称中塞入字母"ε"，把它拼写为"ἐπεϊστήμην"。再往下说，理智（σύνεσις）似乎是一种总结（συλλογισμός），每当一个人说理解（συνιέναι）的时候，就好比是在说知道（ἐπίστασθαι），因为"συνιέναι"（字义"与某事物一道"）指的是灵魂与事物一道行进。【b】至于智慧（σοφία），它指的是对运动的把握。但它的来历模糊不清，不像是阿提卡语。但不管怎么说，我们必须记住，诗人们经常在说某个事物急速运动时就说它 ἐσύθη（急速行进）。确实，有一位著名的拉栖代蒙人① 名叫苏斯（Σοῦς），拉栖代蒙人就是用这个词来表示快速行进的。智慧（σοφία）指的是对这种运动的把握（ἐπαφήν），假定一切事物都处在运动之中。【c】好（ἀγαθόν）这个名称用来指称一切本性上值得尊重的（ἀγαστῷ）事物。事物都处在运动之中，但有些快，有些慢。所以并非一切存在的事物都运动得快，而是运动得快的那部分事物值得尊敬。因此"τἀγαθόν"（好东西，善物）这个名称可以用来指称那些因为快捷（θοοῦ）而值得敬重的事物。

很容易想到，"正义"（Δικαιοσύνη）就是给"对正义的理解"（δικαίου συνέσις）所起的名称，但是正义本身很难理解。许多人似乎在某一点上对正义有相同的看法，【d】然后就各持己见了。那些认为宇宙是运动的人相信，宇宙的大部分地方空无一物，任由他物进入，但有某种东西渗透、贯穿于宇宙之中，产生一切有生成的事物。他们说，这就是最细微的，最迅捷的东西；因为它若不是最细微的，那么任何东西都可以阻挡它们的进入，或者它若不是最快捷的，不能在其他事物呈现静止时穿越它们，那么它就不能在一切事物中穿行。【e】然而，由于它是其他一切事物的主宰和穿透者（διαϊόν）称之为正义（δίκαιον）是对的——添加字母"κ"只是为了声音的悦耳。如我前述，许多人只在这一点上看法一致。【413】至于我自己，赫谟根尼，由于我坚持不懈地努力，我学到了这件事的全部秘密——亦即正义和原因，因为一事物通过某事物而产生，这个某事物就是原因。确实有人告诉我，由于这个原因，把它叫做"Δία"（宙斯）是正确的。然而，哪怕在我听到这一点的时候，我仍旧温和地问他："就算这些都是对的，我的朋友，到底什么是正义？"就在这个时候，他们认为我的问题太多了，【b】我在追

---

① 拉栖代蒙人（Λăκεδαίμων），即斯巴达人（Σπάρτη）。

问不可能回答的事情，所以他们告诉我，我已经学得够多了。然后他们试图用每个人讲述他自己的观点的方法来使我满意。但是他们各自的意见并不一致。有一个人说，正义就是太阳，因为只有太阳统治一切存在的事物，穿透（διαϊόν）和燃烧（κάον）它们。我对这个回答很满意，并且把它告诉其他人，但其他人讥笑我说，那么你认为太阳下山以后，这世上的事情就没有正义吗？【c】所以我坚持不懈地向他提问，要他告诉我他认为什么是正义，他说正义是火（τὸ πῦϱ）——但这很难理解。另一个人说，正义不是火，而是火中的热本身。另一个人说，所以这些解释都是荒唐可笑的，正义就是阿那克萨戈拉谈论过的东西，亦即心灵；因为他说，心灵是自主的，不与其他任何事物混合，为存在的事物安排秩序，穿越一切事物。这个时候，我的朋友，我比开始学习什么是正义之前还要困惑。【d】然而，我们的考察目标是"正义"这个名称，似乎就是由于我们提到过的这些原因才有了这个名称。

赫　我想这种解释你肯定是从其他什么人哪里听来的，苏格拉底，而不是你自己一个人的时候独自想出来的。

苏　我已经提到过的其他解释怎么样？

赫　我肯定不认为这些解释是你听来的。

苏　那么好吧，听着，也许我又会骗你，让你以为这些解释也是我听来的。讲了正义这个名称以后，还剩下哪些名称呢？我想我们还没有讨论过勇敢——不过很清楚，非正义（ἀδικία）无非就是对那种穿透（διαϊόν）的一种阻挡。【e】勇敢（ἀνδϱεία）这个名称表明这种美德是在战斗中得名的。确实，如果事物都处于流变之中，那么一场战斗不可能是别的什么，只能是一种反流变。如果我们从"ἀνδϱεία"中去掉"δ"，就得到"ἀνϱεία"（回流），这个名称本身就揭示了这一事实。当然了，勇敢显然并不是反对一切流变，而只是反对违反正义的流变；【414】否则的话，勇敢就不值得赞扬了。同理，"ἄϱϱεν"（男性）和"ἀνήϱ"（男人）这些词也表示向上的流变（ἄνω ϱοή）。在我看来，"γυνή"（妇女）想要成为"γυνή"（子宫），"θῆλυ"（女性）这个词来自"θηλή"（乳头），而乳头之所以叫做"θηλή"，赫谟根尼，乃是因为它使事物昌盛（τεθηλέναι），就像灌溉使植物生长茂盛一样。

赫　可能是这样的，苏格拉底。

苏　是的，"θάλλειν"这个词本身在我看来似乎就像青年突如其来而又快速的成长，名称的提供者摹仿了这个名称中的一些内容，【b】他把"θεῖν"（跑）和"ἄλλεσθαι"（跳）这两个词放在一起。你瞧，我策马奔驰在平坦的大道上有多么顺利啊！不过，还有许多名称留下来没有解释，它们似乎很重要。

赫　没错。

苏　其中之一，噢，让我们来看"τέχνην"（技艺）这个名称是什么意思。

赫　当然。

苏　如果你去掉"τ"，在"χ"和"ν"、"ν"和"η"之间插入"ο"，它不就表示"拥有理智"（ἕξις νοῦ）吗？

赫　是的，苏格拉底，【c】但这样做就像是试着把一条小船拖上泥泞的斜坡。

苏　是的，但你要知道，赫谟根尼，为了使名称的声音悦耳，人们一直在给最初的名称添加或减少字母，以各种方式歪曲或修饰它们，这样一来，原先的名称就变得面目全非了。你也要知道，时间的流逝对这种变化也在起作用。以"κατόπτρῳ"（镜子）这个词为例，你不认为插入"ρ"这个字母很荒唐吗？在我看来，这种事情肯定是那些丝毫不考虑真相、【d】只想着声音悦耳的人干的。因此，他们不断地修饰最初的名称，最后到了无人能够理解这些名称的地步。这种例子很多，另一个例子是，他们把"斯芬克司"①叫做"σφίγγα"，而不是"φικὸς"。

赫　你说得对，苏格拉底。

---

①　斯芬克司，希腊神话中带翅膀的狮身人面女妖。传说她常令过路行人猜谜：什么动物早晨用四只脚，中午用两只脚，晚上用三只脚走路？猜不出者即遭杀害。后因被俄狄浦斯道破谜底是人而自杀。

苏　然而，如果我们可以随意添加或减少字母，那么制造名称就太容易了，可以对任何对象使用任何名称。

赫　【e】对。

苏　是的，情况确实如此。所以我认为一位聪明的监管者①，就像你本人，应当密切地观察，注意保存平衡和可能性。

赫　我是想这么做。

苏　我也想和你一道这样做，赫谟根尼，【415】但别太在意精确性，免得"使自己失去勇力"②。好吧，现在"技艺"已经说完了，我将要抵达我们探索的顶峰。但在此之前，我要考察一下"μηχανή"（发明）。在我看来，μηχανή 这个名称指的是伟大的成就（ἄνειν ἐπὶ πολὺ）；因为"μῆκός"表示某种"大"，而"μήκους"和"ἄνειν"这两个词合并在一起就构成了"μηχανή"这个名称。但是，如我刚才所说，我们必须继续前进，抵达我们探索的顶峰，【b】考察"ἀρετή"（美德）和"κακία"（邪恶）这两个名称。我对第一个名称还不太明白，但另一个名称似乎相当清楚，因为它与我们前面说过的那些名称的构成相当吻合。就事物处于运动之中而言，一切运动得坏（κακῶς ἰὸν）的事物应当被叫做"κακία"，但是这个可以用于所有诸如此类事物的名称主要用于某些灵魂，它们与它们居于其中的事物相关联而产生的坏的运动。在我看来，我们还没有讨论过的 δειλία（胆怯）这个名称所表达的就是这种坏的运动。——我们本来应该在讨论了"勇敢"之后讨论"胆怯"，【c】但我们刚才忽略了这个名称，因为我相信被我们忽略了的名称很多。——嗯，"δειλία"表示的是灵魂被某种强大的锁链（δεσμὸς）捆绑，因为"λίαν"（太多）表示的是某种程度。因此，"δειλία"指的是灵魂所受到的最强大的束缚。"ἀπορία"（困惑，不能移动）是一种同类的恶，所以，它似乎是阻挡运动的其他一切事物。这就清楚了，我们所说的运

---

①　参见本篇 390b 以下。

②　荷马：《伊利亚特》6：265。

动是一种受约束的或受阻碍的运动，这种运动使灵魂充满了恶。还有，如果"κακία"是该类事物的名称，"ἀρετὴ"就是其对立面。它表示的，首先是无困惑（"εὐπορίαν"，运动的减缓）；其次，【d】善的灵魂的流动是畅通无阻的；因为"ἀρετὴ"这个名称之所以得名，乃是因为它是不受约束的和不受阻碍的，因此是始终流动的（ἀεὶ ῥέον）。所以，把它叫做"ἀειρείτην"是正确的，经过压缩，它就成了"ἀρετὴ"。嗯，你现在可能又要说我在搞发明了，但我认为，如果我刚才有关"κακία"的谈论是正确的，【e】那么我现在有关"ἀρετὴ"的谈论也是正确的。

赫　关于"κακόν"（坏）怎么样？这个词和我们前面的探讨有密切关系。【416】它的意思是什么？

苏　神灵在上，这是一个奇怪的词！至少，这是我现在的想法。这个词解释起来很困难。所以，我也要对它使用一下我前面引进的办法。

赫　什么办法？

苏　寻找语词的外来词源。①

赫　你很可能是正确的。所以，假定我们把这些考察都撇开，让我们试着来看一下"καλὸν"（美）和"αἰσχρὸν"（丑）这两个名称有什么合理性。

苏　"αἰσχρὸν"的意思在我看来是清楚的，也和我们前面说过的事情相吻合。【b】它似乎就是名称制定者想要斥责阻碍或约束存在事物流动的一切事物。尤其是，他把"ἀεισχοροῦν"这个名称给了那些始终在阻碍事物流动的东西（ἀει ἴσχοντι τὸν ῥοῦν）。但是到了今天，这个词被压缩和读做"αἰσχρὸν"。

赫　你对"καλόν"（美、善）这个名称有什么可说？

苏　这个名称就更难理解了。这个词之所以这样发音，仅仅是因为把"οὐ"缩短成了"ο"而变得圆润。

赫　怎么会这样呢？

---

① 参见本篇 409d。

苏　在我看来，这个名称从某种思想（διανοία）派生而来。

赫　你什么意思？

苏　【c】告诉我，使每个事物都有一个名称的原因是什么？这个原因不就是制定名称的原因吗？

赫　确实如此。

苏　这个原因不就是思想吗——无论是神的，还是人的，或者既是神的又是人的？

赫　当然。

苏　最初给它们命名的和现在给他们命名（καλοῦν）的不是同一个，亦即思想吗？

赫　显然如此。

苏　思想和理智实施的所有工作不是值得赞扬吗，不是思想和理智实施的那些工作不是应当受到责备吗？

赫　当然。

苏　【d】既然如此，那么医药的工作不就是医生的工作，木作手艺的工作不就是木匠的工作吗？你同意吗？

赫　我同意。

苏　那么命名事物（καλοῦν）不就是在做美的（καλόν）工作吗？

赫　必然如此。

苏　我们说做这项工作的是思想吗？

赫　当然。

苏　因此，把智慧（φρόνησις）称做美的（καλόν）是对的，因为它进行的我们所说的工作是美的，受欢迎的。

赫　这很清楚。

苏　【e】我们还剩下哪些名称需要解释？

赫　那些与善和美相关的许多名称，比如"συμφέρον"（有益的），"λυσιτελοῦν"（有利的），"ὠφέλιμον"（受益的），"κερδαλέον"（赚钱

的），【417】以及它们的对立面。

苏　在前面那些考察的启发下，你现在自己就应当能够解释"συμφέρον"（有益的），因为它显然与"ἐπιστήμη"（知识）有密切的关系。它表达了这样一个事实，所谓有益无非就是灵魂的运动（φορὰ）与事物的运动相一致。① 这样完成了的事物，作为这种运动的结果，可能被称做"συμφέρα"或者"συμφέροντα"，因为它们与事物相和谐而被推动（συμπεριφέρεσθαι）。但是"κερδαλέον"（赚钱的）源于"κέρδος"（获取）。如果你把这个词中的"δ"替换成"ν"，【b】这个名称的意思就清楚地显示出来；它给善物命名，但以其他的方式。因为善渗透一切事物，它有力量去规范（κεράννυται）一切事物，赋予它这个名称的人就是以这种力量命名的。但是他用了"δ"，而不是"ν"，把它发音为"κέρδος"。

赫　"λυσιτελοῦν"（有利的）这个词怎么样？

苏　赫谟根尼，我不认为他使用"λυσιτελοῦν"这个词的意思是放（ἀπολύη）一笔债收取利息，这是那些小商贩用这个词的意思。名称制定者用这个词来称呼善物，【c】乃是因为它是存在的事物中最快捷的，它不允许事物静止不动，或者允许它们的运动停顿、停滞或结束。与之相反，它始终放弃（λύει）任何终止运动的企图，使运动成为不朽的、永不停止的。在我看来，由于这个原因，善物被说成是"λυσιτελοῦν"，因为它放弃（λύει）对运动的任何目的（τέλος）。"ὠφέλιμον"（受益的）是一个非阿提卡的名称。荷马经常以"ὀφέλλειν"的形式使用它，这个词源于"αὔξειν"（增加）和"ποιεῖν"（创造、制作）。

赫　【d】这些词的对立面我们该怎么说？

苏　这些词的对立面就是对这些词的否定，在我看来不需要讨论。

赫　有哪些否定词？

苏　"Ἀσύμφορον"（不利的）、"ἀνωφελὲς"（无益的）、"ἀλυσιτελὲς"

---

① 参见本篇 412a 以下。

（无利的）、"ἀκερδές"（无收益的）。

赫　对，这些词不用讨论。

苏　但是"βλαβερον"（有害的）和"ζημιῶδες"（有损的）需要讨论。

赫　是的。

苏　"βλαβερον"这个词的意思就是那个伤害（βλάπτόν）流动（ῥοῦν）的东西。【e】接下去，"βλαβερον"表示寻求把握（βολόμενον ἅπτειν）。但是把握和捆绑是一样的，名称给予者在挑剔。所以，想要捆绑流动（τὸ βολόμενον ἅπτειν ῥοῦν）可以最正确地被叫做"βουλαπτεροῦν"，但是这个词在我看来被美化了，叫做"βλαβερον"。

赫　你提到的这些名称真是太复杂了，苏格拉底！当你刚才说出"βουλαπτεροῦν"这个词的时候，【418】你就好像是在用笛子向雅典娜吹奏一首颂歌的序曲。

苏　对此我不需要负责任，赫谟根尼——要负责任的是名称提供者。

赫　没错。但是你说得很对，"ζημιῶδες"（有损的）这个词怎么样？它是什么意思？

苏　"ζημιῶδες"这个词是什么意思？你来看我说得有多么正确，赫谟根尼，通过插入和去掉字母，人们使语词的意思发生了巨大变化，甚至非常细微的置换有时候也会产生完全相反的意思。【b】"δέον"（义务）是我刚想到一个例子，它提醒了我要对你说的有关"ζημιῶδες"的话。我们优美的现代语言已经歪曲、伪装和完全改变了它们的本来含义，而在古语中它们的意思表达得很清楚。

赫　你这是什么意思？

苏　我会告诉你的。你知道我们的祖先大量使用"ι"和"δ"，尤其是妇女，她们是古代语言的最佳保存者。【c】但是今天的人们把"ι"改成"ε"或"η"，据说这样做是为了增添声音的雄浑。

赫　他们是这样做的吗？

苏　是的。举例来说，人们现在把日子叫做"ἱμέραν"，而古时候人们叫它"ἐμέραν"或"ἡμέραν"。

赫　没错。

苏　那么你知道只有古代名称清楚地表达了名称制定者的意思吗？人们欢迎黑暗之后到来的光明，【d】并且期待（ἱμείρουσιν）它，这就是他们把它叫做"ἡμέραν"的原因。

赫　显然如此。

苏　但是现在这个名称被打扮过了，无人能够理解它是什么意思。尽管有些人认为日子被叫做"ἡμέραν"是因为它使事物变得温和（ἥμερα）。

赫　好像是这样的。

苏　你也知道古人把轭叫做"δυογὸν"，而不叫做"ζυγὸν"吗？

赫　当然知道。

苏　现在"ζυγὸν"这个名称是什么意思不清楚，而"δυογὸν"这个名称相当正确，可以用来表示把两匹牲口绑在一起，让它们能够拉犁或拉车（δυοῖν ἀγωγὴν）。不管怎么说，它今天已经变成"ζυγὸν"。其他的例子还有很多。

赫　显然如此。

苏　同理，"δέον"（义务）当以这种方式发音的时候，最初似乎是指与善物的其他所有名称相反的意思。毕竟，哪怕 δέον（义务）是一种善，"δέον"显然表示"δεσμὸς"（锁链）或运动的障碍，所以它与"βλαβερον"（有害的）这个词有密切的关系。

赫　是的，苏格拉底，它清楚地显示了这种意思。

苏　但是，若你不用这个古代的名称，它就不能清楚地表示了，这个古代名称比现代名称要正确得多。【419】如果你用"ι"来代替"ε"，就像在这个古代名称中一样，它就与较早的表示善物的名称一致了——因为是"διϊὸν"（穿越），而不是"δέον"，表示"好"，是个褒义词。所以名称制定者并没有自相矛盾，"δέον"（义务）显然与"ὠφέλιμον"（受益的）、"λυσιτελοῦν"（有利的）、"κερδαλέον"（赚钱的）、"συμφέρον"（有益的）、

"ἀγαθὸν"（好、善）、"εὔπορον"（无困惑的）这些名称相同，它们是用来表示秩序和运动的不同的名称。这些名称始终受到赞扬，【b】而表示约束和阻碍的名称总是受到挑剔。同理，在"ζημιῶδες"（有损的）这个例子中，如果你用"δ"代替"ζ"，就如在古语中那样，那么你就很清楚地看到这个名称用来表示束缚运动的东西（δοῦν τὸ ἰόν），因为"δημιῶδες"就是这样派生出来的。

赫 有关"ἡδονή"（快乐）、"λύπη"（痛苦）、"ἐπιθυμία"（欲望），以及其他相似的词，苏格拉底，你会怎么说？

苏 我不认为这些名称难度很大，赫谟根尼。"ἡδονή"（快乐）这个名称之所以得名，似乎由于它是一种旨在谋取快乐（ἡόνησις）的行动，但是插入了一个"δ"，我们就叫它"ἡδονή"，而不是叫它"ἡονῆς"。【c】"λύπη"（痛苦）似乎派生于肉体承受痛苦时的虚弱（διαλύσις）。"ἀνία"（伤心）表示阻碍（ἥιέναι）运动的东西。"ἀλγηδὼν"（困顿）在我看来似乎是个外来词，源于"ἀλγεινος"（困顿）。"ὀδύνη"（伤心）这个名称似乎是由于表示进入（ἐνδύσις）痛苦而得名。每个人都可以清楚地看到，"ἀχθηδὼν"（恼火）这个词的发音就像是给运动一负重担（ἄχθος）来携带。"χαρὰ"（欢乐）之所以这样得名是由于它是灵魂的外溢（διαχύσις）或灵魂之流（ῥοῆς）的良好运动。"τέρψις"（兴奋）来自"τερπνὸν"（高兴的），【d】而这个词又来自灵魂像气息（πνοῆ）一样滑过（ἕρψεσις）。按理说，它应当被叫做"ἕρπνουν"，但后来随着时间的推移而变成"τερπνὸν"。"εὐφροσύνην"（欢乐）不需要解释，因为每个人都清楚地看到，它之所以有这个名称是因为灵魂与事物一道和谐地运动（εὖ συμφέρεσθαι）。按理说它应当被叫做"εὐφεροσύνην"，但我们叫它"εὐφροσύνην"。"ἐπιθυμία"（欲望）也没有任何困难，很清楚这个名称来自与灵魂的激情部分相对的那种力量（ἐπὶ τὸν θυμὸν ἰοῦσα），【e】而"θυμὸς"（激情、愤怒）这个名称来自灵魂的冲动（θύσεως）和沸腾。"ἵμερός"（欲望）这个名称派生于最能推动灵魂流动的东西。它急剧地流动（ἱέμενος ῥεῖ），【420】推动事物（ἐφιμένος），就这样，由于急剧流动而牵扯着灵魂。就这样，由于它拥有这种力量，它被称做"ἵμερός"。另一方面，"πόθος"（期待）表示的不是一种欲望或流动，而是现存的东西，这种东西存在于别处（που）或者没有。"ἔρως"（性爱）这个名称之所以得名是因为从外面流入，也就是说，这种流动不属于拥有这种流动的人，【b】而是通过他的眼睛进入他。由于这个原因，它在古时候曾被叫做"ἔσρος"（注入），当时他们使用"o"代替"ω"，而现在则用"ω"取代了"o"，被叫做"ἔρως"。所以，你认为还有什么名称剩下来要我们考察的？

赫　你认为"δόξα"（意见）和与其相似的一些名称怎么样？

苏　"Δόξα"要么源于"διώξει"（追求），灵魂追求事物如何存在的知识，要么源于弓（τόξου）的发射。后一种解释更加可能。【c】不管怎么说，"οἴησις"（思考）这个词与它是和谐一致的。它似乎表达了这样一个事实，思考就是灵魂朝着每一事物的运动（οἶσις），朝着每一事物是否真的存在。以同样的方式，"βουλή"（计划）必定与试图朝着某些靶子发射（βολήν）相关，而"βούλεσθαι"（希望）和"βουλεύεσθαι"（商议）表示旨在某事物（ἐφίεσθαι）。所有这些名称似乎都与"δόξα"一致，因为它们全都像"βολή"，像是试图对着某个靶子发射。同理，计划的对立面"ἀβουλία"（缺乏计划），似乎表示错误地得到某事物（ἀτυχία），就像某人错误地发射或者没有得到他要射的、希望的、计划的、欲望的东西。

赫　【d】你的考察正在加速前进，苏格拉底！

苏　那是因为我正在接近终点！但我仍旧想要考察"ἀνάγκην"（强迫）和"ἑκούσιον"（自愿），因为它们紧接着前面那些名称。ἑκούσιον（自愿）这个名称表达这样一个事实，它指的是屈服和不抵抗，但是，如我刚才所说，屈服就是放弃运动（εἶκον τῷ ἰόντι）——其产生与我们的意愿相一致的这种运动。另一方面，"ἀναγκαῖον"（强迫的）和"ἀντιτυπον"（抵抗）这两个名称，由于表示与我们的意愿相反的运动，就与"错误"和"无知"联系在一起。确实。说"ἀναγκαῖον"就像是试图穿越沟壑（ἄγκη），因为沟壑阻碍运动，因为它们是崎岖不平、荆棘丛生、难以逾越的。【e】可能就是由于这个原因，我们以这种方式使用"ἀναγκαῖον"这个词——因为这样说就像是要试图穿越沟壑。好吧，在我还剩一口气的时候，让我们不要停止使用这个词。你不会停下来吧，继续提问。

赫　【421】好吧，让我问一些最美妙、最重要的名称，"ἀλήθεια"（真、真理）、"ψεῦδος"（伪、谬误）、"ὄν"（本体），还有——我们当前讨论的主题——"ὄνομα"（名称），它为什么要叫这个名称。

苏　你知道"μαίεσθαι"（探讨）是什么意思吗？

赫　知道，这个词的意思是"ζητεῖν"（寻找）。

苏　好吧，"ὄνομα"（名称）这个词似乎是由"这就是那个有过探讨的存在者"（ὃν οὗ μάσμα ἐστίν）这个陈述压缩而成的。你在"ὀνομαστόν"（被命名的事物）这个词中能够更容易看到这一点，因为它清楚地说："这就是那个有过探讨的存在者。"【b】"ἀλήθεια"（真、真理）这个词也像其他词一样经过压缩，因为存在者的神圣运动被叫做"ἀλήθεία"，"ἀλήθεια"是"ἄλη θεία"（神圣的漫游者）这个短语的压缩形式。"ψεῦδος"（伪、谬误）是这种运动的对立面，因此，习俗制定者再一次揭示了它的意思，即约束和强迫某事物停滞或不动，就像是使人入睡（καθεύδουσι）——但是这个名称的意思由于添加了"ψ"而隐匿了。"ὄν"（存在）或"οὐσία"（本体）表达的意思和"ἀλήθεια"相同，一旦添加了一个"ι"，因为它表示行进（ιον）。而接下去，【c】"οὐκ ὄν"（非存在）就是"οὐκ ιον"（非行进），确实有某些人用这个名称来表示非存在的意思。

赫　我认为你已经有力地把这些名称锻造成形了，苏格拉底。但若有人问你"ιον"（行进）、"ῥέον"（流动）、"δοῦν"（阻挠）这些名称的正确性……

苏　"我该如何回答他们？"你想要这么说吗？

赫　是的，很对。

苏　我已经建议过一种方式①，可以回答所有类似的问题。

---

① 参见本篇409d，416a。

赫 什么方式?

苏 当我们不知道一个词表示什么的时候,就说这个名称有外国的来源。说这些名称中有某些是外来的,这样的回答很可能是正确的,【d】但也很有可能基本的或原初的名称是希腊的,只是由于年代的久远,它们的原初含义已经无法发现了。名称以各种方式发生着曲折变化,确实,如果古希腊的语词与现代的语词是一样的,那才值得惊讶!

赫 不管怎么说,你以这种方式作回应没有什么不恰当的。

苏 不,可能也有不恰当之处。然而,在我看来,"弓在弦上,不得不发",① 我们必须努力推进我们的考察。不过,我们应当记住,如果有人就那些与构成一个名称有关的术语发问,【e】然后就一些与构成这些术语有关的术语再发问,不断地这样做,无穷无尽,那么回答问题的人最后肯定要放弃了。不是吗?

赫 你说得很对。

苏 【422】那么他会在哪一点上停下来?当他进到那些其构成要素来自其他名称和陈述的名称,他不是肯定会停下来吗?因为,如果这些名称和陈述确实是其构成要素,假定它们是用其他名称构成的,那么它们就不一定会是正确的。比如,考虑一下"ἀγαθὸν"(好、善);我们说过它是由"ἀγαστῷ"(可尊敬的)和"θοοῦ"(快捷)组合而成。②"θοοῦ"(快捷)可能是由其他名称构成的,而构成它的其他名称仍旧有可能出自其他名称。但若我们掌握了一个不是由其他名称构成的名称,【b】我们就可以正确地说我们最终抵达了一个要素,这个要素不能再追溯到其他名称。

赫 至少,在我看来你说得对。

苏 如果你现在问的名称已经是要素了,那么我们难道不应当用一种与我们迄今为止一直在用的不同的方法来考察它们的正确性吗?

---

① 成语性的表达法,参见《法篇》751d。
② 参见本篇412b—c。

赫 可能应该这样做。

苏 当然可能，赫谟根尼。无论如何，我们此前处理过的所有名称都会归结到这些要素上来。所以，如果它们确实是要素，【c】在我看来它们是要素，那你就与我一道对它们进行考察，以确保我在谈论这些原初名称的正确性时不会胡说八道。

赫 你就一个人说吧，我会在可能的情况下协助你的考察。

苏 我想你会同意我的看法，在所有名称中只有一种正确性，无论是基本名称，还是派生名称，就其是名称而言，它们之间没有区别。

赫 当然。

苏 【d】嗯，我们已经分析过的每一个名称的正确性就在于它是否表达了某个存在的事物的本性。

赫 当然。

苏 如果基本名称和派生名称都是名称，那么就这一点来说，在基本名称那里不会比在派生名称那里更加真实。

赫 确实如此。

苏 但是派生名称似乎能够从基本名称中派生出来。

赫 这很明显。

苏 如果基本名称确实是名称，那么它们必定会尽可能清楚地使我们知道它所指的事物。但若它们的构成以其他名称为基础时，它们怎么能够做到这一点呢？【e】回答我：如果我们不会发出声音或者没有舌头，而相互之间又想交际，那么我们岂不是要用手、头和其他肢体来示意，就像聋子和哑巴那样吗？

赫 我们还会有其他什么选择吗，苏格拉底？

苏 所以，如果我们想要表达某样东西很轻或者在我们上方，【423】我们会摹仿具有这种性质的事物，双手上举。如果我们想要表达某样东西很重或者在我们下方，我们会双手下垂。如果我们想要表示骏马或其他动物的奔驰，你知道我们会用身体尽可能摹仿它们的姿态。

赫　我认为我们必须这样做。

苏　因为用我们的身体来表达事物的唯一方式，【b】就是用我们的身体来摹仿我们想要表达的事物。

赫　是的。

苏　所以，如果我们想要用我们的声音、舌头、嘴巴来表达某个具体事实，只要我们进行摹仿，就能成功地这样做，不是吗？

赫　我认为这样说肯定对。

苏　由此可知名称似乎就是对被摹仿的那个对象的声音摹仿，也就是用声音摹仿某事物的人在给他摹仿的事物命名。

赫　我认为是这样的。

苏　【c】嗯，我倒不这样认为。我一点也不认为这是一个好的说法。

赫　为什么不？

苏　因为这样一来我们不得不承认那些摹仿绵羊、公鸡或其他动物的人在给他们所摹仿的东西命名。

赫　没错，我们要承认。

苏　那么你认为这还是一个好结论吗？

赫　不，我不认为。但什么样的摹仿才是名称，苏格拉底？

苏　首先，如果我们用声音的方式摹仿事物，【d】那么这不是在进行命名，哪怕这种摹仿与声音有关。如果我们用音乐摹仿音乐的事物，这也不是在进行命名。我的意思是：每样东西都有声音和形体，而许多东西有颜色。不是吗？

赫　确实如此。

苏　但是命名的技艺似乎与摹仿这一类性质无关，反而倒是与音乐和绘画有关。这样说不对吗？

赫　对。

苏　【e】下面这一点怎么样？你不认为就如每样东西都有颜色或我们提到的其他性质，它也有存在和本质吗？确实，颜色和声音各自不是有一个存在或本质，就如对每样其他事物我们都说"有"吗？

赫　是的，我认为它们有。

苏　所以，如果有人能够用字母和音节摹仿每一事物拥有的存在或本质，他会不表达每一事物本身是什么吗？

赫　【424】他肯定会。

苏　如果你想识别能够做这件事情的人，就以你刚才首先说乐师，然后说画家的方式，你会说他是什么人呢？

赫　我想他是命名者，苏格拉底，他是我们从一开始就在寻找到的人。

苏　如果这样说是对的，那么我们现在似乎到了可以逐一考察你刚才问的这些名称的地步——"ῥοῆς"（流动）、"ἰέναν"（行进）、"σχέσεως"（停滞）——看命名者如何用字母和音节摹仿事物的存在和本质，来给它们命名，看他是否把握了它们的存在或本质。【b】不是这样吗？

赫　当然是这样。

苏　那么来吧，让我们看一下它们是否仅有的原初名称，或者还有其他许多原初名称？

赫　在我看来，还有其他原初名称。

苏　是的，可能还有其他的。但我们应该如何把摹仿者一开始摹仿的那些名称找出来呢？由于对事物的存在与本质的摹仿要用音节和字母，我们难道不要首先区分名称中的字母或原素吗，【c】就好像那些区分语言节奏的人首先要区分字母或原素的力量和能力，然后区分音节的力量和能力，只有到了这个时候，才对节奏本身进行考察？

赫　是的。

苏　所以，我们不是首先要把元音字母挑出来，然后再把其他种类的字母挑出来吗，也就是说，辅音字母、不发音字母（处理这些事情的专家是这么叫它们的）和半元音字母，它们既不是元音字母，又不是不发音字母？至于元音字母本身，我们不是也要区分它们的种类吗？然后，当我们也已经很好地区分了存在的事物的时候——就是这些事物我们必须给它们命名——

如果这些名称能够带回某些东西，【d】就像名称与字母那样，那么就可以用它们在字母中的那种方式，从中看到它们如何派生出来，并在它们中间发现不同的种类——等这些事情都做完以后，我们会知道如何把每个字母运用于与之相似的事物，知道是否要用一个字母来表示一个事物，或者知道要把几个字母结合起来表示一个事物。这就好比画家做的事。当他们想要生产一种相似性的时候，【e】他们有时只用一种紫色，有时候用其他颜色，有时候把许多颜色混在一起——比如，当他们想要画人的血肉或其他相类似的东西时——使用这种特别的颜色，我假定，这是他们的具体对象所要求的。同理，我们要把字母用于事物，把一个字母用于一个事物，当这样做似乎需要的时候，或者用几个字母，构成所谓的音节，【425】或者用几个音节构成名词和动词。接下来，我们再用名词和动词构造重要、美妙、完整的东西。就像画家画一种动物，所以——用命名的技艺，或修辞的技艺，或无论什么技艺——我们将要构造句子。当然了，我的真正意思不是指我们自己——我已经在这场讨论中失去控制能力了。是古人以这种方式把事情结合起来。我们的工作——如果我们要用科学的知识考察所有这些事情——是在他们把事情放在一起的地方进行划分，【b】以便看清这些原初的和派生的名称是否与其本性一致。因为，把名称与事物联系在一起的其他任何方式，赫谟根尼，都是低劣的，不系统的。

赫　天神在上，苏格拉底，可能是这样的。

苏　那么好吧，你认为你能以这种方式划分这些名称吗？我不认为我能这样做。

赫　那我就更不行了。

苏　那么我们该放弃吗？或者说你希望我们能试着做一下，看这些名称像什么？【c】我们现在不就像是处于我们前不久讨论诸神时^①的相同状况吗？我们在讨论诸神的名称之前就说我们对它们的真相一无所知，我们只是在描

---

①　参见本篇 401a。

述凡人对诸神的信念。所以在我们开始讨论之前，我们难道不应当说：如果有人，无论是我们自己还是其他人，能够恰当地划分这些名称，他会以我们刚才描述过的方式划分它们，然而，考虑到我们当前的处境，我们不是必须追随"尽力而为"这句格言去讨论这些名称吗？你同意不同意？

赫 当然，我完全同意。

苏 【d】以为用字母和音节来摹仿会使事情变得清楚，赫谟根尼，这样做似乎有些荒唐，但这样做是绝对无法避免的。因为我们没有更好的办法来寻找这些原初名称的真相。除非你想要我们像悲剧诗人那样行事，每当他们陷入困境，就请诸神担当解围者。因为我们也可以说这些原初名称是正确的，因为它们是诸神赐予的，以此摆脱我们的困境。然而，这就是我们能够提供的最好解释吗？【e】或者说这样一个解释更好：我们从外国人那里得到这些原初名称，他们比我们更古老？或者是这样：就好像不可能考察外国的名称，所以也不可能考察原初的名称，因为它们太古老了？【426】这不都是那些不能对原初名称的正确性提供解释的人的遁词吗？然而，无论有什么样的遁词，如果一个人不知道原初名称的正确性，就不能知道派生名称的正确性，而这些派生名称只能用他一无所知的原初名称来解释。所以很清楚，任何声称对派生名称拥有科学理解的人，【b】首先必须对原初名称做非常清晰完整的解释。否则的话，他对其他名称的解释都将是毫无价值的。或者说，你不同意我的看法？

赫 我完全同意，苏格拉底。

苏 好吧，我对原初名称的印象相当怪异和荒唐。然而，如果你愿意，我想与你分享。如果你有什么更好的东西能够提供，我希望你也能拿来与我分享。

赫 别担心，我会尽力的。

苏 【c】首先，字母"ϱ"在我看来是个工具，可以用来表达各种运动（κίνησις）。——我们还没有说过运动为什么有这个名称，但很清楚，它的意思是"ἕσις"（向前走），因为古代我们用"ε"而不用"η"。它的第一部分源自"κίειν"，这是一个非阿提卡的名称，与"ἰέναι"（运动）相当。所以，如果你想要发现一个与现在的"κίνησις"相当的古代名称，正确的答案应当是"ἕσις"。而到了今天，"κίειν"这个非阿提卡的名称，"ε"变成了"η"，再插入"ν"，所以我们就说"κίνησις"了，尽管它应当是"κιείνησις"。【d】"στάσις"（静止）是一个与"ἰέναι"（运动）意思相反的名称的美化形式。——如我所说，字母"ρ"对名称制定者来说就好像是一个摹仿运动的美化工具，出于这个目的，他频繁地使用这个字母。他首先使用这个字母在"ῥεῖν"这个名称和"ῥοή"本身中来摹仿运动。【e】然后在"τρόμος"（颤抖）和"τρέχειν"（奔跑）这些名称中使用，还有在"κρούειν"（打击）、"θραύειν"（压碎）、"ἐρείκειν"（碰伤）、"θρύπτειν"（折断）、"κερματίζειν"（弄碎）、"ῥυμβεῖν"（转动）这样的动词中使用，他使用字母"ρ"来摹仿所有这些运动。我假定，他想必注意到这个字母的发音必须最大限度地鼓动舌头，极少有静止的时候，这可能就是他在这些名称中使用这个字母的原因。接下去，他使用"ι"这个字母来摹仿所有细小的，【427】能够轻易穿透一切事物的东西。因此，在"ἰέναι"（运动）和"ἵεσθαι"（加速）这两个名称中，他用了"ι"来摹仿。同理，他用"φ、ψ、σ、ζ"这些字母来摹仿像"ψυχρόν"（哆嗦）、"ζέον"（沸腾）、"σείεσθαι"（震撼）、"σεισμόν"（震惊）这样的名称，因为所有这些字母的发音都有爆破音。确实，每当名称赐予者想要摹仿刮风或粗重的喘气（"φυσῶδες"）一类事物时，他似乎总是用这些字母。他好像也想到发"δ"和"τ"这两个字母时舌头的力量要压缩和停止，【b】由此就使"δεσμος"（阻挠）和"στάσις"（静止）这样的名称有了恰当的摹仿。由于他注意到"λ"这个字母的发音舌头滑动最多，于是他就用这个字母来制造"ὀλισθάνειν"（滑动）这个名称本身，以及用在像"λεῖον"（柔滑）、"λιπαρόν"（油光发亮的）、"κολλῶδες"（黏的）一类名称中。当他想要摹仿某种倒胃口的、令人厌烦的事物时，他用"γ"这个字母，这个字母沉重的发音阻滞舌头的滑动，用于"γλίσχρον"（黏着的）、"γλυκύ"（甜的）、"γλοιῶδες"（黏湿的）这些名称。由于他看到"ν"这个字母的声音是内在地从后腭发出的，【c】所以他就把这个字母用于"ἔνδον"（在……之中）和"ἐντὸς"（在内），为的是用这些字母摹仿事物。他在"μεγά"（大）这个名称中放入字母"α"，在"μήκος"（长度）这个名称中放入字母"η"，因为这两个字母的发音都是长的。他想用"o"来表示圆，所以他在"γογγύλον"（圆）这个词中混入好几个"o"。以同样的方式，为了给每一个存在的事物制定一个标记或名称，规则制定者显然也使用其他字母或原素，然后把它们组合成所有其他名称，摹仿它们所指称的事物。赫谟根尼，这就是我对名称正确性的看法【d】——除非，当然了，克拉底鲁不会同意这种看法。

赫　好吧，苏格拉底，我前面跟你说过，克拉底鲁使我长期感到困惑。他说，有这样一种东西叫做名称的正确性，但他从来没有清楚地解释这种东西是什么。因此我也就绝无可能判定他的解释缺乏清晰性到底是有意的还是无意的。【e】所以，克拉底鲁，现在请你当着苏格拉底的面，告诉我你是否同意苏格拉底关于名称的这些看法，或者说你自己有更好的看法？如果你有，就把你的看法告诉我们，这样的话，要么你可以从苏格拉底那里知道你的错误，要么你来当我们的老师。

克　但是，赫谟根尼，你真的以为有什么主题能那么快地传授或学习吗？更不必说这样的主题了，这个主题似乎可以算做最重要的主题？

赫　【428】不，神灵在上，我不这样认为。但我认为赫西奥德说："哪怕能够增加一丁点，也是值得的。"① 这样说是对的。所以，如果你能增加一丁点知识，请你不要逃避劳动，请你帮助苏格拉底——他配得上你的帮助——同时也帮帮我。

苏　是的，克拉底鲁，请吧。我已经说过的这些事情没有一样是确凿无疑的。我只是说了在我看来似乎正确的东西，作为我和赫谟根尼考察的结果。所以，请你不要犹豫，把你的想法说出来，【b】如果你的观点比我好，我会很乐意地接受。如果你的观点比我的好，我一点儿也不会感到惊讶，因为你

---

① 赫西奥德：《工作与时日》361。

自己考察过这些事情，也向其他人学习过。所以，如果你确实有一些比较好的观点能够提供，你可以把我算做你的有关名称正确性这门课程的学生。

克　对，苏格拉底，如你所说，我研究过这些事情，你向我学习是可能的。【c】但我担心更有可能出现相反的结果。确实，我发现自己想要对你说阿喀琉斯①在那段"祷告词"中对埃阿斯②说的话："埃阿斯，忒拉蒙之子，万民之主宙斯的后裔，你说的这一切合乎我的心意。"③苏格拉底，你关心的问题也是我所关心的。你的神谕般的讲话——无论是受到欧绪弗洛的激励，还是有些缪斯早已居住在你心中，而你自己并没有意识到——似乎非常合乎我的心意。

苏　【d】但是，克拉底鲁，我长期以来对我自己的智慧一直感到惊讶——也对它表示怀疑。因此我认为有必要对我说的任何事情再次进行考察，因为没有比自我欺骗更糟糕的事了。确实，这种事情怎么能不可怕呢？这个骗子就在你家里，一直和你在一起？因此我认为我们必须努力"瞻前顾后"，④经常回顾我们已经说过的话，对这些话进行考察，这是我们前面提到过的这位诗人说的。【e】我们说过，名称的正确性就在于它是否展示了被它命名的事物的本性。这个陈述令人满意吗？

克　在我看来，苏格拉底，这是一个令人非常满意的陈述。

苏　所以，提供名称是为了告知吗？

克　肯定是。

苏　是否有命名这样一门技艺，这门技艺有匠人在实施它吗？

克　当然有。

苏　他们是谁？

---

① 阿喀琉斯（Αχίλλειος），荷马史诗中的英雄。
② 埃阿斯（Αἴας），荷马史诗中的人物。
③ 荷马：《伊利亚特》9：644。
④ 荷马：《伊利亚特》1：343。

克 【429】如你一开始所说，他们是习俗制定者。①

苏 这门技艺也和其他技艺一样，用同样的方式对人有所贡献吗？我的意思是：是否有些画家比其他画家好些或差些？

克 当然有。

苏 这些比较好的画家生产比较好的产品，或者画出比较好的画，而其他画家生产比较差的产品吗？建筑工也一样——有些建筑工造的房子好些，有些建筑工造的房子差些吗？

克 是的。

苏 习俗制定者怎么样？有些人的产品好些，【b】有些人的产品差些吗？

克 不对，在这一点上我不同意。

苏 所以你不认为有些规则比较好，有些规则比较差吗？

克 当然不会。

苏 名称似乎也不会有些好有些差。或者你认为有些名称提供得较好，有些名称提供得较差？

克 肯定不会。

苏 所以，一切名称都是正确地提供的吗？

克 是的，只要它们是名称。

苏 赫谟根尼怎么样，我们在前面提到过他的名字？要么说他根本就没有被给予这个名字，除非他属于赫耳墨斯的家族？【c】要么说他被给予了这个名字，但却是不正确地给予的？

克 我认为他根本就没有被给予这个名字，苏格拉底。有人拿来这个名字给了他，但它实际上是其他人的名字，也就是那个拥有这种本性的人的名字。

苏 但若有人把我们在这里的这位朋友叫做赫谟根尼，那会怎么样？他这样叫是虚假的，或者说他根本就不可能这样叫？如果他不是赫谟根尼，还

---

① 参见本篇388d以下。

会有可能说他是赫谟根尼吗？

克　你什么意思？

苏　以任何方式虚假地说都是不可能的，【d】这不就是你想说的意思吗？当然，今天有许多人虚假地说，过去也有许多人虚假地说。

克　但是，苏格拉底，有谁能说他说的东西而不说存在的东西？虚假地说不就是由不说存在的东西组成的吗？

苏　你的论证对我这把年纪的人来说太精细了。不管怎么样，告诉我这一点。你认为可能虚假地说某些事物吗，【e】尽管不可能虚假地说它？

克　在我看来，既不能说虚假的事物，又不能虚假地说任何事物。

苏　虚假地宣布事物或虚假地谈论事物，你怎么看？比如，假定你在外国，有人拉着你的手跟你打招呼说："你好，赫谟根尼，司米克里翁①之子，雅典来的客人！"他这样宣布或者讲这些话，不是对你说的，而是对赫谟根尼说的吗——或者根本没有对任何人说吗？

克　在我看来，苏格拉底，他没有很好地把这些话关联起来。

苏　好吧，这倒是一个很巧妙的回答。但是他关联的这些话是真的还是假的，【430】或者说半真半假？如果你能告诉我这一点，我会感到满意。

克　在我看来，我会说他只是在制造噪音，就像是在敲打一把破铜壶。

苏　让我们来看我们之间是否能有结合点，克拉底鲁。你同意，不是吗？有一样东西叫名称，另一样东西是叫这个名称的事物？

克　是的，我同意。

苏　【b】你也会同意名称是对事物的摹仿吗？

克　绝对同意。

苏　绘画是对事物摹仿的另一种不同方式吗？

克　是的。

苏　好吧，你说的也许是对的，我误解了你的意思，但这两种摹仿——

———————————

①　司米克里翁（Σμικρίων），人名。

绘画和命名——能否指定和运用于本身是摹仿品的事物？

克　它们能。

苏　【c】那么请你考虑一下。我们能把一个很像一个男人的东西指称为这个男人，能把一个很像一个女人的东西指称为这个女人吗？以此类推。

克　当然能。

苏　与此相反的情况怎么样？我们能把很像一个男人的东西指称为一个女人，能把一个很像一个女人的东西指称为一个男人吗？

克　不，我们不能。

苏　这两种指称方式都对，还是只有第一种方式是对的？

克　只有第一种方式对。

苏　也就是说，这种方式把对每一事物适合的或相像的图画或名称指定给每一事物。

克　这至少也是我的看法。

苏　【d】由于你我是朋友，我们不需要装腔作势，所以我把我的想法告诉你。我把第一种指称方式叫做正确的，无论是用图画还是名称，但若它是用名称来指定，我会称之为既正确又真实。我把另外一种指称方式，亦即指定和运用了不相似的摹仿品，叫做不正确的，如果用名称来指定，它同时又是虚假的。

克　但是，苏格拉底，用图画来指称也有可能是不正确的，【e】而用名称来指称不会有错误，名称必定永远正确地指称。

苏　你什么意思？它们之间有什么区别？我就不能走向一个男人，对他说“这是你的画像”，把这幅画与他相同的地方指给他看，或者把这幅画与某个女人相同的地方指给他看吗？我所谓的“指”，就是放在他眼前。

克　你当然可以这样做。

苏　好吧，我就不能第二次走向同一个男人，对他说“这是你的名称”吗？名称也是一种摹仿，就像绘画或肖像。所以，难道我就不能对他说“这是你的名称”，【431】然后用一个正好是摹仿他本人的声音对着他的耳朵说

"男人"，或者正好对着一位女性，就用一个正好是摹仿女性的声音对他说"女人"吗？你不认为所有这些事情都是可能的，时有发生吗？

克　我愿意与你一致，苏格拉底，这种事情时有发生。

苏　你这样做很好，克拉底鲁，只要你真的愿意，因为就这件事我们没有必要进一步争论了。【b】所以，如果有某些这样的名称的指称发生，我们可以把第一种叫做真讲，第二种叫做假讲。但即便如此，有时候也有可能不正确地指定名称，把名称不是给了与它们适合的事物，而是给了与它们不适合的事物。对动词来说，这样说也是对的。但若动词和名词能以这样的方式指定，对整个陈述来说必定也是这样，因为我相信，陈述是名词和动词的结合。【c】你怎么看，克拉底鲁？

克　我和你持同样的看法，因为我认为你是对的。

苏　进一步说，原初名称可以与绘画相比较，在绘画中可以呈现各种恰当的颜色和图形，或者根本不呈现它们。有的时候可能没有画，有的时候可能画得太多了，有的时候可能画得太大了。不是这样吗？

克　是这样的。

苏　所以，有人把这些都呈现出来，提供了一幅完善的图画或相似的东西，而有些人添加或消除了某些东西，尽管如此，他还是完成了绘画或提供了相似的东西，但他生产了一幅不好的图画。

克　【d】对。

苏　那些用音节和字母来摹仿事物存在或本质的人怎么样？按照这种解释，如果他呈现了所有恰当的东西，那么这种相似性——亦即名称——会是一个好名称吗？但若他正好添加了一点或忘掉了一点，尽管他仍旧生产了一幅图像，它能是好的吗？由此不是可以推论，有些名称制造得好，有些名称制造得坏吗？

克　大概是这样的。

苏　所以，【e】一个人大概是一个制造名称的好匠人，另一个是制造名称的坏匠人吗？

克　是的。

苏　这个匠人被命名为习俗制定者吗？

克　是的。

苏　那么，神灵在上，有些习俗制定者大概是好的，另外一些习俗制定者大概是坏的，尤其是，如果我们前面同意了的看法是对的，那么他们就像其他匠人一样。

克　没错。不过，你瞧，苏格拉底，当我们使用语法学家的技艺，用 α、β 以及其他字母来命名的时候，如果我们添加、减少、改变字母顺序的时候，我们不只是写错了这个名称，【432】而是根本就没有在写这个名称，因为它马上就会变成另外一个名称，如果有这样的事情发生的话。

苏　这好像不是我们观察这件事情的好方法，克拉底鲁。

克　为什么不是？

苏　你所说的这种情况很适宜数目的正确性，数目必须是某个数，否则它就根本不是这个数。比如，如果你给数目"十"加上点什么或者减少点什么，它马上就变成另外一个数，你选择其他任何数目，情况都是这样。不过，有着可感性质的事物的正确性不属于这种情况，【b】比如一般的图像。确实，它们的情况正好相反——如果它呈现了它所指称的事物的所有细节，它就不再是图像。你看我说得对不对。在下面这种情况下，有两样东西——一个是克拉底鲁，一个是克拉底鲁的画像——是吗？假定某位神没有以画家的方式呈现你的肤色和形象，而是制造出像你一样的内脏，让它们有同样的热度和柔软性，【c】把像你一样的运动、灵魂、智慧放入其中——简言之，摹仿你拥有的一切性质，造就另一个你。在这个时候有两个克拉底鲁，还是有一个克拉底鲁，一个克拉底鲁的形象？

克　在我看来，苏格拉底，好像有两个克拉底鲁。

苏　所以，你难道看不到，我们必须寻找某种其他的图像正确性和我们正在讨论的名称正确性，不要坚持说增加或省略了某些细节，形象就根本不是图像了。【d】或者说，你还没有注意到图像与图像所代表的事物性质相距甚远吗？

克 不，我注意到了。

苏 不管怎么说，克拉底鲁，如果名称与名称所指称的事物在每个方面都是相似的，那么名称会给它们所指称的事物带来荒唐的结果，因为到了那个时候所有名称都是一个复制品，无人能够确定哪一个是事物，哪一个是名称。

克 没错。

苏 那你就鼓足勇气，承认有些名称很好地提供了，【e】有些名称没有很好地提供。不要坚持说名称拥有所有字母，要和用它来命名的事物完全一样，而要允许名称中含有不恰当的字母。但若一个不恰当的字母可以被包括在一个名称中，那么一个不恰当的名称也可以被包括在短语中。如果一个不恰当的名称可以被包括在一个短语中，那么一个不恰当的短语也可应用于一个陈述。当这种事情发生时，事物仍旧得到了命名和描述，只要这些短语包括与它们相关的事物的类型。【433】请记住，这就是赫谟根尼和我在前面讨论要素和名称时提出来的看法。①

克 我记住了。

苏 很好。所以，即使一个名称没有包括所有恰当的字母，它仍旧描述了事物，只要它包括了事物的类型——尽管要是它包括了所有恰当的字母，它会很好地描述事物，如果它包括的恰当的字母很少，它会很坏地描述事物。我认为，我们最好接受这个观点，克拉底鲁，否则我们也会像夜晚在伊齐那②街上迷路的人一样受到责备，说你们来得太迟了，你们本来应当早点到的。【b】如果你否认这个观点，你就不能同意名称之所以正确就在于它用字母和音节表达了事物，你就不得不去寻找到有关名称正确性的其他解释，但若你既否认这种观点又接受这种有关正确性的解释，你就自相矛盾了。

---

① 参见本篇 393d—e。
② 伊齐那（Αἴγινη），地名。

克　在我看来你说得有理，苏格拉底，我把你说的当做可以成立的。

苏　那么好吧，既然我们对此达成了一致，让我们考虑下一个要点。如果一个名称很好地提供了，我们不是要说它必定拥有恰当的字母吗？

克　是的。

苏　【c】恰当的字母就是那些与事物相似的字母吗？

克　当然。

苏　因此，这就是很好地提供名称的方式。但若名称没有很好地提供，那么仍有可能它的大部分字母是恰当的，或者与它命名的事物相似的，但它的有些字母是不恰当的，因此使得这个名称不好，或者这个名称没有很好地提供。这是我们的看法吗？或者说我们的看法不是这样的？

克　我不认为这里还有什么事情需要继续争论，苏格拉底，但要说一个没有很好地提供的名称仍旧是一个名称，我对这种说法不满意。

苏　【d】那你对名称就是表达事物的一种方式这个看法满意吗？

克　我满意。

苏　有些名称是从比较原初的名称中构成的，有些名称是原初的，你认为这个看法对吗？

克　对，我是这样认为的。

苏　但若原初的名称是清楚表达事物的方式，那么除了尽力使之与它要表达的事物相似，此外还有什么更好的表达方式吗？【e】或者说，你宁可接受赫谟根尼和其他许多人的看法，认为名称是约定俗成的符号，把事物向那些在这些习俗建立之前已经知道这些事物的人表达，所以无论我们接受现存的习俗，还是采用与这一习俗相反的名称，把我们现在称之为"大"的东西叫做"小"，把我们现在称之为"小"的东西叫做"大"，会有什么区别吗？

克　用与事物相似的东西来表达事物，这种名称在各个方面都比随意提供的名称要强得多，【434】苏格拉底。

苏　没错。但若一个名称确实像一个事物，那么构成原初名称的那些字母不是必定也和事物相似吗？我们在前面用过绘画的比喻，让我再回到前面去，用这个比喻来进行解释。如果一幅画不是用那些本性与绘画的技艺所摹仿的事物相似的东西画成的，【b】这幅画能够画得像任何存在的事物吗？这种情况可能吗？

克　不，不可能。

苏　出于同样的理由，除非构成名称的这些东西与被摹仿的名称有某种程度的相似性，否则的话，名称有可能与真实存在的事物相似吗？它们不是由字母或原素构成的吗？

克　是的。

苏　现在请你考虑一下我前面对赫谟根尼说的话。【c】把你的看法告诉我。我说字母"ϱ"像移动、运动和坚硬，我说得对吗？

克　你说得对。

苏　字母"λ"表示圆滑、柔软以及我们提到过的其他东西。

克　是的。

苏　然而你知道，被我们称做"σκληρότης"（坚硬）的东西被埃雷特里亚① 人叫做"σκληροτήϱ"。

克　我当然知道。

苏　那么，字母"ϱ"和"ς"与同一事物相似吗，以"ϱ"结尾的名称所表达的事物与以"ς"结尾的名称所表达的事物对我们来说是同一事物吗，或者说它们中间有一个字母没能表达事物？

克　【d】两个字母都表达了事物。

苏　就这两个字母是相似的而言，还是就它们是不同的而言。

克　就它们是相似的而言。

苏　它们在所有方面都相似吗？

克　不管怎么说，它们在可以表示运动这个方面是相似的。

苏　这些名称中的字母"λ"怎么样？它表达与坚硬相反的事物吗？

---

① 埃雷特里亚（Ἐϱετϱιά），地名。

克　这些名称中包括字母"λ"也许是不正确的，苏格拉底。也许，它就像你在前面谈论增加和减少字母时讲给赫谟根尼听的那个例子。在我看来，你这样做是对的。所以，在当前这个例子中也一样，我们也许应当用"ϱ"取代"λ"。

苏　你说得有道理。但若有人说"σκληϱόν"（坚硬），用我们现在的方式发音，这个时候会怎么样？【e】我们能理解他的意思吗？你知道我这样说是什么意思吗？

克　我知道，他之所以这样说乃是因为这是一种习惯用法。

苏　你说的习惯用法不就是习俗吗？你所谓的习惯用法无非就是，我说出这个名称，用它来表示坚硬，而你知道我这样说的意思，不是吗？这不就是你想说的意思吗？

克　【435】是的。

苏　如果我说出一个名称，而你知道我的意思，这个名称不就成为我向你表达的一种方式吗？

克　是的。

苏　尽管我说出来的这个名称不像我要指称的事物——由于"λ"这个字母不像坚硬（再回到你的例子上去）。但若这是对的，你肯定与你自己有了一种约定，名称的正确性在你这里成了一种习俗，因为习惯用法和习俗不是既能用相似的字母又能用不相似的字母来表达事物吗？哪怕习惯用法和习俗完全是两回事，【b】你仍旧得说表达事物不是像不像的问题，而是习惯用法的问题，因为习惯用法似乎能够既用相似的名称又能用不相似的名称来指称事物。既然我们同意这些观点，克拉底鲁，我把你的沉默当做同意，那么在我们讲话的时候，习俗和习惯用法必定对我们所说的表达有所贡献。考虑一下数字吧，克拉底鲁，因为你想要诉诸数字。① 如果你不允许这种约定和你的习俗对名称正确性有所控制，你到哪里去得到这些就像数字一样的名

---

① 参见本篇432a。

称呢？【c】我本人更喜欢名称应当尽可能与事物相似这种观点，但我担心为这种观点辩护就像把一条小船拖上泥泞的斜坡，如赫谟根尼所说的那样，①我们不得不使用这种没有价值的东西，亦即习俗，来维持名称的正确性。也许，最好的，最为可能的讲话方式就是全部（或大部分）使用与名称所指称的事物相似的名称（亦即对事物来说适宜的名称），而最差的方式就是使用与事物最不相似的名称。【d】不过，下面我要问你别的问题。名称对我们有什么作用？名称有什么用？

克　名称的用途就是告知，苏格拉底。很简单，知道一个事物的名称也就知道了这个事物。

苏　也许你的意思是这样的，克拉底鲁，当你知道了一个名称像什么，知道它像它命名的事物的时候，你也就知道了这个事物，因为这个事物像这个名称，【e】而所有相同的东西都可以归入同一类，对它们使用相同的技艺。你说知道一个事物的名称也就知道了这个事物，不就是由于这个原因吗？

克　是的，你说得非常对。

苏　那就让我们来看一下告知那些存在的事物的方式吧。是否还有另一种方式，但比这种方式要差，或者这就是唯一的方式？你怎么想？

克　我认为这是最好的唯一的方式，【436】没有其他方式了。

苏　这也是发现存在的事物的最好方式吗？如果一个人发现了某个事物的名称，他也就发现了它命名的事物吗？或者说名称只是一种把事物告知人们的方式，考察和发现事物必须要用某些不同的方式？

克　考察和发现的方式必定与把事物告知人们的方式完全相同。

苏　但是你难道看不到，克拉底鲁，【b】以名称为向导去考察事物并分析它们的意义，这样的人处于上当受骗的巨大危险之中吗？

克　以什么方式受骗？

苏　最先提供名称的人显然是按照他自己对那些要加以指称的事物的印

---

①　参见本篇414c。

象来命名的。难道不是吗？

克　是的。

苏　他以这种印象为命名的基础，但若他的印象不正确，而我们以他为向导，你认为会发生什么样的事情？我们不会因此而上当受骗吗？

克　但是，事情不是这样的，苏格拉底。名称提供者必定知道他在命名的事物。【c】否则的话，如我一直在说的那样，他的名称就根本不是名称。我这里有一个强有力的证据，可以让你知道名称提供者不会错失真理：他的这些名称相互之间是完全一致的。或者说，你难道没有注意到你在讲话时说出来的所有名称都具有共同的假定和相同的目的？

苏　你的证据肯定起不了什么辩护作用，克拉底鲁。名称提供者也许从一开始就犯了错误，然后强迫其他名称都与最初的名称一致。【d】这没什么可奇怪的。在几何证明中，一开始有一点细微而不可见的缺陷，但后续一长串的推论却能完全一致。这就是为什么每个人都应当慎重思考事物的第一原理，彻底地考察它们，看对它们的假设是否正确。如果对它们进行了恰当的考察，后续的步骤也就清楚地从中产生了。【e】然而，要是名称真的能相互一致，我倒要感到惊讶了。所以让我们回顾一下我们前面的讨论。我们说过，名称把事物的存在或本质告诉我们，其前提性的假设是一切事物都处在运动、流变、消亡之中。① 这不就是你认为名称要表达的东西吗？

克　绝对如此。【437】还有，我认为它们的指称是正确的。

苏　在我们已经讨论过的名称中，让我们再来考虑一下"ἐπιστήμην"（知识），看它有多么晦涩。它表示的意思似乎是阻止我们的灵魂朝着（ἐπὶ）事物运动，而不是灵魂在运动中围绕事物转，所以这个名称的开头像我们现在这样去发音更加正确，而不是插入一个"ε"，得到"ἐπεϊστήμην"——或者倒不如说，插入一个"ι"，来取代"ε"。② 下面考虑一下"βέβαιον"（稳

---

① 参见本篇 411c。

② 参见本篇 412a。

当的），它是对基础（βάσεως）或静止（στάσεως）的摹仿，而不是对运动的摹仿。还有，"ίστορία"（探讨），这个名称也有点相似，【b】表示"ίστησι"（阻碍）、"ῥοῦν"（流动）。"πιστὸν"（自信）也一样，它肯定表示停滞（ίστὰν）。下一个，每个人都能看出"μνήμη"（记忆）这个名称的意思是灵魂的呆滞（μονή），而不是灵魂的活动。或者说，要是你愿意，考虑一下"ἁμαρτία"（谬误）和"συμφορὰ"（灾祸）。如果我们把这些名称当做我们的向导，它们所指的东西与"συνέσις"（理智）、"ἐπιστήμην"（知识），以及其他一些优秀事物的名称所指的东西是一样的。还有，"ἀμαθία"（无知）和"ἀκολασία"（放肆）似乎也和它们有缘。因为"ἀμαθία"似乎是指"某人有神陪伴的旅程"（ἅμα θεῷ ἰον），【c】而"ἀκολασία"的意思似乎完全就是"某个东西的指引下的运动"（ἀκολουθία τοῖς πράγμασι）。因此，被我们当做事物的最坏名称和那些最好的名称，其构成原则是一样的。只要不怕麻烦，我想无论谁都能找到许多例子，名称的提供者用它们来表示的不是运动或消亡着的事物，而是它们的对立面，亦即静止的事物。

克　但是你要注意，【d】苏格拉底，在它们中间，大部分名称是表示运动的。

苏　那又如何，克拉底鲁？我们要用投票的方式盘点这些名称，以确定它们的正确性吗？如果表示运动的名称比较多，就能使它们正确吗？

克　不能，这个观点不对。

苏　肯定不对，克拉底鲁。所以，让我们把这个论题搁下，回到把我们领到这里来的论题上去。【438】如果你还记得，你在前面说过，名称赐予者必须知道他命名的事物。① 你是否仍旧相信这一点？

克　我仍旧相信。

苏　你认为原初名称的提供者也知道他命名的事物吗？

克　是的，他肯定知道这些事物。

---

① 参见本篇 435d。

苏　他从哪里学到或发现了这些事物的名称？【b】毕竟，原初的名称还没有提供。然而，按照我们的观点，除了从其他人那里学到这些名称，或者自己去发现这些名称，要学到或发现这些事物是不可能的，不是吗？

克　噢，你说的这一点很重要，苏格拉底。

苏　所以，若是只有通过它们的名称才能知道这些事物，我们如何可能说名称提供者或规则制定者在有名称之前就有关于这些名称的知识和知道这些名称？

克　【c】苏格拉底，我认为对这个问题的最正确的解释是，赋予事物原初名称的决不是凡人的力量，所以它们必定是正确的。

苏　那么，按照你的观点，名称提供者自相矛盾了，哪怕他是精灵或者神？或者说，你认为我们刚才是在胡说八道？

克　但是，在我们区分的两类显然对立的名称中，有一类根本不是名称。

苏　哪一类，克拉底鲁？是表示静止的那一类，还是表示运动的那一类？我们刚才说过，这个问题不能用多数票决的方法来解决。

克　不能，【d】这个办法不对，苏格拉底。

苏　但由于名称中间有一场内战，有些名称宣布它们像真理，有些名称声称它们就是真理，我们该如何判定，从什么地方开始判定呢？我们不能从其他名称开始，因为这时候还没有其他名称。不，事情很清楚，我们必须寻找名称以外的东西，这种东西不使用名称就能使我们清楚两类名称中哪一类名称是正确的——【e】亦即表达了存在事物的真相的名称。

克　我也这样认为。

苏　但若这样做是对的，克拉底鲁，那么，不依靠名称而知道存在的事物必定也是可能的。

克　显然如此。

苏　那么你期待用其他什么方法来学习这些名称呢？除了用这种最真实和最自然的方法，亦即通过了解它们之间的相互关系，如果它们有某种亲缘关系，以及了解这些名称本身，还能有其他认识它们的方法吗？因为还有某些不同的事物，这些名称之外的不同事物，这些名称不能指称这些不同的事物，也不能指称名称之外的不同事物。

克 你说的在我看来好像是对的。

苏 但是，等一下！【439】我们不是三番五次地同意，如果正确地提供了名称，这些名称与用它们命名的事物相似，因此它们与事物相似吗？

克 是的。

苏 所以，要是人可以通过名称来了解事物，要是人也可以通过事物本身来了解事物，那么哪一种方法是了解事物的较好的、较为清晰的方式？通过了解该事物的相似物来了解，无论它本身是否一个好的相似物，或者是一个与真相相似的东西，是一种较好的方法吗？或者说，了解真相是一个较好的方法，既了解真相本身，【b】又了解恰当地制定出来的与真相相似的东西？

克 我认为了解真相肯定是较好的方法。

苏 如何学习和发现这些存在的事物，这个论题对你我来说可能太大了。但我们应当承认，通过这些事物本身来考察和学习这些事物比通过它们的名称来这样做要好得多。

克 显然如此，苏格拉底。

苏 还有，让我们对这个问题做进一步的考察，以免被这样一个事实欺骗，这些名称中有那么多名称似乎朝向同一个方向——【c】在我看来，名称提供者在提供名称时相信一切事物都处于运动和流变之中，然而，事物存在的方式未必如此，而是名称提供者自己掉进了某种旋涡，身不由己地越卷越深，还拉着我们一起往下掉。克拉底鲁，请考虑我经常在梦中想到的一个问题：我们要不要说有一个美本身，一个善本身，对其他每一个存在的事物要不要这样说？

克 我们要这样说，【d】苏格拉底。

苏 那就让我们不要去考察一张具体的脸是不是美的，所有这些事物是不是处于流变之中这样的问题，而是让我们问：我们要说美本身是永远不变的吗？

克 绝对要说。

苏 但若事物本身一直在流逝，我们能正确地说它原来是这个样子的，然后说它是如此这般的吗？或者说，就在我们这样说的一瞬间，它已经不可避免地变成了一个不同的事物，发生了变更，不再是原来的那个它了？

克 无疑如此。

苏 【e】如果事物无法保持同一，它怎么可能是某个事物呢？毕竟，要是它始终保持同一，它显然没有发生变化——至少，在那个时间里没有；但若事物能够保持同一，它始终是同一个事物，决不会离开它自己的型相，那么事物又如何能够一直在变化或运动呢？

克 它们没有办法变化或运动。

苏 那么，它们也不能被任何人所知。因为就在知者接近事物的那一瞬间，他接近的事物变成另外一样事物，【440】具有了不同的性质，所以他还没有知道该事物是哪一类事物，也不知道它像什么——确实，没有哪一种知识是不以任何形式存在的事物的知识。

克 对。

苏 确实，甚至要说有这样一种作为知识的事物也是不合理的，克拉底鲁，如果一切事物都处于流逝之中，无物常住。因为若是知识这样事物本身没有流逝，那么知识就是常住的，就会有这样一种作为知识的事物。另一方面，如果知识的形式真的在流逝，在一瞬间它变成了另外一种不同的形式，【b】而不再是知识，那就不会有知识了。如果它始终在流逝，那就不会有知识。因此，按照这种解释，不会有任何人知道任何事物，也不会有任何事物被知道。但若始终有知者和被知者，始终有美、善和其他各种存在的事物，那么在我看来这些事物不像是在流动或变化，就如我们刚才说的那样。所以，【c】无论我对这些事情的看法是对的，还是真理在赫拉克利特及其赞成者手中，① 它都是一个很难考察的问题。当然了，没有一个无理智的人会

---

① 参见本篇402a。

献身于这种事情，或者用他的灵魂去考察名称，或者相信名称以及名称的提供者到这样的地步，说他知道某些事情——这既是对他本人的谴责，也是对存在的事物的一种谴责，这种说法把它们全都说得极不合理，就像一口漏锅——或者相信存在的事物就像人在流鼻涕，【d】或者说鼻涕滴到一切事物身上，一切事物都感冒了。事物的这种存在方式肯定是可能的，克拉底鲁，但它们也可能是不存在的。所以你必须勇敢、彻底地考察它们，而不要轻易接受任何观点——毕竟，你还很年轻，正处于学习的大好时光。等你考察了它们以后，如果你碰巧发现了真理，你可以拿来与我分享。

克　我会这样做的。但我向你保证，苏格拉底，我已经考察了它们，在这个问题上惹了一大堆麻烦，【e】在我看来，事物还是很像赫拉克利特所说的那样存在着。

苏　另外再找时间开导我吧，克拉底鲁，等你回来。现在你还是启程去那个国家，这是你打算要做的事，而在这里的赫谟根尼会在你的路上看到你。①

克　我会做的，苏格拉底，不过我希望你自己也能继续思考这些事情。

_____

① "在你的路上看"（προπέμψει），暗喻，作为赫耳墨斯的好儿子，赫谟根尼像赫耳墨斯一样引导死者的灵魂去地狱。这样，赫谟根尼的名称还是正确的。参见本篇384c，408b。

斐德罗篇

提　要

本篇属于柏拉图中期对话，以谈话人斐德罗的名字命名。公元 1 世纪的塞拉绪罗在编定柏拉图作品篇目时，将本篇列为第三组四联剧的第四篇，称其性质是"伦理性的"，称其主题是"论爱"。[①] 谈话篇幅较长，译成中文约 4.5 万字。对话中的斐德罗年近 40，而苏格拉底此时已是 60 多岁的老人。斐德罗在城外散步，偶遇苏格拉底。他们一起散步，边走边谈，想到什么就说什么，愉快地消磨时光。《斐德罗篇》可以和《会饮篇》一起阅读。两篇合在一起提供了柏拉图的"爱的哲学"。

对话第一部分（227a—257b），谈论爱。斐德罗首先背诵随身携带的一篇手稿。这篇演说辞的作者是修辞学家吕西亚斯。演讲的主要观点是，男性之间交朋友，尤其是成年男人爱上男孩，无爱（肉欲）者比有爱者要好。斐德罗推崇文章的美妙，苏格拉底则批评它条理不清。（230e—234c）接着斐德罗强迫苏格拉底就同一主题发表演讲。苏格拉底首先阐明爱的定义，然后分析了两种不同的爱，并对此进行论证。（237b—241d）但在做了这篇赞美无爱者的演讲之后，苏格拉底认为斐德罗的演讲和他自己的演讲都是亵渎神明的。苏格拉底又发表了一篇赞美有爱者的、翻案式的演讲。他指出，我们

[①] 参见第欧根尼·拉尔修：《名哲言行录》3：59。

拥有的最美好的事物来自迷狂，是神的恩赐。迷狂有三种：古代预言家的迷狂；（244b）参加涤罪仪式的迷狂；（244d）缪斯附体而带来的迷狂。（245a）迷狂是诸神的馈赠，是上苍给人的最高恩赐。

苏格拉底用"自动"来论证灵魂不朽：处于永久运动之中的事物是不朽的，自动者是运动的源泉，不可能被摧毁；每一从外部被推动的有形体的事物没有灵魂，身体的运动来自内部，来自灵魂，这就是灵魂的本性；由此可以推论，灵魂既无生也无死。（245c—e）苏格拉底阐述了灵魂的结构。他把灵魂比做一辆马车，理智是灵魂的驭手，激情和欲望是拉车的两匹马。（246a）苏格拉底认为爱的本质是一种迷狂，灵魂要用理智克服欲望，认识真正的美本身，进入真爱能使人踏上上升之路，使人在完美的真理中得到爱的满足。因此，爱的冲动首先应当朝着哲学前进，在爱恋可见的、肉体之美时要寻求更加高尚的事物。（244a—256e）

对话第二部分（257c—279c），谈论修辞术。苏格拉底提出如何判断演说和撰写演讲稿的好坏问题。斐德罗认为演说的人并不需要知道真正的正义，只要能使听众认为是正义就行，他也不需要知道真正的善与美，只要听众认为是善和美就行。苏格拉底认为，没有真理，只有技巧，只能是个骗子。他区别了正确的修辞学和错误的修辞术，后者就是诡辩。（259e—262c）明确这种区分以后，苏格拉底对两篇演讲展开批评。（263a—265c）苏格拉底声称，从这些演讲中可以学到两个原则：（1）将杂多的个别事例统一到一个"型相"之下，给想要说明的事物下精确的定义；（2）要按自然的关节将事物分类，但不能像笨拙的屠夫那样将任何部分弄破。辩证法就是集合与划分的方法，使用这种方法就能分辨事物本性中的一和多，这样的人是辩证法家。（265d—266c）

苏格拉底又提出了修辞术与辩证法孰优孰劣的问题，涉及讲话和书写。苏格拉底指出，讲话和书写有三种：第一种就是讨论中的讲话，第二种是把讲话写成文字，第三种是通过讲话把有关真善美的知识书写在灵魂中。在谈论书写问题时，苏格拉底讲了一个埃及神灵塞乌斯发明书写的故事。（274c—

275b）他借埃及法老萨姆斯之口，指出书面文字所起的作用无非是提醒，帮助人回忆起内心原有的东西。文字给人提供的好像是智慧，但不是真正的智慧。有了文字，会有人依赖写下来的东西，不再去努力练习记忆，还会想象自己懂得很多，要和这些人打交道是困难的，因为他们只是显得有智慧，而不是真正有智慧。苏格拉底说自己讲话的目的是把真善美种植到听众的灵魂中去，使他们成为"爱智者"或"哲学家"。（278d）

正　文

谈话人：斐德罗、苏格拉底

苏　【227】斐德罗①，我的朋友！你从哪里来？要到哪里去？

斐　我跟凯发卢斯②之子吕西亚斯③在一起，苏格拉底，我要去郊外走走，因为我跟他待了很久，整个上午都坐在一起。你瞧，我记得我们共同的朋友阿库美努④的建议，【b】他说沿着乡间小道散步比在城里面转更能使人精力充沛。

苏　他说得很对，我的朋友。所以，我想，吕西亚斯在城里？

斐　对，在厄庇克拉底⑤家里，那所房子曾经归莫里库斯⑥所有，靠近奥林比亚的宙斯神庙。

苏　你们在那里干什么？噢，我知道了，吕西亚斯一定会乘机向你展示

---

①　斐德罗（Φαῖδρος），本篇及《会饮篇》对话人。

②　凯发卢斯（Κεφάλους），在柏拉图《国家篇》出现，《国家篇》的对话场景设在雅典庇莱厄斯港凯发卢斯家中。凯发卢斯和他的儿子吕西亚斯和波勒玛库斯，以及欧绪德谟，均同情民主派。

③　吕西亚斯（Λυσίας），人名。

④　阿库美努（Ἀκουμενοῦ），医生，是在《会饮篇》中讲话的医生厄律克西马库（Ἐρυξίμαχός）的亲戚。

⑤　厄庇克拉底（Ἐπικράτε），人名。

⑥　莫里库斯（Μορυχυς），人名，雅典富人，阿里斯托芬的喜剧多处提到他奢侈的生活方式。

他的口才。

斐 如果你有空跟我一道走走，听我讲话，你会听到这些事情的。

苏 什么？你以为我就不会把它看得"比头等大事还要重要"，如品达所说①，听你和吕西亚斯如何消磨时光？

斐 那就请吧。

苏 【c】只要你肯告诉我。

斐 实际上，苏格拉底，我把这篇演讲告诉你算是找对人了，因为绕来绕去，它谈论的都是爱。它的目的是勾引一位美少年，但讲话的人并不爱他——这篇演讲实际上妙就妙在这里，吕西亚斯争辩说，最好把你的偏爱给予不爱你的人，而不是给予爱你的人。

苏 真是妙极了！我希望他还写道，你应当把你的偏爱给予穷人而不是给予富人，【d】给予老头而不是给予青年——也就是说，给像我这样的人，给许多普通人；这样的话，他的文章才是真正睿智的，此外，它们对公善也有贡献！不管怎么说，我急于听到这篇文章，我跟你走，哪怕你一直走到麦加拉②，如希罗狄库③所推荐的那样，碰到那里的城墙，再走回来。

斐 你到底是什么意思，苏格拉底？【228】你难道指望像我这样的业余爱好者能凭记忆高雅地背诵这篇文章吗，吕西亚斯这位我们最有才华的作家耗费了那么多时间和精力才把它写成？绝无可能——尽管我宁可自己拥有这样的能力，而不愿意碰运气！

苏 噢，斐德罗，要是我不认识我的斐德罗，我也肯定忘记我是谁了——反过来说也一样。我非常明白你斐德罗肯定不止一次听吕西亚斯演讲，听了一遍又一遍，而他则非常乐意照办。即便如此，你仍旧不满足。【b】到了最后，你自己拿过手稿，阅读你最喜欢的部分。你就这样坐在那里读了一个上午，直到有了倦意出来散步为止；我敢肯定，你已经熟记了整篇文

---

① 品达：《伊斯弥亚颂歌》I.1.。

② 麦加拉（Μέγαρά），地名，城邦名。

③ 希罗狄库（Ηρόδικος），雅典医生。参见《国家篇》406a—b。

章，除非它特别长。所以，你现在溜出城来就是为了找个机会练习一下。然后你就和某个急于听到这篇讲演的人碰上了，这时候你喜出望外，以为有人可以分享你的狂热，【c】因此就要他与你一同散步。但是，当这位爱好者请你复述的时候，你感到有点为难，于是装出不想背诵的样子，尽管你最后还是会这样做。哪怕碰到一位要求不那么坚决的听众，你也得强迫自己复述。所以，请吧，斐德罗，干脆一点，按我的请求去做。当然，我知道你马上就会做的。①

斐 好吧，我最好还是尽力而为；要是不这样做，我想你是不会放过我的。

苏 你对我的意图把握得很准。

斐 【d】那我就试试看吧。但是，苏格拉底，我的确不能逐字逐句背诵；所以我想这么办，让我来认真总结一下这篇文章的基本意思，按照恰当的次序列举他的观点，说一下有爱者和无爱者有哪些区别。

苏 好的，只要先把你左手拿着藏在衣襟下的东西拿给我看，我的朋友。我猜你肯定得到那篇文章了。如果我没猜错，那么我向你保证，尽管我爱你，但我不想听你在我面前练习讲演，【e】就像吕西亚斯本人在场似的。来吧，拿出来给我瞧瞧。

斐 够了，够了。你粉碎了我把你当做训练伙伴的希望，苏格拉底。好吧，你希望我们坐在哪里读呢？

苏 【229】让我们离开这条小路，沿着伊立苏② 河边走，然后我们可以找个安静的地方坐下来。

斐 这样很好，我今天光着脚，而你，当然了，从来不穿鞋。最简单的办法就是直接下到河里行走，反正我们蹚水也没什么关系，特别是在这个季节，这个时候，在河里走走更开心。

---

① 此段提到斐德罗时原文中均用第三人称，中译文按第二人称译。
② 伊立苏（Ἰλισὸς），小河名。

苏 你在前面带路，找个可以坐下来休息的地方。

斐 你看到那边那棵高大的梧桐树了吗？

苏 当然。

斐 【b】那里有树荫，有风凉，有草地可坐，如果愿意，我们还可以躺下。

苏 那我们就去那里。

斐 告诉我，苏格拉底，人们说波瑞阿斯①从河里把俄里蒂亚抓走，是不是就在这一带？

苏 他们是这么说的。

斐 可不就是这里吗？这里河水清澈，正适合姑娘们嬉水。

苏 【c】不，还要往下游走大概三斯塔达②，穿过阿戈拉③圣地，附近还有一座波瑞阿斯的祭坛。

斐 我没注意过。不过，告诉我，苏格拉底，宙斯在上，你真的相信这个故事吗？

苏 说实话，我要不相信这个故事才会显得合乎时宜，就像我们那些有知识的人一样。我能够讲奇妙的故事，我可以说，俄里蒂亚在和法马西娅④一道玩耍时被波瑞阿斯掀起的狂风吹下山崖，【d】她死了以后，人们就说她被波瑞阿斯掠走了，尽管按另一种说法，这件事发生在战神山⑤，不是吗？因为也有人说她是从那里被掠走的。斐德罗，在我看来，诸如此类的解释很诱人，但只是某位我一点儿也不妒忌的能人的虚构。他非常机敏，苦思冥想，但只要开了头，他就必须继续合理地解释肯陶洛斯⑥，然后解释喀

---

① 波瑞阿斯（Βορέας），希腊神话中的北风神，掠走雅典公主俄里蒂亚（Ὠρείθυια）。

② 斯塔达（στάδιον），长度单位，希腊里，1斯塔达约合185公尺。

③ 阿戈拉（Ἄγρα），神名，狩猎女神。

④ 法马西娅（Φαρμακεία），俄里蒂亚的女伴。

⑤ 战神山（Ἀρείουπάγους）位于雅典卫城西北，音译为"阿雷奥帕古斯山"。

⑥ 肯陶洛斯（κενταύρους），希腊神话中的半人半马怪物，又称马人，有许多位。

迈拉①，【e】更不必提戈耳工②、帕伽索斯③，以及其他无数怪物了，它们数量众多，形象荒谬，很快就会把他淹没。任何一位不相信这些故事、想要机敏地加以解释、使之变得似乎有理的人，都需要大量时间来处理它们。

我肯定没时间做这种事情，其原因，我的朋友，是这样的。【230】我还不能做到认识我自己，如德尔斐④神谕所训示的那样，在我还不明白这条训示之前，就要去研究其他事情，那就太可笑了。这就是我不去操心这些事情的原因。我接受人们的流行看法，如我刚才所说，我不去考察这些事情，宁可考察我自己：我是一个比堤丰⑤更加复杂、更加傲慢的怪物，还是一个比较单纯、比较温和、有上苍保佑的生灵？不过，你瞧，我的朋友，走着走着，这不就是我们刚才要找的那棵树吗？

斐 【b】就是这棵。

苏 赫拉⑥在上，这里确实是个休息的好地方。你瞧这棵高大的梧桐，枝叶茂盛，下面真荫凉，还有那棵贞椒，花开得正盛，香气扑鼻。梧桐树下的小溪真可爱，脚踏进去就知道有多么凉爽！你瞧这些神像和神龛，想必一定是阿刻罗俄斯⑦和某些女仙⑧的圣地。【c】呵，这里的空气真新鲜！知了尖鸣，好像正在上演一首仲夏的乐曲。要说最妙的，还是斜坡上厚厚的绿草，足以让你把头舒舒服服地枕在上面。我亲爱的斐德罗，你确实是最神奇的向导。

斐 但是你，我杰出的朋友，似乎完全不合时宜了。真的，如你刚才所

---

① 喀迈拉（Χιμαίρας），希腊神话中的喷火怪物，前半身像狮子，后半身像蛇，中部像羊。

② 戈耳工（Γοργόνων），指海神福耳库斯的三个女儿，她们的头发是毒蛇，嘴里长着野猪的长牙，身上还长着翅膀。

③ 帕伽索斯（Πηγάσως），生有双翼的飞马，此处是复数。

④ 德尔斐（Δελφοί），地名，希腊宗教圣地。

⑤ 堤丰（Τυφῶν），希腊神话中的巨人，与半人半蛇女怪生下许多怪物。

⑥ 赫拉（Ἥραν），女神名，宙斯之妻。

⑦ 阿刻罗俄斯（Ἀχελῶς），河神。

⑧ 女仙（Νυμφῶν），亦译"宁妇"。

说，你一点儿都不像本地人，【d】反倒像陌生人一样需要向导。你不仅从来不到外国旅行——就我能够判别的范围而言，甚至从来没出过城。

苏 原谅我，我的朋友。我把时间都花在学习上了，风景和树木不会教我任何东西——只有住在城里的人可以教我。但是你，我认为，发现了一种能吸引我出城的魔法。【e】就像人带领饥饿的牲口，只要在它前面摇晃一下果枝，就能让它跟着走；而你只要用那些文章做诱饵，在我面前挥舞一下，就可以让我跟着你跑遍整个阿提卡或者你喜欢的任何地方。不过，我们现在已经找到地方了，我想躺倒了；所以，你就选一种对你来说最舒服的姿势，开始读给我听吧。

斐 那我开始了，你注意听：

"你知道我的情况；我说过，在我看来，【231】这件事若能做成，对我们双方都会有好处。无论如何，我不认为我会失去我所追求的东西，仅仅由于我对你没有爱①。

"有爱者一旦欲火熄灭，就会反悔以前付出的恩惠，而无爱者绝不会有反悔的时候。这是因为他以前在施予恩惠时不是被迫的，而是自愿的；为了你，他倾其所有，尽力而为，把它当做自己的事情。

"此外，有爱者会计算自己能得到多少好处，付出的代价又有多大，【b】他要花费额外的精力去计算用多长时间才能做到收支平衡；无爱者不会为了爱而忽略自己的事业，他不用计算过去花费的心机，也不会与亲属发生争执。既然这些麻烦都不存在，那么他要做的就是把自己的精力用在能够博取对方欢心的事情上。

"此外，【c】有人争辩说，应当看重有爱者，因为有爱者对所爱的人特别好，会用各种言语和行动来博取爱人的欢心，而这些言行会引起他人的厌恶。如果情况确实如此，那么有爱者显然也会为了明天的爱人而抛弃今天的爱人，如果新爱人有这种要求，他无疑也会伤害过去的爱人。

---

① 文中谈论的爱是男同性恋之间的爱。

"不管怎么说，被爱人抛弃而落入可悲的境地，【d】遭此苦难的人甚至不愿为自己辩护，这样的事情又有什么意义呢？有爱者会承认自己不健康，头脑有病。他非常明白自己的想法不对，但就是不能控制他自己。所以，当他能够正常思考的时候，为什么还要恪守他发疯时做的决定呢？

"另一个要点是：如果要在对你有爱者中间选择最好的人，那么你的选择范围很小；但若你不在意他们是否爱你，而只是挑选最适合的人，你能挑选的范围就很大，【e】更有希望找到最配得上你的友谊的人。

"假定你敬畏习俗标准，害怕事情泄露后会受到民众的指责。那么由此可以推论，【232】有爱者——认为其他所有人都崇拜他，就像他崇拜自己——会骄傲地对所有人宣称他的爱情非常成功，他为此付出的辛劳不会白费。而那些不爱你的人能够控制自己，宁可做自己最适宜做的事，不去寻求来自公众的荣耀。

"另外，有爱者不可避免地会被发现，许多人都会看到他把自己的生命献给他所钟爱的男孩。结果就是，【b】无论何时看到你和他说话，他们都会认为你们刚刚度过了一段美好的时光，或者认为你们马上就要去满足私欲。但若他们不是有爱者，人们甚至不屑于挑剔他们的毛病，无论他们在一起待多久；人们知道和他人说话是人之常情，是为了友谊或者为了获得其他快乐。

"另一个要点：友谊很难长久维持，这种观点有无给你警示？或者说，人们之间的友谊中断，一般说来，这对一方是可怕的，【c】对另一方也是可怕的，但若你已经放弃对你来说是最重要的东西，那么你的损失不是会比他的损失更大吗？如果是这样的话，那么对你来说，害怕有爱者就更无意义了。因为，有爱者很容易恼火，无论发生了什么事，他都会以为是对他的故意伤害。正是由于这个缘故，有爱者会阻止他钟爱的男孩与其他人交往。他生怕有钱的情敌会用钱财把他的恋人夺走，或者担心有文化的情敌在智力上超过他。他会始终对那些比他强的人保持高度戒备！【d】通过劝你不要与这些对手交往，他使你在这个世上一个朋友都没有；换个角度说，如果你追求自己的利益，比你的恋人头脑要清醒，那么你就不得不与他争吵。

"但若有男子汉不爱你，他只是凭着他自己的优点去实现对你的要求，那么他不会妒忌其他与你交往的人。正好相反！他厌恶那些不想和你交往的人，他会认为不想和你交往就是看不起你，而想和你交往的人是在对你行善；【e】所以，你应当在这样的交往中期待友谊，而不是期待敌意。

"另一个要点：有爱者，在了解了你的脾气和熟悉了你的品性之前，一般会对你的身体有欲求，由此带来的后果就是，在他们的欲望得到满足之后，他们甚至无法说出他们是否还想和你做朋友。【233】而无爱者，在情事发生之前已经有了友谊，你不用担心情事发生之后友谊会淡漠下来。不，这种事情会一遍又一遍地起到提醒你们的友谊的作用。

"另一个要点：如果你不是被一个有爱者拥有，而是被我拥有，你可以期待成为一名较好的人。有爱者会对你的言行一味进行赞扬，其中部分原因是他担心别人讨厌他，【b】部分原因是他的情欲损害了他的判断。这里说一下这个结论是怎么得出来的：有爱者遭到失败，但没有引起其他人的痛苦，在这个时候爱会使他以为自己受到了诅咒！而当他感到自己非常幸运，但是配不上那一刻的欢愉时，爱情会迫使他大唱赞歌。结论就是，你应当为那些对你有爱者感到遗憾，而不是崇拜他们。

"如果我的论证令你信服，那么，首先，我会给你时间与你交往，而不会想到直接的欢愉；我会为你将来的利益进行打算，【c】因为我是我自己的主人，而不是爱情的牺牲品。小小的过错不会在我心里留下深刻的敌意，巨大的过失我才会慢慢地在心里有一点不悦。你的那些无心的伤害我会加以宽容，也会尽力设法防止你有意犯下过错。所有这些，你瞧，都是我们之间长期友谊的证明。

"你想过没有情爱就不会有坚强的友谊这个问题吗？【d】你必须记住，如果是这样的话，我们就不会去照料我们的子女，或者关心我们的父母。我们就不会拥有任何可靠的朋友，因为这些关系不是来自这种情欲，而是来自其他很不相同的事情。

"此外，假定我们必须偏爱那些对我们要求最急迫、最强烈的人，那么在其他事情上我们应当加以关照的也不是那些境况最好的人，而是那些最贫困的人，因为他们的需求最大，一旦施予恩惠，他们就会对我们抱着最深的感激之情。【e】比如，举行私人宴会时，最应该得到邀请的不是我们的朋友，而是乞丐和没饭吃的人，这样做的话他们会拥戴你，依赖你，他们会蜂拥而至，敲我们的门；他们会对你感激不尽，为你祈福。不，我假定，这样做是恰当的，不是把恩惠赐予那些需求最强烈的人，而是赐予那些最能对我们感恩图报的人——【234】也就是说，不给那些只追求满足情欲的人，而给那些真正配得上的人——不给那些只贪图你的青春美色的人，而给那些在你老的时候仍旧能够与你共享安乐的人；不给那些达到目的就向外界夸耀的人，而给那些顾全体面，守口如瓶的人；不给那些贪图一时欢乐的人，而给那些愿意与你终身为友的人；不给那些情欲满足就恩将仇报的人，【b】而给那些在你年老色衰时仍旧对你忠心耿耿的人。因此，你要记住我的话：朋友会经常批评有爱者的恶行，认为在欲望的诱导下他会对他的利益进行误判，但无人会去接近无爱者。

"现在假定你会问我，为什么我要敦促你把恩惠给予所有那些对你无爱者。不，如我所见，【c】有爱者不会要求你把恩惠赐予所有对你有爱者。在这种情况下，你不会从每位受惠者那里得到同样多的回报，你也不能以同样的方式隐瞒自己的情事。但这种事情不会引起任何伤害，你确实应当为双方的利益而努力。

"好吧，我认为我的讲话已经够长了。如果你还有更多期待，或者认为我忽略了什么，就请你提问吧。"①

你认为这篇讲话怎么样，苏格拉底？你不认为这是一篇非常出色的文章吗，尤其在遣词造句方面？

苏 【d】确实妙极了，我的朋友，我听得神魂颠倒。不过，你的全部所

---

① 以上是斐德罗朗读的吕西亚斯的文章。

作所为无非就是这样，斐德罗，你在读的时候我看着你，我看到你读得眉飞色舞，所以我相信你对这些事情的理解肯定比我好，在你的引领下，我分享了你的迷狂。

斐　得了吧，苏格拉底，你认为这种事情也好开玩笑吗？

苏　你以为我在开玩笑，我不严肃吗？

斐　【e】你一点儿也不严肃，苏格拉底。对我说真话，以友谊之神宙斯的名义起誓，你认为还有其他希腊人能就这一相同的主题讲得更高明、更富丽堂皇吗？

苏　你说什么？我们不是必须依据作者的讲述，赞扬文章切合场景、简洁明晰、首尾一贯、用词精确吗？如果我们必须这样做，那就以你说的为准——【235】这肯定是由于我是那么的无知。我只注意演讲的风格。至于其他方面，我甚至想也不会去想吕西亚斯本人是否对这篇讲话感到满意。在我看来，斐德罗——除非，当然，你不同意我的看法——他就同一件事情翻来覆去地说，甚至讲了三遍，就好像对这个主题没话可说似的，就好像他对这样的题目没什么兴趣似的。它实际上给我留下了这样的印象，为了显示才能，作者对同一件事说了两遍，用词不同，但都一样成功。

斐　【b】你完全搞错了，苏格拉底。你所谓的缺点正是这篇文章的突出优点，它也没有忽略有关这个主题的任何重要方面，其他任何人要想用一篇更充分、更令人满意的演讲来超过他都是不可能的。

苏　你走得太远了，我不同意你的看法。要是出于礼貌而附和你，我会遭到以往已经就这个主题发表过意见、写过文章的男女贤哲的驳斥。

斐　【c】这些人是谁？你在哪里听到过比这更好的言论？

苏　我一下子说不上来，但我肯定有人说过和写过，也许是漂亮的萨福①，也许是聪明的阿那克瑞翁②，或者是某些散文作家。你会问，我这样

① 萨福（Σαπφοῦς），公元前 7 世纪希腊女诗人。
② 阿那克瑞翁（Ανακρέον），公元前 6 世纪希腊抒情诗人。

说有什么根据？事实上，我亲爱的朋友，我的心中现在有一股暖流在奔腾，我感到自己能够发表一篇不同的演讲，甚至比吕西亚斯的演讲还要好。我当然明白，它不是我心中的原创——我知道自己的无知。唯一的可能，我想，【d】我的心充满了意见，就像一个器皿，其他人的讲话通过我的耳朵灌输进来，尽管我如此愚蠢，甚至忘了我是听谁说的，是在什么地方听说的。

斐　噢，我亲爱的朋友，你就不能说点儿好听的吗！你不用再找麻烦告诉我你是什么时候、从谁那里听来的，哪怕我问过你——你就按你刚才的许诺，再发表一篇更有意义、更为优秀的演讲，而不重复我刚才读的文章。我向你保证，【e】我会像九位执政官①一样，在德尔斐立真人大小的金像，不仅给我自己铸一个，而且也替你铸一个。

苏　你是真正的朋友，斐德罗，像金子那么好，竟然以为我声称吕西亚斯在各个方面都错了，而我可以发表一篇和他完全不同的演讲。我肯定这种事哪怕在最差劲的作家身上也不会发生。比如，在我们这个事例中，你能想象有人会争辩说，无爱者比有爱者更应当得到宠爱，【236】因为无爱者保持着智慧并谴责后者失去了他的智慧——这些观点是那篇讲话中最基本的——对此你还有什么要说的吗？我相信，我们必须允许这些观点成立，也要饶恕演说家对它们的使用。对演说家而言，我们不能赞扬他们标新立异，而只能赞扬他们娴熟的论证；但是，我们可以既赞扬他们演讲的布局，又可赞扬那些非基本观点的新颖，这些观点才是更难想明白的。

斐　我同意你的看法，这样说是合理的。【b】现在我想出个题目给你做。我允许你假定无爱者比有爱者神志清醒——如果你能添加一些有价值的东西，使我们手中的这篇演讲完善，那么你的金像将被安放在库普塞利德②在奥林比亚奉献的金像旁边。

———————

① 荷马时代，雅典立法者忒修斯实行改革，废除"国王"，由贵族组成的长老会议掌握大权，从贵族中选出九名执政官（ἄρχον，音译"阿康"）处理政事。就职时他们宣誓，如果违法，就要出钱立一座金像。

② 库普塞利德（Κυψελιδῶν），公元前 7 世纪科林斯僭主。

苏 噢，斐德罗，我在跟你开玩笑，所以才批评你心爱的人，你当真了？你以为我真的会去写一篇更迷人的演讲，与他的智慧的产物争锋吗？

斐 好吧，事情到了这个地步，我的朋友，你已经跌进你自己挖的陷阱。你已经没得选择，只能尽力发表一篇演说，【c】否则我们就像喜剧中粗俗的小丑一样，会被反唇相讥，赶下台。别让我说出你会说的这种话来："苏格拉底，如果我不知道我的苏格拉底，我就不知道我自己，"或者"他想说，但他扭扭捏捏不肯说。"你下决心吧，要是不把你隐藏在心里的话说出来，你就别想离开这里。这里很偏僻，只有你和我在场，【d】我比你年轻，也比你强壮。由于这些原因，别忘了我的意思，别逼我动武撬开你的嘴，在你可以自觉自愿说的时候。

苏 但是，我亲爱的斐德罗，我会受到嘲笑的——像我这样的业余爱好者，却要像一名行家那样，就这些相同的主题即席创作一篇演讲！

斐 你不明白当前的形势吗？别跟我耍花招！我知道说出什么话来能使你就范。

苏 千万别说！

斐 哼，我偏要说！我想说的是发誓。【e】我向你发誓——以谁的名义发誓呢，我有点糊涂？以这棵梧桐树的名义起誓可以吗？——我立下毒誓，你要是不在这棵树边上发表你的演讲，你就永远别想从我这里听到其他任何演讲——我再也不会跟你谈论演讲辞！

苏 至爱吾爱，你真是太可怕了！你真的发现了这种方式，能够强迫一名演讲爱好者按你刚才说的去做！

斐 那你干吗还要反复推辞？

苏 我不再推辞了，你已经发了毒誓。我又怎么可能放弃这样的待遇呢？

斐 【237】那你就说吧。

苏 你知道我要干什么吗？

斐 什么？

苏 我演说的时候要蒙上头。这样的话，当我尽快发表我的演讲时，我就不会因为看到你而感到害羞，由此失去了我的论证线索。

斐 你就说吧！随你怎么办都行。

苏 声音清澈美妙的缪斯①，求求你们，赶快降临吧，无论你们的名称源于你们歌声的特质，还是来自利古里亚人这个擅长音乐的民族，你们都要帮我把这个故事说出来，这是我的好朋友逼我说的。这样的话，他最终会更加崇敬那位作家，【b】而现在他已经把他当做智慧之人。

从前，有个男孩，或者说有个美少年，长得非常漂亮，他有许多情人。其中有个情人很狡猾，他说服这个男孩，使他相信自己并不爱他，尽管他对这个男孩的爱绝不比其他情人少。一旦使这个男孩相信了他的话，他就劝这个男孩，宁可亲近对他无爱的人，不要亲近对他有爱的人。下面就是他说的话：

"如果你想就任何论题做出正确的决定，我的孩子，【c】只能从一条道路开始：你得知道这个决定是什么，否则必会错失目标。普通人不明白自己不知道某个具体主题的真正本性，所以他们就这样开始了，还以为他们自己知道；由于不能与考察的起点相一致，他们的结局你是可以期待的——既相互冲突，又自相矛盾。现在，我们最好不要让这种事情在我们中间发生，因为我们已经批评其他人犯了这种错误。由于你和我将要讨论一个男孩应当与爱他的男人交朋友而不是与不爱他的男人交朋友，【d】我们应当先明确什么是爱，爱的效果是什么，对此取得一致看法。然后我们才可以进行回顾，试着进一步讨论从爱中可以期待益处还是伤害。现在，人人都清楚地知道爱是某种欲望；但我们还知道，哪怕无爱者对美的事物也有欲望。那么，如何区别一个人有无爱呢？我们必须明白，我们每个人都受到两条原则的支配，这些原则是我们必须遵循的：一条原则是我们天生的欲望，旨在追求快乐，另

---

① 缪斯（Μοῦσαι）是希腊的文艺女神，共九姐妹，分管各种艺术，在希腊被通称为"Λιγύων"（字意为"清亮"），与"利古里亚人"（Λίγειαι）这个词形声相近。

一条原则是我们后天习得的判断，旨在追求至善。【e】这两条原则有时候是一致的，有时候会相互冲突，有时候这条原则占据上风，有时候那条原则占据上风。当判断占据上风，用理性引导我们追求至善时，【238】这样一种自我节制就被称做'处于正确的心灵状态'；当欲望占据上风，不合理地拉着我们趋向快乐时，那么这种控制就被称做'粗暴'。粗暴随着形式的变化有许多名称，粗暴是多种多样的。在具体情况下，粗暴采取哪一种形式，也就把它的名称给了具有这种行为的人——这个名称不值得称道，更不值得获取。如果进食的欲望战胜了人的追求至善的理性，也压倒了他的其他欲望，这就叫做饕餮，【b】这种人则被称为饕餮之徒；如果饮酒的欲望成了僭主，引导人朝着那个方向前进，我们全都明白应当把这样的人叫做什么！① 现在，我们该如何恰当描述被其他欲望控制了的人，事情已经很清楚，就用这种欲望的名称来叫这种人——欲望之间是姐妹——欲望的名称源于欲望，欲望不时地控制人。至于引导我们说了那么多话的这种欲望，我感到已经很明显了，但我假定，人们总是能够更好地理解说过了的事情，而不是没说过的事情；【c】这种欲望战胜了人的深思熟虑，驱使人在美中享受快乐，其力量又进一步被同类的、追求人体之美的欲望所增强——这种欲望征服一切，它的名称来自力量（ῥώμης）这个词，被称做厄洛斯（ἔρως）。"

说到这里，斐德罗，我的朋友，你不会也像我一样，以为我抓住某种神圣的东西了吧？

斐 你确实已经说了一些非比寻常的话，苏格拉底。

苏 那么你就静静地听。这个地方好像真的有神临在，【d】所以要是我讲起话来好像有仙女般的疯狂，请你不要感到惊讶。我的文风已经和酒神颂歌差不多了。

斐 确实如此！

苏 是的，我之所以如此的原因就是你。不过，先听我说吧；这样也许

---

① 即叫做"酒徒"或"酒鬼"。

就能防止受到攻击。然而，这一切都取决于神；我们现在要做的就是面对演讲中的那个男孩：

"那么好吧，我勇敢的朋友，我们现在已经有了一个我们要做决定的这个主题的定义，【e】我们也已经说了它到底是什么，所以在整个讨论中我们要记住这一点。有爱者和无爱者会给那个偏爱的男孩带来什么样的好处或伤害？这一点是必然的，一个受欲望支配、成为快乐的奴隶的男人，当然会把他爱恋的男孩转变为最能讨他自己喜欢的那个样子。一个病人会在一切不抗拒他的事物中获取快乐，但是会把和他相等的人或者比他强大的人视为敌人。【239】就是由于这个原因，有爱者不愿意找一个与他相当或比他强的人做男朋友，而总是把他爱恋的男孩变得比他自己弱小和低劣。而我们知道，无知者比聪明者低劣，胆怯者比勇敢者低劣，木讷的讲话人比训练有素的演说家低劣，迟钝者比敏捷者低劣。有爱者必定会乐意发现所有这些心灵上的缺陷，无论他所钟爱的男孩生来就有还是后来习得了这些缺点；如果他爱的这个男孩没有这些缺点，那么他会努力使被爱的男孩具有这些缺点，否则他在恋爱中就不能获得快乐。【b】这个必然的结果就是，他会妒忌，让他所爱的男孩远离任何能使之变好的人；这就会给他带来极大的伤害，特别是，要是他不让那个男孩接近能够改善他的心灵的东西——也就是神圣的哲学，有爱者一定不会让被爱者接近哲学，因为他担心自己因此遭到被爱者的藐视。他必定也还会想出其他办法来，让那个男孩处于完全无知的状态，使那个男孩完全依赖他本人。就这样，【c】那个男孩能够给予爱他的人最大程度的快乐，尽管给他自己带来的伤害也非常严重。所以，就你的理智发展而言，让一名有爱者做你的监护人或伴侣实在是有百害而无一利。

"现在让我们转向你身体的发展。如果一名男子在必然性的驱使下，以善为代价追求快乐，那么他会要你的身体变成什么样？如果他能支配你，他会怎样训练你？你会看到，他想要找的人是柔弱的，而不是强壮的，不是整天在太阳底下训练的，而是苍白无力的——这些人从来不到户外工作，更不知辛勤劳作和汗流浃背的训练是什么滋味。【d】他要找的男孩过着女人般的生活，涂脂抹粉，取媚于人，完全没有天然的肤色。继续描述下去已经没有必要，这种人还会有什么样的行为一目了然。我们在进行下一个话题之前可以用一句话来小结：人要是具有情人想要的这种身体，要是参加战争或者处于其他危急关头，会让他的敌人信心百倍，也会给他的朋友带来伤害，甚至伤害爱他的人。这个话题就讲到这里，其中的观点非常明显。

【e】"我们的下一个论题是，有爱者的关心和陪伴会给你带来好处还是伤害。这个答案众所周知，尤其是有爱者：他首先希望他所钟爱的男孩失去他的所有亲人和财产——他的母亲、他的父亲、他的其他亲戚。他很乐意看到这个男孩失去亲人和财产，【240】因为这样一来就没有什么能够阻碍他与这个男孩的交往，他在陪伴男孩时能获得甜蜜的快乐，也没有人会严厉地批评他这样做。更有甚者，有爱者会认为这个男孩拥有金钱和财富只会使他变得更不容易到手，到了手也难以驾驭。因此，男朋友拥有财富必定会使爱他的人妒忌，男朋友要是破产了，他才会高兴。进一步说，他希望这个男孩永远独身，一辈子没有妻儿和家庭，这样他才能长久自私地摘取甜蜜的果实。

"当然了，生活中还有其他麻烦，但是大部分麻烦还都掺有一些短暂的快乐，带有某种神性。【b】比如，奉承献媚的清客可以是可怕的野兽和讨厌的东西，但是自然会给奉承者掺进一些文化，让奉承的话语给人带来一些快乐。情妇也是这样——我们谴责情妇带来的所有伤害——其他许多具有这种特点的生灵以及它们的叫唤声也是这样，至少，在它们的陪伴下可以度过快乐的一天。但是有爱者就不一样了，除了给他的男朋友带来伤害，【c】要和这样的人一起过日子真是件令人厌恶的事情。'年轻人喜欢年轻人'，如古谚所说——我假定，这是因为友谊在相同者中间成长，同样纪的男孩追求相同的快乐。但是，和你年纪相当的人太多了。此外，如他们所说，任何人在必然性的逼迫下要做的事情是可悲的——这话用来说一名男孩和他的情人是最真实的（更不必说他们的年龄差异了）。年纪大的与那年纪小的长相厮守，他不甘忍受寂寞，不愿离开；【d】在必然性的驱使下，他观看、聆听、触摸那个男孩，用各种方式在男孩身上寻求快乐，所以，他像奴仆一样围着那个男孩转，使自己的快乐得到满足。

"然而，那个男孩，在他们长相厮守的时候，这个老情人又能给他提供什么安慰和快乐呢？老是看那张饱经风霜、失去美貌的脸，不是一件十分恶心的事情吗？跟这张老脸有关的一切事情——嗯，甚至听他们提起都是可悲的，【e】更不必说要实际去做，如你被迫不断去做的一样！被那个老家伙观看和猜疑，生活在他的监视之下！听那些不合适的、过分的赞美！还有，受到错误的指责——那个老家伙清醒时说的话都很难忍受，一旦喝醉了便口无遮拦，把那些秘事到处宣扬，那就更叫人难堪了。

"当这个老家伙还心存爱意时，他是有害的、令人厌恶的；当爱情消逝的时候，他就会成为背信弃义之人，尽管他以前发过许多誓，对你作过许多美好的承诺，【241】这些花言巧语都是为了使你跟他保持这种麻烦不断的关系，希望将来能得到好处。然后，到了该还债的日子，他心中有了新的主宰，理性和节制取代了疯狂的爱情。而那个男孩甚至不明白他的情人已经变成了一个完全不同的人。他仍旧会为了他以往付出的爱向他索取回报，要他兑现过去许下的诺言，提醒他过去说过些什么，还以为自己仍旧在向过去的那个老情人说话！这时候，那个恢复了理性和节制的老家伙只会感到羞耻，而不会鼓足勇气承认自己的过错，【b】宣布自己已经改邪归正，更不知道自己如何能够弥补过去在愚蠢的控制下做出的庄严承诺。由于担心继续纠缠下去自己会故态复萌，恢复过去那个自我，于是乎，他就溜之大吉，背弃过去的诺言，非做一个负心人不可了。这个时候，追逐者变成了逃跑者，银币朝着另一面跌落，而那个男孩一定会追着他讨债，还会向老天爷叹苦经，埋怨那个负心人。尽管从头到尾他都完全不明白，宁可接受一个有理性但没有爱的人，【c】也不能接受一个没有理性只有爱的人。他的必然后果就是向一个无信无义的、乖戾的、妒忌的、伤人的家伙屈服，向一个将会毁灭他的家产、伤害他的身体，尤其是毁灭他的灵性发展的人屈服，而这种灵性发展在诸神和凡人眼中肯定并永远具有最高的价值。

"这些要点你应当牢记在心，我的孩子。你要明白，有爱者对你的友谊肯定不怀好意。不，它就像食物，它起的作用只是平息饥饿。【d】'有爱的人爱娈童，就像恶狼爱羔羊。'"

就这些了，斐德罗。别指望再从我这里听到些什么，你必须把这些话当做演讲的结尾来接受。

斐　但是，我认为你只说对了一半——我以为你还会用相同的篇幅，说一说无爱者，列举他的优点，证明把恩宠给他比较好。所以，你为什么停下来呢，苏格拉底？

苏　【e】你难道没有看到，我的朋友，尽管我批评了有爱者，但我的文风已经从酒神颂转变为史诗？如果我开始赞颂他的对立面，你认为我会发生什么转变？你难道看不出你能干地向我介绍的仙女将会依附在我身上吗？所以我只说一句话，受到我们批评的有爱者的每一项缺点都有与之相反的优点，而无爱者也拥有这些缺点。我干吗还要浪费唾沫再去说无爱者呢？我已经讲过的意思对两种人都适用。【242】正因如此，我的演讲已经结束，我要过河回家了，省得你让我做更倒霉的事。

斐　别这样，苏格拉底，等这阵子热劲过去再说。你没看到已经响午了，如人们所说，"烈日当空"吗？让我们再坐一会儿，谈谈演讲，等天凉下来再走。

苏　说起演讲，你真是个超人，斐德罗，真令人惊讶。我肯定，你这一生会比其他任何人带来更多的演讲辞，【b】要么是你自己写的，要么是你用各种手段强迫别人写的；只有底比斯①的西米亚斯②是个例外，你在这方面显然处于领先地位。就在我们说话的时候，我在想，你好像又要把我的另一篇演讲给勾出来了。

斐　噢，好极了！不过，你什么意思？什么演讲？

苏　我的朋友，我刚才想要回家的时候，【c】我熟悉的灵异出现了，每

---

①　底比斯（Θῆβαι），地名。
②　西米亚斯（Σιμμίας），人名，《斐多篇》对话人。

当它出现的时候，它就阻止我做某件想要做的事。我好像听到一个声音，禁止我离开，直到我赎回对众神的冒犯。你瞧，我实际上就像一个预言家，尽管不那么特别擅长——就像那些只能读和写的人——但就我实现自己的目的而言，我已经够好了。现在我已经清楚地认识到我的冒犯。实际上，我的朋友，灵魂本身也是一名预言家，就是由于这个原因，从演讲开始，我就心存惶恐，【d】如伊彼库斯①所说，"假借冒犯众神在凡人中赢得荣耀"。而我现在非常清楚我的罪过是什么了。

斐　告诉我，你有什么罪过？

苏　斐德罗，你带来的这篇演讲词是可怕的，就像你刚才强迫我发表的演讲一样。

斐　怎么会呢？

苏　这样做是愚蠢的，也接近于亵渎神灵。还能有什么事比亵渎神灵更可怕？

斐　没有了，当然，如果你说得对。

苏　好吧，那我们该怎么办呢？你难道不相信小爱神②是阿佛洛狄忒③之子吗？他不是众神之一吗？

斐　这肯定是人们的说法。

苏　嗯，吕西亚斯肯定不会这么说，你带来的文章也不会这么说，我就是被这篇文章诱惑，最后发表了我自己的演讲。【e】但若"爱"也是一位神，或者是某种神圣的东西——它确实是——那么它就不可能在任何方面是邪恶的；然而我们刚才的演讲说起它来，都把他说成是恶的。这两篇演讲冒犯了爱神，把一大堆极为愚蠢、荒唐的废话当做正儿八经的东西来叙说，【243】以此欺骗少数可悲的民众，博取他们的掌声。

---

①　伊彼库斯（Ἴβυκος），公元前 6 世纪希腊抒情诗人。

②　小爱神（Ἔρως），音译"厄洛斯"，常见形象为手持弓箭在天上飞翔，据说为战神阿瑞斯与美神阿佛洛狄忒所生，另一种说法是生于最初的混沌。

③　阿佛洛狄忒（Αφροδίτη），希腊爱与美之神。

因此，我的朋友，我必须洗涤我的罪过。古时候有一种涤罪仪，给那些在谈论神圣者时撒谎和讲坏话的人涤罪——荷马不知道这种仪式，而斯特昔科鲁①知道。他由于讲了海伦②的坏话而眼睛看不见了，但他不像荷马那样，眼睛瞎了还不知道是为什么。正好相反，他是缪斯的真正追随者，他明白了其中的原因，马上就写了这些诗句："这个故事是假的。你从来不曾上船，【b】也没见过特洛伊的高塔。"③写下这首被我们称做"翻案"的诗以后，他的眼睛马上就复明了。现在我要试着证明我比荷马和斯特昔科鲁要聪明；在我由于说了爱神的坏话而受到惩罚之前，我要向他献上我的翻案文章——这一次我不会因为害羞而蒙头，我要露出脸来讲话。

斐 对我的耳朵来说，没有更甜蜜的话了，苏格拉底。

苏 【c】你瞧，我亲爱的斐德罗，你明白这些演讲有多么无耻，我自己的演讲以及你带来的那篇演讲。假定有一位高尚的男子爱或曾经爱过一名与他性格相同的男孩，听到我们说有爱者由于琐碎的原因挑起严重的争论，妒忌他所爱的人，给他带来伤害——你难道不认为，那名男子会认为我们对爱的看法实在是太庸俗、【d】对自由民中间的爱一无所知吗？他难道不会拒绝承认我们所说的爱的那些缺陷吗？

斐 他很有可能会这样做，苏格拉底。

苏 好吧，他让我感到羞耻，也出于对爱神本身的敬畏，我想再发表一篇比较有味道的演说，以洗刷我们已经听到过的演说的苦涩。我也要给吕西亚斯提一条建议，尽快再写一篇演讲，敦促人们把恩宠给有爱者，而不是给无爱者。

斐 你放心，他会写的。【e】一旦你发表了赞颂有爱者的演讲，我肯定有办法让吕西亚斯写一篇论题相同的文章。

---

① 斯特昔科鲁（Στησίχορος），公元前7世纪的希腊抒情诗人。
② 海伦（Ἑλέν），传说中的希腊美女，爱上特洛伊王子帕里斯，与他私奔，希腊人引以为耻，发动了特洛伊战争。
③ 斯特昔科鲁：《残篇》18。

苏　这我相信，只要你能继续是你自己。

斐　那么，你说吧，充满自信。

苏　我刚才对他说话的那个男孩在哪里？让他也听一听这篇颂词。否则他会匆忙地偏爱那个无爱者。

斐　他就在这里，跟你挨得很近，只要你需要，他就会出现。

苏　【244】美丽的少年，你必须明白最前面那篇演讲是斐德罗的，他是皮索克勒斯①之子，来自密利努②；而我现在要发表的演讲是斯特昔科鲁的，他是欧斐姆斯③之子，来自希墨腊④。这篇演讲是这样的：

"'这个说法不对'——在选择情人时，你应当偏爱对你无爱者，而不应偏爱对你有爱者，因为无爱者能控制自己，而有爱者会失去理智。如果迷狂是坏的、纯粹的、简单的，那么这样说说也就罢了，然而事实上，我们拥有的最美好的事物来自迷狂，是神的恩赐。

【b】"德尔斐的女预言家和多多那⑤圣地的女祭司在迷狂中为希腊国家和个人获取福泽，但若她们处于清醒状态，她们所获甚少，或者一无所获。我们就不用提西彼尔⑥以及其他神灵附体的人了，他们经常在神灵的感召下正确预见未来，给许多人以正确指导——这些事情显而易见，我就不多费口舌了。但是有某些证据，值得添加到我们的事例中：那些为事物命名的古人从来不把迷狂（μανία）视为羞耻和应当受谴责的事，否则他们就不会用'预言'（μαντικ）这个词来称呼这些最优秀的行家【c】——预知未来的这些人——由此把迷狂与预言联系在一起。他们认为迷狂是神的恩赐，是非常神奇的，由于这个原因他们把这个名称给了预言术；但是今人不知就里，给这个词添加了字母'τ'，变成了预言术（μαντικ）。同样，头脑清醒地研究未

---

① 皮索克勒斯（Πυθοκλέους），人名。
② 密利努（Μυρρίνους），地名，雅典的一个区。
③ 欧斐姆斯（Εὐφήμους），人名。
④ 希墨腊（Ἱμερα），地名。
⑤ 多多那（Δωδώνα），地名。
⑥ 西彼尔（Σίβυλ），希腊罗马神话传说中的女预言家，有好多位。

来，使用鸟和其他征兆，这门技艺最初叫做 'οἰονοϊστικ'，因为它使用理性，把理智（νοῦς）和学习（ἱστορία）带进了人的思想；【d】于是现在的演说家就把这门技艺叫做 'οἰωνιστικ'（鸟占术），并把其中 'o' 这个元音拉长，变成长元音 'ω'，使之发音更加响亮。所以，依据古代语言创立者提供的证言，在此范围内，迷狂中的预言比按征兆做出的预测更完善，更值得敬佩，就名称和成就而言，源自神的迷狂远胜于人为的清醒理智。

"其次，由于前辈犯下的罪孽，有些家庭会有人发疯，【e】遭到灾祸疾疫之类的天谴，为了找到禳除的方法，他们就向神灵祷告，并举行赎罪除灾的仪式，结果那些参加仪式的受害者进入迷狂状态，从此永久脱离各种苦孽。因此，这种迷狂对受害者来说是神灵的凭附和获得拯救。

【245】"第三，缪斯附体而带来的迷狂。缪斯凭附于温柔、贞洁的灵魂，激励它上升到眉飞色舞的境界，尤其流露在各种抒情诗中，赞颂无数古代的丰功伟绩，为后世垂训。若是没有这种缪斯的迷狂，无论谁去敲诗歌的大门，追求使他能够成为好诗人的技艺，都是不可能的。与那些迷狂的诗人和诗歌相比，他和他在神志清醒时的作品都黯然无光。

【b】"说到这里，你已经知道有一些很好的成就——我还能告诉你更多——可以归功于神恩赐的这种疯狂。依据这些解释，我们不要害怕迷狂，不要被那种论证吓倒，以为神志清醒就一定比充满激情好。这种论证要想说服我们，就还得证明另一点，这就是爱并不是上苍为了爱者和被爱者双方的利益而恩赐的。我们要证明的正好相反，这种迷狂是诸神的馈赠，是上苍给人的最高恩赐。我们的证明一定会在聪明人中流行，【c】尽管不一定能说服那些博学者。

"现在，我们首先必须理解灵魂本性的真相，这里说的灵魂包括神的灵魂和人的灵魂，通过考察它的活动以及其他事物对它的作用。下面我就开始论证：

"一切灵魂都是不朽的。这是因为，处于永久运动之中的事物是不朽的，而那些处于运动，或由其他事物来推动的事物，则在停止运动时停止生命。

所以，只有运动本身决不会丧失运动，因为它绝不会离开它本身。事实上，这个自动者是其他一切被推动的事物的源泉，【d】这个源泉没有起点。这是因为，一切有开端的事物来自某个源泉，但是源泉本身没有源泉，以其他事物为源泉的源泉就不再是源泉了。由于源泉不会有开端，因此它必定不能被摧毁。这是因为，如果源泉会被摧毁，它就不能从其他事物再次开始，其他事物也不能从它再次开始——也就是说，如果一切事物皆从一个源泉开始的话。所以，由于这个原因，自动者是运动的源泉。自动者不可能被摧毁，【e】也不可能重新开始；否则的话，诸天与一切有开端的事物都会坍塌，走向停滞，绝无可能再次运动。但是，由于我们已经发现自动者是不朽的，我们应当毫不犹豫地宣布，这就是灵魂的本质和原则，因为每一从外部被推动的有形体的事物没有灵魂，而身体的运动来自内部，来自它本身，它有灵魂，这就是灵魂的本性；如果事情是这样的话——任何能够自动的事物本质上就是灵魂——那么由此必定可以推论，灵魂既无生也无死。

【246】"关于灵魂不朽我们已经说够了。下面我们必须说一说它的结构。描述灵魂实际上需要很长时间，是神能够完成的任务，但要说一说它像什么，还是凡人可以做到的，用的时间也比较少。所以，我们在演讲中只说个大概。让我们把灵魂的运动比做一股合力，就好像一同拉车的一队飞马和它们的驭手。诸神的飞马和驭手都是好的，【b】血统高贵，但对其他生灵来说就并非完全如此。至于我们凡人用的马车，我们首先说有两匹马拉车，有一位驭手驾车，但我们还得说有一匹马是良种骏马，而另一匹正好相反，是杂种劣马。因此我们的驭手要完成任务就非常困难，经常会遇到麻烦。

"现在我应当试着告诉你，为什么生灵既包括可朽的生灵，也包括不朽的生灵。一切灵魂照看一切无灵魂的物体，在诸天巡游的时候，它们在不同的时间有不同的形状。【c】灵魂一旦生长完善，羽翼丰满，就在高天飞行，整个宇宙都是它的辖区；但若灵魂失去羽翼，就会向下坠落，直到碰上坚硬的地面，然后它就会在那里安身，有了属土的肉体，由于灵魂的力量在起作用，被灵魂依附的肉体看上去就是自动的。灵魂和肉体的整个组合就叫做

'生灵'，或者叫做'动物'，它也被叫做'有死的'。这样的组合不可能不朽，这一点不需要做任何解释。神是不朽的生灵，有灵魂和身体，出于本性，它们永远结合在一起，这样的观点是一种纯粹的虚构，【d】既无观察，又无恰当的推论——当然了，只要能使众神喜悦，我们就随它便，就这么说吧。

"现在让我们转向思考灵魂的羽翼脱落的原因，明白这些羽翼为什么会脱落。这个原因大体如下：羽翼凭着它们的本性能够带着沉重的东西向上飞升，使之抵达诸神居住的区域，所以，与身体的其他部分相比，羽翼拥有更多的神性，【e】它们是美丽的、聪明的、善良的，拥有诸如此类的品质。这些品质滋养着灵魂的羽翼，使羽翼得到充分生长；但若碰上愚蠢和丑恶，这些羽翼就会脱落和消失。

"现在，宙斯这位天穹的伟大统帅，驾着他的有羽翼的飞车在天上巡游，照看万物，使一切有序。【247】跟随他的是众神和精灵，排成十一队。赫斯提①留守神宫，其余位列十二尊神的诸位神灵尽皆出行，依序各领一队。在各重天界内，有许多赏心悦目的景色和供众神往来的路径，幸福的天神在徜徉遨游，各尽职守，凡有能力又有愿心的灵魂都可以追随他们，因为众神的队伍中没有妒忌。在前去赴宴的时候，可以看到他们沿着陡直的道路向上攀升，直抵诸天绝顶。【b】神乘坐的马车要上升很容易，因为众神的驭手保持着马车的平衡，神马也很听使唤。但对其他马车来说则很困难，因为他们的马是顽劣的，若驭手不能很好地驾驭，这些劣马就会拉着马车坠落地面，这个时候灵魂就面临极度的辛劳和搏斗。那些被我们称做不朽者的灵魂抵达高天之巅，它们还将攀上天穹绝顶，【c】让天穹载着它们运行，它们待在那里凝视天外的景象。

"天外之境——我们尘世的诗人还没有一个曾经加以歌颂，或者有过足够的颂扬！还有，这条道是这样的——你瞧，它是危险的，我必须尝试着说真话，尤其是，这个真相是我演讲的主题。这个地方的事物是没有颜色

① 赫斯提（Ἑστία），灶神或家室女神，立誓永远不嫁，保持贞节。

的，没有形状的，不可触摸的，它们是真正的存在者，是一切真正知识的主题，只有理智才能看见它们，【d】而理智是灵魂的舵手。甚至连神的心灵也要靠理智和知识来滋养，其他灵魂也一样，每个灵魂都要注意获得恰当的食物。因此，当灵魂终于看到真正的存在者时，它怡然自得，而对真理的沉思也就成为灵魂的营养，使灵魂昌盛，直到天穹运行满了一周，再把它带回原处。在天上运行时，灵魂看到了正义本身，看到了节制本身，看到了知识本身——这种知识不是与变易为友的知识，【e】它和我们在这里以为是真的知识是不同的。不，它是真正的关于真正存在者的知识。见到一切事物的存在真相以后，灵魂又返回天穹之内回家。它们到达以后，驭手把马牵回马厩，拿出琼浆仙露来给它们吃。

【248】"这就是诸神的生活。至于其他灵魂，那些个最能紧随神的灵魂，也最能使它自己像神，它让它的驭手昂首天外，与其他灵魂一道在天上巡游。尽管受到顽劣之马的拖累，它很难见到真正存在的事物。另一个灵魂时升时降，因为它的马匹不听使唤，到处乱跑，它看到了一些真正的事物，但错过了其他真正的事物。其他那些灵魂渴望追随众神攀高登顶，但它们有此心愿而无能力，天穹对它们来说可望而不可即。于是它们困顿于下界扰攘中，彼此争前，时而互相践踏，时而互相碰撞，【b】结果闹得纷纷乱闯，汗流浃背。由于驭手的无能，许多灵魂受了伤，羽翼受损。既然费尽辛劳也看不见整个存在的景象，于是它们就侧身远退，离开之后，它们只好依赖它们以为是营养的东西——亦即它们自己的意见。

"灵魂费尽心力要看到真理的原野，其原因就在于那里生长着灵魂最优秀的部分所需要的食粮，【c】要把灵魂提升到那里去获取营养，就是灵魂羽翼的本性。下面是一条命运的法则：凡是紧随神而见到某些真理的灵魂，都不会受到伤害，直到下一次出巡；如果它每次都能这样做，它就始终是安全的。另一方面，如果它不能紧跟神，没能看见什么真理，而只是遇到不幸，受健忘和罪恶的拖累，那么它就会由于重负而折损羽翼，坠落地面。【d】到那个时候，按照这条法则，灵魂在它第一次再生时不会投生于任何兽类；而那些看见了大多数实在的灵魂会进入人的种子中，这些人出生以后成为智慧或美的爱好者①，或者浸淫于艺术，有性爱的倾向。第二类灵魂投生为人后成为合法的国王，或者成为好战的统帅；第三类灵魂投生为政治家、商人或生意人；第四类投生为喜欢运动的体育教练，或者成为医治身体的医生；【e】第五类过一种预言家或秘仪祭司的生活。对第六类灵魂来说，过一种诗人的生活，或者成为其他摹仿性的艺术家；对第七类灵魂来说，过一种体力劳动的生活，或者成为农人；对第八类灵魂来说，成为智者或蛊惑民众的政客；对第九类来说，成为僭主。

"凡此种种，依照正义生活的灵魂，其命运会变得较好，不依照正义生活的灵魂，其命运会变得较差。事实上，每个灵魂都要用一万年才能回到它原来的出发点，【249】因为它的羽翼不可能在短时间内恢复如初，除非它真诚地实践哲学，或者哲学地爱男孩。在第三个一千年以后，如果我最后提到的这种灵魂连续三次选择这样的生活，那么它们的羽翼会得到恢复，在三千年结束之际，它们可以高飞而去。至于其他灵魂，它们的第一次生活一旦结束，就要接受审判；一旦经受审判，有些灵魂就要下到地狱，为它们不正义的行为接受完全的惩罚，【b】而另一些灵魂则被正义之神带到他们生活的天界，过一种足以酬报其在世功德的生活。一千年终了以后，两批灵魂都要回来选择下一辈子的生活，每个灵魂的选择都是自愿的，也就是在这一时刻，本来是人的灵魂有些转为过一种兽类的生活，也有的本来是人，由人转为兽，现在又转回到人。但是从未见过真理的灵魂不能投生为人，因为人必须懂得一般型相的语言，【c】能把杂多的观念整合为一个合理的整体。这个过程就是对我们的灵魂在与神巡游时看到的那些事物的回忆，它无视我们现在称之为真的那些事物，抬头凝视那真正的存在。

"正是由于这个原因，说只有哲学家的心灵可以长出羽翼是对的，因为哲学家的心灵经常专注于回忆这些实在，而众神之所以是神圣的，也是由

---

① 亦即成为哲学家。

于接近这些光辉的景象。正确使用这些提醒物的人始终处于最高、最完善的入会仪式，是唯一能够尽可能完善的人。【d】这样的人既然漠视凡人所注重的事情，全神贯注地接近神明，也就不可避免地要受公众的谴责，被当做疯子，因为公众并不知道他被神灵附体。这就使我要进一步讨论第四种迷狂——有些人指出，这样的人一见到尘世的美，就回忆起上界真正的美，他的羽翼就开始生长，急于高飞远举；可是这个时候，他还是心有余而力不足，无法展翅高飞，于是只能像鸟儿一样，昂首向高处凝望，把下界的一切置之度外，因此被人指为疯狂。【e】这是神灵附体的各种形式中最优秀、最高尚的形式，无论从其性质还是从其来源来说，无论就迷狂者本人还是他的知交来说，这都是最好的形式。爱美之人一沾上这种迷狂，人们就把他称做有爱者。如我所说，本性要求每个人的灵魂关注实在，【250】否则灵魂绝无可能进入这一类生灵。但要通过观看尘世间的事物来引发对上界事物的回忆，这对灵魂来说却不是一件易事。有些灵魂曾经关注过上界的事物，但只是片刻拥有这些事物的景象；有些灵魂落到地面以后还沾染了尘世的罪恶，忘掉了上界的辉煌景象。剩下的只有少数人还能保持回忆的本领。每逢见到上界事物在人界的摹本，这些人就惊喜若狂而不能自制，但也知其然，不知其所以然，【b】因为他们的知觉模糊不清。

"正义和自我节制无法透过它们在尘世的摹本闪光，灵魂所珍视的其他东西也不能这样做；感官如此迟钝，只有极少数人能够借助感官十分困难地通过他们在尘世间遇到的摹本看到原本的真相。然而，美是放射性的，灵魂能够看到当时跟随众神巡游的极乐景象（我们① 跟在宙斯的队伍里，而其他灵魂追随其他灵魂），然后被引入我们可以正确地称之为最有福分的秘仪。【c】参加庆典的我们是全善的，没有被未来的麻烦所玷污，而在那隆重的入教仪式最后显现给我们看的景象是完善的，不变的，赐福的。这就是终极的景象，我们沐浴在最纯洁的光辉之中，而我们自身也同样一尘不染，我

---

① 指哲学家，参见本篇252e。

们还没有葬身于这个被我们叫做肉身的坟墓里，就像河蚌困在蚌壳里一样。

"好吧，热爱回忆以往使我把话拉得很长。【d】如我所说，美当时在其他事物中绽放；现在我们下到尘世，通过我们最敏锐的感官看到美的闪烁。当然了，视觉是我们身体的感官中最敏锐的，尽管它看不见智慧。如果智慧的形象可以被我们清晰所见，就像美一样，它一定会激起我们对它的无比热爱，其他事物也能激发我们对它的热爱，【e】不过现在只有美才有这种特权，能被我们最清晰地看见，成为我们的至爱。当然了，很早加入秘仪的人，或者那些受了污染的人，不能瞬间脱离尘世的景象而马上看到美本身，因为他观看的是被我们称做美在尘世的事物；所以，他不是抱着敬畏之心凝视美本身，而是向快乐投降，像四脚的畜生一样放纵情欲，渴望生育后代；他邪恶地放纵自己，既无任何忌惮，【251】又全然不顾羞耻，追求违反本性的快乐。然而，在天上看到许多景象、新近才参加秘仪的人却不然——首先，看到神一样的面孔或形体时，他也领略到了美本身，他开始打寒战，仿佛从前在上界挣扎时的惶恐又来侵袭他；然后，他凝视着美丽的形象，心中产生虔诚感，敬美如敬神，如果不怕别人说他疯狂到了极点，他会向爱人馨香祝祷，如同面对神灵一般。【b】寒战过后，他会奇怪地发高烧，浑身冒汗，因为美放射出来的东西穿过他的眼睛在他体内产生热量，他的灵魂的羽翼也因此得到滋养。受热以后，久经闭塞的羽翼开始生长。羽管涨大起来，从根部向外生长，最后布满灵魂的胸膛。（你瞧，灵魂原本就是遍体长毛的）【c】此时，灵魂周身沸腾跳动，正如婴儿出齿时牙根又痒又疼，灵魂初生羽翼时也是这样。当灵魂凝视那男孩的美貌时，它就接收到从那个美男孩放射出来的暖流——亦即人们所说的'情欲之波'——灵魂由此得到温暖和滋养，【d】苦痛全消，感到非常快乐。然而，当它与男孩分开时，它的毛根干枯，向外生发的幼毛被滞塞，无法生长。幼毛和情欲之波交汇在一起，像脉搏一样跳动，每根幼毛都刺向阻塞它的口子，因此灵魂遍体受伤，疼得发狂；然而在这种时候，只要灵魂回忆起爱人的美，它就可以转悲为喜。痛苦与欢乐这两种感觉的混合使灵魂处于奇异的状态，【e】它感到不知所措，又深恨无法解脱，于是陷入迷狂，夜不能寐，日不能坐，带着焦急的神情在美人的住处周围徘徊，渴望能见到美人。如果碰巧看到，它就从美人那里吸取情欲之波，原先幽闭在灵魂中的情欲得以释放，于是它又暂时摆脱了原先的疼痛，回到极为甜美的乐境，享受无可比拟的快乐。正因如此，灵魂决不肯放弃。【252】它把美貌的男孩看得高于一切，连父母亲友都忘了。它也不在乎因疏忽而财产受损。从前引以为自豪的那些生活中的礼节、规矩、风度全都被唾弃。它甘心为奴，只要能紧挨着心爱的人儿躺下，它什么都不在乎，因为它不仅把那美人当做美的拥有者来崇拜，【b】而且把他当做除病消灾的医生。

"这就是被我们凡人称做'爱'的经验，你这美丽的男孩（我指的是听我演讲的那个人①）。你那么年轻，众神对爱的称呼在你看来可能就像是在开玩笑。我相信，荷马的某位后继者有两句不那么出名的诗，其中第二句不太高明，音节也不顺。这两句诗以这样一种方式赞美爱：'对，凡人叫它强大的、长羽翼的厄洛斯；但由于它需要凭借羽翼，众神叫它普特洛斯②。'【c】这些话信不信由你。但是，严肃地说，我已经说出了爱的原因，讲出了有爱者的真正感受。

"如果被爱俘虏了的人曾经是宙斯的跟班，那么他能够庄严地承受这种羽翼的重负。但若他是阿瑞斯③队伍里的、成为爱的囚徒的人——跟这位神巡游——那么若有一丝怀疑他爱的男孩会伤害自己，他就变得极为凶残，打算与这个男孩同归于尽。

【d】"跟随其他众神也一样：每个人一生崇拜他跟随的神，他曾在这位神的合唱队中跳舞，尽力摹仿这位神，只要他还未受玷污，只要他还是第一次在尘世间生活。这是他在每一关节点上对待其他所有人的方式，而不仅仅是对待他爱的那些人。每个人按照自己的气质从美丽的人中间选择所爱的人，【e】然后对他选择的男孩就像对待他自己的神，他竖起一尊神像，供自

---

① 参见本篇 237b，238d，243e。

② 普特洛斯（Πτέρως）这个词的意思就是"长翅膀的"。

③ 阿瑞斯（Ἄρης），希腊战神。

己尊敬和崇拜。比如，那些追随宙斯的人会去寻找具有宙斯一般气质的爱人，在寻找时要看对方在本性上是不是热爱智慧，有无做领袖的素质。若是找到了这样的人，他们就爱上他，尽力帮助他强化这些素质。如果被爱者从前没有做过这种事，那就让他们现在就开始学习，向可以赐教的人学习，或者让他们自己钻研。当他们遵循心中神的告诫奋力前进时，【253】这个任务会变得轻省，因为他们必须聚精会神地凝视那位神，直到能够回忆起被神激励的情景，从神那里明了自己生活的道路和性质，尽可能做到与神相似。由于所有这些原因，他们知道要为自己拥有了这个男孩而谢恩，他们会无比珍惜他，如果说他们从宙斯那里得到了激励，那么他们就像酒神女信徒一样，会把所有甘泉都拿来灌注到爱人的灵魂里，【b】帮助他做到尽可能与他们追随的神相似。赫拉的追随者寻找到有国王气象的男孩，一旦找到了，他们也会以同样的方式对待他。阿波罗①的追随者也好，其他神灵的信徒也好，莫不如此。每个有爱者都希望他的爱人具有他自己的神那样的品性，一旦赢得爱人的芳心，他就会带着爱人跟随自己的神的脚步走，一方面他自己尽力摹仿神，另一方面督促自己所爱的美丽的男孩在各方面与神相似，对他提出各种建议和约束。他对爱人的态度没有妒忌的成分，【c】他的每一行动都是为了使爱人在各方面与自己相似，也与他所崇拜的神相似。所以说，这就是任何真正有爱者心中的欲望：如果他以我描述的方式遵循欲望，这位在爱的驱使下变得疯狂的朋友能够确保爱情的圆满，因为和他交朋友的人是美丽的，有福的，如我所说——当然了，如果他俘获了他。所以，下面我就来说一说这个俘虏是怎么被捕捉的：

"你还记得故事开始的时候②我们如何把每个灵魂分成三部分吗——【d】两个部分像两匹马，第三部分像一位驭手？让我们继续往下说。两匹马中有一匹是好马，另一匹不是好马；但是我们没有继续具体说明好马好在哪

---

① 阿波罗（Απολλον），希腊太阳神和智慧之神。
② 参见本篇 246b。

里，坏马又坏在哪里。让我们现在来说明。右边这匹马，或者比较尊贵的这匹马身材挺直，颈项高举，鼻子像鹰钩，白毛黑眼；它爱好荣誉，但又有着谦逊和节制；由于它很懂事，要驾驭它并不需要鞭策，【e】只消一声吆喝就行。另一匹马身躯庞大，颈项短而粗，狮子鼻，皮毛黝黑，灰眼睛，容易冲动，不守规矩而又骄横，耳朵长满乱毛，听不到声音，鞭打脚踢都很难使它听使唤。这位驭手用爱的眼光观看，他的整个灵魂发热，产生又痒又疼的情欲。这时候，那匹服从驭手的好马，【254】由于知道羞耻，不会贸然扑向那个男孩。然而，另一匹马，不理会驭手的鞭策或吆喝，乱蹦乱跳，给它的同伴和驭手惹出许多麻烦，拉着它们一起奔向那个男孩，要与他同享性爱的欢乐。【b】起初，它的同伴和驭手对它怂恿的这种违法失礼的恶行都愤然拒绝，可是后来被它闹个不停，也就随它便，让它拉着走，做它所怂恿的事了。所以它们靠近了那个男孩，看到那个男孩的脸蛋光彩照人，它们就像被雷电击中一般。驭手看到这张脸，回忆起美本身的真正本性，好像看到美本身与节制并肩而立，站在神座上。他不禁肃然起敬，惶恐之中向后倒下，手中的缰绳随之向后猛拉，【c】拉得两匹马都屁股坐地，一匹很驯服地坐着不动，另一匹却挣扎个不停。过了一会儿，那匹良马又羞又惧，浑身汗湿，那匹劣马在跌倒和被口铁碰击之后刚止住疼，喘口气，就接着破口大骂起来，骂那驭手和良马懦弱。【d】劣马再次催促它们向前冲，驭手和良马央求劣马推迟一会儿，劣马勉强答应。约定的时候到了，它们装着忘了这件事，而劣马提醒它们时候到了。它乱蹦乱跳、嘶叫着要走，逼着它们再度靠近那个男孩去求爱。快要接近时，劣马咬紧口铁，低着头使劲向前拉。【e】但这个时候，驭手又有了上一次那种感觉，而且更加强烈。就像赛车手跑到终点一样，驭手向后猛拉缰绳，拉得那匹劣马嘴巴流血，栽倒在地，疼痛不已。这种事重复多次以后，那匹劣马终于学乖了，丢掉了它的野性，俯首帖耳听从驭手的使唤，一看到那美丽的男孩就吓得要死。到了这个时候，有爱者的灵魂才带着崇敬和畏惧去追随它的爱人。

【255】"尽管被爱者像神一样得到有爱者的各种伺奉，有爱者并非虚心

假意，而是真心诚意地伺候他爱的人，尽管被爱者也发自内心地对待真心伺候他的人（哪怕他以前曾经拒绝学友对他的爱，或者听到过其他人对他的警告，说与有爱者发生暧昧关系是可耻的，并因此要他拒绝情人），然而时过境迁，【b】等到了成年的时候，他会在命运的作用下改变态度，乐意与他人交往。你瞧，这是一条命运的法则，恶人决不会成为恶人的朋友，好人也绝不会不成为好人的朋友。到了这个时候，这个男孩会允许对他有爱意的人与他交谈，在一起消磨时光，在交往中日渐亲昵，他会为情人的恩爱所感动，觉得把自己所有朋友和亲属都加在一起，也比不上这位受到神的激励的朋友。

"有爱者花了一些时间这样做，接近他爱的男孩，（甚至在一起运动的时候以及其他场合抚摸他）这个时候，【c】情欲之波涌现出来，就像钟情于该尼墨得①的宙斯把情波大量地朝着他的情人倾注。一部分情欲之波被吸入他的身体，等到身体装满以后，又倒溢出来。就像风或声音碰上平滑而坚硬的东西发生反弹，回到原处，那情欲之波也会返回，再次进入那被爱的美少年的眼睛。通过眼睛这条天然渠道，情欲之波流入他的灵魂，【d】给灵魂带来新鲜的活力，滋润它的羽管，使之生发新的羽毛。这样一来，被爱者的灵魂也和有爱者一样充满了爱。所以，他是在爱，但不明白自己在爱什么，也不明白这是怎么一回事，就好像一个人染上眼疾，却不知道是怎么得来的；他也不明白他所爱的人就像一面镜子，从中可以看见他自己的形象。所以，当有爱者陪伴在身旁的时候，那个男孩的痛苦就减轻了，就像有爱者本人，而一旦分开，他就朝思暮想，渴望与情人相见，【e】因为爱他的情人就像镜子一样——'我愿意'——尽管他把这种事当做友谊，而不认为它是爱或把它叫做爱。还有，他的欲望几乎与那爱他的人的欲望是一样的，只是淡薄一点：想与爱他的人见面，接触，接吻，同床；当然了，可想而知，他很快就

---

① 该尼墨得（Γανυμήδους），特洛伊国王特洛斯的儿子，为宙斯所喜爱，被掠去当侍酒童子。另一说他是美丽的牧羊少年，宙斯化做老鹰把他掠走。

会依照欲望行事了。

"他们俩同床共眠时，有爱者的劣马会有话对驭手说，想为自己的辛苦索要一点报酬。【256】那被爱者的灵魂中的劣马虽不做声，可是热得发烧，会莫名其妙地伸出膀子去拥抱和亲吻被爱者的劣马，满心感激它的仁慈。当这对马情人睡在一起的时候，它们都想到不要拒绝对方的要求，而要尽量加以满足。但是好马就不一样了，它们会抱着敬畏和谨慎之心与驭手在一起，抗拒劣马的诱惑。对那有爱者来说，如果他们心灵中比较高尚的成分占了上风，引导他们过一种有纪律的、哲学性的生活，【b】那么他们在人世间的日子会幸福和谐，因为他们灵魂中恶的力量已被征服，而善的力量却得到解放，他们已经成了自己的主人，赢得了内心的和平。当尘世生活终结之时，他们卸去了包袱，恢复了羽翼，就好像在奥林匹克竞技的三轮比赛中赢得了第一回胜利，凭借人的智慧或神的迷狂而能获得的奖赏莫过于此。但若他们转向一种比较卑贱的、【c】非哲学的生活方式，渴慕虚荣，那么当灵魂不谨慎或醉酒之时，两颗灵魂中的劣马就很有可能乘其不备把他们带到某个地方，做那些大多数凡人以为是快乐的事来充分满足欲望。做了一回，他们以后就不断地做，尽管还不是太多，因为他们俩的心灵还没有完全发昏。这样的一对情人也可以算做朋友，因为他们的亲密程度不如其他情侣。【d】无论是在爱情旺盛之时还是在爱情衰竭之后他们都可以算是朋友，因为他们深信彼此已经交换过最有约束力的誓言，如果背弃誓言而反目成仇，那是一桩罪过。临终的时候，尽管他们渴望能有羽翼，但在离开肉体时他们确实还没有长羽翼，因此他们爱的迷狂并没有得到什么酬劳，因为按照天命，凡是在通天大道上迈出过第一步的人就不会再返回地下走阴间漆黑的小道，而会携手前行，过上一种光明而幸福的生活，【e】由于他们有爱，因此到了该长羽翼的时候，他们还是会长羽翼的。

"我的美少年，这就是有爱者给你的赐福，伟大而又光荣。而无爱者所能提供的东西肯定混杂着世俗的智慧和谨慎的盘算，其结果就不免在被爱者的灵魂中养成被俗人当做美德的庸俗，使之注定要在地面上和地底下滚来滚去，【257】滚上九千年，而且还不知道这样做是为什么。

"现在，亲爱的爱神，我已经竭尽全力口占了一篇最出色的翻案书①，为了讨好斐德罗，我特地用了一些诗一般的语言②。请你宽恕我在前一篇文章中对你的冒犯，求你发发慈悲，不要拿走你赐给我的爱的能力，也不要因为生气让我的爱的力量枯萎，而要使我能够继续在美少年面前博得比以前更大的信任。【b】如果斐德罗和我在前面说过什么得罪你的话，请你把它记在吕西亚斯账上，没有他就不会有那篇文章，请你医治他，使他不再做这类文章，让他转向哲学，就好像他的哥哥波勒玛库斯③一样转到哲学方面去。这样的话，他在这里的爱徒就能停止在两种意见中徘徊，就像他现在这样举棋不定，也会在哲学讨论的帮助下全心全意地把生命奉献给爱情。"

斐 【c】如果对我们来说这样做是最好的，那么我会和你一起祈祷。至于你的演讲，我心里早就充满敬佩之意，它比你前面那篇演讲好得多。我担心，要是吕西亚斯想跟你比赛，他可能会相形见绌。我的好朋友，事实上就在前不久，我有一位政治家朋友对吕西亚斯恶言谩骂，口口声声叫他"写演讲稿的人"。④为顾全名誉，他也许不会再写文章了。

苏 啊，你说的是什么样的蠢话，年轻人！【d】你完全误解了你的朋友，他不可能如此轻易就被吓怕了！但也许你认为攻击他的那个政治家是在申斥他？

斐 他好像是在申斥，苏格拉底。不管怎么说，你自己肯定明白，那些最有权力，最出名的政治家都不太愿意写演讲稿，也不愿留下传世之作，生怕后人会把他当做"智者"。

苏 斐德罗，你不懂"愉快的弯曲"（迂回表达）这种说法——【e】它

---

① 参见本篇243b。
② 参见本篇238c。
③ 波勒玛库斯（Πολέμαρχος），人名，《国家篇》对话人。
④ 政治家瞧不起写作范文，传授演讲术的修辞学家。称某人为"写演讲稿的人"是在给对方起绰号，带有轻视之意。

起源于蜿蜒曲折的尼罗河。除了弯曲，你也不明白最有野心的政治家都喜爱写演讲稿，并且渴望他们的作品流芳百世。事实上，他们写文章喜欢得到众人的赞扬，所以要在文章开头写下一长串它的崇拜者的名字。

斐 你这话是什么意思？我不明白。

苏 【258】你不知道政治家在他们的作品中先写下他们那些崇拜者的名字？

斐 是这样吗？

苏 这些作者经常这样开头："经议事会议决"，"经民众议决"，要么写上"经议事会和民众议决"，还有"如某人所说"——这里指的是他自己，写得非常庄重和自豪。然后他再往下写出他想说的话，对他的崇拜者炫耀他的智慧，经常写成一个很长的文件。你认为这种东西和书面演讲稿有什么区别吗？

斐 【b】不，没有区别。

苏 那么好，如果他的文章能够保存在书本中，那么他会十分高兴，他会离开讲台而把讲台留给诗人。但若它遇到挫折，他作为一名演讲稿的撰写人遭到失败，认为他的书面作品没有任何价值，那么他会和他的朋友一道感到深深的悲哀。

斐 他肯定会这样。

苏 那么很清楚，他们并不轻视演讲稿的写作；正好相反，他们敬重它。

斐 是这样的。

苏 【c】下面也是这种情况。如果一名演说家或者国王获得了足够的能力，可与莱喀古斯①、梭伦②、大流士③相比，在他的城邦中作为一名演讲稿的作家获得不朽的名声，那么他会怎么样？还活在世上的时候，他难道不会把自己当做神吗？后世的民众看到他的作品，不也会产生同样的看法，把他当

① 莱喀古斯（Λυκούργους），斯巴达立法家。
② 梭伦（Σόλωνος），雅典立法家。
③ 大流士（Δαρεῖος），波斯国王。

做神吗？

斐 确实如此。

苏 那么你真的相信这些人中有人——无论他是谁，无论他有多么痛恨吕西亚斯——会由于他是一名作家而谴责他吗？

斐 按照你的说法不像是这么回事，因为谴责吕西亚斯的人可能也得申斥他自己的野心。

苏 【d】那么，事情相当清楚：写演讲稿本身并不可耻。

斐 为什么呢？

苏 良好的演讲或写作不可耻，可耻的或邪恶的演讲和写作才是真正可耻的。

斐 这一点很清楚。

苏 那么好的写作和坏的写作有什么区别呢？我们需要向吕西亚斯，或者向其他任何曾经写过或将要撰写文章的人提出这个问题吗——无论是写公共文书还是写私人文件，无论是韵文还是散文？

斐 【e】你问我们是否需要这样做？我要说，如果不是为了获得做这种事情的快乐，人为什么要活着？我说的当然不是这种快乐，你无法感受到这种快乐，除非你首先处于痛苦中，就像大部分肉体的快乐一样，由于这个原因，我们把这种快乐称做奴隶的快乐。

苏 好吧，我们好像还有时间。另外，我在想我们头顶上的那些蝉，它们在炎热的中午相互交谈之后仍在歌唱，也在朝我们看。【259】如果它们看见我们俩像普通人一样，到了中午就不说话，懒洋洋地低下头来打瞌睡，被它们的叫声催眠，那么它们有理由嘲笑我们，把我们当做两个偷懒的奴隶，像绵羊一样躲到泉边来睡午觉。但若它们看到我们在专心谈话，我们的航船驶过塞壬①的小岛也不曾被她们清澈的歌声所诱惑，那么它们也许会佩服我

---

① 塞壬（Σειρῆν），希腊神话中人身鸟足的仙女，居住在海岛上，用美妙的歌声迷惑过往的水手。

们，【b】并把众神允许它们送给凡人的礼物送给我们。

斐　什么礼物？我从来没有听说过。

苏　每一位热爱缪斯的信徒都应当听说过。这个故事是这样的：蝉曾经是人，他们生活在缪斯①诞生之前的那个时代。后来缪斯诞生了，发明了唱歌，那个时代的人欢喜得要命，【c】只管唱歌，忘了吃喝，到死也不明白是为什么。这些人死了以后变成了蝉；它们从缪斯那里得到一个法宝，一出生就无需营养，干着喉咙空着肚皮马上就能唱歌，一直到死，根本不需要吃东西。它们死后就去见缪斯，告诉她们每一位缪斯在人世间享有哪些尊荣，有哪些人崇拜她们。它们把那些用舞蹈来崇拜缪斯的人告诉忒耳西科瑞②，【d】使他们更加得她的宠爱；它们把那些参加爱神祭仪的人告诉埃拉托③，使他们得到这位缪斯的青睐；对其他缪斯也一样，向每一位缪斯报告她主管的那一行中崇拜她的情形。它们把那些以导向哲学生活的特殊音乐为荣的人报告给九位缪斯中最年长的卡利俄珀④和年纪较轻的乌拉尼亚⑤，她们主管天文和一切谈话，凡人的和神灵的，用最甜美的声音歌唱。

所以，我们有很多理由继续谈话，不要因为睡午觉而把下午给浪费了。

斐　好吧，我们继续往下说。

苏　【e】那么好，我们现在必须考察我们刚才提出来的论题：什么时候一篇演讲是良好地撰写和发表了的，什么时候不是？

斐　这很清楚。

苏　良好而庄重地发表演讲的人必须在心中知道要谈论的主题的真相，不是吗？

斐　我听到有人说这个问题实际上是这样的，苏格拉底，我的朋

---

① 缪斯（Μοῦσα），希腊神话中九位文艺和科学女神的通称。

② 忒耳西科瑞（Τερψιχόρα），文艺女神之一，主管舞蹈。

③ 埃拉托（Ἐρατο），文艺女神之一，主管抒情诗。

④ 卡利俄珀（Καλλιόπη），文艺女神之一，主管史诗。

⑤ 乌拉尼亚（Οὐρανία），文艺女神之一，主管天文。

友，【260】打算做演说家的人完全没有必要了解什么是真正的正义，而只需知道将对演说做出裁决的听众对正义怎么看就行了。他也不需要知道什么是真正的善和真正的美，只需要知道听众对善和美的看法就可以了。说服从听众那里来，不是来自真理。

苏　聪明人说的任何事情，斐德罗，"都不能轻易抛弃"①，我们必须认为这种看法也许是对的。尤其是，对你刚才说的观点，我们一定不能置之不理。

斐　你说得对。

苏　那么好，让我们换个方式来看问题。

斐　怎么看？

苏　【b】假定我要说服你去买一匹马，用来打仗杀敌，可是我们俩都不知道马是什么，而我正好认识你，知道你斐德罗相信马是一种耳朵最长的，驯服的动物。

斐　你的假定很可笑，苏格拉底。

苏　你别急，我还没完。假定我一本正经地试着说服你创作一篇歌颂驴子的文章，而我把你文中的驴子叫做马，说它具有巨大价值，无论是在家里使用，还是在军事上使用，它是打仗时的好坐骑，【c】还能驮运你的行李，此外它还有许多用处，等等。

斐　嗯，说到这一步那就很荒唐了。

苏　好吧，哪一样事情要好些？是一位荒谬可笑的朋友？还是一个精明的敌人？

斐　是前者。

苏　所以，当一名不分好坏的修辞学家对一个城邦演说，试图说服知道得并不比他更多的城邦，不是把可悲的驴子吹捧为一匹马，而是把恶吹捧为善，掌握了民众相信什么以后，【d】劝说他们做坏事而不是做好事——把这

---

① 荷马：《伊利亚特》2：361。

当做修辞学播下的种子，你认为修辞学能收获什么样的果实？

斐 质量很差的果实。

苏 不过，我的朋友，我们这样嘲笑这门讲话技艺是否太粗鲁了？它会回答说："彻头彻尾的胡说八道！瞧，我没有强迫人不知道真相而去讲话；正好相反，我建议要掌握了真理以后再来向我请教。但我颇为自豪的确实是，哪怕掌握了真理的人，若无我的帮助，也不能在这门系统技艺的基础上产生领人信服的效果。"

斐 【e】嗯，这样的回答公平吗？

苏 是的，公平——也就是说，如果争论进到修辞学，证明它是一门技艺。不过，我好像听到过一些指责和申斥修辞学的争论，说这是一个谎言，它不是一门技艺，而是一种没有技艺成分的练习。① 如斯巴达人所说，不掌握真理，就没有真正的讲话的技艺，从来都没有。

斐 【261】我们需要听听这些争论，苏格拉底。来吧，把它们说出来，对它们进行考察：它们的观点是什么？是怎样提出来的？

苏 那么，来吧，高贵的生灵②，到这里来；说服斐德罗，他是美本身的后裔③，除非他恰当地追求哲学，否则绝无可能就任何主题发表恰当的谈话。让斐德罗成为回答问题的人。

斐 让它们提问吧。

苏 好吧，从总体上说，修辞的技艺不是一种用讲话来影响灵魂的技艺吗，不仅在法庭和其他公共场所，而且在私人场合？【b】如果能够正确运用，它涉及的主题无论大小，它涉及的问题无论是严肃的还是微不足道的，都仍旧属于同一门技艺，都同样可敬吗？你听到的有关修辞学的看法是这样的吗？

斐 嗯，肯定不像你说的这个样子！有技巧地讲话和撰写讲稿主要可在

---

① 批评修辞学不是一门技艺，参见《高尔吉亚篇》462b—c。

② 指"争论"，此处是拟人化的写法。

③ 参见本篇242a—b，《会饮篇》209b—e。

法庭上见到；也许可在公民大会上见到。我听说的就是这些。

苏　好吧，你只听说过涅斯托耳①和奥德修斯②的修辞学论文——他们在特洛伊城下空闲时撰写的那些论文？你不是也听说过帕拉墨得斯③的作品吗？

斐　【c】不，宙斯在上，我没有听说过涅斯托耳的作品——除非你说的涅斯托耳指的是高尔吉亚④，你说的奥德修斯指的是塞拉西马柯⑤或者塞奥多洛⑥。

苏　也许是吧。让我们暂且撇下他们。请你自己来回答这些问题：对手们在法庭上做些什么？他们不是站在对立的立场上说话吗？此外我们还能说他们在干什么？

斐　是的，确实如此。

苏　他们争论什么是公正、什么是不公正吗？

斐　是的。

苏　【d】无论谁有技艺地做这种事，当他愿意的时候，不能使同一事物对同一批人时而显得公正，时而显得不公正吗？

斐　当然能。

苏　当他在公民大会上讲话时，他能使城邦在一个时候批准一项政策，把它当做好政策，而在另一个时候，否定它——同一项政策——好像它是一项相反的政策。

斐　没错。

---

① 涅斯托耳（Νέστωρ），荷马史诗中的英雄人物，擅长讲话。
② 奥德修斯（Οδσσεύς），荷马史诗中的英雄人物，擅长讲话。
③ 帕拉墨得斯（Παλαμήδης），传说中的人物，非常狡猾。
④ 高尔吉亚（Γοργίας），著名智者。
⑤ 塞拉西马柯（Θρασύμαχος），智者，修辞学家，《国家篇》第一卷对话人。
⑥ 塞奥多洛（Θεόδωρος），拜占庭的修辞学家，与《泰阿泰德篇》中的塞奥多洛不是同一人。

苏 我们不是也听说过爱利亚人帕拉墨得斯[①]是一个有技艺地说话的人，他的听众会觉得同一事物既相同又相异，既是一又是多，既静止又运动？

斐 他确实能做到这一点。

苏 因此我们可以发现，站在对立的立场上讲话，【e】这种事情不仅发生在法庭上，也发生在公民大会上。倒不如说，似乎有一门技艺——当然了，如果它首先是一门技艺——支配着所有讲话。凭借这门技艺，人们可以把任何不同的事物说成相同的，也可以把任何相同的事物说成不同的，还可以揭露任何人试图隐匿的事实。

斐 你这样说是什么意思？

苏 我想，要是我们换个方式，你就会明白的。误导在什么地方最容易发生——在差别很大的事物之间，还是在差别很小的事物之间？

斐 【262】在差别很小的事物之间。

苏 不管怎么说，当你的立场转到对立面去的时候，如果你开始的时候迈小步，而不是迈大步，那么你不容易被其他人看出破绽。

斐 无疑如此。

苏 因此，如果你要误导其他人而不误导你自己，你必须准确把握事物之间相同和相异的程度。

斐 对，这是必须的。

苏 嗯，对某个不懂每一事物真的是什么的人来说，他真有可能察觉他不知道的事物和其他事物之间的相同之处吗，无论相同之处是大还是小？

斐 【b】这是不可能的。

苏 因此，民众陷入被误导的状态，拥有与事实相反的信念，其原因显然在于这种相同之处。

斐 误导就是这样发生的。

---

① 指爱利亚学派哲学家芝诺，作者用帕拉墨得斯的名字影射芝诺。

苏　那么，某个不懂每一事物是什么的人，能够用这种技艺引导其他人通过相似性逐步偏离事实真相，走向事情的反面吗？或者说，他能避免这种事情在他自己身上发生吗？

斐　绝无可能。

苏　【c】因此，我的朋友，这种不知事情真相、追随各种意见的讲话者的技艺，像是一件可笑的东西——而根本不是技艺！

斐　好像是这样的。

苏　那么，我们需要在你带来的吕西亚斯的手稿和其他我们自己的演讲中寻找我们称之为有技艺和无技艺的例子吗？

斐　能这样做真是太好了——因为，我们的讨论过于抽象，而没有足够的例证。

苏　事实上，巧得很，这两篇演讲似乎正好包含一个例子，【d】可以拿来说明某个知道真相的人可以跟他的听众开玩笑，误导他们。而在我看来，斐德罗，我认为此地的神灵要对此事负责——或许在我们头上唱个不停的缪斯的使者①也要负责，它们激励我，让我有了灵感，而我肯定不拥有任何讲话的技艺。

斐　说得好，说得好。但是请你解释一下。

苏　来吧——把吕西亚斯的演讲的开头读给我听。

斐　【e】"你知道我的情况；我说过，在我看来，这件事若能做成，对我们双方都会有好处。无论如何，我不认为我会失去我所追求的东西，仅仅由于我对你没有爱。"

苏　停。我们的任务是说出他是怎么失败的，有哪些地方写的缺乏技巧。对吗？

斐　【263】对。

苏　嗯，现在这一点不是非常清楚了吗：我们对我们谈话中的有些事情

---

① 指蝉。

的看法是一致的，对某些事情的看法有分歧？

斐　我想我明白你的意思，但请你说得更加清楚一些。

苏　当有人说出铁或者银这个词的时候，我们不是全都会想到同一样事物吗？

斐　当然。

苏　但是当我们说正义和善的时候，我们会怎么想？我们各自不会朝着不同的方向去想吗？我们之间的看法不是会有差别，甚至自相矛盾吗？

斐　我们确实如此。

苏　【b】因此，我们对前者的看法是一致的，对后者的看法不一致。

斐　对。

苏　在这两种情况下，哪一种情况我们比较容易被误导？修辞术什么时候会起比较大的作用？

斐　这很清楚，在我们左右徘徊的时候。

苏　由此可知，无论谁想要学习修辞学的技艺，首先，他必须对这两类事物作系统的划分，把握两类事物各自的特点，大多数民众对某一类事物会左右徘徊，对另一类事物不会这样。

斐　【c】好极了，苏格拉底，如果他能掌握这种划分，就能很好地理解。

苏　其次，我想，他一定不要误解他的主题；他必须敏锐地察觉他要讨论的事物属于哪一类。

斐　当然。

苏　嗯，现在，关于爱我们要说些什么呢？它属于民众会有争议的一类，还是民众不会有争议的一类？

斐　噢，肯定属于有争议的。否则的话，你刚才怎么可能先把它说成对有爱者和被爱者双方都有害，而后来又把它说成是最大的善呢？

苏　【d】说得好！但是现在请你告诉我——我一点儿也记不住了，因为我完全被众神附体了——我在演讲开头的地方有没有给爱下过定义？

斐　噢，我敢肯定，宙斯在上，你肯定下过定义。

苏　啊，按照你所说的，阿刻罗俄斯和赫耳墨斯之子潘①的女儿、这些仙女的讲话要比凯发卢斯之子吕西亚斯的演讲更加有技艺，比他强得多！我说错了吗？吕西亚斯那篇论爱的美文也在一开头就强迫我们假定，【e】爱就是他本人想要的这种事情，是吗？然后他通过排列与此相关的事情来完成他的演讲，是吗？你能再读一下文章的开头吗？

斐　只要你喜欢。但是你要找的东西不在哪儿。

苏　念吧，让我听听作者自己是怎么说的。

斐　"你知道我的情况；我说过，在我看来，这件事若能做成，对我们双方都会有好处。无论如何，我不认为我会失去我所追求的东西，【264】仅仅由于我对你没有爱。有爱者一旦欲火熄灭，就会反悔以前付出的恩惠……"

苏　要进到我们想要的地步，他肯定还有很长的路要走。他似乎没有从头开始，而是从尾巴开始，他的演讲就好像是在仰泳，朝着头的方向倒退，在结尾的地方开头。他的开场白就像是有爱者会在演讲结束时对他喜爱的男孩说的话。我说错了吗，亲爱的斐德罗？

斐　【b】好吧，苏格拉底，他的开场白确实应当放到结尾的地方说。

苏　演讲的其他部分怎么样？像不像随意拼凑起来的？第二个观点不是必须放在其次的位置上吗？其他部分不是也要这样做吗？当然了，我知道自己对这样的事情是无知的，但我至少认为这位作家好像是想到什么就写什么，尽管有某种高尚的意愿。而你，你在他的文章中能看到任何撰写演讲稿的原则，使他把整篇演讲安排成现在这种样子吗？

斐　你要是认为我能够准确地看出他内心的用意，【c】那么你真是抬举我了。

苏　但你肯定至少会承认：每篇演讲都应该写得像一个活生灵，有它自己的身体；它一定既不能没头，也不能没腿；它必须有中间和端点，相互

---

① 潘（Πᾱν），希腊山林畜牧神，赫耳墨斯之子。

之间匹配，并与整体相适合。

斐　它怎么能是别的样子呢？

苏　但是看看你朋友的演讲：一个活生灵，还是别的样子？实际上，你会发现，它和刻在弗里基亚①人弥达斯②的墓碑上的那些话差不多。

斐　【d】什么墓碑？它有什么问题？

苏　那墓碑上写道："我是青铜的女郎，躺在弥达斯墓旁；只要河水在流淌，大树在生长；我守护着这座坟墓，长年泪眼汪汪；我对过路人说，弥达斯长眠于此。"【e】我想你会注意到，这墓志铭的每一行无论摆在什么位置上都没有什么差别。

斐　你在拿我们的演讲开玩笑，苏格拉底。

苏　好吧，要是你不高兴，让我们把这篇演讲搁在一边——尽管我认为它里面有很多非常有用的例子，除非有人不想摹仿它——谈谈其他演讲吧。我认为，对学讲话的学生来说，重要的是注意它们的特点。

斐　【265】你什么意思？

苏　它们以某种方式对立。一篇主张偏爱有爱者，另一篇主张偏爱无爱者。

斐　也还说得很果断。

苏　我以为你会说"很疯狂"，这才是真相，也正好是我寻找到过的东西：我们确实说过，爱是一种迷狂，不是吗？

斐　是。

苏　迷狂有两类，一类由于人的疾病而产生，另一类受到神的激励而产生，通过正常的、可为世人接受的行为来释放，是吗？

斐　【b】当然是。

苏　我们也把神圣的这一类分为四部分，分别与四位神灵相连。预言

---

①　弗里基亚（φρυγια），地名。

②　弥达斯（Μίδας），传说中的富翁，神赐他点金术，碰上食物也会变成金子，最后饿死。

的迷狂源于阿波罗；秘仪的迷狂源于狄奥尼修斯；诗歌的迷狂源于缪斯；迷狂的第四个部分源于阿佛洛狄忒和爱神，我们说这种爱的迷狂是最高的迷狂。我们还用某种形象刻画了爱的情欲，其中含有一定程度的真理，尽管也有可能把我们引入歧途。在激励出一篇并非完全无理的演讲以后，【c】我们开玩笑地，但还算恰当和得体地对我和你斐德罗的主人唱了一首故事般的颂歌——对爱神，他照管着美丽的男孩。

斐 我极为快乐地听了这首颂歌。

苏 让我们现在就来说另外一个要点：这篇演讲如何可能从批评转为赞美？

斐 你这个要点到底是什么意思？

苏 嗯，在我看来，演讲中的其他东西都确实是说着玩的。但是它的这个部分确实是在幸运女神的指导下提供的，【d】若能用系统的技艺来把握其中两件事情的本性，那会是非常神奇的。

斐 哪两件事物？

苏 第一件事情，把散布于各处的事物集合在一起，成为一类事物，通过定义每一事物，我们可以弄清我们希望提供的指点的主题。就拿我们对爱的讨论来说，无论我们给爱下的定义是正确的还是不正确的，至少，它使得演讲能够正确地开始，能够前后一致。

斐 你谈论的另一件事情是什么，苏格拉底？

苏 【e】这件事情接着第一件事情，就是能够顺应自然的关节，把整体划分为部分，而不要像笨拙的屠夫一样，把任何部分弄破。正是以这种方式，我们刚才两篇演讲把所有精神上的迷狂都归为一个种类。【266】然后，正如每一身体均有成对的、有着同样名称的肢体（比如一个叫做左手，另一个叫做右手），所以演讲也是这样，把心灵的不健全视为我们身体的本性中的一种肢体，开始对它划分——第一篇演讲切去了它的左手部分，然后继续切割，直到在这些部分中发现一种可被叫做"左手"的爱，这种爱是这篇演讲正确地申斥的；接下来，第二篇演讲引导我们进入迷狂的右手部分；发现一种爱与其他爱拥有同样的名称，但实际上却是神圣的；【b】把它摆在我们面前，赞美它是我们最大的善的源泉。

斐　你说得完全正确。

苏　嗯，斐德罗，我本人就是一名划分与集合的热爱者，所以我能够思考，也能够说话；如果我相信其他人能够察觉一个事物，凭其本性能够包涵杂多，那么我会直接"追随他的足迹，就好像他是神"①。只有神才知道这些能够这样做的人的名称是否正确，【c】但迄今为止，我始终称他们为"辩证法家"。现在请你告诉我，我们已经从吕西亚斯和你那里知道了这些事情，我必须把他们叫做什么。或者说，它只是塞拉西马柯和其他一些人讲话的技艺，这种技艺不仅使他们自己成了演讲的大师，而且还使其他人变得像他们那样——那些人愿意给他们送礼，把他们当做国王一样来奉承？

斐　他们可能会像国王一样行事，但肯定缺乏你说的这种知识。不，在我看来，你把刚才讲过的这类事情叫做辩证法好像是对的；不过，修辞学仍旧在躲避我们。

苏　【d】你在说什么？独立于我提到的这些方法，它还有什么有价值的东西吗，还能被技艺所掌握吗？如果有的话，你和我一定会荣耀它，我们必须说出修辞学的哪个部分被遗漏了。

斐　行，有很多部分，苏格拉底；无论如何，这些东西都写在演讲术的书上。

苏　你提醒得很对。首先，我相信，一篇演讲开头总要有开场白。这是你的意思，不是吗——这门技艺的精华之处？

斐　【e】是的。

苏　其次是陈述事实和提供相关的、直接的证据；第三，间接的证据；第四，宣称可能性。我相信，至少那位拜占庭的修辞大师还添加了确认和佐证。

---

① 荷马：《奥德赛》5：193。

斐 你指的是那位赫赫有名的塞奥多洛①吗?

苏 【267】正是。他还添加了"正驳"和"附驳",用于起诉和辩护。我们也一定不要忘了那位最卓越的帕罗斯②人厄文努斯③,他最先发明了"暗讽"和"侧褒",他——有人说——把间接的批评写成韵文,便于记忆。他真是个大师!还有提西亚斯④和高尔吉亚?我们怎么能够遗漏他们,是他们提出相似的东西应当比真实的东西拥有更高的地位;也是他们,运用语言的力量,使微小的东西显得巨大,使巨大的东西显得微小;【b】是他们,给现代的观念穿上古代的服饰,给古代的观念穿上现代的服饰;是他们,发现了如何进行简明论证和就任何话题进行冗长论证的方法?实际上,当我和普罗狄科⑤谈起最后这一点的时候,他笑了,说只有他才发现了恰当演讲的技艺:我们需要的演讲既不能太长,也不能太短,而要长短适中。

斐 干得好,普罗狄科!

苏 希庇亚⑥怎么样?我们怎能把他给省略了?我敢肯定我们这位来自埃利斯的朋友会投票赞成普罗狄科。

斐 可以肯定。

苏 对于波卢斯⑦建立的整个术语库我们该说些什么呢——【c】谈论重复,谈论格言,谈论想象——利库尼乌⑧送给他的术语帮助他对良好的措词进行解释?

斐 普罗泰戈拉实际上不也使用同样的术语吗?

苏 是的,《论正确措词》,我的孩子,以及其他优秀作品。要是提到用

---

① 参见本篇 261c。
② 帕罗斯 (Πάρος),地名。
③ 厄文努斯 (Εὔηνος),公元前 5 世纪末的智者。
④ 提西亚斯 (Τεισίας),修辞学家,叙拉古人,创立修辞学的西西里学派。
⑤ 普罗狄科 (Πρόδικος),开奥斯人,著名智者。
⑥ 希庇亚 (Ἱππίας),爱利斯人,著名智者。
⑦ 波卢斯 (Πωλός),著名智者高尔吉亚的学生,柏拉图在《高尔吉亚篇》中也提到他。
⑧ 利库尼乌 (Λικυμνίυς),开俄斯人,诗人和修辞学家。

哀婉动人的语言来使穷人和老人落泪，那么没有人在这方面的本领大过那位卡尔凯顿①人了，他在激起民众愤怒方面是个专家，【d】而把民众煽动起来以后，他又能用咒语使民众的情绪平息下去。用他自己的话来说，在进行诽谤和破除诽谤方面无人能胜过他，无论谣言来自何方。

至于演讲的结尾，人们的看法似乎是一致的，尽管有些人称之为总结，有些人叫它其他名称。

斐　你的意思是，在结束的时候进行总结，并提醒听众他们听到了什么吗？

苏　正是。关于这门讲话的技艺，你还有什么要添加吗？

斐　只有一些小小的细节，不值一提。

苏　【268】好吧，那就撇下不提了。让我们抓住我们已经搞得比较清楚的地方，以便准确地看到这些事情产生的这门技艺的力量。

斐　一种非常伟大的力量，苏格拉底，尤其是在公众面前。

苏　说得很对。但是，我的朋友，仔细看一下：像我一样，你也认为它的结构没什么破绽吗？

斐　你能告诉我破绽在哪里吗？

苏　行，你听着。假定有人去拜访你的朋友厄律克西马库②，或者他的父亲阿库美努，并且说："我知道如何给病人治病，比如给他退烧或驱寒；【b】如果我决定了，我也能让他呕吐和拉稀，诸如此类的方法我都会。以这种知识为基础，我宣布自己是一名医生；我也宣布自己能够使其他人成为医生，通过传授这种知识。"你认为，他们听了这番话会说些什么？

斐　他们能说些什么？他们会问他是否也知道对什么人进行这些治疗，什么时候，要治多久。

苏　要是他答道："我不知道。我宣布的是，无论谁向我学习，都能做

---

① 卡尔凯顿（Χαλκηδον），地名。此处"卡尔凯顿人"指塞拉西马柯。
② 厄律克西马库（Ερυξίμαχός），《会饮篇》对话人。

你要求他做的事情，"【c】那该怎么办？

斐　我想他们会说，这个人是个疯子，以为自己读了一本书或者碰巧知道一些药方，就以为自己是医生了，而实际上他对这门技艺是无知的。

苏　现在假定有人去见索福克勒斯①和欧里庇得斯②，说自己知道如何就一件微不足道的小事撰写很长的台词，也能就一件大事写出很短的台词，【d】还能随意写出令人感到悲惨或恐怖的台词，等等。假定他还相信，他能把这些创作悲剧的知识教给其他人。

斐　噢，我敢肯定他们也会笑话他，如果有谁认为悲剧无非就是对这些事情进行恰当的安排：他们必须使这些事情之间相互适应，也和整体相适应。

苏　但是我敢肯定他们不会很粗暴地对待他。他们的反应更像一位音乐家碰到一个自以为掌握了和声学的人，【e】因为他能够在他的弦上弹出最高音和最低音。这位音乐家不会很尖刻地说："你这个蠢货，你疯了！"与他的职业相配，他会比较温和地说："我的朋友，尽管这些事情对理解和声学也是必要的，但是有些人知道了你说的这些事情，仍旧对这个和声学这个主题一无所知。你所知道的是学习和声之前必需的，但不是和声学本身。"

斐　说得对。

苏　【269】所以索福克勒斯也会告诉那个想要对他们炫耀的人，说他知道的只是悲剧的初步知识，而不是悲剧本身这门技艺。还有，阿库美努③也会对那个来看他的人说，他知道的是医学的初步知识，而不是医学本身。

斐　绝对会是这样。

苏　但若"甜言蜜语的阿德拉图④"（或者伯里克利⑤），听了我们刚才谈

① 索福克勒斯（Σοφοκλεῖς），希腊著名悲剧作家。

② 欧里庇得斯（Εὐριπίδης），希腊著名悲剧作家。

③ 阿库美努（Ἀκουμενοῦς），希腊名医。

④ 阿德拉图（Ἄδραστος），希腊传说中的阿耳戈斯英雄，擅长辞令。引文出自早期斯巴达诗人堤泰乌斯。参见堤泰乌斯：《残篇》12.8。

⑤ 伯里克利（Περικλές），公元前5世纪雅典文化极盛时期的大政治家和演说家。

论的神奇妙诀——简略法、意象法，以及所有我们刚才列举出来、认为有必要清晰地加以考察的那些内容——会怎么样？对那些认为这些东西就是修辞的技艺，并且加以使用和传授的人，【b】他会像我们一样严厉训斥或者粗鲁地对待这些人吗？他难道不会——因为他比我们聪明——也驳斥我们，对我们说："斐德罗和苏格拉底，你们不应当跟这些人生气——你们应当对他们感到遗憾。他们不能给修辞术下定义的原因是他们不懂辩证法。他们的无知使他们以为自己发现了什么是修辞学，而他们已经掌握的仅仅是一些必要的初步知识。【c】所以，他们传授这些初步知识，想象他们的学生接受了完整的修辞学课程，至于如何有效地使用各种方法，使整篇演讲形成一个整体，他们以为无关宏旨，可以由学生自己去把握？"

斐　真的，苏格拉底，这些人在他们的课程和教科书中所说的修辞学就是你说的这个样子。至少，我个人认为你说得很好。但现在的问题是，【d】从哪里可以获得真正的修辞学家、真有说服力的演说家的技艺？

苏　嗯，斐德罗，要变得足够好、成为一名有造诣的竞争者——也许必定——可能和别的事情是一样的。如果你有修辞学的天赋能力，你会成为著名的修辞学家，只要你用知识和练习来补充你的天赋。但若你缺乏这三项条件中的某一项，你就不会那么完善。但就有一门修辞学的技艺而言，我不相信在吕西亚斯和塞拉西马柯遵循的指导中能够发现正确的方法。

斐　那么，我们在哪里能够发现它呢？

苏　【e】我亲爱的朋友，也许我们现在可以来看一下为什么伯里克利能成为最伟大的修辞学家。

斐　为什么？

苏　【270】所有伟大技艺都需要无穷无尽的谈话和对事物本性进行沉思：这似乎给了他们崇高的观点和普遍的运用。这正是伯里克利掌握了的东西——除了拥有天赋能力。他真是找对了人，在和阿那克萨戈拉①交往时获

---

① 阿那克萨戈拉（Αναξαγόρας），公元前 5 世纪中叶的雅典多元论自然哲学家。

得了高度思辨的能力，认识了智慧和愚蠢的本性——这正是阿那克萨戈拉说得最多的主题。我认为，他由此明白了修辞学的用途。

斐　你这是什么意思？

苏　【b】嗯，医学的方法和修辞学的方法在某种程度上是相同的吗？

斐　此话怎讲？

苏　在两种情况下，我们都需要确定某些事物的本性——医学要确定身体的本性，修辞学要确定灵魂的本性。否则的话，我们所拥有的全都是经验性的和无技艺的实践。我们也不可能以技艺为基础，使身体凭着医学和节食来保持健康和强壮，或者凭着理性和行为规则给灵魂注入信念和我们想要的美德。

斐　很像是这样的，苏格拉底。

苏　【c】那么你认为，不理解整个世界的本性，有可能真正理解灵魂的本性吗？

斐　嗯，要是我们听从阿司克勒彼亚得①的传人希波克拉底②，不遵从这种方法，我们甚至连身体都理解不了。

苏　他讲得很好，我的朋友。但是，把希波克拉底搁在一边，我们必须考察有无论证支持这个观点。

斐　我同意。

苏　那么，考虑一下，关于本性，希波克拉底和真正的论证是怎么说的。【d】这不就是系统地思考事物本性的方法吗？首先，我们必须考虑，我们打算成为行家并能传授给他人的这些东西的对象是单一的还是复合的。其次，如果对象是单一的，我们必须考察它的力量：什么事物具有天然的力量，作用于其他事物？什么事物具有天然的倾向，被其他事物作用？另一方面，如果这个对象有多种形式，我们必须把它们全都列举出来，就像我们对

———————————

① 阿司克勒彼亚得（Ασκληπιαδ），传说中的希腊医神。

② 希波克拉底（Ιπποκράτης），希腊名医，医学家。

单一事物进行考察一样，考察它们各自如何天然地能够作用于其他事物，如果具有天然的倾向，被其他事物作用。

斐 好像是这样的，苏格拉底。

苏 【e】若从其他任何方法开始，无异于盲人行路。相反，依据一门技艺研究任何事物的人决不能被比做瞎子和聋子。与此相反，很清楚，把如何讲话当做一门技艺教给别人的人，要准确地证明讲话作用对象的基本性质。无疑，这个对象就是灵魂。

斐 当然。

苏 【271】因此，这就是讲话人竭尽全力要作用的对象，因为他试图在灵魂中产生信念。不是这样吗？

斐 是的。

苏 因此很清楚，塞拉西马柯和其他严肃地传授修辞学的人，首先就要准确地描述灵魂，使我们明白它是什么：它的本性是单一的和均质的，还是有许多形式，就像身体有很多形状，因为，如我们所说，这就是在证明某个事物。

斐 绝对如此。

苏 其次，他要解释，与其本性相关，灵魂如何起作用，如何被某些事物作用。

斐 当然。

苏 【b】第三，他得划分讲话的种类和灵魂的种类，以及它们受影响的方式，解释它们受影响的原因。然后他要协调每一种灵魂以及与之相适应的讲话。他要做出说明，为什么一种灵魂必须由一种讲话来说服，而另一种灵魂必然无法用这种讲话来说服。

斐 我认为，这肯定是最好的方法。

苏 事实上，我的朋友，没有任何演讲是技艺的产物，无论是一篇范文，还是真的发表了的演讲，【c】若它以其他任何方式发表或撰写——就这一主题或其他任何主题。但是现在撰写《修辞术》的那些人——我们刚才讨论过他们——非常狡猾；他们非常清楚地知道灵魂的方方面面，但却把这一事实隐藏起来。那么好吧，到他们开始以我们说的方式演讲和撰写为至，我们一定不要相信他们是以这门技艺为基础进行撰写的。

斐　你说的是什么方式？

苏　要用一些话语来说出这种方式非常困难，至于为了尽可能合乎技艺，人该如何撰写——我想现在就告诉你。

斐　那你就说吧。

苏　【d】由于讲话的本质实际上在于指导灵魂，打算做一名修辞学家的人必须知道灵魂有哪些种类。灵魂种类的数量是如此之多，各不相同，因此，有些人有这样的性格，而另一些人有那样的性格。确定了这些区别以后，接下来，有那么多种类的讲话，各不相同。有这种性格的人容易被这种讲话所说服，由于某些特殊原因而与这样的问题相联系，有那种性格的人难以被说服，由于这些特殊的原因。

演说家必须很好地学习所有这些事情，然后把他的理论付诸实践，【e】在真实生活的行动中发展清晰地察觉每一种类的能力。否则的话，他就不可能比他仍在学校里听那些讨论时更好。现在，他不仅能说哪一种讲话能说服哪一种人；【272】而且在与某人相遇的时候，能够察觉他是什么样的，能够弄清楚实际站在他面前的这个人正好具有他在学校里学到的这种性格——对这个人他现在必须以这种具体的方式使用某种讲话，以确保他信服相关的问题。学了所有这些以后，他再进一步学会把握讲话的时机，知道什么时候该说话，什么时候该缄默，什么时候该把话拉长，什么时候要尽量简短，什么时候要诉诸怜悯、夸张和激情，什么时候不需要这些技巧，只有到了这个时候，他的技艺才臻于完美的地步。【b】如果他的讲话、他的教学、他的写作，缺乏这些要素，但仍旧声称他在有技艺地讲话，那么你不相信他，你算是说对了。

这种谈话人也许会说："那又怎么样，斐德罗和苏格拉底，你们同意吗？我们能够接受以其他任何术语表达的讲话的技艺吗？"

斐　那是不可能的，苏格拉底。还有，它显然是一项重要的事业。

苏　你说得对。正因如此，【c】我们必须把我们的所有讨论转向发现某条通往这种技艺的比较简便易行的道路；在我们能够选择平整的近路时，没有很好的理由，我们不想去走一条漫长、崎岖的道路。

现在，若你已从吕西亚斯或其他人那里听到过什么有益的东西，可以试着把它们回想起来。你说吧。

斐　我不是没试过，但现在一下子想不起来了。

苏　那么好吧，我能告诉你一些我从某些关心这个主题的人那里听来的事情吗？

斐　当然可以。

苏　毕竟，我们说过，斐德罗，哪怕是野狼的故事也可以听一听。

斐　【d】这正是你应当做的事。

苏　嗯，这些人说，这些事情用不着郑重其事，也不需要耗费太大的气力。事实上，如我们在这场讨论开始时所说①，打算做演说家的人不需要知道那些公正的或者善的事物的真相，也不需要知道那些人的天生的本性或者后来养成的品性。你瞧，在法庭上没有人会去理会事情的真相，而只会注意陈述是否能够说服其他人。【e】这就叫做"好像"，这就是一个打算按照技艺讲话的人应当关注的事情。事实上，有的时候，无论你是在控告还是在辩护，你甚至一定不要说出事实真相，如果事情不像要发生——你必须说一些好像要发生的事情。无论你说什么，你应当追求这种"好像"，而根本不用去管什么真相：【273】整个技艺是由它组成的，贯穿在你的整个讲话中。

斐　你很好地再现了那些以演讲专家自命的人，苏格拉底。我记得，我们刚才也简略地提到了这个问题，但这一点是最重要的。

苏　无疑，你相当仔细地啃过提西亚斯的书。所以，也让他来告诉我们：【b】他说的这种"好像"，是指公众接受的东西吗？

---

① 指本篇 259e 以下。

斐　还能有什么意思？

苏　很像是他发现了这种有效的、有技艺的技巧，他在这时候写道，如果一名长得很廋小、但很勇敢的人被带上法庭，因为他打了一名长得很壮壮但很胆怯的人，偷了他的衣服和其他东西，他们俩在法庭上都不会讲真话。这个懦夫必定会说这个勇敢的人不是一个人来打他，而这个勇敢的人会说除了他们俩并没有旁人在场，然后他诉诸反诘的技巧说：【c】"像我这样的人怎么能够攻击像他这样的人呢？"这个强壮的人当然也不会承认自己胆怯，而会杜撰一些新的谎言，而这些谎言又会给他的对手提供反驳的机会。在其他案例中，按照这种技艺去讲话会采取相似的形式。不是这样吗，斐德罗？

斐　当然。

苏　唔！提西亚斯——或者无论什么人，无论他喜欢用什么名字来叫他自己①——似乎发现了一门技艺，他把它伪装得很好。但是，我的朋友，我们该不该对他说……

斐　【d】对他说什么？

苏　对他说："提西亚斯，前不久，在你还没有到来之前，我们说过，民众之所以得到相像的观念是因为它与真相相似。而我们刚才已经做了解释，在各种情况下，懂得真相的人最能确定与真相相似的事物。所以，如果你对讲话的技艺有什么新的东西要说，我们乐意聆听。如果没有，那么我们就要坚持我们刚才已经信服了的观点：无人能够拥有讲话的技艺，【e】除非有人能够列举听众性格的种类，按种类划分事物，按照一种类型坚定地把握每一事物。不付出巨大的努力，无人能够获得这些能力——聪明人会付出这种辛劳，但不是为了在凡人中间讲话和行事，而是为了使自己的一言一行都无愧于神明。提西亚斯，比我们更加聪明的人说，有理性的人所要尽力讨好的不是自己的同伴奴隶【274】（尽管这种事也可附带发生），而是他的主人，

---

①　苏格拉底在这里可能指科拉克斯，希腊修辞学的创始人之一。

他的主人是全善的。所以，这条道路纵然漫长，你也不必感到惊讶：我们必须进行这次旅行，为了极为重要的事情，而不是为了你心里想的这些情。还有，如我们的论证所说，如果这就是你想要的，那么你会得到它，它是我们追求自己目标的一项结果。"

斐　你说得好极了，苏格拉底——要是能够做到！

苏　没错，一个人历经艰险，去实现一个高尚的目标，这个过程本身也是高尚的。

斐　【b】那当然了。

苏　好吧，关于和讲话相连的有技艺、无技艺我们已经说够了。

斐　说得够多了。

苏　那么剩下的还有书写中的恰当与不恰当：什么特点使书写恰当，什么特点使书写不恰当？对吗？

斐　对。

苏　嗯，当你使用或一般地讨论语词的时候，你知道如何才能最好地令神喜悦吗？

斐　我一点儿都不知道。你呢？

苏　【c】我能把我听到的一些古代传说告诉你，只有他们知道事情的真相。反过来说，要是我们在我们中间能够发现，我们还会在意其他人怎么想吗？

斐　你这个问题很荒唐！不过还是把你听说的事情告诉我吧。

苏　行，这些就是我听说的。在埃及①的瑙克拉提②的古神中有一位神，他的徽帜鸟是白鹭③，他的名字是塞乌斯④，【d】是他首先发明了数字和算术、几何与天文，以及跳棋和骰子，尤其重要的是，书写。

---

① 埃及（Αἴγυπτ），国名。
② 瑙克拉提（Ναύκρατις），地名。
③ 白鹭是古埃及的圣鸟。
④ 塞乌斯（Θεύθ），埃及神灵。

当时统治整个埃及的国王是萨姆斯①，他住在上埃及的一个大城市里，希腊人称这个城市为埃及的底比斯，而把萨姆斯称做阿蒙②。塞乌斯来到萨姆斯这里，把各种技艺展示给他，要他再传给所有埃及人。萨姆斯问这些技艺有什么用，【e】当塞乌斯对它们逐一进行解释的时候，萨姆斯就依据自己的喜逐一做出评判。

据说，萨姆斯对每一种技艺都有褒有贬，要都说出来就太冗长了。不过，当他们谈到书写的时候，塞乌斯说："噢，大王，这种技艺一旦掌握，可以使埃及人更加聪明，能够改善他们的记忆力；我的这个发明可以作为一种治疗，使他们博闻强记。"然而，萨姆斯回答说："多才多艺的塞乌斯，能发明技艺的是一个人，能权衡使用这种技艺有什么利弊的是另一个人。现在你是书写之父，【275】由于溺爱儿子的缘故，你把它的功用完全弄反了！如果有人学了这种技艺，就会在他们的灵魂中播下遗忘，因为他们这样一来就会依赖写下来的东西，不再去努力练习记忆，因为他们相信书写，借助外在的符号来回想，要知道这些符号是属于其他人的，而记忆才是从内心来的，完全属于他们自己。所以你没有发明记忆的药方，而是发明了提醒的药方；你给你的学生们提供的东西好像是智慧，但不是真正的智慧。你的发明使他们能够无师自通地知道许多事情，【b】他们会想象自己懂得很多，而在大部分情况下，他们实际上一无所知。再要和这些人打交道是困难的，因为他们只是显得有智慧，而不是真正有智慧。"

斐 苏格拉底，你真会编故事，埃及也好，其他国家也好，你脱口而出！

苏 噢！但是，我的朋友，多多那③地方的宙斯神庙里的祭司说，最初的预言是从一棵橡树里发出来的。当时的人没有你们现在的年轻人那么聪明，他们的心灵是单纯的，【c】满足于聆听橡树或石头讲话，只要它们讲的

① 萨姆斯（Θαμοῦς），埃及国王。
② 阿蒙（Ἄμμων），埃及神灵。
③ 多多那（Δωδώνα），地名。

是真理，而你显然不一样，斐德罗，你在这里讲话，而又来自不同的地方。所以，你为什么不只考虑一下他说的对还是错呢？

斐 我应该这样做，苏格拉底。我同意，这位底比斯的国王对书写的解释是正确的。

苏 所以，那些自以为留下了成文的作品便可以不朽的人，或那些接受了这些文字作品便以为它们确凿可靠的人，他们的头脑实在是太简单了，没有真正听懂阿蒙讲的意思；否则的话，他们怎么会认为书写下来的语词，除了对那些已经知道写的是什么的人起一种提醒作用外，还能起更多的作用？

斐 【d】你说得很对。

苏 你知道，斐德罗，书写还和图画有一个共有的特点。画家的作品放在你面前就好像活的一样，但若有人向它们提问，它们会板着庄严的脸孔，一言不发。书面文字也一样。你可以认为它们会说话，好像也有理智，但若你向它们提问，想要学习更多的东西，要它们把文中的意思说得更明白一些，那么它们只能用老一套来回答你。【e】一件事情一旦被文字写下来，无论写成什么样，就到处流传，传到能看懂它的人手里，也传到看不懂它的人手里，还传到与它无关的人手里。它不知该如何对好人说话，也不知该如何对坏人说话。如果受到曲解和虐待，它总是要它的作者来救援，自己却无力为自己辩护，也无力保卫自己。

斐 你这番话说得也很对。

苏 【276】现在请你告诉我，我们是否还能察觉有另外一种谈话，它是这种谈话的合法兄弟？我们能够说出它是怎么来的，它为什么比较好，比较有效吗？

斐 你指的是哪一种谈话？依你看，它是怎么来的？

苏 这种谈话是书写下来的，用知识写在听众的灵魂上；它能为自己辩护，知道自己应该对什么人说话，应该对什么人保持沉默。

斐 你指的是有知觉的人的活生生的谈话，与之相比，书面的谈话可以叫做影像。

苏 【b】你说得对极了。现在要你来告诉我了。假如有一位聪明的农夫得到一些种子，想要让它们结出果实来，他会在夏天把它们认真的种在阿多尼斯①的花园里，乐意在七天之内就看到它生长茂盛，结出果实来吗？或者说，他这样做只是为了在假日里消磨时间呢？他难道不会使用他的农业知识，把这些种子在恰当的时候播下去，然后满足于到第七个月再去看它是否结果呢？

斐 【c】这是他会如何处理那些他认真去做的事情，苏格拉底，与其他人相当不同，如你所说。

苏 那些知道什么是公正、什么是高尚、什么是善良的人怎么样？我们要说在对待他们的种子方面，他还不如那个农夫聪明吗？

斐 我们当然不会这样看。

苏 所以，他不会看重那些用墨水写下来的东西，也不会认真地用笔去播种，写下那些既不能为自己辩护，又不能恰当地教导真理的话语。

斐 确实不太会。

苏 【d】肯定不会。在写作的时候，他更像是要在文字的花园里播种，为了自己消遣，为他自己储存提醒物，"当年老健忘的时候"使用，也备后来同路人借鉴，他会怡然自得地看着自己播下的种子抽枝发芽。当其他人在别的消遣中寻找乐趣的时候，比如聚会狂饮之类，他宁愿守着我刚才提到的这些事情来娱乐自己。

斐 【e】苏格拉底，你对两种娱乐做了对照，一种是粗俗的，一种是最高尚的——用这种娱乐人可以消磨时光，谈论正义以及你提到的其他事情。

苏 它确实高尚，斐德罗。但要是能运用辩证法来严肃地讨论这些事情，那就更高尚了。辩证法家会选择一个恰当的灵魂，在它那里播种，用知识与它谈话——这种谈话既能帮助灵魂自己，也能帮助播种者，【277】它们

---

① 阿多尼斯（Αδώνις）是希腊神话中的美少年，爱神阿佛洛狄忒的情人，后来被野猪咬死。爱神求主神宙斯让他复活，获准每年复活六个月。在他复活的时候，大地回春，草木欣欣向荣。

不是华而不实的，而是可以开花结果的，可以在别的灵魂中生出许多新的谈话来，生生不息，直至永远，也能使拥有这些谈话的人享受到凡人所能享受的最高幸福。

斐　你讲的这种谈话确实更加高尚。

苏　我们现在已经对此达成了一致意见，斐德罗，我们终于可以对整个问题做决定了。

斐　什么问题？

苏　把我们的讨论带到这一步的问题：我们想要考察对吕西亚斯撰写演讲稿的攻击对不对，【b】然后问哪些演讲是有技艺地撰写的，哪些演讲的撰写无技艺。现在我想我们已经相当清楚地回答了这个问题。

斐　好像是这样的，不过还得请你再提醒我一下我们是怎么做的。

苏　首先，你必须知道和你正在谈论或写作有关的一切事情的真相；你必须学习如何定义每一事物本身；在对它界定之后，你必须懂得如何对它进行划分，归为种类，直到无法再分为止。其次，你必须按照同样的方式，懂得灵魂的本性；你必须确定，哪一种讲话适合哪一种灵魂，【c】按此准备和安排你的讲话，对复杂的灵魂提供综合的和精致的讲话，对单纯的灵魂提供简洁的讲话。再次，只有到这个时候，你才能够有技艺地使用语言，在灵魂的本性允许你使用的范围内使用，为的是教导，或者是为了劝说。这是我们此前论证的要点。

斐　没错。在我们看来，这个问题确实是这样的。

苏　【d】现在，讲话或写演讲稿是高尚的还是可耻的——什么时候对它提出批评是公平的，什么时候是不公平的？我们刚才说的不是已经搞清楚了吗……

斐　我们说了什么？

苏　要是吕西亚斯，或者其他什么人——无论是私下里，还是在公共场合，在提出立法建议的过程中——撰写一个政治文件，而他相信这个文件包含极为重要的清晰的知识，那么这个作者应当受到批评，无论是否有人提出过这种批评。因为，要是不明白梦幻与现实的差别，【e】不明白什么是公平和不公平，什么是善良和邪恶，哪怕得到民众的齐声赞扬，仍旧应当受到这种批评。

斐 确实要批评。

苏 另一方面，有人认为，一篇任何主题的书面讲话只是一种娱乐，无论写成散文还是韵文，没有一篇讲话值得认真关注，以吟诵者的方式写下的讲话在公共场合流传，而没有任何提问或阐述，【278】提供这些讲话的目的只是为了产生信念。他相信，这些东西对那些知道真理的人来说，充其量只起一种提醒的作用。他还认为，只有那些为了理智和学习、真正地写在灵魂上的、关于什么是正义、什么是高尚、什么是善良的讲话，才值得认真关注。这样的讲话应当被称做他自己的合法子女，首先，他可以发现这种讲话已经在他心中了，【b】然后，这种讲话的子女和兄弟也会在其他灵魂中生长，只要灵魂是高尚的；而对其他灵魂，他会掉转身去。这样的人，斐德罗，正是你我都想要成为的那种人。

斐 你说得正合我意，但愿我能成为这样的人！

苏 那么好吧，我们有关"讲话"的娱乐就结束了。你现在可以去告诉吕西亚斯，我们俩沿着河边一直走到仙女们的圣地，她们指派我们传个话，【c】传给吕西亚斯和其他所有撰写演讲稿的人，传给荷马和所有那些写诗歌的人，无论诗歌是用来朗诵还是歌唱，也传给梭伦和其他撰写政治文件的人：如果你们中有谁写了这些东西是带着真理的知识撰写的，如果你在受到指责时能为你的作品辩护，如果你自己能够证明你的作品有什么价值，那么必须用这样一个名称来称呼你，这个名称不是不自这些作品，而是来自你在认真的追求的东西。

斐 【d】那么，你会给这样的人什么名称？

苏 称他智慧者好像有点过，斐德罗，这个名称只有神才当得起。称他爱智者——哲学家——或其他相似的名称更加适合他，更像这么回事。

斐 这个名称很般配。

苏 另一方面，若是一个人别无所长，只会创作或书写，天天绞尽脑汁，改了又改，【e】补了又补——你会正确地称他为诗人、演讲稿的撰写人、法律条文的撰写者吗？

斐 当然。

苏 这些话就是要你带给你的朋友的。

斐 那你呢？你做什么？不要忘了，你也有个朋友？

苏 你说的是谁？

斐 漂亮的伊索克拉底①。你有什么话要带给他？我们称他为什么？

苏 伊索克拉底还很年轻，斐德罗。【279】但我不在乎把我的预见告诉你。

斐 什么预见？

苏 依我看，他的天赋之高，使他能远远超过吕西亚斯在演讲中的成就；就个人品性来说，他也很高尚。所以，若他能够坚持不懈地继续当前正在进行的写作，要是他今后令他所有前辈都落在后面，望尘莫及，那么也没有什么可以惊讶的。更有甚者，若是他对这样的写作仍旧不满意，在他内心有一种从事更加伟大事业的神圣的冲动，那么他会去做更为重要的事情。我的朋友，本性已经把对智慧的热爱安放在他的心灵中。

【b】这就是此地的神灵要我带给我亲爱的伊索克拉底的消息；你也有消息要带给你的吕西亚斯。

斐 就这样吧。我们可以走了，现在已经不那么热了。

苏 在离开之前，我们难道不应该对此地的神灵祈祷一番吗？

斐 当然要。

苏 噢，亲爱的大神潘，还有此地的其他众神，请赐予我内在的美。【c】让我拥有的所有外在事物与我的内心和谐。让我相信有智慧的人是富足的。

---

① 伊索克拉底（Ἰσοκράτης），公元前436年—前338年，希腊著名修辞学家，他办的学校在当时比柏拉图学园还要出名。

至于黄金，让我拥有一个有节制的人可以承受和携带的也就可以了。

我们还需要祈祷什么吗，斐德罗？我相信我的祈祷对我已经足够了。

斐　请你也替我祈求同样的东西。朋友间共有一切。

苏　我们走吧。

会 饮 篇

提 要

本篇属于柏拉图的中期作品。公元 1 世纪的塞拉绪罗在编定柏拉图作品篇目时，将本篇列为第三组四联剧的第三篇，称其性质是"伦理性的"，称其主题是"论善"。① 希腊社会流行会饮的习俗，遇有喜事就举行宴会进行庆祝。会饮是私人性质的聚会，宴饮前有一些祭神仪式，仪式过后饮酒聊天，常有艺妓助兴。但这篇对话中记载的宴饮以哲学讨论代替娱乐节目。宴饮的主人阿伽松写的剧本获了奖，前来赴宴的客人中有六人轮流发言，礼赞爱神。整篇对话采用转述的形式，由阿波罗多洛讲述。本篇艺术性很强，形式上也很美。它在形式和内容上都是《斐德罗篇》的姐妹篇。谈话篇幅较长，译成中文约 4.4 万字。

六篇演讲构成了整篇对话的主体：

第一位即席演讲的是斐德罗（178a—180b）。他认为，爱神是最古老的神之一。爱神赐给人们最大的善物，最有力量帮助凡人获得美德和幸福。爱情具有伟大的力量。有爱情的人愿意为他的爱人做任何事情，甚至为他的爱人去死。一座城邦或一支军队，如果全部由有爱情的人和他们所爱的人组成，它有可能会是最优秀的社会组织。爱的勇敢行为能赢得来自众神的最高

---

① 参见第欧根尼·拉尔修：《名哲言行录》3∶58。

荣耀。

第二位讲话的是鲍萨尼亚（180c—185c）。他认为，爱神有两位，年纪较大的一位是属天的阿佛洛狄忒，年纪较轻的一位是普通的阿佛洛狄忒；由此推论，爱有两种，一种是属天的爱，另一种是普通人的爱。爱本身没有高尚与可耻之分，爱是否值得赞美取决于爱神在人身上产生的情感是否高尚。爱的性质完全取决于它产生的行为。以一种邪恶的方式献身于一个恶人，确实是一种可耻的行为；与之相反，光荣地献身于正义的人，则是完全高尚的。为了自身美德的改善而产生的爱情是永远高尚的。

第三位发言的是医生厄律克西马库（185d—188e）。他指出，鲍萨尼亚区分的两种爱确实很有用，但是爱并非仅仅发生在人的灵魂中，爱是一种非常广泛的现象，指引着一切事物的生成。爱的力量非常巨大，幸福与好运，人类社会的团结，天上众神的和睦，都是爱的馈赠。他的观点代表了当时自然哲学家对爱的看法，强调爱神是将对立的因素结合在一起的强大的力量。

第四位致辞的是诗人阿里斯托芬（189a—193e）。他以丰富的想象力讲述了一个神话故事，描述了原初人类的状况——球形的身体和雌雄同体——指出人原先是一个完善的整体，由于有罪而被分裂，失去自己的另一半；所以每个人都渴望寻求自己的另一半，希望自己重新完善。爱是使人恢复自我完善的力量，爱就是人类追求整体性的名称。

第五位致颂辞的是阿伽松（194a—198a）。他认为颂扬爱神首先要说明他是什么，然后再说明他赐给我们什么。他说爱神年轻、娇嫩、柔韧、美貌，是诸神中最美的，爱神又是正义、自制、勇敢、智慧，是诸神中最善的。

苏格拉底最后发言（198a—212c）。他声称要对颂扬的对象讲真话，然后转述他自己与女先知狄奥提玛的讨论。狄奥提玛指出：爱本身既不美又不善，而是某种居间的东西；爱不是神也不是人，而是介于众神和凡人之间的精灵；爱神是被爱者，而不是爱者。爱就是对幸福的欲求，爱就是在身体或灵魂中孕育美，在美之中生育和繁殖。爱的本性就是追求不朽。爱的历程从爱形体之美到爱体制之美，再到爱知识之美，再到爱美本身。在爱的历程中，人会在心中哺育完善的美德，成为像神一样的人，成为不朽者。

青年政治家阿尔基比亚德闯入在阿伽松家里进行的这场宴会。他没有礼赞爱神，而是对苏格拉底进行了一番评价，细致入微地描述了苏格拉底的形象和事迹。（212d—223d）他说唯有苏格拉底使他对自己贫乏、微不足道的生活感到可耻，在伟大和善良方面，苏格拉底是在场所有人中最杰出的。

正　文

谈话人：阿波罗多洛①、友人

阿 【172】实际上，你的问题对我来说并非毫无准备。就在前天，我从我在法勒伦②的家里进城去，有个我认识的人从后面看见我，就远远地喊道："法勒伦来的先生！"他扯着嗓门大喊，试图幽默一把。"喂，阿波罗多洛，等一下！"

于是，我停了下来，等他。

【b】"阿波罗多洛，我正在找你！"他说："你知道阿伽松③家里举行的那场晚宴，苏格拉底、阿尔基比亚德④，以及他们的朋友，都参加了；我想问你他们发表的有关爱的演讲。这些演讲是什么？我听人说过一个版本，是从菲力浦⑤之子福尼克斯⑥那里听来的，但他说得过于简单，断章取义，还说欲知详情可以来问你。所以，请吧，你能把全部详情告诉我吗？当然了，苏格拉底是你的朋友——他比你更有权利述说他的谈话吗？""不过，在你开始之前，"他又说："告诉我，你当时在那里吗？"

---

① 阿波罗多洛（Ἀπολλόδωρος），整篇谈话的转述者，谈话发生时他并不在场。

② 法勒伦（Φαληρεύμ），地名，位于雅典城西南，离城约 16 斯塔达（2960 公尺）。

③ 阿伽松（Ἀγάθων），人名。

④ 阿尔基比亚德（Ἀλκιβιάδης），人名。

⑤ 菲力浦（Φιλίππος），人名。

⑥ 福尼克斯（Φοίνικος），人名。

【c】"噢，你的朋友肯定没有讲清楚，"我答道："如果你认为这件事是最近才发生的，连我都能参加。"

"我是这么想的。"他说。

"格老孔①，你怎么能这么想？你很清楚，阿伽松不在雅典住已经好多年了，而我陪伴苏格拉底还不到三年，我把准确了解他的日常言行当成我的工作。【173】而在那之前，我在毫无目标地到处游荡。当然了，我曾经认为我做的事情是重要的，但实际上我是这个世上最无价值的人——就像你现在这么坏；我也曾经认为从事哲学是人应当做的最后一件事。

"停止开玩笑，阿波罗多洛，"他答道："你就告诉我，这场宴饮是什么时候举行的?

"这场宴饮举行的时候，我们还都是小孩，当时阿伽松的第一部悲剧得了奖。第二天，他和他的歌队举行了胜利庆典。"

"那确实是很久以前的事了，"他说："那么是谁告诉你这些事的? 是苏格拉底本人吗?"

【b】"噢，神灵在上，当然不是!"我答道："是一个名叫阿里司托得姆②的人，他来自居达塞奈乌姆③，就是把事情告诉福尼克斯的那个人，他个子矮小，老是喜欢光脚。他去了那场宴饮，我想，他是被苏格拉底迷住了——这种事在当时是最糟糕的事情之一。当然，我后来就他讲述的一部分内容问过苏格拉底，苏格拉底对他的讲述表示同意。"

"那就请你告诉我，"他说："你讲，我听，我们一道进城去。这是个很好的机会。"

【c】所以，这就是我们那天在路上交谈的内容；就是由于这个原因，所以我前面说我并非毫无准备的。嗯，要是我也要对你讲一遍——我会很乐意的。毕竟，我最大的快乐来自哲学谈话，哪怕我现在只是一名听众，无

---

① 格老孔（Γλαύκων），本篇对话人，阿波罗多洛之友。
② 阿里司托得姆（Αριστόδημος），人名。
③ 居达塞奈乌姆（Κυδαθηναιεύς），地名。

论我是否认为它对我有益。其他那些谈话，尤其像你这样富有的生意人的谈话，令我感到兴味索然，我为你和你的朋友感到遗憾，因为你们认为你们做的事情是重要的，【d】而实际上这些事情微不足道。你也许会倒过来这样看我，认为我在生意上是一个失败者；没错，相信我，我认为你说得对。但是提到你们这些人，我不仅仅认为你们是失败者，而且我知道这是一个事实。

友　江山易改，本性难移，阿波罗多洛！你老是挑剔个没完，甚至对你自己！我确实相信，你以为世上所有人——首先是你自己——都是完全没有价值的，当然，苏格拉底除外。我不太明白你为什么被叫做"疯子"，但是你说起话来确实像个疯子，总是怨天尤人，包括对你自己——但不对苏格拉底！

阿　【e】当然，我亲爱的朋友，我为什么会有所有这些看法，原因很明显，就因为我是个疯子，我正在胡言乱语！

友　争论这一点没什么意思，阿波罗多洛。请你还是回答我的问题，把那些演讲告诉我。

阿　行，嗯，这些演讲是这样的——【174】我还是从头开始把整件事情告诉你吧，就像阿里司托得姆对我说的那样。

嗯，他说，有一天，他正巧碰到苏格拉底，苏格拉底刚洗过澡，还穿上了他那双时髦的拖鞋——这两点对苏格拉底来说都不是寻常事。所以他问苏格拉底要去哪里，为什么打扮得这么漂亮。

苏格拉底答道："我要去阿伽松家吃晚饭。我找了个借口没去昨天的庆功宴——我确实不喜欢人多嘈杂——但我答应今天会去赴宴。所以，当然了，我费了老大劲打扮了一下，因为我要去一位相貌英俊的主人家里；我必须穿得整齐一些。""不过，让我来问你，"他又说道："我知道你没有被邀请，【b】你愿意跟我一起去吗？"

阿里司托得姆回答说："悉听尊便。"

"那就跟我走吧"，苏格拉底说："我们将要证明有句谚语是错的；事实上应该是'逢到好人^① 举行的宴会，好人会不请自来'。^② 你想，荷马本人甚至也不太喜欢这句谚语；【c】他不仅藐视它，而且违反它。当然了，阿伽门农^③是他的大英雄之一，而他把墨涅拉俄斯^④描写为'渺小的操戈者'。然而，阿伽门农献祭以后举行宴会，荷马让这个软弱的墨涅拉俄斯不请自来，坐上了强者的宴会桌。"^⑤

阿里司托得姆答道："苏格拉底，我想荷马的说法肯定更适合我，而不适合你。我显然比较渺小，不请自来，坐上了一位文人的宴会桌。我想，你最好事先想好带我一起去的理由，因为，这你知道的，【d】我不会承认我不请自来。我会说我是你的客人。"

"我们走吧。"他说："要找理由，'两个脑袋比一个脑袋强。'^⑥"

他们一边说着这些话，一边出发了。走着走着，苏格拉底开始想一些事，慢慢地落到后面。每当阿里司托得姆停下来等他的时候，苏格拉底总是催他先走。【e】苏格拉底到达阿伽松家里的时候，那里早已开门迎客，这是阿里司托得姆说的，苏格拉底比他到得晚，这就使阿里司托得姆感到非常困窘；他到的时候，马上就有一名家奴出来迎候，直接把他带到宴会厅，而客人们已经靠在躺椅^⑦上，晚宴就要开始了。

阿伽松一看到他，就喊道：

"欢迎，阿里司托得姆！你来得正是时候，晚宴就要开始！我希望你来这里没别的事情——如果有，那就忘了吧。我昨天找到了你一天，想请你来赴宴，但就是找不到你。苏格拉底在哪里？你怎么不带他来呢?"

---

① 阿伽松的名字的意思是"好"。

② 这句谚语是欧波利斯说的。欧波利斯是雅典喜剧诗人，生于公元前 446 年。"坏人举行宴席，好人不请自来。"（Eupolis,fr.289.）

③ 阿伽门农（Αγαμέμνον），荷马史诗英雄，特洛伊战争中的希腊联军首领。

④ 墨涅拉俄斯（Μενέλαος），荷马史诗英雄。

⑤ 参见荷马：《伊利亚特》2：408，17：587—588。

⑥ 暗指荷马：《伊利亚特》10：224。"两个人一起行走，每个人都出主意，对事情更有利。"

⑦ 古希腊人宴请宾客用躺椅，客人靠在躺椅上吃喝。

所以我转过身去（阿里司托得姆说），但是看不到苏格拉底的踪影。于是，我说实际上是苏格拉底带我来的，我是他的客人。

【175】"他这么做我很高兴，"阿伽松答道："但是他在哪里？"

"刚才他还在我后面，但我不知道他现在在哪里。"

"去找一下苏格拉底，"阿伽松吩咐一名仆人："把他带到这里来。""阿里司托得姆，"他又说："你可以和厄律克西马库①共用这张躺椅。"

一名仆人送来洗手水，阿里司托得姆在躺下之前洗了手。然后，另一名仆人进来说："苏格拉底到了，但他站在邻居家的门廊下。他站在那里，不肯进来，我喊了他好几遍。"

"太奇怪了，"阿伽松答道："再去请他，别把他一个人留在那里。"

【b】但是阿里司托得姆阻止了他。"不，不，"他说："让他去。这是他的习惯：他经常走着走着就一个人站住了，不管在哪里。我肯定他一会儿就会过来，现在不必去打扰他；让他在那儿。"

"好吧，行，就依你，如果你是这么想的。"阿伽松说，然后他转过身去对仆人说："开始吧，把吃的喝的都摆上来。你们怎么做完全由你们自己决定，就当没人在管你们——就像我以前那样！【c】把我们全都当做你们自己的客人，包括我本人在内。干得好，我们会夸奖你们。"

于是仆人们继续上菜，晚宴开始了，但是苏格拉底仍旧没有到来的迹象。阿伽松几次打算派人去找他，都被阿里司托得姆阻拦。不过，实际上，后来苏格拉底露面了，他总是这样——此时晚饭吃了一小半。阿伽松独自靠在最远的那张躺椅上，看到苏格拉底走了进来，他马上喊道：【d】"苏格拉底，过来，挨着我坐。天知道，要是能够触摸你，我也许能得到一点儿智慧，那样的话，我就会去我邻居的门廊下找你。很清楚，你一定得着了什么启示。要是没有，你会仍旧站在那里。"

苏格拉底在他边上入座，他说："要是这样的话，那就太奇妙了，亲爱

---

① 厄律克西马库（Ἐρυξίμαχος），本篇主要演讲人之一。

的阿伽松，只要触摸一下聪明人，傻瓜就能充满智慧。智慧要是能像水一样就好了，用一根纱线连接两只杯子，水总是从装满水的杯子流入空杯——【e】嗯，然后我会考虑，挨着你躺下是我最大的荣耀。我会马上被你神奇的智慧充满。我自己的智慧不算什么——就像梦中的幻影——而你的智慧却是光芒四射，有着辉煌的未来。噢，你那么年轻，又那么聪明，我可以请三万多希腊人作见证。"

"你扯得太远了，苏格拉底，"阿伽松答道："好吧，享用你的晚餐。【176】狄奥尼修斯①很快就会来当裁判，判决一下我们刚才提到的智慧。"

于是苏格拉底入了座，享用晚餐，按照阿里司托得姆的说法。晚餐结束以后，他们举行了奠酒仪式，唱了颂神歌，接着——总之——举行了全部仪式。然后，他们把注意力转到饮酒上来。就在这个时候，鲍萨尼亚②开始对大家说话：

"各位先生，今天晚上怎么安排，我们可以少喝一点吗？说实话，我昨晚上的酒还没有醒，我真的想停一下。我敢说，你们大多数人的情况也一样，因为你们也是这场庆典的一部分参与者。【b】所以，让我们试试看，千万别喝过头了。"

阿里斯托芬③答道："好主意，鲍萨尼亚。我们是得计划一下，今天晚上喝得轻松一些。我昨天晚上烂醉如泥，跟其他人一样。"

这时候，阿库美努④之子厄律克西马库插话说："说得好，你们俩。但我还有个问题：你会怎么想，阿伽松？你还能喝一通吗？"

"绝对不行。"阿伽松答道："我不胜酒力，一点儿都不行了。"

【c】"我们真是太幸运了。"厄律克西马库说："对我、阿里司托得姆、

---

① 狄奥尼修斯（Διονυσίως），希腊酒神。
② 鲍萨尼亚（Παυσανίους），本篇主要演讲人之一。
③ 阿里斯托芬（Αριστοφάνης），喜剧诗人，本篇主要演讲人之一。
④ 阿库美努（Ακουμενούς），人名。

斐德罗①，还有其他人来说——你们这些酒量大的已经筋疲力尽。想象一下我们这些不会喝的人在经历了昨天晚上的狂饮以后是什么感觉！当然了，我不把苏格拉底包括在内：他能不能喝都无所谓，无论我们怎么干，他都会满意的。由于现在我们中间没有人急于放纵一下，【d】我给你们提供一些有关醉酒本性的准确信息不算无的放矢。要说我从医学中学到什么的话，那就是：过量饮酒对任何人都是有害的。因此，我个人总是约束自己，不愿意喝过头；我建议其他人也不要过量——尤其是那些还没从昨天晚上的狂饮中缓过劲来的人。"

"好的。"斐德罗打断了他："我总是接受你的建议，尤其是你以一名医生的身份讲话。现在，要是其他人知道什么对他们是好的，他们也会按你说的去做。"

【e】这时候，大家一致同意今天晚上不要喝醉；要是有人还想喝一点儿，那就随意。

"那么好，问题解决了。"厄律克西马库说："我们决定，要是有人不想喝，我们就不要强迫他。我现在想要提出进一步的动议：把那刚才进来的吹笛女也打发出去；让她吹给自己听，或者要是她愿意，吹给这家里的女人听。让我们今天晚上用谈话来消遣。如果你们认为这样做可行，【177】我想出一个题目。"

他们全都表示愿意这样做，催他快点把题目说出来。所以，厄律克西马库说：

"让我先引用欧里庇得斯②《美拉尼珀》③中的一句台词作开场白：'这故事不是我的。'④我下面要说的话实际上属于在座的斐德罗，他对这个问题愤愤不平，经常向我抱怨：

---

① 斐德罗（Ἐρυξίμαχός），本篇和《斐德罗篇》对话人，在本篇发表演讲。
② 欧里庇得斯（Εὐριπίδης），希腊著名悲剧作家。
③ 美拉尼珀（Μελανίππην），人名，亦为欧里庇得斯悲剧作品的名称。
④ 欧里庇得斯：《美拉尼珀》，残篇 488。

　　"'厄律克西马库,'他说:'这岂不是太离奇了! 我们的诗人为任何一位你能想到的神都创作了颂神诗来赞美它;【b】但就是没有一位诗人有一刻曾想到爱神,尽管爱神既古老又强大? 至于我们那些杰出的博学之士,他们写了成卷的书来赞美赫拉克勒斯①,以及其他英雄(如杰出的普罗狄科②所为)。噢,这也许还不足为奇,但我实际上读过一位有造诣的作者写的书,【c】说应当赞美盐的有用性! 人们怎么能去关心这些微不足道的事情,却从来不去写一篇恰当的颂歌赞美爱? 人们怎么能够无视一位如此伟大的神?'

　　"嗯,在我看来,斐德罗说得很对。因此,我想代表他向爱神做一点奉献,满足他的愿望。【d】另外,我想这是一个好时候,大家要趁这个大好时光礼赞这位神。如果你们同意,我们可以在讨论中度过一个愉快的夜晚,我建议从左到右,每个人轮流发表一篇演讲,尽力赞美爱神。让我们从斐德罗这里开始,他不仅坐在桌首,而且这个题目实际上是他提出来的。"

　　"没有人会投票反对这个动议,厄律克西马库。"苏格拉底说:【e】"当我说我懂的唯一事情就是爱的技艺时,我怎么会说'不'呢? 阿伽松和鲍萨尼亚会吗? 阿里斯托芬会吗,除了狄奥尼修斯和阿佛洛狄忒③,他什么都不想? 在这里的人我看不出有谁会反对你的动议。

　　"尽管这样做对我们中间不得不最后演讲的人不太公平,若是第一篇演讲必须足够好,会穷尽我们的论题,我向你保证我们不会抱怨。所以,从斐德罗开始吧,带着幸运女神的祝福;让我们聆听他对爱神的赞美。"

　　【178】他们全都同意苏格拉底的意见,催斐德罗开始。当然了,阿里司托得姆无法准确记住每个人说了些什么,我本人也无法记住他告诉我的每句话。但我会把他记得最清楚的话告诉你,把我认为最重要的观点告诉你。

　　如我所说,他说斐德罗第一个发言,他的开场白大体上是这样的:

　　爱是一位伟大的神,在许多方面对众神和凡人都显得神奇,其中最奇妙

---

　　① 赫拉克勒斯(Ἡρακλῆς),希腊神话大英雄。

　　② 普罗狄科(Πρόδικος),开奥斯人,著名智者。

　　③ 阿佛洛狄忒(Ἀφροδίτη),希腊爱神。

的是他的出生。【b】我们把他当做最古老的神之一来荣耀，他年代久远的
证据如下：诗歌或传说中都没有提到过他的父母。按照赫西奥德的说法，最
先产生的是卡俄斯①，"然后是胸怀开阔的大地、一切事物永远牢靠的根基，
和爱"②。

阿库西劳③同意赫西奥德的看法：浑沌之后，大地和爱一道出现。巴门
尼德④在谈到这件事的时候则说："[她]塑造出来的第一位神是爱。"⑤

【c】那么，举世公认，爱神是最古老的神灵之一。是他，把最大的善物
赐予我们。我说不出对一名青年男子来说，还有什么比拥有一位温柔的、爱
他的情人更大的善，或者对一名有爱情的人来说，有一位男孩被他所爱。一
个人要想幸福，需要有某个向导来指导他的整个生活；没有什么东西能进行
这种指导——不是高高在上的王权，【d】不是公共的荣耀，不是财富——没
有什么东西能够像爱一样进行这种指导。我指的是什么样的指导呢？我指的
是在可耻行事时的羞耻感，在良好行事时的自豪感。没有这些，就无法完成
良好或伟大的事情，无论是公共事务还是私人事务。

我说的意思是这样的：如果发现一个处在恋爱中的人在做某些可耻的事
情，或者接受了可耻的对待，因为他胆怯，没有保护自己，那么没有什么事
情能比被他爱的男孩看见给他带来更多的痛苦——【e】更不要说被他的父
亲或他的同伴看见了。我们也在他爱的男孩身上看到同样的事，当他在做某
些可耻的事情时被人抓住，他在他的情人面前会感到格外羞耻。要是能兴起
一座城邦或建立一支军队，全部由有爱情的人和他们所爱的男孩组成，那就
好了！他们的城邦或军队有可能会是最优秀的社会组织，【179】因为他们会
摒弃一切可耻的事情，在相互之间的眼睛中寻求荣耀。我要说，他们人数虽

---

① 卡俄斯（Χάος），浑沌。

② 赫西奥德：《神谱》116。

③ 阿库西劳（Ακουσίλεως），公元前 5 世纪早期希腊作家，写过神谱一类的著作。

④ 巴门尼德（Παρμενίδης），公元前 5 世纪爱利亚学派哲学家。

⑤ 巴门尼德残篇，DK28B13。

少，但会并肩作战，能征服全世界。因为有爱情的人绝不会允许他爱的人，在其他人中，看到自己逃离战场，扔下武器。他宁可死上一千次！至于说把他爱的男孩丢在身后，或者眼见自己的爱人陷入危险而不去营救——嗯，无人如此卑劣，乃至于真正的爱都不能激励他，【b】给他勇气，使他勇敢，就好像他天生就是英雄。荷马说有一位神把"力量"吹入某些英雄胸中①，这确实是爱神送给每一位有爱的人的礼物。

还有，无人会为你而死，除了你的爱人，有爱的人会这样做，哪怕她是一个女人。对每一位希腊人来说，阿尔刻提斯②是一个明证，【c】表明我说的是真的。只有她愿意替丈夫去死，尽管他的父母当时还活着。由于她的爱，在家庭情感方面她远远超出他的父母，使他们看上去像是外人，就好像他们仅仅在名义上属于他们的儿子。阿尔刻提斯的高尚行为打动了每一个人，甚至打动了众神。事实上，众神也非常高兴，给了她一种奖赏，【d】这种奖赏是他们保留下来赐予少数挑选出来的英雄的——把她的灵魂从冥府送回阳间。由此可见，爱的勇敢行为能赢得来自众神的最高荣耀。

然而，众神对于把奥菲斯③打发回阳间不太满意，只给他看了他要寻找的他的妻子的魂影。他们不愿让他把妻子带走，因为他们认为他是软弱的（毕竟，他本来只是一名弹竖琴的），不敢像阿尔刻提斯那样为了爱的缘故，替爱人去死，而是设法活着下到冥府。所以他们为此责罚他，让他最后死在一帮女人手中。

【e】众神赐予阿喀琉斯④的荣耀是另外一回事。他们把他送往福岛⑤，

---

① 参见荷马：《伊利亚特》10：482，15：262。

② 阿尔刻提斯（Ἄλκηστις），弗赖国王阿德墨托斯之妻，珀利阿斯之女。因丈夫患不治之症，命运女神允许可以由别人替死，于是她自愿代替丈夫去死。

③ 奥菲斯（Ὀρφεύς），色雷斯诗人和歌手，善弹竖琴。他的妻子欧律狄刻死后，他追到阴间。冥神被他的琴声感动，答应他把妻子带回人间，条件是路上不得回顾。当他快要返回阳间时，回头看妻子是否跟在后面，结果欧律狄刻的灵魂又回到冥府。奥菲斯最后死于酒神狂女之手。

④ 阿喀琉斯（Ἀχίλλειος），特洛伊战争中的希腊联军勇士，头号大英雄。

⑤ 福岛（μακάρων νῆσοι），希腊神话中亡灵受审后，好人的灵魂被送往福岛居住。

因为他勇敢地与他心爱的帕特洛克罗①并肩战斗，帕特洛克罗战死后，他又为之复仇，【180】尽管听他母亲②说过，他若杀了赫克托耳③，他自己就会死，若不这样选择，他可以平安回家，长命到老。但他选择了为帕特洛克罗去死，更有甚者，他为一个生命已经终结的人这样做了。众神为此十分高兴，当然了，赐给他特殊的荣耀，因为他为他爱的人做了那么多事。埃斯库罗斯④胡说八道，他说阿喀琉斯是被爱的人⑤；他比帕特洛克罗更漂亮，比所有英雄更漂亮，那时候还没有长胡鬚。另外，他的年纪要轻一些，这是荷马说的。

【b】实际上，众神把最高的荣耀赐给与爱有关的美德。然而，对一个珍惜他的爱人的人，众神比对一个珍惜他所钟爱的男孩的人更加惊愕、兴奋和仁慈。有爱的人比他爱的男孩更像神，你们瞧，因为他受到了神的激励。这就是众神赐给阿喀琉斯的荣耀比赐给阿尔刻提斯的荣耀更高、把他的灵魂送往福岛的原因。

因此，我说爱是最古老的神，最光荣的神，最有力量帮助凡人获得美德和幸福的神，无论凡人是活着还是已经死去。

【c】阿里司托得姆说的斐德罗的演讲大体如上。下面还有一些人的讲话阿里司托得姆已经记不清了。所以他略去这些讲话，直接讲述鲍萨尼亚的演讲。

斐德罗（鲍萨尼亚开始说），我不太确定我们的主题是否已经很好地得到限定。我们的任务是单一的——礼赞爱神。如果爱本身是单一的，那么还

---

① 帕特洛克罗（Πατρόκλος），特洛伊战争中，希腊联军一方的勇士。
② 阿喀琉斯之母忒提斯（Θέτις），涅柔斯和多里斯之女，珀琉斯之妻。
③ 赫克托耳（Ἕκτωρ），特洛伊战争中，特洛伊战将。
④ 埃斯库罗斯（Αἰσχύλος），公元前 5 世纪希腊悲剧诗人。
⑤ 希腊社会盛行男同性恋，一般认为年纪大的一方是主动者，年纪轻的一方被动者。埃斯库罗斯在他的剧本《密耳弥冬》中说阿喀琉斯是被爱的人，所以斐德罗说他胡说八道。荷马史诗中没说阿喀琉斯和帕特洛克罗有性关系。

算说得过去，但实际上爱有两种。有鉴于此，【d】先搞清我们要赞扬的是哪一种爱，也许更好些。因此，让我们试着把我们的讨论转上正确的轨道，解释哪一种爱必须赞美。然后我再给他应得的赞美，因为他就是神。

这是一个众所周知的事实，爱和阿佛洛狄忒是不可分割的。因此，如果阿佛洛狄忒是一位女神，那么有可能只有一种爱；但由于实际上有两位叫这个名字的女神，因此有两种爱。关于有两位女神，我不认为你们会表示不同的意见，是吗？一位女神的年纪较长，她是天神乌拉诺斯①的无母的女儿，也被叫做乌拉尼亚②，或者属天的阿佛洛狄忒。另一位女神比较年轻，是宙斯和狄俄涅③的女儿，【e】她的名字叫做普通的阿佛洛狄忒④。由此可以推论，有一种普通的爱，还有一种属天的爱，取决于哪一位女神是爱的陪伴者。当然了，尽管所有神灵都必须赞美，但我们仍旧要努力区分这两位神。

这样的做法同样可以用于各种类型的行为：【181】考虑一下行为本身，可以认为行为本身无善恶之分，无高尚可耻之分。拿我们自己来举例。我们已经在喝酒、唱歌、谈话之间做了选择。现在，就其本身而言，这些行为没有哪一种行为比其他行为更好；行为带来的后果完全取决于它如何实施。如果高尚地、恰当地实施这种行为，它的结果就是高尚的；如果行为的实施不恰当，那么它的结果是可耻的。对爱而言，我的观点完全就是这一原则的运用；并非爱本身是高尚的，值得赞美的；爱是否值得赞美取决于爱神在我们身上产生的情感本身是否高尚。

普通的阿佛洛狄忒的爱本身确实是普通的。【b】这种爱，只要一有机会就会到处起作用。当然了，这是一种由下等人感受到的爱，这些人受女人的吸引，不亚于受男童的吸引，受肉体的吸引，多于受灵魂的吸引，极少有理

---

① 乌拉诺斯（Οὐρανός），神名。

② 乌拉尼亚（Οὐρανία），神名。

③ 狄俄涅（Διώνης），希腊神话中的女巨人。

④ 普通的阿佛洛狄忒（ἡ Πανδήμου Ἀφροδίτη）。

智的伴侣，因为他们全都在意性行为的完成。所以他们的行为是高尚的还是
卑劣的就没什么要紧了。就是由于这个原因，他们做什么事都随心所欲，有
时候是好的，有时候是坏的；具体哪件事情好，哪件事情坏，都与他们的目
的相关。因为推动他们的爱神是一位年轻得多的女神，【c】她，通过她的父
母，既分有女性的本性，又分有男性的本性。

与此相对的是属天的阿佛洛狄忒。这位女神，她的后裔是纯男性的（因
此这种爱是对男孩的爱），她的年纪比较大，因此没有年轻人的淫荡。这就
是那些受到她的爱的激励的人依恋男性的原因；他们在那些依其本性比较强
壮和比较理智的人身上寻找快乐。【d】但是，即便在爱慕英俊男孩的这群人
中间，有些人并非纯粹受到这位属天的爱神的激励；那些不和小男孩发生恋
情的人，偏爱年纪大一些的、快要长出第一撮胡子的男孩——这是这样的男
孩开始形成他们自己的心灵的标志。我确信，与这般年纪的年轻人有恋情
的人，一般说来打算与他爱的男孩共享一切——实际上，他渴望与之共度余
生。他肯定不会故意欺骗他——利用他的年幼无知、缺乏经验而在他的身上
获取好处，【e】在嘲弄他一番以后又喜新厌旧。

事实上，应当有一条法律禁止与幼童发生恋情。这样的话，所有时间和
精力就不会在白白浪费在这种不确定的追求上了——还有什么能比这更不确
定，男孩会不会逐渐养成他自己的一些特点，身体上的或心灵上的？当然
了，善良的人愿意为自己制定一条这样的法律，但其他一些有爱情的人，那
些平民大众，需要外在的约束。【182】正是由于这个原因，我们设置了各种
可能的法律障碍，防止他们诱奸我们自己的妻女。这些民众中的有爱情的人
使爱名声扫地，乃至于有人矫枉过正，声称爱上任何男子本身都是可耻的。
如果不是认为这些民众中的有爱情的人有多么轻率，因此对待他们爱的人有
多么不公正，有谁会这样说？以往任何与我们的习俗不吻合的行为都不曾引
发如此公正的否决。

然而，我应当指出，尽管大多数城邦涉及爱情的习俗都是简单的，容易
理解，但在雅典（以及在斯巴达），【b】这些习俗极为复杂。在那些民众不

善辞令的地方，好比在埃利斯①和波埃提亚②，他们的传统干脆批准可以在任何情况下拥有一名情人。在那些地方，没有人，无论老少，会认为这种事情是可耻的。我怀疑，就是由于这个原因，那些不善辞令的人自己想要省点儿麻烦，不用提供理由和论证来支持他们的追求。

与此相反，在伊奥尼亚③这样的地方和波斯帝国的几乎每个部分，有情人总被认为是可耻的。【c】波斯帝国绝对如此，这是它谴责爱情以及哲学和体育的原因。对统治者来说，如果他们统治的民众醉心于高尚的思想、相互之间缔结坚实的友谊、发展亲密的交往，并非好事。而这种状况确实是哲学和体育，特别是爱情，产生的结果，这是雅典的僭主们从他们的直接经验中得出来的教训。不正是阿里司托吉顿④与哈谟狄乌⑤的爱情和友谊，【d】使他们的统治告终吗？

所以你们能够看出，对爱情的严厉谴责揭示了统治者的权力欲，也揭示了被统治者的胆怯，而对爱情的无条件赞同，是对一般的迟钝和愚蠢的证明。

我们自己的习俗，如我已经说过的那样，比那些习俗要难理解得多，也要优越得多。回想一下，比如，我们认为公开宣布你的爱情比秘而不宣要高尚得多，尤其是当你爱的这位青年家庭出身良好，家世显赫，哪怕他一点儿也不漂亮。再回想一下，有爱情的人以各种可能的方式受到鼓励；这就意味着人们并不认为他在做丑事。【e】正好相反，征服被认为是高尚的，失败被认为是可耻的。至于在征服方面的尝试，我们的习俗赞扬那些完全出格的行为——事实上，这些行为如此出格，【183】无论他们这么干出于什么目的，

---

① 埃利斯（Ήλεîος），地名。

② 波埃提亚（Βοιωτία），地名。

③ 伊奥尼亚（Ίονια），地区名。

④ 阿里司托吉顿（Άριστογείτον），人名。

⑤ 哈谟狄乌（Άρμοδίους），人名。公元前 514 年，阿里司托吉顿和哈谟狄乌试图推翻僭主希庇亚的统治。尽管他们的尝试失败了，这位僭主三年后才垮台，但这对情人被后人当做被僭主杀害的烈士来纪念。

都必定遭到最严厉的谴责。好比说，假如为了获得金钱、职位，或者为了从其他人那里得到实际好处，有人就愿意为他所爱的人去做有爱情的人所做的事情。你们可以想象一下，为了表达爱意，他可以在公开场合向他爱的人下跪，哀求，发誓，睡门槛，作践自己，他急于服侍他爱的人，做那些甚至连奴仆都会拒绝的事情——嗯，你们可以肯定，每个人的敌人不会比他的朋友少，【b】他们都会反对他的这种方式。他的敌人会斥责他奴颜婢膝，而他的朋友会为他感到羞耻，会用各种办法使他恢复理智。但是让有爱情的人以任何方式去做这件事，每个人都会马上说他真可爱！没有人会谴责他的行为，习俗也会把这种行为当做高尚的来对待。更加令人惊讶的是，至少按照民众的智慧，众神会宽恕有爱情的人，哪怕他违反了他的誓言——【c】有爱情的人的誓言，我们的民众会说，根本不是誓言。按照我们的习俗，众神和凡人给予有爱情的人的自由是巨大的。

知道了所有这些情况，你们可以很好地得出结论，在我们的城邦里，我们会考虑有爱情的人的欲望，愿意让它得到满足，把它当做世上最高尚的事情。另一方面，当你回想起那些父亲们一发现他们的儿子已经长到有魅力的地步，就会派仆人跟随他，阻止他与追求他的人接触；当你回想起一名男孩的朋友和玩伴看到这种事情发生，也会责备他，而那些长者既不会制止这种责骂，【d】也不会叫他们停止胡说——考虑到所有这些事情，你必定会得出结论，我们雅典人把这样的行为视为世上最可耻的事情。

然而，在我看来，事实真相是这样的。如我早先所说，爱像其他一切事情一样，是复杂的；而爱本身则是相当简单的，它既不是高尚的，也不是可耻的——它的性质完全取决于它产生的行为。以一种邪恶的方式献身于一个恶人，确实是一种可耻的行为；与之相反，光荣地献身于正义的人，则是完全高尚的。你们现在可能想要知道，在这种场景下谁是邪恶的。【e】让我来告诉你们：普通民众中的有爱情的人，他们爱的是肉体而不是灵魂，他们的爱必定不是稳定长久的，因为他爱的东西本身是易变的，不稳定的。他们所爱的肉体一旦年老色衰，"他就远走高飞"，①背弃从前的许诺和誓言。而那些热爱正确品性的人有多么不同啊，他们对他们的情人的爱终身不渝，【184】因为他们所爱的东西是持久的。

我们现在可以看出我们习俗的要旨：它们设立起来是为了区分麦粒和秕糠，区分恰当的爱和邪恶的爱。由于这个原因，我们所做的一切都要使有爱情的人尽可能容易地表达他们的追求，而使年轻人难以顺从；它就像一种竞争，就像一种确定每个人属于哪个类型的考验。这就进一步解释了两个事实：第一，为什么我们把爱当做可耻的，很快地加以拒绝；爱本身的时间长短给这些事情提供了很好的考验。【b】第二，为什么我们也把一个人出于金钱或政治上的考虑而接受爱情视为可耻的，或者由于担心受到威胁而委身于人，或者由于担心得到的财富和权力不能持久。这些好处都不是稳定的，持久的，以这些方面的考虑为基础，不可能产生真正的爱情。

所以，我们的习俗只提供了一种找男人做情人的高尚方式。【c】除了承认这种有爱情的人完全自愿服从他钟爱的人的愿望，这种事情既不卑屈，又不应受到谴责，我们允许提出一个——也只有一个——进一步心甘情愿地服从另一个人的理由，这就是为了美德的缘故而服从。如果有人决定愿意接受另一个人的驱使，相信这样做能够增进自己的智慧或其他部分的美德，我们会赞成他的自愿服从；我们认为这种服从，既不卑屈又不可耻。【d】这两条原则——亦即支配爱慕青年男子的恰当态度的原则，和支配热爱智慧以及其他美德的原则——必须结合起来，若是一名青年男子以一种高尚的方式接受爱他的人。当一位年纪较大的有爱情的人与一名青年男子走到一起，各自服从对其适用的原则，这个时候——当这个有爱情的人意识到他对一个偏爱他的人所做的一切都是公正的时候，当这名青年男子懂得他正在服侍的那个对他有爱情的人能够使他变得聪明和有美德的时候——【e】当这个有爱情的人能够帮助这位青年男子变得比较聪明、比较善良的时候，当这个青年男子

---

① 荷马：《伊利亚特》2：71。

渴望接受爱他的人的教导和改进的时候——那么，到了这个时候，也只有这个时候，两条原则绝对一致了，青年男子接受一名爱他的人，就永远是高尚的了。

我们应当注意，只有在这种情况下，受骗才绝不是可耻的；【185】而在其他情况下，它是可耻的，欺骗者可耻，被他欺骗的人也可耻。比如，假定某人以为他的情人是富有的，为了图他的钱财而接受了他；后来他发现自己上当了，他的情人竟然是个穷光蛋，然而他的行为不会变得不那么无耻。因为这个年轻人已经表明他自己是那种为了钱财可以去做任何事情的人——这就远离高尚了。出于同样的道理，再假定某个接受了一位情人、错误地相信这位情人是个好人，能使他自己变好，而实际上这个情人很可怕，【b】完全缺乏美德；即便如此，对他来说受到欺骗也还是高尚的。因为他还是证明了他自己是什么样的人，他愿意为了美德去做任何事情——还能有什么行为比这更高尚？因此可以推论，为了美德的缘故接受一位情人是高尚的，无论结果如何。当然了，这是属天的女神的属天的爱。爱对整个城邦和公民的价值是无法衡量的，【c】因为它驱使着有爱情的人和他爱的人都去关注美德。其他各种形式的爱都属于那位大众的女神。

斐德罗，我担心我只好拿我的这篇急就章来充当我对爱这个主题的贡献了。

鲍萨尼亚最后终于停了下来（我从我们那些能干的修辞学家那里知道有这种人），该轮到阿里斯托芬了，按照阿里司托得姆的安排。但是他正在打嗝——他可能又吃多了，当然了，也可能是由于别的原因引起的——根本不能作长篇发言。【d】所以他转过身去对坐在下一位的医生厄律克西马库说：

"厄律克西马库，现在由你来决定——我没办法。要么治好我的打嗝，要么你先说。"

"事实上，"厄律克西马库答道："两个忙我都可以帮。我先发言——等你感到好些了再由你来讲——我也会治好你。我讲话的时候，你可以尽力屏住呼吸。【e】这样做就能止住打嗝。如果不行，最好的办法就是在嘴里含一口水。要是还不行，你就找根羽毛来戳鼻孔。打一两个喷嚏，再严重的嗝也能止住。"

"你开始讲吧，越快越好。"阿里斯托芬说："我会照你说的去做。"

所以，下面就是厄律克西马库的发言：

鲍萨尼亚在他的演讲中引入了一项重要的考虑，尽管在我看来他并没有充分展开。因此，让我来试着推进他的论证，乃至于得出合理的结论。【186】我认为，他区分两种"爱"确实很有用。但依据我从医疗科学领域学到的知识，爱并非仅仅发生在人的灵魂中；爱也不只是我们能够感受到的被人的漂亮所吸引，而是一种非常广泛的现象。【b】它肯定在动物王国中发生，甚至也在植物世界中出现。事实上，它出现在宇宙的任何地方。"爱"是一尊最重要的神，他指引着一切事物的生成，不仅在凡人中，而且在众神中。

让我从某些与医学有关的评价开始——希望你们能够原谅我把自己从事的职业放在首要位置。我要提出的要点是：我们每个人的身体都显现出两种爱。请你们想一下健康的和有病的身体之间的巨大差异和各自不同的特点，而实际上欲望和爱的这种差异性表明它们自身各不相同。因此，显现在健康中的爱与显现在疾病中的爱有根本区别。现在你们可以回想一下，【c】如鲍萨尼亚所宣称的那样，顺从好人的爱是高尚的，就如屈服于恶人的爱是可耻的。而我的观点是，对人的身体来说也是这样。身体中的每一样健全和健康的事物一定要受到激励和满足；这就是医学的目标。相反，不健康和不健全的事物必须加以阻止和扼制；这就是医学专家要做的事。

【d】简言之，医学就是一门关于研究爱对身体的充实和损耗所产生的影响的科学，训练有素的医生的标志就是他有能力区分高尚的爱和丑恶无耻的爱。好医生知道如何影响身体，如何转移身体的欲望；他能够在身体缺乏爱的时候植入恰当的爱的种子，也能消除其他种类的爱，无论它何时发生。医生的任务是，调和最基本的身体元素，在它们中间建立相互之间的爱。这些元素有哪些呢？当然了，它们是两两相对的，比如冷与热、【e】甜与酸、湿与干，等等。事实上，我们的祖先阿斯克勒庇俄斯①最先把医疗当做一门职业，他知道如何在这些对立的事物中产生和谐与爱——这是那些诗人说的——这一次我赞同他们的看法。

【187】因此，医疗在任何地方都接受爱神的指导，体育和农艺也是这样。进一步说，只要稍微想一下就可以知道，诗学和音乐也完全一样。确实，这可能就是赫拉克利特②当时的想法，尽管他晦涩的表达肯定会留下许多遐想。他说："事物与其自身既同又不同"，"就像弓和琴形成的和谐。"③当然了，把和谐（或者和音）本身说成是不和谐的，是荒谬的，把它的元素说成相互之间不和谐，也是荒谬的。赫拉克利特的意思可能是说，【b】专业音乐家通过处理原先不和谐的高音和低音来创造和音。当高音和低音仍旧处于冲突状态时，肯定不会有和谐；毕竟，和谐是一种协和，协和是一种一致。对立的元素，只要仍旧处于不和中，就不会有一致，因此不可能产生和谐。比如，【c】有快有慢才能产生节奏，尽管它们原先是对立的，但通过调整，相互之间可以达成某种一致。音乐，就像医学，通过在各种对立面中产生协和与爱，创造出一致。因此，音乐就是爱作用于节奏与和谐的一门科学。

如果你们考虑到节奏与和谐本身的构成，这些效果很容易察觉；在这个领域，爱的两种形式都不会发生。但是当你们接下去一想到节奏与和音对观众的影响——【d】要么通过创作，产生新的短曲和旋律，要么通过音乐教育，教会人们如何正确表演现存的作品——复杂问题马上就产生了，这些问题需要一位良好的音乐家来处理。最后，同样的论证又可以再次运用：善良的人们感受到的爱、可以带来人自身改善的爱，必须受到鼓励和保护。这种爱是高尚的，属天的爱，【e】是由属天的缪斯乌拉尼亚④的旋律产生的。另一种

---

① 阿斯克勒庇俄斯（Ασκληπιός），希腊医神。

② 赫拉克利特（Ηράκλειτος），公元前 5 世纪希腊早期哲学家。

③ 这句残篇引自别处，与赫拉克利特残篇 DK22B51 略有不同。

④ 乌拉尼亚（Ουρανία），掌管文艺和科学的九位缪斯女神之一，主管天文。

爱是普通的爱，民众的爱，是由主掌众多颂歌的缪斯波吕许尼亚①产生的。这里有一个极为重要的警告：我们享受这种快乐时必须小心谨慎，不至于陷为淫荡——我还要说，我的领域也有这种情况，亦即约束餐桌上的快乐，使我们能够享受美味佳肴，而又不至于带来疾病。

因此，在音乐、医学，以及其他所有领域中，在神圣的和世俗的事务中，我们必须尽力关注这两种爱，确实，【188】在任何地方都可以发现这两种爱。甚至在一年的季节中也表现出它们的影响。当我已经提到过的这些元素——热与冷、湿与干——受到相应的爱的激励，它们相互之间就处于和谐状态：它们的混合是明智的，气候也是这样。在这种情况下，可以获得丰收，人畜健康，无灾无病。但若那种粗鲁任性的爱控制了季节，【b】则带来死亡和毁灭。它在植物和动物中散布瘟疫和疾病，还会引发霜雹之类的灾害。所有这些都是放纵混乱的爱对星辰和季节产生的影响，这些对象是由叫做天文学的这门科学来研究的。

【c】再来考虑一下献祭仪式和占卜的技艺所涉及的整个领域，亦即神人交际。在这里，爱也是我们的核心关切：我们的目标是试图保持那种恰当的爱，治疗那种患了疾病的爱。一切不虔敬的起源是什么？我们采取各种行动之前——这些行动与我们的父母相关，无论他们仍旧活着还是已经过世，也与众神相关——应当接受前一种爱的指导，这个时候我们拒绝满足有序的爱，而去顺从另一种爱。占卜的任务就是监视这两种爱，在必要的时候对它们进行治疗。因此，【d】占卜是一种在众神和凡人之间产生爱的情感的实践；它就是一门关于公正和虔敬的爱的效果的科学。

这就是爱的力量——它是非常多样，无比巨大，在各种情况下均可称做绝对的。然而，即便如此，有一种明智和公正的、趋向于善的爱，无论是在天空中，还是在大地上，受到指引的爱的力量要大得多；幸福与好运，人类社会的团结，天上众神的和睦——所有这些都是这种爱的馈赠。

---

① 波吕许尼亚（Πολυμνία），九位缪斯之一，主管颂歌。

【e】在这篇对爱神的礼赞中，我也许省略了许多内容。如果真是这样的话，我向你们保证，我肯定不是故意的。如果我真的漏掉了某些要点，那么完成这个论证，这是你的任务，阿里斯托芬——除非，当然了，你计划用不同的进路。不管怎么说，请你开始吧，【189】你好像已经不打嗝了。

阿里斯托芬接过了话头（如阿里司托得姆所说），他说："没错，我打嗝已经完全停止了——我用了你说的那些方法，打了喷嚏以后就好了。这使我感到奇怪，身体里的'有序的爱'是否需要引发喷嚏的嘈声和痒痒，因为一打喷嚏，打嗝马上就停止了。"

"说得好，阿里斯托芬。"厄律克西马库答道："不过你要当心。你一说话就开玩笑，这是在强迫我准备对你进行攻击，让我对你百倍警惕，【b】而你本来可以平和地讲话。"

阿里斯托芬笑了："你说得好，厄律克西马库。所以，就让我'不说我已经说过的话'。但是你别对我提高警惕。我并不急于在我的演讲中说些有趣的事情。其实，这样做是非常有益的，这也属于我的缪斯的领地。我着急的是我可能会说出某些荒唐的事情。"

"阿里斯托芬，你真的以为你能对我射出一箭，然后溜之大吉吗？用用你的脑子吧！请你记住，如你所说，要做解释的是你。【c】尽管，要是我决定这样做，我也许会让你过关的。"

"厄律克西马库，"阿里斯托芬说："我心里确实有一条不同的演讲进路，与你和鲍萨尼亚相比。你瞧，我认为人们完全忽视了爱神的力量，因为，要是他们认识到爱的力量，他们会为他建起最庄严的庙宇，筑起最美丽的祭坛，举行最隆重的祭仪。然而事实上，人们直到现在都还没有这样做，而这些事情实际上是应当做的。【d】因为爱神热爱人类，超过其他众神，他帮我们解忧排难，替我们治病，为我们开辟通往最高幸福的道路。因此，我试图向你们解释爱神的力量；而你们，请把我的学说传给其他任何人。"

首先，你们必须了解最初的人性以及从那以后它发生的变化，因为很久以前我们的本性并非现在这个样子，而是有很大差别。人有三种——这是我的第一个观点——而不是只有两种，【e】男人和女人。除此之外，还有第三种人，是这两种人的结合；它的名称存留至今，但这种人已经绝迹。你们瞧，"雌雄同体"① 这个词确实有点儿意思：它指的是由雄性要素和雌性要素构成的东西，尽管现在只剩下这个词，用起来有蔑视的意味。我的第二个观点是，这种人的形状完全是球形的，有着圆圆的背和身体两侧，有四条胳膊和四条腿，有两张一模一样的脸孔，【190】圆圆的脖子上顶着一个圆圆的头。在他的两张脸之间，朝着不同的方向，是一个头和四只耳朵。他有两套生殖器，身体其他各个组成部分的数目也都加倍，你们可以按照我说的去想象。他们直立行走，像我们现在一样，无论想要朝哪个方向前进。当他们要快跑的时候，他们就把他们有的八条肢体全都用上，快速向前翻滚，就像赛车时的车轮子，径直向前。

现在来说一说为什么有三种人，【b】为什么他们长得像我说的这个样子：男性最初是太阳的产物，女性最初是大地的产物，具有两种性别的阴阳人是月亮的产物，因为月亮分有两种性别。他们是圆形的，他们的运动也是圆形的，因为他们就像他们在天空中的父母。

因此，在体能方面，他们非常可怕，他们有着巨大的野心。他们试图造众神的反，荷马那个关于厄菲亚尔特② 和俄图斯③ 的故事，原本讲的就是他们；讲他们如何想要上达天庭，攻击众神。④【c】后来，宙斯和众神商量应对之策，茫然不知所措。他们不能用从前对付巨人的办法，用霹雳把人类全部打死，因为这样做的话也就没有对众神的崇拜了，也就没有我们凡人给众神献祭了。但另一方面，又不能让他们造反。宙斯绞尽脑汁，最后终于想到

---

① 雌雄同体（ἀνδρόγυνος）。

② 厄菲亚尔特（Ἐφιάλτης），希腊神话中的巨人。

③ 俄图斯（Ὤτους），希腊神话中的巨人，厄菲亚尔特的兄弟，强健有力。他们俩把希腊的三座山叠起来做梯子，想登天造反，后被阿波罗所杀。

④ 参见荷马：《伊利亚特》5：385；《奥德赛》11：305。

了一个主意。

"我想我有办法了，"他说："既能让凡人存在下去，【d】又能阻止他们的恶行；当他们的力量被削弱的时候，他们就会放弃作恶。所以，我会把他们全都劈成两半。这是一石二鸟的妙计，一方面他们的力量削弱了，另一方面他们的数量增加了，侍奉我们的人也加倍了。他们以后就用两条腿直立行走。如果以后发现他们还想造反，不安分守己。"他说："我就把他们再劈成两半，到那时他们只好用一条腿走路了，跳着走。"

【e】宙斯说到做到，把人全都劈成了两半，就像人们切青果一样，或者就像人们用头发丝切鸡蛋一样。切完以后，他吩咐阿波罗把人的脸孔转过来，让他能用切开一半的脖子低下头来看到自己被切开的这面身子，使他们感到恐惧，不再捣乱。然后，他又让阿波罗把其他伤口都治好。阿波罗遵命把人的脸孔转了过来，又把切开的皮肤从两边拉到中间，拉到现在人的肚皮的地方，就像用绳子扎上口袋，最后打结，我们现在把留下的这个小口子叫做肚脐。【191】至于留下来的那些皱纹，就像鞋匠把皮子放在鞋模上打平一样，阿波罗全把它们给抹平了，只在肚脐周围留下一些皱纹，用来提醒我们凡人很久以前受的苦。

现在，由于他们原来的形状被切成两半，每一半都非常想念自己的另一半，他们奔跑着来到一起，互相用胳膊搂着对方的脖子，不肯分开。他们什么都不想吃，也什么都不想做，因为他们不愿离开自己的另一半。时间一长，【b】他们开始死于饥饿和虚脱。如果这一半死了，那一半还活着，活着的那一半就到处寻找配偶，碰上了就去搂抱，不管碰上的是半个女人还是半个男人，按我们今天的话来说，是一个女人或一个男人。人类就这样逐渐灭亡。

然而幸运的是，宙斯起了怜悯心，有了一个新计划：他把他们的生殖器移到前面！你们瞧，在那之前，他们的生殖器是向外长的，【c】就像他们的脸孔一样，他们抛撒种子，生育子女，不是相互交媾，而是像蚱蜢一样把卵下到土里。所以，宙斯重新安放了人的生殖器，在这样做的时候，他也发明了内部生育，让男女交媾。他的目的是，如果抱着交媾的是一男一女，那么就会怀孕生子，延续人类；如果抱着交媾的是两个男人，也可以使他的情欲得到满足，【d】好让他把精力转向人生的日常工作。所以，这就是我们彼此相爱的欲望的源泉。每个人生来就有爱，它试图回复到我们原初的完整本性，它试图让那被劈开的两半合为一体，治愈人的本性的创伤。

所以，我们每个人都只是一个完整的人的"相匹配的一半"，就像一条比目鱼，一分为二，我们每个人总是在寻找到与自己相合的那一半。由于这个原因，男人，作为切开的阴阳人（这种人曾被称做雌雄合体）的一半，当然就会追求女人。许多好色的男人是从这类人中来的，【e】许多好色的女人也一样，也会追求男人。然而从一个女人切割而来的女人，对男人就没什么兴趣，只眷恋和自己同性的人，女同性恋者就是从这类人中来的。从雄性切割而来的人具有雄性的倾向。当他们还是男孩时，由于他们是"雄性一族"的切片，所以他们爱男人，【192】喜欢跟男人睡在一起，和男人拥抱；这些人是最优秀的男孩和男少年，因为他们最富有男子气质。当然了，有些人称他们为无耻之徒，其实这是错误的。引导他们追求这种快乐的并不是纵欲，而是勇敢、坚强、男子气概，他们珍爱在他们所爱的人身上的这些品德。你们想要我证明这一点吗？你们瞧，只有这样的男孩长大以后才能在政治生活中成为真正的男子汉大丈夫。【b】等他们长大成人，他们是年轻人所爱的人，他们当然对娶妻生子没有什么兴趣，除非地方习俗要求他们这样做。然而，就其本心而言，他们宁可不结婚，只要能和自己所爱的男子长相厮守，他们就相当满足了。所以，这种男人在各个方面都是多情的，他们爱慕男童，依恋同性。

正因如此，当一个人碰上了他的另一半，无论他的性倾向是什么，无论他爱男孩或不爱男孩，神奇的事情发生了：【c】他们俩有了爱的情感和欲望，有了相互归属感，对他们来说，哪怕是片刻分离都是无法忍受的。

这些人长相厮守，终生住在一起，但仍旧不能说他们想从对方那里要什么。没有人可以认为他们想要的是性的亲密行为——这种纯粹的性快乐是情人们从相互陪伴中获得的巨大快乐。【d】每一位有爱情的人的灵魂显然都在寻求其他东西；他的灵魂说不出这种东西是什么，只能用隐晦的话语表示它要什么，也像喻言，把它的真义隐藏在谜语中。假定两位情人相拥同眠，赫淮斯托斯①拿着他的铁匠工具站在他们面前问："你们俩到底想从对方那里得到什么呢？"再假定这对情人感到困惑，不知如何回答，于是赫淮斯托斯又问他们："你们想不想紧紧地结合在一起，【e】日夜都不分离，再也不分开呢？如果这是你们的愿望，我可以很容易地把你们放在炉子里熔为一体，这样你们就成了一个人，只要在世一天，你们就像一个人那样生活，到了要死的时候一起死，在冥府里也算是一个人。想想看，你们是否希望我这样做？如果我这样做了，你们会高兴吗？"

当然了，你们能够看到，得到这种提供的人没有一个会加以拒绝。而是相反，每个人都会认为他终于发现了他一直想要的东西，与他爱的人完全合为一体。为什么会这样呢？这是因为，如我所说，我们曾经是一个整体，我们的本性是完整的，现在"爱"就是我们追求这种整体性的名称，【193】因为我们的欲望要得以完成。

很久以前我们是连为一体的；但由于我们对神犯下的过失，神把我们分开了，作为一种惩罚，就好像拉栖代蒙人把阿卡狄亚人分开一样。② 所以有一种危险，如果我们不能在众神面前保持尊卑有别，我们将被劈成两半，从鼻子中央劈开，用半个身子走路，就像墓碑上的侧面浮雕。因此，我们应当告诫我们的朋友，敬畏神明，【b】只有这样我们才可以逃避这种厄运，保持我们的完整性。我们会这样做的，如果爱神是我们的向导和统帅。不要让任何人反对爱神。对众神来说，无论谁反对爱神，都是可恨的，而我们若是成为这位神的朋友，停止与他争吵，那么我们就能找到那些高尚的年轻人，赢得他们的爱，而当今时代只有很少人能这样做。

----

① 赫淮斯托斯（Ἥφαιστος），希腊冶炼之神。参见荷马：《奥德赛》8：266 以下。

② 拉栖代蒙人（Λᾰκεδαίμων），即斯巴达人。公元前 417 年，拉栖代蒙人争夺霸权，解散阿卡狄亚同盟。阿卡狄亚位于伯罗奔尼撒半岛东北地区。

【c】现在，厄律克西马库，千万别把我的这篇演讲变成一出喜剧。别以为我的讲话针对鲍萨尼亚和阿伽松。很有可能，他们俩在本性上的确属于完全男性的那个群体。我在谈论所有人，包括所有男人和女人，我要说人类要想繁荣昌盛只有一条路：我们必须把我们的爱进行到完善的地步，我们中的每个人都必须赢得他的青年男子的青睐，这样才能恢复他的原初本性。如果说这是一种理想，那么，当然了，在当前环境下，实现它的捷径就是赢得与我们天然情投意合的青年男子的偏爱。

【d】如果我们要赞美能赐给我们这种幸福的神，那么我们必须赞扬爱神。爱神做了今生能做的最好的事情，引导我们走向原本属于我们的东西。而对来世而言，爱神给我们带来了最大的希望；只要我们敬畏众神，爱神就会恢复我们的原初本性，通过治疗我们，他将使我们得到神佑和幸福。

"这，"他说："就是我关于爱神的讲话，厄律克西马库。和你的发言很不一样。如我前面所恳求你的那样，别把它弄成一出喜剧。【e】我宁可听听所有其他人说些什么——或者倒不如说，听听他们每个人说些什么，因为只有阿伽松和苏格拉底还没有发言。"

"我发现你的演讲令人愉快，"厄律克西马库说："所以我会按你说的去做。说实话，我们已经享用了一顿关于爱神的演讲大餐，要是我不知道苏格拉底和阿伽松都是爱情大师的话，我会担心他们已经无话可说了。但我知道他们是行家，所以我不担心会出现这种情况。"

【194】然后，苏格拉底说："那是因为你在这场比赛中表现好，厄律克西马库。如果你现在坐在我这个位置上，或者说等到阿伽松发言以后轮到你，你就会像我一样感到诚惶诚恐了。"

"你在蛊惑我，苏格拉底。"阿伽松说："让我以为听众期待我有卓越表现，【b】所以我会惶恐不安。"

"阿伽松！"苏格拉底说："你以为我有多么健忘？我看到过你有多么勇敢和自信，和其他演员一道登上舞台，面对广大观众。你要表演的是你自己的作品，你不会有一丁点儿惊慌。看到那一幕，我怎么会想象你会被我们弄得慌了神，我们只有这么几个人？"

"嗯，苏格拉底，"阿伽松说："你一定以为我心里装的全都是剧场里的观众！所以你假定我不明白，要是你是聪明的，你找来的几个聪明人会比一大群无理智的人还要可怕得多，是吗？"

【c】"不，"他说："以任何方式把你想象成粗鲁的，不会把我变得很英俊，阿伽松。我肯定，如果你曾经碰到过你认为聪明的人，你会更加注意他们，超过你对普通人的关注。但是你不能假定我们是属于那个阶层的；我们也在剧场里，你要知道，是普通观众的一部分。还有，如果你碰到过任何聪明人，除你本人以外的其他人，你会想到，要是当着他们的面做任何丑事，你肯定会感到可耻。这是你的意思吗？"

"对。"阿伽松说。

"另一方面，【d】当着普通民众的面做了丑事，你不会感到可耻。是这样吗？"

这时候斐德罗插话说："阿伽松，我的朋友，如果你回答苏格拉底的问题，他就会忘乎所以，不在意我们的演讲进到何处，忘了我们在这里干什么，只要有人跟他讨论。尤其是，面对长得英俊的人。现在，像你一样，尽管我很乐意聆听苏格拉底的讨论，但我的职责是看到礼赞爱神，让在座的每个人发表演讲。你们俩各自向这位神做了奉献以后，【e】你们可以进行你们的讨论。

"你真是尽忠职守，斐德罗，"阿伽松说："现在没有什么事情能阻拦我演讲了。苏格拉底晚些时候会有机会进行讨论。"

首先，我希望说一下我为什么必须发言，为什么只在这个时候发言。在我看来，你们瞧，此前各位的发言没有多少在谈论这位神本身，而是在努力庆贺人类从这位神那里得来的善物。然而，把这些馈赠赐予我们的是谁，【195】他是什么样的——几乎无人谈及。进行各种礼赞，只有一个办法是正确的，无论是谁在进行赞颂；你们必须解释你们的演讲对象，什么样的性质使他能够赐予我们这些恩惠，而我们就是为了这些恩惠才颂扬他。所以，现在就爱神而言，我们首先要颂扬他的本质，然后颂扬他的恩惠。

因此，我要说，众神都是幸福的，而爱神——要是我可以这样说而不会冒犯他——是他们中间最幸福的，因为他最美丽、最优秀。之所以说他最美丽，那是因为：第一，斐德罗，他是众神中最年轻的。①【b】他本身就证明了我的观点，他拼命逃避老年的到来，而时间本身已经跑得飞快。爱神生来就痛恨老年，从来不会靠近它。爱神总爱和青年厮混，因为他自己就是其中的一员；那些老故事说得好，同者相近。尽管在其他许多观点上我同意斐德罗的看法，但我不同意他说爱神比克洛诺斯②或伊阿珀托斯③还要古老。【c】不，我要说，他才是众神中最年轻的，永远年轻。

至于赫西奥德和巴门尼德谈论众神的那些老故事——这些事情的发生依据必然性，而不是由于爱神，如果他们说得对。如果当时众神中有爱神，那么他们不会相互残杀，不会有囚禁，不会使用暴力。他们会和平和谐地生活在一起，就像今天这样，爱神已经成为众神之王。

所以他是年轻的。他不仅年轻，而且娇嫩。【d】只有荷马这样的诗人才有本事描述他的娇嫩。因为荷马说过阿忒④是一位神，她是轻柔的——嗯，她的双脚是柔软的，永远柔软！他说："她步履轻柔，从不沾地面，只在人们的头上行走。"⑤【e】我想，这是一个很好的证明，足以表示她有多么娇嫩；她从来不在坚硬的东西上面行走，她只接触柔软的东西。所以我们可以对爱神使用同样的证明，说明他是娇嫩的。因为他不在地面上行走，甚至也不在我们的头上行走，因为我们的头毕竟也不那么柔软，而是在世上最柔软的地

---

①　与斐德罗的观点相对，参见本篇178b。

②　克洛诺斯（Κρόνος），希腊神话中的时间神，天神乌拉诺斯和地神该亚之子，宙斯之父。

③　伊阿珀托斯（Ἰαπετοῦ ς），希腊神话中的提坦巨人之一，天神乌拉诺斯和地神该亚所生。

④　阿忒（Ἄτη），希腊神话中的恶作剧和复仇女神，宙斯与不和女神厄里斯的女儿。

⑤　荷马：《伊利亚特》19∶92—93。

方行走，把那里当做他的家。因为他在品性和灵魂中安家，神的灵魂和凡人的灵魂——甚至并非在每个灵魂中安家；当遇到心硬的他就远走高飞，碰上心软的他就住下。既然爱神不但用脚踩在世上最柔软的东西上，而且就住在那里，【196】因此他本身必定也是极为娇嫩的。

所以，他是最年轻的和最娇嫩的；此外，他是最柔韧的。要是他是僵硬的，他怎么能够不知不觉地随意进出灵魂。此外，他优雅的相貌证明他的本性是平衡的、柔韧的。众人皆知，爱神格外美丽，与丑陋水火不容。

他的肤色非常漂亮！这位神与鲜花相伴可以表明这一点。【b】他从来不固定住在任何地方，无论是身体还是灵魂，要是没有鲜花，或是花朵已经凋谢，无论何处他都不肯栖身。而在那鲜花盛开、香气扑鼻的地方，一定会有爱神的踪迹。

关于这位神的美丽我已经说够了，尽管还有很多可讲。讲了他的美丽，我们应当说一下爱神的美德。我的主要观点是，爱神既不是任何非正义行为的起因，也不是任何非正义行为的牺牲品；他不会对众神或凡人作恶，众神和凡人也不会对他作恶。要说有什么事物能对他产生影响，【c】那么绝不会是暴力，因为暴力绝不能触及爱神。他对其他事物所起的作用也不是被迫的，因为我们对爱的侍奉都是自愿的。无论什么人和另一个人情投意合，双方都是自愿的，这就是公正和正义；所以说："法律是社会之王。"①

除了正义，他还拥有最大份额的明智。②因为人们公认明智是控制快乐和情欲的力量，而世上没有任何快乐比爱更强大！如果快乐和情欲是弱者，那么它们处在爱的力量之下，而爱拥有力量；由于爱拥有支配快乐和情欲的力量，所以爱神是非常明智的。

———————————

① 亚里士多德把这句格言归于公元前 4 世纪的修辞学家阿基达玛，参见亚里士多德《修辞学》（1406a17—23）。

② 明智（σωφροσύνη），这个词亦译"节制"，柏拉图和亚里士多德一般把"明智"当做与"自制"相对的一种德性，明智的人在各个方面当然都很得体，因此也就不需要控制或约束自己。

【d】至于爱神具有的男子汉的勇敢，"甚至连战神阿瑞斯也无法阻挡！"①因为阿瑞斯没有征服爱神，而是爱神征服了阿瑞斯——阿佛洛狄忒的爱，故事就是这样说的。② 被征服者比征服者更强大，因为爱神的力量比最勇敢的神更强大，所以爱神是一切神祇中最强大的。

现在我已经说了这位神的正义、明智和勇敢；剩下要说的是他的智慧。这个方面我试图说得完整些，不要漏掉什么。【e】首先——为了像厄律克西马库那样荣耀我们的职业③——这位神是一位技艺娴熟的诗人，可以使其他人成为诗人；一旦坠入爱河，每个人都成为诗人，"无论他以前有没有修养"。④ 我们可以看到，这就证明爱神是一名好诗人，总之，他擅长各类艺术创造。因为你不能把你自己还没有的东西给别人，【197】你也不能把你不懂的事情教给别人。

至于动物的生产——有谁会否认它们全都是通过爱的技艺产生出来的？

至于艺术家和从事各种职业的人——我们难道看不到，凡是在这位神的指引下工作，就能取得光辉的成就，而不受他的影响的人会一事无成，默默无闻？比如阿波罗发明射箭、【b】医药和占卜的技艺，爱和欲望给他指明了道路。因此，哪怕阿波罗也可以算是爱神的学生。其他神灵也是这样，缪斯在音乐领域，赫淮斯托斯在青铜冶炼方面，帕拉斯⑤在纺织方面，宙斯在"对诸神和凡人的统治"方面。

这也是爱神一旦出现在众神之中，众神间的纷争就会平息的原因——这显然是由于爱美，因为爱不会趋向于丑恶。如我开始时所说，如那些诗人所说，在爱神来到众神中间之前，发生过许多可怕的事情，因为那个时候必然

---

① 索福克勒斯：《堤厄斯忒》，残篇 235。

② 参见荷马：《奥德赛》8：266—366。阿佛洛狄忒与阿瑞斯通奸，阿佛洛狄忒的丈夫赫淮斯托斯设计捉奸在床。

③ 参见本篇 186b。

④ 欧里庇得斯：《塞奈波亚》，残篇 666。

⑤ 帕拉斯（Παλλάς），海神特里同的女儿，被雅典娜杀死，后来雅典娜自称帕拉斯或帕拉斯·雅典娜。

性是统治诸神的王。【c】而一旦这位神诞生，通过对美的爱，一切善物与善行便来到众神和凡人中间。

关于爱神我就是这么想的，斐德罗：首先，他本身是最美丽的，最优秀的；在那之后，如果其他人也成为美丽的，优秀的，那是由于爱神。我突然有了一种冲动，想念两行诗来表达我的想法，是他给我们带来了"大地上的和平，海洋上的宁静，狂风暴雨的平息，【d】还有甜蜜的芳香，让我们安然入睡"。也是他，消除了隔阂，促成了友谊，用今天这样友好的聚会把我们联系在一起。在餐桌上、舞蹈中、祭坛旁，他带来礼貌，消除野蛮，激起仁慈，消除仇恨。他既和蔼又可亲，引起聪明人的惊奇和诸神的敬佩。缺少爱就会陷入绝望，有了爱就会拥有幸福。爱的子女是欢乐、文雅、温柔、优美、希望和热情。好人会在各种情况下注意到爱，坏人则不会留意。无论我们在辛勤劳动，还是处在恐惧之中，【e】无论我们是在喝酒，还是在辩论，爱神都是我们的领袖和舵手，是我们的指路人和保护者。他是天地间最美丽的装饰，是最高尚、最可亲的向导，我们大家必须跟着他走。我们要放声高歌，赞美爱神，并让这和美的颂歌飞上云霄，使众神和凡人的心灵皆大欢喜。

斐德罗，这就是我必须提供的演讲。让我把它奉献给爱神，【198】它有一部分是逗趣的，有一部分是极为明智的，为此我已经尽了最大努力。

阿里司托得姆说，阿伽松结束的时候，在座的每个人都报以热烈的掌声，认为他的演讲充满青春气息，给他自己和爱神带来了荣耀。

然后，苏格拉底朝厄律克西马库瞥了一眼，他说："现在你知道我前面的担心该有多么愚蠢了吧？我在前面不是像一名先知似的说过，阿伽松会发表一篇惊人的演讲，而我会张口结舌？"

"你预言了一件事，我想，"厄律克西马库说："阿伽松会很好地演讲。【b】至于说你会感到诚惶诚恐，我看未必见得。"

"神保佑你，"苏格拉底说："我怎么能不诚惶诚恐呢，我或者其他人，在听了一篇如此丰富多彩的演讲以后？他的发言的其他部分也许不那么神奇，但结尾部分确实妙极了！听了如此美妙的讲话，有谁能不张口结舌？不管怎么说，我感到着急，我无法说出他们这样美妙的话来，【c】所以我恨不得赶紧找个机会溜走，要是有地方可去。你们瞧，这篇演讲也使我想起高尔吉亚①，我真的经历过荷马所描述的那种状况：我害怕阿伽松会在结束时会把戈耳工②的头拿给我看，说出可怕的咒语，对我进行讨伐，把我化成顽石，让我哑口无言。【d】所以，我明白了，原先我同意参加你们这种对爱神的赞颂有多么鲁莽，更糟糕的是，我还声称对这个主题拥有专门的知识，而实际上我根本不知道该如何赞颂爱神。由于这种无知，我原来以为一开始就讲些事实，然后就选择最吸引人的要点加以列举，按最有利的方式加以排列。我安慰自己说，我的发言一定会取得成功，因为我知道这些事实。对一名成功的赞颂者来说，最重要的是关注真相，而现在看来正好相反，赞颂者所做的只不过是把所有力量和美德都一股脑儿地堆到被赞颂的对象身上，无论这些东西有没有什么关联，这样一来，【e】赞颂也就成了一堆似是而非的谎言。所以我认为我们所做的不是在赞颂，而是在奉承爱神，由于这个原因，你们这些人想到什么就说什么，把爱说成是最美丽、最优秀的事物，或者是一切最美丽、最优秀的事物的原因。当然了，那些无知的人会为你们富丽堂皇的演讲所倾倒，【199】但那些有知识的人不会轻易接受。所以，你们的赞颂确实是美丽的、可敬的。而我甚至不知道赞美的方法；正是由于无知，我同意参加礼赞。但是，'舌头'答应了，'心灵'没有答应。③ 让这套把戏见鬼去吧！我不会用这种办法提供另一篇礼赞，【b】我不干——我不可能干——如果你们愿意，我可以用我的方式把真相告诉你们。我想要避免和你们的演讲进行比较，省得让自己变成你们的笑柄。所以，你看，斐德罗，像这样的演讲能

---

① 高尔吉亚（Γοργίας），公元前 5 世纪的著名智者，修辞学家。

② 戈耳工（Γοργόνων），希腊神话中指福耳库斯和刻托所生的三个女儿。她们的头发都是毒蛇，身上长有翅膀。三人中最小的是墨杜莎，无论什么人看到她的脸，就会变成石头，后被英雄珀耳修斯杀死。

③ 暗指欧里庇得斯：《希波吕特》第 612 行。

满足你们的要求吗？你们将会听到有关爱神的真相，而这些词句会照料它们自己。"

然后，阿里司托得姆说，斐德罗和其他人要苏格拉底说下去，不管怎么说都行，只要他喜欢。

"那么好吧，斐德罗，"苏格拉底说："请允许我先问阿伽松几个小问题，【c】一旦我取得了他的同意，我就以此为基础讲话。"

"我允许你提问，"斐德罗说："你问吧。"

阿里司托得姆说，在那以后苏格拉底开始了："确实，阿伽松，我的朋友，我认为你的演讲开始时讲得很好，你说应当首先揭示爱神的本质，然后再说明他的那些行为。你的开头令人钦佩。然后，【d】由于你已经很好地以其他方式揭示了他的品质，所以请你也告诉我这一点，是关于爱的。爱是对某个对象的爱，还是没有对象的？我问的不是他是不是父母生的（爱神是母亲的爱还是父亲的爱，这个问题确实很荒唐），而是就好比我在向一位父亲提这样的问题——作为一名父亲来说，他是否必须是某人的父亲，或者说他可以不是任何人的父亲。当然了，如果你想给我一个好回答，你会告诉我，有了儿子或女儿，父亲才成其为父亲。不是吗？"

"当然。"阿伽松说。

"对一位母亲来说，不也是这样吗？"

【e】对此他也表示同意。

"好，那么，"苏格拉底说："再回答得充分一些，你就会明白我为什么要这样问了。如果我问：'作为一名兄弟，他之所以是兄弟，是由于他是某个对象的兄弟，或者不是？'"

他说他是。

"他有一个兄弟或者姐妹，没有吗？"

他表示同意。

"现在试着来把爱告诉我，"他说："爱是对某个事物的爱，还是不对任何事物的爱？"

【200】"是对某个事物的爱，当然！"

"那么把这个爱的对象记在心里，记住它是什么。① 但是再请告诉我，爱神对这种是爱的东西有欲求，还是没有欲求？"

"当然有。"他说。

"在他有欲求和爱某个事物时，他在这个时候真的拥有他欲求和爱的那个事物，还是没有？"

"他没有。至少，他好像没有。"他说。

"别说什么好像，"苏格拉底说："问问你自己事情是否必定如此：【b】事物渴求的东西都是它缺乏的东西，否则它就不会渴望得到它。我无法告诉你，阿伽松，我有多么认为这是确定无疑的。你怎么想？"

"我也这么想。"

"很好。那么现在，一个个子很高的人想要高吗？或者，一个强壮的人想要强壮吗？"

"不可能，以我们刚才达成的一致意见为基础。"

"我们假定，这是因为没有人想要那些他已经拥有了的东西。"

"对。"

"但也许强者还想要强，"苏格拉底说："或者快者还想要快，健康者还想要健康，【c】在这样的情况下，你会认为人们确实还想要成为他们已经是的那种人，确实想要拥有他们已经拥有的那些性质——我提出这些人，让他们不会欺骗我们。但在这些情况下，阿伽松，如果你不再思考这些人，你会看到，依据一种合理的必然性，这些人就是他们现在这个样子，无论他们想要成为某种人或不想要成为某种人。我可以问，谁会自找麻烦，在任何事情上想要拥有必然的东西？然而，当某人说'我是健康的，但这正是我想要成为的那种状况'，或者'我是富裕的，但这正是我想要成为的那种状况'，【d】或者'我想要我已经拥有的每一样东西'，让我们对他这样说：'你已经拥有

---

① 参见本篇 197b。

了财富、健康和力量，我的先生，你想要的是将来继续拥有它们，因为当前无论你想要还是不想要，你都拥有这些东西。每当你说我想要我已经拥有的东西，问问你自己吧，你的意思是否就是我想要在将来也拥有我现在已经拥有的东西。'他难道会不同意吗？"

按照阿里司托得姆的说法，阿伽松说他会同意的。

所以苏格拉底说："那么，这就是爱某种尚未到手的事物的意思，有爱情者尚未拥有这种事物，他想要预约这种事物，以便在将来拥有它，【e】这样一来他就可以在将来拥有它了。"

"好像是这样的。"他说。

"所以，这样的人或者其他有某种欲望的人，想要的是现在尚未到手的东西、现在还没有出现的事物、他还不是的那种状况、他现在需要的东西；这就是欲求和爱的对象。"

"当然了。"他说。

"那么好吧，"苏格拉底说："让我们重复一下我们已经同意的观点。不就是，第一，爱总是对某事物的爱，【201】第二，他爱他现在需要的事物，是吗？"

"是的。"他说。

"现在，除了这些观点以外，记住你在你刚才的演讲中所讲的爱神所爱的事物。要是你愿意，我会提醒你一下。我想你大体上是这样说的：爱美丽的事物平息了众神之间的争斗，因为没有对丑陋的事物的爱。① 你是这样说的吗？"

"我是这样说的。"阿伽松说。

"这样说是合适的，我的朋友。"苏格拉底说："但是，如果事情是这样的话，那么爱就是对美的欲求，而绝不是对丑的欲求，是吗？"

【b】他表示同意。

---

① 参见本篇 197b3—5。

"我们也同意他爱的只是他需要的东西和现在不拥有的东西。"

"是的。"他说。

"所以爱需要美，爱现在还不拥有美。"

"必定如此。"

"那么好吧！如果某样事物需要美、还不拥有美，你还会说它是美的吗？"

"肯定不。"

"那么，如果事情是这样的话，你还会同意爱是美的吗？"

【c】然后阿伽松说："事情有点变了，苏格拉底，我不知道自己在那篇演讲中说了些什么。"

"那是一篇美妙的演讲，无论如何，阿伽松。"苏格拉底说："现在再进一步。你不认为好的事物也总是美的吗？"

"我是这样想的。"

"那么，如果爱需要美的东西，如果所有好事物都是美的，那么他也需要好东西。"

"噢，苏格拉底。"他说："我挑不出你的毛病来。就算你说得对吧。"

"噢，我亲爱的阿伽松，你挑不出毛病来的是真理。"他说："而要挑出苏格拉底的毛病来，一点儿也不难。"

【d】我现在让你过关了。我想试着为你们转述一篇关于爱的演说，它是我以前从一位曼提尼亚①妇女狄奥提玛②那里听来的——这个女人对许多问题都有真知灼见，她曾经告诫雅典人祭神避灾，因此把瘟疫推延了十年。她把爱的技艺传授给我，我要尽我所能，把她的想法告诉你们，以阿伽松和我刚才达成的一致意见为基础。

阿伽松，追随你的提示，一个人首先应当描述，谁是爱神，他长得什么

---

① 曼提尼亚（Μαντίνια），地名。
② 狄奥提玛（Διοτίμα），人名。

样，【e】然后再描述他的工作——我想，对我来说最容易的方法从狄奥提玛的方法开始，把她是怎么向我提问的告诉你们。

你们瞧，我告诉她的事情和阿伽松刚才告诉我的事情几乎完全一样：爱神是一位伟大的神，他属于美好的事物。① 她使用了我刚才用来反对阿伽松的几乎完全相同的论证来反对我，针对我的想法，她指出：爱既不美又不善。

所以我说："你这是什么意思，狄奥提玛？爱是丑的和恶的吗？"

【202】但是她说："注意你的舌头！你真的以为，如果一样事物不是美的，它就一定是丑的吗？"

"我是这么看的。"

"如果一样事物不是聪明的，它是无知的吗？或者说，你没有发现介于聪明和无知之间还有某些东西吗？"

"那是什么？"

"那是对事物的正确判断，但又不能说出理由来。你肯定看到这样的状态与知道不是一回事——知道怎么能是没有理由的呢？但它又不是无知——触及事物的真相怎么会是无知呢？正确的判断，当然了，具有这种特点：它是介于理解和无知之间的东西。"

【b】"对，"我说："就像你说的那样。"

"那就不要坚持凡是不美的就是丑的、凡是不好的就是坏的。对爱神来说也是一样：当你同意他既不好又不美，你不需要认为他是丑的和恶的；他可以是某种居间的东西。"她说。

"然而，大家都同意他是一位伟大的神。"我说。

"你指的只是那些不知道的人吗？"她说："这就是你说的'大家'的意思吗？或者说，你把那些知道的人也包括在内？"

———————

① "爱神爱美的事物"、"爱是美的事物之一"，这两个命题有含义模糊之处。阿伽松肯定前一个命题（197b5，201a5），这也是狄奥提玛论证的前提。阿伽松也肯定后一个命题（195a7），这是狄奥提玛开始加以驳斥的命题。

"我指的是所有人。"

【c】她笑了："苏格拉底，那些说他根本不是神的人怎么会同意他是一位伟大的神？"

"谁这么说？"我问道。

"你算一个，"她说："我也算一个。"

"你怎么能这么说？"我喊道。

"这很容易，"她说："告诉我，你不会说众神全都是美的和幸福的吧？你肯定不会说一位神既不美又不幸福？"

"宙斯在上！我不会。"我说。

"好吧，把某人称做幸福的，你的意思不是指他们拥有好的和美的事物吗？"

【d】"当然如此。"

"那么关于爱神怎么样？你刚才同意他需要好的和美的事物，就是由于这个原因他欲求它们——因为他需要它们。"

"我肯定同意过。"

"那么，如果爱神不分有好的和美的事物，他怎么会是一位神呢？"

"他不可能是神，显然不会。"

"你现在明白了吗？你也不相信爱神是一位神！"

"那么爱神是什么呢？"我问道："一个凡人？"

"肯定不是。"

"那么，他是什么呢？"

"他像我们刚才提到的那种事物，"她说："他介于可朽者与不朽者之间。"

"你这样说是什么意思，狄奥提玛？"

【e】"他是一个伟大的精灵，苏格拉底。一切有灵的事物，你瞧，都介于神与人之间。"

"他们的作用是什么？"我问道。

"他们是来往穿梭于二者之间的信使，把凡人的祈祷和献祭传递给众神，把众神的诫命和回报献祭的馈赠传达给凡人。由于介于二者之间，他们沟通整个天地，把乾坤连成一体。【203】他们是预言、祭仪、入会、咒语、占卜、算命的媒介。众神不会与凡人相混杂，只有通过精灵的传递，凡人才能与众神沟通，无论我们是醒还是睡。擅长这些事情的凡人就是有灵性的人，而从事某种职业或从事任何人力工作，仅仅是个匠人。所以，精灵多种多样，爱的精灵就是其中之一。"

【b】"谁是爱的精灵的父母？"我问道。

"尽管说来话长，"她说："但我会告诉你的。"

"阿佛洛狄忒诞生之时，众神设宴庆祝。墨提斯①之子波罗斯②参与其中。晚宴刚毕，佩尼娅③前来行乞，如乞丐所为，凡有宴饮，他就找上门来。波罗斯多饮了几杯琼浆——你知道，当时还没有酒——喝醉了，信步走到宙斯的花园里，便倒头昏沉沉地睡去。然后，【c】佩尼娅想出一个计划，以减缓她的资源贫乏，她要和波罗斯生孩子。所以她走过去睡在他的身旁，怀了孕，有了爱的精灵。由于这个原因，爱的精灵生来就是阿佛洛狄忒的跟班和仆从，因为他是在阿佛洛狄忒诞生之日被怀上的。由于这个原因，他生性爱美，因为阿佛洛狄忒本身格外美丽。

"作为波罗斯和佩尼娅之子，他命中注定要像他们。首先，他总是贫穷，远非文雅和俊美（就像普通人以为的那样），【d】而是相貌丑陋，赤脚，无家可归，经常睡在露天里、道路旁，没有床褥，分有他母亲的本性，始终生活在贫困之中。但是他也分有他父亲的禀赋，追求美和善；他勇敢豪爽、精力充沛、干劲十足，是一名能干的猎人，擅长使用各种计谋，非常聪明，终生热爱智慧，擅长各种巫术，是骗人的能手。

【e】"按其本性，他既非不朽者，又非可朽者。他可以在一天之内有多种变化，一切进展良好时他生气勃勃、如花似锦，但他也可以马上衰亡，因

---

① 墨提斯（Μῆτις），技艺之神，词意为"聪明、狡猾"。
② 波罗斯（Πόρος），资源之神，词意为"道路、资源"。
③ 佩尼娅（Πενία），贫穷之神，词意为"贫穷"。

为他得到的东西一直在很快地消失，然后又凭借他父亲的禀赋而获得再生。所以爱决不会赤贫，也不会富裕。

【204】"他也处于无知和智慧之间。事实上，你们瞧，没有哪位神热爱智慧或者想要成为聪明的——因为他们是聪明的——已经是聪明的没有一个会热爱智慧；另一方面，无知的也不会热爱智慧或者想要成为聪明的。之所以落入这种无望的境地，原因在于他们既不拥有美和善，又不拥有理智，他们满足于现有状态。如果你认为你不需要什么东西，你当然不会想要你认为你不需要的东西。"

【b】"在这种情况下，狄奥提玛，谁是热爱智慧的人，如果他们既非聪明亦非无知？"

"这很清楚，"她说："连一个小孩也能告诉你。那些热爱智慧者介于这两个极端之间。爱的精灵就是其中之一，因为他热爱美的东西，智慧是格外美丽的。由此可知，爱的精灵必定是智慧的热爱者，因此他介于聪明和无知之间。他的这个方面也和他的出身有关，他的父亲是聪明的，富有资源，而他的母亲是不聪明的，缺乏资源。

【c】"所以，我亲爱的苏格拉底，这就是这个精灵的本性。考虑到你原来对爱的思考，你有这样的看法不足为怪。以你所说的为基础，我得出结论，你认为爱神是被爱者，而不是爱者。我认为，就是由于这个原因，爱神对你显得在各个方面都是美丽的，因为真正优雅和美丽的东西值得被爱，这种爱是完美的，极为有福的；但作为爱者，他采取一种不同的形式，这我刚才已经描述过了。"

所以我说："那么好吧，我的朋友。关于爱神你说得很好，但若你是对的，爱对人类有什么用呢？"

【d】"我会尝试着开导你，苏格拉底，在我把这个要点说完之后。到此为止，我已经解释了爱神的品性和出身。现在，按照你的说法，他就是爱美的事物。但若有人问我们：'苏格拉底和狄奥提玛，爱美的事物是什么意思？'

"这样说会更加清楚一些：'美的事物的热爱者有一种欲望，他欲求什么？'"

"他欲求这些美的事物成为他自己的。"我说。

"但是这个回答会引发另一个问题，也就是'当他想要的这些美的事物成为他自己的以后，这个人将得到什么呢?'"

【e】我说，我没办法给这个问题提供一个现成的答案。

然后她说："假定有人把问题改了，用'善'来代替'美'，然后问你，'苏格拉底，善的事物的热爱者拥有欲望，他欲求的是什么?'"

"使善的事物成为他自己的。"我说。

"当他想要的善的事物已经成为他自己的以后，他将获得什么呢?"

【205】"这一次我很容易回答，"我说："他将获得幸福。"

"这就是使幸福之人幸福的东西，不是吗——拥有善物。不需要进一步再问，'想要幸福是什么意思呢?'你提供的答案似乎已经是最后的。"

"对。"我说。

"那么，这种对幸福的欲求，这种爱——你认为对全人类来说都是共同的吗，每个人都想要永远拥有善物? 你怎么说?"

"是这样的，"我说："对所有人都是共同的。"

【b】"那么，苏格拉底，我们不是说每个人都在爱，"她问道："因为每个人都始终爱着相同的东西吗? 而不是说我们中间有些人在爱，有些人不在爱;为什么会这样呢?"

"对此我自己也感到疑惑。"我说。

"没什么要疑惑的，"她说："这是因为我们在爱中划分出一种专门的爱，我们用这个词来指称这个整体——'爱';而对其他种类的爱，我们使用其他的语词。"

"你这是什么意思?"我问道。

"嗯，你知道，举例来说，'创作'① 这个词的意思很广泛。毕竟，从无

---

① "ποίησις"这个词的字义是"制造"、"创作"，可以用于任何生产或创造，"诗歌"也是这个词。但是"ποιητής"这个词的意思是制造者、创作者，主要指诗人。

中把某个事物创造出来，与之相关的每件事情都是一种创作；【c】所以每一种技艺和职业本身都是一种诗歌，每一位实践某种技艺的人都被称做诗人。"

"对。"

"无论如何，"她说："你知道的，这些匠人并不被称做诗人。我们用其他名称来叫他们，出于整个诗学，我们把其中的一部分标出来，缪斯掌管的部分给了我们曲调和节奏，我们用这个表示整体的词来指称它。因为只有这个部分被称做'诗歌'，那些实践诗歌的这个部分的人被称做诗人。"

【d】"对。"

"对爱来说也是这样。这方面的主要观点是：对善物或幸福的每一种欲求都是在每个人身上表现出来的'最高的和不可靠的爱'。而那些伴随这种或那种方式追求这一点的人——通过挣钱，通过运动，通过哲学——我们不说这些人处于爱中，也不把他们叫做爱者。仅当人们全身心投入一种专门的爱的时候，我们才使用那些真的属于爱的整体的语词：'爱'、'处于爱中'、'爱者'。"

"我开始明白你的意思了。"我说。

【e】"是有某个故事，"她说："按照这个故事的说法，有爱情的人是那些寻找他们的另一半的人。但是按照我的故事，有爱情的人并不寻找到一半或者整体，除非，我的朋友，事情变成也在求善。我之所以这样说，乃是因为人们甚至愿意砍去他们的手脚，如果他们相信他们的手脚得了病。我不认为某个个人会以属于他个人的事物为乐，除非他的'属于我'的意思就是'善'，他的'属于他人'的意思就是'恶'。【206】这是因为，每个人所爱的东西无非就是善。你不同意吗？"

"宙斯在上，我不会不同意。"我说。

"那么好，"她说："我们能够只说人是善的热爱者吗？"

"是的。"我说。

"但是我们难道不应当添上，在热爱善的过程中，他们想要善物成为他们自己的？"

"我们应当。"

"不仅如此，"她说："他们想要善物永远是他们自己的，不是吗？"

"我们也应当添上这句话。"

"那么，总之，爱就是想要永远拥有善物。"

【b】"非常正确。"我说。

"所以，这就是爱的对象，"她说："现在，有爱情的人会如何追求它？我们会正确地说，当他们处于爱情之中时，他们渴望某些事物，狂热地追求某些事物。但是他们到底在做些什么？你能说一说吗？"

"要是我能说得出来，"我说："我就不用做你的学生、崇敬你的智慧、试图向你学习这些事情了。"

"好吧，那就由我来告诉你，"她说："爱就是孕育美，在身体中，或者在灵魂中。"

【c】"我需要占卜才能弄清你的意思。我做不到。"

"嗯，我会说得更明白一些，"她说："我们每个人都有生育能力，苏格拉底，身体上的和灵魂上的，长到一定年纪，我们天然就有生育的欲望。在丑陋的事物中，无人能够生育；只有在美丽的事物中才能够。这是因为，当男人和女人为了生育而走到一起，这是一件神圣的事情。怀孕、生产——这是可朽的动物所做的不朽的事情，它不能在不和谐的事物中发生，【d】而丑陋与这种神圣的事务不能和谐。然而，美与神圣的事务是和谐的。因此，掌管生育的这位女神——她被称做莫依拉①或者爱立苏伊娅②——确实是美丽的。就是因为这个道理，每当有生育力的动物或人接近美的时候，它们就感到欢欣鼓舞、精神焕发，怀孕生子；而在接近丑的时候，它们兴味索然，转身躲避，不愿交媾，因为它们心里已经明白，分娩是痛苦的。就是由于这个原因，【e】美在接近那些已经孕育生命的动物或人的时候，可以使它们顺利

---

① 莫依拉（Moῖρα），命运女神，亦为生育女神，参见荷马：《伊利亚特》23：209。

② 爱立苏伊娅（Eἰλείθνια），生育女神，与莫依拉等同，参见品达：《奥林匹亚颂歌》4,42；《尼米亚颂歌》7,1。

分娩，把它们从巨大的痛苦中解放出来。你瞧，苏格拉底，"她说："爱想要的东西不是美，如你所认为的那样。"

"好吧，那么爱是什么呢？"

"在美之中生育和繁殖。"

"也许是吧。"我说。

"肯定是，"她说："那么，为什么要繁殖呢？这是因为繁殖会永远进行下去；这就是可朽者拥有不朽的地方。如果我们前面已经同意的事情是对的，【207】那么有爱情的人在追求善物的时候必须追求不朽。从我们的论证中可以推论，爱必定企盼不朽。"

所有这些就是她对我的教导，她在多个场合谈论爱的技艺。她曾经问我："依你看，引发爱和欲望的原因是什么，苏格拉底？你难道看不到，当野兽想要繁殖时它们处于多么可怕的状况？【b】无论是长脚的，还是长翅膀的，全都充满爱的欲望。它们首先相互交配，然后哺育它们的幼崽和幼鸟——为了后代，连最弱小的动物也敢和最强大的动物搏斗，甚至不惜牺牲自己的性命；为了养育后代，它们宁愿忍受饥饿。为了后代，它们甘愿做任何事情。你会认为，要是人类这样做，这是因为他们懂得这样做的理由；【c】但是什么东西使野兽处于这种爱的状态？你能说得出来吗？"

我再一次说我不知道。

所以她说："如果你连这个道理都不懂，你怎么能够认为你是爱的技艺的大师？"

"这就是我到你这里来的原因，狄奥提玛，如我刚才所说。我知道自己需要一位老师。所以把这些原因告诉我，把属于爱的技艺的其他事情都告诉我。"

"如果你真的相信，爱依其本性，旨在我们已经有过一致意见的那些事情，【d】那么就不会对这个答案感到惊讶。"她说："因为动物界的原则和我们的原则是一样的，可朽者的本性都在尽力追求不朽。繁殖是实现这一目的的唯一途径，除此别无他途，因为这才会有新一代不断地接替老一代。甚至连每个有生命的、被说成是活的事物也一样——作为一个人，那么从小到老都是同一个人——但他绝不是由同样的事物组成的，尽管他始终用同一个名字，但他的方方面面都在变化，每一天他都是一个新人，而原来的他已不复存在。【e】我们可以看到他的头发、肌肉、骨头、血液，以及身体的其他所有部分，都在变化。不仅他的身体在变，而且他的灵魂也在变，因为他的性格、气质、思想、欲望、快乐、痛苦、恐惧都不是终生不变的，而是有些在出现，有些在消失。这条原则用于人的知识甚至更加令人惊奇，【208】我们关于事物的知识，有些在增长，有些在遗忘，可见，甚至在知识方面我们也从来不是同一个人，而是每一片知识都有相同的命运。之所以有所谓学习的存在，乃是因为知识正在离我们而去，因为遗忘就是知识的离去，而学习恢复记忆，由此保存知识，使之看起来是相同的。以这种方式，一切可朽的事物得以保存，它们与神圣的事物不同，神圣的事物永远保持同一，而可朽的事物只能留下新生命来填补自己死亡以后留下的空缺。【b】用这种方法，苏格拉底，可朽者分享不朽性，无论是身体还是其他东西，而不朽者有另外的方式。所以，别感到惊奇，如果一切事物天然地珍惜它自己的后代，因为就是为了不朽，一切事物都表现出这种热情，这种热情就是爱。"

听了她的演讲，【c】我还是感到震惊，我说："嗯，最聪明的狄奥提玛，事情真的是这个样子吗？"

以一名睿智大师的口吻，她说："确实如此，苏格拉底。如果你愿意，可以看一下人类如何追求荣誉。如果你没有把我说的记在心上，如果你不曾考虑过他们所处的可怕的爱的状况，那么你会对他们的表现感到惊讶，他们想要出人头地，他们想要'建立万世不朽的功勋'，为了流芳百世，他们不怕千难万险，不惜倾家荡产，甚至不惜牺牲自己的生命。【d】你真的认为阿尔刻提斯愿意替阿德墨托斯①去死吗？"她说："或者阿喀琉斯愿意跟随帕特

---

① 阿德墨托斯（Ἀδμήτος），阿尔刻提斯的丈夫。

洛克罗去死，或者你们的考德鲁斯①宁愿牺牲自己以保全他的子孙的王位，如果不期待他们的德性——我们至今仍加以荣耀——被人们永世牢记？决不会这样。"她说："我相信，为了不朽的德性以及后来光荣的名望的缘故，任何人都愿意做任何事情；【e】这些人愈高尚，他们做得就愈多，因为他们全都热爱不朽。

"嗯，有些人的生育表现在身体上，由于这个原因他们更多地转向女人，以这种方式追求爱，通过生儿育女来追求不朽的名声、后代的记忆、永久的幸福，如他们自己所认为的那样；【209】而其他一些人的生育表现在灵魂中——因为肯定有一些人的灵魂比他们的身体更有生育能力，更适宜在灵魂中播种、怀孕和生养。适宜生养的是什么呢？智慧以及其他美德，每个诗人都以生养美德为职司，其他所有被视为创造性的技艺都在起这种作用。迄今为止，智慧最伟大、最美好的部分处理的是城邦和家庭的秩序，【b】智慧的这个部分被称做节制和正义。有些人从小就在他的灵魂中孕育这些美德，当他还是个处男的时候，到了恰当的年纪，他想要生育，他肯定会四处寻访，寻找一个美的对象来播种；因为他决不会在任何丑陋的对象那里生育。由于他是有生育力的，因此他更容易被美丽的身体而不是被丑陋的身体所吸引；如果他也幸运地碰上一个灵魂美好、优秀、高尚的人，那么他更容易迷上他；【c】这样的男人使他不断地接触有关德性的思想和论证——一个有美德的男人应当拥有这些品德，并参与符合习俗的活动；所以他试图对他进行教育。在我看来，你瞧，通过与某个俊美的男人的交往，有他的陪伴，他会产下多年孕育的东西。无论他们在一起，还是分离，他会记住那种美。到了他们孕育的东西出世之后，他们会同心协力，共同抚养他们友谊的结晶；因此，这样的人，比那些生儿育女的父母有更多的东西分享，因为他们创造出来的东西比肉体的子女更加美丽，更加不朽。只要想起荷马、赫西奥德，以

---

① 考德鲁斯（Κόδρος），传说中的雅典最后一位国王。有神谕说，如果雅典人的国王被敌人所杀，雅典人将取得胜利，从入侵的多利亚人那里获得解放。考德鲁斯为了满足这条神谕而献出生命。

及其他所有大诗人，【d】有谁会不对他们表示妒忌，每个人都会乐意当这样伟大的父亲，而不仅仅满足于生养肉体的子女——这些作品本身是不朽的，它们的父母也有不朽的光荣，留下了不朽的英名。比如说，"她说："莱喀古斯留给斯巴达的那种子女①是斯巴达的救星，甚至也是全希腊的救星。在你们的民众中间，【e】荣耀也归于梭伦，因为他创造了你们的法律。还有其他人在其他地方，希腊人或野蛮人，在世人面前表现出高尚的行为，生养了各种高尚的美德。为了荣耀他们不朽的子女，已经有许多庙宇建造起来，而对那些人的后代，这种事情还没有发生。

"甚至你，【210】苏格拉底，也有可能加入这些爱的秘仪。至于这些秘仪的目的，当它们正确实施的时候——这是最终的也是最高的奥秘，我不知道你是否能够明白。我本人会把它告诉你的，"她说："我不会吝惜任何努力。请你务必聆听，如果你能做到。

"一个有爱情的人必须在年轻的时候尽早开始正确经历这种事情，献身于美丽的身体。首先，如果这位引导者②引导正确，他应当爱上一个身体，在那里产生美好的念头；然后他应当明白，【b】任何一个身体之美都是其他身体之美的兄弟，如果他追求形相之美而不认为所有身体之美都是同一的，那么他非常愚蠢。当他掌握了这一点的时候，他必定成为一切美的身体的热爱者，他必定认识到这只是一个多孔穴的身体，如果只爱这个身体，那真是太渺小了，他会藐视它。

"在此之后，他必定认为人们的灵魂之美比他们的形体之美更有价值，所以若是某人的灵魂是高尚的，【c】纵然他的形体不美，我们的有爱情的人也会爱上他、关心他，期待与这样的灵魂对话，使年轻人变得更好。结果就是，我们爱的人会被迫凝视行动之美和法律之美，会看到各种美之间的联系与贯通，他会得出结论，形体之美并不是最重要的。在习俗之后，他的注

---

① 莱喀古斯（Λυκούργους），斯巴达的立法者，此处"子女"指他在斯巴达制定的法律和习俗。

② 引导者，指爱。

意力必定会移向各种知识。【d】结果就是，他能看到各种知识之美，而不再主要观看一个例证之美——奴仆总会偏爱一个男童之美、一个男子之美、一种习俗之美（作为一名奴仆，他的心灵当然是低下的，渺小的）——这时候他会用双眼注视美的汪洋大海，凝神观看，他发现在这样的沉思中能产生最富有成果的心灵的对话，能产生最崇高的思想，能获得哲学上的丰收，【e】到了这个时候他就全然把握了这一类型的知识，它是这样一种关于美的知识……

"你要注意听，"她说："尽可能跟上我说的意思。你瞧，在爱的事务上接受引导、按既定次序进到这一步的人，看到了所有这些美的事物，接近了爱的目标；突如其来，他看到了神奇的美景；【211】苏格拉底，这就是他先前辛劳的原因：

"首先，它始终如一，既无生成，亦无逝去，不生不灭，不增不减。第二，它不会以这种方式是美的，以那种方式是丑的，不会一个时候是美的，另一个时候是丑的，不会与一个事物相连是美的，与另一个事物相连是丑的，不会在这里是美的，在那里是丑的，就好像它会对某些人来说是美的，对另外一些人来说是丑的。这个美者不会伪装成脸的美、手的美，或身体某个部分的美向他显现。它既不是话语，也不是知识。它不存在于其他别的事物中，比如动物、大地、天空之类的事物；它自存自在，是永恒的一，【b】而其他一切美好的事物都是对它的分有。无论其他事物如何分有它的部分，美本身既不会增加，也不会减少，仍旧保持着不可侵犯的完整性。所以，当某人通过这些阶梯上升，通过正确地爱男孩，开始看到这种美的时候，他就几乎把握了他的目标。【c】这就是进入爱神的秘仪的正确道路，或是自己前行，或是被人引导。为了寻求美本身，逐步上升，从美的事物开始，把它们用作阶梯，也就是说，从一个美的形体到两个美的形体，再从两个美的形体到所有美的形体，从形体之美到体制之美，从体制之美到知识之美，最后再从知识之美进到仅以美本身为对象的那种学问，最终明白什么是美。

【d】"在那样的生活中，苏格拉底，我的朋友。"这位来自曼提尼亚的妇人说："如果说一个人要在任何地方过那样的生活，就在于观看美本身。一旦看到美本身，你就不会用黄金、华服、俊男、美童来衡量美——这些人，如果你现在看见他们，会使你和许多像你一样的人朝思暮想，如醉如痴，如果可能的话，你们会终日厮守在心爱的人儿身边，废寝忘食，一刻也不愿分离，追求最大的满足。【e】但是为什么会这样呢？在我看来，"她说："如果一个人看到那如其本然，精纯不杂的美本身，这个美不是可朽的血肉身躯之美，而是神圣的天然一体之美，如果他能亲眼看到天上的美，能睁开双眼凝视那美的真相，对它进行沉思，直到美的真相永远成为他自己的东西，那么你还会把他的生活称做无法躲避的生活吗？【212】或者说，你不记得了，"她说："只有在这种生活中，当人们通过使美本身成为可见的而看到美本身的时候，人们才会加速拥有真正的美德，而不是那些虚假的美德，使之加速的是美德本身，而不是与美德相似的东西。当他在心中哺育了这种完善的美德，他将被称做神的朋友，【b】如果说有凡人能够成为不朽的，那么就是他这样的人。"

斐德罗，其他各位先生，这就是狄奥提玛告诉我的事情。我对它心悦诚服。一旦信服，我也想使别人同样信服，要达到这种境界，人的本性无法找到比爱神更好的工作伙伴了。由于这个原因，我说每个人都必须荣耀爱神，我自己就在荣耀爱神的祭仪本身，并且勤勉地实践它们，我也要求别人这样做。迄今为止，我都在尽力赞美爱神的力量和勇敢。【c】所以，考虑一下这篇演讲，斐德罗，如果你愿意，可以把它当做我对爱神的颂辞，如果你不愿意，叫它别的名称也可以，反正随你的便。

苏格拉底的演讲在阵阵掌声中结束。这时候，阿里斯托芬想要压倒众人的欢笑，让别人能听到他说话，他想就苏格拉底在发言中涉及他的那些地方提出质疑。① 然而，突如其来，外面传来一阵更大的喧闹声。一群醉汉抵达

---

① 参见本篇 205d—e。

庭院门口，他们在那里敲门，还有他们一直带着的吹笛女的笛声。这个时候，【d】阿伽松对他的奴仆说：

"去看看谁来了。如果是我们认识的人，就请他们进来。否则，就说宴会已经结束，酒已经喝光了。"

没过一会儿，前院传来阿尔基比亚德的声音。他喝醉了，大声嚷嚷，问阿伽松在哪里，要仆人马上带他去见阿伽松。那位吹笛女和其他随从搀扶着他来到我们宴饮的大厅门口。他站在那里跟我们说话，【e】头上戴葡萄藤和紫罗兰编织的大花冠，还缠绕着许多丝带。

"晚上好，先生们。我已经喝够了，"他嚷道："我可以参加你们的宴会吗？我其实只想替阿伽松戴上花冠，说几句话就走。我们来就是为了这件事。昨天我就想来了，但有事不能脱身，所以我现在来了，头上还缠了这么多丝带。我要把这些丝带取下来，系到这个最聪明、最漂亮的人头上，我还要给他戴上花冠。我想你们在笑话我，因为我喝醉了。【213】你们尽管笑，我不在乎。我还没醉到不知道自己在说什么的地步，你们无法否认我说的是真话。好吧，先生们，你们表个态吧，我可以进来吗？你们能不能和我一起喝酒？"

他们全都大声喊着，对他表示欢迎，让他入座。阿伽松也请他坐在自己身边。所以，阿尔基比亚德又在他的朋友们的搀扶下，往阿伽松身旁走去。他一边走，一边想从头上解开丝带，想在靠近阿伽松的时候给他加冕。他头上的花冠弄歪了，遮住了他的双眼，所以他没注意到苏格拉底。他在阿伽松和苏格拉底中间坐下，苏格拉底看见他走过来，已经给他挪出空位。【b】阿尔基比亚德一落座，就伸出双臂拥抱阿伽松，亲吻他，往他的头上系丝带。

阿伽松让他的奴仆把阿尔基比亚德的鞋脱了。"这样我们仨可以坐得下我的躺椅。"他说。

"好主意！"阿尔基比亚德答道："不过，等一下，谁是第三个？"

他一边说一边回过头去，就在这个时候，他看见了苏格拉底。一看到苏格拉底，他就跳起来大声喊道：

"该死的，【c】是你，苏格拉底！你这家伙，还是你那套老把戏，坐在这里一声不吭，然后趁我不备冒出来吓我一跳。好吧，今天是哪阵风把你给吹来的？你干吗要坐在这里，而不去坐在阿里斯托芬或其他喜剧家的边上？你玩了什么鬼花样，能够坐在这位最漂亮的人边上？"

【d】"求求你，阿伽松，"苏格拉底说："别让这个人伤害我！你无法想象和他有了爱情会是什么样；从我钟情于他那一刻起，他就不允许我跟其他人说一句话——我正在说，我甚至不能看别人一眼，哪怕这个人一点儿吸引力都没有，要是我看了，他就妒性大发。他用最难听的话骂我，他吓唬我，他甚至要扇我耳光！求求你，让他控制一下自己。也许你能使他原谅我？如果你做不到，如果他要动武，你能保护我吗？一想到他那怒气冲天的样子，我就怕得发抖！"

【e】"我绝对不会原谅你！"阿尔基比亚德喊道："我向你保证，你会为此付出代价的！但是现在，"他转过身去对阿伽松说："给我几根丝带。我最好也给他扎个花冠——你看这个世上最神奇的脑袋！否则的话，他会大吵大闹。他会牢骚不断，尽管我在你第一次赢得胜利时就给你戴上了花冠，但我没有给他荣耀，尽管他这一辈子从来没有输过一次论证。"

于是，阿尔基比亚德拿过一些丝带，系在苏格拉底的头上，然后靠在躺椅上。然而，刚过一会儿，他又开始说话：

"朋友们，我看你们都很清醒；这样不行！让我们喝酒吧！记住我们的协议？我们需要一个主持人；谁来当这个主持人好呢？……嗯，至少到你们也全都喝醉了为止，我选举……我自己！还能是谁？阿伽松，我想要一只最大的酒杯……不！等一下！你！【214】把那边那个凉酒罐拿给我！"

他看到那个凉酒罐，知道它能装八科图莱① 酒。他让佣人把凉酒罐装满，一口气喝干，然而又叫佣人把它斟满，让苏格拉底喝。

"这点儿酒对他来说实在算不了什么，"他告诉其他人："无论你们在他

---

① 科图莱（κοτύλη，复数 κοτύλας），希腊容积单位，约合 0.28 公升。

面前摆多少酒，苏格拉底都能喝下去，没有人看他喝醉过。"

那名仆人给凉酒罐倒满了酒，苏格拉底在喝的时候，厄律克西马库对阿尔基比亚德说：

【b】"这样做极为不妥。我们不能只管把酒倒进喉咙，一句话也不说；我们必须说话，或者至少唱首歌。我们现在这样做已经谈不上有什么文雅了。"

阿尔基比亚德对他这样说：

"噢，厄律克西马库，最有节制的父亲生出来的有可能是最优秀的儿子，你好！"

"你也好，"厄律克西马库答道："我们现在怎么办，你有什么建议？"

"无论你怎么说，我们都会服从你，因为'一个高明的医生能抵许多人。'① 请你开个处方，说说你认为怎么做合适。"

【c】"你听着，"厄律克西马库说："你没来以前我们已经商量好了，从左到右每人轮流发言，尽力赞颂爱神。我们都已经这样做了。现在你已经喝了酒，但还没有发言，所以你现在可以发言了。等你讲完了，你可以指使苏格拉底，做你想要他做的事，无论什么事都行，然后他也可以对他左边的人提这样的要求，就这样一个个轮下去。"

"说得好，噢，厄律克西马库。"阿尔基比亚德答道："但你真的以为让一个喝得半醉的人和一批实际上还很清醒的人进行较量公平吗？另外，我亲爱的同伴，【d】我希望你千万别相信苏格拉底的鬼话；事情正好相反，要是我胆敢当着他的面赞扬其他人——甚至赞扬一位神——那么挨打的肯定是我！"

"管好你的舌头！"苏格拉底说。

"神灵在上，你竟敢否认这一点！"阿尔基比亚德喊道："我从来不敢——从不——当着你的面赞扬其他人。"

【e】"嗯，要是你想这么做，为什么不呢？"厄律克西马库提议说："你为什么不当着我们大家的面，把苏格拉底颂扬一番呢？"

---

① 荷马：《伊利亚特》11：514。

"你什么意思？"阿尔基比亚德问道："你真的这么想吗，厄律克西马库？我应当放开手脚收拾他吗？我要当着你们大家的面惩罚他吗？"

"喂，等一下，"苏格拉底说道："你心里想的是什么？你要对我进行赞扬，只是为了嘲笑我吗？是这样吗？"

"我只讲事实，这总可以了吧？"

"我当然喜欢听你讲真话。不管怎么样，你说吧。"苏格拉底答道。

"现在没有任何事情能阻拦我了。"阿尔基比亚德说："这是你现在能做的事情：如果我有一句假话，你可以马上打断我，如果你愿意，你可以纠正我；【215】我的演讲顶多有一些错误，但绝不会是谎言。但是，如果我说的事情顺序不对，你不能说我错了——我想到什么就说什么。你不能指望像我这样的醉汉还能系统、清晰地解释你的古怪行为。"

我试图赞扬苏格拉底，朋友们，但我不得不使用一个比喻。尽管他可能会认为我在跟他开玩笑，但我向你们保证，我用这个比喻不是为了取笑他，【b】而是为了说明真相。你们看看他！他不就像一尊西勒诺斯①雕像吗？你们知道我指的是哪一种雕像，在城里任何小铺子里都能找到它们。西勒诺斯的坐像，手里拿着长笛或者芦笛，雕像中间是空的。要是从中劈开，里面装满了小神像。现在你们再看看他！他不也像那个羊人玛息阿②吗？

没有人，甚至连你自己，苏格拉底，能够否认你长得很像他们。但这种相像还不仅仅在于外貌，你们马上就会听到苏格拉底和他们像在什么地方。

你相当厚颜无耻、卑鄙下流、肮脏下贱！不是吗？如果你不承认，我会拿出证据来。你也会吹笛子，不是吗？事实上，你比玛息阿还要神奇得多，【c】他需要用乐器来向人们展示他的魅力。现在演奏他的乐曲的人也是

---

① 西勒诺斯（σιληνός），希腊森林之神，相貌丑陋，身体粗壮矮小，秃顶，塌鼻。
② 玛息阿（Μαρσύας），希腊神话中的半人半羊的怪物，长有公羊的角、腿和尾巴，性好欢娱，耽于淫欲，擅长吹笛。

这样——甚至连奥林普斯①吹奏的乐曲也是玛息阿的作品，因为奥林普斯向他学习了一切。所以无论是谁，著名笛手也好，普通的吹笛女也好，只要能吹出他的乐曲，就能使人们欢欣鼓舞，做好准备，接受神的凭附，参加神圣的秘仪。之所以如此，乃是因为他的乐曲本身是神圣的。你和玛息阿之间的唯一差别就是你不需要乐器；【d】你做的事情和他一模一样，但你只靠讲话。你们知道，人们很难认真对待讲话的人，哪怕他是最伟大的演说家；不过，让每个人——男人，女人，小孩——都来听你讲话，甚至听别人复述你讲的话，哪怕复述得很糟——我们都会感到欢欣鼓舞，听得如醉如痴。如果我向你们描述他的话语对我有什么持久惊人的功效【e】（甚至连我正在讲话的这一刻我都能感受到），你们真的可以说我已经喝醉了！还有，我向你们发誓，他一开始说话，我就魂不附体，我的心狂跳不止，我热泪盈眶，跟科里班忒②有得一比——嗯，我要告诉你们，像我这样的绝对不止我一个。我听过伯里克利③和其他许多大演说家的演讲，我崇拜他们的讲话。但这样的事情在我身上从未发生；他们从来没有使我的灵魂骚动不安，开始反省我自己的生活——我的生命！——并不比最可悲的奴隶好到哪里去。这就是坐在我边上的这位玛息阿使我感受到的，【216】他让我感到我的生命根本不值得活！你无法说这不是真的，苏格拉底。我非常明白，如果我现在给你半点机会，你就会让我有同样的感觉。他总是给我下套，你们瞧，他让我承认我的政治生涯完全是在浪费时间，而这样一些事情是我最疏忽的；我这个人有缺点，需要加以最密切的关注。所以我拒绝听他讲话，我掩耳逃窜，【b】因为，他就像塞壬④，能使我一直待在他身旁，直到老死。

当今世上，苏格拉底是唯一能使我感到羞愧的人——啊，你们不会认为

---

① 奥林普斯（Ὀλύμπους），希腊传说中的著名乐师，为玛息阿所爱。

② 科里班忒（Κορυβαντες），众神之母库柏勒的祭司，施行秘法时狂歌乱舞，并用长矛碰撞。

③ 伯里克利（Περικλές），公元前 5 世纪雅典文化极盛时期的大政治家和演说家。

④ 塞壬（Σειρήν）是希腊神话中的人身鸟足的仙女，居住在海岛上，用美妙的歌声迷惑过往的水手。

我已经有羞耻感了，是吗？是的，他使我感到羞耻；我非常明白，当他告诉我应当怎么做的时候，我无法证明他是错的；不过，一离开他，我就故态复萌，仍旧去阿谀逢迎。我的整个生活变成不断努力躲避他，但一见他的面，我就会深深地感到羞愧，【c】因为我丝毫也没有改变自己的生活方式，尽管我已经同意他的看法，知道我应当这样做。相信我，有时候我在想，要是他死了，我会快活一些。然而我知道，他若真的不在人世，我会变得更加可悲。我不能与他一道生活，我的生活又不能没有他！所以，我该怎么办呢？

这就是这位羊人的音乐所起的功效——对我和对其他许多人。但这只是很小一部分。他在其他各个方面也和这些生灵相似；他的力量真的格外非凡。让我把这些全都告诉你们，因为，【d】你们可以肯定，你们中间无人真正了解他。不过，我已经开始了，我要把他的真面目告诉你们。

我开始就要说他对漂亮的男孩着迷，老是围着他们转。还有，他喜欢说他自己是无知的，什么都不知道。这一点不是活像西勒诺斯吗？当然很像啦！但所有这些都只是他的外表，就像肚子里藏着小神像的西勒诺斯雕像。但是，我在想，我的酒友们，你们一旦看到他的内里，就可以证明他有多么明智和清醒了。相信我，【e】男孩是否漂亮对他来说根本不算一回事。你们无法想象他有多么不在意一个人是否漂亮、是否富有、是否出名，而这些东西是大多数人羡慕的。他藐视这些东西，这也确实是他对我们这些人的看法。我要公开告诉你们，他的整个生活都是一场大游戏——充满讥讽。我不知道你们中是否有人见过他有真正严肃的时候。而我曾经见过他有非常公开的时候，就像西勒诺斯的雕像，我看到了隐藏在他内心的那些神像；【217】它们是像神的——如此聪明和美丽、如此珍贵和奇妙——我不再有任何选择——我只能按他的要求去做。

我曾经以为他真的需要我，我以为自己交了好运；我只要对他好一点儿，他就会把他所知道的都教给我——相信我，我对自己充满信心。当然了，到那个时候为止，我们还没有单独在相处过，我和他见面时总有我的跟班在场。【b】想到这一点，我把跟班打发走了，独自一人去和苏格拉底约会。

（你们瞧，在这个朋友圈里，我必须把事实真相和盘托出；所以，请你们注意听。还有，苏格拉底，如果我说的任何事情不真实，请你纠正我。）

所以，我终于和他单独相处了，我的朋友们。当然了，我心里指望从他那里听到一些情人约会时常说的甜言蜜语，我自己就喜欢这样做。可是我的指望落空了，他一句好话都没有。他只是和平常一样与我交谈，【c】到了该分手的时候，他说了声再见就走了。

于是我又邀他一起去体育场做运动，指望借此可以达到目的。你们信不信，我和他一起练习摔跤，没有旁人在场，可就是没做成那件事，一点进展都没有！我明白了，这样做不会有什么收获，于是我想了又想，最后打定主意，大胆地对他发起正面进攻。因此，就像恋人想要勾引爱人一样，我请他来吃晚饭。要想请到他也不容易，【d】但最后他终于答应了。第一次，他来吃了晚饭以后马上就要告辞，而我当时很害羞，没能拦住他。第二次，吃了晚饭以后，我不停地和他交谈，一直谈到半夜，他要走的时候，我以夜深为理由，强迫他留下过夜。就这样，他和我同榻而卧，就在吃晚饭的那个房间，【e】没有别人，只有他和我。

现在你们必须承认，我的故事到此为止都很体面，可以讲给任何人听。俗话说："酒后吐真言。"要不是我现在喝醉了，你们绝无可能听到后来发生的事。还有，让我颂扬苏格拉底，而不提他引以为豪的成就之一，对他来说是不公平的。还有，人们常说，一个人被蛇咬过之后，不会把他的痛苦告诉别人，除非那个人也曾经被蛇咬过，【218】因为只有这样的人会对他表示同情，而没有被蛇咬过的人只会把他当做傻瓜。这就是我现在的感觉，我被比毒蛇还要厉害的毒物咬了，我疼痛无比。我被咬的地方是我的心，把它叫做心灵或别的什么也可以。咬我的毒物是哲学，它就像一条蝰蛇紧紧咬住一颗年轻、能干的心，要他做什么就做什么，全由它支配。现在，所有在场的人，斐德罗、阿伽松、【b】厄律克西马库、鲍萨尼亚、阿里司托得姆、阿里斯托芬——我不需要提到苏格拉底本人——以及其他所有人，全都分享着哲学的迷狂和热情。就是由于这个原因，你们能听到我的故事的其余部分，你们能理解这些事情，能够原谅我的言行。至于这些家奴和其他未曾入会者，我的故事不是讲给你们听的，把你们的耳朵堵上。

【c】回过头来，我继续讲我的故事。灯熄了，仆人离去；时机正对，我想，我可以把心中的念头直接告诉他了。所以我推了他一把，小声问道：

"苏格拉底，睡着了吗？"

"不，还没有。"他答道。

"你知道我在想什么吗？"

"嗯，不，不知道。"

"我在想，"我说："你是唯一值得我爱的人——不过，你跟我在一起好像很害羞！好吧，让我来告诉你我是怎么想的。我在想，【d】要是不把你想要的东西给你，那是很愚蠢的；你可以拥有我，拥有我拥有的一切，拥有我的朋友拥有的东西。为了使自己成为最优秀的人，我一直热心交朋友，我认为你比其他任何人都更能帮助我实现这个目标。和一位像你这样的人待在一起，实际上，要是我不把你当做我的情人，像聪明人会说的那样，而是把你当做我的情人，像其他那些愚蠢的人会说的那样，我会感到前者比后者要可耻得多。"

他听完了我的这番话，用他惯常的讥讽的口吻说：

"亲爱的阿尔基比亚德，【e】关于我如果你说得没错，那么你已经比你认为的要更加完善了。如果我真的有某种力量能使你变好，那么你能在我身上看到一种美，这种美难以言表，并会使你杰出的美相形见绌。不过，你提出的这种交换公平吗？在我看来，你想要的东西过分了：你向我提供的仅仅是美的形象，而你想要的东西是这样事物本身，【219】'以铜换金。'①

"还有，我亲爱的孩子，你应当再做思考，因为你可能看错了，我对你一点儿用处都没有。肉眼模糊的时候，心眼才会清晰起来——你要想心眼清晰还有很长的时间。"

---

① 荷马：《伊利亚特》6：232—36。格劳科斯用金盔甲换青铜。

听了这些话，我答道：

"我真的无话可说了。我已经把我的想法准确地告诉你。现在请你考虑，你认为怎样办对我们俩是最好的。"

【b】"你这样说倒是蛮合理的，"他答道："以后让我们一起来考虑。我们会做那些对我们俩似乎最好的事情。"

他的话使我以为我放出的利箭终于射中了靶子，他已经接受了我。因此，我没有再给他说话的机会。我马上站了起来，把我的披风①盖在他薄薄的长衫上，尽管已是隆冬季节，他只穿了这件长衫。我钻到他的长衫下面，【c】用胳膊搂着他——这是极不自然的，这真是个奇特的人——就这样躺了一夜。苏格拉底，你无法否认这件事。尽管我付出了我的全部努力，但他仍旧极为傲慢，难以置信地粗鲁无礼——他拒绝了我！他对我感到自豪的美貌无动于衷，陪审团的先生们——你们现在确实是陪审员；你们现在坐在这里审判苏格拉底惊人的傲慢和无礼。我以全体男神和女神的名义向你们起誓，【d】我和苏格拉底共度良宵的那个晚上什么事都没有发生，他就好像是我的父亲或者长兄。

你们认为我在那件事情以后是什么感觉？当然了，我深深地感到他对我的鄙视，但也不得不敬佩他的天性、节制和刚毅——这个人的力量和智慧超出我最大胆的想象！我又怎么会仇视他呢？我无法忍受失去他的友谊。【e】但我又有什么办法能赢得他的青睐呢？我非常清楚，用金钱引诱对他根本不起作用，就好比用长矛捕捉埃阿斯②，我原来最有把握的一招已经失败了。所以我无计可施，我的生活没有了目标；啊，其他任何人都不会知道奴役的真正含义！

---

① 古希腊人的服装多采用不经裁剪、缝合的矩形面料，通过在人体上的披挂、缠绕、别饰针、束带等方式，形成特殊服装风貌。披挂型的有"旗同衫"（χιτών），缠绕型的有"希马申"（ἱμάτιον）。

② 埃阿斯（Αἴας）是特洛伊战争中的希腊英雄。他的护身盾用七层牛皮做成，所以不怕长矛。

　　其实早在雅典人侵犯波提狄亚①的时候，所有这些事情都已经发生，我们俩都参加了当时的战役，吃饭睡觉都在一起。一开始，他就以吃苦耐劳见长，不仅胜过我，而且胜过队里的其他人。每逢给养跟不上，这在战争中是常有的事，【220】没有人能像他那样忍饥挨饿。供应充足的时候，也不会有人像他那样吃得津津有味。尽管他本来不大爱喝酒，但要是强迫他喝，他的酒量比谁都大。最奇怪的是，从来没有人见他喝醉过。我敢说，等今天的宴饮结束，他又有机会证明这一点。

　　除此之外，他忍受严寒的方式也令人吃惊——让我告诉你们，那里的冬天可怕极了。我记得，有一次天气骤变，冰冻三尺，【b】我们全在帐篷里待着，不敢出去。如果要出去，我们全身穿得非常厚实，还在鞋上裹上毡子，但他照样出去行走，穿着他原来常穿的那件破长衫，赤脚在冰上行走，比我们穿鞋的人走得还要自在。有些士兵用怀疑的眼光看他，以为苏格拉底这样做是故意的，他是在以此表现对其他人的蔑视。

　　【c】这件事就说到这里！但是你们应当听一下这次战役中的另一件事："我们这位勇敢的英雄还立过别的功劳。"②有一天清晨，太阳还没升起，苏格拉底想到某个问题，就站在那里沉思，想不出答案来就誓不罢休。他就一直这样站着，到了中午的时候，士兵们看他这样都感到很惊讶，相互传话说，苏格拉底从天亮起就站在那里沉思。到了傍晚，几个伊奥尼亚人吃过晚饭，把他们的铺盖搬了出来，【d】睡在露天里，想看他是否站着过夜，那个时候当然是夏天，睡在外面要凉快些。果然，他在那里一直站到天亮，直到太阳升起。他对着太阳做了祷告，然后就走开了。

　　如果你们想知道他在战斗中的表现——这真是他应得的赞扬。你们知道，在那次战役中我由于表现勇敢而得到褒奖。【e】嗯，就在那次战斗中，苏格拉底救了我的命，就他一个人！我受了伤，但他不肯把我扔下，而是背

---

　　①　波提狄亚（Ποτίδαια），希腊北部的一个城邦，公元前433年兴兵反抗雅典，经过两年苦战，被雅典征服。

　　②　荷马：《奥德赛》4：252。

上我，连同我的盔甲。你是知道的，苏格拉底，我后来告诉过他们，他们对我的褒奖真的应当归功于你，你不能否认这件事，也不能因此责备我。但是这些将军们似乎过多地考虑我的家族背景，坚持要对我进行褒奖，而我必须说，你比那些将军们更加热心，说我比你更应当得到褒奖。

【221】你们也应当已经看到他在我们那次可怕的代立昂①撤退时的表现。我当时是骑兵，而他是步兵。我们的军队当时已经四下溃散，而苏格拉底正在和拉凯斯②一起往后撤。我碰巧遇见他们，我对他们大声喊道，不要怕，我会和你们在一起。那一天，我有了一次观察苏格拉底的好机会，比在波提狄亚的机会更好，因为我骑着马，也就不那么危险。嗯，很容易看出，他比拉凯斯还要镇定得多。阿里斯托芬，我不禁要借用你的诗来形容苏格拉底走路的样子，【b】他"昂首阔步，斜目四顾"，③就好像行走在雅典的大街上。无论遇到朋友还是敌人，他都是那副斜目四顾的样子，叫人远远地看着就知道他不好惹，要是撞上他，非有你好瞧的不可。就这样，他和拉凯斯安然脱险。因为，人们在战场上遇到神气十足的人一般都不敢冒犯，而碰上那些抱头鼠窜的人则会穷追不舍。

【c】赞扬苏格拉底，你们可以叙说其他许多奇妙的事情。有些事在其他人身上当然也有。但是，从总体上说，他是世上独一无二的，前无古人，后无来者——这是关于他的迄今为止最令人惊讶的事情。我们要想知道阿喀琉斯怎么样，可以把他与伯拉西达④或其他伟大的勇士相比，我们也可以把伯里克利比做涅斯托耳⑤或安特诺尔⑥，或者比做其他伟大的演说家。【d】世上有许许多多例子可以相互比照，事情就是这样。但是在这里的这个人如此古

---

① 代立昂（Δελίον），地名，公元前424年雅典军队在此被波提狄亚人打败，这一年是伯罗奔尼撒战争的第八个年头。参见《拉凯斯篇》181b。
② 拉凯斯（Λάχης），雅典将军。
③ 阿里斯托芬：《云》，第362行。
④ 伯拉西达（Βρασίδας），公元前5世纪斯巴达英雄，屡次战胜雅典。
⑤ 涅斯托耳（Νέστωρ），特洛伊战争中擅长辞令的谋臣，属于希腊联军。
⑥ 安特诺尔（Αντήνωρ），特洛伊战争中擅长辞令的谋臣，属于特洛伊方面。

怪，他的行为方式和思想如此非同寻常，你们仔细想一想，你们绝对找到不到一个人，活人也好，死人也罢，跟他有点儿相似。你们顶多能做到的，不是把他比做某个人，而是说其他人像他，或是像我做的那样，把他比做西勒诺斯和萨堤罗斯，在思想和论证方面也一样。

说到这个方面，我应当在前面就提到。甚至连他的思想和论证也像那些中空的西勒诺斯雕像。【e】如果你们聆听他的论证，这些论证会把你们变得完全荒唐可笑；这些论证包裹在言词中，就好像披着羊皮的、丑陋的萨堤罗斯。他老是在那里谈铁匠、鞋匠、皮匠；他老是在那里说些陈词滥调。如果你们是愚蠢的，或是对他不熟悉，你们会发现要想嘲笑他的论证是不可能的。【222】但若你们能在这些论证像雕像一样打开的时候看它们，如果你们透过外表看内里，你们会明白其他论证是没有任何意义的。它们是真正有价值的，连同其内在的美德意向。对任何想要成为真正好人的人来说，它们是极为重要的——不，是最重要的。

【b】好吧，这就是我对苏格拉底的颂扬，尽管我在其中也夹杂了一些埋怨；我告诉了你们他对我的态度有多么可怕——受到冷遇的不止我一个，还有卡尔米德①、欧绪德谟②，等等。他欺骗了我们大家；他装扮成爱你们的人，而在你们明白这一点之前，你们自己就已经爱上了他！阿伽松，千万别让他愚弄你！记住我们所受的折磨，你要提高警惕；不要一味等待，就像格言中的那个傻瓜，要从你自己的不幸中吸取教训。③

【c】阿尔基比亚德的坦率引发阵阵哄笑，尤其是，他显然还在爱着苏格拉底。苏格拉底马上对他说：

"你相当清醒，阿尔基比亚德。否则你决无可能如此优雅地掩盖你的动机；你故作信口开河，不经思索，但到最后还是露出了马脚！【d】你想让别

---

① 卡尔米德（Χαρμίδης），人名，《卡尔米德篇》对话人。
② 欧绪德谟（Εὐθύδημος），人名，《欧绪德谟篇》对话人。
③ 参见荷马：《伊利亚特》17：32。

人误以为你讲话的真正目的是挑拨离间阿伽松和我的关系！你认为我应当与你相爱，不与别人相爱，而你，应当与阿伽松相爱，不与别人相爱——嗯，我们没有受骗上当；我们已经看穿了你的小把戏。阿伽松，我的朋友，别让他的诡计得逞，别让其他人在我们中间插足。

阿伽松对苏格拉底说：

【e】"我开始认为你说得对，他到这张躺椅上来，坐在我们俩中间，这不就是一个证明吗？如果不是想要把我们隔开，他为什么要这样做？但他别想得太美了，我现在就换位置，躺到你身边来。"

"好极了，"苏格拉底说："来吧，到我身边来。"

"天哪！"阿尔基比亚德道："我真受不了他！他在落井下石；他决不肯放过我。来吧，别那么自私，苏格拉底；至少，我们妥协吧，让阿伽松躺在我们中间。"

"噢，不行，"苏格拉底说："你已经结束了对我的颂扬，现在该轮到我颂扬坐在我右边的人。要是阿伽松坐到你边上，那么他就必须从头开始颂扬我，【223】而不是让我颂扬他，这是我在任何情况下非常想做的事情。别妒忌，让我赞扬这个孩子。"

"噢，好极了，"阿伽松嚷道："阿尔基比亚德，现在没有任何理由能让我继续待在你身边了。无论如何我要动一动。我必须聆听苏格拉底对我的赞扬。"

"又来了，"阿尔基比亚德说："就像以前一样，只要有苏格拉底在，别人就没有机会接近美男子。你们瞧，【b】他要阿伽松挨着他躺下，借口找得多么巧妙！"

然后，突如其来，正当阿伽松换位置的时候，一大群欢宴者突然闯了进来，有人离开时没关门，所以那些人就走了进来，不问青红皂白，坐下就喝开了。大厅里的秩序一下子全乱了，文雅和体面都抛诸脑后，大家互相劝酒，喝得昏天黑地。

在这个时候，阿里司托得姆说，厄律克西马库、斐德罗，【c】还有其他一些最先来的客人离开了。而他自己睡着了，睡了很久（当时是冬天，夜特别长）。他醒来时已是黎明时分，公鸡已经打鸣。他看到客人们要么已经走了，要么还在躺椅上睡着，只有阿伽松、阿里斯托芬和苏格拉底还醒着，【d】在共用一只大杯喝酒，从左到右轮流。苏格拉底还在和他们谈话。他们在说些什么，阿里司托得姆已经记不清了——他没听到开头，醒来以后也仍旧迷迷糊糊——但他们谈论的要点是，苏格拉底试图向他们证明，剧作家应当既能写喜剧又能写悲剧，技艺娴熟的悲剧作家也应当是喜剧作家。苏格拉底的论证进入了决定阶段，不过，说实话，他们太瞌睡了，已经跟不上他的推理。实际上，阿里斯托芬在他们讨论到一半的时候就睡着了，稍后，就在天快亮的时候，阿伽松也睡着了。

苏格拉底把他们安顿了一下，让他们睡得舒服一些，然后起身离去，阿里司托得姆跟着他，像以往那样。阿里司托得姆说，苏格拉底径直去了吕克昂①，洗了澡，像平常那样在那里度过了一天，到傍晚时才回家休息。

———————

① 吕克昂（Λύκαιον），地名。

本书由浙大城市学院资助，
为浙大城市学院科研成果

古希腊罗马哲学原典集成

主编 王晓朝

柏拉图全集

修订版

中卷

[古希腊] 柏拉图 著 王晓朝 译

人民出版社

"古希腊罗马哲学原典集成"
丛书要目

目 录 Contents

国　家　篇

（理想国）

提　要

本篇的希腊文篇名是"Πολιτεία"。这个词源于 πόλις（城邦、国家、邦国、公民团体）。它的含义有：公民的条件和权利、公民权、公民生活；政府形式、行政机关、国家制度、国家事务（政治），等等。它的中文篇名有多种译法，常被译为《理想国》或《共和国》，严群先生建议译为《造邦论》。本篇属于柏拉图中期对话，是柏拉图的代表作。

公元 1 世纪的塞拉绪罗在编定柏拉图作品篇目时，将本篇列为第八组四联剧的第二篇，称其性质是"政治性的"，称其主题是"论正义"。[①]整篇对话在形式上，主要由苏格拉底和格老孔、阿狄曼图两位青年谈论理想城邦的建构。正义问题是贯穿全文的一条主线，其他问题都由此引申而来。本篇共 264 标准页，译成中文约 21 万字，其篇幅之巨仅次于《法篇》。

全文现分为十卷，可能是某位古人为了保持卷帙的均衡而做的划分。有学者认为，它的第一卷本来是一篇独立的早期对话，后来作者对正义有了自己明确的看法，于是将它用做整篇对话的引言。各卷基本内容如下：

第一卷（327a—356b），苏格拉底等人赴庇莱厄斯参加女神庆典，在波

---

① 参见第欧根尼·拉尔修：《名哲言行录》3：60。

勒玛库斯家中与年迈的凯发卢斯谈论老年。凯发卢斯认为，按照正义和虔诚生活的人可以安度晚年，所谓正义就是讲真话和偿还借来的东西。然后波勒玛库斯接替凯发卢斯与苏格拉底讨论正义问题。他们没能发现正义的本质，却得出了一系列自相矛盾的定义。智者塞拉西马柯与苏格拉底进行激烈的争论。塞拉西马柯认为，正义就是强者的利益。苏格拉底反驳这个命题，然后总结说，我们一开始考察什么是正义，在没有发现答案之前，我们就转为考察正义是不是智慧和美德，后来又发生不正义是否比正义更有利的争论；这样的讨论不会有什么收获，只有首先把握正义的本性，才能进一步解决其他问题。

第二卷（357a—383c），格老孔提出要以这样一种方式来为正义辩护，由他先来尽力赞美不正义的生活，为苏格拉底赞扬正义和申斥不正义开路。他要更新塞拉西马柯的论证，首先说明人们对正义的一般看法和正义的起源，然后讲了吕底亚人巨格斯的故事来证明人们实施正义是不自愿的，最后证明不正义的人的生活比正义的人的生活要好。阿狄曼图进一步展示相反的论证，赞扬正义，谴责不正义。苏格拉底做出回应。他建议考察城邦的正义，再考察个人灵魂的正义。由此开始，建构一个理想的城邦，然后依次阐释城邦的兴起、原初的城邦、城邦成员的分工、护卫者的出现、护卫者的品性、护卫者的教育等问题，最后涉及文艺教育和创作规范问题。

第三卷（386a—417b），苏格拉底进一步做出回应，指出现有诗歌中具有败坏道德的内容、需要加以限制的故事种类和曲调，谈论了文艺教育和体育锻炼的关系，以及进行这些教育的目的。然后苏格拉底指出：城邦有三个组成部分，即统治者、护卫者、辅助者。城邦要由护卫者来监督和维护，要从护卫者中挑选最优秀者来担任统治者，统治者可以用高贵的谎言来说服人们接受这种安排，统治者和护卫者由城邦供给，不可拥有私产和房屋，以防道德堕落。

第四卷（419a—445e），阿狄曼图指出苏格拉底的论述使得护卫者和统治者不是幸福之人。苏格拉底回应，他不是要让城邦里的某一阶层幸福，而是要让整个城邦幸福。他继而指出，财富会对城邦产生不良影响，城邦要维持适当的面积，要进行良好的教育，要正确地立法，宗教事务要由阿波罗所立之法来决定。然后苏格拉底开始寻找城邦的正义，他指出好城邦拥有智慧、勇敢、节制、正义四美德，统治者阶层使城邦具有智慧，勇敢属于护卫者阶层，节制是城邦三个阶层对由谁来统治具有共识，正义是每个人各司其职。城邦的正义与个人的正义可以类比。体现在城邦中的四美德在灵魂中也有体现。除了良好的城邦外，还有四种腐败的城邦。

第五卷（449a—480a），阿狄曼图等人打断苏格拉底有关四种腐败的城邦和个人的见解，使苏格拉底开始谈论理想城邦的共产、共妻、共子的制度。他主张男性与女性无本质上的不同，但在实践操作上前者表现优于后者。格老孔认为苏格拉底为理想城邦制定的法律甚佳，但还要探讨正义的城邦如何可能出现。苏格拉底指出，要建立绝对理想的城邦不可能，但只要哲学家成为统治者，或现任统治者成为哲学家，就能造就一个最接近理想的城邦。接下去，他们谈论了哲学家与非哲学家的区别，讨论了知识、意见、无知三者的对象。

第六卷（484a—511e），继续讨论哲学家与非哲学家的差异、哲学家的品性。阿狄曼图提出一种哲学家无用论，苏格拉底做了详细回应，指出哲学家无用不是他自己的错，而是城邦公民不懂如何使用他们，哲学家拥有恶名的原因在于伪哲学家利用哲学，败坏哲学。少数真正的哲学家会远离政治生活，但若环境允许，他们会参与政事，并证明自己是城邦的救星。现有城邦无一适合哲学，但在理想城邦中，哲学家拥有统治权，能够说服民众。苏格拉底指出第四卷中仅从灵魂的内在构成来理解德性是不够的，但是探讨善的型相可以清楚地呈现德性的知识。为了回答善是什么的问题，苏格拉底使用了"日喻"（506b—508b）和"线喻"（509d—511e）。

第七卷（514a—541b），苏格拉底用"穴喻"（514a—521b）描述哲学家的精神历程，离开洞穴的哲学家不可耽溺于真理之光，而要重回洞穴引领洞中之人离开洞穴，远离无知。然后详细讨论哲学家的养成教育。苏格拉底认为，要使灵魂转向，必须接受一系列科目的学习：算术、平面几何、立体几何、天文学、辩证法。在讨论了学习方式和最佳学习时间后，重申理想城邦的可能性。

第八卷（543a—569c），返回第四卷末提及的四种腐败城邦体制这个主题，逐一讨论荣誉制、寡头制、民主制、僭主制以及与之对应的个人。荣誉制的特性是热爱战争和胜利，寡头制的特性是看重财富，民主制的特点是热爱自由，僭主制的特点是专制统治。这些体制之间存在着渐次发展的关系。

第九卷（571a—592b），苏格拉底继续讨论僭主制的人如何从民主制的人演变而来。他从分析欲望入手，揭示僭主的灵魂和品性。根据以上论述，苏格拉底对五种类型的人的幸福进行排序，从高到低是：王者型的人、荣誉型的人、寡头型的人、民主型的人、僭主型的人。苏格拉底指出，灵魂有理智、激情、欲望三个部分，分别对应爱智慧、爱荣誉、爱利益这三种品性和快乐。真正的快乐不在于欲望的满足，而在于真理的获得；追求快乐需要理智的指引。接着苏格拉底再次驳斥塞拉西马柯在第一卷中提出的不正义有利的主张，指出灵魂的健康比身体的健康更有价值。至此，一个理想的城邦国家建构完毕。

第十卷（595a—621d），苏格拉底展开哲学与诗歌之争，指出诗歌是一种模仿，揭示模仿的本质。他以床为例，指出床的型相是真正的实在，木匠制造出来的床是实在，画家画出来的床是影像，是对前面两种床的模仿。诗人只是模仿各种事物，对这些事物并不具有真正的知识。诗歌最大的害处是以激情使理智松弛，进而滋生欲望，最后颠覆灵魂各部分统治与被统治的关系。最后，讨论美德的补偿要以灵魂不朽为基础。苏格拉底讲述厄尔的神话（614b—621b），描述人死后灵魂的旅程以及宇宙的构成，说明正义之人将在来世获取更有价值的报偿。

正　文

第一卷

【327】昨天，我①和阿里斯通②之子格老孔③一起下到庇莱厄斯④。我想对那位女神⑤祈祷一番，也对人们如何过节感到好奇，因为这是头一回举行这样的庆典。依我看，我们本地居民的游行蛮不错的，而色雷斯⑥人的游行也很出色。在做了祈祷、看完游行之后，我们开始返回雅典。【b】就在我们往回走的时候，波勒玛库斯⑦远远地看见我们，打发他的家奴赶来传话，要我们等他一下。那家奴从后面拉住我的衣角说："波勒玛库斯要你们等他一下。"我转过头去问："波勒玛库斯在哪里？""他马上就到。"他说："请你们等等他吧。"格老孔答道："行，我们等他。"

【c】没过一会儿，波勒玛库斯来到我们面前。跟他一起来的有格老孔的兄弟阿狄曼图⑧、尼昔亚斯⑨之子尼刻拉图⑩，还有其他一些人，显然全都是刚

---

①　本篇主要发言人苏格拉底（Σωκράτης），以第一人称叙述。

②　阿里斯通（Ἀρίστων），柏拉图之父。

③　格老孔（Γλαύκων），柏拉图的兄弟。

④　庇莱厄斯（Πειραιῶς），雅典重要港口，位于雅典卫城西南方向，从卫城去庇莱厄斯是向下走。"向下走"（κατέβην）这个词是整篇对话的第一个词，后来的新柏拉图主义者普罗克洛将这个词与本篇的"穴喻"联系起来。"穴喻"中提到，哲学家看到型相之后必须回到洞穴，下到洞底带领因徒走出洞穴（519c8以下）。还有学者认为，"向下走"这个概念亦可与本篇第十卷"厄尔的神话"（614a5—621b7）联系起来，人死之后灵魂向下进入冥府。

⑤　指色雷斯女神班迪斯（Βενδις），其祭仪新近被引入庇莱厄斯。

⑥　色雷斯（Θράκη），地名。

⑦　波勒玛库斯（Πολέμαρχος），与吕西亚斯和欧绪德谟是兄弟，死于公元前404年雅典"三十僭主"统治时期。

⑧　阿狄曼图（Ἀδείμαντος），柏拉图的兄弟。

⑨　尼昔亚斯（Νικίας），人名。

⑩　尼刻拉图（Νικήρατος），人名。

刚离开游行队伍。

波勒玛库斯说："在我看来，苏格拉底，你们俩好像要回雅典。"

"噢，你说得没错。"我说。

"你看到我们有多少人吗？"他说。

"我看到了。"

"好吧，你们要么证明自己比我们强大，要么就留下来。"

"可以有其他办法吗，也就是说，如果我们把你们说服了，那就让我们走？"

"但若我们不听，你们能说服我们吗？"

"肯定不能。"格老孔说。

"好吧，我们不听；你们最好打定主意。"

【328】"你们难道不知道，"阿狄曼图说："为了荣耀女神，今晚还有骑马火炬接力赛吗？"

"骑马接力？"我说："这个主意倒很新鲜。你是说骑马传递火炬，还是别的什么花样？"

"骑马传递火炬，"波勒玛库斯说："整个晚上还有别的庆祝活动，很值得一看。晚饭以后，我们会去观光。我们还要去会会那里的一大帮青年，好好地聊一聊。所以，别走了，留下来吧。"

【b】"看来我们非留不可了。"格老孔说。

"既然要留，那就留吧。"我说。

于是我们去了波勒玛库斯家，在那里我们见到波勒玛库斯的兄弟吕西亚斯①和欧绪德谟②，对了，还有卡尔凯顿③的塞拉西马柯④、帕安⑤的卡尔曼

---

① 吕西亚斯（Λυσίας），人名。
② 欧绪德谟（Ἐυθύδημος），人名。
③ 卡尔凯顿（Καλχηδόν），地名。
④ 塞拉西马柯（Θρασύμαχος），智者。
⑤ 帕安（Παιᾶν），区名。雅典政治家克利斯提尼于公元前 509 年将整个阿提卡半岛划分为一百个自治"德莫"（区），帕安是其中之一。

提德①、阿里司托尼姆②之子克利托丰③。波勒玛库斯的父亲凯发卢斯④也在家，我想，他看上去老态龙钟，因为我已有很长时间没见过他了。【c】他坐在一把带靠垫的椅子上，头上还戴着花冠，因为他刚刚结束在院子里的献祭。我们走了过去，在他身边坐下，那里摆了一圈椅子。

一看见我，凯发卢斯就和我打招呼。他说："苏格拉底，你可真是个稀客，难得有机会到庇莱厄斯来看我们。这可不行。【d】如果我还能轻松地进城，就不需要你上这儿来了，我们会去看你的。而现在你既然来了，就别再去别处了。你要知道，我现在体力虽然不行了，但谈话的欲望却在增加，想从愉快的谈话中求得乐趣。所以，按我说的去做吧，和这些年轻人来往，经常来看我们，把我们当做你的亲戚和朋友。"

【e】"确实如此，凯发卢斯。"我答道："我喜欢和上了年纪的人谈话，因为我们应当向他们咨询，就好像我们应当向那些经历过长途跋涉的人问路，因为他们走过的路有可能是我们必须要走的，我们要问他们走过的路是崎岖不平的，还是一条康庄大道。我很乐意听听你的想法，因为你的年纪已经到了诗人所谓的'老年的门槛'。⑤ 这是一个艰难的时刻吗？你能说一说吗？"

【329】"神灵在上，苏格拉底，我会把我的真实想法告诉你。我们几个年纪相仿的老头儿经常聚在一起，正应了一句古话，'同类相聚'。⑥ 我们见面的时候，大多数人会抱怨，说他们的青年时光已经一去不复返，回想起以往的种种快乐，美酒、女人、宴饮，等等，他们感到无比悲愤，就好像他们人生中最重要的事情和从前的幸福生活被人剥夺了，而现在的生活根本不值得过。有些人抱怨他们的亲属对老人不尊重，【b】由于这个原因，他们一遍

---

① 卡尔曼提德（Χαρμαντίδης），人名。
② 阿里司托尼姆（Ἀριστωνύμυς），人名。
③ 克利托丰（Κλειτοφῶν），人名。
④ 凯发卢斯（Κεφάλους），人名。
⑤ 荷马：《伊利亚特》24：487；《奥德赛》15：246，348；23：212。
⑥ 荷马：《奥德赛》17：218。

遍地重复说老年是诸多不幸的根源。而在我看来，苏格拉底，他们没有找到真正的原因，因为老年若是不幸的真正原因，那么我也会有同样的感受，因为我的年纪就摆在这里，其他所有迈入老年的人也都会有这样的体验。可是实际上，我碰到过的一些人并不这么想。确实，有一次，我听到有人问诗人索福克勒斯①：'你现在的性生活过得如何，索福克勒斯？【c】你还能和女人做爱吗？''别提了，你这个家伙。'诗人答道，'谢天谢地，你讲的这种事情我已经洗手不干了，就像逃离野蛮的暴君。'我当时认为他答得对，现在亦深以为然，年纪大了确实要清心寡欲。当内心的欲望逐渐平息，不再有更多愿望时，【d】索福克勒斯说的这种事情都已经成为过去，我们也就逃离了许多疯狂的主子。在这些事和其他一些相关的事情上，真正的原因不是老年，苏格拉底，而是人们的生活方式。如果他们是有节制的、心平气和的，那么老年算不上什么痛苦；如果他们没有节制，那么无论年老还是年轻，都同样难受。"

听了这番话我肃然起敬，【e】为了能够聆听更多的高见，我逗引他说："像你这样谈论事情，凯发卢斯，我想大多数人是不会同意的，他们认为你之所以能够轻松地忍受老年，不是由于你的生活方式，而是由于你是富裕的，他们说，有钱当然能得到许多安慰。"

"没错，他们不会同意。他们的说法也有点儿道理，但不像他们想象的那么多。塞米司托克勒②的事情跟我们现在说的有点关系。有个来自塞利福斯③的人诽谤他，说他的崇高名望归功于他的城邦，而不能归功于他自己，【330】他答道，要是他是塞利福斯人，他就不会出名，而那个人也不会出名，哪怕他是雅典人。同样的说法也可以用于那些不富裕的人和感到老年难以忍受的人，一个好人如果贫穷就不能轻易地忍受老年，而一个坏人即便

---

① 索福克勒斯（Σοφοκλεῖς），古希腊三大悲剧诗人之一（公元前496年—前406年）。

② 塞米司托克勒（Θεμιστοκλές），雅典著名政治家（公元前528年—前460年），希波战争初期在雅典推行民主改革。

③ 塞利福斯（Σέριφος），岛名。

是富裕的，也不能找到内心的平和。"

我问道："凯发卢斯，你的财富大部分是继承来的，还是你自己挣来的？"

"你问我自己挣了什么，苏格拉底。说起挣钱的本事，我介于我祖父[①]和父亲之间。【b】我祖父继承来的财产和我现在拥有的差不多，但经过他的手又翻了几番。然而，我的父亲吕珊尼亚斯[②]把这份家产减少到比我现在的财产还要少。至于我，要是能把这些家产留给我的儿子，不比我继承来的少，或许还能稍微多一些，我也就心满意足了。"

"我之所以这样问，是因为你似乎不那么看重钱财。【c】那些不是自己白手起家的人通常都像你这样。而那些自己创业的人要比他们双倍地爱钱。就像诗人喜爱自己写的诗、父亲爱自己生的子女，所以自己挣钱的人在意钱财，不是因为他们和别人一样认为钱财有用，而是因为这是他们自己挣来的。这就是他们没人陪伴的原因，因为他们谈什么都没有兴趣，除了钱。"

"你说得对。"

【d】"这样说当然是对的。但是，跟我说些别的事情吧。你从非常富裕中得到的最大好处是什么？"

"我必须要说的事情可能说服不了大多数人。但你知道，苏格拉底，当一个人想到自己快要走到生命终点的时候，他会感到害怕和考虑一些过去不害怕的事情。到了这种时候，我们听到的那些关于哈得斯[③]的故事，不正义的人在阳世作恶，死后到阴间受罚——他曾经听这些故事来取乐——就会扭曲他的灵魂，担心这些故事是真的。【e】无论是由于年迈体弱，还是因为他已经临近哈得斯里发生的事情，他比以前看得更清楚，或者无论出于什么原因，他满腹疑虑、猜测、惊恐，扪心自问有没有在什么地方害过人。如果他发现自己这辈子造了不少孽，那么他会像小孩一样经常做噩梦，【331】一次

---

① 老凯发卢斯，小凯发卢斯之父吕珊尼亚斯。
② 吕珊尼亚斯（Λυσανίας），人名。
③ 哈得斯（Ἀιδου），冥府地狱，亦为掌管冥府地狱的冥神之名。

次从梦中惊醒，总以为大难临头，惶惶不可终日。但那些知道自己行事公正的人会以甜蜜的希望为永久的伴侣——就像晚年的一位好保姆，如品达①所说，他说得好极了，苏格拉底，按正义和虔诚生活的人，'甜蜜的希望在他心中，是他晚年的保姆和伴侣。希望，凡人多变心灵的舵手。'他说得确实好，令人赞叹！与此相连，我要说财富非常有价值，但并非对每个人都有价值，而只对体面的、守规矩的人才有价值。【b】财富可以做很多事，有了财富我们就不用存心作假，不用去欺骗违反我们意愿的人，当我们启程去另一个地方的时候，也不用担惊受怕，因为我们亏欠神的祭品，或者欠下人的债务。它还有很多其他用处，但是，相比而言，我要说钱财对有理智的人最有用。"

【c】"真是一种很好的感受，凯发卢斯。但是，讲到这样东西本身，亦即正义，我们能够不加限制地说正义就是讲真话和偿还借来的东西吗？或者说，做这些事情有时候是正义的，有时候是不正义的？我的意思是，举例来说，每个人都会同意，如果一个头脑清醒的人把武器借给他的朋友，然后在他发疯的时候想把武器要回去，在这种情况下，他的朋友不应当把武器还给他，如果他还了，那是不正义的。任何人也不应当把整个事实真相告诉某个疯了的人。"

【d】"对。"

"那么，正义的定义不是讲真话和偿还借来的东西。"

"这是正义的定义，苏格拉底。"波勒玛库斯插话说："如果我们确实相信西摩尼得②。"

"好吧，"凯发卢斯说："我把这个论证交给你，因为我该去照料一下祭品了。"

"那么，"波勒玛库斯说："我是你的继承人，可以继承你的一切吗？"

---

① 品达（Πίνδαρος），希腊诗人，生于公元前 518 年。引文见《残篇》214。

② 西摩尼得（Σιμωνίδην），生于开奥斯，希腊抒情诗人（约公元前 556 年—前 468 年）。

"你肯定是。"凯发卢斯笑道，然后他走出去献祭。

【e】"请你告诉我们，论证的继承人。"我说："你认为西摩尼得有关正义的正确看法是什么。"

他说："就是把亏欠每个人的东西还给他。他说得很好，在我看来。"

"嗯，好吧，我们不能随便怀疑西摩尼得，因为他是一个聪明人，像神一样。但是，他到底是什么意思？你也许知道，波勒玛库斯，但我不明白。显然，他的意思不是我们刚才说的意思，归还无论什么人借给你的东西，哪怕他向你索要时神志不清。不过，他借给你的东西确实是你亏欠他的东西，【332】不是吗？"

"是的。"

"但若他发了疯，那么无论如何也不能还给他。"

"对。"

"可见，当西摩尼得说正义就是归还亏欠的东西时，他肯定别有所指。"

"确实别有所指，宙斯①在上。他的意思是，朋友亏欠朋友的东西会给他们带来好处，决不会带来害处。"

"我明白你的意思了。如果某个人偿还借来的黄金，这样做是有害的，他和放债人是朋友，【b】那么他就不必偿还所借的东西。你认为西摩尼得是这个意思吗？"

"没错。"

"但是这种情况怎么样？一个人是否也应当归还亏欠他的敌人的任何东西呢？"

"当然，一个人应当把亏欠敌人的东西归还给他们。在我看来，敌人之间相互亏欠的东西，恰当地说，准确地说——是一些坏东西。"

"如此看来，西摩尼得在打哑谜——就像诗人——当他说什么是正义的时候，因为他认为正义就是把对每个人恰当的东西还给他，【c】这就是他所

---

① 宙斯（Διός），神名，希腊主神。

谓的把亏欠每个人的东西还给他。"

"你认为其他还有什么意思？"

"那么，你认为他会怎么回答，假定有人问他：'西摩尼得，什么东西是亏欠的，或者是对某人恰当的，或者是被我们称为医疗的这门技艺提供的，这些东西给谁或怎么给？'"

"很清楚，它给身体提供药物、食物和饮料。"

"被我们称做烹调的技艺提供什么亏欠的或恰当的东西，向谁提供或怎么提供？"

"它给食物添加调料。"

【d】"好。现在，被我们称做正义的这门技艺提供什么，向谁提供或怎样提供？"

"如果我们按照先前的回答，苏格拉底，它给朋友提供福益，它给敌人提供伤害。"

"那么，西摩尼得的意思是，善待朋友和恶待敌人是正义的，是吗？"

"我相信是这样的。"

"论及疾病与健康，谁最能善待朋友和恶待敌人？"

"医生。"

【e】"在海上遇上风暴，谁最能这么做？"

"船老大。"

"正义的人如何？在什么样的行动和什么样的工作中，他最能益友而伤敌？"

"在战争和结盟中，我以为。"

"行。现在，要是人们没有生病，波勒玛库斯，医生对他们来说是无用的吗？"

"是。"

"同理，对那些不出海的人来说，船老大对他们来说是无用的吗？"

"对。"

"对那些不参加战争的人来说，正义的人是无用的吗?"

"不，我不这么认为。"

【333】"那么，正义在和平时期也是有用的吗?"

"是的。"

"种地也是这样，不是吗?"

"是的。"

"为了收获庄稼?"

"对。"

"制鞋的技艺也一样吗?"

"是的。"

"为了得到鞋子吗? 我假定你会这样说。"

"当然。"

"那么好吧，正义在和平时期有什么用，能得到什么?"

"契约，苏格拉底。"

"所谓契约你是指合作，还是指别的什么?"

"我指的是合作。"

【b】"某人在跳棋游戏中是一名好的和有用的合作者，这是因为他是正义的，还是因为他是玩跳棋的?"

"因为他是玩跳棋的。"

"在砌砖垒石时，正义者是比建造者更好、更有用的合作者吗?"

"根本不是。"

"那么，在哪一种合作中，一个正义的人是比一名建造者或竖琴演奏者更好的合作者，以什么方式一名竖琴演奏者比一个正义的人能更好地弹拨正确的音符?"

"在金钱方面，我认为。"

"也许吧，在使用金钱方面，波勒玛库斯，有人需要合伙去买马，在这种时候我认为养马人是一位更加有用的合作者，【c】不是吗?"

"显然如此。"

"当有人需要买船时，造船匠或船老大是更好的合作者吗?"

"可能是吧。"

"那么，在使用金银方面，一个正义的人是比其他人更有用的合作者吗?"

"必须是安全储存金银的时候，苏格拉底。"

"你的意思是不需要使用它们，只需要保存它们?"

"没错。"

"那么，当金钱没有被使用的时候，正义对它是有用的?"

【d】"我想是这样的。"

"当一个人需要收藏剪刀，而不是使用它的时候，正义对合作者是有用的，对这个人也是有用的。然而，当你需要使用它时，有用的是修剪葡萄的技艺吗?"

"显然如此。"

"所以，你会同意，当一个人需要收藏盾牌或竖琴，不需要使用它们的时候，正义是一样有用的东西，但当你需要使用这些东西时，有用的是士兵的技艺和乐师的技艺。"

"必定如此。"

"所以，对其他任何东西来说，当它们在使用的时候，正义就是无用的，而当它们不在使用的时候，正义才是有用的吗?"

"好像是这么回事。"

【e】"那么，正义没有太大的价值，因为它只能在其他事物无用时有用。不过让我们来考虑下面这个要点。无论是拳击还是别的什么打斗，最善于攻击的人不也是最善于防守的人吗?"

"确实是。"

"还有，最能提防疾病的人也是最能够产生疾病而不被人发现的人吗?"

"在我看来好像是这样的，不管怎么说。"

"还有，【334】最善于保护一支军队的人也是最擅长盗窃敌军作战计划和部署的人吗？"

"当然。"

"那么，最有本事的护卫者① 也是最有本事的窃贼。"

"可能是这样的。"

"如果一个正义的人擅长保护金钱，那么，他必定也是盗窃金钱的高手。"

"不管怎么说，按照我们的论证是这样的。"

"那么，一个正义的人到头来竟然变成某种小偷。这个道理你可能是从荷马②那里学来的，因为他喜欢奥德修斯③的舅舅奥托吕科④，【b】把他说成比其他任何人都要擅长撒谎和偷窃。⑤所以，按照你、荷马、西摩尼得的说法，正义似乎是某种偷窃的技艺，益友而伤敌的技艺。你是这个意思吗？"

"不，宙斯在上，我不是这个意思。我不知道我刚才说的是什么意思，不过，我仍旧相信正义就是益友而伤敌。"

【c】"讲到朋友，你指的是一个人相信对他来说是好的和有用的人，或者是那些真的是好的和有用的人，哪怕他并不认为他们是好的和有用的人吗？讲到敌人也一样吗？"

"可能是吧，一个人热爱那些他认为是好的和有用的人，仇恨那些他认为是坏的和有害的人。"

"正是在这一点上人们老是犯错误，相信很多人是好的和有用的，而他们实际上不是，关于敌人，人们则犯相反的错误，不是吗？"

"人们确实是这样的。"

---

① 护卫者（κηδεμών），亦译为"卫士"，但是不能狭义地仅理解为"卫兵"。

② 荷马（Ὅμηρος），希腊诗人（约公元前 810 年—前 730 年）。

③ 奥德修斯（Ὀδσσεύς），人名。

④ 奥托吕科（Αὐτόλυκος），人名。

⑤ 参见荷马：《奥德赛》19：392—398。

"那么，好人是他们的敌人，坏人是他们的朋友吗？"

"没错。"

【d】"所以，有益于坏人和伤害好人才是正义吗？"

"显然如此。"

"但是，好人是正义的，不可能做坏事。"

"对。"

"那么，按照你的解释，正义就是对那些没有行不正义之事的人做坏事。"

"不，这根本不是正义，苏格拉底；我的解释肯定很差。"

"那么，正义就是伤害不正义的人和有益于正义的人吗？"

"这个观点显然比刚才那个要更加吸引人，不管怎么说。"

"那么，由此可以推论，波勒玛库斯，对许多判断失误的人来说，正义就是伤害他们的朋友，他们的朋友是坏人，有益于他们的敌人，他们的敌人是好人。【e】这样一来，我们抵达了一个与我们说的西摩尼得的意思正好相反的结论。"

"确实可以推出这个结论。但是让我们改变我们的定义，因为我们似乎没有正确界定朋友和敌人。"

"我们该如何界定它们，波勒玛库斯？"

"我们说，所谓朋友就是某个被相信为有用的人。"

"我们现在该如何改变它呢？"

"某个被相信为有用，而又真的有用的人是朋友；某个被相信为有用，但不是真的有用的人，只是被相信为朋友，但实际上不是朋友。【335】对敌人也可以做相同的界定。"

"那么，按照这种解释，好人会是朋友，坏人会是敌人。"

"是的。"

"所以你想要我们做一些添加，补充一下我们前面关于正义的见解，我们刚才说正义就是善待朋友，恶待敌人。你想要我们补充说，正义就是善待是好人的朋友，伤害是坏人的敌人，是吗？"

【b】"是的。这样说在我看来很好。"

"那么，一个义人的作用就是去伤害某个人吗？"

"当然，他必须伤害那些是坏人的敌人。"

"马受到伤害时变好还是变坏？"

"变坏。"

"变坏的是使狗变好的德性①，还是使马变好的德性？"

"使马变好的德性。"

"那么当狗受到伤害时，是使狗变好的德性变坏了，而不是使马变好的德性变坏了？"

"必然如此。"

"那么说到人，我们不是也要说，当他们受到伤害时，【c】他们在人的德性方面变坏了吗？"

"确实如此。"

"但是，正义不就是人的德性吗？"

"是的，当然。"

"所以，受到伤害的人变得更加不正义了吗？"

"好像是这样的。"

"乐师能通过音乐使人不懂音乐吗？"

"不能。"

"或者，骑士能通过他的骑术使人不会骑马吗？"

"不能。"

"那么好吧，那些正义的人能通过正义使人不正义吗？【d】总之，那些好人能通过德性使人变坏吗？"

---

① 德性（ἀρετή），亦译美德、卓越、品质、优点、善。"ἀρετή"这个词含义很广，不仅可用于人，也可用于动物或其他事物。讲人的德性主要包括智慧、出身、勇敢、正义、节制。讲动物的德性指动物的各种优点。

"他们不能。"

"热的功能不是使其他东西变冷，而是正好相反吗？"

"对。"

"干的功能也不是使其他东西变湿，而是正好相反吗？"

"确实如此。"

"善的功能也不是伤害，而是正好相反吗？"

"显然如此。"

"正义的人是好人吗？"

"确实。"

"那么，波勒玛库斯，伤害朋友或其他任何人不是义人的功能，倒不如说，它是义人的对立面——不义之人的功能。"

"我认为这样说完全正确，苏格拉底。"

【e】"那么，如果任何人告诉我们，正义就是归还他亏欠的东西，并且把这个观点理解为一个正义的人应该伤害他的敌人，有益于他的朋友，那么说这种话的人不是聪明人，因为他说得不对，而在我们看来，事情变得很清楚，伤害任何人都绝不会是正义的，是吗？"

"我同意。"

"那么，你和我应当成为战友，共同反对说这种话的人，无论是有人告诉我们西摩尼得、彼亚斯①、庇塔库斯②说过这种话，或者是其他任何贤人和有福之人说过这种话。"

"无论如何，我愿意和你并肩战斗。"

【336】"你知道，我认为正义就是益友伤敌这种说法属于谁吗？"

"谁？"

---

① 彼亚斯（Βίας），希腊七贤之一，约公元前 6 世纪。

② 庇塔库斯（Πιττακòς），希腊七贤之一，约公元前 650 年—前 570 年。

"我认为它属于佩里安德①，或者佩尔狄卡②，或者薛西斯③，或者科林斯④的伊司美尼亚⑤，或者其他某些自认为手中握有大权的富豪⑥。"

"你说得绝对正确。"

"好吧，既然已经清楚正义和正义者不是这些人说的这个样子，它们又能是什么呢？"

我们刚才谈话的时候，塞拉西马柯几次三番想要插话，【b】但都让坐在他旁边的人给拦住了，他们想要听完我们的论证。然而，等我讲完刚才那番话稍一停顿，他再也无法保持沉默。他像一头野兽似的跳了起来，一个箭步冲到我们面前，好像要把我们撕成碎片。

波勒玛库斯和我吓得魂飞魄散，手足无措。他对着我们咆哮说："你们俩在这里胡说些什么，苏格拉底？像两个傻瓜一样互相吹捧？【c】如果你真的想要知道什么是正义，那么就不要老是提问题，再用驳倒人家的回答来满足你的好胜心和虚荣心。你倒是挺精明，知道提问题比回答问题要容易。你自己来试试看，回答问题，告诉我们你认为什么是正义。你别对我说什么正义是一种权利，是有好处的，是有利的，是有收获的，或者是有益的，【d】你要清楚、准确地把你的意思告诉我，我不会接受你的那些胡言乱语。"

他的话令我吃惊，我看着他，心里感到非常害怕。我相信，要是以前从来没有见过他对我吹胡子瞪眼，那么我真的要吓得说不出话来了。不过，在我们讨论开始的时候我已经瞅见他了，所以我还能够做出回答。【e】我战战兢兢地说："请你别对我们太凶了，塞拉西马柯，要是波勒玛库斯和我在考

---

① 佩里安德（Περιάνδρου），科林斯国王，约公元前 627 年—前 586 年在位。

② 佩尔狄卡（Περδίκας），马其顿国王，约公元前 450 年—前 413 年在位。

③ 薛西斯（Ξέρξης），波斯国王，公元前 486 年—前 465 年在位。

④ 科林斯（Κορίνθια），地名。

⑤ 伊司美尼亚（Ἰσμηνίας），底比斯人，政治人物，因对波斯友好而于公元前 382 年被处死。

⑥ 这里提到的前三位是臭名昭著的僭主或国王，第四位是大富豪。

察中犯了错，那你应该知道我们不是故意的。如果我们是在寻找黄金，我们绝对不愿给对方让路，失去找到黄金的机会。所以，别认为我们在寻找正义这种比黄金还要珍贵得多的东西时会愚蠢地给别人让路，也别认为我们在寻找正义时不认真。你一定不能这样想，反倒应该——像我一样——认为我们缺乏找到正义的能力。所以，像你这样能干的人应当对我们表示遗憾，而不是对我们进行苛求，【337】这样做才恰当得多。"

听了这番话，他发出一阵尖刻的大笑。"赫拉克勒斯① 在上，"他说："这就是你苏格拉底常用的讥讽。我知道，我在前面已经对这些人说过，你不愿回答问题，如果有人向你提问，你就来一番讥讽或者东拉西扯，就是不肯回答问题。"

"这是因为你是一个能干的人，塞拉西马柯。你非常明白，假如你问人家 12 是多少，而你在提问时又警告他，【b】'嗨，别对我说 12 是 6 的 2 倍，或者 3 乘 4 等于 12，或者 6 乘 2、4 乘 3，因为我不会接受这样的胡说八道'，那么，你会看得很清楚，我想没有人能够回答这样被框定了的问题。如果他对你说：'你在说什么，塞拉西马柯，我不能提供你提到的这些答案，哪怕12 这个问题的答案正好是这些答案中的一个吗？我真感到惊讶。你想要我不说真话吗？或者说你是别的什么意思？'【c】你会给他什么样的回答？"

"嗯，所以你认为这两种情况是一样的？"

"它们为什么不能一样呢？哪怕不一样，但只要它们对你问的那个人显得一样，你认为他就不会提出对他显得是正确的答案吗，无论我们禁止他还是不禁止他？"

"这就是你要做的事情吗，在那些被禁止的答案中找一个答案出来？"

"我不会感到惊讶——只要这个答案在我看来是正确的，在我考察了这个问题之后。"

"如果我告诉你一个关于正义的答案，它和所有那些答案都不同——但

---

① 赫拉克勒斯（Ἡρακλῆς），希腊神话中的大英雄。

又是一个比较好的答案，你会如何？【d】到那时你该受什么惩罚？"

"对一名无知者能有什么样的惩罚，除了让他去向有知识的人学习？因此，这就是我该得的。"

"你把我逗乐了，但是除了学习，你必须付一笔罚金。"

"要是我有钱，那么我认罚。"

"他已经有点儿钱了，"格老孔说："如果这是钱的问题，你说吧，塞拉西马柯，我们都会替苏格拉底买账。"

"我知道，"他说："所以苏格拉底又可以像平常一样行事了。他自己不提供答案，【e】然后，当其他人提供答案时，他就进行论证，驳斥这个答案。"

"我说，一个处在这种情况下的人怎么能够提供答案呢，他是无知的，也没有宣称自己有知识，而且有一位杰出人士禁止他表达自己的意见？由你来提供答案更合适，因为你说你知道，【338】能够告诉我们。所以请你来提供答案吧，算是对我的帮助，也别对格老孔和其他人吝惜你的教导。"

当我说到这里的时候，格老孔和其他人恳求他讲话。塞拉西马柯显然认为他已经有了一个很好的答案，说出来可以赢得他们的敬佩，但是他还是进行了伪装，装做想要通过迫使我提供答案来满足他的好胜心。【b】然而，到了最后他表示同意了。他说："这就是苏格拉底的智慧，自己不愿意教别人，却到处向别人学习，学了以后连谢谢都不说一声。"

"你说得没错，我是在向别人学习，塞拉西马柯，但你说我从来不感谢别人，那么你说错了。我总是力所能及地表示感谢，但由于没有钱，我只能表示赞扬。你很快就能知道我赞扬那些讲得很好的人有多么热情，只要你做出了回答，因为我想你一定讲得很好。"

【c】"那么，你注意听。我认为，正义无非就是强者的利益。嗯，你为什么不赞扬我？看起来你不情愿。"

"我必须首先听懂你的意思，而我现在还不太明白。你说，强者的利益是正义的。你这是什么意思呢，塞拉西马柯？你肯定不会是这样一种意思吧：搏击手^① 波吕达玛^② 比我们强壮；吃牛肉对增强他的体力有益；【d】因此，这种食物对我们这些比他弱小的人来说也是有益的和正义的?"

"你真让我恶心，苏格拉底。你的诡计是在你能造成最大伤害的地方下手，掌握整个争论。"

"完全不是，不过请把你的意思说得更清楚些。"

"你难道不知道有些城邦的统治是僭主制的，有些城邦的统治是民主制的，有些城邦的统治是贵族制的吗?"

"我当然知道。"

"在每个城邦中，这个统治的要素就是强者，也就是统治者，是吗?"

"确实如此。"

"每个城邦按照自己的利益制定法律。民主制的城邦制定民主的法律，【e】僭主制的城邦制定独裁的法律，其他亦然。他们宣布他们制定的法律——亦即对他们自己有利的东西——对他们的国民是正义的，他们将惩罚任何违反他们制定的法律的人，视之为违法的和不正义的。所以，这就是我对正义的看法，在一切城邦都相同，【339】正义就是已经建立起来的统治者的利益。由于已经建立起来的统治者肯定是强者，任何能够正确推理的人都会得出结论，正义在任何地方都相同，也就是说，正义是强者的利益。"

"我现在明白你的意思了。无论你的观点是对还是错，我都会试着去理解。不过，你本人已经做出这样的回答，正义是利益，塞拉西马柯，而你在前面却禁止我做出这样的回答。噢，没错，你还添上了'强者的'这个词。"

【b】"我假定你认为这个添加微不足道。"

"这个添加是否重要现在还不清楚。但清楚的是我们必须进行考察，看它是否正确。我同意正义是某种利益。但是你添加了'强者的'这个词。我不知道为什么要加。对此我们必须进行考察。"

---

① 搏击手（παγκρατιατὴς），搏击（παγκρατίατιον）这种运动是拳击和摔跤的混合。

② 波吕达玛（Πουλυδάμας），人名。

"那你就考察吧。"

"我们会这样做的。告诉我，你不是还说服从统治者是正义的吗？"

"我是这样说的。"

"所有城邦的统治者都不会犯错，【c】还是他们会犯错？"

"他们无疑会犯错。"

"因此，他们在立法中，有些法律制定得对，有些法律制定得错？"

"我也这么认为。"

"如果法律规定的东西符合统治者自己的利益，法律就是对的，如果法律规定的东西不符合统治者的利益，法律就是错的吗？你是这个意思吗？"

"是的。"

"无论他们制定什么样的法律，被统治者都必须服从，而且这是正义的吗？"

"当然。"

【d】"那么，按照你的解释，不仅做对强者有益的事情是正义的，而且相反，做那些对强者无益的事情也是正义的。"

"你在说什么？"

"我说的和你一样。不过，让我们的考察更加充分一些。我们已经同意，给被统治者下命令，统治者有时候会犯错，乃至于这些命令对他们自己来说不是最好的，而被统治者执行统治者的任何命令都是正义的，是吗？对此我们不是非常同意吗？"

"我认为是这样的。"

【e】"那么，你也必须认为做那些对统治者和强者无益的事情是正义的，当他们无意中下达了对他们自己有害的命令时。但是，你也说其他人服从他们的命令是正义的。你真是太能干了，塞拉西马柯，由此必然可以推论，做那些和你所说的事情相反的事情是公正的，因为弱者经常接到命令去做那些对强者无益的事情，不是吗？"

"宙斯在上，苏格拉底，"波勒玛库斯说："这一点相当清楚。"

【340】"如果你能为他做见证，无论如何。"克利托丰插话说。

"谁需要证人？"波勒玛库斯答道。"塞拉西马柯本人就同意统治者有时发布对他们自己不利的命令，而其他人执行这些命令是正义的。"

"这是因为，波勒玛库斯，塞拉西马柯坚持服从统治者的命令是正义的。"

"他还坚持，克利托丰，强者的利益是正义的。【b】坚持这两条原则，他继续同意强者有时会对那些比他弱的人——换言之，对被统治者——下达对强者本身不利的命令。从这些同意了的观点中可以推论，对强者有益的事情无非就是那些对强者无益的事情。"

"但是，"克利托丰回应道："他说的强者的利益是强者相信对自己有益的事情。这就是弱者必须做的事情，也是他坚持的正义。"

"他刚才不是这么说的。"波勒玛库斯答道。

【c】"这没什么区别，波勒玛库斯，"我说："如果塞拉西马柯现在想要这么说，让我们接受它。告诉我，塞拉西马柯，这是你现在想要说的吗，正义就是强者相信对自己有益的事情，而无论实际上对他是否有益？我们说的这些是你的意思吗？"

"根本不是。你们认为我会把一个犯错的人，在他犯错那一刻，称做强者吗？"

"当你同意统治者并非永远正确，而是也会犯错误的时候，我确实认为这就是你的意思。"

【d】"这是因为你在争论中做伪证，苏格拉底。某人在治疗病人时犯了错，你是因为他犯了错而把他称做医生吗？或者某人算错了账，你是因为他计算错误而把他称做会计吗？我认为，我们在用话语表达我们自己的想法时，我们确实会说医生犯了错、会计犯了错、老师犯了错，但这些说法都是字面上的。而他们中的每个人，【e】就我们对他的称呼而言，决不会犯错，因此，按照这种严格的解释（你是一个斤斤计较的人，你喜欢严格的解释），没有一个匠人会犯错。只有当他的知识抛弃了他，他才会犯错，而这个时候他已经不是匠人了。没有一个匠人、行家、统治者会在他还在统治的那一刻犯错，尽管每个人都会说医生或统治者犯错误。你们必须用这种松散的方式来理解我前面给你们的答案。而最准确的答案是这样的。【341】统治者，就其还是统治者而言，绝对不会犯错误，他绝对无误地规定了对他自己最有益的事情，这就是被他统治的人必须做的事。因此，如我开始所说，做对强者有益的事情是正义的。"

"行，塞拉西马柯，所以你认为我在争论中做了伪证吗？"

"你确实做了伪证。"

"你认为我提出这个问题是为了在争论中伤害你吗？"

【b】"我非常明白，但这样做对你没什么好处。你糊弄不了我，所以也伤害不了我，没了这些小伎俩，你在争论中不可能战胜我。"

"我不会做这样的尝试，塞拉西马柯。但是为了避免这种事情再次发生，请你说清楚，你说的是统治者，还是强者，是在通常意义上说的，还是在严格意义上说的，你说弱者推进统治者的利益，把统治者的利益当做强者的利益来推进是正义的。"

"我指的是严格意义上的统治者。现在把你害人的伎俩和伪装都用出来吧，如果你能做到——我不会向你求饶——但是你肯定做不到。"

【c】"你以为我疯了，竟然想要虎口捋须，做伪证来反对你塞拉西马柯吗？"

"你刚才就试过了，可惜你失败了。"

"够了。告诉我，严格意义上的医生，你刚才提到过的，是一个挣工钱的人，还是某个治病的人？告诉我哪一位是真正的医生。"

"他是那个治病的人。"

"那么船老大呢？严格意义上的船老大是水手的首领还是一名水手？"

"水手的首领。"

【d】"我想，我们不应当考虑他驾船航行这一事实，他也不应当由于这个原因而被称做水手，因为他被称做船老大不是由于他在驾船航行，而是由于他拥有领导水手的技艺。"

"对。"

"那么，这些东西各自都有某些益处吗，也就是对身体和水手而言？"

"当然。"

"分别有某种天然的技艺置于它们之上，寻找和提供对它们有益的东西吗？"

"它们是这样的。"

"除了尽可能完整和完善，这些技艺本身还有什么利益吗？"

【e】"你在问什么？"

"是这样的，就好比你问我，我们的身体是自足的，还是需要其他东西，我会回答说：'它们肯定还有其他需要。正是由于这个原因，由于我们的身体有缺陷，而不是自足的，医疗的技艺才发展起来，提供对身体有益的东西。'你认为我这样说对不对？"

"你说得对。"

【342】"嗯，医疗有不足之处吗？一门技艺需要某种品质^①吗？就好比眼睛需要视力，耳朵需要听力，需要另外一门技艺来寻找和提供对它们有益的东西吗？技艺本身也有某些相同的不足之处，所以每一门技艺都需要另外一门技艺来寻找对它有益的东西吗？在进行寻找的这门技艺也需要另一门技艺吗，依此类推，乃至无穷？或者说每一门技艺凭它自身寻找自己的利益？【b】或者说由于它自身的不足，它本身或另一门技艺都不需要寻找对它有益的东西？任何一门技艺中不存在缺陷和错误吗？一门技艺除了寻求这门技艺的利益，并不为其他事物寻求利益吗？还有，由于它本身是正确的，只要它还是完整和准确的技艺，它就没有错误或不洁之处吗？考虑一下你提到的要严格使用语言。它是不是这样的？"

"它好像是这样的。"

---

① 品质（ἀρετή），亦译德性、美德、卓越、优点、善。

【c】"那么，医疗不寻求它自己的利益，而是寻求身体的利益？"

"是的。"

"养马不寻求它自己的利益，而是寻求马的利益吗？确实，其他技艺都不寻求自身的利益——因为它没有这种需要——而是寻求需要这门技艺的那些事物的利益。"

"显然如此。"

"嗯，确实，塞拉西马柯，技艺统治着需要这些技艺的事物，技艺比它们统治的事物强大，是吗？"

"对此他也表示同意，但非常勉强。"

"那么，没有任何知识寻找或规定对它自身有益的东西，【d】而是寻找或规定臣服于它的弱者的利益。"

他试图反对这个结论，但最后他还是让步了。在他表示同意以后，我说："所以，肯定没有医生——就其是真正的医生而言，寻求或规定对他自己有益的事情，而是对他的病人有益的事情，是吗？我们同意，在严格的意义上，医生是身体的统治者，而不是挣工钱的人。这一点我们没同意吗？"

"我们同意了。"

"所以，船老大在严格的意义上是水手的统治者，而不是水手吗？"

【e】"这是我们已经同意过的。"

"由此不是可以推论，船老大或统治者不会寻找和规定对他本人有益的事情，而是对水手、对他的臣民有益的事情吗？"

他勉强表示同意。

"所以，塞拉西马柯，没有任何一位处于统治地位的人，就其是一名统治者而言，不寻求或规定对他本人有益的事情，而是对他的臣民有益的事情，他对他的臣民运用他的技艺。他照看他的臣民，做对他们有益的事情，做对他们恰当的事情，他所说的一切和所做的一切都在于此。"

这场争论进行到这一步，大家都明白他对正义的解释已经被颠倒，【343】但塞拉西马柯不是做出回答，而是说："告诉我，苏格拉底，你还有奶妈吗？"

"你说什么？你最好还是回答我的问题，而不是问我这种事情，不是吗？"

"因为她让你流着鼻涕到处跑，也不帮你擦干净！哦，尽管她那么照顾你，但你甚至不懂绵羊和牧羊人。"

"你就说说我不懂什么？"

【b】"你认为牧羊人和牧牛人寻求他们的牛羊的好处，照料它们，养肥它们，着眼于他们的主人和他们自己的好处之外的事情。还有，你相信城邦的统治者——那是真正的统治者——考虑他们的国民和一个人考虑绵羊不一样，他们日夜操劳，想的是他们自身利益之外的事情。【c】你离弄懂正义和正义者、不正义和不正义者还差得很远，你不明白正义实际上是他者的好处，是强者和统治者的好处，而对服从者和侍奉者是有害的。而不正义正好相反，它是对那些天真的和正义的人的统治，而它统治的那些人做那些对他者和强者有益的事，使他们侍奉的人快乐，而他们自己却一点儿也不快乐。【d】你必须按照下面的方法看问题，我最天真的苏格拉底：正义者的所得总是少于不正义者。首先，合伙经营，在合作结束的时候，你决不会发现正义的合作者比不正义的合作者多得，只会少得。其次，在和城邦有关的事务中，在缴纳税款时，在财产一样多的情况下，正义者缴得多，不正义者缴得少；而在城邦退税时，正义的人什么也没捞到，【e】不正义的人挣了大钱。最后，他们各自在某些部门担任公职的时候，即使没有受到其他方式的处罚，他自己的私人事务也会由于无暇顾及而弄得一团糟，而他出于正义而不肯损公肥私，结果一点好处也捞不到，他还会得罪亲朋好友，因为不肯为他们徇私情干坏事。而不正义者在各方面的情况正好相反。因此，我重复我前面说过的话：大权在握者胜过其他所有人。【344】如果你想计算一个人正义比不正义能多得多少好处，想想这个人就可以了。如果你把你的思想转向最完全的不正义，你就非常容易明白这个道理，行不义之事的人是最幸福的，而它的承受者，那些不愿行不义之事的人，是最可悲的。这就是僭主制，巧取豪夺他人的财产，不管是圣物还是俗物，是公产还是私产，不是一点点地偷，而是一股脑儿全部抢走。要是有人做了部分不义之事，并且被抓住了，【b】他会受到惩罚，名誉扫地——这种行部分不义之事的人在犯下这些罪行时被称做盗窃圣物者、强盗、拐子、骗子、扒手。但要是有人剥夺公民的财产，绑架和奴役他们，那么他不仅不会得到种种污名，而且还被人称做幸福的和神佑的，不仅公民们这样说，【c】而且所有听说他的不义行径的人都这样说。人们之所以谴责不正义不是因为害怕行不义之事，而是因为害怕承受不义之事。所以，苏格拉底，不正义，只要规模足够大，就比正义更强大、更自由、更气派。因此，如我开始所说，正义就是对强者有益的事情，而不正义就是对某人自己的利益有好处的事情。"

【d】就像一名澡堂里的伙计，塞拉西马柯把一大桶高谈阔论劈头盖脸朝我们浇了下来，然后就要扬长而去。可是在场的都不答应，要他留下来为他的见解作解释。我也恳求他留下，并对他说："塞拉西马柯，你对我们发表了一通高见，在你还没有对我们进行恰当的指导，证明你的见解对不对之前，你就要走吗？【e】或者说你认为确定哪一种生活方式能使我们每个人的生活最有价值是一件小事？"

"在你看来我是这么想的吗？"塞拉西马柯说。

"你要么是这样想的，要么对我们漠不关心，不在意我们生活的好坏，由于我们对你说你知道的这些事情一无所知。所以，行行好，开导开导我们。对你来说，成为像我们这么一群人的恩人决不会是一项不好的投资。【345】不过，我还是要告诉你，我没有被你说服。我不相信不正义比正义更加有利，哪怕你让不正义自由自在，为所欲为。假定有一个不正义的人，又假定他有权行不义之事，无论是搞阴谋诡计，还是兴兵开战；不管怎么说，他没有说服我不正义比正义更有利。【b】也许，除了我以外，在场的可能也有这种想法。所以，来吧，说服我们，让我们相信，在规划我们的生活时，尊敬正义高于尊敬不正义是错的。"

"如果我刚才说的话不能说服你，我还能有什么办法？我还能做什么？

难道要我把我的论证灌到你的灵魂里去不成？"

"上天不容！别这样做！不过，首先，你已经说过的话不要改变；其次，如果要改变立场，也请正大光明地讲出来，不要偷梁换柱地欺骗我们。你瞧，塞拉西马柯，在给真正的医生作了界定以后——继续考察你前面说过的事情——【c】你没有想到以后在提到牧羊人时也要遵守牧羊人的严格定义。你认为，就他是一个牧羊人而言，他喂肥了羊，但不考虑对羊来说最好的事情，而考虑对宴会来说最好的事情，就像一个前去赴宴的客人，一心只想到美味的羊肉会给他带来的快乐，或者只考虑今后的出售，像一个挣工钱的人，而不像牧羊人。【d】牧羊所关心的只是为它管理的羊群提供最好的东西，而它本身作为一门技艺在任何方面有缺陷时已经得到了最好的供给。由于这个原因，我先前①认为我们必须同意，各种统治，就其是一种统治而言，不会寻求对它统治和关心的事物最好的东西以外的东西，无论是治理公共事务还是私人事务，这都是对的。但是，你认为，那些统治城邦的人，【e】那些真正的统治者，很乐意统治吗？"

"我不这样看，宙斯在上，我知道他们不乐意。"

"但是，塞拉西马柯，你难道不明白，在其他种类的统治中，无人想要为统治而统治，而是要索取报酬，认为他们的统治对他们自己没有好处，而对他们的下属有好处，是吗？告诉我，各种技艺之间的差异在于它们有不同的功能吗？【346】你不要做出违心的回答，这样我们才能得出某些确定的结论。"

"是的，使它们产生差异的是技艺的功能。"

"每一种技艺以它自己独特的方式给我们提供好处，相互之间不同。比如，医术给我们提供健康、航海术给我们的航行提供安全，其他亦然，是吗？"

"当然。"

---

① 参见本篇341e—342e。

"挣工钱的技艺给我们提供的不就是钱吗，因为这是它的功能？【b】或者，你会把医疗称做和航海一样的东西？确实，如果你想要准确地界定事物，如你所提议的那样，哪怕某个船老大由于航海而变得身体健康，因为航海对他的健康有益，你也不会由于这个原因把他的技艺称做医疗吧？"

"当然不会。"

"你也不会把挣工钱称做医疗吧，哪怕某人在挣工钱的时候变得身体健康？"

"当然不会。"

"你也不会把医疗称做挣工钱吧，哪怕某人在行医时挣了工钱？"

【c】"不会。"

"那么，我们已经同意每一种技艺带来它自己独特的好处吗？"

"是的。"

"那么，所有工匠都能得到的好处，无论它是什么，显然是由于他们都在使用某种额外的、对他们每个人都有益的技艺吗？"

"好像是这样的。"

"我们所说的这种额外的技艺，使匠人挣到工钱的技艺，就是挣工钱的技艺吗？"

他勉强表示同意。

"那么这种好处，得到工钱，并不来自他们自己的技艺，倒不如说，如果我们严格地考察这一点，【d】医疗的技艺提供健康，挣钱的技艺提供工钱，建筑的技艺提供房子，而伴随这些技艺的挣钱的技艺提供工钱，其他各门技艺莫不如此。每一种技艺各尽本职，使它实施的对象得到利益。所以，要是不加上工钱，匠人能从自己的技艺中得到什么好处吗？"

"显然不能。"

【e】"但是，当他的工作没有报酬的时候，他仍旧提供了好处吗？"

"是的，我认为他提供了好处。"

"那么，到此也就清楚了，塞拉西马柯，没有一种技艺或统治为它自身提供利益，而是如我们一直在说的那样，它为它的下属提供和规定了利益，它的所作所为旨在它的下属的利益，也就是弱者的利益，而不是强者的利益。由于这个原因，塞拉西马柯，我刚才说无人甘愿充当统治者，给别人解忧排难，【347】而是各自索要报酬；因为任何打算很好地实施他的技艺的人决不会做对他自己最有利的事情，也不会做出对他自己最有利的规定——至少在他按他的技艺的规定下命令的时候不是这样——而是做对他的下属最有利的事情。由此看来，要是有人愿意进行统治，必须给他报酬，无论是给他工资，还是给他荣誉，或者，要是他拒绝，就给他惩罚。"

"你这样说是什么意思，苏格拉底？"格老孔说："前两种报酬我懂，但我不明白你说的惩罚是什么意思，或者说你怎么能把惩罚也叫做报酬。"

"所以你不明白最优秀的人的这种工钱，当他们自觉自愿地进行统治时，这种工钱推动着他们正派地进行统治。【b】你难道不知道爱荣誉和爱金钱被人藐视，也应当被藐视吗？"

"我知道。"

"因此，好人不愿为了金钱或荣誉而去统治。他们不想公开领取薪俸，而被别人称做打工的，也不想秘密获取报酬，被别人当做小偷。他们不愿为了荣誉而去统治，因为他们不是野心勃勃的荣誉爱好者。【c】所以，要他们愿意进行统治，必须强迫或惩罚他们——也许就是由于这个原因，一个人在受到强迫之前就寻求统治被视为可耻。现在，如果一个人不愿进行统治，那么对他的最大的惩罚就是让他被某个比他差的人统治。我认为，由于害怕受到这种惩罚，一些正派的人会出来进行统治。他们这样做不是把统治当做一件好事或乐事，而是迫不得已，【d】因为找不到比他们更好的人——或者同样好的人——来进行统治了。在一个全部都是好人的城邦里，如果曾经有过这样的城邦，那么公民们会争着不当统治者，就像他们现在争着要当统治者一样。这就清楚地表明，任何一位真正的统治者不会出于本性为自己谋利益，而会为他的国民谋利益。明白了这一点，每个人都会宁可受人之惠，【e】也不愿多管闲事加惠于人。正因如此，我绝对不能同意塞拉西马柯的观点，正义是强者的利益——我们在晚些时候还会进一步对它进行考察。塞拉西马柯现在说的这个观点——不正义的人的生活比正义的人的生活要好——似乎更加重要。你会选择哪一种生活，格老孔？你觉得我们的观点哪一种比较真实？"

"我当然认为一个正义的人的生活更加有益。"

【348】"你听到塞拉西马柯刚才列举的这种不正义的生活的种种好处了吗？"

"我听到了，不过我没有被说服。"

"那么，你想要我们说服他吗？如果我们能够找到办法，让他相信他说得不对？"

"我当然希望。"

"如果我们发表一篇平行的演说反对他，谈论这种正义生活的幸福，然后他做出答复，然后我们再回应，那么我们就得列举和衡量双方提到过的这些好处，【b】我们也就需要一名法官来裁定这个案子。不过，另一方面，若是我们考察这个问题，像我们一直在做的这样，双方共同寻求一致之处，那么我们自己可以既是法官，又是辩护人。"

"当然。"

"你喜欢用哪一种方法？"我问道。

"第二种。"

"那么好吧，塞拉西马柯，请你从头开始回答我们。你说完全的不正义比完全的正义更加有益吗？"

【c】"我确实说了，我已经告诉你为什么。"

"嗯，好吧，你对这一点怎么看？你把这两样东西中的一样称做美德，把另一样称做恶德吗？"

"当然。"

"也就是说，你把正义称做美德，把不正义称做恶德吗？"

"很难这么说，因为我说不正义是有益的，而正义是无益的。"

"那么，你到底想说什么呢？"

"刚好相反。"

"正义是一种恶德？"

"不，正义只不过是心地善良和头脑简单。"

【d】"那么你把不正义称做心地邪恶吗？"

"不，我把它叫做英明果断。"

"那么，你认为不正义的人，塞拉西马柯，是能干的和善良的吗？"

"是的，那些完全不正义的人，能将城邦和整个共同体置于他们的权力之下。也许，你以为我指的是那些鸡鸣狗盗之徒？即便是这样的罪行也有利可图，只要不被逮住，但这些事情与我正在谈论的事情相比，真的不值一提。"

【e】"我不是不清楚你想要说什么。但使我感到奇怪的是，你真的把不正义归为美德和智慧，把正义归为它们的对立面吗？"

"我肯定是这样做的。"

"那就更难了，要知道我该说些什么真不容易。如果你断言不正义更有利，而又像别人一样同意它是一种恶德或者是可耻的，那么我们还能以约定的信念为基础继续讨论。但是，现在很清楚，你会说不正义是好的、强大的，把我们向来归于正义的那些属性全都归于不正义，【349】因为你竟然把不正义归为美德和智慧。"

"你真是先知先觉，准确地道出了我的意思。"

"不管怎么说，我们一定不要躲避这场争论，你来看，我一直要你把真实想法说出来。我相信，你现在不是在开玩笑，塞拉西马柯，而是在说你相信是真的事情。"

"我相信也好，不相信也罢，对你有什么区别吗？这是我的解释，而你想要对它进行驳斥。"

【b】"没有区别。但是请你试着回答这个后续的问题：你认为一个正义的人想要战胜其他正义的人吗?"

"完全不会,否则他就不是天真无邪的谦谦君子了。"

"或者战胜一个采取正义行动的人?"

"不,他甚至连这件事也不想做。"

"他会声称他应当战胜不正义的人,相信这样做对他来说是正义的吗,或者他不相信?"

"他想要战胜他,他会声称应当这样做,不过他做不到。"

"做到做不到不是我要问的,我问的是一个正义的人想要战胜不正义的人,不想战胜正义的人,【c】并且认为这是他应该做的吗?"

"他会这样想。"

"不正义的人会如何? 他宣称他应当战胜一个正义的人或者一个采取正义行动的人吗?"

"他当然会这样做,他认为他应当战胜所有人。"

"那么,一个不正义的人也想战胜一个不正义的人和一个采取不正义行动的人,他会努力从其他所有人那里为他自己谋求最多的东西。"

"他会的。"

"那么,让我们换个说法:正义者不向他的同类而向他的异类谋求利益,不正义者既向他的同类又向他的异类谋求利益。"

【d】"你说得好极了。"

"一个不正义的人既是聪明的又是善良的,而一个正义的人既不聪明又不善良。"

"这样说也很好。"

"那么,由此可知,一个不正义的人像是能干的、善良的人,而一个正义的人不像吗?"

"当然是这样的。他拥有他们的品质,怎么能不像他们,而另一个人不像他们。"

"很好。那么这两个人各自拥有他像的那些人的品质吗?"

"当然。"

【e】"行，塞拉西马柯。你把一个人称做懂音乐的，把另一个人称做不懂音乐的吗？"

"是的。"

"他们中哪一个在音乐方面是能干的，哪一个不是？"

"懂音乐的这个人是能干的，另一个人不是。"

"他擅长他能干的事情，不擅长他不能干的事情吗？"

"是的。"

"对一名医生这样说也对吗？"

"是的。"

"你认为一名乐师在调弦定音的时候，想要胜过其他乐师，并宣称这是他应该做的吗？"

"我不这么认为。"

"但是他想要胜过不懂音乐的人？"

"这是必然的。"

"医生如何？在给病人规定饮食的时候，【350】他想胜过另一位医生或某个开处方的人吗？"

"肯定不想。"

"他想胜过一个不懂医术的人吗？"

"想。"

"在任何知识部门或无知中，你认为一个有知识的人会有意胜过其他有知识的人，或者讲一些比其他人更好的或者不同的知识，而不是做与讲和那些像他一样的人完全相同的事情？"

"嗯，也许吧，势必如此。"

"一个无知识的人会如何？【b】他既不想胜过一个有知识的人，又不想胜过一个无知识的人吗？"

"可能吧。"

"一个有知识的人是能干的吗？"

"我同意。"

"一个能干的人是好的吗？"

"我同意。"

"因此，一个好的和能干的人不想胜过那些像他的人，而想胜过那些不像他的人和与他相反的人。"

"好像是这样的。"

"但是，一个坏的和无知识的人既想胜过像他的人，又想胜过与他相反的人。"

"显然如此。"

"现在，塞拉西马柯，我们发现一个不正义的人想要胜过像他的人和不像他的人吗？你说过这样的话吗？"

"我说过。"

【c】"一个正义的人不想胜过像他的人，而想胜过不像他的人吗？"

"是的。"

"那么，一个正义的人像一个能干的人和一个好人，而不正义的人像一个无知的人和一个坏人。"

"好像是这样的。"

"还有，我们同意，他们各自拥有他像的那些人的品质。"

"是的，我们同意。"

"那么，一个正义的人已经变成是好的和能干的人，一个不正义的人变成是无知的和坏的人。"

塞拉西马柯对这些全都表示同意，但不像我现在讲得那么爽快，【d】而是犹豫不决，拼命抵抗。他大汗淋漓——尽管当时是夏天——这也是难得一见的奇迹。然后，我看到了以前从来没有见过的情况——塞拉西马柯满脸通红。但是，无论如何，在我们同意正义是美德和智慧、不正义是邪恶和无知以后，我说："好吧，这一点可以确立了。但我们也还要说不正义是强大的吗，或者说你不记得这一点了，塞拉西马柯？"

"我记得，但我不满意你现在说的这些话。关于这一点，我能发表一篇演讲，但是，要是我这样做了，我知道你会指控我，说我从事演讲术。【e】所以，要么允许我讲话，要么，如果你想提问，你就问吧，我会说，'行'，无论是否同意都只管点头，就像听一个老太婆讲故事。"

"别这么做，别说违心的话。"

"我会回答问题，直到你高兴，因为你不让我发表演讲。你还想要什么？"

"没有了，宙斯在上。但若这是你要做的事，那就做吧。我会提出问题。"

"你问吧。"

【351】"我要问一个我前面问过的问题，以便使我们有关正义和不正义的争论有序地进行，因为确实有人宣称不正义是强者，比正义更强大。而现在，如果正义确实是智慧和美德，那么很容易表明正义比不正义强大，因为不正义是无知（没有人会不知道这一点）。然而，我不想如此无限定地谈论这件事情，塞拉西马柯，而想以这样一种方式来进行考察。【b】一个城邦试图不正义地奴役其他城邦，让它们臣服，在它奴役了许多城邦的时候，你会说它是不正义的吗？"

"当然，最优秀的城邦尤其会这样做，那个最不正义的城邦。"

"我理解这是你的立场，但我想要考虑的观点是：这个变得比另一个城邦强大的城邦获得这种力量，可以没有正义，还是需要正义的帮助？"

"如果你刚才讲的那句话成立，正义就是能干或者智慧，【c】那么它需要正义的帮助，但若事情像我说的这样，那么它需要不正义的帮助。"

"你给我留下了深刻的印象，塞拉西马柯，你不光是点头表示同意，而且还作了很好的回答。"

"那是因为我想让你高兴。"

"你这样做也很好。所以回答这个问题，让我再高兴一下：你认为，一座城邦、一支军队、一伙强盗或小偷，或者其他任何部落，有着共同的不正义的目的，如果他们相互之间不正义，他们能达到目的吗？"

【d】"不能，确实不能。"

"如果他们之间不是不正义的呢？结果会好些吗？"

"当然。"

"不正义，塞拉西马柯，引发内战、仇恨和内斗，而正义带来友谊和目标的共同感。不是这样吗？"

"就算这样吧，为了不表达与你不同的意见。"

"在这个方面，你还是做得很好。所以告诉我，如果不正义的效果是在它出现的地方产生仇恨，那么，每当它产生时，不管是在自由民中间，还是在奴隶中间，难道不会使他们彼此仇恨，互相倾轧，进行内战，【e】阻止他们实现任何共同目标吗？"

"当然会。"

"如果它在两个人之间产生呢？他们岂不是要相互仇恨与敌对，并且成为正义者的敌人吗？"

"他们会的。"

"当不正义在一个人身上产生时，它会失去引发纠纷的力量，或者保留这种力量但是不活动吗？"

"就算是会保留这种力量但是不活动吧。"

"那么，不正义显然有这种力量，首先，它无论在哪里产生——无论是在城邦、家庭、军队里，还是在其他什么事物中——都不能达成统一，因为它产生内战和差别，【352】其次，它使统一的东西与自己为敌，也在各方面和与它相反的事物为敌，亦即与正义者为敌。不是这样吗？"

"当然是这样。"

"哪怕是在个人身上，它因其本性也会产生相同的效果。首先，它使这个人不能实现任何目标，因为他处在内乱的状态，不能一心一意；其次，它使他与自己为敌，并与正义者为敌。它不是有这种效果吗？"

"是的。"

"还有，众神也是正义的。"

"就算是吧。"

【b】"所以一个不正义的人也是众神的敌人，塞拉西马柯，而一个正义的人是他们的朋友吗？"

"你就享用你的话语盛宴吧！别害怕，我不会反对你。省得让这些人记恨我。"

"噢，来吧，继续像刚才一样回答问题，帮我完成这场盛宴。我们已经表明正义的人更加能干，更加能做事情，而不正义的人不能一起行动，因为当我们说不正义的人一起行动，【c】取得伟大成就的时候，我们所说的话并不是完全真的。如果他们是完全不正义的，那么他们决不可能不对他们的同伙下手。但是很清楚，在他们中间必定也有某种正义，至少能够防止他们在对其他人不正义的时候，也在他们中间不正义。正是由于这种正义，使他们能够实现他们的目的。当他们开始做不正义的事情时，他们被他们的不正义腐蚀了一半（因为彻头彻尾的无赖、完全不正义的人，不可能完成任何事情）。我对这些事情的理解就是这样，和你最初持有的看法不一样。【d】我们现在必须考察，如我们在前面所提议的那样，① 正义的人是否比不正义的人生活得更好，更幸福。我认为是这样的，这一点已经很清楚了，但我们必须进一步考察，因为这场争论涉及的不是一个普通的论题，而是关乎我们应当以什么方式生活。"

"那你就开始考察吧。"

【e】"我会这样做的。告诉我，你认为有马的功能这样一种东西吗？"

"我认为有。"

"你能给马或其他任何事物的功能下定义吗，人只能使用功能，或者只能很好地对待功能？"

---

① 参见本篇 347e。

"我不懂你的意思。"

"让我们这样说：用眼睛以外的其他任何东西有可能看吗？"

"当然不能。"

"或者，用耳朵以外的其他任何东西有可能听吗？"

"不能。"

"那么，我们说看和听是眼睛和耳朵的功能，对吗？"

"当然对。"

【353】"这个问题怎么样？你能用匕首、短刀或者其他许多东西去修剪葡萄藤吗？"

"当然能。"

"但是，你要是使用专门整枝用的剪刀，会把工作做得更好吗？"

"会的。"

"那么我们要把修剪葡萄藤当做它的功能吗？"

"是的。"

"现在，我认为你理解我刚才的那个问题了，我问的是，每样东西的功能是否就是只有它能做的事情，或者是它能比其他东西做得更好的事情。"

【b】"我明白了，我认为这就是每样事物的功能。"

"好吧。设计出来的每样事物也有一种德性吗？让我们重复一遍。我们说眼睛有某种功能吗？"

"有。"

"所以也有一种眼睛的德性？"

"有。"

"耳朵也有功能吗？"

"有。"

"所以也有一种耳朵的德性？"

"有。"

"所有其他事物也一样，不是吗？"

"是的。"

"如果眼睛缺乏它们的德性，【c】而是有一些恶德，眼睛能履行它们的功能吗？"

"它们怎么能履行功能呢，你不是说它们瞎了，用盲目取代了视力吧？"

"无论它们的德性是什么，我现在问的不是眼睛如何，而是任何事物是否都有一种功能，如果凭它的德性，就能很好地履行它的功能，如果凭它的恶德，只能很差地履行它的功能，是吗？"

"没错，是这样的。"

"所以，耳朵也一样，要是剥夺了它们自己的德性，就不能很好地履行功能吗？"

"对。"

【d】"对其他任何事情也能这么说吗？"

"好像是可以的。"

"那么，来吧，让我们考虑一下灵魂。灵魂有某种功能是你不能用其他任何事物来履行的吗？比如照料事物、统治、思虑，等等。除了灵魂，你还能把这些事情交给谁呢？因为这些事情是它的独特的功能。"

"不，不能交给其他事物。"

"生命如何？它不也是灵魂的功能吗？"

"确实是。"

"我们也说灵魂有美德吗？"

"我们要这样说。"

【e】"那么，如果灵魂自己独特的美德被剥夺了，塞拉西马柯，它还能很好地履行它的功能吗，或者说这是不可能的？"

"不可能。"

"那么，由此不是可以推论，一个坏的灵魂很坏地统治和照料事物，一个好的灵魂很好地做所有这些事情吗？"

"可以这样推论。"

"现在，我们同意正义是灵魂的美德，不正义是灵魂的恶德吗？"

"我们同意。"

"那么，由此推论，正义的灵魂和正义的人会生活得好，而不正义的人生活得坏。"

"按照你的论证，显然如此。"

"还有，任何生活得好的人一定是幸福的和快乐的，【354】任何生活得不好的人正好相反。"

"当然。"

"所以，正义者是幸福的，不正义者是悲惨的。"

"就算是吧。"

"悲惨不会给人带来好处，幸福才会给人带来好处。"

"当然。"

"所以，塞拉西马柯，不正义决不会比正义更有益。"

"让它成为你的大餐吧，苏格拉底，在班迪斯节①上！"

"这道盛宴是你提供的，塞拉西马柯，你现在已经变得温和，不再粗鲁地对待我了。不过，我还没有得到一场精致的宴会。【b】但这要怪我自己，不是你的错。我的行为就像一名饕餮之徒，把端上来的菜肴一扫而空，却没有很好地品尝。我们一开始考察什么是正义，在没有发现答案之前，我们就把它放了过去，转为考察它是一种恶德和无知还是一种智慧和美德。后来又冒出不正义是否比正义更有利的争论，我无法约束自己，于是放弃了前一个问题，讨论起这个问题来。因此，到头来我还是一无所知，在这场讨论中一无所获，这是因为，当我还不知道什么是正义的时候，我就难以知道正义是不是一种美德，或者拥有正义的人是不是幸福。"

---

① 参见本篇 1.327a，班迪斯（Βενδις），色雷斯女神，其祭仪庆典被引入庇莱厄斯。

第二卷

【357】说完这些话，我想我已经完成了这场讨论，谁想到它只是一个前言。在这样的场合，格老孔也表现出他的勇敢性格[①]，不让塞拉西马柯放弃这场争论。他说："苏格拉底，你认为正义在任何情况下都比不正义好，【b】你是嘴上说说而已，还是真的想要说服我们？"

"我真的想要说服你们，"我说："要是我能做到。"

"那么，好吧，你肯定没在做你想做的事。告诉我，你认为有这样一种善吗？我们欢迎它，不是因为我们想要得到从它那里来的东西，而是由于它本身的缘故我们欢迎它——比如，欢乐和所有无害的快乐，这些快乐除了拥有它们时的欢乐之外没有其他后果？"

"当然，我认为有这样的东西。"

"还有这样一种善吗？我们喜爱它既由于它本身，【c】又由于它带来的后果——比如，理智、视力、健康。我们欢迎这样的东西，我想，是由于这两方面的原因。"

"是的。"

"你也能看到第三种善吗，比如体育锻炼、生病时进行治疗、医疗本身，以及挣钱的其他办法？我们说这些事情是麻烦的，但对我们又是有益的，我们不会由于它们自身的缘故选择它们，而会为了得到某种回报，【d】为了得到由它们所产生的其他事物而选择它们。"

"是还有第三种善。但那又怎样？"

"你把正义放在哪里？"

【358】"我本人把它放在最好的善物中，想要幸福和快乐的任何人都会珍惜它，既由于它本身，又由于从它而产生的事物。"

---

① 格老孔在本篇 347a 处已经介入过讨论，548d 处提到格老孔有好胜的性格。

"这不是大多数人的意见。他们说正义属于一种很麻烦的善，实践正义是为了获取奖赏或正义的名声，而躲避正义是因为正义本身是麻烦的。"

"我知道这是一般人的想法。塞拉西马柯刚才按照这些理由谴责正义、赞扬不正义，但我好像太笨，想学也学不会。"

【b】"那么来吧，也听听我的话，看你是否仍旧有问题，因为我认为塞拉西马柯在他必须放弃之前就放弃了，他像一条蛇被你念了咒语。但我对你们双方的论证还是不满。我想知道正义和不正义是什么，当它们在灵魂中自存时，它们各自有什么力量。至于它们获得的奖赏，它们各自会产生什么后果，我想暂且不论。所以，如果你同意，我想要更新塞拉西马柯的论证。第一，我要说一说人们认为正义是一种什么东西，【c】它的起源是什么。第二，我要争论说，所有实施正义的人在这样做的时候都是不自愿的，把它当做必须做的事情，而不是当做好的事情。第三，我要争论说，他们有很好的理由这样做，因为，他们说，不正义的人的生活比正义的人的生活要好。这并不是说，苏格拉底，我本人相信这些看法。我确实感到困惑，我听了塞拉西马柯和其他许多人的论证，把我的耳朵都要吵聋了。但我也听到了有人以我想要的方式为正义辩护，证明正义比不正义好。【d】我想听到正义自身对正义的赞颂，我认为我最有希望从你这里听到。因此，下面我要尽力赞美不正义的生活，在这样做的时候，给你指明道路，让你赞扬正义和申斥不正义。不过，要看你是否想要我这样做。"

"我非常想要你这样做。确实，有什么主题能让一个有理智的人更加经常地享受讨论的快乐？"

【e】"好极了。那就让我们先讨论我提到的第一个论题——什么是正义，它的起源是什么。

"他们说，行不正义是天然的善，承受不正义是天然的恶，但是承受不正义之恶远远超过行正义之善，因此那些行不正义和承受不正义并尝到两种滋味的人，还有那些缺乏行不正义和避免承受不正义的能力的人，决定达成这样一种协议是有益的，【359】相互之间既不行不正义，又不承受不正义。

作为一种结果，他们开始制定法律和习俗，把法律规定的东西称做合法的和正义的。他们说，这就是正义的起源与本质。它是最好与最坏之间的折中。所谓最好就是行不正义而不受惩罚；而所谓最坏就是受到不正义的伤害而不能报复。正义介于这二者之间。人们之所以肯定正义的价值不是因为它是一种善，【b】而是因为他们过于软弱，不能行不正义而不受惩罚。然而，某些有力量这样做的人，不会与任何为了不承受不正义而不行不正义的人订立契约。因为他要是这样做了，他就是个疯子。苏格拉底啊，按照这个论证，这就是正义的性质，这些就是正义的起源。

"如果我们在思想上把能够随心所欲、为所欲为的自由赋予一个正义的人和一个不正义的人，那么我们可以最清楚地看到，那些实施正义的人并非心甘情愿，因为他们缺乏实行不正义的力量。【c】然后我们跟踪他们，看他们的欲望会把他们引向何方。我们会看到，这个正义的人也会下手作案，他行走的道路与那个不正义的人是相同的。原因就是这种胜过其他人的欲望，获取多多益善。这就是每个人的天性当做善来追求的东西，而这种天性在法律的约束下才转变为公平对待和尊敬他人。

"我讲的这种自由最容易理解，如果两种人都拥有吕底亚人的前辈巨格斯① 拥有的那种能力。【d】故事说，他原来在吕底亚的统治者手下当差，是一名牧羊人。有一天他去放羊，遇上了一场大暴雨，接着又发生了地震，他放羊的地方地壳开裂，一道深渊出现在他面前。他虽然感到惊慌，但还是走了下去。在那里，据说他在里面看到许多神奇的东西，特别是看到一尊空心的铜马。铜马身上开有小窗，他朝里窥视，看到里面有一具尸体，体形比普通人要大，除了手上戴着一只金戒指，身上什么也没有。【e】他取下金戒指，返回了地面。他戴着那只金戒指去参加每月一次的例会，以便向国王报告羊群的情况。他和大家坐在一起的时候，无意中把戒指朝自己手心的方向转了一下。这样做的时候，坐在他旁边的人马上就看不见他了，【360】他

---

① 巨格斯（Γύγες），人名。

们继续谈话，以为他已经走了。他自己也感到奇怪，随手把戒指向外一转，结果别人又能看见他了。所以他再次试验，看它是否真的具有这种隐身的本领。如果把戒指朝里转，别人就看不见他，如果把戒指朝外转，别人就看得见他。弄清了这个道理，他马上就想方设法担任向国王报告的使者之一。【b】到了那里，他就勾引王后，与她合谋杀死了国王，霸占了整个王国。

"所以，让我们假定，有两只这样的戒指，正义的人和不正义的人各戴一只。嗯，似乎没有一个人会不腐败，能继续行走在正义的道路上，或者不去动其他人的财产，当他能够从市场上想要什么就拿什么而不受惩罚的时候，【c】他穿门越户、奸淫妇女、杀人劫狱，做其他任何事情，就像凡人中间的一位神。倒不如说，他的行为和那个不正义者的行为没有什么差别，俩人都遵循同样的道路。可以说这是一个有力的证据，无人自觉自愿地实行正义，而只会迫不得已地实行正义。单独来看，无人相信正义是好的，因为无论在什么地方，人只要认为他能行不正义之事而不受惩罚，他就会这样做。确实，每个人都相信，对他本人来说，不正义比正义要有利得多。【d】任何这种论证的解释者都会说他是对的，因为若是有人有了这种机会而拒绝做坏事，不为非作歹，也不夺人钱财，那么明白这种情况的人会认为他是可悲的和愚蠢的，当然了，尽管当着他的面人们还是称赞他，由于害怕承受不正义而相互欺骗。我的第二个论题就说那么多。

【e】"至于在我们正在讨论的生活中做选择，只有我们把最正义和最不正义分开，我们才能做出正确的判断。否则我们就不能做出正确的判断。我心里头的分开是这样的。我们不要从一个不正义的人的不正义中减少任何东西，也不要从一个正义的人的正义中减少任何东西，而是假定在他们各自的生活方式中这种正义和不正义是完全的。因此，首先，我们必须假定一个不正义的人行事会像能干的匠人，比如，一流的船老大或医生，【361】知道他的技艺能做的事情和不能做的事情之间的差别。他尝试前者，而捎带着做后者，如果万一出了差错，他也能加以补救。同理，一个不正义的人做不正义的事情的成功尝试必须保持不被人发觉，如果他是完全不正义的。任何人被抓住应当被视为笨拙，因为极端的不正义被相信为无正义的正义。我们这个完全不正义的人必须被赋予完全的不正义，不能有任何减少。我们必须允许，在实施最大的不正义的时候，他无论如何也会给他自己提供最大的公正的名场。如果出了破绽，他必须能够补救。【b】如果他的不正义的行为被发现了，他必须能够巧舌如簧，说服他人，或者使用暴力。如果需要动武，那么他必须要有勇气和力量的帮助，还有朋党和金钱的支持。

"在假设了这样一个人以后，让我们在论证中在他旁边放上一个正义的人，他朴素而又高尚，如埃斯库罗斯[①]所说，他不希望自己只是看起来像好人，而希望自己真的是好人。我们必须去掉他的名声，【c】因为正义的名声会给他带来荣誉和报酬，这样的话也就清楚他是为了正义本身的原因而正义，还是为了荣誉和报酬的原因而正义了。我们必须剥去他身上的一切，只剩下正义，使他处于和一个不正义的人对立的处境。尽管他没有实行不正义，但必定拥有最不正义的名声，这样的话他就能得到考验，他的正义未被他的坏名声及其后果所软化。让他保持不变，直到他死——他是正义的，【d】但在别人眼里他一辈子都是不正义的。这样一来，两人都趋于极端，一个是正义的人，另一个是不正义的人，这样我们就能判断他们哪一个更幸福了。"

"哟！格老孔，"我说："你花了那么大力气造出两个人来供我们竞争，就好像在艺术比赛中你想要竖两尊塑像。"

"我尽力而为。"他答道："由于像我描述的这两个人，在任何情况下，很难展示等待他们的各是一种什么样的生活，但这件事又是必须做的。如果我用语粗俗，苏格拉底，【e】请记住这不是我在讲话，而是那些推崇不正义、贬抑正义的人在讲话。他们会说，一个正义的人在这种情况下将受到严刑拷打，身戴镣铐，烧瞎眼睛，最后，他将受尽各种痛苦，被钉死在刑架上，死到临头他才明白做人不应该做正义的人，【362】而应该做一个被人相信为正义的人。确实，把埃斯库罗斯的话用到不正义的人身上比用到

---

① 埃斯库罗斯（Αἰσχύλος），公元前 5 世纪希腊悲剧诗人。

正义的人身上要正确得多，因为不正义的支持者会说，一个真的不正义的人，以事实真相为基础来确定一种生活方式，而不是按照意见来规范自己的生活，他不想只是被人相信为不正义，而是真的不正义——'他的城府厚又深，【b】精明主意由此生'①。由于享有正义的名声，他统治他的城邦；他可以娶他的意中人为妻，生儿育女；他可以和他想要的人订立契约，合伙经商；除了用所有这些方式为他自己谋利，他还捞取其他好处，因为他无须顾忌别人说他实施不正义。在任何竞争中，无论是因公还是因私，他都是赢家，胜过他的对手。通过战胜对手，他变得富有，使他的朋友得利，使他的敌人受害。他适时向众神献祭，提供丰盛的供品。【c】因此，他在敬神方面（还有，确实，在待人方面）做得比正义的人要好。因此，很像是众神转过来眷顾他，胜过眷顾正义的人。这就是他们说的话，苏格拉底，众神和凡人为不正义者提供的生活比正义者要好。"

【d】听格老孔说完这些话，我正想做出回应，他的兄弟阿狄曼图插话了。他说："你肯定不认为这种立场已经得到了恰当的陈述吧？"

"为什么不？"我说。

"最重要的事情还没有说。"

"那么好吧，"我回答说："常言道'兄弟同心，其利断金。'② 要是格老孔漏掉了什么没说，你就帮他补上。不过对我来说，他讲的这番话足以把我装进麻布口袋，使我不能帮正义讲话了。"

"你又在信口开河了。"他说："还是先来听听我要说的话，因为我们也必须充分展示与格老孔提供的论证正好相反的论证，也就是赞扬正义，给不正义挑毛病，【e】这样就能使他的用意更加清楚。

"当父亲的跟他们的儿子说话的时候，他们说做人必须正义，就像其他所有那些管着任何人的人。但他们并不赞扬正义本身，【363】而只是在赞扬

① 参见埃斯库罗斯：《七雄攻忒拜》592—594行。
② 参见荷马：《奥德赛》16：97—98。

正义带来的崇高名声，以及被别人认为是正义的时候会带来的后果，比如身居高位，通婚世族，以及获取格老孔刚才列举的其他好处。他们甚至详细描述名声带来的各种后果。通过引进对众神的敬拜，能够谈论丰盛的善物，他们自己，以及连高明的赫西奥德①与荷马都说众神给虔诚的人赐福，因为赫西奥德说过，【b】众神为了正义之人让橡树在'枝头长出橡实，蜜蜂在橡树中盘旋采蜜。还有，让绵羊身上长出厚厚的绒毛'，②以及其他诸如此类的福气。荷马说的话也差不多：'如同一位无瑕的国王，敬畏神明，执法公正，黝黑的土地为他奉献【c】小麦和大麦，树木垂挂累累硕果，健壮的羊群不断繁衍，大海生养鱼群。'③穆赛乌斯④和他的儿子说得更妙，他们让众神赐予正义之人比他们更多的善物。在他们的故事中，众神引导正义之人进入冥府，设筵款待这些虔敬之人，请他们斜倚长榻，头戴花冠，喝着美酒消磨时光——就好像他们认为醉酒是对美德最好的报酬。【d】其他一些人在谈到众神给美德的报酬时扯得就更远了，因为他们说虔信众神和信守誓言的人多子多孙，绵延百代而不绝。以这种方式和其他相似的方式，他们赞扬正义。他们说不虔诚的和不正义的人被埋在冥府的烂泥中，被迫用篮子打水，劳而无功；这些人还活在世上的时候就有了不正义的恶名，【e】格老孔列举的正义者受到的所有这些惩罚，他们都归之于不正义者。至于其他，他们就没说什么了。所以，这就是人们赞扬正义和谴责不正义的方式。

"除此之外，苏格拉底，考虑一下个别人和诗人在涉及正义与不正义时还用过的另外一种论证形式。【364】他们异口同声地指出正义和节制是好事，但又很艰辛，很麻烦，而纵欲和不正义是甜蜜的，很容易获利，只不过在人们的意见和习俗中是可耻的罢了。他们还说，不正义的行为在大多数情况下比正义的行为获利更多，无论在公共还是私人事务中，他们愿意荣耀那些有

---

① 赫西奥德（Ἡσίοδος），希腊早期诗人。
② 赫西奥德：《工作与时日》232 以下。
③ 荷马：《奥德赛》19：109—113，略去 110。
④ 穆赛乌斯（Μουσαῖος），希腊传说中的诗人，与奥菲斯秘仪有密切联系。

钱有势的恶人，宣称他们是幸福的。但他们蔑视和羞辱弱者和穷人，【b】哪怕他们同意这些人比其他人要好。

"所有这些论证中最令人惊讶的是他们对众神和美德的看法。他们说，众神也把不幸和灾难降给许多好人，把与此相反的命运降给与这些好人相反的人。祭司和巫师奔走于富贵之家游说，使他们相信通过献祭和巫术可以得到诸神的赐福。【c】如果富人或他的任何一位祖先做了不正义的事情，举行娱神的赛会就能消灾赎罪。还有，如果想要伤害仇敌，那么花一点儿小钱就能做到，无论他的仇敌是正义的还是不正义的，因为他们凭借符咒能够驱使神灵为他们效力。人们还引用诗人的话来为这些说法作证。有些人喋喋不休地谈论作恶的轻省，比如说，'邪恶比比皆是，要追求邪恶非常容易。这条道路非常平坦，起点就在你的身旁。【d】而众神在我们和美德之间放置了汗水，'①通向美德的道路既遥远又崎岖不平。其他人引用荷马为证，说众神会受凡人的欺骗，因为他说：'诸神本身也会被祈祷所感动，人们用献祭、许愿、【e】馨香、奠酒来转变他们的心意，要是人们犯了罪，有了过失，他们就祈祷。'②人们还拿出一大堆穆赛乌斯和奥菲斯③的书，说这两人是月亮女神和缪斯④女神的后裔，按照这些书来举行祭仪。他们不仅说服个人，而且说服整个城邦，生者或死者的不正义的行为可以通过献祭和赛会来化解和洁净。【365】这些入会仪式，这是他们的说法，可以使死者在冥府得到赦免，而对那些不献祭的人来说，有许多恐怖的事情在等着他们。

"当所有这些有关众神和凡人对待美德和恶德的态度的言论经常被重复的时候，苏格拉底，你认为它们会对年轻人的灵魂产生什么样的影响呢？年轻人的灵魂敏感易变，听到这些言论，他们就会从一种说法转向另一种说法，得到他自己应当做什么样的人的印象，如何才能最好地在人生道路上前

---

① 赫西奥德：《工作与时日》287—289。
② 荷马：《伊利亚特》9：497—501。
③ 奥菲斯（Ὀρφεύς），希腊奥菲斯教的教祖。
④ 缪斯（ἡ Μοῦσα），希腊文艺女神，有多位。

进。【b】他肯定会向他自己提出品达的那个问题，'要想步步高升，安身立命，平安度过一生，我应当凭借正义还是使用阴谋诡计？'他也会回答：'多种言论表明，如果我行正义，但不被他人认为正义，那么对我不会有任何好处，而行正义带来的麻烦和所受的惩罚是明显的。他们告诉我，一个不正义的人，只要能为他自己确保正义的名声，他就能过上神仙般的生活。【c】由于意见会用暴力战胜真理，控制幸福，如那些聪明人所说，① 所以我必须完全转向不正义。我应当创造一种拥有美德的假象，欺骗那些接近我的人，但要把贤明的阿基洛库斯② 所说的那只狐狸般的狡猾和贪婪隐藏在身后。'

"'但是'，有人会反对说：'想把恶行始终隐藏起来可不是一件易事。'我们会回答说：'没有什么大事情是容易的。'然而，无论如何，【d】为了获得幸福，我们必须遵循这些解释所指明的道路前进。为了不被发现，我们会组织秘密团伙和政治集团。有擅长说服的老师使我们变得能干，能够对付公民大会和法庭。就这样，在一个地方使用说服，在另一个地方使用暴力，我们就能胜过其他人而不用付出代价。

"众神会如何？确实，我们无法对众神隐藏我们的恶行，或者使用暴力反抗他们！嗯，如果没有众神，或者他们不关心人间事务，我们干吗要担心做坏事被神察觉？【e】如果有众神，他们也关心我们，那么我们已经有了关于众神的知识，全都来自法律和那些描述众神系谱的诗人——而不是来自别处。但就是这些人告诉我们，献祭、符咒、供奉都能够说服和收买众神。因此，对他们的话，我们要么全信，要么全不信。如果我们信了，那我们就去行不义之事，然后从我们干坏事得来的钱财中拿出一部分来献祭。【366】如果我们是正义的，诸神当然不会惩罚我们，不过这样一来我们也就得不到不正义带来的好处了；但若我们是不正义的，那么我们既赢得了这些利益，又能在犯罪以后向诸神祷告求情，最后安然无恙。

---

① 此处引文被认为是引自西摩尼得，波勒玛库斯在本篇第一卷引用过这位诗人。

② 阿基洛库斯（Αϱχιλόχους），约公元前 756 年—前 716 年，希腊早期抒情诗人，创作过著名的关于狐狸的寓言。

"'但是，我们到了阴曹地府不用为今世所犯的罪恶接受惩罚吗？无论是我们自己，还是我们的子孙？''我的朋友'，这个精于算计的年轻人会说：'我们有灵验的神秘祭仪，还有掌握大权的众神。这些最伟大的城邦把这一点告诉我们，【b】就像后来变成诗人和预言家的众神子孙所说的那样。'

"既然如此，我们为什么还会选择正义而不选择最大的不正义呢？许多杰出的权威人士同意，如果我们带着伪装实施这样的不正义，那么我们无论生前死后，对凡人或众神都会左右逢源，无往而不利。【c】所以，根据上面所说的这些理由，苏格拉底，任何有力量的人——心灵的、财富的、身体的、门第的——怎么会愿意荣耀正义，并在听到正义受到赞扬时不大声嘲笑呢？确实，如果有人能够指出我们说的这些话是错误的，并对正义是最好的这一点拥有充足的知识，他肯定不会对不正义充满仇恨，而会原谅不正义。他明白，【d】除了某些像神一样的、生来就厌恶不正义的人，或者一个获得了知识，因此回避不正义的人，无人心甘情愿地实践正义。由于胆怯、老迈或其他弱点，人们确实反对不正义。但这显然是因为他们缺乏实施不正义的力量，因为第一个获得这种力量的人就是第一个尽力推行不正义的人。

"就是由于这个原因，而不是由于其他原因，使得格老孔和我对你说：'苏格拉底，在你们所有声称赞扬正义的人中间，从他们的话语保存至今的古代英雄，到当今时代的普通人，【e】无人曾经真正谴责过不正义或颂扬过正义，除非与名声、荣誉，以及从名声和荣誉中获取的利禄联系起来讲。无人曾经充分描述过它们各自的作为，以及拥有它们的人的灵魂的力量，哪怕它们能够躲避诸神和凡人的注意。无人曾经在诗歌或散文中进行过充分的争论，不正义是灵魂自身能够拥有的最坏的东西，【367】而正义是最伟大的善。如果你以这种方式处理这个论题，从年轻时就说服我们，我们现在就不用提防彼此的不正义，而是每个人都会成为自己最好的护卫者，害怕实行不正义会给自己的生活带来最坏的东西。'

"塞拉西马柯或其他人会说出我们已经说过的这些话，苏格拉底，在我看来，他们甚至还会说得更加过分，在讨论正义和不正义的时候——粗鲁地颠倒它们的力量。还有，坦率地说，我之所以竭尽全力说出这番话，为的是想要从你这里听到与此相反的意见。【b】所以，你可别仅仅论证一下正义强于不正义就算完事，而要告诉我们，它们各自因其自身拥有的力量对它们的拥有者起什么作用，藉此来说明不正义是坏的，正义是好的。你要按照格老孔的建议，不要去考虑名声问题，因为你要是不把正义和不正义的真正名声与虚假名声剥离开来，我们会说你称赞的不是正义和不正义，而是它们的名声，你在鼓励我们秘密地行不正义。【c】在这种情况下，我们会说你和塞拉西马柯的观点实际上是一致的，正义是他者的利益，是强者的利益，而不正义是自己的利益，尽管不是弱者的利益。

"你同意正义是最大的善之一，这些善之所以值得获取是由于从它们中产生出来的东西，但更多的是由于它们本身，【d】就像视、听、知、健康一样，所有其他会产生后果的善也都是由于它们自身的本性，而不只是由于名声。因此，把正义当做这种善来赞扬，解释它如何——由于它本身——有益于它的拥有者，也就解释了不正义如何伤害不正义的拥有者。至于报酬和名声，你就留给别人去赞扬吧。

"如果别人以这种方式赞扬正义和谴责不正义，对实施正义或不正义带来的报酬和名声进行颂扬或诋毁，那么我会满意的。至于你，除非你命令我满意，否则我不会满意，因为你已经耗费了毕生精力思考这个问题。【e】所以，不要只给我们一个理论上的论证，证明正义比不正义强，而要说明它们各自对它们的拥有者产生什么后果——凭什么一个是好的，一个是坏的——在实施不正义时能否不被众神和凡人察觉。"

我向来佩服格老孔和阿狄曼图的天性，此刻我尤其感到高兴，【368】于是我说："你们真不愧是一位伟大人物的儿子，格老孔的情人写的赞美诗开头写得很好，庆祝你们在麦加拉①战役中取得的成就，'阿里斯通②之子，家

---

① 麦加拉（Μέγαρα），地名。

② 阿里斯通（Ἀρίστων），格老孔、阿狄曼图、柏拉图之父。这个名字的词意是"至善"。

世显赫，如同天神。'在我看来，这些话说得很好，这是因为，你们若是不相信不正义比正义要好，却又能代表不正义讲话，如你们已经说过的那样，那么你们必定受了神的影响。我相信你们确实不信服你们自己说过的这些话。【b】我从你们的生活方式推导出这一点，要是我只听你们嘴上怎么说，那么我不会相信你们。然而，我越是相信你们，就越不知道如何是好。我不知如何才能帮助你们。确实，我相信自己缺乏这种能力。对此，我可以提供证明。我想到我对塞拉西马柯说的那些话表明了正义比不正义要好，但是你们不愿意接受。另一方面，我看不出怎样才能放弃我给正义的帮助，因为我担心，在我一息尚存还能说话的时候，却袖手旁观不为遭受诽谤的正义辩护，那对我来说确实是一桩不虔诚的罪过。【c】所以我最好还是为正义提供力所能及的帮助。"

格老孔和其他人恳求我不要抛弃这场论证，而要以各种方式提供帮助，弄清正义和不正义是什么，它们能提供的真正的好处是什么。所以我就把我心里的想法告诉他们。我说："我们正在进行的考察非比寻常，需要有敏锐的目光。【d】因此，由于我们不那么能干，所以我们还是用这样一种方法为好，就好比我们视力不好，而人家要我们读远处写着的小字，然后我们注意到在别的地方写着同样的大字。我想，我们可以把它视为神的馈赠，可以先读大字，然后再读小字，看它们是否真的相同。"

"你说得倒不错。"阿狄曼图说：【e】"但是你说的这件事跟探讨正义有什么可比的呢？"

"我会告诉你的。我们不是说，有个人的正义，也有整个城邦的正义吗？"

"当然。"

"城邦比个人大吗？"

"大得多。"

"那么，在这个大得多的事物里也许会有更多的正义，也更容易理解它是什么。所以，如果你愿意，让我们首先发现正义在城邦里是一类什么样的事物，【369】然后再到个人身上去寻找它，这就叫以大见小。"

"噢，这个办法好像挺不错的。"

"如果我们能够从理论上看到城邦是怎么来的，我们不也能看到它的正义是怎么来的，以及它的不正义是怎么来的吗？"

"有可能。"

"这一步完成了，我们可以期待比较容易发现我们正在寻找的东西吗？"

【b】"当然。"

"那么你们认为我们要不要尝试一番？我以为，这件事非同小可。所以，你们好好想一想。"

"我们已经想过了。"阿狄曼图说："我们甚至不考虑做别的事。"

"我认为城邦之所以产生，乃是因为我们无人是自给自足的，我们全都需要很多东西。你们认为城邦还能建立在其他什么原则上吗？"

"不能。"

"由于人们需要许多东西，由于一个人出于他的需要找来第二个人，【c】又出于一种不同的需要找来第三个人，于是许多人作为伙伴和帮手聚居在一起。这样的聚居地叫做城邦，不是吗？"

"是这么回事。"

"如果他们之间分享东西，提供和获取，那么他们之所以这样做是因为每个人都相信这样做对他更好吗？"

"没错。"

"那么好，来吧，让我们从头开始，从理论上创建一个城邦。看起来，创建城邦是出于我们的需要。"

"是的，确实如此。"

【d】"我们第一位的和最大的需要是提供食物以维持生命。"

"当然。"

"我们第二位的需要是住房，我们第三位的需要是衣服，以及诸如此类的东西。"

"没错。"

"那么，一个城邦怎么才能提供所有这些东西呢？不是要有一个人当农夫、另一个人造房子，还有一个人当纺织工？我们不是还应该添上一个鞋匠和一个能提供医疗的人吗？"

"当然要。"

"所以最小的城邦至少也要四五个人。"

【e】"显然如此。"

"接下去该怎么办？他们每个人必须把他自己的产品拿出来供所有人使用吗？比如说，由一个农夫花四倍的时间和劳动生产粮食，提供给所有人共享吗？【370】或者说为了不惹这个麻烦，他花四分之一的时间生产自己需要的一份粮食，把其余四分之三的时间一份花在造房子上，一份花在做衣服上，一份花在做鞋子上，省得要去同人家联系，而只要做他自己的事情就可以了？"

"也许，苏格拉底。"阿狄曼图答道："你建议的第一种方式比其他方式要容易。"

"这样做一点儿也不奇怪，甚至就在你刚才说话的时候，我就想到，首先，我们大家生来就不一样，我们的品性各不相同，有些人适合做这样工作，有些人适合做那样工作。【b】或者你不这么想？"

"我也这么想。"

"其次，一个人从事许多技艺能把工作做得比较好，还是——因为他本身就是一个人——只从事一项技艺能把工作做得比较好？"

"如果只从事一项技艺。"

"不管怎么说，我认为，在做事情的时候，一个人要是错过了恰当的时机，显然就会把事情搞砸。"

"是的。"

"这是因为，这些事情不会等着人在空闲的时候来做，人必须密切关注他的工作，【c】而不是把它当做第二职业。"

"是的，他必须这样做。"

"那么，结果就是，如果每个人都做一件与他品性相合的事情，在正确的时机做，而不用去做其他任何事情，就更容易生产更加丰盛、质量更好的物品。"

"绝对如此。"

"所以，阿狄曼图，我们需要不止四个公民来供应我们已经提到过的这些物品，因为农夫似乎造不出他自己的犁，哪怕他要的犁不好，也造不出他的锄头，【d】也造不出其他农具。造房子的工匠也不能——他也需要许多物品。纺织匠和鞋匠的情况也一样，不是吗？"

"是的。"

"因此，木匠、铁匠以及其他许多匠人会共享我们这个小城邦，使之扩大。"

"没错。"

"然而，即使我们再加上放牛的、牧羊的和饲养其他牲畜的人——有了这些人，农夫就有牛拉犁，【e】建筑师就有牲口替他们运送石料，纺织匠和鞋匠也有皮革和羊毛可用——它也不会成为一个很大的聚居点。"

"如果这些人都有了，那么这个城邦不算小了。"

"还有，几乎不可能把城邦建在一个不需要输入任何物品的地方。"

"确实如此。"

"所以我们还需要一些人去别的城邦进口需要的物品。"

"是的。"

"如果一个进口物品的人空着手去另一个城邦，不带其他城邦需要的货物，换回他自己城邦所需要的物品，【371】那么他回来时不还得两手空空吗？"

"好像是这样的。"

"因此，我们的公民不仅要为自己生产足够的家用物品，还要生产数量和质量适当的物品，满足其他城邦人的需要，他们必须这样做。"

"是的，他们必须这样做。"

"所以在我们的城邦里，我们需要更多的农夫和其他手艺人。"

"是的。"

"也还需要有其他一些人专管进出口货物。他们被称做商人，不是吗？"

"是的。"

"所以我们也需要商人。"

"必定如此。"

"如果生意要做到海外去，【b】那么我们需要许多懂得航海的人。"

"确实需要很多。"

"还有，城邦里的人如何共享他们各自生产的物品？正是由于这个缘故，我们让他们合作并创建了他们的城邦。"

"显然，他们必须通过买卖来共享。"

"所以我们需要市场和用于物品交换的货币。"

"当然。"

【c】"如果一个农夫或其他手艺人拿着自己的产品去市场，可是那些想交换他的产品的人还没到，那么这个农夫不是就得在市场上闲坐，远离他自己的工作吗？"

"不会的。有人会注意到有这种需要，提供必要的服务——在管理有方的城邦里，一般说来是那些身体最虚弱的或不适合从事其他工作的人。【d】他们会待在市场里，用钱买下那些前来卖货的人的货物，然后再把货物卖给那些前来买货的人。"

"那么，为了满足这种需要，在我们的城邦里会有零售商，因为那些在市场里提供买卖服务的人不叫做零售商，而那些来往于城邦之间做买卖的人不是叫做商人吗？"

"没错。"

"还有其他仆人，我想，单凭他们的心灵不足以成为我们城邦的成员，【e】但他们身体强壮，有足够的力气干活。这些人出卖劳力，得到的工钱就叫工资，因此他们自己也被叫做'挣工资的'。不是这样吗?"

"是这样的。"

"所以，有了这些挣工资的人，我们的城邦就建完了吗?"

"我想是的。"

"好吧，阿狄曼图，那么我们的城邦发育完备了吗?"

"也许是吧。"

"那么在它的什么地方可以发现正义和不正义呢? 它们和我们已经考察过的事情中的哪一件事情一道产生?"

"我不知道，苏格拉底，【372】莫非是在某个地方的那些人相互之间有某些需要?"

"你也许是对的，但我们必须进行考察，不能退缩。所以，首先，让我们来看，在得到我们已经描述过的各种供应以后，我们这个城邦的公民会过一种什么样的生活。他们要生产面包、酒、衣服、鞋子，不是吗? 他们要造房子，夏天赤膊光脚干活，【b】冬天穿上恰当的衣服和鞋子。吃的方面，他们用大麦粉和小麦粉揉制面团。他们把可口的面包放在芦秆或干净的树叶上，斜靠在铺着苔藓和桃金娘叶的小床上，跟儿女们欢宴畅饮，头戴花冠，唱着颂神诗。【c】他们相互做爱享乐，但不多生孩子，免得供养不起，陷入贫困或战争。"

"你好像在让这些人开宴会，但没有任何调味品。"格老孔插话说。

"没错。"我说:"是我忘了，他们显然需要盐、橄榄、乳酪，还有乡间水煮球茎和蔬菜。我们也会给他们无花果、鹰嘴豆、豌豆当甜食，他们会在火上烤爱神木果和橡子，再喝上一点儿小酒。所以，他们生活安宁，身体健康，得享高寿，无疾而终，他们会把同样的生活传给他们的后代。"

【d】"如果你正在为猪建一个城邦，苏格拉底，"他答道:"你也会用同样的食谱喂肥它们吗?"

"那么我该如何喂养这些人呢，格老孔?"我问道。

"按传统的方式。如果他们不想过得太辛苦，他们应当斜靠在躺椅上，吃饭要有餐桌，【e】要有现在人们享用的美味佳肴和甜食。"

"行，我明白了。我们现在考察的似乎已经不是城邦的起源，而是一个奢侈的城邦的起源。这倒不见得是个坏主意，因为通过对它的考察，我们可以很好地看到正义和不正义怎样在城邦中产生。然而，真正的城邦，在我看来，似乎就是我们前面已经描述过的那个城邦，那个健康的城邦。但若你想要研究一个发了高烧的城邦，那也未尝不可。【373】没有什么事情能让我们停下来。我在前面提到的那些事情和我描述的这种生活方式似乎不能让有些人满意，那就加上躺椅、餐桌，还有其他家具，当然了，还要有各种调味品、香料、香水、歌伎、糕饼，等等。我们一定不能只提供我们一开始提到的那些必需品，比如房子、衣服、鞋子，而要开始提供绘画和刺绣，还有黄金、象牙这样的东西也是要去获取的。不是这样吗？"

【b】"是的。"

"所以我们必须扩大我们的城邦，因为那个健康的城邦不再胜任了。我们必须扩大它的规模，给它添上许多远非城邦必要的东西——比如说，猎人、艺术家或模仿者，他们中许多人模仿形象和色彩，许多人从事音乐。还要有诗人和他们的助手，演员、合唱队、舞蹈队、经纪人，还有各种物品的制造者，尤其是女人用的装饰品。所以，我们也需要更多的仆人。【c】你难道认为我们不需要家庭教师、奶妈、保姆、美容师、理发匠、厨师、牧猪奴吗？在我们前面的那个城邦里我们不需要这些人，但是在这个城邦里我们需要他们。如果人们要吃肉，我们也需要更多的牛，不是吗？"

"当然。"

"如果我们的生活像现在这个样子，【d】那么我们比以前需要更多的医生吗？"

"我们对医生的需要比以前大得多。"

"还有土地，我想，原先足以供养所有人口的土地现在不够了，变得太小了。你怎么想？"

"我的想法和你一样。"

"所以，要是我们想要拥有足够的牧场和耕地，我们势必要掠夺邻邦的土地。而我们的邻邦若是像我们一样无视生活必需品的界限，放纵自身，无限制地追求财富，那么他们不是也想掠夺我们的土地吗？"

【e】"这种事情是完全不可避免的，苏格拉底。"

"那么，我们的下一步就是战争，格老孔，不是吗？"

"是的。"

"我们还没有谈到战争的后果，好还是坏，而只是说我们已经发现了战争的源头。战争来源于同样的欲望，这些欲望对城邦和城邦里的个人身上发生的种种坏事要负最大的责任。"

"没错。"

【374】"所以这个城邦必须进一步扩大，不只是再增加一些人，而是要增加一支军队，用它来抵抗和驱逐入侵之敌，捍卫城邦的基本财富和我们提到过的其他所有东西。"

"公民们自己为什么不能胜任这个目的呢？"

"他们不能，如果你和我们其他人在前面创建城邦时达成的一致意见是对的，我们确实也都同意这个意见，如果你还记得，一个人不能同时从事多种工作，掌握多种技艺。"

"没错。"

【b】"那么好，打仗难道不是一种职业吗？"

"当然。"

"那么我们应当更加关心制鞋，胜过关心打仗吗？"

"绝对不应该。"

"但是我们不让鞋匠同时也去尝试当农夫、织匠、建筑工，而是说他必须继续当鞋匠，为的是能把鞋子做好。其他各行各业的人也一样，每个人终身从事一项适合他的天赋的行当，远离其他所有行当，【c】免得他把握不了恰当的时机，做不好他的工作。现在，打仗难道不是一门最重要的需要很好地从事的工作吗？或者说，打仗很容易，种地的、修鞋的，或者其他任何匠人，都可以同时做一名战士？哪怕下棋和掷骰子，如果只当做消遣，而不是从小就开始练习，断不能精于此道。【d】难道在重装步兵的战斗或其他类型的战斗中，有人能够拿起盾牌或其他兵器，立马成为老练的战士吗？没有什么工具能使人一拿起来就成为行家里手，除非他获得了必要的知识，进行了充分的练习。"

"如果工具能使人一拿起来就成为行家，它们确实就是无价之宝了。"

"所以，护卫者的工作是最重要的，【e】它需要最大限度地摆脱其他事务，需要最大的技艺和献身。"

"我也应当这么想。"

"它不也需要担当护卫者的人的品性适合这种生活方式吗？"

"当然。"

"那么我们的工作好像就是挑选适宜保卫城邦的品性，如果我们能做到的话。"

"是的。"

"神灵在上，我们要承担的这个任务可不轻。但我们要尽力而为，不可退缩。"

"对，【375】我们一定不要退缩。"

"你认为，谈到保卫，纯种的幼犬和出身高贵的青年有什么区别吗？"

"你这样说是什么意思？"

"嗯，它们各自都应当有敏锐的感觉，发现敌人要能快速追击，需要打斗时要足够强壮。"

"它们都需要这些品性。"

"还有，要想很好地打斗，它们还必须勇敢。"

"当然。"

"要是没有激情，一匹马、一条狗，或者其他牲畜，会勇敢吗？或者说你没注意到这种激情是无敌的，不可战胜的，【b】只要有它的呈现，整个灵魂就能无所畏惧，所向无敌？"

"我注意到了。"

"那么，护卫者的身体素质是清楚的。"

"是的。"

"还有，就他们的灵魂而言，它们必须有激情。"

"灵魂也要有激情。"

"但若他们具有这样的激情，格老孔，他们相互之间以及对待其他公民不会很野蛮吗？"

"宙斯在上，他们很难不野蛮。"

"然而，他们必须温顺地对待他们自己的人民，凶狠地对待敌人。【c】否则的话，用不着等别人来摧毁城邦，他们自己就先这样做了。"

"没错。"

"那么，我们该怎么办呢？我们上哪儿去找这种既温顺又刚烈的人？毕竟，温顺这种品性正好与刚烈相反。"

"显然如此。"

"如果某人既缺少温顺又缺少激情，他就不能成为一名好护卫者。然而，把二者结合起来似乎是不可能的。由此可知，【d】没有好护卫者。"

"好像是这么回事。"

"我自己有点不知所措了，但是请重新考虑一下我们前面的论证，我要说，我们活该落入这样的处境，因为我们忽视了我们前面提出来的比照。"

"你什么意思？"

"我们忽视了这个事实，我们以为不可能有的品性实际上是有的，这些品性与那些与它们相对立的品性确实能够结合。"

"这些品性在哪里？"

"你在其他动物身上也能看到，尤其是被我们拿来与护卫者相比的那种动物，因为你知道，当然了，一条纯种狗天然具有这种品性——它对熟人非常温和，【e】而对陌生人正好相反。"

"我当然知道。"

"所以我们想要的这种结合是完全可能的，我们要寻找好护卫者并不违反天性。"

"显然并不违反。"

"那么你认为，我们未来的护卫者除了要有激情，也必须要有哲学的品性吗？"

【376】"你什么意思？我不明白。"

"这是你在狗身上也能看到的另一种品性，你会对这种动物感到惊讶。"

"什么？"

"狗一见到它不认识的人就狂吠不已，哪怕这个人还没有对它表示恶意。但它一看见熟人就摇头摆尾，哪怕这个人还没有对它表示好意。你从来没有对这种情景感到惊讶吗？"

"我以前从来没有注意过这种事，但这显然是狗的行为方式。"

【b】"这确实是它的精明品性，这种品性确实是哲学的。"

"在什么方面是哲学的？"

"因为它全凭认识与否来判断它看到的事物是友还是敌，而不凭借其他。如果它能按照知识和无知来界定什么是它自己的，什么是与它相异的，那么它除了是一名学习的爱好者，还能是什么？"

"它不能是别的什么。"

"然而，热爱学习和哲学或热爱智慧不就是一回事吗？"

"是的。"

"那么，就人而言，我们也可以充满自信地假定，【c】对他自己的人和那些他认识的人温顺的人，必定也是学习和智慧的爱好者吗？"

"我们可以。"

"那么，哲学、激情、敏捷、强健必须全都结合在一个人的品性中，这个人是我们城邦的好护卫者。"

"绝对如此。"

"那么，这就是一名潜在的护卫者在初始阶段需要的品性。但我们该如何培养教育他呢？探讨这个论题会使我们接近我们整个考察目标吗，也就是发现城邦的正义和不正义的起源？【d】我们想让我们的解释很充分，但我们不想让它不必要的冗长。"

"我肯定期待。"格老孔的兄弟说："这样的探讨能进一步接近我们的目标。"

"那么，宙斯在上，阿狄曼图，我说，我们一定不要放弃，哪怕我们的讨论变得很长。"

"对，我们一定不要放弃。"

"那么好吧，就像我们有空闲讲故事那样，让我们从理论上来描述如何教育我们的人。"

【e】"行。"

"他们的教育将是什么呢？或者说，很难发现比长期以来已经发展起来的教育更好的教育了吗——用于身体的体育锻炼和用于灵魂的音乐和诗歌？"

"是的，很难。"

"嗯，我们开始教育要在体育锻炼之前先教音乐和诗歌，不是吗？"

"当然。"

"你把讲故事包括在音乐和诗歌中吗？"

"对。"

"故事有两种，一种真，另一种假吗？"

"是的。"

【377】"我们的人一定要受两种故事的教育，但首先要受假故事的教育吗？"

"我不明白你的意思。"

"你不知道我们首先给儿童讲故事？总的说来，这些故事是假的，尽管其中也有真的成分。我们在对儿童进行体育锻炼之前就已经给他们讲这些故事了。"

"是这样的。"

"这就是我说在体育锻炼之前先教音乐和诗歌的意思。"

"你说得对。"

"你知道，凡事开头最重要，尤其是对那些年幼柔弱的生灵，不是吗？这个时候他们最容易接受陶冶，【b】你想把他们塑造成什么样子，就能塑造成什么样子。"

"确实如此。"

"那么，我们应该放任自流，让我们的孩子去听那些老故事，无论什么人讲的，让一些信念进入他们的灵魂，在他们的成长过程中形成我们认为不应有的见解吗？"

"我们绝对不能容忍这种现象出现。"

"所以，我们似乎必须先对讲故事的人进行监督。我们将挑选那些美好的故事，抛弃那些坏故事。【c】然后我们要说服保姆和母亲给孩子们讲那些我们挑选出来的好故事，因为她们用这些故事来塑造孩子们的灵魂，胜过她们对孩子身体的塑造。① 然而，她们现在所讲的许多故事必须抛弃。"

"你指的是哪些故事？"

"我们先来看那些大故事，通过了解如何处理它们，我们也就知道如何处理小故事，因为它们的类型是一样的，有着同样的效果，无论这些故事是否出名。你不这样认为吗？"

【d】"我也这么看，但我不知道你说的大故事是哪些故事。"

"荷马、赫西奥德，以及其他诗人讲的那些故事，因为他们确实编造了一些假故事，讲给人们听，而且至今还在流传。"

"你指的是哪些故事，你在这些故事中发现了什么错误？"

"一个人首先应当发现的错误是虚假，尤其是撒谎还撒不圆。"

"比如？"

"讲故事的时候把众神和英雄的形象描述得很差，【e】就好比画家的图

---

① 指当时用按摩推拿一类的方法对幼儿进行保育。

画一点儿也不像他要画的东西。"

"这样的事情应该受到谴责。但你现在心里具体想的是哪一类事情？"

"首先，在讲那些最重要的事情时撒弥天大谎，也就无法讲一个好故事——我指的是，赫西奥德告诉我们乌拉诺斯①的行为，克洛诺斯②如何因此而惩罚乌拉诺斯，【378】而克洛诺斯又如何遭受他自己的儿子的惩罚。③哪怕这些事情都是真的，也应该闭口不谈，不能讲给那些愚蠢的年轻人听。如果由于某种原因非讲不可，也只有极少数人可以听——听故事之前要秘密宣誓，然后举行献祭，不只是奉献一头猪，而且要奉献很难弄到手的大野兽——这样一来，听故事的人就少而又少了。"

"对，这样的故事很难处理。"

【b】"阿狄曼图，在我们的城邦里不应该讲这种故事。听了它的年轻人也不应当说犯下如此滔天大罪不值得大惊小怪，或者说如果他对他不正义的父亲进行各种惩罚，他这样做只不过是在模仿最伟大的头号天神而已。"

"对，宙斯在上，我本人认为讲这种故事是不适宜的。"

"确实，如果我们想要我们城邦的护卫者认为挑拨离间、钩心斗角是可耻的，那么我们一定不要允许任何讲述众神明争暗斗、搞阴谋诡计的故事，【c】因为它们不是真的。众神和巨人之间的战斗，还有众神仇恨它们的亲友的所有故事，都不应当讲，甚至也不能作为刺绣的题材。如果我们要劝说我们的人民，公民之间决不能相互仇恨，这样做是不虔诚的，那么老人们从一开始就应当给孩子们讲这样的道理；而随着孩子们长大，【d】诗人们也必须对孩子们讲同类的事情。我们不会把这样的故事接纳到我们的城邦里来——无论是否作为寓言——赫拉④被她的儿子捆绑，赫淮斯托斯⑤被他的

---

① 乌拉诺斯（Οὐρανός），希腊老天神。

② 克洛诺斯（Κρόνος），希腊天神，乌拉诺斯之子。

③ 参见赫西奥德：《神谱》154—210，453—506。

④ 赫拉（Ἥραν），希腊天神，宙斯之妻。

⑤ 赫淮斯托斯（Ἡφαίστος），希腊火神，宙斯与赫拉之子。

父亲从天上摔到地下，当时他试图去救援他挨打的母亲，还有荷马所描写的众神间的战争。年轻人分辨不清什么是寓言，什么不是寓言，无论什么见解对他们来说总是先入为主，成为根深蒂固、不易更改的定见。由于这些原因，我们也许需要特别注意，【e】确保他们最先听到的与美德有关的故事是最适合他们听的。"

"这样做是合理的。但若有人问我们适宜讲哪些故事，我们该怎么说呢？"

"阿狄曼图，你我都不是诗人，但我们正在创建一个城邦。【379】对城邦的缔造者来说，知道诗人们必须创作或避免哪些类型的故事是恰当的。但是我们不会真的自己动手去为他们创作诗歌。"

"行。但是神学或关于众神的故事到底是什么类型的？"

"大体上是这样的：无论是史诗、抒情诗，还是悲剧，均应如其所是地呈现神。"

"确实，必须这样呈现它。"

【b】"嗯，神真的是善的，不是吗，也必须被描述成这样的吗？"

"还能怎样？"

"善的东西肯定不会是有害的，是吗？"

"我认为不会。"

"无害的东西会有害吗？"

"绝对不会。"

"或者不伤害任何事物的东西能做任何坏事吗？"

"不会。"

"还有，不做任何坏事的东西会是任何坏事物的原因吗？"

"怎么会呢？"

"再说，善物是有益的吗？"

"是的。"

"它也是幸福的原因吗？"

"是的。"

"所以，善物不是一切事物的原因，而只是好事物的原因；善物不是坏事物的原因。"

【c】"我完全同意。"

"然而，由于神是善的，它不是——如大多数人所宣称的那样——人类所遭遇的一切事情的原因，而只是少数几件事情的原因，因为在我们的生活中，好事物比坏事物要少。神只对那些好事物负责，而我们必须为那些坏事物寻找原因，而不是让神来为它们负责。"

"你说得很对，我相信。"

"'所以，我们不能从任何人那里接受荷马对众神犯下的愚蠢错误，'【d】他说：'宙斯的门槛边放着两只土罐，一只装满了好运，一只装满了厄运……'宙斯把混合的命运赐给那个人，'他有时候碰上厄运，有时候碰上好运'，但若有人接受的命运完全出自第二只土罐，那么'邪恶的饥荒就逼迫他在神圣的大地上流浪'。【e】我们也不会承认'宙斯把善与恶降给凡人①'。关于潘达洛斯②违背誓言的事，如果有人说这是雅典娜③和宙斯的行为引起的，那么我们决不能同意他的看法。我们也不能承认诸神之间的争执和分裂是由宙斯和塞米司④的所作所为引起的，更不能让年轻人听到埃斯库罗斯这样的说法，【380】'神欲毁巨室，降灾人世间⑤'。如果有人创作一首关于尼俄柏⑥的苦难的诗，埃斯库罗斯的诗句就出现在这首诗中，或者创作

---

① 荷马：《伊利亚特》24：527以下。

② 潘达洛斯（Πάδαρος），荷马史诗中的英雄，特洛伊战争期间率吕喀亚军队与特洛伊军队协同作战。

③ 雅典娜（Αθηνᾱ），希腊天神，宙斯之女。

④ 塞米司（Θέμις），掌管法律和正义的女神，她的形象一手执天平，一手执剑，双眼被布带蒙着，象征着公正无私和执法如山。

⑤ 埃斯库罗斯：《残篇》160。

⑥ 尼俄柏（Νιόβη），底比斯国王安菲翁的王后。她夸耀自己有七子七女，嘲笑阿波罗的母亲勒托只生了阿波罗和阿耳忒弥斯二人。勒托大怒，命其子女复仇。于是阿波罗把尼俄柏的子女全部射死。她因此整天哭泣，宙斯将她变成石像。

有关珀罗普斯^①的子孙的诗歌，或者创作特洛伊^②的故事，或者创作其他诸如此类的故事，我们必须要求他们说这些事情不是神做的。如果这些事情是神做的，那么诗人必须寻求某种有关这些事情的解释，就像我们现在正在寻找的一样，【b】说众神的行为是好的、正义的，而被他们惩罚的人从惩罚中得到益处。我们不允许诗人们说受惩罚者悲惨无比，是神使他们这样的。但是我们允许他们说，坏人是悲惨的，因为他们需要受惩罚，需要付出代价，众神让他们在受惩罚中受益。至于有人说自身是好的神是坏事情的原因，我们要迎头痛击这种论调，要让城邦得到良好的治理，我们不允许任何人在他的城邦里说这种话，也不允许任何人听到这种话——无论老少，无论是韵文还是散文。【c】这些故事是不虔诚的，对我们无益，而且自相矛盾。"

"我喜欢你的法律，我投票赞成。"

"那么，这就是法律之一，也是讲故事的人和诗人在提到众神时必须遵循的标准，也就是说，神不是一切事物的原因，而只是好事物的原因。"

"这是一条完全令人满意的法律。"

"第二条法律如何？你认为神是个巫师，【d】能在不同的时间呈现不同的形象，有时候改变原来的外貌，欺骗迷惑我们，使我们认为它是这个样子的吗？或者说你认为它是单一的，无论何时都不会改变它的本来的面貌？"

"我一下子答不上来了。"

"好吧，换个问法你看如何？如果它离开它本来的面貌，【e】岂不就是改变它自己或者被其他事物改变吗？"

"必然如此。"

"但是最优秀的事物最不容易被替代或改变，不是吗？比如，最健康、最强壮的身体最不容易被饮食和劳累所改变吗，或者最健康、最强壮的植物最不容易被太阳、风等等所改变吗？"

---

① 珀罗普斯（Πέλοπες），神话人物，坦塔罗斯之子，其父将他剁碎供神食用，宙斯使他复活。

② 特洛伊（Τροία），地名。

【381】"当然。"

"最勇敢、最理性的灵魂最不容易被干扰或者被任何外部情感所改变吗？"

"是的。"

"对所有人造的器物，家具、房屋、衣服，做同样的解释也是对的。好的和制作得好的器物最不容易受时间或其他因素的影响。"

"没错。"

【b】"所以，任何处于良好状态下的东西，无论是依据它的本性，还是依据制造它的技艺，或是依据二者，最不容易被其他任何事物改变。"

"看起来是这样的。"

"嗯，神和属于他的一切在各方面都是处于最佳状态。"

"它怎么能够不是呢？"

"那么神最不可能有许多形象。"

"确实。"

"那么它会改变或替换它自己吗？"

"显然会，因为诗人说过，'若它自我改变的话'？"①

"它会把自己变得更好更美，还是变得更坏更丑？"

【c】"如果它改变了，那么它一定变坏了，因为我们肯定不会说神在美或德性方面有缺陷。"

"你说得对极了。你认为，阿狄曼图，无论是神还是凡人，有谁会故意以某种方式使它自己变坏？"

"不，这是不可能的。"

"那么，众神想要改变它们自己是不可能的吗？因为它们是尽善尽美的，它们始终如此，无条件地保持它自己的形象。"

"在我看来这似乎是必然的。"

---

① 荷马：《奥德赛》17：485—486。

【d】"那么，别让诗人告诉我们普洛托斯①或忒提斯②的事，或者说'众神常常幻化成各种外乡来客，装扮成各种模样，巡游我们的城邦'③。他们也一定不能在悲剧和其他诗歌里说赫拉以女祭司的形象出现，'为阿耳戈斯人④的河流伊那科斯⑤的生命赋予的儿子们'⑥收集祭品，也不能告诉我们诸如此类的故事。母亲们也一定不要相信这些坏故事，【e】说什么诸神在夜里游荡，假扮成远方来的异客，用这些故事吓唬她们的孩子。这样的故事亵渎众神，同时还把孩子变得更加胆小。"

"一定不能给他们讲这样的故事。"

"但是，尽管众神不能被改变，但它们能使我们相信它们以各种形式显现，通过巫术来欺骗我们吗？"

"也许。"

"什么？【382】神愿意在言论或者行动方面通过呈现幻象而是假的吗？"

"我不知道。"

"你不知道一种'真的'虚假，如果可以这样叫它的话，是众神和凡人都憎恶的吗？"

"你这是什么意思？"

"我的意思是，无人愿意就最重要的事情把虚假的事情告诉他自己的最重要的部分，而在所有地方，他最担心在那里拥有虚假的东西。"

"我还是不懂。"

【b】"这是因为你认为我说的话有什么深意。其实我的意思只是说，灵魂受到欺骗而对真相一无所知，并在灵魂中一直保留着假象，这是任何人都最不愿意接受的，也是最深恶痛绝的。"

---

① 普洛托斯（Πρωτεύς），海神波塞冬和忒提斯之子，变幻无常。

② 忒提斯（Θέτις），海神。

③ 荷马：《奥德赛》17：485以下。

④ 阿耳戈斯人（Ἀργεῖοι），族名，远古希腊人的一支。

⑤ 伊那科斯（Ἴναχος），河流与河神名，海神忒提斯之子。

⑥ 埃斯库罗斯：《克珊西亚》，残篇159。

"没错。"

"如我刚才所说，把这种状况叫做真的虚假肯定是完全正确的——人的无知的灵魂被告知虚假的事情。言辞中的虚假是灵魂中的这种情感的一个摹本，是后来产生的一个形象，而不是纯粹的虚假。【c】不是这样吗？"

"当然是这样的。"

"这个真的虚假的东西不仅为众神所痛恨，而且也为凡人所厌恶。"

"在我看来似乎是这样的。"

"言辞中的虚假是怎么回事？在什么时候和对谁，它是有用的，而不至于被人厌恶？我们不是可以用它来对付敌人吗？如果那些被我们称为朋友的人中间有人疯了，或者愚蠢地想要做坏事，那么谎言作为一种用来对抗他们的邪恶的药物不就有用了吗？【d】在我们刚才谈论的那些故事中，它也是有用的，我们讲这些故事，因为我们不知道这些与众神有关的古代事情的真相。我们通过把虚假的事情尽可能说得跟真的一样，我们不就使它有用了吗？"

"我们确实在这样做。"

"那么在这些方式中以哪一种方式，虚假对神有用？神会由于对这些古代事情的无知而造出虚假的相似来吗？"

"这样想是荒唐的。"

"所以在神那里没有造假的诗人的任何东西。"

"在我看来没有。"

"那么，由于害怕它的敌人，它会是虚假的吗？"

【e】"绝对不会。"

"那么由于它的家庭或朋友的无知或疯狂呢？"

"无知者和疯子没有一个是众神的朋友。"

"那么，神没有讲假话的理由吗？"

"没有。"

"因此，精灵和神在各方面都和虚假无缘。"

"完全无缘。"

"所以，神在言行方面是单一的和真实的。它不会改变自己，也不会用形象、言辞、符号来欺骗他人，无论是发征兆还是托梦。"

【383】"听你这样一说，我自己也这样想。"

"所以，你同意这是我们讲述或创作有关众神的言论和诗歌的第二条标准：它们不是能变形的巫师，也不会用虚假的言行误导我们。"

"我同意。"

"所以，尽管我们赞美荷马的许多事情，但我们不会赞同说宙斯托梦给阿伽门农①，也不会赞同埃斯库罗斯让忒提斯说阿波罗②在她的婚礼上唱了预言，【b】'我的子女们将会拥有好运，他们终生没有疾病，众神的友谊会给我带来所有赐福，我希望福玻斯③的神口不会说出谎言，他生来拥有预言的技艺。这位与我们同桌共宴的神向我们许诺一切，然而杀害我儿子的就是他自己'④。无论谁对神说出这种话来，我们都要对他表示愤怒，【c】拒绝给他合唱队，⑤不允许用他的诗歌教育年轻人，这样的话，我们的护卫者会成为敬畏神明的人，成为尽可能像神的人。"

"我完全接受这些标准。"他说："我会把它们当做法律来实行。"

第三卷

【386】"那么，我说，这些类型的有关众神的故事，就是我认为将来的护卫者从小就应当听的和不应当听的，如果要使他们敬神明、孝父母、重视

---

① 阿伽门农（Αγαμέμνον），特洛伊战争时的希腊联军统帅。宙斯托梦给阿伽门农，许诺他攻打特洛伊能很快取得成功。但这个许诺没有应验。参见荷马：《伊利亚特》2：1—34。
② 阿波罗（Απολλον），希腊太阳神。
③ 福玻斯（Φοίβους），太阳神阿波罗的别名。
④ 埃斯库罗斯：《残篇》350。
⑤ 诗人在参加戏剧竞赛时要向执政官申请合唱队。参见柏拉图：《法篇》817d。

朋友间的友谊。"

"我肯定我们这样说是对的，不管怎么说。"

"如果他们也应当是勇敢的，那该怎么办？不应当给他们讲那些使他们一点儿也不害怕死亡的故事吗？或者说，【b】你认为心里充满这种恐惧的人能变得勇敢吗？"

"不能，我肯定不这么看。"

"要是有人相信地狱①里充满恐怖，他能不害怕死亡、宁死也不当俘虏或者奴隶吗？"

"绝无可能。"

"那么我们必须监管这样的故事和讲这种故事的人，要求他们不要信口雌黄，把地狱里的生活说得一无是处，而要赞美它，因为他们现在讲的内容既不是真的，【c】又对未来的武士无益。"

"我们必须这样做。"

"那么，从下面这几行诗开始，我们要把同类诗句全都删去，'纵然他无祖传地产，家财微薄难以度日，我宁愿受雇于他，为他耕种田地，也不想做大王去统治所有亡故者的灵魂。'②还有，'免得在天神和凡人面前暴露他的居所，【d】那可怕、死气沉沉、神明都憎恶的去处。'③还有，'啊，可见哈得斯的住处虽有游魂幻影，只是已无理智。'④【e】还有，只有提瑞西亚⑤的灵魂'仍保持智慧，能够思考，其他人则成为飘忽的魂影。'⑥还有，'灵魂离开了

① 哈得斯（Ἀιδης），地狱、冥府，亦为希腊冥王之名。

② 荷马：《奥德赛》11：489以下。奥德修斯魂游地府，看见阿喀琉斯的鬼魂，劝慰他，说他死后还是英雄，而阿喀琉斯则说了好死不如赖活的想法。

③ 荷马：《伊利亚特》20：64。特洛伊战争时，诸神分为两派参加战争，以致地动山摇，吓坏了冥王哈得斯，他担心地面震裂，让凡人和诸神看见阴间的恐怖情景。

④ 荷马：《伊利亚特》23：103。阿喀琉斯梦见好友帕特洛克罗斯的鬼魂，想去拥抱他。但鬼魂的阴影避开了。于是阿喀琉斯发出感叹。

⑤ 提瑞西亚（Τειρεσίαν），底比斯的盲预言者。冥后珀耳塞福涅在他死后让他保持着先知的智慧。

⑥ 荷马：《奥德赛》10：495。

他的肢体，前往哈得斯，哀伤命运的悲苦，丢下了青春和勇气。'①【387】还有，'那灵魂悲泣着去到地下，有如一团烟雾。'② 还有，'有如成群的蝙蝠在空旷的洞穴深处啾啾飞翔，当其中一只离开岩壁，脱离串链，其他的立即纷乱地飞起，众魂灵也这样啾啾随行。'③【b】如果删去诸如此类的段落，我们要请荷马和其他诗人不要生气。这样做并不是它们不是诗，不为人们喜闻乐见，而是因为它们越是好诗，就越不适合儿童听，或者不适合那些宁死也要自由，不愿当奴隶的人听。"

"确实如此。"

"用于地下世界的那些恐怖的名称必须禁止，比如把考西图斯④河说成是可怕的，【c】把斯提克斯⑤河说成是可憎的，把冥河水说成是极为可恨的，还有阴间地府里的鬼魂，等等，这些名称会使听到它们的每个人毛骨悚然。这些名称用到别处也许很好，但是我们担心我们的护卫者会被这种恐惧变得软弱和敏感。"

"我们的担心是有道理的。"

"那么这样的段落也应当剔除吗？"

"是的。"

"诗人在讲和写的时候必须采用与此相反的类型吗？"

"这很清楚。"

【d】"我们也必须删去那些名人嚎啕大哭和悲恸的情节吗？"

"我们必须这样做，如果我们前面说的是强制性的。"

"请再考虑一下要不要把这样的情节删去。我们肯定会说，高尚的人不认为死亡对勇敢承受痛苦的人来说是一件可怕的事情——哪怕这个承受痛苦

---

① 荷马：《伊利亚特》16：856。此处描写英雄帕特洛克罗之死。

② 荷马：《伊利亚特》23：100。阿喀琉斯梦见帕特洛克罗的鬼魂像一阵烟似的消失。

③ 荷马：《奥德赛》24：6以下。求婚子弟被奥德修斯杀死，此处描写他们的鬼魂下地府时的情景。

④ 考西图斯（Κωκυτός），地狱中的河流。

⑤ 斯提克斯（Στύξ），地狱中的河流。

的人正好是他的朋友。"

"我们确实会这么说。"

"那么他不会为他朋友的死亡感到悲伤，就好像对那些遭受厄运的人。"

"肯定不会。"

"我们还说一个高尚的人在生活中最能自给自足、【e】有求于他人的地方最少。"

"对。"

"那么对他来说，失去儿子、兄弟、钱财，或其他诸如此类的东西，也比其他人不那么可怕。"

"没什么可怕的。"

"那么厄运降临的时候，他最不会悲伤，而会泰然处之。"

"当然。"

"所以，我们应当删除那些为名人写下的挽歌，把它们留给女子（甚至也不要留给优秀的女子）和胆怯的男子，【388】我们说，这样的话，我们正在培养的保卫城邦的人会厌恶这种行为。"

"这样做是对的。"

"还有，我们要求荷马以及其他诗人不要把女神之子阿喀琉斯① 描绘成这个样子，'时而侧卧，时而仰卧，时而俯伏'②，'最后他站起来，走到海边，在那里徘徊，心神错乱'③；【b】不要把他说成两手抓起乌黑的泥土，泼撒在自己头上，还说他长号大哭，呜咽涕泣，就像荷马说的那样。也不要把众神的近亲普利亚姆④ 说成趴在污泥中，'向大家急切地恳求，喊每个人

① 阿喀琉斯（Ἀχίλλειος），特洛伊战争中希腊联军主将。
② 荷马：《伊利亚特》24：10 以下。此处描写阿喀琉斯思念亡友帕特洛克罗时的情景。
③ 荷马：《伊利亚特》24：12 以下。
④ 普利亚姆（Πρίαμος），特洛伊城邦国王，宙斯之子。

的姓名.'① 我们甚至更加急迫地要求诗人们不要说众神嚎啕大哭,【c】'啊,我好命苦啊,忍痛生育了这个最勇敢的儿子.'② 如果他们让众神做了这样的事情,他们至少不应当把众神说得毫无庄严的气派,让他们唉声叹气地说,'哎呀,我们宠爱的人被追赶,沿特洛伊城墙落荒奔逃,目睹此情景我心伤悲.'③ 或者说:'可怜哪,命定我最亲近的萨耳珀冬④【d】将被墨诺提俄斯⑤的儿子帕特洛克罗⑥ 杀死.'⑦ 倘若我们的年轻人,阿狄曼图,听到这样的故事不以为耻,不感到可笑,那么他们也不会认为这样的行为根本配不上像他们这样的人,或者当不幸降临的时候会斥责他们自己有这样的言行.正好相反,他们既不感到可耻,也不克制悲伤,而是为了一点小事就怨天尤人,哀痛呻吟."

【e】"你说得完全正确."

"所以,如这个论证所证明的那样——我们一定要继续用这个论证来进行劝说,直到有人提出更好的论证——他们一定不能有这样的言行."

"没错,他们一定不要这样做."

"还有,他们也一定不要放声大笑,因为任何人放声大笑容易使情绪变得非常激动."

"我相信是这样的."

"所以,要是有人把那些高尚的人写成捧腹大笑,不能自制,那么我们不会赞同,要是把众神说成这个样子,【389】我们就更不会赞同了."

"更加不会."

---

① 荷马:《伊利亚特》22:414 以下.特洛伊国王普利亚姆见儿子赫克托耳的尸体遭到凌辱,悲痛欲绝,要大家放他出城去赎回赫克托耳的尸体.

② 荷马:《伊利亚特》18:54.这是阿喀琉斯之母,女神忒提斯的话.

③ 荷马:《伊利亚特》22:168.这是主神宙斯所说关于赫克托耳的话.

④ 萨耳珀冬（Σαρπηδόν）,吕底亚国王,特洛伊战争期间特洛伊一方的盟友.

⑤ 墨诺提俄斯（Μενοιτιός）,帕特洛克罗之父.

⑥ 帕特洛克罗（Πατρόκλος）,阿喀琉斯的好友.

⑦ 荷马:《伊利亚特》16:433 以下.

"所以，我们不会赞同荷马关于众神的这样一些说法：'那些永乐的天神看见赫淮斯托斯在宫廷里忙忙碌碌，个个大笑不停。'① 按照你的论证，这样的说法必须排斥。"

【b】"如果你想要把它说成是我的论证，那随你的便，反正这样的说法是一定要拒斥的。"

"还有，我们也必须关注真相，如果我们刚才说得没错，虚假尽管对众神毫无用处，但对凡人还是有用的，可以当做一种药物来使用，那么我们显然只能允许医生使用它，而公民个人是不能使用的。"

"这很清楚。"

"那么，如果说有谁可以为了城邦之善而使用虚假，用撒谎来对付敌人或者公民，【c】那么这个人就是统治者。而其他人一定不能撒谎，因为公民个人对统治者撒谎，就像病人或运动员对医生和教练撒谎，不把他的身体的真实情况告诉他们，或者就像水手对船老大撒谎，不把他本人或船的情况，以及其他水手的情况，告诉船老大——这确实是一桩大罪，超过那些错误。"

"你说得完全正确。"

【d】"如果统治者在城邦里发现其他人撒谎——'无论是匠人，还是预言者、治病的医生、造长枪的'②——就要惩罚此人，因为他引进的这种行为足以毁灭城邦，就像毁损和颠覆船只。"

"他会的，如果他言行一致。"

"有关节制如何？我们的年轻人不也需要节制吗？"

"当然。"

"对于大多数民众来说，这些不就是节制的最重要方面吗，【e】也就是服从统治者和控制他们自身的饮食快乐和性欲？"

"我也这样想。"

---

① 荷马：《伊利亚特》1：599。诸神见赫淮斯托斯拐着瘸腿来往奔忙，给众神斟酒，滑稽可笑。

② 荷马：《奥德赛》17：383—384。

"所以我们会说荷马诗歌里的狄奥墨德① 的这些话说得很好：'朋友，坐下来，别吭声，请听我的忠告。'② 接下去还有'这些阿该亚人③ 默默地行进，他们保持缄默是因为惧怕他们的长官'④，以及其他类似的段落。"

"这些话说得很好。"

"但是你看这行诗如何？'你喝醉了，头上生狗眼，身上长鹿心'⑤，【390】还有后面紧接着的那几行——或者其他诗歌和散文中描写的公民个人无礼犯上的言行——也说得很好吗？"

"不，说得很不好。"

"我认为这些事情不宜讲给年轻人听——无论如何不能，如果想要使他们节制。尽管我们对此不必感到惊讶，因为他们以其他方式取乐已经足够快乐了。你是怎么想的？"

"我的想法和你一样。"

"再来看究竟是什么让这位最能干的人说出这样的话来，他说这种事情是人间最美好的事情，'餐桌上摆满了各式食品肴馔，【b】司酒把调好的蜜酒从调缸里舀出，给各人的酒杯一一斟满。'⑥ 你认为，这样的事情能使年轻人自我节制吗？还有，其他众神俱已进入梦乡，宙斯性欲炽烈，辗转反侧，因此将一切谋划顷刻忘怀，【c】他瞥见赫拉浓妆艳抹，就迫不及待地与之露天交合，还对她说，此次交合胜过'瞒着他们父母的'初次幽会。⑦ 你对这种事会怎么看？还有，赫淮斯托斯用铁链捆绑通奸的阿瑞斯⑧ 和阿佛洛狄忒⑨——这也是性欲带来的后果吗？"

---

① 狄奥墨德（Διομήδης），特洛伊战争中的希腊将领。
② 荷马：《伊利亚特》4：412。
③ 阿该亚人（Αχαιοι），希腊族名。
④ 荷马：《伊利亚特》3：8，4：431。
⑤ 荷马：《伊利亚特》1：225。这是阿喀琉斯辱骂阿伽门农的话。
⑥ 荷马：《奥德赛》9：8以下。
⑦ 荷马：《伊利亚特》14：294以下。
⑧ 阿瑞斯（Αρης），希腊战神。
⑨ 阿佛洛狄忒（Αφροδίτη），希腊美神。

"不，宙斯在上，在我看来这些事情没有一件适合讲给年轻人听。"

【d】"另一方面，如果名人在面对一切时表现得坚韧不拔，那么他们的言行又必须让年轻人看和听。比如，他捶胸叩心对自己说：'忍耐一下，我的心，你忍受过比这更加可耻的事情。'①"

"他们必须这样做。"

"嗯，我们一定不允许我们的人喜爱金钱或者接受贿赂。"

【e】"肯定不能。"

"那么诗人一定不要对他们朗诵这样的诗句，'金钱能通鬼神，金钱能劝君王。'②也不能对他们说这样的事情，阿喀琉斯的谋士福尼克斯③教唆阿喀琉斯，要他拿到阿该亚人的钱以后再去保卫他们，否则决不释怒。④我们也不能认为这样的事情配得上高贵的阿喀琉斯本人。我们也不会同意他是这样一个喜爱金钱的人，乃至于会接受阿伽门农的馈赠，⑤或者要在收到赎金以后才放还赫克托耳⑥的尸体，【391】否则不予归还。"⑦

"赞扬这样的事情肯定是不对的。"

"确实，只是出于敬重荷马。"我犹豫不决地说："把阿喀琉斯说成会做这样的事情是不虔诚的，我也不相信其他人会说这种话。还有，让阿喀琉斯对阿波罗神说出这样的话，'敏捷的射手，最凶恶的神，你阻拦了我，我若双手有力，必将对你重责'⑧。【b】还有，说阿喀琉斯不服从这条河——一位神——打算与他打斗；还有，他剪发一绺，向另一位河神斯佩凯乌斯⑨献祭，

---

① 荷马：《奥德赛》20：17 以下。
② 出处不详，参见欧里庇得斯：《美狄亚》964。
③ 福尼克斯（Φοίνικος），人名。
④ 荷马：《伊利亚特》9：515。
⑤ 荷马：《伊利亚特》19：278。
⑥ 赫克托耳（Ἕκτωρ），特洛伊战将，为阿喀琉斯所杀。
⑦ 荷马：《伊利亚特》24：502 以下。
⑧ 荷马：《伊利亚特》22：15。
⑨ 斯佩凯乌斯（Σπερχειους），河神。

'以便让已死的帕特洛克罗把这绺头发带走。'① 我们一定不能相信阿喀琉斯做过这些事。至于拖着赫克托耳的尸首绕着帕特洛克罗的坟墓疾走，把俘虏杀死放在自己朋友的火葬堆上，这些事情都不是真的。所以我们要加以否认。【c】我们不允许我们的年轻人相信，由一位女神和珀琉斯②（珀琉斯素以节制闻名，且是主神宙斯之孙）所生，且由最富有智慧的喀戎③扶养成人的阿喀琉斯，内心竟然如此充满骚动，他的灵魂有两种毛病：一方面由于爱财而变得极为贪婪，另一方面对众神和凡人极端傲慢。"

"没错。"

"我们一定不要相信这样的事情，也不允许有人说波塞冬之子忒修斯④和宙斯之子庇里托俄斯⑤骇人听闻地抢劫妇女，【d】或者说其他任何英雄和神的儿子有这些可怕的、不虔诚的行为，因为把这些事情说成是他们做的是假的。我们要强迫诗人，要么否认英雄做过这些事情，要么否认他们是众神的后裔。他们一定不能既说英雄做过这些事，又说他们是众神的子孙，或者试图说服我们的年轻人相信众神带来邪恶，或者相信英雄并不比凡人要好。如我们前面所说，【e】这种话既不虔诚，又是虚假的，因为我们已经证明众神不可能产生坏事物。"⑥

"当然。"

"还有，这些故事对听众来说是有害的，因为要是相信现在和过去都有这种事情，那么在作恶的时候，每个人都会原谅自己。诗云：'众神的后裔，

---

① 荷马：《伊利亚特》23：151。阿喀琉斯之父曾向河神许愿，如果阿喀琉斯能平安地从特洛伊回到家乡，就把阿喀琉斯的一绺长发和50头羊作为祭品献给河神。阿喀琉斯知道自己命中注定要死在特洛伊，回不去了，所以忿怒地把长发剪下献给亡友。
② 珀琉斯（Πηλέως），埃阿科斯之子，与女神忒提斯生阿喀琉斯。
③ 喀戎（Χείρωνος），克洛诺斯之子，教导过许多英雄。
④ 忒修斯（Θησεύς），希腊英雄，雅典国王埃勾斯之子。
⑤ 庇里托俄斯（Πειρίθους），据说曾帮助忒修斯抢劫美女海伦，还曾试图诱拐冥后珀耳塞福涅。
⑥ 参见本篇380d以下。

宙斯的近亲，巍巍伊达① 山巅，矗立着他的祭坛，他们不乏神灵的血缘。'②
由于这个原因，我们必须禁止这些故事，以免【392】在青年心中引发作恶
的念头。"

"绝对应当这么做。"

"嗯，还有一类故事的内容我们还没有讨论到吗？迄今为止，我们已经
说了一个人应当如何谈论众神、英雄、精灵，以及冥府里的事情。"

"我们已经说过了。"

"那么剩下来还没说的就是如何对待那些有关凡人的故事，不是吗？"

"显然如此。"

"但我们目前还不能处理此事。"

"为什么不能？"

"因为我想我们要说，在人的最要紧的事情上，诗人和散文作家对我们
说的看法是不好的。【b】他们说许多不正义的人是幸福的，而许多正义的人
是可悲的，不正义的行为只要不被发觉就是有利的，正义是他人的善，是自
己的损失。我想我们要禁止这些故事，命令诗人创作和吟诵相反类型的故
事。你不这么认为吗？"

"我是这么想的。"

"如果你同意我说得对，那么我难道不能回答你说，你已经同意我们整
个讨论中的那个要点了吗？"

"你这样回答我，没错。"

"所以，仅当我们发现正义是哪一类事物、【c】正义如何以其本性有益
于拥有正义的人，无论他被相信为是正义的还是不正义的，我们才会就关于
人应当讲什么故事达成一致意见。"

"非常正确。"

---

① 伊达（Ἰδαῖους），山名。

② 埃斯库罗斯：《尼俄珀》残篇 146。

"有关故事内容的讨论，其结论我们就讲到这里。现在，我想，我们应当考虑它们的文风，因为我们既要充分考察应当说什么，又要充分考察怎么说。"

"我不懂你这样说是什么意思。"阿狄曼图答道。

【d】"你必须搞明白，"我说："要是我换个说法，你也许就明白了。诗人和讲故事的人所说的一切不都是在叙述过去、现在或将来的事情吗？"

"还能是别的什么吗？"

"这些叙述仅仅是叙述，还是模仿，还是二者兼有？"

"关于这一点我也想请你说得更加明白一些。"

"我真像一名可笑而又晦涩的教师。所以，就像那些不会讲话的人，我不会尝试从整体上把握这件事，而会只取其中的一部分，以它为例来说清楚我想说什么。【e】告诉我，你知道吗，在《伊利亚特》开头诗人告诉我们，克律塞斯①恳求阿伽门农释放他的女儿，而阿伽门农严厉拒绝了他的要求，他的请求失败了，于是他就诉求众神反对阿该亚人？"

"我知道。"

【393】"那么你也知道这几行诗：'他恳求全体阿该亚人，特别向阿特柔斯的两个儿子、士兵们的统帅'②，讲话者是其他人而不是他自己。然而，在此之后，【b】他就以克律塞斯的口吻说话，尽可能使我们认为讲话者不是荷马，而是这位祭司本人——一位老人。他以这种方式进行了很好的创作，讲述了发生在特洛伊和伊塔卡③的事情，以及整部《奥德赛》。"

"没错。"

"嗯，他的对白和对白之间的那些话不都是叙述性的吗？"

"当然。"

【c】"但是当他以其他人的口吻讲话时，我们不会说他创造了他自己的

---

① 克律塞斯（Χρύσης），祭司。

② 荷马：《伊利亚特》1：15 以下。阿特柔斯的两个儿子指阿伽门农和墨涅拉俄斯。

③ 伊塔卡（Ιθάκα），地名。

文风，尽可能使他自己与那个人相似吗？"

"我们肯定会这样说。"

"嗯，使自己的音容笑貌像另外一个人，就是在模仿他扮演的那个人。"

"确实。"

"所以，在这些段落中，他和其他诗人好像是通过模仿来叙述的。"

"没错。"

"但若诗人处处出现，从不隐藏自己，那么他完成整个诗篇和叙述就用不着模仿了。【d】为了使你不再说'我不懂'，让我来告诉你这种办法何以可能。如果荷马说克律塞斯带着赎金要赎回女儿，向阿该亚人，特别是向两位大王祈求，然后一直以这种口吻讲下去，不用克律塞斯的口吻，那么他仍旧是荷马，没有模仿而只有纯粹、简单的叙述。它大体上会是这个样子的——我无法用韵文来说，因为我不是诗人：'那个祭司来了，向众神祷告，【e】请神明保佑阿该亚人夺取特洛伊城以后平安返回家乡，但是阿该亚人应当接受他的赎金，释放他的女儿。出于对神明的敬畏，听他祈祷以后，其他阿该亚人都同意了他的请求，但是阿伽门农勃然大怒，要祭司离开，不准再来，否则他的祭司节杖和花冠都保不了他。阿伽门农说祭司的女儿要和他在一起生活，在阿耳戈斯城终老。他命令祭司，要想平安回去【394】那就趁早离开，不要让他恼怒。听了这番恐吓的话，老祭司在沉默中离去。等到离了营帐，老祭司呼唤阿波罗神的许多名号，求神回忆过去他怎样厚待神明、怎样建庙献祭、供品多么丰盛。他请求神明给予回报，让阿该亚人受到应有的惩罚，以弥补他所掉下的眼泪。'【b】这就是没有模仿的简单叙述。"

"我明白了。"

"那么你也明白，当对白之间的话一概省略，只留下对白，就产生了相反的文体。"

"这个我也懂，写悲剧就是这样的。"

【c】"这一点绝对正确。现在我想我能够说清楚我在前面说不清楚的事情了。有一种诗歌或讲故事只用模仿——悲剧和喜剧，如你所说。另一种由诗人本人只用叙述——在大部分抒情诗里你可以发现这种文体。第三种既用叙述又用模仿——就像在史诗以及其他许多地方，如果你跟得上我的话。"

"我现在明白你想说什么了。"

"你也要记住，我们前面说过我们已经处理了讲故事必须讲些'什么'，但是还没有考察应该'怎么讲'。"

"是的，我记得。"

【d】"嗯，我的意思，更加准确地说，是这样的：是否允许诗人通过模仿进行叙述，我们需要就此达成一致意见，如果是的话，是否有些事物允许模仿，有些事物不允许模仿——这些事物是什么，或者说它们根本无法模仿。"

"我预感到你在考虑是否允许悲剧和喜剧进入我们的城邦。"

"也许是，也许比这意义更加重大，因为我自己也还不太清楚，但不管怎样，我们的论证无论在什么地方遇到障碍，这正是我们要去的地方。"

"你说得好。"

【e】"那么，请考虑，阿狄曼图，我们的护卫者是否应当是模仿者。或者说这一点可以从我们前面的陈述推论出来，一个人在一个行业里能做好工作，在多个行业里做不好工作，如果他采用后一种做法，什么都干，那么他在任何行业里都不能出人头地，对吗？"

"他确实会这样。"

"那么，同样的道理用于模仿也是对的——一个人模仿多样事物不能像模仿一样事物做得那么好吗？"

"是的，他不能。"

【395】"所以，他在当一名模仿者、同时模仿许多事情的时候，几乎不可能追求任何有价值的生活方式。哪怕是在两种被认为非常接近的模仿的情况下，比如悲剧和喜剧，同一个人不能够同时把两件事情都做得很好。你刚才不是说它们都是模仿吗？"

"我说过，你说得很对，同一个人不能同时做两件事情。"

“他们也不能既是朗诵者又是演员吗？”

“不能。”

“确实，哪怕是同一个演员，也不能既演悲剧，又演喜剧。【b】然而，这些不都是模仿吗？”

“他们是的。”

“在我看来，阿狄曼图，人性被分割得甚至比这些事情更细微，所以它既不能很好地模仿许多事物，也不能做好这些事情，就此而言，这些模仿是相似的。”

“绝对正确。”

“那么，要是我们坚持我们最初的论证，我们的护卫者必须远离其他所有技艺，成为保卫这个城邦的自由的匠人，【c】集中精力，不做与此无关的事情，他们一定不要去参与或模仿其他任何事情。如果他们要模仿，那也必须从小模仿适合他们的事物，亦即那些勇敢、节制、虔诚、自由的人，模仿他们的行为。他们一定不要做一名能干的奴才，或者模仿可耻的事情，免得由于模仿这些事情，到头来真的变成这样的人。【d】或者说，要是从年轻时就开始不断地模仿，就会成为本性的一部分，养成姿势、声音和思想方面的习惯，你没有注意到吗？”

“我确实已经注意到了。”

“所以，我们不允许那些受到我们的关心、指望他们成为好人的人去模仿女人，无论年老还是年幼，与丈夫争吵，亵渎上苍，狂妄自大，得意忘形，或者一旦遭遇不幸，【e】便悲伤哭泣，更不要说去模仿处在病中、恋爱中或分娩中的女人了。”

“绝对正确。”

“他们也一定不要模仿奴才，无论是男是女，去做奴才做的事。”

“对，他们一定不要这样做。”

“他们好像也一定不能在言行举止方面用各种方式模仿坏人，这些人是胆小鬼，做的事与我们刚才讲的正好相反，亦即吵架、互相挖苦，喝醉了就胡说八道，【396】清醒时也还要骂人，糟践他们自己，也糟践其他人。他们的言行一定不要养成疯子般的恶习，这是因为，既然已经知道什么是男男女女的疯子和恶人，他们就一定不要去做这种事，也不要模仿这种人。"

"绝对正确。"

"他们应当模仿铁匠或其他匠人、【b】战船的划桨手或他们的指挥，或者其他与船有关的事情吗？"

"这怎么可能，因为他们一点儿也不关心这样的职业？"

"嗯，这些事情如何？他们要模仿马嘶牛哞、大河咆哮、海浪呼啸、雷声隆隆这类事情吗？"

"我们要禁止他们发疯或者模仿疯子。"

"如果我理解了你的意思，你是说有一种风格和措辞，真正有教养的人会使用它，当他想要讲述某件事情的时候，另一种风格和这一种不一样，在品性和教育方面与有教养的人相反的人会偏爱这种风格和措辞，【c】他会用这种风格和措辞来讲述事情。"

"这两种风格究竟是什么？"

"嗯，我想，当一个有节制的人在他的讲述中涉及一个好人的言行时，他会愿意讲述它们，就好像他自己就是这个好人，也不会由于进行这种模仿而感到羞耻。他会尽力模仿这个好人的正确行为和处于理智状态下的言论，【d】而不太会或者很犹豫模仿他遭遇患病、情欲、酗酒或其他不幸时的言行。然而，要是涉及一些品行不那么高尚的人，他就不太愿意使他自己很像这种人——除非他们在短期内正好做了某些好事。或者倒不如说，他在进行这种模仿时会感到不好意思，【e】既由于他不习惯模仿这种人，也由于他不能按照这种较差类型的品性来塑造自己。他打心底里瞧不起这种人，除非他的模仿只是为了娱乐。"

"好像是这样的。"

"所以他会使用我们刚才处理荷马史诗时所讲的那种叙述。他的风格既有模仿又有另一种叙述，但在一个很长的故事中只有很少一点儿模仿，是吗？或者，我这样说没什么意思？"

"你准确地说出了这样一位讲话人必定如何使用这种类型。"

【397】"至于不属于这种讲话人的其他人，他自己的品性越低劣，他就越愿意什么都说，并且认为无所谓卑鄙下流。其结果，他会在大庭广众之下一本正经地模仿我们刚才提到过的那些事情——雷鸣、风声、冰雹、车轴、滑轮、喇叭、长笛、【b】以及其他各种乐器，甚至还有狗吠、羊叫和鸟鸣。这个人的讲话风格完全依赖声音和姿势的模仿，或者只包括很少一点儿叙述。"

"这一点也可以确定。"

"那么，这就是我说的两种风格。"

"是有这两种。"

"这些风格中的第一种涉及的变化很少，所以若是某人提供了与之相应的声调和节奏，那么这个讲话的人不是也能很好地正确保持这种声调和节奏，【c】只有少许变化吗？"

"他要做的事情就是这样。"

"另一种风格如何？若要言谈恰当，它不也需要对立的东西，亦即所有声调和节奏吗，因为它也包含着各种类型的变化？"

"完全正确。"

"所有诗人和讲话者都要采用这种或那种类型的风格，或者把两种类型结合起来吗？"

"必定如此。"

【d】"那么我们该怎么办？我们应当把它们全都接纳到我们的城邦里来，还是只接受某种不混合的类型，或接受这种混合的类型？"

"要是我的意见能占上风，我们只接纳对高尚者的纯粹模仿。"

"然而，阿狄曼图，混合类型是大家所喜欢的。确实，这种类型迄今为止最讨孩子们、孩子们的老师、大众的喜欢。"

"是的，这种类型最讨人喜欢。"

"但也许你不认为它适合我们的体制，因为在我们的城邦里没有人同时做两件事或许多事，【e】因为每个人只做一样工作。"

"确实，它不合适。"

"不就是由于这个原因，在我们的城邦里，我们会发现鞋匠就是鞋匠，不会在做鞋匠之余还要做船老大，农夫就是农夫，不会在做农夫之余还要做陪审员，士兵就是士兵，不会在做士兵之余还要挣钱，以此类推，是吗？"

"对。"

"那么看起来，要是一个人经过训练，能够变成其他人，能够模仿任何事情，【398】这样的人要是光临我们的城邦，想要表演他的诗歌，我们应当为之倾倒，惊为神人，欢欣鼓舞，但是我们应当告诉他，在我们的城邦里没有一个人像他那样，法律也不允许。我们会在他头上涂香油，缠羊毛，把他送到其他城邦去。至于我们，为了我们自己的善，【b】我们要任用比较严肃和正派的诗人或讲故事的人，当我们开始教育我们的士兵时，他们会模仿高尚者的言辞，按照我们的规定来讲故事。

"如果事情由我们来决定，我们肯定要这样做。"

"到此为止，我们好像已经完成了有关音乐和涉及讲话和讲故事的诗歌的讨论，因为我们既讲了应该讲什么，又讲了应该怎样讲。"

"我同意。"

【c】"那么我们下面不是该讨论抒情诗和歌曲了？"

"显然应该。"

"讲到现在，与我们前面已经说的相一致，还有哪些人看不出有关抒情诗和歌曲我们将说些什么吗？"

格老孔笑着说："苏格拉底，我担心你说的'哪些人'包括我在内，因为此刻我对我们将要说些什么并无很好的见解。当然，我有我的疑虑。

"不管怎么说，首先，你知道构成歌曲的三个要素——【d】歌词、曲调和节奏。"

"是的，我知道这一点。"

"那么就歌词而言，唱出来和不唱出来都没什么区别，所以它们不是都必须以同样的方式与我们刚才确定的类型相吻合吗？"

"它们必须吻合。

"还有，曲调和节奏必须适合歌词。"

"当然。

"但我们说过，我们不再需要哀婉和悲伤的词句。

"我们确实不需要。

【e】"那么，什么是挽歌式的曲调呢？告诉我，因为你是个音乐家。

"就是混合式的吕底亚①调、合成式的吕底亚调，以及其他诸如此类的曲调。

"那么，它们不是应当被排除吗？它们甚至对体面的妇女尚且无用，更不要说对男子汉了。"

"确实如此。"

"酗酒、软弱和懒惰对我们的护卫者来说也是最不适宜的。

"它们怎么能适宜呢？"

"那么，适宜宴饮的柔软曲调是什么呢？"

"据说伊奥尼亚②调和那些吕底亚调是最松弛的。"

【399】"你会用它们来使人成为勇士吗？"

"绝对不会。不过你好像忘了多利亚③调和弗里基亚④调了。"

"我完全不懂曲调。把这样一种曲调留给我吧，它适宜模仿勇敢者的言行，他们在战争中或在其他剧烈的斗争中冲锋陷阵，奋不顾身，履险如夷，【b】视死如归，他们在各种情况下都会坚韧不拔和自我节制，与命运作斗争。再把另外一种曲调留给我吧，这种曲调适合那些自愿采取平和行为的

---

① 吕底亚（λυδιστί），地名。
② 伊奥尼亚（Ἰόνια），地名。
③ 多利亚（δωρια），族名。
④ 弗里基亚（φρυγία），地名。

人，他们或者是在说服，或者是在祈求神的青睐，或者对凡人进行教导或训诫，另一方面，或者接受劝告和批评，努力改正，在各种情况下，他的行为都是适度的和自控的，不是伴随着固执，而是伴随着理解，满足于最后的结果。【c】所以，就把这两种曲调留给我吧，它们能够最好地模仿那些既节制又勇敢的人发出的剧烈的或平和的声音，无论处于好运还是处于厄运。"

"你想要得到的曲调就是我提到过的这些曲调。"

"那么好吧，我们不需要用多音调或多弦的乐器来给我们的颂歌和歌曲伴奏。"

"在我看来好像一点儿也不需要。"

"所以我们不需要制造音叉、竖琴，【d】以及其他所有多弦和多音调的乐器的匠人。"

"显然不应该。"

"笛子制造者和演奏者如何？你允许把他们接纳到这个城邦里来吗？或者说，芦笛① 不就是所有乐器中最'多弦的'吗？而其他多音调的乐器不都是对芦笛的模仿吗？"

"这很清楚。"

"那么还剩下竖琴和弦琴在城里使用，而在乡间，要有一种风笛供牧羊人吹奏。"

"这是我们的论证所显示的，至少。"

【e】"好吧，宁要阿波罗和他的乐器，不要玛息阿② 和他的乐器，我们这样说肯定并不新鲜③。"

"宙斯在上，我们这样说好像不新鲜。"

---

① 芦笛（αὐλός），芦笛不是真正的笛子，而是簧乐器，尤其适宜表达情感。
② 玛息阿（Μαρσύας），森林神。
③ 阿波罗是太阳神，用的乐器是竖琴，玛息阿用的乐器是芦笛。在希腊神话中，芦笛是雅典娜发明的，但是雅典娜抛弃了芦笛，因为吹奏芦笛会歪曲她的个性。玛息阿拾起雅典娜抛弃的芦笛，并且愚蠢地用它向阿波罗（竖琴的发明者）挑战。玛息阿在音乐比赛中失败，被阿波罗活剥。

"凭着神犬发誓，我们无意之中已经在净化我们前面说的那个奢侈的城邦。"

"这是因为我们有节制。"

"那么就让我们来净化其他部分。曲调之后的下一个论题是规范节奏。我们一定不要努力追求复杂的节奏与多变的旋律。倒不如说，我们应当尝试着去发现什么是那个引导一种有序的、勇敢的生活的人的节奏，然后为他的言辞采用适当的节奏和旋律，而不是让他的言辞去适应节奏和旋律。【400】这些节奏究竟有哪些要由你来讲，就像前面我们谈论曲调一样。"

"我真的不知道我该说什么。根据我的观察，我可以告诉你有三种基本的节拍，其他的节拍是以它们为基础形成的，就像音阶共有四个部分。但我说不出哪一种节拍适宜模仿哪一种生活。"

【b】"那么我们要向达蒙① 请教，问他哪些节拍适宜表现卑鄙、残忍、疯狂或其他邪恶，哪些节奏适宜表现与此相反的内容。我想，我听他谈过'埃诺普利'②，这是一种复合节拍(尽管我不是太清楚)，还谈过扬抑格的节拍或英雄体的节拍，我不知道他如何能够把这些长短不一的节拍排列在一起。我想，他把一种音步称为抑扬格，另一种音步称为扬抑格，【c】再加上长音节或短音节之分。我想，在谈论这些事情的时候，他对音步的节奏的批评和赞扬不亚于对节奏本身所作的评论，或对音步和节奏的综合评价，究竟如何，我也真的说不清楚。但是，如我所说，我们把这些问题都留给达蒙，因为要区分这些不同的种类需要很长的论证。或者说，你认为我们应当尝试一下吗？"

"不，我肯定不尝试。"

"但是你能察觉，不是吗？优雅和笨拙分别追随好节奏和坏节奏。"

"那当然了。"

---

① 达蒙（Δάμων），人名。

② 埃诺普利（ἐνόπλις），一种复合节拍的名称。

【d】"还有，如我们刚才所说，节奏和音调必须适合歌词，而不是相反，那么好节奏伴随好歌词，并且与之相似，而坏节奏追随与好歌词相反的歌词，对和声与非和声来说也一样。"

"可以肯定，这些东西必须与歌词一致。"

"风格和歌词的内容本身如何？它们不是也要和讲话者的灵魂的品格相一致吗？"

"当然。"

"其他方面也要和歌词相一致吗？"

"是的。"

"所以好歌词、和声、优雅和节奏追随简洁的品格——【e】我这样说并非是在用委婉的口吻说头脑简单——而是指按照理性的规划发展出来的好种类和好品格。"

"这一点绝对可以肯定。"

"如果我们的年轻人要做他们自己的工作，他们一定不能随处去学这些东西吗？"

"确实，他们一定不能。"

"嗯，绘画肯定充满这些性质，所有技艺在这一点上都相同；纺织充满这些性质，【401】刺绣、建筑、家具制作也是这样。我们身体的本性也充满这些东西，就像所有成长的事物的本性，因为所有这些事物都有优雅或笨拙。笨拙、坏节奏、不和谐的和声都与坏歌词和坏品格相类似，而它们的对立面与一种有节制的好品格相类似，是对好品格的模仿。"

"绝对正确。"

【b】"那么，我们是否必须仅对诗人进行监督，强迫他们在诗歌中塑造角色的良好形象，否则就不要在我们中间创作？或者说，我们也必须监督其他匠人，禁止他们——无论是在绘画、雕塑、建筑，还是其他任何作品中——刻画邪恶、放荡、卑鄙、龌龊的角色？我们要允许那些不能遵循这些规定的人在我们中间工作吗？这样的话我们的护卫者从小就会接触罪恶的形象，耳濡目染，【c】好比牛羊卧于毒草之中，咀嚼反刍，日积月累，不知不觉便在灵魂中铸成大错？或者说，我们宁可寻找这样一些匠人，他们凭着优良的本性能够在工作中追求美的和优雅的东西，使我们的年轻人能够生活在一个健康的地方，能从各方面受益，他们的眼睛看到的和他们的耳朵听到的都是优秀的作品，好比春风化雨，潜移默化，不知不觉地受到熏陶，【d】从童年起就将友谊、和谐与理智之美融为一体。"

"后一种情况是迄今为止对他们最好的教育。"

"格老孔，这些不就是教育在音乐和诗歌中最重要的原因吗？首先，由于节奏与旋律比其他事物更容易渗入灵魂深处，【e】在那里牢牢扎根，如果受到恰当的教育，他会变得彬彬有礼，如果没有受到恰当的教育，结果就会相反。其次，任何在音乐和诗歌中受过恰当教育的人都能够敏锐地察觉事物中缺失的东西，无论是很好地被造出来的事物，还是生来就好的事物。由于他拥有正确的品位，他会赞扬美好的事物，为美好的事物所激励，从中吸取营养，使自己的灵魂变得美好。【402】他会正确地拒斥任何可耻的东西，从小在还不能把握理智性的时候就仇恨可耻的东西，而在受过这种教育长大成人以后，他会欢迎理智的到来，他很容易认识理智，因为理智和他有亲密的关系。"

"是的，我同意，这些就是在音乐和诗歌中要提供教育的理由。"

"这就好比学习如何阅读。直到我们明白只有为数不多的字母出现在所有各种各样的组合之中时，我们的能力不会是恰当的，【b】还有——无论字母写得大还是写得小①——它们值得我们关注，所以当它们出现的时候，我们能很快地把它们挑选出来，因为我们知道，在认识我们的字母之前，我们无法让读者满意。"

"对。"

"那么如果有字母的影像在水中或镜中映现，在我们认识这些字母本身之前，我们不会认识它们，因为这两种能力属于同一种技艺或学问，这样说

---

① 参见本篇 368c—d。

不也是对的吗?"

"绝对正确。"

"那么,众神在上,根据同样的道理,【c】我们和我们正在培养的护卫者将要接受音乐和诗歌的教育,直到我们知道节制、勇敢、坦率、崇高的不同形式,以及与它们相关联的各种品性,也还有与它们相反的各种品性,这些品性是到处流动的,我们要能识别它们本身及其影像,不要忽视它们,无论它们是写在小事物中还是大事物中,而是接受这样的看法,大字母和小字母的知识都是同一技艺和学问的组成部分,我这样说不对吗?"

"你说的绝对是基本的道理。"

"然而,如果某人的灵魂拥有美好的品性,【d】他的身体之美也与灵魂相配,与灵魂和谐,二者分有相同的类型,对任何有眼睛能看见的人来说,这不就是最美的景观吗?"

"确实是。"

"最美的不也是最可爱的吗?"

"当然。"

"懂音乐的人最热爱这样的人,但他不爱那些缺乏和谐的人吗?"

"不,他不会,至少,要是这种缺陷是在灵魂中;但若这种缺陷只在身体中,【e】他会容忍这种缺陷,愿意拥抱身体有缺陷的男孩。"

"我推断你自己爱或者爱过这样的男孩,我同意你的做法。然而,请你告诉我:过度的快乐与节制能够兼容吗?"

"怎么可能,因为它使人疯狂,就如痛苦?"

"它和其他美德能够兼容吗?"

【403】"不能。"

"那么好吧,它与强暴和纵欲能够兼容吗?"

"非常兼容。"

"你能想到比性快乐更强烈的快乐吗?"

"我不能,我也想不出比性快乐更疯狂的快乐。"

"那么正确类型的爱就是由音乐和诗歌的教育来节制有序的和美好的爱吗？"

"没错。"

"因此，正确类型的爱会有任何疯狂与放纵吗？"

"不，不会有。"

【b】"那么，性快乐一定与正确类型的爱无关，爱男孩的人和他爱的男孩一定不要共享这种快乐，如果他们以正确的方式爱和被爱？"

"神灵在上，确实无关，苏格拉底，它们之间断无相关之处。"

"那么看起来，你要在我们正在建构的城邦里立下一条法律：如果爱者说服他爱的男孩，那么爱者可以吻他，和他待在一起，抚摸他，就像父亲对儿子一样，为的是美好的事物，但是——转到其他事情上来——【c】他与他关心的人的联系一定不能超越这种行为，否则就要谴责他，说他没有受过音乐和诗歌的训练，缺乏对美好事物的鉴赏。"

"诚然。"

"在你看来，我们现在是否已经完成了我们对音乐和诗歌中的教育的解释？不管怎么说，我们要在应当结束的时候结束，我们的解释应当结束于对美好事物的爱。"

"我同意。"

"音乐和诗歌之后，必须给我们的年轻人体育训练。"

"当然。"

"在这个方面，他们必须从童年开始就接受这种教育，乃至终生。【d】我相信事情像是这个样子的——但是你自己也应该加以观察。因为在我看来，健康的身体凭它自身的德性不能造就灵魂之善，而反过来说才是对的，良好的灵魂凭它自身的德性能造就尽可能好的身体。你说对不对？"

"我也这样想。"

"那么，要是我们充分关注心灵，把监管身体的具体任务托付给它，避免过多的谈论，而仅仅向它指出要遵循的一般类型，【e】我们这样做不对吗？"

"肯定对。"

"我们说过，我们预期的护卫者一定不能酗酒，因为一名护卫者喝醉了酒，不知道自己在什么地方，这种行为比其他任何人喝醉酒更不妥。"

"如果护卫者还需要护卫者来保护，那就太荒唐了。"

"我们来谈谈食物如何？这些人在体育竞赛中不就是运动员吗？"

"是的。"

【404】"那么现在为了训练运动员所规定的养生之道适合他们吗？"

"也许吧。"

"然而这种养生之道会产生懒惰，它对健康的价值是可疑的。或者说，你没注意到这些运动员老是在睡觉，要是他们稍微偏离规定的作息时间，就会得重病？"

"我注意到了。"

"所以我们的武士运动员需要更加明智的训练。他们一定要像通宵不眠的猎犬，保持极为敏锐的视觉和听觉，【b】要能忍饥耐渴、耐暑耐寒，保持良好的健康状况。"

"我也是这么想的。"

"那么，最好的体育训练与我们刚才讲的音乐和诗歌的教育不是很接近吗？"

"你指的是什么？"

"我指的是一种简单而又体面的体育训练，尤其是与作战有关的这种训练。"

"它会是什么样的呢？"

"你从荷马那里可以学到这些事情。你知道，他笔下的英雄在打仗的时候，他不会让他们吃鱼，【c】哪怕队伍就驻扎在赫勒斯旁①海岸边，也不会

———————

① 赫勒斯旁（Έλλήσποντ），地名。

让他们吃炖肉。相反，他让他们吃烤肉，这是最容易提供给士兵的食物，只要有火就行，什么地方都可以，而不需要携带陶罐和铜锅。"

"没错。"

"我相信，荷马也没有在任何地方提到过甜食。确实，甚至连其他运动员也明白，要想使身体保持良好状态，这种食物一定不能碰，不是吗？"

"不管怎么说，他们明白这个道理是对的，要避免吃这种食物。"

"如果你是这么想的，【d】那么你似乎不会批准叙拉古① 式的烹饪和西西里② 式的菜肴。"

"我不批准。"

"那么你也反对身体处于良好状况的男人找科林斯女郎做情妇。"

"坚决反对。"

"那些令人馋涎欲滴的阿提卡③ 肉馅饼如何？"

"我也肯定反对。"

"我相信，我们已经正确地把这种节食和整个生活方式比做用各种曲调和节奏合成的抒情颂歌。"

【e】"确实。"

"正如过多的修饰在一个地方会产生淫荡，那么它不会在另一个地方产生疾病吗？简洁的音乐和诗歌是为了在灵魂中产生节制，而体育训练中的简洁是为了身体健康吗？"

"非常正确。"

"如果淫荡和疾病在城邦里流行，【405】岂不是要开许多法庭和医院？医术和法律大行其道，甚至连大多数自由民也要认真接受吗？"

"不接受又能怎么办？"

"一个城邦需要医术高明的医生和讼师，不仅那些低劣的民众和匠人需

---

① 叙拉古（Συρακόσιοι），地名。
② 西西里（Σικελία），地名。
③ 阿提卡（Αττική），地名。

要他们，而且那些接受过教育的自由民也需要他们，你还能找到比这更大的征兆，表明城邦的教育是极差的和可耻的吗?【b】公正要由其他人来强制实行，要由其他人来当主人和法官，因为你本人无法应对形势，你不认为这是可耻的吗? 这是一个显著的表明粗俗的征兆吗?"

"我想这是世上最可耻的事情。"

"当某个人不仅花费大量时间在法庭上打官司，为自己辩护或者控告他人，而且对什么是公正缺乏了解，只被教唆得要出人头地、行不义之事，要诡计、钻空子、【c】逃避法律的制裁——凡此种种只为一些微不足道的小事，因为他不知道如何把自己的生活安排得比较高尚和良好，乃至于不需要找昏昏欲睡、心不在焉的法官来评理，这种事情岂不是更加可耻吗?"

"这种情况比前面的情况更可耻。"

"至于对医药的需求，不是由于受伤或偶感风寒，而是由于游手好闲和我们讲过的那种懒惰的生活方式，【d】把身体弄得像块沼泽地，充满风湿水汽，迫使阿斯克勒庇俄斯①那些能干的子孙们②用'肠胃气胀'、'黏膜炎'一类的名称来描述这些疾病，你不认为这种事情可耻吗?"

"我认为这种事情可耻。这些疾病的新名称相当奇怪。"

"确实，我认为在阿斯克勒庇俄斯本人那个时代根本没有这些疾病。我可以引以为证的是，阿斯克勒庇俄斯的子孙们在特洛伊没有批评那个为欧律庇卢斯③疗伤的妇人，【e】也没有指责开出处方的帕特洛克罗，给伤者喝一盅调有大麦粉和山羊奶酪的普兰那酒，【406】尽管这样的处理现在被人们认为会引起高热。④"

"在这种情况下给人喝这种酒是很奇怪。"

---

① 阿斯克勒庇俄斯（Ασκληπιός），希腊医神。

② 阿斯克勒庇俄斯的子孙，指医生。

③ 欧律庇卢斯（Εὐρυπύλως），人名。

④ 参见荷马:《伊利亚特》11:580以下;828—836,624—650。文中提到的医生是阿斯克勒庇俄斯的儿子马卡昂，他喜欢无缘无故地指责他人。

"如果你想起他们说希罗狄库① 以前的阿斯克勒庇俄斯的子孙们不用我们现在这些药物来治病，那么你就不会感到奇怪了。他是一名体育教练，【b】后来生了病，所以他把身体锻炼和医疗混合在一起，首先折磨他自己，然后折磨其他许多人。"

"他是怎么做的？"

"把他的死亡变成一个漫长的过程。他始终在给自己治病，但似乎又找不到根治的办法，所以他的生活就是给自己治病，没有闲暇做其他事情。哪怕有一天离开他习惯了的处方，他就会完全衰竭，但由于他的技艺使他很难死亡，所以他一直活到老年。"

"这是对他的技艺的一项良好的奖赏。"

【c】"这项奖赏对某个不知个中原因的人来说是恰当的，不是因为他不知道或没听说阿斯克勒庇俄斯没有把这一类医疗教给他的子孙，而是因为他知道在一个治理有序的城邦里，每个人都有指定的工作，没工夫生病，一辈子治病。如果我们承认这对匠人来说是真的，而又不承认这对那些富人和所谓有福之人也是真的，那就太荒唐了。"

"怎么会这样呢？"

【d】"一名木匠生了病，想要从他的医生那里得到一些催吐剂或清洗剂，或者想用烧灼或手术的方法为他驱除疾病。如果有人给他开了一个长长的处方，告诉他要休息，把头包扎起来，那么他马上就会说自己没工夫生病，因为要他把当前的工作搁在一边，整天想着治病，这种生活对他来说是没有意义的。【e】他会对他的医生说再见，恢复他以往的生活方式，结果就是要么恢复健康，要么他的身体因无法抵抗疾病而死，省去了所有麻烦。"

"我相信以这种方式对待医疗是恰当的。"

【407】"这是由于他要是不能工作，活着就没有价值吗？"

"显然是的。"

---

① 希罗狄库（Ἡρόδικος），人名。

"但是，我们要说，有钱人没有这种使他不干活，活着就没有价值的工作。"

"人们是这么说的，至少有人这么说。"

"这是因为你没听说过福库利德①的名言，一旦生计有了保证，必须实践美德。"

"我认为他在生计有保证之前也必须实践美德。"

"我们不会在这一点上和福库利德争吵。但是让我们试着来弄清这些问题：富人是否必须实践美德，如果不实践美德，他的生活是否就没有价值；或者说，当身体疾病成为一个人从事木匠手艺或其他手艺的障碍时，要不要治疗疾病，【b】而无论是否接受福库利德的劝告。"

"但是过分关心身体，把对身体的关注置于体育锻炼之上，确实是一种最大的障碍。确实会给家务、军务、城里的案牍公务带来不少麻烦。"

"确实如此，然而最重要的是，它使任何种类的学习、思想，或私人的沉思变得困难，【c】因为这样的人会老是怀疑自己头晕目眩，并把这些毛病产生的根源归咎于哲学。因此，无论这种美德有无实践和考察，过分关注身体都在起阻碍作用，因为它使人觉得自己有病，整天为自己的身体担忧。"

"可能是这样的。"

"因此，我们难道不要说，阿斯克勒庇俄斯知道这个道理，所以他把医术教给那些体质好、有良好生活习惯，但有某些疾病的人吗？【d】他的医术是为了有这些生活习惯的人。他用药物或外科手术治疗他们，然后吩咐他们照常生活，不得影响他们城邦的事务。但对身体患有严重疾病的人，他不想开个处方，这里治一下，那里治一下，为的是延长他们可悲的生命，让他们能够生下很可能像他们自己一样的后代。他不认为他应当治疗那些不能过正常生活的人，【e】因为这样的人活着对他自己和对城邦都没有什么用处。"

"你在谈论的阿斯克勒庇俄斯就像一名政治家。"

---

① 福库利德（Φωκυλιδους），公元前 6 世纪中叶诗人，米利都人。

"这很清楚。由于他是一名政治家，他的儿子们在特洛伊转变成善人，像我说的那样实施医术，你看不到吗？【408】潘达洛斯射伤了墨涅拉俄斯①，他们'把淤血吸出，敷上一些解痛的草药'②，但没有给他规定吃些什么，喝些什么，他们为他做的事情不超过他们为欧律庇卢斯做的事情，你不记得了吗？他们认为那些受伤前体质原来很好、生活也很俭朴的人，受伤以后医治一下也就够了，乃至于偶尔给伤员喝一点儿调有大麦粉和山羊奶酪的酒。【b】而对那些老是生病、纵欲，对他们自己和对别人都没什么用的人，他们不予考虑。医术不是为这种人服务的，他们不应当得到治疗，哪怕他们比弥达斯③还要富裕。"

"你说的这些阿斯克勒庇俄斯的子孙真的很聪明。"

"你这样说是妥当的。但是，品达和那些悲剧家不会同意我们的看法。④他们说阿斯克勒庇俄斯是阿波罗的儿子，因接受贿金医治一个要死的富人，【c】结果被霹雳打死。但是，按照我们前面说的那些看法，我们不相信这一点。我们要说，如果阿斯克勒庇俄斯是神的儿子，他就不会贪财，如果他贪财，他就不是神的儿子。"

"对。但对下面这个问题你会说些什么呢，苏格拉底？在我们的城邦里，我们不需要好医生吗？最好的医生肯定是那些与大量健康人和病人打交道的医生。【d】同理，与各式各样品性的人打过交道的法官是最好的法官。"

"我同意，这些医生和法官必定是好的。但是你知道我在考虑的医生和法官是这样的吗？"

"如果你告诉我，我就知道了。"

"让我试试看。但你问的事情不像是同一个问题。"

---

① 墨涅拉俄斯（Μενέλαος），斯巴达王，阿伽门农的兄弟，美人海伦的丈夫。

② 荷马：《伊利亚特》4：218。

③ 弥达斯（Μίδας），弗里基亚国王，贪恋财富，曾祈求神赐给他点石成金的方法。

④ 参见埃斯库罗斯：《阿伽门农》1022 行以下；欧里庇得斯：《阿尔刻提斯》3；品达：《庇索颂歌》3.55—58。

"有什么不同?"

"最能干的医生是这样的人,他们除了学习医术,还从小接触大量有病的身体,他们自己的体质不好,也生过各种病,对疾病有着亲身体验,【e】但是我设想,他们不是在用身体医治身体——如果他们是这样的话,那么我们不会允许他们的身体患病或变得很差。倒不如说,他们是在用他们的灵魂医治身体,如果他们本人的灵魂是坏的,或者曾经是坏的,就不可能很好地治病了。"

"对。"

【409】"至于法官,他确实是在用他自己的灵魂统治其他灵魂。从小在众多邪恶的灵魂中哺育成长,与它们相处,在各种不正义的行为中放纵自己,用它自己的经验来裁判其他不正义的行为,这样的灵魂不可能是好的,这样的灵魂是有病的,就像身体的疾病。倒不如说,如果它要是好的和善的,对公正的事物能有健全的判断,它必须保持自身的纯洁,在年轻的时候就不要有坏的品性。确实,由于这个原因,高尚的人在年轻的时候会显得比较天真,容易受坏人的欺骗。【b】这是因为他们没有坏榜样和邪恶的经验来指导他们的判断。"

"确实如此。"

"因此,好法官一定不会是年轻人,而是老年人,他在生活中很晚才知道不正义是怎么回事,他明白不正义的时候,不是把不正义当做自己灵魂里的东西,而是当做某种外在的东西和在其他人身上呈现的东西,【c】他很晚才凭着他的本性认识到不正义是邪恶的,但不是依据他本人的经验,而是通过知识。"

"这样的法官会是最高尚的。"

"他也会是一名好法官,这是你想要问的,因为有一颗好灵魂的人是好的。另一方面,这个能干的、疑心重的人自己干过许多坏事,并认为自己手段高明,他在那些像他本人一样的同伴面前好像会更加能干,因为他总是提防自己的同类,又有他内心的榜样在引导。但是当他遇到善良的长者时,就被视为非常愚蠢，不值得信任，不知道什么是健全的品性，因为他内心根本就没有这种善人的原型。【d】由于他碰到的坏人比好人更多，所以他好像是能干的，而不是无知的，在他自己来看是这样，在其他人来看也是这样。"

"完全正确。"

"所以，我们一定不要在我们前面说过的这种人中间寻找好法官。邪恶之徒决不会认识他自己，也决不会懂得恶人，而生性有美德的人在教育中会获得关于美德和恶德的知识。因此在我看来，这样的人会变成聪明人，【e】而坏人不会变成聪明人。"

"我同意你的看法。"

"那么，你不要在我们的城邦里建立我们提到的这种医术和法律，让它们照料那些身体和灵魂生来就健全的人吗？【410】至于那些身体生来就不健康、灵魂生来就邪恶且无法医治的人，医生和法官不应当让前者自生自灭，而把后者处死吗？"

"这样做对他们个人来说是最好不过了，对城邦也是一件好事。"

"然而，我们的年轻人，由于实践了我们说会产生节制的那种简单的音乐和诗歌，显然会对需要法官这种事保持谨慎。"

"是的。"

"一个受过音乐和诗歌教育的人不会以同样的方式追求体育锻炼，【b】乃至于不需要医术，除非迫不得已吗？"

"我相信是这样的。"

"他在体育锻炼中不会着眼于激发他的本性中的激情，而非只是像其他运动员那样通过饮食和锻炼来增强体力吗？"

"你说得对极了。"

【c】"那么，格老孔，那些按照人们确立的目标建立音乐与诗歌的教育和体育训练的人，是在用后者照料身体、用前者照料灵魂，还是有其他什么目标？"

"你指的是什么目标？"

"看起来，他们建立的两种教育好像主要都是为了灵魂。"

"怎么会这样呢？"

"你没有注意到一辈子进行体育训练，不伴以音乐和诗歌的训练，会对心灵产生的影响吗？或者正好相反，一辈子进行音乐和诗歌的训练，而不进行体育训练？"

"你在谈论的是什么影响？"

【d】"在一种情况下是野蛮和生硬，在另一种情况下是软弱和温顺。"

"我明白了。你的意思是那些只从事体育锻炼的人会变得过分野蛮，而那些只从事音乐和诗歌训练的人会变得过分软弱。"

"还有，野蛮的源泉是人的天性中的激情部分。正确地加以培养，它就变得勇敢，如果不加约束，它就变得残酷和粗暴。"

"好像是这样的。"

【e】"还有，人的天性中的哲学部分不是在提供教养吗？如果过于松懈，它就变得过于软弱，如果加以恰当的培养，它就是有教养的和守序的。"

"是这么回事。"

"现在，我们说我们的护卫者必须具备这两种品性。"

"确实，他们必须具备。"

"这两种品性不是必须彼此和谐吗？"

"当然。"

"如果能达到这种和谐，【411】灵魂既是有节制的又是勇敢的吗？"

"确实如此。"

"但若不和谐，那么灵魂既是怯懦的又是粗野的吗？"

"是的，的确如此。"

"然而，若某个人给音乐一个机会，让音乐用笛子把他迷住，把我们刚才提到的那些婉转悠扬的乐曲灌进他的耳朵，就像进入一条管道，当他把他的全部时间用来听这些乐曲，并为之喜悦，那么，在这种时候，最初的效果就是他的激情软化了，就像加热了的铁一样变得柔软，而不像原先那样坚硬和无用，它变得有用了。倘若他继续下去，对音乐着了魔，不能适可而止，【b】那么他的激情会消退，他的精神会烟消云散，他的灵魂会萎靡不振，变成一个'软弱的武士'。①"

"没错。"

"如果他的天性中本来就没什么激情，那么这个过程很快就会完成。但若他本来就有激情，那么他的激情会变得软弱，很不稳定，稍微受到一点刺激就容易激动，也很容易丧失。结果就是，这样的人变得喜怒无常，性情乖戾，爱发脾气，【c】而不是充满激情。"

"确实如此。"

"某个人努力进行体育锻炼，吃得也好，但从来不去学习音乐和哲学，这样的人会如何？他不会先是变得身强力壮，然后充满决断和激情吗？他不会变得比从前更勇敢吗？"

"他确实会这样。"

"但若他除了体育之外，其他什么也不做，也没有以任何方式与缪斯有过接触，【d】结果会怎样呢？他的灵魂中可能拥有的对学习的热爱不会很快变得淡漠，又聋又瞎，因为他从未尝试过任何学习、考察、讨论，没有学习过音乐和诗歌，来哺育或激发他的灵魂吗？"

"好像是这样的。"

"我相信，某个这样的人会变成一位理智和音乐的仇恨者。他不再使用说服，【e】而是像公牛一样凭借蛮力横冲直撞，像野兽一样野蛮，过着一种无知和愚蠢的生活，既无韵律，又无优雅。"

"他未来的生活就是这样的。"

"所以，看起来，除了附带对身体和灵魂也有所顾及，神把音乐和体育训练赐给人类，不是为了身体和灵魂，而是为了灵魂本身的激情和爱智部分，为的是它们之间能够相互和谐，【412】张弛有度。"

---

① 荷马：《伊利亚特》17：588。

"好像是这样的。"

"所以，那个把音乐和体育协调得最好，能以最恰当的方式把它们刻在灵魂上的人，我们可以最正确地把他称做最和谐的人、音乐训练最完善的人，远胜那个只能使他的琴弦和谐的人。"

"肯定是这样的，苏格拉底。"

"那么，格老孔，要想保持这种体制，我们的城邦不是始终需要一个这样的人来担任督察吗？"

【b】"我们好像是需要像这样的人。"

"那么，这些就是教育和培养的模式。我们还应当列举这些人的舞蹈、打猎、赛狗、竞技、赛马吗？确实，这些事情不再难以发现，因为它们显然必须遵循我们已经确立的模式。"

"也许吧。"

"行，那么我们下面要确定什么事情呢？不是在这些人中间由哪些人进行统治，哪些人被统治吗？"

【c】"当然。"

"嗯，统治者显然是年长者，被统治者显然是年轻人吗？"

"是的。"

"统治者必定也是他们中间最优秀的吗？"

"也没错。"

"最好的农夫不就是最擅长耕种的人吗？"

"是的。"

"那么，由于统治者必定是护卫者中最优秀的，那么他们不就是那些最擅长保卫城邦的人吗？"

"是的。"

"那么，首先，他们不是必定具有知识和能力，关心城邦吗？"

【d】"对。"

"嗯，一个人关心的东西就是他最热爱的东西。"

"必然如此。"

"某个人相信某样事物对他自己是有益的，并设想，要是这样事物幸福，他自己就幸福，要是这样事物不幸福，他自己也不幸福，在这种时候，他最喜爱这样事物。"

"对。"

"那么，我们必须在我们的护卫者中挑选这样的人，依据考察，他们显得最能毕生鞠躬尽瘁，为城邦的利益效劳，【e】而绝不愿做相反的事情。"

"这样的人适合做这样的工作。"

"我想，我们必须在各个年龄段观察他们，看他们是不是具有这种信念的护卫者，确定用暴力或巫术都不能消除或者忘记他们的信念，他们必须做那些对城邦最好的事情。"

"你说的消除是什么意思？"

"我会告诉你的。我觉得信念的消除可以是自愿的，也可以是不自愿的——当一个人知道这个信念是假的，这是自愿的，当一个人知道这个信念是真的，【413】这是不自愿的。"

"你说的自愿的消除我懂，但我不懂不自愿的消除。"

"什么是不自愿的消除？你不知道人们总是自愿丢弃坏东西，不自愿地丢弃好东西吗？拥有真理是好事，受到蒙蔽不是坏事吗？或者说，你不认为相信这些事物是有的就是拥有真理吗？"

"对，我确实相信人们的真意见被剥夺是不自愿的。"

【b】"但是他们的真意见不是也能被盗窃、巫术、逼迫所夺走吗？"

"嗯，我又不懂了。"

"我想必是在以悲剧诗人的口吻讲话！所谓'盗窃的牺牲品'，我指的是那些被说服而改变了他们的心灵的人，或者是那些忘记了信念的人，在后者是由于时间，在前者是由于论证，他们的意见被剥夺了，但他们并不自知。现在你懂了吗？"

"是的。"

"所谓'逼迫'，我的意思是人们在受苦受难中改变了他们的心灵。"

"我懂了，你说得对。"

"至于'巫术的牺牲品'，我相信你会同意的，【c】就是那些处于享乐的诱惑或恐惧之下而改变了他们的心灵的人。"

"在我看来，凡是带有欺骗性的东西，都像是在发咒语。"

"那么，如我刚才所说，我们必须找出那些有着坚定信念的最优秀的护卫者，相信自己必定在做自认为对城邦最好的事情。我们必须从他们童年开始就考察他们，并且给他们指派一些任务，完成这些任务最容易遗忘这样的信念，或者受到欺骗，我们必须选择那些能够牢记这一信念的人、不容易上当受骗的人，【d】而把做不到这一点的人去掉。你同意吗?"

"是的。"

"我们必须劳其筋骨、苦其心志，让他们参加我们能够观察他们品性的竞争。"

"对。"

"那么，我们还必须建立第三种方式的竞争，在这种竞争中人们会被剥夺他们的信念，这种方式就是巫术。就像把小马驹带到嘈杂喧哗的地方，看它们会不会受惊，【e】我们要让年轻人面对恐惧和快乐，更加彻底地对他们进行考验，胜过用火炼金。如果某人在各种诱惑下能坚强不屈，能守身如玉，那么他会是一名好护卫者，因为他已经接受过音乐和诗歌的教育，如果他在各种情况下都能表现出韵律与和谐，那么对他自己和对城邦来说他是最好的人。任何人在童年、青年、成年经受了这种方式的考验，无懈可击，【414】都要被立为统治者和护卫者；生前要给他荣耀，死后要给他建造坟墓，竖立纪念碑。但那些不能在这种考验中证明自己的人都要被抛弃。在我看来，格老孔，统治者和护卫者必须要用这种方式来挑选和任命，尽管我们提供的只是一个总的模式，没有具体细节。"

"在我看来也一样，必定要用这种方式来挑选他们。"

【b】"那么，把这些人称做最完善的护卫者不是最正确的吗? 因为他们对外抵抗敌人，对内监护朋友，使前者缺乏力量、使后者缺乏意愿去伤害城邦。从今往后，我们要把这些被称做护卫者的年轻人称做辅助者和护卫者信念的支持者。"

"我同意。"

"那么，我们怎么能够发明我们前面谈论过的有用的虚假呢？① 在最好的情况下它是一个高尚的谎言，【c】可以用它来说服统治者，如果不可能，则用它来说服城邦里的其他人。"

"什么种类的虚假？"

"这没有什么新鲜的，只是一个腓尼基人② 的故事，讲某件事情发生在许多地方。至少，诗人们是这么说的，他们也说服许多人相信它。这种事在我们中间没有发生，我不知道它是否会发生。要想让人们相信它，肯定要费很多口舌。"

"你好像吞吞吐吐不愿讲这个故事。"

"你听了以后就明白我为什么犹豫不决了。"

"你讲吧，不要担心。"

【d】"好吧，我会讲的，尽管我不知道上哪儿去弄这么大的胆子，甚至不知道我要用什么样的语言。首先我要试着说服统治者和士兵，然后说服城邦里的其他人，我们说要抚养和教育他们，以及他们后来获得的经验，这就像是一场梦，实际上，他们本身、他们的武器，以及其他匠人的工具，是在大地中抚养和塑造出来的，【e】大地是他们的母亲，大地母亲在完成了这项工作以后，就把他们全都送到这个世界上来了。因此，如果任何人进攻他们居住的土地，他们必定要捍卫它，因为这块土地是他们的母亲和保姆，他们也把其他公民视为同一块土地生养的兄弟。"

"讲述这样的虚构，你没什么可害羞的。"

---

① 参见本篇 382a 以下。
② 腓尼基人，原文为 "Φοινικας"。

【415】"大概是这样的吧。不管怎么说，你先把故事听完。'这个城邦里的所有人都是兄弟'，在讲故事的时候，我们会对他们说，'但在神塑造你们的时候，在那些适宜担当统治的人身上掺了一些黄金，因为他们是最珍贵的。神在那些辅助者身上掺了一些白银，在农夫和其他匠人身上掺了铁和铜。【b】在大多数情况下，你们会生下像你们本人的子女，但是，由于你们全都相互有联系，银的孩子偶尔会有金的父母，反之亦然，其他各式人等亦能互生。所以神给统治者下的命令中首要的一条，就是要他们精心保护和关注自己的后代，不让他们的灵魂混入低贱的金属，如果他们儿子的灵魂中混入了一些废铜烂铁，【c】那么他们决不能姑息迁就，而应当把这些儿子放到与其本性相对应的位置上去，安置在匠人或农夫之中。还有，如果匠人和农夫竟然生了一个金的或银的儿子，那么他们就要重视这个儿子，提升他，让他担当护卫者或助手的职责。须知有个神谕说，铜铁之人当政，邦国便要倾覆。'所以，你有什么办法使我们的公民相信这个故事吗？"

【d】"我没有任何办法使他们本人相信，但也许他们的子孙后代、他们的子孙后代的后代会相信。"

"我很明白你的意思，但即便如此，这个故事也有助于他们更加关心城邦和相互关心。然而，不管这个故事是怎么说的，让我们把它搁下。现在让我们来装备我们的这些大地的子孙，引导他们服从统治。他们行军的时候，可以让他们在城邦范围内寻找最适宜的地方安营扎寨，【e】从那里，他们对内可以镇压不法之徒，对外可以抗击虎狼之敌。驻扎下来进行了恰当的献祭之后，他们必须给自己找个睡觉的地方。你说对吗？"

"我同意。"

"这些驻地在冬季和夏季要能恰当地保护他们吗？"

"当然，因为我想你指的是他们住的房子。"

"对，是士兵的房子，不是挣钱人的房子。"

【416】"你做这样的区别是什么意思呢？"

"我会试着告诉你的。对牧人来说，世上最可怕、最可耻的事情莫过于他们喂养的、用来辅助放牧的牧羊犬，由于缺乏管束、饥饿，或者品性有缺陷，而对羊群作恶，变得不像牧羊犬，倒像是豺狼。"

"这种事情确实很可怕。"

【b】"因此，我们有必要用各种方法提防我们的辅助者对公民做这种事情，因为他们是强者，他们会变得不再是温和的助手，而是野蛮的主人，不是吗？"

"必须这样做。"

"对他们进行一种真正良好的教育不就能预防这种事情吗？"

"但是，他们真的受过这种教育。"

【c】"我们也许不能如此武断，格老孔。我们能够肯定的是我们刚才说的，要想使他们相互之间友好，对他们正在保卫的人友善，他们必须接受正确的教育，而无论这种教育是什么。"

"没错。"

"嗯，除了这种教育，任何一位有常识的人都会说，应该为他们准备住房和一些财产，这些东西既不会妨碍他们成为最优秀的护卫者，【d】也不会鼓励他们去对其他公民为非作歹。"

"没错。"

"那么，请你们考虑，要让他们成为我们描述过的这种人，他们是否应当过这样的生活？第一，除了生活必需品，他们中任何人都不得拥有私人财产。第二，他们中任何人都不得拥有其他人不能随意进出的房屋或仓库。【e】第三，城邦按照节制和勇敢的武士加运动员的标准向他们提供食物，每个年度，既不会有剩余，也不会有短缺，城邦向其他公民征税，发给护卫者当薪金。第四，他们要有共同的宿舍，住在一起，就像士兵的营帐。我们要告诉他们，他们的灵魂中已经有了来自诸神的金银，不再需要凡人的金银。【417】确实，我们要告诉他们，把来自神的金银同世俗的金银混杂在一起是不虔诚的，因为以往许多不虔诚的行为都与人们使用金钱有关，而他们自己的金银是纯洁无瑕的。因此，在这个城邦的居民中间只有他们经手金银是不合法的。他们一定不要与金银同处一室，佩戴金银首饰，或者用金银酒器喝酒。只有这样，他们才能拯救他们自己和这个城邦。但若他们获取了私人的土地、房屋或金钱，他们就成了业主和农夫，而不是护卫者——【b】他们是与其他公民敌对的暴君，而不是他们的辅助者。他们会生活在仇恨和被仇恨、打倒和被打倒之中，在恐惧中度日，害怕城邦居民超过害怕外部的敌人，加速使他们自己与整个城邦一起走向毁灭。由于这些理由，让我们说，必须以这种方式给护卫者提供这样的住处和其他供给，把它当做法律确立起来。或者说，你不同意吗？"

"我肯定会这样做的。"格老孔说。

第四卷

【419】这个时候阿狄曼图插话了。他说："苏格拉底，要是有人对你说，你不是在使这些人过得非常幸福，而他们不幸福的原因在于他们自己的过错，那么你会如何为自己辩解？城邦确实属于他们，但他们不能从中得到任何好处。其他人有自己的土地，建造漂亮宽敞的住宅，置办各种适用的家具，用私人的献祭来讨得众神的欢心，款待宾客，当然了，还拥有你刚才提到过的金银财宝，以及其他人认为最幸福的人应当拥有的一切。还有人会说，你的护卫者只是驻扎在城邦里，就像一些雇佣兵，【420】除了站岗放哨以外无所事事。"

我说："是的，更有甚者，他们的工作只能使他们活命，而不能像其他人那样领取薪酬。因此，要是他们想去其他地方私人旅行，他们无法做到，他们也没有什么东西可以拿去给情妇送礼，没钱可以花在他们想花的地方，就像那些被视为幸福的人那样。你把这些批评以及诸如此类的批评都省略了，而依据你的指责，这些也都是事实。"

"好吧，那就让他们把这些指责都添上。"

【b】"然后，你问我们该如何为自己辩解吗？"

"是的。"

"我想，要是按照和前面相同的路径，我们会发现该怎么说的。我们会说，如果这些人确实是最幸福的，那不值得奇怪，然而，在建立我们的城邦时，我们关注的目标不是使任何一群人特别幸福，而是尽可能使整个城邦幸福。我们想到，在这样的城邦里，我们最容易发现正义，拿它和一个由最坏的人统治的城邦进行对照，我们最容易发现不正义，通过对这两个城邦的观察，我们能够对我们考察了那么长时间的问题下判断。【c】然后，我们自己再来塑造这个幸福的城邦，我们不是要挑选几个幸福的人，把他们纳入城邦，而是要使整个城邦幸福。我们很快就会来考察与此相反类型的城邦。①

"所以，假定我们是在给一座塑像着色，有人走过来指责我们，说我们没有给塑像最美丽的部分涂上最美丽的色彩，因为眼睛作为塑像最美丽的部分没有涂成紫色，而是涂成了黑色。【d】我们会认为提供下列辩解是合理的：'你别指望我们会把眼睛涂成这个样子，乃至于使它们根本不像眼睛，也别指望我们对塑像的其他部分这样做。倒不如说，请你一定要注意，我们给塑像的各个部分涂的颜色是适宜的，我们在使整座塑像显得美丽。'同理，你一定不要强迫我们给予我们的护卫者这样的幸福，乃至于使他们成为其他人，而根本不成其为护卫者。【e】我们知道如何让农夫身穿紫袍、头戴金冠，告诉他们可以在高兴的时候才去地里干活。我们也知道如何让我们的陶工斜倚卧榻，围着火炉吃喝玩乐，想去制作陶器时才去干活。我们可以用同样的方式让其他人幸福，这样一来，整个城邦也就幸福了。【421】然而，你别催促我们这样做，因为我们要是这样做，那么农夫将不成其为农夫，陶工将不成其为陶工，其他各种人也将不再能为城邦做他们原先所做的那种类型的工作。现在，要是皮匠变得低劣了、腐败了，并宣称他们是他们不是的那种人，那么不会给城邦带来多大危害。因此，就他们和与他们相似的那些人而

---

① 对相反类型城邦的考察在 445c 处宣布，但到第八卷才开始。

言，我们的论证不必太关注。但若我们的法律和城邦的护卫者只是被人相信是护卫者，而实际上却不是，那么你肯定会看到他们将彻底毁灭城邦，正如只要他们有机会，他们就会很好地统治城邦，使城邦幸福。

"如果我们正在塑造真正的护卫者，那么他们是最不会对城邦作恶的，【b】又若提出这种指责的人在谈论的是在宴席上饮酒作乐的农夫，而不是城邦的农夫，那么他就根本不是在谈论城邦，而是在谈论其他事情。记住这一点，我们在任用这些护卫者时应当考虑我们的目标是否给他们最大的幸福，或者说——由于我们的目标是被视为一个整体的城邦是否拥有最大的幸福——我们必须敦促和说服辅助者遵循我们的其他政策，【c】竭尽全力做好自己的工作，当一名匠人，对其他各种人也一样。以这种方式，有了整个城邦的发展和良好治理，我们必须让天性来为每一群人提供他们的那一份幸福。"

"我认为你说得很好。"他说。

"等我提出与这个要点有紧密联系的下一个要点，你也会认为我说得很好吗？"

"到底是什么要点？"

【d】"考虑一下，下面这些事情会不会腐蚀其他匠人，使他们变坏。"

"什么事情？"

"富裕和贫穷。"

"它们是怎么腐蚀其他匠人的？"

"是这样的！你认为一名变得富有的陶工还会愿意去关注他的手艺吗？"

"肯定不会。"

"他不会变得比从前懒惰和马虎吗？"

"肯定是这样。"

"那么他不会变成一个比较差的陶工吗？"

"是的，大大退化。"

"如果贫穷使他买不起从事这门手艺的工具和他需要的东西，那么他肯定生产不出很好的陶器，【e】也会把他的儿子或他教的其他人教成很差的匠人。"

"当然。"

"所以贫穷和富裕会使匠人和他的产品较差。"

"显然。"

"那么，看起来我们已经指出我们的护卫者必须以各种方式小心提防的其他事情，要防止这些事情不知不觉地潜入城邦。"

"什么事情？"

【422】"富裕和贫穷。前者造成奢侈、懒散和革命，后者造成粗野、低劣以及革命。"

"这当然是对的。但是请你考虑一下，苏格拉底，我们的城邦要是没有钱，如何能够进行战争呢，尤其是不得不对一个富有而又强大的城邦开战？"

"显然如此，要对一个这样的城邦开战很困难，【b】要对两个这样的城邦开战比较容易。"

"你什么意思？"

"首先，如果我们的城邦不得不对你提到的一个这样的城邦开战，它难道不是一场武士兼运动员对富裕者的战争吗？"

"是的，就此范围而言。"

"好，那么，阿狄曼图，你不认为一名训练有素的拳击手能够轻易对付两名富裕的、肥胖的拳击手吗？"

"也许不能把他们同时打倒。"

"甚至不能逃脱他们。但也许他能转身用拳头打那个最先追上来的，要是这名拳击手能够后退，【c】在烈日下反复这样做，在这种情况下，他也不能对付两名以上这样的人吗？"

"这肯定没什么可奇怪的。"

"你不认为富裕的人拥有的拳击方面的知识和经验比战争方面更多吗？"

"我看是的。"

"那么，以所有同样的方式，我们的运动员在战争中将轻易地战胜两三倍于他的对手。"

"我同意，因为我认为你说得对。"

"要是他们派遣使节去另一个城邦，【d】把下列真相告诉那里的人，那会如何？他对他们说：'金子和银子对我们没有用，拥有金银对我们不合法，但是你们可以拥有金银，所以请和我们一起参战，你们可以把那些反对我们的人的财产当做你们的战利品。'你认为，有谁听了这些话会选择与精瘦的猎犬厮打，而不是加入猎犬去攻击肥胖而又温和的绵羊呢？"

"不，我不会。但若所有城邦的财富都汇聚到一个城邦里，【e】我们来观察一下，这样做是否会伤害你的没有财富的城邦。"

"如果你认为我们正在建立的这种城邦以外的任何东西配得上被称做'城邦'，那么你真的是太天真了。"

"你什么意思？"

"我们必须为其他城邦寻找一个更大的名称，因为它们各自都是许多城邦，而不是一个城邦，如人们在游戏中所说。不管怎么说，它们中每一个都由两个相互敌对的城邦组成，一个是穷人的城邦，【423】一个是富人的城邦，各自又包含许多部分。如果你把它们当做一个城邦来处理，你会犯下大错。但若你把它们当做多个城邦来考虑，赋予一个城邦金钱、权力，把居民给予另一个城邦，那么你会总是拥有最多的盟友和最少的敌人。只要你的城邦按照我们刚才安排的方式来进行有节制的统治，哪怕只有一千个人为它战斗，它也将是最伟大的城邦。这种伟大不是名声方面的伟大，我说的伟大不是这个意思，而是事实上的最伟大。【b】确实，你在希腊人或野蛮人中找不到一个这么伟大的城邦，尽管许多规模比它大许多倍的城邦看起来似乎是伟大的。你不同意吗？"

"不，我肯定不会不同意。"

"那么，这也可以成为我们的护卫者在确定城邦大小时的最佳限度。他们应当为那么大小的城邦划定足够的土地，而不会谋求更多的领土。"

"这个限度是什么？"

"我假定是我下面说的这个限度。只要它还是一个城邦，它就可以继续成长，【c】但不能超过这个限度。"

"这是一个很好的限度。"

"然后，我们要向我们的护卫者下达另一项命令，也就是说，除了让城邦拥有足够的土地和居民，还要在名声方面守护它，既不要让它太小，也不要让它太大。"

"不管怎么说，他们要执行这个命令是相当容易的。"

"执行我们前面提到过的那个命令甚至更加容易，我们说过，如果护卫者的后裔是低劣的，就必须把他降级，成为其他公民，同样，如果其他等级的子孙很能干，就应当把他提升为护卫者。【d】这就意味着，其他等级中的每一位公民都在做适合其天性的一样工作，他就不是变成多，而是变成一，而整个城邦本身也就天然地变成一，而不是变成多。"

"这项命令比其他命令更容易执行。"

"我们给他们下的这些命令，阿狄曼图，不像有些人想象得那么多、那么重要。确实，它们其实是无足轻重的，只要，如俗话所说，他们注意一件大事就行，尽管我宁可称之为充分的，【e】而非称之为重大的。"

"这是什么事呢？"

"他们的教育和培养，因为有了良好的教育，他们就能成为通情达理之人，就很容易看清这些和他们有关的事情，也能看清我们省略了的其他所有事情，比如婚姻、嫁娶、【424】以及生儿育女必须尽可能按照古谚来管理，'朋友间应当共同拥有一切'。"

"这样做是最好的。"

"当然了，一旦我们的城邦有了一个良好的起点，它就会像车轮转动一样前进。良好的教育和培养，有了很好的保存，就能产生良好的品质和有用的品质，而具有良好品质的公民再接受这种教育，成长为比他们的前辈更加优秀的人，既在于他们生育的后代，又在于其他方面，【b】这在其他动物身上也是一样的。"

"好像是这样的。"

"简要说来，那些掌权者必须关注教育，看它是否已经腐败而他们自己还没有注意到，他们必须守护教育，防范一切。尤其是，他们必须小心翼翼尽力提防音乐、诗歌或体育锻炼中的新方式搅乱已经建立起来的秩序。他们应当害怕听到有人说，'人们非常在意这首歌，它是出自这位歌手之唇的最新的歌'。① 有人也许会赞扬这样的话，认为诗人在这里指的不是新歌，【c】而是唱歌的新方式。这样的事情不应当赞扬，也不要误解诗人是这个意思，因为护卫者必须提防音乐形式的改变，它会威胁到整个制度。我相信达蒙所说的话，没有城邦法律最重要的变化，音乐模式决不会发生改变。"

"你可以把我算做相信这句话的人。"阿狄曼图说。

"那么，看起来，我说，在音乐和诗歌中，【d】我们的护卫者必须布防设哨。"

"不管怎么说，这种非法的事情会悄然潜入，不容易被发现。"

"是的，就好像音乐和诗歌只是一种游戏，不会造成什么危害。"

"它是无害的——当然，除非那些非法的事情已经在那里确立，悄悄地渗入心灵和生活方式。然后，它逐渐增强，进入私人契约，再从私人契约出发，苏格拉底，它肆无忌惮地进入法律和政制，【e】直至推翻一切，无论是公共事务还是私人事务。"

"嗯，是这样的吗?"

"我相信是的。"

"那么，如我们开始所说，我们的孩子们的游戏从小就应当更加符合法律，如果他们的游戏变得违法，那么孩子们也会学着违法，【425】长大以后也就不能成为品行端正的守法公民了，不是吗?"

---

① 荷马：《奥德赛》1：351—352。

"当然是这么回事。"

"但若孩子们从小就玩守法的游戏，从音乐和诗歌中汲取守法的精神，那么这种守法精神会在各种事情上支配他们，并影响他们的成长，矫正城邦以前发生的错误——换言之，它所起的作用与违法的游戏正好相反。"

"没错。"

"这些人也会发现那些已被前辈们废弃了的看起来微不足道的规矩。"

"哪些规矩？"

"是这样一些规矩：年轻人在他们的长者面前应该肃静，【b】长者到来时要为他们让路，或者要起立，对父母要尽孝道，要注意发式，穿着要得体，行为举止要得当，以及诸如此类的事情。你不同意吗？"

"我同意。"

"我认为把这些事情都加以立法是愚蠢的。口头的或书面的法令不会让人们遵守这些规矩，也不会持久。"

"怎么可能呢？"

"不管怎么说，阿狄曼图，一个人从小所受的教育已经决定了后面的事情。【c】同类不是始终在鼓励同类吗？"

"是的。"

"我想我们会说，教育的最终结果是一个新的完成了的人，他要么是好的，要么正好相反。"

"当然。"

"由于这个原因，我不去尝试给这种事情立法。"

"这是个好理由。"

"那么，众神在上，商业事务如何？比如，人们在市场上相互交易，【d】或者与雇工订立合同，还有侮辱和伤害案件的发生、提起民事诉讼、陪审团的建立，市场和海港需要征收的赋税，市场、城邦、港口的规则，以及其他诸如此类的事情——我们是不是都要为之立法呢？"

"为好人制定那么多法律是不恰当的。【e】他们自己就能轻易发现这些事情中哪些需要立法。"

"是的，只要神保障我们已经描述过的这些法律得以保存。"

"要是不能保存，他们将用其一生来制定其他许多法律，然后加以修订，相信这样做能够得到最好的法律。"

"你的意思是说他们会像病人一样生活，由于纵欲而得病，但又不愿抛弃他们不健康的生活方式？"

"没错。"

【426】"这样的人会以一种十分可笑的方式继续下去，不是吗？他们就医服药，但毫无效果，只会使疾病更加复杂和加重，他们老是希望有人能向他们推荐一种新药，吃了就能治好他们的病。"

"这种人确实就是这个样子的。"

"他们把对他们讲真话的人当做最凶恶的敌人，不是也很可笑吗？也就是说这些人会对他们说，如果不停止大吃大喝，寻花问柳，游手好闲，那么无论是药物、烧灼法、外科手术，【b】还是咒语、护身符，或别的任何方法，都不能给他们带来什么好处。"

"一点儿也不可笑，因为恐吓威胁讲真话的人不可笑。"

"你似乎并不赞同这样的人。"

"我肯定不赞同，神明在上。"

"那么，要是整个城邦以我们所说的这种方式行事，你也不会赞同。当城邦用死亡的痛苦来警告它们的公民，要他们不要扰乱城邦的整个政治制度时，你不认为他们的行为就是这个样子的，这样的城邦治理得很不好吗？【c】而那些善于奉承巴结、揣摩上意、巧妙逢迎的人在这种治理不良的城邦里被看重，被视为能臣和大哲，被赋予荣耀。"

"城邦肯定会以这种方式行事，我无论如何不会表示赞同。"

"那些愿意为这样的城邦服务的人如何呢？【d】你能不敬佩他们的勇敢和坦然吗？"

"我敬佩他们，除了那些受到众人欺骗，乃至于相信自己是真正的政治家的人。”

“你这是什么意思？你不同情这样的人吗？或者说你认为某个不懂测量的人会不相信其他许多同样不懂测量的人说他有四肘① 高？”

【e】“不，他会相信的。”

“那就别对他们太苛刻了，这样的人肯定是最可笑的。他们为我们刚才列举的那些事情立法，然后修订它们，总认为能找到办法来杜绝合约和我讲过的其他事情中的欺骗，不明白他们这样做实际上是在砍许德拉② 的脑袋。”

【427】“然而，他们就是这么做的。”

“所以我想，真正的立法者一定不要操心法律或体制的形式，无论是一个治理不好的城邦，还是一个治理良好的城邦——因为在前者，法律和体制无济于事，而在后者，无论谁都能发现这些东西，而其他人也会自动遵循我们已经建立起来的生活方式。”

【b】“那么在立法方面还有什么事情留下来要我们处理呢？”

“我们没有了，不过德尔斐③ 的阿波罗神还有事要做，他要制定最伟大、最精致、最重要的法规。”

“是哪些法规呢？”

“这些法规涉及如何建造神庙，如何献祭，如何崇拜众神、精灵和英雄，还有如何安葬死者以及博取它们青睐的祭祀仪式。我们没有关于这些事情的知识，【c】在建构我们的城邦时，如果我们还有理智，我们就不会被说服，相信它们，而不相信祖先的指导。这位神，坐在位于大地中央的那块脐石④ 上，在那里为所有人解释这些事情，这无疑就是祖先的指导。”

“你说得很好。这是我们必须做的。”

“好吧，【d】阿里斯通之子，你们的城邦现在可以说已经建立起来了。

---

① 四肘（τετράπηχύς），约200厘米。
② 许德拉（Ὕδρα），神话中的怪物，九头水蛇，砍去一头又生两头。
③ 德尔斐（Δελφοί），地名，希腊宗教圣地。
④ 亦即德尔斐圣地的那块圣石，古希腊人相信它位于大地中央的肚脐眼处。

下一步要做的事情是到什么地方去借点光明来，招呼你的兄弟，以及波勒玛库斯和其他人，一起来看它的里面，看正义和不正义会在它的什么地方、正义和不正义有什么区别，想要幸福的人必须拥有正义还是不正义，一切众神和凡人是否知道他拥有的是正义还是不正义。"

"你在胡说。"格老孔说："你许诺要亲自找到正义和不正义，因为你说你要是不以你能做到的任何方式拯救正义，【e】那就是不虔敬的。"

"没错，答应了的事情我必须做到，但是你们要助我一臂之力。"

"我们愿意。"

"我希望用这样的方法找到它。我认为我们的城邦，若是真的已经正确地建立起来，那么它是全善的。"

"必然如此。"

"所以，它显然是智慧的、勇敢的、节制的和正义的。"

"显然如此。"

"那么，要是我们发现了这些性质中的某一种性质，那么剩下的就是我们还没有找到的吗?"

【428】"当然。"

"然而，就像其他任何四样东西，要是我们在某个事物中寻找它们中的任何一样，而且首先认出它来，那对我们来说就足够了，但若我们首先认出了其他三样，这也足以使我们认出我们正在寻找的那一样来。它显然不可能是别的什么，而只能是剩下来的那样东西。"

"你说得对。"

"因此，由于有四样美德，我们不是必须以同样的方式寻找它们吗?"

"这很清楚。"

"嗯，我想我在城邦中能够清楚地看见的第一样东西是智慧，【b】而且看起来有点儿奇特。"

"奇特在什么地方?"

"我想我们描述过的这个城邦的确是有智慧的。这是因为它有良好的判断，不是吗？"

"是的。"

"嗯，就是这样东西，良好的判断，显然是某种智慧，因为通过知识而不是由于无知，人们能够做出良好的判断。"

"显然如此。"

"但是在这个城邦里有许多种知识。"

"当然。"

"那么，是由于城邦的木匠拥有的知识使这个城邦被称做有智慧的和判断健全的吗？"

【c】"根本不是。凭这种知识它只能被称做在木作方面技艺娴熟的。"

"所以，城邦被称做有智慧的不是由于拥有木作的知识，凭这种知识能够安排制造最好的木器。"

"不，确实不是。"

"制造铜器或其他一些器物的知识如何？"

"不是，无论制造哪种器物的知识都不行。"

"也不是由于拥有从地里获取丰收的知识，因为拥有这种知识城邦可以被称做耕作技艺娴熟的。"

"我也应当这样想。"

"那么，有没有某些知识被我们刚刚建立起来的这个城邦里的某些公民所拥有，这些知识不是用来对某些具体事务下判断，而是把城邦作为一个整体来下判断，【d】考虑如何维护它的良好关系、内部的关系和与其他城邦的关系呢？"

"确实有。"

"这种知识是什么？谁有这种知识？"

"这种知识是监护术，由我们刚才称之为完善的护卫者的统治者拥有。"

"那么，这种知识使你会说这个城邦具有什么性质？"

"它有良好的判断，是真正有智慧的。"

【e】"在我们的城邦里，铜匠、铁匠、金匠多，还是这些真正的护卫者多？"

"铜匠、铁匠、金匠要多得多。"

"确实，在所有那些由于拥有某种专门知识并有特定称呼的行业中，护卫者不是人数最少的吗？"

"是的，少得多。"

"那么，一个按其本性建立起来的完整城邦是有智慧的，乃在于它的这个人数最少的阶层和最小的组成部分，亦即它的统治阶层。这个阶层按其本性来说似乎人数最少，但在各种知识中，【429】只有属于它的知识才被称做智慧。"

"你说得完全正确。"

"那么，我们已经发现了四种美德之一，以及它在城邦中的位置，尽管我不明白我们是怎么发现它的。"

"我们发现它的方法在我看来似乎相当好。"

"那么，勇敢和它在城邦中的那个部分，那个使城邦能被称做勇敢的部分，不难看见。"

"何以见得？"

【b】"把一个城邦称做怯懦的或勇敢的，除了看它的战斗部分和代表它打仗的人以外，谁还会去看其他地方吗？"

"无人会去看其他地方。"

"不管怎么说，我不认为城邦其他公民的勇敢或怯懦能使整个城邦本身被称做勇敢的或怯懦的。"

"对，不能。"

"那么，城邦是勇敢的，乃在于它的这个拥有力量的部分能在任何可怕的情况下保持它的信念，知道要害怕哪些事情和哪类事情，【c】亦即立法者在教育过程中谆谆教诲过的那些事情。或者说，你不把这一点称做勇敢？"

"我没有完全听懂你的意思。请你再说一遍。"

"我的意思是勇敢是一种保持。"

"什么样的保持？"

"由法律通过教育所确立起来的信念的保持，有关要害怕哪些事情和哪类事情。'在任何情况下'保持这种信念，【d】我的意思是不会由于痛苦、快乐、欲望或恐惧而抛弃这种信念。要是你喜欢，我可以打个比方来说明一下。"

"我喜欢。"

"你知道，染匠如果想要把羊毛染成紫色，一开始总是从有许多颜色的羊毛中挑选白色的羊毛，然后再加以精心整理，经过这个预备性的阶段，才能使羊毛尽可能地着色，到了这个时候，他们才用上紫色的染料。【e】以这种方式染色，被染的东西着色快——洗涤时无论用的是不是碱水，① 都不易褪色。但你也知道，要是不这样做会发生什么事，未经整理就上色，要么是染花了，要么是极易褪色。"

"我知道织物褪色是什么样子，看上去很可笑。"

"所以，你应当明白，我们挑选我们的战士，并对他们进行音乐教育和体育锻炼，这也是在尽力做同样的事情。【430】我们的努力所要达到的目标无非就是让他们拥有恰当的天性，让他们得到培养，让他们有可能以最好的方式吸收法律，就好像羊毛吸收染料，所以，他们很快就能拥有信念，知道哪些事情是他们应当感到害怕的，他们的其他信念也能很快具备，哪怕处于快乐、痛苦、恐惧和欲望中，他们的信念也不会褪色——要知道快乐比任何碱水或苏打水更能使信念褪色。【b】这种在任何情况下保持正确的、法律所灌输的信念的力量，知道害怕什么和不害怕什么，就是我所谓的勇敢，当然了，除非你有不同的说法。"

"我没有什么不同的要说，因为我假定你没有考虑到关于这些相同事情的正确信念，这些事情你在野兽或奴隶的身上也会发现，但它不是教育的结

---

① 古人用草木灰泡成的碱性水洗衣服。

果，也不是由法律灌输的，你不把它称做勇敢，而把它叫做别的什么东西。"

【c】"你说得对极了。"

"所以，我接受你对勇敢的解释。"

"接受它，而不是把它当做我对公民勇敢的解释，那么你就对了。如果你喜欢，我们将在其他时间更加充分地讨论勇敢。我们当前考察的主要目标不是勇敢，而是正义。就我们的目的而言，我们说的这些已经足够了。"

"你说得相当正确。"

"现在还剩下两样东西要我们在这个城邦里寻找，【d】亦即节制[①]和正义——我们整个考察的目标。"

"正是。"

"有没有这样一种方法，使我们能够发现正义，而不必自找麻烦先去发现节制呢？"

"我不知道有没有，如果这样做意味着我们不用再考察节制了，那么我不希望正义先出现。所以，要是你想让我高兴，那就先考察节制。"

【e】"我肯定愿意。不这样做是错的。"

"那就让我们来寻找吧。"

"我们会的。从目前来看，节制比前面的那些美德更像某种协和或和谐。"

"何以见得？"

"节制肯定是一种秩序，是对快乐和欲望的某种把握。人们常用'自我控制'和其他相似的短语来表达这个意思。我不知道他们这样说到底是什么意思，但是他们这样说确实像是在追溯或查证节制留在语言中的痕迹。不是这样吗？"

"绝对如此。"

"然而，'自我控制'这种表达不是很可笑吗？进行这种控制的强者本身

---

① 节制（σωφροσύνη），这个希腊词还有自控、明智、合理等含义。

和被控制的弱者本身变得相同了，【431】因为在所有这样的表达中只涉及一个人。"

"当然。"

"不过，这种表达显然试图说明，人的灵魂中有一个较好的部分和一个较差的部分，天性较好的部分控制着天性较差的部分，说一个人是自我控制的，或者说是他自己的主人，这些表达法想要表达的就是这个意思。不管怎么说，称一个人是自我控制的，这是在赞美他。但另一方面，当较小的和较好的部分，由于缺乏良好的教养或陪伴，被较大的部分所压制，这就叫做自败或放纵，【b】这样说是一种谴责。"

"好像是这么回事。"

"现在把你的目光投向我们的新城邦，你会在其中发现这些美德中的一个。你会说，如果较好的部分统治较坏的部分可以被恰当地称做节制的或自我控制的，那么可以正确地把它称做自我控制的。"

"我在看，你说得对。"

"嗯，你可以看到各种各样的欲望、快乐和痛苦，【c】主要出现在儿童、妇女、家奴，以及大多数被称做自由人的低劣者身上。"

"正是这样。"

"但是你会碰到简单而有节制的欲望，这些欲望受理智的指引，有正确的信念伴随，只在少数生来拥有最佳天性和教育的人身上出现。"

"对。"

"那么，你看不到在你们的城邦里也是这样，【d】为数众多的低劣者的欲望被少数卓越者的智慧和欲望所控制吗？"

"我看到了。"

"因此，要是有任何城邦可以被称做是自我控制的，有它自己的快乐和欲望，那么就是这个城邦了。"

"绝对如此。"

"因此，由于所有这些原因，它不也是节制的吗？"

"是的。"

"还有，要说确实有哪个城邦的统治者和被统治者，【e】在应当由谁来进行统治这一点上拥有相同的信念，那么也只有这个城邦了。或者说你不同意？"

"我完全同意。"

"当公民们以这种方式达成一致，你会说节制存在于哪部分公民身上？在统治者身上还是在被统治者身上？"

"我假定两部分人都有节制。"

"所以，你瞧，我们刚才预言节制像是某种和谐有多么正确？"

"为什么会这样呢？"

"因为，不像勇敢和智慧各自居于城邦的某个部分，分别使城邦勇敢和有智慧，节制散布于整个城邦。【432】它使最弱者、最强者和居间者——无论是在理智、体力、人数、财富方面，还是在其他所有方面——全都同唱一首歌。明确由两个部分中的哪个部分来统治城邦和每一个人，把这种一致同意，这种天性较差和天性较好的人之间达成的一致意见称做节制是正确的。"

【b】"我完全同意。"

"好吧。我们已经在我们的城邦中找到了四种美德中的三种，至少依据我们当前相信的观点来看是这样的。那么，这个剩下来能使城邦进一步共享的美德是什么样的呢？确实，很清楚，它就是正义。"

"这很清楚。"

"所以，格老孔，我们自己必须像猎人一样包围这片丛林，集中精力观察，别让正义逃脱我们的视野，消失在迷雾之中，因为它显然就在附近。所以，【c】睁大你的眼睛，努力去发现它，如果你比我先看到，请你赶快告诉我。"

"我希望我能做到，但若你把我当做一名随从，能看见你指给我看的东西，你就能更加有效地使用我了。"

"那么你就跟我来吧，但愿我们能发现。"

"你只管头里走，我会跟来的。"

"我当然会这样做，尽管这个地方好像无法穿透，到处是阴影。这地方确实很暗，很难搜索。但无论如何，我们必须前进。"

【d】"确实，我们必须这样做。"

"然后我看见了什么东西。哈哈！格老孔，这里好像有踪迹，所以看起来我们的猎物不会逃脱了。"

"这是个好消息。"

"要么就是它了，要么是我们太愚蠢了。"

"为什么？"

"因为我们正在寻找的东西似乎从一开始就在我们脚下滚来滚去，但是我们没看见，【e】我们真的太可笑了。就好像人们有时候在寻找他们拿在手里的东西，所以我们没有朝着正确的方向看，而是盯着远处看，这也许就是我们看不到它的原因。"

"你这样说是什么意思？"

"我的意思是，尽管我们一直在以某种方式谈论和聆听正义，但我想我们不明白我们在说什么，或者不明白我们正在谈论正义。"

"对于急于想听到答案的人来说，你的开场白太冗长了。"

【433】"那么你就听着，看我说得是不是有点儿意思。我想，正义就是我们在建立城邦时说的必须在整个城邦建立起来的东西——要么是正义，要么是正义的某种形式。我们说过，也经常重复，如果你还记得，在这个城邦里每个人必须从事一项最适合其天性的职业。"

"对，我们确实不断地这么说。"

"还有，我们听许多人这样说过，我们自己也经常这样说，正义就是做自己的工作，不涉足不是他自己的工作。"

【b】"是的，我们说过。"

"那么结论就是，做自己的工作是正义的——假如它以某种方式发生。

你知道我要用什么来佐证吗?"

"不知道,请你告诉我。"

"我想,在这座城邦里发现了节制、勇敢和智慧之后,剩下来的就是它了。它是使这些美德有可能在城邦里成长,并能在那里长期保持的力量。【c】当然了,我们说过,正义就是我们发现了其他三样美德以后还剩下的那样美德。"

"是的,必定如此。"

"当然,要是我们必须决定这四样美德中哪一样凭借它的呈现使城邦成为善的,那么确实很难决定。它是统治者和被统治者之间的一致信念吗?或者说它是战士心中保持的由法律灌输的该怕什么、不该怕什么的信念吗?【d】或者说它是统治者的智慧和监护权吗?或者说它就是这样一个事实,每一个儿童、妇女、奴隶、自由人、工匠、统治者和被统治者,做他自己分内的事,不去干涉其他人的事!"

"这一点怎么会变得那么难以决定呢?"

"所以,这种存在于每个人做他自己分内的事的力量与对城邦美德有所贡献的智慧、节制和勇敢似乎是对手。"

"确实是。"

【e】"你不会把这种与对城邦美德有所贡献的其他美德是对手的东西称做正义吧?"

"绝对不会。"

"让我们以这种方式来看一下,要是你想信服,你不会命令你的统治者在这个城邦的法庭上担任法官吗?"

"当然会。"

"他们的唯一目的不就是下判断吗?没有一个公民可以占有属于其他人的东西,他自己拥有的东西也不能被剥夺。"

"他们只有这一个目的。"

"因为这样做是正义的吗?"

"是的。"

【434】"然而，依据这一观点，拥有自己的东西和做自己分内的事会被当做正义的来接受。"

"对。"

"那么，考虑一下，看你是否同意我的下列看法。如果一名木匠试图做鞋匠的工作，或者一名鞋匠做木匠的工作，或者他们相互交换工具或者称号，或者同一个人试图做两样工作，其他各种人也都这样交换，你认为这会给城邦带来巨大危害吗？"

"这种危害不太大。"

"但是，我假定，某个人生性就是匠人或某种挣工钱的人，但却因为富有，或者由于得到了大多数选票，或者凭他自己的体力，或者凭借其他优势，试图进入武士等级，或者一名低劣的武士试图进入法官和护卫者的等级，【b】相互交换他们的工具和称号，或者同一个人试图做所有这些事情，那么我想你会同意，这样的交换和干涉会把城邦带向毁灭。"

"绝对同意。"

"那么，这三个等级之间的干涉和交换是对城邦最大的伤害，【c】这种事情可以正确地被称做一个人能对城邦所做的最坏的事情。"

"确实如此。"

"你不会说一个人对他的城邦做了最坏的事情是不正义的吗？"

"当然会说。"

"那么交换和干涉就是不正义。或者换个方式来说，挣工钱的人、辅助者和护卫者在城邦里各自做他自己的工作，是正义的。这就是正义，不是吗，也使城邦正义？"

【d】"我同意。这就是正义，它不是别的什么东西了。"

"让我们先别把这一点当做十分确定的，但若我们发现同样的形式，在每个人身上，也被接受为是正义的，我们才能这样说。其他我们还能说什么呢？但若它不是我们要找的东西，我们必须寻找其他东西来当做正义。"

然而，现在还是让我们来完成当前的考察。我们前面想到，^① 要是我们首先试图在某些包含正义的较大的事物中观察正义，那么在个人身上观察正义就会变得比较容易。我们在前面同意，这个较大的事物就是城邦，所以我们尽力建构了一个最好的城邦，我们非常明白正义会存在于一个好的事物中。【e】所以，让我们把在城邦里发现的东西应用于个人，如果它在个人身上也适用，那么万事大吉。但若在个人身上看到了某些不同的事情，那我们还得回到城邦中来，对它再作试验。如果我们这样做了，【435】让它们相互对照、相互砥砺，那就好比火石碰撞发出火星，照见了正义。等它这样显露出来的时候，我们就能为自己牢牢地掌握它了。"

"你在遵循我们确定的道路，我们必须按你说的做。"

"嗯，好吧，以同一名称来称呼的事物，无论与其他同名事物相比较大还是较小，就此名称所适用的范围而言，它们是相同的还是不同的？"

"是相同的。"

"那么，就正义的形式而言，一个正义的人和一个正义的城邦不会有任何区别；【b】倒不如说，他和这个城邦是相同的。"

"是的。"

"但是，一个城邦之所以被认为是正义的，乃是因为在城邦里天然生成的三个等级各自做它自己的工作，而它被认为是节制的、勇敢的和智慧的，乃是由于它们的某些其他条件和状态。"

"对。"

"那么，要是一个人的灵魂也有三个相同的部分，这些部分也具有相同的条件，那么我们希望也能用那些用于城邦的名称来正确地称呼他。"

【c】"必然如此。"

"那么，我们再次遇到一个容易的问题，灵魂有没有这样的三个部分？"

"在我看来这个问题并不容易。也许，苏格拉底，有句老话有几分真理，

---

① 参见本篇 368c 以下。

每样好事情都是难的。"

"显然如此。但你应当知道，格老孔，在我看来，用我们现在讨论中使用的方法，我们决无可能得到精准的答案——【d】尽管还有另外一条更加漫长的道路通向这样的答案。但也许按照我们先前的陈述和考察标准，我们能够得到一个答案。"

"这不就令人满意了吗？在我看来这就够了。"

"要是这样的话，我也够了。"

"那就别厌倦，而是继续探讨。"

"嗯，那么我们肯定要同意，我们每个人身上都像城邦一样有相同的组成部分和品性吗？【e】它们是从其他什么地方来的呢？要是有人认为城邦的品性不是来自这样的个人，那就太可笑了，比如说色雷斯人、西徐亚①人，以及生活在我们北面的人被认为拥有激情，或者说认为他们热爱智慧是不对的，这种品性主要与我们居住的这个区域的人有关，【436】或者说他们有热爱钱财的品性，我们可以说这种品性最有可能在腓尼基人和埃及②人那里看到。"

"这样的看法是挺可笑的。"

"事情就是这样，不难理解。"

"当然不难。"

"但是下面的问题很难。我们做这些事情是用我们自己的同一个部分，还是用我们自己的三个不同的部分？我们用我们自己的一个部分来学习，用另一个部分来生气，用第三个部分来欲求食、饮、性方面的快乐，以及与它们密切相关的其他快乐吗？或者说，当我们开始做某件事情的时候，在各种情况下，我们的整个灵魂都在参与我们的行动吗？【b】这才是按照我们论证的标准难以决断的地方。"

---

① 西徐亚（ΣKυθία），地名。

② 埃及（Aἴγυπτ），地名。

"我也这样想。"

"那么好吧，让我们以这种方式，试着确定这些组成部分是相同的还是不同的。"

"我们该怎么办呢?"

"就同一事物而言，它显然不会或不愿意在它本身的同一部分同时做或从事相反的事情。所以，要是我们发现灵魂中发生了这样的事情，【c】我们就知道在这里起作用的不是一样东西，而是多样东西。"

"对。"

"那么请考虑一下我还会说些什么。"

"你就继续往下说吧。"

"同一事物自身的同一部分，有可能在同一时间既静止又运动吗?"

"完全不可能。"

"为了避免以后的争执，让我们把我们同意了的事情说得更加准确一些。如果有人说，一个人站着不动，但他的手和头在动，因此可以说他既静止又运动，那么我想，我们不会认为他应当这样说。他应当说，这个人的一部分在静止，另一部分在运动，【d】难道不是吗?"

"是这样的。"

"如果我们的谈话人变得更加可笑，很巧妙地说陀螺固定在一个地方旋转，整个陀螺同时既动又静，对其他任何围绕同一地点旋转的物体也都可以这么说，那么我们也不会表示同意，因为在这种情况下我们说的静止和运动并非与这个物体的同一部分相关。【e】我们会说，这个物体有一条贯穿轴心的直线和边线，论及这条直线，如果它不向任何方向倾斜，那么它是静止的;如果着眼于边线，那么它在做圆周运动;但若物体的轴心线在转动时前后左右地摇摆，那么这个物体也就无论如何谈不上静止了。"

"我们的说法是对的。"

"那就别让诸如此类的说法把我们搞糊涂，或者使我们相信同一事物能够同时做或从事相反的事情，在同一个方面，【437】并就同一事物而言。"

"至少不会使我相信。"

"不管怎么说，为了避免逐一考察诸如此类的说法，花很长时间去证明它们是错误的，让我们假定我们的说法是正确的，然后继续我们的论证。但是我们同意，要是我们的说法显示出有什么不对的地方，那么我们从这个假设中推导出来的所有结论也都是无效的。"

"我们应当同意。"

【b】"那么，你不会把下面这些事情都当做相反的对子吧，赞同和异议、追求和拒绝、吸引和排斥？"

"会的，它们是相反的。"

"这些事情如何？你不会把口渴、饥饿作为整体的欲望，【c】以及希望和愿意，包括在我们提到的类别里吗？你不会这样说吧，有欲望的、正在追求他所希望的东西的人的灵魂，对任何呈现于他的事物表示认同，努力想要得到这样东西，就好像在回答问题？"

"我会这样说的。"

"但你对不愿意、无希望、无欲求又怎么看呢？它们不是正好处在这些对子之中吗——在这些情况下，灵魂拒绝和排斥这些事物？"

【d】"当然。"

"那么，我们不会说有一类事物叫做欲望，饥饿和口渴是其中最明显的例子吗？"

"我们会这样说。"

"一种欲望就是想要得到食物，另一种欲望就是想要得到饮品吗？"

"是的。"

"那么，就渴而言，我们之所以说它是一种欲望，乃是因为它是灵魂的一种欲求吗？比如，渴就是想要得到热饮或冷饮，想要得到多些或少些，简言之，就是想要喝某种东西，是吗？【e】或者倒不如说，在热以及渴呈现的地方，就会产生对某些冷饮品的欲求，在冷呈现的地方，就会产生对某些热饮品的欲求，这种欲求越大，渴的程度越大，这种欲求越小，渴的程度越小，是吗？但是渴本身决不会追求其本性要它追求的东西以外的东西，亦即，它想要喝，而对饿本身来说也是这样，它想要吃。"

"事情就是这样，每一种欲望本身只要求得到其本性所要得到的东西，而对某些特定事物的欲求是一种依赖于其上的附加。"

【438】"然而，别让任何人对我们发动突然袭击或者把我们搞糊涂了，说没有人拥有喝的欲望，而只有喝好饮品的欲望，没有人拥有吃的欲望，只有吃好食物的欲望，以此为基础，每个人都有所追求善物的欲望，所以，渴若是一种欲望，它就是一种追求好饮品或无论什么好东西的欲望，其他欲望也相似。"

"不管怎么说，这个人说得有几分道理。"

"但是在我看来，就一切事物均与其他某些事物相关联而言，那些属于某个具体种类的事物总是与某种具体事物相关联，【b】而就那些事物本身而言，它们只与一样事物相关联，亦即与它自身相关联。"

"我不懂你的意思。"

"你不懂较大者之所以较大，乃是因为它比某个事物大吗？"

"当然。"

"比较小者大？"

"是的。"

"大得多就是比小得多的事物大得多，不是吗？"

"是的。"

"曾经较大就是比曾经较小的事物大吗？将要较大就是比将要较小的事物大吗？"

"确实如此。"

【c】"较多和较少、双倍和一半、较重和较轻、较快和较慢、较热和较冷，等等，不都是这样吗？"

"当然。"

"各种各样的知识如何？不也是同样的道理吗？知识本身是关于能学习

的事物本身的知识（或者是关于任何事物的知识），而特定种类的知识，是关于特定种类的事物的知识。例如，造房子的知识出现时，【d】它不就和其他种类的知识有了不同，所以被称做建筑的知识吗？"

"当然。"

"这不就是它与其他所有知识不同的原因吗？"

"是的。"

"不是由于它是关于某种特定事物的知识，所以它本身成为一种特定的知识吗？对其他所有技艺和知识种类来说，不也是对的吗？"

"是的。"

"那么好吧，这就是我试着想要表达的意思——如果你现在懂了的话——我前面说过，一切事物均与其他某些事物相关联，事物本身只与它自身相关联，而那些属于某个具体种类的事物总是与某个具体种类的事物相关联。【e】然而，我的意思不是说这里讲的种类必须与它们都相同。比如，关于健康和疾病的知识不是健康的或有病的，关于善与恶的知识本身不会变成善的或恶的。我的意思是，当知识变得不是事物本身的知识，而是某些具体种类的事物的知识时，结果就是知识本身变成了某种具体种类的知识，使它不再能够不加限定地被称做知识，而是——添加某些相关的种类——被称做医药知识或其他什么知识。"

"我懂了，我认为是这样的。"

"那么，就渴而言，你不把它归入与某事物相关联的事情中去吗？【439】渴肯定与某样事物相关联。"

"我知道了，它与饮相关。"

"因此，一种具体的渴与一种具体的饮相关。但是渴本身不会追求多或少、善或恶，而是追求一种具体的饮。或者倒不如说，渴本身因其本性只追求饮本身。"

"绝对如此。"

"因此，渴的人的灵魂，就其渴而言，想要的无非就是饮，【b】它渴望饮，有这种冲动。"

"这很明显。"

"然而，要是灵魂渴的时候有什么东西把它拉回来，那么这样东西一定与使它口渴的东西和驱使牲畜去喝水的东西不同吗？我们说，它不可能是同一事物，它不能以其自身相同的部分，与同一事物有关，在相同的时间，做正好相反的事情。"

"不，它不能。"

"以同样的方式，我以为，说某个弓射手的双手既拉弓又推弓是不妥的。我们应当说他的一只手在推弓，另一只手在拉弓。"

【c】"绝对正确。"

"那么，我们可以说有些人在某些时候虽然口渴但并不想饮吗？"

"当然可以，这种事经常在许多不同的人那里发生。"

"那么，对这种事情应当说什么呢？这岂不表明灵魂中有一种东西在吩咐他们饮，有另一种不同的东西在禁止他们饮，并且支配着吩咐他们饮的那个东西吗？"

"我认为是这样的。"

"在这样的情况下，这种禁止起作用吗——要是它能起作用——作为一种理智算计的结果，【d】而牵引和驱使他们饮的东西则是情感和疾病的结果？"

"显然。"

"因此，我们说它们是相互不同的两样东西并非不合理。我们把灵魂用于算计的部分称做理智，把灵魂用于感受性爱、饥饿、口渴之骚动的部分称做非理智的欲望部分，伴以某种放纵和快乐。"

【e】"是的。确实，这样想是合理的。"

"那么，就让我们明确区分灵魂中的这两个部分。嗯，使我们愤怒的激情部分是第三个部分，或者说它和其他两个部分有着同样的性质？"

"它也许像欲望部分。"

"但是，我听说过这样一件事和它有关，我相信这个故事。阿格莱翁①之子勒翁提乌斯②从庇莱厄斯上城里去，路过北城墙外，看到行刑者脚下躺着几具尸体。他有一种想要看的欲望，但又感到厌恶而转过身去。他忍了又忍，并且把脸蒙上，【440】最后屈服于这种欲望，他睁大双眼，跑到那些尸体跟前，并且恶狠狠地咒骂自己说：'你自己看吧，你这个邪恶的家伙，把这美景看个够！'"

"我也听说过这个故事。"

"这个故事证明了愤怒向欲望开战，相互对抗。"

"是有这个意思。"

"此外，我们不是还在许多其他场合看到过这样的事情吗？欲望迫使某个人与理智算计对抗，此时他会咒骂自己，【b】并对支配着他内心的欲望表示愤怒，所以这两个部分是在进行一场内战，也就是说激情与理智结盟？但我不认为你能说，你从来没有在你自己身上或在其他人身上看见过激情本身与欲望结盟，做理智已经决定一定不能做的事情。"

"神灵在上，我不能这样说。"

【c】"当一个人认为自己做了某件不正义的事情时会如何？他愈是高尚，他对自己所受到的饥饿、寒冷或其他由他人给予他的苦楚就愈少感到愤怒吗？因为如我所说，他的激情不肯激动？"

"没错。"

"但是，如果相反，要是他相信自己受到不公正的待遇，情况又会怎样呢？他灵魂中的激情不会沸腾和愤怒，为他所相信的正义去战斗吗？他不能忍受饥饿、寒冷，以及其他痛苦，直到取得胜利，【d】他不会停止战斗，直到胜利或者死亡，或者听到内在理智的呼唤方能冷静下来，就像牧羊犬听到牧人的呼唤方才折回吗？"

---

① 阿格莱翁（Αγλαΐωνος），人名。
② 勒翁提乌斯（Λεότιος），人名。

"激情确实就是这个样子的。当然了，我们已经在我们的城邦里让辅助者像狗一样服从统治者，统治者自己就像城邦的牧人。"

"你对我的意思理解得很透彻。但你也注意到下一步的要点了吗？"

【e】"什么要点？"

"这个激情部分的地位似乎与我们以前的想法正好相反。刚才我们认为它是某种欲望，但是现在大不相同了，因为在这场灵魂的内战中，它宁可站在理智一边。"

"绝对如此。"

"那么它和理智部分还有什么不同吗？或者说，它是理智的一种形式，所以灵魂只有两个部分——理智部分和欲望部分——而不是三个部分？或者倒不如说，就像在城邦里有三个等级使城邦形成一个整体，挣工钱的、辅助者和谋划者，【441】在灵魂中激情部分也是一个第三者，依其本性它是理智部分的助手，只要它还没有被不良教养所腐蚀，是吗？"

"激情必定是第三者。"

"是的，除非我们能够表明它与理智部分不同，就像我们在前面看到它与欲望部分不同。"

"要表明它的不同并不困难。哪怕在儿童身上，都能看到他们一出生就充满激情，【b】而对理智的算计而言，有些孩子似乎从来没有得到过理智，而大部分孩子要很迟才有理智。"

"你说得很好。在动物身上也能看出你说得对。此外，我们早先引用过的荷马的诗可以引以为证，'他捶胸叩心对自己说'。① 因为在这里，荷马显然认为，【c】这个算计好坏的部分与那个愤怒的没有算计的部分是不同的。"

"你说得完全正确。"

"好吧，我们现在已经历尽千辛万苦，艰难地穿越了这片论证的海洋。我们已经很好地达成了一致意见，这个城邦阶层的数量和种类在每个人的灵

---

① 荷马：《奥德赛》20：17。本篇第三卷390d处引用过。

魂中也出现了。"

"是的。"

"由此必然可以推论，个人的明智的方式与城邦是一样的，个人的智慧所处的部分与城邦也是一样的。"

"没错。"

"个人的勇敢的方式与城邦是一样的，个人的勇敢所处的部分与城邦不也是一样的吗？【d】其他与美德有关的一切事物在个人和城邦里不也是这样的吗？"

"必然如此。"

"还有，格老孔，我假定我们会说一个人得以正义的方式与一个城邦得以正义的方式是相同的。"

"这也是完全必然的。"

"但我们千万别忘了，城邦之正义在于构成城邦的三个阶层各司其职。"

"我不认为我们会忘了这一点。"

"我们还必须记住，我们中的每个人都要使自身的每个部分各司其职，【e】以便使自己是正义的，做自己分内的事。"

"当然，我们必须记住。"

"那么，既然理智是聪明的，能够代表整个灵魂进行谋划，那就让它来统治，让激情服从它、协助它，这不是很恰当吗？"

"当然是恰当的。"

"那么，如我们所说，一方面是音乐和诗歌的混合教育，另一方面是体育锻炼，使理智和激情这两个部分和谐，通过文雅的言辞和知识扩展养育理智部分，通过舒展的故事安抚激情部分，通过和音与节奏使激情部分温和，【442】难道不是吗？"

"一点儿没错。"

"这两个部分受到这样的哺育和教养，学会了真正意义上的各司其职，将会统治欲望部分，而欲望在每个人的灵魂中是最大的部分，欲望的本性就是贪婪。它们会监视欲望，以免它被所谓的肉体快乐充斥或污染而变得很强大，【b】不愿再守本分，乃至于试图奴役和统治那些它不应该统治的部分，从而颠覆人的整个生活。"

"对。"

"那么，这两个部分不也能很好地完成护卫整个灵魂和身体的工作吗——理智出谋划策，激情投入战斗，跟随它的领导，凭借它的勇敢去执行统治者的意图？"

"是的，没错。"

"我假定，正是由于这个激情部分，我们可以把一个人称做勇敢的，【c】也就是说，无论处于快乐还是处于痛苦之中，激情都能保持不变，都能牢记理智给它的信条，知道应当惧怕什么和不应当惧怕什么。"

"对。"

"我们把他称做聪明的，乃是因为他身上的那个起统治作用的小部分，这个部分制定了那些信条，使他有了知识，知道什么对每个部分有益，什么对整个灵魂有益，灵魂就是由这三个部分组成的社团。"

"确实如此。"

"不正是由于这些相同部分之间的友好和谐关系，他才被称做有节制的吗？亦即统治者和被统治者都相信应当由这个理智的部分来统治，【d】不参与反对它的内战吗？"

"节制确实就是这种关系，而不是别的什么，既在城邦里，又在个人身上。"

"还有，当然了，一个人得以正义，正是由于我们已经多次提到的各司其职，以这种方式。"

"必定如此。"

"嗯，那么，我们身上的正义是不清晰的吗？它似乎与我们在城邦里发现的正义不同？"

"我好像没感到有什么不同。"

"要是我们的灵魂对此还有什么疑惑，诉诸一些平常的事例，【e】那么我们可以排除这些疑问。"

"哪些平常的事例？"

"比如说，要是我们必须对这样一件事情达成一致意见，我们城邦里的某位天性和训练相同的人盗用或鲸吞了一笔托付给他保管的金银财宝，【443】那么你认为，谁会认为是他做了这件事，而不是那些不像他的人做了这件事？"

"没人会有这种看法。"

"他和盗窃圣物、偷东西、在私人场合或城邦公共事务中出卖朋友这些事情有什么关系吗？"

"没有，一点儿关系都没有。"

"还有，在恪守誓言和遵守协议方面，他是非常守信的。"

"他怎么会违反呢？"

"通奸、忤逆父母、藐视众神，更像是拥有其他品性的人做的事，而不是他做的事。"

"没错。"

"所有这些事情的原因不就在于他的每一个部分都在各司其职，【b】无论是在统治，还是在被统治吗？"

"是的，不会再有其他原因了。"

"那么，除了把这种力量，这种创造了我们已经描述过的人和城邦的力量视为正义，你还想在此之外寻求正义吗？"

"不，我肯定不会这样做。"

"那么我们的梦想已经完全实现了——在建构我们的城邦之初，我们就猜想①，【c】有某位神的帮助，我们能够发现正义的起源和类型。"

"确凿无疑。"

---

① 参见本篇 432c—433b。

"确实，格老孔，这条原则是正确的，鞋匠只做他生来适宜的鞋匠的活，而不去做别的事，木匠只做木匠的活，其他人也一样，它就是正义的一种形象——由于这个原因，它是有益的。"

"这很清楚。"

"看起来，正义似乎真的就是这样一种东西。【d】然而，它与某人外在的各司其职没什么关系，而主要涉及他的内在的各司其职，和他本身有关，和他自己的事情有关。一个正义的人不允许自己灵魂的各个部分相互干涉，做其他部分该做的事。他很好地规划安排他自己的事情，统治他自己。他使自己有序，做他自己的朋友，让他自己的三个部分相互协调，就好像在音程中设定了三道限制——高音、中音、低音。他把这些部分和其他居间的东西安排在一起，【e】使之成为一个有节制的、和谐的整体。仅仅到了这个时候，他才采取行动。在这个时候他做任何事情，无论是获取财富、照料身体、从事政治，还是处理私人事务——在所有这些事务中，他相信他的行动是正义的和高尚的，都能保存或帮助产生这种内在的和谐，也可以称它为正义，把它当做智慧或指导这种行为的知识。他相信摧毁这种和谐的行为是不正义的，也可以称它为不正义，【444】把指导这种行为的信条当做愚昧无知。"

"苏格拉底，你说得完全正确。"

"那么，好吧，要是我们声称已经发现了正义的人、正义的城邦，在它们之中的正义是什么，那么我不会假设我们好像撒了一个弥天大谎。"

"不，我们肯定不会这样假设。"

"那么，我们要宣布吗？"

"我们要。"

"那就这样吧。现在，我设想我们必须寻找不正义。"

"显然应当这样做。"

【b】"不正义当然就是三个部分之间的内战，干预其他部分的工作，灵魂的某个部分反叛整个灵魂，为的是不恰当地统治灵魂。造反的这个部分依其本性就适合当奴隶，而其他部分依其本性不是奴隶，而属于统治阶层。我假定，我们会说事情就是这样的，这些部分的混乱和偏离常规就是不正义、放纵、懦怯、无知，简言之，就是完全的恶。"

"它们是这样的。"

"所以，要是我们真的明白了什么是正义和不正义，也就明白了什么是正义地行事，什么是不正义地行事，【c】什么是做不正义的事。"

"为什么会这样？"

"因为，对灵魂来说正义的行动和不正义的行动没有什么区别，胜过对身体来说健康的事物和不健康的事物没有什么区别。"

"以什么方式没有区别？"

"健康的事物产生健康，不健康的事物产生疾病。"

"是的。"

"那么，正义的行动在灵魂中产生正义，【d】不正义的行动在灵魂中产生不正义，不是吗？"

"是的，必定如此。"

"产生健康就是在身体的组成部分中建立一种符合天性的控制与被控制的关系，而产生疾病就是建立一种违反天性的统治与被统治的关系。"

"是的。"

"那么，产生正义就是在灵魂的组成部分中建立一种符合天性的控制关系，由一个部分去控制另一个部分，而产生不正义就是建立一种违反天性的统治与被统治的关系，不是吗？"

"的确如此。"

【e】"由此看来，美德似乎是灵魂的一种健康，一种良好的状态，一种强大，而恶德则是灵魂的一种疾病，一种可耻的状态，一种虚弱。"

"是这样的。"

"那么，良好的生活方式引导人拥有美德，可耻的生活方式引导人拥有恶德，不是吗？"

"必然如此。"

"所以，现在好像还剩一个问题需要考虑：正义地行事、【445】良好地生活、做正义的人，无论别人知道不知道，这样做有利呢，还是不正义地行事、做不正义的人，只要能够逃避惩罚和指责，更加有利？"

"但是，苏格拉底，现在正义和不正义已经被我们说成这个样子，再进行这种考察在我看来似乎很可笑。一个人哪怕拥有各种食物和饮品，拥有大量的财富，拥有各种统治的权力，身体的天性要是毁坏了，这样的生活也会被认为不值得过。【b】所以，哪怕有人能做他希望做的任何事情，只要他能免除恶德和不正义，能使他获得正义和美德，当他的灵魂——他赖以活着的这样东西——被毁灭或处于混乱之中时，他的生活怎么能是值得过的呢？"

"是的，是可笑的。但不管怎么说，我们已经行进得相当远，足以看清事情的真相了，所以我们一定不要放弃。"

"这绝对是我们必须做的最后一件事。"

【c】"那么，你就到这儿来吧，这样你就能看到恶德有多少种形式，我认为这些事情还值得考察。"

"我跟得上，你就只管告诉我吧。"

"嗯，从我们已经达到的论证高度来看，美德似乎有一种形式，而恶德有无数种形式，值得提起的恶德有四种。"

"你这话是什么意思？"

"看起来，有多少种灵魂的类型，就有多少种政体的类型。"

"有多少种？"

【d】"有五种政体，也有五种灵魂。"

"哪五种？"

"有一种政体我们已经描述过了。它有两个名称。如果在统治者中出现一位杰出人物，它就叫做王政；如果杰出人物不止一个，它就叫做贵族政体。"

"对。"

"然而，我说这是政体的一种形式。无论统治者中出现的是一位杰出人物还是多位杰出人物，这个城邦的法律不会有重大的变化，【e】如果他们遵循我们描述过的培养和教育。"

"可能不会。"

第五卷

【449】"那么，就是这种城邦和政体我称之为好的和正确的，对这种人也一样。确实，要是这种类型是正确的，那么所有其他类型——无论是城邦政府，还是个人灵魂的组织——是坏的和错误的。它们的'坏'有四种形式。"

"哪四种？"他说。

【b】我正要按照递进的秩序列举四种形式的坏①，坐在阿狄曼图不远处的波勒玛库斯伸出手去抓住阿狄曼图的肩膀，拉他靠近，低声耳语了一番。我们只听到他说："我们让他过关呢，还是怎么样？"其他的什么都没听清。

"我们肯定不让他过关。"阿狄曼图这时候喊得很响。

我问道："你们不想让谁过关？"

"不让你过关。"

【c】"有什么具体理由吗？"

"我们认为你在敷衍了事，你骗了我们，讨论中有一个重要的部分你丝毫没有涉及。你以为我们不会注意到——以为这是件微不足道的小事——也就是，你提到妻子与孩子的时候说，每个人都明白'朋友间应当共同拥有一切'②。"

"难道我说得不对吗，阿狄曼图？"

---

① 这一任务在第八卷进行。
② 参见本篇 423e—424a。

"你说得对。但是，这个'对'也像我们讨论过的其他事情一样，要有个解释——在这里要具体解释以什么方式共同拥有，因为做这件事情可以有许多方式。【d】所以，别对我们省略你心里想的是哪一种方式。确实，我们已经等了好久，希望聆听你对生儿育女的高见——怎么把他们生下来，生下来以后又怎么抚养他们——听你解释共同拥有妻子儿女这整个主题。我们认为这会带来很大差别——确实，带来各种差别——而无论体制是正确的还是不正确的。所以，现在，你在充分讨论这些事情之前就开始讨论另一种体制，所以我们决定，你已经听见了，【450】不让你过关，直到你把这些事情全都一样样解释清楚。"

"把我也算上，"格老孔说："我也支持你们的决定。"

"事实上，苏格拉底，"塞拉西马柯说："你可以把它看成我们大家的一致决定。"

"你们这是在干什么？"我说："要和我过不去！你们提议要我进行的论证，实际上就是要从头开始讨论体制！我刚才还很高兴，以为这个问题前面已经讲过，也很满意这些事情都已经被接受。你们不明白，你们的提议就像捅了马蜂窝，【b】引出一大群论证，要我现在来做解释。我早就料到会有这个结果，所以当时绕开这个话题，省去了许多麻烦。"

"嗨，"塞拉西马柯说："我们是在这里淘金子①，还是在听论证？"

"是后者。"我说："在理智的范围内。"

"我们是在理智的范围内，苏格拉底。"格老孔说："对任何有理智的人来说，聆听这种论证是他们一生的事情。所以，你别替我们担心，只要你自己不厌倦。或者倒不如说，把你的想法详细告诉我们吧，我们刚才要你谈论这个主题，【c】亦即护卫者应当如何共同拥有妻子和孩子，如何从小开始抚养儿童，因为从出生到开始接受教育，这一时期似乎是最困难的时期。所以

---

① 这个谚语式的表达指的是，为了某些更加迷人但较少获利的追求而忽略手头的任务。

请你试着告诉我们，这种抚养必定是什么样子的。"

"要解释这个主题可不容易，因为它会比我们前面已经讨论过的主题引来更多疑点。人们可能不相信我们说的事情是可能的，哪怕他们认为有可能，但也不相信这样做是最好的。由于这个原因，我犹豫不决，不知要不要提出这个主题，【d】也就是说，我们的论证也许只是一种不切实际的空想。"

"你不必犹豫不决，因为你的听众对你并非漠不关心，不信任，敌视你。"

"你这样说是在鼓励我吗？"

"是的。"

"嗯，结果可能适得其反。要是我对自己要讲的事情既有知识又充满自信，那么你的鼓励很好，能和一些既聪明又亲密的朋友待在一起，谈论我们大家都关心的头等大事，在这种时候讲真话，可以说是既安全又理直气壮。【e】但要是像我现在这样，一边讲一边怀疑自己的看法，视之为一种探讨，那么这样做真的是既可怕又危险。【451】我怕的不是别人的嘲笑——如果是这样的话，那太幼稚了。我怕的是迷失真理，在最不应该摔跤的地方摔个大跟斗，自己跌倒了不算，还要拉着我的朋友统统摔倒。所以，格老孔，我要向阿德拉斯忒①鞠躬，求她宽恕我将要说的话。因为我确实认为，失手杀人其罪尚小，而误导他人对优秀、良好、正义的体制的看法，罪莫大焉。要冒这种险，【b】最好在敌人中间干，不要在朋友中间干，你确实很好地鼓励了我！"

格老孔笑着说道："好吧，苏格拉底，就算你在论证中犯了错误，给我们带来伤害，我们也会把你当做误杀案中的犯人给放了，赦你无罪，不会把你当做骗子。所以你就大胆地说吧。"

"我会说的，因为法律说，不自愿的杀人者被受害方宽恕就可以免罪开释。所以，我的情况符合这条法律。"

---

① 阿德拉斯忒（Ἀδράστεια），专司报应的复仇女神。

"把它当做你为自己做的辩护吧，你往下讲。"

【c】"那么，我不得不回过头来，讲那些按顺序非讲不可的事情，尽管这种做事情的方式也许是正确的，男演员的表演完成之后，再让女演员登台——尤其是你们显得那么着急。"

"由于我们已经描述过男子的出生和教育，所以在我看来，除了遵循我们原先的道路，否则无法确定妇女儿童的归属和使用。在论证中，我们试图把男子立为整个人群的护卫者。"

"是的。"

【d】"那就让我们给他们这种出生和抚养，看这样做是否合适。"

"怎么个给法？"

"是这样的。我们认为我们的那些护卫者的妻子也应当担负男护卫者的工作，与他们一道狩猎，做其他相同的工作吗？或者说我们应当让妇女待在家里，因为她们做不了男护卫者的工作，她们必须像母犬一样生养小狗，而让公犬去照管整个畜群吗？"

【e】"所有事情都应当相同，除了母犬较弱，公犬较强。"

"如果你不对它们进行同样的驯养和教育，有可能用任何犬做同样的事情吗？"

"不，不可能。"

"因此，要是我们使用女人做和男人相同的事情，【452】那么她们也必须接受同样的教育。"

"是的。"

"嗯，我们给男子音乐和诗歌，以及体育训练。"

"是的。"

"那么，我们给女子这两门技艺，还要让她们打仗，像使用男人一样使用女人。"

"根据你说的似乎可以推论出这一点来。"

"但也许我们说的这些事情有许多与习俗不同，要是真的像我们说的那样去实施，会引来人们的嗤笑。"

"确实如此。"

"你看其中最可笑的事情是什么？不就是女子也要和男子一道赤身裸体地在体育场里锻炼吗？不仅年轻女子要这样做，而且年纪大的妇女也要这样做——像体育场里的老头一样，【b】尽管已经皱纹满面，让人看了很不顺眼，但仍旧喜爱体育锻炼？"

"是的，现在说的这些事情确实可笑。"

"但是，既然我们已经开始讲述我们的想法，就不要害怕那些耍小聪明的人的俏皮话，他们会说的无非就是音乐和诗歌的变化、体育训练和文化教育，还有——最后的，但并非最不重要的——【c】携带兵器和骑马。"

"你说得对。"

"既然我们已经开始谈论这个问题，就要继续朝着更加艰难的法律部分前进，请那些人不要轻薄（尽管这也是他们自己的工作），而要严肃地对待这些事情。他们应当记住，就在不久以前，希腊人自己也认为男子赤身裸体给人家看是可耻的和可笑的（就像大多数野蛮人现在仍旧认为的那样），当初克里特人和后来拉栖代蒙人开始体育运动，【d】也被那些个时代耍小聪明的人当做笑柄。或者说，你不这样认为？"

"我认为是这样的。"

"但是我想，既然在实践中已经发现赤身裸体比遮蔽全身要好，那么对眼睛显得可笑的事物必将在被论证表明是最优秀的事物面前消失。这就清楚地表明，把任何内在事物当做坏的，这样想是愚蠢的，试图嗤笑任何内在的东西，把它当做坏的或恶的，也是愚蠢的，【e】换句话说，不严肃地以好为标准，而以其他任何标准来衡量优美的东西是愚蠢的。"

"绝对如此。"

"然而，我们不是必须先对我们的建议是否行得通达成一致意见吗？我们不是必须告诉任何一位希望有机会向我们提问的人——无论是开玩笑还是认真的——女子按其天性能够胜任男子的一切工作，【453】或者一样都不能胜任，或者能够胜任几样，不能胜任另外几样，我们要问打仗属于哪个阶层的工作？以此作为一个良好的出发点，不也像是能得到最圆满的结论吗？"

"当然。"

"那么，我们要不要代表那些有这种想法的人向我们自己发问，以免他们的问题由于他们不在场而落空呢？"

【b】"没有任何理由不让你这样做。"

"那么，让我们代表他们说：'苏格拉底和格老孔，没有必要让别人来和你们争论，因为你们自己在开始创建你们的城邦时已经同意，每个人都必须按其天性做他自己的工作。'"

"我认为我们肯定会表示同意。"

"你们能够否认女人的天性与男人的天性有很大差别吗？"

"当然不能。"

"那么按其天性给他们每个人指派不同的工作有什么不妥呢？"

【c】"当然可以这样做。"

"那么，你们犯了自相矛盾的错误，既认为男人和女人必须做同样的事情，又承认他们的天性有巨大差别，不是吗？"

"你对这样的责难有什么要辩护的吗？"

"要应对这项突如其来的责难不是一件易事，所以我想请你代表我们这一方来解释这个论证，无论解释成什么样。"

"诸如此类的难题，格老孔，我早已有了预见，所以我犹豫不决，想要回避有关拥有和抚养妇女儿童的立法问题。"

【d】"宙斯在上，这好像不是一件易事。"

"当然不是。但是事实上，一个人既然已经跌入水中，那么不管是在小水池里还是在大海中央，他必须游泳。"

"他肯定要游。"

"所以，我们也必须游泳，试着在这片论证的汪洋大海中拯救我们自己，希望能有海豚来把我们托起，^① 或者说其他还有什么救命的办法。"

【e】"好像是这样的。"

"那么，来吧。让我们来看是否能找到出路。我们已经同意不同天性的人必须遵循不同的生活方式，男人的天性和女人的天性是不同的。但是我们现在说，这些不同的天性必须遵循相同的生活方式。这不是我们自相矛盾的地方吗？"

"确实是的。"

【454】"哈哈！格老孔，争论这门技艺的力量的确伟大！"

"为什么要这样说？"

"因为许多人违背自己的意愿，跌入这个泥坑。他们以为他们不是在争论，而是在谈话，因为他们不能使用按照类型来划分的方法来考察已经说过的话。因此，他们只知道寻找字面上的矛盾，他们是在进行争论而不是在谈话。"

"这种情况确实发生在许多人身上，但是，我们现在不是这样的，是吗？"

【b】"我们肯定是这样的，在我看来，不管怎么说，我们正在违背我们的意愿，跌入争论的泥坑。"

"怎么跌入的？"

"我们勇敢地坚持天性不同的人必须遵循不同的生活方式的原则，但只在字面上进行争论。但是，当我们把不同的生活方式指定给具有不同天性的人、把相同的生活方式指定给具有相同天性的人时，我们没有考察我们心里想的天性之间不同与相同的形式，或者我们区分的是哪个方面。"

"对，我们没有考察这些问题。"

【c】"因此，我们好像可以问自己，秃头的男人和长发的男人的天性是相同的还是不同的。如果我们同意他们是不同的，那么要是秃头的男人做鞋

---

① 参见希罗多德：《历史》1.23—24，阿里翁（Αριον）被海豚救起的故事。

匠，我们就得禁止长发的男人做鞋匠，要是长发的男人做鞋匠，我们就得禁止秃头的男人做鞋匠。"

"要是这样的话，那真是可笑极了。"

"我们落入这种可笑的境地，不就是因为我们当时没有引入天性不同和相同的各种形式，而只专注于一种与具体的生活方式本身相关的相同和不同的形式吗？我们认为，比如说，【d】男医生和女医生都拥有同样天性的灵魂。或者说，你不这样认为？"

"我是这样看的。"

"但是，医生和木匠具有不同的天性吗？"

"完全不同，我肯定。"

"然而，要是从某种具体技艺或生活方式来看男性和女性是不同的，那么我们会说必须给他们规定相关的技艺或生活方式。但若他们仅在下面这个方面不同，女性受精生子而男性授精，那么我们会说在我们正在谈论的这些方面，没有证据表明男女之间有什么差别，【e】我们要继续相信我们的护卫者和他们的妻子必须拥有相同的生活方式。"

"应该这样。"

"下面，我们要让那些持有相反观点的人来指点我们，涉及那些与城邦体制有关的技艺或生活方式，男人和女人的天性是不同的，【455】还是相同的？"

"不管怎么说，这个问题挺公平合理。"

"他也许会像你刚才那样说要马上做出回答不是一件易事，但若有足够的时间考虑这个问题并不难。"

"是的，他也许会这么说。"

"我们要请那个提出反对意见的人跟随我们，【b】看我们能否向他表明，有哪一种与城邦管理有关的生活方式对女人来说是独特的？"

"当然。"

"我们会对他说：'来吧，回答我们的问题，这就是你的意思吗？一个人天性适合做某件事情，另一个人天性不适合做这件事情；一个人学起来很容易，另一个人学起来很难；一个人稍加点拨就能自己去发现，而另一个人学了很长时间也还记不住他学的东西；一个人的身体能够很好地为他的思考服务，而另一个人的身体反对他的思考。【c】除了这些事情以外，你还有什么事情可以用来区分哪些人天性适合做某些事情，哪些人天性不适合吗？'"

"没有人会宣称还有其他事情。"

"你知道有什么凡人从事的工作，男性在所有这些方面并不优于女性吗？或者说，我们必须详细提及纺织、烤饼和烹调这些事情吗？人们相信女性擅长做这些事情，【d】女性要是做不好这些事情会成为笑柄？"

"没错，一种性别几乎在所有事情上都要卓越得多，尽管有许多女人在许多事情上比许多男人强，但总的说来，是你说的这个样子。"

"所以，没有哪一种与城邦管理有关的生活方式是专门属于女人的，因为她是一个女人，或者专门属于男人的，因为他是一个男人，而是各种天性都以同样的方式对男人和女人都有所贡献。女人凭其天性可以按各种生活方式生活，就像男人一样，【e】但是总的说来，女人比男人要弱一些。"

"当然。"

"那么，我们要把所有生活方式都指定给男人，而一样也不指定给女人吗？"

"我们怎么能这样做呢？"

"我假定，我们会说，按其天性来说，一个女人是医生，另一个不是，一个女人是乐师，而另一个不是。"

"当然。"

【456】"然而，我们不会说一个女人喜欢运动或爱好打仗，而另一个女人不喜欢打仗，也不是体育训练的爱好者吗？"

"我假定我们会这样说的。"

"还有，我们不会说一个女人喜欢哲学或者是智慧的爱好者，而另一个女人恨智慧吗？我们不会说一个女人有激情，另一个女人没有激情吗？"

"我们也会这样说。"

"所以，一个女人具有护卫者的天性，而另一个女人没有，这些天性不正是我们在挑选出来担任护卫者的那些男人身上寻找的吗？"

"当然。"

"然而，男人和女人在护卫城邦方面的天性是一样的，只不过女人弱一些，男人强一些罢了。"

"显然如此。"

【b】"所以，这种女子必须选来与同样类型的男子住在一起，共同担负护卫者的职责，因为她们都适合承担这项任务，在天性上与男子相同。"

"当然。"

"我们一定不要把同样的生活方式指定给同样天性的人吗？"

"我们一定要。"

"那么，再回到我们前面讲过的意思上来，我们同意，让护卫者的妻子们接受音乐和诗歌的教育，接受体育锻炼，这样做并不违反天性。"

"绝对如此。"

【c】"所以，我们的立法不是不可能的，也不是不切实际的空想，因为我们建立的法律是合乎天性的。倒不如说，当前的一些事情反倒是这样的，是违反天性的。"

"好像是这样。"

"嗯，我们不是在试图确定我们的建议既是可能的又是乐观的吗？"

"是的，我们是在这样做。"

"我们不是已经同意它们是可能的吗？"

"是的。"

"那么，我们下面不是必须就它们是否是乐观的达成一致意见吗？"

"显然是的。"

"我们应当进行一种教育以造就女护卫者，然后进行另一种教育以造就男护卫者吗？【d】尤其是他们从一开始就拥有相同的天性。"

"不。"

"那么关于这一点你是怎么想的?"

"什么?"

"一个男人比较好,另一个男人比较差。或者说,你认为他们全都一个样?"

"当然不一样。"

"在我们正在建造的这个城邦里,你认为谁会被证明是比较好的男人,是接受了我们所说的这种教育的护卫者,还是接受了制鞋教育的鞋匠?"

"你的问题很可笑。"

【e】"我明白你的意思。确实,这些护卫者不是最优秀的公民吗?"

"他们比其他公民要好得多。"

"女护卫者如何? 她们不是最优秀的女人吗?"

"是的,她们比其他女人要好得多。"

"对一个城邦来说,拥有这些可能是最优秀的男人和女人做它的公民,还有比这更好的事情吗?"

"没有。"

"不就是音乐、诗歌、体育锻炼以我们说过的方式提供了支持,【457】才带来这样的结果吗?"

"当然。"

"那么我们建立的法律不仅是可能的,而且对城邦来说也是乐观的吗?"

"是的。"

"那么担任护卫者的女子必须裸体操练,因为她们以美德为衣,而非穿着布服。她们也必须同男子一起参战,履行护卫者在城邦里的其他职责,而不做其他事情。但是必须派她们承担比较轻的工作,因为她们的性别较弱。嘲笑女子裸体操练的男子顶多就是在'采摘不熟之果',①【b】自己不智,反

———————

① 柏拉图在这里借用了品达的一句诗:"采摘不熟的智慧之果",参见品达:《残篇》209。

笑人愚，他好像不知道自己在笑什么或做什么，因为，有益的是美好的，有害的是丑陋的，这句话现在是至理名言，将来也是至理名言。"

"绝对如此。"

"那么，我们能说，在我们有关女子立法的讨论中，我们已经躲过了一波批判的浪潮，我们没有遭受灭顶之灾，因为我们确定男护卫者和女护卫者必须共享他们的整个生活方式，【c】而在表述这样做既是可能的又是有益的时候，我们的论证是前后一致的。"

"你躲过的这波浪潮可不算小。"

"要是看到后面跟来的波浪，你就不会说第一波浪潮大了。"

"你继续说，让我来决定大不大。"

"我假定，下面这条法律与最后的法律是一致的，其他法律先于这条最后的法律。"

"哪一条法律是最后的法律？"

【d】"所有女子归全体男子共有，没有一位女子可以与任何男子私下生活，儿童也一样，他们被共同拥有，所以没有哪个父母知道他自己的子女，或者没有哪个孩子知道他自己的父母。"

"这一波浪潮比前面那一波大得多，因为会有人怀疑它的可能性，或者怀疑它是否有益。"

"要是这条法律确实是可能的，那么我不认为它的有益性会遭到驳斥，或者有人会否认共同拥有妇女儿童是最大的善。而我认为关于它是否可能会有许多不同的意见。"

【e】"我认为这两个方面都会引起激烈的争论。"

"你的意思是我要腹背受敌了。我原来以为，要是你相信这个建议是有益的，那么我就可以避开这个方面，只需要处理它是否可能。"

"但你不可能开溜而不被人注意，所以你必须为这两个方面提供论证。"

"那么好吧，我必须认罚，但是求你开恩。让我像过节一样，做那些独自徘徊的思想懒汉做的事。【458】不是去发现这些事情实际上是怎么发生的，而是放过这个问题，以避免自寻烦恼去考虑它们是否可能。他们假定他们期望的东西是现成的，于是就开始安排其他事情，快乐地思考一旦拥有他们想要的东西他们会做的一切，但这样一来会使他们原先懒惰的灵魂变得更加懒惰。【b】现在，我自己也变得软弱了，所以我想推迟考虑我们的建议的可行性。有你的允许，我会假定它是可行的，并且考察统治者在实施时如何安排这些事情。我会试着说明，没有其他事情比这些安排对城邦和它的护卫者更加有益了。这就是我要和你一道首先考察的事情，然后我会处理其他问题，但仅当你允许我以这种方式这样做。"

"你得到了我的许可，所以开始你的考察吧。"

"我假定，我们的统治者和辅助者——如果他们确实配得上这些名称——【c】会分别自愿地发布命令和服从命令。在某些事情上，统治者本人要服从我们的法律，在其他一些事情上，亦即在我们留给他们自行决定的事情上，他们会按照我们法律的精神发布指示。"

"可能是这样的。"

"那么你，作为他们的立法者，就像你挑选男子一样，会挑选一些本性尽可能与男子相同的女子，把她们交给这些男子。由于他们拥有共同的住所和饮食，而不是分开居住，【d】共同生活，一起参加体育锻炼，所以我假定，他们会在成长过程中，在内在的必然性的引导下进行两性结合。或者说，你不认为我们在这里谈论的事情是必然的?"

"这种必然不是几何学中的必然，而是爱欲的必然，他们在说服和强迫大多数人的时候，可能会做得比其他人好。"

"没错。但是，格老孔，下一个要点是，在一个幸福的人的城邦里，两性之间的乱交是不虔诚的，【e】统治者不会允许这种事发生。"

"不会，因为这种事情是不对的。"

"那么很清楚，我们的下一项任务就是使婚姻尽可能神圣。神圣的婚姻是最有益的婚姻。"

"绝对如此。"

"那么，婚姻怎样才能是最有益的呢？告诉我，格老孔，【459】我看到你家里养着一些猎犬和一群纯种斗鸡。你留意过它们的交配与繁殖方面的事情吗？"

"哪些事情？"

"首先，尽管它们全都品种纯正，但还是有一些是最好的，并证明它们自己是最好的吗？"

"有。"

"你会让它们都繁殖，还是试着尽可能让那些最好的繁殖？"

"我会试着让那些最好的繁殖。"

【b】"你会让最年轻的繁殖，还是让最老的繁殖，或者让那些处于壮年的繁殖？"

"选那些处于壮年的。"

"你认为，要是不这样选种，你的猎犬和斗鸡就会退化吗？"

"是的。"

"马和其他牲口的情况如何？会和猎犬、斗鸡有什么不同吗？"

"要是有什么不同，那才怪呢。"

"天哪！要是人的繁殖也是这样，我们确实极为需要卓越的统治者。"

【c】"人的繁殖确实也是这样的。但那又怎样？"

"因为我们的统治者到那时不得不使用大量的药物。一名低劣的医生不恰当地处理那些不需要吃药、但愿意按规定节食养生的人，我们知道这个时候需要一名比较大胆的医生。"

"没错。不过你心里想的到底是什么？"

"我的意思是，为了那些被统治者的利益，我们的统治者好像不得不说假话，欺骗他们。我们说过，【d】诸如此类的虚假是有用的，可以当做一种形式的药。"①

---

① 参见本篇 382c 以下，414b 以下。

"我们是对的。"

"嗯，我们好像是对的，尤其是涉及婚姻和生育子女。"

"为什么是对的?"

"从我们的前提可以推论：首先，最优秀的男子要和最优秀的女子尽可能频繁地交配，反之，最差的男子要和最差的女子交配；其次，如果我们的种群要具有最高品质，前者生育的后代必须抚养，【e】而后者生育的后代一定不要抚养。为了让我们的护卫者群体避免相互争吵，除了统治者，这件事情不能让其他人知道。"

"绝对正确。"

"因此通过立法制定某些节日和献祭，在此期间我们把新郎和新娘带到一起来，我们会指示我们的诗人创作一些适宜的赞美诗到场致贺。【460】我们把婚姻的数量留给统治者去决定，而他们要考虑到战争、疾病以及其他因素，要让男性的数量尽可能保持稳定，以便使这个城邦尽可能既不变大，也不缩小。"

"对。"

"那么，会有某些巧妙的抽签办法引进，这样的话，在每次婚姻的时候，我们提到过的那些较差的人会责怪自己运气不好，而不是责怪统治者没选上他们。"

"会有这种办法的。"

"擅长打仗和其他事务的年轻人会得到荣誉和奖励，【b】我们必须允许他们有更多的机会与女人交配，以此作为对他们的一项奖励，因为这也是一项很好的借口，让他们能够尽可能多地生下后代。"

"对。"

"那么，孩子生下来以后，要交给专门负责这件事情的官员，他们既可以是男的，也可以是女的，或者男女都有，因为这些职务对两性都开放。"

"对。"

【c】"我想，他们会把优秀的父母生的孩子送到负责抚养孩子的保姆那里去，在城里的某个独立的部分建有育婴棚，而那些低劣的父母生的孩子，或者其他天生就有缺陷的孩子，他们会把这些孩子隐藏在一个秘密的、不为人知的地方，这样做是恰当的。"

"为了保持护卫者这个等级的品种纯洁，这样做是恰当的。"

"保姆们不也要监管给孩子喂奶的事情吗？母亲们有奶水的时候，就带她们到育婴棚里来给孩子喂奶，但要提防她们认出自己的亲生孩子，【d】要是母亲奶水不够，就另找奶妈？他们不也要操心让母亲们喂奶时间合理，以及让奶妈和其他护工去处理孩子夜间不眠之类的麻烦事吗？"

"你让护卫者的妻子生孩子变得很容易。"

"只有这样做才是恰当的，所以让我们来谈我们建议的下一件事情。我们说过，这些孩子的父母应当处于壮年。"

"对。"

【e】"你赞同女人的壮年大约延续20年，男人的壮年大约延续30年吗？"

"你是怎么算的？"

"女人从20岁到40岁为城邦生孩子，男人从他刚过跑得最快的时候起一直生到55岁。"

【461】"不管怎么说，这是身心两方面的壮年。"

"那么，要是为城邦生育的人比我们说的这个年龄年轻或者年老，我们会说他们冒犯了法律，他们的行为既不是虔敬的又不是正义的，因为即使他们能偷偷地把孩子生下来，这些孩子也得不到男女祭司在婚礼上提供的那种祷告和祝福，整个城邦也要求孩子们的优秀父母始终能够证明自己仍旧是比较好的和更加有益的。"

【b】"没错。"

"同样的法律也适用于这样的情况，一名仍旧处于生育期的男子与一名处于生育期的女子苟合生子，未经统治者的批准。我们会说他给城邦送来了一个不合法的、未经批准的、亵渎神明的孩子。"

"绝对正确。"

"然而我想，当女子和男子过了生育年龄，我们就给他们与自己的意中人过性生活的自由，【c】除了对男人来说，不能与他的女儿、他的母亲、他的女儿的孩子、他的母亲的祖辈有这样的关系，对女人来说，不能与她的儿子、她的儿子的后代、她的父亲、她的父亲的祖辈有这样的关系。得到了这些指示，他们应当十分小心，不要让一个胎儿见到阳光，但若迫不得已生下了婴儿，他们必须自己处理，要知道城邦不会抚养他。"

"你讲得很有道理。但是他们怎样才能识别他们的父亲和女儿，【d】以及你刚才提到的其他人呢？"

"他们无法识别。但是一个男人可以把在他结婚以后第十个月或第七个月里出生的所有孩子都叫做他的儿子，如果他们是男的，把那个时候出生的所有孩子都叫做他的女儿，如果她们是女的，这些孩子都叫他父亲。他会把这些孩子生的子女叫做孙子和孙女，而这些孙子和孙女都会叫他和他的同辈为祖父或祖母。同一个时候出生的他们的父母有了孩子，他们都称之为兄弟姐妹。【e】就这样，如我们所说，这些相关的群体之间就可以避免性关系了。但若通过抽签，并有庇提亚①的批准，那么法律允许兄弟姐妹有性关系。"

"绝对正确。"

"所以，格老孔，这就是你的城邦的护卫者如何共同拥有妻子和孩子。我们现在必须确认，这种安排与这种体制的其他部分是一致的，而且是最好的办法。或者说，我们要开始确认还有其他方式吗？"

【462】"以同样的方式。"

"那么，我们达成一致意见的第一步不就是问自己，在设计这个城邦的时候，什么是最大的善——立法者在立法时当做目标的那个善——和什么是最大的恶吗？下一步不就是考察我们刚才描述过的制度适合这种善而不适合这种恶的路径吗？"

---

① 庇提亚（Πυθία），德尔斐阿波罗神的女祭司。

"当然。"

"对一个城邦来说，我们能够提出什么比搞分裂更大的恶吗？【b】或者说，我们能够提出什么比城邦的团结和统一更大的善吗？"

"没有，我们不能。"

"当全体公民都能尽量做到为同样的成功或失败而欢乐或悲伤的时候，这种同甘共苦不就是维系城邦团结的纽带吗？"

"绝对是这样的。"

"但是，当同一件事情在这个城邦里或在它的民众中发生，有些人极为痛苦，有些人极为欢乐，【c】那么这种快乐与痛苦的个体化不会瓦解城邦吗？"

"当然会。"

"每当'我的'、'不是我的'这样一些词被异口同声地说出来时，这种事情不就发生了吗？与此相同的不是还有'别人的'这个词吗？"

"确实是这么回事。"

"那么，治理得最好的城邦里的大多数民众对同样的事物会以同样的方式说'我的'和'不是我的'吗？"

"确实会。"

"与个人非常相似的城邦如何？比如，我们中间某个人的手指受了伤，把身体与灵魂结合为一个完整有机体的那个内在的统治部分知道手指受了伤，这个整体能与受伤的部分一起感到痛苦。【d】对一个人的任何部分都可以这样说，无论是受伤害感到痛苦，还是缓解时体验到快乐。"

"当然是这样的。不过，还是回到你的问题上来，治理得最好的城邦最像一个这样的人。"

"所以，每当有一位公民碰上了一件好事或坏事，这样的城邦里的其他所有公民都会说这个受影响的部分是他自己的，【e】都会作为一个整体来分享快乐或痛苦。"

"如果它有良好的法律，事情必定如此。"

"现在该回到我们自己的城邦里来了，在它那里观看我们已经同意了的这些特点，确定是它还是其他某些城邦在最大程度上拥有这些特点。"

"我们必须这样做。"

"其他那些城邦如何？在那些城邦里不也有统治者和民众吗，【463】就像我们的城邦一样？"

"有。"

"除了公民同胞外，那些城邦里的民众把统治者叫做什么？"

"在许多城邦里，民众把统治者叫做君主，而在民主制的城邦里，统治者只称统治者。"

"我们的城邦里的民众如何？除了公民同胞外，民众把他们的统治者叫做什么？"

【b】"护卫者和辅助者。"

"他们又怎样称民众？"

"供给与税赋的提供者。"

"在其他城邦里，统治者怎样称呼民众？"

"奴隶。"

"统治者相互之间又怎么称呼呢？"

"共治者。"

"我们的统治者相互之间又怎么称呼呢？"

"共同护卫者。"

"你能告诉我吗，在其他那些城邦里，一名统治者是否会把他的某些共治者当做他的亲戚，【c】而把另外一些共治者当做外人？"

"是的，许多统治者会这样做。"

"这样的统治者不是在把他的亲戚当做他自己，而把那些外人不当做他自己吗？"

"是这样的。"

"你们的护卫者如何？他们中间有人会把一名共治者当做外人，或者这样称呼他吗?"

"肯定不会,因为无论碰上谁,他都知道他碰到的是他的兄弟或姐妹、父亲或母亲、儿子或女儿,或者是这些人的前辈或后代。"

"你说得好极了。不过请你告诉我,你的法律仅仅需要使用这些亲属的名称,还是也要求做与之相应的事情?【d】他们必须尊敬、关心、照顾、服从他们的'父亲'吗,就像我们按照法律的要求对我们的父母所表现的那样?如果他们不这样做,那么他们在众神和凡人手中不是相当糟糕吗,就像那些行为既不虔敬又不正义的人?这些事情就是全体公民从小就听到的神谕般的格言吗?或者说关于他们的父亲——或者被告知是他们的父亲的那些人——和其他亲戚,他们会听到其他一些事情?"

【e】"是前者。要是他们只有亲属之空名而不做相应的事情,那么是很荒谬的。"

"所以,在我们的城邦里,而非在别的城邦,他们会更多地、异口同声地使用我们刚才提到的那些词。而当他们中的任何人做相应的事情做得好或坏,他们会说'我'做得好或者说'我'做得坏。"

"绝对正确。"

"嗯,我们不是说,【464】拥有和表达这种信念与后续的同甘共苦紧密相连吗?"

"是的,我们这样说是对的。"

"那么,我们的公民比其他任何人更多地拥有一种共同的东西吗?他们把这种东西称做'我的'。有了这种共同的东西,他们不是比其他任何人更多地拥有同甘共苦吗?"

"当然。"

"还有,除了其他体制,护卫者们共同拥有妻子与儿女不也是产生这种情感的原因吗?"

"这肯定是一个主要原因。"

【b】"但是,我们同意过,同甘共苦对城邦来说是最大的善,我们已经把一个治理良好的城邦比做身体，我们讲过身体对它的任何一个部分遭受的痛苦或快乐会做出的反应。"

"我们表示同意是对的。"

"那么，我们这个城邦的最大的善的原因已经显示出来，它就是辅助者共同拥有妻子儿女。"

"是这么回事。"

"当然了，这一点与我们前面说过的话是一致的，因为我们在某个地方说过，如果他们想成为护卫者，他们一定不能私人拥有房屋、财产或所有物，而必须从其他公民那里得到供养，【c】作为他们担任护卫者的薪酬，共同享有。"①

"对。"

"那么，正如我宣称过的那样，把我们现在说的和我们前面说的放在一起，从他们中间造就更加好的护卫者，防止他们由于不把同样的事情称做'我的'而分裂城邦，不也是对的吗？要是不同的人把这个词用到不同的事情上，一个人就会把他能从其他人那里弄到手的东西都拿回自己的房子里，另一个人就会把东西都拿回不同的房子，给不同的妻子儿女，【d】这样做就会使快乐与痛苦成为私人的事情。但是我们的民众，另一方面，会把相同的事情当做他们自己的，旨在同一目标，尽可能地同甘共苦。"

"务必如此。"

"还有，法律诉讼和相互指控如何？这样的事情在他们中间不会消失殆尽吗？因为除了他们自己的身体，其他一切都是共有的。因此，他们会避免人们之间由于拥有金钱、【e】子女和家庭而产生纷争。"

"他们肯定会避免。"

"他们中间也不会产生因行凶斗殴而引发的法律诉讼，因为我们会宣布，同龄人之间的自卫是一件好事，是正义的，因为这会迫使他们保持身体

---

① 参见本篇 416d 以下。

强健。"

"对。"

【465】"这条法律是正确的还有另外一个原因，要是一名充满激情的人以这种方式发泄了他的怒气，也就不会更加严重地争吵了。"

"当然。"

"但是，应当授权给一位年长者去统领和惩罚所有年纪较轻的人。"

"显然应当如此。"

"当然了，一名年纪较轻的人显然不能对年长者动武或者殴打他，也不能以其他方式羞辱他，除非统治者命令他这样做，因为有两名护卫足以防止他们这样做——羞耻与恐惧。羞耻可以防止他对他的父母动手，恐惧会让其他人来帮助受害人，【b】前来援助的有的是他的儿子，有的是他的兄弟，有的是他的父亲。"

"它们会产生这样的效果。"

"所以，在各种情况下，这些法律不会引导人们相互之间和平地生活吗？"

"就是这样的。"

"要是护卫者中间没有纷争，那么城邦里的其他人就不会有爆发内战的危险，要么是与护卫者，要么是在他们中间。"

"肯定不会。"

"我有点儿犹豫，不知该不该提起这样一些护卫者应当避免的小事，因为他们好像不会有这种事：穷人奉承有钱人、【c】抚养子女的辛苦、挣钱养家糊口、借钱和还债、想尽各种办法搞到足够的钱，交给他们的妻子和家奴去管。人们在这些事情上要忍受各种麻烦，这些事显然都是卑微的，不值得讨论。"

【d】"甚至连瞎子也能明白这个道理。"

"他们将免除所有这些麻烦，他们的生活比奥林比亚①赛会的胜利者还

---

① 奥林比亚（Ὀλυμπία），地名。

要幸福。"

"怎么会呢？"

"奥林比亚赛会的胜利者被认为是幸福的，但他们的幸福只有一小部分适用于我们的护卫者，因为护卫者们的胜利更加伟大，对他们的公费供养更加全面。他们获得的胜利是使整个城邦得以保存，他们本人及其子女得到供养和生活必需品是他们的胜利花冠。他们生前从城邦得到奖赏，【e】死后得到哀荣备至的安葬。"

"这些事情善莫大焉。"

"你还记得吗，在我们前面的讨论中，有人——我忘了是谁——使我们震惊，说我们没有使我们的护卫者幸福，他们有可能拥有属于公民的一切，但他们自己一无所有？【466】我们说，我想，要是这个问题问得恰到好处，我们会加以思考的，但我们当时所关心的是使我们的护卫者成为真正的护卫者，尽力使这座城邦成为最幸福的城邦，而不是只寻找这个城邦的某个群体，使它幸福。"①

"我记得。"

"那么好，要是我们的辅助者的生活比奥林比亚赛会胜利者的生活还要好得多，【b】我们还需要拿他们的生活与鞋匠、农夫，或其他匠人的生活做比较吗？"

"我不这样想。"

"那么，在此不妨把我当时说的话重复一下，要是一名护卫者以这样一种使他不再成其为护卫者的方式追求幸福，不满足于过一种节制、稳定、高尚的生活——如我们所说——而是被一种愚蠢而又幼稚的幸福观所捕获，在它的怂恿下，利用他的权力在城邦里为自己攫取一切，【c】那么他会知道赫西奥德说的话确实有智慧，'一半在某种意义上多于全部'。"②

---

① 参见本篇 419a 以下。
② 赫西奥德：《工作与时日》40。

"如果他接受我的劝告，他会保持他自己的生活方式。"

"那么，你同意女子和男子应当在教育中相互联系，一起做与子女有关的事情，按我们描述的方式保卫其他公民；无论是待在城邦里，还是去打仗，他们必须一起警卫，像猎犬一样一道狩猎【d】，尽可能共享一切；这样一来，他们会把事情做得最好，而且既不违反女子与男子相比而言的那些天性，也不违反男女之间的天然联系。"

"我同意。"

"那么，剩下来有待我们确定的问题，不就是有无可能像在其他动物中那样在人中间建立这样的联系，并说出这种联系怎样才能建立吗？"

"你说了我正想说的话。"

【e】"就战争而言，我认为，他们会怎样参加战争是清楚的。"

"怎么个清楚法？"

"男子和女子会一起参战。他们还会带上那些强健的孩子，让孩子们像其他工匠的孩子一样，从小观看他们自己长大以后必须做的事情。除了观看，孩子们也能承担各种军中勤务，帮助他们的父母。【467】你没注意到在其他技艺中，比如，陶工的孩子在自己正式制作陶器以前，如何长时间地当助手和观看吗？"

"我确实注意到了。"

"这些匠人应该比我们的护卫者更加在意通过恰当的经验和观察训练他们的孩子吗？"

"当然不，要是这样的话，那就太可笑了。"

【b】"另外，每一种动物在打斗时，只要有幼崽在场，都会更加勇猛。"

"是这样的。但是，苏格拉底，这样做在打败仗的时候相当危险——这样的事情在战争中很容易发生——他们会失去子女，自己也送了命，这样一来其他人想要复兴城邦也就不可能了。"

"你说得对。但你认为我们应当给他们规定的第一件事情是避免一切危险吗？"

"我决不是这个意思。"

【c】"那么好，要是人们必须面对某些危险，而他们顺利通过了，那么不就可以使他们有所长进吗？"

"显然如此。"

"你认为，对那些将要成为武士的男子来说，让他们在还是孩子的时候就观看战争会产生很小的差别，因此不值得让他们冒险去这样做吗？"

"我不这样看，这样做会产生你在谈论的这些区别。"

"那么，以此为前提，那些观看战争的孩子，要是我们采取措施保证他们的安全，这样做就万事大吉了，不是吗？"

"是的。"

"嗯，那么，首先，他们的父亲们不能是愚昧无知的，不知道哪些战役有危险，【d】哪些战役没有危险，而是有这方面的知识，像其他任何人那样，不是吗？"

"可能是这样的。"

"那么，有些战役他们会带孩子去，有些战役不会带孩子去，对吗？"

"对。"

"他们会安排一些官员来管理他们，这些官员在年龄和经验两方面都配做他们的领袖和导师吗？"

"这样做是恰当的。"

"但是，如我们所说，经常会发生不可预见的事情。"

"的确如此。"

"想到这一点，我们必须给孩子们从小装上翅膀，让他们遇到危险就可以振翼高飞，脱离险境。"

【e】"你这是什么意思？"

"我们必须尽可能早地让孩子们学习骑马——不骑那种好斗的劣马，要骑那种跑得快而又容易驾驭的良马——等他们学会了骑马，再带他们去观看打仗。以这样的方式，他们会很好地观看他们自己将来要做的事情，若有需要，他们也能遵循以往较早得到的指示，安全撤离。"

"我认为你说得对。"

【468】"战争本身如何？你的士兵们应该如何对待自己人和敌人？关于这一点我的想法对不对？"

"先把你的想法告诉我。"

"若他们中有一人擅离职守，或者扔掉他的盾牌，或者由于胆怯而有其他诸如此类的行为，那么不应当把他降为工匠或农夫吗？"

"务必如此。"

"还有，不应当把任何一名被活捉的敌人留下，作为送给捕获者的礼物吗？"

【b】"务必如此。"

"但是，你不认为任何一位卓越超群的人在战役中就应当赢得高度尊敬，每一位成年人和随队出征的儿童都会为他戴上花冠吗？"

"我是这样想的。"

"伸出右手握手如何？"

"这也是应该的。"

"但我认为你可能想不到下面这个行为？"

"什么行为？"

【c】"他应当亲吻每个人，每个人也应当亲吻他。"

"这是最应当做的事情。我要把这一条添加到法律中去：只要战争还在延续，他想亲吻谁就亲吻谁，无论谁都不许拒绝，这样一来，要是他们中的某一个正好与另一个相爱，无论是男还是女，他都会更加渴望赢得这种对勇敢的奖赏。"

"好极了。我们已经说过，由于他是一个好人，更多的婚礼在等着他，他比其他人有更多的机会被挑选来做这样的事情，这样一来，他会尽可能多地生育子女。"

"是的，我们确实说过这件事。"

"确实，按照荷马的说法，【d】这只是用来荣耀那些优秀的年轻人的方法，因为他说埃阿斯①打仗非常勇猛，'在宴席上受到全副里脊肉的款待'。②这是对年轻勇士的一种恰当的荣耀，因为这样做也能增强他的体力。"

"绝对正确。"

"所以，我们至少要在这些事情上把荷马当向导。只要那些好人表明他们自己是优秀的，我们就在献祭时荣耀他们，在所有这样的场合为他们唱颂歌，'荣耀的席位、肉食和满杯的葡萄酒'③，以及用我们提到过的所有其他方式，【e】还有，除了荣耀优秀的男人和女人外，我们还要继续训练他们。"

"这样做很好。"

"行。至于那些战死沙场的人，我们会说，首先，要是他们死得壮烈，那么他们不属于黄金种族吗？"

"我们一定会这样说。"

"我们不会相信赫西奥德的话吗？他说这个种族的人死后成为'生活在大地上的神圣的精灵，【469】高贵的精灵，抗拒邪恶的护卫者，会说话的凡人的卫士'④？"

"我们肯定会相信。"

"所以，我们要去询问这位神⑤应当给这些像精灵和神一样的凡人举行什么样的葬礼，我们会遵循他的指示。"

"当然。"

"在以后的日子里，我们要祭扫他们的坟墓，像祭拜神灵一样祭奠他们。【b】我们还要把同样的祭仪用于任何一位我们判定一生杰出的人，无论他死于年迈还是别的原因。"

---

① 埃阿斯（Aἴας），特洛伊战争中的希腊英雄。
② 荷马：《伊利亚特》7：321。
③ 荷马：《伊利亚特》8：162。
④ 赫西奥德：《工作与时日》122 以下。
⑤ 指阿波罗神，参见本篇 427b。

"只有这样做才是公正的。"

"嗯，敌人如何？我们的士兵应当如何对待他们？"

"在哪个方面？"

"首先是奴役。你认为希腊人奴役或尽力去奴役希腊城邦公正吗？他们甚至不允许其他城邦这样做，而习惯于宽恕希腊人，作为一项警示，【c】以免被野蛮人奴役？"

"以各种方式宽恕希腊人，这是最好的。"

"那么，护卫者不去获取希腊人当奴隶，也劝告别的希腊人不要这样做，不是最好的吗？"

"务必如此。以这样的方式，他们更像是会团结起来，抗击野蛮人。"

"掠夺死者如何？战斗取胜以后，除了拿走敌人的武器，还要剥取敌人尸体上的一切，是一件好事吗？或者说，胆小鬼不会以此为借口，不去追击敌人吗——【d】就好像他们对着尸体低头弯腰是在做某件极为重要的大事似的？不是有许多军队由于只顾攫取战利品而遭到失败吗？"

"是的，确实如此。"

"你不认为剥取死尸身上的物品是一种卑鄙龌龊的行为吗？把死尸当成你的敌人，而让真正的敌人丢下武器逃走，这不是女流之辈胸襟狭隘的表现吗？【e】你认为，这种行为与狗儿朝着扔来的石头狂吠，而不顾扔石头的人，又有什么两样呢？"

"一模一样。"

"那么，我们的士兵可以剥取敌人尸体身上的物品，或者拒绝敌方取回他们的死者吗？"

"不，宙斯在上，肯定不可以。"

"还有，我们不要把敌人的武器捐献到神庙里去，【470】要是我们在意其他希腊人的善意，我们尤其不要把从希腊人那里缴获的武器当供品。倒不如说，我们担心要是把这样的物品捐到神庙里去我们会亵渎神灵，当然了，除非神吩咐我们这样做。"

"绝对正确。"

"蹂躏希腊人的土地和烧毁他们的房屋如何？你的士兵们会对他们的敌人做这种事情吗？"

"我很乐意听听你的看法。"

【b】"嗯，我认为他们这两样事情都不应当做，而只是摧毁敌方一年的收成，要不要我把理由告诉你？"

"当然要。"

"在我看来，我们好像有两个名称，'战争'和'内战'，所以有两样事物，这两个名称分别用来表示在它们中间产生的两种不同的分歧。这两种分歧我指的是，一种发生在自己内部和亲属中间，另一种发生在外部和陌生人中间。'内战'这个名称表示和自身敌对，而'战争'这个名称表示和陌生人敌对。"

"你说得很中肯。"

【c】"那么你看我这个观点是否也很中肯：希腊人对希腊人来说就是它自身和亲属，但对野蛮人来说，希腊人是陌生人和外人。"

"对。"

"那么，希腊人对蛮族人开战，或者蛮族人对希腊人开战，这时候我们要说他们是天敌，这样的敌对称做战争。而当希腊人与希腊人开战，我们要说他们是天然的朋友，在这样的情况下，希腊生了病，分裂成许多部分，【d】这样的敌对称做内战。"

"无论如何，我同意以这种方式来考虑这个问题。"

"现在，请注意，每当这种被通称为内战的事情发生，城邦发生分裂，各个派别互相蹂躏对方的土地，焚烧对方的房屋，这样的内战应当受到诅咒，双方都不是真正的爱国者，否则他们就不会如此残忍地伤害作为自己衣食父母的城邦。然而，要是胜利者只毁掉敌方当年的收成，这样的做法被认为是恰当的。无论如何，这表明他们心里想着将来有一天能够言归于好，【e】不愿意进行没完没了的内战。"

"这种想法远比其他想法文明。"

"你正在创建的城邦如何？它是希腊的，不是吗？"

"它一定是。"

"那么，你的公民不都是善良和文明的吗？"

"他们确实是。"

"那么，他们不热爱希腊吗？他们不把希腊当做他们自己的，不与其他希腊人共享这种宗教吗？"

"不，他们确实热爱。"

"那么，他们不考虑他们与希腊人的分歧吗——那些不是自己人的希腊人——不是作为战争，而是作为内战？"

"当然。"

【471】"他们的争吵就像那些知道将来有一天会言归于好的人的争吵吗？"

"确实如此。"

"那么，他们会以一种朋友的精神去矫正他们的对手，而不会奴役和毁灭对方，因为他们是矫正者，不是敌人。"

"对。"

"作为希腊人，他们不会蹂躏希腊，或焚烧她的房屋，他们不会同意希腊任何一个城邦里的所有居民——男女老少——是他们的敌人，而无论有什么分歧产生，都是由少数敌人引起的，任何一个城邦都不可避免地包含这样的敌人。由于这个原因，由于大多数人是友好的，他们不会蹂躏这个邦国，或者摧毁房屋，【b】他们会继续争吵，但会适可而止，只要那些内战的无辜受害者能够迫使挑起争端的人付出代价，也就可以了。"

"我同意，我们的公民必须以这种方式对待他们的对手，他们也必须以希腊人之间流行的相互对待的方法对待野蛮人。"

"那么，我们也要对我们的护卫者立下这条法律吗？【c】不得蹂躏邦国，不得焚烧房屋？"

"就算这条法律已经立法了。让我们也假定这条法律和以前的法律全都很好。但是我想，苏格拉底，要是我们让你继续谈论这个主题，你决不会想起你为了谈论这些内容而暂时搁置的那个问题，亦即这样一种体制有无可能产生，它能以什么样的方式实现。我同意，要是有这种体制，我们提到的所有事情对这个城邦来说都是好的，这些事情就在这个城邦发生。哪怕有些地方你说漏了，我也能替你补足。护卫者会是最杰出的抗击敌人的战士，因为他们最不想要相互抛弃，他们知道他们相互之间是兄弟和父子，用这些名称来相互称呼。【d】还有，要是他们的妇女也参战，或者是与他们并肩作战，或者是站在后面震慑敌人，在需要的时候帮助他们，我知道，这会使他们无往而不胜。我还看到，你省略了他们在家时的种种好事。【e】就算我同意，要是这种体制已经产生，那么所有这些事情，以及其他无数的事情，都会发生，所以对这个主题不用再多说了。现在，倒不如试着让我们自己信服它是可能的，问它如何可能，其他一切暂时免谈。"

【472】"这是你对我的论证发起的突然袭击，你对我的拖延没有表示半点同情。你也许不明白，就好比我好不容易才避开前两波批判的浪潮，你又对我发起了第三波——这一波是最大的，也是最难的。等你看到或者听到，你肯定会对我非常同情，明白我为什么犹豫不决，不愿陈述和考察这样一个自相矛盾的观点。"

"你越是这样推诿，我们就越不让你过关，你必须告诉我们这种体制的产生何以可能。【b】所以你就说吧，别浪费时间。"

"那么好吧，我们首先必须记住，我们是在试图发现正义和不正义是什么样的时候碰到这个问题的。"

"我们必须记住。但那又怎么样呢？"

"不怎么样。但若我们发现了正义是什么样的，那么我们也要坚持正义的人与正义本身没有什么差别，所以他在各方面都像是正义的吗？或者说，要是他比其他人都要尽可能近地接近正义本身，分有更多的正义，我们会满意吗？"

【c】"我们会满意的。"

"那么，我们想要发现正义本身是什么样的，一个完全正义的人是什么样的，要是这样的人产生了，他会是一个什么样的人，以同样的方式还涉及不正义本身和最不正义的人，这样做我们为的是发现一个样式。我们认为，通过考察它们与幸福和不幸的关系，我们自己就会被迫同意，最像正义或不正义的人会拥有一份最像正义或不正义的幸福或不幸。【d】但是，我们试图发现这些事情并非为了证明它们的产生是可能的。"

"没错。"

"如果有人画了一幅最精美的人像，每个细节都尽善尽美，但他不能证明这样一个人能够产生，你认为这样的人是个糟糕的画家吗？"

"不，宙斯在上，我不会。"

"那么我们自己这个事例怎么样？我们不是说过① 我们正在尝试创造一个良好城邦的理论样板吗？"

【e】"当然说过。"

"所以，要是我们不能证明创建一个和我们的理论一模一样的城邦是可能的，你认为我们的讨论就不那么有理了吗？"

"当然不会。"

"那么，这就是事情的真相。不过，为了使你高兴，我也非常乐意说明在一种什么样的体制下最有可能创建这样一个城邦，然后，为了实现这一证明的目的，你也要对我做出同样的让步。"

"哪些让步？"

【473】"在实践中有可能做和理论中一样的事情吗？或者说实践中掌握的真理要少于理论中掌握的真理，哪怕有些人并不这样认为？你首先是否同意这一点？"

"我同意。"

---

① 参见本篇 369a—c。

　　"那么你就不要再强迫我说明我们在理论中描述的事物能够丝毫不差地在现实中实现。倒不如说，要是我们能够发现一个城邦如何能以最接近我们的描述方式进行治理，那就让我们说我们已经说明了你命令我们要说明的问题，亦即，我们的城邦产生是可能的。或者说，你不满意这样的说明？【b】对这样的说明我是满意的。"

　　"我也感到满意。"

　　"那么，接下去，我们好像应当试着去发现并指出，在现在这些治理得很差的城邦里，是什么东西在妨碍它们按照我们所描述的方式进行治理，有什么样最小的变化就使我们的城邦不能建成我们这种体制——要是可能，那就进行一项改变，要是一项不行，那就两项，要是两项不行，那就进行最小数量和最小程度的改变。"

　　【c】"绝对正确。"

　　"在我看来，我们能够指出有一项改变就能完成这一过程。它肯定不是小的，也不是容易的，但它是可能的。"

　　"这项改变是什么？"

　　"嗯，我现在已经面临这个最大的自相矛盾的浪潮了。但我还是不得不说，哪怕这个浪头把我冲走，把我淹死在讥笑和藐视的浪涛之中。所以，你要注意听我下面说的话。"

　　"你就说吧。"

　　"直至哲学家作为国王进行统治，或者那些现在被称做国王和领袖的人真正而又恰当地哲学化了，亦即，【d】直至政治权力与哲学完全衔接，而那些只追求其中一样事物的许多人被阻止这样做，格老孔，我们城邦里的罪恶就不会平息，我认为，整个人类也不能远离罪恶。【e】除非这一点发生，我们已经在理论上描述过的这种体制决无可能诞生，得见天日。由于我明白这个说法有多么自相矛盾，所以我踌躇了很久，因为我们很难面对这样一个事实，在其他任何城邦里不可能有任何幸福，无论是公共的还是私人的。"

　　"苏格拉底，你对我们洋洋洒洒地讲了这么一番大道理，发表了这样一篇演讲，你肯定预见到会有一大批人（他们并非不杰出、不聪明的）扔掉外套、脱去衣裳，随手抄起可以用作武器的东西，【474】向你发起进攻，打算对你下手。所以，除非你能用论证来约束他们，让他们离开，否则你就会受到惩罚，成为众人嗤笑的对象。”

"嗯，把我搞得这么尴尬的就是你。"

"我这样做是对的。然而，我不是在出卖你，反倒是在尽力保护你——凭我的善意，凭我对你的鼓励，也许凭我比其他人更能提供恰当的回答。所以，知道我要帮助你的诺言，你就试着告诉那些不相信的人，【b】事情就是像你说的这样。"

"那么，我必须试试看，尤其是你答应要做我的伟大的同盟者。若要逃避你提到的这些人，我想我们需要为他们下一个哲学家的定义，告诉他们谁是我们大胆地说必须进行统治的哲学家。【c】一旦这一点清楚了，我们应当能够为自己辩护，指出我们说的这些人天性适宜从事哲学和统治城邦，而其他人天性适宜离开哲学，跟随他们的领袖。"

"现在就是个好时候，把你的定义提出来吧。"

"好，跟我来吧，让我们来看有没有一种方式可以恰当地解决这个问题。"

"你就开始吧。"

"你需要提醒吗？或者说你还记得，要是说某人爱某样东西，那么他必定不会爱它的一部分，不爱它的另一部分，而是必定爱它的全部。"[①]

【d】"我想你必须提醒我，因为我根本不懂你的意思。"

"这对别人来说是个恰当的回应，格老孔。但对一名充满爱欲的男子来说是不合适的，他不会忘记所有风华正茂的美少年都能拨动爱慕娈童者的心弦，都值得他去关注并产生快乐。或者说，这不就是你们这些人对美少年的反应吗？你们看到塌鼻子的，赞美他面容妩媚；看到高鼻子的，说他长相英俊；看到鼻子不高不低的，说他长得恰到好处；看到皮肤黢黑的，说他有男

---

① 参见本篇 438a—b。

子气质；看见皮肤白嫩的，说他神妙秀逸。【e】至于皮肤像蜜色的男孩，你认为这种说法发明出来不就是为了使恋爱中的人容易宽容肤色苍白吗，只要伴随着青春年少？总之，【475】你会发现各种各样的说法和借口，以便不拒斥任何一位青春期的美少年。"

"要是你坚持和我谈话，把我当做这种充满爱欲的男子的典型，那么为了论证的缘故，我愿意充当这个角色。"

"再说，你没看到爱喝酒的人的行为也是一样的吗？他们不是爱喝各种酒，而且总能找到借口吗？"

"是这样的。"

"我认为你会看到热爱荣耀的人，要是不能当上将军，【b】那就当个队长；要是不能得到大人物的荣耀，那么一些微不足道的小人物的荣耀也行，因为他们想要得到整个荣耀。"

"确实如此。"

"那么你是否同意我的这个观点？当我们说一个人想要得到某样东西时，我们的意思是他想要得到这种东西的全部，还是想要得到它的一个部分，不想得到另一个部分？"

"全部。"

"那么我们不是也要说哲学家不会想要得到智慧的一部分，不想得到另一部分，而是想要得到全部智慧吗？"

"是的，没错。"

"至于一名学习的挑剔者，尤其当他还年轻，还不能判断什么有用，什么没用的时候，【c】我们不会说他是一名知识的爱好者或者一名哲学家，因为我们不会说一名挑剔食物的人饿了，或者说他有食欲，或者说他是一名食物的热爱者——我们只会说他挑食。"

"我们这样说是对的。"

"要是一个人打算涉猎各种学问，乐意学习各种知识，不知满足，那么称他为哲学家，不对吗？"

【d】"要是这样的话，许多稀奇古怪的人都会是哲学家了，那些喜爱观看的人似乎也包括在内，因为他们乐意学习各种事情。声音的爱好者是非常奇怪的人，也要被当做哲学家包括在内，他们决不愿意参加一场严肃的讨论，或者把时间花在这个方面，但凡有狄奥尼修斯节①的庆祝活动，他们从来不愿错过，无论是在城里还是在乡下，就好像他们的耳朵已经租了出去，每一场合唱必听。我们要说这些人——以及那些学习同类事情或微不足道的技艺的人——【e】是哲学家吗？"

"不，他们只是像哲学家罢了。"

"那么谁是真正的哲学家呢？"

"那些乐意观看真理的人。"

"没错，但你这话到底是什么意思呢？"

"要是对别人做解释，那么很难讲清楚，但我想你会同意我的观点。"

"什么观点？"

"由于美是丑的对立面，所以它们是两样东西。"

【476】"当然。"

"由于它们是二，所以它们各自为一吗？"

"我也同意这一点。"

"对正义与不正义、善与恶，以及其他所有'型相'②做相同的解释也是

---

① 狄奥尼修斯节（Διονυσίοις），酒神节。

② 型相（"εἶδος"，复数"εἶδη"），柏拉图哲学的核心概念。这个词的主要含义是：（1）看到的东西、形式、形状、人的形象、外貌、体格、体质；（2）一般的形状，如数的图形、装饰的图形、音阶、原子的形状、几何图形；（3）相似的形式、种类、性质、类型、文风；（4）类、种，特别是亚里士多德逻辑意义上的种类，引申为形式因、本质。柏拉图本人在其著作中交替使用"εἶδος"和"ἰδέα"这两个词，早期和中期对话用"ἰδέα"多一些，晚期用"εἶδος"多一些，其意义没有严格区别。中国学者从 20 世纪 20 年代开始翻译柏拉图对话，先后尝试过的译名有理型、埃提、理念、观念、概念、形、相、形式、意式、通式、原型、理式、范型、模式、榜样、模型、式样，等等。中文多卷本《希腊哲学史》的作者基于对柏拉图本义的理解，将"εἶδος"译为"型"，将"ἰδέα"译为"相"，并强调要从柏拉图对话的上下文去确定它的具体含义。

对的。就其自身而言，它们各自是单一的，但由于它们无处不在，与行为、物体相连，相互之间又联系在一起，各自呈现为杂多。"

"对。"

"所以，我做下列区分：一边是你刚才说的爱观看者、爱技艺者，以及从事各项实业的人，另一边是我们正在论证的人，【b】只有这种人才配称为哲学家。"

"你这是什么意思？"

"看与听的热爱者喜欢美妙的声音、色彩、形状，以及用它们塑造出来的一切，但他们的思想不能观看和把握美的事物自身的本性。"

"确实如此。"

"事实上，只有很少人能够抵达美的事物本身，凭借美本身观看美的事物，不是吗？"

【c】"当然是这样的。"

"某个人相信美的事物，但不相信美的事物本身，不能追随能够引导他获得这种知识的人，这个人怎么样？你不认为他活在梦中而是清醒的吗？这不就是在做梦吗？无论是睡是醒，认为相似不是相似，反倒是事物本身是相似的。"

"我肯定认为这样想的人是在做梦。"

"但有个人情况正好相反，他相信美本身，他能够看见美本身和分有美本身的事物，他不相信分有美本身的事物就是美本身，或者美本身就是分有美本身的事物——【d】他是在做梦还是清醒的？"

"他清醒得很。"

"所以我们把他的思想称做知识是对的，因为他知道。然而，我们应当把其他人的思想称做意见吗，因为他发表了他的见解？"

"对。"

"要是这个只有意见而没有知识的人对我们发火，驳斥我们所说的真理，那又如何？有什么办法我们可以对他好言相劝，【e】然后婉转地让他知道他的心智不太正常吗？"

"肯定有办法。"

"那么，考虑一下，我们该对他说什么。我们不该这样向他发问吗？首先，我们要告诉他，没有人妒忌他可能拥有的知识，我们乐意发现他知道的事物。然后我们会说：'告诉我们，这个有知识的人知道某物还是一无所知？'你来代他回答一下。"

"他知道某物。"

"某物存在①还是不存在？"

【477】"某物存在，因为不存在的事物如何能被知？"

"那么，我们对这一点有了恰当的把握吗？无论我们考察它有多少种方式，完全存在的事物是完全可知的，不以任何方式存在的事物以任何方式都不可知？"

"这样说是最恰当的。"

"好。现在，要是某物既存在又不存在，那么它一定介于完全存在和绝对不存在之间吗？"

"是的，它介于二者之间。"

"那么，由于知识建立在存在之上，而无知必然建立在不存在之上，我们不是必须发现一个建立在存在与不存在之间的居间者之上的、介于知识与无知之间的居间者吗，【b】要是有这样的东西？"

"务必如此。"

"我们说，意见是某物吗？"

"当然。"

"与知识相比，它是一种不同的力量，还是相同的力量？"

"不同的力量。"

---

① 存在（εἶναι），希腊语动词"εἰμί"的不定式。这个词有"存在"、"真"、"是"等多种含义，中国学术界有关争论参见王晓朝：《跨文化视野下的希腊形上学反思》，人民出版社2014年版。

"那么，按照它们各自的力量，意见建立在一样事物之上，知识建立在另一事物之上。"

"对。"

"嗯，知识不是按其本性建立在存在者之上，知道存在者是存在的吗？不过，我们最好还是先说得详细一些。"

"怎么会这样？"

【c】"力量是这样一类事物，这些事物使我们——或其他任何事物——能够做我们有能力做的任何事情。比如，看和听就属于力量，要是你明白我正在涉及的这种事物。"

"我明白。"

"关于这些力量我的想法是这样的。力量既没有颜色，又没有形状，也没有许多其他事物拥有的特性，我曾经用这些特点来区分这些事物。就力量而言，我只用它建立在什么之上和它做什么为标准，【d】涉及我称之为力量的事物：建立在相同事物之上的、做相同事物的，我称之为相同的力量；建立在不同事物之上的，做不同事情的，我称之为不同的力量。你同意吗？"

"我同意。"

"那么，让我们备份一下。知识是一种力量吗，或者说你会把它归入什么类别？"

"它是一种力量，是一切力量中最强大的。"

【e】"意见如何，它是一种力量还是其他类别的事物？"

"它也是一种力量，因为它使我们能够发表见解。"

"你刚才同意知识和意见是不同的。"

"一个有理智的人怎么会认为一种会有错误的力量和一种绝对无误的力量是相同的呢？"

【478】"对。那么我们同意，意见显然与知识不同。"

"它们是不同的。"

"因此，它们各自依其天性建立在不同的事物之上，做不同的事情吗？"

"必然如此。"

"知识建立在存在之上，知道它是存在的吗?"

"是的。"

"意见发表见解吗?"

"是的。"

"它发表知识知道的那些事物的见解，所以可知的事物和可发表见解的事物是相同的，或者说这是不可能的?"

"依据我们同意的前提，这是不可能的，因为不同的力量建立在不同的事物之上，意见和知识是不同的力量，【b】所以可知的事物与可发表见解的事物不可能相同。"

"所以，要是存在者是可知的，那么可发表见解者必定是存在者以外的其他事物吗?"

"必定如此。"

"那么，我们对不存在的事物发表见解吗? 或者说，对不存在的事物发表见解是不可能的? 想一想吧。不是有人把他的意见建立在某个事物之上并对之发表见解吗? 或者说有可能发表见解，然而却不对着任何事物?"

"这是不可能的。"

"但是，某个发表见解的人针对某个事物发表见解吗?"

"是的。"

【c】"要说明这一点的最精确的用语肯定不是'某个事物'，而是'无'吗?"

"当然。"

"但我们不得不把无知建立在非存在之上，把知识建立在存在之上吗?"

"对。"

"所以，某人既不对存在也不对非存在发表见解吗?"

"别的还能怎么样?"

"那么，它能超越这两种情况吗? 它不是比知识更清楚，或比无知更黑暗吗?"

"是的，两种情况都是。"

"那么，意见比知识黑暗，比无知清晰吗？"

"是的。"

【d】"那么，意见介于二者之间吗？"

"绝对如此。"

"嗯，我们说过，要是某物能被显示为同时既存在又不存在，它就介于纯粹的存在和绝对的非存在之间，知识或无知都不能建立在它之中，但是介于无知和知识之间的东西可以建立在它之上吗？"

"对。"

"我们称之为意见的那个事物介于知识和无知之间吗？"

"是的。"

【e】"那么显然，我们剩下来要做的事情就是发现这个分有存在和非存在的事物，为的是，要是有这样的事物，我们可以正确地称它为可对之发表见解的，藉此我们把位于两端的事物联系起来，把居间的这个事物建立在居间者之上。不是这样吗？"

"是这样的。"

"现在，这些要点已经建立，我想对我们的朋友提一个问题，【479】他不相信美本身，也不相信美本身的任何型相在任何方面都始终保持相同，而只相信有许多美的事物——热爱观看者不允许任何人说美本身是一，正义者是一，等等。'我亲爱的伙伴'，我们会说：'在众多美的事物中，难道就没有一样会显得丑吗？或者说，在诸多正义的事物中，难道就没有一样也会显得不正义吗？或者说，在诸多虔敬的事物中，难道就没有一样事物也会显得不虔敬吗？'"

"有的，因为它们必定会以一种方式显得美，【b】也以一种方式显得丑，你问的其他事物也是这样。"

"许多'两倍'如何？它们会显得是'两倍'的一半吗？"

"不会。"

"所以，许多大事物和小事物、轻事物和重事物，会有哪一个事物显示出与自身相反的性质吗？"

"不，它们中的每一个事物都始终拥有两种相反的性质。"

"那么，在我们说的如此众多存在的事物中，有哪一个会比他说的存在的事物更多存在吗？"

"不，这很像那些在宴席上用模棱两可的话语来逗趣的把戏，或者像给儿童猜的那个太监打蝙蝠的谜语——【c】他用什么去打，蝙蝠停在什么上面，等等，① 这些事情都非常晦涩，人们无法理解它们，不能确定它们到底存在还是不存在，或者确定它们既是存在的又是不存在的，或者它们既不是存在的又不是不存在的。"

"那么，你知道该如何对付它们吗？或者说，你能找到一个比介于存在和不存在之间更加恰当的位置安放它们吗？确实，它们不能比存在者更存在，也不能比不存在者更不存在，因为显然没有任何事物比不存在更加黑暗，【d】或者比存在更加清晰。"

"你说得很对。"

"我们现在似乎已经发现，大多数民众对美一类事物的传统看法，在非存在与纯粹的存在之间滚动。"

"我们发现了。"

"我们在前面同意，任何一个这样的事物都必须称做可发表见解的，而不可称做可知的——这种游移的居间者要用居间的力量来把握。"

"我们同意。"

"至于那些学了许多美的事物但看不到美本身的人和不能跟随他人的指导看到美本身的人、【e】那些看见许多正义的事物但看不到正义本身的人，以及看见其他各种事物的人——我们要说，这些人对一切事物发表见解，但

---

① 这个谜语是，一个男人（又不是男人）看见（又没看见）一只鸟（又不是鸟）停在一根树枝（又不是树枝）上，他用一块石头（又不是石头）去打它。谜底是，一位太监督见一只蝙蝠停在一根芦苇上，他用一块石头片去打它。

对他们发表了见解的任何事物没有知识。"

"这是必然的。"

"那些能在各种情况下研究永恒不变的事物本身的人如何？我们不会说他们知道但不发表意见吧？"

"这也是必然的。"

"那么，我们要说这些人热爱和拥抱知识建于其上的那些事物，就像其他人热爱和拥抱意见建于其上的那些事物一样吗？【480】你还记得我们说过后者观看和热爱美的声音、颜色等等，但就是不允许美本身存在吗？"

"对，我们都记得。"

"那么，要是我们把这样的人称为爱意见者，而非哲学家或爱智者，不算冒昧吧？我们这样称呼他们，他们不会生气吧？"

"要是他们听从我的劝告，那么他们不会生气，因为对道出真理的人生气是不对的。"

"至于那些在各种情况下拥抱事物本身的人，我们必须称之为哲学家，而非爱意见者吗？"

"务必如此。"

第六卷

【484】"所以，格老孔，经过这么漫长而又困难的讨论，哲学家和非哲学家都已经显出他们是谁了。"

"是的，你要知道，欲速则不达呀。"

"你说得没错，但我还是认为，为了发现正义的生活与不正义的生活之间的差别，要是我们只讨论一个问题，而不是讨论所有剩下来要处理的问题，那么事情会得到更好的解决。"

【b】"我们下一个主题是什么呢？"

"除了循序渐进，我们还能怎么办？既然能够在所有方面把握永恒不变的事物的人是哲学家，而那些做不到这一点、在众多事物中迷失方向的人不是哲学家，那么哪一种人应当成为城邦的领袖呢？"

"怎样回答这个问题才算合理？"

"我们应当把那些显然能够护卫城邦的法律和生活方式的人确立为城邦的护卫者。"

【c】"对。"

"还有，负责看管的护卫者应当视力敏锐而不是瞎子，这不是很清楚吗？"

"当然很清楚。"

"那么，你认为瞎子和那些真的被剥夺了有关每样事物的知识的人有什么区别吗？后者在他们的灵魂中没有清晰的原型，所以他们不能——以画家为例——观看最真实的事物，不能不断地以原型为榜样，尽可能精确地研究它。【d】因此，需要在世上建立有关美、正义和善的法则时，他们无法建立，而一旦这些法则建立起来，需要他们守护这些法则。"

"宙斯在上，他们之间没有多少区别。"

"那么，我们应当让这些瞎子当我们的护卫者，还是让那些知道每样事物存在的人当我们的护卫者，他们在经验和美德的其他部分不比其他人差？"

"要是他们在这些方面确实不比其他人差，那么不挑选这些有知识的人担任护卫者是荒谬的，因为他们表现卓越的这些方面是最重要的。"

【485】"那么，我们不应当解释一个人如何可能同时具备这两种品性吗？"

"应当。"

"那么，如我们在这场讨论之初所说，① 首先要理解这些要拥有两种品性的人的本性，因为我认为，要是我们对此能取得相当一致的看法，我们也会

---

① 参见本篇 474b—c。

同意同一个人能够拥有两种品性，不是其他人，而只有他们，应当成为城邦的领袖。"

"怎么会这样呢?"

"让我们同意，哲学的本性永远酷爱这种使他们能够弄清永恒存在者的本性的学问，【b】不会在生成和衰亡之间徘徊。"

"还有，让我们同意，就像我们前面描述过的爱荣耀者和有爱欲倾向的男子，① 他们热爱所有这样的学问，不愿抛弃它的任何部分，无论是大还是小，无论有较大的价值还是有较小的价值。"

"对。"

"下面考虑一下我们正在描述的这些人在他们的本性中也必须拥有这种品性。"

【c】"什么品性?"

"他们必须无谬——他们必须拒绝接受虚假的东西，痛恨谬误，热爱真理。"

"噢，不管怎么说，这个添加有理。"

"它不仅是合理的，而且是完全必要的，因为一个生来具有爱欲倾向的男子必定热爱他所钟爱的男孩所爱或所拥有的一切。"

"对。"

"你能找到比真理更加属于智慧的东西吗?"

"当然不能。"

【d】"那么，同一个本性有可能既是哲学家——智慧的热爱者——又是虚假的热爱者吗?"

"绝对不会。"

"那么，热爱学问的人必须从小就开始尽力学习各种真理。"

"确实如此。"

---

① 参见本篇 474c—475c。

"嗯，我们确实知道，当某个人对一个事物的欲求特别强烈时，他对其他事物的欲求就会削弱，就像一条河的水流分叉进入另一条渠道。"

"当然。"

"那么，当某个人的欲望流向学问和那一类事物中的每一样东西，我假定，他们的灵魂自身会充满快乐，他们会抛弃那些通过身体得来的快乐——要是他确实是一名真正的哲学家，而不只是假冒的。"

【e】"这完全是必然的。"

"这样一个人肯定是有节制的，决不会是热爱金钱者。对其他人来说，认真对待需要金钱和大量开支的事情是恰当的，但对他来说不需要这样做。"

"对。"

【486】"当然了，你在判断一种品性是否是哲学的时候，还有一种品性需要加以考虑。"

"这种品性是什么？"

"哪怕它是一种奴仆的品性，你也不应当忽视这样一个事实，因为狭隘与一颗始终向外想要把握整个神事和人事的灵魂是完全不匹配的。"

"完全正确。"

"那么，一位心灵相当崇高的思想家会终身学习，他会把活着视为重要的事情吗？"

"也许不会。"

【b】"那么他会把死亡当做一件可怕的事情吗？"

"极无可能。"

"那么，看起来胆怯和狭隘的品性在真正的哲学中没有地位。"

"在我看来没有。"

"那么，一个品性健全的人，既不贪财又无奴性，既不自夸又不胆怯，会变得不可靠、不正义吗？"

"不会。"

"还有，当你在观察一颗灵魂是哲学的还是非哲学的时候，你就是在观察它是正义的和温顺的，从年轻的时候开始，还是野蛮的和难以沟通的。"

"当然。"

【c】"还有一件事我想你不会疏忽。"

"什么事？"

"他在学习上迟钝还是聪敏。或者说，他做事情很费力，辛辛苦苦，但收效甚微，在这种情况下，你认为他还会热爱做这件事情吗？"

"不，不会热爱。"

"还有，要是他非常健忘，学过的东西一点儿也记不住，那会怎么样？到头来他不还是一个无知识的人吗？"

"他能怎么样？"

"那么，你不认为，在徒劳无益之后，他最后一定会痛恨他自己和他做的事情吗？"

"当然。"

【d】"那么，让我们决不要把健忘的灵魂纳入那些拥有足够智慧的人的行列，而要寻找有好记性的人。"

"务必如此。"

"嗯，我们肯定会说，一个人的品性中的非音乐的、不温和的成分会使他缺乏尺度。"

"当然。"

"你认为真理接近缺乏尺度的东西，还是接近有尺度的东西。"

"接近有尺度的东西。"

"那么，除了其他品性以外，让我们寻找有这种品性的人，他的思想生来就有分寸，他的心灵是温和的，很容易接受引导，关注每一存在的事物的型相。"

"当然。"

"那么，好吧，你不认为我们已经列举的这些品性相互之间是匹配的，【e】对于能够恰当、完整地把握存在者的灵魂来说，它们是必要的吗？"

【487】"这些品性全都是完全必要的。"

"那么，对这样一种追求，无人能够恰当地追随，除非他生来具有良好的记性、敏锐的理解，豁达大度、温文尔雅，是真理、正义、勇敢和节制的亲朋好友，对此你有什么反对意见吗？"

"哪怕莫摩斯①也无可挑剔。"

"当这样的人在年纪和教育方面都已成熟，你不会把这座城邦托付给他们，而且只托付给他们吗？"

【b】阿狄曼图答道："无人能够反驳你刚才说的这些事情，苏格拉底，但是在你说这些事情的每一个场合，你的听众会以这样一种形式受到影响。他们认为，由于他们在提问和回答方面没有经验，因此他们在每个问题上都会被论证一步步地引向邪路，微小的偏差累积到讨论的最后，大得足以让他们摔跟斗，使他们的看法与原来的看法截然相反。就好像没有经验的棋手，到最后会被行家逼停，一个棋子也走不动，【c】他们到最后也会落入圈套，在这种不同种类的下棋中最后被逼得哑口无言，这种棋用的不是棋子，而是话语。然而，真理并不受这种结果的影响。我注意到我们当前的情况才这样说，因为有人可能会说，当你提出你的每一个问题时，他不能回答你，然而他看到，那些转向哲学的人——不是那些在年轻受教育时学了一点儿哲学，然后就扔下不管的人，而是那些学了很长时间哲学的人——【d】其中有许多变成了怪人，且不说他们变得十分邪恶，而那些相当优秀的人也由于进行你推荐的这种学习而变成对城邦无用的人。"

听了这番话，我说："你认为这些人说的是假话吗？"

"我不知道，但我乐意听到你的想法。"

"你会听到的，在我看来他们说得对。"

【e】"嗯，这样说怎么可能是对的？直到哲学家——我们同意他们是无用的人——在他们中间实行统治，我们城邦里的邪恶不会终结。"

---

① 莫摩斯（Μῶμος），希腊神话中的非难指责之神，夜女神的儿子。

"你的这个问题需要用比喻或寓言的方式来回答。"

"你，当然了，不习惯讲寓言！"

"嗨！你把我撂在这里，宣布这一点很难做到，然后又来讥笑我吗？不管怎么说，你先听听我的比喻，【488】你会赞赏我的努力，会渴望听到我的比喻。关于这些最高尚的人在处理与他们的城邦的关系时的体验，很难找到有什么体验与之相似。因此，为了找到相似的事情，为他们辩护，我必须依据多个来源，虚构一个比喻，就好像画家在画羊头鹿之类的怪物时进行拼凑。现在，想象一下在一艘或几艘船上发生了这样一些事情。船主比船上其他所有人都要高大和强壮，【b】但他的耳朵有点聋，眼睛不怎么好使，航海知识也很欠缺。于是船上的人相互之间争吵，想由自己来驾船，每个人都认为自己应当做船长，哪怕从来没有学过航海的技艺，说不出谁教过他或者是在什么时候学的。真的，他们还宣称这种技艺是不可教的，要是有谁说可以教，他们就准备把他碎尸万段。【c】他们老是缠着船主，用尽各种办法让他把船交给自己。有时候，要是他们没能成功地说服船主，让别的人当了船长，他们就把那个人杀死，扔下海去，然后用麻醉药或酒之类的东西把高贵的船主困住，他们在统治了这条船以后，就以人们通常的那种方式在船上吃喝玩乐，把船上的东西耗尽。还有，他们把那个能干的说服或迫使船主让他来统治的人称做'航海家'、【d】'船长'、'懂船者'，而把其他人当做无用的。他们不明白，一名真正的船长必须关心年份、季节、天空、星辰、风云，以及其他与他的这门技艺相关的一切，要是他真的是一艘船的统治者。他们不相信有任何技艺能使他确定如何掌舵，【e】无论是否别人想要他这样做，或者他是否有可能在学会航海的同时精通和实践航海术这门技艺。你不认为，在这样的事情发生以后，真正的船长会被那些篡夺了权力的人称做唠叨鬼、看星迷或大废物吗？"

【489】"我肯定会这样认为。"

"我不认为你需要详细考察这个寓言的细节，看这些船是否与城邦相似，看这些人对待真正的哲学家的态度，但是我想你已经听懂我的意思了。"

"确实，我懂了。"

"那么，首先把这个寓言说给那个不明白为什么哲学家在城邦里得不到荣耀的人听，试着说服他，要是哲学家得到荣耀，那才更是咄咄怪事。"

【b】"我会告诉他的。"

"其次要告诉他，他说的对，哲学家中最高尚的人对大多数人来说是无用的。告诉他，不要因为这个原因责备那些高尚的人，而要责备那些没有使用他们的人。说船长应当恳求水手接受他的领导，有智慧的人应当去叩开富人的大门，这样说是不自然的——说这些俏皮话的人搞错了。自然的是，对有病的人来说，【c】无论他是穷人还是富人，都应当叩开医生的大门，对任何需要被统治的人来说，都应当叩开那个能够统治他的人的大门。统治者，要是真的有用，不需要请求别人接受他的统治。告诉他，当前统治我们城邦的人就好像我们刚才提到的那些船上的人，那些被称做无用的看星迷的人才是真正的船长，这样想就不会犯错误了。"

"绝对正确。"

"因此，在这种状况下，这种最优秀的生活方式不容易得到那些持有相反生活方式的人的高度尊重。【d】然而，对哲学最重大、最严重的诽谤来自那些自称追随哲学生活方式的人。我指的是那些指控哲学的人，他们声称有许多哲学家是极为邪恶的，那些最高尚的哲学家是无用的。我刚才承认他说的对，不是吗？"

"是的。"

"我们还没有解释为什么高尚者是无用的吗？"

"已经解释清楚了。"

"那么，下一步你想要我们讨论为什么许多人不可避免地是邪恶的吗？并且试着说明，【e】要是我们能做到，这一点也不能归咎于哲学。"

"当然。"

"那么，让我们开始对话，回忆一下我们开始讨论要想成为优秀的人和好人必须具有哪些品性时是怎么说的。如果你还记得，首先，他必须接受真理的指引，【490】始终以各种方式追求真理，否则他就是一名江湖骗子，和真正的哲学毫无关系。"

"是的，我们说过这样的话。"

"这种看法不是与现今流行的对哲学家的看法完全相反吗？"

"确实如此。"

"那么，我们这样为他辩护不是合理的吗？真正的爱智者的本性就是努力趋向存在者，不在众多被相信存在的事物上停留，当他继续前进时，【b】他的热爱之情不会丢失，也不会降低，直到他用他的灵魂中的那个最适宜的部分把握存在者的每一本性自身，由于这种亲缘关系，灵魂的这个部分与实在的这种本性的接近与交合，产生理智和真理，他知道，真正的生命靠它们滋养——就在这个时候，而非早先——生育时的阵痛也得以缓解。"

"这是可能有的最合理的辩护。"

"那么好吧，这样的人会热爱一丁点儿虚假吗，或者说，他会完全仇恨虚假吗？"

【c】"他会仇恨虚假。"

"要是真理在引路，我想，我们决不要说有一个邪恶的合唱队在跟随。"

"怎么会呢？"

"倒不如说，跟随它的有一个健康和正义的角色，有节制在跟随。"

"对。"

"那么，还有什么必要，按其必然的秩序，重新导出哲学本性的合唱队的那些成员来呢？你记得，勇敢、聪敏、易学、强记全都属于这个合唱队。然后你表示反对，说只要摒弃这个论证，【d】观察论证所涉及的人，任何人都会同意我们所说的意思，他会说，他们中间有些人是无用的，而大多数人有各种恶行。所以，我们考察了这种诽谤的原因，而现在进到这一步，解释他们中的大多数为什么是恶的。正因为此，我们重提真正的哲学家的本性问题，并且界定它为什么必须是这样的。"

【e】"对。"

"我们现在必须考察，这种本性为什么会败坏，在许多人身上它是怎么被摧毁的，而有少数人（那些被称做无用的人，而非那些恶人）逃脱了这种被摧毁的命运。在那之后，我们必须再来考察那些模仿哲学本性的灵魂的品性，在其追求中确定它们，【491】以此来看什么样的人像是会进行这种追求，但实际上不配进行这种追求，这种追求对他们来说高不可攀，超过了他们的能力，由于他们经常奏出虚假的音调，所以给哲学带来你所说的这种无处不在的坏名声。"

"这种本性以什么方式被败坏?"

"要是我能做到，我会试着列举这些方式。我假定，任何人都会同意，只有少数人拥有我们刚才说过的所有品性，这些品性对于成为一名完整的哲学家是基本的，这种情况在凡人中极为罕见。【b】或者说，你不这样认为?"

"我当然这样认为。"

"那么，就请考虑能够败坏少数人的许多重要方式。"

"有哪些?"

"当你听我说的时候，最令你吃惊的是我们赞扬的每一样品性都有败坏自己所属的那个灵魂的倾向，使之偏离哲学。我指的是勇敢、节制，以及我们提到过的其他品性。"

"这听起来很奇怪。"

【c】"还有，所有被说成是好的事物也会败坏它，使它偏离哲学——美、财富、体力，与城邦里的强大者有关，以及与此相关联的一切事物。你明白我的意思吗?"

"我明白，要是能听到更加准确的解释，我会很高兴。"

"你要正确把握我下面的意思，它对你会是清晰的，这样一来，我前面说的就不会显得那么奇怪了。"

"你想要我做什么?"

【d】"我们知道，当任何种子被剥夺了恰当的养分、季节或地点的时候，它愈是有生命力，长成植物或动物，就愈是缺乏适合它的事物。因为恶者与善者的对立胜过非善者与善者的对立。"

"当然。"

"那么，这样说是合理的，最优秀的本性，在得到不恰当的滋养时，比平常的本性更糟糕。"

"是的。"

"那么，我们对灵魂不也可以这样说吗，阿狄曼图，【e】那些最好的本性在受到不好的滋养时会变得极坏？或者说，你认为巨大的非正义和纯粹的邪恶源于一种平常的本性，而非来自一个在滋养过程中败坏了的有生命力的本性？或者说，一种虚弱的本性就是大善或大恶的原因？"

"对，你说得对。"

"嗯，我认为，我们界定的那种哲学的本性在成长中不可避免地会拥有各种德性，【492】要是它正好得到恰当的指导，但若它在一个不适当的环境中播种、栽种和成长，那么它会以一种相反的方式发展，除非有某位神来拯救它。或者说，你同意这种一般的看法，某些年轻人实际上被智者败坏了——有某些智者通过私人教学对年轻人发挥重大影响？或者倒不如说，说这种话的人就是最大的智者，因为他们在非常完整地进行教育，【b】把男女老少转变为他们所希望的那种人，不是吗？"

"他们在什么时候做这种事情？"

"他们有许多人进入公民大会、法庭、剧场、兵营，或者其他某些公共集会，他们大呼小叫，对某些事情表示谴责或赞许，他们喧哗、鼓掌、起哄，【c】伴以岩壁和会场的回声，变得声势浩大。在这样的场合下，如他们所说，在年轻人的心里会产生什么样的效果？什么样的私人训练能够保持，不被众人指责或赞许的洪流冲走，所以他不会随波逐流，大家说美就说美，大家说丑就说丑，大家做什么他就做什么，进而成为和大家一样的人吗？"

【d】"在巨大的压力下他会这样做，苏格拉底。"

"然而，我们还没有提到那个最大的压力。"

"什么压力？"

"那些教育者和智者在无法用话语来说服的时候就用行动来强迫。你不知道他们用剥夺公民权、罚款或死刑来惩治不服的人吗?"

"他们的确是这样干的。"

"那么,其他有什么智者,或者私人的谈话,能与之对抗并取胜呢?"

【e】"我想一个也没有。"

"确实没有,甚至连试图反对他们都是极大的愚蠢,因为现在没有、过去没有、将来也不会有任何人拥有一种非同寻常的趋向美德的性格,尽管他从大众那里得到的是一种相反的教育——我指的是一种凡人的性格;而神的性格,如俗话所说,是一个例外。你应当明白,要是有什么人得救,变成我们当前体制下必须成为的那种人——你可以正确地说——【493】他就通过一种神圣的豁免得救了。"

"我同意。"

"好,那么,这一点你也应当同意。"

"哪一点?"

"这些人被称做智者,他们是收费授徒的私人教师,是其他技艺的对手,他们所教的东西无非就是如何在公众集会时对他们发表自己的信念,说服他们。确实,这些东西就是被智者称做智慧的东西。就好像某人正在了解他驯养的一头猛兽的脾气——【b】该如何接近它和掌握它,什么时候它最难接近,什么时候它最温和,如何才能使它驯服,在这两种情况下它发出什么样的吼声,什么样的声音会使它温和或愤怒。通过与这头猛兽长期相处,他把这种技能叫做智慧,把他了解到的所有情况汇集在一起,就好像这是一门技艺,然后再教给别人。实际上,他对这些信念是高尚还是卑鄙、是善还是恶、是正义还是不正义,一无所知,但他按照这头猛兽如何反应来使用这些名词——【c】把猛兽喜欢的称做善,把猛兽不喜欢的称做恶。他没有对这些术语提供其他的解释。他把自己被迫做的事情称做正义的和高尚的,因为他看不到和不能对其他人说明被迫和善之间有多么大的区别。宙斯在上,你不认为这样的人是一个奇怪的教育者吗?"

"我确实这么认为。"

【d】"那么，这个人与一个智慧的人有什么区别吗？这个人相信自己懂得从四面八方聚集起来的民众的脾气和喜好，无论他们关心的是绘画、音乐，或者是政治事务。如果有人走近民众，向他们展示自己的诗歌、其他艺术作品，或者他为城邦的服务，赋予民众很大程度的主权，那么如俗话所说，他就真的处于'狄奥墨德斯①的强迫'之下，要做民众批准了的那些事情。但是，你听到有谁提供过证明，说这样的事情是好的和美的，而不是极为荒唐的呢？"

【e】"没有，我今后也不想听到。"

"把这些话都记在心里，再思考下列问题：民众能以任何方式容忍或接受作为与众多美的事物相对的美本身的实在吗，或者说，【494】民众能容忍或接受作为与相应的众多事物相对的每一事物本身的实在吗？"

"以任何方式都不能。"

"那么，民众不能是哲学的。"

"他们不能。"

"因此，他们不可避免地要非难那些实践哲学的人吗？"

"不可避免。"

"所有那些与民众相连、试图讨好他们的人也会这样做。"

"显然如此。"

"那么，由于所有这些原因，你看到有哪个凭本性是哲学家的人能够确保正确地实践哲学，至死不渝吗？想一想我们前面说过的话。我们同意过，【b】聪敏、强记、勇敢、高尚的心灵属于哲学的本性。"

"是的。"

"有这样本性的人不是从童年起就会在同伴中间出人头地吗，要是他的

---

① 狄奥墨德斯（Διομήδης），弗里基亚国王，传说这位国王曾强迫俘虏和自己的女儿们同居。

身体的本性与他的灵魂的本性相匹配?"

"他怎么会不这样呢?"

"所以我假定,等他长大成人,他的家庭和同胞公民会想要使用他,让他来处理他们自己的事务。"

"当然。"

【c】"因此,他们会跪在他面前,恳求他,荣耀他,试图通过奉承来确保他们自己的利益,预见到他将来会执掌大权。"

"不管怎么说,这种事情经常发生。"

"你认为一个像这样的人在这样的情况下会做些什么呢?尤其是他要是正好来自一个大城邦,十分富有、家世显赫、高大而又英俊。他难道不会充满不实际的期待,认为自己能够管事,不仅能管理希腊人的事务,而且能管理野蛮人的事务吗?作为其后果,【d】他不会妄自尊大、盲目空洞、骄奢自满吗?"

"他肯定会。"

"要是有人走近一位处于这种状况下的年轻人,温和地把真相告诉他,也就是对他说,他没有理智,他需要理智,除非他像奴隶一样努力工作,否则不可能获得理智,你认为处于诸多邪恶包围之中的他能听得进去吗?"

"他绝对听不进去。"

"即使有一位这样的年轻人明白问题所在,因其高贵本性和对理智的亲近而被引向哲学,【e】你认为这些人会对他做些什么?要是这些人相信自己不能利用他,不能与他结为同党。为了防止他被人说服,有什么事情是他们不会做的,有什么话是他们不会说的?或者对那些说服他的人来说,为了防止他被说服,他们有什么事不会做——无论是私下里搞阴谋,还是公开指控他——他们有什么话不会说?"

【495】"他们肯定会的。"

"那么,这样一个人还有机会实践哲学吗?"

"完全没有。"

"那么，你看我们没有说错吧，当一个有哲学本性的人的成长环境很差时，构成他的本性的那些成分本身——加上所谓的善物，比如财富，以及其他相似的利益——就会以某种方式迫使他背离对哲学的追求。"

"我看到了，我们说得对。"

【b】"那么，就是以这么多方式，最优秀的本性——如我们所说，这种本性本来已经相当稀少——被摧毁和败坏，不能追随最优秀的事业。而就在这些人中间，我们发现有些人既对城邦和个人行最大的恶——要是他们的势头能被扭转——也对城邦和个人行最大的善，因为平庸的本性决不会做什么惊天动地的大事，无论是对个人还是对城邦。"

"非常正确。"

"当这些最适宜从事哲学的人背弃哲学，使她孤独凄凉的时候，【c】他们自己也就过着一种极不恰当、极不真实的生活。然后，其他那些配不上哲学的人乘虚而入，像对待一名孤儿似的剥夺她的亲人对她的保护权，羞辱她。就是这些人要对你所说的哲学受到谴责负责，是他们把恶名强加于她，亦即，他们宣称有些从事哲学的人毫无用处，而大多数从事哲学的人活该承受诸多恶事。"

"是的，确实有人说过这样的话。"

"这样说是合理的，因为其他一些小人——最精通他们自己微不足道技艺的人——看到这个地方有空，却充满美好的名称和装饰，于是就乐意离开他们原有的小技艺而进入哲学的殿堂，【d】就像囚犯逃离监狱而进入神庙。尽管她当前处境不妙，但哲学的声誉依然超过其他技艺，所以许多本性有缺陷的人想要占有她，尽管他们的灵魂由于从事机械的工作而变得残废和畸形，就好像他们的身体由于从事这些工作和劳动而受到损伤一样。【e】这也是不可避免的吗？"

"肯定是的。"

"你认为，一个这样的人看起来不就像一个秃顶的小白铁匠吗？他因为制造假币而坐牢，刚从监狱获释，他洗了澡，穿上新衣裳，像新郎一样打扮，去和师傅的女儿结婚，这个姑娘由于家境贫寒而遭遗弃。"

【496】"像极了。"

"这样的婚姻能生出什么样的孩子来呢？难道不是不合法的、卑劣的杂种吗？"

"这是必然的。"

"当那些不配接受教育的人接近哲学，不相称地与哲学结合的时候，这该如何？我们要说的是，他们会产生什么样的思想和意见？他们产生的东西不具任何真实性，不配称做真正的智慧，不会被恰当地称做智者之术吗？"

"绝对正确。"

【b】"那么，阿狄曼图，剩下来还配得上与哲学结合的人屈指可数：比如，有一个人出身高贵、品格健全，在流放中仍能按其本性继续学习哲学，无人能够腐蚀他；又比如，有一颗伟大的灵魂生活在一个小城邦，他远离这个城邦的事务，不愿涉足琐事。有几个人，由于具有良好的本性，会脱离他们原先从事的、应受轻视的技艺，趋向哲学。有些人也许会被约束我们的朋友塞亚革斯①的马笼头拉着离开他们原先从事的其他技艺，趋向哲学——他具备偏离哲学的其他条件，【c】而他那病弱的身体使他无法从事政治。最后，我自己的情况几乎不值一提——我的灵兆②——因为在我之前没有人，或者只有很少人遇到过灵兆。现在，这个小群体的成员已经尝到了拥有哲学的甜头和幸福，同时他们也看到了民众的疯狂，简言之，他们明白公共事务中的任何行为都几乎不可能是理智的，也没有他们可以提供正义援助的盟友，使他们幸存，【d】倒不如说，在能够为他们的城邦和朋友谋利益之前，他们就会死去，他们对自己无用，对其他人也无用，就像孤身一人落入野兽群中，既不愿意参加它们行不正义之事，自身又不够强大，足以独自抗拒一

---

　　① 　塞亚革斯（Θεάγης），苏格拉底的门徒，参见《申辩篇》33e。

　　② 　灵兆（δαιμόνιον σημεῖον），精灵发出的征兆，《申辩篇》31d 提到精灵发出的声音（φωνή）。在希腊人的观念中，精灵的地位比神低，比凡人高，精灵能长寿，但并非不死。

般的野蛮。由于这些原因，他们保持沉默，独善其身。就这样，就好比在矮墙之下躲避沙尘暴或大风冰雹，这位哲学家——目睹他人干不法之事——心满意足，只求洁身自好，终生无过，怀着良好的愿望和美好的期待，【e】无怨无悔地离世。"

"嗯，他在离世前能完成这些事情也不算小了。"

【497】"但也不算大，因为他没有机会碰上适合他的体制。处在一个合适的体制下，他自身的成长会比较充分，他也会拯救这个共同体和他自己。在我看来，我们现在已经明智地讨论了哲学为什么受到非议，这种非议为什么是不公正的——当然了，除非你还有什么要添加。"

"关于这一点我没什么要添加了。但是，我们当前的体制，你认为有哪一样适合哲学家呢？"

【b】"一样也没有。我的抱怨准确地说是这样的：我们当前的体制没有一样配得上哲学的本性，结果就是，这种本性被腐蚀了，改变了。因为，就像一颗外来的种子播在异乡的土地上，很像要被当地的物种克服，在当地的物种中退化，所以哲学的本性不能得到充分发展，会在那里衰退，产生不同的品质。【c】但它若能找到最优秀的体制，就像它本身一样是最优秀的，那么显然可以看到哲学确实是神圣的，而其他的本性和生活方式都只不过是凡俗的而已。很明显，你接下来要问的问题是这种最优秀的体制是什么。"

"你错了。我要问的不是这个问题，而是它是否就是我们在创建城邦时已经描述过的那种体制，或者是某个其他的体制？"

"从其他方面看，它就是我们描述过的那种制度。但我们甚至在当时①就已经说过，在这样的城邦里肯定会有一些人拥有关于体制的理论，而当你制定法律时，【d】也会有立法家来指导你。"

"我们说过这些话。"

"是的，但我们没有给予充分强调，因为害怕你当时的反对意见，也就

---

① 参见本篇 412a—b。

是有关它的证明冗长而又困难。确实，剩下来要进行的论证决非易事。"

"什么地方不容易？"

"一个城邦如何能够参与哲学而不被毁灭，因为一切伟大的事物都有衰落的倾向，诚如格言所说，'好事物真的很难'。"①

【e】"无论如何，我们必须弄清这个问题，以完成我们的讨论。"

"要说有什么事情在阻碍我们这样做，那么不是缺乏意愿，而是缺乏能力。至少，你会看到我有多么愿意这样做，因为我要再一次热情和勇敢地说，这个城邦应当接受这种哲学的生活方式，这种方式与当前的方式是相反的。"

"如何相反？"

"现在人们从青年时期就开始学习哲学，而这个时候他们刚从儿童变成大人，将要从事各种生计，还要成家立业。【498】但是，就在他们接触到最困难的部分的时候——我指的是必须提供理性解释的部分——他们就抛弃了哲学，被当做已经充分接受了哲学训练的人。在以后的生活中，他们认为自己哲学学得不错，只有受到邀请，他们才会屈尊去听别人讨论哲学，因为他们认为这种事情只是业余活动。除了少数例外，到了老年，他们对哲学的热情熄灭了，比赫拉克利特②的太阳熄灭得还要彻底，【b】决不可能再次点燃。"

"他们应该怎么办呢？"

"完全相反。作为青少年，他们应当把心思用在教育和哲学上，在他们的身体发育为成年人的时候，他们应当注意身体，以便为哲学获得一名助手。随着年龄的增长，他们的灵魂进入成熟阶段，这个时候，他们应当强化心灵的锻炼。而当他们体力转衰，过了从事政治和军务的年龄时，他们应

---

① 此格言亦出现于《大希庇亚篇》304e，《克拉底鲁篇》384a。

② 赫拉克利特（Ηράκλειτος），公元前5世纪希腊早期哲学家。亚里士多德在《天象学》（355a14）中说，赫拉克利特相信，"太阳每天都是新的"，太阳不仅是夜晚降落，而且停止存在，第二天被一个全新的太阳取代。

当自由自在地在哲学的原野上吃草，其他什么也不做——【c】我的意思是，这些人会过一种幸福的生活，死亡降临后，他们也能按照特定的命运，在另一个世界过他们前世有过的生活。"

"你似乎真的非常热情，苏格拉底。不过，我保证你的大多数听众，从塞拉西马柯开始，会更加热情地反对你，根本不会被你说服。"

"不要挑拨，塞拉西马柯和我已经成了好朋友【d】——过去也不是敌人。我们要不遗余力地继续努力，直到令他和其他人信服，或者，无论如何做一些对他们以后灵魂转世有益的事情，在重生时，他们会再次碰上这些论证。"

"你讲的这个时间是短暂的。"

"与整个时间相比，它不算时间。无论如何，大多数民众不会信服我们的论证，这没什么可奇怪的，因为他们从来就没有看到有一个人与我们的计划吻合（他们听说的这种合拍通常是打算做的事情，而不像这一个，仅仅是偶然的产物）。【e】也就是说，他们决不会看到一个人或一些人自己与美德吻合，尽可能与美德同化，在一个相同类型的城邦里统治。【499】或者说，你认为他们看到了？"

"我根本不这么认为。"

"他们也没有充分聆听良好而又自由的争论，这种争论为了知识的缘故以各种方式寻求真理，但是远离老于世故和吹毛求疵的争吵，这种事情在公开审判和私人集会中发生，除了名望和争论没有其他目标。"

"对，他们没有充分聆听。"

【b】"正是由于这个原因，我们预见到了这些困难，因此我们感到害怕。然而，在真理的推动下，我们要说，没有一个城邦、体制，或个人能够变得完善，直到某个机遇降临，少数几位没有恶行的哲学家（那些现在被人称做无用的人）被迫掌管城邦，无论他们是否自愿，并使城邦服从他们，或者说，直到一位神来激励当前的统治者或国王，或者激励他们的后裔，使他们对真正的哲学有一种真正的热爱。嗯，在我看来，要是不能合理地保持这一点，【c】那么两种情况都不可能；但若这些情况是可能的，那么我们应该公正地受到讥笑，因为我们在一厢情愿的思考中放纵自己。难道不是这样吗？"

"是这样的。"

"那么，要是在无限遥远的过去曾有一些最先学习哲学的人被迫掌管城邦，或者说，要是这种事情现在发生在不为我们所知的遥远的外国，或者说，要是这种事情发生在将来，【d】那么我们打算坚持我们的论证，哲学的缪斯无论何时掌控一个城邦，我们描述过的这种体制也将在那个时候存在，无论是在过去、现在，还是在将来。由于这种事情不是不可能发生的，所以我们不是在谈论不可能的事情。不过，我们同意，这种事情的发生很难。"

"嗯，这也是我的看法。"

"但是民众不会赞同你的看法——这是你下面要说的话吗？"

"他们也许不会吧。"

"你别把什么事情都归咎于民众，因为他们无疑会有不同的看法，要是你不放纵你的好胜心，不以战胜他们为目标，而是和风细雨、潜移默化地消除他们对学习的偏见，【e】向他们指出你说的哲学家是什么意思，为他们界定哲学的本性和生活方式，【500】就像我们刚才做的那样，让他们明白你说的哲学家不是他们所认为的那种人。一旦他们明白了你的方式，连你都会说他们具有和你刚才强加给他们的看法不同的见解，他们会做出不同的回答。或者说，你认为一个温和的人会严苛地对待其他温和的人吗？我料到你会如何回答，我会说，只有少数人会有这样粗暴的性格，但是大多数民众不会这样。"

【b】"嗯，当然了，我同意。"

"你不是也得同意，民众对哲学表现出来的粗暴态度是由那些不属于哲学群体的外人引起的，他们就像一群暴徒，闯进这块领地，老是喜欢相互辱骂和争吵，以一种对哲学来说完全不恰当的方式进行争论？"

"我确实要表示同意。"

"那些思想被真正导向存在者的人，阿狄曼图，【c】确实没有空闲去关心凡人的琐事，或者充满妒忌和仇恨，与人争斗。倒不如说，他会关注和学习永恒有序的事物，既不会对他人行不义之事，也不会承受不义之事，而会以一种理智的顺序，竭尽全力，摹仿永恒有序的事物，尽可能使自己与它们相似。或者说，你认为一个人对自己所尊崇的事物有可能不去摹仿吗？"

"我不这样认为。不可能。"

【d】"那么，哲学家，通过与有序神圣事物的亲密交往和藐视周边所有诽谤中伤，他本身在凡人可达的范围内变得有序和神圣。"

"确实如此。"

"要是他被迫把他看到的东西用于塑造人性，无论是一个人还是一群人，而不是仅仅塑造他自己，你认为在塑造节制、正义，以及整个公民美德方面，他是一个蹩脚的匠人吗？"

"绝对不是。"

"当民众明白我们有关哲学家的谈论是真的时候，【e】他们还会粗暴地对待哲学家吗？或者说他们还会不相信我们吗？我们说这座城邦若不经过那些使用神圣模型的画家的勾勒，决不会发现幸福。"

【501】"要是他们真的明白这一点，他们就不会粗暴了。但是，你指的是什么样的勾勒？"

"他们对待城邦和人的品性就像拿起一块画板，首先把它擦干净——这可不是一件易事。你要知道，这就是他们和其他人的明显区别，也就是说，他们拒绝动手绘制个人或城邦的品性，也不肯为之立法，直到他们得到一块干净的画板，或者得到许可，由他们自己动手把它弄干净。"

"他们拒绝是对的。"

"你不认为他们下一步要勾勒体制的纲要吗？"

"当然。"

【b】"我假定，他们在工作中会不时地左顾右盼，一面是正义、美、节制等等本性，另一面是那些他们试图植入凡人的东西。以这种方式，他们混合城邦的各种生活方式，直至造出一个人来，当这个人的形象在凡人中出现时，荷马也称之为'神的形象'。"①

"对。"

【c】"我假定，他们在绘制时会涂涂改改，尽可能把人的样子画得令神喜悦。"

"无论如何，这幅画肯定是最漂亮的。"

"那么，这对那些你说要竭尽全力攻击我们的人有说服力吗——我们正在赞扬的这个人确实是一位专门绘制体制的画家？他们感到愤怒是因为我们把城邦托付给他，听了我们必须说的这些话，他们会温和一些吗？"

"要是懂得节制，他们会温和得多。"

【d】"确实，对此他们有什么办法能加以反驳呢？他们能否认哲学家是实在和真理的热爱者吗？"

"他们要是否认，那是十分荒唐的。"

"或者说，他们能够否认我们已经描述过的哲学家的本性接近最优秀的本性吗？"

"他们也不能否认。"

"或者说，这样一种本性，要是遵循它自己的生活方式，它不是全善的和哲学的吗？或者说，被我们排除在外的那些人更是如此？"

【e】"肯定不会。"

"那么，我们说直到哲学家掌管城邦，无论城邦还是公民都不会停止作恶，我们已经在理论上描述过的体制决不会在实践中完全实现，这个时候他们还会表示愤怒吗？"

"他们的火气可能会小一点了。"

"嗯，要是可以的话，让我们不要说他们只是火气小一点，而是已经完全驯服，相信了我们的看法，所以，他们只是羞于同意我们的看法，【502】不会是别的什么情况了。"

---

① 参见荷马：《伊利亚特》1∶131。

"我可以这样说。"

"因此，让我们假定他们已经信服了这个观点。有谁会驳斥我们的观点，国王或统治者的后裔能够生来具有哲学家的本性吗？"

"没有人会驳斥。"

"有谁会宣称，要是这样的后裔出生了，他们必定会腐败吗？我们自己承认，要使他们免于腐败是一件难事，【b】但有谁能够断言在所有世代里就没有一个人能够获得拯救？"

"怎么会有人做出这样的断言呢？"

"但是这样的人只要出现一个，就足以让所有那些现在看起来不可信的东西成为现实，只要他的城邦服从他。"

"有一个就足够了。"

"要是有一名统治者制定了我们描述过的法律和制度，那么公民们自愿执行肯定不是不可能的事。"

"确实如此。"

"其他人应当像我们这么想，这有什么奇怪或者不可能吗？"

【c】"我不这样认为。"

"但是我想我们早先的讨论足以表明这些安排是最好的，只要它们是可能的。"

"它们确实是可能的。"

"那么，我们现在可以得出结论：这种立法要是可能实现，那是最好的，而它的产生是困难的，但并非不可能。"

"我们能够得出这样的结论。"

"现在这个难题已经解决，我们必须处理剩余的问题，亦即，我们体制的拯救者会以什么方式来到城邦，什么样的臣民和生活方式会产生拯救者，【d】他们会在什么年龄被找来？"

"确实，我们必须处理这些问题。"

"我在前面的讨论中省略了娶妻、生子、任命统治者这些麻烦的问题，这样做不是很巧妙，这只是因为我知道完全真实地讨论这些问题会招来非议，也难以付诸实践，而现在情况变了，我必须考察这些事情。妇女儿童的问题已经恰当地处理过了，【e】但是统治者的问题还需从头开始。要是你还记得，我们说过，他们必须证明自己是城邦的热爱者，经受过快乐与痛苦的考验，【503】在任何艰难险阻下都坚定不移。任何不能这样做的人会被淘汰，任何能够经受考验的人——就像烈火中炼就的真金——会成为统治者，生时得到尊荣，死后得到褒奖。类似的话我们前面说过，而我们的论证，由于担心激发我们现在面临的这个问题，【b】于是悄悄地转移了话题。"

"你说得非常正确，我记得。"

"我们当时躲躲闪闪，不敢说出自己的看法，而现在我们可以大胆地说了。所以，让我们现在也要勇敢地说，在护卫者这个术语最准确的意义上，那些成为我们的护卫者的人必定是哲学家。"

"让我们这样说。"

"那么，你应当明白他们的人数确实很少，因为他们必须具有我们描述过的本性，这种本性的组成部分大多数是分开来成长的，很少在同一个人身上发现。"

【c】"你这是什么意思？"

"你知道，聪明、强记、机智、灵敏以及热忱、豁达等等灵魂的品性，很难在一个选择了安宁和稳定的有序生活的心灵中一起成长，因为那些拥有前面这些品性的人一旦有机会，就会受灵魂的引导而变得一点儿都不稳定了。"

"没错。"

"另一方面，品性稳定的人不会轻易改变，【d】在战争中不会因为害怕而动摇，由于他们的品性比较稳定，所以人们宁可雇用这种人。在学习中，他们也表现出同样的品性，不会轻言放弃。他们能够教那些头脑麻木的人，这种人一到学习的时候就想睡觉，哈欠连天。"

"是这样的。"

"然而我们说，一个人必须兼具两种品性，把两方面很好地结合起来，否则就不算接受过最真实的教育，不配得到荣誉和权力。"

"对。"

"你不认为这样的人很罕见吗？"

"当然。"

【e】"因此，他们必须经受我们刚才说过的辛劳、恐惧、快乐的考验。但是，他们也必须学习其他许多科目——这一点我们没有提到过，现在要加上——看他们能接受这些最重要的科目，还是畏惧退缩，【504】就像畏惧其他考验的胆小鬼。"

"以这样的方式考验他们是对的。但是，你说的最重要的科目是什么意思？"

"你记得，为了有助于发现正义、节制、勇敢、智慧各自是什么，我们在什么时候区分了灵魂的三个组成部分？"

"如果我连这一点都不记得，那么我就不配听其他内容了。"

【b】"在此之前的内容你也记得吗？"

"那是什么？"

"我相信，我们说过，关于这些事情，要想得到可能有的最好的观点，我们需要走一条比较漫长的道路，使处理这些事情的人能够清楚明白，而为它们的存在提供证明的可能性则取决于前面的论证标准。① 你当时说已经很满意了。而在我看来，我们当时的讨论缺乏精确性，至于你是否满意就要由你自己来说了。"

"我认为你当时给了我们一个很好的尺度，所以其他人显然也这样认为。"

【c】"这类事物的任何尺度都会因其不存在而不是一个好尺度，任何事物的尺度都有缺陷，尽管人们有时候认为，这样的处理虽不完善，但却是恰

---

① 参见本篇 435d。

当的，然后就进行下一步不必要的考察。"

"确实，懒惰使许多人这样想。"

"城邦和法律的护卫者要履行自己的职责，不能有这种思想。"

"可能是这样的。"

"那么好吧，他必须走一条比较漫长的道路，【d】付出比体育锻炼更大的努力去学习，否则的话，如我们刚才所说，他绝不可能抵达他的目标，学习这种最适合他的最重要的科目。"

"那么，这些美德不就是最重要的事物吗？还有什么事比我们讨论的正义以及其他美德更重要？"

"还有某个更加重要的事物。然而，哪怕对这些美德本身，仅仅观察一下它的基本轮廓而放弃最完整的解释也是不够的，就像我们前面做的那样。费尽心机去获取一些没有什么价值的其他事物的精确性和明晰性，而不考虑配得上最大精确性的最重要的事物，【e】这样做岂不荒唐？"

"的确荒唐。但是，你以为有人会不先问这种最重要的科目是什么、它是关于什么的，就放你过关吗？"

"确实不会，不过你也可以问我。这个问题的答案你肯定经常听到，所以你现在要么是不动脑子，要么就是存心找茬儿，打断我讲话。【505】我怀疑你是后一种情况，因为你经常听说善的型相是要学习的最重要的事物，凭着与善的关系，正义的事物和其他的事物才变得有用和有益。现在，你知道得很清楚，我下面要说的就是它，嗯，另外，我们对它并不具有恰当的知识。你也知道，要是我们不知道它，哪怕是最有可能的关于其他事物的知识对我们来说也是无益的。或者说，你认为拥有一切而唯独不拥有善有什么益处吗？【b】或者说，知道一切而唯独不知道善，因此对好或善一无所知，有什么益处吗？"

"不，宙斯在上，我不这么认为。"

"再说，你肯定知道大多数人相信快乐就是善，而高明一点的人相信知识就是善。"

"确实如此。"

"你知道那些相信这一点的人不能告诉我们它是哪一种知识，而到最后不得不说它是善的知识。"

【c】"这是荒唐可笑的。"

"当然是荒唐的。他们责怪我们不知道善，然后转过来与我们交谈，又把我们当做是知道善的。他们说它是善的知识——就好像我们理解他们所说的'善'这个词的意思似的。"

"完全正确。"

"那些把善界定为快乐的人如何？他们会比其他人较少思想混乱吗？甚至连他们不也被迫承认有恶的快乐吗？"

"那是一定的。"

"所以我认为，他们必须同意同样的事物既是善的又是恶的。不对吗？"

【d】"当然。"

"那么，这就清楚了，不是吗？关于善有那么多重大争论。"

"怎么能没有呢？"

"这一点不也清楚了吗？就正义和美好的事物而言，许多人满足于相信事物是正义的和美好的，哪怕它们并非真的如此，以此为基础，他们采取行动，获取和构成他们自己的信念。然而，没有人会对获得仅仅是被相信为美好的事物感到满意，而是大家都想要那些真正好的事物，鄙视简单的信念。"

"对。"

【e】"每个灵魂都在追求善，而且为了自身的缘故尽力行善。灵魂预见到善是某样事物，但它感到困惑，不能恰当地把握它的存在，或者获得像有关其他事物那样的稳定的信念，所以它错失了哪怕是其他事物可以提供的好处，要是有的话。我们允许城邦里的最优秀的人在这个重大问题上如此昏庸和糊涂吗，【506】我们把所有事情都托付给这些人？"

"这是我们要做的最后一件事情。"

"至少，我不假定公正和美好的事物会拥有这样一位护卫者，他甚至不知道这些事物以什么方式是好的。我预见到，直至知道这一点，无人会拥有关于它们的恰当知识。"

"你的预见很好。"

【b】"要是一位知道这些事情的护卫者掌管我们的城邦，那么我们的体制不就完全有序了吗？"

"这是必然的。但是，苏格拉底，你还必须告诉我们，你考虑的善是知识还是快乐，还是别的什么东西呢？"

"真有你的！其他人关于这些事情的意见显然早就不能令你满意了。"

"好吧，苏格拉底，在我看来，你愿意讲述其他人的信念而不说你自己的信念，这好像是不对的，尤其是你花了那么多时间考虑这些事情。"

【c】"什么？你认为一个人谈论他不知道的事情，就好像知道似的，这样做对吗？"

"这样做当然不对，但一个人也应当愿意讲述自己的意见。"

"什么？你没注意到无知的意见是可耻的、丑恶的吗？它们顶多就是盲目的——或者说，你认为那些无理智而表达了真意见的人和碰巧走对路的瞎子有什么不同吗？"

"没什么不同。"

【d】"当你可以从别人那里听到光明和美好的事物时，你宁愿去观看那些丑恶的、盲目的、歪曲了的事物吗？"

"宙斯在上，苏格拉底。"格老孔说："别在快要抵达终点时抛弃我们。如果你能像讨论正义、节制，以及其他美德一样讨论善，我们会满意的。"

"我的朋友，我也会满意的，但是我担心不能抵达终点，要是这样的话，我就丢脸了，会由于进行这种尝试而遭人嗤笑。所以，让我们暂时搁置一下善本身是什么的问题，【e】因为在我看来，这个问题太大，不适合我们现在要进行的讨论。但是我愿意告诉你们，善有一个儿子，它显然很像善本身。你同意吗，或者说你宁可让我们搁置整个议题？"

"好的。下次再还清你欠的债，给我们讲这位父亲的故事。"

【507】"我希望能还清所有债务，而你能收回借款，而不是只收利息。所以，这是这位善的儿子或后裔的事。① 不过你们要小心，别让我无意中把你们给骗了，给你们一个不合法的解释。"

"我们会提高警惕，你就只管讲吧。"

"等我们达成了一致意见，我会说的，我们要回忆一下我们在这里已经说过的话，这些话在其他很多时候也说过。"

【b】"哪些话？"

"我们说，有许多美的事物，有许多善的事物，等等，以这种方式我们在语言中区分它们。"

"我们是这样做的。"

"另外，我们又反过来说美本身、善本身，以及一切我们将之确定为杂多的事物，我们按照各类事物的一个型相来确定它们，称之为各类事物的'在者'。"

"对。"

"我们说，许多美的事物和其他事物是可见的，但不可知，而型相是可知的，但不可见。"

【c】"完全正确。"

"看那些可见的事物，用的是我们的哪个部分呢？"

"用我们的视觉。"

"所以，可听的事物用的是听觉，用我们的其他感官，我们察觉其他一切可感的事物。"

"没错。"

"你考虑过我们的感官的创造者在创造这种看和被看的力量时有多么慷慨吗？"

"我不能说我考虑过了。"

---

① "儿子"和"利息"的希腊文均为"τόκος"，一语双关。

"嗯，那么就以这种方式来考虑一下。听觉和声音需要另外一样东西吗？为了使前者能听，使后者能被听到，要是缺乏这第三样东西，【d】听觉就不能听，而声音也不能被听到。"

"不，它们不需要其他东西。"

"即使有什么感觉需要这样的东西，那也不会多。你能想一样出来吗？"

"我不能。"

"你不明白视觉和可见的东西有这种需要吗？"

"怎么会呢？"

"视觉可以呈现在眼睛里，有视觉的人可以尝试着使用它，颜色可以呈现在事物中，但除非有出于这个目的而自然而然地采用第三样东西呈现，【e】你知道，视觉什么也看不见，而颜色也仍旧不可见。"

"你说的这样东西是什么？"

"就是你称做光的这样东西。"

"你说得对。"

"那么，它不是一条联系视觉和可见事物的无足轻重的纽带【508】——若是光确实是一种珍贵的东西，那么它比其他任何相关联的事物得到的纽带更加珍贵。"

"嗯，当然，它非常珍贵。"

"你能指出天上的哪一位神是这件事的原因和控制者吗？它的光使我们的视觉能够以最好的方式看，使可见的事物能以最好的方式被看。"

"我会指出的神与你和其他人会指出的神是一样的。显然，你的问题的答案是太阳。"

"视觉按其本性不以这种方式与这位神相连吗？"

"什么方式？"

"视觉不是太阳，视觉本身也不是它从其中产生的那个器官，【b】亦即眼睛。"

"不，它肯定不是。"

"但我认为，它是所有感觉中最像太阳的。"

"确实如此。"

"它从太阳那里接收到它拥有的力量，就像一块宝石溢出的一股射线。"

"当然。"

"太阳不是视觉，但它不是视觉本身和事物被看见的原因吗？"

"是的。"

"那么，让我们说，这就是我所说的善的后裔，善生育的与它相似的后代。善本身处于可知的领域，与理智和可知的事物相关，太阳处于可见的领域，【c】与视觉和可见的事物相关。"

"怎么会这样？你再解释一下。"

"你知道，当我们把眼睛转向那些不再被日光照耀，而是被夜晚的光线照耀的事物时，我们的眼睛感到模糊，就像瞎了一样，好像原有清晰的视力已经不复存在。"

【d】"当然。"

"然而，当我们把眼睛转向日光照耀的事物时，眼睛就看得很清楚，视力在同样这些眼睛里又出现了，是吗？"

"确实如此。"

"好吧，让我们以同样的方式来理解灵魂：当它凝视由真理和实在照耀的事物时，它能理解和知道，它显然拥有理智，而当它凝视晦暗不清的、有生有灭的事物时，它会发表模糊不清的意见，也会时不时地改变它的意见，似乎丧失了理智。"

"确实好像是这样的。"

"所以，是这个善的型相把真相给予被知事物，把认知的力量给予知者，【e】尽管它是知识和真理的原因，但它也是知识的对象。真理和知识都是美好的事物，而善是另外一样事物，比它们更美好。在可见领域里，把光和视觉考虑为像太阳一样是正确的，但认为它们就是太阳是错误的，所以，在这里认为知识和真理像善一样是正确的，【509】但认为它们就是善是错误的——因为善更应当得到褒奖。"

"你正在谈论一样难以置信的美妙事物，要是它既能提供知识和真理，又在美的方面优于二者。你肯定不会认为这样的事物就是快乐。"

"安静一下！让我们来比较具体地考察它的形象。"

【b】"怎么个考察法？"

"我想，你会愿意说，太阳不仅给可见的事物提供了能被看见的力量，而且也给它们提供了能出生、成长、被滋养的力量，尽管出生的不是太阳本身。"

"怎么会是呢？"

"因此，你也应当说，不仅是知识对象的可知归于善，而且它们的存在也归于善，尽管善不是存在，而是在等级和力量上优于存在的东西。"

【c】格老孔面带讽刺地说："阿波罗在上，这真是一种魔鬼般的优越性！"

"这要怪你，是你在强迫我，要我把我的意见告诉你。"

"我也不想让你停下来。所以，继续解释这个太阳的比喻，要是你有什么遗漏。"

"我确实省略了很多内容。"

"好吧，不要省略，哪怕最小的细节。"

"我想我不得不省略许多内容，但是现在进到这一步，我不会有意识地省略任何东西。"

"你不要省略。"

【d】"那么，你要明白，如我们所说，有这样的两个事物，一个主宰着可知的事物和区域，另一个主宰着可见的事物和区域（我不说天①，免得你认为我像智者那样玩弄辞藻）。不管怎么说，你有了两类事物：可见的和可知的。"

---

① "天"的希腊文是"Οὐρανός"，"可见的"的希腊文是"ὁρατός"，二者拼写相似。

"对。"

"它就像一条线，分成了两个不相等的区域。① 然后，对每个区域——亦即可见的区域和可知的区域——按同样的比例再作划分。【e】现在，根据它们的清晰度来比较一下，可见的区域的一个部分由影像组成。所谓影像，我首先指的是阴影，其次是水面或光滑物体反射出来的影子，或其他类似的东西，【510】要是你懂的话。"

"我懂。"

"在可见的区域的另一个部分，放上这些影像的原本，亦即我们周围的动物、所有植物，以及所有人造物。"

"就这么放吧。"

"至于真和不真，你愿意说划分是按这样的比例来进行的吗？就像可发表意见的对可知的，所以相同的对相似的。"

【b】"当然。"

"现在考虑一下可知的区域如何划分。"

"怎么个分法呢？"

"这样划分：在一个部分中，灵魂，使用先前被摹仿的事物作为影像，被迫从假设出发进行考察，但不是从第一原则开始，而是从一个结论开始。然而，在另一个部分中，灵魂趋向一个不是假设的第一原则，从一个假设开始，但没有前面那个部分所使用的影像，它使用型相本身，通过它们进行考察。"

"我还没有完全弄懂你的意思。"

【c】"让我们再试一下。在你听了下面这些预备性的解释以后，你会理解得好一些。我想你是知道的，那些学几何、算术一类学问的学生，首先假设有奇数与偶数、各种图形、三种角，以及与他们的考察相关联的其他事

---

① 柏拉图的"线喻"（509c—511e），图示如下：

```
        D              C              E
A ————————|——————————|——————————|———————— B
```

想象（εἰκασία）信念（Πίστις）思想（διανοία）理智（νόησις）

物，就好像他们知道这些事物似的。他们做出这些假设，不认为必须对它们作出任何解释，无论是对他们自己还是对其他人，就好像它们对任何人都是不证自明的。从这些第一原则出发，再通过其余的步骤，【d】他们最后达到完全一致的看法。"

"我确实知道得很多。"

"那么，你也知道，尽管他们使用可见的图形，讲述对图形的看法，但他们的思想不是被导向这些图形，而是被导向那些与图形相似的其他事物。他们为了正方形本身或对角线本身的缘故而讲述，而不是为了他们画的对角线的缘故而讲述，其他东西莫不如此。【e】他们制作或绘制的图形，在水中会留下阴影或者反射出影像，他们现在把这些图形用做影像，寻求看见其他那些不能看只能思的事物本身。"

【511】"对。"

"所以，这就是我说的这类事物，一方面它们是可知的，另一方面，灵魂被迫要使用假设来对它们进行考察，但不是抵达第一原则，因为它不能超越它的假设，而是把它们下面那个部分的事物当做影像来使用，与它们自己的影像相比，这些事物被认为更加清晰，更有价值。"

【b】"我懂了，你讲的是那些在几何学以及相关科学中发生的事情。"

"那么你也要懂得，可知区域的另一部分，我指的是理性本身凭借辩证法的力量可以把握的事物。理性不会把这些假设当做第一原则，而是真正地当做假设——但作为踏脚石和进身之阶，使理性能够抵达一切事物的非假设的第一原则。掌握了这个原则，它回过头来把握那些追随这个原则的事物，下降到结论，不使用任何可见的事物，而只使用型相本身，【c】从一个型相移动到另一个型相，在型相中结束。"

"我懂了，但还不很彻底（因为在我看来你正在谈论一项巨大的任务），你想要区分存在者的可知部分，这个部分由辩证法的科学来研究，比那个由所谓的科学来研究的部分更加清晰，因为它们的假设是第一原则。尽管那些研究这些科学对象的人被迫使用思想作为工具，而不是以感觉作为工具，【d】但由于它们不返回真正的第一原则，而是从假设开始，所以你不认为他们理解了这些事物，哪怕由于提供了这样的原则，这些事物是可知的。在我看来，你似乎把几何学家的状态叫做思想而不叫做理智，思想介于意见和理智之间。"

"你的解释非常恰当。这样，灵魂有四种这样的状态，相应于我们的线段的四个部分：最高的是理智，其次是思想，再次是信念，最后是想象。【e】按比例把它们排列一下，考虑一下它们各自享有的清晰度，以及它们建立于其上的那个部分享有的真实度。"

"我懂了，我同意，我要照你说的排列它们。"

第七卷

【514】"下面，把我们的本性接受和缺乏教育的后果比做这样一种体验：想象一下，人居住在地下好像洞穴那样的住处，有一条长长的通道通往地面，和洞穴等宽的光线可以射入洞内。他们从小便在那里，固定在一个地方，脖子和腿脚都上了枷锁，动弹不得，只能看见前方的东西，因为不能扭过头来。【b】在他们身后远处，有一堆篝火在燃烧，发出火光。也在他们后方，有一条高起的小径通向那堆篝火。想象一下，沿着这条小径建有一堵矮墙，就像一道屏幕安放在这些人前面，表演木偶戏的人在这道屏幕上方表演他们的木偶戏。"

"我正在想象。"

"然后，也想象一下，沿着这堵矮墙有一些人，他们携带着把影子投射到矮墙上的各种器物——人和其他动物的塑像，用木头、石头或其他材料制成。【c】还有，如你所期待的那样，携带这些器物的人有些在说话，【515】有些不吭声。"

"你这个想象倒很新颖，他们真是一些奇特的囚徒。"

"他们就像我们一样。你先说说看,除了火光投射到他们前面洞壁上的阴影外,他们还能看到他们自己或他们的同伴吗?"

【b】"要是他们的头一辈子都动不了,他们怎么能够看到呢?"

"那些在矮墙那里携带的器物如何?他们不也看不到吗?"

"当然。"

"要是他们能够相互交谈,你不认为他们会假定他们所使用的名称指称的就是在他们面前经过的阴影吗?"

"他们必定如此。"

"要是他们的囚室会由于他们面对的洞壁产生回声,那将如何?你不认为他们会相信这个声音是他们前面洞壁上移动着的阴影发出的吗?"

"我肯定认为他们会这样想。"

【c】"那么这些囚徒会以各种方式相信的真相无非就是这些人造物体的阴影。"

"他们肯定会相信。"

"那么,考虑一下,要是突然有什么事发生,他们的禁锢得以解除,他们的无知得以矫正,那会是一种什么样的情景。假定他们中有一个人被松了绑,挣扎着站了起来,扭过头来,行走,向上看那光亮之处,这样做的时候,他一定很痛苦,并且由于眼花缭乱而无法看清事物,而他原先只见过它们的阴影。【d】这个时候如果我们告诉他,说他以前看到的东西是不重要的,而现在——由于他比较接近存在的事物而发生了转向——他在比较正确地看,你认为他会怎么说?或者,换个方式来说,要是我们指着那些从旁边经过的每一个事物,问他这是什么,强迫他回答,你不认为他会不知所措,并且认为他以前看到的东西比现在指给他看的东西更加真实吗?"

"真实得多。"

【e】"要是强迫他看那火光本身,他的眼睛不会受伤吗?他不会转身逃走,朝着那些他能看得清的事物,并且相信这些事物真的比指给他看的那些事物更加清晰吗?"

"他会的。"

"再要是有人硬拉着他，走上那条陡峭崎岖的坡道，直到把他拉出洞穴，见到了外面的阳光，他不会由于感到痛苦，并且由于被迫行走而恼火吗？等他来到阳光下，【516】他会觉得两眼直冒金星，根本无法看见任何一个现在被人称做真实事物的东西吗？"

"他不能看见这些东西，至少一开始的时候不能。"

"那么，我假定他需要时间调整，在他能看见上面这个世界的事物之前。首先，他最容易看见阴影，然后是那些人和其他事物在水中的影像，然后是这些事物本身。他在夜晚比较容易学习天空中的事物和天空本身，观看星光和月光，【b】胜过白天观看太阳和阳光。"

"那当然了。"

"最后，我假定，他能够看见太阳了，不是看水中的倒影或在其他地方看，而是看太阳本身，在它自己的地方看，能够学习它。"

"必定如此。"

"在这时候，他会做出推论，认为正是太阳造成了四季交替和年岁，并主宰着这个可见世界的所有事物，【c】以某种方式，太阳也是他们过去曾经看到过的一切事物的原因。"

"这很清楚，他下一步就会这样做。"

"当他回想起自己原先居住的地方，想起一同遭到禁锢的囚徒，想起那个时候的智慧，那该如何？你不认为他会为自己的变化感到庆幸，对其他人感到遗憾吗？"

"我肯定这样认为。"

"如果洞穴中的囚徒之间也有某种荣耀和表彰，那么那些敏于识别影像、能记住影像出现的通常次序，【d】而且最能准确预言后续影像的人会受到奖励，你认为这个已经逃离洞穴的人还会再热衷于取得这种奖励吗？他还会妒忌那些受到囚徒的尊重并成为领袖的人，与他们争夺那里的权力和地位吗？或者说，他会像荷马说的那样，'宁愿活在世上做一个穷人的奴隶'，^①受苦受难，也不愿再有囚徒那样的看法，过他们那样的生活吗？"

【e】"我假定他会宁愿吃苦也不愿再过那样的生活。"

"再考虑一下这种情况。要是这个人又下到洞中，坐在他原来的位置上，他的眼睛——由于突然没了阳光——不会一片黑暗吗？"

"他肯定会这样。"

"在他的眼睛重新看见之前——调整不会很快——在他的视力仍旧模糊的时候，要是他必须与那些永久的囚徒比赛辨认阴影，【517】那么他不会招来嗤笑吗？那些囚徒不会说他这趟向上的旅行把眼睛弄坏了，因此哪怕想要试着向上走都是不值得的吗？还有，要是有谁试图解救他们，把他们领到上面去，要是他们能够抓住他，他们难道不会杀了他吗？"

"他们肯定会这样做。"

【b】"这整个场景，格老孔，必须与我们前面说的话完全吻合。这个可见的世界就像囚徒居住的地方，而洞中的火光就像太阳的力量。如果你把向上的旅行和学习上面的事物解释为灵魂上升到可知的世界，那么你把握了我希望表达的意思，因为这正是你想要听的。至于这个解释本身对不对，那只有神知道。但我就是这么看的：在可知的领域，善的型相是被看的最后一样东西，要看见它也是困难的。一旦有人看见它，【c】这个人必定会得出结论，它是一切事物正确、美好的原因，它在可见领域产生了光和光的源泉，而在可知世界里它控制和提供了真理和理智，所以，凡是能在私人或公共生活中明智地行事的人必定看见过它。"

"我和你有同样的想法，至少就我能理解的范围来说。"

"那么，来吧，也和我一起分享这个思想：不奇怪，那些进到这一步的人不愿意做凡间琐事，他们的灵魂始终有一种向上飞升的冲动，渴望在高处飞翔，毕竟，这肯定是我们一直在期待的，【d】要是事情真的与我前面描述的场景吻合。"

---

① 荷马：《奥德赛》11：489—490。

"是这样的。"

"要是有人从这种神圣的学习返回人生的邪恶，那会如何？你认为这种事情奇怪吗？因为他的两眼仍旧模糊，还没有习惯周围的黑暗，要是在这种时候他被迫在法庭或在别的地方与人争论正义的影子或者产生影子的塑像，【e】争论这些东西被那些从未见过正义本身的人理解的方式。"

"这一点儿也不奇怪。"

【518】"是的，不奇怪。但是任何有理智的人都会记得，眼睛在两种情况下会模糊不清，也就是说从亮处到暗处，或者从暗处到亮处。要明白，对灵魂来说也是这样，所以在看到某个灵魂发生眩晕而看不清时，他不会不假思索地加以嗤笑，而会考察一下这种情况发生的原因，弄清它是由于离开比较光明的生活，由于还不习惯黑暗而看不清楚，还是由于离开了无知的生活而进入了比较光明的世界而发生眩晕。【b】然后他会宣布，第一个灵魂的体验和生活是幸福的，他会对后者表示遗憾——但是，哪怕他选择讥笑它，要是他讥笑的是从光明下降到黑暗的灵魂，那么他的讥笑应当温和一些。"

"你说得非常有理。"

"如果这是真的，那么我们对这些事情的想法必定是：教育并非如有些人所宣称的那样，亦即把知识放到缺乏知识的灵魂中去，【c】就好像把视力放入瞎了的眼睛。"

"他们确实这样说过。"

"但是，另一方面，我们当前的讨论表明，学习的力量呈现在每个人的灵魂中，这种每个人用来学习的工具就好像要是不转动整个身子，就不能从黑暗转向光明的眼睛。要是不转动整个灵魂，直到它能够学习存在者和存在的最明亮的事物，亦即被我们称做善的那个事物，这个工具就不能从那个有生灭的世界转向。【d】这样说不对吗？"

"对。"

"那么，教育要做的就是这件事，它是与灵魂转向有关的一门技艺，要考虑怎样才能使灵魂最容易、最有效地转向。它不是一门把视力放入灵魂的技艺。教育假定这种视力是有的，但没能以正确的方式转向，或者没有看它应该看的地方，教育试图给灵魂重新恰当地定向。"

"好像是这样的。"

"嗯，灵魂的其他所谓德性与身体的德性看起来好像有亲缘关系，因为这些德性确实并非先前已经存在，而是后来通过习惯和实践添加的。【e】然而，理性这种德性讲到底属于某个更加神圣的事物，它决不会失去它的力量，而是它要么是有用的和有益的，要么是无用的和有害的，取决于灵魂转向的方式。【519】或者说，你从来没有注意到有些人非常邪恶，但却非常能干，他们的灵魂非常渺小，但他们的灵魂的目光能够非常敏锐地区分灵魂朝向的事情吗？这就表明这些灵魂的视力并不低劣，而只是被迫服务于邪恶的目的，所以它愈是敏锐地看，它做的坏事也就愈多。"

"绝对如此。"

"然而，要是这种本性从小受到锤炼，摆脱与之有亲缘关系的变易的束缚、贪食、贪婪，以及其他诸如此类的快乐，把它们捆绑在一起，【b】就像给它负重，使它只能向下看——摆脱了这些重负，要是灵魂转为观看真正的事物，那么我要说，同是这些人的同样的灵魂也会最敏锐地看，就像灵魂现在正在做转向这件事一样。"

"可能是这样的。"

"那些没有体验过真理的、未受教育的人如何？不就像是——确实，依据我们前面说的话，不能必然地得出——他们决不会恰当地治理城邦吗？但是那些得到许可终身接受教育的人也不能。【c】前者会失败的原因在于他们缺乏单一的目标，用这个目标来指导他们的一切行动，无论是公共的还是私人的；而后者会失败是由于他们拒绝行动，认为自己还活着的时候就已经在那遥远的福岛① 定居了。"

---

① 福岛（μακάρων νῆσοι），在希腊神话中，人死以后，灵魂下到地狱中接受审判，正义者的灵魂将被送往福岛安居。

"对。"

"那么，我们作为创建者的任务就是促使最优秀的本性学习我们前面说的最重要的学习，亦即升天和观看善。等它们升天了，也看够了，【d】我们一定不能允许它们再做今天允许它们做的事。"

"什么事？"

"待在那里，拒绝返回下界，和那些囚徒在一起，分担他们的辛劳，分享他们的荣誉，无论这些事有无价值。"

"那么，我们要不公正地对待它们吗，在他们能过一种比较好的生活时，让他们去过一种比较差的生活？"

【e】"你又忘了，法律关注的不是使城邦里的任何一个阶层特别幸福，而是努力通过说服和强制的手段使公民们彼此协调合作，通过使他们共享每个阶层能为整个共同体提供的利益，把幸福传遍整个城邦。①【520】法律在城邦里造就了这样的人，不是为了让他们随心所欲，各行其是，而是用他们来团结整个城邦。"

"对，我确实忘了。"

"所以，格老孔，你要看到，我们对他们这样做和这样说，不是在对那些在我们城邦里成为哲学家的人行不公正之事，我们强迫他们护卫和关心其他人是公正的。我们会说：'像你们这样的人若是产生在其他城邦，那么他们完全有理由不分担城邦的辛劳，【b】因为他们的产生是自发的，违背那种体制的意愿。完全自力更生的人不欠任何人的情，因此也没有报答培育之恩的热情。但是，我们已经使你们成为我们城邦的国王和居民的领袖，就像蜂房里的蜂王，既是为了你们自己，也是为了城邦里的其他人。你们接受的教育比其他人要好，要完整，【c】你们在两种类型的生活中更能共享。因此你们每个人都必须轮流到下面去，与其他人生活在一起，要习惯在黑暗中观看。当你们习惯了，你们会比原来在那里的人更好地观察。因为你们看到

---

① 参见本篇 420b—421c，462a—466c。

过美、正义、善的真相，你们知道每个影像是哪个事物的影像，也知道每个事物的影像是什么。就这样，为了你们和我们，这个城邦将被治理，不像现今大多数城邦，由那些与阴影作战的、为了争夺统治权相互之间争斗的人治理——以为那就是大善——而是由那些清醒的、而非睡梦中的人来治理，【d】因为真相确实如此：城邦预期的统治者的统治欲愈小，愈能免除内斗，而由相反类型的统治者统治的城邦，其统治方式必定也是对立的。'"

"绝对如此。"

"那么，你认为我们培养的那些人会违背我们的意愿，拒绝分担城邦的辛劳吗？他们轮流执政，而在大部分时间里，他们还可以生活在另一个比较纯粹的世界里。"

【e】"他们不可能拒绝，因为我们是在向正义的人下达正义的命令。他们每个人肯定会把统治城邦当做义不容辞的事情，这一点与现今统治各个城邦的那些人的所作所为完全相反。"

"事情就是这样。要是你能发现一种比支配这些预期的统治者更好的生活方式，你治理良好的城邦就可能了，【521】因为只有在这样的城邦里，会有真正富有的统治——我说的不是那些人拥有黄金，而是那些拥有财富的幸福的人必定过上一种良好的、理智的生活。但若饥饿的乞丐为了个人利益参与公共生活，认为这些公共财物都是供人攫取的，那么治理良好的城邦就不可能了，因为这个时候的统治就是争斗，这种内战会摧毁这些人，也会摧毁城邦的其他人。"

"非常正确。"

【b】"除了真正的哲学家的生活以外，你还能说出别的什么轻视政治统治的生活来吗？"

"不，宙斯在上，我不能。"

"但肯定是那些不爱统治的人必须统治，因为要是他们不统治，那些热爱统治的人，他们的对手，就会争夺统治权。"

"当然。"

"那么，你会强迫谁来担任城邦的护卫者呢？如果不是由那些对良好治理有最佳理解的人、那些除了政治荣耀还有其他荣耀的人、那些也有较好的生活的人来担任。"

"一个也没有。"

【c】"你想要我们现在就来考虑这样的人如何在我们的城邦里产生，我们该如何——就像人们所说的那样，从冥府上升到诸神那里去——把他们领向光明吗？"

"我当然同意。"

"这可不像是在投硬币，而是灵魂转向，从朦胧的夜晚转向真正的白天——上升到在者，我们说这是真正的哲学。"

"确实如此。"

【d】"那么我们一定不要尝试去发现有力量带来这种转向的科目吗？"

"当然要。"

"所以，格老孔，这个能拉着灵魂从变易的世界转向存在的世界的科目是什么？说到这里，我产生了一个念头，我们不是说过，这些预期的统治者年轻时就必须是战场上的武士吗？"

"是的，我们说过。"

"那么我们正在寻找的这个科目还必须具有这种添加于前一科目的特点。"

"哪个科目？"

"对喜欢打仗的人来说它一定不能是无用的。"

"要是可能的话，它一定不能无用。"

【e】"嗯，在此之前，我们用音乐、诗歌和体育锻炼来教育他们。"

"是的。"

"体育锻炼关心的是有生灭的事物，因为它监管身体的成长和衰退。"

"这很明显。"

"所以它不可能是我们正在寻找的那个科目。"

【522】"对，它不可能。"

"那么，可能是我们已经描述过的音乐和诗歌吗？"

"但是，要是你还记得，音乐和诗歌正是体育锻炼的对应物。它通过习惯的养成来教育护卫者。它的和音给了他们一种和谐的精神，但不是知识；它的节奏给了他们某种合乎节奏的品性；它的故事，无论是虚构的还是接近真实的，培养了其他一些与此相近的品质。至于你现在正在寻找的科目，【b】在音乐和诗歌中可能找不到相似的东西。"

"你的提醒非常到位，在音乐和诗歌中确实没有与之相似的东西。但是，格老孔，这种科目到底在哪里呢？技艺全都像是卑微的、机械的。"

"技艺还能怎么样？但是，除了音乐和诗歌、体育锻炼和技艺，还剩下什么科目吗？"

"嗯，要是除了这些科目我们没有任何发现，那就让我们考虑哪一类事情会触及所有科目。"

"哪一类事情？"

【c】"比如，每一门技艺、思想类型、学问共同使用的东西，在那些每个人首先必须学习的科目中的事情。"

"那是什么？"

"区别一、二、三，一件微不足道的小事。简言之，我指的是数数和计算，因为并非每一种技艺和学问必定要做这种事情，是吗？"

"不，肯定要做。"

"那么战争的技艺也必定如此。"

"绝对如此。"

【d】"不管怎么说，在悲剧中，帕拉墨得斯① 每次上场都会使阿伽门农成为十分可笑的将军。你没注意到吗？帕拉墨得斯宣称，通过发明数数，他

---

① 帕拉墨得斯（Παλαμήδης），特洛伊战争中的希腊勇士，后遭奥德修斯陷害而死，帕拉墨得斯之父为子报仇，弄沉了希腊人的船只。

能点清特洛伊人的军队有多少部队，他们有多少战船，以及其他东西——这岂不表明这些东西以前都没有清点过，而阿伽门农（要是他确实不知道如何数数）甚至不知道自己有多少战船吗？你认为这样做使阿伽门农成了一位什么样的将军呢？"

"成了一位非常奇怪的将军，要是这是真的。"

【e】"那么，我们不要把这个科目定为武士的必修课，让他能够数数和计算吗？"

"比其他任何事情都更有必要。也就是说，要是他必须懂得排兵布阵，或者说，甚至要是他想做一个人，就要会数数和计算。"

"那么你注意到我正在做的事情与这个科目有什么相同之处吗？"

"那是什么？"

"那就是我们正在寻找的科目之一，它能自然而然地把我们引向理智。但是无人正确地使用它，也就是说，【523】它是能以各种方式真正地把人引向在者的某个科目。"

"你这是什么意思？"

"我会试着把我的想法说清楚：我要为我自己区分一下，指出哪些事情引导我们朝着我们提到过的那个方向，哪些事情不引导，你必须和我一道来学习这些事情，同意也好，不同意也罢，以这种方式我们可以更加清楚地知道事情是否确实像我预见的那样。"

"你把它们指出来吧。"

【b】"那么，我要指出，要是你能掌握的话，某些感知并不召唤理智来看它们，因为感知的判断本身就是恰当的，而其他一些感知鼓励理智以各种方式来看它们，因为感知产生的结果似乎是不健全的。"

"你显然是指远处的事物和绘画中的视觉欺骗①。"

---

① 比如在静物画中，通过精心表现精微细节以及质感来加强画中各组成部分的真实感，又比如运用绘画效果增加建筑构件的立体感。

"你好像不太明白我的意思。"

"那么你指的是什么？"

"那些不召唤理智的感知就是那些不会同时进入相反知觉的感知。而那些确实以这种方式进入相反知觉的感知，我称之为召唤者——【c】每当感知不宣称与它对立的事物以外的事情时，而使感官产生感觉的物体无论是近在咫尺还是远在天边。要是我这样说，你会更好地理解我的意思：我们说，这是三个手指头——小指、无名指、中指。"

"对。"

"假定我正在把它们当做从近处看到的存在者来谈论。嗯，这就是我说的和它们有关的问题。"

"什么问题？"

"它们中的每一个显然都同样是手指，它被看见是在中间还是在两边，【d】是白的还是黑的，是粗的还是细的，或者是别的什么样子，都没有什么差别，因为在所有这些情况下，一颗普通的灵魂没有受到推动，去问理智什么是手指，因为视觉不会向它提出建议，说这个手指不是手指。"

"没错，它不会。"

"因此，任何诸如此类的事情不像是要召唤或者唤醒理智。"

【e】"对，不像。"

"但是涉及手指的大小会如何？视觉能恰当地察觉手指的大小吗？手指在中间还是在边上没有差别吗？触觉也一样吗，涉及粗细和软硬？其他感觉也能清楚而恰当地揭示这样的事情吗？【524】每一种其他感觉难道不会这样做吗：首先，触觉感触到硬，然后，它必定也会感触到软，然后它向灵魂报告说，它察觉到同一事物既是硬的又是软的？"

"对。"

"还有，要是感觉表明同一事物也是软的，那么在这样的情况下灵魂一定会感到困惑，感觉所说的硬是什么意思，或者，要是感觉表明重的事物是轻的或者轻的事物是重的，那么灵魂也要追问感觉所说的轻或重是什么意思，对吗?"

【b】"是的，确实如此，灵魂收到这些奇怪的报告，要求再仔细看一下这些事物。"

"那么在这种情况下，灵魂像是要召唤计算和理智，首先要确定感觉报告给它的每样事物到底是一个还是两个。"

"当然。"

"要是显然是两个，那么它们当然是有区别的，它们不是一吗?"

"它们不是一。"

"要是它们各自是一，一共是二，那么灵魂会懂得二是分离的，因为灵魂不可能把不可分离的东西当做二，而只能当做一。"

"对。"

【c】"然而，视觉看见的大和小，不是当做分离的，而是当做混合在一起的。不是这样吗?"

"是的。"

"为了弄明白所有这些事情，理智被迫来看大和小，不是当做混合在一起的，而是当做分离的——这是一种与视觉相反的方式。"

"对。"

"还有，在这些情况下，首先呈现出来的问题不就是问我们，什么是大，什么是小吗?"

"确实如此。"

"还有，由于这个原因，我们把一样事物称做可知的，把另一样事物称做可见的。"

【d】"没错。"

"那么，这就是我刚才想要表达的意思，我当时说有些事物召唤思想，有些事物不召唤。那些同时触发相关感知作为它们对立物的，我称之为召唤者，那些不这样做的感知不能唤醒理智。"

"嗯，我明白了，我想你是对的。"

"那么，好吧，你认为数和一属于两类事物中的哪一类呢？"

"我不知道。"

"根据我们前面说过的话推论一下。要是一被它本身恰当地看见，或者被其他任何一种感知察觉为一，那么在我们说的那个手指的例子中，它不会把灵魂引向存在。【e】但若某个与之相对的事物同时能被看见，由此没有任何事物比这个一的对立物更是一了，那么就需要某样东西来判断这件事。然后灵魂就会对此困惑不解而去寻找答案，就会激发它的理智，就会问一本身是什么。所以，这种事情就在那些能够引导灵魂转向的科目之中，【525】让灵魂去学习真正的存在。"

"但是关于一的视觉确实在很大程度上拥有这种特点，因为我们在相同时间看到同一事物既是一，又是一个无限多的数。"

"要是这个一是真的，其他所有数不也是真的吗？"

"当然。"

"嗯，计算和数学全是关于数的。"

"对。"

【b】"那么它们显然把我们导向真理。"

"绝对如此。"

"那么它们似乎属于我们正在寻找的科目。它们对武士来说是必须要学的，因为他们要排兵布阵，它们对哲学家来说也是必须要学的，因为他们必须超越有生灭的世界，把握在者，要是他们想成为理性的人。"

"对。"

"我们的护卫者必须既是武士又是哲学家。"

"当然。"

"那么，格老孔，为这个科目立法是恰当的，这样做是为了那些将要在城邦里轮流担任最高职位的人，可以说服他们转向学习计算，【c】不是学些皮毛，而是深入下去，直至能用理智本身来研究数的本性，他们不像那些商人或小贩，学计算是为了做买卖的缘故，他们学计算是为了战争的缘故，为了便于灵魂转向，从变易转向真理与存在。"

"你说得好。"

"还有，我感到我们已经提到这个计算的科目非常精致，可以多种方式用于我们的目的，只要一个人为了认知的缘故去实践它，【d】而非为了做买卖。"

"它是怎么起作用的？"

"以我们说过的这种方式起作用。它引导灵魂，迫使灵魂向上提升，强迫灵魂讨论数本身，绝不允许任何人提出这样的建议，在讨论数的时候给它附加可见的或可触摸的物体。你知道那些在这些事情上颇为能干的人是这样的：在论证过程中，要是有人试图划分一本身，他们会嗤笑他，不允许他这样做。【e】要是你划分它，他们就令它倍增，并且小心翼翼，决不让一物变成多个部分而不再是一。"

"你说得很对。"

"格老孔，你认为会发生什么事，要是有人问他们：【526】'你们在谈论的是一种什么样的数，你们假定一是存在的，每个一都和其他的一相同，毫无差别，而且不包含内在组成部分？'"

"我认为他们会回答，他们正在谈论的数只能用思想去把握，不能用其他任何方式去处理。"

【b】"那么，你明白了吧，这个科目对我们来说确实是强迫性的，因为它显然迫使灵魂对真理本身使用理智本身。"

"确实如此，它肯定在这样做。"

"那些生来擅长计算或推理的人如何？你已经注意到他们在所有科目中天性敏捷吗？而那些迟钝的人，要是接受了教育和训练，哪怕在其他方面没有受益，他们也会有所改善，变得比以前敏捷。"

"是这样的。"

"还有，【c】我不认为你能轻易发现比这更难学习和实践的科目。"

"对，确实不容易找。"

"那么，由于所有这些原因，这个科目是不能抛弃的，必须要用它来教育最优秀的本性。"

"我同意。"

"那就让它成为我们的科目之一。下面，让我们考虑下一个科目是否也适合我们的目的。"

"什么科目？你说的是几何吗？"

"我心里想的正是几何。"

【d】"就它与战争有关而言，它显然是合适的，因为遇到安营扎寨、攻城略地、聚集部队、兵力部署，或者涉及战斗序列或行军队形，学过几何或没学过几何就大不一样。"

"但是，处理这样一些事情，少量几何学知识——或者算术——就足够了。我们需要考虑的是，几何学中比较重大和高深的部分是否有助于观看善的型相。【e】我们说，任何事物都有这种倾向，想要迫使灵魂本身转向最幸福的存在者所处的区域，而这个存在者是灵魂必须观看的，无论要付什么代价。"

"你说得对。"

"因此，要是几何学迫使灵魂研究存在者，那么它是适宜的；但若它迫使灵魂研究变易，那么它是不适宜的。"

"我们已经这样说了，无论如何。"

【527】"嗯，哪怕对几何学毫无经验，也不会有人争论说，这门学问与它的实践者的解释完全相反。"

"你什么意思？"

"他们对几何学做了可笑的解释，尽管他们不能对几何学的发展有所助益，因为他们讲起话来就像一名实践者，他们的所有解释都与做事情有关。他们老是谈论'平方'、'作图'、'延长'，等等，而学习整个科目是为了知识的缘故。"

【b】"你说得一点儿没错。"

"那么，我们不是也必须同意下一个观点吗？"

"什么观点？"

"他们的解释是为了知道永恒的事物，不是为了知道那些有生灭的事物。"

"我很容易对此表示同意，因为几何学是关于永恒存在的知识。"

"所以，几何学引导灵魂走向真理，通过这种向上的引导产生哲学思想，而我们现在是在错误地向下引导。"

"极为可能。"

【c】"那么，只要我们有可能，我们必须要求你那个优秀城邦里的人不要以任何方式忽略几何学，因为哪怕是学习几何的附带好处也意义重大。"

"有哪些附带的好处？"

"你提到过它对战争有用。但我们也肯定知道，为了对任何科目有比较好的理解，掌握几何学和没掌握几何学大不一样。"

"是的，宙斯在上，确实大不一样。"

"那么，我们要把几何学定为青年必修的第二科目吗？"

"就这么办。"

"天文学如何？我们要把它定为第三科目吗？【d】或者说你不同意？"

"我认为是可以的，因为对将军来说，比较好地理解季节、月份、年份，不会比农夫或航海者较不适宜。"

"你让我忍俊不禁：你像某个人一样，老是担心大多数人会认为他正在学一些无用的科目。【e】这不是件易事——而且确实很难——要明白每个灵魂中都有一个工具，当这个工具被其他生活方式毁坏或变得盲目的时候，要由这样的科目来重新点燃它，使它纯洁，维护这个工具比保护一万只眼睛更重要，因为只有用它才能看见真理。和你同样相信这一点的人会认为你的话绝对正确，而那些对此茫然无知的人可能会认为你在胡说八道，因为他们看不到学习这些科目能带来的好处。所以现在就来决定一下你在对哪一方说话，【528】或者说，你不在为他们双方中的任何一方进行论证，而是为了你自己的缘故——尽管你不反对其他任何人能够从中得益，是吗？"

"我的选择是后者：我发言、提问和回答主要是为了我自己的缘故。"

"那么，让我们从原先的立场后退一步，因为我们刚才在谈到那个位于几何学之后的科目时错了。"

"我们有什么错？"

【b】"在谈到平面之后，我们在处理立体本身之前就涉及旋转的物体。而正确的步骤是在处理了第二个维度之后再进到第三个维度。我假定，立体的事物和任何有广度的事物都有这个维度。"

"你说得对，苏格拉底，但是这个科目还没有得到发展。"

"之所以如此有两个原因：第一，没有一个城邦重视这个科目，因此这个艰难的科目几乎没有得到研究；第二，研究者需要一位主管，没有主管，他们什么都发现不了。开始的时候，这样的主管很难找到，即使找到了，【c】那些在这个领域做研究的人也会傲慢地不愿跟随他。要是整个城邦帮助这位主管指导这种研究，并且重视它，那么就有人会跟随他了。要是人们持之以恒地、热情地研究这个科目，它很快就会得到发展。哪怕它现在没有得到重视，大多数人还在轻视它，它的研究者还不能对它的有用性给出解释，然而，尽管有种种不足之处，但它自身的魅力会使它发展，所以，将来要是有一天它发展起来了，那也不值得惊讶。"

【d】"这个科目确实很有魅力。但是请你把刚才讲的话解释得更加清楚一些。处理平面的这个科目你说是几何学？"

"是的。"

"一开始你把天文学放在它后面，但后来你又退了回来。"

"我是欲速则不达。下一个科目处理有广度的立体。但由于它处于一个可笑的状态，所以我在匆忙之中把它忽略了，在谈了几何学以后就提到天文学（它处理有广度的事物的运动）。"

【e】"对。"

"那就让我们把天文学当做第四个科目吧，假定要是有城邦愿意接受立体几何，我们也可以提供。"

"这样做似乎是合理的。由于你刚才责备我以一种粗俗的方式赞美天文学，现在我要按照你的方式来赞美它，【529】因为我想每个人都清楚，天文学迫使灵魂向上看，引导灵魂从这里的事物转向那边的事物。"

"也许每个人都清楚，但我是个例外，因为我的看法不是这样的。"

"你是怎么想的？"

"由于今天是那些教哲学的人在实践天文学，所以天文学在使灵魂努力向下看。"

"你这是什么意思？"

"在我看来，你的'高等研究'是一个好想法，但是太一般了，因为要是有人仰起头来观看天花板上的装饰，你也许会说他正在研究，不是用他的眼睛，而是用他的理智。【b】你也许是对的，而我很愚蠢，但除了那个与存在相关的科目，我不知道还有什么科目能使灵魂向上看，而存在是不可见的。要是有人试图学习可感的事物，无论是张开嘴向上看，还是眨巴着眼睛向下看，我都会说——由于没有关于这种事物的知识——他决不是在学习，【c】哪怕他在地上仰卧，或在海上漂浮，他的灵魂不是在向上看，而是在向下看。"

"你责备得有理，我已经受到了惩罚，但你说为了使天文学成为一个对我们的目的有用的科目，必须采用一种与当前流行方式不同的方式来学习，你这样说是什么意思？"

"是这样的：看到点缀在可见的苍穹上的星辰，我们应当把这些天空中的装饰品视为最美丽、最精确的可见事物。但我们应当考虑，它们的运动还远远不是真正的运动——【d】真正有快有慢的运动要用真正的数来度量，要追踪真正的几何图形，它们之间全都是相互联系的，拥有事物的真正运动。当然了，这些事情必须用理智和思想来把握，用眼睛是看不见的。或者说你有别的想法？"

"完全没有。"

"然而，我们在学习其他事物时应当把这些天空中的装饰品当做一个模型。要是某个精通几何学的人正巧看见这些由代达罗斯①或其他匠人、艺术家精心设计和制作的作品，【e】他会承认这些作品非常漂亮，但他认为，要在它们身上发现有关相等、成倍或其他比例的真相，并严肃地考察它们，【530】那是荒唐可笑的。"

"怎么会不荒唐呢？"

"你不认为真正的天文学家在观察星辰运动时也会有同样的感觉吗？他会相信创造诸天的那位工匠已经以可能有的最佳方式对它们做了安排。你不认为涉及夜与日、日与月、月与年的比例，或者星辰运动与它们中间任何一个时间的关系，或者它们相互之间的关系，相信它们恒常不变，【b】从不偏离，或者试图以任何方式把握关于它们的真理，真正的天文学家会认为这是奇怪的想法吗？因为它们与物体和可见的事物有关。"

"不管怎么说，这也是我的想法，现在我从你这里听到了这种想法。"

"那么，要是通过真正地参与几何学，【c】我们可以使灵魂的天然理智的部分变得有用而非无用，那就让我们用提问的方法来研究天文学，就像我们在几何学中那样，不要去管那些天上的事物。"

"你描述的任务比现在天文学尝试的事情要艰苦得多。"

"我设想，要是作为立法者我们要给人带来什么好处的话，我们开列的其他科目会是同一类的。但是你有什么其他恰当的科目要建议的吗？"

"我一下子说不上来。"

"嗯，运动不是只有一种形式，而是有多种形式。一个聪明人也许能把它们全都列举出来，【d】哪怕在我们看来，运动也显然有两种。"

"哪两种？"

"除了我们已经讨论过的这种形式，还有一种形式与它对应。"

---

① 代达罗斯（Δαιδάλος），希腊传说中的建筑师和雕刻家，据说他雕刻的石像会走路，眼睛会动。

"那是什么？"

"好像是这样的，就像眼睛凝视天体的运动，所以耳朵聆听和声的运动，天文学与和声学这两门学问有亲缘关系。这是毕泰戈拉学派的人说的，格老孔，我们对此也表示赞同，不是吗？"

"我们同意。"

【e】"然而，由于这个科目如此巨大，我们难道不应当问他们关于和声的运动还有什么必须要说的吗？除了和声的运动是否还有其他的事情，不过在向他们请教时，仍旧要保持我们自己的目标。"

"那是什么？"

"我们正在培养的人决不要去学那些不完整的事情，不要学着去做那些本应达到而未达目的的事情——我们刚才谈论天文学时提到过这个目的。或者说，【531】你不知道有人在和声学中又做了同样的事情？测量可听的和谐音，相互之间提出不同的看法，就像当今天文学家那样白费力气。"

"对，我以众神的名义起誓，他们也非常荒唐。他们谈论所谓的'密集音程'或四分音符——把他们的耳朵贴在他们的乐器上，就好像在偷听隔壁邻居谈话。有的说他们听到了一个介于两个音符之间的半音，半音是最短的音程，他们必须用它来测量音程；而其他人争辩说，这个音符与四分音符发出的声音是一样的。【b】这两种人都把耳朵置于理智之前。"

"你的意思是，这些能干的人在折磨他们的琴弦，拷打它们，把它们绞在弦柱上。我不想把这个比喻继续下去，说他们用琴拨敲打琴弦，或者琴弦提出指控、抵赖、咆哮；我宁可长话短说，我要说这些人不是我要谈论的人。我指的是我们刚才谈到和声学问题时提到的那些人，【c】因为他们的方法与天文学家的方法完全相同。他们要找的数就在那些可以听见的和声之中，但他们没有上升到一般的问题上来。比如，他们没有考察什么数是内在和谐的，什么数是不和谐的，对它们各自要做什么解释。"

"这可不是凡人能做到的事。"

"然而，它对寻求美和善有用。但若出于其他目的，它是无用的。"

"可能是这样的。"

"还有，我认为，要是考察我们已经提到过的所有科目，指出它们相互之间的联系，得出它们具有亲缘性的结论，【d】那么它对我们达到目的就有所贡献，我们就不会白费气力，否则的话徒劳无功。"

"我也这样想，并预见到这样做是对的。但是，苏格拉底，你仍旧在谈论一项巨大的任务。"

"你指的是这首前奏曲，还是什么？① 或者说，你不明白所有这些科目对这首乐曲本身来说只是必要的前奏曲吗？你肯定不会认为擅长这些事务的人就是辩证法家。"

【e】"不，宙斯在上，我不会。尽管我碰到过几个例外。"

"但你是否感到这些人既不能提供也不愿追随一种有关这些事物的解释吗，我们说他们必须知道？"

"我对这个问题的回答也是否定的。"

【532】"那么，格老孔，这不就是辩证法奏出的终曲吗？它是可知的，但它被视觉的力量摹仿。我们说视觉试图最终观看动物本身、星辰本身，最后是太阳本身。以同样的方式，当一个人试图通过论证而不用所有感知去发现每一事物的存在本身，并且决不放弃，直至用理智本身来把握善本身的时候，【b】他就抵达了可知事物的终点，正如其他人抵达了可见事物的终点。"

"绝对如此。"

"这种旅行如何？你不把它叫做辩证法吗？"

"我叫它辩证法。"

"然后，那个从锁链中解脱出来的人，从阴影转向塑像和火光，然后走出洞穴，来到阳光下，这个时候他还是长时间不能观看动物、植物和阳光，【c】但他用新获得的能力观看水中神圣的形象和存在事物的幻影，或者倒不如说，像前面一样，它们只是从另一种光源投射出来的影像的阴影，这

---

① 柏拉图把前述各个科目比做辩证法的前奏曲，认为它们只是学习辩证法的准备。

个光源本身与太阳相连，它本身也是阴影——我们已经提到过的所有这些技艺都拥有唤醒灵魂最优秀部分的能力，把灵魂向上引导，去观察最优秀的存在者，正如前面提到，【d】身体中最清晰的器官①被导向这个有形体的、可见的领域中最明亮的事物②。"

"我接受这个说法，尽管它好像有的方面很难接受，有些方面不难接受。不管怎么说，既然我们今后不得不经常回到这些事情上来，而不是现在只听一次，那就让我们假定事情就是你说的这样，以便进到这首乐曲本身，以同样的方式讨论它，就像我们讨论前奏曲那样。所以告诉我们：辩证法有什么样的力量，它可以分成哪几种形式，它遵循什么道路？【e】看来，只有解决了这些问题，才能把我们带到一个可以临时休息的地方，然后再抵达旅途的终点。"

【533】"你不能再跟随我了，格老孔，尽管我并不缺乏引导你的热情，因为你不能再看我们正在描述的影像，而要看真理本身。不管怎么说，我是这么认为的。这样的事情不值得进一步坚持。但是有某些这样被看的事物，这是我们必须坚持的事情。不是这样吗？"

"当然。"

"我们不是也必须坚持，辩证法的力量只能对那些对我们描述过的科目有经验的人显示，此外别无他途？"

"这也是值得坚持的。"

【b】"无论如何，不会有人驳斥我们，当我们说没有其他研究试图系统把握每一事物本身及其本性的时候，因为其他各种技艺涉及人的意见和欲望、事物的生长和构成，或者如何照料事物的生长和构成。至于其他技艺，我指的是几何学和后续科目，我们把它们描述为对实在有所把握，因为我们说它们对实在也像在做梦一样，只要它们还在使用假设，它们就不能对实在

---

① 即眼睛。
② 即太阳。

持有清醒的观点，【c】也不能对实在提出任何解释。有哪种机械的观点能把意见转变为知识呢，它的起点是某个未知的事物，把结论和从未知事物推论的步骤放在一起？"

"没有。"

"因此，只有辩证法才是唯一沿着这条道路前进的研究，它不需要假设而直接从第一原则本身开始，【d】以确保安全。当灵魂的眼睛真的被埋入野蛮无知的泥坑时，辩证法温和地把它拉出来，引导它向上，使用我们描述过的技艺帮助它，与它合作来完成灵魂转向。出于习惯的力量，我们经常把这些技艺称做科学或知识的种类，但它们需要另一个名称，这个名称要比意见清晰，要比知识晦涩。我们在前面某个地方把它们叫做思想。① 但我假定，我们要考察许多更加重要的事情，我们不必为一个名称而去争论。"

"当然不必。"

【e】"如前所述②，我们把第一部分叫做知识、第二部分叫做思想、第三部分叫做信念、第四部分叫做想象，也就够了。我们把最后两部分合在一起来称做意见，把另外两部分合在一起称做理性。意见涉及变易，理性涉及实在。【534】正如实在对变易，所以理性对意见，正如理性对意见，所以知识对信念、思想对想象。至于与之对应的那些事物之间的比例，以及能够产生意见的部分或能够产生理智的部分各自是否再分成两个部分，让我们忽略这些问题吧，格老孔，免得陷入比我们已经完成了的那些论证还要长好几倍的论证。"

【b】"我同意你的种种看法，就我还能跟得上而言。"

"那么，你把能给每一事物的存在提供解释的人称做辩证法家吗？但就他不能提供这种解释而言，无论是对自己或对别人，你否认他有任何理智吗？"

---

① 参见本篇 511d—e。
② 本篇 511d 处四个部分的名称是理智、思想、信念、想象。

"我还能怎么办？"

"同样的道理也可用于善。除非一个人能够从其他一切事物中区别善的型相，能在各种驳斥中生存，【c】就像打仗一样，努力按照存在而非按照意见判断事物，能把他的解释维持到底，否则你会说他不懂善本身，或者不懂其他任何善。要是他掌握了善的某些影像，你会说他是通过意见而不是通过知识得来的，因为他今生今世都在做梦和睡眠，在他醒来之前，他就会抵达哈得斯，【d】在那里长眠。"

"是的，宙斯在上，我肯定会说这些话。"

"嗯，至于在理论上归你培养和教育的你的孩子，要是你真的培养过他们，我不认为你会允许他们统治你的城邦，或者对最重要的事情负责，当他们还是非理性的时候，就像不可测量的线①。"

"我肯定不允许。"

"那么你会就此立法吗，要他们特别关注这种能使他们最科学地提问和回答的教育？"

【e】"我会和你一道来立法。"

"那么你认为，我们已经把辩证法当做盖顶石置于其他科目之上，没有别的科目比它更高，适宜安放在它之上，但我们对这些未来统治者的必学科目的解释已经结束了吗？"

【535】"可能是这样的。"

"那么剩下来你要做的事情是分配这些科目，问题是我们要把它们指定给谁，以什么方式。"

"这很清楚是我们下面要做的事。"

"你记得我们在前面挑选统治者的时候②选的是什么样的人吗？"

"当然记得。"

---

① 就像几何学中的对角线，其长度是一个无理数，用整数除不尽。

② 参见本篇412b以下。

"在其他方面，也必须挑选同样的本性：我们不得不挑选那些最稳重、最勇敢、尽可能最优雅的人。【b】此外，我们不仅要寻找品格高尚和坚定的人，而且还要寻找具有适合接受我们这种教育的品性的人。"

"到底是哪些品性？"

"他们必须热心学习这些科目，学起来不吃力，因为人的灵魂在艰苦的学习中比在体育锻炼中更容易放弃，因为这种痛苦——专对灵魂的，并不与它们的身体分担——更是灵魂自身的。"

"对。"

【c】"我们还必须寻找那些有好记性的、百折不挠的、热爱艰苦工作的人。否则你怎能想象他会愿意既以各种方式承受身体的辛劳，又能完成如此重大的学习和实践呢？"

"无人愿意，除非他的品性在各方面都是好的。"

"不管怎么说，我们在前面解释了哲学不受重视的原因，当前的错误在于从事哲学的人配不上她，因为不应当允许不合法的学生学习哲学，只有合法的学生可以学习哲学。"

"怎么会这样呢？"

【d】"首先，学生在热爱艰苦工作方面不应当瘸腿，只爱她的一半，而恨她的另一半。当一个人喜爱体育锻炼、打猎和各种体力活动，非但不喜欢学习、听讲或研究，而且痛恨这一类工作的时候，这种事就发生了。有人把对艰苦工作的热爱延伸到相反的方向，他也是瘸子。"

"你说得很对。"

"涉及真理也一样，我们不会说灵魂是残废的吗？要是它痛恨自愿的虚假，不能忍受自身的虚假，对存在于其他事物中的虚假表示极大的愤怒，【e】但却愿意接受不自愿的虚假，当它无知的时候不愤怒，忍受它自身的迟钝，像一头猪，浸淫在无知之中。"

【536】"绝对会说。"

"涉及节制、勇敢、崇高，以及美德的各个部分，区分违法与合法也是重要的，因为城邦或个人要是不知道怎么办，就会不自觉地把残废者和违法者当做朋友或统治者，雇它们来提供各种服务。"

"确实如此。"

"所以，我们在所有这些事情上要小心，要是我们把那些身心健全的人带向如此伟大的科目和训练，在其中教育他们，【b】哪怕正义本身对我们也无可挑剔，我们就拯救了这个城邦和它的体制。但若我们带领的是另外一种人，我们做的事情就正好相反，甚至给哲学带来更多的嗤笑。"

"这样做的确很可耻。"

"当然是这样的。但我刚才做的事让我自己显得有点可笑。"

"什么事？"

"我忘了我们只是在游戏，所以我讲得太激烈了。【c】我一边讲一边看着哲学，看见她受到不应有的诽谤，我似乎就生气了，激动地说了那些我不得不说的话，好像在对那些对此负有责任的人发火。"

"这肯定不是我在听你讲话时的印象。"

"但这是我在讲话时的印象。不管怎么说，让我们不要忘了，在我们前面的选择中，我们挑选了老年人，但在这件事情上不行，【d】因为我们一定不要相信梭伦①的话，说人老了能学很多东西。老人不能多学习，胜过不能多跑步，各种繁重的劳动属于年轻人。"

"必定如此。"

"那么，算术、几何以及辩证法之前的各种预备性教育，必须从小提供给未来的统治者，但不能采用强迫的方式。"

"为什么不能强迫？"

【e】"因为没有一个自由人会像奴隶那样学习任何东西。身体方面的强迫劳动不会伤害身体，但是强制教育不能在灵魂中留下任何东西。"

"没错。"

---

① 梭伦（Σόλωνος），雅典政治家、立法家、诗人，约公元前 640 年—前 560 年。

"那么在这些科目中不要强迫训练儿童，而要用游戏的方法。以这种方式，你也会更清楚地看到哪一门科目适合儿童的天性。"

【537】"这样做似乎是合理的。"

"你还记得我们说过带儿童骑马上战场观看打仗，只要这样做是安全的，就让他们靠近前线，像幼兽一样品尝鲜血？"

"我记得。"

"在所有这些事情中——劳动、学习、恐惧——那些始终表现出最大天赋的儿童要记录在册。"

"在什么年纪？"

【b】"当他们结束强迫性的体育锻炼的时候，因为在这个时期，两年或三年，年轻人无法去做其他事情，疲劳和睡眠是学习的大敌。同时，他们如何进行体育锻炼本身也是一项重要的考验。"

"当然是。"

"在那以后，也就是说，从 20 岁开始，那些被挑选出来的人也要比别人得到更多的荣誉。还有，他们小时候学习的科目没有特定顺序，现在他们必须把它们综合在一起，【c】对它们的亲缘性、它们相互之间的关系、存在者的本性，形成统一的看法。"

"不管怎么说，只有这样的学习才能常驻接受者之心。"

"它也是对一个人有无辩证法天赋的最大考验，因为凡是能形成统一看法的是辩证的，不能形成统一看法的不是辩证的。"

"我同意。"

"嗯，然后，你必须挑选那些能力最强的人，那些在学习中坚持不懈的人，那些在战争和其他法律规定的活动中坚定不移的人。【d】在他们年满30 岁的时候，你要对那些前面已经入选的人再做选择，提拔他们，给他们更大的荣耀。然后你必须用辩证法的力量考验他们，看他们中间有谁能够轻视眼睛和其他感官，跟随真理达到存在本身。这项任务需要特别小心。"

"这样做的主要原因是什么？"

【e】"你不明白当前使用辩证法带来了多么大的恶？"

"什么恶？"

"有些实施辩证法的人充满了无法无天的恶行。"

"确有其事。"

"你认为他们发生这种事情很奇怪吗？你不会同情他们吧？"

"为什么不值得奇怪？为什么我会表示同情？"

"事情就好比一名儿童被一个十分富有的家庭收养，在那里长大，周围有许多人对他阿谀奉承，成年以后，【538】他发现自己并非那些自称是他父母的人的儿子，而他自己也无法找到自己真正的父母。你能预见他对那些人会是什么态度吗？一方面，对那些阿谀奉承的人，另一方面，对他的养父母，在他知道被收养的真相之前和发现真相之后？或者说，你宁可听听我的预见？"

"我宁可听你的预见。"

"好吧，我的预见是，当他还不知道真相的时候，他会敬重他的养父母和其他亲戚，【b】胜过敬重那些阿谀奉承者，他会更加注意他们的需要，不会在言行中忤逆他们，不会在重大事情上违背他们的意愿，胜过违背那些阿谀奉承者。"

"可能是这样的。"

"然而，一旦发现了真相，他对他的家庭的荣誉感和热情就会减弱，而对那些阿谀奉承者的热情会增强，他会更多地服从后者，开始按后者的方式生活，公开与他们交往，【c】除非他天性淳厚，否则他会变得对他父亲或他家里的任何人漠不关心。"

"你说的这些事情都有可能发生，但它跟那些进行争论的人有什么关系呢？"

"是这样的。我们从小就对正义和美好的事物有一种信念，我们在它们中间成长，就像在我们的父母身边长大，我们服从和荣耀它们。"

"对，确实如此。"

【d】"然而，还有其他生活方式，与这些方式相对，充满着快乐，它奉承灵魂，把灵魂引向快乐，但是它不能说服有理智的人，他们会继续荣耀和服从他们父亲的信念。"

"对。"

"那么问题就来了，有人会问：'什么是美好？'在回答他从传统的立法家那里听来的这个问题时，他会遭到驳斥，而由于经常和多处遭到驳斥，他的信念产生了动摇，使他相信美好的事物并不比可耻的事物更美好，对正义、善和他最荣耀的其他事物也一样。【e】你认为他的态度怎么样，他还会荣耀和服从他原先的信念吗？"

"他肯定不会以同样的方式荣耀和服从它们。"

"那么，当他不再荣耀和服从这些信条，而又无法找到真正的信条时，除了采用奉承他的那种生活方式，【539】他还会采取其他方式吗？"

"不，他不会。"

"所以，我假定，他从一名守法者变成了违法者。"

"不可避免。"

"那么，如前所问，如果这就是那些以这种方式进行争论的人会发生的事情，因此他们不配得到大量同情，是吗？"

"是的，他们配得上遗憾。"

"所以，要是你不想你的那些 30 岁的人成为遗憾的对象，你在引导他们进行争论的时候要万分小心。"

"对。"

"不要让他们年纪轻轻就去尝试辩论，这不是一个长期的预防措施吗？我认为你会注意到，年轻人开始尝试辩论的时候会错误地使用它，【b】把它当做一种竞赛。他们模仿其他人的辩论，就像小狗一样，在辩论中撕咬拉扯周围的东西，乐此不疲。"

"他们确实格外喜欢辩论。"

"那么，当他们多次驳倒别人，而他们自己也多次被人驳倒时，【c】他们便很快陷入一种不信任，对从前认为正确的东西产生强烈的怀疑。这样一来，他们自己和整个哲学在他人眼中都被认为是不可信的。"

"非常正确。"

"但是年纪大的人不想参与这样的疯狂。他宁可效法那些为了检验真理而参与讨论的人，而不会去模仿那些把辩论当做耍嘴皮子和竞赛的人。他本人会比较理智，也会给哲学的生活方式带来荣耀，【d】而不是带来怀疑。"

"对。"

"我们在前面说过，那些得到允许参加辩论的人的天性应当有序和稳重，不像现在这样，那些不适合辩论的人也得到允许参加辩论——这些不也都是一种预防措施吗？"

"当然。"

"那么，要是有人坚持不懈、专心致志地参加辩论，努力在辩论中训练自己，就像在身体锻炼中一样，身体锻炼是辩论的对应物，这样做够吗？"

【e】"你的意思是六年或者四年吗？"

"无所谓。就定为五年吧。在那以后，你必须让他们再下到那个洞穴中去，强迫他们指挥打仗和承担各项适合年轻人的公务，这样的话，他们在经验方面就不会比其他人差。但是在这些公务中他们也要接受考验，看他们在各种诱惑面前是否坚定，【540】看他们会不会出轨。"

"你允许用多少时间做这些事？"

"15年。到了50岁的时候，必须把那些在各种考验中幸存下来的人和那些在实践与学问两方面都获得成功的人引向这个目标，要求他们仰视，把他们的灵魂之光射向照亮一切事物的光源。一旦他们看见了善本身，他们必须以它为样板，轮流把这个城邦、它的公民和他们自己安排有序。【b】他们各自会花很多时间学习哲学，但在轮值的时候，他要不辞辛劳地为城邦管理政务，不是他要把事情做好，而是这件事必须做。然后，在教育其他像他一样的人接替他担任这个城邦的护卫者以后，他会离开这里，前往'福岛'，在那里居住。【c】要是庇提亚同意，城邦将公开建立纪念碑，把他当做神来献祭，但要是庇提亚不同意，也会把他当做一位幸福的、神圣的伟人。"

"你就像一位雕刻师，苏格拉底，塑造的统治者非常完美。"

"还有女统治者，格老孔，因为你一定不要以为我说的这些话更适用于男人，而不适用于具有恰当天性的女人。"

"对，要是她们也能与男人分担一切，我们前面说过她们应当分担。"

【d】"那么，你同意我们所说的有关城邦和它的体制的这些事情并非一厢情愿吗？它们虽然很难产生，但并非完全不可能。你也同意它只能按照我们所说的方式产生吗？亦即一位或者多位真正的哲学家掌握城邦的权力，他们藐视现今的荣耀，认为它们是奴性的、无价值的，【e】他们重视正义和由正义而来的光荣，把正义看得高于一切，不可或缺，他们通过维护正义重整和管理他们的城邦。"

"他们会怎么做？"

【541】"他们会把城里所有十岁以上的人打发到乡下去。他们会接管那些孩子，消除他们来自父母的习惯和品性，按照他们自己的习俗和法律培养他们，这些是我们前面描述过的。这是一条最方便的捷径，可以把我们描述过的城邦和体制建立起来，让城邦变得幸福，给城邦里的民众带来最大的福益。"

【b】"这是迄今为止最便捷的道路。在我看来，苏格拉底，你已经很好地描述了它如何产生，要是它曾经有过。"

"那么，关于这个城邦和像这个城邦的人，我们不是已经说够了吗？确实很清楚，我们说了他必须是一种什么样的人。"

"是很清楚。至于你的这个问题，我想我们已经抵达这个论题的终点。"

第八卷

【543】"那么好，格老孔，我们已经同意下列事项：一个城邦要得到最

好的治理，妻子必须共有，孩子以及他们的教育必须共有，他们的生活方式，无论是战争还是和平时期，必须是共同的，他们的国王必须是他们中间已经证明最擅长战争和哲学的人。"

"我们已经表示同意。"

【b】"还有，我们同意，统治者一经确立，就要率领士兵进驻我们描述过的那种住处，那里的一切都不属于个人，而是所有人共有。我们还同意，要是你还记得，他们将拥有那些财物。"

"我记得，我们认为他们中任何人都不得获取现今其他统治者拥有的东西，而是作为战士和护卫者，【c】他们应当接受由其他公民提供的年俸，作为他们的护卫工作的酬劳，保卫他们自己和城邦的其他人。"①

"没错。由于我们已经完成了这一讨论，让我们回忆一下我们当时是从什么地方开始偏离正题的，以便能够言归正传。"

"这不难，因为，和现在的情况很相似，你当时讲起话来就好像你已经完成了对这个城邦的描述。②【d】你说你会把你描述的这个城邦和与之相对应的人当做好的，尽管你似乎还有更好的城邦和更好的人要告诉我们。【544】但不管怎么说，你认为，要是这个城邦是正确的，那么其他城邦就是错误的。我记得，你说剩下还有四种体制值得讨论，我们应当考察它们各自的缺陷，也应当考虑与之相应的人的缺陷。我们的目的是对他们全部进行观察，判定哪个人是最好的，哪个人是最坏的，然后确定最好的人是否最幸福，最坏的人是否最可悲，或者是别的情况。当时我问你心里想的是哪四种体制，【b】就在这个时候波勒玛库斯和阿狄曼图插话了。③ 结果你就讨论起这个问题来，一直到现在为止。"

"非常准确。"

"嗯，好吧，让我们像摔跤手一样再来一次，我问当时想问的问题，你

---

① 参见本篇 414d—420b。

② 参见本篇 445d—e。

③ 参见本篇 449b 以下。

把你当时想要做出的回答告诉我。"

"要是我能做到。"

"至少我本人想听听你指的是哪四种体制。"

【c】"这不难，因为我们已经有了这些体制的名称。第一种，这种体制受到广泛赞扬，也就是克里特政制或拉栖代蒙人①政制。第二种，它受到的赞扬次于第一种，被称做寡头政制，充满了种种邪恶。下一种，与第二种对立，叫做民主政制。最后有一种真正的僭主政制，超过前三种，它是第四种，也是最后一种有病的城邦。或者说，你能想到其他类型的体制吗——我指的是可以与上述类型有明显区别的体制？君主王朝、购买王权，以及其他类型的体制，【d】较多的可在野蛮人中发现，而不是在希腊人中发现，这些体制在某些地方介于上述四种类型之间。"

"不管怎么说，传说中确实有许多稀奇古怪的体制。"

"那么，你明白有多少种不同类型的人性必定有多少种不同类型的体制吗？或者说你认为体制是'从橡树或石头里生出来的'②，而非来源于居住在这些城邦里、统治着城邦的那些公民的品性，它们就像天平较重的那一头，【e】拉着其他人向下落吗？"

"不，我不相信这些体制有其他来源。"

"那么，要是有五种城邦的形式，必定也有五种形式的人的灵魂。"

"当然。"

"嗯，我们已经描述过一种像寡头制的城邦形式，它被正确地说成是好的和正义的。"

【545】"我们描述过。"

"那么接下去我们不是必须考察比较差的那一种吗？亦即热爱胜利和热爱荣誉的城邦形式（与之对应的是拉栖代蒙人的体制形式），然后再考察贵

---

① 拉栖代蒙人（Λᾰκεδαίμων），即斯巴达人。

② 荷马：《奥德赛》19：163。

族制、民主制、僭主制，就这样，在发现了最不正义的体制以后，我们可以拿它来与最正义的体制做对照。以这种方式，我们能够完成我们对纯粹的正义和不正义的考察，以及明了拥有这两种德性的人是幸福还是不幸，然后决定是听从塞拉西马柯的建议去践行不正义，还是依据当前的论证去践行正义。"

【b】"我们确实应当这样做。"

"那么，就像我们开始在体制中寻找它的品性，我们在个人身上寻找品性之前，考虑到这些品性在体制中显得更清楚，我们不应当首先考察热爱荣誉的体制吗？我不知道它有什么别的名称，但它应当被叫做荣誉体制或荣誉制。然后，我们不应当考察一个与这种体制相应的人吗？再往后，考察贵族制和一个贵族制的人、民主制和一个民主制的人。【c】最后，轮到考察由僭主统治的城邦，我们不应当考察僭主的灵魂吗，以便用这样的方式对我们自己提出的这个论题有恰当的判断？"

"我们这样做是合理的，先观察，再判断，不管怎么说。"

"嗯，好吧，让我们试着解释荣誉制如何从贵族制中产生。或者说，这是一个简单的原则吗？任何体制发生变动的原因在于统治集团的内战，但若这个集团的成员——无论多么少——保持一致的意见，【d】体制就不会发生改变。"

"是的，是这样的。"

"那么，格老孔，我们的城邦将如何发生改变？内战将如何产生，在统治者和辅助者之间，或者在两个集团内部？或者说你想要我们像荷马那样祈求缪斯女神告诉我们【e】'第一次内战如何发生'？[①] 我们要说他们是在用悲剧的腔调对我们说话吗，就好像他们是在一本正经地把我们当做儿童来逗趣？"

"他们会说些什么？"

---

① 荷马：《伊利亚特》16：112—113。

【546】"大体上是这样的：'一个以这种方式建立起来的城邦要改变是很困难的，而一切有产生的事物必定会衰亡。哪怕是一个这样的体制也不能永世长存，它也一定会解体。它将如何解体呢？大地上生长的植物，以及生活在大地上的动物，其灵魂和身体都有生育和不育的时候，合在一起就是它们的循环周期。这些周期在短命的生灵那里很短，而在长命的生灵那里正好相反。嗯，你们在你们的城邦教育出来担任统治者的那些人，尽管他们是聪明的，但由于他们的计算和感知纠缠在一起，【b】因此仍旧不能保证对人的生育和不育期有精确的把握，所以，他们会在不应当生育的时候生孩子。神圣生灵的诞生，有一个可用完全数①来理解的循环。对人类来说，可以用第一个这样的数②来理解，在这个数中可以发现平方根与二次方的增加，它包括三个边长和四个边界，还有使事物相似与不似的元素，它能使它们增加和减少，【c】使一切事物相互一致，使它们的相互关系变得合理。关于这些元素，四和三，与五婚配，三次倍增时产生两个和谐数：一个是平方数，是一百的许多倍；另一个是矩形不相等的边长之和乘以一百。也就是说，在一种情况下，最后的结果或者是有理数（各减去一）的对角线乘以一百，或者是无理数（各减去二）的对角线乘以一百；在另一种情况下，最后的结果是三的立方乘以一百。这一完全的几何数控制着生育，决定优生还是劣生。你们的统治者，由于不懂这种生育，不合时宜地让新郎和新娘婚配，他们生育的子女不会天性优良或幸运。【d】老一辈的人会从这些儿童中选拔最优秀的，但不管怎么说，这些孩子没有什么价值，他们执掌了父辈的权力成为护卫

---

① 完全数，在数学上，一个自然数恰好与它自身全部因数的和相等，这种数叫做完全数。例如，6 的全部因数是 1、2、3，这些因数相加所得的数等于 6，6 便是一个完全数。

② "第一个这样的数"即下面所说的"几何数"。它与毕泰戈拉定理（勾股定理）有关。以 3，4，5 为直角三角形边长，这三个数相乘得 60（3×4×5），再以 60 为矩形边长，相乘四次得 12960000（60×60×60×60）。这个数是边长 3600 的平方数，"100 的许多倍"指 100 的 36 倍。长方形的对角线的长度是 5×5+5×5 的平方根，亦即 $\sqrt{50}$，这个无理数最接近有理数 $\sqrt{49}$，所以（49-1）×100 = 4800，或（50-2）×100=4800，宽则为 3 的三次方乘以 100，即 2700。这个数与人的关系何在？柏拉图在 615a8—b1 言及人的生命是 100 年，若一年以 360 天计，太阳以 360 度环绕地球，这三个数目相乘得出 12960000。

者，便开始蔑视我们这些缪斯。首先，他们会不那么重视音乐和诗歌，然后他们会轻视体育锻炼，【e】所以，你们的年轻人在音乐和诗歌方面会缺乏教养。因此，从他们中间挑选出来的统治者不能很好地监察和考验属金的、属银的、属铜的、属铁的种族，这是赫西奥德①和你们自己的说法。铁和银、铜和金的混杂会导致不相似、【547】不平衡、不和谐的结果，它们在哪里产生，就会在哪里产生战争和敌对。我们宣称，这种血统的人②总是到处引发内战。'"

"我们要宣称，缪斯们说得对。"

"肯定是这样的，因为她们是女神。"

【b】"缪斯说了这些话以后还会说什么呢？"

"内战一旦爆发，属铁的和属铜的会把体制朝着聚敛钱财和攫取土地房屋的方向引，而属金的和属银的——他们并不贫穷，而是天性富有或灵魂中富有——会把体制引向美德和旧有的秩序。这样一来，他们相互争斗，然后达成妥协：他们分配土地和房屋，化为私有财产，把他们从前护卫的那些朋友和供养他们的人变成奴隶和下属，他们自己则专门从事战争，【c】并监视他们奴役的人。"

"我认为这种转型就是以这种方式开始的。"

"那么，这种体制不就是介于贵族制和寡头制之间的一个中点吗？"

"正是。"

"那么，要是这就是它在这种转型中的位置，它在发生转变后会如何运行呢？它不是显然会在某些方面模仿贵族制，在某些方面模仿寡头制吗？【d】因为它介于它们之间，但它也会有它自身的某些特点。"

"对。"

"统治者将受到尊敬；武士阶层不得从事耕种、体力劳动，或其他挣钱

---

① 赫西奥德：《工作与时日》109—202。
② 参见荷马：《伊利亚特》6∶211。

的行当；他们实行公餐，专注于体育锻炼和军事训练；在所有这些方面，这种体制不就像贵族制吗？"

"是的。"

"另一方面，它会害怕任命聪明人当统治者，【e】原因是他们不再是单纯而又忠诚的，而是混杂的，它宁可选择较为有激情而又比较单纯的人，但这些人更适合战争，而不适合和平；它崇尚战略战术，【548】把所有时间都花在战争上。这些性质中的大多数不都是它特有的吗？"

"是的。"

"这样的人就像那些寡头制的人一样贪图金钱，热衷于搜刮金银，收藏于密室。他们会拥有私人财富和库房，他们还筑有爱巢，在里面尽情享乐，【b】对女人或对其他宠幸者。"

"绝对如此。"

"他们非常在意他们自己的金钱，因为他们把金钱看得很重，但由于不能公开捞钱，因此就喜欢用其他人的钱来满足他们的嗜好。他们偷偷地寻欢作乐，逃避法律的监督，就像孩子逃避父亲的监督，由于背弃真正的缪斯——亦即讨论与哲学——他们看重体育锻炼胜过音乐和诗歌，他们通过说服来接受教育，【c】而不是通过强制。"

"你在讨论的体制确实是善恶混杂的。"

"是的，它是混杂的，但由于有一种心灵要素的主导，所以只有一样事物在这种体制中得到最大的显现，亦即热爱胜利和热爱荣誉。"

"确实是这么回事。"

"所以，这就是这种体制产生的方式，还有它会像什么样，因为，我们毕竟只是从理论上勾勒这种体制的概况，而没有对它进行精确的解释，然而，哪怕是从这种勾勒，【d】我们也已经能够察觉最正义的人和最不正义的人。此外，要描述各种体制和各种特性而不省略任何细节，那是一项无法忍受的冗长的任务。"

"对。"

"那么，与这种体制相对应的人是谁呢？他是如何产生的，是一种什么样的人？"

阿狄曼图说，"我认为这个人很像格老孔，就争强好胜而言。"

"在这个方面，他也许像，但在下列方面，我认为格老孔的品性就不像了。"

【e】"在哪些方面？"

"这种人会比较自以为是，但在音乐和诗歌方面所受的教育不够，尽管他还算热爱音乐和诗歌；他热爱演讲和争论，尽管他算不上是一名修辞学家。他对他的奴仆很苛刻，而不像一个受过充分教育的人，只是轻视他们。【549】他对自由民温和，对统治者恭顺，因为他自己就热爱权力和荣誉。然而，他谋求统治靠的不是能言善辩，而是依靠他的战功，他是体育锻炼的爱好者，也热爱打猎。"

"是的，与这种体制相对应的就是这种品性。"

"这样的人年轻时未必看重钱财，但随着年龄的增长，他会愈来愈爱钱，因为他分有贪婪的本性，他对德性的态度不纯。【b】那不是因为他缺乏最优秀的护卫者吗？"

"那是什么护卫者？"阿狄曼图说。

"理性，与音乐和诗歌混合的理性，因为只有理性居于拥有理性的人身上，终生看护他的德性。"

"说得好。"

"那么，这就是一个热爱荣誉的年轻人，他就像那个与之相应的城邦。"

【c】"确实如此。"

"他以这样一种方式产生：他是一位生活在一个治理不良的城邦里的好父亲的儿子，这位父亲不要荣誉和权力，也不爱参与法律诉讼和各种事务，为了少惹麻烦，他宁愿放弃自己的权利。"

"那么，这个儿子怎么会变得热爱荣誉呢？"

"起先，听他的母亲抱怨他的父亲不是统治者之一，因而被其他妇女轻视。然后，他的母亲看到他的父亲不太关心挣钱，受到侮辱时也不反击，【d】无论是在私人场合还是在公共法庭，对诸如此类的事情都不在乎。她还看到他沉浸于冥思苦想，对她漠不关心。所有这些都使她感到愤怒，她会告诉她的儿子，你父亲不像个男子汉，太懒散了，【e】以及女人在这种场合惯常唠叨的所有其他怨言。"

"是的。"阿狄曼图说："这类怨言确实很多。"

"你也知道，这种人家有些仆人——表面上很忠实——背地里也会对孩子讲这样的坏话。他们看见主人不去控告欠债的，或为非作歹的，就鼓励孩子将来要惩办那些人，长大后要比父亲更像一个堂堂的男子汉。【550】孩子外出时的所见所闻也莫不如此：人们瞧不起安分守己的人，把他们当做笨蛋，而那些到处奔走专管闲事的人反而得到荣誉和赞扬。一方面耳濡目染外界的情况，另一方面听惯了父亲的话语，就近观察父亲的举止行为，这个孩子发现他父亲的追求与别人大相径庭，于是两种力量就像拔河一样对他展开争夺。【b】他的父亲向他的灵魂灌输和培养理性的原则，其他人向他灌输和培养欲望和激情的原则。他的天性并不坏，但在与别人的交往中受了影响而坠入邪恶的泥坑。两种力量的争夺使他发生了变化，他的灵魂的自律转变成野心和激情的中间状态，成了一个傲慢的、喜爱荣誉的人。"

"我认为你充分解释了这种人是怎么产生的。"

【c】"那么，我们现在有了第二种体制和第二种人。"

"是的。"

"那么，我们下面要像埃斯库罗斯所说的那样，谈论'像另一个城邦的人'①，还是按照我们的计划先谈论城邦呢？"

"我们要按照我们的计划。"

"我假定当前这种体制之后产生的是寡头制。"

"你叫做寡头制的体制是什么样的政制？"

---

① 可能引自埃斯库罗斯：《七雄攻忒拜》451 行。

"这种体制基于财产，富人实行统治，【d】穷人被排除在统治之外。"

"我明白了。"

"所以，我们一定不要先解释一下荣誉体制如何转型为寡头体制吗？"

"要。"

"这一转型的状况甚至连瞎子也能看得清清楚楚。"

"它是什么样的？"

【e】"堆满了黄金的宝库，由私人拥有，摧毁了这种体制。首先，他们会想方设法挥霍金钱，然后，他们违法乱纪，自己这样做，妻子们也依样效尤。"

"像是这么回事。"

"我想他们相互影响，相互效仿，最后使其他许多人都像他们一样。"

"是这样的。"

"由此，他们进一步积聚财富，他们越看重金钱，他们就越瞧不起美德。或者说，财富和美德就好像置于天平两端，一头往下沉，另一头就往上翘，是吗？"

"对。"

"所以，当一个城邦看重财富和有钱人时，【551】美德和善人就不那么受推崇了。"

"显然如此。"

"越是看重的事情越是会去做，而不被看重的事情会被忽略。"

"对。"

"那么，到了最后，热爱胜利和热爱荣誉的人变成热爱金钱的人。他们赞美和崇拜富人，让富人担任统治者，他们鄙视穷人。"

"确实如此。"

"然后，他们不会通过一项体现寡头制特点的法律，按照财产多少来规定从政资格——规定的数额越高，寡头制的特点越强，规定的数额越低，寡头制的特点越弱——【b】宣布财产不能达到规定标准的人不能从政吗？他们要么用军队的武力强制实行，要么在实施之前使用恐怖手段恐吓民众，以这种方式建立他们的体制。不是这样吗？"

"当然是这样的。"

"那么，总的说来，这就是这种体制建立的方式。"

"是的，但是它的特点是什么？【c】我们说，它所含的缺陷是什么？"

"首先，是它的构成原则，因为，要是有人按照个人财产来挑选船长，拒绝把这条船托付给一个穷人，哪怕他是一位比较好的船长，那会发生什么事？"

"他们的航行会多灾多难。"

"关于统治其他任何事物，不也是同样的道理吗？"

"我假定是这样的。"

"城邦例外吗？或者说这个道理也适用于城邦？"

"对城邦尤其应当如此，因为这是一种最困难、最重要的统治。"

【d】"所以，这就是寡头制的一个主要缺陷。"

"显然如此。"

"它的第二个缺陷怎么样？会比其他缺陷小吗？"

"什么缺陷？"

"它必定不是一个城邦，而是两个城邦——一个是富人的，一个是穷人的——他们住在一起，但老是在相互算计，企图打倒对方。"

"宙斯在上，这个缺陷和第一个缺陷一样大。"

"下面这些也算不上什么好品性，也就是说，寡头们可能无法打仗，因为要是被迫武装或使用民众，他们会害怕民众甚于害怕敌人，【e】或者要是不使用民众，而是亲自上阵作战——人数少得可怜——那他们可真的是孤家寡人了。与此同时，他们不愿意付钱给雇佣军，因为他们爱钱。"

"这一点确实也不算好品性。"

"我们前面谴责过的身兼数职怎么样？在这种体制下，同一些人不是既是农夫、挣钱的，又是士兵吗？【552】你认为这样做对吗？"

"完全不对。"

"现在，让我们来看这种体制是否最先接纳这种一切恶中最大的恶。"

"什么恶？"

"允许一些人出售他的全部财产，允许其他人购买他的全部财产，然后允许那些卖完财产的人继续生活在这个城邦里，但不属于这个城邦的任何部分，因为这样的人既不是商人，又不是匠人，既不是骑兵，又不是步兵，只是一个没有任何财产的穷人。"

【b】"是这种政制最先允许这样做。"

"不管怎么说，寡头们确实不禁止这种事情。否则的话，他们有些公民就不会变成巨富，其他公民就不会变成赤贫。"

"对。"

"嗯，考虑一下这个问题。当那个卖光自己全部财产的人还很富裕，还在花他自己的钱的时候，以我们说的这些方式，他对城邦所起的作用比他花光了他自己的钱的时候要大吗？或者说，他只是看起来好像是城邦的统治者，而实际上，他在那里既不是统治者，也不是被统治者，而只是一个他的财产的消费者吗？"

"对。他看起来是这个城邦的一部分，但他实际上什么都不是，【c】只是一个消费者。"

"那么，我们应当说，就像在蜂房里长大的雄蜂最后会成为蜂房的祸害，这样的人就像是在家中长大，最后会成为城邦的祸害吗？"

"这样说肯定是对的，苏格拉底。"

"神不是使有翅膀的雄蜂，以及某些无翅膀的雄蜂，没有螫针吗？阿狄曼图，而其他无翅膀的雄蜂有危险的螫针，那些无翅膀的雄蜂不是到老都像乞丐一样，【d】而那些有螫针的就变成我们所说的作恶者了吗？"

"绝对正确。"

"那么很清楚，在任何城邦里，凡你看到有乞丐出没的地方，就藏匿着小偷、扒手、抢劫神庙的盗贼，以及其他所有为非作歹的恶人。"

"这很清楚。"

"寡头制的城邦怎么样？你在那里看不到乞丐吗？"

"几乎每个人都是乞丐，除了统治者。"

【e】"那么，我们不是必须假定这些城邦也包括许多有螫针的作恶者，统治者要小心翼翼地用武力控制他们吗？"

"我们必须这样想。"

"我们要说出现这样的人是缺乏教育、缺乏教养、不良体制安排的结果吗？"

"我们要说。"

"所以，这就是寡头制的城邦，或者像是寡头制的城邦。它包含所有这些恶，可能还不止。"

"你基本上说全了。"

"那么，让我们把我们说的这种体制叫做寡头制——【553】我指的是以财产为基础来决定由谁统治的这种体制——让我们来考察和这种体制相应的这个人，看他是怎样产生的，他是一种什么样的人。"

"好吧。"

"从我们描述的爱荣誉的人转变为一个寡头制的人，不是大体上以这样的方式发生吗？"

"什么方式？"

"爱好荣誉的儿子起初仿效他的父亲，亦步亦趋。然后，他突然看到他的父亲反对城邦，就像在漩涡中触礁，【b】失去他的所有财产，甚至他的生命。他父亲曾经是一位将军，或者担任其他更高的职务，但受到诬告而上法庭受审，要么被处死，要么被流放，所有财产都被没收。"

"很像是这样的。"

"这个儿子目睹一切，承受苦难，失去财产，变得终生充满恐惧，【c】原先占据他自己灵魂王座的荣誉心和好胜心，以及在那里实施统治的激情部分立刻发生动摇。羞于贫穷，他转为挣钱，依靠勤奋和节约，贪婪地积聚财富。你不认为这个人会把他的欲望和挣钱的部分安放在他的灵魂的王座上，把它奉为心中的帝王，饰以黄金冠冕，佩以波斯人的宝刀吗？"

"我是这样认为的。"

"他使理性部分和激情部分位于欲望部分之下，【d】分列两侧，折节为奴。首先，他不允许推论和考察任何事物，除了算计如何挣钱。其次，他不允许崇尚和赞美任何事物，除了财富和富人，或者不允许任何野心，除了发财或其他有助于发财致富的事情。"

"一个热爱荣耀的年轻人转变为热爱金钱的年轻人，没有比这更加快捷、更加确定的方式了。"

【e】"这不就是一个寡头制的人吗？"

"确实如此，他从一个与寡头制相似的人发展而来。"

"那么，让我们来考虑他和寡头制的相似之处，好吗？"

【554】"行。"

"首先，把金钱看得高于一切不是他与这种体制相似的地方吗？"

"当然。"

"嗯，还有，他十分吝啬，只满足他的必要欲望，没有其他开支，他克制其他欲求，把它们当做无利可图的。"

"正是。"

"他真是个可怜虫，积累财富，寸利必得——大多数人崇拜这种人。【b】这不就是与这种体制相似之处吗？"

"我是这么看的，无论如何。这种城邦和这种人都把金钱看得高于一切。"

"我不认为这样的人会关心教育。"

"我认为不会，因为，要是他关心教育，他就不会选一个盲人① 做他的合唱队的领队，给他最大的荣耀。"

"说得好。但考虑一下：由于他们缺乏教育，我们不说这种雄蜂的欲

① 希腊财神普路托斯（Πλούτως），谷物女神得墨忒耳之子，是一个盲人。

望——有点像乞丐和其他的恶——存在于他身上，【c】但仍旧能被他的谨慎所压制吗？"

"当然可以这样说。"

"你知道应当在什么地方看出这种人的恶行吗？"

"什么地方？"

"对孤儿的监护，或者其他类似的事情，在这些地方他们有充分的机会为非作歹而不受惩罚。"

"没错。"

"在其他那些有契约义务的事情上，在他有好名声、被认为是义人的地方，他显然一定会用他的某个高尚的部分来约束其他邪恶的欲望吗？他压制心中的邪念不是通过劝说，最好不要这样做，也不是通过论证去驯服欲望，【d】而是通过强制和恐吓，担心失去其他财产。"

"是这么回事。"

"嗯，宙斯在上，你会发现他们中间大多数人有雄蜂般的嗜好，一有机会就花别人的钱。"

"你肯定会这样。"

"那么，像这样的人不能完全摆脱内心的困扰，他实际上不是一个人，而是两个人，尽管一般说来，【e】他的比较好的欲望控制着他的比较差的欲望。"

"行。"

"由于这个原因，他比其他许多人更值得尊敬，但是单纯、和谐的灵魂的真正美德会离他远远的。"

"我也这样想。"

"还有，这个节俭的人在城邦里是一个可怜的竞争者，难以取得胜利和光荣，【555】因为他不愿意花钱换名声，或者花钱争荣耀。他担心这样一来会激发他花钱的欲望，或者把欲望作为赢得胜利的同盟军，所以他像一名寡头一样作战，只使用很少的资源。因此，他极有可能被打败，而他的财富会保全。"

"对。"

"一个吝啬的挣钱者与一个寡头制的城邦相似，【b】对此我们还有什么可怀疑的吗？"

"一点都没有。"

"那么，我们下面似乎必须考察民主制，它是怎么产生的，它有什么品性，由此可知一个与这种城邦相似的人的品性，对他做出判断。"

"这样做与我们正在进行的考察相当一致。"

"好，这个城邦不是以这样的方式从寡头制转变为民主制的吗？它贪得无厌，把眼前的一切事物当做好事物来占有，亦即尽可能地追求财富。"

"以什么方式？"

【c】"那些城邦的统治者之所以这样做，是因为他们拥有很多财富，我假定，他们不愿意用法律来禁止年轻人挥霍浪费祖辈的财产，所以他们把钱借给这些浪荡子，要他们用财产做抵押，然后收回他们的贷款，使他们自己变得更加富有，得到更多的荣耀。"

"这是他们喜欢做的事。"

"一个城邦不能荣耀富人，与此同时，又为他的公民规定节制，而是二者必去其一，这个道理不是很清楚了吗？"

【d】"相当清楚。"

"由于这种轻视，由于他们鼓励恶习，寡头们不断地把一些世家子弟变成卑贱的贫民。"

"对。"

"我假定，这些人在城邦里无所事事，于是拿起他们的武器，用他们的螫针——有些负债累累，有些失去公民资格，有些二者兼有——仇恨那些剥夺他们财产的人，密谋打倒他们和其他人，期待革命。"

"他们是这样做的。"

【e】"另一方面，挣钱者把眼睛朝着地上看，假装没看见这些人，通过放高利贷使其他那些仍在抗拒的人丧失能力，收取几倍于本钱的利息，【556】使城邦产生大量的雄蜂和乞丐。"

"确实相当多。"

"在任何情况下，当这种恶的火焰已在城邦中燃烧起来的时候，他们不愿扑灭这种罪恶，要么以我们提到过的那种方式，禁止人们用他们自己的钱财做他们喜欢做的任何事情，要么用另外一项也能解决问题的法律。"

"什么法律？"

"这项次好的法律迫使公民在意美德，规定大多数自愿订立的契约应由放款人自担风险，【b】这样的话，放款人在城邦里追求金钱的时候会较少厚颜无耻，而我们刚才提到的那些邪恶也不太会进一步发展。"

"那会少许多。"

"然而，由于上述原因，寡头制城邦的统治者以我们描述过的方式对待民众。而涉及他们自己和他们的子女，他们不是使他们的年轻人生活放荡、【c】身心虚弱、经受不了苦乐两方面的考验，成为十足的懒汉吗？"

"当然。"

"他们自己不是除了赚钱什么都不爱，比那些贫民更不在意德性吗？"

"是的。"

"当这种状况下的统治者与民众在一次旅行中或其他共同承担的事务中相遇时——可以是一起参加庆典、一起出使外邦、一起参加战役、一起在船上当水手，或者是成为战友——看到对方处于危险之中，在这样的情况下，富人会以任何方式轻视穷人吗？【d】或者倒不如说，不经常是这样吗？一个黝黑而又结实的穷人在战场上与一个养得白白胖胖的富人并肩而立，富人浑身赘肉、气喘吁吁，一副无可奈何的样子？这个穷人会认为正是由于穷人太胆怯了，才使这些富人变得富有，而穷人们私下聚在一起的时候，一个穷人也会对另一个穷人说，'我们对这些富人太仁慈了，【e】他们一无是处'，你不认为穷人会这样考虑吗？"

"我非常知道他们会这样想。"

"那么，就像一个有病的身体只需要一丁点儿外部变动就会生病，有时候甚至没有什么变动身体也会发生内乱，一个同样状态的城邦只要稍微有一点儿麻烦——比如，一个派别从寡头制的城邦引进盟友，另一个派别从民主制的城邦引进盟友——就会生病，发生内斗，有时候没有任何外部影响，也会发生内乱。"

【557】"绝对如此。"

"我假定，当穷人取胜时，民主制就产生了，处死他们的一些对手，流放另外一些人，赋予剩下的人在这种体制下平等分享统治权，通过抽签来指定大部分人担任公职。"

"是的，这就是民主制如何建立，无论是通过武力，还是由于敌对的一派吓坏了，自我放逐了。"

"那么这些人如何生活？他们拥有哪一种体制？【b】与这种体制相似的人显然是民主的。"

"这很清楚。"

"那么，首先我们要问，他们是自由的吗？这个城邦不是充满自由和言论自由吗？城邦里的每个人不是有权做他想做的事情吗？"

"这是他们自己说的，无论如何。"

"在人们有这种权力的地方，他们每个人显然都会以他喜欢的方式安排他自己的生活。"

"是的。"

"那么，我假定，在这种体制下，最能发现所有类型的人。"

【c】"当然。"

"那么，它看上去像是这些体制中最美好的，就像一件有各种饰物的衣裳，这个城邦，也点缀着各种品性，看上去五彩缤纷，格外美丽。许多人也可能会这样判断，就像妇女小孩一见到色彩鲜艳的东西就觉得它是最美的。"

"确实如此。"

【d】"这也是一个便于观察体制的地方。"

"为什么呢？"

"因为依据它赋予公民的权力来解释，这种体制包含所有体制。所以，看起来，任何人想要让一个城邦有序，就像我们现在正在做的那样，就有可能走向民主制，就像进了一家出售体制的商店，选择他喜欢的制度，建立民主制的城邦。"

【e】"不管怎么说，他有可能找不到这种体制的样板。"

"在这个城邦里，没有人要你实施统治，哪怕你有能力统治，如果你不愿意服从统治，你也完全可以不服从，除非你自己愿意服从；如果别人在打仗，你可以参战，也可以不参战，别人要和平，你可以要和平，也可以不要和平。还有，这个城邦也没有担任公职方面的要求，哪怕至少当一名陪审员，而是你想担任就担任，不会有法律禁止你这样做。【558】当这种体制延续的时候，岂不真是一种奇妙的、愉快的生活吗？"

"可能是的——当它延续的时候。"

"对有些已经判刑的罪犯视若罔闻如何？这不是一个老于世故的标志吗？或者说，你从未见过在这样的体制下有人被处死或流放，那里的罪犯就像亡灵一样来去自由，如入无人之境，没有任何人会看他们一眼或者想这种事？"

"是的，这种情况我见过不少。"

"这种城邦的宽容如何？它不是狭隘的极不宽容吗？【b】完全轻视我们在建立我们的城邦时认真对待的事情，也就是说，若非有人拥有极高的天分，否则他决不会变好，除非他从小就玩耍正确的游戏，追随良好的生活方式？这种体制践踏所有这些东西，完全不问一个人在进入公共生活之前原来是干什么的，只要他声称自己希望大多数人好，就把荣誉授予他，这不是一种极好的方式吗？"

【c】"是的，它是极好的！"

"那么，这些事情和其他一些相似的事情就是民主制的特点。它看起来似乎是一种令人喜悦的体制，但它缺乏统治者，不是一种主张多样性的体制，它把一种平等分配给平等的人，也分配给不平等的人。"

"我们肯定知道你指的是什么。"

"那么，考虑一下什么样的人像这种体制。或者说，我们应当和考察城邦一样，先考察一下这个人是怎么产生的吗？"

"是的，我们应当。"

【d】"嗯，事情是不是这样的？那个吝啬的寡头的儿子不会按照他父亲的成长方式来抚养吗？"

"当然。"

"所以，他也会努力控制他自己花钱的快乐——那些不赚钱的快乐，被称做不必要的快乐。"

"显然如此。"

"但为了避免争论，你想要我们首先界定哪些欲望是必要的，哪些欲望是不必要的吗？"

"我想。"

【e】"那些我们无法抗拒的欲望和那些得到满足而有益于我们的欲望可以正确地称做必要的，因为自然迫使我们去满足这两种欲望。不是这样吗？"

"当然是的。"

【559】"所以，我们会正确地把这两种欲望称做'必要的'吗？"

"我们会。"

"那些可以从小开始加以戒除的欲望如何，它们的呈现不会带来好处，甚至会带来坏处？要是说所有这些欲望是不必要的，我们这样说对吗？"

"我们这样说是对的。"

"让我们各举一例来说明这两种欲望，以便把握它们展现的类型。"

"我们应当这样做。"

"下面这些欲望不是必要的吗？为了保持身体健康而要吃东西的欲望，【b】想要吃面包和吃美食的欲望。"

"我想是的。"

"想要吃面包的欲望从两方面来看都是必要的；它是有益的，除非满足这种欲望，否则我们会饿死。"

"是的。"

"就其有益而言，吃美食的欲望也是必要的。"

"绝对如此。"

【c】"如果欲望超过了这些范围去寻求其他种类的食物，这样的欲望要是从小进行约束和教育，可以消除，它既对身体有害，也对灵魂的理智和节制有害，这样的欲望如何？称它为不必要的，对吗？"

"确实应当这样称呼它。"

"那么，我们不也会说这样的欲望是花钱的，而前面那些欲望是挣钱的吗，因为它们对我们的各种规划有益？"

"当然。"

"我们对性欲以及其他欲望不是也可以这样说吗？"

"是的。"

"我们不是说过，刚才被我们戏称为雄蜂的那个人充满了这样的快乐和欲望，因为他被这些不必要的欲望统治，【d】而一个节俭的寡头被他必要的欲望统治吗？"

"我们肯定说过。"

"那么，让我们回过头来，解释那个民主制的人如何从寡头制的人演变而来。在我看来它最有可能是这样发生的。"

"如何演变？"

"一个年轻人，在我们描述过的可悲的环境中成长，没有受到良好的教育，尝到了当雄蜂的甜头，与那些粗野的、危险的生灵为伍，它们能以各种方式提供各种各样的快乐，【e】你会假设，这就是他从寡头制转型为民主制的开端。"

"这是它的起点，不可避免。"

"正如城邦里的一个派别接受了外部相同品性的人的帮助，促使城邦发生改变，当这个年轻人的一部分欲望接受了其他那些与它们有亲缘关系和相同形式的欲望的帮助时，这个年轻人不就发生改变了吗？"

"绝对如此。"

"我假定，要是有什么外部盟友来支援这位年轻人身上的寡头派，无论来自他父亲，还是来自其他家人，告诫他或者指责他，【560】那么他身上就会有内战和反对变革，他与他自己进行战斗。"

"对。"

"有时候，民主派屈服于寡头派，所以这个年轻人的欲望，有些被克服，有些遭驱逐，某种羞耻感在他的灵魂中产生，他的灵魂的秩序得以恢复。"

"有时候确实会发生这种情况。"

"但我假定，随着有些欲望被驱除，其他与之同源的欲望悄悄地滋生，由于他的父亲不知如何抚养他成长，【b】这些欲望又会繁衍增强。"

"这种情况也经常发生。"

"这些欲望把这个年轻人拽回来，与原先的狐朋狗友为伴，与之秘密交往，滋养众多欲望。"

"确实如此。"

"还有，看到这个年轻人的灵魂城堡空空荡荡，没有知识，没有良好的生活方式，没有真理的话语（而这些东西是最好的更夫和守护者，看护着神钟爱的那些人的思想），【c】它们自己就占领了城堡。"

"它们肯定这样做。"

"这些守护者一缺席，虚假而又狂妄的言辞和信念乘虚而入，占据了这个年轻人的这个部分。"

"确实如此。"

"那么，他不会又回到那些贪图安逸的人那里去，与他们公开生活在一起吗？要是他的亲友来支援他灵魂中的节俭部分，那些狂妄的言辞不会关闭他心中的城墙的大门，不让援军进入，也不让他去倾听那些作为使者的良师益友的忠告吗？【d】在取得战争胜利和控制了事态以后，它们不会把敬畏叫做愚蠢，把节制叫做胆怯，先加辱骂，然后驱逐出去吗？它们不会说服年轻人，适度有序的花费是没见过世面的乡巴佬和吝啬，然后与其他许多无用的欲望结成团伙，把这些美德统统赶走吗？"

"它们肯定会的。"

【e】"等到把它们占领的这个灵魂中的美德全部扫除干净，它们举行宏大的入城仪式，打开城门，带领过去流放在外的傲慢、放纵、奢侈、无耻进城，为这些恶德戴上花冠，让歌队簇拥着它们前进，为它们大唱赞歌，然后把傲慢称做有礼，把放纵称做自由，把奢侈称做慷慨，【561】把无耻称做勇敢。以这样一种方式，那些从小接受教育，把自己的欲望限制在必要范围之内的年轻人发生了蜕变，那些不必要的、有害的欲望都被释放出来，不是这样吗？"

"是的，事情显然是这样发生的。"

"还有，我假定，在那以后，他把许多金钱、精力、时间花在这些不必要的快乐上，就像花在必要的快乐上一样。要是他是幸运的，他的狂妄没有走得太远，那么他内心的强烈骚动会随着年纪增长而平息，原先被放逐的部分美德重新回归，【b】不再向那些新来的欲望投降，平等地对待各种欲望。所以，他过着这样一种生活，机会均等地让各种快乐来统治他自己，就好像通过抽签轮流执政一样。一种欲望满足了，他就把统治权交给另一种欲望，他不排斥任何欲望，而是平等地让它们得到满足。"

"对。"

"还有，他没有把真理的言辞接纳到这个看守所里来，因为要是有人对他说，有些快乐是从高尚善良的欲望中产生的，【c】有些快乐来自卑鄙的欲望，那么他必定追求和评价前者，控制和克服后者。他否认这样的做法，宣布所有快乐一律平等，都应当得到同样的评价。"

"这正是处于这种状况下的人会做的事情。"

"所以，他就这样活着，一天又一天地沉迷于快乐。他有时候边喝酒边听笛子演奏，有时候节食只喝清水，有时候热衷于锻炼身体，【d】有时候游手好闲，无所事事，甚至有时候研究哲学。他经常参与政事，心血来潮，想说什么就说什么，想干什么就干什么。要是他正好崇拜武士，他就会朝那个方向发展，要是想挣钱，他就去做商人。他的生活毫无秩序可言，也不受任何约束，但他自认为他的生活方式是快乐的，自由的，幸福的，想要奉行一生。"

【e】"你已经完善地描写了一位信奉平等的人的生活。"

"我也假定他是一个复杂的人，充满各种品性，色泽斑斓，五彩缤纷，就像那个民主制的城邦，众多男女都羡慕他的生活，因为这种体制包含着许多类型的体制和生活方式。"

"对。"

"那么我们要把这个人放在民主制旁，【562】正确地称之为民主制的人吗？"

"可以这样定位。"

"剩下来，我们还有一种最美好的体制和一个最美好的人要讨论，亦即僭主制和一个僭主制的人。"

"我们肯定要讨论。"

"那么，来吧，僭主制如何产生？据我看，它显然从民主制转变而来。"

"是的。"

"它从民主制转变而来的方式与民主制从寡头制转变而来的方式不是一样的吗？"

【b】"这种方式是什么？"

"寡头制把财富当做善，寡头制为财富而建立，不是吗？"

"是的。"

"它对财富贪得无厌，为了挣钱而忽略其他一切事情，由此导致城邦的毁灭，不是吗？"

"对。"

"导致民主制瓦解和崩溃的原因不也就是被民主制确定为善的那个事物吗?"

"你认为它把什么东西确定为善?"

"自由。你一定听民主制的城邦说过,这是它拥有的最好的事物,【c】正因如此,它是唯一值得具有自由天性的人生活于其中的城邦。"

"是的,我经常听到这样的说法。"

"然而,我要说,不顾一切地过分追求自由而忽略其他事情的欲望改变了这种体制,为专制的必要性开辟了道路,不是吗?"

"以何种方式?"

"我假定,当一个民主制的城邦渴望自由时,正好让一些坏的侍酒者当上了它的领袖,所以它喝了过量的纯粹自由的酒,在这个时候,除非统治者极为放任自流,【d】提供充足的自由,否则他们就会受到城邦的惩罚,被指控为寡头。"

"是的,它就是这么做的。"

"它会羞辱那些服从统治的人,说他们甘心为奴,一钱不值,它在公私场合赞扬和荣耀那些行为像民众的统治者和行为像统治者的民众。【e】自由在这样的城邦里不是必然要在各个方面走向极端吗?"

"当然。"

"它会进入私人家庭,到了最后,甚至在动物中培养出无政府主义。"

"你这是什么意思?"

"我指的是,父亲习惯于让自己的行为像儿童,害怕他的儿子,而儿子的行为像父亲,在双亲面前既无羞耻感又无恐惧感,为了当一名自由人。外国侨民或访客与本邦公民平等,【563】他跟他们处于平等地位。"

"是的,事情就是这样。"

"没错。其他一些小事也是这样。在这样的共同体中,老师害怕他们的学生,迎合学生,而学生藐视他们的老师或家庭教师。总的说来,年轻人摹仿长者,在言行中与长者分庭抗礼,而长者顺从年轻人,说说笑笑,态度谦和，【b】他们模仿年轻人，只怕被年轻人当做坏脾气的老不死。"

"确实如此。"

"多数人的自由在这样的城邦里达到顶点，花钱买来的奴隶，男的或女的，与出钱买他们的人同样自由。噢，我差点忘了提到男女之间在法律上的平等和男女关系上的自由。"

【c】"动物如何？我们要畅所欲言吗，如埃斯库罗斯所说：'把到嘴边的话都说出来'？"①

"当然。我要这样说：若非亲身经历，谁也不会相信在这样的城邦里连人们驯养的家畜也比其他地方自由得多。如谚语所说，那里的家犬变得像女主人一样，②那里的马和驴也会享有最大的自由和尊严，在大街上昂首阔步，践踏挡道者，【d】而其他动物也拥有充分的自由。"

"你说的这些事我已经知道了。我去乡下经常遇到这种事。"

"总结一下：你注意到了吗？所有这些事情加起来使得这些公民的灵魂变得非常敏感，只要有谁对自己有所约束，他们都会变得愤怒和难以忍受。到了最后，如你所知，他们根本不把法律当一回事，不管是成文的还是不成文的，【e】为了避免有任何主人。"

"我肯定注意到了。"

"所以，这就是这个良好的、有生命力的源泉，在我看来僭主制就是从这个源泉中产生的。"

"确实有生命力。但是下面该说什么呢？"

"从寡头制中产生和导致寡头制毁灭的疾病也在这里发展起来，由于这里有充分的自由，所以这种疾病广泛流传蔓延，逐步奴役了民主制。诚所谓物极必反。这种情况在季节、植物、身体、【564】体制——它是最后的，但并非最小的——中间都会发生。"

---

① 参见埃斯库罗斯：《残篇》351。

② 有句希腊谚语是："有什么样的女主人，就有什么样的女仆人。"

"希望如此。"

"我们不能期待极端的自由导致任何结果，而只会导致极端奴隶制的改变，无论是对个人来说，还是对城邦来说。"

"对，不能期待。"

"所以，我不假定僭主制是从民主制以外的其他体制发展而来的——从最大的自由产生最严苛、最残忍的奴役。"

"是的，这样说是合理的。"

"但我不认为这是你的问题。你问的是，【b】从寡头制和民主制中产生并奴役这些体制的这种疾病是什么。"

"对。"

"我当时想到的答案是那个又懒惰又奢侈的阶层，这个阶层中最强悍的成员是首领，比较懦弱的是随从。我们把他们分别比做有刺的和无刺的雄蜂。"

"对。"

"嗯，这两个群体在任何体制中都会引起问题，就好像人体中黏液与胆液。【c】所以，好医生和城邦的立法者必须提前采取措施，首先，防止它们出现，其次，要是已经出现了，就尽早消灭，连同蜂巢彻底铲除。"

"是的，宙斯在上，必须彻底铲除。"

"然后，让我们按下列方式提出问题，以便能更加清楚地看到我们想看的东西。"

"以什么方式？"

"让我们在理论上把一个民主制的城邦分成三部分，这也是我们对它进行实际划分的方法。第一部分就是那个又懒惰又奢侈的阶层，它在民主制城邦里的生长，【d】决不亚于在寡头制城邦中的生长，因为民主制城邦拥有普遍的自由。"

"是这样的。"

"但是它在民主制中比其他体制中要凶悍得多。"

"怎么会这样呢？"

"在寡头制城邦里它是凶悍的，因为它被排斥，但由于城邦不让它分享一部分统治权，所以它没有实践的机会，不能变得富有生命力。然而，在民主制城邦里，除了少数例外，这个阶层是主导阶层。它的最强悍的成员到处发表演说，采取行动，而其他人则坐在演讲席近旁，喧哗起哄，不让持不同政见者讲话，【e】所以，在民主制下，我前面讲了，除去少数例外，这个阶层掌管一切。"

"对。"

"从大多数民众中还会产生第二个阶层。"

"什么阶层？"

"当每个人都在追求财富的时候，那些最有组织才能的人一般就会变成最富有的人。"

"可能是这样的。"

"所以，他们可以为雄蜂提供丰富的蜜汁，雄蜂向他们吸取蜜汁也最方便。"

"是的，因为无人能在那些本身几乎一无所有的人身上榨取油水。"

"那么，我假定，这些富裕的人可以叫做雄蜂的喂养者。"

"好像是这样的。"

"民众——那些用自己的双手劳动的人——是第三个阶层。【565】他们不参与政治，没有多少财产，但若聚集起来，他们是民主制城邦中最强大的阶层。"

"他们是的。但他们不愿经常集会，除非他们能分享蜜汁。"

"他们总能分到一份，尽管他们的首领在分配从富人那里抢来的东西时会给自己留下较大的部分。"

【b】"是的，以这种方式民众取得他们的一份。"

"我假定，那些财富被剥夺的人被迫保护自己，在民众面前讲话，采取他们能做到的其他行动。"

"当然。"

"他们受到那些雄蜂的指控，说他们阴谋反对人民，他们是寡头，哪怕他们没有丝毫革命的念头。"

"对。"

"所以，到了最后，当他们看到民众想要伤害他们的时候，不管他们愿意不愿意，【c】他们真的成了寡头。但是这两个群体做这些事情都不是自愿的。倒不如说，民众这样做是由于无知和受到雄蜂的欺骗，富人这样做是被雄蜂螫伤以后被迫采取的行动。"

"绝对如此。"

"然后，双方就有了检举、上告、审判。"

"对。"

"嗯，民众不是老有这样的习惯，推举一个人出来领头，让他做他们专门的护卫者，供养他，让他坐大吗？"

"他们是这样的。"

【d】"由此清晰可见，僭主产生的时候，这种专门的领导权就是他得以产生的唯一根源。"

"是的。"

"从民众的领袖转变为僭主的起点是什么？你听说过阿卡狄亚的狼神宙斯①的神庙吗？当这个领袖的所作所为开始像故事中的那个人时，这个起点不就清楚了吗？"

"什么故事？"

"任何人品尝了混在其他牺牲中的人的内脏，不可避免地要变成狼。【e】你听说过这个故事吗？"

"我听说过。"

---

① 阿卡狄亚（Ἀρκάδια），地名。狼神宙斯（τὸ τοῦ Διὸς Λυκαίου），天神宙斯亦为狼神。

"控制着一群轻信的民众的领袖不能约束自己不去品尝同类的鲜血，同样的事情不就发生了吗？他诬告人，让他出庭受审，谋害他的性命（如僭主经常所为），通过剥夺一个人的生命，他的不虔敬的唇舌品尝了同胞公民的鲜血。他流放一些公民，处死一些公民，以此警告人们，要他们取消债务和重分土地。【566】由于这些事情，一个像这样的人最后不是命中注定，要么被他的敌人杀死，要么变成僭主，从一个人转变为一条豺狼？"

"这完全是必然的。"

"他就是那个挑动反对富人的内战的人。"

"就是他。"

"要是他被流放了，但又不顾政敌的反对设法返回了，那么他不是作为一名羽翼丰满的僭主回来的吗？"

"显然是的。"

"要是他的政敌不能通过向城邦起诉驱逐他或处死他，【b】他们就会密谋杀害他。"

"这种事情一般也会发生。"

"所有抵达这个阶段的人很快发现这位僭主提出一项重要的要求，让民众给他提供一名保镖，来保护他这个民众保护人的人身安全。"

"对。"

"我假定，民众会给他提供保镖，因为民众担心他的安全，而对自身的安全一点儿也不担心。"

【c】"对。"

一名富人由于富有而被民众视为敌人，那么，他就像克娄苏[①]得到的那个神谕所说："要沿着多石的赫尔墨斯河岸赶快逃跑，不要因为感到可耻而停留。"[②]

---

① 克娄苏（Κροίσω），吕底亚王国的最后一位国王，公元前 560 年—前 546 年在位，曾经征服伊奥尼亚。

② 参见希罗多德：《历史》第 1 卷，第 55 章。

"他不会再有第二次感到可耻的机会。"

"要是给抓住，我以为他非死不可。"

"那是一定的。"

"但是，作为领袖，他不会躺倒在地，'张开长大的身躯'①，而会在打倒其他许多人之后，站立在这个城邦的马车上，【d】成为一名完全的僭主，而不是一名领袖。"

"他还能是什么？"

"那么，让我们描述一下这个人的幸福以及产生这种人的城邦的幸福。"

"让我们就这样做吧。"

"在他统治的最初的日子里，他不会对所有人满脸堆笑，逢人问好，不以僭主自居，许下公私两方面的众多诺言，豁免穷人的债务，【e】给他们和他的追随者重新分配土地，假装对所有人仁慈温和吗？"

"他不得不这样做。"

"但我假定，当他与某些已被流放在外的政敌达成某种谅解，而另外一些政敌已被消灭，不会再引起骚乱的时候，他做的第一件事情就是挑起战争，好让民众继续感到需要一个领袖。"

"可能是这样的。"

【567】"但正因为此，民众因负担军费而陷于贫困，成日里忙于自己的生计，不大可能有时间造他的反。"

"显然如此。"

"此外，要是他怀疑有些人拥有自由的思想，不喜欢他的统治，那么他不会找借口把他们除掉，把他们送到敌人手里，借刀杀人吗？由于上述种种原因，僭主不是必定老在挑动战争吗？"

"是的。"

【b】"由于这个原因，他不会更容易引起公民们的反对吗？"

---

① 参见荷马：《伊利亚特》16：776。

"当然。"

"还有，那些过去帮他建立僭主制的人中间最勇敢的人，以及那些现在与他一道掌权的人，不会相互议论或者向他建言，批评这些事情吗？"

"他们可能会这样做。"

"那么，要想维护自己的统治，这位僭主必须清除这些人，一个不留，直到他自己既无朋友，又无任何高尚的政敌。"

"这是明摆着的。"

"因此，他必须有敏锐的目光，能辨别谁勇敢，谁高尚，谁聪明，谁富有。他的好运就是注定要成为这些人的敌人，【c】把他们都消灭，直到城里一个这样的人都不剩，不管他自己愿意不愿意，他都必须这样做。"

"这真是一场美妙的大清洗。"

"对，不过这种大清洗与医生对人体进行的清洗正好相反。医生清除坏的，留下好的，而僭主做的事情正好相反。"

"要想保住权力，他不得不这样做。"

【d】"这真是一种美妙的幸福，因为他不得不与低劣的大众相处，否则就得去死，尽管这些人全都痛恨他。"

"然而，这就是他的真实处境。"

"他的行为越是引起公民们的痛恨，他不就越需要一支更加强大、更加忠诚的卫队吗？"

"当然。"

"这些值得信赖的人是谁？他到哪里能找到这样的人呢？"

"要是他肯付钱，他们会蜂拥而至。"

【e】"雄蜂，我以神犬的名义起誓！全都是外国来的杂色雄蜂！我想这是你在谈的雄蜂。"

"你猜得对。"

"在城邦内部招募如何？他愿意……"

"愿意什么？"

"不就是解放公民们的奴隶，招募他们，让他们加入他的卫队吗？"

"他肯定愿意，因为他们好像最能向他证明对他的忠诚。"

"要是这些人就是他要雇用的人，当做朋友和忠诚的追随者，【568】在他消灭了原先的拥护者以后，那么你使这位僭主太幸福了！"

"不管怎么说，这些人是他要雇用的。"

"这些同伴和新公民崇拜他，与他交往，而那些高尚的民众痛恨他，躲避他。"

"当然。"

"一般人都认为悲剧家聪明，而欧里庇得斯①格外聪明，人们这么想，并非无缘无故。"

"你说说看，为什么？"

"因为在讲了其他一些精明的事情以后，他说：'和聪明人交朋友的僭主是聪明的。'【b】'聪明的'这个词显然指我们看到与僭主交往的这种人。"

"是的。他和其他诗人赞扬僭主制，把它说成神圣的，其他还说了一大堆好话。"

"那么，我可以肯定，要是我们不接纳悲剧诗人进我们的城邦，因为他们赞扬僭主制，他们会宽恕我们和那些与我们的体制相似的人，因为这些悲剧诗人是聪明的。"

【c】"我假定他们中间那些更加明智的人会宽恕我们。"

"所以，我假定他们会去其他城邦召集民众，雇用嗓音美妙、有说服力的人进行鼓吹，把他们的体制引向僭主制和民主制。"

"他们确实这样做。"

"除此之外，他们得到报酬和荣誉，尤其是——这是可以预料的——首先来自僭主制，其次来自民主制，但他们沿着这座体制之山越是向上攀登，

———————

① 欧里庇得斯（Εὐριπίδης），希腊三大悲剧家之一，生于公元前484年，死于公元前407年。

他们的荣誉就越往下降，【d】仿佛气喘吁吁，无力向上攀援。"

"绝对如此。"

"但是，我们跑题了。所以，让我们回归正题，再来看那支美妙的、人数众多的、多样化的、变化不定的卫队，解释僭主如何付钱给它。"

"很清楚，要是城邦里有圣库，他会动用圣库里的钱财，直到用尽为止，他也会动用那些被他消灭了的政敌的财产，这样的话，他要民众缴纳的税收就比较少了。"

"要是这些资源都枯竭了，那该怎么办？"

【e】"很清楚，用他的祖产来供养他的宾客——他的同伴，和他一起狂欢的男男女女。"

"我明白了。你的意思是那些养出了僭主的民众将不得不供养僭主和他的同伙。"

"他们被迫这样做。"

"要是民众愤怒了，并对他说，首先，成年的儿子还要父亲来供养是不公正的，【569】正好相反，儿子应当奉养父母；其次，他们没有要当他的父亲，帮他掌握大权，等他变得强大了，他们自己成了他这个从前的奴隶的奴隶，不得不供养他和他的奴隶，以及那些外国雇来的士兵，因为他们的希望是，在他的领导下，能够摆脱富人和所谓好人的统治；再次，他们命令他和他的同伙离开城邦，就像父亲命令儿子和他那些惹是生非的狐朋狗友离开家一样，对此你会怎么说？"

"那么，宙斯在上，民众到了这个时候才明白他们生养、拥戴了一只什么样的野兽，让它强大，【b】而现在他们自己已经是试图赶走强者的弱者了。"

"你这是什么意思？难道这个僭主竟敢使用暴力来对付他的父亲吗？或者要是不服从，就殴打他吗？"

"对——一旦解除了他父亲的武装。"

"你的意思是，僭主是弑父之徒和虐待老人的保姆，他的统治最终变成了一种公认的僭主制，还有如谚语所说，为了避免刚跳出油锅又入火坑，民众不得不把奴隶当做他们的主人。【c】就在他们在民主制下获得巨大但不恰当的自由的地方，他们自己不得不沦落为这种最苛刻、最痛苦的奴隶制的奴隶。"

"我确实就是这个意思。"

"嗯，好吧，我们现在可不可以公正地说，我们已经恰当地描述了民主制如何演变为僭主制，以及僭主制产生时是什么样的吗？"

"我们肯定可以这样说。"

第九卷

【571】"剩下来还要考虑的是这个僭主制的人本身，他是怎么从一个民主制的人发展而来的，当他产生的时候像什么样，他是可悲的还是幸运的。"

"是的，他是我们至今还没有找到的。"

"你知道我认为还有什么没找到吗？"

"还有什么？"

"我认为我们还没有恰当区分欲望的种类和数量，要是这个主题得不到恰当处理，【b】我们的整个考察仍旧不够清晰。"

"嗯，现在不就是讨论这个问题的好时间吗？"

"当然。那么，考虑一下关于我们的欲望我想知道什么。事情是这样的：在我看来，我们有些不必要的快乐和欲望是不合法的。它们可能在每个人身上呈现，但受到法律和与理智结盟的较好的欲望的控制。在少数人身上，这些欲望被根除，或有少量软弱的欲望残留，而在其他人身上，这些欲望比较强烈，数量较多。"

【c】"你指的是什么欲望？"

"那些在睡眠中仍旧清醒的欲望，这时候，灵魂的其他部分——理智的、温和的、占主导地位的部分——懈怠了。然后，它的兽性的、野蛮的部分在吃饱喝足以后反而活跃起来，力图冲出来寻求自身的满足。你知道，在这种时候，由于不受羞耻心和理智的控制，没有什么事情是它不敢去尝试的。它会在梦中与母亲乱伦，【d】或者与其他男人、神灵、野兽交媾。它会进行愚蠢的谋杀，没有任何食物是它不敢吃的。总而言之，它不会回避任何愚蠢或无耻的行为。"

"完全正确。"

"另一方面，我假定一个健康的、节制的人只在做完了下列事情以后才去睡觉：第一，激励他的理性部分，请它享用美好的论证和沉思的盛宴；【e】第二，既不使他的欲望饥饿，也不使它们过分满足，让它们懈怠下来，不用它们的快乐或痛苦去打扰灵魂，【572】而是让灵魂最优秀的部分独立自处，洁身自好，进行考察，拒绝或接受它不认识的事物，无论是过去的、现在的、还是将来的；第三，以同样的方式安抚灵魂的激情部分，而不会在经历愤怒、仍带怒意时进入梦乡。等平息了这两个部分和激励了理性所在的第三个部分，他再去睡觉，你知道这个时候他最能把握真相，【b】而在他梦中呈现的幻象最不可能是非法的。"

"完全如此。"

"然而，离开我们想要确定的观点，我们可能已经扯得太远了，这个观点是：我们做的梦清晰地表明，每个人都有一种危险的、野蛮的、非法的欲望形式，甚至连我们中间那些完全有节制、有分寸的人也有。你看我的话有没有道理，或者你是否同意我的看法。"

"我完全同意。"

【c】"那么，我们来回顾一下我们所说的民主制的人是什么样的。他有一位节俭吝啬的父亲，从小由父亲抚养长大，而他的父亲只看重那些挣钱发财的欲求，而藐视旨在娱乐和享受的不必要的欲望。不对吗？"

"对。"

"通过与一些比较精明的、充满后一种欲望的人打交道，他开始放纵自己奢侈的欲望，采取傲慢无礼的行为方式，因为他厌恶父亲的吝啬。然而，由于他的本性比那些使他腐败的人的本性要好，因此他被朝着两个方向拉扯，定位在他父亲的生活方式和这些人的生活方式之间。他自以为有节制地采用了两种生活方式，过着一种既不寒酸又不违法的生活，【d】从一个寡头制的人变成了民主制的人。"

"对这种类型的人，我们过去这样看，现在也这样看。"

"假定这个人成年以后也有了儿子，这个时候，他就会按他父亲抚养他的生活方式抚养儿子。"

"行。"

"再假定这位父亲身上发生的事情会在儿子身上重现。首先，有人会引诱他走向漠视法律，并称之为完全的自由。【e】其次，他父亲和亲友会支持那些折衷的欲望，而其他人则支持极端的欲望。然后，当这些可怕的巫师和拥立僭主的人感到这样下去控制这个青年没有希望时，他们便会想方设法使他的灵魂产生一种能起统治作用的情爱，也就是那只万恶的长翅膀的雄蜂，去保护那些懒惰和奢侈的欲望。【573】或者说，除了就是这些人中间的那只巨大的雄蜂，你认为情爱还能是什么东西吗？"

"我不认为它能是其他什么东西。"

"当其他欲望——充满馨香、没药①、花冠、美酒，以及在这些欲望的同伴中发现的快乐——围着雄蜂叫唤，抚养它，使它尽可能长大，它们在雄蜂身上安上了渴望的螫刺。然后，这位灵魂的领袖让疯狂当它的保镖，变得狂暴蛮干。【b】要是它在这个被认为是好人的人的身上发现任何信念或欲望，或者还有某些羞耻感，它就消灭或驱逐它们，直到这个人身上的节制被清除干净，进而充满外来的疯狂。"

"你已经完整地描述了这个僭主制的人如何演变。"

"就是由于这个原因，情爱一直被称做暴君吗？"

———————
① 一种药材名，古代也用于祭祀。

"是这样的。"

【c】"那么，醉汉不是有点儿像暴君吗？"

"是的，有点儿像。"

"嗯，一个试图进行统治的疯子不仅是人，也是神，认为自己能够成功。"

"他确实如此。"

"那么，当一个人的本性或者生活方式，或者二者一起，使他醉酒的时候，他变成了一个精确意义上的僭主，充满了情欲和疯狂。"

"绝对如此。"

【d】"那么，这就是一个僭主制的人是怎么变来的。但是，他过着一种什么样的生活呢？"

"毫无疑问，你会告诉我们的，正像出谜语的人通常所做的那样。"

"我会的。我认为，灵魂被情爱的暴君占据和指引的人的生活便在宴饮、狂欢、奢靡、情妇等等中间度过。"

"必然如此。"

"在这位暴君身旁，不是有许多可怕的欲望日夜不停地生长出来，需要有许多东西来满足它们吗？"

"确实如此。"

"因此，不管有多少收入也会很快花完。"

"当然。"

【e】"然后就去借钱，抵押财产。"

"还能怎么办？"

"等到一切资源用尽，在他灵魂中孵化出来的一大群欲望之雏，不是一定会发出嗷嗷待哺的叫唤吗？在其他各种欲望的驱使下，尤其是在情爱的刺激下（情爱把其他所有欲望当做它的保镖），【574】他难道不会变得疯狂，寻找和窥探，看哪里还有东西可以抢劫或骗取吗？"

"他肯定会。"

"所以，他必须获取各种资源，或者生活在巨大的痛苦之中。"

"他必定如此。"

"正如作为后来者的快乐会超过原来的快乐，消除原来的满足感，这个人本身不会认为他应当超过他的父母吗？尽管他比他们年轻——在耗尽自己的财产以后去挥霍他父亲的财产。"

"当然。"

【b】"要是父母不愿给他，那么他不会首先用欺骗的手段去偷窃他们的财产吗？"

"肯定会。"

"要是那不起作用，他不会用武力去抢吗？"

"我想会的。"

"要是年迈的父母抗拒不从，他会心慈手软，不对老人采用暴君般的手段吗？"

"要是他们这样做，我对他们的命运不是很乐观。"

"但是，善神在上，阿狄曼图，你认为他会为了一位新近结识的女友而牺牲他长期钟爱的、无法替换的母亲吗？或者说，为了一个新发现的、可以替换的妙龄男友，他会去毒打年迈的、无法替换的父亲，他最老的朋友吗？【c】或者说，要是他带其他人回家，他会让他的父母低三下四地侍候他们吗？"

"是的，他确实会这样做。"

"生一个僭主制的儿子似乎太幸福了！"

"确实是这样的！"

"他的父母交出财产以后会如何？【d】带着一大群他灵魂中追求快乐的欲望，他不会首先逾墙行窃，或者遇到夜行者扒人衣裳吗？然后，他不会试着抢劫神庙吗？在所有这些行为中，他自幼持有的何谓高尚、何谓可耻的传统观念——被视为正义的观念——被那些新近从奴隶制中释放出来的观念所控制，这些观念现在是情爱的保镖，与情爱一道占据优势。【e】当他本人服从法律和他的父亲、内心拥有一种民主制的体制时，这些观念只在睡眠的时候偶尔释放出来。而现在，处在情爱这位暴君的统治之下，他在醒着的时候就想起过去只在睡梦中见到的场景，他也不会克制杀人、暴食等行为。倒不如说，情爱在他身上就像一名僭主，【575】是他唯一的统治者，他就好比一座城邦，处于完全没有法律的无政府状态，情爱驱使他甘冒天下之大不韪，无恶不作，以便为情爱和那群围绕着情爱的暴民提供给养（有些成员是从外部来的，是他保留坏同伴的结果，有些成员来自内部，由他自身坏习惯释放而来）。这不是一个僭主制的人会过的生活吗？"

"确实如此。"

【b】"嗯，要是一个城邦里这样的人只有几个，而其他民众是有节制的，那么这群暴民就会离开城邦，去给其他僭主当保镖，要是正好那里发生战争，就去当雇佣兵。但若他们生长在和平与稳定时期，他们就会待在城邦里为非作歹，犯下许多小的罪行。"

"你指的是哪些罪行？"

"他们偷窃、抢钱包、剥衣、抢劫神庙、贩卖人口。有时候，要是他们口才好，他们会变成告密者、作伪证者，接受贿赂。"

【c】"这些罪行是小的吗，除非这样的人只有几个？"

"是小的，与大罪相比。如果城邦里产生罪恶和不幸，所有这些小罪加在一起，如谚语所说，还远远比不上一名僭主的统治造成的危害。但若这样的人变得越来越多，而且他们意识到自己有那么多人——在愚蠢的民众的帮助下——那么就是他们创造了一名僭主。就是他，而不是他们中的其他人，在他的灵魂中有一位最强大的暴君。"

【d】"这很自然，因为他一定是最专制的。"

"要是这个城邦正好愿意服从他，那当然没什么问题；但若这个城邦抗拒他的统治，那么就像殴打父母的不孝子一样，他会殴打他的父国，要是他能做得到，他会带来新朋友，奴役他的父国和他亲爱的古老的母国（如克里特人的叫法），这种人的欲望所要达到的目的就在于此。"

【e】"肯定是这样的。"

"嗯，在私人生活中，在一个僭主制的人获得权力之前，他不是这样一种人吗——主要与一些阿谀奉承之徒交往，这些人打算在所有事情上服从他？或者说，要是他本人正巧需要从其他人那里得到什么东西，他不会讨好他们，向他们表示友谊，就好像正在对待他自己的家人吗？而目的一旦达到，【576】他们不又会变成陌生人吗？"

"是的，他们肯定会这样的。"

"所以，有僭主本性的人终其一生不会成为任何人的朋友，他始终只是一个人的主人，或是另一个人的奴隶，决不可能品尝自由或真正的友谊。"

"对。"

"我们把这样的人称做不可信之人难道不对吗？"

"这样说当然是对的。"

"要是我们前面对正义达成的一致看法是正确的，【b】那么我们把这种人称做不义之人不对吗？"

"我们的看法肯定是对的。"

"那么，让我们来总结一下这种最糟糕的人的类型：他活着不就像是我们前面描述过的那场噩梦吗？"

"没错。"

"他是从那些获得权力的、最具有僭主天性的人演变而来的。只要他是僭主，他的生活就越像噩梦。"

格老孔说："这是不可避免的，按照我们的论证。"

"嗯，好吧，这个最邪恶的人不也是最可悲的人吗？当僭主时间最长的人可悲的时间不是最长吗？【c】也就是说，是真理而非多数人的意见，解决了这些问题。"

"可以肯定，不管怎么说。"

"一个僭主制的人像一个城邦一样被一名僭主统治，一个民主制的人像一个城邦一样被民主统治，其他类型的人亦然，不是吗？"

"当然。"

"城邦与德性、幸福的关系和这些人之间的关系不是一样的吗？"

【d】"当然。"

"那么，僭主统治的城邦如何与我们最先描述的由国王统治的城邦相比呢？"

"它们完全相反：一种是最好的，一种是最坏的。"

"我不问你哪个好，哪个坏，因为这是明摆着的事。而是你对它们的幸福和不幸下同样的判断吗？让我们不要把眼光只盯着一个人——僭主——或者只盯着他身边的几个人，重要的是进入城邦，研究整个城邦，让我们不要发表意见，【e】直到我们深入察看了它的每一个角落。"

"行，大家都很清楚，没有哪个城邦比僭主统治的城邦更不幸，也没有哪个城邦比国王统治的城邦更幸福。"

"那么，我对和城邦相应的人提出同样的挑战也是对的吗？假定，【577】首先，那个适宜对这个问题下判断的人要深入人的品性，彻底考察它们，才能看清僭主的本质，而不是像孩子那样，只从外表看问题，慑服于僭主的威仪及其所造成的效果？其次，他要是这样一个能下判断的人——因为要是他在的话，我们全得听他的——因为他和僭主生活在一起，朝夕相处，目睹僭主在家中的行为，也见过僭主在自己家中如何与密友相处，而僭主在这种场合会剥去各种伪装，把真相完全暴露出来。这种人同样也观察到僭主在公众生活中造成的危害。【b】我们难道不应该请这个人来告诉我们吗？与其他人相比，僭主是幸福的还是不幸的？"

"这样做也是对的。"

"那么，你想要我们假装我们就是那些能做出判断的人吗？我们已经遇见了僭主制的人，所以我们会有人来回答我们的问题？"

"我肯定会的。"

【c】"那么，来吧，替我以这个方式来观察：记住城邦与人的相似性，轮流观察它们，描述它的状况。"

"你想要我描述哪一种事情？"

"首先，谈论城邦，你会说一个僭主制的城邦是自由的还是受奴役的？"

"受奴役的，能受多大程度的奴役就受多大程度的奴役。"

"但你在这种城邦里看到有些人是主人，他们是自由的。"

"我看到少数人是这样的，而整个城邦，也就是说，它的最高尚的部分是悲惨的奴隶。"

【d】"那么，要是人和城邦相同，他的结构不也必定相同吗？他的灵魂不也必定充满奴役和不自由，最优秀的部分受奴役，最疯狂、最邪恶的部分是它们的主人吗？"

"必定如此。"

"那么对这样一个灵魂你会说什么？它是自由的还是奴隶？"

"当然是奴隶。"

"受奴役的和僭主化的城邦不是最不可能做它想做的事吗？"

"肯定如此。"

【e】"那么一颗僭主制的灵魂——我在谈论整个灵魂——也最不可能做它想做的事，因为它总是受到雄蜂般的马虻的螫刺，充满混乱和悔恨。"

"它还能怎么样？"

"一个实行僭主制统治的城邦是富裕的，还是贫穷的？"

"贫穷的。"

【578】"那么一颗僭主制的灵魂也必定始终贫乏，永不满足。"

"对。"

"恐惧怎么样？一个僭主制的城邦和一个僭主制的人不是充满恐惧吗？"

"绝对如此。"

"你认为在其他城邦里能看到更多的悲伤、呻吟、哀诉、苦恼吗？"

"肯定不能。"

"那么，这样的事情在僭主制的人以外的人身上更普遍吗，在欲望和情爱的驱使下疯狂？"

"怎么会呢？"

【b】"看到所有这些情况，我假定，以及其他类似的事情，你把这种城邦判定为最不幸的城邦。"

"我这样判断不对吗？"

"当然对。但是，当你看到这些相同的事情，你对僭主制的人会怎么说呢？"

"他是所有人中最不幸的。"

"你不再对了。"

"怎么会呢？"

"我不认为这个人已经抵达了不幸的顶峰。"

"谁抵达了？"

"也许你会同意我下面说的这个人更加不幸。"

"哪一个？"

【c】"这个人是僭主制的人，但没有过上一种僭主式的生活，由于机遇不好，他还没能成为真正的僭主。"

"以我们前面所说的为基础，我假定你说得对。"

"是的，但在这类事情中，仅仅假定这些还不够；我们需要使用论证来仔细考察相关的两个人，因为这项考察涉及两件最重要的事情，亦即善的生活和恶的生活。"

"绝对正确。"

【d】"那么考虑我说的有没有道理，因为我想下面的事例有助于我们的考察。"

"什么事例？"

"我们应当观察我们城邦里的所有富裕的公民，他们拥有许多奴隶，就像僭主，他们统治许多人，尽管不如僭主统治的人多。"

"对。"

"你知道他们是安全的，不害怕他们的奴隶。"

"有什么东西使他们害怕？"

"没有。你知道为什么吗？"

"是的。这是因为整个城邦打算保护每一个公民。"

【e】"你说得对。但若某位神要把这些人从城里拐走，他的 50 个或者更多的奴隶，还有他的妻子儿女和所有财产，把他们送往一个偏僻的地方存放，那里没有自由人会来救援他，那会怎么样？那该有多么可怕，那些奴隶会把他和他的一家老小全部杀死？"

"确实非常可怕。"

"到了这种时候，尽管不是甘心情愿，他不会感到有必要讨好自己的奴隶，【579】向他们许下许多诺言，答应解放他们吗？他本人不会巴结自己的奴隶吗？"

"他不得不这样做，否则就得死。"

"要是这位神在他周围安置了许多邻人，这些人不能容忍任何人宣称他是其他人的主人，他们不会对他施以最严厉的惩罚吗？"

【b】"我假定，这样一来他的处境更加恶劣，周围全是敌人了。"

"这不就是监禁这位僭主的某种监狱吗——他的本性如我们所描述的那样，充满各种恐惧和情爱吗？尽管他的灵魂真的非常贪婪，他是整个城邦里唯一不能出国旅行或者看其他自由民想看的东西的人。相反，他就像个女人，大部分时间待在自己的屋子里，【c】羡慕其他公民能够自由自在地出国旅行观光。"

"确实如此。"

"所以，这种罪恶的大量涌现不是衡量这两个人的差别的尺度，一个是僭主式的人，内心的治理很坏——你刚才断言他是最不幸的人——一个没有私人生活的人，他在某种机遇下成了僭主，在他甚至还不能控制自己的时候试图去统治别人。他像一具筋疲力尽的身体，没有任何自我控制，不能私下里安静地生活，【d】被迫一辈子和其他身体打斗。"

"他确实是这个样子的，苏格拉底，你说得绝对正确。"

"所以，格老孔，这不是一种最悲惨的状况吗，掌权的僭主们的生活岂不是比你说的生活最艰辛的人还要艰辛吗？"

"他肯定是这样的。"

"那么，实际上，无论人们怎么想，一位真正的僭主真的是一名奴隶，被迫卑躬屈膝、阿谀奉承最卑劣的人。他的欲望极少得到满足，他显然——要是正好知道必须研究他的整个灵魂——对许多东西有最大的需要，真的很穷。【e】要是他的状况与他统治的城邦确实相似，那么他的一生都充满恐怖、动荡和痛苦。他就是这个样子，不是吗？"

"当然是这样的。"

【580】"我们也把我们前面提到的品性归于这个人，亦即他不可避免地是妒忌的，不可信的，不公正的，无朋友的，不虔敬的，他藏污纳垢，充满种种罪恶，他实行的统治使他更是如此。凡此种种，他极为不幸，也使接近他的人变得像他一样。"

"任何有理智的人都不会否定你的意思。"

"那么，来吧，像要做出终审的法官一样，在这五种人中间——王者型的、荣誉型的、寡头型的、民主型的、僭主型的——【b】谁最幸福，谁次之，谁再次之。"

"这很容易。我按美德和恶德、幸福和不幸排列他们，我按上场秩序来判决也可以，就像我判断一个合唱队。"

"那么，我们要不要雇一名传令官，或者由我自己来宣布，阿里斯通①之子判决如下：最善良、最正义、最幸福的人是最具国王气质的人，他像一名国王一样统治他自己；【c】最邪恶、最不正义、最不幸福的人是最具僭主气质的人，他对他自己和他统治的城邦实施暴政？"

"就这样宣布吧。"

"我还要加上一句话，无论这些事情是否为所有人和众神所知，可

---

① 阿里斯通（Ἀρίστων），阿狄曼图、格老孔、柏拉图之父。

以吗？"

"你就加吧。"

"好。这就是我们的证明之一。【d】但还有第二个证明，要是你认为这个证明有点儿意思。"

"什么证明？"

"事实上，每个人的灵魂分成三个部分，就像城邦一样，这就是我认为有另一个证明的原因。"

"这个证明是什么？"

"是这样的：在我看来，与灵魂的三个部分相对应的有三种快乐，一对一，欲望和统治类型也一样。"

"你这是什么意思？"

"我们说，第一个部分是人用来学习用的，第二个部分是人用来表示生气的。至于第三个部分，我们还没有一个专门的名称来称呼它，因为它有多种形式，所以我们按照其中最强烈的东西的名称来命名这个部分。【e】因此，我们称它为欲望的部分，因为它对饮食、性爱，以及其他相伴而来的欲望非常强烈，【581】但我们也称它为爱钱的部分，因为这样的欲望最容易用金钱来满足。"

"确实如此。"

"那么，要是我们说它的快乐和情爱是为了赢利，那么当我们谈论灵魂的这个部分时，确定它的核心特点不是最有利于我们的论证，确保弄清我们的意思吗？我们不是可以正确地称它为爱钱的和爱利的吗？"

"不管别人怎么看，至少在我看来是这样的。"

"灵魂的激情部分怎么样？我们不说它整个儿都献身于追求统治、胜利和名望吗？"

【b】"确实要这样说。"

"那么，我们称之为爱胜利的和爱荣誉的不妥吗？"

"再妥当不过了。"

"嗯，大家都清楚，我们用来学习的这个部分始终系于知道真理位于何处，在灵魂的三个部分中，它最不关心金钱和名望。"

"最不关心。"

"那么我们称它为爱学习的和爱智慧的不妥吗？"

"当然妥当。"

【c】"这个部分统治着某些人的灵魂，而其他部分中的另一个部分——无论是哪个部分——统治着其他人的灵魂，不对吗？"

"对。"

"不就是由于这个原因，我们说有三种基本类型的人：爱智者（或哲学的）、爱胜者、爱利者，是吗？"

"确实如此。"

"也有三种形式的快乐，与它们分别对应吗？"

"确实。"

"要是你轮着问三个这样的人，他们的哪一种生活最快乐，他们各自会把最高的赞扬给予他自己的生活，你明白吗？【d】要是没有从获取荣誉的快乐和学习的快乐中赢利，挣钱者不会说获取荣誉的快乐和学习的快乐与赢利的快乐相比没有什么价值吗？"

"他会的。"

"热爱荣誉的人怎么样？他不会把挣钱的快乐视为庸俗的和低级的，把学习的快乐——除非给他带来荣誉——视为一缕轻烟和胡说八道吗？"

"他会这样想的。"

"至于一名哲学家，你假定他认为其他快乐不值得与知道真理系于何处的快乐相比，在学习时始终沉浸于这种快乐状态吗？【e】他不认为这些快乐远非快乐吗？他不会把它们称做真正需要的吗？因为要是它们对生活来说不是必要的，他就不需要它们？"

"他会这样想的，我们可以肯定。"

"那么，由于不同快乐形式之间和生活之间有争论，不涉及哪一种快乐和生活比较高尚或者卑贱、比较优秀或者比较低劣，而涉及哪一种快乐比较快乐或较少痛苦，【582】我们怎么知道它们哪一个说得最真实?"

"别问我。"

"你这样看：要是我们想要对事物进行良好的判断，我们该如何下判断呢? 不就是借助经验、理性和论证吗? 或者说，有谁能提出比它们更好的标准吗?"

"他怎么可能?"

"那么，请考虑：这三个人对我们提到的快乐谁最有经验?【b】一位爱利者在学习真理本身或者从认识真理的快乐中获得的经验，多于一名哲学家挣钱时的快乐吗?"

"他们之间有巨大差异。哲学家从小就肯定品尝过其他快乐，而爱利者不一定品尝或体验过学习存在事物本性的快乐，知道这种快乐有多么甜蜜。确实，哪怕他渴望尝试，也不容易做到。"

"那么爱智者对两种快乐的体验远远超过爱利者。"

【c】"这是肯定的。"

"爱荣誉者如何? 他比有爱荣誉体验的哲学家拥有更多的爱知识的体验吗?"

"不，他们各自都能得到荣誉，只要完成他的目的。一个富有的人得到许多人的荣耀，一个勇敢的人或一个有智慧的人也是这样，但是学习这些事物的快乐不能被任何人品尝，除了哲学家。"

【d】"那么，随着经验的增长，他是三人中最优秀的判断者。"

"到目前为止可以这样说。"

"只有他在理智的陪伴下获得了他的经验。"

"当然。"

"还有，人们下判断时必须使用的工具不是爱利者或爱荣誉者的工具，而是哲学家的工具。"

"那是什么工具?"

"论证，我们不是说我们必须用论证来下判断吗?"

"是的。"

"论证主要是哲学家的工具。"

"当然。"

【e】"嗯，要是荣誉、胜利、勇敢是判断事物的最佳工具，对爱荣誉者的赞扬和指责不就必定是最真实的吗?"

"对。"

"要是荣誉、胜利和勇敢是最佳工具，这不就是对爱荣誉者的赞扬和责备吗?"

"这很清楚。"

"但由于最佳工具是经验、理智和论证……"

"对爱智慧者和爱争论者的赞扬必定是最真实的。"

"那么，在这三种快乐中，最大的快乐是灵魂中我们用来学习的那个部分的快乐，【583】受这个部分支配的人的生活是最快乐的。"

"怎能不是呢? 至少，一个有理智的人赞扬起他自己的生活方式来有权威性。"

"这位判断者把第二的位置给予什么生活和快乐?"

"显然，他会给武士和爱荣誉者，因为他们的生活和快乐比挣钱者的生活和快乐更接近他自己的生活和快乐。"

"那么，爱利者的生活和快乐似乎处于末位。"

"它们当然处于末位。"

【b】"那么，这些就是依次出现的两个证明，在两个证明中，正义者都已经击败了不正义者。按照奥林匹亚赛会的习俗，第三个证明要奉献给奥林匹亚的救世主宙斯。所以，注意看，除了一个有理智的人的快乐以外，其他快乐既不是完全真实的，又不是完全纯洁的，而是像某种幻影，我想我听某个聪明人这样说过。然而，如果这是真的，它将极大地、决定性地推翻我们的证明。"

"肯定会。但你这样说到底是什么意思?"

【c】"要是我来提问,你来回答,我会告诉你的。"

"那你问吧。"

"告诉我,我们不是说过痛苦是快乐的对立面吗?"

"肯定说过。"

"有这样一种既不快乐又不痛苦的感觉吗?"

"肯定有。"

"它不是介于二者之间,灵魂通过对二者的比较而获得的一种安宁吗?或者说你不这样想?"

"我就是这么想的。"

"你记得人们生病时说的话吗?"

"你心里想的是他们说的哪些话?"

【d】"没有什么能比健康提供更多的快乐了,但他们在生病之前并不明白这是最快乐的。"

"我记得。"

"你不也听说过那些处于极度痛苦中的人说,没有什么能比解除病痛更大的快乐了?"

"我听说过。"

"有许多类似的情况,我假定,在其中你发现人们在承受痛苦时赞美快乐,不是享受快乐,而是把没有痛苦和摆脱痛苦当做最大的快乐。"

"这也许是因为,在这样的时候,安宁的状态变得足以让人们满足。"

"当某人停止感到快乐时,这种安宁对他来说是痛苦的。"

"可能是这样的。"

"那么被我们描述为介于快乐与痛苦之间的安宁有时候既是快乐又是痛苦。"

【e】"好像是这么回事。"

"嗯,既不是快乐又不是痛苦有可能变成既是快乐又是痛苦吗?"

"我不这么看。"

"还有，在灵魂中变得既快乐又痛苦是一种运动，不是吗？"

"是的。"

"既不痛苦又不快乐刚才不是被解释为一种安宁的状态，【584】介于二者之间吗？"

"是的。"

"那么，痛苦的缺乏就是快乐或者快乐的缺乏就是痛苦，这样的想法能是正确的吗？"

"绝对不能。"

"所以，这种想法不对。但是，痛苦后的安宁确实显得快乐，快乐后的安宁确实显得痛苦。不过，这些都是关于快乐的现象，没有什么真理的成分，只是某种魔术。"

"这是这个论证所表明的，不管怎么说。"

【b】"看一下出自痛苦的快乐，你就不会假定快乐的本性就是痛苦的停止，痛苦的本性就是快乐的停止。"

"我往哪里看？你指的是什么快乐？"

"嗅觉带来的快乐是特别好的例子，值得注意，它们变得特别强烈之前并没有痛苦，它们停止之后也没有留下痛苦。不过，也还有其他许多例子。"

"绝对正确。"

【c】"所以，别让人说服我们，纯粹的快乐就是从痛苦中解脱，或者纯粹的痛苦就是从快乐中解脱。"

"对，别让人说服我们。"

"然而，大部分通过身体抵达灵魂所谓的快乐，以及最强烈的那些快乐，具有这种形式——它们是某种痛苦的解脱。"

"是的。"

"那些源于对未来的快乐与痛苦的期盼而带来的快乐与痛苦，也具有这种形式吗？"

"是的。"

【d】"你知道它们是哪一类事物，它们最像什么?"

"我不知道，哪一类?"

"你相信本性中有一种向上的，一种向下的，一种中间的吗?"

"我相信。"

"你认为从下面被带到中间的人，除了相信他正在向上移动，还会有其他信念吗? 要是他站在中间，看到他是从哪里来的，他会相信自己处于除了上面以外的任何地方，因为他还没有看到真正的上面吗?"

"宙斯在上，我看不出他还会有其他想法。"

【e】"要是他又被带回来，他不会假定他在向下吗? 他这样想不对吗?"

"当然对。"

"他之所以有这些想法，不都是因为他不懂得什么是真正的向上、向下和中间吗?"

"显然是的。"

"那么，要是那些对真相没有经验的人对许多事物抱有不健全的看法，或者他们非常乐意进入快乐、痛苦以及介于二者之间的中间状态，当他们下降到痛苦时，他们相信这是真的，相信自己真的处于痛苦之中，【585】而当他们从痛苦上升到中间状态时，他们就相信自己已经得到了满足和快乐，这有什么奇怪的吗? 他们对快乐没有经验，所以他们在把痛苦与无痛苦相比的时候会上当受骗，就好像他们没有白的经验，要是他们把黑与灰相比，他们会上当受骗。"

"不，宙斯在上，我不感到奇怪。实际上，事情要不是这样，我反而会感到奇怪了。"

【b】"沿着这条思路来想: 饥饿、口渴，以及其他类似的事情，不就是身体的一种空虚状态吗?"

"是的。"

"那么，无知和愚昧不是灵魂的空虚状态吗?"

"当然。"

"那么，他不要摄取营养或增强理智来填补空虚吗？"

"当然要。"

"用较多的东西还是用较少的东西能真的填满你？"

"显然是用较多的东西。"

"哪些种类的事物分有更多的实在？你要用面包、饮料、肉，或者一般来说，用食物来填补吗？或者说，你要用真正的信念、知识、理智，或者一般来说，用所有德性来填补吗？让我们以这样一种方式来判断：一类事物与始终同一、【c】不朽、真相连，它本身是这类事物，也从这类事物中产生，另一类事物与从不同一、可朽相连，它本身是这类事物，也从这类事物中产生，你不认为，前一类事物多于后一类事物吗？"

"与始终同一相连的事物要多得多。"

"始终同一的事物分有更多的知识吗？"

"绝不。"

"或者分有更多的真？"

"也不。"

"要是较少真，那么也较少实在吗？"

"必定如此。"

"那么，一般说来，出于对身体的关注用来填补空虚的各种事物，在真和实在方面，【d】不是要少于出于对灵魂的关注用来填补空虚的各种事物吗？"

"对，少得多。"

"你不认为，要拿身体与灵魂相比，结果也一样吗？"

"肯定是的。"

"那么，那些较多的事物能比那些较少的事物更多地填补空虚吗？"

"当然。"

"因此，要是用来填补空虚的事物与我们的本性相合，那么我们快乐，要是用来填补空虚的事物越真实，那么我们更快乐，真正的快乐，【e】而那些用来填补空虚的事物分有的真实越少，我们的快乐就越不那么真实，越不那么可信，不是真正的快乐。"

"这是绝对必然的。"

"因此，那些没有经历理智和德性、【586】始终热衷于吃喝的人会下降，然后再返回中间，终其一生就在这个范围内变动，但决无可能超越这个范围，向上仰望真正的上界，或向上攀援进入这个区域，品尝稳定或纯粹的快乐。他们的眼睛老是向下看，盯着餐桌上的美食，就像牲口只顾俯首吃草、雌雄交配，永远那么贪婪。【b】除了这些事情，他们还用铁制的武器互相残杀，就像牲口用犄角和蹄子踢打冲撞，永无安宁，因为他们徒劳地想用不真实的东西来努力填满他们灵魂中的那个部分，就像一只布满漏洞的巨大器皿。"

"苏格拉底，在精确描述众人生活的时候，你就像是在发布神谕。"

"那么，这些人不是必然生活在混合着痛苦的快乐中吗，这种快乐仅仅是真快乐的影像？这些快乐和痛苦的混合使影像显得强烈，【c】在愚蠢中产生疯狂的情欲，以斯特昔科鲁①告诉我们的那种方式为爱情而拼搏吗，不知真相的英雄们在特洛伊为海伦②的幻影厮杀？"

"必定如此，这种状况不可避免。"

"灵魂的激情部分如何？想要满足激情的人不是必定会发生同样的事吗？他对荣誉的热爱使他妒忌，他对胜利的热爱使他暴烈，【d】所以他需要努力平息他的愤怒，停止毫无算计或理智的对荣誉和胜利的欲求吗？"

"这样的事情必定也发生在他身上。"

"那么，哪怕是那些追随知识和论证、在它们的帮助下追求快乐的爱金钱和爱荣誉的欲望，也会得到理智的批准，获得尽可能最真实的快乐，因

---

① 斯特昔科鲁（Στησίχορος），希腊抒情诗人。他说真正的海伦留在埃及，只有她的幻影被带到了特洛伊。

② 海伦（Ἑλέν），人名。

为它们追随真相，【e】它们追随的东西正是它们自己的，要是对每一事物来说，最优秀的确实就是最自身的，对此我们不能充满自信地断言吗?"

"它确实是最优秀的。"

"因此，整个灵魂追随这个哲学的部分、内部没有纷争，每个部分各负其责，这样做是公正的，【587】尤其是享受它自己的、对它来说最好、最真实的快乐。"

"绝对如此。"

"但若其他部分中的某一个部分取得控制权，它就不能确保自身的快乐，会强迫其他部分去追求一种外在于它的、不真实的快乐。"

"对。"

"距离哲学和理性最远的那些部分不是最像要做这种强迫的事情吗?"

"很像。"

"距离理性最远不也就是距离法律和秩序最远吗?"

"显然如此。"

【b】"情欲的和僭主的欲望不是距离这些事物最远的吗?"

"是的。"

"最近的不是王者和有序的欲望吗?"

"是的。"

"那么，我假定，僭主距离一种真正的、属于他自己的快乐最远，而王者距离这种快乐最近。"

"必然如此。"

"所以，僭主的生活是最不快乐的，而王者的生活是最快乐的。"

"必定无疑。"

"你知道僭主的生活比王者的生活要不快乐多少吗?"

"要是你告诉我，我就知道了。"

【c】"似乎有三种快乐，一种真正的，两种不合法的，僭主位于不合法的快乐的端点，因为他逃离法律和理性，与某个奴性的快乐保镖生活在一起。但是，要说出他比王者差多少毕竟不是一件容易的事，除非可以这么说，从寡头开始算起，僭主位于第三，因为中间还隔着民主制的人。"

"是的。"

"那么，要是我们前面说的是真的，他不是生活在快乐的幻象中，其真实性从寡头的快乐算起位于第三级吗?"

"他是在第三级。"

"嗯，接下去，一名寡头也位于王者之下的第三级，【d】要是我们把王者和贵族等同。"

"是的，他排在第三。"

"所以，三三得九，僭主的快乐距离真正的快乐有九级之遥。"

"显然。"

"那么，以三为边长，僭主的快乐的形象是一个平面数。"

"确实是。"

"很清楚，一经平方和立方，我们将发现僭主的快乐距离王者的快乐有多远。"

"对一名数学家来说，这很清楚。"

"那么，换一种方式来说，要是某人想要说出王者的快乐距离僭主的快乐有多远，他会发现，要是他完成了计算，【e】王者的生活比僭主的生活要快乐 729 倍，反过来说，僭主的生活比王者的生活要痛苦 729 倍。"

"这真是一种令人惊叹的计算，衡量出这两个人在快乐和痛苦方面的差距，【588】一个是正义者，一个是不正义者。"

"然而，这个数是真的，和人的生活相关，要是昼、夜、月、年和这个数确实相关的话。"

"它们当然是相关的。"

"要是善的、正义的人的生活要比恶的、不正义的人快乐得多，那么在生活的优雅、美好、德性这些方面，他们之间的差距不会大得无法计算吗?"

"宙斯在上，肯定会。"

【b】"那么，好吧。我们的论证已经进行到这一步，让我们返回我们原先说的事情，是这些事情使我们进到这一步。我想有人在某个时候说过，当一个完全不正义但被相信为是正义的人有利可图。不是这样吗？"

"肯定是的。"

"嗯，让我们和他讨论这个观点，因为我们对不正义和正义分别拥有什么力量已经有了一致的看法。"

"怎么个讨论法？"

"用话语来塑造一尊灵魂的形象，这样的话，那个谈论这类事情的人就会知道他在说什么。"

"什么样的塑像？"

【c】"这尊塑像就像传说中的喀迈拉①、斯库拉②、刻耳柏洛斯③，这些怪物在古代产生，集多种形体于一身，天然合一。"

"是的，古代传说是这么讲的。"

"那么，我们就来塑造一头色彩斑斓的怪兽，它有一圈脑袋，可以随意生长和改变——有些来自温顺之兽，有些来自狂野之兽。"

"这是一位能工巧匠的工作。【d】不过，由于用话语塑型比用蜡还要容易，可以假定这座怪兽的像已经塑成了。"

"然后塑一座狮子像，再塑一座人像。第一座要造得最大，第二座其次。"

"这更加容易，说句话就成了。"

"现在，把三座塑像合为一体，就当它们生来长在一起似的。"

"合在一起了。"

"再给这尊像造一个外壳，人形的外壳，【e】这样一来，任何人只能看

---

① 喀迈拉（Χίμαιρας），会喷火的怪物，前半身像狮子，后半身像蛇，中间像山羊。

② 斯库拉（Σκύλλα），六头女妖。

③ 刻耳柏洛斯（Κερβέρος），长三个头的恶犬，尾巴是蛇，负责看守地狱大门。

到它的外表，不能看到它的内里，就会认为它就是一个生灵，一个人。"

"造好了。"

"那么，要是有人坚持说，不正义对人有利，行正义之事对人不利，那就让我们告诉他，他这样说无非就是这样做对他有利：首先，把那头怪兽喂饱，让它强壮，也把和它有关的狮子喂饱，让它强壮起来；其次，【589】让那个人忍饥受渴，变得虚弱，使怪兽和狮子可以对他为所欲为，无须顾忌；第三，任由这些部分相互残杀，而不是调解它们之间的纠纷，使它们和睦相处。"

"是的，这确实就是某个赞扬不正义的人要说的话。"

"但是，另一方面，实行正义之事是有益的，一个坚持这种观点的人不会这样说吗：第一，我们的一切行动和言论都应当能够保证，我们那个内在的人能够完全控制整个人；【b】第二，他应当照管好这只多头怪兽，就像农夫照料他的家畜，给那些温顺的脑袋喂食，驯化它们，防止狂野的脑袋生长；第三，他应当把那头狮子变成自己的盟友，照顾好由他的所有内在部分组成的共同体，让它们和睦相处？"

"是的，这确实就是赞扬正义的人的意思。"

"所以，无论从什么观点出发，赞扬正义的人所说的是真实的，赞扬不正义的人所说的是虚假的。无论我们从快乐、好名声出发，还是从利益出发，颂扬正义的人道出了真相，【c】而谴责正义的人则对他加以谴责的事物缺乏健全的知识，不知道他在谴责什么。"

"在我看来，至少，他对正义一无所知。"

"那么，让我们温和地劝说他——因为他自己的意愿并没有错——问他这些问题。我们应当说，这就是最初的依据吗，习俗据此认定什么是美好的、什么是可耻的？美好的事情就是使我们本性中的兽性部分臣服于我们本性中的人性部分吗——【d】或者更好的说法也许是受制于我们本性中的神性部分，而可耻的事情则是使我们本性中的温顺部分受制于野蛮部分？他会表示同意，或者不同意？"

"他会表示同意，要是接受我的建议。"

"按照这一论证，任何人不正义地获取黄金，在这样做的时候，他就是在让他本人最邪恶的部分奴役最优秀的部分，这样做对他有益吗？要是他把自己的儿女卖给一位凶恶的主人为奴，【e】无论他得到多少黄金，这件事也不会对他有益。所以，要是他忍心让自己身上最神圣的部分受制于最不虔敬、最腐败的部分，他怎么能不是最可悲的人呢？【590】就好比厄律斐勒①收下了黄金项链，付出了她丈夫的生命，他得到了黄金，将会受到更大的毁灭。"

"要可悲得多。"格老孔说："我来替他回答。"

"你不认为生活放荡长期受到谴责也是由于这些原因吗，也就是说，没有对我们身上这头可怕的、庞大的、多形的怪兽严加管束？"

"显然如此。"

"固执和暴躁受到谴责，不就是因为它们不和谐地增长，【b】它的狮性部分和蛇性部分在延伸吗？"

"肯定如此。"

"奢侈和柔弱受到谴责，不就是因为同样也产生胆怯的那个部分过于松弛吗？"

"当然。"

"谄媚和奴性受到谴责，不就是因为他们将激情部分受制于暴民般的野兽吗，从年轻时就习惯于为了钱财而忍受侮辱，用金钱去满足这头野兽的无法满足的欲望，所以它最后变成了猴子而不是狮子？"

【c】"他们肯定是这样的。"

"你认为体力劳动者为什么受鄙视？或者说，除了在某些人身上最优秀

---

① 厄律斐勒（Ἐριφύλη），安菲阿拉俄斯之妻。安菲阿拉俄斯预见攻打底比斯必遭失败，所以不愿参战，隐藏起来，波吕尼克斯用金项链贿赂厄律斐勒，厄律斐勒领人找到丈夫隐藏的地方，让他参与攻打底比斯。安菲阿拉俄斯在这场战争中被杀。参见荷马：《奥德赛》11：326—327。

部分天生软弱，不能统治体内的那些野兽，只能为它们服务，学习讨好它们，还能有其他原因吗？"

"可能是这样的。"

"然而，为了确保这样的人也能得到像那些最优秀的人那样的统治，我们说他应当成为最优秀的人的奴隶，这个最优秀的人有一位内在的、神圣的统治者。我们说他必须受到统治不是为了伤害他，【d】这是塞拉西马柯的想法，认为这对所有被统治者来说都是对的，而是由于接受神圣理智的统治对每一个人都更好，这种统治来自他的内心，来自他自身，但若没有这种统治，就要从外部强加于他，以便尽可能地使所有人成为好朋友，被同一事物统治。"

【e】"是的，没错。"

"这显然是制定法律的目的，法律是所有人的朋友。但这也是我们的目的，对我们的孩子实行统治，我们不允许他们自由，直到我们在他们身上建立了一种体制，就好比在一座城邦里——用我们心中最优秀的部分培育他们最优秀的部分——给他们配备和我们自己相同的卫士和统治者。【591】到那时，也只有到那时，我们才让他们自由。"

"这很清楚。"

"那么，格老孔，我们如何能够坚持或论证不正义、放荡、行可耻之事对人有利呢，因为，即便这样做能使他获得金钱或其他权力，这些东西只会使它更加邪恶？"

"我们没有办法。"

【b】"或者如何能坚持或论证行不义之事而不被发现、不受惩罚是有利的呢？那个仍旧没有被发现的人不是变得更加邪恶了吗，而那个被发现了的人的兽性部分因此受到约束和驯化，他的温顺的部分释放出来，所以他的整个灵魂回归最佳本性，获得节制、正义和理智，进入比较高尚的状态，胜过有一个美貌、强壮、健康的身体，因为灵魂本身比身体更有价值？"

"千真万确。"

"那么，有理智的人不会尽力让他的灵魂进入这种状态吗？【c】首先，他会看重有助于进入这种状态的学习，轻视其他学习。"

"这很清楚。"

"其次，他不会把他的身体状态和营养交给他内在的那只野兽的非理性的快乐，或者把他的生活转向这个方面，而是既不把健康定为自己的目标，也不把强壮、健康、美貌放在首位，除非这样做也能让他获得节制。倒不如说，他显然会为了他灵魂的和谐而始终培育身体的和谐。"

【d】"要是他在音乐和诗歌方面真的受过训练，他肯定会这样做。"

"为了同样的目的，在获取金钱的时候，他不也要保持有序与和谐吗？或者说，哪怕没有因为众人的恭维而变得忘乎所以，接受他们的幸福观念，他也不会无限地聚敛财富、拥有无穷的邪恶吗？"

"不会，在我看来。"

【e】"倒不如说，他会观察他内心的体制，警惕其他事情对灵魂的干扰，要么是金钱太多，要么是金钱太少。以这种方式，他会增长和开支他的财富，在他力所能及的范围内。"

"他确实会这样做。"

"在荣誉方面，他也会做同样的事情。【592】凡是他相信能使他变得较好的事情，他会乐意分享和品尝，但他会避免那些有可能推翻他已经建立起来的灵魂状态的事，无论是公共事务，还是私人事务。"

"如果这就是他的主要关注点，他不会自愿参与政治。"

"不，我以埃及神犬的名义起誓，他肯定愿意，至少在他自己的城邦里。而在他自己的祖国，他也许不愿意这样做，除非出现神迹。"

"我明白。你指的是在我们创建和描述过的城邦里，他愿意参与政治，但这个城邦只在理论上存在，【b】我不认为它存在于这个世界的任何地方。"

"但是，也许在天上有它的一个样板，任何人只要愿意，就可以观看它，凭着他看到的这个样板的力量使自己成为它的公民。至于它现在是否存在，或是将来会不会出现，这没有什么关系，因为他会在这个城邦里参加实际事务，而不会在其他城邦。"

"也许是这样的。"

第十卷

【595】"我们的城邦确实有许多特点，使我确信我们对这个国家的建构完全正确，当我说这话的时候，我尤其想到诗歌。"

"为什么要特别想到诗歌？"

"我们不接受任何模仿性的东西。我们已经区别了灵魂的几个组成部分，所以现在更加清楚了，我想，【b】应当把诗歌完全排除出去。"

"你这是什么意思？"

"在我们中间——因为你们不会把我斥责为悲剧诗人或其他模仿者——所有这样的诗歌都会扭曲听众的思想，除非他拥有关于事物真相的知识，就像一剂抗拒扭曲的药。"

"你这样说到底想表示什么？"

"尽管我对荷马抱有热爱和敬畏之心，但是我会告诉你，我当时还是个孩子，所以犹豫不决，不知道要不要说，因为他似乎是所有优秀悲剧家的第一位老师。毕竟，【c】对人的荣耀和评价不能高于真理。所以，如我所说，我必须把心里话说出来。"

"行。"

"那么，注意听，或者，倒不如你来回答我的问题。"

"问吧，我会回答的。"

"你能告诉我什么是一般的模仿吗？我完全不懂模仿属于哪一类事情，它想要干什么？"

"你看我像是懂的样子吗？"

"这没什么可奇怪的，【596】因为视力不好的人经常比视力好的人更能看见面前的东西。"

"是这样的，但哪怕有事物对我呈现，我也不会急着在你面前谈论。所以，你还是自己来看吧。"

"那么，你想要我们开始考察吗，采用我们通常的步骤？如你所知，我们习惯性地为我们用相同名称来称呼的许多事物确定一个型相，与这些事物中的每一个相连。或者说，你不懂吗？"

"我懂。"

"那么，现在让我们取你喜欢的任何一种杂多的事物。【b】例如，有许多床，许多桌子。"

"当然可以。"

"但是这些床和桌子只有两个型相：一个是床的型相，一个是桌子的型相。"

"是的。"

"我们不也习惯说，它们的制造者在制造我们使用的床或桌子的时候观看相应的型相，在制造其他家具时也一样吗？型相自身肯定不是匠人制造的。匠人怎能造出型相来呢？"

"绝无可能。"

【c】"好吧，现在来看你把'这一位'称做匠人①吗？"

"哪一位？"

"创造万物的这一位，其他所有种类的匠人分别制造这些东西。"

"你讲的这位工匠真能干，简直神了。"

"等一下，你有更多的理由这样说，因为这位工匠他不仅能够制造所有家具，而且能够制造所有在大地上生长的植物、所有动物（包括他自己）、大地本身、诸天、众神、天上的一切、地下冥府中的一切。"

【d】"他确实太能干了！"

———————

① 匠人（δημιουργός），造物主，音译为"得穆革"。

"你不相信我？告诉我，你认为任何工匠都没办法创造所有这些事物吗，或者说以一种方式他能创造一切，以另一种方式他不能？你看不到以一种方式你本人就能创造一切吗？"

"什么方式？"

"这不难。你能做得很快，在许多地方这样做，尤其是，要是你愿意带上一面镜子，那就是最快的方式了。用这面镜子，你能很快造出太阳、天上的事物、【e】大地、你本人、其他动物、人造物、植物，以及我们刚才提到的一切事物。"

"是的，我能让它们显现，但我不能使它们像它们的真实存在一样。"

"讲得好！你指出了这个论证的关键点。我假定，画家也属于这一类制造者，不是吗？"

"当然是的。"

"但我假定你会说，他没有真正地制造出他要造的东西。然而，以某种方式，这位画家确实造了一张床，不是吗？"

"是的，他造了一张床的影像。"

【597】"木匠如何？你刚才不是说他不能制造床的型相——这是我们用于床的实在的术语——而只能造一张床，是吗？"

"是的，我确实说过。"

"嗯，要是他没有制造一张实在的床，他就不是在制造实在，而是在制造像这个实在的东西，但它还不是这个实在。所以，要是有人说，木匠或其他任何匠人是完全实在的，他不是在说不真的东西吗？"

"至少，那些忙于这种论证的人会持有这种看法。"

【b】"那么，要是木匠制造的床与真正实在的床相比也只不过是一团黑影，我们不要感到惊讶。"

"行。"

"那么，你想要我们用这些同样的例子来试着发现什么是摹仿者吗？"

"随你。"

"那么，我们有了三种床。第一种是床的本性，我假定，我们得说它是神造的，或者说它是其他什么人造的吗？"

"没有其他人，我假定。"

"第二种是木匠的作品。"

"是的。"

"第三种是画家造的。不是这样吗？"

"是的。"

"那么，画家、木匠、神与三种床相对应吗？"

"是的，三者。"

【c】"嗯，要么是由于他不想，要么是由于这样做对他来说不必要，神没有制造许多床，而是只造了一张床，这张床是真正实在的床的本性。神没有制造两张或者更多的这种床，将来也决不会。"

"为什么会这样？"

"这是因为，要是他只造了两张床，那么还会有一张床出现，它的型相是两张床都拥有的，这张床才是床的实在，其他两张床则不是。"

"对。"

【d】"我想，神知道这一点，并且希望自己成为真正实在的床的制造者，而不只是一张床的一位制造者，他使这张床成了床的本性。"

"可能是这样的。"

"你想要我们称他为床的本性的创造者吗，或者用其他相似的名字来称呼他？"

"这样做是对的，不管怎么说，因为他是这张床和其他一切事物的本性的创造者。"

"木匠如何？他不是床的创造者吗？"

"是的。"

"画家也是这种事物的匠人和制造者吗？"

"绝对不是。"

"那么，你认为他对这张床做了什么？"

【e】"他模仿了这张床。他是一位模仿者，模仿其他人制造出来的东西。在我看来，这个称呼对他最合理。"

"行。那么你不把那个依据本性制造了第三者的人称做模仿者吗？"

"我肯定会这么做。"

"要是他确实是个模仿者，那么对悲剧家这么说也是对的。他依据真正的国王、国王的本性，制造了第三位国王，就像其他所有模仿者一样。"

"好像是这么回事。"

"那么，关于模仿者我们已经有了一致意见。现在，请你告诉我画家的事。【598】你认为，他在作画的时候模仿的是事物的本性，还是匠人的作品？"

"匠人的作品。"

"是它们的存在还是它们的显现？对此你必须清楚。"

"你什么意思？"

"你这样想。要是你从侧面、前面，或者从其他任何地方看，它每次是一张不同的床吗？或者说它只是显得不同，而它的存在没有什么差别？其他事物也是这种情况吗？"

【b】"是这样的——它显得不同，但并非真的不同。"

"那么，考虑下面这个要点：绘画在各种情况下做了什么？它是在模仿实在本身呢，还是在模仿显现的影像？它是对影像的模仿，还是对真相的模仿？"

"它是对影像的模仿。"

"那么模仿远离真相，因为它只触及每一事物的一小部分，而这个部分本身只是一个影像。这就是它似乎能够制造一切的原因。比如，我们说画家能画一个鞋匠、一个木匠，或别的任何匠人，哪怕他对这些技艺并不在行。【c】然而，如果他是一名好画家，把他画的木匠肖像远远地挂在那里，他就能够欺骗孩子和蠢人，让他们以为那就是一位真正的木匠。"

"当然。"

"那么，我假定，这就是我们在各种情况下都必须牢记的。因此，每当有人告诉我们他遇到了一个无所不能、无所不知、精通一切技艺的人，那些只有行家才懂的事他也懂，【d】那么我们必须认为对我们说话的这个人是个头脑简单的家伙，他遇到了某种魔术师或模仿者，上当受骗，以为这个魔术师无所不能，他受到欺骗的原因就在于不能区别知识、无知和模仿。"

"绝对正确。"

"然后，我们必须考虑悲剧和它的向导荷马。原因在于：我们听有些人说，诗人懂得所有技艺、所有与善恶相关的人事，【e】以及所有与众神相关的神事。他们说，要是一名好诗人创作了优美的诗歌，他必定拥有他描写的那些事物的知识，否则他就不能创作。因此，我们必须考虑对我们说这些话的人是否碰上了模仿者，受了他们的骗，乃至于看不出他们的作品与真正的实在还隔着两层，【599】很容易在缺乏有关真相的知识的情况下创造（因为它们只是影像，而不是真正的实在），或者说，无论这些人讲得有无道理，好诗人对自己描写的事物确实拥有真知，大多数人认为他们写得好。"

"我们确实必须对此进行考察。"

"你认为，一个既能制造被模仿的事物又能制造它的影像的人会醉心于制造影像，并以此作为今生第一要务和要做的最好的事情吗？"

【b】"不，我不这么认为。"

"我假定，要是他真的对他模仿的事物拥有知识，他一定会醉心于这些事物，而不会热衷于模仿它们，他会努力为后世留下许多高尚的行为，作为对他本人的纪念，他更渴望成为受到称羡的对象，而不会热衷于做一个称羡者。"

"我假定是这样的，因为这些事物的价值并不相等，也并非都是有益的。"

"那么，让我们不要向荷马或其他诗人索求对这些行当的解释。让我们不要问他们中间是否有人是一名医生，【c】而不仅仅是模仿医生说话的人，或者是否有哪位新老学派的诗人像阿斯克勒庇俄斯一样使人健康，或者他是否留有掌握医术的学生，就像阿斯克勒庇俄斯对他的后代。让我们也不要和诗人谈论其他技艺。让我们把这些事情统统忽略。但是，关于荷马谈论过的最重要、最美好的事情——战争、统帅、城邦的治理、人的教育——我们向他提问是公平的，我们可以问他：【d】'荷马，要是从德性的真相算起你不处于第三位，我们把这种影像的制造者定义为模仿者，要是你处于第二位，知道什么样的生活方式能使人在公共和私人生活中变得比较好，就请你告诉我们，有哪个城邦是因为有了你而治理好的，【e】就像斯巴达是因为有了莱喀古斯① 而治理好的，其他许多城邦——大大小小的——是因为有了其他立法者而治理好的？有哪个城邦把你说成是优秀的立法家，有益于它，就像意大利和西西里把这一点归功于卡隆达斯②，像我们归功于梭伦？有谁归功于你？'他能说得出来吗？"

"我想他答不上来，哪怕连荷马的崇拜者③ 也不曾提到他有这种功绩。"

【600】"嗯，好吧，荷马时代有哪一场战争的胜利被人记得是由于他的指挥或建议？"

"没有。"

"或者，与智者这个名号相应的技艺中有许多有用的发明和设计归功于荷马吗，就像有许多发明归于米利都④ 的泰勒斯⑤ 和西徐亚人阿那卡尔西斯⑥ ？"

"一样也没有。"

"那么，我们听说荷马是教育方面的领袖，有些人乐意私下跟他交往，

---

① 莱喀古斯（Λυκούργους），人名，斯巴达的立法家。
② 卡隆达斯（Χαρώνδας），公元前 5 世纪西西里的立法家，曾为其家乡和意大利的许多城邦立法。
③ 荷马的子孙（Όμηρείδαις），荷马的崇拜者。
④ 米利都（Μίλητος），地名，伊奥尼亚的一个希腊殖民城邦。
⑤ 泰勒斯（Θαλῆς），公元前 6 世纪古希腊最早的哲学家，有多项科技发明。
⑥ 第欧根尼·拉尔修提到阿那卡尔西斯（Άναχάρσις）是锚和陶轮的发明者。参见《著名哲学家的生平和学说》第 1 卷，第 105 节。

要是荷马活着的时候没有担任过什么公职，他曾把一种荷马的生活方式传给他的追随者，【b】就像毕泰戈拉①一样吗？毕泰戈拉特别喜欢这样做，时至今日，他的追随者还因为这种所谓的毕泰戈拉主义者的生活方式而引人注目。"

"仍旧没有，我们没听说过荷马有这方面的事情。要是关于他的那些故事是真的，苏格拉底，他有一个同伴名叫克瑞奥菲鲁斯②，他在教育方面似乎比他的名字更加可笑，因为据说荷马还在世的时候，【c】克瑞奥菲鲁斯就彻底否定荷马。"

"他们是这么说的。但是，格老孔，要是荷马真的能够教育民众，使他们变好，要是他知道这些事情，而不仅仅是模仿这些事情，那么他不会拥有许多同伴，得到他们的尊敬和热爱吗？阿布德拉③的普罗泰戈拉④、开奥斯⑤的普罗狄科⑥，其他还有许多人，都能让私下里与他们交往的人相信自己能够管理家庭或城邦，【d】只要由他们来监管他的教育，他们的这种智慧赢得了民众深深的敬爱，只差没把他们扛在肩上游行了。所以，你认为，要是荷马真的能够有益于民众，使人们更有美德，他的同伴会让他，或者让赫西奥德，流离颠沛、卖唱为生吗？倒不如说，他们不会依依不舍，把诗人看得胜过黄金，强留他们住在自己家中吗，或者说，万一留不住，他们也会追随他去任何地方，【e】直到充分接受教育为止吗？"

"苏格拉底，我觉得你的话完全正确。"

"那么，我们要得出结论吗，一切诗歌模仿者，从荷马开始，都模仿美

---

① 毕泰戈拉（Πυθαγόρας），公元前 6 世纪希腊哲学家，毕泰戈拉学派的创始人，曾组织毕泰戈拉盟会。

② 克瑞奥菲鲁斯（Κρεώφυλος），最早的希腊史诗作家之一，生于萨摩斯，据说是荷马的朋友。他的名字的字面含义是"食肉部落的人"。

③ 阿布德拉（Αβδηρά），地名。

④ 普罗泰戈拉（Πρωταγόρας），人名。

⑤ 开奥斯（Χῖος），地名。

⑥ 普罗狄科（Πρόδικος），人名，重要智者。

德的影像和他们描写的其他所有事物，没有把握真相吗？就像我们刚才说的，一名画家，尽管对鞋匠的手艺一无所知，【601】能够为那些对此知之甚少的人和只凭外形和颜色判断事物的人制造出像是鞋匠的东西来。"

"对。"

"以同样的方式，我假定我们会说，诗歌模仿者使用语词和短语来描绘各种技艺。他本人对这些技艺一无所知，但他以这种方式来描绘它们，其他像他一样无知、凭语词下判断的人，会认为关于制鞋或统兵，或其他任何事情，他都讲得非常好——这些事物的天然魅力如此巨大——只要他按照音步、节奏、韵律来讲述；要是你剥去诗人作品的音乐色彩，【b】只剩下诗歌本身，我想你知道它们看上去像什么。你肯定看过它们。"

"我肯定看过。"

"它们不就像美少年的脸，一旦青春逝去，也就容华尽失了吗？"

"确实如此。"

"嗯，再来考虑这一点。我们说影像的创造者——模仿者——全然不知实在而只知事物外表。【c】不是这样吗？"

"是这样的。"

"那么，别让我们关于这个要点的讨论半途而废，而要充分考察。"

"继续说。"

"我们不说画匠画缰绳和嚼子吗？"

"我们说。"

"皮匠和铁匠制造它们吗？"

"当然。"

"那么，画家知道缰绳和嚼子必须是什么吗？或者说，甚至制造它们的皮匠和铁匠也不知道，而只有那个使用它们的人才知道，也就是骑手？"

"绝对正确。"

"我们不说这个道理对一切事物都适用吗？"

"你这是什么意思？"

【d】"对每一事物有三种技艺吗，一种是使用它的技艺，一种是制造它的技艺，一种是模仿它的技艺？"

"有。"

"那么，德性或才能、人造物的美与正确、生灵、行为，都只和它的用途有关，因为它们都是被造的或从自然中采用的，是这样吗？"

"是的。"

【e】"因此，这是完全必要的，每一事物的使用者对该事物最有经验，他告诉制造者哪个产品在实际使用中表现的好坏。比如，笛手告诉笛子制造者这些笛子在实际演奏中的表现，要求制造者制造什么样的笛子，而制造者遵循他的指示。"

"当然。"

"那么，这不是一个有知识的人就笛子的好坏发指示，而另一个人依据他的指示制造笛子吗？"

"是的。"

"然而，一位制造者——通过与那个有知识的人交往，听取他的指示——拥有了他制造的产品好坏的正确意见，【602】而那个有知识的人是使用者。"

"没错。"

"模仿者能通过使用他制造的事物拥有关于它们好不好的知识吗，或者说，他能通过与具有这种知识的、能告诉他如何画这些事物的人交往而拥有正确的意见吗？"

"都不能。"

"因此，模仿者对于他制造的事物的优劣既无知识，又无正确的意见。"

"显然没有。"

"那么，涉及诗歌主题中的智慧，诗歌模仿者是有造诣的！"

"几乎没有。"

【b】"不管怎么说，尽管不知事物的好坏，他会一个劲地模仿下去，而他要模仿的东西在那些无知民众的眼中似乎显得很好或很美。"

"当然。"

"那么，我们似乎很好地取得了一致意见，模仿者对他模仿的东西并无有价值的知识，模仿是一种游戏，不能当真，而所有悲剧诗人，无论用的是抑扬格，还是史诗格，充其量都是模仿者。"

"对。"

【c】"那么，与这种模仿相关的事物位于从真相开始的第三级吗，或者是其他什么东西？"

"是的，是这样的。"

"它对人的哪个部分使用它的力量？"

"你什么意思？"

"我的意思是这样的：有些事物从远处看和从近处看，好像不一样大。"

"是的，不一样大。"

"有些事物放在水中看和拿出来看曲直不同，而其他一些事物看起来凹凸不同，因为我们的眼睛被它的颜色所欺骗，诸如此类的混乱同样也清晰地呈现在我们的灵魂中。这是因为欺骗视觉的绘画、魔术，【d】以及其他各种有魔力的把戏，利用了我们天性中的这个弱点。"

"对。"

"在这些情况下，测量、计数和称重不是给了我们最有益的帮助吗？所以我们不必受制于某些事物看上去较大、较小、较多、较重，而是通过测量、计数和称重？"

"当然。"

"计数、测量和称重是灵魂的理智部分的工作。"

【e】"是的。"

"当这个部分进行测量，指明某些事物大些、小些、相同等的时候，它们的对立面同时对灵魂显现。"

"是的。"

"我们不是说过，相信同一事物在相同的时间正好相反是不可能的吗？"①

"我们说过，我们这样说是对的。"

【603】"那么，灵魂形成与测量相反信念的那个部分与灵魂形成与测量相同信念的那个部分不可能是同一部分。"

"是的，不可能。"

"嗯，相信测量和计算的那个部分是灵魂最优秀的部分。"

"当然。"

"因此，与之相反的那个部分是灵魂最低劣的部分。"

"必定如此。"

【b】"那么，这就是我想要得到的一致意见，我当时说，作为整个制造工作的绘画和模仿远离真相，也就是说，模仿真的与我们灵魂中的那个远离理智的部分交往，它们成为朋友和同伴的结果既不健全，又不真实。"

"绝对正确。"

"那么，模仿乃是一样低劣的东西与另一样低劣的东西交往生下来的低劣的后代。"

"好像是这样的。"

"这个道理只适用于我们看的模仿，还是也适用于我们听的模仿——这种模仿我们称之为诗歌？"

"它可能也适用于诗歌。"

【c】"然而，我们一定不要仅仅依赖基于绘画的类比的可能性；相反，我们必须直接触及我们思想的、与诗歌的模仿交往的这个部分，看它到底是低劣的还是应当严肃对待的。"

"是的，我们必须这么做。"

"那么，让我们就这么办。我们说，模仿的诗歌模仿人的自愿或被迫的

---

① 参见本篇 436b—c。

行为，模仿者相信，作为这些行为的一个结果，他们这样做要么是好的，要么是坏的，在这样做的时候，他们经历着快乐或痛苦。除了这些事情，它还模仿了什么吗？"

"别无其他。"

"那么，在所有这些情况下只有一个人的心灵在起作用吗？或者说，就像他在视觉问题上对自己开战，对同一时间同一事物持有对立的看法，【d】他在行动中也会对自己开战吗？不过，对现在这个问题，我们真的没有必要去寻求一致的意见，因为我记得，所有这些事情我在前面的讨论中已经有了恰当的结论，当时我们说，我们的灵魂同时充满无数诸如此类的对立。"①

"是这样的。"

"这样说没错，但我想我们现在必须讨论当时被省略的事情。"

【e】"什么事情？"

"前面我们还在某个地方提到，②要是一个善良的人正巧失去了儿子或其他昂贵的财产，他比其他种类的人更容易忍受。"

"肯定如此。"

"现在让我们来考虑这样一个要点。他一点儿也不感到悲伤吗？或者要是这是不可能的，他能有分寸对待痛苦吗？"

"后一种说法比较接近真相。"

"嗯，告诉我：他在哪一种情况下会抗拒和克制他的痛苦，【604】是与他相当的人能看见他的时候，还是他独处的时候？"

"在众目睽睽之下，他更会克制自己。"

"但是，当他独处的时候，我假定，他会冒险说许多话，做许多事，这些话他耻于被别人听到，这些事他耻于被别人看到。"

---

① 参见本篇 439c 以下。

② 参见本篇 387d—e。

"对。"

【b】"不是理智和法律告诉他要抵抗痛苦，而是他的痛苦经历在怂恿他放弃抵抗吗？"

"对。"

"当一个人在同一时候面对同一事物有两种对立倾向时，我们说他必定有两个部分。"

"当然。"

"一个部分不是打算服从法律对它的指引吗？"

"怎么会这样呢？"

"法律说，遇到不幸，最好尽可能保持冷静，不要激动，不是吗？首先，这样的事情最终是好是坏不得而知；第二，再努力也对未来于事无补；第三，人的事务没什么大不了的，不值得如此认真对待；【c】最后，悲伤只能妨碍我们在这种情况下最需要的东西尽快发挥作用。"

"你指的是什么？"

"审慎。我们必须接受已经发生了的事情，就像我们掷下骰子，然后以理智的方式来确定什么是最好的，安排我们的事务。我们一定不要像小孩摔倒受伤一样，在啼哭中浪费时间。而是始终应当让我们的灵魂养成习惯，尽快转为治疗伤痛，【d】以求消除痛苦，取代悲伤。"

"这的确是面临不幸加以处置的最佳办法。"

"与此相应，我们说我们身上最优秀的部分愿意遵循理智的算计。"

"显然如此。"

"我们不是也得说，那个一味引导我们生活在痛苦回忆之中、只知叹息而不能充分取得帮助的那个部分，是非理性的、无益的，与懦弱联系在一起？"

"我们肯定会这样说。"

"嗯，这种容易激动的品性接受众多的模仿。【e】但一种理智的、宁静的品性始终保持原样，不容易被模仿，模仿了也不容易看懂，尤其不容易被那些涌到剧场里来的乌七八糟的人看懂，因为在这种情况下被模仿的是一种外在于他们的经历。"

"必定如此。"

【605】"那么，一位模仿的诗人并非天性与灵魂的这个部分相连，被这样的品性统治，如果他是为了在民众中赢得声望，他的才干并不指导他去讨好民众。而是与暴躁多变的品性相连，因为这种品性容易模仿。"

"显然如此。"

"因而，我们可以正确地把诗人拿来与画家并列，作为画家的对应者。像画家一样，诗人创造的作品真实程度很低，因为事实上他的创作诉诸灵魂的低劣部分，而非诉诸灵魂的最佳部分，这是另一个相同点。【b】所以，我们不接纳诗人进入治理良好的城邦是正确的，因为他会把灵魂的低劣成分激发、培育起来，而灵魂低劣成分的强化会导致理智部分的毁灭，就好比把一个城邦的权力交给坏人，就会颠覆城邦，危害城邦里的好人。同理，我们要说模仿的诗人通过制造一个远离真实的影像，【c】满足那个不能辨别大小、把同一事物一会儿说成大一会儿说成小的非理智的部分，在每个人的灵魂里建起一个邪恶的体制。"

"对。"

"然而，我们还没有对诗歌提出最严重的指控，也就是说，它甚至能够腐蚀高尚的人，很少有人能够幸免，这确实是一件十分可怕的事。"

"要是它确实能这样做，那么确实太可怕了。"

"注意听，然后考虑它能不能。当我们听荷马或者某个悲剧诗人模仿一位悲伤的英雄，长时间地悲叹吟唱，或者捶打自己的胸膛的时候，【d】那么你知道，在这种时候即使我们中间最高尚的人也会抱着同情心热切地聆听，同时感到快乐，像着了迷似的，我们还会赞扬能用这种手段最有力地拨动我们心弦的诗人是一位杰出的诗人。"

"我们当然会这样做。"

"但是，当我们中的一个人承受了私人的损失，你要知道相反的事情就发生了。要是我们能够保持平静，控制我们的悲伤，我们会为自己感到自豪，因为我们认为这才是男子汉所为，【e】而我们以前赞扬的是妇道人家的行为。"

"我确实知道。"

"那么我们赞扬这种行为对吗？看到有人以我们认为低劣可耻的方式进行表演，我们非但不厌恶，还要赞扬它，以此为乐，这样做对吗？"

"不对，宙斯在上，这样做看起来没什么道理。"

【606】"是的，至少你不会这样做，要是你以下列方式来看问题。"

"怎么看？"

"要是你这么看：第一，在我们遇到个人不幸、想要痛哭流涕以求发泄的时候，我们灵魂中的那个部分受到强烈控制，因为它凭着本性欲求这些事物，从诗人那里接收满足和快乐的就是这个部分；第二，我们本身那个天性最优秀的部分，由于没有受到理性或习惯的恰当教育，会放松对这个悲伤部分的警惕，当它看到其他人遭受痛苦的时候。【b】它这样做的原因如下：它认为赞扬或怜悯另一个过度悲伤的人并不可耻，尽管它声称要求善。确实，它认为这样做有一定的收获，亦即快乐。它不想因为藐视整个诗歌而被剥夺快乐。我假定，只有很少人能够想到，别人的感受也会不可避免地影响我们自己。在那种场合下滋长起来的悲哀之情，轮到我们自己受苦时就不容易制服了。"

【c】"非常正确。"

"同样的论证不可用于说笑话吗？要是有什么笑话你本人羞于开口讲述，但你非常喜欢听笑话，在观看喜剧或私人场合不认为这些笑话是邪恶的，那么你不是在做怜悯别人的痛苦一样的事情吗？你身上的那个想要讲笑话的部分被你的理智压制，担心别人把你看成小丑，然而你把讲笑话的欲望释放出来，让它以这种方式变得强烈，而不明白长此以往，你在自己的事务中也会变得滑稽可笑。"

【d】"可以，确实如此。"

"在性欲、愤怒，以及所有欲望中，在我们说的与我们所有行为相伴的快乐和痛苦中，诗歌的模仿对我们起着相同的作用。当它们应当萎缩和被控时，诗歌的模仿却在给它们浇水施肥，因为只有让欲望萎缩和被控，我们才会变得更好、更幸福，而不是变得更糟、更不幸。"

【e】"我不持否定意见。"

"所以，格老孔，有些人颂扬荷马，说荷马是教育了希腊的诗人，应当学习他的作品，学会如何管理和教育民众，按照他的教导安排个人的整个生活，当你正巧遇上这种人的时候，你应当欢迎人们，把他们当做朋友，因为他们已经够好了，【607】你应当同意，荷马是悲剧家中最有诗意的，是最早的悲剧家。但你也要知道，只有歌颂众神和赞扬好人的颂歌我们才能接纳，让它们进入我们的城邦。要是你接纳提供快乐的缪斯，无论是抒情诗还是史诗，那么快乐和痛苦，而不是法律，或者那个所有人始终相信最好的事物，亦即理性，将成为你的城邦的国王。"

"绝对正确。"

【b】"那么，就让下面的话成为我们的申辩——我们现在已经转回诗歌这个论题——考虑到诗歌的本性，我们有理由把诗歌从那个较早的城邦驱逐出去，因为我们的论证迫使我们这样做。但在我们受到指责，说我们在过于简单粗暴的情况下，让我们还要对诗歌说，诗歌和哲学之间有一场古代的争论，诸如'对着主人狂吠的狗'、'傻瓜空洞言辞中的伟大'、'支配宙斯的哲人暴民'、【c】'精明的思想家，可怜的乞丐'这样的表达法，都是这场争论的证据。无论如何，要是旨在快乐和模仿的诗歌能提出论据来证明它在治理良好的城邦里应当有一个位置，那么至少我们乐意接纳它，因为我们也明白它的魅力。然而，不管怎么样，背弃相信是真理的东西总是不虔诚的。你怎么样，格老孔，你没有感受到提供快乐的缪斯的魅力吗，尤其是你通过荷马之眼来学习缪斯的时候？"

【d】"确实如此。"

"那么，当这样的诗歌成功地为自己作了辩护以后，无论是抒情诗，还是别的什么格律诗，它难道不可以公正地从流放中回归吗？"

"当然可以。"

"那么，我们也要允许诗歌的拥护者进行申诉，他们自己不是诗人，但爱好诗歌，他们要代表诗歌用无韵的散文来说明，诗歌不仅令人愉悦，而且有益于体制和人生。确实，我们将仁慈地聆听他们的申诉，因为要是能够表明诗歌不仅是令人愉悦的，而且是有益的，【e】我们就肯定能从中受益了。"

"我们怎会不得益呢？"

"然而，要是没有做出这样的申辩，那么我们的行为就好像那些落入情网、却被意中人拒绝的恋人，因为他们明白他们的情欲是无益的。以同样的方式，由于对这类诗歌的热爱已经植入我们心中，在我们优秀的制度下我们接受了这种培养，我们能够很好地理解有关它是最优秀、最真实事物的证明。【608】但若不能做到这样的申辩，那么每当我们听到诗歌的时候，我们仍旧要重复我们刚才提出来的论证，作为抵御诗歌之魅力的箴言，以免堕入众人那种幼稚的对诗歌的热爱。我们将继续呼吁，一定不要把诗歌当做一件能够把握真相的严肃的事情来看待，而聆听诗歌的人也一定要在心中警惕，不要让诗歌对他的灵魂构成不良影响，【b】一定要继续相信我们已经说过的那些对诗歌的看法。"

"我完全同意。"

"是的，为善而斗争，而非为恶而斗争，是重要的，格老孔，其重要性远远超过人们的想法。所以，一定不要让荣誉、金钱、权力迷惑我们，或者说受到诗歌的诱惑，乃至于忽视正义和其他美德。"

"按照我们已经说过的话，我同意你的看法，我想，其他人也会同意的。"

【c】"然而，我们还没有讨论给予美德的最大回报和奖赏。"

"如果给予美德的最大回报和奖赏比你已经提到的事情还要重大，那么它们必定是难以置信的伟大。"

"有什么事物能在短短的时间里变得真正伟大吗？与整个时间相比，一个人从小到老不也还是很短的一瞬吗？"

"它微不足道。"

"嗯，你认为我们应当认真关注的不朽的事物与短暂的一瞬有关，【d】还是与整个时间有关？"

"我假定不，但你这样说到底是什么意思？"

"你难道不明白我们的灵魂是不朽和不灭的吗？"

他满脸惊讶地看着我说："不，宙斯在上，我不明白。你真的要肯定这种看法吗？"

"要是我不肯定，我就错了，你也一样，因为这种看法理解起来并不困难。"

"但对我很难，所以我乐意听你说一说这个不难的看法。"

"那么你就听着。"

"你就说吧，我在听。"

"你谈论善与恶吗？"

"是的。"

【e】"你思考它们的方式和我相同吗？"

"什么方式？"

"凡能带来毁灭和腐败的就是恶，凡能保存和带来益处的就是善。"

"我也这么想。"

"你说一切事物均有好坏吗？比如眼睛发炎、身体得病、粮食发霉、木头腐烂、铜铁生锈。【609】简言之，如我所说，一切事物均有一种本性之恶或病吗？"

"有。"

"当某种恶或病附着于某个事物，它会使这个事物整个儿地变坏，最终导致该事物整个儿崩溃和毁灭吗？"

"当然。"

"因此，这种恶对每一事物来说是本性中拥有的，这种坏对于它自身的毁灭来说是专门的。然而，要是这种恶或坏不毁灭事物，就不会再有别的什么东西能毁灭事物了，因为善决不会毁灭任何事物，【b】而非善非恶的东西也不会毁灭任何事物。"

"非善非恶的东西怎么能带来毁灭呢？"

"那么，要是我们发现某个事物虽然有一种恶在腐蚀它，但却不能使之崩溃或毁灭，我们能由此推论，它天然地不可摧毁吗？"

"可能是这样的。"

"嗯，灵魂怎么样？没有什么东西使灵魂邪恶吗？"

"肯定有，我们刚才提到的所有东西，【c】不正义、无节制、胆怯、无知，都使灵魂邪恶。"

"这些东西中有哪个能使灵魂崩溃或毁灭吗？你仔细想一想，不要被误导，以为一个施行不义的、不正义的蠢人是被不正义毁灭的，不正义是灵魂的邪恶。其实倒不如这样去理解，就好像瘟病作为身体的恶在削弱和毁灭身体，使之最终不再是身体，同理，在所有我们列举的例子中，【d】是那些专门的恶附着于具体事物，对该事物进行腐蚀，最终使之不再是该事物。不是这样的吗？"

"是这样的。"

"那就让我们以同样的方式观看灵魂。不正义和居于灵魂中的其他邪恶，通过居于和依附于灵魂而腐蚀灵魂，直到最后使灵魂死亡，与肉体分离吗？"

"它们完全不是这样做的。"

"但若假定一样事物没有被它自身之恶毁灭，而被其他事物之恶毁灭，肯定是不合理的。"

"是不合理。"

"你要记住，格老孔，我们不认为身体被食物之恶毁灭，【e】无论是食物发霉、腐烂，还是别的什么原因。要是正好有食物之恶进入身体，我们会说身体被它自己的恶摧毁了，亦即瘟病。但由于身体是一样事物，食物是另一样事物，【610】我们决不会判断身体被食物之恶摧毁，除非进入身体的恶是它本性中就有的，独特的。"

"完全正确。"

"按照同样的论证，要是身体之恶不在灵魂中引起灵魂之恶，我们决不会判断，没有自身独特的恶的灵魂被其他事物之恶摧毁。"

"这样说也是合理的。"

"那么，让我们要么驳斥我们的论证，说明我们错了，要么在这种观点还没有受到驳斥时决不要说灵魂被发烧或别的什么瘟病、屠杀给摧毁了，哪怕整个身体被碎尸万段。【b】我们也一定不要说灵魂由于接近这些事情而被这些事物毁灭，直到有人能告诉我们身体的这些状况使灵魂更不正义，更不虔诚。当某个事物有了对其他事物专门的恶，但没有自身独特的恶，我们不允许任何人说它被摧毁了，【c】无论它是灵魂，还是其他任何事物。"

"你也许可以肯定，没有任何人能够证明死亡能使将死的灵魂变得更加不正义。"

"但若有人胆敢与我们的论证搏斗，以避免同意我们的灵魂是不朽的，说将死之人变得更加邪恶和更加不正义，那么我们会答道，如果他的话是对的，那么不正义对于不正义的人确实像瘟病一样致命，【d】那些感染上不正义的人必定会死于不正义自身这种致死的本性，速死是最糟糕的例子，慢慢地死是较轻的例子。然而，事情却完全不是这个样子。不正义的人确实死于不正义，但要通过其他人之手把死亡的惩罚施加于不正义的人。"

"宙斯在上，要是不正义对那些感染了不正义的人是致命的，它就不会显得如此可怕，因为这样一来，它反倒是一种摆脱麻烦的解脱了。但我宁可认为与此相反的情况是清楚的，【e】某样东西杀死了其他一些人，要是它能做到的话，为了让不正义者本身活着，它甚至可以在夜间把他们带走。因此，说它对它的拥有者来说是致命的，远非那么回事。"

"你说得对，因为要是灵魂自身的恶与坏不足以杀死和摧毁灵魂，这个指定用来毁灭其他事物的恶几乎不能杀死灵魂。确实，它根本不会杀死任何事物，除了指定要它摧毁的这样事物。"

"你说'几乎不'是对的，或者说看起来好像是这样的。"

"嗯，要是灵魂不能用一样邪恶来摧毁，无论是它自身的，还是其他什么事物，那么它显然必定是永久存在的。要是它是永久存在的，【611】它是不朽的。"

"必定如此。"

"那就这样吧。如果是这么回事，那么你明白始终会有同样的灵魂，因为要是没有一个灵魂被摧毁，它们就不会减少，它们也不会增加。要是任何不朽的事物增加了，你知道新增的事物必定来自可朽的事物，这样一来，一切事物都不再是不朽的了。"

"对。"

"所以，我们一定不要考虑这样的事物，因为这个论证不允许它存在，我们也一定不要认为灵魂最真实的本性中充满无数的不同、【b】不像，或与其自身不同的东西。"

"你什么意思？"

"要是一个事物不能以最佳方式把它的许多组成部分结合在一起，要构成这样的事物不是一件易事，然而灵魂现在对我们显得好像就是这个样子的。"

"可能是不容易。"

"然而，我们最近的论证以及其他论证都在迫使我们相信灵魂不朽。要想看见灵魂的真相，我们一定不要在它还与肉体或其他邪恶混杂在一起的时候研究它【c】——这是我们前面进行的考察——而要在它处于纯净状态的时候考察它，这就是我们应当如何彻底研究灵魂的方法，借助逻辑推理。然后我们将发现，它比我们前面想的要美得多，我们也可以更加清楚地看到我们前面讨论过的正义和不正义，以及其他事情。关于灵魂我们已经说过的话是它当前显示的情况。但我们在它的这种状态下研究它就好像看见海神格劳科斯①，他原来的肢体由于多年被海水浸泡已经断裂破碎，【d】身上又蒙着一层贝壳、海草和石块，以致本相尽失，看上去倒更像一个怪物。我们研究的灵魂也处于相似的状态，被无数的邪恶糟蹋成这个样子。由于这个原因，格老孔，我们必须把目光转向别处，以求发现它的真正本性。"

"转向哪里？"

【e】"转向它的哲学，或对智慧的热爱。我们必须明白它试图把握和渴望与其交合的事物，由于它与神圣者、不朽者、永恒者的亲缘关系，我们必须明白它与它的整个存在遵循这种期盼会使它变成什么，要是它能从眼下沉没的深海中上升，回到它现在居住的地方，要是它除去身上的许多石块和贝壳，【612】在这个时候我们就能对灵魂进行考察了（灵魂现在身上裹满野蛮的尘俗之物，在尘世间游荡，享受它在尘世间的所谓幸福的盛宴）。然后我们会看见它的真正的本性，能够确定它是否有许多组成部分，还是只有一个部分，以什么方式结合在一起。我认为，我们已经对它的状况以及它具有人形时拥有哪些组成部分提供了一个体面的解释。"

"的确如此。"

"那么，我们已经清除了反对我们论证的各种意见，【b】而不必像你说荷马和赫西奥德那样②祈求正义的报酬和美誉吗？我们还没有发现正义本身是灵魂自身最优秀的事物吗，灵魂——无论灵魂有没有巨格斯的戒指或哈得斯的帽子③——应当行正义之事吗？"

"我们已经发现了。这是绝对正确的。"

"那么，格老孔，要是我们返回正义和其他美德，返回实行这些美德能为灵魂从凡人和众神那里获得的奖赏的种类和数量，无论是今生还是来世，【c】还会有任何反对意见吗？"

---

① 格劳科斯（Γλαύκος），希腊海神，善作预言。

② 参见本篇 357—367e。

③ 巨格斯有隐身戒指，参见本篇 359d—360a；哈得斯是希腊冥王，有隐身帽，参见荷马：《伊利亚特》5：845。

"肯定不会再有了。"

"那么你愿意把你在论证中从我这里借去的东西还给我吗？"

"你说的是什么东西？"

"我应你的要求，假定一个正义的人会显得不正义，一个不正义的人会显得正义，因为你说，尽管正义和不正义实际上瞒不过神和人，但为了论证，还是应当作此假定，以便能在与不正义本身的关系中判断正义本身。【d】你不记得了吗？"

"要说我不记得，那么我错了。"

"嗯，好吧，由于它们已被公正地判决，我要求把正义在众神和凡人中的名声归还给正义，我们同意它确实应当享有这样的名声，应当把这些奖赏收集起来，赠给那些真正拥有正义的人。已经很清楚，正义把善物赐给任何正义者，不会欺骗那些真正拥有正义的人。"

【e】"这个要求挺公道。"

"那么你们不会首先肯定这些事不会逃避众神的注意吗，至少，这两个人中间哪个是正义的，哪个是不正义的？"

"我们会这样做的。"

"要是这两个人都不能逃避众神的关注，那么一个人是神所喜爱的，另一个人是神所憎恶的，我们一开始就对此有过一致的意见。"①

"对。"

"那么我们不也必须同意，一个为众神所钟爱的人的一切，就其来自众神而言，有可能是最优秀的，【613】除非这是对他前世所犯罪过的惩罚吗？"

"当然。"

"那么，我们必须假定这对陷于贫困、疾病，或者别的什么明显的恶的人来说也是一样的，也就是说，这些事情最终对他是好事，无论今生还是来世，因为众神决不会忽视任何渴望变得正义的人，这样的人使自己变得像

---

① 参见本篇 352b。

神，【b】在人力所及的范围内采用合乎美德的生活方式。"

"这样的人也理应不会被像他一样的人忽视。"

"那么，我们不应假定对不正义的人来说情况正好相反吗？"

"当然。"

"那么，这些就是正义的人，而不是不正义的人，从众神那里得到的奖赏。"

"这也肯定是我的看法。"

"从凡人那里呢？一个正义的人从凡人那里得到什么呢？或者，要是我们说真话，不会发生这样的事情吗？那些很能干但又很邪恶的人不是很像那些前半段跑得很快，但后半段就不行了的运动员吗？他们一开始跑得很快，但到后来就精疲力竭，【c】跑完后遭到人们的嗤笑和辱骂，被撵出操场，拿不到胜利花冠。而真正的运动员能跑到终点，得到奖品和戴上花冠。正义者的结局不也是这样吗，他的每个行动、他与其他人的交往，以及他的一生，最终都能从人们那里得到荣誉和奖励？"

"当然。"

"那么，你们会允许我把你们过去讲的不正义者的那些好处都归于正义者吗？【d】我要说，随着年龄增长，正义者只要愿意就可以担任城邦要职，愿意跟谁结婚就可以跟谁结婚，想跟谁家联姻就可以跟谁家联姻，过去被你们说成是不正义者的好处，现在我都可以说成是正义者的好处。我还要说，不正义者即使年轻时没有被人看破，但他们中的大多数到了人生的最后阶段会被抓住，受到嘲弄，他们的晚年会过得很惨，受到外邦人和本邦同胞的唾骂。【e】他们将受到严刑拷打，承受各种刑罚，① 你正确地说过这些刑罚是野蛮的。假定我已经说了他们将要遭受所有这些事情，看你们是否允许我这样说。"

"我当然允许。你说得对。"

---

① 参见本篇 361e。

【614】"那么这就是正义者活着的时候从众神和凡人那里得到的奖励、报酬和馈赠，此外还有正义本身赐予的善物。"

"是的，这些东西是美好的，也是稳固的。"

"然而，这些东西与正义者和不正义者死后的遭遇相比，它们在数量和大小上就算不上什么了。要是依据这个论证，这两种人最后将得到些什么也必须听一听。"

【b】"那么你就告诉我们吧，因为百听不厌的事情并不多。"

"不过，我要讲给你们听的不是讲给阿尔喀诺俄斯①听的故事，而是讲一位勇敢的潘斐利亚人，阿尔美纽斯之子厄尔②，他在一次战斗中牺牲。十天以后，其他死者的尸体已经腐烂，而他的尸体仍旧很新鲜。他被运回家，准备为他举行葬礼。但在第12天的时候，在他已经被放上火葬堆的时候，他竟然复活了，对人讲了他在那边那个世界看到的景象。他说，他的灵魂离开身体以后，【c】便和一大群鬼魂结伴前行，来到一个神秘的地方，那边的大地上有两个并排的洞口，而与这两个洞口相对的天上也有两个洞口，判官们就坐在这天地之间。灵魂逐个儿从他们面前经过，接受审判，凡正义的便吩咐他走右边的路上天，胸前贴着判决书，【d】凡不正义的便命令他走左边的路下地，背上也贴着判决书，表明其生前所作所为。厄尔说，当他临近接受审判时，判官们却委派他做一名给人类传递消息的使者，要他注意聆听和观察这里发生的一切，以便日后把这个地方的情况告诉人类。所以，他后来就把看到的事情都说了出来。他看到，灵魂在接受审判后纷纷离去，有的上天，有的下地，各走不同的洞口。也有灵魂从另一地下的洞口上来，风尘仆仆，形容污秽，也有灵魂从另一天上的洞口下来，干净而又纯洁。【e】这些不断到来的灵魂看上去都像是经过了长途跋涉，现在欣然来到一片草地，驻扎在那里，好像准备过节似的。熟悉的互致问候，从地下上来的向从天上下

---

① 阿尔喀诺俄斯（Αλκίνους）是一位国王，奥德修斯对他讲述自己遇险的经历，后来"讲给阿尔喀诺俄斯听的故事"就成了长篇故事的代名词。参见荷马：《奥德赛》，第9—11卷。

② 潘斐利亚（Παμφλία），地名；厄尔（Ηρ），人名。

来的询问那里的情况，而从天上下来的则询问对方在地下的情况。它们相互讲述自己的经历，地下上来的讲着讲着就痛哭流涕，因为他们回想起自己的可怕经历和一路上在地下见到的恐怖事情，【615】它们在地下已经待了一千年；而那些从天上下来的则谈论那些难以言表的良辰美景。格老孔，我要是把它们全都说出来，那就太费时间了。简单说来，厄尔告诉人们说，它们生前对任何人做过的错事，死后每一件都要遭受十倍的报应，也就是说它们每一百年要受一次惩罚，【b】人的一生以百年计，因此受到的惩罚十倍于所犯的罪恶。举例来说，假如有人曾经造成许多人的死亡，或者出卖过城邦和战友，使他们成为战俘，或者曾经参与过其他罪恶勾当，那么他一定会为所犯下的每一桩罪过遭受十倍的苦难；又比如，某人在世时曾做善事，是一个正义、虔诚的人，那么他也会因此而受到十倍的报偿。厄尔还讲到那些刚出生便死去的婴儿，【c】讲到崇拜诸神和孝敬父母的人得到更大的回报，不崇拜诸神和不孝敬父母的人受到更大的惩罚，还讲到自杀的人，等等，但这些事都不值得在此一提。

"厄尔说，他在那里听到有人问：'阿狄埃乌斯① 大王在哪里？'这位阿狄埃乌斯正是此前整整一千年潘斐利亚某个城邦的暴君，据说曾杀死自己的老父和长兄，【d】还有过其他许多不虔诚的行为。回答这个问题的人说：'他没来这里，大概也不会来这里了。'这件事的确是我们所见过的最可怕的事情之一，当时我们就快要走出洞口了，我们所有的苦难就快要到头了，【e】这时候我们突然看见他，还有其他一些鬼魂，我可以说他们大部分是暴君，也有少数是在私生活中犯了大罪的。他们以为自己终于可以穿过洞口走出去了，但实际上并非如此，凡是罪不容赦的或还没有受够惩罚的想要出洞，洞口就会发出吼声。有一些面目狰狞的野人守候在那里，他们能听懂洞口发出的吼声，【616】把此时经过的鬼魂抓起来带走。像阿狄埃乌斯这样的人会被五花大绑，拖到路边，剥他们的皮，用荆条抽打。这些野人还把这

---

① 阿狄埃乌斯（Αρδιαῖος），人名。

些人为什么要受这种折磨的缘由，以及他们将要被抛进塔塔洛斯①的事情告诉不时从旁边走过的鬼魂。尽管我们遇到许许多多可怕的事情，但最可怕的还是担心自己想出去的时候听到洞口发出吼声，要是走出来的时候洞口没有吼声，那就再高兴不过了。审判和惩罚的情况大体如上，【b】而与此对应的是给正义者的赐福。

"每一群鬼魂在草地上只能住七天，第八天就要动身，继续上路。它们又走了四天，来到一个地方，从这里能看见一道笔直的光柱，自上而下贯通天地，颜色像彩虹，但比彩虹更加明亮和纯净。它们又朝着光柱的方向走了大约一天的路程，看见这道从天而降的光柱有两个端点。【c】这光柱就是诸天的枢纽，好比海船的龙骨，把整个旋转着的碗形圆拱维系在一起。那个必然女神的纺锤吊在光柱的顶端，所有球形天体的运转都以这道光柱为轴心。光柱和它的挂钩是金刚石造的，【d】圆拱是金刚石和其他合金的。圆拱的性质如下：它的形状就像人间的圆拱，但是按照厄尔的描述，我们必须想象最外边是一个中空的大圆拱。由外向内的第二个圆拱比第一个小，正好可以置于其中。第二个圆拱中间也是空的，正好可以放进第三个圆拱。第三个里面可以放进第四个，依此类推，直到最后第八个。这就好像木匠制造的套箱，大小不同的箱子形状相同，一个套一个。由于八个碗状的圆拱彼此里外契合，【e】从上面看去它们的边缘呈圆形，所以它们合起来就在光柱的周围形成一个连续的圆拱面，那道光柱笔直穿过第八个圆拱的中心。最外面的那个圆拱的边最宽，次宽的是第六个，其余依次是第四、第八、第七、第五、第三，最窄的是第二个。【617】最外层的那个碗边颜色最复杂；第七条边最亮，第八条边反射第七条的亮光，颜色同它一样；第二条和第五条边颜色彼此相同，但比前两条黄一些；第二条边颜色最白；第四条边稍红；第六条边次白。这些圆拱作为一个整体处于同一运动中，但在其内部，里面七层转得慢一些，方向和整个运动相反；第八层转动得最快；【b】第七、第六、第五层合

---

① 塔塔洛斯（Τάρταρος），希腊神话冥府中的无底深渊。

在一起转动，速度其次；好像要返回原处的第四层在他们看起来运动速度第三；第三层的速度排第四；第二层的速度排第五。整个纺锤在必然女神的膝上旋转，每一碗形圆拱的边口上都站着一位塞壬①，她们随着圆拱一起旋转，各自发出一个音，八个音符合在一起就形成一句和谐的音调。另外还有三位女神，她们围成一圈，各自坐在自己的宝座上，【c】相互之间的距离相等。她们是必然女神②的女儿，命运三女神，身穿白袍，头束发带。她们的名字分别是拉刻西斯、克罗托、阿特洛波斯③。她们与塞壬一起合唱，拉刻西斯唱过去的事情，克罗托唱当前的事情，阿特洛波斯唱将来的事情。克罗托的右手不时接触纺锤外面，帮它转动；阿特洛波斯用左手以同样的方式帮助它在里面转动；【d】拉刻西斯两手交替，帮助它在里外两面转动。

"当这些灵魂到达光柱之处时，它们必须马上来到拉刻西斯面前。然后有一位神的使者出来，指挥它们排好队。神使从拉刻西斯膝上取下阄和生活方式，然后登上一座高坛宣布道：请听必然女神之女拉刻西斯的如下旨意。'诸多一日之魂，你们包含死亡的另一轮新生即将开始。【e】决定你们命运的不是神，而是你们自己的选择。谁拈得第一号，谁就第一个挑选自己将来必定要过的生活。但是美德没有既定的主人，可以任人自取，每个人将来有多少美德，全看他对美德重视到什么程度。过错由选择者自己负责，与神无涉。'说完，神的使者便把阄撒到他们中间，【618】每个灵魂就近抓起一阄，只有厄尔除外，因为神不让他抓取。抓到阄的人都看清了自己抽得的号码。接着，神的使者又把生活方式放在他们面前的地上，数目比在场人数还要多得多。这些生活多种多样，因为所有动物的生活方式都在这里，所有人的生活方式也在这里，其中有僭主的生活方式，有些僭主终身在位，有些中途垮

---

① 塞壬（Σειρήν），希腊神话中的人身鸟足的美女神，有许多位，住在海岛上，用美妙的歌声引诱航海者触礁毁灭。

② 必然女神（Ἀνάγκης）。

③ 希腊命运三女神掌管人类命运和生死，克罗托（Κλωθώ）纺织生命之线，拉刻西斯（Λάχεσις）决定生命之线的长短，阿特洛波斯（Ἄτροπος Atropos）负责切断生命之线。

台而受穷，有些被放逐或成为乞丐，其中也有名人的生活方式，有些因其体形和美貌而成名，有些因其身体强健和孔武有力而成名，【b】有些因其出身高贵而成名，有些因其祖先福荫而成名，其中也还有在这些方面拥有坏名声的生活方式，对女人来说也一样。但灵魂的性质是没法选择的，因为选择不同的生活方式必然决定了不同的品性。其他事物在选定的生活方式中不同程度地混合在一起，与富裕或贫穷、疾病或健康，以及其他中间状态混合在一起。

"格老孔，似乎就在这个地方，人面临着巨大的危险。【c】由于这个原因，我们每个人必须忽略其他所有科目，把主要精力用于学习如何区分生活方式之善恶，能在每一场景下始终做出最佳选择。他应当思考我们已经讲过的这些事情，知道它们分别或单独对各种合乎美德的生活的影响。以这种方式他懂得美貌如何与贫困或富裕混合在一起，【d】懂得与美貌结合的心灵习惯对善或恶有什么影响，懂得出身贵贱、社会地位、职位高低、体质强弱、思想敏捷或迟钝，以及一切诸如此类先天的或后天养成的心灵习惯彼此联系结合在一起时对善或恶有什么影响。对上述一切进行考虑之后，【e】一个人就能用目光注视自己灵魂的本性，把能使灵魂本性更加不正义的生活称做比较恶的生活，把能使灵魂本性更加正义的生活称做比较善的生活，进而能在两种生活之间做出合理的抉择。其他事情他一概不予考虑，因为我们已经知道，无论是活着还是死去，这都是最好的选择。人死了也应当【619】把这个坚定的信念带去冥间，让他即使在那里也可以不被财富或其他同样华而不实的东西所迷惑，可以不让他陷入僭主的暴行或其他许多类似的行为，并因此而遭受更大的苦难。他可以知道在整个今生和所有来世如何在这些事情上总是选择中庸之道而避免两种极端，【b】而这正是一个人的最大幸福之所在。

"然后，我们从那个地方来的使者告诉我们，那位神使还说：'你们即使最后一个上来选也没什么关系，只要他的选择是明智的，他的生活是努力的，就会有他可接受的生活为他保留，不会选到邪恶的生活。愿第一个选择者审慎对待，最后一个选择者也不要灰心。'"

"他说，神使说完以后，那个拈得头一号的灵魂就走上来，选了一个最大僭主的生活方式。由于愚蠢和贪婪，他做这个选择时没有进行全面考察，【c】没能看到这种生活还包含着吃自己的孩子这样的命运在内，还有其他一些恐怖的事情。等定下心来仔细一想，他后悔自己没有听从神使的警告，于是就捶打胸膛，嚎啕痛哭。他责怪命运和诸神，但就是不责怪他自己。他是从天上下来的灵魂之一，前世生活在一个秩序良好的城邦里，生活循规蹈矩，但他的美德来自风俗习惯而不是学习哲学。【d】人们也许可以说，凡是受到这种诱惑的灵魂大多数来自天上，没有吃过什么苦。而那些来自地下的灵魂不但自己受过苦，也看见别人受过苦，因此也就不会那么匆忙草率地做出选择了。大多数灵魂的善恶互换，除了拈阄的偶然性之外，这也是一个原因。【e】如果一个人在今生能够忠实地追求智慧，而在拈阄时又不是最后一号的话，那么根据故事中所说的情况，我们可以大胆肯定，这样的人不仅今生是幸福的，而且在死后前往冥府的旅途中，以及再返回人间的时候，走的也不是一条崎岖不平的地下之路，而是一条平坦的通天大道。厄尔告诉我们，某些灵魂选择自己的生活也很值得一看。他说当时的场景非常奇怪，又可怜又可笑，因为这些选择大部分取决于这些灵魂前世的习性。【620】他说，他看到一个灵魂曾经是奥菲斯的灵魂，它选择了天鹅的生活方式。由于死在妇女手里，它痛恨一切妇女而不愿再从女人腹中出生。他看到萨弥拉斯①的灵魂选择了夜莺的生活，也有天鹅或其他会唱歌的鸟选择了人的生活。【b】抽到第 20 号的灵魂选择了雄狮的生活，那是忒拉蒙之子埃阿斯的灵魂，因为他还记得那次关于阿喀琉斯武器归属的裁判，不愿再投生为人。接下去轮到阿伽门农，他因为自己遭受的苦难而痛恨人类，于是选择了鹰的生活。选择进行到一半时轮到阿特兰塔②，看到运动员生活中有巨大的荣誉，

---

① 萨弥拉斯（Θαμύρους），希腊神话中的一名歌手，据说他向缪斯挑战比赛唱歌，遭到失败后被罚成瞎子，并被剥夺唱歌的天赋。参见荷马：《伊利亚特》2：595。

② 阿特兰塔（Ατάλάντα），阿卡狄亚公主，优秀的女猎手，传说向她求婚者必须与她赛跑，输给她的就被杀。

于是她抵挡不住荣誉的诱惑而选择了运动员的生活。【c】在她之后，厄尔说，他看见了帕诺培乌斯之子厄培乌斯①的灵魂，他愿意投生为一名具有高超技艺的妇女。在很后面的地方，厄尔看到滑稽的忒耳西忒斯②的灵魂正在给自己套上一个猿猴的身体。奥德修斯的灵魂在拈阄时竟然拿到最后一号。他走上来选择的时候由于没能忘记前生的辛苦和劳累，已经抛弃了以往的雄心壮志。他花了很多时间到处走，想找一种只需关心自身事务的普通公民的生活。这种方式很难找到，躺在一个角落里不受别人注意。【d】他在找到这种方式时说，哪怕抽到第一号，他也乐意选择它。同样，也有动物变成人或一种动物变成另一种动物的，不正义的人变成野兽，正义的人变成温顺的动物，也还有其他各种混杂与结合。

"当所有灵魂按照拈阄的顺序选定了自己的生活以后，它们按原来的顺序列队走向拉刻西斯，【e】她给每个灵魂派一位精灵，守护和带领它们过完自己的一生，完成它们自己的选择。这位守护神首先把灵魂领到克罗托那里，在她的手下和由她转动的纺锤的旋转中批准各自选择的命运。跟她接触之后，守护神再把灵魂领到阿特洛波斯纺线的地方，使命运之线不可更改。【621】然后每个灵魂头也不回地从必然女神的宝座下走过。一个灵魂经过那里以后，要等其他所有灵魂过来，然后大家一起上路，历经可怕的闷热，一直走到勒忒③河平原，因为那里没有树木和任何植物。它们来到忘川④河畔宿营，河里的水没有任何器皿可以盛放。它们全都被要求在这河里喝一定量的水，【b】而其中有些不够聪明的灵魂便喝过了量，喝得忘掉了一切。它们全都睡着了。到了半夜里，雷声大作，大地震撼，所有灵魂都被突然抛起，像流星四射一般各自投生去了。厄尔说他自己没有被允许喝这河里的水，但他说不知道自己是怎样回到自己的肉体里来的。等他睁开眼睛的

---

① 帕诺培乌斯（Πανοπέως）之子厄培乌斯（Ἐπειους），著名的特洛伊木马的制造者。
② 忒耳西忒斯（Θερσίτης），荷马史诗中的人物，参见荷马：《伊利亚特》2：212。
③ 勒忒（Λήθη），希腊神话中的遗忘女神，亦为冥府河流名，亦意译为"忘川"。
④ 忘川，希腊传说中的一条冥府河流，字意为"疏忽"，在后来作品中与勒忒河混同。

时候，他看到天已经亮了，自己正躺在火葬用的柴堆上。

"所以，格老孔，他的故事没有亡佚，而是保存下来，要是我们接受它的劝告，那么它会拯救我们，我们能够平安渡过勒忒河，【c】我们的灵魂不会被玷污。要是大家接受我的指点，我们要相信灵魂是不朽的，能够承受一切善与恶，我们将永远坚持上升之路，以各种方式有理智地实施正义。这样的话，我们今生寓居在大地上的时候，既是我们自己的朋友，又是众神的朋友，【d】而以后——就像竞赛胜利者去领取奖品——我们将领受我们的奖赏。因此，无论是在今生今世，还是在我们已经描述过的千年之旅，我们都能诸事顺遂，幸福快乐。"

泰阿泰德篇

提　要

本篇属于柏拉图后期对话，以主要谈话人泰阿泰德的名字命名，约写于公元前369年，即柏拉图第二次西西里之行前后。公元1世纪的塞拉绪罗在编定柏拉图作品篇目时，将本篇列为第二组四联剧的第二篇，称其性质是"试探性的"，称其主题是"论知识"。① 对话篇幅较长，译成中文约6万字。

对话采用双重叙述的方式：第一重是欧几里德偶遇忒尔西翁，俩人谈起泰阿泰德，让书童将他多年前听到的一篇对话的记录念给忒尔西翁听（142a—143d）；第二重即这篇对话本身，谈话人是苏格拉底、塞奥多洛和泰阿泰德。本篇带有纪念泰阿泰德的意味。在谈话中，塞奥多洛推说自己年事已高，主要让年少的泰阿泰德回答苏格拉底的问题。塞奥多洛大约生于公元前460年，居勒尼人，数学家，是柏拉图和泰阿泰德的老师。泰阿泰德是柏拉图的朋友和学生，柏拉图学园里的重要成员，约生于公元前414年，在公元前369年的科林斯战役中负伤，不久后去世。

对话第一部分（143d—164d），讨论"知识就是感觉（αἴσθησις）"。苏格拉底运用他的产婆的技艺（精神助产术），帮助泰阿泰德产下这个观点（151e），然后对之进行检验。苏格拉底指出这个观点与普罗泰戈拉"人是万

---

① 参见第欧根尼·拉尔修：《名哲言行录》3：59。

物的尺度"的观点相一致，进而又将这个观点与赫拉克利特的流变学说联系起来，提炼出一种相对主义的感觉论：感觉者和感觉的对象都在不断变化，不同的人有不同的感觉，个人的感觉是独特的。（153d—154a）然后，苏格拉底批评这种感觉论，指出普罗泰戈拉这一神话最终破灭。（164d）

接下去，苏格拉底要求塞奥多洛接受提问，在交谈中偏离"知识就是感觉"这一论题。苏格拉底进一步批评了普罗泰戈拉的感觉主义，提到智者(聪明人)和哲学家的区别、哲学家的特性、哲学家的追求、运动的两种类型、主动派（主张一切事物都是运动的）与主静派（主张一切事物都是静止的）的对立，等等问题。（164d—184b）

对话第二部分（184b—202c），讨论"知识就是真判断（δοξάζειν）"。苏格拉底继续运用助产术，帮助泰阿泰德产下这个观点。（187a）"判断"这个词的意思是灵魂（人的感觉器官）就某个事物形成判断、意见、想法、信念。苏格拉底没有从正面说明什么是"真判断"，而是对"假判断"的产生过程进行分析。他用"蜡板说"（191c—d）和"鸟笼说"（196d—199a）来解释错误判断的发生过程，从而断定，即使真判断也不是知识。在不掌握知识的本质，亦即回答什么是知识这个问题之前，不可能回答什么是"真判断"，什么是"假判断"这些问题。

对话第三部分（202c—210d），讨论"知识就是真判断加解释（λόγος）"。泰阿泰德说他听别人说过这个知识定义，提出来讨论。苏格拉底指出，解释要么是说话，要么是列举事物的组成部分，要么是列举事物的某些特征，将它与其他事物区别开来。说出差异就是在进行解释，解释的意思就是某种解释或说明。然而关于任何事物的真判断已经包含该事物与其他事物的不同特点，说知识就是真判断加上解释是一种同义反复。在探索知识性质的时候，没有比这更加愚蠢的说法了。所以，知识既不是感觉，也不是真实的判断，更不是真实的判断加解释。

否定上述三个知识定义以后，苏格拉底最后指出，尽管整个讨论没有结果，但这样的讨论对泰阿泰德是有用的，因为他现在明白了不要自以为是，他会在今后孕育新的美好的思想。（210b）本篇为柏拉图知识论（认识论）重要著作，非常值得深入研究。

正　文

谈话人：欧几里德①、忒尔西翁②

欧　【142】刚从乡下来吗，忒尔西翁？还是有些时候了？

忒　有些时候了。实际上，我到市场上找过你，我还纳闷怎么就找不到你呢。

欧　噢，你找不到我，因为我不在城里。

忒　那么你去哪儿了？

欧　我下港口去了，半路上碰到泰阿泰德③，被人从科林斯④的军营送来，抬着去雅典。

忒　他活着还是已经死了？

欧　还活着，但可能快不行了。【b】他受了重伤，偏偏又染上了军中爆发的瘟病。

忒　是痢疾吗？

欧　是的。

忒　这样一个人，竟然快要没了！

欧　对，一个非常优秀的人，忒尔西翁。刚才我还听到有人赞扬他在战斗中的英勇行为。

---

① 欧几里德（Εὐκλείδης），哲学家，苏格拉底的追随者，麦加拉学派的奠基人。

② 忒尔西翁（Τερψίων），苏格拉底的追随者。

③ 泰阿泰德（Θεαίτητος），柏拉图的朋友和学生，柏拉图学园里的重要数学家，约生于公元前414年，于公元前369年的科林斯战役中负伤，不久去世，时年约50岁。据此推算，苏格拉底于公元前399年被处死的时候，泰阿泰德才15岁左右。这与对话中说他"还是个小青年"（142c）相符。

④ 科林斯（Κορίνθια），地名。

忒　这没什么好奇怪的，【c】他要是不这样，反倒让人惊讶。但他为什么不在麦加拉① 停留呢？

欧　他急着回家。我要他留下，劝过他，但他不愿意。所以我看着他上路。在我回来的路上，我回想起苏格拉底②，真佩服他的先见之明，他对泰阿泰德作过评价。要是我没记错，就在苏格拉底去世前不久，他遇上当时还是个小青年的泰阿泰德。苏格拉底见到他，和他交谈，对他的天赋极为赞赏。后来我去雅典的时候，苏格拉底把他们谈话的内容告诉我，很值得一听。【d】他还对我说，我们今后必定还会听到泰阿泰德更多的讲话，等他进一步成熟。

忒　嗯，他显然说中了。不过他们谈了些什么？你能告诉我吗？

欧　宙斯在上，不。单凭记性肯定不行。【143】不过我当时一回家就及时做了一些笔记，后来有空的时候又仔细回忆，把它写了下来，以后每次去雅典，我都向苏格拉底询问我记不清楚的地方，回家再做补正。就这样，整个讨论都被我很好地写了下来。

忒　没错，当然了。我以前听你提到过这件事，一直想要你拿出来给我看看，尽管长时间没能如愿。有什么理由我们不现在就来过一遍呢？从乡下走到这里，无论如何，我需要休息一下。

欧　【b】好吧，我不在意坐下休息。我从伊利纽③ 就陪着泰阿泰德。来吧，我们歇着，让我的书童④ 读给我们听。

忒　说得对。

欧　书⑤ 就在这里，忒尔西翁。你瞧，我是这样把它写下来的，不是像苏格拉底对我转述的那样来写，而是就写成苏格拉底直接对参加谈话的那些

---

① 麦加拉（Μέγαρὰ），地名。

② 苏格拉底（Σώκρατης），哲学家。

③ 伊利纽（Ἐρινεῦμ），地名，位于厄琉息斯和雅典之间。

④ 书童（παῖς），奴仆，佣人。

⑤ 书（βιβλίον），常指抄写在莎草纸上的卷轴。

人说话。他告诉我，这些人是几何学家塞奥多洛①和泰阿泰德。【c】我想在书面文字中避免不同讲话之间的叙述语——我指的是，当苏格拉底提到他自己在讨论中的讲话时，他要说"我认为"、"我说"，或者回话的那个人，他要说"他同意"、"他不赞成"。由于这个原因，我就让他直接对这些人说话，省略了这些叙述语。

忒 嗯，这样做还是挺规范的，欧几里德。

欧 现在，书童，把书拿来读吧。

谈话人：苏格拉底、塞奥多洛、泰阿泰德

苏 【d】如果居勒尼②是我首先要关心的，塞奥多洛，那么我应当问你那边的情况，在你的年轻人中间是否有人致力于几何学，或者致力于哲学③的其他部门。不过，我爱雅典实际上胜过爱居勒尼，所以我更急于知道我们的年轻人中间有谁将来会出类拔萃。当然了，我自己总是试图发现这样的人，尽全力去寻找，但我也在不断地向其他人询问——亦即向我看到年轻人乐意追随的人询问。当然了，你现在有了很多追随者，这很公道，因为单凭你的几何学你就能做到这一点，【e】更不必提你的其他造诣了。所以，如果你遇到过有谁值得一提，我很乐意聆听。

塞 好吧，苏格拉底，我想你应当被告知、我也应当告诉你，我在这里遇到了一位杰出的小青年，你的一位同胞。要是他长得很美，我可不敢过分热情地谈论他，免得被人怀疑我与他有恋情。事实上——请原谅我这样说——他长得一点儿也不美，而是长得很像你，塌鼻暴睛，只是不如你那么明显罢了。【144】我讲起这些话来心安理得；我向你保证，在我遇到过的所有人中间——我结识过许许多多的人——我还从未见过有谁像他那样拥有极好的天资。除了超过常人的思维敏捷，他的脾气非常温和；尤其是，他有男子汉的气概，和他的同伴们一样。我从未想到，这些品性能够在他身上并

① 塞奥多洛（Θεόδωρος），几何学家，从居勒尼来到雅典从事教学。

② 居勒尼（Κυρήνη），地名。

③ 这里的哲学应是广义的，相当于各门学问的总和。

存，我从未看到在其他地方能产生这样的人。一般说来，像他这样思维敏捷、博闻强记的人经常不够稳健。【b】他们会到处乱闯，就像没有压舱物的船；他们看起来很勇敢，而实际上却是一种疯狂的躁动；另一方面，比较稳健的人在学习中又经常显得笨拙，有点——记性实在太差。但是这个孩子能够平稳、确定、有效地推进他的学习，脾气又非常好，就像油一般无声息地流淌。结果就是，小小年纪就取得这样的成绩，真的令人惊讶。

苏 这是个好消息。他是雅典人吗——他是谁的儿子？

塞 【c】我听说过这个名字，但我不记得了。不过，他正在朝我们走来，就是这群人中间的那一个。他和他的同伴刚才在外面涂油，好像已经结束了，正在朝我们走来。你注意看，看你能否认出他来。

苏 是的，我认识他。他是索尼昂①的欧佛洛纽②之子——确实就是这种人，我的朋友，你告诉我他的儿子是这种人。他在各方面都非常杰出，也留下了很多遗产。但是，我不知道这个小伙子的名字。

塞 【d】他的名字是泰阿泰德，苏格拉底。至于遗产，我想已经被托管人花完了。毕竟，在花钱上他是出奇的慷慨大方，苏格拉底。

苏 真有君子风范。我希望你能请他过来，跟我们坐一会儿。

塞 行。泰阿泰德，到这里来，到苏格拉底边上来。

苏 噢，过来，泰阿泰德。我想看看我长了一张什么样的脸。【e】塞奥多洛说我长得很像你。不过，你瞧。嗯，要是你我各有一把竖琴，塞奥多洛说它们都已经调好了音，我们应当直接相信他的话吗？或者说，我们应当试着发现他说此话有无专门的音乐知识？

泰 噢，我们应当对此进行考察。

苏 要是我们发现他是音乐家，我们应当相信他说的话；要是我们发现他没有这样的素质，我们就不应当相信他的话。

———————

① 索尼昂（Σουνίου），地名。
② 欧佛洛纽（Εύφρονίυς），人名。

泰　没错。

苏　嗯，我假定，要是我们对我们的脸长得相似的问题感兴趣，【145】我们不得不考虑他讲这样的话是否具有任何绘画的知识？

泰　对，我应当这样想。

苏　那么，塞奥多洛是一名艺术家吗？

泰　不，据我所知，他不是。

苏　他也不是几何学家吗？

泰　噢，他无疑是几何学家，苏格拉底。

苏　他不也掌握了天文学、算术、音乐——以及其他一切有教养的人应当懂行的学问吗？

泰　嗯，他好像是这样的。

苏　所以，要是他断言我们之间有某些身体上的相似之处——无论他想要帮助我们，还是正好相反——我们一定不要过分在意他的话吗？

泰　也许不必。

苏　【b】但若假定他赞美我们中间某个人的灵魂呢？假定他说我们中的某个人是好的和聪明的呢？听到此话的人一定不要过分热心地考察这个受到赞美的对象吗？其他人也一定不要愿意表现自己吗？

泰　要，必定如此，苏格拉底。

苏　那么，我亲爱的泰阿泰德，现在由你来表现你自己，由我来对你进行考察。尽管塞奥多洛经常在我面前说许多人的好话，有雅典人也有外邦人，但我向你保证，我从来没有听到他像刚才赞扬你那样赞扬任何人。

泰　【c】那倒不赖，苏格拉底，不过你要当心他不是在开玩笑。

苏　那不是塞奥多洛的作为。不要借口我们的朋友在开玩笑而取消我们已经同意要做的事情，或者说你可以要他提供证据，他必须这样做——因为不像有人会告他作伪证。所以，鼓足勇气，坚持你同意要做的事情。

泰　行，我必须这样做，如果这就是你已经决定要做的事。

苏　现在，告诉我。你正在向塞奥多洛学习几何学，我猜得对吗？

泰 对，我正在学。

苏 【d】也学天文学、音乐和算术吗？

泰 嗯，我急于想学，不管怎么说。

苏 我也这样，我的孩子——向塞奥多洛或者向其他在我看来似乎懂得这些事情的人学。尽管我跟他们在许多方面交往甚欢，但我有个小小的困惑，想在你和你的同伴的帮助下考察这个困惑。嗯，学习不就是在所学的那件事情上变得比较聪明，对吗？

泰 对，当然如此。

苏 使人聪明的东西，我想，是智慧吗？

泰 是的。

苏 【e】它在任何方面与知识不同吗？

泰 什么？

苏 智慧。不就是他们知道人们拥有了它就是聪明的那个事物吗？

泰 嗯，是的。

苏 所以知识与智慧是相同的事物吗？

泰 是的。

苏 这正是我的困惑所在。【146】我无法恰当地把握这个知识到底是什么。我们能对它作个说明吗？你们大家会说什么？谁第一个讲？就像玩传球游戏的儿童说的那样，掉了球的就坐下当驴子，一直不掉球的就当国王，有权要我们回答他喜欢提出的问题。嗯，怎么都沉默了？塞奥多洛，我希望我对论证的热爱没有使我失态吧——我只是急于开始一场讨论，使我们全都亲密无间，无话不谈？

塞 【b】不，不，苏格拉底——就凭你说的最后一件事，我就可以忘掉你的态度。不过，还是在这些年轻人中找一位来回答你的问题。我不太习惯这种讨论，我这把年纪了，也不能很快适应。但对他们来说，做这种事很合适，也能从中得益。所以你们就开始吧，别让泰阿泰德离开，问他更多的问题。

苏 嗯，泰阿泰德，听到塞奥多洛怎么说了吧。【c】你不会违背他的意愿，我保证；在这种事情上年轻人也肯定不会违背有智慧的人——这样做根本不可能是恰当的。现在，坦率地回答我的问题吧。你认为，什么是知识？

泰　嗯，我应当回答，苏格拉底，你和塞奥多洛吩咐我这样做。不管怎么说，要是我犯了错，你和他会纠正我的。

苏　我们肯定会的，要是我们能做到。

泰　那么，我认为塞奥多洛教的东西就是知识——【d】我指的是几何学，以及你刚才列举的其他科目。然后还有那些技艺，比如制革，无论你把这些技艺总起来说，还是分开来说。它们必定是知识，我肯定。

苏　你的回答确实很坦率，也很大方，我亲爱的小伙子。我向你要一样东西，你给了我许多；我想要简单的东西，我得到了杂多的东西。

泰　你这是什么意思，苏格拉底？

苏　没什么意思，我敢说。但我会把我的想法告诉你。当你谈论制革的时候，你指的是制鞋的知识吗？

泰　对，我就是这个意思。

苏　【e】当你谈论木作的时候，你指的只是制作木器的知识吗？

泰　我就是这个意思，我再一次这样说。

苏　那么，在这两个例子中，你都在界定知识是关于什么的吗？

泰　是的。

苏　但是，这不是我要问的，泰阿泰德。我要问的不是人可以有关于什么的知识，也不是有多少个知识的门类。我问这个问题不包含清点这些知识门类的意思；我们想要知道知识本身是什么。或者说，我在胡说？

泰　不，你说得很对。

苏　【147】再考虑这一点。假定有人问我们一些常识，或者日常事务；比如，什么是泥？假定我们回答，"陶工的泥"、"砌炉工的泥"、"砖瓦匠的泥"，我们的回答不是很荒唐吗？

泰　嗯，也许是吧。

苏　我假定，这样说从一开始就是荒唐的，当我们说"泥"的时候，【b】

无论我们再添上它是制俑工的泥，或是其他匠人的泥，我们以为那个提问的人能理解我们的回答。或者说，你认为当一个人不知道什么是某个事物的时候，他能理解这个事物的名称吗？

泰　不，肯定不能。

苏　所以，一个不知道什么是知识的人也不懂"鞋子的知识"吗？

泰　不，他不懂。

苏　那么，一个不懂什么是知识的人也不懂什么是制革或其他任何技艺吗？

泰　是这样的。

苏　所以，当提出的问题是"什么是知识"的时候，【c】用某个技艺的名称来做答是荒唐的；因为它指出了知识是关于什么的，但这不是这个问题所要问的。

泰　好像是这么回事。

苏　还有，我在想，在有可能做出简洁而又普通回答的地方，这样的回答是漫无止境的。以这个有关泥的问题为例，可以简洁而又普通地回答，泥就是混合了液体的土，而不必在意它是谁的泥。

泰　经你这么一说，苏格拉底，事情好像比较容易了。【d】但我相信，你正在问的这类问题也出现在我和那位与你同名的苏格拉底①前不久的讨论中。

苏　那是什么问题，泰阿泰德？

泰　塞奥多洛当时在这里借助图形向我们证明平方根②。他画给我们看，面积为 3 平方尺或 5 平方尺的正方形的每一条边（或平方根）都无法用一尺

————————

①　指小苏格拉底，泰阿泰德的同龄人和体育训练伙伴，在《政治家篇》中充当主要谈话人，在《智者篇》218b 中亦被提及。

②　平方根（δύναμις），这个希腊词的原意是"权能"，在此用做数学术语。当时数学术语尚未固定，在不同地方有不同含义。在 148a—b 处，它被用来特指"不尽根"。柏拉图时代的数学家讨论算术问题经常与几何问题交叉。他们经常从几何学谈论面积为 3、5 等等的正方形的边长（即平方根），而不是直接谈论我们今天所谓的 $\sqrt{3}$、$\sqrt{5}$、$\sqrt{17}$ 这些"无理数"。

的线段来度量，以这种方式，他逐一举例，一直讲到 17 平方尺，然后由于某些原因而停了下来。所以我们想到，平方根的数量显然是无穷的，我们可以试着把这些平方根都置于一个名称之下，用这个名称来指称所有平方根。

苏　【e】你们找到你们想要的东西了吗？

泰　我想我们找到了。但是我想让你来看它是否正确。

苏　那你就说吧。

泰　我们把所有的数划分为两类。两个相等的数相乘而来的数，我们比做正方形，称之为正方形数或等边形数。

苏　到此为止，很好。

泰　【148】然后我们来看介于这些数之间的数，比如 3、5，以及其他任何不由两个相等的数相乘得来、而由大数和小数相乘得来的数，它总是由一大一小的两边构成。这种数我们把它比做长方形，称做长方形数。

苏　好极了。你往下怎么说？

泰　我们把在平面上构成等边形数的线段界定为"长度"，而在平面上构成长方形数的任何线段我们界定为"平方根"①，【b】原因在于，尽管前者不能用长度来度量，但在它们分别拥有平方根的平面图形中是可度量的。关于立方，也有与此相同的区别。

苏　好极了，我的孩子们。我认为塞奥多洛不像有作伪证之嫌了。

泰　然而，苏格拉底，我不能像回答长度和平方根的问题那样来回答你的知识问题——尽管在我看来，你好像要寻找同一类的回答。所以，塞奥多洛终究还是作了伪证。

苏　【c】嗯，假定他赞扬的是你的跑步；假定他说他在年轻人中从未遇见像你这样擅长跑步的青年。然后再假定你在赛场上输给了正当壮年的冠军——你认为他的赞扬有失真诚吗？

泰　不，我不会这样想。

---

　　① 此处的平方根专指"不尽根"。

苏　那么，你认为发现什么是知识确实是我刚才说的——一件小事吗？你不认为这个问题对人来说是一个高端问题吗？

泰　噢，我是这么看的，一个非常高端的问题。

苏　那么好吧，你要有自信心，试着相信塞奥多洛知道自己在说什么。【d】你要全心全意投入我们正在做的事——尤其是，对到底什么是知识有一番说道。

泰　要是能够专心致志地做这件事，苏格拉底，答案就会出来了。

苏　那么，继续前进吧。你刚才给我们开了个好头。你可以试着仿照你对平方根的回答。你刚才把众多平方根归结为一个类型；现在我想要你以同样的方式给众多知识部门提供一个单一的解释。

泰　【e】我向你保证，苏格拉底，以前听到有关你问的这个问题的传闻，我经常试着加以思考。不过我无法说服自己我真的能解决这个问题，我也从未听说有人能以你要求的方式给以说明。然而，还有，你知道的，我甚至无法停止我对这个问题的焦虑。

苏　对，这些都是产前的阵痛，亲爱的泰阿泰德，因为你不是不育的，而是怀孕了。

泰　我不知道这种事，苏格拉底。我只是在把我经历的事情告诉你。

苏　【149】那么，你的意思是你从来没有听说过我是一位名叫斐那瑞特①的产婆的儿子吗，她很优秀，身体健壮？

泰　噢，不，我听说过。

苏　你从未听说过我也使用同样的技艺吗？

泰　从来没有。

苏　但我是这么做的，相信我。只要你不把我的秘密泄露出去，行吗？你瞧，我的朋友，我拥有这种技艺，这是个秘密。你听人们说过我的不是，因为他们不知道这一点；但他们确实说我是一个非常古怪的人，总是使人产

---

①　斐那瑞特（Φαιναρέτη），苏格拉底的母亲，这个名字的字面含义是"显明美德者"。

生困惑。你肯定听说过这些流言蜚语，对吗？

泰　【b】对，我听说过。

苏　要我把其中的原因告诉你吗？

泰　要，请说。

苏　嗯，你只要想一想产婆是干什么的，你就能比较容易明白我的意思。你要知道，我假定，尚能怀孕生育的妇女决不会为人接生。只有那些年纪太大而不能生育的妇女才会当产婆。

泰　噢，是的。

苏　他们说，这种习俗与阿耳忒弥①有关；【c】因为她是生育的保护神，但她自己没有孩子。真的，她不把产婆的职责托付给不育的妇女，因为人的本性过于虚弱，没有亲身经验的人无法获得技艺。但是，她把这项任务赋予那些由于上了年岁而不再能够生育的妇女——以此尊重这些与她相似的人。

泰　自然如此。

苏　这一点也是非常自然的，不是吗？或者也许是必然的？我指的是产婆比其他任何人更能说出妇女是否怀孕。

泰　当然了。

苏　【d】那么，产婆有能力加剧产妇分娩的痛苦，也能在她们认为恰当的时候，减轻产妇分娩的痛苦；她们这样做的时候，使用简单的药物和咒语。遇到难产的妇女，她们也能使她顺产；或者，要是她们认为可行，也能给产妇引产②。

泰　对，是这样的。

苏　还有另外一件事情。你是否注意到她们是最能干的媒婆，因为她们神奇地知道什么样的男女结合可以生出最优秀的孩子？

泰　不，我完全不熟悉这种事情。

---

①　阿耳忒弥（Ἄρτεμις），生育保护女神。

②　引产、流产、堕胎（ἀμβλωσις）。

苏 不过，相信我，她们对拥有这种技艺比拥有剪脐带的技艺还要自豪得多。【e】现在，你想一想。有一种技艺与播种和收获庄稼有关。知道什么样的土壤最适合种植或播种庄稼跟它是同一种技艺吗？或者说，它是另外一种技艺？

泰 不，它是同一种技艺。

苏 那么，把这个道理用到妇女头上，会有一门技艺是播种，另一门技艺是收获吗？

泰 不太像，肯定不会是这样的。

苏 【150】是的，不会。不过，也有一种不正当的、不专业的男女撮合，我们称之为淫媒；正因为此，产婆——最庄重的妇女——非常犹豫要不要做媒，哪怕是正当的。她们担心，要是为人做媒，她们会被其他人怀疑。然而，我假定，只有真正的产婆才能可靠地做媒。

泰 显然如此。

苏 所以，产婆的工作极为重要；不过，还不如我施行的助产术那么重要。由于这个原因，孕妇有时生下幻影①，有时产下真相②，【b】不在于助产术的进一步运用，而是这二者实在难以辨别。要是发生这样的情况，那么产婆最伟大、最高尚的功能就是辨别真假——你不同意吗？

泰 我同意。

苏 嗯，我的助产术与她们的助产术在许多方面是相同的。区别在于，我要照料的是男人而不是妇女，我观察的是他们灵魂的生育，而不是他们的身体。【c】我的技艺最重要的事情是对产物进行各种可能的考察，确定这个年轻人的心灵产下的是幻影，也就是谬误，还是能存活的真相。因为有一件事情我和那些普通产婆是一样的，在智慧方面我是不育的。人们对我的普遍责备是，我总是向别人提问，但从不表达我自己对任何事情的看法，因为我

①　幻影（εἴδλα）。

②　真相（ἀληθινά）。

自己没有智慧。其原因在于，神强逼我替别人接生，【d】但禁止我生育。所以，我不是任何意义上的有智慧的人；我也不能把任何配得上智慧之名的发现认领为我自己的灵魂的孩子。但那些与我为伴的人情况不一样。他们中有些人一开始的时候显得无知和愚蠢；而随着时间的流逝和我们之间交往的持续，他们全都蒙神之青睐而取得进步——这种进步令人惊讶，别人感到奇怪，他们自己也感到奇怪。不过有一点是清楚的，这不是由于他们向我学到了什么，而是在他们自身中发现了众多美妙的东西，把他们生了下来。但是，在神的保佑下，帮他们接生的是我。【e】关于这一点的证明可以在许多事例中看到，这些人不明白这一事实，把所有功劳算做他们自己的，而认为我没什么用。他们在不该离开我的时候就离开了，要么出于自愿，要么受到其他人的影响。离开我以后，他们结交恶伴，结果就是他们身上存留的东西流产了；他们还抛弃了我帮他们接生的孩子，失去了这些孩子，因为他们更看重谎言和幻影，胜过看重真相；最终他们确实就成了无知的傻瓜，他们自己这么看，其他人也都这么看。【151】吕西玛库①之子阿里斯底德②就是这样一个人，还有许多人也是这样。他们有时候回到我这里来，费尽心机想要重新与我为伴。这种事情发生的时候，我的灵异在有些情况下禁止我与他们交往，在有些情况下允许我与他们交往，然后，他们又开始取得了进步。

还有另一点，那些与我为伴的人很像产妇。他们承受着分娩之痛，日夜困惑；他们的不幸远胜于产妇。我的技艺能够引起这种痛苦，也能消除这种痛苦。

【b】嗯，他们发生的事情就是这样；不过，时不时地，泰阿泰德，我碰到过一些人，这些人在我看来没有怀孕。所以我明白了，他们根本不需要我，而我还抱着良好的愿望为他们撮合；我想我很擅长——有神的保佑——

---

① 吕西玛库（Λυσίμαχος），人名，《拉凯斯篇》谈话人。

② 阿里斯底德（Αριστείδης），人名，苏格拉底在《拉凯斯篇》（178a—179b）中讨论过两位年轻人的教育，阿里斯底德是其中一位。

猜准与谁为伴对他们有利。我已经把他们中的许多人打发到普罗狄科①那里去了，还打发到其他许多智者和通灵者那里去。

嗯，我的好孩子，话已经说得很长了；但我这么做的原因是，我怀疑（就像你自己想的一样）你是否怀了孕，正在分娩。【c】所以我想要你到我这里来，尽你所能回答我的提问，我既是一位产婆的儿子，本人又擅长这门技艺。在考察你说的话时，我可能会认为这是一个幻影，而不是真相，悄悄地把它引产，将它抛弃。如果发生这种事，请别说我残忍，就像一位失去头生子的母亲。你要知道，人们以前经常这样对待我，每当我消除了他们愚蠢的念头或其他怪胎，他们就打算咬我一口。【d】他们决不相信我这样做完全是出于善意，更不明白神决不会恶意待人，哪怕我出于恶意没做这种事，那也是因为我不允许接受谎言和埋没真相。

所以，重新开始吧，泰阿泰德，试着说出什么是知识。别找任何理由说你做不到。只要有神的恩准，你是个男子汉，你一定能做到。

泰 好吧，苏格拉底，有你这样的鼓励，【e】如果还有人不设法把自己的想法说出来，那太丢脸了。现在，依我看，认识某个事物的人感受到他认识的事物，所以，知识无非就是感觉。②

苏 回答得好，很坦率，我的孩子。说心里话就要这样。不过，现在让我们一起来看一下，看它究竟是"活卵"还是"风卵"③。你认为，知识就是感觉，对吗？

泰 对。

苏 但是你瞧，你对知识的解释不是普通人的解释，而是普罗泰戈拉④曾经坚持的看法。【152】他说的意思和你相同，只不过说的方式不一样，"人

① 普罗狄科（Πρόδικος），著名智者，参见《普罗泰戈拉篇》315d，337a—c，340e—341c，358a—b。

② 认识（ἐπίστασθαι），感受（αἰσθάνεσθι），知识（ἐπιστήμη），感觉、感性知觉（αἴσθησις）。

③ "活卵"是受精卵，能存活，有生命力；"风卵"是未受精卵，没有生命力。

④ 普罗泰戈拉（Πρωταγόρας），著名智者，约生活于公元前490年—前420年。

是万物的尺度，是存在的事物存在的尺度，也是不存在的事物不存在的尺度。"[1] 你当然读过这句话，是吗？

泰　是的，读过好几遍。

苏　那么你知道，他把他的意思说成这样的，每个事物对我显得怎样，那么对我而言它就怎样，它对你显得怎样，那么对你而言它就怎样——你我各自都是人，对吗？

泰　对，他就是这个意思。

苏　【b】嗯，一个有智慧的人不像会胡说八道。所以，让我们跟上他。有时候，一阵风吹来，我们中间的一个人感到冷，另一个人感到不冷，不是吗？或者，我们中间的一个人感到相当冷，另一个人感到非常冷，不是吗？

泰　确实是。

苏　那么好吧，在这种情况下我们要说风本身，就其自身而言，是冷的还是不冷的？或者说我们要听普罗泰戈拉的话，说风对感到冷的那个人来说是冷的，风对感到不冷的另一个人来说是不冷的吗？

泰　看起来我们好像必须这么说。

苏　这就是风对我们每个人显得如何吗？

泰　是的。

苏　但是，"它显得"的意思是"他感到"吗？

泰　是这个意思。

苏　【c】那么，事物的显现与感觉是一回事，在热和相似的事物中。所以，结果显然就是，对每个人来说，存在的事物就是他感觉到的那个样子。

泰　好像是这样的。

苏　那么，感觉总是对存在的事物的感觉，感觉是无误的——就其是知识而言。

---

[1]　是什么样的（ἔστι），该词是个多义词，有"在"、"是"、"真"等多种含义。译者在有具体时空的语境中译为"在"、"存在"、"在者"。相关讨论参见拙著：《跨文化视野下的希腊形上学反思》第六章，人民出版社 2014 年版。

泰　没错。

苏　美惠女神^①在上！普罗泰戈拉是那些无所不知的人之一吗？他也许是在把这句话当做哑谜让我们这些凡夫俗子猜，而把他的《论真理》当做一种秘密的学说启示给他的门徒，是这样吗？

泰　【d】你这样说是什么意思，苏格拉底？

苏　我会告诉你的，嗯，这肯定不是一种普通的理论——我指的是：没有任何事物凭其自身就是一个事物；你也不能正确地称呼任何一个或一种事物。要是你把一个事物称为大，它会显示自身为小，要是你称它为重，它会经常显示为轻，其他事物莫不如此，因为没有任何事物是一，或者是一种事物。事物的真相是这样的：【e】我们很自然地说"是什么样的"事物，均处于变易的过程中，是运动、变化、彼此混合的结果。我们说它们"是什么样的"是错的，因为无物常住，一切皆变。

关于这一点，让我们注意这样一个事实，以往所有有智慧的人均持同样的看法，唯有巴门尼德^②例外。让我们注意，站在这一边的有普罗泰戈拉、赫拉克利特^③、恩培多克勒^④，还有两类诗歌的大师，写喜剧的厄庇卡尔谟^⑤与写悲剧的荷马。因为荷马说"俄刻阿诺乃众神之祖，而众神之母是忒提斯"^⑥这个时候，他把一切事物都视为流动和变化的产物。或者说，你认为他不是

---

①　美惠女神（Χάριτων），赐予美丽、快乐、恩惠的三位女神，她们的名字是阿格莱亚（Ἀγλαΐα）、欧律洛绪涅（Εὐφροσύνη）、塔利亚（Θαλία）。

②　巴门尼德（Παρμενίδης），著名哲学家，鼎盛年在第 69 届奥林匹亚赛会期间（公元前 504 年—前 501 年）。

③　赫拉克利特（Ἡράκλειτος），著名哲学家，鼎盛年在第 69 届奥林匹亚赛会期间（公元前 504 年—前 500 年）。

④　恩培多克勒（Ἐμπεδοκλέα），古希腊著名哲学家，鼎盛年在第 84 届奥林匹亚赛会期间（公元前 444 年—前 441 年）。

⑤　厄庇卡尔谟（Ἐπίχαρμος），公元前 530 年—前 440 年，喜剧诗人。他以诙谐方式表达了万物皆变的看法。在剧中，他让负债者声称，自己与当初借债的那个人已经不是同一个人了。

⑥　俄刻阿诺（Ὠκεανός），大洋神；忒提斯（Θέτις），河神之母。参见荷马：《伊利亚特》14∶201，302。

这个意思？

泰　噢，我认为他是这个意思。

苏　【153】要是有谁向这样一支军队——以荷马为首——发起挑战，他怎能不让自己成为傻瓜呢？

泰　这决非易事，苏格拉底。

苏　确实不易，泰阿泰德。你瞧，这种理论有相当好的证据："存在"和"变易"是运动的产物，而"非存在"和"毁灭"是静止状态的结果。"热"或者"火"这个事实也是这种理论的证据，它们产生并支配其他所有事物，而其本身又出自移动和摩擦——这些都是运动。或者，我说这些运动是火的最初源泉说错了吗？

泰　【b】噢，不，它们肯定是。

苏　再说，生灵的成长依赖同样的源泉吗？

泰　的确。

苏　还有，身体的状况由于静止和懒惰而受损、由于锻炼和运动而尽可能地保持，不对吗？

泰　对。

苏　灵魂的状况怎么样？它不是通过学习和研究（这些都是运动）而获得知识，得以保持，并且变得较好吗？【c】而处于静止状态，亦即不研究或不学习，它不仅不能获得知识，而且连已经学到的东西都忘了吗？

泰　确实如此。

苏　所以，我们可以这样说吗，一样东西，也就是运动，对身体和灵魂都是有益的，而另一样东西产生相反的效果？

泰　对，看起来是这样的。

苏　对，我要继续向你指出，静止给陆上的天气和大海带来这样的结果。我要向你说明这样的状态如何使事物腐败和衰亡，而相反的状态使事物得以保全。最后，我要为我的论证戴上一顶王冠，引用荷马的"金索"①，我认为他的金索无非就是太阳，他指出只要苍穹还在旋转，太阳还在运动，【d】天上地下的一切事物就会存在，就得以保全，但若它们被捆住了，趋于静止，万物就会被摧毁，而这个世界，如谚语所说，也就天翻地覆了。你同意吗？

泰　我同意，苏格拉底，我认为这段话是这个意思。

苏　那么，我的朋友，你必须以这种方式来理解我们的理论。一开始，在视觉领域，你会很自然地不把白颜色本身当做一个独特的实在，【e】在你的眼睛之外或在你的眼睛之内。你必定不会赋予它具体的位置；因为这样的话，它当然就不会处于某个具体的位置，也就不会处在变易过程之中。

泰　你这是什么意思？

苏　让我们跟着我们刚才说过的话②往下说，我们确定，没有任何事物凭其自身就是一个事物。按照这种理论，黑、白或其他任何颜色，通过处于某种适宜运动的眼睛的冲击而产生，【154】而被我们很自然地称做一种具体颜色的东西，既不是冲击者，又不是被冲击者，而是在二者之间生成的东西，它对每个个别的感觉者都是独特的。或者说你打算坚持这个主张，对一只狗或者其他任何动物显现的每一种颜色与对你显现的颜色相同吗？

泰　我绝对不会这样认为。

苏　嗯，你甚至确定任何事物对另一个人显得如何，对你也显得如何吗？或者说你宁可认为，哪怕对你自己也没有任何事物会显得自身相同，因为你自己也决不能保持自身相同？

泰　在我看来这种看法比另一种更加接近真理。

苏　【b】嗯，好吧，假定大小、暖、白这样的事物真的属于我们度量或触摸的对象，决不可能发现，在这个对象本身没有发生变化的时候，它就由于与另一事物发生接触而变得不同。另一方面，要是你假定它们属于被度

①　荷马：《伊利亚特》8：17—27。宙斯对众神自夸，若将金索垂下天庭，他能把大地、大海和众神一起拖上来，再把金索系于奥林波斯山顶，把所有东西吊在半空中。

②　参见本篇 152d。

量或触摸的事物，它也绝对不会仅仅由于其他事物的靠近，或者由于前面的事物发生了变化，而变得不同——它本身没有发生什么变化。正因如此，你瞧，我们可以轻易地发现我们自己被迫要说出极为荒唐可笑的话来，就像普罗泰戈拉和任何持相同观点的人会指出的那样。

泰　你什么意思？有什么荒唐可笑？

苏　【c】让我给你举个简单的例子来说明我的意思，其他意思你自己就能明白。比如这里有六只骰子。拿四只骰子放在它们边上，那么我们说它们比四只骰子多，而且比四只骰子多了一半；但若在它们边上放上十二只骰子，我们说它们比十二只骰子少，只有十二只骰子的一半。其他就没什么可说了——或者说你认为有什么可说的吗？

泰　我没什么可说的。

苏　那么好吧，假定普罗泰戈拉或其他人问你这个问题："泰阿泰德，除了被增加，有什么事物能有可能变得较大或较多吗？"【d】对此你的回答是什么？

泰　嗯，苏格拉底，如果需要回答当前这个问题，我会说"不可能"；如果联系前面那个问题，为了避免自相矛盾，我会说"可能"。

苏　赫拉在上！你回答得很妙，我的朋友。你通灵了。不过，我想，要是你回答"可能"，那么它就像欧里庇得斯剧中的插曲①——口服心不服。

泰　对。

苏　如果你我都是行家，已将心中所有想法详细考察，【e】那么我们应当把剩余的时间用来相互考验，我们应当按照智者的路数，让我们的论证相互碰撞。但由于我们只是普通人，所以我们的第一目标就是来观看我们的思想与其自身的关系，看它们到底是什么——在我们的观念中，它们之间是相互协调的，还是完全冲突的。

泰　我的目标也是这个，不管怎么说。

---

① 参见欧里庇得斯：《希波吕特》，残篇 612 行。

苏　我也是。既然如此，我们的时间又不紧，【155】何不平心静气、耐心地重新思考这个问题，对我们自己进行严肃的省察，问我们身上的这些幻象①是什么？当我们考察它们的时候，我假定我们可以从这个陈述开始，第一，没有任何事物有可能在体积或数量上变得较大或较多，只要它与自身相等。不是这样吗？

泰　是的。

苏　【b】第二，我们应当说，某个没有增加什么也没有减少什么的事物，既没有增加也没有减少，而是保持相等。

泰　是的，确实如此。

苏　第三，某个事物以前没有发生变异而不存在，也没有经历任何变易的过程，这个事物一直存在是不可能的吗？

泰　我认为是可能的。

苏　嗯，在我看来，当我们谈论那个骰子的例证时，我们承认的这三个陈述就在我们灵魂中打架；或者我们这样说，一年之内，我（一个成年人）没有增加也没有减少，比你（只是一个孩子）大，然后比你小——尽管我没有失去什么，但是你长大了。【c】这就意味着，后来那个我不是先前那个我了，但我现在也没有变易——现在没有变易也就不可能已经变易，没有承受任何体形上的损失，我决不可能变小。要是我们承认这些陈述，那么还有无数这方面的例子。我想，你跟得上我的话，泰阿泰德——我认为你肯定熟悉这一类难题。

泰　噢，对，确实如此，我经常发了疯似的感到惊讶，不知道这些话到底是什么意思；有时候一想起来就头晕，眼花缭乱。

苏　【d】我敢说你会这样的，我亲爱的孩子。塞奥多洛在猜测你是哪种人的时候，似乎并未远离真相。因为这种惊讶是一种体验，是哲学家的一个特点；哲学起源于惊讶，而非其他。把伊里斯说成是萨乌玛斯的孩子的那个

---

①　幻象（φάσματα），亦译幻影，表象。

人，作为一位系谱学家，也许不太差。① 不过，你现在还没有开始明白吗，按照我们归于普罗泰戈拉的理论，该如何解释这些难题？

泰 我还没有。

苏 【e】那么我敢说你会对我感恩的，要是我帮你发现一位伟大人物的思想的隐秘真相——也许我得说，一群伟大人物，会吗？

泰 那当然了，苏格拉底，我会非常感谢你。

苏 那么，你看一下周围，确信没有任何门外汉在听我们谈话——我指的是这样一些人，他们认为，除了他们能用双手把握的事物之外，无物存在；他们也不承认行为、变易过程，乃至整个不可见的领域在实在中有任何位置。

泰 【156】这些家伙肯定很固执，苏格拉底。

苏 他们是这样的，我的孩子——没有教养。但我下面就要向你介绍的其他人要精明得多，他们的奥义始于这样一条原则，我们刚才说的一切也依赖于这个原则：万物皆流，无物不动。运动有两种形式，各有无数杂多的事例，但其区别在于力量，一种是主动的，另一种是被动的。从这二者的相互结合与摩擦中产生无数的后果，不过都是成双成对的，【b】一方面是被感觉的东西，另一方面是关于它的感觉，感觉在各种情况下均与被感觉的东西一道产生，一道显现。对感觉来说，我们有"视觉"、"听觉"、"嗅觉"、"冷感"、"热感"这样一些名称；还有所谓的快乐与痛苦、欲望与恐惧，等等；其他还有很多，许多有名称，许多没有名称。对被感觉的事物来说，这些感觉中的每一个感觉察觉到有着同样来源的事物，因为各种视觉有相应的各种颜色，【c】各种听觉有相应的各种声音，对各种其他感觉有其他被感觉的事物，它们相互之间有亲缘关系。

嗯，从我们现在的观点来看，这个故事的真正含义是什么，泰阿泰德？

---

① 赫西奥德：《神谱》265。伊里斯（Ἶρις），是彩虹女神，众神的信使。彩虹贯穿天地间，象征启发人的智慧，使其走向光明。萨乌玛斯（Θαύμας），神名，与惊讶（θαῦμα）同源。柏拉图认为哲学起源于惊讶，所以说，伊里斯是萨乌玛斯的女儿。

它对我们前面说的观点意味着什么？你看得出来吗？

泰 我不是很清楚，苏格拉底。

苏 那么，你往这边看，让我们来看能否把这个故事说全了。假定，它想要表达的意思是这样的。一切事物，如我们刚才说的那样，均处在运动之中，不过它们的运动有快有慢。慢的事物，其运动在同一个地方，与其他周围的事物直接相关，【d】以这种方式，它产生出来的事物及其后果是快捷的，当它们在空间移动时，它们的运动采取空间运动的方式。

这样，眼睛和某个其他事物——那些用眼睛来度量的事物中的一个——成为邻居，既产生了白色，又产生了凭其本性与其共生的白色的感觉（如果眼睛和它靠近的事物是其他别的东西，那么白色和白的感觉决不会产生）。在这个事件中，运动在二者之间的空间产生，来自眼睛的视力与来自事物的白色一道产生了颜色。眼睛充满了视力，在它看的那一刻，它不是变成了视力，而是变成了一只在看的眼睛；【e】而它的产生颜色的伙伴充满了白色，它没有变成白色，而是变成了白的东西——无论是一根木棍、一块石头，或者其他任何正巧有这种颜色的东西。

【157】我们必须明白这个解释也以同样的方式适用于"硬"、"热"和其他每个事物；如我们前面所说的那样，没有任何事物凭其自身就是一个事物。① 所有事物，无论属于哪一种，都是通过相互联系，作为运动的结果产生的。哪怕是在主动的和被动的运动不可能的情况下亦如此，如他们所说，因为他们以为，逐一拿来这些事物，把它固定下来，就是事物了。被动者在遇上主动者之前都不是被动者，主动者在没有和被动者产生联系之前都不是主动者；去和某个事物发生联系的事物是主动的，当它被别的事物联系的时候，表明它自身是被动的。

所以，无论你转向何处，如我们一开始所说，没有任何事物凭其自身就是一个事物；【b】一切事物相对于某个事物而言发生变化。"是"这个动词

---

① 参见本篇 152d。

必须全然放弃——尽管由于习惯和无知，我们不止一次地使用它，甚至在我们刚才的讲话的时候也是这样。这些智者告诉我们，这样做是错的，我们一定不能允许使用"某事物"、"某事物的"、"我的"、"这"、"那"，或其他任何使事物固定的名称。倒不如说，我们应当而且要按其本性把事物说成"变化的"、"被产生的"、"逝去的"、"变易的"；因为要是你以这样一种方式使事物固定下来，你就很容易遭到驳斥。这个道理既可用于个别事物，也可以用于多个事物的集合①——【c】这样一种集合，我指的是"人"或"石头"这样的类别②，或者是人们赋予不同动物和事物类别的名称。嗯，泰阿泰德，这些东西在你看来是美味佳肴吗，你能试着尝一尝吗？

泰　我真的不知道，苏格拉底。我甚至不太明白你的用意——你说的这些事情，你本人也这么认为，还是只是说出来考验我的。

苏　你忘了，我的朋友。我本人对此类事情一无所知，也不敢声称哪样看法是我自己的。我在理论上是不生育的，我的事情就是帮你接生。所以我对你念咒，从那些有智慧的人那里弄来各道美味佳肴供你品尝，直到我帮你成功地生下你自己的见解。【d】你的见解生下来以后，我会考察它是活卵还是风卵。不过，你一定要勇敢，有耐心，无论我问什么，你都要把你的想法说出来，像个男子汉那样。

泰　行，你继续问吧。

苏　那么，请你再次告诉我，你是否喜欢这样的建议，好的事物、美的事物，或者我们刚才说的所有事物，都不能说成"是"什么的，而是始终处于"变化"之中。

泰　嗯，听下来，我在听你的解释时感到特别有道理，我感到必须接受你对这个问题的处理。

苏　【e】在这种情况下，我们最好不要在我们的理论还不完善的时候就

---

① 集合（ἄθροισμα），亦译"整合"。
② 类别（εἶδος），这个词就是柏拉图的"型相"。

放过任何观点。我们还没有讨论过做梦、疯狂，以及其他疾病问题，还有幻听、幻视或其他幻觉。我假定，你知道所有这些众所周知的例子都可以用来驳斥我们刚才解释的理论。【158】因为在这些情况下，我们拥有的感觉肯定是假的。所以，决非一切事物对某个人显得如何，它便如何。而是正好相反，对他显示的事物没有一样是真的。

泰 你说得非常正确，苏格拉底。

苏 那么好吧，我的孩子，那些主张感觉就是知识、事物就是它对某人显现的那个样子的人还有什么论证剩下来呢？

泰 嗯，苏格拉底，我不太愿意告诉你我不知道该说什么，【b】因为我刚才这样说的时候就碰上麻烦了。但我真的不知道如何为这种建议争辩，疯子以为自己是神，做梦的人想象自己长了翅膀，在梦中飞翔，并非因为他们形成了假判断①。

苏 但在这里有一点是可以争辩的，尤其涉及做梦和真实的生活——你看不出来吗？

泰 你是什么意思？

苏 有一个问题你肯定经常听人问起——这个问题是，要是有人问我们当前，此刻，是睡着了，【c】在梦中想事儿，还是醒着，相互谈论各自的真实生活，对此我们能提供什么样的证据。

泰 是的，苏格拉底，我们想要在这里找到证据肯定很难。这两种状态的所有方面都是对应的。没有任何事情能阻止我们认为，我们刚才进行的这场谈话是在梦中进行的。我们在做梦的时候讲了一个做梦的故事，这两种体验极为相似。

苏 你瞧，我们要找到可争辩的地方并不难，【d】甚至连它到底是真实

---

① 判断（δοξάζειν），动词，灵魂就某个事物形成判断、意见、想法、信念。本篇通译"判断"，主要考虑柏拉图使用"感觉"这个概念含有"感性知觉"的意思在内。感觉不是判断，但感性知觉可以"判断"，不区分感觉和知觉，认为感性认识不能下判断，从而突出感觉的"认信功能"，将"δοξάζειν"只译为"认信"不妥。

生活还是在做梦都可以争辩。我们确实可以说，由于我们睡觉和醒着的时间一样长，灵魂在任一时期持有的信念都极为真实，所以针对我们生活的这一半时间，我们断定有一整套实在的东西①，针对另一半时间，我们有另一套实在的东西。我们在两种情况下都持有同等的信心。

泰　确实如此。

苏　除了时间长短不同，同样的论证不也可以用于疾病和疯狂吗？

泰　是这样的。

苏　那么好吧，我们要用时间长短来确定真的边界吗？

泰　【e】这样做会很滑稽。

苏　但是，你能提出其他某个清晰的指标来表明这些信念中哪一个是真的吗？

泰　我想我不能。

苏　那么你就听我的，我会告诉你那些人会怎么说，他们主张，一个人在任何时候想到任何事物，这个事物对他来说就是真的。我想他们会问你这样的问题："嗯，泰阿泰德，假如你有某个事物，它与其他事物完全不同。它能在任何方面与其他事物拥有相同的力量吗？"请注意，我们说的这个事物不是在某些方面与其他事物不同、在其他方面与其他事物相同，而是完全不同。

泰　【159】嗯，要是它是一个完全不同的事物，那么它不可能有任何相同之处，无论是它的力量还是在其他方面。

苏　我们岂不应该承认这个事物不像其他事物吗？

泰　应该承认。

苏　现在假定一个事物正在变得像或不像其他事物，无论对它本身还是对别的事物而言；我们要说当它长得像其他事物时，它正在趋向于相同，当它长得不像其他事物时，它正在趋向于不同吗？

---

① 实在的东西（ὄντα）。

泰　必定如此。

苏　我们之前不是说过，有许多因素是主动的，有许多因素是被动的，这些因素在数量上无限吗？

泰　对。

苏　还有，当一个事物一会儿与一个事物混合，一会儿与另一个事物混合，它每一次产生的事物不会是相同的，而是不同的吗？

泰　【b】确实如此。

苏　好吧，现在让我们把同样的说法用到你、我或其他事物头上。比如，一个苏格拉底生病了，一个苏格拉底身体健康。我们会说健康的苏格拉底像或不像生病的苏格拉底吗？

泰　你的意思是用整个生病的苏格拉底与健康的苏格拉底进行比较吗？

苏　你的理解完全正确，我就是这个意思。

泰　那么，我假定，不像。

苏　由于他不像，所以他不同吗？

泰　不同，接着就是不同。

苏　【c】如果他在睡觉，或者处于我们刚才列举过的任何状态，你也会这样说吗？

泰　我会这样说。

苏　那么这样说必定也是对的吧，当任何一个天然主动的因素发现了身体健康的苏格拉底，它就与一个我打交道，当它发现了生病的苏格拉底，它就在与一个不同的我打交道？

泰　对，肯定是这样的。

苏　那么，在这两个事件中，作为被动者的我本身和作为主动者的那个因素之间的结合会产生不同的事物？

泰　当然会。

苏　要是我身体健康时喝酒，酒对我显得愉悦和甘甜吗？

泰　【d】是的。

苏　按照我们前面同意的观点，这是由于主动的和被动的因素同时运动，产生了甘甜和甘甜感；在被动者这一方，感觉使舌头成为感受者，而在酒这一方，甘甜在酒中的运动既使酒是甘甜的，又使它对健康的舌头显现为甘甜感。

泰　这确实是我们刚才的共识。

苏　但是，这个主动的因素发现苏格拉底生病了，那么，从一开始，它遇上的人严格说来就不是同一个人，对吗？因为，如我们所说，它遇上了一个不像的人。

泰　对。

苏　【e】那么，假定，这一对事物，生病的苏格拉底和酒浆，再次产生了不同的事物：在舌头的区域产生了苦感，苦在酒的区域内产生，并在那里运动。酒不是变成苦，而是变成苦的；而我不是变成感觉，而是变成感受者。

泰　对，是这样的。

苏　我决不会再次变成其他任何事物的这个感受者。【160】其他事物的感觉是另一个感觉，会产生另一个变化了的感受者。还有，在对我作用的情况下，在与其他事物联系的时候，它也决不会产生同样的事物，它本身也决不会变成现在这个样子。它从其他事物会产生别的事物，它本身变成了一个变化了的事物。

泰　是这样的。

苏　我不会变成我本身，它也不会变成它本身。

泰　不会。

苏　但是，当我变成感受者的时候，我必定变成某个事物的感受者；我不可能变成了感受者，【b】但却没有感觉到任何事物。还有，当它变成甜、苦，或其他任何这类东西时，必定是对某人变成这样的，因为它不可能变成甜，但却不对任何人。

泰　绝不可能。

苏　那么，剩下要说的是我和它，我们是否实在，我们是否变化，我们的实在和变化是否为了对方。按照必然性的尺度，我们的实在与一名合作者捆绑在一起；然而我们既不与世上的其他任何事物捆绑在一起，也不与我们各自的自我捆绑在一起。那么，剩下的就是我们相互捆绑在一起。因此，无论你对一个事物使用"实在"或者"变化"这个词，你必定也要始终使用"为了某某"、"关于某某"、"相对于某某"这些词。【c】你一定不要只谈论任何事物本身的实在或变化，也不要让任何人使用这样的表达法。这就是我们已经解释过的这个理论的意思。

泰　这肯定是对的，苏格拉底。

苏　那么，由于作用于我就是为了我，而不是为了别人，所以也是我在感觉它，而不是其他任何人吗？

泰　无疑如此。

苏　那么，我的感觉对我来说是真的——因为它总是一个对我来说独特的实在的感觉；如普罗泰戈拉所说，我是那些为了我而存在的事物的判断者，我判断它们存在，它们就存在，我判断它们不存在，它们就不存在。

泰　好像是这样的。

苏　【d】那么，要是我在思考"是者"或"变者"的时候正确无误，决不会摔跟头，我怎么会在认识我作为感受者的那些事物上犯错误呢？

泰　你不可能犯错误。

苏　嗯，你告诉我们知识无非就是感觉，这真是一个伟大的想法。所以，我们发现各种理论汇聚到同一处来了：荷马、赫拉克利特以及他们的整个部落，认为万物皆流；世上最聪明的普罗泰戈拉，认为人是万物的尺度；【e】泰阿泰德，认为既然这些事情属实，那么可以证明知识就是感觉。怎么样，泰阿泰德？我们要说这就是我为你接生的头生子吗？或者，你有什么要说？

泰　噢，我没有反对意见，苏格拉底。

苏　那么，看起来，我们的努力终于有了结果——无论它到底是什么。

现在它已经出生了，我们必须抱着它，为它举行"绕灶"① 仪式；我们必须真诚地让它经历一番讨论。因为我们一定不要忽视这个存活下来的东西会有某些缺陷，它也许不值得养育，【161】只是一个风卵，一个谬种。你说什么？你认为你的孩子在任何情况下都必须抚养，而不能抛弃？你能忍受看着它接受检查，而不大发雷霆，好像你的头生子要被偷走似的？

塞 泰阿泰德会忍受的，苏格拉底。他绝对不会发火。但是，众神在上，请你告诉我，它有什么不对？

苏 你是一个十足的讨论爱好者，塞奥多洛，你真是太好了，把我当做一个装满论证的口袋，能够轻易地从中取出一个来，【b】告诉你这个理论是错的。但你不明白这是怎么一回事。这些论证决不来自于我，而总是来自与我谈话的这个人。我所知道的无非就是如何从其他人那里取出一个论证——从某个聪明人那里——适当地加以接受。所以，现在，我建议试着从泰阿泰德那里得到我们的回答，而不是由我来做出我自己的贡献。

塞 这样更好，苏格拉底，按照你说的去做吧。

苏 那么好吧，塞奥多洛，你知道你的朋友普罗泰戈拉的哪件事让我惊讶吗？

塞 【c】不知道，哪件事？

苏 嗯，他对这种理论的总的陈述，我是挺高兴的，对任何个人来说，某个事物就是它向这个人显现的这个样子；但令我惊讶的是他开始陈述的方式。我惊讶的是他没有在他的《论真理》一文的开头说："万物的尺度是猪"，或者是"狒狒"，或者是一个有感觉能力的更加怪异的生灵。这样的开场白气势恢宏，不可一世。它使我们顷刻之间明白了，当我们对他的智慧惊骇不已，就好像他是神的时候，【d】他实际上并不比一只蝌蚪高明——更别提比其他人高明了。

---

① 绕灶（τὰ ἀμφιδρόμια），古代雅典家庭在孩子出生后几天里举行仪式，抱着新生儿绕着炉灶转几圈，并在举行仪式时给孩子命名。

或者，我们还能说什么呢，塞奥多洛？要是个人依据感觉所做的任何判断对他来说就是真的，要是无人能够比他本人更好地评价其他人的经验，或者能够声称有权考察其他人的判断，看它是对还是错，要是如我们已经反复说过的那样，只有个人自己能够判断他自己的世界，而他的判断始终是对的、正确的，那么，我的朋友，【e】普罗泰戈拉怎么能是一个有智慧的人，他如此聪明，乃至于可以认为他自己适宜成为其他人的教师，应当得到大量学费；而我们，与他相比是无知的人，应当去投靠在他的门下，尽管我们自身每个人都是自己的智慧的尺度？我们能避免这样的结论吗，普罗泰戈拉说这样的话只是在哗众取宠吗？关于我自己的情况和我的助产术，关于我们看起来有多么愚蠢，我就什么都不说了。我认为，整个哲学讨论也是这样。当每个人都是正确的时候，考察和试图驳斥其他每个人的印象和判断——【162】确实多此一举，荒唐可笑，要是普罗泰戈拉的《论真理》是对的，而非只是玩笑般的一道神谕，来自这本书的不可穿越的神龛。

塞　普罗泰戈拉是我的朋友，苏格拉底，如你刚才所说。我不能同意在我的许可下让他受到驳斥，然而我也不应该打算违心地抗拒你。所以，你还是再找泰阿泰德吧。他刚才好像能够跟上你的意思，对你富有同情心。

苏　【b】嗯，塞奥多洛，假定你去了拉栖代蒙，访问那里的摔跤学校。你认为，坐在那里观看其他人裸体锻炼——他们中有些人没什么可看的——拒绝和他们一道脱去衣裳，抓住机会让人们观看你的形体，这样做对吗？

塞　为什么不行，要是我能说服他们让我自己来选择？同样的道理，我现在希望能够说服你，允许我当个旁观者，而不是拉着我进竞技场，毕竟我的肢体都已经僵硬了；你还是找个比较年轻、比较灵活的人吧。

苏　好吧，塞奥多洛。常言道："己所不欲，勿施于人。"①【c】所以，我们必须再次求助于聪明的泰阿泰德。来吧，泰阿泰德。首先，想一下我们已经说过的话，告诉我，突然发现你自己与其他任何人，甚至和神，在智慧上

---

① 原文直译为："你喜欢的事情我也不会厌恶。"

是平等的，你不感到惊讶吗？或者你认为普罗泰戈拉的尺度不能像用于人那样用于神？

泰　我认为肯定不能。不过，回答你的问题，是的，我惊讶极了。【d】我们在解释一个事物对每个人来说就是它向他显现的这个样子这条原则的含义时，这条原则对我显得非常健全。不过现在，突然间好像反过来了。

苏　对，因为你太年轻，我的孩子，容易听从公开的演讲，并且被说服。普罗泰戈拉，或者他的代言人，会这样回答我们。他会说："在座的老少爷们，【e】你们在一起搞演说，把众神都扯了进来，他们的存在或不存在，我拒绝加以任何讨论，无论是书面的还是口头的；① 你们净说些大众易于接受的事情，要是告诉他们没有人比其他禽兽更聪明，那可真是一件令人震惊的事情；不过，话语不是证据，也不是必然的。你们只依赖可能性；要是塞奥多洛或者其他几何学家在他的科学部门中间这样做，那么他这个几何学家一钱不值。"所以，你和塞奥多洛最好考虑一下，在如此重大问题上，【163】你们是否只接受或然的论证或者接受说服。

泰　你不会说我们跟这种做法有什么关系，苏格拉底，我们也不会说。

苏　那么，看起来，你和塞奥多洛会说我们的批评要走另外一条路线吗？

泰　肯定会的。

苏　那么，这里有另一条道路我们可以考虑，知识与感觉到底是相同的还是不同的——就是这个问题贯穿我们的论证，不是吗？不也就是由于这个缘故，引发了我们所有这些奇谈怪论吗？

泰　【b】无疑如此。

苏　嗯，好吧，我们要同意，当我们通过看和听感知事物时，我们同时也就认识了它们吗？举例来说，听到人们在讲一种我们没有学过的外语。他

---

① 参见第欧根尼·拉尔修：《名哲言行录》9：51。"关于众神，我既不能知道他们存在还是不存在，也不知道他们像什么样子，因为知识有许多障碍，这个话题是晦涩的，人生是短促的。"

们讲话时，我们要说我们没有听到他们的声音吗？或者说，我们既听到了声音，又知道他们在说什么？还有，假定我们不认识我们的字母，当我们看到字母的时候，我们要坚持说没看见它们吗？或者说，我们要坚持，如果我们看见它们，我们也就认识它们吗？

泰　我们会说，苏格拉底，我们只认识了我们看到和听到的东西。【c】我们看见并认识了字母的形状和颜色；在讲话的时候我们既听见又认识了声音的起伏。而老师或翻译对我们谈论字母，我们不能凭借看或听来察觉，我们也不能认知。

苏　确实很好，泰阿泰德。在你的进步过程中，我应该对你的看法提出反对意见。不过，你瞧，我们面临另一个困难。你必须考虑我们该如何克服？

泰　什么样的困难？

苏　【d】我的意思是这样的。假定有人问你："要是一个人曾经知道某个事物，而且继续保留在记忆中，在他记得这个事物的那一刻，他有可能不认识他记得的这个事物吗？"我这样说恐怕太累赘了。我想问的是："一个认识某事物的人，在他还记得的时候，有可能不认识它吗？"

泰　怎么会有这种事呢，苏格拉底？要是这样的话，那真是太奇怪了。

苏　那么，也许是我在胡说八道？不过，你还是想一想。你说看就是察觉、视觉就是感觉吗？

泰　对。

苏　【e】那么一个曾经看见某个事物的人知道他看见的东西吗，按照你刚才的说法？

泰　对。

苏　但你确实说——或者不说——有这样一种叫做记忆的事物吗？

泰　对。

苏　记忆是不关于任何事物的吗？或者是关于某个事物的？

泰　当然是关于某个事物的记忆。

苏　也就是说，关于某人知道的事物的，亦即"某个事物"被察觉？

泰　当然。

苏　所以，我要这么说，一个人曾经看见的东西，他会时不时地回忆起来吗？

泰　他会。

苏　哪怕他闭上眼睛？或者说，当他闭上眼睛的时候，他就忘记了？

泰　这样说太奇怪了，苏格拉底。

苏　【164】然而我们必须这么说，如果我们想要抢救我们前面的说法。否则，它就完了。

泰　宙斯在上，我也开始怀疑了，不过我还不太明白。你再解释一下。

苏　原因在此。按照我们的说法，这个看的人在看的时候获得了他看到的事物的知识，因为看、感觉和知识是同一样东西。

泰　确实如此。

苏　但是，这个看并获得他所看事物的知识的人，要是他闭上眼睛，他还记得那个事物，但并不在看它。不是这样吗？

泰　是这样的。

苏　【b】如果"看"就是"知"，那么说他"不看"就是说他"不知"吗？

泰　对。

苏　所以我们有了这个结果，一个认识某个事物并且仍旧记得它的人不知它，因为他没有看它吗？这就是我们说的十分奇怪的事。

泰　完全正确。

苏　那么，把知识等同于感觉，我们显然就会得出不可能的结果吗？

泰　好像是这样的。

苏　那么，我们不得不说知识是一样东西，感觉是另一样东西吗？

泰　对，应当这么说。

苏　【c】那么，什么是知识？看起来，我们不得不再次从头开始。不过——无论我们怎么想，泰阿泰德？

泰 你这是什么意思？

苏 我们就像调教不良的斗鸡，尚未交战便逃离理论，在取胜之前就长啼不止。

泰 我们是怎么做的？

苏 我们好像采用了职业辩论家的方法；我们达成一致意见，旨在使我们的用语完全一致；我们自鸣得意，以为用这种方法我们已经打败了这种理论。我们自以为是哲学家，不是辩论冠军，【d】而不明白我们做的事正像那些能干家伙的所作所为。

泰 我还是不太明白你的意思。

苏 嗯，我会试着解释我心里的想法。我们刚才在考察一个人是否不知他知道和记得的某个事物。我们指出，一个人看见某个事物，然后闭上眼睛，他虽然还记得这个事物，但没有在看它，这就表明在这个时候他不知道它还记得的这个事物。我们说，这是不可能的。所以，普罗泰戈拉的神话破灭了，你的神话也破灭了，因为你把知识等同于感觉。

泰 【e】看起来是这样的。

苏 但是，我认为这种情况不会发生，我的朋友，要是前一位神话之父①仍旧活着。他会寻找大量武器来捍卫它。就好像它是一个孤儿，而我们把它踩在泥淖里。甚至连普罗泰戈拉指定的监护人也不来救它，比如，在这里的塞奥多洛。所以，为了公道起见，只好由我们自己来拯救它了。

塞 【165】我认为你必须这样做。你知道，苏格拉底，不是我，而是希波尼库之子卡里亚②，才是普罗泰戈拉的遗孤的受托人。实际上，我很快就从抽象的讨论转向几何学了。但若你能抢救这个孤儿，我感谢不尽。

苏 很好，塞奥多洛。你现在能关注一下我的抢救工作吗——我又能做点儿什么呢？因为，要是在肯定和否定的时候像我们经常习惯的那样不注意

---

① 指普罗泰戈拉。

② 卡里亚（Καρία），希波尼库之子，雅典富商，智者赞助人，参见《申辩篇》20a；《普罗泰戈拉篇》311a。

措辞，就有可能得出比我们更加骇人的结论。要我告诉你这是怎么发生的吗？或者说，我要告诉泰阿泰德？

塞　告诉我们俩吧，苏格拉底；不过年轻人会比较好地回答你的问题。【b】他要是出了差错，也不那么丢脸。

苏　嗯，好吧，这就是最骇人的问题。我想，这个问题是："一个知道某事物的人有可能不知道他知道的这个事物吗？"

塞　我们该如何回答，泰阿泰德？

泰　我认为，这是不可能的。

苏　不是不可能，如果你承认看就是知的话。如果某个顽强的人用一个无法逃脱的问题使你"落入陷阱"，如他们所说的那样，然后用手捂住你的一只眼睛，【c】问你能否用被捂住的这只眼睛看见他的袍子——你会怎么回答？

泰　我会说，我不能用这只眼睛看，但我用另外一只眼睛看。

苏　所以，你在同一时候既看又不看同一事物吗？

泰　嗯，对，我就是这么做的。

苏　他会说："这不是我要问的，我问的不是它以什么方式发生。我问的是，你不知道你知道的东西吗？"你现在似乎在看你不在看的东西，你实际上承认看就是知，不看就是不知。我让你自己来得出结论。

泰　【d】噢，我得出了一个与我的预设相反的结论。

苏　诸如此类的事情还会不止一次地对你发生。有人会问你，有无可能既清楚又模糊地知道，是否只能认识眼前之物而不能认知遥远之物，有无可能既强烈又微弱地认识同一事物。一旦你把知识等同于感觉，这个论战中的雇佣兵会对你进行伏击，向你提出其他无数的问题。他会针对听觉、嗅觉以及其他感觉发起进攻，【e】不断地驳斥你，不让你离开，直到你对他的令人妒忌的智慧——那种"应当对许多祈祷者做出"的技艺——钦佩不已，引颈受缚。然后，等他驯服了你，把你捆绑起来的时候，他会要你付钱赎身——要付多少钱就看你怎么跟他商量。你也许会问，普罗泰戈拉本人会用什么样的论证来捍卫他的遗孤。我们要不要试着说一下？

泰 当然要。

苏 好吧，他会和盘托出我们刚才试着为他辩护时说的话；【166】然后，我想象，他会来到我们面前，满脸不屑一顾的样子。我想他会说："好一个苏格拉底，他在这里找了个小孩子来吓唬，问他同一个人能否同时记得某个事物而又不知道这个事物；这个孩子吓傻了，回答说不能，因为他无法预见这个回答会带来什么后果，然后，按照苏格拉底的说法，在这个论证中我就成了笑料。不过，你也太粗心大意了，苏格拉底。【b】事实真相是这样的：当你用问答法来考察我的任何学说时，要是被问的这个人像我一样做出回答而被难住了，那么受到驳斥的是我；但若他做出的回答和我不一样，那么受到驳斥的是他而不是我。

"嗯，从头开始，你期待有人会同意吗，一个人当前对他过去经验到的事情仍有记忆，这个经验更像原初的经验，除非他仍旧在经验它们？远非如此。还有，你假定他会犹豫不决吗，不敢承认同一个人既知道又不知道同一个事物是可能的？或者说——要是他对这一点有所担心——你期待他向你承认吗，这个处于变得不同这个过程中的人，与这个过程开始之前的人是相同的？【c】你甚至期待他说'这个人'而不是说'这些人'吗，因为只要变得不同这个过程持续发生，确实就会有无数的人持续出现？更不必说，我们真的必须小心翼翼地提防相互之间的语词陷阱了。"他会说："先生们，要是你们能够做到的话，多拿一点儿风度出来，攻击我的真正的说法本身，说明每一个人的感觉并不是他个人的私事；或者说，就算它们是他自己的私事，也不能由此推论，显得'变化'的事物（或者要是我们在谈论'是'什么的话）只对这个人显得'是'这样的。你不停地讲什么猪和狒狒，在处理我的著作的方式上，你自己就表现出一种猪的精神，更有甚者，【d】你还说服你的听众以你为榜样。这样做很不光彩。

"我的确有这样的主张，事实真相就像我写的那样。我们每个人都是事物存在与不存在的尺度，但就是由于这个原因，人与人之间有无数的差别，不同的事物对不同的主体显得既'是'这样的又'显得'这样。我肯定不否认有智慧和聪明人，远非如此。但被我称做聪明人的这个人是一个能够改变显现的人——这个人在任何情况下能够改变对我们中的任何一个人'是'和'显得'坏的事物，能使好事物对他'显得'和'是'好的。

"这一次，【e】我必须请求你，别把你的攻击限于对我的学说咬文嚼字。我会把它的意思更加清楚地告诉你。比如，我会提醒你我们前面说的话，也就是，对病人来说，他吃的东西既显现为苦，又是苦的，而对健康人来说，这些东西的'显现'和'是'正好相反。我们现在要做的事情不是使一个人比另一个聪明——【167】这样做甚至是不可能的——也不是提出指责，说那个病人无知，竟然做出这样的判断，说那个健康人聪明，因为他的判断不同。我们必须做的事情是使它发生变化，从一种状态变成另一种状态，因为另一种状态更好。在教育方面也是这样，我们必须做的事就是使较差的状态转变为较好的状态，只不过医生用药物来产生这种变化，而智者用的是言辞。这里发生的事情决不是把判断某事物为假的人改变为判断某事物为真的人。因为，对不存在的事物下判断是不可能的，或者说对一个人直接经验到的事物之外的事物下判断是不可能的，个人直接经验到的事物总是真的。【b】在我看来，事情真相是这样的：当一个人灵魂状态不良时，他会判断与这种状态相应的东西，但若他的灵魂是健全的，他就会思考不同的事物，那些好的事物。在后一种情况下，对他显的事物就是某些处于原始阶段的人称做'真'的东西，而在我看来，它比其他事物'更好'，但不是'更真'。

"苏格拉底，我当然不会做梦似的建议在青蛙中间寻找智慧。关于身体方面的，我在医生那里寻找智慧，关于植物方面的，我在园丁那里寻找智慧——因为我已经想好了，【c】我认为园丁也是这样，当他们发现一株植物枯萎的时候，就会设法使它变得良好和健康，而不是让它处于坏的状态，也就是'真的'感觉。同理，那些聪明而又能干的政治家是那些能使健全的事物对城邦显得公正而非有害的人。在任何城邦里，凡是被当做公正和可敬的东西，只要城邦的习俗还在维持，它们就是公正的和可敬的；而聪明人用一项健全的习俗取代有害的习俗，使它既是公正的又显得公正。同理，那个能按这些路径教育他的学生的智者是聪明的，【d】配得上得到一大笔学费。

"以这种方式，我们能够坚持有些人比其他人聪明，无人能对虚假的东西下判断。你也一样，必定是一个'尺度'，无论你是否喜欢。我们若想拯救这个理论，我们必须走这条路线。

"要是你打算回过头来反对这种理论，那就让我们来听一下你用相关的论证提出来的反对意见。或者说，要是你喜欢用问答法，你就这么做；我没有理由对这种方法提出质疑，尽管一个有理智的人宁可使用其他的方法。我对你的唯一要求是，【e】提问要公道。一个自称关心美德的人在辩论中不公道是极不合理的。在这里，我说不公道的意思是不注意区分争论和讨论，不注意区分他们的行为，争论可以尽力抓住对方的差错，而讨论必须严肃地进行，必须尽力帮助对方，指出他的疏忽和失误，【168】或者指出他的失误来自他以前追随的人。要是你注意到了这一区别，你的同伴就会责备他们自己的混乱和困惑，而不会责备你。他们会寻求与你相伴，把你当做他们的朋友；他们会自惭形秽，埋怨自己，在哲学中寻找庇护，希望借此能够变成不同的人，永远摆脱先前那个自我。但若你像其他许多人一样，反其道而行之，那么你会得到相反的结果。【b】不是使你的同伴成为哲学家，而是使他们在成年以后成为哲学的敌人。

"所以，要是你接受我的建议，如我前述，你会温和地与我们坐在一起，没有怨恨和敌意。你会真正地试着去发现我们说的这些话的意思，也就是说，一切事物都处于运动中，事物就是对人显现的那个样子，无论是对各人还是对各个城邦。以此为基础，你将进一步考察知识与感觉是同一样事物还是不同的事物。但你不会像你刚才那样，基于言辞的习惯用法来进行论证；【c】你不会像许多人那样，按自己的喜好曲解词意，给对方造成种种困惑。"

嗯，塞奥多洛，这就是我为了抢救你的朋友所做的贡献——我能力微薄，但已经竭尽全力了。要是普罗泰戈拉本人还活着，他一定会以一种宏伟的方式来抢救他的遗孤。

塞　你肯定是在开玩笑，苏格拉底。你的抢救非常有激情。

苏　你太好了，我的朋友。现在告诉我，你注意到普罗泰戈拉在刚才的讲话中如何抱怨我们吗，说我们对一个小孩子进行论证，【d】利用孩子的胆怯来反对他的想法？他如何贬低我们的论证方法，说它只是一种智力游戏？他又是如何庄严地坚持他的"万物的尺度"，命令我们严肃对待他的学说？

塞　我当然注意到了，苏格拉底。

苏　那么你认为我们应当服从他的命令吗？

塞　我确定要这样做。

苏　那么，看看这些同伴吧。除了你，【e】其他全都是孩子。所以，要是我们服从普罗泰戈拉，那么是你和我必须严肃对待他的理论。是你和我必须相互提问。这样的话，他才不会就此指责我们，说我们把对他的哲学的批判转变为和孩子做的游戏。

塞　嗯，我们的泰阿泰德难道不比许多长胡子的老家伙能够更好地跟随你对这种理论进行考察吗？

苏　不会比你好，塞奥多洛。别指望我继续绷紧每一条神经来为你这位已经过了世的朋友辩护，【169】而你自己什么也不做。来吧，我的大好人塞奥多洛，稍微帮我一把。无论如何跟我一道，直到我们看到在几何学的证明中，到底你是尺度，还是那些像你一样从事天文学和其他所有科学的人是尺度，你在这些科学中是名家。

塞　苏格拉底，跟你坐在一起，想要拒绝说话可真不容易。我刚才简直太天真了，还以为你会放过我，不会像拉栖代蒙人那样强行把我剥光。①【b】看来远非如此，你的办法比斯基隆②还要绝。拉栖代蒙人叫人要么脱衣服要

---

① 指脱光衣服摔跤。

② 斯基隆（Σκίϱων），传说中的一位拦路强盗，袭击往来于麦加拉和科林斯之间的旅客。

么走开，而你就像安泰俄斯^①一样强人所难。你不让任何靠近你的人离开，直到你剥光他的衣服，让他跟你进行论证上的较量。

苏 你对我做的比喻和描述真是太精彩了，塞奥多洛。但是我的倔强甚至超过他们俩。我在辩论中遇到过许许多多的赫拉克勒斯^②或忒修斯^③，无数次被他们痛打，但我还是没有放弃，因为某种强烈的欲望使我迷上了这种锻炼。【c】所以，你不要有什么埋怨，跟我较量一番吧，这对你我都有好处。

塞 好吧。我服了你了，去哪里随便你。不管怎么说，我明白，我不得不顺从你为我编织的命运之网，接受你的盘问。不过不要超过你刚才说的范围，否则恕我不能从命。

苏 只要你愿意跟我走，那就够了。请你特别注意，【d】不要在不经意间让我们的论证变成某种儿戏。我们不想再次为此丢脸。

塞 我会尽力而为，我向你保证。

苏 那么，首先让我们来重新处理前面那个观点。我们当时批评它。现在让我们来看，我们由于它把每个人都看成在智慧方面是自足的而讨厌它，因而认为这是它的一个缺点，这样做是对还是错；我们让普罗泰戈拉向我们承认有些人在优劣方面超过其他人，这些人就是聪明人，这样做是对还是错。你同意吗？

塞 同意。

苏 要是普罗泰戈拉本人在这里并且同意我们的意见，【e】而不是我们让他或者代表他做出这种让步，那就真是一件难事了。在这种情况下，我们就没有必要重提这个问题并且加以确认了。然而，现在可以确定的是，我们没有权力代表他，所以我们回过头去进一步弄清这个观点是可取的；因为是否这样做会导致不小的差别。

---

① 安泰俄斯（Ανταῖος），神话中的巨人，居住在一个岩洞中，强迫每个过路行人与他摔跤，让他们丧命。

② 赫拉克勒斯（Ἡρακλῆς），神话英雄，杀死安泰俄斯。

③ 忒修斯（Θησεύς），神话英雄，杀死斯基隆。

塞　对。

苏　【170】那么，让我们不要通过任何其他人来获得这种让步。让我们用最简便的方式，诉诸于他自己的论断。

塞　用什么方式？

苏　用这个方式。他说过，事物对每个人显现为什么，对他来说就是什么，不是吗？

塞　对，他就是这么说的。

苏　嗯，那么，普罗泰戈拉，[①] 当我们说世上没有一个人会不相信在某些事情上他比其他人聪明，而在其他事情上他们比他聪明的时候，我们也在表达一个人的判断——也可以说所有人的判断。在紧急情况下——如果不是在其他时候——你会看到这种信念。当人们陷入困境、打仗、生病、在海上遇到风暴的时候，【b】所有人都转向他们各项专长的领袖，把他们当做神，请求他们给予拯救，因为他们就在这一件事情上优于其他人——知识。无论过哪种生活，做哪种工作，你会发现人们到处寻找老师和领袖，为他们自己寻找，也为其他生灵寻找，为所有人的工作方向而寻找。你也发现有些人相信自己堪当教导和指挥。在所有这些情况下，我们除了说人们确实相信他们中间有智有愚，还能说什么呢？

塞　不会有其他结论。

苏　他们相信智慧就是真正的思想，而无知就是虚假的判断吗？

塞　【c】当然。

苏　那么，普罗泰戈拉，我们该如何对待你的论证？我们要说所有人在每个情况下判断真的东西吗？或者说，他们有时候判断真的东西，有时候判断假的东西？无论我们怎么说，结果都一样，亦即人们并非总是在判断真的东西，人的判断有真有假。你可以考虑一下，塞奥多洛，普罗泰戈拉的某个追随者或者你本人，打算坚持无人认为其他人无知或者会做出虚假判断这个

---

① 苏格拉底此处以面对普罗泰戈拉的口吻说话。

观点吗？

塞　这不是一个人能相信的事情，苏格拉底。

苏　【d】然而，这就是从我们这个理论推出来的结果——人是万物的尺度。

塞　怎么会这样？

苏　嗯，假定你将要在心里做出一个决定，然后就某事对我下一个判断。让我们假定，按照普罗泰戈拉的理论，你的判断对你来说是真的。但我们其他人就不可能对你的论断进行批判吗？我们总是同意你的论断吗？或者说，每一次都会有一支反对者的大军提出抗议，认为你的论断和思想是假的吗？

塞　【e】宙斯在上，苏格拉底，他们会这样做，如荷马所说，这世上有"成千上万"的反对者在给我找各种各样的麻烦。①

苏　那么，你想要我们说你判断的东西对你自己来说是真的，对那成千上万的人来说是假的吗？

塞　不管怎么说，按照这个理论，我们好像必须这么说。

苏　对普罗泰戈拉本人而言呢？他不是必须这样说吗？假定他本人不相信人是万物的尺度，其他任何人实际上也不相信，【171】那么他写的《论真理》对任何人来说都不是真的？另一方面，假定他本人相信这个理论，而民众不同意，那么你看——首先——不相信这个理论的人数量上超过相信这个理论的人，它的不真超过了它的真，是吗？

塞　必定如此，要是按照个人判断的真或不真来算。

苏　其次，它还有一个微妙的特点：我假定，既然普罗泰戈拉同意所有人的意见都是真的，那么那些与他的观点相反的观点必定也是真的，也就是说，他自己的观点是假的。

塞　无疑如此。

---

① 参见荷马：《奥德赛》16：121。

苏 【b】承认那些认为他错了的人的意见为真，岂不就得承认他自己的意见为假？

塞 必然如此。

苏 但其他人那一方不承认自己错了吗？

塞 不承认。

苏 但是普罗泰戈拉又承认这个论断是真的，按照他的成文学说。

塞 好像是这样的。

苏 那么，这个观点遭到所有人的驳斥，从普罗泰戈拉开始——或者倒不如说，普罗泰戈拉也得承认与他观点相反的对手们的看法为真——【c】当他这样做的时候，哪怕普罗泰戈拉本人也得承认，一条狗也好，随便哪个人也罢，都不是它没有学到的任何事物的尺度。不是这样吗？

塞 是这样的。

苏 由于这个观点遭到所有人的驳斥，所以普罗泰戈拉的《论真理》对任何人来说都不是真的，甚至对他本人来说也不是真的吗？

塞 苏格拉底，我们把我的这位朋友挤对得太厉害了。

苏 但是，我亲爱的塞奥多洛，还不清楚我们是否偏离了正道。因此，比我们年长的普罗泰戈拉很像是也比我们聪明；【d】要是他能从地下伸出头来，脖子以上的部分刚好就到这里，在他重新下到地底下溜走之前，他很可能会严厉责备我，说我不停地胡说八道，说你随声附和。但是，我们必须依靠我们自己，像我们现在做的这样，怎么想就怎么说。所以，我们当前不是必须主张，任何人都至少同意有些人比他们的同伴聪明，有些人比他们的同伴无知吗？

塞 无论如何，在我看来好像是这样的。

苏 我们还可以建议，以我们试图帮助普罗泰戈拉的时候概述过的那个立场为立足点，【e】这种理论可以最成功地稳固下来。我指的是这样一种立场，大多数事物对于个人来说，它显得怎样，它就是怎样；比如，热、干、甜以及所有这类事物。但若这种理论承认在某个领域有人比别人优越，那么它也许就得打算在讨论一个人的健康、好坏与否的问题时承认这一点。在这个问题上，最好承认并非任何生灵——妇女、儿童，或者动物——都能认识什么东西对自己的健康有益，能够给自己治病；就在这里，如果不是在其他任何地方的话，有人比别人优越。你同意吗？

塞　在我看来好像是这样的。

苏　【172】下面来考虑一下政治问题。这些政治问题有：适宜做什么，不适宜做什么，正义和不正义，虔诚和不虔诚；在这个地方，这种理论可以坚持，一个城邦所认可并且设立为法律或习俗的任何东西，对这个城邦来说，它就是真的，就是事实。在这样的事务中，没有任何人或任何城邦比其他人或城邦更有智慧。在这个地方，如果不是在其他任何地方的话，这种理论会承认，一位议事人比另一位议事人优秀，一个城邦的决定可以比另一个城邦的决定更加接近真实。【b】这种理论不难断定，一个城邦按照它自己的利益做出的决定，无疑会对城邦有益。对我正在谈论的其他问题——正义和不正义，虔诚和不虔诚——人们打算坚持这些事情没有一样天然拥有它的实在；关于这些事情，他们说，民众集体认为它显得如何，它便是真的，只要民众持有这个信念，它就一直是真的。甚至连那些不打算跟着普罗泰戈拉跑的人对智慧也持有某种这样的看法。但是，塞奥多洛，【c】我看我们正在卷入从这一波较小的讨论产生出来的一波较大的讨论。

塞　噢，我们有的是时间，不是吗，苏格拉底。

苏　我们好像有时间。你的这句话，我的朋友，使我想起从前经常在我心里浮现的一个念头——那些在哲学方面花了大量时间的人一上法庭演讲，就使自己成了傻瓜，这该有多么自然。

塞　你这是什么意思？

苏　嗯，看看这个从小就在法庭这样的场所厮混的人吧，拿他和那个在哲学中成长起来、过着一种学生生活的人相比。【d】确实就像拿以奴隶的方式成长起来的人和以自由人的方式成长起来的人相比。

塞　怎么讲？

苏 因为一个人总是以你刚才提到的方式行事——有的是时间。他说话的时候非常从容，他的时间是他自己的。我们现在也是这样：现在我们的第三轮新讨论就要开始了；要是他像我们，他也可以做同样的事情，宁可让新来者接着回答手头的问题。他们谈一天还是谈一年都没有什么关系，只要能够击中已有的目标就行。而另一个人——法庭上的人——【e】说话时总是匆匆忙忙，一面说一面看时间。此外，他无法谈论他喜欢的事情，他的对手就站在对面，给他施压，不断地说时间就要到了，以此来牵制他，他也不可以说离题话，只能宣读写好的讲稿。这样的讲话总是提到另一名奴隶，是讲给坐在那里掌管诉讼的主人听的。这样的论战决不是无关紧要的，而是始终性命攸关。

【173】这样的状况使他紧张而又精明，知道如何奉承主人来博得恩宠，但是他的灵魂被扭曲，变得卑微。从小就养成的奴性阻碍他的成长，使他缺乏自由和正直，在他的灵魂还很柔弱的时候就让他面对危险和恐惧，迫使他做各种不诚实的事情。他无法依靠公正和诚实的实践来面对这些事情，于是就转向谎言，用一个过错来弥补另一个过错，就这样，他的品性不断地被扭曲，变得乖戾偏激，【b】成年以后，最终心里全无健康的想法，还自以为现在终于成了一个有才干和智慧的人。

这就是你的那些实际的人，塞奥多洛。我们自己这一边的人怎么样？你喜欢我们现在就来对他们评论一番，还是放弃这种评论，返回我们刚才的论证？我们不想滥用自由，改变我们刚才讨论的话题。

塞 不，苏格拉底，让我们评论一下哲学家。【c】你刚才说得很对，在这样的圈子里活动，我们不是讨论的奴隶，而是讨论的主人。我们的这些论证就像我们自己的奴仆，每个论证都必须等候我们，在我们认为恰当的时候结束论证。我们没有法官，也没有听众（像戏剧诗人那样），坐在那里控制我们，准备对我们提出批评和发布命令。

苏 很好，看起来我们必须评论他们了，因为你已经下定了决心。不过，让我们只评论那些领军人物吧，我们干吗要自找麻烦去谈论那些二流角色？所以，我现在就开始。【d】他们从小就不认识去市场、法庭、议事厅，或者其他公共场所的道路，也从来没有见过或听到宣读政令和法律，无论是口头发布的，还是写成文字的。党争、社交、宴饮、找歌妓①——这些事情他们在梦中都没见过。关于出身问题也是这样——同胞公民出身高贵或者低贱，有无从父系或者母系祖先那里继承什么孽根，这些事情他完全不去理会，如常言所说，不用管海里有多少升水。他甚至不知道自己对这些事情一无所知，因为他不是为了赢得好名声而远离这些东西，【e】之所以如此，乃是因为他实际上只有身体住在城里，在城里睡觉。而他的心灵早已得出结论，所有这些事情都是微不足道的；他的心灵在宇宙间翱翔，如品达所说，"上抵苍穹，下达黄泉"，②仰观天文，俯察地理，【174】循各种路径，寻求每一现存事物的完整本性，从来不会屈尊理会身边的俗事。

塞　你这话是什么意思，苏格拉底？

苏　嗯，给你举个例子吧，塞奥多洛。相传泰勒斯③在仰望星辰时不慎落入井中，一位机智伶俐的色雷斯④女仆笑话他，说他渴望知道天上的事，却看不到眼前和脚底下的东西。【b】同样的笑话适用于所有献身哲学的人。哲学家确实看不见他的隔壁邻居，也不会注意邻居在干什么，甚至不知道那位邻居是人还是牲口。他要问的问题是：什么是人？什么样的行为和欲望恰当地属于人性，并把人与其他在者区别开来？这才是他想要知道的事情，他关心这些事情并努力考察它们。你明白我的意思了，塞奥多洛，对吗？

塞　对，你说得对。

苏　这就解释了这样的人在和他的同胞打交道时的行为，无论是在私人场合还是在公共生活中，【c】如我开头所说。在法庭上或在别处，当他被迫谈论他脚下或眼前的事情时，他不仅招来那位色雷斯女仆的讥笑，而且由于

---

① 原文为"吹笛女"。
② 引文出自品达《残篇》292。
③ 泰勒斯（Θαλῆς），第一位希腊自然哲学家，约公元前6世纪。
④ 色雷斯（Θρᾴκη），地名。

缺乏经验而掉入坑中或陷入困境而招来所有民众的讥笑。他十分笨拙，给他带来了笨蛋的名声。人们在交谈中相互谩骂，而他从不参与，因为他不知道别人的劣迹，也从不关心这类事情——这方面的无知使他显得非常可笑。【d】还有，当别人在赞美其他人的功劳或自吹自擂的时候，他显得非常开心——这决非一种姿态，而是完全真诚的——但被人视为白痴。听到赞扬僭主或国王的颂辞，在他听起来就好像有人在祝贺牧人——猪倌、羊倌，给他提供了大量牛奶的牛倌；只有他认为统治者有更难照料和挤奶的牲畜要对付，这样的人根本没有闲暇，被迫要变得比乡野村夫更加残暴和野蛮；【e】这样的人的城堡就像囚室，就像山上的畜栏，把牧人困在那里。听到有人谈论土地，说某人拥有上万顷土地，而在他看来实在是微不足道，因为他习惯于观察整个大地。当他的同胞颂扬伟大的家族，声称出身高贵，能够历数七代富有的祖先，他认为这样的颂扬完全属于目光短浅，【175】这些人由于缺乏教养而不能看到总体，竟然想不到每个人都有无数的祖先，他们的情况千差万别，有富人也有乞丐，有国王也有奴隶，有希腊人也有野蛮人。有些人把自己的祖先上溯二十五代，以为自己是安菲特律翁①之子赫拉克勒斯的后裔，从而自我夸耀，在他看来他们只不过是把好奇心放在了这种微不足道的事情上。【b】因为安菲特律翁的第二十五代祖先是个什么样的人是偶然的，他的第五十代祖先是个什么样的人也是偶然的。他认为，有人想不到这一点，不能摆脱愚蠢心灵的虚幻，该有多么可笑。

你瞧，在所有这些场合，哲学家成为世人嘲笑的对象，部分原因在于他的清高，部分原因在于他在处理实际事务时的无知和缺乏资源。

塞　实际情况确实像你说的这样，苏格拉底。

苏　不过，让我们来考虑一下另外一种情况，我的朋友，这一次轮到他拉着其他人向上攀登，【c】劝说他们抛弃"是我对你们不公正，还是你们对

---

①　安菲特律翁（Ἀμφιτρύων），人名，神话中说他是底比斯国王，他的妻子与天神宙斯生赫拉克勒斯。

我不公正"这样的问题，考察公正与不公正本身——问它们各自是什么，它们相互之间如何不同，它们与其他事物有什么不同；或者说，他让他们丢下"拥有多少黄金的国王是幸福的"这样的问题，去考察王权，考察一般的人类幸福与不幸的问题——它们是什么，对人来说，用什么样的方法获得幸福和避免不幸才是恰当的。【d】但凡需要我们那些有着渺小、敏感、好讼心灵的朋友回答这些问题，情况就完全颠倒过来；他好像被悬在高处，头晕目眩，不敢远眺，他心慌意乱、不知所措、结结巴巴，受到人们的嘲笑。不过不是被那个色雷斯女仆或者其他未受教养的人嘲笑——他们看不到这些事——而是被每一位不是在奴隶环境下成长起来的人嘲笑。

【e】这些就是两种类型的人，塞奥多洛。一个人在真正的自由和闲暇中成长起来，你把这个人叫做哲学家；要是他做某些琐事显得无能，比如不会铺床、不会烹调、不会说奉承话，那么他并不丢脸。【176】另一个人在做这些伺候人的事情时非常敏捷和能干，但就是不懂如何像自由民那样弹奏乐曲，不懂语言的韵律，不懂如何正确地颂扬众神的生活和凡人的真正幸福。

塞 苏格拉底，要是你的话能像说服我一样说服所有人，那么世上就会多一些和平，少一些罪恶。

苏 但是，塞奥多洛，恶者是不可能消除的——因为必定要有某些东西与善者相对；不过，恶者不会在众神的界域存在，而是必然盘踞在可朽的存在者之中，在大地上游荡。【b】这就是我们要尽快逃离此岸去彼岸的原因，逃离的意思就是变得尽可能像神，变得尽可能像神也就是带着智慧变得正义和圣洁。但是，我的好人哪，要让人们相信一个人应该脱离卑劣而追求美德是由于大众所说的那些缘故不是一件易事。他们以为践行美德而脱离卑劣只是为了看起来不是坏人而是好人。这种看法，在我看来，只是乡野老妪的愚蠢之谈。

让我们试着以这样一种方式来说说真相。【c】神没有任何错误，他是完全正义的，我们凡人要是有人变得极为正义，那就是最像神了。就在这个地方，我们看出一个人是真有才智，还是真的懦弱和无足轻重，因为做到这一点就是真正的智慧和善良，而不能做到这一点就是愚蠢和邪恶。其他那些被认为是才智和智慧的东西都有共同点——那些玩弄政治权力的人流露出俗气，那些从事各种技艺的人流露出匠气。【d】然而，要是碰到一个人在生活中行事不正义，言语亵渎神，那么最好不要认为他的所作所为是聪明的，因为他无所顾忌，以耻为荣，把他人的指责当做对他的赞美，以为这就意味着自己不是蠢货，不是"大地的负担"①，而是在城邦中生存必须如此的人。然而，我们必须把真相告诉他们——他们越不认为自己是那种人，就越是那种人。因为他们对于行不义的惩罚一无所知，而这却是他们最应当知道的。这种惩罚并非像他们所想象的那样是鞭笞和死亡，行不义的人有时候不会遭受这些惩罚，【e】而是一种无法逃脱的惩罚。

塞　这种惩罚是什么？

苏　我的朋友，现实确立了两种类型。一种是神圣的，最为有福，另一种没有任何神性，最为不幸。作恶之人看不到这个真相，愚蠢和缺乏理智使他盲目，他不能察觉他的不义之行会使他越来越像后一种人，越来越不像前一种人。【177】由于这个原因，他要支付的罚款就是过这种与他将要相似的类型相应的生活。但若我们告诉他，除非他能放弃他的这种"才干"，否则他死了以后，那个完全没有邪恶的地方不会接受他，而在这个世界上，他也永远过着跟自己现在相似的生活，罪人和罪人待在一起；听了这样的话他只会这样想，"这就是那些傻瓜对像我这样能干的家伙会说的蠢话"。

塞　噢，确实如此，苏格拉底。

苏　【b】我知道是这样的，我的朋友。不过，不义之人可能还有这样一个意外。当需要他在私人讨论中就他贬低的事物提供或接受解释时，当他愿意像一名男子汉勇敢地坚持一段时间，而不是像一个胆小鬼那样逃跑时，我的朋友，奇怪的事情就发生了。到了最后，他说的事情甚至连他本人也不满

---

① "大地的负担"（ἄχθος ἀρούρης），可参见荷马：《伊利亚特》18：104；《奥德赛》20：379。

意；他好像江郎才尽，像婴儿一样哑口无言。

【c】不过，我们最好还是离开这里，所有这些确实都是离题话，要是我们继续往前走，新话题会像洪水一样暴发，淹没我们原先的论证。所以，要是你觉得可以，让我们返回前面的话题。

塞 实际上，苏格拉底，我喜欢听这种谈话，像我这把年纪的人更容易跟得上。不过，要是你喜欢的话，我们就倒回去吧。

苏 嗯，我们在论证中已经进到这样一个地方，不是吗？我们说过，有些人断言"实在"处于运动之中，他们认为每一个别事物就是它对某个人显现的那个样子，我们说过，他们打算在几乎所有情况下坚持他们的原则——更不必说在什么是公正和正确这些问题上了。在这个地方，他们完全打算坚持说，【d】一个城邦的任何法律一经设立，只要城邦认为它是公正的和正确的，它就是公正的和正确的，只要它继续有效。不过，在什么事物是好的这个问题上，我们找不到任何人如此勇敢，竟敢主张一个城邦认为有用的任何东西一经设立它就是有用的，在它继续有效期间——当然了，除非他说的有用只是"有用的"这个词；不过这样一来，我们的论证也就变成了一场游戏，不对吗？

塞 确实如此。

苏 【e】所以，让我们假定，他谈论的不是"有用的"这个词，而是着眼于它适用的那个事物。

塞 同意。

苏 城邦在立法时，无论怎么措辞，确实以此为目标。城邦总是在制定对它最有用的法律——在它的判断和能力允许的范围内。或者说，你认为立法可以有其他什么目标？

塞 【178】噢，没有，不会有。

苏 那么，城邦总能达成目标吗？或者说，总有一些城邦会失败？

塞 在我看来，会有失败。

苏 我们现在可以用一种相当不同的方式来解释这个问题，这样做好像更能让人同意我们的结论。我的意思是，可以提出"有用的东西"所从属的整个类别这个问题。我认为，这些事情还会涉及将来的时间；这样的话，当我们立法的时候，我们制定的法律在将来的时间里是有用的。我们可以恰当地称这种事物为"将来的"。

塞 【b】是的，当然。

苏 那么来吧，让我们向普罗泰戈拉（或持有相同观点的任何人）提问："嗯，普罗泰戈拉，你的人说，人是万物的尺度——白的事物、重的事物、轻的事物、所有各种事物，无一例外。他内在地拥有自己判断这些事物的标准，所以他认为它们就是被他感觉到的那个样子，他认为真的事物对他来说就是真的。"不是这样吗？

塞 是这样的。

苏 "那么，普罗泰戈拉，"我们会说："那些将来的事物又如何呢？【c】一个人内在地拥有自己判断这些事物的标准吗？当他认为某些事物将会如何，对这个认为它们将会如何的人来说，它们真的会发生吗，如他所认为的那样？以热为例。如果某个外行人认为自己将要发烧，他的体温将会上升，而另一个人，这次是个医生，持相反的看法。我们认为将来会确认这个判断，还是另一个判断？或者说，我们要说将来两个判断都会得到确认，也就是说，对医生而言，这个人体温不会上升或他不会发烧，而对这个人而言，他的体温会上升或他会发烧，对吗？"

塞 这样说是荒谬的。

苏 嗯，下一批葡萄酒将会变甜还是变涩的问题，【d】我假定种葡萄的农夫的判断总是权威的，而不是乐师的判断有权威。

塞 当然。

苏 还有，音调将是准确的还是不准确的问题，一名教体育的教师的判断会优于一名乐师吗——哪怕那位体育大师本人认为将是准确的？

塞 绝不会。

苏 或者，假定正在准备晚宴。哪怕将要赴宴品尝佳肴的宾客，要是他没有烹调方面的知识，也不能对这些菜肴将会有多么好做出比职业厨师更加权威的判断。【e】我之所以说"将会"，因为我们当前讨论的要点不是这些东西现在是否令任何人喜悦，或者过去是否令他喜悦。我们当前的问题是，对于将会对某个人显得令人喜悦的东西，每个人自己是否最好的判断者。我们要问："或者你，普罗泰戈拉，在预见法庭辩论的说服力上，比我们当中任何一位外行要好吗？"

塞 实际上，苏格拉底，普罗泰戈拉曾经特别强调他在这种事情上比其他所有人都要强。

苏 【179】他当然说过，我的好伙伴。要是他不能说服他的学生他能比其他任何预言家——或其他任何人——对将要发生的事和将会显现的事做出更好的判断，那就不会有人花一大笔学费来向他请教了。

塞 非常正确。

苏 还有立法和"有用的东西"都与将来有关，而每个人都会同意，城邦在立法的时候经常不能获得最有用的东西。

塞 确实如此。

苏 所以，我们可以合理地对你的老师说，【b】他必须承认有人比其他人聪明，这样的人才是"尺度"，而像我这样没有专门知识的人无论如何都肯定不会成为尺度——而我们刚才为他做的辩护却在迫使我成为尺度——无论我是否愿意。

塞 嗯，苏格拉底，我觉得在这一点上这个理论被证明是错误的——尽管在其他地方它也被证明是错的，当它使其他人的判断带有权威性的时候，由此使人想到普罗泰戈拉的说法是完全错误的。

苏 【c】除了这些地方，塞奥多洛，还有不止一处我们可以确信是错的——至少已经可以证明并非每个人的判断都是对的。但若将问题限定在产生感知和知性判断的个人当前直接经验的范围内，那么更难确信后者是真的——不过也许我是在胡说八道。也许要确认它们是完全不可能的，也许承认这一点的人说出了真相，它们是完全自明的，它们就是知识。【d】我们的泰阿泰德说感觉就是知识可能并没有什么大错。我们不得不继续推敲这个理论，因为代表普罗泰戈拉说话要求我们这样做。我们不得不考察这个运动着的实在，看它是否真实，听听它有没有裂缝。不管怎样说，下面的战斗规模不小，也不缺乏参战者。

塞　确实不小，它在整个伊奥尼亚①漫延。赫拉克利特的追随者发起了一场凶猛的战役，竭力鼓吹这种理论。

苏　正因如此，塞奥多洛，【e】我们更有理由返回它的第一原则②去考察，依据他们自己的踪迹来寻找其根源。

塞　我非常同意。你知道，苏格拉底，这些赫拉克利特派的学说（或者如你所说，荷马的学说，甚至更早的人的学说）——你无法与任何一位自称行家的爱菲索③人当面讨论，比跟疯子讨论更不可能。【180】因为他们完全像他们自己书中所说的那样，游移不定。要他们维持在一个说法或者盯住一个问题，平静地提问和问答，他们的能力比无能还要少。就这些人没有一丁点儿安静而言，说他们完全不能已经是夸大了。要是你向他们中的一个人发问，他会弄出一些谜一般晦涩的短语来，就像从箭袋中拔箭向你射来；要是你想从他那里得到一些解释，马上就会被另一句怪异的短语击中。你决无可能与他们中的任何人讨论出什么结果，他们相互之间的讨论也不会有什么结论；他们非常小心，不让任何确定的东西留存，【b】无论是在论证中，还是在他们自己的灵魂中。我假定，他们认为要是有了结论那就是静止的东西，而这种东西正是他们要与之全面开战，尽其所能要逐出这个世界的。

苏　我敢说，塞奥多洛，你只看见这些人在战场上，但从来没有在和平时与他们相遇，因为他们不是你的伙伴。我设想他们会在闲暇时把这些事情传给他们的学生，使学生变得和他们一样。

塞　什么学生？我的好人哪！他们中的任何人都不会成为别人的学

———————
① 伊奥尼亚（Ἰόνια），地区名。
② 指"万物皆流，无物不动"。(156a)
③ 爱菲索（Ἔφεσος），地名，赫拉克利特是爱菲索人。

生。【c】他们自己冒出来，随机得到灵感，每个人都认为其他人一无所知。所以我刚才说了，你决不可能从他们那里得到什么解释，无论他们是否愿意。我们必须从他们手中接过他们的学说，自己来处理这个难题，就像在几何学中一样。

苏 你说得很在理。我们现在不是已经从古人那里接下这个难题了吗？他们用诗句对大众遮掩了他们自己的意思，【d】亦即，俄刻阿诺和忒提斯是万物的源泉，是不断流动的河流，没有任何东西是静止的。到了晚近时代，我们也有了这种学说，既然他们更有智慧，也就直白地说了出来，以便使皮匠也能听懂和学习他们的智慧，从而不再愚蠢地认为实在的事物中有些静止有些变动，而那些懂得一切都在变动的人将会尊崇他们。

但我几乎忘了，塞奥多洛，有其他一些思想家道出了相反的观点；【e】有人说："唯有不动者，其名为整全"，从麦里梭①或巴门尼德那里我们可以听到其他相同的说法，抵制刚才那一派。他们认为：一切是一，一静止、自身在自身中静止，没有空间可供它在其中移动。

我们该如何对待这些人呢，我的朋友？我们在逐渐推进的时候，不知不觉地进到两个阵营之间，【181】要是不用某种方式保护自己，逃出去，我们就会遭殃，就像在摔跤场上玩的游戏，站在中间的人被站在两边的人同时抓住，使劲往两边拉。我觉得，我们应当先考察那一派，也就是我们本来就准备对付的"流变派"。如果他们对我们显得言之有理，我们就会帮助他们，把我们自己拉到他们一边，而努力逃离另一边。如果那些主张整全的人显得更加有理，【b】我们就和他们一起逃难，逃离那些主张"不动者应当动"的人。但若两派都没有什么道理，那么要是像我们这样平庸的人，在拒绝了古代拥有完满智慧的人的观点以后，还以为自己能说出什么来，那就太可笑了。所以，塞奥多洛，你看我们现在冒险前进还有什么用吗？

---

① 麦里梭（Μέλισσους），爱利亚学派哲学家，鼎盛年约在第 84 届奥林匹亚赛会期间（公元前 444 年—前 441 年）。

塞　我们不能拒绝考察这两派的学说，苏格拉底，这是不允许的。

苏　【c】既然你的感觉如此强烈，那么我们必须进行考察。在我看来，我们的批判的恰当起点就是运动的本性。他们说一切事物都处在运动之中，这到底是什么意思呢？我的意思是，他们只提到一种运动形式，还是如我所认为的那样有两种运动形式——不过，别让这一点成为我一个人的想法。你本人也要承认这个观点，以便共同分担危险，如果需要的话。告诉我，当一个事物改变位置或在原地旋转，你称之为"变动"①吗？

塞　是的。

苏　这是一种运动形式。然后，假定一个事物停留在原处，【d】不过变老了，或者由白变黑、由软变硬，或者发生其他"变化"②，我们说这是另一种运动形式，不对吗？

塞　无疑正确。

苏　所以我现在有了两种运动形式：变化和空间"运动"③。

塞　你说得对。

苏　我们现在已经做出了这种区别，让我们和那些认为一切事物都在运动的人交谈一下。让我们向他们发问：【e】"你们认为每一事物都以两种方式运动吗，亦即既在空间运动，又发生变化？或者说，你们认为有些事物以两种形式运动，有些事物只以一种或另一种形式运动？"

塞　宙斯在上，我不能回答这个问题。我假定，他们会说以两种形式运动。

苏　对，我的朋友，否则他们的看法就会变成事物既运动又静止，这样一来，说一切事物都在运动就不比说一切事物都在静止更加正确了。

塞　完全对。

苏　【182】由于事物必定在运动，没有任何地方的事物是缺乏运动的，

---

① 变动（κινεῖσθαι）。
② 变化（ἀλοίωσις）。
③ 运动（φορα）。

由此可以推论，一切事物必定处在各种运动中。

塞 必定如此。

苏 那么，我想要你考虑一下他们理论中的这个要点。我们说过，他们认为，每当事物各自运动时就产生了热、白这样的东西，而在主动和被动的因素之间产生了感觉；被动的因素变成了感觉者，但不是变成感觉，而主动的因素变成了这样那样的东西，但不是性质，不是这样吗？但也许"性质"①这个词对你来说有点儿别扭，你也许不太明白它是个一般的表达法。【b】所以让我来说一些具体事例。我的意思是主动的因素不是变成热或白，而是变为热的或白的，其他性质也是这样。你也许还记得我们原先说过的话，没有任何事物凭其自身就是一个事物，②这也可以用于主动的因素和被动的因素。正是由于二者间的相互联系产生了感觉和被感知的东西；在这样做的时候，主动的因素变成了具有某种性质的东西，而承受者变成了感觉者。

塞 我当然记得。

苏 【c】那么，我们先不需要去关心他们学说中的其他观点了，无论他们的意思是我们说的这样，还是其他意思。我们必须只关注我们论证的目标。让我们来问他们："按照你们的说法，一切事物都在流变，不是这样吗？"

塞 是这样的。

苏 一切事物都有我们区分的两种形式的运动吗，亦即它们既发生运动又发生变化吗？

塞 必定如此，如果它们处于完全的运动之中。

苏 嗯，要是它们只有空间运动而没有发生变化，我们就可以说出运动着的事物有什么流变吗？或者，我们该如何表达？

塞 这样说是对的。

---

① 性质（ποιότης），中性名词，源于形容词（ποιός，某种类型的），柏拉图新创了"性质"这个词。

② 参见本篇 152d。

苏 【d】但由于连流变的事物流变为白的这一点也不固定，它也处在变化过程之中，流变这件事情也在流变，所以白色也在变成其他颜色，这样事物才不会在这个方面成为固定的——正因如此，我们有可能恰当地指称一种颜色吗？

塞 我看不出有谁能这么做，苏格拉底；对于其他这类事物也不能，因为处在流变之中，当你说话的时候，它不就已经悄悄地溜走了吗？

苏 任何一类具体的感觉怎么样，比如看或听？【e】它会保持稳定，一直是看或听吗？

塞 要是一切事物都处于运动之中，这样说肯定不行。

苏 要是承认一切事物都在以各种形式运动，那么我们不可以把任何事情称做看，而不是称做"非看"，其他任何感觉也不可以说成是感觉，而不是"非感觉"。

塞 对，我们不可以。

苏 然而，泰阿泰德和我说过感觉是知识吗？

塞 你们说过。

苏 所以我们在回答"什么是知识"这个问题的时候，我们给出的回答不会比"非知识"更是知识。

塞 【183】要是我们这样做，结果好像是这样的。

苏 这真是一个绝妙的结果，我们竭尽全力证明一切事物都处于运动之中，以便表明这个回答①是正确的，但是实际情况却是这样的，要是一切事物都处于运动之中，那么对任何事物做出的每一个回答都同等正确，我们可以说"它是这样的"，也可以说"它不是这样的"——或者要是你喜欢，你可以用"变成"这个词，因为我们不想用任何表达法把这些人固定住了。

塞 你说得很对。

苏 嗯，是的，塞奥多洛，除了我刚才说"它是这样的"和"它不是这

_____

① 即"知识就是感觉"。

样的"。【b】我们一定不要用"这样"这个词，因为这样说就意味着不再运动了，也不要用"不这样"，这样说也表示不再运动了。这种理论的解释者需要创立别的语言，然而他们现在没有什么措辞可以和他们的预设相适应——除了"无论如何都不"①这个短语，这对他们来说也许是最合适的，因为它的意思是不确定的。

塞　这个短语至少对他们来说是最合适的。

苏　【c】那么，我们已经摆脱了你的朋友，塞奥多洛。我们不承认他的说法，也就是每个人都是万物的尺度，除非这个人是一个有理智的人。我们也不承认知识就是感觉，至少就一切事物都处于运动之中这个考察方法而言，除非泰阿泰德在这里还有其他什么说法。

塞　你说得非常好，苏格拉底。按照我们刚才的约定，一旦讨论完普罗泰戈拉的理论，我就不用再回答你的问题了。

泰　噢，不行，塞奥多洛，你和苏格拉底完成了刚才的约定，那就来讨论另一派的主张，【d】他们主张一切事物都是静止的。

塞　泰阿泰德，你在干吗？教唆比你年纪大的人行事不公道，违反约定吗？你自己要准备好，跟苏格拉底进行下面的讨论。

泰　行，要是他喜欢。但我宁可当一名听众，听你们讨论这些观点。

塞　嗯，邀苏格拉底进行论证，就好像请"骑兵进入平原"。你只管问，然后听着就是。

苏　但我不愿意听从泰阿泰德的驱使，【e】塞奥多洛。

塞　什么事让你不愿意？

苏　羞耻。我怕我们的批判过于肤浅。在主张宇宙是一、宇宙不动的众人面前，麦里梭和其他一些人，我有这种感觉，尤其是面对这个人——巴门尼德。在我眼中，巴门尼德就如荷马所说的那样"令人敬畏"。②我在还

---

①　无论如何都不（οὐδ᾽ οὕτως），亦译为"怎样都不"、"决不"、"毫不"。

②　参见荷马：《伊利亚特》3：172。

很年轻的时候见过他，而当时他已经很老了。【184】他是那么深邃和高贵，我担心我们听不懂他的话，更不能跟上这些话所表达的意思。我最担心的是，如果我们参与这些重要主题的讨论会引发一系列问题，而我们讨论的初衷，即知识的性质，反倒看不见了。尤其是，我们现在提出的这个主题范围极广。把它当做一个枝节问题来处理是不公正的，而对之进行恰当的讨论需要很长时间，这样一来，我们就得搁置我们的知识问题。这两种做法都是错的。【b】所以我宁可使用我的产婆的技艺，尝试着帮泰阿泰德把知识概念生下来。

塞　好吧，要是你认为这样做合适，那就这么办吧。

苏　嗯，泰阿泰德，我想要你考虑一下刚才说过的一个观点。你当时回答说，知识就是感觉，不对吗？

泰　对。

苏　假定有人问你："一个人用什么东西看白的和黑的事物，用什么东西听高的和低的声音？"我想象你会回答："用他的眼睛和耳朵。"

泰　对，我会这样回答。

苏　【c】一般说来，用词随意而不加仔细推敲并非教养不良的标志，与此相反则会使人粗鄙。不过，仔细推敲有时候是必要的，就像现在必须从你的这个回答中挑出毛病来。你想想看，哪个回答更加正确：眼睛是我们看所"用"①的东西，还是我们看所"通过"②的东西？我们听是"用"耳朵，还是"通过"耳朵？

泰　嗯，苏格拉底，我觉得，在这些事例中，我们是"通过"它们来感觉，而不是"用"它们来感觉。

苏　【d】对，我的孩子。我必须说，要是有许多感官坐在我们里面，就好像我们是一些特洛伊木马，这些感官没有集结为一个统一体，无论叫它灵

---

① 用（ᾧ）。

② 通过（δι᾽ οὗ）。

魂还是什么——用它，并通过它们①，就好像它们是一些工具，我们察觉一切可察觉的事物，如果是这样的话，那就太奇怪了。

泰 在我看来，这个说法比另一个说法要好。

苏 现在来说一下我为什么要在这一点上仔细推敲。我想知道，在我们里面是否有同一个东西，我们用它，并通过眼睛感觉到黑色和白色，【e】通过其他感官感觉到其他性质；如果有人问到这个问题，你会把所有这些东西都归结为身体吗？不过，最好还是你自己来回答这个问题，而不是由我代劳。告诉我，你通过它们来察觉热、硬、轻、甜的事物的这些工具——你认为它们全都属于身体吗？或者，能说它们属于别的什么吗？

泰 它们全都属于身体。

苏 你也愿意承认，【185】你通过一种官能感觉到的东西不可能通过另一种官能来感觉到吗？比如，你通过听觉感觉到的东西不能通过视觉来感觉到，你通过视觉感觉到的东西不能通过听觉来感觉到，是吗？

泰 我几乎无法拒绝承认这一点。

苏 假定你同时想到两种东西，那么你肯定不是通过其中一种感官，也不是通过另一种感官而感觉到这两种东西。

泰 不是。

苏 现在以声音和颜色为例。首先，你认为这两样事物在这一点上相同吗，也就是说它们都存在？

泰 我是这么认为的。

苏 还有，它们各自与对方不同，而与自身相同吗？

泰 【b】当然。

苏 还有，它们总共是二，各自是一吗？

泰 对，我也这么想。

苏 你还能考虑它们彼此之间是相同的还是不同的吗？

---

① 指眼睛、耳朵这些感官。

泰　我也许能。

苏　嗯，你通过什么来思考有关它们的所有这些事情呢？你瞧，要通过视觉或者听觉来把握二者共同的地方是不可能的。让我们来考虑另外一样事物，以此表明我们说的是真的。假定考察二者是咸的还是不咸的是可能的。【c】你当然能够告诉我你用什么来检验它们。很清楚，既不是视觉，又不是听觉，而是其他官能。

泰　当然了，通过舌头起作用的这种官能。

苏　说得好！嗯，通过什么官能向你揭示所有事物和这两样东西——我指的是你用"在"和"不在"这些词和我们刚才讨论这两样东西时使用的其他术语来表达的东西——的共同点？你会给所有这些事物指定哪一种工具？通过什么工具我们身上的感知者能够察觉所有这些事物？

泰　你指的是"在"与"不在""相似"与"不似""相同"与"不同"，还有"一"与别的数目，也可用于声音和颜色。【d】你的问题显然还涉及"奇"、"偶"以及所有这样的属性，你想知道通过什么样的身体器官，我们用灵魂察觉到所有这些东西。

苏　你很好地跟上了我的意思，泰阿泰德。这正是我要问的事情。

泰　但是，宙斯在上，苏格拉底，我回答不了。我只能告诉你，我感到根本就没有一种专门的器官可以负责所有事物，像别的东西有专门的器官负责一样。【e】在我看来，好像是灵魂通过它自身的功能来考察一切事物的共同点。

苏　是的，泰阿泰德，你会这样说的，因为你很美，不像塞奥多洛说得那么丑。① 因为话说得美，才是真美。除了你是美的以外，你还帮我省掉了一个冗长的论证，如果在你看来，灵魂通过身体的一些官能思考某些事物，而通过自身单独思考其他一些事情。我自己就是这么想的，我希望你也能这么想。

泰　嗯，在我看来好像是这样的。

---

① 参见本篇143e。

苏 【186】你把"在"归为哪一类？尤其因为它是伴随一切事物的某个东西。

泰 我应当把它归入灵魂用自身来把握的那一类东西。

苏 "相似"与"不似"、"相同"与"不同"也一样吗？

泰 对。

苏 "美的"与"丑的"、"好的"与"恶的"呢？

泰 这些东西也一样。尤其是，我认为灵魂在对它们进行相互比较的时候考察它们的"实在"，【b】并且在其自身中把过去、现在、将来联系起来进行反思①。

苏 且慢。你不是说通过触觉灵魂察觉到硬的事物的"硬"，同样通过触觉灵魂察觉到软的事物的"软"吗？

泰 对。

苏 但是，关于它们的"实在"（它们存在这个事实）、它们之间的对立，以及这种对立的"实在"，灵魂通过对它们的相互比较，为我们判断。

泰 确实如此。

苏 那么，有些事物是所有生灵——人和动物——生下来就能天然感觉到的，【c】我指的是那些灵魂通过身体得来的经验；而对这些事物的存在和有用性的反思，却是长期而又艰难发展的结果，通过大量的经历和教育，要是说有反思的话。

泰 对，肯定是这样的。

苏 嗯，连"存在"都没有得到的人有可能得到"真相"吗？

泰 不可能。

苏 要是一个人不能得到某事物的真相，他会有关于这个事物的知识吗？

泰 【d】当然不会，苏格拉底。

---

① 反思（ἀναλογίζεσθαι）。

苏　由此可见知识不在经验中，而在对它们进行推论①的过程中，好像就在这里，而不是在经验中，有可能把握存在和真理。

泰　显然如此。

苏　既然有那么大的差别，你会把它们称做相同的东西吗？

泰　这样做当然不妥。

苏　那么，你给前一类事情起个什么名称——视、听、嗅、感到冷、感到热？

泰　【e】我会称之为"感到"②，还会有别的什么名称吗？

苏　所以这些东西放在一起，你把它们统称为感觉吗？

泰　必定如此。

苏　这些事情，我们说，并不分有对真相的把握，因为它们不分有对存在的把握。

泰　对，不分有。

苏　所以它们也不分有知识。

泰　不分有。

苏　那么，泰阿泰德，感觉和知识决不会是同一个东西。

泰　显然不是，苏格拉底。我们现在已经进行了最为清楚的证明，知识是某个与感觉不同的东西。

苏　【187】但我们这场讨论开始时的目标不是发现知识不是什么，而是发现知识是什么。然而，我们的进步微乎其微，仅仅明白了根本不能在感觉中寻找知识，而应当在无论什么被我们称做灵魂活动的事情中寻找，当灵魂用自身忙于这些存在的事物时。

泰　嗯，苏格拉底，我假定这个名称是判断③。

---

① 推论（συλλογισμός）。

② 感到（αἰσθάνεσθα）。

③ 判断（δοξάζειν），动词，灵魂对某事物形成某个判断、意见、想法、信念。在柏拉图对话中，这个词指单纯理智活动（判断、认知），不牵涉情感和意志方面的信仰和信心。

苏 【b】你的意见没错。现在从头来过，把我们已经说过的话统统抹掉，看你能否依据现有的进步看得更加清楚。请你再次告诉我，什么是知识？

泰 嗯，苏格拉底，不能说所有判断都是知识，因为有虚假的判断；但也许真实的判断是知识。你可以把这句话作为我的回答。要是随着讨论深入，这个回答变得不像现在那么令人信服，那么我会试着寻找其他答案。

苏 很好，泰阿泰德。这样及时的回答比你一开始那种犹豫不决的态度要好得多。【c】如果我们的讨论继续这样进行，我们就能找到我们要找的东西，也不太会去想象我们自己知道我们实际上对其一无所知的事情——然而即使这一点也是不可小看的回报。现在你会说有两种判断，一种是真实的，另一种是虚假的，而你把知识定义为真实的判断，会吗？

泰 会，我现在是这么看的。

苏 嗯，我有点儿犹豫，我们现在是否应该回到一个有关判断的老看法①。

泰 你指的是什么看法？

苏 【d】有样东西在我心里经常让我感到困惑和犯难，我自己独自思考时是这样，在与别人讨论时也是这样——我的意思是，我无法说出它是什么，也无法说出我们有的这种经验如何在我们身上产生。

泰 什么经验？

苏 对虚假的东西下判断。你知道，哪怕现在我还在犹豫，不知是应该放过它，还是用和刚才不同的方式考察它。

泰 为什么不呢，苏格拉底，要是这样做有必要的话？刚才你还在和塞奥多洛谈论闲暇，你们说得对，进行这种讨论没有必要匆匆忙忙。

苏 【e】你提醒得恰到好处。现在回顾一下我们的踪迹也许时机并不坏。伤其十指不如断其一指。

泰 确实如此。

---

① 指本篇 167a—b 提到的普罗泰戈拉的观点，所以判断都是真的。

苏　我们该如何开始呢？我们说的话到底是什么意思？我们主张，虚假的判断反复出现，我们中间有人做了虚假的判断，有人做了真实的判断，事情生来就是这样，不对吗？

泰　这就是我们的主张。

苏　【188】那么，对一切事物，无论是整体还是个别，我们要么认识①，要么不认识，对吗？我现在不谈学习和遗忘这两种居间状态，因为我们现在的论证与它们无关。

泰　当然了，苏格拉底，在这种情况下没得选择。对每个事物，我们要么认识，要么不认识。

苏　那么，当一个人下判断时，他判断的对象要么是他认识的事物，要么是他不认识的事物，对吗？

泰　对，必定如此。

苏　然而，要是他认识一个事物，他就不可能不认识同一个事物；【b】或者说，要是他不认识一个事物，他就不可能认识同一个事物。

泰　当然。

苏　现在来讲一个对虚假事物下判断的人。他认为他所认识的一些事物不是这些事物，而是他认识的其他事物——因此他既认识二者，又不认识二者，是吗？

泰　这是不可能的，苏格拉底。

苏　那么，他会设想他不认识的事物是他不认识的其他事物吗？一个既不认识泰阿泰德又不认识苏格拉底的人有可能把苏格拉底当做泰阿泰德，或者把泰阿泰德当做苏格拉底吗？

泰　【c】我看不出这种事情是怎么发生的。

苏　但是一个人肯定不会认为他认识的事物是他不认识的事物，或者他不认识的事物是他认识的事物。

---

①　认识（εἰδέναι）。

泰　不会，否则的话就太奇怪了。

苏　他还能以什么方式做出错误判断呢？既然一切事物要么是我们认识的，要么是我们不认识的，那么在我们提到的这两种情况之外显然不可能下判断，而在二者之间好像也没有给错误判断留下任何余地。

泰　完全正确。

苏　也许我们最好采取一条不同的路径，【d】也许我们不应该按照"认识"和"不认识"来考察，而应该按照"存在"和"不存在"来考察？

泰　你这是什么意思？

苏　也许最简单的事实是这样的：当一个人对任何不存在的事物下判断的时候，他肯定虚假地下了判断，无论他的思想在其他方面处于何种状况。

泰　很可能是这样的，苏格拉底。

苏　那么，泰阿泰德，如果有人拷问我们："会有人觉得这些说法是可能的吗？一个人能判断不存在的事物吗？【e】无论是判断一个存在的事物在不在，还是判断这个不存在的事物本身？"对此我们该怎么说？我假定我们会这样回答："能，只要他在想的时候想了不真的东西。"不然的话，我们该怎么回答？

泰　我们会这样回答的。

苏　这种事情在别处也会发生吗？

泰　哪一种事情？

苏　嗯，举例来说，一个人看见某个东西，然而他看见的是"无"。

泰　怎么会呢？

苏　事实上，正好相反，要是他看见了任何东西，他必定看见了一个存在的东西。或者说，你认为能在不存在的事物中找到"一"个东西？

泰　我肯定不这么认为。

苏　那么，看见任何一个事物的人就看见一个存在的事物吗？

泰　显然如此。

苏　【189】由此也可以接着说，一个听见任何一个事物的人就听见了某个事物，而这个事物是存在的。

泰　对，可以这么说。

苏　一个触摸到任何事物的人就是触摸到某个事物，而这个事物是存在的，要是它是"一"的话？

泰　对，也可以接着这么说。

苏　一个正在下判断的人是在判断某一个事物，不是吗？

泰　必然如此。

苏　一个正在下判断的人是在判断某个存在的事物吗？

泰　我同意。

苏　这就表明一个正在对不存在的事物下判断的人是在判断"无"吗？

泰　好像是这样的。

苏　但是一个对"无"下判断的人根本就不在下判断。

泰　这一点好像是清楚的。

苏　【b】所以对不存在的事物下判断是不可能的，无论是判断一个存在的事物在不在，还是判断这个不存在的事物本身？

泰　显然不可能。

苏　那么，虚假的判断和判断不存在的东西不是一回事吗？

泰　看起来好像不是一回事。

苏　那么，无论按照这种路径，还是按照我们刚才的路径，虚假的判断都不存在于我们之中。

泰　确实不存在。

苏　那么，我们用虚假的判断这个名称来称呼的东西是以这种方式产生的吗？

泰　如何产生？

苏　我们说有虚假的判断，这是一种"错置的判断"，【c】也就是说，一个人在思想上用一个存在的事物替换另一个存在的事物，并且断言一个事物就是另一个事物。以这种方式，他始终在判断存在的事物，但将一个事物错置在另一事物的位置上，而错过了作为他的思考对象的那个事物，因而可以公正地说他做了错误的判断。

泰　我认为你现在的看法相当正确。一个人把美的事物判断为丑的事物，或者把丑的事物判断为美的事物，那么他真的是在虚假地判断。

苏　噢，泰阿泰德，我看你显然不那么在乎我了，你开始不怕我了。

泰　这话从何说起？

苏　【d】嗯，我假定你认为我不能驳斥你的这个"真的假"，不会问你一个事物能否"慢的快"、"重的轻"，或者其他任何事物能否不按照其自身的本性，却按照其对立面的本性，以跟自己相反的方式产生出来。不过，这一点还是算了吧，我不想让你的勇敢得不到报偿。那么，你说你喜欢这个建议吗，虚假的判断是"错置的判断"？

泰　我喜欢。

苏　那么，按照你的判断，有可能在一个人的思想上把一个事物安放在另一事物的位置上，当做另一个不是它本身的事物吗？

泰　确实有这种可能。

苏　【e】当一个人的思想这么做的时候，它不是必须思考这两个事物中的一个，或者思考这两个事物吗？

泰　这是必须的，要么同时思考，要么逐个思考。

苏　很好。关于"思考"，你的意思和我一样吗？

泰　你用这个词是什么意思？

苏　就是灵魂就某个考虑的对象跟自己谈话。当然了，我对这一点全然无知，只是把我现有的想法告诉你，这个想法很模糊。我依稀觉得，【190】灵魂在思考的时候，只不过是在和自己交谈，自问自答，肯定或否定。当它抵达某个确定的东西时，无论是渐进地，还是突如其来地，只要它对一个东西已经确定不疑，我们就可以把它称为灵魂的"判断"。所以，在我看来，下判断就是做陈述，一个判断就是一个不对别人讲，或者不大声地说出来，而只是默默地对自己叙说的陈述。你怎么想？

泰　我同意你的想法。

苏　所以，当一个人把一个事物判断为另一个事物时，他在做的事情显然是在对他自己说，这个事物是另一个事物。

泰　【b】当然。

苏　现在试着回想一下，你有无对自己说过"美肯定是丑"，或者"不公正肯定是公正"。或者说——总而言之——你有无试图说服你自己，"一个事物肯定是另一个事物"。或者说，事情正好相反，哪怕是在梦中你也从来不敢对自己说，"奇数毫无疑问是偶数"，或者其他诸如此类的话。

泰　对，是这样的。

苏　【c】你认为有其他人，心智正常或不正常的，希望能赢得他自己的首肯，竟敢严肃地对他自己说"牛必定是马"或者"二必定是一"吗？

泰　我确实不这么认为。

苏　嗯，要是对自己做陈述就是下判断，那么没有一个在灵魂中把握到两个事物的人会就两个事物做陈述，或下判断，能够叙说或论断"这个事物"是"另一个事物"。不过，你可别挑剔我的措辞①。【d】我这样说的意思是，没有人会判断"丑就是美"，或者下其他诸如此类的判断。

泰　行，苏格拉底，我不挑剔，我认为你说得对。

苏　那么，在心里思考两个事物的人不可能把一个事物判断为另一个事物。

泰　似乎如此。

苏　但若他心里只呈现一个事物，而另一个事物根本没呈现，他决不会断定一个事物是另一个事物。

泰　对，否则他就不得不认为这个事物也没有在他心中呈现。

苏　那么"错置的判断"对任何人来说都是不可能的，无论有两个事物

---

① 前一句中的"这个事物"和"另一个事物"在希腊语中用的是同一个词"ἕτερον"，所以苏格拉底强调别在我的措辞上挑毛病，这两个"ἕτερον"的意思不一样。

呈现，供他判断，【e】还是只有一个事物呈现。所以，要是有人把虚假的判断定义为"误置的判断"，他等于什么也没说。① 用这种路径不可能说明虚假的判断存在于我们中间，比用我们先前的那些路径更不可能。

泰　似乎如此。

苏　然而，泰阿泰德，要是不能说明虚假的判断是存在的，我们将被迫承认许多荒谬的事情。

泰　哪些事情？

苏　在我尝试用所有可能的方式考察完这个问题之前，我不会告诉你有哪些荒谬的事情。【191】当我们仍在困境之中，看到我们被迫承认这些事情，我会感到丢脸。如果我们发现了我们寻找的东西，并从困境中解脱出来，我们就可以转过身来，谈论这些事情如何在别人身上发生，在确保我们自身安全以后对抗荒谬。但若我们找不到出路，无法摆脱困境，那么我们就要放下身段，像晕船的旅客那样，听凭论证对我们的任意摆布。现在让我来告诉你，我们还可以通过什么路径来进行这一考察。

泰　你就告诉我吧。

苏　我要说的是，我们错误地赞同，【b】一个人不可能错误地判断他知道的事物是他不知道的事物。而实际上，这是可能的。

泰　嗯，我现在感到困惑的是，你的意思和我刚才也在怀疑的事情是否一回事，我们刚才建议说事情是这样的，我指的是，我认识你苏格拉底，但我有时候会把远处的陌生人误认为我认识的苏格拉底。在这样的事例中，你说的那种事情就可能出现了。

苏　但我们不是又从这种说法退回来了吗，因为它使我们既认识又不认识那些我们认识的事物？

泰　对，我们退回来了。

苏　那我们就不要用这种方式来尝试，而要用别的方式。【c】这样做也

---

① "错置的判断"（ἀλλοδοξεῖν）和"误置的判断"（ἑτεροδοξεῖν）含义大体相同。

许有所补益，也许非常棘手，但事实上我们处于这样的困境，需要把每个论证颠过来倒过去，从各个方面对它进行考察。现在来看我说这话有没有道理。一个人有可能学到原先不认识的某个事物吗？

泰　当然有可能。

苏　能否学了一个事物以后再学另一个事物？

泰　嗯，为什么不能？

苏　现在，为了这个论证的缘故，我想要你设想我们的灵魂中有一块蜡板，在一个人的灵魂中大一些，在另一个人的灵魂中小一些，【d】有的蜡板纯洁一些，有的蜡板污浊一些，有的蜡板软一些，有的蜡板硬一些，有的蜡板软硬适中。

泰　行，我就这么设想。

苏　然后，我们可以把这块蜡板视为众缪斯①之母记忆女神②的馈赠。每当我们想要记住一个我们看见、听到或想到的事物，我们就把这块蜡放在我们的感觉和观念下面，让它们在蜡板上留下痕迹，就好像我们用指环印章来盖印一样。只要其中的图像还在，我们就记住并认识了所印的事物；而一旦某个印记被抹去，或者没能印上去，【e】我们就遗忘了，不认识了。

泰　就当是这样吧。

苏　再设想这样一种情况，一个人认识这些事物，也在思考他看见或听见的某个事物，看他是否会以这种方式虚假地判断。

泰　以什么方式？

苏　在思考的时候，把他认识的事物时而当做他认识的事物，时而当做他不认识的事物——我们在前面错误地认为这些情况是不可能的。

泰　你现在怎么看？

苏　【192】我们必须从划定某些界线开始讨论。我们必须明白，你不可

---

① 缪斯（ἡ Μοῦσα），希腊文艺女神，有好多位。

② 记忆女神（Μνημοσύνη）。

能把一个你认识的事物认做另一个你不认识的事物，因为你在灵魂上留有它的印记，而你不再感觉的事物是另一个你认识的事物；你不可能把你认识的一个事物认做某个你不认识、也没有它的印记的事物；你不可能把一个你不认识的事物认做另一个你不认识的事物；你不可能把一个你不认识的事物认做一个你认识的事物。

还有，你不可能把一个你感觉到的事物认做另一个你正在感觉的事物；你不可能把一个你正在感觉的事物认做一个你不再感觉的事物；【b】你不可能把一个你不再感觉的事物认做另一个你不再感觉的事物；你不可能把一个你不再感觉的事物认做你正在感觉的事物。

还有，你不可能把一个你既认识又在感觉的事物，在你有了它的印记和对它的感觉时，认作另一个你认识和正在感觉的事物，你也有关于它的印记和对它的感觉（这种情况甚至比前面那些情况更不可能）；你不可能把一个你既认识又正在感觉的事物认做你认识的另一个事物，你也保有关于它的真正印记；你不可能把一个你既认识又正在感觉的事物认做另一个你正在感觉的事物，你像以前一样有关于它的正确的印记；【c】你不可能把一个你既不认识又不再感觉的事物认做另一个你既不认识又不再感觉的事物；你不可能把一个你既不认识又不再感觉的事物认做另一个你不认识的事物；你不可能把一个你既不认识又不再感觉的事物认做另一个你不再感觉的事物。

在所有这些情况下，出现虚假的判断都是完全不可能的。要是有可能的话，只会出现在下面这些我将要告诉你的情况中。

泰　哪些情况？我也许能理解得好一些，现在我有点跟不上了。

苏　在你认识这些事物的情况下，你把这些事物认做你认识和正在感觉的其他事物；你把这些事物认做你不认识但正在感觉的事物；【d】你把你既认识又在感觉的这些事物认做你既认识又在感觉的其他事物。

泰　嗯，你现在让我落得更远了。

苏　让我换个方式再说一遍。我认识塞奥多洛，在心里记得他长什么样，对你泰阿泰德也同样。有的时候我看见你们，有的时候没有；有的时候我接触到你们，有的时候没有；或者说，有的时候我听到你们或者通过某个其他感觉感受到你们，而在有的时候我完全没有感受到你们俩，但在心里仍旧记得你们——不是这样吗？

泰 【e】肯定是。

苏 现在请弄清我想要你明白的第一个要点：我们有时候感觉到我们认识的事物，有时候没有感觉到。

泰 对。

苏 其次，关于我们不认识的事物，我们经常没有感觉到，也可能经常感觉到。

泰 对，这也是这样的。

苏 【193】现在来看你是否比较好地跟上我了。假定苏格拉底认识塞奥多洛和泰阿泰德，但是既没有看见他们，又没有关于他们的任何感觉，在这种情况下他决不会在心里认为泰阿泰德是塞奥多洛。这样说有没有意思？

泰 有，这样说是对的。

苏 那么，这就是我刚才说的各种情况的第一种。

泰 是的。

苏 再来说第二种情况。假定我认识你们中的某一位，但不认识另一位，我也没有感觉到你们俩，在这种情况下，我决不会把我认识的这一位认作我不认识的另一位。

泰 【b】是这样的。

苏 第三种情况，假定我不认识你们俩又没有感觉到你们俩，我不可能认为我不认识的你们中的一位是我不认识的另一位。现在请你假定你已经又一次听完了刚才提到的各种情况——在这些情况下，无论我认识还是不认识你们俩，或是认识你们中的某一个，我都不会对你和塞奥多洛做出虚假的判断。在感觉方面，情况也一样。你跟得上吗？

泰 我跟上了。

苏 剩下一些情况有可能发生虚假的判断。我认识你和塞奥多洛，在我的蜡板上留有你们的印记，【c】就像指环章盖的印一样。然后，我远远地、模糊不清地看见你们俩，但在匆忙之中没有把印记指定给各自对应的视觉形象，以便比对它们的印记，以求得到确认。然而在这样做的时候我有可能做错，把一个人的视觉给了另一个人的印记，就像人们穿反了鞋子，或者就像我们照镜子，镜中的图像左右互换。【d】这个时候，误置的判断或虚假的判断就产生了。

泰　对，好像就是这样的，苏格拉底，你对判断的描述令人敬佩。

苏　还有，再假定我认识你们俩，我也感觉到你们中的一位，但没有感觉到另一位，我对前一位的认识与我的感觉不符合——这就是我刚才说过的情况，不过你当时不明白。

泰　我当时的确不明白。

苏　嗯，我当时的意思是，要是你既认识又感觉到一个人，【e】你对他的认识和你对他的感觉是吻合的，那么你就决不会把他认做另一个你既认识又感觉到的人，只要你对他的认识跟对他的感觉相吻合。不是这样吗？

泰　是这样的。

苏　我们刚才讲到还有一种情况会产生虚假的判断：【194】你认识他们俩，也在看着他们俩，或者拥有某些关于他们的感觉，然而你没有把两个印记分别归于对应的感觉，而像一名拙劣的弓箭手，射偏了靶子，也错过了目标——这就是我们所说的"假"①。

泰　当然是这样的。

苏　当属于其中一个印记的感觉出现了，而属于另一个印记的感觉没出现，而你试图把属于当前感觉的这个印记与当前的这个感觉相适应，在所有这样的情况下，思想就犯错了。

【b】我们可以这样总结：要是我们现在所说的是妥当的，对于从来不认识和没有感觉到的事物，我们不可能出错或产生虚假的判断；只有对那些认

---

①　假（ψεῦδος）。

识而又感觉到的事物，我们的判断有可能出错，有真有假。印记要是端端正正，它就是真的，要是印记歪了或者偏了，它就是假的。

泰　嗯，这个解释不是很美好吗，苏格拉底？

苏　【c】啊，要是你听了下面的话，你就更要这么说了。因为真正的判断是美好的，足够正确的，而谬误是丑恶的。

泰　毫无疑问，是这样的。

苏　嗯，据说这两种情况是这样发生的。有些人灵魂中的蜡质地均匀、厚实平滑，通过感觉而来的那些影像印在灵魂的"心"中——如荷马所说，①暗示心与蜡相似【d】——留在上面的印记既清晰又足够深，可以保持很长时间。有这样灵魂的人学得快、记得牢，不会把印记与感觉搞错，能真实地判断。因为这些印记很清晰，也有足够的地方可供这些人使用，他们很快就把每个事物与它自己在蜡上留的印记联系起来——当然了，这里所说的事物是被我们称做存在的事物，这些人被我们称做有智慧的人。或者，你对此还有什么疑问吗？

泰　没有了，我发现你的解释格外有说服力。

苏　【e】当一个人的心是"粗糙的"（那位最聪明的诗人还称赞这种情况），或者说他的心太脏，是用不纯的蜡制成的，或者太软，或者太硬，那么情况就不同了。蜡太软的人学得快，忘得也快，蜡太硬的人情况正好相反；那些粗糙不平、掺杂了石头、泥土或秽物的蜡板上的印记是不清晰的。【195】太硬的蜡板得到的印记也不清晰，因为印记刻不深；太软的蜡板得到的印记同样也不清晰，因为它们很快就会融化而变得模糊。此外，对那些灵魂狭隘的人来说，那些印记还因为空间太小而相互挤轧，也就更加模糊了。所有这样的人都容易做出虚假的判断。因为在看、听、想任何事物的时候，他们不能很快地给每个事物指派各自的位置，既迟钝又常常出错，看错、听错和想

---

① 参见《伊利亚特》2：851，16：554。"心"（κέαρ, κῆρ）和"蜡"（κηρός）的希腊文拼法相近。

错大部分事物——结果这些人就是被我们说成对存在的事物持有错误看法的人，无知的人。

泰　【b】确实是这样的，苏格拉底，无人能比你解释得更好。

苏　那么我们要说，虚假的判断确实在我们中间存在吗？

泰　当然要。

苏　我想，真实的判断也在我们中间存在吗？

泰　真实的判断当然也存在。

苏　当我们说这两类判断确实存在时，我们认为我们终于达成令人满意的一致意见了吗？

泰　确定无疑，苏格拉底。

苏　泰阿泰德，饶舌之徒恐怕真的是可恶的、不讨人喜欢的。

泰　为什么，你干嘛要这样说？

苏　【c】因为我讨厌自己的愚蠢和饶舌，确实如此。如果一个人翻来覆去地摆弄一大堆论证，由于他的迟钝而不能确认，但又不愿意放弃任何一个论证，这样的人你还能把他叫做什么？

泰　但你为什么要讨厌自己呢？

苏　我不仅厌恶自己，而且还感到焦虑。我担心要是有人问我，我该说什么："喂，苏格拉底，你已经发现了虚假的判断，是吗？你已经发现它不存在于各种感觉的相互关联中，【d】也不存在于各种思想的相互关联中，而存在于感觉与思想的联结之中，对吗？"我相信我会说"对"，沾沾自喜，好像我们有了美妙的发现。

泰　嗯，苏格拉底，你刚才对我们做的说明在我看来还是相当不错的。

苏　他会接着说："你的意思是，我们决不会把我们只是想到但没有看到、摸到、或以其他方式感到的一个人设想为一匹马，而这匹马又是我们没有看到、摸到或以其他方式感到，只是想到的吗？"我假定我会同意说我们确实是这个意思。

泰　对，相当正确。

苏 【e】他会接着说："按照这个理论，一个人也决不会把他只是想到的'十一'认做他只是想到的'十二'吗?"来吧，你来回答。

泰 好吧，我的回答是：某个看见或者摸到这些东西的人会把十一当做十二，而那个仅仅在想这些事情的人不会，他决不会以这种方式对这些东西下判断。

苏 【196】嗯，现在来看这种情况，一个人正在心里考虑五和七——我的意思不是七个人和五个人，或者诸如此类的东西，而是五和七本身，也就是我们所说的蜡板上的印记，对这些印记我们不会有虚假的判断。假定他正在心里谈论它们，问自己它们相加等于几。你认为在这种情况下，会不会一个人想并且说等于十一，而另一个人想并且说等于十二？还是每个人都会想并且说等于十二？

泰 【b】噢，宙斯在上，当然不是这样，许多人会说十一。要是涉及更大的数，犯错误的可能性就更多了——因为我想你是在泛指所有的数。

苏 相当正确。现在我想要你考虑这里发生的事情是否就是这样，一个人认为十二本身，那个印在蜡板上的东西，是十一。

泰 好像是这样的。

苏 那么，我们岂不是又回到我们最初说过的事情上来了吗?[①]发生这种情况的人，把他认识的一个东西认做他认识的另一个东西，而我们说过这是不可能的，【c】而且正是出于这一考虑，导致我们排除了虚假判断的可能性，免得同一个人在同一时间既认识又不认识同样的事物。

泰 完全正确。

苏 所以，我们必须说虚假的判断是思想对感觉的误用以外的事情，否则的话，只要在我们思想的范围内，我们决不会犯错误。事情就是这样，要么根本没有虚假的判断这回事，要么一个人会不认识他认识的事物。你会做什么选择？

---

① 参见本篇 188b。

泰 你给了我一个不可能选择的选择，苏格拉底。

苏 【d】但是这个论证恐怕不允许两种说法都成立。还有，我们无论如何要尝试一下，就当我们要做这件丢脸的事情，怎么样？

泰 怎么做？

苏 下定决心说出究竟什么是"认识"。

泰 这怎么能说是丢脸的呢？

苏 你似乎不明白，我们的整个对话从一开始就在探究知识，在假定我们还不知道什么是知识的前提下。

泰 噢，不过我是明白的。

苏 嗯，那么，我们在不知道什么是知识的时候就去说什么是认识，你不认为这样做是丢脸的吗？【e】事实上，泰阿泰德，我们的整个讨论方法老早就出问题了。我们无数次地说"我们认识"、"我们不认识"、"我们知道"、"我们不知道"，就好像我们在还不认识"知识"的时候就对它们各自有所理解似的。或者说，你注意到没有，我们此时此刻又使用了"不认识"和"理解"，就好像我们在缺乏知识的情况下仍然有权使用它们。

泰 但是，苏格拉底，要是避开这些字眼，你还能继续讨论吗？

苏 【197】几乎不可能，对像我这样的人来说；但若我是一名辩论专家，我也许能继续讨论。现在若是真有这样的人在场，他将命令我们避开这些字眼，并且严厉批评我说的这些错误。不过，既然我们如此平庸，我干嘛不大胆地告诉你"认识"是什么样的？因为我感到这样做也许会有帮助。

泰 那就请你大胆地说吧。要是你不能避开这些字眼，我们也会原谅你。

苏 好吧，那么，你听说过当今人们对"认识"是怎么说的吗？

泰 我敢说我听说过，但我一下子想不起来了。

苏 【b】嗯，他们说，它就是"持有"① 知识。

泰 噢，是的，没错。

---

① 有、持有（ἔξειν，ἔξειν）。

苏　让我们稍做修改，说成"拥有"① 知识。

泰　这个说法和前面那个说法有什么区别？

苏　也许没什么区别，但还是先告诉你我的想法，然后请你务必帮我来考察。

泰　行，要是我能做到。

苏　【c】在我看来，"持有"和"拥有"不同。比如，假定一个人买了一件上衣并有权处置它，但他没有穿上它，那么我们不会说他持有它，而会说它拥有它。

泰　这样说是对的。

苏　现在来看，是否有可能以这种方式拥有知识而不持有它？假定一个人猎取了一些野鸟、野鸽或者其他什么鸟，并且做了一只鸟笼把它们养在家中。那么，在一种意义上，我假定，【d】我们可以说他始终"持有"它们，这当然是因为他拥有它们。不是这样吗？

泰　是这样的。

苏　不过在另一种意义上，他一只鸟也没有持有，只是对它们而言具备了一种能力，因为他把它们置于自己的掌握之下。也就是说，他有能力在他愿意的时候随时捉住并持有他选中的任何一只鸟，也可以让它们飞走；只要他乐意，他可以反复多次这么做。

泰　【e】是这样的。

苏　就在刚才，我们在灵魂中设置了一种不知什么样的蜡板，现在让我们在每个灵魂中设置一种鸟笼，装满各种各样的鸟。这些鸟有些三五成群，有些独栖一处，随处飞跃。

泰　行，让我们假定已经设置好了。然后呢？

苏　然后我们必须说，当我们还是孩子的时候，这个容器是空的，我们还必须设想这些鸟代表各种知识。当一个人拥有了一片知识，并将它置于自

---

① 拥有、占有（κτῆσιν）。

己的掌控之中，我们就说他学到了或者发现了与这片知识相关的事物。我们应当说，这就是认识。

泰　就算是吧。

苏　【198】现在考虑一下：当他再次猎取他挑选的一片知识，抓住并持有它，然后又放开它，那么在这里要用一些什么样的词来表达才是合适的？跟刚才他拥有知识时用的词相同，还是不同？以下面这种方式你可以更加清楚地明白我的意思。有一门技艺你把它叫做"算术"，不对吗？

泰　对。

苏　我想要你把它想象为对每一片有关奇数和偶数的知识的猎取。

泰　行，我会的。

苏　我假定，正是凭着这门技艺，【b】一个人掌控着那些有关数的知识，也能把它们传递给其他人。

泰　对。

苏　当一个人传递它们的时候，我们称之为"教"，当一个人接受它们的时候，我们称之为"学"，当他把它们关在我们的鸟笼中而持有它们的时候，我们称之为"认识"。

泰　确实如此。

苏　现在你必须注意下面这一点。一个对数学有完全把握的人肯定认识所有的数吗？因为涵盖所有数的知识都在他的灵魂中。

泰　当然。

苏　【c】有如此造诣的一个人肯定计算过他心里的那些数，也计算过那些具有数的外在的事物，对吗？

泰　当然。

苏　我们把计算当做一件只考虑一个数有多大的事情吗？

泰　对。

苏　那么，这个人好像是在考虑他认识的东西，就好像他不认识它（因为我们已经承认他认识所有数）。你肯定听说过这样的难题。

泰　我听说过。

苏　【d】再使用一下我们的想象力，拥有和猎取鸽子，我们说猎取有两个阶段：一个阶段是为了拥有鸽子而去猎取，另一个阶段是在你已经拥有以后，再用手去捕捉和持有你已经拥有的东西。以这种方式，哪怕是你很久以前已经学习和得到的知识，那些你一直认识的东西，都有可能重新学习它们——这些同样的事情。你可以重新来过，拥有每一片你很久以前得到、但还没有打算把它交给你的思想掌控的知识，不行吗？

泰　行。

苏　【e】嗯，这就是我前面那个问题的意思。当我们谈到那位着手计算的算术家，或者着手阅读的学问家，我们应当使用什么样的术语？在这里，似乎一个认识某些事物的人再次向他自己学习他已经认识的东西。

泰　这样说很荒谬，苏格拉底。

苏　那么，我们要说他要阅读或计算他不认识的东西吗——【199】你要记住我们已经承认他拥有关于一切字母和一切数的知识？

泰　这样说也同样没道理。

苏　那么我们换个说法，你看如何？假定我们说我们不在乎如何用词，让那些人在他们心里摆弄"认识"和"学习"这些词吧。我们已经确定拥有知识是一回事，持有知识是另外一回事，据此我们坚持，任何人不可能不拥有他已经拥有的东西，因此决不会发生他不认识他认识的东西这样的事。但是他有可能做出虚假的判断。这是因为，【b】他有可能拥有的不是这个事物的知识，而是另一个事物的知识。当他在猎取某一片知识时，它们在振翅扑腾，使他犯了错，捕捉了其他的知识。当他把十一想做十二的时候，这种事情就发生了。他捉住了他心里已经有的关于十一的知识，而不是捉住了关于十二的知识，就好像你想捉一只鸽子，但捉了一只斑鸠。

泰　对，这样说有道理。

苏　当他捉住了他试图捕捉的东西，他就没有犯错误；他在这样做的时候，他就对存在的事物下了判断。【c】以这样的方式，真实的判断和虚假的判断都存在，先前使我们焦虑的事情不再妨碍我们。我敢说，你会同意我的，对吗？或者说，要是你不同意，你会怎么办？

泰　我同意。

苏　对，我们现在已经摆脱了这个"一个人不认识他认识的东西"，因为根本不会出现我们不拥有我们拥有的东西这种情况，无论我们有没有在哪个地方弄错。不过，我好像感到有另外一个更加可怕的情况出现了。

泰　什么情况？

苏　我指的是，要是虚假的判断竟然变成了知识的互换，那么又会牵扯出什么事情来。

泰　你这样说是什么意思？

苏　【d】首先，一个人持有关于某个事物的知识，却又不认识这个事物，但不是由于他不认识，而是由于他自己的知识；其次，他判断这个事物是另一个事物，另一个事物是这个事物，这岂不是非常没道理？这意味着，当知识在灵魂中出现的时候，灵魂认识不到任何事物，不认识每一个事物。按照这个论证，完全有可能出现这种情况：如果知识会使我们不认识的话，不认识的出现会使一个人认识某个事物，或者瞎的出现会使一个人看见。

泰　【e】嗯，苏格拉底，只把知识比做鸟也许不妥。我们应当设想"非知识"也跟知识一样在灵魂中飞翔，然后猎手在捕捉的时候，有时候捉住一片知识，有时候捉住一片非知识，由于非知识，他做出虚假的判断，由于知识，他持有了真实的判断。

苏　【200】我很难不向你表达敬意，泰阿泰德，不过，请你再考虑一下你的想法。让我们假定事情就像你说的这样，所以，那个捉住了一片非知识的人就会做出虚假的判断。是这样吗？

泰　是的。

苏　但他肯定不会认为自己做了虚假的判断。

泰　当然不会。

苏　他会认为他对真实的事物下了判断，他对那个他弄错了的事物的态度会和那些认识它们的人一样。

泰　当然。

苏　他会认为他捕捉并拥有了一片知识，而不是一片非知识。

泰　这很清楚。

苏　【b】所以，绕了一大圈，我们又回到原先困难的地方。我们那位辩论专家①要笑了。他会说："我的好人们，你们的意思是，一个既认识知识又认识非知识的人在想他认识的一个东西是他认识的另一个东西吗？或者说，他既不认识知识又不认识非知识，把他不认识的一个东西判断为他不认识的另一个东西吗？或者说，他只认识一样东西，不认识另一样东西，把他认识的东西判断为他不认识的另一个东西吗？或者说，你们想要从头再来一遍，告诉我你们有关于知识和非知识的另外一套知识，【c】一个人可以拥有关在那个可笑的鸟笼里或者刻在蜡板上的知识，只要他拥有它们，也就认识它们，尽管他并没有打算把它们交给他的灵魂——以这种方式，你们被迫在同一个地方不停地兜圈子，一点儿进步都没有。"对此我们该如何回答，泰阿泰德？

泰　噢，宙斯在上，苏格拉底，我不知道该说什么。

苏　那么，我的孩子，你不认为这个论证也许正在对我们实施一点儿处罚，【d】告诉我们，搁置知识问题而先去探究虚假判断，这样做是错的。除非我们对什么是知识有恰当的把握，否则我们不可能理解什么是虚假判断。

泰　嗯，此时此刻，苏格拉底，我感到必须相信你。

苏　那么，再次从头开始，我们该说什么是知识？我假定，我们还不会放弃吧？

泰　肯定不会，除非你自己放弃。

苏　那么，告诉我，如何定义它我们自相矛盾的危险最小？

泰　【e】用我们前面尝试过的方法，苏格拉底，我想不出其他的方法。

----

① 参见本篇 197a。

苏 你指的是哪个方法?

泰 我们说过,知识就是真判断。我认为,真判断至少有时候是无错的,它带来的结果也是美好的。

苏 嗯,泰阿泰德,就像那个领人渡河的向导说:"它自己会显明。"①
【201】要是我们继续探索,我们也许会遇到障碍,它们并不是我们要寻找的东西;但若我们停留在原地,我们就什么都搞不清。

泰 你说得对。让我们继续前进和考虑。

苏 好吧,不过,我们不需要考虑太久,有整个一门技艺向你表明知识并不是你所说的那个东西。

泰 怎么讲? 你指的是什么技艺?

苏 智慧的最伟大代表的技艺——这些人被称做演说家和讼师。我在想,这些人使用他们的技艺进行说服,不是通过教导,而是使人按照他们自己的意愿来下判断。【b】或者说,你会认为有如此能干的教师,能在漏壶滴水②的短暂时间里,把事情的真相教给那些不在抢劫或其他暴力事件现场的人?

泰 我不这样认为,但他们能说服这些人。

苏 "说服这些人",你的意思是"使他们断定"吗?

泰 当然。

苏 那么,假定一个陪审团被正当地说服,相信了一些只有目击证人才知道而其他人无从得知的事实真相;【c】再假定他们由此做出了决定,形成了一个真实的判断。所以,他们是在没有知识的情况下对案子进行了审判,但由于他们被正当地说服了,所以他们审判得当,对吗?

泰 当然对。

苏 但是,我亲爱的孩子,如果真实的判断和知识是一回事,他们就不

---

① 它自己会显明 (δείξειν αὐτό),直译,相当于"试试就知道"。

② 水 (ὕωρ),指古代雅典法庭使用的漏壶 (κλεψύδρα,滴水计时器) 的滴水,用来限制发言者的时间。

可能审判得当；在这种情况下，世上最优秀的陪审团也不能在没有知识的情况下形成正确的判断。所以，真实的判断和知识似乎是不同的。

泰 噢，对了，苏格拉底，这正是我曾经听一个人说过的看法，我把它给忘了，不过现在又想起来了。【d】他说，真判断加上一个解释^①就是知识，真判断不加解释就是知识以外的东西。他说无法解释的事物不是"可知的"——他们就是这么来称呼这些事物的——而那些有解释的事物是可知的。

苏 你说得确实很好。现在，告诉我，他怎样区别可知的事物和不可知的事物？我想看一下你听说的这种看法和我听说的这种看法是否相同。

泰 我不知道我是否能想得起来，不过要是有人能讲述一下，我认为我能跟得上。

苏 你听好了，我就要以梦还梦了！^②【e】我想，我也在梦中听某些人说过所谓的基本元素^③，亦即用来构成我们和其他一切事物的东西，这些基本元素没有解释。它们中的每一个，就其自身而言，只能说出它的名称；不能说它的其他事情，既不能说它在，也不能说它不在。【202】因为这样一说，就意味着我们把在或不在添加给它；而我们一定不要给它添加任何东西，要是我们只说它本身。确实，我们不应当把诸如"本身"、"那个"、"每个"、"这个"这样一些语词用到它身上，因为这些语词遍及各处，可以用于一切事物，是与它们添加于其上的事物有别的事物；而要是表达元素本身是可能的，那么它一定有它自己恰当的解释。【b】然而，用一个解释来表达任何一个基本元素实际上是不可能的，它只能被命名，因为一个名称就是它拥有的一切。但说到由它们构成的事物，那就是另外一回事了。在这里，正是以元素本身相互之间交织在一起的方式，它们的名称也可以交织在一起，变成关于某个事物的解释——一个基本上是名称组合的解释。就这样，元素是没有解释的

---

① 解释（λόγος），这个词是个多义词，亦有学者译为"理由"、"说明"、"说理"，等等。

② 苏格拉底在这里把泰阿泰德说的话和他自己要说的话都戏称为"梦"，这段话常被学者称做"梦论"。

③ 基本元素（τὰ πρῶτα στοιχεῖα）。

和不可知的，但是它们能够被察觉，而复合物既是可知的，又是可以表达的，可以成为真判断的对象。【c】当一个人得到了某个事物的真判断但没有解释时，他的灵魂涉及这个事物确实处于真的状态，但他不认识它；因为若是一个人不能给出并接受关于一个事物的解释，那么他没有关于该事物的知识。不过，当他也拥有了一个解释，那么所有这些事情对他来说都变得可能了，在知识方面他也圆满了。你听到的梦就是这样的，还是不一样的？

泰　完全一样。

苏　所以，你喜欢这个梦，你认为知识就是真判断加解释吗？

泰　确实如此。

苏　【d】泰阿泰德，那么多有智慧的人经年累月、到老都没能发现的东西，今天在这个时候被你我用手抓住了吗？

泰　嗯，不管怎么说，苏格拉底，刚才这个说法说得很好。

苏　实际情况可能就是这个样子，因为除了解释和正确的判断，知识还能是什么呢？不过，刚才讲的这些观点中有一点我不喜欢。

泰　哪一点？

苏　它看上去是所有观点中最精致的——元素是不可知的，而复合物是可知的。

泰　【e】这样说不对吗？

苏　我们必须把问题搞清楚，因为在说出所有这些话的时候，我们有一些抵押物，可以用做论证的范例。

泰　什么范例？

苏　字母（语言的元素）和音节（复合物）。① 提出上述说法的人必定着眼于这个范例，不是吗？——此外还能有别的范例吗？

---

① 字母（στοιχεῖα），这个词亦指语言的元素；音节（συλλαβή），这个词亦指复合物、结合物。

泰　他肯定在想字母和音节。

苏　【203】那么就让我们来考察它们，或者说，让我们来考察我们自己，看我们是否以这种方式学习字母。先来看，音节可以做解释，而字母不能做解释，对吗？

泰　嗯，也许是吧。

苏　我也是这么看的。假定有人就"苏格拉底"（ΣΩΚΡΑΤΗΣ）这个词的第一个音节向你提问："告诉我，泰阿泰德，什么是 ΣΩ？"① 你会怎样回答？

泰　ΣΩ 就是 Σ 和 Ω。

苏　这就是你对这个音节的解释吗？

泰　是的。

苏　【b】那么，请继续，以同样的方式解释 Σ。

泰　有谁能说出字母的发音？苏格拉底，Σ 是一个不发声的字母②，只发出噪音，就像舌头嘶嘶作响。再比如字母 B，既不发声，也没有噪音，其他许多字母也是这样。所以，说它们本身是无法解释的，说得很好。哪怕七个最清晰的字母③也只有声音，不能对它们做任何解释。

苏　所以，在这里，我们已经提出了一个有关知识的观点。

泰　我们好像是这么做了。

苏　【c】嗯，然后我们要说：我们已经说明音节是可知的，而字母是不可知的，行吗？

泰　不管怎么说，这是一个很自然的结论。

苏　你来看，我们说的"音节"是什么意思？它就是两个字母吗？或者更多字母，所有字母？或者说，所谓音节是指通过字母组合而产生的一个统

---

① 苏格拉底名字的第一个音节。

② 指辅音字母。辅音字母有两类，一类不与元音结合就完全不发音，像 B，另一类可以发音，像 Σ，亦称半元音。

③ 指古希腊语的七个元音字母：A、E、H、I、O、Υ、Ω。

一体？

泰　我认为我们指的是所有字母。

苏　那就以两个字母为例，Σ 和 Ω ；这两个字母是我名字的第一个音节。【d】要是一个人认识这个音节，他肯定认识这两个字母吗？

泰　当然。

苏　所以，他认识 Σ 和 Ω。

泰　对。

苏　但是，他对这两个字母一个也不认识，怎么能在一个也不认识的时候认识它们俩呢？

泰　【e】这是一件很奇怪的事，无法解释，苏格拉底。

苏　然而，假定为了认识它们俩，必须先按顺序认识每一个，那么要认识一个音节，绝对必要先认识字母。这样一来，我们会发现我们美妙的理论溜走了，完全不见了。

泰　这也太突然了。

苏　对，因为我们没有看好它。我们也许应当假定音节不是那些字母，而是由它们产生的一个统一体，有其自身单一的本性——与字母不同。

泰　对，确实是这样的，这样的假设可能比刚才好。

苏　我们必须仔细考察；我们无权以一种懦弱的方式放弃这个重大而又庄严的理论。

泰　当然不能放弃。

苏　【204】那就按我们提议的去做吧。就让复合物是一个由若干元素复合而成的统一体，当这些元素相互耦合在一起的时候；让这一点既适用于语言，也适用于一般的事物。

泰　当然。

苏　那么，它一定没有组成部分。

泰　为什么？

苏　因为，当一个事物有组成部分时，这个整体必须是所有组成部分。

或者说，你还用"整体"① 这个词指那个从组成部分中产生、然而又有别于所有组成部分的统一体？

泰 我是这个意思。

苏 嗯，你把"总体"② 和"整体"叫做同一个东西，【b】还是不同的东西？

泰 我不确定，但是你一直让我大胆地回答问题，所以我要冒险地说它们是不同的。

苏 泰阿泰德，你应该大胆。现在让我们来看你的回答对不对。

泰 当然，我们必须这么做。

苏 按照你刚才的说法，整体与总体不同吗？

泰 对。

苏 那么好，全部③ 事物与总体有什么不同吗？比如，【c】我们说"一，二，三，四，五，六"，或者说"三的两倍"、"三乘二"、"四加二"、"三加二加一"，在这样的时候，我们说的是相同的事物还是不同的事物？

泰 相同的事物。

苏 它无非就是"六"吗？

泰 对。

苏 我们每一种表达说的不全部都是"六"吗？

泰 是的。

苏 当我们说它们全部的时候，我们不就是在说总体吗？

泰 我们肯定说了。

苏 它无非就是"六"吗？

泰 对。

苏 【d】那么，不管怎么说，对于用数组成的全部事物而言，我们说的"总体"和"全部"表示相同的东西。

---

① 整体（τò ὅλον）。

② 总体（τò πᾶν）。

③ 全部（τὰ πάντα），全体，所有。

泰　好像是这样的。

苏　现在让我们用这种方式来谈论它们。一亩①的数和一亩是同一个东西吗？

泰　对。

苏　对一斯塔达②来说也一样。

泰　对。

苏　一支军队的数和这支军队相同吗？在诸如此类的事例中皆如此，它们的总数就是它们各自的总体。

泰　对。

苏　【e】不过，任何一个事物的数不就是它的组成部分的数吗？

泰　不是。

苏　事物均有其组成部分吗？

泰　好像是的。

苏　既然总数就是总体，那么也就认可了所有组成部分就是总体。

泰　是这样的。

苏　那么，整体并非由部分组成。因为它若是由部分组成，它就是所有组成部分，也就会是总体了。

泰　看起来，整体并非由部分组成。

苏　但是，部分除了是整体的部分，还会是其他任何东西的部分吗？

泰　对，部分是整体的部分。

苏　【205】不管怎么说，你的应战颇为壮烈，泰阿泰德。但是这个"总体"——岂不是当它毫无缺失时才算是总体吗？

泰　必定如此。

苏　"整体"岂不就是同一个东西吗，无论哪个地方都不缺失？一个事

---

① 亩（πλέθρον），一阿提卡亩约为874平方米。
② 斯塔达（σταδίου），希腊人的长度单位，约合185公尺。

物要是有所缺失，它也就既不是整体也不是总体——二者在相同情况下马上产生相同的结果吗？

泰　嗯，我现在认为整体和总体没有任何差别。

苏　很好。我们不是刚说过，当一个事物有部分时，整体、总体和全部是一回事吗？①

泰　确实如此。

苏　再回到我刚才尝试着想要处理的问题上来。假定音节不只是它的字母，【b】那么从中不是可以推论它不能以字母作为它自身的部分吗？换言之，要是音节和字母是相同的，那么它们也必定都是可知的，是吗？

泰　是这样的。

苏　嗯，不正是为了避免这样的结果，我们假定音节和字母不同吗？

泰　对。

苏　那么好吧，如果字母不是音节的部分，那么你能告诉我，它除了是字母以外，它还能是其他什么东西吗？

泰　我确实肯定不能。要是我承认音节有组成部分，苏格拉底，那么撇开字母而去寻找其他组成部分肯定是荒谬的。

苏　那么，泰阿泰德，按照我们当前的论证，音节绝对是一个统一体，【c】不能划分成部分。

泰　看起来是这样的。

苏　那么，我的朋友，前不久，要是你还记得，我们倾向于接受这样一种我们认为处理得很好的观点——我指的是这样一个说法，对那些构成其他事物的基本元素是无法进行解释的，因为这些基本元素自身是非合成的，哪怕把"存在"、"这个"这些术语运用于它，都是不妥的，因为这些术语指称的事物对这些基本元素来说是不同的、外在的，正是由于这个原因，基本元素是不可解释的、不可知的。你还记得吗？

---

① 在本篇 204b 处。

泰　我记得。

苏　【d】说它是一个统一体，不可分为部分，不也就是这个原因吗？我本人看不出还有其他什么原因。

泰　没有，确实没有其他原因。

苏　但这样一来，复合物不也成了和元素同一类的事物，因为它既没有部分，又不是一个统一体？

泰　对，它肯定有部分。

苏　嗯，好吧，要是复合物既是许多元素，又是一个整体，以元素作为它的组成部分，那么复合物和元素同样能够被认识和表达，因为所有部分都变成了和整体相同的事物。

泰　【e】对，确实如此。

苏　另一方面，要是复合物是个单一体，没有组成部分，那么复合体和元素同样都是不可解释的和不可知的——相同的原因使它们出现这种情况。

泰　我无法加以驳斥。

苏　那么，要是有谁试图告诉我们，复合物能够被认识和被表达，与此相对的元素也一样，那么我们最好不要听他的。

泰　对，我们最好不要听他的，要是我们坚持这个论证。

苏　【206】还有，你自己学习阅读和书写的体会岂不让你更容易相信提出相反观点的人？

泰　你指的是什么体会？

苏　我指的是，当你在学习的时候，你只是在不断地努力通过眼睛和耳朵辨认字母，把它们每一个都独立分辨出来，以免在书写和讲话时让字母所处的不同位置把你搞糊涂了。

泰　你说得很对。

苏　在音乐教师那里，最有造诣的学生不就是那个能精确识别每一个音符，并说出它们出自哪根弦的人吗【b】——而人们一般都承认，音符是音乐的元素？

泰　完全正确。

苏　那么，要是从我们自己熟悉的元素和复合体出发，进而推广到其他事物，那么我们会说元素可以被更加清楚地认识，对于掌握任何一门学问而言，有关元素的知识比有关复合体的知识更加重要。如果有人坚持复合体本性上是可知的，而元素本性上是不可知的，那么我们都会认为他在开玩笑，无论他是有意的还是无意的。

泰　噢，确实是这样的。

苏　【c】我想，要证明这一点也还有其他方式。但是我们一定不能让它们把我们的注意力引向别处，乃至于忘了当前的问题。我们想要弄明白，真判断加上解释就成了圆满的知识，这样说究竟是什么意思。

泰　嗯，是的，我们一定要弄明白。

苏　那就来吧！"解释"这个术语究竟是什么意思？我想必定是下面三个意思中的一个。

泰　哪三个意思？

苏　【d】第一个会是，通过由动词和名词组成的语音来显示人的思想——一个人把他的判断的影像投射到口中发出的气流中，就像镜中或水中的倒影。你认为这种东西是解释吗？

泰　是的。至少，这样做的人在做解释。

苏　但这不是每个人或多或少或迟或早都能做的事情吗——我的意思是，把他对一个事物的想法表达出来，只要他不是天生的聋子和哑巴？这样的话，无论谁有了正确的判断，都会变为有了"对它的解释"，【e】而没有知识的正确判断在任何地方都找不到。

泰　对。

苏　嗯，我们也一定不要过于轻率地指责我们面前这位知识定义的作者是在胡说。这可能并非他的本意。【207】他的本意可能是，当被问及一个事物是什么的时候，能用它的元素来回答这个问题。

泰　能举个例子吗，苏格拉底？

苏 比如，赫西奥德在谈到马车的时候就是这么办的，他说："马车有上百块木头。"①我不能叫出每块木头的名称，我想你可能也做不到。但若有人问什么是车，要是我们能回答，"车轮、车轴、车身、车厢、车轭"，也就差强人意了。

泰 确实如此。

苏 但是他可能会认为我们很可笑，就好像有人问我们你的名字是什么，而我们用那些音节来回答。【b】因为尽管我们的判断和表达可以是正确的，但若我们自以为就是文法家，能像文法家那样给泰阿泰德的名字提供一个解释，那么在这种情况下，他会认为我们是可笑的。而事实上，无人能够用知识为一个事物提供解释，直到加上他的真判断，正确地说出事物的各一个元素——我想我们在前面说过这一点。②

泰 对，我们说过。

苏 在马车这个例子中，以同样的方式，他会说我们确实拥有正确的判断，【c】而那位能够通过上百个部件而详细阐述马车本质的人为他的正确判断添加了一个解释。就是这个人，从仅仅是判断进到关于马车的本质的专门知识，诉诸于马车的元素，达到了对马车整体的认识。

泰 你不认为这种观点很全面吗，苏格拉底？

苏 嗯，要是你觉得它很全面，把你的想法告诉我。告诉我你是否打算接受这种观点，解释就是把一个事物的各个元素说出来，而指出一个事物是复合物或更大的单位仍旧缺乏解释。【d】然后我们可以再来讨论。

泰 我肯定打算接受它。

苏 还有，对同一个事物，当一个人时而相信它属于这个事物，时而相信它属于另一个事物，或者说，他时而判断这个事物、时而判断另一个事物属于同一个事物，那么你认为他对于任何一个事物有知识吗？

---

① 赫西奥德：《工作与时日》456。
② 参见本篇201e。

泰　不，我确实不这么认为。

苏　那么你忘了，当你学习阅读和书写的时候，你和其他孩子不就是这么做的吗？

泰　【e】你的意思是，我们时而认为一个字母，时而认为另一个字母属于同一个音节，或者把同一个字母时而放入一个恰当的音节，时而放入另一个音节？

苏　这正是我的意思。

泰　那么我肯定没有忘记，我也不认为可以说处在这个阶段的人是有知识的。

苏　好，假定有个人处于这个阶段，他在写"泰阿泰德"（ΘΕΑΙΤΗΤΟΣ）这个名字；他认为他应该写 ΘΕ，而且这样写了。【208】然后假定在别的时候，他试着写"塞奥多洛"（ΘΕΟΔΩΡΟΣ），这一次他认为应该写 ΤΕ，而且就这么写了。我们要说他认识你们名字的第一个音节吗？

泰　不。我们已经承认，处于这个阶段的任何人还没有知识。

苏　有任何事情阻碍同一个人在涉及第二个、第三个、第四个音节的时候处于相同状况吗？

泰　不，没有。

苏　嗯，在他写"泰阿泰德"的时候，不仅带着正确的判断，而且把握了贯穿字母的路径，所以无论什么时候，他都会按序书写这些字母。

泰　对，这很清楚。

苏　【b】尽管带着正确的判断，但仍旧没有知识——这是我们的观点吗？

泰　是的。

苏　然而，在拥有正确判断之余，他还拥有解释。你瞧，他掌握了贯穿字母的路径，而我们同意这就是解释。

泰　对。

苏　所以，我的朋友，我们有了一种带着解释的正确判断，然而它还不能被称做知识。

泰　恐怕是这样的。

苏　所以，我们以为自己已经找到了关于知识的最正确的解释，但实际上只不过是黄粱美梦。或者说，我们指控得太早了？【c】也许这并非"解释"的意思。我们说过，把知识定义为带解释的正确判断的人会在"解释"的三种意思中选一种。也许最后这种意思才是他的选择。

泰　你提醒得对。还剩下一种可能性。第一种意思是，思想在语音中的影像；我们刚才讨论的是第二种，贯通各元素而达到整体的路径。现在，你提议的第三种是什么？

苏　就是许多人都会说的那个意思，也就是能够说出所问的事物区别于其他所有事物的标志。

泰　你能举个例子来说明这种对事物的解释吗？

苏　【d】嗯，要是你喜欢，就以太阳为例。我想你会对这个解释感到满意的，它是环绕大地的天体中最明亮的。

泰　噢，对，相当好。

苏　现在我想要你把握这种解释的要点。也就是我们刚才说的，要是你把握了一个事物与其他所有事物的差别，那么如某些人所说，你就拥有了对它的一个解释；但若你只是确定了该事物与其他所有事物的共同点，那么你的解释就成了对具有这个共同点的所有事物的解释了。

泰　【e】我明白了，我认为这种东西可以很好地被称做解释。

苏　还有，要是一个人拥有对任一事物的正确判断，此外又把握了该事物与其他一切事物的差别，那么他就成了这个事物的认识者，而在此之前他是一个判断者。

泰　不管怎么说，这是我们现在的主张。

苏　嗯，泰阿泰德，现在，想到我们的论述，我就像一个人在观看一幅布景画，当我靠近它的时候，我根本看不懂，而当我往后退的时候，它好像还有点儿意思。

泰 怎么会这样呢？

苏 【209】我来看是否能做些解释。假定我对你形成了一个正确的判断，再加上关于你的一个解释，那么我认识你。否则的话，我只是在判断你。

泰 是的。

苏 解释就是揭示你和其他所有事物之间的差异。

泰 是这样的。

苏 所以，当我只是在下判断的时候，我的思想不能把握你和其他所有人之间的差异。

泰 显然不能。

苏 我心里拥有的好像是某些共同特点——它并不更加属于你而不属于其他人。

泰 【b】必定如此。

苏 那么告诉我，宙斯在上，要是事情是这样的话，我判断的对象怎么能够更加是你而不是其他人？假定我这样想，"这是泰阿泰德，他是一个人，有鼻子、眼睛和嘴巴"，就这么讲下去，把身体的每一个肢体全都说出来。这样想就能使我认为这是泰阿泰德，而不是塞奥多洛或如常言所说的"最微不足道的密细亚①人"吗？

泰 怎么会呢？

苏 但是，假定我不仅想"一个有鼻子有眼睛的人"，而且还想"一个塌鼻暴睛的人"。【c】这样我就能更加判断这是你，而不是我和其他塌鼻暴睛的人吗？

泰 根本不能。

苏 我想，除非你的塌鼻子特征在我心里留下记忆，与我以往所见的塌鼻子有差异，而且你之所以成为你的其他特征亦如此，否则我心里的判断不

---

① 密细亚（Μυία），地名，小亚细亚西北部的一个地区。传说那里的人特别羸弱，微不足道。

会是你泰阿泰德。要是我明天碰到你，这个记忆会提醒我，让我能对你正确地下判断。

泰　完全正确。

苏　【d】所以，正确的判断也必须涉及事物的差异。

泰　显然如此。

苏　那么，这个"把一个解释添加到正确判断上去"还会是什么呢？一方面，如果它的意思是我们必须做出另一个判断，通过添加某个事物与其他事物之间差异的方式，那么这样的要求是非常荒谬的。

泰　怎么会？

苏　因为我们对一个事物与其他事物之间的差异已经有了一个正确的判断，然后又要求我们添加一个关于它与其他事物之间差异的方式。【e】比起这种绕圈子，在密码棒①上绕带子或者用磨盘碾东西都不算什么了；称之为"盲人给盲人指路"可能更为恰当。要我们加上我们已经拥有的东西，以便认识我们已经下了判断的东西，这太像被蒙上眼睛的人的行为了。

泰　那么，另一方面呢？你刚才提问时还想说什么？

苏　嗯，要是"添加解释"的意思是要求我们去认识差异，而不仅仅是对事物下判断，那么我们对知识的这个美妙解释就变得太有趣了。因为认识当然就是"获得知识"，不对吗？

泰　对。

苏　【210】所以，对"什么是知识"这个问题的回答会是"正确的判断伴以有关差异性的知识"——因为这就是要我们用"添加解释"来理解的意思。

泰　显然如此。

苏　当我们试图发现什么是知识的时候，有人告诉我们说，它就是正确的判断伴以有关差异性的知识，或者别的什么知识，这样说岂不是太愚蠢

<hr>

①　密码棒（σκυτάλη），古希腊人在木棍上绕上皮带之类的东西，然后在上面书写机密内容，接受者需要用一个相同尺寸的木棒将密码条绕在上面进行解读。

了？所以，泰阿泰德，知识既不是感觉，也不是真实的判断，【b】更不是真实的判断加解释。

泰　好像不是。

苏　好吧，我的孩子，关于知识，我们还处在怀孕和待产期吗？或者说，我们已经把它们都生下来了？

泰　宙斯在上，对我来说，苏格拉底，你使我说出来的东西远远多于我本来拥有的东西。

苏　那么好，我们的产婆技艺会告诉我们，所有这些产物都是风卵，不值得养育吗？

泰　确定无疑。

苏　所以，泰阿泰德，假定你以后应当尝试怀孕，【c】或者说应当成功地孕育其他理论，那么作为这个探究的结果，它们都会比较好。但若你仍然不育，你也会对你的同伴少一些粗暴，多一些温和，因为你有了自知之明，不会认为自己认识自己不认识的东西。我的技艺所能做到的就这些了，再没有别的了。我不认识其他人——当今和以往那些伟大而又神奇的人——认识的任何事物。但是我母亲和我的这种产婆的技艺是上天所赐，她给妇女接生，【d】我给年轻、高尚的男子接生，他们全都是美的。

现在，我必须去王宫柱廊了，应付美勒托①对我的指控。不过，让我们明天早晨再到这里来相聚，塞奥多洛。

---

① 美勒托（Μέλητος），人名，苏格拉底的指控者。参见《申辩篇》。

巴门尼德篇

提　要

　　本篇属于柏拉图后期对话，以主要谈话人巴门尼德的名字命名。公元1世纪的塞拉绪罗在编定柏拉图作品篇目时，将本篇列为第三组四联剧的第一篇，称其性质是"逻辑性的"，称其主题是"论型相"。[①] 谈话篇幅不长，译成中文约3.3万字。

　　本篇在对话形式上采用三重转述，即由凯发卢斯转述安提丰的讲述，而安提丰的讲述内容又是从皮索多鲁那里听来的。柏拉图以这种方式表示巴门尼德、芝诺和苏格拉底之间的谈话发生在几十年以前。当时巴门尼德已是65岁左右的老人，芝诺大约40岁，正当壮年，而苏格拉底还是个年轻人。(127b)学者们一般否认这场会晤和谈话的真实性，认定它是柏拉图创作的产物。在柏拉图的早期和中期对话中，苏格拉底是主要发言人，主导谈话，而在本篇中，巴门尼德取代了苏格拉底的地位，主导了这场谈话。

　　本篇基本结构如下：

　　绪言（126a—127e），交代对话背景，提到巴门尼德、芝诺和苏格拉底在雅典相遇，进行了一场谈话。

　　第一部分（127e—136e），谈话人巴门尼德批评少年苏格拉底的型相论。

---

　　① 参见第欧根尼·拉尔修：《名哲言行录》3：58。

"型相"是柏拉图哲学的核心概念。少年苏格拉底认为型相凭其自身而存在，具体事物由于分有型相而与型相持有同样的名称，型相和同名的具体事物的关系是对立和分离的。巴门尼德详细询问少年苏格拉底哪类事物有型相，哪类事物没有型相？少年苏格拉底回答：他承认"相似"、"一"、"正义"、"善"这些类别的事物有型相；他无法确定"人"、"火"这类事物有没有型相；他否认"头发"、"泥土"、"污垢"这样的事物有型相。巴门尼德分析了这种"型相论"将会遇到的种种不可克服的困难，要求少年苏格拉底改变研究方式，一方面坚持型相的存在而非否定型相，另一方面接受思想训练，拯救这种理论。

第二部分（136e—166c），巴门尼德为众人进行演示，引导他人进行思想训练。在这一过程中，探讨了大量的哲学范畴，进行逻辑推论。巴门尼德演示的时候，由阿里斯多特勒做简短回应。巴门尼德演示的八组假设如下：第一组（137d），前提"如果一是"（如果一是一），推论一会如何；第二组（142c），前提"如果一是"（如果一分有是），推论一会如何；第三组（157b），前提"如果一是"（如果一和是结合），推论其他会如何；第四组（159b），前提"如果一是"（如果一分有是），推论其他会如何；第五组（160b），前提"如果一不是"（如果一相对不是一，是异于其他的），推论会有什么结果；第六组（163c），前提"如果一不是"（如果一绝对不是一），推论会有什么结果；第七组（164b），前提"如果一不是"（如果一相对不是一），推论会有什么结果；第八组（165e），前提"如果一不是"（如果一绝对不是一），推论会有什么结果。

陈康先生指出："柏拉图的著作几乎每篇都是一个谜，而《巴曼尼得斯篇》是所有谜中最大的一个。"[①] 本文翻译和理解的难点在于对希腊词 εἰμί 及其派生词和词组的理解。εἰμί 这个词是多义词，笔者主张对这些词进行语境

---

① 陈康译注：《柏拉图〈巴曼尼得斯篇〉》，商务印书馆 1982 年版，第 7 页。

化的相关处理。^①ἐστί 是 εἰμί 的第三人称单数，本文一般译为"它是"或"它在"；εἶναι 是 εἰμί 的动词不定式，一般译为"是"或"在"；ὄν 是 εἰμί 的分词，加上冠词 το，一般译为"是者"或"在者"。Ουσία 是一个与 εἰμί 关系密切的词，本文译为"实在"。

正 文

谈话人：凯发卢斯

【126】从克拉佐门尼^②离家以后，我们抵达雅典，在广场上遇到阿狄曼图^③和格老孔^④。阿狄曼图拉着我的手说："欢迎你，凯发卢斯^⑤！要是有什么事需要我们帮忙，请你跟我们讲。"

"实际上，我正是为此而来。"我答道："要请你们帮忙。"

"告诉我们你需要什么。"他说。

【b】我答道："你的同母异父的兄弟——他叫什么名字？我忘了。我上次从克拉佐门尼来这里的时候，他还是个孩子——那是很久以前的事了。我记得他父亲的名字叫皮里兰佩^⑥。"

"是的，没错，"他说。

"他的名字呢？"

"安提丰^⑦。但你干嘛要问这些事？"

"这些人是我的同胞公民，"我说："热心的哲学家，他们听说这位安提

---

① 参见拙著：《跨文化视野下的希腊形上学反思》，人民出版社 2014 年版。

② 克拉佐门尼（Κλαζομένιος），地名，希腊伊奥尼亚地区的一个城邦。

③ 阿狄曼图（Αδείμαντος），阿里斯通之子，柏拉图的兄弟。

④ 格老孔（Γλαύκων），阿里斯通之子，柏拉图的兄弟。

⑤ 凯发卢斯（Κεφάλους），人名。

⑥ 皮里兰佩（Πυριλαμπους），柏拉图的继父，雅典民主派政治家伯里克利的支持者。柏拉图的生父去世后，他的母亲改嫁给他的堂叔皮里兰佩。

⑦ 安提丰（Αντιφων），柏拉图同母异父的兄弟。

丰经常和芝诺①的一位朋友、一个名叫皮索多鲁②的人来往，【c】能够凭记忆复述当年苏格拉底、芝诺、巴门尼德之间的一场讨论，因为安提丰经常听皮索多鲁讲起这件事。"

"没错。"他说。

"嗯，我们想听这场讨论。"我答道。

"这一点儿也不难。"他说："安提丰年轻时就把它背熟了，尽管这些日子，像他那同名祖父一样，他把大部分时间花在马匹身上。如果这就是你们想要得到的帮助，那就让我们去他家。他刚离开这里回家，不过他住得很近，就在梅利特③。"

【127】这番寒暄之后，我们就去了他家，发现安提丰正在家里，交代铜匠打造一种马嚼。等他和铜匠把事情谈完，他的兄弟就把我们的来意告诉他，而他竟然还能认出我来，跟我打招呼，记起我上次的来访。我们请他复述那场讨论，他起初有些犹豫——他说，这不是一件容易的事。不过，到了最后，他还是详细地复述了整场讨论。

安提丰说，他听皮索多鲁说，芝诺和巴门尼德曾经来参加泛雅典娜大节④。【b】巴门尼德那个时候已经相当老了，头发花白，但是相貌堂堂，大约 65 岁。芝诺当时接近 40 岁，身材高挑，相貌俊美，如传言所说，当他还是个孩子的时候，就是巴门尼德钟爱的对象。【c】安提丰说，他们俩和皮索多鲁待在一起，就在城墙外的凯拉米库⑤，而苏格拉底和其他一些人也过来了，因为他们渴望聆听芝诺宣读他的文章⑥，这篇文章是他和巴门尼德头

---

① 芝诺（Ζήνω），公元前 5 世纪爱利亚学派哲学家。
② 皮索多鲁（Πυθοδώρυς），芝诺的学生，后来成为一名智者，并负有盛名。
③ 梅利特（Μελίτη），地名，雅典城西的一个地方。
④ 泛雅典娜大节（Παναθήναια），全希腊性质的节庆，各城邦都会派人来参加，祭祀雅典保护神雅典娜。
⑤ 凯拉米库（Κεραμεικώς），地名，雅典城西北的陶器市场，一部分在城墙外，一部分在城墙里。
⑥ 文章（γράμμα），亦译"书"、"书卷"、"抄本"。

一次带到雅典来的。苏格拉底那个时候还很年轻。

芝诺本人为他们朗读文章，而巴门尼德正巧出去了。【d】如皮索多鲁所说，当他自己从外面进来的时候，文章已经快要念完了，和他一起进来的有巴门尼德和后来成为"三十僭主"之一的阿里斯多特勒①。他们只听了文章的最后一小部分。但皮索多鲁本人不是这样，他以前就听芝诺朗读过整篇文章。

听了朗读，苏格拉底请芝诺把第一个论证中的第一个假设再念一遍，【e】芝诺照办了。苏格拉底说："芝诺，你这样说是什么意思：假定事物②是多③，那么它们必定既相似④又不相似⑤。但这是不可能的，因为不相似的事物不会相似，相似的事物也不会不相似？这就是你说的，不是吗？"

"是的。"芝诺说。

"假定不相似的事物不会相似，或相似的事物不会不相似，那么事物是多不也是不可能的吗？这是因为，要是它们是多，它们就会拥有不相容的属性。这是你的论证要点吗——想要坚持事物不是多，反对一切与之相反的成见？你假定你的每一个论证都是这种立场的证明，所以你认为你提出了许多事物不是多的证明，如你文章中所说的那样，是吗？【128】这是你的意思吗，或者说是我误解了你的意思？"

"不，"芝诺答道："正好相反，你极好地掌握了这篇文章的要旨。"

"巴门尼德，"苏格拉底说："我明白芝诺想要和你保持亲密关系，不仅在友谊中，而且在他的文章里。他以某种方式写了一些和你观点相同的东西，但形式上做了一些改变，以此哄骗我们，让我们误以为他说了某些不同

---

① 阿里斯多特勒（Ἀριστοτέλης），人名。公元前403年，雅典民主政制被推翻，由"三十人委员会"掌权，施行暴政，史称"三十僭主"，阿里斯多特勒是该委员会的成员。为区别于后来的大哲学家亚里士多德，中译名译为阿里斯多特勒。

② 事物（τὰ ὄντα），复数，亦译存在物、东西、万有。

③ 多（πολλά），亦译好多、许多、杂多、众多。

④ 相似（ὅμοιά），亦译相像。

⑤ 不相似（ἀνόμοια），亦译不像、不似。

的事情。【b】你在你的诗歌中断言'宇宙是一'①，并且对此做了卓越的证明。所以你们俩一个说'一'，另一个说'非多'，你们各自用这样的方式来讲话，表明你们所说的不一样——尽管你们的实际意思相同——你们的讲话好像超出了我们这些常人所能理解的范围。"

"你说得对，苏格拉底。"芝诺说："但你并没有完全察觉我的文章的真意，尽管你机灵得就像一只斯巴达猎犬，寻找和跟踪文章中的论证的线索。【c】有一点你从一开始就疏忽了。这篇作品并不像你所说的那样想要存心欺骗公众，好像欺骗是一件值得骄傲的事情似的。你指出的这些事情都不是主要的。实际上，这篇文章要为巴门尼德的论证辩护，反对那些试图取笑他的论证的人，【d】他们说，要是设定'宇宙是一'，就会推导出许多谬误和自相矛盾的结论。因此，我的文章旨在驳斥那些肯定多的人，把他们的攻击还置其身，通过彻底考察，揭示从他们那个'宇宙是多'的前提中推导出来的更加可笑的结论。这篇文章是我年轻时写的，充满好胜心。有些人未经我的允许就传抄我的文章，所以我甚至没有机会考虑要不要把它公诸于世。【e】所以，苏格拉底，在这个方面你搞错了，你以为它不是一个年轻人的好胜心的产物，而是出自一个成年人空洞的荣耀感。还有，如我所说，你的描述还是相当不错的。"

"我接受你的看法。"苏格拉底说："我相信事情就像你说的这样。【129】但是请你告诉我，你不承认有一个凭自身存在的名为'相似'的型相②和有另一个与之相反的、名为'不相似'的型相吗？你和我，以及其他被我们称

---

① 宇宙是一（ἐν εἶναι τὸ πᾶν）。"τὸ πᾶν"的意思是宇宙、万有、一切事物、所有存在物。"ἐν"的意思是一（数字）、元一、单一、同一、合一、统一。陈康先生将巴门尼德的这个命题译为"一切是一"，但又指出巴门尼德的核心命题是"万有是一"。巴门尼德主要在与"多"相对的意义上使用"一"。巴门尼德残篇说："存在还是不可分的，因为它是完全一样的，它不会这里多些，那里少些，因而妨碍存在联系在一起，倒不如说存在是充满的、连续的，存在和存在是紧紧相连的。"（DK28B8，22—25）

② 型相（εἶδος，复数 εἴδη），柏拉图哲学的核心概念。该词的中译名有理型、埃提、理念、观念、概念、形、相、形式、意式、通式、原型、理式、范型、模式、榜样、模型、式样，等等。本文通译为"型相"。

为多的事物，不分有^①这两个实在吗？凡是分有相似这个型相的事物，在这个方面并在其分有的范围内，就变成相似的，凡是分有不相似这个型相的事物就变成不相似的，而那些分有这两个型相的事物就成为既相似又不相似，不是吗？哪怕所有事物都分有这两个型相，尽管它们是对立的，并且由于分有它们而变得既相似又不相似，那又有什么可感到奇怪的呢？

【b】"如果有人说明相似者本身变得不相似或变得不相似的相似，我想，那才是一件咄咄怪事；但若他指出分有这两个型相的事物同时具有这两种性质，那么，芝诺，我感到这没什么可奇怪的，更不必说要是有人说明所有事物由于分有一而是一，同样的事物由于分有多而是多了。【c】如果他想要证明，这个事物本身，是一的这个东西，是多或者正好相反，证明多本身是一，那么我倒要开始感到奇怪了。

"在其他情况下也一样，如果他能说明种^②和型相本身在它们自身中具有这些相反的性质，那么就有理由表示惊讶。但若有人要证明我既是一又是多，那又有什么可惊讶的呢？他会说，当他想要说明我是多的时候，他可以说我的右侧和我的左侧不同，我的前身与我的后背不同，我的上身和我的下身不同，因为我确实分有多。【d】当他想要证明我是一的时候，他会说我是我们这七个人中的一个，因为我也分有一。就这样，他说明这两种情况都是对的。

"所以，论及木棍、石头这样的事物，如果有人试图说明同一个事物既是一又是多，我们会说他正在证明某个事物既是一又是多，而不是在证明一是多或多是一，我们会说他说的事情没什么可奇怪的，而是我们全都会同意的。但若有人首先按照型相本身来区别型相，如我刚才所说，比如相似和不相似、【e】多和一、静止和运动，等等，然后说明这些型相本身可以相互结合或分离^③，那么，我会说，芝诺，这件事太惊人了。我认为你已经在你的

_____

① 分有（μεθέξις）。
② 种（γένος）。
③ 分离（χωρισμός）。

文章中非常有力地处理了这些问题，但是如我所说，要是有人能够像你和巴门尼德一样克服困难，在可见事物中解决这个令人困惑的问题，【130】也能展示这些型相本身以多种方式相互纠缠在一起，那么我一定会留下更加深刻的印象，这些事情都需要用理智来把握。"

皮索多鲁说，当苏格拉底在那里高谈阔论的时候，他时不时地在提防巴门尼德和芝诺被激怒，然而他们俩却听得非常仔细，不断地相互交换眼神，会心地微笑，就好像他们还蛮佩服他的。实际上，巴门尼德在苏格拉底讲完以后说的话就确认了这一点。"苏格拉底，"他说：【b】"你对讨论的热情令人钦佩！你自己就以你提到的方式区分了某些型相本身和分有这些型相的事物，是吗？你认为相似本身是某个东西，与我们拥有的相似性是分离的吗？还有一与多，以及你刚才在芝诺宣读文章时听到的所有东西？"

"我确实作了区分。"苏格拉底答道。

"那么这些东西如何？"巴门尼德问道："有一个凭自身存在的'正义'的型相、'美'的型相、'善'的型相，以及所有诸如此类的东西吗？"

"有。"他说。

【c】"有一个'人'的型相吗，它与我们以及其他所有人分离？有一个'人'的型相本身吗，或者'火'的型相、'水'的型相？"

苏格拉底说："巴门尼德，对这些东西我经常感到困惑，我不知道该用和其他型相相同的方式还是不同的方式谈论这些东西。"

"这些东西如何，苏格拉底？说头发、泥土、污垢，或其他微不足道、卑贱的事物也有型相，会被认为是荒谬的吗？【d】你是否应当说一个型相与其他每一个型相是分离的，型相是我们用手可以把握的事物之外的东西，对此你感到困惑吗？"

"我一点儿也不困惑。"苏格拉底答道："正好相反，这些东西实际上就是我们看见的东西。假定这样的东西也有型相，确实太古怪了。想到同样的道理应当适用于所有事例，我经常感到不安。所以，每当我想到这一点，我就后退，害怕失足掉进愚昧的无底深渊，受到伤害；然而，当我一回想我们刚才同意说有型相的时候，我就在那里徘徊和思考。"

【e】"那是因为你还太年轻，苏格拉底，"巴门尼德说："还没有掌握哲学，但我相信，你将来会掌握的，到那时你就不会思考你注意到的这些事情了。而现在，由于年轻，你还需在意其他人的想法"。

"不过，告诉我，如你所说，有某些型相，其他事物通过分有它们而获得它们的名称，【131】比如，事物由于分有一份相似性而成为相似的，分有一份大性而成为大的，分有一份正义性和美性而成为正义的和美的，这是你的看法吗？"

"确实是。"苏格拉底答道。

"那么，每个事物分有的是整个型相还是型相的一部分？或者说，除了这两种，还有别的分有方式吗？"

"怎么还会有别的方式？"他说。

"那么，你认为，作为整体的型相——一个东西——处于多个事物中的每一个事物中吗？或者说，你是怎么想的？"

"有什么事情会阻止型相是一吗，巴门尼德？"苏格拉底说。

【b】"那么，自身既是一又是相同，它会同时作为一个整体处于多个分离的事物之中，但这样一来，它就会与它自身分离。"

"不，不会的。"苏格拉底说："哪怕在同一天，像一这样的东西也不会这样。它同时处于许多地方，但决不会与自身分离。如果是这样的话，每一型相可以在相同的时间里，在所有事物中，既是一又是相同。"

"苏格拉底，"他说："太妙了，你使同一事物同时处于许多地方！就好像你用一张帆去覆盖许多人，然后说作为整体的一个事物覆盖了多个事物。或者说，这不是你的意思？"

"也许是吧。"他答道。

【c】"在这个事例中，是作为整体的这张帆覆盖了每一个人，还是帆的一部分覆盖一个人，帆的另一部分覆盖另一个人？"

"部分。"

"所以，型相本身是可分的，苏格拉底。"他说："分有型相的事物分有一部分型相，处于每个事物中的不再是整个型相，而只是它的一部分。"

"好像是这样的。"

"那么，苏格拉底，你愿意说我们的型相确实是可分的吗？它还仍旧是一吗？"

"肯定不是。"他答道。

"你说得对。"巴门尼德说："假定你要分割大本身。【d】如果许多大的事物由于分有了一部分大而比大本身小，这样说难道合理吗？"

"确实不合理。"他答道。

"下面这一点如何？当相等的部分小于相等本身时，得到相等的一小部分的每个事物变得与其他任何事物相等吗？"

"这是不可能的。"

"嗯，假定我们中的一个人拥有了小的一部分。这个小本身大于小的这个部分，由于这个部分是小的一部分；所以小本身就是较大的了！【e】但是任何一个减去一部分的事物都会变得比以前小，而不是大。"

"这种事肯定不会发生。"他说。

"那么，苏格拉底，要是其他事物既不可能得到一部分型相，又不可能得到整个型相，那么它们以什么方式来分有你的型相呢？"

"宙斯在上！"苏格拉底喊道："要确定这一点决非易事！"

"下面这个问题你怎么想？"

"什么问题？"

【132】"我假定你基于下述理由认为每个型相是一：有一定数量的事物在你看来是大的，也可能它们都具有某一种性质，你在看它们的时候它们全都是大的，因此你就得出大是一这个结论。"

"没错。"他说。

"大本身和其他那些大的事物怎么样？假定你用心灵的眼睛以同样的方式看它们全部，岂不又会由于某一个事物显得大，而其他所有事物也都显得大吗?"

"好像是这样的。"

"所以,另一个与大本身和分有大的事物一道产生的大的型相会显现,并且覆盖所有这些东西,【b】由此这些东西也都会是大的。这样一来,你的每一个型相都不再是一,而是无限的多。"

"但是,巴门尼德,这些型相中的每一个也许是一个思想。"苏格拉底说:"只恰当地出现在心灵中。以这种方式它们中的每一个都是一,也不再面临刚才提到的这些困难。"

"你这是什么意思?"他问道:"每个思想都是一,但却是没有对象的思想吗?"

"不,这是不可能的。"他说。

"倒不如说,它是对某个事物的思想?"

"对。"

【c】"它是对某个存在的事物的思想,还是对某个不存在的事物的思想?"

"它是对某个存在的事物的思想。"

"它不是对这样一个事物的思想吗,认为这个事物覆盖所有具有某种性质的事例?"

"是的。"

"那么这个被认为是一、在所有例证中保持相同的事物不就是一的型相吗?"

"这也好像是必然的。"

"下面这一点如何?"巴门尼德说:"既然你宣称其他事物分有型相,那么你不是也必定认为,要么每一个事物都是由思想组成的,一切事物皆思,要么认为,尽管它们是思想,它们却不思?"

"这也是不合理的,巴门尼德。"他说:"不,事情在我看来最有可能是这样的:【d】这些型相就好像是在自然中确立的类型,其他事物与型相相似,型相与事物是相似的;所谓其他事物对型相的分有无非就是按照型相塑造事物。"

"如果某个事物与型相相似。"他说："按照型相塑造出来的这个事物，就其是一个按照型相塑造出来的事物而言，它能与型相不相似吗？或者说，某个相似的事物能以某种方式和与它不相似的事物相似吗？"

"没有办法。"

【e】"相似的事物不是必定要与那个和它相似的事物分有同一个型相吗？"

"对。"

"但若相似的事物通过分有某个东西而相似，这个东西不就是型相本身吗？"

"毫无疑问。"

"然而，没有任何事物可以和型相相似，型相也不能和其他事物相似。否则，就会有另一个型相随之出现；【133】要是这个型相和任何事物相似，又会有另一个型相出现；要是这个型相被证明和分有它的事物相似，新型相的产生决不会停止。"

"你说得很对。"

"所以，其他事物不能通过相似而分有型相，我们必须寻找它们分有型相的其他方式。"

"好像是这样的。"

"那么，你明白了吗，苏格拉底。"他说："要是一个人把一些东西标定为自在的型相，这样做会有多么大的困难？"

"我很清楚。"

"我向你保证。"他说："你还没有明白这个困难有多大，要是我可以这样说的话，【b】如果你要为你所区分出来的每一类事物建立一个型相。"

"怎么会这样呢？"他问道。

"原因很多。"巴门尼德说："但主要原因是：假定有人会说，如果这些型相就像我们说的这个样子，那么它们不可能被认识。要是有人提出这种反对意见，你不可能对他说他错了，除非这名反对者正好经验丰富、禀赋极强，愿意聆听你的看法，让你努力把方方面面的考虑告诉他。否则的话，这个坚持型相不可认识的人是不会信服的。"

【c】"为什么会这样，巴门尼德？"苏格拉底问道。

"因为我想，你苏格拉底和其他任何肯定每个事物仅凭自身而存在的人，一开始都会同意这些存在的事物没有一个在我们身上。"

"对，它怎么能够仅凭自身而存在呢？"

"很好。"巴门尼德说："所以，所有存在的性质都处于它们之间的相互关系中，而非处于和属于我们的事物的关系中。【d】一个人无论把后者确定为相似或者以别的什么方式通过对它们的分有，才会用它们的各种名称来称呼我们。这些属于我们的东西，尽管它们与型相同名，但处于它们与它们自身的关系中，而不处于它们与型相的关系中；以这样的方式，所有这样命名的事物都是它们自身的东西，而不是型相的东西。"

"你这是什么意思？"苏格拉底问道。

"举个例子吧。"巴门尼德说："假定我们中间有一个人是某人的主人，或者是某人的奴隶，他肯定不是主人本身（主人的型相）的奴隶，【e】这个主人也不是奴隶本身（奴隶的型相）的主人。正好相反，作为一个人，他是一个人的主人或奴隶。另一方面，主人本身就是奴隶本身的主人，奴隶本身也同样就是主人本身的奴隶。在我们中间的事物就其对型相的关系而言没有能力，型相就其对我们的关系而言也没有能力；但是我要再重复一下，型相是它们自己的型相，与它们自己有关系，【134】而属于我们的事物，也以同样的方式，与它们自己有关系。你确实明白我的意思了吗？"

"当然，"苏格拉底说："我明白了。"

"所以，"他说："知识本身（是知识的那个东西）就是关于真相本身（是真相的那个东西）的知识吗？"

"确实如此。"

"还有，每个具体知识（是什么的那个东西）就是关于某个具体事物（那个存在的东西）的知识。不是这样吗？"

"是的。"

"然而，属于我们的知识不就是属于我们这个世界的真相的知识吗？接下去，属于我们的每个具体知识，【b】不就是关于我们这个世界中的某个具体事物的知识吗？"

"必定是。"

"但是，你同意我们并不拥有型相本身，它们也不能属于我们。"

"对，你说得很对。"

"还有，种本身（它们各自所是的那个东西）肯定可以通过知识的型相本身来认识吗？"

"是的。"

"而这样东西我们并不拥有。"

"我们不拥有。"

"所以，没有一个型相能被我们认识，因为我们并不分有知识本身。"

"好像不分有。"

"那么，美本身（是美的那个东西）不能被我们认识，【c】善本身也不能被我们认识，任何我们具有它的某些特点的事物，它本身确实不能被我们认识。"

"恐怕是这样的。"

"还有比这更加可怕的事情。"

"什么事情？"

"你肯定会说，要是真的有知识本身，它会比属于我们的知识准确得多。对美或其他所有型相来说也一样。"

"是的。"

"嗯，其他无论什么事物分有了知识本身，你不会说是神，而不是其他任何人，拥有这种最准确的知识吗？"

"必定如此。"

【d】"告诉我，拥有知识本身的神能认识属于我们这个世界的事物吗？"

"为什么不能?"

"因为,苏格拉底,"巴门尼德说:"我们已经同意这些型相对我们这个世界的事物没有能力,我们这个世界上的事物和型相没有关系,但是每一个群体的事物在它们自己的关系中有它们的能力。"

"是的,我们确实同意过这些观点。"

"那么好吧,要是这种最精确的把握和最准确的知识属于神,那么众神的把握不会把握我们,它们的知识也不能认识我们或认识属于我们的任何事物。【e】不,正如我们不会用我们的统治权去统治它们,也不会用我们的知识去认识它们一样,所以出于同样的理由,作为众神,它们既不是我们的主人,也不认识人间的事务。"

"要是神的知识也被剥夺了,"他说:"我们的论证也许太古怪了。"

【135】"然而,苏格拉底啊,"巴门尼德说:"型相不可避免地会招来这些反对意见,以及其他一大堆不同的看法——要是事物有这样一些性质,有人把每一个型相作为'某事物本身'标定出来。由此带来这样的后果,无论谁听了这些看法都会感到困惑,都会反对这些没有的东西,哪怕这些东西确实有,它们对于人的本性来说必定是不可知的;还有,说这些话的时候,他似乎具有某个观点,但如我们所说,他的观点极难取胜。只有一位天资非凡的人才能认识到,【b】每个事物有它的种,凭其自身而存在;而只有一位更加惊人的天才能够发现它,并能把它教给另外一个人,这个人彻底克服了各种困难,也对自己进行批判。"

"我同意你的看法,巴门尼德,"苏格拉底说:"我确实也是这么想的。"

"然而,另一方面,苏格拉底,"巴门尼德说:"如果某个人注意到了我们刚才提到的种种困难和其他一些相似的困难,由此不允许有事物的型相,不为每一个事物标定型相,【c】那么他就无法在任何地方转变他的思想,因为他不允许每一个事物具有始终相同的性质。但这样一来,他的探讨的意义也就完全丧失了。对于这种后果,我想你不会不明白。"

"你说得对。"苏格拉底说。

"那么你会怎样研究哲学呢？不解决这些困难，你会转向哪里呢？"

"眼下我还看不到有什么出路。"

【d】"苏格拉底，"他说："这是因为你在接受恰当的训练之前，就匆匆忙忙地试图确定某个美的、正义的、善的事物，以及每一个型相。那天，我听到你和阿里斯多特勒在这里谈话。你提出这个论证的冲动是高尚的、神圣的，这一点没错。但由于你还年轻，需要退回去接受更多的训练，尽管有人认为这样做是无用的——大众称之为闲聊。否则的话，真理将逃避你。"

"训练会采用什么方式，巴门尼德？"他问道。

"就是你听芝诺宣读的那篇文章中的方式，"他说：【e】"只有一点例外，你刚才对他说的一句话给我留下深刻印象，你不允许他把考察的范围局限于可见的事物，观察它们在对立的两端之间漫步。你要求他也要观察其他那些人可以用理智来把握的事物，可以思考型相。"

"我是这么做了，"他说："因为我认为，在这个地方，在可见的事物中，要说明事物既相似又不相似，或者说明其他任何你喜欢说明的事物，并不难。"

"你说得很对，"他说："但你还必须做一件事：如果你想要得到更加充分的训练，【136】你一定不能只假设'如果它是'①，然后考察从中推论出来的结果；你还必须假设'如果它不是'②，这里的它指同一个事物。"

"此话怎讲？"他问道。

"要是你乐意，"巴门尼德说："让我们以芝诺喜欢的'如果它是多'③这个假设为例，由此进行的推论必定既涉及多本身与其自身的关系，又涉及多本身与一的关系，还涉及一与其本身的关系，以及涉及一与多的关系。【b】然后，你再假设'如果它是相似的'或者'如果它不是相似的'，你必须考察从每一个假设得出的推论，既涉及被假设的这些事物本身，也涉及其他事

---

① 如果它是 (εἰ ἔστιν)。
② 如果它不是 (εἰ μὴ ἔστιν)。
③ 如果它是多 (εἰ πολλά ἔστιν)。

物，既涉及它们与自身的关系，也涉及它们相互之间的关系。同样的方法也可用于不相似、运动、静止、生成、毁灭，以及在者①本身和非在者②。简言之，无论你假设任何事物在或不在，或拥有其他性质，【c】你必须考察从假设的前提中可以推出来的结论，既涉及被假设的事物与其自身的关系，也涉及它与其他每一个事物的关系，无论你选择的是什么事物，也以同样的方式涉及它与它们中的几个事物的关系，以及与它们全体的关系；然后，你必须考察其他事物，既要考察它们与其自身的关系，又要考察它们与你在每一场合选择的任何其他事物的关系，无论你把假设的东西设定为在者或非在者。在完成了你的训练以后，要是你想获得对真理的圆满看法，所有这些事情都是你必须要做的。"

"巴门尼德，你规定的任务很难做到！另外，我也不太懂，"他说："你就再帮我一把，让我能比较明白。你为什么不亲自提出一些假设，为我演示一下这种训练？"

【d】"对我这把年纪的人来说，这是一件繁重的工作，苏格拉底。"他说。

"嗯，好吧。"苏格拉底说："你怎么样，芝诺，你来为我们演示一番如何？"

安提丰说，芝诺笑着答道："还是让我们恳求巴门尼德自己来演示吧，苏格拉底。我担心，他提议的这项工作决不轻松。或者说，你不承认这是一件繁重的工作？确实，要是在场的人再多一些，那么对他提出这样的要求是不对的，尤其是他这样年纪的人，已经不适宜在大庭广众之下进行这样的讨论。【e】普通人不会明白，不经过这种全面而又繁复的处理，我们就不能碰上真理，得到启发。所以，巴门尼德，我附和苏格拉底的建议，恳请你亲自演示，这样的话，我又能在多年之后重新当一回你的学生了。"

安提丰说，芝诺讲完以后，皮索多鲁说他自己也和阿里斯多特勒以及其

---

① 在者（ὄντος），亦译是者。在指涉具体时空中的具体事物时译为"在者"。

② 非在者（οὐκ ὄντος），亦译非是者。

他人一道，恳求巴门尼德不要拒绝他们的请求，演示他推荐的训练。最后，巴门尼德说："盛情难却，看来只好由我来演示了。然而我感到自己就像伊彼库斯①诗中的那匹马。伊彼库斯把他自己比做一匹马——【137】虽然曾经是赛马冠军，但已不再年轻，凭以往经验就知道自己将面对什么，于是就站在起跑线上战栗——说他自己已经年迈，还被迫要在爱情游戏中竞争。我也一样，一想到过去就感到焦虑，这把年纪了还要开辟道路，穿越这片难以克服的语词的汪洋大海。即便如此，我还是来演示一番，因为我应当满足你们的要求；另外，如芝诺所说，因为我们是自在的。"

【b】"嗯，好吧，我们该从哪里开始呢？我们首先要提出什么假设？我知道，由于我们实际上已经决定要进行这场吃力的游戏，所以要是我从自己开始，从我自己的假设开始，你们行吗？我可以假设'一本身'并考虑必然会产生哪些结果吗？'如果它②是一'，或者'如果它不是一'？"

"完全可以。"芝诺说。

"那么谁来回答我的提问？"他问道："当然是年纪最轻的，不是吗？因为他可能最少挑剔，也最能说出心中的想法。我在他回答的时候也能喘口气。"

【c】"我已经做好准备，为你担当这个角色，巴门尼德。"阿里斯多特勒说："因为你说年纪最轻的指的是我。问吧——你要相信我会回答你的问题。"

"很好。"他说："如果它是一，那么，一不是多，对吗？"③

"对，一怎么能是多呢？"

"所以，一不能有部分，它也不是整体。"

"为什么？"

"所谓部分就是整体的部分。"

---

① 伊彼库斯（Ἴβυκος），公元前 6 世纪希腊抒情诗人，以其爱情诗著名。

② 指"一本身"，亦即"一"的型相。

③ 从这里开始是巴门尼德演示的第一组假设。

"对。"

"但什么是整体？所谓整体不就是没有缺失任何部分吗？"

"当然。"

"那么，如果一是整体或如果一有部分，在这两种情况下，一都会由部分组成。"

"必定如此。"

【d】"所以，在这两种情况下，一会是多而不是一。"

"对。"

"然而，一必定不是多而是一。"

"必定是。"

"所以，如果一是一，它就既不是整体，也没有部分。"①

"对，没有。"

"嗯，如果一没有部分，它就既没有开端和终端，也没有中间，因为这些东西实际上都是它的部分。"

"没错。"

"再说，开端和终端是每个事物的界限。"

"无疑。"

"所以，如果一既无开端又无终端，那么它是无界限的。"

"没有界限。"

【e】"所以，它也没有形状，因为它既不分有圆，又不分有直。"

"怎么会这样呢？"

"圆确实就是从它的中间到任何方向的端点长度都相等的东西。"

"是的。"

"再说，直就是它的中间位于两个端点之间的东西。"

---

① 第一组假设的前提是：如果一是一（εἰ ἓν ἔσται τὸ ἕν）。陈康先生将这个前提译为"如若一是"，并解释说，这个一不是和是结合的一，而是是一的一。

"是这样的。"

【138】"所以，如果一分有直的或弯曲的形状，它就会有部分，就会是多。"

"当然。"

"因此，它既不是直的又不是弯的，因为它实际上没有部分。"

"对。"

"进一步说，要是这样的话，一不处于任何地方，因为它既不能在另一事物中，又不能在它自身中。"

"怎么会这样呢？"

"如果它在另一事物中，它就肯定会被它所在的那个事物全部包围，就会与那个事物的许多部分在许多地方有接触；但由于它是一，没有部分，也不分有环状，所以它不可能在许多地方与周围接触。"

"它不能。"

"然而，另一方面，如果它处于自身中，那么包围它的无非就是它自己，如果它实际上处于自身中，【b】那么没有任何事物可以处于某个事物之中却又不被那个事物包围。"

"它不能。"

"就这样，包围者本身是一个事物，被包围者是另外一个事物，因为作为整体的同一事物不能同时做两件事。否则一就不再是一，而是二了。"

"然而，如果一既不处于它自身中，又不处于另一事物中，那么一不处于任何地方。"

"不处于。"

"下面考虑它是否能静止或运动，因为它就是我们所说的这个样子。"

"它为什么不能？"

"因为，如果它运动，它要么在空间运动，【c】要么发生变化，因为这些就是仅有的运动。"

"对。"

"但是一肯定不能从它自身发生变化而仍旧是一。"

"不能。"

"那么它至少不会发生变化这种运动。"

"显然不会。"

"但它会在空间中运动吗?"

"也许吧。"

"如果一在空间运动,它必定要么在同一处旋转,要么从一处移动到另一处。"

"必定如此。"

"嗯,好吧,如果它旋转,那么它的中间必定不动,而它的其他部分则围绕中间旋转。【d】但一个既无中间又无部分的事物怎么能够围绕它的中间旋转运动呢?"

"根本不能。"

"但是,通过改变位置,一个时候在这里,一个时候在另一处,它能以这种方式运动吗?"

"能,要是它实际上能运动。"

"不是已经说明它不能处于任何事物的任何地方吗?"

"是的。"

"那么,说它将要处于某个事物中不是更不可能吗?"

"我不明白为什么。"

"如果某个事物将要处于某个事物中,那么它必定还不在那个事物中——因为它还是将要处在那个事物中——如果它实际上已经处于那个事物中,它就不再完全外在于那个事物了。"

"必然如此。"

【e】"所以,如果任何事物发生这种情况,那么只有拥有部分的事物能够这样做,因为它的某些部分已经处于那个事物中,而与此同时它的某些部分还处于那个事物之外。但一个不拥有部分的事物不会有任何办法做到这一点，同一时候既整个儿地处于某个事物之中，又整个儿地处于某个事物之外。”

“对。”

“但是，如果它这样做的时候既不是一部分一部分地这样做，也不是作为一个整体这样做，那么一个既无部分又非整体的事物将要处于某个地方的某个事物之中，岂不是更加不可能吗？”

“显然。”

“因此，一不会通过去某个地方而改变它的位置，【139】也不会将要处于某个事物中，它既不会原地旋转，也不会发生改变。”

“它好像不会。”

“因此，一是不动的，无论何种运动。”

“不动。”

“然而，另一方面，我们也说它不能处于任何事物中。”

“对，我们说过。”

“那么它也从不处于同一事物中。”

“为什么？”

“因为要是它会的话，它就会在那里了——在那个它所处的同一事物中。”

“当然。”

“但它既不能在它自身中，又不能在另一事物中。”

“对，你说得对。”

“所以，一从不处于同一事物中。”

“好像不能。”

【b】“但是，从不处于同一事物中的事物既不享有安息，也不处于静止。”

“它不能。”

“因此，一好像既不静止又不运动。”

“它确实不能。”

“再说，一既不能和另一事物相同，又不能与自身相同；它也既不能与它自身相异，也不能与另一事物相异。"

"为什么会这样？"

"如果它与自身相异，那么它肯定异于一，它就会不是一。"

"对。"

"另一方面，如果它与另一事物相同，【c】那么它就是另一事物，而不再是它自身。所以，以这种方式，它也不再是它所是的一，而是异于一。"

"对，你说得对。"

"因此，它不会与另一事物相同，也不会与它自身相异。"

"它不会。"

"只要它还是一，它就不会与另一事物相异，因为说它与某个事物相异是不妥的，但说它只与另一个事物相异而不和其他任何事物相异是妥当的。"

"对。"

"因此，它不会由于是一而是相异。或者说你认为它会吗？"

"确实不会。"

"然而，如果它不会由于是一而是相异，它也不会与它自身相异；如果它不会与它自身相异，它自身也不会是相异。如果它与它自身没有任何方面相异，它就不会与任何事物相异。"

"对。"

【d】"它也不会与它自身相同。"

"为什么不会？"

"一的本性当然也不是相同的本性。"

"为什么？"

"因为它不是这样一种情况，每当一个事物要变得与某事物相同时，它就会变成一。"

"但是，为什么？"

"如果它要变得与多相同，那么它必须变成多，而不是变成一。"

"对。"

"但若一与相同没有任何不同，每当某个事物变成相同，它一定总是变成一，每当某个事物变成一，它也一定总是变成相同。"

"当然。"

【e】因此，如果一就是它本身的那个相同，它就不会是一与其本身；这样的话，一也就不是一。但这确实是不可能的。因此，一既不能和另一事物不同，又不能与其自身相同。

"它不能。"

"这样，一既不会相异于又不会相同于它自身或另一事物。"

"对，你说得很对。"

"再说，一也不会与任何事物相似或不相似，无论这个事物是它自身还是另一事物。"

"为什么？"

"因为有相同性质的事物肯定是相似的。"

"对。"

"但是这就表明相同的本性与一是分离的。"

"是的。"

【140】"但若一具有一以外的任何性质，它就会不止是一，但这是不可能的。"

"是的。"

"因此，一不能以任何方式拥有与另一事物或它自身相同的性质。"

"显然不能。"

"所以，它既不会与另一事物相似，也不会与它自身相似。"

"好像不会。"

"一也不具有相异的性质，因为在这种情况下，它就会多于一。"

"对，它会多于一。"

"如果实际上具有相同性质的东西就是相似，【b】那么那个具有与它自身或另一事物相异性质的东西就会与它自身或另一事物不相似。"

"没错。"

"但是一似乎不会以任何方式与它自身或另一个事物不同，因为它不会以任何方式拥有不同的性质。"

"你说得对。"

"因此，一既不会与另一事物或其自身相似，也不会与另一事物或其自身不相似。"

"显然不会。"

"再说，在这种情况下，一既不会与它自身或另一事物相等，也不会与它自身或另一事物不等。"

"怎么会这样呢？"

"如果它相等，那么它就会和与它相等的事物拥有同样的尺度。"

"对。"

"但是，如果它比较大或比较小，【c】那么对它度量的事物来说，它就肯定会比那些较小的事物拥有较大的尺度，而比那些较大的事物拥有较小的尺度。"

"是的。"

"对那些它不度量的事物来说，它就会在一种情况下拥有较小的尺度，在另一种情况下拥有较大的尺度。"

"无疑如此。"

"嗯，如果一个事物不分有相同，它就不能拥有相同的尺度或与其他任何事物相同的东西，它能吗？"

"它不能。"

"因此，如果它不拥有相同的尺度，它就不能与它自身或另一事物相等。"

"肯定不能。"

"然而，另一方面，如果它拥有较多或较少的尺度，【d】它会拥有如同尺度一样多的部分，这样一来，它又不再是一，而是与它拥有的尺度一样多的多了。"

"没错。"

"但若它只有一个尺度，就可表明它会与这个尺度相等，但已经表明它不会与任何事物相等。"

"对，不会。"

"然而，由于它不分有一个尺度，或多个尺度，或一些尺度，由于它根本不分有相同，所以看起来，它决不会与它自身或另一事物相等，也不会比它自身或另一事物大些或小些。"

"绝对如此。"

【e】"这一点怎么样？你认为一能比任何事物年长、年轻或同龄吗？"

"能，为什么不能？"

"因为，如果它与自身或另一事物同龄，它肯定分有相似本身或相等的时间，而相似和相等，我们已经说过是一不拥有的。"

"是的，我们说过。"

"我们也说过，它不拥有不相似和不相等。"

"当然。"

"那么，这样的一个事物，【141】它怎么能比任何事物年长、年轻或与之同龄呢？"

"没有办法。"

"因此，一不能比它自身或另一事物年长、年轻或与之同龄。"

"显然不能。"

"所以，如果一是这样的话，它甚至根本不能处于时间中，能吗？或者说，如果某个事物处于时间中，那么它不是必定总在变得比它自身年长吗？"

"必定如此。"

"年长者总是比年轻者年长吗？"

【b】"当然。"

"然而，要是真有某个事物会变得年长，那么年长者会变得比它自身年长，与此同时，年轻者也会变得比它自身年轻。"

"你这是什么意思？"

"我的意思是：一个事物不需要变得与一个已经与之相异的事物相异；倒不如说，它必定已经与这个与之相异的事物相异，它过去变得与这个已经与之相异的事物相异，它也将变得与将要与之相异的事物相异；但它必定不会已经变得、将要变得，或变得与将要与之相异的事物相异。它必定变得相异，而非其他。"

"对，这是必然的。"

【c】"但是，年长肯定与年轻相异，而不和其他事物相异。"

"是的。"

"所以，变得比它自身年长的事物必定同时也变得比它自身年轻。"

"好像是这样的。"

"但在时间上，它也一定不会比它自身较多或较少；它必定要在现在、过去、将来，在时间上与它自身相等。"

"对，这也是必然的。"

"因此，这似乎是必然的，每个处于时间中的事物和分有时间的事物与其自身同龄，【d】同时，它也在变得比它自身年长或年轻。"

"看起来是这样的。"

"但是，一肯定与这些事情无关。"

"对，无关。"

"因此，它不分有时间，也不处于任何时间中。"

"肯定不，这个论证已经证明了。"

"嗯，你不认为，过去是、过去变为、过去变得，这些词的意思都表示分有过去的时间吗？"

"是的。"

【e】"还有，将是、将变为、将变得，这些词的意思都表示分有将来的时间吗？"

"对。"

"是、变为，这些词都表示分有现在的时间吗？"

"当然。"

"因此，如果一完全不分有时间，它就决不会过去是、过去变为、过去变得；它也不会现在是、现在变为、现在变得；它更不会将是、将变为、将变得。"

"非常正确。"

"某个事物能以这些方式之外的方式分有是者吗？"

"不能。"

"因此，一不能以任何方式分有是者。"

"好像不能。"

"因此，一不能以任何方式是什么。"

"显然不能。"

"因此，它也不能以这样一种方式是一，因为这样的话，它就会由于'是'和对是者的分有而'是'了。但是，如果我们可以相信这样的论证，那么看起来，一既不是一，又不是'是'。"

【142】"好像是这样的。"

"如果一个事物不在，能有任何事物属于这个不在的事物吗，或者说是它的东西？"

"它怎么可能呢？"

"因此，没有名称属于它，也没有关于它的解释、知识、感觉、意见。"

"显然没有。"

"因此，它没有名称，不能被谈论、不是意见或知识的对象，不能被任何在的事物所察觉。"

"似乎不能。"

"一有可能是这样的吗？"

"我肯定不这么想。"

【b】"你想要返回假设的前提，从头开始推论，希望它能产生另一种结果吗?"①

"我确实想。"

"我们是这么说的,如果一是,我们必须同意由此做出的推论,而无论结果如何,不是吗?"

"对。"

"从头开始考虑:如果一是,但不分有是者,它能是吗?"

"它不能。"

"所以也会有一的是者,它与一不是相同的东西。因为要是它与一是相同的东西,它就不会是一的是者了,【c】也不会是分有是者的一了。正好相反,说'一是'就相当于说'一是一'。②但这一次,假设,亦即其推论是必然的那个东西,不是'如果一是一',而是'如果一是'。不是这样吗?"

"当然。"

"这是由于'是'指的是一以外的某个东西吗?"

"必定。"

"所以,每当有人简单地说'一是',它的意思只表示一分有是者吗?"

"当然。"

"让我们再一次说,如果一是,会有什么推论。【d】考虑一下,这个假设是否表示这样的一必定没有部分。"

"怎么会这样呢?"

"是这样的:如果我们说这个'是'是一本身的,'一'是那个是一的东西的,如果'是'和一不同,但都属于我们假设的同一个东西,亦即那个一本身,那么它必定不是它本身,因为它是一个是者,是一个整体,而这个整体的部分是一和'是',对吗?"

"必定如此。"

---

① 从这里开始是巴门尼德演示的第二组假设。

② 第二组假设的前提是:"如果一是。"(εἰ ἓν ἔστιν)这个前提与第一组假设的前提表面相同,实际不同。它的实际含义是:"如果一分有是。"

"我们要把这两个部分的每一个只叫做部分，还是必须叫做整体的部分？"

"整体的。"

"因此，无论什么是一的东西，既是一个整体，又有部分。"

"当然。"

"嗯，一本身的这两个部分，一和'是'，各自如何？【e】一决不会从'是'的部分中缺失，或者'是'决不会从一的部分中缺失吗？"

"不会。"

"所以，这两个部分的每一个再次拥有一和'是'；而接下来，每个部分至少由两个部分组成；出于同样的原因，以这样的方式，无论轮到哪个部分总会拥有两个部分，因为一总是拥有'是'，而'是'总是拥有一。所以，它总被证明是二，【143】它必定决不是一。"

"绝对如此。"

"所以，以这种方式，这个一不会是无限的多吗？"

"好像会。"

"来吧，让我们再以下列方式开始。"

"什么方式？"

"我们说一分有是者，因此是吗？"

"对。"

"由于这个原因，这个一被表明是多。"

"是这样的。"

"一本身怎么样，我们说它分有是者？如果我们仅凭其本身在思想上把握它，而不用我们说它分有的东西，它会显得只是一，或者这同一个东西会显得是多？"

【b】"显得是一，我会这样想。"

"让我们来看。如果实际上一不是'是'，而是作为一分有是者，那么它的'是'必定不是某个东西吗，因为它本身就是某个不同的东西？"

"必定如此。"

"所以，如果是者是某个东西，一是某个不同的东西，那么不是凭着它的'是'，一与'是'不同，也不是凭着它的'是'，它才是一以外的其他东西。正好相反，它们之所以相异乃是由于相异或其他。"

"当然。"

"所以，相异与一或'是'不同。"

"显然不同。"

【c】"嗯，要是我们对'是'与相异、'是'与一、一与相异这些东西进行选择，我们不是在每次选择中挑选了某一对可以正确地被称做'俩'的对子吗？"

"怎么会这样？"

"是这样的：我们能说'是'吗？"

"我们能。"

"我们又能说一吗？"

"我们也能。"

"所以，这些对子中的每一个不已经被提到了吗？"

"对。"

"当我说'是'和一的时候怎么样？二者不都被提到了吗？"

"当然。"

"对。"

"如果我说'是'和相异，或者相异和一，等等，【d】在各种情况下，我不都提到二者了吗？"

"是的。"

"被正确称做二者的事物能是二者，但不是二吗？"

"它们不能。"

"如果有两个事物，这一对事物中的每一成员能以任何方式不是一吗？"

"根本不能。"

"因此，由于实际上每一个组成的对子都是二，所以每个成员是一。"

"显然如此。"

"如果它们中的每一个是一，当任何一加到任何对子上去的时候，总的必定是三吗？"

"是的。"

"三是奇数，二是偶数吗？"

"无疑。"

【e】"这一点怎么样？既然有二，必定也有两倍；既然有三，必定也有三倍，因为二是一的两倍，三是一的三倍，对吗？"

"必定如此。"

"既然有二和两倍，不是必定有二乘以二吗？既然有三和三倍，不是必定有三乘以三吗？"

"无疑。"

"还有，既然有三的两倍和二的三倍，不是必定有两倍的三和三倍的二吗？"

"必定有。"

【144】"这样一来，就有偶倍的偶数、奇倍的奇数、奇倍的偶数，甚至有偶倍的奇数。"

"是这样的。"

"那么，如果是这样的话，就没有什么数会遗漏了吗？"

"完全没有。"

"因此，'如果一是'，也必定有数。"

"必然如此。"

"但若有数，就会有多，就会有'是'的无限的多。或者说，数、无限的多，也证明了分有'是'？"

"确实。"

"所以，如果一切数分有'是'，数的每个部分也会分有'是'吗？"

"对。"

【b】"所以，'是'被分配给是多的一切事物，那么没有任何事物会缺失'是'吗，无论是最小的事物，还是最大的事物？或者说，哪怕是问这样的问题都是不合理的？'是者'怎么会缺失'是'呢？"

"决不会。"

"所以，'是'被分割成所有种类的'是'，从有可能最小的到最大的，'是'是一切事物中划分最多的，'是'的部分是无限的。"

【c】"是这样的。"

"它的部分是最多的。"

"确实是最多的。"

"嗯，它们中有哪一个是'是'的部分，然而却不是一部分吗？"

"这怎么可能呢？"

"我要说，正好相反，如果实际上它是，只要它还是，它就必定总是某一个东西，它不能是无。"

"必然如此。"

"所以，一被附加于'是'的每一部分，不会缺失，无论是最小的部分，还是最大的部分，还是其他任何部分。"

"正如此。"

【d】"所以，是一的它，作为一个整体，同时处于许多地方吗？"

"我想，噢，我看到这是不可能的。"

"然而，如果被划分了的东西实际上不是一个整体，那么它肯定不会只作为被划分了的东西同时呈现在'是'的所有部分中。"

"对。"

"再说，被划分了的东西在数量上必定像它的部分一样多。"

"必定。"

"所以，我们刚才说得不对，我们刚才说'是'被分配到不止一个部分中去。【e】它不是被分配到多于一个部分中去，而是似乎分配到与一相等的部分中去，因为一不会缺失'是'，'是'也不会缺失一。正好相反，作为二，它们在一切事物中数量相等。"

"好像是这样的。"

"因此，被'是'分割的一本身是多，是无限的多。"

"显然如此。"

"所以，不仅一'是'是多，而且一本身也由于被'是'完全分割而必定是多。"

"必定如此。"

"再说，由于部分是一个整体的部分，【145】一作为一个整体，就会受到限制。或者说，部分不被整体包含？"

"必定包含。"

"但包含者必定是一个限制。"

"无疑。"

"所以，一既是一又是多，既是整体又是部分，既是有限的，又是无限的多。"

"所以，由于它实际上是有限的，它不也有端点吗？"

"肯定有。"

"还有，要是它是一个整体，它不就会有开端、中间和终端吗？或者说，任何事物会是一个没有这三者的整体吗？如果某个事物缺失它们中的任何一个，它还能继续是一个整体吗？"

"不能。"

【b】"一好像确实有开端、终端和中间。"

"好像有。"

"但是中间只能与各端点距离相等，否则它就不是中间了。"

"对。"

"由于一是这个样子的，它好像会分有某些形状，要么是直形，要么是圆形，或两种形状的混合。"

"对，它会分有一个形状。"

"由于它是这样的，它不会既在自身中，又在另一事物中吗？"

"怎么会呢？"

"每一部分肯定处于整体中，没有任何部分外在于整体。"

【c】"是这样的。"

"所有部分都被整体所包含吗？"

"对。"

"再说，一就是它本身的所有部分，既不会多于也不会少于所有部分。"

"不会。"

"一也是整体，不是吗？"

"无疑。"

"所以，如果它的所有部分真的处于整体中，一既是所有部分又是整体本身，所有部分被整体包含，这个一就会被一包含，这样一来，一本身就会处于它自身中。"

"显然如此。"

"然而，另一方面，整体不在部分中，要么不在所有部分中，【d】要么不在某一个部分中。这是因为，如果整体处在所有部分中，它也必须在某一个部分中，因为如果它不在某一个部分中，它肯定不会在所有部分中。如果这个部分是所有部分之一，而整体又不在这个部分中，那么这个整体怎么能仍旧在所有部分中呢？"

"不能。"

"整体也不能处于某些部分中。因为若是整体处于某些部分中，那么较大的部分会处于较小的部分中，而这是不可能的。"

"对，不可能。"

"但若整体不处于某些、一个或所有部分中，它必定不处于某个相异的事物中，【e】或者根本不处于任何地方。"

"必定如此。"

"如果它不处于任何地方，它就是无；但由于它是一个整体，不处于它自身中，它必定处于另一各物中。不是这样吗？"

"肯定是。"

"所以，一，就其是一个整体而言，处于另一事物中；但就它是它的所有部分而言，它处于自身中。据此，一必定既在自身中又在一个相异的事物中。"

"必然如此。"

"由于这就是一的天然状态，它必定不会既在运动中又在静止中吗？"

"以什么方式？"

【146】"如果它真的处于自身中，它肯定在静止中。因为处于一个事物中，又没有跃出这个事物，它就在同一个事物中，亦即它自身。"

"对。"

"始终处于同一事物中，当然了，总是处于静止中。"

"当然。"

"这一点怎么样？与此相反，始终处于不同事物中的东西决不会位于同一事物中吗？由于它决不会处于同一事物中，它也决不会处于静止中吗？由于它决不处于静止中，它必定处于运动中吗？"

"是这样的。"

"因此，始终既处于自身中又处于一个不同事物中的一必定总是既运动又静止。"

"显然如此。"

【b】"再说，如果它真的具有上述属性，它必定既与其自身相同，又与其自身相异。"

"怎么会这样呢？"

"因为一切事物都是相连的，以下列方式：要么是相同的，要么是相异的；或者说，如果既不相同又不相异，它会以部分对整体或整体对部分的方式相连。"

"显然如此。"

"一本身是它自身的部分吗?"

"决不可能。"

"所以,它与它本身不能是整体与部分的关系,因为这样的话,它就是它自身的部分了。"

"它不能。"

【c】"但是,一与一相异吗?"

"确实不。"

"所以它也不会与它自身相异。"

"肯定不。"

"所以,如果它既不与其自身相异,也不与其自身有整体和部分的关系,那么它不是必定与其自身相同吗?"

"必定。"

"这一点怎么样?如果它也处于某个相异的事物中,那么处于某个与其本身相异的事物中的事物——这个本身作为本身处于相同事物中——与它本身相异吗?"

"在我看来似乎如此。"

"一实际上已经被表明是这样的,因为它同时既在自身中,又在一个不同的事物中。"

"对。"

"所以,以这种方式,一就会与它自身相异了。"

"似乎如此。"

"嗯,如果任何事物与某个事物相异,那么它不会与一个相异的事物相异吗?"

"必定。"

"所有非一的事物不与一相异,一不与非一的事物相异吗?"

"无疑是相异的。"

【d】"因此，一与其他事物相异。"

"对，相异。"

"请考虑下面这个问题：相同本身和相异本身是相互对立的吗？"

"无疑。"

"那么，相同决不愿处于相异中，相异决不愿处于相同中吗？"

"不愿。"

"所以，如果相异决不处于相同中，那么不会在任何时间有任何相异的
'是'；因为相异若是可以在任何长度的时间里在任何事物中呈现，【e】那么
相异就会处于相同之中了。不是这样吗？"

"正如此。"

"但由于它决不处于相同者中，相异决不处于任何在者中。"

"对。"

"所以，相异者不会处于'非一'或'一'的事物中。"

"对，你说得很对。"

"所以，不是凭着相异者，一与非一的事物相异，或者这些事物与一
相异。"

"不会。"

"亦非凭着它们自身，它们相互之间相异，如果它们不分有相异者。"

【147】"显然不。"

"但若它们既不是凭自身又不是凭相异者而相异，它们不就实际上完全
回避了相互之间的相异了吗？"

"它们会的。"

"但是，非一的事物并不分有一，否则的话，它们就不是非一，而是某
种意义上的一了。"

"对。"

"所以非一的事物不能是一；因为在这种情况下，它们也就不会是绝对
的非一了，因为它们至少有数量。"

"对，你说得很对。"

"还有，非一的事物是一的部分吗？或者说，在这种情况下，非一的事物分有一吗？"

"它们会的。"

【b】"所以，如果它以各种方式是一，而它们以各种方式是非一，那么一既不会是非一的事物的部分，又不会是以这些事物为部分的整体；接下去，非一的事物既不会是一的部分，又不会是以一为部分的整体。"

"它们不会。"

"但是实际上我们说过，既非部分，又非整体，相互之间亦不相异的事物就是相互之间相同的事物。"

"对，我们说过。"

"所以，我们要说这个一与那些非一的事物相同吗，因为它与非一的事物有这样的联系？"

"让我们就这么说吧。"

"因此，一好像既与他者不同，又与其自身不同，对于他者和它本身来说也一样。"

"根据我们的论证，看起来是这样的。"

【c】"那么，一也既与它自身和他者相似和不相似吗？"

"也许。"

"无论如何，由于它已被说明与他者相异，那么他者也肯定与它相异。"

"确实。"

"它与他者的相异，就像他者与它的相异，既不多，也不少吗？"

"对，为什么不是这样？"

"据此，就它拥有与他者不同的属性、他者也拥有与它不同的属性而言，以这种方式，一具有与他者相异的属性，他者也拥有与它相同的属性。"

"你什么意思？"

【d】"我的意思是这样的：你不把你使用的每一个名称用于某个事物吗？"

"我用。"

"你能多次或一次使用相同的名称吗?"

"我能。"

"所以，如果你一次或多次使用这个名称，你在用这个名称叫那个拥有这个名称的事物，而不是叫那个事物吗? 或者说，无论你一次或多次说出同一个名称，你必定总是在谈论相同的事物吗?"

"当然。"

【e】"嗯，相异尤其是一个用于某事物的名称，不是吗?"

"确实。"

"所以，当你说出相异这个词来的时候，无论一次还是多次，你不把它用于其他事物，或把它用于拥有这个名称的事物以外的其他某些事物吗?"

"必定。"

"每当我们说'其他事物与一相异'和'一与其他事物相异'，尽管我们两次使用相异这个词，我们没有把它用于另一种性质，而总是把它用于拥有这个名称的性质。"

"当然。"

"所以，就一与其他事物相异和其他事物与一相异而言，【148】以拥有与其自身相异的属性为基础，一不会拥有与其他事物相异的性质，而会拥有与其他事物相同的性质。而拥有相同性质的东西肯定也相似，不是吗?"

"是的。"

"确实，就一拥有与其他事物相异性质而言，由于这个性质本身，它会与它们全都相似，因为它与它们完全相异。"

"似乎如此。"

"然而，另一方面，相似和不相似是对立的。"

"对。"

"相异和相同不也是对立的吗?"

"也对。"

"但是,【b】这也表明一与其他事物相同。"

"对。"

"与其他事物相同和与其他事物相异是对立的属性。"

"当然。"

"就一与其他事物相异而言,一也被表明是相似的。"

"对。"

"所以,就一是相同的而言,一会与其他事物不相似,这是由于与它相对的属性使它相似。相异能使它相似吗?"

"是的。"

"所以,相同会使它不相似,否则的话,它就不会与相异对立。"

"好像不会。"

【c】"因此,一会与其他事物相似和不相似——就其相异而言,一相似,就其相同而言,一不相似。"

"对,这一点似乎也是这个论证接受的。"

"这个论证也接受下列推论。"

"什么推论?"

"就它拥有相同这一属性而言,它拥有的不是另一种属性;如果它拥有的属性不是另一种,所以它不是不相似的;如果它不是不相似的,那么它是相似的。但就它拥有另一属性而言,它拥有另一种属性;如果它拥有的属性是另一种的,它是不相似的。"

"没错。"

"所以,由于一是与其他事物相同的事物,基于这两条理由或其中一条理由,【d】它既相似又不相似于其他事物。"

"当然。"

"所以,以相同的方式,它也与其自身既相似又不相似。因为实际上,它已被表明既与其自身相异,又与其自身相同,基于这两条理由或其中一条理由,它难道不会被表明既与其自身相似,又与其自身不相似吗?"

"必定。"

"这一点怎么样？考虑一下这个问题，一是否与它自身和其他事物接触。"

"这样做很好。"

"一肯定已被表明作为一个整体处于其自身中。"

"对。"

"一不也处于其他事物中吗？"

【e】"对。"

"那么，就它处于其他事物中而言，它会与其他事物接触；但就它处于自身中而言，它与其他事物的接触就会受阻，由于处于自身中，它会与自身接触。"

"显然如此。"

"这样的话，一既会与它自身又会与其他事物接触。"

"它会。"

"以这样的方式，再来看：任何事物与某个事物接触，它不是必定位于与该事物相邻之处，占据与该事物所处位置相连的位置吗？"

"必然如此。"

"所以对一来说也一样，如果它与它自身接触，它必定位于与它自身相邻的地方，占据与它自身所处位置相连的位置。"

"对，它必定如此。"

"嗯，如果一是二，那么它还能这样做，可以同时位于两处，但只要它还是一，【149】它就会拒绝这样做，对吗？"

"对，你说得很对。"

"所以，不让一是二，不让一接触它自身，同样是必然的。"

"是同样的。"

"但它也不会接触其他事物。"

"为什么？"

"因为，我们说，要去接触其他事物的分离的事物必定要相邻于被接触的事物，它们之间一定不能有第三者。"

"对。"

"所以，要有接触，必定要有两样东西。"

"必定有。"

"但若在这两样东西上再加上第三样，【b】它们自身就会是三，它们的接触是二。"

"对。"

"这样一来，每增加一样东西，也就增加一次接触，其结果就是接触的次数总是比事物的数量少一。每一次后续增加，事物数量的总和总是超过接触次数的总和，【c】而其超过的量与原先事物数量超过接触次数的量一样，因为每一步都增加了一样事物和一次接触。"

"没错。"

"所以，无论有多少数量的事物，它们的接触次数总是比事物的数量少一。"

"对。"

"如果只有一，而没有二，那就不会有接触。"

"显然没有。"

"我们说，一以外的事物不是一，不分有一，它们实际上是其他事物。"

"它们不是。"

"所以，如果一不在它们中，它们没有数。"

"显然没有。"

"所以其他事物既不是一，也不是二，【d】它们也不拥有其他数的名称。"

"显然不。"

"所以一只是一，不能是二。"

"显然不能。"

"所以也没有接触，因为没有两样东西。"

"没有。"

"因此，一不与其他事物接触，其他事物也不与一接触，因为实际上没有接触。"

"对，你说得很对。"

"就这样，总结一下，一既接触又不接触其他事物和它自身。"

"好像是这样的。"

"那么它与它自身和其他事物既相等又不相等吗？"

"怎么会这样呢？"

"如果一大于或小于其他事物，或者其他事物大于或小于一，【e】那么它们不会由于一是一、其他事物是一以外的其他事物，亦即由于它们自身的在者，而以任何方式相互之间大于或小于，是吗？但若它们各自在它们自身的在者之外还拥有相等，它们就会相互之间相等了。如果其他事物拥有大，而一拥有小，或者倒过来，一拥有大，其他事物拥有小，那么无论什么型相附加上大就会较大，无论什么型相附加了小就会较小吗？"

"必定如此。"

"那么，有这两个型相，大与小吗？因为，如果没有，它们就肯定不会相互对立并在存在的事物中出现了。"

【150】"怎么会没有。"

"所以，如果小出现在一中，它要么在一的整体中，要么在一的部分中。"

"必然如此。"

"如果小出现在一的整体中，那会怎么样？小在一中，它不是要么延伸到一的整个范围，要么包含一吗？"

"这很清楚。"

"那么，如果小与一的范围一样大，小就与一相等；如果小包含一，小就比一大吗？"

"无疑。"

"所以小能等于或大于某个事物，【b】做大和相等的事情，而不做它自己的事情吗?"

"它不能。"

"所以，小不能处于作为整体的一中；但若它确实处于一中，它会处于部分中。"

"对。"

"但是，它又不处于所有部分中。否则就会产生像处于整体的一之中同样的结果，它就会等于或大于它所处的任何部分。"

"必然如此。"

"因此，小决不处于任何在者中，因为它既不处于部分又不处于整体。任何事物也不能是小的，除了小本身。"

"好像不能。"

"所以，大也不会处于一中。因为要是这样的话，大本身以外的其他某个事物，就会比某个事物大，【c】亦即有大处于中的那个事物——那也一样，尽管这个事物不拥有小，如果它真是大的，那么它必须超过小。但这是不可能的，因为小不处于任何地方的任何事物中。"

"对。"

"但是，大本身不大于小本身以外的其他任何事物，小本身也不小于大本身以外的其他任何事物。"

"它们不。"

"所以，其他事物不大于一，它们也不较小，因为它们既不拥有大，也不拥有小。这两个事物本身——大和小——与一相连，【d】有超过和被超过的能力；或者倒不如说，它们相互之间有联系。而接下去，一不能比这两个事物或其他事物大些或小些，因为这它既不拥有大又不拥有小。"

"它确实好像不能。"

"所以，如果一既不大于又不小于其他事物，那么它必定既不超过它们，也不被它们超过吗?"

"必定。"

"嗯，某个既不超过又不被超过的事物，可以相当必然地肯定就是完全吻合，如果完全吻合就是相等。"

"无疑。"

【e】"再说，一本身也会与其自身有这样的关系：它本身既不拥有大也不拥有小，它既不超过它本身，也不被它本身超过，而是完全吻合的，它与它本身是相等的。"

"当然。"

"因此，一会与它自身和其他事物相等。"

"显然。"

"然而，由于它在其自身中，它也会从外面包围它自身，作为包含者，【151】它会比它自身大，但作为被包含者，它会比它自身小。这样的话，一会大于或小于它自身。"

"它会。"

"这不也是必然的吗，没有任何事物外在于一和其他事物？"

"无疑。"

"但事物必定总是处于某个地方。"

"对。"

"那么，那个处于某个较大的事物之中的事物不就是较小的吗？因为只有这样，一个事物才能处于其他事物中。"

"没有别的办法。"

"由于除了其他事物和一之外没有任何事物，而它们又必定处于某个事物中，那么它们必定相互处于对方之中——其他事物处于一中，【b】一处于其他事物中——否则的话，它们根本不存在于任何地方吗？"

"显然。"

"所以，一方面，由于一处于其他事物中，其他事物由于包含一而必定大于一，一被其他事物所包含而必定小于其他事物。另一方面，由于其他事物处于一之中，按照同样的推论，一会大于其他事物，而其他事物会小于一。"

"好像是这样。"

"因此，一既等于又大于和小于一本身和其他事物。"

"显然。"

"再说，如果它真的大于、小于或等于，那么它会拥有相等的尺度，大于或小于它本身和其他事物；【c】由于有尺度，那么也有部分。"

"无疑。"

"所以，由于它有相等、较大或较小的尺度，那么它也会在数量上少于、多于或等于它自身和其他事物，于是，它就等于它自身和其他事物。"

"怎么会这样呢?"

"它肯定会比那些它大于的事物有较大的尺度，它也会比那些它小于的事物有较小的尺度，与此相仿，对那些与之相等的事物也一样。"

"是这样的。"

"那么，由于它大于、小于和等于它自身，【d】它不会也对它自身有较多、较少或相等的尺度吗? 由于有尺度，也有部分吗?"

"无疑。"

"所以，由于它有与它自身相等的部分，它会有多重与它自身相等，但由于它有较大和较小的部分，它会在数量上比它自身较多或较少。"

"显然。"

"嗯，一不也会以同样的方式与其他事物相连吗? 由于它显得比它们大，它必定也在数量上比它们多；由于它显得比它们小，它必定也在数量上比它们少，由于它显得与大相等，它必定也会多重地与其他事物相等。"

"必定。"

"这样一来，【e】它似乎会在数量上等于、多于和少于它自身及其他事物。"

"它会。"

"一也分有时间吗? 在分有时间的时候，它不会变得比它本身和其他事物既年轻又年长，既不年轻又不年长吗?"

"怎么会这样呢?"

"如果真的一是，'是者'肯定属于一。"

"但是，'是'的意思不就是对是者的分有再加上现在的时间吗，【152】就好像'过去是'的意思就是与是者相连再加上过去的时间，'将来是'的意思是与是者相连再加上将来的时间?"

"对。"

"所以，如果一真的分有是者，那么一分有时间。"

"当然。"

"行进中的时间怎么样?"

"噢，对。"

"所以，如果一和时间一道前进，那么一总是变得比自身年长。"

"必定如此。"

"我们还记得所谓比较年长就是变得比某个变得比较年轻的事物年长吗?"

"我们记得。"

"所以，由于一变得比它自身年长，它自身不也会变得比那个变得比较年轻的自身年长吗?"

【b】"必定如此。"

"这样的话，它确实既变得比它自身年轻，又变得比它自身年长。"

"对。"

"但它是较为年长的，不是吗? 在变的时候，它处于现在的时间，在过去是和将来是之间，因为在从过去到将来的过程中，它决不会跨越现在。"

"它不会。"

"当它与现在相遇时，它不会停止变得年长吗?【c】它不会变得，而是已经年长了，不是吗? 因为它若是向前，就决不会被现在抓住。一个向前的事物能够把握现在和以后——释放现在，抵达以后，在来到二者（以后和现在）之间的时候。"

"对。"

"但若没有任何事物能与现在并行，那么当一个事物处于这一点上的时候，【d】它总是停止变化，而是它可以变得的任何东西。"

"显然。"

"所以，一也一样：每当它在变得比较年长的时候，它就与现在相遇，就停止了变化，然后就是比较年长的。"

"当然。"

"所以，它也比那个它将要变得比较年长的那个事物年长——它不会变得比它自身年长吗?"

"会。"

"年长就是比较为年轻的年长吗?"

"是的。"

"所以，在一变得年长，与现在相遇的时候，它也比它自身年轻。"

"必定。"

"然而，现在总是通过它的是者呈现在一中，【e】因为一始终是现在，无论在什么时候。"

"无疑。"

"因此，一总是既是又变得比它自身年长或年轻。"

"好像是这样的。"

"它是或者它变得是比它自身更多的时间，还是相等的时间?"

"相等的时间。"

"但若它变得是或是相等的时间，那么它是同龄。"

"无疑。"

"同龄的事物既不是年长也不是年轻。"

"不是。"

"所以一，由于它变得是和是与它自身相等的时间，它既不是又不变得是比它自身年轻或年长的。"

"我认为不是。"

【153】"还有，其他事物怎么样？"

"我说不出来。"

"你肯定会说，它们是一以外的多个事物，不止一个，如果它们是不同的事物，而不是一个不同的事物。一个不同的事物就会是一，但不同的事物不止是一，而会有多。"

"对，它们会。"

"是多，它们就会分有一个大于一的数。"

"无疑。"

"嗯，我们要说，是较多的事物与数相连，还是较少的事物变得和已经变得较早的？"

"较小的事物。"

"所以，最小的事物是最先的，它就是一。【b】不是这样吗？"

"是的。"

"所以，在有数的所有事物中，一已经变得最先了。而其他事物也一样，全都有数，如果它们真的是其他事物，而不是一个其他事物。"

"对，它们有。"

"但是，那个已经是第一的事物，我要说，来得较早，而其他事物来得较晚，而那个来得较晚的事物比那个来得较早的事物年轻。这样的话，其他事物会比一年轻，一比它们年长。"

"是的，它会。"

"下面这一点如何？一能以一种方式变得与其本性相反吗？【c】或者说这是不可能的？"

"不可能。"

"然而，一被表明有部分，若有部分，则有开端、终端和中间。"

"对。"

"好吧，在所有事物的情况下——一本身和每一个其他事物——开端不是第一个，然后是其他所有事物，直至终端吗？"

"确实。"

"还有，我们要说所有这些其他事物都是某一个整体的部分，而它本身已经是一和同时作为终端的整体。"

"对，我们要说。"

【d】"终端，我要说，是最后到来的，一自然要与它同时到来。所以，如果一本身真的必定不会与本性相对，它当然要比其他事物晚到，因为它的到来与终端同时。"

"显然。"

"因此，一比其他事物年轻，其他事物比它年长。"

"这，在我看来，好像又是这样的。"

"还有，一个开端或其他任何部分，或者其他任何事物的开端或任何部分，如果它真的是一个部分而不是多个部分，那么它必定是一，因为它是一部分。"

"必然如此。"

"据此，一会同时变成将要产生的第一个部分，【e】同时又与第二个部分一起产生，后续产生的每一个部分都不会缺少一——无论把什么事物添加在什么事物上——直至抵达最后一部分，一个整体就这样形成了；在任何部分的形成中都不会缺少一，无论是最先的部分、中间的部分，还是最后的部分。"

"对。"

"因此，一与其他所有事物同龄。亦因此，除非一本身与其本性对立，一既不会比其他事物先产生，也不会比其他事物后产生，而是与其他事物同时产生。【154】这样，按照这个论证，一既不会比其他事物年长，又不会比其他事物年轻，其他事物也不会比一年长或年轻。但是按照我们前面的论证，一比其他事物既年长又年轻，而其他事物也比一既年长又年轻。"

"当然。"

"关于一是什么和一变得是什么就说这些。但是一是否变得比其他事物既年长又年轻，其他事物是否变得比一既年长又年轻？在'变得'这种情况下，一或其他事物是否只和'是者'有关，还是和相异有关？"

【b】"我说不出来。"

"我倒能说很多：如果某个事物确实比另一事物年长，那么它不会由于一定量的增大而变得比原来更加年长。接下来，较为年轻的事物也不会变得更加年轻。因为若将相等添加到不相等之上，其结果之间的差距总是与原初的差距相同，无论是时间还是其他任何大小。"

"无疑。"

"所以，年长者或年轻者决不会变得较为年轻或年长的事物更加年轻或年长，【c】如果它们年龄上的差距始终保持一致的话。与此相反，某个事物是较年长的，某个事物是较年轻的，但二者并非变得如此。"

"对。"

"所以，一也是这样，因为它是较为年长的或较为年轻的，它决不会变得比其他那些比它年长或年轻的事物较为年长或较为年轻。"

"对，你说得很对。"

"但是，考虑一下它是否以这种方式变得比较年长或年轻。"

"以什么方式？"

"以这样一种方式，一已被表明比其他事物年长，而它们比一年长。"

"那又如何？"

"当一比其他事物年长时，【d】它存在的时间肯定比它们长。"

"对。"

"回过头来再考虑，如果我们把相等的时间添加到较长或较短的时间上，那么由于添加相等的时间而差距增加还是由于一个较小的部分而差距增加？"

"较小的部分。"

"所以，一与其他事物将来在年龄上的关系就不像原初那样了。正好相反，通过得到对其他事物而言的一部分时间，它与其他事物年龄上的差① 总是比以前变小。不是这样吗？"

"是的。"

【e】"它与其他事物年龄上的差比原先要小，那么它不会变得比原先年轻吗？"

"会。"

"如果一变得比较年轻，那么其他事物也会变得比较年长吗？"

"当然。"

"所以，较晚产生并较为年轻的事物相对于那些较早产生并较为年长的事物来说会变得较老。它最后决不会比其他事物年长，但它一直在朝着这个方向变化，因为其他事物正在朝着较为年轻的方向前进，而它则朝着较为年老的方向前进。【155】较为年长的事物转过来以同样的方式变得比较为年轻的事物年轻。二者朝着相反的方向运动，向对方转化，较为年轻的变得比较为年长的年长，较为年长的变得比较为年轻的年轻，但它们最终决不会变成年长的或年轻的。但若它们做到了这一点，那么它们就不再是变得，而是就是这样了。既然如此，它们各自变得比较年长，而又变得比其他事物年轻。一变得比其他事物年轻，因为已经表明它是较为年长的，是最早出现的；【b】而其他事物变得比一年长，因为它们较晚产生。按照同样的推理，其他事物以同样的方式变得比一年轻，因为实际上已经表明它们比一年长，出现较早。"

"对，好像是这样的。"

"那么好吧，就无物可以变得比与它相异的一个事物年长或年轻而言，

---

① 前面讲的"差距"指两个年龄之间的差距，比如 6 岁与 2 岁的年龄差距是 4 岁。各增加 4 岁以后，年龄差距仍然是 4 岁。而此处讲的年龄上的"差"指年龄数值的比值之差，比如 6 岁与 2 岁之比是 6 比 2，而各增加 4 岁以后就变成 10 比 6，6 比 2 的比值大于 10 比 6 的比值。

由于它们之间的年龄差距始终保持相等的数量，一不会变得比其他事物年长或年轻，其他事物也不会变得比一年长或年轻。【c】但是通过添加一个部分，变得较早的事物必定与变得较迟的事物有差距，反之亦然，就此而言，它们以这种方式必定变得比相互之间年长或年轻——其他事物与一相比，一与其他事物相比。"

"当然。"

"把这些都总结一下：一本身既是又变得比它自身和其他事物年长和年轻；它既不是又不变得比它自身或其他事物年长或年轻。"

"确实如此。"

【d】"由于一分有时间，会变得较为年长或年轻，所以它必定也有过去、将来和现在——如果它真的分有时间的话？"

"必定。"

"因此，一过去是、现在是、将来也是，也会过去变得、现在变得、将来变得。"

"当然。"

"还有，某个事物能够属于它，和是它的，在过去、现在和将来。"

"确实。"

"确实会有关于它的知识、意见和感觉，如果实际上我们正在从事的所有这些活动都是关于它的。"

"你说得对。"

"也有属于它的一个名称和解释，它可以被命名和被谈论。【e】所有这些属于其他事物的事情也属于一。"

"确实如此。"

"让我们第三次提到这个命题，如果一是我们所说的这个样子——既是一又是多，既不是一又不是多，分有时间——那么它一定不是，因为它是一，有时候分有是者，还有，由于它不是，有时候不分有是者。"

"必定如此。"

"当它分有的时候，它能处于不分有的时间中吗，或者当它不分有的时候它能分有吗？"

"它不能。"

"所以，它在一个时间分有，在另一个时间不分有，因为只有以这种方式它能既分有又不分有相同的事物。"

【156】"对。"

"那么，当它得到一份是者的时候，当它是是者的一部分时，没有确定的时间吗？或者说，它怎么能够在一个时间拥有，在另一个时间不拥有相同的事物呢，如果它从不获得和放弃？"

"没有办法。"

"实际上，你不把得到一份是者称做'变成'吗？"

"我会这样叫的。"

"你不把成为是者的部分称做'停止变成'吗？"

"当然。"

"确实，当一获得和放弃是者时，它好像变成或停止变成。"

【b】"必定。"

"由于它既是一又是多，既是变成又是停止变成，那么当它变成一的时候，它不会停止变成多吗？当它变成多的时候，它不会停止变成一吗？"

"当然。"

"当它变成一和多的时候，它必定不分离和结合吗？"

"它必定分离和结合。"

"再说，当它变成相似和不相似时，它必定不被变得相似和不相似吗？"

"对。"

"还有，当它变得较大、较小或相等时，它必定不增加、减少或等量吗？"

"会这样的。"

【c】"但是，它在运动时会变得静止，它在静止时会变为运动，可见，它本身必定不处于任何时间中。"

"怎么会这样呢？"

"它不能先静止后运动，或者先运动后静止，若无变化就不会有这种事发生。"

"显然不能。"

"但是没有这样的时间，在这个时间里某个事物可以既不运动又不静止。"

"对，你说得对。"

"然而，它确实不发生变化就不会变化。"

"几乎不会变化。"

"所以，它是什么时候发生变化的呢？【d】既不是它静止的时候，又不是它运动的时候，也不是它处于时间中的时候。"

"对，你说得很对。"

"那么，这件事不是很奇怪吗，就在它变化的那一刻？"

"什么事很奇怪？"

"瞬间的变化。瞬间这个词似乎表示一事物从自身原有状况过渡到另一种状况。只要事物仍旧保持着静止，那么它就没有从静止状态向其他状态过渡，只要事物仍旧在运动，那么它也没有从运动状态向其他状态过渡，但这个奇特的事物，这个瞬间，【e】位于运动和静止之间；它根本不在任何时间中，但运动的事物却过渡到静止状态，或者静止的事物过渡到运动状态，就在这瞬间发生。"

"好像是这样的。"

"如果一真的既静止又运动，那么它能够改变为各种状态——因为只有这样它才能同时处于两种状态。但是就改变而言，它在瞬间发生改变，它在改变的时候不占有时间，而就在那一瞬间，它既不运动又不静止。"

"它不。"

【157】"其他的改变也是这样吗？当一从是改变为停止是，或者从非是

者改变为变成，它不是处于某种运动和静止的状态吗？"

"它好像是这样的，不管怎么说。"

"按照同样的论证，当它从一改变为多，或者从多改变为一的时候，它既不是一又不是多，既不是分离的又不是结合的。当它从相似改变为不相似，或者从不相似改变为相似的时候，它既不相似，又不不相似，【b】它也不会被变得相似或不相似。当它从小改变为大和从小改变为相等时，反之亦然，它既不是小，又不是大，也不是相等，它也不会增大、减少或等量。"

"无疑。"

"如果一是，我们不是必须考察有哪些事情对'其他'是恰当的吗？"①

"我们必须。"

"那么，我们说，如果一是，一以外的其他事物必须拥有什么属性吗？"

"让我们就这么办。"

"那么好吧，由于其他事物实际上是一以外的事物，所以其他事物不是一。因为如果它们是一，【c】它们就不会是一以外的事物。"

"没错。"

"然而，其他事物并非被绝对地剥夺了一，而是以某种方式分有一。"

"以什么方式？"

"在一以外的其他事物中，一肯定是其他，因为它们拥有部分；因为它们若是没有部分，它们就完全是一。"

"对。"

"我们说，所谓部分就是某个整体的部分。"

"对，我们这么说。"

"然而，使部分成其为部分的整体必定是一个由多组成的事物，由于这

---

① 从这里开始是巴门尼德演示的第三组假设。它的前提与第二组相同，也是"如果一是"（如果　分有是），但不推论一会如何，而推论其他会如何。其他（τἆλλα），其他事物。

些部分的每一个必定不是多的部分，而是整体的部分。"

"为什么是这样？"

"如果某个事物是多的部分，【d】它本身处于其中，它当然就会既是它自身的部分，这是不可能的，又是每一个其他事物的部分，若它真的是它们全体的部分。因为，若它不是一的部分，它就是其他事物的部分，一除外，这样一来它就不是每一个的部分了。如果它不是一的部分，它就不是多个事物中任何一个事物的部分。但若它不是一个事物的部分，它不能是部分，或根本不能是任何事物，不能是不以它为部分的所有事物的部分。"

"确实好像是这样的。"

"所以，部分不会是多个事物或所有事物的部分，而是被我们称做整体的某一种性质或某一个事物的部分，【e】因为它组合所有事物而变成一个完整的事物。这就是部分要成为它的部分的那个东西。"

"绝对如此。"

"所以，如果其他事物拥有部分，它们也会分有某一个整体。"

"当然。"

"所以，一以外的事物必定是一个拥有部分的完全的整体。"

"必定。"

【158】"再说，同样的解释也可用于每一个部分，因为它也必定分有一。如果它们中的每一个都是一部分，'每一'当然表示它是一个事物，如果它真的是每一，它就被剥离了其他而只是它自身。"

"没错。"

"但它显然分有一，而是一以外的其他某个事物。否则它就不会分有一，而是它本身就是一。但若如此，除了一本身以外其他事物要是一，肯定是不可能的。"

"不可能。"

"但是，整体和部分必定分有一，因为整体是一个有部分的事物，而每一个作为一个整体的部分的事物也是这个整体的一个部分。"

【b】"就是这样的。"

"嗯，分有一的事物不是由于分有它而与它不同吗?"

"无疑。"

"与一不同的事物肯定是多，因为一以外的事物既不是一又不比一多，它们就会什么都不是了。"

"你说得很对。"

"由于既分有部分的一又分有一以外的整体的一的事物不止一，那么这些获得一份一的事物本身实际上是无限的多吗?"

"怎么会这样?"

"让我们以这样的方式来观察：在它们获得一份一的时候，它们获得一份，但还不是一和分有一，情况不是这样的吗?"

"显然如此。"

【c】"所以，作为多，一的性质还没有在它们中呈现吗?"

"肯定没有，它们是多。"

"嗯，如果我们愿意做减法，在思想上，那么我们至少可以从这些杂多的事物中减去多，而不是一，如果实际上它并没有分有一，对吗?"

"必定。"

"所以，当我们以这种方式考察它的本性时，按其自身来看待事物，始终与型相相异的事物，我们不会把它们始终看做无限的多吗?"

"绝对如此。"

【d】"再说，当每个部分变成一个部分时，它们相互之间或相对于整体来说就有了一个界限，整体和部分也有了界限。"

"是这样的。"

"于是，一以外的事物从一和它们的结合中获得一种联系，好像是某种与它们相异的东西，这就为它们相互之间的关系提供了一个界限，而它们自己的本性，凭借它们自身，不提供界限。"

"显然如此。"

"以这种方式，确实，一以外的其他事物，既作为整体又作为部分的部分，既是无限的又分有界限。"

【e】"嗯，它们相互之间以及与它们自身既相似又不相似吗？"

"以什么方式？"

"一方面，就它们全都不受它们自己的本性的限制而言，它们会以这种方式拥有相同的属性。"

"当然。"

"再说，就它们全都分有界限而言，以这种方式，它们也会全都拥有相同的属性。"

"无疑。"

"另一方面，就它们既是有限的又是无限的而言，它们拥有这些相互对立的属性。"

【159】"对。"

"而对立的属性有可能是最不相似的。"

"确实。"

"所以，就一种属性而言，它们会与它们自身以及相互之间相似，但就两种属性而言，它们是完全对立的，与其自身不相似，相互之间也不相似。"

"好像是这样的。"

"就这样，其他事物既与它们自身相似和不相似，又相互之间相似和不相似。"

"就是这样的。"

"确实，我们不会有进一步的困惑了，寻找一以外的事物既相同又相异，既运动又静止，全都拥有对立的属性，因为实际上已经说明它们拥有我们提到的这些属性。"

【b】"你说得对。"

"嗯，那么，假定我们现在把这些结果都当做显而易见的加以承认，然后再来考察，如果一是一，一以外的其他事物不是这样的，还是只能是这样的?"①

"当然只能是这样的。"

"让我们从头说起，如果一是一，那么一以外的其他事物必定具有哪些属性，好吗?"

"让我们就这么办。"

"一必定不与其他事物分离，其他事物必定不与一分离吗?"

"为什么?"

"因为在一和其他事物之上，肯定无法再添加其他事物，一旦提到一和其他事物，【c】也就提到了所有事物。"

"对，所有事物。"

"所以，没有其他与它们相异的事物，只有和一与其他事物相同的事物。"

"没有。"

"所以一和其他事物决不处于同一事物中。"

"好像不会。"

"所以它们是分离的。"

"对。"

"再说，我们说真正是一的事物不拥有部分。"

"显然不。"

"所以一不能作为一个整体处于其他事物中，它的部分也不能处于其他事物中，如果它与其他事物是分离的，没有部分。"

【d】"显然不能。"

"所以，其他事物不能以任何方式分有一，如果它们既不能通过得到它的某个部分又不能通过得到它的整体的方式来分有。"

---

① 从这里开始是巴门尼德演示的第四组假设。它假设的前提与第一组相同"如果一是一"（εἰ ἓν ἔσται τὸ ἕν）。

"似乎不能。"

"那么，其他事物不能以任何方式是一，它们也不在它们自身中拥有一。"

"对，你说得很对。"

"所以，其他事物也不是多；因为如果它们是多，它们中的每一个就会是一个整体的一部分。但事实上，一以外的事物既不是一又不是多，既不是整体又不是部分，因为它们不能以任何方式分有一。"

"没错。"

"因此，其他事物自身不是二或三，它们中间也不会有二或三，【e】因为它们完全被剥夺了一。"

"就是这样的。"

"所以，其他事物本身不和一相似和不相似，相似和不相似也不处于它们中间。如果它们本身相似或不相似，或者拥有相似和不相似，一以外的事物肯定会在它们自身中拥有相互对立的两个型相。"

"显然。"

"但这对甚至不能拥有一或任何二的事物来说是不可能的。"

"不可能。"

"所以其他事物既不会相似，也不会不相似，【160】更不会相似和不相似。因为它们若是相似或不相似，它们就会分有这两个型相中的一个，如果它们既相似又不相似，它们就会拥有两个对立的型相。但这些可能的选择已被表明是不可能的。"

"对。"

"所以它们既不是相同又不是相异，既不在运动又不在静止，既不变得又不停止变得，既不是大于又不是小于和等于。它们也不拥有任何诸如此类的属性。如果其他事物接受这样的属性，它们也要接受一、二、三、【b】奇、偶，而这些东西已经表明是它们不能分有的，因为它们以各种方式完全被剥夺了一。"

"很对。"

"就这样，如果一是一，那么相对于它自身或其他事物来说，一既是所有事物，又不是任何一个事物。"

"到现在为止，一直都还不错。但是接下来，我们一定不要考察，如果一不是，必定会产生什么后果吗？"①

"我们必须考察。"

"那么，'如果一不是'这个假设会是什么意思呢？它与'如果非一不是'这个假设不同吗？"

"当然不同。"

"仅仅是不同，【c】还是说'如果非一不是'和'如果一不是'完全相反？"

"完全相反。"

"要是有人说'如果没有大'、'如果没有小'，或其他诸如此类的话，那么不是很清楚，在每一事例中，他说的没有的东西是某个相异的东西吗？"

"当然。"

"所以现在也一样，当他说'如果没有一'的时候，他说的没有的东西显然是与其他事物相异的东西，他这个意思我们认不出来吗？"

"我们认得出来。"

"所以，每当他说'一'的时候，他首先谈的是某个可知的事物，其次，他谈的是某个与其他事物相异的事物，无论给它添加'有'还是'没有'；【d】因为我们仍旧认识所说的这个没有的东西，知道它与其他事物相异。不是这样吗？"

"必定如此。"

"所以我们必须从头开始，假设'如果一不是'，推论它的必然结果。首先，似乎有关于这个一的知识，这样说必定是对的；否则的话，要是某个人

_____

① 从这里开始是巴门尼德演示的第五组假设。它的前提是前四组假设前提的否定形式，"如果一不是"（εἰ ἓν μὴ ἔστιν）。陈康先生指出这个前提的意思是"如果一是异于其他的"，这是"不是"的相对的意义，否定的范围只限于某一点。

说‘如果一不是’，我们甚至不知道它是什么意思。”

“对。”

“它必定是与其他事物相异的——或者说，其他事物与它相异吗？”

“当然。”

“因此，相异这个种贯穿于它，【e】再加上知识。因为当某个人说一与其他事物相异的时候，他说的不是相异这个种与其他事物相异，而是这个事物在种上的差异。”

“显然如此。”

“再说，这个没有的一分有‘那’，是‘某个事物’的，分有‘这’、‘对这’、‘这些’，等等；因为一不能被提及，事物也不能与一相异，任何事物也不能属于它或是它的，也不能说它是任何事物，除非它拥有一份‘某个事物’以及其他。”

“没错。”

“如果一真的不是，它不能是，但没有任何东西阻碍它分有许多事物。确实，如果它真的是一，而不是那个不是的东西，那么它甚至必定是。然而，如果一和‘那’都不是，这个解释是关于其他某个事物的，【161】我们甚至不应当发出声音来。但若一和非其他被定位于不是，它必定拥有一份‘那’，也是许多其他事物的。”

“确实如此。”

“所以它也拥有不相似，与其他事物相连。因为一以外的事物，由于它们是不同的，也会在种类上不同。”

“对。”

“不同的事物在种类上不是异于其他种类吗？”

“无疑。”

【b】“其他事物在种类上不就是不相似吗？”

“确实是不相似。”

“那么好吧，如果它们真的与一不相似，不相似的事物显然会与一个不相似的事物不相似。"

"显然。"

"所以，一也会拥有不相似，就其与其他与它不相似的事物的关系而言。"

"好像是这样的。"

"但若它拥有对其他事物而言的不相似，它必定不拥有对其本身而言的相似吗？"

"怎么会这样？"

"如果一对一而言拥有不相似，这个论证肯定就不是关于某个与一相同种类的事物的，这个假设也不是关于一的，而是关于一以外的某个事物的。"

"当然。"

"但它必定不是。"

【c】"确实不。"

"因此，一必定拥有对其本身而言的相似。"

"必定。"

"再说，它也和其他事物不等，因为它若是相等的话，那么它就会既是它们，又会在相等方面与它们相似。但这些都是不可能的，如果一真的不是。"

"不可能。"

"由于它与其他事物不等，其他事物必定也与它不等吗？"

"必定。"

"是的事物与不相等的事物不相等吗？"

"相等。"

"不相等的事物与某个不相等的事物不相等吗？"

【d】"无疑。"

"所以一也分有不等，相对于和它不相等的事物而言。"

"它分有。"

"但是，大和小是不等的组成部分。"

"对，它们是。"

"所以大和小也属于这个一吗？"

"好像是的。"

"然而大和小总是相互分开的。"

"确实。"

"所以总有某些事物处于它们之间。"

"有。"

"那么除了相等，你还能提到它们之间的任何东西吗？"

"不能，只有相等。"

"因而，无论什么拥有大和小的事物也拥有相等，因为它处于它们之间。"

"显然。"

【e】"所以看起来，如果一不是，这个一拥有一份相等、大、小。"

"好像是的。"

"再说，它必定也以某种方式分有是者。"

"以什么方式？"

"它必须处于我们描述的这种状态下；因为如果不是这样，当我们说一不是的时候，我们说的就不是真话。不是这样吗？"

"确实是这样的。"

【162】"由于我们声称要讲真话，所以我们也必须宣称所谈论的事物是有的。"

"必定。"

"因而，一似乎是一个非是者；因为如果它不是一个非是者，而是以某种方式在与非是者的关系中放弃了它的是者，它就会直接就是一个是者了。"

"绝对如此。"

"所以，如果它不是，它必定是一个非是者，相对于它的不是而言，正好像以同样的方式，不是的东西必定拥有非是者，为的是让它可以完全是。这就是，是的东西怎么会全是，不是的东西会不是：【b】一方面，如果它是完全地是，那么它分有是者，就是者是一个是者、非是者是一个非是者而言；另一方面，如果它变得完全不是，那么它分有非是者，就非是者是一个非是者、是者是一个非是者而言。"

"非常正确。"

"据此，由于实际上是的东西拥有一份非是者，不是的东西拥有一份是者，所以，由于一不是，它必定拥有一份是者，就其不是是者而言。"

"必定。"

"那么一，如果它不是，好像也拥有是者。"

"显然。"

"如果它不是，它当然拥有非是者。"

"无疑。"

"处于某种状态下的某个事物能不是这样吗，不从这种状态发生改变？"

【c】"它不能。"

"所以，我们描述的这类事物中的每一个，既是这样的又不是这样的，表示改变。"

"无疑。"

"而改变就是运动——或者我们能叫它什么吗？"

"运动。"

"现在，一不是已被表明既是又不是了吗？"

"对。"

"因此，它显得既是又不是。"

"好像是这样的。"

"因此，这个是的一不也已经被表明是运动，因为它实际上已被表明从是者改变为非是者。"

"好像是这样的。"

"然而，另一方面，如果它不处于是的事物中的任何地方——就如它若真的不是，它不是——它不能从一处移动到另一处。"

【d】"显然不能。"

"所以它不能靠移动位置来运动。"

"它不能。"

"它也不能在相同的事物中旋转，因为它与相同的东西没有接触。因为相同的东西是一个是者，不是的东西不能是任何是的东西。"

"对，你说得很对。"

"确实，这个一也不能从它自身发生改变，无论在它是某个事物或者不是某个事物的时候。因为这个论证已经不再是关于一的，而是关于其他事物的，如果这个一真的能从它自身发生改变。"

"对。"

"但若它不发生改变，不在同一事物中旋转，又不改变位置，它还能是运动吗？"

【e】"显然不是。"

"然而，不运动的东西必定享有安息，安息的东西必定处于静止。"

"必定。"

"因此，这个一，看起来，由于它不是，它既处于静止又处于运动。"

"好像是这样的。"

"再说，如果它真的运动，它必定会发生改变，【163】因为某个事物无论怎么运动，都会使它不再处于原先状态，而进入另一不同的状态。"

"是这样的。"

"那么，由于它运动，这个一也被改变了。"

"对。"

"然而，由于它不以任何方式运动，它不能以任何方式被改变。"

"它不能。"

"所以，就是者的这个一运动而言，它被改变，但就它不运动而言，它没有被改变。"

"它没有。"

"因此，如果一不是，这个一既被改变又不被改变。"

"显然。"

"改变了的东西必定变得与它的原先状态不同,【b】停止是它的原先状态;不改变的东西既不变得是也不停止是吗?"

"必定。"

"因此,一,如果它不是,也会变得是或停止是,如果它不被改变。就这样,这个一,如果一不是,既变得是和停止是,又不变得是或停止是。"

"对,你说得很对。"

"让我们再次返回起点,看事情会对我们显得与现在相同还是不同。"①

"确实,我们必须这样做。"

"我们不是说,如果一不是,【c】必定会有哪些关于它的结论吗?"

"是的。"

"当我们说'不是'的时候,这些词不就是指我们说它们不是的那些其他事物缺乏是者,对吗?"

"没有其他意思。"

"当我们说某个事物不是的时候,我们是在说它以某种方式是,以某种方式不是吗?或者说,这个'不是'指的是不对它是的方式做任何限制,不以任何方式分有是者?"

"绝对没有限制。"

"因此,不是的东西既不能是,【d】也不能以任何其他的方式分有是者。"

"它不能。"

"变得是和停止是的意思有可能是得到一份是者和失去一份是者以外的意思吗?"

"不会。"

"但是不分有是者的东西既不能获得它,又不能失去它。"

---

① 从这里开始是巴门尼德演示的第六组假设。假设的前提与第五组相同,"如果一不是"。陈康先生指出这里的"不是"是绝对的,指没有任何限制,这个前提的意思实际上是"如若一绝对地不是"。

"显然不能。"

"所以这个一，由于它以任何方式是，必定不以任何方式拥有、释放、获得一份是者。"

"这是合理的。"

"所以，这个一既不停止是，又不变得是，因为它实际上不以任何方式分有是者。"

【e】"显然不。"

"所以它也不以任何方式改变。因为它若是发生这样的改变，它就会变得是和停止是了。"

"对。"

"如果它不改变，那么它必定不运动吗？"

"必定。"

"我们肯定不会说不能以任何方式是的东西处于静止中，因为处于静止中的事物必定总是处于某个相同事物中。"

"无疑处于相同事物中。"

"这样一来，让我们说不是的东西决不会处于静止或者处于运动。"

"对，你说得很对。"

【164】"但是，实际上没有任何事物属于它；因为这样的话，通过对这个事物的分有，它就会分有是者。"

"显然。"

"所以，大、小、相等都不属于它。"

"不属于。"

"再说，它既不会拥有相似，也不会拥有相异，就它与其自身关系而言，或者就它与其他事物的关系而言。"

"显然不能。"

"这一点怎么样？与它相连的其他事物，如果必要的话，能属于它吗？"

"它们不能。"

"所以其他事物与它既不相似，又不不相似，它们与它既不是相同的，又不是相异的。"

"它们不。"

"还有，'那个的'、'对那个'、'某个事物'、'这个'、'这个的'、'另一个的'、'对另一个'，【b】或者时间上的过去、今后、现在，或者知识、意见、感觉、解释、名称，或者其他用于不是的东西的任何事物，属于它吗?"

"不属于。"

"就这样，由于一不是，一根本不处于任何状态中。"

"无论如何，它似乎肯定不处于任何状态中。"

"让我们继续，说一下其他事物必定拥有什么属性，如果一不是。"①

"让我们就这么做。"

"它们必定是其他，如果它们连其他都不是的话，我们就不会谈论其他事物了。"

"就是这样的。"

"但若这个论证是关于其他事物的，那么其他的东西是不同的。或者说，【c】你不把'其他'和'不同'这些名称用于相同的事物吗?"

"我用。"

"我们肯定说不同与一个不同的东西不同，其他是另一个事物以外的东西吗?"

"是的。"

"所以，其他，如果它们是其他，也会拥有某些使它们成为其他的东西?"

"必定。"

"那么这个东西会是什么呢? 因为它们不会是一以外的其他，如果一确实不是。"

---

① 从这里开始是巴门尼德演示的第七组假设。假设的前提与第五组相同，"如果一不是"。陈康先生指出这里的"不是"是相对的，这个前提的意思实际上是"如若一相对地不是"。

"它们不会。"

"所以，它们是相互之间的其他，因为它们还有另一种选择，否则的话，它们就会是无以外的其他了。"

"对。"

"所以，它们作为多，相互之间互为其他，因为它们不能作为多个一，如果一不是。但是，它们的每一块碎片似乎是无限的多，【d】如果你拿起它来看，它好像是最小的，但在一瞬间，就好像做梦一样，这个好像是一的东西会显现为多，而不是那个很小的东西，与那些从它劈下来的碎片相比，它是巨大的。"

"很对。"

"如果它们是其他，如果一不是，那么它们就会像这样一块块地互为其他。"

"是这样的。"

"那么好吧，不会有许多这样的碎块吗，各自显现为一，但不是是者，如果一真的不是？"

"正如此。"

"如果每一块好像是一，尽管它是多，【e】那么会有一个它们的数。"

"当然。"

"在它们中间，有些好像是偶数，有些好像是奇数，但并非真的如此，如果一真的不是。"

"你说得很对。"

"再说，我们说在它们中间好像有一个最小的，【165】但这个最小的东西相对于它的多的每一个显现为多和大，因为它们是小。"

"无疑。"

"还有，每一块都可以想象为与众多的小相等。因为它不能在显现中超越中间阶段而直接从大到小，这个中间会显现为相等。"

"这是合理的。"

"现在，与另一块相连，它不会有界限，而它本身就其自身而言没有开端、终端和中间吗？"

"为什么会这样？"

"因为每当你在思想上把握它们的任何一小块，【b】把它当做一个有开端、中间和终端的东西，那么总会在这个开端之前出现另一个开端，在这个终端之后出现另一个终端，在这个中间又有更多的中间，更小的中间，因为你不能把它们中的任何一小块把握为一，因为一不是。"

"非常正确。"

"所以每一个你在思想上把握的是者，我要说，都被劈碎了，散开了，确实因为没有一，它就只能被当做一块来把握。"

"当然。"

"所以，对一个视力模糊的人来说，远远地看去，这样的东西好像是一，【c】但对一个视力敏锐的人来说，如果逼近观看，每个一都是无限的杂多，如果它真的被剥夺了一，如果它不是？"

"确实，必定如此。"

"这样的话，如果一不是，而一以外的其他事物是，那么其他必定每一个显现为无限的多，拥有界限，既是一又是多。"

"对，它们必定如此。"

"它们不也会显得既相似又不相似吗？"

"为什么会这样？"

"这就好像一幅风景画，对于远立的人来说，画上的所有东西都像是一个东西，都具有同样的属性，因此都是相似的。"

【d】"当然。"

"但若这个人接近这幅画，画上的东西就显得多样和不同，这种差异的显现是种类的差异，是不相似本身。"

"正如此。"

"所以这些块必定显得既相同又相异，就它们自身和相互之间而言。"

"当然。"

"据此，如果一不是，而多是，多者之间必定显得既相同又相异，与它们自身既接触又分离，既有各种方式的运动又有各种方式的静止，既变得是又停止是，【e】其他所有诸如此类的事情也很容易列举。"

"确实很对。"

"让我们再一次返回起点，说一下，如果一不是，而一以外的其他事物是，必定会是什么样的情况。"①

"让我们就这么做。"

"嗯，其他事物不会是一。"

"显然不是。"

"它们肯定也不是多，因为一也会呈现在是多的事物中。如果它们中没有一个是一，那么它们全都是无——所以它们也不是多。"

"它们不是。"

【166】"它们也不呈现为一或多。"

"为什么?"

"因为其他事物不能以任何方式与一个不在的事物发生联系，这些不在的事物中也没有一个属于任何其他事物，因为不在的事物没有部分。"

"对。"

"所以没有一个关于不在的东西的意见或显现属于其他事物，非在者也不会以任何方式被其他事物中的任何一个事物所察觉。"

"对，你说得很对。"

"所以，如果一不是，其他事物没有一个能被察觉为一或多，因为，没有一，察觉多是不可能的。"

"对，不可能。"

---

① 从这里开始是巴门尼德演示的第八组假设。假设的前提与第五组相同，"如果一不是"。陈康先生指出这里的"不是"是绝对的，这个前提的意思实际上是"如若一绝对地不是"。

"因此，如果一不是，其他事物既不是又不能被察觉为是一或多。"

"好像不能。"

"所以它们也不是相似或不相似。"

"它们不是。"

"确实，它们既不是相同又不是相异，既不接触又不分离，也不处于我们刚才进行的论证所说的它们好像是的其他状态。如果一不是，其他事物既不是又不显现为所有这些状态中的任何一种。"

"对。"

"总结一下，如果我们要说'如果一不是，无物是'，我们这样说不正确吗？"

"绝对正确。"

"那么，让我们就这样说，此外还有，看起来，无论一是或不是，它和其他事物既是又不是，以所有方式，既显现又不显现为一切事物，既对它们自身而言，又对它们相互之间而言。"

"非常正确。"

智者篇

提　要

本篇属于柏拉图后期对话，对话场景与《泰阿泰德篇》首尾相连，所以它的写作时间也迟于《泰阿泰德篇》。对话开始时，塞奥多洛对苏格拉底说自己带来一位爱利亚来的客人，后面的谈话便由这位爱利亚客人主导。公元 1 世纪的塞拉绪罗在编定柏拉图作品篇目时，将本篇列为第二组四联剧的第三篇，称其性质是"逻辑性的"，称其主题是"论存在"。[①] 谈话篇幅不长，译成中文约 3.9 万字。

本篇的基本结构可以分为三个部分，第一部分和第三部分是外围部分，第二部分是内核部分，各部分彼此呼应，形成统一的整体。[②]

第一部分（216a—236d），寻找智者的定义。爱利亚客人从技艺角度出发，采用二分法先对技艺进行划分，最终界定智者的技艺——智术。它属于控制的、猎取的、猎取动物的、猎取陆上动物的、猎取温驯动物的、猎取人的、通过说服来猎取的、私下里猎取的、赚取酬金的、声称提供教育的专门技艺。在这一部分，爱利亚客人先后提出了智者的六个定义：（1）智者是猎取富有和显贵的青年的猎人；（2）智者是经营与灵魂相关的各种学问的某种

[①]　参见第欧根尼·拉尔修：《名哲言行录》3：58。

[②]　参见詹文杰：《真假之辨——柏拉图〈智者〉研究》，江苏人民出版社 2011 年版，第 21 页。

商人；（3）智者既贩卖别人制造的东西，又贩卖自己制造的东西，他是这些学问的零售商；（4）智者是各种学问的自营者；（5）智者是在私人争论中赚钱的人（225e）；（6）智者是用辩驳的方式净化人的灵魂人。

第二部分（236d—264b），"型相结合论"（通种论）学说。爱利亚客人在进一步说明影像的时候遇上麻烦，讨论主题转入是、非、真、假、在、同、异等极为抽象的哲学问题。爱利亚客人对以往哲学家的相关思想进行了概括，指出一派哲学家认为只有可感知的形体是真正的存在，另一派哲学家认为只有无形体的型相才是真正的存在。爱利亚客人对两派的观点都提出了批评。然后引入"型相结合论"，探讨在者、静止、运动、相同、相异这五个最基本、最重要的"型相"之间的结合。

第三部分（264b—268d），最终界定智者。爱利亚客人从辨识真与假的角度入手，把智术界定为属人的而非属神的、在语言中玩弄魔术的、属于影像制造术中的幻象术的、在自以为是的模仿中伪装和制造悖论的部分。智者传授的知识不是真正的知识，只是与知识相似的幻象，所以智者是制造幻象的魔法师和模仿者。

正　文

谈话人：塞奥多洛、苏格拉底、客人、泰阿泰德

塞 【216】信守昨天的约定，我们按时来了，苏格拉底。我们还带来这位来访的客人。他来自爱利亚①，是聚集在巴门尼德和芝诺周围的那群追随者之一。他确实是一位哲学家。

苏 塞奥多洛，难道你没有意识到，你带来的不是一位客人，而是一位神，就像荷马②说的那样？他说众神和可敬、正义之人待在一起，【b】一同

---

① 爱利亚（Ἐλέα），地名。
② 参见荷马：《奥德赛》9：269，17：483—487。

监察凡人放肆或善良的行为，尤其是保佑来访者的神。你们的来访者可能就是一位超凡者，作为一位辩驳之神，监察和驳斥我们，因为我们的论证是贫乏的。

塞　这不是我们这位来访者的做派，苏格拉底。他比那些热衷于争论的人要有分寸。在我看来，他决不是神，而是神圣者，【c】对所有哲学家我都这么说。

苏　说得好，我的朋友。不过我想，这种高人可能不会比神更容易辨别。当然了，真正的哲学家——与那些假冒的哲学家相比——周游列邦，为了避免世人的误解，他们以各种形象显现。哲学家们高高在上地俯视人寰，①有人视其一文不值，有人视其价值连城。【d】他们有时幻化为政治家，有时幻化为智者。还有一些时候，他们给人留下这样的印象，他们就是十足的疯子。但若我们的客人感到可以的话，【217】我乐意请他来告诉我们，他来的那个地方的人是怎么使用下面这些名称的，他们对这些事情是怎么想的？

塞　哪些名称？

苏　智者、政治家、哲学家。

塞　什么东西或者哪种事情，使你想到要问这个问题？你心里有什么困惑？

苏　是这样的，他们认为这些人是一类还是两类？或者说他们把这些人分为三类，分别冠以相应的名称？

塞　我认为请他来告诉我们这些事情不会冒犯他。或者说，会吗，我的客人？

客　【b】不会，塞奥多洛，我不会感到冒犯。我一点儿也不嫌恶。这个问题的答案也容易：他们认为有三类人。但是，要清楚地区分它们中的每一

———

①　参见荷马：《奥德赛》17：483—487。"众神装扮成各种样子的来访者，就像这种情况下的奥德修斯，观察正义者和不正义者的行迹。"

个到底是什么，那可不是一件轻而易举的小事。

塞 真是太巧了，苏格拉底，你提出来的这些话题与我们来之前问他的事情很像。正如他现在对你一样，他当时也找了相同的理由加以推托。尽管他说，他曾经充分聆听，而且尚未忘记。

苏 【c】既然如此，客人，那就别拒绝我们的初次请求，跟我们多谈谈吧。告诉我们，你通常喜欢用长篇大论独自解释的方法，还是喜欢用提问的方法？巴门尼德就曾经用过提问的方法，那个时候他已经老迈，而我还很年轻。① 通过提问，他引导了一场很好的讨论。

客 【d】你说的第二种方式要容易些，苏格拉底，如果跟你交谈的人容易把握，不找麻烦。否则的话，还不如自己一个人讲。

苏 你可以挑选在场的任何人跟你对谈，因为他们全都会有礼貌地回答你。但若你接受我的建议，你就从年轻人中挑选一位——在这里的泰阿泰德，或者你喜欢的他们中的某一位。

客 这是我第一次与你在此相会，苏格拉底，【e】要是我不按简单的一问一答的方式来进行交流，而是独自，哪怕对着其他人，发表冗长的演说，好像在炫耀自己，那么我会感到惭愧。现在这个论题确实不像人们以为的那么容易，它只是听起来容易，而实际上是很长的论证。但是，如果拒绝你和诸位的请求，【218】尤其是你们已经说了这样的话，会使我显得有些不懂礼貌。所以，根据你的敦促，我竭诚欢迎泰阿泰德跟我对谈，因为我本人以前也跟他交谈过。

泰 就照你说的办吧，客人呀，你会给我们大家带来帮助，如苏格拉底所说。

客 噢，关于这一点无须再多说什么了，泰阿泰德。从现在开始，这个论证似乎要冲着你来了。倘若你对它的冗长感到恼火和烦躁，那么你应当责怪你的朋友，而不是责怪我。

---

① 指《巴门尼德篇》中的那场谈话。

泰 【b】至少我现在还没有想要推辞，如果有这种事情发生，我们就请在这里的另外一位苏格拉底来接替我。他和苏格拉底同名，与我年龄相仿，也曾与我共同训练，与我一道完成过许多任务。

客 很好！在谈话进行的时候，你可以有自己的思考。但你需要和我一道来开始这项考察，从智者开始，【c】通过定义来寻找它，并清楚地解释它是什么。现在，你和我共同拥有的只是这个名称，我们各自在使用它的时候也许表示不同的事物。然而在任何情况下我们都应该通过界定①来对这个事物本身达成共识，而不是仅就缺乏论证的名称达成共识。我们现在打算去考察的这个族群，亦即智者，它究竟是什么，这可不是一件世上最容易的事。要是说，重大的事情要努力去做，那么如大家早就这么认为的，【d】你需要先练习做一些不太要紧的、比较容易的事情。所以，泰阿泰德，我给我们的建议是：鉴于智者这个族群很难对付，不容易猎取，我们应当练习一下我们狩猎的方法，先捕捉一些比较容易捕捉的猎物，除非你能告诉我们还有别的更有前景的方法。

泰 我不能。

客 那么你想要我们关注某些小事，然后试着以此为榜样，处理比较重要的事情吗？

泰 【e】是的。

客 我们能建议什么呢，这些东西本身不太重要，又容易理解，但对它能够做出的解释却和重要的事情一样多？就拿钓鱼者来说，每个人都认识他，但又不值得过分重视，对吗？

泰 对。

客 【219】我期待，这样的考察能够提供符合我们要求的方法和定义。

泰 这样的话，当然很好。

客 那么好吧，让我们以这样一种方式开始。告诉我，我们要把他当做

---

① 界定（λόγος），定义、解释。

有技艺的人，还是无技艺但有其他能力的人？

泰　他不可能是无技艺的人。

客　全部技艺大体上有两个类型。

泰　怎么讲？

客　有务农，或者任何一种打理，照料任何可朽生灵的身体；也有打理合成物和制造物，我们叫它装备；还有模仿术①。【b】所有这些技艺都可以用一个名称来称呼。

泰　怎么讲？用什么名称？

客　只要有人使某个原先的非存在②成为实在③，那么我们就说这个人是制造者，成为实在的东西是被造物。

泰　对。

客　我们刚才提到的全部技艺都拥有这样的能力。

泰　的确有。

客　让我们把它们置于制造术④的名下。

泰　【c】行。

客　下面考虑与学习、认知、商贸、争斗、狩猎有关的整个类型。这些技艺没有一样制造任何东西。它们获取现存者和已生成者，用言语和行动来占有这些事物，不占有其他事物。由于这个原因，把这种类型的每个部分都称做占有术⑤是恰当的。

泰　对，这样做是恰当的。

客　【d】如果每一项技艺都可归为占有术或制造术，泰阿泰德，那么我们要把钓术⑥归入哪一类呢？

---

① 模仿术（μιμητική）。

② 非存在（μὴ ὄν）。

③ 实在（οὐσία）。

④ 制造术（ποιητική）。

⑤ 占有术（κτητική）。

⑥ 钓术（ἀυπαλιευτική）。

泰　显然，归为占有术。

客　占有术不是又有两个类型吗？其中一个通过礼品、酬金、货物来自愿交换；其余那些技艺，无论是通过行动还是通过言语实行控制，不都是控制术^①吗？

泰　从上所述，好像是这样的。

客　再说，占有术不可以对半划分吗？

泰　怎么分？

客　【e】把整个公开完成的控制术称做争斗术^②，再把所有隐蔽完成的控制术称做猎取术^③。

泰　对。

客　不能把猎取术分成两部分是没有道理的。

泰　你说吧，用什么方式分？

客　用划分无灵魂的东西和有灵魂的东西的方法。

泰　可以这样分，要是有这两类东西。

客　【220】怎么能没有呢？不过，我们应当略去猎取无灵魂的东西，它是没有名称的，除了潜水术^④之类琐碎的技艺；然而，猎取有灵魂的动物，可以称之为动物猎取术^⑤。

泰　行。

客　说动物猎取术有两种不对吗？一种与陆上行走的动物有关，也就是陆上猎取术，可以分成许多种，有许多名称。另一种涉及所有会游泳的动物，也就是水中猎取术，对吗？

泰　没错。

---

① 控制术（χειρωτική）。

② 争斗术（ἀγωνιστική）。

③ 猎取术（θηρευτική）。

④ 指潜水捞取海绵一类无生命的东西。

⑤ 动物猎取术（ζωοθηρική）。

客　【b】我们看到，会游泳的动物，一类是有翅膀的，一类生活在水中。

泰　当然。

客　我们把猎取有翅膀的动物全都说成捕禽术①。

泰　对。

客　猎取生活在水中的动物可以总称为捕鱼术②。

泰　对。

客　再说，这种捕捉不是又可以划分为两个主要部分吗？

泰　按照什么来分？

客　按照这个来分：一部分用罗网来捕捉，另一部分靠打击。

泰　你什么意思？你是怎么分的？

客　【c】无论用什么东西围住某个东西，防止它逃走，这个东西几乎都可以称做罗网。

泰　的确可以。

客　笼、网、篮、篓，以及诸如此类的东西，我们必须称它们为罗网，此外还能是什么吗？

泰　不能。

客　所以，我们把这部分捕捉称做网罗猎取术，或类似这样的名称。

泰　对。

客　然而，用钩子或三叉戟来打击的那部分捕捉与此不同，【d】我们需要一个说法，把它称做打击术③。或者有谁能说出更好的名称来，泰阿泰德？

泰　让我们别太在意名称，这个名称够好了。

客　打击术当中有的在夜晚就着火光进行，我想，捕捉者自己称之为火渔。

---

① 捕禽术（ὀρνιθευτική）。

② 捕鱼术（ἁλευτική）。

③ 打击术（πληκτική）。

泰　的确如此。

客　有的在白天进行，因为甚至连三叉戟也有倒钩，所以可以全部称做钩渔术。

泰　【e】对，是这样叫的。

客　然后，属于打击术的钩渔术，有一种从上往下打击，由于它最常使用三叉戟，所以我认为可以称做叉渔术。

泰　至少有些人是这么说的。

客　那么，剩下要说的只有一个类型了。

泰　什么类型。

客　它和打击方式相反，是用钩子来完成的，并不触及鱼的身躯的某个地方，【221】就像用三叉戟那样，而是每次只触及猎物的头和嘴，然后就用杆子或芦苇秆朝相反的方向从下往上拽起来。我们说它必须叫什么名称，泰阿泰德？

泰　噢，我想我们刚才预定要发现的东西已经找到了。

客　所以，有关钓术，你我不仅就其名称达成了共识，【b】而且充分领会了这件事情本身的界定。全部技艺的一半是占有术；占有术的一半是控制术；控制术的一半是猎取术；猎取术的一半是动物猎取术；动物猎取术的一半是水中猎取术；水中猎取术的下面一半是捕鱼术；捕鱼术的一半是打击捕鱼术；打击捕鱼术的一半是钩渔术。它的一半是从下往上的拉拽式打击，【c】其名称源于这个动作，也就是我们当前正在探寻的钓术。

泰　不管怎么说，它的确得到了充分的解释。

客　那么好吧，让我们按照这个模式去努力发现智者，看他究竟是什么。

泰　好的。

客　刚才探讨的第一个问题是，我们要把钓鱼者当做无技艺的庸人①还

---

① 庸人（ἰδιώτης），愚人，蠢人。

是有技艺的人？

泰　是的。

客　【d】嗯，现在，泰阿泰德，对于这一位智者，我们应当假定他是无技艺的庸人，还是真正的大师[1]？

泰　他决不是庸人。我明白你这样说是什么意思，他必须是大师这个名称所表示的这种人。

客　所以，我们似乎需要设定他是有某种技艺的人。

泰　什么技艺？

客　众神在上，我们竟然不知道这个人和那个人是同类人？

泰　谁和谁？

客　钓者和智者。

泰　以什么方式是同类？

客　他们俩都清楚地向我显现为猎人。

泰　【e】这一位属于哪一种猎人？那一位我们已经讲过了。

客　我们刚才已经把所有猎物分成两半，分为会游泳的和在陆上行走的。

泰　对。

客　我们已经详细说明了前者，亦即会游泳的这部分，但是我们当时放弃了对陆上行走者的划分，只说它是多样的。

泰　【222】的确如此。

客　从占有术开始到这里为止，智者和钓者走的是同一条道吗？

泰　好像是的。

客　在动物猎取术这一点上，他们分道扬镳，其中一个去了江河湖海，猎取那里的动物。

泰　没错。

---

[1]　大师（σοφιστής），聪明人，有专门技能的人。

客 另一个去了陆地或者不同类型的河流，比如盛产富家公子的草地，控制那里的猎物。

泰 【b】你指什么？

客 陆上行走的猎物主要有两种。

泰 哪两种？

客 一种是温驯的，一种是凶野的。

泰 有捕猎温驯的动物这种事吗？

客 有，如果人是温驯的动物。不过，你可以按照你的喜好来定，要么说没有温驯的动物，要么说有驯服的动物，但人是凶野的动物。或者你也可以说人是温驯的动物，但没有对于人的捕猎。无论你喜欢哪一种设定，把你的想法告诉我们。

泰 【c】客人，我想我们是温驯的动物，而且我断定有对人的捕猎。

客 那么，猎取温驯动物的技艺也有两部分。

泰 根据什么？

客 我们把海盗术①、奴役术②、僭主术③和全部战争术④放在一起，界定为暴力性的猎取。

泰 好的。

客 把法庭论辩术⑤、公众鼓动术⑥、对谈术⑦都放在一起，当做一种技艺，称之为说服术⑧。

泰 【d】行。

---

① 海盗术（ληστική）。

② 奴役术（ἀνδραποδιστική）。

③ 僭主术（τυραννική）。

④ 战争术（πολεμική）。

⑤ 法庭论辩术（δικανική）。

⑥ 公众鼓动术（δημηγορική）。

⑦ 对谈术（προσομιλητική）。

⑧ 说服术（πιθανουργική）。

客　让我们说，说服术有两种。

泰　哪两种？

客　一种是私下进行的，一种是公开进行的。

泰　的确有这两种不同的类型。

客　在私下进行的猎取术中，一部分是酬金赚取术①，另一部分是礼物赠与术②，不是吗？

泰　我不明白。

客　你好像从未注意过猎取情人的方式。

泰　你指的是什么？

客　【e】他们向情人送礼。

泰　不错。

客　那么，让我们把这种技艺叫做求爱术③。

泰　行。

客　在酬金赚取术中，有一种在交谈中取悦于人，以快乐为诱饵，为他自己的生计赚取酬金，【223】我想我们大家都会叫它奉承术④，或者娱悦术⑤。

泰　当然。

客　另一种声称为了美德的缘故才与人进行交际，却又索取金钱作为报酬，这种技艺岂不应当用别的名称来称呼吗？

泰　当然。

客　用什么名称？你试着说说看。

泰　这很明显。我想我们已经发现了智者。我认为这个专门的名称就可

---

① 酬金赚取术（μιθαρνητική）。

② 礼物赠与术（δωροφορική）。

③ 求爱术（ἐρωτική）。

④ 奉承术（κολακική）。

⑤ 娱悦术（ἡδυντική）。

以称呼他。

客【b】按照我们现在的解释，泰阿泰德，它属于控制的、猎取的、猎取动物的、猎取陆上动物的、猎取温驯动物的、猎取人的、通过说服来猎取的、私下里猎取的、赚取酬金的、声称提供教育的专门技艺。它猎取富有和显贵的青年。按照我们的解释，它应当被称做智术①。

泰　没错。

客【c】让我们继续以下面的方式来观察，因为我们寻找的这种人不是只分有浅陋的技艺，而是分有相当复杂的技艺。而且，在我们刚才的论述中出现了一个幻象②，智术并不是我们现在所断定的这种技艺，而是另外一种技艺。

泰　怎么会呢？

客　占有术的确有两种类型，其中一种是猎取术，另一种是交换术③。

泰　对。

客　让我们来说交换术的两种类型，其中一种是赠礼术④，另一种是市场经营术⑤。

泰　可以这么说。

客　我们进一步说，市场经营术也可以划分为两个部分。

泰【d】怎么分？

客　一部分是自产者的自营术⑥，另一部分是交易他人产品的交易术⑦。

泰　的确如此。

---

① 智术（σοφιστική）。
② 幻象（φαντασμα）。
③ 交换术（ἀλλακτική）。
④ 赠礼术（δωρητική）。
⑤ 市场经营术（ἀγοραστική）。
⑥ 自营术（αὐτοπωλική）。
⑦ 交易术（μεταβλητική）。

客　再说，交易术中大概有一半是对本城邦的，被称做零售术①，不对吗？

泰　对。

客　通过买卖的方式，从一个城邦到另一个城邦，这种交易术就是商贸术②。

泰　是这样的。

客　【e】我们是否察觉到在商贸术中间，通过货物交换金钱的方式，其中一部分贩卖供养身体和为身体所用的东西，另一部分贩卖供养灵魂和为灵魂所用的东西。

泰　你这是什么意思？

客　也许我们不明白灵魂这部分的，但另一部分你肯定懂。

泰　对。

客　【224】让我们说，各种艺术③从一个城邦购买到另一个城邦，从一个地方被运到另一个地方出售，比如绘画、魔术以及其他许多与灵魂有关的东西。它们有些用于娱乐消遣，有些用于严肃的目的，由此而被运送和出售。把这些运送者和出售者称做商人是对的，就像贩卖食物和饮料的人。

泰　一点儿没错。

客　【b】如果有人收购学问，并从一个城邦到另一个城邦交易这些学问以赚取金钱，你不会用同样的名称来称呼他吗？

泰　我会的。

客　这种灵魂商贸术的一部分不是可以十分恰当地说成是表演术吗？而另一部分比前一部分更加可笑，我们要用一个与其行为相应的名称来称呼这种贩卖学问的人吗？

泰　当然要。

---

①　零售术（καπηλική）。

②　商贸术（ἐμπορική）。

③　艺术（μουσική），该词狭义指音乐。

客 【c】那么，在这种学问贩卖术中间，一部分是关于其他各门艺术的学问，另一部分是关于美德的学问，它应当用另一个名称来称呼。

泰 当然。

客 艺术贩卖术很适合前一部分，由你来试着说出后一部分的名称。

泰 除了我们现在正在寻找的智术，谁还能说出更加合适的名称？

客 没有别的名称了。那么好吧，让我们来总结一下。我们这么说，这个属于占有术、交易术、市场经营术和商贸术的灵魂商贸术，【d】贩卖有关美德的言论和学问，它第二次显现为智术。

泰 的确。

客 如果有人定居在某个城邦里，购买或者自己创作这方面的学问，并且加以出售，以此维持生计，我觉得你不会用别的名称，而会用刚才这个名称第三次称呼它。

泰 对，我会的。

客 【e】所以，属于占有术、交易术、市场经营术的零售术和自营术，二者只要涉及贩卖学问，那么很显然，你永远会把它称为智术。

泰 这是必然的，我们必须遵循论证的引导。

客 让我们继续考虑，我们正在追踪的这种类型是否还有下面的情形。

泰 什么情形？

客 【225】我们说过，争斗术是占有术的一个部分。

泰 我们的确说过。

客 把它再分成两个部分不为过。

泰 你说吧，怎么分？

客 我们把其中一部分确定为竞争术①，另一部分确定为战斗术②。

泰 对。

---

① 竞争术（ἀμιλλητική）。
② 战斗术（μαχητική）。

客　战斗术中有一部分表现为身体与身体的对抗，用暴力来称呼它是恰当的。

泰　是的。

客　【b】另一部分表现为话语和话语的对抗，除了称之为论战，人们还把它称做什么呢?

泰　没有了。

客　但是，论战也必定有两种类型。

泰　哪两种?

客　其中一种，论战发生在公开场合，涉及公正和不公正，而且是长篇大论与长篇大论的对抗，这就是法庭辩论。

泰　对。

客　另一种正好相反，在私下场合进行，一问一答，除了我们通常叫它辩论术①，其他没有别的名称吧?

泰　没有。

客　在争论术中有一种涉及生意和契约，【c】这种争论是随意的，没有专业性。它应当被当做一种类型，因为这个论证已经把它视为另一种类型。不过前人没有给它一个专门的名称，现在也不值得从我们这里得到一个名称。

泰　没错。因为它已经被划分为许多很小的部分。

客　但是另一个类型是专业的，其论战涉及公正和不公正的问题，我们习惯上不是称之为争论术②吗?

泰　当然。

客　【d】有一种争论术是花钱的，另一种则是赚钱的。

泰　完全正确。

---

① 辩论术 (ἀντιλογική)。
② 争论术 (ἐριστική)。

客　让我们试着说出它们各自的名称。

泰　我们不得不这么办。

客　我觉得，由于这种争论带来的快乐会使人疏忽自己的本业，而且这种谈话方式使许多听众不高兴，据我所知，它就叫做饶舌术①，没别的说法。

泰　人们大致上这么说。

客　【e】那么，与之相反的、从私下场合的争论中挣钱的那个类型叫什么名称，现在轮到你把它说出来。

泰　除了我们正在追踪的那个神奇的人，智者，他第四次出现，还有谁能说出别的答案而不犯错误吗？

客　【226】没有了。显然，这个论证已经提示：智者属于占有术、竞争术、战斗术、论战术、辩论术、争论术中的赚钱的类型。

泰　的确。

客　所以你看到了，这头猎物有多么复杂，如人们所说，只手难擒，这样说是对的。

泰　确实要用两只手。

客　【b】我们必须这么做，而且应当竭尽全力，沿着下面这样的足迹来追踪。告诉我，我们不是用一些家务事的名称来称呼某些事情吗？

泰　对，有很多。但你问的是哪些？

客　我问的是筛、滤、簸、掰。

泰　这又如何？

客　与此相对的还有梳、纺、织，以及成千上万这样的专门技能，不是吗？

泰　【c】用这些事例，你想要说明什么？

客　我提到的所有这些技艺都是划分性的。

泰　对。

---

① 饶舌术（ἀδολεσχική）。

客　那么，按照我的论证，有一种技艺与所有这些技艺有关，值得我们给它一个名称。

泰　我们要称它什么？

客　划分术①。

泰　行。

客　考虑一下，我们能否用某种方式洞察它的两种类型。

泰　你指派我做的事情对我来说太仓促了。

客　【d】在我们刚才所说的划分中，有一种是把低劣的东西与优秀的东西分开，另一种是把相似的东西与相似的东西分开。

泰　这很明显，经你这么一说。

客　对于后一种区分，我们没有名称，但是关于存优去劣的划分，我倒有个名称。

泰　什么名称？告诉我。

客　根据我的理解，所有这一类划分，人人都会称之为某种净化。

泰　就是这么说的。

客　【e】每个人都能看见净化术②有两个类型，不是吗？

泰　对，也许吧，要是他们有时间，但我现在还没看到。

客　与身体有关的许多种净化可以总括起来，并用一个名称来称呼。

泰　它们是什么？用什么名称？

客　涉及有生命者身体内部的净化可以恰当地划分为健身术③和医疗术④，【227】涉及身体外部的净化则比较平庸，比如沐浴术⑤。涉及无生命

---

① 划分术（διακριτική）。

② 净化术（καθαρτική）。

③ 健身术（γυμναστική），亦译体育。

④ 医疗术（ἰατρική）。

⑤ 沐浴术（βαλανευτική）。

的物体的净化，有漂洗术①和各种装饰术②，要是做细微的划分，这些技艺似乎有许多可笑的名称。

泰 的确如此。

客 一点儿没错，泰阿泰德。但是，无论是海绵擦洗术③还是药物服用，无论它带来的净化对我们的帮助是大还是小，这种论证的方法对它的关注不会少也不会多。这种方法旨在获得纯粹的理智，【b】进而去尝试理解各种技艺是不是属于同一类，因此，它把它们全都视为等值的，在进行比较时不会认为有些技艺比另外一些技艺可笑。统兵术作为猎取术而言，不会比捉虱术更庄严，更应受到夸耀。你刚才问我们该用一个什么样的名称可以统称所有这些净化有生命的身体或无生命的身体。【c】就此而言，什么名称显得最恰当对于我们的论证进程关系不大，只要它能把所有针对其他东西的净化与针对灵魂的净化区分开来就行。因为我们当前尝试要做的事情就是尽力把针对思想的净化和针对其他东西的净化区分开来。

泰 我明白了。我同意有两种净化，一种针对灵魂，另一种针对身体。

客 很好。现在你要注意下一步，【d】把我刚才说的东西分为两半。

泰 我会试着跟上你的引导，按你说的去划分。

客 我们说灵魂中的卑劣与美德相异吗？

泰 当然。

客 所谓净化就是保存其中一个，抛弃无论如何都是坏的东西吗？

泰 没错。

客 那么，就灵魂而言，当我们发现某些对恶的消除，我们将它称之为净化不是很合适吗？

泰 的确合适。

客 必须说涉及灵魂的恶有两种。

---

① 漂洗术（γναφευτική）。
② 装饰术（κοσμητική）。
③ 海绵擦洗术（σπογγιστική）。

泰　它们是什么?

客　【228】其中一种好像身体上出现的疾病,另一种好像身体上出现的丑陋。

泰　我不明白。

客　你可能不把疾病与不协调认做一回事。

泰　对此我也不知道该怎么说。

客　你难道认为,不协调不是由于腐败而导致的本性相同的事物之间的纷争,而是别的什么意思吗?

泰　不会是别的意思。

客　丑陋无非就是比例失调,处处显得畸形吗?

泰　【b】没错。

客　再说,我们难道看不到,在卑贱者的灵魂中,信念与欲望、愤怒与快乐、理智与痛苦,所有这些东西都彼此纷争吗?

泰　显然。

客　然而,它们必定全部都是同类吗?

泰　当然。

客　那么,要是我们把卑劣说成灵魂的不协调与疾病,这样说对吗?

泰　非常正确。

客　【c】那么好,假定某个分有运动的东西①朝着一个既定目标前进,试图命中目标,但总是错过或偏离。我们要说,它之所以如此,是由于相互之间比例相合还是不合?

泰　显然不合。

客　但我们知道没有灵魂会自愿误解任何事物吗?

泰　显然。

---

① 指灵魂。

客 【d】当灵魂趋于真相，而意识出现偏离，这就是误解[①]，它无非就是一种偏离。

泰 的确如此。

客 所以，缺乏理智的灵魂必定是丑陋的，不合比例的。

泰 似乎如此。

客 如此看来，灵魂中有两种恶。其中一种被众人称做卑劣，它显然是疾病。

泰 是的。

客 他们把另一种称做无知，如果它只出现在灵魂中，他们就不愿意承认它是一种恶。

泰 【e】我必须承认，灵魂之中存在两种恶，尽管你刚才在说的时候我有点儿怀疑。一方面，胆怯、放纵、不公正等等都应当被视为我们之中的疾病；另一方面，各种各样的无知状况都应当被认为是丑陋。

客 针对身体的这两种情形出现了两种技艺吗？

泰 哪两种技艺？

客 【229】处理丑陋的健身术和处理疾病的医疗术。

泰 显然。

客 针对蛮横、不公正和胆怯，惩罚术是所有技艺中最恰当的吗？

泰 很可能，这样说符合众人的意见。

客 再说，针对各种无知的技艺不是教导术[②]，而是某些别的技艺，这个说法会更恰当吗？

泰 是的。

客 【b】来吧，我们应当说教导术只有一种还是多种，或者说有两种最主要的，请你考虑。

---

① 误解（ἄγνοια），亦译无知，绝对的误解是无知。

② 教导术（διδασκαλική）。

泰　我正在想。

客　在我看来，我们用这种方式能够最快地发现它。

泰　什么方式？

客　让我们来看能否用某种方式把无知从中间进行划分。因为假定无知有两种，那么教导术必定也有两个部分，各自对应一部分无知。

泰　那么，你看清我们要找的东西了吗？

客　【c】我想我的确看到了无知的一种庞大的类型，非常严重，它有别于其他一切类型的无知，而且抵得上它们全部。

泰　它是什么？

客　把不知道臆想为已经知道。恐怕正是由于它，思想上所犯的一切错误才出现在我们每个人当中。

泰　对。

客　我认为，唯有这种无知才被称做愚妄。

泰　的确。

客　那么，教导术中消除愚妄的这个部分应该称做什么？

泰　【d】客人，我认为我们称之为教化，而与之相对的是传授技艺的教育。

客　几乎所有希腊人都这么叫，泰阿泰德。不过我们要继续考察教化，看它是不可划分的整体，还是值得命名的某种划分方式。

泰　我们要考察。

客　我认为可以按照某种方式对它进行划分。

泰　按照什么？

客　【e】在使用语言的教导术中，有一种途径显得比较粗暴，另一部分则比较温和。

泰　我们应该把它们称做什么？

客　其中一部分是传统的父教，通常运用于自己的儿子，现在许多人仍旧在运用。【230】当儿子犯了某些错误的时候，父亲有时对他们进行责备，有时则温和地对他们进行训诫，所有这些都可以正确地称做训诫术①。

泰　是这样的。

客　然而，有些人似乎在给自己找理由，认为所有愚妄都是不自愿的。那些自认为有智慧的人从来不愿意学习他自认为很精通的事情，因而教化当中的训诫术碰到许多麻烦，收效甚微。

泰　你说得对。

客　【b】于是他们启用别的方式来消除臆见。

泰　用什么方式？

客　当有人自认为说到某些事情，但却没有任何意味的时候，他们就盘问这个人。然后，由于这个人的臆见是游移不定的，他们就很容易检查，把他的臆见收集在一起，相互比对，通过这种比对证明这些臆见尽管涉及同一主题，针对同样的事物，但在同一方面却相互矛盾。接受考察觉悟了的人看到这一点就会责难自己，并且温和地对待其他人。【c】通过这种方式，他们从自己严重、固执的臆见中解脱出来，这种解脱会给倾听者带来最大的快乐，给接受者带来最持久的影响。我年轻的朋友啊，那些照料身体的医生认为，除非排除身体里的障碍物，否则身体就不能从进食中得到滋养；同理，那些灵魂的净化者也认为，【d】除非通过辩驳使被辩驳者陷入羞愧，移除那些阻碍学习的臆见，向他呈上纯净的东西，并使他认识到他只知道他所知道的而并无其他，否则，灵魂不可能从任何既有的学问中得到助益。

泰　这一定是各种品性中最优秀，最明智的。

客　由于这些原因，泰阿泰德，我们必须断定辩驳是各种净化中最伟大的，最权威的。【e】哪怕是一名伟大的国王，要是在最重要的方面没有受过辩驳，那么他在这些方面也是未受教化的和丑陋的，而在这些方面要成为真正幸福的人，必须是最纯洁最美的人。

泰　非常正确。

---

① 训诫术（νουθετητική）。

客 再说，我们应该说运用这门技艺的人是谁？【231】因为我担心把这些人称做智者。

泰 为什么？

客 免得我们把过高的荣誉加在他们头上。

泰 然而你刚才的描述确实很像智者。

客 就像狼和狗显得相似，最凶狠的与最温顺的显得相似。所有不想失足之人必须警惕相似的东西，因为这个种类的界限非常平滑。不过，就算他们是智者吧。因为只要人们保持足够的警惕，【b】这种论战就不会停留在细枝末节上。

泰 好像不会。

客 那就让划分术中包含净化术，再把净化术中针对灵魂的那个部分分离出来，其中有教导术，教导术中有教化术①。在教化术当中有针对空洞的自以为是的智慧②的辩驳，它在当前的论证中显现为正统而高贵的智术，而不是其他东西。

泰 让我们就这么说吧。但是，由于智术表现出多种外观，令我感到困惑，【c】不知究竟怎样表述智者才是准确的，而且确保所表述的是真正的智者。

客 你感到困惑很自然。但我们也可以假定智者现在也非常困惑，不知究竟怎样才能从论证中逃脱。俗话说得好，你不可能轻易逃避所有人的捉拿。所以，现在让我们对他发起总攻。

泰 说得妙极了。

客 首先，让我们站起来喘口气，【d】休息的时候我们可以算一下智者已经有多少种表现了。我认为，第一，他被发现为猎取富家公子酬金的猎人。

---

① 教化术（παιδευτική）。
② 自以为是的智慧（δοξοσοφία）。

泰　对。

客　第二，他是经营与灵魂相关的各种学问的某种商人。

泰　的确。

客　第三，他不还表现为这些学问的零售商吗？

泰　对。第四，我们还发现他是各种学问的自营者。

客　你真是好记性。让我来回忆第五种表现。【e】他也是在言语方面进行争斗的某种运动员，以其辩论的技艺与其他争斗术区分开来。

泰　是的。

客　第六种表现尚未确定，然而，我们还是同意并把他确定为净化者，净化灵魂中阻碍学问的臆见。

泰　确实如此。

客　【232】然而，某个人表现得拥有多种知识，却又被一门技艺的名称来称呼，这样做有什么不妥吗？如果某个人对某种技艺产生这样的印象，这表明他不能洞察所有这些学问所归属的这门技艺本身，所以他才用许多名称而不是一个名称来称呼拥有这门技艺的人，对吗？

泰　极为可能是这种情况。

客　【b】所以，我们一定不要偷懒，以免让这种情况在我们的探索中发生。让我们回顾一下我们在前面对智者的许多描述，其中一个尤其揭示了智者的特性。

泰　哪一个？

客　我们的确说过，他是一位争论者。

泰　对。

客　还有，他还是其他人在这个方面的教导者吗？

泰　当然。

客　那么，让我们来考虑一下，这种人声称能让其他人针对什么主题进行争论？来吧，让我们开始吧！【c】首先，他们能够做到让其他人针对众神——也就是大多数人不太明白的事物——进行争论吗？

泰　人们确实说他们能够做到。

客　其次，也针对可见的大地、天空，以及诸如此类的事物吗？

泰　当然。

客　再次，在各种私下场合，每当谈到事物的生成①和实在的时候，我们知道不仅智者自己精通争论，而且能让其他人这样做。

泰　确实如此。

客　【d】还有，涉及法律和所有城邦事务，他们不是许诺能使其他人也能就此进行论战吗？

泰　如果他们不这样许诺，那就不会有什么人跟他们说话了。

客　此外，有关整个技艺和具体各门技艺，也就是那些行家们争论的事情，确实已经被写了下来，并且向任何有志学艺的人公开。

泰　【e】我想你指的是普罗泰戈拉，他写过搏击和其他技艺的书。

客　噢，我的朋友，还有好多书！他也写过许多其他技艺。这种争论技艺的关键似乎在于养成足够的能力，能就任何主题进行论战。

泰　几乎不会错过任何主题。

客　众神在上，年轻人，你认为这可能吗？对此你们年轻人也许能看清楚，而我已经老眼昏花了。

泰　【233】看什么？你指什么？我对现在这个问题不太明白。

客　是否有人能认识一切。

泰　客人，如果能这样，人类真是太幸福了。

客　那么，某个没有知识的人是否可能正确地与有知识的人进行争论？

泰　不可能。

客　那么，智者的能力有什么神奇呢？

泰　你指哪方面？

客　【b】智者通过某种方式使年轻人产生一种臆见，即他们对一切事物

---

① 生成（γένεσις）。

的看法在所有人中是最有智慧的。显然，如果他们的争论不正确，这些争论对年轻人也显得不正确，或者说，就算他们的争论显得正确，但在年轻人看来并不更有智慧，那么就会如你所说，几乎不会有人愿意付钱给他们，并成为他们这方面的学生。

泰　如果这样的话，几乎没人愿意。

客　然而，现在的人们愿意吗？

泰　非常愿意。

客　【c】我想，这是因为他们看起来好像在所有争论的事情上拥有知识。

泰　当然。

客　我们说，关于一切事物，他们都这样进行争论。

泰　对。

客　所以，在争论一切事物的时候，他们在学生眼中都表现为有智慧的。

泰　的确。

客　然而，他们并不是这样的，因为我们断定这是不可能的。

泰　当然不可能。

客　所以，智者对我们呈现为拥有关于一切事物的某种自以为是的知识，但这不是真相。

泰　【d】完全正确，这个描述很可能是关于他的描述中最正确的。

客　让我们再采用一个更加清楚的例子。

泰　什么例子？

客　就是下面我要说的。请你尝试为我做出细心的回答。

泰　你的问题是什么？

客　假定某人声称自己不是知道如何论述和争论，而是知道如何使用一门技艺来制造一切事物……

泰　【e】你说的一切是什么意思？

客　你甚至对我们这个论述的出发点都不明白，因为你连这个一切都不懂。

泰　我的确不懂。

客　好吧，我的意思是你和我属于这个一切，我们之外的其他动物和树木也属于这个一切。

泰　这是什么意思？

客　假定某人声称要把你、我以及其他一切自然物制造出来。

泰　【234】你说的制造是什么意思？至少，你不是在讲某个农夫，因为你说这个人还制造动物。

客　我是这个意思。除此，他还制造海洋、大地、天空、众神，以及其他一切。更有甚者，在把它们很快制造出来以后，还以低价出售。

泰　你指的是某种游戏吗？

客　怎么啦？无论谁说他知道一切，还能把它们很快教给其他人，我们不会说这是游戏吗？

泰　没错。

客　【b】你知道还有哪种类型的游戏比模仿术①更专业，更迷人吗？

泰　不知道。你说出了这个最广泛，也几乎最复杂的类型，你把一切综合成了一。

客　我们认识到，那个许诺能用一门技艺创造一切的人，就像在用绘画技艺制造与实在同名的摹本，并在远处向愚拙的儿童展示，让他们误以为这个人能够制造他想造的一切。

泰　【c】的确如此。

客　还有，我们不是还能发现有另外一种使用语言的技艺，有人能用它向远离事物真相的年轻人施展魔法，通过往他们耳朵里说话的方式向他们展示一切事物的语言影像，从而让他们以为他所说的是真的，并且认为这个说话者在所有人当中是最有智慧的，无论他说的是什么。

---

①　模仿术（μιμητική）。

泰 【d】为什么不可以有这样的技艺呢？

客 泰阿泰德，久而久之，随着听众年岁渐长，他们必然碰到周边的事物，并且由于各种遭遇的逼迫而清楚领略各种实在，从而改变了曾经拥有臆见，于是原先显得重要的事情会显得卑微，原先显得容易的事情会显得困难，【e】所有语言中的幻象将被实践中环绕着他们的事物完全颠倒过来，对吗？

泰 对，假定我的年纪可以下判断的话。但是，我想我自己仍旧属于远离事物真相的人。

客 正因如此，我们在这里的所有人现在和将来都要努力，把你引导到尽可能接近真相之处，避免那些遭遇。所以，关于智者，请你告诉我，现在是否已经清楚他是魔术师① 一类的人，【235】是实在的模仿者，或者说，我们仍旧在怀疑，以为他并非显得像是能就一切事物进行争论，而是真的能对所有事物拥有知识？

泰 我们怎么会还在怀疑呢，客人？我们上面讲的足以清晰地表明，他确实是某种游戏的参与者。

客 那么，我们可以把他归为某种魔术师和模仿者。

泰 当然可以。

客 那么来吧，我们现在的工作是不再让这个猎物逃脱。【b】因为我们已经用一种专门对付他的工具把他网住了，他起码无法逃脱下面这一点。

泰 哪一点？

客 他属于一种魔术师。

泰 我对他也持这种看法。

客 让我们尽快对影像制造术② 进行划分，并且一直划下去，一旦直接面对智者，就按照论证之王的命令捕获他，【c】然后报捷献俘。但若他以某

---

① 魔术师（θαυματοποιός），字面含义是"奇迹制造者"。
② 影像制造术（εἰδωλοποιική）。

种方式躲入模仿术的各个部分，我们必须通过不断地划分他所在的部分而紧跟，直到捕获。无论是这种人，还是其他种类的人，都不能夸耀能逃脱进行这种探索的人，既能通过个别，又能通过一般。

泰　说得好！我们应当这么办。

客　按照以往的划分，我似乎发现了模仿术的两个类型。【d】但是我们要探寻的这个类型属于这两个类型中的哪一个，我现在还没有把握。

泰　你尽管先说出来，告诉我们你所说的两个类型是什么？

客　我发现有一种仿造影像的技艺。这是最明显的，也就是在制造摹本的过程中，时刻遵循原本在长、宽、高上的比例，【e】此外还要用相应的颜色还原它的每个部分。

泰　你为什么要这样说？不是所有模仿者都在努力这样做吗？

客　不，那些制造或绘制庞大作品的人并不总是这样。这是因为，要是他们按照原来的比例还原美的原物，那么你知道，上部会显得太小，【236】而下部会显得太大，因为前者离我们远，后者离我们近。

泰　的确如此。

客　所以，工匠们背离真相，在造像时不按照真实的比例，而是按照看上去美的比例，对吗？

泰　确实如此。

客　由于被造的摹本与原本相仿，所以这种制造不可以称做仿像吗？

泰　可以。

客　【b】与之对应的模仿术的这个部分，如前所述，应当被称做仿像术①。

泰　应当。

客　再说，那个显得与美的事物相仿，但并不真的美的东西——如果有人有足够的能力观看如此宏大的事物，他会发现它与被认为相仿的东西并

————————
① 仿像术（εἰκαστική）。

不相仿——我们应该把它叫做什么？由于它只是显得如此，而实际上并不相仿，可以称之为幻象①吗？

泰　的确可以。

客　【c】这个部分包括绘画以及其他许多种模仿术。

泰　对。

客　所以，这种制造幻象而非相仿事物的技艺可以恰当地称做幻象术②吗？

泰　确实如此。

客　那么，这就是两种类型的影像制造术：仿像术和幻象术。

泰　没错。

客　是的，不过我还在犹豫，到底应当把智者归入哪一种。至少，我现在还不太清楚。【d】这种人确实非常神奇，极难洞察。此刻，他又以十分巧妙的方式逃进难以发现的类型中了。

泰　似乎如此。

客　你是真的认识到了这一点才表示同意，还是由于习惯了被论证拖着走才应声附和？

泰　怎么会呢？你为什么这么说？

客　我的朋友，我们确实碰到难处了。【e】"显现"和"看似"，但却"不在"，陈述了一些事情，但却不真，所有这些无论过去还是现在，总是令人充满困惑。什么样的表达方式能够用来陈述或论断假的东西真的存在，而在这样做的时候又不会陷入悖论，【237】泰阿泰德呀，这是极为困难的。

泰　怎么会这样？

客　这个论断竟然设定"非在者在"③，而假的东西不会以别的方式成为在者。但是，我的年轻朋友，伟大的巴门尼德从我们还是孩子的时候开始，

———————

① 幻象（φάντασμα）。

② 幻象术（φάντασική）。

③ "非在者在"（τὸ μὴ ὂν εἶναι）。

一直到最后都拒斥这个观点。他用论证和韵文都说过:"非在者在,决不要受这种看法的逼迫;相反,你们在探究中要让思想避免这一途径。"

【b】由于有了这一证言,对这个论断进行适度的检验是最好的证明。如果你对此没有异议,让我们首先考虑这一点。

泰　我听从你的调遣。至于进行论证,你得考虑能获得结论的最佳途径,并使我能跟上你。

客　我会这样做的。现在请告诉我,我们敢用绝对非在者①这样的表述吗?

泰　当然敢。

客　让我们不要为了争辩而争辩,也不要把它当儿戏,【c】你们这些听众当中是否有人能认真地想一想,回答一下非在者这个名称可以用来指什么东西这个问题。他会把这个名称用在什么东西上?为什么要用它?他用这个名称要向询问者说明什么?——对这些问题我们应当怎么看?

泰　这是个难题。至少像我这样的人几乎无法找到答案。

客　好吧,至少这一点还是清楚的,非在者一定不可以用来指称某个在者。

泰　对。

客　由于它不能指称在者,也就不能正确指称某个事物。

泰　为什么?

客　【d】对我们而言,某个事物这样的表达法在任何时候都表示在者,不可能只是赤裸裸地谈论脱离一切在者的某个事物,对吗?

泰　对。

客　你同意这种看法是由于说到某个事物必须至少说到某一个事物吗?

泰　是这样的。

客　因为你断言某个事物所表示的是一个事物,而某两事物表示的是两

---

① 绝对非在者（τὸ μὴ δαμῶς ὄν）。

个事物，某些事物表示的是多个事物。

泰　的确。

客　【e】那么，似乎某人说非任何事物的时候，必定没有说任何事物。

泰　必然如此。

客　我们甚至也不能同意这一点：某人既在说某个事物又不在说某个事物。与此相反，在他试图表述非在者的时候，我们必须断定他没有说任何事物，对吗？

泰　这个说法肯定会结束我们的困惑。

客　【238】且莫说大话。我的朋友，因为这才是最大的和首要的困惑，这才是触及困惑的根源。

泰　这怎么讲？你说吧，别犹豫。

客　一方面，在者必定可以附加于其他某个在者。

泰　的确。

客　另一方面，我们能把某个在者附加于非在者吗？

泰　这怎么可能？

客　好吧，我们设定所有数都属于在者。

泰　【b】当然，正如别的每一个事物可以被设定为在者一样。

客　那么，我们就别试图把数中的多或一附加于非在者。

泰　按照上述论证，如果我们这样做，无论如何都是不正确的。

客　那么，脱离了数，一个人怎么能够口头表达"诸非在者"或"非在者"，或者说，怎么能在心里思考它们？

泰　请你告诉我。

客　一方面，在说诸非在者的时候，【c】我们试图附加数方面的多，对吗？

泰　对。

客　另一方面，在说非在者的时候，我们又试图附加一，对吗？

泰　显然。

客　然而我们说过，试图把在者附加于非在者既不恰当也不正确。

泰　你说得很对。

客　那么你明白了：绝对非在者不可能正确地被表述、论说和思考，正好相反，它是不可思考的，不可论说的，不可表述的，不合理的。

泰　相当正确。

客　【d】我刚才说我这才是最大的困惑，当我这样说的时候，我岂不是在说假话？

泰　但是，我们还能说出别的更大的困惑来吗？

客　噢，好小伙子，你没听懂我刚才说过的那些话吗？非在者甚至逼迫驳斥者感到困惑。无论谁试图驳斥它，都被迫陷入自相矛盾。

泰　怎么会这样？请说得更加清楚一些。

客　你不该要求我解释得更清楚。【e】我已经设定非在者既不分有一也不分有多，而刚才和现在我都已经把它当做一个事物来谈论，因为我在说这个非在者。你明白了吗？

泰　明白。

客　还有，就在刚才我又说它"是"不可表述、不可论说，不合理的。你跟得上吗？

泰　当然，跟得上。

客　那么，当试图附加"是"的时候，我与前面所说的自相矛盾了，对吗？

泰　【239】显然。

客　还有，当我附加上这个词的时候，我把它当做一个事物来谈论了，对吗？

泰　对。

客　还有，在说到不可表述、不可论说，不合理的时候，我又对它做了陈述，好像它是一个事物。

泰　确实如此。

客　所以，我们必须断定：假如某人要正确地措辞，必须把它界定为既非一又非多，甚至完全不要称呼"它"，因为这样的称呼也就把它当做一个事物了。

泰　确实如此。

客　【b】那么，某些人会怎么说我呢？他看到，无论刚才还是现在，我关于非在者的辩驳早就失败了。所以，别再考虑我刚才关于非在者的言论有什么正确的说法，与此相反，现在让我们来考虑你会有什么说法。

泰　你这是什么意思？

客　来吧，你年纪轻，尽你最大的能力努力尝试，按正确的方法对它做些表述，既不要把在者也不要把数中的一和多附加给它。

泰　【c】看到你的这种遭遇，如果我还要去尝试，非得有超常的勇气不可。

客　如果你同意，那就暂且放过你和我。在我们遇到某个有此能耐的人之前，我们承认智者已经以一种非常无赖的方式藏匿到了一个无路可达的地方。

泰　显然。

客　所以，如果我们断定他拥有某种幻象术，【d】那么他会轻易地利用我们的论证，反过来攻击我们。我们说他是影像制造者，他就会问我们讲的影像到底表示什么。所以，泰阿泰德，我们必须考虑用什么来回答这个顽固的家伙的问题。

泰　【e】我们显然会说水中或镜子中的各种影像，还有画像或雕像，以及其他这一类东西。

客　泰阿泰德，你显然从来没有见过智者。

泰　怎么了？

客　他会让你觉得他闭着眼睛，或者根本没有眼睛。

泰　怎么会呢？

客　你如果提到镜子中的东西或者某种仿造品，他会嘲笑你的论证。一旦你说他在看的时候，【240】他会装做不知道镜子、水甚至一般意义上的视觉，而只问你那个用语言表达的东西。

泰　什么东西？

客　那个贯穿你提到的所有事物的东西，你已经宣称这些东西都可用影像这个名称来称呼，好像它们全都是一个东西。所以，请你把它说出来，然后保护自己，不要向那个人让步。

泰　客人，我们一定会把影像说成是被造得与真的东西相似的另一个这类东西，难道不是吗？

客　你把另一个这类东西说成真的东西吗？【b】不然的话，你把这类东西说成什么？

泰　这类东西决不是真的，而是相仿的。

客　真的东西表示真的在者，对吗？

泰　对。

客　那么不真的东西是真的东西的相反者吗？

泰　的确。

客　所以，如果你把相仿者说成不真的东西，你也就把它说成了不真的在者。

泰　不过，在某种意义上，它是在的。

客　按你的说法，它无论如何真的不在。

泰　的确不在。不过它真的是仿像。

客　所以，我们所谓的仿像真的不在而又真的在吗？

泰　【c】很有可能，非在和在已经结合成诸如此类的结合物，这太诡异了。

客　的确如此！通过这些变换，你一定看到多头的智者迫使我们不情愿地同意非在者在某种意义上在。

泰　我确实看到了。

客　现在该怎么办呢？我们怎样界定他的技艺而又不会自相矛盾呢？

泰　你怎么这样讲？你担心什么？

客　【d】当我们说他利用幻象进行欺骗，而且他的技艺是某种欺骗术时，我们不该说它的技艺使我们的心灵做出假判断吗，不然的话我们该说什么？

泰　就这样说。不然还能说什么？

客　还有，假判断就是断定诸在者的相反者吗？

泰　对，就是相反者。

客　那么，你会说假判断断定诸非在者吗？

泰　必然如此。

客　【e】它断定诸非在者不在，或者那些绝对非在者在某种意义上在吗？

泰　如果某人曾经说过哪怕是最轻微的假话，那么诸非在者必定在某种意义上在。

客　他还断定那些绝对在者绝对不在吗？

泰　对。

客　这也是假的吗？

泰　这也是。

客　我认为，我们也可以按照这个方式来看待假陈述，【241】即它把诸在者说成不在，而把诸非在者说成在。

泰　不然怎么会有假陈述呢？

客　没有别的方式了。但是，智者会否认这一点。如果把我们早些时候承认的东西已经得到进一步确认，有理智的人怎么会认可这一点呢？我们明白他的意思吗，泰阿泰德？

泰　我们当然明白。他会说我们刚才说的话是相悖的，我们竟然说"假"存在于判断和陈述之中。【b】他会说我们被迫不断地把在附加给非在者，而在那之前却又同意这是完全不可能的。

客　你的回忆是正确的。但是你现在必须考虑我们该对智者做些什么。如果我们追踪他，并且把他设定在造假者和魔术师的技艺中，那么你会看到有许多反击和困惑。

泰　的确如此。

客　这些反击和困惑几乎是无穷的，【c】我们已经说过的只是其中的一小部分。

泰　如果是这样的话，那么要捉住智者好像是不可能的。

客　那该怎么办？我们现在就畏惧而放弃吗？

泰　至少我认为还没有这种必要，如果我们还有一点机会能以某种方式捉住他。

客　不过，要是我们能从如此强大的论证中稍微解脱一下，你会谅解我，而且就像你现在说的那样，会感到满意，对吗？

泰　我当然会。

客　【d】那么我对你还有进一步的要求。

泰　那是什么？

客　你可别把我当做弑父者。

泰　怎么讲？

客　我们在为自己辩护时必须对我们的父亲巴门尼德的论断进行考察，并且迫使非在者以某种方式在，在者则在某种意义上不在。

泰　我们在论证中应该坚持这些论点。

客　这非常明显，如俗话所说，瞎子也能看见。【e】这些论点要么遭到驳斥，要么被接受，否则任何人谈起假陈述或假判断，谈起影像、仿像、摹本、幻象，或与此相关的任何一门技艺，几乎都不可避免地要被迫陷入悖论而成为笑柄。

泰　非常正确。

客　【242】由于这个缘故，我们现在要攻击我们父亲的那个论断。如果我们有所顾忌而不敢这么做，我们就干脆完全放弃。

泰　不要让这种顾忌阻碍我们前进。

客　还有，我向你提出第三个小小的请求。

泰　你尽管讲。

客　在刚才的论证中，我曾说我对这一点的辩驳总是有所退缩，现在仍然如此。

泰　你说过这话。

客　好吧，我担心这些话会让你认为我疯了，因为我的脚步摇摆不定。【b】如果我们的确在驳斥的话，只是为了使你能够满意，我们才尝试着这样做。

泰　如果你进行辩驳和论证，我决不认为你过分，所以你尽管放心好了。

客　来吧！如此危险的论证该从哪里开始呢？我想，小伙子，我们要转向下面这条必由之路。

泰　哪一条？

客　首先来考虑一下现在看来好像明白的事情，【c】以免对此稀里糊涂，还自以为有良好的洞察力，轻率地达成共识。

泰　请把你的意思说得更清楚些。

客　在我看来，巴门尼德和其他一些人只求界定诸在者的数量和性质，而对我们来说，这太简单化了。

泰　怎么讲？

客　在我看来，他们每个人都在讲故事①，把我们当小孩。一个人说，在者有三个，它们有时以某种方式相互争斗，【d】有时又相爱，甚至结婚和生育，还抚养后代；另一个人说，在者有两个，湿与干，或者，热与冷，而且它们婚配并共居一处；但是，就我们爱利亚部落而言，从克塞诺芬尼②开始，或者还要更早，他们就这样来讲他们的故事，亦即所谓的"一切是一"。伊奥尼亚和西西里的某些后来的缪斯觉得把二者结合起来最保险，【e】于是

――――――――

① 故事（μῦθος），亦译寓言。

② 克塞诺芬尼（Ξενοφάνης），古希腊哲学家（约公元前570年—前480年），爱利亚学派的先驱者。

就说在者既是多又是一，通过恨与爱联系在一起。这些缪斯中的强硬派说，"它永远在分离中聚合"；【243】温和派则有所松动，认为并非永远如此，而是认为情况有所分别，有时在爱神阿佛洛狄忒①的影响下一切是一，而且是友爱的，有时在某种纷争影响下一切成为多，自己与自己为敌。然而，上述种种观点是否有哪个是正确的，或者是否有哪个是错误的，这很难讲，而且对这些知名的前辈妄加指摘是不妥的。不过，把下面这一点揭示出来应该不算冒犯……

泰　哪一点？

客　他们轻视我们这样的普通人，也不关心我们是跟上了他们的观点还是被甩在后面，【b】而是只顾完成各自的论证。

泰　你这是什么意思？

客　他们中的某个人在论述中使用这样一些说法：多、一、二，已经生成，或正在生成，热与冷相结合，而且还到处设定分离与结合，众神在上，泰阿泰德，你明白他们这些说法吗？在我年轻的时候，有人讲到我们当前这个非在，我以为自己理解得很清楚，而现在你看到了它带来的困惑和我们现在的处境。

泰　【c】我看到了。

客　关于在者，我们的灵魂可能也处于同一状况，我们总认为在者很好懂，当有人表述它的时候能够理解，而非在者不好理解。但实际上，对二者我们的灵魂很可能处于同样的状况。

泰　可能是这样的。

客　可以说，对刚才提到的其他一些表述，我们也处于同样的状况。

泰　的确如此。

客　如果你觉得可以的话，我们晚些时候再对其中多数表述加以考虑。【d】而现在，我们必须先考察其中最主要的和最基本的。

---

① 阿佛洛狄忒（Αφροδίτη），希腊爱神。

泰　你指的是哪个表述？噢，当然了，你指的是我们首先要考察在者，也就是说，我们必须追问那些表述它的人它表示什么，对吗？

客　你的确跟上了我的步伐，泰阿泰德。我确实认为我们应当遵循这条途径。假定那些人都在我们面前，让我们来提问："来吧，所有说一切是冷与热或诸如此类的对子的人，在断言二者和它们各自是什么的时候，你们在这两种情况下究竟想要表达什么？【e】我们该把你们说的这个在者当做什么？难道在这二者之外有一个第三者，我们应该设定一切是三，而不是你们所设定的一切是二？因为当你们把二者中的一个或另一个称做在者的时候，你们并不说二者以相同的方式是什么。因为，在两种情况下，它们都会是一而非二。"

泰　你说得对。

客　"那么你想把二者都称为在者吗？"

泰　也许。

客　【244】我们会说："但是，朋友啊，那样的话显然又把二说成了一。"

泰　你说得对。

客　"既然我们已经陷入困惑，你必须清楚地告诉我们，当你们讲到在者的时候，你们究竟想表示什么，因为你们似乎早就理解它了。我们从前也这样认为，而现在却感到困惑。请先在这一点上开导我们，以便我们不必臆想自己理解你们所说的事情，而我们实际上完全不理解。"【b】小伙子，如果我们这样说，并对他们和那些说一切多于一的人提出这样的要求，这样做有什么不妥吗？

泰　没什么不妥。

客　再说，我们不要尽全力追问那些说一切是一的人，他们究竟用在者表示什么吗？

泰　当然要。

客　那么让他们回答这个问题。"你们的确主张只有一吗？"——他们会说："我们就是这么主张的"，对不对？

泰　对。

客　"那么，你们还把某个事物称做在者吗？"

泰　对。

客　【c】"这就是所谓的一，因此，你们用了两个名称来称呼同一个事物吗？不然怎么讲？"

泰　客人，他们的下一个回答是什么？

客　显然，泰阿泰德，对那个做了预设的人而言，他要回答现在这个问题以及其他问题很不容易。

泰　为什么会这样？

客　首先，已经设定除了一以外没有任何东西的人无法承认有两个名称，这肯定是荒谬的。

泰　当然。

客　其次，如果他完全接受有某个名称这样的说法，【d】这也是没道理的。

泰　怎么讲？

客　假如设定名称与事物相异，那么他一定说到了两个事物。

泰　对。

客　但若设定名称与事物相同，那么必须说名称不是任何事物的名称；如果说名称是某个事物的名称，那么就会得出它纯粹是名称的名称，而不是其他任何事物。

泰　是这样的。

客　这样的话，一是一的名称，而且这个一是名称的一。

泰　必然如此。

客　还有，他们会说整体和作为在者的一相异还是相同？

泰　【e】他们肯定会说相同，并且确实这样说了。

客　正如巴门尼德所说，整体在每个方面都像一个滚圆的球，从中心到每一方向距离相等，因为不可以有任何地方更大或更小——如果整体是这样的，那么在者就有中心和边缘，有了这些也就必定有各个组成部分。不然又会怎样呢？

泰　是这样的。

客　【245】然而，没有任何东西妨碍被分成部分的事物的每个部分都具有一的特性，以这种方式，它既是整个在者又是一个整体。

泰　当然。

客　那么，具有这个特性的东西不可能是一本身吗？

泰　怎么讲？

客　按正确的道理来讲，真正的一必定完全没有部分。

泰　一定不能有。

客　【b】但是，由多个部分组成的那个事物不符合这个道理。

泰　我明白。

客　那么，我们应该说按照这种方式具有一之特性的在者将会是一和整体，还是应该说，在者无论如何都不是整体？

泰　你给了我一个艰难的选择。

客　你说得很对。因为，如果在者以某种方式具有一的特性，那么在者与一就表现为不相同，而且一切就会多于一。

泰　对。

客　【c】但若在者由于具有那个特性而不是一个整体，而是整体自身，这会推导出在者比自身要少。

泰　当然。

客　所以，按照这个道理，在者丧失了自身而成为非在者。

泰　是这样的。

客　这样一来，一切又会多于一，因为在者和整体分别具有各自的本性。

泰　对。

客　如果完全没有整体，同样的情况也会出现在在者之上；【d】非但没有在者，而且根本不曾生成。

泰　怎么讲？

客　生成者总是生成为整体。如果不把整体归到诸在者中，那么就既不能说有在者，又不能说有生成。

泰　这样说似乎完全正确。

客　进一步说，非整体必定不是任何确定的数量，因为如果它是确定的数量，它必定是这个数量的整体。

泰　确实如此。

客　因此，无论谁说在者是两个或者一个事物，【e】他都会遇上无数的困难，陷入无限的困惑。

泰　刚才所阐明的足以表明这一点。一个论断导致另一个论断，后一个论断总比前一个论断引发更大的困难和疑惑。

客　对在者和非在者进行精确说明的人，我们没有全部罗列，不过这已经够了。现在必须转过来考察那些以不同方式进行讨论的人，这样的话，在看了所有人的说法之后，【246】我们就可以看到，表达在者是什么并不比表达非在者是什么更容易。

泰　我们必须面对他们。

客　由于他们关于实在①的看法彼此对峙，在这些人当中好像有一场众神与巨人之间的战争。

泰　怎么讲？

客　有一派把一切事物从天上和不可见的世界拉到地下，用他们的双手像握石头和树木那样去触摸，因为他们认为只有这类坚硬的、可以用手把握和触摸的事物才是存在的。【b】他们把物体与实在界定为同一个东西，一旦另一方断言有某些非物体性的东西，他们就会非常鄙夷，再也不愿听别的。

泰　你在说这些可怕的人。我以前遇到过许多这样的人。

———————

① 实在（οὐσια），亦译本是、本在。

客 于是，那些与他们对峙的人非常谨慎地从高处不可见的地方进行抵抗，极为主张理智性的东西，也就是说他们认为非物体性的型相才是真正的实在。至于对方提到的物体以及所谓真实的东西，在陈述中他们将之化为碎片，【c】并且称呼它们为与存在相反的生成过程。泰阿泰德呀，在他们之间形成了某种无休止的战争。

泰 没错。

客 那么，让我们逐个把握这两种人对实在的解释。

泰 我们该怎么做？

客 那些把实在设定为型相的人相对比较容易把握，因为他们比较温顺；但是那些用暴力把一切都拉到物体里面的人则会比较困难，【d】或许根本不可能把握。不过，在我看来，对这种人我们必须按照下面这个方式来做。

泰 什么方式？

客 如果有可能的话，我们最好还是使他们变得比较优秀；但若不可能做到，那么我们就在语言上试一试，假定他们回答问题的时候愿意更守规矩。优秀者的共识应当比卑劣者的共识更有价值。但是，我们并不去操心这些事情，而是要追寻真相。

泰 【e】非常正确。

客 那么好吧，召唤那些已经变得比较优秀的人来回答问题吧，你来转达他们说的话。

泰 行，就这么办。

客 让他们说，他们是否主张有会死的动物这样的东西。

泰 当然有。

客 他们同意会死的动物是有灵魂的物体吗？

泰 同意。

客 他们把灵魂设定为某种在者吗？

泰 【247】对。

客 他们还主张既有正义的又有不正义的灵魂，既有聪明的又有不聪明的灵魂吗？

泰 的确。

客 但是，每个灵魂由于持有正义和正义的在场而成为正义的，相反者则由于相反的事情，对吗？

泰 对，他们也认同这一点。

客 他们会认为，那个能够在场或不在场的肯定是某个东西。

泰 他们会这样认为的。

客 【b】既然有正义、智慧、其他美德以及它们的相反者，尤其是它们内在于灵魂，他们认为这些事物都是不可见的，还是认为其中有些是看得见、摸得着的？

泰 它们当中几乎没有一个是可见的。

客 他们认为这类不可见者有形体吗？

泰 他们不把这些当做整体来回答。在他们看来，灵魂本身有形体，至于你说的智慧或者其他一些东西，他们感到羞愧，【c】既不敢承认它们不是任何在者，也不敢坚持它们全都有形体。

客 这显然是由于我们做的事情，泰阿泰德，他们变得比较优秀了。他们当中土生土长的人在这些主张面前不会感到羞愧，而是坚信凡是不能用双手紧握的一切绝对是无。

泰 你所说的几乎就是他们的想法。

客 让我们重新提问，因为只要他们承认诸在者中有一丁点儿是非物体性的就够了。【d】他们发现某种东西既与非物体性的东西同类，又与物体性的东西同类，因此就说它们二者都存在，所以他们必须把这种东西告诉我们。他们很可能已经感到困惑了。如果他们已经被此类事情难住，请你考虑一下，他们是否会接受并同意我们的建议，也就是说，在者是下面这个东西。

泰 哪一种东西？请说出来，我们也许能知道。

客 我的意思是任何有能力的东西。【e】这种东西在本性上要么倾向于对其他事物起作用，要么倾向于承受其他事物的作用，而无论这种作用程度是多么细微，或者只出现一次——所有这些东西都是真实存在的。我来给诸在者做一个界定，它无非就是能力。

泰 既然他们目前没什么更好的看法要说，那就算他们接受了。

客 好吧，但我们和他们以后都可能会有不同的看法。【248】现在，且让我们与他们在这一点上达成共识。

泰 可以。

客 然后让我们转向另一派，那些型相之友。你来为我们转达他们的说法。

泰 就这么办。

客 你们认为生成和实在有所分别，对吗？

泰 对。

客 你们认为，一方面，我们依靠身体通过感觉与生成打交道；另一方面，我们依靠灵魂前通过理性与实在打交道，实在自身永远维持着自身同一，而生成则因时而异。

泰 【b】我们是这么认为的。

客 但是，你们这些强人啊，我们该怎么说你们两次提到打交道呢？它不就是我们刚才所说的那个观点吗？

泰 哪个观点？

客 相互聚合的东西，由于某些能力而出现作用与被作用。泰阿泰德，你也许没有听到过他们这样的回答，但是我听到过，我和他们非常熟悉。

泰 那么，他们提出的主张是什么？

客 【c】他们不同意我们刚才对那些土生土长者所做的那个关于在者的描述。

泰 哪一个？

客 我们刚才给诸在者做了合适的界定，亦即凡是有能力起作用可承受作用的东西——哪怕这种作用极其细微。

泰　对。

客　对此，他们的回答是，生成分有起作用和承受作用的能力，但是这两种能力并不适用于在者。

泰　他们的话毫无意义吗？

客　我们必须这样回应，我们还需要他们解释得更清楚些，【d】也就是说，他们是否同意灵魂在认识，而实在被认知？

泰　他们肯定会这么说。

客　那么，你们认为认知或被认知是起作用还是承受作用，还是二者兼有？或者说，其中一个承受作用，另一个起作用？或者说，它们都不能归入这些名目之下？

泰　显然都不能，否则的话，我们的朋友就会与他们前面说的话自相矛盾了。

客　我知道了。他们不得不这样说。如果认知是起作用，【e】那么反过来必定可以推导出被认知是承受作用。据此，实在受到认知行为的认知，由此而被认识，并且它由此通过受作用而运动，然而我们主张这种情况不可能发生在静止者之上。

泰　对。

客　宙斯在上，我们可以这么容易相信运动、生命、灵魂、思想不出现在绝对在者之中吗？【249】它既无生命也不思考，而是庄严肃穆、没有理智、静止不动的东西吗？

泰　如果是这样，客人，我们就认同了可怕的说法。

客　那么，我们会说它有理智而无生命吗？

泰　当然不会。

客　如果我们说它包含二者，那么我们会否认它在灵魂中包含二者吗？

泰　怎么可能有别的方式？

客　但若它拥有理智、生命和灵魂，那么这个有灵魂的事物会完全保持静止不动吗?

泰 【b】在我看来，这完全是不合理的。

客 所以，我们承认有运动的东西和运动。

泰 当然。

客 泰阿泰德，由此可以推出，如果诸在者是不运动的，那么任何地方、任何东西都不会有理智。

泰 的确如此。

客 另一方面，如果我们同意一切都处于过程和运动之中，那么根据这个道理，我们也要把理智从诸在者中排除出去。

泰 怎么会?

客 【c】你试想一下，没有静止，可能会有在任何时间、任何方面都与自身同一的事物吗?

泰 决不会。

客 没有这种情况，你怎么可能发现理智的存在和生成呢?

泰 不可能。

客 好吧，如果某人取消知识、思想或理智，又以某种方式坚持某个主张，那么我们必须尽力使用一切论证与他作战。

泰 的确如此。

客 对于哲学家，亦即把这些东西视为最重要的人来说，必须拒绝一切是静止的这种说法，无论这种说法来自主张一的人还是主张多的人；【d】同时，他也决不听从在者是完全运动的这个说法。反之，他要像小孩一样两个都要，包括不运动者和运动者，认为二者合在一起才是在者和一切。

泰 非常正确。

客 好吧，我们似乎已经妥善地用这个论证把握到了在者，对吗?

泰 确实如此。

客 天哪! 泰阿泰德，我觉得我们必须明白，这个考察多么让人感到困惑。

泰 【e】你这样说又是什么意思？

客 噢，小伙子，你难道看不出关于这一点我们正处在彻底的无知当中，而我们还自以为说对了什么似的？

泰 我是这么以为的。但我不明白我们怎么就被蒙蔽了呢？

客 更想清楚些：如果我们同意刚才的话，【250】那么别人就可以正当地对我们提出质问，就像我们刚才质问那个说一切是热和冷的人一样。

泰 什么质问？你提醒我一下。

客 当然可以。我会尝试着对你提问，就像对他们提问一样，这样两边都能同时有所进展。

泰 很好。

客 那么来吧。你认为运动与静止彼此完全对立吗？

泰 当然。

客 而且你还说，它们二者各自以同样的方式存在吗？

泰 【b】我确实是这么说的。

客 当你同意它们在的时候，你的意思是二者各自都在运动吗？

泰 完全不是。

客 当你说它们都在的时候，你表示它们都在静止吗？

泰 当然不是。

客 所以，你在灵魂中把在者设定为它们之外的第三者，而它又包含了运动和静止，对吗？当你说二者都在的时候，你又把这二者放到了一起，专注于它们和实在的结合，对吗？

泰 【c】当我们说运动和静止在的时候，我们可能真的把在者揣测成第三者了。

客 那么，在者不是运动与静止二者合在一起，而是与它们相异的某个东西。

泰 似乎如此。

客 那么，按其本性，在者既不静止，又不运动。

泰　差不多。

客　那么，如果有人想为自己确立有关在者的确定观念，他应该把思想转向何处呢？

泰　转向何处？

客　我觉得无论向何处都很困难。【d】如果某个事物不运动，它怎么会不静止？或者说，绝对不静止的东西怎么会不运动？然而，在者现在向我们显示为这二者以外的东西。这是可能的吗？

泰　完全不可能。

客　那么，我们现在来回忆这一点是恰当的。

泰　哪一点？

客　当我们被问到非在者这个名称究竟应当用到什么上面的时候，我们完全感到困惑。你还记得吗？

泰　当然。

客　【e】而现在，我们对在者的困惑会小一些吗？

泰　客人呀，对我来说，如果在者这个名称能用在某个事物上面的话，我们会更加困惑。

客　那么，我们至此完全确定了这个困惑。由于对在者和非在者也有同样的困惑，现在我们希望二者中的某一个得到模糊或清晰的显现，以便使另一个也能显现。【251】但若我们没有能力去发现它们中的任何一个，那么我们只好放弃这个论证，采用最好的方式逃离它们。

泰　很好。

客　那么，让我们来说一下，我们以什么方式用多个名称来表述同一个事物？

泰　例如？请举个例子。

客　当我们说到人的时候，我们的确用很多东西来称谓他，把颜色、形状、尺寸、卑劣或美德附加在他身上。在所有这些陈述和其他无数陈述中，我们说他不仅是人，【b】而且是善的，以及无数别的性质。此外，与此同理，我们把每一个事物设定为一，却又说它是多，并且有许多名称。

泰 你说得对。

客 我想，通过这个例子，我们给年轻人和年老晚学的人提供了一场盛宴，因为他们可以轻易做出反驳，说多不能是一，一也不能是多。他们确实乐意不允许说人是善的，【c】而只允许说善是善，人是人。泰阿泰德，我觉得你经常会碰到那些热衷于此道的人。有的时候是一些思想贫乏的老人，他们对这些论点感到神奇，并觉得自己发现了某种终极智慧。

泰 的确。

客 我们现在提出下面这些问题，让这个论证针对所有在谈话中曾经论及实在的人，【d】不仅针对这些人，而且针对我们先前交谈过的人。

泰 哪些问题？

客 我们应当拒绝把在附加于运动和静止之上，把任何一个事物附加到另一个事物之上吗？我们在言论中应当把它们设定为不可结合，不能彼此分有的吗？或者说，我们应当设定它们彼此能够相互结合，而且一切都可以归结为同一个事物吗？又或者说，有些事物可以相互结合，有些事物不可以吗？【e】泰阿泰德，我们要说，他们会做出什么选择？

泰 我不知道该如何代表他们进行回答。

客 那么为什么不逐一回答这些问题，考虑每一种情况下会有什么推论呢？

泰 好的。

客 如果你愿意，首先让我们设定，他们说没有任何事物有任何能力与其他事物结合。这样一来，运动和静止就不分有实在了。

泰 【252】的确不分有。

客 如果它们与实在不结合，它们还会在吗？

泰 不在。

客 按照这一共识，似乎所有主张很快就可以被消解，包括一切是运动的主张，一切是静止的主张，以及诸在者永远与其自身相同的主张，因为所有这些人至少都用了"是"这个词，有些人说一切真的是运动的，有些人说一切真的是静止的。

泰　确实如此。

客　【b】还有，一些人时而把一切聚集起来，时而把一切分离开来，无论他们把无限多聚集为一，又从一中分离出无限多，还是把一切划分为有限的元素又使它们聚集起来，也无论他们把这种情况定为逐个阶段发生，还是设定为持续发生——如果没有任何结合，这一切将成为空谈。

泰　对。

客　还有，有些人不允许一事物分有另一事物的性质，并用该性质来表述这个事物，这些人的论证是极其荒谬的。

泰　【c】怎么会这样？

客　他们不得不把"是"、"除外"、"其余"、"自身"，以及许多这样的东西应用于每个事物之上。他们摆脱不了这些东西，不能不把它们用于他们的陈述；他们不需要别人来驳斥他们，如常言所说，敌人就在他们自己家中，好像诡异的欧律克勒斯[①]，不管走到哪里，腹中总是藏有声音。

泰　【d】你的比喻很贴切。

客　但是，假如我们允许一切都有能力相互结合呢？

泰　甚至连我都能排除这一点。

客　怎么讲？

泰　如果运动和静止相互生成，那么运动本身会完全静止，而静止本身则会运动。

客　但是，"运动"静止，"静止"运动，这肯定是不可能的，对吗？

泰　当然。

---

① 欧律克勒斯（Εὐρυκλῆς），一名男巫，能说腹语。参见阿里斯托芬：《马蜂》，第1016—1022行。

客　那么只剩下第三种情况。

泰　对。

客　【e】以下这些情况必定有一种是正确的：要么一切事物都能结合；要么一切事物都不能结合；要么有些事物能结合，有些事物不能结合。

泰　当然。

客　我们已经发现前面两种情况是不可能的。

泰　对。

客　凡是想要正确做出回答的人都会选择剩下的第三种情况。

泰　确实如此。

客　某些事物可以结合，某些事物不可以结合，【253】这种情况跟字母很相似。有些字母彼此之间不能结合，而有些则可以结合。

泰　当然。

客　元音字母不同于其他字母，它像纽带似的贯穿一切，因此缺了元音字母，其他字母就不能相互结合。

泰　是这样的。

客　所有人都知道哪些字母能结合，还是说需要一门技艺才能做到这一点？

泰　需要技艺。

客　哪种技艺？

泰　语法。

客　【b】再说，关于声音的高低不也一样吗？掌握哪些音符能结合，哪些音符不能结合，有这门技艺的人就是音乐家，而没有掌握的人就是不懂音乐的。

泰　对。

客　关于其他技艺和无技艺，我们也能看到类似的情况。

泰　的确。

客　我们已经同意"种"①也以相同的方式相互结合，对于那些想要正确阐明哪些种可以相互协调，哪些种会相互排斥的人来说，他必须按照某种知识并通过语言来进行讨论吗？【c】他尤其需要知道是否有贯通一切并把它们聚集起来的种，以便使它们能够结合起来，反过来说，当它们分离的时候，是否有某些种贯穿整体，成为它们分离的原因。

泰　他当然需要一种知识，这种知识很可能是最重要的。

客　我们现在用什么来称呼这种知识，泰阿泰德？宙斯在上，难道我们竟然没有意识到我们已经撞上了自由人的知识——尽管我们要探寻的是智者，但却先发现了爱智者？

泰　你这是什么意思？

客　【d】按照种进行划分，不把相同的型相认做相异，也不把相异的型相认做相同，这不就是辩证法的知识吗？

泰　是的，我们就这么看。

客　如果一个人有能力做到这一点，那么他就能辨识出那个以各种方式贯穿于多个型相（它们彼此之间分离）的单一型相；他也能辨识出多个彼此相异的型相被单一型相从外面包含，或者多个整体结合为一个而形成单一型相，又或者多个型相被完全划分开来；【e】这也就是知道如何按照种来划分，知道各个型相怎样可以结合，又怎样不可以结合。

泰　完全正确。

客　我想，除了纯洁而又正当地爱智慧的人，你不会把辩证法归给别人。

泰　怎么可以归给别人呢？

客　如果我们去寻找，那么在这样的某个地方，我们现在或今后总可以发现爱智者。尽管我们很难清晰地看见他，【254】不过这种困难与发现智者的困难是不一样的。

---

① 种（γένος），亦译种类，柏拉图在本篇中与型相（εἶδος）混用。

泰 怎么讲?

客 智者自己练就一套本事,逃匿于非在者的极端黑暗中,这个地方由于黑暗而难以被看清,对吗?

泰 好像是这样的。

客 而爱智者永远通过理性而献身于在者这个型相,由于这个领域的光芒,他也不容易被看清,【b】因为大众的灵魂之眼无力持续地注视神圣者。

泰 很可能是这种情况,不亚于智者的情况。

客 对于爱智者,我们马上就会更加清楚地进行考察,如果我们还愿意。但是,对于智者,在彻底考察他之前,我们显然不能放弃。

泰 你说得太好了。

客 那么,我们现在已经达成共识,有些型相可以相互结合,另一些型相不可以;有些可以与少数型相结合,还有些型相贯穿一切,没有任何东西可以阻挡它们与每一个型相结合。【c】接下来,让我们按这种方式来讨论,不要涉及一切型相,以免太多了受干扰,而是选取被认为最大的一些型相,首先考察它们各自是什么,然后考察它们在相互结合方面有什么能力。这样的话,即使我们不能完全清晰地把握在者和非在者,但在目前这个考察方式允许的范围内,至少不要有什么论证上的不足,【d】然后再来看是否有某种方式允许我们说非在者真的是非在者,而又不被别人抓住把柄。

泰 我们必须这样做。

客 我们刚才提到的那些型相中,最大的是在者本身、静止和运动。

泰 确实如此。

客 而且,我们说其中两个彼此不能结合。

泰 对。

客 但是,在者与这二者是结合的,因为它们肯定都在。

泰 当然。

客 所以它们一共有三个。

泰 当然。

客　它们中的每一个都与其他两个相异，都与其自身相同。

泰　【e】是这样的。

客　但是，我们现在这样提及的"相同"和"相异"究竟是什么？它们是在那三个之外但又必然与它们永远结合在一起的两个型相吗？这样的话，有待考察的就不是三个型相，而是五个型相了，对吗？【255】要不然，我们没留意我们所说的相同和相异这些名称是属于前面那三个的，是吗？

泰　也许吧。

客　然而，运动和静止无论如何既不是相同也不是相异。

泰　怎么讲？

客　无论我们用什么方式来共同表述运动和静止，它都不可能是二者（相同和相异）中的任何一个。

泰　为什么？

客　因为这样一来，运动会静止，静止会运动。因为它们二者（运动和静止）无论哪一个变成那二者（相同和相异），都会迫使另一个（静止或运动）与其自身的本性相反，【b】这样它会分有相反者。

泰　确实如此。

客　但是，运动和静止这二者的确分有相同和相异。

泰　对。

客　那么，我们不该说运动是相同或相异，反之也别说静止是相同或相异。

泰　不该这样说。

客　然而，我们应当把在者与相同当做一个东西吗？

泰　也许。

客　但若在者和相同所表示的并无区别，那么，当我们说运动和静止都在的时候，【c】我们也得说它们是相同的。

泰　但这是不可能的。

客　所以，相同和在者不可能是一个东西。

泰　似乎如此。

客　那么，我们就应该把相同设定为那三个型相之外的第四个型相。

泰　当然可以。

客　再说，我们不应该把相异说成第五个吗？或者说，我们应当把相异和在者思考为一个型相的两个名称吗？

泰　也许吧。

客　但是，我想你会承认在者当中有一些被说成绝对的，另一些则永远被说成相对的。

泰　当然。

客　【d】相异永远相对于它者，对吗？

泰　是这样的。

客　如果在者和相异并非完全相区别，那就不会这样了。如果相异也像在者一样分有两种情况，那么就会有一些相异者不相对于它者而为相异者，但是我们现在已经毫无困难地证明了，只要是相异，就必然是相对于它者。

泰　正如你说的那样。

客　那么，在我们选择的型相当中，【e】相异的本性应当断定为第五个。

泰　对。

客　我们还断言相异贯穿于它们全部，因为每一个型相都相异于其他型相，不是由于其自身的本性，而是由于它分有相异这个型相。

泰　确实如此。

客　那么，让我们逐一领会这五个型相并做一些说明。

泰　如何领会？

客　首先，运动完全相异于静止。不然我们该怎么说？

泰　是这样的。

客　所以，运动不是静止。

泰　决不是。

客　然而，运动由于分有在者而在。

泰 【256】它在。

客 再说，运动又是异于相同的。

泰 差不多。

客 所以，运动不是相同。

泰 的确不是。

客 但是，它又是相同，因为一切都分有相同。

泰 确实如此。

客 那么，运动既是相同又不是相同，对此我们必须表示同意而不要犹豫。因为在说它是相同和不是相同的时候，我们并不以同样的方式进行言说；【b】当我们说运动是相同的时候，是由于就其自身而言它分有相同；而在说运动不是相同的时候，是由于它分有相异，因此它与相同分离而变成相异；所以它又可以正确地被说成不是相同。

泰 的确如此。

客 所以，倘若运动本身以某种方式分有静止，那么称它是静止就不会陷入荒谬，对吗？

泰 对，只要我们承认某些型相可以相互结合，某些不可以。

客 【c】我们在前面已经证明了这一点，并说明它在本性上就是如此。

泰 当然。

客 让我们再来说，运动不是相异，正如它也不是相同和静止，对吗？

泰 必须如此。

客 那么，按照当前的论证，运动以某种方式既不是相异，又是相异。

泰 这是真的。

客 接下来该怎么讲？尽管我们已经同意要考察的有五个型相，【d】我们仍旧要说运动与这三个相异，但不与第四个相异吗？

泰 那怎么行？我们不会让这个数目变少了。

客 所以，我们会无畏地坚持运动与在者相异吗？

泰 毫不畏惧。

客 那么很清楚，运动真的是非在者，但他又是在者，因为它分有在。

泰 很清楚。

客 所以，非在者必定在，无论对运动而言，还是对其他各个型相而言，莫不如此；【e】因为相异的本性使各个型相在相异于在者的时候把它们变成了非在者；我们以同样的方式也可以正确地说它们每一个不在。另一方面，由于它们分有在者，我们也说它们在。

泰 很可能。

客 所以，对于每一个型相而言，在者是众多的，而非在者在数量上是无限的。

泰 似乎如此。

客 【257】而且，在者本身也应当被说成是与其他东西相异的。

泰 必然如此。

客 所以，我们看到，就在者而言，其他型相有多少，它就在多大范围上非在，因为它不是其他型相；它是一个自身，而不是在数量上无限的其他型相。

泰 差不多是这样。

客 那么，我们没有必要为此感到犹豫，因为型相的本性允许相互结合。如果某人并不承认这一点，那么他在驳倒后面这些说法之前必须先驳倒我们前面的说法。

泰 你讲得很公道。

客 我们来看一下这个说法。

泰 【b】哪一个说法？

客 当我们说非在者的时候，我们似乎并不是在说在者的相反者，而只是说与在者相异的东西。

泰 怎么会这样？

客 举例来说，当我们说某个东西不大时，你认为我们这样说的意思是小而不是相等吗？

泰　我怎么会这样想呢？

客　所以，我们不要同意否定只表示相反，而要承认，【c】加上"非"这个前辍词表示与后接的名称有区别的东西——或者倒不如说，表示与否定词后面的名词所表述的事物有区别的事物。

泰　完全正确。

客　如果你跟我想的一样，让我们来考虑下面这一点。

泰　哪一点？

客　在我看来，就像知识一样，相异的本性也可以划分为许多小的部分。

泰　怎么讲？

客　知识当然也是一，但它的每个部分都有各自独立的对象，并且有各自的名称，【d】因此我们说有许多技艺和许多知识。

泰　确实如此。

客　相异的本性也一样被分为各个部分，虽然它是一。

泰　也许是这样，但我们该如何说明？

客　有没有相异的一个部分与美相对立？

泰　有。

客　我们应该说它没有名称，还是说它有某个名称？

泰　它有名称。每当说到非美的时候，指的无非就是与美的本性相异的东西。

客　现在再告诉我以下这一点。

泰　【e】哪一点？

客　由此是否可以推论，非美者是从某一类在者当中划分出来又与某类在者对立的东西？

泰　可以。

客　似乎由此可以再推论，非美是在者与在者的某种对立。

泰　非常正确。

客　据此，我们可以说美比非美更算得上是在者吗？

泰　决不可以。

客　【258】我们也应该说非大与大同样在吗？

泰　同样。

客　我们也应当以同样的方式看待非正义和正义，其中任何一个不会比另一个更在。

泰　当然。

客　对于其他这样的事物我们也应该这么说，因为相异的本性已经被表明是一个在者。既然是在者，它的那些部分也应当被看做诸在者。

泰　当然。

客　【b】那么，似乎是这样，当相异的部分本性与在者的本性相互对立的时候，这种对立，如果允许这么说，并不比在者自身更算不上是在者，因为它并不表示与在者相反，而仅仅表示与它相异。

泰　这很清楚。

客　那么我们该把它称做什么？

泰　它显然就是非在者本身，也就是我们由于智者的缘故而探寻的东西。

客　那么，如你所说，非在者与其他事物一样是在者，而且从现在起我们可以大胆地说非在者无疑也是有其自身本性的事物，【c】正如大者是大的，美者是美的，非大者是非大的，非美者是非美的，与此同理，非在者过去是非在的，现在也是非在的，并且应当算做众多在者中的一个类型，对吗？难道我们对它还有什么怀疑，泰阿泰德？

泰　完全没有。

客　那么，你可知道，我们不再听信巴门尼德，已经远远地突破了他的限制。

泰　在什么地方？

客　我们在推进探索的时候，已经向他表明了我们对这个领域的看法，而这个领域是他禁止我们去探究的。

泰　怎么讲？

客　【d】他说过："非在者在，决不要受这种看法的逼迫；相反，你们在探究中要让思想避免这一途径。"

泰　他确实这样说过。

客　而我们不仅证明了诸非在者在，另外还揭示了非在者实际所在的型相。既然我们说明了相异有本性，它把一切在者划分为彼此相对的各个部分，【e】我们也就大胆地说与在者对立的相异之本性的各个部分真的是非在者。

泰　客人呀，至少在我看来我们说得完全正确。

客　那么，当我们说非在者在的时候，别让任何人说我们胆敢主张非在者是在者的相反者，因为我们早已告别了在者的相反者，【259】无论它在或不在，有道理或没道理。至于我们刚才所说的非在者在，除非某个驳倒我们，让我们相信我们说得不对，否则他就应当跟我们一样说：各型相互相结合；在者与相异贯穿所有型相，并且彼此贯穿；相异分有在者，由于这种分有它在，但它并不是所分有的那个东西，而是与之相异，由于它是异于在者的，那么很明显它必然是非在者；反之，【b】由于在者分有相异，它会相异于其他所有型相，由于在者相异于其他所有型相，它不是他们当中的一个，也不是其他所有型相的总和，而只是其自身，因而，在者毫无疑问不是成千上万个事物的叠加，而其他型相，无论是个别还是总体，在许多方面在，在许多方面不在。

泰　对。

客　如果有人不承认这些对立，他就应当亲自考察它们，并且提出比现在这个更好的论述。但是，如果自以为在其中发现了某个疑难，【c】就喜欢把论证一会儿扯到这里，一会儿扯到那里，那么就像我们刚才说过的那样，这是在把力气浪费在不值得努力的事情上了。因为发现这个东西既不算能干，也并不困难，既艰难又美好的是另外一件事。

泰　什么事？

客　就是前面说过的，放弃那些诡辩，让自己能够跟得上这样一步步的考验。当有人断言相异以某个方式是相同、【d】相同以某个方式是相异的时候，我们就要弄明白，他认为这二者在什么意义上、相对于什么才是这种关系。还有，当有人断言相同无论以任何方式都是相异、相异无论以任何方式都是相同、大者是小的、相似者是不相似的，以这种方式在论证中提出矛盾并借此取乐，那么就要能够指明这不是真正的辩驳，而且这样做的人显然是刚刚接触诸实在的新生儿。

泰　确实如此。

客　好小伙子，试图把每一个与其他一切分离开来是不妥的，【e】这样做的人完全不懂音乐，也不懂哲学。

泰　怎么讲？

客　把每一个从一切当中解开也就是所有陈述①的完全消失，因为我们看到，陈述表现为诸型相的相互结合。

泰　没错。

客　【260】所以，你考虑一下，我们刚才与这些人作战并且迫使他们允许这个东西与那个东西相结合，这样做有多么及时。

泰　针对什么而言？

客　针对这一点，在我们看来，陈述也是诸在者中的一个种类。如果我们被剥夺了陈述，我们就被剥夺了哲学。但是，我们当前还必须对什么是陈述达成共识。如果我们完全否定它存在，那么我们一定不能再说话了。【b】如果我们承认没有任何东西以任何方式与任何东西相结合，那么我们就已经否定了陈述。

泰　这当然没错。但我不明白，为什么我们现在必须对陈述达成共识。

客　按照下面这个方式，也许你会很容易懂。

---

① 陈述（λόγος），亦译论说、谈话。

泰　什么方式？

客　我们已经阐明非在者是在者之外的某个型相，而且分布在一切在者之中。

泰　是这样的。

客　所以，接下来我们应当考察非在者是否与判断和陈述相结合。

泰　为什么要这样做？

客　【c】如果非在者不与它们相结合，那么一切都必然是真实的；如果非在者与它们相结合，就会出现假判断和假陈述，因为去断定或去论说非在者就是在思想和陈述中出现了假。

泰　是这样的。

客　如果有假，也就有欺骗。

泰　对。

客　如果有欺骗，一切也就必然充斥影像、仿像和幻象。

泰　当然。

客　我们曾经断定，智者遁入这个地方藏身，【d】但他却完全否认曾经有假或发生过假。因为非在者既不可思考也不可言说——因为非在者决不以任何方式分有在。

泰　他是这样说的。

客　但是现在，我们已经表明非在者分有在，因此智者大概不会在这一点上与我们继续作战；然而，他可能会说诸型相当中有些分有非在者，有些不分有，而且陈述和判断就属于不分有非在者的东西；【e】一旦判断和陈述不与非在者相结合，他就会再次作战，坚持根本没有影像制造术和幻象术——而我们却断定他就藏在这个地方；如果不发生这种结合，那么假就完全不存在。故此，我们先来探索陈述、判断和印象究竟是什么，【261】一旦显明，我们就可以洞察到它们与非在者的结合；一旦洞察，我们就可以证明有假；一旦证明，我们就可以把智者绑定在那里——如果他是有责任的；否则，我们就让他走，并在其他种类中继续寻找。

泰　确实如此，客人呀，似乎起初关于智者的说法是正确的。这种人是难以捕捉的。他显然拥有许多挡箭牌，一旦他举起一块挡箭牌，那么在抓住他之前必须要先跟这道挡箭牌作战。我们刚刚艰难地突破了他抛出来的非在者不在，【b】另一道挡箭牌又被举了起来，所以我们必须证明在陈述和判断中有假，此后或许他还会举起另一道挡箭牌，然后还会有别的，似乎永远不会有终点。

客　泰阿泰德，哪怕只能够持续前进一小步，我们也要有信心。因为如果在前进时丧失信心，那么在别的情况下该怎么办，要么什么地方也到不了，要么倒退回去，不是吗？【c】常言道，这样的人要拔取城池终究枉然。而现在，好小伙子呀，最重要的城墙已经被攻破，如你所说的那样，以后剩下的难处是比较小的和比较容易的。

泰　你说得太好了。

客　就像刚才说的那样，首先让我们从陈述和判断入手，以便更加清楚地考量，究竟非在者与它们有关联，还是说它们二者完全是真的，在任何时候任何一个都不会有假。

泰　可以。

客　【d】来吧，让我们像刚才谈论诸型相和诸字母那样，以同样的方式来考察诸语词。因为我们现在要考察的东西通过它表达出来。

泰　我到底要回答有关语词的什么问题呢？

客　要么一切语词都相互匹配，要么没有任何语词相互匹配，要么有些语词能匹配，有些语词不能匹配。

泰　这很清楚，有些语词能，有些语词不能。

客　你的意思大概是这样的，某些按次序说出来并且有所指称的语词相匹配，【e】某些聚在一起并不指称任何东西的语词不相匹配。

泰　你的意思是什么？

客　你刚才回答的时候我认为你已经明白了。关于实在的声音符号，我们的确有两种。

泰 哪两种？

客 【262】一种被称做名词，另一种被称做动词。

泰 请分别描述一下吧。

客 一方面，那些涉及动作的符号，我们说它是动词。

泰 对。

客 另一方面，那个涉及动作的施动者的声音符号被称为名词。

泰 确实如此。

客 陈述永远不会仅由一连串说出来的名词组成，也不会由脱离名词而被说出来的动词组成。

泰 这一点我不懂。

客 【b】你刚才同意的时候，心里想的显然不是这一点。我想说的是，用下面这种方式连续说出来的这些东西不是陈述。

泰 什么方式？

客 举例来说，"走、跑、睡"，以及其他表示动作的动词，即使某人把它们全都说出来，也不能构成任何陈述。

泰 当然不能。

客 如果某人说出"狮、鹿、马"，以及其他得名于动作之施动者的名词，【c】这些名词的连续体也不能构成一个陈述；除非某人把名词与动词结合起来，否则发出的声音不会以任何方式指称任何作为或不作为，既不指称在者也不指称非在者。但是，当名词和动词出现匹配的时候，这个最基本的结合物就立即成为陈述，即最基本的和最简短的陈述。

泰 你到底是什么意思？

客 某人说："人学习"，你会说这是最简短和最基本的陈述吗？

泰 【d】我会。

客 因为它此刻的确指称了在者、正在生成者、已经生成者、将出现者。它不仅用名称来指称，而且通过把动词与名词结合起来断定某件事。因此，我们说它是论断而不仅仅是命名。我们把这个结合体的名称叫做陈述。

泰　对。

客　正如有些事物相互匹配，而有些事物不相配，声音符号亦如此，某些不匹配，【e】而某些则相匹配并构成一个陈述。

泰　确实如此。

客　不过，还必须提到另一小点？

泰　那是什么？

客　只要是陈述就必然是关于某个事物的陈述；不关于任何事物的陈述是不可能的。

泰　是这样的。

客　它必定有某个性质吗？

泰　当然。

客　那么，让我们来思考一下自己。

泰　行。

客　我对你说出一个陈述，它通过名词和动词而将事物和动作结合起来。你要告诉我这个陈述是关于什么的。

泰　我将尽力而为。

客　【263】"泰阿泰德坐着"，这个陈述不算长，对吗？

泰　不长，正合适。

客　你的任务是说出它是针对什么的和关于什么的。

泰　它显然是针对我的，并且它是关于我的。

客　那么，和这个相反的陈述怎么样？

泰　哪一个？

客　"泰阿泰德，也就是我现在与之交谈的这个人，在飞。"

泰　没有人会提出异议，它关于我并且针对我。

客　【b】我们还说过每个陈述必定有某个性质。

泰　对。

客　那么，我们应该说这两个陈述各有什么性质？

泰　其中一个是假的，另一个是真的。

客　其中，真陈述把关于你的在者断定为在。

泰　的确。

客　而那个假陈述断定了异于在者的东西。

泰　对。

客　所以，它把非在者断定为在者。

泰　差不多。

客　但是，这个在者与关于你的在者相异。我们说过，关于每个事物的确有许多在者，也有许多非在者。

泰　确实如此。

客　【c】我所说的关于你的后一个陈述，根据我们对什么是陈述的界定，必然是最简短的陈述。

泰　这一点我们刚才已经达成了共识。

客　其次，它必然针对某个事物。

泰　是这样的。

客　如果它不关于你，它也不会关于其他任何事物。

泰　当然。

客　如果它不关于任何事物，那么它就根本不会是陈述，因为我们已经指出不关于任何事物的陈述不可能是陈述。

泰　非常正确。

客　【d】如果这个陈述所说的是关于你的，但是把"这"说成了"那"，把非在者说成了在者，那么由动词和名词产生出来的这样一个结合体，看上去就真的成为了假陈述。

泰　完全正确。

客　现在不是很明显吗，思想、判断和印象，这些在我们灵魂中的东西既有真也有假？

泰　怎么讲？

客 【e】如果你首先了解它们是什么以及它们彼此之间有什么区别，那么说起来就容易些。

泰 请说！

客 思想和陈述不是同一个东西吗？只不过，一方面，灵魂内部发生的不出声的自我交谈被我们称做思想。

泰 确实如此。

客 另一方面，从灵魂出发并通过口腔流出的有声气流被称做陈述。

泰 对。

客 而且，我们知道在各个陈述中包含着……

泰 什么？

客 肯定与否定。

泰 我们知道。

客 【264】当肯定和否定通过思想沉默地发生在灵魂里，除了下判断以外，你还会用什么来称呼它呢？

泰 当然不会。

客 当判断不是自在地而是通过感觉向某人呈现出来，那么这种状态正确说来除了印象还会是什么吗？

泰 不会。

客 由于陈述有真也有假，而思想是灵魂与自身的交谈，判断是思想的完成，【b】此外，我们还用得到印象来表示感觉和判断的结合——这些东西与陈述是同类的，所以，其中有些必然在有些时候是假的，对吗？

泰 当然。

客 那么，你意识到没有，我们已经发现了假判断和假陈述，比预料的还要快。我们刚才还感到畏惧，把它当做一项没有尽头的探索。

泰 我意识到了。

客 因此，不要对剩余的工作感到气馁。既然这些事情已经显明，【c】让我们来回忆前面按照类型来进行的划分。

泰　哪些类型？

客　我们曾经把影像制造术划分为两个类型，其中一个是仿像术，另一个是幻象术。

泰　对。

客　我们还说过，我们感到困惑，不知该把智者归为哪一类。

泰　对。

客　就在对此感到困惑的时候，更大的晕眩又降临在我们身上，出现了一个反驳所有人的陈述，它断定根本没有仿像，也没有影像和幻象，【d】因为假在任何时候任何地点都不以任何方式存在。

泰　你说得对。

客　但是现在，我们既然已经表明有假陈述和假判断，那么就使得诸实在的摹本有可能存在，也使得造成这种心灵状态（假判断）的欺骗的技艺有可能存在。

泰　对，这样的话就有可能。

客　我们早些时候已经达成共识，智者属于前面提到的两个类型之一。

泰　对。

客　所以，让我们再做尝试，对先行设定的种类进行对半划分，【e】一直按照右边这个部分进行划分，抓住智者所属的共同体，直到剔除他的所有同伴，并保留他特有的本性；【265】最后，我们将展示这一本性，首先展示给我们自己，然后展示给本性上跟这种方法有缘的人。

泰　对。

客　我们当时是从划分制造术和占有术开始的吗？

泰　对。

客　在占有术中，他向我们幻显为处于猎取术、争斗术、商贸术以及诸如此类的某个类型中，对吗？

泰　没错。

客　但是现在他被包括在模仿术中，很明显首先必须被对半划分的是制造术本身。因为模仿的确是某种制造，【b】只不过它制造的是影像，而不是各个原本的制造，对吗?

泰　确实如此。

客　首先，制造术有两部分。

泰　哪两个部分?

客　其中一部分是属神的，另一部分是属人的。

泰　我不明白。

客　如果我们还记得我们一开始说的话，那么我们说过，所有的能力，只要它是先前不存在的东西之后生成的原因，就是制造术。

泰　我们记得。

客　【c】一切有死的动物、所有生长在大地上并出自种子和根系的植物，以及大地中形成的可分解的和不可分解的各种无生命的物体——这些东西，我们要说，不是神的制作，而是别的东西使这些先前不存在的东西得以生成，是吗? 或者说，我们采用多数人的意见和说法……

泰　什么说法?

客　自然把它们产生出来，它们是自发的，没有包含思想的原因。或者说，我们要说它们是神通过理性和神性的知识产生出来的吗?

泰　【d】可能由于我年纪轻，我经常在这两种意见中左右摇摆;不过我现在看着你，想必你认为它们通过神而生成，所以我就认定这个说法吧。

客　很好，泰阿泰德! 要是我认为你属于以后会另有断定的人，那么我现在就会用带有必然说服力的论证来尝试着让你认同我。不过，我了解你，【e】即使没有我们的这个论证，你的本性也会把你引到现在吸引你的观点，所以我就不做论证了，因为那需要更长的时间。我设定，所谓自然的东西由属神的技艺来制造，由人把自然物组合起来的东西由属人的技艺来制造，按照这个说法，制造术有两种，一种属人，一种属神。

泰　对。

客　请把两类技艺各自划分为两半。

泰　怎么分？

客　【266】你刚才对整个制造术做了横向划分，现在做纵向划分。

泰　就这么办吧。

客　这样一来，制造术就有四个部分，两个在我们这边，属人的，另外两个在神那边，属神的。

泰　对。

客　当它们以另一方式被划分，两部分中各自又有一个部分是原本制造术①，剩下的基本上是影像制造术，按照这个方式，制造术可以再次划分为两半。

泰　【b】请说各自再以什么方式划分。

客　我们知道，一方面，我们、其他动物，以及形成自然物的东西一，亦即水、火，及其同类，都是神的产物，是神的作品，不然怎样？

泰　就这样吧。

客　另一方面，它们各自的影像与之相伴出现，这些影像不是它们自身或原本，也由神灵的机巧所产生。

泰　有哪些？

客　睡梦中的幻象，以及被说成是自发的日光中的幻象，【c】其中之一是阴影，也就是光明后面的黑暗；还有一种情况，就是自身的和别处的两重光在平滑和光洁的表面会聚到一起时出现的映象，给出一种与通常视觉相反的感觉。

泰　的确有这两种神工的产物，事物的原本和伴随着每个事物的影像。

客　【d】那么，我们人的技艺又怎样？我们不说它通过建筑技艺而制造了房屋本身，但又通过绘画制造了个别的房屋，就像为清醒者造就的梦吗？

泰　我们要这样说。

客　我们说，我们的制造活动的其他作品也以这个方式成双成对，一方

---

①　原本制造术（αὐτοποιητική）。

面，原本出自原本制造术；另一方面，影像出自影像制造术。

泰　我现在比较懂了。我把两种制造的技艺都设定为双重的，按照一种方式划分为属神的技艺和属人的技艺，按照另一个方式划分为属于原本的技艺和属于相似的衍生物的技艺。

客　让我们回忆一下，影像制造术的一个种类是仿像术，另一个种类是幻象术——【e】如果假真的是假，并且在本性上表现为某种在者。

泰　是这样的。

客　既然假以此方式已经得到显明，那么我们现在不可以毫不犹豫地把它们算做两个类型吗？

泰　可以。

客　【267】让我们把幻象术再划分为两部分。

泰　以什么方式划分？

客　一种要使用工具，另一种则是幻象的制造者把自己当做工具。

泰　你什么意思？

客　我认为，当有人使用他自己的身体或者用他的声音制造与你的姿态或声音显得相似的东西，这种幻象术必定叫做模仿。

泰　对。

客　【b】让我们把它区别出来并称为模仿术。让我们放开所有其他的，让别人去把它们归结在一起，并起个恰当的名称。

泰　好，就确定这一个，放弃另一个。

客　泰阿泰德，这个模仿术仍旧值得考虑为双重的；考虑一下，我们这样做的根据是什么。

泰　你说吧。

客　有些模仿者知道自己在实施这个模仿术，有些模仿者不知道。我们还能发现比知道和不知道更大的划分吗？

泰　不能。

客　我们刚才提到的模仿是有知识的人的模仿，对吗？认识你和知道你的姿态的人才能模仿你。

泰 【c】当然。

客 但是，正义和一般的美德的姿态是什么呢？许多人不认识它，而只是好像认识它，就极力试图通过自己去表现好像认识的东西，用行动和语言去模仿它，对吗？

泰 许多人都这样。

客 根本不正义的人没有一个会被认为是正义的吗？或者说，情况正好相反？

泰 正好相反。

客 【d】那么，我认为，无知识的模仿者应当被视为和有知识的模仿者不同。

泰 对。

客 我们在哪里能找到他们各自合适的名称呢？这显然是件难事，因为前人似乎懒惰成习，缺乏根据类型进行种类划分的能力，甚至没有人进行过这种尝试，因此我们必定缺乏足够的名称。尽管这个说法过于大胆，让我们还是继续划分，把基于臆见的模仿称做"自以为是的模仿"，【e】而把基于知识的模仿称做"恣意的模仿"。

泰 就这样叫吧。

客 那么，与我们相关的是前者，因为智者不属于有知者，而属于模仿者。

泰 确实如此。

客 那么，让我们来考察一下自以为是的模仿，就像人们检验铁器一样，看它是健全的，还是里面有裂缝的。

泰 就这么做吧。

客 【268】这里的确有条裂缝，而且还很长。他们当中有一类挺天真的，相信他臆想到的东西就是他认识的东西；但是，由于另一类人长期在论证中打滚，他感到非常怀疑和恐慌，因为他不认识他在其他人面前伪装认识的那些东西。

泰　的确有你说的这两种人。

客　那么，我们把其中一种人看做天真的模仿者，把另一种人看做伪装的模仿者。

泰　看起来是这样的。

客　我们说后者是一种还是两种？

泰　你自己来看吧。

客　【b】我正在考虑，发现有两种。我发现其中一种能够在公共场合对着大众用长篇论证进行伪装，另一种在私下场合用简短的论证迫使与之争论的人陷入悖论。

泰　你说得非常正确。

客　我们把发表长篇大论的人看做什么？政治家还是公共演说家？

泰　公共演说家。

客　我们如何说另一种人？有智慧的人还是有智术的人？

泰　他肯定不是有智慧的，【c】因为我们刚才把他判定为无知识的人。但是，假如他是有智慧的模仿者，那么他将获得一个与这个名称同源的称呼，而且我现在差不多已经知道了，我们必须称他为完全纯正的智者。

客　那么，我们要不要像刚才那样，从最后到开始，把他的名称汇总起来？

泰　当然要。

客　他的技艺是属人的而非属神的制造，在语言中玩弄魔术的部分，【d】属于影像制造术中的幻象术，也就是自以为是的模仿当中伪装的、制造悖论的部分——谁把这个种族和血统的人说成是真正的智者，那么他大概说出了最真实的东西。

泰　我完全同意。

政 治 家 篇

提 要

本篇是《智者篇》的姊妹篇，参与谈话的人物与《智者篇》基本相同。主要谈话人是一位来自爱利亚的客人，在场的有老苏格拉底和塞奥多洛，回答问题的是一位与苏格拉底同名的青年。公元 1 世纪的塞拉绪罗在编定柏拉图作品篇目时，将本篇列为第二组四联剧的第四篇，称其性质是"逻辑性的"，称其主题是"论君主制"。① 谈话篇幅较长，译成中文约 5.3 万字。

第一部分（257a—268d），用二分法给政治家下定义。客人首先指出政治家必须是有专门知识和专门技艺的人。知识分为两类：匠人的实用知识和数学这样的纯粹理论知识。他先把理论知识分为指示性和非指示性的，然后指出指示性的有一部分是自我指示的。然后，他对生灵的抚养进行划分，分为抚养群居的牲畜和非群居的牲畜，再分为抚养用脚行走的动物和非用脚行走的动物；再划分出抚养无角的牲畜和有角的牲畜，再指出抚养用两足行走的牲畜与抚养人类有关，这方面的知识就是政治术或统治术。但是这样的划分是不完善的，因为担当政治家或国王不是唯一抚养人类的行当，商人、农夫、磨工、体育教练、医生等等行当都和抚养人类有关。

第二部分（268e—274e），神话故事。为了说明上述划分有误，客人讲

---

① 参见第欧根尼·拉尔修：《名哲言行录》3：58。

述神话故事。故事说，宇宙有时候在神的指引下运动。在特定的时候，宇宙发生逆转，世上的万事万物也发生了逆转。太阳和星辰从西方升起，从东方落下。生灵由老变少，由成年变为幼年。人从土中生长出来。到了克洛诺斯统治的时代，神是人的牧者，大地产出丰饶的果实，人不需要耕种，也没有房屋，而是露宿荒野。那个时候没有暴力，没有战争，当然也不需要政府。这个时代是人类生活的黄金时代。后来，神放弃对宇宙的推动，宇宙开始自动，其运动方向再次发生逆转。大地发生震动，毁坏了一切生物，秩序混乱，邪恶丛生。神让普罗米修斯给人类送来火，让赫淮斯托斯送来技艺，让德墨忒耳送来种子，让狄奥尼修斯送来植物，让人类能生活下去。这一时期人类统治自己，这时候的统治者便是政治家，他统治人群正像牧人统治羊群。

第三部分（274e—311c），再次发现政治家的本质。客人指出，前面在界定国王的时候，把国王界定为人类的牧者，但没有具体说明他以什么方式抚养人类，应当用一个含义更加广泛的名称"照料"来涵盖国王和政治家。事物可分为七类：原材料、工具、器皿、交通器、防护物、娱乐品、营养物。（289b）在此基础上，客人把统治的技艺从各种技艺中区分出来，把从事统治这个行当的人，即政治家和国王，从各色人等中区分出来。

按统治者人数多少可以区分三种政制：由一个人统治的、由少数人统治的、由多数人统治的。三种制度有好有坏。由一个人统治的可以分为王制和僭主制，由少数人统治的可以分为贵族制和寡头制，由多数人统治的是民主制，它也有好有坏。按照其他标准划分，统治制度还可以分为使用暴力的和自愿接受的、贫穷的和富裕的、不守法的和守法的，等等。（291c—292a）统治是一种知识，只有由一个人统治的王制的统治者才具有这种知识。一名政治家如果真正拥有治国的知识，能够按照正义的原则治国，能使国家富强，那么他便是真正的政治家。（292b—293e）

小苏格拉底提出法律有什么作用的问题，客人作了冗长的解释。法治是统治术的一部分，法治是需要的，但不是最好的。最好的统治不是法治，而是有知识、有能力的人实行的统治。（293e—300e）通过讨论，区分了六种政制的高下：最好的政治制度是王制，但若统治者放纵私欲、滥用权力，违反法律，那便是最坏的僭主制；由少数人进行统治的制度居于其他二者之间，守法的就是贤人制，不守法的就是寡头制；由多数人统治的民主制将统治权分给许多人，所以它在三种好政制之中是最坏的，而在三种坏的政制中间它却是最好的。（300d—303b）

最后（310e—311c），谈话把政治术或统治术比做纺织术或编织术，指出那位国王一般的城邦织造者的唯一和全部任务就是在城邦成员之间建立人性的联系，使他们共同拥有关于卓越和善良的信念。这种织造的行当属于国王，他依靠和谐与友谊使人们生活在一起，完成了这块最辉煌、最优秀的织物，用它覆盖城邦的所有其他居民。他统治和指导着城邦，而无任何短缺之处。这个城邦因此而是一个幸福之邦。老苏格拉底最后发出赞叹说，这是你为我们完成的又一幅完美的画像，这个人是政治家，拥有国王般的统治技艺。

正　文

谈话人：苏格拉底、塞奥多洛、客人、小苏格拉底

苏　【257】塞奥多洛①，我确实非常感谢你把我介绍给泰阿泰德②和我们这位客人③。

塞　噢，苏格拉底，也许吧，等他们完成任务，在为你界定政治家和哲学家以后，你欠我的人情会是现在的三倍。

苏　嗯，你这样说既对又错，我亲爱的塞奥多洛，我们要说我们听到你这位最优秀的数学家和几何学家是这么说的吗？

---

①　塞奥多洛（Θεόδωρος），本篇谈话人。
②　泰阿泰德（Θεαίτητος），人名，《智者篇》、《泰阿泰德篇》谈话人。
③　客人（Ξένος），本篇谈话人，来自爱利亚。

塞 【b】你什么意思，苏格拉底？

苏 你把三者①相提并论，而实际上他们之间在价值上的差别极大，无法用数学比例来表达。

塞 说得好，苏格拉底，我以我们的阿蒙神②的名义起誓；你的指责是公正的——你还记得你的数学知识，所以才能指出像我这样的错误。对你，我会另找机会跟你讨论。【c】不过，现在让我们对我们的客人说话——你根本不会放弃对我们的敦促，无论你首先选择政治家还是哲学家，所以，就请你做出选择，然后完成对他的考察。

客 对，塞奥多洛，这就是我们必须做的事，因为我们既然已经做了尝试，就一定不要放弃，直至抵达终点。但我有个问题，泰阿泰德在这里，我该为他做些什么呢？

塞 在哪方面？

客 我们应该让他休息，而让和他一道训练的小苏格拉底③来代替他吗？或者说，你有什么建议？

塞 就按你的提议办，让小苏格拉底替换他；他们年轻，只要有机会轮流休息，就能接受任何艰苦的训练。

苏 【d】我有话说，我的朋友，他们俩好像都跟我有点关系。你们全都说他们中的一个长得很像我；【258】而另一个则与我同名，这就产生了某种关联。嗯，我们必须保持热情，通过与他们交谈来承认这种亲缘关系。昨天我本人和泰阿泰德在一起讨论，刚才我又听到他回答问题；但我还没有听过这位苏格拉底发言，所以让我们也照顾一下他。他将在其他场合回答我的提问，而现在就让他来回答你的问题吧。

客 我愿意这么办。小苏格拉底，你听见苏格拉底说什么了吗？

---

① 指智者、政治家和哲学家。

② 阿蒙（Ἄμμων），古埃及神祇。

③ 小苏格拉底（Σωκράτης Ὁνέοτερος），本篇谈话人，与哲学家苏格拉底同名。参见《智者篇》218b。

小　听见了。

客　你同意他的建议吗？

小　完全同意。

客　【b】你这一方好像没有什么障碍了，我这一方也许障碍更少。那么好吧，在我看来，在发现了智者之后，我们两个必须寻找政治家。现在请你告诉我，我们应当把这种人设定为有知识的人吗，或者说我们应当做出其他假设？

小　我们应当这样假设。

客　在这种情况下，我们必须在各种知识中进行划分，就像我们在考察前面那个人①一样吗？

小　也许吧。

客　但是，苏格拉底，我想我看到的划分不在同一处。

小　为什么不？

客　【c】它的处所不同。

小　对，显然如此。

客　所以，朝什么方向才能发现导向政治家的路径呢？因为我们必须寻找这条路径，使之能与其他所有人区分开来，在给它打上显示其特性的特殊标记以后，我们必须认定所有种类的知识都可以归为两类。

小　我认为，客人啊，这其实是你要做的事，不是我的事。

客　【d】但是，苏格拉底，要是我们弄清了什么是政治家，那么它必定也是你的事。

小　你说得对。

客　那么好吧，算术以及其他某些与之同缘的行当是不牵扯任何实际活动，而是只提供知识吗？

小　是这样的。

---

①　指智者。

客 而那个以木匠手艺和一般的制作为其组成部分的整个行当必定与实际活动有关，它拥有知识，【e】并用它来制造那些从前并不存在的物品，是这样吗？

小 对，那又怎样？

客 嗯，以这种方式划分所有知识，一类叫做实际的知识，另一类是纯粹理论的知识。

小 我同意你的分法，作为总体的知识可以分成这两类。

客 那么，我们要把政治家、国王、奴隶主，还有家庭的管理者，算做一样东西吗，当我们用这些名称提到他们的时候，或者当我们要说有这么多行当，与我们提到他们的时候对应？不过，还是让我就用这种方法，你只要跟着我就行。

小 那是什么方法？

客 【259】是这样的。要是某个人自己能够私下里像那些公开行医的医生一样给人提建议，那么在他提建议的时候，我们不是肯定要用同样的职业名称来称呼他吗？

小 是的。

客 那么好，关于那个擅长向城邦的国王提建议的人，尽管他只是个普通人，我们不说他拥有统治者本人应当拥有的专门知识吗？

小 我们会这么说。

客 【b】但是属于真正的国王的知识就是统治术①的知识，对吗？

小 对。

客 那么拥有统治术的人，无论他是一名统治者，还是一介平民，在各种情况下，就其拥有这种技艺本身而言，都可以正确地被视为一名统治术的专家，不是吗？

小 这样说是公平的。

---

① 统治术（βασιλική），王术、国王的技艺。

客 下面，家庭的管理者和奴隶主是一回事。

小 当然。

客 那么好，就统治而言，一个大家庭和一个小城邦肯定不会有什么差别吧？

小 没有。

客 【c】所以，回答了这些我们自己提出来的问题，显然有一类专门的知识与所有这些事情相关；要是有人把这个行当的名称叫做统治术，或者叫政治术①、家政术②，让我们不要与他争论。

小 我同意——我们干嘛要跟他争论呢？

客 但是，更加清楚的是，任何一名国王用于维持他的统治的力量与他使用双手或整个身体几乎没有什么关系，相比而言，却与他的睿智和心灵的力量有关。

小 显然。

客 那么，你想要我们断言国王与理论知识的关系更加密切，【d】胜过与体力或一般实际工作的关系吗？

小 当然。

客 在这种情况下，我们要把所有这些事情归到一起——政治家的知识和政治家、国王的知识和国王——当做一个东西，把它们当做相同的吗？

小 显然要。

客 嗯，要是在此之后我们划分理论知识，我们开始的秩序对吗？

小 肯定对。

客 所以仔细瞧，看我们能否察觉某个裂缝。

小 哪一种裂缝？告诉我。

客 【e】这种裂缝在这里。我想，我们同意过有算术③这门技艺。

---

① 政治术（πολιτική）。
② 家政术（οἰκονομική）。
③ 算术（λογιστική）。

小　是的。

客　我以为它绝对属于理论这类行当。

小　是这样的。

客　这是因为，算术一旦认识到数之间有差别，除了判断它已经认识的东西，它肯定不会有进一步的工作吗？

小　是的。

客　所有建筑师也一样——他们自己不会像工匠那样去工作，而是管理工匠。

小　是的。

客　就此而言，我假定，建筑师提供的是理智，而不是体力劳动。

小　是这样的。

客　【260】那么，说他分有一份理论类的知识，这样说对吗？

小　当然。

客　但是，我认为，一旦做出他的职业判断，他要做的事情不是结束或离开，就像算术的行家那样，而是把恰当的工作指派给每一群工匠，直到他们完成指派给他们的工作。

小　对。

客　所以，所有这类知识和像算术一样的知识都是理论的，【b】但这两类知识相互之间不同，一类知识下判断，而另一类知识发指示，是这样吗？

小　它们好像是这样的。

客　所以，要是我们把整个理论知识划分为两个部分，把一个部分当做指示性的，另一部分当做下判断的，我们会说这样的划分是恰当的吗？

小　会，至少我是这么看的。

客　但若人们在一起做事，他们只要意见一致也就够了。

小　确实如此。

客　就我们当前正在分担的任务而言，我们应当对其他任何人的想法说再见。

小　当然。

客　【c】所以，告诉我，在这两类行当中，我们应当把精通统治术的行家放在哪里？放入与下判断有关的那一类吗，因为他好像是某种旁观者，或者我们宁可把他放入指示性的那一类行当吗？因为他是其他人的主人。

小　放入第二类，当然。

客　那么，我们还需要再看一下指示性的行当，看有无地方可以划分。在我看来在这个方向有这样的地方，就好比零售商有别于出卖自己生产的物品的自销者，【d】所以应当区分国王这一类和传令官这一类。

小　此话怎讲？

客　我想，零售商购买其他人生产的物品，然后把别人卖给他的东西再卖出去。

小　确实如此。

客　那么好，传令官这类人接受其他人做出的决定，然后再次发布给另一群人。

小　非常正确。

客　所以，我们要把国王这个行当与通司、【e】船长、先知、传令官，以及许多其他相同性质的行当放在一起，正因为它们全都与发布指示有关吗？或者说，你想要我们按照我们刚才使用的类比来造出一个名称来吗，因为实际上"自我指示者"这一类行当正好没有一个它自己的名称？我们应当按这种方式划分这些事情吗，把国王归属于"自我指示"这类行当，而不用注意其他所有的行当，让其他人去给它们起另一个名称？因为我们进行的考察，为的是发现那个实行统治的人，而不是它的对立面。

小　绝对应当这样做。

客　【261】那么好，由于这类行当已经与其他行当分割开来了，依据的是它们与统治术的关系，如果我们在其中还能发现可以分割的地方，那么我们必定要对它再次分割。

小　当然。

客 还有，我们似乎已经找到一个分割的地方了，你要跟随我，和我一道来分割。

小 什么地方？

客 【b】我们可以把所有对其他事物的控制视为使用指示——我们会发现他们在发布指示，为了生成某样事物的缘故？

小 当然。

客 要把生成的所有事物分成两类一点儿也不难。

小 怎么个分法？

客 我设想，生成的所有事物，有些是无生命的，有些是有生命的。

小 对。

客 就是凭着这一点，我们分割指示性的理论部分，要是我们确实希望分割它。

小 怎么分？

客 【c】把它的一部分指定给无生命的事物的生成，把它的另一部分指定给有生命的事物的生成；以这种方式，它马上就会分成两部分。

小 我完全同意。

客 所以，让我们搁下其中的一部分，取来另一部分；然后，让我们再把它整个儿分成两部分。

小 你认为我们应该取来的是这两个部分中的哪一个部分？

客 我假定必然是与生灵有关的发布指示的这个部分。毋庸置疑，属于国王的专门知识决不会是用来针对无生命的事物的，就好像建筑师的知识；它比较高贵，【d】总是在生灵中拥有力量，只和生灵有关。

小 对。

客 嗯，作为能够观察的这个部分，既能单独关注到生灵的繁殖或喂养，又能像牧人一样对生灵一并照料。

小 正确。

客 但我们肯定不会发现政治家像某些牛倌和马夫一样只照料个别的牲

畜，而会像牧人照料成群的牛马。

小 好像是这样的，就是你说的这样。

客 【e】那么好，说到抚养生灵，我们要把抚养许多生灵叫做"牧养"还是"集体性的喂养"？

小 无论用哪个名称都行，只要有助于我们的论证。

客 说得好，苏格拉底；要是你坚持不太在意名称，你的智慧将与日俱增，到你晚年时，你会富有智慧。但是现在我们必须按照你说的去做。【262】你看到我们怎样通过说明牧人的集体性的喂养是双重的来使区域倍增，然后在其中寻找我们想要发现的目标了吗？

小 我会尽最大的努力。在我看来，有一类不同的抚养是针对人的，另一类则和抚养牲畜有关。

客 对，绝对正确，你做出了敏锐的、勇敢的划分！但我们一定不能让这种事情再次发生。

小 什么样的事？

客 【b】让我们不要切取它自身的一小部分，而把许多大的部分丢下不管，不涉及真正的类别；要让这个切下来的部分带来真正的类别。如果能把正在寻找的东西马上从其他事物中切割出来，那确实是件好事，要是能这样做的话——就像你刚才认为自己进行了正确的划分，可以把论证快速推向结论，因为它直接导向人；但实际上，我的朋友，像切薄片一样的划分是不安全的，比较安全的是沿着中间部分下手，这样做更像是能够碰上真正的类别。【c】在哲学考察中，这一点形成了所有差别。

小 你这样说是什么意思，客人？

客 我必须试着说得更清楚一些，苏格拉底，出于对你的天然禀赋的善意。在当前的情形下，我不得不说，要完全说清楚我的意思是不可能的，但我必须尽力推进，为了清晰的缘故。

小 那么好，你就说我们刚才没有进行正确的划分错在哪里？

客 事情是这样的：就好像某个人试图把人类分成两个部分，【d】他以这样的方式来划分，把大部分人分为一个部分，把希腊人分成另一部分，与其他所有人分开；他把其他所有民族放在一起，无视这些民族多得不可胜数，彼此之间也没有什么联系，讲得又是不同的语言——把"野蛮人"这个单一的名称强加给这个集合体。由于这个单一的名称，他们希望这个集合体就真的是一个家族或一个类别了。另外一个例子是，好比有人认为自己正在把数划分为两个真正的种类，【e】把一万这个数与其他所有数分割开来，视一万为单独的一个类别，然后给一万以外的其他所有数确定一个名称，以为这样一来这个类别就存在了，一万以外的其他数则是第二个类别。但是我想，要是按照奇偶对数进行划分，按照男女对人进行划分，这样做可能要好得多，划分的类别也更加真实，而那种只把吕底亚人、弗里基亚人，或其他某个民族分割出来，把它放在与其他所有民族对峙的位置上，这样的划分只有当一个人无法抵达真正的两分时才会这样做，【263】因为真正的划分不仅要把整体中的一个部分分割出来，还要使之成为一个真正的类别和部分。

小　没错，但是，这件事难就难在一个人怎样才能更加清楚地看到这些类别和部分相互之间不是相同的，而是相异的？

客　你回应得很好，苏格拉底，但你想要做的可不是一件易事。我们已经远远地偏离了我们讨论的主题，而你这个要求会使我们偏离得更远。嗯，现在让我们返回原处，我们原先的做法是合理的，【b】等以后有空的时候，我们再来彻底解决你刚才提出的问题。不过，我还是要告诫你，别把你刚才从我这里听到的话当做一项已经清楚明白的解释。

小　哪些话？

客　类别和部分相互之间是相异的。

小　要是我听到了，我该怎么说呢？

客　凡是有某事物的一个类别，必定也有叫这个名称的事物的一个部分，但是部分并不一定是类别。苏格拉底，你必须始终坚持我说的这个观点，而不是坚持其他观点。

小　我会这么做的。

客 【c】好吧，告诉我下面这件事。

小 什么事？

客 我们开始偏离主题、进到现在这一步，进到这个地方。我想，当时我问你该如何划分抚养，你非常敏锐地说有两类生灵，一类是人，第二类由其他所有动物组成。

小 对。

客 在我看来，你当时似乎认为，取走一部分以后留下来的其他事物是一个类别，由其他所有事物组成，因为你有一个相同的名称"动物"可以运用于它们全部。

小 【d】对，我当时是这么想的。

客 然而，我勇敢的朋友，世上也许有其他有理智的动物，比如仙鹤，或者其他生灵，它们也会像你一样本着相同的原则分配名称，把仙鹤当做一类有别于其他所有生灵的生灵，而把包括人在内的其他所有生灵都归为一个类别，用其他名称无法称呼它，也许只能叫它"动物"。【e】所以，让我们试着提防一下，不要再做这种事情。

小 怎么提防？

客 不要划分整个生灵的类别，以减少发生这种事情的危险。

小 对，我们一定要避免这样做。

客 是的，我们刚才就在这个地方犯了错误。

小 怎么会这样呢？

客 我认为，关于指示性的理论知识我们有一个涉及抚养生灵的部分，这个部分涉及成群生活的牲畜。对吗？

小 对。

客 【264】那么好吧，作为一个整体的生灵在这一点上实际上已经被划分为家养的和野生的；因为那些拥有可以驯化的生灵被称做驯服的，而那些不具有这种本性的生灵被称做野生的。

小 对。

客　但是我们狩猎的知识必定仍旧与驯服的动物有关，在牧养牲畜的时候肯定也用得着。

小　对。

客　【b】那么好，让我们不要以这种方式进行划分，不要匆忙，而要关注方方面面，为的是能够尽快发现政治家的技艺。做这件事已经使我们处于那句格言所说的境况之中！

小　什么境况？

客　欲速则不达。划分得越快，抵达目的地越慢。

小　对，客人，这种境况还是蛮不错的！

客　要是你这样说，也许是吧。不管怎么说，让我们返回集体性的抚养，试着重新划分；也许，随着我们的具体划分，论证本身能够很好地向你显示你急着想要发现的东西。现在，请你告诉我。

小　告诉你什么？

客　噢，我在想，你也许已经从其他人那里听说过这件事。【c】我知道，你本人肯定没有亲眼见过在尼罗河①里养鱼或者在波斯大王的鱼池中养鱼。但你很可能见过喷水池。

小　当然，我见过，也听许多人说起过。

客　还有，以养鹅和养鹤为例，哪怕你没有去过帖撒利②的平原，你肯定听说过这些事，相信有这样的事。

小　当然。

客　【d】你瞧，正是出于这个目的，我才问你所有这些事情：关于抚养成群的动物，有些必然和生活在水中的动物有关，也有些与生活在陆上的动物有关。

小　是这样的。

---

① 尼罗河（Νεῖλ），河流名。
② 帖撒利（Θετταλία），地名，希腊半岛北部的一个区域。

客 那么，你同意我们必须以这种方式把抚养成群动物的专门知识分成两部分，对应于两部分抚养，称之为水牧的知识和旱牧的知识吗？

小 我同意。

客 在这种情况下，我们肯定不用问统治术属于这两类行当中的哪一类，【e】因为无论谁都很清楚。

小 当然。

客 每个人都会对集体性的抚养中的旱牧这个类别进行划分。

小 怎样分？

客 分为有翅膀的和用脚行走的。

小 非常正确。

客 那么好，我们不是必须在与用脚行走的生灵的关系中寻找政治家的技艺吗？或者说，你不认为哪怕是最简单的心灵也会这么做吗？

小 我会这样想。

客 与管理用脚行走的生灵有关的这个行当——我们必须表明它可以分成两部分，就好像对一个偶数一样。

小 显然如此。

客 【265】嗯，现在似乎有两条道路摆在我们面前，对着我们刚才匆忙进行的论证，有一条道路比较快捷，把一个较小的部分与另一个较大的部分分开，而另一条道路则比较接近我们刚才所说的原则，尽可能从中间进行划分。要走哪条路，我们可以随意选择。

小 要是我问有无可能遵循两条道路，那会怎么样？

客 你提出这种建议真令人惊讶，如果你的意思是同时遵循两条道路；但轮流选择它们显然是可能的。

小 【b】那么我愿意两条路都走，轮流。

客 这样做轻而易举，因为剩余的那部分道路已经不长了；但若我们刚开始或者处在旅途中间，那么这个要求很难做到。不管怎么说，由于你认为我们应当把握这个机会，那就让我们先选择比较长的道路，乘我们现在还精神饱满，我们可以比较轻松地旅行。现在请你注意我的划分。

小　你说吧。

客　关于那些群居的驯化了的动物，我们发现用脚行走的动物可以天然地分成两个部分。

小　怎么分？

客　事实上，它们生来有些有角，有些无角。

小　【c】显然。

客　那么好，划分管理用脚行走的牲畜，指定它的这两个部分，使用描述性的短语来表达划分的结果。要是你想要赋予它们名称，那么事情将会变得比较复杂，而这是没有必要的。

小　那么该怎样说呢？

客　可以这样说。抚养用脚行走的牲畜的知识分成两部分。一部分涉及抚养有角的牲畜，另一部分涉及抚养无角的牲畜。

小　【d】就这么说吧，在任何情况下它都足够清楚了。

客　嗯，下一步，我们也完全清楚了，国王就是一种牧人——无角生灵的。

小　它怎么能不清楚呢？

客　所以，作了这种划分以后，让我们再试着确定他的位置。

小　对，务必如此。

客　嗯，你想要把牲畜分成有脚趾的和没有脚趾的，或者分成能杂交的和不能杂交的吗？我想你明白我的意思。

小　什么意思？

客　【e】马和驴天生可以杂交。

小　是的。

客　而剩余头部光滑的、驯化了的牲畜却不能相互杂交。

小　是这样的。

客　那么与政治家有关的是哪一类生灵，能杂交的还是不能杂交的？

小　这很清楚，不能杂交的。

客　那么看起来，我们必须把它划分成两部分，像前面一样。

小　我们确实必须这样做。

客　【266】现在，那些驯化了的群居的牲畜已经很好地进行了划分，只是还没有分成两个类别。因为狗这一类不配我们把它算作群居的牲畜。

小　对，狗确实不能算。但是我们用什么办法来划分两个类别呢？

客　有一种非常恰当的方法可供你和泰阿泰德使用，因为你们俩都从事几何学。①

小　什么方法？

客　可以说，用对角线的方法，然后再用对角线的对角线。

小　你这样说是什么意思？

客　【b】我们人类这个家族或种类拥有的本性肯定不具有从一处到另一处的目的，无异于 2 的平方根的对角线②吗？

小　对。

客　那么剩余的那个种类更具有我们这种对角线的权能③，如果它确实是根号 2 的两倍。

小　当然——我实际上快要明白你想说什么了。

客　【c】还有——苏格拉底，我们确实看到我们的划分自身还会导致其他可笑的结果吗？

小　什么结果？

客　我们人类与现存事物中最高贵、最易行的种类④分享这个领域，和它们在一起赛跑吗？

---

①　参见《泰阿泰德篇》147c 以下。

②　2 的平方根的对角线（ἡ διάμετρος ἡ δυνάμει δίπους），或根号 2 的对角线。柏拉图那个时代，数学术语尚未固定。数学家讨论算术问题经常与几何问题交叉，经常从几何学谈论面积为 3、5 等等的正方形的边长（即平方根）。

③　平方根（δύναμις），这个词的原意是力量、权能。"剩余的那个种类"指四足动物。

④　指猪这类牲畜。

小　我明白了，这确实是一个非常奇怪的转折。

客　嗯，那么预期那个走得最慢的——或者最像猪的——最后一个到达有什么不合理吗？

小　我可以表示同意。

客　我们没有注意到国王看上去不是更可笑吗，他要不停地跟着他的畜群跑，经过各种崎岖的小路，【d】和那个在行走方面受过最佳训练的人①一道？

小　绝对正确。

客　对，苏格拉底，我们以前在考察智者时②说的话现在更加清楚了？

小　什么话？

客　我们这种论证方法不会更多地关注何者比较高贵，何者比较卑贱，也根本不会藐视较小的事物而重视较大的事物，而是始终依其自身达到最真实的结论。

小　好像是这样的。

客　那么好，知道了这一点以后，你不要站在我面前，【e】问我哪条道路比较短——我们前面讲的那一条——可以抵达国王的定义，我要先行一步为你指路吗？

小　你非常应该这么做。

客　那么我要说，在这种情况下，必须把用脚行走的划分为两足的和四足的，看到人类仍旧和有翅膀的共享一个领域，必须继续用有翅膀的和无翅膀的来划分两足的生灵；在这样划分之后，抚养人的这个行当也就显露出来了，现在必须提起政治家和国王，把他们放在马车驭手的位置上，掌握统治城邦的缰绳，好像城邦属于他，因为这种专门的知识是他的。

小　【267】干得好，你已经做出了我想要的解释，就好像偿还了欠我的

①　指放猪的猪倌。
②　参见《智者篇》227b。

债务——你刚才说的离题话权当利息，连本带息清了。

客　好吧，现在让我们返回起点，从头到尾汇总一下我们对政治家这个行当的名称的解释。

小　必须这样做。

客　嗯，我们首先从理论知识中取出指示性的部分；【b】在这个部分中，我们又通过商人这个比喻取出自我指示这个部分。然后，生灵的抚养，它不是自我指示的知识这个类别的最小部分，把它从这个类别中分割出来；然后从抚养生灵这个类别中分割出抚养群居的牲畜，接下去再从这部分分割出抚养用脚行走的动物；从这个部分中，作为相关的部分，分割出抚养无角的牲畜这个行当。然后，我们又要从中取出一部分，这个部分实际上至少是三重的，如果要给这部分起一个名称，可以称之为照料非杂交的牲畜的专门知识。【c】与两足行走的牲畜有关的这个部分涉及到对人类的抚养，这个部分是我们正在寻找的东西，称之为王术或政治术都一样。

小　绝对如此。

客　真的是这样吗，苏格拉底，我们已经完成这项任务，如你刚才所说？

小　完成什么？

客　为我们提出的这件事提供完全恰当的回应。或者说，我们的探寻尤其缺乏这个方面，我们对这件事的解释以某种方式得到了叙述，【d】但还没有臻于圆满，是吗？

小　你这是什么意思？

客　我会试着把我是怎么想的说得更清楚些，为我们双方。

小　请你说吧。

客　那么好，我们刚才讲到与抚养牲畜有关的多种行当，从中显出有一种统治术是对某种牲畜的牧养。

小　是的。

客　我们的解释没有把它定义为牧养马或其他动物的知识，而是定义为集体性地抚养人类的知识。

小　是这样的。

客　【e】那么让我们来看所有牧人和国王之间的区别，以所有牧人为一方，以国王为另一方。

小　有什么区别？

客　让我们来看是否会有这种情况，一种牧人拥有其他种类牧人的称呼，或者想要与其他种类的牧人分担抚养其他种类的牲畜。

小　你这是什么意思？

客　我的意思是这样的，商人、农夫、磨工、烤面包的，所有人，还有体育教练和作为一类人的医生——所有这些人，如你所知，【268】无疑都会向那些被我们称做政治家的人提出挑战，他们会认为自己才是人类的抚养者，不仅抚养民众，而且抚养统治者。

小　嗯，他们这样说对吗？

客　也许吧。我们会考虑这种看法，但我们知道的是，没有人会和牧牛人争论诸如此类的事情，牧牛人自己照料牛群，也是它们的医生，我们还可以说牧牛人为牛配种，当牛犊即将问世的时候，【b】只有他才懂得如何给母牛接生。还有，只有牧人能够体会到牲畜也有做游戏和听音乐的需要，此外还有谁能比他更擅长满足牲畜的这些需要，使牲畜感到陶醉和安宁？牧人是音乐大师，可以用短笛或无伴奏的歌声向牲畜提供最适宜的音乐。其他各种牧人也这样。对吗？

小　相当正确。

客　【c】所以，我们对国王的解释怎么能是正确的和完善的呢，我们把他确定为唯一的抚养人群的牧人，在成千上万与他争夺这个头衔的人中间只把他挑出来？

小　好像不能。

客　所以，我们前不久的担心是对的，我们当时怀疑，我们是否应当对国王进行描述以证明这个事实，然而，在我们还没有完成对这位政治家的描述之前，我们就消除了他周围的试图分担他的抚养功能的人，把他与这些人分割开来，我们只揭示了他本人，而他并没有受到其他人的污染，对吗？

小 【d】对，绝对正确。

客 那么好，苏格拉底，这就是我们必须做的事，如果我们不希望我们的论证以耻辱而告终。

小 这是我们必须不惜一切代价避免的结局。

客 那么我们必须走其他的路，从另一个起点开始。

小 什么路？

客 也许可以说，让我们添加一些娱乐的因素；我们必须讲一个大故事，讲里面的一大部分，至于它的其他部分，我们必须——【e】就像我们前面所做的那样——在每一事例中加以消除，以便抵达我们探寻的目的的最远点。我们应当这样做吗？

小 绝对可以。

客 在这种情况下，你要注意听我讲故事，就好比你是个小孩；不过你肯定已经撇下这种儿童游戏好多年了。

小 你就讲吧。

客 那我就开始了。这些事情过去发生，将来也会发生，世代相传；有一件事是与阿特柔斯①和堤厄斯忒斯②之间的争执有关的预兆③，我想你应当记得当时人们是怎么说的。

小 我猜想，你指的也许是金毛羊羔的预兆。

客 【269】完全不是；倒不如说，我指的是太阳和其他星辰的升降变

---

① 阿特柔斯（Ατρεὺς），迈锡尼国王，阿伽门农之父。

② 堤厄斯忒斯（Θυέστης），阿特柔斯之弟。

③ 希腊神话说，赫耳墨斯让一只金毛羊羔在阿特柔斯的羊群中诞生，时值阿特柔斯的王位继承权遭到质疑。阿特柔斯允诺将出示这个奇迹以证明神祇站在他一边。但是，堤厄斯忒斯说服阿特柔斯之妻把金毛羊羔给了他。如果没有神支持阿特柔斯的权利，使太阳和行星从它们落下的地方升起，阿特柔斯就有失去王国的危险。参见欧里庇得斯：《俄瑞斯忒斯》第998 行附注。

化——据说，它们原先实际上是从它们现在升起的那个区域下降的，而它们的升起则在相反的那个区域，然而在提供了有利于阿特柔斯的证据以后，神把一切改变为现在这种状况。

小　对，确实如此，他们也是这么讲的。

客　还有，我们也听许多人讲过克洛诺斯①行使的王权。

小　【b】对，听过许多。

客　还有，从前的人是从土里出生的，不是父母生下来的，这种说法怎么样？

小　这也是世代相传的一件事。

客　嗯，所有这些事情都是同一事物状态的结果，此外还有比它们更加惊人的成千上万的事情；然而，从那以后，随着岁月流逝，有些事情已经消褪，有些事情保存下来，但已经变得非常散乱。【c】至于与所有这些事情相关的那个事物状态，没有人再讲述它，而这是我们现在应当加以讲述的；一旦讲述了这一事物状态，有助于我们对国王的解释。

小　我非常喜欢你的说法；请你继续说，一点儿都不要落下。

客　那你就注意听。这位神自身有时候陪伴着这个宇宙，指引它前进，帮助它呈现圆形运动，而有时候神让宇宙自己运动，当宇宙已经按照时间赋予它的尺度完成了这个圆周运动的时候；然后，宇宙依照它自身的意愿朝相反的方向旋转返回，【d】因为宇宙是一个活物，神从一开始就使之成形，赋予它理智。这种反向运动是内生的，必然的，出于下述原因。

小　到底是什么原因？

客　永远保持相同的状态和状况、永久保持同一，仅属于最神圣的事物，而物体依其本性不属于这个序列。现在被我们赋予天穹或宇宙这个名称的东西，肯定从它的创造者那里得到许多神圣的恩惠，但另一方面它也被造

---

① 克洛诺斯（Κρόνος），希腊天神，天神乌拉诺斯和地神该亚之子。克洛诺斯行使王权的时代是所谓的"黄金时代"，在这个时代，人类生存所需要的一切都得到提供，人类无须为此辛劳。参见赫西俄德：《工作与时日》111—122行。

就为有形体的事物。【e】因此，宇宙不可能完全没有变化，尽管在可能的范围内，因其给定的能力，它在同一地方，以同样的方式，进行着一种运动；这就是它以反向旋转为其命运的原因，这是它的运动中可能变化最小的运动。我敢说，自身推动自身运动对任何事物来说都是不可能的，除了那个指引一切运动着的事物的指引者，这些事物与指引者不一样；而对他来说，一会儿引起一种方式的运动，一会儿引起相反方式的运动是不许可的。出于所有这些考虑，我们一定不能说宇宙自身始终对它的转变负责，也根本不能说有一位处于相反旋转运动中的神使宇宙发生转变，【270】也不能说有一对想法相反的神在使宇宙发生相反的旋转；倒不如像我们刚才说的那样，这种说法是唯一剩下可能的说法，宇宙在某个时候受到另一位神圣者的帮助和指点，获得了生命，也从它的造物主那里得到复原的不朽，而在另外一些时候宇宙可以自主运动，它凭着内力走自己的路，在其被释放的瞬间积聚了巨大的力量，可以无数次朝着相反方向旋转，尽管体积极其庞大，但却能保持圆满的平衡，而其旋转的支点很小。

小 【b】你的整个解释在我看来首尾一致，非常合理。

客 让我们再注意一下已经说过的这些话，考虑一下我们所说的要对所有这些惊人的事情负责的事物状态。它实际上就是这件事情。

小 什么事情？

客 宇宙的运动有时候朝着现在这个方向旋转，有时候朝着相反的方向旋转。

小 你这是什么意思？

客 【c】我们必须假定天穹上发生的这种变化是一切转变中最重大的和最完整的。

小 对，肯定是这样的。

客 那么，我们必须假定，在那个时候，生活在这个宇宙之中的我们也发生了最巨大的改变。

小 这也好像是这样的。

客 我们难道不知道，当各种各样的巨大变化瞬间发生时，所有生灵凭其本性都会感到难以忍受吗？

小 我们肯定会这样。

客 这是必然的，在那个时候，其他生灵都遭到毁灭，【d】而人类本身也只剩下少数幸存者。他们碰到了许多新奇的、惊人的事物，但其中最大的事情是我将要讲述的，宇宙在那个时候改变了旋转的方向，和宇宙现在旋转的这个方向相反。

小 你指的是哪一种事物？

客 首先，每个生灵，无论处于什么年龄，都停止生长，每一可朽的生灵都停止朝着变老那个方向前进；【e】它们发生逆转，越长越年轻，越长越稚嫩。白发苍苍的老人又开始长出黑发，胡子拉碴的面颊又逐渐恢复了光润，返回久已逝去的青年时代。青年们的身体失去了成年男子的特征，日复一日、夜复一夜地越长越小，在心灵和身体两方面都重返婴儿时代。再往后，他们就逐渐消亡，直到最终消逝。至于在那个时候死于暴力的人，死者的身体也会发生同样的变化，几天之内就化为虚无。

小 【271】不过，客人，那个时代的生灵是如何生成的呢？它们以什么方式繁殖后代？

客 苏格拉底，通过交媾繁殖后代显然不是那个时代生灵的本性。以前曾经有过一个土生的族类，能从土中出生；我们的远祖还记得此事，他们的生活年代直接与土中生长出来的人的生活年代相连，【b】在现今这个时代开始的时候成长。他们成了我们的信使，把这个土生的族类的事情告诉我们，而现在有许多人确实不相信这种事情。我认为，我们必须考虑一下我们所说的这些事情中蕴涵的意思。如果时光可以倒流、人可以返老还童，那么死者应当可以复活，重新汇聚在大地上；他们会遵循事物的逆转，会朝着相反的方向发展，【c】按照这种论证，他们必定作为土生的种族来生成，由于这个原因，他们获得了这个名称，也有了相关的解释——也就是说，他们全都是神没有交付给另一种命运的人。

小　对，没错，这跟前面说过的话好像是一致的。至于你说的克洛诺斯掌权的那个时代的生活，——这个时代属于宇宙旋转的时期，还是属于现在这个时期？因为每一时期显然都会发生这种影响着星辰和太阳的转变。

客　你对我的讲述跟得很紧。【d】至于你问到的这个问题，万物自愿为人类生长，这个时代至少属于现在这个时期；但它也属于前面那个时期。因为在那个时候，神开始统治和照料作为整体的旋转，而以同样的方式，宇宙的几个区域也分别由诸多神祇监护。至于有生命的事物，神圣的精灵在它们之间作了划分，它们就像牧人，【e】分别为它牧养的牲畜提供各种需要，照料它们；所以那个时候的动物不那么野蛮，不会相互吞噬，也没有战争和内乱；所有其他事情都是这种秩序的后果，要说出来真有成千上万。不过我们要转回到我们听说的无须辛劳的人的生活上来，这种传说的起源是这样的。有一位神是人的牧者，负责牧养他们，就像现在的人牧养牲畜，不过神的牧养与其种类不同，比较神圣，而人牧养比较低级的牲畜；神在牧养人的时候，人没有政治体制，【272】也没有娶妻生子，因为这些人都是从土中复生的，根本不记得从前的事情。尽管他们缺乏这些东西，但树上和灌木丛中有大量的果实可供他们采摘，这些果树不是栽培出来的，是自己从地上长出来的。在大部分地方，人在野外觅食，赤身裸体而不需要衣服和被褥，因为那个时候的天气温暖宜人，不会对人造成伤害，地上生长着茂盛的青草，【b】为人们提供了柔软的卧榻。苏格拉底，关于克洛诺斯时代人们的生活，你听到些什么？至于这种生活，他们说是宙斯时代的生活，而现在的生活，你可以凭自己的经验去熟悉它。你能和愿意判断这两种生活哪一种更幸福吗？

小　完全不能。

客　你想要我为你做出某种决定吗？

小　绝对可以。

客　好吧，关键是由克洛诺斯养育的人如何使用他们的时间？他们有的是闲暇，不仅能与动物交谈，而且能够相互交谈。他们会使用这些便利条件推进哲学研究吗？【c】当他们相互交往并与动物联系时，他们会向各种动物学习它们特有的智慧，以丰富人类共同的智慧宝库吗？如果他们确实这样做了，那么可以很容易决定那个时代的人的幸福胜过我们这个时代一千倍。但若当他们吃饱喝足以后，他们之间或他们与动物之间讨论的事情就是他们如何幸存下来的故事，那么按照我的判断，【d】我们的判断必然也很清楚。不管怎么说，让我们搁置这个话题，直到发现有人能够准确地告诉我们，他们是否寻求知识，他们有无真正的心灵交流。在此必须说明这一点，这样我们就可以不必把这个故事的其余部分讲完，而是在一个真实的背景下准确地看清克洛诺斯时代，可以理解整个故事。当所有这些事情完成了的时候，发生改变的时候又到了，尤其是土中出生的种子此时已经疲乏，每个灵魂经历了既定的若干次出生，【e】也经历了命定的若干次回归，返回土中成为种子。于是，宇宙这艘航船的舵手——我们可以这样说——放开了舵柄而退隐到他那位于别处的尖塔上去了。然后，命运和这个世界的内在渴望再次控制了这个世界，使之发生逆转。此时，所有在最伟大的神的统治之下在各自区域中实行统治的众神马上察觉到所发生的事情，放弃了对他们所管辖区域的监管。【273】由于老的控制停止而新的推动产生，把终点变成了开端，开端变成了终点，于是这个世界就在宇宙发生反向旋转的时候突然颤抖。由此引发出来的强烈震动毁灭了所有种类的生灵，就像前一时代所发生的危机一样。然后经过相当长时间的恢复，它从骚动和混乱中平息下来，重新获得安宁，恢复了秩序，得以有效地控制和管理自身以及这个世界上的一切事物，【b】并且在可能的范围内记住了来自神的毁灭，神是世界的创造者和父亲。最初，这个世界把这场来自神的毁灭记得比较清楚，但随着时间的推移，它的记忆就变得模糊了。构成这个世界的有形体的因素对这种失败要负责任。这种有形体的因素属于处于最原始状态的世界，因为在此之前就是那混沌无序的宇宙。这个世界在神为它确立秩序时从神那里得到所有它现今拥有的美德，【c】这个世界产生的所有错误和邪恶都来自它的原初混沌状态，而这个世界中产生的邪恶又影响着世上的生灵。当这个宇宙在神圣的舵手指引下前进时，它在生灵身上产生并保持许多善，几乎没有恶。当宇宙必须在没有神的情况下运行时，在神放弃控制以后的头几年里，事物生长得很好，但随着时间的推移，神的影响被遗忘了，古时候的混乱状况又大行其道。最后，随着这个宇宙时代走向终结，这种混乱也走到了尽头。【d】世上所产生的少量好事物在巨大的邪恶中毁灭，最终，这个世界本身以及世上的一切生灵都遭到毁灭。神再次眷顾宇宙，首先是使之确立秩序。看到这个世界麻烦重重，神担心这个世界会在狂风暴雨中沉沦，会被再次消解，坠入无底深渊，于是他再次掌握了舵柄。【e】神治愈了宇宙先前的疾病，使先前那种在宇宙自身内在动力的推动下发生的旋转复归正常，通过对宇宙的指挥和校正，神为宇宙取得了永恒和不灭。这就是人们讲述的整个故事，但从我们的需要出发——为国王下定义——我们只需采用故事的前一部分就够了。当最近的那一次宇宙危机发生，现存的宇宙秩序建立之时，人类的生命进程又一次出现，然后开始显现出变化，这种变化与伴随其他宇宙危机出现的那种变化意义相反。那些非常相近的因为微小而消失了的生灵又开始生长，从地底下长了出来。它们原先高大健壮，【274】现在则长出了灰白的头发，然后死去，复归于土。由于宇宙发生了变化，所有事物都不得不改变，尤其是一种新的法则控制着整个宇宙中的孕育、诞生、哺育——因此也控制着一切生灵，因为它们必须要模仿这种方式。对生灵来说，以往那种依靠外在力量的构造行为使生灵从土中出生已经不再可能了。现在宇宙必须负起完全的责任来，控制宇宙的进程。所以，依靠相类似的一种控制，同样的冲动使它的构成元素要通过它们自身的力量来获得，在它们有可能做到的情况下，孕育、分娩、哺育后代。【b】现在我们已经快要抵达我们这个故事所要寻求的关键之处了。要说明各种生灵所发生的变化，说明这些变化什么时候产生，说明它们如何受影响，需要很长时间，但若只讲述人的故事那就只需要较短的时间，而且与我们的关系更加直接。人的监护神过去曾经照料和哺育我们成长，这种监护被剥夺以后，我们变得虚弱和无助，开始遭到野兽的蹂躏——因为许多本性邪恶的野兽此时变得很野蛮。【c】在先前的岁月里，人类没有任何工具和技艺。由于大地不再自动地供给食粮，而此时人类却还不知道如何去为自己获得食物，因为在一切都很充裕的时候，他们根本就不会去学习工具的制造和技艺。由于上述种种原因，人类处在异乎寻常的窘迫中。正是为了适应这种需要，才有了古老传说中的诸神的馈赠，以及此类必不可少的教训和指点。火是普罗米修斯①送给人类的礼物，【d】赫淮斯托斯与他在技艺方面的同伴把技艺的奥秘揭示给人类，其他神祇则使人类有了关于种子和植物的知识。有了这些馈赠，人类就以此谋生，因为神对人类的监护已经停止了——以我们刚才故事中所描述的方式——人类不得不管理和照料自己的生活，用的是与整个宇宙被迫使用的方式相同的方式。就这样，与整个宇宙相同并追随宇宙永久的命运，在一个时代，我们的生活和生育是以这种方式进行的，而在另一个时代则是以那种方式进行的。【e】我们的故事就讲到这里为止，现在我们必须用这个故事来察觉我们在前面的论证中界定国王或政治家时所犯错误的范围。

小　你为什么说我们犯了错误？这个错误有多大？

客　从一个方面看，这个错误不算大，从另一个方面看，这个错误还是挺高尚的，但它确实比另一个场合所犯的错误要大得多，广泛得多。

小　怎么会这样呢？

客　【275】我们在给这个时期的国王和政治家下定义，而实际上我们界定的却是那个相反的宇宙旋转时期的牧者，把他说成是人类的牧者，这位牧者是神，而不是凡人——以这种方式，我们偏离了正道。但在我们把他说成整个城邦的统治者时，我们没有具体说明他以什么方式这样做，以这样的方式，与前面正好相反，我们说的是真的，但又是不完整的，不清楚的，由于这个原因，我们所犯的错误比我们在刚才提到的那个方面所犯的错误要小。

小　对。

客　所以我们应当界定他统治城邦的方式。只有这样，我们才有理由期待我们对政治家的讨论可以完成。

---

① 普罗米修斯（Προμηθεῖυς），希腊神灵，从天上盗窃火种给人类。

小 没错。

客【b】由于这些原因，我们才引入我们的故事，为的是不仅可以证明，与群体性抚养相连，不只是我们正在寻找的这个人起着这种功能，现时代每个人都想要加以驳斥这一点，而且为的是我们可以更加清楚地看到人类的抚养者，与牧羊人和牧牛人的例子相一致，因为他负责抚养人类，我们认为他配得上这个名称，只有他配得上这个名称，这样说是恰当的。

小 对。

客【c】但是在我看来，苏格拉底，这位神圣的牧者比国王还要伟大，属于我们这个时代的政治家在本性上更像他的臣民，在教育和教养方面更接近他的臣民。

小 我假定你肯定是对的。

客 然而，寻找他们仍旧具有一定的价值，不多也不少，无论他们具有后者的本性还是具有前者的本性。

小 是这样的。

客 让我们遵循下面的路线返回。我们说过这种行当就生灵而言是自我指示的，而它对生灵的照料不是个体性的，【d】而是群体性的，然后我们就直截了当地称之为群体性的抚养，① 你还记得吗？

小 对。

客 嗯，在寻找这种行当的时候我们迷失了方向，因为我们没有成功地把握政治家，不能把他与其他人区分开来，也不能恰当地给他命名，当我们要给他命名的时候，他竟然溜走而丝毫不被我们知晓。

小 他是怎么溜走的？

客 所有其他种类的牧人，我想，都具有抚养他们的畜群的特点，而政治家虽然没有这个特点，我们仍旧把这个名称用到他头上，【e】而实际上我们应当用一个更加广泛的名称覆盖他们。

---

① 参见本篇 261d。

小　你说得对，如果真有一个这样的名称。

客　也许吧，"照料"这个名称怎么样，不用具体标明它照料什么，也不说其他什么活动？把它称做某种行当，称之为群居动物抚养术、照料术、照管术，用这些术语覆盖所有种类的照料，我们就能把政治家以及其他人包含在内，以满足我们论证的需要。

小　【276】对，但是，后继的划分该怎么进行呢？

客　按我们先前划分抚养畜群的方式进行，把生灵分成用脚行走的、无翅膀的、不能杂交的、无角的——按这种方式来划分抚养它们的技艺，我想，这样的话，我们就可以解释当今时代的统治术和克洛诺斯时代的统治术，把二者都包括在我们的解释中。

小　好像是这样的，但我还想问下一步该怎么办。

客　【b】这很清楚，要是我们使用了照料生灵这样的名称，就不会有人向我们提出反对意见，说什么根本就没有照料这样一种东西，亦即没有一种配得上照料这个名称的行当；但若有这样一种东西，那么有许多人比我们的国王更有资格，更能优先取得这个名称。

小　对。

客　但是，照料人的整个社团——其他没有哪个行当会说它比国王的统治更有资格、【c】更能优先取得这个名称，因为它是针对所有人的。

小　你说得对。

客　但是，在那之后，苏格拉底，我们不是看到，在我们解释的最后之处，我们又犯了一个大错误吗？

小　什么样的错误？

客　是这样的，哪怕我们已经相信有某个行当涉及照料两脚群居的生灵，我们肯定不会仅仅由于这个原因而马上称之为国王和政治家的行当，就好像那是这件事情的目的似的。

小　那么我们该怎么办呢？

客　首先，像我们刚才说的那样，我们应当更换名称，【d】把抚养改为照料；然后，我们应当对它进行划分，因为它仍旧有足够的空间可以分割为不小的部分。

小　从什么地方下手呢？

客　我想，我们可以这么分，一边是神圣的牧者，一边是凡俗的牧者。

小　对。

客　我们还应当把牧者的技艺也分成两部分。

小　怎么分？

客　分成强迫的和自愿的。

小　为什么要这样分？

客　【e】我想，我们在前面也以这种方式犯了错误，我们的行为太草率了。我们把国王和僭主放在一起，而他们是完全不同的人，他们的统治方式也不一样。

小　对。

客　那么这一次我们不要再犯错误了，如我所说，让我们把照料人的行当分成两类，强迫的和自愿的。

小　绝对正确。

客　我们也许应当把强迫臣民接受统治的行当称做僭主术，而把两足生灵自愿接受照料的行当称做政治术，以这种方式从事这个行当，照料他的臣民的人是真正的国王和政治家，对吗？

小　【277】对，客人，以这种方式我们对政治家的揭示好像能够臻于完成。

客　要是这样的话对我们来说是件好事，苏格拉底。但是，不能只是你一个人这样想，我也要这样想。实际上，在我看来，我们的讨论还没有塑造一个完整的国王的形象。就像雕塑家有时候过于匆忙，执着于作品的细节，用了过多的材料去完成作品，【b】结果到头来反而延误了工作进展。我们前面的讨论也有类似情况发生，我们想要马上弄清楚自己在什么地方犯了错误，想要提出一个真正的、给人深刻印象的证明，于是假定在只涉及国王的地方大量使用模型是适宜的，然后我们讲述了一些神话故事，把它们当做可靠的东西来使用，结果使我们的证明变得过于冗长，毕竟我们不能赋予神话以完整的形式。在我看来，我们的解释就像一幅图画，尽管已经有了轮廓，【c】但还不够清晰，还有待恰当地着色，保持色彩间的平衡。但是，不是绘画，也不是其他手工技艺，而是语言和论述，能够最恰当地描述所有生灵，对那些能够追随这种解释的人而言；而对那些不能追随这种解释的人来说，通过手工技艺就可以了。

小　说得对，但是请你告诉我，你为什么说我们还没有提供恰当的解释。

客　【d】要证明任何比较重要的事物而不使用模型是很难的，我的好朋友。我们每个人好像都是在以做梦的方式认识事物，以为自己知道一切，然而一觉醒来却发现自己一无所知。

小　你这样说是什么意思？

客　我在这个时候突然提起与我们的知识有关的问题，确实有点奇怪。

小　此话怎讲？

客　我的好伙伴，我的意思是用模型来说明问题，而这个模型本身又要用另一个模型来说明。

小　【e】怎么会这样？你解释一下，看在我的份上。

客　我必须解释，看起来你还是打算紧跟的。我假定，我们知道，当孩子们刚刚获得阅读和书写的技能的时候……

小　我们知道什么？

客　他们能很好地区别最简短、最简单的音节中的个别字母，也变得能够正确地把它们说出来。

小　【278】当然。

客　但若同样的字母出现在其他音节中，他们就会犯错误，他们会错误地思想和言说，以为那是不同的字母。

小　对。

客　那么好，这不就是引导他们接近他们还不认识的事物的最方便、最好的方式吗？

小　什么方式？

客　先把他们带到那些他们认识的事物面前，然后，再把这些事物放在他们还不认识的事物旁边。【b】通过对它们的比较，我们证明这两种事物之间有相同的特点，直到他们认识的事物在他们还不认识的事物旁边得到充分的显示；一旦我们说的这些事物得到这样的显示，它们也就变成了模型，他们可以把它带到所有不同的字母面前，以此为基础，掌握它们之间的区别和相同之处，【c】到了这种时候他们已经认识每个字母本身，能在所有音节中把它识别出来。

小　绝对正确。

客　那么好，要是我们已经恰当地掌握了这个要点，那么我们就对一个给定的事物使用一个模型，这个事物与模型在某些方面是相同的，在某些方面是不同的，有区别的，一旦确定了它与模型的相同之处和不同之处，把它与原本放在一起，然后分别对它们各下一个真判断，又对它们一道下一个真判断，这样做对吗？

小　好像是这样的。

客　那么，要是我们的心灵依其本性也经历同样的事情，【d】与每一事物的个别"字母"相关，我们还会感到惊讶吗？在有些情况下，它在真理的帮助下对每一分离的事物拥有确定的观点，在有些情况下，它茫然若失，无法把握全部事物——它有的时候可以得到结合物本身的组成部分，而有的时候它再次不认识这些相同的事物，因为当它们被置入事物的"音节"之中时，要识别它们并非易事。

小　绝对没有什么可惊讶的。

客　【e】对，我的朋友，有谁能从错误的信念出发，哪怕接近真理的一小部分，进而获得智慧？

小　我敢说这是不可能的。

客　嗯，要是情况的确如此，我们俩就根本不会犯错误了，我们首先试图在一个具体的、无足轻重的模型中看清整个模型的本性，然后带着这种意愿，我们提出极为重要的国王，他与那些不太重要的事物具有某些相同的形式，我们试图再次通过使用模型来认识他，看他以怎样专门的、系统的方式照料城邦里的民众，使之能对我们呈现，在我们清醒的时候而不是做梦的时候，是这样吗？

小　绝对正确。

客　【279】那么，我们必须再次重提我们前面说过的话，①因为有成千上万的人会驳斥国王们对城邦的照料，我们不得不把其他人都排除在外，只留下国王；正是为了这一目的，我们才说我们需要一个模型。

小　就是这样的。

客　所以，涉及与统治术相同的活动，有什么样的小模型可以拿来比较，由此可以用一种令人满意的方式来发现我们正在寻找的东西吗？【b】宙斯在上，苏格拉底，你是怎么想的？嗯，要是你拿不出来，纺织怎么样？你想要我们选择纺织吗？不选全部纺织，要是你同意，因为羊毛纺布也许就够了；要是我们选了它，这个部分或许就会提供我们想要的证据。

小　我肯定不反对。

客　那么我们为什么不对纺织做和我们刚才同样的事情呢，通过把每个事物分割成部分来划分它们？【c】在尽可能简明快捷地覆盖每个事物以后，我们会拿回对当前境况有用的东西。

小　你这是什么意思？

客　让我来做一样，你就明白我是什么意思了。

小　这个建议好极了！

客　嗯，是这样的：我们制造和获取所有事物，要么是为了我们做某些事情的缘故，要么是为了防范某些事情对我们发生。防范性的用品可以分成

———————

①　参见本篇268c，亦见267e、275b、276b等处。

符咒和防护物，符咒包括神的符咒和人的符咒，用来抗拒邪恶；防护物可以再分为军用防护装备和其他防护用品；非军用的防护用品可以分成掩蔽物和抵御风暴与炎热的物品；【d】抵御风暴和炎热的物品又可以分成房屋和个人用的衣物；个人用的衣物又可分成包裹全身的毛毯和穿在身上的长袍。我们穿的长袍有些用一整块布做成，有些用几块布做成。那些用几块布拼成的长袍要么是缝合的，要么是非缝合的；【e】那些非缝合的长袍有些用植物的"肌肉"①制成，有些用动物的毛制成；在那些用毛制成的东西中，有些制成了毛毡，有些则靠动物的毛本身联结。我们把这些用来制作包裹身体的衣物、紧密地结合在一起的材料称做"布"；至于专门处理布的这个行当——【280】就好像我们在前面把统治术这个名称赋予专门处理城邦的行当，所以我们现在也要依据事情本身，把这个行当称做"织布术"吗？我们要说纺织也和这种制造布的技艺没有什么不同，因为它代表了布匹制造的一大部分，除了名称，就好像我们在其他场合说国王的技艺和政治家的技艺没什么不同。②

小　对，绝对正确。

客　至于下一步，让我们考虑一下，【b】有人也许会认为这样一来织布已经得到了恰当的描述，但是单凭这个描述还不能把它与其他那些协作性的技艺划清界限，而只是把它从许多相关的技艺中提了出来。

小　告诉我，哪些相关的技艺？

客　你好像没能跟上我的思路；看样子，我们必须再次返回，从另一端开始。要是你掌握了这些技艺之间的亲缘性，我们就从刚才的织布中把相关的行当分割出去，把制造毯子的技艺分割出去，布是用来裹在身上的，毯子是垫在身下的。

小　我懂了。

客　【c】还有，我们要把纺织亚麻、丝兰③，以及我们刚才说成是植物的

---

①　指纤维。
②　参见本篇 258e 以下。
③　一种富含纤维的植物。

"肌肉"的东西分割出去；我们也还要把制造毛毡和穿孔缝合的技艺分出去，这种技艺主要用于制鞋。

小 绝对正确。

客 再进一步，切割整张皮子的制作皮衣的技艺、各种料理遮蔽场所的技艺、所有和建筑有关的技艺、一般的木匠技艺，【d】在其他种类的行当中，防止漏水的技艺——所有这些我们都要排除。此外我们还排除了所有防护的技艺，其中包括制造各种防盗防暴器具的技艺，还有与制造大门和门框有关的那些技艺，通常我们视之为精细木工技艺的一部分。我们还去掉了制造兵器的整个技艺，因为其中所包含的制造防御器械的技艺种类极多。【e】最后，我们还把巫师避邪的技艺给排除了，我们在一开始就这样做了。我们完全有理由公正地设想，把这些技艺都排除以后，剩下的就是我们要寻找的这个行当，它用生产出来的毛制品保护我们，这门技艺称为"纺织"。

小 对，好像是这样的。

客 但是，这样说，我的孩子，仍旧是不完整的。【281】那个插手制造布的人首先要做的事情似乎与纺织相反。

小 怎么会呢？

客 我认为纺织的过程是一种编织。

小 对。

客 而实际上我在讲的这件事情却要把紧密纠缠在一起的原料分离开来。

小 你指什么？

客 梳毛术的功能。或者说，我们敢把梳毛术叫做纺织术，把梳毛工当做纺织工吗？

小 肯定不能。

客 还有，这件事也一样，要是有人把编织经线和纬线的技艺称做"纺织"，【b】那么他使用的名称不仅很奇怪，而且是错的。

小 当然。

客 还有这些情况怎么样？我们要把整个漂洗的技艺和织补的技艺都当做与料理布匹无关的技艺，也不算料理布匹的技艺吗？或者说，我们要把所有这些技艺也算做纺织的技艺吗？

小 最好不要。

客 然而，所有这些技艺都会向纺织的技艺要求有处理布匹的能力，声明自己是纺织技艺的非常大的一部分，也占有很大的份额。

小 【c】当然。

客 还有，除了这些技艺以外，我们必须考虑那些生产工具的行当，正是通过这些工具，纺织才得以完成，这些行当也有权声称自己为生产每一样毛织品做出了贡献。

小 相当正确。

客 所以，我们对我们选择的这部分纺织技艺的解释是充分的吗，如果我们一开始就把它确定为与生产羊毛织物相关的一切技艺中最优秀的和最伟大的？【d】或者我们应当说，这个解释有些是正确的，但仍旧不够清晰和完整，除非我们从纺织中把其他相关技艺排除掉？

小 对。

客 那么，在此之后，我们必须做我们说应该做的事，为的是我们的解释可以按既定秩序开始。

小 是这样的。

客 那么好，让我们来看两类行当，与人们做的所有事情都相关。

小 哪两类？

客 一类行当是生产的附带原因，一类行当本身就是原因。

小 怎么会这样呢？

客 【e】那些本身不制造事物，但为那些制造事物的行当提供工具的行当——这些工具，要是不出现，原先赋予每个行当的事情就不能完成；这些行当就是我说的附带原因，而那些使事情得以完成的行当本身就是原因。

小 这样说好像是对的。

客　那么，作为下一步，我们要把所有那些涉及制造纺锤、梭子等织布工具的行当视为附带的原因，而把处理和生产织物本身叫做原因吗？

小　相当正确。

客　【282】那么，在这些原因中，洗涤、织造，以及以所有这些方式对布匹进行处理的整个事务——用准备的技艺来覆盖和包含这个极为广泛的部分，称之为漂洗工的技艺是完全合理的。

小　对。

客　还有，梳毛、织毛，以及其他与制造羊毛织物有关的一切事情——我们正在讨论的是这件事情的部分——全都构成了一个众所周知的一个行当，亦即毛纺术。

小　当然。

客　【b】其次，毛纺术有两个主要部分，各自又分别是两类行当的一部分。

小　怎么会这样？

客　与梳理、编织的一半，以及所有清除其他杂物的那些活动有关的是什么——我想，所有这些我们能够宣称是一种技艺、属于毛纺术本身吗？我们同意过，在每个领域都有两个大的行当，一个行当管结合，一个行当管分离。

小　对。

客　那么好，梳理和刚才提到的其他技艺都是分离术；【c】把杂乱的羊毛分离，在编织时把毛线分离，各以不同的方式进行，第一种情况用梭子，第二种情况用手，由此获得了我们刚才提到的那么多名称。

小　绝对如此。

客　然后，再次，与此相反，让我们取来既是结合术又是纺织术的那个部分，归入纺织术；那里若有任何分离的部分，我们就要把它们排除出去，通过区别结合与分离而把毛纺术分成两部分。

小　把它当做划分了的。

客　【d】然后，轮到它的时候，苏格拉底，你应当划分那个同时既是结合术又是毛纺术的一部分的这个部分，如果我们确实将要前面所说的纺织术。

小　那么，我必须这么做。

客　你确实必须这样做，让我们说它的这个部分是捻，另一部分是编。

小　我的理解正确吗？你说的捻就是捻制经线。

客　不仅是捻制经线，也包括捻制纬线；你不会认为我们要去给纬线发现捻以外的来源吧？

小　肯定不会。

客　【e】嗯，再分别界定这两样东西；你也许会发现这种界定是有意义的。

小　如何界定它们呢？

客　是这样的，经过梳理以后羊毛变得整整齐齐，我们就说有一束羊毛，是吗？

小　是的。

客　那么，再用纺锤把羊毛束捻成粗毛纱，也就是你说的所谓经线，这种技艺叫做"纺经线"。

小　正确。

客　但还要用羊毛再纺成一种线，这种线不仅要柔软得能够与经线编织在一起，而且也要牢固到能够经受编织完成以后的处理，你把这种纺出来的东西称做纬线，还有处理这种产品的技艺——【283】让我们称之为"纺纬线"的技艺。

小　相当正确。

客　关于我们提出来考察的纺织的这个部分，我假定，大家现在都已经很清楚了。包含在毛纺术之中生产某些交织在一起的东西的这个结合的部分，通过经线与纬线的编织而生产出毛织物来，我们把整个行当称做毛纺术。

小　相当正确。

客　【b】好，那么我们为什么不直接把纺织称做编织经线和纬线的技艺，而是拐弯抹角，做了许多无谓的划分呢？

小　噢，客人，在我看来，我们已经说过的东西没有哪样是没有目的的。

客　我会说，你现在这样想我并不感到奇怪，但也许，我的好伙伴，终有一天你会有不同的想法。我现在想为你防范一番，免得你以后心生疑窦，【c】现在请你注意听，我现在说的可以解决所有类似的问题。

小　就请你开始讲吧。

客　那么，首先，让我们来看一下一般的过度与不足，藉此我们可以在每个场合下提出相应的赞扬和批评，要么说有关它的谈论过度了，要么说有关它的谈论不足，就像我们刚才的谈论一样。

小　那么，这是我们必须做的。

客　如果我们谈论这些事情，我想我们应当正确地开始。

小　什么事情？

客　【d】关于一般的冗长和简洁、过度与不足。我假定，衡量术与所有这些事情有关。

小　对。

客　让我们把它分成两部分，这是我们当前要实现的目标所需要的。

小　请告诉我该如何划分？

客　这样做：一部分与涉及每个事物的大或小；另一部分涉及事物的生成。

小　你这样说是什么意思？

客　你难道不认为，依其本性，较大者之所以被称做较大者，乃是相对于较小者而言，而不是相对于别的什么而言；【e】而所谓较小者之所以被称做较小者，乃是相对于较大者而言，而不是相对于别的什么而言？

小　我是这样认为的。

客 这一点怎么样：我们要说依据某个尺度，有些言行是过度的，有些言行是不足的吗？不正是在这个方面，我们中的善人和恶人是最不一样的吗？

小 好像是这样的。

客 在这种情况下，我们必须确定大和小是存在的，是以这些双重的方式加以判断的对象。而不像我们刚才说的那样，我们必须设定它们的存在，仅在于它们相互之间的联系，倒不如像我们现在说的那样，我们应当说它们是存在的，一方面在于它们相互之间的联系，另一方面在于既定的尺度。我们想知道这是为什么吗？

小 当然。

客 【284】如果有人承认较大者或者诸如此类的事物的存在与较小者没有什么关系，那么它也不决不会与既定的尺度有什么关系——你同意吗？

小 是这样的。

客 嗯，用这种对事物的解释，我们将要摧毁各种各样的行当，也要摧毁它们的产物，不是吗？尤其是我们将使我们现在正在寻找的东西政治术消失。因为我想，所有这些行当技艺显然都要提防过度或不足，持守既定的尺度，不是作为某个不存在的事物，而是作为某个存在但与其所为麻烦重重的事物。正是通过这种方式的保持尺度，【b】它们才产出所有这些优秀的产品。

小 当然。

客 那么，要是我们使统治术消失了，我们寻找统治术的知识也就无路可走了，不是吗？

小 确实如此。

客 那么，这不就是我们在涉及智者时迫使非存在成为存在的那种情况吗？当时我们的论证在逃避我们，在领着我们绕圈子，所以我们现在必须迫使较大和较小成为尺度，不仅就它们之间的关系而言，【c】而且就既定尺度的生成而言。如果不同意这一点，那么政治家或其他拥有某种实际对象的知识的人要获得无可争议的存在是不可能的。

小 那么，我们现在必须尽力做同样的事。

客 这个任务，苏格拉底，甚至比前一个任务更加重大——我们记得前一个任何有多么冗长。还有，就下面要讨论的主题先提出下列假设肯定是非常公正的。

小 那是什么？

客 【d】我们有时候需要使用我刚才提到的这种证明，它可以用精确的真理本身来衡量。在我看来，我们当前正在使用的论证对于我们的直接目的是适宜的，对我们有很大的帮助。也就是说，我们确实应当假定这种情况在各种已有的行当中都是一样的，经过度量的较大者和较小者不仅相互之间有联系，而且与既定尺度的生成有关。如果后者是这样的，那么前者也是这样的，如果各种行当是有的，那么这些联系也是有的。但若这个或另一个不是这种情况，那么它们都不会有。

小 【e】你说得很对；不过，下一步是什么呢？

客 我们显然应当按照我们阐述过的原则把度量的技艺分为两部分。一部分包括所有那些用相对的标准去测量事物的数目、长度、宽度、厚度的技艺。另一部分包括包括那些与特定的场所、时间、运作相关的技艺，各种标准在这些时候已经消除了它们极端的边界而趋向于中度。

小 你指出的这两部分技艺范围都十分宽泛，相互之间也有极大的差异。

客 对，苏格拉底，许多博学的人有时候会说这样的话，【285】假定他们自己能够非常能干地说话，乃至于认为有一种度量的技艺，与生成的一切事物相关——这实际上就是我们刚才说过的意思。因为确实是这种情况，以某种方式，各种行当的所有产物分有尺度。但由于他们不习惯按照真实的种类划分来进行他们的考察，我们说的这些人就把这些事物一下子全都放在一起，尽管它们之间有程度的差别，以为它们全都是一样的——不过，他们也做与此相反的事，不按照部分来划分其他事物，【b】这样做的规则是，当一个人起先察觉在一群杂多事物的成员之间有着各种各样的差异，看到这些差异的存在，他一定不能对此表示不满和厌恶，甚至放弃进一步的努力，而应当把所有实际上同源的事物集合在一起，安全地把它们圈起来，按照它们所属的真正种类去理解它们。关于这一点我们已经讲够了，关于一般的过度与不足我们也已经讲够了，所以让我们把握这一事实，【c】必须在度量的两个不同种类的关系中发现它们，牢记我们说它们是存在的。

小　我们会记住的。

客　那么好，在讲完这一点以后，让我们承认另一个要点，与我们正在考察的这些事情有关，与整个这种讨论有关。

小　什么要点？

客　假定有人向一些坐在一起学字母的我们的学童提出下列问题。在问到他们中的一个拼写某个词要用哪些字母的时候，【d】我们要说，在那种场合下，对他来说，这种考察更多是为了摆在他面前的单个问题的缘故，还是为了让他能够变得更能回答所有与字母相关的问题的缘故？

小　很显然，是为了让他能够回答所有问题。

客　那么，我们当前对政治家的考察又是出于什么目的呢？仅仅是为了摆在我们面前的这件事的缘故，还是为了使我们在考察所有主题的时候能够变成较好的辩证法家？

小　这一点也很清楚——为了使我们能够变成较好的辩证法家。

客　我肯定不会假定任何有理智的人想要追踪纺织只是为了纺织本身的缘故。但是我想大多数人都没能认识到，对某些存在的事物而言，【e】存在着某些感官所能把握的相似性，这很容易理解，要对它们进行证明也不会有什么困难，可以轻而易举而又不费言辞地揭示这些可感的相似性。与此相反，那些最大的、最有价值的事物没有相应的可见的相似性，【286】它们的性质不会清晰地展示出来给人使用，它们的显现不能满足探索者的心灵，也无法借助一种感官来使之领悟。由于这个原因，人必须训练自己能提供或接受对每一事物的解释；而对那些没有形体的事物来说，它们是最优秀、最伟大的，只能借助语言清楚地显示，而不能用其他手段，现在所说的每件事都是为了这些事物的缘故。【b】当然，联系一些较小的事情进行练习要容易一些，而不是去联系较大的事情。

小　你说得很好。

客　那么好吧，现在让我们提醒一下自己，我们为什么要对这些主题说那么多离题话。

小　为什么？

客　主要不就是因为我们对寻求纺织术的定义感到不耐烦吗——关于宇宙的反转，关于智者所处的那个非存在的领域的存在；我们感到这样做太冗长了，在所有这些情况下都在反驳我们自己，【c】担心我们所做的解释会变得太肤浅。所以，我前面对你说的这些话都是为了这些事情的缘故，为的是我们今后的讨论不会出现类似的烦躁。

小　我会按你说的去做。告诉我，下面是什么。

客　嗯，我要说的是，你和我一定要小心，要记住我们已经说过的话，无论我们谈论的是什么主题，当我们提出赞扬或批评的时候，我们不能只按照讨论的长短来下判断，【d】而要按照我们前面说过一定不能忘记的度量术的每个部分来进行，也就是看它是否适度。

小　对。

客　是的，没错，但我们也一定不要把每件事情都与之关联。比如，我们不需要冗长的论证，以为这样做会获得快乐，除非出于一种非常偶然的考虑。还有，轻省快捷地回答深刻的问题是最可取的，但我们认为在进行论证的时候这只是第二位的因素，而不是最主要的因素，它要让位于按照类型进行划分的能力，这才具有首要的价值。【e】尤其是，如果一个解释非常冗长，但能较好地帮助听众发现事物，那么我们要做的就是认真地完成这一解释，而非对它的冗长表示厌恶；与之相仿，如果一个解释比较简短，那么也要让它产生同样的效果。再说，如果我们发现有人批评某个论证太长，拒绝耐心地等待整个讨论过程的完成，一边发牢骚，一边想要离开，而这个讨论就像我们现在的讨论一样正在取得进展，【287】那么，我们一定不要让他扭头就走。我们一定要他为他的抱怨拿出证据来，表明他自己比他的那些同伴更能提出一个比较简洁的陈述，证明他自己是一名更好的辩证法家，更能用合理的推论证明真理。至于有人要依据别的理由对我们提出责备和赞扬，对我们讨论中的某些局部和细节说三道四，我们一定要置之不理或听而不闻。如果是我迫使你做这番判断，那么我们现在就可以离开这个话题。【b】现在让我们返回政治家，我们刚才之所以给纺织术下定义，就是为了拿它来与政治家做比较。

小　说得好！让我们照你说的办。

客　那么好，国王已经从分享他的领域的许多行当中分离出来了——或者倒不如说与所有涉及畜群的行当分离了；我们说，城邦本身剩下的那些种类的行当是辅助性的原因，我们必须首先把它们与那些主要原因相互分割开来。

小　对。

客　所以，你认识到把它们分割成两部分是困难的吗？【c】我想，如果我们开始划分，这个原因会变得更加明显。

小　嗯，这就是我们应当做的事。

客　由于我们不能把它们一分为二，所以让我们按照切割献祭的牺牲那样一个肢体、一个肢体地分割。因为我们在切割中必须做到能割多少块就割多少块。

小　眼下我们该怎么做？

客　就像前面那样做。把那些与纺织相关，为它提供工具的行当——当然了，所有这些行当我们都把它们归为辅助性的原因。

小　是的。

客　我们现在必须做同样的事，只是程度更深。【d】因为我们必须把城邦里所有制造工具的行当，无论大小，都归为辅助性的原因。没有这些技艺，也就不会有城邦，不会有统治术，但另一方面，我想，我们不能把这些技艺当做国王的技艺应该做的事。

小　对，我们不能。

客　然而，当我们试图把这类事物与其他事物区分开来的时候，这是一件困难的事；实际上，某个人把任何事物都当做工具是可能的，这样说似乎是有理的。【e】但不管怎么说，就城邦民众拥有的事物而言，让我们把下述事物当做不同种类的事物。

小　以什么方式不同？

客　因为它不具有工具所拥有的同样的功能。因为对它的使用不像使用工具一样，是为了生产某些事物，而是为了保存匠人已经生产出来的东西。

小　你什么意思？

客　这类事物有各种各样的形状，可以用来盛放液体或固体，有些经过烈火焙烤，有些则没有。我们一般称之为"器皿"。这是一类独特的事物，【288】我认为，生产器皿的技艺与我们现在正在寻找的统治者的技艺毫无关系。

小　确实没有关系。

客　我们现在必须观察民众拥有的第三类事物，这类事物数量也很大，与其他种类的事物不同，在陆地上或者在水中可以发现它们；它们有些在运动，有些在静止，有些具有很高的荣耀，有些则不那么显赫；但它们全都拥有一个名称，因为它们之所以被造出来都是为了支撑别的事物或用做其他事物的基座。

小　你什么意思？

客　我假定我们可以用"交通器"来称呼它；它们根本不是政治家的技艺的产物，而是木工、陶工和铜匠的产物。

小　我明白了。

客　【b】第四类事物是什么？我们应当说它是与其他事物不同的事物吗，这里说的其他事物包括我们前面提到过的事物的更大的部分，所有的布、大部分盔甲、城墙、所有在城市周围用泥土或石块构筑起来的防护设施，成千上万的其他事物？由于所有这些事物都起着防护的作用，所以可以很恰当地把这类事物称做"防护物"，把生产这类事物视为建筑工和纺织工的事务，比视之为政治家的事务更加正确。

小　绝对如此。

客　【c】我们想要确定第五类事物吗，这类事物与装饰、绘画有关，与使用绘画和音乐来完成的造型有关，做这些事情的唯一目的就是给我们提供快乐，用一个名称来表示它们是恰当的？

小　什么名称？

客　我想我们谈论的这些事物可以叫做"娱乐品"。

小　当然。

客　好吧，用这个名称来称呼它们是恰当的，因为它们中没有一个具有严肃的目的，而是仅供人们玩赏。

小　【d】这一点，我想我是明白的。

客　为所有这些事物提供原料的是什么呢，我们提到过的所有行当都要使用这些原料，各行各业使用的原料各不相同，由此又产生许多其他的行业——我们要把它们归为第六类吗？

小　你指的到底是什么？

客　金子、银子和各种矿产，伐木工和锯木工的技艺提供的所有东西，为制造木器和编织篮筐提供原料，还有剥皮的技艺提供的东西，木匠和编篮筐的剥取植物的皮，【e】制革匠剥取动物的皮，还有生产软木和纸莎草纸用的原料，还有要把它们捆绑在一起需要各种绳索。让我们把它们全都称做一样东西，它是人类经过初步加工但尚未制成具体物品的基本原材料，它显然不是统治术的知识的产物。

小　对。

客　下面又要说到和获取营养有关的这类事物了，所有这类事物都可以为身体吸收，并有助于身体健康，【289】我们必须说这是第七类事物，并称之为营养物，除非我们可以找到更好的名字。如果我们把它置于农夫、猎手、体育教练、医生和厨师的技艺之下，可能会比将它归为政治家的技艺更加正确。

小　当然。

客　那么好吧，我想，我们已经很好地处理了这七类事物，这些事物都和拥有相关，只有驯服的活的生灵例外。我要复述一下这些类别，请你们注意听：最初的原材料确实应当放在第一位，然后依次是工具、【b】器皿、交通器、防护物、娱乐品、营养物。如果还有什么不太重要的类别逃避了我们的关注，我们可以弃之不理，因为这些类别可以归入这个或那个主要的类别，比如，由硬币、图章、各种雕刻物构成的类别。它们并不构成一个重要的类别，有些可以归入装饰，有些可以归入工具，这样做会有些勉强，但无论如何他们都会同意的。至于和拥有驯服的牲畜有关的事情，除了奴隶以外，【c】我们在前面已经把这种抚养畜群的技艺划分成部分，显然已经把它们全都捕获了。

小　绝对正确。

客　那么剩下来还没有提到的是奴隶和各式仆役，在他们中间，我强烈地怀疑有人可以与国王争夺"纺织术"的权利，就像我们发现纺毛工、梳毛工，以及其他辅助性的工匠想要与纺织工争夺织布的权利一样。① 所有这些匠人都被描述为"辅助性的原因"，从事我们刚才已经列举过的物品的生产，【d】这些技艺每一样都可以从王权和政治术的活动领域中分离出来。

小　看起来似乎是这么回事。

客　那么，就让我们来考察剩下的人，接近他们，以便得到关于他们的更加确定的知识。

小　这是我们应当做的。

客　好吧，那些从属程度最大的人，从我们当前这个视角来看，我们发现他们拥有的功能和处境与我们刚才怀疑过的正好相反。

小　他们是谁?

---

① 参见本篇 281b 以下。

客 那些被购买的人，通过购买他们成了其他人的财产；【e】我们把这样的人称做奴隶，这一点无可争议，他们最不可能染指王权。

小 没错。

客 那么，在所有自由民中自愿置身于我们已经讨论过的各种行业，在他们之间交换产品的人怎么样——耕种得来的产品以及其他行当的产品，把他们的产品等价交换，有些人在市场上，有些人在城邦间走动，走海路或走陆路，以钱易货或以钱易钱——【290】我们称这些人为"兑换银钱者"、"商人"、"船主"、"商贩"，他们肯定不会声称拥有政治家的技艺吧？

小 要是他们会这样说，那倒怪了——他们涉足的是商业。

客 嗯，我们看到那些自觉自愿受雇于他人的人、那些干一天活挣一天工钱的人——我们决不会发现他们试图染指王权。

小 是这样的。

客 还有一些人在我们需要的时候提供一些服务，在这种情况下我们会怎么说？

小 什么样的服务，你说的是什么人？

客 【b】传令官和书记员，由于长期从事这些工作，他们有着很强的能力，还有某些公务员非常能干，为那些当选的官员从事各种性质的行政工作。我们该叫他们什么呢？

小 就用你刚才的叫法好了——附属者，他们本身不是城邦的统治者。

客 我想，我肯定不是在做梦，当我说时不时地会出现一些人声称拥有统治权的时候。然而，在某些依附性的技艺中寻找统治术，【c】这样做真是太奇怪了！

小 是很奇怪。

客 那么，让我们继续逼近那些我们还没有考察过的人。有一些人拥有与占卜相关的专门知识；我以为，人们把他们当做众神与人之间的通司。

小 是的。

客 接下来，也有一类人是祭司——如习俗告知我们的那样——他们懂得如何以一种令神愉悦的方式把凡人的礼物献祭给众神，【d】如何以正确的形式祈祷，恳求诸神赐福给我们。我想，这两类事情都是附属性的技艺的组成部分。

小　无论如何，看起来是这样的。

客　好吧，在我看来，走到这一步，我们终于逼近我们要寻找的目标了。祭司和占卜师的地位非常重要，名望也很崇高，因为他们从事的工作太重要了，所以在埃及，【e】一个人如果不担任祭司就不能做国王。如果一个其他阶层的人成功地用武力取得了王权，那么随后他也必须被拥立为祭司。还有，在希腊城邦中也一样，在许多地方，代表城邦举行最重要献祭活动是城邦主要官员的职责。我说的意思在你的城邦中也能得到最清晰的显现；因为你们说，在这里举行最庄严的祭祀活动指派给那个靠抽签成为国王①的人。

小　是这样的。

客　【291】那么好，我们必须仔细观察这些通过抽签成为国王和祭司的人，以及他们的下属，也要观察另外一大群人，对我们来说，他们已变得清晰可见，因为我们前面说的那些人已经被分离出去了。

小　你说的这些人是谁？

客　一些非常奇特的人。

小　怎么个奇特法？

客　这类人由各种怪人混合在一起，或者说一眼看去他们好像是这个样子的。【b】有些人像狮子，有些人像人头马或类似的怪物，还有很多人像羊人②或变色龙；他们擅长形体变化，能够很快地攻击对方。不过现在，苏格拉底，我认为我已经点明了这些人的身份。

---

①　古希腊经历过王政时代，由国王统治，后来演变为由民选的执政官（ἄρχω）掌权，执政官音译为"阿康"。执政官有多名，主要执政官拥有"国王—执政官"的头衔。

②　羊人（Σατύροις），音译萨堤罗斯，希腊神话中的森林之神，有许多位，长有公羊的角、腿和尾巴，是半人半羊的怪物。

小　请你解释，你好像是看到了一些奇妙的东西。

客　对，这是一种普遍的经验，你不认识某个东西，你就感到它奇妙了。我刚才也是这种感觉，【c】猛地看到由这些人组成的合唱队在公共事务的舞台上大喊大叫，却又不能识别他们。

小　什么合唱？

客　那个所有智者中最具魔力的人，那个最擅长智术的人的吟唱。要把他和那些真正拥有政治家的技艺和王权的人区分开来是一件非常困难的事，但我们必须驱除他，要是我们想要清楚地看到我们正在寻找的东西。

小　我们一定不能放弃这一步。

客　要是你问我的看法，那么我会说一定不能。所以，请你告诉我。

小　告诉你什么？

客　【d】我们认为君主制是城邦统治的多种形式之一，不是吗？

小　是的。

客　在君主制之后，我想，人们会列举由少数人掌权的统治形式。

小　当然。

客　不是还有由民众掌权的第三种统治形式，叫做"民主制"吗？

小　确实如此。

客　所有，有三种统治形式——但若加上从中演化出来的两种，三种不就变成五种了吗？

小　哪两种？

客　【e】我想，考虑到接受统治是被迫还是自愿，是由穷人统治还是由富人统治，是依法治理还是无视法律，用这些标准对前两种统治形式进行划分，把它们各自分成两种。所以，依据君主制的两种表现形式，用两个名字来称呼君主制，那么一种是僭主制，另一种是王政。

小　当然。

客　对于任何由少数人掌权的城邦，他们称之为"贵族制"和"寡头制"。

小　没错。

客 【292】关于民主制，我们一般不改变它的名称。无论这种政制是通过民众用武力控制有钱人而建立起来的，还是根据多数人的意愿建立的，也无论它是否严格地依法治理，民主制还是被称做"民主制"。

小 没错。

客 那我们该怎么办呢？我们要假定这些政制中的任何一种是正确的吗，当我们依据这些标准来界定它的时候——由一个人、少数人或多数人来统治，富裕还是贫穷，依据成文的法律来统治或没有法律？

小 为什么要这样做，有什么东西在阻碍我们吗？

客 【b】请你跟上我的思路，这样你会看得比较清楚。

小 什么思路？

客 我们要遵循我们最初说的，还是打算对之对立？

小 我们说过什么？

客 我想，我们说过，王权的统治在各种类别的专门知识中是一种知识。

小 是的。

客 不只是全部知识中的一种知识，而且是我们从它们中间专门挑选出来的一种知识，它涉及下判断和控制。

小 是的。

客 【c】然后从控制这一类别中，我们把一部分确定为支配无生命物的制造，一部分确定为支配生灵；正是通过这种方式的划分，我们进到现在这个地步。我们没有忘记它是知识，但要说它是哪一种知识，我们还不能给出准确的、充分的回答。

小 你的解释是正确的。

客 那么，要是我们确实要和我们前面说过的相一致，我们在这一点上不是看到我们说过的这个标准一定不能是少数人的，也不能是多数人的，既不是人们同意的，又不能缺乏人们的同意，既不是贫穷，又不是富裕，而是某种知识，是吗？

小　【d】但是，我们不可能做不到这一点。

客　必定如此，所以，我们现在必须考虑，哪一种类型的知识是统治人的专门知识，尤其是，要获得知识是最困难、最重要的事情。我们必须注意观察，为的是能够考虑我们是否应当把哪些公众人物与聪明的国王区别开来、清除出去，这些人打算拥有统治的技艺，说服许多人相信他们拥有这种技艺，而实际上他们并不拥有。

小　是的，我们确实要这样做，我们的论证已经告诉了我们。

客　【e】嗯，城邦里的民众好像能够获得这种技艺，是吗？

小　他们怎么可能？

客　在一个一千人的城邦里，会有一百人或者五十人恰当地获得这种技艺吗？

小　如果是这种情况，那么这种技艺就是一种最容易获得的技艺了；因为我们知道，一千个人中间也不会出现那么多下跳棋①的高手，与其他希腊人相比而言，更不要说出现那么多国王了。因为按照我们前面所说②，只有实际拥有国王统治的专门知识的人才可称做王权的专家，而无论他实际上是否是国王。

客　【293】你记得很清楚。由此而来的一个后果是，我认为，我们必须联系一个人、两个人，或者极少数人来寻找正确的统治。

小　我们必须这样做。

客　【b】是的，但是这些人，无论他们统治的下属是自愿的还是不自愿的，他们的统治是否依据成文的法律，他们统治的人是富人还是穷人——在我们现在看来——是依据这个行当的基础来实行任何一种统治的。医生提供了最清晰的比较。我们相信他们，而无论他们对我们的治疗有无取得我们的同意，无论他们对我们的治疗是开刀还是灼烧，或是其他疼痛的治疗，无论

---

①　跳棋（πεττεία）。
②　参见本篇259b。

他们这样做是否依据成文的规则，无论他们是贫穷的还是富裕的。在所有这些情况下我们都毫不犹豫地说他们是医生，只要他们在按照这个行当的规矩在治疗我们，给我们洗涤，让我们变瘦或变胖，无论怎么做都没有什么关系，只要他或他们照料我们的身体，采取对我们的身体有好处的行动，【c】让我们的身体变好，保全我们的性命。正是以这种方式，我认为，而不是以其他方式，我们制定医疗的标准和其他无论什么行业的规则，这是唯一正确的标准。

小　是的，就是这么回事。

客　那么，关于政制事情看起来也是这样，一种正确的政制与其他政制相比，只有在这种政制中才会发现统治者真正地拥有专门的知识，而不只是似乎拥有这样的知识，无论他们的统治是否依据法律，他们的下属是否自愿接受统治，【d】统治者本人是贫穷还是富裕——如果把这些因素都考虑进去，那就不会有任何正确的原则了。

小　对。

客　那么，要是他们为了城邦的利益净化城邦，处死某些公民或流放他们，或者向海外派遣殖民团体以削减公民人数，就像给蜜蜂分出新的蜂群，或者引进其他城邦的居民，使他们归化本邦——只要他们采取的是保存城邦的行动，只要他们依据专门的知识和正义的原则来行事，【e】尽力使城邦变得比从前好，那么在这样的状况下，按照我们的标准，这样的政制我们必须说它是正确的。其他所有政制我们一般会说，它们不是真的，它们根本不是真正的政制，而只是这种政制的模仿；我们说的那些守法的政制为了变得较好而模仿这种政制，其他政制为了变得较坏而模仿这种政制。

小　客人，你的其他言论似乎都很适度，但你提到可以没有法律的统治却令听众有些难以接受。

客　【294】从你的问题就可以知道你有些超前了，苏格拉底。因为我正想问你是否接受我的这一看法，或者你是否感到很难接受我们说的这些事情。不过，很清楚，我们现在就来讨论那些没有法律而进行统治的人是否正确。

小　对，应该讨论。

客　在一定的意义上，很清楚，立法者的技艺属于国王的统治；但是最好的事情不是让法律盛行，而是让当国王的人拥有智慧。你知道这是为什么吗？

小　原因何在？

客　【b】法律决不能同时准确地涵盖所有最优秀、最正义的人，也不能限定最优秀的人。人与人之间有差异、人的行为有差异、人的事情决不可能保持稳定，从而使得无论哪个领域都不能简单地做出任何规定，这些规定也不能永世长存。我想，这些看法我们可以同意吧？

小　当然可以。

客　【c】但是我们看到，法律本身总是或多或少地倾向于做这种事情，就好像一个一厢情愿的、无知的人，不允许别人做任何事，只能做他允许做的事，还禁止人们对他的命令提出质疑，哪怕出现某些比他立下的规矩更好的规矩也不行。

小　对，法律就以这种方式对待我们每个人，就像你说的一样。

客　所以，用那些一直很简单的东西不可能处理复杂的事务吗？

小　不太可能。

客　【d】既然法律不是一种完全正确的东西，为什么还有制定法律的必要呢？为此我们必须寻找理由。

小　当然要这样做。

客　嗯，就像你一样，其他城邦的人也一起进行训练，无论是跑步，还是做其他事情，为了竞赛的目的，是吗？

小　是的，非常频繁。

客　好吧，现在让我们在心里回想一下那些教练员在负责训练时是如何发布指示的。

小　你想的是什么？

客　他们不会以为他们有可能给每个人制定具体的规定，做出适合其他身体状况的指示；【e】他们认为只能发表一些能给身体带来好处的规则，以适合大量人群中的大多数人。

小　对。

客　正因如此，他们要求所有接受训练的人进行同等的训练，在跑步、摔跤，或者做其他运动时，让他们同时开始，同时结束。

小　是这样的。

客　【295】同样的道理，让我们假定立法者也是这样，他会对他牧养的民众发布指示，要他们相互之间公正相待，互立契约；但他绝无可能在给所有人一起制定规则的时候，给每一个人制定特别准确的、适合于他的规则。

小　你说得确实很合理。

客　我想，与此相反，他会按照"为大多数人、适合大多数情况、大体粗略"的原则为每个人和所有人立法，无论是成文法还是不成文法，按照祖宗的习俗来立法。

小　对。

客　对，这样做当然是对的。因为，苏格拉底，【b】有谁能够长期终身坐在每个人身边，给他准确地规定做什么事是恰当的？在我看来，要是他能这样做，那些真的获得了统治术专门知识的人中间的每一位都很难阻碍他以自己的方式写下我们谈论过的这些法律。

小　这样说与我们已经说过的话肯定是一致的，客人。

客　对，我的好朋友，但我还是要说，这样说与我们将要说的事情更加一致。

小　什么事情？

客　是这样一些事情。我们要说——亦即在我们之间——【c】如果一名医生或者某位体育教练需要有很长一段时间离开他的病人或学生去国外旅行，那么这位医生很可能会担心他的病人把他的医嘱给忘了，这位教练也会有类似的想法，那么他会想要把这些指示写下来，用来提醒病人或接受训练的人吗——或者，我们该怎么说？

　　小　我会按你建议的那样说。

　　客　但若他突然提前回来了，那会怎么样？【d】如果事情变得与原先不同，变好了，或者他的病人由于气候的原因，或者以某种异乎寻常的方式突然从宙斯那里得到了什么，你认为他不会开出与他以前写下的处方相反的其他处方来吗？他会固执地认为他或病人都不应当超越以往被制定出来的古代的法律吗——他本人通过提供其他医嘱，而病人大胆地做那些与写下来的医嘱不同的事情——其理由是，这些都是有关医疗和健康的技艺，这些不同的事情是不健康的，不是他的行当的一部分？或者说，所有这样的事情，如果在真正的专门知识的情景下发生，【e】会全然引起最大的嘲笑吗，在所有领域，包括所有这类立法行为？

　　小　绝对正确。

　　客　至于那个写下什么是公正、什么是不公正，什么是光荣、什么是可耻，什么是善、什么是恶的人，或者制定了有关这些主题的不成文法的人，为了所有被牧养的人类，一个城邦又一个城邦，依据每一情况下写下来的法律——要是这个依据专门知识撰写法律的人，【296】或者其他某个与他相似的人，真的来了，能够不允许他发布这些与法律不同的指示吗？或者说，这种禁令的出现不会比其他另一种禁令显得不那么可笑吗？

　　小　当然不会。

　　客　那么好，你知道大多数人在这种情况下会说些什么？

　　小　我一下子想不起来了，就是这样。

　　客　嗯，听起来蛮不错的。他们说的是，如果有人承认相对于前人建立的那些东西而言，法律比较好，那么他必须引进法律，说服他的城邦接受它们，舍此别无他途。

　　小　那又怎样？这个观点不对吗？

　　客　【b】也许不对。但首要的事情是，如果有人强迫别人接受这些比较好的东西，而没有进行说服，那么请你告诉我，我们该用什么样的名称来指称这种情况下的强迫呢？噢，不——现在还不是时候，你还是先回答与前面的事例相关的问题。

小 哪些问题？

客 嗯，如果——延续我们刚才的事例——某人医术高明，但没有说服他的病人，他强迫儿童、男人或女人接受这种较好的治疗，违反了书面规定，我们该把这种强迫称做什么呢？我们肯定不能称之为与我们所说的这个行业相反的、不利于健康的错误，是吗？【c】而那个被强迫的对象能够正确地说，医生对他做的事情是不利于健康的，是他被迫接受的，这种事情不属于医生这个行业吗？

小 你说得很对。

客 那么我们到底如何看待我们正在谈论的这类错误呢？这种违反政治家的行当的错误，它不就是可耻、邪恶和不公正吗？

小 我同意，绝对如此。

客 那么，那些被强迫的人，与那些成文法和祖传习俗相反，做了一些不同的事情，比他们从前做的事情更加公正，更加好——【d】告诉我，如果有人在这种情况下使用了强迫的手段，那么他们的做法不是最可笑的吗？他们不是在每一场合必须说些什么，而不是使用暴力对人做可耻和邪恶的事情吗？

小 你说得很对。

客 所以，如果强制者是富人，那么这种强制是正确的，如果强制者是穷人，那么这种强制是错误的吗？或者说，无论有没有说服，无论强制者是富还是穷，【e】无论是依照成文的法律还是违反成文的法律，他对公民做了无益的事情还是有益的事情，这肯定有一个标准，这个标准必定与这样一些事情相关——这是正确统治的最真实的标准吗，睿智而又公正的统治者将依据这一原则管理被统治者的利益？就好像一名船老大，始终关注这艘船的利益，【297】关注水手们的，他要做的不是去制定什么书面规则，而是以他的行规为法律，以这种方式保全他那条船上所有人的性命；一种政制也可以具有这样的性质，如果由那些能够以这种方式统治的人发布这样的指示，提供比法律更强大的行规，这样的政制不也是正确的吗？【b】对聪明的统治者来说，在这里没有什么错误，无论他们做什么，只要他们能够关注一件伟大的事情，始终把它分发给城邦里按照他们所处的行业来判断最公正的人，他们既能保全公民们的性命，而且也能把他们变得比从前更好，不是吗？

小　不管怎么说，你这番话是无法反驳的。

客　我们前面说过的那些事情也无法反驳。

小　你指的是哪些事情？

客　无论何种民族的大量民众决无可能获得这种专门知识，理智地统治城邦；【c】我们必须寻找一种政制，一种正确的政制，这种政制只与少数人，甚至只和一个人相联，如我们前面说过的那样，其他政制都是这种政制的模仿，有些政制模仿了这种政制以后会变得比较好，有些政制模仿这种政制以后变得比较差。

小　你这样说是什么意思？你在说什么？我不明白你说的模仿是什么意思，我们刚才讲到模仿的时候①我就不太明白。

客　这可不是一件小事，要是一个人触发了对这个主题的讨论，然后又开始抛弃它，【d】径直去显示与之相关的错误。

小　什么错误？

客　我们正在寻找的这种错误，因为它并非我们熟悉的，亦非容易看到的，但不管怎么说，让我们尝试着去把握它。告诉我，假定我们谈论的这种政制在我们看来是唯一正确的政制，那么你承认其他政制应当使用属于这种政制的成文法规，以这种方式拯救它们自己，做现在受到赞扬的事情，尽管这并不是要做的最正确的事情，是吗？

小　你指的是什么？

客　我指的是这样一条原则：城邦里的任何人都不能胆大妄为，做任何

---

① 参见本篇 293e。

违反法律的事情，【e】胆敢这样做的人应当被处死或受到最严厉的惩罚。这样做是非常正确的，作为第二种选择也是好的，当有人改变了我们刚才讨论的原则时①，这是我们第一位的选择；不过，让我们来考察一下被我们称做第二好的方式。你同意吗？

小 绝对同意。

客 好吧，那就让我们返回那些相似的事例，我们必须始终拿它们来与我们的王权统治者进行比较。

小 哪些相似的事例？

客 高贵的船长和"抵得上众人的"②医生。让我们使用这些材料，通过塑造这种人物来考察这件事情。

小 哪一种人物？

客 【298】噢，下面这一种：让我们假定，他们全都对我们做了可怕的事情。其中的一个要是愿意的话可以保全我们当中任何人的生命，但他也可以用手术刀和烧灼术来伤害我们，或者索取费用，而实际上并没有什么花费，他们的收费就好像是征收税款，他们收取的费用中只有很小部分用于医疗，而余下的部分全都用于医生自己及其家人的开销。【b】他们最无法无天的地方是接受病人家属的贿赂，或者接受病人的死敌的钱，然后把病人置于死地。而那些船长也会做诸如此类的无数的坏事，在海上谋财害命，会把人扔到荒无人烟的地方，会让旅客上岸，然后把船开走，还有其他无数残忍的事情。让我们假定，我们对医生和船长已经有了这种看法，然后我们召集议事会开会，并通过一些法规。我们在开会时说，今后不得相信医术和航海术，不得让它们在其领域中行使绝对的控制权，【c】无论是对奴隶还是对自由民。然后我们决心召集全体公民大会，或者召集所有富人开会。在这样的场合，无论什么人，无论有无受到邀请，都可以自由地在会上对航海术和医

---

① 参见本篇 293c—d。
② 荷马：《伊利亚特》11：514。

术提出建议，亦即指出应当如何恰当地对病人使用药物和外科手术器械，应当如何使用船只及船上的装备，【d】如何搬运器皿，如何防范航海的危险，包括风浪的危险和海盗的危险，在海战中则是行驶战船与敌人作战会遇到的危险。与这些事情相关的法规我们就说到这里。要推行这些法规就要通过公民大会。你要记得，建立这些法规所依据的意见有些是医生或船长提出来的，但肯定也有许多意见是非专门人士提出来的，把它们确立为法律，它们会被刻在可旋转的木板①上，或者刻在石碑上，而在某些情况下，这样的法律会成为不成文的祖制。【e】从那以后，医疗和航海只能按照这些法规和祖制行事。

小　你描述的这种状况真的非常奇特。

客　是的——让我们再假定，议事会做出进一步的决定，每年从公民中抽签选举，任命执政官，无论是仅从富人中选，还是从全体公民中选。一旦得到任命，他们有些就去指挥船只航海，有些就去按照祖传的成文法典治病。

小　这样做甚至会很难做到。

客　那我们就来考虑接下去会发生什么样的事情。当每个职位一年任期满了的时候，【299】需要设立一个法庭，要么由事先挑选的富人担任法官，要么从全体民众中抽签选择法官，然后把那些担任公职的人带到这些法官面前，为的是检查他们的行为。任何人只要愿意都可以指控一名担任公职的人，说他在这一年中没有很好地按照成文的法律或者按照我们的祖制驾驶这些航船。对那些给人治病的人也有同样的需要，通过投票来给任何担任公职的人定罪，法官必须确定他们应受的惩罚，或者确定他们应当缴纳的罚金。

小　是啊，在这种情况下自愿担任公职的人应当承受任何惩罚，【b】或者缴纳罚金。

客　进一步说，我们还有必要建立一条法律，以防范下列所有事情。假

---

① 可旋转的木板（κύρβεσ）。

定发现有人在研究航海或者医术，比如研究风向、冷热，等等，违反和超越成文的法律，对诸如此类的事情做出能干的思考。那么，首先，我们一定不要称他为医生或船长，而应当称之为生活在云里雾里的人，他是某个喋喋不休的智者。其次，任何一位公民把他告上法庭都是合法的，或者说在这样的法庭上发生的事都是合理的，可以指控他腐蚀青年，【c】诱导青年以不合法的方式研究航海和医术，把自己立为医生或船长。如果发现在他的影响下有青年或成年人违反法律和成文的法规，他就应当受到最严厉的惩罚。因为（法律会说）没有人可以宣称拥有比法律更加伟大的智慧。没有人会对航海术或医术、航海的规则或健康方面的规则一无所知。【d】有成文的法典供我们学习，古代的习俗根深蒂固地存在于我们中间。任何真正想要学习的人都可以学习。苏格拉底，现在假定这些事情都以我们所说的方式发生了，涉及各种各样的专门知识，涉及统兵术，涉及全部狩猎的技艺，无论哪一种；也涉及绘画和其他所有模仿术，涉及木匠的技艺，涉及整个工具制造术，无论哪一种；还涉及耕作和所有处理植物的行当。或者，我们还可以假定有一种养马术，按照成文的规则进行，【e】或者所有饲养牲畜的技艺，或者占卜的技艺，或者包括在这种依附性的技艺的各个部分的东西，或者棋术，或者所有关于数的知识，无论涉及数本身，还是涉及平面、立体、运动。如果所有这些事情都以这种方式实施，依据成文的规则来完成，而不是依据行业的基础来完成，那么，这样做会有什么样的后果呢？

小 显而易见，我们既能看到所有这些行当都将被摧毁，也能看到它们再也无法复兴，因为这条法律禁止人们去研究这些事情；所以，尽管人们的生计到现在也是艰难的，【300】而在这种时候，人们的生计完全无法维持。

客 但是下面这些考虑会怎么样？假定我们提到的这些事情要依照成文的规则来完成，我们要求当选者或者那些通过抽签、凭着机遇被任命担任公职的人监督我们的这些成文规则的实施，如果这个人无视成文的规则，谋取私利，随心所欲地凭个人好恶做不同的事情、相反的事情，当他并不拥有知识的时候，那会怎么样？这种情况不会比前一种情况更加邪恶吗？

小　是的，你说得很对。

客　【b】对，我想，如果违反建立在众多实践基础之上的法律，以一种诱人的方式就每一主题提供各式各样的建议，说服公众通过这些建议——要是有人胆敢违反这些规定行事，他所犯下的错误远远大于其他错误，它会颠覆所有专门的活动，远胜于颠覆成文的法律。

小　是的——它怎么会不这样呢？

客　那么，由于这些原因，我们前面所说的次好的方法，【c】对那些就任何事务建立法律和成文规则的人来说，就是绝不允许个人或民众做任何违反法律和成文规则的事——无论什么事。

小　对。

客　嗯，这些法律——由那些迄今为止有知识的人写下的——不就是对各个主题的真相的模仿吗？

小　当然是。

客　嗯，我们说过——如果我们还记得——有知识的人，真正拥有政治家的技艺的人，当有其他比较好的事物出现在他面前时，他会用他的知识做许多事情，【d】而不是只注意那些成文法规，这些事情与他写下的那些法规是相反的，而他写下这些法规是当做命令下达给那些不和他在一起的人的。

小　是的，我们说过这样的话。

客　嗯，任何个人或任何群体，成文的法律实际上是为他们而立的，要想对它做某些改变，使它变得更好，都会像真正的行家那样努力去做同样的事情，不会吗？

小　绝对是这样的。

客　那么好，如果做这样的事情而无专门的知识，【e】他们会尝试着模仿真实的原本，但会模仿得很拙劣；但若他们是按行业的基础来实施的，那就不再是模仿，而是最真实的开创性的工作了，是吗？

小　我完全同意——我想。

客　但是，它是作为我们之间一致同意了的事情建立起来的——我们在立法之前同意这样做，不管怎么说——大量的人不可能获得这方面的知识。

小　对，这也是我们一致同意的。

客　要是有一种国王的统治技艺，那么由富人组成的群体或全体公民决无可能获得这种统治术的专门知识。①

小　他们怎么可能呢？

客　由此似乎可以推论，所有诸如此类的政制，要想很好地模仿由一个具有专门知识的人统治的那种政制，【301】在可能的情况下——假定他们有自己的法律——他们一定不能违反成文的法规或祖宗习俗。

小　说得好。

客　在这种情况下，当富人模仿这种政制时，我们称之为"贵族制"；但若他们无视法律，我们称之为"寡头制"。

小　可能是这样的。

客　【b】嗯，再说，当一个人模仿那个拥有专门知识的人、依据法律进行统治，我们会称他为国王，无论他依据自己的专门知识实施统治，还是依据各种意见实施统治，这在他的名称上没有什么区别。

小　似乎如此。

客　那么好，如果的确有一位真正拥有专门知识的人在实施统治，那么他的名称无疑是国王，而不可能是别的什么名称。由此而来的一个结果就是，我们迄今为止所说的五种政制的名称已经变得只有一种了。

小　看起来是这么回事，不管怎么说。

客　若是有一名统治者既不按照法律又不按照祖制，【c】而是依据专门的知识来进行统治，说自己有权宣布任何事情，并且声称要实施最好的统治必定要违反成文的法律，那么在这里就有某种欲望和无知的结合在控制这种模仿，如果出现这种情况，那又会怎么样？在这些情况下，我们肯定要把这样的人称做僭主，是吗？

---

①　参见本篇292e。

小　当然。

客　所以，我们说，僭主和国王就以这样的方式产生了，寡头制、贵族制，还有民主制——因为民众发现他们自己不能坚持由一个人作为君主来进行统治，拒绝相信曾有过任何一个人配得上以这样的方式进行统治，【d】他具有美德和专门的知识，能将正义和公正正确地分配给所有人。人们认为处于这样一种地位的人一定会运用他的权力来伤害和铲除他的私敌，也会按照他自己的意愿伤害我们；尽管要是有我们描述过的这种人在世上出现，他会受到拥戴，他也会正确地统治一个严格意义上的政制，幸福地驾驭它。

小　是这样的。

客　然而，如我们所说，现在的事情是，一名国王在城邦中并不会像蜂王那样自然而然地在蜂群中产生，【e】他的身体和心灵都格外卓越，所以，人们似乎只好聚集在一起，制定成文的法律，尽快追寻那正在逝去的真正的政制。

小　有可能。

客　那么，我们会感到惊讶吗？从我们这些仿效而来的政制中产生了大量的邪恶，而今后还会有更多的邪恶产生，这些政制全都依照法律和习俗行事，却无知识的真知灼见，这样的基础是不牢固的，【302】而用另一种技艺对这样的基础施加作用，显然就会毁灭这些政制试图建立的一切？或者说，我们难道不会对其他事物感到惊讶吗？也就是说无论这些事物有多么强大，城邦必定要依其本性而成其为城邦？事实上，尽管城邦已经有无数个世代受困于这些事物，但仍有一些城邦仍旧没有颠覆，坚强地挺立着。然而，我们也看到许多国家就像沉船一样覆灭，它们过去就有许多裂缝，今后肯定也会出现新的裂痕，这些裂痕是由它们的船长和水手引起的，【b】这些人对这些最重大的事情一无所知——尽管他们根本不懂属于统治术的技艺，然而却认为自己完全获得了这种专门知识，对这些知识一清二楚。

小　非常正确。

客　所以，在这些不正确的政制中生活，哪一种最能忍受，假定在这些政制中生活都是困难的，那么在哪一种政制中生活最难忍受？尽管这个问题与我们既定的主题并无直接关联，但我们也许不得不加以考察，是吗？一般说来，我们所做的所有事情都是为了这件事的缘故。

小　我们肯定要考察一下。

客　【c】那么好，你应当说的是，如果有三种政制，在哪一种政制下生活最艰难，在哪一种政制下生活最容易？

小　你这话是什么意思？

客　我只是想说明这样一个意思：君主政制、由少数人统治的政制、由多数人统治的政制——我们在这场讨论开始的时候谈论过这三种政制，我们现在被这些政制淹没了。

小　对，是有这三种政制。

客　那么好，让我们对这些政制再做划分，每一种政制分成两部分，这样就有了六种政制，再从中寻找出正确的那个部分，把它分离出来，当做第七种。

小　怎么会这样呢？

客　【d】君主制，让我们把它分为由国王统治的和由僭主统治的；那种与多数人的统治无关的那种政制，我们说过可以很恰当地命名为贵族制和寡头制；而那种与多数人的统治相关的政制，有民主制，我们在前面用一个名字称呼它，但是现在我们也必须把它分成两部分。

小　这是怎么回事？用什么标准来划分？

客　【e】这里采用的标准与其他事例并无区别，哪怕是它的名称，民主制，现在已经有两个部分；一部分是依法统治的，一部分是不依法统治的，这个标准可以用于这种政制，也可以用于其他政制。

小　是的，确实如此。

客　嗯，当我们在寻找正确的政制时，我们在前面的证明中说过，这种划分是无用的；但由于我们现在把正确的政制放在一边，而把其他政制当做必要的政制放在另一边，在这样的情况下，我们就可以依据依法还是违法，把这些政制中的每一种分成两部分了。

小 就刚才所说的来看，似乎是这样的。

客 那么好，当君主制的统治依据被我们称做法律的良好的成文规则进行，并保持在法律的轨道中，那么这种统治是所有六种统治中最优秀的；但若它不依据法律来统治，那么这种统治是最糟糕的，在其中生活是最难承受的。

小 【303】可能是这样的。

客 至于由少数人进行的统治，正像"少"介于"一"与"多"之间一样，我们必须把这种由少数人进行的统治视为在善恶两方面都居于中间位置的一种政制。由多数人进行的统治在这两方面都是最弱的，与另外两种统治形式相比，它不能实施真正的善，也不会犯下任何严重的罪恶。这是因为，在一种民主政体中，权力在众多的统治者中划分为很小的部分。因此，如果三种统治形式都依照法律进行统治，那么民主制是最糟的，但若三种统治形式都不依照法律进行统治，【b】那么民主制是最好的。故此，如果三种统治都不遵循法律，那么最好还是生活在民主制中。但若这些政制都依循法律，井井有序，那么民主制是最不可取的，而君主制作为六种政制中的第一种，生活于其中是最好的，除非第七种政制有可能出现，我们必须高度赞扬这种政制，就像位于凡人中的神，这种政制高于其他所有政制。

小 你这样一说，事情也就清楚了，所以我们必须接受你的建议，照你说的去做。

客 【c】所以，我们还必须驱除所有参与这些政制、实施统治的人，那个依据知识实施统治的人除外，这些人不是政治家，而是党派领导人；我们必须说，他们本身就像他们的政制一样虚假，是最高明的模仿者和魔术师，因而也是智者中最大的智者。[①]

小 我们的讨论绕了一大圈，现在看来用智者这个头衔称呼这些统治术

---

① 参见本篇291c。

的专家倒是最合适的。

客 所以，这就是我们的戏剧表演——我们刚才说过，【d】有一些怪模怪样的人头马或羊人，我们必须把他们和真正实践政治家技艺的人区分开来了；现在，我们克服了重重困难，已经把他们区分开来了。

小 好像是这样的。

客 是的，但剩下还有一件事情更加困难，这种人更难识别，因为他们与国王更加相似，更接近国王，更难理解；在我看来，我们已经到了关键时刻，我们必须像炼金者那样行事。

小 为什么会这样？

客 我们知道，炼金者的第一步工作是把泥土、砂石以及其他杂质与金矿分开；【e】这些杂质都去掉了，剩下的就是那些宝贵的矿石，要从中炼出金子来，只能用炼金炉；我在想，提炼铜和银，有时候提炼金刚石，也是一样的，只有通过艰难的冶炼，才能将纯金提炼出来。

小 是的，他们肯定说过这些事情。

客 嗯，我们现在好像处于相同的处境中。我们已经把那些与政治家的技艺极为不同的成分区分出来了，这些成分与政治家的技艺毫不相干、毫无相容之外，但是，经过这一步以后，仍旧有一些与之非常相近的宝贵成分留下来。这些成分包括将军的技艺、法官的技艺以及与国王的技艺密切相关的公开演讲的技艺。【304】这种技艺用于规劝人们正义地行事，并且分担统治一个真正的社团的职责。我们如何才能把这些技艺也和政治家的技艺最恰当地区分开来，以便把政治技艺的最基本性质揭示出来呢？毕竟，这是我们当前要实现的目标。

小 显然，我们必须用如此这般的方法去尝试。

客 嗯，如果尝试就能解决问题，我们就能发现政治家了；音乐对我们揭示政治家也许能提供帮助。请你回答我的问题。

小 什么问题？

客 【b】我想，我们承认有学音乐这样的事，也有一般用手工来完成的各种工作的专门知识，是吗？

小　我们承认。

客　那么，这件事怎么样——我们应当学习这些知识中的一种，还是不应当学？我们接下去要说，这也是一种知识，与这些事情都有关，或者我们该怎么说？

小　是的，我们要说是这样的。

客　那么，我们会同意这种知识有别于其他知识吗？

小　是的。

客　我们要表示同意吗，这些知识中没有一种应当控制其他任何知识，【c】或者其他知识应当控制这种知识，或者这种知识应当管理和控制其他所有知识？

小　这种知识应当控制其他所有知识。

客　不管怎么说，你宣称，你的看法是，这种决定要不要学习某种知识的知识应当控制那些作为学习对象并用来传授的知识，在我们所涉及的范围内，是吗？

小　确实如此。

客　还有，在这种情况下，那种决定是否应当实行规劝的知识应当控制那种可以用于规劝的知识，是吗？

小　当然。

客　那么好吧，我们要把哪一种专门知识指定给说服大批民众，【d】通过讲故事的方式，而不是通过教导的方式？

小　我想，这也很清楚，显然要把它指定给修辞学。

客　那么在具体的情景中决定是否有必要实行规劝，或者要不要使用强制手段来反对某些人，或者不采取任何行动才是正确的，我们要把做这样的决定指定给哪一种专门的知识？

小　指定给那种控制规劝术和演讲术的专门知识。

客　我想，这种活动只能是政治家的，而不是其他人的。

小　你说得很好。

客　这种修辞术的能力好像已经很快地与政治家的技艺区分开来了，【e】作为单独的一类，但是从属于政治家的技艺。

小　是的。

客　接下去，对后续的这种能力我们应当怎么想呢？

小　哪一种？

客　决定如何开战的能力，向我们选定的一群人开战。问题在于，我们要不要说这是一种行当。

小　我们怎能假定这些事情与行当无关，亦即通过统兵术来实施的这种能力以及进行与战争有关的所有活动？

客　嗯，我们要把这个行当理解为与另一行当有区别吗，亦即知道如何做出深思熟虑的决定，知道我们是否应当开战，或者应当以友好的方式解决争端？或者说我们要把它和前一种行当当做同一种行当吗？

小　为了与我们前面说的话保持一致，必须假定它是有区别的。

客　【305】那么，如果我们真的要和我们前面说过的话保持一致，那么我们要宣称这种行当控制着其他行当吗？

小　我要说，是的。

客　那么，除了王权的真正技艺，我们要为这种与战争有关的整个可怕而又重要的行当建议一位什么样的女王呢？

小　没有其他技艺能担当它的女王。

客　在这种情况下，我们不会把将军们的专门知识确定为统治术，因为它是从属性的。

小　我们好像不会这样做。

客　【b】那么好吧，让我们考察一下属于判决公正的法官们的这种能力。

小　绝对应当这样做。

客　好，这种能力会扩展到由立法者国王建立的合法统治之外的任何事情上去，这种统治按照既定的标准判断什么是正义的，什么是不正义的，它凭借自身特有的德行对公民之间相互冲突的要求做出公正的决定，【c】它拒绝违背立法者确定的法律，它不会由于贿赂和恐吓而放弃自己的原则，它完全超越个人之间的友谊或敌意来考虑问题，是吗？

小　是的，这种能力的功能，粗略地说，只能扩展于你已经说过的这些事情。

客　在这种情况下，我们还发现法官的权力比国王的权力要小，法官是法律的卫士，从属于另一种力量。

小　看起来是这么回事。

客　那么，一个人要是观察这些已经讨论过的所有种类的专门知识，必定可以看到它们中没有一种可以被宣布为统治术。【d】因为真正的王权必定不会亲自运作，而是对那些运作能力进行控制，因为它知道什么时候开始运作城邦里的最重要的事情是正确的，什么时候开始是错误的；其他人必须做那些规定给他们做的事情。

小　正确。

客　那么，由于这个原因，我们已经考察过的这些种类的行当既不相互控制，又不控制他们自身，而是有其自身的实际活动，与这里所说的这些活动的个别性质相应，恰当地各自获得一个相应的名称。

小　【e】好像是这样的，不管怎么说。

客　而那个控制所有这些活动和法律，照料城邦事务的方方面面，以最正确的方式把一切编织在一起的东西——这种东西的能力及其称号属于这个总体，我们称之为统治术①似乎是最恰当的。

小　是的，我完全同意。

客　进到这一步，我们会想要借助编织技艺的模式进一步追踪它，不是吗？现在城邦里的所有类别的事情我们都已经清楚了。

小　是的，确实如此。

---

① 从城邦（πόλις）这个名称产生统治术（πολιτική）这个名称。

客 那么，我们似乎应当讨论属于王权的编织——它属于哪一种编织，它以何种方式进行编织，它给我们提供何种织物？

小 【306】显然应当这样做。

客 我们要做的这件事情，在这种情况下，好像非常困难。

小 不过，无论如何，我们必须加以讨论。

客 谈论美德的这个部分在一定意义上肯定与谈论美德不同，要是我们联系大多数民众的想法看问题，那么对那些讨论统治术的行家来说，这样说太容易成为攻击的目标。

小 【b】我不明白你的意思。

客 让我换个方式来说。我想你会把勇敢当做美德的一部分。

小 当然。

客 节制与勇敢不同，但也像勇敢一样，是美德的一部分。

小 是的。

客 嗯，我们现在必须把我们的勇敢拿在手中，然后就这两种美德之间的关系做出骇人的论断。

小 什么论断？

客 以某种方式，它们相互之间极为敌对，在许多事情中占据对立的位置。

小 你这样说是什么意思？

客 这个观点不管从哪个角度看都是人们不熟悉的。【c】我设想，美德的所有部分都肯定会被说成是相互之间友善的，如果有这么回事的话。

小 是的。

客 那么，我们应当特别注意，看这样说是否符合实际情况，或者需要强调它们在某些方面会有纷争，是吗？

小 是的，请你告诉我们该怎么做。

客 我们应当考察所有那些被我们称做好的事物，然后把它们分属于相互对立的两个类别。

小 请你说得更加清楚一些。

客 【d】敏捷和迅速，无论是身体中的，还是心灵上的，或者是声音的运动，无论是这些事物本身，还是在它们在影像中的呈现——比如所有音乐和绘画中的那些模仿；你自己有没有赞扬过这些事物，或者听其他人赞扬过它们？

小 当然有过。

客 你还记得他们在每一具体事例中是怎么说的吗？

小 我不记得了。

客 那么，我有点儿困惑了，我能够用话语表达自己的想法，让你弄明白吗？

小 【e】为什么不能？

客 你好像把这种事情看得很容易；但无论如何，让我们在两类对立的事例中来考虑。常见的是，在许多活动中，无论我们推崇的是敏捷和勇猛，还是迅速，无论是心灵上的还是身体中的，或者是声音中的，我们总是使用一个词，亦即"勇猛"①。

小 怎么会这样呢？

客 我想，我们说"敏捷的和勇猛的"——这是第一个例子；我们也说"快速的和勇猛的"，同样也说"勇敢的"。在每一事例中，通过使用这个名称，我谈论了我们加以赞扬的这类事物的共同之处。

小 【307】是的。

客 但是，在许多活动中，我们不是也经常赞扬温和地发生的这类事情吗？

小 是的，确实如此。

客 那么好，我们不是也通过说出我们说的某些事物的对立物来表达这类事物吗？

---

① 勇猛（ἀνδρεία），这个希腊词亦有英勇、勇气、男子汉气概等意思。

小 怎么做？

客 我想是这样的，我们说在每个场合，它们是平和的、有节制的，推崇心灵中发生的事情，而在行为本身的领域中，推崇缓慢和柔软，以及低沉平稳的声音——还有其他各种有节奏的运动，以及在正确的时间使用平缓的声音的整个音乐。【b】我们用于它们全体的名称，不是勇猛，而是有序。

小 非常正确。

客 还有，与此相反，当这两类性质在错误的时间出现时，我们就会发生改变，对它们提出批评，用我们使用过的那些名称来表达它们产生的相反效果。

小 怎么会这样？

客 如果敏捷和迅速过度了，不合时宜了，如果声音过于尖锐而变得狂暴了，我们就把这些性质称做"过度的"，甚至称做"疯狂的"。【c】不合时宜的沉重、缓慢，或柔软，我们称之为"怯懦的"或"迟钝的"。对此，人们还可以进一步加以归纳。"充满活力的"这一类和"有节制的"这一类是相互排斥、相互对立的，而不仅仅是在具体显现中发生冲突的问题。它们在生活中一旦相遇，一定会引起冲突，如果我们进一步加以考察，通过研究受其支配的人们的品性，那么我们会发现它们之间和相反类型的人之间不可避免地会发生冲突。

小 你认为我们要观察什么领域？

客 我们刚才提到的所有领域，无疑还有其他许多领域。【d】我认为，由于这两类性质之间的相关性，他们青睐某些与自己品性相吻合的性质，批评那些与这些性质相反的性质，视之为异己的东西，对它们抱有极大的敌意，涉及许许多多事情。

小 好像是这样的。

客 嗯，不同阶层的民众的这种不一致意见倒还无关紧要；但若涉及最重要的事情，它就变成一种疾病，对城邦来说，它就是一件最可恨的事情。

小 涉及什么事情，你的意思是？

客 【e】涉及整个城邦生活的组织。因为那些特别有节制的人总是打算和平与安宁地生活，亲自打理他们自己的私人事务。以此为基础，他们与自己城邦里的每个人交往，也和他们自己城邦以外的人交往，尽力以各种方式保持某种和平。由于他们沉迷于这种发生在某个错误时期的和平愿望，每当他们能够有效地执行他们的政策时，他们自己会变得厌战，而且也使他们的年轻人变得厌战。这样一来，他们的命运也就要由侵略者的仁慈来决定了。等到侵略者猝然进攻，【308】在短短几年内，他们、他们的孩子，还有他们所属的这个城邦里的所有人，会清醒过来，知道他们的自由已经失去，他们已经成了奴隶。

小 你描述了一种痛苦、艰辛的经历。

客 但是对那些倾向于采用强硬手段的人来说，会发生什么样的事情呢？我们难道看不出他们由于对军事活动的过分喜好而不断地怂恿他们的城邦进行战争，对抗各种强敌吗？结果又会怎样呢？他们的祖国要么完全毁于战争，要么成为敌国的附庸，就像一味寻求和平带来的结果一样。

小 【b】对，这样说也对。

客 那么在这些重要事务中，两种阶层的人的意见必然相互敌对，并采取相反的行动路线，对此我们能加以否认吗？

小 我们必须承认。

客 那么，我们已经找到我们原先要寻找的东西了，不是吗？美德的那些并非不重要的组成部分依其本性就是不和的，从而使得拥有这些美德的人在同样的情况下也是不和的。

小 看起来是这样的。

客 接下来还有一个要点要加以考虑。

小 什么要点？

客 【c】我假定，任何一种处理事物之间结合的专门知识，都会把精心选择的事物加以组合，产生某种结果，哪怕是最不重要的产品也是好的和坏的材料的结合，或者说，每一种专门知识都在尽可能拒绝使用坏材料，采用好的或者合适的材料，这些材料可以是相同的，也可以是不同的，把它们结合在一起，产生某种事物，使之具备某种能力。

小 当然。

客 【d】在这种情况下，我们也不会凭借这种真正的政治家的技艺，用好人和坏人来组成城邦。很清楚，它首先会让他们在游戏中接受考验，经受这种初步考验之后，它会出于这种具体的目的把他们托付给有能力的教育者加以训练。它本身则始终保留发布命令和实施监督的权力，这种做法与纺织非常相似，把选择材料的工作交给梳毛工和其他与配料相关的匠人，但它自己监察每一道工序，保留向每一种辅助性的技艺发布命令和实施监督的权力，【e】以便使每个人都完成他们的工作，为生产织物完成他们应尽的义务。

小 是的，绝对如此。

客 在我看来，正是以这种方式，国王的统治技艺——因为他亲自拥有这种发布命令的能力——不会允许教育者和辅导者依据法律实施教育，参与那些他们在其中起作用的实际活动，由此到最后产生一些不良的后果，与其应起的综合作用相反。他要求他们只教这样一些事情；他们的学生因此不能养成勇敢和节制的品性，以及其他任何美德，【309】而会被一种邪恶的本性侵蚀，变得不虔诚、过度、不义，这些人是国王要驱逐的人，他会处死他们，或者让他们在公众场合受到最严厉的羞辱和惩罚。

小 事情好像是这样的。

客 还有，那些在无知和卑贱的泥淖中打滚的人，国王的统治技艺会将他们置于奴隶阶级的轭之下。

小 相当正确。

客 嗯，至于其他人，那些品性能够改变，能够朝着高尚前进的人，【b】要是他们获得教育，再加上这个行当的帮助，相互之间能够接纳——延用编织的形象，这些人可以编织成一个整体，那些勇敢的品性占据主导地位的人当做经线，其他人则是细密而又柔软的纬线——两种对立的品性交织在一起；这种技艺以下列方式进行工作。

小　以什么方式？

客　【c】首先，把他们的灵魂部分结合在一起，灵魂有一种永久的神圣的联系，与神有某种亲缘关系，在神圣的联系建立之后，再把他们的道德方面结合在一起，建立一种人的联系。

小　我又要问了，你这是什么意思？

客　当这种看法从人的灵魂中产生，涉及好、正义和善，以及与此相反的东西，我称之为神圣的，这种看法确实是真的，是有保障的；它属于凡人之外的族类。

小　这肯定是一个适宜接受的观点。

客　【d】那么，我们承认这种看法只属于政治家和优秀的立法者吗，只有他们有能力凭借那种属于国王的技艺的音乐做这种事情，让那些人接受正确的教育——我们刚才正在谈论的人？

小　这样做肯定是合理的。

客　是的，让我们决不要把那些不能做这种事情的人称做我们现在正在考察的这些人①。

小　相当正确。

客　【e】那么好，充满活力和勇气的灵魂会在真理的把握下变得很温和，自愿分享正义，而它若是不能分得一份正义，它就会坠落，变得像野兽一样野蛮，不会吗？

小　会。

客　有节制的灵魂会怎么样？如果得到一份这样的看法，它难道不会变得真正节制和聪明，在城邦生活的场景下，而它若是不能得到一份这样的东西，那么它由于头脑简单而获得可耻的名声是非常恰当的吗？

小　绝对正确。

客　那么，让我们不要这样说，这种编织和联系，恶人与恶人交织在一

————————
① 指"政治家"和"国王"。

起，或者好人与恶人交织在一起，这样的编织和联系会持久，也没有任何一种专门知识能认真地用于这样的人际关系，是吗？

小　不要这样说，这样的联系怎么能持久呢？

客　【310】我建议，我们应当这样说，这种联系只会在那些出身高贵的人和按其本性抚养成长的人中间形成，法律可以在他们中间起到一种修补的作用，也借助美德。如我们所说，这种联系是更加神圣的，只有它能够把性质各异的、具有对立倾向的美德的各个部分联系在一起。

小　非常正确。

客　是的，其他的联系是属人的，这种神圣的联系一旦存在，这种属人的联系可能既不难理解，又对理解它的人不会有什么影响。

小　【b】这些联系是什么？如何造就？

客　这些联系的形成要依靠通婚和共同拥有孩子，严禁把婚姻当做个人私事，不能把女儿私自嫁出去。按照他们处理这些事情的方式，大多数人在生育子女的时候没有正确地结合。

小　为什么会这样？

客　有什么人，有什么理由，要严厉地批评在婚姻中以追求财富和名声为目的，就好像这种事值得讨论似的？

小　没有。

客　是没有，我们更为恰当的做法是讨论那些关注家庭的人，【c】问他们的行为是否妥当。

小　是的，这样说是合理的。

客　嗯，他们的行为完全出自错误的考虑，对那些与他们相同的人欢呼致意，厌恶与他们不同的人，追求欲望的直接满足，他们大部分决定的依据是他们的好恶感。

小　怎么会呢？

客　我想，有节制的人会寻找一个与自己品性相似的伴侣，在可能的情况下，他们选择娴静的女人为妻。当他们有女儿要出嫁时，他们又会寻找与他们的女儿相同品性的人做他们的女婿。【d】具有勇敢品质的人也会这样做，寻找与他们同类的人。尽管这两种类型的人应当做的事情也许正好相反，但这种寻求同类的情况一直在延续。

小 怎么会这样？为什么？

客 这是因为，如果具有勇敢品性的人经过许多代的繁殖，不与任何具有节制品性的人通婚，那么这种自然发展过程就会走向极端，这种人起初会变得极为强大，但到了最后就会变得极为凶残和疯狂。

小 噢，好像是这样的。

客 但对于那些过分节制和谦卑，缺乏勇气和大胆的灵魂来说，【e】这种人如果繁殖许多代，就会变得太迟钝而难以应对生活的挑战，到最后就会变得软弱无能。

小 是的，这种结果也是可以预料到的。

客 我说过，如果神圣的联系已经造就，那么要建立这些人性的联系并不困难，这种联系是两种类型的人共同拥有的有关卓越和善良的信念。这就是那位国王一般的织造者的唯一和全部任务，他决不会允许把具有温和品性的人与具有勇敢品性的人分开。倒不如说，为了避免这种情况，他必须把他们编织得密密实实，【311】就好像用梭子织布，让他们分享共同的信念，通过荣誉、羞耻、尊敬，相互之间信守诺言，把他的织物织造得像术语所说得那样平滑而又密实，这个时候，把管理国家的各种职司托付给他们，让他们分担公务。

小 他如何能够做到这一点？

客 在需要一名官员的时候，政治家必须选择一名同时拥有两种品性的人，把权力交给他；而在需要不止一位官员时，他必须从各个群体中挑选一些人，让他们一道分担公务。节制型的执政官是极为谨慎、公正、循规蹈矩的，但他们缺乏勇气和进取心，不能高效率地工作。

小 好像是这么回事。

客 【b】勇敢型的人与前者相比，显得公正与谨慎不足，但在行动的大胆方面优于前者。除非这两种品性同时存在和起作用，否则一个城邦决不可能在公共和私人事务两方面都发挥良好的作用。

小　当然。

客　现在，让我们说，我们已经完成了这块织物，这是政治家的技艺的产物；用一般的编织方法，把勇敢型的人和节制型的人织在一起——【c】这种织造的行当属于国王，他依靠和谐与友谊使人们生活在一起，完成了这块最辉煌、最优秀的织物，用它覆盖城邦的所有其他居民，无论是奴隶还是自由民，他统治和指导着城邦，而无任何短缺之处，这个城邦是一个幸福之邦。

苏　客人，这是又一幅完美的画像，你为我们完成了，你画的这个人拥有国王般的统治技艺。①

---

①　许多译者将最后这段话归于小苏格拉底，但更可能是老苏格拉底所言。

斐 莱 布 篇

提 要

本篇属于柏拉图后期对话,以谈话人之一斐莱布的名字命名。写作时间在《政治家篇》之后,其形式与早期对话相似,苏格拉底又成为主要对话人,主导着整篇对话。对话人普罗塔库是智者高尔吉亚的追随者。另一位对话人斐莱布名不见经传,可能是柏拉图虚构的快乐论的代表。他们实际上没有进行什么争论,苏格拉底一直在滔滔不绝地讲话,而普罗塔库只是表示同意或提问。柏拉图晚年的写作风格已经发生改变,他想集中精力解决问题,已经不能再说很多离题话。

本篇的主题是哲学家苏格拉底生前经常讨论的问题,也是柏拉图撰写的早期对话的常见主题:什么是善? 知识与快乐何者为善? 公元 1 世纪的塞拉绪罗在编定柏拉图作品篇目时,将本篇列为第三组四联剧的第二篇,称其性质是"伦理性的",称其主题是"论快乐"。① 谈话篇幅较长,译成中文约 5.2 万字。

第一部分(11a—23b),考察快乐的方法问题。谈话从考察以往快乐观入手。斐莱布认为,快乐就是善。苏格拉底指出,快乐不是善,理智、记忆、知识比快乐要好。然而,无论说快乐是善,还是说知识是善都会遇到矛

---

① 参见第欧根尼·拉尔修:《名哲言行录》3:58。

盾，因为知识或快乐本身是一，但又具有多样性，因此无法说它们都是善。因此必须处理好一与多的关系问题。以往讨论一与多的问题意见纷呈，要从方法上进行检讨。苏格拉底以语音、音乐、身体运动为例说明每一事物都是一与多的结合，考察每一事物都应寻找其中的一与多。所以要解决快乐与知识何者为善的问题，应当先说明它们各自如何是一与多，说明它们在变成无限之前如何获得某些确定的数。快乐和知识都不是善，不能等同于善者，不能用原来的方法考察它们，而要对快乐的生活和理智的生活进行考察。

第二部分（23b—55c），快乐的地位和本性。苏格拉底提出有四类存在者：（1）无限者；（2）限度；（3）无限者与限度的结合；（4）无限者与限度结合的原因。他建议以这种四重划分为基础，来确定快乐与知识的地位。通过讨论，他们发现理性与原因有关，属于原因这一类，而快乐本身是无限的，属于无限者这一类。接下去他们考察判断有无真假，进而考察快乐与痛苦有无真假。他们用早期希腊哲学宇宙论的思想来探讨灵魂与理性的性质和力量，在讨论中揭示了两种意义上的快乐与痛苦：作为自然过程的快乐与痛苦；作为心理感受的快乐与痛苦。苏格拉底指出，前者与身体有关，后者与身体和灵魂都有关，有无数的例子表明灵魂处于和身体不一致的状态之中，其最终结果就是痛苦与快乐的混合。愤怒、恐惧、期盼、悲哀、热爱、好胜、心怀恶意这些情感属于灵魂自身的痛苦。在混合的快乐之后，讨论转向不混合的快乐。他们认为，每一微小的、无足轻重的、不和痛苦混杂的快乐比庞大的、不纯粹的快乐更快乐、更真实、更美好。苏格拉底指出，每一事物要么以其他某些事物为目的，要么其他事物以它为目的。快乐总是处于生成之中，而非某种存在者。所以，把快乐说成是善的人应当受到嘲笑。

第三部分（55c—67b），对快乐和理性进行综合考察。苏格拉底指出，各种技艺可以区分为实际活动和理论思考，以计算、度量和称重为标准，可以区分精确的科学和不精确的科学。应当把美、比例、真理三者视为一个统一体，以此为标准来考察快乐与理性的混合。最后，苏格拉底否定了斐莱布快乐就是善的观点，按确定性、纯粹性、真实性为所考察的各个对象排序：

第一位是至善；第二位是真理和知识；第三位是理性和理智；第四位是科学、技艺、真意见；第五位是无痛苦的快乐或灵魂自身纯粹的快乐；第六位是不纯粹的快乐。

正 文

谈话人：苏格拉底、普罗塔库、斐莱布

苏 【11】嗯，好吧，普罗塔库①，现在就请你考虑一下，你从斐莱布②那里接过来的这种论点是什么——还有，要是你发现不能同意我们的论点，就请你提出论证来加以驳斥。【b】我们要把两种论点概括一下吗？

普 是的，让我们来概括一下。

苏 斐莱布认为，对一切生灵来说，所谓善就是享乐、愉悦、高兴，以及诸如此类的东西。我们主张，这些东西不是善，而认知、理智、记忆，以及从属于它们的东西，正确的意见和真正的计算，【c】比快乐要好，与所有获得这些东西的人更相宜；拥有这些东西，这些人，无论是现在活着的还是未来的世代，能够获得最大的福益。这不就是我们当前拥有的可敬的论点吗，斐莱布？

斐 完全正确，苏格拉底。

苏 那么好，普罗塔库，你打算接管给你的这个论点吗？

普 我好像必须这么办。公正的斐莱布已经把它托付给我们了。

苏 所以我们必须竭尽全力，寻求有关这些事情的真理吗？

普 【d】我们确实要这样做。

苏 那么，来吧。不过，还有一个要点我们需要达成一致意见。

普 什么要点？

---

① 普罗塔库（Πρώταρχους），人名，本篇对话人。
② 斐莱布（Φίληβος），人名，本篇对话人。

苏　我们每个人都试图证明，某种拥有，或者灵魂的某种状态，能给所有人提供幸福生活。不是这样吗？

普　是这样的。

苏　你认为这就是快乐，我们认为这就是理智，是吗？

普　是这样的。

苏　要是到了后来发现还有另外一种拥有，比这两种拥有更好，那会怎么样？【e】结果难道不会是，要是后来发现它比较接近快乐，我们双方就不会反对一种确实拥有快乐的生活，【12】而快乐的生活将击败理智的生活，是吗？

普　是的。

苏　但若它比较接近理智，那么是理智战胜了快乐，快乐失败了，是吗？你接受这一点作为我们的一致看法吗？

普　我好像是同意的。

苏　斐莱布也同意吗？斐莱布，你有什么要说的吗？

斐　在我看来，无论发生什么情况，快乐都是胜利者，并且始终是胜利者。至于你怎么想，你自己拿主意吧，普罗塔库。

普　你现在已经把论证交给我们，斐莱布，你已经不再能控制我们和苏格拉底达成的一致意见或者我们之间的分歧了。

斐　【b】你说得对，但是没什么关系。我洗手不干了，让女神来见证我做过的事吧。

普　我们也会为你做见证——你确实说了你现在在说的这些话。至于下面要做的事，苏格拉底，让我们前进，直至获得结论，不用管斐莱布同意不同意。

苏　我们必须尽力而为，就从这位女神本身开始——这个家伙宣称，尽管她被叫做阿佛洛狄忒①，但她最真实的名字是快乐。

---

① 阿佛洛狄忒（Αφροδίτη），神名，希腊爱神和美神，相当于罗马神话中的维纳斯。

普　当然。

苏　【c】用什么名字称呼众神，在这一点上我总是感到有一种凡人的恐惧——超过最大的恐惧。①所以，我现在用能令这位女神喜悦的名字称呼她，而无论把她叫做什么。至于快乐，我知道它很复杂，如我前述，我们必须以它为我们的出发点，仔细考虑它具有什么样的本性。如果只考虑这个名称，那么它就是单一的，而实际上它有多种形式，各种形式之间又很不相同。我们可以这样想：我们说一个骄奢淫逸的人得到了快乐，【d】也说一个饮酒适度的人在节制中得到了快乐。还有，我们说一个心中充满愚昧与期望的傻瓜得到了快乐，但也说一个聪明人在他的智慧中获得了快乐。如果有人断言这些不同种类的快乐都是相同的，那么他肯定是个傻瓜。

普　嗯，是的，苏格拉底——这些快乐来自对立的事物。但这些快乐本身并不相互对立。因为，快乐在所有事物中，怎么能最不像快乐呢？【e】一样事物怎么能最不像它本身呢？

苏　正如颜色最像颜色！真的，你让我感到惊讶：颜色就其每一种类而言都是颜色，肯定没有什么区别，但我们全都知道，黑色不仅与白色不同，而且实际上绝对相反。同理，形状最像形状。因为，形状全都属于一个种，【13】但它的某些部分相互之间是完全相反的，而其他图形则有无数的差别。我们还会发现许多这样的例子。所以，不要相信这个把各种极为对立的事物统一起来的论证。我担心，我们会发现有些快乐与其他一些快乐是对立的。

普　也许是这样。但这种情况怎么会伤害我们的论点呢？

苏　我们会说，这是因为你用不同的名称来称呼这些不同的事物。因为你说，所有令人快乐的事物都是好的。而现在，没有人坚持说令人快乐的事物不是快乐。【b】但是，我们认为，这样的事物大多数是坏的，有一些是好的，你无论如何不能把它们都称做好的，尽管要是有人强调这一点，你会承

---

① 参见《克拉底鲁篇》400d—401a。

认它们相互之间是不同的。坏的快乐和好的快乐到底有什么共同的成分，使你把它们都称做好的？

普 你在说什么，苏格拉底？你认为有谁在确定了快乐是好的以后还能同意你的看法吗？【c】你说有些快乐是好的，有些快乐是坏的，这个时候你认为他会接受你的看法吗？

苏 但是你会承认它们相互之间是不同的，有些是对立的。

普 就它们都是快乐而言，它们之间没有什么不同和对立。

苏 但是，普罗塔库，这样一来真的又使我们回到原地了。所以，我们要说快乐不会与快乐不同，所有快乐都是相同的吗？刚才列举的这些例子没有给我们留下任何印象吗？我们的行为和言论还是和那些最无能的人的方式相同，【d】在讨论中就像那些新手一样表现得极为幼稚吗？

普 你指的是什么方式？

苏 我的意思是这样的。假定为了捍卫我的论点，模仿你的说法，我大胆地说一切事物中最不相似的东西最像那些最不相似的东西；然后我就能说出和你刚才说的相同的话来。但是，这样做会使我们都显得相当幼稚，我们的讨论会搁浅和干涸。所以，让我们还是回到水中去吧。我们也许能够抵达一个共同的居处，如果我们双方都能接受一个相同的立场。

普 【e】那你就告诉我该怎么做吧。

苏 这一回就由你来提问，我来回答。

普 我就什么提问？

苏 就智慧、知识、理智，以及被我一开始当做好事物提出来的事物提问，我当时试图回答什么是好这个问题。我的回答不会遭遇和你的论点相同的后果吧？

普 怎么会呢？

苏 一般说来，知识的部门似乎是复数，其中有些知识好像与其他知识很不相同。要是它们中间有某些知识以某种方式实际上是相反的，【14】而我对此非常警觉，否认一种知识会与其他知识不同，那么我在讨论中还能是一个有价值的合作者吗？以这样的方式，我们的整个讨论会像童话一样走向终结——尽管我们平安无事，但却极为荒唐。

普 除了我们仍旧要平安无事，我们一定不要让这种事情发生。但我很乐意看到我们的论点有相同的地方。所以让我们同意，可以有许多不同种类的快乐，也可以有许多不同种类的知识。

苏 【b】嗯，好吧，让我们不要掩盖你的善者和我的善者之间的差别，普罗塔库，而是把这个差别勇敢地放在中间，这样一来，当我们进一步考察它的时候，我们也许就能知道，是快乐，还是智慧，或者还有第三样东西，可以称做善者。因为我们在这里进行争论的目的不是出于对胜利的热爱，让我的建议或者你的建议获胜。所以我们应当作为同盟者采取共同行动，支持最真实的建议。

普 我们确实应当这样做。

苏 【c】那就让我们达成一致意见，给我们的原则以更加强大的支持。

普 什么原则？

苏 一项给每个人都会带来困难的原则，有些人乐意接受这项原则，有些人在有的时候不乐意接受这项原则。

普 请解释得更加清楚些。

苏 现在在这里出现的就是这个原则，它具有某种令人惊讶的性质。因为说多就是一和说一就是多确实令人惊讶，也容易引起争论，要是有哪一方想要为之辩护的话。

普 你的意思是，有人说我普罗塔库尽管是一个人，【d】但却有许多相反的性质，把我说成既是高的又是矮的，既是重的又是轻的，如此不一而足，尽管我始终是同一个人？

苏 亲爱的普罗塔库，你讲的这种一与多是老生常谈。也就是说，现在大家都同意这种解释不值得再触及；这样的解释是幼稚可笑的、微不足道的，要是采用的话有损于论证。【e】下面这些诡辩更无价值：好比有人首先区别出一个人的肢体和部分，然后问你是否同意所有这些部分都等同于这个整体，使你显得荒唐可笑，因为你被迫承认这个畸形的怪物，一就是多，而且一等于多，还有，多只不过就是一。

普 但是，其他各种与你想到的这条原则有关的困惑怎么样，苏格拉底，如果它们还没有被公认为老生常谈？

苏 【15】我的年轻朋友，当这个一不是取自有生成或毁灭的事物的时候，就像我们刚才所举的例子中的事物一样，那么它还不是老生常谈。这种一属于我们刚才讨论过的一，我们同意这种一不值得考察。但若有人试图把人设定为一、把牛设定为一、把美设定为一、把善设定为一，热心地对这些一进行划分，就会引起争论。

普 在什么意义上进行争论？

苏 【b】首先，我们是否应当假定真的有任何这样的一。然后，假定它们如何存在：它们各自是否始终是一又是同，既不接受生成也不接受毁灭；它们是否确定地保持是一又是同，尽管后来可以在有生成的无限多的事物中发现它们，所以它发现自己作为一与多可以同时在一与多的事物中发现自己。再说，必须把它当做散乱的、多重的，或者与其自身完全分离的事物来对待吗？而这似乎是绝无可能的。【c】是这些有关一与多的问题，而不是其他问题，普罗塔库，如果不能恰当地加以解决，会引起各种困难，如果这些问题能够恰当解决，则能有所进步。

普 这就是我们当前要完成的首要任务吗，苏格拉底？

苏 至少我会这么说。

普 那你就这么办吧，你可以认为我们全都同意了你的意见。至于斐莱布，我们最好别再给他找麻烦，向他提问了，让这条想要打瞌睡的狗躺下吧。

苏 【d】好吧，就这么办。现在，有关这个争论问题的这场复杂而又广泛的会战，我们应当从什么地方进入呢？从这里进入不就是一个最好的起点吗？

普 从哪里进入？

苏　就以这个谈话为入口，让相同者到处飞，让它以各种方式变成一与多，让它在任何时候都存在，很久以前存在，现在也存在。这个问题绝对不会完结，也不是刚刚出现，但是在我看来，这种"不朽和永久"的状况是随着谈话来到我们中间的。【e】无论哪个年轻人初尝此味就会异常兴奋，好像发现了智慧的宝库。他会喜出望外，到处炫耀，搬弄每一条陈述，一会儿站在这边，一会儿跳到那边，然后又回过头来，进行划分。在此过程中他首先把自己搞糊涂了，然后也把他身旁的人搞糊涂了，无论他们年纪如何，比他大或比他小，或是和他同龄，他绝不宽恕他的听众，【16】无论这些听众是他的父母还是其他人。他甚至还会对其他生灵尝试，而不仅仅是对人尝试，因为他绝对不会宽恕任何外国人，只要他能在某个地方发现一名通司①。

普　你要小心，苏格拉底，你难道没看见在场的这些人全都是青年？如果你污蔑我们，难道你不怕我们站在斐莱布一边向你进攻？还有，我们知道你想要说什么，要是有某种方式和办法可以用来和平地消除我们讨论中遇到的这种麻烦，【b】把对这个问题的一种更好的处理结果告诉我们，那么请你继续，我们会尽力跟随你。因为当前这个问题绝非无足轻重。

苏　当然不是，我的孩子，否则斐莱布就不会把它告诉你了。确实，没有，也不可能有任何方法比我始终推崇的这种方法更好了，尽管这种方法也经常逃脱我的把握，把我抛在后方，使我孤立无助。

普　这种方法是什么？让我们拥有它。

苏　【c】这种方法说起来不很难，但要用起来就不容易了。由于有了这种方法，任何技艺范围内的事情都能被发现。你看我心里想的是什么方法。

普　请你告诉我们吧。

苏　它是众神赐给凡人的一件礼物，或者说，在我看来，它好像是和那极为明亮的火种一道，由某个普罗米修斯从天上取来的。古时候的人比我们优越，他们生活在更加接近众神的地方，把这个故事传给我们，【d】据说一

_____

① 即翻译。

切事物都由一与多组成，其本性既是有限的又是无限的。由于这就是事物的结构，我们不得不假定每一事例总有一个型相，我们必须寻找它，就在那里发现它。一旦我们掌握了一，我们必须寻找二，如这个事例要求我们的那样，再接着找三或其他的数目。我们必须以同样的方式对待每一个后续的一，直到不仅明白最初的统一体，亦即一、多和无限，而且明白它有多少种类。在我们弄清位于一与无限之间的所有数之前，我们一定不要把多说成无限。【e】仅当我们完成了这项工作，只有到了这个时候，我们可以让所有那些居间的一进入无限的序列，不再麻烦它们。如我所说，众神把考察和相互学习的遗产赐给我们。但是今天，我们中间的这些能干的人，在造出一或者多的时候，不是太快，就是太慢；【17】他们直接从一抵达无限，省略了那些居间者。然而，就是这些居间者在我们现在从事的辩证的或争论的谈话中的种种差别。

普　我想我以某种方式或多或少明白你的意思了，苏格拉底，但我仍旧想要你进一步澄清某些要点。

苏　若以字母为例，我的意思会很清楚，【b】你应当从中得到线索，因为字母是你受到的教育的一部分。

普　怎么会这样呢？

苏　从嘴里发出的声音对我们中的每一个人来说都是一，但它在数量上也是无限的。

普　无疑是这样。

苏　我们知道它是无限的，或者我们知道它是一，只知道这两个事实中的一个，都不能使我们有知识。但若我们知道有多少种嘴里发出的声音，知道它们的本性是什么，就能使我们中的每一个人成为有文化的。

普　非常正确。

苏　同样的事情也导致音乐知识。

普　怎么会呢？

苏　【c】在这门技艺中，声音也是一，就像它在书写中一样。

普　是的，对。

苏　我们应当把低音和高音确定为两个种，把中音确定为第三个种。或者，你会怎么说？

普　就这样说。

苏　如果你只知道这些，你还不能声称拥有音乐知识，尽管你要是连这些都不知道，那么可以说你在这些事情上是相当无能的。

普　当然。

苏　但是，我的朋友，一旦你学习了高音和低音之间有多少个音阶、这些音阶有什么特性，【d】以及这些音阶应当用什么音符来界定，它们之间的组合有哪几种，你就有了这种能力——这些都是我们的前辈发现并传给我们的，还有他们的后继者，再加上这些和音模式的名称。还有，身体运动展现出其他相同的特点，他们说应当用数来进行衡量，可以称之为节奏和尺度。所以，他们同时使我们明白了，每一项考察都应当寻找一和多。因为当你以这种方式掌握这些事情的时候，【e】你就在这里获得了技能，当你掌握其他存在的事情中的一的时候，对此你就变得聪明了。然而，内在于任何一种事物中的无限的多使你落入无限的无知，使你不值一提，使你一文不值，因为你决不可能找到任何事物的数量和数。

普　在我看来，我认为苏格拉底的这番解释非常好，斐莱布。

斐　【18】就这个问题本身的进展而言，我同意。但是这些讲话对我们有什么用，其目的是什么？

苏　斐莱布是对的，普罗塔库，当他向我们提出这一点的时候。

普　好，那就请你做答吧。

苏　当我再次深入一下这个主题的时候，我会这样做的。正如我们所说的那样，某人要是把握了这个一或那个一，不应当直接去寻找无限的种类，而应当首先寻找某些数，在相反的事例中也应当这样做。因为他要是从无限开始，那么他不应当直接寻找一，【b】而应当在每个事例中把握某些决定了每一个多的数，然后再从所有这些多中最后抵达一。让我们再使用字母来解释这样说是什么意思。

普 你用什么方式来解释?

苏 这种方式是某位神祇或者某位被神激励的人发现的,语音是无限多样的,如埃及神话所说,这位神祇的名字叫做塞乌斯[1]。他最先发现无限多样的语音中的元音字母不是一个,而是几个,【c】还有其他一些字母是不发音的,而是只发出某些噪声,这些字母[2]也有一定的数量。他确定的第三种字母,我们今天称做哑音字母。在此之后,他对不发音的字母或哑音字母进行再划分,直到获得每一个这样的字母。以同样的方式,他也处理了元音和居间的语音,直到发现每一个语音,然后把它们统称为字母。当他明白了,若不理解全部字母,我们中无人能够获得有关单个字母的知识,【d】他就考虑能有一种东西把它们全都联系起来,称之为关于文字的技艺。

斐 普罗塔库,我知道这个例子比前面已经使用过的例子更好,它至少说明了这些东西是怎么联系在一起的。但我仍旧感到这个解释和你前面的解释存在着同样的缺陷。

苏 你又在怀疑这个例子与我们要解决的问题有什么关系吗,斐莱布?

斐 对,这是我和普罗塔库一直想要看到的东西。

苏 【e】你们俩一直想要看到的东西不是已经摆在你们鼻子底下了吗,如你所说?

斐 怎么会呢?

苏 我们不是从考察知识和快乐开始的吗,想要发现这两样东西中间哪一样更可取?

斐 是的,确实如此。

苏 我们确实说过,它们各自是一。

斐 对。

---

[1] 塞乌斯(Θεύθ),埃及神名。

[2] 指辅音字母。

苏 就是在这一点上，我们前面的讨论要求我们做出回答：说明它们各自如何是一与多，说明它们各自在变成无限之前如何获得某些确定的数，而不是直接抵达无限。

普 【19】苏格拉底领着我们绕圈，让我们一头扎进这个重大的问题，斐莱布，我不知道怎么会这样。不过好好想一想，我们中哪一个应当回答当前这个问题。我自愿接过你的论点，当你的继承者，要是我现在由于没有现成的答案就把它交还给你，那就会显得相当可笑了。但若我们俩没有一个能回答这个问题，【b】那么我们会显得更加可笑。所以，你认为我们应该怎么办？苏格拉底好像问的是快乐有没有种类，有多少种类，它们是什么。涉及理智，同样也有一套相同的问题。

苏 你说得很对，卡里亚①之子。除非我们能够对每一种一、相似、相同，以及它们的对立面，做这样的考察，以我们当前的讨论所表示的方式，那么我们中间就没有人有什么能耐了。

普 【c】事情恐怕是这样的。聪明人知道一切确实是一件大事，不过在我看来，次一位最好的事情是不要犯错误。推动我说出这一点来的是什么？我会告诉你的。你，苏格拉底，使我们大家有机会聚在一起，由你本人来引导，为的是发现在人拥有的所有事物中什么是最好的。现在，斐莱布鼓吹说最好的东西是享乐、愉悦、高兴，以及诸如此类的东西。与此相反，你把它们全都否认了，【d】而宁可提出其他一些善者是最好的，我们意识到这些事物是好的，并且有很好的理由提醒自己对它们进行考察，因为它们就处于我们的记忆之中。你好像宣称，应当把快乐称做最好的善，至少它优于理性，以及知识、理智、学问，以及与此同缘的一切事物，我们必须获得这些东西，而不是斐莱布推荐的那些东西。【e】嗯，当这两个论点都提了出来，相互争执不下的时候，我们开玩笑似的威胁你，要是这场讨论没有一个满意的结果，我们就不让你回家。但由于你同意了我们的要求，允许我们为了达到

---

① 卡里亚（Καρια），希波尼库之子，普罗塔库之父，《普罗泰戈拉篇》对话人。

这个目的而把你留下来，因此我们像孩子一样坚持说，已经送出去的东西不能要回来。所以，不要再用你这种方式来反对我们当前的讨论。

苏　你说的是什么方式？

普　【20】使我们陷入困境的方式，重复向我们提问，而对这些问题我们现在还不能给你恰当的答案。我们一定不要想象我们当前努力的目标就是使自己陷入困境，如果我们处理这个问题，那么就由你来处理，因为这是你答应了的。为了这个目的，是否应当划分不同的快乐或知识的种类，或者忽略这个问题，取决于你，要是你能够并愿意使用其他的方式来解决我们当前争论的这些问题。

苏　【b】噢，由于你说了这种方式，至少不会再有什么可怕的事情吓唬可怜的我了。因为，"如果你愿意"这句话把我的恐惧全都赶跑了。另外，我心里想起了一件事情，众神中有一位神好像已经派我来帮助我们大家。

普　是吗？怎么帮？

苏　这是一种学说，我从前在梦中听说的——也许是在我醒着的时候——我记得，关于快乐和知识，二者都不是善，但有与它们不同的第三样东西，优于它们俩。【c】但若我们现在能够清楚地察觉事情就是这样的，那么快乐也就不能取胜了。因为善者绝不能够与它等同。对吗？

普　对。

苏　所以，我想，我们不必再担心划分各种快乐。我们下一步的进展会更加清楚地表明这一点。

普　说得很好，你就继续说吧。

苏　尽管，有些小事情我们应当先取得一致意见。

普　什么小事情？

苏　【d】善者是否必然是完善的或不完善的。

普　它肯定是一切事物中最完善的，苏格拉底！

苏　再说，善者也必须是自足的吗？

普　它怎么能是不自足的呢？这也是它优于其他一切事物的地方。

苏　嗯，我认为，善者还有一个性质必须断定：持有善的观念的一切事物都会寻求善，渴望成为善的，想要捕捉善，使善牢固地成为自己的东西，它们不在意其他事情，除非与获得善相连。

普　对此我无法加以否定。

苏　【e】所以，让我们对快乐的生活和理智的生活作一番考察，分别观察它们，得出某些结论。

普　你想用什么方式来考察？

苏　假定快乐的生活中没有任何知识，理智的生活中没有任何快乐。因为它们若是善的，那它们就不需要用其他事物来补足。【21】但若我们发现它们有这样的需要，那么它们肯定就不是我们正在寻找的真正的善。

普　怎么会这样呢？

苏　我们可以拿你做试验来考察这两种生活吗？

普　随你的便。

苏　那你就回答我。

普　你问吧。

苏　你的一生都生活在最大的快乐之中，你认为这样能接受吗？

普　为什么不能，当然能！

苏　如果你确定享有这种生活，你还会需要其他任何东西吗？

普　不需要。

苏　【b】但是，你瞧，你肯定自己不需要知识、理智、计算，或者与之相连的任何东西吗？

普　为什么需要？如果我有了快乐，我就有了一切！

苏　那么像你这样的生活能终生享受最大的快乐吗？

普　为什么不能？

苏　因为你不拥有理性、记忆、知识，或真正的意见，你必定是无知的，首先，关于这个问题，你是否在享受快乐，你都不知道，假定你完全缺乏理智？

普　必然如此。

苏　【c】还有，由于缺乏记忆，你不可能记得你曾经享受过快乐，因为任何快乐都会从这一刻延续到下一刻，但不会留下记忆。由于你不拥有正确的判断，所以当你快乐时，你也无法判断自己是否快乐，由于你不能计算，你甚至无法算出自己以后会不会快乐。你的生活不是人的生活，而是某种海兽或藏身于贝壳中的海洋动物的生活。我说得对吗，【d】或者说我们可以设想别样的情景？

普　不能。

苏　那么，这样的生活值得选择吗？

普　苏格拉底，这个论证使我完全无言以对。

苏　哪怕是这样，也不要因此而丧失信心；让我们把注意力转向理性的生活，对它进行考察。

普　你心里想的是一种什么样的生活？

苏　设想我们中有一个人选择了一种生活，拥有理智、理性、知识，以及对一切事物的记忆，【e】但没有一丝一毫的快乐，也没有一丝一毫的痛苦，过着一种完全无感觉的生活。

普　对我来说，至少这两种形式的生活都不是我会选择的，也没有其他人会选择，我假定。

苏　【22】但是两者的结合怎么样，普罗塔库，一种由两种混合而成的生活？

普　你的意思是快乐与理性或理智的混合？

苏　对，我要加以混合的就是这些东西。

普　任何人，无一例外，肯定宁可要这种混合的生活，而不要那两种单一的生活。

苏　我们明白我们当前讨论中出现的这个新结果吗？

普　当然明白，有三种生活可供我们选择，【b】有两种生活对人或者动物来说都不是充分的，或者是值得选取的。

苏　至少，在此范围内，事情不是很清楚了吗，这两种生活都不包含善，否则的话，它们应当是自足的、完善的，对任何能获取这些生活的动植物都值得选取，终其一生？如果我们中有人做出了这样的选择，那么他这样做是不自愿的，与其本性相违背的，出于无知和某种不幸的必然性。

普　看起来确实是这么回事。

苏　【c】这方面已经说得足够了，在我看来，斐莱布的女神和善一定不能当做同一的。①

斐　你的理性也不是善，苏格拉底，刚才的论证也说明了这一点。

苏　这一点也可以用于我的理性，斐莱布，但是我想，它肯定不能用于真正的、神圣的理性。这是一种相当不同的状况。但是现在，我不是在争论理性应当夺冠，反对混合的生活；【d】倒不如说，我们不得不寻找和判定该把亚军的奖励授予谁。至于使这种混合生活本身产生的原因，我们中的某个人很可能会说是理性，其他人会说是快乐，由此看来，这两种东西都不会是善本身，但二者之一很有可能是使善本身产生的原因。这就是我与斐莱布甚至会比以前争论得更加激烈的地方，无论这个原因是什么，由于它被包含在混合的生活之中，使这种生活既是人们期望的，又是善的，而理性比快乐更加接近这个原因。如果是这样的话，【e】那么我们不能声称快乐有权获得冠军或亚军。如果我们此刻对我的洞察力能有几分相信，快乐甚至不能获得第三名。

普　现在，在我看来，快乐好像已经被你的论证打败了，苏格拉底。在夺取胜利者桂冠的战争中，它已经倒下。【23】至于理性，我们可以说它非常聪明，不去争夺冠军的奖励，因为要是这样做的话，它会遭际同样的命运。而快乐若连亚军都拿不到，那么它肯定会感到丢脸，会受到它自己的热爱者的轻视，在他们眼中，它也不会像从前那样美丽了。

苏　什么，是这样吗？那么我们最好离开它，免得严格的考察给它带来

---

① 即快乐不等于善，参见本篇 12b 以下。

痛苦，好吗？

普　你在胡说八道，苏格拉底。

苏　【b】为什么，因为我说把痛苦给予快乐是不可能的吗？

普　不仅如此，而且还因为你不明白，在你把有关这些问题的讨论进行到底之前，我们中没有一个人会让你走。

苏　哦，亲爱的普罗塔库，那么，漫长的讨论就摆在我们面前，要进到这一步也真的不容易。看起来，这场确保理性亚军地位的战斗需要新的策略，要使用我们先前讨论中不曾使用的武器，尽管有部分可能是相同的。我们现在就开始吗？

普　当然。

苏　【c】我们在这个起点上一定要十分小心。

普　什么起点？

苏　让我们把宇宙中现存的一切事物划分为两类，或者说如果你不介意，划分为三类。

普　你能解释一下按什么原则划分吗？

苏　可以用我们前面说过的一些事情为原则。

普　比如？

苏　我们前面同意，神启示我们可以把存在的事物划分为无限的和有限的。①

普　确实。

苏　让我们就把无限和有限作为两个类，而把这两类事物混合的结果当做第三类。【d】但我在进行区分和列举的时候看上去肯定就像个傻瓜！

普　你到底想说什么？

苏　我们好像还需要第四类。

普　告诉我它是什么。

---

① 参见本篇16c。

苏 想一想两类事物混合的原因，把它当做我的第四类，添加在那三类之上。

普 你不会还需要把它们的分离当做第五类吧？

苏 也许吧，但我不这样想，至少不是现在。一旦有这种需要，【e】我会去寻求第五类，我这样做的时候希望你能原谅我。

普 我很乐意原谅你。

苏 让我们首先取这四类中的前三类，因为我们观察了其中前两类，看它们各自如何分裂和分离为多，让我们努力再把它们汇集在一起，让它们重新成为一，以此明了它们各自如何实际上既是一又是多。

普 【24】要是你把所有这些解释得更加清楚一些，我就能跟得上你的意思。

苏 我的意思是，我刚才说的两个类别是无限者和有限者。我现在试着解释无限者以某种方式是多，而对有限者的处理我们还要再等一会儿。

普 好吧，等一会儿。

苏 那么，请注意。我要你关注的这件事是困难的、有争议的，但无论如何请你关注。首先从较热者和较冷者开始，看你是否能察觉到限度，或者说在这些类别的事物中并不存在着较多和较少，而在这些类别的事物中存在较多和较少的时候，它们不会获得任何端点。【b】因为一旦抵达端点，它们也都会位于端点了。

普 非常正确。

苏 那么，我们同意较热者和较冷者总是包含着较多和较少。

普 确实如此。

苏 我们的论证强迫我们得出结论，这些事物决不会有终点。由于它们没有终点，因此它们完全是无限的。

普 你的论证很强，苏格拉底。

苏 你这一点也掌握得相当好，普罗塔库，【c】你讲的强大以及与它相对应的弱小很好地提醒了我，它们和较多与较少属于同一类型。无论把它们用在何处，它们都会防止每个事物采用一个确定的数量；当把它们用于界定所有较强或较弱的事物时，它们就会引发较多或较少，但是消除了确定的数量。如我们刚才所说，这是因为，如果它们不消除确定的数量，【d】而是把确定的、可度量的数量接纳到"较多或较少"和"较强或较弱"存在的地方，它们自身的性质就发生了变化。一旦你把确定的数量赋予"较热"和"较冷"，它们也就不再是较热和较冷了；"较热"决不会止步，而总是进一步发展，"较冷"也一样，因为确定的数量是某种停滞发展和僵化的东西。由此可见，我说的"较热"及其对立面，必定是无限的。

普　结果好像是这样的，苏格拉底，尽管你所说这些事情不容易理解。不过，如果经过反复，【e】提问者和回应者还是能够达成令人满意的一致意见。

苏　好主意，让我们继续。然而，为了避免讨论过于冗长，还是来看下述无限的标志能否标定无限者的本性。

普　你心里想的是什么标志？

苏　当我们发现任何事物变得"较多和较少"，或者变得可以接纳"强和弱"、"过多"一类术语的时候，我们都应当把它们归入无限这个类别，【25】以无限为一。这与我们前面同意了的原则是一致的，要是你还记得，我们说过，对于任何散乱和分离为多的事物，我们必须尽可能发现它们统一的性质。

普　我记得。

苏　我们现在来观察一下不接纳这些限定，反而接纳它们的对立面的事物，首先是"相同"和"相等"，在相等之后，则是"两倍"以及其他所有表示倍数和尺度的术语。【b】如果我们把这些全都置于"限度"之下，我们好像做了一项出色的工作。或者，你会怎么说？

普　一项出色的工作，苏格拉底。

苏　很好。那么我们该如何描述第三类呢，它是前两类的混合？

普　我想，你不得不为我回答这个问题。

苏　如果有神听到我的祈祷，也许会做出回答。

普　那你就祈祷吧，看会不会有结果。

苏　我在等待，确实，我有一种感觉，众神中有一位正在向我们走来，普罗塔库。

普　【c】你这样说是什么意思？你有什么证据？

苏　我肯定会告诉你的，但是你现在要跟得上我的意思。

普　你继续说吧。

苏　我们刚才把某样事物称做较热的和较冷的，不是吗？

普　是的。

苏　现在加上较干和较湿、较多和较少、较快和较慢、较高和较矮，以及我们刚才汇集在一起的那些术语，作为拥有或多或少的本性的一类事物。

普　【d】你指的是无限者的本性吗？

苏　是的。现在，迈出下一步，把它与有限者这个类别混合。

普　哪一个类别？

苏　我们迄今为止尚未汇集的这个类别，我们忽视了有限者这个类别，尽管我们应当找出它的统一性，就如我们在汇集无限者这个类别时所做的那样。通过对这两个类别的汇集，也许会得到相同的结果，前者的统一性也会变得比较清晰。

普　你指的是什么类别，它怎么起作用？

苏　这个类别包括相等和两倍，以及其他任何定数，一旦引入事物，【e】就可使事物中对立双方的冲突终结，使之成为可度量的和和谐的。

普　我明白了。我的印象是，你说通过具体事例中的这样的混合，肯定会产生新的结果，是吗？

苏　你的印象是正确的。

普　那么你就继续解释吧。

苏　在疾病中，说对立面的正确结合建立起健康的状态，不也是对的吗？

普 【26】当然。

苏 属于无限者的高与低、快与慢不也会发生同样的事情吗？不正是由于这些因素的呈现而铸成了限度，因此创造出不同种类的圆满的音乐吗？

普 说得好！

苏 还有，一旦在非常冷和非常热中消除过度和无限，不就在这个领域建立了节制与和谐吗？

普 确实如此。

苏 【b】当无限者和有限者混合在一起的时候，我们就有福消受季节和诸如此类的好事物吗？

普 有谁会怀疑这一点？

苏 确实还有其他无数事物我不得不省略，比如与健康相伴的美与力，此外，在我们的灵魂中可以找到一大批卓越的品质。亲爱的斐莱布，我们的女神一定会注意到人类对法律的藐视和人性的极端邪恶，其原因在于人的快乐和欲望缺乏限度，因此要在人类中建立法律和秩序，而法律和秩序标志着有限。你认为女神把人类给宠坏了，【c】而我正好相反，认为女神保存了人类。你怎么看，普罗塔库？

普 你的看法适合我的直觉，苏格拉底。

苏 那么，这些就是我谈论的三个类别，如果你能明白我的意思。

普 我认为我懂了。在我看来，你把无限者当做一类，把事物中的限度当做另一类，第二个类别。但我对你说的第三个类别仍旧不能充分理解。

苏 你只是被第三个类别的丰富多样性湮没了，【d】我可敬的朋友。尽管无限者的类别也表现出多样性，但它至少还保持着统一的形象，因为它以较多和较少这个共同的特征为标记。

普 对。

苏 另一方面，关于限度，我们没有自找麻烦，没有去说明它的多样性，也没有指出它的本性是一。

普 我们为什么要这么办？

苏 没有理由。但是你来看，我说的第三个类别是什么意思：我把其他两个类别联合的产物全都当做统一的，视为通过添加限度而产生的变化。

普 我懂了。

苏 【e】但是现在我们不得不来看我们前面提到过的第四个类别，添加在这三个类别之上。让我们把它当做我们的联合考察。现在来看，你是否认为一切事物的产生都必定要通过某个原因？

普 当然，在我能看见的范围内，怎么能有事物产生而没有原因呢？

苏 那么，原因和制造，除了名称不同之外，其本性还有什么区别吗？制造者和原因不应当被称做同一事物吗？

普 对，应当。

苏 【27】被造者和生成的事物怎么样，我们难道没有发现同样的情况，它们除了名称不同，实际上没有什么差别吗？

普 确实如此。

苏 那么，在自然的秩序中，创造者总是领先，而被造者总是随后，因为被造者是通过创造者生成的，不是吗？

普 对。

苏 因此，事物生成过程中的原因和从属于原因的事物也是不同的，而不是相同的，是吗？

普 它们怎么会相同呢？

苏 那么，接下去就是生成的事物，它的产生代表了所有三个类别吗？

普 非常正确。

苏 【b】因此，我们声称，那位制造了所有这些事物的匠人必定是第四个类别，也就是原因，因为它已被充分证明有别于其他事物吗？

普 它肯定是不同的。

苏 我们现在已经把第四个类别区分出来了，这样一个个来好像是对的，便于我们记忆。

普 当然。

苏 由于我把第一类称做无限者，第二类称做限度，然后是从二者混合产生出来的东西占据第三的位置。【c】如果把这种混合和生成的原因算做第四类，这样做不错吧？

普 怎么会错呢？

苏 现在，让我们来看，下一个要点是什么？出于什么考虑我们进到这一步？不就是为了发现亚军的位置应当给快乐还是给理智，不是吗？①

普 确实是的。

苏 以我们这种四重划分为基础，我们现在也许可以处在一个较好的位置来决定谁是第一，谁是第二，我们整个争论就是由此而起。

普 也许吧。

苏 【d】那么，让我们继续。我们宣称结合快乐和知识的生活是胜利者。不是吗？

普 我们说过。

苏 我们不应该观察一下这种生活，看它是什么，属于哪一个类别吗？

普 没有什么事情能阻拦我们这样做。

苏 我想，我们会把它指定给第三个类别，因为它不只是两种元素的结合，而是由无限的事物接受限度而形成的这个类别。所以，把这种生活形式视为胜利者似乎是正确的。

普 非常正确。

苏 【e】那么，这个问题解决了。但是，你那种生活怎么样，斐莱布，它是快乐的，不混杂的？应当把它归于已经确定的类别中的哪一类才是正确的？不过，在你宣布你的观点之前，先回答我的下述问题。

斐 请问吧。

苏 快乐与痛苦有限度吗，或者说它们属于接受或多或少的那个类别？

斐 肯定是接受或多或少的那个类别，苏格拉底！因为，快乐若不具有

---

① 参见本篇 22a 以下。

无限丰富的性质和增长，它怎么会是全善的呢？

苏 【28】另一方面，痛苦也不会是全恶的，斐莱布！所以，我们不得不寻找它的无限性质之外的性质，从而能赋予快乐一份善。但是请注意，快乐在这里已被归入无限度了。至于把理智、知识和理性归入我们前面说过的这些类别，我们该如何避免亵渎的危险，普罗塔库和斐莱布？这种命运似乎悬挂在我们头上，就看我们能否对这个问题做出正确的回答。

斐 【b】真的吗，你是在荣耀你自己的神吧，苏格拉底？

苏 就好像你在荣耀你自己的神，斐莱布。但这个问题需要一个答案，不管怎么说。

普 在这一点上，苏格拉底是对的，斐莱布；我们必须服从他。

斐 你选择代替我来说话吗？

普 是有此意。但我现在有点困惑不解，苏格拉底，我恳求你，当我们的发言人，这样我们就不会误传你的意思，把错误的观念引进讨论。

苏 【c】我是你顺从的奴仆，普罗塔库，尤其是这个任务不算难。不过，刚才我问你理性和知识属于哪一类的时候，我开的玩笑真得让你感到困惑吗，如斐莱布所声称的那样？

普 确实如此，苏格拉底。

苏 不管怎么说，这个问题很容易解决。因为所有聪明人都同意，并由此而诚实地荣耀自己，理性是我们的国王，高于天地。他们这样说也许是对的。如果你不反对，让我们来更加详细地讨论这个类别本身。

普 【d】就用你喜欢的方式讨论，苏格拉底，请你别为了花时间长而道歉，我们不会失去耐心。

苏 说得好。让我们从下面这个问题开始。

普 什么问题？

苏 我们是否持有这样的观点，对这个宇宙和整个世界秩序的统治是无理性的和无规则的，受纯粹的机缘所支配，或者正好相反，如我们的前辈所说，宇宙由理性统治，由神奇的理智来规范。

普　【e】在这个地方，你怎么能想出这样一个比较来，苏格拉底？你的建议在我看来完全是一种亵渎，我会说。唯一正确的解释是，理性为宇宙安排了秩序，把正义赋予这个有序的宇宙，规范着太阳、月亮、星辰，以及整个天穹的旋转，我自己从来没有想过或想要表达与此相反的观点。

苏　这是你想要我们做的吗？我们不仅应当赞同视之为真理的较早的思想家们的观点，【29】不冒任何危险去重复别人已经说过的话，而且应当分担他们遇到的危险和责难，要是有些强硬的对手否认这一点，争辩说这个世界的统治是无序的？

普　我怎么能不这样想呢？

苏　【b】那么好，现在来面对这个立场带来的结果，我们不得不掌握。

普　请你告诉我。

苏　我们以某种方法察觉到一切动物的本性是用什么构成的——火、水、气，"还有土"，如那在暴风中搏斗的水手所说，是它们的组成部分。

普　确实如此。在我们的讨论中，我们确实受到各种困难的冲击。

苏　那么，来吧，你要明白下面说的事情适用于属于我们的所有成分。

普　什么成分？

苏　我们身上的这些成分的数量很小，微不足道，它们也远不是纯粹的，或者拥有与其本性相应的力量。让我举个例子来向你解释。有某种属于我们的东西叫做火，然而宇宙中也有火。

普　无疑。

苏　【c】属于我们的火在数量上很小，它是微弱的，微不足道的，而照耀着我们的宇宙中的火是庞大的、美丽的，展示着它的所有力量，是吗？

普　你说得完全正确。

苏　但是，下面这一点怎么样？宇宙中的火是由属于我们的火生成、滋养、统治的，或者正好相反，你我的热，每一动物的热，都要归因于这种宇宙之火？

普　这个问题甚至不值得回答。

苏　【d】你说得对。我猜你也会对土做出同样的回答，构成动物的土与宇宙中的土相比，也会对我前不久提到的其他元素做出同样的回答。这是你的回答吗？

普　有谁能够做出不同的回答而不显得丧失理智？

苏　不会有任何人这样做。但是请看下一步。把所有这些元素结合起来当做一个统一体，称这个统一体为"身体"，我们不是这样做的吗？

普　当然。

苏　【e】嗯，你要明白，在我们称做有序宇宙的事例中情况也是一样的。它也会变成同样意义上的一个身体，因为它也是用同样的元素构成的。

普　你说的话无法否认。

苏　作为整体的这个宇宙的身体为属于我们的这个身体提供滋养，或者正好相反，宇宙拥有所有从我们的身体中产生的无数的善物？

普　这也是一个不值得问的问题，苏格拉底。

苏　【30】下面这个问题怎么样，也是一个不值得问的问题吗？

普　告诉我是什么问题。

苏　涉及属于我们的身体，我们不会说它有一个灵魂吗？

普　很明显，我们会说。

苏　但是，它是从哪里来的，除非与我们的身体同性质，只不过在所有方面更加美丽的宇宙身体也正好拥有灵魂？

普　显然不会有其他来源了。

苏　我们肯定不能维持这个假设，涉及我们的四个类别【b】（限度、无限者、它们的结合，还有它们的原因——呈现在一切事物中）；这个原因被认为是无所不包的智慧，因为在我们中间，它输出灵魂，为身体提供训练和医疗，用于恢复体力和治疗疾病，但若要将它用于大范围的事情，要它对整个宇宙负责（存在的事物，再加上美丽和纯粹的事物），说它创造了如此美丽、如此神奇的事物，那可能就做不到了。

普　【c】提出这样的设想就没有意义了。

苏　如果说这是无法设想的，那么我们最好换一种解释，如我们常说的那样，来确认宇宙中有许许多多无限者，也有充分的限度，在它们之上，有某个原因，它决非微不足道，它产生了秩序，规定了年份、季节、月份，它完全配得上称做智慧和理性。

普　极为正确。

苏　但是没有灵魂就没有智慧和理性。

普　肯定没有。

苏　【d】因此你会说，宙斯的本性中有国王的灵魂和国王的理性，这种力量凭借原因展现出来，而赋予其他神祇以其他优秀品质，以便与他们喜欢被称呼的名称相一致。

普　确实是这样的。

苏　你别以为我们进行的这场讨论是无聊的，普罗塔库，它实际上为那些古代思想家提供了支持，他们声称理性永远是宇宙的统治者。

普　它肯定是。

苏　它也给我的考虑提供了一个答案，【e】理性属于万物之原因这个类别。但是，这个类别只是我们四个类别中的一个。所以，我们的问题的处理方式已经在你手中。

普　是的，确实在我手中，我相当满意，尽管我一开始没有意识到你正在回答。

苏　嗯，有时候开个玩笑可以轻松一下。

普　说得好。

苏　【31】现在，我亲爱的朋友，我想我们已经相当满意地解释了理性属于什么类别，拥有什么力量。

普　是这样的。

苏　至于快乐，它属于什么类别在前面就已经很清楚了。

普　确实。

苏　让我们把关于二者的要点记在心里，也就是说我们发现理性与原因有关，属于原因这一类，而快乐本身是无限的，属于无限者这一类，而无限者从不在其自身中包含开端、中间和终结，从开端、中间、终结中也不会产生无限者。

普 【b】我们要把这些要点记在心里，我们怎么会忘记呢？

苏 下面，我们必须发现它们各自居于什么种类的事物中，哪一种条件使它们得以产生。让我们先来看快乐，因为我们前面的考察从快乐开始，现在也要从快乐开始。不过，离开对痛苦的考察，我们对快乐的考察决不可能得出满意的结论。

普 好吧，如果这是我们的必经之路，那就这么办吧。

苏 你愿意分享我关于它们的生成的看法吗？

普 【c】什么看法？

苏 在我看来，快乐和痛苦依照其本性好像都在相同种类中产生。

普 你能再提醒我们一下吗，苏格拉底，你提到的相同的种类是什么种类？

苏 我会尽力而为的，我最尊敬的朋友。

普 你真是太好了。

苏 所谓相同的种类，我们指的是我们前面说的四个类别中的第三类。

普 你指的是你在讲了无限者和有限者以后提到的那一类，我相信，健康，还有和谐，也归入这一类，是吗？

苏 【d】说得好极了。不过，现在请你特别注意这一点。

普 你就继续说吧。

苏 我要说的是，当我们发现生灵的和谐出现紊乱时，这个时候就是它们的本性出现紊乱，痛苦也就产生了。

普 你所说的好像非常有理。

苏 但若相反的事情发生了，和谐得以恢复、从前的本性得以复原，我们不得不说快乐产生了，要是我们必须用少许话语对这个最重要的事实做最简洁的陈述。

普 【e】我相信你是对的，苏格拉底，但是关于这个观点，我们为什么不试着说得更加详细一些呢？

苏 嗯，不就是像儿童玩耍般地理解这些最平常、最著名的事例吗？

普 你指的是什么事例？

苏 我指的是饥饿，这是一种紊乱和痛苦吗？

普 是的。

苏 吃东西以及再补充，是一种快乐吗？

普 是的。

苏 再次，渴是一种毁灭和痛苦，而对干涸的东西补充液体是快乐吗？【32】还有，加热引起的非自然的分离或融化是一种痛苦，而冷却以后恢复到自然状态是一种快乐吗？

普 确实如此。

苏 在寒冷的作用下体液被冻结而引起的动物的自然状态的紊乱是一种痛苦，而相反的过程，亦即被冻结以后又融化了，又恢复原先状态，是一种快乐。长话短说，看下面这个陈述你能否接受。当无限者和限度构成的生命有机体被毁灭，如我前面的解释，【b】这种毁灭是痛苦，而若它回归自己的本性，这种一般的恢复，是快乐。

普 就算是吧，因为它好像至少提供了一个概要。

苏 那么好，我们要接受在这两类过程中发生的这种快乐与痛苦吗？

普 接受。

苏 但是现在也要接受灵魂本身对这两类经验的预期；【c】这种期待在快乐实际发生时是令人愉悦的、舒适的，而对痛苦的预期则是令人恐惧的、痛苦的。

普 那么，这就转为另一类不同的快乐和痛苦，亦即灵魂本身的经验的期待，与身体无关。

苏 你的设定是正确的。这两类事例，如我所想，至少快乐和痛苦会单纯地产生，相互之间不会混杂，所以事情变得很清楚，就快乐而言，无论它作为整个类别是否受欢迎，【d】还是说快乐只是我们已经讨论过的其他类别的事物中的一个类别的特权。快乐和痛苦也许会变成热与冷或其他这样的事物的表征，它们有时候受欢迎，有时候不受欢迎，原因在于它们本身不是善，但它们中有些事物会时不时地具有一种有益的性质。

普　你说得很对，要是我们想要为我们正在寻找的东西发现一个解决方案，你就把它建议为必须采用的一个方向。

苏　那么，首先让我们一道来看下面这个要点。【e】如果这些事物的分解，如我们所说，真的构成痛苦，而事物的复原是快乐，那么我们应当把没经历毁灭也没经历复原的动物说成处于什么状态；这是一种什么状况？你仔细考虑一下，再来告诉我：在这种时候，动物既不会感到快乐也不会感到痛苦，无论快乐和痛苦的程度大小，这不是必然的吗？

普　这确实是必然的。

苏　那么，有这样一种状况吗，这是第三种，【33】有别于令人快乐的状态和令人痛苦的状态？

普　显然有。

苏　努力记住这一点。能否记得这一点会对我们有关快乐的判断造成很大的差异。如果你不在意，对此我们最好还是再多一些考虑。

普　就请你告诉我怎么考虑。

苏　你要意识到，生活在这种状况下，没有任何事物能够阻碍一个人选择理性的生活。

普　【b】你指的是既无快乐又无痛苦的状况吗？

苏　这是我们一致同意过的状况之一，我们刚才对不同的生活进行比较，那个选择了理性和理智的生活的人一定不会享有快乐，无论这种快乐是大还是小。

普　这确实是我们同意过的。

苏　那么，他可以按这种风尚生活了，如果这种生活变成最像神的生活，也许没什么荒唐的地方。

普　无论如何，众神不像感受到快乐或快乐的对立面。

苏　肯定不像。在众神的事例中，这两种状态都不像会在它们那里产生。如果这一点与我们的讨论有关，作为一个问题，我们最好晚些时间再提出来，【c】现在让我们把它当做一个附加的要点，有利于理性赢得亚军的奖赏，哪怕我们无法为理性赢得冠军的奖赏。

普　很好的建议。

苏　嗯，现在，至于另一类快乐，我们说它属于灵魂本身。它完全依赖记忆。

普　以什么方式？

苏　我们似乎首先要确定记忆是一种什么样的事物；我实际上有点担心，我们不得不在确定记忆的性质之前确定感知的本性，要是我们的讨论在正确的道路上前进，整个主题已经变得非常清晰。

普　【d】你这是什么意思？

苏　你必须明白，身体的各种感受中有一些在抵达灵魂之前就已经消失，对灵魂没有影响。其他一些感受既穿透身体，又穿透灵魂，产生一种紊乱，这些紊乱对身体和灵魂来说各是独特的，但对双方来说又是共同的。

普　我明白了。

苏　如果我们宣称说，灵魂不会注意到那些不穿透身体和灵魂的感受，灵魂也不会不注意那些穿透身体和灵魂的感受，我们这样说完全有理吗？

普　【e】我们当然有理。

苏　但你一定不要误解我的意思，乃至于假定我说的这种"不注意"会产生任何一种遗忘。倒不如说，遗忘是记忆的消失，而在当前的事例中记忆还没有产生。一样还不存在或从来没有存在过的东西处于失去的过程中，这样说是荒唐的，不是吗？

普　这肯定是荒唐的。

苏　那么，你只好改变这些名称。

普　怎么个换法？

苏 【34】你说"灵魂不受身体紊乱的影响时是遗忘的"，把你迄今为止称做遗忘的东西替换为"无感知"。

普 我懂了。

苏 当灵魂与身体一起受到同一种影响和感动时，如果你把这种运动称做感知，那么你说得就一点没错了。

普 你说得对。

苏 所以我们现在已经懂得感知是什么意思了。

普 当然。

苏 所以，要是有人把记忆称做感知的保存，那么他的说法是正确的，就我所涉及的范围而言。

普 【b】是这么回事。

苏 我们不认为回忆和记忆有所不同吗？

普 也许。

苏 它们的差别不就在于这一点吗？

普 在哪一点上？

苏 在没有身体帮助的情况下，灵魂凭借自身回想起曾经与身体一道经历的事情，我们不把它称做回忆吗？【c】或者说，你会怎么处理？

普 我相当同意你的看法。

苏 但是，另一方面，在灵魂失去记忆以后，灵魂又凭借自身回想起来，要么是一个感知，要么是一片知识，我们也把这些事情叫做回忆。

普 你说得对。

苏 我们之所以说了这么一番话，其原因在于下面这个要点。

普 什么要点？

苏 没有身体的灵魂经历的快乐，以及欲望，我们已经尽可能地充分而又清晰地加以把握。通过弄清这些状态，快乐和欲望的本性也就不知不觉地揭示出来了。

普 那就让我们讨论这一点，作为我们下一个议题，苏格拉底。

苏 【d】在我们的考察中，我们好像不得不讨论快乐的起源和它的各种不同样态。因为我们好像最先必须确定什么是欲望，它在什么场合产生。

普 那就让我们来确定什么是欲望。我们不会有什么损失。

苏 我们肯定会有某种损失，普罗塔库；通过发现我们现在寻找的东西，我们对它的无知就失去了。

普 你正确地提醒了我们这个事实。不过，现在让我们试着回到我们下一步的探寻上来。

苏 【e】我们同意饥饿、口渴和其他许多这类事情是欲望吗？

普 完全同意。

苏 谁能允许我们用同样的名称来称呼所有这些有着很大差别的事物，它们有什么共同的特点呢？

普 苍天在上，这可能不是一件容易确定的事，苏格拉底，但无论如何这件事是必做的。

苏 那我们将要回到原先的出发点吗？

普 回到哪里？

苏 当我们说"他口渴"的时候，我们心里总有某件事情吗？

普 我们确实有。

苏 这样说的意思是指他正在变得缺乏吗？

普 当然。

苏 但是，渴是欲望吗？

普 是的，想要喝的欲望。

苏 【35】是喝的欲望，还是通过喝来重新补充的欲望？

普 我想，是通过喝来重新补充的欲望。

苏 我们中无论谁缺乏，他似乎就欲求与他承受的事情相反的事情。缺乏了，他就欲求得到补充。

普 显然如此。

苏 不过，这个问题怎么样？如果某个人第一次缺乏，有什么办法他能得到补充吗，要么通过感觉，要么通过记忆，因为他现在或者过去都还没有这种经验？

普　他怎么能有经验呢？

苏　【b】但我们确实坚持说他有一种期待某样事物的欲望吗？

普　那当然了。

苏　那么，他对他事实上经历的事情有没有欲望。因为他口渴，而渴是一种缺乏的过程。他的欲望倒不如说是补充。

普　是的。

苏　在那个口渴的人的身上必定有某种东西不知不觉地和补充有关。

普　必然如此。

苏　但这样东西不可能是身体，因为身体当然是缺乏的。

普　没错。

苏　剩下来唯一可选的就是灵魂在和补充有关，【c】而在这样做的时候显然要通过回忆。或者说，通过什么它才能和补充有关呢？

普　很清楚，没有什么可通过的了。

苏　那么，我们明白从已经说过的话中我们不得不得出什么结论来吗？

普　什么结论？

苏　我们的论证迫使我们得出结论，欲望不是身体的事。

普　为什么会是这样？

苏　因为它表明，每一生灵总是努力追求与它自身已有体验相反的状况。

普　确实是这样的。

苏　所以，这种冲动驱使着生灵朝着与它当下体验相反的状态发展，这就表明它有关于这种相反状态的记忆。

普　当然。

苏　【d】通过指出是这种记忆在指引着生灵趋向它的欲望的对象，我们的论证就确定每一种冲动和欲望，以及统治整个动物，都是灵魂的事。

普　确实如此。

苏　所以，我们的论证决不允许说是我们的身体在经历口渴、饥饿，以及诸如此类的事情。

普　绝对不允许。

苏　还有一个要点我们不得不进一步考虑，这个要点与这些相同的状况都有关系。在我看来，我们的讨论表明，有一种生活的形式由这些状况组成。

普　【e】它由什么组成？你讲的是什么样的生活形式？

苏　它由补充和缺乏，以及一切与动物的保存与毁灭有关的过程所组成。当我们中的某个人处于这两种状况下的某一种的时候，他处于痛苦中，或者他再次经历快乐，取决于这些变化的本性。

普　事情确实是这样的。

苏　便若某人发现自己处在这两种感觉之间，那会怎么样？

普　你说的"处在某某之间"是什么意思？

苏　当他由于他所处的状况而感到痛苦，同时又回忆起快乐，使痛苦得到缓解，尽管此时还没有得到补充。【36】这种情况怎么样？我们应当宣称他在这个时候处于这两种感觉之间吗，或者不处于这两种感觉之间？

普　我们应当宣称他处于两种感觉之间。

苏　我们应当说这个人完全处于痛苦之中，还是处于快乐之中？

普　苍天在上，在我看来，他好像在承受双重痛苦，一重是由身体的状况构成的，另一重是由于期待而引起的灵魂的欲望。

苏　双重痛苦，你这样说的意思是什么，普罗塔库？是不是我们中的一个人在某个特定的时间处于缺乏的状况下，但清楚地又希望得到补充，【b】而在另一个时间他正好相反，没有这种希望？

普　确实是这样的。

苏　你难道不认为他在记得这种得到补充的希望时是快乐的，而与此同时他又处于痛苦之中，因为他在那个时候是缺乏的？

普　必定如此。

苏　所以，就是在这种时候，人和其他动物一样，既感到痛苦又感到快乐。

普　似乎如此。

苏　但若处于缺乏之中，他没有获得任何补充的希望，那会怎么样？在这种情况下，【c】就不会出现你刚才说过的双重痛苦吧？

普　这一点不可否认，苏格拉底。

苏　现在让我们把我们对这些感觉进行考察的结果用于这个目的。

普　什么目的？

苏　我们可以说这些痛苦和快乐是真的或是假的吗？或者说有些是真的，有些不是？

普　快乐或痛苦怎么会是假的呢，苏格拉底？

苏　嗯，恐惧怎么会是真的或假的呢？期望怎么会是真的或假的呢？判断怎么会是真的或假的呢，普罗塔库？

普　【d】判断我肯定会承认有真有假，其他的例子我不承认。

苏　你在说什么？我担心我们在这里会引发一场重大的争论。

普　你说得对。

苏　但若它和我们前面的讨论有关，你配得上是那个人①的儿子，应当承担这种争论。

普　也许吧，在这种情况下。

苏　在这里，我们不得不放弃那些偏离我们讨论主题、与我们的讨论没有直接关联的事情。

普　你说得对。

苏　【e】现在请你告诉我，因为对我们现在遇到的这个困难我处于长期

---

①　指智者高尔吉亚，对话人普罗塔库是高尔吉亚的追随者，所以苏格拉底说他配得上是高尔吉亚的儿子。

的困惑之中。你的看法是什么？有假快乐和真快乐吗？

普 怎么会呢？

苏 你真的想要宣称，没有人会有时候相信自己感到快乐，而实际上并不快乐，或者相信自己感到痛苦，而实际上并不痛苦，无论这个人是在梦中还是醒着，是疯了，还是有幻觉吗？

普 我们全都假定这种情况确实是有的，苏格拉底。

苏 【37】这种假定对吗？我们要不要提出问题，这种说法是否合理？

普 我们应当提出这个问题，我至少会这么说。

苏 那么就让我们试着进一步澄清我们关于快乐和判断的说法。有某个我们称之为判断的事情吗？

普 有。

苏 也有得到快乐这种事情吗？

普 是的。

苏 也有和判断有关的事物吗？

普 当然。

苏 也有和快乐有关的事物吗？

普 无疑有。

苏 但是，在下判断的那个事物，无论所下的判断是对还是错，无法说它并非真的是在下判断。

普 【b】怎么能这么说呢？

苏 同理，感到快乐的事物，无论它是否真的快乐，显然也无法说它并非真的感到快乐。

普 是的，这样说也是对的。

苏 但是，我们不得不面对的问题是，为什么意见通常有真有假，而快乐只有真的，尽管在两种情况下，真意见和真快乐是相等的？

普 我们必须面对这个问题。

苏 是否由于判断获得了附加的真和假的性质，因此不再是一个简单的判断，【c】而是具有了这两种性质中的一种？你会说这是我们不得不寻找的答案吗？

普　是的。

苏　再说，某些事物一般说来允许有附加的性质，而快乐与痛苦只是它们本身，不接受其他任何性质。对此，我们是否也必须达成一致的看法？

普　显然如此。

苏　但是，要看到它们也接受性质并不困难。我们前不久说过，它们俩，快乐以及痛苦，可以有大小，也可以有强弱。

普　【d】我们确实说过。

苏　但若坏的陈述本身添加于这两样事物中的任何一个，那么我们会说这个判断变成了一个坏判断，这个快乐变成了一个坏快乐吗，普罗塔库？

普　当然，苏格拉底。

苏　如果把正确或其对立面加于某事物，我们不是也要把这个判断称做正确的，如果它是对的，把这个快乐也称做正确的快乐吗？

普　必然如此。

苏　【e】但若就那个判断的对象犯了错误，我们要说这个犯了错误的判断是不正确的，它没有正确地下判断吗？

普　我们怎能不这么说呢？

苏　但若我们注意到一种痛苦或快乐就其所痛苦或快乐的事情犯了错误，我们还会把它称做是正确的、恰当的，或者给它其他赞扬性的名称吗？

普　这是不可能的，如果快乐确实已经犯了错误。

苏　涉及快乐，它的产生确实好像经常伴随着一个错误的判断，而不是一个正确的判断。

普　【38】当然。但是在这个事例中被我们称做假的东西是判断，苏格拉底；没有人会像做梦一样把快乐本身说成是假的。

苏　你现在的话勇敢地为快乐做了辩护，普罗塔库。

普　完全不是，我只是在重复我听到的话。

苏　伴随着正确判断和知识的快乐，还有经常发生在我们每个人身上的与错误的判断和无知相连的快乐，二者之间没有区别吗？

普　【b】它们之间的区别可能不小。

苏　那就让我们开始考察它们之间的区别。

普　请带路，去你喜欢去的地方。

苏　我带你走这条路。

普　什么路？

苏　关于我们的判断，我们说它有时候是假的，有时候是真的吗？

普　是这样的。

苏　如我们刚才所说，这些东西经常伴随着快乐与痛苦。我说的是真判断和假判断。

普　没错。

苏　记忆和感知总是导致判断，或者试图得出确定的判断吗，如此例所示？

普　【c】确实如此。

苏　我们同意下述情况必定在此发生吗？

普　什么情况？

苏　某个人不能清晰地看到远处的物体，无法判断他看到的这个物体是什么，你不会说这种情况经常发生吗？

普　我会说。

苏　那么他不会向他自己提出另一个问题吗？

普　什么问题？

苏　"那个好像在崖石旁大树下的物体会是什么东西？"【d】——当他的眼睛看到这样的影像，你认为他这样问自己是合理的吗？

普　当然。

苏　然后，作为对他自己的问题的一个答案，他不会对自己说"那是一个人"吗，假定他猜对了？

普　无疑如此。

苏　但他也可能会弄错，说他看到的东西是一尊雕像，是某个牧人堆出来的人像。

普　很有可能。

苏　【e】如果有人和他在一起，那么他会把对自己说的话说给他的同伴听，这样一来，我们前面称做判断的东西会变成断定吗？

普　当然。

苏　但若只有他一个人，他会继续独自思考那个事物，沿着自己的思路在心里想很长时间吗？

普　无疑如此。

苏　但是，你来看，你想分享我对这件事的看法吗？

普　什么看法？

苏　在这样的情况下，我们的灵魂可以比做一本书，不是吗？

普　为什么？

苏　【39】如果在某个具体的场合记忆和感知伴随着其他印象一起发生，那么在我看来，它们就好像一道在我们的灵魂中写字。如果写下来的东西是真的，我们就形成了一个真判断和一个对这件事情的真解释。但若我们的这个书记员写下来的东西是假的，那么结果就是真的反面。

普　我相当同意你的意见，我接受你的这种解释的方式。

苏　【b】你是否也接受还有另外一位匠人同时在我们的灵魂中进行工作？

普　哪一种匠人？

苏　它是一位画家，继书记员之后，为书记员刻在灵魂中的文字提供图画。

普　我们要说它如何做这项工作，什么时候做这项工作？

苏　当一个人从视觉或其他感觉中直接做出判断和论断的时候，它在做这项工作，然后与这些判断和论断相应，【c】在他自身中形成这些图画。或者说，我们身上发生的不是这种情况？

普　相当确定，是这种情况。

苏　那么，关于真判断和真论断的图画是真的，关于假判断的图画是假的吗？

普　无疑如此。

苏　如果迄今为止我们说得都对，让我们再考虑一个相关的问题？

普　什么问题？

苏　这些经验是否必然只涉及过去和现在，但不延伸到将来？

普　它们应当同等地适用于所有时态：过去、现在和将来。

苏　【d】嗯，我们在前面不是说过，那些只属于灵魂的快乐和痛苦也许先于那些经过身体的快乐与痛苦吗？因此，我们有可能预见到未来的快乐和痛苦。

普　这一点无法否认。

苏　我们心里的这些文字和图画，如我们前述，【e】只涉及过去和现在，而不涉及未来吗？

普　它们显然与未来有关。

苏　你说"显然"的意思是它们真的对未来抱有希望，而我们的一生都充满期盼吗？

普　相当确定。

苏　嗯，好吧，除了已经说过的这些话，你还要回答这个问题。

普　关于什么的问题？

苏　一个在所有方面都正义、虔诚、善良的人，也为众神所钟爱吗？

普　他怎能不被众神所钟爱呢？

苏　但若有人是不正义的，在所有方面都是邪恶的，这个人会怎么样？他不正是我们前面说的那个人的对立面吗？

普　【40】当然。

苏　如我们刚才所说，每个人不总是充满许多希望吗？

普　当然。

苏　那么，我们把我们每个人的论断叫做希望吗？

普　是的。

苏　但还有那些画下来的图画。有个人经常想象自己弄到了大量的黄金，于是作为这件事的后果就感到非常快乐。此外，他也在这幅他心中的图画中看到自己兴高采烈。

普　【b】他还能怎么样！

苏　嗯，我们想要说，在好人的心中这些图画通常是真的，因为他们有众神的青睐，而在恶人心中情况正好相反，或者说这不是我们应当说的话？

普　这正是我们应当说的话。

苏　但不管怎么说，恶人拥有画在他们心中的快乐，尽管这些快乐是假的吗？

普　对。

苏　【c】所以，作为一条规则，恶人享有假快乐，而人类中的善者享有真快乐吗？

普　必定如此。

苏　从我们已经说过的话可以推论，人的灵魂中有虚假的快乐，它是对真快乐的一种可笑的模仿，对痛苦来说，情况也是这样。

普　确实如此。

苏　嗯，我们已经同意，无论谁就任何事物下判断，他一定真的是在下判断，哪怕它和现在、过去或未来存在的任何事情无关。

普　对。

苏　【d】我想，这些就是产生假判断和虚假地下判断的条件，不是吗？

普　是的。

苏　我们不也应当以这样的方式给快乐与痛苦做一些相似的规定吗？

普　以什么方式？

苏　我是在这个意义上说的，无论谁感到有任何快乐，无论有无快乐的依据，他真的感到快乐，哪怕有时候这种快乐与现在和过去的事实无关，或者这种快乐所指的事情经常（也许在大多数情况下）不会成为事实。

普 【e】这也是必然的。

苏 同样的解释也可适用于恐惧、愤怒，以及所有诸如此类的事情，也就是说它们有时候是假的，是吗？

普 当然。

苏 嗯，好吧，除了它们的虚假性，我们还有其他方式来区别判断的好坏吗？

普 我们没有其他方式。

苏 我假定，我们也没有其他任何方式可以用来解释坏的快乐，除非它们是假的。

普 【41】你说的正好是真相的对立面，苏格拉底。根本不是由于快乐和痛苦是假的，我们才把它们当做坏的，而是由于有某些其他范围更广的恶牵扯了进来。

苏 要是我们仍旧感到有必要，让我们稍后再谈这些坏的快乐和它们具有的恶性。而现在，我们必须讨论另一种意义上的假快乐，说明其数量巨大，频繁出现在我们身上。【b】当我们不得不做决定的时候，这个论证也许就会在我们手头出现了。

普 那当然好，至少要是有这样的快乐的话。

苏 确实有，普罗塔库，至少我相信有。但是直至这一点成为我们接受的意见，我们不能不对这种信念进行考察。

普 对。

苏 那就让我们像运动员一样做好准备，围绕这个问题发起进攻。

普 行，我们来吧。

苏 如果记得没错，我们前不久说过，【c】当被称做欲望的那种东西在我们身上时，灵魂与身体是分离的，各自有它们不同的经历。

普 我们记得没错，我们在前面是这么说的。

苏　拥有欲望的灵魂想要拥有一种与身体的真实状态相反的状况，而身体在承受某些感受的痛苦或快乐吗？

普　确实如此。

苏　得出你的结论来，看这时候会发生什么情况。

普　你告诉我吧。

苏　【d】此刻发生的情况是这样的：痛苦与快乐并存，而与它们相关的感知同时又是对立的，这一点我们前面已经弄清楚了。

普　是的，这一点是清楚的。

苏　我们前面不是也讨论过这个要点，并且就如何解决有了一致意见吗？

普　什么要点？

苏　痛苦与快乐，二者都可以承受"较多"或"较少"，属于无限者这个类别？

普　我们是这么说的。那又怎样？

苏　要对这些事情做出正确的决定，我们有什么办法吗？

普　【e】在什么地方？在什么方面？

苏　在我们打算做决定的地方，我们可以拿处在这种状况之下的事物为例，确定它们何者较大或较小，或者它们何者更加强烈；拿痛苦与快乐做比较，或者拿痛苦与痛苦做比较，或者拿快乐与快乐做比较。

普　是的，这些问题确实会产生，这就是我们想要做决定的地方。

苏　嗯，好吧，这种事情只在视觉中发生吗，肉眼观看远处或近处的物体，歪曲了真相，产生假判断？【42】或者说同样的事情也在快乐和痛苦中发生吗？

普　是的，苏格拉底，而且更多。

苏　但是，这与我们前面得出的结果正好相反。

普　你指的是什么？

苏　我们前面讲的是，真判断与假判断分别影响着快乐与痛苦产生的条件。

普 【b】相当正确。

苏 但是现在这样的说法也可以用于快乐与痛苦本身；因为可以从近处观察它们，也可以从远处观察它们，或者同时观察它们，看到快乐与痛苦相比较，快乐似乎比痛苦更大、更强烈，而与此相反，痛苦与快乐相比，痛苦似乎可以克制。

普 在这些情况下，产生这样的状况是不可避免的。

苏 但若你从这两种情况中减去不真实或显得过分，使它们看上去比它们的原样较大或较小的地方，【c】那么你会承认减去的部分是不正确的显现，你既不会承认这种显现是真的，也不会大胆地说与快乐或痛苦的这个部分相关联的东西是对的和真的。

普 确实如此。

苏 接下去，要是我们用这种方式考察动物身上的快乐与痛苦，那么我们可以发现它们甚至比这些情况下的快乐与痛苦更假，无论是形象还是本质。

普 它们是什么，以什么方式？

苏 我们已经反复说过了，它就是通过结合与分离、补充与缺乏，以及某种成长与衰败而形成的那些实在的本性的毁灭，【d】由此产生了痛苦、困顿、受难，以及所有其他诸如此类的事情。

普 是的，人们经常这样说这些事情。

苏 但是当事物自身的本性再次得到复原的时候，这种复原就是快乐，这是我们之间一致同意的看法。

普 正确。

苏 但若这种事情在我们的身体中一样都没有发生，那会怎么样？

普 什么时候能发生这种事情，苏格拉底？

苏 【e】你的反对意见不着边际，普罗塔库。

普 为什么不着边际？

苏　因为你没能阻止我再次向你提出问题。

普　什么问题？

苏　如果这种事情真的一样都没有发生，我会问你，这种情况必定会给我带来什么后果？

普　你的意思是，如果身体没有朝着这两个方向运动，苏格拉底？

苏　这就是我的问题。

普　那么这个问题很清楚，苏格拉底，在这种情况下既不会有什么快乐，也不会有任何痛苦。

苏　【43】你说得很好。但是我猜，你的意思是说我们必然始终经历快乐或痛苦，如哲人所说。因为一切事物总是处于流变之中，向上或向下。

普　他们确实这样说过，他们的说法似乎很重要。

苏　怎么能不重要，因为他们是重要人物？但我确实想要回避这个论证，因为它现在向我们发起进攻。我计划以这种方式逃避它，你最好跟我一起后撤。

普　你就告诉我怎么办。

苏　我们会回答他们说："就算这样吧。"至于你，【b】需要回答我这个问题：是否一切生灵在各处情况下都会注意到自己在任何时候以某种方式受到这种影响，所以当我们成长或经历诸如此类的事情时，我们也能注意到，或者说实际情况与此不同，完全是另外一个样子。

普　确实是另外一个样子。几乎所有这样的过程都没有引起我们的注意。

苏　所以，我们刚才同意的说法说得不太好，"向上和向下"的运动变化确实会激发快乐和痛苦。

普　怎么会呢？

苏　【c】要是以这种方式来陈述，这个说法就会比较好，它会变得不那么容易遭到反对。

普　以什么方式？

苏　大的变化引起我们的快乐和痛苦，而中等程度的变化和小的变化不会引起我们的这两种感觉。

普　这个说法比原先那个说法更加正确，苏格拉底。

苏　如果是这样的话，我们又回到我们前面讨论过的那种生活中去了。

普　哪一种生活？

苏　那种我们说是既无痛苦，也缺乏吸引力的生活。

普　无可否认。

苏　【d】让我们以三种生活来结束：快乐的生活、痛苦的生活、中性的生活。或者说，对这些事情你会怎么说？

普　我会以同样的方式来说，有三种生活。

苏　但是，无痛苦和有快乐不是一回事吧？

普　它们怎么能是一回事？

苏　如果你听某人说，无痛苦地过完一生是最快乐的事情，你会如何理解讲话者的意愿？

普　在我看来，他似乎把快乐等同于无痛苦。

苏　【e】现在，想象有三样东西，你也许喜欢的，因为它们都有响亮的名字，让我们称它们为金子、银子、非金非银。

普　我想定了。

苏　我们有什么办法能把这第三样东西变得与其他两样东西中的某一样，金子或银子，等同吗？

普　这怎么可能？

苏　那么，按照对这种事情的恰当解释，如果有人认为中性的生活能变成快乐的生活或痛苦的生活，那么这样想是错的，如果有人这样说，那么这样的说法是错的，不是吗？

普　无疑是错的。

苏　【44】但我们确实看到有人这样想和这样说，我的朋友。

普　确实。

苏　他们真的相信他们没有痛苦的时候就在感受快乐吗？

普　他们是这么说的，无论如何。

苏　因此他们相信他们在那个时候是快乐的，否则他们就不会说他们是快乐的。

普　好像是这样的。

苏　但若无痛苦和快乐实际上各自拥有其本性，那么关于快乐他们拥有一个假判断。

普　它们确实有它们自己的本性。

苏　我们该做什么样的决定呢？我们有三种状态，如我们刚才所说，还是只有两样东西：【b】存在于人的生活中作为一种恶的痛苦和摆脱痛苦，摆脱痛苦也叫做快乐，快乐就是善，等等？

普　但是，我们现在为什么要向自己提出这样的问题，苏格拉底？我不明白。

苏　这是因为你不明白我们的斐莱布的敌人就在这里。

普　你说的敌人是什么意思？

苏　我指的是这样一些人，他们在自然科学方面享有盛名，他们说世上根本就没有快乐这回事。

普　怎么会这样呢？

苏　【c】他们认为，一切被斐莱布的追随者称做快乐的东西只不过是逃避痛苦。

普　你建议我们应当相信他们吗，苏格拉底，或者说你想要我们怎么做？

苏　不要相信他们，但要利用他们，把他们当做发预言的先知，他们不是凭着技艺发预言，而是出于本性中的某种执拗。这种本性并非不高尚，但出自一种非同寻常的仇恨，他们对快乐恨得咬牙切齿，拒绝承认快乐中有任何健康的成分，甚至认为吸引他们的是一种巫术，而不是快乐。你现在可以把他们用于我们的目的，【d】同时注意他们由于执拗而在其他方面的抱怨。

在那以后，你就会听到我把什么当做真正的快乐，这样的话，通过对这两种对立观点的考察，我们可以就快乐的力量得出我们的结论。

普　你的建议很好。

苏　那么就让我们追随这些同盟军的前进路线，看他们执拗的脚印会把我们引向何方。我想他们会使用这种理性的方法，从某些基本原则开始：【e】如果我们想要知道任何性质的本性，比如坚硬，要是我们观察最坚硬的事物，而不是观察那些不那么坚硬的事物，我们就能得到较好的理解，不是吗？嗯，这是你的任务，普罗塔库，回答这些执拗的人，就像回答我的问题一样。

普　我很乐意，我对他们的回答是这样的，我会观察头等的坚硬。

苏　但是，如果我们想要研究快乐的形式，看它具有什么样的本性，【45】那么我们不应当观察那些低层次的快乐，而应当观察那些据说最强大、最强烈的快乐。

普　每个人都会同意你现在的观点。

苏　嗯，与身体相关的快乐是最直接、最强烈的吗，如我们常说？

普　无疑。

苏　人们患病时的快乐显然比他们健康时更加强烈吗？在这里我们要小心，不要在匆忙之中绊倒。【b】也许我们会倾向于说健康人的快乐更加强烈？

普　很可能会这样。

苏　但是关于这一点怎么样？在那些压倒一切的快乐之前，总有最大的欲望在前行，不是吗？

普　这样说肯定是对的。

苏　发高烧或得了其他诸如此类疾病的人，不是更容易感到口渴或寒冷，以及其他通过身体产生的感觉吗？他们不是感到更大的缺乏，而在得到补充时感到更大的快乐吗？或者说我们要否认这是真的？

普　这似乎无法否认，如你所解释的那样。

苏 【c】很好。那么，要是我们宣称无论谁想要研究最大的快乐应当转向疾病，而不是转向健康，我们这样说合理吗？嗯，你要小心，不要把我的问题理解为生病的人是否比健康的人拥有更多的快乐；倒不如说，我关注的是快乐发生时的规模和强烈程度。我们的任务，如我们所说，是理解它的真正本性是什么，看那些察觉到快乐的人如何根本否认有快乐这样的事情。

普 【d】我对你的意思理解得相当好。

苏 你也可以做它的好向导了，普罗塔库。嗯，请你告诉我。你承认放荡的生活比有节制的生活快乐更大吗——我说的不是更多快乐，而是其力量和强烈程度过度的快乐？在你回答之前要仔细想一想。

普 我相当明白你在找什么，确实看到有巨大差别。有节制的人总是遵循"切勿过度"这句格言的指导，【e】并且服从它。而那些愚蠢和放荡的人则被过度的快乐所驱使，几近疯狂。

苏 好。事情如果是这样的话，那么这种情况显然会在灵魂和身体处于邪恶状态时出现，而最大的快乐和最大的痛苦并非这种状态的根源。

普 显然如此。

苏 所以我们现在必须从它们中间选取一些例子，来发现我们所说的最大的快乐有什么样的特点。

普 【46】我们必须这样做。

苏 嗯，现在来看一下与这些类型的疾病一道产生的快乐，看它们处于什么样的状况。

普 你指的是什么类型？

苏 那些令人相当讨厌的类型的快乐，我们的那些执拗的朋友极为痛恨它们。

普 什么种类的快乐？

苏 举例来说，抓痒，通过挠和抓一类的行为来止痒。当我们发现自己经历诸如此类的事情时，以上苍的名义，我们称之为什么？快乐还是痛苦？

普 这种事情确实是一种混合的经验，有坏的成分在内，苏格拉底。

苏　【b】我没有提出这个问题，用来暗指斐莱布。但是不把这些快乐和培育这些快乐的事情说清楚，我们很难就我们的问题提出任何解决方案。

普　那就让我们来谈谈整个这一群快乐。

苏　你指的是那些具有混合性质的快乐吗？

普　对。

苏　有一些混合物源于身体，受身体的限制；【c】还有一些混合物可在灵魂中发现，受限于灵魂。但是我们也发现快乐与痛苦的混合物与灵魂和身体都有关，在有些时候这二者的结合被称做快乐，在有些时候它被称做痛苦。

普　怎么会这样呢？

苏　当某个人在经历复原或毁灭的时候，他会同时体验到两种对立的状态。他可以在冰冷的时候感到热，或者在酷热中感到冷。我假定，然后他想要获得一种状态而消除另一种状态。【d】但若这种所谓的又苦又甜的条件难以动摇，它首先会引起不适，然后会发展到非常激烈的地步。

普　你的描述很准确。

苏　嗯，这些混合物有些包含着等量的快乐与痛苦，有些则是快乐或痛苦占优势，不是这样吗？

普　对。

苏　以我们刚才提到过的挠痒为例，这是痛苦占上风的事。嗯，如果这种刺激或炎症来自体内，再怎么抓你也抓不着，【e】只能触及皮肤，那么挠痒只是一种表面的缓解。如果把身体感染的部位放在火上烤——那么它们会从一个极端走向另一个极端——有时候会引发巨大的快乐。但有的时候这样做会把这种内在对立的状态导向外部，产生痛苦与快乐的混合，无法达到平衡，因为这种治疗用外力分离了混合或混杂在一起的东西，【47】所以痛苦又伴随着快乐产生。

普　必定如此。

苏　另一方面，当这类事发生，快乐在混杂的经验中占主导地位时，尽管抓和挠一类的行为会引起一点小小的痛苦，但能带来巨大的、强烈得多的快乐，使你激动，使你无法停止，它会产生各种各样的反应，改变你的态度，改变你的呼吸，使你竭尽全力去做，使你精神错乱，像疯子那样狂呼乱叫。

普 【b】确实如此。

苏 还有，我的朋友，这种状况会使人们说自己快乐得要死，我还要添上这样一些话，那些愚蠢、放荡的人会更加全心全意地追求这种快乐，称之为最大的快乐，并认为这是他们生活中最大的幸福。

普 苏格拉底，你的叙述已经把大部分人的想法准确地说了出来。

苏 【c】是的，普罗塔库，到此为止我们说的这些快乐只涉及相互影响着的身体表面和内部。但在有些情况下，灵魂的表现与身体相反，或者是作为与身体的快乐相反的痛苦，或者是作为与身体的痛苦相反的快乐，二者结合在一起成为一个复合体。我们前面的讨论表明，在这种时候我们处于缺乏状态，拥有补充的欲望，我们由于期待补充而感到高兴，由于处于缺乏的过程之中而感到痛苦，但有一件事我们还没有说，【d】我们现在可以断定有无数的例子表明灵魂处于和身体不一致的状态之中，其最终结果就是一种痛苦与快乐的混合。

普 你的说法对不对，我有点怀疑。

苏 还有一类痛苦与快乐的混合，我们留下来没说。

普 告诉我是哪一类。

苏 这一类混合很普遍，它是灵魂自身中的情感的产物，如我们前述。

普 我们是怎么说的？

苏 【e】愤怒、恐惧、期盼、悲哀、热爱、好胜、心怀恶意，等等；你不会把这些情感划入灵魂自身的痛苦这一类吗？

普 我肯定会的。

苏 我们难道看不出它们也充满神奇的快乐吗？我们需要用这些著名的诗句来提醒自己愤怒的特点吗？"愤怒使聪明人陷入暴戾，但它比蜂蜜还甘甜。"① 与此相仿，在悲哀和期盼中，快乐不是也和痛苦混合在一起吗？

普　不需要进一步提醒了，在所有情况下，事情都像你说的这样。

苏　【48】同样的事情也发生在那些看悲剧的人身上，既欣喜又流泪，如果你还记得。

普　我怎么会忘记呢？

苏　现在，注意看喜剧时的心灵状态。你不明白其中也有一种痛苦与快乐的混合吗？

普　我还不太看得出来。

苏　【b】在这种情况下要看出来确实不太容易。

普　对我来说肯定不容易！

苏　由于这件事情很模糊，让我们更加小心。这样做有助于我们较为容易理解痛苦与快乐在其他事例中的混合。

普　请你告诉我。

苏　由于我们刚才提到过心怀恶意这个词：你把心怀恶意当做灵魂的痛苦，还是当做什么？

普　我把它当做灵魂的痛苦。

苏　另一方面，心怀恶意的人会因他邻居的不幸而感到快乐吗？

普　【c】无疑如此。

苏　嗯，无知是一种恶，我们所说的愚蠢也是一种恶吗？

普　当然是。

苏　从中你能对可笑者的性质得出什么结论？

普　你告诉我吧。

苏　总的说来，它是一种恶，其名字源于某种特殊的性情；在所有邪恶中，这种恶的意思正好与德尔斐神庙的那句著名的铭文相反。

普　你指的是"认识你自己"吗，苏格拉底？

---

① 荷马：《伊利亚特》18：108—109。

苏　【d】是的。它的意思显然与这句话相反，就是"不认识自己"。

普　是这样的。

苏　继续，把这种性情分成三部分，普罗塔库。

普　你这是什么意思？我担心我不知道怎么分。

苏　你这么说是要由我来做这种划分吗？

普　我确实是这么说的，另外，我请求你这样做。

苏　不是必然有三种方式人有可能不认识自己吗？

普　这些方式是什么？

苏　【e】第一种方式和钱有关，要是有人以为自己比他的实际情况还要富有。

普　有许多人确实是这样的。

苏　甚至还有更多的人以为自己比他们的实际情况更高大、更英俊，相信自己拥有其他诸如此类的身体方面的优势。

普　确实如此。

苏　以第三种方式不认识自己的人比比皆是，在灵魂方面，亦即德性方面，相信自己德性卓越，而其实并非如此。

普　确实是这样的。

苏　【49】还有，在德性方面，尤其是关于智慧，许多人声称自己拥有冒充的知识，不断地争吵，虚假地冒领吗？

普　无可否认，是这样的。

苏　因此，把所有诸如此类的状况称做恶是相当合理的。

普　相当合理。

苏　如果我们想要发现这种喜剧般的心怀恶意是一种什么样的快乐与痛苦的奇异混合，我们必须继续对无知进行划分，普罗塔库。你会建议我们如何进一步对它进行划分？【b】所有对他们自己拥有错误看法的人，不是毫无例外，必定会与力量或权力结合在一起吗，或者正好相反，不与力量或权力结合在一起？

普　必定如此。

苏　那就以此为划分的要点。那些弱小而又虚张声势的人受到耻笑时没有能力进行报复，你可以正确地称之为"可笑的"；而那些有能力进行报复的人你最好恰当地称之为"可怕的"或"可恨的"。【c】强者的无知是可怕的和可恨的，因为它会给周围的人带来灾难，即使在戏台上也是这样，但弱者的无知是可笑的，事实上亦如此。

普　你的划分是对的，但我对这些事例中的快乐与痛苦的混合还是不太清楚。

苏　那就先来看心怀恶意的性质。

普　请解释。

苏　【d】它包含一种不公正的痛苦和快乐。

普　必然如此。

苏　嗯，如果你对你的敌人遭到不幸感到高兴，这里面有什么不公正或心怀恶意吗？

普　怎么会呢？

苏　看到你的朋友遭遇不幸而感到高兴，而不是感到痛苦，这是公正的吗？

普　显然是不公正的。

苏　我们刚才同意无知对每个人来说都是一种恶吗？

普　对。

苏　【e】现在让我们对我们说的这种朋友的无知作三重划分，冒充的智慧、冒充的美貌，以及我们刚才提到的其他类别，如果它是弱小的，那么它是可笑的，如果它是强大的，那么它是可恨的。嗯，我们现在打算确认我们刚才说的我们的朋友的状况吗，如果它对其他人无害，那么它是可笑的吗？

普　非常可笑。

苏　那么我们不同意无知是一种恶吗？

普　我们肯定同意。

苏　但若我们嘲笑它，我们是快乐的还是痛苦的？

普　【50】我们显然是快乐的。

苏　但是这种快乐在朋友的不幸面前，不就是我们说的心怀恶意的产物吗？

普　必定如此。

苏　我们的论证导向这个结论，如果我们嘲笑我们朋友的那些可笑的事情，把快乐与心怀恶意混杂在一起，由此我们的快乐混杂着痛苦。因为我们前面同意过，心怀恶意是灵魂的痛苦，嘲笑是一种快乐，在这些情况下二者一起出现了。

普　对。

苏　【b】那么，我们的讨论得出的这个要点是：痛苦与快乐在悲伤中混合在一起，不仅在戏台上，而且也在整个人生的悲剧和喜剧中，以及在其他无数场合。

普　不同意这种看法是不可能的，哪怕是站在相反立场上的最坚定的辩护者，苏格拉底。

苏　嗯，我们有了一个清单，包括愤怒、期待、【c】悲哀、恐惧、心怀恶意，等等，我们说在所有这些事例中都可以察觉我们已经重复多遍的这种混合，对吗？

普　对。

苏　所以，我们明白我们的整个解释也可运用于期待、心怀恶意和愤怒的吗？

普　我们怎么能不明白？

苏　其他许多事例也能用它来解释吗？

普　许多。

苏　嗯，我向你指出快乐与痛苦在喜剧中的混合，你对我这样做的目的到底是怎么想的？不就是为了给你提供一个根据，【d】使你比较容易相信在恐惧和热爱，以及其他事情也有这样的混合吗？我希望，一旦你接受了这一点，你就会把我从其余冗长的讨论中解放出来——一旦掌握了要点，那么就可以明白其他可能的存在，无灵魂的身体、无身体的灵魂、灵魂和身体共有的情感，也都包含着快乐与痛苦的混合。

嗯，告诉我，你会让我现在走呢，还是让我们一直待到下半夜？我希望，我再表达一些看法能使你们今天就饶了我。【e】我很乐意明天再来充分解释其余的问题，而现在我想要推进一下剩余的几个要点，它们是斐莱布要求我们做决定的。

普 讲得好，苏格拉底。就按你的想法讨论剩下的问题吧。

苏 在讨论了混合的快乐以后，我们要转向不混合的快乐，这样做是必须的，非常自然。

普 【51】说得好。

苏 我现在试着轮流解释它们。尽管我并非真的同意那些人的观点，他们认为所有快乐都只不过是痛苦的消除，但无论如何，我还是把它们当做证据来用，如我前述，来证明有某些种类的事物只是显得像是快乐，而实际上并非快乐，进一步说，还有其他数量庞大种类繁多的快乐，实际上与痛苦混杂在一起，或者说是身体和灵魂所遭受的严重痛苦的缓解。

普 【b】但是，苏格拉底，哪些种类的快乐可以正确地当做真快乐呢？

苏 那些与所谓纯粹的颜色、形状、大多数气味、声音相关的快乐是真快乐，还有一般说来不可感、无痛苦的缺乏，它们的满足是可感的，令人愉快的。

普 不过，真的，苏格拉底，你到底在说什么？

苏 我在说的也许不那么清楚和直截了当，【c】但我会试着澄清我的意思。我说的形状的美不是大多数人所以为的生灵之美或图画之美。我指的是，这个论证所需要的，倒不如说是直线和圆，以及用木匠的尺、规、矩来制作的平面图形和立体图形。我认为这样的事物不具有那种相对意义上的美，像其他事物那样，而是凭其本性具有永久的美。它们提供的快乐是它们自身特有的，与搔痒所产生的快乐完全不可比！【d】相比而言，颜色也是美的，能输出它们自己的那种快乐。我们现在理解得好些了吗，或者说你感到怎么样？

普　我真的是在试图理解你的意思，苏格拉底，不过，你能设法说得更清楚一些吗？

苏　我在说的是，那些柔和清晰的声音可以产生纯粹的音调，与其他任何事物相连，它们是不美的，但就其自身而言，在其自身中，它们有自己的快乐相伴，这些快乐是其自身固有的。

普　确实是这么回事。

苏　【e】与气味相连的快乐不那么崇高。但由于它们并不一定与痛苦混合在一起，以任何形式，或者我们不管以什么方式接触到它们，由于这个原因，我把这些快乐当做其他种类的快乐的对应物。所以，要是你抓住了我的要点，我们就可以来处理这两种快乐，这是我们正在寻找的。

普　我确实抓住你的要点了。

苏　【52】然而，要是我们确实同意没有与快乐相连的如饥似渴的学习者这种事，在如饥似渴的学习者那里也没有任何痛苦的源泉，那就让我们这些快乐之上再加上学习的快乐。

普　在这一点上，我同意你的观点。

苏　嗯，好吧，要是在补充了知识以后，人们由于遗忘而再一次失去知识，你注意到有任何种类的痛苦吗？

普　没有什么东西可以说是凭本性固有的，但若我们需要对这种损失进行反思，【b】我们会体验到这种损失的痛苦。

苏　但是，我亲爱的，我们在这里只涉及自然的感受本身，与对它们的反思无关。

普　那么你说得对，丧失知识不会引起我们的痛苦。

苏　所以我们可以说学习的快乐不与痛苦混杂，这种快乐不属于大众，只属于极少数人。

普　我怎能不同意你的观点？

苏　【c】我们现在已经恰当地区分了纯粹的快乐和那些可以公正地称为不纯粹的快乐，让我们给那些强烈快乐的不节制属性添上我们的解释，与此相反，那些不强烈的快乐则有节制的属性。也就是说，我们要把那些表现得极为强烈的快乐归入无限者这一类，无论这种情况经常发生，还是十分罕见，这样的快乐或多或少影响着身体和灵魂。【d】而其他类型的快乐我们可以归诸有限度的事物。

普　你说得很对，苏格拉底。

苏　但是我们也还不得不考察和它们有关的下一个问题。

普　什么问题？

苏　它们与真相的关系问题。哪一种说法更接近它们的真相：纯粹的、清晰的、充分的，或者是强烈的、多重的、庞大的？

普　你问这个问题的目的是什么，苏格拉底？

苏　【e】在我们对快乐和知识的考察中，我不想省略任何东西。我想问的是，如果它们中有一部分是纯粹的，而其他部分是不纯粹的，那么我们就能考察它们的纯粹形式，这样一来对你、我，以及所有在场的人就比较容易进行这种尝试了。

普　你说得很对。

苏　那就让我们继续考察，看所有这些东西是否属于展示下列性质的纯粹的种类。不过，让我们首先在它们中间挑选一样东西来研究。

普　我们挑选什么好呢？

苏　【53】如果你不反对，让我们首先选择白。

普　我没问题。

苏　我们如何才能得到纯粹的白？白是什么？是数量尽可能大的白的事物，还是极少混杂其他颜色的白的事物，在其构成中没有或几乎没有其他颜色？

普　显然应当是最完全、最清晰的白的颜色。

苏　对。但我们不也应当同意，这是一切白的事物中最真实、最美好的，【b】而不是数量和性质上最大的吗？

普　当然。

苏　所以，如果我们说纯粹的白的一小部分比数量庞大的不纯粹的白更白，同时更美、更真，这样说不也完全合理吗？

普　完全合理。

苏　嗯，好吧，我们不需要通过大量的例子来证明我们对快乐的解释是合理的，而是仅用这个例子就足以证明，【c】每一微小的、无足轻重的、不和痛苦混杂的快乐比庞大的、不纯粹的快乐更快乐、更真实、更美好。

普　这一点不容置疑，这个例子就够了。

苏　下面这个要点怎么样？不是有人告诉我们，快乐总是处于变化过程中，没有什么快乐是稳定的？某些思维精巧的思想家试图把这种学说告诉我们，为此我们要向他们表示感谢。

普　你这样说是什么意思？

苏　我确实会努力为你解释的，我的朋友普罗塔库，【d】通过重新提问。

普　你尽管问好了。

苏　假定有两类事物，一类是自足的，另一类需要其他事物。

普　你这是什么意思？哪些种类的事物？

苏　一类事物凭其本性拥有至高的尊严，另一类事物居于其下。

普　请你说得更清楚一些。

苏　我们肯定碰到过一些英俊、高贵的年轻人，和他们那些勇敢的情人在一起。

普　当然。

苏　【e】嗯，你试着想一想，看有没有另外一对事物具有我们刚才提到过的所有相关的特点。

普　我不得不第三次提出我的要求吗？请你说得更加清楚些，苏格拉底！

苏　这其实一点儿也不深奥，普罗塔库；只是我们讲话的方式有点滑稽。我的真实意思是，一切事物要么以其他某些事物为目的，要么是在每一情况下，它就是其他种类事物的目的。

普 我终于有点明白了，谢谢你的重复。

苏 【54】也许吧，我的孩子，随着论证的展开，我们会理解得比较好。

普 无疑如此。

苏 所以，让我们来掌握另外一个对子。

普 它是什么种类的？

苏 一方面是一切事物的生成，另一方面是它们的存在。

普 我接受你的这个对子：存在与生成。

苏 很好。嗯，在这个对子中你认为哪一方是另一方的目的？我们要说生成以存在为目的，还是存在以生成为目的？

普 被你称做存在的东西是否就是所谓生成的目的，这是你想知道的吗？

苏 显然如此。

普 【b】天哪，你向我提出了一个什么问题！你倒不如说"告诉我，普罗塔库，造船以船为目的，还是船以造船为目的"，或者说出这样的话来。

苏 这确实是我的意思，普罗塔库。

普 那你为什么不自己来回答这个问题，苏格拉底？

苏 没有其他原因，只是想要你参与论证。

普 我当然会参与。

苏 【c】我认为，所有材料，以及所有工具，总的说来，一切物体总是某些生成过程的目的。我进一步认为，每个生成过程的发生总是以某些具体存在物为目的，所有生成的发生加在一起，以整个存在为目的。

普 没有比这更清楚的东西了。

苏 嗯，快乐，由于它是一个生成过程，必定要以某个存在者为目的。

普 当然。

苏 但是，作为生成的目的的事物必定要在每个具体事例中生成，应当被归入自身为善的事物，而以其他事物为目的的生成属于另一类别，我的朋友。

普　无可否认。

苏　【d】但若快乐真的是生成过程，如果我们把它归入与善者这个类别不同的类别，我们这样做对吗？

普　这也是无可否认的。

苏　所以，如我在这个论证开始时所说，我们应当感谢那个把这个观点告诉我们的人，快乐总是处于生成之中，而非某种存在。他显然会嘲笑那些宣称快乐是善的人。

普　确实。

苏　不过，这同一个人也会嘲笑那些在生成过程中寻求满足的人。

普　【e】怎么会这样，你指的是哪一类人？

苏　我指的是这样一些人，他们在生成过程中治疗它们的饥饿、口渴，或其他麻烦。他们把生成中的兴奋当做快乐，还宣称他们不想过一种没有饥渴，没有与此相似经历的生活。

普　【55】你的描述确实适合他们。

苏　那么好，我们全都要承认毁灭是生成的对立面吗？

普　必然如此。

苏　所以，无论谁做出这种选择，都会选择生成和毁灭来指称那种既不快乐又不痛苦的第三种生活，但这种生活是一种极为纯粹的思想活动。

普　所以，在这里好像会出现一个巨大的谬论，苏格拉底，要是我们把快乐当做善。

苏　确实是一个谬论，尤其是，如果我们继续以这种方式来看。

普　什么方式？

苏　【b】这一点怎能不荒唐：除了在灵魂中，在身体中或其他任何地方不会有任何东西是好的或高尚的，而在灵魂中，快乐是唯一的善物，所以勇敢、节制、理性，或其他任何属于灵魂的善物既不是善的，又不是高贵的？

此外，我们不得不把那个没有经历快乐而经历了痛苦的人称做恶的，当他处于痛苦之中时，哪怕他是所有人中最优秀的。与此相反，我们也不得不说，无论哪个快乐的人，【c】他感受到的快乐越大，他的美德就更杰出！

普　所有这些想法都是很荒唐的，苏格拉底。

苏　那么好，让我们不要再对快乐进行各种详尽的考察，而对理性和知识却一带而过。倒不如，让我们勇敢地对它们进行全面的敲打，看它们在什么地方是否有什么错误。这样的话，我们就能了解它们的纯粹本性是什么。明白了这一点，我们就可以使用它们最真实的部分，以及快乐的最纯粹的部分，一道做出我们的决断。

普　这样做相当公平。

苏　【d】在这些与知识有关的科目中，一部分是生产性的，其他部分则涉及教育和教养吗？

普　是这样的。

苏　首先，让我们来看，在那些手工技艺中是否有一些与知识本身的关系比较密切，有些则不那么密切；其次，我们是否应当把有些当做相当纯粹的，有些当做不那么纯粹的。

普　我们应当这样做。

苏　那就让我们在它们中间梳理出主导性的科目。

普　哪些科目，我们该怎么办？

苏　【e】如果某人要从技艺和手艺中去掉计算、度量和称重，那么剩余的东西可以说是无足轻重的。

普　毫无价值，确实如此！

苏　因为这样做了以后，剩下的就全都是一些猜测和通过经验与常规对我们的感官进行训练。我们不得不依赖我们幸运的猜测能力对这些许多人称之为技艺的东西进行猜测，通过实践和艰苦的工作，它能达到精通的地步。

普　【56】无可否认，是这样的。

苏　这一点是清楚的，让我们以音乐为例。不按照尺度来调整和声，而是用缺乏训练的手指头拨弦，更一般的音乐则试图通过观察颤抖的琴弦来发现尺度。所以，其中有大量不准确的混合，极不可靠。

普 你说得非常对。

苏 【b】在医疗、农业、航海、军事中不也会发现同样的情况吗？

普 确实如此。

苏 至于建造术，我相信这门技艺的优越性高于其他技艺，因为它频繁使用度量和工具，从而使它具有高度的精确性。

普 在什么方面？

苏 在造船和造房子中，但也在其他许多木作技艺中。【c】因为它要使用直尺和圆规，以及砌石工的丈量杆和线，还有被称做木工三角板的小工具。

普 你说得很对，苏格拉底。

苏 所以，让我们把所谓的技艺分成两部分：一部分像音乐，在实践中不那么精确；一部分像建造，精确性较高。

普 同意。

苏 让我们把刚才称做最基本的技艺当做最精确的。

普 我想你指的是算术的技艺和你在它之后提到的其他科目。

苏 【d】确实如此。但是你难道不认为，我们不得不承认它们也分成两类吗，普罗塔库？

普 你指的是哪两类？

苏 我们难道不是必须承认，首先，许多人的算术是一回事，哲学家的算术是另外一回事吗？

普 那么该如何区分这两类算术呢？

苏 这里面的区别决不是微小的，普罗塔库。首先，有些人计算不同单位的事物的总量，比如两支军队、【e】两群牛，而无论它们是微小的还是巨大的。然而，有其他人不会以他们为榜样，除非它能保证这些无限多样的单位相互之间没有什么差别。

普 你很好地解释了这些关心数的人有什么显著的差别，由此可以作为一个理由来说明有两类不同的算术。

苏 【57】嗯，好吧，建造者或商人使用的计算和度量怎么样，哲学家使用的计算怎么样，我们要说有一类计算，还是两类计算？

普 根据我们前面已经说过的话，我应当赞同有两类计算这种选择。

苏 对。但你明白我们为什么要在这里提出这个问题来吗？

普 可能，但若你能自己来回答这个问题，我会感激不尽。

苏 我们讨论的目的现在似乎是，如我们刚开始讨论时那样，寻找一个可与我们提出来的有关快乐的观点相类似的问题。【b】所以，我们现在要考察不同种类的知识在纯粹性方面的差别是否与不同种类的快乐在纯粹性方面的差别是一样的。

普 这显然就是我们当前提出这个问题的目的。

苏 但是下一步是什么？我们难道看不出处理不同的事物需要不同的技艺，这些技艺有不同程度的确定性吗？

普 是的，我们看出来了。

苏 那么，这是可疑的，一门技艺是否拥有一个名称，并且一般被当做一门技艺来处理，而非当做两门技艺来处理，取决于确定性和纯粹性方面的差别。【c】如果事情是这样的，我们还必须问，这门技艺在哲学家手中是否比这门技艺在非哲学家手中更精确？

普 这确实就是问题所在。

苏 所以，我们对这个问题该如何回答呢，普罗塔库？

普 苏格拉底，就精确性而言，我们已经发现科学之间有着惊人的差异。

苏 这个发现有助于我们回答这个问题吗？

普 显然有帮助。可以说，这些科学比其他科学要优越得多，【d】但那些渗透着真正哲学家精神的科学由于使用尺度和数量而在精确性和真实性方面更是无比优越。

苏 相信你，让我们来解决这种学说，我们将充满自信地回答那些强大的语词陷阱的制造者①。

普 我们要对他们做出什么样的回答？

苏 有两种算术、两种几何，还有许多两种其他科学，它们同样具有两重性质而共享一个名称。

普 【e】让我们抱着最好的愿望，对那些强大的人做出回答，苏格拉底，你是这么叫他们的。

苏 我们要坚持认为这些种类的科学是最精确的吗？

普 当然。

苏 但是，辩证法的力量会呵斥我们，如果我们把其他科学置于辩证法之前，普罗塔库。

普 【58】我们指的又是什么科学呢？

苏 每个人都清楚我现在指的是什么科学！我认为，任何人只要享有一点儿理性，就会用各种最真实的知识来考虑存在者、真实存在的事物、以各种方式保持自身同一的永存的事物。不过，你的立场是什么？你对这个问题如何决断，普罗塔库？

普 在许多场合，苏格拉底，我听高尔吉亚②坚持说，说服的技艺远远优于其他一切技艺，【b】因为这门技艺统治其他所有技艺，依靠它们自身的赞同，而非依靠暴力，由此这门技艺也就成为最优秀的技艺。嗯，我现在犹豫不决，不知是否要采取一种反对他或反对你的立场。

苏 我怀疑，你起初想说的是"拿起武器"，但后来又窘迫地没说出口。③

普 只要你喜欢，你爱怎么说就怎么说。

---

① 参见本篇 15a—16a，16c 以下。

② 高尔吉亚（Γοργίας），希腊著名智者，《高尔吉亚篇》对话人。

③ 普罗塔库前面刚说过智者的技艺依靠说服，不依靠武力，所以苏格拉底说他窘迫地没说出口。

苏　我要对你的误解加以指责吗？

普　哪方面的误解？

苏　我亲爱的朋友普罗塔库，我在这里想要发现的不是哪一种技艺或科学凭着它的宏伟、【c】高尚，或者凭着它对我们有用，而超过其他所有技艺或科学。倒不如说，我们在这里关心的是发现哪一种技艺或科学旨在清晰、准确、最大程度的真实，哪怕它是一门很小的学问，对我们用处也不大。请你这样看：只要你让高尔吉亚的技艺获胜，让它为人类生活起到实际作用，你就可以避免给高尔吉亚制造一个敌人了。

至于我现在谈论的这门学问，我在前面说过的那个关于白的事例也可以适用：哪怕数量很小，【d】它也能在纯粹和真实方面优于数量极大，但却不纯粹、不真实的学问。我们一定要寻找这门科学，而不要涉及它的实际用途或它的声望，而要看它的本性是否是一种在我们的灵魂中热爱真理的能力，要为了它自身的缘故而去做一切事情。如果通过反思和充分的讨论为我们的技艺确认了这一点，那么我们可以说，它最像是拥有心灵和理性的纯洁。否则的话，我们就只好去寻找一种更高的知识，而不是这种知识。

普　【e】好吧，我已经想过了，我同意，要发现另外一种更加接近真理的技艺或科学是困难的。

苏　在做出这种回答的时候，你明白大多数技艺或科学，以及那些从事技艺或科学的人，【59】首先只和意见打交道，并且使这些意见成为他们研究的中心吗？哪怕他们认为自己是在研究自然，你必须明白他们耗费毕生精力研究的只是这个世界的秩序、它如何生成、它如何受影响、它如何运作吗？这是不是我们的立场？

普　是这样的。

苏　所以这样的一个人假定他要承担的任务不是处理那些永恒的事物，而是处理那些正在产生、将要产生，或已经产生的事物。

普　无可否认。

苏　那么，如果这些事物过去从来不曾拥有、将来不会拥有、现在也不拥有任何种类的同一性，【b】我们怎能对它下任何确定的判断呢？

普　当然不能。

苏　那么，我们怎能抱着这样的希望，在这些自身不拥有任何确定性的对象中获得任何确定的东西呢？

普　我看不到有任何希望。

苏　那么对于这些事物，没有任何理性或知识能获得有关它们的最高真理！

普　至少，看起来不像。

苏　因此，我们必须把你和我，还有高尔吉亚和斐莱布，全都打发了，但是关于我们的考察，我们必须做出下列声明。

普　【c】什么声明？

苏　我们要么将在那些不混杂的、永远处于相同状态的事物之中发现确定性、纯洁性、真理，以及我们可以称之为整全性的东西，我们要么将会在那些与之尽可能接近的事物中发现它。其他一切事物都必须称做次要的、低劣的。

普　你说得非常正确。

苏　我们要用最高贵的名称来称呼这些最高尚的事物，这岂不是极为公正的要求吗？

普　只有这样才是公平的。

苏　【d】理性和知识不就是配得上最高荣耀的名称吗？

普　是的。

苏　所以，在最准确的含义和最恰当的用法上，它们是可用于真正实在的洞察。

普　确实如此。

苏　但是，这些名称就是我们开始下结论时我提出来的名称。

普　就是这些名称，苏格拉底。

苏　好。至于理智和快乐的混合，要是有人把我们的处境比做建造师，【e】有各种成分或材料用于我们的建造，这会是一个恰当的比较。

普　非常合适。

苏　所以，下面我们应当试着来处理混合物吗？

普　当然。

苏　但是，有些要点我们先重复和提醒一下我们自己，不是更好吗？

普　什么要点？

苏　我们以前提醒过我们自己的要点。有句箴言很适合用在这个地方，【60】好东西值得"一而再，再而三"地重复。

普　当然。

苏　好吧，苍天在上！我想，这就是我们已经说过的一般要点。

普　什么要点。

苏　斐莱布说，一切生灵以快乐为正确的目标，一切生灵都会努力追求这个目标，它同时又是一切生灵的善，所以善和快乐虽是两个名称，但实际上它们属于同一事物，它们是同一的。【b】与此相反，我苏格拉底认为它们不是同一事物，而是两样事物，正如它们是两样名称不同的事物，所以善者和快乐者有不同的本性，理智拥有的善物超过快乐。这些事情，和前面说的一样，不就是我们在讨论的问题吗，普罗塔库？

普　确实就是这些。

苏　还有一个要点我们也应当表示同意吗，和我们前面说的一样？

普　什么要点？

苏　善者的本性和其他一切事物的本性之间的差别不就在这个方面吗？

普　【c】在什么方面？

苏　任何以各种方式完整地永久拥有善的生灵，决不会需要其他任何事物，而是过着一种完全自足的生活。这样说对吗？

普　对。

苏　但是在我们的讨论中，我们不是试图对它们分别进行考察，给它们各自指定一种它自己的生活，所以快乐可以不与理智混杂，理智也不会混有任何一丝快乐吗？

普 我们是这么做的。

苏 【d】这两种生活在那个时候，对任何人，哪一种在我们看来是自足的？

普 它怎么能是自足的？

苏 如果说我们当时犯了某些错误，那么任何人现在都有重新表达他的看法，纠正错误。让他把记忆、理智、知识和真意见归为一类，问他自己若无这些东西，他能否得到或拥有他想要的任何东西。【e】尤其是，无论他是否想要快乐，无论他想要多少快乐，要多么强烈的快乐，或者说，若无真意见，若不能察觉他的感受，若无瞬间对其感受的记忆，他就不可能得到快乐。让他对理智进行同样的考察，看是否有人宁愿选择理智而不选择任何快乐，哪怕是稍纵即逝的快乐，除非他确实不想要任何无理智的快乐，而想要伴随某些理智的快乐。

普 这两方面的考察都不需要，苏格拉底，同样的问题没有必要经常提出。

苏 【61】所以快乐和理智这两样东西都不是完善的，不值得所有人选择，不是至善吗？

普 它们怎么能是呢？

苏 因此，我们必须对善进行准确地把握，或者至少要粗略地把握，这样的话，如前所述，我们就能知道该把亚军的奖励授予谁。

普 你说得对。

苏 至少，我们已经发现了一条通向善者的道路，是吗？

普 什么道路？

苏 是这样的，如果你正在找人，你首先要发现他住在什么地方。【b】这是发现他的一个重要步骤。

普 当然。

苏　与此同理。这个论证在我们讨论开始时给我们指出了道路，现在又在给我们指路，我们不应当在不混合的生活中寻找善者，而应当在混合的生活中寻找善者。

普　是这样的。

苏　在那些混合得很好的生活中寻找，比在那些混合得很糟的生活中寻找，更有希望找到吗？

普　希望要大得多。

苏　所以在我们进行混合的时候，让我们祈求众神的帮助，【c】普罗塔库，无论是狄奥尼修斯①、赫淮斯托斯②，或者其他神祇，他们掌管这样的混合。

普　务必如此。

苏　我们就好像站在泉眼旁的斟水人——快乐的泉眼，可与蜂蜜相比，理智的泉眼，它的泉水没有酒，喝了令人头脑清醒，有益健康——我们必须看如何能把二者完美地调和起来。

普　当然。

苏　【d】但是首先让我们来看这一点：要是我们把各种快乐和各种理智都混合在一起，结果会很好吗？

普　也许吧。

苏　这样做并非没有危险。嗯，如何进行一种比较安全的混合，我有一个主意。

普　请你告诉我们。

苏　我们刚才不是发现一种快乐会比另一种快乐更真实，一种技艺会比另一种技艺更精确吗？

普　确实。

---

① 狄奥尼修斯（Διονυσίως），希腊酒神。
② 赫淮斯托斯（Ηφαίστος），希腊冶炼之神。

苏　不同的科学之间也有差别，因为一种科学处理的对象是有生灭的，【e】另一种科学涉及的是没有生灭、永恒而又自我同一的事物。由于我们以真为我们的标准，后一种科学似乎更为真实。

普　肯定是这样的。

苏　如果我们从各种未混合的事物中取来最真实的部分，把它们混合在一起，这种混合不会给我们提供最符合我们期望的生活吗，或者说我们还需要那些不太真实的部分？

普　【62】在我看来，我们应当按照你说的去做。

苏　那么，让我们假定，有一个人懂得什么是正义本身，能够给出恰当的定义，他对其他所有存在的事物也都拥有同等的理解。

普　让这个假定成立。

苏　如果他懂得神圣的圆和球体本身，却不认识人造的球体和我们画的圆形，【b】甚至不知道造房子用的其他尺度和圆形，他能在科学中得心应手吗？

普　要是我们把自己完全局限在神圣知识的范围内，苏格拉底，我们会发现自己落入相当可笑的境地！

苏　你在说什么？我们同时应当把那些不准确的、不纯粹的科学，以及虚假的尺度和圆形，包括在内，并在混合中添加吗？

普　对，必定如此，要是我们中任何一个人想要找到他自己回家的路。

苏　【c】音乐怎么样：我们也应当在混合中混入某种我们前不久说过的那些依赖运气和模仿、缺乏纯洁性的成分吗？

普　在我看来这好像是必然的，要是我们设定的生活至少算得上某种生活。

苏　那么，你想要我像一个看门人那样，被众人推搡着把门打开，让各种各样的知识涌进来，让低劣者和纯洁者混合在一起吗？

普　【d】要是我们拥有最高种类的知识，我看不出，接受其他所有各种知识会带来什么害处。

苏　那么，我会让它们全都流进船里来，就像荷马诗意地说："河水从山上流入峡谷，混合在一起。"①

普　当然要这样做。

苏　让它们流吧！但是现在我们必须返回快乐的源泉。我们不再能实现我们最初的意愿，只让它们各自最真实的部分混合在一起。我们对各种知识的热爱使知识在与任何快乐混合之前就已经混合在一起了。

普　【e】你说得对。

苏　对我们来说，现在也是该对快乐做决断的时候了，我们是否应当接受所有快乐，或者我们是否应当在最初的时候只接受真实的快乐。

普　如果我们让真实的快乐先进来，那么会安全得多！

苏　那就让它们进来。但是，下一步该怎么办呢？要是有些快乐是必要的，我们也要像我们在其他事例中那样，不让它们混合吗？

普　我们没有理由不让它们混合进来，至少，要是它们真的是必要的话。

苏　【63】确定了这样做无伤大雅，甚至有益于我们终生追求所有技艺，所以我们现在可以对快乐做出同样的结论了。如果终生享有所有快乐有益无害，那么我们应当把所有快乐都混合在一起。

普　那么，对它们我们该怎么说，我们该怎么做？

苏　我们不应该向我们自己提出这个问题，普罗塔库，而应当向快乐本身提出，也应当向不同种类的知识提出，发现它们各自对以这种方式向它们提出的问题有什么感受。

普　【b】以什么方式？

苏　"我的朋友，你们是否应当被称做'快乐'，或者其他名称②，你们是否宁可与其他各种知识生活在一起，或者宁可完全不和知识生活在一

---

① 荷马：《伊利亚特》4：452。

② 参见本篇 11b。

起?"——对这个问题，我想它们肯定会做出这样的回答。

普　什么样的回答?

苏　它们会说出这些已经说过的话："对一个部落来说，独居、孤立和分离既不可能，又无益处。【c】我们宁可与那些最优秀种类的知识共同生活，这种知识不仅理解一切事物，而且也尽可能理解我们。"

普　我们会对它们说："你们的回答好极了。"

苏　这样说很公正。但在那之后，我们不得不向理智和理性提出问题。"你们有什么和快乐联系的需要吗?"这是我们会对理性和知识说的话。它们会问："什么样的快乐?"

普　它们很像会这样说。

苏　【d】我们的讨论会这样延续下去。我们会问："除了那些真正的快乐，你们还需要和最强大、最强烈的快乐相联系吗?"它们会回答："我们为什么需要它们，苏格拉底? 它们就像巨大的障碍在压迫我们，因为它们疯狂地影响着它们居于其中的灵魂，甚至完全阻碍我们自身的发展。再说，【e】它们完全摧毁了我们的产物，使我们变得健忘。至于你提到的真实的和纯粹的快乐，我们把它们当做我们的亲戚。除此之外，也还要添上那些与健康和节制相伴的快乐，以及所有那些与美德相关的快乐，这些快乐把美德当做它们的神，到处追随。但是，要建立理性和那些永远包含愚蠢和其他邪恶的快乐之间的联系，这对任何想要建立一种最优秀、最稳定的混合状态的人来说，都是完全不合理的。【64】如果他想要在这种混合中发现什么是人身上的善和宇宙中的善，并对差距本身的性质得到某些看法，那么这样说尤其是对的。"当理性为它自己，以及为记忆和真意见做出这种辩护的时候，我们难道不承认它说得很有理，与它自身标准是一致的吗?

普　确实如此。

苏　但是你来看，是否下面这样东西也是必要的，没有它，世上就没有任何事物可以产生?

普 【b】什么东西？

苏 我们在任何混合中要是不混入真实，那么就不会有任何事物产生，即使产生了它也不会继续存在。

普 它怎么能存在呢？

苏 确实不能。不过，要是说在我们的混合中现在还有什么缺失，那是你和斐莱布会说的话。而在我看来，我们的讨论已经抵达一个可以称做无形秩序的设计，它和谐地统治着被灵魂拥有的形体。

普 把我也算做一个具有这种看法的人吧，苏格拉底。

苏 【c】那么，我们也许可以或多或少正确地说，我们现在已经站在善的门槛上了，那里居住着善这个家族①的每一个成员，是吗？

普 至少，我是这么想的。

苏 在我们的混合中，我们应当把什么成分当做最有价值的，同时把它当做对全人类的生活最宝贵的因素？一旦我们发现了它，我们就要考察在本性上，作为一个整体，它与快乐还是与理性关系更加密切，更具有亲缘性。

普 【d】你说得对。这样做对于进一步接近我们的最终决断肯定很有用。

苏 但是要看到在各种混合中什么因素使混合最有价值，或者使混合毫无价值，肯定不难。

普 你这是什么意思？

苏 世上没有任何人会不知道它。

普 知道什么？

苏 任何不以某种方式拥有尺度或比例的混合，必定会使其成分和自身的大部分毁坏。【e】因为在这样的事例中没有真正地混合，而只是一大堆东西杂乱地堆放在一起，也就会发生各种各样的毁灭。

普 非常正确。

苏 但是我们现在注意到，善的力量已经在它的盟友美的本性中找到避

---

① 善的家族，参见本篇 61b。

难所。尺度和比例在所有领域将其自身显现为美和美德。

普　不可否认。

苏　但是我们确实说过，真理也和它们一道被包含在我们的混合中。

普　确实如此。

苏　【65】那么，好吧，如果我们不能捕获单一形式的善，我们就不得不借助美、比例、真理三者的联合。让我们确认，把三者视为一个统一体是对的，它应当对混合负责，因为正是它的善使混合本身成为善的混合。

普　说得很好。

苏　现在任何人都应当能够在快乐和理智之间下判断，【b】看它们哪一个更接近至善，对众神和凡人更有价值。

普　尽管答案是明显的，但我们在讨论中还是要准确地说出来更好。

苏　那就让我们对这三样东西各自与快乐和理性的关系下判断。因为我们不得不弄清这三样东西与快乐和理性的关系，何者更为接近。

普　你指的是美、真理和尺度这三样东西吗？

苏　是的。首先来说真理，普罗塔库，你就拿着真理，来观察这三样东西：理性、真理、快乐。【c】然后，长时间考虑一下，再做出回答，你认为是快乐还是理性更接近真理。

普　有什么必要长时间考虑？我认为有巨大差别。因为，快乐是最大的骗子，按照一般的解释，要是快乐与爱情有关，那么爱情的快乐似乎就是最大的快乐，哪怕为了爱情作伪誓都能得到众神的宽恕。倒不如说，快乐也许就像儿童，完全缺乏理性。【d】而与此相反，理性要么和真理相同，要么和一切事物的真相等同，它是最像事物的，是最真实的。

苏　下面以同样方式来看一下尺度，看快乐是否比理智更有尺度，还是理智比快乐更有尺度。

普　我要再一次说，你赋予我的这个任务我有了充分的准备。我认为你不能发现任何比快乐和过分的喜乐更无尺度的事物，也不能发现任何比理性和知识更有尺度的事物。

苏 【e】说得好。不过，现在来看第三个标准。在我们的估量中，理性比快乐一族拥有更多的美，所以理性比快乐更美，或是正好相反？

普 噢，苏格拉底，无论是醒着还是在做梦，没有人会看到理智和理性是丑陋的；也没有人会有可能察觉到它们是变易的，或者正在变得丑陋，或者将要变得丑陋。

苏 对。

普 与此相反，讲到快乐，当我们看到任何人主动经历着快乐，【66】尤其是经历最强烈的快乐的人，我们注意到它们的效果是十分可笑的，如果不是极为丑陋；我们变的为自己感到羞耻，想要尽力掩盖或隐匿快乐，把这类事情留到黑夜再做，认为这种事不应当暴露在光天化日之下。

苏 所以，你要向全世界宣布，要么是派出使者，要么是直接对在场者说，快乐不是头等的财富，也不是第二等的财富，或者倒不如说，头等的财富要与尺度相连，它是有尺度的，有时间的，还有其他类似的性质。

普 至少就我们当前的讨论来看是这样的。

苏 【b】第二等的财富是比例适中的，是美丽的、完善的、自足的，还有其他类似的性质。

普 这样说好像是对的。

苏 如我所预见的那样，要是你把理性和理智列为第三等，那么你离开真理不算太远。

普 也许吧。

苏 不远，因为在这些第三等的事物的旁边，你放上那些第四等的事物，【c】我们把它们定为灵魂自身的性质，即科学与技艺，以及被我们称做真意见的东西，因为它们至少比快乐更加接近善。

普 也许是这样的。

苏 第五类就是那些被我们辨认和区分出来的无痛苦的快乐；我们称之为灵魂自身的纯粹的快乐，因为它们依附于知识，有些甚至依附于感知。

普 也许。

苏 "在有序歌声的第六次降调处可以发现它的终点"，如奥菲斯① 所说。所以，我们的讨论看起来也像唱歌一样，在确定第六个等级时走向终点。【d】现在，除了要对已经说过的话添上精彩的最后一笔，没有其他什么事要做了。

普 这是我们必须做的事。

苏 那么，来吧，"第三杯奠酒献给拯救者宙斯"，让我们第三次传唤相同的论证来做见证。

普 哪一个论证？

苏 斐莱布宣布，任何种类的每一个快乐都是善。

普 你的"第三杯奠酒"的意思好像是，如你刚才所说，我们不得不从头开始重复所有论证！

苏 【e】是的，但是也让我们听听下面的话。鉴于我们在这里已经提出来的种种考虑，为了摆脱斐莱布在许多场合多次宣称的立场所带来的灾难，我坚持认为，理性远比快乐优越，对人类生活更有价值。

普 这是对的。

苏 考虑到还有其他许多善，我说过，如果有某些东西比理性和快乐更好，那么我会站在理性这一边反对快乐，为理性争得亚军的桂冠，而快乐的亚军地位应当被剥夺。

普 【67】你确实说过这些话。

苏 后来事情变得非常清楚，拥有这两样事物中的某一样，都不能满足我们的需要。

普 非常正确。

苏 在我们的讨论中，这个要点不也变得清楚了，理性和快乐都不能声称自己就是善本身，因为它们都缺乏自主性，缺乏自足的能力，缺乏自我完善的力量？

---

① 奥菲斯（Ὀρφεύς），希腊神话传说中的诗人。

普　确实如此。

苏　然后，当优于它们的第三位竞争者露面的时候，事情变得很清楚，理性确实与胜利者有着更加亲密的联系，它的性质与胜利者的特点同缘。

普　无可否认。

苏　按照我们在讨论中所抵达的最后的决断，快乐不是变成处于第五的位置吗？

普　显然如此。

苏　【b】快乐不是第一位的，哪怕所有牛和马，以及其他各种动物都用它们对快乐的追随来提供见证。嗯，许多人接受了它们的证言，就好像占卜者依赖鸟类做出预言，断定快乐最能确保幸福的生活；他们甚至相信，以动物的情欲作为证言比论证更加权威，对论证的热爱在哲学缪斯的指引下在不断地显示它的力量。

普　我们现在全都同意你所说的是最为可能的，是最正确的，苏格拉底。

苏　所以，你们现在会让我走吗？

普　还有一点儿缺憾，苏格拉底。你肯定不会比我们更早放弃。不过，我以后会提醒你还有什么事剩下来没做。

蒂迈欧篇

提　要

本篇是柏拉图仅有的一篇专门讨论自然哲学的对话。古代很早就有思想家为这篇对话撰写注释。学者们大多同意本篇属于柏拉图的后期对话，写作时间可能略早于《法篇》。公元 1 世纪的塞拉绪罗在编定柏拉图作品篇目时，将本篇列为第八组四联剧的第二篇，称其性质是"自然学的"，称其主题是"论自然"。① 谈话篇幅较长，译成中文约 5.8 万字。

本篇对话人共有四位。苏格拉底在对话开始时进行引导，但没有表达更多的观点。克里底亚讲述了一则故事，追溯雅典的远古历史。天文学家蒂迈欧是本篇主要对话人，在对话中系统讲述了宇宙的生成及其结构，提出了一个庞大的自然哲学体系。学者们认为，《蒂迈欧篇》反映了柏拉图的自然哲学和神学思想，对后世西方思想的发展产生着广泛而又深刻的影响。

引言部分（17a—27b），对话人克里底亚应苏格拉底的要求，讲述"大西岛"的故事。故事说，雅典著名政治家梭伦去埃及游历，与一名老祭司交谈。老祭司说雅典人对古代历史像儿童一样无知。雅典人只知道最后一次大洪水之后的事情，而实际上早在大洪水之前，雅典人曾经领导全体希腊人战胜"大西岛人"的侵略。后来发生了地震和洪水，"大西岛"沉入海底，而

---

① 参见第欧根尼·拉尔修：《名哲言行录》3：60。

雅典则在废墟中重建。

蒂迈欧的讲话内容可分为三个部分：

第一部分（27c—42e），造物主用理智创造宇宙、宇宙灵魂和众神。蒂迈欧指出，讨论宇宙的生成问题必须从下述区别开始：什么是永久存在而没有变易？什么是变易而决无存在？凡有生成的事物必定由某种原因的力量方才产生，若无原因，任何事物的生成都是不可能的。我们的这个宇宙有生成。因为它既是可见的，又有身体。因此，它是有生成的事物，是被造出来的事物。造物主创造出来的这个宇宙是唯一的。他首先创造了宇宙灵魂，让它成为宇宙身体的主人，统治它的下属。造物主按照数量、比例创造宇宙。一旦整个灵魂获得令神愉悦的形式，神就在它内部构造全部有身体的东西，并使二者匹配。灵魂与身体交织在一起，从宇宙中心朝着各个方向扩散，直抵宇宙边缘，又从宇宙的外缘包裹宇宙。造物主创造了太阳、月亮等神圣的天体，使时间和宇宙同时生成。造物主决定他创造的这个宇宙要包含四种生灵。这些种类有四种：第一种，神圣的族类，亦即天体和众神；第二种，有翅膀，在天上飞翔的鸟类；第三种，生活在水中的族类；第四种，有腿，在陆地上生活的族类。造物主创造了宇宙灵魂和众神，并把给其他灵魂种子配上身体的任务交给众神。

第二部分（42e—69a），众神创造有朽的万物。造物主休息以后，众神受造物主指派，向宇宙借取一部分火、土、水、气，创造了有生灭的万物。四种元素有其基本性质，有其生成转化的过程。存在者、空间和变易早在宇宙生成之前就已经有了。众神创造物就以三者为前提和基础来展开。任何物体都有体积，三角形可以说明各种物体的结构，立体几何可以说明各种物体的生成过程。物体因形态、组合、变化而形成多种多样的类别。物体的特性引发不同的感觉。各种感觉的产生均有具体原因。

第三部分（69a—92c），众神造人。众神首先创造了可朽的灵魂，这种灵魂会受到各种情感的影响。他们把可朽的灵魂安放在身体内。解释灵魂在什么范围内是可朽的、在什么范围内是神圣的、灵魂的各个部分位于身体何处、它们与哪些器官相连、为什么要分别放置它们。解释身体其他部分是怎样创造出来的，身体的构造，身体健康与疾病的原因，灵魂健康与疾病的原因。最后做简要的总结：我们的这个宇宙接受和滋养了各种各样可朽的和不可朽的生灵。它是一个可见的生灵，包含着众多可见的小生灵，它也是一位可见的神，是那位活生生的理智者的形象，它是宏伟的、良善的、美丽的、圆满和无与伦比的。我们的宇宙是有生成的，是唯一的。

正　文

谈话人：苏格拉底、蒂迈欧、赫谟克拉底、克里底亚

苏　【17】一，二，三……第四位在哪里，蒂迈欧①？你们四个人昨天是我的客人，今天我是你们的客人。

蒂　他碰上什么事情了，苏格拉底。他肯定不会故意错过我们的会面。

苏　好吧，你和你的同伴可以代替你们缺席的这位朋友吗？

蒂　【b】你说的很对。无论如何，我们会尽力而为，不让你失望。你昨天盛情款待了我们这些客人，要是我们三个不能很好地回报你，那是不对的。

苏　你们还记得我要你们谈论的那些议题吗？

蒂　我们有些还记得。要是有些我们不记得了，嗯，你可以提醒我们。当然了，更好的办法是，要是你不嫌麻烦，你能简要回顾一下全部议题吗？这样的话，这些议题就能更加牢固地记在我们心中。

苏　【c】很好。我昨天的主要议题是政治，我想，我的主要论点涉及城邦应当有什么样的政治结构，应当有什么样的人，从而使城邦有可能成为最好的。

蒂　是的，苏格拉底，你是这么做的，对你的描述，我们全都非常

---

①　蒂迈欧（Τίμαιος），人名，本篇和《克里底亚篇》对话人。

满意。

苏 我们不是一开始就把农夫阶层和城邦里的所有其他匠人，与代表城邦去打仗的那个阶层分开了吗？

蒂 是的。

苏 【d】然后我们依循本性，给每个人只指派一项工作，让他从事最适合的技艺。所以我们说，只有那些代表所有人去打仗的人应当成为城邦的卫士。要是某些外国人，或者某个城邦公民，反对城邦，给城邦找麻烦，【18】那么这些卫士可以温和地处理他们，因为他们是这些公民天然的朋友。我们说过，要是他们在战场上与敌人相遇，那么他们是凶狠的。

蒂 对，绝对如此。

苏 这是因为——我想我们说过这样的话——卫士的灵魂拥有这样的本性，既充满激情，又在最大程度上掌握哲学，从而使他们能够根据实际情况恰当地表现得温和与凶狠。

蒂 是的。

苏 他们的训练怎么样？我们不是说要对他们进行体育和文化训练，以及其他所有适合他们的知识领域的训练吗？

蒂 我们肯定说过。

苏 【b】对，我想，我们说过，那些接受了这种训练的人不会再把金银财宝或其他任何东西当做自己的私人财产。他们就像是职业家，从受他们保护的人那里取得报酬，维持他们有节制的生活方式。我们说过，他们应当共同分担他们的开支，居住在一起，相互陪伴，专注于践行美德，不再从事其他任何职业。

蒂 对，我们也说过这些话。

苏 【c】实际上，我们甚至还提到了妇女。我们说，应当使妇女的本性与男人的本性相对称，所有职业，无论是打仗还是生活的其他方面，都应当由男人和妇女共同承担。

蒂 我们也讨论过这个问题。

苏　我们也说过生孩子的事吧？我们不可能忘记这个议题，因为我们说的话非同寻常。我们决定，他们应当共同拥有配偶和子女，应当设计出一种制度来防止他们中的任何人认出他或她自己的孩子。【d】他们中的每个人都会相信，他们所有人组成了一个大家庭，每个人都把自己这个年龄段的人当做自己的兄弟姐妹，把比自己年长的人当做自己的父母和祖父母，把那些比自己年轻的人当做自己的子女和孙儿。

蒂　你说得对。这些话确实很难忘怀。

苏　我们肯定也还记得，不是吗，要使他们的本性从一开始就很卓越，统治者，无论男女，【e】应当秘密地用抽签的方法安排婚配，使优劣不同的男子分别与本性相应的女子结合？我们说过，这样做就不会引起争吵，因为他们会认为这种结合乃是出于机缘，是拈阄的结果，是吗？

蒂　是的，我们记得。

苏　【19】我们也还记得我们说优秀父母的子女应当加以培养，而拙劣父母所生的子女应当秘密地送往另一个城邦？这些儿童成长之际应当随时受到监视，凡有值得培养的就把他们再领回来，而把那些不值得培养的送出去替换，是吗？

蒂　我们是这么说过。

苏　所以，现在，蒂迈欧，我们昨天谈话时表达的看法都说过了吗——至少，就其中的主要观点——或者说我们有什么遗漏的地方？我们有什么重要观点还没说吗？

蒂　【b】没有了，苏格拉底。这些正是我们昨天所谈的。

苏　行，现在我想把我自己对我们所描述的这种政治结构的感觉告诉你们。我的感觉就像这样一个人的感觉，他凝视着美丽而又高贵的生灵，无论是画家画出来的，还是站在那里不动的活的生灵，这个时候他心中就产生一种愿望，想要看到它活动起来，甚至会在心里有某些挣扎或冲突，想要说明它们独特的身体属性。【c】我对我们已经描述过的城邦就有同样的感觉。我乐意听到有人能够发表一篇讲话，描述一下处在与其他城邦竞争之中的我们的城邦，看它如何为了那些城邦通常竞争的奖品而展开竞争。我乐意看到我们的城邦如何以它自己独特的方式参战，如何以相应的方式出征，如何逐一对付其他的城邦，一个接一个，这些方式都反映出它自身的教育和训练，既在言语方面，又在行动方面——也就是说，看它如何对待其他城邦，如何与其他城邦谈判。【d】关于这些事务，克里底亚①和赫谟克拉底②，我断定自己是相当无能的，不能适当地赞美我们的城邦和公民。我自己在这方面的无能一点儿也不值得惊讶。但是我对这些事情的看法与诗人们是相同的，我们古代的诗人，以及今天的诗人。一般说来，我对诗人并无不敬，但是每个人都知道模仿者最擅长的事情和模仿得最好的事物是那些他们曾经接受过训练进行模仿的东西。要在表演中进行体面的模仿，对他们中的任何一个人来说都是相当困难的，【e】更不必说要他们在叙述中进行模仿，这样做已经超出了他们训练的范围。还有，我总是在想，智者作为一个阶层擅长发表长篇大论，还做其他许多好事。但由于他们浪迹各个城邦，居无定所，所以我担心要他们再现那些哲学—政治家不可能成功。智者要再现那些领袖的所作所为必定不能成功，无论是在战场上与他们的敌人实际交战，还是与他们的敌人进行谈判。

所以，我们只好把你们这一类人撇开了。凭借天性和教养，你们同时从事哲学和政治。【20】以在这里的蒂迈欧为例。他来自罗克里③，这个意大利城邦处于卓越的法律统治之下。在财产和出身两方面，他的同胞无人能够超过他，他在他的城邦里担任过最重要的职务，拥有极大的荣耀。还有，据我的判断，他在整个哲学领域都有很深的造诣。至于克里底亚，在场的每一位雅典人都知道他在我们所谈论的这些领域都不是外行。还有赫谟克拉底，许多人提供的证词使我们相信，他的天性和教养使他完全有资格处理这些事

---

① 克里底亚（Κριτίας），本篇和《卡尔米德篇》、《克里底亚篇》、《厄里西亚篇》、《普罗泰戈拉篇》对话人。

② 赫谟克拉底（Ἑρμοκράτης），人名，本篇和《克里底亚篇》对话人。

③ 罗克里（Λοκρούς），地名。

务。【b】昨天，当你们想要我讨论政府问题的时候，我就已经明白了这些情况，所以我对你们的建议欣然照办。我知道，如果你们同意发表一篇后续的讲话，没人能比你们做得更好。除了你们，当今时代没有人能比你们更好地讲述我们的城邦从事的战争，把它真正的性质反映出来。只有你们才能提供城邦的全部需要。你们已经作为一个小组思考了这件事，【c】你们已经同意今天回馈我一番宏论。你们的讲话就是对我的盛情款待和馈赠，所以我已经做好了充分准备，等待这一时刻的到来。没有人能比我更好地做了准备，接受你们的礼物。

赫　是的，确实如此，苏格拉底，你不会发现我们有缺乏热情的表现，如蒂迈欧所说的那样。我们也没有丝毫理由不按你说的去做。嗯，昨天，就在离开这里回到克里底亚府上的客房以后，也就是我们的下榻之处——不，甚至更早些，就在返回的路上——我们已经在考虑这件事情了。然后，克里底亚给我们讲了一个非常古老的故事。【d】现在，克里底亚，把这个故事告诉他，这样他就能帮我们来确定这故事是否有助于实现我们讨论的目的。

克　是的，如果我们的第三位合作者蒂迈欧也同意，我们确实会这样做。

蒂　我当然同意。

克　好吧，现在就让我来把这个故事告诉你，苏格拉底。这个故事非常怪诞，但即便如此，它的每一个词都是真的。这是因为七贤①中最聪明的梭伦②曾经为这个故事的真实性做了担保。【e】梭伦是我同族人，与我的曾祖父德洛庇达③是亲密朋友。梭伦在他的诗歌中多次提到过这一点。嗯，德洛庇达把这个故事告诉我的祖父克里底亚④，而他老人家又讲给我们听。故

---

① 柏拉图在《普罗泰戈拉篇》343a 处提到希腊七贤。他们是米利都的泰勒斯、米提利尼的庇塔库斯、普里耶涅的彼亚斯、雅典的梭伦、林杜斯的克莱俄布卢斯、泽恩的密松、斯巴达的喀隆。

② 梭伦（Σόλωνος），人名。

③ 德洛庇达（Δρωπίδος），人名。

④ 祖父与孙子同名。

事说的是，我们的城邦在古时候完成过许多伟大而又神奇的业绩，但由于年代久远和人类遭受浩劫而湮灭无存。在所有业绩中，有一项业绩尤为重要。【21】我们现在就来讲述它，借此表达我们对你的谢意。在这样做的时候，我们也可以向女神①献上我们的颂辞，在她的节日庆典上奉上公正和真诚的赞扬。

苏 好极了！告诉我，由梭伦讲述、由老克里底亚告诉你的我们的城邦在古代创下的这桩业绩到底是什么？我从来没有听说过。他们说的是真的吗？

克 我会告诉你的。这是一个古老的故事，把故事讲给我听的人本人决不年轻。【b】事实上，老克里底亚在讲这个故事的时候已经快要90岁了——所以他才这样说——而我当时才10岁左右。那一天是阿帕图利亚节②的青年登记日。按照习俗，我们的父母举行诗歌朗诵比赛，而我们这些孩子也能参加宴会。大人们朗诵了好多不同诗人的许多作品，我们这些孩子也有许多人朗诵了梭伦的诗歌，因为这些诗歌在当时还是新颖的。嗯，我们部落的一位成员说，【c】他认为梭伦不仅是最聪明的人，而且他的诗歌表明他也是最高尚的诗人。这个人讲的也许是他的心里话，或者他这样说只是为了讨好老克里底亚。老人听了此话大为高兴，当时的情景我记得很清楚。他笑着说道："是的，阿密南德③，你说得对，假如梭伦也像别的诗人那样，把诗歌当做一生的职业，写完他从埃及带回来的故事，而不是由于回国以后陷入党争和其他许多麻烦事而被迫搁置这项工作，去处理其他事情，【d】那么他一定会像荷马、赫西俄德，或其他任何诗人一样出名。无论如何，我就是这么想的。""嗯，克里底亚，你说的是什么故事？"那个人问道。"这个故事讲的是雅典人有史以来最伟大的业绩。"克里底亚答道："确实值得彪炳史册。但由

---

① 此处的女神指雅典城邦保护神雅典娜。

② 阿帕图利亚节（Απατουρία），雅典人的一个节日，在朴安诺批司翁月举行，持续三天，在节期中雅典人把他们成年的儿子注册为公民。

③ 阿密南德（Αμύνανδερ），人名。

于年代久远和建功立业者的逝去，这个故事没有能够流传下来。""请你从头开始讲给我们听，"那个人说："梭伦听到的这个故事是怎么样的？他是怎么听来的？谁把这个故事告诉他的？"

【e】"在埃及，"克里底亚开始说道："三角洲地区的前端，在尼罗河分岔处，有一个地区叫做赛提克①。这个地区最重要的城市叫做赛斯。事实上，阿玛西斯②国王就是那里人。这座城市是由一位女神创建的，她的名字用埃及话来讲是奈斯③，按照当地人的说法，她就是希腊人的雅典娜。那里的人对雅典人很友好，宣称与我们有这样那样的关系。【22】梭伦说，他到达那里以后，受到高度尊敬。还有，他说，当他向当地的祭司请教、问谁最精通古代事务时，他发现自己以及其他希腊人在这方面可以说是一无所知。有一次，为了引导他们谈论古代的事情，他开始讲述我们自己的古代历史。他从福洛涅乌④——据说他是人类始祖——开始说起，也讲到尼俄柏⑤，然后他讲了大洪水以后幸存的丢卡利翁⑥和皮拉⑦的故事。【b】然后，他继续追溯他们后裔的谱系，试图计算年代，算出这些事情发生距今已有多少年。这个时候，有一位年迈的老祭司说：'啊，梭伦呀梭伦，你们希腊人都是儿童，你们中间一位老人都没有。'听了此话，梭伦当即问道：'什么？你这样说是什么意思？'说你们年轻，'老祭司答道：'是说你们的灵魂是年轻的，你们每个人的灵魂是年轻的。你们的灵魂没有从古老传统中沿袭下来的有关古代的观念。你们的灵魂没有任何由于年代久远而变得陈旧的知识。【c】之所以如此，其原因在于：过去和将来都有无数的灾难以各种方式毁灭人类。其中最

---

① 赛提克（Σαΐτικος），地区名。

② 阿玛西斯（Ἄμσις），人名。

③ 奈斯（Νηίθ），神名。

④ 福洛涅乌（Φορωνέως），希腊神话中的第一个人。

⑤ 尼俄柏（Νιόβη），底比斯王后。

⑥ 丢卡利翁（Δευκαλίων），希腊神话说宙斯被青铜时代的人类做的坏事所激怒，发洪水消灭人类，结果世上仅存丢卡利翁和皮拉。

⑦ 皮拉（Πύρρας），丢卡利翁之妻。大洪水过后他们奉神祇之命，捡起地里的石头掷往身后，丢卡利翁投掷的石头变成男人，皮拉投掷的石头变成女人，由此重建人类。

重要的灾难与火和水有关，其他较小的原因则不胜枚举。所以，在你们的人中间也流传着这样的故事，太阳之子法厄同①驾着他父亲的神车出游，但不能按照他父亲所取的轨道行驶。结果，他烧坏了大地上的一切，自己也被霹雳打死。这个故事被人们当做神话在讲述，【d】但其背后的真相是环绕大地运转的天体会发生偏离，由此引发大火，大面积地摧毁大地上的事物。在这种时候，所有居住在山区和干燥地区的人比居住在河边或海滨的人更容易遭到毁灭。尼罗河使我们免受这种劫难，它是我们的救星，永远不会出错。另一方面，每当众神发洪水冲刷大地的时候，你们国家里居住在山区的牧人都得以幸存，而那些像你们一样住在城里的人却被山洪冲到大海里去了。【e】而在这块土地上，无论是当时还是在其他任何时候，从来不曾有过水从高处冲下田地的事。事情正好相反，在我们这里水总是从低处往高处涨。②由于这个原因，在我们这里保存下来的东西乃是最古老的。事实上，无论在什么地方，只要没有极端严寒与酷暑的阻碍，就会有人存在，有时候多一些，有时候少一些。【23】无论什么事情发生在你们国家或我们国家，或者发生在我们所知道的任何地区，只要这些事件是高尚的、重大的、惊人的，都会被我们的前辈记载下来，保存在我们的神庙里。而你们和其他民族的人此时才刚刚开始拥有文字和其他一些文明生活所需要的东西，在经历了一段常规岁月以后，那从天而降的洪水又像瘟疫一般对你们进行扫荡，【b】剩下的只是一些不懂文字、缺乏教化的人，于是你们又全都变得像儿童一样幼稚，对古时候发生的事情一无所知，无论是在你们那里发生的还是在我们这里发生的。所以，梭伦啊，你刚才讲述的你们希腊人的谱系，顶多只能算做童话故事。首先，你只记得一次大洪水，可在此之前有过多次大洪水；其次，你也不知道在你们现在所居住的这块土地上曾经居住过人类中最优秀、最高贵的种族，【c】你和你的整个城邦都源于这个种族的少数幸存者的后代。这一点

---

① 法厄同（Φαέθων），太阳神赫利俄斯之子，不善驾驭，离大地太近而几乎把大地烧毁，被主神宙斯用霹雳击死。

② 此处讲的是尼罗河三角洲的情况，河水因潮汐而上涨。

你是不知道的，因为那些浩劫的幸存者死后，许多个世代都没有能力写下一些文字传给后人。梭伦啊，在最大的一次洪水之前有过一个时期，在现今雅典城邦这个地方确实有过一个在战争和其他各方面组织得最完美的城邦，据说它表现出来的行为是天下最高尚的，【d】它具有的政治制度也是天下最卓越的。'

"梭伦对他说的这番话感到惊讶，热切地请求这位祭司把有关古代公民的事情原原本本地、有序地讲一遍。'我不会让你失望的，梭伦，'祭司答道：'我会把这个故事讲给你听，既为了你，也为了你们的城邦，更重要的是为了这位我们两个城市共同的女神，她是我们双方的保护神，也是我们双方的养育者和教育者。早在建立我们这个城邦之前一千年，【e】她就从地母神和赫淮斯托斯①那里取来了你们这个种族的种子。这件事在我们的神庙中有记载，我们的社会建制迄今为止已有八千年了。关于生活在九千年以前的你们的公民，我会向你简要叙述一下他们的法律和最著名的业绩，【24】而那些细节我们可以在今后空闲时再去阅读神圣的记载。

"'让我们来比较一下你们的古代法律和我们今天的法律。你会发现曾经存在于你们中间的许多事情至今仍旧存在于我们中间。首先，你会发现有一个祭司阶层，与其他所有阶层分离。其次，就劳工阶层而言，你会发现各个群体——牧人、猎人和农夫——独立地工作，不与其他群体混合。【b】尤其是，你一定会注意到，我们的武士阶层与其他所有阶层分离开来。这是法律规定的，要他们全心全意地献身于战争事务。还有，他们使用的武器是长矛和盾牌，女神在亚细亚人②中间首先教会我们使用这些武器，而在你们那个世界中女神首先教会了你们。还有，关于智慧，我肯定你会注意到我们这里的生活方式从一开始就极大地献身于发现智慧。在我们研究世界秩序的时候，我们已经追溯了我们所有的发明，包括预言和提供健康的医药，【c】从

---

① 赫淮斯托斯（Hephaestus），希腊火神和冶炼神。
② 当时把埃及视为亚细亚的一部分。

那些神圣的实在到人间的各种事务，我们还在所有其他相关的学科中获得了所有知识。事实上，我们城邦的建制一点儿都不比你们的社会建制少，女神在创建你们的城邦时，给你们安排了这种社会秩序，她选择了这个地区让你们的人出生在这个地方，她察觉到这个地方气候适宜，可以产生许多拥有卓越智慧的人。【d】这位女神既爱战争又爱智慧，所以她最先选择了这个地方创建城邦，而这个地方最能产生像她那样的人。所以，你们的祖先就居住在那里，遵守诸如此类的法律。事实上，你们的法律有过许多改进，所以你们能够在各方面表现卓越，超过所有其他民族，从你们的出生和成长是神圣的这一点来看，这些都是可以期待的。

"'嗯，我们的史籍中记载着你们城邦众多伟大业绩，确实令人敬佩，【e】但有一项业绩比其他所有业绩更加伟大，更加卓越。据史书记载，曾有一支强大的人马从远方悍然前来侵袭，想要征服整个欧罗巴和亚细亚，而你们的城邦挫败了他们的进攻——这支人马来自远方，来自大西洋①。在那个时候，大西洋是可以通航的，在你们希腊人称做"赫拉克勒斯之柱"的那个海峡②前面原来有一座岛屿。它的面积比利比亚和亚细亚两块土地合在一起还要大，是去其他岛屿的必经之地。经过这些岛屿，【25】才能抵达对面那个被真正的大海围绕的整个大陆。相对于那个大海来说，位于赫拉克勒斯海峡以内的这个海③只是一个具有狭窄入口的港湾，那个大海才是真正的海洋，而被这个大海环绕的陆地才是真正意义上的无边无际的大陆。且说在这座大西岛④上，当时有一个强盛的帝国，统治着全岛和其他许多岛屿，还有这个大陆的某些部分。更有甚者，【b】他们的统治延伸至海峡以内的利比亚、埃及，以及远至第勒尼安⑤的一些地区。有一天，这支人马全部聚集在

---

① 大西洋（Ἀτλαντικὸς πέλαγος）。

② 即直布罗陀海峡。

③ 指地中海。

④ 大西岛（Ἀτλαντίδος νήσου），岛名。

⑤ 第勒尼安（Τυρρηνίας），地名。

一起，试图一劳永逸地征服海峡以内的全部地区，包括你们的区域和我们的区域。在那个时候，梭伦啊，你们的城邦挺身而出，向全人类显示出她高尚的美德和力量。在勇猛善战和军事技术方面，【c】她是出类拔萃的，是希腊人的领袖。当时其他城邦与之离散，而她被迫单独作战，处于极度危险之中，但她打败了侵略者，取得了胜利，拯救了许多未被征服的人，使他们免受奴役，并且慷慨地解放了生活在赫拉克勒斯的疆域内的所有其他人。又过了一段时间，发生了可怕的大地震和大洪水，【d】在一个不幸的夜晚，你们所有的勇士被大地吞没，那个大西岛也同样沉入海底不见了。就是由于这个原因，大洋中的这个区域既不能航行也无法探测，因为那座岛屿下沉后变成了阻塞航道的淤泥浅滩。'"

【e】我刚才讲的这些事情，苏格拉底，是老克里底亚讲的故事的简化版，最先讲这个故事的人是梭伦。昨天听你谈到你们的城邦和公民，使我想起刚才对你说的这些事情，我心中禁不住诧异，觉得你所描绘的情况大部分都和梭伦的故事相吻合，实在是一桩巧事，但我当时还不愿意说出来。【26】因为时间相隔已久，我遗忘得太多。我想，我一定要先在心里把这个故事仔细温习一遍，然后再讲。所以，我昨天毫不犹豫地同意了你的要求，因为我想所有讨论最大的难处是找一个与我们的目的相适应的故事，而提供了这样一个故事我们就可以很好地进行讨论了。因此，就像赫谟克拉底告诉你的那样，昨天在回家的路上，【b】我一离开这里，就和我的同伴交谈，把我所能记得起来的故事讲给他们听，和他们分手以后，我在夜里又细细回想，把整个故事几乎全都想起来了。常言说得没错，童年时学的功课会牢记在心，我不敢肯定自己能否记得昨天谈话的全部内容，但对很久以前听说过的事情我相信决不会漏掉一个细节。【c】我当时带着儿童的好奇心聆听那位老人的叙述，反复向他询问，而他也很热心，不厌其烦地教诲我，所以，这个故事就像一幅永不褪色的图画牢牢地铭记在我心中。天亮以后，我又把这个故事向我的同伴们背诵了一遍，使他们也和我一样能有话说。

为了讲述梭伦讲的故事，苏格拉底，我做了这些准备。我不想只告诉你一些要点，而想把全部细节逐一告诉你，就像我听到的那样。昨天你对我们描述的城邦和公民是虚幻的，今天我们要把它转化为现实。【d】你说的城邦应当就是雅典古时候的城邦，我们要把你想象的公民假定为就是那位祭司所说的我们的祖先，这样说不会有什么不和谐之处，说你的城邦公民就是那些古雅典人也不会出现什么矛盾之处。让我们来分一下工，按照我们的能力，各自努力完成你要我们承担的任务。你认为怎么样，苏格拉底？我们的这番演讲合适吗？【e】或者说我们还要寻找其他演讲来取代它？

苏　嗯，克里底亚，还有其他什么演讲我们会更喜欢？我们正在庆祝这位女神的节日，这篇演讲真的非常适合这个场合。所以，不会有更恰当的演讲了。当然了，它不是一个虚构的故事，而是事实，这一点也非同小可。要是我们就这样让这些人走了，我们该如何或者到哪里去庆祝呢？我们没的选择。所以，请继续你的演讲，祝你好运！【27】现在该轮到我缄口静听了，因为我昨天已经讲了许多。

克　行，苏格拉底，为了把我们的客人带来的礼物送给你，你认为我们已经安排的计划怎么样？我们认为，蒂迈欧是我们的天文学专家，专门研究宇宙的本性，所以他应该第一个发言，从宇宙的起源开始讲起，包括讲人的本性。然后，由我来接着讲，等我掌握了蒂迈欧有关人的起源的解释，【b】以及你对有些人如何拥有卓越教育的解释。我会和他们进行讨论，不仅把他们当做梭伦解释的人，而且也当做梭伦的法律要求的人，把他们置于法庭上，让他们成为我们古老城邦的公民——那些古时候的雅典人，由于神圣的记载而得以重现——到了那个时候，我会把他们当做真正的雅典公民来谈论。

苏　显然我将得到回报，享受一席丰盛的宏论。①那么，很好，蒂迈欧，下一位发表演讲的任务好像落在你头上。你为什么不向众神祈祷一下，如我们所习惯的那样？

---

① 参见本篇20c。

蒂 【c】我会的，苏格拉底。任何人，只要稍微有一点头脑，在每件事情开始时总要求助于神，无论这件事情是否重要。所以，就我们的情况来说，要就宇宙问题发表演说——它有起源，或者没有起源——要是我们不想完全迷失方向，我们没有别的选择，只能向男女众神求助，祈求我们所说的话都能得到他们的首肯，【d】然后我们自己也都能接受。我说的这些话就算是我们向众神的祈祷吧；而对我们自己，我们必须确定你们的学习要尽可能容易，而我就此主题对你们进行的指导也能以最能表达我的意愿的方式进行。

在我看来，我们必须从下述区别开始：什么是永久存在而没有变易，什么是变易而决无存在？①【28】前者要用理智来把握，包含一个合理的解释。它是没有变易的。后者要用意见来把握，包含非理性的感性知觉。它有生成和消失，但决无真正的存在。凡有生成的事物必定由某种原因的力量方才产生，因为若无原因，任何事物的生成都是不可能的。所以，当造物主②用他的眼光注视那永恒不变的事物，并且以它为模型，构造出事物的外形和性质，【b】那么，这样创造出来的作品必定是完美的。但若他注视的事物有生成，也以有生成的事物作模型，那么他的作品就不完美。

关于整个天，或者宇宙秩序——让我们用最适合某个具体场景的名称来称呼它，无论这个名称是什么——有一个问题需要首先考虑。这个问题是一个人考察任何主题的起点。它始终存在吗？它的生成没有起源吗？或者说，它的生成有某个起源？它有生成。因为它既是可见的，又有身体——这一类事物都是可感的。【c】如我们已经说过的那样，可感的事物要用意见来把握，包含感性知觉。因此，它们是有生成的事物，是被生出来的事物。再说，我们认为凡是有生成的事物必定要通过某些原因的力量而生成。现在，要发现

---

① "什么是永久存在而没有变易，什么是变易而决无存在？"（τί τὸ ὂν ἀεί, γένεσιν δὲ ὀὺκ ἔχον, καὶ τί τὸ γιγνόμενον μὲν ἀεί, ὂν δὲ οὐδέποτε ;）

② 造物主（δημιουργός），原意"工匠"，音译"得穆革"，亦译"造物者"、"创造主"。柏拉图在本篇中专门使用这个术语。

这个宇宙的创造者和父亲相当困难，即使我能获得成功，也不可能把他告诉所有人。所以，我们必须返回，提出这个关于宇宙的问题：这位创造者在创造宇宙时用的是两个模型中的哪一个模型？【29】是那个没有变易，保持同一的模型，还是那个有生成的模型？嗯，如果我们的这个宇宙是美的，它的创造者是善的，那么很清楚，他注视的模型是永恒不变的。倘若不是这样（哪怕这样说也是对神明的亵渎），那么他注视的模型是有生成的。现在，事情确实清楚了，他注视的模型是永恒的，因为，在有生成的所有事物中，我们的宇宙是最美丽的，而在一切原因中，造物主是最卓越的。所以，宇宙就是这样生成的：它是一种技艺的产物，它以不变的东西为模型，要用理性的解释来把握，也就是说，要用智慧来把握。

【b】由于这些事情就是这样的，所以必然可以推论，这个宇宙是某个事物的形像。这一点在每一个主题中都是最重要的，是一个最自然的起点，所以，涉及一个形像和它的模型，我们必须做出下列详细说明：我们对这些被提出来当做主题的事物的解释与这些事物具有同样的性质。所以，对于稳固确定的事物和对理智容易理解的事物的解释，其本身也应当是稳定的，不变的。我们必须使这些解释无可争议和无法辩驳，使之成为一个真正的解释。【c】另一方面，我们对那些已经形成的实在做出的解释，由于它们是对相似的事物的解释，它们本身也是相似的，它们要与先前的解释相对应，也就是说，存在要与变易相对应，真理要与令人信服相对应。所以，苏格拉底，要是我们不能反复对大量主题——关于众神的，或者关于宇宙生成的——提供完整的、在各方面都非常精确的、相互一致的解释，请你别见怪。只要我们的解释也像其他解释那样是可能的，我们也就应当满意了，我们必须记住，我这个发言者和你们这些评判者都只不过是凡夫俗子。【d】所以我们应当接受这个有关这些事情的似乎有理的故事。我们没有必要去进一步追究它的真实性。

苏　妙极了，蒂迈欧！无论如何我们一定会按你的要求办事。你的开场白是神奇的。请你继续吧，让我们聆听你的演讲本身。

蒂 很好。嗯，这位创造者为什么要塑造整个有生成的宇宙？【e】让我们来说一下理由：他是善的，善者不会妒忌任何事物。所以，没有妒忌，他就希望一切事物尽可能地变得像他自身。事实上，智慧之人会告诉你们（你们最好接受他们的说法），【30】这一点，而不是由于其他原因，就是宇宙生成的第一位的原因。神①想要万物皆善，尽可能没有恶，所以他取来一切可见的事物——不是静止的，而是处于紊乱无序的运动之中的——将它从无序状态变为有序状态。至善者做的事情应当是最好的，他不应当做其他任何事情，哪怕是现在也不允许。【b】于是，神进行推理，得出结论，在本性可见的事物的范围内，作为整体的无理智的事物不可能比作为整体的拥有理智的事物更好；他进一步得出结论，除了灵魂，任何有生成的事物要想拥有理智都是不可能的。在这一推理的指导下，他把理智放进灵魂，把灵魂放进身体，就这样构建了宇宙。他想要创造一件尽善尽美的作品，只要它的本性能允许。为了与我们的其他解释相一致，我们必须说，由于这个原因，【c】神圣的天命使我们的宇宙成为一个真正的活的生灵，赋予它灵魂和理智。

事情既然如此，我们不得不继续谈论下一步到来的事物。当造物主创造我们的世界时，他把它造的像什么生灵？让我们不要认为它的某个部分会屈尊具有它天然的性质，因为任何与不完全者相似的事物决不会变成美的。倒不如说，让我们确定，这个宇宙比其他任何事物都要更像那个以其他一切生灵为其组成部分的这个"生灵"②，从个体来看是这样，按种类来看也是这样。因为这个"生灵"把一切有理智的生灵包含于自身之中，就好像我们这个宇宙把我们和其他所有可见的生灵包含于自身中。由于神想要做的事情无非就是把这个宇宙造得最像最优秀的有理智的事物，它在各个方面都是完善的，所以他把它造成一个可见的生灵，【31】这个生灵把一切本性与之相同的生灵包含于自身中。

---

① 此处的神是单数，指作为创造者的神。
② 指宇宙生灵。

我们说有一个宇宙，对吗，或者说有多个宇宙，实际上有无穷多个宇宙，更加正确？如果说这个宇宙是按照它的模型被造出来的，那么只有一个宇宙。因为包含一切有理智的生灵的事物不可能是一对事物之一，若是这样的话，那就还需要有另一个"生灵"，把这两个事物包含在内，这两个事物是它的组成部分，这样的话说我们的宇宙是按相似性造成的才会更加正确，不是按照这两个事物造成的，而是按照那个包含它们于自身的事物造成的。【b】所以，为了使这个生灵与那个在唯一性方面完善的"生灵"相似，创造者没有创造两个宇宙，也没有创造无数个宇宙。正好相反，我们这个宇宙作为唯一的宇宙到来，它是该类事物的唯一者，它现在是唯一的，未来也将继续是唯一的。

凡是有生成的事物必然是有身体的，也是可见的和可触摸的；但若没有火，那就什么也看不见，没有固体，则无从触知，而要有固体则非要有土不可。就是由于这个原因，神在开始构成宇宙身体的时候，就用火和土制造宇宙的身体。不过，要把两种东西本身都很好地结合起来，【c】不能没有第三者；必须要有某种东西能把它们结合在一起。最好的结合物乃是能够将它自身与它所结合之物最完全地融为一体的东西，而要达到这个目的，比例极为重要。因为任意三个数，无论是立方数还是平方数，都有中项，倘使其中项同末项的关系，【32】正如首项同中项的关系一样，或者颠倒过来，其中项同首项的关系，正如末项同中项的关系一样，那么中项轮流成为首项和末项，而首项和末项轮流成为中项，结果必然是三者可以互换位置；既然可以互换位置，那么三者就是相同的。

所以，要是宇宙的身体生成为只有两个维度的平面，【b】那么只要有一个中项就足以将它本身结合起来了。然而，这个宇宙是立体的，能把立体结合在一起的中项决不是只有一个，而必须要有两个。① 因此，神把水与气放

---

① 这里讲的平方数的比例是：$a^2 : ab/ab : b^2$；颠倒过来是 $b^2 : ab/ab : a^2$；换位成为 $ab : a^2/b^2 : ab$。立方数在连续比例中必有两个中项，例如，$a^3 : a^2b/a^2b : ab^2/ab^2 : b^3$。

置于火与土之间作为中项，尽可能使它们拥有恰当的比例，气与水的比例有如火与气，水与土的比例有如气与水。就这样，他把各种元素结合起来，造就一个既可以看见又可以触知的宇宙。【c】由于这个原因，宇宙的身体在生成时使用了这四种具体的成分，它们在比例上是和谐的。它们把友谊赐给宇宙，所以它内部融洽，形成一个整体，除了建造它的造物主以外，没有任何力量可以使它解体。

嗯，在创造这个宇宙的过程中，四种元素的每一种全都用上了。造物主在创造宇宙时使用了所有的火、水、气、土，不留下任何一部分元素或能量。他这样做的用意是：首先，作为一个活物①，它应当是一个整体，应当尽可能完整，应当由所有部分组成。【33】其次，它应当就是唯一的，因为没有任何东西留下来，可以用来创造另一个像它的东西。第三，它应当不会衰老，也不会生病。造物主明白，如果炎热和寒冷，还有其他一切强大的力量，包围着这个合成的物体，并且由外向它进攻，结果就会使它提前分解，加诸于它的疾病和衰老也会使它销蚀。出于这样的考虑，造物主把宇宙造成一个整体，完全拥有每个部分，从而使宇宙完善，既不会衰老，也无病痛。【b】他赋予宇宙适当而又自然的身体。对于这个要在其内部包容一切生灵的生灵来说，适当的身体应当是可以把其他一切身体包容于自身的身体。因此，他把宇宙造成圆形的，就像出自镟床一样圆，从中心到任何方向的边距都相等。在一切形状中，这种形状是最完美的，又是所有形状中彼此最相似的，因为造物主认为相似比不像要卓越得多。【c】他给了宇宙一个平滑的外表，这有好些个理由。它不需要眼睛，因为在它之外没有什么可见的东西；它不需要耳朵，因为在它之外也没有什么东西要听。在它之外没有供它呼吸的气环绕，它也不需要任何器官来接受食物和排泄消化了的东西。因为在它之外没有其他任何东西，没有任何东西从它那里出来，也没有任何东西从其他地方进到它里面去。它自身排泄的东西就为它自己提供了食物。它所

---

① 指宇宙。

做的一切或承受的一切都发生在它内部，是它自身的行为。【d】因为造物主明白，自给自足的事物胜过需要其他东西的事物。

由于宇宙既不需要获取任何东西，也不需要防卫，所以神认为没有必要给它安上双手。它也不需要脚或其他支撑物来站立。【34】实际上，神赋予它适合其身体的运动——七种运动之一，特别与理智和理性相连。① 所以神把宇宙安放在同一个地方，不停地围绕它自身旋转。其他六种运动都从它那里被拿走了，使它的运动不会漫游。由于它不需要脚来追随这种圆形的途径，这种旋转运动不需要脚，所以神生下它来就没有腿或脚。

【b】把这一整串推理用于这位尚未生成的神②，永恒之神把它造得表面平滑，从中心到各个边缘距离相等，使其本身成为一个完整的身体，也是一个由所有物体构成的物体。他在宇宙中心安放了一颗灵魂，并使之延至整个身体，然后他用物体包裹了宇宙的外表。他使它旋转，使它成为一个固体的宇宙，它的卓越能力使它能够独立自存，而无须其他任何事物。因为它对自身的知识和与其自身的友情是足够的。所有这些，解释了为什么他为自己生下的这个宇宙是一位有福的神。

至于这个宇宙的灵魂，尽管我们刚才在解释了宇宙的身体以后才提到它，但神并非在创造宇宙的身体之后才创造灵魂，让灵魂比身体年轻。【c】因为神不会把它们联系在一起，然后允许幼者去统治长者。以这样的方式谈论物体和灵魂，表明我们的说话方式很随意，因为我们自己也以某种方式经常处于机缘的控制之下。然而，这位神把优先性和年长赋予灵魂，就灵魂的生成而言，又就灵魂的卓越程度而言，让它成为身体的主人，统治它的下属。

【35】神创造灵魂所用的部件和创造灵魂的方式如下：在不可分、不变化的存在者和位于有身体领域中的可分的、有生成的事物之间，他混入了第

① 关于"七种运动"，参见本篇 36d。
② 指宇宙。

三者，亦即存在者的居中形式，由二者派生而来。以同样的方式，他在不可分的存在者和有身体的可分者之间，制造了相同者的混合，然后，又制造了相异者的混合。他取来这三种混合物，把它们全都混合在一起，制造出一种统一的混合，迫使很难相混的相异者与相同者统一。【b】当他把这两样东西与存在者混合起来，并且从这三者制造出一种混合物以后，他按照他的任务的需要，把整个混合物重新划分为许多部分，让每一部分都保持着是相同者、相异者、存在者的混合体。他的划分是这样开始的：第一次，他从这个整体中取出一部分（1）；第二次，取出第一部分的两倍（2）；第三次，他取出的部分是第二部分的二分之三倍、第一部分的三倍（3）；第四次，取出第二部分的两倍（4）；第五次，取出第三部分的三倍（9）；【c】第六次，取出第一部分的八倍（8）；第七次，取出第一部分的二十七倍（27）。①

【36】在此之后，他对上述二倍数（1，2，4，8）和三倍数（1，3，9，27）这两个系列中的间隔进行填补，从原初混合体中分割一些部分，并将其置于这些间隔之中，这样一来每一间隔之间均有两个中项：一个中项是按照同样的比例或分数超过其中一个端项，同时被另一个端项超过②；另一中项则按照同样的整数超过其中一个端项，同时被另一个端项超过。由于插入了这些中项，就在原来的间隔 3∶2 和 4∶3 和 9∶8 之上又形成了新的间隔，于是他就用 9∶8 的间隔填补所有 4∶3 的间隔。【b】可是每填一次，仍然留下一个分数，这个分数的间隔可以用 256∶243 的比例式来表示。所以，他就从这个混合物中划分出这些部分，逐渐将其完全用尽。

再往后，他又把整个混合体分割成为两个长条，使这两个长条在中点交

---

① 这 7 个数字可以排列为左右两行，以表明下文所说的两个系列：

1（第一次）

2（第二次）　3（第三次）

4（第四次）　　9（第五次）

8（第六次）　　　27（第七次）

左行所列包括"二倍数的系列"；右行所列包括"三倍数的系列"。

② 例如 1，4/3，2，在这个间隔中，中项 4/3 比 1 大 1/3，比 2 小 2 的 1/3。

叠，形成一个大"十"字，【c】然后使每个长条形成圆圈，在交叠点的对面自相连结，同时与另一长条互相结合。① 他给这两个圆圈配上运动，使其沿着一条中轴线不停地自转，一个圆圈为外圈，另一个圆圈为内圈。外圈的运动他称之为相同者的运动，内圈的运动则表示相异者的运动。他使相同者的运动循着外缘向右运转，而相异者的运动则依循前者的对角线向左运转。【d】他支配着相同者的运动，因为他使这种运动保持完整，不做分割，而对内圈的运动，他将之分割为六部分，按照"二倍数"和"三倍数"的间隔，即三个二倍数和三个三倍数的间隔，将它分成为七个大小不同的圈，然后他指定内外两圈按照相反方向运行。对于那由内圈分裂而成的七个圈，他指定三个② 以同等速度运行，其余四个的运行速度各异，也不和上述三个相同，但彼此之间却保持着既定的比例。

一旦整个灵魂获得令神愉悦的形式，神就在它内部构造全部有身体的东西，并使二者匹配，中心对中心。【e】灵魂与身体交织在一起，从宇宙中心朝着各个方向扩散，直抵宇宙边缘，又从宇宙的外缘包裹宇宙。灵魂自身不断运转，一个神圣的开端就从这里开始，这种有理性的生命永不休止，永世长存。【37】宇宙的身体生成为一个可见的事物，灵魂则是不可见的。但即便如此，由于灵魂分有理性与和谐，灵魂成为被造物中最卓越的，而神自身则是一切有理智的、永恒的事物中最卓越的。

鉴于灵魂乃是相同者、相异者和存在者三样事物的混合（我们已经描述

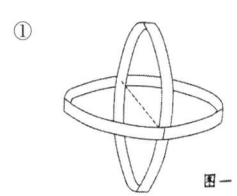

① 图一：表示两个长条互相结合的形状。图中内面以黑点标明的是两个长条原来的交叠点；外面以短线标明的则是各个长条自相结合以及和另一长条互相结合的结合点。这一结合点与原来的交叠点居于正相反对的方向，如虚线所示。按照蒂迈欧在下文所说，外圈表示相同者的运动，外圈表示相异者的运动。将内圈推斜，使之与处于水平状态的外圈形成斜角，由此看到的相同者的运动就是在水平面上向右运转（由东向西）的天球赤道，而相异者的运动则是与天球赤道作相反方向运转（由西向东）的黄道，并与天球赤道形成一个角度。将黄道分为七份，亦即七个行星的轨道。

② "三个"指太阳、金星、水星的轨道，"四个"指月亮、火星、木星、土星的轨道。

过这三种成分），又经过按照特定比例进行的分割与聚合，处于围绕自身的旋转之中，所以它一接触到任何存在者，无论是散乱的还是不可分割的，灵魂都会贯通整个存在者本身。然后灵魂宣告该存在者与什么事物相同，与什么事物相异，【b】它们在哪些方面、以什么样的方式，以及在什么时候相同或相异，具有这样的性质。这样做既适用于有生成的事物，也适用于那些永恒不变的事物。当这种接触产生一种同样真实的解释，比如它是否存在，它是相异还是相同，它是否生下来就不能发声，或者自转的事物没有声音，然后，每当这种解释涉及任何可察觉事物，那个相异者的圈也把感知的真实情况传达给整个灵魂。这就是确定的真意见和信念的产生。【c】另一方面，每当这种解释涉及理性的对象，那平稳运转的相同者的圈也会做出宣告，其必然结果就是理智与知识。如果有人把理智与知识的生成者不叫做灵魂，而叫做别的什么东西，那么他的话可以是任何东西，唯独不是真理。

嗯，当生成了这个宇宙的这位父亲看到它活生生地运动，成为一座为永恒众神建造的神龛，他十分喜悦，并且在兴奋之时思忖着把它造得更像它的模型。由于模型本身是一个永恒的生灵，【d】神就以这种方式使宇宙趋于完善，让它也尽可能拥有这样的性质。这个生灵的本性是永恒的，但是不可能把永恒完全赋予任何被造物。所以他开始思考制造一个永恒者的运动的形像，在他把秩序带给这个宇宙的时候，他要制造一个永恒者的形像，让它按照数来运动，在永恒中保持统一。当然了，这个数，就是我们现在所谓的"时间"。

【e】因为在天生成之前，日、夜、月、年并不存在。就在神塑造天的同时，神把它们也给造了出来。它们全都是时间的部分，过去和将来也是有生成的时间的形式。我们会不经意地把这样的观念不正确地用于永恒的存在者。因为我们说它过去是、【38】现在是、将来是，等等，不过，按照正确的解释，只有说它"是"才是恰当的。而过去是和将来是只能用来谈论在时间中流逝的变化，因为过去和将来都是运动。但是在时间的进程中，永远存在、无变化、无运动的事物不会变老或者变少——既不会一直变得这样，也不会现在变得这样，更不会将来变得这样。总之，这些属于感知领域的、有生成的事物的性质没有一样适用于永恒者。倒不如说，它们都是有生成的时间的形式——它是对永恒性的模仿，也是依照数的法则旋转的圆圈。【b】还有，我们也使用这样一些说法：已经生成者"是"已经生成者，现在生成者"是"现在生成者，将来生成者"是"将来生成者，不存在者"是"不存在者。我们这些表达法没有一个是准确的。不过要想完整地讨论这些事情，可能放到其他场合更加合适。

那么，时间和宇宙同时生成，正如它们同时被造，它们也会一起毁灭，如果它们有毁灭的话。宇宙是按照一个永久的模型生成的，【c】所以它也会尽可能与它的模型相似。这个模型在某些方面是永久的，而另一方面，被造的宇宙过去、现在、将来都是永久的。由于这个原因，由于神在创造时间时的这个想法，神创造了太阳、月亮，以及被称做行星的那五颗星辰，用于时间的生成。它们被称做"漫游者"，它们之所以产生是为了确立限度，对时间的数量进行限制。把它们的身体造出来以后，神就把它们安放在相异者的运动轨道上——【d】七个星辰有七条轨道。首先是距离大地最近的月亮的轨道；其次是太阳，位于大地之上的第二条轨道；然后是启明星①和献给赫耳墨斯的那颗星②，它们的轨道速度与太阳相同，但运行方向与太阳相反，因此太阳、水星、金星有规律地你追我赶，互相超越。至于其他星辰，如果我们要详细说明神给它们安排的位置以及为何要如此安排，【e】这些问题虽然是次要的，但是讲起来比主要问题还要麻烦。所以还是等我们将来有空时再来对它们作相应的说明。

为创造时间而合作的这些天体中的每一个，在灵魂的约束下，在生成的时候就已经是有生命的，也了解自己承担的任务，它们开始沿着相异者的圈子旋转运动，【39】横切并且穿越相同者的圈子，同时也受相同者的圈

① 指金星。
② 指水星，赫耳墨斯是希腊众神使者，亡灵的接引神。

子约束。有些天体的运行轨道较大，有些天体的运行轨道较小，后者的运行速度较快，前者的运行速度较慢。确实，由于相同者的运动，运行最快的星辰似乎被运行最慢的星辰所超越，尽管实际上是前者超越后者。【b】相同者的运动使它们全都按照螺旋形自转，它们同时朝着两个相反的方向运动。其结果就是，那些离开速度最慢的天体——它是运动速度最快的——显得最近。

为了使这些星辰在八条轨道①上的运行速度有某些清晰可见的度量，神在大地之上的第二条轨道上点燃了一堆大火，我们称之为太阳。它的主要工作就是照亮整个宇宙，并赋予世上所有生灵以恰当的禀赋，让它们能受教于相同者的运行和统一，分享数。【c】以此方式，并由于这些原因，黑夜和白天这个最聪明的旋转周期生成了。月亮循轨道运行一周并赶上太阳，这就是"月"；而太阳走完了它自己的轨道，这就是"年"。

至于其他星辰的运行周期，这方面的记载全都是散乱的。没有人曾给它们命名，或者考察它们相对于其他星辰的距离。【d】所以，人们对于这些星辰的漫游时间实际上是无知的，它们数量庞大，形态复杂，令人敬畏。但是不难看到，当所有八个星辰以其不同的相对速度运行时，它们可以同时完成循环，用相同者的旋转和相同的运动来测量，时间的完全数就成全在这个"完全年"②上。以这种方式，亦由于这些原因，星辰生成以后就在宇宙中循环运动。【e】这就是这个生灵被创造出来的目的，通过对永恒者的模仿，它成为一个尽可能完善和有理智的生灵。

先于时间的生成，这个宇宙已经被造得在各个方面与其模型相似，与创造它的神相似，但它仍有不相似之处，因为它还没有包含所有生灵在内，这些生灵还没有在其中生成。于是，造物主就开始按照模型完成剩余的工作。

---

① 此处讲的八条轨道有一条指地球的轨道。按照当时希腊人的理解，大地是宇宙的中心，下文说它随着宇宙的枢轴旋转，所以在轨道上运行的只有七个星辰。

② "完全年"又称"世界大年"，以全部行星从同一地点出发最后同时回到出发点为一周年。其时间长度有不同算法，柏拉图估计为 36000 年。

按照理智①的察觉，他决定他创造的这个活物也应当拥有真的活物内包含的相同种类和数量的生灵。这些种类有四种：第一种，天上众神的族类；第二种，有翅膀，在天上飞翔的鸟类；【40】第三种，生活在水中的族类；第四种，有腿，在陆地上生活的族类。他创造的众神②大部分出自火，在眼睛看来是最明亮、最美丽的。他把它们造成浑圆的形状，和宇宙相似，把它们安放在主圈（亦即相同者的圈）的智慧中，让它们追随宇宙的进程。他把众神散布在天穹上，使整个天空闪闪发光，成为真正灿烂的宇宙。他赋予每个天体两种运动：一种是旋转，在同一地点进行的原地运动，由此神对相同的事物就会持有相同的思想；【b】另一种是运行，即受相同者和统一性支配而进行的向前的运动。对于其他五种运动③来说，众神是不动的、静止的，为的是使它们中间的每一成员都可能达到圆满。

所以，就是由于这个原因，所有那些永恒的、不漫游的星辰——它们是神圣的生灵，通过自转而固定在一个地方，没有偏离——生成了。那些往来漫游、方向不一的星辰的生成方式我们在前面已经说过了。

他创造大地作为我们的保姆，大地围绕那条纵贯宇宙的枢轴旋转，【c】他也是白天与黑夜的创造者和卫士。在从宇宙中生成的众神中间，大地最先产生，最年长。

描述众神舞蹈般的运动，它们如何在轨道上循环往复、相互穿插、交会相遇，何时处于相反的位置，何时遮掩其他神祇、【d】何时隐而复现，给那些无理性之人送来有关未来事物的凶兆——讲述所有这些事情而不使用可见的模型，那么这样的劳动是徒劳无益的。我们要做这样的解释，所以就让这一点成为我们讨论可见的、有生成的众神的一个结论吧。

至于其他灵性的存在者，要知道和谈论它们如何生成，超过了我们的任务范围。我们应当接受那些古人的论断，他们说自己是众神的后裔。他们肯

---

① 指神的理智。

② 指恒星。

③ 参见下文阐述各种运动的段落。

定很了解他们自己的祖先。所以我们无法不相信这些人的话，【e】尽管他们的解释缺乏说服力和确定的论据。倒不如说，我们应当追随习俗，相信他们，因为他们声称这些事情是他们关注的。因此，让我们接受他们的解释，说一下众神如何生成，说一下众神到底是什么。

大地（该亚①）和天空（乌拉诺斯②）生育了俄刻阿诺③和忒堤斯④，俄刻阿诺和忒堤斯又生育了福耳库斯⑤、克洛诺斯⑥、瑞亚⑦，以及所有和他们同辈的神。克洛诺斯和瑞亚生育了宙斯⑧和赫拉⑨，【41】以及他们全部兄弟姐妹，人们用我们知道的一些名字来称呼他们。这些神又生育了下一代神。无论如何，当众神都已生成的时候，无论是那些在旋转中显示可见形像的神，还是那些只在他们愿意时才呈现的神，这位宇宙的生育者对他们讲话。他对他们说：

"众神啊，我是你们这些神圣作品的制造者和父亲，未经我的许可，我亲手创造的作品不容毁坏。【b】确实，所有组合而成的事物都可以分解，但只有邪恶者才会同意分解那些和谐、幸福的结合物。正是由于这个原因，作为有生成的生灵，你们既不是完全不朽的，又不是完全不可分解的。但你们确实不会解体，也不会遭受死亡的命运，因为你们得到了符合我的意愿的保障——这种保障比你们在生成时得到的保障更加伟大、更加庄严。因此，你们现在要聆听我的吩咐。还有三个有生灭的族类⑩尚未生成；只要他们还没有生成，这个宇宙就是不完整的，因为它还没有把所有种类的活物包含在

---

① 该亚（Γῆ），大地女神。
② 乌拉诺斯（Οὐρανός），第一代天神。
③ 俄刻阿诺（Ὠκεανός），大洋神。
④ 忒堤斯（Τηθὺς），海洋女神。
⑤ 福耳库斯（Φόρκυς），海神。
⑥ 克洛诺斯（Κρόνος），第二代天神。
⑦ 瑞亚（Ῥέαν），土地女神。
⑧ 宙斯（Διὸς），第三代天神。
⑨ 赫拉（Ἥραν），天后。
⑩ 指生活在空中、水中和陆上的族类。

内，【c】若它想要达到足够完善的地步。但若这些生灵经过我手生成和享有生命，他们就会与众神竞争。所以，该轮到你们来完成塑造这些活物的任务了，这是你们的本性允许你们做的事。这样做可以确保它们的可朽，整个宇宙也将成为一个真正的整体。你们可以模仿我在使你们生成时使用的力量。在适合它们的范围内，它们中间有些事物可以分有我们'不朽者'的名称，可以被称做神圣的，由它们来统领那些始终追随正义和你们的人，我会亲自播下种子，给这件事开个头，【d】然后再移交给你们。其他事情就都是你们的事了。把不朽的和可朽的因素结合起来，塑造和生育活物。供给它们食物，使它们成长，到它们死的时候，再由你们把它们收回。"

讲完这番话，他又拿来原先使用过的调制混合物的大碗，他曾在这个碗中调制过宇宙的灵魂。他把先前剩余的成分倒进大碗，以同样的方式加以调和，尽管这些成分不如以前那么纯净，而是次一等和第三等的纯净。调制完毕以后，他把全部调制好的东西分成若干个灵魂，与星辰数量相等，再把灵魂指派给星辰，每个星辰上都有一个。【e】他让每个灵魂登上马车，把宇宙的本性告诉它们。他向它们宣布命定的法则：所有灵魂第一次出生的方式都是一样的，一视同仁，没有一个灵魂会受到轻视。灵魂被播撒到与之相适应的时间工具①上去，生成为最虔敬的生灵。还有，由于人的性质有两种，具有如此这般较为优秀性质的人以后就被称做男人。【42】灵魂必然要被植入生物体，而生物体总是在获取和排斥某些生物体的成分，因此就产生下列结果：第一，灵魂必然全都拥有一种相同的感知能力；第二，灵魂必然拥有爱，其中混合着快乐与痛苦，【b】此外还混有恐惧和愤怒，以及与此相联或相对立的情感。如果灵魂能够克服这些情感，就可以过一种公义的生活；如果反过来被情感所支配，那么它们的生活就是不公义的。一个人如果在他的寿限内善良地生活，那么死后会回到他原先生活过的星辰上去居住，幸福、惬意地生活在那里。如果不能做到这一点，那么他在第二次降生时就会变成

---

① 指星辰。

女人。如果在做女人期间他仍旧怙恶不悛，【c】那么就会在转世时不断地变成与他恶性相近的野兽，他的劳苦和转化不会停止，直到他服从体内相同和相似的旋转运动，摆脱那些由火、水、土、气四种元素合成的混乱而又累赘的东西，【d】乃至于用理性克服非理性，回复原初较好的状态。这些法则都已经详尽地交代给了众神，将来如果有谁犯了罪，那就不是神的过错了。

把这些法则向它们宣布以后——神没有豁免他自己对它们以后有可能犯下的任何罪恶要承担的责任——神把有些灵魂播撒在大地上，有些播撒在月亮上，有些播撒在其他时间工具上。播完之后，他把给灵魂裹上可朽的身体的任务交给年轻的众神。他要他们给人的灵魂提供各种需要，【e】再加上与这些需要有关的东西。他把统治这些可朽活物的任务交给他们，要众神以最优秀、最聪明的方式保护这些可朽的生灵，而无须对这些生灵有可能施加于他们自身的任何邪恶负责。

把所有这些任务分配完了以后，他就按照惯常的方式休息了。而他的孩子们马上照着他们父亲指派的任务开始工作。嗯，他们已经得到了有关可朽生灵的这条不朽的原则，开始模仿创造了他们自身的这位大工匠。他们从宇宙中借取一定部分的火、土、水、气，【43】打算以后再归还，然后他们把借来的这些部分结合在一起，形成一个整体，但不是依靠运用于他们自身、使他们不能分离的纽带，而是使用许多微小得看不见的钉子，把不朽的灵魂钉在身体上。然后他们继续制造这个身体——处于不断吸收和排泄状态中——使用不朽灵魂的通道。【b】这些通道全部与一条大河相连，它们汇入大河，既不支配大河，也不受大河支配，而是一味剧烈地冲撞流转。结果，作为一个整体的这个活物确实运动起来了。不过，它开始运动的时候是无序的、任意的、不合理的，包含所有六种运动：前进和后退，向右和向左，向上和向下，朝着六个方向任意运行。① 它就像潮汐引发的巨浪，为生灵提供营养，而由那些毁灭生灵的事物引发的动荡则更加庞大。【c】当

_____

① 第七种运动是自转。

物体与外界的火（亦即身体自身的火以外的火）、土块、流水相撞，或者被激荡的气流吹刮时，这样的动荡就会发生。由所有这些碰撞产生的运动都会经过身体传导到灵魂，对灵魂产生撞击。（毫无疑问，这一类运动后来都被称做感知，直到今天还在使用这个名称。）就在那个时候，就在那一刻，它们产生了巨大的、连续的骚动。【d】它们和那条永久流淌的河流结合在一起，猛烈地震撼着灵魂的运行。它们像开始时那样，从相反方向快速流入相同者的路径，并把持了这条通道。它们进一步震撼着相异者的路径，扭曲了那个二倍数系列的间隔（即1，2，4，8之间的间隔）和三倍数系列的间隔（即1，3，9，27之间的间隔），以及用3∶2，4∶3，9∶8这些比例来表示的中项和联结用的环节。然而，这些骚动不能毁灭它们，因为只有把它们结合在一起的造物主才能分解它们。但是骚动在这里造成了各种各样的扭曲，【e】打破了循环运动，产生各种可能的无序，因此它在运动时会发生颤抖，会有不合理的行为，有时逆转，有时歪斜，有时上下颠倒——就像一个人颠倒站立，头顶大地，两脚向上抵住什么东西。处于这样的位置，他的右方乃是旁观者的左方，他的左方则是旁观者的右方，而旁观者的左右方在他看来也是左右错位的。如果灵魂深刻地感受到诸如此类的影响，【44】那么每当它们旋转着与外部事物接触时，无论这些事物是同类的还是异类的，它们总是违背事实把同说成异，把异说成同，它们的看法成为虚妄的、愚昧的，到了这个地步，灵魂的运动或旋转就不再具有统领能力了。还有，如果受外界影响的感知与灵魂发生暴力冲突，并席卷整个灵魂，那么灵魂的运动表面上是征服者，而实际上已经被征服了。由于受到上述种种影响，居于可朽的身体内的灵魂最初是没有理智的，【b】但当营养物的吸收和灵魂的发育趋于缓和，灵魂的运动平静下来而纳入正轨，并且随着时间的推移趋向稳定，几种循环运动回归灵魂的天然形式，使它们的旋转得到矫正，到了这个时候灵魂就能用正确的名字称呼相同者和相异者，并使灵魂的拥有者成为理性的存在物。如果在此过程中伴有正确的教养或教育，【c】那么这个理性的存在物就成为健康的、完善的人，免受一切疾病中最大的病患^①。但若他拒绝教育，那么他将终生瘸腿走路，最后还将带着不完善的无用之身返归冥土。

但是这种事情后来没有发生。另一方面，我们当前的主题需要更加具体的处理。我们必须继续处理前面的那些问题——身体是如何一部分一部分生成的，以及灵魂。什么是众神的理智？当他们使这些事物生成的时候，他们的计划是什么？【d】在讨论这些问题的时候，我们要尽快把握那些最为可能的解释，让我们照此进行。

模仿宇宙旋转的形状，众神把两种神圣的轨道运行结合在一个球形的物体中，这个部分也就是我们现在所说的头。这是我们最神圣的部分，也是我们其他所有部分的主宰。然后众神把身体的其他部分拼装起来，把整个身子连接到头部，让它事奉头部。为了让头部不至于在高低不平的地面上一路翻滚，或在向高处攀援和从低处爬出来时发生困难，【e】所以众神把躯干赋予头，作为头的运载工具，躯体有长度，同时又长出可以伸展和弯曲的四肢。众神发明了这样一个物体作为运载工具，依靠四肢可以攀援和支撑，到处行走，【45】使我们最圣洁的头高高在上。这就是腿和手的起源，由于这个原因，每个人都有了手和腿。众神认为正面比背面更荣耀，更有利于发布命令，所以就使我们在大部分时间里向前运动。由于这个原因，人体的正面必定要与其他部分很不一样。因此在安排头部的时候，众神首先在人头上安放一张面孔，并在面孔上设置一些能够按照灵魂的意愿管理各种事物的器官。【b】他们确定这个具有权威的部分是天然的正面。

眼睛是众神最先塑造的器官，它能放射光芒。他们把眼睛安放在头部的原因是这样的。他们想到，这样的火不用来引起燃烧，而要能提供温柔的光芒，所以要有眼睛这样一种物体，适合每日里使用。内在于我们身体的纯火，与外在的火同缘，众神使之通过眼睛流射出来；所以众神把眼睛造得——眼睛是一个整体，但尤其是它的中央部分——密实、【c】平滑、厚实，

---

① "最大的病患"指愚昧。

使它们能够抵挡其他一切杂质，只让这种纯洁的火通过。每逢日光包围视觉之流，那就是同类相遇①，二者互相结合之后，凡是体内所发之火同外界某一物体相接触的地方，就在视觉中由于性质相似而形成物体的影像。【d】整个视觉之流由于性质上的相似而有相似的感受，视觉把它触及的以及触及到它的物体的运动传播到全身，直抵灵魂，引起我们称之为视觉的感知。但是到了夜晚，外界同类性质的火消失了，视觉之流被截断，身体中的火发射到不相似的事物上发生了变化，并且熄灭，这是因为周围的空气已经失去了火，因此不再具有与火相似的性质，眼睛不能再起到看的作用，我们也就感到昏昏欲睡。【e】众神发明出来保护视觉的眼睑一合上，就挡住了体内的火，而这种火的力量也就消散并遏止了体内的运动，随着运动平息下来，就出现了安宁，随着安静的加深，【46】几乎无梦的睡眠也就到来了。但若体内仍有某些较大的运动，那么这些运动会按照它们的性质和位置，在我们心中产生相应的梦幻，等我们醒来后还能记得清清楚楚。

所以，要了解镜子和其他各种光滑平面如何产生影像，已经不会有什么困难了。人体内的火与外界的火交会，二者的结合每次都会在光滑的平面上留下无数的影像。所以每当那出自脸部的火在光滑平面上与视觉之火相结合的时候，就必然产生这种影像。②【b】在这种影像中，左边成了右边，右边成了左边，因为此时视线与视觉对象之火相接触的方式与通常的接触方式相反。但若视线之火在接触对象时与之互换一个方向，那么在其影像中右边仍为右边，左边仍为左边，只要使镜子光滑的平面两边翘起③，【c】迫使右边的视觉之流移向左面，左边的视觉之流移向右边，就会出现这种现象。如果将这面镜子垂直转动，那么镜子的凹面就会使整个影像上下颠倒，因为底下的光线被移到上面，上面的光线被移到底下。

---

① 此处用"同类相知"的原理来解释视觉，即从眼睛里发出来的火与视觉对象发出来的火的流射相遇。

② 比如一个人对镜自照。

③ 即凹镜。

嗯，上述所有事情都属于辅助性的原因，【d】众神使用它们，以便使那至善的模型尽可能付诸实现。由于众神制造的事物有冷有热、会凝固和分解，以及产生诸如此类的效果，因此大多数人不把它们当做辅助性的原因，而当做万物的真实原因。然而，像这样的事物完全不可能拥有理性或理解任何事物。我们必须宣布，灵魂是唯一能够恰当地拥有理智的事物。灵魂是不可见的，而火、水、土、气全都生成有可见的形态。【e】理智与知识的热爱者首先必须探索那些理智性的原因，然后再去探索那些被动或被迫施动的事物的原因。我们也必须这样做。我们应当承认上述两种原因，但也应当把两种原因区分开来：一种原因拥有理智，塑造美的和善的事物；另一种原因缺乏理智，每次只产生混乱无序的结果。

所以，让我们得出结论，我们所讨论的这种辅助性的原因赋予我们的眼睛以它们现在拥有的力量。下面，我们必须谈论众神把眼睛赋予我们有什么极为有益的功能。【47】在我看来，视觉乃是我们最大利益的源泉，因为我们若是从来不曾见过星辰、太阳、月亮，那么我们谈论宇宙就一句话也说不出来。而现在我们看到了白天与黑夜，看到了月份和年岁的流转，这种运动创造了数，给了我们时间观念和研究宇宙性质的能力。【b】从这一源泉中，我们又获得了哲学，众神已赐予或将赐予凡人的恩惠中没有比这更大的了。我认为这就是视觉给我们带来的最大好处，至于其他那些较小的好处，我还有必要谈论吗？即使是普通人，哪怕失去视觉，也会为他的损失痛哭不已。然而，我还是要这样说，神发明了视觉并且将它赐予我们，其目的在于让我们能够看到天上的理智运动，并把它应用到我们自身的理智运动上来，这两种运动的性质是相似的，【c】不过前者稳定有序而后者则易受干扰，我们通过学习也分有了天然的理智，可以模仿神的绝对无误的运动，对我们自身变化多端的运动进行规范。言语和听力也一样。众神出于同样的目的和原因把言语和听力赋予我们。这就是言语的主要目的，而言语对这一目的贡献也最大。还有，为了和谐，神把适合我们嗓音和听觉的音乐赋予我们。【d】和谐的运动和我们灵魂的运动具有相似性质，缪斯将和谐赐给艺术的爱好者，不像人们现在所想象的那样为了获得非理性的快乐，而是为了用它来矫正灵魂内在运动的无序，帮助我们进入和谐一致的状态。她们把节奏赐给我们的原因也一样，【e】一般说来人的行为总是不守规矩的，不光彩的，而节奏可以帮助我们克服这些缺点。

到此为止，我所说的内容，除了一小部分以外，都是在讲神圣理智的运作。但是，与这些解释相匹配，我需要另一个解释，涉及通过必然性生成的事物。因为这个宇宙的生成是混合的，是必然性与理智结合的产物。【48】理智是主导性的力量，它通过对必然性的劝说把大部分被造的事物引向至善，使必然性服从理智。所以，如果我要以这种方式讲完宇宙生成的整个故事，我也不得不讨论这种变化的原因——它的本性如何使事物变易。【b】所以，我不得不回顾一下我的步伐，拾起也可运用于这些相同事物的第二个起点，再次返回我们开始的地方，从那里起步，开始我当前的考察，正如我在前面所做的那样。

当然，我们不得不考虑这个宇宙尚未生成之前火、水、气、土的性质，考虑它们原先的状态。迄今为止，还没有人解释过这四种元素是怎么生成的。我们打算把它们确定为构成宇宙的要素或"字母"，告诉人们它们是宇宙的始基，假定他们知道什么是火和其他三种元素。然而，实际上，它们甚至不应当被比做音节。【c】只有非常不开化的人才会期待作这样的比较。所以，让我就用我的处理方式来开始吧：我现在不能讲述这一个本原或者多个本原，或讲述我是怎么想的，这是因为，如果继续使用我们现在的讨论方式，我很难讲清我的看法。你们别以为我应当承担这个重大而又困难的任务，【d】我自己也不这么想。请你们记住我一开始就说过的可能性，我会尽力像其他人一样提出一个可能的解释，或者说提出一个比较可能的解释。让我从头开始，一样一样地说。还有，在开始解释之前我要向神祈祷，恳求他把我们从这种怪异的、不寻常的讨论中拯救出来，【e】把我们带往可能性的天堂。所以，现在就让我重新开始。

在我对宇宙的解释中，这个新起点的需要比前面那个起点的需要更加复杂。我们在前面区分了两个类别，而现在我们必须区分第三个不同的类别。前两个类别对于我们先前的解释足够了：一个类别被建议为模型，它是有理智的、始终不变的；【49】第二个类别是对模型的模仿，它有生成变化，并且是可见的。当时我们没有区分第三个类别，因为考虑到有前面两个类别就已经够了。然而，我们的解释现在好像迫使我们用话语说明另一个类别，而这样做是非常困难的，不容易说清楚。我们为什么必须这么做呢？主要原因是，它是一切变化的容器——就好像是它的奶妈。

无论这个说法有多么真实，我们必须更加清楚地描述它。【b】这是一个困难的任务，尤其是它需要我们先就火和其他三种元素提出一个前提性的问题：

要谈论它们中的每一个是困难的——使用一个可靠的、稳固的解释——它们中的哪一个是我们真的称之为水而不是火的元素，或者说，哪一种元素我们应当称之为某元素，而不把其他元素称之为某元素。那么，通过相似性的塑造，它们向我们呈现的是什么问题？然后，我们将如何和以什么方式谈论这第三个类别？

首先，我们看到（或者以为我们看到），我们刚才称之为水的事物，凝聚而转变成石头和土。【c】其次，我们看到同一种事物经过熔化和消散，转变成风和气，气因燃烧而转变成火。然后我们看到，火因压缩和熄灭又回复到气的形态，气再经过汇集和凝聚，变成云和雾。再进一步压缩，则成为流水，而水又会再次转变成土和石头。【d】因此事物的生成似乎就是不同元素的循环转化。既然这些元素没有一样在形态上始终不变，那么，我们又怎么能够肯定地说某种元素确实是某元素而不是其他元素呢？无人可以这样说。但是按照下面这种说法来谈论元素可能是最稳妥的：看到任何一种不断变化的事物，比如火，我们一定不要称之为"这"或"那"，而要说它具有"这样的性质"，在谈论水的时候也一定不要说"这"，而一定要说它具有"这样的性质"。【e】假定我们自己要用"这"和"那"这些语词来指称这些东西，我们一定不要认为这样的说法蕴涵着这些事物具有稳定性的意思，因为它们变化无常，很难适用于"这"或"那"这样的表达法。"这"、"那"、"与这相关的"，或其他类似的表达方式，指的都是永久性的东西。我们一定不要对任何元素使用"这"，而应当使用"这样的"，这个词可以表示同一种元素的循环变化，例如我们说被称做"火"的事物应当永远具有这样的性质，对其他任何生成的事物也都可以这样说。只有若干元素在其中成长、显现、衰亡的事物才可以被称做"这"和"那"，【50】而对那些具有热或白这样性质的事物，对那些同时承受相互对立性质的事物，对那些由对立的性质组合而成的事物，我们一定不要这样指称。

我必须再次努力地描述它，把它说得更加清楚一些。假定你在塑造各种形状的金块，并且不停地将每一金块又重塑成其他各种形状，这时有人指着其中之一问你："它是什么？"【b】迄今为止最稳妥、最真实的回答是"金子"。我们不能称之为三角形或用金子铸成的其他形状，尽管这些形状曾经存在过，但它们甚至在被提及的瞬间就已经发生了变化。然而，只要这些形状会发生诸如此类的变化，愿意接受"什么是这样的东西"这样的指称，那么提问者也应当会感到满意。这样说有一定程度的安全性。

嗯，实际上，同样的解释也适用于接受一切物体的自然。我们必须始终用同样的名称去指称它，因为它决不会改变自身的性质。它不仅永远接纳一切事物，而且也不会在任何地方、以任何方式，擅取任何类似于进入其中的任何事物的性质。【c】它是一切形状的天然接受者，随着各种有形体的进入而变化和变形，并因此而在不同时间里呈现出不同的状态。但是进出于其中的所有物体都是按照那永恒的实体以一种奇妙的方式仿照其模型塑造出来的，关于这一点，我们以后再来研究。因为当前我们只需要弄懂三样东西：第一，生成者，处于生成过程中的东西；第二，接受者，生成过程发生于其中的东西；【d】第三，被模仿者，被生成的事物天然地模仿的东西。我们可以恰当地把接受者比做母亲，把被模仿者比做父亲，把生成者比做子女。另外我们还可以注意到，如果模型有各种各样的形状，那么置于其中塑造的质料不可能已经准备妥当，除非被塑的质料没有形状，没有任何形状的印记，这样它才能在塑造中接受形状。【e】如果质料已经具有某种意外获得的形状，那么要在它上面打上相反的或完全不同的印记就很难，这个印记会非常模糊，与原先的形状混在一起。因此，要接纳一切形状的事物应当没有形状，就好比调制香膏，人们首先要设法使那准备溶解香料的液体尽可能不含一点气味。又比如，用某些柔软的材料来塑造各种形状的人，总是坚决不允许那些材料留有任何形状，而会在动手塑造之前先将那材料的表面弄得尽可能平整光滑。【51】同理，要使接受一切形状的东西适宜全面地、不断地接受永恒存在的相似物，那么它本身一定不能有任何具体形状。因此，我们不可以把一切可见的被造物之母和接受者称做土、气、火、水，或称做它们的复合物，或称做从它们那里派生出来的元素，而应说它是一种不可见的、无形状的存在，它接受一切事物，【b】以某种神秘的方式分有理智，是最难以理解的。如果我们这样说，那么我们不至于犯下大错，然而由于我们前面的考察所获得的关于它的知识，我们确实可以说，不断燃烧的火和滋润万物的水是它的部分性质，而当它接受土和气的印记时，这种作为生成者之母的基质就变成了土和气。

【c】不过，我们必须借助理性论证来进行我们的考察。因此我们应当做出下列区别：有无"火本身"这样的事物？所有那些我们一直在说的"某个事物本身"这样的事物是否真的存在？或者说，只有那些能被我们看到或以某种方式通过身体感受到的东西才是真正存在的，此外不存在其他任何东西？我们不断地宣称每个事物都有一个可知的型相只不过是一个空洞的猜测，它最终什么都不是，只是一个空名吗？这个问题我们一定不能未经考察和判断就加以搁置，也一定不能过于自信地说对这个问题无法进行判断。【d】我们一定不要因为讨论这个枝节问题而使我们本来就很漫长的讨论变得更为冗长，但若有可能用简短的话语提出一个重大区别，那倒正是我们所企求的。所以，我的观点可以表述如下：如果理智和真意见是有区别的，那么这些"事物自身"确实存在——这些型相不是我们感性知觉的对象，而只是我们理智的对象。但若如某些人所认为的那样，真意见和理智没有什么不同，【e】那么我们通过身体所感受到的一切事物都可以当做最真实、最确定的。但我们必须认定理智和真意见是有区别的，因为它们来源不同，性质也不同。通过教导我们拥有了理智，通过说服我们拥有了真意见。理智总是包含真正的解释，而真意见缺乏任何解释。理智在说服面前保持不动摇，真意见在说服面前就放弃。还有，必须说所有人都拥有各种真意见，但只有众神和少数人拥有理智。

【52】由于这些事情就是这样的，所以我们必须同意，有一类存在者是始终同一的、非被造的、不可毁灭的，它们既不从其他任何地方接受任何他者于其自身，其自身也不进入其他任何地方，任何感官都不能感知它们，唯有理智可以通过沉思来确认它们的存在。另一类存在者与前一类存在者拥有同样的名称并且与之相似，但它们可以被感官所感知，是被造的，总是处于运动之中，在某处生成而且又在那里消逝，可以被结合着感知的意见所把握。【b】第三类存在者永久存在于不毁灭的空间，它为一切被造物提供了存在的场所，当一切感知均不在场时，它可以被一种虚假的推理所把握，这种推理很难说是真实的。我们看着它，就好像我们在做梦一样，因为我们说过任何存在的事物必定处于某个地方并且占有一定的空间，而那既不在天上又不在地下的东西根本就不存在。

我们证明我们自己无法得出所有这些区别，以及与这些区别相连的其他事情——哪怕不是在梦中，面对真正存在的实体——因为我们的梦境使我们无法清醒过来陈述真理。【c】这个真理是这样的：由于影像并不包括其所据以形成的实体，影像的存在总像是事物瞥然而过的影子，所以我们一定会推断它肯定有处所，以某种方式维系其存在，否则它就无从存在了。但是，真正的存在者得到了精确性和真解释的支持——只要二者是有区别的，它们决不会以这样的方式发生变化，【d】生成为同一事物，而同时又还是两样东西。

所以，让这些话成为我想要提供的这种解释的一个小结，我的这个解释是我凭着我的意愿推断出来的。有三样东西——存在者、空间和变易，这三样有区别的东西早在宇宙生成之前就已经有了。

变易的奶妈转变为富含水的和富含火的东西，接受了土和气的性质，它在获取所有这些性质时也就经受了随之而来的各种影响，呈现出奇特的多样性，【e】并充盈着既不相似又不均衡的力量，不能在任何部分达到均衡。这些事物朝着各个方向不均衡地摇摆，既受这些运动的影响而晃动，又在被晃动时反过来影响这些事物。各种元素在晃动中分离，并持续不断地朝着不同的方向离散。就好像那些被簸谷器和其他扬谷工具所晃动和簸扬的谷粒，【53】实的重的落在一边，瘪的轻的则飞散到其他地方。

以这种方式，四种元素也在接受器中摇晃，接受器像簸谷器一样运动，最不相似的元素彼此离散得最远，最相似元素相互拥挤得最紧。由此，不同的元素在被用于建构宇宙之前就已经有了不同的处所。【b】诚然，它们最初还全然没有理性与尺度。但当这个宇宙开始进入有序状态时，火、水、土、气，确实显示出某些它们自身拥有的性质，但它们完全处在这样一种状态中，这是我们可以期待的那种神不在场时可能发生的状况。我要说，这就是它们当时的性质，而神用型与数来塑造它们。

我们要始终认定，神在尽一切可能从不美不善的东西中造出尽善尽美的东西来。现在我要尽力向你们说明它们的性质和生成，【c】我要使用一种不常见的论证方法，但我不得不这样做。我相信你们跟得上我的论证，因为你们所受的教育已经使你们熟悉了科学的方法。

首先，每个人都明白，火、土、水、气都是物体。任何物体都有体积，每一有体积之物必定都被外表所包裹，每一由直线构成的平面则由若干三角形组成，一切三角形从根本上来说只有两种，【d】各有一个直角和两个锐角，① 其中一种三角形连接底边两端，构成其半个直角的两条边是相等的，另一种三角形则可分成不相等的部分，有不相等的边。综合可能的解释与证明的方法，我们假定这些结构就是火和其他物体的原初成分，但先于二者的

---

① 两种三角形即有两条等边的直角三角形和不等边的直角三角形；其他一切三角形都可以用这两种三角形来构成。

始基是什么则只有神和亲近神的人才知道。

【e】我们现在应当说一说有生成的四种物体中最杰出的是哪一种。它们相互之间很不相同，尽管它们中有些能够分解，转变成其他物体，反之亦然。如果我们的解释是恰当的，那么我们将拥有真理，知道土和火，以及它们之间有比例的居间者（水和气）如何生成。因为我们决不承认有任何可见的物体比这些物体更加卓越，它们各自构成一类事物。所以我们必须尽全力构造这四种绝美的物体，并且宣称我们已经相当充分把握了它们的性质。

【54】且说有两种三角形，其中等边三角形仅有一种形态，等腰三角形或不等边三角形则有无限多的形态。如果我们按照特定的秩序办事，那么我们必须从无限多的三角形的形态中再次选择一种最美的形态，如果有人能够为这些物体的构成指出一个比我们选择的形态更美的形态，那么他可以拿走棕榈枝[①]，并且不是我们的敌人而是我们的朋友。现在我们认为最美的三角形乃是同样的两个三角形相合后可以构成一个等边三角形的三角形[②]，而其他形状的三角形都不用谈了。【b】其理由何在，细说起来就太长了。如果有人不同意这种说法，并能指出我们的错误，那我们甘拜下风。所以，让我们选定两种三角形作为构成火和其他元素的东西：一种是等边三角形，另一种三角形的长边的平方等于其短边平方的三倍。

在这一点上，我们需要更加准确地叙述一下前面没说清楚的地方。我们原先想象所有四种物体都是相互生成的，这样的假设是错误的，【c】因为四种物体都由我们所选择的基本三角形中生成，其中有三种物体来自不等边三角形，只有第四种物体由等边三角形构成。因此，它们不会全都相互化解成其他物体，大量小物体结合成少量大物体，或者与之相反，少量大物体分解

---

① 胜利的象征。

②

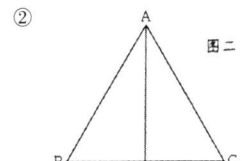

指等边三角形的一半，见插图二，图中的三角形 ABC 若以 AD 线等分之，则得 ABD 和 ADC 两个三角形。

成大量小物体。但是有三种物体可以这样分解与结合，因为它们都由一种基本三角形构成，因此在大物体分解时，就会从中产生许多小物体，【d】各自采取适当的形状。或者反过来说，当许多小物体分解成构成它们的那种基本三角形，那么一经结合，也可以构成另一类巨大的物体。

关于这些物体如何相互生成，我们就说到这里。下面让我们讨论它们各自生成的形式，以及它们各自在被造的时候所用到的各种数。

最先的当然是最简单、最小的构造，其成分乃是斜边二倍长于较短一边的三角形。【e】当两个这样的三角形沿其斜边相邻接，如此重复三次，诸斜边与短边均以同一个点为中心，那么一个等边三角形就从这六个三角形里产生出来了。① 如果将四个等边三角形放在一起，并且使其平面角相交于一点，就形成一个立体角，在最钝的平面角之后产生。【55】当四个这样的立体角被造出来时，第一种立体② 就构成了，它将整个表面分成相等和相似的各个部分。

第二种立体③ 出于同样的三角形，却由八个等边三角形构成，它从四个平面造出一个立体角，而当六个这样的立体角形成时，第二种立体也就完成了。

第三种立体④ 用一百二十个基本三角形相互连接而成，【b】有十二个立体角，每个立体角都被五个等边三角形的平面所包含，还生有二十个等边三角形的底面。现在，两种基本三角形之一，在生成这三种立体后就不再产生新的立体，而由直角等腰三角形来生成第四种立体⑤：四个直角等腰三角形

---

① 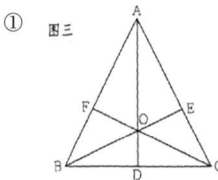 见插图三，图中等边三角形 ABC 以 A、B、C 三个顶点与其对边的中点即 D、E、F 构成之线分割，可以形成六个不等边三角形。每个三角形的斜边为最短边的两倍。同时，∠FAO=1/3 直角；而∠FOA=2/3 直角。因此"三个平面角"每一个为 60°，共为 180°，即"最钝的"平面角；而立体角则少一度，即 179°。

② 即四面体或棱锥形，火的分子。

③ 即八面体，气的分子。

④ 即二十面体，水的分子。

⑤ 即含有 24 个直角等边三角形的立方体，土的分子。

放在一起，它们的直角交汇成中心，形成一个等边的四边形；【c】六个这样的四边形，邻接在一起，形成八个立体角，每个立体角又由三个直角平面组合而成；这样构成的立体是正立方体，有六个等边四边形底面。

此外还有第五种复合而成的立体[①]，被神用于整个宇宙，把各种天体装饰在它上面。

追随这一整条推理路线的任何人很可能会感到困惑，不知我们说的是无限多的宇宙，还是某个确定数量的宇宙。[②]【d】如果是这样的话，他必然会做出回答："有无限多的宇宙，"也就是接受了那个本应完成他的解释，但实际上没有完成他的解释的那个人的观点。他最好停止提出这样的问题，我们说的到底是一个宇宙还是五个宇宙。嗯，我们的"可能的解释"声称只有一个宇宙，一个神——尽管其他有些人，考虑到其他事情，会提出不同的看法。不过，我们必须把他撂在一边。

让我们现在来确定火、土、水、气的结构，刚才我们已经提到了它们的构成。让我们把立体指定给土，因为在四种形体中土是最不活动的，【e】又是最富有黏性的，而具有最稳定基础的东西必定要具有这样的性质。在我们一开始所设定的三角形中，有两条等边的三角形比不拥有等边的三角形具有更加稳定的基础；在用不同三角形所组成的复合图形中，等边四角形，无论就整体来说还是就部分来说，其基础都比等边三角形更加稳定。【56】因此，在把这种形状指定给土的时候，我们坚持这种看法是可能的，我们还在其余形状中把最不活动的形体指定给水，把最容易活动的形体指定给火，而把活动性适中的形体指定给气。我们还把最小的形体指定给火，把最大的形体指定给水，把中等的形体指定给气；还有，我们把最尖锐的形体指定给火，尖锐程度其次的指定给气，尖锐程度再其次的指定给水。在这些基本形体中，其底面最少的【b】必然是最容易活动的，因为它在任何情况下都是最锐利的、

---

① 即十二面体，神如何使用十二面体含义不明，可能是指黄道十二宫而言。
② 古希腊原子论者认为有无限多个宇宙。

最有渗透力的；又由于它由最少数量的同等微粒构成，因此它的分量又必然是最轻的；次一等的形体所拥有的这些性质就较差，再次一等的形体所拥有的性质就更差了。如果我们同意这些说法，那么按照严格的推理和可能性的解释，棱锥形的立体乃是火的原始成分和种子，而我们把按照生成秩序第二个产生的形体指定给气，把按照生成秩序第三个产生的形体指定给水。

现在我们必须认为所有这些物体的体积都非常微小，【c】没有一种物体，无论是哪一种，能被我们个人看见。然而，当许多微粒聚集成块，我们就能看见了。尤其是，关于它们在数量上所占的比例、它们的运动，以及它们的其他属性，我们必须认为神把它们制造得非常完全和圆满（在必然性允许或同意的范围内），按照既定的比例把它们安排在一起。

根据我们迄今为止有关元素性的物体的解释，下面有关它们的转变的解释最有可能是这样的：【d】土与火相遇，并且被锐利的火分解，这种分解无论发生在火自身还是发生在一定量的气或水中，都将继续运动，直至其微粒和谐地聚集，互相结合，重新变为土，因为土决不会变成另一种元素。但水就不一样了，当水被火或气所分解，【e】就可以变成一份火的微粒和两份气的微粒，一个单位体积的气可以分解为两个单位体积的火。还有，当很小的火的形体被包含在很大的气、水、土的形体中，并且双方都在运动时，火就在斗争中被征服和分解，这时两个单位体积的火就会合并成一个单位体积的气，如果气被征服和分解，那么两个半单位体积的气会浓缩成一个单位体积的水。

有关这些转变，让我们重述如下：【57】当其他元素之一与火相结合，由于火的角和边都很锐利，所以就被火分割，并与火聚集在一起，这个时候就不再被火分割了。因为没有一个自身同一的元素能在相同的状况下被另一相同的元素改变，它也不能改变这个与其相同的元素。① 但由于在转化的过程中，弱者要与强者搏斗，所以分解会继续下去。还有，当一些微小的粒子

----

① "同类相亲"是古希腊思想中的一条公理。

被包含在较大的粒子中时，【b】就会被分解和消灭，此时它们若能融合于某些具有征服性的元素，就可以免于灭绝，并由火变成气，由气变成水。但若另一种元素的形体发起进攻，它们微小的粒子就会继续分解，直到完全后退四散，它们会在同种元素中寻找避难所，或者被具有征服性的力量战胜和吸收，【c】它们或是与胜利者待在一起，或是由多个变成一个。由于有这样一些运动，所以所有粒子都在改变它们的位置，因为借助接受器的运动，大量的各种元素的粒子被散布到它恰当的地方，① 而那些已经变得与自身不同而与他物相同的粒子又在向着那与之相同的粒子所居之地转移。

一切未经混合的、原初的物体都是由于上述原因而产生的。至于包括在这些种类之中的次一级的属类，其成因都可归于由两种基本三角形所组成的多种多样的结构。【d】每一个这样的结构并非只产生一种大小的三角形，而是有大有小，有多少四种元素的属类，就有多少大小不同的构造。因此，当它们既与自己的同类结合，又与异类结合时，其构造就有了无限多样性，凡想要对事物的真理提出有可能成立的解释的人必须考虑到这一点。

只有理解静止与运动的性质和条件的人，才能跟得上我们下面的讨论，否则就会遇到极大的障碍。【e】关于这个问题，尽管我们已经有所阐述，但有一点尚未说明，运动决不会存在于同质性的状态中。因为难以想象没有推动者而有被推动者，或者没有被推动者而有推动者，这样的想象确实是不可能的。没有二者的存在就没有运动，而这两者决不可能是同质的，【58】因此我们必须将静止置于同质性中，将运动置于同质性的缺乏之中。不均等是缺乏同质性的原因，而我们在前面已经描述了不均等的起源。②

然而，还有一个问题我们尚未论及：事物为什么在依其种类划分之后仍旧不停地相互转化和运动。对此我们现在就要做解释。所有四种元素都被包含在宇宙的旋转运动之中，而且这种运动是环状的，具有一种聚集的倾

① 此处认为各种元素在空间围绕一个中心，分圈聚居，土居中，其次为水，火则居于球形宇宙的外缘。

② 参见上文，基本三角形变化多端的形状和体积是造成不均等的原因。

向,^①其中的一切都会压缩聚拢，不留任何空隙。【b】因此，火渗入万物最甚，其次是气，因为就稀缺性来说它在元素中列第二位，其他两种元素亦按照它们的稀缺性程度进行渗透。那些由最大的粒子构成的事物其结构中留下的空隙最大，而那些由最小的粒子构成的事物其结构中留下的空隙最小。经过压缩而产生的聚集使较小的粒子进入较大粒子的空隙。就这样，当小粒子被置于大粒子一旁，小粒子就分割大粒子，大粒子就合并小粒子，所有粒子都在上下攒动，【c】偏离它们原来的位置，因为每一体积方面的变化又会引起空间位置的变化。由于这些原因而产生的不均等性总是存在的，导致这些元素在任何时间中持续不断地运动。

接下去，我们应当注意，有生成的火会有许多不同的种类。比如，第一种火是燃烧着的火焰，第二种火是火焰发射出来的东西，它并不燃烧，仅为眼睛提供光明，第三种是火的残余，火焰熄灭之后可以在炽热的灰烬中看到这种火。【d】气也一样。最明亮的那部分气称做以太，最混浊、最昏暗的那种气就是雾和黄昏，其他还有因三角形的不均等而产生的没有名称的气。还有，水首先可以分成两种，一种是液体，另一种是熔质。^②液体的水由细小的不均等的水的微粒组成，由于缺乏同质性和粒子的尖锐性，因此它自身流动并且易受外力的推动；【e】而熔质的水由较大的、统一的粒子组成，比前一种水稳定，并且由于其粒子具有同质性而分量很重。但若火进入这种水，使其粒子化解，摧毁了它们的同质性，就会使其流动性增大，变成流质并受相邻气的挤压而散布在大地上，这种固体的分解称做熔化，而它们散布到大地上称做流动。【59】还有，火离开熔质以后并不进入真空，而是进入相邻的气，这些气反过来将那尚能流动的熔质挤压到原来由火占据的位置，并使之结合。就这样，通过挤压，这团物体恢复了均等，再次联合起来，因为造成不均等的火已经退却，这种退火过程就称做冷却，退火后所发生的结合称

---

① 即具有向心力。

② 金属被当做一种水。

为凝固。【b】在所有各种被称为熔质的事物中，最宝贵的是由最精细、最具有同质性的粒子构成的黄金，从岩石中提炼出来以后使之凝固，这种东西非常独特，闪闪发光，是黄色的。黄金有一个支族，密度很大，所以它非常坚硬，呈黑色，被称做金刚石。另有一类东西，其微粒形状与黄金很相似。这类东西又可分成几种，【c】它的密度大于黄金，并含有少量的细土，因此比黄金还要坚硬，不过由于其内部空隙较大，所以比黄金轻，这种明亮而又浓稠的水在凝固以后被称为铜。有一种土中混有铜，随着岁月的流逝，两相分离，又变成独立存在的东西，被称做锈。

依据可能性的方法进行推论，不难说明其余同类现象。有时候，一个人可以为了消遣而搁置对永恒事物的沉思，【d】转而思考有关生成的真理，这种道理只具有可能性。他将因此而得到无悔的快乐，为他自己在有生之年找到一种聪明而且适度的消遣方法。现在就让我们来尽情消遣一下，对下列问题做出可能的解释。

与火混合的水是稀薄的液体，它之所以被称做液体乃是由于它的运动和在地面流淌的状态。它也是柔软的，因为它给土让路。水的基础不如土那么稳定，但当火和气从混合物中分离而只留下水，因而变得较具同质性时，它就因火与气的离去而自行收缩。【e】如果这种水凝固得非常厉害，那么位于大地上方的这种水就变成冰雹，在地面上的这种水就成为冰；但若其凝固程度较小而仅仅处于半固体状态，那么这种水飘扬在空中就是雪，由露水凝结在地面上就是霜。

还有，无限多样的水相互混合，通过地上生长的植物过滤出来，这类水的总称是汁液。【60】这些流汁不同比例的混合又产生许多种类，大多数没有名称，但其中四种具有强烈的性质，并且很容易区分，有专门的名称。第一种是酒，对灵魂和肉体都有温暖作用；第二种是油，滑润而且耀眼，看上去闪闪发光，包括沥青、蓖麻油、橄榄油，以及其他具有同类性质的东西；【b】第三种流汁的总称是蜜，能使嘴巴的收缩部分尽量放松，回归自然状态，并产生甜味；最后一种是与所有汁液都不同的植物的汁，具有发泡的性质，还有燃烧的性质，有助于肉类的分解，被称作果酸。

至于土的种类以下列方式形成，从水中分离出来的土变成类似石头的东西。与土混合的水在变化过程中分解而成为气，以这种形式向气原有的位置上升。【c】但由于它的周围并没有什么真空地带，于是就挤压相邻的气；周围的气较重，在被置换以后这种气就向土的四周挤压，在强力作用下形成真空，而那些土则被挤压到新气上升后所留下的空隙中去。土经过气的挤压而成为不能被水溶解的东西，这就是石头。石头中较好的种类由同质成分构成，并且是透明的，具有相反性质的石头则品质低劣。但若在火的作用下，水的成分迅速离去，那么就可以形成一种比石头更加脆的东西，我们给它起的名字叫做陶。【d】有的时候水分仍旧可以保留，土经过火的熔化，再加冷却，就成为黑颜色的石头。在水从水土混合物中分离出来的过程中还可以产生两种由土的精细颗粒构成的东西，具有咸的性质，用它们构成的半固体又可再溶于水。一种是碱，可以用来清除油和土的污渍；另一种是盐，【e】可以用来调味，为味觉所喜爱，是众神喜爱之物。①

水土复合物不会被水化解，而只能被火化解，其原因有如下述。火与气都不能使土熔解，因为火与气的粒子小于土的结构中的空隙，它们可以不用一点强力就穿越土粒子，不会造成土的熔解和分裂。但是水粒子较大，必须用强力才可穿越土，结果土就溶解了。【61】因此，土若是没有被强力压缩得很结实，那么只有水可以化解它；若是压缩得很结实，那就只有火能加以分解，因为这时候只有火能进入土的内部。再说水，如果凝合得十分坚固，便只有火能分解它，但若凝合稍松，则火与气都能加以分解，后者进入它的空隙，前者则钻入它的三角形。但若气凝聚得很坚固，那就没有任何东西能够将它分解，除非这东西能够钻进它的基本三角形；若是气凝聚得不很坚固，那么也只有火能将它熔解。

至于土和水组合而成的各种物体，【b】由于有水占据受强力压缩的土的

① 有关献祭的法律规定用盐做供品。

空隙，外面的水的微粒就无法进入，只能漫淌在物体的周围而不能使物体分解；但若火的微粒进入到水的空隙，那就对水产生如同水对于土那样的作用。这样的粒子是土水复合物液化而成为流体的唯一原因。这样的物体有两种：【c】一种是玻璃和类似石头的熔液，其中土的成分多于水的成分；另一种是蜡和乳香一类东西的基质，在其构造中含有较多的水。

以上我们已经说明了物体因形态、组合、变化而形成多种多样的类别，但我还要努力指出它们的特性和原因。首先，我已经描述过的物体必定是感觉的对象。但我们还不曾考虑过肉体、属于肉体的东西，或灵魂的可朽部分，是如何产生的。【d】要是不解释与感觉有关的特性，这些问题就不能得到恰当的解释，而对后者的解释同样也不能离开前者；然而要想同时对二者进行解释几乎是不可能的，因为我们必须对其中之一进行假设，然后再对我们假设的性质进行考察。为了能够按常规在说明了元素之后再解释感觉的特性，让我们先假设肉体和灵魂的存在。

首先让我们来考察，火是热的，这样说是什么意思，我们可以根据对我们的身体起切割作用的力量来对此进行推论。【e】我们大家全都感到火具有锐利的特性，还可以进一步考虑到火的边缘之薄、棱角之锐、微粒之小和运动之快。【62】所有这些特性使得火的运动锐不可当，无论遇到什么物体都加以切割。我们千万别忘了火的原始形状①比其他任何形状更具有把我们的身体切割成碎片的力量，这样就自然而然地产生被我们称做热的感觉，热这个名称就是这么来的。

与此相反的感觉则非常明显，我们的描述无论如何不会有误。处于人体周围的较大的水的微粒进入人体，驱逐了较小的微粒，【b】可是由于较大的微粒不能占据较小微粒的位置，所以挤压我们体内的水，我们体内的水原来是不平衡、不宁静的，由于受到挤压而进入静止状态，而静止的原因在于平衡和收缩。但是这种挤压是违反本性的，受到挤压的东西会起来抗争，迫使

---

① 棱锥体。

侵入者离开，颤抖和哆嗦这些名称指的就是这种抗争和震动，而整个感觉和引起这种感觉的原因都叫做冷。

我们用硬这个词来指称一切使我们的肉体退让的东西；用软这个词来指称一切对我们的肉体退让的东西，事物亦因其相对的硬和软而被称做硬的或软的。凡退让的事物基础都比较小，【c】但那些以四角形的底面为基础的事物很稳固，可以抵抗很强的外力，其他那些结构紧密的事物也具有顽强的性质。

关于轻与重的性质若能与我们关于上与下的观念联系起来考察，就能得到最好的理解。有人假定这个宇宙分成相互分离和对立的两个区域，凡有体积的东西都朝着下面这个区域移动，而位于上面这个区域的事物之上升都是违背其意愿的。这种假设是错误的，【d】因为既然整个宇宙是球形的，那么它的所有端点到中心的距离都相等，它的中心到所有端点的距离也相等，因此可以认为中心与端点的位置是相对的。这就是宇宙的性质，要是有人把其中的任何一点说成上或下，他怎么能不被公正地指责为表述不当呢？把宇宙的中心称为上或下都是不恰当的，只能称做中；宇宙的边缘不在中间，边缘上的某个部分及其相对部分与中心的关系也没有什么不同。【e】确实，如果一个事物所处的位置相对于各个方向来说都是一样的，那么我们怎么能够把包含相反关系的名称赋予它而不犯错误呢？【63】如果宇宙中心有个完全处于均衡状态的物体，那么就没有任何力量能够把它拉到这个端点而不是那个端点上，因为每个端点都一样，没有丝毫差异。再假定有人环绕宇宙旅行，当他站在与先前相反的端点上，就不免会把同一地点既称为上又称为下。①如我刚才所说，谈论这个球状的东西，如果有人说它有一部分是上，另一部分是下，那么他不像是个理智清醒的人。人们为什么会使用这些名称，人们最初处于什么环境下用这些名称划分天穹，这些问题可以按照下列假设来进行解释。【b】假定宇宙中有某个部分是火元素聚集的地方，这里积聚着大

---

① 上和下是相对而言的。

量的火；再假定某人有能力把火分割成若干块，称它们的重量。为了保持平衡，他一面将天平高高举起，一面用力把一些火去掉，投向不熔于火的气，这时显然可见小块的火比大块的火更容易拉开，【c】因为当两个物体由同一力量同时举起的时候，由于抗力的作用，体积小的必然比体积大的更容易屈服于对它施加的力，这时我们就说体积大的物体重，容易下坠；体积小的物体轻，容易上升。我们在地面上也可以准确地发现相同的情况。我们经常把土制的东西破开，有时候就把土块破开，用强力违反其本性地把它们投向性质与其不同的气，而这两种元素都倾向于其同类。【d】我们在这样做的时候，体积较小的物体比较容易屈服，听从我们的摆布，因此我们称它是轻的，称它被迫前往的地方为上面；体积较大的物体则与此相反，被称为重的和下面。可见，这些名称的相互关系必然有变化，因为大量聚集的各种元素占据相对的位置，我们可以看到有些物体在一个地方是轻的、重的、上面的、下面的，【e】但在另一个地方可能正好相反，双方的关系在各方面都表现为相反的，互相转换的。在这些情况中有一点必须加以考虑：在某些情况下各种元素向着同类物体运动的过程使得运动着的物体变重，使得那物体所趋向的地方成为下面；但对那些具有相反倾向的事物，我们就用相反的名字来称呼它们。以上就是我们对产生这些现象的原因所做的说明。

至于光滑和粗糙，任何人都能向别人解释其成因。【64】因为粗糙就是坚硬与不规则的混合，而同质性和密度的联合作用造成光滑。

与整个身体有关的那些感觉中最重要的感觉仍需考虑，这就是我在谈论感觉时已经讲过的快乐与痛苦的原因，一切事物通过身体的各个部分被感知，与此相伴的则有快乐与痛苦。无论感觉是否出自感官，要记住我们刚才已经区分了两种性质，【b】一种是易动的，一种是不动的，让我们想象各种感觉的原因具有这两种性质，我们必须朝着这个方向去追索，寻找我们想要获取的猎物。一个具有易动性质的物体得到一个印象，无论这个印象多么轻微，都会在体内将此感受环状传递，在身体各部分传送，直至最后抵达心灵的始基，向它表明动因的性质。可是具有相反性质的物体，即不动的、不向周边地区延伸的物体，只能接受印象，【c】但不会将此印象传送到相邻的部分，不会对整个生灵产生影响，因此印象的承受者虽受触动却无感觉。对于骨头、毛发以及人体其他以土元素为主要成分的部分来说是这样的，但上面所说的这种特性主要与视觉和听觉相关，因为这两种感官中所包含的火和气最多。

关于快乐，我们应当这样来理解：【d】一种印象如果违反自然，非常强烈，骤然加于我们，那就是痛苦，但若从这种状态突然回归自然，那就是快乐，温和而渐进的回归是无法感知的，而猛烈又突然的回归是可以感知的。另一方面，最易产生的感觉印象也最容易感受，但并不一定伴随着快乐或痛苦，例如视觉的感受就是这样，我们上面说过，视觉在白天与我们的身体实际上是一体的，因为无论视觉发生切割、烧灼，或其他行为，都不会产生痛苦，而当它回复自然状态时，也不会产生快乐。【e】可是视觉的每一行为都会留下清晰而又强烈的感觉，无论眼睛被动地看还是有意识地看，其原因就在于视线的分散和重聚都没有使用强力。不过那些由较大微粒构成的物体只有经过一番斗争才会屈服于动因，然后将运动传送周身，从而引起快乐和痛苦，如果运动违背它们的自然状态就出现痛苦，而回归自然状态就产生快乐。【65】经历了渐进的损耗而本性趋于空泛，但却在骤然之间获得大量补充的事物，感受不到空泛，但对补充却非常敏感，因此在这些情况下不会有痛苦，只会有巨大的快乐，对于灵魂的可朽部分来说，香料的使用是一个明显的例子。但在瞬间经历剧烈变化而又非常艰难地逐渐恢复其原先状态的事物，【b】其感受与前者正好相反，身体的烧灼和切割是这种情况最明显的例子。

至此我们已经讨论了整个身体的一般感受，以及产生这些感受的动因的名称。现在，只要我能做到，我就要尽力谈论身体的具体部分的感受以及产生这些感受的动因。【c】首先让我们提到我们在谈汁液时省略未谈的内容，涉及专属舌头的感受。这些感受的产生，同其他大多数感受一样，好像也是由于收缩和扩张，但这些感受比其他感受更加粗糙或光滑，【d】因为土元素的粒子经过作为舌头检验工具的小血管①抵达心脏，遇到这部分最湿润、最柔软的肉而被分解，在它们被分解时，它们使小血管收缩和干燥。如果这些粒子比较粗糙，那么小血管就会收敛；如果这些粒子不那么粗糙，那么小血管就只会变硬。作用于小血管的粒子起着清洁剂的作用，对整个舌头表面进行清洁，如果这种作用过于强烈，以至于销蚀舌头上的某些部分，【e】比如用碱，那么由此产生的所有感受都称做苦。但若这些粒子碱性较弱，只能起到中度清洁作用，就被称做盐，由于它不会产生苦味或者那么粗糙，所以被认为适宜与其他东西调和。还有一些粒子被口中的热量熔化而变得平滑，它们得到充分的燃烧而又反过来点燃为它们供热的部分，由于它们的分量很轻，所以就向头上的各个感官飞升，【66】切割其前进道路上遇到的一切，它们具有的这种特性被称做辣。还有另一种粒子原先已经通过销蚀作用而净化了，它们进入狭窄的血管，与其中原有的土粒子和气粒子形成一定比例的混合，引发它们的旋转与相互渗透，在新进入的粒子周围形成空隙。【b】这些由水粒子构成的器皿围绕气扩散，用一层湿润的薄膜把气包裹起来，这里讲的气也就是水中的空隙，这层薄膜有时候是土质的，有时候纯粹是水，包裹着气的纯粹透明的薄膜称做水泡，由液态的土构成的薄膜处于滚动和起泡状态，被称做沸腾和发酵。造成这些特性的原因就是酸。

【c】还有一种性质相反的特性，其产生的原因也正好相反。当与舌头相合的大量粒子进入口腔，这些粒子就滋润着粗糙的舌头，使它成为光滑的，也使原先不自然地紧缩的部分松弛，或者使不自然地松弛了的部分紧缩，重新恢复它们的本性，这种具有强烈治疗作用的特性是每个人都感到高兴并且乐于接受的，它的名字叫做甜。关于味觉就谈到这里。

【d】嗅觉没有什么不同的种类，因为一切气味的性质都是不确定的，没有哪种按特定比例配成的元素能够拥有某种气味。我们鼻子上的这些血管对土元素和水元素来说太窄，对于火元素和气元素来说又太宽，由于这个原

---

① 此处将神经的功能归于血管。

因，没有人能感受到元素的气味。但是，任何气味总是来自物体的潮湿、腐烂、熔解，或者蒸发，【e】总是在这个过程中被感知。也就是说，当水变成气或者气变成水的时候，在这个过程中，它们全都是汽或雾。雾就是气变成了水，汽就是水变成了气，因此一切气味都比水稀薄，都比气浓稠。可以为此作证的是，一个人在呼吸遇到障碍而尽力吸气时，没有气味会一道滤入鼻腔，吸进去的只是不带任何气味的气。

【67】因此各种气味没有名称，也不能分成数目不多的、有限的、简单明了的若干种类，只能分成令人痛苦和令人快乐的气味。一种气味刺激并扰乱我们位于头部和脐孔之间的整个空腔；另一种则对这一部位有镇静作用，使之能舒服地恢复自然状态。

在考虑第三种感觉，亦即听觉的时候，我们必须谈到听觉产生的原因。【b】我们一般可以这样假定，有一种敲击穿越耳朵，由气传送给脑和血，抵达灵魂；由敲击引起的振荡始于头部，终于肝脏所居的区域。快速运动的声音是尖锐的，缓慢运动的声音是深沉的；有规律地运动的声音是平稳柔和的，反之则是刺耳的。【c】大量的声音就产生喧闹的效果，而少量的声音则效果相反。至于声音如何调和，我必须以后再讲。

还有第四种可感事物，具有非常复杂的多样性，现在必须加以区分。人们一般称之为颜色的东西是从各种物体上发射出来的火焰，拥有与视觉相对应的粒子。我在前面开始的时候已经谈了产生视觉的原因，【d】在此提出一个合理的颜色理论乃是自然的、恰当的。来自其他物体而落入视线的粒子，有些较小，有些较大，有些则与视线本身的粒子大小相等。那些相等的粒子是不可感知的，我们称之为透明。【e】较大的粒子使视线收缩，较小的粒子使视线扩张，这些粒子在视觉中所起的作用就像作用于肌肉的热和冷的粒子、作用于舌头使之收敛的粒子、一切引起热感被我们称为辣的粒子的作用一样。白与黑实际上是收缩和扩张的结果，只是出现在另一领域中，有不同的表现。因此我们必须把视线的扩张称做白，而将视线的收缩称做黑。

也还有一种不同类的火，它的运动更加快捷，使视线扩张，直至抵达眼睛，【68】强行穿入并熔解眼部的通道，从而使一种由水和火这两种元素合成的东西从那里流出，我们称之为泪。本身是火的这种流体与相反方向过来的火相遇，里面的火就像闪电一般向外迸发，而外面的火虽然找到了进入的通道，却被湿气所熄灭，如此混合的结果产生各种颜色。这种感受我们称之为耀眼，引起这种感觉的物体被称为明亮的或闪光的。

【b】还有另一种火的性质介于二者之间，当它与眼睛的湿气接触并与之混合时不会发生闪耀，而是与潮湿的射线混合在一起，产生血一般的颜色，我们称之为红色。明亮的色彩与红、白二色相混合则成为金棕色。然而，一个人即使知道如何按比例配制各种颜色，要讲出来也未免太愚蠢了，因为他既不能提供必然的原因，也确实不能提供任何可被接受的或可能的解释。

【c】还有，红与黑、白二色相混合成为紫色；但若在混合之后再加热，使黑色与其他颜色混合得更彻底，结果就成为赭色。金棕色与暗褐色合成火红色，灰色来自黑色与白色的混合；暗黄色来自白色与金棕色的混合。白色若和明亮的色彩相遇，并浸入黑色，就变成深蓝色；深蓝色与白色相混合成为浅蓝色；火红色与黑色相遇产生深绿色。【d】要按照可能性的规则说明怎样合成这些颜色、怎样调制颜色并不难。然而，想通过试验来证明所有这一切的人忘记了人与神之间的区别。因为只有神拥有把多种事物合成为一、把一种事物分解为多的知识和能力，但没有人能够完成这两样工作中的任何一样，无论是现在还是将来。

【e】这些元素就是造物主必须使用的。至善至美事物的造物主在创造这个自给自足、完美无疵的神①时，委派这些必要的原因作使者来完成他的工作，而他自己则筹措一切生成之物所具有的善。因此我们可以区分两种原因：一种是神圣的原因；一种是必要的原因。我们要依据我们的本能，在一切事物中寻求神圣的原因，【69】以求获得幸福的生活。同时，我们要为了寻求神圣的原因而寻求必要的原因，因为若无必要的原因，就不可能单凭神

———————

① 指宇宙。

圣的原因来辨明我们所追求的神圣事物，也不可能理解它，或以任何方式享用它。

到此为止，我们已经处理了各种原因，这些原因对我们来说就像是准备好供木匠使用的木料。根据这些原因，我们要把剩余的解释纺织在一起，所以，让我们用少许话语回顾一下我们的起点，看我们走到这一步是怎样走过来的。①【b】让我们试着给我们的解释安上一个"头"，能与我们前面的解释相适应。

重复我一开始说过的话，当一切事物处于无序状态时，神创造了每一事物与其自身的关系、一切事物相互之间的关系、事物所能接受的一切尺度与和谐。因为在那个时候，没有任何东西是有比例的，只有少数偶然的例外，也没有任何东西配得上我们现在使用的名称，比如火、水，或其他元素。【c】造物主首先使这些元素有序，然后用这些元素建构这个宇宙，使之成为一个包含所有可朽的与不朽的生灵于其自身之中的生灵。造物主自己创造了神圣事物，但把创造可朽事物的使命交给了他的儿子们。

他的儿子们模仿他的做法，取来了灵魂不朽的本原，然后开始让它有了一个圆形的、可朽的身体（头），并把整个身体作为运载灵魂的器具。在身体中，他们又制造了另外一种灵魂，可朽的灵魂，【d】这种灵魂会受到各种可怕的、不可抗拒的情感的影响。在这些情感中，首先有快乐，它是趋向罪恶的最大的引诱者；其次有痛苦，它是对善的妨碍；再次是急躁和恐惧，它们经常给人提出愚蠢的主意；此外还有不易劝解的愤怒和容易使人误入歧途的希望。他们将这些情感同非理性的感觉、依必然性法则行事的大胆的爱欲结合在一起，把人造了出来。由于担心神圣的灵魂在有可能避免的情况下受到玷污，他们把可生灭的灵魂另加安置，【e】放在身体的另一个部分，在头和胸之间造了脖子，就像峡谷和边界，使两部分分开。在胸部，或者在所谓的胸腔里，他们安置了可朽的灵魂，又由于这部分身体的不同部分也有优劣

---

① 参见本篇 31b—32c，48b，48e—49e。

之分，【70】所以他们把胸腔隔成两半，就好像一所房子分成男人的居室和女人的居室，在中间像隔板一样设了一道横膈膜。较为低劣的这部分灵魂拥有勇敢和激情，喜爱争强斗胜，所以他们将它安置在比较靠近头部的地方，即位于横膈膜和脖子之间，使它能听命于理性，并且当欲望拒不服从来自理性大本营的命令时，它们能够配合理性对欲望进行控制和约束。【b】心脏是血管汇聚的地方和流向所有肢体的血液的源泉，被安放在卫士的位置上。每当激情接到理性的命令，说有外来的侵略或内部欲望的损害时，它就激动起来，沿着那些关节和小道，身上所有的感觉器官也能很快地接到命令和恐吓，会尽一切可能服从理性的指挥，这样也就可以贯彻由最优秀者来统治的原则了。

【c】众神预见到，心脏在遇到危险或情绪激动的时候所产生的跳跃必定发生扩张和燃烧，因此他们就制造了肺脏，安放在那里衬托心脏。肺的第一个特点是柔软无血，其次是内部有许多海绵般的孔隙，用于呼吸和喝水。肺有冷却、呼吸、缓解心脏紧张的功能。【d】为此，他们把气管连到肺部，又将肺叶安置在心脏周围做柔软的衬垫，这样，每当心脏情绪激动而拼命跳动时，它可以碰撞到柔软的肺并得到冷却，由此减少伤害，从而也就能够更好地侍奉理性。

另一部分灵魂对饮食和其他东西拥有欲望，这些东西是具有身体性质的理性所需要的。众神把这部分灵魂安放在横膈膜和脐孔之间，【e】这个区域就好像有一个管理者，负责身体的食物，而这部分灵魂就好像一只野兽被束缚在这里，人要想存活就必须喂养它。众神把这个地方作为这部分灵魂的处所，为的是让它始终得到喂养，并让它的住处尽可能远离思想中枢，【71】让它尽可能少发生喧闹和骚扰，从而使那部分最优秀的灵魂可以安静地思考全体和个人之善。众神知道人的这个较低的部分不懂理性，即使能对理性有某种程度的感觉，也决不会对理性的观念加以关注，而多半会被种种幻象和错觉所迷惑，无论是在白天还是黑夜。为了防范这个弱点，【b】神把这部分灵魂与肝脏结合在一起，安放在人的下部。神把肝造得坚实、平滑、光亮、甘美，同时又带有苦味，以便那发自心灵的思想力抵达肝脏时可以像照着一面反映物像的镜子那样被反映出来，提醒这部分灵魂，使其有所畏惧。每逢思想力带着告诫来到这里时，它总是利用肝的这个发苦的部分①使警告迅速传播，因此肝脏呈现出胆汁的颜色，并且由于收缩作用而起皱纹，变得粗糙；【c】进一步又使肝叶蜷曲皱缩，使整个脏器的出入口闭塞，内部通道阻滞，引起痛苦和恶心。反之，当理智的温和气息传到肝脏上，就会呈现性质相反的影像，这种气不会触动或引发与它自身性质相反的性质，却可以使肝脏中固有的甘甜起来平息肝脏之苦，对肝进行调理，使之正常、【d】平滑、自在，使居于肝脏附近的这部分灵魂幸福快乐，安稳度夜，在睡眠中得到预兆，因为这部分灵魂与心灵和理性无缘。创造我们的众神记得他们生身之父的嘱咐，要尽可能把人类创造得完善，因此他们就拿我们的肝脏作为产生预兆的部位，使我们身体的低劣部分的缺陷也能得到矫正，【e】获得一定程度的真理。

神把占卜的技艺赋予人不是针对人的智慧，而是针对人的愚昧，对此我们可以提出一个证明。人获得预言的真理和灵感不是在他理智清醒的时候，而是在理智受到约束、进入睡眠的时候，或者是在由于疾病或神灵附体而心智狂乱的时候。一个人要想明白已说过的话和看到过的异象的意思，【72】无论是在梦中说的还是醒着的时候说的，无论是否具有预言的和神灵附体的性质，都只有先恢复理智，然后才能用理性来确定这些话语和异象的意义何在，确定它们对什么人的过去、现在、未来的祸福有预示作用。如果他仍旧处于疯狂状态，就不能判断他所见到的异象和他自己讲的话。有句古话说得好："唯有理智健全者才能对他自己和他自己的事务采取行动和判断。"【b】由于这个缘故，习惯上就让那些占卜师来判断神灵启示的真实意义。有些人把他们称做先知，因为这些人不知道占卜师实际上只是在解释那些神秘的言语和异象，他们根本不能称做先知，而只能称做预言的解释者。

---

① 即胆汁。

8

这就解释了肝脏的性质，解释了它为什么要被安放在我们说的这个区域——为的是获得预兆。在每个生灵活着的时候，肝脏的预兆迹象是明显的，但当它死了以后，肝脏就变得混浊不明，其显示的预兆也就变得晦涩而不可解了。【c】与肝脏毗连的那个器官（脾）位于肝的左侧，为保持肝脏的光洁而设，犹如一块放在镜子旁边随时可以用来揩拭的抹布。因此，当身体内部失调而产生的污垢出现在肝的区域时，脾脏松软的肌体就将它全部清除和吸收，因为脾脏的组织是多孔而无血的。【d】当脾脏塞满了污垢以后，它就膨胀而溃烂；但若污垢得以清除了，那么它就会收缩并恢复原状。

所以，我们的这些关于灵魂的问题——在什么范围内它是可朽的、在什么范围内它是神圣的、灵魂的各个部分位于何处、它们与哪些器官相连、为什么要分别放置它们——仅当得到神的认可，我们才能说我们说的话是真理。但是，我们必须大胆地说，我们的解释确实至少是可能的，现在是这样，我们进一步考察以后也是这样。所以，让我们就这样说吧。

【e】我们下一个主题应当沿着同样的路线来追踪。这就是描述身体的其他部分是如何生成的。① 下述推论应当能够最好地解释它的构成。我们这个种族的创造者知道，我们在饮食方面会不节制，会远远超过必要的或恰当的程度大吃大喝。为了不让疾病很快摧毁人类，使我们这个有生灭的种族不至于在没有完成使命的时候就死亡，【73】众神在做了预见之后就在我们身上安置了所谓的下腹部，作为接受过量饮食的一个容器，还在腹内安放了弯弯曲曲的肠子，以免食物通过太快而使身体马上就需要更多的食物，成为永不满足的饕餮之徒，使整个种族成为哲学与文化的敌人，反叛我们身上最神圣的成分。

【b】至于骨头、肌肉，以及我们身体其他相似的部分，是这样创造出来的。这些东西的始基全在于髓的生成。因为联结灵魂和身体的那些生命纽带紧紧地维系在髓上，髓是人这个种族的根基。髓本身是由其他材料构成的。

---

① 参见本篇61c。

神使用那些适宜构成最完善的火、水、气、土的端正平滑的基本三角形。【c】我的意思是，神把它们按照种类分开，又按适当的比例调配混合，制成了髓，使之成为各种可朽的生物普遍共用的种子，然后把各种灵魂①植入种子，使灵魂被包裹在种子中，使髓的种类也像它后来接受的不同灵魂的种类一样多。有些髓就像田野，要接受神圣的种子，神就把它造成浑圆的形状，把这个部分称做脑髓，其意图是在每一生物创造完成时，【d】盛载这种始基的容器应当是脑袋，可是那些用来容纳剩余的、可朽的那部分灵魂的髓，神把它们造成浑圆细长的形状②，一律称做骨髓。他把整个灵魂系在骨髓上，就好像把船系在锚上，沿着我们身体的整个骨架开始塑造人体，首先是为骨髓建造骨骼，用骨骼把骨髓完全覆盖起来。

【e】神用下列方式制造骨骼：首先取来筛过的纯净细滑的土拌入骨髓使之湿润，然后加以搓揉，再将它放入火中，然后取出放入水中，然后又取出放入火中，然后再取出放入水中，经过多次反复，使它在水和火中都不会分解。用这种东西作材料，他制成一个球形的头颅包裹脑子，【74】在头颅上他留了一个狭窄的小口，就好像用镟床制造出来的一样。围绕着颈部和背部的骨髓，他塑造了许多脊椎骨，连成一条直线，仿佛枢轴的模样，从头部一直延伸到整个躯干。为了保护所有种子，他用石头一般的东西制成容器把种子围在里面，又使用一些不同的或相异的力量塑造了一些关节，嵌入骨骼，使之能够运动和屈伸。

【b】然后神又想到骨骼太脆太硬，要是把它们放到火里加热然后再用水冷却，就会摧毁里面的种子。考虑到这个因素，神发明了腱和肉，用能够收缩和松弛的腱包裹脊椎骨，从而使整个身体能够弯曲和延伸；而肉可以用来抵御炎热和寒冷，如遇倾跌，还可以摔得轻一些，不易损伤。【c】肉本身含有温暖的水分，到了夏天排出汗液，湿润皮肤，给周身带来凉爽；而在冬天

---

① 指理性的、勇敢的、食欲的灵魂或各部分灵魂。
② 圆柱形。

则由于肉含有温暖的水分而能抵御外部严寒的侵袭，起到保护身体的作用。考虑到上述因素，神把水、火、土调和在一起，又用酸和盐合成酵素，【d】与三种元素的混合物搅拌在一起，制成了柔软多汁的肉。至于腱，是他用骨头和未发酵的肉合成的，具有二者的中间性质，并呈黄色。所以腱的性质比肉坚实和强韧，比骨头柔软和湿润。神用这些东西来包裹骨骼和骨髓，先用腱把它们扎在一起，然后用肉把它们团团围住。【e】凡是活动性较强、比较敏感的骨骼①，神给它包上的肉最少；活动最少的骨头则被包上最多最厚的肉。

还有骨关节，理性指明这地方不需要许多肉，于是神在关节上只放上薄薄的一层肉，以免妨碍关节的伸缩，给活动带来不便，也免得厚重的肌肉缠结在一起，因其过于结实而引起感觉麻木，造成心智的健忘和愚钝。

【75】大腿、小腿、臀部、上下臂骨，以及其他一切没有关节的部分，还有体内由于髓中所含灵魂数量较少而缺乏理性的一切骨骼，所有这些部分全都长上了厚厚的肉，而那些拥有心灵的部分一般说来长肉较少，除非造物主将之造成能够传送感觉的器官，例如舌头。但一般说来不是这样。【b】因为依据必然性原则而在我们身上产生并成长的本质不允许有着敏锐感觉的肉同坚硬的骨头结合在一起。如果二者可以结合，那么头部就会有许多感觉敏锐的肉和坚硬的骨头，而人类也会有一个强壮多肉的肌腱般的脑袋，其寿命则可能是我们现在寿命的一倍或多倍，并且更健康，更少痛苦。【c】但是在考虑应当创造一个寿命较长而品质低劣的族类还是创造一个寿命较短而品质优良的族类时，我们的创造者们得出的结论是，每个人都应当尽可能选取短而较好的生活，不应当选取长而较劣的生活，因此他们就给头部包上一层薄薄的骨头，但没有肉和腱，因为头部没有关节。就这样，头部拥有较多的智慧和感觉，但也是身体较弱的部分。【d】由于这些原因，神以这种方式在头的一端安上肌腱，环绕着脖子，按照相似性的原则，均匀地胶合在一起，又

① 指头部和脊椎的骨头。

把脸部下方两块颚骨的一端联结起来。他把其他腱分散到身体各处，把肢体与肢体联结起来。

我们的创造者抱着必要和至善的目的造出了我们的嘴巴，有牙齿、舌头、嘴唇，就像现在这个样子，【e】亦即出于必要的目的把它设计成一个入口，或者出于至善的目的将它设计成一个出口。进入口中给身体作食物的东西是必要的，而从口中出去的滔滔不绝的言语则是理智的侍者，是一切流射之物中最美好、最高尚的东西。

还有，头部既不可只有一副裸露的骨架，因为季节变化会带来寒冷和酷热，也不可使之长满肌肉，以至于变得迟钝和麻木不仁。于是就从那没有完全干燥的肉质中【76】分离出一片宽大的薄膜覆盖头颅，我们称之为皮肤。皮肤碰上大脑的湿气并借助湿气生长起来，形成了覆盖头颅的罩子。从骨缝下面升起的水分滋润着头顶上的皮肤，形成某种结，使头皮收缩紧贴在脑壳上。骨缝的多样性是由灵魂中的力量和食物的力量引起的。二者之间的对立越强烈，骨缝越多；【b】二者之间的对立越少，骨缝就越少。

神圣的力量又用火在这皮肤上穿刺，形成许多小孔，湿气就从这些小孔中散发，纯净的液体和热量全都散发了，唯有与皮肤性质相同的混合物由于其形体大小与小孔相等，在其自身的推动下生长起来，钻出小孔，但由于动作缓慢而被外面的气顶回皮肤内，【c】结果就在皮肤底下卷曲起来，并且生了根。头发就这样在皮肤中生长起来，它与皮肤同质，因为它就像一根皮制的线，由于冷却而收缩得比皮肤更加坚硬和细密，每根头发一从皮肤上长出来，就被冷却而压缩了。

使用上述我已经提到过的基质，创造者把脑袋造成有头发的，【d】为的是让头发也可以像肉那样起到保护脑袋的作用，成为一种重量很轻的覆盖物或保护层，无论冬夏均可起到这种作用，而又不会妨碍感觉的敏锐。

手指由腱、皮、骨组成，手指上又生出一种由三者结合而成的东西，这就是在干燥过程中形成的兼有三者性质的硬皮，不过这些都是硬皮构成的次要原因，其首要原因则在于心灵面向未来的设计。【e】因为我们的创造者非常清楚，将来有一天会从男人身上生出女人和其他生物①，他们还知道有许多动物出于许多目的会用到指甲，因此他们在第一次创世造人的时候就给人安上了指甲的胚子。出于这个目的，以及由于这些原因，他们使肢体的端点长出皮肤、头发和指甲。

现在，这个可朽生物的所有部分和肢体都已经齐全了，【77】由于它的生命必定要靠火和气来维持，而火与气的分解或缺乏会使生命死亡，因此众神就想出下列补救办法。他们用各种元素混合制造出另外一类生物，它们与人的本性相近，但有着不同的形态和感觉。这就是树木、庄稼及其种子，它们经过栽培而被改良，不过最初只有野生植物，它们的出现比经过改良的品种要早得多。【b】凡是拥有生命的东西都可以被称做生物，我们现在说的生物拥有第三种灵魂，亦即位于横膈膜和脐孔之间的灵魂。这种灵魂没有意见、理智或思想，只有快乐和痛苦，以及与之相伴的各种欲望。由于这种生物总是处于被动状态，生来不具有运动的能力，不能抗拒外来的运动，也不能自动，【c】因此也就不能观察和反映它自身的利益。它确实是活的，在这方面与生物没有区别，但它又是固定的，扎根于某个地点，没有自动的能力。

所有这些生物都是我们的主人②种下的，为的是给我们提供营养。做完这些以后，他们开始在我们身体内开挖了各种管道，犹如在花园里开挖沟渠，以便引水灌溉。首先，他们循着脊椎骨在皮肤和肌肉相连处开了两条暗沟【d】或血管③，分别对应于身体的左边和右边。他们使这两条血管沿着脊椎骨延伸下去，其间是最适宜在此处滋生的骨髓，这样作为的是使流体能够从上到下顺利地流淌到身体的其他部分，以达到均匀灌溉的目的。其次，【e】他们将头部四周的血管分成许多枝杈，相互交织，并按不同方向延伸，有些从头部右侧绕向左侧，有些从头部左侧绕向右侧，使它们和皮肤一

---

① 参见本篇最后部分讲述男人转世成女人，以及男女生育的段落（91a—d）。
② 指创造人类的众神。
③ 指大动脉和大静脉，在柏拉图时代，还不知道静脉与动脉的区别。

道形成联结头部和躯干的纽带，因为头顶没有肌腱包裹，这样做也是为了使身体两侧的感觉能够传到全身。

从这里开始，众神按照下述方式安排身体的灌溉，【78】如果我们一开始就承认，凡由较小粒子构成的物体可以留住较大的粒子，凡由较大粒子构成的物体则不能留住较小的粒子，那么这种方式就比较容易理解。在各种元素中，火的粒子最小，因此能够穿透水、土、气，以及它们的合成物，但没有一样元素可以留住火。同样的原则也可用于人的肚子，当食物和饮料进入肚子，【b】肚子就把它留住了，但它不能留住气和火，因为它们的粒子小于构成肚子本身的粒子。然而，为了把水份从肚子送往血管，神用火和气织成一个网状物，在其入口处又有两个较小的网兜；进一步他又把其中的一个网兜的入口分成两岔，从这些小网兜引出许多索状物，把整张网的外缘拉住。①【c】整张网的内层是用火造成的，而较小的两个网兜及其网腔则用气造成。

他取过这张网按下述方式放入刚刚造好的生物体内。他把较小的网兜从口腔放进去。这样的网兜有两个，一个顺着气管放入肺，另一个则顺着气管放入肚子。前者分成两岔，用鼻孔作为它们的通道，如果经由口腔的第一个通道堵住了，【d】还可以用鼻腔来通气。他用一个网（亦即较大的那张网）包裹身体的空腔部分，一会儿使整个空腔温和地进入小网，因为它们都是气构成的，一会儿又使它们从小网往外回流。他使这张网在身体的孔穴间穿行出入，火束则随着气的进出通道运动，【e】只要那可朽的生物不解体，这个过程就决不会停止。我们说，起名者用吸气和呼气这两个名称来给这个过程定名。这种运动在身体中发生，既是主动的又是被动的，为的是身体能够吸

---

①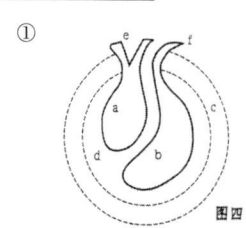

图四：这幅图可以帮助说明这段晦涩的论述：a是上部内层小网；b是下部一层小网；c是由气构成的外层；d是由火构成的内层；e是通过鼻孔的两个气道；f是通过口腔的一个食道。

收水分和被冷却，从而获得营养和生命。因为在呼吸的时候，人体内部的火随着气的进出而进出，【79】穿过肚腹而抵达食物和饮料，把它们分解成许多小颗粒，然后引导它们穿越那些通道而进入血管，就好像把它们从一个源泉导向沟渠，使得血管中流动的溪流像流经水管那样畅流全身。

不过，让我们再来思考一下呼吸现象。其原因是这样的：【b】由于运动着的物体能够进入的地方无真空可言，而我们把气呼出体外的结果是谁都清楚的，也就是说呼出的气并非进入真空，而是将邻近的物体推离原处，被推离的物体又将与它邻近的物体推走；依此类推，必定有被推开的东西回到呼气之处，随着吸气进入体内，填补空隙，【c】这个过程就像车轮旋转，因为不存在真空。因此，胸和肺每次把气呼出体外，马上会有身体周围的气给以填充，这些气通过肉的毛孔进入体内做循环运动，而从身体各处排出的气也迫使体外的空气通过口腔和鼻孔进入体内。

这些过程是如何开始的？我们必须假定这样一种解释：每一生物内部，凡接近血液和血管的地方是最热的。【d】身体里面有火源，我们刚才把这个火源比做网，说它全由火织成，并延伸到身体的中心，而这张网的外层是用气组成的。现在我们必须承认，热天然地从它自身所在的区域伸向与其同类的元素。热有两类出口，一类通过身体，另一类通过口和鼻。【e】当热朝着一个出口运动时，也就驱使气转向另一个出口，使这些气与火相混而变热，而出来的气则变冷。每当热改变位置，位于另一个出口的粒子变得较热时，这较热的气趋向于这个方向，携带着它的天然元素火，推动着另一出口处的气；以同样的方式，在同样的力量推动下，一种循环往复的运动就由这个双重的过程构成了，我们称之为吸气与呼气。

下列现象都应当按照同样的原则来进行考察：医学中的拔火罐、吞噬饮料、【80】无论是抛入空中还是沿着地面滚动的物体的抛射、或快或慢而显得高低不同的声音，有时候由于声音在我们体内引发的运动不均等而使我们感到声音不和谐，有时候又由于声音在我们体内引发的运动具有均等性而使我们感到声音的和谐。因为，当先行较快的声音开始停顿下来时，较慢的声音就赶上较快的声音，并推动前一声音前进，这时二者就是均等的。【b】这种情况发生时，后一声音并没有强加一个新的不和谐的运动，而只是开始一个与那正在停止的较快运动相应的较慢的运动，由此产生一种混合了高低音的表达，产生一种连蠢人也能感受到的快乐，而对聪明人来说，这是以凡俗的运动在模仿神圣的和谐，会给他们带来一种更高的愉悦。

【c】还有，水的奔流、雷霆的轰击，以及琥珀和赫拉克利亚之石①吸引物体的奇怪现象，这些现象的发生都不是由于有什么吸引力，而是因为不存在真空。若是正确地考察一下就可以发现，诸如此类的神奇现象发生的原因可以归诸于同时存在某些条件，物体相互之间发生着循环式的推动，并随着物体的分离或结合而换位，趋向于它们各自的恰当位置。

【d】我们所讨论的呼吸现象为这种解释提供了机会。我们上面提到的是有其自身存在的原则和原因，如我们前述。火切割食物，又随着气在体内周身升腾，火和气一道上升，并把来自腹部的切割过的食物微粒带入血管，所以食物之流就在所有生物的全身不停地流动。这些营养性的微粒都是刚从同类物质中切割而来的，【e】无论来自大地生长的果子，还是来自田野里的谷物，都是神安排给我们作食物的，它们由于互相混合而呈现各种颜色，不过红色是最主要的，火切割食物时留下了印记，因此周身流动的液体就有了我们所说的这种颜色。我们把这种液体称做血，【81】给肌肉和全身提供营养，因此，身体的每个部分都能得到水分，也可填满体内的空隙。补充和排泄的过程也遵循同类相聚这一事物运动的普遍方式。我们身体周围的元素使我们不断消耗与化解各种东西，并使之归向同类；血液中的微粒也在我们体内被分解，它含有一个宇宙中的生物体那样的结构，【b】因此也被迫模仿这种普遍的运动。因此，我们体内每一个被分解的微粒都在趋向其同类的过程中填补体内的空隙。如果排泄多于补充，那么我们就会死亡，如果补充多于排泄，我们的身体就生长和增加重量。整个生物的结构若处于新生期，由于它

---

① 赫拉克利亚（Ηρακλεία），地名。"赫拉克利亚之石"指磁石。

拥有的基本三角形都是新的，所以可以比做刚下水的船舶，其成分相互结合得很紧密，但是整个机体还很柔弱，因为它的髓生成不久，并且要靠乳汁来哺养。【c】然后许多构成肉类和饮料的三角形从外面进入体内，它们比体内原有的三角形老一些并且弱一些，这时候生物的结构就以它自身的新三角形将它们分割，于是这生物就因为取得许多同类物质作为食料而成长起来。但当三角形之根①由于经过长时间的战斗而变得迟钝以后，【d】它们就不能再对进入体内的食物的三角形进行分割和消化，反倒是它们自身变得很容易被外来物体所分割。每一生物以这种方式发生颓败和衰退，这种情况被称做老年。最后，髓中原来结合得很紧密的三角形的纽带不能再维持，被存在之链瓦解，接着又使束缚灵魂的纽带陷于松弛，而灵魂一经如此自然的解脱，就高高兴兴地飞走了。【e】顺应自然的变化是快乐的，违反自然的变化是痛苦的。因此，由疾病或创伤所引起的死亡是痛苦的、剧烈的，由于年老而自然寿终是最轻省的死亡，与这种死亡相伴的是快乐而非痛苦。

【82】我以为，每个人都能明白疾病的根源。身体由土、火、水、气四种元素构成，由于这些元素的过量或缺乏，它们所处自然位置发生变化，或者由于存在着多种火和其他元素，如果身体接受了不适宜的火或其他元素，或出现任何类似的不合常规的变化，就会引起体内的失调和疾病。任何一种元素若是以违反自然的方式产生，那么各种各样的变化都会发生，【b】例如原先冷的元素就变热，原先干的元素就变湿，原先的轻元素就变重，原先的重元素就变轻。我们认为，一种东西只有以同样的方式、在同样方面、按既定的比例，增加并减少相同的东西，才能与其自身保持同一、完整和健全。凡是违背这些法则的增减都会引起种种变化和无穷无尽的疾病与腐败。

再说，由于在自然中还有另一类次要的结构，【c】任何打算理解疾病的人就有了第二套研究主题。由于髓、骨、肉、腱均由四种元素构成，血的构成方式虽然不同，但也是由四种元素构成的，所以大部分疾病都按照我已经

① 即基本三角形的原始构造。

说过的方式产生，不过最严重的疾病却是由于这些基质一开始就以一种错误的秩序生成，结果导致毁灭。按照自然秩序，肉和腱由血造成，【d】腱来自与其性质相同的血纤维，肉则来自一种与血纤维分离时凝固而成的东西。出自腱和肉的这种黏液不仅使肉胶着于骨骼，而且给那些包裹骨髓的骨骼添加营养，帮助它生长；此外还有一种由最纯粹的、最光滑的、油性的三角形所构成的粒子，它渗入厚实的骨头滋润骨髓。【e】当每一过程都按照这一秩序发生，就会产生健康的结果。

然而，如果秩序颠倒了，就会发生疾病。肉被分解后形成的那些损坏了的基质被送回血管，此时血管中过量地容纳了不同种类的血液，再与血液中的气相结合，结果就呈现各种颜色和苦味，具有酸和碱的性质，又包含各种胆汁、浆液和黏液。凡误入歧途的东西都会带来腐败，【83】首先就是血液的污染，然后是血液停止向身体提供营养，而本来向全身提供的营养是由血液来输送的，它们不再遵循原先自然的运行秩序，而是相互为敌，因此它们彼此之间不能再有所裨益，还要对正常的身体组织进行攻击，使之腐败和化解。

这样一来，肉的最老的部分受到腐蚀，由于其坚硬而不能分解，因此经过长时间燃烧后变黑，又由于到处受到腐蚀而发苦，【b】殃及尚未腐败的身体的其他部分。有时候，苦的性质被冲淡，那发黑的部分由苦的变成酸的；有时候，苦的部分由于浸染血液而呈现更加红的颜色，再与那黑色相混合而呈现草绿色；还有，【c】当新肉被那体内的火化解时，就会呈现金棕色与苦味相混合。对于所有这些汁液，某些医生，或者倒不如说某些善于从不同事物中概括出普遍性质来的哲学家，会把它们称做胆汁。但是胆汁有许多种类，可以按照颜色来加以区分。至于浆液，那种血液中的水一样的部分①，是无害的，但那种黑色并呈酸性的胆汁在热的作用下与某种盐一样的东西混合，就成为有害的，被称做酸性黏液。还有，【d】鲜嫩的肉遇到空气所分泌

---

① 指血清。

出来的汁液在流出过程中体积很小，肉眼看不见，等到形成液体并产生可见的泡沫时就呈现白色，我们将这种嫩肉的分泌物与气混合后所产生的东西称做黏液。【e】新产生的黏液或黏液的沉淀物是汗和泪，还包括从身体里排泄出来的其他体液。如果血液不按自然的方式从肉类和饮料中获得补充，而是违反自然法则，从具有相反性质的东西中大量吸收，那么上述情况的发生也就成了引起疾病的原因。

某个部分的肉由于疾病而分解，但此时只要身体的基础还算牢固，无序的力量也还没有过半，那么身体还有康复的机会。【84】但若把肉联结到骨头上的东西也病了，不再能把它自己与肌肉和腱分开，不能供应养料给骨骼，并且也不能再起到联结肌肉与骨头的纽带作用，从原先油性的、光滑的、黏性的状态变成粗糙的、碱性的、干燥的，总之由于其营养不良，使得所有位于肉和腱之下的东西全都腐烂，【b】与骨骼分离，而肉也会随之销蚀，使腱裸露并且充满盐分，而这些肉分解后又进入血液的循环，使得前面说过的疾病更加严重。身体的这些病痛虽然是严重的，但还有一些在前面发生的疾病比它们更为严重。

如果这些肉体的感染很严重，那么先前的无序会变得更加混乱，一旦骨骼本身由于包裹它的肉过于厚实而不能得到足够的气，发霉、变热而生成坏疽，【c】那么整个自然过程就会颠倒过来，腐烂的骨头会进入血液，再由血液进入肉体，然后再进入血液，到了这种时候，比前面提到过的疾病凶险得多的各种疾病都会发生。不过，最最危险的疾病是骨髓病，要么过量，要么不足，这是最严重的失调的根源，到了这种时候，身体的整个进程就完全颠倒了。

还有第三类疾病，我们可以设想它以三种方式发生：第一种方式来自于气；【d】第二种方式来自于黏液；第三种方式来自胆汁。当负责把气分送到整个身体的肺被黏液阻塞，吐纳不畅，有些通道失去作用，有些通道输入的气大于平常的量，就会使那些得不到气的部分发生腐败，而那些得到过量的气的部分则会血管扭曲；这些气还会分解被包裹在气中的身体部分，封住位于躯体中心的横膈膜区域，由此产生无数痛苦的疾病，伴随着大量出汗。【e】当肉在体内被分解之后，体内产生的气不能外泄，也会引起体外之气进入体内时所造成的那种痛苦；倘若气包围了腱和肩膀上的血管，使它们肿胀，就会将所有与肩部相连的大腱向后扭曲。这些反常状态被称做破伤风或角弓反张，其原因就在于相伴而来的痉挛。要治愈这些疾病是困难的，大多数情况下，【85】发一阵高热反而会使抽搐减轻。

白色黏液如果由于气泡的原因而留存在体内是危险的，但若能够与体外的气交流，那么问题就不太严重，只会引起白癣、皮疹以及诸如此类的疾病，使身体呈现许多斑点。当这种黏液与黑色的胆汁混合，【b】散布到那最神圣的头部的许多通道上，如果在睡眠中，那么它的影响尚属轻微，如果是在人清醒的时候进行侵袭，那就不太容易消除了，因为这种疾病发生的部位是神圣的，称之为"神圣的病"①也是贴切的。

还有，酸性和碱性的黏液是黏膜炎一类疾病的根源，但它们有许多名称，因为发生这种炎症的部位有很多。

身体的所有炎症是由胆汁引起的（之所以称之为炎症乃是因为它是体内的燃烧和发炎）。胆汁一发现排泄的通道就会沸腾，【c】并且形成各种肿块，如果留存在体内，就会引起许多发炎的疾病，最严重的是胆汁与纯粹的血液混合而将血中的纤维排挤掉，这些血纤维分布在血液中，起着平衡血液浓淡的作用，使血液既不至于遇热而稀化到从毛孔渗出体外，【d】也不至于浓稠到难以在血管中循环流动。血纤维的构成就是为了保持这种平衡，当血液失去活力并且正在冷却的时候，若有人将它的纤维素收集起来，那么剩余的血液便又成为流动的；但若撇下这些血纤维不管，那么它们很快就会因为周围的寒冷而凝结。血纤维对血液有着这种作用，而胆汁只是陈腐的血，从肉中分解后又进入血液。它起初作为一种热的液体逐渐注入血中，【e】然后由于血纤维的作用而凝固，等到胆汁凝固并冷却的时候，就引起身体发冷和

---

① 即癫痫病。

发抖。当有较多的胆汁进入血液时，胆汁可以凭着它的热量征服血纤维，并在胆汁的沸腾中使血纤维陷于混乱；如果胆汁有足够的力量继续保持这种优势，它就能渗入髓内，把那拴住灵魂的缆绳烧毁，犹如解开船缆一般，让灵魂自由离去；但若胆汁注入血液的分量不多，而身体有力量抵抗胆汁的分解，那么被征服的仍是胆汁，这时候胆汁要么从身体表面排出，要么通过血管被驱逐到下腹部或上腹部，【86】仿佛一批因内战而被逐出城邦的流放犯，从身体中被排除出去，腹泻、痢疾，以及诸如此类的疾病就是这样产生的。如果身体因为过量的火而失调，其结果就是不断地发热和发烧；如果原因在于过量的气，那么会每天发烧一次；如果原因在于过量的水，那么隔日发烧一次，因为水元素比气和火迟钝；如果原因在于过量的土，那么要四天发一次烧，因为土是四种元素中最迟钝的，要用四倍的时间才能涤除病因，这种病很难治好。

【b】以上就是各种身体疾病产生的方式，而居于身体内的灵魂则以下述方式出现失调。我们必须承认，心灵的疾病产生于理智的缺乏，而对理智来说有两种情况：一种是疯狂，另一种是无知。

一个人无论经历两种情况中的哪一种，都可以称做有病，过度的快乐和痛苦乃是最大的与灵魂相关的疾病。【c】因为一个人要是处于巨大的快乐或痛苦之中，又以不适当的方式获得其中之一或避免其中之一，那么他就不能正确地看或正确地听，而是心智错乱，根本不能使用理智。一个人的骨髓内如果种子太多，仿佛一棵果树结了过量的果实，就会产生病痛，也会由于他的欲望和产物而得到许多快乐，【d】在一生的大部分时间里，他由于这些巨大的快乐和痛苦而处于疯狂状态，他的灵魂亦由于他的身体而变得愚蠢和失常。但是人们并不认为这种人有病，而是认为他们故意作恶，这种看法是错的。事实上，无节制的性行为乃是灵魂的一种疾病，其主要成因在于骨骼疏松而产生的某种元素的潮湿和流动。一般说来，在坏人故意作恶的观念支配下人们指责那些所谓快乐无度的行为，但这些指责是错的。【e】因为没有人想要成为恶人，恶人之所以恶，乃是因为身体有病或因为受到不良教育。这些事情人人都痛恨，但发生在这个人身上是违背他的意愿的。

拿痛苦来说也一样，灵魂同样由于身体的缺陷而遭受许多痛苦。酸性的和碱性的黏液，以及其他带苦味的胆汁，如果在身体中流转，但又找不到外泄的出路而闭塞在体内，【87】其蒸发出来的汽与灵魂的运动相遇，并且混合在一起，就会产生不同程度、不同范围的各种疾病。这些体液如果渗入灵魂的三个区域①，就会依其侵袭部位之不同而造成各种各样的坏脾气和坏情绪，产生鲁莽和怯懦、健忘和愚蠢。进一步说，【b】倘若这种身体之恶加上政治制度之恶，以及公私场合下的言论之恶，再加上人们从儿童时代起就缺乏可以医治这些恶的教育，那么我们这些恶人之所以变恶的两个原因就完全超越了我们的控制。在这种情况下应当受责备的，与其说是植物倒不如说是栽培者，与其说是受教育者倒不如说是教育者。但无论情况如何，我们都必须尽最大努力，通过教育、追求和学习来避恶求善，但这已经是另一个主题的内容了。

【c】与上述探讨相应，我们要提出一个治疗身体和心灵，使之得以保存的模式，我要说这样做是适宜的，也是正确的，因为我们的责任要求我们多谈善少谈恶。凡是善的事物都是美的，而美的事物不会不合比例，因此美的生物也必定合乎比例。迄今为止我们所感受到的生物的均衡、比例、合理性都比较小，但我们对最高级、最伟大的均衡却未加以注意，【d】因为对于健康与疾病、善与恶的问题来说，关系最大的莫过于灵魂和肉体之间所存在的均衡或不均衡。可是对于这样的问题，我们全然没有感觉到，更没有反思如果以弱小无能的身躯作为运载工具来运载坚强伟大的灵魂，或者与此相反，把小小的灵魂安置于巨大的身躯，那么整个生物不会是美的，因为它缺乏一切均衡中最重要的均衡，而在有目能见的人看来，如果心灵和身躯是均衡的，那么这个生物是最美丽的、最可爱的。【e】好比说，某个身体上的腿长得太长，或者在别的方面不匀称，那么不仅看上去不美，而且在完成它的

---

① 指头部、骨髓和骨骼。

工作时会遇到许多麻烦，由于行动不灵而经常跌倒，甚至扭伤肢体，这就是给它自身带来无数的恶的原因。我们应当用同样的方式来看待这个被称做生物的东西的双重本性。【88】在这个复合物中，如果有一个比肉体还要强大的充满激情的灵魂，那么我要说，它会扰乱整个人的内在性质，引起种种失调；如果灵魂热切地想要探索某种知识或者做研究，那也是在浪费体力。还有，在公开和私下的教育或辩论场合，争执到了白热化的程度就会引起身体内部的发热和分解，引起许多炎症。大多数教医学的人不懂这种现象的本质，他们描述的病因与真实原因正好相反。还有，非常魁梧强壮的身躯同弱小无能的理智结合在一起，【b】这个时候由于人生来就有两种欲望——一种是为身体谋求食物的欲望，另一种是为我们的这个神圣部分①谋求智慧的欲望——那么强者的运动会越来越占据优势，力量会越来越强，而这种状况就会使灵魂变得越来越迟钝、糊涂、健忘，由此产生最严重的疾病——无知。

有一个办法可以防止这两种不均衡，这就是不要只使用灵魂而不使用身体，也不要只使用身体而不使用灵魂，只有均衡地使用二者才能保持健康。【c】因此沉浸在某些理智活动的数学家和其他学问家也应当经常参加体育活动，做做体操，而那些醉心于身体健美的人如果想要被称做真正美的和真正善的，就应当转而注意灵魂的适当运动，应当从事各种艺术和哲学。【d】身体各部分也应以同样的方式对待，要仿效宇宙的运动方式来进行锻炼，因为身体由进入体内的元素来加热或冷却，又受外部事物的影响而变干或变湿，更由于两类运动的作用而产生各种经验和感受，如果身体完全听命于这些运动的支配，那么身体就会趋向静止和灭亡。但若能够模仿我们所说的宇宙的保育者和保姆的方法，不让身体静止，而让身体经常处于运动之中，【e】使整个身体动荡，就能自然而然地免除体内体外一切运动的影响，同时借着适度的震荡使漫游于体内的许多微粒和各种感受能够各按其亲缘关系归于正常的秩序，就像我们在前面谈论宇宙时说过的那样。【89】他不会

---

① 指头部。

听任敌对双方相处在一起，引起体内的斗争和疾病，而会使友好的双方处在一起，从而得到健康。

由事物自身产生的运动是世上最好的运动，因为这种运动与思想运动和宇宙运动在性质上最为相似；由他物引起的运动不那么好，但最不好的运动乃是外物加诸于静止身体的局部运动。所以，使身体荡涤污垢、重新结合的最佳方式是体操；其次是振荡运动，比如划船或其他不太疲劳的运输性的活动；【b】第三种运动可以在绝对必要的情况下使用，但若有其他方法，聪明人就不会使用它——我指的是医生的清洗性治疗，因为疾病若不是十分危险，都不应当用药物来刺激，每一种疾病的机制都与生物的机制相似，而生物复杂的机体都有既定的寿命。对整个族类来说是这样，【c】对个体来说也是这样，除非遇到不可避免的意外事故。来到这个世上的生物各有其确定的寿限，我们身上的基本三角形的存活也有一定的寿限，超过这个寿限，就没有人能够继续存活。这条法则对疾病的机制也适用，如果有人不顾生命的期限，试图用药物将疾病硬压下去，其结果往往是使疾病变得更多、更严重。所以，只要病人还有时间，就要用养生法来消除疾病，【d】而不要用药物去刺激一个不好惹的敌人。

关于以身体为其中一部分的这个复合的生物、关于人应当如何接受训练和训练自己以求得最合理的生活，我们的看法已经说够了，我们必须尽力提供最优秀的训练方式以适应我们的目的。哪怕最简略地讨论这个问题都会非常费力，【e】但若我只像前面那样提供一个大概的轮廓，那么可以适当地概述如下：

我已经屡次提到，我们体内有三种灵魂，各有其自身的运动，现在我必须尽可能简略地加以重复，如果有一种灵魂停滞不动了，那么它必然变得十分虚弱，但若不断地进行锻炼和运动，它就会变得非常坚强。【90】因此，我们务必要使三种灵魂的运动保持均衡。

我们应当考虑到，神把神性赋予每个人的灵魂中那个最崇高的部分，我们说过这个部分位于人体的顶部，因此我们不是从土中生长出来的植物，而是来自天上的生物，是这部分灵魂使我们从地上上升，趋向我们天上的同类。我们说的这些话是真的，因为神力使我们的头和根从我们的灵魂最初生成之处悬挂下来，【b】把我们的整个身躯造成直立的。当一个人耽于欲望，孜孜不倦地追求欲望的满足时，他的全部思想必定是有生灭的，为了能够实现他的目的，他必定是完全可朽的，因为他十分重视他的有生灭的部分。热忱地喜爱知识与真正智慧的人，使用理智多于使用身体其他部分的人，【c】必定拥有不朽的、神圣的思想，要在人性所能分有的不朽性的范围内获得真理，他一定要完全不朽，因为他永远珍视神圣的力量，并使他身上的神性保持完美，他能得到至高无上的幸福。照料各种事物只有一种方式，这就是给它提供与其本性相合的食物和运动。【d】与我们体内那个神圣的原则天然相符的运动就是思想和宇宙的旋转。每个人都应当通过学习宇宙的和谐运动来矫正我们头脑的运动过程，这个过程在我们出生时就遭到歪曲，我们要使思想的存在与思想同一，更新它的原初性质，在达到这种同一后过上众神摆在人类面前的最幸福的生活，既为人类的当前，也为人类的未来。

【e】嗯，到此为止，我们好像已经完成了我们最初规定的任务，追溯宇宙的历史，直到人类的生成。我们应当继续简单地提一下其他生物是如何形成的——谈论这个主题需要的话语不多。通过这样的讲述，我们自己似乎可以比较好地衡量迄今为止我们已经涉及的这些主题。

那么，让我们以下面这种方式开始讨论这个主题。按照我们可能的解释，来到这个世上的男人如果是懦夫，或者过着一种不正义的生活，【91】那么可以合理地认为他在下一次出生时就会变成女人。这就是众神在那个时候要在人身上创造性交欲望的原因，他们在男人身上造出一种具有生命力的基质，又在女人身上造出另一种具有生命力的基质，按下列方式分别进行。体内的液体流经肺部，再经过肾脏而进入膀胱，并由于气的压力而排出体外，众神在那排泄液体的出口处钻了一个孔，【b】使之能接触到那从头部经过脖子沿着脊椎下来的渗入体内的骨髓，在前面的谈话中我们称这种骨髓为种子。拥有生命和呼吸能力的种子在那个部分产生，并从那个部分得到一种向外发射的强烈欲望，由此在我们身上创造了生育之爱。男人身上的生殖器因此而变得不听节制，自行其是，仿佛一头不可理喻的野兽，【c】在情欲的推动下变得疯狂，想要支配一切；而女人所谓的子宫或母体的情况是相同的。子宫里的小生灵①具有生育子女的欲望，如果到了适宜的生育年龄而又长时间没有生育，它们就不耐烦，生气了，于是就在体内到处乱爬，堵住呼吸的通道，并通过阻塞呼吸而使它们抵达端点，引发各种疾病，直到两性的欲望和爱情使男女互相结合，【d】就像从树上采摘果实，播种在田野一般的子宫里，然后那些微小无形的、肉眼看不见的小生灵再一次分裂，在体内成熟，最后终于诞生，动物的生殖就这样完成了。

　　女人以及一般的雌性动物就被造成这个样子。但鸟类却是由那些天真而又轻率的男人变形而成的，尽管他们的心灵也朝向天空，但由于心思过于简单而又以为可以用视觉最清楚地证明天上的事物；这些人在转世时就被再造变形为鸟，【e】身上长出羽毛而不是毛发。野生爬行动物这个种族来自那些思想上从来没有哲学，又从不考虑天空性质的人，因为他们停止使用头部的运动，听从胸腔内那两部分灵魂的使唤。如此习以为常，他们的前肢和头颅就耷拉下来，靠近地面，因为彼此性质相近；他们的头部也变长了，并且有各种形状，由于不使用，他们头脑中的灵魂运动已经崩溃了。【92】这就是它们被造成四足或多足运物的原因。动物越愚蠢，众神给它们的支撑就越多，它们也就更加接近地面。这类运动中最愚蠢的就把整个身体匍匐在地面上，而不再需要脚，所以众神就把它们造成无足的爬虫。第四类是水中的居民，【b】是从最愚蠢、最无知的人变形而来的，众神认为他们不再配得上呼吸纯净的气，因为他们拥有一颗犯下种种过失的污浊的灵魂，因此就把污浊的深海中的水作为他们呼吸的元素。由此产生鱼类、贝壳类，以及其他水生动物，它们居住在最偏远的地方，【c】这是对他们的极端无知的一种惩罚。这些就是一切动物从一种形态转化为另一种形态的法则，所有动物的转化从

———————

　　① 指卵子。

一开始就伴随着获得智慧或失去智慧，由于失去智慧而变得愚蠢。

现在可以说，我们有关宇宙的解释到此结束。我们的这个宇宙接受和滋养了各种各样的生灵，可朽的和不可朽的。它是一个可见的生灵，包含着众多可见的小生灵，它也是一位可见的神，是那位活生生的理智者①的形象，它是宏伟的、良善的、美丽的、圆满和无与伦比的。确实，我们的宇宙是生成的，是唯一的。

---

① 指造物主，神。

本书由浙大城市学院资助，
为浙大城市学院科研成果

古希腊罗马哲学原典集成

主编　王晓朝

柏拉图全集

修订版

下卷

[古希腊] 柏拉图　著　王晓朝　译

人民出版社

"古希腊罗马哲学原典集成"
丛书要目

目 录 Contents

克里底亚篇

提　要

本篇属于柏拉图后期对话，以主要谈话人克里底亚的名字命名。对话场景接续《蒂迈欧篇》。公元 1 世纪的塞拉绪罗在编定柏拉图作品篇目时，将本篇列为第八组四联剧的第四篇，称其性质是"伦理性的"，称其主题是"大西岛的故事"。① 谈话没有完成，现存部分译成中文约 1.2 万字。

在《蒂迈欧篇》中，"大西岛"的故事不是核心内容，而本篇的主要内容就是对这个神奇岛屿的描述。苏格拉底、蒂迈欧、赫谟克拉底参加了对话，主要陈述由克里底亚做出。蒂迈欧要求克里底亚继续讲述大西岛的故事，克里底亚表示接受任务，但请其他人迁就他讲述的内容。

克里底亚说，大西岛是直布罗陀海峡西面的一个庞大的岛屿，其面积比利比亚和亚细亚加在一起还要大。后来由于地震，大西岛沉没到海底，成为不可航行的浅滩暗礁，阻碍着人们穿越海峡进入大西洋。九千年前爆发了一场战争，一方是以雅典城邦为首的联军，另一方是大西岛国王指挥的军队。

克里底亚首先描述了雅典人的生存状况、地理环境、自然条件和社会构成。然后，克里底亚描述大西岛人的情况。大西岛是海神波塞冬的领地，他把他与一位凡间女子所生的十个儿子安置在大西岛上，他就是大西岛人的祖

---

① 参见第欧根尼·拉尔修：《名哲言行录》3：60。

先。他的大儿子阿特拉斯当了大西岛王国的国王，王位传了许多代，均由长子世袭。大西岛上物产丰富，应有尽有，国王们使用这些资源来建造和美化他们的神庙、王宫、港口和码头。

说完大西岛国各方面的情况以后，克里底亚讲述大西岛国侵犯雅典的原因。大西岛人一开始作为神的姻亲拥有一些神性，能够服从法律，但是后来由于财富的增长而神性淡化，他们身上的人性开始占上风，开始变得愚蠢，变得骄横跋扈，以权势欺凌弱者。众神之神宙斯看到这个光荣的种族堕落到邪恶的境地，想要对他们进行审判，于是召集众神开会。原文到了这里就中断了。

正　文

谈话人：蒂迈欧、克里底亚、苏格拉底、赫谟克拉底

蒂　【106】我真是太高兴了，苏格拉底，完成了我的长篇论证！我感到一种旅行者般的解脱，长途跋涉以后终于可以休息了。现在我要向这位神①祈祷，他实际上很久以前就已经诞生，【b】而在我刚才的讲话中他被创造出来不久。我的祈祷是，愿他能帮助我们恰当地保存我们的所有讲话，要是我们在谈论中违背我们良好的意愿，说了什么错话，也请他给予恰当的处罚。就像乐师弹错了音符，给他的最恰当处罚就是让他回归和谐。所以，在我们将来讨论众神起源的时候，我们要恳求他赐予我们最优秀、最完善的良药——理智。嗯，我们现在已经献上了我们的祈祷，我们将遵守我们的约定，把后面的演讲任务交给克里底亚，让他来恰当地讲述。

克　很好，蒂迈欧。我会接受这个任务，【c】但我也会像你演讲开始一样提出同样的请求，你当时请求我们的同情，因为你的论证主题十分重大。【107】但我感到自己比你更有权利提出这样的要求。当然，我完全明白

---

①　指宇宙。

我的要求看起来很冒昧而又不得体，可是我不能不这样做。确实，就你刚才的讲述来说，有哪个头脑健全的人会不承认它的精妙绝伦呢？而我尽力想要说明的是，我将要讲述的内容更难把握，所以我请求得到更大的迁就。蒂迈欧啊，【b】事实上人们谈论众神要比谈论像我们这样的凡人更加容易，谈论众神更容易令听众满意。听众若是对某些事情不熟悉或完全无知，就会给谈论者带来极大的便利，就众神的事务来说，我们当然知道自己对此会有多少知识。我要做的无非就是把我的意思说得比较清楚，并且尽可能举例说明。

我假定，这是不可避免的，我们每个人做出的所有表述都是一种再现和试图与对象相似。让我们来考虑画家的绘画技艺，它以众神和凡人的形体为对象，其难易程度与画家如何使他的观众确信有关，他要使观众相信画家已经恰当地再现了他的技艺的对象。【c】我们会看到，如果画的是大地、山峦、河流、森林、星空，还有一些在天上运动的星辰，一方面，这些东西只要能画得有一点儿像，人们就感到满意了，另一方面，由于我们对这一类对象的知识从来不是精确的，【d】所以我们不会对作品进行批评和考察，并且在遇到这种情况时就容忍了这些不清晰的、欺骗性的画法。但若艺术家要画的是人体，我们的日常观察使我们很快就能发现这种画的缺点，如果有谁不能画出完全相似的画，我们就会提出严厉的批评。那么好吧，我们应当承认讨论问题也是这种情况。如果谈论的主题是天体和神，那么只要有一点儿相似我们就感到满意；如果谈论的主题是生物和人，那么我们就会提出许多批评意见。我们当前未经预演的叙述也一样，【e】如果我不能取得恰当、完美的效果，请你们多多包涵。事实上，我们必须明白，想要生动地描述人的生活是困难的，而不是容易的。【108】苏格拉底，我要提醒你们注意这一点，尽量迁就我要讲述的内容，而不是不予迁就，而为了做到这一点，我已经说了一大堆话。如果你们全都感到我的要求是正当的，那就请你们欣然同意吧。

苏 我们当然会表示同意，克里底亚。我们不仅会迁就你，而且还会迁就在你之后要发言的赫谟克拉底。【b】不消说，过一会儿轮到他发言的时候，他也会提出和你一样的请求。为了让他能够准备一段新鲜的开场白，而不必再说这种老套，希望他能明白，在他还没有开口之前，我们已经同意让他任意发挥了。不过我得警告你，亲爱的克里底亚，请注意你的听众们的心理。在你前面出场的这位创作家①已经给人留下了神奇的、令人喜爱的印象，如果你想要证明自己并不比他差，那么你需要最仁慈的迁就。

赫　你对我朋友的警告也就是对我的警告，苏格拉底。【c】但是，尽管如此，克里底亚，没有勇气就不能得到胜利。你必须像一名男子汉一样勇敢地开始你的演讲，你要请求佩安②和缪斯的帮助，在你的颂词中展示和赞扬你们古代公民的勇敢。

克　亲爱的赫谟克拉底，你站在后面，因为在你前面还有别人，但你仍旧信心十足。要是你站在我的位置上，你自己就会发现这种勇敢是需要的。【d】但是不管怎么说，我必须接受你的鼓励和建议，尽量恳求众神的帮助，除了你提到的这些神，我还要祈求其他神灵的帮助，尤其是记忆女神③。我的讲话成功与否就取决于她的力量。这是因为，要是我们能够充分回忆和复述这个很早以前由祭司们讲述、由梭伦带回雅典来的故事，那么我相信，在场的诸位会认为我的任务完成得不错。不过，闲话少说，让我们现在就开始，勿再拖延。

【e】我们一开始就应当想到，这场记录在案的战争，粗略地说来，至今已有九千年了，战争的双方，一方是居住在赫拉克勒斯之柱④之外的许多民族，一方是居住在赫拉克勒斯之柱之内的所有民族。我现在必须描述这场战争。他们说，雅典城邦是地中海民众的统治者，在整个战争期间英勇战斗。

---

① 指蒂迈欧。

② 佩安（Παίων），最初是希腊神话中为诸神治疗疾病的医生的名字，后来在更一般的意义上指除恶者，并与阿波罗神混同。

③ 记忆女神（Μνημοσύνην），缪斯女神之母。

④ 赫拉克勒斯之柱（Ἡρακλείας στήλας），指直布罗陀海峡。赫拉克勒斯是希腊神话中的大力士，死后成为神。

他们也说，大西岛上的那些国王则是另一方民众的统治者。我们说过^①，这个岛屿曾经比利比亚和亚细亚加在一起还要大。但是后来由于地震而整个儿沉没到海底，成为不可航行的浅滩暗礁，【109】阻碍着人们从希腊的水面进入大洋。

至于当时有多少野蛮人和希腊人的部落，随着我下面叙述的展开，你们就能知道各种各样的细节了。但我们一开始必须了解一下当时雅典人的政治状况以及他们所抗击的敌人的情况，而在这两个方面，我们必须先谈一下雅典的情况。

【b】远古的时候，众神把整个大地划分为若干区域，但并没有为此发生争斗。以为众神不知道什么是他们自己应得的，或者以为他们虽然知道这一点，但有些神想要通过争斗而攫取属于其他神的东西，这些都是歪曲事实的想象。他们通过公正的抽签划定了各自的领地，但在自己的领地上安顿他们自己的兽类和畜类的时候，他们却没有像牧人对待牛群一样很好地喂养我们。【c】不过，他们不像牧人用鞭子抽打羊群那样用强力来逼迫我们的身体，而是按照生物自己的意向来调节它们的生命进程，用说服的方式控制它们的灵魂，为它们掌舵，从而使整个有生灭的族类活动和前进。

就这样，不同的神获得不同的区域，作为自己的领地，分而治之。但是赫淮斯托斯和雅典娜是同父所生的兄妹，性格相同，再加上都喜爱智慧和技艺，所以他们也得到一块共同掌管的领地作为才艺和理智之家，【d】这就是我们这块土地。他们在这块土地上培育了一个善良的种族，把政治的本领教给他们。他们的名字虽然保留下来，但他们的业绩却由于年代久远和他们继承人遭到毁灭的缘故而湮没无闻。

我们已经说过，那些幸存者的后裔只是一些不识文字的山地居民，他们听说过这个国家的统治者的名字，但对他们的业绩却知道得甚少。尽管他们非常乐意把这些名字传给他们的子孙，【e】但对先辈们的德行与法律他们除

---

① 参见《蒂迈欧篇》24e—25d。

了一些隐晦的传说之外几乎一无所知。更由于他们和他们的子孙多少世代以来一直生活在贫乏之中，因此他们所注意的是他们自己的需要，所谈论的也是他们自己的需要，因此遗忘了这些远古时代的故事。【110】神话传说的搜集以及研究古代事物，只有到了人们已经拥有了生活必需品并有了大量闲暇之后才发生在城里，而在此之前则是不可能的。

这就是为什么有许多古人的名字保存下来了，而他们的业绩却没有得到保存。我可以担保我的话是正确的，如梭伦所说，埃及祭司们在叙述当年战争的时候提到了许多名字，【b】比如凯克罗帕斯①、厄瑞克透斯②、厄里克托纽③、厄律西克松④，以及史籍中有记载的忒修斯⑤以前的大部分人物的名字，还提到了一些妇女的名字。尤其是，按照当时的习俗，这位女神⑥的形像被刻在头盔上，【c】表明当时的妇女和男子一样参加军事训练，可见一切雌雄相伴而群居的生物生来就能共同实施他们那个族类所擅长的活动。

在那个时候，居住在我们城邦里的其他阶层的公民都忙于从事各种技艺和耕作，但以打仗为职业的武士阶层从一开始就被那些神人⑦分开，单独居住。【d】他们没有任何私人财产，把一切物品都视为公共的，除了充足的给养，他们不向他们的同胞公民要求任何东西，简言之，他们从事我们昨天谈话中虚构的卫士阶层的各种实际活动。

埃及祭司们所说的我们的疆域似乎是真实可信的。首先，在那个时候她的边界延伸至科林斯⑧的伊斯弥亚⑨地峡，朝着内陆这一边向北一直延伸到

---

① 凯克罗帕斯（Κέκροπς），阿提卡的第一位国王、雅典城邦的创建者。

② 厄瑞克透斯（Ἐρεχθέως），雅典国王，据传为冶炼神赫淮斯托斯与凡妇所生。

③ 厄里克托纽（Ἐριχθονίους），雅典国王，最先使用四匹马拉的战车。

④ 厄律西克松（Ἐρυσίχθον），帖撒利国王德里奥帕斯的儿子，因遭农业女神的诅咒，自食其肉而死。

⑤ 忒修斯（Θησεύς），希腊英雄，雅典国王。

⑥ 指雅典娜。

⑦ 指传说中的英雄或城邦创建者。

⑧ 科林斯（Κορίνθια），地名。

⑨ 伊斯弥亚（Ἰσθμια），地名。

基塞隆山①和帕耳涅斯山②的顶峰。【e】然后，朝着东面下到俄罗比亚③地区，朝着北面则沿着阿索普斯河④直抵海边。还有，我们这块土地比世界上任何土地都要肥沃，所以在那个时代确实能够供养一大批不耕种的武士。有许多事实可以证明这块土地的优越。由现存的遗迹可知这块土地土壤种类多样，适宜耕种，易获丰收，可与世上任何土地相比，【111】这里的草场适宜放牧各种牲畜。但在古代它的出产是最丰富、最优质的。你们可能会问，有什么证据可以证明这一点，我们现在的土地怎么可能是我们早先土地的遗存呢。

这块土地是大陆伸向大海的一条细长的岬角，它的海床边缘的大海非常深。在这九千年中——【b】从我们谈论的时代至今——发生了多次可怕的大洪水，在这些周期性的灾难中，从高处不断冲刷下来的泥土不像别的区域那样沉积下来，而是不断地流失到深深的大海中去。结果，通常在一些小岛上发生的情况就出现了。与当初的土地相比，如今留存下来的土地可以说就像一位病人的骨骼，所有松软肥沃的土壤全都冲走了，只剩下一副贫瘠的空架子。在我们谈论的那个时代，这种荒凉的状况还没有开始。【c】现在的高山都是光秃秃的，而在我们现今称做费留斯平原⑤的那个地方过去覆盖着许多肥沃的土壤，在山区则有大量的森林，至今仍能看到这些森林的遗迹。我们现在有些山上只能长些小树，而在并非很久以前那里的树木还可用来建造巨大的房屋，这些房屋倒塌之后，屋顶上的椽子保存至今。那里也有许多人工栽培的树木，为成群的绵羊和山羊提供取之不尽的饲料。

【d】那个时候，每年风调雨顺，宙斯送来充沛的雨水。不像现在这样，雨水一下子就从光秃秃的地面流入大海，而是被深厚的土壤吸收，贮存在那无气孔、可以制陶的黏土中。就这样，较高地区吸收的水分渗透到低洼的地

---

① 基塞隆山（Κιθαιρῶν），位于希腊半岛中部玻俄提亚地区与阿提卡地区之间。

② 帕耳涅斯山（Πάρνηθος），位于阿提卡地区东北部。

③ 俄罗比亚（Ωρωπία），地区名，位于希腊半岛。

④ 阿索普斯河（Ασωπός），位于帖撒利地区。

⑤ 费留斯（Φελλεύς），地区名。

方，给各地带来清泉与小溪。过去那些有过清泉与小溪的地方至今仍有圣地，足以证明我们对这片国土的解释是真实的。

【e】这就是这个国家的自然状况。人们在这片土地上辛勤耕作，就像我们可以期待真正的农夫所做的那样专心。他们没有其他职业，但是热爱一切高尚的事物，拥有极高的自然禀赋。他们拥有肥沃的土地和充足的水源，那里风调雨顺，气候宜人。

至于城市本身，它是在这样一个时代建立的，下面我就按照我的计划来说一说。首先，那时的卫城和它现在的样子很不相同。【112】它之所以变成现在这样，乃是因为一场突如其来的大暴雨伴随着地震，在一个晚上就把这里的土壤全部冲走。在丢卡利翁大洪水之前，这已经是第三次大洪水了。较早一个时期，卫城的范围很大，一直延伸到厄里达努①河畔和伊立苏②河畔，把普尼克斯山③包括在内，另一面的边界则与吕卡贝图山④相对。整个地面覆盖厚厚的土壤，除了少数地方，大部分地面是平坦的。【b】城外沿山麓一带住着工匠和耕种附近土地的农夫，山顶上只有卫士的住所环列于雅典娜和赫淮斯托斯神庙的周围，神庙有一道围墙隔开，就像一所住宅的花园一样。在城北边，他们按照神庙的样式建造了公共住宅和冬季食堂，【c】以及其他适宜他们共同生活方式的房屋，只是没有金银装饰品，因为他们在任何情况下都不会把这些金属用于这种目的。他们在豪华和卑贱之间采取了一个中庸之道，给自己建造体面的住房，在那里一直住到老，世代相传，每一代都是卫士。到了夏天，他们自然地离开原先的花园、体育场和食堂，来到城南活动。

【d】在现今卫城的地界上，当时有一道喷泉，后来由于地震而闭塞，但喷泉附近至今还有泉水潺潺流出。它当时提供了充足的水源，无论冬夏都

---

① 厄里达努（Ἐριδανους），河名，流经雅典城北。
② 伊立苏（Ἰλισος），河名，流经雅典城南。
③ 普尼克斯（Πυκνὸς），山名。
④ 吕卡贝图（Λυκαβηττὸς），山名，位于雅典城东北面。

一样。

这就是他们的生活方式：他们就是本邦公民的卫士，也是希腊世界其他部分的领袖，希腊世界的其他部分自愿追随他们。他们使他们的人口尽可能世代保持稳定——男人和女人——使适宜从军的人口的数量保持在二万人左右。

【e】小结一下，这就是这个民族的品性，他们世世代代用正义指引他们城邦的生活，指引希腊人的生活。他们仪态俊美，德性完善，精神强健，名声远播整个欧罗巴和亚细亚。可以说，他们是那个时代所有民族中最伟大的。

至于那时候起兵侵犯他们的情况以及这个国家的起源，我们现在就把它的历史讲给你们听，你们是我们的朋友，这个国家的历史是朋友间的共同财富，要是我们还记得小时候听来的故事。【113】但是在开讲之前，我必须作一个简短的解释，免得你们听到我屡次用希腊名字称呼非希腊人而感到惊讶。你们现在知道这些名称的来源。梭伦当年想用这个故事作为创作诗歌的素材，所以他考察了这些名字的含义，并且发现最初提到这些名字的埃及人已经把它们译成他们自己的语言了。【b】而梭伦在弄懂了名字的含义以后又把它们译成我们的语言，写在自己的手稿中。我父亲得到了他的手稿，后来又传给了我，我从儿童时代就熟读了这些手稿。所以，你们要是听到这些名字就像我们同胞的名字一样，请不要感到奇怪，我的解释到此结束。

下面要说的，大概就是这个很长的故事的开头。如我前述，众神用抽签的方式把整个大地划分为几个区域，【c】有大有小，在各自的领地上建立自己的庙宇和祭坛。波塞冬①得到大西岛这块领地，把他与一位凡间女子所生的儿子安置在大西岛的某个地方，我现在就来描述这个地方。

从整个岛屿的中部直到海边，有一片平原，据说是世上所有平原中最美

① 波塞冬 (Ποσειδῶν)，海神，主神宙斯之兄。

丽的，土质也非常肥沃。而距这片平原中心处大约五十斯塔达①的地方，矗起一座四面陡峻的高山，世上没有比它更高的山了。山上住着一位原始的"地生人"②，【d】名叫厄维诺③，还有他的妻子留基佩④。这对夫妇只有一个女儿，名叫克利托⑤。等她到了可以婚嫁的年龄时，她的父母都死了。波塞冬爱这个姑娘，和她做了夫妻。为了使她居住的这座山不受外人侵袭，他切断了山下四周的土地，用大大小小的海和陆地一圈圈地围绕那座山，形成屏障。要是我们能称之为圈的话，从岛中央算起，他一共造了两道这样的陆地圈，三道这样的海洋圈，【e】各圈之间距离相等，使人无法接近，因为当时还没有船舶，也没有航行。

波塞冬亲自美化他在中心创造的这个岛屿，使它适宜神居住。他从地下引出两股清泉，一股是热的，一股是冷的，使那里的土地长出大量可供食用的各种植物。【114】然后他生了五对孪生儿子，又把整个大西岛分为十块。他把包括孩子们的母亲的住处以及周边地区在内的那块土地赐给第一对孪生子中的头生子，这块土地是十块土地中最大最好的，并指定他的头生子做国王，统治他的弟弟。其他的儿子则封为亲王，每人管辖许多民众和大片国土。

接着，他给他们起名字。那位当了国王的大儿子叫阿特拉斯⑥，也就是大洋和整个大岛的名字；这个岛之所以被称做大西岛，乃是因为它的第一位国王是阿特拉斯。【b】他的孪生弟弟的那一份领地在这座岛接近"赫拉克勒斯之柱"的一端，与现今称做伽狄拉⑦的地区相对，他弟弟的名字在希

---

① 斯塔达（στάδια），希腊长度单位，意译为"希腊里"，一斯塔达约合 606.75 英尺，约合 185 公尺。

② 按古希腊传说，有一种人是从地里面生出来的，称为"地生人"。

③ 厄维诺（Εὐήνωρ），人名。

④ 留基佩（Λευκίππη），人名。

⑤ 克利托（Κλειτώ），人名。

⑥ 阿特拉斯（Ἄτλας），"大西洋"和"大西岛"是阿特拉斯的同缘词。

⑦ 伽狄拉（Γάδειρα），地名，现今西班牙海港卡迪斯。

腊文中叫做欧美卢斯①，但用他自己国家的语言来说是伽狄鲁斯②，他的名字无疑也是这个地区名字的起源。第二对孪生子，一个叫安斐瑞斯③，另一个叫厄维蒙④；【c】第三对孪生子，大的叫涅塞乌斯⑤，小的叫奥托克松⑥；第四对孪生子，大的叫厄拉西普⑦，小的叫麦斯托⑧；第五对孪生子，大的叫阿札厄斯⑨，小的叫狄亚瑞佩⑩。这批兄弟和他们的后裔在岛上居住了许多个世代，统治着他们自己的领地以及大海上的其他许多岛屿，此外，还像我们已经说过的那样，他们作为宗主国，还统辖着海峡这一边的民众，远达埃及和第勒尼安。

【d】阿特拉斯后来生了许多儿子，都很杰出，国王的王位传了许多代，都由长子世袭。他们拥有巨大的财富，这在以往任何王室都不曾有过，以后大概也不会多见；城市或其他任何地方所需要的资源，他们应有尽有。尽管这个大帝国有许多附属国的进贡，【e】但它自身的供给主要来自这个岛本身。首先，岛上有各种矿藏，生产坚硬而又可熔的金属，其中包括一种现在只知其名但当时确有其物的金属，叫山黄铜，岛屿各处都有采掘，除了黄金之外，它比其他任何金属都要贵重。岛上的森林盛产各种木材，供木匠们制造家具和修建房屋，也能保育大量的野生动物和家畜，甚至还出产许多大象。【115】这里可以给这种最庞大、最贪食的动物提供大量食物，决不亚于给一切栖息在沼泽、湖泊、河流、山野、平原中的其他动物提供的食物。

此外，这个岛屿出产现今世上仍可见到的各种香料，无论用的是草根或

---

① 欧美卢斯（Εὔμηλος），人名。

② 伽狄鲁斯（Γάδειρος），人名。

③ 安斐瑞斯（Αμφήρης），人名。

④ 厄维蒙（Εὐαίμον），人名。

⑤ 涅塞乌斯（Μνησέας），人名。

⑥ 奥托克松（Αὐτόχθον），人名。

⑦ 厄拉西普（Ἐλάσιππος），人名。

⑧ 麦斯托（Μήστορ），人名。

⑨ 阿札厄斯（Αξάης），人名。

⑩ 狄亚瑞佩（Διαπρέπης），人名。

草茎，还是从花果中提取汁液，都炼制得很精美。至于人工栽培的果实，既有可代果腹的干果①，又有各种被我们总称为豆子的果实，【b】还有林子里生长的各种果子，吃了这些果子就好像既吃肉又喝酒又有了油脂②；有些果子可供我们欣赏，但不易保存；③还有一种果子可以饭后吃，用来缓解饮食过量。④这个神圣的岛屿盛产一切，品质优良而又多产，而当时这个岛屿还在阳光普照之下。⑤【c】所以，国王们使用这些大地的馈赠来建造和美化他们的神庙、王宫、港口和码头，整个布局大体如下。

他们首先在环绕他们祖居的那几圈海沟上架设桥梁，修建一条出入王宫的大道。他们的宫殿最初就建在他们的神⑥和祖先住处的外围，每位国王一继位就大兴土木，为原来就非常美丽的宫殿增光添彩，力图超过前任国王，最后使王宫达到惊人的规模而又极为富丽堂皇。【d】他们从海边开挖一条运河直抵围绕王宫的内圈海沟，长五十斯塔达，宽三普勒戎⑦，深一普勒戎。沿着这条像码头一样的运河从海上可以进入这条最里面的海沟，因为他们把这条运河开凿得非常宽，足以行驶最大的船舶。【e】此外，他们又在三道海沟中间的两圈陆地上开挖水道，挖在那些桥梁之间，使之足以通过一艘三层桨座的战船，又将水道覆盖，形成地下航路，因为那些陆地圈的两岸要比海平面高出许多。由运河相连而进入大海的那条最大的海沟，宽三个半斯塔达，与之相邻的那一圈陆地也是同样的宽度。再向内的水陆两个圈的宽度都是二斯塔达。

【116】直接环绕中心的一圈陆地则宽一斯塔达，中心岛即是王宫所在地，其直径为五斯塔达。他们用这些水陆圈和桥梁把中心岛团团围住，这些桥梁

---

① 指谷物。
② 指橄榄或椰子。
③ 指石榴或苹果。
④ 可能指香橼，一种常绿小乔木，果实长圆形，黄色，果皮可入药。
⑤ 指当时还没有沉没。
⑥ 指海神波塞冬。
⑦ 普勒戎（πλέθρον），希腊长度单位，100 希腊尺，一普勒戎约合六分之一斯塔达。

宽一普勒戎，全部用石头砌成，每座桥的两端都修建了塔楼和门。他们从整个中心岛和内外几个陆地圈的地下采掘石块，有些是黑色的，有些是白色的，有些是红色的；在采掘石块的同时，他们修建了两个地下船坞，以天然岩石作顶棚。

【b】有些建筑物是单色的，有些则采用各种颜色的石块，组合在一起，构成内在和谐而色彩缤纷的装饰花样。他们把最外面的一道城墙抹上涂料，朝外的一面抹的是黄铜，朝内的一面抹的是熔化了的锡，而真正卫城的围墙则用山黄铜涂抹，像火一样闪闪发光。

【c】现在我要来说一下卫城内的王宫。王宫中心建有奉祀克利托和波塞冬的神庙，任何人不得随意进入，周围设有黄金围栏，这里原是十位国王和亲王的诞生地，也可说是这个种族各支派的发祥地。十大区域的民众每年按季节运送时鲜果品到这里，祭献给各位国王和亲王。波塞冬自己另有一座神庙，【d】长一斯塔达，宽三普勒戎，高度与此相应，但外观上带有非希腊的风格。整座神庙的外部用白银涂饰，山墙上装饰的雕像除外，是用黄金涂饰的。至于神庙的内部，屋顶完全是象牙的，包裹着黄金、白银和山黄铜，其他墙壁、柱子、地板，等等，全都用山黄铜涂饰。【e】庙中安放着一座波塞冬的金像，他站立在一辆由六匹长翅膀的骏马拉的战车上，十分高大，头部接近屋梁，周围是一百个骑着海豚的涅瑞伊得斯①，人们相信海中的仙女是这个数目。还有其他许多民间奉献的雕像安放在那里。

庙外四周排列着十位国王和亲王以及他们的王妃的金像，还有其他许多巨大的雕像是由本国以及附庸国的国王和民众奉献的。【117】还有一个祭坛，其体积之大与制作之精湛与整座神庙相配；王宫的建筑亦与宏伟的帝国和壮丽的神庙相称。

他们使用两股泉水，一股是冷的，另一股是热的，水量充沛，水质优良。泉眼四周盖了房屋，种了许多与水质相合的树木，还建有一些浴池。【b】

---

① 涅瑞伊得斯（Νηρηῆδας），海中的仙女。

这些浴池有些是露天的，有些则在室内，以便冬天洗热水澡。浴池有好几种类别，分别供国王、普通公民、妇女使用，还有专供马匹和其他负重牲口用的，各种浴池都配有相应的设备。浴后的废水被导入波塞冬的丛林，那里有各种树木，由于土质肥沃，所以都长得异常高大和美丽，然后再通过一些桥边的沟渠将水排入外圈海沟。

【c】除了许多奉祀众神的神庙，他们还建造了许多花园和运动场。有些运动场供人使用，有些运动场供马使用，建在由那些环状海沟形成的陆岛上。特别是，他们在较大那个陆岛上保留了一块土地做跑马场，宽一斯塔达，长度则为绕岛一周，在这里进行赛马。跑道的两边建有营房，大部分卫士驻扎在这里。

【d】一些亲信卫士则驻扎在靠近卫城的那圈较小的陆地上，另有一些最忠诚的卫士则驻扎在卫城中靠近王宫的地方。船坞里停满了三层桨座的战船，码头上堆放着各种船用装备，秩序井然。有关王族住地的安排就是这些。

如果经过三个最外面的港口，可以看到有一道城墙，【e】从海边开始，与最大的海沟和海港的距离均为五十斯塔达，两端衔接在通入大海那条运河的出口上。在这道城墙以内，居民住宅鳞次栉比，港口和运河中船舶相拥，来自世界各地的商贾云集，喧嚣熙攘的人群昼夜不绝。

我已经相当忠实地向你们报告了我听说的这个城市和古老王宫的状况，现在我必须尽力回忆这个区域及其组织的一般状况。【118】首先我要说的是，这个地区作为一个整体是一片高原，它的海岸十分陡峭，但是城市周围却是一片平原，平原之外又被绵延到海边的高山环绕。这片平原是平坦的，呈长方形，长三千斯塔达，其宽度从这片内陆的中心算起到海滨约为二千斯塔达。【b】这片内陆坐北朝南，北方来的冷空气对它没有影响。当时环绕这片内陆的山脉，其数量、宏伟、美丽都是现今存在的任何山脉所无法比拟的。山间有无数富庶的村庄，又有众多河流、湖泊、草地，给各种野兽和家畜提供丰富的饲料和饮水，还出产不同种类的木材，充分满足各种类型制作的需要。

【c】一方面是由于原始的地理构造，另一方面是由于历代国王的长期经营，这片平原形成了这样一种状况，我现在就来描述一下。这块土地最初生来就是四边形的，是一个长方形，四个角接近直角。他们在这块土地的四周挖了一条水道，使得原来不够整齐的地方都变整齐了。至于这条水道的长、宽、深，听起来令人难以置信，因为与其他同类工程相比，人们会觉得如此巨大的工程决非人力所能完成，但我必须把我听到的故事原原本本地告诉你们。这条水道的深有一普勒戎，宽均为一斯塔达，【d】由于沿着整个平原的四边开挖，所以它的全长为一万斯塔达。这条水道接纳从各处山上流下来的溪水，环流平原四周，经过城市两侧，然后由此宣泄入海。城市后面朝着山峦的那些内陆上开凿了一些笔直的运河，宽约几普勒戎，横切平原，流入通往大海的水道，每两条运河之间的距离为一百斯塔达。【e】这些运河用于把木材从山里流放到城里来，还可在生产中利用舟楫之便。城市与城市之间也有一些渠道可供交通。

他们每年实际上有两次收获。农夫在冬季靠天空降雨，夏季则靠水渠引水灌溉。

至于他们的人数可以这样计算，每块份地都有一名军事小头领进行管辖，【119】面积约为一百平方斯塔达，份地的总数达六万。位于山区和国内其他部分的份地数量也是巨大的，全都按照规定划分为不同的地块，并按照自然区域或村落指定头领。每位头领按规定都应当提供这样一些军备和士兵：六分之一辆战车（总计可有一万辆战车）、【b】两匹马及两名驭手、两匹不带战车的马、一名持轻盾的战斗兵、^①一名能骑马的驭手；此外还有重装兵两名、射手和投手各两名、轻装掷石手和标枪手各三名；还要提供水手四名（总共配置一千二百艘战船）。以上就是王城的兵力部署，其他九大地区情况各不相同，需要很长时间才能细说。

---

① 这种战斗兵从战车上跳出去徒步战斗。

【c】官职和权力的分配从一开始就有如下规定：十位国王和亲王在他们自己所管辖的地区和城市里对民众拥有绝对的统治权，他们可以制定大部分法律，还可以按他们的意愿处罚和处死任何人。但是这些国王和亲王之间的权力关系则由波塞冬规定，【d】以法律条文的形式由最早的国王铭刻在位于中心岛的波塞冬神庙的一根山黄铜柱子上。实际上，这些国王和亲王们习惯每隔四年和五年——表示对偶数和奇数同样尊重——在这座神庙里聚会，讨论他们的共同事务，查询各自有无违反法律的情况，并且做出判决。在此之前，他们先按照下列方式交换誓言。在波塞冬圣地里养着许多献祭用的公牛，[1] 十位国王和亲王屏退随从，单独留在庙内。【e】他们向神祷告，求神保佑他们能捉住他所愿意接受的牺牲。然后他们开始追捕公牛，只用棍棒和套索，不用铁器。捉住任何一头公牛之后，就牵到那条铜柱旁，在柱顶上割断牛的喉管，使鲜血流到那铭文上。在那铜柱上除了刻写着法律条文之外，还有一句祈求神力降祸于违法者的咒语。【120】他们按照自己的礼仪献祭，献上公牛的四肢，然后他们调制了一大碗酒，每人往酒中滴入一滴牛血，等柱子洗刷干净以后，其他牛血就倒入熊熊大火。

然后，他们用自己的金杯从大碗中舀酒，行奠酒礼，把酒洒在火上，并宣誓要按照铜柱上所刻的法律进行判决，惩处违法者，【b】使他们今后不再故意犯法，除了遵守祖先的法律外，不制定也不遵守其他任何诫命。当每位国王和亲王为他自己同时也为他的家族发了重誓之后，他就喝尽杯中之酒，并且将金杯献给神庙。献祭完毕以后，他们吃了筵席，办了一些必要的事情。夜色降临时，祭坛上的火已经熄灭，【c】他们穿上最华丽的深蓝色长袍，傍着祭火的余烬通宵坐在地上，此时圣地各处的火把也全都熄灭了。如果有人提出指控，就在这个时候进行，并且进行判决。判决之后，等到天明，他们就在一块金牌上写下判决，连同他们所穿的礼服一并奉献给神庙，作为纪念物。

---

① 祭祀波塞冬时宰杀公牛，参见荷马：《奥德赛》3：6。

还有一些有关国王权力的专门法律，其中最主要的是：不许亲王们同室操戈；【d】倘若有人企图在任何城邦推翻他们的王室，其他亲王就应当前往救援；他们应当像前辈们一样共同商议有关作战方略和其他事务；战争指挥权属于阿特拉斯国王。还有这样一条规定：如果没有十人之中半数以上的同意，国王无权处死任何一名亲王。

当时位于这个区域的国家是强大的，神赋予它神奇的力量，但是后来它侵犯我们这个地区，其原因在故事中是这样的。在许多个世代中，【e】那里的人作为神的姻亲拥有一些神性，能够服从法律。他们确实是真诚和高尚的，能公正而又谦卑地处理相互之间的关系。因此，他们除了美德以外看不起其他任何东西，并轻视他们眼前的繁荣，把他们所拥有的大量黄金和其他财物当做一种累赘。【121】巨大的财富并没有使他们沉溺于奢侈的生活，也没有使他们失去自制能力。他们清醒地认识到，所有这些财产是依靠美德和相亲相爱才积累起来的，如果一味追求并且荣耀这些财产，那么就会引起自身的衰退和美德的丧失。

正是因为有这样的思想，并且在他们身上存有神性，所以他们的财富就进一步增长。但是，后来他们身上的神性由于经常掺杂许多凡俗成分而变淡变弱，【b】他们身上的人性开始占了上风，于是再也不能承载他们的幸运，他们的行为也失去了分寸。有清醒眼光的人明白，他们开始变得愚蠢，因为他们最珍贵的天赋中最美好的东西正在失去；但对看不清什么是真正幸福生活的人来说，当他们骄横跋扈、以权势凌人的时候，还以为自己是美好幸福的。而众神之神宙斯依据法律统治他的王国，有慧眼能够识别这类事情。看到这个光荣的种族堕落到邪恶的境地。【c】他想要对他们进行审判，藉此使他们重返正道。于是他命令众神到他最荣耀的住处来开会，此处位于宇宙中心，可以俯瞰一切有生灭的事物。众神到齐以后，他说……

法 篇

提 要

本篇是柏拉图最后一部作品，也是最长的一篇对话，译成中文约 28 万字。公元 1 世纪的塞拉绪罗在编定柏拉图作品篇目时，将本篇列为第九组四联剧的第二篇，称其性质是"政治性的"，称其主题是"论立法"。[①]

本篇的希腊文标题是"Νόμοι"。这个词是个多义词，有习惯、习俗、惯例、规范、礼仪、法律、法令、法规等含义，用于音乐，则表示"曲调"。古希腊人对这个词的理解经历了三个阶段：(1) 不区分自然和社会，把礼法和习俗也视为自然的；(2) 随着部落、城邦、国家的建立，礼法与习俗的作用凸显，人们认识到风俗习惯、传统惯例、伦理规范、成文法律、协议章程等不是自然的，而是由人自己约定的，不是普遍适用的，而是可以修改的；(3) 把礼法与自然对立起来，早期自然哲学家恩培多克勒和一些智者持这种看法。本篇涉及的内容很广泛，不能全部限定于"法律"之内，故此本篇中译标题为"法篇"。

参加对话的是三位老人：一位匿名的雅典人、克里特人克利尼亚、拉栖代蒙人麦吉卢。他们在克里特相遇，谈论法的好坏。本篇也像《国家篇》一样讨论了城邦国家的方方面面，包括政治、经济、教育、文化、婚姻、生活

[①] 参见第欧根尼·拉尔修：《名哲言行录》3：60。

等等，实际上是柏拉图提出的一套系统完整的法律制度，是柏拉图的"第二理想国"。

本篇共分十二卷，据说是由柏拉图的学生菲力浦（奥布斯的）划分的。各卷基本内容如下：

第一卷（624a—650b），考察公餐制，讨论立法的基本原则。和平优于战争，和谐优于纷扰，整体美德优于单一美德。法律追求的目标不是单一美德，而是整体美德。克里特和拉栖代蒙的法律通过公餐制度来提升武士们承受痛苦的勇气。法律、规章、制度对公民起着重要的教育作用。要从小对公民进行德性方面的教育，使他们长大以后成为一名完善的公民，知道如何实施正义。教育是无价之宝，世上任何地方都不应当轻视教育。法律是一根神圣的"金线"。法律的力量是卓越的，人必须与法律合作。

第二卷（652a—674c），考察酒宴，探讨音乐和体育的起源。人最初的感觉是快感和痛感，教育就是对快感和痛感进行正确的约束。动物在运动中缺乏有序的观念，没有节奏感或旋律感。而人被造为有这两种感觉，这就是众神给人类的馈赠，也是音乐和舞蹈的起源。音乐和舞蹈是一种模仿和再现，起着使人向善的道德教化作用，因此需要严格立法，加以管制。判断音乐好坏的标准不是看它能否提供快乐，而是它本身是否正确和有用。酒神把酒赐给人类不是让人丧失理智而去复仇，而是为了让酒成为一种药物，在灵魂中产生敬畏，在身体中产生健康和力量。为了让酒起到这种作用，需要给饮酒严格立法。

第三卷（676a—702e），考察政治体制的起源和发展。人类及其文明在漫长的历史中多次遭受毁灭，幸存下来的人组成共同体重新发展。最初的人生活贫乏，但习性单纯，遵循习俗和祖宗留下的法律，生活在最初的共同体中。在历史上，四种政治体制先后产生：单一家族的，处于家长的独裁统治下；多个家族的，处于贵族统治之下；多个城邦联合，各有不同的体制；诸城邦的联盟。立法者以自由、明智、和谐为目的，为城邦立法。君主制和民主制是其他各种政治体制的母体，其他体制均为这两种体制的变种。不把这两种体制的要素恰当地结合起来，就不能建构城邦。

第四卷（704a—724b），创建新殖民城邦。新城邦创建以后要为它立法。法有三个来源：自然、神灵、技艺。法律不能只包含惩罚，而应包括说服和告诫。要告诉城邦公民，一切事物的开端、中间和终结均掌握在神的手中，人必须下定决心，成为神的追随者，尽力使自己的品性像神。向众神献祭和祈祷，与神为伴，是获取幸福的最有效方式。法典有序言和正文，法律条文有简要形式和复杂形式。

第五卷（726a—747e），建构殖民城邦，并为之立法。城市是整个国家的中心，卫城是整个城市的中心。首先为城市选址，以卫城为中心，画出十二条放射线，把整个城市分为十二个区。把整个乡村也分为十二个部分，构成整个国家。然后，立法者划出五千零四十块份地。该城邦由五千零四十位公民组成，由城邦给他们分配土地和住宅。份地和住宅不得买卖。私人不得拥有金银，只能拥有日常流通的硬币；公民不得私藏外币。城邦制定贫穷和富裕的标准，公民不得过于贫穷，也不能过于富裕。

第六卷（751a—785b），为城邦设立职位，任命行政官员，确定适当的职数和任用方法；选举任命三十七名执政官，组成一个执政集团，负责执法和财产登记；选举任命将军、副将、骑兵指挥官；选举产生三百六十人组成的议事会，每个财产等级的公民选举九十人；每个月选派三十人组成轮值委员会，处理日常事务；世袭的或新选的祭司负责管理神庙和圣地；选举或抽签产生市政官三人，负责管理城市的街道和建筑物，选举或抽签产生市场专员五人，专门负责管理市场；从每个部落中挑选五名乡村巡视员或卫队长，任期两年，各自挑选十二名年轻人组成巡逻队，负责地区巡逻。任命负责文化事务和体育训练事务的督察。设立教育总监，负责教育事务。建立法庭，选任法官。制定婚姻法，处理生育、财产、奴隶等等问题。

第七卷（788a—824c），为教育立法。从胎教、婴幼儿教育说起。由妇幼总管主持对儿童的管教。人们生来就处于某种法律体系之下，这种体系应当长期保持稳定。寻求不同的体制、法律、生活方式会带来严重后果，要认真防范。目光敏锐、忠于职守的教育总监指点年轻人走上正道，使他们成为善良、守法的公民。年轻绅士还有三门课程要学习：算术、几何、天文。

第八卷（828a—850c），为节庆和历法立法，赋予它们法律的权威。为体育锻炼和竞赛立法。在德性、地位、贫富程度相当的人之间会产生依恋，当这种依恋达到相当强烈的程度时，爱情就产生了。要用法律把性行为限制在它的自然功能上，要禁止乱伦。制定一系列农业方面的法规。

第九卷（853a—882c），为刑事案件立法。最主要的刑事案件有盗窃圣物、杀人、伤害。详细说明每一种罪行要接受什么样的惩罚，由什么样的法庭审判。尊敬长者、孝敬父母也被上升到法律的高度，成为公民必须遵守的法律。

第十卷（884a—910d），为宗教立法。无神论是犯罪的主因。人们要么不相信众神存在，要么相信众神存在，但认为神不关心人类的事务，要么相信众神关心人事，但容易被凡人哄骗。用灵魂不灭来论证众神的存在。各种反宗教的罪行均应加以严惩，尤其要禁止人们在自己家中设置神龛和祭坛。

第十一卷（913a—938c），为财产和商贸立法。指出财产所有权是一切商贸关系的基础，并进而提出道德金律："未经我的许可，无人可以动用我的财产或把它分给别人；如果我是通情达理的，那么我也要用同样的方式对待别人的财产。"（913a）就贸易信誉立法，并对遗产继承做了详细规定。

第十二卷（941a—969d），为军事和外交活动立法。指出军事立法的原则在于使全体军人习惯共同战斗，成为一个坚不可摧的团体。对战场纪律、逃兵的处置、和平时期的军事训练做了具体规定。指出要选拔优秀人士为代表，参加宗教与和平集会，为城邦增光添彩，使国家扬名世界。

从本篇可以看出，柏拉图晚年考虑国家问题，不是从抽象的原则出发，而是从现实的制度出发，评价各种政制的优劣，然后得出原则。他突出了对法律的重视，认识到无论什么样的统治者必须受法律的约束。只有法律的权力高于统治者的权力时国家的治理才能走上正确的轨道。从《国家篇》到《法篇》，柏拉图完成了从人治到法治的过渡。他在对待雅典民主制的问题上也从原先持批评反对的态度转为比较同情的理解。他在《国家篇》中提到民主制的主要特点是自由，而在本篇中他已经将自由列为国家的三个主要目标和原则之一。

正　文

第一卷

谈话人：雅典人、克利尼亚、麦吉卢

雅　【624】告诉我，先生，你把你们立法的功劳归功于谁？归功于某一位神，还是归功于某一个人？

克　归功于某一位神，先生——这样说是最诚实的。在我们克里特①人中间，我们说是宙斯②，而在拉栖代蒙③人中间——我们这位朋友就是从那里来的——他们说是阿波罗④，我相信是这样的。不对吗？

麦　对，没错。

雅　假定你们追随荷马的说法，【b】你们会说弥诺斯⑤每九年与他父亲相会一次，弥诺斯依据这位神的宣谕，为你们的城邦立法吗？

克　是的，我们克里特人是这么说的，我们还说，弥诺斯的兄弟拉达曼堤斯⑥——【625】你无疑知道这个名字——绝对是一位正义的模范。我们克里特人说他赢得这一名声，乃是因为他以严谨公平的方式处理了他那个时代的司法问题。

---

① 克里特（Κρήτη），地名。
② 宙斯（Διὸς），希腊主神。
③ 拉栖代蒙（Λᾰκεδαίμων），地名，即斯巴达。
④ 阿波罗（Απολλον），希腊太阳神。
⑤ 弥诺斯（Μίνως），克里特王，宙斯与欧罗巴之子，死后为冥府三判官之一。
⑥ 拉达曼堤斯（Ῥαδάμανθυς），弥诺斯的兄弟，死后亦为冥府判官。

雅 确实声名卓著，尤其适用于宙斯之子。嗯，好吧，由于你和你的同伴都是在这种有着卓越谱系的法律下长大的，要是我们在今天上午的旅行中花些时间来讨论政制和法律，【b】交换我们的观点，我期待你们会乐意接受。我听说从克诺索斯①到宙斯的洞穴和神庙相当远，但路上有一些荫凉的地方可以歇脚，否则这个季节的酷热难以抵挡。这些高大的树木对我们这把年纪的人来说可真是好极了，我们可以多歇歇，说说话。这样，我们就可以抵达长途旅行的终点，而不会感到疲倦了。

克 【c】是的，先生，你走着就会发现圣地里有高大的柏树林；还有大片草地，都是我们可以停下来休息的地方。

雅 听起来这是个好主意。

克 确实不错，等我们看到它们了，我们就知道这个主意确实不错。嗯，好吧，我们要祝愿自己一路平安，然后出发吗？

雅 当然。嗯，请你回答我的问题。你们有公餐制度，有一套锻炼身体的方法，还有一类专门的军事装备。你们为什么要让这些事情具有法律的力量？

克 嗯，先生，我认为这些习俗对任何人来说都很容易理解，至少就我们当前讨论而言。你们看得出来，整个克里特的地形不如帖撒利②那么平坦。【d】所以，我们通常训练跑步，而帖撒利人在大多数情况下使用马匹，这是因为我们的地形崎岖不平，更适合跑步训练。在这种城邦里，我们当然只能保持轻装，所以我们奔跑而不负重，使用弓箭似乎是恰当的，因为它们本身较轻。克里特人的所有这些训练都是为了在战争中厮杀，这确实就是我们的立法者做这种安排的目的。【e】与此相仿，这也是他规定公餐的原因。他看到，人们从军打仗全都需要保护自己，所以需要在整个战役过程中共同进食。我认为，他批评那些普通人的愚蠢，因为他们不明白自己一辈子都在

---

① 克诺索斯（Κνωσοῦς），地名，克里特王宫所在地。
② 帖撒利（Θετταλία），地名。

打仗，对抗其他所有城邦。所以，【626】如果你承认公餐的必要性，认为它在战时可以起到保护自己的作用，可以由长官和士兵轮流放哨，担任警卫，那么在和平时期也应当这样做。在立法者看来，大多数人所说的"和平"其实只是幻想，而在实际生活中，每一个城邦凭其本性都会不宣而战，反对其他城邦。如果你按照这一思路来想问题，你肯定会发现克里特的立法者着眼于战争而在公共领域和私人领域建立的所有这些制度，也就是本着这种精神，他为我们立法，要求我们遵守。【b】他确信，如果我们不能在战争中保持优势，那么拥有任何财产或者和平就没有任何意义，因为战败者的一切善物都将落入胜利者手中。

雅　你们确实拥有极好的军事训练，先生！我认为，这就使你能够深刻地分析克里特的制度。但有一个问题请你为我解释得更加清楚一些：你对一个良好运作的城邦做了界定，【c】在我看来，它需要组织和管理，以确保在对外战争中取得胜利。我说得对吗？

克　当然，我想我的这位同伴也会支持我的界定。

麦　我亲爱的先生，要是一个人是拉栖代蒙人，你还能得到其他什么样的回答？

雅　但若这是城邦之间关系的一个正确标准，那么村庄之间关系的标准会如何？会有一个不同的标准吗？

克　当然不会。

雅　那么，它们是相同的吗？

克　是的。

雅　那么好吧，村庄里的不同家庭之间的关系怎么样？个人与个人之间的关系怎么样？也是相同的吗？

克　也是相同的。

雅　【d】一个人与他自身的关系怎么样——他会认为他自身是他的敌人吗？对这个问题我们的回答是什么？

克 说得好，我的雅典朋友！我宁可不把你称做阿提卡①朋友，因为我想按这位女神②的名字来称呼你更好，你配得上这个名称。通过表述这个论证的最基本的形式，你已经比较清晰地完成了这个论证。现在你会发现，要是我们刚才提出来的命题是正确的，不仅在公共领域每个人都是其他人的敌人，而且在私人领域每个人都会对自身发动战争，那么要完成这个论证就更加容易了。

雅 【e】你确实令我惊讶，我的朋友。你这样说是什么意思？

克 先生，这就是一个人获得的最先的和最好的胜利——战胜他自己。与此相反，在与自身的战争中打败仗是最糟糕、最令人震惊的事情。我这样说指的是我们每个人都在与自己打仗。

雅 嗯，让我们把这个论证颠倒一下。你认为我们中的每个人要么是他自己的"征服者"，【627】要么被他自身所征服。我们可以说这对家庭、村庄、城邦来说也是一样的吗？或者说不一样？

克 你指的是它们个别地要么是它自身的"征服者"，要么被它自身所征服吗？

雅 是的。

克 这又是一个要提出来的好问题。你的建议非常正确，尤其是就城邦而言。只要是较为优秀的人征服比他们低劣的人，那么可以正确地说城邦是它自身的"征服者"，我们也可以完全正当地赞扬它的胜利。如果相反的情况发生了，那么我们必须做出相反的判断。

雅 【b】较差的事物是否会在一定意义上优于较好的事物，要确定这一点，需要讨论的时间太长，所以让我们把它摆在一边。在我看来，你现在的立场大体上是这样的：有时候，邪恶的公民会与大多数人一道，试图用暴力奴役有德性的少数人，尽管双方都是同一种族同一城邦的成员。如果他们占

---

① 阿提卡（Ἀττική），地区名，雅典位于阿提卡半岛。
② 指雅典娜，智慧女神和雅典城邦的保护神。

了上风，城邦可以说是"劣于"它本身，是一个邪恶的城邦；但若他们被打败了，我们可以说它"优于"它本身，是一个好城邦。

克 【c】这些话听起来有点像悖论①，先生，但是我无法不同意。

雅 不过，等一下，让我们再来看这一点：假定同一父母有几个儿子，要是大多数兄弟是不正义的，只有少数是正义的，我们会对这种情况感到惊讶吗？

克 决不会。

雅 我们能说，要是这些邪恶的兄弟在整个家庭中占了上风，【d】这个家庭可以被称做"劣于"它本身，要是他们被征服了，它可以被称做"优于"它本身吗——不过，这一点与我们的目的无关。我们现在考察这个普通人的用语的原因，不在于判断这个用语是否恰当，而在于确定在一部既定的法律中，什么在本质上是正确的，什么在本质上是错误的。

克 你说得很对，先生。

麦 我同意——到目前为止，你说得很好。

雅 那就让我们来看下一个要点。我刚才提到的那些兄弟——他们会有法官吧，我假定？

克 当然。

雅 【e】这些法官中间，哪一位比较好，是那个处死所有坏兄弟、让好兄弟过他们自己的生活的法官，还是那个让有德性的兄弟掌权、让那些坏东西仍旧活着，但使他们自愿服从这种统治的那个法官？我们还可以添上第三位法官，他甚至可能是一位更好的法官——他会亲手接管这个有争议的家庭，【628】对其成员进行调停，不处死任何人，给他们立下规矩，规范他们今后的生活，确保他们能和睦相处、友好相待。

克 是的，这位法官——立法者——才是更好的，其他法官无法与他

① 克利尼亚感到的这个悖论是：当低劣的成员成为征服者，国家在道德上卓越，当卓越的成员成为征服者，国家在道德上低劣。

相比。

雅　但在制定这些规矩的时候，他的着眼点会是战争的对立面。

克　确实如此。

雅　那个给城邦带来和谐的人怎么样？【b】在规范城邦生活的时候，他会比较关注外部的战争，还是比较关注内部的战争？我们所谓的"内战"确实会时不时的发生，这是一个人最不想在他自己的国家里看到的事情；但若内战爆发了，他会希望尽快平息内战。

克　他显然会比较关注第二种战争。

雅　战争双方由于一方取胜而另一方遭到毁灭，和平尾随战争而至；或者是另外一种情况，通过调停，带来和平与友谊。【c】嗯，你喜欢这些结果中的哪一种，假定这个城邦在那个时候关注的是外部的敌人？

克　每个人都会比较喜欢第二种情况，而不是第一种，只要涉及他自己的城邦。

雅　立法者不也会有这样的偏好吗？

克　他肯定会有这样的偏好。

雅　那么，任何立法者都会带着获取至善①的目标制定他的每一条法律吗？

克　当然。

雅　然而，至善既不是战争，又不是内战（神禁止我们再提到它们），而是人与人之间的和平与善意。所以，一个城邦对其自身的胜利似乎并非都是理想的；【d】它只是我们无法选择的事情之一。你蛮可以这样想，医生会对有病的身体进行治疗，使它康复，但他不会在意那些不需要这种治疗的身体。与此相仿，对城邦的幸福，甚至对个人的幸福采取这样的看法，那么立法者决不会说出这种幸福观的真实意义——也就是说，要是他把对外战争当做首要的和唯一的关注；当且仅当他把战争当做和平的工具，【e】而非把他

---

① 至善（τοῦ ἀρίστου），善的最高级，最大的善物，最大的好东西。

旨在和平的立法当做战争的工具，他才会成为一位真正的立法者。

克　先生，你论证得似乎挺正确。即便如此，要说我们克里特的体制，以及拉栖代蒙人的体制，不以战争为其全部旨归，那么我会感到惊讶。

雅　【629】嗯，也许是这样的。然而，我们现在没有必要在这一点上进行无谓的争执。我们现在需要做的是，不带情感地把我们的考察引入这些体制，因为我们与这些体制的创造者拥有共同的利益。所以，请你们陪同我进行下面的谈话。让我们以堤泰乌斯^①为例，要论出生他是雅典人，但后来归化成为你们的公民。在所有人中间，他尤其关注我们正在讨论的问题。他说："我不会提到一个人，我无论如何都要轻视他，"【b】（他继续说道）"哪怕他是最富裕的人，哪怕他拥有大量的善物"（他几乎把这些善物全部列举出来）"除非他在战争中的勇敢是无与伦比的。"^② 你无疑听说过这些诗句；我期待，在这里的麦吉卢^③也能倒背如流。

麦　那当然。

克　这些诗歌肯定也传到克里特，是从拉栖代蒙传过来的。

雅　那么，现在让我们一道向这位诗人提出这样一些问题："【c】堤泰乌斯，你是一位诗人，是神灵凭附的。我们相当肯定你的智慧和美德，你出色地颂扬了那些积极侍奉国家的人。关于这一点，我们——在这里的麦吉卢、克诺索斯的克利尼亚、我本人——发现我们自己倾向于赞同你的主要看法；但是我们想要弄清楚我们讲的是不是同一种人。告诉我们：你清楚地区分两种战争了吗？或者你是怎么看的？"我想象，【d】在回答这个问题的时候，哪怕是不如堤泰乌斯这样有才华的人也会回答说"有两种"。第一种就是我们所说的"内战"，如我们刚才所说，这是一种最痛苦的战争；我想，我们全都同意，在进行另一种战争时，当我们和城邦以外的其他国家的敌人打仗

---

① 堤泰乌斯（Τυρταῖος），公元前 7 世纪希腊诗人。

② 堤泰乌斯的诗歌以颂扬战争中的勇敢著名。引文参见 J.M.Edmonds, Elegy and Iambus (Loeb)，Vol.1, pp.74–77.

③ 麦吉卢（Μέγιλλως），人名，本篇对话人。

时，这种战争不像内战那么邪恶。

克 我同意。

雅 "好吧，堤泰乌斯，你大肆颂扬的士兵属于哪一类人，你加以谴责的士兵属于哪一类人？他们进行的战争是哪一类战争，使你对他们高度赞扬？抗击外国敌人的战争，看起来似乎如此——但无论如何，你在诗句中告诉我们，【e】你没有时间去理会那些不能'面对血腥的屠杀，不能与敌人搏斗'的人。"所以，我们接下去要问的是："堤泰乌斯，你的特别颂扬看起来是保留给那些在对外战争中英勇抗敌的人。"我假定，他会同意这一点，会说"是的"，对吗？

克 他肯定会。

雅 然而，不否定那些士兵的勇敢，【630】我们仍旧坚持认为在总的战争中英勇抗敌的人更加勇敢。我们有诗人塞奥格尼①为证，他是西西里②人，麦加拉③城邦的公民。他说："库尔努斯④，在那致命的内战中去找一个你能相信的人，他值他的身体那么重的黄金和白银。"⑤这样的一个人，在我们看来，在一场更加艰难的战争中战斗，比另一种人要卓越得多——【b】正义、自制、明智的结合，再由勇敢来增强，比单独的勇敢要卓越得多。在内战中一个人决不可能证明自己的健全和忠诚，除非他拥有各种美德；而在战争中，堤泰乌斯提到有大量的雇佣军坚定不移，至死不渝，尽管他们中大部分人是鲁莽的、不义的、野蛮的、极为冒失的，鲜有例外。嗯，我的论证可以得出什么结论？我说的所有这些话到底想要说明什么观点？【c】就是为了说明每一位有用的立法者在制定他的法律时——尤其是你们克里特的立法者，由宙斯指导——除了以最高的美德为目标，不会以其他东西为目标。这就表

---

① 塞奥格尼（Θέογνιν），公元前 6 世纪后期希腊诗人。
② 西西里（Σικελία），地名。
③ 麦加拉（Μέγαρὰ），地名。
④ 库尔努斯（Κύρνως），人名。
⑤ 引文参见 J.M.Edmonds, Elegy and Iambus（Loeb），Vol.1, pp.77–78。

明，塞奥格尼所说的"危难中的忠诚"，可以称之为"完全的正义"。而堤泰乌斯高度颂扬的美德确实是一种高尚的美德，诗人已经给予恰当的赞美，但严格说来，【d】它只排在第四位。

克　噢，先生，你把我们克里特的立法者的地位排得太低，把他当做失败者。

雅　不，我亲爱的同伴，我排得没错。要说失败，那全在我们这一方。我们错就错在想象莱喀古斯①和弥诺斯在为拉栖代蒙和这个国家②立法时必定着眼于战争。

克　那么我们该怎么说呢？

雅　我们没有特别的斧子来砍削我们的讨论，我想我们应当说真话，讲述最诚实的真理。我们不应当说，【e】立法者在制定他的规则时仅仅着眼于一部分美德，而这部分美德又是最微不足道的。我们应当说他旨在整个美德，他试图用处于其下的各种分离的美德来构思一套他那个时代的法律，他使用的框架与现代法律的起草者相当不同。这些人每一个都发明出他感到需要的任何种类的法律，添加到他的法典中去。比如，一个人会发明一种关于"财产和女继承人"的法律，另一个人会发明一种关于"人身攻击"的法律，其他人会建议其他种类的法律，乃至无限。但是我们坚持，【631】制定法律的正确程序，确实就是我们已经着手制定的这种程序，是那些能恰当地做好这项工作的人遵循的。我对你着手解释你们的法律感到非常高兴：你从美德开始，把美德解释为立法者制定法律的目标，这样做是正确的。然而，你确实说了他的整个立法只以某一部分美德为旨归，而美德的其他部分都微不足道。就在这个地方，我认为你的理解有误，因此就有了所有这些附加的解释。所以，我希望能听到你在你的论证中做出的这个区别是什么？【b】要我来告诉你吗？

---

① 莱喀古斯（Λυκούργους），拉栖代蒙立法者。

② 指克里特。

克 当然。

雅 "嗯，先生，"你应当这样说，克里特人的法律在整个希腊世界拥有如此崇高的名声，这种情况决不是偶然的。这些法律是健全的，那些遵守法律的人会取得幸福，法律会给他们带来大量的好处。这些好处有两类：一类是"人的"；另一类是"神的"。前者依赖于后者，【c】如果一个城邦获得了一类好处，它也就赢得了另一类好处——较大的好处包含较小的好处；如果城邦不能获得好处，那么它两类好处都不能得到。健康位于较小的好处之首，后面跟随的是美貌；气力排在第三位，用于跑步和其他身体锻炼。财富位于第四位——它不是"盲目的"①，而是视力清晰的，伴有良好的判断——而良好的判断本身是主导性的神的好处；位于第二位的是灵魂习惯性的自制，灵魂是理性的使用者。如果你把二者与勇敢相结合，【d】你就得到（第三样）正义；勇敢本身居于第四的位置。所有这些好处对其他东西而言都有一个在先的位置，所以立法者当然要把它们按照同样的秩序排列。然后他必须告知他的公民，他们得到的其他训诫实际上都着眼于这些好处："人的"好处着眼于"神的"好处，所有这些好处接下来都着眼于理性，理性是至高无上的。公民们通过婚姻结合，然后生儿育女；【e】他们经历了幼年、成年，直到老年。在这个阶段，立法者应当监管他的人民，用适当的荣誉和耻辱去激励他们。每当他们与其他人交往，他应当观察他们的快乐、【632】痛苦、欲望，以及他们强烈的激情；他必须使用法律本身作为工具，给予他们恰当的赞扬和责备。还有，公民是容易愤怒和恐惧的；他们承受着由于不幸引起的各种情感纷扰，又会在生活幸福时得到康复；他们全都拥有人们处于疾病、战争、贫困及其对立面时会有的所有情感。面对所有这些情况，【b】立法者的责任是从个人反应的角度确定和解释什么是善，什么是恶。其次，立法者必须监管公民获取和消费金钱的方法；他必须保持敏锐的目光，对他们使用的各种方法（自愿的还是被迫的），对他们之

---

① 希腊财富之神普路托（Πλούτων）是一个瞎子。

间的相互联系进行监察，注意这些方法是否恰当；他们要把荣誉授予依法行事的人，【c】而对违法者制定专门的惩罚。当立法者进入组织整个城邦生活最后阶段的时候，他必须决定赋予死者以何等荣耀，为他们举行各种不同的葬礼。考察完成以后，法典的制定者将任命卫士（他们中有些人的行为有理性的基础，其他人则依据真信念），这样一来，所有这些法规就可以融入一个理性的整体，受到正义与自制的激励，而不是受制于财富或野心。【d】先生们，我希望你们做出的解释是这个类型的，我现在仍旧对你们抱有这样的希望——解释在归于宙斯和庇提亚①的阿波罗，而由弥诺斯和莱喀古斯制定的这些法律中，这些条件是如何满足的。我希望你们能够告诉我，为什么这些体系显然是由某位有着专门法律知识和技术——或者有着专门的经验——的人来安排的，而对我们这样的门外汉来说，这些体系是非常晦涩的。

克　好吧，先生，我们下面要去哪里？

雅　我认为我们应当返回，重新开始。【e】如前所说，我们首先应当考虑有助于促进勇敢的活动；然后，要是你们喜欢，我们可以考察其他种类的美德，一个接一个。我们可以把我们处理第一个论题的方式当做模型，试着以同样的方式讨论其他美德，我们可以边走边聊，一样样谈下去。等我们处理了整个美德以后，如果情况允许的话，我们将指出我们刚才所列举的法规均以美德为目标。

麦　【633】好极了！我们在这里的这位朋友是宙斯的崇拜者，所以，拿他来试验，对他进行考察，你们就开始吧。

雅　我会尝试不仅考察他，也考察你和我自己——在这场讨论中，我们全都有份。所以，你们俩，告诉我：我们要坚持认为公餐制和体育锻炼是你们的立法者出于战争的目的而发明的吗？

麦　是的。

雅　第三项这样的制度怎么样，第四项怎么样？考虑到美德的其他"部

_____

① 庇提亚（Πυθώ），地名。

分"，把这些相应的制度都列举出来可能也是正确的程序（或者说，也是正确的用语；无论怎么说，只要能清楚地表达一个人的意思）。

麦 【b】我和任何拉栖代蒙人——在这件事情上——会提到立法者发明的狩猎，把它当做第三项制度。

雅 让我们来快速尝试一下，添加第四项，也添加第五项，如果我们能够做到。

麦 嗯，我来尝试着添加第四项：忍受痛苦。这是拉栖代蒙人的生活的一个显著的特点。在我们的拳击比赛中你可以发现它，在我们的骑兵"突袭"中你也能发现它，各种训练都还包括严厉的鞭笞①。还有所谓的"秘巡"②，其中包括大量的艰苦劳动，【c】是一种极好的锻炼吃苦耐劳能力的方法。参加巡查的人要在冬天赤脚走路，走遍整个城邦，不分夜晚与白天，没有任何随从，自己干那些奴仆干的事。还有，我们的"国殇日"③也包含锻炼吃苦耐劳的能力，因为这种比赛在炎热的夏季举行。实际上，其他类似的考验还有许多，不胜枚举。

雅 你说得很好，我的拉栖代蒙朋友。但是，我们给勇敢下的定义是什么？【d】我们只在对抗恐惧和痛苦的意义上给它下定义，还是把对抗欲望和快乐也包括在内，欲望和快乐如此有效地在哄骗和诱惑我们？它们像用蜡塑造东西一样塑造心灵——哪怕那些人高贵地相信自己的心灵能够对抗这样的影响。

麦 是的，我相信是这样的——勇敢就是对所有这些情感的对抗。

雅 嗯，不过，我们记得我们前面说过的话，我们这位来自克诺索斯的朋友说到城邦和个人被自己"征服"。不对吗？

---

① 斯巴达贵族家庭的男孩自幼在军营受训，住帐篷，铺草席，吃粗粝之食，每年要跪在神像面前承受一顿鞭笞，以锻炼吃苦耐劳的能力。
② "秘巡"是斯巴达的一项制度，派贵族青年秘密巡查全国各地。
③ 斯巴达国殇日每年举行一次，纪念在提瑞亚阵亡的勇士，参加庆祝的青年裸体表演舞蹈和体操。

克 确实如此。

雅 【e】好吧，我们只把被痛苦征服的人称做"坏的"，还是把快乐的牺牲品也包括在内？

克 我认为，"坏"这个名称更多地用于快乐的牺牲品，胜过用在其他地方。当我们说一个人可耻地被他自己"征服"了的时候，我想，我们的意思更多的是指某人被快乐打败了，而非被痛苦打败了。

雅 【634】但是，这些立法者受到宙斯和阿波罗的激励，他们制定的法典肯定不会只针对一种勇敢，就好比把一只手背在后面，以便能够抵挡左面的敌人，却无力打击从右面来的狡诈、奉承和诱惑。它肯定应当能够抵挡来自两个方向的进攻，对吗？

克 是的，两个方向，我认为。

雅 下面我们应当提到，你们两个城邦有什么习惯使人想去品尝快乐，而不是教会他如何回避快乐——你记得一个人如何无法回避痛苦，而是被痛苦包围，然后被迫，或者在荣誉的劝说下，去获得较好的痛苦。【b】嗯，在你们的法典的什么地方可以找到有关快乐的同类规定吗？请你们告诉我，你们能说一说，你们有什么制度能使一个公民或一群公民，在面对痛苦和快乐时，同样表现得很勇敢吗？这样的话，他们就能在应当征服的地方去征服，而决不会成为他们最邻近、最危险的敌人的牺牲品。

麦 客人，我肯定能够指出大量为了对抗痛苦而设置的法律，【c】但我怀疑自己能否轻易找到对抗快乐的、有说服力的、清晰的法律。要是去发现一些小案例，我也许能获得成功。

克 在克里特的法律中，我也不能发现更多有关这类事情的明显例证。

雅 我亲爱的先生们，这种情况不值得我们惊讶。不过，我希望，我们每个人都有发现善和真理的欲望，在这种欲望的引导下，我们会对自己的城邦或者我们同伴的城邦的法律细节提出批评，对这样的批评，我们相互之间要能宽容地接受，而不至于彼此结怨。

克 你说得很好，我的雅典朋友。我们必须照你说的去做。

雅 【d】克利尼亚，苛刻对我们这把年纪的人来说不当一回事。

克 确实不当一回事。

雅 人们对拉栖代蒙和克里特的体制提出的批评也许是对的，也许是错的，但这是另外一个问题。无论如何，我可能比你们俩能够更好地报道大多数人一般是怎么说的。就算你们的法典制定得非常合理，它们确实也很合理，你们有一条最优秀的规矩，禁止任何年轻人询问与法律相关的是非曲直；每个人不得不同意，并且异口同声地说，【e】这些法律是非常优秀的，是神的恩赐；如果有人说了不同的看法，公民们必须拒绝听取他的意见。如果一名老人对你们的体制有些什么想法，那么他必须在没有年轻人在场的时候把这些想法告诉官员，或者告诉与他年纪相仿的人。

克 【635】这样做绝对正确，先生——你真是一个奇才！从这位立法者制定这些法律直到今天，年代已经十分久远，但我认为你很好地把握了他的意图，并且非常准确地给以陈述。

雅 好吧，这里现在没有年轻人在场。考虑到我们这些人的年纪，这位立法者肯定允许我们就这些主题进行私下里的谈话，而不至于有所冒犯。

克 就这样吧：不要犹豫不决，对我们的法律提出批评。即使说我们的法律有某些瑕疵，那也不是什么耻辱——确实，如果一个人接受批评的正确方面，【b】又不被它惹恼，一般情况下就会考虑如何补救。

雅 好极了。但是，批评你们的法律不是我提议：我们可以等到彻底考察了你们的法律以后再来提出批评。我只想提到我来考察时会遇到的难处。在所有民族中间，希腊人也好，外国人也罢，你们是独特的，因为你们得到你们立法者的训诫，远离那些最诱人的娱乐和快乐，不去尝试它们。然而，涉及痛苦和恐惧，你们的立法者指出，要是一个人自童年起就回避这些事情，【c】当他以后面对艰辛，他就无法回避痛苦和恐惧，他也会逃离任何接受过这种训练的敌人，成为他们的奴隶。我认为，这位立法者应当按同一思路对待快乐。他应当对他自己这样说："如果我们的公民的成长过程没有经历最强烈的快乐，如果他们没有接受如何坚定地对抗快乐的训练，【d】那么他们对快乐的喜爱将引导他们走向与屈服于恐惧的人同样的命运。他们所受的奴役是另一种奴役，但更加可耻；他们将成为这样一些人的奴隶：能够坚定对抗快乐的人、对抗诱惑术的老手——有时候是彻头彻尾的无赖。从灵性上说，我们的公民会部分是奴隶，部分是自由民，仅在有限的意义上，他们配得上被称做勇敢的和自由的。"请你们考虑一下这个论证：你们认为这个论证与我们的论题有什么关联吗？

克 【e】对，我认为有关联，首先，我有点感到羞愧。不过，面对如此重大的论题，马上就充满自信地得出结论，这样做也许是不成熟的，是幼稚的。

雅 好吧，克利尼亚和我们来自拉栖代蒙的朋友，让我们按照计划转入下一项：在讨论了勇敢之后讨论自制。我们发现，在战争的情况下，你们这两种政治体制比其他国家相对比较随意的体制要优越。就自制而言，【636】这种优越性表现在什么地方？

麦 这个问题相当困难。不过，我仍旧认为实行公餐和进行身体训练的目的是为了培养这两种美德。

雅 好，我的朋友，我倒认为真正的困难在于使这些政治制度在实践中反映这种完善的理论。人的身体可能是一个对应物。不可能严格地规定一种既定的体制对应一个既定的身体，因为任何体制都不可避免地在某些方面伤害我们的身体，【b】同时又在其他方面帮助我们的身体。比如，身体训练和公餐，尽管以许多方式有益于城邦，但它们也会鼓励造反，从而成为一种危险——米利都①、波埃提亚、图里②的年轻人就提供了很好的例证。更有甚者，这些制度在远古时代似乎就已经败坏了天然的性快乐，这种性快乐对人和野兽来说是一样的。这些违背自然的做法，你们两个城邦首先应当受到指责，【c】其他特别重视身体锻炼的城邦也应当受到指责。环境使你们醉心于

---

① 米利都（Μίλητος），地名。
② 图里（Θούριος），地名。

这些事情，非常认真地对待它们；但无论如何你们都应当记住，男人和女人为了生儿育女而聚集在一起，他们体验到的快乐是完全自然的。但是，男同性恋和女同性恋是非自然的头等罪恶，犯罪的原因是男男女女不能控制他们寻求快乐的欲望。我们全都知道，克里特人炮制了该尼墨得①的故事，应当受到谴责：【d】他们坚定地相信他们的法律来自宙斯，而又把这个故事强加于他，为的是在享受这种特别的快乐时能有一位神作为"先例"。然而，这个故事不是事实，我们可以加以抛弃，当人们考察立法的时候，他们几乎穷尽了快乐与痛苦对城邦和个人品性的影响。你瞧，快乐和痛苦就像自然释放出来的两道泉水。【e】一个人在恰当的时候适度饮用泉水，就会享有幸福的生活；但若他在错误的时候不理智地饮用泉水，他的生活就很不一样了。城邦、个人，以及任何生灵，在这个问题上基点都是一样的。

麦 嗯，先生，我认为你说的或多或少有正确之处；但无论如何，我们有点目瞪口呆，找不到什么论证来反对你的意见。不过，我仍旧认为拉栖代蒙的立法者颁布回避快乐的政令是正确的（要是我们在这里的这位朋友想要拯救克诺索斯的法律的话，他也会这样做的）。【637】在我看来，拉栖代蒙和快乐相关的法律在你能在任何地方发现的法律中是最好的。它在我们国家里完全消除了那些诱使人们放纵于这种最强烈的快乐的事情，不让这些事情变得无法控制，也不让人们干下这些蠢事而变成傻瓜；你在拉栖代蒙的任何地方看不到酒宴，也看不到通常与酒宴一道举行的各种激发快乐的活动，无论是在乡下，还是在城镇，全都处于它的控制之下。【b】如果碰上一名喝醉了的狂欢者，那么我们中任何人都会对他做出最严厉的处罚，哪怕是狄奥尼修斯节②也不能用做赦免冒犯者罪过的理由。但是，我曾经在阿提卡看到人们在节日游行的花车上狂饮，也在塔壬同③，这是我们的一个殖民地，看到

---

① 该尼墨得（Γανυμήδους），特洛伊王特洛斯之子，长相英俊漂亮，为宙斯喜爱，被掳为伴侣和侍杯者。参见荷马《伊利亚特》20：231 以下。

② 狄奥尼修斯（Διονυσίῳς），希腊酒神。

③ 塔壬同（Ταραντίνος），地名。

整座城市在酒神节狂饮。我们没有诸如此类的事情。

雅　我的拉栖代蒙朋友，在具有某种品性的人中间发生的所有诸如此类的事情都完全值得赞扬；只是当这类事情无法停止时，就会变得相当可笑。【c】我的同胞能够很快地对你们的做法反唇相讥，指出你们的女人在性生活方面的随意态度。当然，还有一种回答，在塔壬同、雅典和拉栖代蒙发生的所有这些事情显然可以被认为是有理的、合法的。当一名外国人在这些地方看到一些他不熟悉的习俗而产生疑问，他能得到的答复当然是这样的："客人，我们这里就是这么做的，不值得惊讶；而你们处理起这些事情来可能会不一样。"【d】还有，我的朋友，我们谈话的主题不是一般的人类，而只是立法者的功绩和过失。我在谈论的也不仅仅是要饮酒还是禁酒，我讲的是酗酒。我们该如何处理它？有一项举措是西徐亚①人和波斯人，以及迦太基人、凯尔特人②、伊比利亚人③、色雷斯④人采用的——他们全都是好战的民族。【e】或者说，我们应当采用你们的举措？如你所说，这就是完全禁酒，而西徐亚人和色雷斯人，无论男女，都喜欢大碗大碗地喝酒，打湿了袍子也不在乎，反而视之为光荣豪迈的行径。波斯人在这些事情上和在其他一些你们排斥的奢侈活动中也非常放纵，尽管比较恪守礼仪。

麦　【638】噢，但是，我的好先生，当我们手持武器时，他们就被我们击溃了。

雅　噢，但是，我亲爱的先生，你一定不能这样说。很多时候，一支军队在过去被打败了、击溃了，在将来也会这样，但没有什么明显的理由。仅仅指出战斗中的胜利或失败，无助于我们得出一个无可争议的标准，来判断某个既定实践活动有价值或无价值。【b】你瞧，比较大的城邦在战争中打败

---

① 西徐亚（ΣKυθία），地名。

② 凯尔特人（Κελτοì），族名。

③ 伊比利亚人（Ἴβηρες），族名。

④ 色雷斯（Θρἀκη），地名。

比较小的城邦，叙拉古①人奴役罗克里②人，在世界的那些部分，你会发现那里的人被假定是由最优秀的法律统治的；雅典人奴役开奥斯人，我们也还能发现许多相似的例子。讨论个别实践活动本身，我们应当尝试使我们自己信服它的性质：当前我们必须放弃用战争的胜负来解释实践活动，简单地说如此这般的实践活动是好的，如此这般的实践活动是坏的。下面请先听一下我的解释，什么是判断这些实践活动的相对价值的正确方式。

麦 【c】好吧，让我们来听一听你的解释。

雅 我认为，在讨论一种实践活动的时候，带着批评的意向开始讨论，或者一提到它的名字就对它进行赞扬，是在使用一种错误的程序。当你听说某人赞扬奶酪作为一种食物的功德时，你也可以马上对它进行谴责，而不停下来询问它有什么样的效果，应当如何食用（我指的是这样一些问题：如何供给奶酪，谁应当食用，和什么东西一起吃，在什么条件下提供，对食用者身体状况的要求）。【d】而这正是我们在讨论中的做法。我们一听到"饮酒"这个词，一方谴责它，另一方就赞扬它——要是说曾经有过这样一种程序的话，这是一种毫无意义的程序。各自热情地添加证据来认可自己的意见：一方认为有大量的证据可以证明饮酒有益，另一方指出看到有滴酒不沾的人在战场上取胜——但哪怕是这些事实也已经超出了争论的范围。嗯，如果说这就是我们将要逐一讨论其他习俗的方法，【e】那么我个人是不会感到满意的。我想用下述不同的程序来讨论我们当前饮酒这个主题——我认为，这种程序是正确的——看我能否证明这是一种一般的考察诸如此类事务的正确方式。你们瞧，在考虑这些事情时，成千上万个城邦与你们这两个城邦不同，并打算在讨论中提出争议。

麦 【639】那是一定的，要是能找到一条处理这种问题的正确道路，我们一定不能羞于聆听。

---

① 叙拉古（Συρακός），地名。
② 罗克里（Λοκρούς），地名。

雅 让我们以这样一种类似的方式来进行我们的考察：假定有人称赞养山羊，推荐说山羊是一种很有价值的财产；假定另外一个人看到牧羊人不在的时候山羊在毁坏庄稼，于是就谴责这些家畜，或者对任何完全不受控制或控制得不好的牲畜挑毛病。对某些人这样的批评我们怎么想？这样的批评有分量吗？

麦 几乎没有。

雅 如果一个人只拥有航海的知识，我们能说他将是一名有用的船老大，【b】而无视他是否晕船的问题吗？我们能这样说，还是不能这样说？

麦 肯定不能，不管怎么说，要是就他的全部技艺而言，他有你提到的这种倾向。

雅 一支军队的指挥官怎么样？要是他能够进行指挥只是凭着他的军事技艺，而无论他在面临危险时是否胆怯吗？这个事例中的"晕船"是胆怯产生的，就好像前面说的由于恐惧而醉酒。

麦 他几乎不可能是一名合格的指挥官。

雅 要是他既胆怯又无能呢？

麦 你说的是一个地地道道的废物——他可以去指挥最挑剔的女人，而根本不能指挥男子汉。

雅 【c】以你喜欢的任何城邦集合体为例，它要发挥功能当然要有一位领袖，让其成员处于他的指导之下：一名观察者要是对它提出赞扬或谴责，但却从来没有看到过这个集合体聚集在一起，在它的领袖的指导下恰当地运作，或者总是处在坏领袖的指导之下，或者根本就没有领袖，我们会怎么想？假定有这样的观察者和这样的集合体，我们会认为他的赞扬或谴责有什么价值吗？

麦 【d】他要是从未见过或参加过以恰当方式运作的集合体，他怎么能进行这样的评价呢？

雅 停一下。集会有许多种，假定我们说的饮酒和酒宴是一种集会，可以吗？

麦 当然可以。

雅 有谁曾经看到过以恰当的方式进行运作的这种集会？当然了，你们俩发现这个问题很容易回答："没有，绝对没有"；酒宴在你们的国家里不能举行，此外它还是非法的。但是，我去过许多不同的地方，我几乎非常仔细地考察过所有酒宴。【e】然而，我从来没有看到或者听说有哪个酒宴始终恰当地举行；人们可以肯定少数微不足道的细节，但对大多数酒宴的监管都是错的。

克 你想说什么，先生？请说得再具体一些。如你所说，我们在这些事情上没有经验，我们可能无法马上说出它的哪些特点是正确的，【640】哪些特点是不正确的。

雅 好像是这样的。但是你们能够尝试理解我的解释。你们肯定无论出于何种目的的集会或集合总会有一位领袖吗？

克 当然。

雅 我们刚才说过，如果这里说的集会是男人们在一起打仗，他们的领袖必须是勇敢的。

克 是的，确实如此。

雅 一位勇士，肯定不会像懦夫那样易受惊吓。

克 【b】这样说也没错。

雅 如果有某种机制我们可以用来置军队于一位英勇无畏的指挥官的领导之下，这就是我们应当努力去做的事情，不是吗？

克 肯定是。

雅 但是我们正在讨论的这个人不会去领导敌对的冲突，而会去参与朋友之间的和平集会，以增进相互之间的善意。

克 确实如此。

雅 【c】但是我们现在假定的这种集会会有喝醉酒的情况，所以这种集会不能避免某种纷扰，我假定。

克 当然能——我假定的情况正好相反。

雅 那么，就让我们从需要一位领导的这些集会的成员说起吧？

克　他们当然需要领导，比其他人更需要。

雅　假定有可能为这些集会配备一位能把握方向的领导，那么我们应当这么做吗？

克　当然。

雅　假定他也应当是一位懂得如何掌握社交集会的人，因为他的责任不仅是保存其成员的现有的友谊，【d】而且要使这种友谊借助集会得到进一步的增强。

克　这样说相当正确。

雅　所以，当有人喝醉酒的时候，他们不需要有某个保持清醒头脑和文雅举止的人来掌管他们吗？如果这位掌管者本人是一名酒鬼，或者很年轻，或者举止不文雅，要是能避免某些麻烦，他真的必须感谢他的幸运星。

克　幸运？噢，我会这么说的！

雅　所以，在城邦里攻击这样的集会不合规范本身不会导致不公正的批评，【e】除非这种攻击针对体制本身。但若他辱骂这种体制只是因为他看到这种体制在运作过程中有可能发生的各种错误，那么他显然不明白，首先，这是一个管理不善的问题；其次，无论何种实践活动，每一实践活动，都会显得像是缺乏一名清醒的领导来控制它。你们肯定能看到酗酒的水手，【641】或者看到其他任何一种指挥官，把任何归他指挥的东西都毁掉了，比如船只、车辆、军队，不是吗？

克　是的，先生，你说的确实有道理。但是，下面请你解释一下酒宴这种习俗加以正确的引导会给我们带来什么可见的好处。比如，以我们刚才说过的例子为例，如果一支军队得到恰当的控制，其结果就是它的士兵赢得胜利，这个好处可不算小，对我们举过的其他例子来说也一样。【b】但是恰当地监管酒宴到底能给个人或城邦带来什么固定的好处呢？

雅　嗯，如果得到恰当监管的只是一个孩子，或一个儿童的歌舞队①，

---

① 歌舞队（χοϱούς），又译合唱队。

我们要说它能给城邦带来什么固定的好处呢？如果以这样的方式提出这个问题，那么我们应当说城邦从中得到的好处微不足道；但若这个问题能一般地问城邦从对它的公民进行训练教育中能得到什么好处，那么这个问题就很容易回答了。【c】他们接受的良好教育能使他们成为好人，成为好人，他们就能获得各方面的成功，甚至在战斗中征服他们的敌人。教育导致胜利；但是胜利在某些情况下也造成教育的损失，因为人们经常由于赢得战争的胜利而骄傲，这种骄傲则会与其他无数的邪恶一起充斥他们。人们已经赢得了许多卡德摩斯①式的胜利，还将赢得许多，但从来没有出现过卡德摩斯式的教育。

克 【d】我的朋友，在我们看来，你的意思是，与朋友一道饮酒，消磨时光——只要我们约束自己的行为举止——是对教育的重要贡献。

雅 非常正确。

克 那么好，你现在能提出某些理由来说明这个观点吗？

雅 提出理由？先生，只有神才有资格坚持说这个观点是正确的——有许多与之冲突的观点。但若有必要的话，我已经做好准备，说出我自己的看法，我们现在已经开始讨论法律和政治组织。

克 【e】这确实是我们试图发现的——你自己对我们正在争论的这件事的看法。

雅 嗯，好吧，让它成为我们的议题：你们必须尽力理解这个论证，而我要尽可能清楚地加以说明。不过，首先请注意听，好比我在说前言：你们会发现，每个希腊人都认为我的城邦热衷于谈话，每天都有大量的讨论，而拉栖代蒙是一个沉默寡言的城邦，克里特注重发展理智，而不是发展流利的言谈。【642】我不想让你们感到我在饮酒这样一个微不足道的话题上高谈阔论，我怕你们会得到这样一种可怕的印象，一件小事情上花费了太多的话

---

① 卡德摩斯（Κάδμος），底比斯城的创建者和国王，播下龙种，从地中生长出武士，相互厮杀。

语。事实上，规范酒宴的真正正确的方式很难得到恰当清楚的解释，除非将它置于一种正确的文化理论的语境中。这样做确实需要长时间的讨论。所以，你们认为我们现在应当怎么办？暂时略去所有这些话题，转为讨论其他某些法律问题，【b】可以吗？

麦　事情是这样的，先生——也许你没有听说过——我的家庭代表了你们雅典城邦在拉栖代蒙的利益。我敢说，所有儿童，当他们得知雅典和拉栖代蒙属于一个国家，互相照料对方在自己城邦的利益时，就会从小喜欢这个国家；我们每个人都认为这个国家是自己的祖国，仅次于他自己的城邦。这确实是我自己的经验。【c】当拉栖代蒙人批评或赞扬雅典人时，我曾经听孩子们说，"麦吉卢，你们城邦对我们干了坏事"，或者"这件事给我们带来了荣誉"。听了所有这些看法，并且由于我不断地坚持代表你们反对那些雅典的诽谤者，我对你们的城邦产生了强烈的喜爱之情，所以就连今天我也非常喜欢你的口音。人们常说，当一名雅典人是好人时，他就格外的好，我非常确定这样说是对的。雅典人的独特之处在于，他们是好人不是由于任何强迫，而是由于他们自发地好，【d】这是上苍的恩赐；所以他们的善是真正的善，没有虚假的地方。所以，欢迎你讲话，想讲多长时间就讲多长时间，你尽管随意好了。

克　我认可你的讲话自由，先生；当你听了我必须说的话以后，你就能看到我是这样做的。你可能听说过厄庇美尼德①，一位受神激励的人，就出生在这一带。他和我的家族有联系。波斯人进犯前十年，他按照神谕的吩咐访问雅典，【e】在那里向神献祭。他告诉当时十分警觉、正在备战的雅典人，波斯人十年内不会进犯，如果雅典轻举妄动，那么不仅不能达到目的，反而会受到更大的伤害。从那时候起，我的家族开始与你们雅典人缔结友谊，从那以后，我的祖先和我本人对雅典都抱有好感。

---

① 厄庇美尼德（Ἐπιμενίδης），公元前 6 世纪的克里特诗人和预言家。文中克利尼亚所说的年代不确，克利尼亚说厄庇美尼德生活在公元前 5 世纪，比他的实际生活年代晚了一百年。

雅 【643】好的，你们这一方显然是准备听我讲话了；而我这一方已经做好准备，尽管这项工作肯定超过了我的能力。还有，努力那是必须的。要帮助这个论证，我们应当先迈出预备性的一步，对教育和教育的潜能做出界定，因为我们正在进行的这场讨论旨在引导我们通往酒神，我们已经同意考察教育是我们必须走的路线。

克 让我们就这么办，只要你喜欢。

雅 【b】我将要解释一个人应当如何描述教育，看你们能否赞同我的解释。

克 好的，请你开始解释吧。

雅 我的解释是这样的：我坚持认为，一个打算在某个具体行业成为佼佼者的人必须从小开始实践；在工作和玩耍中，他必须处于一个被专门的"行业工具"包围的环境。比如，打算做好农夫的人必须玩种地的游戏，【c】打算做好建筑工的人必须用他的玩耍时间制造一座玩具房子；在各种情况下，老师都会按照比真工具小一号的工具给他们使用。尤其是，在初级阶段，他们必须学会那些重要的基本技艺。比如，木匠必须在玩耍中学会使用直尺和铅垂线，士兵必须学会骑马（在玩耍中，要么是真的，要么是参加某些相似的活动）。我们应当试着使用儿童游戏来引导他们的兴趣和爱好，使他们在成年以后可以去从事这些职业。【d】总之，我们说抚养和教育一名儿童的正确方式就是使用他的游戏时间，在他的灵魂中培养对他将来所要从事的职业的热爱，等他长大了，他就能够成为这一行的佼佼者。现在，如我所说的那样，考虑一下迄今为止的这个论证：你们赞同我的解释吗？

克 当然。

雅 但是，让我们不要使我们对教育的描述太空洞。当我们批评或赞扬某个人的时候，说我们中的一个人是有教养的，说另一个人是没教养的，我们有时候用后一个术语来描述那些实际上受过彻底教育的人——【e】这里的区别就像小贩与商人，或者就像诸如此类的事情。但是我这样说为的是服务于我们当前的讨论，我们不把这类事情当做"教育"；我们心里想的教育是从儿童开始的德性方面的教育，这是一种训练，旨在让儿童产生一种强烈的愿望，长大以后要成为一名完善的公民，知道如何按照正义的要求去统治和被统治。【644】我认为，我们应当把这种训练与其他训练分开，只让这种训练保留教育这个名称。旨在获得金钱和使身体强壮的训练，甚至旨在获得某些不受理性和正义指引的理智能力的训练，我们都应当视之为粗俗的、不高雅的，完全不配称做教育。所以，让我们不要对这个名称进行争论；让我们坚定我们刚才取得一致意见的这个命题：作为一项规则，接受了正确教育的人会成为好人，【b】世上任何地方都不应当轻视教育，因为当教育和伟大的美德相结合的时候，教育是无价之宝。如果教育出现了腐败，但还能加以矫正，这是每个人应当付出毕生精力来从事的工作。

克　对。我们同意你的描述。

雅　还有一个观点我们前不久 ① 还表示过同意：那些能控制自己的人是好的，那些不能控制自己的人是坏的。

克　完全正确。

雅　【c】让我们再一次拿起这个观点，更加准确地考虑一下我们这样说是什么意思。你们也许会让我举例说明，把这个问题说清楚。

克　随你的便。

雅　那么，我们要假定我们每一个都是个人吗？

克　是的。

雅　但是他身上有一对愚蠢的、相互敌对的顾问，我们称之为快乐与痛苦，是吗？

克　是这样的。

雅　除了这两个顾问以外，他还有关于未来的看法，这些看法的一般名称是"期待"。具体说来，对痛苦的预见被称做"恐惧"，【d】预见痛苦的对立面的被称做"自信"。在这些东西之上我们有"算计"，通过算计，我们判

---

① 参见本篇 626e。

断痛苦和快乐各自的功绩，当这些判断被表达为城邦的公共决定，它就得到了"法律"这个头衔。

克 我快要跟不上你了；不过，假定我能跟上，请你继续往下说。

麦 是的，我的情况跟你差不多。

雅 我建议以这种方式观察这个问题：让我们设想我们每个人都是众神的玩偶。无论我们被造出来仅供他们玩耍，还是有某种重要的原因，【e】我们无法猜测，但有一点我们肯定是知道的：我们身上有了这些情感，这些情感就像牵引木偶的线一样起作用，它们之间是相互对立的，把我们拉向不同的方向，我们这一来一回就超越了善恶交会的界限。按照我们的论证，这些牵引力中有一种需要我们持续地服从，我们必须顺应这种力，去要去的地方；【645】我们也必须抗拒其他的线。这根线是神圣的，是黄金做成的，传输着"算计"的力量，在城邦里这种力量被称做公共法律；由于它是黄金做成的，所以它像黄金一样柔软，不像其他法律那么坚硬，不灵活。法律的力量是卓越的，人必须与法律合作，因为尽管"算计"是一件高贵的事情，但它是温和的、非暴力的，它的努力需要助手，从而使我们身上的黄金成分能超过其他基质。要是我们确实能够帮助我们自己，【b】也就是这个故事中的凡人，在这个故事中我们显得像是木偶，我们将很好地被制造出来；"自优"和"自劣"这两个术语的意思也就会变得比较清楚了，城邦和个人的责任就会得到更好的评价。后者的责任在于理解这种牵引力的真谛，在生活中顺应这种力量；城邦的责任在于从某位神或我们已经提到过的某位行家那里得到一种关于这种力量的解释，使之成为治理城邦内部事务的法律，以及处理城邦之间关系的法律。【c】进一步的结果将是更加清晰地区分美德与恶德；对这个问题的处理也许又能帮助我们厘清教育和其他各种实践活动的主题，尤其是酒宴的问题。这件事也许会被人们认为是微不足道的，讨论这件事情已经说得太多了，然而这件事情转过来也可以是一个值得广泛讨论的议题。

克 你说得很对；我们肯定应当充分考虑值得我们在现在的"会饮"中加以关注的事情。

雅 【d】那么好吧，告诉我：假定我们给我们的玩偶喝酒，我们对它会产生什么效果？

克 你又想到这个问题，目的何在？

雅 现在还没有什么具体的目的。我只是一般说说，我只是问某个事物与其他事物相连，会对它产生什么效果。让我更加清楚地解释一下我的意思。我的问题是：喝酒使快乐和痛苦、愤怒和爱欲更加强烈吗？

克 强烈得多。

雅 【e】感觉、记忆、意见和思想怎么样？这些东西也会变得更加强烈吗？或者说，如果一个人完全喝醉了，它们就会彻底离去？

克 嗯，是这样的。

雅 所以这个人就会返回他童年的精神状态？

克 确实如此。

雅 在这种情况下，他的自我控制能力是最低的。

克 是的，是最低的。

雅 【646】我们同意，处于这种状况的人确实是很糟糕的。

克 很糟糕。

雅 如此看来，似乎不仅老人有第二个童年，酒鬼也有。

克 你说得好，先生。

雅 嗯，有什么论证能够开始说服我们，与其冒险参与这种活动，倒不如尽全力避免它？

克 显然是有的；无论如何，这是你要说的话，你刚才还准备提出这样的论证。

雅 【b】你真是一个及时的提醒者，我现在重复一下这个承诺，因为你们俩都已经说过渴望听到我的论证。

克 我们会洗耳恭听的，先生，这似乎仅仅是由于你的惊人的悖论，在某些情况下，一个人会自甘极端的堕落。

雅 你指的是灵魂的衰退，不是吗？

克　是的。

雅　身体的衰退怎么样——消瘦、残废、丑陋、衰弱？【c】我们不应当开始寻找自愿使自己进入这种衰退状态的人吗？

克　当然，我们应当。

雅　我们要不要假定，那些不想动手术而自愿喝药的人并不明白这样一个事实，要不了多久，几天以后，他们的身体状况就会衰败，这种状况不是暂时的，它会使人的生活变得无法忍受？我们肯定也知道，那些求助于高强度的体育锻炼的人会暂时变得虚弱，是吗？

克　是的，我们明白这些事。

雅　事实上，他们去那些地方是自愿的，为的是经历这个初步阶段以后他们将得到好处，是吗？

克　【d】确实如此。

雅　所以，我们不应当同等看待其他实践活动吗？

克　确实应当。

雅　所以，同样的看法也适用于花时间饮酒——如果是这样的，我们可以把饮酒当做一个合理的对应物。

克　当然。

雅　嗯，要是把时间花在这个上面给我们带来的好处不亚于把时间花在身体上，那么它给我们带来的直接好处超过体育锻炼，不像体育锻炼，它是无痛苦的。

克　【e】你说得相当正确，但要说我们能在其中发现什么好处，我会感到惊讶。

雅　那么，看起来，这一点就是我们应当加以解释的。告诉我：我们能够大体上察觉两种恐惧吗？

克　哪两种？

雅　有这么两种：当我们预期邪恶发生时，我们恐惧它们吗，我假定？

克　是的。

雅 【647】当我们想象我们自己由于做了某些不光彩的事，说了某些不光彩的话，将要得到坏名声时，我们经常恐惧我们的名声。这种恐惧，我们称之为"可耻"，我想其他人也这么叫。

克 当然了。

雅 这就是我说的两种恐惧。第二种恐惧抵抗痛苦和其他我们害怕的事物，以及我们最敏感、最频繁的快乐。

克 非常正确。

雅 【b】所以，立法者和任何有一点功德的人对这种恐惧的评价非常高，称之为"谦逊"。自信这种感觉是它的对立面，他称之为"傲慢"，把它当做任何人能够承受的最大的诅咒，无论是在他的私生活中，还是在他的公共生活中。

克 正确。

雅 所以，这种恐惧不仅在其他许多行为的关键领域保护我们，而且比其他任何事情做出了更大的贡献，要是我们在寻找能确保战争胜利的因素。所以，有两样东西对胜利有贡献：面对敌人时的无所畏惧和害怕在朋友面前丢脸。

克 确实如此。

雅 因此，每个人应当变得既恐惧又不恐惧，【c】理由我们刚才已经说过了。

克 同意。

雅 还有，如果我们想要使一个人摆脱各种恐惧，可以把他暴露在恐惧之下，以一种法律批准的方式，我们使他成为无所畏惧的。

克 我们显然会这样做。

雅 但是，假定我们的目标是使别人感到他可怕，结果又会怎样？我们难道不应当让他去与可耻做斗争，使他经受锻炼，以此确保他在与自己追求快乐的欲望的斗争中取得胜利？【d】如果一个人只能通过与他自身的胆怯做斗争来消除胆怯，以此获得成熟的勇敢，那么缺乏参与这种斗争的经验和不懂这种这种竞赛的规矩，就没有人可以达到他所能达到的成功的一半。他只有在诚命、习惯和机智的帮助下，首先对引诱他无耻和犯错的无数快乐和欲望发起斗争，无论是在游戏中还是在严肃的时候，才能实现对自己的完全支配。这种说法是可信的。这些经验他能少得了吗？

克　这个观点确实有些道理。

雅　【e】现在请你告诉我，有没有哪位神把某种专门导致恐惧的药赐给人类？这种药的效果是，人要是允许自己吃了这种药，就会感到自己前途黑暗，现在和未来都充满危险，即使最勇敢的人在药性达到高潮时也会感到极为恐惧，当然，等到药劲一过，【648】他还会恢复原状。

克　嗨，先生，在这个世界上我们到哪里去找这样一种药水？

雅　没有。但若有人能找到，立法者会利用它来增进勇敢吗？我们可以很好地告诉他的就是这种观点："立法者——你的法律无论用于克里特人，还是用于其他任何人——请告诉我们：【b】拥有一条判断你的公民勇敢和胆怯的标准，你不会感到特别高兴吗？"

克　显然会的，每一位立法者都会说"是的"。

雅　"嗯，你喜欢不冒任何危险的安全的试验，不是吗？或者说，你宁可要充满危险的试验？"

克　他们也都会同意这一点，安全是基本的。

雅　"你会用这种药水来使你的公民进入恐惧状态，然后通过鼓励、诚命、认信，以及他们有可能经受的种种耻辱来经受锻炼，【c】使他们最后变成无所畏惧的人吗？在这种锻炼中表现良好，勇敢地经受了考验的人，可以不受伤害地通过测试，而对那些表现很差的人你会给予某些惩罚吗？或者说，你会在没有什么理由的情况下，简单地拒绝使用这种药水？"

克　他当然会使用它，先生。

雅　不管怎么说，我的朋友，与流行的做法相比，这种训练非常直接，适合个人、【d】小群体和你也许想要的任何人数的大群体。如果一个人出于对自己以往好名声的顾忌而退隐到某个隐秘之处，单独和私下里进行这种抗拒恐惧的训练，喝这种药水而不是使用通常的各种办法，那么他这样做是完全合理的。还有，当他相信自己已经准备好了，相信自己既有天赋又有预备性的实践的时候，他可以在一大群酒徒的面前喝药水，【e】公开展示他的美德，这种美德使他能够超越和支配药水不可避免的功效所产生的影响，而又不会陷入严重的失误或堕落，不过，由于担心我们人的普遍弱点，他会在药力达到顶点前撤离。

克　嗯，是的，先生，他能这样做相当精明。

雅　【649】让我们重复我们对立法者说的话："嗯，你同意了：上苍可能并没有给我们提供这样一种引起恐惧的药水，我们自己也没有发明出这种药水来（那些卖假药的江湖郎中的话不足信）。但是，有没有一种能够驱逐恐惧，并且在错误的时刻对错误的事情激发过分自信的饮品呢？对此我们该怎么说？"

克　我假定他会说"有"，并且提到酒。

雅　这不正是我们刚才描述的那个事物的对立物吗？一个人喝了酒，【b】立刻就使他比从前愉快，喝得越多越乐观：以为自己能做任何事。到了最后，喝酒的人充满了智慧的奇想，放纵言语和行动，彻底无所畏惧了，到了这个时候没有什么话他不敢说，没有什么事他不敢做。我认为，任何人都会承认这一点。

克　当然。

雅　嗯，让我们再次回想一下这个观点：我们说在我们的灵魂中有两种品质应当培养：为的是让其中的一种品质使我们极度自信，【c】而这种品质的对立面能使我们极度恐惧。

克　我想，后者就是谦逊。

雅　你的记性真好！但由于事实上人必须在恐惧中学习勇敢和无所畏惧，所以问题就转变为这种对立的品质必须在对立的环境中培养。

克　可能是这样的。

雅　所以，在这些情况下，我们通常会变得非比寻常的大胆，参与这些实践活动需要厚颜无耻和胆大妄为，因此我们变得恐惧这些事情：【d】说可耻的话，承受可耻的事，甚至做可耻的事。

克　看起来是这样的。

雅　嗯，我们不是以这种方式受到下列情况的影响吗——愤怒、爱欲、骄傲、愚蠢、胆怯？我们还可以添上财富、美貌、力气，以及其他驱使我们狂热地沉浸在快乐中，变成傻瓜的东西。【e】然而，我们还在寻找一种不太昂贵、相对无害的试验，用于民众，也能给我们提供训练他们的机会，让我们可以在他们饮酒作乐的时候对他们进行考察。我们还能指出一种比它更加合适快乐来吗——只要采取某种恰当的预防措施？让我们以这样一种方式来观察它。假定你有一个人，脾气暴躁和野蛮（这是众多罪恶之源）。当然了，和他订立一个契约，冒着他犯错的危险，是一种比较危险的考验他的方法，【650】还不如在酒神节与他为伴，不是吗？或者说，要是一个人是个好色之徒，冒着我们最亲近和最亲爱的人有可能遭遇伤害的危险，把我们的妻子儿女托付给他照管，用这种方式来发现他的品性是极端危险的。你可以举出其他许多例子，但仍旧无法说明这种考验方法是无害的。事实上，我认为克里特人和其他任何人都不会同意，【b】要是我们把这种考验说成这个样子：我们在这里已经有了一种相当公平的相互考验，这种考验是代价低廉的、安全的、快捷的，因此这是一种极为优越的方法。

克　到此为止，你说的对。

雅　所以，对人的灵魂的本性和气质的观察对技艺来说是一种最有用的帮助，这种技艺涉及铸造良好的品性——我想，这就是政治家的技艺，是吗？

克　确实如此。

第二卷

雅　【652】我们必须提出的下一个问题好像是这样的：以某种方式对人

喜怒无常的天性进行洞察是有利于推行酒宴的唯一方法吗？或者说，有恰当规矩的酒宴提供其他某些值得我们认真考虑的重要好处吗？对此我们该怎么说？我们在这里要小心：就我能看见的范围而言，我们的论证确实倾向于回答"是"，但是当我们似乎发现了如何获得这些好处，这些好处在什么意义上是好处的时候，我们有可能会被它绊倒。

克　告诉我们，为什么。

雅　我想要回忆一下我们对正确教育做出的界定，【653】这样才能冒险提出建议，说酒宴实际上是教育的保障，只要酒宴能够恰当地建立，并沿着正确路线举行。

克　这是一个大胆的论断！

雅　我认为，婴儿时期的儿童最先得到的感觉是关于快乐和痛苦的，这就是美德或邪恶最初进入灵魂的路线。（但对一个获得了良好判断和不动摇的正确意见的人来说，哪怕在他老年时期获得，也是非常幸运的；一个人拥有了这些东西，以及它们带来的所有好处，他的人生是圆满的。）【b】当儿童能够理解为什么之前，当快乐和喜爱、痛苦和仇恨的感觉在他的灵魂中萌发出来，并在正确的渠道中流动的时候，我把儿童最初获得美德称做"教育"。然后，当他在理解的时候，他的理智和情感会一起对他说话，他已经接受了恰当的习惯的训练。美德就是理智和情感的这种协和。但是有一个因素你可以把它与你的解释分离开来，这就是我们的快乐感和痛苦感的正确构成，【c】这种感觉使我们从头到尾仇恨我们应当仇恨的东西，也使我们从头到尾热爱我们应当热爱的东西。把它称做"教育"，无论如何，我认为你会给它一个恰当的名称。

克　是的，先生。我们完全赞同你刚才关于教育说的话，也赞同你前面的①解释。

雅　好极了！那么，教育是一件对快乐感和痛苦感进行正确约束的事

---

①　参见本篇 643a 以下。

情。但是，在一个人的人生过程中，这种效果会松弛和懈怠，在许多方面完全消失。然而，众神怜悯人类命运之艰辛和不幸，【d】给它制定了一系列的宗教节庆来缓解这种疲乏。他们给我们指派了缪斯，阿波罗是他们的领队，还有狄奥尼修斯；有这些神灵与他们共享节日，人又会变得完整，由于他们的参与，我们在这些节庆中得以更新。嗯，有一种理论已经在我们耳边喧嚣多时，让我们来看它是否与事实相符。这种理论是这样的：一般说来，所有幼小的动物都不能使它们的身体保持静止或者让它们的舌头不出声。【e】它们总是想要移动和发声；有些跳跃，有些滑动，有些嬉戏，有些快乐地舞蹈，有些发出各种噪声。动物在运动中缺乏有序或无序的观念，没有被我们称做节奏或旋律的那种感觉，而我们人被造为有这两种感觉，能够享受它们。【654】这就是这些众神给我们的馈赠，我们说过他们把节奏和旋律赐给我们伴舞；就是这种设置使它们能够成为我们歌舞队的领队，激励我们去运动，使我们能把唱歌与跳舞结合在一起——由于这样做自然而然地"迷惑"了我们，所以他们发明了"歌舞队"① 这个词。这一点现在可以作为定论吗？我们能否设定教育来源于阿波罗和缪斯？

克　能。

雅　【b】所以，所谓"没有受过教育的"，我们指的是一个人没有参加歌舞队接受训练；我们还没说，如果一个人接受过充分的训练，他是"受过教育的"。

克　当然。

雅　当然了，歌舞队的表演是跳舞和唱歌的组合吗？

克　当然。

雅　这就意味着，一个受过良好教育的人跳舞和唱歌都很好吗？

克　好像是这样的。

雅　现在让我们来看这个词蕴涵着什么意思。

---

① 歌舞队（χοροús）源于迷惑（χαρᾶς），这个词源学的解释带有开玩笑的性质。

克　哪个词？

雅　【c】我们说"他唱得好"或者"他跳得好"。但是，我们应当把它扩大一下，说成"除非他唱好歌和跳好舞"吗？或者不应当扩大？

克　对，我们应当扩大。

雅　好吧，设定一个人对什么是好的看法是正确的（它真的是好的），在坏的事例中（它真的是坏的）也一样，并在实际活动中遵循这个判断。尽管他没有从中得到快乐，也没有对坏的事物感到仇恨，但他能够用言词和姿势成功地把他对什么是好的理智概念表达出来。【d】另一个人在使用他的身体和声音表达好的时候可能不太擅长，或者说他不太擅长形成某种关于好的理智的概念；但是在他的关于快乐与痛苦的情感上仍旧能够坚持正确的路线，因为他欢迎好的事物，厌恶坏的事物。这两个人哪一个接受过较好的音乐教育，是歌舞队的比较有效的成员？

克　就教育而言，先生，第二位要优越得多。

雅　所以，要是我们三个人懂得唱歌和跳舞中的"好"，我们也就有了一个健全的标准，区分受过教育的人和没有受过教育的人。但若我们不能掌握这个标准，我们绝无可能确定是否有教育的保障，或者我们到哪里去寻找它。【e】不是这样吗？

克　是的，是这样的。

雅　就好比狩猎时的猎犬，我们必须追踪的下一个猎物将由一个"好"的形体运动、旋律、歌曲和舞蹈构成。如果所有这些我们得到的观念都溜走了，延续我们有关教育的讨论将是毫无意义的，无论是讨论希腊人的教育还是讨论外国人的教育。

克　相当正确。

雅　好！嗯，我们给好旋律或者好的身体运动所作的界定是什么？告诉我——想象一颗勇敢的灵魂和一颗胆怯的灵魂同处一室，面对同样的麻烦：【655】在每一种情况下会产生同样的声音和身体运动吗？

克　当然不会。首先可以看到，这些情况很不一样。

雅　你说得确实很对，我的朋友。但是音乐是一件关于节奏与和谐的事务，包括曲调和身体的运动；这就意味着谈论"有节奏的"或"和谐的"运动或曲调是合法的，但不能用"五彩缤纷"这个词来比喻性地叙说歌舞队的练习者。那么，用于刻画勇敢者和胆怯者的身体运动和曲调的恰当语言是什么呢？【b】正确的做法是把那些勇敢者称做"好"，把那些胆怯者称做"丑"。不过，让我们不再讨论这个问题的细节；不用到处搜寻，我们就能说一切与灵魂的或肉体的卓越相连的运动或曲调（真的事物或对真事物的再现）都是好的吗？而与此相反，如果它们与恶相连，运动或曲调就是坏的吗？

克　对，这是一个合理的建议。你可以设定我们同意了。

雅　下一个要点是：我们全都同等程度地欣赏一个歌舞队的各种表演吗？【c】或者说远非如此？

克　有可能！

雅　我们能指出我们困惑的原因吗？是由于"好"这个词的意思因人而异吗？或者说，它只是被认为有多种意思，而实际上不是？我设想，没有人打算说刻画邪恶的舞蹈比刻画美德的舞蹈更好，或者说，尽管其他人欣赏有道德的缪斯，但他自己的个人喜好是那些表现堕落的运动。然而，大多数人会坚持，【d】音乐的力量在于给灵魂提供快乐，这是判断音乐的标准。不过，这是一种无法容忍的观点，这样讲绝对是对神灵的亵渎。还有，它有时候更像是对我们的误导。

克　什么？

雅　歌舞队的表演是对人物性格的再现，涉及各种各样的行为和事件。个别的表演者扮演角色，部分表达了他们自己的性格，部分模仿了其他人的性格。就是由于这个原因，当他们发现歌舞队的表演中，【e】讲话、唱歌或其他行为符合他们自己的性格和已有习惯，他们就禁不住喜悦，鼓掌，使用"好"这个词。但有的时候，他们发现这些表演与自己的脾气、习性、嗜好、教养相抵触，在这样的情况下，他们就不能感到快乐，也不会为之鼓掌，在这种情况下他们使用的词是"太可怕了"。当一个人的天性就是如此，但他获得了坏的习惯，或者说倒过来，他的习惯是好的，但他的天性是恶的，那么他的快乐和喜好只能是这样的了：他把这些表演称做"令人愉悦，但很堕落"。【656】这样的表演者，在与他们尊敬的其他表演者相伴的时候，耻于做出这样的姿势，唱出这样的歌曲，就好像他们真心赞同。但在内心，他们偷偷地欣赏这种表演。

克　你说得很对。

雅　嗯，一个人欣赏坏的身体运动或坏的曲调会给他带来任何伤害吗？如果他从相反种类的表演中取乐，会给他带来任何好处吗？

克　可能。

雅　【b】仅仅是"可能"？这就是全部吗？在这里肯定有一个准确的比喻，这个人接触堕落的角色和邪恶的人，不但不感到厌恶，反而高兴地表示欢迎，对他们的谴责也是半心半意的，因为他口是心非，这种状况该有多么反常：他无法摆脱扮演他喜欢的角色，无论是好是坏——哪怕他耻于为它鼓掌。事实上，我们几乎难以指出一种比这种角色的同化更大的向善的力量——或者向恶的力量。

克　不能，我认为我们不能。

雅　【c】所以，在一个与文化、教育、娱乐相关的法律，现在或将来，恰当地建立起来的城邦里，我们设想应当给予作者自由吗？歌舞队将由守法公民的少年儿童组成，编导可以自由地把他在创作时令他愉悦的任何节奏、曲调、话语教给他们，而不用在意他对他们的善恶观会有什么影响吗？

克　这样做肯定是没有意义的；这怎么可能呢？

雅　【d】但是这样做确实是允许的，几乎在所有国家——除了埃及。

克　埃及！那么好吧，你最好告诉我们那里实施的是什么法律？

雅　只要听一下，你就会感到相当吃惊。很久以前，他们显然就认识到了我们直到现在才提出来的这条原则，这个国家的儿童们排练用的运动姿势和曲调必须是好的。他们把各种类型的运动姿势和曲调汇编起来，【e】在他们的神庙里展示。画家和其他任何想要刻画任何种类身体运动的人仅限于这些形式；禁止这种传统模式之外的变化和创作，这项禁令至今犹存，既在这一领域，又在一般的技艺领域。如果观察他们各自的作品，你会发现一万年以前，（我这样说不是粗略地说，而确实是指一万年）【657】那时候创作的绘画与雕塑不比今天的好，也不比今天的差，因为在制造它们时遵循的是同样的艺术规则。

克 真不可思议！

雅 不，这只是立法者和政治家的一项最高成就。即便如此，你可以找到某些其他事实来批评那里，但是音乐是一件无法逃避的事实，值得我们关注：它实际上证明了在这个范围内通过立法来规范音乐，让它展现天然正确的旋律是可能的。但这是神的任务，【b】或者是一位像神一样的人的任务；实际上，埃及人确实说过，使这些旋律在无数个世代得以保存的是伊西斯①。因此，如我所说，一个人只要对构成音乐事务的"正确性"有一个粗略的观念，就不会疑虑是否要用法律形式来系统地表达整个主题。对快乐的渴望和回避单调乏味的愿望确实会引导我们不断地追求新颖的音乐，如此这般神圣化了的歌舞表演会被指责为过时；但是，这样的谴责并不能使歌舞堕落。在埃及，无论如何，这样做好像完全没有显示出使之堕落的效果，其结果正好相反。

克 【c】按照你的解释来判断，好像是这样的。

雅 所以，同样不要有什么疑虑，我们能够或多或少就这样描述有关节庆音乐和歌舞表演的恰当规定。当我们认为自己进展良好时，我们会感到愉悦；反过来也可以说，当我们感到愉悦时，我们认为自己进展良好。不是这样吗？

克 是这样的。

雅 此外，当我们处在这种状况下的时候——我指的是"愉悦"——我们无法保持冷静。

---

① 伊西斯（Ἴσιδος），埃及神灵。

克　是这样的。

雅　【d】我们的年轻人渴望跳舞和唱歌，而我们老年人认为恰当的事情是观看歌舞，以此消磨时光。我们感受到的愉悦来自他们的消遣和寻欢作乐。随着岁月的流逝，我们的身体已经失去灵活性，所以我们只能乐意安排年轻人的竞赛，让表演者唤醒我们对青年时代的回忆。

克　非常正确。

雅　【e】所以，我们最好面对事实，有关假日制定的当代思想包含着真理的颗粒。许多人说为我们提供了最多快乐的这个人的技艺应当受到高度尊重，配得上获得头奖，因为允许我们在这样的场合消遣意味着我们应当把他奉为名人，他给大多数人提供了最多的快乐，如我刚才说的那样，他应当拿走奖品。理论上，这是正确的，不是吗？【658】在实践中，这样做不也是正确的吗？

克　也许是吧。

雅　啊，我的好伙伴，得出这样的结论也许太匆忙了！我们必须做出某些区别，考察这样一些问题：假定某人安排了一场比赛，但没有进一步规定它的性质，没有确定它是体育比赛、艺术比赛，或是骑马比赛。假定他把城邦所有居民召集起来，提供奖品，宣布任何人希望参加比赛都可以参加，只要他能提供快乐，【b】这就是唯一的标准：给观众提供快乐最多的竞赛者将赢得比赛；他可以自由地使用任何方法，只要他在这个方面能够超过其他参赛者，他将被判定为最受观众喜爱的竞赛者，赢得奖品。我们认为，这样的公告会起什么样的效果？

克　你到底想说什么？

雅　我设想，很像是这样的，一位参赛者扮演荷马，朗诵史诗，另一位有音乐伴奏，朗诵抒情诗，还有一位表演悲剧，还有一位表演喜剧；【c】要是有人认为自己获奖的最佳机会是上演木偶戏，那也不值得惊讶。嗯，有所有这些人参赛，有成千上万的人进来观看，我们能说出哪一位参赛者最配得上获奖吗？

克　这是一个奇怪的问题！在聆听这些表演之前，在现场单个听到他们的朗诵之前，有谁能够对你做出权威的回答？

雅　那么好吧，要不要我来回答这个对你们俩来说非常奇怪的问题？

克　当然要。

雅　假定是一群年纪很小的儿童在做决定，他们无疑会决定让那个上演木偶戏的人获奖，不会吗？

克　【d】当然。

雅　如果由年纪大一些的儿童来决定，他们会选择上演喜剧的人。年轻人、有教养的妇女，我敢说他们的嗜好与大众差不多，他们会选择悲剧。

克　是的，我敢说。

雅　我们老年人可能最喜欢听人朗诵《伊利亚特》或《奥德赛》，或者赫西奥德诗歌的选节，我们会说，显然他才是胜利者。所以，谁才是恰当的胜利者？这是下一个问题，不是吗？

克　是的。

雅　【e】你们和我显然都会说，恰当的胜利者应当由我们这把年纪的人来挑选。在我们看来，在现今世界各地每一城邦遵循的风俗习惯中，这一习惯似乎是最好的。

克　确实。

雅　所以，我的看法与街上的人的看法有一致之处，但极为有限。判断音乐的标准是它所能提供的快乐，但音乐并非给任何人或每个听众都提供快乐。我们可以说，最优秀的音乐是那些能使最优秀的、【659】恰当地受过教育的人感到快乐的音乐，尤其是，它要能使在善与教育方面都非常卓越的人感到快乐。我们说，对音乐做判断需要善，其原因在于判决者不仅需要智慧，而且需要勇敢。一位真正的判决者一定不能随波逐流，顺从听众，一定不能在大众的喧嚣下丧失自己的判断力，【b】也不能由于胆小怕事而虚弱地宣布一个违背自己本意的判断，并在判决中借助众神的名义来表明自己已经完成了职责。说实话，判决者的任务不是向听众学习，而是教育听众，反对那些以错误的、不恰当的方式给听众提供快乐的表演者。按照古代希腊的规矩，当时不存在现今西西里和意大利风俗中的这些自由，把事情交给大多数听众来裁决，【c】根据他们的投票来决定胜利者。这种做法既腐蚀了诗人，同样又腐蚀了听众的嗜好，因为诗人的创作标准以裁决者的嗜好为依据，听众成了他们实际上的老师。反复表演优于听众的角色必定会改善听众的嗜好；但若不是这样，那么结果也正好相反，上演的角色就是听众自己的行径。嗯，好吧，关于这一点的谈话我们已经完成了，有什么结论可以得出？让我们来看，结论是不是这样的？

克 什么样的？

雅 【d】我认为，我们的讨论第三次或者第四次回到了原点。教育实际上就是把儿童引导到由法律宣布为正确的规矩上来，其正确性为最优秀的人和最年长的人的共同一致的经验所证明。儿童的灵魂学习感受快乐与痛苦不可以用成年人的方式，这些成年人感受快乐与痛苦的方式或者是违法的，或者是服法的，而要与成年人为伴，【e】在与成年人所经历的相同事物中习得快乐和痛苦。我认为，这就是所谓"诗歌"的真正目的。它们确实是为灵魂而唱，十分诚挚地要在灵魂中产生我们已经说过的和谐，亦即"戏剧"和"歌曲"的作用，但是年轻人的灵魂不能承受这种诚挚，并照样实施。正因如此，面对虚弱有病的身体，【660】医生试图通过可口的饮食为之提供完善的营养，但他也会用不完善的、不可口的饮食来使病人接受一种食物而拒绝另一种食物，因为他必须这样做。以同样的方式，真正的立法者会进行劝告，劝告无效就强迫，拥有诗人天赋的人必须创作他们应该创作的东西，用高尚精美的诗句来再现好人，用适当的节奏来再现好人的心怀，用优美的旋律来再现好人的节制，这些人在各方面都是节制的、勇敢的、善的。

克 【b】我的天哪，先生，你真的认为在别的城邦诗歌就是这样创作出来的吗？我的观察是有限的，但我知道并不存在你所说的过程，除非在我们克里特，或者在拉栖代蒙。在舞蹈和音乐方面，新发明层出不穷，一个接一个，但这些变化不是在法律的推动下发生的，而是由于某种不受规范的嗜好，这种嗜好远非确定的、永久的，【c】不像你解释的埃及的情况那样，从来不发生任何变化；正好相反，上一分钟和下一分钟，它们就会不同。

雅 说得好，克利尼亚。但若我给你留下了这样的印象，我在谈论的是当今时代你提到的程序，那么我期待这是由于我没有把自己的想法说清楚，对你产生了误导，使你误解了我的意思。我只是说了我想看见的在技艺中发生的事情，但也许我使用的表述使你认为我在指一些事实。我就好比给你上了颈手枷，要是沿着错误的路线根本无法解脱，【d】但是人有时候不得不这样做。所以，鉴于我们已经批准了这项习俗，你是否愿意告诉我：这种习俗在你们克里特人和拉栖代蒙人中间更流行，胜过其他希腊人吗？

克 确实如此。

雅 如果它也在其他希腊人中间流行起来，那会怎么样？假定我们说这是对现存状态的一种改进？

克 是的，如果他们采用了克里特和拉栖代蒙的程序，我会说这是一项重大的改进——它也和你刚才推荐的规范一致。

雅 【e】嗯，好吧，让我们确定我们在这件事情上相互理解了。你们国家的全部文化教育的本质肯定是：你们强制你们的诗人说，好人享有好运，好人是幸福的，因为他是有节制的和正义的，而无论他是伟大还是渺小，是强大还是虚弱，是富裕还是贫穷；但若一个人是不正义的，那么哪怕他"比弥达斯①和昔尼拉斯②还要富有"，也只是一个可怜虫，他的生活是可悲的。你们的诗人说："我既不愿提到他的名字，也不认为他有什么可取之处。"③他说得多么正确，哪怕他的所有行为和他拥有的财产是人们通常所说的"善物"，【661】要是他没有正义，甚至没有这样的品性，那么他"会被对手打倒在地"。如果一个人是不正义的，我不想要他"观看血淋淋的屠杀而不加

---

① 弥达斯（Μίδας），人名，弗里基亚国王，极为富有。
② 昔尼拉斯（Κινύρας），人名，塞浦路斯国王，极端富有。
③ 堤泰乌斯：《残篇》12.6。参见本篇 629a。

回避"，或者"观看色雷斯北风的胜利"①，更不会让他享受各种流行的那些享有好名声的东西。你瞧，被大众称为善的东西，实际上并非真的配得上这个名称。人们常说健康是最大的善，美貌列在第二位，财富列在第三位。其他的善物还有许多：【b】敏锐的视力、听力，以及其他感觉；当一名独裁者，为所欲为；一个人要是抵达七重天，就能得到所有善物，就能长生不老，以后再无麻烦。假定，你们和我认为，拥有所有这些东西对正义者和虔诚者来说具有巨大的价值，而对不正义者来说，这些东西都是诅咒，每一样东西都是，从健康开始，直到最后一样东西。【c】如果一个人长生不老，永远拥有所有这些所谓的善物，而没有正义和美德的陪伴，那么视觉、听觉、感觉，还有哪怕只是活着，都是巨大的邪恶；但若他只活了很短时间，那么这些东西就不那么恶了。我想你们会劝说或者强迫你们城邦的诗人在他们创作出来的教育年轻人的话语、节奏、"和谐"中体现我的这种学说。这样做不对吗？【d】你们瞧，我的立场已经相当清楚了。尽管所谓的恶是对正义者而言的，它们对不正义者来说是好的；而所谓"善物"，对善者而言它真的是好的，对恶者而言它真的是恶的。让我来问一个和前面一样的问题：你们和我对此看法一致吗，或者不一致？

克　我想，在某些方面是一致的，在某些方面不一致。

雅　我想我使你只是感到似乎有理的地方在这里：假定一个人享有健康、财富和永久绝对的权力——还有，要是你乐意，【e】我会让他成为大力士，让他勇敢，让他不死，免除其他所有的"恶"，如人们所称呼它们的那样。我坚持说，他的生活显然是极为可悲的，是不幸福的。

克　对，就在这个地方，你不能让我信服。

雅　很好，那么我们该怎么说才行呢？如果一个人是勇敢的、强大的、英俊的、富有的，【662】享有终生自由，可以为所欲为，你不认为——要是

---

① 在远古希腊皮拉斯基人的创世神话中，宇宙女神欧律诺墨在急速旋转中抓住北风（Βορέας）在手中搓揉，造出大蛇俄菲翁，大蛇与女神交媾怀孕，产下宇宙卵，是为创世之始。

他是不正义的和傲慢的——他的生活必定是可耻的吗？也许，你无论如何会允许使用"可耻"这个词吗？

克　当然。

雅　你们会进一步说，他会生活得很"坏"吗？

克　不，我们还没有打算承认这一点。

雅　再进一步说，他会生活得"不愉快和无好处"吗？

克　我们怎么可能打算走那么远呢？

雅　【b】"怎么可能？"我的朋友，如果我们能在这一点上和谐一致，那将是一个奇迹：我们当前的腔调很难说是一致的。在我看来，这些结论无疑是真的——确实，我亲爱的克利尼亚，甚至比克里特是一个岛屿还要真，还要确定。如果我是立法者，我会强制这个国家的作家和每一位居民走这条路线；【c】如果这块土地上有人说，有些人过着快乐的生活，尽管他们是恶人，或者说这样或那样的做法是有利的和有益的，而其他一些事情更加公正，那么我要对这些人进行严厉的惩罚。我会劝告我的公民，其他许多事情显然与克里特人和拉栖代蒙人当前的看法对立，更不要说与世界的其他部分对立了。宙斯和阿波罗在上！我的好伙伴，你们刚才设想要请这些神灵来激励你们的法律，【d】"最正义的生活也是给人最多快乐的生活吗"？或者说有两种生活，一种是"最正义的"，另一种是"最快乐的"？假定他们回答说"有两种"。如果我们知道如何正确发问，那么我们也许可以追问："我们应当把哪一种人称做上苍保佑的？那些过着极为正义的生活的人，还是那些过着最快乐的生活的人？"如果他们说，"那些过着最快乐的生活的人"，那么这样的回答，对他们来说，就显得非常奇怪了。然而，我不愿意把众神与这样的说法联系在一起；我宁可把它与那些祖先和立法者联系在一起。【e】所以，让我们设定，这些问题中的第一个可以向祖先和立法者提出，而他会回答说，过着最快乐的生活的人享有最大的幸福。这个时候，我会说的话是这样的："我的老祖宗，你不是想要我尽可能多地得到上苍的保佑吗？然而，你从来没有孜孜不倦地叮嘱我要尽可能正义的生活。"我想，这样一来，我们的祖先或者立法者在提出应对时都会显得非常奇怪，无法避免自相矛盾。然而，要是他宣布最正义的生活是神最保佑的，【663】那么我想，每个人听了他的话都想要知道这种生活中会有什么极大的好处，有什么极大的快乐。这种生活中到底有什么，值得法律的褒奖？确实，正义者从这种生活中得到的任何好处无法不伴随快乐吗？你们瞧：我们要假定，来自众神与凡人的名声和赞誉是好的和善的，但却是不快乐的吗？反过来对坏名声也可以这样说吗？（"我亲爱的立法者"，我们会说，"当然不是这么回事"。）或者说，如果你们既不伤害别人，又不受别人的伤害，尽管这是好的和善的，但却是不快乐的吗？与快乐相反的东西就是可耻的和邪恶的吗？

克　肯定不是。

雅　【b】所以，这个论证不是要推动"快乐"与"正义"、"好"与"善"的分离，哪怕它没有获得其他东西，它至少可以用来说服人们过一种正义和虔诚的生活。这就意味着，任何否定所有这些真理的学说，从立法者的立场看，都是极为可耻的，是他的敌人。（没有人会自愿做某些事情，做这些事情给他带来的快乐不会超过给他带来的痛苦。）

从远处观看某个事物会引起我们视觉上的模糊，对儿童来说尤其如此；但是立法者会为我们改变，拨开笼罩在我们的判断之上的迷雾：【c】用这样或那样的方法——习惯养成、赞扬、争论——他会劝导我们，我们有关正义和不正义的观念就像两幅从不同角度绘制的图画。不正义把快乐当做正义的敌人，因为它从它自己的个人立场来看待快乐，这是不正义的和邪恶的；另一方面，正义在它看来是不快乐的。但是，从正义者的立场来看，获取正义和不正义始终是对立的。

克　好像是这样的。

雅　我们要说这些判断中哪一个判断更有权说自己是正确的？那个比较低劣的灵魂的判断，还是那个比较优秀的灵魂的判断？

克　当然是那个比较优秀的灵魂的判断。

雅　【d】因此，也同样可以肯定不正义的生活不仅是更加令人震惊的、可耻的，而且事实上比正义的和虔诚的生活更加不快乐。

克 按照这个论证，我的朋友们，肯定是这样的。

雅 哪怕真理与这个论证所表明的东西有所不同，一名立法者，哪怕是一名更为节制的立法者，为了年轻人的利益，会大胆地把这个谎言告诉他们。他还能说出比这更加有用的谎言吗，或者说出一个能更加有效的谎言，【e】使每个人在他们所做的一切事情上，自愿而无压力地实践正义吗？

克 真理是一样好东西，真理肯定应当占据上风，但要使人们信服真理肯定不那么容易。

雅 是的，但是那个西顿人①的故事怎么样？它完全不足信，但却很容易令人信服，其他类似的故事还有很多。

克 什么样的故事？

雅 把牙齿种到地里，就能长出武士来。【664】这个典型的例子表明，只要加以耐心的劝说，立法者就可以让年轻的心灵相信任何事情；他所需要的就是去尝试。所以，立法者要做的事情就是把他的发明能力用于发现什么样的信念有益于城邦，然后设计各种方式，确保整个共同体能始终如一地对待这种信念，比如唱歌、讲故事、讨论，等等。但若你持有异议，请毫不犹豫地提出来，反驳我的观点。

克 【b】不，我认为我们俩都感到这个观点无法驳斥。

雅 那么，就由我来介绍下一个要点。我认为我们的合唱——总共三个人——应当能够迷惑儿童们年轻稚嫩的灵魂，我们要坚持所有那些我们已经构思出来的令人敬佩的学说，以及我们今后可以构思出来的学说。我们必须坚持，作为这些学说的核心要点，众神说最好的生活实际上就是能带来最多快乐的生活。【c】如果我们这样做了，我们将说出平凡的真理，我们将更加有效地使那些我们必须说服的人信服，而不是提出其他任何学说。

克 是的，你所说的，人们不得不同意。

---

① 指卡德摩斯，参见本篇 641c。西顿，腓尼基古城。

雅　首先，要是儿童歌舞队（将被献给缪斯）在首次公开登台亮相时就向整个城邦歌唱这些学说，展现它的全部力量，这样做是正确的和恰当的。其次，由三十岁以下的成年人组成的歌舞队在表演时应当祈求帕安的神① 为他们作见证，说他们所说的是真的，【d】祈求他的恩典能使年轻人信服。第三，还必须要有三十岁至六十岁之间的人唱的歌。年纪更大的人当然不再能唱歌，但可以让他们在神的激励下讲故事，在故事中出现同样的角色。

克　你提到了三支歌舞队，先生；哪三支歌舞队？我们不太明白你这样说是什么意思。

雅　我们讨论的一大部分内容讲的就是它们，由于它们的缘故，我们迄今为止还在讨论。

克　【e】我们仍旧不明白。你能试着再做一些解释吗？

雅　要是我们还记得，我们在讨论开始时② 说过，一切幼小的动物都很活泼，不能让它们的身体和舌头保持平静——它们总是在不停地跳跃，发出噪声。我们说过，没有其他动物产生过这两个方面的秩序感；【665】唯有人有这种天然的能力。运动的秩序被称做节奏，声音的秩序——高音和低音的结合——被称做"和音"；二者的结合被称做"歌舞队的表演"。我们说过，众神怜悯我们，把阿波罗和缪斯派给我们，当我们的歌舞队的同伴和领袖；要是我们能静下心来回想，我们说过众神给我们的第三样恩赐是狄奥尼修斯。

克　对，我们当然记得。

雅　嗯，我们已经提到了阿波罗的歌舞队和缪斯的歌舞队；【b】剩下来的那支歌舞队，第三支歌舞队，当然属于狄奥尼修斯。

克　什么！你最好解释一下：一支由老人组成的歌舞队，献给狄奥尼修斯，这个念头太奇怪了，太神奇了，至少，猛地一听是这样的！三十岁甚至

---

①　帕安（Παιᾶνα）的神，指阿波罗，医神。

②　参见本篇 653d 以下。

五十岁以上，到六十岁的人，让他们来跳舞，真的能荣耀狄奥尼修斯吗？

雅　你说得很对——我想，确实需要某些解释来说明这样做在实践中如何能是合理的。

克　当然需要。

雅　我们同意迄今为止我们已经得出的结论吗？

克　【c】关于什么的结论？

雅　关于这一点的结论：每个成年人和儿童，无论是自由民还是奴隶，无论是男人还是女人，事实上整个城邦，都有义务不停地复述我们已经讲过的这些迷人的东西①。莫名其妙的，我们一定会看到这些迷人的东西不断地改变它们的形式；不惜一切代价，它们会不断地变得无穷多样，使表演者能一直唱这些歌，并在其中找到永久的快乐。

克　同意，这确实是我们想要的安排。

雅　【d】最后的这种歌舞队在我们城邦里是最高贵的成分；由于它的成员的年纪和洞察力，它的信念比其他任何群体的信念更有说服力。所以，如果它要行最大的善，它应当在什么地方唱歌？我们肯定不能愚蠢地留下这个问题不作决定，是吗？毕竟，可以很好地证明这个歌舞队唱的歌是最高尚、最有用的歌曲中最圆满的。

克　不能，如果这就是这个论证进行的方式，那么我们一定不能留下这个问题不作决定。

雅　所以，这个合乎程序的适当的方式是什么呢？看，这样做是否可行。

克　怎么做？

雅　【e】人年纪大了，就会不那么喜欢唱歌。如果这时候还要强迫他唱歌，那么他从中感受到的快乐会比以前少，岁数越大，心灵越审慎，对唱歌越感到忸怩不安。不是这样吗？

_____

①　指"戏剧"和"歌曲"，参见本篇659e。

克　确实如此。

雅　所以，当他站在舞台上面对各种各样的观众唱歌时，他当然会感到更加忸怩不安。此外，如果从城邦低层中把这种年纪和性格的人组织起来进行唱歌表演，就像参加竞赛的歌队一样，还要他们禁食，那么他们的歌唱肯定是极不和谐的，虚弱的，他们的表演也会成为无精打采的。

克　【666】是的，这种结果无法避免。

雅　所以，我们该如何鼓励他们对唱歌有热情？我们肯定应当通过的第一条法律是：绝对禁止十八岁以下的儿童饮酒。我们要教导他们，务必提高警惕，防范心中的暴烈倾向，不要使他们灵魂和身体中已经有的火气越烧越旺，直到他们在生活中从事真正的工作。我们的第二条法律允许三十岁以下的年轻人有节制地饮酒，【b】但是他一定不能畅饮和醉酒。等他到了三十岁的时候，他应当享用公餐，向众神祈祷；尤其是，他应当恳求狄奥尼修斯降临老年人的娱乐和祈祷，请这位神帮助人们医治老年人的枯燥无味的生活。【c】这就是他给我们的恩赐，使我们恢复青春：我们会遗忘我们以前的鲁莽，我们的脾气会变得温和，就好像铁在炉中熔化，变得更加驯服。任何一位被置于这样的心灵框架之下的人，都会更加热情而无所顾忌地唱他的歌曲（这就是"迷人的东西"，我们已经多次这样称呼它们），是吗？我指的不是面对大量的陌生人，而是指在个人朋友圈里。

克　确实如此。

雅　作为引导他们参加我们的合唱的一种方法，【d】你们提不出任何意见来加以特别的反对。

克　没有。

雅　但是，什么样的音乐哲学能激励他们的歌声？显然，必须是一种对演出者适宜的音乐哲学。

克　当然。

雅　这些表演者是人，但几乎拥有神一般的气质。什么样的音调适合他们？是歌舞队创作的音调吗？

克 嗯，先生，我们克里特人——同样还有拉栖代蒙人——无论什么歌都不太会唱，除非我们在歌舞队里学习，对这些歌慢慢地熟悉起来。

雅 这相当自然。事实上，你们从来没有唱过最高尚的歌曲。【e】你们的城邦组织得像一支军队，而不像城市居民组成的城邦；你们让年轻人过军营生活，就像关在一起吃草的小牛犊。你们从来没有因为自己的小牛犊躁动不安和吼叫就把它领回家，而是把它交给一位专门的驯养者加以多方调教，使之不仅成为一位好士兵，而且适宜管理国家及其城镇。【667】这样的训练实际上就使他成为我们一开始讲过的武士，比堤泰乌斯讲的武士更加优秀，因为他会时时处处把勇敢当做最主要的美德；无论在何处发现这种美德，他就会把它放在第四的位置，无论是个人，还是城邦。

克 我怀疑，先生，你又在以相当粗鲁的方式对待我们的立法者了。

雅 如果我是这样的，我亲爱的伙伴，那么我是完全无意识的。如果你不介意，我们应当追随我们的论证所到之处。如果我们知道任何一种比歌舞队的音乐和公共剧场里的音乐更加优秀的音乐，【b】我们应当试着把它指定给这些老人。我们说过，他们面对其他种类的音乐会感到困窘，而这些质量最高的音乐正是他们急于参与的。

克 对，确实应当这样做。

雅 一切事物之所以具有内在魅力，最重要的就在于它具有这种性质，或者具有某种"正确性"，或者（第三）具有某种有用性。比如，我认为，吃、喝、吸收营养，一般说来总是伴随某种具体的吸引人的性质，我们称之为快乐，【c】我们总是说我们接受的食物"有益于增进身心健康"，这就是它们最正确的地方。

克 是这样的。

雅 学习的过程也伴有魅力的成分——我们感到快乐。但要说到它的"正确性"和有用性，它的卓越和高尚，那是它的准确性。

克 确实如此。

雅 【d】模仿的技艺怎么样，它的功能是制造相同的东西？当它们成功地这样做的时候，说快乐从这些技艺的吸引人的成分中产生出来——要是有快乐的话——是相当合适的，伴随着这些技艺的成功制造。

克 是的。

雅 我假定，这种事情的正确性一般说来并不取决于它们带来的快乐，而是取决于仿造物对原本的尺寸和性质进行模仿的准确程度，是吗？

克 说得好。

雅 所以，快乐只在这种情况下是恰当的标准：一件艺术品既不能提供有用性，也不能提供真相，更不能准确地再现原本（或者说对原本有伤害，当然了）。【e】它可以只是为了这种通常伴随着其他成分的缘故而制造的，这种成分是最有魅力的。（事实上，当这种成分不和其他成分相联系时，它才真的配得上"快乐"这个名称。）

克 你指的只是无害的快乐吗？

雅 是的，就是这种快乐我把它称做"玩耍"，它没有具体的好的或坏的效果，不值得加以严肃的讨论。

克 非常正确。

雅 从所有这些推论中我们可以得出结论：没有哪一种模仿能够用不正确的意见或用它提供的快乐为标准来加以判断。在涉及各种性质的情况下，尤其如此。【668】相等的东西是相等的，有比例的东西是有比例的，之所以如此并不取决于任何人的意见，也不取决于某个人的好恶，它不会由于某个人认为它如此，它就如此，也不会由于有人不喜欢这个事实，它就不再是事实。准确性，而非其他任何东西，是唯一可行的标准。

克 是的，这一点尤其正确。

雅 所以，我们认为所有音乐都是一种再现和模仿，是吗？

克 当然。

雅 所以，当有人说音乐要由快乐为标准加以判断时，我们应当拒绝他的论断，绝对拒绝去参加这种音乐（要是有这种音乐的话），【b】把它当做严肃的音乐。我们应当去开发的音乐是那种与它的原型，美，保持着相似性的音乐。

克　非常正确。

雅　那么，这些急于参加有可能是最好的唱歌的人，显然不应当寻找甜美的音乐，而要寻找正确的音乐；正确性，如我们所说，与对原型的模仿相关，与成功地再现原型的比例和性质相关。

克　确实如此。

雅　这在音乐中肯定是这样的：每个人都会承认，所有音乐创作都是模仿和再现。【c】事实上，创作者、听众、演员都普遍同意这一点，不是吗？

克　无疑如此。

雅　所以，一个人要想不对某个具体作品持有错误的看法，那么他必须明白它是什么，因为误解它的本性——它试图做什么，它是什么东西的再现——意味着他基本上不可能知道作者是否正确地实现了他的目标。

克　不可能，基本上不可能。

雅　【d】如果他不能计量作品的正确性，他肯定也不能判断作品的善或恶吗？但是这样说仍旧显得相当晦涩。要是换个说法，也许会比较清楚。

克　什么说法？

雅　有无数的再现，当然了，撞击着眼睛，是吗？

克　是的。

雅　嗯，假定某个人不知道这些模仿和再现出来的物体的具体性质。他能够估量这些已经制造出来的物体的正确性吗？现在我心里想的就是这一类观点：这些仿造物能够全然保留原本的比例和它的所有组成部分吗？【e】与原本相比，它的比例能完全一致，它的组成部分之间的相互位置能准确地保持原来那样吗？它们的颜色和轮廓怎么样？所有这些性质都已经综合再现了吗？你认为一个人要是根本不知道这个人要用这些东西来象征什么，他有可能对这些要点进行评价吗？

克　当然不能。

雅　【669】要是我们知道这个被塑造或绘制出来的东西是一个人，艺术家的技艺很好地再现了他的所有肢体，以及肢体的颜色和轮廓，那会怎么样？假定一个人知道所有这些事，他是否已经做好了必要的准备，能够判断这个作品是否美丽，或者判断它在某些方面不美？

克　在这种情况下，先生，我们全都能够很好地判断这个再现物的质量。

雅　你已经命中了目标。所以，任何人要想成为再现物的聪明的法官——在绘画、音乐，以及其他领域——应当具有下列三种素质：第一，他必须知道被再现的这个东西是什么；第二，如何才能将它正确地复制；【b】然后，第三，这个东西，或者说用语言、曲调和节奏产生出来的再现物，有什么道德价值。

克　显然如此。

雅　我们一定不能忘了提到谈论音乐的具体困难，讨论音乐比讨论其他任何种类的艺术再现需要更多的时间，需要更加谨慎小心。在这个主题上犯错误的人会承受大量的伤害，因为他会被邪恶的性情所吸引；【c】他的错误难以察觉，因为作者们的创作能力很难与真正的缪斯相比。缪斯们绝不会犯下这样的大错，乃至于给阴柔的音阶、音调或婚礼旋律配上阳性的唱词，或者给自由民的姿势配上只适合奴隶的节奏，或者把自由民的姿态与不恰当的节奏结合在一些。她们更不会把人、【d】动物、机械的声音，以及其他各种声音混在一起，用一个大杂烩来再现单一的主题。但是，世俗的作者特别喜欢把这些无意义的声音愚蠢地混杂在一起；用奥菲斯①的话来说，"生活中欢乐的任何人都处于他的青春期"，他们会在音乐中找到丰富的资源用于娱乐。在所有这些混合中，他会发现作者们还把无伴奏的语词放入韵律，从而把节奏、旋律与音调分割开来，【e】通过使用弦乐，从而把旋律和节奏分割开来，通过使用笛子，从而使乐曲没有歌手。等所有这些都做完了，要知道这些无歌词的节奏和音调象征什么，他们模仿和象征的事物有什么价值，就成

---

① 奥菲斯（Ὀρφεύς），色雷斯诗人和歌手，奥菲斯教的创建者。

了一件极为困难的事情。结论是不可避免的：这样的实践活动诉诸乡野村夫的嗜好与品位。就是这种对速度和技巧的偏爱（以及对野兽的声音的再现），推动着笛子和竖琴的别样使用，【670】而非当做跳舞和唱歌的伴奏。为使用乐器而使用乐器实际上只是一种演奏技巧，跟艺术没有什么关系。有关理论就讲到这里。我们正在考虑的问题不是哪一种音乐我们三十岁到五十岁的公民应当回避，而是他们应当参加什么种类的音乐。我认为，我们迄今为止的论证似乎指向这样一个结论，【b】有唱歌义务的五十岁的人必须享有一种比歌舞队的音乐标准更高的教育。当然，他们对节奏和旋律必定拥有敏锐的感觉，能够理解它们。否则的话，一个人怎么能够估量曲调的正确性，在特定情况下评价多利亚曲调，或者判断作者有无给曲调确定正确的节奏呢？

克 这很清楚，他不能。

雅 公众的一般信念是可笑的，他们认为自己能够对和音与节奏的功绩与缺失做出恰当的判断；他们其实只是被训练得能够随着笛声唱歌或迈步前进，【c】但绝不会停下来思考他们做的事，对他们做的事缺乏理解。事实上，凡有正确成分的曲调就是正确的，凡有不正确成分的曲调就是错误的。

克 无可否认。

雅 一个人要是连曲调中有什么成分都不知道，那又该怎么办？如我们所说，他能确定这段曲调的哪些方面是正确的吗？

克 不能，他怎么能做到这一点呢？

雅 所以，看起来我们再一次发现，让我们的歌手至少接受如下的教育是不可或缺的（不仅要鼓励他们唱歌，【d】而且要迫使他们自愿接受教育，要是我能这样说的话）：他们每个人都应当能够跟得上曲调的节奏和音符，这样他们就能考察和音和节奏，选择适宜他们这般年纪的人适宜歌唱的曲调和扮演的角色。如果他们是这样唱歌的，那么他们会给自己带来有益的快乐，同时也促使他们的年轻一代人采纳合乎道德的习俗，【e】持有恰当的热情。假定这些歌手的教育达到了这样的水平，他们会学习比普通人的训练更高一级的课程，乃至于给作者本人的训练课程。作者或多或少有责任拥有关于节奏与和音的知识，但他并非一定要能评价第三点——模仿在道德上是善的还是恶的。然而，我们现在谈论的这些人必须在三个领域拥有相同的能力，【671】这样才能把第一等级的善和第二等级的善区分开来；否则的话，他们绝不能证明自己能有效地吸引年轻人趋向美德。

我们的论证已经抵达最佳境地：我们不得不考虑它最初的意愿能否成功，表明我们为"狄奥尼修斯的歌舞队"所做的辩护是合理的。当然了，一个这样的集会随着酒越喝越多，不可避免地会产生喧哗。事实上，我们在当前的讨论中一开始就假定这样的趋势是不可避免的。

克　【b】是的，不可避免。

雅　在这样的喧闹中，每个人都会放开嗓门大吼大叫、唾沫飞溅，而不像平时那样轻声低语，他根本不在意他的同伴们在讲些什么，还认为自己完全有资格决定他们过什么样的生活，以及决定他自己过什么样的生活。

克　他肯定会这样做。

雅　我们不是说过，事情到了这个地步，饮酒者的灵魂就会发热变软，变得十分幼稚，就好像他们还很年轻一样，它们就像加热了的铁，【c】在那些有权力和技巧训练与塑造他们的人手中变得十分可塑，而对他们进行塑造的任务我们说要由好的立法者来承担吗？他要为酒宴立下规矩，引导我们的赴宴者，但这些人此时已经变得面红耳赤，心中充满自信，完全摆脱平时的节制，不愿遵守秩序，不愿保持安静，边喝酒边听音乐，做出种种不体面的举动；【d】这种过分的自信一旦出现，他们就会与它做斗争，带着公正的赐福，他们能够被派往舞台，这种极好的、神圣的敬畏我们已经称之为"节制"和感到"羞耻"。①

克　非常正确。

雅　头脑冷静和清醒的人应当保护这些法律，并与法律协作，指挥那些头脑不清醒的人；没有头脑清醒的指挥员而与敌人战斗实际上不如缺乏这样

---

① 参见本篇646e以下。

的帮助而与饮酒做斗争那么危险。要是一个人不能表现出自愿精神，【e】服从这些指挥员和狄奥尼修斯的官员（他们的年纪在六十岁以上），他会产生的羞耻必定会与那个违背战神的官员的人产生的羞耻相同，甚至超过他。

克　确实如此。

雅　所以，如果像这样饮酒作乐，参加宴饮的狂欢作乐者肯定会有什么好处吗？他们会比以前更好地相互对待，而不是像现今经常发生的那样相互怨恨；之所以如此，【672】这是因为他们已经统治和规范了他们的宴饮的全部过程，每一步都严格遵守清醒者给饮酒者的指示。

克　确实，有哪些好处——要是真有你说的这种酒宴。

雅　所以，让我们不要再用古老的不加限定的术语辱骂狄奥尼修斯的馈赠①，说它是坏的，城邦不能接受它。确实，我们可以更多地述说它的好处。但是面对一般的公众，我只能简述这种馈赠带来的主要好处，因为人们误判和误解了相关的解释。

克　【b】你说的好处是什么？

雅　有一则鲜为人知的故事②，说的是狄奥尼修斯被他的后母赫拉③剥夺了理智，为了报复，他鼓动我们喝酒，喝醉了就狂歌乱舞；就是由于这个原因，他把酒赐给人类。然而，这一类故事我就留给那些以为可以这样谈论神灵而没有危险的人去讲。而我相当肯定的是：【c】没有任何动物生来就有理智，或者就会使用理智。当一个动物还没有达到一定的智力水平时，它是相当疯狂的。它会乱吼乱叫，一发现自己有腿，就会到处乱跑。让我提醒你们，我们说过，这就是音乐和体育的源泉。

克　我们记得，当然。

雅　【d】这也是人有节奏感和旋律感的源泉，阿波罗、缪斯、狄奥尼修斯是联合起来在我们身上种下这种感觉的神灵。

---

①　指酒。

②　参见欧里庇得斯：《库克罗普斯》，3。库克罗普斯是希腊神话中的独眼巨人。

③　赫拉（Ἥραν），希腊天后，宙神之妻。酒神狄奥尼修斯是宙斯与塞墨勒所生。

克　是的，确实如此。

雅　尤其是酒，按照一般故事的说法，它被赐给人类似乎是为了起一种复仇的作用，是为了使我们丧失理智。而我们的解释正好相反：这种馈赠旨在成为一种药物，在灵魂中产生敬畏，在身体中产生健康和力量。

克　是的，先生，你对这个论证的概括非常好。

雅　【e】至此，我们对歌舞的考察已经进行了一半。我们要用任何它自身推荐的方式考察另一半吗，或者说我们要加以省略？

克　你指的是哪一半？你是怎么分的？

雅　我们发现唱歌和跳舞，加在一起，在一定意义上可以算做整个教育。它的一部分——声音部分——涉及节奏与"和音"。

克　是的。

雅　第二部分涉及身体的运动。在这里我们也有节奏，这个特点是和声音的运动共有的；但是身体的运动有它自己的特别关注，【673】正如在另一半里，曲调是声音运动专有的。

克　相当正确。

雅　讲话的声音穿透到灵魂的时候，我们把它当做一种德性教育，我们冒着一定的危险用"音乐"这个术语来描述它。

克　相当正确。

雅　我们把身体的运动描述为"愉悦的舞蹈"，当它起到健美身体的作用时，我们把这种系统的训练称做"体育"。

克　确实如此。

雅　【b】那么，对音乐进行的考察——粗略地说来，它大约是我们说要加以考察的歌舞艺术的一半——我们就讲到这里。我们下面要讨论另一半吗？或者说，我们现在应当遵循什么方法？

克　说真的，我亲爱的伙伴！正在和你谈话的是克里特人和拉栖代蒙人，我们已经彻底地讨论了音乐——剩下体育还没有讨论。你认为，关于这个问题，你能从我们这里得到什么样的回答？

雅　【c】我应当说，你的问题就是一个相当明确的回答。我把你的问题，如我所说，当做一个回答，甚至当做一个命令，完成我们对体育的考察。

克　你完全理解了我的意思，你就这么做吧。

雅　是，我会的。当然了，你们俩对这个主题那么熟悉，讨论起来并不困难。你们瞧，你们对这种具体技能的体验比另一主题要多得多。

克　相当正确。

雅　【d】还有，这种娱乐形式同样起源于一切动物天然的跳跃习惯。如我们所说，人这种动物获得了节奏感，由此产生了舞蹈。音调触动和唤醒了对节奏感的回忆，而出于二者的结合就产生了合唱和作为一种娱乐的舞蹈。

克　是这样的。

雅　我们已经讨论了这两个主题中的一个；我们现在要讨论另一个。

克　是的，确实如此。

雅　【e】然而，如果你们俩同意，让我们对我们有关饮酒的用处的讨论作最后的发挥。

克　你要作什么样的发挥？

雅　设定一个城邦制定了一系列规矩来控制我们正在讨论的这种活动，用它来培养节制的习惯；设定这个城邦按照同样的原则允许其他各种娱乐活动，把这些规矩当做掌握这些活动的工具；那么，在每一种情况下，我们的方法必须遵循。但若城邦把饮酒当做纯粹的娱乐，允许所有人随意喝酒，想跟谁一起喝就跟谁一起喝，【674】在喝酒时为所欲为，那么我就不再同意允许这样的城邦或个人嗜酒。我甚至会在克里特和拉栖代蒙的做法上再进一步，添上迦太基人的做法，他们的法律禁止任何士兵在战场上喝酒，在军训期间也只能喝水。在城邦生活中，我要绝对禁止男女奴隶在一年到头履行他们的职责时喝酒，【b】同样也要绝对禁止船长和法官在履行职责时喝酒，议事会的重要成员在要去开会时也不能喝酒。进一步，我还要绝对禁止在白天喝酒，除非有教练员和医生的命令，在夜晚男女将要同房时也绝对不能喝酒，由健全的法律规定了的其他不能喝酒的场合在这里就不一一说了。因此你可以看到，按照我们的论证，【c】没有一个城邦需要许多葡萄园，一般的农业生产和生活方式都属于要加以规范的事务，尤其是葡萄栽培要保持在一个合理的狭小限度内。先生们，如果你们同意，可以把我刚才讲的这些话当做我对酒这个主题所做的最后的发挥。

克　说得好！我们完全同意。

第三卷

雅　【676】那么，我们可以把这一点当做已经解决了的。但是，政治体制怎么样？我们该如何设定政治体制的开端呢？我很确定，解释它们起源的最好的，也是最方便的方式是这样的。

克　是什么样的？

雅　观察一个城邦的道德进步或道德衰退，我们不得不始终采用这种相同的方法。

克　你心里想的是什么方法？

雅　我们取无限长的一个时间段，【b】研究其中发生的变化。

克　你这是什么意思？

雅　瞧，你认为你能把握城邦存在了多长时间、人在某种政治组织中生活了多长时间吗？

克　不能，不太容易。

雅　但无论如何，你意识到城邦存在的时间长得令人难以置信吗？

克　是的，我看到了，当然。

雅　所以，可以肯定，在这个时期，有成千上万的城邦生成，【c】至少也有许多城邦，数量同样大得惊人，遭到灭亡吗？时间使每一个城邦采用了各种类型的政治体制。有时候小城邦变成大城邦，有时候大城邦变成小城邦；有时候好城邦变成坏城邦，有时候坏城邦变成好城邦。

克　不可避免。

雅　让我们来试着确定这些变化为什么会发生，要是我们能做到的话；然后，我们也许就能发现各种体制是如何生成和发展的了。

克　这个想法很好！让我们就这么做。你必须尽力解释你的想法，而我们会尽可能跟上你的步伐。

雅　【677】你们认为古代传说中包含着真理吗？

克　你指的是哪些种类的传说？

雅　是这样的：人类曾经反复多次被灭绝，由于大洪水、瘟疫，以及其他许多原因，只有极少数人幸存。

克　是的，当然，几乎每个人都相信这种故事。

雅　嗯，好吧，让我们就来刻画一下这一系列灭绝中的某一次——我指的是大洪水造成的后果。

克　在这样做的时候，我们需要注意些什么？

雅　【b】当时能躲过这场灾难的那些人肯定都是山里的牧人——我想，在山顶上，他们成了人类仅存的余烬。

克　显然如此。

雅　还有一个要点需要注意：这样的人一般说来肯定没有掌握什么技艺，不懂人情世故。尤其是他们不懂那些城里人使用的竞争技巧，也不明白城里人相互之间钩心斗角，搞阴谋诡计。

克　好像是这样的。

雅　【c】我们可以这样想，不是吗，那些建在平原和海边的城市全都彻底毁灭了？

克　是的，我们可以这样想。

雅　所以，他们的所有工具都被毁灭了，他们在政治或其他任何领域中做出的任何有价值的发现也都完全佚失了，是吗？你瞧，我的朋友，要是他们的这些发明能够幸存，并且一直能发展到今天这样的地步，那么很难看到今天还会有什么新发明的余地。

克 【d】我假定，由此带来的结果就是，数百万年以来，这些技艺对原初的人来说都是未知的。然后，大约一两千年以前，代达罗斯①、奥菲斯、帕拉墨得斯②有了各种发明，玛息阿和奥林普斯③成为音乐艺术的先锋，安菲翁④发明了竖琴，还有其他许多人做出众多发明。可以说，所有这些都好像是昨天和前天发生的事。

雅 你说得太妙了，克利尼亚，但是你忘了你的朋友，他才真的是"昨天"出生的！

克 我想你指的是厄庇美尼德⑤吧？

雅 【e】是的，就是这个人。我亲爱的伙伴，他的发明使其他所有人相形见绌。赫西奥德很久以前就在他的长诗中预言了这种发明，但却是厄庇美尼德在实践中做出了这种发现，如你们克里特人所宣称的那样。

克 我们确实是这样说的。

雅 我们也许可以这样描述大灾之后的人类状况：尽管荒无人烟，仍有大量肥沃的土地可以耕种；尽管动物都灭绝了，但仍有一些牛幸存，再加上一些山羊。这些牲畜非常少，【678】但足以为那个时期的少量牧人提供生计。

克 同意。

雅 但是，当我们在谈论国家、立法事务和政治组织的时候，所有这样的事情有什么踪迹幸存下来吗？——哪怕，也就是说，存在于我们的记忆中。

克 当然没有。

---

① 代达罗斯（Δαιδάλος），希腊神话传说中的建筑师和雕刻家。

② 帕拉墨得斯（Παλαμήδης），特洛伊战争中的人物，善用诡计，据说发明了尺子和天平。

③ 奥林普斯（Ὀλύμπους），传说中的著名乐师，他的师傅是玛息阿。

④ 安菲翁（Αμφίον），人名。

⑤ 厄庇美尼德（Ἐπιμενίδης），公元前6世纪的克里特诗人和预言家。赫西奥德说："这些傻瓜！他们不知道一半比全部多多少，也不知道以草芙蓉和常春花为食有什么幸福。"《工作与时日》40—41；参见本篇1.642d。

雅　所以，就是从这样的处境中，我们今天生活的所有特点发展起来：国家、政治制度、技艺、法律、猖獗的邪恶、惯常的美德。

克　你这样说是什么意思？

雅　【b】我亲爱的先生，我们真的能够设定那个时期的人——完全没有城市生活的经验，无论是在城市生活光彩的方面，还是在城市生活悲惨的方面——会变得全恶或者全善吗？

克　说得好。我们明白你这样说的意思。

雅　所以，随着时间的推移和人口的增加，人类的文明才得以发展，进到现在这个阶段吗？

克　确实如此。

雅　这个过程可能不是突然发生的，而是渐进的，需要漫长的时间。

克　【c】对，这样说非常合理。

雅　我在想，那个时候从高山下到平原来的人全都惊恐不安。

克　这很自然。

雅　那个时候，人口极为稀少，要是能相互遇见，他们该有多么快乐！然而，他们原来可以使用的所有水陆交通工具都已被毁，建造它们的技术也已失传，所以我在想，他们会发现要想聚在一起绝不是一件易事。【d】他们还会受困于木材的稀少，由于发洪水的原因，铁、铜，以及其他金属矿藏都已被掩埋，要想重新开采矿藏几乎不可能。即使有某些奇怪的工具留在山顶的某个地方，也会很快损坏。在开矿的技艺重新在人们中间出现之前，不可能有替代的工具。

克　对。

雅　按照我们的计算，这种事情要多少代人以后才会发生？

克　【e】要许多代，显然。

雅　那么好，在这个时期，甚至在更长的时间里，所有依赖铜、铁，以及类似材料的技术也必定失传了，是吗？

克　当然。

雅　所以，由于这些原因，战争和内战也都走向终结。

克　为什么会这样？

雅　首先，人们的孤独促使他们相互珍视和热爱。【679】第二，他们不必为了获取食物而发生争吵。少数人在最初某个阶段可能会有短缺，而那个时代的大多数人不会缺乏畜群。他们总能得到奶和肉的供给，还能通过打猎来添加优质的肉食。他们还有充足的衣服、被褥、房屋、烹饪或其他用途的器皿。（制陶和纺织、那些不需要用铁的技艺，【b】是神赐给凡人的馈赠——实际上，神把这些技艺与其他所有各种装备一起提供给我们。神的意愿是，让人类无论落入何种境地，但要让他们仍旧能够生存和发展。）由于这些原因，他们并非处于无法忍受的赤贫，也不会由于贫困而相互纷争；但可以假定他们也不会变得很富裕，因为他们普遍缺乏金银。一个既不贫困又不富裕的共同体通常会产生优秀的品性，【c】因为暴力和犯罪的倾向、妒忌的情感，都还没有产生。所以，这些人之所以是好的，部分是由于这个原因，部分是我们说的他们那种"天真"。每当他们听到某种事物被称做"好的"或"坏的"，他们就会相信这种说法是真的，就会相信它。这种老于世故的缺乏阻拦着你今天可以看到的玩世不恭者：他们把他们听说的关于众神和凡人的学说当做真理来接受，并且按照这种学说来生活。由于这个原因，他们就是我们已经描述过的这种人。

克　【d】至少，麦吉卢和我，同意你的解释。

雅　如果我们拿他们与大洪水以前的那个时代相比，或与当今时代相比，那么我们不得不说，人类在许多个世代里都过着这样一种生活，他们必定是未开化的、无知的、没有掌握什么技艺的，尤其是对那些在陆上或海里使用的军事技术。他们也必定不懂战争的技艺，【e】尤其对城市生活而言——一般称做"诉讼"和"党争"——人们使用各种阴谋诡计，用言语和行动来相互伤害。我们的这些原始人不是比较单纯、比较有男子汉气概，同时也更加能够自制、在各方面更加正直吗？我们已经解释了其中的原因。

克　是的，你说得很对。

雅　让我们提醒一下我们自己，这一重构，以及我们从中得出的结论，【680】都是为了使我们能够明白早期的人是如何感到需要法律的，他们的立法者是谁。

克　你提醒得好！

雅　假定他们还没有感到需要立法者，在那个时代，法律还不是一个普遍的现象。在世界循环的那个阶段出生的人还没有任何书面记载，而是生活在顺服之中，接受习俗和"祖先的"法，如我们所称的那样。

克　很有可能是这样的。

雅　但是，这已经是一种政治体制了，某种政治体制。

克　什么种类？

雅　【b】独裁制——我相信，每个人都会把这个名称用于那个时代的政治体制。在今天世界的许多部分，你仍旧能够发现它，既在希腊人中间，又在非希腊人中间。我假定，这就是荷马对库克罗普斯①的家务的描述。他说："他们没有议事会，也没有法律。他们居住在挺拔险峻的山峰之巅，或者住在阴森幽暗的山洞，各人管束自己的妻子儿女，不关心邻居的事情。"②

克　【c】你们的这位诗人好像挺迷人的。我读过他的一些诗句，也挺考究的。这样说我的意思不是我对他的作品有什么了解——我们克里特人不太接触异邦人的诗歌。

麦　我们在拉栖代蒙倒是这样做的，我们认为荷马是史诗之王，【d】尽管他描述的生活方式肯定是伊奥尼亚③的，而不是拉栖代蒙的。在这一事例中，他的故事描绘了库克罗普斯们过的野蛮生活，作为对他们原始习俗的一种解释，他的描述好像支持你的看法。

雅　是的，他确实为我作了见证。所以，让我们以他说的话为证据，这

---

① 库克罗普斯（Κυκλώπης），希腊神话中独眼巨人，有好几种，分别是牧人、铁匠、瓦匠，等等。

② 荷马：《奥德赛》9：112—115。

③ 伊奥尼亚（Ιόνια），地区名。

种政治体制确实会在某个时候发展起来。

克　很好。

雅　大灾难发生以后，这些人以家庭为单位分散在各处居住，拥有自己的家宅。【e】在这样的体制中，最年长的成员凭借从他的父母那里继承下来的权力进行统治；其他成员服从他的领导，形成一个群体，就像鸟一样。这些成员顺服的权柄就是他们的家长制；他们实际上受到所有形式的王权中最公正的形式的统治。

克　是的，当然。

雅　下一步便是若干个家庭聚集在一起，形成了较大的共同体。【681】他们开始把注意力转向农业，起初在山坡上种植，建造了石头围墙，用来防范野兽，保护自己。其结果就是现在这种统一体，形成一个共同的家园。

克　我设定这极为可能。

雅　好吧，这不也是有可能的吗？

克　什么事情有可能？

雅　随着这些最初相对较小的家庭成长为较大的家族，每个小家庭都在它自己的统治者——最年长的成员——的领导下生活，【b】遵循它自己在与其他家庭相互隔离的时代产生的习俗。人们变得习惯的各种城邦的和宗教的标准反映着他们的祖先和教师的偏爱；祖先越拘谨或越冒险，他的后代也会越拘谨或越冒险。由此，如我所说，每个群体的成员进入了较大的有着专门法律的共同体，准备用他们自己的偏好影响他们的子女，影响他们子女的子女。

克　当然。

雅　【c】每个群体不可避免地会批准它自己的法律，而不太喜欢其他群体的法律。

克　确实。

雅　所以，看起来，我们好像已经不知不觉地抵达了立法的起点。

克　我们确实如此。

雅　不管怎么说，下一步必定是在这个联合体中选择一些代表来考察所有家族的统治，公开向这些民众的领袖和首领建议——也就是"国王"——【d】采纳那些普遍使用的规矩。这些代表就是所谓的立法者，通过任命首领作为官员，他们从独裁制中分离出一种贵族政制，或者也许是王政。在这种政治体制发生转型的时期，他们自己会监管这个国家。

克　是的，这种变化在各个阶段肯定会发生。

雅　所以，我们现在可以继续描述第三种类型的政治体制的诞生，这种体制实际上接受所有政治体制及其变形，在其发展的实际阶段也会展现多样性和变化。

克　这是什么类型的政治体制？

雅　【e】荷马也提到过这种类型，把它列为第二种类型的继承者。他是这样描述第三种类型的起源的："他①创建了达尔达尼亚②"——我想，下面的诗句是这样的——"因为神圣的伊利昂，这座凡人的城市还没有在平原上建起，人们还居住在多泉的伊达③山麓。"④【682】在神的某种激励下，他创作了这些诗句，还有关于独眼巨人的那些诗句。这些诗句无比真实！这是因为，诗人们为一类人，他们有神圣的天赋，他们在吟诵时受到神灵的激励，所以在美惠女神和缪斯们的帮助下，他们往往会道出事实真相。

克　确实如此。

雅　让我们继续我们正在讲述的这个故事，让它服务于我们的目的，给我们一些提示。我想，这就是我们需做的事吗？

克　【b】当然。

雅　按照我们的说法，当人们从高山下到广阔美丽的平原来的时候，伊利昂创建起来。他们把这座城市建在一座山丘上，邻近发源于伊达山的几条

---

① 指达耳达诺斯（Δαρδάνους），特洛伊城的创建者。
② 达尔达尼亚（Δαρδανία），地名。
③ 伊达（Ἰδαῖους），山名。
④ 荷马：《伊利亚特》20∶216以下。伊利昂即特洛伊。

河流。

克 这个故事是这样讲的。

雅 我设定，我们可以认为这是大洪水过后许多个世代的事情吗？

克 是的，当然，许多个世代以后。

雅 我的意思是，要是建城者把城市建在这样的山坡上，【c】邻近几条从高山上下来的河流，信赖这些并不太高的山坡，那么他们显然已经忘记我们描述过的灾难。

克 是的，可以清楚地证明，他们根本没有这样的经验。

雅 随着人口在其他城市的增长，可以设定，这一时期也有许多其他城邦建立。

克 当然。

雅 这些城邦也会向伊利昂发动进攻，很有可能从海上过来，因为那个时候的人已经克服了对大海的恐惧，开始驾船出海。

克 【d】好像是这样的。

雅 在围攻了大约十年以后，阿该亚人①攻陷了特洛伊②。

克 确实，他们这样做了。

雅 他们包围伊利昂十年，在此期间，他们自己城邦的内部事务变得越来越糟。年轻的一代反叛，当联军的部队返回自己的城邦和家园时，【e】对他们的迎接既不荣耀又不公平，导致大规模的屠杀和驱逐。等到这些被赶走的人再次返回，他们采用了一个新的名称，称自己为多立斯人③，而不是阿该亚人，以荣耀多立乌斯④，当他们遭到放逐的时候，是他把他们联合起来。

---

① 阿该亚人是古希腊人的前身，大约公元前 2000 年左右，阿该亚人从欧洲南下进入希腊半岛，以后主要在阿哥利亚活动。在荷马史诗中，阿该亚人是攻打特洛伊城的希腊联军主体。

② 特洛伊（Τροία），地名。

③ 多立斯人（Δωριῆς），大约公元前 1180 年，巴尔干地区发生部落大迁徙，同属于希腊语支的多利斯人陆续南下，进入希腊半岛和某些爱琴海岛。

④ 多立乌斯（Δώριος），人名。

有关后来事件的详尽解释可以在你们拉栖代蒙人的传说中找到。

克　当然。

雅　当我们开始讨论立法时，关于技艺和宴饮的问题插了进来，然后我们说了一长篇离题话①。而现在，我们真的有机会考察我们的主题了。就好像神本身在指引我们，我们回到了我们原先偏离主题的地方：拉栖代蒙的实际创建。【683】你们坚持认为拉栖代蒙是按照正确的路线建立的，你们对克里特也说了同样的话，因为它也有与拉栖代蒙相似的法律。有关城邦和政治体制的创建，我们的讨论相当随意，但我们至少已经有了这样的成果：我们观察了第一种、第二种、第三种类型的城邦，它们在一个漫长的时期内相继产生，现在我们要发现这第四种城邦（或者"国家"，如果你们喜欢），追溯它的历史基础和后来的发展，直至今日它的成熟状态。②【b】在完成所有这样的考察之后，我们也许能明白什么样的创建方式是正确的，什么样的创建方式是错误的。我们能看到什么样的法律会使这些特点得以保存，什么样的法律会使这些特点瓦解吗？什么样的具体变化会在城邦里产生幸福？如果对这些我们都能理解，麦吉卢和克利尼亚，我们不得不就整个主题重新讨论一遍：就像重新开始一样。然而，在我们迄今为止的解释中，我们也能够发现某些错误。

麦　【c】嗯，先生，如果某一位神能对我们说话，说我们应当就立法问题作第二次尝试，那么我们将听到一篇至少和我们已经拥有的解释质量和长度相当的解释；所以，算我一个，我愿意延长我们的旅行，现在这个季节的白天不算太短——尽管就在这几天，太阳神就要把夏季转向冬季了。

雅　那么，看起来我们必须加紧考察。

麦　当然。

雅　让我们想象我们生活在这样一个时期，拉栖代蒙、阿耳戈斯、墨

---

①　参见本篇636e以下。

②　这里讲的四种城邦是：（1）单一家族，处于独裁统治下；（2）多个家族，处于贵族统治之下；（3）平原上的多个城市结合，比如特洛伊，有各种体制；（4）诸城邦的联盟。

西涅①，【d】以及邻近的区域，实际上全都处在你们祖先的控制之下，麦吉卢。他们的下一个决定，或者这个故事继续说，是把他们的力量一分为三，建立三个城邦——阿耳戈斯、墨西涅、拉栖代蒙。

麦　没错。

雅　特美努斯② 成为阿耳戈斯国王，克瑞司丰特③ 成为墨西涅国王，普罗克列斯④ 和欧律斯塞涅⑤ 成为拉栖代蒙国王。

麦　对。

雅　他们所有的同时代人向他们发誓，【e】如果有人试图夺取他们的王座，他们就会提供帮助。

麦　确实如此。

雅　嗯，当一位君主被推翻的时候（确实当任何类型的权柄在任何时候被毁灭），肯定不会是一个人，而是所有统治者本身受到谴责吗？这就是我们在前面讨论这个主题时持有的观点——或者说我们现在已经忘了？

麦　不，当然没忘。

雅　所以，我们现在可以把我们的论点放在一个比较坚实的基础之上了，要是我们对历史的研究能够引导我们得出和前面相同的结论。【684】这就意味着我们将依据事实，而不是依据推测，进行我们的考察。当然，这些事实如下：这三个王族中的每一个，它们统治的三个王国中的每一个，各自按照相互缔结的法律交换誓言，它们采用这些法律来规范权柄的行使，并且服从它。国王们宣誓，只要国家能够延续，绝不强化他们的统治；其他人则承诺，除非统治者一方与之讨价还价，【b】否则绝不推翻王权，也不宽恕其他人的类似企图。如果受到侵犯，国王会帮助国王和民众，民众也会同样帮

---

① 墨西涅（Μεσσήνη），地名。
② 特美努斯（τήμενος），人名。
③ 克瑞司丰特（Κρεσφόντης），人名。
④ 普罗克列斯（Προκλῆς），人名。
⑤ 欧律斯塞涅（Εὐρυσθένης），人名。

助民众和国王。这些都是事实，不是吗？

麦　确实如此。

雅　嗯，在三个这样建立起来的城邦里，无论是由国王还是由其他人为这种政治体制制定法律，最重要的条文，当然了，肯定是这样的。

麦　什么样的？

雅　要是某个城邦违反这些已经制定了的法律，必定会遭到城邦联盟中的其他两个城邦的反对。

麦　显然如此。

雅　【c】当然了，大多数人只要求他们的立法者实施人们普遍接受而不反对的法律。但你们要想象一下，这就好比要求你们的教练或医生在训练或治疗你们的身体时提供快乐。

麦　确实如此。

雅　事实上，如果能使你们的身体恢复健康和气力，而无须有什么痛苦，那么你们经常会感到满意。

麦　对。

雅　【d】在另外一个方面，那个时期的民众也有特别好的安排，能使立法成为一个无痛苦的过程。

麦　在什么方面？

雅　他们的立法者努力在他们中间建立某种财产平等，而在其他城邦经常会由于财产问题对某人产生特别的伤害。设定一部法典正在起草，某个人想在其中添上一项改变土地所有权和取消债务的条款，因为他看到这是能够满意地取得平等的唯一方法。【e】那么每个人都会用"住手"来作为口号，攻击这位试图进行某种改革的立法者，诅咒他那些重新分配土地和免除债务的政策。因为这样做足以使任何人绝望。所以，这是多立斯人享有的另一项巨大的便利：没有怨恨。没有人会反对土地分配，长期的债务根本不存在。

麦　对。

雅　嗯，我的朋友们，这种创建和立法最后遭到失败，到底是为什么？

麦 【685】你这样说是什么意思？你到底在批评什么？

雅 三个城邦创建起来，但有两个城邦的政治体制和法典迅速衰败。只有第三个城邦幸存，也就是你们的城邦，拉栖代蒙。

麦 你提出的这个问题很难解答！

雅 无论如何，它需要我们的关注。所以，现在让我们来观察一下，就在我们开始这场旅行的时候，我们说过要用法律来作为我们的娱乐——这是一项高尚的游戏，适宜我们终生进行。

麦 【b】当然。我们必须按你说的做。

雅 没有什么法律能比这些用来监管这些城邦的法律更适宜成为我们考察的主题。或者说，有其他任何更大的或者更著名的城邦我们可以对其创建进行考察吗？

麦 没有，要想出一个替代来并不容易。

雅 好吧，那么非常明显的事情是，【c】这些城邦的安排不仅旨在保护伯罗奔尼撒①，而且旨在保护一般的希腊人，抗击任何非希腊人有可能发起的进攻——可以拿来举例的是，那些生活在伊利昂境内的人把他们自己托付给由尼诺斯②创建的亚述③帝国的力量，由于他们的傲慢，引发了后来对特洛伊的远征。你们瞧，亚述帝国的诸多显赫之处至今仍旧存留，对这个联合王国的恐惧就好比我们这个时代对波斯大王的恐惧。亚述人对希腊人有过巨大的积怨：【d】特洛伊，作为亚述帝国的一部分，第二次被占领。④ 为了应对这样的危险，多立斯人的军队组成联军，尽管在那个时候它们来自由国王们分别统治的三个城邦，这些国王都是兄弟，都是赫拉克勒斯⑤子孙。这种说法确实是一个绝妙的发明——甚至好过一支渡海攻打特洛伊的军队。这是

---

① 伯罗奔尼撒（Πελοποννησύς），地名。
② 尼诺斯（Nῖνος），人名。
③ 亚述（Ασσυρίαν），古帝国名。
④ 关于特洛伊的第一次被占领，参见荷马：《伊利亚特》5：640。
⑤ 赫拉克勒斯（Ἡρακλῆς），希腊神话中的大力士。

因为，首先，人们从一开始就相信赫拉克勒斯的儿子比珀罗普斯的孙子①更适宜担任指挥官；【e】第二，人们认为这支军队比曾经围攻特洛伊的军队更加勇敢。毕竟，他们算过，当年那支军队是由阿该亚人组成的，他们是多立斯人的手下败将。所以，我们可以把这一点视为他们做出这种安排的本性和目的吗？

麦 肯定行。

雅 【686】出于种种原因，他们可能期待这些安排是永久的，会延续很长时间。以往，他们在许多辛劳和危险中是同伴，而现在他们被置于同一家族的控制之下（这些国王是兄弟）；他们还向大量先知咨询，尤其是德尔斐②的阿波罗神的祭司。

麦 是的，这可能就够了，当然。

雅 然而，这些重大的期待显然很快就会落空，【b】如我们刚才所说，除了这个同盟的一部分地方——也就是你的城邦，斯巴达。时至今日，它从未停止过与另外两个城邦的战斗。但若他们能够贯彻最初的意向，执行共同的政策，他们的力量，从军事上来说，不可抗拒。

麦 确实不可抗拒。

雅 那么，他们的计划为什么会失败？这就是我们应当加以考察的问题：为什么如此庞大的、令人敬畏的组织会极其不幸地被毁灭？

麦 对，这是我们要加以考察的正确方向。忽视这些问题，你就绝不能发现任何其他法律或政治体制，能保存（或失去）这样重大的特征。

雅 我们太幸运了！我们好像不知不觉地抵达了一个关键点。

麦 无疑如此。

雅 嗯，好吧，我的好伙伴，我们拥有的这些思想多么平庸而不自知！每当人们看到某些巨大成就时，他们总是这样想，【d】"要是有人知道如何

---

① 珀罗普斯（Πέλοπεδαις），他的孙子是率领希腊联军远征特洛伊的阿伽门农和墨涅拉俄斯。

② 德尔斐（Δελφοί），地名。

处置或恰当地使用它，将会导致多么可怕的后果！"此时此地，我们关于这个主题的想法也许就是错误的、不现实的，就像其他人以这种方式观察任何事物一样。

麦 噢，真的吗，你这是什么意思？你这样说，到底要我们朝哪里想？

雅 我正在跟我自己开玩笑，我的朋友。我在想，我们正在讨论这支军队在我看来是多么伟大啊，如果把它交到希腊人手中，那么它是一件多么神奇的工具啊（如我所说）——只要有人能够及时加以恰当地使用！

麦 【e】你说的这些事情都很对，也很有意义，我们衷心同意你的意见——同样是对的，有意义的。

雅 也许是这样的。还有，我的看法是，每个人看到某些庞大的、强盛的、有力量的事物，马上就会产生这样的感觉，要是它的所有者知道如何从它的大小和规模中获取好处，那么他会得到巨大的收益，成为一个幸福的人。

麦 【687】这样说肯定也是对的和恰当的。或者说，你的看法不同？

雅 嗯，就请考虑一下，要是一个人就个别的例子做判断，提出"对"这样的赞扬，他应当采用什么样的标准。一开始，用我们正在讨论的这个标准怎么样？要是那些掌握军队这种组织的人在那个年纪知道他们的工作，那么或多或少，他们会取得成功——然而，问题是如何。当然了，他们应该巩固他们的军队，使之有永久的基础；这能确保他们自身的自由，也能统治他们喜欢的其他人，简言之，使他们或者他们的子女能够在全世界做任何他们想做的事，【b】在希腊人或非希腊人中间，没有差别。这就是人们会赞扬他们的地方，不是吗？

麦 确实如此。

雅 还有，注意到巨富或家世显赫这样一类事情的人也会完全这样想。他设定，正是由于享有这些便利，他的每个希望都能得以实现——或者他的大部分希望，或者最重要的希望。

麦 很像是这样的。

雅 【c】嗯，好吧，这就表明，有一种具体的欲望对全人类来说都是共同的。这不就是我们讨论的要点吗?

麦 什么欲望?

雅 事件应当服从某种人感到应当具有的秩序——如果可能的话，不要变化;但若做不到，至少在涉及人事的地方应当做到。

麦 没错。

雅 如果我们所有人从小到大都一直抱着希望，那么我们现在必然也在祈求。

麦 当然。

雅 【d】还有，我设定，我们代表我们所爱的那些人进行的祈祷，应当与他们代表他们自己进行的祈祷完全一致吗?

麦 当然。

雅 一个做父亲的男人爱他的儿子吗?

麦 当然。

雅 然而，这个儿子祈求的很多东西，这个父亲祈求众神不要满足他儿子的要求。

麦 你的意思是这个儿子还太年轻，思想还不成熟?

雅 是的，我也在想，要是这位父亲过于年迈，或者是个老顽童，过于冲动，完全不知道什么是对的，什么是恰当的，那会怎么样。【e】他会落入忒修斯①那样的处境，忒修斯恶毒地祈祷，使希波吕特②悲惨地死去。要是这位儿子明白当时的情况，你认为他会与他的父亲一道祈祷，带来这些后果吗?

麦 我知道你什么意思了。我想，你的意思是你应当以你自己的方式进行祈祷，仅当你的希望得到你的理性判断的支持——还有，这种理性的看

_____

① 忒修斯（Θησεύς），希腊神话传说中的雅典国王，与亚马孙女王生希波吕特。

② 希波吕特（Ἱππόλυτος），忒修斯之子。希波吕特的后母淮德拉指控希波吕特污辱她，忒修斯祈求神处死他的儿子。这个祈祷应验，但后来忒修斯发现希波吕特是无辜的。

法，应当成为祈祷者祈求的对象，我们所有人都应当朝着这个方向努力，无论是城邦，还是个人。

雅 【688】确实应当这么做，尤其是——我要提醒自己——它应当始终是一位城邦立法者的目标，当他构思他的法律条款的时候。我要再次提醒你——回忆一下我们讨论的开始——你们俩是怎么推荐的：你们说一位好的立法者必须着眼于战争来建构他的整部法典；① 而我当时极力主张，立法者不能只着眼于四种美德中的一种。【b】我说，他应当着眼于所有美德，而其中最主要的和第一位的美德是可以给其他所有美德带来约束的美德，这就是伴随着适当欲望的判断、理智和正确的信念。所以我们的论证又回到原来的地方。我重复以前说过的话，嘴唇两张皮，你把它当做开玩笑也好，当做认真的也好，都没什么关系。我要说的是，我把没有理智的人手中的祈祷当做一件危险的工具，【c】因为这样做会击碎他的希望。如果你把我的话当做认真的，那就请你这样做。我充满自信地说，如果你们跟得上我们已经摆在面前加以考虑的这个故事，你们马上就会发现这三位国王毁灭的原因，在他们的整个设计中指挥员和被指挥的人都没有胆小鬼，也没有对军事一窍不通的人，使他们遭到毁灭的原因是他们具有的其他各种邪恶，【d】尤其是他们对人的最高关切一无所知。这就是这一连串事件的结果，而这种情况在今天仍旧存在，将来也会存在。在这个被你们遗弃的地方，我要试着进行更加充分的论证，友谊将引导我尽力把它向你们说清楚。

克 你在颂扬中发表演讲，先生，这样做很乏味。我们的行动而不是我们的言辞将显示我们对你的尊重：我们将最密切地关注你。这是文明人表达自己同意与否的最佳方式。

麦 【e】说得好，克利尼亚。让我们就按照你说的做。

克 我们会的，如果情况允许的话。现在让我们来听你的解释。

雅 好的，回到我们论证的轨道上来，极端的无知摧毁了这个伟大的帝

---

① 参见本篇 625d 以下。

国，这种自然的倾向在今天也会产生同样的结果。如果是这样的话，这就意味着立法者必须试图用善意激励城邦，而尽其所能消灭愚蠢。

克 显然如此。

雅 【689】那么，什么样的无知配得上"极端"这个头衔？看你是否同意我的描述。我认为是这样一种无知。

克 哪一种？

雅 这种无知是这样的，一个人认为某个事物是好的、是善的，但他并不热爱它而是仇恨它；与此相反，他喜欢和热爱他相信是邪恶的、不正义的东西。我认为，他的快乐感与痛苦感之间的不协调，以及他的理性判断，构成了无知的深渊。它也是最极端的，【b】因为它极大地影响了灵魂的要素（这些要素经历着快乐与痛苦，这些要素又和城邦最大的组成部分和普通人相对应）。所以，当灵魂与知识、意见，以及它的天然主导原则理性发生争吵的时候，你们就有了我所说的"愚蠢"。这种情况既适用于城邦，民众不服从他们的统治者和法律，也适用于个人，他真正相信的优秀的原则不仅被证明是无效的，而且是有害的。所有这些无知的例子，我应当当做最糟糕的一种不和谐提出来，【c】在城邦里，也在个人身上，而非仅仅是一名工匠的职业方面的无知。我希望你们能明白我的意思，先生。

克 我们明白，我的朋友，我们同意你的看法。

雅 所以，让我们把这一点确定下来，作为一项政策：不得将任何权力托付给承受这种无知之苦的公民。他们的无知必定要受到指责，哪怕他们的理性能力很突出，机敏好学，也能努力工作，建功立业。【d】而那些具有相反性格的人必须被称做"聪明的"，哪怕他们如谚语所说，"既不能读书，又不能游泳"；城邦的职位必须授予这些聪明人。你们瞧，我的朋友，没有和谐，你们怎么会有一丁点健全的判断呢？这是完全不可能的。而我们可以把最伟大、最美好的和谐恰当地称做"最大的智慧"。任何过着一种理性生活的人都分享这种智慧，而缺乏这种智慧的人必定是酒囊饭袋，于城邦无补，只能起相反的作用，【e】这全都是因为他在这个方面的无知。所以，如我们刚才所说，让我们采纳这些作为我们观点的表达。

克　我们采纳了。

雅　嗯，我想，城邦必定要有人进行统治，另外一些人被统治，是吗？

克　当然。

雅　【690】好。嗯，对这两种人有哪些称号呢？我们能数得清吗？（我指的是在城邦里和在家庭里，在这两种情况下，不考虑它们规模如何）确实，有人会宣称，父亲和母亲不就是一种称号吗？一般说来，人们普遍承认父母有资格控制他们的子女和后代，不是吗？

克　当然。

雅　紧接着就是出生高贵的有资格统治出身卑贱的。再按照顺序是我们的第三项要求：年轻人应当服从年长者的统治。

克　当然。

雅　【b】第四项要求是，奴隶要服从他们的主人对他们的控制。

克　无疑应当如此。

雅　我设定，第五项要求是，强者应当实行统治，弱者应当服从统治。

克　说得好极了，必须服从！

雅　是的，这个要求也适用于整个动物王国——这是自然颁布的律令，如底比斯的品达①曾经说过的那样。然而，看起来第六项要求最重要，无知者应当接受聪明人的领导，服从聪明人的统治。尽管你，【c】我多才多艺的品达，被我称做“自然律令”的东西实际上就是法对那些自愿的从属者的统治，而不是凭借暴力进行的统治；我肯定不打算说这种统治是不自然的。

克　你说得很对。

雅　我们要找一个人来抓阄，以此确定第七项要求，我们可以解释说这种统治依据上苍和命运的青睐。我们会告诉他，这是对他最公平的安排，如果他赢了，他就去行使权力，如果他输了，他就接受统治。

---

① 品达（Πίνδαρος），公元前 6 世纪希腊诗人。

克　非常正确。

雅　【d】"哦，你看呐，立法者"（我们现在好像正在对一位乐观的立法者说话），"你看到有多少种权柄的名称，它们相互之间如何天然地发生冲突。我们刚才已经为你发现了整个内部纷争的源头，你的任务就是对它进行矫正。首先，你要跟我们一道来试着发现阿耳戈斯和墨西涅的国王们如何走上邪路，破坏了这些统治，因此也毁灭了他们自己和希腊的力量，这些城邦在那个时候是伟大的。【e】之所以如此，不就是因为他们不懂赫西奥德的箴言，一半经常大于全部吗？① 他认为，如果得到全部是有害的，那么得到一半就足够了，所以足够比餍足要好，这是一个完美的替代。"

克　他说得很对。

雅　那么，我们设定这种毁灭的过程必定从什么地方开始？从国王中还是从民众中？

克　【691】大多数事例表明，这可能是一种国王的疾病，他们奢侈的生活使他们变得傲慢和固执。

雅　所以很清楚，是那个时代的国王最先感染了这种贪婪的精神，违反了大地的法律。准确地说，他们用话语和誓言批准了的事物成为他们分歧的依据，这种对和谐的缺乏（在我们看来，这就是最极端的愚蠢，尽管它看起来像智慧）使整个安排发出刺耳的噪声，跑了调，毁灭了整个体系。

克　极为可能。

雅　【b】很好。那么一位当代的立法者应当采取什么措施来预防这种疾病呢？天晓得，这个答案不难，这个要点也不难理解——尽管要是有人能预见到这个问题，假定能够这样做，那么他一定比我们聪明。

麦　你这样说是什么意思？

雅　后见之明②，麦吉卢！那个时候应当做的事情在今天看来很容易理

---

①　参见赫西奥德：《工作与时日》40。

②　相当于"马后炮"的意思。

解，一旦理解了，也就同样容易解释了。

麦　你最好说得更加清楚一些。

雅　最清楚的方式是这样的。

麦　是怎样的？

雅　【c】如果我们无视恰当的比例而对任何事物过多地给予，好比把过大的风帆给予一条小船，把过多的食物给予一个小身体，把过多的权柄给予一个无力掌握它的灵魂，其结果就必然是灾难性的。身体会变得肥胖，灵魂会变得专横，身体会很快得病，灵魂会趋向不义。嗯，我们该怎么办呢？简单说来就是这样：有死的灵魂根本不存在，我的朋友，灵魂的天性就可以成功地给人留下权柄，【d】而此时人还年轻，无须对任何人负责。由于充满愚蠢，染上最糟糕的疾病，它的判断不可避免地败坏了，触发了它最亲密的朋友的敌意；一旦发生这种情况，灵魂很快就会毁灭，失去它的所有力量。第一流的立法者就要有比例意识，提防这种危险。今天我们可以合理地猜测，这件事在那个时代实际上已经做了。然而，它看上去好像有……

麦　有什么？

雅　……有某位神关心你们，预见到将要发生的事情。他拿过你们的王权，把它分成两部分，同时设立两位国王①而不是一位，从而使国王拥有的权力更加合乎比例。在那以后，【e】有一个人②结合了人的本性与某些神的力量，他观察到你们的统治者仍有狂热之举，因此就设法限制王族的专横，【692】让二十八位长老在处理政务时拥有和国王同等重要的权柄。你们的"第三位救主"③看到你们的政府仍旧充满阳刚之气，所以他就设置了一种马勒，来象征监察官④的权力——这种权力后来就由抽签来决定。这种设

————————

①　斯巴达最早的国王是普罗克列斯和欧律斯塞涅，阿里司托得姆的双生子。

②　指莱喀古斯，创立斯巴达长老议事会。

③　"第三位救主"是一个习惯表达法，原指在宴饮中向救主宙斯献上第三杯奠酒。柏拉图在句中可能指公元前8世纪斯巴达国王塞奥波普。

④　监察官（ἐφόρος），斯巴达官职，每年选举五人，制衡国王的权力。

置把你们的王权变成正确成分的混合，由于它自身具有稳定性，也保证了城邦其他组成部分的稳定。这些事情要是留给特美努斯、克瑞司丰特，【b】以及那个时代的立法者去处理，无论他们是谁，那么甚至连"阿里司托得姆①自己那一份"② 也不能幸存。你们瞧，他们在立法中非常老练，否则他们决不会想到要用立誓③ 来约束年轻人的灵魂，年轻人一旦掌握权力，一定会发展为独裁。而一个国家要想长期繁荣，神实际上已经向我们证明了它过去应该是什么样的，现在应该是什么样的。【c】如我前述，要认识这些事情并不需要伟大的智慧——毕竟，只要你掌握一个历史上的事例，就不难明白这里的要点了。若是有人当时就看到所有这些事情，能够控制各种职位，从三者中产生一个权柄，他就能拯救所有辉煌的工程，使之不被毁灭，波斯人或其他任何人也不敢派舰队来攻打希腊人，他们轻蔑地以为我们的人民无足轻重。

克　非常正确。

雅　【d】毕竟，克利尼亚，希腊人驱逐他们的方式是丢脸的。我之所以这样说，不是指那个时候在陆地和海上取得胜利的那些人赢得不光彩。"丢脸"我指的是，战争一开始的时候，三个城邦中只有一个在为保卫希腊而战斗。其他两个城邦已经极度腐败。其中一个城邦④ 甚至设法阻挠拉栖代蒙人增援的企图，拼命攻打她，【e】而另一个城邦，阿耳戈斯，尽管在伯罗奔尼撒的第一次划分疆界的时候在诸城邦中占居首位，但对于要她出兵驱逐野蛮人也置之不理，对保护希腊没有做出什么贡献。这场战争的具体历史对希腊会有某些相当丑恶的指责，确实，它没有理由说希腊进行过什么防卫。【693】若无雅典人和拉栖代蒙人联合起来，抗拒遭受奴役的威胁，我们到现在在种族上早就完全融合了——希腊人和希腊人，希腊人和野蛮人，野蛮人和希腊

---

① 阿里司托得姆（Ἀριστόδημος），人名。

② 指斯巴达，参见本篇 683c 以下，684e 以下。

③ 参见本篇 684a。

④ 指墨西涅，参见本篇 698c–e。

人。在今天被波斯人统治的那些民族中我们可以看到相似的情况，她们首先被分割，然后可怕的杂居在一起，然后又像今天一样离散为零星的社团。嗯，好吧，克利尼亚和麦吉卢，我们为什么要指责当时的所谓"政治家"和立法者？这是因为，要是我们发现他们犯错误的原因，【b】我们就能发现他们应当遵循的不同的行动过程。这就是我们刚才做的事，我们说为一个强大的或极端的权柄立法是一个错误。要始终牢记，城邦应当是自由的、明智的、内在和谐的，这就是立法者在立法中要关注的事情。（如果我们在前面几次确定过一系列其他目标，【c】并且说它们就是立法者应当关注的事情，那么我们不会感到惊讶，尽管提出来的这些所谓的目标并不相同。当我们说立法者应该保持自制、明智、友谊的时候，我们必须记住所有这些目标都是相同的，不是不同的。要是我们发现许多其他的表达法，我们一定不要被它们弄糊涂了。）

克　是的，当我们回想这个论证的时候，我们确实要努力记住。但你想要解释立法者在友谊、明智和自由这些事务中的目标。【d】所以现在就告诉我们你想说什么。

雅　那就请你们注意听。有两种体制的母亲，也就是说，你们可以很好地说，所有其他体制都是它们生下来的。君主制是前一位母亲的恰当名称，民主制是另一位母亲的恰当名称。前一种体制在波斯人那里可以看到最完全的形式，后一种体制则在我的国家中被发挥到极致；而其他所有体制，如我所说，均为这两种体制的变种。【e】使一种政治体制能结合这两种体制的特点，绝对至关重要，若要（这当然是我们的建议，我们坚持认为，不把这两种体制的要素恰当地结合起来，就不能建构城邦）——若要享有自由、友谊和明智。

克　当然。

雅　一个国家过分热烈地只拥抱君主制的原则，另一个国家只拥抱自由的理想；两个国家都没有在两种体制中间取得平衡。你们拉栖代蒙人和克里特人的国家做得比较好，对以往某个时期的雅典人和波斯人也可以这样说，但从那个时候起事情就改变了。让我们来说一说这里的原因，好吗？

克　【694】好，当然——若想完成我们的考察。

雅　那就请听这个故事。在居鲁士^①时代，波斯人的生活是自由与服从的明智结合，在为自己赢得了自由以后，他们成为其他无数民族的主人。作为统治者，他们给予下属一定程度的自由，并使下属与他们自己有着共同的生计，结果就使得士兵们更加热爱他们的指挥官，【b】甘冒危险，冲锋陷阵。若有臣民是聪明人，适宜做谋士，那么国王不会心生妒忌，而会允许他自由发表言论，并高度评价那些对政策的形成有重要贡献的人；明智者当然会利用他的影响来推进公共事业。由于自由、友谊，以及推进他们理想的实践活动，那个时期的波斯人取得了全面的进步。

克　是好像有过你所描述的这样一个时期。

雅　【c】那么我们该如何解释冈比西斯^②统治时期的灾难，以及大流士^③统治时期的全面复兴呢？为了帮助我们重构这些事件，我们要诉诸某种神灵激励下的猜测吗？

克　要，因为我们现在开始的这个论题必定有助于我们的考察。

雅　那么，我对居鲁士的猜测是这样的：尽管他无疑是一位好统帅和一名真正的爱国者，但他从来没有考虑过正确教育的问题，哪怕是肤浅的考虑；至于管理家务，我要说，他从来没有关注过这种事情。

克　你做出这样的评价，我们该如何解释？

雅　【d】我的意思是，他很小的时候就开始从军，戎马一生，不停地打仗，而把他的子女交给女人们去抚养。他的子女从小娇生惯养，无忧无虑，享受着各种幸福。这些女人不会让任何人在任何事情上威胁到"他们的真正

---

①　居鲁士（Κῦρος），公元前 6 世纪波斯帝国的创建者，他于公元前 559 年击败米地亚人，自居王位至公元前 529 年。

②　冈比西斯（Καμβύσες），居鲁士之子，波斯帝国第二位国王，公元前 529 年—前 522 年在位。

③　大流士（Δαρεῖος），波斯第一位国王居鲁士的女婿，公元前 522 年—前 485 年在位，曾两次用兵希腊，失败而归。

幸福"，她们强迫每个人赞美王子和公主们的言行。你可以想象她们培养出来的是什么样的人。

克 依照你的解释来判断，这一定是一种很好的古老的教育。

雅 【e】这是一种女人的教育，由后宫的嫔妃来进行。国王子女们的这些老师最近发了大财，但她们全被留在后宫，没有男人来帮她们，因为军队一直在打仗，到处是危险。

克 这样说有点意思。

雅 【695】这些孩子们的父亲一直在忙碌着为他们攫取大批的牲畜和无数的百姓，却忘了这笔巨大财富的继承人没有按他们波斯祖先的要求得到训练，因为你知道，波斯人是简朴的牧民，是贫瘠山地的儿子，他们身体强健，吃苦耐劳，能在野外长期生活，必要的时候也能过艰苦的军旅生活。这位父亲闭眼不管嫔妃和太监对他儿子的教育方式——这是米地亚人①的教育——【b】他的儿子们被所谓的幸运腐蚀，放弃正确的管教所产生的结果由此得到证明。至少，这位父亲死的时候，继承祖业的儿子们已经被傲慢和放纵吞没了。长子冈比西斯不能容忍与他人平等，开始排斥他的兄弟；后来由于酗酒和缺乏教育，他失去了他的聪明才智，最后在米地亚人和那位著名的太监手中失去了他的王位，他的愚蠢受到极大的蔑视。

克 【c】这个故事是这样讲的，看起来相当真实。

雅 我想，这个故事还说大流士和所谓"七首领"重新为波斯人获得了帝国。

克 确实如此。

雅 嗯，让我们继续讲述我们这个故事，来看到底会发生了什么事。大流士不是王子，没有受过傲慢和浮夸的教育。当他在其他六位同伴的帮助下取得政权后，他把整个国家分成七块，至今仍旧留有某些模糊的踪迹。生活在他自己制定的法律下，他感到满意，在这个国家里，【d】他通过立法引入

---

① 米地亚（Μῆδος），古国，公元前550年成为波斯帝国的辖地。

了某些平等，使波斯人之间的和睦与公共精神得以提升，而当年居鲁士曾经对附属于米地亚人的波斯人做过这种许诺，用自由和慷慨赢得过普通民众的心。于是波斯人的军队效忠于大流士，为他赢得了大片土地，就像居鲁士留下来的国土一样大。但是等到大流士一死，薛西斯^① 又是一个接受溺爱教育的王子！大流士啊，大流士，我想我们可以正确地表示抗议，【e】你不能指责居鲁士，因为你对薛西斯的教育与居鲁士对冈比西斯的教育是一样的！我要说，薛西斯是同一类教育的产物，他后来的政绩也一模一样。宽泛地说，从他那个时代一直到今天，波斯人从来没有一位真正的大王，说他们有名无实并不为过。按照我的理论，这种事情并非偶然，其原因正在于君主的儿子和暴富者的后代所过的这种恶的生活。【696】这样的教养绝不会在男孩子、青年男子、成年男子身上产生杰出的善。我认为，这是立法者需要考虑的地方，也是我们当前讨论需要考虑的地方。我要公正地指出，你们拉栖代蒙人的社团值得敬佩，因为你们没有在穷人和富人、普通公民和王族子弟之间做出具体区别，给予不同的教养，【b】只有你们最早的神启的神圣权威除外。具体的城邦荣誉确实一定不能授予财富，也不能授予不伴随善行的双脚的速度、外貌的美丽、肢体的力量，甚至也不能授予不包括节制在内的美德。

麦　你这样说是什么意思，先生？

雅　嗯，我认为，勇敢是美德的一个部分。

麦　当然。

雅　所以，你已经听到了这个故事，现在使用一下你的判断：你乐意有这样一个人住在你家里或者与你为邻吗，他尽管非常勇敢，但却毫无节制，放荡不羁？

麦　【c】但愿不会如此！

雅　那么好吧，一个拥有娴熟技巧的匠人怎么样，他有他自己这个行当里的知识，但不正义？

---

① 薛西斯（Ξέρξης），波斯国王，大流士一世之子，公元前 485 年—前 465 年在位。

麦　不，我绝不会欢迎他。

雅　还有，在缺乏节制的地方，正义绝不会产生。

麦　当然不会。

雅　确实也不会产生我们刚才提到的"聪明人"，他会协调有关快乐与痛苦的情感，使之与理性一致，并且服从理性。

麦　是的，他肯定不会产生。

雅　【d】还有一个要点需要我们考虑，这一点也有助于我们确定城邦的荣誉在特定场合下是否正确的授予。

麦　那是什么？

雅　如果我们发现自我节制存在于灵魂中，但与其他美德分离，那么我们应当合理地崇敬自我节吗？或者不应当？

麦　我真的说不出什么来。

雅　一个非常恰当的回答。如果你回答应当或者不应当，无论哪一种回答在我看来都很奇怪。

麦　那么，我的回答全都对了。

雅　是的。如果你拥有某个本身值得崇敬或诅咒的事物，那么它的那些附加性的成分就不值一提了，【e】把它放过去和保持沉默要好得多。

麦　我设想，你说的附加性的成分是自我节制。

雅　是的。一般说来，无论何种对我们最有益的事物，若附加这一成分，就配得上最高的荣耀，次一位最有益的事物配得上次一位的荣耀，余者类推；等我们列举完了，一切事物都将得到它应得的地位和荣耀。

麦　对。

雅　【697】那么好，我们要再一次坚持①分配这些荣耀是立法者的事务吗？

麦　当然。

---

① 参见本篇631e以下。

雅 你宁愿我们把整个分配荣耀的事务留给他，让他去处置每一个案吗？而我们也有一些事可做，尝试一下立法，你也许喜欢我们去尝试对最重要的阶层作三重划分，然后划分第二重要的阶层、第三重要的阶层。

麦 当然。

雅 【b】我们坚持认为，一个国家要是能够幸存，享受人类所能获得的所有幸福，那么按照恰当的依据分配荣耀和给予羞辱就是完全必要的。这种恰当的依据就是把灵魂之善物放在最受尊敬的位置上——只要灵魂实施自我节制——把身体的善物和利益放在第二位的位置上，处于第三位置上的善物是由财产或财富提供的。立法者或城邦要是不懂这些评价财富的标准，【c】把某些较为低劣的东西放在较高的位置上，那么这是一种政治和宗教上的愚蠢行为。我们要采用这样的标准吗，或者不采用？

麦 是的，必须采用，毫不含糊。

雅 我们对波斯人的政治体制的详细考察使我们的谈话进到这样的地步。我们感到他们年复一年地在衰败，其原因在于普通民众的自由太少，君主的权力太大，从而使他们的民族情感和公共精神终结。【d】由于它们的消失，权柄们关心的不再是他们臣民的共同利益，而是他们自己的地位。只要认为对自己有一点儿好处，他们就会把国家的城市和民众投入烈火，使之荒无人烟，于是人们野蛮地相互仇视，深怀敌意。另一方面，当需要民众组成军队保护自己时，他们在民众中找不到忠诚者，【e】也没有人愿意在战场上为他们冒险，在理论上他们的军队成千上万，但实际上人数再多也不起作用。因此他们就招募雇佣兵和外国人来打仗，指望这些人能救自己的命，就好像没有自己的军队似的。【698】不仅如此，他们不可避免地变得如此愚蠢，乃至于用他们的行动公开宣称，与金银财宝相比，整个城邦视为善的和有价值的东西，在他们眼中只是垃圾。

麦 确实如此。

雅 关于波斯人，让我们就说到这里。我们的结论是，这个帝国运转不良，因为民众被严格管束，而统治者极度专权。

麦　确实如此。

雅　【b】下面我们要讲到阿提卡的政治体制。我们必须证明，按照与前面相同的论证路线，摆脱一切权威的完全自由远比服从有限制的权力糟糕得多。

当波斯人进犯希腊人的时候——比较好的说法也许是，进攻欧罗巴的每一位居民——我们雅典人拥有一种体制，它的统治基础是一种四重城邦等级。节制女神是我们内心的守护神，她迫使我们自觉自愿地服从法律。此外，来自海上和陆上的强大敌军使我们惊恐万状，【c】迫使我们只能更加严格地服从法律和执政官。这些原因都在不断地强化我们相互之间的忠诚。在萨拉米①海战发生前数十年，达提斯②来到波斯军队的前锋所在地，对波斯军队下达了大流士的命令，向雅和埃雷特里亚人③进攻，他的任务是带兵俘虏雅和埃雷特里亚人，大流士警告达提斯，要是失败了就别活着回来。【d】达提斯指挥大军迅速打败了埃雷特里亚人，完全捕获了埃雷特里亚人，这个消息传到我们雅典。据说埃雷特里亚人一个也没能逃脱，达提斯的士兵手拉手就像一张网似的横扫埃雷特里亚全境。这个消息无论是真是假，令希腊人胆战心惊，尤其是雅，【e】他们派出使者向各地求援，但除了拉栖代蒙人，其他希腊人都拒绝了。甚至连拉栖代蒙人也来得太迟，无论是因为他们面临墨西涅人的战争压力，还是由于其他紧迫事件，我不清楚到底是什么原因，但不管怎么说，他们的援兵到达时马拉松④战役已经开始了。马拉松战役以后，不断有波斯人备战的消息传来，波斯国王也不断地对我们发出威胁，后来有消息说，大流士死了，他的儿子继承了王位，用年轻人的那种热情坚持征服希腊的事业。【699】雅明白，波斯人的整个行动主要针对自己，想要对马拉松战役的失败进行报复。当听到

---

① 萨拉米（Σαλαμῖς），地名。萨拉米海战发生于公元前 480 年，薛西斯领兵进犯希腊。

② 达提斯（Δᾶτις），大流士手下的将军。

③ 埃雷特里亚（Ἐρετρία），城邦，位于优卑亚岛。

④ 马拉松（Μαραθῶν），地名。

阿索斯①这座通往赫勒斯旁②海峡的陆桥已经开通，海上出现敌人的小股舰队时，他们感到这下子从陆上和海上都无法逃脱了。他们也找不到援兵。他们记得波斯人第一次从海上进攻埃雷特里亚时的情景，【b】当然也就设想后来在陆上发生的事又会重演。另一方面，所有从海上逃跑的希望显然都不可能了，因为敌人拥有上千条战船，具有更大的威胁。能够想到的获救机会只有一个——非常渺茫而又铤而走险，但仍旧是他们仅存的机会——他们回顾了以往如何在极端危险的情况下坚持战斗，最终取胜。在这样的希望支持下，他们明白自己获救的机会只能掌握在他们自己手中，掌握在他们的神那里。【c】这些原因结合在一起，激发了他们相互间的忠诚——恐惧使他们想要逃跑，但对现存法律的服从又平息了这种恐惧，因为他们已经学会要服从现存的法律——这就是良知，我们前面不止一次地这样称它。如我们所说，要成为高尚的人，必须服从良知，而出于恐惧而逃脱应尽义务的是懦夫。要是他们不被我们所谈论的这个时刻吓倒，那么他们绝不会重新振作起来打败侵略者，保卫神庙、祖坟、国家，以及其他最亲近的东西，而事实上他们确实这样做了，【d】否则的话，我们在这场危机中早就化为灰烬在天空中飘荡了。

麦　是的，先生，你说得很对，你正确评价了你们的国家和你们自己。

雅　无疑如此，麦吉卢，你也一样，你们继承了祖先的品格，是聆听这些时代历史的正确人选。但我要你和克考虑我的叙述与立法有什么相关之处。我的叙述不是为了讲故事，而是为了我说明过的那些目的。【e】请注意，由于我们的命运在一定意义上与波斯人的命运是一样的——尽管他们把共同体的成员变成彻底的下属，而我们鼓励民众争取无限的自由——我们前面的谈话在一定意义上与我们下面要说的和应当说的问题密切相关。

麦　【700】说得好，但你必须把你的观点说得更加清楚些。

---

① 阿索斯（Ἄθος），邻近赫勒斯旁海峡的一个半岛。

② 赫勒斯旁（Ἑλλήσποντ），地名。

雅 我会的。我的朋友，在我们古老的法律下，民众不是处于控制之下，他们过着这样一种生活，自愿服从法律，当法律的奴隶。

麦 你心里想的是哪些法律？

雅 我在想的主要是和那一时期的音乐有关的规范（音乐是一个恰当的领域，可以用来描述一种生活如何逐渐变得比较自由）。在那些日子里，雅典的音乐有许多种类和类型。【b】歌曲的一种类型由对众神的祈祷组成，被称做"颂歌"①；还有一种类型很不相同的歌曲，你们可以很好地把它称做"哀歌"②；"阿波罗颂歌"③构成第三种类型，也还有第四种，被称做"酒神颂歌"④（我认为，这类歌曲的主题是狄奥尼修斯的诞生）。也还存在另外一类歌曲，人们把它当做一个不同的种类，称做"牧歌"⑤，这个词也经常出现在我们口中，人们也常称之为"弦歌"⑥。一旦确定了这些歌曲和其他许多歌曲的类型，就不能让人随便加以颠覆，用一种类型的曲调来创作另一种类型的曲调。【c】掌权者必须懂得这些判断标准并加以使用，并惩罚那些违规者。比如，在剧场里嘘声、狂呼乱叫、欢呼与鼓掌，等等；受过教育的人把安静地聆听表演当做规则，而对那些孩子和他们的侍从，以及那些下等人，【d】就需要有官员的权杖来维持秩序。这样，大批民众就会接受严格的控制，而不会冒险在喧哗中下判断了。后来，随着时间的推移，作曲家出现了，与他们相关的一些法规也制定出来，他们是天才，但对缪斯领域中的正确与合法却一无所知。他们充满无限的想象力和追求快乐的欲望，把哀歌与颂歌、阿波罗颂歌、酒神颂歌全都拼凑在一起；【e】他们实际上还用竖琴模仿笛子的旋律，创造出一种大杂烩。就这样，他们的愚蠢引导他们无意识地诽谤他们的职业，设定在音乐中无所谓对错，判断的正确标准就看能给听众提供多少

① 颂歌（ἡμῖν）。
② 哀歌（ἄττα）。
③ 阿波罗颂歌（παίωνες）。
④ 酒神颂歌（διθύραμβος）。
⑤ 牧歌（νόμους），这个希腊词也有"法"的意思。
⑥ 弦歌（κιθαρῳδικούς）。

快乐。为了能够创作出具有这种效果的音乐和谈话，【701】他们当然要鼓励听众藐视音乐法，还把自己伪装成能干的法官。就这样，我们曾经一度安静的听众发现了一种声音，在说服他们要明白艺术中的善与恶，于是这个领域中的古代的"最优者的统治权"让位给了一种邪恶的"听众的统治权"。如果这样做的结果是民主制的产生，那么只要它还限制在艺术范围内，是自由民的创造，那么还不会有大害。但就像我们看到的那样，音乐已经成为对普遍知识的总的欺骗和对法律以及追随其后的自由的藐视。自信有了所谓的知识，恐惧也就被抛弃了，【b】而失去恐惧也就产生了鲁莽。你们瞧，对于较优者鲁莽地缺乏尊敬是一种具体的、邪恶的厚颜无耻，它源于一种毫无顾忌的过分自由。

麦 你的看法绝对正确。

雅 这种自由会采取其他的形式。首先，人们会变得不愿服从权柄；然后，他们拒绝服从父母和长者的训诫。当他们沿着这条放荡的生活道路疾步前行时，他们试图摆脱法律的权柄；在快要抵达道路的终点时，【c】他们会藐视誓言、诺言和一般的宗教。到了这个时候，我们古老传说中的提坦①的情景就会重现，人类又会退回到地狱般的处境，充满无止境的悲哀。我要再一次问：我们说这些话的目的是什么？我的讲话显然有些跑题了，我必须在我的嘴上装上马嚼子，不至于让我的论证跑题，如同谚语所说，"阴沟里翻船"。【d】让我把问题重复一遍：我刚才这篇讲话的要点是什么？

麦 问得好！

雅 就是我们前面讲过的那个要点。

麦 什么要点？

雅 我们说过②，立法者在立法时应当看到三样东西：城邦的自由、统一和智慧，他就是为此而立法的。事情就是这样，不对吗？

---

① 提坦（Τιτανικα），希腊神话中犯上作乱的巨灵神族。

② 参见本篇 693b。

麦 确实如此。

雅 【e】由于这个原因，我们要选择两种政治体制，一种是最高程度的专制，另一种代表极端的自由；现在的问题是，这两种体制中哪一种是政治的统治？我们考察了一种适度的威权主义和一种适度的自由，我们看到这样的结果，这两种情况都会带来巨大的进步。但若波斯人或雅典人各自把事情推向极端（在一种情况下是极端服从，另一种情况是极端不服从），那么他们就不会得到任何好处了。

麦 【702】你说得非常正确。

雅 我们已经抱着同样的目的考察了多立斯入侵者的定居、达耳达诺斯①在山坡上的定居、在海边建城，以及大洪水以后最初的幸存者；早先，我们还依据相同的观点讨论了音乐和饮酒，以及其他论题。我们的目的就是要发现管理国家的理想方法是什么，【b】个人生活要遵循什么样的最佳原则。但是，我们这样做值吗？我感到奇怪，克利尼亚和麦吉卢，我们有什么办法能测试一下吗？

克 我想我能看到一种方法，先生。相当幸运，我发现我们谈话中涉及的所有主题都和我的某种需要相连。我正好与你和麦吉卢在一起，也真是太幸运了！【c】我不想让你们对我的情况一无所知——确实，能够遇到你们真是一个好兆头。克里特的那个更大的部分正在试图建立一个殖民城邦，克诺索斯人负责这项工程；克诺索斯城邦把这件事托付给了我和另外九名同事。我们的任务就是以我们满意的地方法律为基础，创作一部法典，也使用某些外国法律——我们并不在意这些法律是否来源于外国，只要它们的质量是最好的。【d】所以，你们能帮我一个忙吗？也算帮你们自己的忙。让我们先对已经谈过的论题做一番选择，建构一个想象性的共同体，假定我们是它最初的创建者。这样做将促进我们思考摆在我们面前的问题，我也许可以把这样的设计蓝图用于建设将来的国家。

---

① 达耳达诺斯（Δαρδάνους），特洛伊城的创建者。

雅 嗯，克利尼亚，这肯定是一件受欢迎的好事！你可以这样做，我听你支配，除非麦吉卢有反对意见。

克 好极了！

麦 对，我也愿意协助你。

克 【e】我非常高兴，你们俩都同意了。嗯，让我们尝试着——仅在理论中——创建我们的国家。

第四卷

雅 【704】嗯，好吧，我们该如何描述我们未来的城邦？我的意思不是现在用什么名字叫它，也不是将来应当用什么名字叫它。（名字的问题可以在讨论具体城邦创建时提出；河流、山泉，或者某些地方神灵，也许会给新城邦带来自己的风格和称谓。）【b】我的真正问题是：它位于海滨，还是在内陆？

克 先生，我刚才讲的城邦距离海边大约八十斯塔达①左右。

雅 嗯，有港口吗？它靠海的那一面有港口，还是没有港口？

克 没有，先生。但朝着那个方面，这个城邦有一些好港口。

雅 【c】太可悲了！周围的乡村怎么样？它什么作物都长，还是有某些缺失？

克 噢，它什么都长。

雅 附近有其他城邦与它相邻吗？

克 绝对没有。这就是为什么要在那里建城的原因。几个世代以前，那里的居民都迁走了，无人知道那里的土地荒芜了多久。

雅 【d】有平原、山脉、森林吗？把这方面的情况告诉我，好吗？

---

① 斯塔达（στάδιον），长度单位，希腊里，1斯塔达约合185公尺。

克　跟克里特其他地方的地形差不多。

雅　你的意思是那里崎岖不平而非一马平川？

克　绝对如此。

雅　那么这个城邦各方面都很健康，也会变得有美德。它建在海边，又有很好的港口，但缺乏许多生活必需品，不能自给自足，所以我们需要一位强大的保护人和立法者，防范这种情况下产生出众多精巧的罪恶。好在它现在离海边有八十斯塔达，足以令人感到欣慰。尽管如此，它离海边还是太近了，【705】更何况你说那里还有一个很好的港口。即便如此，我们还是要感恩。一般说来，人们都希望与大海为邻，但它毕竟是"一位又咸又苦的邻居"①。它会使城市充斥商人和小贩，培育出易变和多疑的灵魂习性，从而使城邦对自己不信任和不友好，也对全人类不信任和不友好。尽管如此，那里的物产情况仍旧可以使我们得到进一步的安慰。【b】由于地势崎岖不平，显然不可能出产各种粮食，也不能取得丰收。如果它有丰富的物产，那么大规模的出口就有可能；如果是这样的话，我们的城邦就会有大量的金银流通。我们已经考察了城邦的各个方面，你们可以回想一下我的话，有没有哪件事情会成为高尚和公正品性发展的严重障碍。

克　我们当然记得，我们同意，我们的论证那个时候是正确的，现在也是正确的。

雅　【c】下一个要点是：周边地区能提供造船用的木料吗？

克　那里没有枞树，也没有松树，柏树也不多。而你知道，造船和修船通常需要这些木材，而那里连落叶松和梧桐树也很少看到。

雅　这也是这个城邦的一个特点，但不会有什么伤害。

克　哦？

雅　【d】一个城邦要是发现难以降低身段去模仿它的敌人的邪恶习俗，

---

① 部分引自公元前 7 世纪抒情诗人阿克曼。参见 D.A.Campbell, Greek Lyric（Loeb），Vol.II, pp.468–469.

这是一件好事。

克　到底是我们已经说过的什么观点使你提出这样的评价？

雅　我亲爱的先生，请回想一下我们这场讨论的开端，观察一下我想到了什么。你还记得我们提出的那个观点吗，克里特人的立法只有一个目的，你们俩认定这个目的就是军事，是吗？而我争辩说，美德也完全应当成为建立这种体制的目的，【e】不过，我不承认这种体制可以缺乏某一部分美德，它应当以整个美德为目的。嗯，现在轮到你们了：请你们睁大双眼盯着当前的立法，看我在立法时是否着眼于整个美德，抑或仅仅着眼于部分美德。我要提出一个设想，【706】仅当法律以唯一事物为目的，法律才能很好地被执行，就好比一名弓箭手，对着唯一的目标才能射中，所以法律必须无视其他各种目标，无论是财富还是别的什么，只要它与我具体所指的目的相分离。至于我说的这种"可耻地模仿它的敌人"，我指的是居民受到海上来的敌人的骚扰，比如弥诺斯，他曾经野蛮地强迫阿提卡的居民纳贡①（当然了，我这样说并不包含为你的同胞辩护的意思在内）。【b】弥诺斯在海上拥有庞大的军力，而雅典人当时还不拥有今天这样的战船，他们的国家也不出产适宜用来建造强大战船的木材；还有，他们也不能马上把自己转变成水手，在海上模仿克里特人，把敌人赶出去。【c】当时的情况就是这样，他们宁可多次失去七对童男童女，也不愿组织自己的海军。他们原先是步兵，而步兵要能够坚守岗位；但水手有他们作战的坏习惯，猛烈的冲撞、频繁的进攻，然后快速撤退到他们的船上。他们不认为这样做有什么可耻：拒绝坚守岗位，拒绝战死沙场，找各种理由和借口，扔下武器逃跑——或者，如他们自己所说，"光荣的撤退"。要想把你们的战士变成水手，你们可以预期的就是这种情况；这些说法并非"赞美不尽"（远非如此）：【d】一定不要按照这些坏习惯训练人，更不要说训练公民中的精英了。我在想，哪怕在荷马那里你们也

① 雅典王埃勾斯杀了克里特国王弥诺斯的儿子安德洛革俄斯。弥诺斯为儿子报仇，包围雅典，要求雅典每年送七个童男、七个童女给弥诺陶洛斯（半人半牛的怪物）吞食。

能看到这是一种坏政策。荷马写道，奥德修斯①指责阿伽门农②在受到特洛伊人的进攻时下令把战船拖下海。奥德修斯对他说：【e】"战斗正在激烈进行，你却命令把我们的那些精良船只拖下海去，好让已对我们占有优势的特洛伊人更占上风，让我们被他们彻底打败。如果我们把船只拖下海，阿该亚人便会不断回首观望，放弃战斗，【707】全军的统帅啊，你的建议实在有害。"③所以，你们瞧，荷马也明白，让战船下海以支持陆上的步兵，这是一种坏策略。按照这样的习惯进行训练，雄狮遇到小鹿也会逃跑。还不尽然。一个国家拥有自己的海军，在战争中赢得胜利，最勇敢的士兵们决不会得到荣誉，因为战斗胜利归功于舵手、【b】水手、桨手的技艺和其他船员的努力，这就意味着不可能授予每个人他应得的荣誉。你们剥夺了这个国家做这种事的能力，然后对它进行谴责，说它是一种失败。

克　我设想，这种情况或多或少是不可避免的。然而，尽管如此，先生，萨拉米海战抗击了野蛮人，希腊人拯救了他们的国家——按照我们克里特人的看法，不管怎么说。

雅　【c】是的，几乎所有人都这么讲，无论是希腊人还是非希腊人。还有，我的朋友，我们——麦吉卢和我——争论过两场陆上的战役：马拉松，使希腊人摆脱危险的第一场战役；普拉蒂亚④，这一战役最终使他们真正获得安全。我们坚持认为，这些战役改善了希腊人，而那些海上战役则起着相反的作用。我希望用这样的语言来谈论那些事关生死存亡的战役不会太强烈（我会向你们提到阿特米西乌⑤海战和萨拉米海战）。这样的讨论都很好，【d】然而，当我们考察一个国家的地理特点和法律体系时，我们的最终目标当然

---

①　奥德修斯（Ὀδυσσεύς），人名。
②　阿伽门农（Ἀγαμέμνων），人名。
③　荷马：《伊利亚特》14：96 以下。
④　普拉蒂亚（Πλαταιαί），地名。公元前 479 年，希腊联军与波斯侵略者决战于普拉蒂亚，以少胜多。
⑤　阿特米西乌（Ἀρτεμισίῳ），地名。阿特米西乌海战也发生在公元前 480 年薛西斯领兵侵略希腊的时候。

是它的政治体制的质量。我们不会像普通人那样，认为一个人的至善就是幸
存，就是继续活着。我们认为，一个人的至善就是尽可能成为有美德的人，
生命延续多久，就要按这种状态存在多久。不过，我认为我们以前已经谈过
这个问题。

克　当然。

雅　那么，我们需要考虑的只有一件事：我们遵循的方法和前面相同
吗？我们能设定这是创建城邦和为城邦立法的最佳方法吗？

克　是的，迄今为止，它是最佳的。

雅　【e】现在来看下一个要点。告诉我，你的城邦要安排什么人成为它
的公民？你的政策是接受来自克里特各个城邦的人吗？假定这些城邦人口增
长太快，已经没有足够的粮食来维持生存。我想你们不会从整个希腊征召居
民，尽管我注意到已经有来自阿耳戈斯、【708】伊齐那①，以及其他希腊各
地的人，在你们国家定居。不过，告诉我你的意向，你认为你们的公民主体
会来自哪里？

克　他们有可能来自整个克里特。至于其他希腊人，我在想，伯罗奔尼
撒人应当最受欢迎。事实上，就像你刚才说的那样，我们中间已经有了来自
阿耳戈斯的移民，其中包括戈提那②人，当地最杰出的居民，他们是伯罗奔
尼撒岛上著名的戈提那人的后裔。

雅　【b】所以，克里特的城邦要创建它们的殖民地不是一件易事。你们
瞧，移民们不像一群蜜蜂，从同一个地方迁来，相互之间保持友好，他们只
是由于原来的领地不够大，不能充分提供生活必需品才迁徙到这里来。有时
候，一个移民团体会由于党派之争而用暴力驱逐部分成员，也会有某个团体
受到外来的进犯而被驱逐。【c】一种方式的定居和立法在各种情况下都比较
容易，而另一种方式就比较困难。种族、语言、体制方面的相同确实有助于

---

①　伊齐那（Αἰγίνη），地名。

②　戈提那（Γόρτυνος），地名，位于克里特岛。

促进人们之间的友好感情，因为他们在宗教仪式以及其他类似的事情中会融为一体，但他们不会容忍与其原有法律和体制不同的新法律和新制度；这是因为，有的移民团体遵守坏法律而结成派别，其成员出于习惯势力而拒不服从新城邦的创建者以及他们立下的法律。【d】由各种不同成分聚集在一起的人也许比较愿意接受新法律，但这也是一件难事，需要很长时间才能使其全体成员如谚语所说的那样"同呼吸，共命运"。创建一个城邦并为之立法，乃是一项超级考验，可以区别成人与儿童。

克　我敢这样说，不过，你这是什么意思？请你说得更加清楚一些。

雅　【e】我亲爱的同伴，我现在要再次回过头来考虑立法了，我想我实际上是在冒犯他们，但无论如何，只要这个观点与我们的问题相关。那么，我为什么会犹豫不决呢？因为这确实是全人类都要关心的事。

克　【709】你心里想到的是什么？

雅　我想说的是，从来就没有人立过什么法。偶然性和灾难以成百上千种形式发生，它们就是这个世界的立法者。如果不是战争颠覆了体制，迫使人们重写法律，那就是极度的贫困造成了这种变化；疾病也会迫使我们制定新的法律，尤其是瘟疫降临，或者是恶劣的天气反复出现。【b】鉴于这些事实，人们也许会改变想法，会像我刚才所说的那样，以为人没有制定过任何法律，人类的全部历史都是由偶然事件组成的。当然了，同样的观点用于舵手、医生、将军的职业也同样是有理的——不过，与此同时也可以对所有这些事例表达另外一种观点，而且这种观点也不会不那么合理。

克　什么观点？

雅　神是人类一切事务的操控者，"时机"和"机会"只起第二位的影响。还有一种比较协调的方式是，【c】承认还有第三种因素，亦即"技艺"，在起作用，支持另外两种因素。比如，舵手在暴风雨中可以使用或不使用他的技艺来把握任何有利的时机。要是他使用了，那么我会说它会有很大帮助，你不这样看吗？

克　我这样看。

雅 同样的道理在其他例子中也适用，所以在立法中我们也应当承认同样的原则。一个城邦要过上幸福的生活，必须具备某些条件，等到万事俱备，共同体需要的就是发现一位立法者，他懂得处理这些事务的正确方式。

克 非常正确。

雅 【d】所以，职业家在我们列举的某个领域内几乎不可能出错，要是他祈求某种时机，并用他自己的技艺来加以补充。

克 确实如此。

雅 我们在举例中提到的其他所有人当然也能告诉你他们祈求的是什么，要是你问他们，是吗？

克 当然。

雅 我设想，一名立法者也会做同样的事。

克 我同意。

雅 【e】"好吧，立法者，"让我们对他说："把你的要求告诉我们。在这个城邦里，我们要给你什么东西，你才能从今往后恰当地使它运转？"对这样的问题，正确的回答是什么？（假定我们要对立法者做出回答。）

克 嗯。

雅 他会这样说："给我一个处于独裁者绝对控制之下的城邦，让这位独裁者年轻一些，他要有好记性，能很快地学习，要非常勇敢，要有高尚的品性。【710】要是他的其他能力会起作用，那么他那颗独裁者的灵魂也会拥有这种品质，我们在前面同意过，这种品质对实现每一部分美德都是不可或缺的。"

克 我认为，我们的伙伴说的这种"不可或缺的"东西就是自我节制，麦吉卢。对吗？

雅 对，克利尼亚——但我指的是日常意义上的节制，而非最高意义上的节制，在最高意义上，我们可以说自我节制就是明智。我的意思是，在儿童和动物身上会有某种自发的本能约束着它们对快乐的寻求，在有些情况下，这种约束是成功的，在有些情况下，这种约束是失败的。我们说过，【b】这种品性要是孤立存在，而与我们讨论的其他许多品性分离，那么它就不值得考虑。我想，你听懂我的意思了。

克 当然。

雅 要使这个城邦尽快得到一个有效的政治体制，使城邦过上一种极为幸福的生活，我们的独裁者必须具有一种内在品质，除了拥有其他品质之外。你们瞧，没有，也不可能有其他比这更快、更好的方法了。

克 【c】嗯，先生，一个人如何才能使他自己确信他谈论的这些事情？关于这一点有什么论证吗？

雅 这相当容易，看到这些事例中的事实就能明白这种学说是真的。

克 你这里什么意思？你说的，要有一位独裁者，要让这位独裁者年轻一些，他要有好记性，能很快地学习，要非常勇敢，要有高尚的品性。……

雅 你别忘了加上"幸运"，在这个事例中，他应当是一位杰出的立法者的同时代人，能相当幸运地与立法者接触。【d】如果这个条件满足了，神就会像通常那样，把大量的恩惠赐给这个城邦。下一桩美事就是有一对这样的独裁者，第三桩美事就是有几个独裁者。难处在于他们的比例和数量。

克 看起来，你的立场好像是这样的：最好的国家是独裁制的产物，幸亏一位第一流的立法者和一位行为端庄的独裁者的努力，这是带来这种转型的最快捷、最容易的方式。第二好的方法将从寡头制开始——【e】这是你的观点吗，或者说你是什么看法？——第三好的方法将从民主制开始。

雅 当然不是。独裁制是最理想的起点，第二好的是君主制，第三好的是某种民主制，寡头制列在第四位，因为它有很多掌权的人，所以要在其中形成一种新秩序会很困难。当然了，我们坚持，假如有一位真正的立法者能与城邦里最有影响的人分享一定程度的权力，那么这种新秩序的形成还是会发生的。【711】影响极大，而人数极少，就像独裁制那样，在这样的地方，你们通常可以看到快速的、双重自由的过渡。

克 怎么过渡？我们不明白。

雅 这个观点我们说了不止一次，我想。也许你们俩还从来没有看到过处在一名独裁者控制之下的城邦。

克 没有，我也不特别想这么做。

雅 【b】嗯，假定你做了，你会注意到我们刚才说过的这个特点。

克 什么特点？

雅 独裁者想要改变城邦的道德风尚并不费力，也不需要很长时间。他只需要沿着他所希望走的道路前进，敦促他的公民——无论是实施美德还是恶德——以他自己为榜样，给公民们画一张完整的道德蓝图；【c】他必须赞扬某些行为，批评另外一些行为，在每一行为领域，他必须看到任何不服从的人都要受到斥责。

克 为什么我们应当期待公民们乐意服从这样一个人，他把说服和强迫结合在一起使用？

雅 我的朋友，一个城邦要改变它的法律，没有比服从掌权者的领导更快捷、更容易的方法了；现在没有其他方法，将来也不会有其他方法，我们不应当让任何人说服我们，答出相反的结论。实际上，你们瞧，这里的问题不是有无可能或者是否难以获得。【d】真正的难处在于其他事情，在世界史上都罕见；这种事情一旦发生，城邦就能极大地得到好处——确实，任何幸福都会降临。

克 你指的是什么事情？

雅 我指的是这样一种情形，有一种神圣的激情在指导那些掌握大权的人，让他们沿着克制和正义的道路前进。这种激情可以把握某个最高统治者，也可能把握那些极为富有的人或家世显赫的人；【e】或者说，你们可以得到一位复活了的涅斯托耳[①]，他的讲话能力超过世上所有人，甚至连他的克制能力也是首屈一指的。据说，在特洛伊时代，这样完美的人确实存在，但时至今日，这样的人闻所未闻。还有，假定有过这样的人，或者今后会有这样的人，或者这样的人就活在我们中间，那么这个有节制的人的生活是

[①] 涅斯托耳（Νέστωρ），特洛伊战争中的名将，为人公正，擅长辞令，足智多谋。

幸福的，聆听他的话语的人也是幸福的。【712】统治无论采用哪一种形式，同样的学说都是对的：由一个人掌握最高权力，并且让他拥有明智和自我克制，在这种地方你们就有了最佳政治体制的诞生，还有与之相配的法律；否则你们绝无可能获得它。我的神谕般的想象就说到这里！让我们把这些看法当做明确的，对一个城邦来说，要获得一套优秀的法律是困难的，但从另一层意义上看，世上没有什么事情是快捷的、容易的——当然了，假定我已经提供了这些条件。

克　怎么会这样呢？

雅　【b】假定这一虚构对你们的城邦来说是真的，克利尼亚，有助于你们制定城邦的法律，那会怎么样？就像儿童，我们这些老人有点喜欢伪装。

克　对，那我们还在等什么？让我们开始吧。

雅　因此，让我们恳请神来参加城邦的创建。愿他能听到我们的祈祷，仁慈地帮忙安排我们的城邦和城邦的法律。

克　但愿他能来。

雅　好吧，我们打算让这个城邦采用什么样的政治体制呢？

克　【c】请你说得更加清楚一些，你这个问题的真正含义是什么？你的意思是我们必须在民主制、寡头制、贵族制中间进行选择吗？假定你几乎不会沉思独裁制——或者说我们无论如何要想一想。

雅　好吧，你们俩哪一位打算先回答，告诉我们这些名称中哪一个适合你家乡的政治体制？

麦　由我先来回答不行吗，因为我年长一些？

克　【d】也许是吧。

麦　很好。每当我考虑在拉栖代蒙起作用的政治体制时，先生，我发现要直截了当地回答你是不可能的：我就是说不出该用什么名称来叫它。你瞧，它看起来确实和独裁制有相似之处（它有监察官，这种体制确实是极为独裁的），然而我有时候又认为我们的体制在运行中是非常民主的。【e】还有，要是否认它是一种寡头制，那么这样的看法真的非常愚蠢；它也是一种王政

（一直有国王），世上所有人，包括我们自己，都把它当做一种最古老的王政来谈论。你的问题非常突然，如我所说，我确实不能清楚地告诉你我们的体制属于哪一类型的体制。

克 我和你一样困惑，麦吉卢。我发现真的很难说我们克诺索斯的体制属于哪个类型。

雅 先生们，之所以如此，原因是这样的：你们真的运行过与这个名称相匹配的体制。而刚才被我们称做体制的东西实际上并不是体制，它们只是运作城邦的一些方式，这些方式全都让某些公民像奴隶一样服从其他公民，在各种情况下，城邦会以统治阶层的名称来命名。【713】如果按照这种原则来命名你的新城邦，那么我们可以用这位神的名称来为它命名，这位神在这个城邦里统治着凡人，这些凡人有理性，请他来实施统治。

克 他是什么神？

雅 嗯，我们也许还应当再使用一会儿这种虚构，要是我们想要做出满意的回答。

克 对，这是正确的程序。

雅 【b】确实如此。好吧，在我们前面描述过的城邦建立之前，有过无数个世代，他们说在克洛诺斯①时代，有一种统治和管理形式取得了极大的成功，它可以作为一张蓝图，让我们今天的城邦能最好地运转。

克 所以，我想，我们必须听一听。

雅 对，我同意。我之所以要把它引入讨论就是由于这个原因。

克 你这样做相当正确，鉴于此事关系重大，【c】请你完整而又系统地把所发生的事情都解释给我们听。

雅 我必须尽力满足你们的愿望。按照世代传承的故事，在那个幸福的时代，各种生活用品的供应极为丰富，从不短缺。其原因据说是这样

---

① 克洛诺斯（Κρόνος），天神乌拉诺斯和地神该亚的儿子，后推翻乌拉诺斯的统治，成为新一代天神。

的。克洛诺斯非常明白，人的本性，如我们解释过的那样①，绝无可能完全控制所有凡人的事务而不充斥傲慢和不公正。把这一点记在心里，他给我们的城邦任命国王和执政官；他们不是人，而是精灵，【d】属于比人更加神圣和优秀的种族。我们按照同样的原则对待我们的羊群、牛群和其他家畜：我们不会指派公牛去管理公牛，或者指派山羊去管理山羊，我们的种族比牲畜高一等，因此要由我们自己来控制它们。这位神出于对人类的仁慈，做了同样的事，他指派精灵这个较高等的种族来监管我们，为了我们的方便，他不厌其烦，【e】赐给我们和平与怜悯、健全的法律和充足的正义，还有人的家庭内部的和谐与幸福。所以，这个故事给我们现在的人提供的教育意义是，一个共同体如果不是由神来统治，而是由人来统治，那么其成员就不可能摆脱邪恶和不幸。我们应当竭尽全力——这就是这个故事的寓意——再造克洛诺斯时代的生活，【714】应当规范我们的私人家庭和公共城邦，使之服从我们中间的不朽成分，并把法律的名称给予这种理智的约定。但若一个人、一种寡头制，或者一种民主制，用它自己的灵魂关注自己快乐、激情和欲望的满足，那么这样的灵魂无法自持，而会被长期的、贪得无厌的疾病所控制。当这样的人或体制把法律踩在脚下，对个人或城邦发号施令，那么如我刚才所说，一切获救的希望都消失了。【b】这就是我们必须加以考察的学说，克利尼亚，我们打算相信它——抑或不是？

克　当然相信，我们必须相信它。

雅　你知道有些人坚持认为，有多少政治体制就有多少种不同的法律，是吗？（当然了，我们刚才讨论过许多类型的政治体制。）别认为这个问题微不足道，这个问题其实非常重要，因为我们实际上已经回过头来论证判断正义与不正义的标准。这些人认为，立法不应当以战争或取得全部美德为指向，【c】而应以保护这个已经建立起来的政治体制的利益为指向，无论这个

----

① 参见本篇691c。

体制是什么，所以它绝不能被推翻，而要努力长治久安。他们说，可以用来衡量事实的正义的定义是这样的。

克　什么样的？

雅　"正义即强者的利益。"

克　你能说得更清楚些吗？

雅　这里的要点是这样的：按照他们的说法，处于控制地位的某个要素在某个既定时刻制定了这块土地上的法律。对吗？

克　相当正确。

雅　【d】"所以，你们可以设想，"他们说："当一种民主制赢得权力，或者某些其他体制已经建立起来（比如独裁制）的时候，除非处于压力之下，除了那些确保它的自身利益和永久掌权而设置的法律，它绝不会再通过任何法律，是吗？这就是它的当务之急，不是吗？"

克　当然是。

雅　所以，这些法规的制定者会把这些规矩称做"正义的"，宣称任何人触犯这些规矩都是"不正义的"，应受惩罚，是吗？

克　很像是这样的。

雅　所以，就是由于这个原因，这样的规矩总要添上"正义"之名。

克　当然，按照当前的论证。

雅　【e】你们瞧，我们正在处理那些"宣称拥有权柄"[①]的主体之一。

克　什么宣称？

雅　就是我们前面考察过的，我们当时问，谁应当统治谁。看起来，父母应当统治子女，长者应当统治年轻人，出身高贵者应当统治出身卑贱者，其他还有许多人声称拥有权柄，要是你记得，其中有些权柄相互之间是有冲突的。我们现在正在谈论的"宣称"肯定是这些宣称之一；我们说，品达把它转变成为一种自然律令——【715】我在想，这里的意思是"他公正地使

---

① 参见本篇 690a 以下。

用了某种极端的力量"，这是他的原话。①

克　是的，我们前面说过这些意思。

雅　现在，你来看：关于我们这个城邦，我们应当相信参加争论的哪一方？你们瞧，在某些城邦，诸如此类的事情成千上万次地出现。

克　什么事情？

雅　当公共职位充满竞争的时候，胜利者会彻底接管城邦的事务，会完全否定失败者及其后裔，不让他们分享任何权力。【b】一个党派监视其他党派因妒忌而策划的叛乱，因为叛乱者认为取得职位的那些人过去作恶多端。这样的城邦，我们当然不会把它视为法治国家，就好像法律若不是为了整个共同体的共同利益，就不是真正的法律一样。我们说，为一个党派做事的人是党派分子，而不是公民，他们所谓的公民权利是空洞的陈词滥调。我们这样说的理由是，你我都不愿把你们城邦中的职位授予那些只为自己财富打算，或只为自己占有某些利益的人，【c】比如膂力、地位或家庭。我们认为，绝对服从已有法律的人才能对其同胞取得胜利，我们只能把众神使臣的工作交给这样的人，让他担任最高职位，次一等的职位则通过竞选产生，其他职位也同样通过有序的选拔来确定。我刚才把权力称做法律的使臣，【d】这样说并非为了标新立异，而是因为我深信城邦的生存或毁灭主要取决于这一点，而非取决于其他事情。法律一旦被滥用或废除，共同体的毁灭也就不远了；如果法律是政府的主人，政府是法律的奴隶，那么整个世道会充满应许，众神对城邦的赐福就会到来，人们将享有各种幸福。我就是这么看的。

克　【e】苍天在上，先生，你说得很对！对于这些事情，你有一双老人的敏锐的眼睛。

雅　是的，我们年轻的时候对这些事情是盲目的；而老年是清楚地观察这些事情的最佳时间。

---

① 参见本篇690b。

克　非常正确。

雅　嗯，下面该做什么了？我假定，我们的那些殖民者已经到来，就站在我们面前。我们要通过向他们讲话来结束这个论题。

克　当然。

雅　嗯，我们的讲话会是这样的："朋友们，按照古老的传说，一切事物的开端、终结和中间，掌握在神的手中；【716】事物在自然的循环中运动，走向终结，沿着正确道路前进的事物比背弃神的法则的事物更加正义。以卑微、恭敬的态度密切追随神的法则的人是幸福的，而那些空洞自傲的人，例如为财富、等级、年轻、美貌而感到自豪，陷入荒淫的火坑，既不接受管教又不要指导，【b】反而要去指导别人，这样的人就会遭到神的离弃。这样的人被离弃后会聚集他的同类，用疯狂的行为制造混乱。在有些人眼里，他似乎是伟大人物，但要不了多久，他就会无限制地修改正确的东西，毁灭他自己，毁灭他的家庭，毁灭他的国家。事情就是这样，对此，有判断力的人该怎么办，我们有什么预见吗？"

克　这很明显：每个人必须下定决心，成为神的追随者。

雅　【c】"所以，什么样的行为才会讨神喜欢，可以用来表明自己对神的追随？这样的行为只有一种，用一句古话来概括：'同类相亲'（若是过分与众不同，则既是它自身的敌人，又是特定比例的敌人）。在我们看来，'神是万物的尺度'这句话所包含的真理，远远胜过他们所说的'人是万物的尺度'①。所以，你们要想使自己成为具有这种品性的人，就要尽力使自己的品性像神，【d】按照这一原则，有节制的人是神的朋友，因为这样的人像神；神不喜欢我们中间无节制的人，因为这样的人与神相异，是神的敌人；同样的推论也适用于其他恶德。

"让我们明白，上述所有观点均为下列学说的推论（我认为这个学说是最优秀的，最真实的）：好人向众神献祭、祈祷、奉献，与神为伴，这是

---

①　智者普罗泰戈拉的观点。

他能遵循的最优秀、最高尚的方式；【e】这是适宜他的品性的行为，是他获取幸福生活的最有效的办法。好人的灵魂是洁净的，而坏人的灵魂是污染的，从不洁净的手中接受礼物对好人和神来说都不会是正确的——【717】这就意味着不虔诚的人做这些事情是徒劳的，而虔诚的人这样做是合情合理的。这就是我们必须射中的目标，但我们要使用什么样的'箭'和'弓'呢？我们能把它们称做'武器'吗？在我们的武库中，第一样武器就是在荣耀奥林帕斯众神和城邦保护神之后荣耀冥府神祇；冥府神祇应当得到第二位的荣耀，【b】就如'偶数'和'左面'，而奥林帕斯众神和城邦保护神应当得到最高的荣耀，就如'奇数'。① 虔诚，这是一个人能命中目标的最佳方式。有理智的人可以在崇拜众神之后崇拜精灵，然后崇拜英雄。其次，要按照法律的要求，在私人神龛里崇拜家神。最后要荣耀仍旧在世的父母。偿还债务首先应当偿还最先欠下的债和所欠最大的债，这样做是恰当的，正确的；【c】一个人要想到，他拥有的一切都属于生养他的父母，如果不能尽其所能和所有侍奉养育他的人，那么他是邪恶的。他首先要用他的财产来侍奉他们，然后是用他的双手和头脑来服侍他们，满足老人的各种需要：他在年幼时得到的精心照料和长辈为他付出的辛劳就像一笔贷款，现在要由他在长辈年老和有迫切需要时加以偿还。还有，一个人在一生中都应当对父母保持特别恭敬的态度，【d】因为轻狂的话语会带来沉重的厄运，指派涅墨西斯②为使者监察这种事是完全正确的。所以当父母发火时，应当顺从他们，要用言语和行动平息他们的愤怒。你们要理解，做父亲的以为自己受到儿子的伤害而勃然大怒，其实是非常自然的。父母过世的时候，最有节制的葬礼是最好的。不应超越习俗，举行浮华的葬礼，【e】但在祖宗墓地里埋葬死者时也不能缺少葬礼，还要遵守同样的规则每年祭奠死者。在花费适当的钱财祭祀祖先时，【718】最重要的是在心中牢记死

---

① 毕泰戈拉学派提出一系列对子：奇数与偶数、右边与左边、雄性与雌性、善与恶，等等。

② 涅墨西斯（Νέμεσις），希腊神话中专司报应的女神。

者，永远尊敬他们。如果我们这样做了，并按照这些规矩去生活，我们就能不断地得到上苍和更高力量的恩赐，我们的日子和我们的生活就会充满希望。"

法律本身将解释我们对孩子、亲戚、朋友、同胞公民应当承担的义务，还有上苍要求我们为外国提供的款待；法律将告诉我们应当以什么样的方式去对待各种不同的人，若我们想要在不违反法律的前提下过上一种圆满和丰富多彩的生活。【b】法律的方法一部分是说服，另一部分是（对那些不听劝告的人）强制和惩罚；带着众神良好的愿望，它们将使我们的城邦幸福和繁荣昌盛。【c】还有许多主题在像我这样的立法者看来必须提及，但它们不容易以法律的形式来表达。所以，我想，他应该向他自己提出这些主题，也要把这些主题向他将要为之立法的其他人提出，尽力向他们解释，为他们竖立一个样板，等到这些事情都做完了，他就能确定一部真实的法典了。所以，能够表达诸如此类主题的具体形式是什么呢？要把一个人对它们的解释局限在一个例子中不太容易，不过，让我们来看，有没有什么办法可以使我们通过观察这样的事物来具体说明我们的想法。

克 告诉我们，你此刻想到了什么。

雅 我想要公民们乐意听从劝告，趋向美德；这显然就是立法者在其立法活动中想要达到的效果。

克 【d】当然。

雅 我想到我刚才解释过这种方法，只要不是对着那些完全野蛮的灵魂，它就有助于使听众变得比较友好，愿意聆听立法者的指导。所以，即使他的讲话没有大的效果，也会使他的听众变得比较容易把握，比较容易教诲，立法者对此应当喜悦。尽心竭力向善的人非常少，很不容易找到；这在大多数情况下只是证明了赫西俄德的评价，【e】通向恶的道路是平坦的，而且不远，不必流汗就能抵达；然而，"作为获取美德的代价，"他说："众神在美德和我们之间放置了汗水，通向它的道路既遥远又陡峭，而且出发之处的路面崎岖不平，可是一旦到达最高处，【719】尽管还会遇到困难，以后的道路就很容易走了。"①

克　他很好地刻画了这种情形。

雅　确实如此。但在进行这一讨论以后，我留下了某些确定的印象，想要提出来请你们考虑。

克　那就请你这么办。

雅　让我们还是对着立法者说话：【b】"立法者，要是你能发现我们应当做什么、我们应当说什么，请你务必告诉我们，你肯定会告诉我们吗？"

克　当然。

雅　"不久前②，我们不是听你说过立法者一定不能允许诗人随心所欲地创作吗？你们瞧，他们从来不知道他们说的某些事情违反法律、危害城邦。"

克　你说得很对。

雅　好吧，要是我们站在诗人一边，对立法者说话，这样做合理吗？

克　怎么说？

雅　【c】这样说："立法者，有一句古老的格言我们的诗人不厌其烦地讲述，而世人也普遍相信，诗人坐在缪斯的三足祭坛前面的时候，他无法控制他的思绪。就像一眼清泉，他不停地吐出清澈的泉水。他的技艺是一种再现的技艺，当他用对立的品性再现不同的人物时，他经常被迫与他自身对立，他不知道这些相反的话语中哪些话语包含着真理，但对立法者来说，这种情况是不可能的：【d】他一定不能让他的法律就相同的主题表达两种不同的意见；他的原则必须是'一个主题，一种学说'。就拿你刚才说的那件事为例。葬礼可以是奢华的、不恰当的、简朴的，你只能在这三种可能性中选择一种——简朴的——你推荐这种葬礼，并且予以高度赞扬。如果我在创作一首诗，讲一位富婆如何就她自己的葬礼发指示，【e】那么我会向她推荐奢华的葬礼；如果是一位节俭的穷人，那么我会向他推荐简朴的葬礼；而对那

---

① 赫西奥德：《工作与时日》287—292。

② 参见本篇656c。

些有节制的人，我也会向他推荐有节制的葬礼。不过，你不应当以你刚才的那种方式使用'节制'这个词；你一定要说怎样才算有节制，多大才算恰当。要是你不能这样做，那么你一定明白，像你刚才所做的评论，要使它成为法律，还有很长的路要走。"

克 你说得很对。

雅 所以，我们指定的立法者在他的法典开头应当发布诸如此类的公告吗？他难道只是非常简单地说一个人应该做什么，不应该做什么，再发出一些惩罚的威胁，【720】然后就转入下一条法律，而没有一句鼓励或说服的话吗？你知道，这和医生一样，我们病了，请他们来看病，一个人用恐吓的办法，一个人用另外的办法。让我们回想一下这两种方法，所以，我们可以对立法者提出同样的请求，可以让一名儿童来做他的医生，以便可以尽可能温和地对待他。你喜欢这个比喻吗？嗯，我们通常说有医生，也有医助，当然了，我们把医助也叫做医生。

克 【b】当然。

雅 这些"医生"（可以是自由民，也可以是奴隶）通过经验习得他们的医术，观察他们的主人，听从主人的指示；他们没有医生那样系统的知识，这些医生是自由的，他们为自己学习，并且把知识传给他们的学生。你同意我们把医生分为这两类吗？

克 当然。

雅 【c】嗯，这是另一件你需要注意的事。城邦的无效劳动不仅包括自由民，而且包括奴隶，他们几乎总是受到其他奴隶的恐吓，这些奴隶医生要么匆匆忙忙地跑去给病人看病，要么等着给病人动手术。这种医生决不会向奴隶病人解释什么病情，或者打算聆听奴隶病人讲述病情，他只是依据以往的经验，开下处方，就好像他拥有精确的知识，是一名充满自信的独裁者。然后，他匆匆离开，去给下一个生病的奴隶看病，分担他主人照料病患的工作。【d】与此相反，自由的医生给自由民看病，这样的医生大部分能以一种科学的方式自始至终地治疗疾病，充满自信地对待病人和病人的家属。他会向病人了解病情，尽力调理病人的症状。在没有得到病人的同意以前，他不会开处方；【e】而他一旦开出旨在使病人完全康复的处方，就能得到病人的完全服从。这两种方法，哪一种能使医生成为比较好的治疗者，或者能使教练比较有效？他们应当用双重的方法获得单一的效果吗？或者说他们使用的方法也应当是单一的——不那么令人满意的方法不会使这种无效更加糟糕吗？

克　先生，我认为，双重方法要好得多。

雅　那么我们要不要来看一下这种双重的方法在立法中如何产生单一的效果？

克　要，我非常喜欢这样做。

雅　【721】那么好吧，上苍在上，我们的立法者将要制定的第一条法律是什么？他制定的第一条法律肯定涉及城邦里生孩子的事。

克　当然。

雅　在所有城邦里，第一步就是两个人在婚姻伙伴关系中结合吗？

克　没错。

雅　所以，对每个城邦来说，正确的政策就是首先通过婚姻法。

克　无疑是这样的。

雅　那么，现在就开始，让我们来看它的简要形式。它或多或少会是这个样子的：【b】"男子应在年龄到达三十岁，并在三十五岁之前结婚；拒绝结婚者应处以罚款和羞辱……"然后再具体规定罚款的数量和羞辱的形式。婚姻法的简要形式就说到这里；而它的双重版本则是这样的："男子应在年龄到达三十岁，并在三十五岁之前结婚，在此年龄段的人可以视为已经拥有不朽意识，人的本性使我们每个人以各种形式表现这种不朽意识，想要在世上赢得名声，不愿默默无闻地躺在坟墓里，【c】就是这种不朽意识的表现。因此，人类这个种族是时间的双生子和伴侣，绝不能与时间分离，这就是人类不朽的性质。通过世代延续，这个种族保持同一，通过繁殖后代分有不朽。因此，虔诚断然禁止人们用自己的行为剥夺自己的欢乐，比如有些人不想要妻子和孩子，自愿地剥夺自己。【d】所以对那些服从法律的人我们不会让他受到伤害，而对那些不服从法律，到了三十五岁还不结婚的人，那就让他每年交付若干数量的罚金，使他不能用他单身状态作为赢利和偷闲的资源，让他失去年轻人经常给予长者的那些公共荣耀。"听了这条法律，并拿它与另一条相比，可以做出判断，一般的法律条文是否应当包括说服和恐吓，【e】或者说至少要用两倍的篇幅来表述，或者说只限于包括恐吓，只用一半的篇幅。

麦　先生，喜爱简洁是我们拉栖代蒙人的本能。但若要我坐下来判定这些法律条文哪一种会在城邦里被认可，【722】那么我会选择比较长的那段条文，我的选择会和你当做样品提供给我们的法律条文相同。还有，我设定克利尼亚也一定会批准当前的立法，因为是他的城邦将要采用我们制定的法律。

克　多谢你的美言，麦吉卢。

雅　不过，把我们的时间花在争论法律条文的冗长和简洁没有什么意义；【b】我想，我们应当看重的是它的质量，而不是极端的简洁或冗长。我们刚才提到的一种法律在实际使用中与另一种法律相比，具有双倍的价值，但这还不是它的全部；我们刚才说过，我们的两种医生的比喻是非常合适的，与两种类型的法律完全平行。然而，尽管我们的立法者无人会注意到自己在立法中只依赖一种工具，而立法实际上有两种工具可用，这就是说服与强迫，如果民众缺乏教育，那就可以同时使用这两种方法。【c】权柄在立法中决不会掺和说服的方式，它们的工作完全依靠强迫。而我自己，我亲爱的先生们，我发现在立法中还应当遵守第三样条件。

克　你指的是什么条件？

雅　相当幸运，我们今天的谈话已经把它揭示出来。我们从早晨开始讨论法律，而现在已经是中午，我们抵达了这个极好的休息地；我们只谈了法律，其他什么都没谈——【d】然而，我怀疑我们有关法律的讨论才刚刚开始。

迄今为止，我们所说的内容都只是法律的一个开场白。我为什么要这样说？因为我注意到，对每一种事物的讨论和口头表达都有它的前奏和预备性的内容，我们可以说这些预备性的内容为将要进行的研究提供了一种有用的、方法上的序曲。比如，用竖琴演奏"牧歌"，还有其他各种音乐创作，都有一些精心创作的序曲为前奏。【e】而在真正的"法规"①中，我们称之为"管理性的"，没有人会那么在意序曲这个词，或者创作序曲，公之于世；这里的假设是，这样的东西是令人厌烦的。不过，在我看来，我们刚才的讨论表明，它是完全自然的；这就意味着，我刚才描述的那些显得像是"双重的"法律，并非如这个术语所提议的那样真的是"双重的"；它只是说，这些法律有两种成分："法律"和"法律的序言"。与"奴隶医生"开出的处方相比的"独裁者的处方"，【723】在法律上就是简单的和简洁的；而在它之前出现的东西，尽管事实上包含着说服（如麦吉卢所说），但无论如何还是起着一种功能，就像演讲的开场白。立法者为什么要说这些完全是说服性的话语，在我看来，其中的原因显然是为了使民众接受他的命令——亦即法律——能使民众心中充满合作精神，愿意学习法律。由于这个原因，如我所见，【b】这种成分应当恰当地被定义为法律的前奏，而不是法律的"文本"。所以，在讲了那么多要点以后，下一个要点该是什么呢？是这样的：立法者必须既要看到法律的永久主体，又要看到总是有着各种序言的法律的各个组成部分。仅以我们刚才提供的两个样品而言，这样做会有很大的收获。

克　就我所涉及的范围而言，我肯定会指导我们的立法者只用这种方法来立法，舍此别无他途，尽管他是这门立法技艺的大师。

雅　【c】是的，克利尼亚，我认为你正确地同意了，所有法律都有它们的序言，立法的第一项工作必须是给法典的每个组成部分的文本撰写序言，并加上恰当的介绍，因为它要发布的公告是重要的，这些话要能被人们清楚

---

① "νόμους"一词两义，既有"牧歌"的意思，也有"法"、"法律"、"法规"的意思。

地记得，这一点具有重要意义。然而，要是我们坚持大大小小的法律条文每一条都要有一个序言，【d】那就错了。毕竟，不是每一首歌曲或者每一篇讲演都需要这种处理。（就其本性而言，它们都有开场白，但不必在每个地方都使用。）还有，我们必须让演说家、歌手，或者立法者自己来决定要不要使用序曲。

克　我认为所有这些都是对的。但是，先生，让我们不要再浪费时间了。让我们返回我们的论题，要是你们同意，重新开个头，就你前面所涉及的那个主题，你们当时认为不需要创作一个序言。让我们从头再来一遍，这是人们在游戏中常说的，【e】但从理解的角度来看，我们的谈话不是随意的，漫无目标的，而是在创作序言，如我们刚才所做的那样；我们应当承认，这就是我们正在做的事。关于崇拜众神和孝敬我们的祖先，我们刚才已经听了许多①；让我们试着来处理后续的论题，直到你认为整篇序言已经恰当地完成。然后，你们将会接触那些真正的法律条文。

雅　【724】所以，我们此刻的感觉是，关于众神以及在他们之下的各种力量，关于父母，无论在世的与去世的，我们已经撰写了一篇恰当的序言。我想，你们希望我能够就我们尚未涉及的这个主题的某些部分给你们提供一些启发。

克　完全正确。

雅　那么好吧，下一步是这样的：一个人应当在多大范围内尽力关注或放松他的灵魂、他的身体和他的财产？【b】这是一个恰当的论题，对讲话人和听众都有好处，通过思考可以在他们力所能及的范围内完善他们的教育。所以，我们可以摆脱疑心，认为这就是我们要解释和聆听的下一个论题。

克　你说得很对。

---

① 参见本篇 715e—718a。

第五卷

雅　【726】我们刚才谈论了众神和我们敬爱的祖先，听我讲述的人均应集中精力，且听我下面的讲话：

在一个人可以称得上是他自己的所有事物中，最神圣的事物就是他的灵魂（尽管众神更加神圣），有两种要素构成每一个完整的人。一种要素比较强大，比较优秀，以主人的身份行事；另一种要素比较弱小，比较低劣，是奴隶；所以，一个人必须始终敬重他身上的那个主人，而非偏爱他身上的那个奴隶。因此，我要说，在荣耀了众神——我们的主人——和众神的侍从精灵之后，【727】人必须荣耀他自己的灵魂，我这个建议是对的。然而，可以说在我们中间还没有人正确地荣耀了自己的灵魂，尽管他们以为自己这样做了。我认为，荣耀是神圣的，是善的，不能由邪恶的东西来授予。有人认为自己正在依靠语言、才能或顺服来完善自己的灵魂，但这样做并不会使他的灵魂比以前更加完善，他以为自己荣耀了自己的灵魂，但实际上并没有。举例来说，一个尚未成年的人【b】在他适宜对一切事物发表意见之前想要荣耀他自己的灵魂，于是就允许自己的灵魂为所欲为，以为这就是对灵魂的荣耀，而我们宣布，这样的做法不仅不能给灵魂带来荣耀，而且会给灵魂带来伤害，我们要求人们把荣耀灵魂放在荣耀上苍之后。又比如，一个人犯了过失，但不指责自己，反而把大部分责任推给别人，认为自己没有错，以这种方式尊敬他的灵魂，或者说他以为这样做是对灵魂的尊敬，【c】然而，这样的做法给灵魂带来的远非荣耀，而是伤害。还有，人们在无视立法者的训诫和批准的情况下追求快乐，这样做并没有给灵魂带来荣耀，而是带来耻辱，是在用不幸和悔恨玷污灵魂。还有，换个方法说，一个人不愿忍受艰辛、恐惧、痛苦，而是屈服于它们，这种投降行为不会给灵魂带来荣耀，【d】所有这样的过程都会给灵魂带来耻辱，而忍受艰难困苦才是值得赞扬的。还有，如果一个人认为要不惜一切代价地活着，那么这也会给灵魂带来耻辱；他内心的投降者把这个不可见的世界视为完全邪恶的，而一个人应当用具有说服力的证据来反对他的幻想，他甚至不知道我们最主要的美德是否属于这块土地上的众神的恩赐。还有，当一个人喜欢美丽的相貌胜过喜欢美德时，也会给灵魂带来莫大的耻辱。因为这种倾向宣告了身体比灵魂更加荣耀，因此是极端错误的。【e】地上出生的东西没有一样比天上出生的东西更荣耀，用刚才那种奇怪的想法欺骗自己的人并不懂得被他轻视的灵魂是极为珍贵的。【728】还有，当一个人使用卑劣手段谋得财富，或者对这种攫取并不厌恶时，那么他并没有用这种供物真正地荣耀灵魂，而是使灵魂远离荣耀！为了一袋硬币他出卖了自己最珍贵的东西，但地上或地下的所有黄金都不能与美德等价交换。

总之，无论是谁，若不能在任何条件下远离立法者在他的解释中列举的低劣和邪恶，反而竭尽全力去做那些与善良和美好相反的事情，【b】那么他就不知道自己正在以这样的方式愚蠢地积累他对他自己拥有的最神圣的事物——他的灵魂——的羞辱和伤害。事实上，我们中没有人，或很少有人像俗话所说的那样，对恶行做最严厉的"审判"，人们在成长过程中变得像那些恶人一样，越来越像，他们回避善人，拒绝与好人谈话，不和好人交往，而是去追随另一类人，成为坏人的亲密伴侣，【c】而与坏人打交道当然只能做坏人自然会做的事，说坏人自然会说的话。所以这种状态并非审判，而是报复，是邪恶的痛苦后果，因为审判和正义一样都是善。碰到报复的人和没碰到报复的人都是不幸福的，这是因为前者无法治愈他的疾病，后者失去其他许多获救的机会。

总之一句话，"荣耀"就是趋向于优秀，那些较差的事物在可资改进的地方有了改善，成为完善的。在自然赋予人的所有事物中，没有什么能比他的灵魂更好地使人回避邪恶，【d】不断地行进在趋向于至善的道路上，一旦得到了至善，他就会在他的余生中与之亲密地生活在一起。

由于这些原因，第二位的荣耀[①]注定要给予灵魂；第三位的荣耀——每

---

① 第一位的荣耀给予众神，参见本篇 726e—727a。

个人都知道——当然给予身体。在此，必定也要考察荣耀它的各种原因，看哪些原因是真的，哪些原因是假的；这是立法者的工作，我想他会把它们列举如下。身体配受荣耀的，不是它的美貌、强壮、敏捷，也不是它的健康，【e】尽管有许多人认为是的；身体配受荣耀的肯定也不是与这些性质相反的性质。立法者会说，处于所有这些极端条件之间的身体是最健全的和最平衡的，因为一个极端会使灵魂冒失和自负，另一个极端会使灵魂卑微和驯服。

拥有金钱和财产也一样，可以用同样的标准来衡量。【729】这些东西只要过度，就会在私人和公共生活中滋生敌意和争斗；而若是不足，则不可避免地导致奴役。

无人应当为了给子女留下尽可能多的财富而热心挣钱，因为这样做对他们没有好处，对国家也没有什么好处。一名儿童最大的幸运就在于和他所处的环境保持和谐，他的各种需要都能得到满足，如果说不引起奉承者的注意是一种谦虚，那么这种幸运优于其他所有幸运；这样的幸运对我们的耳朵奏出正确的乐符，【b】使我们的生活摆脱焦虑。极度的谦卑，而不是黄金，才是我们应当留给孩子的遗产。我们以为，年轻人忘记节制时训斥他们，就能确保他们持有敬畏，但这样做实际上并不能取得良好的效果，就好比我们现在告诫年轻人说，"年轻人必须尊敬所有人"。明智的立法者宁可要求年纪大的人尊敬年纪轻的人，【c】不让任何年轻人看到或听到自己做了丑事，说了丑话，因为当年纪大的人忘了节制的时候，年轻人也会忘记节制，会变得极端无耻。教育年轻人和我们自己的最佳方式不是训诫，而是终生有形的实践，这才是你应当告诫其他人的地方。

如果一个人荣耀和尊敬他的亲人，也尊敬和自己崇拜同样神灵的同族人，那么他可以合理地期待生育女神的青睐，生育自己的子女。至于朋友和同伴，你会发现，【d】如果你对他们的服务多于他们对你的服务，你对他们的尊敬高于他们对你的尊敬，认为你对你的朋友和同伴的善意小于你的朋友和同伴对你的善意，那么在日常生活中你会发现他们很容易接触。与城邦和同胞打交道，迄今为止最优秀的人不是那些在奥林匹克赛会上赢得胜利奖品的人，或者不是那些在战争或和平时期的其他竞赛中取胜的人，而是那个宁愿用他自己的名望敦促每个人为他的国家的法律服务的人——【e】他的名望在于终生为国人服务，在这方面超过其他任何人。

关于外国人，应当把我们与外国人订立的条约当做特别神圣的。尤其是，外国人之间的相互冒犯，或者对外国人的冒犯，比同邦公民之间的相互冒犯更快引来神的复仇。因为客居的外国人没有朋友和同胞，更容易激起众神和凡人的怜悯。那些被人冒犯而来寻仇的人本来都是可以提供帮助的人，【730】就像外国人的保护神或精灵，他们是陌生人的保护神宙斯的同伴。任何稍有远见的人都会在一生中小心谨慎，不要冒犯外国人，以免在生命之旅终结之时背负犯有伤害外国人的罪行。对外国人或本邦人最大的冒犯总是对乞援者犯下的，他们乞援时总是呼喊某位神的名字，这位神在做了应许以后也总是关注着受苦者，因此，乞援者受到的苦难一定会由神来替他复仇。

【b】我们已经公正地考察了一个人与其父母、自身、财产、城邦、朋友、亲人、外人、同胞之间的关系，下一步要考虑的则是一个人必须以什么样的方式度过充满诚信的一生。我们现在谈论的已经不是法律的效果，而是如何通过表扬和批评使人对我们以后要制定的法律具有较好的、愿意接受矫正的态度。

【c】在一切好事物中，真理具有首要地位，这在众神和凡人中都一样。让每一个想要幸福的人从一开始就得到赐福，这样就能使他一生尽可能真实地生活。你可以相信这样的人，而不要相信那些故意撒谎的人（任何人，由于对真理的无知而乐意制造假相，都是傻瓜），这两种情况都不值得羡慕。这是因为，傻瓜和不被人相信的人肯定都没有朋友。【d】时间会发现他在生命终结、接受审判时极端孤独，没有同伴和子女，无论他们是否还活着。

荣耀归于自己不作恶的人，而能使别人也不作恶的人配得上双重荣耀，乃至于更高的荣耀。前者只配得上单个的人，而后者把其他人作的恶报告给权柄，这种荣耀配得上一个军团的人。尽一切努力帮助当局克制罪恶的人是城邦最伟大、最完善的公民，应当把美德的棕榈枝奖给他。

【e】同样的赞扬也应当给予自我节制和明智，给予其他美德，这些美德的拥有者可以把这些美德与其他人交流，也可以在他自己身上展现。我们要把最高等级的荣耀赋予那些传播这些美德的人；缺乏传播这些美德的能力，但打算这样做的人，必须列入第二等级；但若他是一个爱妒忌的人，想要独自拥有这些美行，【731】那么我们确实应当批评他，但决不会由于这种美德的拥有者而对这种美德不够尊敬——与此相反，我们应当尽力获取这种美德。在这种追求美德的竞赛中，我们与所有人都是竞争者，但一定不能有妒忌。因为对一个我们想让他改进国家的人来说，他在赛跑时不会用邪恶的传闻来阻碍他人，而妒忌的人则会把诬告他人当做自己进步的正当手段，但这样做既不能使他自己获得真正的美德，也不会使他的对手因为不公正的批评而泄气。【b】这样一来，他就使整个城邦的美德赛跑残缺不全了，他的谎言降低了比赛的良好声誉。

每个人都应当把他高昂的激情与极端的仁慈结合起来，因为要躲避他人所施予的残酷暴行几乎或者完全不可能，唯一的办法就是勇敢地面对，抵抗、矫正对方，【c】没有仁慈的灵魂不可能有这样的行为。有些罪人的过失尚可弥补，但我们首先必须肯定没有一个罪人可以用弥补的方式获得拯救。因为没有人会故意接受最大的恶，至少不会在他最珍贵的财产中接受这种恶。但是，每个人最珍贵的财产就是他的灵魂，所以我们可以肯定没有人会故意在这种最珍贵的东西中接受最大的恶，并终生与恶相伴。然而，尽管恶人或作恶者总是可悲的，【d】但他的疾病尚可治愈，在他身上总有可怜悯之处。与恶人在一起，我们要治疗和驯服他的欲望，但我们不要像一名泼妇那样对他训斥，为了挽救那些无节制的、不思悔改的冒犯者和完全腐败的人，我们必须约束我们的怒火。这就是我们说一个善人在这种情况下既要有高昂的精神，又要有仁慈之心的原因。

内在于大多数人的灵魂的最严重的邪恶，就是宽恕自己，并且从不尝试避免宽恕自己，【e】用一句格言来表达，"每个人都是他自己最好的朋友"，这样说当然有一定道理，人确实应当是自己的朋友，但强烈地依赖自我，实际上是我们每个人的各种恶行的永久源泉。一看到被爱者，爱的眼睛就瞎了，【732】所以人无法正确判断什么是正确的，善的，光荣的；人们经常自以为是，罔顾事实，而真正可以算得上是伟大的人，既不关注自我，也不在意自己的附属物，而是关注正义；这种正义与其说表现在他自己的行为中，倒不如说表现在其他人的行为中。正是由于这种同样自私的邪恶，愚蠢的人总是以为自己是精明的，其结果就是在我们一无所知的时候以为自己知道一切，【b】拒绝跟随别人去做我们不懂的那些事，在行动中犯下不可避免的错误。因此，每个人必须努力避免极端的自恋，要步步紧跟比自己好的人，决不要认为这样做是一种耻辱。

还有一些更加具体的、经常性的规劝，但它们并非无用，规矩必须通过反复提醒才能牢记在心。（有水流出的地方，必定会有水流入，回忆就是思想流入干涸的地方。）

【c】所以，必须避免不合理的大笑和流泪，每个人参加礼仪时，都必须敦促同伴们隐藏所有过分的快乐或悲伤，无论在某个环境中遇到的是大量的幸运还是困难重重。陷于不幸时，我们应当抱着长久的希望，【d】相信依靠神对我们的恩赐可以减轻我们碰到的麻烦，相信我们的处境在上苍的青睐下会变得比较好。这些就是我们的希望和相关的思考，我们每个人都应当生活在希望中，在工作中不畏艰难，使这些希望成为我们的邻居和我们自己的充满自信的回忆。

嗯，从宗教的观点来看，我们已经解释得相当彻底，【e】哪些种类的活动我们应当追求，每个人应当成为什么样的人；不过，我们还没有涉及纯粹世俗的层面。但我们必须涉及这个层面，因为我们是在对凡人说话，而不是在对众神说话。

尤其是，人的本性牵扯着快乐、痛苦和欲望，也就是说，没有哪个可朽的动物可以悬在空中，完全不受这些情感的强大影响。因此，我们必须赞扬最高尚的生活，不仅认为这样的生活声望最高，而且认为这种生活本身就是最优秀的。如果人们在年轻时品尝它，【733】而不是拒绝它，那么我们的一生占主导地位的是压倒痛苦的快乐。如果以正确的方式品尝，并能明显地实施，那么结果必然如此。但正确的方式又是什么呢？对此，我们必须依据我们的论证来发现它。依据下列线索，通过比较生活中的相对的快乐与痛苦，我们一定会发现有一种生活与我们的本性天然不合，【b】另一种生活与我们的本性天然一致。我们希望得到快乐，我们既不会选择也不希望得到痛苦。尽管我们并不希望用中性状态①来代替快乐，但我们希望用它来摆脱痛苦。我们希望痛苦少快乐多，但我们不希望快乐少痛苦多。至于快乐与痛苦相等的状况，我们提不出确定的理由来表明是否希望得到它。快乐与痛苦的频率、范围、烈度、均衡，【c】以及与此相反的状态都会影响我们的选择。由此必然得出推论，一种包含无数次的、广泛的、强烈的两种感觉的生活是人们希望得到的，哪怕快乐过度；但若痛苦过度，人们就不希望得到这种生活。还有，包含很少或很微弱的快乐与痛苦的生活是不值得考虑的，如果痛苦占据主导地位人们就不希望得到它，如果与痛苦相反的感觉占据主导地位人们就希望得到它。但就一种保持二者平衡的生活来说，我们必须恪守我们较早的立场，【d】如果吸引我们的那些感觉占据主导地位，我们就希望得到它；如果被我们排斥的那些感觉占据主导地位，我们就不希望得到它。所以我们必须把我们的生活视为在此限度内的，必须考虑哪一种生活对我们的欲望来说是自然的。但若我们说自己希望得到的东西不是前面说过的这些东西，那么这样的说法完全是因为无知和缺乏真实生活的经验。

所以，当一个人考虑他喜欢什么、不喜欢什么、他应当自愿做什么、不做什么，并以此为原则来选择他认为适意的、【e】愉快的、极为高尚的东西的时候，他会选择一种生活，这种生活可以使他过上一种作为一个人能够过

---

① 指既不快乐也不痛苦的状态。

上的幸福生活。所以，这些生活是什么呢，有多少生活他必须从中加以选择？让我们来列举一下：自我节制的生活可以算一种，智慧的生活可以算一种，勇敢的生活也可以算一种，健康的生活是另一种；让我们把健康的生活也算一种。与这些生活相对，我们还有另外四种生活——放荡的、愚蠢的、胆怯的、有病的。嗯，知道什么是自我节制的生活的人都会把它描述为在各方面都是温和的，它所提供的痛苦和快乐都是不激烈的，【734】它的欲望和情欲从来不会达到疯狂的地步；放荡的生活都是鲁莽的，它提供的痛苦和快乐都是猛烈的，在这样的生活中，强烈的欲望和疯狂的情欲会狂热到极点。就大小、数量、强烈程度而言，在节制的生活中，痛苦被快乐所压倒；而在放荡的生活中，快乐被痛苦所压倒。从中我们必然推论，前者是比较快乐的生活，后者是比较痛苦的生活，【b】希望得到快乐生活的人必定不能选择放荡的生活。如果我们现在的推理是健全的，那么马上就可以明白放荡必定总是与放荡者自身的意愿相违背。许多人生活无节制，其原因总是无知或缺乏自制，或同时具备这两个原因。对于有病的生活与健康的生活我们也必须说同样的话，两种生活都既有快乐又有痛苦，【c】但在健康的生活中快乐压倒痛苦，在有病的生活中痛苦压倒快乐。我们对各种生活作选择的目的不是要保证痛苦的优势，我们已经宣称比较快乐的生活是另一方面占优势的生活。与放荡的生活相比，我们在有节制的生活中以较少的数量、较小的范围、较弱的强度保持快乐与痛苦的展现——【d】与愚蠢的生活相比，聪明的生活也是这样，与胆怯的生活相比，勇敢的生活也是这样。在这些两两成对的不同生活中，快乐在一种生活中具有优势，痛苦在另一种生活中具有优势，勇敢的生活战胜胆怯的生活，聪明的生活战胜愚蠢的生活，由此带来的结果就是，节制的、勇敢的、聪明的、健康的生活比胆怯的、愚蠢的、放荡的、有病的生活更快乐。

总而言之，这种身体健康和精神上的合乎美德，不仅比堕落的生活更愉快，而且也优于其他生活方式；这样的生活会带来美貌、正直、效率、名望，所以，【e】要是一个人过着这样的生活，他的整个存在将会无比幸福，胜过那些过着相反生活的人。

讲到这里，我们可以停止对法律做序言式的解释了，这个序言我们已经完成了。"序曲"之后，应当是"主曲"，或者（更加准确地说）要有一个法律和政治体制的提纲。就好比蜘蛛织网，或其他编织工作，【735】经线与纬线不能用同样的线，经线的质量一定要好，一定要结实，还要有一定的韧性，而纬线可以比较柔软，具有适当的柔顺性，这些都是你们知道的。这个比喻表明，公民也肯定会有某些相类似的情况，有些公民需要进行统治和管理，有些公民需要接受教育和考验，这种差别在各种情况下都存在。你肯定知道，建立一种体制要做两件事：一是把职务授予个人；另一是给官员提供一部法典。

但是，在谈论这些主题之前，还有一些要点需要注意。掌握畜群的人，【b】牧羊人、牧牛人、牧马人，等等，若不事先净化畜群，那么他绝对不会开始照料它们。他首先会把健康的牲畜与有病的牲畜分开，把纯种牲畜与杂种牲畜分开，把杂种牲畜赶到其他畜群中去，然后照料纯种牲畜。如果不提纯畜群，【c】他将遇到无穷无尽的麻烦，因为出自本性或由于管理不当，这些家畜的身体和心灵都已经退化了，如果让它们与其他健康的牲畜继续待在一起，就会引起整个畜群衰退。关于这些低等动物我们就不多说了，我们提到它们只想起一个比喻的作用。对人来说，这个问题也是立法者首先要关心的，他要能够发现和使用一种方法，能够处理净化问题和其他问题。【d】例如，在人类城邦的净化方面，情况是这样的。净化城邦有许多种方法，有些比较温和，有些比较激烈。有些方法——最激烈的和最好的方法——可以同时让作为独裁者和立法者的那个人来使用，但若一名创建新城邦和新法律而又较少拥有独裁权力的立法者能够用最温和的方法来达到净化的目的，那么他会很满意。最好的办法就像最有效力的药，是痛苦的，【e】通过正义与惩罚的结合来达到矫正的效果，而这种惩罚最严厉的就是死刑或流放，通常用来清除城邦中最危险的成员，那些重大的罪犯，无可救药的冒犯者。比较温和的净化方法我们可以这样描述：【736】有些人由于缺乏生存手段而准备追随他们的领袖参加杀富济贫的战斗，这种人被立法者视为国家的大患，立法者会尽可能善意地把他们送往国外，委婉地说来就叫做"解脱"，这一过程的名称就叫"殖民"。每个立法者从一开始肯定会或多或少地使用这种方法，但我们自己的处境，在当前时刻，仍旧是令人高兴的。我们既不需要去殖民，也不需要选择其他净化方法。可以说，我们已经有了一个大水库，这个水库有多处水源，【b】进入水库的水，有些来自河流，有些来自山溪，我们只需要小心翼翼地确保库中之水的纯洁，从它的某个部分取水满足我们的需要，或者把它的某个部分排除掉。没错，在政治方面做相类似的事情当然会有某些麻烦和危险，但我们现在只涉及理论，不涉及实际操作，所以从理论上说我们可以完成招募公民，并确保其纯洁性。事实上，有些坏人想要成为我们所建立的这个国家的成员，【c】但我们可以让他们接受长时间的多种考验，阻止他们到来；而对那些想来的好人，我们要表示衷心的欢迎和恳切的期盼。

我们不应当忘记，我们交的好运就像赫拉克勒斯的子孙①创建殖民地时的好运一样，既没有没收财产的残酷斗争，又没有废除债务、重新分配财产的问题。在一个古老的、已经建立起来的城邦中，如果需要创立新法，【d】那么革新者和守旧者都会以某种方式证明这样做实际上是不可能的，剩下来可以做的事情只是抱着虔诚的意愿对已有法律的某些方面做缓慢的、小心翼翼的修正。总会有一些改革者拥有大量地产和大量负债人，如果不免除债务和重新分配财产，负债人就不可能以一种自由精神享有他们的权益，【e】因此改革者希望他们获得某种适度的财产，确信贫困的产生更多地在于人们的贪婪，而不是更多地在于个人财产的减少。这样的信念确实是城邦安全最稳定的根源，使人们保持这样的信念是后来建立一切政治制度的最稳固的基础。如果这些最初的条件不具备，那么政治家后续的行为总是困难重重。【737】如我所说，我们幸好没有这种危险，不过，解释一下在不能幸免

---

① 指底比斯人。

的情况下如何摆脱这种危险对我们还是有帮助的。我们可以说，我们必须把实施正义与摆脱贪婪结合起来，在这种结合中寻找我们避免这种危险的方法。除此之外，我们没有其他或大或小的道路可以获得拯救，这一原则必须视为我们城邦的一项支柱。事实上，必须用某些制度来规定财产，【b】其中包括不得反诉财产的主人，否则的话，任何有理智的人只要有可能就会拒绝接受这种人们在其中长期相互妒忌的城邦体制。有些人出于上苍恩赐的运气找到一个新城邦，就像我们现在一样，其中还没有内部的敌意，而分配土地和房屋会引入这样的敌意，可见，这样做完全是一种堕落行为，是极端的愚蠢。

【c】那么，公正的分配方法是什么呢？首先，我们必须确定一个适当的公民总数；其次，我们必须就如何分配达成一致意见，每人应当得到多大份额，应该得到多少土地和房屋，等等。总人口应当有多少才是令人满意的，要正确回答这个问题不必考虑相邻共同体的领地。【d】共同体的领土应当足以维持一定数量的最有节制的人的生活，但不要再大了，共同体的人口应当能够足以保护自己，反对侵略，还要能在邻国受到侵犯时帮助邻国。通过考察领地和邻邦，我们可以把这些要点确定下来，这些要点既是理论的又是实际的，但对我们当前的论证来说，我们可以开始用提纲或轮廓的形式完成我们的法典。

【e】让我们假定——为方便起见我们说个整数——我们有五千零四十位土地所有者，这些人能够武装起来保护自己的财产，土地和房屋也按同样的数目划分，一人一份。让这个总数首先除以二，然后除以三，事实上这个数字也可以被四、五以及后续一直到十为止的整数整除。任何立法者当然至少必须熟悉数，知道什么数字，或什么样的数字对一个既定的国家最有用。【738】因此我们会选择能够承受一连串划分的那个最大的数。当然，整个整数系列可以用任何数字来除，得到任何商数，但我们对五千零四十所作的划分可以用于战争的目的，或者说适用于缔结和平，我们还可以按照这个数字来征税和进行公共分配，用整数作除数除以这个数共有五十九个商，【b】而从一开始算起，共有十个商是前后相继的。

那些有法律义务的人应当努力在闲暇时间深化他们对这些数学问题的理解。城邦的创建者需要知道这些知识，其原因我现在就来说明。无论是重新创建一个新的基础，还是恢复老基础，在关于众神及其圣地的事务上——比如一个城邦必须建什么神庙，应当把神庙献给什么神或什么精灵——没有一个聪明人会想去打扰从德尔斐、【c】多多那①、阿蒙②神的神谕中得来的信念，或者动摇来自任何神灵显现和神灵启示的古老传说的信念，这些信念已经导致献祭和祭仪的建立，无论它是原创的和本土的，还是从埃图利亚③、塞浦路斯④，或者别的地方传来的，神谕、神像、祭坛、神龛、圣地的供奉后来都固定下来了。【d】立法者应当尽可能避免干扰这些事务，他应当给每个区指定保护神，或指定精灵和英雄，他划分领地时的第一步应当给每一位神灵指定一块专门的区域来负责供奉。他这样做的目的是，在特定时期把崇拜各种不同神灵的人聚集在一起，为满足人们的需要提供机会，宗教节庆可以增进人们相互间的友谊和亲密。【e】公民们能够这样相互熟悉和了解确实是一个城邦的福气。如果不了解对方的性格，或对此一无所知，那么就没有一个人能够达到一定的等级，或他可以承担的职务，或恰当地行使正义。因此，向所有邻居证明自己不是骗子，而是货真价实的真正的人，不能被当做冒牌货来对待，这是城邦中的每个公民在做其他事情之前应当努力做到的。

【739】我们的立法事务下一步必定朝着另一个方向移动，就好像下跳棋时从这条"神圣的界线"移向别处。这话初听上去好像有点突如其来，然而我们的思考和实际经验显然告诉我们，一个城邦好像只能享有居第二位的最好的体制。我们中有些人可能会对这样的城邦感到不满，因为他们不熟悉

---

① 多多那（Δωδώνα），地名。
② 阿蒙（Ἄμμων），埃及神名。
③ 埃图利亚（Ἐτρωρία），地名。
④ 塞浦路斯（Κύπρος），地名。

一位并不拥有独裁权力的立法者的处境，但是严格的立法程序会区别最好的、次好的、第三等的体制，而把选择权留给对建设城邦基础负有责任的派别。【b】据此我建议，我们当前的讨论也要采取这种方法。我们要描述最好的、次好的、第三等的体制，把选择权留给克利尼亚，或者留给其他任何人，这个人也许正好承担选择的任务，想把他认同的价值具体化为体制，以满足他自己的爱好。

【c】你会发现，理想的城邦和国家，最好的法典，就是古谚所说的"朋友的财产被共享"的地方。假如世上现在有这样的城邦，或者以往曾经有过这样的城邦，或者将来会有这样的城邦——妻子、儿女，以及一切财产公有——假如用某种方法消灭了我们生活中用"所有权"这个词来表示的一切事物，假如用一切可能的办法使我们天然拥有的东西都成了某种意义上的公共财产，我的意思是，假如我们用来看、听、做的眼睛、耳朵和双手都服务于公共事务，【d】还有，假如我们都能完全一致地表示赞同或表示谴责，从同样的源泉中产生快乐与痛苦，简言之，假如一种城邦体制使其成员变得完全像一个人，那么我们再也找不到比这个标准更真实、更好、更能衡量他们品质的标准了。假定在某个地方有这样的城邦，这个城邦的居民是众神或众神的子孙，他们在那里过着无比幸福的生活。【e】假定我们不再向别处寻找体制的模型，而是以此为榜样，努力把我们的国家建成这种样子。一旦这样的国家诞生了，那么我们可以说它是不朽的，也是唯一可以称得上位居第二的最好的国家，至于位居第三的最好的国家，有上苍的青睐，我们放到后面再说。现在要说的是，我们所说的这种体制是什么，怎样才能实现它？

首先，公民必须分配土地和房屋；【740】他们一定不能共同耕作，因为共同耕作掩盖了他们在出生、哺育和教育方面的差别。要带着这样的想法分配土地：土地是分给个人使用的，但他必须把这块土地当做整个城邦共同财产的一部分；整个领地是他的祖国，他要精心照料这块土地，就像儿子为母亲做事一样；还有，大地是一位女神，是可朽的凡人的女主人。（对于各地已经建立起来的众神和精灵，也应同等敬重。）

【b】还必须进一步采取措施，使这些安排能够持久：按照最初分配所建立起来的灶神的数量必须永远保持不变，既不能增加也不能减少。在任何城邦确保这一点的方法是这样的：让拥有份地的人根据自己的喜爱指定一个儿子做家庭的继承人，【c】在家主生前或者死后继续崇拜家庭的神和管理家产。如果子女不止一个，那就依照法律把女儿嫁出去，其他的儿子则过继给无子嗣的其他公民，对此双方要达成友好的协议。如果一个人没有朋友，或者有类似问题的家庭数目太大，或者由于生育的原因而男女比例失衡，【d】碰到这些情况我们就要设立一位最高的、最有权的执政官来考虑如何解决人口过度或不足的问题，想出最好的办法来保证我们的家庭数量为五千零四十，不能再多。办法有几种。一种是对生育进行检查，在人口过多时加以控制，在人口不足时加以鼓励，可以用授予荣誉或使之丢脸的办法来影响年轻父母，也可以对他们的长者发出警告，只要能起到作用。【e】此外，在最极端的情况下，假如用尽所有办法也不能保持五千零四十这个数字，如果婚配引起人口过度增长，那么在失败之中我们就不得不使用我们不止一次谈论过的老办法，这就是挑选那些相互比较友爱的人实行移民。【741】如果情况正好相反，比如遇上洪水、疾病、战争，公民突然死亡而使得总人口远远低于指定的这个数字，那么在这种时候，尽管我们知道只要有办法就决不能吸收那些教育程度低劣的人做公民，但我们仍旧不得不这样做，如谚语所说，"连神也没有办法"。

所以，让我们假定我们的这个论题会跟我们说话，会向我们提出这样的建议："我亲爱的先生们，切勿忽视这一事实，乃至于粗略地低估相似、相等、同一、一致这些概念的价值，在数学或其他有用的和生产性的知识中。【b】尤其是，你们这些人的首要任务就是保持固定的人数，只要你们还活着；你们必须敬重你们最初分配财产时的总财产的合理上限，不要在你们之间相互买卖。为你们分配份地而抽签的是一位神，所以如果你们轻视他，那么他不会支持你，立法者也不会支持。对于那些不服从的人，法律有两点警告：【c】第一，你们可以选择或拒绝参加分配份地，但要是你们参加了，你们必须遵守下列规定：一、你们必须承认土地对于所有众神来说都是神圣的；二、男女祭司在第一次、第二次、第三次献祭的时候，要为此意愿而祈祷。

1. 任何人买卖他的份地和房屋必将为其罪行受到相应的惩罚。①

你们要把这些细节刻在柏树板上，把这些成文的记载永久存放在神庙里。【d】第二，这条法律的实施将由人们认为目光最敏锐的执政官来监督，这种违法事件一旦发生就不可能逃脱，冒犯法律、违抗神灵的人都会受到惩罚。这条规则若能配上一种相应的组织，将会给城邦带来大量的幸福，没有一个恶人知道这是一种什么样的组织，而那句古老的谚语说过，考验就是通往德性之路。【e】因为这样的组织不会给侥幸留下什么大的空间，其结果就使得无人需要侥幸，或者许可在卑鄙的呼唤下制造侥幸——甚至连大声指责粗卑的手艺也会使有着一颗自由灵魂的人感到厌恶——没有人会屈尊用这样的手艺来积累财富。"

上述所有考虑还进一步促成了一条这样的法律：【742】私人不得拥有金银，只能拥有日常流通的硬币，因为用货币向手艺人支付工钱的事情几乎无法避免，某些行业也需要用货币向那些挣工资的人支付工钱，无论他们是奴隶还是外邦来的定居者。因此，我们要规定一种本国的货币，在国内有用，而到了国外就没用了。【b】至于共同的希腊货币，为了满足一些人旅行和探险的需要，比如派遣驻外使馆人员和组织必要的使团，国家必须拥有一些可以到处流通的希腊货币来满足这类需要。如果某个人不得不去国外旅行，那么他在启程前要获得执政官的批准，旅行回来后手头若还有外国货币，他应

---

① 英译者 Trevor J.Saunders 为方便读者阅读，把文中为克利尼亚的城邦制定的这些法典条文与上下文分离，并编了序号1—115。

当把外币交给国家，兑换成地方货币。

2.如果发现有人私藏外币，那就要没收充公，上交国库。

3.如果有人对私藏外币者知情不报，【c】必须给予和偷运外币者同样的诅咒和谴责，再加上罚款，数额不低于偷运进来的外币总额。

男子结婚或入赘，不得给予或收取任何嫁妆。金钱一定不能存放在不相信的人那里。不得有以赢利为目的的放贷，借款者绝对有权拒绝归还利息和本金。

评价这些政策的最佳方式是依据根本目标来考察它们。【d】我们坚持认为，一名知道自己是干什么的政治家的目标不会是大多数人所说的好的立法者应当拥有的目标。他们说，要是他知道他是做什么的，他的法律会使国家尽可能庞大，尽可能富裕；他会把金矿和银矿给予公民，使他们能够在陆上和海上控制尽可能多的人。人们还会说，如果他是一位正确的立法者，他必定想要使他的城邦尽可能地良好和幸福。【e】这些目标有些是可能的，有些是不可能的。因此，国家的建设者试图做那些可能的事，而不会把那些不可能的事当做自己的目标，也不会进行尝试。一般说来，幸福的实现实际上必须等候善的到来，所以国家的建设者会以善和幸福的结合为目标。但要马上变得极为富裕和极为良好是不可能的，如果我们说的富裕指的是那些民众心目中的富裕，也就是少数人拥有极大的财富，这实际上是一个恶人梦寐以求的事情。【743】既然如此，我决不承认富裕的人是真正幸福的人，除非他也是一个善人，但要说一位极为善良的人也应当极为富裕，那完全是不可能的。有人会问："为什么？"我们会回答："因为以公正和不公正二者加在一起为本钱所获得的利润大于仅以公正为本钱所获得的利润的两倍，【b】而一个既不愿体面地花费又不愿不正当地花费的人的开销少于一个准备在荣耀的目的上体面地花钱的人的开销的一半。因此，按相反方式行事的人决不会变得比那赢得双倍利润的人更为富有，而他的花费也只有后者的一半。这两个人一个是好的，另一个人在节俭的时候不是坏的——尽管有时候他可以完全是坏的——但我已经说过，他绝不是好人。事实上，用诚实和不诚实的手段赢利，正当或不正当地花钱的人，只要他是节俭的，他会变得很富裕，尽管他完全是个坏人，如果他是奢侈的，那么一般说来他会变得很穷；【c】而一个在荣耀的事情上花钱，并且只从诚实的来源中获取时，这样的人不容易变得极为富有或极端贫困。由此看来，我们关于极富的人不是好人这个论断是站得住脚的，如果他们不是善的，那么他们也不是幸福的。”

我们制定法律的整个要点，是让公民们极为幸福地生活在最大的友谊之中，相互忠诚。但若公民们在法律中有许多争讼，那就不会相互信赖了，【d】还会犯下无数的过错，但这两种情况都比较少见。我们规定，我们的城邦一定不要金银，也不要用手工技艺谋利，不能有高利贷，也不能容忍利欲熏心的小人，而只允许有限度的农耕，人们不能用它来谋利，以至于忘了拥有财产的目的。【e】拥有财产是为了灵魂和身体的存在，没有身体的训练和自由的教育，财产也就没有任何意义。我们曾不止一次地说过，在我们所推崇的事物序列中，财产所据的地位应当最低，因为人的普遍利益以三样东西为目标：正当地追求和获得财产是第三位的，最低的；身体的好处是第二位的；灵魂的好处是第一位的。对我们现在考虑的体制来说也一样，【744】如果按照上述原则来规定荣誉，那么就可以正确制定国家的法律，但若有任何法律使公众对健康的推崇高于明智，或者对财富的推崇高于健康和明智，那么我们可以认为这些法律的制定是错误的。所以，立法者必须反复问自己：“我到底想要获得什么？”“我正在获得它，还是错失了靶子？”要是他这样做了，他也许就会凭借他自己的努力完成他的立法，不会把什么工作留给其他人。除此之外，没有其他成功之途。

【b】所以，当一个人抽签取得了他的份地以后，他必须遵守相关的规定。① 如果没有人带着比其他人较多的财产进入这个殖民城邦，这倒是一件

---

① 参见本篇 741b—c。

好事；但这又是不可能的。前来定居的，有些人财产相对较多，有些人财产相对较少。所以，由于一系列原因，尤其是因为这个城邦提供平等的机会，必定有按财产划分的等级，以确保职位、税收、薪酬的安排以人的价值为基础。这里不仅要考虑他个人的德性，也要考虑他的祖先的德性，还要考虑他的力气和相貌；【c】他是怎么富裕的，或者他是怎么贫穷的，也应加以考虑。简言之，必须尊重公民，严格按照"比例代表制"，尽可能给他们安排职位，避免他们的反感和不满。由于这些原因，必须按照财富把公民划分为四个等级：第一等级、第二等级、第三等级、第四等级，或者无论用什么名称。一个人要么保持他原先所属的那个等级，【d】要么由于变得比以前富裕或贫穷，因而转变为恰当的等级。

有鉴于上述原因，我们会依据下列思路通过下一条法律。（我们坚持认为，一个城邦要想避免那些最大的灾难——我指的是内战，尽管内部纷争会是一个比较好的术语——一定不能允许极度的贫穷和极度的富裕在任何部分的公民中产生，因为二者均会导致这些灾难。因此，立法者现在必须宣布可以接受的贫穷和富裕的标准。）【e】贫困的下限必须与每个人的基本财产价值相当，这种财产是永久性的；（若是有官员或其他有雄心的人轻视这种公民财产的减少，那么他们不会被视为有美德的。）立法者将以这种基本财产为尺度衡量人们的收入，允许人们获得相当于基本财产两倍、三倍、四倍的收入。如果有人由于发现了宝藏，或者得到了捐赠，或者做生意很成功，【745】或者交了其他好运，使他的收入超过了这个标准，那么他可以把多余的部分交给国家和国家的保护神，这样就不会受到惩罚，而且能得到好名声。

4.要是有人违反这条法律，任何人只要愿意都可以去告发他，违法者超过限度的财富要被罚没，其中一半作为给告发者的奖励，另外一半献给众神；除此之外，有罪者还必须用他自己的财产支付同等数额的罚金。

每个公民份地之外的所有财产都应当登记在案，由法律任命的税务官员负责监管，【b】这样一来，凡涉及财产问题的法律诉讼，法官就能轻而易举地判案，因为事实非常清楚。

此后，立法者的第一项工作是尽可能准确地为城市选址，作为整个国家的中心，他选的位置也要有利于城市生活的方方面面，（这些细节很容易理解，也可以办到。）其次，他必须把他的城市分成十二个部分。但他首先要确定一块供奉赫斯提、宙斯和雅典娜的圣地（称之为"卫城"），放在城市中间；【c】然后，他会把这个城市划分为十二个区，以卫城为中心，画出十二条放射线，把整个国家划分为十二个部分。十二个部分应当保持这种意义上的平等，土地比较肥沃的地区面积应当比较小，土地比较贫瘠的地区面积应当比较大。然后立法者必须划出五千零四十块份地。每块份地由两部分组成，一部分较近，另一部分较远，组成一块份地。离城市最近的地块与距边境最近的地块搭配，【d】离城市稍远的地块与离边境稍远的地块搭配，总之，根据地块的远近程度搭配每一块份地。我们还应当根据这些地块的肥沃与贫瘠程度来进一步调整它们的面积，使之平等。当然，立法者也必须把所有人口划分为十二个部分，使每个部分人的总的财产大体相当，并对此做详细记录。然后，他要努力给这十二个部分指定十二位神，以神的名字为这十二个部分命名，【e】如此确定下来并神圣化的人群就称做部落。然后，城市的十二个区也必须按照划分整个国土的相同方法进行，每个公民要有两所房子，一所靠近城邦的中心，一所靠近边境。到此为止，创建这个城邦的工作算是结束了。

但是，有一项教训我们必须牢记在心。作为一个整体，这一蓝图绝不可能找到完全有利的环境使它的每一个细节都能实现。【746】它假设，没有人会不喜欢这样的共同体，他们都愿意终生把自己的财产限制在一个确定的界限之内，愿意接受我们已经提出来的家庭规模的限制，愿意不要金银以及其他东西，这位立法者显然还会继续增加他的禁令，是吗？刚才讲到城市和乡村的布局，以及在整个国家建造住宅，这一描述怎么样？他就是在讲述他的美梦，或者是在蜡板上刻画他的城邦和公民。【b】这个理想给人留下深刻印象，但立法者必须对它作如下考虑（这是他重复对我们讲话①）："我的朋友们，别以为我在当前的讨论中对你们的敦促无动于衷。事实上，我认为在讨论将要实施的计划时展示一个完善的、可供模仿的模型是最公平的，不能视之为毫无优点和真理，【c】而对那些根本不包含这种完善性的计划，人们应当拒绝加以实施。人们应当尽一切努力去实现完善的计划，使现实尽可能接近理想，使现实状态在性质上与理想状态最接近。人们应当允许立法者完善他心中理想的轮廓，做到了这一点，人们才可以和他讨论他的哪些立法建议是冒险的，哪些会引起很大的困难。因为你们知道，在任何事情上都必须坚持前后一致的原则，哪怕是制造一样微不足道的东西，【d】只要这个制造者还值得一提，他就应当能够保持前后一致。"

我们已经决定把公民分成十二个部分，我们应当试着明白（毕竟，这一点还是相当清楚的）划分者使用的这个大数字和每个组成部分的小数字，并且想到这些数字如何进一步划分和再划分，直至你得到五千零四十。②这样的数字框架可以帮你构思兄弟关系、地方管理单位、村庄、你的作战同伴、行进队列，【e】以及硬币单位、液体和固体度量单位、重量单位。法律必须规定所有这些细节，以便让人们恰当地遵守。不仅如此，立法者不应害怕过分关注细节。他必须勇敢地发出指示，公民不得拥有大小不合标准的器皿。【747】他会设定一般的数学划分的规则，应用于各个有用的领域。这条规则会受限于算术本身的复杂性，也可延伸至平面几何与立体几何的微妙；它也和声音相关，和运动相关（直线运动或旋转运动）。立法者应当对这些事情做解释，教导全体公民按规定办事，决不要做这一框架之外的事情。在家庭生活和公共生活中，在所有艺术和技艺中，没有其他任何一门学问能像数学一样拥有巨大潜能，【b】然而人们却总是说它会使人

---

① 参见本篇 739a 以下。

② 5040 除以 12 等于 420。5040 可以被 1 到 7 整除，12、15、20 等因素也很容易再划分。420 是一个组成部分的人数，即一个部落的公民人数。

晕头转向，谨小慎微，注重细节，胆小怕事。总之，它会给人的天赋带来奇迹般的教养和改善。所以，只要进一步依靠法律和制度，从学习者的灵魂中排除奴性和贪婪，那么你会看到，这些主题形成了一个很恰当的课程表，【c】人们能够掌握它，并从中获得好处。哪怕你们做不到这一点，你们也会发现你们已经生产出一个"扭曲者"，而不是创造出来个有学问的人——恰如在埃及人和腓尼基人那里，以及其他许多种族中常见的那样，他们对财富和生命的追求表现出一种狭窄的观念。（也许会有无能的立法者埋怨这种状况，或者抱怨运气不好，甚至抱怨产生同样效果的某些自然的影响。）

事实上，麦吉卢和克利尼亚，关于选址问题，我们一定不要忘了还有另外一个要点。【d】有些地方比其他地方更容易产生好人或坏人，但我们现在并非要依据事实来立法。我知道有些人把他们的吉祥或凶兆归于刮风和日晒，有些人归于他们的饮水，还有一些人归于他们土地的出产，这些出产不仅为身体提供较好的或较差的营养，同样也影响着灵魂的善恶。【e】还有，最令人注意的是，有些地方是某些超自然的存在物的家，或者是精灵出没的地方，它们仁慈地或不仁慈地接受定居者死后的身体。聪明的立法者会尽力考虑这些事实，尽力使他的立法适合这些事实。所以你克利尼亚，当然也要这样做。作为一个地区的殖民规划者，你们首先必须注意这些要点。

克 你说得很好，先生。我一定会接受你的建议。

第六卷

雅 【751】嗯，好吧，我已经把所有东西都从我的宝物箱里搬出来了，你的下一项工作是为这个城邦任命官员。

克 当然。

雅　组织社团包括两个阶段。① 首先，你们要设立职位和任命官员，决定适当的职数和适当的任用方法。然后，【b】制定与每个职位相关的具体法规；你们必须决定在各种情况下哪些法规是适用的，需要多少，需要什么类型。但在我们做选择之前，我们可以暂停一下，先来解释会对它产生影响的一个要点。

克　什么要点？

雅　是这样的。立法对任何人来说都是一项庞大的任务，当你有了一个构成良好的国家，还有一部框架良好的法典，但却让一些无能的官员去监管，那么这是对良好法律的浪费，整个事业也会退化为一场闹剧。【c】不仅如此，这个国家发现它的法律还会带来大规模的伤害和不公正。

克　这是很自然的。

雅　现在，让我们来注意这种构思与你们当前的社团和国家的关系。你们评价说，要是你们的候选人值得提拔，执掌权力，他们的品性和家庭背景必须得到恰当的考验，从他们的幼年一直到他们参选；其次是那些参加投票选举的人应当接受很好的法律训练，【d】懂得如何用正确的方法表示同意或不同意，这是候选人必然面临的两种命运。但在我们这个事例中，这些人是最近才聚集起来的，相互之间不熟悉，也不懂得如何磋商，我们能够期待这样的人按这种无可非议的习俗选举他们的执政官吗？

克　这几乎是不可能的。

雅　但是，你们瞧，如俗话所说："一旦进入比赛，你就没有任何借口。"这就是我们现在的窘境：你和你的九位同事，这是你告诉我们的，【e】向克里特人民保证，全身心地创建这个城邦；而我也许诺要用我正在讲的这个故事来参加你们的工作。【752】当然了，我不能让它没头没脑，像个无头怪物似的乱吼乱叫，如果是这样的话，那就太难看了。

克　你的故事讲得很好，先生。

---

① 参见本篇735a—750e，在初步讨论政务官员以后，这里重新开始讨论。

雅　是吗，噢，我也真心希望能沿着这些路线给你们一些实际的帮助。

克　那就让我们继续执行我们的计划。

雅　是的，我们要，要是条件允许，但愿我们能够取得进展。

克　【b】"要是条件允许"可能是没问题的。

雅　当然。所以，让我们接受神的引导，注意其他事情。

克　什么事情？

雅　我们会发现，我们发动创建我们这个城邦相当鲁莽和愚蠢。

克　什么事儿让你说出这样的话来？你心里想的是什么？

雅　我想到了我们立法时的轻率，因为我们毫无依据地希望人们会接受我们建议的法规。然而，【c】克利尼亚，有一点是非常清楚的，哪怕没有特别敏锐的洞察力，也能知道没有人会一开始就轻易地接受这些法规，因此我们要耐心等候，直到那些适合担任公职的人出现，他们从小就已经品尝到了担任公职的滋味，并准备长大以后在这个委员会中发挥自己的作用。请你们注意，一旦我们的观点得到承认，并有计划或方法能确保其实现，那么我相信通过一段间隙，以这样的方式规划出来的城邦就有了生存的保证。

克　【d】听起来好像很有道理。

雅　我们再来考虑一下与我们的目的相适应的措施。克利尼亚，我认为在所有克里特人中，这首先是你们克诺索斯人的责任。你们不仅要用各种宗教关怀来对待你们定居的这块土地，还要高度关注最初的官员任命，要尽可能使用最确定、最好的方法来做这件事。总的说来，这是一个相对较轻的任务，【e】但我们一定要尽最大的努力，从选择执政官开始。

克　嗯，我们能发现合理的方式吗？

雅　是的。"克里特之子，"（我说）"鉴于克诺索斯在你们众多城邦中的领先地位，我宣布这是克诺索斯人的责任，你们要和新来的居民一起选择一个三十七人的领导集团，从新居民中选十九人，【753】其余十八人从克诺索斯人中选举"——这是克诺索斯人给你的城邦的礼物，克利尼亚。他们应当把你算做这十八人之一，并且让你本人成为这个殖民城邦的公民，当然，事先要经得你的同意（若你不同意，那么你将会被温和地驱逐）。

克　嗯，先生，你为什么不把你自己和麦吉卢也列为这个城邦的共同管理者呢？

雅　啊，克利尼亚，雅典是一个高贵和强大的国家，拉栖代蒙也是这样；另外，这两个国家都离得很远。你们有各种合格的人选，就好像你创建城邦有你的同伴一样。【b】我刚才说的话也同样适用于你的这些同伴。关于我们当前处境所需要的最令人满意的程序，我就说那么多。要让这种制度能在时间的流逝中存活下来，就要按照这样一个过程任命这个委员会。那些在骑兵或步兵队里携带武器，并在年纪许可的时期内上战场打仗的人都应在选举执政官时有自己的声音。选举应当在被国家认为最庄严的圣地里举行。【c】每位选举人都要把他的提名牌放在祭坛上，上面写着他提名的候选人，候选人的父亲、候选人的部落、候选人所属的居民区，提名人自己的名字也要写在牌子上，还要写上与被提名人相同的内容。任何人若是对提名牌的内容有疑问，只要他愿意，就可以把提名牌拿到市场上去公布，不少于三十天。提名的候选人可达三百人，【d】由当局把候选名单向整个共同体公布，然后每个公民将根据自己的意愿对候选人进行初选，负责选举的官员会把得票在先的一百人公布。整个选举的第三步在两次献祭之间进行，公民们可以随意从这一百名候选人中选举自己喜欢的人，得票最多的三十七人将在接受审查后由官方任命为执政官。

【e】那么，麦吉卢和克利尼亚，在我们国家里制定这些选举规则和对当选者进行审查的是谁呢？我想，我们可以看到在一个城邦中肯定要有人做这件事，但在还没有任何执政官之前由谁来做这件事仍旧是个问题。我们必须找到这样的人，不管是用鱼钩还是用弯钩，他们也肯定没有什么同伴，但都来自那个最高的阶层。诚如谚语所说，"良好的开端是成功的一半"，我们全都赞扬良好的开端。尽管在我看来，良好的开端还不只是成功的一半，然而一个良好的开端【754】决不能够被赞扬为这项工作的圆满完成。

克　非常正确。

雅　既然我们同意这个观点，那我们就一定不能在还没有弄清楚如何解决这个问题之前就在沉默中把它放过去。尽管我自己希望要有一次必要的、有益的观察，但我不想在这个结合点上重复多次。

克　这个结合点是什么？

雅　我要说的是，我们将要建立的这个城邦，除了它得以建立于其中的城邦之外，是无父无母的。【b】之所以这样说，不是因为我忘了已经有大量的城邦建立以后常与它们的创建者的想法不一，或者后来变得不同，而是因为此时的情景就像一个孩子似的，哪怕有朝一日他会与他的父母有差别，然而他那儿童时期的无助状况此时仍旧存在。他依赖父母，父母也关心他，他老是跑回家，在家人中找到他仅有的同盟者。我说的这种联系也都能在我说的克诺索斯人与我们的新国家之间的关系中找到，【c】他们的关心我们当然要感谢。所以，像我已经说过的那样——健全的思想不会因为重复而被糟蹋了——我认为克诺索斯人必须参与选举事务。他们应当共同选择不少于一百名的新到达的殖民者，要尽量选择年长的和最好的，另一百人则来自克诺索斯。这后一百人必须到我们的新城邦来，【d】承担部分依法任命官员和审查当选者的工作。等这件事做完后，这些克诺索斯人应当返回克诺索斯，把这个新建的国家留给定居者，让他们用自己的努力来保存国家，并使之繁荣昌盛。

这个三十七人组成的委员会有这样一些职责（不仅是现在，而且是永久的）：首先，他们担任法律的卫士（执法官）；其次，他们负责登记每个公民交给公家的财产。属于最高财产等级的公民可以留下四百德拉克玛，不用申报；【e】属于第二等级的公民可以留三百德拉克玛，不用申报；属于第三等级的公民可以留两百德拉克玛，不用申报；属于第四等级的公民可以留一百德拉克玛，不用申报。

5.如果发现有人隐匿超过规定数额的财产，那么超过的所有部分都要充公。

任何人都可以起诉他，让他留下不老实的坏名声，让大家都知道他为了这种可耻的收入而藐视法律。要让他在由法律的卫士组成的法庭上受审。

6.如果发现被告有罪，【755】那么他将被排斥在城邦的公共福利之外，除了他原先有的份地，他再也得不到任何福利待遇；他的罪行也要记录下来，一辈子不得取消，存放在任何人只要想看就都能看到的地方。

执法官的任期不得超过二十年，低于五十岁的公民不得当选。如果某位公民在担任这个职务时已经六十岁了，那么他的任期不能超过十年，与这条规定相一致，【b】如果一个人的寿命超过七十岁，就不能在这个重要的委员会中任职，在任何情况下不能有例外。

那么，有三项职责指派给法律的卫士。随着这部法典的延伸，每一条新法律都将赋予这个团体的人新的职责，除了我们在上面已经提到过的。

现在来说其他官员的选举，一项一项说。

【c】下面，我们必须选举将军和他们在军营中的助手，也就是说：骑兵指挥官、部落统领和部落步兵指挥官（称他们为副将可能是个好名称，实际上大多数人就这么称呼他们）。

将军①：这一职位由法律的卫士提名，必须由我们的公民担任，由所有当过兵的人或正在服役的军人选举。如果有人认为某位候选人不适宜，那么他应该提出自己的候选人，【d】并指出要用自己的候选人代替某一位候选人；为此他还要发誓，然后把自己的候选人当做竞选者提出来，举手表决获得多数通过后才被列入选举名单。获得选票最多的三个人将被任命为将军，在通过与法律的卫士相同的审查后掌管军事。

---

① 将军 (στρατηγούς)。

副将①：当选的将军们可以提名十二名副将候选人，【e】每个部落一名；整个选举过程和选举将军一样，也要经过候选人复议、投票选举和最终审查。

选举：在公民大会或公民议事会还没有组建之前，这个选举此刻应由法律的卫士主持，在最适当、最神圣、最宽敞的地方召开；全副武装的步兵和骑兵占据显要位置，军中所有等级在他们之下的人组成第三个团体。将军和骑兵指挥官由所有人投票选举，副将由所有步兵选举，【756】部落首领由所有骑兵投票选举；至于轻装步兵、弓箭手或其他种类士兵的指挥官，由将军们自己来任命。

骑兵指挥官②：我们还需要安排骑兵指挥官。副将候选人的提名与将军候选人的提名一样，由法律的卫士来提名，【b】复议候选人和投票选举过程也和选举将军一样。骑兵们进行的投票要由步兵进行监督，得票最多的两名候选人将成为整支武装力量的指挥官。

重选：投票只能进行两轮。若两轮投票仍旧不能选出结果，则由计票员进行投票，决定最后的结果。

议事会的人数应为三十打，每打十二人，总共三百六十人，这个数很容易再划分。【c】这些人将分成四组，每组九十人，每个等级的公民选举九十名议员。第一天，在最高财产等级的全体公民中进行选举，选举是强制性的，弃权者要缴纳法律规定的罚金。投票结束后，当选者的名字要及时记录下来。

第二天，由第二财产等级的公民按同样的程序投票选举，他们会提名第二等级的成员。

第三天，对第三财产等级的议员的提名是随机的，由所有公民投票选举，【d】第四或最低等级的公民参加投票，若不在意提名，可以免除罚金。

---

① 副将（φυλάρχους）。
② 骑兵指挥官（ίππαρχους）。

第四天，选举这个最低的第四等级的议员；全体公民都要参加，对投弃权票的第三、第四等级的公民免除处罚，【e】而第一和第二等级的成员如果拒绝参加投票就要受处罚，第二等级的罚金是先前罚金的三倍，第一等级的罚金是先前罚金的四倍。

第五天，负责选举的官员要向全体公民公布选举记录，每个公民要么参加投票，要么缴纳罚金。每个财产等级要选出一百八十人，凭抽签最后再选出其中的一半，送交审查。这些人将组成当年的议事会。

以这样的方式进行的选举将产生一种介于君主制与民主制之间的体制，一种合理的制度必须这样做。【757】奴隶和他的主人之间绝不会有友谊，卑贱者和高尚者之间也不会享有同样的荣耀；确实，以平等的方式对待不平等的对象，如果不用特定的比例来加以限制，就会以不平等的结果而告终；这两种情况事实上就是产生内乱的丰富源泉。有句古谚说得好，平等产生友谊。这条公理是非常合理的，【b】令人敬佩的，但它没有清楚地说明什么样的平等能产生这种效果，如果对此模糊不清则会给我们带来浩劫。事实上，在同一名称下有两种平等，但它们在大部分情况下产生的结果相反。一种平等是数量和尺度的平等，任何城邦和立法者都可以用抽签的方法简单地规定各种奖励，但是真正的、最优秀的平等很难用这种方法获得。对人世间的公共和私人事务，哪怕是宙斯给予的奖励也只能产生恩惠，不能产生平等。【c】它会使强者更强，弱者更弱，因为赐予要适合两种承受者的真正性质。尤其是授予两部分人的荣耀要合理，对高尚的人要授予较大的荣耀，而对与之相反的人则要授予与其相对应的荣耀。我们实际上也会发现这种纯粹的正义总是体现在政治体制中。克利尼亚，我们必须以这种平等为目标，在建设我们新生的城邦时我们一定要注意这种平等。如果有其他人能找到这样的城邦，那么他们也会抱着同样的目的立法，【d】不是着眼于少数独裁者或某个独裁者的利益，也不是着眼于富人对城邦的主宰，而是着眼于正义去消除各种各样的不平等，这种正义在我们刚才的解释中就是一种真正的平等。然而，一个城邦作为一个整体，为了避免它的各个组成部分之间的分裂，在使用这些标准时毕竟也要作某些限制。【e】你知道，平等和放纵总是在违反一种绝对完善的正义的统治。事实上，就是由于这个原因，我们必须使用某些抽签的平等来避免民众的不满，尽管当人们用这种办法处理最正义的事情时应当祈求神的保佑和好运的指点。所以，尽管环境的力量迫使我们应用两种平等，但我们应当尽可能少地使用第二种平等，【758】因为这种平等的实现诉诸好运。

我的朋友们，关于我们政策的合理性就说到这里，一个城邦要想存活，必须遵循这条政策。正如一艘船在海上航行必须有人日夜不停地瞭望，一个国家也是这样，它要在城邦间事务的波涛中颠簸，面临被各种阴谋推翻的危险。因此，执政官必须轮流值班，【b】一刻也不能中断。公民议事会靠指派的方法是不能处理好这些事务的，由于我们不得不让大部分议员在大部分时间里待在自己家中，处理他们所在的那个区的事务，因此可以指定每个月由十二分之一的议员值班，由他们担当卫士的职责，【c】负责会见来自国外的使者和国内的公民。无论来者有什么事要汇报，或者有什么问题要提出，都由轮值议员负责解答，有什么问题要向其他国家提出和要求对方答复也由他们处理。在一个国家中，不断地会有各种新情况发生，国家要对此做出防范，而这些情况一旦发生，【d】就要迅速做出反应，消除各种不幸。由于上述原因，召集或解散公民议事会议的权力必须赋予这个轮值委员会，包括召开常规性的会议、临时性的会议，或者召开特别会议。这个由十二分之一的议员组成的轮值委员会在当值的一个月中要起到上述作用，而在每年的另外十一个月中则不担负这种职责。轮值委员会必须与我们的其他官员保持不间断的联系，监管整个国家。

【e】这就是在这个城邦里管理国家事务的合理方式。但这个城邦及其领土的一般监管又如何呢？我们已经把整个城市和周围的领地都分成了十二块，那么我们要不要给城市的街道、公共和私人建筑物、港口、市场、河流，还有那些神圣的区域、圣地，以及其他类似的地方指定管理者？

克 当然要。

雅 　【759】所以，我们可以说，神庙要有人照料，要有男祭司和女祭司来管理圣地。至于对街道、房屋的管理以及维持恰当的秩序——对人来说，要避免居民的权利受到伤害，对较低等的动物来说，我们要在城墙内和郊区保持体面的文明状态——我们将任命三种官员来管理，负责我们刚才提到的这些事务的人我们可以称之为"市政官"，专门管理市场的人我们可以称之为"市场专员"。

【b】如果是有世袭的祭司，那么一定要让他们继续工作，不要干扰他们；但若很少或没有世袭的祭司，比如在我们这个定居点刚刚建立的时候，那就应当在还没有任命男女祭司的地方加以确定，让他们负责向众神献祭的事务。上述官员的任命一部分通过选举产生，一部分通过抽签产生。我们在城市和乡村的每个区都必须把来自民众的成分与不来自民众的成分友好地结合起来，使之产生最完满的和谐。然而对祭司来说，【c】我们必须遵循神的意愿，用抽签的方法决定祭司的人选，只不过抽签决定了的祭司人选还要通过进一步的审查，首先要审查他有无亵渎神灵的言行和合法的出生，其次要审查他的住宅是否洁净，他的生活是否纯洁，以及他的父母是否有血案，或有无诸如此类对宗教的冒犯。

我们应当从德尔斐取来最普遍的宗教法规，【d】让最先任命的官员负责解释。每个祭司的职位可以保持一年，不能再长，按照我们神圣的法律负责崇拜仪式的人不得低于六十岁，这条规定也适用于女祭司。

负责解释宗教法规的人要从四个部落中选举产生，每个部落每次选一人，共选三次。得票最多的三个候选人要接受审查，由其余九人进行审查，他们必须去德尔斐聆听神谕，以便从每三人中指定一人负责一位候选人的审查。【e】审查的规则和审查者的年龄要求与对祭司的要求相同。如有空缺出现，则由发生空缺的这四个部落补选。

至于神庙的库房管理和圣地界内土地的出产及租佃事宜，【760】应当从最高财产等级的公民中为每个最大的圣地指定三人管理，为中等大小的圣地指定两人管理，为最小的圣地指定一人管理，这些管理者的选举程序和审查与将军的选举一样。关于这种宗教制度我们就谈这些。

只要能做到，不应当让城邦任何地方处于无防卫的状态。城邦的保卫工作应当做如下安排。一旦我们选举和任命了城邦的将军、副将、骑兵指挥官、部落首领、轮值委员，以及市政官和市场专员，【b】那么保卫工作就由他们负责。我们整个国土的其他所有部分也应当以下列方式来看守。由于我们整个国土被分成大体相等的十二个地区，因此要通过抽签决定一个部落负责一个地区一年的保卫工作，这个部落要能提供五名"乡村巡视员"或者"卫队长"，他们各自应当从他自己的部落中挑选十二名年轻人，【c】年龄必须在二十五岁以上，但不能超过三十岁。要用抽签来决定这些巡逻队员负责的区域，每年在一个地方巡逻一个月，用这种方法使每个队员熟悉全部国土。这些卫士和他们的指挥官应当任职两年。按照最初由抽签决定的位置，他们受巡逻队长指挥在某个地区值勤一个月，【d】一个月以后他们就按照时序轮换到下一个地区值勤，所谓时序就是从西向东。一年值勤期满之后，每个队员不仅熟悉了整个国家在某个季节的状况，而且熟悉每个地区在各个季节中的状况，然后他们会按照指挥员的要求，【e】按照相反的时序在各个地区巡逻。到了第三年，一个部落必须挑选其他乡村巡视员和五名新的卫队长，每名卫队长负责指挥十二人组成的巡逻队。

在各地值勤时，他们的职责是这样的。首先，他们必须有效地建立抵御敌人入侵的边境防卫设施，修建必要的防护栏和壕沟，竖起堡垒，对付任何敢于前来蹂躏国土的敌人和牛。为了达到目的，他们可以使唤自己家里的家畜和奴仆，【761】把它们当做工具来使用，当然在繁忙季节应当尽可能避免役使它们。简言之，他们要尽量使整个国家变得敌人无法接近，而朋友最容易接近，无论这个敌人是人还是家畜和牛。

他们的职责还包括把所有道路修得尽可能平整。【b】他们要修建堤坝和沟渠，使雨水能在山顶和山坡上畅流而不至于泛滥成灾，要使坡地能得到或吸收足够的雨水。他们要修建各种水利设施使耕地得到灌溉，甚至使那些最干燥的地区也能有充足的水源。他们以种植和建筑来装饰和美化泉水，无论是溪流还是山泉，【c】通过开挖沟渠来确保丰富的水资源供应。如果附近有圣地的丛林或园区，那么他们要修建输水管，在各个季节向圣地供水，以增强圣地的魅力。在各个布防点上，我们的年轻人应当为自己和他们的长官修建体育锻炼场所，还要让他们的长官能洗上热水澡，为此要贮备大量的干柴。【d】他们也要在这里提供一个友好之家，为那些在农耕中受伤的人提供治疗。他们提供的治疗应当比那些庸医更为有效。

上述工作以及相类似的事情对一个地区来说既很实用，又可作为城邦生活的装饰品，还能为公民提供一种有吸引力的消遣活动。各地区的官员有许多责任。由六十人组成的机构将保卫一个地区，不仅要抵抗敌人，而且要防范那些伪装的朋友。任何人，奴隶或自由民，【e】若是对邻居或同胞犯下严重过错，那么案子应当由五位指挥官来审。比较严重的案子，其涉案金额不超过三个明那的，或有十二名原告的，都应当这样做。而那些很小的过失则可以由某个指挥官单独审。没有可靠的调查，法官不可以判案，也不可在没有调查的情况下免去官员的职务，除了那些负责终审的人可以这样做，比如君主。尤其是我们那些乡村巡视员，【762】这些官员若是压迫归他们照料的人，把不公平的负担强加于村民，未经同意就试图征用村民的农产品，接受村民为了得到某种优惠而赠送的礼物，或者对下属的分配不公平，那么这些官员就要因为其腐败行为而被打上可耻的烙印；官员只要对本地区的居民犯下过失，哪怕只有一明那的案值或者更少些，犯罪的官员都将在村民和邻居面前接受由他们自愿发起的审判。如果官员在受到大大小小的指控时拒绝受审，【b】并希望能够在轮值期满后去一个新的地区，以此逃避指控，那么原告可以向公共法庭起诉。

7.如果告赢了，那么原告从拒绝接受自发审判的潜逃者那里可以得到双倍的赏金。

指挥官和乡村巡视员在两年任期中的日常生活是这样的。首先，乡下的每个地区都有一个公共食堂，【c】每个人都在那里就餐。

8.如果有位巡视员哪一天没有去食堂，或者有哪个夜晚违反规定在外留宿，除非有他的长官的命令，或者由于某些绝对无法避免的突发情况，那么其他人就要向五名指挥官举报，把他当做逃兵处理，送到市场上去示众。要像对待逃避责任的卖国贼那样鞭打他们，不能赦免，任何人见到他只要愿意都可以动手鞭打，不会因此而受到惩罚。

【d】五名指挥官中若有哪一个有腐败行为，就要由他的五十九名同事来处理。

9.任何人若是知情不报，将与犯错误的指挥官受到相同的法律制裁，对他们的处罚比对年轻人更加严厉，这样的人将不再有资格担任监管年轻人的任何职务。

法律的卫士将严格调查这些案子，重在彻底防止这类事件的发生或有人逃避应得的惩罚。

【e】必须让所有人坚信，一个人无论是谁，若不首先当好一名仆人，就不能成为一名可信赖的主人，要想成功地履行公务——首先侍奉法律，因为侍奉法律就是侍奉上苍——就不能自傲，在侍奉法律之后尊敬长者是年轻人的光荣。其次，我们的乡村巡视员在两年任期中必须过一种非常节俭的生活。事实上，当选之后，【763】这十二人与他们的五名指挥官就是仆人，他们没有自己的仆人，不能使唤他们自己的奴隶，不能随意役使农夫和村民，也不能在私人生活中使用奴仆，而只能在公务中使用奴仆。在公务以外的其他事务中他们必须完全依靠自己，既当主人又当奴仆。他们还要在夏季和冬季携带武器巡逻，【b】以便完全熟悉整个国家的地形及防卫，这可以认为是一项重要的学习任务，目的是使他们对自己的国家了如指掌。让他们在青壮年时期练习追猎或其他形式的狩猎，其原因就在这里，而他们自己也会从这样的练习中得到快乐和益处。

关于这些侦察员或乡村巡视员（你想怎么称呼他们都可以），关于他们这个集团，我们就说到这里——【c】进入这个集团就意味着每个人都要全心全意，成为国家的安全卫士。

在我们的列表中，下一步要选举的是市政官和市场专员。我们的乡村巡视员有六十人，与此相应的市政官有三人。城市的十二个区可以像管理机构那样分成三个区域，市区本身的道路，几条从乡下通往首都的大道，【d】还有按照法规建造起来的整齐划一的房屋，都归他们管辖。尤其是，他们必须管理供水事务，乡村巡视员负责向城里输送水，保证水库蓄水充足洁净，使之不仅能供应城市日用，而且能美化城市。因此，担任市政官的人必须具备能力，而且还要有处理公务的闲暇。同样，属于最高财产等级的公民可以按自己的意愿提名市政官，【e】得到提名最多的六人作为候选人，然后由负责选举的官员根据抽签选择其中三人送交审查，审查通过后，他们将担任这一职务。

下一步是选举五名市场专员，候选人必须来自第一和第二财产等级。其选举程序与市政官的选举基本相同，得到提名最多的十人为候选人，再用抽签的办法决定其中五人当选，然后在通过审查以后宣布他们的任职。在选举中，每个参加者都应当投票，拒绝这样做的人，【764】如果其行为被当局查明，将处以五十德拉克玛罚款，还要被宣布为是一名坏公民。任何公民都有权参加公民大会或出席公开的公民议事会。第一和第二财产等级的成员必须参加会议，如果有人缺席，要处以十德拉克玛以下的罚款。第三和第四等级的成员参加会议不是强制性的，如果不参加会议也不用缴纳罚金，【b】除非得到当局的紧急告示，要求所有公民参加某次会议。市场专员们要按照法规监督和维护市场的秩序，并且负有保护圣地及圣地内清泉的责任，如果有奴隶或外邦人侵犯圣地，那么市场专员们要惩罚冒犯者，鞭笞或监禁他们。如果冒犯者是公民，那么他们有权对冒犯者处以一百德拉克玛以下的罚款，【c】案子若与乡村巡视员联合审理，那么罚金可以加倍。乡村巡视员拥有自己的罚款权和处罚权，他们可以单独处以一个明那的罚款，若与市政官联合审理，则可处以两个明那的罚款。

下面要做的正确的事情是任命负责文化事务和体育训练事务的督察，两个领域各要有两套班子来处理教育事务和竞赛事务。法律规定由教育官员负责监理体育场和学校的维护和提供的教育，【d】以及与此相关的给男女儿童提供的照料和住宿事务。竞赛官负责组织和裁判音乐和体育竞赛，竞赛官分成两类，一类负责艺术，一类负责体育。在体育比赛中，竞赛官既要负责对人的裁判，又要负责对马的裁判，这样做是恰当的；而在音乐比赛中，可以让一些官员专门裁决独唱或独奏，比如独唱演员、竖琴手、笛手，等等，【e】让另一些官员专门裁决合唱。所以我认为，我们首先应当为我们的儿童歌舞队和男女成年人的歌舞队选择督察。这些歌舞队在舞蹈和整个音乐体系中表演。对他们来说，有一个这样的权威就足够了，【765】他的年纪一定不能低于四十岁。督导独唱或独奏表演的官员年纪不低于三十岁也就足够了，他要负责宣布比赛结果。歌舞队的实际主持人或督察应当以下列方式任命。所有从事合唱的成年人必须参加一个会议，不能缺席，否则就要受到处罚——这件事将同法律的卫士来处理——但其他人可以根据自己的意愿自由参加。【b】候选人必须是公认的音乐专家，对若干候选人审查的唯一标准是他们的专业能力，然后可以用排除法来确定由谁来担任这个唯一的职位。得到提名最多的十名候选人要接受审查，审查后仍高居榜首的人要按照法律的要求担任当年的歌舞队督察。选举独唱和独奏方面的督察，方法与此完全相同，当选者要监管一年的独唱和独奏竞赛，负责裁决这方面的事务。【c】接下去我们要从第三和第二财产等级中任命负责包括赛马在内的体育竞赛的督察，前三个等级的公民必须参加选举，最低等级的公民可以缺席而不受惩罚。初选获得成功的二十名候选人要再次由抽签决定最后的当选，在任命前也要通过审查委员会的批准。

【d】在任何官员的选拔中，如果有人在审查中没通过，都应当按相同的办法补选替补者，并通过相同的审查程序。

在这个领域还剩下来要选任的官员是教育总监，对男孩和女孩的全部教育负总责。同样，法律规定这个唯一的职位必须要由不低于五十岁的男性公民来担任，他必须是一个合法家庭的父亲。女性要担任这个职位实际上是不可能的。提名者和被提名者都必须牢记，【e】这个职位是国家高级职位中最重要的。任何生灵——树木、（温和的或野蛮的）兽类、人类——最初的嫩芽和幼崽都是美好的，这个时期对其一生能否达到善的顶峰影响最大。【766】我们把人称做温和的动物，实际上，若是拥有正确的天赋和教育，那么人确实比其他动物更像神、更温和，但若训练不足或缺乏训练，那么人会比大地上的任何东西更加野蛮。因此立法者一定不能把对儿童的训练当做第二位的或附属性的任务，这方面的当务之急是选择最优秀的人担任教育总监，负责教育事务，【b】必须由各方面最优秀的公民来担任这个职务。同理，在选举教育总监时，除了公民议事会及其委员会，所有官员都要去阿波罗神庙，在那里秘密地投下自己的一票，选择一名自己认为最适合管理教育的法律的卫士担任这个职务。获得选票最多者将由全体已经任命了的官员进行审查，得票最多的这位法律的卫士除外，通过审查后他将任职五年，到了第六年，【c】再通过同样的程序任命新的教育总监。

如果一名官员死在任上，而他的任期还有三十天以上，那就要由处理选举事务的委员会按照同样的方式选举一名替补者。如果一名负责孤儿事务的官员去世，那么他的父系和母系亲戚应当在十天内指定死者的一名堂兄弟来继任，如果没有这样做，那么每个相关的人都要受到处罚，直到指定新的监护人为止，【d】每人每天的罚金是一德拉克玛。

当然了，任何城邦，若无已经建立起来的法庭，城邦就不成其为城邦。法官若是沉默不语，不能像仲裁者那样大喊大叫，更不必说在那些预备性的程序中说话声音胜过那些党派争论，那么他绝不可能在断案中做出令人满意的决定。所以，组织一个良好的法庭，法官人数既不能过多，也不能太少，致使能力不足。【e】在每一案子中，法官应当了解有争议的双方，要有足够的时间反复进行预备性的调查，详细把握案情的经过。因此有争议的双方首先要在他们的邻居和朋友面前受审，这些人对有争议的事情是最熟悉的。【767】案子审完后，如果当事者不能从这个法庭中得到满意的裁决，那么他可以开始向另一个法庭起诉。如果两个法庭均不能解决问题，那么第三个法庭的判决应当是终审裁决。

在一定意义上，上述法庭的任命也是一种行政官员的选举。事实上，任何行政官员都必定是处理某些事务的法官，而法官尽管不是真的行政官，或真的能够变成行政官，但在一天中的某些重要时刻，【b】他也要对某些事情做决断。因此我们可以把法官包括在行政官之中，然后开始说谁适合承担这项功能，他们要处理什么事务，在各种情况下应有多少名官员。最简单的法庭可以由与案情有关的人员组成，他们通过协商，一致同意选择他们中的某些人来处理案子。但对其他所有案子的处理将有两种法庭：一种法庭处理的案子是某个人受到他人的伤害，想要把对方告上法庭，求得判决；【c】另一种法庭处理的案子是某个公民认为有人伤害了公众的利益，因此为了支持国家而将他告上法庭。我们必须解释什么样的法庭要有多少法官。

首先，我们必须为所有个人设立一个共同的正义法庭，使争执双方的声音有第三者听到，其构成是这样的。在夏至后的那个月①新年开始的前一天，所有行政官员，无论是一年任期的还是更长时间任期的，都要在阿波罗神庙里集合，【d】在对这位神起誓以后，他们可以分别选举法官，每个管理部门选一名，这个人应当被本部门的官员认定为是最称职的，最善于审理与他的同胞公民有关的案子，在将要到来的一年中最虔诚。选举完成后，投票者将对当选者进行审查，如果有人没有通过审查，那就要以同样的方式补选，通过审查者将为那些拒绝其他司法审判的派别担任法官，选举法官的投票应当是公开的。公民议事会的成员和其他有权任命法官的官员必须作为证人和旁听者出席审判，【e】希望旁听者也允许参加。

---

① 希腊各城邦历法不统一。雅典历法一年的首月是卡通巴翁月，约相当于公历的 7—8 月。参见王晓朝：《希腊宗教概论》，上海人民出版社 1997 年版，第 139 页。

如果有人认为任何法官故意错判案子，他应当向执法官提出上诉。

10. 如果有法官被确认误判，他必须对受害者做出所受损害一半的补偿，如果认定要给法官更大的惩罚，那么处理上诉的执法官应当进一步确定处罚，或者裁定误判的法官向公众和执行处罚者缴纳罚金。

【768】关于反城邦罪的指控，首先要让街头巷尾的人在审判时起作用。如果受到伤害的是国家，那么全体公民都会受到伤害，如果这样的审判把他们排除在外，那么他们会发出抱怨。我们在审理这类案子时，尽管把最初和最后阶段交到公众手中，但具体的审问应由三名职务最高的官员来进行，原告和被告应当就由哪几位官员进行审问达成一致意见。如果双方不能达成一致意见，那就要由议事会来对双方的选择作决定。

【b】只要有可能，每个公民也应当参与私人诉讼的审判，因为任何人若被排斥在审判之外就会感到自己不是这个共同体的真正组成部分。因此，必须要有各个部落的法庭，在特定时候用抽签的方法来决定这些法庭的法官，他们的审判要尽量不受私人因素的影响，但所有案子的终审必须由我们所说的已经设立了的这个完全不会有腐败行为发生的法庭来进行，【c】这个法庭负责审理那些在他们的邻居面前或部落法庭中无法解决的案子。

关于我们的法庭就讲到这里（我们承认，法庭的成员，官员也好，非官员也好，若不加以一定的限制，都会产生实际的困难）。我们已经提供了一种表面的轮廓，尽管也包括一系列细节，但无论如何省略了许多，因为在我们的立法快要结束的时候，会有更好的地方可以呈现准确的法律程序和诉讼的分类。【d】所以，尚未完成的这部分内容我们留到我们的工作快要结束的时候再来考虑，而我们对其他行政官员的选任方法已经做了相当充分的规定。我们的考察若不按照自然秩序从头到尾详细地覆盖整个基础，我们就不能充满自信，准确而又全面地处理市政和行政管理的每个细节。【e】你们可以看到，到目前为止，我们对选举官员所作的这些安排已经使这个准备阶段有了充分的结论，并可作为新的立法的起点，而无须进一步推延或犹豫。

克 我非常赞同你的处理，先生，我更高兴的是你把已经得出来的结论作为下一个论题的起点。

雅 【769】那么，到此为止，我们这些老头们在这里投掷的这些想法给了我们极好的锻炼。

克 确实很好，不过我在想你的真实意思是这是"对那些年轻人的极好的挑战"。

雅 噢，我敢说是的。不过，还有另一个要点不知你是否同意？

克 是关于什么的？什么要点？

雅 你知道，绘画好像是一件永远做不完的事情。【b】画家总是不停地在着色或润色，或者无论叫它什么，但似乎永远不能抵达那一时刻，此时这幅画的清晰和美丽已经无法再改善了。

克 尽管我本人从来没有从事过这一类技艺，但我听别人谈论得很多，足以使我得到许多相同的印象。

雅 嗯，你没有错过任何东西！但是我们仍旧可以借用这个机会来说明下一个要点。【c】假定有一天，有人想要画一幅世上最美丽的图画，不会褪色，所以他把这幅画放在手边，始终不停地加以改善。你明白，由于这位画家不是长生不老的，所以他不应当留下一名继承人，能够修补时间给他的画带来的损害吗？这位继承人也要能够弥补他的祖师爷技艺上的缺陷，对这幅画进行润色以改善这幅图画吗？

克 要。

雅 【d】那么好，立法者不是也有同样的意愿吗？首先他想要尽力制定一套接近绝对完善的法律。然后随着这些法律的付诸实施，接受时间的考验，你难道认为会有立法者如此粗心，竟然忘了这些法律必定有一些缺陷，要有某些继承人来修补它们，以此确保由他建立起来的城邦体制可以逐步改善，【e】而不会衰退吗？

克 是的，我认为——确实，我肯定——任何立法者都会有这样的意愿。

雅　所以，如果有立法者能够发现一种这样做的方式——也就是说，要是凭着指导或举例，他能够使别的人明白（完全或不完全）如何通过修订来使法律处于良好状态——那么我想，他绝对不会放弃对他的方法的解释，直到获得成功为止，是吗？

克　【770】当然。

雅　所以，这不就是你们俩和我现在应当做的事吗？

克　你什么意思？

雅　我们这些处在生命的黄昏的人正在建构法律，为此我们已经挑选了（我们的年轻人）当法律的卫士，我们不能仅仅为他们立法，同时也应当试着让他们尽可能成为立法者和法律的卫士，是吗？

克　【b】当然，我们应当这样做，假定我们有能力这样做。

雅　无论如何，我们应当试一试，尽力而为。

克　当然。

雅　让我们对他们这样说："同事们，我们的法律的卫士们，我们当前为各个不同部门立的法有许多省略的地方，这种情况无法避免。我们将尽力而为，为更多的部门和整个体系刻画轮廓。但是你们必须为这个轮廓填补具体内容，必须知道这样做的目的是什么。【c】麦吉卢、克利尼亚和我本人已经在相互之间反复说明了这一点，但我们现在急着想要你们成为我们富有同情心的追随者，你们的目的应当是把像我们这样的立法者和执法者的想法全都记住。【d】对此，我们拥有完全一致的看法。'我们的生活目标应当是善和与人类相应的精神上的美德。有各种各样的事物可以帮助我们：它可以是我们追求的东西，一种具体的习惯，或者我们拥有的某种东西；我们可以从我们拥有的某种愿望，我们持有的某种意见，我们学习的某些课程中得到帮助；所有这些，对一个共同体里的男性和女性成员、年轻人和老人来说，都是对的。无论如何，我们描述的这个目标我们必须竭尽全力终身追求。没有人，无论他是谁，【e】应当喜欢或看重其他事物，如果该事物阻碍他的进步——甚至，极而言之，阻碍城邦的进步。要是城邦容忍奴隶制的束缚，俯首听命于卑劣者的统治，或者任由他们来摧毁城邦，或者遭到流放而被迫放弃城邦，那么我们要说，我们不得不忍受所有这些艰辛，而不会允许一种会使人变得卑劣的政治体制变革。'所以，这就是我们一致同意的看法，现在要由你们来考虑，【771】我们的这种双重目标和法律的责难是否对我们没有丝毫帮助；不过，你们必须接受那些与我们的良好意愿相一致的法律，使之成为你们生活的准则。所有其他的追求你们必须放弃，尽管这些追求旨在不同的'善物'（如人们所说）。"

我们整部法典的下一个部分将从处理宗教事务开始，这个方式是最好的。首先，我们必须回到五千零四十这个数字，我们发现对这个数字做划分有许多便利之处，【b】在建立部落时，你们记得，可以把这个总数分成十二份，再将其中的一份除以二十便可得到二十一这个商。我们的总人数可以用十二整除，同样我们每个部落的人数也可以被十二整除；所以每次这样的划分必定被视为神圣的，是上苍的恩赐，因为十二这个数字与每年的月份数相应，与宇宙的旋转相应。事实上，就是因为这个原因，所有共同体都本能地把这个数视为神圣的，尽管有些权柄也许会做出更加真实的划分，得到更加幸运的神圣的结果。【c】对我们来说，当前的目的是证明我们有理由喜欢五千零四十这个数，因为这个数可以被从一到十二的各个数整除，十一除外，要证明这一点并不难，因为只要把划分开的两部分放在一起就可以了。如果我们有空闲，用很少的话语就可证明这个事实。【d】所以我们可以把我们当前的任务托付给这个传统的信念，做这样的划分。每个部落都可用一位神或一位神的儿子的名字来命名，再为他们提供祭坛和其他器皿，在那里我们每月将举行两次献祭，这样每年有十二次献祭为十二个部落举行，有十二次献祭为城里的十二个区举行。这些献祭的目的首先是确保得到神的青睐，促进宗教；献祭的第二个目的，从我们的角度看，是增进人们之间的相互了解和发展各种城邦交往。

【e】你们瞧，当人们将要作为婚姻中的伙伴生活在一起的时候，至关重要的是尽可能了解新娘和她将要嫁入的那个家庭的背景。在这里应当高度重视，防范可能发生的严重错误——这件事非常重要，实际上，哪怕是安排年轻人的娱乐活动，也要把这一点记在心里。【772】到了一定年纪，男孩子和女孩子必须在一起跳舞，给他们提供一个相互观看的机会；他们跳舞时应当裸体，只要他们有充足的自制和约束能力。

歌舞队的监理负责所有这些安排，保持恰当的秩序；与法律的卫士一道，他们也要对我们的立法有遗漏之处进行补充。如我上述，在所有繁多的微小细节中，立法者不可避免地会有所省略，【b】而那些对此拥有日常经验的人应当在实践中学会如何使用制定规则和每年修订的方法提供补充规定，直到法规达到相当完善的地步。所以，要试验所有这些献祭和节日舞蹈的细节，一个适当而又确定的时间是十年，在此期间，在各部门工作的行政官可以向法律的卫士报告原有法律忽略了的地方，提出补充，【c】直到各项法规都臻于完善，然后向民众宣布他们有能力补充法律，并从今以后将这些补充的法律与那些最初由立法者制定的法律一道实施，这个时候如果最初的立法者还活着，那么行政官可以与立法者一起行动，如果最初的立法者已经死了，那么行政官员就单独行动。行政官员一定不要故意去创立什么新法，【d】如果他们认为自己绝对有必要这样做，那么应当征求所有行政官、全体公民议事会成员、所有神谕的意见，在这些权柄的批准下方能制定新法，没有它们的批准，无论什么样的改变都是不允许的，因为法律总是需要有反对的意见。

总之，每当二十五岁或二十五岁以上的男子在其他部落找到了适合自己的配偶，可以与之共同生儿育女，【e】那么他无论如何都要在三十五岁以前结婚。但首先要让他知道寻求适当配偶的正确方式，因为如克利尼亚所说，每一法律都必须从它自己的序言开始进入正文。

克 提醒得好，先生——恰到好处，我想。

雅 是这样的。让我们对一个好家庭的儿子说：【773】"我的孩子，聪明人会对你已经订下的婚约表示赞同，他们给你提的建议不是要让你过分关注对方的贫富，而是要你在其他条件基本相等的情况下，尽可能与家境比较贫寒的人结婚。这样做实际上对双方所处的城邦和家庭都有益，因为从差别中求得平衡和保持特定的比例比无限制的极端要好。【b】知道自己脾气过于急躁、行事过于鲁莽的人应当尽可能选一个安宁的家庭结亲，而脾气和行事方式与此相反的人应当找一家与此相反的家庭结亲。我们可以为所有婚约制定一条唯一的规矩：一个人应当为了城邦的利益而求婚，而不是主要根据自己的想象。然而存在着这样一种天然的本能，我们每个人都会接近与自己最相似的人，这就使得整个城邦的人品性和道德不一，【c】这也就给大部分国家带来不可避免的结果，而我们的国家不希望有这种情况发生。"

如果我们以法律的形式发出准确的指示——"富人不得与富裕的家庭结亲，一个能干的人不得与能干的家庭结亲，脾气急躁者必须找一个脾气温和的人结婚，脾气冷淡的人必须找一个热情洋溢的人结婚"——嗯，这当然非常可笑，【d】但是许多人不明白国家应当像一只搅拌钵也确实令人恼火。当你们把酒倒进去的时候，它好像热气腾腾，但一旦借助禁酒者的神把它稀释，你就有了一杯极好的饮品。很少有人明白同样的原则在寻找伴侣和生育子女中也是适用的。由于这些原因，我们在立法时省略了这些论题。然而，我们必须回想我们的"吸引力"①，【e】试图说服每个人要把生育神智健全的子女看得比与门当户对者结婚和追求财富还要重要。任何人若想通过婚姻来追求财富都应当受到斥责，而不是用一条成文法来强制。

有关婚姻就说到这里。这些告诫应当添加到我们前面有关如何追求永恒的解释②中去，我们的方法就是生儿育女，让我们的后裔代替我们侍奉神。【774】关于婚姻的义务，一篇正确创作出来的序言会有更多诸如此类的话要说。

---

① 参见本篇659e。
② 参见本篇721b—d。

11.如果有人不服从（不愿意服从）城邦的要求，到了三十五岁还不结婚，那么他要缴纳年度罚金：属于最高财产等级的交一百德拉克玛，属于第二等级的交七十德拉克玛，属于第三等级的交六十德拉克玛，属于第四等级的交三十德拉克玛，【b】这种罚金将会献给赫拉①。

12.如果他拒绝缴纳年度罚金，那么他的罚金将增至十倍。

（收缴罚金的事务由这位女神的司库负责。）

13.如果这位司库没有去收缴，那么要由他本人来缴纳。

每位司库在接受审查时都要在这方面做出解释。）

12.（续）也还应当禁止他接受年轻人对他的尊敬，没有人会在意他。要是这名男子汉试图追求一个男人，每个人都应当站在被追求者一边，保护他。

14.【c】如果一名旁观者没有帮助这名被追求者，法律应当看到他得到了懦夫的名声。

我们已经讨论了嫁妆问题②，但是我们必须重复，尽管穷人不得不依赖有限的资源婚嫁，但这样做不会在某些方面影响他们一生的前途，因为在这个城邦里，没有人会由于缺乏生活必需品而离去。妻子不会倾向于表现自己，而丈夫也不会由于经济原因而对妻子卑躬屈膝。【d】一个人要是服从这条法律，他会有良好的信誉。

---

① 赫拉（Ἥραν），希腊神话中的天后，掌管婚姻与生育。
② 参见本篇 742c。

15. 如果他不服从，他要向公共金库缴纳罚金，最低财产等级不超过五十德拉克玛，（或者按照不同等级，不超过一百、一百五、二百）他还要把相同标准的金钱奉献给赫拉和宙斯。

16.【e】众神的司库以我们所说的那位赫拉的司库一样向不结婚的人收取罚金，让独身者自己缴纳。

同意订婚的权力首先应当属于当事人的父亲，如果当事人没有父亲，则属于他的祖父，如果他也没有祖父，那么属于他父亲的兄弟，如果他也没有这样的亲戚，那么这个权力就从父系转向母系。如果父母两系的近亲都没有了，那么就由当事人最近的远亲，无论是什么亲戚，与监护人一道行使这个权力。

【775】关于订婚仪式以及正式结婚前后要举行的神圣仪式，当事的公民都应当向宗教法律的解释者咨询，按照他们的指点恰当地举行这些仪式，使各方满意。

关于结婚喜宴，男女双方家庭邀请的亲人不能超过五人，亲戚和同胞也不能超过五人；喜宴开支要与家庭境况相称，最富裕等级的不超过一个明那，【b】第二等级的不超过半个明那，其他等级照此比例递减。每个人都要服从这条规定。

17. 不遵守这条规定的人将由执法官给予惩处，把他们当做从来没有听到过缪斯婚礼之歌的腓利士人①。

醉酒在任何地方都是不合适的（除非在神举行的宴会中，神把酒送给我们），醉酒也是危险的，尤其是，如果你们想要使你们的婚姻成功。在举行婚礼的日子里，【c】这是新郎和新娘生命的一个转折点，他们应当表现出自制能力，应当在头脑清醒时同房，怀孕是件不确定的事，不知道会在什么时

---

① 腓利士人，地中海某岛屿居民，世侩、庸俗。

候发生，全在神的把握之中。此外，这种事情决不能在狂欢时进行，新生命的孕育必须安静有序地进行。而一个喝醉酒的男人只会乱爬乱摸，他的身体就像他的心灵一样疯狂。【d】喝醉酒的人在播种时是笨拙的、鲁莽的，所以毫不奇怪，他通常会生出呆滞的婴儿，其灵魂就像身体一样扭曲。因此，男子一定要终年谨慎，终生谨慎，尤其是在生育后代时，他一定要尽可能避免各种有损健康的行为，或错误的接触，或使用暴力——如果有这种情况发生，【e】就会给那未出生的生命的灵魂和身体留下印记，造成后代的退化——总之，这类行为在白天和黑夜都要避免。神掌握着人的生命的第一步，并且在生命成长的各个阶段给予矫正，所有当事人都必须抱着适当的敬畏之心来做这件事。

【776】新郎必须考虑建立一个属于他自己的家，他必须离开父母，与他的妻子同住在新家中，在那里生儿育女。在人生的所有想法中，总会有某些事情无法实现，当希望破灭时人的心思会集中在这一点上，久久不能忘怀，而永久的伴侣会给你带来温暖，使你很快忘掉不愉快的事。【b】由于这个原因，我们的年轻夫妇应当离开父母，离开新娘的亲戚，去他们的老宅居住，就像去一个殖民地定居。他们会回父母家探视，父母亲戚也会来探望他们。他们在自己的家中生育和抚养子女，由此把生命的火炬一代代传递下去，按照我们法律的要求，永远侍奉神。

下面要谈到财产问题。一个人合理地拥有的东西是什么？在大多数情况下，这不难看清和得到；不过，奴隶问题很难说得清。这里的原因是这样的。【c】我们使用的这些术语半对半错，我们关于奴隶的用语和实际经验是相互矛盾的。

麦　噢？你这是什么意思？我们还没听明白，先生。

雅　这没什么可惊讶的，麦吉卢。拉栖代蒙人的希洛人① 制度可能是整

---

① 希洛人（εἰλωτεία），被斯巴达人征服的麦西尼亚人，音译"黑劳士"。他们是斯巴达的国有奴隶，不属于奴隶主个人，而属于奴隶主全体。他们平时被束缚在土地上从事农业劳动，战时被征为轻铠兵，担任军中杂役和运输工作。

个希腊世界最令人困惑的问题；有些人说这是个好主意，有些人反对这种制度，【d】（尽管玛里安迪尼人①在赫拉克利亚实行的奴隶制，以及帖撒利的农奴地位问题，也有相类似的争论，尽管不那么尖锐）。面对这些相似的情况，我们关于奴隶所有权的政策是什么？我在讨论中正好涉及了这个主题，这就使你很自然地问我是什么意思，我的想法是：我们全都同意一个人应当拥有最优秀的、最可靠的奴隶，毕竟，奴隶经常证明在各方面比我们自己的兄弟或儿子要优秀得多，【e】他们经常保护主人的生命、财产和家庭。这方面我们知道得很多，不是吗，有人讲过许多关于奴隶的故事？

麦　确实如此。

雅　对奴隶的相反看法同样也很普遍，比如说奴隶的灵魂是腐败的，聪明人决不能相信所有奴隶。我们最渊博的诗人（在谈到宙斯时）实际上说过：【777】"如果你使一个人成为奴隶，那么就在那一天，深谋远虑的宙斯会拿走他的一半智慧。"②每个人对这个问题都有不同的看法，各执己见。有些人不相信作为一个阶层的奴隶，把他们当做动物来对待，鞭笞他们，使他们的灵魂比他们的实际要拥有三倍的奴性——不，要拥有一千倍的奴性。而其他人则持有完全相反的方式。

麦　对。

克　【b】嗯，先生，既然这个问题有那么多分歧意见，在我们的国家里该怎么办呢？我们该如何拥有和管教奴隶呢？

雅　看着我，克利尼亚："人"这种动物是变化无常的，所以要把人明确地归为奴隶和作为自由人的奴隶主，不是一件容易的事，而出于实际的需要，这样的分类又是必要的。因此，你的奴隶将是一只难以掌控的野兽。【c】麦西尼亚③频繁发生的奴隶造反，以及那些人们拥有大量讲同一种方言的奴隶的城邦，表明这种制度是邪恶的，更不必提意大利的海盗船所进行的各种

① 玛里安迪尼人（Μαριανδυνή），族名。
② 荷马：《奥德赛》17：322—323。
③ 麦西尼亚（Μεσσηνία），地名。

掠夺和冒险了。面对所有这些事实，我们确实会感到困惑，不知该如何处理整个问题。我明白，我们确实只有两种对待奴隶的方法：一是不让那些安分守己的、驯服的奴隶聚在一起，【d】也尽可能不要让他们全都讲一种语言；二是恰当地对待他们，为他们多做些考虑，这样做确实是为了他们，但更多地仍旧是为了我们自己。对待处在这种地位上的人不使用暴力是恰当的，在加害于他们时——如果这种事有可能——要比加害于和自己地位平等的人更加踟蹰再三。因为正是这些很容易被伤害的事情最能表现一个人对正义的真正的、不伪装的敬畏和对错误的憎恶。因此一个人的性格和行为不能在他与奴隶的关系中犯下错误和受到邪恶的玷污，【e】胜过他与其他人的关系，由此可为善的丰收播下种子，对每一位主人、每一位独裁者、每一位有权对较弱的一方行使权力的人，我们都可以真诚地说同样的话。当然了，我们这样说并不是认为当奴隶该受惩罚时也不惩罚他们，也不是认为可以娇纵他们，不需要用我们对自由人使用的那种办法来告诫他们。我们对奴仆使用的语言应当是简洁的命令，【778】而不应当是男女之间使用的那些熟悉的开玩笑的话，然而有许多主人在对待他们的奴隶时使用这种方式，表现得极为愚蠢，因为对奴隶的娇宠会马上使得双方的关系变得很难受，对顺从的奴隶来说是这样，对下命令的主人来说也是这样。

克　你说得很对。

雅　好吧，现在公民们已经有了数量充足的奴隶来帮助他做各种事情，下一件事情是规划我们的建筑，不是吗？

克　当然。

雅　【b】我们的城市实际上是新建的，原先没有居民，所以我们必须关注它的建筑及其所有细节，也不要忘了神庙和城墙。克利尼亚，这个主题实际上应当在婚姻问题之前讨论，但由于我们整个建构都是在想象中进行的，所以要搁置这个主题现在是个极好的机会。等我们的规划付诸实现时，如果情况允许，我们将首先处理城市建筑，然后把制定婚姻法当做我们这类工作的最终圆满完成。【c】而当前我们要做的无非是提出一个简要的提纲。

克　是这么回事。

雅　神庙应当建在中心，周边由市场围绕，神庙应当建在一块高地上，便于防卫和清洁卫生。建在神庙附近的应当是执政官的衙门和法庭。这是一块神圣的高地，在这里——部分原因在于法律事务涉及庄严的宗教问题，【d】部分原因在于可敬畏的神祇的神庙就在附近——接受诉讼和进行判决。审理谋杀或其他重罪的法庭就设在这些建筑物里。

至于城墙，麦吉卢，我的想法和你们拉栖代蒙人一样，就让它们安宁地睡在大地上，不要去吵醒它们。之所以这样说，我的理由如下。有位诗人很好地提到过城墙，他的诗句经常被人引用，【e】"一座城市的城墙应当是铜的和铁的，而不是石头的。"①但若我们已经带领年轻人在每年的巡查中挖战壕、修堡垒，想要以此御敌于国门之外，而在这样做了以后我们还是把自己关在城墙之内，那就会贻笑大方。首先，城墙决不会带来城市生活的健康，反而会普遍地使城里人的灵魂变得软弱无力。【779】城墙诱使居民在城内寻找庇护所，而置进犯的敌人于不顾，城墙也诱惑居民放松日夜不停地警戒，使他们认为自己找到了一种真正安全的办法，也就是把自己关在城墙内，躲在城墙垛子后面睡觉，就好像他们生来就是为了躲避辛苦似的，他们不知道真正的安宁必定来自辛劳，而不光荣的安宁和懒惰则会带来更大的辛苦和麻烦。或者说，是我大错特错了。不，如果人们必须要有城墙，【b】那么他们应当从一开始就把他们的住处建成一道城墙，用整个城市的房屋连成一道连续不断的城墙，在每一所房子里都可以防守，每条街道四面都是统一的，有规则的。这样的城市就像一所巨大的房屋，也不会很难看，它易于防守的特点给它带来无限的好处，在安全方面胜过其他任何城市。维护这些最初的建筑首先应当是拥有者的责任，【c】而市政官员应当担负起监督的责任，对维护不善者处以罚款。市政官的责任还包括维护城市清洁卫生，禁止私人乱建乱挖，以免影响市政规划。他们也要负责市区雨水的排泄，还要为城里城外

———————

①　究竟引自哪位诗人不详，但这句引文比较普通，可参见埃斯库罗斯：《波斯人》349。

的住宅制定建筑规则。我们的法律不可能处理城市生活的所有方面，有许多细节只好省略，【d】执法官可以按照他们的实际经验发布补充性的法规。

现在，这些建筑物和市场上的建筑物，包括体育场、学校、剧场，都已建成，在等着人们的到来，学校等候学生，剧场等候观众，按照恰当的立法顺序。现在，我们可以开始为婚姻以后的事情立法了。

克　务必如此。

雅　让我们假定婚礼已经结束，克利尼亚；从那时起，到孩子诞生，有一整年的时间。【e】在一个视野高于其他城邦的城邦里，新娘和新郎该如何渡过他们的时光（你记得，我们在前面就是谈到这个地方而中断的），这个问题并不是世上最容易回答的问题。我们已经遇到过诸如此类的难题，但没有一个会像这个问题似的让民众大倒胃口。然而，克利尼亚，我认为，对于我们确信是正确的东西，我们必须不惜一切代价把它说出来。

克　当然。

雅　【780】如果有人建议给城邦提供一套关于公共行为和共同生活的法律，然而却又在这些法律对私人事务形成压力的时候，认为这些法律是肤浅的，认为想要规范一切是不恰当的，个人的私生活应当享有自由，可以按照自己的意愿为所欲为——他一方面认为个人行为不受法律控制，而另一方面又骄傲地认为他的公民准备依据法律来指导他们的相互关系和公共行为——那么他就大错特错了。为什么我要这样说？【b】因为我要指出我们的新婚男子将频繁地出现在公餐桌上，不会多于也不会少于他结婚之前。我想，当公餐制一开始在你们国家出现时，这种制度曾引起人们的惊讶，但在战争时期或其他某些同样紧急的情况下，对于处在极度危险之中的某些小团体来说，这种制度是必要的，当你们有了这种尝试，【c】并且普遍地适应公餐制以后，你们认为这种做法对于国家的安全有很重要的作用。事实上，公餐制以这样的方式成了你们的一种习俗。

克　相当有理。

雅　这就是我们要说的要点。尽管曾经有人认为这种做法太奇特，强制推行这种制度是危险的，但是希望推行这一制度的立法者会说现在不会有这样的困难。然而，尽管采用这种制度会取得各方面的成功，但会有一个天然的后果，而且当前也没有其他什么地方采用这种制度，所有这些都会驱使立法者像谚语所说的那样，"在火堆里梳理羊毛"，【d】在大量的诸如此类的工作中白白浪费他的精力，无论是提议还是实施这种制度，这个后果都不可低估。

克　先生，你显然是在犹豫不决，你想说明什么问题？

雅　请你们注意听，让我们不要在这个问题上浪费时间。凡是有确定秩序和法律的城邦生活，其结果就是幸福，然而，对法律的抗拒或者制定错误的法律比正确的立法更加频繁。我们当前的论证就在这个地方停了下来。【e】事实上，我的朋友，你们的男子公餐制是一种值得敬佩的制度，有着神奇的起源，如我所说，它确实出于一种真正的、必然的天意，但你们的法律没有规定妇女的地位，在你们国家里看不到任何妇女公餐制的遗迹，这是一个巨大的错误。【781】不，由于女性秘密和灵巧的特点，你们对女性这半个种族事先所作的安排已经留下了无秩的状态，这是立法者的错误让步造成的。由于对女性的疏忽，你们已经让许多事情失控，而实际上只要将它们置于法律之下是能够做到井然有序的。【b】未加任何约束的女性，并非如你所想象的那样，是问题的一半，不，她是问题的两倍，甚至超过两倍，因为女性的天赋禀性比男性低劣。因此，我们最好能从国家的善着眼，把这个问题提交修改和矫正，设计一套同时适用于两种性别的制度。【c】事情就是这样，人们在这样的消费中是不会快乐的，在一个不知公餐制为何物的国家或城邦里，一个谨慎的人不会提出这样的建议。所以，实际上该如何迫使妇女参加公餐而又不被嗤笑呢？没有别的什么事比强迫已经习惯于在阴暗的角落里生活的女性出现在大庭广众之下更难了，如果这样做了的话，那么女性表现出来的愤怒抵抗会比立法者强大得多。【d】我曾经说过，在其他城邦里，女性可能不会因为受到正确的统治而大喊大叫，而在我们自己的城邦里她们可能会这样做。所以，如果你们希望我们关于整个体制的讨论抵达终点——这在理论上是可能的——我打算捍卫我的建议，把公餐制当做健全的、可行的，只要你们俩都喜欢听我的论证，否则我们可以放弃这个主题。

克 先生，我向你保证，我们俩都喜欢听你的论证。

雅 嗯，那么你们会听到的。但若发现我走了很长一段路以后又回到了起点上来，那么你们一定不要感到奇怪。【e】你们知道我们有足够的时间，也没有什么急事，所以我们可以很从容地从各个角度考察我们的主题，这个主题就是立法。

克 非常正确。

雅 好吧，现在让我们回到开头① 那个话题上来。每个人都必须明白：人类要么根本就没有时间上的开端，也没有时间上的终结，【782】但过去始终存在和将来始终存在，否则的话，从有人类起到现在为止必定已经有无数个世代了。

克 无疑如此。

雅 很好。那么我们能不能设定，有无数各种各样的国家在全世界兴起和灭亡，也有各种各样合理的和不合理的制度，以及各种各样的饮食习惯和气候变化，【b】在引起生命有机体的许多变化？

克 可以，当然可以。

雅 嗯，我们相信曾经有过这样一个时期，葡萄、橄榄树、得墨忒耳②和她女儿珀耳塞福涅③ 馈赠的礼物、特里普托勒摩斯④ 馈赠的礼物，还有其他人的发明，这些东西不都是引起变化的工具吗？所以，我们必须假定在这些事物出现之前，动物像今天一样互相为食，不是吗？

---

① 参见本篇 676a 以下。

② 得墨忒耳（Δημήτηρ），希腊神话中的谷物女神。

③ 珀耳塞福涅（Φερσεφόνην），谷物女神得墨忒耳之女，被冥王哈得斯抢走。

④ 特里普托勒摩斯（Τριπτόλεμος），半神，在得墨忒耳指导下学会制造犁和种植小麦、大麦，并传授给人们。

克　确定无疑。

雅　【c】当然了，我们观察到，现今仍有许多民族残存着用人来献祭的习俗。而在别的一些地方，我们听说盛行着相反的习俗，有些民族连牛肉都不吃，献祭也不用动物做牺牲；他们用糕饼、蜂蜜浸泡的食物，还有其他"纯洁"的供品，来荣耀他们的神祇。他们禁食肉类，认为吃肉是有罪的，或者用血玷污众神的祭坛是有罪的。那个时代人类的生活完全遵守所谓的奥菲斯教义，普遍实行素食，【d】完全禁止食用一切动物。

克　这个传说广泛流传，极为可信。

雅　当然了，你们会问我，你现在提这些事情用意何在？

克　先生，你说得一点没错。

雅　所以，克利尼亚，我要试着进行解释，我的用意出于下述考虑。

克　请你开始吧。

雅　观察告诉我，人的一切行为都由一套三种需要和欲望来驱使。【e】如果一个人受过正确的教育，那么这些本能会引导他走向美德，如果他受的教育不好，则会终结于另一个极端。从人出生那一刻起，他们的需要首先是食物和饮水。一切动物均有求食的本能，也有避免一切不适的本能，这方面的要求若不能充分满足，它们就会发出愤怒的嚎叫。我们第三种最紧迫的需要和最强烈的欲望产生较迟，【783】但却最能使人疯狂——我指的是那种不可压抑的淫荡的性欲。我们必须把这三种不健康的欲望从追求所谓的快乐转向追求美德，我们必须试着用三种最强大的力量——恐惧、法律、正确的论证——来检查和制裁它们；此外，在缪斯和掌控竞赛的众神的帮助下，【b】抑制这些欲望的生长，平息它们的盲动。

在婚姻之后和在训练和教育之前谈论的论题就是孩子的出生。由于我们按照顺序讨论这些论题，我们也许能够像我们前面那样完成每一条具体的法律，就像我们处理公餐制那样——我的意思是，等我们变得熟悉我们的公民，我们也许就能看得更加清楚，这样的聚会是否只有男子参加，或者说是否应当包括妇女。同理，当我们真正控制了那些不受法律控制的体制时，【c】我们可以把这些体制用做"封面"，就像其他一些人所做的那样，产生我刚才说的这种结果：由于对这些体制做了比较具体的考察，我们可以更好地对它们进行解释，对它们立法。

克　非常正确。

雅　那就牢记我们刚才提到过的要点，我们很有可能会再次提到它们。

克　你要我们牢记的要点到底是什么呢？

雅　就是我们用三个术语来表达的三种冲动：【d】"食欲"（我想我们说过）、"喝水"的欲望，第三是"性冲动"。

克　是的，先生，我们肯定会记住的，你刚才跟我们说了。

雅　好极了！现在让我们把注意力转向结了婚的这对夫妇，指导他们生儿育女的方式方法。（如果我们不能说服他们，那么我们就用法律，或者用法律加说服来吓唬他们。）

克　你什么意思？

雅　新娘和新郎都要尽力为城邦生育最优秀的后代。嗯，当人们在合作的时候，【e】如果合作者都能明白自己在做什么，就能取得很好的结果；但若当事人一点儿也不用心，那么结果就完全相反了。所以，让新娘把心思放在她的新郎身上，和他同房；新郎这一方也一样，只要他们的孩子还没有出生，他们就应当这样做。【784】将要做母亲的人要接受我们已经任命了的妇女监理的监督——由执政官来决定有多少人担任这个职务，由执政官选择一个适当的时间进行妇女监理的选举和任命——他们每天都要在伊利绪雅^①的神庙里集合，时间不少于一小时的三分之一。开会的时候，每个成员都要向这个委员会的所有成员，男的或女的，报告她看到在生育者中间有谁注意了这些法规的细节，我们规定了有关婚姻的献祭和仪式。【b】如果一对夫妇多产多育，那么他们的生育期是十年，但不能再长；如果一对夫妇在这个时期结束时仍无子嗣，那么就要由这个管理妇女的委员会与夫妇双方的亲属共同

---

①　伊利绪雅（Εἰλειθυίας），主管生育的女神。

商议，安排兼顾双方利益的分居。如果为了双方的某种利益而发生争执不下的情况，【c】那么他们应当挑选十名执法官来仲裁，哪些执法官可以参加仲裁则由他们自己决定。女监理可以进入年轻夫妇的家，用警告和恐吓制止他们有罪的愚蠢行为，如果他们仍旧犯错误，就向执法官报告，让执法官来制止这种冒犯。如果他们采取的行动也证明无效，那么这件事情就要公布于众，冒犯者的名字下会有这样一句话——"屡教不改者"。

18.（a）除非被公示者能在法庭上成功地驳斥起诉者，【d】否则必须剥夺被公示者参加婚礼和生日宴会的权利。

19.如果他坚持出现在这些场合，任何人只要愿意，都可以殴打他而不受惩罚。

18.（b）如果女人行为不端，她的名字也要被公示，如果她没能在法庭上成功，那么同样的规定也适用于她：她不得参加妇女游行，不得参加婚礼和儿童的生日宴会。

20.按照法律的要求生育子女以后，【e】如果一名男子与另一名女子苟合，或者一名女子与一名男子苟合，而这名男子或女子仍在生育者之列，那么他们必须缴纳罚金，由那些仍旧生育者规定罚金的数量。

21.过了生育期以后，那些贞洁的男人或女人应当受到高度尊重，而那些淫乱的杂交者会得到与之相反的名誉（尽管不名誉会是一个较好的词）。

【785】当有较多的人在这些事情上表现出合理的节制时，法律应当对此保持沉默；但若有许多人不节制，那么就要像前面说过的那样制定法规来强制人们实行节制，要使他们的行为与现在规定的法律相一致。

人的第一年是他整个"生命的开端"，应当在宗族的神庙中注册。对每个支族的男孩或女孩来说，还必须要有进一步的记录，记在一堵刻有执政官年号的白墙上，我们的纪年是用执政官的名字命名的。【b】旁边还必须要有这个支族的成员名单，死者的名字被删去，由此可以看出每天有多少人活着。对女孩来说，结婚的年龄——要具体说明最长的年龄跨度——是从十六岁到二十岁，而男子的结婚年龄是从三十岁到三十五岁。担任公职的最低年龄限制，妇女四十岁，男子三十岁。服兵役的年龄规定，男子是从二十岁到六十岁，对女子来说——无论何种适宜妇女担任的军事工作——是在生育子女之后，在需要并适宜的情况下服役，不超过五十岁。

第七卷

雅　【788】现在，男孩和女孩都已经出生，我设定他们的教育和训练就是我们下面最适宜处理的论题。这个论题可不能在沉默中放过，但我们在处理中会限于指导和告诫，不会冒险去做什么具体的规定。就家庭生活的隐私而言，大量微不足道的小事不需要公布于众，【b】而在快乐、痛苦、欲望这样一些情感的激励下，它们全都可能在立法者的脸上呈现，并使公民的性格多种多样，相互冲突，这就是一种社会的邪恶了。尽管这些活动是微不足道的，非常普通的，不可能体面地用法律来进行惩罚，但这些活动确实含有一定的危险性，即有损成文的法规，因为人们反复做这样的小事，养成了破坏法规的习惯。【c】正是由于这个原因，我们就这些事情立法很困难，但我们又不能对这些事情一言不发。我必须试着对你们讲述一些事例来表明我的观点。而此刻，我想你们还看不出我的用意。

克　你说得很对，确实看不出。

雅　我在想，我们可以正确地断言，如果一种教育可以称得上是"正确的"，那只是说它能够使我们的灵魂和身体尽可能地完善和卓越，是吗？

克　当然。

雅　【d】我假定（按照最基本的需要），一个人若要长得格外俊美，那么从小就要让他尽可能挺直腰板，是吗？

克　当然。

雅　嗯，我们观察到，每个动物在其初始阶段都是生长得最快的，不是吗？所以实际上有许多人认为，人在头五年里生长得最快，超过往后的二十年。

克　没错。

雅　【789】但我们明白，身体迅速生长的时候，如果缺乏经常性的、恰当的锻炼，会给身体带来许多麻烦，不是吗？

克　是的，确实如此。

雅　所以，身体得到营养最多的时候不也是它需要最多锻炼的时候吗？

克　天哪，先生，我们要让那些新生婴儿和小小孩进行锻炼吗？

雅　【b】不，我的意思是还要更早些，当他们还在母亲肚子里的时候就应当锻炼。

克　你在说什么？我亲爱的先生啊！你的意思是在母亲的子宫里吗？

雅　是的，我是这个意思。但是，你没有听说过这些胚胎的体育锻炼并不值得惊讶。这个主题很不寻常，但我会告诉你的。

克　当然，就请你告诉我吧。

雅　这种事情我们雅典人理解起来会比较容易，因为他们中间有些人非常热衷于运动。不仅是男孩，而且还有一些老人，都有养鸟的习惯，他们养小鸟，为的是斗鸟。【c】不过，他们肯定不会认为让鸟儿相互打斗会给它们提供恰当的锻炼。还有，这些人都把鸟随身带着，比较小的拿在手里，比较大的放在肘下，走很远的路，但这样做并非为了他自己锻炼身体，而是为了他的宠物的身体。这种做法至少表明，聪明人注意到【d】摇晃和震动对所有身体都有益，无论是它们自己运动，还是被船只载着晃动，或者骑在马上摇晃，或者其他种类的身体被迫运动。就这样，身体吸收了固体或液体的营养物，生长得健康而又美丽，更不必说强壮了。有鉴于此，我们能说，我们以后该采用什么样的政策吗？【e】要是你们喜欢，我们可以制定以下具体规则（而人们一定会嗤笑我们）：孕妇应当多走路，孩子出生以后要塑造婴儿的身体，就像制作蜡像，要乘蜡还柔软的时候进行，头两年要用褪褓包裹婴儿；保姆不得把婴儿带往乡间、神庙、亲戚家，直到孩子可以自己站立为止；哪怕到了这种时候，保姆也要坚持抱着孩子，不宜过早让孩子独立行走，以免让孩子的肢体受到伤害；保姆应当尽可能强壮，保姆的人数要充足——【790】违反这些规定的人要受到处罚。噢，不！我刚才提到的这些事情扯得太远了。

克　你的意思是……

雅　……我们会引来无数的嗤笑。保姆（女人或女仆，有着不同的品性）会拒绝服从我们。

克　既然如此，我们为什么还要坚持把这些规定具体化呢？

雅　【b】是因为这个原因。城邦的自由民和奴隶主与保姆的品性很不相同，如果他们有机会听到这些规定，他们会得出正确的结论：这个城邦的法典没有像私人生活中的规定那样稳定的基础，再要期待其他事情是愚蠢的。明白了这一事实真相，他们自己就会主动地采用我们最近的建议，我把这些建议当做规定来执行，由此获得幸福，很好地管理他们自己的家庭和城邦。

克　是的，你说得非常有理。

雅　【c】还有，让我们不要放弃这种立法的风格。我们从婴儿的身体开始谈论，让我们使用同样的方法，开始解释如何塑造他们的人格。

克　好主意。

雅　所以，让我们把这一点当做这两个事例中的一个基本原则：在身体上和心灵上对所有小小孩，尤其是婴儿，进行抚养，日夜不停地让他们运动，是有益的，只要能做到，就应当不停地摇晃他们，就好像他们永远生活在海上，生活在甲板上。但由于这是不可能的，【d】我们必须为我们的新生婴儿提供最接近这一理想的办法。

这里还有某些证据，从中可以得出相同的结论。实际上，婴儿保姆和女科里班忒斯①都从经验中学会了这种方法，认识到这样做的价值。我假定你们知道，当一位母亲想要使醒着的婴儿入睡，她的办法不是让他不要动，【e】而是正好相反，让他运动。她会抱着婴儿不停地摇晃，不是安静地这样做，而是嘴里哼着某种曲调。也就是说，她实际上是在对婴儿发出咒语，就好像酒神女祭司做的事情一样，载歌载舞地运动。

克　嗯，好吧，先生，所有这些事情，我们有什么具体解释吗？

雅　这个原因不难找到。

克　这个原因是什么？

雅　上述两种情况都属于惊吓，惊吓的原因可以归结为灵魂的某些病态。因此，当灵魂的无序状态碰上摇晃时，这种外部运动就支配着内部运动，【791】也就控制住了惊吓或疯狂的根源。通过这种控制，心灵产生一种精神上的安宁，从先前的烦躁和激动中解脱出来，于是在这两个例子中产生了预期的效果，在一个例子中使婴儿入睡，在另一个例子中，酒神狂女在向神祇献祭时伴着笛声狂舞，然后从暂时的疯狂中摆脱出来，恢复清醒头脑。【b】我在这里说的尽管非常简明扼要，但这个解释却很有道理。

克　确实很有道理。

雅　能产生这些效果的办法使我们承认，自幼经受这种惊吓的心灵最有可能养成胆怯的习惯。现在我们每个人都会承认，这种办法是在培养胆怯，而不是在培养勇敢。

克　没错。

雅　因此，我们必须承认还有一个与此相反的过程，也就是在惊吓和恐惧产生时对其进行控制，【c】这种对勇敢的培养需要终生进行。

克　非常正确。

_____

①　科里班忒斯（Κορυβαντες），女神库柏勒的祭司，在施行秘法时狂歌乱舞，并用长矛撞击发声。

雅　嗯，在此我们可以说，婴儿在运动中接受训练为灵魂美德的养成贡献了一个重要因素。

克　是的，确实如此。

雅　进一步说，鼓励儿童养成温和的脾气将会在道德品质的发展中起主导作用，而暴躁的脾气则会促使邪恶的产生。

克　无疑如此。

雅　【d】所以我们必须试着说明一种能引诱新生婴儿快乐的方法，只要我们有能力使之产生这样的效果。

克　我们确实要这样做。

雅　我要说一下我拥有的确定信念：娇宠儿童会使他们的脾气变得暴躁、乖戾，有一点儿小事就闹别扭，但若用相反的态度，非常严厉、非常霸道地对待他们，则会使他们没精打采、低三下四、闷闷不乐，使他们不适宜与他人交往，参与公共生活。

克　【e】但是请你说说，当这些小生灵还不能听懂人的语言，还完全不可能接受教育的时候，又如何能让国家当局承担起抚养他们的责任呢？

雅　嗯，我相信是以这样一种方式。新生的小生灵，尤其是新生的人，从一开始就会尖叫，尤其是婴儿，不仅会尖叫，还会流眼泪。

克　没错。

雅　所以保姆要根据这些迹象来猜测应该向他们提供什么；【792】如果婴儿在得到了保姆提供的东西后就安静了，保姆就会认为自己猜对了，但若婴儿仍旧在哭喊，那么就是猜错了。因此，你瞧，婴儿喜欢什么不喜欢什么是根据尖叫与眼泪这些明显的征兆来发现的，在不少于三年的时间里，这样说都是对的，而这头三年过得好不好对人的一生来说并非无关紧要的。

克　是这样的。

雅　脾气乖戾、忧郁的人总是自惭形秽，【b】比善人更容易抱怨。我想你们俩都会承认这一点，是吗？

克　我肯定承认。

雅　好，如果我们雇用所有的聪明人抚养正在成长的孩子，让他们在头三年中全都避免这种困顿、惊惧的经验，尽可能远离痛苦本身，那么在这段时间里成长起来的灵魂一定会充满快乐和仁慈。你们难道不这样想？

克　【c】我没有异议，先生，只要我们能提供充分的快乐。

雅　我亲爱的先生！这正是克和我将要产生分歧的地方。你向我们提出的建议是我们所能接受的最不幸的事情，因为这种不幸从儿童开始生长的时候就已经系统地进入他们的生活。让我们来看我说的对不对。

克　告诉我们，你什么意思。

雅　我的意思是你我之间的这个分歧点将会带来严重的后果。所以，麦吉卢，你也必须动动脑筋，帮我们做出决断。我自己的意向是，正确的生活道路既不是追求快乐，也不是无限地避免痛苦，【d】而是想要达到一种中间状态，对此我刚才用了"仁慈"这个词，我们全都有可能借助神谕的力量把这种状态归于神本身。我认为，像神一样的人必定会追求这种心灵习惯，他肯定不会不顾一切地追求快乐，也不会忘记自己要经历一份痛苦，我们也一定不要让他承受他人的痛苦。男女老少，或是新生婴儿，在其接触的范围之内，【e】人的性格确实是在幼年由于习惯而形成的。嗯，要不是我怕被你们误解为是在开玩笑，我会说得更彻底一些。我会下令派人专门监视那些生育期的妇女，要她们在怀孕期间不能有频繁激烈的快乐或痛苦，以保证她们养成仁慈、明智、安详的精神。

克　【793】先生，你不需要让麦吉卢来判断我们俩谁拥有的真理更多。坦率地说，我承认我们全都必须避免一种无节制的痛苦或快乐的生活，在所有事情上走中庸之道。这是对你这番高尚言论的恰当回应。

雅　克利尼亚，你的回应确实令人敬佩。那么就让我们三个人进一步思考下一个要点。

克　什么要点？

雅　我们大家现在要讨论的无非就是这些规定，而不是别的什么东西，所有人都把这些规定称做"不成文法"，认为是"祖宗之法"。【b】还有，通过最近的谈话，我们产生了一种信念，这种传统既不是制定出来的法律，也不是毫无规范的东西。它是一种体制的榫眼，是连接各种已经成文的法规的通道，通过这些不成文法以及那些有待记载的规定，真正的源于祖先的传统得以保存。这些规定的制定是正确的，并在实践中为人们所遵循。【c】它们可以起到一块盾牌的作用，保护迄今为止已经成文的所有法规，但若不成文法背离了正确的界限，那么整个情况就好比撤去了支柱和挖去了基础的房屋。任何令人敬佩的建筑物一旦失去原来的支撑，一般的结果就会倒塌，一部分一部分地倒塌，或者是整个儿全部倒塌。克利尼亚，我们一定要记住这一点，要尽一切可能把你的城邦牢牢地铆接在一起，尽管它才刚开始建设。【d】凡是可以称做法律、风俗或习惯的事情，无论大小，都不可掉以轻心，因为它们全都是城邦的铆钉，少了一样东西，其他东西就不能永久长存。如果说宏大的立法要用无数琐碎的传统和风俗习惯来使之壮大，那么我们对此一定不要感到奇怪。

克 你肯定是对的，我们不会忘记你的提醒。

雅 到男女儿童长到三岁以前，要让他们一丝不苟地服从指令，这样做首先会给我们的抚养工作带来许多好处。【e】到了三岁，以及三岁以后，四岁、五岁、六岁，对这些年龄的儿童来说，玩耍是必要的，因此我们先前的悉心照料和严厉惩罚可以放松一些——尽管这样做并不是退步——就好比我们在讲到对待奴隶时说过，既不要愤怒地用野蛮的刑罚来处置犯了罪的奴隶，【794】也不要娇宠奴隶，对他们不加管束，对自由民我们也一定要采取同样的态度。至于儿童们玩的游戏，自然本身在儿童的这个年龄就会告诉他们有哪些游戏可玩，他们只要待在一起，自己就会发明游戏。所有三岁至六岁的儿童，首先要在所在区域的圣地里集合，这样就把原先分布在各个村落的儿童集中在一起了。还有，保姆们要注意他们的行为是否得体，至于保姆本人在这一年中，都必须接受我们已经提到过的由执法官任命的妇女总管的控制。【b】这些总管由负责监督婚姻事务的妇女选举产生，每个部落一名，总管的年龄必须与监督婚姻的妇女相仿。接受任命的总管每天要去圣地一次，处罚任何冒犯者。如果冒犯者是奴隶或外邦人，那么就由某些公仆来执行，【c】如果有公民对处罚的正当性提出争议，那么女主管就要把他带到乡村巡视员的法庭上去裁决；如果没有争议，那么女主管可以行使自己的权威，甚至对公民实施处罚。男女儿童满六岁以后就要分开，男孩与男孩在一起，女孩与女孩在一起，分别学习他们自己的课程，男孩子要学习骑马、射箭、投掷，女孩子如果高兴的话也可以学，【d】但最重要的是学习使用长枪和盾牌。当然了，关于这些事情的现有流行观念全都基于一种普遍的误解。

克　怎么会这样呢？

雅　人们以为，人的两只手做各种事的能力存在着天然的差别，而两只脚或两条腿有没有这样的差别，人们就觉察不出来了；【e】正是由于保姆和母亲们的愚蠢，所以我们全都是一只手残废的。实际上，自然把我们身体两侧的肢体造得一模一样，只是由于我们不正确的习惯，才使它们有了差别。无疑，在那些不那么重要的行为中，用哪只手无关紧要，例如，弹奏七弦琴，一般用左手扶琴，右手拿琴拨子，弹其他琴也一样，但若要把这种做法当做惯例要其他所有人照办，那就没有必要了，而且这样做也非常愚蠢。我们可以用西徐亚人的做法为例，【795】他们并不规定用左手拿弓，右手拉弦，而是不管哪只手都可以。他们赶马车以及做其他事情也是这样，由此可以说明，想方设法使人的左手比右手弱有多么不自然。【b】我说过，如果事情仅仅涉及牛角做的琴拨子，或者某些类似的器具，那么用哪只手只不过是一件小事，但若要用到铁制的兵器、弓箭、标枪，等等，尤其是必须要用长枪和盾牌来对抗时，用哪只手的差别也就出来了。在这个世界上，学过某些课程的人与没学过的人，接受过良好训练的人与根本没有接受过训练的人，是有差别的。一个练习过摔跤和拳击，技艺臻于完善的人，不会发现自己不能用左手搏斗，【c】如果他的对手迫使他改变位置，攻击他左侧，那么他不会停止战斗或不用左手还击。我想，使用刀剑，或使用其他武器的时候也应当这样做，人生来就有两副肢体进行防卫和进攻，只要有可能，就决不要留下其中的一半不接受训练。嗯，如果一个人生来就有革律翁①那样的身体，【d】或者要是愿意的话，有布里亚柔斯②那样的身体，那么他一定能够用任何一只手投标枪。男女官员必须注意这些问题，女官员要监督儿童的游戏和饮食，男官员要负责教导他们，使我们所有男孩和女孩顺利地成长，既温和又勇敢，善用左右手，他们的天赋也不会由于受到那些已有习惯的压制而被扭曲。

出于实用的目的，对儿童的教育可以分成两类：一类是体育，与身体有关；另一类是音乐，与心灵的卓越有关。体育又可分为两个部门：舞蹈和摔跤。【e】一部分舞蹈是表演诗人的灵性作品，要注意的是保持尊严和体面；另一部分舞蹈旨在身体的健美和高贵，确保身体的柔韧和肢体的强健，使肢体能够优雅地运动，优雅伴随着各种形式的舞蹈产生，又渗透在各种舞蹈中。【796】摔跤的发明出于某种愚蠢、空洞的荣耀心——摔跤是由安泰俄斯③或者凯居翁④发明的，拳击是由厄培乌斯⑤或阿密科斯⑥发明的——在野外遭遇中，摔跤是无用的，而把摔跤用做庆祝活动又是粗鄙的。但是，那种不会伤害脖子、胳膊、肋骨的所谓"站立式摔跤"可以用来增强体力和增进健康，【b】这种训练在各种情况下都不能忽视。当我们的法典进行到恰当地步时，我们要把这一条作为指令写下来，既写给我们这些学生，也写给他们未来的教师；对于诸如此类的知识，一方要仁慈地传授，另一方要感恩地接受。我们也不要忽略那些适宜模仿的舞蹈表演：比如，在克里特，库

---

① 革律翁（Γηρυόν），希腊神话中的巨人，有三头六臂。
② 布里亚柔斯（Βριάρεως），希腊神话中的巨人，有五十个头，一百只手。
③ 安泰俄斯（Ἀνταῖος），希腊神话中的利比亚巨人，擅长格斗。
④ 凯居翁（Κερκύων），希腊著名摔跤手。
⑤ 厄培乌斯（Ἐπειος），希腊传说中拳击的发明者。
⑥ 阿密科斯（Ἄμυκος），希腊传说中的珀布律喀亚国王，凶残好斗，与每一位外来的宾客拳击。

里特①们的"穿戴盔甲的游戏"，在拉栖代蒙，那对双胞胎天神②的舞蹈。我还可以指出，这种舞蹈在我们国家献给那位处女神③，她喜欢这种穿戴盔甲的娱乐。她认为空手娱乐没什么意思，【c】全身戎装的舞蹈才是正确的。我们的男孩子和女孩子应当模仿这些舞蹈，以博得这位女神的青睐；这样做肯定是最合适的，既能培养战争技能，又可以为我们的节日增光添彩。还有，男孩子从很小开始直到他们有能力上战场为止，有义务携带武器骑马参加各种节日游行，以此荣耀神；【d】他们向众神以及众神的儿子祈祷时总是伴随着或快或慢的行进和舞蹈。此外，他们的比赛和为比赛而进行的练习必须拥有同样的目的。这样的比赛，事实上，在战时或平时，既有利于国家又有利于家庭，而其他一些身体锻炼，娱乐性的或严肃的，并非为了自由民。

现在，我已经很好地描述了身体训练的过程，我一开始就说过④，这是我们必须加以考察的；现在，整个纲要已经摆在你们面前。【e】如果你们有谁能提出更好的纲要，就请摆出来吧。

克　不，先生，如果我们拒绝你的建议，那么很难找到更好的身体训练和体育比赛的计划。

雅　下一个主题是阿波罗和缪斯们的馈赠。在前面⑤讨论这个主题的时候，我们以为自己几乎已经穷尽了这个论题，只剩下身体训练还没有讨论。而现在很清楚，我们显然省略了许多要点——事实上，每个人都应当先听一听这些要点。所以，让我们按照顺序来说一说。

克　【797】是的，这些要点肯定应当提到。

雅　那么好吧，请注意听。确实，你们在前面已经听过了，但古怪的是

---

① 库里特（Κουρήτης），在克里特的狂欢祭仪中手持兵器跳舞、表演宙斯出生的神话故事的人，神的侍者，这个词的原意可能是"年轻人"。

② 狄奥斯库里（Διοσκόρι），指双胞胎天神波吕丢克斯（Πολυδεύκης）和卡斯托耳（Κάστωρ）。

③ 指雅典娜。

④ 参见本篇 673b 以下。

⑤ 在本篇第一、二卷。

讲话者和他的听众都表现出高度警惕。你们瞧，我下面要讲的事情让我感到害怕，几乎难以张口；但我又会鼓足勇气，继续前行。

克　你的论题是什么，先生？

雅　我认为，在任何城邦都没有人会真的把握到，儿童游戏会如此关键地影响到立法，乃至于决定了已经通过了的法律能否生存。如果你们控制儿童游戏的方式，【b】保证相同的儿童总是以相同的方式做同样的游戏，从同样的玩具中得到快乐，那么你们会发现成年人生活中的习俗也应当和平地加以保存而不得更改。但由于儿童的嗜好是无限多样的，不断波动的，因此儿童游戏总是会有新的变化和新的花样。如果不规定儿童的游戏类型，不依据游戏的情况或所使用的玩具来确定判断游戏好坏的标准，【c】那么发明和引进新游戏的人就会受到特别的尊敬，我们把这些人称为城邦的害人虫丝毫也不为过。这样的人在你们背后不断地改变着年轻人的性格，唆使他们藐视古老的习俗，崇拜新颖的东西。我要再说一遍，对一个城邦来说，没有比这种语言和观念更危险的东西了。注意听：我会告诉你们这种罪恶有多么大。

克　【d】你的意思是，对这种古老习俗公开表示不满吗？

雅　正是。

克　嗯，你不会发现我们对这种论证置若罔闻——你无法找到比我们更有同情心的听众了。

雅　我能想象。

克　请你说吧。

雅　嗯，让我们比通常更加集中精力聆听这个论证，小心翼翼地进行解释。我们将会发现，除了在某些邪恶的事物中，变化是极端危险的。这对季节和风向来说是真的，这对身体的养生和灵魂的品性来说也是真的——【e】简言之，一切变化毫无例外都是危险的，（除非，如我刚才所说，某些邪恶的事物发生变化。）以身体习惯摄取各种食物和饮料，进行各种锻炼为例。起初，身体可能并不喜欢这些东西，但是养生的有用性引导身体接受它们，身体与新的养生法协调，对它们熟悉起来，从而使生活过得快乐与健康。【798】但若一个人再次被迫发生改变，要使用别的养生法，那么他一开始会对新食谱造成的混乱感到恼火，然后再经过一段时间的熟悉才再次变得熟悉起来。噢，我们可以假定，同样的事情在人的理智和灵魂中也会发生。人们生来就处于某种法律体系之下，【b】而这种体系又在某种幸福的神旨保佑下长期稳定不变，因此没有人记得或曾经听说过有某个时代的事情与他们自己所处的时代不一样，他们的整个灵魂充满着敬畏，不敢对已有的东西做任何改革。所以，立法者必须发明诸如此类的办法来保障共同体的利益，下面就是我就这一发现提出的建议。就像我们说过的那样，人们全都以为儿童玩耍中的新花样只是一种游戏罢了，而不把它看做一种最严重的、最可悲的罪恶的源泉，【c】而实际上它确实是罪恶的源泉。于是，人们并不想方设法去阻止这种改变，而是一边抱怨一边听之任之。他们从来没有想到，这些玩新花样的儿童将来一定不可避免地会成为与从前时代不同的人，儿童身上的变化会诱使他们去寻求一种不同的生活方式，追求一套不同的体制与法律。没有一个人想到由此带来的显著后果，【d】因此我们刚才称之为共同体的最大不幸。其他方面的变化若仅仅是外在的，那么其后果当然不那么严重，但若对道德准则进行频繁的修正，则是一种最大的变化，需要我们认真防范。

克　当然。

雅　那么好，我们以前说过节奏和音乐是一种再现，用来表达较好的和较差的人的气质，对此我们现在是否仍旧这样想？

克　【e】我们对这一点的信念仍旧和原来一模一样。

雅　那么，我们必须使用各种手段来防止儿童在舞蹈和唱歌中创造不同模式的欲望，也要防范可能有人引诱儿童去寻求各种刺激，我们该不该这样说？

克　完全应该。

雅　【799】我们中有谁能够找到一种比埃及人的办法更好的办法？

克　那是什么办法？

雅　把我们所有的舞蹈和音乐神圣化。首先，节日必须通过编制年历固定下来，要规定庆祝哪些节日，在哪些天庆祝，分别荣耀什么神祇、神祇的儿子，或精灵。其次，某些部门必须决定在庆祝某位神的节日里要唱什么样的赞歌，在节日仪式中要跳什么样的舞。当这些事情都已经决定了以后，【b】所有公民都必须公开向命运之神和所有神祇献祭，向每位神唱颂歌，献上庄严的奠酒。

22. 如果有人不服从上述规定，引入其他颂歌或舞蹈，男女祭司将与执法官一道，依据神圣法和世俗法，把他驱逐出去。

23. 如果他拒绝被驱逐，那么他终生将被视为不虔诚之人，任何人只要愿意，就可以起诉他。

克　这样对待他是正确的。

雅　【c】嗯，鉴于我们已经进入这一论题的讨论，我们必须小心谨慎，循规蹈矩。

克　你什么意思？

雅　年轻人，更不必说老人了，看见或听到某些不寻常、不熟悉的事情，不太会径直抛下他的疑惑，匆忙做出决定。更有可能的是，就像一名旅行者，独自旅行或与同伴一道旅行，走到十字路口，不确定该往哪里走，这时候他会停下来向自己提问，或者把自己的疑问告诉同伴，【d】在没有形成这条道路到底通向哪里的确定看法之前，他会拒绝前行。这也是我们当前的处境。我们的讨论把我们引向一个法律的悖论，所以我们很自然地必须考察它的细节，而不是以我们这把年纪，匆忙宣布自己能够轻而易举地解决这个问题。

克　你说得绝对正确。

雅　【e】所以我们要暂时搁置这个问题，在进行一番其他的考察后再来作决定。更何况，我们不希望我们的整个立法被摆在我们面前的这个论题无谓地打断，所以我们的立法工作仍旧要坚持到底。确实，由于上苍的仁慈，当整个讨论到达终点时，对我们当前这个问题的回答也许就出来了。

克 先生，你的建议很好。让我们就这么办。

雅 所以，让我们假定，我们对这个悖论取得了一致的意见：我们的歌曲已经转变为"曲调"（古人显然把某些这样的名称给予竖琴的音调——【800】他们也许对我们说的意思有某种预见，因为某些人有直觉，能在梦中或醒着的时候看到异象）。无论情况如何，让我们同意这一点，作为我们的政策：除了经典的公共乐曲、圣乐、青年歌舞队的歌曲和舞蹈以外，不能有其他歌曲和舞蹈——否则他就违反了"曲调"或法律。遵循法律就能畅通无阻，违反法律就要受到惩罚，如我们刚才所说。我们能够接受这条政策吗？

克 【b】我们能够。

雅 那么，人们应当如何把这些规则以恰当的法律形式来表现，而不会遭人嗤笑或嘲讽呢？嗯，有一个新的要点我们应当注意：在这件事情上，最安全的办法是提出一些典型规则。这是一条典型规则：设想献祭已经进行，牺牲已经按照法律的要求焚烧，【c】但就在这个时候，有些崇拜者——儿子或兄弟——突然走上祭坛，又献上一些祭品，这样做是极为亵渎的。他们的话难道不会让他们的父亲或其他族人感到惊愕、沮丧、灰心、不祥吗？这难道是我们期待的吗？

克 当然不是。

雅 确实，在我们这个世界上，几乎所有城邦都有这种情况发生。执政官刚以公众的名义进行献祭，而这时候就有一支歌舞队，或者有许多歌舞队，转了过来，他们不是远离祭坛，而是经常来到祭坛旁，把庄严的仪式变成纯粹的亵渎，【d】用他们的语言、节奏和阴郁的琴声折磨听众的情感，而最成功地使这个刚献祭过的城邦突然流泪的歌舞队还将被判定为胜利者。我们一定不能赞同这种做法。如果我们的公民确实需要在某个历法规定的哀悼日听这样的哀乐，【e】那么更恰当的做法是从国外雇一些人来表演，就好像在举行葬礼时雇一些吟诵诗人来表演卡里亚音乐。我认为，这样的安排也可以用于我们讨论的这种表演，我还可以说——我们还是尽快把这个论题打发了吧——在表演这些哀歌时的恰当打扮不是花冠和金色的服装，而是正好相反。我只想重复一个我们始终在问我们自己的问题：我们乐意采用这一点作为起点，作为我们有关唱歌的典型规矩之一吗？

克 哪一点？

雅 【801】有关使用吉祥语言的规则。这个特点与我们歌曲的种类密切相关。或者说，我只需要制定规则，而不需要重复这个问题？

克 你就制定吧，我们完全批准你的法律，没有反对票。

雅 那么，吉祥语言之后，音乐的第二条法律是什么？肯定是这一条：要向我们对之献祭的众神献上我们的祈祷。

克 当然。

雅 我设想，第三条法律将是这样的：诗人应将祈祷视为向众神提出请求，所以应当十分谨慎，不要漫不经心，【b】心里明明想的是祈福，却发出诅咒的声音。如果对众神献上这样的祈祷那该有多么可笑！

克 当然。

雅 我们在前面①不是指出过，"在我们城邦里，无论是神庙还是我们的居所，都不要有黄金和白银，不要有财神"吗？

克 我们是说过这样的话。

雅 所以，这个说法对我们有什么用意？肯定是这样的：一般说来，【c】作者不能区别善恶。我们得出这样的结论，创作者在他的话语中，甚至在它的音乐中包含着这种错误，那个创作出错误的祷词的人，会使我们的公民遇上重要事务时做出不恰当的祈求——如我们说的那样，很难发现比这更加严重的错误了。所以，我们能把这一条当做我们有关音乐的典型法律之一吗？

克 哪一条？

雅 【d】诗人不得创作与社会的正义、善、美的传统观念相冲突的作品。不得在作品送审并得到批准之前就随意向他人展示（事实上，我们已经任命

---

① 参见本篇727e以下，741e以下。

了审查官——我的意思是，我们已经任命了艺术总监和教育总监）。嗯，好吧，这里再一次提出同样的问题：采用这一条作为我们的第三条原则和第三条典型法律，我们感到满意吗？或者说，你怎么想？

克 当然，我们要采用。

雅 【e】下一个要点是，赞颂众神并向众神祈祷以荣耀众神是恰当的。在众神之后，我们可以赞颂精灵和英雄，也可恰当地分别向他们祈祷。

克 确实。

雅 下一条法规应当无所顾忌地加以接受，其条文如下：凭借身体和人格的力量，取得显著成就，赢得巨大声誉的已逝的公民，以及终生服从法律的公民，应当被视为我们颂扬的恰当对象。

克 当然。

雅 【802】但是，用颂歌荣耀一个仍旧在世的人会带来麻烦；我们必须等待，直到他走向生命的终点，成功地走完一生（但凡有杰出表现的男男女女都有资格获得这些荣誉，而不应有性别歧视）。

有关唱歌和跳舞应当做出下列安排。较早时代的音乐在古代诗歌中有非常丰富的内容，古代的形体舞蹈也有很丰富的内容，【b】从中我们可以非常自由地选择与我们正在建构的这个城邦相适应的东西。应当任命一些不小于五十岁的人来进行选择，由他们决定哪些令人满意的古诗可以接受，而那些被认为有缺陷的或完全不适用的诗歌，有些可以完全排除，有些则可以按照诗歌和音乐专家们的建议做某些修改。我们应当充分利用这些专家的诗歌才能，不过，除了少数情况外，我们不能相信他们的嗜好或喜爱，而要抱着立法者的目的使我们自己成为解释者，制定舞蹈、歌曲、【c】歌舞活动的整个规划，使之与我们的目的尽可能吻合。任何未经规范的音乐活动在这种制度下都会得到无限的改进，哪怕没有添加任何音乐的甜食，喜悦则是所有相同类型的音乐都能提供的。如果一个人自幼年起，直到有理智的责任年龄为止，一直熟悉严肃的古代音乐，那么他会排斥与之相反的音乐，【d】斥之为野蛮的声音；但若他从小听着流行音乐长大，亦即令人发腻的那种音乐，那么他会感到与之相反的音乐是僵硬的、令人不快的。因此，如我前述，这两种类型的音乐从人们的喜欢与不喜欢的角度来看，无所谓有利与无利。区别仅在于：一种音乐环境不可避免地产生好的影响，另一种音乐环境不可避免地产生坏的影响。

克　说得好！

雅　此外，我们还有必要进一步粗略地划分两种类型的歌曲：【e】适宜女性的歌曲和适宜男性的歌曲。我们也必须给这两种歌曲提供恰当的音调与节奏。如果一首作品的整个音调或节奏不对头，那么确实是件可怕的事，就好像我们的各种歌曲在这些方面都没有得到恰当的用处。所以，我们必须进一步针对这些要点立法，以一般纲要的方式。现在我们完全有可能对两种歌曲从这两个方面进行规范，但是把什么样的歌曲指定给女性是由天然的性别之差来决定的，因此这种天然的差别应当成为我们区分两种歌曲的基础。据此，我们要把雄伟庄严的歌曲归于勇敢的男性，而我们的法律和理论传统上把整齐和纯洁专门归于女性。这方面的立法就说到这里。下面，【803】我们必须考虑音乐的教育与灌输，比如各个音乐部门的教育如何进行，教给谁，在什么时候进行，等等。你们知道，造船的工作始于"安放龙骨"，显示出整条船的轮廓，我感到自己现在做的工作与此相同，因为我正在恰当地考虑我们的生活方式，试图安放"品性的龙骨"，【b】以此回答人为什么有不同的性格类型。通过具体考虑要凭借什么工具或生活方式来使我们在时间海洋中的航行达到最佳目的，我确实安置了龙骨。当然，人生这件事也许不配过分严肃地对待，但我们不得不认真对待，否则就会有遗憾。还有，由于我们已经在这个世界上，变化无常的世事无疑都表明这种认真的态度是恰当的。而在这个地方，我会碰到这样的问题：你这样说是什么意思？没错，你有权提出这样的问题。

克　确实如此。

雅　【c】我认为，对于严肃的事情应当保持严肃的态度，但不要把时间浪费在一些微不足道的小事上；所有好人应当以神为他们思考的中心；而人，如我们在前面① 说的那样，只是被造出来作为神的玩偶的被造物；这是神的最大恩惠。所以，每一个男人和每一个女人，都应当很好地发挥这种作用，相应地安排他们的整个生活，尽可能从事最好的娱乐活动——这个说法与当前的理论有很大不同。

克 【d】你什么意思？

雅 我想，当前流行的观点是，严肃活动以闲暇为目的——比如，战争是一项重要的事务，需要以和平为目的而有效地从事。然而，战争的直接后果和后续的影响都没有转变为真正的闲暇或一种配得上这个名称的教育——而教育在我们看来就是最重要的活动。所以，我们每个人应当在和平中度过一生中的大部分时间，这是对时间的最佳使用。【e】那么，我们正确的生活方式是什么呢？一个人应当在"游戏"中度过一生——献祭、唱歌、跳舞——由此获得众神的恩宠，得到神的庇佑，在战争中征服敌人。哪一种歌曲和舞蹈能同时获得这两种效果，在前面的纲要中我们已经提到了一部分。也就是说，道路已经开辟，我们所需要做的就是沿着这条道路前进，像那位诗人那样深信不疑。【804】他说："你自己心里仔细考虑，神明也会给你启示；我深信不疑，你出生和长大完全符合神明的意愿。"② 我们抚养的那些孩子也必须本着同样的精神开始。他们必须接受我们的建议，尽管我们的建议相当健全，他们的保护神也会进一步眷顾他们，给他们提建议，【b】比如在他们献祭和跳舞的时候，或者在其他场合，由此赢得众神的善意，过一种他们的本性要求他们过的生活，尽管他们只是玩偶，不可能完全真实。

麦 先生，这种说法把人类看得太低了。

克 别往后退，麦吉卢。你也要允许我这样想。我得说，我的思考是以神为中心的，而且确实有点想入非非。所以，要是你喜欢，让我们把这些说法当做相当重要的，【c】而不要视为微不足道的。

---

① 参见本篇 644d 以下。
② 荷马：《奥德赛》3：26—28。

所以，回过头来再说。迄今为止，我们已经在城市中心的三群建筑物里安排公共体育馆和公共学校；同样，在城郊的三个地方也有训练场地，有开阔的骑马场，有练习弓箭和标枪的场地，年轻人在这里可以学习和练习这些技艺。不管怎么说，要是我们以前没有恰当地做过解释，那让我们现在就来做，用法律的形式来表现我们的要求。

【d】在这些科目中要雇用外国教师，让学生能够学到完整的军事和文化课程。如果孩子们的父亲相当任性，那就不要允许这些孩子上学；如谚语所说，教育对"每个男人和男孩"都是强制性的，因为是他们首先属于国家，而他们的父母其次。

让我强调，我的这条法律同样也适用于女孩。【e】女孩也必须接受和男孩一样的训练，我想毫无保留地提出这项建议，无论是骑马，还是适宜男子而不适宜女子的体育项目。你们瞧，尽管我已经相信我听说的那个古代的故事，我确实也知道今天仍有成千上万的妇女生活在黑海周围，【805】她们被称做萨玛提亚人，不仅精通骑术，而且弓箭娴熟，使用起各种武器来绝不亚于她们的丈夫，她们同样是有教养的。如果这样的事情是真的，那么我要说在我们世界的这个部分当前的做法极为愚蠢，因为在这里男人和女人并不联合起来以他们的全部精力从事相同的事业。事实上，在我们现有的各种城邦制度中，几乎每个城邦都可以发现自己只是半个城邦，而在探险和处理麻烦时它们要付出的代价是相同的。【b】这对立法者来说是一种多么令人吃惊的景象啊！

克　我敢这样说。但是，先生，这些建议中有许多好像与一般的城邦结构不匹配。不过，你是对的，你说过我们只是在进行论证，而只有到了实际实施的时候才需要下定决心。嗯，是你让我批评了我自己说的话。所以，你就继续吧，想说什么就说什么。

雅　【c】克利尼亚，我的观点和我前面说的观点是同一个，如果事实证明这些建议是不可行的，那么会有某些地方与我们的建议有冲突。不过，既然如此，构成这条法律必须尝试其他的策略。在教育和其他所有事情上，我们不会撤销我们的建议，女性要尽可能与男性合作。事实上，我们还可以从别的角度来看待这个问题：【d】如果绝对不允许女性和男性采用相同的生活方式，那么我们肯定要为女性制定其他纲要，是吗？

克　不可避免。

雅　那么好，要是我们否定我们正在为她们规定的妇女的伙伴权，那么在当今仍在起作用的各种体制中，我们应当采用哪一种体制呢？是色雷斯人和其他许多民族遵循的体制吗？【e】妇女耕种土地，照看牛羊，做各种仆人做的事，完全像奴隶一样。或者说是在这个世界的我们这个部分普遍实行的体制？你们知道我们在这方面的习俗。如俗话所说，我们把所有资源集中在一起，"收藏在一个屋顶下"，让我们的妇女管理库房，负责纺纱织布。或者说，我们应当采用拉栖代蒙人的体制，麦吉卢，这种体制具有协调的特点。【806】你们让女孩参加体育运动，你们强制她们接受艺术教育；等她们长大了，尽管不必去纺织羊毛，但她们不得不进行另外一种"纺织"，过一种相当艰苦的生活，但这种生活决非下贱的或者琐屑的；她们要操持家务，要维持生计，要抚养孩子——但她们不担负军务。这就意味着，如果遇有紧急情况，她们不得不参加保卫城邦和她们的孩子的战斗时，【b】她们就不能像亚马孙人那样娴熟地射箭或投标枪。她们甚至不能模仿我们的女神拿起长枪和盾牌，镇定而又勇猛地捍卫受到蹂躏的祖国，以她们武士的英勇形象令侵略者闻风丧胆。过着这样的生活，她们绝无可能像萨玛提亚妇女那样坚强，与你们的妇女相比，她们更像是男人。【c】任何人若想为这种状态而赞扬你们拉栖代蒙的立法者，那么他最好继续这样做，而我不会因此而改变我的想法。立法者在立法的时候应当完全彻底，不能半心半意，一定不能在为男性立法之后，就把另一种性别的人当做放荡奢侈生活的工具和取乐的对象。这样做的结果必然会使整个城邦的幸福生活只剩下一半。

麦　我们到底该怎么办，克利尼亚？我们还要继续容忍这位客人把拉栖代蒙说成这个样子吗？

克　【d】是的，我们要。我们对他说过，他应当坦率，我们允许他这样做，直到我们对我们的法典的每一部分的考察圆满结束。

麦　很好。

雅　所以，我假定，我应当试着谈论下一个论题吗？

克　当然。

雅　嗯，我们的公民能保证得到生活必需品的适度供给，而其他人去从事那些需要技艺的工作，那么他们的生活方式是什么？假定他们的农庄托付给奴隶耕种，【e】奴隶用土地丰富的出产供给他们，让他们过上舒服的生活；假定他们在不同的食堂进餐，一个食堂供公民们使用，邻近的食堂供他们的家庭使用，包括他们的女儿和他们女儿的母亲；假定这些食堂都有官员管理，也许是男的，也许是女的，他们负责每天检查和监督人们在食堂里的行为；【807】进餐结束的时候，官员要率领众人向该日的神明奠酒，然后再回家。嗯，在这样空闲的环境里，他们没有什么紧迫的工作要做，也不会有什么真正恰当的职业吗？他们每个人都像关在牛厩里的公牛一样度日，把自己养得肥肥胖胖的吗？不，我要说，这样做既不正确又无可能，过着这种生活的人必定会错失他既定的命运，成为一只愚蠢的、懒惰的、肥胖的野兽，【b】这种野兽一般都是其他野兽捕食的猎物，而那些费尽气力、冒着危险去捕捉猎物的野兽是精瘦的。现在，我们若想继续努力寻找完全实现我们已经提出来的纲领的办法，那么我认为，只要还存在属于个人的妻子儿女和房屋家产，我们的纲领就决不可能实现。还有，如果可以确信我们现在描述的这种状况虽然不是最好的，但却是次好的，【c】那么我们确实可以结束了。所以，我们必须坚持，在一种空闲的生活中仍旧有某种工作要去完成，这种工作绝不是微不足道的或者卑贱的，而是迫切需要的。是的，把你们的生命献给在德尔斐或奥林匹亚取得胜利，这样的生活会使你们非常忙碌，不会给你们从事其他工作留下闲暇；【d】而从事身体锻炼和道德修养的生活至少会使你们两倍的忙碌。一定不要让那些不重要的事务阻碍你们恰当地进食和锻炼，或者阻碍你们精神的和道德的修养。遵循这样的养生法，从中获取最大的好处，总会感到整日整夜的时间不够用。

【e】有鉴于此，每个公民都需要有序地安排他的所有时间，必须每天从早晨开始，不间断地一直执行到黄昏和日落。当然了，如果立法者屈尊去对家务管理发布大量琐碎的指令，其中包括睡觉方面的限制，如何始终保持警惕以保障城邦安全，等等，那么立法者会显得缺乏尊严。事实上，如果哪位公民整夜睡大觉，不让他的仆人们看到他始终醒着，或者知道他是整个家中最早起的人，【808】那么这种行为必须被一致认定为是可耻的，是与自由民的高贵品质不相称的，这种规定应当视为法律，或者视为习俗。尤其是，家庭的女主人应当最早醒过来，她的贴身女仆在早晨把她叫醒，而她再去叫醒整座房子里的其他人，只有做到这一点，所有仆人，包括男女仆人和童奴才会感到睡懒觉是可耻的。【b】大部分公共和私人事务肯定应当在晚间到入睡前进行，官员们处理公务，男女主人在家中处理私事。过多的睡眠确实对我们的身体和心灵不利，因为要做的事情实在太多了。事实上，睡着了的人只能算一具尸体。人应当用各种身体和心灵的活动来尽可能保持清醒，【c】只留下保持身体健康所必需的睡眠，如果有良好的习惯，这种必要的睡眠时间并不太多。公共官员们在夜晚保持清醒可以使坏人感到害怕，无论是敌人还是公民。敬畏正义和美德，既能给公民自己带来好处，也能给他们的整个国家带来好处。以这种方式过夜还有一样好处，这就是培养城邦成员的勇敢精神。

【d】黎明破晓，带来新的一天，儿童必须送去上学。儿童不能没有老师，奴隶不能没有主人，羊群或其他畜群不能没有牧人。在一切野生动物中，儿童是最难管理的：他有一个还不能“清澈地流淌”的理智的源泉，他是最狡猾的，他最会惹是生非，他最不服管教。【e】所以我们说，要用不止一条马勒子来加以管束。一离开母亲和保姆的怀抱，就要有人照看他，这个时候他仍旧年幼无助，等他长大一些，就要有许多老师来教育他，让他学习各种科目。到此为止，他被当做一名年轻的绅士来对待。然而，任何路过的绅士要是发现他犯有过错，那么对他，对照料他的人和他的老师，都要给予处罚，在这里，对待这名儿童一定要像对待一名奴隶。

24. 任何过路者若不能恰当地处罚这名儿童，那么这首先是他自己的奇耻大辱，【809】而负责管理年轻人的执法官必须严格管束这名儿童，不能疏于管教，或者不能用认可的方式给予恰当的惩罚。

我们目光敏锐、忠于职守的教育总监必须沿着正确的道路指点年轻人走上正道，使他们成为善良、守法的公民。

【b】至于这位执法官本人又如何充分接受法律的指导的呢？尽管在与执法官有关的地方，法律一定会出现，但到目前为止，法律的声音既不清楚，又不充分，而只是说出了一部分内容，法律要把所有的内容传授给执法官，再由执法官向其他人做解释，并加以执行。现在，我们已经处理了歌舞技艺，亦即唱歌和跳舞。我们已经说了应当选择什么类型的歌舞，并加以修改和神圣化，但我还没有来得及告诉你们这些最高贵的教育指导者应该如何对待无音步的作品，哪些应当由你们来管理，管到什么程度。【c】你们确实已经知道他们的军事课程和训练必须是什么样的。但是他们必须首先知道字母，其次是知道七弦琴和音韵，我们说过，所有人都要掌握这些战争、家庭事务、公共管理所需要的东西，以及关于天体——日月星辰——运行的知识，这种知识对上述目的也有用，任何城邦都必须处理这些事务，对吗？【d】你们问是什么事务？把日分成月，把月分成年，使得季节、各季的献祭与节庆，都能适合真正的自然秩序，按时进行庆典，使城邦保持活力和警醒，使众神得享荣耀，使凡人在这些事务上的理智取得进步。我的朋友，这些问题就是立法者还没有给予充分回答的地方。【e】我现在要说的事情，你们要更加注意。

从一开始我们就说过你们关于文学的信息是不充分的。嗯，对于那些给予你们的指示我们有什么抱怨呢？这就是迄今为止尚无人告诉你们，在成为一名体面的公民之前，是否必须全面掌握阅读和书写；七弦琴的问题也一样。嗯，我们认为一定要接受这些学习。从十岁开始，花三年时间学习阅读和书写对孩子来说是很适宜的，如果从十三岁开始学七弦琴，【810】那么再花三年时间也就足够了。无论孩子本人和他们的父母喜欢还是厌恶这些学习，都不能延长或缩短规定的学习时间，延长或缩短学习期限是违法的。

25. 不服从这条法规者必须受到惩罚，要被取消获得学校奖励的资格，我们稍后就会提到这种奖励。

首先，你们自己必须掌握教师肯定要教的内容和学生在那些时期必须学的内容。【b】嗯，孩子们必须学习字母，直到能够阅读和书写，但若在规定的时间内这方面的进步比较缓慢，那么就要促使他们加快学习进程，迅速达到圆满的地步。

现在产生的一个问题是学习作家原先并非用于音乐的成文作品。尽管这些作品中有些是有韵步的，有些则完全没有节奏——它们实际上就用简单的话语写成，没有用节奏或音调来修饰。【c】众多作家给我们留下了许多诸如此类的作品，由此构成了一种危险。嗯，我尊敬的执法官，你们会怎样对待这些作品？立法者要你们去抄写这些作品的指令是正确的吗？我感到这样的指示是错误的。

克　你说的难处是什么，先生？我感到，你面对的是个人问题。

雅　你的假设非常正确，克利尼亚。但是，你们俩是我立法的合作者，要是我预见到有什么难处，我有义务告诉你们。

克　【d】哦？此时此刻，到底是什么让你想起这个方面？你怎么了？

雅　我会告诉你的：我想到要反对成千上万的声音。这绝非易事。

克　嗯，天晓得！你真的以为你的立法建议与世俗的偏见只在一些细节上矛盾吗？

雅　是的，这个评价很公平。我在想，你说的要点是，会有许多人反对我们的立法之路，而认为这条道路很有吸引力的人也许很少，但决不会没有——【e】而你要我参加少数派，并勇敢坚定地沿着我们当前讨论的道路前进，不要退缩。

克　当然。

雅　那么就继续前进。嗯，我要说的是这样的。我们有许多诗人，有些诗人创作六音步诗，有些诗人创作抑扬格三音步诗；这些作者中有些试图严肃一些，有些旨在产生喜剧效果。久而久之，就有人宣称，为了恰当地教育年轻人，我们不得不在他们头脑里灌满这些东西；【811】我们不得不组织诗歌朗诵，使他们不断地聆听诗歌，熟记于心。另外一个学派选录最优秀的诗歌，编辑诗人的文集，声称若是我们的年轻人熟悉这些文献，背诵和牢记这些诗歌，就能使自己成为善良聪明的公民。我设想，你现在正在迫使我坦率地说出这些人在哪些地方是对的，在哪些地方是错的？

克　当然。

雅　【b】嗯，什么样的简略评估能对他们做到公平呢？我在想，情况很有可能是这样的。每一位作者创作了大量优秀的作品，也创作了大量的垃圾——如果是这样的话，我认为这样广泛的学习会使年轻人陷入危险。

克　那么你对我们的执法官会提出什么建议呢？

雅　哪方面的建议？

克　向他推荐一个样本，使他能够决定什么材料所有孩子都可以学，什么材料所有孩子都不能学。【c】说吧，不要犹豫不决。

雅　我亲爱的克利尼亚，我猜想我还是非常幸运的。

克　怎么说？

雅　因为我在寻找样板的时候还没有走得太远。你瞧，回顾一样我们的讨论，从早晨一直进行到现在——这场讨论我认为真的有神明激励——嗯，在我看来，就像一场文学创作。【d】我要大胆地说，回顾由我创作的这一宏伟篇章，如果我可以这样说的话，那么我有如此强烈的快乐感丝毫也不奇怪。事实上，在我曾经阅读或聆听过的所有作品中，我发现它是最令人满意的，也是最适宜年轻人聆听的。所以我确实认为，我不可能向我们的执法官和教育总监提出更好的样板，或者在他指令学校的老师们把它教给学生以后，还要求他做得更好些，【e】或者要求他从我们那些非韵文的文献中去寻找与我们诗人创作的诗歌中相关的和相同的东西，乃至于从那些与我们当前讨论相似的未成文的简单讨论中去寻找，不是放弃它们，而是使之成文。他应当首先强制性地要求那些教师本人学习我的作品，理解它。那些对这篇作品不满意的教师，他一定不能雇来作为他的同事；那些与他自己的理解相一致的教师应当雇佣，把指导和教育年轻人的事情托付给他们。【812】说完这些，关于阅读和理解，以及教这些科目的老师，我可以告一段落了。

克 先生，如果有人要对我们公开声称了的意向做判断，那么我相信，我们已经沿着最初确定的路线进行了讨论。至于我们整个态度是对还是错，那是很难判定的。

雅 克利尼亚，再重复一下我讲过不止一次的话，【b】一旦我们关于立法的考察抵达终点，这个问题自然而然也就比较清楚了。

克 对。

雅 那么我们能否撇下教字母的老师，把我们的讨论转向教竖琴的老师呢？

克 务必如此。

雅 好吧，关于教乐器的老师，我想，如果我们回顾一下我们前面的论断，我们可以恰当地把他们的功能确定为指导员，或者更一般地称他们为这种教育的教练员。

克 请你告诉我，我们在前面说过什么？

雅 我记得我们在前面说过①"狄奥尼修斯的歌舞队"，其中那些六十到六十九岁的人需要对节奏和音调的结构格外敏感，【c】以保证他们有能力辨别灵魂在情感的压迫下对音乐的模仿是好还是坏，也就是说要能区别善的灵魂的模仿和恶的灵魂的模仿，要拒斥第二种，公开地进行第一种灵魂对音乐的模仿，使这些颂歌能吸引年轻人的心灵，使他们都能通过这种方式的模仿追求美德。

---

① 参见本篇 644b 以下，669b 以下。

克　你说得确实很好。

雅　【d】那么，这就是教师和学生都必须使用七弦琴的音符的目的；他们必须这样做，以便从它的琴弦提供的东西中获益，因此也必须使琴弦发出的音调与那些歌声的音调一致。至于各种各样的复杂乐器——琴弦产生一种音调，歌曲的创作者发出另一种音调，八度音之内的或八度音之外的，音程较长的或音程较短的，短音符或长音符，低音调与高音调，【e】还有各种伴奏乐器的复杂节奏——不能让学生使用，因为学生们想要在短短三年时间的音乐学习中获益。使用如此复杂的乐器会使学习进展缓慢，让我们的年轻人学习简单课程是绝对必要的，我们已经给他们规定的强制性课程已经不少，而且也不容易，就好像我们的讨论一样，要在规定的时间内完成。所以，这些事情就让我们的教育官员按照已经确定的路线去监督执行。至于具体的音调和歌词就由我们歌舞队的教练去教，【813】关于这些歌词的性质，我们也已经充分讨论过了。你可能记得，我们说这些歌词必须神圣化，用于恰当的节庆，为城邦提供快乐，那才是真正的幸运。

克　你说的同样很正确。

雅　是的，绝对正确。所以我们选择的音乐教练会监管这件事，愿命运之神赐福于他！而我们还要做的事是把我们已经说过的跳舞和一般的身体锻炼进一步具体化。【b】我们通过增添对教师的指导对我们处理音乐做了补充，关于身体方面的教养我们也要做同样的事。当然了，男孩和女孩都必须参加跳舞和身体锻炼，是吗？

克　是的。

雅　所以男孩子跳舞要有男教师，女孩子跳舞要有女教师，这是一种很方便的安排。

克　我没有异议。

雅　那我们要再次向我们工作最繁忙的教育总监提出要求。【c】他对音乐和身体训练的监管会使他非常忙碌。

克　随着年纪增长，他还有可能管那么多事吗？

雅　噢，他还很轻松。法律允许他选择任何男女公民来与他一道完成这些工作，他实际上也已经这样做了。他知道什么样的人适宜做这样的工作，不希望在这些事情上犯错误，他也会忠于职守，【d】明白这项工作的重要性。他一生坚信，只要年轻一代能够不断地健康成长，我们的国家这艘大船就会顺利地航行；如果不是这样的话，那么结果最好就不用提了，在我们建起来的这个城邦里，我们也一定要提防这些凶兆。关于一般的跳舞和身体训练，这个主题我们自己也已经说了许多。我们讲到了体育和各种军事训练，练习射箭、【e】投掷标枪、轻装侦察、步兵战斗、战略战术、野外行军、安营扎寨，以及骑兵的各种训练。事实上，所有这些学习都需要有可以向国家领薪水的公共教师，他们不仅要教男孩子和男人，还要教女孩子和女人，妇女也必须得到所有这些知识。女孩子从小就要充分练习舞蹈和戴盔甲的战斗，长大了要参加军事指挥、集体操练，【814】还要使用各种武器。如果没有别的原因的话，这样做的理由只在于一旦形势要求我们全体公民参加城外作战，那么保卫整座城市的任务就会落到儿童身上，女孩子也要能担当起这个任务。另一方面，如果有大量希腊人或外邦人入侵——这种情况并非绝对不可能——那么必定会有保卫城邦的激烈战斗，【b】如果城邦的妇女没有训练好，乃至于连母鸡面对最危险的野兽或其他任何危险冒死保护小鸡那样的勇气都没有，如果她们只是朝着神庙狂奔，坐在祭坛和神龛前，那么这种表现确实是城邦的奇耻大辱，是人类最卑劣的表现。

克　嗯，先生，这种表现在任何城邦都不可能被视为光荣的，【c】更不要说它是极为可悲的了。

雅　那么，我们可以针对这种情况制定一条法律，我们的妇女不能忽视战争的技艺，所有公民无论男女都必须参加军事训练，是吗？

克　不管有多少人支持你的观点，反正我是支持的。

雅　关于摔跤我们也已经谈过了，尽管不用真实的演示很难对摔跤做出解释，但在我看来它绝不是最重要的。所以我们把这个问题放一放，【d】直到理论与实践的结合使整个主题都已经清楚地得到说明，到那个时候哪一种摔跤与军事战斗有更加紧密的联系也就清楚了。要知道，我们学习摔跤的目的是为了军事，而不是军事以摔跤为目的。

克 你说得对，至少。

雅 所以，让我们把迄今为止关于摔跤能对人起到什么作用的论述当做恰当的来接受。【e】另外一种总体上由身体来实施的运动的恰当名称是"舞蹈"。它有两种：一种是庄严的，用适宜的形体动作来表达某种意思；一种是荒唐的，用不适宜的形体动作来表现。进一步区分，喜剧和那些严肃戏剧中的舞蹈又可分别分成两种。在严肃的戏剧中，一种舞蹈用适宜的形体动作来表现战争，由勇敢、坚韧不拔的灵魂来承担；另一种舞蹈则表现繁荣昌盛的快乐，由有节制的灵魂来承担，【815】后者的恰当名称是"和平舞蹈"。战争舞蹈的性质与和平舞蹈不同，可以恰当地称做"出征舞"。它刻画了各种躲避敌人的打击和躲闪飞矢走石的姿势，扑倒、跃起、下蹲，等等，也刻画了与此相反的各种进攻姿势，再现射箭、投标枪、拳打、脚踢，等等。在这些舞蹈中，直立稳定的姿势代表良好的身体和心灵，【b】四肢在这种姿势中基本上是笔直的，我们称之为正确的姿势；而那些与此相反的姿势则是错误的。在和平舞蹈中，表演者的成功与否这个问题取决于他的舞蹈方式是否优雅，能否通过舞蹈使他成为遵守法律的人。所以，我们首先要在有问题的舞蹈和没问题的舞蹈之间划一条界线。【c】因此，这个区别是什么？这条界线应当画在哪里呢？酒神信徒的舞蹈以及类似的舞蹈被称做"笑剧"，由喝了酒的信徒表演，他们化装成宁妇、潘①、西勒诺斯②，或者萨堤罗斯③，作为某些祭仪和入会仪式的一部分，很难说这些舞蹈的风格属于战争舞还是和平舞，【d】也很难确定它有什么目的。我想，最正确的办法是把它与上述两种舞蹈区分开来，宣布它不适合公民，把它搁在一边，然后再回过头来讨论无

---

① 潘（Πᾱν），山林畜牧神。

② 西勒诺斯（σιληνύς），森林之神。

③ 萨堤罗斯（Σάτυρος），人首羊身的神。在酒神节时，酒神信徒经常扮成它们的形象歌舞。

疑与我们相关的战争舞与和平舞。

　　嗯，非战斗的缪斯怎么样？由她们引导的荣耀众神及众神的子女的舞蹈形成一大类，在表演的时候具有幸福感。这类舞蹈可以分成两部分：【e】一部分表达逃离艰难险阻以后获得好运，其中洋溢着的快乐感比较强烈；另一部分表达保持和增加已经拥有的幸福的愿望，其中包含的快乐感更加平稳。我们知道，处在这种情况下的人身体都会运动，快乐愈强烈，动作愈激烈，快乐愈不强烈，动作愈不激烈。还有，理智愈清醒，受过的艰苦训练愈多，【816】动作愈不激烈；愈是感到害怕，受过的艰苦训练愈少，动作就愈激烈。但是一般说来，凡是使用语言器官的人，无论是唱歌还是讲话，都不能保持身体的绝对静止。因此，借助身体的姿态和姿势可以表达意思，舞蹈艺术的本质就在于此。在各种情况下，有些人的身体姿势与他说话的时间和音调保持一致，另一些人则不能保持一致。【b】因此，我们实际上可以用许多传统名称来高度赞扬这些舞蹈的卓越表现，其中之一就是表现繁荣昌盛的那种舞蹈，人们在快乐中仍旧能够保持分寸。我们应当表扬这些名称的发明者，无论他是谁，他们道出了这些名称的真理和音乐味，哲学的洞见使他们把优秀的舞蹈总体上定义为和平的，然后开始区分两种舞蹈，赋予它们恰当的名称，【c】一种是战争舞，或者称做"出征舞"，另一种是和平舞，或者称做"祝捷舞"。立法者必须以提要的方式处理这些事务，而执法官要使它们成为人们学习的对象。他的考察应当带来舞蹈与其他音乐形式相结合的结果，给每一种献祭庆典规定恰当的尺度，按既定过程把整个安排神圣化。因此，舞蹈和唱歌都不需要任何新花样。不，我们的公民和城邦必须通过享有同样的快乐和过同样的生活来保持同一，【d】他们全都要能说一样的话，享受一样的幸福和快乐。

　　这就是我们关于歌舞队表演的结论，这种表演要有健美的身体和高尚的心灵。但我们无法不注意到那些丑陋的身体和灵魂的表演，艺人在朗诵、唱歌、舞蹈中的荒唐、滑稽、粗俗的表演所带来的讽刺效果更是我们要加以检查的。一个人要想形成判断，如果不了解虚假就不能更好地理解真诚，二者是相反相成的；但另一方面，【e】想要追求善的人，不可能同时产生虚假和真诚，而求善在任何时候决非小事。人们必须了解这些事情的原因在于不能因为无知而受骗，以至于说出荒唐的话或做出荒唐的事来。我们要下令，这些表演应当留给奴隶或雇来的外国人，也不必当真。任何自由人，无论男女，都不要去学习这种表演，而这种表演总是花样百出。【817】喜剧这个名称一般指的是活动性的娱乐，我们可以按照法律对它做出规定，并伴以必要的解释。

但是，我们"严肃的"诗人怎么样，他们被称做悲剧家？设定他们中有些人前来向我们提问："先生们，我们可以到你们的城邦和国土上来访问吗？我们可以把自己的作品带来吗？或者说，你们在这方面有什么规定？"【b】面对这些受神激励的天才，什么样的回答才是正确的呢？我想，是这样的："尊敬的客人，我们自己就是悲剧家，我们知道如何创作最优秀的悲剧。事实上，我们整个政治制度就创建得相当戏剧化，是一种高尚完美生活的戏剧化，我们认为这是所有悲剧中最真实的一种。你们是诗人，而我们也是同样类型的人，是参加竞赛的艺术家和演员，是一切戏剧中最优秀的戏剧的艺术家和演员，这种戏剧只有通过一部真正的法典才能产生，或者说，这至少是我们的信念。【c】所以你们一定不要指望我们会轻易地允许你们在我们的市场上表演，让你们演员的声音盖过我们自己的声音，让你们在我们的男孩、妇女、所有公众面前公开发表激烈的演说。你们发表的看法所涉及的问题与我们相同，但效果不一样，而且大部分效果是相反的。嗯，在城邦的执政官还没有决定你们的作品是否适宜公演之前，如果我们允许你们这样做，那么我们真是疯子，【d】如果你们能找到一个人允许你们这样做，那么整个城邦也是疯子。所以，你们这些较为弱小的缪斯神的子孙，先去执政官那里，把你们的诗歌表演给他看，让他拿来与我们的诗歌作比较。然后，如果证明你们的情感与我们相同，或者比我们更好，那么我们会给你们配一个歌舞队，如果不是这样，那么，我的朋友，我恐怕我们决不会这样做。"

【e】所以，涉及一般的歌舞表演以及学习其中的一部分的问题，习俗和法律会携手共同处理——分别涉及奴隶和他们的主人，要是你们同意。

克　我们怎么会不同意呢？至少在现在。

雅　对绅士而言，还有三门相关的学科：第一，计算和对数的研究；第二，线段、平面、立体的测量；第三，天体的轨道运动及其相互关系。【818】一般的公众不可能详尽地学习这些课程的每一个细节，只有少数挑选出来的人进行这样的学习。至于如何对这些人进行教育，我们将在论证临近结束时提到，那里才是说明这一点的恰当地方。对大众来说，学习如此之多的必要课程是恰当的，我们确实可以说，一个普通人要是不知道这些内容是可耻的，尽管要学习这些课程非常艰难，或者说实际上不可能研究它的每一个细节。我们所强调的只是不要否定它具有的"必然性"。【b】有句格言说，"甚至连神也决不能违抗必然性"，当格言的作者这样说的时候，他心中想到的实际上也是必然性。无疑，他指的是神的必然性，哪怕你仅从人的必然性出发理解这句话，就像人们对这句话的一般理解那样，也可以明白这句话决非最愚蠢的话。

克　是的，先生。但是另外一种必然性，神的必然性，会在这些学习的什么地方出现呢？

雅　嗯，我假定，有些人忽视或完全不知道，【c】任何人都不可以对我们扮演神祇或精灵的角色，也不能扮演英雄的角色，英雄是人类最严重的迷信。如果受神激励的人连三和二、奇数与偶数都分不清，也不会数数，甚至分不清昼夜，不知日月星辰的轨道，那么这样的人还能算是人吗？【d】所以，若有人以为这些知识对想要"知道"一切学问中最高尚的知识的人来说并非不可或缺的，那么这种想法极端愚蠢。要学习哪些知识部门，学到什么程度，在什么时间开始学，哪些学问要和其他学问一起学，哪些可以单独学，如何使这些学问形成一个整体，这些问题是我们首先要加以确定的。然后我们才可以在这些学问的指导下研究其他学问。这是一种自然的秩序，具有我们所说的必然性，【e】没有任何神会反对或将要反对这种必然性。

克　是的，先生，你刚才表达的观点非常正确，确实如你所说，这种秩序是自然的。

雅　没错，克利尼亚，尽管我们现在难以根据预见对这些问题立法。如果你们同意的话，我们可以推迟到其他场合再对更加具体的细节进行立法。

克　先生，我们的同胞确实不熟悉这个问题，不过我想你对这一点也太在意了，你的多虑其实是没有必要的。请你尽力陈述你对这个问题的看法，【819】不要有任何保留。

雅　我确实在意你提到的这种情况，但更加注意那些已经按照错误方式学习这些知识的学生。完全不熟悉某种学问绝不是一种危险，或者是不可克服的障碍，也不是最大的恶，更大的危害来自对一门学问有广泛深入的学习，但同时经受一种坏的训练。

克　你看得很准。

雅　那么好，我认为自由民应当学习各种课程，【b】就好像在埃及一样，那里有许多孩子要学习字母。埃及人为那些最特别的儿童设计了一些数字游戏，一边学一边获得许多乐趣，比如一开始让他们分配固定数量的苹果或花环，分给若干人；还有，让他们按比赛要求给拳击手和摔跤手分组，分成一系列的"对子"，看有没有人剩下。此外，教师们还让学生做一种游戏，【c】把几套金、银、铜制的茶托混在一起，然后再来分配，有时候用其他金属茶托，有时候全部用一种材料的茶托。以这样的方式，如我所说，他们把数学的基本运用融入儿童游戏，给学生们提供了一种有用的预备性练习，使他们能够进一步学习军事生活中的战斗部署、行进运动，以及进一步学习管理内部事务，使他们更加机敏，并且能够以各种方式更好地从事这些工作。然后，他们继续练习测量长度、【d】面积和体积，以此消除他们的天真无知，而整个人类要是对这些知识无知的话，那真是荒谬的、可耻的。

克　这种天真无知是如何形成的？

雅　我亲爱的克利尼亚，当很迟才有人向我指出这种状况的时候，我像你一样感到非常震惊。这种无知在我看来更应当是像猪一样愚蠢的畜生，而不应当是人，我不仅是在为我自己感到脸红，【e】而且是在为我们整个希腊世界感到脸红。

克　但是，你脸红的原因是什么？先生，让我们听听你的解释，好吗？

雅　嗯，我愿意告诉你，或者说我宁可用提问的方式来做答。请你告诉我一件小事。你知道"线段"是什么意思吗？

克　我知道。

雅　"平面"的意思呢？

克　我当然知道。

雅　你知道线段和平面是两种不同的东西，"立体"是另一种东西，是第三种，是吗？

克　是这样的。

雅　现在，你认为这三种东西相互之间有公度性吗？

克　是的。

雅　也就是说，"线段"具有可用线段来度量的本性，"平面"具有可用平面来度量的本性，【820】"立体"具有可用立体来度量的本性，是吗？

克　确实如此。

雅　但若假定这种情况并非普遍的，而是对有些事例是确定的，对有些事例不那么确定，对有些事例来说是正确的，对有些事例来说是不正确的，而你却相信它是普遍正确的。你认为你在这件事情上的心灵状态如何？

克　确实无法令人满意。

雅　线段、平面和立体有什么样的关系，或者线段和平面之间有什么样的关系？我们所有希腊人都认为它们以这样或那样的方式具有公度性，这难道不是事实吗？

克　【b】嗯，确实是事实。

雅　尽管我说了，我们希腊人全都想象这是可能的，但若这又是完全不可能的，那么我们是否必须告诉他们，尊贵的希腊人，这就是我们所说的无知的一个事例，对这种必要的知识缺乏必要的造诣是可耻的，让他们都感到脸红？

克　我们确实一定要这样说。

雅　此外，还有其他与此密切相关的一些地方，【c】经常会产生与刚才提到的错误相类似的错误，是吗？

克　你可以举个例子吗？

雅　事物相互之间是否具有可公度性与不可公度性这种真正的关系。一个人通过考察一定要能够区分它们，否则就注定是个可怜虫。我们相互之间应当经常提出这样的问题——老年人用这种方法消磨时间比玩跳棋更加优雅——把我们的激情用于一种与我们相配的娱乐，在其中取胜。

克　【d】我要大胆地说，跳棋游戏和这些学习毕竟没有很大差别。

雅　克利尼亚，我也认为这些是我们的年轻人必须学习的课程。学习这些课程确实并不危险，也不困难，如果他们通过娱乐的方式学习这些课程，那么这样做给我们的城邦不仅不会带来伤害，反而会带来好处。

克　是这样的。

雅　还有，如果我们能够对此做出证明，那么我们显然必须把这些课程包括在我们的规划中；但若我们无法对此做出证明，那么我们同样要加以排除。

克　【e】噢，这很清楚，显然如此。

雅　那么好，先生，现在我们暂时把这些游戏列入必修的课程中，不要让我们的法律体系留下一块空白，但要把它们当做与我们的体制可分离的东西——就像许多可赎回的抵押品一样——我们把它们抵押给你们，而你们接受它们，但它们也有可能是无法接受的。

克　用建议这个词也就够了。

雅　接下去你必须考虑天文学。我们要不要把它推荐给年轻人学习呢？

克　嗯，你说下去。

雅　请你注意，就在这个地方，我确实发现了一个奇怪的现象，一个完全不能容忍的悖论。

克　【821】什么样的悖论？

雅　流行的观点确实认为，对最高的神和整个宇宙进行研究，忙于解释它们，这样做不仅是错误的，而且亵渎神明，然而我的看法与此正好相反。

克　你在说什么！

雅　我知道这样说是令人吃惊的，也许会被误认为一个老糊涂说的话，但事实上，我明白这种学习是细致认真的，【b】对城邦有益的，是神完全能够接受的，根本不可能要求人们放弃对这门学问的关注。

克　假定不能，但我们要找到什么样的天文学才能与你的描述相配呢？

雅　嗯，我的朋友，我现在完全可以这样说，我们整个希腊世界都习惯于对较高的众神，太阳和月亮，做出错误的指责。

克　这种错误的指责是什么？

雅　我们说，太阳和月亮，以及某些与它们相关的天体，不能保持相同的运行路径，这就是我们称之为行星的原因。

克　【c】喔唷，先生，确实没错。嗯，在我自己的一生中，我经常看到黎明和傍晚的晨星、晚星，以及其他星星，不是沿着同一轨道运行，而是朝着各个方向偏移。当然了，我看到太阳和月亮的运行还是有规则的。

雅　那么好，麦和克利尼亚，这就是我要坚持让我们的公民和年轻人学习天文学的原因，【d】他们必须对天空中的神明的所有事实有充分的了解，以免亵渎它们，确保我们所有的献祭和祈祷用语具有敬畏的虔诚。

克　这样说是对的，当然了，首先你说的这种知识要有可能。在此前提下，如果我们当前在谈论这些事情时的用语有错误，那么这种学习就可以起到纠正的作用，我也承认必须在一定范围内传授这种学问。现在请你尽力而为吧，把你说的这些事实讲给我们听，我们会尽力跟上你的讲解。

雅　【e】嗯，我心里想到的天文学这门课，当然不是一门很轻松的课程，然而也不是极端困难的，我可以用事实证明，学习这门课程并不需要花费大量的时间。当我在聆听这种真理的时候，我当时还很年轻，而我直到现在仍旧可以清楚地告诉你们，并且不需要花许多时间。如果这个问题确实很复杂，那么像我这把年纪的人绝对不可能向你们的人做解释。

克 完全正确。但是，请你告诉我们这种知识是什么样的——你说这种学说令人惊讶，然而又适合年轻人学习——【822】这样我们就不会表示怀疑了，是吗？你必须尽可能讲得清楚些。

雅 我会尽力而为的。我的朋友们，认为太阳、月亮和其他天体是某种"漫游者"，这种信念实际上是不正确的。与之相反的看法才是对的，每一天体总是沿着相同的轨道前进，而不是有许多条轨道。还有，它们中运动最快捷的天体被人们错误地认为运动得最缓慢，而最缓慢的则被错误地认为最快捷。【b】现在假定这些都是确凿无误的事实，但我们对它们抱有一种不同的看法。再假定我们对参加奥林匹克赛会的赛马或长距离赛跑的选手也有这样的看法，把跑得最快的选手称做最慢的，把跑得最慢的选手称做最快的，对所谓的胜利者大唱赞歌，把失败者当做胜利者来祝贺，嗯，那么我们的赞美既不正确，也不会得到赛手们的喜欢，因为他们毕竟只是凡人。【c】但若我们今天确实对我们的神祇犯下相同的错误，那么我们一定不要认为这种错误像我们在别的场合或赛马场上犯下的错误一样滑稽可笑，而应当看到，这种情况绝不是一件可笑的事情，也不是一种虔诚的观点，因为它意味着对神圣的存在反复说谎，难道不是吗？

克 如果事情确实如你所说，那么没有更正确的说法了。

雅 如果我们可以证明这一点，那么这些天文知识必须在我们建议过的范围内加以学习；如果不能证明，那么我们必须加以搁置。我们能否以此作为我们到目前为止一致表示同意的意见？

克 【d】我完全同意。

雅 那么我们可以说，我们要加以完成的教育立法包括我们对这种学习所作的规定。至于要不要把狩猎包括在学习内容中，我们应当再一次回想在其他同类事例中我们是怎么处理的。看起来，立法者的任务不仅是制定法律，而且还会延伸到其他一些事情上，所以这个论题可以取消。除了制定法律外，立法者还必须做别的事，这些事接近训诫与立法，关于这一点，我们的论证已经不止一次地引导我们注意到了。【e】其中的一个事例就是我们对婴儿抚养问题的处理。我们说，对需要做出规范的事情，我们一定不要留下空白，然而在我们进行规范的时候，要想把它们当做法律一样确定下来是极为愚蠢的。所以，等到法典与整个法律体系都已经具有了书面形式，这个时候也还不适宜对拥有杰出美德的公民发出最后赞扬，说他是一位好公民，说他已经表明自己是法律最好的仆人，完全服从法律；【823】只有等到他终生以执行、批准或谴责的方式，无条件地服从立法者写下来的所有内容以后，才可以说他是最佳公民。这是可以送给公民的最真实的赞扬，一名真正的立法者不会把自己限于制定法规，他会进一步把他的法律条文与他对那些值得赞扬与不值得赞扬的事情所作的解释结合起来，而拥有优秀品德的公民一定会感到这些指示在约束自己，胜过法律的强制。

如果可以把我们当前的主题称做一个标志，也就是说它是显而易见的，那么我们可以把我们的意思说得更加清楚一些。【b】狩猎实际上是一种追捕，有各种不同的活动范围，各种意义的追捕实际上都可以置于狩猎这个总的名称之下。捕捉水里的动物有许多种方法，猎取野禽也有许多种方法，捕捉陆上动物更有无数的器械。我指的不仅是追捕野兽，而且还指战争中对人员的捕捉，以及用各种比较温和的方式捕捉猎物，有些是值得赞扬的，有些是不值得赞扬的；匪徒的绑架和在战场上使用武力也是狩猎的形式。【c】立法者在制定他的狩猎法时既无法省略这些解释，也不能制定一套适用于各种狩猎的法规，并威胁要对违反法规的行为进行惩罚。那么在这种情况下他该怎么办呢？他必须——我指的是立法者必须——始终着眼于年轻人的训练和运动，推荐某些狩猎方式，谴责其他的狩猎方式，而比较年轻的人则必须接受这些建议。希望快乐或害怕艰苦都不应该影响他们服从这些建议，他们不是由于害怕受到法律的惩罚才服从这些建议，而是对这些建议有着比较深刻的敬意，【d】当做一种义务来服从。

在做了这些预备性的解释之后，法律当然可以对不同狩猎形式提出推荐和禁止，那些有助于改善年轻人的灵魂的狩猎形式要给予推荐，那些起着相反作用的形式要加以禁止。所以，我们现在不要再拖延了，要对年轻人说话，用虔诚、希望的语言表达我们的心意：

"亲爱的朋友，希望你们绝对不要沉迷于捕鱼，热衷于海上捕捞，使用钓鱼术或其他任何猎取水中动物的技艺，【e】或者使用那种懒汉用的渔具，无论醒着还是睡着都能钓到鱼。希望你们千万不要有当海盗的念头——在大海上捉人——成为野蛮的、无法无天的猎人！至于在城内或国内进行小规模的偷猎，你们心中决不要冒出这种念头来！愿年轻人的灵魂不要被偷捕家禽的念头所诱惑，【824】这种滋味绝不是自由人应该去尝试的！这样，我们留给我们的运动员进行的狩猎就只剩下猎取陆上动物。有一种捕猎形式又和睡觉有关——被称做夜猎——这是懒汉用的办法，不值得推荐；这种打猎的形式所花的时间与训练时间一样多，不是依靠充满活力的灵魂去征服猎物的体力和凶猛，而是依靠罗网和陷阱。因此，留下来适合所有人的唯一狩猎形式就是依靠猎人的马匹、猎犬和猎人自己的四肢追捕四足动物，在这种场合，是猎人——也就是那些已经训练得像神一样勇敢的人——自己在打猎，【b】全凭赛跑、搏斗和投掷标枪来取得成功。"

这番话可以当做我们对狩猎事务的一般解释，批准什么和禁止什么。而实际的法律条文可以是这样的：

无人应当禁止这些真正"神圣的"猎人在狩猎中携带他们的猎犬，只要他们乐意，他们就可以这样做；而那些依靠罗网和陷阱的夜间狩猎者，任何人不得允许他们在任何时候去打猎。

捕捉野禽的人可以在没有耕种过的土地上或者在山里面打猎，不受干涉，但若他们进入耕种或没耕种过的圣地，【c】一经发现，任何人都可以把他们赶走。

除了海港、神圣的河流、沼泽、湖泊，渔民可以在任何地方捕鱼，只要他不在水里下毒。

到此为止，可以说我们的教育法规终于完成了。

克 这是个好消息！

第八卷

雅　【828】嗯，我们的下一项工作是：在德尔斐神谕的帮助下，制定有关节日的历法，赋予它法律的权威，确定庆祝什么节日和举行什么献祭才是对国家有益的和有利的，决定这些祭祀应当献给哪些神祇。祭祀的次数和时机可能也是我们要确定的问题之一。

克　是的，我敢说，次数问题也取决于我们。

雅　那就让我们先来处理次数问题。【b】这个次数不得少于三百六十五，每次都至少要有一位执政官代表国家参加献祭，确保从事祭祀工作的人和财物不受侵犯。由研究宗教法规的人、男女祭司、先知组成的委员会要先与执法官见面，以明确立法者不可避免会有所省略的任何细节，该委员会也要进一步确定如何补充这种省略。【c】实际上，真正的法律条款将为十二位神祇规定十二个节日，我们的不同部落就是以这些神的名字命名的，要向这些神中的每一位献祭一个月，与此相关的还有歌舞与竞赛，有音乐方面的竞赛，也有体育方面的竞赛，这些活动要注意适合受祭神灵的特点和节日所处的季节，只允许妇女参加的庆祝活动与那些没有必要做出这种规定的庆祝活动要区分开来。还有，对冥府众神及其随从的献祭与对天神的献祭一定不要混淆，我们把神祇分别称做天神与冥神。法律要对两类神做出区别，【d】对冥神的献祭安排在献给普路托①的那个月，即每年的第十二个月。真正的勇士一定不要厌恶这位死亡之神，而要尊敬他，把他当做人类永恒的保惠师，我要极为真诚地向你们保证，对于灵魂与肉体的统一来说，没有比死亡更好的方式了。

还有，有关当局要能做出令我们感到满意的安排，必须拥有这样坚定的信念：像我们这样的城邦在全世界都找不到，我们有充分的闲暇，也有各种

---

① 普路托（Πλούτων），希腊神话中的冥王。

生活必需品的丰富供应，它要做的事情，【829】就像个人一样，是生活得好，而幸福生活不可缺少的前提条件首先就是我们自己不犯罪，同时也不因他人的错误行为而受苦。要满足第一个条件不难，但要同时有力量避免伤害却非常难，确实，只有一个办法可以满足这些前提条件，这就是变成全善。对城邦来说也一样，如果这个城邦变成善的，那么它的生活就是一种和平；如果这个城邦变成恶的，那么就会有内外战争。【b】鉴于这种情况，因此城邦的成员一定要参加训练，准备战争，这种战备不是在战争期间进行的，而是在和平期间进行的。因此，聪明的国家每个月都要进行不少于一天的军事训练，到底进行多少天则由执政官来确定，不管天气如何，是冷还是热。执政官下令以后，男女老幼都会一齐参加集训，而在别的时间则分开进行训练。他们在举行献祭时也必须规定一系列高尚的能够真实地再现战争的运动项目，【c】为庆祝节日提供竞赛活动。在这些场合，总会有一种依照功绩进行的奖励，公民们可以按照人们在这些竞赛中和在自由的生活中的表现创作诗歌，对他们进行颂扬和谴责，对已经证明了自己具有完善品德的人给予褒奖，对那些无法证明自己的人发出谴责。创作这样的诗歌并非每个人都要承担的任务。首先，作者必须不小于五十岁；其次，他一定不能是那些已经在文学和音乐方面有充分才干的人之一，而是一个尚未获得高尚和杰出表现的人。【d】但是，那些人品高尚、拥有公众荣誉的人创作的诗歌是可以歌唱的，哪怕这个作品并不具有真正音乐的性质。选择诗歌作者的权力应当掌握在教育官员及其同事执法官的手中，由他们来把这种特权给予作者。他们的音乐，也只有他们的音乐，可以自由歌唱，不用进行检查。但是这种自由不能再赋予别人，其他公民也不能假定，未经执法官的批准就可以演唱那些未经批准的歌曲，【e】哪怕这些歌曲的音调比萨弥拉斯本人①或奥菲斯本人的音乐还要令人陶醉。只有那些完全献给众神的诗歌，以及由真正高尚的人创作的诗歌，才可以恰当地用来表达赞扬或谴责。上述要求既是一种对未经

---

① 萨弥拉斯（Θαμύρους），传说中的色雷斯乐师。

检查的诗歌的控制，又赋予人们一种唱歌的自由，既适用于男性，也适用于女性。

立法者应当考虑这些事情，并且使用这样的类比："嗯，现在让我们来看，一旦组织了整个城邦，我想要培养哪一种公民？【830】运动员是我想要的人吗？——竞争者，在重大斗争中与上百万的对手对抗。对吗？""确实如此。"有人会这样正确地回答。那么好，假定我们要培养的是拳击手，或者其他相类似的某些比赛的运动员。我们能够直接参赛，而无须任何事先的准备，平时就与对手搏击吗？如果我们是拳击手，那么我们在比赛前的一段时间内就会聚集在一起学习如何搏击，努力提高自己的水平。【b】参加任何真正的比赛，我们都会在比赛前进行练习，而且在训练中尽可能逼真；在练习中，我们会像比赛一样戴上拳击手套，确保训练的最佳效果。要是我们专门寻找优秀的同伴一道练习，我们还会由于害怕愚蠢的嘲笑而去面对无生命的假人进行练习吗？【c】要是没有活的或死的对手，也没有共同练习的同伴，那么我们在练习拳击中岂不是孑然一身，"与自己的影子"为伍吗？这种"徒手"训练，你还能叫它什么呢？

克 不，先生，除了你说的"徒手训练"，我想不出别的名字来。

雅 很好。那么，一旦我们自己、我们的子女和财产，乃至于整个国家的生存面临问题时，【d】我们这个共同体的战士会在比这些拳击手更无准备的情况下，冒险参与各种重要比赛吗？如果我们相互之间进行的练习所引起的某些嘲笑就使立法者停止立法，那岂不是一种巨大的危险吗？如果可能，立法者要规定每天都要进行一次小规模操练，不涉及重武器的使用，分组进行各种身体锻炼。他还要规定每月至少举行一次或大或小的军事演习，在演习中，全体公民都要担任某个军事职位，【e】在树林里埋伏，使用拳击手套和各种非常逼真的武器进行战争演练，是吗？这些武器是有一定危险性的，这种运动不可能完全没有缺陷，但这样做能够起到使国民警醒的作用，也可以用这样的方式区分勇士和懦夫，【831】鉴别公民的可信程度。立法者以此训练每个公民，使他们终生都能参战。如果演练中有了伤亡，那么杀人者应当被视为无意的，但需要按照法律的规定参加涤罪仪，用纯洁的牺牲之血使他洁净。立法者在这个问题上的看法是，如果少数人死去，那么会有其他好人出生取代他们，但若担心人员伤亡而停止演习，那么，假如我可以这样说的话，就没有办法鉴别战场上的勇士和懦夫，这对他的城邦来说，【b】是一种更大的不幸。

克　先生，我的朋友和我同意你的意见，这是法律应当规定的，也是整个国家应当执行的。

雅　我不很确定，是否我们大家都明白在现存的各种城邦里都找不到这样的对抗性演习，但小规模的演习也许还是有的。对此，我们应当责备人类的普遍无知和他们的立法者吗？

克　好像是应该的。

雅　【c】不，我亲爱的克利尼亚，一点也不应该！真正的原因其实有两个，都很重要。

克　什么原因？

雅　一个原因在于人们追求财富的欲望，使人没有片刻闲暇去参加任何与他个人的好运无关的事情。只要公民的整个灵魂都全神贯注于发财致富，那么除了日常琐事，他就不会再去想别的事情。于是，每个人都渴望能参加会产生这种效果的学习和从事这类工作，而其他的学习则受到嘲笑。在此，【d】我们可以说，就是由于这个原因，整个城邦也会把这种事情当做最值得敬重的，而城邦上的每个人都已经做好充分准备，他们渴望得到金银财宝，为此愿意驻足于任何行业，做任何工作，无论这些工作是否高尚，只要能够发财致富就行了；他们也做好了充分准备，像某些野兽一样，只要一有可能就采取任何肮脏的、罪恶的、极端无耻的行动，大吃大喝，放纵性欲。

克　【e】你说得太对了。

雅　那么好，这就是第一个原因，它使得城邦不能进行有效的军事活动或其他高尚的活动；这样一来，当然也就自然而然地使体面的人变成生意人、小贩，或者仅仅是奴仆，【832】也使更多的人变成冒险家、海盗、小偷、盗窃神庙的贼、流氓、暴徒，尽管这些人的不幸多于他们的邪恶。

克　不幸？为什么？

雅　嗯，要是你终生遭受无休止的饥饿所折磨，那么除了"不幸"，我还能找到什么词来说明？

克　很好，就是你说的两个原因之一。你的第二个原因是什么，先生？

雅　啊，是的，谢谢你的提醒。

克　按照我对你的理解，一个原因是这种终生无休止的追求使我们所有人都没有一个钟头的闲暇，【b】使我们无法参加我们本应接受的军事训练。请你让我们知道另一个原因是什么。

雅　你以为我迟迟不提第二个原因是因为我说不出来。

克　不是这么回事，但我们可能会认为你虽然讨厌拖延，但你刚才提到的这种情况正在引导你进行与我们当前论证无关的抨击。

雅　先生，我接受你的恰当批评。你好像希望我开始讲第二个原因。

克　你只能这样做。

雅　我要说的这个原因可以在我们已经频繁涉及了的民主制、寡头制、独裁制中找到，【c】这些制度实际上是"非政制"。它们中间没有一个是真正的政制，它们的恰当名称是"党派统治"。在这些政制中，我们找不到统治者和被统治者都自愿的政制，它们全都由自愿的统治者使用某种暴力控制不自愿的被统治者。而害怕臣民的君主决不会允许他的臣民变成高尚的、富裕的、强大的、勇敢的，也不太会允许他们成为一名好战士。在这个地方我们找到了几乎所有不幸的主要根源，它肯定也是我们现在涉及的这种不幸的主要原因。【d】我们现在正在规划的政制要努力避免这些不幸。这种政制要比其他政制为公民提供更加充分的闲暇，它的公民不存在相互支配的关系。我想，我们的法律不想使公民们变成贪婪地追求财富的人。因此，我们非常自然而又合理地相信，只有按照这样的方法建立起来的体制和城邦，才会实行上述勇士教育，而在我们的讨论中也已经规定了这是公民的运动。

克　非常正确。

雅　下面，我想我们可以对所有体育竞赛做一个总的观察。那些有益于打仗的体育竞赛应当鼓励，【e】胜利者应当奖励，而那些对打仗无用的体育竞赛则可以取消。对于要保留的体育竞赛项目最好从一开始就做出具体解释，制定相应的法规。我想，我们就从规定跑步比赛的奖励开始吧。

克　应当如此。

雅　身手敏捷确实是战士素质的第一要素，脚劲在打仗和追踪中有用，【833】坚韧是近身肉搏所需要的，搏斗特别需要结实的身体。

克　当然。

雅　还有，要是没有武器，光有体力也不行。

克　当然不行。

雅　所以我们的传令官要遵循习俗，宣布我们体育竞赛中的第一项是一"斯塔达"全副武装赛跑。赛手要穿戴盔甲，徒手参赛的选手不能获奖。不，各项比赛的顺序是这样的：第一，一"斯塔达"赛跑，全副武装；【b】第二，两"斯塔达"赛跑；第三，战车比赛；第四，长距离赛跑；第五样比赛非常迷人，一边是被我们称做重装步兵的一名选手，携带全部沉重的装备，一直要跑到阿瑞斯神庙，然后折回，整个距离是六十"斯塔达"，另一边是他比赛的对手，弓箭手，也是全副装备，他必须穿山越岭，一直跑到阿波罗和阿耳忒弥①的神庙，跑一百"斯塔达"。【c】在比赛过程中，我们将在那里等候他们返回，奖品将授予各种比赛的胜利者。

克　这种安排很好。

雅　现在让我们把这些体育比赛分成三类，一类是男孩子的，另一类是青年男子的，还有一类是成年男子的。无论他们作为重装步兵还是作为弓箭手参赛，青年的赛跑距离是全程的三分之二，男孩子的赛跑距离是全程的一半。至于女性，我们将安排一"斯塔达"和两"斯塔达"赛跑、【d】赛车和长距离跑，参加比赛的妇女如果年龄还没有到青春期，那么必须裸体参赛，

———————————

①　阿耳忒弥（Ἄρτεμις），希腊月亮和狩猎女神。

如果已经过了十三岁，正在等着婚配——她们的结婚年龄最小是十八岁，最大二十岁——那么就必须穿上适当的衣服参赛。关于男女赛跑就说到这里。

臂力方面的竞赛，比如摔跤，以及类似的项目，这些运动当前非常流行，我们将举行的项目有穿盔甲格斗、【e】单人格斗、双人格斗、集体格斗，每边人数最多可达十人。至于决定胜负的标准，我们将遵循先前已有的由权威们制定的格斗规则。以同样的方式，我们将请专家手持武器来协助纠正比赛中的犯规行为，击中对手必须记分，【834】根据积分多少来决定胜负。这些规则同样也适用于那些不到结婚年龄的女性。我们将用一般的投掷比赛取代拳击比赛，包括射箭、投标枪、用手掷石块、用投石器掷石块，在这些比赛中，我们也必须制定规则，奖励那些严格按照我们的规则获胜的人。

【b】我们下一步当然要制定赛马规则，不过，在克里特这种地方，马派不上什么大用场，只有少数人使用马匹，因此人们当然就不太有兴趣养马或举行赛马比赛。至于战车，这里肯定没有人会拥有战车，也不太可能有人朝着这方面想。因此，我们若是规定举行与习俗不符的战车比赛，那么人们就会把我们当做傻瓜，而事实上这样做确实很傻。【c】但若我们只是给骑马比赛提供奖励——或者骑牛，或者骑其他牲畜——那么我们就是在培育一种与我们的国土性质相一致的运动形式。所以法律会给不同类别的人规定这些竞争性的比赛，而不会规定其他比赛，任命副将和主将担任比赛的裁判和领队，参赛选手则必须穿戴盔甲。因此，就像体育运动一样，【d】如果举行不穿戴盔甲的比赛将是一个法律错误。还有，克里特人可以担任骑射手或标枪手，所以我们要举行相应的比赛作为娱乐。至于妇女，我们确实没有必要浪费时间去制定法律，强迫她们参加竞赛，但若她们在幼年和少年时期的早期训练已经使她们有了这种习惯和强壮的体力，并且不会带来什么不良后果，那么应当允许她们参赛，不得加以阻止。

体育比赛这个主题终于结束了，我们所讲的体育，【e】既包括竞赛又包括日常锻炼。我们对音乐的处理也基本上完成了。至于吟诵诗歌以及举行其他类似活动要做哪些规定、节庆时要举行什么样的歌舞竞赛，这些问题我们以后再说。现在我们可以考虑如何把年、月、日指定给众神及其他较小的崇拜对象，【835】也就是说，让我们来决定这些节日每两年举行一次，还是每四年举行一次，或者间隔几年再举行一次。还有，我们一定希望在节日里举行各种音乐比赛，依次轮番举行，就像各种体育比赛由教育官担任主席一样，音乐比赛的主席是执法官，由执法官们组成一个专门的委员会负责音乐比赛。他们必须制定相关的法律，确定举行音乐比赛的时间、参赛的人与团体。最初的立法者已经不止一次解释了需要什么样的音乐作品，包括朗诵和歌曲，伴随着混合的音调、节奏和舞蹈。【b】他的后继者必须遵循这些规定，给不同的比赛指定适当的祭祀时间，并为来城邦参加庆典的客人提供节目。

要发现如何使诸如此类的细节变成法规并不困难，也不难看到若是对它们做出不同的安排将会给城邦带来更多的好处或伤害。但有一件极为重要的事很难令人相信。【c】假如真能从神那里得到命令的话，这件事确实是只有神本身才能决定的事情之一。也许需要有一个勇敢的人，他要能够公开表明他的真实信念，指出什么是国家与公民的真正利益，要能在一个普遍腐败的时代，为整个城邦体系提供所需要的法规——他要能够反对人们最强烈的欲望，忠于真理，独立自存，世上无人能够与他比肩而立。

克　【d】这个新的论题是什么，先生？我们看不出你现在进到哪一步。

雅　你这样说我并不感到惊讶。你们注意听，我一定要尽力说得更加清楚些。我们的谈话使我们进到关于教育纲领的讨论，这个时候在我眼前产生了一幅男女青年亲密无间生活在一起的景象。你可以想象，当我问自己该如何管理这样的城邦时，我产生了一种不安的感觉——在这个城邦里，男女青年非常健康，不必做那些奴仆的苦活，而干这些苦活比其他任何事情都要容易抑制欲火，【e】参加献祭、节庆和歌舞队的唱歌似乎就是他们的全部生活。智慧要我们克制情欲，努力奉公守法，那么在这样的城邦里应当如何使他们摆脱情欲？当然了，我们已经制定了的法规能使大多数情欲得到克制，这并不奇怪。【836】我们禁止过度富裕，使之变得节制，这样做带来的好处非同小可，我们的整个训练过程也同样置于健全的法规之下，也能有助于人们的节制。此外，执政官的眼睛被训练得能够专注于他想要实现的目标，而年轻一代也能专心致志，不敢有片刻的转移，这样一来，也就在人力所及的范围内约束了大多数情欲。【b】但是，青年或成年男女的爱欲该如何满足？我们知道它对个人和整个城邦影响极大，但我们应当采取什么样的预防措施呢？你能找到什么具体办法来保护所有人，使他们不受伤害呢？克利尼亚，在这一点上我们确实有困难。实际上，整个克里特和拉栖代蒙对我们提出来的大部分立法内容都会给予极大的、应有的支持，但在性的问题上他们一定会拼死反对我们——这话在我们中间还是可以说的。【c】如果一个人顺其自然，采用拉伊俄斯①以前的古代法律——我的意思是男人如果与青年男子发生与女性那样的肉体关系是错的——并且从动物的生活中寻找证据，指出男性不能与男性有这样的关系，因为这种行为违背自然，那么他的意见肯定是强有力的，然而在你们的城邦中人们对这种事情的看法很不一致。还有，我们要求立法者始终予以关注的目的与你们的实践不吻合。【d】你知道我们反复提出来的问题是：什么样的法规可以培养善，什么样的法规不能培养善。现在假定我们当前的法律宣布这种行为值得赞扬，而不是可耻的。那么它是如何改进善的呢？它会导致被诱奸者的灵魂增强勇敢的气质吗？或者导致诱奸者增强节制的气质？【e】确实，任何人都不敢相信这一点。与此相反的看法才是真的。每个人都必须谴责那些屈服于他人淫欲的人，他们因为太软弱而不能进行抵抗；也要谴责另一种人，他们模仿女性，使自己的行为与女性相似。那么，这个世上有谁将对这些行为立法呢？我说，凡是懂得什么是真正的法律的人，都不会对此进行立法。你问我如何证明自己的观点？【837】若要正确地思考这个问题，我们必须考察情感的真正性质以及与此相关的欲望和所谓的爱欲。事实上，在欲望这个名称下覆盖着两样东西，还有作为二者复合物的第三样东西，由此引起了许多混淆和晦涩难解的地方。

---

① 拉伊俄斯（Λαίους），底比斯国王。神预言他的儿子将杀父娶母，于是他派人将他的儿子俄狄甫斯抛弃。俄狄甫斯被人救走，长大了回来寻找父亲，但在无意中杀死拉伊俄斯。

克　怎么会这样呢?

雅　嗯,这你是知道的,我们曾经说过,在德性、地位、贫富程度相当的人之间会产生依恋,在完全相反的人之间也会产生依恋;在这两种情况下,当这种依恋感达到相当强烈的程度时,我们就称之为爱。

克　【b】是的,我们说过。

雅　现在假定两个完全相反的人之间产生了强烈的依恋,但我们从中并非总能看到互惠性,而那些建立在相同或相似基础上的依恋却是平等的,始终具有互惠性。在这两种因素同时存在的地方,那么一方面很难察觉这种"爱"的主体到底在寻求什么;而另一方面这个主体由于受到两种相反力量的推动而感到困惑,无所适从,一种力量邀请他享受对象的美貌,【c】另一种力量禁止他这样做。热爱肉欲和渴求美貌的人就像成熟的果实,他会告诉自己尽力去获得满足,而对自己心灵的奴仆状态不予思考。但若他轻视肉欲,对情欲进行思考,那么他希望得到的就确实是灵魂与灵魂的依恋,他会把肉体享受当做无耻的淫荡。作为一个注重贞洁、勇敢、伟大、智慧的人,一个敬畏与崇拜神的人,【d】他会追求一种在身体和灵魂两方面都始终纯洁的生活。我们已经把包含上述两种因素的爱称做第三种爱。由于爱有这么多种,那么是否要用法律来禁止这些爱,把它们从我们中间排除出去呢?我们希望我们的城邦以善为它的目标,想要尽可能把城邦的年轻人造就为善的,若能做到,我们就要尽可能禁止另外两种爱,这一点不是很清楚吗?麦吉卢,我的朋友,你想要我们怎么说?

麦　【e】先生,到目前为止,对这个问题的看法都非常好。

雅　朋友,我希望能够看到你的意见和我一致,看起来我是对的。你们拉栖代蒙人的法律对这些事情会怎么看,这个问题我不需要提出,我只需要对你同意我们的学说表示欢迎。至于克利尼亚,我必须尽力吸引他接受我们晚些时候将提出来的看法。现在,你们共同的认可已经足够了。我们务必返回我们的立法工作。

麦　【838】这是个正确的提议。

雅　好吧，我们现在来谈一下能使我们的法律保险地建立起来的方法，好吗？我实际上已经有办法了，从一个角度讲这种办法相当容易，从另一个角度讲这种办法极为困难。

麦　你继续说吧。

雅　你要知道，大多数人都是无视法律的，甚至到了今天也一样，他们对美貌的追求虽然受到阻碍，但他们不愿违反自己的意愿，而是竭力想使自己的愿望得到完全满足。

麦　你现在想到的是什么事例？

雅　我想到的是那些有漂亮的兄弟姐妹的人。【b】同样的法律，尽管没有成文，也为儿子或女儿提供了完全的保护——任何人都不得与自己的下一代有公开的或秘密的乱伦关系，或者对他们进行狎昵——让每个人的心里决不要产生诸如此类的念头。

麦　非常正确。

雅　那么好，你知道有一句话能使所有这样的淫欲熄灭。

麦　一句话？什么话？

雅　这句话说，神憎恨这种邪恶无耻的行为。【c】人们对这句话的解释当然也不会有什么不同。我们所有人从很小开始就不断地从各方面听到相同的说法，我们从演出滑稽戏的小丑嘴里听到过这句话，当堤厄斯忒斯①、俄狄甫斯②、玛卡瑞乌③的形象出现在舞台上时，我们也从所谓庄严的悲剧中明白了这句话的意思，这些角色都偷偷地把自己的姐妹当情妇，而这种罪恶一旦被发现，【d】他们就自杀了。

麦　你在这个问题上的看法完全正确。公共舆论确实有种神奇的力量，没有一颗灵魂胆敢保持一种与已有习俗相反的想法。

①　堤厄斯忒斯（Θυέστης），人名。
②　俄狄甫斯（Οἰδίπους），底比斯国王拉伊俄斯之子，幼时被抛弃，后被人救走，长大以后寻找父亲，无意中杀死拉伊俄斯。
③　玛卡瑞乌（Μακαρέας），人名。

雅　你这下子明白我刚才的想法有多么正确了，我刚才说，只要立法者想要克服这种情欲，最严格地约束人性，他就能够轻易地找到解决的办法。他只需要得到公共舆论的批准就行了——这种舆论是普遍的，包括奴隶和自由民、【e】妇女和儿童的看法，以及城邦其他部分的看法——他不用花费更大的气力就能使他的法律得到最可靠的保证。

麦　很对。但是到底为什么在这一点上人们可以得出完全自愿的一致看法……

雅　我很高兴你说到了点子上。这确实就是我的意思，我刚才说要用法律把性行为限制在它的自然功能上，【839】要避免对同性产生爱恋，因为这样做实际上是在对这个种族进行谋杀，把生命的种子播在砂石地里白白浪费，在这样的土壤中，生命的种子决不会扎根，也不会长出自然的果实，也要避免与任何女性发生并不希望有实际收获的性行为。一旦设定这种法律是永久的和有效的——就算如此吧，因为它必须如此，用它来反对其他错误的性行为并不比用它来反对乱伦关系的作用要小——就会产生很好的结果。从自然本身发出的声音开始，这种命令就会引导人们克制疯狂的性行为以及各种不合法的婚姻，【b】也会使人克服各种过量的饮食，让男子忠于自己已婚的妻子。这种法律一旦建立，还会带来其他许多好处。然而，当我们提出这种立法建议时，会有一些性欲极为旺盛的青年偷听到我们的谈话，他们很可能会把我们的立法斥责为极端愚蠢的，并且发出一片反对的喧嚣。这种情况使我说出了刚才那些话，我所知道的这种建立永久性法律的办法，【c】尽管从一个角度看是极为容易的，从另一个角度看是最困难的。要看到这件事是能够做到，要看它这件事如何做到，这是非常容易的。如我所说，这条法律一旦得到恰当的批准，那么所有人的心灵都会受到制约，会对已经建立的法律产生普遍的畏惧，并遵守这些法律。但是事实上，事情发展到今天的地步，甚至在我已经假定的事例中，也并没有产生我们认为可能出现的这种结果。就像公餐制一样，若要整个城邦在日常生活中采纳这种法律，那么人们就认为它超出了可能性的范围。【d】我们虽然证明这种制度已经是一个存在于你们自己城邦中的一个事实，然而人们认为若将它的实施范围扩展到妇女，那么它也已经超越了人的本性的界限。在此意义上，正是因为看到这种怀疑的分量很重，所以我说要把它既当做一种实践又当做一种永久的法律是极为困难的。

麦 你说得没错。

雅 但是，你希望我能提出一个有力的论证，来表明这个建议非常灵活，并没有超出人的可能性的范围吗？

克 我当然希望你能这样做。

雅 【e】那么请你告诉我，在什么样的情况下一名男子会认为自己比较容易服从这方面的法规，戒除性生活，作为一个体面人，是在他的身体接受身体锻炼，处于良好状态的时候呢，还是在他的身体很不好的时候？

克 当然是他正在锻炼身体的时候，绝对如此。

雅 我们全都听说过在奥林比亚①和其他地方扬名的那位塔壬同的伊克库斯②的故事，不是吗？【840】他满腔热情地追求胜利，并为这种神圣的感召而感到自豪，故事还说，他的性格是坚韧不拔和自我节制的结合，他从来不近女色和娈童，把所有时间用于训练。你知道人们说克里松③、阿司堤路④、狄奥波普⑤也这样做，其他还有为数不少的人。然而，克利尼亚，你我提供的公民心灵教养毕竟要比他们的心灵教养好得多，【b】他们的身体更容易反叛。

克 你说得完全正确，关于这些运动员的传说特别强调了这确实是一个事实。

雅 嗯，按照一般的解释，为了在运动场或赛马场上赢得胜利，他们放

---

① 奥林比亚（Ὀλυμπία），地名。

② 伊克库斯（Ἴκκος），人名。

③ 克里松（Κρίσων），人名。

④ 阿司堤路（Αστυλυς），人名。

⑤ 狄奥波普（Διόπομπος），人名。

弃了这片"温柔乡",但并不十分费力,而我们的学生想要取得的胜利更加高尚——我们通过讲故事、谈话、唱歌把这种胜利的高尚性质从小灌输给他们——【c】但他们却不能坚韧不拔,在这种情况下,我们还能指望他们被我们的符咒镇住而产生禁欲的结果吗?

克 这是一种什么样的胜利?

雅 征服他们自己的欲望。如果他们做到了,那么我们将对他们说,你们的生活会是幸福美满的;但若他们失败了,那么结果正好相反。此外,对上面说的这种罪孽行为表示畏惧的人完全没有力量在其他人面前,在那些比他更差的人面前保持优势,是这样的吗?

克 我们很难做这样的假定。

雅 如果我们对法律就是这种看法——【d】普遍的罪恶使我们停滞不前——那么我要说法律最简单的义务就是继续前进,告诉我们的公民,他们的行为不能比鸟类更糟,不能比那些大牲畜更糟。在生殖年龄到来之前,这些动物都过着节欲和贞洁的生活;等到了生育年龄,它们就择偶,成双成对,公的与母的相配,母的与公的相配,从那以后生活在虔诚和正义之中,【e】忠于它们最初的爱的契约。我们要对我们的公民说,你们肯定比动物强。然而,他们若是受到其他许多希腊和非希腊的坏榜样的影响而变得非常腐败,他们从自己的所见所闻中知道这种所谓的自由的爱有多么强大的影响力,因此不能赢得这场胜利,那么我就要让我们的执法官成为立法者,规定第二条法律来对付他们。

克 【841】如果我们现在建议的第一条法律从他们的指缝里漏掉了,那么你建议立法者制定一条什么样的法律呢?

雅 次好的,克利尼亚,显然是。

克 什么法律?

雅 我的看法是,有一种办法可以有效地检验性欲发展到何等激烈的程度,以便用艰苦的工作把这种性欲的激流导向其他渠道。如果性放纵能掺上一些羞耻感,【b】那么也有可能达到同样的效果,羞耻感能使性放纵变得不那么频繁，而性放纵的减缓又有助于克制性欲。所以，习俗和不成文法会有这方面的规定，用一种隐秘的方法维护人们的荣誉，而不是公开揭露诸如此类的行为，监察这种行为也不是习俗的唯一任务。这种传统的建立会给我们提供一种次一等的确定光荣与可耻的标准，并有其自身次一等的正确性；【c】而那些被我们说成是"自身之恶之奴仆"的人会受到矫正和约束，在三样东西的影响下，他们会遵守法律。

克 哪三样东西？

雅 对神的敬畏、对荣誉的向往、对心灵美而非肉体美的渴求。我当前的这些建议至多只是为了激发一种虔诚的想象，但我向你保证，任何城邦都会看到这三者的实现也就是一种最高的幸福。然而，【d】在神的帮助下，对性爱做出一些强制性的规定并非不可能。一条规定是，自由民出身的公民除了自己的合法妻子外不得与其他妇女有性关系，播下邪恶的杂种，也不得违反自然与男性有不结果实的肉体关系。如果这条规定不能做到，那么我们仍旧要彻底阻止男子或女子之间的同性恋关系。除了由上苍批准的神圣的婚姻外，如果一名男子有了其他某种性关系——无论是用钱买来的，或是以其他任何形式——【e】那么他的行为一旦被男女公民发现，我们就可以剥夺他作为一名公民的荣誉，因为他已经证明自己完全是个外乡人。所以，无论这些规定是一条还是两条，让我们就把它当做我们在性和爱问题上的法律，当做我们确定在情欲的激发下产生的各种关系正确与否的标准。

麦 【842】先生，确实如此，我衷心欢迎这条法律。当然了，克利尼亚也必须表态。

克 麦吉卢，我会表态的，但我要挑个适当的时机。现在还是让我们的朋友开始制定这方面的法律吧。

麦 那好吧。

雅 【b】请注意听。我们现在所取得的进展已经使我们可以制定公餐方面的法规了。我说过，要做这件事在其他任何地方都很困难，但是在克里特没有人会提出异议。我认为，这个国家的公餐制、拉栖代蒙的公餐制，或者说还有比它们更好的第三种类型的公餐制，要实施起来并不十分困难，但做到了这一点也不能承诺会带来任何巨大的利益。事实上，我相信我们做出的安排已经非常充分了。

【c】按自然的顺序，下一个要提出的问题是军粮供应。这种供给的适当来源是什么呢？当然了，一般的城邦所能得到供应的来源是多样的，巨大的，至少要比那些对我们的公民们公开的来源多两倍，因为作为一个通例，希腊人既从陆上又从海上觅食，而我们国家的食物来源被限制在陆上。但对立法者来说，他在这方面的工作反而比较轻松了。与此相关的必要法律不仅减少了一半，而且还限制在一个较小的范围内，这些仍旧必要的法规也更加适合自由民。【d】我们城邦法典的制定者可以不用去管商业方面的法规，无论是水上贸易还是陆上贸易，是批发还是零售，还有捐税和海关、采矿、利息的支付方式，用单利还是复利，以及其他成千上万个细节。他的法规是为农人、牧人、养蜂人，看管诸如此类动物的人，以及与此相关的工具的使用者制定的。【e】通过制定婚姻、生育、抚养、教育、任命官员方面的法规，他的主要任务已经完成了。现在，他把注意力转向制定食物供应方面的法规，或者说他现在关心粮食的储备问题。

现在，我们要开始提出一系列农业方面的法规。首要的一条涉及神圣的地界。条文是这样写的：任何人不得私自移动邻居的地界，无论他的邻居是同城邦的公民，还是外国人，之所以涉及外国人是考虑到如果某人的土地正好在边境上，这种情况就会发生。【843】私自移动地界这种行为实际上必须理解为"移动了不可移动的东西"。每个人都必须宁可冒险去移动不作地界的沉重的砾石，也不愿去移动被上苍的誓言神圣化了的作为地界的小石头，无论这块地是朋友的还是敌人的。因为，作为各部落共有之神的宙斯见证着这些神圣不可侵犯的石头，当人们的权利意识苏醒，相互之间产生了巨大敌意时，宙斯会成为陌生人的保护者。遵守法律的人不会受到什么惩罚，而无视法律则是有罪的，将会受到来自不止一处的惩罚，首先最主要惩罚来自上苍，其次来自法律。【b】我说，没有任何人可以随心所欲地移动邻居的界石，如果有人这样做了，一经发现就可以把他告上法庭。

26.如果有人受到这样的控告，将会被视为用隐秘的或暴力的手段谋求地产，法庭将确定给被告什么样的惩罚，而被告将接受惩罚或者缴纳罚款。

再往后，我们会遇到邻里之间不断发生的小摩擦。这样的摩擦次数一多就会在邻居之间造成伤害，邻里关系也会变得极为难处。【c】因此必须小心谨慎地对待邻居，不要做任何出格的事情，尤其是不要蚕食邻居的土地，因为帮助邻居并非绝对必要，而伤害邻居却是非常容易的，任何人都会做出这种事情来。

27.若有人越界耕种邻居的土地、打伤邻居，那么他要对他不文明的粗暴行为负责，【d】赔偿受害人医药费，还要缴纳两倍于医药费的罚款。

所有这类案件的调查、取证、处罚都要由乡村巡视员来进行，我们前面①已经说过，重大案件将由该地区的全体官员来会审，较轻的案件则由乡村巡视员来处理。

28.如果有人在邻居的土地上放牧，乡村巡视员同样也要前往调查，依据察看到的损害来确定罚款。

29.如果有人设法把别人的蜂群变成自己的，那么他也要赔偿别人的损失。

30.如果有人在生火时没有采取足够的预防措施，把邻居的树林烧

---

① 参见本篇 761d—e。

毁了，他也要缴纳由执政官决定的罚金。

31.如果一个人在植树时没有给邻居的土地留下足够的空间，这种情况也适用同样的法规。

这些要点有许多立法者都非常恰当地处理过，我们应当使用他们的法规，而不必要求我们城邦这位伟大的立法者为我们城邦里的每一件小事制定法规，因为这些小事是任何立法者都能处理的。【844】举例来说，有关农庄供水，有非常完善的古代法律保留至今。我们没有必要提取这些法规加以讨论，任何想要引水到自己农庄的人都可以从公共水源中引水，只要他在引水过程中不堵塞属于其他私人的泉眼。他若愿意，也可以开挖沟渠引水，只要他避开房屋、神庙和坟墓，在开挖沟渠中不造成什么损害。【b】如果某些地区雨量不足，天然干旱，那么业主可以在自己的土地上打井。如果他打不出水来，那么他的邻居应该为他提供人和家畜的饮水，如果他的邻居也缺水，那么他应当报告乡村巡视员，得到他的许可，【c】从更远的邻居那里得到供水。下暴雨的时候，无论是在城里还是在乡下，居住在高处的人只有在取得城防官或乡村巡视员许可的情况下才能谨慎地排水，以免给低洼地区的土地和房屋造成损害。要是他们不能履行应尽的义务，那么住在城里的受害者可以向城防官提出诉讼，住在乡下的受害者可以向乡村巡视员提出诉讼。【d】任何拒绝遵守这条法规的人必须承受相应的后果。

32.如果发现有罪，他要赔偿两倍于受害者损失的赔款，因为他拒绝执行执政官的指令。

每个人应当粗略地依照下列原则取得他那份丰收果实。丰收女神仁慈地赐给我们两样礼物：一种是能极大地取悦狄奥尼修斯，但不适宜贮存的果实；另一种是生来适宜贮藏的果实。所以，我们有关丰收的法律如下：

33.在阿克图鲁①升起、收获葡萄的季节到来之前，如果有人品尝了果子，【e】无论是葡萄还是无花果，是他自己地里的还是别人地里的，那么为了狄奥尼修斯的荣耀，我们要对他处以罚款，吃他自己地里的果实要罚五十德拉克玛，吃他邻居地里的果实要罚一百德拉克玛，吃他从其他地方采来的果实要罚六十六又三分之二德拉克玛。

如果一个人想采摘"甜食"葡萄或无花果（就像它们今天的名称一样），无论什么时候，只要他愿意，他就可以这样做，只要是从他自己的树上采摘；但是，

34.但若未经别人同意，他就从其他人的树上采摘，那么他仍旧要受到惩罚，因为这样的行为正好是法律禁止他去做的事，没有耕种，不得收获。【845】如果未经业主许可就这样做的人是一名奴隶，那么他每摘一颗葡萄就要被鞭打一下，每摘一颗无花果就要被鞭打三下。

外国居民可以购买甜食，也可以自己采摘，要是他喜欢。在我们国家旅行的外国人如果在路上想吃果子，那么他，也许还有一名仆从，可以摘果子吃而不必付钱，以此显示我们国家的好客。【b】但是法律必须禁止外国人糟蹋我们的果实。

35.如果一名外国人，无论是主人还是奴隶，无视法律，碰了这样的果实，那么是奴隶的要受鞭打，是自由民的要在警告后给予释放，要告诉他们，碰这样的果实是不合适的，把这些果实选出来是为了制作葡萄干、酿酒或制作无花果干。

---

① 阿克图鲁（Αρκτούρως），牧夫座。

偷拿苹果、梨、石榴，等等，虽然不算什么丢脸的事，但是

36.（a）如果一名三十岁以下的人做了这种事，【c】那么他应当挨打，被赶走，但他不会受到实际的伤害。

如果受到这样的侮辱，公民在法律上得不到补偿（一名外国人有资格取得一份果实，他可以拿一些甜食、葡萄和无花果）。如果一名三十岁以上的人碰了这样的水果，当场吃掉，不拿走，那么他会像那些外国人一样来分享这些果实，但是

36.（b）如果他违反这条法律，【d】那么他就丧失了在德性方面参加竞赛的资格，当竞赛的奖赏已经确定的时候，他的行为会引起评价者的关注。

水是花园能够拥有的最有营养的食物，但它很容易被污染，而土壤、阳光和风，与水一道，促进着从土中生长出来的植物的成长；水也容易被改道和拦截，从而引起冲突。就事情的本质而言，水资源会受到各种伤害。由于这个原因，需要有法律的保护，【e】其条文如下：

如果有人故意堵塞他人的水源，无论是河水还是湖水，无论是放毒，挖沟，还是偷水，受到伤害的一方必须把损坏的情况记下来，等城防官员来的时候提出诉讼。

37.往水源中投毒的一方除了缴纳罚款外，还要负责清洁那些受到污染的清泉或水库，法律将对这些清洁行动进行监督。

【846】每个人都可以按照自己的意愿和通常的惯例把庄稼收回家，只要不给其他人带来伤害，或者说他的收益不大于给他的邻居带来的伤害的三

倍。审判这种案子的权力由执政官掌握，与那些故意伤害罪相同，一方的人身、不动产或动产未经许可就受到第二方的侵犯。有关情况要向执政官报告，赔偿金额最高可达三明那；如果涉案金额巨大，受害人要向公共法庭起诉，【b】寻求赔偿。

38. 如果判定有官员在确定赔偿方面不公正，那么这名官员要向受损害的一方支付双倍的赔偿。

如果有任何不公正的裁决，原告与被告双方都要被带到公共法庭重审。任何立法都不能缺少法律程序的无数细节——程序的制定、法庭的召集、证人的数量、【c】如何根据需要来确定两名或两名以上的证人——然而，一名年迈的立法者无法注意到全部细节。他的比较年轻的模仿者应当按照他的先驱者和其他更加重要的法规的模式来做出规定。他们还应当在必要之处试验这些法规，直到满意地拥有一套完整的、适当的法律汇编为止。然后，等到这套法规成形，而非在此之前，他们应当把这套法规视为最终的，并按照这套法规生活。

【d】至于一般的技艺，我们的政策应当是这样的。首先，本国人，或本国人的奴仆，都不能把实践某种手艺作为他的职业。因为公民已经有了一种职业，从不断进行的练习和与这种技艺有关的广泛学习来看，从保存和享受城邦公共秩序来看，这种职业完全需要他——这项任务的重要性决不可视做第二位的。我们可以正确地说，人的能力决不适宜同时从事两种职业或手艺。【e】我们没有一个人有这样的才华，在自己从事一种手艺的同时还要去监管第二种手艺。因此，我们必须从一开始就把这一点作为我们城邦的一条原则。没有人可以同时既是铁匠又是木匠，我们也不能允许一名木匠去监管其他铁匠的工作，从而荒废了他自己的技艺，哪怕他借口做一名管事可以挣到更多的钱，他手下那么多雇工可以为他的利益工作，他当然也会小心监管他们，这样一来，他挣的钱远远多于他凭自己的手艺挣到的钱。【847】在这个城邦里，每一名艺人和工匠都只能有一种技艺，他们必须依靠这种技艺谋生，而不能依靠其他技艺。城防官必须竭尽全力执行这条法律。

39.如果有本国人走上歧途，为了追求钱财而从事别的行业或职业，那么城防官要通过申斥和降级的办法来对他进行矫正，使他返回正道。

40.如果一名外国人同时从事两种手艺，那么对他进行矫正的方法有监禁、罚款和驱逐出境，这样一来，【b】他就只能起一种作用而不是起几种作用。

至于工匠们的报酬，或者他们拒绝工作，或者他们抱怨受到不公平的对待，或者其他事情，如果涉及的金额不多于五十德拉克玛，那么就由城防官来断案，但若涉案金额更大，就由公共法庭来依法处理。

在我们的城邦里，进出口货物都不用纳税。不能进口乳香或其他用于宗教仪式的外国香料，【c】也不能进口本国不生产的紫色颜料或其他染料，更不能进口那些非必需的外国出产的原料。本国生产的生活必需品一定不能出口，必须留在国内。有关的法律事务和监督由十二名执法官负责，当五名元老缺席的时候，他们就是这个委员会的首领。【d】至于各种战争武器和军事装备，如果出于军事目的需要进口某种植物、矿物、制作战袍的衣料、动物，那么应当由骑兵指挥官和将军们来控制这样的进出口，由国家来担任卖方和买方，立法官要对此制定恰当而又充分的法规。在我们的国境内或在我们的公民间，不能零售这些东西，【e】也不能为了赢利而进行这些物资的买卖。

在供应和分配这些自然产品时，我们也许可以采用克里特遵循的一条规定。所有人都必须把土地的总收成分为十二份，实际上，也就是划分消费品。【848】例如，小麦、大麦以及其他各季的农产品。当然了，各地区可供出售的各种家畜也必须是同一法律规定的划分对象。这些产品的每十二分之一还必须恰当地再分为三份，一份归自由民，另一份归他们的奴仆，而第三份归工匠和其他不是公民的人，无论是永久居民所需要的生活必需品，还是因公或因私来到我国的临时访问者所需要的生活必需品，第三份生活必需品是唯一要强制送往市场出售的产品，而其他两份产品则没有这种强制性。【b】现在我们要问的是，这种划分的正确方式是什么？因为这种划分从一个角度看显然是公平的，但从另一个角度看则不公平。

克　你这是什么意思？

雅　嗯，有些土地长出好庄稼，有些土地长出坏庄稼。我想，这是不可避免的。

克　当然。

雅　从这个角度看，三份农产品的获得者，无论是主人、奴仆，还是外国人，都没有什么特别的好处，在分配时要确保各份农产品质量相当。每个公民将得到其产品的三分之二，【c】并负责将它们分配给家中的奴仆和自由民，只要他愿意，他可以按照这样的数量和质量进行分配。剩余的农产品将按照下述方式分配，从计算家畜的数量开始，因为这些家畜也要吃粮食。

下面，我们必须为我们的人提供个人住宅，他们要恰当地组合在一起，下列安排对于实现这一目的是适当的。要建设十二个村庄，分别位于我们十二个地区的中心位置。在每个村庄里，我们要做的第一件事情就是为众神和超人的神灵确定神庙的位置，【d】附近还要有一个市场，这样就可以使玛格奈昔亚①的任何地方神祇，或者那些给人们留下深刻印象的神明的圣地，得到照料，使它们得到与以往时代相同的荣耀。在这十二个地区中的每一个，我们将为赫斯提、宙斯、雅典娜建立神庙，还有这个地区的保护神，无论他是谁。然后，我们开始在高地上建造住宅供卫士居住，【e】就在这些神庙附近，这些兵营也是我们最坚固的据点。工匠们分散居住在境内各地，被分成十三个部分。属于京城的那部分工匠再分成十二个部分，就像京城本身

————

① 玛格奈昔亚（Μαγνήσια），地名，是柏拉图在本篇中建构的这个理想城邦的所在地。

也分成十二个城区一样，分别居住在郊外。同时我们还要从一些村庄召集一些有用的农夫。对这些人的监管由乡村巡视员负责，由他们决定每个地区需要什么样的劳力，需要多少人手，【849】这些农夫可以很舒服地居住在郊区，并得到最大的好处。以同样的方式，属于京城的工匠由城防官们组成的委员会监管。

市场上的产品细节当然取决于市场专员。这些官员在勇敢地护卫了位于市场区的神庙，使之不受任何暴力侵犯以后，他们第二位的职责就是管理交通。他们将详细地记录人们体面的或不体面的行为，在需要的时候处理各种冲突。他们首先要注意那些法律规定要出售给外国人的生活必需品是否有货可供。【b】这些产品由公民们指定一些外邦人或奴隶生产，法律要求在开市的第一个月就有足够的供应，每个月提供谷物的十二分之一，一名外国人要能在开市后买到够吃一个月的粮食以及其他必需品。到了第十个月，【c】买卖双方要能分别提供和购买充足的饮料，够一个月饮用。在第二十个月，会有第三次集市进行畜产品买卖，要有充足的货物满足买卖双方的需要，农夫生产的其他用于出售的产品也在这时候出售，外国人只能通过购买来获得这些东西，例如皮革、纺织品、毡制品，等等。这些商品，例如小麦粉、大麦粉，或者其他任何粮食，只零售给外国人、工匠及其仆人，【d】尽管这种所谓的零售业可以推动酒类和谷物的买卖，但绝对不能以这种方式出售给公民或他们的奴隶。屠夫也可以在市场上把肉卖给外国人、工匠及其仆人。至于木柴，只要外国人愿意，他每天都可以向所在区的生产者大批购买，也可以将其零星转售给其他外国人。

【e】至于各种人需要的其他一些物品，都可以放到一个总的市场上来买卖，每种商品集中在一个恰当的地方，方便运输，由市场官员和城防官员对其作适当的隔拦。这种贸易完全是真正的钱货交易，以钱购货和售货换钱，买卖双方都要有等价交换的凭据。【850】一方以赊欠的方式购货，无论他购买时有无讨价还价，不算犯法。如果卖方的商品质量或数量有问题，其程度超过了法律的规定，那么这样的行为就是违法的，要遭到禁止，这样的事情还要马上在执法官的法庭上记录下来，或者取消买方的债务。同样的法规也将适用于外国人的货物。

外国人愿意的话可以成为这个国家的居民，只要他们能满足某些特殊的条件。这条规定应当理解为，【b】对那些愿意并能够与我们一道生活外国人，我们要为他们提供一个家，但他必须要有一门技艺。他的居住期从他登记那天算起最多不得超过二十年。作为一名外国人他不必缴纳所得税，他从事的生意也不必缴税，只要他品行端正。居住期一满，他就应当带上他的财产离开。他在居留期间要是为这个国家提供了某些重要的服务而变得非常出名，那么他可以提出继续居留的申请，并要能说服议事会和公民大会，如果他运气好，【c】甚至可以得到终生居留的许可。这种外国人的子女若是已经有了一门手艺并已达到十五岁也可以居留，但他们的居住期要从他们十五岁开始算起。他们的居住期若是满了二十年还想继续居留，那么他们也一定要按照我们讲过的条件取得许可。【d】一名外国人离开这个国家时，执政官那里原先的登记要取消。

第九卷

雅 【853】按照我们法典的自然排列，下面要提到的是从我们迄今为止提到过的所有职业中产生出来的法律程序。我们确实已经在一定范围内对必须采取的法律行动做了解释，例如，在处理农庄事务以及与此相关的贸易问题，但我们还没有把法律程序问题作为主题提出来。因此，处理这方面的细节，说明犯下一种过失必须接受什么样的惩罚，要在什么样的法庭接受惩罚，【b】就是我们下面要考虑的主题。

克 这样做没错。

雅 当然了，从一个角度讲，制定这样的法规是我们的耻辱，因为我们心中想的是这样一个城邦，我们希望这个城邦拥有各种优点，能够很好地实践美德。嗯，假定在这个城邦中出生的人会被其他城邦更大的腐败所玷污，【c】因此我们需要设置并执行这种威胁性的法规，对他们进行警告，并惩罚那些有可能在我们中间出现的坏人，那么我说了，这种可能性仅仅是一种想象，在我们的城邦里出现这种人是我们的耻辱。然而，我们并非处于较早的立法者的位置，他们的法典是在英雄时代制定的。假定流行的故事是可信的，他们是众神之子，他们的法律是为那些同样以天神为祖先的人制定的，然而我们只是普通的凡人，我们制定法律只是为了纠正凡人的过失。【d】所以我们可以对我们某些公民的天生愚拙表示遗憾，他们好像生来就长着某种"坚硬的外壳"，不愿接受软化的方式，这样的性格会抵抗我们法律所起的软化作用，法律对他们来说就像烈火碰上坚硬的豆子。由于他们具有这种粗野的性格，所以我要开始制定有关盗窃神庙罪的法律，因为他们有可能犯下这种滔天大罪。这当然不是我们所希望的，也很难想象任何受过良好教养的人会做这种事，但是想做这种事的奴隶或外国人及其奴仆并不少。尽管这种情况与我们普遍的人性弱点有关，【854】但为了他们的利益，我首先要对我所制定的反盗窃神庙的法律作一些解释，还有惩治其他铤而走险者的亡命之徒的法律。

但在此之前，我还必须按照我们已经接受了的原则，对整个一类法律做一个最简单的开场白。对那些在某种不幸的情欲之声的驱使下日夜不安，进而在夜晚醒来，想要去抢劫神庙的人，【b】我们可以对他做出下列合理的劝告。我们要对他说：

"你这可怜的家伙，现在邪恶地催促你去抢劫神庙的动力既非来自人，又非来自神，而是来自你的内心，你很久以前犯下的罪恶在你心中滋生出来的迷恋久久不能得到根除，因此要走完它的命定过程。你必须高度警惕，使自己不受其害。那么你该怎么办呢，我现在就来告诉你。当这样的念头在向你进攻时，你要赶紧去参加能够阻挡厄运的祭仪，要赶紧去那能够把你从迷惑中解救出来的众神的祭坛，要赶紧去与那些有美德名声的人为伴。【c】你要聆听他们的教诲，尽力在心中加以重温，并在各种行为中表现出对善与真理的敬畏。你要逃离邪恶，决不要再回头。如果这样的行为可以把你从疾病中解救出来，那么万事大吉；如果这样的行为还不能使你得到拯救，那么你要想一种比较好的死法，趁早结束你的生命。"

以这样的口吻，这段开场白表明了我们的目的是消除这些在一个城邦中尚未发生的、该诅咒的行为。那些听从我们话语的人，真正的法律用不着对他们说任何话，而那些不愿聆听法律之声的人，必须听从我们以正确的语调表达的开场白。

41. （a）如果在神庙中盗窃圣物被抓的是外国人或奴隶，【d】须在其双手和前额打上烙记，处以鞭笞，由他的法官决定打多少下。然后，要剥去他们的衣裳，赤身裸体扔到国境以外。

（这样的惩罚也许能使他变好，使他成为一个好人；法律实施惩罚的目的不是邪恶的，而主要产生两种效果：【e】使接受惩罚的人变得比较有道德，或者变得不那么邪恶。）

（b）如果要对这样的罪行负责的是一位公民——也就是说，他冒犯了众神、父母、城邦，这一罪行重大，无法言说，所以相关的惩罚是死刑。

法官应当考虑到他已经无可救药；尽管他从小就接受教育和抚养，但仍旧犯下如此重罪。如果判他死刑，那么这对他来说是最轻的处罚，【855】因为这样一来他可以起到一个示范作用，使其他人不会学他的坏样。他的尸体要埋到国境之外，并且没有人给他送葬。但他的孩子和家庭如果弃绝这位父亲的道路，勇敢地弃恶从善，那么他们仍旧能够得到荣誉和好名声，就像其他行为端正的人一样。

在一个农庄的大小和数量保持不变的城邦里，剥夺这种罪犯的财产是不恰当的。当一个罪犯被判处罚款时，如果有祖传的遗产，那么他可以恰当地缴纳，【b】不管缴纳罚款后还能剩余多少财产，但他不可能比所有遗产交得更多。执法官应当根据登记的情况，按特定程序向法庭报告他们的财产，不能隐瞒任何财产。如果一个人被判处的罚款比他的财产还要多，再加上没有朋友可以代他支付，或愿意免除他的债务，那么对他的惩罚将采取长期监禁、戴颈手枷①、降低公民等级这样一些惩罚形式。【c】无论何种冒犯都是违法的，哪怕逃到外国去。我们的惩罚将是死刑、监禁、鞭笞、不体面姿势的罚坐或罚站、捆绑在圣地前面示众和罚款，罚款这种方式仅仅用于我们已经说过的那些案子，是对某些人的恰当处罚。涉及生死的大案应当由执法官们会同法庭一起审判，这些执法官由于上一年担任执政官的功绩而被选为执法官。【d】按照程序对罪犯提起诉讼，发出传票，以及完成其他一些类似的细节，是资历较浅的执法官的事。我们作为立法者必须规定投票方式。投票应当公开进行，在举行投票之前，法官们要按照他们的资历依次出场就座，面对检察官和被告，有闲暇的所有公民都将出席并聆听整个审判过程。【e】检察官将陈述案情，被告要对指控做出回应，每人只有一次讲话机会。陈述完毕后，资格最老的法官将第一个说明他对案子的看法，详细而又充分地讨论检察官与被告的陈述。他说完以后，其他法官按次序发言，指出双方发言中忽略的地方或错误的地方，如果有法官认为自己没有什么可补充的，那就让下一名法官发言。与案子相关的所有发言都要记录下来，所有法官都将在记录上盖印，然后送往赫斯提的祭坛。【856】第二天，法官们将在同一地方聚会继续讨论案子，并再次在相关记录上盖印。当同样的事做完第三遍以后，面对确凿的证据和证人，法官们将投下庄严的一票，并在祭坛边发誓这是凭自己的能力所能做出的最佳审判，由此结束一桩案子的审判工作。

【b】有关宗教事务的审判就说到这里，我们现在转向叛国案。无论谁试图把法律和国家置于党派控制之下，使之服从个人的支配，并进一步为了

---

① 用来将罪犯示众的刑具。

实现这些目的而用革命的暴力挑起剧烈的内战，那么这种人一定要被当做整个国家不共戴天的敌人。担任高级职位的公民，即使他本人没有参与这样的叛乱，但若忽视为他的国家向这种叛乱者复仇，无论他有没有发现叛乱者，【c】或是确实发现了叛乱者，但由于怯懦而没有采取坚决的措施，那么其他公民一定会把这种人看做罪人，只是比叛乱者的罪略轻一些罢了。任何高尚的人，无论其地位多么卑微，都必须向执政官告发叛乱，把叛乱者送上法庭，指控他们造反和使用不合法的暴力。审判这类案子的法官与审判宗教事务的法官相同，审判程序也相同，判处死刑要由法官投票决定。但是有一点必须说明，【d】在任何案件中，父亲的耻辱或判刑不得株连子女，除非父亲、祖父、曾祖父全都涉案。在这种情况下，国家会把他们全部递解出境，送他们回老家，让他们带上自己的全部财产，而他们继承来的遗产则除外。然后根据抽签选出十个公民家庭，这些家庭要有一个超过十岁的儿子，再由这些家庭的父亲或祖父提名，最后选出一名青年做候选人，【e】送往德尔斐。这名青年在得到这位神的欢心以后将有权继承那个犯罪家庭的房子。让我们祈祷吧，他会有着更加光明的前景！

克 好极了！

雅 我们还要用一条法律来规定这些法官还要审判第三类案件，这就是与敌人进行贸易的案子。我们建议的法律会以同样的方式保留他们子女的居住权，【857】或者把祖孙三代全部驱逐出境。这种处罚同时适用于三种人：交通敌国的罪犯、盗窃神庙的罪犯、用暴力推翻国家法律的罪犯。

还有，关于盗窃也要有一条法律，无论案情大小，规定一种适用于所有盗窃案的惩罚。

42.（a）如果确认他犯了盗窃罪，他必须支付两倍于所窃物品价值的罚款，只要他有足够的财产支付罚款。

（b）如果他没有足够的财产支付罚款，那么他将被监禁，直到全部罚款付清，或者得到原告的赦免。

43. 如果确认一个人盗窃了公物，【b】他若能说服城邦赦免他，或者缴纳两倍于涉案金额的罚款，那么他可以不用坐牢。

克　先生，请你回答我的问题。盗窃的东西有多有少，被盗物品的价值有大有小，有些盗自圣地，有些盗自其他地方，盗窃犯的处境也各有不同，我们怎么能够制定一条没有什么差别的法规来处理所有的盗窃案呢？

雅　这是个好问题，克利尼亚。我好像在梦中行走，而你的撞击使我清醒，但我担心醒来以后会不知所向。【c】你的话使我想起自己前不久说过的话，如果我不假思索地说话，那么我们的立法事务就绝不可能完全按照正确路线前进。你会问，我这样说是什么意思？如果我们像一名奴隶医生①对待奴隶病人一样对待现有的各种立法，那么就会有愉快的微笑了。你可以肯定他是一名有实际治疗经验的人，【d】尽管他对医学理论一无所知，但却可以像一名身为自由民的医生那样对身为自由民的病人谈话。他讲起话来就像一名哲学家，兴高采烈，眉飞色舞，追溯疾病的根源，回顾人类医学的整个历史。他的话就像我们现在大部分被称做医生的人那样，滔滔不绝地从嘴里说出来。这其实不是在治疗那个傻瓜病人，而是在教育他，就好像他的目的是要造就一名医生，【e】而不是恢复病人的健康，难道不是吗？

克　那么他讲得到底对不对呢？

雅　如果他认为可以用我们当前所采用的方式对待法律，亦即目的在于教育同胞而非为他们制定法律，那么他讲得也许对。这个看法和我们当前的论题也有关系，是吗？

克　也许是的。

雅　我们当前所处的位置是多么幸运啊！

克　为什么说是幸运的？

雅　【858】因为我们并非有制定法律的义不容辞的责任。我们可以对政

---

① 参见本篇719e—720e。

治理论的各个要点进行自由的思考，去发现怎样才能取得最佳效果，或者不可缺少的最低限度的法律是什么。举例来说，在当前的讨论中，我们可以根据自己的意愿自由地追问最理想的立法是什么，或者最低限度的不可缺少的法律是什么。所以，我们必须做出选择。

克　先生，你提出了两种选择，而我们应当站在一名政治家的立场上马上制定法律，就好像有某种紧迫的需要在推动他，【b】拖到明天可能就太迟了。如果幸运的话，我们所做的工作就像一名石匠或其他匠人刚刚开始的工作。对于摆在我们面前的大量材料，我们可以自由地选择，把那些适用于我们建筑的材料挑出来，这种选择可以在闲暇时进行。所以我们可以设想自己正在建造一幢大厦，不是出于某种压力，而是在利用我们的闲暇时间摆弄我们的材料，以便在开始建造时把它们用上。这样一来，我们就可以正确地认为我们的法律是真正制定法律的一部分，【c】是真正立法的部分材料。

雅　不管怎么说，克利尼亚，我们的立法纲要会更加科学。因为，这里有一个要点，我希望能够与立法者联系起来考察。

克　什么要点？

雅　我们可以说，在我们的城邦里存在着大量的由各式各样的作者写出来的文献，而立法者的文献仅仅是其中的一部分。

克　没错。

雅　那么好，我们认真的注意过其他作家的作品，【d】诗人和其他一些作者在他们的作品中用散文或韵文留下了他们对生活行为的建议，但是立法者却没有，不是吗？这些建议难道不应该最先引起我们的注意吗？

克　完全应该。

雅　我们可以假定在众多作者中只有立法者才能就美德、善行、正义向我们提建议，告诉我们它们是什么，为什么必须养成这些品质才能拥有幸福的生活，是吗？

克　立法者当然必须告诉我们。

雅　【e】如果荷马、堤泰乌斯或其他诗人在他们的诗歌中对生活行为做出了一些坏的规定是一件丢脸的事，那么莱喀古斯、梭伦①或其他任何立法者制定了坏的法规就不那么丢脸吗？当我们打开一本某个城邦的法律书时，它应当是正确的、合理的，要证明自己是所有文献中最优秀的；而其他人的作品应当与它相一致，【859】如果表现出不一致，就会引起我们的轻蔑。我们应当如何设定一部成文法在城邦中的正确地位？它的法规应当消除那种聪明的和充满亲情的父母般的特征，还是应当带上专制暴君的面貌——发布一道严峻的命令，贴在城墙上，坚决执行？这就立刻向我们提出了一个问题：我们应当尝试着以这种方式道出我们的法律思想吗，【b】或者为了获得立法的成功，竭尽全力朝着这个方向前进？如果在这条道路上有危险，我们要去冒险吗？但这样做也许万事大吉，如果情况许可的话！

克　你确实说得好。我们必须照你说的去做。

雅　那么我们首先应当继续已经开始了的考察。我们必须密切关注有关盗窃圣物和一般盗窃的法律，还要关注有关伤害罪的法律。我们一定不要因为看到在我们尚未完成的立法过程中有些事情得到处理，【c】有些事情还需要进一步思考就表示泄气。在变成立法者的道路上，我们仍旧在前进，但我们还没有达到目的地，时候一到，我们也许就能到达终点。现在，如果你同意，我们将讨论我在建议中已经指出过的那些要点。

克　我完全同意。

雅　这里有一个问题我们必须在努力沌清所有关于善与公正的看法以后再来讨论。【d】在我们中间，我们可以找到多大程度的一致和分歧——你知道，我们这些人至少要能够拥有比普通人更大的抱负——还有，在整个人类中间，我们又能发现多大程度的一致和分歧？

克　你认为我们中间有什么分歧？

雅　让我试着解释一下。当我们思考一般的公正，或思考公正的人、公正的行为时，我们一般都会认为它们是一样的，都是美好的。然而，人们也

---

① 梭伦（Σόλωνος），人名。

应当坚持这样一个看法，公正之人即使相貌丑陋，他们杰出的公正性格也仍旧是美好的，他的言语也绝不会出格。

克 【e】当然了，确实不会。

雅 无疑如此。但我想要提请你的注意，即使所有被称做公正的东西都是美好的，这里讲的"所有"必定包括"他人对我们的所作所为"，而这一方的行为绝不亚于"我们自己的所作所为"。

克 那又怎样？

雅 我们所做的公正的事情，正如它分有公正一样，同样也分有美好。

克 当然了。

雅 那么好，如果我们的语言仍旧要保持前后一致，【860】那么我们必定也要承认，只要分有公正，他人对我们的所作所为也是美好的。

克 完全正确。

雅 但若我们承认，我们所遭遇的某些事情尽管是公正的，但却是不恰当的，因此公正和美好之间有不一致的地方，那么我们将会宣布公正的事情是丢脸的。

克 你这样说是什么意思？

雅 很简单。我们刚才制定的法律看起来就像是与我们当前的理论直接对立的一篇宣言书。

克 对立在什么地方？

雅 嗯，你知道，我们刚才制定了一条优秀的法律来惩治盗窃神庙的罪犯和挑起战争的人，【b】把他们处死。我们还制定了一套严厉的惩罚措施，并且要执行这些法规，而这些处罚立刻就成为既是最公正的又是最丢脸的。如此看来，我们似乎先肯定了公正和美好之间是绝对等同的，然后又持有一种完全相反的意见。

克 这样做看起来是危险的。

雅 【c】这就是"美好"和"公正"这些流行术语给人们带来不一致和令他们感到困惑的地方。

克　好像是这样的，先生。

雅　那么好吧，克利尼亚，让我们再回过头来。在什么范围内，"我们"谈论这些事情可以保持用语的前后一致呢？

克　一致？与什么一致？

雅　我想我已经指出过了，或者说如果我没有，那么你可以认为我现在的意思是……

克　是什么？

雅　【d】坏人总是坏人，坏人的行为总是与他们自己的意愿相违背。根据这个前提，不可避免地会得出进一步的推论。

克　什么推论？

雅　嗯，你会承认作恶者是一个坏人，而坏人做的事都是违背自己心愿的。如果有人说有这么一个自愿者在做不自愿的事，那纯粹是胡说八道。因此，声称无意中做了一件错事的人一定会把这个行为说成是违背自己心愿的，尤其是我，当前必须接受这种立场。我实际上承认，那些做了错事的人总是在违背他们自己的心愿。由于爱好争论，或在争论的欲望引导下，有些人说存在着某些无意的作恶者，【e】也存在着许多有意的作恶者，而在我看来，我会接受第一种说法，拒绝第二种说法。现在我来问你，我应该如何与自己的声明相一致呢？假定你们，克和麦吉卢，向我提出问题：先生，如果情况如你所说，那么你会建议我们如何为我们的玛格奈昔亚国制定法典呢？我们要不要制定一部法典？我会回答说：你们必须制定一部法典。那么这部法典要区分故意的犯罪与非故意的犯罪吗？有意的过失或罪行要受到较重的惩罚，而无意的过失或罪行所受的惩罚较轻，这样做对吗？【861】如果说根本就没有故意犯罪这种事，那么我们要对所有罪行一视同仁吗？

克　先生，你说得确实很对。我们该怎么说呢？

雅　问得好。我们首先要做一件事。

克　什么事？

雅　我们要提醒自己，我们刚才对引起困惑和矛盾的有关公正的看法是怎么说的。记住了这一点，我们才可以继续提出进一步的问题。我们从来没能摆脱在这个问题上的困惑，【b】从来没有获得过一条清楚的界线来划分故意和无意这两种类型的过错，而二者之间的区别是在任何城邦中存在过的每一位立法者都承认的，一切法律也都认为二者有区别。但我们刚才就像发布神谕一样武断地宣布这件事已经结束了，不是吗？因此可以说，我们是在用同一条法规处理不同的过错，【c】没有丝毫公正可言，对吗？这样做确实不公正。在立法前，我们必须说明这些案件之间是有区别的、不同的，而不是像我们设想的那样是相同的，这样我们才能针对两种性质的过失制定相应的处罚，遵循我们的推论，每个人或多或少都能判断这些处罚的适当程度。

克　先生，我们愿意做你的听众。我们只有两种选择，要么否定一切错误的行为都是无意的这个命题，【d】要么就在我们肯定这个命题之前，通过一些辨析，使这个命题完善起来。

雅　你的两种选择之一，亦即否定这个命题，我必须加以坚决地拒绝。我坚信它是真理，予以否定是不合法的，不虔诚的。但若两种情况的差别不在于有意和无意，它们的区别又在哪里呢？我们当然要去寻找其他的区别原则。

克　没错，先生，我们没有别的办法，只能这样做。

雅　【e】嗯，我们可以试试看。请你们这样想，公民经常会破坏相互之间的各种联系或关系，这种破坏经常是有意的，也经常是无意的。

克　没错。

雅　我们不应当把所有这些引起破坏的情况当做"过错"，并由此推论，在这样的行为中犯下的"过错"可以有两种，一种是有意的，一种是无意的，而无意的破坏作为破坏的一种形式，与有意的破坏一样普遍和严重。【862】你现在必须考虑我下面说的话是否包含着一定的真理，或者说是完全错误的。克和麦吉卢，我坚持的看法并不是认为，当一个人并不想伤害别人，但却在无意中对别人造成了伤害的时候，他虽然犯了过错，但却是一种无意的伤害，因此我建议从法律上把这种行为当做无意的过错，无论这种引起伤害的行为是严重的还是轻微的，我根本不把它当做"过错"。还有，如果人们接受我的看法，那么那些福利的创造者要是没能公正地分配福利，他就会经常被说成是犯了"过错"。【b】我的朋友，总的说来，当一个人给了别人某些东西，如果不做进一步的界定，我们就无法称之为公正的行为，当一个人从别人那里拿了某些东西，如果不做进一步的界定，我们同样无法视之为过错。立法者必须向他自己提出的一个问题是，有益的或有害的行为的行动者是否以一种公正的精神和公正的方式在行事。因此他必须记住两点，"过错"已经犯下，"伤害"已经造成。他必须用他的法律尽力使这些破坏的得以恢复，使迷失的得以重现，使毁坏的得以重建，用健全的东西取代残缺的或受伤的东西。【c】他的目的必须是通过立法使各种形式伤害的行动者和受害者达到心灵上的和解，通过一种补偿使他们之间的对立转变成友好。

克　到现在为止，你的话还是挺令人敬佩的。

雅　至于错误的伤害或错误的获益——所谓错误的获益即通过一种错误的行为使他人获益——我们知道，这样的事情是灵魂的悲哀，只要灵魂还有救，我们就要加以治疗。我认为，我们对过错的治疗必须遵循这样的路线。

克　什么路线？

雅　【d】法律将遵循这条路线对过失者进行教育和约束，无论过错大小，使他不再冒险重复这种错误行为，或者少犯过错，此外，他必须对伤害做出弥补。因此，我们要通过我们的行为和言辞使人快乐或痛苦，给人荣誉或耻辱，使人达到痛恨不平等、热爱公正，甚至默认公正的境界。总而言之，无论采用什么方式，我们这样做了，也只有这样做，我们的法律才是一种有效的、完善的法律。【e】但若我们的立法者发现某人的疾病是用这样的治疗方法无法治愈的，那么立法者或者法律该如何审判这种人呢？我认为他会这样审判：让这样的罪犯继续活着对罪犯本人来说并不是一种恩惠，但若处死他则会给他的邻居带来双倍的幸福。【863】他的邻居会从中吸取教训，而整个城邦也少了一个恶人。正是由于这些原因，立法者必须为这些穷凶极恶的无赖制定死刑，而且也只对他们使用死刑。

克 你说的都很好，非常有理。但有一个要点若能进一步清楚地得到解释，我们会感激不尽。在这些事例中，过失与伤害之间的差别为什么会和有意与无意之间的差别纠缠在一起？

雅 嗯，我必须尽力按你的要求做解释。【b】我敢肯定，当你们在一起讨论灵魂的时候，发言者和听众都有一个相同的假定，认为灵魂有一种天然的性格，或者，要是你喜欢的话，认为灵魂的一个组成部分是欲望，这是一种经常固执地用暴力不断引起毁灭的竞争性的或斗争性的成分。

克 是的，当然了。

雅 你们必须进一步观察我们在欲望和快乐之间所做的区分。我们说，快乐的王国建立在一个包含着对立成分的基础上，实现快乐通常要通过诱惑与狡诈相结合的方法。

克 确实如此。

雅 【c】如果我们把"无知"当做错误行为的第三个源泉，那么肯定没错。尽管你们会注意到立法者会很好地把它分成两类，纯粹的无知和单纯，认为它是一种可以得到宽恕的过失的原因，然而人的愚蠢情况更加复杂，它意味着愚蠢者不仅只受无知之苦，而且也受他本人的智慧的欺骗，设定他自己知道所有他其实并不知道的事情。当这样的无知伴随着出众的能力或权力，立法者会视之为一种滔天大罪源泉；【d】但若这种无知伴随着无能，是由于行为者的幼稚或老年痴呆而犯下的过错，那么立法者会把它当做一种过失来处理，他会制定法规来处罚这种人，但相关条款是最温和的，在整部法典中也是最宽容的。

克 没有比这更聪明、更合理的了。

雅 我们全都说，有的人是他自己的快乐或欲望的主人，有的人是他自己的快乐或欲望的奴隶，这种说法确实道出了真相。

克 确实如此。

雅 但我们从来没有听人这样说过，某些人是他自己的无知的主人，有些人是他自己的无知的奴隶。

克　【e】肯定没有。

雅　然而我们说过三者① 全都频繁地推动着人朝一个方向前进，而此时他自己的意愿却在敦促他朝着相反的方面前进。

克　是的，我们说过不知多少次了。

雅　现在，我终于可以准确地解释我说的正确与错误是什么意思了，而不会再纠缠不清了。所谓"错误"，我用这个名词指称受欲望、恐惧、快乐或痛苦、【864】妒忌或愚蠢主宰的灵魂，无论有无造成毁灭的结果。然而，在任何信奉至善的地方——无论城邦或个人都可以依赖的至善——如果这种信念在灵魂中占上风，支配着一个人的行为，即使有不幸的后果产生，但人们的一切作为均依据和服从这样的原则，那么我们必须把这些行为称做正确的，认定这些行为的目的是为了获得人生的最高的善，由此引起的伤害则通常被称做非自愿的过错。【b】我们当前的讨论不是语词之争，而是首先想要更加准确地把握我们已经指出过的三类错误。你记得，我们认为这三类错误中的某一类蕴涵着一个被我们称做欲望和恐惧的主要源泉。

克　是这样的。

雅　第二类错误的根源在于快乐和愚蠢，第三类错误是很不同的，其根源在于对善缺乏健全的预见和信念。最后一类错误本身又可再分为三类，这样一来我们可以看到，错误的种类一共有五种，【c】我们现在针对这五种错误制定法律，而相关的法律共有两大类。

克　哪两大类?

雅　一类针对所有公开使用暴力的行为；另一类针对那些隐蔽的、狡诈的争斗。也还有一些情况既包含公开的暴力又包含隐秘的争斗，当然了，如果法律有其恰当效力的话，对这种行为的处罚是最严厉的。

克　当然。

雅　【d】现在，让我们返回刚才开始说离题话的地方，继续我们的立法。

---

① 指上面提到的快乐、欲望、无知。

如果我没弄错的话，我们已经针对那些城邦公敌制定了有关盗窃和里通外国罪的法律，也还制定了法律，用来惩处用篡改法律的手段颠覆已有体制。犯下这些罪行的人，有可能是因为精神错乱，有可能是得了精神病，有可能是因为衰老，有可能是因为年幼。

44.（a）如果在法庭审判时有清楚的证据表明嫌疑人在犯罪时处于上述状态，【e】那么他必须对他造成的任何伤害做出赔偿，而对他的其他处罚则可赦免。

（b）如果他已经杀害了某人，他的双手已经沾满了鲜血，那么在这种情况下，他必须迁往别国去居住，流放一年。

45.如果流放期未满他就返回，哪怕是他有一只脚踏上了祖国的土地，那么执法官会把他关进监狱，监禁两年，然后再释放。

【865】我们已经朝着这个方向前进，但是关于杀人罪，我们不需要撰写一套详尽的、包罗所有细节的法规。我们首先应当处理的是无意的暴力行为。

46.（a）如果任何人无意中杀了不是敌人的人，在竞赛或公共赛会中——无论是当场死亡，还是受伤后死亡，或者是在战争中，还是在军事训练中，无论是标枪训练，没有盔甲的保护，还是携带武器，就像实战一样，如果杀人者已经按照德尔斐的相关法律进行了涤罪仪式，【b】那么杀人者无罪。所有医生，如果无意中治死了病人，那么按照法律医生无罪。

（b）如果一个人的行为使他人致死，但他是无意的，无论他用手还是用武器，是在吃饭的时候还是在喝酒的时候，是由于太热还是由于太冷，或是由于窒息，只用了他自己的体力还是借用了其他人的体力，【c】在所有这些情况下，上述行为均被视为他个人的行为，他必须支付罚款。如果被杀的是一名奴隶，那么他要赔偿这名奴隶的主人，就好像自己损失了一名奴隶。

（c）如果杀人者不能没有赔偿死者主人的损失，那么他要加倍赔偿，这名奴隶值多少钱要由法庭来估价，而且他也要参加涤罪仪式，比那些在体育运动中造成死亡者的涤罪仪式更加麻烦、更加烦琐；涤罪仪式由根据神谕选定的解释者主持。【d】如果被杀的是他自己的奴隶，那么他要履行法律规定的涤罪仪式来消除罪孽。如果他杀死一名自由人，那么与杀死奴隶一样，他也要履行涤罪仪式来消除罪孽。

他不应当轻视来自我们汇编的这个老故事。它是这样说的：尊贵的自由民被杀人者用暴力杀死之后，他的灵魂马上就会燃起复仇的怒火，【e】而杀人者对自己的血腥命运在心中充满恐怖和畏惧，他会看到自己非常熟悉的死者身影在跟踪自己，会被吓得手足无措，乃至于精神错乱。这是因为死者的灵魂牢记凶手，它会想尽一切办法使凶手心烦意乱，乃至于疯狂。因此，

（d）杀人者在杀人后的第一年里必须躲避死者的鬼魂，远离死者的祖国；如果死者是个外国人，【866】那么杀人者应当在同样的时间里远离死者的国家。如果杀人者自觉自愿地遵守这条法律，那么死者的亲属要记下他对法律的服从，要宽恕他的行为，除了与他保持和平外不能再对他做别的事。

（e）但若杀人者不遵守这条法律，双手沾满血迹地冒险进入圣地献祭，【b】或者拒绝在规定的时间里离境，那么死者的亲属可以对他的杀人罪提出指控，如果证据确凿，那么所有的惩罚都将加倍。

（f）如果死者的亲属没有提出指控，可以认为这种污染已经到了这位亲属的门口，而死者已经提出偿还血债的要求，所以任何人都可以对杀人者提起诉讼，按照法律，判他流放五年。

（g）如果一名外国人杀了居住在这个城邦里的一名外国人，任何

人只要愿意，都可以按照同一法律对他提出指控。【c】如果杀人者是一位在城邦里定居的外国人，那么要判他流放一年。如果杀人者是一位没有在城邦里定居的外国人，那么无论被杀者是非定居的外国人，还是定居的外国人，还是本国公民，他都要离开制定了这些法律的国家，此外还要履行涤罪仪式。

（h）如果他非法返回，那么执法官必须将他处死，如果他有财产，就把他的财产判给死者的近亲。如果他的返回并非出于自愿，【d】比如遇上海难而漂流到我们的海岸边，那么他可以在海边逗留，等着有船来把他带走；如果他被"不可抗拒的力量"劫持，从陆地上被带回来，那么第一个抓住他的官员可以释放他，让他平安离境。

如果某人自己动手杀了一名自由人，而他的行为是欲望推动的结果，那么首先要区分两种不同情况。一种情况是行为者一时冲动打了人，【e】或突如其来地做出别的举动，但事先没有想要杀人的目的，而杀了人后随即产生悔恨与自责。另一种情况也是欲望推动的结果，由于受到语言或污辱性的手势的攻击，他想要报复，最后把骚扰者给杀了，并且不感到后悔。我想，我们不能把这些行为当做两种不同杀人的形式，但可以公正地说二者的动因都是欲望，两种行为都是部分自愿，【867】部分不自愿。这两种情况与其他自愿或不自愿的杀人都有一些相同之处。控制自己的欲望，不马上进行报复，而是后来才抱着既定目标做出报复，这样做与那些蓄意谋杀相同。不能控制自己的愤怒，马上爆发出来，但没有预谋，这就好像不是蓄意杀人；我们甚至不能说他的行为完全是无意的，尽管看上去有点像无意。【b】因此，很难决定法律应当把这些欲望推动下的杀人当做蓄意杀人还是无意杀人。然而，我们最完善的办法是按各种杀人的相似性归类，以有没有预谋为界，对那些有预谋的、穷凶极恶的杀人犯给予最严厉的惩罚，对那些没有预谋的、因一时冲动而杀人的罪犯的处罚则比较温和。【c】重罪判重刑，轻罪判轻刑，这是一个通例。我们自己的法律当然会遵循这样的原则。

克　确实如此。

雅　让我们回到我们的法典上来，继续立法：

47.（a）如果某人亲手杀死一名自由人，该行为是由于愤怒而为，没有事先的预谋，那么对他的处罚一般说来相当于处罚那些并不愤怒的杀人者，此外要判他流放两年，让他学会克制自己的坏脾气。

（b）如果一个人在愤怒中杀人，且有预谋，【d】对他的处罚一般说来与前例相同，但流放时间是三年，而不是两年，他的流放时间更长，乃是因为他的情欲更加强烈。

在这样的案例中，有关流放后返回的法规是这样的（要想很快地制定法规不是一件易事。因为在野蛮地犯下杀人罪以后，比较危险的罪犯有时候却是比较容易管理的，比较温顺的罪犯有时候反而很难管理；与此相反，前者只是看起来比较野蛮，【e】后者看起来比较人道。然而，我的解释确实描述了你会发现比较典型的案例）。

这两种罪犯的刑期满后，执法官们要派他们中的十二人去边境处理这些到期的犯人。这十二人原来就主管流放事务和负责监视流放者，此时也就由他们来决定是否给予流放者恩惠，是否允许他们回国——这是官方法令最后必须要有的内容。

（c）【868】如果这两种罪犯在期满回国后又由于愤怒而重犯以前的罪行，那么他将被永远放逐，再也不能回国；如果他再次返回，那么他会被处死，就像被驱逐的外国人偷跑回来一样。

（d）在愤怒中杀死自己奴隶的主人要洗涤他的罪过，如果被杀的是别人的奴隶，那么他要向奴隶的主人加倍赔偿损失。

（e）任何种类的杀人犯如果蔑视法律，在尚未洗涤罪行之前就出现在市场和体育竞赛中，或者出现在其他公共集会中，因而玷污了这些地方，【b】那么知情者可以举报，起诉作为涤罪仪式执行者的死者亲属和这名杀人犯，迫使他们缴纳两倍以上的罚款，法律将用他们缴纳的所有罚金奖励举报人。

（f）如果奴隶在愤怒中杀了他的主人，死者的亲属可以根据自己的意愿处置杀人犯，【c】不算有罪——只有在这种情况下他们不能宽恕那个奴隶，让他继续活命。如果自由人被其他人的奴隶所杀，这名奴隶的主人要把肇事的奴隶送交死者亲属，他们必须处死这名奴隶，方式由他们自选。

（g）有一种情况不常见，但确实会发生，如果父母在盛怒下用鞭笞或其他方式杀死了儿子或女儿，那么他们的涤罪仪式与其他杀人案件相同，流放期为整整三年。【d】等杀人者回国后，杀人者的妻子或丈夫要离婚，他们之间的生育必须停止；家庭中一定不能再有这样的成员，更不能崇敬他，因为他杀死了家中的儿子或兄弟。

（h）拒绝执行这条法令的人是不虔诚的，只要愿意，任何人都可以起诉他。

（i）如果有人在盛怒中杀死了他的妻子，【e】或者妻子对她的丈夫做了同样的事情，那么也要有同样的涤罪仪式，判处三年流放。罪犯回国后，永远不能再与他的子女一道崇拜神灵，或与他们同桌吃饭。

（j）如果父亲或子女蔑视这条法律，一旦被发现，任何人都可以指控他们犯了亵渎罪。

（k）如果兄弟姐妹在愤怒中发生了凶杀，他们的涤罪仪式和流放与前面对父母子女之间的凶杀的处罚相同，无人可以再与他同桌共餐，共同崇拜众神，因为他从这个家庭中剥夺了兄弟或子女。

（l）任何人违反了这条法令，【869】将受到前面所说的那条惩治不虔诚罪的法律的公正惩罚。

（m）如果某个本来应当约束自己欲望的人没有这样做，而是在愤怒中疯狂地杀害了生他养他的父母，如果死者在临终前自愿宽恕了这名罪人，那么只要他履行了与无意杀人罪相同的涤罪仪式，以及其他处罚，他的罪行就洁净了。但若没有得到这样的宽恕，法律给这些在某种欲望推动下杀死父母的人规定的惩罚是死刑。

【b】这样的罪犯要接受多项法律的处罚。对他的处罚是暴力、不虔诚、渎圣一类罪行中最重的，因为他的所作所为亵渎了父母灵魂的神庙，如果一个人可以死好几次，那么把这些杀父母的忤逆者判处无数次死刑是完全公正的。一个人的生命有时会受到来自父母的威胁，但没有法律会允许在这种独特的情况下杀人，也就是杀死生育他的父母，【c】哪怕是自卫也不行。法律给他的指令是必须忍受最坏的待遇，而不是去杀死父母。那么法律给这种罪犯什么样的惩处才是合适的呢？我们认为，

（n）兄弟之间发生争吵闹出了人命，或者在类似的情况下，如果动手杀人是为了自卫，而死者是挑衅者，那么杀人者无罪，【d】死者就好比是手持武器的敌人；公民之间或外国人之间发生争执也照样处理。如果公民在自卫中杀了其他公民，那么杀人者无罪；如果奴隶在自卫中杀了其他奴隶，那么杀人者也无罪。

（o）但若奴隶在自卫中杀死了自由人，那么他犯了和杀父母一样的罪行。

（p）父亲可以宽恕儿子杀害自己的罪行，这也同样适用于其他各种罪行的宽恕；【e】如果受害者自愿宽恕杀人者的罪行，视之为无意的，那么法律将判处这些罪犯履行杀父母罪的涤罪仪式以及一年流放。

如何合理地处置激烈的、无意的、突发的凶杀，我们在上面已经做了充分的说明。下面我们要处理的是蓄意杀人，这种行为的发生是有预谋的、精

心策划的、极端邪恶的，是灵魂在快乐、愚蠢和妒忌的支配下发生的。

克 对。

雅 那就让我们再一次列举它们的根源。【870】首要的一点是欲念主宰了灵魂，驱使灵魂寻求欲望的满足而变得凶狠残酷。我们在大多数人的期盼中可以看到这个特点非常持久和鲜明，财富的力量，再加上天然的偏见和有害的错误教育，在灵魂中培育出无限的渴望和占有欲。这种错误教育的根源在于相信了希腊人和非希腊人对财富的错误赞扬。他们把财富提升，列为诸善物之首，而实际上它只占据第三的位置。【b】这样一来，他们不仅在剥夺他们自己，而且在剥夺他们的子孙。富裕确实是一切城邦最真实的善和荣耀，但财富是为身体服务的，就好像身体本身是为灵魂服务的一样。由于财富对实现这些善物来说只是一种手段，因此它必定在身体之善和灵魂之善的后面占据第三的位置。从这个学说中我们应当明白，人应当以幸福生活为目的，【c】而不应以获得财富为目的，但以正确的方式获得财富并将财富置于自己的控制之下则是允许的。明白了这一点，城邦就不会希望看到用进一步的杀人来作为凶杀的抵偿，而当前，我们一开始就说过，这种对财富的贪婪是凶杀的一个主要根源，大多数故意杀人都是由于这个原因。第二个根源是与妒忌相伴的竞争精神，这对于妒忌者来说是最危险的，其次对他最优秀的同胞来说也是非常危险的。许多杀人案的第三个原因可以在怯懦和罪感的恐怖中找到。【d】一个人希望别人的行为都公开，而他自己现在或过去的行为都处于秘密状态，在这种情况下，如果其他方法都失败了，那么只有用谋杀才能消除告密者。

所有这些内容都将在我们的开场白中加以处理。它们也道出了一个为许多人坚信的真理，而这个真理是从那些醉心于秘仪的人那里学来的。【e】他们说，对这些犯罪进行复仇是罪人进入坟墓以后的事，当罪人再一次返回我们这个世界，他一定会丝毫不差地受到上苍的处罚——前世犯下的罪恶到今世来偿还——遭受同样的暴力，死在别人的拳打脚踢之下。

对那些服从审判，对审判抱有恰当恐惧心的人来说，我们的开场白不需要变成正式的法令，【871】而对那些不服从审判的人来说，我们就应当让它成为书面的法令。

48.（a）如果一个人有预谋地杀害了一名同胞公民，那么首先要把他从各种合法的公共集会中驱逐出去，禁止他玷污神庙、市场、港口，或其他任何公共场所，无论有没有给杀人凶犯出一个公共告示，法律本身已经代表整个国家发出了这个告示，在任何时候都有效。

（b）如果死者的父母两系在叔侄堂兄范围以内的近亲放弃了监督凶手的义务，【b】或者宣布了驱逐凶手，那么杀人罪孽带来的污染和上苍的愤怒首先会落在他自己头上，因为法律的驱逐也会带来凶兆。其次，任何想为死者复仇的人都会起诉他。【c】他们都会监视杀人者，要他按神谕的规定洗涤罪行并遵守其他规定，他们也会正式对他宣布放逐，然后开始强迫杀人犯执行法律的规定。

这个过程还应伴有祈祷和向众神献祭，众神的功能之一就是使城邦能在凶杀中保存下来，而立法者本人也可免去麻烦。接受这种献祭的众神应当有哪些，这样的审判应当以什么样的方式进行才最适合宗教，【d】这些问题要有执法官来决定。他们在规定审判方式前，要听从宗教法规专家、预言家和神谕的意见。这种案子的法庭组成与我们所说的审判盗窃圣物案的法庭相同。

48.（续）证据确凿的罪犯要处死，尸体不能埋在他杀人的那个国家，如果这样做的话，又会增添不虔诚的罪过。

（c）如果杀人犯逃跑，拒绝接受审判，那么对他的惩罚将一直延续下去。流放的罪犯若是踏上死者的国土，第一个碰到他的死者亲属或同胞可以杀死罪犯，这是法律允许的，【e】或者把他捆绑起来，送交相关法庭的官员。

（d）被起诉的疑犯可以请求担保，担保人的资格由法官决定，三位主要的担保人要做出承诺，开庭时被告一定会到场接受审判。如果拒绝承诺或找不到这样的担保，法庭要逮捕疑犯，将他关在监狱里候审。

（e）如果一个人不是真正动手杀人的凶犯，【872】但却有预谋地用诡计使其他人死亡，而他自己带着一颗由于杀人而玷污了的灵魂继续居住在这个国家里，对这种人的审判与审判杀人罪相同，只是不需要考虑安全方面的问题，这种罪犯也能在他的祖国找到葬身之处。

（f）其他方面的处置与真正的杀人凶手完全相同。凶杀案的双方都是外国人，或者一方是本国公民，一方是外国人，或者双方都是奴隶，或者是有预谋的杀人，在上述各种情况下审判凶杀案的程序都是相同的，【b】只有在安全方面的考虑不同；而在安全方面，控方在提出指控时也同时要求被告做出担保，这和我们已经说过的对杀人犯的担保完全一样。

（g）如果奴隶故意杀死自由人，无论他是真正动手杀人，还是用计谋杀人，行刑者都将把他带到死者的葬身之处，在可以看见死者坟墓的地方给予鞭笞，【c】行刑者愿意打多少下就打多少下，如果打完后杀人的奴隶仍旧还活着的话，那么就处死他。

（h）如果有人杀了一名并没有犯罪的奴隶，他的杀人动机只是由于担心那名奴隶会揭发自己的可耻丑行，或出于其他类似的动机，那么这个人要被当做杀人犯受审，就好像死者是公民一样。

某些罪行，哪怕是在立法中提到，都会令人感到厌恶，但我们不可予以漠视，我指的是那些同胞之间的故意的、邪恶的凶杀，不管是直接动手杀人，还是用诡计。【d】这种情况在那些生活方式或训练体制腐败了的国家中最常发现。这种事情甚至在我们认为最不会发生的地方也会出现。嗯，我们只能重复一下我们刚才讲过的那个学说，使听众能够做好准备，以便在面对这种最可恶的凶杀时谨慎地做出自己的自由选择。这个故事或学说，【e】你可以随意怎么叫它，是从古代祭司那里传下来的。

有一种正义在监视着血亲仇杀，我们刚才讲过的内容无非就是要遵循这种公正的法律，它规定犯有这种罪行的人一定会受到同等的对待。如果有人杀害了他的父亲，那么终有一天他自己也会受到同样对待，在他的子女手中丧命；如果有人杀害了他的母亲，那么他在经历了死后的审判以后会在来世变成一名女子，会被他所生的子女杀死。如果这种罪孽已经渗入共同的血缘关系，那么没有其他办法可以涤清这种罪孽，【873】只有用那颗罪恶的灵魂以命抵命、血债血偿，否则被玷污的痕迹是不会褪色的，只有这样的赎罪祭才能使整个世系的怒火平息。这样一来，由于恐惧这种来自上苍的复仇，人们就不会动手杀人。

（i）但若他们胆敢蓄意杀害父母、兄弟或子女，立法者要针对这种情况制定法规，【b】对他们实行监控和驱逐，对他们的处罚与前面那些案件相同。如果发现有人犯了这种杀人罪，也就是说杀害了我们前面说过的这些人，法官和执政官将一道判处他死刑，把他的尸体剥去衣服，扔到城外的三岔路口。在那里，执政官将以国家的名义拿一块石头扔在尸体的头上，象征凶手已经对国家抵偿的罪行。然后按照法律的审判，凶手的尸体将被运到边境上抛弃，【c】不予埋葬。

人们常说生命是最亲近的东西，但对于那些夺走自己生命的人又该如何处置？我指的是那些用自杀来强烈地抗拒命运，使既定命运落空的人，尽管国家并没有对他进行审判，也没有残忍的、不可避免的灾难在驱使他做出这种举动，他并没有陷入令人绝望的、无法忍受的耻辱，仅仅由于缺乏男子汉气概的怯懦和胆小，他才对自己采取了不公正的审判。【d】在这种情况下，只有上苍才知道人们在涤罪和葬仪方面必须遵守什么样的规定，他的近亲应当向官方的宗教法规专家以及这方面的法律专家咨询，按他们的指示去做。

49. 以这种方式死去的人必须个别埋葬，无人与他共享坟墓。应当把他们埋在十二个地区交界的荒郊野地里，【e】他们的坟墓没有墓石，也不能留名。

50. 如果有牲畜或其他动物发生事故使人致死，或者在体育竞赛中使人致死，那么死者的亲属可以起诉这种凶杀。死者的亲属可以请若干名乡村巡视员来断案，如果得到确证，那么杀人的牲畜将被处死，扔到国境之外。如果无生命的东西造成人的非命——这方面的例子有闪电或其他神灵的临在——东西掉下来砸死人，【874】或者人摔倒时撞在东西上，都要由死者的近邻来审判，在死者近亲的邀请下，这位邻居将对死者的整个家庭履行这种义务，在确证了某样东西有罪后，要把这样东西扔到国境以外去，就像牲畜杀人一样。

51. 如果发现有人死了，并且显然是谋杀，而不知道凶手是谁，或者在仔细侦查后仍旧无法发现，那么应当像其他案子一样发出追查的告示，负责追查的人要像对着"杀人犯"说话那样宣读通告，【b】以便确立自己追查此案的权力，他要在市场上发出警告，要"杀人犯"不得踏入圣地或死者所属国家的任何土地，在这样的恐吓下，如果杀人犯现身或被认了出来，要把他判处死刑，抛尸境外，不得安葬。

上述有关杀人罪的法规构成我们整部法律的一章。这些问题就谈到这里。在杀人案中，杀人者将被正确地判定为无罪的情况如下：

52. 夜间杀死有意入室偷盗的窃贼无罪；【c】在自卫中杀死徒步的拦路盗贼无罪；任何人均可杀死对自由民的妇女或儿童施暴的人，不论杀人者是被奸污者还是她的父亲、兄弟或儿子；如果有人用暴力逼迫他人的妻子就范，那么做丈夫的可以杀死他而被法律视为无罪；如果有人为了保护父亲的生命，而此时他的父亲并没有从事犯罪活动，或者为了保护孩子、兄弟，或者为了保护他的子女的母亲而杀人，【d】

在这些情况下，杀人者完全无罪。

让我们假定，我们已经完成了我们的立法，涉及当人在世的时候灵魂需要的训练和教育，以及适用于凶杀案的处罚（如果这些需要得到满足，那么这种生活是值得活的，如果不能得到满足，那么这种生活是不值得活的）。我们也讨论了身体的训练和教育，以及相关的论题，包括使用暴力、自愿与非自愿、一个人与另一个人，等等。在可能的情况下，我们必须区分各种类型，看有多少种惩罚与各种案例相适应。【e】看起来，这个方面可以恰当地构成我们立法的下一个主题。

在自称的立法者中，你们能够发现最笨拙的人，他把伤害和致残案直接置于杀人案之后。伤害也应当像凶杀一样作一些区分：有些伤害是无意的，有些是在愤怒中做出的，有些是在恐惧中做出的，而其他一些伤害是有意的，是有预谋的。在处理所有这些类型的伤害之前，我们先要做一个导言性的说明。

人们为自己制定法律，并且以此规范自己的生活，这是至关重要的；【875】否则的话，他们与最野蛮的野兽无异。其原因如下：无人拥有充足的天赋，既能察觉对处于社会关系中的人们有益的事情，又能够在实践中最佳地运用这种知识。第一条困难是，真正的政治技艺的恰当对象不是个人的私人利益，而是共善，要明白这一点很难。共同的利益使城邦组合在一起，而个人则是城邦的破坏因素，因此，公共的幸福生活应当优先于私人的幸福生活加以考虑，【b】这样想既有益于共同体又有益于个人。

第二条困难是，即使有人对这个原则有了清楚的认识，视之为科学理论的基本要点，但若他处于不负责任的独裁君主的地位，那么他决不会忠于他的信念，或竭尽全力终生改善国家的公共利益，他不会以此为首要目的，将个人利益放在第二位。他那意志薄弱的人性总是在引诱他扩大自己的权力，寻求自己的利益，他必然会尽力避苦求乐，把这些东西作为目标置于公正和善良之前，【c】这种源于他自身的盲目必将使他沉沦，使他的国家也和他一道堕落在毁灭的深渊中。我向你们保证，如果有人在神的怜悯下生来就有能力获得这种认识，那么他并不需要法律来统治自己。没有任何法律或法规有权统治真正的知识。让理智成为任何生灵的附属物或仆人是一种罪恶，【d】它的地位是一切事物的统治者，只要理智确实是真正的、自由的，它也必须是真正的和自由的。然而，除了某些已经衰退了的遗迹，这种洞见在任何地方都找不到，因此我们只好退而求其次，诉诸法规和法律。人们现在可以考虑他们碰到的大部分案子了，但不是全部案子，这就是我要说这么一番开场白的原因。你我现在就来确定对这些伤害罪的处罚。当然了，人们此时会问："伤害罪？噢，没错，【e】但是伤害谁，在什么地点、什么时间、怎样伤害？"案子多得不计其数，它们的情况是很不一样的。把一切都留给法庭酌情处理或完全不由法庭来处理，这两种办法同样是不可能的。在所有案子中，有一件事我们确实无法由法庭决定，这就是案子的发生或不发生。【876】而立法者如果不让法庭酌情决定伤害罪的罚款数额或相应的惩罚，而是由他自己来依照法规处理大大小小的案件，这也是不可能的。

克　那么我们该怎么办呢？

雅　嗯，这样吧。有些事情必须留给法庭去酌情处理，但不是一切；有些事情必须用法律本身来加以规范。

克　哪些问题要由法律来规范，哪些问题要由法庭来酌情处理？

雅　如果我们迈出的下一步要适当，那么就要指出，倘若在一个国家里，法庭精神低靡、断案不清，【b】其成员信奉用秘密投票的方式做判决，最糟糕的是，他们甚至不愿听取案子的审理，只根据听众对法庭发言的掌声或赞同来断案，就像在剧场里一样，那么这个国家会发现自己处在一个艰难的地步。如果法庭的构成是这个样子的，那么立法者的双手肯定会被一种不幸的但却又非常真实的必然性所逼迫；如果一位立法者不幸地成为这个国家的立法者，【c】那么他就要被迫在大部分案子中限制法庭酌情决定惩罚的权力，他要通过制定详尽的法规来做到这一点。但是在一个法庭组织健全、法官们接受过许多考试、训练有素的国家里，允许法庭酌情决定大量案子中的处罚完全是适宜的、正确的。【d】所以，我们当前完全有理由不去制定大量的法规和无数重要的规则，而是让法官依据他们的明智对那些伤害罪进行审理，决定相应具体的处罚。就像我们相信法官们能够按照我们为之制定的法律审理案件一样，我们确实也要相信他们中的大多数人能够酌情决定案件的处罚问题。否则我们反复陈述并在我们自己立法的前言部分加以贯彻的那个学说就不是完全正确的了。【e】我们要把一部附有某些惩罚实例的法律纲领摆在法官面前，使他们有据可循，使他们不至于逾越正确的尺度。事实上，我在当前讨论的这类案子中应当继续这样做，这就使我再一次回到立法工作上来。

我们的法律有关伤害罪的条款如下：

53.（a）如果有人蓄意杀害朋友，但没有杀死，【877】而是使他的朋友受了伤，这位朋友当时并没有违反法律手持凶器，那么这种谋杀不能得到宽恕，要毫不犹豫地以谋杀罪起诉凶手，让他接受审判，就好像他把人杀死了一样。

但我们也应当对谋杀者的运气不佳以及监护权表现出一定程度的尊重，既怜悯伤人者又怜悯被伤者，因为其中的一方避免了死于非命的厄运，另一方避免了一种诅咒和一场灾难；法律对这种神奇的力量要表示感恩和顺从。

53.（续）犯有伤害罪的人可以免除死罪，【b】但必须判他终身放逐，让他在最近的邻国度过余生。他必须赔偿受害者遭受的一切损失，数额由审理案子的法庭决定，这种法庭的组成与审理杀人致死罪的法庭相同。

（b）如果做儿子的谋杀父母，或者做奴隶的谋杀他的主人，使他们受了伤，那么要判处谋杀者死刑。

（c）兄弟姐妹之间的伤害也一样，如果是谋杀未遂而致伤，相应的处罚也是死刑。

（d）夫妻之间的伤害，【c】如果是谋杀未遂而致伤，相应的处罚是永远放逐。至于他们的地产，如果有子女尚未成年，那么应当把地产交给监护人，由监护人负责照料他们未成年的子女；如果家庭成员均已成年，那么地产就归他们，但他们并没有义务供养流放者。如果造成这场灾难的罪犯无子女，【d】那么父母两系侄子一辈的流放者的亲属将聚在一起，指定一人继承罪犯的地产，亦即继承国家地产的五千零四十分之一，他们做了决定以后还要征求执法官和祭司的意见。

（对这件事他们应当这样看：这五千零四十个农庄从所有权来说没有一个真正属于它的居住者及其家庭，它不仅是一件公共财产，而且它的所有者也是国家；【e】因此，国家应当尽力使它自己的地产尽可能保持神圣和繁荣。）然而，

54. 如果一处房产发生了这样的罪恶和不幸，而所有者由于没有结婚或婚后没有生育，因此没有儿子可以继承房产，或者说一所房子里发生了故意杀人罪，以及其他违背天意或违抗人类城邦的罪行，因此屋主被永久流放，但没有儿子可以继承房产，那么这所房子本身首先要按照法律的指示加以清洁和被除。然后所有亲属将与执法官会面，【878】甚至就像现在通行的那样，在一起考虑整个国家哪个家庭的名声最好，最受好运的青睐，同时又有不止一个儿子。他们要从这样的家庭中过继一个儿子和继承人，以延续死者的香火，用这个家庭的这位父亲的名字给他改名，并同声祈祷，以表示他们这样做是为了帮这个家庭找一个真正的继承者，他可以比他的继父更好地处理世俗事务和神圣事务。【b】然后，他们会确定这位过继的儿子为财产的合法继承人，他们会让那名罪犯躺在坟墓里，没有名字，没有子女，没有遗产。

我们可以看到，一条边界并非在所有情况下马上与另一条边界相连，有时候会有一个边缘地带连接两个区域，并成为这两个区域的共同基础。尤其是对我们已经说过的在欲望推动下发生的行为来说，有意识的与无意识的行为之间有这样一个边缘地带。因此针对那些在愤怒中造成的伤害罪，我们应当制定如下法规：

55. (a) 如果证明伤害是可治愈的，【c】那么伤害者应当双倍赔偿受害人的损失；如果证明伤害是不可治愈的，那么伤害者应当赔偿受害人损失的四倍。如果伤害虽然可以治愈，但却使受害人重大残废，那么伤害者应当赔偿受害人损失的三倍。

(b) 在有些情况下，伤害者不仅对受害人造成伤害，而且对国家也造成伤害，使受害人不能担负保卫国家的任务，因此在这种情况下，伤害者还要接受其他各种惩罚，以补偿国家的损失。【d】也就是说，除了伤害者本人应服的兵役外，他还要代受害人服兵役。

(c) 如果他做不到这一点，就要受到法律的追究，任何人只要愿意都可以用逃避兵役的罪名起诉他。只要证据确凿，赔偿的数额，无论是两倍还是三倍，甚至是四倍，都将由法庭来决定。

(d) 如果是亲属之间以前面说过的方式相残，【e】那么双方的父母和侄子一辈的亲属要聚集在一起，商议并对双方的父母执行一项处罚。如果对伤害的评估有问题，那么男性家长有权做出决定；如果双方不能达成一致意见，那么他们可以要求执法官的裁决。

(e) 父母受到子女伤害的案子需要有法官审理，这样的法官年纪要在六十岁以上，还要有子女，并且要是亲生子女，而不能是过继来的。对伤害者处以死刑还是给予其他处罚，是重一些还是轻一些，我们确信这样的事情要由法庭来决定。【879】罪犯的亲属不可充任法庭的成员，哪怕他达到了法律规定的年龄。

(f) 如果奴隶在愤怒时打伤了自由民，那么这名奴隶的主人要将他交给受伤者随意处置，如果不交，那么就由主人自己来赔偿受害者的损失。如果为被告辩护的人发誓，这个发生在奴隶和受伤者之间的案子是一个阴谋，那么他必须坚持自己的看法。如果他打输了官司，那么他将赔偿损失的三倍；如果他打赢了官司，那么他可以采取行动对付使用奴隶进行谋反的那些人。

56.无意中伤害了别人，【b】肇事者要赔偿损失，但没有一名立法者能够对这种事情做出具体规定。处理这种案子的法官与处理子女伤害父母案的法官是相同的，要由他们来确定赔偿的数额。

各种形式的打架和斗殴也是一种暴力侵犯，对这种行为我们已经处理过了。任何人，男人、妇女、儿童，都决不要忘了尊重长者，众神和想要永久幸福的人都应当这样想。【c】因此，年轻人公开殴打长者是一种可耻的行为，是上苍讨厌看到的景象。如果年轻人被年长者殴打，那么年轻人的合理态度应当是克制愤怒，保持温和，这样一来，这位年轻人自己到了老的时候也不会殴打年轻人。

所以，我们的法规如下：所有人都应当在言语和行动中对长者表示尊重。任何人面对一位比自己年长二十岁的人，无论是男是女，必须住手，就像面对自己的父母一样；【d】他必须宽待一切年纪足以生下他来的人，这是对生育女神的一项义务。他同样也不能动手殴打外国人，无论是长期居住于此地的侨民还是新近才来的；既不要主动侵犯外国人，也不要在自卫中动手殴打外国人。

57.（a）如果被外国人打了，而这些外国人的行为需要矫正，那么他可以抓住外国人，把他们送交由市政官组成的法庭，而不是自己动手打回来，这样做可以让这些外国人明白不可以随意殴打本国人。【e】市政官必须审理这种案件，但一定要尊重监护外国人的神的意愿。如果判定那名外国人错误地殴打了本国居民，那么要对他处以鞭笞，他动手打了本国居民几下，就鞭打这名外国人几下，因为他滥用自己的地位。如果外国人并没有做错什么事，那么法官可以给予警告并批评揭发者，然后把双方解散。

(b) 如果某人被他的同龄人打了，【880】或者一名无子女的长者被年轻人打了，当事人无论年老还是年轻，都要赤手空拳地自卫。如果四十岁以上的人参加斗殴，无论是他动手打别人，还是别人动手打他，由此得到了一个坏名声，被当做流氓无赖，那么他是罪有应得。

我们不难看到，他有义务接受这种劝告；对我们的开场白不予理睬的顽固分子将会看到一条适用于他们这种情况的法律。

(c) 如果有人动手殴打一位比他大二十岁以上的长者，【b】那么首先，任何与凶手同龄或比他年轻的目击者应当指责凶手为懦夫；如果目击者与凶手同龄或比凶手年轻，那么他要保护被殴打的人，就好像被殴打的是他自己的兄弟、父亲，或更加年长的亲属。

(d) 殴打长者的人要受审，如果他的罪行得到确证，【c】那么他至少要在监狱里待一整年，如果法庭对他的判决时间更长，那么这个决定必须执行。

(e) 如果一名外国人或侨民殴打一位比他年长二十岁以上的人，目击者可以提供同样的法律援助，谴责斗殴者，如果肇事者是外国人和非公民，那么要判处两年监禁方能使他们涤清罪恶；如果肇事者是本国居民，那么他要被监禁三年，【d】因为他违反了我们的法律，除非法庭判处一个更长的刑期。

(f) 如果目击者没有提供法律所要求的援手，那么要对他处以罚款，第一财产等级的要罚一百德拉克玛，第二等级的要罚五十德拉克玛，第三等级的要罚三十德拉克玛，第四等级的要罚二十德拉克玛。审理这种案子的法庭由将军、副将、部落首领、骑兵指挥官组成。

　　有些法律似乎是为最诚实的人制定的，【e】如果他们愿意和平善良地生活，那么法律可以教会他们在与他人的交往中所要遵循的准则；法律也有一部分是为那些不接受教诲的人制定的，这些人顽固不化，没有任何办法能使他们摆脱罪恶。我现在要说的话实际上是针对他们说的，面对这些人，立法者被迫执行一些法律，而就其本意而言，他希望这些法律根本就没有制定的必要。假定有人自认为有知识而实际上一无所知，竟然忘记了上苍的愤怒和人们所说的来世报应，【881】嘲笑这些值得敬佩的、普遍流传的说法，乃至于在实际行动中违反这种告诫，对父母和其他长辈动粗，那么就需要对这种人进行威慑和制止。这种最后的惩罚不是死刑，因为死刑尽管比其他任何刑罚更加具有威慑力，但它对这个世界上的罪犯所造成的痛苦并不能在他们的灵魂上产生威慑效果；否则的话，我们就不会听到虐待母亲、殴打长辈一类的事情了。因此，如果能够做到的话，要在今生惩罚这样的罪犯，【b】不亚于来世对他们的惩罚。

　　我们进一步的法规如下：

　　（g）如果精神正常的人动手殴打父母，那么目击者首先要制止这种行为，就像在我们已经解释过的例子中一样。我们要给制止了这种行为的外国侨民提供一个观看体育运动的前排席位；而没有履行这一义务的外国侨民，我们要把他们永远驱逐出我们的国土。一位非永久居留的外国人提供了这样的帮助，【c】将受到公众的赞扬，没有这样做的外国人则要受到批评。这样做了的奴隶将获得自由，不这样做的奴隶将被鞭笞一百下，如果这种殴打父母的行为是在市场上发生的，那么对这种奴隶的惩罚要由市场官来执行；如果这种行为发生在市场以外的其他地方，那么这种矫正行为就要由事件发生地的市政官来执行；如果这种行为发生在乡下，那么就由乡村巡视员来执行。每一位目击这种殴打父母行为的本国人，【d】无论男女老幼，都要参加救援，制止这种行为，要像驱逐魔鬼野兽一样对打人者大声怒吼，不参加救援的人将受到法律的处罚和家族神的诅咒。

（h）如果有人被确证冒犯了父母，那么首先要把他永远逐出京城，迁居到乡下去，并且禁止他去任何圣地。如果他不服从放逐，那么乡村巡视员要用鞭打或其他方法对他进行矫正。

（i）如果他私自返回原住地，那么他将被判处死刑。

（j）如果有自由人与罪犯一起吃喝玩乐，【e】或一起做事，或有任何往来，比如与他握手相会，那么自由人在没有履行涤罪仪式之前既不能进入崇拜地和市场，又不能去城市的任何地方，就好像他被可怕的瘟疫传染了一样。

（k）如果他违反禁令，污染了圣地和城市，那么任何执政官在得知事件之后要立刻对他进行审判。

（l）如果一名奴隶打了自由人，【882】无论他是外国人还是本地公民，目击者都要加以制止，否则就要受到罚款的处罚，罚款的数额按其地位不同而有所差别。

（m）目击者要协助被打的一方把这名奴隶捆绑起来，由被打的一方处置，【b】他们会用脚镣把奴隶捆绑起来，用皮鞭抽打他，愿意打几下就打几下，只要不损害奴隶主的利益，然后把他交给他的合法主人。奴隶打了自由民，除非有执政官的命令，这名奴隶的主人要从被打的人那里接受被捆绑的奴隶，【c】在被打的一方没有感到满意之前，不能释放他。上述法规也适用于双方都是妇女或有一方是妇女的情况。

第十卷

雅 【884】有关伤害问题已经讲完了，现在我们可以清晰地阐述一条关于暴力案件的法律原则：无人可以拿走他人的物品和家畜，未经业主许可也不能擅自动用邻居的财产，这种行为是上述一切伤害的开端，过去、现在和将来的伤害都是此类行为的结果。年轻人的放荡与蛮横逞凶是最重要的伤害案件，【885】如果被当众冒犯的对象是神圣的，那么这种伤害就是最大的，如果被冒犯的对象不仅是神圣的，而且对某个部落或某些相同的群体来说是公共的，或部分公共的，那么这种伤害就尤其巨大。按秩序和程度来说，次一等的伤害是冒犯私人的神龛和坟墓；列在第三位的伤害是已经说过的那些罪行以外的对父母不孝；伤害的第四种形式是偷窃他人财物和家畜，未经别人许可就动用别人的东西，以此表现出对执政官的蔑视；第五部分伤害则是需要做出法律赔偿的那些侵犯公民权利的行为。因此，我们必须提供一部同时适用于各种伤害形式的法律。关于公开或秘密地使用暴力抢劫神庙，【b】我们已经做出了具体的规定。我们现在要决定对用言语或行动侮辱神灵的人应当给予什么样的惩罚。但首先我们的立法者必须向他们提出如下忠告：凡是服从法律而相信神的人，决不会故意做出渎神的行为或发表不法的言论。凡是有这种行为发生，必定出于下列原因之一：要么他们不相信神存在；要么他们相信神存在，但认为神不关心人类的事务；要么他们认为，即使这些神灵关心人事，人们也很容易用牺牲和祈祷来哄骗他们。

克　【c】我们该如何对待这种人，或者说，我们对他们该说些什么？

雅　哎，我亲爱的先生，让我们先来听听他们是怎样嘲笑我们的。

克　他们会怎样嘲笑我们？

雅　嗯，他们会这样说：来自雅典、拉栖代蒙和克诺索斯的先生们，你们说得对。实际上，我们中有些人认为任何神灵都不存在，还有一些人对众神的看法就像你们所说的一样。所以我们对你们的要求也像你们对法律的要求一样。【d】在你们亮出严厉的恐吓之前，最好先试着说服我们。请你们提供充分的证据，说明众神确实是存在的，众神也不会受到祭礼的诱惑，乃至于违反正义之路，让我们信服。我们确实已经从那些享有崇高名声的第一流诗人、演说家、先知、祭司，以及其他成千上万的人那里听到了许多教海，但正因为如此，我们中的大多数人遵循的道路不是拒绝作恶，而是努力去作恶并且试图掩盖恶行。【e】所以我们期待着你们马上能够说服我们，作为立法者，你们具有一种职业的仁慈而非严峻。你们认为众神是存在的，但这种看法并不比另一种说法好到哪里去，你们如果能够告诉我们只有你们的看法才是真理，那么也许能够令我们信服。所以，如果你们认为我们的挑战是公平的，那么你们必须试着给予回答。

克　嗯，先生，要说明众神的存在似乎很容易。

雅　【886】为什么？

克　嗯，只要想想大地，想想太阳、星辰和一切事物就可以了！还有奇妙的季节更替和年月！此外，全人类，希腊人和非希腊人，事实上全都相信众神是存在的。

雅　我亲爱的朋友，我有点害怕这些恶人，但我不想称之为恐惧，我担心他们会蔑视我们。你，以及我们的朋友，事实上并不明白他们与我们的分歧在哪里。你们认为沉迷于快乐与欲望使他们的灵魂不虔诚，【b】其他就没有别的原因了。

克　嗯，先生，其他还有什么原因？

雅　你和你的朋友们都不可能知道这个原因。之所以如此，乃是因为这个原因与你们的生活无关。

克　我不知道你又能想出什么名堂来。

雅　嗯，愚蠢的傻瓜也可以认为自己拥有最高的智慧。

克　你这样说是什么意思？

雅　有人告诉我，你们优越的国家制度在妨碍着你们认识众神的形象，而我们国家的文献中讲述过众神的故事，【c】这些文献有些是用韵文写的，有些则用散文。这些文献中最古老的故事说，天是最原始的真正的存在，等等。以此为起点，这个故事稍后讲到了众神的诞生，以及他们相互之间的品行。由于这些故事非常古老，我们现在很难决定这些故事对于听众来说到底是好还是不好，有没有其他方面的作用，至于这些故事能否在听众中培养出尊敬父母的品格，我敢肯定人们决不会把这些故事赞扬为有益于身心健康的，【d】也不会说这些故事是真实的。我们可以不再谈论这些古老的故事，而其他人要是愿意谈，则随他们的便。但我们必须用现代人的理论来解释由众神造成的不幸。这两方面一结合就产生了这样一种效果。当你我提出关于众神存在的证据，并且确信日月星辰是神或具有神性时，反对这些故事的人就会提出反驳说，【e】无论你们如何雄辩地使用那些空洞的言辞，它们都只不过是土石罢了，不可能关心人事。

克　先生，你提到的这种理论真可怕，哪怕只有这一种。如果这种理论盛行，那么在我们这些老年人看来就更可怕了。

雅　那么我们该如何答复？我们该怎么办呢？也就是说，我们是否必须面对这种无神的观点，从根本上反驳那种认为你们无权设定众神存在的指责，【887】从而保护我们那些与此相关的法律呢？或者说，我们是否必须搁置这个主题，回到立法上来，因为我们担心要是不这样做的话，关于这个主题的讨论会比相关的立法更冗长。如果我们首先针对他们要我们必须回答的问题提供大量充分的证据，使我们的对手感到害怕，在实际上表达了对这种无神观点的厌恶后再来制定相关的法律，那么我们的讨论一定会非常漫长。

克　【b】先生，从我们聚在一起讨论问题开始，我们有好几次机会看到我们没有理由对简洁明了的偏爱胜过冗长，谚语中所说的"追踪者"并非与我们同道，所以我们若是选择了一条比较短的道路，而不是选择一条最佳道路，那么我们只能表示遗憾，并认为这样的选择是荒谬的。坚持众神存在，坚持众神是善良的，尽力说服人们相信和敬重众神，这是我们头等重要的大事。事实上，以此为我们的开场白是对我们整个立法的最高尚、最优秀的辩护。【c】我们既不要犹豫不决，又不要显露出不耐心，而要无保留地使用我们拥有的说服的才能，竭尽全力去完成这个任务。

雅　我感到你的这番祈求充满恳切与热情，使我无法再做推诿。那么好吧，我们又该如何平心静气地为众神的存在辩护呢？当然了，像过去一样，无人能够抑制对那些派别的不满和厌恶，【d】他们相信这些故事，但却把论证的重担强加于我们。他们从小就开始听这些故事，还在母亲或保姆怀抱中的时候他们就不断地在听——你可以说，这些故事就像催眠曲，就像游戏和娱乐中的咒语——以后又在献祭时的祈祷中听，再往后戏剧又使儿童们的眼睛和耳朵受到强烈刺激，就像在献祭中一样。我们的父母对着他们的神灵说话，坚定地相信众神的存在，为他们自己和子女虔诚地祈祷和求援。【e】还有，当太阳、月亮升起和降落时，他们已经听到或看到人类普世的崇拜和虔诚，无论是希腊人还是非希腊人，在所有各种充满好运和厄运的环境中，他们崇拜的众神不是虚构的，决非遥远的影子，而是最确定、最真实的实在者。【888】那些强迫我们进行当前这些论证的人用轻浮的态度处理这些证据，而当我们看到这些证据时，任何一个有理智的人都会加以承认，但却没有完善的理由。我要问的是，一个人该如何找到温和的语言能够把责备与有关众神的真相结合起来，以此说明有关众神存在的真相？还有，我们面临着这样一个任务。我们决不允许我们中的一个派别从追求快乐转变为疯狂，而其他人则从出于对他们的愤怒而同样变得疯狂。所以我们对心灵的平心静气的预备性的告诫应当达到这样的效果——我们要克制我们的激情，使用温和的语言。请你们想象我们自己现在就在对这种类型的某个人讲话。

"我的孩子，你还年轻，随着时间的推移，【b】岁月就会引导你完全扭转当前的许多信念。所以，在对最高事物进行判断之前，你要等待未来的降临，其中最重大的事情就是正确地思考众神，良好地生活，或者正好相反，尽管你现在会把这件事情看得微不足道。我要向你提出重大告诫，你会看到这个告诫是完全正确的。你自己和你的朋友并非第一个，亦非唯一的一个接受这种看法的人，以此作为你们的关于众神的学说，不，在每个时代，或多或少都有一些人受到这种疾病的危害。因此，作为一个过来人，我要向你保证，【c】没有一个人在早年采用了这种众神不存在学说而到了老年仍旧坚持这种信念，尽管有些人——不是很多，但确实有一些——坚持我们说过的另外两种态度，相信众神存在，但众神对人类的行为无动于衷，或者说众神尽管关心人事，但很容易被献祭和祈祷所安抚。如果你接受我的指导，那么你应当等待一个有关这些事情的完全清晰的充满可信度的判断，你要问自己真理究竟在哪一方，【d】要向各种人寻求指导，尤其是向立法者请教。同时，你要警惕各种对众神不虔诚的行为。为你们制定法律的人必定会以此为自己的事务，从今以后会把这件事的真相告诉你们。"

克　到此为止，先生，你说得好极了。

雅　不过如此，麦吉卢和克利尼亚，但是我们已经在无意中卷入了与一种自命不凡的理论的争论。

克　这是一种什么理论？

雅　【e】一种被人们广泛地当做终极真理的理论。

克　你必须说得更加清楚一些。

雅　你知道，有人告诉我们，一切有生成的事物都会变成或将要变成某种产物，要么是自然的产物，要么是技艺的产物，要么是命运的产物。

克　这样说有什么不对吗？

雅　嗯，当然了，这位哲人告诉我们的这个设定是对的。【889】但假定我们追随他们的踪迹，问一问我们自己这一派的发言人的真实含义是什么。

克　我完全赞同。

雅　所以他们说，一切伟大而又美好的事物显然都是自然和命运的产物，只有技艺的产物是微不足道的。技艺从自然的手中取来已经创造出来的伟大的原始作品，然后对之进行一些微不足道的塑造，就是由于这个原因，我们称这些作品为人造的。

克　这样说有什么意义？

雅　【b】让我说得更加清楚些。他们说，火、水、土、气的存在全都可以归结为自然和命运，而没有一样可以归结为技艺；它们反过来又成为动因，一种绝对的、无灵魂的动因，再进一步产生出下一层次的物体，亦即大地、太阳、月亮、星星。它们各自本着它们自身的若干倾向任意漂流。它们以某种适宜和方便的配置在一起——热与冷、干与湿、软与硬，【c】以及从对立面的混合中产生的各种不可避免的偶然的结合——以这种方式，整个天宇以及其中的一切都产生了，一切动植物也按特定的过程产生出来，一年四季的产生也出于相同的原因。他们说，这些东西的诞生不是由于心灵的作用，也不是由于神的作用，更不是由于技艺的作用，而是由于自然和命运。【d】技艺本身也是这些动因的后续的、晚近的产物，像它的创造者一样是可灭的。技艺的开端始于用一些真实的物体来制造某些玩具，技艺的产物就像技艺本身一样是一些幻影，这就是绘画、音乐以及其他一些类似技艺的作品。如果说有某些技艺能产生真正有价值的作品，那么这就是那些对自然起着辅助作用的技艺，比如医疗、农业、体育。尤其是政治家的技艺，他们说，与自然没有什么共同之处，这种技艺是一种纯粹的技艺；同样，立法完全是一件非自然的事情，是技艺，【e】它的地位是不真实的。

克　不真实，为什么会这样？

雅　嗯，我亲爱的先生，让我这样说吧，这一派断言众神并无真正的、自然的存在，而只有人造的存在，他们称之为一种合法的发明，因此不同的地方有不同的神，人们在立法的时候，每个不同的群体发明与自己的习俗相吻合的神。然后他们宣布，真实的和天然可敬的事物是一回事，按习俗可敬的事物是另一回事，至于正义，根本不存在绝对真实和自然的正义，人类不断地就正义问题进行争论，并且改变着对正义的看法，【890】尽管这种存在是人造的和立法的，而非你们所说的那种自然的存在，但每当人们对正义的看法做出了某种改变，那么从那一刻起它就是有效的。我的朋友，所有这些观点都来自那些给年轻人留下了深刻印象的聪明人，散文作家和诗人，他们承认不可取消的正义也就是人们高举双手表示赞同的东西。因此，我们的年轻人中间流行着不虔诚的时尚——尽管法律要求我们相信的这种神并不存在——那些派别也依据这样的理由产生出来，试图吸引人们追求一种"真正的、自然的、公正的生活"，正义在他们看来就是一种对他人的真正支配，而非按照习俗对他人进行一种事奉。

克　【b】先生，你描述的这个诫条太可怕了！城邦与家庭中的青年已经败坏到了何等地步！

雅　克利尼亚，你说得太对了！但在一个长期处于这种状况的地方，你想要立法者如何立法呢？他要对公众保持高度警惕，要吓唬他们，直到他们全都承认众神的存在，在内心认可立法者的法律所规定的信念，使他们的行动全都与法律条文所规定的信念一致，就像对待那些所谓可尊敬的东西、正义的东西、【c】一切最高尚的东西、一切能造就美德或邪恶的东西一样，是吗？我要说的是，他要吓唬那些不愿听从法律的人，对其中的某些人要处以死刑、禁闭、鞭笞、剥夺公民权和财产，对他的民众也不加以说服，并用法律来使他们变得驯服吗？

克　【d】先生，远非如此，远非如此！如果在这种事情上也要有说服，无论多么微弱，那么没有一位值得我们敬佩的立法者会做出这种软弱的表示。按他们的说法，立法者应当一心一意地支持古老的传统信仰，相信众神的存在以及你刚才提到的那些东西。他尤其要坚持法律本身和技艺是自然的，并不比自然的东西不真实，因为它们都是心灵的产物，之所以这样说乃是因为我有一个健全的论证，我同意这个论证，也要你做出解释。

雅　【e】嗯，克利尼亚，你的确充满热情！但请你回答，我认为面对公众做出的论断很难用论证来加以支持，因为他们不会有耐心面对一个漫无止境的论证，对吗？

克　嗯，先生，那又怎样？我们生来就在宴饮和音乐中听过那些漫长的谈话，难道现在提起众神和相关的论题就会显得缺乏耐心吗？你要注意，这样的论证对理智的立法来说是一种最有价值的帮助，因为在立法中，【891】一旦成文，法律就要保留在记录中，当然，各种挑战性的问题也会随着时间的推移而出现。因此，如果在第一次听到法律时感到困难，那么我们不需要沮丧，因为即使连最愚蠢的学生也可以借助这些讨论对法律进行反复的考察。只要讨论是有益的，那么谈话的长短不会使它变得不合理，至少在我看来是这样的，只有不虔诚才会使人拒绝这样的讨论。

麦　先生，我完全支持克利尼亚的意见。

雅　【b】麦吉卢，我也支持他的意见，我们必须按他的要求去做。当然了，我们可以公正地说，如果这样的学说没有广泛流传，没有弄得全人类都知道，那么用论证来捍卫众神的存在就没有必要；但由于这些观点已经广泛流传，那么就显得有必要了。最高的法律在恶人手中面临危险，这种时候，除了立法者自己，又能由谁来拯救法律呢？

麦　嗯，没有别的人了。

雅　那么好吧，克利尼亚，让我再来听一听"你的"意见，【c】因为在论证中你必须成为我的合伙人。假定有人在进行推论，把火、水、土、气看成一切事物的根源，"自然"只是他给这些东西的名称，而灵魂也是后来才从这些东西中派生出来的。或者更有可能，这种说法不是一个设定，而就是他们实实在在地讲出来的。

克　的确如此。

雅　嗯，以神的名义起誓，我们不是已经对所有忙于研究自然的人提出来的这些不合理的错误看法做了追溯，找到了可以称做错误根源的东西了吗？【d】请你仔细考虑一下他们的各种立场，如果我们能够说明这些人不仅接受这种不虔诚的学说，而且还把那些追随他们的人引向谬误，那么你的看法就会有很大不同。

克　你说得很好，但你必须解释一下他们错在哪里。

雅　我担心自己不得不谈论一些不熟悉的事情。

克　先生，不要再犹豫了。我知道你担心讨论这些事情会使你超越立法的范围。【e】但若这是一种唯一的与众神真相相符合的方式，就像在我们的法律中所说的那样，嗯，那么我的好先生，我们必须这样论证。

雅　既然如此，我好像必须解释这些我不太熟悉的观点。这种学说认为不虔诚者的灵魂是一种产物，使一切事物产生和消灭的最初原因不是最初的，而是第二位的，而那第二位的原因反倒是最初的。于是他们就在众神的真正存在这个问题上陷入了谬误。

克　【892】我还是两眼一抹黑。

雅　灵魂，我的朋友，灵魂是一切事物的本性和力量，但大多数人对此一无所知；在这种普遍无知中，他们尤其不知道灵魂的起源，不知道灵魂在那些最初的事物中是头生的，先于一切形体和使形体发生变化和变异的最初根源。假如确实是这种情况，【b】那么一切与灵魂同类的东西岂不是也必定先于形体一类的东西，因为灵魂本身先于身体，是吗？

克　嗯，必定如此。

雅　所以判断和预见、智慧、技艺和法律，一定先于硬和软、重与轻。是的，可以证明那些伟大的最初的作品是技艺的产物，有理由被称做原初的作品；而那些自然的产物，还有自然本身——这样的称呼实际上是错的——是第二位的，是从技艺和心灵中产生出来的。

克　【c】错误的称呼？错在哪里？

雅　嗯，"自然"这个词的意思是位于开端的东西，但若我们可以说明灵魂先于自然出现，灵魂既不是火也不是气，而是位于开端的东西，那么我们完全可以正确地说，灵魂的存在是最"自然的"。

克　这样说确实有理。

雅　那么我们下一步必定要为这个观点提供证据。

克　【d】没错，当然应该这样做。

雅　好。现在让我们提高警惕，小心提防这个极端精细的论证。我们已经年迈，而这个论证就像一个精力充沛的小伙子，可以使障眼法从我们的指缝中溜过去，如果是这样的话，我们就会落下笑柄，人们会把我们对这一宏伟目标的热忱追求视为一大失败。所以，我们要仔细想一想。假定我们三人要渡过一条水流湍急的河，三个人中间我最年轻，又有着丰富的渡河经验。我说，【e】我必须独自先游过河去，再来看你们这两位年长者能否承受激流。如果我成功地过了河，我会回过头来召唤你们，用我的经验帮助你们过河；但若证明你们这样岁数的人无法渡过这道激流，那么所有危险都由我一人来承担。你们会认为这是一个合理的建议。好吧，我们现在也好像面对着论证的激流，水流湍急，凭你们的能力可能游不过去。所以，为了不让你们在一大堆不熟悉的问题面前目瞪口呆，【893】不知所措，陷入窘迫的境地，自尊心受到损害，我提议就让我用现在的方式来进行讨论。我首先对自己提出某些问题，而你们就安心地注意听，然后由我自己来回答。这种方式要贯穿整个论证，直到我们关于灵魂的讨论结束，它对身体的优先性得到证明。

克　先生，这是一项令人敬佩的建议，就按你说的办吧。

雅　【b】行，我们开始。如果说我们一直在请求神的帮助，但愿神现在就显灵。当然了，我们可以认为神已经按照我们的请求，在热情地帮助我们证明他们的存在，在我们潜入面前的论证激流时，我们的祈祷可以成为一根能够安全地把我们引向彼岸的绳索。要想对这样一个主题提出论证，我认为，最安全的办法是先做出下列问答：

有人说，先生，一切事物都是静止的，无物运动，是吗？或者说相反的说法才是正确的？或者说有些事物运动，【c】有些事物静止，是吗？

我回答说，当然是有些事物运动，有些事物静止。

处于运动中的动者和处于静止中的静者一样，都位于某一空间吗？

当然。

有些事物在一个位置上运动，有些事物在不止一个位置上运动，你承认吗？

我答道，当你讲到在一个位置上运动时，你指的是那些中心不动的运动着的事物，就好比陀螺的旋转。

是的。

我们看到，在这种旋转中，运动的物体会同时呈现出最大的圆圈和最小的圆圈，【d】把它自身合乎比例地划分，呈现出较大的和较小的部分。实际上，这就是各种奇迹产生的根源，因为它用较高或较低的速率回应着同时产生的大大小小的圆圈。这种结果可以被人们想象为不可能的。

是这样的。

在几个位置上运动的事物，我想你指的是位移，物体每一刻都在改变位置，有些时候运动中的物体有一个支撑点，【e】有些时候，在滚动的情况下，有不止一个支撑点。在运动中物体会相互发生碰撞，静止物体受到运动物体的撞击，形成新的结合，那些最初的成分之间也就是这样形成复合物的，是吗？

是的，我承认你说的是事实。

还有，结合使复合物增大，而分离则使复合物变小，除非原先的物体仍旧保持着它的构成。如果物体不能保持它的构成，那么结合与分离都会引起化解。

普遍发生的生成现象又是在什么情况下产生的，什么是生成？

【894】生成显然是从某个起点开始获得增长，然后进入第二步，然后又进入下一步，通过这三步生成就可以被感知者察觉了。事物的生成，靠的就是这样的运动变化和变形，只要这种情况在持续，它就拥有真实的存在。当事物的构成发生了改变，变得和原来不一样了，那么原来那个事物也就完全毁灭了。我的朋友，【b】我们也许已经区分和列举了所有的运动类型，如果运动只有这两种类型的话。

克　哪两类？

雅　嗯，两种类型，我的好先生，看起来我们的整个讨论正在取得进展。

克　我必须要求你说得更清楚些。

雅　我们的讨论始于一种关于灵魂的观点，不是吗？

克　当然是的。

雅　那么让我们先来看第一种运动形式，这种形式通常使别的事物运动，但它自身并不运动。作为一般运动的第二种形式，我们说这种形式通常使自己运动也使其他事物运动，就好像结合与分离的过程中发生的运动一样，这样的运动通过增长及其对立面，亦即减少，【c】或者通过生成或灭亡来进行，灭亡亦即失去存在。

克　我们可以这样说。

雅　然后，我们可以把通常既能使其他物体运动，而它本身也被其他物体推动的这种运动形式列为我们运动形式中的第九种。还有的物体自身运动，也使其他物体运动——在一切物体主动和被动的运动形式中都可以看到这种运动，称之为一切存在的变化与运动是正确的——这种形式可以列为第十种。

克　对，确实如此。

雅　现在，我们完全可以正确地宣布，这十种运动是一切事物中最强大的，【d】最有功效的，可以这样说吗？

克　嗯，当然可以，我们必须说可以使自身运动的东西是最有功效的，其他东西地位都要比它低。

雅　好极了。那么我们也许能够在已经说过的话中间找到一两处错误。

克　有什么错？

雅　我想，我们在使用"第十"这个词时犯了错误。

克　为什么错了？

雅　我们刚才按照秩序有力地证明了第一种运动形式，接下去要证明的是"第二种"运动形式，【e】然而我们却奇怪地称之为第九种运动形式。

克　我该如何理解你的意思？

雅　嗯，要这样理解。当我们说一个事物改变为第二个事物，第二个事物又改变为第三个事物，等等，在这样的系列中，会有一个变化的最初源泉吗？嗯，一个被除了它自身之外的其他事物推动的事物如何能够成为这种变化的最初原因？这种事是不可能的。当某样能使自身运动的事物取代了第二样事物时，这个第二样事物仍旧是第三者，【895】这样的运动可以传递给成千上万的事物，那么，除了由最初的动者所引起的变化外，还会有一切运动的最初起点吗？

克　你说得非常好，这个观点必须承认。

雅　此外，让我们用另一种方式来表述这个观点，再一次回答我们自己的问题。假定一切事物都聚集在一起，保持静止，就像这个派别中的大多数人所坚决主张的那样。我们具体指出过的这些运动形式中的哪一种会在事物中最先产生呢？【b】嗯，当然了，能够自己运动的事物最先开始运动，此外不可能有其他变化的源泉，因为按照这个设定的前提，变化不可能预先存在于这个系统中。进一步推论，无论什么东西作为一切运动的源泉，乃是在一切静止和运动的东西中最初出现的东西，我们要宣布这种"自动"是一切变化中最先的和最有力的，而被其他事物替代或在别的事物推动下发生的运动是第二等的。

克　无疑如此。

雅　我们的讨论已经进到这一步，【c】现在可以回答下一个问题了。

克　什么问题？

雅　当我们看到这种运动在一个由土、水、火组成的事物中——分离的或结合的——显示自身时，我们该如何描述居于这种事物中的性质？

克　你问的是，当某个事物自己运动时，我们是否称之为"活的"，我猜得对吗？

雅　没错。

克　活的？噢，它当然是活的。

雅　很好，我们来看某个事物中的灵魂，情况也是一样的，不是吗？我们必须说这个事物是活的。

克　完全正确。

雅　【d】那么，我以上苍的名义起誓，你听着。我猜想你会承认对任何事物都有三点值得注意的地方。

克　你的意思是……？

雅　我的意思是：第一，事物的真实存在；第二，对这个真实存在的"定义"；第三，它的"名称"。这样说你就明白了，我们对任何存在的事物都可以问两个问题。

克　哪两个？

雅　一个人有时候只提出名称，要求别人提供定义；有时候只提出定义，要求别人提供相应的名称。换言之，我们指的是要能达到这种效果，不是吗？

克　达到什么效果？

雅 【e】你知道，数字也像其他事物一样有类别。以数为例，这个事物的名称是"偶数"，它的定义是"能够被二整除的数"。

克 没错。

雅 我心里想的就是这种情况。无论我们问的是定义，答的是名称，还是问的是名称，答的是定义，在两种情况下我们指的都是同一事物，难道不是吗？无论是用"偶数"这个名称，还是用"能够被二整除的数"这个定义，我们描述的都是同一事物，没有差别，对吗？

克 完全相同。

雅 那么，以"灵魂"为名称的这个事物的定义是什么呢？【896】除了我们刚才用过的"能使之自动"这个短语，我们还能找到其他定义吗？

克 你的意思是，这个自身同一的真实存在在我们所有人的词汇中有一个"灵魂"的名称，以"自动"作为它的定义？

雅 我是这个意思。但若确实是这种情况，那么除了进一步证明灵魂就是过去、现在和将来的一切存在的最初变化与运动及其对立面，因为它已经显示自己是一切变化与运动的最普遍的原因，我们还能希望得到别的什么东西来作为运动与变化的根本原因吗？

克 【b】不能，确实不能。我们发现灵魂是运动的源泉，是一切事物中最先出现的，我们的证明是绝对完善的。

雅 那么与自动无关，由某些其他事物引起的运动无论在什么地方产生，都属于第二等的，或者你愿意把它放在什么低级的位置上就怎么放，实际上，这就是那些无灵魂的物体的变化，是吗？

克 你论证得对。

雅 因此我们可以得出一个正确的、决定性的、真实的、【c】最终的论断，灵魂先于物体，物体是第二位的，是派生出来的，灵魂支配着事物的真正秩序，物体则服从这种统治。

克 确实如此。

雅 但是我想，我们并没有忘记前面达成的一致意见，如果能够证明灵魂先于物体，那么灵魂的性质必定也先于物体的性质。

克　没错。

雅　所以心灵的气质和习惯、希望、计算、【d】真正的判断、目的、记忆，全都先于物体的长、宽、高，因为灵魂本身先于物体。

克　无疑如此。

雅　因此我们被迫同意一个推论：要是我们想把灵魂说成是一个普遍的原因，那么灵魂就是善与恶、聪明与愚蠢、正确与错误，乃至于所有对立面的原因，不是吗？

克　确实如此。

雅　那么好，如果内在的灵魂就这样控制着在宇宙中运动着的一切事物，【e】那么我们也一定要说灵魂控制着宇宙本身，是吗？

克　是的，当然。

雅　有一个灵魂在控制，还是不止一个灵魂在控制？让我来代你们俩回答。不止一个灵魂。我们必须设定，有至少不少于两个灵魂，一个灵魂起着有益的作用，另一个能够起相反的作用。

克　你无疑是正确的。

雅　到目前为止，一切顺利。那么灵魂靠着它自身的运动推动着天空、大地、海洋中的一切事物——它的这些运动的名称是希望、【897】思考、预见、建议、判断、真或假、快乐、痛苦、希望、恐惧、仇恨、热爱——我说的是，灵魂用这些运动以及与此相类似的或原初的运动推动着一切事物。接下去，它们又带来了第二类运动，即物体的运动，以及与这些物体相伴随的性质，热与冷、重与轻、硬与软、白与黑、干与湿，等等，以此指引着一切事物的增加和减少，分离与结合。智慧是灵魂的助手，借助这些工具和它的所有工具，【b】灵魂使一切事物达到正确与快乐的境地，但若愚蠢成为灵魂的伴侣，那么结果就完全相反了。我们是相信这种情况的发生，还是怀疑可能还有其他情况呢？

克　情况就是这样，没什么可怀疑的。

雅 那么我们必须说灵魂的哪一种性质在控制着天穹、大地，以及它们的运行呢？是深谋远虑和充满善良的性质，还是不具有这两种美德的性质？【c】如果你愿意的话，我们要回答这个问题吗？

克 怎么回答？

雅 嗯，我的朋友，如果整个天穹的路径和运动，以及其中的所有天体，也像智慧一样具有运动、旋转、计算的性质，并且是在灵魂之后开始运动的，那么我们显然可以说，为宇宙作预见并指导着宇宙沿着这条道路运动的是至善的灵魂。

克 对。

雅 【d】但若这个运行过程狂乱无序，那么指导着宇宙前进的是邪恶的灵魂。

克 这样说也对。

雅 那么请告诉我，智慧的运动具有什么本性？我的朋友，在这里我们碰到了一个用理智很难回答的问题。所以让我在你回答时帮你一把，这样做也挺公平。

克 这个建议值得欢迎。

雅 让我们小心，别因为在中午凝视某个对象而弄得两眼漆黑，也就是说，我们回答这个问题就好像用眼睛直视太阳，尽管我们可以用肉眼获得适宜的视觉和智慧的知觉。如果把视线转向我们正在寻求的这个对象的影像，【e】那我们就安全了。

克 你的意思是……？

雅 让我们把前面列为第十种的运动形式当做影像，智慧的运动与这种运动形式相似。等我们一道回答问题时，我们再来回忆它。

克 这个建议非常好。

雅 我们还能记得起我们说过的话吗，我们确定有些事物运动，有些事物静止？

克 我们记得。

雅 有些事物在一处运动，【898】有些事物在不止一处运动？

克 当然。

雅 在这两种运动类型中，限制在一处运动的类型必定在各种情况下都围绕一个中心，就像一个运转良好的车轮，这种运动必定与理智的旋转最接近，最相似。

克 你的意思是……？

雅 嗯，当然了，如果我们说理智和在一处进行的运动都像一个造得很好的球那样旋转，【b】围绕一个中心在一个范围内有序一致地运动，在某种意义上也就是按照一个单一的法则和计划运动，那么我们就不需要担心自己是在像一个笨拙的艺术家那样想象了。

克 非常正确。

雅 还有，不规则或不一致的运动、不限制在某个范围内的运动、没有同一中心的运动、不在一处进行的运动、没有秩序和计划的运动，这些运动与各种愚蠢相似。

克 确实如此。

雅 【c】现在要提出肯定性的论断我们已经没有什么障碍了，因为我们发现灵魂在指引一切事物旋转，我们也一定要说使宇宙得以有预见地、有序地运行的灵魂要么是至善，要么是至善的对立面……

克 不对，先生，如果前面已经说过的话是正确的，那么只能把宇宙的运行归于一个灵魂或几个至善的灵魂，把它归于其他事物是一种亵渎。

雅 克利尼亚，你确实满怀善意紧随论证，【d】但我要使你更进一步。

克 怎么个进法？

雅 进到太阳、月亮和其他天体。

克 嗯，当然了。

雅 我们可以把某个具体的天体作为论证的主题，所得出的结论对其他天体都适用。

克 我们应该以哪个天体为主题呢？

雅　太阳，任何人都能看到太阳的身体，但没有人能够看到太阳的灵魂，而其他任何生灵的身体都可以被看见，在它活着的时候，或者在它死的时候。我们有各种理由相信，【e】用身体的各种感官都无法感知灵魂，只有依靠理智才能察觉。因此，我们有一番相关的考虑，对此必须依靠纯粹的理智和思想来领悟。

克　什么考虑？

雅　由于灵魂指引着太阳的运动，因此我们说灵魂必定以下列三种方式之一行事，这样说不会有错。

克　哪三种方式？

雅　灵魂要么居住在这个可见的圆的物体中，如同带着我们到处运动的灵魂一样带着太阳运动；要么像有些人认为的那样，这个灵魂自己有一个身体，【899】由火或气组成，灵魂用自己的身体猛烈推动那个物体[①]；要么这个灵魂是赤裸裸的，是没有身体包裹的，它用其他某种神奇的力量做着这项工作。

克　是的，灵魂的确只能以这三种方式之一行事。这一点可以肯定。

雅　这个灵魂，不管它是以太阳为车，坐在车上赶着车前进，给世界带来光明，还是从外部作用于太阳，或者是以别的什么方式运作，我们每个人都应当把它当做神来敬重，是吗？

克　【b】是的，如果他还没有坠落在愚蠢的深渊中。

雅　关于星辰、月亮、年月、季节，我们还需要一一讲述吗？它们全都一样，因为我们已经证明灵魂或灵魂们，和那些至善的好灵魂，是一切事物的原因，我们把这些灵魂当做神，无论它们居住在身体中指引宇宙，使它像一个有生命的物体一样，还是以其他方式行事。任何拥有信念的人听了这些话，还会说一切事物不"充满神"吗？[②]

---

① 即太阳。

② 希腊早期哲学家泰勒斯语，参见亚里士多德：《论灵魂》411a7。

克 【c】先生，没有人会说这种胡话。

雅 我亲爱的麦吉卢和克利尼亚，现在可以把我们的看法告诉那个迄今为止拒绝承认众神存在的人，让他去选择吧！

克 什么看法？

雅 他要么必须向我们指出，相信灵魂是一切事物的最初源泉以及由此推出的进一步的结论是错误的，要么如果他不能说出什么更好的理由来，那就必须向我们屈服，【d】从今以后相信众神存在。现在让我们考虑一下，我们反对那些不信神的人，为众神的存在所做的辩护是完成了还是仍有缺陷。

克 还有什么缺陷，先生？该说的都说了。

雅 那么，关于这个不信神的派别我们就谈到这里。现在，让我们来告诫那些虽然承认众神存在，但却否认众神干预人间事务的人。我们会对他说："先生，你相信众神的存在，这也许是因为某些与神相关的事情在吸引着你和你们的家庭崇拜众神，因此承认众神的存在。另外，私人事务和公共事务中都有恶运和恶人，【e】而幸运却降临到这些恶人头上，使他们享有崇高的名望，当你听到诗歌和各种文学作品这样讲以后，就被引导着走向不虔诚。或者你注意到有些不敬神的人得享高寿，【900】子孙满堂，高官厚禄，他们的昌盛使你的信仰发生动摇，因为你曾经知道或亲眼看到许多骇人听闻的不敬神的事，并且看到许多人用这种犯罪行为作手段，从低下的地位爬上高位，乃至登上王座。这些事情都历历在目，而你对众神的信仰却阻碍着你去指责神，【b】于是，错误的推理与无法责备神的心情结合在一起，使你达到现在这个地步，你相信众神尽管存在，但却认为它们漠视和不关心人事。为了使你们这种有害的看法不至于滋长到更大的不敬神的地步，在这种邪恶还没有表现出来以前就尽可能用论证把它祛除掉，我们一定要把还没有说的话与前面对那些对彻底的无神论者说的话联系起来，从中获益。"【c】所以，你，克利尼亚，还有你，麦吉卢，必须像从前一样扮演年轻人的角色，对我的话做出反应。如果这个论证不小心流产了，我会再一次解除你们的职责，让你们自己去过河。

克　这个建议很好。就这么办，我们也会尽力。

雅　要想说明这一点也许并不难，无论事情大小，众神都是关心的。【d】你知道，我们要告诉参加讨论的人，神是善的，拥有完整的善性，我们要把关心一切事物视为它们恰当的和特有的功能。

克　肯定有人会对他们这样说。

雅　然后，让他们和我们一起来问自己，我们说众神是善的，那么这个善是什么意思呢？我们可不可以说审慎和理智就属于善，而它们的对立面属于恶？

克　可以。

雅　【e】还有，勇敢是善的一部分，而怯懦是恶的一部分，是吗？

克　肯定是。

雅　我们把后一种性质称做可耻的，把前一种性质称做高尚的，是吗？

克　我们无疑必须这样说。

雅　我们要说，如果一切卑贱的性质都有所属，那么这些性质属于我们自己，而众神在这些性质上是没份的，无论份额大小。

克　这一点也是人们普遍承认的。

雅　那么我们能够设想疏忽、懒惰、奢侈这些性质是灵魂之善吗？你怎么看？

克　不，我们不能这样想。

雅　那么这些性质是灵魂之善的对立面吗？

克　是的。

雅　【901】这些性质的对立面才和灵魂之善有关，是吗？

克　是的。

雅　很好，那么我们必须像诗人那样，宣布任何人的奢侈、疏忽、懒惰的性格都是"无刺的雄蜂"。①

---

① 赫西奥德：《工作与时日》303。

克 这是一个很好的比喻。

雅 因此我们决不能说神具有这样的性质，神自己也厌恶这种性质，如果有人胆敢这样说，那么我们一定要加以禁止。

克 我们确实应当这样做。我们怎么会不加以禁止呢？

雅 【b】如果一个人有某种职责，他的心灵尽管考虑大事，但却忽略了小事，那么我们该如何找到正确赞美他的理由呢？我们可以这样看，无论是神还是人，凡有这种情况的都会采取下列两种形式之一，是吗？

克 哪两种形式？

雅 要么认为忽略小事对于整个结果来说无关紧要；【c】要么认为被忽略的事情对整个结果有影响，但仍旧表现出疏忽与懒惰。除此之外，我们还能把他的忽略归结为其他原因吗？当然了，在与整个结果有关的地方不可能有什么对大事或小事的忽略，无论是众神还是凡人，都不可能在力不能及的时候做什么预备工作，而忽略这些对整个结果有影响的事正是他不可能做的事。

克 当然不能。

雅 很好。现在来回答向我们三个人提出的问题，这些问题来自另外两个人，【d】他们俩都承认众神存在，但一个认为众神是可以收买的，另一个认为众神忽略小事。我要对他们说：你们俩在开始的时候都承认众神全察、全视、全听，感觉或知识范围内的东西没有一样能够逃出它们的认知，这就是你们的立场，是吗？

克 是的。

雅 进一步说，凡人或不朽者可以做到一切能够做的事，对吗？

克 嗯，当然了，他们也会承认这一点。

雅 【e】另外，我们五个人全都已经同意，众神是善的，是至善。

克 无疑如此。

雅 那么只要承认它们具有这样的性质，我们就一定不能承认众神的行为会有任何疏忽和懒惰。要知道，在我们凡人中间，缺乏勇敢会产生懒惰，而懒惰和疏忽则产生忽略。

克　确实如此。

雅　那么神不会由于懒惰而产生疏忽，因为我们可以假定神不缺乏勇敢。

克　你的论证确实是正确的。

雅　【902】如果它们确实忽略了一些微不足道的小事和宇宙中的一些细节，那么我们必须得出结论，要么它们知道事无巨细都加以关心是没有必要的，要么……噢，对了，除了知道的反面，还有什么其他可能吗？

克　没有了。

雅　那么我的好先生，我们要你接受哪一种观点好呢？在必须加以关注的地方，众神由于无知而盲目行事或由于无知而产生忽略；或者说它们知道哪些事需要关注，然而在行动中却还是像那些最可悲的人一样行事——【b】这些人的认知总是好于他们的实际行动，遇到某些低等的快乐或痛苦，他们就把知识置之脑后了。

克　这两种观点都不可能。

雅　人的生命是有生命的自然的一部分，人本身在一切生灵中最敬畏神，是吗？

克　嗯，是的，看起来是这样的。

雅　我们确实认为一切生灵是众神的牲畜，而整个宇宙也是属于神的，是吗？

克　是的。

雅　既然如此，那么不管人们认为这些事情对神来说是大事还是小事，【c】我们知天命的、全善的主人都不会忽略这些事情。此外，还有一个要点应当加以考虑。

克　哪一点？

雅　感觉和力量，就其难易程度来说，二者成反比关系。

克　以什么样的方式成反比？

雅　嗯，我的意思是，看见或听见较小的东西比看见或听见较大的东西更加困难，但是谁都知道，推动、控制和管理较小的和较不重要的东西却比推动、控制和管理较大的和较为重要的东西更加容易。

克　【d】显然如此。

雅　假定一名医生负有医治整个身体的任务，愿意并且能够把注意力放在大的方面而忽略较小的方面、肢体或部分，那么他能把整个人治好吗？

克　不可能。

雅　舵手、将军、管家还有政治家，以及其他诸如此类负有责任的人，如果他们只注意大事而忽略小事，他们的结果也不会好到哪里去。嗯，甚至连建筑师也会告诉你，没有小石头，【e】大石头就不能安稳地躺在那里。

克　当然不能。

雅　既然如此，我们一定不要把神想象的连匠人都不如。无论任务大小，【903】使用同一种技艺，工作越努力，他们的任务就越能很好地完成。我们一定不要把最有智慧而且愿意和能够关心人事的神看成一个懒惰不中用的人，说它不考虑小事和容易的事，只考虑大事，或者说它像懦夫一样躲避工作。

克　对，先生，我们绝不要有这种想法，这种想法是不虔诚的，完全错误的。

雅　现在我想，我们已经与这个轻率地指责众神忽略小事的人进行了相当充分的争论。

克　是的。

雅　我的意思是，我们已经运用论证的力量迫使他承认错误。【b】我相信，我们还要用某种在他看来比较迷人的方式说一些话。

克　我的朋友，你还有什么话要说？

雅　嗯，我们的谈话必须要说服青年，使他们明白这个世界的创造者也安排了世上的一切，把它作为一个整体来保存，使之完善，而每一事物也会在力所能及的情况下行事，并承受与其相遇的事物对它的所作所为。在各种情况下，这个世界的主宰已经给每一事物指定了它要做的所有事情和要承受的所有事情，确定了每个细节，这个世界上的每个局部细节都是完善的。【c】你自己的存在也一样，每个人都是这个世界的某个局部，一切微不足道的事物也一样，它们的全部努力就是趋向于这个整体。但你可能忘了我们已经说过的话，一切事物行事的目的就是为了获得整体的幸福生活，这个整体不是为你而造的，而是你为这个整体而造。任何医生或各种匠人的所有工作都是为了某种整体的原因，他们创造出来的部分也是为了这个整体，要对这个普遍的善做出贡献，而不是整体为了部分而存在。【d】然而，你会喃喃自语，因为你看到对自己最好的东西并不一定也是对整体最好的东西，尽管个别与整体有着共同的起源。灵魂首先与一个身体结合，然后又与另一个身体结合，通过这个灵魂自身的运动或其他灵魂的运动产生一连串的变化。被推动的事物并不费力，但它们的性质发生变化，好的变得更好，坏的变得更坏，各自遵循某种定规，【e】最后走向终结。

克　你说到事物的性质变化，怎么个变法？

雅　嗯，我想我们可以告诉你掌管宇宙万物对众神来说是一件易事。实际上，神始终关注着整体，就像一名工匠通过新的变形——比如说，把炽热的火变成冰冷的水——塑造万物，【904】从一中产生多，从多中产生一，随着时间的步伐，从第一代到第二代、第三代，各种变化形式不计其数。就这样，这位关注宇宙的神所承担的任务既是可敬的，又是轻松的。

克　请再说一遍，你的意思是……？

雅　我的意思是这样的。由于我们的君王①明白我们的一切行为都是灵魂在起作用，灵魂既包含许多美德，又包含许多邪恶。一旦与身体相结合，灵魂尽管不是永恒的，但却像法律认可的众神那样是不灭的，【b】因为灵魂与身体的结合并不像动物那样生育出有死的新的后代。我们的君王知道拥有善性的灵魂产生幸福，拥有恶性的灵魂产生伤害，我的意思是，他预见到一

———————
① 指神。

切，因此他制定了一些最根本的办法，使美德在整体中获得胜利，使邪恶在整体中遭到失败。为了实现这一宇宙目的，他创造了某个场所或区域接受各种各样的灵魂，让灵魂成为这个区域的居民，【c】而想要成为何种类型的灵魂他却任由我们个人按自己的意愿进行选择。正是由于这种意愿，正是由于灵魂在我们身上的作用，我们每个人才成为现在这个样子。

克 这是一个很好的设定。

雅 就这样，一切有灵魂的事物都在发生变化，变化的原因就在于它们自身中，它们在变化中按照命运的法则运动着。如果它们性质变化是不重要的，微小的，那么它们只是在大地的表面行走，【d】如果它们朝着罪大恶极的方向发生变化，那么它们就会坠入深渊或所谓的地狱，人们把这个地下世界称做哈得斯①或其他类似的名称，那里充满着我们在做恶梦时可以见到的可怕景象。如果某个灵魂出于自愿或者受到其他灵魂的潜在影响而接受了更多的美德或邪恶，神圣的善使它本身变得更加像神，【e】那么它一定会去一个完全神圣的地方，那是另一个更好的世界，或者相反，去一个完全相反的世界。我的孩子，我的年轻人，你好像已经忘了"这就是居住在奥林波斯的众神掌管的事"。②成长得较好的灵魂会走一条较好的道路，成长得较差的灵魂会走一条较差的道路，灵魂在这样的生活中做它要做的事，经过一系列的死亡承受它要承受的事。【905】上苍规定的这种命运是你无法逃避的，任何走上邪路的人也无法躲避厄运。创造主在创造其他一切事物之前已经对命运作了安排，我们应当抱着敬畏之心躲避厄运。你可千万别忘了，尽管你不能使自己变得极为渺小，坠入大地的深渊，也不能使自己变得极为高尚，抵达天庭，但你要向众神交付罚金，无论是当你还在这个世界上与我们在一起的时候，还是已经离开这个世界去了哈得斯的时候，或者，你也许会去某个更加可怖的地方。【b】你必须知道，有些人借助献祭或类似的行为从卑微变

---

① 哈得斯（Ἀιδης），地狱，冥神。
② 荷马：《奥德赛》19：43。

得伟大，从不幸转为幸福，以他们的命运为镜，知道了他们如何在一个整体中发挥作用，你还会认为众神完全忽略人事吗？然而，你这个最顽固的人又怎么会怀疑自己也需要这种知识呢？【c】一个人如果没有这种知识，他就决不会得到这种真理的痕迹，也无法谈论生活的幸福或灾难。如果我们的朋友克和其他老人聚集在这里能够令你信服，那么你就会说自己不知道这些神了。嗯，这完全是由于神的恩典！但若你还要求有进一步的论证，【d】那么你就听着，就好像你是有理智的，而我们在与我们的第三位反对者争论。我要坚持说，我们已经用不可轻视的证据证明了众神存在，它们也关心人类。至于说众神可以被恶人的礼物所收买，这种说法也要坚决予以否认，要尽力加以驳斥。

克　说得好。那我们就这么办。

雅　嗯，以众神的名义起誓，我来问你，如果众神确实可以被收买，【e】那么会以什么样的方式？它们又会是一种什么样的存在？如果说它们能够有效地控制整个宇宙，那么我们必须把众神视为统治者。

克　没错。

雅　但它们是什么样的统治者呢？用什么样的比喻可以正确地说明它们的性质呢？驾驭同一辆车的所有马匹的驭手，或者指挥所有水手的船长，是一个恰当的比喻吗？或者说我们也许可以把众神比做战场上的军队指挥官，【906】或者说它们像给身体治病的医生，或者说它们像关心着季节变化会给农作物带来危害的农夫，或者说它们像看管畜群的牧人。我们已经取得过一致意见，这个宇宙充满着好事物，但也不缺乏它们的对立面，而位于善恶之间的事物更是多得不计其数。我们要坚持说，我们心中想到的斗争是不会止息的，需要有一种神奇的力量来监管，众神和精灵在这场战争中是我们的同盟者，而我们又是这些神灵的财产。【b】谬误、固执、愚蠢是我们的祸根，公义、节制、智慧是我们得到拯救的保证，这些东西的根源存在于众神的活生生的力量之中，尽管在我们中间也可以看到一些褪色的遗迹。然而，似乎也有一些被玷污的灵魂居住在我们的大地上，在作为我们守护者的灵魂面前，它们无疑会卑躬屈膝地匍匐，而我们的守护者也可以称做看管我们的牧人、牧犬和万物之主。【c】这些恶灵会被求援者的奉承和咒语说服，它们对人类的侵犯在它们看来也是合法的，不会带来可悲的后果，这些故事实际上是恶人说出来的。而我们的论点是，刚才被我们称做侵犯的这种恶，发生在有血有肉的身体中就是所谓的"疾病"，发生在季节和年份中就是"瘟疫"，而发生在城邦和政治中它的名称变了，叫做"不公正"。

克 没错。

雅 有些人老是说众神纵容不义之人和作恶者，【d】分享恶人的掠夺物，如此说来，众神就像豺狼一样，把猎物丢一部分给牧羊犬，而牧羊犬在接受贿赂之后，就容忍豺狼把羊吃掉。这就是认为众神可以被收买的人的看法，难道不是吗？

克 没错。

雅 一个人怎样才能正确无误地把众神比做上面所列举的监护者呢？可以把它们比做嗅到"奠酒、牺牲的香气"① 就转变航向，【e】以至于弄得船翻人亡的水手吗？

克 绝对不能这样说。

雅 我们肯定也不能把众神比做受了贿赂而在赛车比赛中把胜利拱手让给其他对手的驭手，对吗？

克 如果你用这样的比喻，那可真是骇人听闻。

雅 我们也一定不能把众神比做将军、医生、农夫，也不能把它们比做牧人或牧羊犬，一听到豺狼的咒语就不出声了，是吗？

克 【907】这样说完全是对众神的亵渎！绝对不能这样说！

雅 众神，某一位或全体，是我们最主要的监护者，保护着我们的主要利益，是吗？

克 是的，没错。

_____

① 荷马：《伊利亚特》9：500。

雅　我们能说那些有着最高技艺、保护最高事物的保护者比牧羊犬和拥有中等德性的人还要低劣吗？因为连这样的人也不会接受贿赂而放弃公义。

克　【b】肯定不能，这种念头绝对不能让它出现。凡是为这种想法辩护的人都可以视为一切渎神者中最坏的大不敬的人，要给予严厉的谴责。

雅　现在我可以假定三个命题已经得到充分的证明：众神是存在的；众神关心我们人类；众神绝对不会听从人的怂恿而偏离正道。

克　你可以这样说，我的朋友，我完全同意你的论证。

雅　我们还要在取得胜利之后，热情地把这些命题告诉那些坏人。【c】但是这种热情的根源，我的朋友，在于认识到我们的论证虽然胜利了，但那些恶人还会自行其是，因为他们对众神有着许多千奇百怪的念头。这种认识推动着我更加勇敢的说话。即使我无法促使这些人变得自责或改变自己的性格类型，变成好人，但仍旧可以说明我们这篇反对不虔敬的法律序言是抱着善意说出来的。①

克　【d】但愿如此，即使不行，至少也不会有损立法者的信誉。

雅　所以在讲完序言以后，我们还要做出告诫，我们的法律希望这些不敬神的人改变他们的道路，与敬神的人走到一起来。对于那些不服从告诫的人，我们要制定下列有关不敬神的法律：

【e】凡有人说了不虔敬的话或做了不虔敬的事，任何在场的人都可以向执政官告发，接到告发的第一位执政官要向法庭起诉，由法庭依法审理。

58.如果有官员接到告发后没有及时采取行动，那么他人也犯了不虔敬罪，人们只要愿意就可以起诉他。

在案情得到确证以后，法庭要确定对各种不虔敬罪的处罚。监禁适用于所有案子。【908】国家要建立三座监狱。一座建在市场附近，称做"普通监狱"，

---

①　柏拉图把对各种无神论的驳斥视为序言，而把制定惩治这些人的法律当做主题。

普通的案犯关在这里。第二座监狱建在夜间议事会旁边，称做"感化所"。第三座监狱要建在国土中心区的某个偏僻荒凉的地方，要用某个表示"惩罚"的名字来称呼它。我们已经具体指出不虔敬的原因有三种，【b】而每一种原因都会产生两种类型的冒犯，这样加在一起共有六种反宗教的冒犯者要予以严惩，处理方式各有不同。因为，一个人尽管可以完全不相信众神的存在，但若他仍旧具有天生公义的气质，那么他会憎恨恶人，这种憎恨使他拒绝做错事，会躲避不义而走向正义。【c】但是那些深信这个世界没有众神的人，再加上不能节制快乐与痛苦，而又拥有活生生的记忆和敏锐的理智，分享着其他各种无神论的疯狂，那么这样的人对同胞的毒害更甚，而前一类人的危害要小得多。第一个人也许会不受约束地谈论众神、献祭、誓言，【d】但若他没有受到惩罚，那么他的批评也许会使其他人的信仰发生转变。而拥有相同观点的第二个人通常被称做"狡诈之徒"，一个极为精明而又诡计多端的家伙，就是这种类型为我们提供了众多的占卜者和热衷于使用各种诡计的术士，在某些时候，它也会产生独裁者、政治煽动者、将军、秘仪的发明者，以及所谓智者的技艺和诡计。【e】因此，无神论者有无数的类型，但有两种无神论者是立法必须加以考虑的：一种是伪君子，他们的罪行应当处以死刑，乃至于处死两次；而另一种无神论者应当给予告诫和拘禁。同样，相信众神漠不关心人事的观点会产生两种类型的无神论者；而相信众神懒惰的观点又会产生另外两种类型的无神论者。

59. 那些仅仅由于愚蠢而不信神的人和那些品性不坏的无神论者，【909】应当送往感化所，不少于五年，在监禁期内，除了夜间议事会的成员，他们不能与任何公民交谈，而这些夜间议事会成员对他们的探视着眼于对他们进行告诫，使他们的灵魂得到拯救。监禁期满后，如果他们的思想已经回到正确的观念上来，那么他们可以恢复正常生活，但若仍旧不思悔改，那么就要再次定罪，处以死刑。

【b】然而，还有其他一些人，他们不相信众神的存在，或者相信神存在，但不关心人事，或者相信神可以被收买。他们把其他人都当做傻瓜，说他们自己能够用献祭、祈祷、符咒影响众神，以此他们邪恶地毁灭个人，破坏家庭，乃至于颠覆国家。

60. 如果发现这样的人有罪，法庭要把他监禁在国土中心区的监狱里，【c】任何自由民都不能与他接触，仅由监狱看守给他一份法官规定的口粮。他死了以后，要把他的尸体扔到国境以外去，不予掩埋。

61. 如果有公民掩埋它，只要有人告发，就应当治以不敬神之罪。

但若这名罪犯留下的子女仍旧符合公民的条件，【d】那么这些子女的监护人要从他入狱时开始负责供养他们，不得虐待。

我们还必须制定一条适用于所有罪犯的法律，通过禁止不合法的仪式来减少那些反宗教的言行，更不必说那些由于愚蠢而犯下的这种罪行了。事实上，下列这条法律应当无一例外地在所有案件中执行。无人可以在自己家中设置神龛，当人们想要献祭时，应当去公共庙宇，【e】把供品交给男女祭司，他们的职责是把供品献给神。在祈祷时，献祭者可以与其他希望和他在一起的人一道祈祷。采用这条规则的理由如下：圣地或祭仪的建立不是一件易事，要废除它们需要慎重考虑。献祭是一种普遍的行为，尤其是妇女、病人、处于困顿或危难中的人，【910】还有那些交了好运的人，都希望把一些物品献给众神、精灵和神的儿子，白天遇到的不吉祥之兆或晚上做梦得到的征兆都会推动他们这样做。还有，无数的异象或某种特殊要求都会驱使他们在家庭或村庄的洁净之处建起神龛，竖起祭坛，或者建在他们认为应当建的地方。由于这些原因，我们现在制定的法律是适宜的，可以起到一种预防的作用。它禁止人们利用这种事进行欺诈，【b】禁止人们在自己家中设置神龛和祭坛，以免造成假象，使他人以为他们能够用献祭和祈祷赢得上苍的欢心。否则的话，他们的罪恶会越来越大，直接呈现在神面前，而好人却又在宽容他们的行为，直到整个国家品尝他们的不虔诚带来的恶果，而这在某种意义上又是国家应得的报应。在任何情况下，我们的立法者在神面前是洁净的，因为他制定了这样的法规：

【c】没有任何公民可以在他的私人住宅中拥有神龛；除了公共神庙以外，如果还有其他神庙和崇拜活动，那么当事人无论男女都犯了严重的不虔敬之罪；发现这种事情的人要向执法官告发，执法官在得到报告以后要指挥人们把私人神龛迁入公共神庙。

62.如果有人不服从这条法规，就要对他们采取惩罚措施，直到搬迁生效为止。【d】不虔敬是一种成年人的罪行，而不是儿童的微小过失，任何人犯了这种罪行，无论是在家中建神龛，还是在公共场合把不洁的东西献给神灵，都要处以死刑。

这样的行为是否出于无知和幼稚，要由执法官来决定，他们要在法庭上审问冒犯者，并给予相应的处罚。

第十一卷

雅 【913】下面，我们要为人们相互之间的商贸关系制定专门法范。一条最普遍的规则可以这样表述：未经我的许可，无人可以动用我的财产或把它分给别人；如果我是通情达理的，那么我也要用同样的方式对待别人的财产。①

埋在地下的宝藏可以拿来作为第一个实例，某人的祖先把为自己和后代积聚的财宝埋入地下，但我一定不能祈求神灵让我找到这些财宝。【b】如果

---

① 这个表述有伦理学"金规则"的含义。

碰巧发现了财宝，我一定不能动用，也不能把这件事告诉占卜者，因为他们一定会建议我去动用这些埋藏在地下的财宝。如果动用了，那么我得到的好处肯定会与我的德性增长形成更加尖锐的对立，而不去动用那些宝藏才是对的。如果我选择了保持灵魂公正而非增加口袋中的财富，要是这也算是一种交易的话，那么我在讨价还价中做了较好的选择。

"不得碰不可移动之物"①，这句格言有广泛的适用性，我们现在说的就是一个适用的例子。【c】此外，人们应当相信流行的传说，这样的财宝并不能给子孙后代带来幸福。如果不关心后代，不愿聆听立法者的声音，未经埋藏者的许可就私自动用了既不属于他自己又不属于他自己的祖先埋在地下的财宝，那就违反了我们最重要的法律之一，而某个著名人物②的说法是"别捡你没有扔下的东西"。如果有人藐视这两位立法者③，【d】拿走了不是他自己埋藏的东西，不是一点点，而是一笔巨大的财富，那么这种人会有什么样的后果呢？

当然了，上苍会怎样对待他是神要关注的事，但第一个发现这一事实的人要告发他，如果事情发生在京城，就向市政官告发，如果发生在市场区，就向市场官员告发，如果发生在京城之外，【914】就向乡村巡视员和他们的首领报告。接到告发以后，国家要派一个代表团去德尔斐。神会对这笔财富和挖到财富的人发出神谕，国家将执行神谕中的指令。如果告发者是一名自由民，那么他的德行将受到赞扬。

63.（a）如果自由民知情不报，就要受到谴责，被视为作恶。

如果告发者是一名奴隶，那么将由国家向他的主人支付身价，使他获得自由，这是国家对他的优待，是他用自己的行动挣来的；

---

① 参见本篇842e。
② 指梭伦。
③ 指梭伦和玛格奈昔亚城邦的立法者。

（b）但若他知情不报，那么他将被处死。

【b】事情无论大小，我们都要遵循这个原则。如果有人把自己的物品留在路边某个地方，无论他是有意的还是无意的，见到这样物品的人都不能动它；要把这样的物品当做有野外精灵保护的东西，在法律中，这样的物品被视为神圣不可侵犯的。

64.任何人动用这样的物品，把它拿回家，那么他就违反了法律。如果动用这种物品的人是一名奴隶，而物品又不值钱，那么任何不小于三十岁的人看见了，都可以狠狠地打他一顿。【c】如果动用这种物品的是一名自由人，那么要指责他是不遵守法律的财迷，还要他向物品所有者支付十倍于物品价钱的罚金。

如果有人指控别人动用了他的财产，无论大小，而被指控者承认这是事实，但对财产的所有权有争议，在这种情况下，如果这样财产在执政官那里有记录，被告就要召集一些人去见执政官，把动用的物品呈给执政官。如果发现这样物品确有记录，【d】并属于某位当事人，那么执政官就要把物品判给物主，然后让他们解散。如果发现这样物品属于不在法庭上的第三者，那么诉讼双方在支付了足够的保证金之后，法庭可以代表不在场的物主没收这样东西，然后送还给他。如果有争议的物品没有记录，那么在诉讼期间物品要由三位执政官保管，直到做出裁决。如果受监管的物品是一头家畜，那么败诉者要向法庭支付相关的饲养费用。【e】执政官要在三天内对这种案子做出裁决。

任何人，只要心智健全，都有权以自己喜欢的合法的方式对自己的奴隶动武，同样也有权抓获任何同胞或朋友的逃亡奴隶，为的是保障他的财产安全。如果某个人被人当做奴隶抓了起来，而那人进行抵抗，声称自己是自由人，或有人声称他是自由人，那么捕捉者应当释放他，如果他自己没有声称他是自由人，而有人说他是自由人，要求释放他，那么这些人要为被扣留的人提供三份基本的保证金，满足了这些条件，就可以释放他。

65.如果一个人不是在上述情况下获释，那么一旦确证他的攻击行为，【915】他必须支付两倍于被毁物品价值的罚金，物品的价值由法庭核准。

人们也有权捕捉那些已经获得自由但对给予他们自由的主人不忠诚或不够忠诚的奴隶。忠诚的意思在这里可以这样看，获得自由的奴隶要灶神月三次为给予他自由的主人修补炉灶，并尽力为他原来的主人尽可能提供这样的服务，甚至在他结婚的时候也要得到他原先主人的批准。自由民拥有的财富多于他原先的主人是不合法的，超出的部分要归于这位原先的主人。【b】获得自由的奴隶不应期望能在这里居住二十年以上，而应当像其他外国人一样，带着他的财产离开这个国家，除非能够获得执政官和原先给予他自由的主人的许可。如果自由民或其他外国人的财产超过了第三等级的标准，那么他要在超过那日起的三十天内带着他的财产离开这个国家，在这种情况下，【c】当局没有权力延长他的居住期。

66.如果自由民违反这些法规，被送上法庭，一旦定罪，他要被处以死刑，他的财产将被没收充公。

如果由邻居或由诉讼双方自己指定的法官无法处理这样的案子，那么就由部落法庭来审判。

【d】如果有人声称某人得到的牲畜或财物是自己的，那么要是原物主是公民或外国侨民，物主应当在三十天内把东西交还给原物主，这样东西也许是卖给他的，也许是送给他的，或者以某种方式给他的，要是原物主是外国人，那么应当在五个月内归还，从夏至开始算起。在所有买卖中，各种不同的商品要送到市场上的指定摊位去出售，【e】根据不同时间定价；禁止在其他地方进行交易，不许赊购赊销。如果有公民在其他地点以其他方式做买卖，因为相信与他交易的人，那么他必须明白，除了法律规定的交易地点和方式外，其他任何买卖都是法律所不允许的。至于订购，任何人愿意这样做都可以把它当做朋友间的行为，但若由此引起纠纷，那么当事人必须明白法律并不保护这样的行为。【916】如果某批货物的卖主得到五十德拉克玛或更高的报价，他必须把货物保留在境内十天以上，买主在此期间有权得知货物的存放地点，也可以像通常那样对货物质量提出疑问，直到对相关的赔偿规则满意为止。这方面的具体法律如下：一名购买来的奴隶如果生了肺结核、胆结石、尿急痛，或者得了所谓"神圣的疯狂"，或都得了其他身体和心灵的疾病，但却不易从外表看出来，或者无法治愈，在这种情况下，如果这名奴隶是用来当医生或教练的，那么买主无权将他退还给卖主；【b】如果卖主在出售时已经把奴隶的病情做了清楚的说明，那么买主也不能退还已经购买的奴隶。但若某位专业人士把这样的奴隶卖给非专业人士，那么买主有权在六个月之内退货，如果这名奴隶得了"神圣的疯狂"，那么退货期限是一年。在退货时要根据当事双方的一致意见，指定或选择医生来检查病情，如果病情得到确证，那么卖主要赔偿双倍售价给买主。【c】如果双方都不是专业人士，那么退货的权利和案子的审理就像前一类案子一样，不过确证以后卖方只需退赔原价即可。如果有人出售的奴隶是杀人犯，而买卖双方对这个事实是清楚的，那么买方无权退还。如果买方不清楚，那么买方在知情以后有权退还，而对此案件的审理要由五名低级执法官来进行。被证实故意出售这种奴隶的卖主必须按宗教法规专家的要求为买主的住宅举行涤罪仪式，【d】还要赔偿三倍于原价的损失。

法律要求兑换银钱的人或用银钱交换其他物品的人，无论是活物还是死物，在各种情况下都要使用足价的银钱，成色要一致。我们还要在这部法典的其他地方留下一些篇幅制定对该类欺诈行为的制裁方法。每个人都要明白，以次充好，欺骗对方，【e】全都属于同一类，总是一件不好的事，但在流行说法中人们却认为欺诈"如果用在恰当的地方",就是一件大好事。而什么时候或什么地方才是恰当的,人们的说法却模糊不清,不确定。因此,这句格言对相信它的人和城邦里的其他人所起的作用是不可忽视的。立法者不能允许这种不确定的观点流传。他需要画出或宽或窄的确定的界线,就像我们现在要做的一样。任何人都不能把神的名字挂在嘴上骗人或进行欺诈活动,但仍有人会违抗神的告诫,【917】比如有人撒谎、假誓、藐视上苍,还有程度较轻的对优位者撒谎。好人是坏人的优位者,一般说来年长者是年轻人的优位者,还有,父母是子女的优位者,丈夫是妻子和孩子的优位者,执政官是其下属的优位者。一般的尊敬无非就是对所有处于权威地位的人所尽的义务,尤其是对国家的权威,我们现在讨论的就是国家的权威。【b】在市场上实施欺诈的人撒谎、欺骗、当着法律和市场官员的面要上苍为他的誓言作证,这样的人既不尊敬他人,也不敬畏神。决不能以神的名义发空誓,这无疑应成为人们的一种习惯,我们中的大部分人在参加涤罪和洁净的崇拜仪式时通常也要对神的名字表示尊敬,但若还有人违反,那么我们的法律就要起作用了。在市场上无论出售什么货物,不能给同一样东西制定两种价格。【c】卖方可以出一个价,如果买方不愿意买,卖方就应把货物取回,并且不能在同一天以更高或更低的价格出售这样的货物。还有,卖方不能为了促销而赠送,也不能用誓言来保证货物的质量。

67.如果有人违反这条法规,任何过路人,不小于三十岁,都应当痛打发誓者,而无需负法律责任。

68.如果有过路人对这种事情置之不理,这样的人应当受到谴责,被视为法律的叛徒。

【d】对于那些不能被我们当前的讨论所说服,继续出售假货的人,任何有辨别真假商品知识的人一旦发现,就要向当局告发,卖假货的人如果是奴隶或外国侨民,那么假货就归告发者所有。

69.如果公民没有告发这种欺诈行为，那么就要宣布他是一名无赖，因为他欺骗了众神。

70.发现任何人出售假货，【e】除了没收货物以外，必须在市场上鞭打他（他的货物定价多少德拉克玛，就鞭打几下），由一名传令官在市场上宣布他的罪行。

为了制止商家的欺诈行为，市场官员和执法官要向不同行业的专家咨询，制定具体规则，告诉商人哪些事能做，哪些事不能做；要把这些规则刻在柱石上，竖在市场官的衙门前面，使在市场上做生意的人更加有据可循。【918】市政委员会的功能我们已经做过充分描述。如果要做进一步的规定，市政官员们应当与执法官会商，起草和通过必要的补充条例，这些先后做出的规定都要公布在市政委员会衙门前的石柱上。

考察商业欺诈行为会直接把我们引向对零售问题的思考。首先让我们从整体上考虑这个主题，提出合理的建议，然后做出具体的法规。【b】当我们考虑到零售的基本功能时，国内的零售不是一件坏事，而是有益的。如果有人能使原先天然分布不平衡、不合比例的各种物品平衡而又合乎比例地分布到各处，供人们使用，那他岂不是大恩人吗？我们应当提醒自己，借助于货币可以达到这种结果，我们应当承认，这就是商人的功能。同样，挣工钱的人、开小旅馆的人，还有从事其他各种名声的职业的人，全都具有相同的功能，【c】这就是适合人们的各种需要，使商品分布得更加平衡。那么，为什么这些职业没有很好的信誉或名声呢？为什么人们一般总是对他们颇有微词呢？若要借助立法提出一个部分的治疗方法——完全的治疗会超越我们的能力——那么我们必须对这些问题进行考察。

克 怎么会这样呢？

雅 嗯，克利尼亚，我的朋友，全人类只有一小部分人受过圆满的训练，【d】能约束自己的天然倾向，当他们发现自己处在需求和欲望的洪流中时，只有这些人才能下定决心节制自己。在我们有机会发财的时候，我们中能保持清醒头脑的人并不多，或者说宁愿节制富裕的人并不多。大多数人的性情完全相反，在追求欲望的满足时，他们完全超过了一切限度。一有机会赢利，他们就会设法牟取暴利。这就是各种商人和小贩名声不好，被城邦轻视的原因。我们现在只能假定在命运的驱使下，会有某些人从事这种职业，去储存和出售货物。我知道这种设定是非常荒唐可笑的，【e】但我知道，若是假定最优秀的人也会受到诱惑而这样做，那就更加不可能了，所以我必须这样说。我们应当发现这些职业都是对人有益的。如果能够按照严格的原则办事，那么我们应当敬重这些职业，因为它们起到类似母亲和保姆的作用。但是看看实际生活中的事吧！出于商业的目的，【919】有人在遥远的偏僻之处设立旅舍，款待饥饿的旅行者，给他们提供挡风避寒的住所。但接下去又怎么样呢？在那里，店主本来可以像对待朋友一样设宴招待客人，但实际上他的态度就像对待战败了的敌俘，要客人付出最苛刻的、最不公平的、最难以忍受的代价。【b】这样的不法行为在各种行当中都能看到，所以这些人尽管为陷入困顿者提供了帮助，但得到恶名也理所当然。这就是他们的问题所在，而法律必须针对这种情况制定具体的法规。有句古谚说得好，"不能同时与两个敌人作战"，尤其是在腹背受敌的情况下。在医学中和在其他地方，我们都看到这句话的真理性。在我们打击这些行业的罪恶时，我们面对两个敌人：贫困与富足。富足使灵魂在奢侈中腐败，【c】贫困使灵魂陷入困顿，使它们变得不知羞耻。那么在一个理智的城邦中，有什么办法治疗这些疾病呢？第一个治疗方法是，从事商业的人要尽可能少；第二是让那些即使腐败也不会给城邦造成大害的人去从事这些工作；第三是必须制定某些具体措施来防止从事这些工作的人把邪恶传给别人。

【d】所以我们的开场白马上引出了一条具体的法律，这真是上苍的赐福！在上苍使之复兴的玛格奈昔亚城邦里，五千零四十个家庭的家长都不得从事商业，无论是自愿的还是被迫的，甚至不能与商业活动有关联；他不能受人雇佣去做奴仆的事，因为那名雇主并不为他做事，【e】为父母、祖父母或其他长者做的事则除外，为他们做事不会有损高贵的血统。法律难以精确地说明可以对自己的长辈做哪些侍奉性的工作，具体可由那些已经能够明确区分邪恶与高尚的人来确定。如果有公民在任何情况下从事卑贱的商业，那么他要为玷污高贵的血统而受到审判，任何人发现了都可以去法官那里告发；

71.如果发现被告的行为已经玷污了祖宗的灶神，那么要判处他一年监禁，使他接受教训不再重犯；

72.如果他再犯，【920】就要判处两年监禁。总而言之，每次重犯都要加倍惩罚。

第二条法律是，让外国侨民或外国人经商。此外还要有第三条法律来保证商业道德，尽可能减少商业中的恶行。在这个城邦里，出身高贵、受过良好的教育和训练的人构成了一个阶层，但执法官一定不能仅仅起到保护这个阶层，使之不陷入罪恶或邪恶的作用。【b】他还要细心保护那些并不拥有这些有利条件而又从事了这种极易犯罪的行业的人。零售商业有许多部门，包括许多低贱的雇佣关系在内。我认为应当允许这些行业在我们的城邦中存在，因为我们发现它们是城邦生活不可缺少的。在这种情况下，执法官需要向这个行业的各个部门的专家学习，【c】像其他行业一样，防止各种欺骗行为。通过学习，他们要懂得从事某种行业的成本是多少，有多少赢利才是合理的，这种赢利标准应当公布，由市场官员和城乡官员在他们的辖地内强制执行。有了这样的规定，我们可以期望我们的商业给全城邦各阶层带来利益，而对从事商业的这个阶层带来的伤害则是最小的。

【d】违反合同或不履行契约的情况应当由部落法庭审判，除非能在由邻居组成的法庭中得到调解，或者说这份合同或契约是法律或公民大会的规定禁止的，或者说是出于强迫或不知情的情况下缔结的。工匠阶层用他们的技艺满足我们的日常生活需要，他们受到赫淮斯托斯[①]和雅典娜的保佑，【e】

---

① 赫淮斯托斯（Ήφαίστος），希腊工匠神，冶炼神。

卫士阶层用另一种技艺为我们提供安全，他们受到阿瑞斯和雅典娜的保佑。我们有很好的理由说明第二种情况下的神的保佑与第一种情况是一样的。他们都在为国家和民众连续提供服务，后一种人的服务形式是打仗，前一种人的服务形式是生产各种工具和生活用品供人们使用。对保护神的敬畏使他们不会违反合同。

73. 但若一名工匠由于疏忽而没有在预定时间内完成任务，【921】忘记了敬畏使他得以为生的神，并愚蠢地把神想象为一名会允许他这样做的伙伴，那么他首先要面对神的责问，其次要有法律来对他进行制裁。如果有人没有遵守与雇主商定的合约，在规定时间内完成某项工作，那么他就欠下雇主一笔等于这项工作价钱的债务，要从头开始在商定的时间内重新做这项工作。法律对订立合同的人提出的建议与对卖方提出的建议一样。

【b】法律建议卖方不能索要很高的价钱，而要根据货物的真实价值定价；法律也要向订立合同的人提出同样的建议，作为一名工匠，他当然知道自己工作的真实价值。在一个自由民的城邦里，工匠决不能利用他的专业知识欺骗那些不懂专门知识的人，从他们那里捞取好处，尽管知识本身应当说是一件诚实、公义的东西，受到这种伤害的人必须得到法律的补偿。另一方面，【c】与工匠订立合同的人如果没有严格按照具有法律效力的合约支付工匠的工资，那么也要有相应的法律来制裁这种违法行为，因为这是对宙斯，我们国家的保护神，还有对雅典娜的羞辱，两位神在我们城邦中是合伙人，这是一种为了蝇头小利而破坏城邦最高联系的行为。

74. 如果雇主没有在约定的时间内支付工钱，那么雇主要支付双倍的工钱。如果雇主在一年内都没有支付工钱，那么他除了支付工钱外还要支付利息，【d】而我们说过其他贷款都没有利息，拖欠的工钱每个德拉克玛每月要支付一个小银币的利息。

这样的惩罚要由部落法庭来审理。

由于我们已经提出了有关工匠的主题，所以我们只需简略提到从事战争的工匠，包括将军和其他军事专家。他们在一定意义上也是工匠，尽管是不同类别的工匠。如果他们中有人为公家从事某项工作，【e】无论是作为志愿者还是根据命令，并且完成得很好，那么法律会高度赞扬向他支付工资的公民，亦即给他荣誉，但若公民们一方面接受了他完成得很好的工作，另一方面却又拒绝给他荣誉，那么法律要对这样的公民进行申斥。我们对这些英雄要进行赞扬，与此相配我们还要执行下述法律，不过这些法律更具有建议性质而非强制性的。【922】用他的勇敢行为或军事技艺为保卫我们整个城邦做出贡献的勇士应当得到第二等级的荣誉。而我们的最高荣誉则必须授予那些拥有最优秀品德的人，那些完全遵守我们的优秀立法者制定的法律的人。

现在可以说，我们已经完成了对人与人之间的商业关系的更加重要的立法，只有监护人对孤儿的供养和监管问题还没有涉及。这是我们下一步要尽力加以规范的领域。【b】提出这个问题的依据在于人们不知如何处置死者的财产，在有些情况下，死者并没有做过这样的安排。克利尼亚，我为什么要说"尽力加以规范"呢？因为这个问题太复杂，牵涉到许多方面。这种事情我们肯定要制定法规。人们在生命将要终结时立下遗嘱，但有些遗嘱与法律有抵触，【c】也有人会立下前后不一致的遗嘱，要么与亲属的意愿不符，要么与他自己较早的遗嘱不符。你要知道，我们中的大多数人在濒临死亡时已经神智不清了，我想我可以这样说。

克　是的，先生，那又怎样？

雅　克利尼亚，垂死之人很难对付，他的想法会给立法者带来很大的困惑。

克　怎么会这样呢？请你解释一下。

雅　【d】他想要自行其是，所以他的语言充满情感色彩。

克　语言，什么语言？

雅　他会说，天哪！如果我不能完全自由地把我的财产留给某人，或者随自己的意愿，根据我生病、年迈和其他各种生活状况给这个人较多财产，给那个人较少财产，那么真是一种耻辱。

克　他说得很对呀，先生，难道你不这样想？

雅　【e】嗯，克利尼亚，我认为我们的立法者过去太软弱了，他们的法典立足于对生活的当前看法，而他们对人生的理解则是不完善的。

克　为什么不完善？

雅　嗯，我亲爱的先生，他们害怕受到抱怨，这就是他们允许立遗嘱者可以随意处理财产的原因。你我必须以一种更加合适的方法对这个城邦中的老人做出回答。

【923】假定这些人事实上只有一天好活了，那么我们要对他们说：朋友们，从当前的情况来看，你们很难明白什么是你自己的财产，更难像德尔斐神庙的铭文说的那样，"认识你自己"。所以，作为一名立法者，我要向你们宣布，你们的人和你们的财产都不是你们自己的，而是属于你的整个世系，过去的和未来的，【b】再进一步说，世系和财产属于国家。正因为如此，所以我不能允许你在年迈体衰、神智不清时听了那些阿谀奉承的话就错误地安排遗产。我的法律着眼于整个城邦和你的整个家族的最大利益，而具体某个人或某个人的事务，则是不重要的。安宁地离开我们吧，祝你一路上交好运，这是所有人都要经历的事情。你留下的东西应当由我们来考虑，【c】我们一定会本着公心，细心地加以安排。

诸如此类对将死之人的劝告构成了我们的序言，克利尼亚。而我们的法规是：凡有人立下书面遗嘱，那么首先应当以他的儿子作为他的遗产的合法继承人。如果他有另外一个儿子，但已被其他公民收养，那么这个儿子的名字也应该写上。【d】但若他还有一个儿子，没有被其他家庭收养，而是按照法律的规定要去海外定居，那么他有权按自己的意愿把他认为适当的财产留给这样的儿子，家庭房产及其所有设备除外。如果这样的儿子不止一个，那么这位父亲可以把他的财产分给他们，家庭房产除外，怎么分配由他自己定。但若有一个儿子已经拥有一所房屋，那就不应再把浮财分给他。如果有女儿，也要按照相同的情况处理，没有订婚的女儿可以得到一份遗产，【e】但若已经订婚就不能再得遗产。如果后来发现有这样的儿子或女儿根据死者的遗愿得到了一份土地，那么应当把这份土地交到继承人手中。如果立遗嘱者的遗属都是女的，那么他应当按自己的意愿选择一个已经结婚生子的女儿，以她的丈夫为财产继承人。如果某人的儿子，不管是自己生的还是过继的，在未成年之前就已经死去，【924】那么立遗嘱者应当再过继一名儿童，以图吉祥。如果立遗嘱人完全没有子女，那么他可以把自己全部财产的十分之一留给任何人，其余部分则要留给过继来的继承人，这样的事要经过法律的批准，一方要情愿，另一方要感谢。当这样的儿童需要监护人时，如果死者表达过自己的意愿，说过要有几个监护人，或者说过他们是谁，【b】那么被提名的监护人就要执行死者的意愿，以这种方式得到提名的监护人是不可改变的。如果某人完全没有留下遗嘱或指定监护人，那么他的父母两系的亲属将是合法的监护人，两位来自父系，两位来自母系，再加上一名死者的朋友，由执法官指定他们担任死者过继的儿子的监护人。【c】负责监护收养事务的机构要由十五名执法官领导，他们是执法官中老资格的成员，通常分成三组，按照年资，每个组负责一年，直到五年任期满了为止，这样的轮换秩序不能打乱。

如果死者没有留下遗嘱，而他的儿女需要有监护人的照料，那么相关的法律也适用于他们。【d】公民如果考虑到自己会因某种无法预料的事情而丧生，留下女儿没人照顾，那么他必须按照立法者的建议，为女儿指定两名近亲做监护人。第三位监护人，这是做父亲的人需要注意的，实际上是从全体公民中选择一名品性最适宜做他的儿子，并且可以做他女儿新郎的人，【e】但是立法者可以忽略这件事，因为这几乎是不可能的。对这种情况我们可以制定的最好法律是：如果无遗嘱的人留下了女儿，死者父系方面的一名没有继承遗产的兄弟或母系方面的一名没有继承遗产的兄弟应该得到死者的女儿，继承死者的遗产。如果不是兄弟而是兄弟的儿子，只要年龄适当，这条法律也适用。如果都没有，那么死者姐妹的儿子也适用。父亲的兄弟将是第四继承人，父亲的兄弟的儿子是第五继承人，父亲的姐妹的儿子是第六继承人。在各种情况下，女性都不能作为继承人，家庭中的继承要按照这样的顺序通过兄弟姐妹及其后代来尽可能保持血缘关系，在同辈人中，【925】男性对女性具有优先权。这样的婚配是否适宜，要在适当的时候进行检查，检查者要亲眼看到男子全裸，女子裸到肚脐。如果这个家庭的近亲到了兄弟的孙子一辈，乃至于曾孙一辈都没有了，那么这位姑娘就自由了，经监护人的同意，她可以在公民中选择自己的配偶，如果对方同意，【b】那么这位公民就可以成为死者的继承人，成为死者女儿的丈夫。还有，生活中充满各种偶发事件，尽管我们想得很周到，但仍旧会有某些时候在整个国家里都找不到继承人。如果某位姑娘找不到丈夫，但却在某个殖民地有她的意中人，想要他成为自己父亲的继承人，如果这位意中人是她的亲属，那么这位被派往殖民地的亲属可以在法律的允许下前来继承财产，如果这位意中人不是亲属，那么只有在国内没有亲属的情况下，【c】并在死者的女儿及其监护人同意的情况下，才能允许他回国结婚，继承遗产。

如果某个人没有子女，死去时也没有留下遗嘱，那么上述法律仍适用于这种情况，但如我们所说，要从他的家族中选出一男一女，结成配偶，让他们去接续死者的香火，死者的遗产也就合法地归他们所有。继承的顺序是：死者的姐妹、死者兄弟的女儿、【d】死者姐妹的女儿、死者父亲的兄弟的女儿、死者父亲的姐妹的女儿。这种安排的依据是上述法律的要求，是为了保持宗教所要求的亲缘关系。当然了，我们一定不要忘了这样的法律可以是一种沉重的负担，有时候很难要求一名和死者有血缘关系的人与他的女亲属结婚，还有，有些人患有身体和精神上的疾病，【e】要服从法律的要求与这样的人结婚也有许多障碍。因此人们会认为立法者对此无动于衷，但这是一种误解。所以你必须把我的这些看法当做以立法者的名义对那些不留遗嘱的人提出来的，立法者关心的是公共利益，很难花同样的力气去控制私人的命运，【926】因此不能将这样的法律视做对不留遗嘱者和接受法律者的宽容，只是有时候他们会发现自己无法漠视事实而执行这些法令。

克　那么让我来问你，先生，处理这种情况的最好方法是什么？

雅　在这样的情况下，克利尼亚，我们必须在法律和民众之间指定一名仲裁者。

克　请你解释一下。

雅　有时候，富裕的父亲很难让自己的儿子去与他贫穷的表姐妹结婚，【b】因为他还有更高的期望，想要有一门更好的亲事。有时候，一个人不得不违抗法律的旨意，因为立法者要他做的事情是灾难性的，比如法律要他去入赘的那个家庭有疯子，或正受着身体和精神方面的折磨，从而使得他在那个家庭中的生活变得无法忍受。所以，关于这个问题我还要加上一些法规。如果有人抱怨现行的法律，【c】遗产法或其他法，尤其是婚姻法，并且当众发誓不能按立法者的要求去做，不能与对方结婚，而当事人及其亲属或监护人的意见又和他相左，那么立法者会要求十五名执法官作为仲裁者来处理这个案子。他们将召集当事人以及相关人员，【d】听取他们的争辩，做出最后的裁决。如果有人认为赋予执法官们的这种权力太大了，那么他可以要求由其他法庭来审判。

75.如果他输掉了官司，那么立法者要对他进行申斥和羞辱，对任何有理智的人来说，这样的惩罚远远大于一笔巨大的罚款。

这样一来，我们的孤儿就好像经历了一番重生。【e】他们第一次出生后该如何抚养和训练我们已经说过了。而在这番无父无母的重生中，我们必须要做的事情就是制订一个计划，使他们能够克服各种不幸和困顿。首先，关于他们的行为我们要制定法律，要指定最好的执法官做他们的父母，就像他们的亲生父母一样。其次，我们每年都要专门指定三位执法官来照料这些孤儿，对待他们就像对待自己的亲生儿女一样，【927】我们一致同意让这些官员来负责抚养孤儿的事务，就像所有监护人一样。事实上，我确实相信在这些事情中有某种真正的机遇，人死后离去的灵魂还会重新拥有人的生命。表达这一寓意的故事可以很长，但它们是真的，考虑到关于这一主题的传说内容有多么丰富，有多么值得敬畏时，我们必须相信这些传说，尤其是立法者必须相信，因为他们已经批准了这种信仰，除非我们把立法者当做毫无理智的人。如果这些都是真的，那么首先就要对众天神表示敬畏，【b】它们从天上关注着这些孤儿；其次是要敬畏那些亡灵，天性使它们特别关注自己的遗孤，敬重它们就是向它们示好，而轻视它们则是向它们示恶。最后，要敬畏那些仍旧还活着的人的灵魂，尤其是那些年迈的和德高望重的人。一个拥有良好法律的国家会得到神明的保佑，儿童们会对这样的人表示热情，信任照顾他们的人。他们对这种事情的视觉和听觉是敏锐的。对在他们中间公正行事的人，他们抱有善意，【c】对践踏无依无靠的孤儿的人，他们满怀仇恨。监护人和执政官如果有理智，无论如何怠慢，也应当敬畏神灵，关心孤儿的抚养与教育，尽力为他们做好事，就像对待自己和自己的儿子一样。

所以，聆听我们的序言，【d】不伤害这些孤儿的人不会引起立法者的愤怒。

76.如果有人不听劝诫，伤害无父母的孤儿，他必须支付罚金做出赔偿，两倍于对父母健在的儿童造成同等伤害做出的赔偿。

我们在上面只是一般地谈论了孤儿的监护人，或者负责监护事务的执政官，但他们还没有现成的如何抚养孤儿和管理遗产的模式，或者说还没有一条具体的法规告诉他们如何处理这些事务，【e】在孤儿的监护方面也还没有具体的监护法，而现有的各种具体法规会使孤儿的生活与其他孩子有明显差别。情况就是这样，在我们的城邦里有关孤儿的抚养与其他在亲生父母照料下成长的孩子应该没有很大的差别，尽管两类孩子的公共地位和所受到的照料有所不同。正是因为存在着差别，因此我们的法律非常热忱地提出告诫，并制定有关孤儿的各种法规。【928】我们还可以进一步提出最合理的处理方法。由执法官指派的男女婴儿的监护人，对待自己的孩子不得优于对待这些丧失了亲人的孤儿，要像对待自己的财产一样对待由他管理的遗产，甚至比对待自己的财产更加精心。应当把这一条定为法律，【b】而且是唯一的法律，依此执行对孤儿的监护。

77.如果这条法律受到违反，监护人要受到执政官的处罚；执政官应受到特别法庭的审判，接受双倍的处罚，罚金由法庭裁定。

如果有家庭或公民指控监护人对孤儿漠不关心或不诚心，那么这样的案子也要在相同的法庭审理，

78.违法事件一经证实，监护人需要支付的赔偿金高达被他挪用的财产的四倍，【c】一半归孤儿，一半归原告。

如果孤儿使多数人相信他的监护人有违法行为，那么任何时候都可以解除监护人原有的长达五年的监护权。

79.如果发现监护人有罪，将由法庭来决定给予什么样的惩罚或罚款；【d】如果发现执政官疏于职守，也要由法庭来决定他应当缴纳多少罚款。

如果发现执法官有营私舞弊的行为，那么他不仅要缴纳罚款，还要被撤职，由新的执法官来取代他的职位。

父子之间有时会出现很大的纠纷，比人们通常想象的还要大。做父亲的老是认为立法者应当授权给自己，如果自己认为适当，就可以公开宣布

与儿子脱离父子关系，并具有法律效力，【e】而做儿子的总是期待当局能启动法律程序来反对因年迈或疾病而变得疯狂暴虐的父亲。这种纠纷的根源一般可以在当事人邪恶的品性中找到，在有些情况下只有一方是邪恶的，比如说儿子是邪恶的，而父亲不是，或者正好相反，这样的不和一般说来不会带来灾难性的后果。在任何城邦中，我们的城邦除外，没有继承权的儿子不一定失去公民权，但在实施我们这些法律的城邦里，被父亲抛弃的人只能移居远方，【929】因为我们允诺不增加我们的居民总数，即五千零四十个家庭。因此，从法律上说，这个儿子不仅被他的父亲所抛弃，而且被所有亲属抛弃。因此，我们的法律还要提供一些具体规定来处理这种情况。无论有没有正当的理由，当一个人想要驱逐他的亲生儿子时，必须履行相应的法律程序，不能自行其是。【b】他首先要召集他和他的妻子的亲属，到侄儿一辈，当着他们的面宣布他的决定，取得他们的谅解，并且保证给这个儿子与其他儿子相同的动产。如果他能够取得半数以上亲属的同意——这里讲的过半数包括当事人、当事人的父母，【c】以及其他男女亲属，甚至也包括那些尚未成年的人——那么这位父亲就可以驱逐儿子了，当然了，他要遵守已经讲过的这些条件。如果有公民想要过继这位被驱逐的儿子，那么从法律上来说没有什么障碍，生活通常会使年轻人的脾气发生改变；但若在十年内都没有公民想要过继他，【d】那么就要由那些负责处理多余人口的官员来处理这件事，这些多余的儿童命中注定要移居到外国去，但要保证他们能找到定居的地方。如果疾病、年纪、怪癖，或者这些原因加在一起，使某人的心灵变得极为暴虐，而这一事实除了与他每日生活在一起的人没有别人知道，尽管他是一家之主，但实际上却在浪费家庭的财产，而他的儿子又不知如何改变这种状况，想要把他告上法庭，在这种情况下，【e】法律要求这个儿子首先去见年纪最大的执法官，向他们报告父亲的情况。执法官们会进行详细的调查，然后再来与他商量要不要起诉。如果他们的建议是起诉，那么就可进入法律程序，发出抱怨的儿子既是证人又是原告。

80.如果案子查实，这位父亲从今以后要失去处置他的财产的权利，哪怕是最小的物品，他的余生都要被当做一名儿童来对待。

如果丈夫和妻子之间由于坏脾气而想要离婚，这样的案子在各种情况下都要由十名年龄不同的男执法官和十名负责监护事务的妇女来处理。【930】如果他们能够成功地使夫妻复和，那么万事大吉；如果无法调解冲突，反而使夫妻之间的对立更加剧烈，那么就要由他们来为当事的双方寻找最佳配偶。想要离婚的人脾气都不会好到哪里去，因此我们要尽可能寻找好脾气的人来做他们的新配偶。如果离婚者没有子女，或子女很少，那么在给他们寻找新配偶时还要考虑到生育问题。如果他们已经有了足够的子女，【b】那么在判决他们离婚或给他们重新寻找配偶时，主要的考虑就应是年纪和相互照顾的问题。如果一名妇女去世时留下了男孩或女孩，那么我们的法律要建议，但不是强迫，由她的丈夫抚养孩子，不能再给他们找一个后母；如果没有子女，那么鳏夫可以再娶，直到他有了自己的孩子，而对家庭和国家来说，【c】他的子女的数量又足够多为止。如果做丈夫的死了，留下了足够多的孩子，那么做妻子的应当留在家庭中抚养他们长大。但若她还太年轻，没有男人对她的健康不利，那么她的亲属可以与负责监护的人联系，做出妥善的安排。如果她缺少子女，那么这个因素也要加以考虑，【d】从法律上讲，拥有足够的子女意味着至少有一儿一女。

父母关系一旦确定，下一步就要决定所生育的子女的地位问题。如果一名女奴与奴隶、自由民或获得自由的奴隶生育，那么所生的后代全部属于女奴的主人；如果身为自由民的妇女与男奴隶生育，那么所生的后代属于男奴隶的主人；如果男奴隶主与他自己的女奴生育，或者女奴隶主与她的男奴隶生育，这种事情当然是臭名昭著的，那么女奴隶主的孩子要与他的父亲一道，男奴隶主的孩子要与他的母亲一道被遣送到外国去，【e】前者由管理妇女的官员来执行，后者由执法官来执行。

神灵或理智健全的人都不会对忤逆父母的问题提什么建议。聪明人应当明白我们现在所说的有关崇拜神明的法律序言也都适用于对父母尊敬与否的问题。全世界关于崇拜的原始规则都有两重性。我们崇拜的众神中有些显然是可见的，还有一些神是不可见的，因此我们建立了它们的偶像，相信当我们崇拜这些无生命的偶像时，【931】我们就能赢得它们所代表的活神的充分青睐和恩典。所以当人们有年老体弱、生命将要终结的父母在家时，应当记住有这样的人在家里会使家中的炉灶变得神圣，如果能够正确地崇拜它，没有任何偶像能比它起到更好的作用。

克　【b】你说的这种正确崇拜是什么意思？

雅　嗯，我会告诉你的。我的朋友，这确实是一个值得我们注意的主题。

克　你继续说吧。

雅　我们常说，俄狄甫斯的儿子对他不尊重，于是他就诅咒他们，这是一个人们熟悉的故事，你知道上苍最后如何满足了他的祈求？还有，福尼克斯①受到他的父亲阿弥托耳②的愤怒地诅咒，希波吕特③被他的父亲忒修斯诅咒，以及其他一些相似的故事，它们都起着同样的效果，【c】清楚地证明了上苍会应父母的祈求惩罚子女。父母祈求上苍惩罚子女比其他的祈求更有效，而且只有这样做才是对的。如果说，当子女忤逆父母时，神明会应父母的祈求对子女做出惩罚，这才符合事物的秩序，那么应当明白，当子女孝敬父母时，他们会非常快乐，转而热切地为子女祈福，【d】而我们也必须这样想，上苍会聆听这一类祈求，并不亚于聆听另一类祈求，给子女降福。如果情况不是这样的话，那么神的赐福就不公平了，而这种念头我们连想都不应该想。

克　这种念头确实不对。

雅　所以，如我刚才所说，我们必须相信，在上苍眼中，没有比一位年

---

①　福尼克斯（Φοίνικος），人名。

②　阿弥托耳（Ἀμύντωρ），人名。

③　希波吕特（Ἱππόλυτος），人名。

迈的父亲或祖父，或者年迈的母亲或祖母更宝贵的形象了。如果人们崇拜他们，尊敬他们，那么连上苍也会感到快乐，或者说上苍就不会听到他们的祈求了。实际上，作为祖先的人是神的影像，他们胜过任何无生命的雕像。【e】当我们崇拜这些活的影像时，他们将一直支持我们为自己所做的祈祷①，如果我们对他们不孝，那么他们就会做出相反的祈祷，而做子女的既不能进行这样的祈祷，也不能进行相反的祈祷。所以，对父亲、祖父和其他祖先尽孝的找不到其他更加有效的影像可以保证为他得到上苍的青睐。

克　你说得好极了！

雅　一切理智正常的人都会敬畏父母的祈祷，他们知道这些祈求会在什么时候起作用。这是一种符合自然的安排，好人看到自己年迈的长者吐出生命的最后一丝气息，【932】长者的死对年轻人来说是一种最沉重的打击，而对坏人来说，长者的死对他们是一种最真实的、最深刻的警告。因此，我希望所有人都能听从我们当前的劝告，孝敬父母。如果还有人对此置若罔闻，那么下述法规就是针对他们的。在我们的国家里，如果有人怠慢他的父母，【b】没有精心满足父母的愿望，而对自己的子女和对自己的照顾超过对父母的照料，那么知情者都可以到三位年长的执法官和三位负责赡养事务的妇女那里去告发他，他们可以亲自去告发，或者让别人代表自己去。这些官员将审理案件，如果不孝者是男的，还很年轻，不足三十岁，那么要用鞭笞和监禁来处罚他；如果不孝者是女的，那么要把她当做四十岁的妇女来处罚。【c】如果有人过了这个年龄仍旧不孝顺父母，或者虐待父母，那么要由一个一百零一名最年长的公民组成的法庭来审判。

81.如果他的罪行得到确认，那么法庭要决定罚款或给予其他惩罚，不得赦免。

---

①　指父母为子女祈祷。

如果有人受到虐待而又不能上诉，【d】那么任何知情的自由民都可以向当局告发。

82.如果他知情不报，那么必须视他为懦夫，也要受到相应的惩罚。

如果告发者是一名奴隶，那么他可以因此而获得自由。如果他的主人就是那个虐待父母的人，那么执政官会宣布他获得自由；如果他的主人是另一位公民，那么他的身价由公家支付。当局还有义务保障他的安全，以免他因告发而受到报复。

【e】现在来谈谈投毒造成伤害的问题，我们已经整个儿地处理了伤害致死的问题，但还没有涉及那些故意地、有目的地使用食物、饮料、油膏造成伤害的案子。使我们在此处停顿的原因是人类以两种不同方式使用毒物。【933】我们刚才已经指出的这种形式是通过他人的行为以普通办法对人体造成伤害。还有一种形式是通过技艺、巫术、符咒、咒语起作用，施行这些技艺的人使人们相信他们拥有这种为害的能力，而那些受害者则相信施行这些技艺的人能使自己着魔。这些事情的真相很难弄清，要是这些技艺很容易学，那么令他人信服倒是一件易事了。要想在心中清除各种疑点，比如弄清他们是否能在门口、十字路口、坟墓边看到蜡制的小人，那确实是在白费气力，【b】对这些问题不可能有什么确定的答案。因此，我们将按照使用毒物的方式把关于毒物的法律分成两章。但首先我们要声明，我们不希望、不要求、不建议使用毒物，我们不能在人类中制造恐怖，【c】因为大部分人都像婴儿一样容易受到惊吓，也不能要求立法者或法官找到治疗这些恐怖的方法。我们要说，投毒的人首先不知道自己在做什么，除非他是医学专家或健身专家，或者是懂巫术的预言家或先知。所以，【d】关于毒物的法律应当这样写：

83.任何人投毒，或利用别人投毒，没有造成人员死亡，但对牲畜和蜂群造成了死亡，那么在罪行得到确证以后，如果投毒者是一名医生，就要判死刑，如果投毒者不是毒物专家，那么就要判处罚款，金额由法庭决定。

84.任何人涉嫌利用巫术、【e】咒语或其他妖术造成伤害，罪行得到确证以后，如果他是先知或占卜师，那么就要判处死刑，如果他不是巫师，那么就按照前面的情况来处理，由法庭来决定对他的处罚或罚款。

在各种盗窃和抢劫中使用暴力而造成伤害的案子，罪犯要按照伤害程度向受害者做出相应的赔偿，在每个案子中赔偿都要充分。【934】除了赔偿之外，罪犯还要缴纳罚款，以起到矫正的目的。如果罪犯是在别人的唆使下而走上邪路的，而当别人引诱他时，他进行过反抗，那么在这样的情况下对罪犯的处罚要轻一些；如果犯罪的原因是由于他自己的愚蠢，是因为他自己不能抗拒快乐或痛苦，或者迫于情欲、妒忌、愤怒的压力，那么对罪犯的处罚要重一些。惩罚的目的不是为了取消罪恶——【b】已经做过的事情是不可能消除的——而是为了使罪犯以及所有看到他受惩罚的人在将来可以不再犯罪，或者至少使大部分人不再陷入如此可怕的状况。出于上述理由和目的，法律必须小心行事以实现自己的目的，对具体的罪行要精确量刑，赔偿的金额也要准确计量。法官也有同样的任务，他要为法律服务，法律把矫正罪犯的工作留给法官，由法官来确定罚款或处罚，【c】在这种情况下，立法者就好像一名设计师，把与整部法典相应的一些蓝图设计出来。事实上，麦吉卢和克利尼亚，这就是你们和我现在正在尽全力做的事，我们必须在众神和众神之子允许我们立法的范围内，具体规定对各种偷窃和抢劫的处罚。

这个国家不允许精神病人自由活动，病人的亲属要把他们平安地关在家里，无论用什么办法都行，违者罚款。

85.如果他们不能这样做，无论是奴隶还是自由民，【d】那么他们必须支付罚款，属于最高财产等级的人罚款一百德拉克玛，属于第二财产等级的人罚款八十德拉克玛，属于第三财产等级的人罚款六十德拉克玛，属于第四财产等级的人罚款四十德拉克玛。

有几种疯狂，是由几种原因引起的。我们刚才提到的这种疯狂的根源是生病，但还有另一种疯狂的根源在于有一种不良的愤怒天性，再加上错误的训练而使这种天性得到加强。这种人稍微遇到一点不顺心的小事就要勃然大怒，【e】辱骂别人，这样的行为在一个秩序井然的城邦里是完全出格的。因此我们要制定一条关于骂人的法律来处理这些人，条文如下：无人可以谩骂他人。参加辩论的任何人都应当听取对方的意见，也应该当着对方的面提出自己的看法，但不能谩骂对方。当争论者像饶舌的泼妇一样开始用粗俗难听的话语辱骂对方的时候，【935】这样的话语产生的最初结果就是播下仇恨的种子，尽管这些话语本身就像空气一样轻薄。激情是一种有着邪恶倾向的东西，说话人的愤怒毒害着他的激情，使他原来所受的合乎人性的教育和教养又一次转变为兽性，心中压抑着的积怨使他成为一头野兽，这就是他追求的激情回归给他带来的悲哀。【b】此外，这样的争论经常转变为嘲笑对方，而这样做对自己绝无帮助，因为在嘲笑对手的时候他自己的尊严中最重要的性质也失去了。由于这些原因，人们在任何神庙或公共献祭中都不能使用嘲笑的语言，在公共体育活动、市场、法庭，或其他公共场所都不能用。

86.如果有人不能这样做，【c】那就要取消他参加竞赛获奖的资格，作为一名无视法律的人，他也不能履行立法者赋予他的各种义务。

87.如果在其他场合，有人不能约束自己骂人的习惯，无论是他自己讲话，还是在回答问题，路过者，只要比冒犯者年长，都可以为了维护法律的尊严而动手打他，使他的坏脾气变好。

88.如果路过者不能这样做，他也要受到相应的处罚。

现在请你们注意听我的想法。当人们在相互挖苦对方的时候，有些人会黔驴技穷，在这种情况下，【d】勃然大怒也就势在必行了，而这种愤怒的激情正是我所要谴责的。但是接下去又会怎么样呢？喜剧家们为了实现他们的目的，讥笑他们的同胞，但不发火，我们难道也要像他们一样努力去嘲笑人类吗？我们要不要在玩笑和真实之间划一条界线，允许人们可以相互开玩笑，但不要生气，【e】但要绝对禁止我们已经说过的这种嘲笑，亦即愤怒地谩骂对方？这种限制性的条款一定不能取消，但法律一定要具体明确什么人可以这样做，什么人不能这样做。使公民发笑的喜剧作家、讽刺诗或抒情诗都要禁止，不管是借助语词还是借助姿势，也不管是带着激情还是不带激情；在节庆中如果有人不服从庆典主持人的规定，那么主持人有权把他从这个国家赶出去，在一段时间内不得返回。

89.如果后者没有采取这个行动，【936】他们必须支付罚款三百德拉克玛，献给这些节庆荣耀的神灵。

那些早先已经得到许可创作针对个人的讽刺作品的人可以相互讽刺，但不能认真，不能发火。这条界线实际上该怎么划，应当由主管儿童教育的官员来决定。如果得到他的批准，那么这样作品就可以公开演出；如果没有得到他的批准，那么创作者既不能上诉，也不能训练任何人，【b】奴隶或自由民，上演他的作品，

90.如果他这样做了，他就得到无赖的名声，成为法律的敌人。

真正值得遗憾的对象不是饥饿或有其他类似紧迫需要的人，而是那些有着清醒灵魂的人，或拥有其他美德的人，或分有这些美德的人，遇上了不幸。甚至在一个体制和公民都处于中等状态的国家里，要找到完全被遗弃乃至于要成为乞丐的人，奴隶或自由民，也是很奇怪的现象。如果立法者制定下述法

律，那么这些人不会有危险。【c】我们的国家不能有乞丐。如果有人想当乞丐，以乞讨为生，那么市场官员要把他赶出市场，市政官员要把他赶出城市，乡村巡视员要把他赶出国境，这样一来我们的国土上就不会有这样的人了。

如果一个人的财产被别人的男女奴隶侵犯，【d】而他自己又不是因为胆小而不保护自己的财产或管理不善，那么造成财产损失的这些奴隶的主人要全额赔偿，还要交出罪犯。如果这位主人声称这种伤害是由双方冲突而引起的，而那个奴隶只是在制止冲突中造成了不幸，说这些话的目的在于包庇他的奴隶，那么这位主人可以向法庭起诉。【e】如果官司打赢了，他可以获得由法庭确定的这名奴隶双倍价钱的赔款，

91. 如果他官司打输了，那么他必须赔偿损失并交出这名奴隶。
92. 如果邻居家的财产被马、狗或其他家畜毁坏，那么这些家畜的主人要负责赔偿损失。

如果有人在接到传票时拒绝出庭作证，那么他要因此而受到审判。如果他知道事情真相并打算作证，那么他可以在法庭上作证；如果他说自己对事实真相一无所知，那么他要以三位神的名义起誓，宙斯、阿波罗、塞米司[①]，然后方可离开法庭。【937】任何接到传讯但拒绝提供证据的人都要负法律责任。法官审理案件需要证据时可以要求人们提供证据，采取这样的行动并不需要投票。身为自由民的妇女如果年满四十，那么她有权提供证据；如果她没有丈夫，那么她还有权充当原告，但若她的丈夫还活着，那么她只能当证人。男女奴隶和小孩也可以当证人，【b】但只适用于杀人案，法庭要为他们提供充分的安全措施。但若有人提出抗辩，证明他们的证词虚假，那么宣誓作证的证人就要等候对他的审判。发伪誓的原告或辩护人可以在判决之前听取有

---

① 塞米司（Θέμις），掌管法律和正义的女神，乌拉诺斯和该亚的女儿。

异议者对证词的全部或部分抗辩，有异议者的抗辩要得到双方的同意，由官员记录在案，以便最后确定有无作伪证。【c】两次作伪证的人今后不再负有出庭做证的法律义务，三次作伪证的人就更加没有资格做证人了。执政官要逮捕那些三次作伪证的人，送交某个法庭，

93.如果发现他有罪，必须判处他死刑。

无论什么时候要是发现某个诉讼当事人赢得官司所依靠的证据是虚假的，如果虚假的证据超过所有证据的半数或半数以上，【d】原来的判决就要废除，案件要重新进行调查，确定原判是否主要依据这些虚假的证据，根据调查的结果最后确定原判是否成立。

生活中充满着美好的事物，但是大部分美好的事物都受到那些肮脏的寄生虫的玷污。比如说，正义对人类来说是一种不可否认的恩惠，【e】它使得整个人类的生活得以可能。但若说正义是这样一种幸福，那么为什么还会有对非正义的拥护呢？我们看到，邪恶把自己包裹在某种专门技艺中，以这种技艺的名字出现，从而给幸福带来恶名。它一开始承认有某种管理人的法律事务的方法——实际上它本身就是人管理自己这方面事务的方法和帮助别人管理这类事务的方法——说这种方法可以保证人们在法律诉讼中获胜，无论当事人的行为是否正确。【938】它还说这种技艺本身和它教导的雄辩术是一种礼物，任何人都可以用它来挣钱。现在，要是能做到的话，我们一定不能让这种方法，无论它是技艺还是无技艺的经验性的技巧，在我们的城邦中扎根。立法者要号召人们服从正义，对于服从正义的人法律并没有什么要说，而对那些不服从正义的人，法律将说出这样一番话来：任何人被怀疑试图歪曲和改变法官心中的正义标准，【b】错误地扩大法律诉讼的数量，或错误地增加诉讼，都要受到法律的制裁，他们的罪名在不同情况下是歪曲正义，或是煽动这样的歪曲。这种罪行要由挑选出来的法官组成的法庭审理，如果罪行得到确证，那么法庭将在审理中确定当事人的这种行为是出于政治上的野

心，还是出于对金钱的贪婪。

94. 如果法庭相信他的动机是好斗，那么法庭将规定一个期限，在此期间他无权上法庭控告任何人，也不能帮助任何人打官司。【c】如果他的动机是对钱财的贪婪，那么如果他是外国人，就要把他驱逐出境，私自返回的要处死，如果他是本邦公民，就要判处他死刑，免得他终生爱慕金钱。

95. 如果确证一个人由于好斗而再次重犯这样的罪行，必须判处他死刑。

第十二卷

雅　【941】如果一名派驻外国的大使或公使对国家不忠诚，无论误传信件，还是歪曲信息，出于善意或敌意，这样的人作为使节或公使，都要受到渎神罪的指控，因为他们的行为违抗了赫耳墨斯①和宙斯的派遣和旨意。

96. 如果他被确认有罪，【b】他必须接受惩罚或罚款，相应的金额由法庭确定。

偷窃是一种肮脏的行为，公开抢劫更是罪大恶极。宙斯的儿子既不会偷，也不会抢，更不会对同类实施欺骗和暴力。我们中间如果有人犯下这样的罪行，那么他受到惩罚是应该的，因为他竟然相信诗人和寓言家的谎言，以为偷窃与抢劫不是一种可耻的行为，众神自己也这样干。这种故事绝不是真理，也不像真理，犯有这种过失的既不是神，也不是任何神的儿子。【c】

---

①　赫耳墨斯（Ἑρμῆς），希腊神灵。

在这些事情上，立法者比诗人知道得更多。所以，如果有人接受我们的建议，那么对他们来说是件好事，而且是一件大好事！但若不服从，嗯，那么他们将面临法律的制裁。盗窃公物者，无论物品大小，都同样要受到审判。因为偷小东西的人不是因为他偷窃的欲望较小，而是因为他的手没什么力气，而那些偷大东西的罪犯，只要偷了也就是在犯罪。由于这些原因，【d】法律对盗窃和抢劫这两种罪犯的处罚有轻有重，但这样做的原因不是因为被偷或被抢的物品有大小，而是因为一种罪犯也许还能挽救，而另一种罪犯已经不可救药了。

97.如果有人在法庭上成功地指控一名外国人或奴隶犯有盗窃公物罪，应当视罪犯是否可以挽救来确定对他的罚款或处罚。【942】如果罪犯是一位公民，尽管他受过教育，但被确定犯了抢劫罪或攻打他自己的祖国，那么无论他有没有杀人，必须把他当做不可救药之人处以死刑。

关于我们的军队组织需要按照它的本性提出许多建议，制定许多规则，但总的原则是：男女武士都不能没有上级的监管，任何武士无论在游戏中还是在正式场合都不能按自己的意愿自行其是，【b】他们无论在战时还是平时都要与长官住在一起，接受他的领导，立定、前进、操练、洗澡、吃饭、站岗、巡逻、放哨，一举一动都要按长官的命令办事，在长官的指挥下战斗、【c】追击、撤退，总而言之一句话，要使全体武士习惯共同生活，共同战斗，成为一个坚不可摧的团体。人们既没有也不可能发现比这更好的规则和保证军队取胜的军事技艺了。在和平时期，我们从小开始就要接受这种训练，掌握这种指挥和被指挥的技艺。无政府主义——缺乏指挥员——【d】应当从人类生活中根除，而一切兽类处在人的支配之下。尤其是，我们的民众在歌舞队的舞蹈中已经学会了怎样勇敢地表现自己，接受其他一切训练也有着同样的目的，为的是使他们能够身手敏捷，忍饥耐渴，风餐露宿，不怕酷暑严寒。最重要的是，出于同样的目的，他们一定不要用人造的衣物鞋帽把头和脚严严实实地包裹起来，削弱这些机体的能力，【e】白白糟蹋大自然为我们的头和脚提供的防护设备。头和脚是人体的两端，照顾好头和脚对整个身体都好，忽视对头和脚的照顾对整个身体都不好；脚是整个身体的仆人，头是身体的主人，【943】生来就包含所有感觉器官。

关于武士的生活我们已经做了许多赞扬，就好像有年轻人在聆听，现在我们就来讲一下相关的法律。已经应征或已被指派到某个军种的人都要按时服役。如果一名军人在没有得到指挥官同意的情况下，由于胆小而擅自逃避参战，那么当军队从战场上返回时，就要对这些人进行起诉，由他原来所属的那个兵种的军官来审判——步兵、骑兵，或其他兵种——按不同的审判程序进行。就这样，步兵归步兵审判，【b】骑兵归骑兵审判，其他兵种也一样，逃避参战者都要在他的战友面前受审。

98.如果发现被告有罪，他要被剥夺今后得到提拔的资格，他也无权指控其他人拒绝履行军务，法庭必须决定给他什么样的处罚或者他要支付的罚款。

其后，这种对逃兵的判决要通报全军，等大家都知道以后，指挥官要考察所有战士的表现，宣布对有杰出表现者的奖励，【c】得奖的依据就是战士们在刚刚结束的那场战役中的表现，而不是以前的战役。每个单位颁发的奖品是一个橄榄枝编的花环，获奖者要把花环献给他所喜欢的那位战神，作为今后获得一、二、三等终身成就奖的依据。

【d】没有得到指挥官的撤退命令就逃跑的士兵也要受到和逃避参战同样的指控。

99.如果发现他有罪，那么他将得到与前面那些逃兵相同的惩罚。

当然了，指控某人逃避参战或在战场上逃跑要小心区分有意和无意，【e】不要造成冤案。正义，确实如人们所说的那样，是良心的贞洁女儿，良心和正义都十分痛恨误判。我要说，人们必须避免诬告和其他对正义的冒犯，尤其要小心对待在战场上丢失武器的案子，不要冤枉人，【944】不要把被迫失去武器当做可耻地抛弃武器来加以谴责。要在两类情况中划一条界线很难，但法律应当做明确的区分。有一介传说可能有助于我们的理解。诗人说，帕特洛克罗① 被抬回帐篷，但他的武器丢了，他身上原来穿戴着武士的盔甲，按诗人的说法这副盔甲是众神送给珀琉斯② 和忒提斯③ 的结婚礼物，落到了赫克托耳④ 的手里——我们知道这类事情频繁的发生——因此人们就嘲笑墨诺提俄斯⑤ 的这个勇敢的儿子把武器丢了。丢失武器的情况是多种多样的，比如从高处坠下、在海中、【b】由于天气的原因突然滑倒，或者由于水流的漩涡。总而言之，有无数的原因可以解释这种不幸，也可以用它们做借口来掩饰故意丢失武器，所以我们要尽力加以区分。在提出这类谴责的时候，用语要正确。在各种情况下，把丢了盾牌的人当做丢失武器来谴责是不公平的，【c】尽管确实可以说他"丢失"了武器。在强力作用下丢了盾牌的人和自己把盾牌丢掉的人不能相提并论。谈论这些情况要有不同的用语。所以我们的法律要这样说：如果某人被敌人围困，而当时他有武器在手，在这种情况下他不去努力抗敌，而是有意放下武器，或扔掉武器，用这种可耻的行为来换取活命，而不是勇敢地光荣牺牲，对这种人，【d】可以说他丢弃武器，而对上面提到的另一类例子，法官要做仔细调查。矫正总是针对恶人，要使他们变好，而不要针对不幸的人，这样做是浪费时间。

---

① 帕特洛克罗（Πατρόκλος），荷马史诗中的人物，希腊联军的勇士、阿喀琉斯的朋友，身穿阿喀琉斯的盔甲冲到特洛伊城下，被特洛伊勇士赫克托耳杀死。参见荷马：《伊利亚特》17∶125 以下。

② 珀琉斯（Πηλέως），希腊英雄，阿喀琉斯之父。

③ 忒提斯（Θέτις），海洋女神，阿喀琉斯之母。

④ 赫克托耳（Ἕκτωρ），荷马史诗中的人物，特洛伊勇士。

⑤ 墨诺提俄斯（Μενοιτιύς），荷马史诗中的人物，帕特洛克勒之父。

对那种丢弃武器，不做抵抗的胆小鬼，适当的惩罚是什么呢？人间的法官确实没法把男人变成女人，据说帖撒利的凯涅乌斯①以前是个女人，后来神把他变成了男人。如果能倒过来以某种方式把男人变成女人，【e】那么这就是对那些扔掉武器的胆小鬼最恰当的惩罚。与此最相近的处置胆小鬼的办法是，让他没有生命危险地度过余生，但使他终生打上可耻的烙印，处理这类案子的法律是这样的：

100.如果一个人被确证在战场上可耻地抛弃武器，【945】那么将军或其他军官不得再雇用他当兵，或任命他担任其他军职；无视这条禁令雇用胆小鬼的军官一旦被监察官发现，就要处以罚款，如果属于最富裕的那个财产等级，罚款一千德拉克玛，如果属于第二等级，罚款五百德拉克玛，如果属于第三等级，罚款三百德拉克玛，如果属于第四等级，罚款一百德拉克玛。

101.如果一名军官违反规定，再次雇用了胆小鬼，监察官要判处他缴纳相同的罚款：属于最富裕财产等级的，罚款一千德拉克玛，【b】属于第二等级的，罚款五百德拉克玛，属于第三等级的，罚款三百德拉克玛，属于第四等级的，罚款一百德拉克玛。

监察官由执政官任命，有些任期一年，用抽签的方法决定，有些任期几年，用选举的方法选出。我们该如何恰当安排监察官呢？如果某个监察官自己都不能公正地行事，有损这个职位的尊严，那么又有谁能去矫正他呢？要找到一位拥有杰出才能的官员去监督我们的官员确实不是一件易事，【c】但我们还是要努力寻找某些具有超过常人能力的监察官。这个问题实际上是这么一回事。一种政制就像一条船或一个有机体，使其机体产生瓦解的实际上是某种有着多种表现形式的性格，这种性格在不同情况下有不同的名称，就

---

① 凯涅乌斯（Καινεύς），人名。

好比支撑着有机体的肌、腱、韧带，我们现在要考虑的就是在政制中起着这样一种关键作用的东西，【d】关系到它的保存和瓦解。如果我们的监察官比我们的行政官更优秀，能够公正完善地完成他们的工作，那么我们整个民族和国家都会繁荣昌盛，会享有真正的幸福；但若我们的行政监察也有问题，那么联系在一起的我们这个城邦有机体的每个部分都会削弱，每一种职能都会被另一种职能削弱，【e】各个部门无法通力协作，整个国家将不再是一个国家，而是多个国家，内部充满争斗，最后导致灭亡。所以我们必须看到，行政监察是至关重要的，担任监察官的人必须在各方面都出类拔萃。因此选拔监察官要有某种新方式。全体公民每年在夏至后的那一天，要在祭拜太阳神和阿波罗神的圣地里集会，当着神的面选举三名监察官，【946】每个公民要提名一个在他看来各方面都是最优秀的人，他的年龄要超过五十岁，不能提名自己。根据这些提名进行第一轮选举，如果被提名的人数是偶数，那么得票多的那一半当选，如果被提名的人数是奇数，那么还要略去得票最少的那一位。如果有几个人得到相同的票数，使得当选者超过半数，那么就把最年轻的当选者去掉。【b】以后再以相同的方式多次投票，最后只剩下得票最多的三个人。如果这三人得票相同，或其中两人得票相同，那么就要根据天意用抽签的办法来决定排名次序。人们要把象征胜利的橄榄枝献给第一名、第二名、第三名，然后公开宣布选举结果：奉天承运，玛格奈昔亚国现在昭告天下，向太阳神献上三名最高贵的公民，【c】用古代的话来说，把他们作为精选的第一批果实献给阿波罗神和太阳神，他们将就任监察官之职。

在第一年里要用这样的方法产生十二位监察官，任职期到七十五岁为止，然后每年产生三位新的监察官。他们要把所有行政官员分成十二组，分别对他们进行监督。鉴于他们的工作职责，【d】监察官的衙门就设在阿波罗神和太阳神的圣地里，也就是选举监察官的地方。监察官将独立调查有出格行为的政府官员，有些案子也可由几位监察官共同负责，对官员的处罚要成文，公布在市场边上的那个广场上，这些处罚要经过监察委员会的审查和批准。任何官员声称对他的处罚不公平，都可以向某个由若干法官组成的上诉法庭申诉，如果申诉成功，那么只要这位官员愿意，可以给予那位监察官同样的处罚。

102.如果确认他有罪，【e】监察官判处他死刑，那么他必须死（这种处罚已经无法再增加了）；但若对他的处罚可以加倍，那就让他支付双倍的罚金。

下面我要告诉你该如何任命一名监察官来监督监察官本身，如何实施这种监督。

【947】当监察官们还活着的时候，由于整个国家已经宣布他们是最优秀、最高尚的人，因此在各种庆典中都应当让他们居于首位，还要让他们担任各种派往希腊各地参加献祭、宗教集会和各种国际活动的代表团的领队。只有他们才能佩戴月桂花冠。他们还将担任阿波罗神和太阳神的祭司，当年的首席监察官担任祭司长，【b】该年的名称要以他的名字命名，作为我们这个国家纪年的方式。他们逝世以后要隆重安葬，他们的坟墓要造得比其他公民好。葬礼中所用的布料都应是白色的，不要有挽歌，也不要有哭嚎，但在他的棺材周围要有十五名青年女子和十五名青年男子组成的歌舞队为他唱颂歌，就像祭司们所唱的赞美诗一样，【c】这种颂歌要唱一整天。第二天黄昏的时候，棺木下葬，送葬的行列包括由死者亲属从体育场上选来的一百名青年。走在送葬队伍最前面的是未婚青年，全部身着戎装，骑兵手持马鞭，步兵手持兵器，其他人也一样。棺木由男青年们抬着前进，边走边唱国家的圣歌，【d】女青年紧随其后，再后面是那些已经过了生育期的已婚妇女。男女祭司走在送葬队伍的最后，尽管他们不能参加其他葬礼，但若庇提亚的女祭司批准我们的建议，那么他们可以参加这种葬礼而不会受到玷污。墓室应当开挖成椭圆形，上面覆盖岩石的拱顶，这是一种最坚固的建筑形式，用大石块砌成。棺木放入墓室以后，【e】送葬者要用泥土掩埋墓室，并在周围植树，但要留下一个出口，作为以后举行祭祀的地方。安葬完毕之后，要举行音

乐、体育、赛马的年度竞赛以荣耀死者。然后由死去的监察官的亲属向那些参加葬礼的人致谢。但若有监察官在任职期间太软弱或有腐败行为，【948】那么任何人都可以弹劾他。审理这种案子的法庭组成如下：执法官、仍旧活着的监察委员会的成员、上诉法庭的成员。弹劾的书面形式应当是，某某人在任职期间有与其崇高名声不符的行为。

103. 如果确认被弹劾者有罪，那么必须剥夺他的职位，剥夺他原来可以享有的公葬和其他荣誉。

104. 如果原告未能得到五分之一的赞同票，那么他必须支付罚金，属于最富裕等级的罚一千二百德拉克玛，【b】第二等级的罚八百德拉克玛，第三等级的罚六百德拉克玛，最低等级的罚二百德拉克玛。

拉达曼堤斯①的断案方式令我们敬佩，按照故事中的说法，他那个时代的人坚信众神的存在，因为包括拉达曼堤斯在内的那个时代的大多数人都相信他们的父母所相信的神。拉达曼堤斯显然认为法官的工作不应当托付给任何凡人，而只能相信众神，这就是他为什么能够简洁迅速地断案的原因。【c】他要那些原告对神发誓，所以他能很快地断案。而在我们这个时代，我们说过，有些人根本不相信众神存在，有些人认为它们根本不关心我们，最糟糕的是，大多数人相信只要在献祭中给众神一些好处，奉承它们，众神就会帮助他们作恶，使他们免遭各种天谴，当然了，在当今时代，拉达曼堤斯的断案方法已不复存在。【d】人们关于众神的信仰改变了，所以法律也必须改变。精明的立法者取消了诉讼双方在审理中的发誓。原告要把他的控告写成状纸，但却不必发誓说自己说的都是真的；同样，被告也要把他对罪状的否认写成书面的东西呈给官员，但却不用发誓。在一个城邦里诉讼盛行，【e】有一半或接近一半的公民发伪誓，但却没有诸如公餐制一类的公共或私人之间

---

① 拉达曼堤斯（Ραδάμανθυς），希腊神话中的冥府三判官之一。

的联系，那么这种情况实在太可怕了。

所以，我们的法律将要求原告在法官面前宣誓，任何有投票权的公民在涉及各种案子或选举时都要宣誓。【949】同样，合唱比赛和其他音乐表演、体育和马术竞赛的主席和裁判，以及处在类似地位的人也要发誓，在这些场合下，人们一般认为发伪誓不能带来什么好处。但在明显具有重大好处的地方，人们会违反事实真相发伪誓，在各种场合对竞争双方做出错误的裁决，【b】由此必然引发不要求发誓的法律诉讼。更加一般地说来，法庭的当值法官既不要求原告在法庭上当众宣誓他的指控是真实的，又不要求原告发誓，如果撒谎就遭天谴，当然也不会出于怜悯而纵容罪犯。法官们只要求他完全依据自己拥有的权力，用体面的、庄重的语言说清他的意思，同时也认真听取被告的辩解。如果有人违反了这一规则，当值的法官会认为他出格，要求他只谈有关的事情。然而，如果一桩官司发生在两个外国人之间，【c】法官应当允许一方向另一方发誓，或接受对方的发誓，他们的意愿应当得到尊重。要记住，按照规定他们不会在我们中间一直住到老，也不会使他们自己的家变成一个巢穴，其他那些像他们一样的人在他们家中会归化我们的国家。我们要决定该如何让这样的人按相同的原则进行有关个人事务的诉讼。

至于自由公民违反国家法律的案子——我指的是那些还够不上处以鞭笞、监禁、死刑的案子——比如说没有出席歌舞队的集会，没有参加游行等国家举行的公共仪式，在和平时期没有献祭，【d】在战争时期没有缴纳特别税，等等，我的意思就是说，在所有这些事情中，最重要的是国家利益，违反法律的人要向由国家法律赋予权力的官员做出保证和抵押。如果在做了保证并进行财产抵押以后仍旧继续违反法律，那么抵押的物品将被出售，收入归国家所有。而且还要有进一步的惩罚，受权处理这种事务的官员会在法庭上宣布他们的错误，【e】直到他们同意服从法令为止。

除了那些从自己的土地上派生出来的税收外，一个没有关税、没有商业的国家必须决定如何处理它的公民去外国旅行以及接受外国人到它自己的领土上来的问题。所以立法者必须考虑这个问题，并对公民提出这方面的建议。不同国家之间不能有自由往来，因为这样做会产生各种混合性格，【950】就像由于互相访问而造成疥疮的传染一样。对一个公共生活健全、受到正确法律控制的城邦来说，这样的自由往来会产生有害的后果，然而大部分国家的法律都还没有制定相应的措施，没有说明本国居民要不要欢迎外国人来访，并与他们混居在一起，或者当本国的老老少少产生旅行念头时要不要批准他们出国旅行。另一方面，拒绝一切外国人入境和不允许任何本国居民去外国旅行，并非总是可能的，如果这样做的话，【b】也许会使其他国家认为我们这个国家是野蛮的、缺乏人情味的；我们的公民也会被认为采取了错误的拒斥外国人的政策，具有不相容和不易接近的性格。但是，一个国家在外部世界的名声，无论是好名声还是坏名声，决不能忽视。整个人类远非拥有完善的美德，但决不能说他们在判断其他人的美德或恶行的能力上也同样缺乏。在恶人中间有一种神奇的洞察力，借助这种洞察力，【c】最恶的人常常能够以他们自己的思想和语言鉴别好人与坏人。因此如果有人提出建议，要一个国家在世界上取得好名声，那么这个建议是合理的。实际上，有一条绝对正确的最高规则是：首先成为好的，然后寻求好的名声，而不仅仅是为了好名声而去寻求好名声，如果我们的好意味着完善的话。所以，我们在克里特建立的这个国家要像其他国家一样从它的邻居那里赢得美德方面的最崇高、【d】最杰出的好名声，这样做是非常合适的，我们完全有理由希望我们的计划能够顺利执行，我们的国家将成为世上少有的几个统治良好的国家之一，享受着太阳神和其他众神的光芒。

因此，我们国家关于出境旅行和接受外国人入境的法律是这样的：第一，任何四十岁以下的人在任何情况下不得邀请和允许外国人来访；第二，这样的旅行不能出于私人目的，而只能是公务旅行，包括派遣大使、公使、参加各种宗教仪式的代表团，等等。逃避兵役者或战场上的逃兵不能参加这样的活动。【e】派遣代表去朝觐庇提亚的阿波罗、奥林比亚的宙斯以及奈梅亚①和伊斯弥亚②的众神，参加在那里举行的献祭和荣耀众神的赛会，这是我们的责任。我们一定要尽力派遣较多的人去参加，要选拔优秀、高尚、杰出的人当代表。他们一定要在宗教与和平的集会中为我们的城邦增光添彩，使我们的国家扬名世界，【951】在胜利回国时他们要向年轻人解释，与我们的国家相比，其他国家在哪些方面不如我们。

还有其他一些使者应当派往国外，由执法官批准。如果我们的公民有充分的闲暇研究其他民族的事情，那么没有法律会阻碍他们成行。【b】一个对其他国家的民众不熟悉的国家，无论这些国家是好是坏，在孤立之中决不会达到适当的文明水平，也不会成熟，如果它的法律仅仅依靠习惯而不依据理智，那么它也不可能成功地永久保存它自己的法律，事实上，在大量的民众中，总有某些人，尽管很少，拥有超出常人的品质。在法律有缺陷的国家里找到的这种人并不比法律良好的国家少，而这样的城邦则是无价的。生活在统治良好的国家里的居民本身的【c】性格就是一个明证，他们走到哪里，他们的性格都可以用来反对各种腐败，都可以证明他自己的国家是健全的，可以用来弥补各种缺陷。确实，没有这种观察，没有这种调查研究，或者说调查研究得不够，没有一种政治体制会完全稳固。

克 那么你如何才能保证取得这两方面的结果呢？

雅 嗯，这样吧。首先，从事这些观察的人年龄应在五十岁或五十岁以上。其次，如果我们的执法官允许某人去国外考察，【d】那么他必须是在军事或其他方面具有很高声望的人，他在国外考察的时间不得延长到六十岁以外。他可以利用这十年左右的时间进行考察，回国以后，他要在法律的监督下向议事会报告。这个议事会的成员有比较年轻的，也有比较年长的，报告时间长达一天，从天明破晓到黄昏日落。这个议事会的成员包括：第一，最高级的祭司；第二，十名现任执法官；【e】第三，最新选出来的教育长和其他

---

① 奈梅亚（Νεμέα），地名。
② 伊斯弥亚（Ἰσθμια），地名。

曾经执掌这个部门的负责官员。这些人不仅本人参加，还要带上他认为最优秀的、年纪在三十到四十之间的年轻人。【952】报告会上讨论的问题是我们自己国家的法律，但他们也可以提出一些有可能从其他地方得到的相关建议，尤其是他们认为比较先进的各种学问和研究成果，借助于这些学习和研究可以有助于法律的执行，如果忽视这些学习，那么法律将会处于黑暗和困惑之中。议事会的年轻成员要勤奋地学习经过这些长辈们批准了的知识，如果有某些知识被他们鉴定为低劣的，那么整个议事会将谴责把这种知识带回来的人。【b】享有良好声望的人可以派往国外进行考察，他们会得到特别的照顾和尊重，如果立下汗马功劳，他们会得到格外的荣誉，如果行迹低劣，他们会得到特别的羞辱。这些观察员在周游列国之后要立刻向这个议事会报告。如果他能遇上立法、教育、儿童管理方面的专家，得到这些方面的经验，或者有了自己的想法，那也是常有的事，他需要把这些成果向整个议事会报告。【c】如果议事会判断这些成果没有什么用处，他仍旧会得到表扬，因为他辛苦了。如果他的研究成果被证明是非常有用的，如果他还活着，他会受到更加热烈的赞扬，如果他已经死了，这个议事会也会给予他很大的荣耀。但若他在旅行回国后已经腐败，也没有带回来什么智慧供年轻人或老年人参考，那么他应当服从法令，从今以后闭门不出。

105.如果确认他犯有扰乱教育或立法事务的罪行，【d】那么必须判他死刑。

106.如果当局没有把这样的人送交法庭审判，那么这件事将记录在案，表明他们在这方面有缺陷。

关于公民出国旅行和相关的条件就说到这里，下面要说的是应该如何欢迎国外来访的客人。必须接待的外国人有四种：

第一种是那些经常来访的外国人，他们大部分在夏季来，就像候鸟一样，【e】他们实际上就是长翅膀的候鸟，在适当的季节从海外飞来，从事有利可图的商业。考虑到他们的利益，我们处理这类事务的官员要接受他们，让他们进入市场、港口，以及某些建在城墙外邻近城市的公共建筑。这些官员要注意防止这些人把一些新奇的东西带到我们国家来，【953】既要对他们公正，又要保证他们交易的货品严格限制在生活必需品的范围之内。

第二种人是字面意义上的观光者，他们到这里来是为了使他们的眼睛能看到美妙的景象，耳朵能听到美妙的音乐。要在神庙中为所有这样的观光客提供住宿，款待他们，我们的祭司和神庙看管者要负责关心照顾他们。他们可以在那里居住一段合理的时间，但等他们想看的和想听的都已经满足以后，就应该离开。他们既不要伤害别人，也不要受到别人的伤害。【b】如果他们做了错事或别人对他们做了错事，如果案值不超过五十德拉克玛，就由祭司们审理；如果案值更高，就由市场官审理。

第三种人必须当做国家的客人来接待，他们是来处理国事的。要由将军、骑兵指挥官、步兵指挥官接待这种客人，其他人不能擅自接待，具体落实到某位指挥官，【c】他的家中要有客房，由一位轮值官具体负责。

第四种人不常见，但确实是我们要接待的，他们来我们国家考察。这种人至少要有五十岁或五十岁以上，他的公开目的是来学习我们的长处，把我们的优点告诉他们自己国家的人。对这样的访问者不要禁止他们进入我们"富裕和智慧"的人家，【d】因为他自己就具有相同的品质。我的意思是，他可以去负责教育事务的官员家中，因为他自信适宜拜访这样的主人，或者去其他一些拥有美德声誉的人家。他可以在这样的人家住一段时间，与他们讨论学问，等他要离开的时候他们已经成了朋友，主人会用适当的礼物给他送行。我要说，这些就是我们的法律，我们的公民应当依此处理所有外国来客的接待工作，无论是男是女，还有本国公民去国外旅行的问题。【e】他们应当敬畏宙斯，旅行者的保护神，不要把肉食和献祭当做驱逐外国人的手段，或者用野蛮的法令驱逐他们，就像我们今天所见到的那样。

押送银钱应当格外小心，押运者要写下法律文书，如果总值超过一千德拉克玛，至少要有三名证人在场，【954】如果总值更高，至少要五名证人在场。贸易中的代理商对那些不能及时供货或送货的商人起着一种保险的作用，但对代理商也要像对商人一样制定必要的法律。

要求在他人家中搜查被盗物品的人应当脱去上衣，袒露肚腹，并以众神的名义起誓，这是法律的要求，以表明他诚实地希望找到他的东西。被搜查的人家应当接受搜查，搜查的范围可以有所不同，包括贴了封条和没贴封条的地方。【b】如果一方要求搜查，而另一方拒绝搜查，那么要求搜查的人可以具体开列被盗物品的数量和价值。

107.如果确认被告有罪，他必须支付双倍于毁损物价值的罚金。

如果屋主不在家，那么家里的其他人应当允许搜查那些没贴封条的地方，而贴了封条的地方可以在搜查者的看守下留待主人归来再查。如果五天以后主人还没有回来，搜查者可以请市政官到场，开封搜查，【c】但搜查完以后仍旧要在有家人和官员在场的时候重新像原来那样封好。

处理有争议的物品要遵循下列时限，超过时限有争议的东西就不能再算是有争议的了。在这个克里特城邦里，地产和房产都不会成为有争议的东西。至于人们可以占有的其他财产已经被占有者在市镇、市场、神庙公开使用，而在一段时间内并没有人声称自己是物主的时候，【d】或者说占有者显然并没有隐藏这样物品，而物主在一年中又在不断地寻找这样东西，那么期限到后，物主将失去取回物品的权利。如果某样物品在乡村中使用，而不是在城镇或市场上使用，五年内都没有人来找，那么不再有人可以索回这样物品。如果某样物品在城市里使用，并且在室内使用，那么期限是三年；【e】如果某样物品被秘密地占有在乡间，那么期限是十年。如果某样物品被弄到别的国家去了，那么无论什么时间发现，物主都有权索回，没有时间限制。如果有人用暴力妨碍原告及其证人出庭，如果被妨碍者是一名奴隶，是原告自己的奴隶或者是他人的奴隶，那么这场审判将宣布无效。

108. 如果他妨碍了一位自由民，【955】那么必须监禁他一年，罪名是绑架。

如果有人用暴力妨碍其他竞争者出席体育、音乐竞赛，或者其他类型的竞赛，任何人只要愿意都可以向竞赛主席告发，并帮助受妨碍的竞赛者参加比赛。在不可能做到这一点的情况下，如果被妨碍的参赛者显然是竞赛的胜利者，竞赛主席可以把奖励授给受到妨碍的参赛者，【b】把他的名字当做胜利者铭刻在神庙里。

109. 妨碍他人参赛的人要被记录在案，并负法律责任，无论他在实际比赛中是胜利者还是失败者。

110. 如果有人明知故犯，接受被盗物品，那么他要受到与窃贼相同的处罚。

111. 对接待流放犯的人的惩罚是死刑。

112. （a）如果没有城邦的支持，【c】一个人私下里与其他人媾和或开战，都要被处以死刑。

如果国家的某个部分出于自身的考虑与他国媾和或作战，那么将由将军们把这一事件的主谋告上法庭。

（b）如果确认被告有罪，将对他处以死刑。

国家公仆在履行公务时不能接受贿赂，他们既不能掩饰这种行为，也不能接受"无功不受禄，有功可受礼"的原则。【d】公仆们要形成清醒的判断并遵守这条法律并非易事，但是"不要为了礼物才提供服务"，这是法律的要求，公仆们必须服从。

113.如果有人违反这条法律，其罪行在法庭上得到确认，唯一适用的处罚是死刑。

关于向国库交税的问题，每人都要给自己的财产估价，这样做有很多理由，而每个部落的成员也要向乡村巡视员提交每年出产物品的书面记录，【e】由国库官员来选定缴税办法，可供选择的两种办法是：按照年产物品的总值抽取一定比例的税收；或者按照年总收入确定一定比例的税收，公餐的开支除外。

有节制地向众神奉献礼物的人本身也应当有节制。在我们的普遍信仰中，土地和家中的炉石对存在的众神来说是神圣的。没有人可以把已经奉献了的东西再神圣化。你们在其他城邦中可以在神庙和私人家中看到金银，但是拥有金银会使拥有者犯病。【956】象牙不是一种清洁的奉献物，而是一种被灵魂遗弃的物体；铜和铁是制造武器用的。但任何人只要乐意，都可以在我们的公共神庙里奉献一尊木雕的神像，或石雕的神像，或者奉献一件纺织品，但这件纺织品耗费的人工不要超过一名妇女一个月的劳动。对众神最适宜的颜色是白色，可以用在挂毯或其他地方；【b】除了军用品，不要使用染料。我们能献给众神的最虔诚的礼物是鸟类，也可以奉献鸟的图画，我们的艺术家用一天时间就能画完；我们奉献的其他物品都要这样做。

我们现在来谈谈整个城邦必须分成哪些部分，它们的数量和性质，并为它们主要的商业和贸易制定法律。不过，我们的司法机构还有待建立。第一种法庭由若干名法官组成，【c】称他们为仲裁也许更加合适，由原告和被告共同选择。第二种法庭由若干村民和同部落的人组成，每个部落要再分为十二个部分。如果第一阶段不能解决问题，那么当事人还将继续在这些法官面前解决他们的争执，但是利害关系也会加大；被告如果在第二阶段的诉讼中输了，那么除了第一阶段裁决要他做出的赔偿外，还要再加五分之一。如果对裁决不服，想要进行第三阶段的上诉，那么他应当在这些法官面前申诉，如果又输了，那么除了原先裁决他要做出的赔偿外，【d】还要再加一半。不愿承认初审失败的原告可以第二次起诉，如果官司打赢了，那么他可以多得五分之一；如果官司打输了，他就要额外缴纳罚金。如果当事人不服从原判，上诉到第三法庭，如果被告再次打输官司，那么他要多付一半的赔偿，如果是原告输了，【e】那么他只要缴纳一半的罚款。

关于选举法官、填补空缺、为不同法庭提供办事员、确定各次审判的间隙、确定选举方式、法庭的休庭，以及其他一些涉及法庭管理事务的必要细节，比如关于审案程序的确定、被告在法庭上必须回答提问的规则，等等，这些事情我们虽然已经处理过了，但是总的再说一遍，甚至再说第三遍都没有什么不可以。总而言之一句话，【957】我们年长的立法者可以把所有这些法律程序的细节都留给他的年轻的继承人去填补。所以，我们已经有了一个组织法庭处理私人争执的公平模式。由于处理普通和公共事务的裁判所和法庭在履行它们的功能时都从属于执政官，许多社团已经拥有各种正常的机构，所以我们的执法官必须使之适应正在诞生的体制。【b】他们会运用自己的个人经验对这些机构进行比较和修补，直到他们认为这些机构完善了为止；然后他们会迈出最后一步，认定它们是行之有效的，并使之一直运作下去。法官们在法庭上会看到冷静而得体的语言，或看到与此相反的现象，在不同城邦中，人们对正义、善良、荣耀的看法大相径庭，这方面我们已经说过一些，但我们还要再说一下。【c】法官们要想做出公正的审判，必须设法弄到相关的书籍，努力学习。如果法律确实是法律，能使较好的人成为法律的学生，那么实际上没有任何一种学习能像学习法律一样有用，否则的话，激起我们崇拜和惊讶并与理智同缘的法律就没有什么用了。进一步说，考虑到所有其他类型的谈话，【d】包括颂歌和讽刺诗在内的诗歌，或各种散文，无论文学作品还是日常生活谈话，都会有不同意见和争执，也会出现许多含义不清的地方。立法者的文本可以用来作为试金石检验一切。优秀的法官要把法律书紧紧地抱在胸前作为解毒药，对付其他谈话，这样做他才能成为国家的保存者，也能使他自己得到保存。他将使好人得到保障，正气上升，【e】他也要尽可能使那些仍旧有药可救的恶人得到矫正，摆脱愚昧、放荡、怯懦，总而言之，摆脱一切形式的恶。至于那些完全追随邪恶原则的恶人，如果法官和他们的长者已经采用死刑作为治疗这种灵魂状态的办法，【958】那么就像我们不止一次说过的那样，这些法官的行为值得受到国家的赞扬。

诉讼一结束，法律判决就要执行，这方面的法律如下：首先，除了必须推迟执行的案子外，执政官要当着法官的面布置执行判决的工作，并将执行通知送交诉讼的双方，到达后立即执行。【b】案子审完以后一个月，如果胜诉者还没有得到赔偿，那么就要由行政官员强制执行，使他得到赔偿。如果败诉者的财产不足以充分赔偿，差额达一德拉克玛或一德拉克玛以上，那么败诉者打官司的权利就要被剥夺，【c】直到他付清赔偿为止，而其他人则持有起诉他的权利。任何对法庭执法设置障碍的人都将受到谴责，将由执政官对这种人进行起诉，由执法官组成的法庭审判。

114.*如果他受到的指控得到确认，必须判处他死刑，*

因为他的行为是对整个城邦和法律的颠覆。

再说另一个问题，一个人生到这个世界上来，长大成人，再生育他自己的子女，抚养他们长大。他在经商的时候【d】对被他伤害的人做出赔偿，也接受他人对自己的赔偿，到了受法律尊重的老年无疾而终。对于死者，无论男女，我们的政府要指定一个部门专门处理死者安葬的问题，要敬畏地下世界的神灵和生活在我们这个世界上的神灵，这方面的职责属于宗教法律的解释者。【e】但是在适宜耕种的地方，一定不能建造坟墓，无论大小。坟墓只能建造在一些只适宜埋葬尸体的地方，不要给活人带来不便。大地是我们的真正母亲，她在意我们的生计，对此任何人都不能加以损害，活人也好，死人也罢。坟地里的墓丘不能堆得太高，不能超过五个人五天的工夫，墓碑也不能太大，习惯上能刻上四句六韵步诗纪念死者的生平也就行了。【959】

关于在家中停尸的问题，首先，停尸的时间只限于能够区别假死和真死；这方面的一般规矩是人死后第三天方可安葬。我们要相信立法者在这方面的看法，他告诉过我们，灵魂绝对优于身体，赋予我们存在的是灵魂而不是其他什么东西，而身体只不过是伴随我们的影子。【b】所以有人在谈论死亡时说得好，尸体只是一个鬼，而真正的人——它的不死的成分叫做灵魂——会去另一个世界向众神报到，甚至我们祖先的故事也是这样讲的，好人面临死亡并不悲伤，而恶人则充满沮丧。所以，立法者还会说，对于死者我们几乎无能为力。对死者帮助应该是在他还活着的时候由他周围所有与他有联系的人进行，【c】帮助他正义、纯洁地生活，以免犯下大罪而在那个将要去的世界里受到报复。事实真相就是这样，所以我们决不要浪费气力去想象将要被埋入坟墓的这堆肉就是与我们有许多联系的那个人，我们想象自己正在埋葬的人是我们的子女、兄弟或其他亲属，然而这个离开我们的并非真正的人，真正的人仍在继续应验他的命运。我们必须这样想，我们的责任倒不如说就是尽力安葬死者，但要有节制，【d】要明白死者的祭坛上并没有精灵在盘旋，有一条神谕可以很好地向人们宣布：节制是立法者的声音。因此，我们这方面的法律是：安葬死者要有节制，整个葬礼的开销，属于最富裕等级的每位死者不超过五百德拉克玛，第二等级的不超过三百德拉克玛，第三等级的不超过二百德拉克玛，第四等级的不超过一百德拉克玛。

这样说决不意味着执法官众多不可推卸的责任是最轻的，【e】他们要负责监护儿童、成年人、各种年纪的人。尤其是，当人死了以后，死者亲属要向执法官报告，执法官要亲临死者家中对葬礼进行具体指导，保证葬礼既得体，又节俭，凡有不得体的地方都要给予指正。习俗规定了停尸一类的事情，但在我现在具体指出的这些事情上，习俗必须向法律低头。下令在出殡的时候不准流泪看起来做不到，但要禁止对死者唱挽歌，【960】死者家中的号哭声也不能传到室外。我们还要禁止出殡的队伍哭喊着穿越大街，送葬的队伍在天亮前就要离开城里。这方面的规定就是这些。

115.如果一个人违反一名执法官的要求，他必须受到全体执法官的审判和处罚。

【b】安葬死者的其他方法，不得安葬的罪犯，比如杀人犯、盗贼圣物犯，等等，我们在这部法典里都已经有了具体的条文。这就意味着，我设定，我们的立法已经走向终结。

然而，仅靠执行法令、审理案件或为城邦建立基础，不可能使这项事业达到终点，在我们能为保存我们的工作提供一个完整的、永久的保证之前，我们决不要亲自去做所有的事情。即使到了那个时候，【c】我们仍旧要把我们的整个成就视为尚未完成的。

克　说得好，先生，不过你在这样说的时候，心里想的是什么？你能说得清楚些吗？

雅　嗯，你要知道，克利尼亚，有许多出色的古老的谚语。我在想的是命运女神的名字。

克　什么名字？

雅　第一位叫拉刻西斯①，第二位叫克罗托②，第三位叫阿特洛波斯③——第三位之所以叫这个名字，乃是因为她的形象是一位手拿纺锤的妇女。【d】这确实就是我们希望看到的我们的城邦和它的公民们的情况——不仅是身体的健康和健全，而且是在他们的灵魂中的法律的统治，（更为重要的是）以及法律本身的保存。事实上，我们至今尚未向法律提供的一项服务是，如何把法律建设得无法逆转。

克　如果无法做到这一点，那么这确实是一个严重的缺陷。

---

① 拉刻西斯（Λάχεσίς），希腊命运三女神之一，手执生死簿和纺锤，决定生命之线的长短，人寿尽时，纺线就断了。

② 克罗托（Κλωθώ），希腊命运三女神之一，负责纺织生命线。

③ 阿特洛波斯（Ατρόπος），希腊命运三女神之一，手执无情剪刀，负责切断生命之线。

雅　【e】不过，要做到这一点还是有可能的，我现在看得很清楚。

克　那么在没有给我们提出的法典提供相应保障措施的时候，我们决不能放弃，你知道，浪费时间去打造一个不稳固的基础总是荒唐可笑的。

雅　你提醒得对。在这一点上我完全同意你的意见。

克　你能这样说我很高兴。那么好吧，让我来问你，我们的体制和法律的保障是什么？你认为它会如何起作用？

雅　【961】嗯，我们不是已经说过了吗，我们的国家要有一个按照下述方法构成的议事会？十名老资格的执法官和其他所有拥有最高名望的人在议事会里集中开会，听取从国外考察回来的人的报告。他们可以提出一些如何保全法律方面的建议，经过这个议事会讨论批准，然后再公布实施，这是一种很好的联系方式。还有，每个议事会成员都可以带一名年龄不低于三十岁的、比较年轻的人出席会议，【b】把他介绍给其他正式成员，但在这个时期他们不能发表意见，而只是旁听，直到整个议事会都认可他的高贵品质和良好教育为止。如果得到整个议事会的同意，那么他可以成为正式成员；如果不同意，那么对他的提名要保守秘密，尤其不要让他本人知道。议事会在拂晓前开会，因为这个时间是人们最空闲的时候，没有其他公事或私事的打扰。【c】我想，这就是我们已经说过的这件事情的本质。

克　你说得对，是这样的。

雅　所以我要再次回到议事会这个问题上来，并加以确认。也就是说，如果把议事会当做一个国家的备用大锚，给它装上所有合适的附属配件，然后抛掷出去，那么它就能够为我们的所有希望提供保障。

克　怎么会呢？

雅　啊，这是一个关键问题，你我都必须尽力提出正确的建议。

克　说得倒不错，但还是请你说说怎么执行吧。

雅　【d】是的，克利尼亚，我们必须去发现某样事物在它的所有活动中如何能有一个适当的保障者。举例来说，能对一个生命有机体起保障作用的是灵魂和头脑，它们被设计出来就是要起这种保障作用的。

克　再问一次，怎么会这样呢？

雅　嗯，你要知道，完善的灵魂和头脑就是整个有机体得以生存的保障。

克　怎么会这样？

雅　这里靠的是理智在灵魂中的发展，视觉和听觉在头脑中的发展，要知道，理智是灵魂的最高能力，视力和听力是头脑的最高能力。我们可以正确地说，当理智与这些最高尚的感觉合成一个整体的时候，它就可以使生灵得到拯救。

克　这样说肯定是真理。

雅　【e】确实是。混合在一起的理智和感觉是一艘船在暴风雨中获得拯救的保障，那么由这种合在一起的理智和感觉所设计的特殊目的又是什么呢？在这艘船的例子中，船长和其他水手的敏锐感觉与船长的理智混合在一起，使这艘船和船上的人得以保全，难道不是吗？

克　没错。

雅　要说明这一点其实并不需要太多的例子。以军事远征为例，我们必须问自己，这支军队的指挥员确定的目标是什么；或者再以医疗为例，如果医疗以"拯救"为目标，【962】那么医疗活动的目标实际上也必须是治病救人。我认为，第一个例子中的目标是取得胜利和征服敌人，而在医生和他们的助手的例子中，他们的目标是为了保全身体健康，不是吗？

克　嗯，当然是。

雅　好，但若一名医生对身体健康的性质一无所知，或者一名指挥官对胜利和我们提到的其他结果的性质一无所知，那么他们显然对他的目标缺乏理解。

克　嗯，是的。

雅　好吧，再来看国家的例子，如果某人对政治家必须确定的目标一无所知，【b】那么他还有什么权利去谈论执政官的风格，或者说他还有什么能力保全他对其一无所知的东西吗？

克　绝无可能。

雅　嗯，请注意我下面的推论。如果我们已经完成了对这个国家的安排，那么就要为它提供某些懂行的人。首先，他们要懂得这种政治目标的性质，其次他们要知道用什么方法可以实现这些目标，还要能够为它提供某些建议，这些建议主要来自法律本身，其余来自个人，无论他们赞成这个国家还是反对这个国家。如果一个国家不给这样的人留下位置，那么我们看到在这样的国家里会有诸多不明智的举动，【c】人们会任由环境摆布，也就不奇怪了。

克　是这样的。

雅　那么在我们的城邦中，在我们已经做过具体规定的各个部分或部门，我们已经为它们提供适当的保障了吗？这方面能具体化吗？

克　没有，先生，我们确实还没有提出什么确定的保障。但我要是可以猜测一下的话，你的看法似乎是让那个你刚才提到的那个委员会在凌晨时分会面。

雅　【d】克利尼亚，你完全理解我的意思了。这个组织，作为我们当前考察的预想对象，确实需要具备各种美德。它的首要美德就是不要动摇不定，不要转移目标，它必须确定一个单一的目标，以此为一切行动的指南。

克　确实如此，它必须这样做。

雅　我们现在已经进到这一步，我们明白各种城邦的法律多如牛毛，诸多立法者的目标是相互冲突的，这一事实并不奇怪。一般说来，某些人的正义标准是对某些群体权力的约束，【e】而无论在实际中这些群体比其他群体好或差，某些人的正义标准是获得财富，而无论是否要以奴役为代价，还有一些人则以"自由"为他们的努力目标，对此我们一定不要感到惊讶。还有，一些人在立法中把自由和征服其他城邦这两个目标结合在一起，关注二者的实现，还有人同时追求所有这些目标，他们以为这样做是最聪明的，而不去确定某个适当的、具体的、可以为之献身的、可以作为其他一切追求目标的目标。

克 【963】确实如此，先生，我们很久以前采取的立场是健全的。我们说过，在我们的一切法律中有一个目标，我相信，我们同意作为这个目标的这样东西的名称是"美德"。

雅 我们是这样说过。

克 我记得，我们说过美德有四部分。

雅 没错。

克 但四种美德中最主要的是理智，它应当成为其他三部分美德的目标，以及其他一切事物的目标。

雅 克利尼亚，你完全跟上了我的论证，请跟我继续进到下一步。关于这个单一目标的问题，我们已经具体指出水手、【b】医生、军队指挥官应当关注的理智的目标，现在来考察政治家要关注的理智的目标。如果我们喜欢把他的智慧人格化，那么我们可以对它这样说：以一切神圣的名字起誓，你怎么想？你的单一目标是什么？医生的智慧可以给我们确定的回答。而你，一切聪明人中最聪明的人，按你自己的说法，难道回答不了吗？

麦吉卢和克利尼亚，你们可以做它的代言人，在你们之间进行问答吗？你们能够给出一个政治家的目标的定义，【c】就像我通常作为其他人的代言人所给出的定义一样吗？

克 不行，先生，我们感到有点困惑。

雅 我们急于发现的到底是什么，是这样东西本身，还是它的各种显现？

克 你说的显现是什么意思，举些例子好吗？

雅 以我们的语言为例来。如果美德有四种类型，那么我们显然要承认每一类型本身都是一。

克 显然如此。

雅 然而我们把四种类型全都称做美德。事实上，我们把勇敢称做美德，把智慧也称做美德，【d】同样也把另外两种类型称做美德，这就表明它们实际上并非几样东西，而只是一样东西——美德。

克　没错。

雅　要指出这两种美德或另外两种美德在什么地方不同，为什么要有两个不同的名字是很容易的，但要说明我们为什么给这两种美德或另外两种美德一个共同的名称——美德——就不容易了。

克　你的看法是什么？

雅　我已经有了一个解释。假定我们之间分成提问者和回答者。

克　再说一遍，我要听你的看法。

雅　【e】你向我提问，为什么我们要用"美德"这一个名字称呼两样东西，然后又把它们分别称做"勇敢"和"智慧"。让我来把理由告诉你。这两样东西之一，勇敢，与害怕有关，在野兽和婴儿那里都能看到这种情况。事实上，灵魂无须理智的推论而无须天性就可以获得勇敢，但若无这样的推论，灵魂就不会有理智或智慧，这两种情况是完全不同的。

克　你说得非常对。

雅　【964】很好。我的看法已经告诉你这些东西在什么地方不同，为什么它们是两样东西，现在轮到你告诉我它们在什么方面是一，是相同的。记住，你也要向我解释，四样东西以什么方式可以是一，你在做出了你的解释以后可以再次问我以什么方式它们是四。还有一个要点也要考察。如果对任何一样事物拥有足够的知识意味着不仅知道它的名字，而且知道它的定义，那么一个人只知道它的名字而不明白它的定义就够了吗？如果我们讲的这样东西极为重要和尊严，而某人却对它如此无知，【b】那不是很丢脸吗？

克　是很丢脸。

雅　在一位法律的制定者或监护者的眼中，一个相信自己拥有最杰出的美德，并且具有我们正在谈论的这些品质的人，能比勇敢、纯洁、正义、智慧这些品质本身更加重要吗？

克　肯定不能。

雅　那么这个问题的症结在哪里呢？我们要对我们的解释者、教师、立法者表示信任吗？这些人支配着我们，我想要说的是，当有人需要学习知识，【c】有缺点需要接受矫正和申斥时，能指望这些自身并不拥有这些杰出品质的人作为教师去教导他们吗？我们能假定某些到我们城邦里来的诗人或所谓的"青年导师"得到那个标志着全善的最高声誉的棕榈枝吗？在这样的国家里，尽管监护人完全熟悉美德，但他们却不能采取有力的行动。我问你，【d】如果一个没有什么保障的国家像我们的国家一样非常幸运，你会感到惊讶吗？

克　嗯，不会，我认为不值得惊讶。

雅　接下去该怎么办呢？像我们现在假定的那样，我们该怎么办？要不要使我们的卫士比他们的邻居更好地掌握美德的理论和实践？此外还有什么办法使我们自己的城邦更像一个有理智的人的头脑，有着各种感官，能够保护自己？

克　先生，请你告诉我该如何理解你的这个比较？它们有什么相同之处？

雅　【e】嗯，整个城邦显然像一个有机体的躯干。比较年轻的卫士——我们选这部分人作为比较优秀的部分，因为他们的各种官能都比较敏捷——可以说是位于它的顶端，他们的视野遍及整个国家，能记住他们所看到的事情，并且作为各个事务部门的守望员侍奉他们的长者。【965】这些长者——我们可以把他们比做理智，在许多重要事务上他们的特殊智慧在起作用——坐在议事会里，在那里接受年轻人的侍奉，并提出各种建议，就这样，依靠他们之间的联合行动，这就是能使整个国家获得拯救的真正保障。这就是我们的设计，或者说我们还要寻找其他安排？我们要使所有公民接受同一水平的训练和教育，而不需要他们中间有一个阶层孜孜不倦地接受训练吗？

克　我亲爱的先生，我们不可能接受这样的训练？

雅　那么我们必须开始一种比我们至今思考过的教育更加准确的教育。

克　【b】我大胆地说，我们要这样做。

雅　我们刚才涉及的那种教育也许正是我们所需要的？

克　确实有可能。

雅　我相信我们说过，一名完善的匠人或卫士在许多方面不仅需要具备在多种事物中确定他的目标的能力，而且还要进一步达到对多中之一的认识，并用这种认识统摄其他一切细节，是吗？

克　是的，这是一条真理。

雅　【c】他能从不同的杂多中看到一，那么还有谁的印象或看法比他更真切？

克　你也许是对的。

雅　你不应该说"也许"，而应当说神保佑你！对人来说，没有比这更加确定的途径了，不会有了。

克　行，先生，我接受你的保证。所以，我们可以把论证朝着这个方面进行下去。

雅　那么，尽管我们神授的体制的卫士们也必须受到约束，但首先最重要的是准确地看到渗透在四者之间的同一之处，【d】我们认为，在勇敢、纯洁、正义、智慧中都能找到这种统一性，并用一个名字来称呼它们——这就是美德。我的朋友们，如果你们愿意的话，这就是我们现在必须紧紧加以把握的内容，直到我们对真正的目标做出满意的解释为止，这个目标是我们要加以凝视的，无论最后证明它是一还是全，或者既是一又是全，或者是用你所喜欢的说法。如果我们让这一点从我们的手指缝中滑过去，那么我们还能设定自己被一种美德所武装，【e】而这种美德我们无法说出它到底是多种东西，还是四种东西，还是一种东西？不，如果我们要坚持自己的建议，必须在我们的城邦中寻找某些其他能确保这种结果的方式。当然，我们也可以考虑是否我们的整个主题就到此结束。

克　不，先生，以旅行者的保护神的名义起誓，你不能扔下如此重要的事情，我们发现你的观点充满真理。但如何才能使这件事情圆满呢？

雅　【966】啊，这个问题问的还不是时候。我们首先必须决定做这件事有无必要。

克　只要能做到，绝对有必要。

雅　那么你对这个问题怎么看？当我们讲到"优秀的东西"或"好东西"的时候，我们是否也要这样想？我们的卫士只需知道它们各自是多就行了，或者说他们也必须进一步知道它们各自以什么方式是一，为什么？

克　嗯，我们好像必须说，卫士们确实也要理解它们的统一性。

雅　【b】假定他们能够察觉这一点，但不能提出任何理由来证明它，那又该怎么办呢？

克　这样说毫无道理！只有奴隶才会这样！

雅　好吧，还有，我们对各种事物都要这样说吗？法律的真正卫士需要关于它们的真正知识，一定要能够用语言说明这种知识，并在实践中加以运用，把握善与恶的内在界限吗？

克　必须如此。

雅　【c】在这些极为重要的事情中间，我们曾经热烈讨论过的神性问题难道不是最突出的吗？我们要让所有人都明确知道众神的存在以及它们的表现，这对我们来说极为重要，不是吗？在我们的民众中间，我们只好容忍与包含在法律中的传统相一致的人，但我们要尽力拒绝让这种传统接近我们的卫士群体，接近任何没有严肃地掌握众神存在的各种证明的人。所谓拒绝接近，我的意思是任何人都拥有神授的天资，【d】或者说不具有神性的人就不会被选为执法官，也不会成为具有杰出美德的人。

克　如你所说，在这些事务上懒惰或无能的人没有希望获得高位，这样做是唯一正确的。

雅　那么我们可以说，我们知道人们相信神有两种动机，这些问题我们已经讲过了，是吗？

克　哪两种动机？

雅　有一种动机源于我们的灵魂理论，我们说过，【e】运动一旦有了一个起点，那么任何事物都从这种运动中获得它们持久的存在，我们还说，行星和其他天体在心灵的推动下有序的运动，心灵对事物做了安排，确立了整个框架。曾经仔细关注过这幅图景的人都不会在内心亵渎神灵，也不会拥有现在流行的那种与此相反的看法。【967】这是那些整天忙于自身事务的人依据他们的天文学以及其他姐妹学科得出来的一般信仰，认为这个世界上的事件发生依据严格的必然性，而非出于一种趋向于善的意愿和目的。

克 事实真相又如何呢？

雅 让我来告诉过你，自从那些观察者认为天体没有灵魂，【b】他们的看法就确实被颠倒了。甚至在这种时候，天体的神奇仍在一些研究天体的学者胸中产生疑惑，然后相信一种已有的学说①，认为如果天体没有灵魂，因此也没有理智，那么它们绝不可能如此精确地运动，即使在那些日子里，也有人大胆地猜测天体的真实情况，断言使整个宇宙有序排列的是心灵。但这些思想家在灵魂问题上误入了歧途，他们认为身体在灵魂之先，而非灵魂在身体之先，【c】我可以说他们的错误就在于把整幅图景弄颠倒了，或者说得更准确些，把他们自己弄翻了。因为，用一种近视的眼光看，所有运动着的天体好像都是石头、土块和其他无灵魂的物体，尽管它们是宇宙秩序的源泉！正因如此，那个时代的思想家受到过许多指责，说他们不信仰宗教，他们的看法也不为民众所知，以后那些天才的诗人们谴责哲学家，把他们比做狂犬吠月，【d】胡言乱语，但是我说了，今天的情况已经颠倒过来了。

克 怎么个颠倒法？

雅 没有任何一个凡人的儿子能平息对神的恐惧，除非他已经掌握了我们现在肯定的两条真理：灵魂无限地先于一切有生成的事物，灵魂不朽并支配着这个物体的世界；【e】还有，我们已经讲过多次的心灵支配着一切天体。他也还要拥有预备性的科学知识，以音乐为桥梁联结这些科学知识，并且把他的知识运用到他的道德和法律行为中去；他也还要能对自己接受的观点做出合理的解释。【968】不具备这些才能，只拥有通常的美德，就绝不可能成为一个国家的合格的执政官，而只能成为执政官的走卒。现在是时候了，麦和克利尼亚，我们必须问自己要不要在迄今为止已经立下的法律上再加一

---

① 可能指阿那克萨戈拉的学说，参见《斐多篇》97b 以下。

条：要建立一个在夜间开会的执政官议事会，这些执政官全都受过我们已经讲过的这些教育，【b】以此作为国家的监护人和保存者。你认为我们该怎么办？

克　我亲爱的朋友，如果我们有能力，无论多么低，除了添加这条法律，我们还能做什么呢？

雅　那就让我们把力量用于这个高尚的举动。依据我对这类事务的丰富经验和思考，它至少是我竭力想要提供帮助的一件事，我也有可能找到其他合作者。

克　完全没有问题，先生，【c】我们必须沿着神本身清楚地指引的道路前进。但我们从哪里出发呢？这是我们当前讨论所要发现的。

雅　麦吉卢和克利尼亚，在整个制度还没有规划出来之前，不可能确定所有的法律，等到这个国家建起来了会有时间再做补充。当前我们所能做的就是通过反复的讨论，正确地塑造这个国家的形体。

克　怎么会这样呢？你这样说是什么意思？

雅　嗯，我们显然一开始就要编制一个适宜担任卫士之职的人的名单，【d】要考虑到他们的年纪、理智能力、性格和习惯。下一步我们要考虑他们该学习哪些科目，这可不是一件易事，我们也不能凭空捏造，更不能向那些凭空捏造的人学习。再说，花大量时间考虑学什么科目或按什么顺序学，制定这方面的规定是无益的，【e】在这些科目的科学知识在学生的灵魂中安身之前，学生本人也不会发现哪一个科目才是相关的。因此你要明白，认为这些不同的科目不能"描述"是错误的，认为它们不能"规定"才是正确的，因为规定不会影响它们的内容。

克　嗯，先生，如果情况是这样的话，那么我问你，我们该怎么办？

雅　我的朋友，像人们常说的那样，我们已经有了公平的比赛条件，如果确实如此，那么我们已经准备好把我们整个政制的未来都寄托在掷骰子上，【969】我们，我是其中之一，必须准备分担风险。我要做的是说明和解释我自己对整个教育和训练大纲的看法，这样我们的谈话又进入了新的一轮。但我要提醒你们，我们遇到的危险不算小，能与之相比的更大的危险也不多。克利尼亚，我尤其要向你建议，把这个疑惑深深地埋藏在心中吧。对你来说还有另一种选择，这就是按照正确的路线去建设玛格奈昔亚国——或者不管什么神以后会用来称呼它的名字——使你自己得到荣耀，【b】或者享有后世无法与之相比的永久名声。但若我们马上能够把这个值得敬重的议事会建立起来，那么，我的好朋友，好同事，我们必须把国家交给它来掌管，现代的立法者也几乎不会与我们有不同看法。在我们的谈话中，刚才我们在谈到心灵和头脑的合作关系时涉及过这个梦想，仅当我们审慎地选择了我们的人，对他们进行了彻底的教育，【c】让他们居住在这个国家的中心城堡里，让他们担任国家的卫士，成为我们从来没有见过的完人，这个时候我们的理想才能真正实现。

麦　我亲爱的克利尼亚，依据我们听到的这番话来判断，我们要么不得不放弃创建这个城邦，要么拒绝让我们的这位客人离开我们，竭尽全力，恳求和吸引他与我们合作，共同建设这个城邦。

克　【d】你说得很对，麦吉卢。这就是我要做的事。你可以帮助我吗？

麦　确实可以，没问题。

伊庇诺米篇

提　要

　　本篇希腊文篇名是"Ἐπίνομις"，意思是"附录"或"续卷"，中文篇名按音译，译为"伊庇诺米篇"。本篇被许多学者视为伪作，并有学者认为它的作者是奥普斯（Opus）的菲力浦（Philip），他曾抄写过《法篇》。亚里士多德和西塞罗曾把本篇当做柏拉图的真作来引用。《法篇》第12卷提出午夜议事会成员必须学习哪些学问的问题。（937b）本篇就是对这个问题的讨论。

　　本篇对话人与《法篇》相同，主要由匿名雅典人和克里特人克利尼亚谈话，麦吉卢仍旧在场，但没有说话。公元1世纪的塞拉绪罗在编定柏拉图作品篇目时，将本篇列为第九组四联剧的第三篇，称其性质是"政治性的"，称其主题是"午夜议事会"或"哲学家"。① 谈话篇幅不长，译成中文约1.5万字。

　　本篇主要内容可分为两个部分：

　　第一部分（973a—979e），考察哪些知识或技艺不能使人成为有智慧的。克利尼亚指出，尽管《法篇》已经讨论了有关立法的方方面面，但没有讨论"为了成为一个有智慧的人，凡人必须学习什么"这个重要的问题。雅典人指出：我们必须检视其他所有那些被称做知识，但并不能使那些理解和拥有

---

　　① 参见第欧根尼·拉尔修：《名哲言行录》3：60。

它们的人变得聪明的科目。狩猎、耕种、建筑、铜作、造房、制陶、纺织，工具制造对民众有实际用处，但不能提供美德；战争、医疗、法庭上的辩论依赖一些技艺，也没有一样可以称得上是真正的智慧。数学和天文有密切的关系，对人类思想的发展产生重要的影响。在具体的理智或技艺部门中，人们要想回答这个问题会感到困惑。这些东西与其说依赖于知识，倒不如说是人的一种天然本能。有些人把这些能力说成是天赋，有些人说成是智慧，还有人称之为天生的洞察力，但是拥有正确判断力的人没有一个会同意把依赖天赋才能的人称做聪明人。因此要能够找到一种能使人聪明的学问，并藉此获得幸福。

第二部分（980a—992e），确认学习天文学能使人拥有智慧。雅典人指出：灵魂比肉体年长，灵魂与身体结合，成为"生灵"；火、水、气、土、以太是事物生成的五种基本元素；生灵有两类，属土的一类生灵以无序的方式运动，属火一类生灵的运动方式井然有序；实体有两类，即灵魂和物体，此外在任何事物中都找不到第三种实体。灵魂优于物体，灵魂是一切事物生成的原因。天体都是神圣的，要么它们本身就是神，要么是与众神相似的东西，是众神的影像。天体有八条轨道，日月星辰在各自的轨道上运行。对大多数人来说，要想获得圆满幸福是不可能的，只有少数人才能做到。只有少数人才能变得像神一样，拥有节制的灵魂，拥有各种美德，掌握这门天文学，获得和拥有神的所有恩赐。我们可以敦促所有午夜议事会的成员参与这种学习。

正　文

谈话人：克利尼亚、雅典人、麦吉卢

克　【973】我的朋友，我们仨都到了——你、我、麦吉卢①，来做原先

---

① 麦吉卢（Μέγιλλος），人名，《法篇》对话人。

同意要做的事：考虑一下我们应当为智慧的本性提供什么样的解释，以及讨论我们说的使人在一名凡人力所能及的范围内进行思想的学习过程。【b】这样做是对的，因为尽管我们已经讨论了有关立法的方方面面，但我们既没有陈述也没有发现这件最重要的事情：为了成为一个有智慧的人，凡人必须学习什么。我们一定不要放弃这一讨论，否则就有违初衷，不能实现我们的目标，把一切都弄明白。

雅　这是一个好主意，克利尼亚①，然而我担心你会听到一个奇怪的解释，【c】尽管从一个方面来看算不上奇怪：作为一条普遍规则，人类既不能得到赐福，又不是幸福的。许多人通过他们的生活经验提供了这种相同的解释。所以，请密切注意，仔细考虑我附和他们的这种意见对不对。我宣布，人们不可能变得既有赐福，又是幸福的；只有少数人例外（我把这个说法限制在我们的今生。那些努力尽可能高尚地生活的人，在今世生活结束时高尚地死去的人，才有希望在他们死后获得他们努力追求的一切）。【d】我不是在说什么深奥的事情，而只是我们大家都以某种方式知道的事情，希腊人也好，外国人也罢：对任何生灵来说，生活从一开始就是一种痛苦的经历。首先，我们不得不经历在母腹中这个阶段。然后，我们不得不出生、成长，接受教育，【974】我们全都同意这些过程的每一个阶段都有无数的痛苦。事实上，要是我们不提艰辛，只提每个人都认为可以忍受的时期，那么这样的生活就变得相当短暂了——一般认为人的中年可以算得上这样的时期，人们可以喘口气。然后，老年接踵而至，控制了我们，使每个人都不愿再过这样的一生，除非他的思想像儿童那么幼稚。

【b】对此我必须做出证明吗？我们正在进行的考察就在朝着这个方向前进。我们正在考察如何变得聪明，就好像在每个人那里都能找到这种能力。然而一旦转向任何理智的部门，包括所谓的技艺、理智的形式，或其他诸如此类的想象的知识时，我们就感到困惑了——这就表明这些东西没有一样配

① 克利尼亚（Κλεινίας），人名，《法篇》对话人。

得上人关注的智慧的头衔。【c】然而人的灵魂却对此充满信心，抱有一种先知般的预见，深信自己拥有这样一种天生智慧的本性，尽管几乎无法发现它是什么，什么时候，如何才能获得。在这样的处境，我们在智慧问题上遇到的困惑，以及我们相关的考察碰到难处，不是完全意料之中的事情吗？这样一来，考察智慧就成了一个更大的工程，超出我们这些人的预期，我们自认为能够用各种方式进行考察，还有人自认为能够理智地、前后一贯地使用所有种类的论证。事情就是这样的，我们不同意吗？

克 【d】我们也许应当同意，先生，因为我们一直分享你的希望，认为对这些事情我们能够抵达圆满的真理。

雅 首先，我们必须检视其他所有那些被称做知识，但并不能使那些理解和拥有它们的人变得聪明的科目。检视完这些科目以后，我们会试着确认我们需要的科目，然后学习这些科目。

我们现在就开始，让我们考虑这些知识如何与一个可朽的种族最初的需要相关联，【e】这些需要是必须的，不可或缺的，也是最初的需要；我们还要考虑这种事情是怎么发生的，那些拥有这种知识的人，尽管很早就被称做聪明人，如今并不享有智慧的名声，而是由于拥有这样的知识而遭受谴责。【975】我们要识别它们，并且指出几乎每一个有雄心做一个好人的人要尽可能回避它们，以便获得智慧并实践智慧。

首先，有一种知识必定与吃动物有关。故事说，这是一种习俗，可以吃一些种类的动物，但是禁止吃其他种类的动物。早先时代的人对我们可能相当仁慈，他们确实很仁慈；但是让我们把最初的人搁在一边，【b】让他们当我们刚才提到的这种知识的专家。其次，生产大麦粉和小麦粉以及与如何使用它们更有营养的相关知识相结合，尽管是一种高尚的、卓越的职业，但这种技艺决不能成功地使任何人全智，因为这件事情——把生产当做智慧——反而会使人厌恶产品本身。在田野里耕种也不能使任何人全智，它显然不是一种技艺，而只是神赋予我们的一种能力，我们全都能用我们的双手在田野里劳动。还有，把住所"安排"在一起，或者整个建筑，或者制造所有各种家具和工具的技艺，也不能使任何人全智，【c】包括铜作、造房、制陶、纺织以及制造所有工具。这种知识对民众来说有实际的用处，但这不是因为人们以为它们能提供那种被称做知识的美德。各种形式的狩猎的技艺也不能使任何人高尚和智慧，尽管狩猎有许多形式，包括许多大的技巧。预言家的激励或者解释神谕的能力具有的这种效果很少。预言家只知道他说了什么，他不明白他说的是否真的。

【d】我们现在看到这些技艺使我们能够获得生活必需品，但它们没有一样能使任何人聪明。就其地位而言，它是一种游戏，大部分是模仿性的，而不是严肃的。它的实践者使用许多工具，使用许多身体姿势，但并没有真正成为他们模仿的对象。这种模仿包括许多运用语言的技巧，包括缪斯的全部技艺，包括各种形象的再现，由此在许多艺术门类中创造了众多的人物，流动的或者固定的。但是模仿的技艺在任何这些事情中不能使任何人明智，哪怕他们以最严肃的态度实践他们的技艺。

【e】现在，这些主题已经处理过了，下面要处理的主题是防卫，防卫也有许多不同的形式，会给许多人带来好处。这些形式中最主要、最广泛的就是战争的技艺，人们称之为军事战略，在有用性方面名声最高，但是要想取胜却极大地依赖好运，【976】实施这种技艺与其说取决于勇敢，不如说取决于智慧。至于所谓的医学技艺，它当然也是一种保护的形式，可以用来抵御严寒酷暑给生命有机体带来的伤害。但医学的技艺没有一样可以称得上是真正的智慧，医生治病就好像在大海中凭借想象与猜测行驰航船，毫无定规。我们也可以把船长和水手称做保护者，但我完全没有勇气希望能在他们中间找到有智慧的人。【b】他们中没有一个人能完全"知道"海风的暴虐与温和，这是每一位水手都渴望得到的知识。我们也不能把雄辩者称做聪明的，因为他们虽然在法庭上保护我们，并依据记忆和经验热衷于对人性的研究，但却误入歧途，不能真正地理解什么是真正的正义。

肯定还有一种奇怪的能力我们没有提到，可以享有智慧的名望，许多人不把它称做智慧，而是称做天赋。有些人学习任何东西都很快，【c】能够学习任何知识，有着可靠的记忆力，能在各种情景下回忆起相关的适当步骤，并及时加以运用，决不拖延。我们注意到了这样的人，有些人会把这些能力说成是天赋，有些人会把这些能力说成是智慧，还有一些人称之为天生的洞察力。但是，没有一个理智的人会愿意把依赖天赋才能的人称做真正有智慧的人。

然而，肯定还有某些知识，拥有它们就能使一个聪明人真正地明智，而非仅有智慧的名望。所以，让我们来看。【d】这是我们现在正在进入的一个最难的论证——在我们上面已经讨论过的智慧之外去发现智慧，寻找真正配得上智慧名称的智慧。能得到这种智慧的既非弄虚作假之人，又非轻佻无聊之人，这种智慧一定能使他成为他的国家的完全意义上的聪明而又善良的公民，既作为一名公正的统治者，又作为一名公正的被统治者，协调他自己和整个世界。让我们先来确定这种知识。在现今存在的所有知识中，哪一种知识要是从人类中消除，或者从来没有出现过，人类就会变得毫无思想，成为愚蠢的生灵。【e】要找到这个问题的答案似乎并不十分困难。也就是说，如果我们一门学问一门学问地数下去，我们会看到，那种有关数的知识的学问会对整个可朽的种族产生这样的影响。

我相信，是神本身，而非由于某些好运，使我们有了这种天赋。在此我必须说一下我指的是哪一位神，尽管这样说似乎很奇怪，但从另一个角度看倒也没什么可奇怪的。【977】我们为什么只能相信我们享有的一切幸福的原因就是一切原因中最伟大的理智呢？麦吉卢和克利尼亚，我以这种庄严的方式叙说的这位神是谁呢？呃，当然了，他就是乌拉诺斯①，我们有义务荣耀他，就像荣耀所有神灵和天神一样，我们尤其要向他祈祷。我们全都承认他是我们所享有的其他一切好事物的源泉，我们更要承认以各种方式把数赐予我们的就是他，【b】只要听从他的引导，人们的天资就会得到更新。只要对

———————
① 乌拉诺斯（Οὐρανός），天神。

他进行正确的思考，那么用科斯摩斯①、奥林普斯②或乌拉诺斯等不同的名字
称呼他是无所谓的。天神使苍穹闪闪发光，使星辰沿着自己的轨道行进，为
我们提供季节和日常食物，所以每个人都要追随他。是的，他把整个系列的
数字作为礼物赐给我们，所以我们也要假定把其他理智和一切好东西赐给我
们的也是他。一个人要是接受了他恩赐的数字，能用心叙述整个天穹的运
行，那么这就是一切恩赐中最伟大的福分。

下面，让我们返回前不久的一个要点，回想一下，我们非常正确地观察
到，【c】如果把数从人类中驱逐出去，我们就决不可能在任何事情上变得聪
明起来。生灵若无理性的讨论，如果不认识二和三、奇数和偶数，对数完全
不熟悉，对事物只有感觉和记忆，但却不能理智地解释它们，那么这个生灵
的灵魂就决不可能获得圆满的美德，尽管并没有任何东西在阻止它获得其他
美德，【d】比如勇敢和节制。若无真正的推理能力，人就决不会发生改变，
智慧是这种圆满美德的最主要的组成部分，如果没有智慧，人就决不可能成
为全善的，因此也不会幸福。因此，以数为基础是绝对有必要的，尽管要解
释这一点需要比先前更长的讨论。然而，仅就刚才列举过的这些技艺来说，
我们这样说也是正确的，【e】因为我们既然已经承认了这些技艺的存在，那
么一旦数的技艺被摧毁，其他所有技艺也都被抽空，全都不存在了。

如果我们对这些技艺进行反思，我们可以很好地假设人类之所以需要数
只是为了很少的目的——尽管这种让步也是重要的。再说，要是我们沉思这
个生成的世界中的神圣的成分和凡俗的成分，我们就会发现对神的敬畏，也
能发现数的真正性质。即使我们对数的整个领域非常熟悉，【978】但并非任
何人或每个人都能认识神赐予我们的威力无比的数。呃，举例来说，所有音
乐方面的影响显然取决于运动和音调的读数，或者拣最重要的来讲，数是一
切美好事物的源泉，但我们也应当明白，数不是可能会降临在我们身上的邪

① 科斯摩斯（Κόσμος），宇宙。
② 奥林普斯（Ολύμπους），天神。

恶事物的源泉。不是！无规范、无秩序、笨拙、无节奏、不和谐，以及其他一切分有恶的东西都是因为缺乏数，【b】想要幸福安详地死亡的人对此必须信服。至于正义、善良、高尚，以及其他相类似的东西，没有一个对它们抱有真正的信念但却没有关于它们的知识的人会以一种令他自己和别人信服的方式列举它们。

嗯，让我们继续谈论数这个主题。我们是怎样学会计数的？我要问你们，我们拥有的"一"和"二"的观念是怎么来的，【c】是宇宙的构造把一种天然能力赋予我们，从而使我们能够拥有这些观念吗？其他有许多生灵并不拥有可以向我们的天父学习计数的能力。但是我们不一样，神首先把我们造得具有这种理智能力，使我们可以理解向我们显示的东西，然后再把后续的景象显示给我们。如果拿两样东西做比较，在这些景象中还有什么能够比白天的景象更美好，【d】人在白天看到的景象可以持续到夜晚，而夜晚的一切又会显得与白天极为不同！现在，就好像乌拉诺斯从不停止使一切物体旋转，昼夜不息一样，他也不会停止把关于一和二的知识教给人们，直到最笨拙的学生也已经充分掌握计数为止。我们中的任何人只要看到这种景象都会继续形成"三"、"四"、"多"的观念。在神塑造的这些天体中有一个天体按照它自己的轨道前进，逐日变盈或变亏，【e】十五个昼夜后变化朝一个方向达到极点，由此构成了一个周期，如果有人能把它的整个轨道当做一个整体，那么哪怕是最迟钝的生灵，只要拥有了神赐予的学习能力，也能学会它。在此范围和限度内，能够拥有这些必要能力的生灵都可以通过对这些物体的观察来学会计数。【979】但考虑到所有这些生灵总是在相互交往时才计数，所以我认为计数还有某些更加重大的用途，我们已经说过，出于这个目的，神在天空中创造了月亮，盈亏圆缺，再把月份结合成年，使所有生灵凭借神的幸福旨意，开始对数之间的关系具有一个总的看法。【b】如果风调雨顺，大地就会孕育和产出丰盛的果实，为一切生灵提供食粮；如果有什么事情不顺，那么该遭谴责的不是神灵，而是我们人类自己，应当怪我们自己没有正确地把生活安排好。

嗯，在我们考察法律的时候，我们发现其他对人来说是最好的东西容易认识，我们全都能够理解我们得知的事情，也能据此采取行动，只要我们知道怎么做像是有益的，怎么做像是无益的。我们确实有了这种发现，【c】我们仍旧认为，其他方面的追求并没有什么特别困难的地方，而要懂得如何成为好人是一个格外困难的问题。还有，要获得其他一切善物——恰当数量的财产和正确种类的身体——如俗话所说，既是可能的，又不困难。进一步说，每个人都认可灵魂应当是善的，至于它应当如何成为善的，每个人都说它必须公正、节制、勇敢以及聪明。但论及灵魂必须拥有的智慧形式时，【d】如我们最近已经详细说明了的那样，人们众说纷纭、莫衷一是，至少在许多人中间是这样。事实上，我们刚才发现，在前面所有种类的智慧之上，有一种智慧非同小可，至少它在掌握了我们列举的这些材料的人中间拥有智慧的名声。但是，知道这些事情的人真的是聪明的和好的吗？这一点确实需要一个满意的解释。

克　你说得对极了，我的朋友，你试图说出重大主题的重要事情！

雅　【e】确实，克利尼亚，它们不是微不足道的。但是——要做到这一点更加困难——我试图说出来的事情是完全真实的。

克　我完全同意。但即便如此，也请你在讲述你的想法时不要过于疲劳。

雅　当然，你们俩在听我讲话时也不要过于疲劳。

克　别为我们担心——我讲话代表我们俩。

雅　【980】很好。我们必须从头开始。首先，我们必须找到一个单一名称来指称我们认为是智慧的这样东西。如果我们做不到这一点，那么我们第二个目标将是，按照我们的解释，为了成为一个聪明人，一个人必须知道哪些智慧或多少种智慧。

克　请继续说。

雅　下一个要点是，无人可以责备立法者把众神塑造得比以往更精美，更优秀，也就是说，在高尚的戏剧中塑造众神，【b】荣耀众神，对他来说，他会终生用幸福的颂歌赞美众神。

克　说得好，我的朋友！我希望这是你们立法的目标，民众将赞颂众神，过着一种纯洁的生活，最终抵达至善。

雅　嗯，我们在说些什么，克利尼亚？通过向众神唱颂歌，极大地荣耀众神，祈祷我们将被引向至善吗？你是这个意思吗，或者是别的意思？

克　【c】我就是这个意思。但是要带着自信向众神祈祷，叙说你碰到的事情，向男女众神奉献善物。

雅　如果神自己来引导我，我会这样做的。只是请你们和我一起祈祷。

克　请说下一个要点。

雅　由于过去的人没有很好地描述众神和生灵的生成，所以我的当务之急延续我前面的解释，再次反对那些不虔诚的解释①，【d】然后宣布众神是存在的，他们关心大大小小的一切事务，尤其关注正义。我想你还记得这些话，克利尼亚，你们俩实际上还做过记录。我们当时说的话相当正确。其中的要点是：作为一个整体，灵魂比肉体年长。你能想起来吗？你们肯定还记得。【e】因为比较优秀、比较年长、比较像神的东西显然与比较卑贱、比较年轻、比较凡俗的东西相关，统治或领导在各方面都要早于被统治和被领导。所以，让我们接受这一点，灵魂比肉体年长。【981】如果事情是这样的，那么我们对生成的最初解释的第一步将会更加有理。让我们就这样做，讲述众神的生成，让我们朝着智慧的最重要部分迈出正确的步伐。

克　任何人都必须承认我们在尽力叙述这些事情。

雅　下面，当一个灵魂和一个身体来到一起，形成一个结构，产生一种形式，我们断定这就是一个生灵吗，就其本性而言？

克　对。

雅　【b】所以，这种东西应当最正确地被称做生灵吗？

克　确实如此。

_____

① 参见《法篇》10，819e 以下，896a 以下。

雅　我们必须认定，按照最合理的解释，有五种立体，最适宜用来塑造最精美、最优秀的事物。其余种类的实体，全都只有一种形式，而灵魂确实是最神圣的实体，是唯一可以没有身体的事物，甚至根本没有任何颜色。这是唯一天然适宜塑造和创造的实体，【c】而物体，我们认为，适宜用来被塑造，适宜变化和被看见。前一种类型的实体（让我们再说一遍，因为这话不能只说一遍）当然适宜是不可见的，是理智的，是有理智的，享有记忆和计算，包括奇数和偶数变化。所以有五种元素，我们宣称它们是火、水、气、土、以太，这些元素中的某一种发挥主要作用，从而使每一事物和各种生灵趋于圆满的生成。

但是我们需要个别了解如下的每一种元素。作为讨论的第一种元素，【d】让我们先说一下土元素。属于这种类型的事物包括全体人类，以及各种多脚或无脚的动物，也包括所有从一处向另一处移动的动物和那些被它们的根所牢牢固定在某一处的生物。因此我们应当认为，尽管在这些事物的结构中都可以找到物体的五种元素，但它们的主要成分是最坚硬、最有抵抗力的土元素。

我们必须进一步设定有第二类不同的生灵生成，它们同样也是可见的。它们主要由火元素组成，但也包括少量的土元素、气元素，以及其他元素。【e】由于这个原因，我们应当宣布，从这些元素中产生了所有可见的生灵。我们必须进一步设定天空中的各种生灵——亦即我们说的神圣的星辰——的生成，它们拥有最美丽的身体和最幸福、最美好的灵魂。关于它们的命运，也许有两种类型的，我们必须允许这样一种看法。它们要么全都是绝对不可毁灭的、【982】不朽的、神圣的，要么各自有自己确定的寿限，尽管它们的寿命非常漫长。

重复一下，让我们首先设定有两类生灵，二者都是可见的，一类似乎完全由火构成，另一类则由土构成，属土的一类生灵以无序的方式运动，而属火一类生灵的运动方式井然有序。既然包括我们人类自身在内的这类生灵的运动是无序的，【b】因此与那些拥有确定轨道的天体相比，我们是无理智的。

天体轨道的不间断性和规则性，以及天体的所作所为，都是这种理智生活令人信服的证据，我们应当以此为天体拥有理智的充分证明。而来自有理智的灵魂的一切必要性乃是最伟大的，【c】因为她把自己的法则确定为至高无上的，无须服从任何人，一旦灵魂用它完美的智慧确定了什么是最好的，那么她的心灵是完全不可逆转的。这是一条真理，连金刚石都不会比它更加坚硬，也不会比它更加确定，命运三女神在监视着一切事物的发展，确保它们的过程得以全部实现，每一位神都有它自己的宿命。对人类来说，这条真理已经证明星辰及其整个运行过程都是有理智的，星辰的运动是不间断的，有规则的，【d】因为它们的运动有计划地在无穷的世代展开，不会产生混乱，也不会改变目的和行踪，发生轨道变化。然而我们大多数人的想法与此正好相反，由于它们的行为具有一致性和规则性，人们就想象它们没有灵魂。而民众也就信从这种愚蠢的想法，以为人有理智和生命，因为人能够说话，而天体没有理智，因为它们保持着相同的运行轨道。然而，【e】人可以选择更好、更受欢迎的解释，人应当明白，由于相同的原因以一种统一的方式永远保持相同的行为完全有理由被视为有理智，而这就是星辰的状况。对眼睛来说，星辰的运行是最美丽的景象，星辰通过最优雅、最辉煌的舞蹈完成它们对一切生灵的义务。

【983】事实上，我们说它们拥有灵魂是对的。首先，考虑一下它们的尺寸。星辰并非如它们所显现的那样微小，任何星辰的体积都是巨大的，我们必须相信这一点，因为相关的证据是令人信服的。我们可以正确地认为整个太阳比整个大地还要大，事实上，每一运动着的星辰都无比巨大。所以我们可以思考一下，究竟有什么东西可以使如此巨大的星球在相同的周期内永远旋转，因为星辰实际上是旋转着的。【b】呃，我要说人们可以发现，这个原因就是神，而其他任何事物都不可能是这个原因，因为你我都已证明灵魂可以由神赋予，也只能由神赋予。神拥有这种力量，因此先把生命赋予某个身体或物体，然后使这个物体按照他所认为最佳的方式进行运动，这对他来说是很容易的。至此，我们可以明确一条关于星辰的真理。如果没有灵魂所起

的联连作用或定位作用，【c】那么大地和天空，以及一切星辰和构成星辰的质料，都不可能如此精确地运动，把年、月、日以及其他一切美好事物赐给我们。

由于人是一种非常可怜的东西，重要的是不要随意胡说，要明白我们说的是什么意思。要是有人把运动中的某些物体认定为原因，那么他不会成功，也说不清楚。至于我们已经提供的解释，【d】我们务必加以重复，看它是否合理，还是完全错误。首先，我们认为有两类实体，灵魂和物体，各自都有无穷多个，相互之间各不相同，两种类型之间也不相同，此外在任何事物中都找不到第三种实体。其次，灵魂优于物体，我们应当认为前者是理智的，后者是非理智的；前者统治，后者被统治；前者是一切事物的原因，后者不是任何事物的原因。所以，【e】说天上的事物之所以产生是通过其他事物的作用，而不是如我们所认为的那样，是灵魂和物体的产物，那就是最大的愚蠢和荒谬绝伦。如果我们关于全部天体的理论占了上风，如果它有说服力，使我们相信天体都是神圣的，我们必须设定它们是下列两种事物之一。要么它们本身就是神，把它们当做真正的神灵来赞颂是正确的，要么我们必须设定它们是与众神相似的东西，是众神的影像，【984】是由众神自己塑造出来的东西，因为天体的创造者不是非理智的，毫无价值的。我们已经说过，我们必须设定它们是两种事物之一，一旦我们这样做了，我们必须荣耀它们，胜过荣耀其他所有影像。我们确实再也找不到比星辰更加美好、更加易于理解的东西了，或者说，我们再也找不到比星辰更加优秀、更加纯洁、【b】更加庄严、更加圆满的生命了，因为它们在所有这些方面都被造得极为优秀。

涉及众神，我们就不要再进一步了。我们已经确认有两类生灵对我们来说是可见的，我们宣称其中有一类是不朽的，另一类是可朽的，也就是属土的那一类，让我们准确地看待这种合理的观点，允许我们描述两种已经讨论过的生灵之外的三种居间的生灵。在火元素之后，让我们来看以太。我们可以设定，【c】灵魂用以太塑造的生灵（就像塑造其他种类的生灵）主要拥有以太这种基质，但也拥有少量的其他基质，为的是能把它们很好地捆绑在一起。在用以太之后，灵魂用气塑造了另外一类不同的生灵，然后又用水塑造了第三类生灵。在把它们全部塑造出来以后，灵魂和所有这些生灵一道充斥整个天空，按照它们的性质来使用它们，因为它们全都是活的。还有第二类、第三类、第四类、第五类生灵，始于可见的众神，而终于我们人类。

【d】关于众神——宙斯、赫拉，以及其他所有神灵——我们可以随我们的意愿来制定规矩，同类同规，我们必须遵循这条确定的原则。至于最初的众神，那些可见的、伟大的、最值得崇拜的、最清晰可见的神灵，我们必须宣称，它们就是星辰以及我们可以察觉的天象。【e】在它们之后，或者按等级来说在它们之下，就是精灵。这一类生灵用气造成，占据第三的位置和居间的等级，起着沟通众神和凡人的作用，在我们的祈祷中应当特别加以荣耀，它们把令我们欢娱的信息传递给我们。这两类生灵——用以太造成的生灵和其后用气造成的生灵——都是完全不可见的。哪怕它们靠近我们，都不能被我们看见。然而，【985】它们拥有神奇的理智，博闻强记，知道我们的所有想法，偏爱善良与高尚，对各种邪恶深恶痛绝，因为它们已经经历过我们讨论过的这些事情，有痛苦的经验（与此相反，神享有充分的神性，完全为智慧所占据，消除了痛苦与快乐）。【b】由于天空充满了生灵，我们应当说它们之间相互沟通，从最高的众神到所有人，以及其他所有事物。它们能够这样做，通过中间等级的生灵的运动，它们能够轻巧地在大地上和在整个天空中飞翔。第五类生灵用水造成，它们是用这种基质造成的半神，它们有时候是可见的，有时候会隐匿而不可见，【c】其模糊形象使我们产生困惑。

这五类存在者确实是生灵，有些种类的生灵会以各种样式与我们凡人交际，人们夜里做梦时看到这种情景，祭司的神谕会讲述这种事情，病人的呓语或者弥留之际的遗言也会提到这种事情。这样的信念对个人和社团都会产生影响，是许多宗教礼仪的起源，今后也会这样。哪怕是最无理智的立法者也不敢擅自虚构，把他自己的城邦引向一种没有确定根基的虔诚。【d】另一方面，他也不会禁止人们从事那些祖传的献祭，因为在这种事情上他没有任何知识，人类要想拥有这种知识确实是不可能的。

出于同样的理由，那些不敢告诉我们众神确实向我们显现的人是最坏的，他们还说众神是一些别的神，没有得到应有的荣耀。【e】然而，这种事情在我们中间确实发生了。例如，假定我们中有人真的看到太阳和月亮的产生，看到它们在俯视着我们，但就是没有能力讲述这件事，也从来没有说过，或者假定这个人看到它们没有得到应有的荣耀就离开了我们，但他并没有紧迫感，想要把它们置于一个极为荣耀的位置，也不急于为它们设立节庆或献祭，【986】或者为它们分别指定一段或长或短的时间，作为它们的"年份"。如果这样的人，以及其他明白这种处境的人，被称做恶人，难道不对吗？

克　绝对如此，我的朋友，这是一种大恶。

雅　但是，我亲爱的克利尼亚，我想要你知道，这就是我当前的处境。

克　你这是什么意思？

雅　天体有八种力量（亦即轨道），它们相互之间是兄弟。我本人观察了它们。这不是什么大不了的成就，【b】其他人也能轻易办到。它们中有三个是我们前不久提到的；① 分别属于太阳、月亮和所有星辰。此外还有五样东西。嗯，涉及所有这些轨道，以及在轨道上运行的东西（无论是按照自己的意愿运行，还是乘着马车前进），我们中没有人必须匆忙假定它们中某些是神，某些不是神，或者说有些是合法出生的，有些我们提到它的名字都是错的。【c】倒不如说，我们必须坚定地宣布，它们全都是兄弟，彼此之间有兄弟情谊。我们一定不要把年份归于它们中的一位，把月份归于它们中的另一位，我们在拒绝给其他星辰指定任何份额或任何时间、让它们完成各自的轨道运行的时候，我们要把时间归于这个依据最神圣的法则建立起来的可见的宇宙的圆满完成。

任何一个幸福的人一开始会对这个宇宙留下深刻印象，产生敬畏，然后

---

① 参见本篇 978c—979a。

会产生一种凡人所可能有的学习热情，因为他相信，【d】只有这样他的生活才是最好的，最幸运的，才能在死后去那些美德以之为家的地方。进一步说，他一旦加入了这种真正的秘仪，获得了圆满的合一，拥有了一份真正的智慧，他的余生就是我们的视力所能见的这些最美丽事物的一名观察者。

【e】下面要说的是这样的神有多少，它们是谁。这一点我们必须说清楚，因为我们决不要自食其言。实际上，我对下面这些内容感到非常确定。我重复一下，有八条轨道，在这八条轨道中，三条已经讨论过了，五条还没有讨论。第四条轨道及其运转周期，以及第五条，几乎与太阳的速度相等，既不比太阳慢也不比太阳快。这三样东西中领头的那个必定有充分的理智。这三条轨道属于太阳、晨星① 和第三颗我说不出名字来的星辰，因为它的名字是未知的。其未知的原因在于最先观察这些天体的人是一位外国人。【987】埃及和叙利亚的夏季出奇的美丽。因此那里的人最早开始观察天体，思考这些事情，成了一种古老的实践活动。他们一年到头都能观看所有星辰，因为在他们那里既没有云彩，也不下雨。他们的观察结果在我们中间以及在其他地方传播，随着岁月的流逝一直经受着数不清的考验。所以我们可以充满自信地在我们的立法中赋予这些天体以恰当的地位，聪明人一定不会荣耀某些神而轻视另一些神，如果这些神还没有名字，【b】那么必须把事实解释清楚，就像我们已经做过的一样。它们至少要被当做某位神灵之星，晨星也就是晚星，通常被当做阿佛洛狄忒之星，这是叙利亚的立法者为它选择的最恰当的名称，与之齐步前进的则有太阳和赫耳墨斯之星。我们要进一步考虑另外三条像月亮和太阳的轨道一样的天体轨道，是向右旋转的。此外还有一条轨道要提到，这就是第八条，在某种特别的意义上可以称之为宇宙，这位神进行一种与其他所有天体相反的运动，携带着其他天体前进，【c】人们只要略微拥有这方面的知识都可以做出这种假设。但在我们明确知道的范围内，我们必须做出肯定，就像我们现在正在做的那样，因为真正的智慧可以被乐意的

---

① 亦即金星。

人所见，但与这些线索相伴并没有多少健全和神圣的启示。剩下来还有三个星辰。一个是所有星辰中走得最慢的，叫克洛诺斯之星，次一个走得最慢的星辰叫宙斯之星，再次一个走得最慢的星辰叫阿瑞斯之星，这颗星的颜色最红。【d】要是有人对它进行解释，那么这些事都不难理解，但是我们说，一个人一旦学了这些事情，他必须相信它。

每个希腊人都应当记在心上，我们希腊人拥有的地理位置对养成美德是最好的。它的优点是，这里的天气介于冬天和夏天之间。如我们所说，由于我们的夏天比其他区域的夏天要差，所以我们观察这些神①的秩序比其他区域的人要晚。【e】但是我们可以肯定，希腊人从外国人那里得到的这些知识最终得以改善，所以我们也可以对这些问题进行讨论。事实上，要确定地发现所有这些事情是困难的，【988】但是大有希望，尽管有关所有这些神的传说，以及对它们的崇拜来自国外，但是希腊人依据他们所接受的各种教育，依据德尔斐神谕，依据它们整个有关祭仪的法律，可以更加成功地崇拜它们，在一种真正的意义上更加公正地崇拜它们。

让希腊人再也不要担心，以为作为凡人我们决不要关心神的事务。我们应当拥有相反的想法；神（亦即宇宙）决不是无理智的，对人的本性一无所知，而是知道自己可以教导凡人，凡人会接受他的引导，学习他的教诲。【b】他当然知道他要教给我们和我们要学习的东西就是数。如果不明白这一点，那么他就是最无理智的了。要是神对那些能够学习的人发怒，而不是高兴地看着他在神的帮助下变善，那就不会有"认识你自己"这句箴言了。

【c】嗯，现在说这些事情要有意义得多了，人类什么时候最早思考众神如何生成，它们是什么样子的，它们一旦生成之后有什么样的作为，它们所说的是不可接受的，还是能使聪明人高兴的。后来的解释也是不可接受的，在这些解释中，火元素、水元素，以及其他物体视宣称为最古老的，而神奇的灵魂要年轻得多，这些解释还坚持认为，属于物体的运动更加优越，更有

---

① 指天体。

价值，物体在其自身中产生热、冷，以及诸如此类的东西，灵魂不能使物体运动，灵魂也不能使它自身运动。【d】而现在我们说了，如果灵魂在物体中生成，它会使得物体和它本身运动和旋转，这样做并不值得惊讶，我们的灵魂也没有理由不相信灵魂拥有这样的能力，它能使任何重量的物体旋转，无论物体的质料有多么大。因此，由于我们宣称灵魂是整个宇宙的原因，一切善必定引发善物，而恶的事物有不同的原因，这种原因是恶的，【e】所以说灵魂是一切轨道和运动的原因，由最好的灵魂引发的轨道和运动趋向于善，而相反种类的灵魂引发的东西趋向于恶，这样说一点儿也不奇怪。由此可以推论，善过去和现在都必定打败恶。

我们已经说过的这些都是公正的，正义要对邪恶复仇。所以，返回我们考察的对象，【989】我们不得不相信，至少好人是聪明的。至于我们长时间探讨的这种智慧，让我们来看我们能否发现某种学问或技艺会使我们完全不能判断正义。实际上，我认为我们能够发现这种智慧。让我来说这种智慧是什么。我要试着向你们说清楚，当我上下搜寻的时候，它是如何降临于我的。我们刚才犯错误的原因在于，【b】我们没能按照正确的方式实践美德最重要的部分。我刚才所说的话在我看来强烈地表明了这一点。没有人能说服我们，美德有一个比敬畏众神更加重要的部分，尽管我们必须承认，由于难以置信的愚蠢，这种品质在天性最优秀的人身上也没有显现。

这样的天性是很难出现的，而一旦出现，它们就是一种显著的利益。有节制地拥有快捷和迟缓的灵魂会趋向良好的本性。它倾向于勇敢，也打算接受节制，在这种情况下还有最重要的特点，【c】它会擅长学习和记忆，它会乐于参加这些活动，所以也就会爱好学习。这样的品质不容易产生，而一旦产生，并以必然的方式得到训练和培养，它们就使这样的人能够用思想把握其他从属的活动，就不会由于冒犯众神和凡人而去伪善地举行献祭和涤罪仪式，而是真正地荣耀美德。【d】事实上，荣耀美德是整个城邦唯一最重要的事情。嗯，我们认为这个部分的民众就其天性而言最适合统治，他们能够学习最高尚、最优秀的东西，只要有人教他们。但是除了神，没有人能够这样做。确实，如果有人要教他们，但不能用正确的方式，那么他们最好还是不要学了。即便如此，从我们已经说过的话中可以推论，具有这种最优秀天性的民众必须学习这些事情，我必须告诉他们要这样做。

【e】所以，我必须详细解释他们要学习的这些东西是什么，这些东西是什么样的，如何学习它们，假定我有这样说的能力，这些人也有能力听我说：【990】关于敬畏众神一个人要学习什么事情，他应当如何学。当你们听到我说它是什么的时候，你们会感到奇怪。我说它的名称是天文学，要是你们不熟悉这个科目，没有人会期待得到什么回答。人们不知道真正的天文学家必定是最有智慧的人。我指的不是以赫西奥德的方式观察天文的任何人，只观察星辰的升起和降落，而是指观察了八条轨道中的七条轨道的那个人，这些星辰各自按照自己的轨道运行，【b】任何不具有杰出能力的人要想完全理解它们的运行并非易事。我们现在已经说明了我们必须学习什么。下面我们要继续说明我们必须如何学习它。我的第一个要点如下：

月亮在其轨道上的运行最为快捷，它运行一周的时间就是一个月，月是最基本的一个时段。其次，我们必须观察在其轨道上不断转动的太阳，以及伴随太阳运动的其他星辰。【c】我们不需要再重复已经说过的内容，前面已经列举过的运行轨道都是难以理解的，要培养理解它们的能力，需要从儿童和青年时代开始就花费大量的劳动，提供预备性的教育和训练。由于这个原因，他们需要学习数学。

学习数学首先和最重要的是学习数本身，与数本身相对的是拥有物体的数。这就是学习奇数和偶数的整个本性和性质——一切数尽可归于存在的事物的本性。掌握了这些内容以后，【d】接下去就要学习所谓的"几何学"（字义是测量大地），这个名称极为愚蠢。事实上，在这个科目中要学习的主题显然是那些本性不同的数之间的同化，涉及数的平方。这是神创的奇迹，而不是人的创造，能理解它的人显然都能看到这一点。在此之后要学的是有三个向度的数，它的性质与立体相同。另外还有一门把不同的数同化为相同的数的艺术，【e】那些熟悉它的人称它为"测体积术"。那些观察和理解这些事情的人在其中发现的神圣的奇迹是，整个自然按照事物各自的比例塑造出事物的种类，【991】这种比例以二倍和二倍的对立面（一半）为基础。最初按照一比二的比例，形成二倍数的数列，亦即 1，2，4，…，按照数的平方形成这样一个数列，亦即 1，4，16，…，按照数的立方，在从 1 进到 8 以后，形成这样一个数列，亦即 1，8，64，…，也就进到立体的东西和有形体的事物。在二倍数这个数列中，二倍既表示较大的数是较小的数的二倍，也表示较小的数被较大的数超过相等的量（算术的方式），而按照相同的比例也可使数列中的各项增长（和谐的方式）。【b】（比如 6 和 12 之间的关系是由比例 3∶2 和 4∶3 决定的[①]）。以这两种方法为基础的数列是由缪斯女神保佑的合唱队赐给我们人类的，我们使用这种协和与对称来推进节奏与和音的形式。

让我们再来考虑一下我们说过的所有这些事情。但是学习它们有什么意义？为了确定这一点，我们必须提及这个生成的世界中的神圣的元素，它是由神允许凡人观赏的、最精美、最神圣种类的可见物构成的。【c】观赏它们的人，无人可以声称能以我刚才描述过的、不包含知识的简易方式学习它们。还有，在我们所有讨论中，我们必须通过提问和驳斥谬误来使每个人掌握这些种类。这种方法是人所能得到的最好的考验，而所有那些并不真实，而只是显得真实的考验，完全是在白费力气。我们也必须对所有天象发生的时间有准确的知识。【d】如果我们这样做了，那么我们学说的每一个信奉者应当相信，灵魂比物体更古老、更神圣，说"万物充满神灵"是完全正确的、自足的，还有，对这些事情我们不会有一丁点儿遗忘，也不会怠慢我们的长者。

在所有这些学习中，下列要点必须牢记在心：运用正确的方法来理解每一个天体确实能够带来很大的好处，否则就只能请神帮忙了。这种正确的方

---

① 在数列中，6 和 12 之间的中项用算术的方法是 9，用和谐的方法是 8；9∶6=3∶2，8∶6=4∶3；还有 12∶9=4∶3，12∶8=3∶2。

法是这样的【e】——我至少要说这么多。以正确的方式进行学习的人应当掌握数的每一种图形和复杂的系统，要知道星辰旋转的每一种和谐结构和统一类型适用于所有天体。要把这些内容告诉每一个以正确方式进行学习的人，让他的眼睛凝视一个目标。【992】一个以这种方式学习这些科目的人会明白所有这些事情之间都有一种天然联系。任何以其他方式学习这些科目的人则必须"求助于好运"，这一点我们也说了。不学习这些科目，城邦里的人没有一个会成为幸福的。这些学习无论难易，我们都必须行进在这条道路上。

轻视众神是不对的，【b】关于它们的故事显然已经以正确的方式加以讲述，得到了好运的保佑。凡能以这种方式掌握所有这些科目的人，我确实要说他是最有智慧的。我也要大胆地向他肯定——既是开玩笑，又是认真的——当死亡降临时，如果他仍旧能够忍受死亡，那么他就已经不再是大量感觉的奴隶了，他将得到命运赐予他的那一份幸福和智慧，甚至在内心他已经和这些东西融为一体了。【c】无论有福之人死后是否会去"福岛"或某个大陆，他的幸福是永远的，无论他今生今世是公众人物还是默默无闻的公民，来自众神的奖赏对他来说是一样的，不会有什么差别。这样，我们再次回到我们开始时说过的那条真理，对大多数人来说，要想获得圆满幸福是不可能的，只有少数人才能做到。只有少数人才能变得像神一样，拥有节制的灵魂，拥有各种美德，掌握这门赐福的学问（天文学）——【d】我们已经说过它是什么——适度获得和拥有神的所有恩赐。

我们在私下里谈论，并使之成为我们的法律，城邦的最高职位必须由那以正确的方式掌握了这种学问的人来担任，这些人花费了许多劳动，老年时抵达圆满。其他人都必须服从他们，赞颂所有的男女众神。我们已经知道了这种智慧，对它进行了很好的考察，【e】现在，我们可以敦促所有午夜议事会的成员参与这种学习。

大希庇亚篇

提　要

　　本篇的真伪争议很大。19 世纪有许多西方学者通过分析，认为本篇的语言运用比较呆板，因此是柏拉图学园中弟子的作品，甚至有可能是希腊化时代的作品。而 20 世纪的西方一些重要学者认为《大希庇亚篇》是柏拉图本人的作品，主要理由是亚里士多德在《论题篇》中曾多次引用出现在本篇中的一个美的定义的原文，即"美是由视觉和听觉产生的快感"（《论题篇》102A6，135A13，146A22），并且和苏格拉底一样，对这种定义进行了批判。公元 1 世纪的塞拉绪罗在编定柏拉图作品篇目时，将本篇列为第七组四联剧的第一篇，称其性质是"驳斥性的"，称其主题是"论美"。[①] 谈话篇幅较长，译成中文约 2 万字。

　　对话采取简单的直接对话的形式，由苏格拉底和来自埃利斯的著名智者希庇亚单独直接谈话。希庇亚第二次访问雅典，夸耀自己是埃利斯城邦推选使节时的第一人选，并说自己后天将会在雅典演讲，谈论特洛伊城失陷后英雄们光荣献身的事迹。苏格拉底对智者进行一番嘲讽，然后说自己最近谴责某些文章中的丑恶，赞扬某些文章中的美好，将话题引入美是什么。在对话中，苏格拉底从哲学的高度探究美的本质，着力批判当时流行的一些审美观

[①]　参见第欧根尼·拉尔修：《名哲言行录》3：60。

念。例如，美的普遍本质与具体事物之美的混同，美即合适、美即有用、美即视听快感的主张，等等。苏格拉底的批判已经涉及美学理论中的一系列重要问题：美是客观的还是主观的、形式美和实质美的关系、美的本质和美的功用的关系、美与美感、真善美的统一。整篇对话的结论是否定性的：尽管我们总是谈论美好的行为，仿佛我们懂得自己这样说的意思，而实际上我们处于困惑之中，发现自己对这些自认为非常了解的东西全然无知。

本篇是古希腊美学思想的重要文献。希腊人所说的美（καλός）含义广泛，有优良、美好、精致、完善等意，相当于中文的美好。它不仅指艺术作品的美，而且也指生活中一切美好的东西，不仅指身体之美，又表示道德之美，如美的人、美的物，乃至美的习俗制度等。本篇对话虽然没有给出有关美的本质的明确结论，但苏格拉底指出美本身是一种超越现象和感觉的客观真实存在，是使一切美的具体事物成为美的原因。苏格拉底还把美同知识相连，主张智慧是美，无知是丑，美和善本质上是同一的，这就是真善美的统一。这些基本思想在柏拉图的中期对话中有充分的发挥。

正　文

谈话人：苏格拉底、希庇亚

苏　【281】你来了，希庇亚，又漂亮，又聪明！你来雅典多久了，时间够长了吧！

希　我没工夫跟你闲聊，苏格拉底。每逢埃利斯①要和其他城邦打交道，他们总是第一个找上我，担当城邦的使节。【b】他们认为我是最能判断和报告其他城邦各种消息的公民。我经常承担这样的使命，造访不同的城邦，但去得最多的地方是拉栖代蒙，那里要处理的事情最多，也最重要。这就是我对你的回答，也是我没有在这些地方出没的原因。

---

①　埃利斯（Ἠλεῖος），城邦名。

苏　希庇亚，我还有个问题，要是能做一个既完善又聪明的人，那该有多好啊！对个人来说，你的才华使你年轻时就能挣大钱，【c】而你也能给人们提供更大的利益。还有，在公共事务中，你能为你的国家建功立业，这是避免人们的轻视和赢得公众尊敬的正道。然而使我感到奇怪的是，为什么那些古代因其智慧而出名的伟大人物——庇塔库斯①、彼亚斯②、米利都③的泰勒斯④学派，还有其他那些与我们时代相近的伟人，一直到阿那克萨戈拉⑤为止——他们所有人或大部分人显然都不习惯参与政治活动。

希　【d】除了无能你还能找到什么原因？他们缺乏能力，无法把他们的智慧运用于生活的两个领域，即公共领域和私人领域。

苏　那么我们可以正确地说，正如其他技艺在进步，直到过去的艺人无法与当今的艺人相比为止，所以你的技艺，也就是智者的技艺，也在进步，直到古时候的哲学家无法与你和你的同伴相比为止，这样说对吗？

希　完全正确。

苏　如果彼亚斯为了我们的利益而重新来到这个世上，【282】那么按照你的标准，他会成为一块笑料，就好像雕刻家代达罗斯⑥如果生在当今时代，制作出给他带来名声的那些作品，那么他也一定看上去像个傻瓜，是吗？

希　确实如此，苏格拉底。但不管怎么说，我本人还是习惯于赞扬我们从前那些先驱者，因为我在提防活人的妒忌时，也在担心死者的愤怒。

苏　【b】说得好，希庇亚，既有情感，又有格调。我可以用我的证言来支持你的陈述，你的技艺确实在与日俱进，朝着把公共事务和私人追求结合

① 庇塔库斯（Πιττακòς），人名，希腊七贤之一。
② 彼亚斯（Βίας），人名，希腊七贤之一。
③ 米利都（Μίλητος），地名。
④ 泰勒斯（Θαλῆς），哲学家，希腊七贤之一。
⑤ 阿那克萨戈拉（Αναξαγόρας），希腊早期哲学家。
⑥ 代达罗斯（Δαιδάλος），希腊神话中的能工巧匠。

在一起的方向前进。杰出的智者，林地尼①的高尔吉亚②从他的家乡来到这里执行一项官方的使命，他被选中乃是因为他是他们城邦最能干的政治家。人们公认他在公民大会上的讲演是最雄辩的，而在私下里他也展现了他的才华，给雅典青年和其他相关的人做演讲示范，赚了一大笔钱。【c】还有普罗狄科③，我们杰出的朋友。他经常从开奥斯④来雅典履行公务，上次，也就是最近，他来这里执行一桩使命，他的口才在公民大会上受到人们的景仰，在私下里他也给年轻人作示范，并接受他们加入他的团体，挣了一大笔钱。古代的伟人没有一个认为要为自己的智慧收费，【d】或者认为给各种各样的听众讲演要收费，他们头脑太简单，以至于不知道金钱的无比重要。我提到的这两个人用他们的智慧挣的钱比其他任何一个艺人用他的技艺挣的钱还要多，在他们之前，普罗泰戈拉⑤也是这么干的。

希　苏格拉底，你对这种生意的真正魅力一无所知。如果有人告诉你我挣了多少钱，那么你要吓呆了。举例来说吧，我曾经去过西西里，【e】当时普罗泰戈拉也在那里。他的名声很大，但年纪比我大得多，而我在很短时间里就挣了150多明那⑥。呃，仅仅在一个地方，伊尼库斯⑦，一个很小的地方，我就挣了20多明那。当我带着钱回家时，我的父亲和其他乡亲全都惊呆了。我敢肯定，我一个人挣的钱比你提到的任何两名智者挣的钱加在一起还要多。

苏　你智慧的证言确实令人肃然起敬，【283】我们这个时代的智慧确实远远超过古人的智慧！按照你的解释，早先那些思想家确实跌落在无知的陷阱中，据说阿那克萨戈拉的命运和你的命运完全相反，他本来可以继承一大

---

① 林地尼（Λεοντῖνος），地名。
② 高尔吉亚（Γοργίας），重要智者，《高尔吉亚篇》对话人。
③ 普罗狄科（Πρόδικος），重要智者，《厄里西亚篇》、《普罗泰戈拉篇》对话人。
④ 开奥斯（Χῖος），地名。
⑤ 普罗泰戈拉（Πρωταγόρας），重要智者，《普罗泰戈拉篇》对话人。
⑥ 明那（μνᾶ），希腊硬币的名称，亦译"米那"。
⑦ 伊尼库斯（Ἴνυκους），地名。

笔财产，但他竟然放弃了，这样做真是太愚蠢了。从前那些伟大人物也有类似的故事。我承认，你获得的成功是最好的证据，【b】可以用来说明当今时代的智慧确实可以与从前那些时代的智慧相比，现在人们普遍认为聪明人必须为自己打算，衡量智慧与否的标准则是挣钱的能力。好吧，这一点就说到这里。现在请你告诉我，你在哪个城市挣的钱最多？我想是在拉栖代蒙，因为你去那里的次数最多，是吗？

希　肯定不是，苏格拉底。

苏　真的吗？难道你在那里挣得最少？

希　【c】我在那里什么钱也挣不到。

苏　这太奇怪了！难道你的智慧不适宜用来增进拉栖代蒙人的美德，提高那里的学生和同伴吗？

希　确实如此。

苏　所以你有能力改进伊尼库斯人的儿子，但没有能力改进拉栖代蒙人的儿子？

希　不，这样说是错的。

苏　好吧，那么是西西里人想要成为优秀的人，而拉栖代蒙人不这样想？

希　【d】不对，苏格拉底，拉栖代蒙人无疑也这样想。

苏　那就是因为他们没有钱，所以你的团体也挣不到钱。

希　根本不是这么回事，他们有很多钱。

苏　如果他们想成为优秀的人，同时又有钱，而你又能给他们带来巨大的利益，那么为什么他们没有让你带着金钱上路离开那里呢？噢，我知道了，肯定是这些拉栖代蒙人教育他们自己的子女比你教得好，是吗？我们应当这样想，希庇亚，你同意吗？

希　【e】完全不是这么回事。

苏　那么是因为你不能令拉栖代蒙的青年信服，在美德方面他们在你们的团体里比在他们自己民众的团体中取得更大的进步，是吗？或者换个说法，你无法说服他们的父亲，如果他们关心自己的儿子，那么应当把儿子交给你，而不是留下来自己照料，是吗？我无法想象他们会因为自己的子女有可能获得最高的美德而产生妒忌。

希　对，我也不认为他们会因此而妒忌。

苏　但是拉栖代蒙有良好的法律。

希　没错。

苏　【284】在有着良好法律的国家里，美德具有最高的荣耀，是吗？

希　是这样的。

苏　你比其他任何人都更加在行，知道如何把美德灌输给别人？

希　确实如此。

苏　好吧，帖撒利①这个希腊的部分最推崇骑术，那里的人最懂得如何把骑术教给别人，因此教骑术也能挣大钱，【b】这个道理不也适用于任何热忱地追求某种技艺的外国吗？

希　我认为是这样的。

苏　那么在拉栖代蒙，或者在其他任何有着良好法律的希腊城邦，能够传授对改进德行最有价值的知识的人会受到最高的尊重，只要他愿意，就能挣大钱，是这样吗？你认为西西里和伊尼库斯比拉栖代蒙更好吗？我们要不要相信这一点，希庇亚？如果你说要相信，那么我们必须相信。

希　拉栖代蒙人的祖传习俗禁止他们修改法律，或者用不符合传统的方法教育他们的儿子。

苏　你在说什么！拉栖代蒙人的祖传习俗会要求他们做错事，【c】而不是正确地行事吗？

希　我本人不会这样说，苏格拉底。

苏　他们难道不会尽力给他们的青年以最好的教育，这样做有什么不对吗？

---

① 帖撒利（Θετταλία），地名。

希　这样做当然是对的，但对他们进行一种外国的教育是违法的。你可以肯定，如果有人曾在那里用教育挣钱，那么我会赚得最多，因为他们乐意听我讲课，给我鼓掌。但我说过了，这样做不合法。

苏　【d】你认为法律是对国家的一种伤害，还是一种利益？

希　我认为，制定法律确实是为了某种利益，但若制定得不好，那么它确实会带来伤害。

苏　但立法家们在制定法律时确实假定这样做对国家来说是一种善，没有良好的法律就不可能有一个秩序井然的国家，对吗？

希　对。

苏　因此，当那些想要成为立法家的人忽略了善的时候，他们也就忽略了法律和合法性。对此你有什么要说的吗？

希　【e】你说得很准确，苏格拉底，是这么回事，但人们一般不习惯于这样说。

苏　不习惯这样说的人是懂行的还是不懂行的？

希　我指的是大多数人。

苏　这个大多数是由懂得真理的人组成的吗？

希　肯定不是。

苏　但不管怎么说，我假定那些懂行的人会认为比较有益的东西对所有人来说都比较合法，比较无益的东西对所有人来说都不那么合法，你同意不同意？

希　我同意。确实如此。

苏　那么这些懂行的人的看法才是事实。

希　没错。

苏　你认为拉栖代蒙人在你的教育下成长比在原有的教育下成长更加有益，【285】你的教育对他们来说是一种外国教育，是吗？

希　是的，我这样说是对的。

苏　比较有益的东西是比较合法的，你也同意这种看法，是吗？希庇亚。

希　我是这样说过。

苏　那么按照你的论证，拉栖代蒙人的儿子如果真的从你这里得到更多的好处，那么他们接受希庇亚的教育会更加合法，而由他们的父亲进行教育则不那么合法，是吗？

希　他们肯定能从我这里得到好处。

苏　【b】那么拉栖代蒙人违反了法律，因为他们不把儿子托付给你，不向你支付学费。

希　我同意。你看起来好像是在帮我论证，我看不出自己有什么必要去持相反的观点。

苏　我的朋友，那么我们已经证明了拉栖代蒙人是违法者，他们在最重要的问题上违反了法律，而拉栖代蒙人向来以守法著称。希庇亚，我以上苍的名义起誓，请你告诉我，他们在听你讲什么课程的时候感到快乐，为你鼓掌？【c】是讲星辰和天象吗？在这方面你显然是最大的权威之一。

希　根本不是。这种内容他们是听不进去的。

苏　那么他们喜欢听几何学，是吗？

希　根本不是。他们中有许多人甚至连数都不会数。

苏　那么当你给他们讲算术时，也一定不受欢迎，是吗？

希　确实如此。

苏　【d】那么，讲讲你们这些人最擅长的对字母、音节、节奏、和音的性质的分析，怎么样？

希　我亲爱的先生，你竟然还要我对他们讲和音与字母！

苏　那么听你讲什么内容，他们会感到快乐，给你鼓掌？请你告诉我，我实在不明白！

希　能使他们感到高兴的是英雄和人的谱系、古代城邦建立的故事，简单说来也就是那些古代传说，为了满足他们的要求，【e】我不得不去彻底了解各门学问。

苏 我的天哪，你确实太幸运了！拉栖代蒙人肯定不会想要听你讲述我们的历任执政官，从梭伦① 开始。要掌握它，你肯定会遇到麻烦。

希 为什么？我只要听一遍，就能讲出 50 个名字。

苏 对不起，我差点忘了你的记忆术。现在我明白了拉栖代蒙人为什么会喜欢你渊博的知识，【286】他们在利用你讲好听的故事，就像孩子们要老奶奶讲故事一样。

希 是的，确实如此。还有呢，苏格拉底，我最近名声更大了，因为我在那里详细地提出了一项青年们必须为之献身的光荣而又美好的工作。我就这个主题创作了一篇讲演辞，文风优雅，格调高尚。【b】它的背景和绪论是这样的：特洛伊② 城失陷以后，涅俄普托勒摩③ 问涅斯托耳④，值得一个人在年轻时就全身心投入以获取最高声望的这项光荣而又美好的工作是什么？轮到涅斯托耳回答的时候，他向涅俄普托勒摩解释了一系列良好的生活规范。这篇讲演辞我是在拉栖代蒙发表的，现在应阿培曼图⑤ 之子欧狄库⑥ 的邀请，后天我要在本地发表，很值得一听，地点在菲多斯拉图⑦ 的学校。你一定要来，【c】到时候也请你提出批评意见。

苏 我会的，希庇亚，一切都很好。不过现在请回答我一个小问题，你的话提醒了我。我高贵的朋友，前不久我谴责了某些文章中的丑恶，而把文章中的另一些东西说成是美好的，有人听了以后勃然大怒，反问我说：你，苏格拉底，你怎么知道什么事物是美的，什么事物是丑的？说吧，【d】你能告诉我美是什么吗？

由于我的无能，我被问住了，无言以对，于是我只好灰溜溜地离开那

---

① 梭伦（Σόλωνος），人名。

② 特洛伊（Τροία），地名。

③ 涅俄普托勒摩（Νεοπτόλεμος），阿喀琉斯和得伊达弥亚之子，又名皮洛斯。

④ 涅斯托耳（Νέστωρ），人名，特洛伊战争中的名将。

⑤ 阿培曼图（Απημάντος），人名。

⑥ 欧狄库（Εὔδικυς），人名。

⑦ 菲多斯拉图（Φειδοστράτους），人名。

里，心里充满着怨恨和自责。我对自己说，一旦碰上像你这样的聪明人，我就要听取教诲，向他学习，等我彻底掌握了这个问题，我会回过头去找那个提问者，与他论战。所以你瞧，你来得正是时候，我请你以恰当的方式教我美本身是什么，【e】尽可能精确地回答我的问题。我不想第二次在另一场盘问中被当做傻瓜。当然了，你是无所不知的，对于你渊博的知识来说，这只是小菜一碟。

希　苏格拉底，确实是小菜一碟，而且我还要说毫无价值。

苏　那么我无疑能弄明白这个问题了，无人能够再次把我难倒。

希　根本不可能，只要我不是一名粗制滥造的职业家。

苏　【287】好啊，希庇亚，要是我们能打败对手，那真是太好了！如果我扮演他的角色向你提问，你来回答，使我从中得到有效的锻炼，这样做不会有什么危害吧？我对他的反对意见非常熟悉。因此，如果这样做对你没什么区别，那么我想扮演批评者的角色。以这样的方式，我能更加牢固地掌握我要学的东西。

希　可以，把你的批评提出来吧。我刚才说过，这不是什么大不了的问题。【b】我可以教会你如何回答更加困难的问题，而且要有说服力，使人无法反驳。

苏　妙极了！好吧，在你的邀请下，我现在就来扮演这个角色，尽力向你提问。假定你已经对他做了一番讲演，讲的就是你提到过的美的实践，而他从头到尾一直在听，等你停下来以后，他就提出有关美的第一个问题，这样做是他的习惯。他会说，【c】来自埃利斯的客人，公正的事物不是由于公正才成为公正的吗？如果他提出这个问题，希庇亚，你会如何回答？

希　我会回答，是由于公正。

苏　那么这样东西，亦即公正，肯定是某样东西。

希　当然是。

苏　还有，聪明的事物由于拥有智慧才是聪明的，一切事物由于拥有善才是善的，对吗？

希　无疑如此。

苏　也就是说，一切事物之所以如此，乃是由于拥有真正存在的东西，我们几乎不能说，一切事物之所以如此，乃是由于拥有并不真正存在的东西。

希　没错。

苏　那么，一切美的事物之所以美乃是因为拥有美吗？

希　【d】是的，因为拥有美。

苏　美是真正存在的吗？

希　是的，否则你会怎么想？

苏　他会说，客人，请你告诉我，美这样东西是什么？

希　他提出这个问题只是想要找到美的东西，是吗？

苏　我不这样看，希庇亚。他想知道美是什么。

希　美的东西和美有什么区别？

苏　你认为没区别？

希　没区别。

苏　你显然懂得最多。但是，我亲爱的先生，请再考虑一下，他问你的不是什么是美的，【e】而是美是什么？

希　我明白，先生，我确实会告诉他美是什么，而且不怕任何人反驳。苏格拉底，我向你保证，如果我必须说真话，那么美丽的少女就是美。

苏　哎呀，希庇亚，你回答得真好，非常可信。如果由我来回答问题，那么我要能回答得了这个问题，【288】要能正确地回答问题，这样才不怕任何人的驳斥，是吗？

希　如果每个人都这样想，每个人听了你的话都可以证明你是正确的，怎么还会有什么反驳呢？

苏　是这样的。现在，希庇亚，让我扼要重述一下你的意思。那个人会这样责问我：苏格拉底，给我一个回答。回到你那些美的例子上来，为了解释我们为什么可以把美这个词用于这些事物，你必须告诉我美本身是什么？

你想要我回答，如果美丽的少女就是美，那么我们就要回答她为什么有权被称做美。

希 【b】你是否认为他想要通过证明你没有提到美的事物来驳斥你，或者说如果他试图这样做，就不会被当做傻瓜了？

苏 我高贵的朋友，我肯定他想要驳斥我。事情本身会表明这种尝试是否会使他看起来像个傻瓜。但请你允许我告诉你，他会怎么说。

希 你继续说吧。

苏 他会说，苏格拉底，你真有趣！一匹美丽的牝马不也是美，神本身在他的预言中赞扬过的牝马？

【c】对此我们该如何回答，希庇亚？我们不也得说这匹牝马也是美，或者说美的东西就是美，是吗？我们几乎无法如此大胆地否认美是美的。

希 没错，我还要说，这位神讲得对，我们国家饲养的牝马非常美丽。

苏 他会说，很好，但是一把美丽的竖琴怎么样？它不也是美吗？对此我们要表示同意吗，希庇亚？

希 是的。

苏 根据我对他的品性的判断，我感到他肯定还会继续问下去。一只美丽的陶罐怎么样？亲爱的先生，它不也是美吗？

希 【d】这个人到底是谁？真是个乡巴佬，竟敢把如此粗俗的例子引入这场伟大的讨论！

苏 他是这种人，希庇亚，一点儿教养都没有，一个除了真理其他什么都不关心的普通人。他一定要得到答案，而我先要做出回答。如果这只陶罐是一名技艺高超的陶工的作品，表面光滑圆润，烧制得恰到火候，就像我见过的某些非常漂亮的陶罐一样，有两个把手，能盛六"科俄斯"① 水。如果他问的是这样一只陶罐，那么我们应当承认它是美的。【e】我们又怎能肯定美的东西不是美呢？

---

① 科俄斯（χοός，χοᾶς），希腊的液体计量单位，一科俄斯约合 3.36 公升。

希　对，不能。

苏　那么他甚至会说，一只美的陶罐就是美吗？请回答。

希　是的，我想他会这样说。当这种用具制造精良的时候也可以是美的，但人们一般不把它的美与牝马或少女的美，或其他所有美的事物相提并论。

苏　【289】很好，我明白了，希庇亚，当他提出这些问题时我应当回答说：先生，你没有掌握赫拉克利特①道出的真理，最美丽的猴子与人类比起来也是丑陋的，而聪明的希庇亚说，最美丽的陶罐与少女相比也是丑陋的。对吗？

希　这样回答完全正确。

苏　现在请注意我的话，我肯定他会说，是的，苏格拉底，但若把少女与众神放在一起，所达到的效果不也和把陶罐与少女摆在一起一样吗？【b】最美丽的少女不也会显得丑陋吗？你引证的赫拉克利特不也说过，"最聪明的人和神相比，无论在智慧、美丽和其他方面，都像一只猴子"吗？

希庇亚，我们要不要承认，最美丽的少女与众神的种族相比是丑陋的？

希　无人能够否认这一点，苏格拉底。

苏　【c】如果我们承认了这一点，那么他会笑着说，苏格拉底，你还记得问你的是什么问题吗？

我会回答说，记得，你问我美本身是什么。

他会责备我说，我问你的问题是美，而你做出的回答却是承认自己并不比丑陋的东西更美丽，是吗？

我说，显然如此。你建议我该如何回答？

希　就这样回答，因为他这样说当然是对的，与众神相比，人类不是美丽的。

苏　他会继续说，如果我从一开始问你的就是美和丑，【d】而你对我做

---

① 赫拉克利特（Ἡράκλειτος），希腊早期哲学家。

了像现在这样的回答，那么你的回答还能不对吗？但若你仍旧还在想着绝对的美，其他一切事物都因此而井然有序，在拥有了外形的时候显得美好，那么你会认为它就是一个少女、一匹牝马、一把竖琴吗？

希　但是，苏格拉底，如果这就是他想要听到的回答，那么告诉他这个使其他一切事物井然有序并在拥有了外形的时候显得美好的东西是什么，这是世上最容易的事。【e】这个家伙一定是个地地道道的傻瓜，对美的事物一无所知。如果你在回答他的问题时说，美无非就是黄金，那么他会不知所措，也不会试图驳斥你。因为我们大家全都知道，任何事物只要用黄金来装饰，就会显得美丽，哪怕它以前显得丑陋。

苏　你不知道这个人有多么无赖。他不会毫无保留地接受你的看法。

希　你这是什么意思？他必须接受一个正确的陈述，【290】无论有多么苦恼。

苏　好吧，我的朋友，你的这个回答他不仅拒绝接受，而且还会恶毒地嘲笑我，说你真是死脑筋！你会把斐狄亚斯①算做一名拙劣的艺术家吗？

我想我会说，不会，根本不会。

希　你说得对。

苏　我也这样想。但若我同意斐狄亚斯是一名优秀的艺术家，他会说，你认为斐狄亚斯对你们谈论的这种美一无所知吗？

【b】我会回答说，你想说什么？他会说，我想说的是，如果最高的美只能通过使用黄金来获得，那么斐狄亚斯并没有给他的雅典娜制作黄金的眼睛，也没有用黄金制作她的脸、她的手、她的脚，他用的是象牙。他由于无知而犯了这个错误，不知道只有黄金才能给一切事物带来美。

我们该如何回答他，希庇亚？

希　【c】很容易。我们可以回答说，从艺术上来说，斐狄亚斯做得对，因为象牙也是美的。

---

① 斐狄亚斯（Φειδίας），希腊著名雕刻家。

苏　呃，那么他会说，斐狄亚斯为什么不用象牙制作雅典娜的眼珠呢？他在制作眼珠时用的是石头，像象牙一样的石头。或者说，美的石头本身也是美？

对此我们该怎么说？

希　是的，石头是美的，它至少是适宜的。

苏　那么丑就是不适宜？对此我要表示同意吗？

希　是的，不适宜就是丑。

苏　【d】他会继续说，那么好吧，智慧之人，象牙和黄金在适宜的时候使事物显得美丽，在不适宜的时候使事物显得丑陋，是吗？

对此我们应该加以肯定还是否定？

希　不管怎么说，我们应当承认对某个具体事物适宜的东西使该事物成为美的。

苏　他会继续说，当某人用我们说的这个陶罐煮汤，而这个美丽的陶罐里盛满了美味的汤，这个时候哪样东西对陶罐更适宜，是黄金的长柄勺还是无花果木的长柄勺？

希　苏格拉底，他真是个无赖！告诉我他是谁。

苏　【e】如果我把他的名字告诉你，你也不认识他。

希　但我现在就认识他了，我知道他是个笨蛋。

苏　希庇亚，他是个讨厌的东西。不过，我们该如何回答他呢？对汤和陶罐来说，哪一种长柄勺才是适宜的呢？显然是无花果木的长柄勺。因为它会使汤的味道更鲜美，还有，我的朋友，它不会把我们的陶罐打碎，把汤洒在火堆里，毁掉我们用来款待客人的一道佳肴，而黄金的长柄勺则会这样。因此，如果你不反对，我想我们应该说，【291】木头的长柄勺比黄金的长柄勺更适宜。

希　是的，木头的长柄勺更适宜，但我本人不愿意继续与提这种问题的家伙谈话了。

苏　完全正确，我的朋友。用这样的语言玷污你是不适宜的，你穿得那么美，脚上的鞋子也那么漂亮，你以你的智慧著称于整个希腊世界。【b】如果我被这个家伙搞糊涂了，那么对我来说是无所谓的，因为你可以支援我，为我回答这些问题。

他会说，如果木头的长柄勺比金子的长柄勺更适宜，那么它也更美，因为你，苏格拉底，不是已经承认适宜的东西比不适宜的东西更美吗？

我们能够避免承认木头的长柄勺比金子的长柄勺更适宜吗？

希　你希望我给你提供一个美的定义，这样你就不必拖延这场讨论了？

苏　【c】确实如此，但首先请你告诉我，我刚才提到的两把长柄勺哪一把更适宜，因此更加美？

希　好吧，如果你喜欢，你就回答他无花果木造的长柄勺。

苏　再说一遍前不久你提出来的建议，因为按照你的回答，如果说美就是黄金，那么我显然就要面对这样一个事实，黄金并不比无花果木更美丽。再说一遍，你认为美是什么？

希　【d】你有你的回答。我想你正在寻找这样一个回答，说美是一种在任何人、任何地方都不会表现为丑的性质，是吗？

苏　完全正确。你极好地理解了我的意思。

希　现在请注意。如果有人能从我的话中找到错误，我就给你充分的权利，让你把我叫做低能儿。

苏　我现在如坐针毡。

希　不管在任何地方我总是说，对一个人来说，财富、健康、希腊人的荣誉、长寿、风光地埋葬他的父母、【e】自己死后也能由子女为他举行隆重的葬礼，这些事情是最美的。

苏　哎呀，希庇亚，你的这些话神奇而又精巧、雅致而又高尚，你用你的全部力量帮助了我，我要向你的善意表示最崇高的敬意。不过，我们掷出的标枪并没有命中目标，我要警告你，那个人现在变得比从前更加厉害地嘲笑我们了。

希　苏格拉底，这种嘲笑很可怜，因为他无法反对我们的看法，但却嘲笑我们，因此他是在嘲笑他自己，【292】也会被他的同伴所嘲笑。

苏　也许是这样。但也许当他听到了你所建议的回答时，他就不会仅仅满足于嘲笑我了。所以我有预感。

希　你是什么意思？

苏　如果他手里正好有根棍子，他会毒打我，除非我赶快逃走。

希　什么？难道这个家伙正好是你的主人？他肯定会因为这样的行为而被逮捕，是吗？或者说雅典没有法律体系，【b】竟然允许她的公民错误地相互殴打？

苏　雅典绝对禁止这种行为。

希　那么这个人要为他的错误行为受惩罚。

苏　我不这样认为，希庇亚——他肯定不会受惩罚，如果我对他做出那样的回答，我想他的攻击是公正的。

希　既然你自己都这么认为，那么好吧，我也这样想。

苏　但我要解释一下我的想法，为什么我认为我的回答会引来这种正当的攻击，可以吗？或者说你也会不经审判就殴打我，根本不愿听我的辩解？

希　【c】不会，拒绝听你辩解是野蛮的。但你到底要说什么？

苏　我要继续执行前面的计划，扮演那个家伙，但不对你使用这种他会对我使用的冒犯而又荒唐的字眼。我敢肯定，他会说，苏格拉底，你难道不认为自己应该挨打吗？因为你的颂词完全跑了调，与问题毫不相干。

我会说，你这是什么意思？

我什么意思？你还记得我问的是美本身吗？【d】美本身把美的性质赋予一切事物——石头、木头、人、神、一切行为和一切学问。先生，我要问的是美本身是什么，但不管我怎么叫喊，你就是不听我的话。你就像坐在我身旁的一块石头，一块真正的磨石，既没有耳朵又没有脑子。

希，如果我提心吊胆地做出这种回答，你难道不感到愤慨，【e】而这正是你希庇亚所说的美，我不断地向他提问，就像你向我提问一样，因为美的东西确实始终是美的，对任何人都是美的。

坦白地说吧，这个回答会使你愤慨吗？

希　苏格拉底，我相当肯定，我具体指出的这些东西对一切都是美的，也会这样向所有人显示。

苏　他会回答，这些东西将来也这样吗？因为我认为美始终是美的，对吗？

希　没错。

苏　它在过去也是美的吗？

希　是的。

苏　那么他会继续说，所以这位来自埃利斯的客人会断言，阿喀琉斯在他的父母之后被埋葬是美好的，他的祖父埃阿科斯①被埋葬也是美好的，【293】其他众神的子女，以及众神本身被埋葬也是美好的，是吗？

希　这是什么话？告诉他问些体面的问题！他问的这些问题与我们的讨论毫不相干，苏格拉底。

苏　当有人问这些问题时，我们确实无法说这些问题毫不相干，是吗？

希　好吧，就算有点儿关联。

苏　那么假定他会说，是你刚才肯定埋葬父母并被自己的子女埋葬总是美好的，对任何人来说都是美好的。"任何人"，不也包括赫拉克勒斯②以及我们刚才提到过的所有人吗？

希　我没有把众神包括在内。

苏　【b】那么显然也不包括英雄。

希　如果他们是众神的子女，那么不包括。

苏　如果他们不是众神的子女呢？

希　肯定包括。

①　埃阿科斯（Αἰακος），希腊神话人物。
②　赫拉克勒斯（Ἡρακλῆς），希腊神话中的大力士。

苏 那么根据你自己的论证，对坦塔罗斯①、达耳达诺斯②、泽苏斯③来说是可怕的、不虔敬的、可耻的命运，但对珀罗普斯④和其他有着同样父母的英雄来说，却是美好的，是吗？

希 我认为是这样的。

苏 他会继续说，这就与你前面说的话有矛盾了，埋葬父母和被子女埋葬，有时候对某些人来说是可耻的，【c】因此这种事情绝不可能是或变得对一切人都美好。把这个界定用于我们已经讨论过的事物——少女和陶罐——也会遇到同样的命运，甚至会遭到更加可笑的失败。因为它给我们提供的东西对有些人是美好的，但对其他人来说是不美好的。苏格拉底，直到今天你还是不能回答这个问题，美是什么？

如果我向他做出这样的回答，他会公正地向我提出诸如此类的指责。他在大多数情况下都以这种方式与我交谈，【d】但有时候，就好像对我缺乏经验和教育表示遗憾，他本人也会向我提问，问我美是不是某某事物，或是谈论其他讨论时想到的问题。

希 你这样说到底是什么意思，苏格拉底？

苏 我会加以解释。他说，我高贵的苏格拉底，不要做出这种回答，不要以这种方式做答，这样做是愚蠢的，很容易被驳倒，【e】你还是考虑一下我的建议吧。我们在前面做出的回答中有一个是这样说的，黄金美丽与否取决于它是否被用在某个恰当的地方，其他任何事物也一样。现在请你考虑一下这种适宜性，想一想它的一般性质，看它是否就是美。

我本人完全同意这种假设，因为我想不出别的看法，你的观点如何，你认为适宜就是美吗？

---

① 坦塔罗斯（Ταντάλος），吕底亚国王。他把自己的儿子珀罗普斯剁成碎块给神吃，触怒宙斯，死后被罚永远站在水中，但却喝不到水。

② 达耳达诺斯（Δαρδάνους），宙斯与厄勒克特拉的儿子，特洛伊人的祖先，特洛伊城的创建者。

③ 泽苏斯（Ζῆθος），底比斯国王安菲翁的兄弟。

④ 珀罗普斯（Πέλοπες），吕底亚国王坦塔罗斯之子。

希　当然是，苏格拉底。

苏　让我们再慎重考虑一下，确信这样说是正确的。

希　我们必须这样做。

苏　那么来吧。我们可以把适宜定义为因其出现而使事物"显得"美好，【294】或使事物"是"美好的，或使事物既不显得美好又不是美好的那个事物吗？

希　在我看来，适宜就是使事物显得美好的那个东西。举例来说，某个人长得很可笑，但当他穿上适宜的衣服或鞋子的时候，他会显得比较漂亮。

苏　但若适宜确实使事物显得比其本来面目漂亮，那么适宜就是一种与美相关的欺骗，而不是我们正在寻找的东西，是吗？【b】我认为，我们正在寻找的东西是使一切美好的事物美好的美，与此相类似的是大，大使一切大的事物大，大也就是超过，一切大的事物由于超过而成为大的，即使它们并不显得大。美也一样，一切美的事物由于美而成为美的，无论它们是否显得美，是吗？美不可能是适宜，因为按照你自己的看法，适宜使事物显得比它本来面目更美，但却不能使事物按其真实面目显示为美的。如我刚才所说，我们必须认为美使事物是美的，而无论它们是否显得美，【c】我们试图定义它，如果我们正在寻找的东西是美，那么我们就要界定它，看它是否是我们正在寻找的东西。

希　但是，苏格拉底，当适宜出现时，它使事物既是美的，又显得美。

苏　真正美的事物要显得不美是不可能的，因为按照假设，使它们显得美的东西出现在事物之中。

希　是不可能。

苏　所以，希庇亚，我们的结论就是这样：一切真正美的用语和做法会被所有人当做美的，【d】并对所有人始终显得美，是吗？或者说我们的想法正好相反，世上盛行对美的无知，由此引起个人之间和国家之间的争斗，是吗？

希　我想是后者，无知盛行。

苏 如果美的显现是添加于事物的，那么适宜就不是美，如果适宜是美，并能使事物"显得"和"是"美的，那么适宜就是美。由此可以推论，如果适宜使事物是美的，那么它就是我们正在寻找的东西，但它仍旧不可能使事物显得美。【e】另一方面，如果使事物显得美的东西就是适宜，那么它就不是我们正在寻找的美。我们正在寻找的东西使事物成为美的，但同样的原因决不能使事物既显得美又是美的，或既是美的又是别的什么。我们已经有了这些可供选择的答案：适宜使事物显得美，或者适宜使事物是美的，哪一种说法才是对的呢？

希 我想是适宜使事物显得美。

苏 噢，亲爱的！如果是这样的话，我们找到美的机会就从我们手指缝里溜掉了，消失了，因为适宜已被证明是美以外的其他事物。

希 哎呀，苏格拉底，我竟然没有想到这一点！

苏 【295】不过，我的朋友，我们千万别放弃。我仍旧抱着希望，美的本性会显示它自身。

希 美确实很难发现。我敢肯定，如果退隐到某个地方独处一会儿，冥思苦想一番，我就能给你一个最精确的定义。

苏 希庇亚啊希庇亚，你别吹牛。你知道我们要找的美已经给我们添了多少麻烦，我担心它会对我们生气，毅然决然地逃离。噢，我在说什么胡话呀，【b】我想，对你来说，你一旦独处，就能轻易地找到它。但我还是最诚挚地请你和我待在一起，或者说，如果你愿意，我们可以一起寻找，就像我们已经在做的那样。如果我们找到了美，那么万事大吉；如果找不到，那么我会归因于命中注定，而你也可以离开我，自己去轻易地发现它。当然了，如果我们现在就找到了美，那么你就不会因为我要求你这样做，不让你去私自寻觅而恼火了。所以，请注意你关于美本身的观念，请注意我为你的观念所下的定义，【c】如果我在胡说，你要制止我，让我们假定，无论什么东西只要有用，就是美的。这个命题的依据如下：如果眼睛显得没有看的功能，我们不会说眼睛是美的；当眼睛具有这种功能并且在看东西的时候有用，那么我们说眼睛是美的。这样说对吗？

希 对。

苏 同样，我们说整个身体造得很美，有时候可以跑，有时候可以摔跤，我们以同样的方式谈论一切动物。【d】我们实际上全用相同的方式把"美"这个词用于一匹美丽的马、一只美丽的公鸡或鹌鹑，用于所有用具，陆上和海上的交通工具，商船或战船，用于所有乐器和一般的艺术用品，如果你愿意，还可以把这个词用于习俗和法律。在各种情况下，我们用来作为判断天然的或人工制造的事物和人的行为方式的标准就是有用，凡有用的就是美的，所谓事物之美就在于它对某个特定目标的实现在某个时期是有用的，【e】而在这些方面无用的事物则被我们称做丑的。你也是这种看法吗，希庇亚？

希 是的。

苏 那么我们现在可以正确地肯定，有用就是最突出的美。

希 是的。

苏 对于所要实现的具体目标来说，凡有力量实现的就是有用的，凡没有这种力量的就是无用的，是吗？

希 当然是。

苏 那么有力量就是美的，缺乏力量就是丑的，是吗？

希 确实如此。在公共生活和其他领域有大量的证据表明，【296】就一般的政治事务而言，在一个人自己的城邦中，权力是最美好的事物，缺乏权力是最丑陋的、最可耻的事物。

苏 说得好！从中我们马上可以做出推论，智慧是最美的，无知是最可耻的，是吗？

希 你怎么想，苏格拉底？

苏 安静一下，我亲爱的朋友。对刚才这些话，我心中有些不安。

希 【b】怎么又心中不安了？我认为你这一次的论证非常好。

苏 我希望如此，但让我们一起来考虑这个要点。如果一个人既无知识又无任何权力，那么他能做什么事吗？

　　希　当然不能。他怎么可能做他没有权力做的事情？

　　苏　那么，那些拥有某些错误推论的人和不自觉地作恶的人，如果他们没有权力做这些事，那么他们肯定不会做这些事，是吗？

　　希　他们显然不会做。

　　苏　那些有权力做事并用权力做事的人，【c】当然不会是无权力的，对吗？

　　希　他们当然不会无权力。

　　苏　凡做了某些事的人全都有权力做这些事，是吗？

　　希　是的。

　　苏　人类从小到大，做的坏事比做的好事还要多，这些罪恶都是不自觉的吗？

　　希　是的。

　　苏　那么好，我们可以说这种权力和这些有用的东西——我指的是对作恶有用的东西——都是美的，或者说根本不是这么回事？

　　希　【d】我认为根本不是这么回事。

　　苏　那么，权力和有用显然不是我们想要找的美。

　　希　如果权力是相对于行善而言的，对行善有用，那么它们是我们想要的美。

　　苏　但是，不加限定地说有权力和有用就是美，这种理论已经消失了。你难道看不到，我们心中真正想说的是，对于某些善的目的来说，美既是有用，又是权力？

　　希　【e】我认为是这样的。

　　苏　但这种说法与美就是有益是一回事，对吗？

　　希　没错。

　　苏　所以我们得出结论说，美的身体、美的生活守则、智慧以及我们刚才提到的一切事物，之所以美，乃是因为它们是有益的，是吗？

希　显然如此。

苏　那么看起来，美就是有益，希庇亚。

希　无疑如此。

苏　所谓有益的东西就是产生善的东西吗？

希　是的。

苏　所谓产生也就是原因吗？

希　是这样的。

苏　那么美就是善的原因吗？

希　【297】是的。

苏　但是，希庇亚，原因和原因的原因不是一回事，因为原因几乎不可能是原因的原因。请这样想，原因可以定义为使某事物产生的东西，是吗？

希　没错。

苏　使某事物产生仅仅是使这个事物产生，而不是使该事物因之而产生的东西产生。

希　是这样的。

苏　使事物产生与使事物因之而产生的东西产生是不同的，是吗？

希　是的。

苏　所以原因不是原因的原因，【b】而是事物因之而产生的东西，是吗？

希　没错。

苏　如果美是善的原因，那么善会由于美而产生，看起来，我们之所以献身于寻求智慧，以及其他所有美好的事物，原因就在于它们能产生善，善是值得我们为之献身的。从我们的探索来看，打个比喻来说，美似乎是善的父亲。

希　没错，苏格拉底，你说得很好。

苏　父亲不是儿子，儿子也不是父亲，这样说不也很好吗？

希　【c】很好。

苏　原因不是由它而产生的那个事物，事物也不是使它产生的原因，对吗？

希　对。

苏　那么我的好先生，我们可以十分明确地说，美不是善，善也不是美。根据我们的讨论你认为可以这样说吗？

希　可以，完全可以这样说。

苏　这种说法令我们喜悦，我们愿意说美的东西不是善，善的东西也不是美，是吗？

希　不愿意，我一点儿也不喜欢这种说法。

苏　我完全同意你的看法，希庇亚。【d】我对我们已经讨论过的这些理论一点儿都不喜欢。

希　是啊。

苏　这样看来，那些前不久被当做我们讨论的最佳成果的观点实际上是错误的，亦即认为有益、有用、能产生某种善的力量就是美，它比那些最初的定义而容易受到嘲笑，按照这些最初的定义，少女就是美，以及其他某些事物就是美。

希　显然如此。

苏　对我来说，希庇亚，我不知道该怎么办，完全困惑不解。你有什么要说的吗？

希　我此刻没什么要说的，但我前不久说过，如果让我想一想，【e】我肯定能找到出路。

苏　但我感到自己无法等待你思考的结果。我渴望得到这种知识，我确实认为自己已经找到什么了。如果我们把令自己快乐的东西说出来——我的意思不包括所有快乐，而仅指通过听觉和视觉而感到快乐的东西——如果我们说这就是美的，那么我们在论战中如何能够做到公平呢？美丽的人、【298】一切装饰物、图画、造型艺术，如果它们是美的，我们一看到它们就肯定会感到高兴，美丽的声音、整个音乐和谈话、想象的故事，也有同样的效果，所以，假定我们对那个粗暴的家伙说，我高贵的先生，美就是通过视觉和听觉而来的快感。你难道不认为我们应当制止他的粗暴吗？

希 【b】苏格拉底，我认为我们至少已经有了一个良好的美的定义。

苏 但我们要说那些美好的习俗和法律也是美的，就像那些通过我们的视觉和听觉而产生的快乐一样，或者说它们属于别的范畴？

希 那个家伙也许不会注意这些情况。

苏 不对，希庇亚，被我刻意说成胡说八道的这个人肯定注意到这些情况了。

希 你指的是谁？

苏 索佛隆尼司库①之子，【c】当这些个案都还没有进行检验的时候，他不允许我歪曲这些论断，对它们加以肯定，就好像我知道它们似的。

希 好吧，这个问题是你自己提出来的。我也认为这个关于法律的问题属于另一类。

苏 你真好，希庇亚，我们现在可以想象自己已经看清了出路，而前不久我们确实已经陷入困境，不知道该怎么办。

希 你这是什么意思，苏格拉底？

苏 这是令我感到震惊的地方，其中可能有点名堂。【d】我们也许可以证明法律与习俗也属于视觉和听觉的范围。然而，让我们牢牢抓住这个陈述，能产生这些感觉的快乐是美的，而把法律问题完全撇在一边。但若我刚才提到的这个人或其他人问我们，呃，希庇亚和苏格拉底，你们以某种方式挑选了某一类快乐，然后说它们是美的，但你们不把美这个词用于通过其他感觉所得到的快乐，【e】亦即那些与食物、饮料、性交，以及所有这样的事物相关的感觉，是吗？或者说你们否认这些事情是快乐的，宣称这样的事情无快乐可言，或者说除了看与听之外无快乐可言？对此我们该怎么说？

希 我们显然要说，这些事情也会提供巨大的快乐。

---

① 索佛隆尼司库（Σωφϱονίσκος），苏格拉底之父。

苏　他会说，那么你们为什么不对这些事情使用美这个词，当它们提供的快乐不比其他事情少时，拒绝承认它们是美？

【299】我们回答说，那是因为，要是我们说吃饭不是快乐而是美，滋味不是快乐而是美，性交不是快乐而是美，那么每个人都会嘲笑我们，都会来和我们争辩，说性交是最快乐的，但只能在没有其他人看到的情况下享受这种快乐，因为这是一幅不文雅的、令人反感的图景。

听了这些话，希庇亚，他可能会说，我明白了你们为什么不愿把这些快乐说成美，【b】因为大多数人都不这么想，但我的问题是什么是美，而不是民众对美怎么看。

我想我们应该重述最初的命题，在我们看来，通过视觉和听觉产生的那部分快乐是美的。但你能提出其他处理这些问题的方法吗，或者说对这个回答有补充？

希　论证进到这一步，我们必须回答说，这是唯一的办法。

苏　他会说，好极了。如果视觉和听觉提供的快乐是美的，【c】那么显然除此之外的任何快乐都是不美的，对吗？

对此我们该表示同意吗？

希　是的。

苏　他会继续说，哪一种快乐是美的，通过视觉产生的快乐或通过视觉和听觉产生的快乐呢，还是通过听觉产生的快乐或通过听觉和视觉产生的快乐？

我们会回答说，肯定不是。借助两种感觉产生的快乐肯定不是通过两种感觉产生的快乐，这样说好像是你的意思。我们的说法是，仅靠某种感觉产生的快乐和同时靠两种感觉产生的快乐是美的。

我们可以这样回答吗？

希　【d】当然可以。

苏　他会说，任何一样快乐的事情在其快乐方面会与其他快乐的事情有什么不同吗？这个问题问的不是某一具体快乐是大还是小，是强还是弱，而是问在这个具体的方面快乐之间会有一个是快乐，另一个不是快乐这种差别吗？

我们并不这样看，是吗？

希 是的。

苏 他会继续说，由此可以推论，你们从所有快乐中选出这些快乐乃是由于其他原因，而不是因为它们是快乐。【e】由于它们和其他快乐之间有某些差别，你们就说它们都有某种性质，以此为标准，你们把它们判断为美的，因为我已经指出通过视觉而来的快乐之所以是美的，并非因为它通过视觉而来。如果这就是它之所以美的原因，那么其他快乐，比如通过听觉而来的快乐，就决不可能是美的了，因为它不是通过视觉而来的快乐。

我们要不要承认他的推理是正确的？

希 是的。

苏 【300】还有，通过听觉而产生的快乐之所以美，不是因为这种快乐通过视觉而来，否则的话，通过视觉而来的快乐就决不是美的，因为它显然不是通过听觉而来的快乐。

我们要不要同意他的推理正确？

希 他是正确的。

苏 然而你承认两种快乐都是美的，是吗？

我们确实承认过，是吗？

希 是的。

苏 那么它们拥有某种使之为美的相同的东西，二者显然都具有某种共同的性质，【b】否则它们就不可能分别都是美的了，是吗？请回答，就好像你正在回答他的问题。

希 我的回答是，你的话也表达了我的观点。

苏 如果两种快乐以某种方式作为一对有规定性的事物，但单个地说来它们都没有规定性，那么它们不会由于这些具体的规定而是美的，对吗？

希 这怎么可能，苏格拉底，单个地说来它们都没有规定性——以你喜欢的任何方式——而成对地说来，它们却又以某种方式有规定性？

苏 【c】你认为这是不可能的？

希 不可能，这样说不仅与我们的主题完全不合适，而且与我们当前讨论所用的术语不一致。

苏 很好，希庇亚。你说这是不可能的，尽管实际上我什么也没看到，我仍旧在想象自己也许看到了某个例子。

希 你用不着说什么"也许"，你看到的是错的。

苏 确实有许多这样的例子在我心中浮现，但我不相信它们，因为它们对我来说是可见的，我从来没有用智慧挣到一分钱，【d】而你用智慧挣的钱比世上任何人都要多，但这些例子却不向你显现。我的朋友，我在猜疑你是否在故意作弄我，欺骗我，我确实清清楚楚地看到有许多这样的例子。

希 当你开始描述自己的印象时，没有人比你更清楚我是否在作弄你。你将要做的描述显然是胡说八道。你决不可能发现我们两个一道以某种方式是有规定性的，而分别开来又是无规定性的。

苏 【e】你在说什么，希庇亚？你的话也许有某种意义，但我没有领会。请你允许我解释得更加清楚一些。在我看来，有些属性现在不能分别属于我们俩，但可以由我们共同拥有，反过来说，我们可以共同拥有某些属性，但我们俩都不能单独拥有它们。

希 苏格拉底，这样说比你前面那些回答更加荒唐了。你只要想一想，如果我们俩是正义的，那么我们各自不也是正义的吗？如果我们各自是不正义的，那么我们俩不也是不正义的吗？如果我们俩是好人，那么我们各自不也是好人吗？【301】如果我们分别都感到疲倦，或者受了伤，或者挨了打，或者有了某种规定性，那么我们俩作为一对不也就具有了这些规定性吗？同理，如果我们俩都是用金子做的，或者是用银子、象牙做的，或者无论怎么说，我们俩是高贵的、聪明的、荣耀的、年老的、年轻的，或具有其他任何你喜欢提到的人的属性，那么从中不可避免地可以推论我们各自都有这些属性，是吗？

苏 【b】确实如此。

希 你瞧，苏格拉底，事实上是你自己没有从整体上进行考虑，你习惯上与之交谈的那些人也没有，你们对美的考察，以及对每个一般概念的考察都是分别进行的，你们在思想上把它切割开来了，因此你们无法看到构成整个实在的基质的宏大与连续。现在这个错误越犯越大，使你想象有某种东西，某种属性或基本性质，【c】可以为二者同时拥有，但却不能为它们分别拥有，或者正好相反，可以为二者分别拥有，却不能为二者共有，这就是你和你的朋友们的心灵状态，多么不合理，多么肤浅，多么愚蠢，多么不可理喻啊！

苏 这就是我们这些凡人的宿命，希庇亚，按照人们经常引用的格言，人只能做他能做的事，而不能做他希望做的事。然而，你的连续告诫很有帮助。你指出了我们的愚蠢，在你的告诫下，我对这些事有了某些进一步的想法，我也许可以向你做解释，或者说我应当闭嘴？

希 【d】我知道你会说什么，苏格拉底；我知道每个学派的辩证法家的心灵。但是，如果你愿意，你就说吧。

苏 好吧，我确实愿意。我光荣的朋友，在你说出这番话之前，我们没有得到指点，以至于认为我们俩，你和我，各自是一，但是总起来说，我们不能各自为一，因为我们是二而不是一。这就是我们的愚蠢。【e】然而现在我们接受了你的教导，如果我们俩是二，我们各自也必须是二，如果我们各自是一，我们俩合在一起也必须是一，因为按照希庇亚的实在的连续性理论，结果只能如此——无论两个什么样的物体在一起，各自都是一，它们无论各自是什么，它们俩也都是什么。你的话令我佩服得五体投地，我完全表示信服。但是首先，希庇亚，请你提醒我，你和我都是一，还是你是二，我也是二？

希 你这是什么意思，苏格拉底？

苏 就是我说的意思。你把我吓坏了，使我语无伦次，【302】因为每当你认为自己有了一个好的想法，你就对我表示愤怒。让我进一步问个问题。

我们俩各自是二中之一，拥有作为一的属性吗？

希　当然。

苏　如果我们各自为一，那么各自也是一个奇数。你认为一是奇数，是吗？

希　是的。

苏　那么我们俩一道，作为二，都是奇数？

希　不可能。

苏　两人一道就应当是偶数吗？

希　肯定是。

苏　【b】两人一道是偶数，那么从中可以推论，我们各自也是偶数，是吗？

希　肯定不是。

苏　那么，这并非如你刚才所说的那样绝对不可避免，每一个体应当是二者所是，而二者也应当是每一个体所是？

希　在这些例子中不是这样的，但在我较早提到的例子中是这样的。

苏　那就够了，希庇亚。甚至你的回答也可以接受，我可以承认有些时候是这样，有些时候不是这样。如果回忆一下我们讨论的起点，你会记得我正在论证的是：通过视觉和听觉得到的快乐之所以是美的，【c】并非因为它们分别是美的而在一起就不美，亦非因为它们在一起是美的而分别来说就不美；它们之所以是美的，既因为它们一道具有这种规定性，又因为它们分别也具有这种规定性，所以你才同意它们一道是美的，各自也是美的。据此我认为，如果二者一道是美的，那么它们之所以美的原因在于有一种共同具有的基本性质，而不在于这个或那个所缺乏的某个性质，我现在仍旧这样想。再从头开始，如果通过视觉得来的快乐与通过听觉得来的快乐二者一道都是美的，而它们各自也是美的，【d】那么使之美的性质既属于它们二者，也分别属于它们各自吗？

希　没错。

苏　那么它们之所以美的原因是它们一道或各自都是快乐吗？按照这种思路，其他所有快乐不也是美的吗，因为你记得我们承认过它们也都是快乐？

希　是的，我记得。

苏　【e】然而，这些具体的快乐被说成是美的，乃是因为它们通过视觉和听觉而来。

希　是的，是这样说的。

苏　现在请考虑我在这一点上是否正确。按照我的回忆，我们说过快乐中间有一部分是美的，但并非每一"快乐"都是美的，因为只有那些通过听觉和视觉得来的快乐才是美的。

希　对。

苏　这种性质属于二者一道，但并不属于它们各自，不是吗？我们较早时候说过，它们二者通过两种感觉而来，但它们各自并非通过两种感觉而来。是这样吗？

希　是的。

苏　那么它们各自不是美的，因为属于它们二者的东西并不属于它们各自，它们一道拥有的性质并不单独为它们各自所拥有，从中可以推论，根据我们已经同意的命题，我们可以正确地说二者是美的，但我们不可以说它们各自都是美的。这难道不是一个必然的结论吗？

希　【303】似乎如此。

苏　那么我们要说它们一道是美的，但不说它们各自是美的吗？

希　我没有反对意见。

苏　我有反对意见，我的朋友。我们肯定有这样一些属性的例子，这些属性以这样一些方式属于个别的实体，如果它属于二者，它也就属于它们各自，如果它属于它们各自，它也就属于二者。你具体指出的这些属性都是这样的。

希　是的。

苏 但另一方面，我具体指出的属性不是这样的，所谓"各自"和"二者"就是这样的属性。对吗？

希 对。

苏 【b】希庇亚，你认为美属于哪一种范畴？它属于你提到的这类属性吗？如果我是强壮的，你也是强壮的，那么我们俩是强壮的；如果我是正义的，你是正义的，那么我们俩是正义的，既然我们俩是正义的，所以我们各自也是正义的。以同样的方式，如果我是美的，你也是美的，那么我们俩是美的，如果我们俩是美的，我们各自也是美的，是这样的吗？或者说同样的原则也可用于数学，比如偶数的两个组成部分确实可以是奇数，但也可以是偶数，还有，如果单个来看，数可以是无理数，如果一起来看，数可以是无理数，也可以是有理数，是吗？【c】确实像我跟你说过的一样，在我心中浮现的诸如此类的例子多得不胜枚举。你把美算做哪一类？你的看法和我一样吗？在我看来，认为我们俩是美的，我们各自也都是美的，或者认为我们各自是美的，但我们俩不是美的，或者别的什么看法，都是极端荒唐的。在我列举的可供选择的看法中，你选哪一种，或是有别的看法？

希 我选你的看法。

苏 如果我们希望继续进行考察，那么你选得很对，【d】因为美若是包括在这一类别中，那么我们就无法再坚持通过视觉和听觉得到的快乐是美的，"通过视觉和听觉而来的"这个说法使得两种快乐一道是美的，但各自不是美的——我认为这是不可能的，而你也这样认为。

希 对，我们的想法相同。

苏 那么通过视觉和听觉得来的快乐不可能是美的，因为当我们把它等同于美时，就会出现这种不成立的结果。

希 是这样的。

苏 我的提问者会说，那就再从头开始，【e】因为你这次没找准目标。按你的看法，这种"美的"性质属于两种快乐，通过推论你把它们看得比其他快乐更荣耀，称之为"美的"，是这样吗？

　　我认为，希庇亚，我们必须回答说它们是最无害的快乐，最好的快乐，无论一起看还是分别看。你还能提出其他说明它们优于其他快乐的理由吗？

　　希　没有了。它们确实是最好的。

　　苏　他会说，那么这就是你的美的定义——有益的快乐。

　　我回答道，显然如此。你怎么看？

　　希　我也同意。

　　苏　他会继续说，好吧，产生善就是有益，前不久我们指出产生者和被产生者是不同的，所以我们当前的讨论在原先的讨论中找到了结论，不是吗？【304】因为若是二者不能等同，那么善不是美，美也不是善。

　　我们会回答说，说老实话，没有什么能比这更确定了，我们不能为违反真理的观点进行辩解。

　　希　但我必须问你，苏格拉底，你做的假定是所有这些事情最后的定论吗？我前不久说过，这只是被切割成碎片的论证片段而已。【b】既美好又珍贵的东西是在法庭、议事会或其他公共场合发表雄辩而又华丽的演说的能力，你要能说服你的听众，最大程度地获得各种奖赏，使自己得到拯救，也使你的朋友和财产得到保全。这些东西才是一个人要紧紧加以把握的，抛弃你那些琐碎的论证吧，除非他愿意被人们当做一个地地道道的傻瓜，就像我们现在一样，醉心于各种浅薄的胡言乱语。

　　苏　我亲爱的希庇亚，你非常幸运，因为你知道一个人必须遵循什么样的生活道路，【c】并且成功地行进在这条道路上，这是你告诉我的。而我似乎显得格外不幸。我在无穷无尽的困境中漫游，当我把这些困惑摆在你这位聪明人的面前，向你解释我的困境时，你马上对我谩骂和痛打。希庇亚，你全说过了，我醉心于这些事务确实是愚蠢的、渺小的、卑贱的，但当我被你说服，准确地重复你的话，最高的美德就是在法庭或其他任何公民大会上进行雄辩而又华丽的演说的能力时，【d】听众们用各种各样难听的话咒骂我，其中包括总是在对我进行盘问的那个人。他是我的一名近亲，与我住在同一所屋子里，当我回到家里，他听到我说了这些观点，就问我是不是感到羞耻，竟然敢大胆地谈论美好的生活道路，因为我显然还不知道"美"这个词的意思。

他还说，当你还没有美的知识时，你怎么知道这些演说是美的还是不美的，其他任何行为是美的还是不美的？【e】只要你还处在现在这种状态，那么你还不如去死了好？

你瞧，这就是我的命运，被他和你这位绅士谩骂和滥用。然而我想，这些都必须忍受。因为我可以从中得到某些善，这真是突发奇想。希庇亚，我确实认为通过与你们俩的谈话，我得到了某些善。我现在终于明白这句格言的真正含义了，"美的事物是难懂的"。①

———————

① 这句格言（Χαλεπὰ τὰ καλὰ）亦出现于《国家篇》497d，《克拉底鲁篇》384a。朱光潜先生将此句译为"美是难的"。

阿尔基比亚德上篇

提　要

公元 1 世纪的塞拉绪罗在编定柏拉图作品篇目时，将本篇列为第四组四联剧的第一篇，称其性质是"助产术的"，称其主题是"论人的本性"。① 谈话篇幅不长，译成中文约 2.6 万字。

本篇的对话人是苏格拉底和阿尔基比亚德。历史上的阿尔基比亚德是一位雅典政治家，在伯罗奔尼撒战争中担任将军，受到大罪指控后变节投靠拉栖代蒙，后来又在雅典与波斯的战争中成为双面间谍。

19 世纪以前，人们一直把这篇对话视为柏拉图的著作，但是现在已经很少有人这样看了。本篇可能是柏拉图学园中一位成员的作品，约写于公元前 350 年。在疑伪的柏拉图对话中，本篇可能是最重要的一篇。

作品中的苏格拉底竭力想要获得青年阿尔基比亚德的欢心。他知道阿尔基比亚德雄心勃勃，准备跻身于政治生活，渴望成为首屈一指的政治家。苏格拉底说自己以往只能远远地赞美阿尔基比亚德，而现在神灵允许他当面这样做，只要阿尔基比亚德愿意回答问题，他就能帮助阿尔基比亚德实现他的理想。通过对话，苏格拉底使阿尔基比亚德明白了，要想取得人生的成就，必须有自知之明。

---

① 参见第欧根尼·拉尔修：《名哲言行录》3：59。

在对话中，苏格拉底与阿尔基比亚德讨论了衡量"好"或"善"的标准问题，并进一步将其转化为"公正"问题。（109b）阿尔基比亚德认为政治家不需要知道什么是公正，只需要知道什么是有利。苏格拉底问公正和有利是不是一回事，阿尔基比亚德回答说不是一回事。苏格拉底揭露了阿尔基比亚德所持态度的矛盾，并指出阿尔基比亚德的犹豫不决表明他在最重要的问题上是无知的，在没有接受充分教育的时候就匆忙进入政治领域是极为愚蠢的表现。（117a）

那么阿尔基比亚德需要培养的"自我"是什么呢？这就是他的灵魂。他的灵魂需要获得美德，才能统治身体和其他人。苏格拉底着重谈论了灵魂的培养，（132c—133c）他认为德尔斐神庙的铭文——认识你自己——的意思就好比说用眼睛看眼睛，既能看到别的眼睛，又能在其中看到自己。如果灵魂要认识自己，也必须看别的灵魂，看与灵魂相同的其他东西。灵魂看到神圣的东西，就能更好地把握自身，就能知道属于我们的东西哪些是好的，哪些是坏的。与哲学家结成友谊就好像有了一面认识自我的镜子。阿尔基比亚德非常沮丧，他保证今后要学习有关美德的知识，照亮自己的灵魂，培养公正的美德，并发誓永远忠于苏格拉底。而苏格拉底并不相信他的保证，因为他知道城邦的力量是巨大的，会把阿尔基比亚德引上邪路。（135e）

正 文

谈话人：苏格拉底、阿尔基比亚德①

苏 【103】克利尼亚之子，我是头一个爱慕你的人，现在其他人都已经停止对你的追求，我假定你会感到奇怪，为什么只有我到现在还不放弃——还有，为什么其他人都在缠着你说话，而我这些年来一直没有跟你交谈。其原因不是人为的；因为我受到某些神灵的阻拦，你以后会听我说起这件事的

---

① 阿尔基比亚德（Ἀλκιβιάδης），人名，本篇对话人。

后果。【b】但现在神灵不再阻拦我，所以我来了。我充满自信，它以后也不会阻拦我。

我观察你的时间很长，非常了解你如何对待你的那些追求者；他们对你非常尊重，但你相当高傲，乃至于把他们都打发回去。【104】我想要你解释一下，你为什么自视甚高。

你说你不会为了任何事情需要任何人的帮助，因为你自己的品质非常优秀，从你的身体到你的灵魂，完美无缺。首先，你认为自己身材高大，相貌出众——对此你显然没有搞错。其次，你认为你的家族是城邦的首户，而你的城邦又是希腊最伟大的【b】城邦；你的父系亲属中有许多贵族，若有需要，他们就会为你办事；而你的母系亲属也同样显赫。你父亲留有遗嘱，让克珊西普①之子伯里克利②做你和你兄弟的监护人；你认为他比我提到过的所有支持者加在一起还要有力量——他能做他喜欢做的任何事，不仅在这个城邦，而且在希腊的任何地方，还在许多重要的【c】别的国家。我也会提到你的财富，但我想这是你高傲的最小原因。你喜欢夸耀这些事情，以便战胜你的追求者；而他们不符合你的标准，表现得很差。你知道后来是怎么回事。

所以我肯定你会感到困惑，不知道我心里是怎么想的——我为什么不放弃你？其他人都被打发走了，我还在这里坚持，这样做我想得到什么呢？

阿　是啊，苏格拉底，你也许不明白你正好说出了我想说的话。【d】我已经决定问你这样一个问题：你心里是怎么想的？你不断地骚扰我，我走到哪里你就跟到哪里，你想要得到什么？我确实感到困惑，不知道你想干什么，如果我能知道，那么我会很高兴。

苏　所以你可能会注意我，因为如你所说，你急于知道我心里是怎么想的。我想你会集中精力听我说的，是吗？

---

① 克珊西普（Ξάνθιππος），人名，伯里克利之父。
② 伯里克利（Περικλές），雅典大政治家。

阿　是的，当然如此——你就告诉我吧。

苏　【e】注意——如果我发现停止讲话和开始讲话一样难，那么我一点儿也不会感到惊讶。

阿　请你告诉我。我会注意听的。

苏　那么，我必须说了。对一个不屈不挠的男人来说，要扮演一名追求者的角色真不容易；但无论如何，我必须鼓足勇气，把心里的想法说出来。

阿尔基比亚德，如果我看到你满足于我刚才提到的那些优势，以为自己今后的日子都会在这样的状况下度过【105】，那么我很早以前就抛弃你了；至少我会说服自己这样做。但我要亲自向你证明，你心里实际上有着非常不同的打算。这样你就明白我是如何一刻不停地想着你的了。

假定有神问你："阿尔基比亚德，要是不允许你取得更加伟大的成就，你宁愿像现在这样活着，还是宁可去死？"我想你会选择去死。那么你在生活中的真正雄心是什么呢？让我来告诉你。【b】你认为，一旦通过你的表现，把自己呈现在雅典人民面前——你确实在期待很快就能这样做——那么你会向他们表明你比伯里克利或其他任何人都更有资格获得荣耀。有了这样的表现以后，你会是这个城邦里最有权势的人，如果你成为这个城邦里的最伟大的人，那么你也是整个希腊最伟大的人，不仅在希腊人中间，而且也在与我们居住在同一个大陆的外国人中间。

如果这位神还告诉你，你将在欧罗巴获得绝对的权力，但你不得进入亚细亚【c】，或者掺和那里的事务，那么我想你宁愿去死，也要这么做；也就是说，你想要你的声望和影响传遍全人类。我认为，你会认为没有任何人值得一提，居鲁士①和薛西斯②也许除外。我不是在这里猜测你的雄心——而是肯定这就是你的雄心。

由于你知道我说得对，所以你也许会说："那么好吧，【d】苏格拉底，

---

①　居鲁士（Κῦρος），公元前 549 年推翻米地亚王国，创建波斯王国，征服吕底亚、巴比伦、亚述、叙利亚、巴勒斯坦等地。

②　薛西斯（Ξέρξης），波斯国王，公元前 485 年—前 465 年在位。

但这和你的观点有什么关系？你说你要告诉我你为什么不放弃我的理由。"是的，亲爱的克利尼亚与狄诺玛克①之子，我会告诉你的。没有我，你的这些想法不可能起作用——我想，这就是说我对你和你的事业将产生巨大影响。我想，正是因为这个原因，神不让我和你交谈，而我一直在等待神允许我这样做的日子。

【e】我希望能从你这里得到的东西和你希望从雅典人那里得到的东西是一样的；通过向你表明我配得上你，我希望对你产生巨大影响，而除了我，其他无人能为你提供你渴望得到的影响，无论是你的监护人，还是你的亲戚，更不是其他任何人——当然了，我要依靠神的帮助。当你还年轻的时候，在你具有这样的雄心之前，我认为神不让我和你交谈，【106】因为这时候交谈是没有意义的。现在神允许我和你交谈了，因为你现在能够注意听我谈话了。

阿　苏格拉底，你现在实际上已经开始和我交谈，在我看来你显得比默默地跟随我还要怪诞，尽管你那个时候看起来就非常怪诞。好吧，关于我有没有雄心的问题你似乎非常肯定，对此我不予否认，也不想说服你改变看法。就算是吧。就算我真的拥有雄心，你会怎样帮我实现呢？为什么你是必不可少的呢？你有什么要说的吗？

苏　【b】你在问我能否发表一篇你曾经听到过的那种长篇讲演吗？不，这样的讲演不适合我。但我确实认为，我能够向你表明我所说的是真的，只要你愿意给我一点帮助。

阿　好吧，只要你所说的帮助并不难，我愿意。

苏　你认为回答问题难吗？

阿　不，我不这样想。

苏　那么你就回答我。

阿　你问吧。

---

① 狄诺玛克（Δεινομάχη），人名。

苏　我的问题是，你心里是否有我说的这些想法。

阿　【c】如果你乐意，那么我就说我有，这样的话，我就能发现你下面会说些什么。

苏　好吧，我说过你打算很快就去向雅典人提建议。假定在你要走上讲坛的时候我拦住你，并且问："阿尔基比亚德，你想要雅典人讨论什么问题？你站起来给他们提建议，因为你在某些事情上懂得比他们多，是吗？"对此你会怎样回答？

阿　【d】是的，我想我会说，在某些事务上我懂得比他们多。

苏　所以，就你所知的这些事务而言，你是一个好的建议者。

阿　当然了。

苏　你知道的这些事情都是你向其他人学来的，或者是你自己想出来的，对吗？

阿　除此之外，我还能知道什么？

苏　你能学到或者发现你不想学的或者你不想发现的事情吗？

阿　不，我不能。

苏　你想学习或者发现的事情是你认为自己已经懂的事情，这样说对吗？

阿　当然不对。

苏　【e】所以在过去某个时候，你不懂你现在懂得的事情。

阿　肯定有这样的时候。

苏　我对你已经学习过的事情非常了解。如果我漏掉了什么，请你告诉我。我记得，你学过写字、弹琴和摔跤，但你不想学吹笛子。这些就是你懂得的事情——除非在我看不见的时候你也许已经学过一些事情；但我不认为你已经学过了，无论是夜晚还是白天，或是在你离开家的时候。

阿　不，这些就是我学过的仅有的功课。

苏　【107】那么好，当雅典人讨论如何正确拼写单词的时候，你会站起来给他们提建议吗？

阿　天哪，我决不会这样做！

苏　那么，当他们在讨论七弦琴的音符时，你会给他们提建议吗？

阿　不，决不会。

苏　但他们肯定不习惯在公民大会上讨论摔跤。

阿　肯定不会。

苏　那么他们讨论什么呢？我假定他们也不会讨论造房子。

阿　当然不会。

苏　因为一名泥瓦匠对这些事情能比你提出更好的建议。

阿　【b】是的。

苏　他们也不会讨论占卜，是吗？

阿　是的。

苏　因为占卜师能比你提出更好的建议。

阿　是的。

苏　无论他是高个子还是矮个子，是英俊的还是丑陋的，甚至是高贵的还是普通的。

阿　当然了。

苏　雅典人在讨论有关公共健康的措施时，【c】给他们提建议的人无论是富裕的还是贫穷的都不会有什么差别，但他们要确定他们的建议者是医生。

阿　当然了。

苏　我假定这是因为对任何事情提建议不是富人的事，而是那些懂行的人的事。

阿　这样说相当合理。

苏　那么当你站起来给他们提建议时，假定你这样做是对的，他们会怎么想？

阿　他们会讨论他们自己的事务，苏格拉底。

苏　你的意思是他们的造船事务——他们要造一条什么样的船？

阿　不，苏格拉底，我不是这个意思。

苏　我假定这是因为你不懂得造船。我说的对吗，或者还有其他原因？

阿　不，你说得对。

苏　【d】那么你认为他们会讨论什么样的"他们自己的事务"呢？

阿　苏格拉底，战争或者和平，或者这个城邦里的其他任何事务。

苏　你的意思是他们会讨论自己应当与谁缔结和平，与谁开战，怎样开战吗？

阿　是的。

苏　但是他们不会与那些更加懂行的人讨论吗？

阿　他们会。

苏　【e】他们会在更好的时间讨论，是吗？

阿　当然了。

苏　讨论这种事情时间越长越好，是吗？

阿　是的。

苏　假定雅典人正在讨论他们应当与谁摔跤，应当与谁争论，怎样争论，那么谁能更好地提出建议，是你还是教练？

阿　我猜是教练。

苏　当教练建议你应当或不应当与谁摔跤，什么时候摔，怎样摔的时候，你能告诉我教练是怎么想的吗？我的意思是，举例来说，一个人应当与那些更加擅长摔跤的人摔跤，这样做不对吗？

阿　这样做是对的。

苏　【108】摔得越多越好，是吗？

阿　是的。

苏　选择一个更好的时候，对吗？

阿　当然了。

苏　让我们再举一个例子，唱歌的时候，有时会伴随琴声和舞蹈。

阿　是的，你会这样做。

苏 你会选一个更好的时候这样做，对吗？

阿 对。

苏 越多越好。

阿 我同意。

苏 【b】真的吗？由于你在两种情况下使用"更好"这个词——摔跤和在唱歌时弹琴——那么你把在弹琴中的"更好"称做什么，就好像我把在摔跤中的"更好"称做"运动员的"？你把它称做什么？

阿 我不明白你的意思？

苏 那么请你试着跟上我举的例子。我的回答是，我在想"在各种情况下都正确的东西"是什么——我假定正确的东西就是按照这种技艺发生的事情，不是吗？

阿 是的。

苏 这种技艺不就是运动员的技艺吗？

阿 当然了。

苏 【c】我说摔跤时"更好"的东西是"运动员的"。

阿 这是你说的。

苏 这样说不是很好吗？

阿 嗯，我也这么想。

苏 那么好，现在轮到你了；我们的交谈要能顺利，部分取决于你。首先请你告诉我，什么技艺能够用来正确地唱歌、跳舞、弹琴。总的说来，你把它称做什么？你能告诉我吗？

阿 不，我不能。

苏 好吧，再试试这种办法。这种技艺属于哪些女神？

阿 苏格拉底，你指的是缪斯吗？

苏 【d】这确实是我的意思。你看不到吗？以她们的名字命名的这种技艺叫什么？

阿 我想你指的是音乐。

苏　是的，我是这么想的。我们现在来说按照这种技艺"正确"发生的事情，这种"正确"是什么？我在其他例子中告诉过你这种"正确"是什么，现在轮到你来说一说这个例子中有什么相同的地方。这种"正确"是怎样产生的？

阿　我想它是"音乐地"产生的。

苏　说得好。现在继续往下说，你把战争与和平中的"更好"的东西称做什么？【e】在最后两个例子中，你说"更好"的东西分别是更加音乐的和更加运动员的。现在请你也试着告诉我这个例子中的"更好"是什么。

阿　我真的无法做到。

苏　然而，如果你在讨论食物并提出建议时——假定某种食物比其他食物更好，在某个时间或某个数量上更好——有人问你："阿尔基比亚德，你说的'更好'是什么意思？"那么在这个例子中你会告诉他"更好"就是"更健康"，哪怕你不装成医生，这样的回答肯定也是丢脸的；【109】而在某些情况下，你确实假装自己懂了，并且要站起来提建议，好像你懂行一样；你似乎不能回答这个例子中的问题，如果不能，你不感到窘迫吗？这不是很丢脸吗？

阿　是的，确实丢脸。

苏　那么想一想吧，请你试着告诉我，在与人开战或保持和平时，"更好"意味着什么。

阿　我在想，但我想不出来。

苏　假定我们对某人开战——你肯定知道开战时我们如何指责对方，如何对待对方，我们把这称做什么。

阿　【b】我知道——我们说他们对我们玩弄诡计，攻打我们，或者抢走我们的东西。

苏　等一等——我们如何承受这些对待？请你试着告诉我这些对待在方法上有什么不同。

阿　苏格拉底，你说"方法"的时候，你是指它是"公正的"还是"不公正的"吗？

苏　你说得很准。

阿　但这样说肯定会使世上所有事情都有差别。

苏　真的吗？你会建议雅典人对谁开战？对那些不公正地对待我们的人，还是那些公正地对待我们的人？

阿　【c】你问了一个很难的问题。即使有人认为必须对那些公正地对待我们的人开战，他也不会承认？

苏　因为我想这是不合法的。

阿　这肯定不合法。

苏　人们也不会认为这样做是对的。

阿　不会。

苏　所以你也会用这些术语构成你的讲话。

阿　我不得不这样做。

苏　那么我刚才问你的那种"更好"——问题变成了要不要开战，对谁开战，什么时候开战——变得和"更公正"意思相同了，不是吗？

阿　确实，好像是这样的。

苏　【d】但是，我亲爱的阿尔基比亚德，怎么会这样呢？你不明白这是你不懂的事情吗？或者说，也许在我还没有见到你的时候，你已经遇见了某位老师，他教你如何区分比较公正或较不公正。是这样的吗？好吧，他是谁？请你告诉我他是谁，这样你就能带我去见他，让我也做他的学生。

阿　停止取笑我，苏格拉底。

苏　我没有取笑你——你我的友谊之神① 在上。我从来不向神发伪誓。所以，要是你能说的话，告诉我他是谁。

阿　【e】要是不能，那该怎么办？你不认为我可以通过其他某种方式懂得公正和不公正吗？

———————

① 主掌友谊的希腊神灵是宙斯。

苏　是的，你能——要是你能发现它。

阿　怎么，你认为我发现不了吗？

苏　你当然能发现——要是你考察这件事情。

阿　你认为我不会去考察这件事情？

苏　不，你会去考察——要是你认为自己不懂。

阿　我不是曾经这样想过吗？

苏　答得好。请你告诉我，【110】你什么时候认为自己不懂公正和不公正。是去年吗？当时你认为自己不懂，想要发现它。或者当时你认为自己是懂的？诚实地回答我，否则我们的谈话是在浪费时间。

阿　是的，我当时认为自己是懂的。

苏　两年前，三年前，四年前，你不也这样想吗？

阿　是的。

苏　而在此之前，你还是个小孩子，不是吗？

阿　是的。

苏　好吧，我肯定当时你认为自己是懂的。

阿　你怎么能肯定？

苏　【b】当你还是个孩子的时候，我就经常观察你，在学校里或在其他地方；你在玩羊蹄骨或其他游戏时，你有时会对你的这个或那个玩伴大声地、充满自信地说——根本不像一个对公正和不公正不知所措的人——你是个卑鄙的骗子，不能公平竞赛。是这样的吗？

阿　苏格拉底，有人欺骗我的时候，我能怎么办？

苏　你的意思是，如果你实际上并不知道自己有没有被骗，你该怎么办？

阿　【c】我以宙斯的名义起誓，我确实知道自己被骗了！我看得清清楚楚，他们骗了我。

苏　所以，哪怕看上去还是个孩子，你仍旧认为自己懂得公正和不公正。

阿　是的，我确实懂。

苏　你是在什么时候发现这一点的？我敢肯定不是在你认为自己懂的时候。

阿　当然不是。

苏　那么你认为自己什么时候是不懂的？想一想吧——你找不到这样的时候。

阿　我以宙斯的名义发誓，苏格拉底，我确实说不出来。

苏　【d】所以，你不像是凭着发现才懂的。

阿　一点儿也不像。

苏　所以你肯定只是在巧妙地说你懂得什么并不是因为有人教你，而你实际上是懂的。所以，如果你既没有发现，也没有别人教你，那么你怎么能够懂呢，你是在什么地方懂的？

阿　当我说自己通过发现而懂的时候，我也许给了你一个错误的回答。

苏　那么这种情况是怎么发生的呢？

阿　我假定我像其他人一样，是通过某种相同的方式学来的。

苏　这样说又把我们带回原来的论证：你向谁学的？请你告诉我。

阿　【e】向一般人学的。

苏　你什么时候相信起"一般人"来了，你正在退却，因为你提到那些无用的教师。

阿　你在说什么？他们不能教你什么吗？

苏　不能，他们甚至不能教你怎样玩羊蹯骨。然而我假定，与正义问题相比，玩羊蹯骨是一件微不足道的小事……什么？你不同意？

阿　我同意。

苏　所以，尽管他们连这些微不足道的小事都不能教，而你却说他们能教重要的事情。

阿　我是这样想的；无论如何，他们能教很多比玩羊蹯骨重要的事情。

苏　哪些事情？

阿　【111】好吧，举例来说，我向他们学习如何讲希腊语；我不能告诉你谁是我的老师，但我相信一般人，而你说他们根本不能教。

苏　是的，我高贵的朋友，一般人是这方面的好教师，在这方面赞扬他们是公正的。

阿　为什么？

苏　因为他们拥有使他们成为这方面的好老师的东西。

阿　你这样说是什么意思？

苏　你看不出要教任何事情的人自己必须先懂得吗？这样说对吗？

阿　【b】当然对。

苏　那些懂得某些事情的人之间是一致的还是不一致的？

阿　不一致。

苏　如果人们对某些事情的看法不一致，你会说他们懂吗？

阿　当然不会。

苏　那么他们怎么能够成为这方面的教师？

阿　也许不能。

苏　那么好吧，你认为一般人对什么是木头，什么是石头的意见不一致吗？如果你问他们，他们能做出相同的回答吗？【c】当他们想要得到某些木头或石头的时候，他们去拿来的不是相同的东西吗？在其他所有例子中情况也一样；我假定，这就是你所说的懂希腊文的意思吗？

阿　是的。

苏　所以，如我们所说，他们在这些事情上没有分歧，私下行动时他们意见一致。但是在公共行动中他们的意见也一致吗？不同的城邦总有不同的看法，它们对同样的事情使用不同的语词，是吗？

阿　是的。

苏　所以他们很像是这些事情的好老师。

阿　【d】是的。

苏　所以，如果我们想要某人知道这些事情，我们就让他去向这些人请教，对吗？

阿　没错。

苏　如果我们不仅想要知道人是什么样的，马是什么样的，而是想要知道它们能不能跑，一般人也能教这些吗？

阿　当然不能。

苏　实际上，他们在这些事情上意见也不统一，这岂不【e】足以向你表明他们不懂这些事，他们不是这方面的"可靠的老师"吗？

阿　对，你说得对。

苏　如果我们现在不仅想知道人是什么样的，而且想知道病人和健康人是什么样的，一般人能教我们吗？

阿　当然不能。

苏　如果你看到他们对此有不同意见，这就表明他们是这方面的坏老师。

阿　对，是这样的。

苏　很好，那么——你似乎认为一般人对公正和不公正的人以及他们的行为的看法在他们中间实际上是不一致的，是吗？

阿　【112】很不一致，苏格拉底。

苏　真的吗？对这些事情他们有大量不同意见吗？

阿　确实如此。

苏　人们对什么是健康和不健康有着很不相同的意见，甚至为此相互争吵和杀戮，我认为你没有看到或听说这种事情，对吗？

阿　当然没有。

苏　但是我知道你曾经见过有关公正和不公正这种问题的争论；【b】或者说，即使没见过，你至少从其他许多人那里听说过这种事——尤其是荷马，因为你听说过《伊利亚特》①和《奥德赛》②，是吗？

---

① 《伊利亚特》（Ἰλιάς），荷马史诗之一。

② 《奥德赛》（Ὀδύσσει），荷马史诗之一。

阿　当然了，苏格拉底，我肯定听说过。

苏　这些诗歌不都是一些有关公正与不公正的不同意见吗？

阿　是的。

苏　正是由于这种意见不同，阿该亚人和特洛伊人打仗、送命，就像奥德修斯[①]和珀涅罗珀[②]的求婚者那样。

阿　【c】你说得对。

苏　我假定这对那些死在唐格拉[③]和科洛奈[④]的雅典人、拉栖代蒙人、波埃提亚人来说也一样，其中包括你的父亲。引发这些战争和死亡的只能是有关公正与不公正的不同意见，不是吗？

阿　你说得对。

苏　如果他们对某件事情的分歧如此之大，【d】乃至于在争论中要诉诸极端的手段，那么我们能说他们懂吗？

阿　显然不能。

苏　那么你岂不是要承认，你相信的有关这种事情的老师并没有这方面的知识？

阿　我猜我会承认的。

苏　好吧，既然你的意见摇摆不定，你显然既不能有所发现，又不能向其他人学习，那么你对公正与不公正又能懂得多少呢？

阿　根据你的说法，我好像是不大懂。

苏　【e】你瞧，阿尔基比亚德，你又来了，这样说可不太好！

阿　你什么意思？

苏　你说这是我的说法。

阿　什么？你不是在说我不懂公正和不公正吗？

---

① 奥德修斯（Ὀδυσσεύς），人名，《奥德赛》的主人公。

② 珀涅罗珀（Πηνελόπη），人名，奥德修斯之妻。

③ 唐格拉（Τανάγρα），地名。

④ 科洛奈（Κορωνεία），地名。

苏　不，我完全不是这个意思。

阿　那么，我懂吗？

苏　是的。

阿　为什么呢？

苏　让我来告诉你为什么？如果我问你，一多还是二多，你会说二多吗？

阿　我会。

苏　多多少？

阿　多一。

苏　那么在我们中间说二比一多一的是谁？

阿　是我。

苏　我在问，你在回答，对吗？

阿　对。

苏　【113】你认为是谁在说这些事情——是我这个提问者，还是你这个回答者？

阿　是我。

苏　如果我问你"苏"怎么写，而你告诉了我，那么我们中间是谁在说这件事？

阿　是我。

苏　那么好，请你告诉我一般的原则。在有问有答的时候，是谁在说这些事——是提问者还是回答者？

阿　苏格拉底，我想是回答者。

苏　【b】在刚才提到的所有事情中，我不都是提问者吗？

阿　是的。

苏　而你不都是回答者吗？

阿　我肯定是。

苏　那么好，是我们中间的哪一位说了我们刚才说的这些事？

阿　根据我们同意的要点，苏格拉底，好像是我说的。

苏　我们刚才说的事情是克利尼亚的英俊儿子阿尔基比亚德不懂得公正和不公正——尽管他认为自己懂——他要去公民大会给雅典人提建议，说一些他根本不懂的事。不是这样吗？

阿　【c】显然是这样的。

苏　那么，阿尔基比亚德，这种情形正像欧里庇得斯①剧中所说，"你是从你自己那里听来的，不是从我这里听来的。"②我不是说这些事情的人——而你是——请你不要试图责备我。再说，你也相当正确地说是这样的。这是你内心的打算——教你自己不懂的东西，而又不愿尽力去学——我的好伙伴，你的想法是疯狂的。

阿　【d】苏格拉底，我实际上认为雅典人和其他希腊人很少讨论公正或不公正的问题。他们认为这种事情是显而易见的，所以把它忽略掉，而是询问做哪件事情更有利。尽管我认为公正的事情和有利的事情实际上不是一回事；但我想，有许多人通过做许多不公正的事情而获利，而其他人做了正当的事情无利可图。

苏　所以怎么样呢？哪怕公正和有利正好完全不同，【e】你肯定也认为自己不知道什么事情对人民有利，也不知道为什么有利，不是吗？

阿　苏格拉底，你为什么要打断我的话？除非你想再问我一遍，我懂的事情是向谁学来的，或者说我自己是如何发现的？

苏　我们还有什么道路可以继续前行！如果你说了一些错误的观点，先前的论证可以证明它是错的，而你却认为自己必须得到某些新的不同的论证，就好像先前的论证是一件你拒绝再穿的破衣烂衫。不，你想要得到一个完美的、全新的论证。

【114】我会略去你对我的论证的这种预见，我要像原先那样问："你是

---

①　欧里庇得斯（Εὐριπίδης），希腊著名悲剧家。

②　欧里庇得斯：《希波吕特》，第 350 行。

怎么懂得有利的事情的？谁是你的老师？"我要问我前面问过的这个问题。这样做显然会把你重新置于同样的位置——你不可能证明，通过发现或学习，你懂得了什么是有利的。

由于你有一个精致的胃口，但还没有享受过同一论证的另一番风味，【b】所以我省略这个问题——你懂不懂对雅典人有利的事情。但是，你为什么不证明公正和有利是相同的还是不同的呢？如果你乐意，可以向我提问，就像我向你提问一样——或者你可以自己去证明一番。

阿　不，苏格拉底，我不认为我能在你面前证明它。

苏　那么好吧，我的先生，想象一下我就是公民大会和聚集在那里的民众；即使在那里，你知道，你也必须一个个地说服他们。不是吗？

阿　是的。

苏　如果某人懂得某事，你不认为他能逐个说服他们，【c】乃至于把他们全部说服吗？以学校老师为例，你不认为他能逐个地或集体地教人字母吗？

阿　他能。

苏　同样的人不是能够逐个地或分组地教人数字吗？

阿　是的。

苏　他是一名数学家，一个懂得数的人。

阿　肯定是。

苏　所以，在你能说服一群人的事情上你也能说服一个人吗？

阿　也许吧。

苏　这些事情你显然是懂的。

阿　是的。

苏　一名对公众讲话的演说家【d】与一名在这样的谈话中讲话的演说家，前者说服民众是一道进行的，而后者说服他们是逐个进行的，除此之外还有什么区别吗？

阿　我猜，没有了。

苏　那么好，由于同一个人显然既能说服单个的人，又能说服整群的人，所以请你做给我看，请你试着证明公正的事情有时候是无利的。

阿　苏格拉底，不要随意摆布我！

苏　不，我就是要摆布你，我要说服你，把你不愿意跟我说的事情的反面说出来。

阿　那你就试试看！

苏　只要你愿意回答我的问题。

阿　【e】不，你就自己说吧。

苏　什么？你就不想完全搞懂吗？

阿　确实想，我肯定。

苏　如果你说"是的，就是这样的"，那么你不就完全搞懂了吗？

阿　是的，我是这样想的。

苏　那就回答我的问题吧。如果你不愿意听你自己说公正的事情也是有利的，那么就不要相信我说的其他任何事情。

阿　不，我肯定我不会这样的。但我最好还是回答问题——我认为我不会受到任何伤害。

苏　【115】你真是一名先知。现在告诉我——你说某些公正的事情是有利的，而其他一些公正的事情是无利的，是吗？

阿　是的。

苏　真的吗？它们中有些事情是可敬的，有些事情是不可敬的吗？

阿　你提这个问题是什么意思？

苏　你曾经想过有人做某件事既是公正的又是可鄙的吗？

阿　不，没想过。

苏　所以，所有公正的事情都是可敬的。

阿　是的。

苏　那么什么是可敬的事情？它们都是好的吗，或者有些好，有些不好？

阿　苏格拉底，我的想法是，有些可敬的事情是坏的。

苏　那么有些可鄙的事情是好的吗？

阿　是的。

苏　【b】你是在想这样一种情况吗？许多人在战斗中试图抢救他们的朋友和亲戚，却因此受伤或被杀，而那些本来应当去抢救而不去救的人却安然无恙地逃跑了。你指的是这种事情吗？

阿　就是。

苏　你把这种救人的事称做可敬的，因为这是在试图帮助你应当帮助的人，这是一种勇敢；这不就是你在说的事情吗？

阿　是的。

苏　但你把它称做坏的，因为涉及受伤和死亡，不是吗？

阿　是的。

苏　【c】勇敢是一回事，死亡是另一回事，对吗？

阿　当然。

苏　所以，抢救你的朋友既是可敬的，又是坏的，这样的说法根据不一，是吗？

阿　显然是。

苏　现在让我们来看，这件事就其可敬而言是否也是好的，而这种事确实应当是好的。你同意救人是可敬的，因为它是勇敢的。现在请你考虑——勇敢。它是好的还是坏的？请你换一种方式看待它：你希望有好事还是坏事？

阿　有好事。

苏　【d】这不就是想要获得最大的好处吗？

阿　确实如此。

苏　这样的事物你最不愿意被剥夺，对吗？

阿　当然了。

苏　涉及勇敢你会说什么？如果你被剥夺了勇敢，你会怎么样？

阿　如果我成了胆小鬼，我甚至不会继续活下去。

苏　所以，你认为胆怯是世上最坏的事情？

阿　是的。

苏　它似乎就相当于死亡。

阿　这就是我要说的意思。

苏　生与死、勇敢与胆怯，是绝对相反的吗？

阿　是的。

苏　【e】你最想要前者，最不想要后者，对吗？

阿　对。

苏　这是因为你认为前者是最好的，而后者是最坏的，是吗？

阿　当然是。

苏　你说勇敢属于最好的事物，而死亡属于最坏的事物，是吗？

阿　我会这样说的。

苏　所以你把在战斗中抢救朋友称做可敬的，而它之所以可敬，因为它是件好事，是勇敢。

阿　不管怎么说，我是这么想的。

苏　当某人做了某件致命的坏事时，你称这件事情是坏的。

阿　对。

苏　由于你把产生某种坏结果的行为称做坏的，【116】那么完全公平地说，你不也要把产生某种好结果的行为称做好的吗？

阿　我是这样想的。

苏　如果它是好的，它不也是可敬的吗？如果它是坏的，它不也是可鄙的吗？

阿　是的。

苏　那么，当你说在战斗中抢救朋友是可敬的，但却是坏的，你的意思和你说一样好事物是坏的完全一样。

阿　我想你是对的，苏格拉底。

苏　所以，在可敬的范围内，没有任何事物是坏的，在可鄙的范围内，没有任何事物是好的。

阿　显然如此。

苏　【b】现在，让我们另辟蹊径。做可敬的事情就做好事，不是吗？

阿　是的。

苏　做好事的人能够生活得很好吗？

阿　当然了。

苏　他们的成功不就是因为他们得到了好东西吗？

阿　当然了。

苏　通过恰当而又可敬的行为，他们得到了好东西。

阿　是的。

苏　所以行为恰当是好事情。

阿　当然。

苏　好行为是可敬的。

阿　是的。

苏　【c】所以我们再次看到，可敬的事物也是好的。

阿　显然如此。

苏　所以，如果我们发现某事物是可敬的，那么我们也能看到它是好的——至少，按照刚才这个论证。

阿　我们不得不这样说。

苏　那么好，好事物是有利的还是无利的？

阿　有利的。

苏　你还记得我们对行事公正达成了一致意见吗？

阿　我想我们同意：做事公正的人必定也是在做可敬的事情。

苏　我们同意，做可敬的事情的人也一定是在做好事，是吗？

阿　是的。

苏　【d】所谓好就是有利吗？

阿　是的。

苏　所以，阿尔基比亚德，公正的事情就是有利的。

阿　看起来是这样的。

苏　那么好，我是提问者，而你是回答者，不是吗？

阿　我好像是。

苏　所以，如果某个相信自己懂得什么是公正、什么是不公正的人站起来向雅典人，甚至向培巴累修[①]人提建议，并且说公正的事情有时候是坏的，那么你除了嘲笑他，还能做什么？【e】毕竟你本人说过，同一事物既是公正的，又是有利的。

阿　苏格拉底，我以众神的名义起誓，我不知道自己在说什么——我肯定中了魔障！当你问我问题的时候，我起先在想一件事，然后又在想另一件事。

苏　我亲爱的伙伴，你不明白这种感觉是什么吗？

阿　完全不明白。

苏　好吧，如果有人问你有两只眼还是三只眼、有两只手还是四只手，或者其他类似的问题，你认为自己在不同的时间会做出不同的回答，还是会始终做出相同的回答？

阿　【117】对此我不太确定，但我想我会做出相同的回答。

苏　因为你懂得它——是这个原因吗？

阿　我是这样想的。

苏　所以，如果你对某事物做出相互冲突的回答，而你本不想这样，那么你显然并不懂。

阿　也许吧。

苏　那么好，你对我说，关于公正与不公正、可敬与可鄙、好与坏、有利与无利，你动摇不定。而你动摇的原因显然就是因为你不懂，是吗？

---

① 培巴累修（Πεπαρηθίνς），地名，爱琴海上的一个小岛。

阿 【b】是的，是这样的。

苏 你不也说过，无论什么时候，要是有人不懂得某事，他的灵魂必然动摇不定吗？

阿 当然了。

苏 真的吗？你知道上天的路吗？

阿 我确实不知道。

苏 你对这个问题的看法也是摇摆不定的吗？

阿 当然不是。

苏 你知道原因，或者说要我告诉你？

阿 你告诉我吧。

苏 我的朋友，这是因为你不知道，你认为自己不知道。

阿 【c】你这样说是什么意思？

苏 让我们一起来看。如果知道自己不懂某件事，你会摇摆不定吗？举例来说，我认为你知道自己不懂如何准备一顿丰盛的饭菜，对吗？

阿 很对。

苏 所以，要么是你对如何准备饭菜有自己的想法，并由此产生动摇；要么你会把事情留给某个懂得如何准备饭菜的人？

阿 我想是后一种情况。

苏 好吧，如果你正在驾船，【d】你会对要不要转舵进港感到困惑吗——由于不懂而产生动摇？或者你会把事情留给舵手，而自己去放松放松？

阿 我会把事情留给舵手。

苏 所以，如果你真的知道自己不懂某些事情，那么你不会产生动摇。

阿 显然不会。

苏 如果我们在不懂的时候以为自己是懂的，那么你看不出我们行动中的错误是由这种无知引起的吗？

阿 你这样说是什么意思？

苏　好吧，除非我们知道自己将做些什么，否则我们不会开始做某件事情，对吗？

阿　对。

苏　【e】当人们认为自己不知道如何做某件事情的时候，他们会把它交给其他人，对吗？

阿　当然了。

苏　所以，认为自己不懂得如何做事，这种人在生活中不会犯错误，因为他们会把事情留给其他人。

阿　你说得对。

苏　好吧，那么谁是犯错误的人呢？肯定不是那些知道自己不懂的人，对吗？

阿　当然对。

苏　好吧，既不是知道自己不懂的人，【118】也不是不知道自己不懂的人，那么除了那些不知道自己不懂但认为自己懂的人，还剩下什么人吗？

阿　不，他们是仅有的剩下来的人。

苏　所以，坏事就是源于这种无知；这是一种最可耻的愚蠢。

阿　是的。

苏　对最重要的事情无知岂不是最有害、最可鄙的吗？

阿　确实如此。

苏　你能指出有什么事物比公正的、可敬的、好的、有利的事物更加重要吗？

阿　不，我真的不能。

苏　但是你说过，你对这些事情产生过动摇，是吗？

阿　是的。

苏　所以，从我们已经说过的话来看，要是你动摇了，【b】你显然不仅对最重要的事情无知，而且还认为自己懂得自己不懂的事情。

阿　我猜，你说得对。

苏　天哪，阿尔基比亚德，你陷入了一种多么可悲的境地！我这样说相当犹豫，但因为只有我们俩在一起，所以我必须说出来。我的好伙伴，你实在太愚蠢，愚蠢到了顶点——我们的讨论和你自己的观点已经证明了这一点。这就是你在受教育之前就匆忙进入政治领域的原因。【c】在这个可悲的城邦里，你不是唯一的——你与我们城邦的大多数政治家为伍。他们中也许只有少数人例外，比如你的监护人伯里克利。

阿　是的，苏格拉底，人们确实说过他的知识并非全是凭他自己得来的；他与许多像皮索克勒德①、阿那克萨戈拉这样的专家为伍。甚至现在，尽管他已经年迈，还是为了同样的目的向达蒙②请教。

苏　真的吗？你见过什么专家在他知识的范围内不能让其他人也成为专家吗？那个教你如何阅读和书写的人——他在他的领域里有知识，他使你和他喜欢的其他人成为专家，不是吗？

阿　是的。

苏　【d】你已经向他学习过了，你能教其他人吗？

阿　能。

苏　音乐教师和体育教师的情况不也相同吗？

阿　当然了。

苏　我想我们完全能够确定，当一个人能够表明他能使其他人懂得某件事情时，他确实是懂的。

阿　我同意。

苏　那么好，你能告诉我伯里克利使谁成了专家吗？我们将从他的儿子开始，可以吗？

阿　【e】苏格拉底，不幸的是他的两个儿子都是傻瓜！

苏　你兄弟克利尼亚怎么样？

---

① 皮索克勒德（Πυθοκλείδης），人名。
② 达蒙（Δάμων），人名。

阿　谈论他没有意义——他是个疯子！

苏　那么好，由于克利尼亚疯了，而伯里克利的儿子傻了，那么伯里克利使你处于现在这种状态的原因是什么呢？

阿　我想这是因为我真的不很专心。

苏　【119】但是你能说出有哪个雅典人或外国人——奴隶或自由人——通过与伯里克利为伍而成为专家的吗？毕竟，我能说出伊索洛库斯①之子皮索多鲁②、卡里亚德③之子卡里亚④，他们通过与芝诺⑤的交往而变得聪明；他们每个人付给芝诺 100 "明那"，成了著名的专家。

阿　以宙斯的名义起誓，我想不出这样的人来。

苏　很好。你自己有什么打算？你想继续保持当前的状况，还是实施某种自我修养？

阿　【b】我们还是一起讨论吧，苏格拉底。你知道，我确实见过你说的这种事，而且我实际上同意你的看法——在我看来，除了几个人，我们城邦的政治家都没有接受过恰当的教育。

苏　你这是什么意思？

阿　如果他们受过恰当的教育，那么任何想和他们竞争的人不得不去获得知识，接受训练，就像运动员那样。然而，他们进入政治领域是外行，所以我没有必要去训练，去自找麻烦学习。【c】我的天赋能力肯定远远地超过他们。

苏　天啊，我亲爱的孩子，你在说什么——与你的美貌和其他优点完全不配！

阿　苏格拉底，你到底是什么意思？你怎么了？

---

① 伊索洛库斯（Ἰσολόχους），人名。
② 皮索多鲁（Πυθοδώρης），公元前 5 世纪雅典著名政治家，《巴门尼德篇》谈话人。
③ 卡里亚德（Καλλιάδης），人名。
④ 卡里亚（Καλλίας），人名。
⑤ 芝诺（Ζήνω），人名，爱利亚学派哲学家。

苏　我对你感到愤怒，带着我对你的迷恋！

阿　为什么？

苏　因为你堕落了，竟然去和这些人竞争。

阿　那么我必须和什么人竞争？

苏　【d】这是个很好的问题，提问者认为自己受到高度尊重！

阿　你这么说是什么意思？他们不是我的竞争者吗？

苏　你瞧，如果你打算驾船投入战斗，你难道不应当是最优秀的舵手吗？假定这是必要的，那么你会不看你的真正对手，而是看着你的战友，就像你现在这样吗？你肯定比他们强，远远超过他们，而他们也乐意在这场战斗中地位比你低，【e】不想和你竞争。我想你真的打算通过一些卓越的行动来出人头地，配得上你自己和你的城邦。

阿　是的，我确实打算这样做。

苏　天哪，通过这样的训练和谋略，在某一天变得比这些士兵优秀，对此就感到满足，而不是注意敌军的首领，这对你来说有多么恰当！

阿　【120】你在说谁，苏格拉底？

苏　你不知道我们的城邦一次又一次地与拉栖代蒙人和波斯王国的大王交战吗？

阿　你说得对。

苏　由于你打算成为这个城邦的领袖，所以你想对拉栖代蒙和波斯国王开战，对吗？

阿　你说得很对。

苏　不，先生，你一直关注的是斗鸡者弥狄亚斯①这样一类人——【b】他们试图用在他们野蛮的心中仍旧表现出来的"奴仆的发式"（如女人们所说）来管理城邦事务。他们用稀奇古怪的谈话来奉承城邦，而不是治理它。我告诉你，你一直关注的就是这些人。所以，放松一下，不要自找麻烦去学习那

---

① 弥狄亚斯（Μειδίας），人名。

些参与伟大斗争所需要学的东西，【c】不要去参加那些必要的训练——还是用你完全充分的准备去参与政治吧。

阿　不，苏格拉底，我想你说得对。但我仍旧不认为拉栖代蒙将领或波斯国王与其他人有什么区别。

苏　这是一种什么样的想法？你好好想一想吧。

阿　关于什么的想法？

苏　首先，你认为自己已经修炼到一个很高的地步：【d】你害怕他们吗？你认为他们是可怕的，还是不可怕的？

阿　我显然认为他们是可怕的。

苏　你确实认为你的修炼不会给你带来任何伤害，是吗？

阿　根本不会。事实上，它是一个巨大的帮助。

苏　所以这是你的这种想法中的一个缺陷，一个大缺陷，不是吗？

阿　你说得对。

苏　第二个缺陷是，依据可能性来判断，这种想法也是虚假的。

阿　你什么意思？

苏　就好像某种天然的才能，在高贵的家族中，还是在其他家族中，它会是最大的？

阿　【e】显然是在高贵的家族中。

苏　那些出身高贵的人，如果得到很好的抚养，会有完善的美德，不是吗？

阿　他们肯定会有完善的美德。

苏　所以让我们来比较一下我们的情形和他们的情形，请你考虑，首先，拉栖代蒙和波斯的国王是否出身卑贱。当然，我们知道拉栖代蒙的国王们是赫拉克勒斯的后裔，波斯国王是亚凯美涅①的后裔，赫拉克勒斯和亚凯

———

①　亚凯美涅（Αχαιμένους），人名。

美涅的家族可以一直追溯到宙斯之子珀耳修斯①。

阿 【121】我的家族也一样——我的家族可以追溯到欧律萨凯斯②，欧律萨凯斯的家族可以追溯到宙斯。

苏 我的家族也一样，高贵的阿尔基比亚德，我的家族可以追溯到代达罗斯，代达罗斯的家族可以追溯到宙斯之子赫淮斯托斯。从这些国王往上追溯，他们每个人的世系都可以追溯到宙斯——阿耳戈斯的国王、拉栖代蒙的国王、波斯的所有国王，有时候还有亚细亚的国王，就像他们现在这样。但是，你和我是普通的公民，【b】就像我们的父亲一样。如果你要对薛西斯之子阿塔克塞西斯③炫耀你的祖先和欧律萨凯斯的家乡萨拉米④——或者对他炫耀伊齐那⑤，欧律萨凯斯的祖先埃阿科斯的家乡——你不明白你有多么可笑吗？但是，你认为我们与这些人在血统上是平等的，我们得到的抚养也是平等的。

你没有注意到拉栖代蒙的国王们享有的统治地位吗？他们的妻子由地方长官警卫，由公家出钱，以此确保王家血统尽可能地纯正，【c】他们的国王只能是赫拉克勒斯的后裔。至于波斯国王，他的地位是至高无上的，没有人会怀疑他的后代血统不纯；由于这个原因，他的王后不需要人警卫，人们对国王抱有恐惧感。当国王的长子和王位继承人诞生的时候，全体臣民都会举行盛宴。到了第二年，整个亚细亚都会庆祝这位未来的国王的生日，这一天还会举行祭祀和宴会。【d】而我们出生的时候，阿尔基比亚德，如那位喜剧诗人所说："甚至连邻居也不会注意。"⑥

然后王子被抚养成长——不是由某些微不足道的保姆，而是由王家最受

---

① 珀耳修斯（Περσῶς），人名。

② 欧律萨凯斯（Εὐρυσάκους），人名。

③ 阿塔克塞西斯（Αρταξέξης），波斯国王。

④ 萨拉米（Σαλαμῖς），地名。

⑤ 伊齐那（Αἰγίνη），地名。

⑥ 这是喜剧诗人柏拉图的一句诗，参见《希腊喜剧残篇集》（T.Kock, Comicorum Atticorum Fragmenta, 1880），第204节。

尊敬的太监。他们照料着婴儿的所有需要，尤其是使他尽可能变得漂亮，让他的体型和肢体匀称；【e】为此他们受到极大的尊重。到了七岁的时候，王子们开始在教练的指导下学习骑马，玩狩猎的游戏。

到了两个七岁的时候，王子被托付给所谓的"国师"。在波斯有四名最优秀的成年人被挑选出来担任国师：最聪明的人、最公正的人、最有节制的人、最勇敢的人。【122】他们中的第一个是霍洛玛泽①之子、佐罗亚斯特②教的大祭司，他负责教王子如何崇拜他们的神，以及其他一些国王应当知道的事情。最公正的人教育王子要终生诚实。最有节制的人教育王子不被快乐所支配，哪怕是一丁点快乐，这样他才能习惯于当一名自由人和一名真正的国王，他的第一责任就是统治他自己，而不要成为他自己的奴隶。最勇敢的人训练他英勇无畏、不屈不挠，因为恐惧就是奴役。

【b】但是，阿尔基比亚德，伯里克利从他家中挑选了色雷斯③人佐皮鲁斯④当你的老师，他已经老迈，完全无用了。我可以把你所有竞争者如何被抚养和如何受教育的情况都告诉你，但这样一来话就太长了，此外，你也许能够从我已经告诉你的事情中想象后来的情况。但是，阿尔基比亚德，你的出生、抚养和教育——或者其他任何雅典人的出生、抚养和教育——没有人会关心这些事，说真的，没有人，也就是说，除非有某个正好爱你的人才会关心。

【c】还有，如果你仔细考虑一下波斯人的财富、豪华、服饰、拖地长袍、涂脂抹粉、奴仆成群，以及其他各种奢侈行为，你对自己的处境会感到羞愧吗，因为你看到他们有多么卑劣？

还有，如果你仔细考虑一下拉栖代蒙人的自制和礼节、自信和镇定、自尊和纪律、勇敢和坚韧，以及对艰苦、胜利和荣誉的热爱，你会认为自己在

---

① 霍洛玛泽（Ὡρομάζης），人名。
② 佐罗亚斯特（Ζωροάστρους），人名。
③ 色雷斯（Θράκη），地名。
④ 佐皮鲁斯（Ζώπυρως），人名。

所有这些方面仅仅是个儿童。

【d】还有，阿尔基比亚德，如果你能看清自己站在什么地方，那么我们最好讨论一下你的财富。你可以为雅典献身，认为自己值得这样做，但若你仔细看一下拉栖代蒙人的财富，你就会明白他们的财富远远超过我们雅典人的财富。他们有自己的土地，还在墨西涅①拥有土地，而我们的土地没有哪一块能与之相比，无论是土地的大小和质量，以及拥有奴隶的数量等方面都比不上他们——【e】尤其是他们有"黑劳士"②——甚至在墨西涅放养的马匹和其他家畜方面也比不上他们。但这些细节我都不说了。

在拉栖代蒙，私人手中拥有的金银比希腊其他所有地方拥有的金银加在一起还要多。这些金银是许多代人传下来的，来自所有希腊城邦，也经常来自外国城邦，【123】但它从来没有流出去。就好像伊索寓言中的狐狸对狮子说的那样——你能清楚地看到金钱流入拉栖代蒙的踪迹，却看不到金钱流出拉栖代蒙的迹象。所以，你可以肯定拉栖代蒙人是希腊人中最富有的，他们拥有的金银是最多的，拉栖代蒙人中间最富有的是国王，因为他们的税收有很大一部分要交到他手里。还有，通过接受贡赋，国王有很多钱。

【b】与其他希腊城邦相比，拉栖代蒙是伟大的，但拉栖代蒙人的幸福无法与波斯人及其国王的幸福相比。我曾经与一位可以信赖的、去过波斯的旅行者交谈，他对我说，他穿越一大片富饶的土地，几乎走了一天的时间，当地人称这片土地为"王后的腰带"。【c】还有一片土地被称做"王后的面纱"，这样的土地还有很多，全都地力肥沃，物产丰富，各以王后衣物的名字命名，因为每块土地的税收都要留下来，为王后置办华丽的服装。

现在假定有人对这位国王的母亲、薛西斯的遗孀亚美忒利丝③说："狄诺玛克之子打算向你的儿子挑战；但他母亲的全部衣服顶多只值 50 个明那，

---

① 墨西涅（Μεσσήνη），地名。
② 黑劳士（εἵλως），古代拉栖代蒙人的农奴。
③ 亚美忒利丝（Ἄμηστρις），人名。

而他在厄基亚①拥有的土地少于三百亩②。"我想国王的母亲听了以后会感到困惑，【d】这位阿尔基比亚德凭什么挽起袖子要和阿塔克塞西斯竞争。我想她会说："除了勤奋和智慧，我看不出这个家伙能凭什么——希腊人没有其他任何东西值得一提。"

如果国王的母亲听说，正在进行这种尝试的阿尔基比亚德，首先他连20岁都还没有到，其次他没有接受过什么教育，还有，当爱他的人告诉他要学习、培养和约束他自己，【e】以便能够与这位国王竞争的时候，他说他不想这么做，他宁愿像现在这个样子混下去——如果国王的母亲听了这些话，我想她会惊讶地问："这位年轻人到底凭什么?"。假定我们回答："凭他英俊的相貌、高挑的身材、高贵的出身、庞大的财富、天生的睿智。"那么，阿尔基比亚德，想到他们也拥有这些东西，她会得出结论说我们确实是疯了。还有，拉姆披托③是拉栖代蒙国王莱奥提基德④之女、【124】拉栖代蒙国王阿基达姆⑤之妻、拉栖代蒙国王阿吉斯⑥之母，我想，如果你想挑战她的儿子，那么我认为你的成长环境很差，而她的儿子拥有各种有利条件。

然而，甚至连我们敌人的妻子也对我们想要挑战他们的念头有一个较好的评价，那么你不感到可耻吗? 不，我卓越的朋友，请你相信我，相信德尔斐神庙的铭文，【b】"认识你自己"。我们必须打败的人不是你想的这些人，我们没有打败他们的希望，除非我们勤奋而又娴熟地行动。如果你缺乏这些，那么你在希腊以及在国外都不会赢得声望；我认为这是你心里期盼的东西，超过其他人对任何事物的期盼。

---

① 厄基亚（Ἐρχια），地名。

② 普莱松（πλέθον），希腊亩。做长度单位时，1 普莱松相当于 100 希腊尺，1 希腊尺约合 30.7 公分；做面积单位时，1 普莱松相当于 10000 平方希腊尺。在阿提卡地区，一亩为 874 平方米，所以阿尔基比亚德拥有的土地少于 26 公顷。

③ 拉姆披托（Λαμπιδώ），人名。

④ 莱奥提基德（Λεωτυχίδης），人名。

⑤ 阿基达姆（Αρχιδάμους），人名。

⑥ 阿吉斯（Ἆγις），人名。

阿　好吧，苏格拉底，我需要实践哪一种自我修养？你能告诉我怎么做吗？你说得确实很对。

苏　是的——但还是让我们来一齐讨论，如何才能使我们尽可能变好。【c】你知道，我所说的需要接受教育不仅适用于我，也适用于你——我们处于相同的境况，除了在某个方面。

阿　在什么方面？

苏　我的监护人比你的监护人伯里克利更优秀，更聪明。

阿　苏格拉底，他是谁？

苏　阿尔基比亚德，他是神；他在今天以前阻止我与你交谈。我相信他，我说你的荣耀完全属于我。

阿　【d】你在笑话我，苏格拉底。

苏　也许吧，但我正确地指出我们需要自我修养。实际上，每个人都需要教育自己，尤其是我们俩。

阿　你对我的看法是对的。

苏　你对我的看法也是对的。

阿　那么，我们该做什么呢？

苏　我的朋友，做事情一定不要放弃，不要逃避。

阿　不，苏格拉底，这种事情是不会发生的。

苏　【e】不会。所以让我们一齐来解决这个问题。告诉我——我们说我们想要使自己尽可能地变好，不是吗？

阿　是的。

苏　在什么方面？

阿　显然是要做一个好人。

苏　好在什么地方？

阿　显然是好在擅长照料。

苏　照料什么？照料马吗？

阿　当然不是。

苏　在这种情况下，我们会请教养马的内行。

阿　是的。

苏　好吧，那么你指的是航海吗？

阿　不是。

苏　在这种情况下，我们会请教一位航海专家。

阿　是的。

苏　那么你要照料什么？它是谁的事？

阿　照料雅典的杰出公民。

苏　【125】"杰出公民"，你指的是能干的人还是愚蠢的人？

阿　能干的人。

苏　在他能干的事情上，不是每个人都是好的吗？

阿　是的。

苏　在他不能干的事情上，不是每个人都是坏的吗？

阿　当然了。

苏　鞋匠不是在制鞋方面很好吗？

阿　当然。

苏　那么他擅长制鞋。

阿　对。

苏　【b】那么好，鞋匠在做衣服方面不是很坏吗？

阿　是很坏。

苏　所以同一个人既好又坏，至少根据这个论证看来是这样。

阿　显然如此。

苏　你的意思是说，好人也是坏的吗？

阿　当然不是。

苏　那么你说什么样的人是好人？

阿　我认为那些有能力统治城邦的人是好人。

苏　我假定，你指的不是那些统治马的人。

阿　当然不是。

苏　是那些统治人的人？

阿　是的。

苏　当这些人生病的时候？

阿　不是。

苏　当他们在海上的时候？

阿　不是。

苏　当他们在收割的时候？

阿　不是。

苏　【c】当他们什么也不做的时候，还是当他们做事情的时候？

阿　做事情的时候。

苏　做什么？请你帮我搞清楚。

阿　当他们相互帮助，相互打交道的时候，就像我们在城市生活中所做的那样。

苏　所以你的意思是统治那些与他们打交道的人。

阿　是的。

苏　统治和桨手打交道的水手长吗？

阿　当然不是。

苏　那是船长擅长的事。

阿　是的。

苏　【d】你指的是统治笛手吗，他负责指挥歌手和舞者？

阿　当然不是。

苏　同理，那是合唱队长擅长的事。

阿　没错。

苏　那么你说的"统治与他们打交道的人"是什么意思？

阿　我指的是统治那些在城邦里参与公民事务，相互之间做出贡献的人。

苏　好吧，这是一种什么样的技艺？假定我问一个相同的问题——什么技艺使人懂得如何统治参加航海的人？

阿　船长的技艺。

苏　【e】我们说什么知识能使人统治参加唱歌的人？

阿　你刚才说过，合唱队队长的技艺。

苏　那么好，你把这种使你能够统治那些参与公民事务的人的知识称做什么？

阿　苏格拉底，我把它称做好建议。

苏　那么，你认为船长的建议是坏建议吗？

阿　当然不是。

苏　那么它是好建议？

阿　【126】我应当这样想；他必须确保他的乘客的安全。

苏　你说得对。那么好，你说的这种好建议的目的是什么？

阿　城邦的安全与较好的治理。

苏　但是当城邦有了安全，治理良好的时候，呈现的是什么，缺乏的是什么？好比说，你问我："当身体平安和健康的时候，呈现的是什么，缺乏的是什么？"我会回答说："呈现的是健康，缺乏的是疾病。"你同意我的看法吗？

阿　【b】同意。

苏　如果你再问："当身体得到更好的照料时，在我们眼中会呈现什么？"我会做出同样的回答："呈现的是视力，缺乏的是盲目。"还有我们的耳朵，当它们处于较好的境况，得到较好的料理时，缺乏的是耳聋，呈现的是听力。

阿　你说得对。

苏　那么好，一个城邦会怎么样？当它处于较好的境况，得到较好的料理时，呈现的是什么，缺乏的是什么？

阿　【c】苏格拉底，依我看呈现的是相互之间的友谊，缺乏的是仇恨和暴乱。

苏　当你说"友谊"的时候，你指的是意见一致还是不一致？

阿　一致。

苏　使各个城邦对数的看法一致的技艺是什么？

阿　算术。

苏　使公民们对数的看法一致的技艺是什么？是同一种技艺吗？

阿　是的。

苏　它不也使每个人与他自身一致吗？

阿　是的。

苏　什么技艺使我们中的每个人在手的宽度是否大于胳膊的长度的问题上与他自身一致？【d】是测量，对不对？

阿　当然。

苏　它既使城邦之间的意见一致，也使公民之间的意见一致吗？

阿　是的。

苏　它与称重不是一样的吗？

阿　是的。

苏　好吧，你谈论的这种意见一致是什么？它是关于什么的？它提供的是什么技艺？同样的技艺既使城邦意见一致，也使公民意见一致，既使它们对自己意见一致，也使它们对其他城邦意见一致，不是吗？

阿　确实很像是这样的。

苏　【e】那么它是什么？别放弃，请你尽力尝试着告诉我。

阿　我假定，我的意思是，当母亲和父亲对他们热爱的儿子意见一致、一个人与他的兄弟意见一致、一位妇女与她的丈夫意见一致的时候，你会发现某种友谊和一致。

苏　好吧，阿尔基比亚德，当一位丈夫不懂得怎样纺羊毛线，而他妻子懂的时候，他会在纺羊毛的问题上与他的妻子意见一致吗？

阿　当然不会。

苏　他也没有必要懂，因为这是妇女要懂的事情。

阿　你说得对。

苏　【127】当一名妇女没有学过军事的时候，她能在战术问题上与她的丈夫意见一致吗？

阿　当然不能。

苏　我想你会说这是男人要学的东西。

阿　我会的。

苏　所以，按照你的论证，有些事情是女人要学的，有些事情是男人要学的。

阿　当然了。

苏　所以，至少在这些领域，男人和女人没有一致的意见。

阿　没有。

苏　也没有任何友谊，因为友谊就是意见一致。

阿　显然没有。

苏　所以就他们自己的事务而言，男人不爱女人。

阿　【b】好像是不爱。

苏　就她们自己的事务而言，女人也不爱男人。

阿　不爱。

苏　所以，当不同的集团各自做它们自己的工作时，城邦也不能很好地治理。

阿　我认为能，苏格拉底。

苏　你这是什么意思。在这种情况下在城邦里没有友谊，而我们说城邦治理良好时会呈现友谊，而不是另外一种样子。

阿　但我认为每个人都在做他自己的工作的时候相互之间会产生友谊。

苏　【c】你的想法已经改变了。你现在是什么意思？没有一致的意见能有友谊吗？当有些人知道这件事，而其他人不知道的时候，能有一致意见吗？

阿　不可能有。

苏　当每个人都在做他自己的工作时，他是公正的还是不公正的？

阿　当然是公正的。

苏　所以，当公民们在城邦里做公正的事情时，他们之间没有友谊。

阿　我再说一遍，苏格拉底，我认为一定有友谊。

苏　【d】那么你说的"友谊"和"一致"是什么意思，如果我们要做好人，我们必须既聪明，又是一个好的建议者吗？我想象不出它是什么，或者谁能得到它。按照你的论证，似乎有些时候有些人有，有些时候有些人没有。

阿　好吧，苏格拉底，我对众神发誓，我甚至不知道我说的是什么意思。我想我必定长时间处于某种可怕的状态，但自己却不明白。

苏　【e】别灰心。如果你现在已经 50 岁了，那么要进行自我修养就很难了，但你现在正是修养的好时候。

阿　我明白了，苏格拉底，你说我该怎么办？

苏　回答我的问题，阿尔基比亚德。如果你这样做了，那么神——如果我们相信我的征兆——会希望你我处于一种较好的状态。

阿　如果处于较好的状态取决于我的回答，那么我们相信。

苏　【128】那么好，自我修养是什么意思？——我担心，当我们并没有自我修养的时候，我们经常认为自己这样做了。一个人在什么时候进行自我修养？当他在照料他已经拥有的东西时，他在自我修养吗？

阿　我想是的。

苏　真的吗？一个人在什么时候培养或照料他的脚？是在照料属于他的脚的时候吗？

阿　我不明白。

苏　有什么东西你会说它属于一只手的吗？比如说，一枚戒指——它属于一个人的其他任何部位而又属于他的手指吗？

阿　当然不能。

苏　同理，一只鞋不属于其他任何地方，而只属于脚。

阿　是的。

苏　同理，斗篷和被褥属于身体的其他部分。

阿　【b】是的。

苏　所以当我们在料理我们的鞋子时，我们是在照料我们的脚吗？

阿　我真的不明白，苏格拉底。

苏　确实有点难，阿尔基比亚德，你正在谈论如何恰当照料一样事物，不是吗？

阿　是的。

苏　当你说你使某事物变得较好的时候，你说你在恰当地照料它。

阿　是的。

苏　使鞋子变得较好的技艺是什么？

阿　制鞋。

苏　所以制鞋是我们用来料理鞋子的技艺。

阿　【c】是的。

苏　我们也用制鞋来料理我们的脚吗？或者说我们用这种技艺来使我们的脚变得较好？

阿　是后一种情况。

苏　使脚变得较好的技艺与使身体的其他部分变得较好的技艺是同一种技艺吗？

阿　我想是的。

苏　这种技艺不是运动员的吗？

阿　是的，绝对是的。

苏　所以当我们用运动员的技艺料理我们的脚时，我们用制鞋的技艺照料属于我们脚的东西。

阿　确定无疑。

苏　当我们用运动员的技艺照料我们的手时，我们用造戒指的技艺照料属于我们的手的东西。

阿 是的。

苏 当我们用运动员的技艺培养我们的身体时，【d】我们用纺织和其他技艺来照料属于我们身体的东西。

阿 绝对正确。

苏 所以当我们用一种技艺照料一样事物时，我们用另一种技艺照料属于它的东西。

阿 显然如此。

苏 所以当你培养属于你的东西时，你并不是在培养你自己。

阿 根本不是。

苏 培养你自己和料理属于你的东西似乎需要不同的技艺。

阿 显然如此。

苏 那么好，我们用来培养我们自己的技艺是哪一种技艺？

阿 我说不出来。

苏 【e】但是我们对此有过一致的看法，至少——它是一种不能使属于我们的任何东西变得较好，但却能使我们变得较好的技艺。

阿 你说得对。

苏 如果不知道鞋子是什么，我们能知道什么技艺使鞋子变得较好吗？

阿 不能。

苏 如果不知道戒指是什么，我们就不能知道什么技艺使戒指变得较好。

阿 对。

苏 那么好，如果我们不知道我们"是"什么，我们能知道什么技艺使我们变得较好吗？

阿 【129】我们不能。

苏 认识你自己真的是一件容易的事吗？它真的像某些人刻在德尔斐神庙上的铭文那么简洁明了吗？或者说它是困难的，并非对每个人所提的要求？

阿　苏格拉底，我有时候认为任何人都能这样做，有时候认为这样做极为困难。

苏　但是，阿尔基比亚德，无论它是容易的还是困难的，我们都处于这样的境地；如果我们认识了自己，就能知道如何培养自己，如果我们不认识自己，决不可能知道如何培养自己。

阿　我同意。

苏　【b】请你告诉我，我们如何能够发现什么是"自我"，我说的是自我本身？这也许是发现我们自己是什么的方法——也许是唯一可能的方法。

阿　你说得对。

苏　等一下，宙斯啊，你在对谁说话？除了我以外的任何人吗？

阿　不。

苏　我正在和你说话。

阿　是的。

苏　苏格拉底正在谈话，对吗？

阿　肯定是的。

苏　阿尔基比亚德在听吗？

阿　是的。

苏　【c】苏格拉底不是在用话语谈话吗？

阿　当然了。

苏　我假定，你说的谈话和使用话语是一个意思？

阿　当然。

苏　但是被使用的事物和使用该事物的人是不同的，不是吗？

阿　你什么意思？

苏　比如说一名鞋匠，我想他要使用刀子、鞋擦，以及其他工具。

阿　是的。

苏　所以，用这些工具切割的人和他使用的工具是不同的，对吗？

阿　当然不同。

苏　同理，弹琴的人和他弹的琴是不同的。

阿　对。

苏　【d】这正是我刚才的问题：事物的使用者似乎总是与他使用的事物不同，是吗？

阿　似乎如此。

苏　让我们再想一想鞋匠。他只用他的工具切割，还是说他还要用他的手切割？

阿　还要用他的手。

苏　所以他也使用他的手。

阿　是的。

苏　在制鞋过程中，他不是也要使用他的眼睛吗？

阿　是的。

苏　我们不是同意使用事物的人与他使用的事物不同吗？

阿　是的。

苏　所以鞋匠和弹琴者与他们在工作中使用的手和眼睛不同。

阿　【e】似乎如此。

苏　一个人不也要使用他的整个身体吗？

阿　当然了。

苏　我们同意使用者和被使用的事物是不同的。

阿　是的。

苏　所以一个人和他自己的身体不同。

阿　似乎如此。

苏　那么，人“是”什么呢？

阿　我不知道该怎么说。

苏　你应当知道该怎么说——你就说人就是使用这个身体的东西。

阿　是的。

苏　【130】除了灵魂，还有其他什么东西在使用身体吗？

阿　没有了。

苏　灵魂不是在统治身体吗?

阿　是的。

苏　有些事情我想每个人都会同意的。

阿　什么事情?

苏　人是下面这三样事物中的一样。

阿　什么事物?

苏　身体、灵魂,或者二者的结合,这个整体。

阿　当然了。

苏　但是我们同意人是统治身体的那个事物。

阿　【b】是的,我们同意。

苏　身体统治它自身吗?

阿　不能。

苏　因为我们说过它是被统治的。

阿　是的。

苏　所以,它不是我们正在寻找的东西。

阿　不像。

苏　那么好,是二者结合的这个整体在统治身体吗? 这就是人吗?

阿　是的,也许是的。

苏　不,一点也不像。如果二者之一不能参与统治,那么二者的结合也不可能统治。

阿　你说得对。

苏　【c】由于人既不是他的身体,也不是他的身体加灵魂,那么剩下的还有什么呢? 我想,他要么是无,要么是有,人除了是他的灵魂,不是其他任何东西。

阿　没错。

苏　你还需要任何更加清晰的论证来说明人就是灵魂吗?

阿　不，我以宙斯的名义起誓，我想你已经提供了充分的证明。

苏　好吧，如果说我们已经做了很好的证明，那么它虽然还不太严格，但对我们是有用的。【d】而那些被我们忽略的事情需要长时间的学习，等我们发现了它，我们会有严格的证明。

阿　那是什么？

苏　就是我们刚才提到的事情，我们首先应当考虑在某事物本身中的"自身"是什么。实际上，我们已经考虑的是个别事物自身是什么，而不是什么是"自身"。但这对我们来说已经足够了，因为在我们身上肯定没有任何事物比灵魂更有权威，你同意吗？

阿　我当然同意。

苏　所以，你和我谈话，正确看待这件事情的方式是一个灵魂使用语词对另一个灵魂讲话。

阿　【e】非常正确。

苏　这正是我们前不久说的——苏与阿尔基比亚德交谈，不是对着他的脸说这些语词，而是对着他的灵魂说这些语词。

阿　现在我明白了。

苏　所以，我们应当认识我们自己，这条戒命的意思是：我们应当认识我们的灵魂。

阿　【131】似乎如此。

苏　有些人懂得和他身体有关的事情，他知道属于他的东西，但不知道他自己。

阿　你说得对。

苏　所以医生不认识他自己，就他是一名医生而言，教练也不认识他自己，就他是一名教练而言。

阿　好像不认识。

苏　所以农夫和商人更加不认识他们自己。他们甚至不认识属于他们的东西；【b】他们的技艺所涉及的东西更加远离属于他们的东西。他们只知道属于身体的东西和如何照料它。

阿　你说得对。

苏　如果说自制就是认识你自己，那么他们的技艺不会使他们自制。

阿　不会。

苏　由于这个原因，我们认为这些技艺是低下的，不适合一名绅士去学习。

阿　你说得很对。

苏　再说，如果某人照料他的身体，那么他是在照料某些属于他的东西，而不是在照料他本身，是吗？

阿　好像是的。

苏　某些照料他的财富的人，既不是在照料他自身，【c】又不是在照料属于他的东西，而是在照料某些离得更远的东西，是吗？

阿　我同意。

苏　所以挣钱者实际上不是在做他自己的工作。

阿　对。

苏　如果有人爱阿尔基比亚德的身体，那么他不是在爱阿尔基比亚德，而只是在爱属于阿尔基比亚德的某些东西。

阿　你说得对。

苏　但有些爱你的人会爱你的灵魂。

阿　根据我们的论证，我想他们必须爱我的灵魂。

苏　当你的美貌不复存在时，那些爱你身体的人会离开你吗？

阿　显然会。

苏　【d】而只要你还在进步，那些爱你灵魂的人就不会离开你。

阿　这样说可能是对的。

苏　好吧，我是不会离开你的人之一——我会和你在一起，哪怕你的身体已经不再俊美，其他人都已经离开你。

阿　我很高兴你能和我在一起，我希望你绝对不要离开我。

苏　那么你必须尽可能有吸引力。

阿　我会努力这样做的。

苏　【e】所以，这就是你的处境：阿尔基比亚德、克利尼亚之子，你没有爱人，而且决不会再有，只有一个人除外，他就是你亲爱的苏格拉底，索佛隆尼司库和斐那瑞特①之子。

阿　对。

苏　还记得我刚开始时跟你说的话吗？你说你正好要说什么事；你想要问我，为什么我是唯一不放弃你的人。

阿　对。

苏　好吧，这就是原因：我是唯一爱你的人——而其他人只是爱你拥有的东西。【132】你拥有的东西当前正处于全盛期，因为你刚刚开始成熟。我决不会放弃你，除非雅典人使你腐败和丑陋。我最大的担心是普通人对你的爱可能会腐蚀你，许多雅典绅士已经遭受这种命运。"心高志大的厄瑞克透斯"②从外表看起来很吸引人，但你需要仔细观察他们的内里，以便提高警惕，所以你要接受我的敦促。

阿　我要警惕什么？

苏　【b】我亲爱的朋友，你首先要接受训练，学习介入政治之前需要知道的事情。这样做会给你提供一剂解毒药，防止那些可怕的危险。

阿　我想你是对的，苏格拉底。然而，请你试着解释一下我们到底应当如何培养自己。

苏　好吧，不管怎么说我们还是向前迈进了一步——我们已经就我们是什么有了一致的看法；我们担心自己可能会犯错误，无意中培养了其他一些东西，而不是培养我们自己。

阿　你说得对。

---

①　斐那瑞特（Φαιναρέτη），人名。

②　厄瑞克透斯（Ἐρεχθέως），人名。这句话是希腊人用来贬低人的一个成语。参见荷马：《伊利亚特》2：547。

苏　【c】下一步就是我们必须培养我们的灵魂，要照料它。

阿　显然如此。

苏　让其他人去照料我们的身体和我们的财产。

阿　没错。

苏　那么我们怎么才能得到有关我们灵魂的最清晰的知识呢？如果我们知道这一点，我们也许能知道我们自己。我以众神的名义起誓——我们刚才提到可敬的德尔斐神庙的铭文——我们不是懂得它的意思吗？

阿　重提这一点有什么意义，苏格拉底？

苏　【d】我要告诉你我怎样理解这句铭文的意思，它向我们提出了什么样的建议。除了视力以外，其他能说明它的例子不多。

阿　你这样说是什么意思？

苏　你也要动脑筋想一想。如果这句铭文把我们的眼睛当做人，并且向他们提建议，"看你自己"，我们会怎样理解这样的建议？眼睛会看着某个东西，并且在这个东西中能看见它自己吗？

阿　当然能。

苏　那么让我们想一想，什么东西能让我们在看到它的时候，既能看到它又能看到我们自己。

阿　【e】苏格拉底，你显然是在讲镜子或镜子一类的东西。

苏　你说得很对。有某个东西像我们的眼睛一样能使我们看到自己吗？

阿　肯定有。

苏　【133】我敢断定你已经注意到，当一个人看着一只眼睛的时候，他的脸也在眼睛中显现，就像看着一面镜子。我们称它为"瞳孔"，因为它是看着它的这个人的小模型。

阿　你说得对。

苏　那么当一只眼睛看着另一只眼睛，看着它的最优秀的部分，眼睛凭着这个部分才能看东西，这种时候，眼睛能看见它自身。

阿　好像是这样的。

苏 但若眼睛看着人身上的其他东西，或者看其他任何东西，除非这个东西与眼睛相同，否则眼睛不能看见它本身。

阿 【b】你说得对。

苏 所以，如果一只眼睛要看它自身，它必须看一只眼睛，在这个区域中眼睛的良好活动真的发生了，我假定这就是看见。

阿 你说得对。

苏 那么，阿尔基比亚德，如果灵魂要认识它自己，它必须看着灵魂，尤其是看那个能使灵魂良好地产生智慧的区域，看其他与灵魂相同的东西。

阿 我同意你的看法，苏格拉底。

苏 【c】关于灵魂，我们能说还有其他地方比发生认识和理解的这个地方更神圣吗？

阿 不，我们不能。

苏 那么在灵魂中的这个区域与神圣的东西相似，人看着它，掌握神圣的一切——形象和理解——也能最好地掌握他本身。

阿 似乎如此。

苏 但是我们同意，认识你自己和自制是相同的。

阿 对。

苏 所以，如果我们不认识自己，不自制，我们能够知道哪些属于我们的东西是好的，哪些属于我们的东西是坏的吗？

阿 我们怎么可能知道呢，苏格拉底？

苏 【d】是不能。我假定在你看来，要是不认识阿尔基比亚德，要你认识属于阿尔基比亚德的东西是属于阿尔基比亚德的似乎是不可能的。

阿 我敢断定，不可能。

苏 同理，不认识自己，我们就不能知道属于我们的东西是属于我们的。

阿 我们怎么可能知道呢？

苏 如果我们连属于我们的东西都不知道，我们怎么可能知道属于我们的附属物的东西？

阿　不可能。

苏　那么，就像我们刚才同意的那样，有些人认识属于他们的东西，【e】但不认识他们自己，有些人认识属于他们的附属物的东西。要认识所有这些东西，他本身、他的附属物、他的附属物的附属物，似乎是人的工作和一种技艺。

阿　似乎如此。

苏　由此可以推论，不认识他自己的附属物的人可能也不认识其他人的附属物。

阿　没错。

苏　如果不认识其他人的附属物，他也不认识属于这座城市的东西。

阿　不可能。

苏　所以这样的人不能成为一名政治家。

阿　当然不能。

苏　他甚至也不能管理一个家庭的财产。

阿　当然不能。

苏　【134】他确实也不知道自己在做什么。

阿　肯定不知道。

苏　如果不知道自己在做什么，那么他也会犯错误，不是吗？

阿　是的。

苏　如果他犯了错误，那么在公共和私人事务中他对自己的导引很差，是吗？

阿　当然是。

苏　由于他对自己的导引很差，那么他难道不会失败吗？

阿　绝对会。

苏　他为之工作的那些人会怎么样？

阿　他们也会失败。

苏　那么，除非能够自制和善良，否则任何人都不可能成功。

阿　【b】不可能。

苏　所以，那些失败者是坏人。

阿　绝对如此。

苏　所以，避免失败的方式不是发财致富，而是自我节制。

阿　显然如此。

苏　所以，阿尔基比亚德，如果想要繁荣，城邦不能没有美德，城邦需要的不是城墙、战船、船坞，无论数量多少。

阿　确实如此。

苏　如果你要恰当而又良好地管理城邦的事务，【c】你必须把美德灌输给公民。

阿　当然了。

苏　你有可能把你还没有获得的东西灌输给别人吗？

阿　这怎么可能呢？

苏　那么，你或其他将要担任统治者的人，或者其他受托人，首先要获得美德，这不仅与他本人和他的私人事务有关，而且与城邦和城邦的事务有关。

阿　你说得对。

苏　所以，你要为你自己和城邦获得的东西不是政治权力，也不是做你喜欢做的事情的权威；你需要的是正义和自制。

阿　显然如此。①

苏　【d】如果你和你的城邦行事公正和自制，你和城邦的行为就会令神喜悦。

阿　似乎如此。

苏　如我前述，你也会在行动中趋向神圣与光明。

---

① 有学者认为，134d1—e7 是希腊晚期新柏拉图主义者添加的。

阿　显然如此。

苏　当然了，如果你记住这一点，那么你会明白我理解你本身和你本身的善。

阿　是的。

苏　你的行为将是恰当的，良好的。

阿　是的。

苏　如果你这样行事，那么我可以保证，你会取得成功。

阿　我相信你的保证。

苏　但若你行事不公，你的眼睛盯着黑暗的东西，不敬神，那么你的行为也是黑暗的，不敬神的，这种事很有可能发生，因为你不认识你自己。

阿　有可能。

苏　【e】我亲爱的阿尔基比亚德，当一个人或一个城邦没有理智，却又任意枉为，你认为会有什么样的结果？举例来说，如果一个人病了，【135】但有力量做他喜欢做的任何事情——他没有任何医学上的见识，只有每个人都会加以批判的独裁者的权力——那么会发生什么事？他的健康难道不会遭到毁灭吗？

阿　你说得对。

苏　在一条船上，如果有人随心所欲地做自己喜欢的事，但却完全缺乏航海的见识和技艺，你看不出这对他和他的同伴水手会发生什么事吗？

阿　我能看出来，他们都会死。

苏　【b】同理，如果一个城邦，或者任何统治者、管理者缺乏美德，那么结果就会产生恶的行为。

阿　必定如此。

苏　那么好，我的好阿尔基比亚德，如果你想要更加成功，你需要为你自己或城邦获得的东西不是最高权力，而是美德。

阿　你说得对。

苏　但在一个人获得美德之前，他最好被某个比他优秀的人统治，而不是去统治；这一条可以适用于男人，也适用于孩子。

阿　似乎如此。

苏　更好不也就是更加可敬吗？

阿　是的。

苏　【c】更加可敬不也就是更加恰当吗？

阿　当然。

苏　邪恶对奴隶来说是恰当的。

阿　显然如此。

苏　美德对自由人来说是恰当的。

阿　是的。

苏　好吧，我的朋友，我们不是应当避免一切对奴隶来说恰当的东西吗？

阿　是的，我们要尽可能这样做，苏格拉底。

苏　你能看到你现在的处境吗？这对一个自由人来说是恰当的还是不恰当的？

阿　我想我看得太清楚了。

苏　那么你知道如何避免你当前的状况吗？——让我们不要用那个名字来称呼一位英俊的年轻人。

阿　【d】我知道。

苏　如何避免？

阿　这要由你来决定，苏格拉底。

苏　这样说不太好，阿尔基比亚德。

阿　那么我该怎么说？

苏　这要由神来决定。

阿　好吧，我就这么说。我还要说：我们的角色可能会改变，苏格拉底。我会扮演你的角色，而你会扮演我的角色，从今以后我决不会忽视你，而你会一直把我当做你的随从。

苏 【e】那么，我卓越的朋友，我对你的爱会像一只鹳，在你那里孵出爱的结晶以后，就会受到关心和回报。

阿 是的，你说得对。我会马上开始在我身上培养公正。

苏 我相信你会坚持不懈的，但是我担心——不是因为我不相信你的本性，而是因为我知道城邦有多么强大——我担心它会战胜我和你。

阿尔基比亚德下篇

提　要

　　本篇与上篇标题相同，作者在写作时采用了上篇的一些部分（141a—b约等于105a—c; 145b—c约等于107d—108a）。根据本篇的文风、它对上篇的明显模仿、篇中出现了斯多亚学派的观点，学者们认为它不是柏拉图的作品，可能写于公元前3世纪斯多亚学派刚出现的时候。也有学者认为上篇与下篇的写作可能有一个共同的来源，但这种假设无法确证。公元1世纪的塞拉绪罗在编定柏拉图作品篇目时，将本篇列为第四组四联剧的第二篇，称其性质是"助产术的"，称其主题是"论祈祷"。[①] 谈话篇幅不长，译成中文约0.9万字。

　　阿尔基比亚德打算去祈祷，苏格拉底告诉他，向众神祈求，众神有时会同意我们的要求，但不会同意我们的全部要求，众神对有些人说是，对有些人说不。因此一个人应当注意不要向众神祈求对他有害的东西。阿尔基比亚德认为，向众神祈求有害的东西的人是疯子，心智正常的人不会这样做。（138a—140d）在这里，把人区分为疯子和心智正常的人实际上是后来斯多亚学派的观点。苏格拉底指出：不应当把缺乏明智的判断等同于精神错乱，祈求有害的东西的根源是人的无知。

---

　　① 参见第欧根尼·拉尔修：《名哲言行录》3∶59。

苏格拉底进一步指出，灵魂或城邦要想走上正道，必须拥抱这种有关"什么是最好的东西"的知识。没有这种真正的知识，幸运使我们获得的财富、健康、力量越多，这些事物必然导致的错误越大。（147a）拉栖代蒙人在公共的和私人的祈祷中首先祈求众神赐给他们好的事物，然后祈求众神赐给他们高尚的事物，此外没有更多的祈求，而祈求者能得到什么，要由众神来掌握。（148d）有着健全心灵的众神和凡人更像是拥有正义和智慧；没有人是聪明的和正义的，除了那些懂得如何对众神和凡人行事和讲话的人。（150b）最后，阿尔基比亚德表示要推迟祈祷，直到学会如何正确祈祷。苏格拉底愿意教他区别善恶的办法，但说自己需要首先驱除笼罩在阿尔基比亚德灵魂上的雾气。为了表示感谢，阿尔基比亚德向苏格拉底许诺给他戴花冠。（151b）

正　文

谈话人：苏格拉底、阿尔基比亚德

苏　【138】噢，阿尔基比亚德，你要去祈祷吗？

阿　确实是的，苏格拉底。

苏　你看上去神情沮丧，心事重重。

阿　什么事能让我心事重重，苏格拉底？

苏　【b】在我看来是一切问题中最严肃的问题。我以神的名义起誓，请你把你的想法告诉我。在公共和私人祈祷中，我们向众神提出祈求；它们有时会同意某些要求，但不会同意全部要求，它们对有些人说是，对有些人说不，是这样吗？

阿　它们确实如此。

苏　由于担心自己会在完全没有意识到的情况下祈求巨大的恶，却又以为自己是在祈求巨大的善，所以你会赞成必须小心谨慎，不是吗？我们假定众神脾气很好，会赐予人们索要的一切；【c】正如俄狄甫斯①脱口而出的祈祷，请求众神让他的儿子们拿起武器来解决他们的遗产继承问题。而他本来可以祈求众神让他摆脱重病，而无须添加别的祈求！结果，他提出的请求得到了满足，带来许多可怕的后果，在此我不需要列举。

阿 你在谈论一个疯子，苏格拉底。你认为有哪个心智健全的人会这样祈祷吗？

苏 你把疯狂视为智慧的对立面？

阿 是的，确实如此。

苏 【d】你认为有些人是聪明的，有些人是愚蠢的，是吗？

阿 好像是这样的。

苏 好吧，让我们来看这是怎么一回事。我们已经同意有些是人愚蠢的，有些人是聪明的，还有一些人是疯子。

阿 同意。

苏 有些人是健康的吗？

阿 是的。

苏 有些人是有病的吗？

阿 【139】确实。

苏 他们不是同一批人？

阿 当然不是。

苏 会有人既不是这样，又不是那样吗？

阿 不会。

苏 因为一个人要么是有病的，要么是没病的，对吗？

阿 这就是我的想法。

苏 那么好，你对智慧和愚蠢也这么看吗？

---

① 俄狄甫斯（Οἰδίπους），希腊神话人物，底比斯国王。对话中苏格拉底提到一首荷马风格的史诗，讲述不幸的俄狄甫斯和他的家庭痛苦。俄狄甫斯的祈求得到满足，他的儿子们相互残杀。

阿　你什么意思？

苏　你认为一个人要么是聪明的，要么是愚蠢的，这是唯一的可能，【b】或者说你认为还有介于二者之间的第三种状态，既不聪明，也不愚蠢？

阿　不，不会有。

苏　所以你要么是这样，要么是那样？

阿　我相信是这样的。

苏　你还记得你同意疯狂是智慧的对立面吗？

阿　是的，我记得。

苏　一个人既不聪明又不愚蠢的第三种状态不存在吗？

阿　不存在。

苏　一样事物能有两个不同的对立面吗？

阿　不能。

苏　【c】所以看上去愚蠢和疯狂是同一样事物。

阿　是的。

苏　所以一切愚蠢的人都是疯狂的，这样说正确吗？——不仅包括与你同时代的这些人，他们中有某些人肯定是愚蠢的，而且包括老一辈人。我以神的名义发誓，请你告诉我，你认为在我们的城邦里聪明人是少数，而大部分人是愚蠢的，或者如你会说的那样，大部分人是疯狂的，不是吗？

阿　我是这样认为的。

苏　【d】你认为在一个有着那么多疯子的城邦里我们能舒服地生活吗？我们不会早就遭遇这样的命运，被疯子拳打脚踢和戏弄吗？事情不就像这个样子，不是吗？

阿　不，根本不是；我好像没有把问题搞清楚。

苏　我也这样认为。让我们试着换一个方式。

阿　你指什么方式？

苏　我会告诉你的。我们假定有些是病人，不是吗？

阿　是的，确实是的。

苏　【e】你认为任何病人必定患有痛风、发烧、眼疾吗？或者说一个人能以其他某些方式生病而没有这些疾病吗？除了这些疾病，肯定还有其他许多疾病，不是吗？

阿　确实是的。

苏　你认为眼疾总是一种疾病，不是吗？

阿　是的。

苏　但疾病总是眼疾吗？

阿　不是，但我不太肯定。

苏　【140】如果你注意听我说，那么我们可以有所发现；因为两个脑袋总比一个脑袋强。

阿　我已经非常注意了，苏格拉底。

苏　好吧，我们同意眼疾总是一种疾病，但并非每一种疾病都是眼疾，不是吗？

阿　是的。

苏　那么好。任何人发烧都是生病，【b】但并非每个人生病都发烧——我想对痛风和眼疾也一样。它们都是疾病，但用医生的话来说，它们呈现相当不同的症状。它们完全不一样，它们也不会产生同样的结果；它们各自按其本性发挥作用，但无论如何它们都是疾病。同理，我们也把某些人划分为工匠，不是吗？

阿　当然了。

苏　有鞋匠、木匠、雕刻匠，还有其他一些匠人我们不需要一一列举。【c】他们都有自己的一份工作，他们全都是匠人；但他们并非全都是木匠、鞋匠、雕刻匠，尽管他们全都是匠人。

阿　他们不是。

苏　那么好，以同样的方式，人各自拥有一份愚蠢；那些拥有最大份额的人我们称之为疯子，那些拥有较小份额的人我们称之为傻子或笨蛋。【d】

说话婉转一些的人说他们自大、单纯，或者说他们天真、幼稚、木然；如果花力气去寻找，你会找到许多其他名称。但所有这些都是愚蠢，它们之间的差别就像不同的工作和不同的疾病之间的差别。这样说对吗？

阿　绝对正确。

苏　那么，让我们回过头来说。在我们讨论一开始，我们想要发现什么人是聪明的，什么人是愚蠢的，因为我们同意有些人是这样的，有些人是那样的。

阿　我们确实同意。

苏　【e】你认为聪明人就是那些知道应当做什么和说什么的人，是吗？

阿　是的。

苏　谁是愚蠢的？是那些不知道这些事情的人吗？

阿　是的。

苏　还有哪些既不知道他们一定不能说和一定不能做什么，又不知道他们正在说和正在做什么的人吗？

阿　似乎如此。

苏　【141】我要说，俄狄甫斯就是这样的人。在我们这个时代，你会发现这样的人很多——但不像俄狄甫斯那么狂怒——明明是在祈求对他们来说坏的事物，但却相信它们是好的。俄狄甫斯没有这样想，也没有这样祈求，但其他人的情况很不相同。假定你要对之祈祷的神向你显身，在你开始祈祷之前问你是否乐意成为雅典城邦唯一的统治者——或者说，【b】如果这样还显得吝啬和微不足道，那么神把整个希腊也让你统治——或者说如果神看到你认为这也无足轻重，除非整个欧罗巴也归你统治，于是神就把一切都许诺给你，同时要为克利尼亚之子阿尔基比亚德统治全人类向你表示感谢。如果这种事发生了，我想，你会非常高兴地回家，认为自己已经拥有了最大的善。

阿　苏格拉底，我在想，如果神对其他人许下这样的诺言，他们也会高兴的。

苏 【c】但是，你要用你自己的生命来交换疆域，以及你对全体希腊人和野蛮人的唯一统治。

阿 我不这样想，因为他们对我没有用。

苏 但假定你会使用他们，你对他们的使用会是坏的和有害的吗？你还需要他们吗？

阿 不。

苏 所以你瞧，不清楚想要得到什么馈赠就接受是不安全的，【d】也不能祈求将要伤害一个人或完全夺走一个人的生命的东西。我们可以说出许多人的名字，他们一心一意想要获得唯一的统治权，他们努力想要达到这个目标，以之为巨大的善，结果反而被针对他们统治的阴谋夺走生命。我想你并非不明白最近几天发生的事：马其顿的阿凯劳斯①爱一个男人，这个男人对阿凯劳斯的王位的爱大于阿凯劳斯对他的爱，这个男人杀了阿凯劳斯，【e】自己当了国王，成了一个幸福的人。但他只统治了三四天，因为他马上又成为一场阴谋的牺牲品，被人杀死。

在我们自己的公民中也一样——我们不仅听说，而且亲眼所见——【142】我们看到某些人想要统率军队，他们得到了想要的东西，但遭到流放，或者彻底葬送性命。甚至连那些似乎统治得很好的人也生活在危险和恐惧之中；不仅在他们举行的战役中，而且在回家的时候也被告密者紧紧包围，就像被他们的敌人包围，所以他们中有些人希望上苍能让他们能过普通公民的生活，【b】而不是当一名将军。当然了，如果这些危险和负担会带来利益，那么自当别论，但事实上结果经常是相反的。

在孩子的问题上你会发现相同的情况：某些人祈求有孩子，而等他们有了孩子以后，孩子给他们带来了巨大的灾难和悲伤。有些人的孩子非常坏，【c】使他们的整个生活成为一场苦难；有些人的孩子很好，但他们在某些灾难中失去孩子，他们最终的痛苦不亚于其他人，所以他们宁愿自己从来

---

① 阿凯劳斯（Αρχέλαος），人名。

没有孩子。

然而，虽然有这些极为相似的可怕的例子，但你很难发现有谁会拒绝馈赠，或者有谁不祈求自己的愿望得到满足。大部分人如果有机会成为一名统治者或将军，【d】或者有机会得到其他任何将会带来的坏处大于好处的东西，会毫不犹豫地抓住机会；他们甚至会在得到提供之前祈求得到这样的东西。然而，过了没多久，他们就会改变腔调，祈求能够放弃他们前面的祈求。

所以我对此感到困惑，因为人不能"凭着自己的假设"，把他们自己的疾病错误地——或者应当说愚蠢地——"归咎于天神"，从而"超越命限遭不幸。"①【e】有一位诗人为他所有的朋友创作了一段祈祷词，大意如下：【143】"大王宙斯，无论我们是否祈祷，请把对我们好的东西赐予我们，无论我们如何努力祈祷，请不要把对我们坏的东西赐予我们。"他确实像个聪明人，我料想他要为他的那些愚蠢的朋友祈求一些较好的东西，而无论他们想要什么。这就是他要加以推荐的，在我看来他说得很好；如果你对他的说法有什么反对意见，请你说出来。

阿　苏格拉底，要反对已经说得很好的意见是很难的。我观察到的一件事情是：无知是许多人邪恶的根源，【b】无知会欺骗我们——更加糟糕的是——去祈求最大的恶。然而，没有人会这样想自己；我们每个人都认为自己不会去祈求最坏的东西，而会祈求最好的东西。因为这样的祈祷真的更像是诅咒，而不是祈祷。

苏　说得好！但某些比你我更聪明的人会说我们用这样一般的术语责备无知是错误的，【c】应当具体说明什么是无知。确实，正像对某些人来说无知是一种恶，而对另外一些人来说，在某些境况下，无知是一种善。

阿　你这是什么意思？对人来说，有什么东西对它的无知比对它有知更好，无论这些人处于何种境况？

苏　我认为有，你呢？

---

① 荷马：《奥德赛》1：32—34。

阿　不，我不这样认为；你的生活也不是这样。

苏　我当然不是在断定你曾经想要犯下反对你母亲的罪行，【d】就像俄瑞斯忒斯[①] 和阿克迈翁[②] 这些人，是吗？

阿　天哪，饶了我吧，苏！

苏　你要向他讨饶的不是说你不曾想要犯下这种罪行的人，而是与自己自相矛盾的人；因为这种行为在你看来如此可怕，哪怕是举例子提到，你也不喜欢听。但你认为，如果俄瑞斯忒斯有健全的心灵，知道做什么对他是最好的，那么他还敢犯下这样的罪行吗？

阿　不，我不这样认为。

苏　【e】我也不这样认为，还有别的人会这样想吗？

阿　肯定没有。

苏　然而，对最好的事物无知，不知道什么是最好的，这似乎是一件坏事。

阿　似乎如此。

苏　不仅对这个人本身，而且也对其他任何人，是吗？

阿　我同意。

苏　让我们考虑下一个观点。假定你心中产生了这样一个想法，杀死你的朋友和老师伯里克利是一件好事，你拿起匕首去他家杀他，【144】你问看门人他是否在家，而看门人说他在家。我的意思不是说你希望做这样的事，而只是假定你认为最坏的事情就是最好的事情——这种想法可以在任何时候发生在不知道什么是真正的最好的事情的人心里——或者你不这样认为？

阿　绝对如此。

苏　【b】那么好，如果你进到里面，见到伯里克利，但是没有认出他来，

─────────────

① 俄瑞斯忒斯（Ὀρέστης），阿伽门农和克吕泰涅斯特拉之子。阿伽门农被克吕泰涅斯特拉及其奸夫谋杀。他长大后杀死母亲及其奸夫为父亲报仇。

② 阿克迈翁（Ἀλκμαίων），安菲阿拉俄斯和厄里费勒之子。率众攻打底比斯，获胜回来后杀母为父报仇。

以为他是另外一个人，那么你还会继续杀他吗？

阿　以神的名义起誓，我不会。

苏　你的意图肯定不是杀死你遇到的任何人，而只是某个具体的人。对吗？

阿　对。

苏　如果尝试了几次，你总是认不出伯里克利，这个时候你不会下手。

阿　肯定不会。

苏　那么好，你认为如果俄瑞斯忒斯认不出他的母亲，会对她下手吗？

阿　【c】我不这样想。

苏　我假定他也没有杀死他遇到的第一位妇女或者任何人的母亲的意图，而只想杀死他自己的母亲。

阿　你说得对。

苏　所以对处于这种状态，有这种意图的人来说，有些事情他们还是不知道为好。

阿　好像是这样的。

苏　所以你瞧，对某些处于某种状态的人来说，对某些事情不知道比知道要好。

阿　似乎如此。

苏　【d】你现在要仔细看从中可以推出什么结论来，你会有惊喜。

阿　什么惊喜，苏格拉底？

苏　我指的是，一般说来，有些人似乎不知道什么是最好的事物，拥有其他技艺对他们的帮助也很小，而在多数情况下则会给技艺的拥有者带来伤害。请你按照下面这种方式思考。要说某事或做某事的时候，我们必须先知道这些事情，【e】或者至少相信我们知道急于要说的和要做的是什么，是吗？

阿　我相信是这样的。

苏　比如，演说家必须知道或者至少认为自己知道如何就各种问题向我们提建议——无论是战争与和平，或是建造城墙，或是海港的设备。【145】总的说来，依照演说家的建议，城邦处理一切对外事务和内部事务。

阿　事情是这样的。

苏　那么我们来看从中可以推出什么结论。

阿　要是我能看到的话。

苏　你说有些人是聪明的，有些人是愚蠢的，是吗？

阿　是的。

苏　你说大部分人是愚蠢的，少数人是聪明的，是吗？

阿　确实如此。

苏　在各种情况下你使用的是一个标准吗？

阿　是的。

苏　【b】那么好，你说知道如何提建议的人是聪明的，但你不会把提出最好建议的人或者在最佳时机提供建议的人称做聪明的，是吗？

阿　肯定不是。

苏　我想，你也不会把一个知道如何发动战争，而不知道何时发动战争最好、战争最好要进行多久的人称做聪明的，是吗？这样说对吗？

阿　对。

苏　你也不会把一个知道如何杀人、偷窃、放逐人，而不知道何时这样做最好、最好对哪些人采取这样的行动的人称做聪明的，是吗？

阿　是的。

苏　【c】所以我们需要的人不仅要知道这些事情，而且也要知道什么是最好的——这无疑也就是有用的知识。

阿　是的。

苏　这就是我们称之为聪明的人，一个可靠的顾问，既为他自己，又为城邦。而某些不这样的人，我们会用聪明的对立面来称呼他。你怎么看？

阿　我同意你的意见。

苏　现在假定我们有一个知道如何骑马、射箭、拳击、摔跤的人，【d】

或者参加其他体育竞赛，展示其他技艺的人。知道如何练习某些具体的技艺才是最好的，你把这种人称做什么？如果我们讲的是骑术，我想你会称他为好骑手。

阿　我会。

苏　如果我们讲的是拳击，你会称他为好拳手，如果是吹笛子，你会称他为好笛手，其他情况亦同。或者说你有不同意见？

阿　不，我没有不同意见。

苏　你现在认为知道这些事情足以使一个人成为聪明的，【e】或者还需要更多条件？

阿　需要更多条件，我发誓。

苏　假定有这样一种状况，有好的弓箭手和笛手，有好的运动员和工匠，我们正在谈论的这种人也在其中，他们只知道如何开战，如何杀人，还有知道如何谈论政治的优秀演说家，但他们没有一个人知道什么是最好的，【146】没有一个人知道什么时候练习他们的技艺是最好的，或者对谁使用他们的技艺是最好的——你认为这会是一种什么样的状况？

阿　一种可悲的状况，苏格拉底。

苏　我肯定，如果你看到他们全部都在为了荣誉而相互竞争，"每个人在政治事务中都抢先显示他自己的卓越"①。——我指的是，按照他自己的技艺来确定什么是最好的——而关于什么才对城邦和他自己最好则可能犯错，因为他没有使用他的理智，而只看表面。【b】如果是这种情况，我们把它描述成纠纷的温床和无法无天难道不对吗？

阿　我们确实可以这样说。

苏　我们不是认为，在要说什么或做什么的时候，你首先必须知道，或者至少认为你知道要做什么或说什么吗？

阿　我们是这样认为的。

---

① 欧里庇德斯：《安提俄珀》残篇，第 183 节。

苏　所以，如果有人做了他知道的或者他认为自己知道的事情，【c】还有其他有用的知识，我们会判断这对城邦和他本人来说都是一项恩惠？

阿　绝对如此。

苏　但若他做了与此相反的事情，那么对城邦和他本人都没有好处。

阿　没有。

苏　那么好，你现在仍旧这样想，或者已经改变了主意？

阿　我仍旧这样想。

苏　你说你把大多数人称做愚蠢的，只有少数人是聪明的，是吗？

阿　是的。

苏　所以，再重复一下，大多数人不知道什么是最好的，因为他们不用他们的理智，而是只看表面。

阿　【d】是的。

苏　所以对大多数人来说，如果他们匆忙去做他们知道或者以为自己知道的事情，而这些事情将会给他们自己带来的损害大于好处，那么既不知道也不认为自己知道这些事情对他们来说是有益的。

阿　你说得很对。

苏　你瞧，我好像说得很对，我说知道或者以为自己知道看上去就像其他技艺，【e】如果不与有关什么是最好的东西的知识相结合，那么对它们的拥有经常是有害的。

阿　我原来没这么想，但我现在知道了，苏格拉底。

苏　所以，如果一个灵魂或城邦的生命要想走上正道，必须满怀信任地拥抱这种有关什么是最好的东西的知识，就好像病人对他的医生，或者航海者对他的好舵手。没有这一条，【147】幸运使我们获得的财富、健康、力量或其他东西越多，这些事物必然导致的错误越大。有些人可能获得许多技艺，堪称知识渊博，但若被一种技艺或另一种技艺引导，而缺乏这种真正的知识，那么如他所应得的那样，【b】他会碰上非常糟糕的天气，"只身处在茫茫大海之中，没有舵手，而他也活不了多久"。有句诗对他的情况很适用，诗人抱怨某人说，"他所知甚多，但都是错的"。

阿　苏格拉底，这句诗和我们说的事情有什么关系？好像一点儿也不搭界。

苏　很有关系，但是你说得对，他说得很隐晦，【c】就像一名诗人。所有诗歌，就其本性而言都是隐晦的，不是每个人都能懂的；然而，如果诗人可悲地想要尽可能隐藏而不是展示他的智慧，那么要看懂它们的意思极为困难。你认为最神圣、最聪明的诗人荷马【d】——他说马吉特斯①所知甚多，但都是错的——知道不可能认识一件错事。我想他是在说谜语；他的意思是，"错"是一个形容词，而不是副词；他的意思是"去知道"而不是"已经知道"。所以，如果我们忘掉原先的诗歌格律，我们可以综合他的意思：他所知甚多，但对他来说这些事情都是错的。很清楚，要是他知道许多错事，那么要是我们相信我们前面的论证，他必定是个坏人。

阿　【e】我同意，苏格拉底；如果我们不能相信这些论证，我真的不知道我们还能相信什么。

苏　你这样想就对了。

阿　但也许我还会有其他想法。

苏　哦，天哪！你瞧，我们陷入了多么可怕的泥潭，一部分是由于你的过错；因为你不停地改变立场。你刚刚相信了某件事情，但马上又放弃，改变主意。【148】好吧，如果你正要接近的神在你开始祈祷之前向你显现，问你是否乐意得到我们早些时候谈论的某种东西，或者问是否应当由你来任意挑，那么你认为怎样做更好：接受神的提供还是由你自己来祈祷。

阿　我以众神的名义起誓，苏格拉底，回答这个问题我必须花很多时间；【b】马上做出反应是愚蠢的。你必须小心谨慎地弄清楚自己真的不是在祈求坏的东西，而自己却不明白，反而相信它是好的，而稍后如你刚才所说，在没有改变你的腔调之前收回你的所有祈祷。

---

①　马吉特斯（Μαργίτης），人名。

苏 我在讨论开始的时候提到的这位诗人告诉我们，应当祈求恶以外的事物，他比我们聪明，不是吗？

阿 我猜是的。

苏 基于对这位诗人的敬佩，或是由于他们自己的发现，【c】拉栖代蒙人在公共的和私人的祈祷中采用同样的办法。他们首先祈求众神赐给他们好的事物，然后祈求众神赐给他们高尚的事物；无人曾经听到过他们有更多的祈求。尽管如此，他们迄今为止并没有比其他民族更加不幸；即使他们没有能够始终如一地享有好运，【d】但这并不是因为他们的祈祷。赐予我们所祈求的东西，还是赐予我们与我们的祈求相反的东西，要由众神来掌握。

我想告诉你另外一个故事，是从我的某些长者那里听来的。雅典人和拉栖代蒙人之间发生过一场争执，双方开战，无论在陆上还是在海上，我们的城邦总是遭受挫败，从来没有打过胜仗。雅典人耿耿于怀，【e】想尽一切办法摆脱困境。讨论以后，他们决定派代表团去向阿蒙①神求教，尤其要问众神为什么把胜利赐给拉栖代蒙人，而不赐给他们。他们说："我们比其他希腊人奉献更多更好的牺牲，我们神庙装饰得比其他希腊人更美，【149】我们每年为众神组织最庄严、最豪华的游行，我们在这方面花费比其他所有希腊人花的钱加在一起还要多。但是拉栖代蒙人从来没有做过这方面的努力，他们对众神非常吝啬，通常只奉献有缺陷的牺牲，他们的供品的质量不如我们，尽管他们并不比我们穷。"说完这些话，他们还问该怎么办才能摆脱当前碰上的邪恶。【b】无疑是受神的指派，先知喊他们过来，简单地对他们说："阿蒙神告知雅典人：我喜欢拉科尼亚人的简洁话语，胜过希腊人的所有献祭。"这就是他的全部讲话，一个词也不会再多。【c】所谓"简洁话语"，我想神的意思是指拉科尼亚人的祈祷，因为他们的祈祷与其他人的祈祷很不相同。其他希腊人向众神献上用金子包了牛角的公牛以及其他供品后，就向神祈求他们心里想要得到的任何东西，而无论善恶。而众神听到他们亵渎神

---

① 阿蒙（Ἄμμων），埃及神灵，在利比亚沙漠设有祭坛。

灵的话语以后会嘲笑这些宏大的游行和献祭。我相信，当我们考虑什么应当说，什么不应当说的时候，我们要小心谨慎。

【d】在荷马那里你能看到其他相似的故事。他告诉我们，特洛伊人在扎营的时候，"向永生的神献上完美的百牛祭，风把香味从平原送上天空，但是幸福的众神并没有接受；【e】众神对神圣的伊利昂、普利阿姆①，以及他的有梣木枪的人民的仇恨该有多么深啊"②。

所以，他们不能得到众神的青睐，徒劳地奉献各种牺牲和礼物对他们没有帮助。因为我无法想象这些礼物就能动摇众神，就像某些低劣的放债者；当我们吹嘘在这个方面我们比拉栖代蒙人做得好的时候，我们使自己变得非常愚蠢。

如果众神会更多地考虑我们的供奉和牺牲，而不是考虑我们的灵魂，以及在我们的灵魂中能否找到圣洁与公正，那么这是一件非常奇怪的、非常遗憾的事情。【150】是的，我相信，这就是众神在意的事情，远远超过这些一年又一年由城邦和个人提供的豪华的游行和献祭，我们都知道举行献祭的人可以是一些反对众神和凡人的大罪人。众神并不唯利是图，众神会嘲笑这些事情，如阿蒙及其先知告诉我们的那样。【b】有着健全心灵的众神和凡人更像是拥有正义和智慧；没有人是聪明的和正义的，除了那些懂得如何对众神和凡人行事和讲话的人。现在，我想听到你对所有这些事情有什么看法。

阿　苏格拉底，我的看法与你的看法没有什么不同，与众神的看法没有什么不同；我几乎不可能反对众神。

苏　但你说过，你非常担心自己可能会祈求邪恶的东西，【c】但却不知道它是邪恶的，还以为它是好的，你还记得吗？

阿　我记得。

苏　那么你瞧，向神诉祷对你来说有多么危险，神会听到你错误的祈

---

① 普利亚姆（Πρίαμος），最后一位特洛伊国王。
② 荷马：《伊利亚特》8：548—552。

求，完全拒绝你的献祭，也许还会添加某些以后的惩罚。我希望你尽力保持和平，因为我猜你过于热情了【d】（我用这个委婉的说法来代替愚蠢），愿意使用拉科尼亚人的祈祷。学习如何对众神和凡人行事是要花时间的。

阿　要多久，苏格拉底，谁能教我？我非常想见能教我的这个人。

苏　这个人已经看到你了。但你记得荷马是怎么说的，【e】雅典娜驱除狄奥墨德①眼中的雾气，"这样他就能清楚地看见神和人"②。你也需要驱除笼罩在你灵魂上的雾气，准备接受区别善恶的办法。当前我认为你做不到这一点。

阿　让他来给我消除雾气或者其他什么东西；我准备做他要我做的任何事情，无论他是谁，只要能让我变好。

苏　【151】他也急于提供帮助。

阿　那么我想最好现在就停止献祭。

苏　你说得对，这样做比去冒险要安全得多。

阿　我有个想法，苏格拉底，我将把花冠戴在你的头上，因为你给我提供了这么好的建议。【b】不过要等到你说的那一天到来，我们通常会在那一天给众神献祭，献上花冠和其他供品。天哪，这一天不会太远了。

苏　我很高兴接受你的花冠，我期待着收到你的其他礼物。在欧里庇得斯的戏剧中，克瑞翁③看见提瑞西亚头戴花冠，知道是他的敌人给他的奖品，用来奖赏他的技艺。他说："你知道，你的胜利者的花冠对我们来说是一个好兆头，因为我们正在经受狂风暴雨的冲击。"④【c】正因如此，我把你赋予我的荣誉当做一个好兆头。因为我像克瑞翁一样，正在经历暴风骤雨，我期待着战胜你的其他爱慕者。

---

①　狄奥墨德（Διομήδης），人名。

②　参见荷马：《伊利亚特》5：127—128。

③　克瑞翁（Κρέον），人名。

④　欧里庇得斯：《腓尼基人》，858—859。

希帕库斯篇

提　要

　　本篇被一些学者认为是伪作，理由是文中与苏格拉底谈话的人匿名，以及文中还有某些不切题的内容，由此可以推论对话的作者可能是柏拉图早期学园里的一位成员。作者不仅学到了柏拉图的文风，而且有可能让柏拉图看过这篇对话。但是，这篇对话的语言和措辞符合公元前4世纪的希腊语的风格，很难与真正的柏拉图著作区分开来。公元1世纪的塞拉绪罗在编定柏拉图作品篇目时，将本篇列为第四组四联剧的第三篇，称其性质是"伦理性的"，称其主题是"贪财者"。① 谈话篇幅不长，译成中文约0.5万字。

　　苏格拉底和一位友人试图发现贪婪的定义。这位友人认为：贪婪就是想要从无价值的事物中获利，贪婪者是邪恶的；苏格拉底表示反对，因为要从无价值的事物中获利是一种愚蠢的意愿，农夫、马夫、船长、笛手、弓箭手都不会这样做，因此根本就不存在任何贪婪的人。（226d）这位友人又认为：贪婪就是一种赢利的欲望，是一种想要赢得善物的意愿，就是喜爱"好东西"，所以每个人都是贪婪的。（227d）

　　苏格拉底认为：如果获利是好的，那就不会有什么邪恶的获利，所以每个喜爱好东西的人都是贪婪的，每个人都是贪婪的。这位友人无法理解苏

---

① 参见第欧根尼·拉尔修：《名哲言行录》3：59。

格拉底的意思，指责苏格拉底在论证中欺骗他。苏格拉底不承认自己在欺骗，然后讲述了公元前 6 世纪晚期的一位统治者希帕库斯的故事，然后声称自己从不欺骗朋友。柏拉图把灵魂的非理性部分称做贪婪（《国家篇》581a，586d），但并没有详细讨论贪婪本身。

正　文

谈话人：苏格拉底、友人

苏　【225】什么是贪婪？贪婪能是什么，谁是贪婪的人？

友　在我看来，贪婪者就是那些认为从无价值的事物中获利是个好主意的人。

苏　你认为他们知不知道这些事物是无价值的？因为，要是他们不知道，那么你的意思是贪婪者是愚蠢的。

友　不，我不认为他们愚蠢。我的意思是：【b】他们是一些肆无忌惮的、邪恶的人，他们知道他们用来获利的事物没有价值，但被利益所驱使；他们的厚颜无耻使他们贪得无厌。

苏　所以，贪婪者，比如说种庄稼的农夫，知道他种的东西没有价值，但认为他种下的东西长起来以后可以获利是个好主意，这是你的意思吗？你指的是这种人吗？

友　不管怎么说，苏格拉底，贪婪的人认为自己必须从一切事物中获利。

苏　你别这么说，就好像你被我骗了；【c】请你注意听，然后回答我的问题，就好像我从头问起。你不是同意贪婪者知道他认为可以从中获利的那些事物的价值，并且认为用它来获利是个好主意吗？

友　我同意。

苏　所以，谁知道庄稼的价值，谁知道什么季节和什么土壤适宜种庄稼？——法律专家会用一些短语来美化他们的演说，我们也可以使用这些精巧的话语。

友 【d】我想是农夫。

苏 "认为用它来获利是个好主意"，你指的是可以用来获利的任何东西吗？

友 我是这个意思。

苏 【226】那么好，你别想欺骗我——我已经年迈，而你还非常年轻——不要像刚才那样，回答我的问题时说一些你本人并不这么认为的意见，你要说真话。你认为有哪个种庄稼的人期待从一些他知道没有价值的庄稼中获利吗？

友 我以宙斯的名义起誓，我不这样认为！

苏 那么好，马夫故意给他的马喂一些没有价值的草料，你认为他不知道他正在伤害他的马吗？

友 我不这样想。

苏 【b】所以，他并不期待从那些没有价值的草料中获利。

友 不期待。

苏 那么好，你认为一条船的船长会给他的船装上一些没有价值的船舵和船帆，而不明白他会因此而遭受损失，并且要冒丧命、翻船、失去船上所载一切货物的危险吗？

友 不，我不这样认为。

苏 【c】所以他并不期待从这些无价值的装备中获利。

友 完全不。

苏 或者一位知道他的军队拥有的武器是没有价值的将军会期待用这些武器来获利，或者认为用它们来获利是个好主意吗？

友 肯定不会。

苏 或者一名知道他的笛子是无价值的笛手，或者一名知道他的琴是无价值的琴师，或者一名知道他的弓是无价值的弓箭手，简言之，拥有一些无价值的工具或装备的工匠或聪明人会期待用它们来获利吗？

友 【d】显然不会。

苏 那么，你说的贪婪的人是谁？刚才提到过的这些人肯定不期待从他们知道没有价值的东西中获利。在这种情况下，我的好朋友，按照你的说法，根本就不存在任何贪婪的人。

友 苏格拉底，我的意思是：贪婪者的贪婪使他们拥有一种无法满足的欲望，他们甚至想要从那些实际上相当琐碎，【e】几乎没有什么价值，或者完全没有价值的事物中获利。

苏 我的好朋友，他们当然不知道这些事物是无价值的，但我们刚才已经用我们的论证证明这是不可能的。

友 我相信他们不知道。

苏 如果他知道，那么他们显然对此无知，以为这些无价值的东西非常有价值。

友 显然如此。

苏 贪婪者当然喜爱获利。

友 是的。

苏 【227】所谓获利，你指的是损失的对立面。

友 是的。

苏 有谁遭受了损失反而是件好事，有这样的人吗？

友 一个也没有。

苏 是件坏事？

友 是的。

苏 所以人是由于遭受损失才受到伤害的？

友 是的，人因此而受到伤害。

苏 所以损失是坏的？

友 是。

苏 获利是损失的对立面吗？

友 是的，是对立面。

苏　所以获利是好的？

友　是。

苏　所以你把那些喜爱好东西的人称做贪婪的？

友　好像是这样的。

苏　【b】好吧，我的朋友，你至少还没有把那些疯子称做贪婪的。但你本人，你认为自己喜爱好东西吗？

友　我喜爱。

苏　有什么好东西是你不喜爱的吗？或者有什么坏东西是你喜爱的吗？

友　我以宙斯的名义起誓，我不爱坏的东西。

苏　所以，我可以假定你喜爱一切好东西？

友　是的。

苏　如果我和你不一样，你也可以这样问我；因为我同意你的看法，我也喜爱好东西。但是除了你和我，【c】你相信其他所有人也喜爱好的东西，仇恨坏的东西吗？

友　在我看来，好像是这样的。

苏　我们同意获利是好的，是吗？

友　是的。

苏　那么好，按照这条思路，每个人似乎都是贪婪的；而按照我们前面所说，没有人是贪婪的。所以这些不同的思路哪一条可以安全地依靠？

友　我想，苏格拉底，我们必须得到有关贪婪者的正确观念。正确的观念是：【d】贪婪者是一个人，他关注并且认为从一些事物中获利是一个好主意，但有道德的人是不敢从这些事物中获利的。

苏　但是你瞧，我亲爱的伙伴，我们已经同意获利是有益的。

友　嗯，那又怎样？

苏　我们还同意每个人总是想要好东西。

友　是的。

苏　因此，哪怕是好人也想获得各种利益，至少如果这些利益是好的。

友　【e】但是他们不能从会使他们遭受伤害的东西中获利，苏格拉底。

苏　所谓"遭受伤害"你的意思是"遭受损失"，还是其他什么意思？

友　不，我指的是"遭受损失"。

苏　人们由于获利而遭受损失，还是由于损失而遭受损失？

友　由于二者；由于损失他们会遭受损失，由于邪恶的获利他们也会遭受损失。

苏　好吧，你相信任何善的和好的事物是邪恶的吗？

友　我不相信。

苏　【228】我们刚才同意获利是损失的对立面，而损失是坏的，是吗？

友　我会这样说。

苏　作为坏的对立面，那么它是好的吗？

友　我们同意这个看法。

苏　所以你瞧，你试图欺骗我，故意说我们刚才同意过这个对立面。

友　不，我以宙斯的名义起誓，苏！正好相反，是你在欺骗我，你在用这些论证颠覆我——但我不知道你是怎么干的！

苏　【b】小心你说的话；对我来说，要是不服从一个好人和聪明人是不对的。

友　你在说谁？你在说什么？

苏　我指的是我和你的同胞公民，庞西特拉图①之子，菲莱德亚②的希帕库斯③，他是庞西特拉图的孩子中最年长、最聪明的。除了在其中展示他的智慧的诸多卓越行迹，他第一个把荷马的著作带到这块土地上来，强迫那些吟诵诗人在泛雅典娜节庆上背诵它们——一个接一个——【c】至今仍旧

---

① 庞西特拉图（Πεισιστράτους），人名。
② 菲莱德亚（Φιλαϊδῶν），地名。
③ 希帕库斯（Ἵππαρχος），人名。

这样做。他派遣一艘50桨的船送他去忒奥斯①见阿那克瑞翁②。他还款待开奥斯的西摩尼得，让他待在自己身边，送给他许多钱财和礼物。他做这些事是为了教育公民，让他统治下的公民尽可能地变好；他像一名绅士，他认为吝啬地不把智慧给予任何人是不对的。

城里的公民受到他的教育，对他的智慧留下深刻印象以后，他决定也要教育乡下的公民，【d】沿着城市中心通往各个区的大路边竖起赫耳墨斯柱③。然后，他从他的智慧宝库中——他学来的和他自己发现的——选出他认为最聪明的想法，写成优雅的诗句（他自己的诗歌和他智慧的典范），刻在赫耳墨斯柱上。之所以这样做，他为的是：首先，他的公民对那些智慧的德尔斐的铭文，【e】"认识你自己"、"切勿过度"，以及其他这类东西，不会留下深刻印象，但会认为希帕库斯的话更加明智；其次，公民们来回经过那里的时候可以读到这些铭文，领略他的智慧，会从乡下到城里来完成他们的教育。【229】竖立在城市或每个区中央的石柱有两面：一面刻着赫耳墨斯的像，而另一面则写着"这是希帕库斯的纪念碑，经过这里心中要有正义感"。在通往斯提里亚④的路上，刻在其他赫耳墨斯柱上的还有他的许多优美的诗句。有一句诗很特别："这是希帕库斯的纪念碑；【b】不要欺骗一位朋友。"所以，由于我是你的朋友，我绝对不会违背这位伟人的教导欺骗你。

希帕库斯死了以后，他的兄弟希庇亚⑤对雅典人实行了三年专制统治，你会听说雅典人在整个早期只有这三年有僭主，而在其他时期，雅典人就好像生活在克洛诺斯为王的时代。⑥实际上，【c】比较聪明的人说希帕库斯之死并非像普通人想象的那样，因为他的妹妹愚蠢地、不体面地拎着放供品的

---

① 忒奥斯（Τήος），地名。

② 阿那克瑞翁（Ανακρέον），人名。

③ 赫耳墨斯柱（Έρμς），石柱，上有赫耳墨斯雕像。

④ 斯提里亚（Στειρια），地名。

⑤ 希庇亚（Ιππίας），人名。

⑥ 克洛诺斯是宙斯之父，他统治的时代是神话中的黄金时代。

篮子①，而是因为哈谟狄乌成了阿里司托吉顿②的男友，受到他的教育。阿里司托吉顿也为教育这个人而感到自豪，他把自己当做希帕库斯的对手。【d】但在那个时候，哈谟狄乌正好是那个地区的一名英俊的贵族青年的情人（他们说了他的名字，但我不记得了）。不管怎么说，这位青年对哈谟狄乌和阿里司托吉顿的睿智留下深刻印象，但是后来——在与希帕库斯交往以后——他抛弃了他们，他们感到羞辱，为此杀害了希帕库斯。

友　好吧，苏格拉底，看起来，要么你没有把我当做你的朋友，要么你把我当做朋友，但没有服从希帕库斯的教导。【e】因为你绝对不可能说服我说你没有在这些论证中欺骗我，虽然我不知道你是怎么做到的。

苏　很好，就像一场友好的跳棋游戏，我愿意让你收回你在讨论中已经说过的任何想法，这样你就不会感到自己受骗了。所以，我能从你那里收回一句话吗？所有人都想要好东西。

友　不行，这句不行。

苏　遭受损失，或者损失，是坏的，这一句怎么样？

友　不行，这句不行。

苏　获利或赢利是损失或遭受损失的对立面，这一句怎么样？

友　【230】这一句也不行。

苏　获利，作为坏的对立面，是好的，这一句怎么样？

友　它并非总是好的，你可以收回这一句。

苏　所以，你似乎相信有些获利是好的，有些获利是坏的。

友　我相信。

苏　好吧，我收回这一句，让我们说有些获利是好的，有些获利是坏的。好的或坏的都不是更为有利的。这样说对吗？

友　你要问什么？

———————

① 泛雅典娜节庆典中的一种祭仪。
② 阿里司托吉顿（Ἀριστογείτον），人名。

苏　我会解释的。有些食物是好的，有些食物是坏的，是吗？

友　【b】是的。

苏　那么，它们中的一个比其他更是食物，或者说它们都是同样的东西，都是食物，至少在这个方面，就它们都是食物而言，它们没有区别，而只是在某个范围内一个是好的，另一个是坏的，是吗？

友　是的。

苏　饮料和其他东西也一样；同一类东西中有些是好的，有些是坏的，这种时候，就它们是相同的事物而言，它们之间没有区别吗？【c】比如人，我假定：一个人是有美德的，一个人是邪恶的。

友　是的。

苏　但他们中任何一个都不会比另一个或多或少地更是人，我在想，有美德的人不会比邪恶的人更加是人，反之亦然。

友　说得对。

苏　我们也能以这种方式考虑获利，邪恶的获利和合乎美德的获利都是获利吗？

友　它们必定都是获利。

苏　所以，一个人合乎美德地获利并不会比邪恶地获利更有利【d】——而是它们中的任何一种获利都不会比另一种获利更加有利，这是我们同意的。

友　是的。

苏　我们不可能"增加"或"减少"它们中的任何一个。

友　完全不可能。

苏　对无法再增加的事物，一个人承受这些事物怎么可能或多或少呢？

友　不可能。

苏　因此，由于二者都是获利和有利的，我们现在必须考察从根本上说你为什么要把二者称做获利【e】——你看它们二者有什么相同之处？比如我刚才提供的例子，如果你问"从根本上说，你为什么要把好的和坏的食物都称做食物"，我会告诉你，这是因为二者都给身体提供固体的营养——原因就在于此。你肯定会同意这就是食物的定义，是吗？

友　我会同意的。

苏　关于饮料，答案也一样，它是身体的液体的营养，无论是合乎美德的，还是邪恶的，【231】都会有"饮料"这个名字，其他例子也一样。因此，请你试着模仿我的回答。当你说合乎美德的获利和邪恶的获利都是获利时，你在其中看到了什么相同的东西——这就是获利？如果你本人再次不能回答，请考虑一下我说过的话：你把没有任何花费而获取，或者花费较少而获取较多，都称做获利吗？

友　【b】是的，我相信我会称之为获利。

苏　你的意思是这样的吗——你应邀赴宴，没有花费，吃得很饱，但后来生病了？

友　宙斯在上，我不是这个意思！

苏　如果你由于赴宴而变得健康，你是获利还是损失？

友　获利。

苏　所以我们至少可以说，获取能获得的一切不是获利。

友　肯定不是。

苏　如果获取的东西是坏的，它就不是获利，对吗？但若一个人获取的东西都是好的，他不就是在获利吗？

友　显然是的，如果获取的东西是好的。

苏　【c】如果它是坏的，一个人不就是在遭受损失吗？

友　我相信是这样的。

苏　你看不出你又返回原地了吗？获利似乎是好的，损失似乎是坏的。

友　我不知道该怎么说。

苏　至少你的不知所措还算公平。但是请你回答我的问题：一个人的所获大于他的花费，你说这是获利吗？

友　如果他获得的东西是坏的，我不会说他获利，但若一个人获得的金银多于他花费的金银，那么我说它是获利。

苏　我正要问你：如果有人花了一定分量的黄金，【d】得到双倍分量的白银，他是获利还是损失？

友　肯定是损失，苏格拉底，因为他的黄金只值双倍的白银，而不是值十二倍。

苏　但他获得的仍旧更多，两倍不是多于一半吗？

友　至少按银子和金子的价值来说不是这样。

苏　所以，我们似乎必须给获利添上价值的观念。至少，你现在说的白银，虽然分量比黄金多，但不一定比黄金更值钱，而黄金，虽然分量较少，也可以拥有与白银相同的价值。

友　【e】当然，情况确实就是这样。

苏　那么价值就是能带来获利的东西，无论价值是大的还是小的，没有价值就不会带来获利。

友　是的。

苏　所谓"价值"，你指的是"值得拥有"的东西以外的什么东西吗？

友　价值就是"值得拥有"的东西。

苏　还有，所谓"值得拥有"，你指的是有益的东西还是无益的东西？

友　肯定是有益的东西。

苏　好，有益的东西是好的吗？

友　是的。

苏　【232】所以，我的勇士，我们不是再次——这是第三次或第四次了——得到了一致的意见，有益的东西是好的，是吗？

友　似乎如此。

苏　你还记得使我们的讨论得以发生的那个观点吗？

友　我想是的。

苏　如果不是，我会提醒你。你不同意我的意见，声称好人不想获得任何利益，而只想获得那些好的利益，而不是坏的利益。

友　是的，确实如此。

苏　【b】现在这个论证不是在强迫我们同意所有获取都是好的，而无论大小吗？

友　苏格拉底，它在迫使我，而不是在说服我。

苏　好吧，也许晚些时候它会说服你。但是现在，无论你处于什么境况——被说服了或是没有被说服——你至少和我们一样，同意一切获利都是好的，无论大小。

友　我同意。

苏　你同意一切有美德的人想要一切好东西，或者你不同意？

友　我同意。

苏　【c】那么好，你本人说邪恶的人喜爱获利，无论大小。

友　我说过。

苏　所以按照你的论证，所有人都是贪婪的，无论是有美德的人还是邪恶的人。

友　显然如此。

苏　因此，如果有人责备别人贪婪，那么这个批评不正确——因为反过来说，责备别人贪婪的人自己也是贪婪的。

克利托丰篇

提　要

　　据学者们的分析，这篇对话的作者是公元前 4 世纪的某位学园成员。尽管它只是一份简短的残卷，但涉及了一些有趣的问题。公元 1 世纪的塞拉绪罗在编定柏拉图作品篇目时，将本篇列为第八组四联剧的第一篇，称其性质是"伦理性的"，称其是一篇"导论"。① 译成中文约 0.4 万字。

　　苏格拉底与克利托丰谈话，克利托丰在《国家篇》中出现过，是塞拉西马柯的朋友。激进的塞拉西马柯的观点遭到拒斥。但克利托丰非常钦佩塞拉西马柯，对苏格拉底则大为不满。克利托丰在对话中说明了他的真实看法。他认为，苏格拉底激起了克利托丰对美德的渴望，但却不能使克利托丰在寻求有关美德的知识时获得满意，他的探求总是走上绝路。除非苏格拉底能做更多的事情，否则听从苏格拉底的人就像落入狂妄的庸医之手的病人那样危险。如果苏格拉底把自己限定在劝诫人们要学会公正，那么他的谈话能够促使人们觉醒。但是苏格拉底不应该认为，通过学会公正就能成为这方面的行家，他还应当说明公正如何产生，就像医药使病人康复一样（409b）。在所谓柏拉图对话中，苏格拉底成为攻击的靶子，最后无还手之力的情况是很少见的。

---

　　①　参见第欧根尼·拉尔修：《名哲言行录》3：60。

正　文

谈话人：苏格拉底、克利托丰

苏　【406】我们最近听说，阿里司托尼姆[①]之子克利托丰[②]在与吕西亚斯[③]讨论时，批评苏格拉底的言论，同时高度赞扬塞拉西马柯[④]的教导。

克　苏格拉底，无论是谁跟你说的，都歪曲了我对吕西亚斯所说的对你的评价。尽管我确实没有赞扬你的某些事情，但我真的赞扬了你的其他一些事情。你现在显然是在责备我，尽管装得满不在乎，但我还是很乐意把我是怎么说的告诉你——尤其现在只有我们俩在场——所以你不必设定我有什么事情要反对你。事实上，你可能没有听到真相，因此我想你毫无必要对我那么严厉。所以，要是你能让我自由地讲话，我很乐意这样做——把我是怎么说的告诉你。

苏　【407】当然可以，你想要帮助我，如果我不接受，那是可耻的；显然，一旦知道我的优点和缺点，我就会在实践中发挥我的优点，尽可能地消除我的缺点。

克　那么，听着，苏格拉底。当我和你交往的时候，你说的话经常令我感到震惊。在我看来，你高谈阔论，显得比其他所有人都要高明，你就像悬挂在悲剧舞台上方的神一样责备全人类，发出这样的告诫：

　【b】啊，人啊，你出生在什么地方？你不明白你做的事情没有一件是你应当做的吗？你们这些人竭尽全力为自己谋取财富，但是你们既不能让继承你们财产的儿子们知道如何公正地使用财富，也找不到老师教

---

① 阿里司托尼姆（Ἀριστωνύμυς），人名。
② 克利托丰（Κλειτοφῶν），人名，本篇对话人。
③ 吕西亚斯（Λυσίας），雅典的著名演说家，参见《斐德罗》227a 以下。
④ 塞拉西马柯（Θρασύμαχος），智者，《国家篇》对话人。

他们如何公正（如果公正可教的话），也没有任何人可以恰当地锻炼或训练他们（如果公正需要锻炼或训练的话）——你们自己确实也没有这样的经历！

【c】你和你的孩子在语法、体育和技艺方面接受过完全的教育——你认为这是最完全的美德教育——但结果是你仍旧不能很好地使用财富，看到这种情况，你怎么能够轻视我们当前的教育，去寻找那些能够把你从这种文化缺乏中拯救出来的人呢?! 然而，就是这种不和谐和漫不经心，不按照琴声跳出正确的舞步，【d】使兄弟之间、城邦之间的和谐尽失，相互碰撞和争斗，把战争的恐怖强加给对方，而自己也承受战争的恐怖。

你说人们是不公正的，因为他们想要不公正，而不是因为他们无知或未受教育。但另一方面，你厚颜无耻地说不公正是可耻的，是众神痛恨的。那么好，谁有可能自愿选择这样的邪恶？你说"他也许被快乐打败了"。但是，如果征服是自愿的，那么失败岂不是非自愿的吗？于是你就寻找各种方式来论证不公正是非自愿的，【e】每个人在私下里或者每个城邦都要公开地关注这个问题，其程度应当远远超过现在这个标准。

苏格拉底，听你一次又一次地说这些事情，给我留下非常深刻的印象，我把你捧上了天；你还继续讲了下一个观点，说那些锻炼身体、轻视灵魂的人正在做某些同样的事情，忽视本应进行统治的灵魂，忙于本应被统治的身体；还有，你说最好把那些你不知道如何使用的东西留下，不要使用；如果有人不知道如何使用他的眼睛、耳朵或他的整个身体，【408】他最好不用它们，无论是看、听或其他，而不是胡乱地使用它。事实上，同样的道理也适用于技艺；因为某些不知道如何使用他自己的七弦琴的人很难能够使用他邻居的七弦琴，某些不知道如何使用他人的七弦琴的人也不能够使用他自己的七弦琴，其他任何器具或财物也一样。你的讲话传递出一种神奇的色彩，你得出结论说某些不知道如何使用他的灵魂的人最好让他的灵魂休息，他最好不要活了，而不是去过一种仅仅凭借他个人奇想来采取行动的生活。【b】如果由于某些原因必须活着，那么这样的人当一名奴隶胜过当自由人，他应当把他的心灵之舵，就像船上的舵一样，交给其他某些知道如何掌舵的人，你苏格拉底经常把这样的人称做政治家，说这种技艺与司法的技艺、公正是相同的。

【c】我大胆地说，我决不会反对你的论证，我相信我也不曾反对过它们，以及其他许多像它们一样雄辩的论证，其结论是：美德是可教的，应当关心人本身而不是其他任何事情。我把这些观点视为非常有益的，可以有效地使我们转向正道；它们确实能唤醒我们，就好像我们正在睡觉。因此，我对这样的论证会产生什么结果非常感兴趣；我第一个要问的不是你苏格拉底，而是你热情的同伴、追随者、朋友，或者无论他们与你是什么关系。我首先要问这些你认为真的像回事的人；【d】我要以某种有点像你本人的风格，问他们后续的会是什么样的论证：

　　啊，你们这些最杰出的先生，我们真的要按照苏格拉底的鼓励去追求美德吗？我们要相信事情就是这样，进一步追问并充分掌握是不可能的吗？【e】让那些还没有发生转变的人转变，让他们也能转变其他人，这就是我们终生的工作吗？即使我们同意这就是一个人应当做的事情，我们难道不能问苏格拉底，或者相互发问，下一步是什么呢？我们怎样开始学习公正？我们该怎么说？

　　就好像我们是一些不明白有体育、医学这种事情的儿童，有人看见了，就鼓励我们要照料我们的身体，并且责备我们说，如果我们全身心地投入这种照料，去种植小麦、大麦、葡萄，以及其他我们为了身体的缘故，通过艰苦的劳动而获取的所有东西，那么这样做是可耻的，【409】我们找不到能使身体本身尽可能好的其他技艺和手段，哪怕这样的技艺存在。现在，如果我们问那个鼓励我们的人，"你说的是哪些技艺?"他也许会回答说"体育和医学"。我们该怎么办?我们会说是那种与灵魂的美德有关的技艺吗?让我们有一个答案。

你的同伴中显得最难对付的那个人回答了这些问题,他告诉我,这种技艺就是【b】"你听苏格拉底谈论的技艺,亦即公正本身"。我说:"不要只是给我一个名称;请你试着按照这样一种方式做出回答。医学肯定是一种技艺。它有两个后果:它能在已经是医生的那些人之外产生其他医生;它能产生健康。在这两种结果中,第二种结果本身不是技艺,而是技艺的产物,我们把这种产物称做'健康';技艺本身是教和被教的东西。同理,木匠的技艺产生的结果是房子和木匠本身;第一种结果是产物,而第二种结果是被教的东西。让我们假定,公正的第一个结果也是产生公正的人,【c】就像其他技艺一样,它的目标是产生有这种技艺的人——但是我们会把另一个结果,由公正的人为我们产生的那个产物叫做什么?请你告诉我。"

他说是"有益的东西",而有人说是"恰当的东西",有人说是"有用的东西",有人说是"有利的东西"。我坚持说:"所有这些词,'正确的'、'有利的'、'有用的',等等,都可以在这些技艺中找到。然而,当我们问所有这些技艺有什么样的主旨时,【d】我们必须提到每一种技艺特有的产物。比如,对木匠的技艺使用'好'、'恰当'、'适当'这些词的时候,讲的是用木头制造的产品,它们是和技艺本身不同的产物。那么,公正的独特的产物是什么呢?请你给我这种回答。"

苏格拉底,你的一位朋友最后回答说——他这样说确实相当能干——公正特有的、与其他技艺不同的产物是在城邦内产生友谊。他的回答遭到异议,这时候他说,友谊总是好的,决不会是坏的。【e】进一步遭到异议时,他认为我们所说的儿童和动物的友谊不是真正的友谊,因为他得出这样的结论,这样的友谊在更多的时候是有害的,而不是好的。为了避免把这种友谊说成是真正的友谊,他声称这些关系根本不是友谊,把它们称做友谊是错误的;真正的友谊最确切地说是一致的意见。当问到他认为这种一致的意见是共有的信念还是知识的时候，他否定了前一种建议，因为这样一来他不得不承认许多人的共有信念是有害的，而他已经认为友谊完全是好的，是公正的产物；所以他认为，一致的意见就是相同，它是知识而不是信念。

【410】我们的争论进到这一步的时候真的无法再继续前进了，那些旁观者开始插话，说这个论证绕了一大圈又回到了它的起点。

他们说："医药也是一种一致同意，就像每一种技艺一样，都能说出它是干什么的。但是你说的'公正'和'一致同意'却说不出它们的主旨，所以不清楚它们的产物是什么。"

【b】所以，苏格拉底，我最后向你本人提出这些问题，你对我说，公正的主旨就是伤害敌人和帮助友。但是后来的结果是，公正的人决不会伤害任何人，因为他所做的一切都是为了所有人的利益。

我承受这样的失望不是一两次，而是长时间的，我最后厌倦了请你做答。我得出结论，你比其他人强的地方在于你能使人发生转变，使人追求美德，二者必居其一：这可能就是你能做的全部，不可能再多了——在其他技艺中也会发生这种情况，【c】比如某个不是舵手的人扮演舵手，赞扬舵手的技艺，说它对人类有巨大的价值；对其他任何技艺也可以这么说。对公正也一样，有人会指责你，说你能很好地赞扬公正，但你却不能使自己拥有更多的关于公正的知识。这不是我现在的观点，但只有两种可能性：要么你不知道公正，要么你不希望拿它来与我分享。

【d】我假定，正是由于我不知所措，所以我去找了塞拉西马柯和其他我能找的人。如果你最后打算停止对我的鼓励——我的意思是，你过去曾经在体育方面鼓励我，要我一定不要轻视身体，你会给我进一步的鼓励，亦即解释我的身体的本性，以及如何对待这种本性所需要的东西的方法——【e】那么你现在应该停止了。

假定克里托丰同意你的意见，轻视灵魂本身，只关心我们为了灵魂的缘故而去努力获取的东西，那么这样做是荒谬的。假定我现在还说了所有其他后继的我正在做的事情，那么就请你这样做，我不会当着吕西亚斯和其他

人的面为某些事赞扬你，而又为其他一些事批评你，我现在也一样。我会
这样说：苏格拉底，在这个世界上，你对某些还没有转变，还没有追求美德
的人是有价值的，你对那些已经转变，正在追求美德以获取幸福的人是有价
值的。

塞亚革斯篇

提　要

　　据学者分析，本篇的写作年代大约为公元前 350 年以后，当时的柏拉图学园中有一些哲学家对神迹和灵异感兴趣，本篇对苏格拉底的"灵异"做了生动的描述，本篇的作者可能就是他们中的某一位。公元 1 世纪的塞拉绪罗在编定柏拉图作品篇目时，将本篇列为第五组四联剧的第一篇，称其性质是"助产术的"，称其主题是"论哲学"。① 译成中文约 0.8 万字。

　　塞亚革斯是德谟多库的儿子，在柏拉图对话中出现过两次。《申辩篇》(34a) 提到他的名字，《国家篇》(496b) 提到他身体虚弱多病。在本篇中，父亲德谟多库担心他的前程，认为让他与苏格拉底交往是从政前的最好的准备。塞亚革斯也希望通过向苏格拉底学习来完成他的政治雄心。苏格拉底说，年轻人与他交往并非总是受益，因为他自己不懂那些宏大的学问，除了爱情，他对其他事情一无所知 (128b)。尽管苏格拉底自称没有什么知识可以教给年轻人，但通过谈话可以使他们在道德上得到改善。

---

　　① 参见第欧根尼·拉尔修：《名哲言行录》3∶59。

正　文

谈话人：德谟多库、苏格拉底、塞亚革斯

德　【121】啊，苏格拉底，如果你有空，我想找你私下里谈一谈，哪怕你很忙，仍旧请你为了我的缘故，给我一些时间。

苏　好吧，我正好有空，为了你，我会有很多时间。如果有什么要说的，请说。

德　你不在意我们往回走，去"拯救者"宙斯的柱廊吗？

苏　只要你乐意。

德　【b】那么好，我们走吧。

苏格拉底，一切有生命的东西都会遵循同样的路径，尤其是人，其他动物和生长在地上的植物也一样。对我们农夫而言，备耕是一件易事，播种也很容易。但是种下的东西长出来以后，要照料它们，就有大量艰苦的工作要做。对人来说也一样，【c】如果其他人也有我这样的问题。我发现，播种或生育我这个儿子——无论你想怎么说——是世上最容易的事。但要抚养他很难，我总是为他焦虑。

我可以提到许多事情，但他最近的欲望真的令我害怕——这种欲望不是受到克制，还是到了危险的地步。他就在这里，【d】苏格拉底，他说他想要变得聪明。我想到的是，到镇上来的那些同一区域的孩子把他们听来的某些讨论告诉他。他妒忌他们，对我也唠叨了很长时间，要我认真对待他的雄心壮志，付钱给某些能使他变聪明的专家。钱的问题不重要，【122】但我认为他的想法很危险。

我安慰他，劝阻他。但我不能长时间这样做，所以我想最好让他去，这样他就不会变坏了，因为他也有可能与某些我不知道的人交往。安排这个孩子与某位所谓的专家待在一起，这就是我到镇上来的原因。你正好出现在我们面前，我非常乐意听到你的建议，我们下一步该怎么办。【b】如果你对我们有什么建议，欢迎你提出来。

苏　好，德谟多库①，你要知道，有人说提建议是一件神圣的事，如果提建议是神圣的，那么在这件事情里提建议肯定也是神圣的。世上没有任何事情能比接受教育自己和家人的建议更神圣。

【c】我们首先要明确你我到底打算讨论什么。也许会发生这样的事，我想的是一件事，你想的是另外一件事，讨论了一阵子以后，我们俩发现自己真愚蠢，因为我这个提建议的人和你这个接受建议的人想的完全是两码事。

德　苏格拉底，我想你是对的，我们应当先来明确一下。

苏　我是对的，但还不完整——我要做一点小小的改动。我想到，这个年轻人并不是真的想要我们认为他想要的东西，而是其他东西。在这种情况下，【d】我们的想法会变得更加荒唐和不相干。所以我们最好还是从这个孩子本身开始，问他到底想要什么。

德　行，似乎最好按你说的去做。

苏　告诉我，这位年轻人的漂亮名字是什么？我们该怎么称呼他？

德　苏格拉底，他的名字是塞亚革斯②。

苏　德谟多库，你给你儿子起了一个漂亮的名字，跟神有关。③【e】那么，告诉我，塞亚革斯，你说你想变得聪明，你想要你父亲在这里安排你和某个能使你变聪明的人交往吗？

塞　是的。

苏　你把谁称做是聪明的——那些知道的人（无论知道什么），还是那些不知道的人？

塞　那些知道的人。

苏　你父亲不是让你和其他一些同龄的贵族子弟一道接受过教育和训练吗，比如阅读、写作、弹琴、摔跤，还有其他运动？

---

① 德谟多库（Δημοδόκου），本篇对话人。
② 塞亚革斯（Θεάγης），人名。
③ 塞亚革斯这个名字的词义是"神指引的"、"神敬重的"、"敬神的"。

塞　是的，他这样做了。

苏　【123】然而你认为自己缺乏某些知识，而你父亲适宜向你提供？

塞　是的。

苏　你想要什么？告诉我们，这样我们才能帮你的忙。

塞　苏格拉底，他是知道的，因为我经常跟他提起。但是当着你的面，他说的就好像不知道我想要什么。实际上，为了这些事情我们发生过争论，他拒绝安排我和其他任何人见面。

苏　但是你说这样说好像没有证人。【b】现在让我来当你的证人，当着我的面说出你想要的这种智慧是什么。说吧，如果你想要的智慧就是用来给船掌舵的智慧，那么我会问你："塞亚革斯，你缺少什么智慧？你为什么要批评你父亲拒绝让你和某些能使你聪明的人在一起？"你会怎样回答我？这种智慧是什么？它不是舵手的技艺，是吗？

塞　不是。

苏　【c】如果你因为想要驾马车的技艺而批评你父亲，那么我还要问，这种智慧是什么，你会怎么说？你想要的智慧不是驾马车的技艺吗？

塞　不是。

苏　你当前想要的东西是某种没有名称的东西吗，或者说它有名称？

塞　我想它有名称。

苏　那么你知道这样东西，但是不知道它的名称，或者说你也知道它的名称？

塞　我也知道它的名称。

苏　那么它是什么？告诉我！

塞　【d】除了智慧，苏格拉底，还能给它什么名称？

苏　但驭手的技艺不也是一种智慧吗？或者说你认为驭手的技艺是无知？

塞　我不这样认为。

苏　所以它是智慧。

塞　是的。

苏　我们用它来做什么？不就是用它来知道如何指引一群马吗？

塞　是的。

苏　舵手的技艺不也是一种智慧吗？

塞　我想是的。

苏　它不就是我们用来知道如何指引船只的技艺吗？

塞　是的，你说得对。

苏　那么你想要的东西是哪一种智慧？【e】它给我们的是指引什么的知识？

塞　指引人，我想。

苏　病人？

塞　当然不是！

苏　那是医学，不是吗？

塞　是的。

苏　它是我们用来知道如何指引合唱队的歌手的东西吗？

塞　不是。

苏　那是音乐吗？

塞　显然如此。

苏　它是我们用来知道如何指导运动员的东西吗？

塞　不是。

苏　因为那是体育吗？

塞　是的。

苏　那么好，指导那些做什么的人？你要按照我刚才提供的例子尽力回答我。

塞　【124】我想到的是那些在城邦里的人。

苏　也包括城邦里的病人吗？

塞　是的，但我的意思不仅是这些人，还包括城邦里的其他人。

苏　让我们来看，如果说我理解你谈论的这种技艺。我不认为你谈论的技艺是我们用来知道如何指导收割的人、采摘的人、种植的人、播种的人、打谷的人，因为用来指导这些人的技艺是农夫的技艺，不是吗？

塞　是的。

苏　【b】我假定，你指的也不是我们用来知道如何指导锯木的人、打眼的人、刨板的人、镟刻的人，等等，因为它是木匠的技艺。

塞　是的。

苏　它也许是我们用来知道如何指导或统治所有这些人的技艺——农夫和木匠、所有工匠和普通人、既有女人又有男人。也许，你指的是这种智慧？

塞　这正是我一直试图说出来的，苏格拉底。

苏　【c】所以，你能说在阿耳戈斯杀死阿伽门农①的艾吉苏斯②统治着你指的这些人吗——所有工匠和普通人、既有男人又有女人，或者说他还统治其他人？

塞　是的，就是这些人。

苏　真的吗？埃阿科斯之子珀琉斯③在弗提亚④统治的不也是这些种类的人吗？

塞　是的。

苏　你听说过库普塞鲁⑤之子佩里安德⑥如何在科林斯⑦统治吗？

塞　我听说过。

苏　他在他的城邦里统治的不也是这些人吗？

---

① 阿伽门农（Ἀγαμέμνον），人名。

② 艾吉苏斯（Αἴγισθος），人名。

③ 珀琉斯（Πηλέως），人名。

④ 弗提亚（Φθία），神话中的冥府福地。

⑤ 库普塞鲁（Κυψέλους），人名。

⑥ 佩里安德（Περιάνδρου），人名。

⑦ 科林斯（Κορίνθια），地名。

塞 【d】是的。

苏 好吧。你不认为最近在马其顿实施统治的佩尔狄卡①之子阿凯劳斯统治的也是这样一些人吗？

塞 我是这样认为的。

苏 你认为庇西特拉图之子希庇亚在这个城邦里统治谁？不也是同样种类的人吗？

塞 当然了。

苏 那么，接下去告诉我，巴基斯②、西彼尔③和我们自己的安斐吕图④有什么名称？

塞 苏格拉底，他们是"神谕提供者"。其他还有什么名称？

苏 【e】对。现在请你试着以同样的方式回答我的问题：考虑到希庇亚和佩里安德的统治方式，他们有什么名称？

塞 我想应当称他们为"僭主"。其他我还能称他们为什么？

苏 当某个人想要统治城邦里的所有人，当一名僭主，他想要的统治与这些人实行的僭政，不是一样的吗？

塞 显然如此。

苏 这不就是你声称想要的吗？

塞 从我说过的话来看，似乎如此。

苏 你这个无赖！所以，你想要做一名统治我们的僭主，【125】这就是你一直批评你父亲拒绝把你送去给某个教你当僭主的教师那里去的原因！而你，德谟多库，明明知道他想要什么，尽管知道把他送到哪里能使他得到他想要的智慧，但你对他很吝啬，拒绝让他去，这样做不是很可耻吗！你瞧，现在他当着我的面指责你，你不认为你我最好先在一起讨论这些事情吗？我

---

① 佩尔狄卡（Περδίκας），人名。

② 巴基斯（βάκις），人名。

③ 西彼尔（Σίβυλ），女祭司。

④ 安斐吕图（Αμφίλυτος），人名。

们应当把他送到谁那里去？谁的陪伴会使他成为一名聪明的僭主？

德 【b】是的，苏格拉底，我以宙斯的名义起誓。让我们先来讨论。我认为这件事需要慎重考虑。

苏 不是现在，我的好人；让我们先结束我们对他的考问。

德 那么好吧。

苏 要是我们提到欧里庇得斯，你看怎么样，塞亚革斯？欧里庇得斯在某处说过："聪明人的陪伴造就聪明的僭主。"要是有人问欧里庇得斯："欧里庇得斯，这些人聪明在什么地方，【c】你说是谁的陪伴使僭主聪明？"好比说，如果他说"聪明人的陪伴造就聪明的农夫"，而我们问："聪明在什么地方？"他能怎么回答？不就是"在和务农有关的地方"吗？

塞 对。

苏 如果他说："聪明人的陪伴造就聪明的厨师？"而我们问："聪明在什么地方？"他的回答会是什么？不就是"在与烹调有关的地方"吗？

塞 是的。

苏 如果他说"聪明人的陪伴造就聪明的摔跤家"，【d】而我们问"聪明在什么地方？"他的回答不就是"在和摔跤有关的地方"吗？

塞 是的。

苏 但是他说的是"聪明人的陪伴造就聪明的僭主"，而我们问的是"欧里庇得斯，你这样说是什么意思，这些聪明人聪明在什么地方？"他会怎样回答？他这一次会说什么？

塞 嗯，我发誓，我不知道！

苏 你想要我告诉你吗？

塞 如果你想这样做的话。

苏 阿那克瑞翁说卡里克利特① 知道这些事。或者说你不知道那首歌？

塞 我知道。

---

① 卡里克利特（Καλλικρίτη），人名。

苏　那么，你现在想和拥有（居亚尼①之女）卡里克利特那样技能的人待在一起，【e】知道与僭政有关的事情，如诗人所说，以便也能成为一名统治我们和这个城邦的僭主吗？

塞　苏格拉底，你一直在跟我开玩笑，捉弄我。

苏　真的吗？你不是声称想要得到你可以用来统治所有公民的智慧吗？如果你这样做了，除了成为一名僭主，你还能成为什么？

塞　要是我有可能统治所有人，我无疑会想要成为一名僭主，【126】但若不能，我也要统治尽可能多的人。我想，其中也包括你和其他所有人。也许，我甚至能变成神。但这并不是我说的我想要的东西。

苏　那么，你想要的是什么？你不是声称想要统治公民吗？

塞　但不是通过暴力，这是僭主的方式。我想要统治那些自愿服从的人。这是其他人——城邦里有名望的好人——实行统治的方式。

苏　所以你的意思是，你想要按照塞米司托克勒、伯里克利、喀蒙，以及其他杰出政治家的方式统治人。

塞　是的，我以宙斯的名义起誓，这就是我的意思！

苏　好吧，如果你想要在驯马的技艺中变得聪明，你会怎么办？【b】为了成为一名杰出的驯马师，你认为自己必须去哪里？去驯马师那里，对吗？

塞　对，我以宙斯的名义起誓！

苏　还有，你会去那些在这些事情上非常能干的人那里，他们有马，也一直在驯马；他们驯自己的马，也驯其他人的马吗？

塞　显然如此。

苏　如果你想要在投标枪方面变得聪明，你会怎么办？你不认为你会去投标枪的人那里，【c】他们有标枪，也一直在练习；有许多标枪，他们会投自己的标枪，也会投其他人的标枪吗？

塞　我想是这样的。

---

①　居亚尼（Κυάνη），人名。

苏　那么，请你告诉我：由于想要在政治上变得聪明，你认为要去找那些一直在为城邦工作，指导希腊城邦和外国城邦事务的擅长政治的人，是吗？或者你相信，要想变聪明，可以与其他人交往，而不是和政治家本人交往？

塞　【d】苏格拉底，我已经听说过你的那些论证，政治家的儿子并不比鞋匠的儿子高明。我相信，根据我的经验，你说的对。所以，要是我认为他们中的某些人会把他的智慧传给我，而不去帮助他自己的儿子，如果在这种事情上他确实能帮助其他人，那么我就太愚蠢了。

苏　那么好吧，我亲爱的先生。如果你自己也有了儿子，他不断地纠缠你，【e】说他想要成为一名好画家，他批评你，他的父亲，拒绝为了这件事花钱，然而他又不尊敬那些做这件事情的人，那些画家，拒绝向他们学习，你会怎么办？或者说，要是他想要成为一名笛手，或者一名琴师？要是他拒绝向他们学习，你知道该怎么对待他，应该把他送到哪里去吗？

塞　我以宙斯的名义起誓，我不知道。

苏　【127】那么，你现在以这样的行为对待你的父亲，如果他不知道该如何对待你，不知道该把你送到哪里去，你怎么会感到惊讶并且批评他呢？不过，我们会安排你去和那些擅长政治的人在一起，或者至少和雅典人待在一起，他们和你交往，但不会向你要钱。比起你和其他人交往，你不会浪费钱，还能在一般的民众中得到更好的名声。

塞　那么好，苏格拉底——你是这样的人吗？如果你同意和我交往，我会很满意，我不会再去找别人。

苏　【b】你这样说是什么意思，塞亚革斯？

德　啊，苏格拉底，这个主意不坏！你会帮助我的；如果他满足于与你交往，而你也同意与他交往，那么没有什么事情能更幸运了。确实，我甚至羞于开口说我有多么想要这样的结果！我请求你们俩：你，同意与这个孩子交往，【c】你，不要再去找其他任何人，除了苏格拉底。这样一来，你们会让我摆脱焦虑的重负。就像现在这样，我担心他会和某些让他堕落的人交往。

塞 爸爸，如果你能说服他接受我，你就不用再为我担心了！

德 好极了，苏格拉底，从现在开始，我要说这就是你的事了。简要说来，我已经做好了一切准备，【d】向你提供我自己和我拥有的一切，只要能做到，无论你需要什么——如果你在这里表示欢迎塞亚革斯，愿意向他提供你能为他提供的任何帮助。

苏 德谟多库，如果你认为我真的能帮助你的这个孩子，我对你的认真并不感到惊讶——因为我不知道还有什么样的聪明人会在使自己的儿子变得优秀这件事情上比你更加认真。但我确实感到困惑，你从哪里得到这个念头，认为我能比你本人更好地帮助你的儿子，让他成为一名好公民——他怎么会想象我能比你更好地帮助他。首先，【e】你比我年长，其次，你担任高级公职多年，为雅典人服务，在阿那居鲁区[①]受到人们最高的尊敬，在城邦的其区也受到尊重。而在我身上，你看不到这种情况。

还有，如果塞亚革斯拒绝与政治家交往，在这里寻找其他那些声称能教育青年的人，那么这里有很多这样的人：开奥斯的普罗狄科、林地尼的高尔吉亚、【128】阿拉伽斯[②]的波卢斯[③]，等等，他们非常聪明，去了一个又一个城邦，说服那些出身最高贵、家庭最富有的青年——他们本来可以与他们想要交往的任何公民交往，而不必花钱——说服他们抛弃其他人，只跟他们交往，并且付给他们大量的钱，【b】更有甚者，还要对他们表示感恩！你儿子和你选择这些人中的某一位交往是合理的，但是选择我是不合理的。我对这些宏大渊博的学问一无所知。我真希望自己能懂！确实我总是在说自己一无所知，除了某些小问题——比如说爱，尽管人们认为在这个主题中我取得了惊人的成就，超过以往或现在的任何人。

塞 你明白了吗，父亲？我认为苏格拉底真的不愿意与我交往，要是他

---

① 阿那居鲁（Άναγυρός），雅典的一个区。

② 阿拉伽斯（Άκραγας），地名。

③ 波卢斯（Πωλός），《高尔吉亚篇》对话人。

愿意的话,我已经准备好了。【c】但他只是在捉弄我们。我认识一些人,有些人和我一般年纪,有些人稍微年长,他们在和他交往之前什么都不懂,但和他交往以后,哪怕是在很短的时间里,明显变好,而不是变坏。

苏　你知道这种事情如何可能,德谟多库之子?

塞　是的,我以宙斯的名义起誓,我知道。如果你同意,我也会变得和他们一样。

苏　【d】不,先生;你不明白。我不得不向你做解释。有某种神赐的灵异,从我小时候就一直和我在一起。它是一种声音,当我想要做某事的时候,它总是使我转向,但从来不规定什么。如果我的朋友向我询问,就会有这种声音,结果相同。它会发出禁令,不允许他这样做。

【e】这种事我有见证。你肯定知道格老孔①之子卡尔米德②,他现在长得那么英俊。有一次他要去奈梅亚③训练的时候问过我。就在他告诉我要去参加训练时,那个声音出现了,我试图阻止他,对他说:"在你说话的时候,我听到了灵异的声音。不要去参加训练!"

他说:"它的意思也许是我不会赢;但是,哪怕我不会赢,我也能在训练中受益。"讲完以后,【129】他去参加了训练;我们值得问一下他的训练有什么后果。

或者要是你愿意,可以问一下提玛库斯④的兄弟克利托玛库⑤,提玛库斯对他说了些什么,当提玛库斯和赛跑家欧阿鲁斯⑥一道去送死的时候,欧阿鲁斯让逃亡者提玛库斯搭他的船。按照克利托玛库的说法,提玛库斯说……

塞　他说什么?

苏　他说:"克利托玛库,我就要去死了,因为我拒绝相信苏格拉底。"

---

① 格老孔 (Γλαύκων),卡尔米德之父。

② 卡尔米德 (Χαρμίδης),《卡尔米德篇》谈话人。

③ 奈梅亚 (Νεμέα),地名。

④ 提玛库斯 (Τιμάρχος),人名。

⑤ 克利托玛库 (Κλειτόμαχος),人名。

⑥ 欧阿鲁斯 (Εὔαθλος),人名。

你也许会感到困惑，提玛库斯为什么要这样说。我会解释给你听的。【b】提玛库斯和斐勒莫尼德①之子斐勒蒙②计划在离开宴席的时候杀死赫洛卡曼杜③之子尼昔亚斯④。只有他们俩知道这项阴谋。

就在提玛库斯站起来要离开的时候，他对我说："你有什么要说的吗，苏格拉底？你们继续喝酒，我要去某个地方。也许我过一会儿就会回来。"

就在这个时候，灵异的声音出现了，我对他说："不！你别走！【c】因为我熟悉的灵异出现了。"于是他留了下来。

过了一会儿，他又站起来要走，说："嗯，我要走了，苏格拉底。"

此时那个声音又出现了，所以我又强迫他留下。第三次，趁我没注意，他站了起来，没有对我说话。就这样，他走了，去做会导致他死亡的那件事情。这就是他以我刚才告诉你的方式对他兄弟说这种话的原因——他去赴死，因为他不相信我。

【d】还有，很多人都能告诉你我说过的那支在西西里的军队遭到毁灭的事情。从那些知道细节的人那里你可以听说已经发生过的事情，但这些事仍旧有可能检验灵异，看它是否有意义。因为，就在英俊的萨尼奥⑤要出发去参战的时候，灵异出现了；他现在和塞拉绪罗⑥一道远征爱菲索⑦和伊奥尼亚⑧的其他地方。所以我猜想，他要么已经战死，要么已经差不多了，我真的担心那场战事以后的结果。

【e】我把这些事情都对你说了，因为在我应当和哪些人交往的问题上，灵异具有绝对的力量。一方面，它反对许多人和我交往，这些人要想通过与

---

① 斐勒莫尼德（Φιλημονίδους），人名。
② 斐勒蒙（Φιλήμον），人名。
③ 赫洛卡曼杜（Ἡροσκαμάνδρους），人名。
④ 尼昔亚斯（Νικίας），《拉凯斯篇》对话人。
⑤ 萨尼奥（Σαννίω），人名。
⑥ 塞拉绪罗（Θρασύλλους），人名。
⑦ 爱菲索（Ἐφέσος），地名。
⑧ 伊奥尼亚（Ἰόνια），地名。

我交往得到帮助是不可能的，所以我不会与他们交往。另一方面，它并不阻止我与其他许多人交往，但灵异对他们也没有什么帮助。然而，那些能与我交往，又能得到灵异的力量帮助的人——你已经注意到这些人了，【130】因为他们马上取得了飞速的进步。还有，这些取得进步的人，有许多获得了确定的、永久的帮助，有许多和我在一起的时候取得了神奇的进步，而在离开我以后，又和其他人无异了。

阿里斯底德①（吕西玛库②之子，阿里斯底德之孙）就是这种情况。和我交往时，他在短期内取得了巨大的进步；但是，等到有了军事远征的时候，他乘船走了。返回的时候，他得知修昔底德③（美勒西亚④之子，修昔底德之孙）【b】与我交往。为此，修昔底德和我争吵了一整天。

阿里斯底德看见我，向我问候，说了一些其他事情，然后他说："苏格拉底，听说修昔底德生你的气，对你发了大火，就好像他是某个重要人物。"

我说："是的，是这样的。"

他说："他难道不知道，在与你交往之前，他是一个什么样的奴隶？"

我说："我以众神的名义起誓，他显然不知道。"

他说："你知道，苏格拉底，我也处在一种可笑的境地！"

【c】我说："为什么？"

他说："因为在我乘船离开之前，我能够和任何人讨论事情，在争论中也从来不比其他人差；我甚至试图去和最能干的人交往。但是现在正好相反，哪怕我见到任何一位受过一点儿教育的人，我都会回避他们。因为我为自己的无能感到羞耻。"

我问道："你的能力是全部突然消失的，还是逐步消失的？"

他说："逐步消失。"

---

① 阿里斯底德（Ἀριστείδης），人名。
② 吕西玛库（Λυσίμαχος），《拉凯斯篇》谈话人。
③ 修昔底德（Θουκυδίδης），人名。
④ 美勒西亚（Μελησίας），《拉凯斯篇》谈话人。

我说："当你拥有你的能力时，你是通过向我学习得来的，【d】还是通过别的方式？"

他说："我以众神的名义起誓，苏格拉底，你不会相信，但这是真的！我从来没有向你学习任何东西，这你是知道的。但我取得了进步，当我和你在一起的时候，哪怕只是在同一所房子里，但不在同一房间——如果我与你同处一室，我的进步更大。当我与你同处一室，看着你讲话的时候，我似乎至少可以比我看着其他地方进步更大。【e】当我坐在你身旁，身体能够接触到你的时候，我取得了迄今为止最大的进步。而现在，这种条件已经不复存在了。"

塞亚革斯，这就是你和我来往会发生的事情。如果神青睐你，你会快速取得巨大进步，如果神不青睐你，你就不能取得任何进步。所以你要想一想；对你来说，在某个掌制着有益于人民的方式的人的陪伴下变得有教养不是比在我这里碰运气更安全吗？

塞 【131】苏格拉底，在我看来我们应当这样做：让我们通过相互交往来考验这种灵异。如果它允许我们这样做，那么最好不过；如果不允许，我们再马上想一想该怎么办——是否要去和其他人交往，或者试着用祈祷、献祭或其他任何占卜家建议的方式来抚慰降临于你的神灵。

德 苏格拉底，不要再在这件事情上反对这个孩子的意见，因为塞亚革斯是对的。

苏 好吧，如果这就是我们不得不做的事情，那我们就这样做吧。

弥 诺 斯 篇

提　要

　　学者们认为，这篇对话的思想和论证是柏拉图的，但文中对弥诺斯的颂扬不像出自柏拉图本人。它的写作年代约为柏拉图去世以后，但仍为公元前 4 世纪。有学者认为它相当于柏拉图《法篇》的序言或导论。尽管本篇写于《法篇》之后，但它采用了较早的观念，认为政治是对人进行牧养的技艺，这个观念曾在柏拉图《政治家篇》中进行过讨论，并且被排除。公元 1 世纪的塞拉绪罗在编定柏拉图作品篇目时，将本篇列为第九组四联剧的第一篇，称其性质是"政治性的"，称其主题是"论法"。① 译成中文约 0.7 万字。

　　苏格拉底和一位朋友试图发现法的定义。"法"（νόμος）这个词有法律的意思，也表示习俗和习惯。在讨论过程中，两个定义提了出来，又遭到否定：（1）法是被接受的东西；（2）法是城邦的决定，是正式的命令。苏格拉底指出：理想的法是对事实真相的发现，尊重法的人是好的，是维护社会的，不尊重法是坏的，是破坏社会的。通过考察法在不同的时代和不同的城邦中是否相同，可以加深对这一定义的理解。不同的时代和不同的城邦使用不同的法，它们揭示了社会文明生活的真相，是对现实生活的规范。这个真相是共同的，不变的。古代克里特的立法体系是最好的。弥诺斯王在宙斯的

---

① 参见第欧根尼·拉尔修：《名哲言行录》3：59。

指导下，为了克里特人的利益而立了这些法，人们一定不要相信雅典戏剧家对他的诬蔑。

正　文

谈话人：苏格拉底、友人

苏　【313】法——在我们看来，它是什么？

友　你问的是哪一种法？

苏　啊！就其是法而言，法与法能不同吗？想一想我实际上问你的这个问题。如果我问，"什么是金子"，而你用同样的方式问我，"你指的是哪一种金子？"那么我认为你的问题是不正确的。因为金子与金子根本不会有什么不同，就其是金子而言，【b】石头与石头也不会有什么不同，就其是石头而言。我想，法也一样，法根本不会与法不同——它们都是同样的东西。它们中的每一个都是法，不会一个多一些，另一个少一些。所以我正在问的是这样一个总的问题：什么是法？如果你已经有了答案，请你说出来。

友　法还能是什么，苏格拉底，不就是被接受的东西吗？

苏　所以照你看来，说就是所说的东西，【c】看就是所看的东西，听就是所听的东西，是吗？或者说，说是一回事，所说的东西是另一回事，看是一回事，所看的东西是另一回事，听是一回事，所听的东西是另一回事——所以法是一回事，被接受的东西是另一回事？是这样的吗，或者说你怎么看？

友　我现在认为，它们似乎是两样不同的东西。

苏　那么法不是被接受的东西。

友　我认为不是。

苏　那么法能是什么呢？让我们按照下面的办法来考察这个问题。假定某人问我们刚才在说什么，"由于你们说了通过看被看的东西被看，【314】那么用来看这种被看的东西的看是什么呢？"我们会这样回答他："是某种感觉通过眼睛把被看的东西揭示出来。"如果他问我们另外一个问题,"好吧,由于通过听被听的东西被听,那么这种听是什么呢?"我们会回答他:"某种感觉通过我们的耳朵把声音揭示给我们。"然后,要是他问我们:"由于通过法,被接受的东西被接受,那么使这些东西被接受的法是什么?"【b】它也是一种感觉,或者是一种揭示,就好像通过知识的启发我们学习被学习的东西吗?或者说它是一种发现的形式,就像发现某种被发现的东西——例如通过医学发现有关健康与疾病的事实,或者通过占卜发现众神的意愿(如占卜者所说),因为技艺在我们看来确实是对事物的发现,不是吗?

友　确实如此。

苏　那么在这些可供选择的答案中,我们最倾向于认为法是什么呢?

友　【c】在我看来,法是正式的决定和命令。除此之外,我们还能说法是什么?所以,看起来,对你这个有关法的总问题的回答必须是:城邦的决定。

苏　被你称做法的东西似乎是政治判断。

友　我是这样看的。

苏　这也许是个好答案。但我们也许可以按照下面的方式来得到一个更好的答案。你把某些人称做是聪明的吗?

友　是的。

苏　聪明人之所以是聪明的,不就是因为拥有智慧的德性吗?

友　是的。

苏　好吧,正义的人之所以是正义的,不就是因为拥有正义的德性吗?

友　当然了。

苏　守法的人之所以是守法的,不就是因为拥有守法的德性吗?

友　是的。

苏　【d】不守法的人之所以是不守法的,不就是因为拥有不守法的德性吗?

友　是的。

苏　守法是正义的吗？

友　是的。

苏　不守法是不正义的吗？

友　不正义。

苏　正义和法不就是非常好的东西吗？

友　是这样的。

苏　但是不正义和不守法是非常可耻的事情吗？

友　是的。

苏　一样东西保存城邦和其他一切，而另一样东西摧毁和破坏它们，是吗？

友　是的。

苏　那么我们必须把法设想为好东西，把它当做好东西来寻求。

友　显然如此。

苏　【e】我们说过法是城邦的决定，是吗？

友　我们确实这样说过。

苏　好吧，城邦里有些决定是令人敬佩的，有些决定是邪恶的，是这样吗？

友　是的。

苏　然而这样一来，法不就成了邪恶的东西吗？

友　是呀。

苏　那么，用法是城邦的决定这样不加限定的术语来回答这个问题是不对的。

友　这不是我的看法。

苏　那么，把邪恶的决定当做法是不对的。

友　确实不对。

苏　但是在我看来，法依然是某种判决。假定法是判决，那么既然它不是邪恶的判决，那么它显然不就是可敬的判决吗？

友　是的。

苏　但是，什么是可敬的判决？它不就是真正的判决吗？

友　是的。

苏　真正的判决不就是发现真相吗？

友　【315】是的。

苏　那么理想的法就是发现真相。

友　怎么会呢，苏格拉底，如果法是发现真相，假定我们已经发现了真相，那么我们不就会对同样的事情始终使用同样的法吗？

苏　不管怎么说，理想地说来，法就是对真相的发现。【b】所以，情况必定是这样的，任何像我们现在这样并非始终使用相同法的人，不能始终发现理想的法所能发现的东西——真相。让我们通过考察我们是否总是使用相同的法，还是在不同的时间使用不同的法，是否所有人使用相同的法，还是不同的人使用不同的法，来看我们能否变得清楚一些。

友　这不难决定，苏格拉底，同样的人并非始终使用相同的法，不同的人使用不同的法。比如，我们没有关于人祭的法——它确实是亵渎的，而迦太基人奉行这样的献祭，【c】视之为神圣的，合法的，实际上，他们中有些人甚至把他们自己的儿子奉献给克洛诺斯，你本人也许就听说过这种事情。不仅是外国人使用的法与我们不同，而且吕西亚①人和阿塔玛斯的后裔也奉行这样的献祭，尽管他们是希腊人。我想你也听说过我们过去使用的一些有关死者的法，【d】在把尸体送去火化之前要屠宰牺牲。还有，那些生活年代更早的人曾经把死去的亲属就埋在家里。这些事情我们现在都不做了。这样的例子成千上万，足以证明我们并非总是使用我们承认的同样的法，不同的人相互之间也不会使用同样的法。

苏　你瞧，我的朋友，即使你说得都对，我也不会感到惊讶。但是，如果你按你自己的风格【e】详尽地表述你自己的观点，而我也这样做，那么

---

①　吕西亚（Λυκία），地名。

我们不会得到任何一致的意见。如果我们把这项考察当做一项共同的事业，那么我们也许能够获得一致意见。所以，让我们一起来考察，如果你乐意，你可以向我提问，或者说你宁愿回答问题，那你就回答。

友　苏格拉底，我愿意回答你想问的任何问题。

苏　这就对了。正义的东西是不正义的，而不正义的东西是正义的，或者说正义的东西是正义的，而不正义的东西是不正义的，你接受哪一种看法？

友　【316】我接受正义的东西是正义的，不正义的东西是不正义的。

苏　所有民族都接受这种看法，就像在这里一样吗？

友　是的。

苏　所以，在波斯人中间也一样吗？

友　在波斯人中也一样。

苏　我假定，始终如此。

友　始终如此。

苏　在我们这里，把秤杆压得低的东西重一些，把秤杆压得不那么低的东西轻一些，是吗，或者说正好相反？

友　是的，把秤杆压得低的东西重一些，把秤杆压得不那么低的东西轻一些。

苏　在迦太基和吕西亚也这样吗？

友　是的。

苏　【b】好的事物似乎在任何地方都被当做好事物来接受，可耻的事物在任何地方都被当做可耻的事物，而不是可耻的事物被当做好事物，好事物被当做可耻的事物。

友　是这样的。

苏　因此，归纳一下所有这些事例：在我们中间和在所有其他民族中间，事物是什么就被接受为什么，而不是事物不是什么就被接受为什么。

友　这是我的看法。

苏　所以，不知道事物是什么也就不知道接受什么事物。

友　当你用这种方式表达事物时，我们和其他民族似乎总是接受这些事物。【c】但是想到我们在不断地颠覆法，你还是不能说服我。

苏　你也许还没想到，当我们移动跳棋的棋子时，它们仍旧是棋子。但请你和我一道按照下面的方式考虑问题。你有没有看过讨论健康或疾病的论文？

友　看过。

苏　那么你知道这样的论文谈论的是什么技艺？

友　我知道——医学。

苏　你不是把拥有关于这种事情的知识的人称做医生吗？

友　我同意。

苏　【d】拥有知识的人在同样的事情上接受同样的东西，还是不同的人接受不同的东西？

友　在我看来，接受同样的东西。

苏　那么在他们知道的事情上，只有希腊人接受同样的事情，还是外国人也接受同样的事情，他们之间是一致的吗，他们和希腊人也一致吗？

友　我会这样假定，那些知道的人肯定接受同样的事情，无论是希腊人还是外国人。

苏　回答得好。他们始终一致吗？

友　是的，始终一致。

苏　医生在他们讨论健康的论文中不是要写下他们接受的事情，因为事情就是这样，是吗？

友　【e】是的。

苏　那么，这些医生的法是医学方面的，是医学的法。

友　当然是医学的。

苏　所以关于耕种的论文也是耕种的法吗？

友　是的。

苏　那些关于园艺的论文和被接受的观念是谁的？

友　是园丁的。

苏　那么它们是园艺的法。

友　是的。

苏　由那些懂得如何管理花园的人制定？

友　显然如此。

苏　拥有这种知识的人是园丁吗？

友　是的。

苏　那些有关准备饭菜的论文和被接受的观念是谁的？

友　是厨师的。

苏　那么这些东西是烹调的法吗？

友　是的。

苏　【317】它似乎由那些知道如何准备饭菜的人制定，是吗？

友　是的。

苏　如他们所声称的那样，拥有这种知识的人是厨师吗？

友　是的，他们拥有这种知识。

苏　很好。但是那些关于如何管理城邦的论文和被人们接受的观念是谁的？不就是那些知道如何管理城邦的人的吗？

友　我是这样看的。

苏　除了那些在政治和王权方面拥有娴熟技艺的人，还有谁拥有这种知识？

友　只有这些人。

苏　那么被人们称做法的这些作品是政治方面的论文——【b】由国王和好人写的论文。

友　你说得对。

苏　那么，那些拥有知识的人肯定不会就相同的事情在不同的时间写不同的东西，是吗？

友　不会。

苏　他们也不会就同样的事情用另一套观念替换被接受的观念，是吗？

友　肯定不会。

苏　所以，如果我们在任何地方看到有任何人这样做，我们会说这样做的人拥有知识还是不拥有知识？

友　不拥有。

苏　我们也会说在各个领域里被接受的东西就是正确的，无论是医学、烹调，还是园艺？

友　【c】是的。

苏　无论什么不正确的东西，我们都绝不会再说它是被接受的观念吗？

友　绝不会。

苏　那么，它已被证明是不合法的。

友　肯定不合法。

苏　在那些讨论正义和非正义以及一般讨论城邦的组织和应当如何管理城邦的论文中，正确的东西不就是国王的技艺的法吗？而那些不正确的东西，尽管被那些不知道的人当做法，但它仍旧不是法。它是不合法的。

友　是的。

苏　【d】所以，我们正确地同意法是对真相的发现。

友　似乎如此。

苏　现在来看进一步的观点，我们需要小心注意我们讨论的主题。谁拥有在地里播种的知识？

友　农夫。

苏　他在各种不同的地里播撒恰当的种子吗？

友　是的。

苏　那么农夫是一位好的分配者，他的法和分配在这个领域是正确的吗？

友　是的。

苏　谁在唱歌中是音符的好的分配者？在这里，谁的法是正确的？

友　【e】笛手的法和琵琶演奏者的法。

苏　那么在这个领域中他的法最有权威的那个人是那个演奏得最好的人。

友　是的。

苏　谁能最好地给人体分配营养？不就是那个能够恰当地分配营养的人吗？

友　是的。

苏　那么他的分配和法是最好的，在这个领域中他的法最有权威的那个人也是最好的分配者。

友　肯定是。

苏　这个人是谁？

友　【318】教练。

苏　他在驱使人群方面是最优秀的吗？

友　是的。

苏　谁在驱使羊群方面是最优秀的？他的名称是什么？

友　牧羊人。

苏　那么牧羊人的法对羊是最好的。

友　是的。

苏　牧牛人的法对牛是最好的吗？

友　是的。

苏　谁的法对人的灵魂最好？不就是国王的法吗？同意吗？

友　我同意。

苏　【b】你回答得很好。你现在能说出，在古代，谁在吹笛子方面证明自己是一位好立法者？你也许想不起来——要我提醒你吗？

友　当然要。

苏　不就是玛息阿① 以及他的男友、弗里吉亚人奥林普斯② 吗?

友　你说得对。

苏　他们用笛子吹出的曲调绝对是神圣的,只有他们【c】能让那些需要众神的人心旷神怡——迄今为止,仍旧只有他们能够做到这一点,因为他们是神圣的。

友　是这样的。

苏　在古代国王中,有谁证明自己是一名好立法者? 哪怕到了今天,被人们接受的他的规定仍旧有效,因为它们是神圣的。

友　我想不起来。

苏　你不知道哪些希腊人使用最古老的法吗?

友　你指的是拉栖代蒙人和立法家莱喀古斯③ 吗?

苏　但他们那个时候距今也许还不到三百年,【d】或者更早一些。他们接受的法中最优秀的法是从哪里来的? 你知道吗?

友　人们说,来自克里特。

苏　所以在希腊人中克里特人使用的法最古老吗?

友　是的。

苏　那么你知道他们有哪些好国王吗? 弥诺斯④ 和拉达曼堤斯⑤,宙斯和欧罗巴之子。这些法是他们规定的。

友　人们肯定说拉达曼堤斯是个公正的人,苏格拉底;但是,他们说弥诺斯是野蛮的、苛刻的、不公正的。

苏　我的好友,你在讲阿提卡戏剧里的故事。

友　【e】嗯,他们难道不是这样说弥诺斯的吗?

---

① 玛息阿 (Μαρσύας),神话人物。
② 奥林普斯 (Ὀλύμπους),神话人物,乐师。
③ 莱喀古斯 (Λυκούργους),人名,斯巴达立法家。
④ 弥诺斯 (Μίνως),冥府判官。
⑤ 拉达曼堤斯 (Ῥαδάμανθυς),冥府判官。

苏 荷马和赫西俄德没有这样说。然而他们比其他所有悲剧家加在一起还要更有说服力——如果你这样说，那么你是听这些悲剧家说的。

友 关于弥诺斯，荷马和赫西俄德是怎么说的？

苏 我会告诉你，这样你就不会对大众显得不敬了。在涉及众神的时候，在涉及这些神圣的人的时候说错话，办错事，世上没有比这更不虔敬的事，在其他任何方面也不需要接受更多的警告。你要始终有远见，【319】在批评或表扬一个人时，要确保不说错话。这就是你要学会区分可敬的人和邪恶的人的原因。因为，要是有人批评某些与神相同的人的时候，或者有人赞扬某些与这些人情况相反的人时，神会感到愤怒；而前一种人就是好人。你一定不要认为只有神圣的石头、木头、鸟、蛇，而没有神圣的人。好人是这些事物中最神圣的，恶人则是最肮脏的。

【b】所以，抱着这样的目的，我现在来谈弥诺斯，说一说荷马和赫西俄德是怎么赞美他的；你作为一个凡人和凡人的儿子，在说到一位英雄的时候不可以说错了，他是宙斯之子。荷马谈到克里特，说那里居民众多，有"九十座城"，他说："它们中有伟大的城市克诺索斯[①]，弥诺斯在那里为王，每逢第九年与伟大的宙斯交谈。"[②]【c】荷马就是这样赞扬弥诺斯的，表达非常简洁——但是对其他英雄，荷马没有这样说过。宙斯是一位教师，他的谈话技艺非常卓越，他在这里和在其他许多地方都说得非常清楚。荷马的意思是，每逢第九年弥诺斯就与宙斯一起讨论事情，定期接受宙斯的教导，就好像宙斯是一名教师。所以荷马实际上把接受宙斯教导的特权只给了弥诺斯，而没有给予其他英雄，这是一种格外的赞扬。【d】在《奥德赛》讲亡灵的那卷书中，荷马说弥诺斯，而不是拉达曼堤斯，拿着金权杖对亡灵进行宣判。[③] 在这段话中，荷马没有说拉达曼堤斯审判亡灵，在其他任何地方也没有说他与宙斯交谈。由于这个原因，我说荷马对弥诺斯的赞扬超过他对其他

---

① 克诺索斯（Κνωσοῦς），地名。

② 荷马：《奥德赛》19：178—179。

③ 荷马：《奥德赛》11：568—571。

所有英雄的赞扬。

　　说他是宙斯之子，然后又是唯一由宙斯教导的儿子，这是一种无法更高的赞扬。"在那里为王，每逢第九年与伟大的宙斯交谈"，这句诗表明弥诺斯与宙斯交往。【e】"交谈"是进行讨论，与某人交谈是通过讨论进行交往。换言之，每隔九年，弥诺斯都会去宙斯的洞穴，一方面学习，一方面证明他在这九年中如何使用从宙斯那里学到的东西。有些人以为这种交往是陪宙斯饮酒，【320】但下列证据可以证明这种假设是胡说八道。在那里众多的居民中，无论是希腊人还是外国人，没有哪个民族禁止在宴会上饮酒，只有克里特人和拉栖代蒙人除外，而拉栖代蒙人是从克里特人那里学来的。在克里特，有一项弥诺斯制定的法，人们不能聚在一起饮酒，喝得醉醺醺的。事情很清楚，他把自己当做可敬的来接受的东西也确定为他自己的公民要遵守的规定。【b】弥诺斯肯定不会口头上接受一件事，但做起来却不一样，像个不诚实的人。他与人交往形式如我所说，是通过讨论接受美德方面的教导。由于这个原因，他为自己的公民制定的那些法使克里特人的生活一直很幸福，拉栖代蒙也从那时起使用那些法，因为它们是神圣的。

　　【c】拉达曼堤斯是个好人，他接受弥诺斯的教导。但是他得到的教导不是整个王权统治的技艺，而是它的一个附属的方面，限于主持法庭；因此，他被称做好法官。弥诺斯派他去监督城市里的法，派塔洛斯①监督克里特的其他地方。塔洛斯每年巡查乡村三次，把法刻在铜牌上，监督它们的实施情况；因此他被称做"青铜的"。

　　【d】关于弥诺斯，赫西俄德也说了一些类似的事情。提到弥诺斯的名字以后，他说"他被证明为人间最伟大的国王，他手持宙斯的权杖，统治着乡间的大多数人——他也用它来统治城市"②。"宙斯的权杖"，他的意思无非就是指弥诺斯从宙斯那里接受的教导，以此统治克里特。

―――――――――

①　塔洛斯（Τάλως），人名。
②　赫西俄德：《残篇》，144。

友 【e】好吧，苏格拉底，为什么这种关于弥诺斯的谣言，说他缺乏教养和非常苛刻，会到处流传呢？

苏 我的好友，如果你是聪明的，你会注意到这是由于某些值得你警惕的事情，其他任何在乎好名声的人也会如此——决不要和任何精通诗歌的人吵架。关乎名望，诗人们有很大的力量，他们在对人进行描写时会采用赞扬或辱骂的方式。弥诺斯对这座城市发动战争是一个错误，然而就像我们说有许多种智慧，也有许多种诗人，【321】他们创作悲剧以及其他各种诗歌。悲剧是一种古老的形式，它不是从塞斯皮斯①开始的，如某些人以为的那样，它也不是从弗律尼库②开始的；如果你仔细考虑这件事，你会发现就在这座城里，它是一项非常古老的发现。悲剧是一种最能让人兴奋的形式，最能诱惑灵魂。所以在悲剧中，我们拷打弥诺斯，对他进行报复，因为他强迫我们纳贡。③所以，与我们争斗是弥诺斯所犯的错误。【b】我再来回答你的问题，由于这个原因，他的名声越来越坏。如我们一开始所说，他实际上是个好人，是守法的，是一位好的分配者。最能表明这一点的是他的法不可变更；这就表明他在对待一座城市的居处方面有多么好地发现了真相。

友 在我看来，苏格拉底，你提供的解释好像有理。

苏 如果我说得对，那么你认为使用最古老的法的是克里特人吗，他们是弥诺斯和拉达曼堤斯的公民？

友 似乎如此。

苏 【c】那么似乎可以证明这两个人是古代最优秀的立法者、分配者，他们是人民的牧者，如荷马所说，那位好将军是"人民的牧者"。④

友 确实如此。

---

① 塞斯皮斯（Θέσπις），雅典诗人，公元前535年于雅典酒神节上第一个赢得戏剧奖。

② 弗律尼库（Φρυνίχους），公元前5世纪初的悲剧作者。

③ 按照神话传说，弥诺斯打败雅典人以后，要雅典人每隔九年奉献七对童男童女，囚禁起来，供"弥诺斯的公牛"弥诺陶（半人半牛的怪物）吞食。

④ 荷马：《伊利亚特》1：263；《奥德赛》4：532。

苏 现在，请以友谊之神宙斯的名义起誓：如果有人问我们，好的立法者和分配者给予身体，使它变好的东西是什么，如果我们做出简要的、良好的回答，我们会说，是食物和艰苦的工作，食物使身体健康，艰苦的锻炼使身体强壮。

友 非常正确。

苏 【d】然后，要是他继续问："好的立法者和分配者给予灵魂，使之变好的东西是什么?"要是不对我们自己和我们成熟的年纪感到羞耻，我们会做出什么回答?

友 我不知道该怎么说了。

苏 然而，对我们每个人来说，不知道是什么东西构成了灵魂的善与恶，却知道是什么东西构成了身体的善与恶，这确实是一种耻辱，至于其他事物，有些我们已经考虑过了。

德谟多库篇

提　要

公元 1 世纪的塞拉绪罗称本篇为伪作。[①] 本篇谈话篇幅不长，译成中文约 0.6 万字。

本篇文章由四个独立的部分组成。第一部分是叙述人（文中没有提到他的名字，但被假定为苏格拉底）对德谟多库的独白，反对集体做决定。其他部分是三篇短小的对话，报告了三则轶事。这些对话在柏拉图著作中在古代被称做"无标题对话"。很有可能是某个抄写员将它们拼在一起，就形成了后来的这篇对话。文章充满了冗词赘语，写作时间可能晚于公元前 4 世纪中，也可能更晚。对话中的人物德谟多库也出现在《塞亚革斯篇》中，他在那里同意苏格拉底的观点，认为提建议是一件神圣的事情。叙述人应邀在一场集会上提建议，但他拒绝了。他宁可提出问题：集会有什么意义？哪些人打算提建议？他们各自打算投什么样的票。他争论说，集体做决定的程序（提建议、听建议，通过投票作决定）是荒唐的。

在文章其他部分，叙述者转述了三则轶事，内容涉及三条已经成为常识的原则，但叙述者对这些原则感到困惑。（1）有人责备他的同伴在还没有听到被告讲话之前就相信原告，只听原告的讲话。人们都知道，为了公正地断

---

① 参见第欧根尼·拉尔修：《名哲言行录》3：62。

案，必须聆听原告和被告双方的发言。而实际上，不可能弄清一个人的讲话是否在说实话，更不可能弄清两个人的讲话是否在说实话。（2）有人向友借钱，遭到拒绝，因此他批评他的友，说这是对他的不信任。其他人对他说，你遭到拒绝是你自己的错，因为错误就意味着不能达到自己的目的，要么你提出的要求是不适当的，要么你没有用正确的方式提出请求，要么你没有说服你的友。（3）有人受到指责，因为他轻信任何跟他讲话的人。为什么说这是幼稚呢？因为他没有经过思考就很快地相信任何人的谎言。那么经过思考再相信熟人的话就对了吗？这同样是错误的。熟人的转述同样来自陌生人，同样不可信。听到这样的争论，叙述者感到困惑，不知道在这个世上应该相信谁。

正　文

谈话人：德谟多库、苏格拉底、客人

一

【380】德谟多库，你邀我就你们集会所要讨论的事情给你们提些建议，但我倾向于宁可问你们集会有什么意义、哪些人打算给你们提建议、你们各自打算投什么样的票。

一方面，假定对你们集会所要讨论的事情向你们提出良好的、有用的建议是不可能的，那么你们集会讨论一些不可能有良好建议的事情是荒唐可笑的。【b】另一方面，假定对这些事情提供良好的、有用的建议是可能的，那么要是不存在可以拿来作为对这些事情提供良好的、有用的建议的基础的知识，那么肯定是荒谬的——如果有某种可以以它为基础对这些事情提供良好建议的知识，那么实际上必定有某些人知道如何对这些事情提供良好的建议；【c】如果有某些人知道如何对你们集会讨论的这些事情提建议，那么对你们自己来说，要么你们知道如何就这些事情提建议，要么你们不知道如何对这些事情提建议；或者说你们中间某些人知道，其他人不知道。如果你们全都知道，那么你们为什么仍旧要集会讨论这个问题？你们中的每一个人都有能力提建议。如果你们全都不知道，那么你们怎么能够讨论这个问题？如果你们不能讨论这个问题，你们从集会中能得到什么？【d】如果你们中某些人知道，而其他人不知道，如果不知道的人需要建议——假定一个聪明人给那些不知道的人提建议是可能的——那么有一个人给你们中间那些缺乏知识的人提建议不就足够了吗？假定那些知道如何提建议的人都提供了相同的建议，那么你们一定会听一个人的话，然后照着去做。但你们实际上并不这样做，或者倒不如说，你们想要听几位建议者的话。你们假定那些给你们提建议的人实际上对他们所提建议的那些事情并不懂；因为如果你们假定你们的建议者是懂的，那么你们只要听到他们中的一个人的建议【381】就会感到满意。现在你们集会，听那些对这些事情不懂的人讲话，还以为自己由此能够获得某些东西，这肯定是荒谬的。

这就是我对你们要举行集会的困惑。至于那些打算给你们提建议的人，我有以下困惑。

假定他们是就相同的事情提建议，那么他们不会提出相同的建议；要是建议不是由某位提好建议的人提出的，那么这些事情怎么能都得到良好的建议呢？【b】人们打算对那些他们并不了解情况的事情提建议，这难道不荒唐吗？因为他们要是了解情况，他们不会选择提出不好的建议。但若他们提供的建议都是相同的，为什么还需要他们都来提建议呢？他们中间有一个人提建议就足够了。打算做某些一无所获的事情确实是荒唐的。这样一来，那些不了解情况但打算提建议的人要提出建议【c】只能是荒唐的；而那些聪明人在这样的情况下，知道他们中的任何一个人如果这样做，在不得不提建议的时候提建议，都会取得同样的效果，也就不准备提建议了。因此我感到困惑，那些打算给你们提建议的人怎么可能不荒唐。

尤其使我感到困惑的是你们打算进行投票。你们这样做是为了评价那些知道如何提建议的人吗？——提建议的人不会多于一位，他们也不会就同样的事情提出不同的建议。因此你们不需要对他们进行投票。【d】或者说你们要对那些不了解情况、没有提出他们本应提出的建议的人做出评价？——你们一定不要允许这样的人提建议，就像不允许疯子提建议一样。但若你们既不评价了解情况的人，又不评价不了解情况的人，那么你们评价谁呢？

在任何情况下，如果你们能对这些事情做出判断，为什么需要其他人给你们提建议呢？如果你们没有这种能力，你们的投票又有什么意义呢？【e】接受建议对你们来说肯定是荒唐的，因为这表明你们需要建议，也表明你们自己无能；还有，如果你们认为必须投票，这表明你们有能力做出评价。因为几乎不可能是这样一种情况，作为个人你们是无知的，然而其他人遇上你们会变得聪明；或者说在私下里你们困惑不解，而来到同一个地方，你们就不再感到困惑，而变得能够明白自己必须做什么——无论是哪一种情况，你们都不能向任何人学到任何东西，或者为自己发现任何东西。【382】这是一切事情中最奇特的：假定你们不能明白自己必须做什么，你们就不会有能力评价在这些事情上给你们提出良好建议的人。向你们提建议的人，由于只有一个人，也不会说他能教你们明白自己必须做什么，以及怎样评价那些给你们提出坏的或好的建议的人，假定他的时间很少，而你们的人数又那么多——这种情况显然并不比前面的假设更奇特。如果这样的集会和你的建议都不能使你们具有评价的能力，那么你们的投票又有什么用呢？

【b】你们的集会与你们的投票肯定不一致，与你们的建议者的打算肯定不一致，是吗？因为你们举行集会表明你们没有能力，需要建议者，而你们举行投票表明你们不需要建议者，能够做出评价和提出建议。你们的建议者打算提建议表明他们有知识，而你们举行投票表明建议者们没有知识。

【c】再说，假定你们投了票，建议者也对你们投票决定的事情提了建议，在那之后，要是有人问你们是否知道自己的目标，为了实现这个目标，你们就已经投票决定了的事情打算采取什么行动；对此我认为你们不会说自己不知道。还有，如果你们知道自己打算采取行动所要实现的目标，你们知道自己对这个目标感兴趣吗？我不认为你们或你们的建议者会说你们知道。如果某人进一步问你们是否认为有人知道这些事情的任何细节，我认为你们不会承认自己知道。

【d】所以可以说你们对要提建议的这种事情是不明白的，投票者和建议者都不懂，在这种时候可以推论，你们本人也会同意，这些人经常会对他们接受的建议和所投的票失去自信和改变想法。但这样的事情一定不会发生在好人身上。因为他们懂得他们建议的那些事情，他们已经说服了的人肯定也会实现目标，他们和那些被他们说服了的人【e】都不会改变他们的想法。

就这样，我认为对聪明人来说，对这种主题提建议，而不是对你邀我提建议的事情提出建议是恰当的。因为对前一种事情提建议会以成功告终，而对后一类事情提建议只是胡说八道。

二

我见过有人责备他的同伴，因为他的同伴在还没有听到被告讲话前就相信原告，只听原告的讲话。他说这个人这样做真是太可怕了；他还进一步责备他的同伴【383】，说他既没有亲身经历这件事，又没有听到经历这件事的友人讲话，而这位友人的话是他本来应当合理地相信的；但在没有听到双方讲话的时候，他就仓促地相信了原告。为了做到公平，我们在赞扬或责备之前，既要听被告讲话，也要听原告讲话。如果两方面的话都没听，怎么能够对案子做出公正的或恰当的判决呢？【b】就好像鉴定紫衣或金币，对这些辩论，通过比较来下判断更好。我们为什么要把时间分配给双方，陪审团为什么要公正地聆听双方发言，不就是因为立法者认为陪审团用这种方式审判，能够更加公正地断案吗？

这个人说："你似乎没有听说过那句流行的谚语。"

【c】他的同伴问:"哪一句?"

这个人说:"'在听取双方申诉之前,决不可断案。'如果这句谚语不正确,不恰当,它决不会流传得如此广泛。所以我建议你将来不要如此仓促地责备或者赞扬。"

他的同伴答道,在他看来事情似乎相当清楚,如果辨别一个人的讲话是真还是假是不可能的,【d】而辨别两个人的讲话是真还是假是可能的,那么太荒唐了;或者说,如果不可能从某个讲真话的人那里知道一些事情,但却可能在同样的事情上接受同一个人,再加上另外某个讲假话的人的指点,那么真是太荒唐了;或者说,如果一个正确地讲真话的人不能弄清自己在讲什么,而两个人,其中一个讲假话,错误地讲话,却能够弄清那个正确地讲话的人不能弄清的问题,那么真是太荒唐了。

他说:"我也对下述观点感到困惑:他们如何弄清事实?保持沉默,还是讲话?如果他们通过保持沉默来弄清事实,那就不需要聆听他们中的某一个人讲话,更不需要聆听双方讲话。【e】如果他们都通过讲话来弄清事实,但两个人肯定不能一起讲话(他们必须一个个轮着讲),这样的话他们怎么能够同时弄清事实呢?如果他们双方同时弄清事实,那么他们会同时讲话——而这是不允许的。因此,如果他们要通过讲话来弄清事实,那么只能是他们中的一个通过讲话来弄清事实,当他们中的一个讲了话,他就弄清了事实。因此一个人会先讲,一个人会后讲,一个人先弄清,一个人后弄清。然而,如果说他们轮流弄清同一件事,那么你有必要听后一个人讲话吗?【384】事情已经由先讲的那个人弄清楚了。"他还说:"还有,如果双方都弄清楚了,那么他们中的每一个人肯定都弄清楚了。如果两人中有一个没有弄清楚,怎么能说双方都弄清楚了?如果说他们中有一个弄清楚了,那么显然是先说话的那个人先弄清楚。所以,我们怎么能说只听了他的话以后就弄清楚了是不可能的呢?"

听了他们的讲话,我自己也感到困惑,无法下判断——尽管在场的其他人说第一个人讲的是真话。所以要是你能做到的话,请你帮助我:【b】当一个人讲话的时候，你能评价他所说的事情吗，或者说，如果你知道他讲的是不是真话，你还需要听他的对手讲话吗？或者说聆听双方讲话是不必要的？你怎么想？

三

某日，有人批评一个人，因为这个人不相信他，不愿借钱给他。挨批评的这个人【c】为自己辩护，而在场的另一个人问这位批评者，不相信他、不愿借钱给他，这样做错了吗？这个人还说："或者说是你错了，是你没有说服他把钱借给你？"

这位批评者答道："我错在什么地方？"

这个人说："你认为是谁错了，得不到他想要的东西的人，还是得到他想要的东西的人？"

他答道："得不到他想要的东西的人。"

这个人说："失败者是你，因为你想要借钱，而他不借给你，他没有失败。"

他答道："是的，但是，是他不借钱给我，我错在什么地方？"

这个人说："好吧，如果你向他提出的要求是你一定不能提的，【d】那么你肯定明白是你错了，而他不给你，他这样做是对的。如果你向他提出的要求是你一定要提的，而你没有得到，所以你肯定错了。"

他答道："也许吧，但是，他不相信我，这不是肯定错了吗？"

这个人说："如果你这样对待他是应当的，那么你根本不会错，是吗？"

"确实不会。"

"而你实际上并没有像应当做的那样对待他。"

他说："显然没有。"

"所以，如果他没有被说服，因为你没有像应当做的那样对待他，【e】

你怎么能够公正地批评他呢?"

"我不知道。"

"你也能说一个人不需要体谅那些行为拙劣的人吗?"

他答道:"我肯定能这样说。"

"在你看来这些人行为拙劣,不像你这样对待这些人的人不能这样说吗?"

他答道:"他们能这样说。"

"如果你行为拙劣,他不体谅你,那么他做错了什么?"

他说:"好像一点儿也没错。"

"那么人们为什么要以这种方式相互批评,指责那些没有被他们说服的人不能被说服,但却不批评自己不能说服他们?"

【385】另一位在场的人说:"如果你行为端庄,乐意助人,当你要求对方以同样的方式对待你的时候,他拒绝了——在这样的情形下你责备他是合理的,是吗?"

他说:"你要求以和你同样的方式对待你的这个人要么能够公正地对待你,要么不能公正地对待你,不是吗?要是他不能,那么你肯定不能公正地要求他做他不能做的事;要是他能够,你又怎么能说服不了这样的人?【b】对人说这样的事情怎么能是公正的?"

他答道:"真该死,他必须批评这样的行为,为的是将来这个人能更好地对待他,以及更好地对待他的其他友,他们听到了他的批评。"

他问道:"听某人恰当地讲话,提恰当的要求,或者听说某人做错了事,你认为这会使人的行为变好吗?"

他答道:"恰当地讲话可以使人的行为变好。"

"你认为他没有提出恰当的要求?"

他说:"对。"

"那么听到这样的批评,人们的行为不会变好吗?"

他答道:"不会。"

【c】"那么这样的责备有什么意义？"

他说他找不到答案。

四

某人指责一个人幼稚，因为他很快就相信任何跟他讲话的人。

"相信你的同胞公民和亲戚是合理的；但是当你非常明白大多数人【d】游手好闲，是撒谎者的时候，相信你从未见过或听说的人，这是简单和幼稚的重大标志。"

在场的人中间有一个说："我认为你会尊敬那些能够迅速把握事物的人，无论是什么事物，而不会尊敬某个缓慢地把握事物的人，是吗？"

头一个人答道："确实如此，我是这样的。"

他问道："那么你为什么要批评他，要是他很快就相信任何对他说真话的人？"

他答道："我批评他不是为了这个原因，而是因为他很快就相信没有对他说真话的人。"

"假定他要较长的时间才相信人，或者不相信人，但他受了骗，你仍旧会为此而批评他吗？"

他答道："我会。"

【e】"因为他缓慢地相信人或者不相信人吗？"

他答道："当然不是。"

他说："我敢肯定，你这不会由于这个原因而批评人，倒不如说是因为他相信那些说了不可信的话的人，是吗？"

他说："是的，确实如此。"

他说："那么你认为由于他缓慢地相信，或者不相信而批评他是不对的，而由于他很快地相信和相信任何人而批评他是对的，是吗？"

他答道："我不这样看。"

他问："那么你为什么要批评他？"

"他在考虑问题之前就相信、他很快地相信他们，是错误的。"

【386】"如果他在考虑问题之前缓慢地相信他们，这样做就不错了吗？"

他答道："当然不错了，在这种情况下，我想他的错倒不如说是他不应当相信任何人。"

他说："如果你认为他不应当相信任何人，那么他肯定不应当很快地相信陌生人，是吗？倒不如说，你认为他首先应当考虑他们是否讲了真话？"

他答道："我是这样想的。"

"如果他们是朋友或亲戚，就不需要考虑他们是否在讲真话？"

他答道："我会说他需要。"

"这些人中的某些人也许会说不值得相信的话？"

他答道："是的，确实如此。"

【b】他说："那么为什么相信你的朋友或亲戚是合理的，而非相信任何人是合理的？"

他答道："我说不出来。"

"还有，如果你应当相信你的亲戚，而不是相信任何人，你认为他们比其他人更值得信任，不是吗？"

他答道："当然如此。"

"如果他们是某些人的亲戚，但对其他人来说是陌生人，那么你肯定认为亲戚和陌生人比这些人更值得信任，是吗？因为你不会认为亲戚和陌生人值得同等地信任，或者你会这样说。"

他答道："我不能接受这种说法。"

他说："同理，某些人会相信他们说的话，某些人会认为不值得相信，双方都没有错。"

他答道："这样说太荒唐了。"

【c】他说："还有，如果亲戚说的事情和其他人是相同的，那么他们说的话同样可信或同样不可信吗？"

　　他答道："必定如此。"

　　"当他在说这些事情的时候，你不会同等地相信说这些事情的人吗？"

　　他答道："这样说似乎有理。"

　　他们以这种方式进行争论，这时候我感到困惑：在这个世上我该相信谁，我该不相信谁，我应当相信那些值得相信的人和那些知道自己在谈论些什么的人，还是相信亲戚或熟人。你对此怎么看？

西绪福斯篇

提　要

本篇对话可能是一位柏拉图的追随者于公元前 4 世纪中写成的，用来鼓励他的读者研究柏拉图哲学和它的中心目标善本身。与本篇关系最为密切的是柏拉图的《美诺篇》（80d—e），那里提出一个悖论：一个人既不能发现他知道的东西，也不能发现他不知道的东西。公元 1 世纪的塞拉绪罗称本篇为伪作。[①] 译成中文约 0.4 万字。

　　苏格拉底与法撒鲁斯城邦的一位议政者西绪福斯谈话，西绪福斯说他昨天接到统治者的命令，参加一个会议，商议重要事务。苏格拉底提议讨论一下商议本身，首先讨论什么是商议。要采取某些行动，但对相关事情缺乏了解，于是就要商议，所谓商议就是试图发现最佳行动过程，它和通过占卜进行的猜测不同。会有某些人比其他人擅长商议吗？西绪福斯认为是的，他在法撒鲁斯多待了一天，为的就是与某些当权者见面，参加商议。但是苏格拉底感到困惑，认为这里存在着一个悖论：商议就是发现，但是发现意味着不懂，一个人不可能商议他不懂的事情，也不可能找这样的人来商议。所以法撒鲁斯人的商议是自找麻烦，而他们应当做的事情是向懂行的人学习，为城邦获得最佳行动方案。苏格拉底还指出，不可能发现未来的事情，因为未来

---

　　① 　参见第欧根尼·拉尔修：《名哲言行录》3∶62。

的事情是一些还不存在的事情，要发现不存在的东西是不可能的，没有一个商议不存在的东西的人能够真正发现它。

正　文

谈话人：苏格拉底、西绪福斯

苏　【387】昨天，西绪福斯[①]，在斯特拉托尼库[②]的表演开始之前我们等了你很久，想与你一道去听一位大师的精湛表演，既有理论，又有实践；【b】但是后来我们放弃了，我们想你不会来了，所以我们自己去听这个人讲话。

西　是啊，你们这样做绝对正确，你瞧，有事情冒出来，【c】相当紧急，我无法不管。我们的政府昨天召开会议，要我去参加商议；如果当局召唤我们中的任何人去商议，我们这些法撒鲁斯[③]的公民在法律上有义务服从。

苏　好吧，服从法律是件好事，也会被同胞公民视为优秀的议政者，你也认为自己是一名法撒鲁斯的好议政者。【d】还有，此刻我不想和你讨论良好的议政，西绪福斯；我认为，讨论这个主题需要许多闲暇和长时间的论证，但我有个建议，让我们来讨论一下商议本身，首先讨论什么是商议。

商议本身能是什么呢？你能告诉我吗？——我问的不是如何很好地或很不好地或极好地进行商议，而是商议本身是哪一类事情？你肯定能够轻而易举地进行商议，因为你本身是如此优秀的议政者，是吗？我希望自己没有因为就这个主题向你提问而显得过于好奇。

西　你真的不知道什么是商议吗？

苏　【e】我确实不知道，西绪福斯，不过商议至少和通过占卜或虚构进行的猜测不同，就好比一个人要采取某些行动，但对相关事情缺乏了解。他

---

①　西绪福斯（Σίσυφος），人名，本篇对话人。
②　斯特拉托尼库（Στρατονίκως），人名。
③　法撒鲁斯（Φαρσαλίοις），地名。

会说，无论想到什么事情，他都会像那些猜拳的人一样，把事情扯平；当然了，猜拳的人不知道手里的东西是偶数还是奇数，然而当他们说出它是奇数或偶数的时候，他们命中了真理。【388】商议也许就是这样一种事情：某个人对要商议的事情并不懂，他只是在猜测，从而命中真理。如果商议是这样一种事情，那么我确实粗略地知道什么是商议；但若商议不是这样的，那么我完全不知道什么是商议。

西 但可以肯定，商议不像是完全彻底的对某事无知，而像是熟悉它的一部分，不熟悉它的其余部分。

苏 【b】你的意思也许是，商议是——老天保佑！我感到自己几乎已经预感到你对良好商议的看法了——你的看法是这样的吗？某个人试图发现最佳行动过程，然而还不能清楚地理解它，而是处于思考的过程中，是吗？这样说或多或少是否符合你的意思？

西 是的。

苏 人们试图发现什么——他们知道的事情，还是他们不知道的事情？

西 二者。

苏 当你说人们试图发现二者时——【c】他们知道的事情，以及他们不知道的事情——你的意思也许是这样的，举例来说，熟悉卡利斯特拉图①，知道他是谁，然而不知道在什么地方能够找到他。你的意思是人们试图发现这二者吗？

西 是的。

苏 现在你不想发现前者吗，认识卡利斯特拉图，至少你是认识他的？

西 当然不想。

苏 【d】但你试图发现他在什么地方。

西 是的，我想你也会这样做。

苏 还有，你也想发现在什么地方能找到这个人，如果你认识他的话；

---

① 卡利斯特拉图（Καλλίστρατος），人名。

在这种情况下，你会马上去找他，是吗？

西 是的。

苏 那么，这件事显然不是他们试图发现的已经知道的事情，而是他们不知道的事情。

但是这个论证会使你感到是在吹毛求疵，西绪福斯，提出来的观点不是直指事情真相，而仅仅作为一个争论的观点。【e】如果是这样的话，请你这样来看问题，看你是否同意我们刚才所说的。你知道几何方面的事，是吗；几何学家不知道对角线有多长，然而对它是不是对角线却没有疑问——这根本不是他们试图发现的东西——倒不如说，他们要发现的是在一个矩形中它有多长。这不就是他们试图发现的东西吗？

西 我相信是这样的。

苏 这是某个未知的东西，不是吗？

西 绝对是。

苏 还有，以立方体的倍数为例。你知道几何学家们试图通过推理来发现它有多大，不是吗？至于立方体本身，他们并不试图发现它是不是立方体。他们非常懂得这一点，不是吗？

西 是的。

苏 【389】还有，考虑一下天上的气吧。你肯定知道阿那克萨戈拉和恩培多克勒① 以及其他所有宇宙论者试图发现它是无定形的还是有定形的。

西 是的。

苏 但他们不问它是不是气，是吗？

西 当然不问。

苏 那么在所有这些例子中，我们的结论如下：没有人试图发现任何他知道的事情，而只会去发现他不知道的事情。你同意我的观点吗？

西 我同意。

---

① 恩培多克勒（Ἐμπεδοκλέα），希腊早期自然哲学家。

苏 【b】嗯，所谓商议在我们看来不就是这么一回事吗——某个人试图发现他应当采取的最佳行动过程？

西 是的。

苏 我们认为商议就是试图发现某些涉及实际事务的事情，不是吗？

西 是的，当然了。

苏 所以，人们试图发现他们想要发现的东西，现在是考虑什么东西在阻碍人们的发现的时候了。

西 我想是的。

苏 【c】是不懂在阻碍人们的发现，除此之外我们还能说什么？

西 让我们务必观察一下。

苏 绝对如此！——如人们所说，我们一定不要放过暗礁，然后发出一片惊呼。

所以，现在让我们一起来考察下列问题：如果一个人对音乐没有知识，既不懂如何弹琴，又不懂如何演奏其他乐器，和他商议音乐，你认为可能吗？

西 不，我不这么认为。

苏 【d】军事或航海怎么样？会有某人不懂军事和航海，却能和他商议在这两个领域该做什么吗？如果他没有任何军事或航海的知识，能和他商议如何指挥军队或担任船长吗？

西 不能。

苏 你能期望这个人掌握其他所有领域的所有知识吗？不懂的人要商议他不懂的事情，这是不可能的。

西 我同意你的看法。

苏 但是，试图发现他不知道的事情是可能的，对吗？

西 【e】肯定对。

苏 所以试图发现与商议不再能够等同。

西 为什么不能？

苏　因为一个人试图发现的事物显然是他不知道的事物，而和这样的人商议他不知道的事物显然是不可能的。这不就是我们刚才说过的事情吗？

西　确实如此。

苏　试图为你们的城邦发现应当做的最好的事情，然而却不知道它们是什么，这不就是你们这些法撒鲁斯人昨天在做的事情吗？因为，要是你们知道它们是什么的话，你们肯定不会继续去发现它们——就好像我们不会试图发现我们已经知道的东西，是吗？

西　不，我们不会。

苏　如果一个人不知道某件事情，西绪福斯，你认为他会怎么做：试着发现它，还是学习它？

西　【390】学习它，必定如此；这是我的想法。

苏　你这样想是对的。但是请你告诉我，由于下面这个原因，你认为一个人应当学习而不是试图发现它吗？通过向那些懂行的人学习，既能更加快捷地发现，也能轻易地获得，而不是在自己不懂的时候，试图凭着自己来发现它。或者说有其他某个原因？

西　不，就是因为这个原因。

苏　那么好，你们这些人昨天为什么要自找麻烦，商议你们不懂的事情，试图发现城邦要采取的最佳行动？【b】你们为什么不向懂行的人学习，这样就能为城邦获得最佳的行动方案？与此相反，在我看来你们昨天花了一整天坐在那里，编造和猜测你们不懂的事情，而不是去学习——我指的是统治你们城邦的人，包括你在内。

你也许会说我这样说仅仅是为了进行讨论的缘故而跟你开玩笑，而我说的事情都没有得到严肃的证明。【c】不过，你肯定要认真对待下一个观点，西绪福斯。假定有商议这么一回事，假定像我们刚才所发现的那样，它不能被证明仅仅是一种不理解、猜测，或者与虚构无异，只不过用了一个比较宏大的名称。在这种情况下，你不认为良好的商议或者良好的商议者有差别吗，就像其他所有专门领域里人与人之间有差别——例如，木匠与木匠有差别，【d】医生与医生有差别，笛手与笛手有差别，商人与商人有差别？正如这些行家的技艺互有差别，你不认为商议也有同样的情况吗——商议者与商议者之间有差别？

西　是的，有差别。

苏　现在请你告诉我，所有这些能很好地进行商议的人和不能很好地进行商议的人将来都会存在吗？

西　肯定存在。

苏　将来存在的东西现在还不存在。不对吗？

西　当然对了。

苏　【e】如果我们假定它不会在将来继续存在，那么它已经存在过了，不是吗？

西　是的。

苏　如果它还不存在，那么它也还没有产生。

西　没有。

苏　但若它还没有产生，那么它还没有拥有它自己的任何本性，是吗？

西　完全没有。

苏　所以，在商议将来的事情时，那些很好地进行商议的人和那些很差地进行商议的人都是在商议既不存在又没有产生，也不拥有任何本性的东西。对吗？

西　似乎如此。

苏　你认为任何人有可能很好地或很差地谈论那些不存在的东西吗？

西　你这样说是什么意思？

苏　我会把我的想法告诉你。【391】假定有一些弓箭手。你怎样区分哪些弓箭手是好射手，哪些弓箭手是差射手？这不难回答，是吗？你可能会要他们对着某个靶子射箭。

西　确实如此。

苏　那个最成功地命中靶子的射手，你会判定他是优胜者吗？

西　我会。

苏　但若在他们面前没有竖起靶子，弓箭手们随心所欲朝着任何地方射箭，【b】你怎么能判断哪名射手好，哪名射手差呢？

西　我不能。

苏　如果商议者不懂得他们要商议的事情，你不也会对如何区别好的商议者和差的商议者感到困惑吗？

西　我会。

苏　如果这些人商议将来的事情，那么他们是在商议不存在的事情，是吗？

西　绝对如此。

苏　任何人要想发现不存在的东西是不可能的。【c】要是说有人能够发现不存在的东西，你会怎么看？

西　他不可能做到。

苏　既然发现不存在的东西是不可能的，那么没有一个商议者能对不存在的东西进行商议。因为将来就是还不存在的东西，不是吗？

西　我相信是这样的。

苏　由于无人能够发现未来的东西，所以也无人能够是真正的好商议者或坏商议者。

西　显然不能。

苏　如果一个人不能比其他人或多或少地成功地发现不存在的东西，那么也无人能比其他的商议得好或商议得差。

西　【d】确实不能。

苏　所以当他们把某些人称做好的或坏的商议者时，他们心里能有什么标准？西绪福斯，你不认为这个问题值得我们在某些时候再深入探究吗？

厄里西亚篇

提　要

本篇对话所使用的术语和柏拉图有较大差异，对话中的有些观点可以追溯到早期斯多亚学派。所以有学者认为本篇作者可能是学园派的某个成员，大约写于公元前 4 世纪末。公元 1 世纪的塞拉绪罗把本篇称做"掺杂进来的伪作"，[①] 译成中文约 1.2 万字。

这篇对话有清晰的地点和听众。苏格拉底与厄里西亚在拯救者宙斯的柱廊里散步，遇上克里底亚和刚从西西里回来的厄拉昔拉图。谈话虚构的写作年代是雅典人于公元前 416 年攻打叙拉古之前。

对话有两个议题：(1) 美德与财富；(2) 哲学论证的严肃性。两个议题合在一起构成了对苏格拉底式的哲学家的生活方式的一种思考。

苏格拉底指出，人们认为美德与财富是最重要的事情，拥有最有价值的东西的人就是最富有的人。那么人拥有的最有价值的东西是什么呢？金钱是重要的，可以帮助人获得成功，但金钱不是最有价值的东西，因为有时候有了钱没有用处，有时候有了钱反而是坏事。有价值就是有用，但有用的前提是有需要，如果没有需要，有价值的东西也就没有用了。由此产生了一个悖论：如果说金钱是有用的，那么拥有最多金钱的人的处境一定最差；因为

---

① 参见第欧根尼·拉尔修：《名哲言行录》3：62。

如果他的处境不是最差的，那么他就不会需要大量的钱，他就不会认为钱有用。所以最重要的东西不是财富，而是智慧。

厄里西亚对苏格拉底的论证表示反对，因为这样一来就意味着那些拥有大量财富的人是贫穷的，而那些过着贫困生活的哲学家是富有的。他责问：严肃的哲学论证与理智的游戏有什么区别？苏格拉底指出，哲学家严肃地进行论证，相信这些论证，他们的论证就是他们的技艺，他们通过智慧的传授增加了他们的价值。这样的哲学家看起来过着贫困的生活，但实际上是最富有的。

正　文

【392】克里底亚①和厄拉昔拉图②朝我们走来的时候，我正好与来自斯提里亚区的厄里西亚③在拯救者宙斯的柱廊里散步，这位厄拉昔拉图是斐亚克斯④（厄拉昔拉图之子）的侄子。厄拉昔拉图最近刚从西西里和其他邻近的地方回来。【b】他走过来对我说："你好，苏格拉底。"

我答道："你好，在西西里有什么事值得告诉我们吗？"

"当然有。但你们能先坐一会儿吗？我昨天从麦加拉⑤走回来，我累坏了。"

"当然可以，如果你想坐的话。"

"关于那里的形势，你们首先想听什么？西西里人在干什么，或者他们对我们的城邦采取什么态度？我个人认为，他们对我们的感情就像黄蜂。【c】如果你打扰它们，它们马上就会生气，变得不可理喻；最后你不得不毁了它

① 克里底亚（Κριτίας），《卡尔米德篇》、《克里底亚篇》、《厄里西亚篇》、《普罗泰戈拉篇》、《蒂迈欧篇》对话人。
② 厄拉昔拉图（Ἐρασιστράτους），人名。
③ 厄里西亚（Ἐρυξίας），《厄里西亚篇》对话人。
④ 斐亚克斯（Φαίακος），人名。
⑤ 麦加拉（Μέγαρὰ），地名。

们的蜂巢，把它们赶走。叙拉古人就是这个样子。除非我们把这当做我们自己的事，派大军去他们的城邦，否则他们决不会听从我们的主张。如果姑息迁就，只能使他们更加愤怒，然后他们就会变得极难对付。事实上，他们已经派遣使者到我们这里来，我想他们打算糊弄我们的城邦。"

【d】当我们正在交谈的时候，叙拉古人的使者碰巧从旁经过。厄拉昔拉图指着他们中的一位说："苏格拉底，那边那个人是整个西西里和全意大利①最富有的人。他肯定是最富的，因为他有大量的土地归他支配，如果他愿意的话，也能轻易地耕种。他的这块土地和其他人的土地不一样，不管怎么说，在希腊是这样的。他也拥有大量使人富裕的其他东西——奴隶、马匹、金子、银子。"

【393】当我看到他喋喋不休地谈论这个人的财产时，我问他："不过，厄拉昔拉图，他在西西里拥有什么样的名声？"

"人们认为他是所有西西里人和意大利人中间最邪恶的，他真的非常邪恶。他的邪恶甚至超过了他的富裕，所以要是你问任何西西里人，谁是最邪恶的人，谁是最富裕的人，每个人都会说是他。"

我想厄拉昔拉图谈论的事情不是小事；正好相反，【b】许多人认为美德与财富是头等大事。所以我问他："一个人有一塔伦特银子，一个人拥有一块价值两塔伦特的土地，哪个人比较富裕？"

"我认为是拥有土地的这个人。"

"按照同样的论证，如果某人拥有布、毯子或其他比我们这位西西里人的财产更加值钱的东西，那么他更加富有。"对此厄拉昔拉图表示同意。

"如果让你在二者间做选择，你想要哪一样？"

【c】"我会选最值钱的东西。"

"你认为你的选择会使你更加富有吗？"

"是的。"

---

① 意大利（Ἰταλία），地名。

"所以我们认为，无论何人拥有最有价值的东西就是最富有的人吗？"

"是的。"

"那么健康的人比病人更加富有，因为健康人拥有的东西比病人拥有的东西更有价值。【d】不管怎么说，每个人都宁愿要健康，哪怕钱很少，而不愿意生病，但像那位大王①那样富有，因为他们显然相信健康更有价值。毕竟，没有人会选择健康，除非他认为健康比财富更可取。"

"当然了。"

"还有，如果有其他东西似乎比健康更有价值，那么拥有这样东西的人就是最富有的人。"

"是的。"

"假定现在有人向我们走来问我们：【e】'苏格拉底、厄里西亚、厄拉昔拉图，人拥有的最有价值的东西是什么？不就是一旦拥有就能使人在如何最有效地管理他自己和他友的事务方面做出最佳决定的东西吗？'我们会说这样东西是什么？"

"在我看来，苏格拉底，繁荣昌盛就是一个人拥有的最有价值的东西。"

"这个回答一点儿也不差。但是我们会把世上最繁荣昌盛的人视为最成功的人吗？"

"是的，我相信是这样的。"

"最成功的人不就是那些在处理他们自己的和其他人的事务时犯错误最少，做对事情最多的人吗？"

"确实如此。"

"所以那些知道什么是坏、什么是好、【394】该做什么、不该做什么的人会取得最大的成功，而犯最少的错误，是吗？"厄拉昔拉图也接受了这一点。"既然如此，那么这些人同样也显然是最聪明、最成功、最繁荣昌盛、最富有的，这样一来智慧就是最有价值的东西了。"

---

① 指波斯国王，他的富有人人皆知。

"是的。"

厄里西亚插话说："但是苏格拉底，【b】要是一个人比涅斯托耳①还要聪明，但却没有必需的日常生活用品——食物、饮料、衣服，以及其他各种东西，这对他有什么好处呢？智慧对他能有什么帮助呢？如果没有这些基本的必需品，他有可能成为乞丐，怎么能是最富有的呢？"

我想厄里西亚话很有意思，于是就答道："对于一个拥有智慧，但缺乏生活必需品的人来说，会发生这种情况吗？【c】如果某人拥有波吕提翁②的房子，里面装满了金银，他还会缺什么东西吗？"

"噢，对了！他可以马上把他拥有的财产卖掉，拿去获得或交换他为了生存所需要的东西，甚至拿这些硬通货去交换他能得到的东西，他马上就能得到充足的供应。"

"没错，只要其他人真的想要一幢波吕提翁的住宅那样的房子【d】，甚于想要我们友的智慧。然而，如果他们是这样一种人，更加看重人的智慧及其所能产生的东西，那么聪明人能够更加容易地出售他的智慧，如果他有这种需要，并且想要出售智慧及其产物。人们实际上感到有一种强大的冲动，想要拥有一所房子，住在像波吕提翁那样的房子里，【e】而不是住在一所破烂的小房子里，会使人的生活产生巨大差别；而使用智慧几乎没有什么价值，在那些真正要紧的事情上，一个人是聪明还是无知不会造成很大的差别，是吗？人们藐视智慧，拒绝付钱，那些需要并且想要购买波吕提翁房子里的柏木和潘太利③山的大理石的人不是很多吗？不管怎么说，一个人如果是航海家或者是医术精良的医生，能够在其他行业中获得成功，那么他的价值高于任何一位拥有最多财富的人。那些能就如何获得成功提供良好建议的人怎么样，既对他本人，又对其他某些人——如果这是他想要做的事情，他不能出售他的这种技艺吗？"

---

① 涅斯托耳（Νέστωρ），希腊神话中的皮罗斯国王，足智多谋。

② 波吕提翁（Πουλυτίων），人名。

③ 潘太利（Πεντελικῶν），山名。

【395】这时候厄里西亚打断了我的话，看上去就好像有人对他做了错事而令他恼火："苏格拉底，如果你不得不说真话，你真的会说你比希波尼库①之子卡里亚②还要富有吗？我肯定你会同意说你在所有最重要的事情上不会不聪明，只会更聪明；但这并不能使你更富有。"

"也许吧，厄里西亚，你认为我们现在提出的这些论证只是游戏，【b】因为它们不真实，如你所认为的那样，它们就好比棋盘里的棋子，你可以移动它们，用来制约你的对手，使他们无法与你抗衡。现在论及财富，你的想法也一样，你认为真正的情形只有一种，而各种论证都是同样的，无所谓真假。只要所提供的论证能够优于对手，那么可以声称最聪明的人也是最富有的人，【c】哪怕他说的是假的，而他的对手说的是真的。这也许不值得惊讶，就好像两个人在谈论字母，一个人说'苏格拉底'这个名字以'Σ'开头，另一个人说这个名字以'A'开头，而证明这个名字以'A'开头的论证要比证明这个名字以'Σ'开头的论证强一些。"

厄里西亚看了一眼周围的人，他笑了，有点脸红，就好像他没有参加最初的讨论，【d】他说："苏格拉底，我想我们的论证不应当是那种不能说服这里的任何人、不能为他们提供任何好处的论证。谁会被这样的观点说服——最聪明的人就是最富有的人？由于我们是在谈论财富，所以我们应当讨论是：富有在什么情况下是一件值得尊敬的事，在什么情况下是一件可耻的事，财富是一种什么样的东西，它是好的还是坏的。"

【e】"行，谢谢你的建议，从现在起我要小心。由于这个问题是你引入的，你为什么不大胆地告诉我们，你本人认为富有是好的还是坏的呢？尤其是你认为我们前面的论证没有处理这个问题。"

"好吧，我认为富有是好的。"

他想要继续往下说，但是克里底亚打断了他的话："告诉我，厄里西亚，

---

① 希波尼库（Ἱππονίκου），人名。

② 雅典最富有的人之一，在智者身上花了大笔钱，参见《申辩篇》20a，卡里亚的家是《普罗泰戈拉篇》的对话场景。

你认为富有是一件好事吗?"

"我肯定是这样认为的。如果我不这样看,那么我疯了,我肯定全世界都会同意我这种看法。"

【396】"但我认为自己也能让所有人信服,对某些人来说,富有是一件坏事。如果富有真是好的,那么它就不会对我们中的某些人显得像是坏事了。"

我对他们说:"如果你们俩不能就谁是骑术方面的较大的权威达成一致意见,那么我正好懂马,我试图制止你们的争吵。毕竟,如果我在这里,【b】但不能尽力制止你们的争吵,我会感到可耻;同理,除非你们能够理解,否则你们不能就任何事情取得一致意见,而像是要作为仇敌而不是作为友分手。由于你们的分歧是你们必须通过你们的整个一生来处理的事情,所以你们认为它是有用的还是没用的会造成巨大差别。更有甚者,希腊人认为这不是一件小事;他们对这件事极为重视——【c】不管怎么说,由于这个原因,如何才能变得富有就是父亲们建议他们的儿子考虑的第一件事,当他们想到自己的儿子已经到了这个年龄,对这些事情有所了解的时候,因为一个拥有某些东西的人是有价值的,一个不拥有任何东西的人是无价值的。这件事确实要认真对待,你们在对其他事情的看法上针锋相对,在如此重要的事情上有差别——此外,你们不是在问富有是黑的还是白的,是轻的还是重的,而是问富有是好的还是坏的,【d】如果你们就什么是好的,什么是坏的进行争论,你们实际上变成了最糟糕的敌人,尽管你们是真正的最亲密的友和亲戚——好吧,当你们进行论证的时候,我会尽力重视你们的论证。如果我能向你们解释整个情形,制止你们的争执,我也会这样做。但是实际上,由于我做不到这一点,【e】由于你们各自认为能使其他人同意自己的意见,所以我打算尽力帮助你们所有人就富有达成一致意见。所以,克里底亚,你要试着使我们同意你的意见,你已经开始这样做了。"

"我原先打算问厄里西亚,他是否认为有公正的人和不公正的人。"

"我最肯定地说,有。"

"那么你认为不公正是好事还是坏事?"

"坏事。"

"那么你认为不公正是好事还是坏事？"

"坏事。"

"你认为，当城邦和法律都禁止通奸的时候，一个人花钱勾引邻居的妻子，他的行为是不公正的还是公正的？"

"在我看来他的行为肯定是不公正的。"

"所以，如果想做这种事情的不公正的人是富有的，花得起钱，【397】那么他会犯下这种罪行。如果他不富有，付不起钱，那么他就不能做他想做的事，这样就根本不会有犯罪了。由此可以推论，这个人如果不富有对他会好些，因为当他想要做错事的时候，他这样做的机会较少。"

"但是也还有其他事情：你说生病是坏事还是好事？"

"坏事。"

"你认为有些人意志薄弱吗？"

【b】"是的。"

"如果要这些意志薄弱的人离开食物、饮料和其他人们当做可以带来快乐的东西对这些意志薄弱的人是好事，但是他做不到，因为他意志薄弱，那么他要是没有获得这些东西的手段对他来说要好些，而不是让他需要的东西得到充分供应，是吗？因为在这种情况下，他没有机会犯错误，无论他自己有多么想犯错误。"

我想，克里底亚正在有效地进行着这场对话，【c】要不是当着在场的人的面会感到困窘，厄里西亚也许会站起来痛打克里底亚。厄里西亚感到有些重要的东西被克里底亚抽掉了，因为事情变得很明显，他自己前面有关富有的观点是错的。察觉到他有这样的感觉，我担心这会引起辱骂和敌对，所以我说："就在一两天以前，有个来自开奥斯的名叫普罗狄科的聪明人在吕克昂① 使用过这个论证。【d】在场的人认为他在胡说八道，因为不能让任何

---

① 吕克昂（Λύκαιον），地名。

人相信他说的是真理。实际上，当时有个直言不讳的年轻人走过来坐在普罗狄科身边。他讥笑普罗狄科，向他挑衅，要普罗狄科解释他所说的话。还有，他在听众心目中的地位比普罗狄科要高。"

厄拉昔拉图说："你想要向我们报告这场对话吗？"

【e】"当然可以，只要我能记得。我想事情是这样的。

"那个年轻人问普罗狄科，富有在什么方面是坏的，在什么方面是好的。普罗狄科的回应就像你刚才说的一样。它对有教养的人是好的，他们知道在什么情况下使用他们的财产，但它对邪恶无知的人来说是坏的。在其他事情上也是这种情况；人遭遇到的事情的性质必定反映人自身。我想阿基洛库斯① 的诗歌说得好：'人的思想就像他们遭遇到的东西。'

【398】"那位年轻人说：'假定有人想要让我在那些好人非常擅长的事情上变得内行。与此同时，他也必须让与此相关的其他所有事情对我也是好的。当然了，这不是他努力的目标，因为他关注的首先是使我变得内行，而不是使我无知。就好比现在有人想要使我擅长拼写字母，在这个时候他一定也会使与拼写相关的事情对我都是好的；与此相仿，音乐也一样。只要他想要使我好，事情就都一样了，【b】他必定会使其他相关的事情对我也是好的。'

"对这些比喻普罗狄科没有表示同意，然而他赞成这位年轻人开头的观点。

"那位年轻人说：'你认为做好事就像造房子，是人的双手完成的工作吗？或者说事情必定会变得像开始时一样，无论是好还是坏吗？'

"我想普罗狄科这时候有点怀疑他们的论证会走向何处。【c】当着在场的那么多人的面，为了避免被这个年轻人打败——虽然他认为哪怕只有他们俩在场，发生这种事也没有什么区别——他做出了一个非常精明的回应：做好事是人的双手的工作。

---

① 阿基洛库斯（Ἀρχιλόχους），智者，参见《普罗泰戈拉篇》315d，337a 以下。

"那位年轻人说：'你认为卓越的才能是可教的，还是固有的？'

"普罗狄科说：'我相信是可教的。'

"'你认为，如果一个人祈求众神让他擅长拼写、音乐，或者获得其他技能，这些东西他只能通过向其他人学习，【d】或靠他自己去发现才能拥有，他这样做是愚蠢的吗？'

"'是的，我是这样看的。'

"那位年轻人说：'所以，普罗狄科，每当你向众神祈求成功和其他好东西时，你在这些场合祈求的无非就是成为一位有教养的人，因为这些东西对有教养的人来说才是真正地好的，而对平庸的人来说是坏的。如果卓越的技能真的能教，就会显得你的祈求无非就是那些可以教的、你还不知道的东西。'"

【e】我对普罗狄科说，我认为一方面假定我们从众神那里得到了我们祈求的东西，另一方面又向他们祈求，这样的想法是荒谬的。"尽管你有时候匆匆忙忙去卫城向众神祈祷，祈求他们赐给你好东西，但你不知道他们能否你祈求的东西赐给你。就好像你去找一位学校老师，请他赐给你拼写字母的技能，但自己不付出任何努力，以为这样一来自己也就马上能做那位老师能做的工作了。"

我说完以后，普罗狄科为他向众神的祈求显得无用而恼火，【399】他追着那位年轻人，为他自己辩护；他想要提出你刚才那样的论证。这时，体育场的管理员走了过来，让普罗狄科离开。他认为普罗狄科的讨论不适合年轻人，如果说这种讨论不合适，那么它一定是邪恶的。

我讲述这件事情，为的是让你们能够观察人们对哲学是怎么看的。如果普罗狄科在这里进行争论，【b】你们都会认为他是个疯子，应当把他从体育场里赶出去，而你刚才的论证似乎非常好，克里底亚，不仅说服了在场的每个人，而且也使你的对手同意了你的意见。这很像法庭上的情景：如果两个人提供同样的证词——一个人是有教养的，另一个人是个恶人——那么陪审团不仅不会相信恶人的证词，而且还会做与他的愿望相反的事情。【c】但若那个有教养的人说了同样的话，那么他的话会被判断为绝对真实。听众对你和普罗狄科的态度也许就是这样。他们认为普罗狄科是一名智者和骗子，而你是一位重要人物，处理着我们城邦的事务。他们还相信自己不应当关注论证本身，而应当关注论证者的人品。

"啊，苏格拉底，你说这些话可能并不当真，而在我看来，克里底亚显然涉及了某些重要的事情。"

【d】"你放心，我是非常严肃的。但由于你们俩进行了有效的讨论，为什么不做个总结呢？我想把一些事情留给你们考察，因为你们似乎至少在这一点上达成了一致：富有对有些人是好的，对有些人是坏的。现在剩下来要考察的是富有本身是什么，除非你首先明确这一点，否则你们甚至不能就富有是好还是坏达成一致意见。【e】我打算尽可能帮助你们完成考察，现在让宣称富有是好的那个人来向我们解释他的立场。"

"我对富有的看法与其他人没有什么不同，富有就是拥有大量的财产。我肯定克里底亚也对富有持有同样的看法。"

"这样的话，你仍旧需要考虑财产是什么，以免以后再来论证一遍。【400】让我们以迦太基人为例，他们使用这样一种钱币。把一块块大约像一个斯达特①大小的皮子串在一起，除了把皮子串在一起的人，没有人知道它是什么。盖上印章后，这样的钱币就进入流通，拥有这种钱币数量最多的人就被认为拥有最多的财产，是最富有的人。然而，要是哪个希腊人大量地拥有这种钱币，他也不会比他从山上取来大量的小圆石更为富有。在拉栖代蒙，【b】人们用铁作为钱币流通，按照铁的重量，而这种铁是没有用的。拥有这种铁最多的人被认为是富有的，然而在其他地方，这样的拥有是没有价值的。在埃塞俄比亚，人们用雕刻过的石头当钱币，而拉栖代蒙人认为这种石头是无用的。在西徐亚②人的游牧部落中，拥有波吕提翁那样的豪宅的

---

① 斯达特（στατῆρος），雅典银币，含银 17.5 克。
② 西徐亚（ΣΚυθία），地名。

人被视为并不比我们所认为的吕卡贝图①山的拥有者更富有。

【c】"所以很清楚，这些东西都不是财富，因为某些拥有它的人似乎并没有因此而变得更富有。然而这些东西对某些人来说确实又是财富，有些人因为拥有它而成为富有的；但对其他人来说，它既不是财富，又不能使他们变得更富有。与此相仿，同一事物对个人来说无所谓美或丑，但不同的事物会以不同的方式给不同的人留下不同的印象。

【d】"所以，如果我们希望考察为什么房子在那些西徐亚人眼中不是财产，而在我们眼中就是财产，或者为什么皮子对迦太基人来说是财产，而对我们来说不是，或者为什么铁对拉栖代蒙人来说是财产，而对我们来说不是，那么我们的发现不就是这样吗？让我来解释一下。假定某人在雅典市场上找到一千塔伦特石头。由于石头对我们没有用，所以我们为什么要因为他拥有这些石头而认为他变得比较富有呢？"

"显然不。"

"假定他拥有同样重量的红宝石，我们会说他实际上非常富有吗？"

【e】"当然。"

"这是因为一种东西对我们有用，而另一种东西对我们无用吗？"

"是的。"

"这也是在西徐亚人中间房子不是财产的原因，因为房子对西徐亚人无用；一名西徐亚人也不会喜欢一所最漂亮的房子胜过喜欢一件厚实的皮外套，因为一样东西对他有用，而另一样东西对他无用。还有，我们不认为迦太基人的硬币是财产，因为我们不可能用它来获得我们需要的东西，就像我们使用银子一样；因此，它对我们是无用的。"

"这样说相当公正。"

"由此可以推论：一切对我们有用的东西是财产，而一切对我们无用的东西不是财产。"

---

① 吕卡贝图（Λυκαβηττὸς），山名。

【401】在对这句话做出回应的时候，厄里西亚说："这怎么可能呢，苏格拉底？我们相互交往的时候不是在谈话、观看，以及做其他许多事情吗？我们把这些都当做财产吗？它们确实是有用的。即便如此，我们还是没有得到什么是财产的印象。每个人都会很好地赞成，一样东西要想成为财产，它必须有用，但并非所有有用的事物都是财产，那么，哪些种类的有用的事物是财产呢？"

"药物是发明出来治疗疾病的，让我们用药物做比较来讨论这个问题，好吗？【b】这样的话，我们有较好的机会发现我们正在寻找的东西，亦即被我们当做财产的东西是什么，出于什么目的，人们发明出对财产的拥有？这种方法也许会使我们拥有更加清楚的认识。现在好像一切是财产的东西也必须是有用的，被我们称做财产的东西是这些有用的东西中的一种。因此，我们不得不考虑，对财产的什么样的使用是有用的。例如，【c】我们在工作中使用的所有东西当然都是有用的，正如一切有生命的东西都是动物，而在这些动物中，我们称一种动物为人。现在假定有人问我们：必须消除什么东西，我们才能不需要医药或治疗工具。我们的回答会是：只要从身体里消除了疾病，而且疾病不会再发生，或者疾病一发生就会马上消除。因此，医药似乎是对消除疾病有用的知识。

【d】"但若有人问我们，必须消除什么，我们才会不需要财产，我们对此能有答案吗？如果我们没有，那就让我们按照这样的路线重新开始：如果一个人不需要食物和饮料就能活着，不会饥饿或口渴，那么他还需要这些东西吗，或者他还需要钱或其他东西来供养他自己吗？"

"我认为他不需要。"

"其他事情也一样。如果我们不需要我们现在用来照料我们身体的这些东西，例如冷、热，【e】以及其他一切身体本身缺少因而需要的东西，那么通过什么方式财产会对我们有用，因为没有人会需要任何东西，而为了这些东西的缘故，我们想要财产。就持续的欲望和身体的需要而言，我们想要得到的结果就是满足。所以，如果要照顾身体的需要，财产是有用的，如果这些需要消除了，我们就不需要财产，而财产也就根本不存在了。"

"看起来是这样的。"

"那么我以为，对这件事有用的这些东西对我们显得像是财产。"

厄西里亚对此表示同意，但这个论证把他搞糊涂了。

【402】"这种观察财产的方式是怎么回事？我们能说同一事物，对于一个具体目的而言，有时候是有用的，有时候是无用的吗？"

"不，我不这么想。而应当这样说，如果我们为了某个目的而需要这种事物，那么我就会认为它是有用的，如果我们没有这种需要，我就会认为它是无用的。"

"所以，如果不用火，我们就能制造一座金像，那么我们为了这个目的不会对火有任何需要。但若我们对火没有任何需要，那么火对我们也不会是有用的。【b】同样的论证也能用于其他事物。"

"似乎如此。"

"所以，在做某些事情的时候，在我们看来，任何不需要的东西在这种具体场合就是无用的。"

"对。"

"假如有一天我们能够消除身体的需要，使它不再需要任何东西，我们能够这样做而不需要银子、金子和其他我们实际上并不用于身体的东西（以那种我们使用食物、饮料、衣服、毯子、房子的方式），不使用这些东西也能消除身体的需要，那么银子、金子和其他这样的东西，【c】对这个具体的目的而言，也就不会是对我们有用的了。"

"你说得对。"

"那么看起来这些无用的东西不是财产，虽然它们能使我们获得有用的东西。"

"苏格拉底，我决不相信金子、银子和其他像它们一样的东西不是财产，如你所说的那样。我确实相信对我们无用的东西不是财产，财产位于最有用的事物之列。【d】但我不相信这些东西对我们活着真的是无用的，因为我们能够以它们为手段，获得我们需要的东西。"

"好吧，对此我们该说什么呢？有音乐老师、文字老师，或其他技艺的老师通过他们的教学获得补偿，来获得他们自身需要的东西吗？"

"有。"

【e】"所以这些人用他们的技艺能够获得他们需要的东西，其方式与我们相同，我们支付金子和银子去得到东西，他们教人技艺而获得东西。"

"是的。"

"如果他们这样做就能获得他们为了生活而使用的东西，那么这些东西本身对生活来说就是有用的。我们确实说过财产是有用的，不是吗？因为有了财产我们能够获得我们身体所需要的东西。"

"是的，我们说过。"

"所以，如果这些技艺因为这个目的而被划分为有用的，那么它们显得像是财产，由于同样的原因，金子和银子是财产。事情也很清楚，拥有这些技艺的人是比较富有的。然而，我们在前面要接受这个论证，说这些人是最富有的人，遇到了大量的麻烦。【403】不过，根据我们刚才达成的一致意见，我们必须推论拥有技艺越多，有时候会越富有。例如，如果某人问我们是否认为马对任何人都是有用的，你难道不会回答马对那些知道如何使用马的人是有用的，但对那些不知道如何使用马的人是无用的吗？"

"我会。"

"依据同样的论证，医药也不是对任何人都有用，而只对那些知道如何使用它的人有用，是吗？"

"是的。"

"对其他事物来说也一样？"

【b】"显然如此。"

"那么金、银，以及其他一般被当做财产的东西，只对那些知道如何使用它们的人来说是有用的吗？"

"对。"

"我们在前面不是有这样的印象，① 有教养的人知道何时和如何使用这些东西吗？"

"是的。"

"那么这些东西只对有教养的人有用，因为他们知道如何使用这些东西。但若这些东西只对他们有用，那么只有这样的东西是财产。【c】还有，如果某个人找来一个对骑马一无所知，但却拥有一些对他来说无用的马的人，使他懂得马匹，那么这个人同时也就使他变得比较富有，因为这个人使先前对他无用的东西变成了有用的东西。通过给予他某些知识而使他马上变得富有。"

"似乎如此。"

"然而我肯定，我可以代表克里底亚发誓，这些论证都不能使他信服。"

【d】"我肯定不这样想。事实上，要是我这样想的话，我就是个疯子。但是请你继续说下去，完成你的有关这些一般被当做钱来接受的东西的论证——银子、金子以及其他这样的东西——说明它们不是财产。你无法想象我在听你讲述这些论证的时候有多么敬佩你。"

"克里底亚，我想你听我讲话是一种享受，就好像你在听一名吟游诗人在讲荷马的诗：你并不认为它有一个词是真的。好吧，对此我们该怎么说呢？【e】你会说造房子的时候某些东西对建筑师是有用的吗？"

"是的，我是这么想的。"

"我们会说他们用来造房子的这些东西是有用的吗——石头、砖头、木板，以及这样一类东西？或者说他们用来造房子的那些工具也是有用的，使用这些工具他们获得了木板和石头，与此相同，还有他们为了获得这些工具而使用的工具？"

"我认为凡是与造房子有关的一切都是有用的。"

"其他所有活动也是这种情况吗？不仅我们在完成每一项任务时使用的

① 参见本篇 394a—395d。

东西本身是有用的，而且那些我们用来获取这些东西，没有它们我们就无法工作的东西也是有用的吗？"

"完全正确。"

"同理，用来造出这些最后的事物的东西，【404】在它们之前产生的任何东西，还有，用来制造这些东西的东西，还有在它们之前的东西，以此类推，无穷无尽——所有这些东西对于我们的工作来说必定显得像是有用的，是吗？"

"是的，就是这种情况。"

"如果一个人拥有食物、饮料、衣服，以及其他任何他想要用于他的身体的东西，他还额外需要金、银，或其他用来获取供身体使用的东西吗，因为他已经拥有了供他的身体使用的东西？"

"我有点怀疑。"

【b】"如果一个人不需要这些供他身体使用的东西，你认为这种情形还会发生吗？"

"不，我不这样认为。"

"如果这些东西对于这个目的来说显得无用，那么可以推论它们决不会显得有用，不是吗？毕竟这是我们讨论的基础，对一个具体目的来说，一样东西不会有时候有用，有时候无用。"

"是呀，至少在这个方面我们的论证可以一致：如果这些东西对这个目的而言曾经是有用的，它们决不会变得无用。比如说，要做某些事情……"①

【c】"……有些人是为了做坏事，而其他人是为了做好事？"

"是的，我会这样说。"

"为了做好事，有些坏东西能是有用的吗？"

---

① 此处希腊原文有缺失。克里底亚声称为了做某些事情，某些东西总是有用的，然后苏格拉底问，是否某些东西在做坏事时是有用的，某些东西在做好事时是有用的。

"不，我不这样想。"

"我们说一个人合乎美德地行事，他的行为是好的吗？"

"是的。"

"如果一个人聆听其他人讲话的能力完全被剥夺，他能学到通过口头传授的东西吗？"

"不，以宙斯的名义起誓，我不这样想。"

【d】"所以对美德而言，聆听可以确定为有用的，因为美德可以通过听觉来传授，而我们使用这种感觉来学习。"

"是的。"

"由于医药能终结一个人的疾病，所以为了美德的原因，如果一个人能通过医药来获得听觉，医药有时候也被划分为有用的。"

"也许是这样的。"

"还有，如果我们用财产来交换医药，【e】那么财产对美德来说显然也是有用的。"

"对，你说得很对。"

"对那些我们用来获取财产的手段来说也一样。"

"绝对如此。"

"你认为一个人会通过邪恶可耻的手段获取金钱吗，就好像一个人听不见，但通过掌握医学方面的知识他又能听见了，他也能使用同样的能力获得卓越的技能或其他同类东西吗？"

"我确实是这样想的。"

"确实没有任何邪恶的东西能对美德有用。"

"没有，不可能。"

"那么我们用来获得对这个或那个目的有用之物的那些东西对于同一目的来说不一定也有用。否则的话，【405】坏东西有时候会显得对一个好目的有用。也许这样说事情会更清楚。如果事物对这个或那个目的是有用的，那么这个目的不可能存在，除非这些东西事先已经存在，告诉我，对此你有什么要说的？无知对知识能是有用的吗，疾病对健康能是有用的吗，邪恶对美德能是有用的吗？"

"我不这样认为。"

"然而我们会同意，如果一个人身上先前不存在无知，知识也就不属于他，如果一个人身上事先不存在疾病，健康也就不属于他，如果一个人身上事先并不存在邪恶，美德也就不属于他。"

【b】"是的，我认为我们会同意你的看法。"

"那么，为了造出其他东西所需要的东西似乎对这个东西而言，也不一定是有用的。否则的话，无知就会对知识有用，疾病就会对健康有用，邪恶就会对美德有用。"

克里底亚发现很难跟上这些论证，我们已经提到的各种事物并非都是财产。当我明白，要说服他就像谚语所说，像煮开石头一样难的时候，【c】我说："让我们把这些论证忘了吧，因为我们不能就有用的东西和财产是不是一回事达成一致。但是对下面这一点我们会怎么说？我们认为，如果一个人对他的身体和日常生活有大量的需要，或者他的需要尽可能地少和简单，那么他会比较繁荣和比较好吗？考虑这个问题的最佳方式也许是拿他自身作比较，【d】看他生病的时候状况较好，还是健康的时候状况较好。"

"我们肯定很长时间没有这样想了。"

"这不奇怪，因为每个人都很容易明白健康人的状况优于病人的状况。那么现在，在什么情况下我们更加需要所有种类的东西，是我们生病的时候，还是我们健康的时候？"

"我们生病的时候。"

【e】"所以我们的状况最最糟糕的时候，我们的欲望和需要最强、最大，就身体的快乐而言，是吗？"

"是的。"

"就好像一个人状况最佳的时候他本人对这种东西的需要最少，同样的推理也适用于两个人吗？一个人的欲望和需要是强大的、多样的，而另一个人的欲望和需要是温和的、少量的？比如，你想一想赌徒、酒鬼、贪吃者——所有这些状况的根源都在于欲望。"

"没错。"

"所有这些欲望都只是对某些东西的需要；那些拥有最大需要的人比那些没有需要或很少需要的人状况更糟。"

【406】"据我所知，喜欢这些东西的人处于一种非常坏的状况；他们的需要越多，他们的状况越差。"

"所以我们认为，对某个目的而言，有些东西不可能是有用的，除非我们为了那个目的而需要它们。"

"说得对。"

"如果我们认为这些东西对照顾身体的需要有用，我们也必定为了这个目的而需要它们，不是吗？"

"我是这样想的。"

"所以，拥有数量最多的对这个目的有用的东西的人也会为了这个目的而需要最多数量的东西，因为他必须获得所有这些有用的东西。"

"在我看来是这样的。"

"按照这个论证，那些拥有大量财产的人至少也需要许多这样的东西来照顾身体，因为财产被视为对这个目的有用。所以在我们看来，最富有的人必定处于最糟糕的状况，因为他们需要这些东西的数量最多。"

阿西俄库篇

提　要

本文结构简单，是一篇有着对话形式的慰藉文。作者可能是一位柏拉图主义者，大约写于公元前 100 年至公元 50 年之间。撰写慰藉文在晚期希腊罗马世界相当流行。这方面的典型有塞涅卡为玛西娅（Marcia）撰写的慰藉文、普罗塔克为他的妻子撰写的慰藉文。西塞罗则说过："还有一些人喜欢关心能提供安慰的各种方式，最近我在《安慰》一文中把它们全都归在一起，因为我的灵魂处在一种发烧的状态，我试图用一切方式来治愈它。"（《图斯库兰讨论集》第 3 卷第 31 章）公元 1 世纪的塞拉绪罗在编定柏拉图作品篇目时，称本篇为"掺杂进来的伪作"。[①] 译成中文约 0.6 万字。

年迈的阿西俄库非常熟悉有关死亡的论证，曾经嘲笑过死亡和那些怕死的人。现在他身患重病，躺在床上非常痛苦，害怕死亡。苏格拉底被请去安慰他。苏格拉底使用了各个学派的论证说服阿西俄库。伊壁鸠鲁学派的观点：所谓死亡就是丧失感觉，不必害怕死后有任何痛苦；人死了以后不会有任何东西是恶的，因为人死后就不再存在。（365d—e）普罗狄库的观点：死亡与活着的人无关，与已经死了的人也无关，因为对活着的人而言，死亡不存在，而对已经死了的人而言，死亡也不存在，所以不必为这样一件无关

---

① 参见第欧根尼·拉尔修：《名哲言行录》3：62。

的事情烦恼。（369b—370b）昔尼克学派的观点：人的今生充满苦难与痛苦，众神知道凡人的处境，因此把人从今生中解放出来，这就是死亡，所以摆脱今生的苦难是一件好事。（366d—369b）斯多亚学派的观点：人的肉体死亡了，但人的灵魂不朽，人死后灵魂摆脱了与可朽的身体混合的快乐而远行，去过一种没有纷争、没有悲伤、没有衰老的安宁生活，在永久的和平中休息，成为不朽者。（370b—d）阿西俄库拒绝这些观点，认为这都是一些流行的肤浅的蠢话，说起来好听，但在面对死亡的时候不起作用。（369d）

接下来，苏格拉底不再借用其他学派的观点，而是说出自己的信仰。他表示自己相信灵魂具有神圣性和不朽性，认为天文学的发展证明了神的存在，人的灵魂若无神圣性，人类不可能完成如此伟大的成就。这个启示触动了阿西俄库，使他摆脱了恐惧。苏格拉底最后讲了一个关于灵魂在来世的幸福的故事，以此结束对他的安慰。（371a—372a）这个故事使阿西俄库不仅摆脱了对死亡的恐惧，而且变得期盼死亡。

正　文

谈话人：苏格拉底、克利尼亚、阿西俄库

【364】在我去居诺萨吉斯①的路上，当我靠近伊利苏②河的时候，我听到有人大声喊叫："苏格拉底，苏格拉底！"我转过身去，想要找到声音是从哪里传来的，我看到阿西俄库③之子克利尼亚朝着卡里洛厄④走来，和他一起的还有音乐家达蒙、格老孔之子卡尔米德。（达蒙是克利尼亚的音乐老师；卡尔米德和克利尼亚是伴侣，深爱着对方。）【b】所以我决定离开大路，尽快与他们会合。克利尼亚流着泪对我说：

---

① 居诺萨吉斯（Κυνόσαργες），雅典城墙外的一处体育场。
② 伊利苏（Ἱλισος），河名。
③ 阿西俄库（Αξίοχος），本篇对话人，阿尔基比亚德的叔父。
④ 卡里洛厄（Καλλιρρόη），泉名。

"苏格拉底，展示你的智慧的机会来了，他们说你始终拥有智慧！我父亲身体状况不佳有一阵了，现在已经接近他生命的终点；他现在躺在床上非常痛苦，尽管他曾经嘲笑过那些恐惧死亡的人。【c】请你用你通常的方式去使他安心，让他可以毫无怨言地接受他的命运，我和家里的其他人也能为他举行恰当的葬礼。"

"好吧，克利尼亚，你会发现我不会拒绝合理的请求，尤其是你的要求与宗教有关。我们走吧，如果情况是这样的话，速度最要紧。"

"苏格拉底，只希望你能让他活过来；他实际上经常能够挺过去。"

【d】我们沿着城墙匆忙往回赶，到了伊托尼亚①城门——他住在离城门不远的亚马孙柱廊附近——【365】我们发现阿西俄库已经回过神来，身体有了力气，但精神上很虚弱，需要安慰，他不停地啜泣和呻吟，流着眼泪，拍着双手。我看着他，对他说：

"你怎么了，阿西俄库？你从前的自信、你对男子汉的美德不停地赞扬、你不可动摇的勇敢，都到哪里去了？你就像个软弱的运动员，训练时很勇敢，【b】但在真正的比赛中却输了！想一想你是谁——一个上了年纪的人、一个顺从理性的人，还有，如果没别的了，一名雅典人！——你不明白今生就是在异国土地上的一种逗留吗（这确实是一种常识，挂在每个人的嘴上），那些过着体面生活的人应当欢乐地迎接他们的命运，几乎可以唱一曲阿波罗赞歌？软弱无力、神情沮丧、不愿舍弃今生，这是十分幼稚的，对一个能够独立思考的老年人来说是不恰当的。"

【c】"非常正确，苏格拉底，你说得很对。然而，不知怎么搞的，我越是接近这个可怕的时刻，那些强大的、给人深刻印象的论证就都神秘地失去了它们的力量，我无法把它们当做真的；恐惧以各种方式打击着我的心灵。我将失去阳光，我将失去这些美好的事物，我将躺在某个地方，人们看不见我，把我遗忘，我腐烂，变成蛆虫和野兽。"

---

① 伊托尼亚（Ἰτωνίαις），城门的名字。

"阿西俄库，你在心神涣散的时候混淆了感知和非感知，【d】而你自己还不知道。你所说的和你所做的包含着一个内在矛盾；你不明白你心烦意乱，对你自己将失去感觉、身体腐烂、失去快乐而感到痛苦——就好像死亡使你进入了另外一种生活，而不是回到你出生之前就已存在的那种不可知的状态。正如德拉古①和克利斯提尼②统治期间，那时与你有关的一切没有一样东西是坏的（因为你那个时候还不存在），【e】而在你死了以后也不会有任何东西会是坏的（因为你不复存在）。"

"所以，让所有这样的胡话都见鬼去吧！你要记住：一旦这个复合体消解了，灵魂被安放在恰当的地方，这个时候继续留存的身体，尘世的和非理性的，就不是人了。我们每个人都是一个灵魂，一个被关在可朽的囚室中的不朽的生灵；【366】自然塑造了这顶承受痛苦的帐篷——它的快乐是肤浅的、流动的，与其他许多痛苦混合在一起；而它的痛苦不会消失，长期持续，不能分享任何快乐。灵魂被迫与感官分享它们的疾病和炎症，以及体内的其他病症（因为疾病散布到它的每一个毛孔），它盼望着上苍，不，它渴望上天的以太，它努力向上，【b】希望能在那里参加宴饮和舞会。所以，从今生获得解放是一个从坏到好的转变。"

"好吧，苏格拉底，如果你认为活着是坏的，你为什么还要活着？尤其是你对这些事情也感到困惑，而你比我们中的大多数人都要能干。"

"阿西俄库，你并不真正了解我；你像大多数雅典人一样，由于我回答了其他一些人的询问，就把我当做某些事情的专家。我希望我懂这些日常事务，由此出发去搞懂那些特别的事情！【c】其实我的看法只是对聪明的普罗狄科的附和，有些人听他谈话要花半个德拉克玛，有些人要花两个德拉克玛，还有人要花四个德拉克玛。（这个家伙没有免费教过任何人，他总是复述厄庇卡尔谟③的话，'一只手出，一只手进'——提供某样东西，获取另

---

① 德拉古（Δράκο），人名。
② 克利斯提尼（Κλεισθένους），人名。
③ 厄庇卡尔谟（Ἐπιχάρμος），人名。

一样东西。) 最近，他在希波尼库之子卡里亚①家中做了一次讲演，他谴责活着，他说了许多话，而我只记住一点点；阿西俄库，从那以后，我的灵魂就想要死。"

"他到底说了些什么？"

【d】"我会把我记得的告诉你：生命中有哪个部分没有它的痛苦？婴儿不是在痛苦中开始他的生命，从出生的第一刻起就在哭喊吗？他肯定不缺少受苦的时候；饥饿、口渴、寒冷、炎热、磕磕碰碰在困扰着他，而他还不知道问题出在哪里；哭泣是他表示不舒服的唯一方式。【e】在忍受了许多身体上的痛苦以后，到了七岁的年纪，他开始接受暴君般的老师和训练员的管教；再长大，则有学者、数学家、军训教员，这些人对待他都像暴君。注册成为'爱菲伯斯'②的时候，【367】他有了自己的指挥官，害怕挨打；后来还有吕克昂学园、柏拉图学园，还有体育教师残忍过分的惩罚；他的整个青年时期则在战神山的青年人监察委员会的监督之下度过。

"等他摆脱了这一切，马上又有了新的焦虑，他要考虑今后的生涯。早先遇到的麻烦与后来相比就像儿童玩耍的游戏或吓唬孩子的妖怪，比如打仗、受伤、连续战斗。

【b】"再往后，老年在不知不觉中到来了，一切都在自然中流逝，它们是可朽的，是对生命的威胁。除非你像还债一样尽快交还你的生命，否则自然就像一名放贷者监视着你的一举一动，一个人看，一个人听，两人经常一道监视。如果你还能活下来，你会瘫痪、残废、跛足。还有些人进入老年以后，虽然身体处于最佳状态，但他们的心灵进入了第二次童年。

【c】"由于这个原因，众神懂得凡人的处境，把他们最看重的那些人从生活中解放出来。比如阿伽美德③和特洛福尼乌④，他们建造了彼提亚的那位

---

① 卡里亚（Καρìα），希波尼库之子，《普罗泰戈拉篇》对话人。

② 爱菲伯斯（ἐφήβους），军校学员。该军校于公元前 4 世纪末建立。

③ 阿伽美德（Ἀγαμήδης），人名。

④ 特洛福尼乌（Τροφώνιος），人名。

神的神庙，在向神祈求得到最好的东西时，他们沉睡过去，再也没有醒来。还有阿耳戈斯女祭司的儿子们，送这位女祭司去神庙的骡子来晚了，她的儿子们就自己拉车送她去神庙，他们的母亲为了他们的虔诚行为而向赫拉祈求某些奖赏；而就在他们的母亲为他们祈祷后的那天晚上，他们都死去了。

【d】"要想历数诗人们的作品那就太冗长了，他们在思考生命本身时，用神灵附体般的声音预言着生命中的事件。我只引用一位诗人的话，最重要的那一位，他说：'这就是神赐给不幸的凡人以生命的方式，我们生活在不幸之中。'① 他说：'在大地上呼吸和爬行的所有动物中，没有哪一种动物活得比人类更艰辛。'②【e】关于安菲阿拉俄斯③ 他是怎么说的呢？【368】'提大盾的宙斯满心喜爱他，阿波罗对他也关爱备至，但他未能活到老年。'④ 诗人吩咐我们：'要对新生儿唱哀歌，他面临着那么多的不幸。'⑤——对此你会怎么想？但我现在要停下来，不要因为举例而违反我的诺言，延长我的讲话。

"有谁选择了某个职业而不对它进行批评，【b】抱怨它的条件？我们要讨论小贩和苦力的工作吗，他们从早忙到晚，勉强能够糊口，我们要探讨他们的命运吗，悲伤和眼泪伴随他们度过所有的无眠之夜？啊，我们要谈论商人的工作吗？他们要冒众多危险出海航行，如彼亚斯所说，他们既不是生活在死人中间，又不是生活在活人中间；陆上的人投身去海上，就好像他是两栖动物，【c】完全取决于命运的怜悯。啊，务农是一项愉快的职业吗？真的！它只不过是一个巨大的水疱，如他们所说，总是要找一个痛苦的借口？一阵子旱，一阵子涝，一阵子庄稼枯萎，一阵子酷热，一阵子霜冻，让农夫们哭泣。

"啊，受人高度尊敬的政治怎么样？（我跳过许多事例。）它会卷入多少

① 荷马：《伊利亚特》24：525。
② 荷马：《伊利亚特》17：446。
③ 安菲阿拉俄斯（Αμφιἀρεως），人名。
④ 荷马：《奥德赛》15：245。
⑤ 欧里庇德斯：《克瑞司丰特》残篇，452。

可怕的事情，剧烈的动荡和混乱，时而欢乐，时而经受失败的痛苦，【d】比死一千次还要糟糕？为大众而活着的人怎么能够快乐，当他被人吹口哨，哄下台，受鞭打，像全体选民的宠物马一样，被赶下台，嘲笑，罚款，乃至杀害的时候？好吧，政治家阿西俄库先生，米尔提亚得①是怎么死的？塞米司托克勒是怎么死的？厄菲亚尔特②是怎么死的？最近那十位将军是怎么死的？③ 我当时拒绝考虑民众的要求，我认为要我去驾驭那些疯狂的民众是不合适的；然而第二天，塞拉美涅④和卡里克塞努⑤那一派收买了主持会议的官员【369】，未经审判就处死了这些人。确实，你和欧里托勒谟⑥是出席大会的三万公民中仅有的为他们辩护的人。"

"你说得很对，苏格拉底，从那以后，我就不太爱走上讲坛，我认为没有任何事比政治更令人烦恼。与此事相关的每个人都很清楚。当然，你作为一名远距离的观察者讲话，而我们这些有着亲身经历的人非常明白里面的奥妙。我亲爱的苏格拉底，选民们是不感恩的、残忍的、多变的、邪恶的、粗野的；也就是说，这是一个使用暴力的团伙，【b】是街上游逛的暴民。他们会去和那些更加卑鄙的人勾结在一起。"

"好吧，阿西俄库，由于你把这种最有声望的职业视为比其他职业更应当受到拒绝，我们该怎么看待其他职业的生活呢？我们难道不应当逃避它们吗？

"我听普罗狄库说过，死亡与活着的人无关，与已经死了的人也无关。"

"你这样说是什么意思，苏格拉底？"

"对活着的人而言，死亡不存在；对已经死了的人而言，死亡也不存在。因此死亡现在与你无关，因为你还没有死，【c】如果确实有什么事情将在你

---

① 米尔提亚得（Μιλτιάδης），人名。
② 厄菲亚尔特（Ἐφιάλτης），人名。
③ 参见《申辩篇》32a c。
④ 塞拉美涅（Θηραμένης），人名。
⑤ 卡里克塞努（Καλλίξενος），人名。
⑥ 欧里托勒谟（Εὐρυπτόλεμος），人名。

身上发生，它也和你无关，因为你已经不存在了。为一件还没有发生，将来也和阿西俄库无关的事情而烦恼是毫无意义的，就好像你为斯库拉①和肯陶洛斯②操心，而它们现在不存在，将来不存在，你死以后它们也不会存在。对那些存在的人来说，存在是可怕的；但对那些不存在的人来说，它怎么会是可怕的呢？"

【d】"你从每个人都在谈论的废话中找出这些精巧的念头，全都是年轻人梦中才会说出来的蠢话。然而，苏格拉底，令我感到困惑的是生命中的善物将被剥夺，哪怕你堆砌更多的、比这些论证更有说服力的论证。我心神不宁，听不懂这些论证，但被它们吸引；这些话一个耳朵进，一个耳朵出；它们展示出宏大的字眼，但命中不了靶子。精巧的论证不能减轻我的痛苦，【e】只有让我能理解的东西才会使我满意。"

"阿西俄库，那是因为你不自觉地混淆了新的邪恶与善物的剥夺，忘了你将要死去。【370】使人对善物之剥夺感到困惑的是善物被恶物取代，而不存在的人对这种剥夺甚至不能察觉。不能察觉任何事物的人怎么会感到困惑呢？阿西俄库，如果你还没有开始做出这样或那样无知的假定，认为死者也有某种感觉，那么你决不会对死亡表示警觉。实际上，你已经驳斥了你自己，因为你害怕你的灵魂被剥夺，你认为灵魂自身会有这种剥夺；你害怕丧失感觉，你认为自己将持久地拥有这种关于不存在的想法。

【b】"关于灵魂不朽还有其他许多论证，可朽的本性肯定不会上升到如此崇高的地步，它鄙视野兽身体上的优越性，它在大海上飞翔，营造城邦，建造国家，它仰望苍穹，观看星辰的运转，日月的升落和盈亏，它观察双马座，观察冬至和夏至，【c】还有普勒阿得斯③的风暴、夏天的季风、倾盆大雨、飓风的猛烈过程，它为宇宙星辰建立永久的历法，除非真有某种神灵在

---

① 斯库拉（Σκύλλα），希腊神话中的六头女妖，居住在意大利墨西那海峡的岩礁上。

② 肯陶洛斯（κεντέω），人首马身怪物，马人。

③ 普勒阿得斯（Πλειάδης），希腊神话人物，阿特拉斯的七个女儿，后来化为天上的昴星团。

赋予灵魂理解力和洞察力，否则它根本无法处理如此巨大的主题。

"所以，阿西俄库，你走了，不是进入死亡，而是进入不朽，你也不是善物被拿走，而是更加纯粹地享有它们，【d】不是与可朽的身体混合的快乐，而是完全没有痛苦的快乐。因为，一旦从这间囚室中解放，你将会远行，去那摆脱一切斗争、悲伤、衰老的地方，过一种不受任何邪恶困扰的安宁的生活，在永久的和平中休息，在那里考察自然，实践哲学，你这样做不是为了一群观察者，而是身处真理的大海之中。"

【e】"你的论证使我的观点发生了根本性的转变。我不再有任何对死亡的恐惧——如果可以模仿演说家，使用一下夸张的话，我几乎要期盼死亡的到来。在以往的岁月里我已经观察过上面的区域，我将完成永久的、神圣的巡回。我软弱过，但我要振作起来，成为一名新人。"

【371】"你也许会喜欢另外一个论证，这是一位波斯圣人古里亚斯① 对我说的。他说他的祖父古里亚斯（薛西斯率军渡海的时候，派他去德洛斯② 守卫岛上的圣地，这里是两位神的诞生地）从奥皮斯③ 和赫凯吉④ 从希珀波瑞人⑤ 那里带回来的某些青铜牌上得知，灵魂去了不可见之处，在地底下。在那里，普路托⑥ 的宫殿并不比宙斯的宫殿逊色，【b】因为大地占据着宇宙的中心，苍穹是球状的，它的一半领域归天神，另一半归冥神，众神之间有些是兄弟，有些是兄弟的子女。通往普路托宫殿的大道上有一道大门，门上有黑铁的门栓。大门打开的时候，阿刻戎河，还有考西图斯⑦ 河，接收着那些摆渡过来的亡灵，【c】去所谓'真理的原野'见米诺斯和拉达曼提斯。这些审判官对到来的每一个亡灵进行审讯，问他还在身体里的时候过的是一种

---

① 古里亚斯（Γωβρύης），波斯圣人。
② 德洛斯（Δῆλος），地名。
③ 奥皮斯（Ὦπις），人名。
④ 赫凯吉（Ἑκαέργη），人名。
⑤ 希珀波瑞人（Ὑπερβορέου），族名。
⑥ 普路托（Πλούτων），土地和财富神。
⑦ 考西图斯（Κωκυτός），河名。

什么样的生活，参加过哪些种类的活动。在这里不可能撒谎。

"那些今生就已受到善的精灵鼓励的亡灵会去一个为虔诚者准备的地方，那里在慷慨的季节盛产各种果实，清泉不停地流淌，草地上鲜花盛开，【d】哲学家在那里讨论问题，诗人在那里表演，还有舞蹈、音乐、欢乐的酒会、自取食物的聚餐，那里自由自在，没有痛苦，那里有适度的快乐；那里没有酷暑，没有严冬，只有和风吹拂和柔和的阳光。

"有个荣耀的地方对为那些入会之人准备的，他们在那里举行他们神圣的仪式。你为什么不去那里，第一个领取这份特权，【e】因为你是'众神的亲戚'？传说告诉我们，赫拉克勒斯和狄奥尼修斯①在进入哈得斯②的领地之前，在这个世上就入教了，厄琉息斯③女神④为他们的远征提供了勇气。

"那些在邪恶中浪费了他们生命的人由厄里倪厄斯⑤带领，穿过塔塔洛斯⑥去厄瑞布斯⑦和卡俄斯⑧，那里是为不虔诚的人准备的，达那伊得斯⑨永无止息地在那里提水，坦塔罗斯口渴难忍，提提俄斯⑩的内脏不断地被啄食，又不停地长出来，【372】西绪福斯⑪永无止境地推巨石上山，他们的辛苦的终结是一个新的开端。在这里有人被野兽舔食殆尽，有人被复仇者用火焚烧，他们受到各种各样的折磨，受到永久的惩罚。

---

① 狄奥尼修斯（Διονυσίως），酒神。
② 哈得斯（Ἀιδης），冥神。
③ 厄琉息斯（Ἐλευσῖς），冥府中的地名。
④ 指女神得墨忒耳（Δημήτηρ），她的崇拜在希腊神秘教中非常重要，入教之人被应许死后会在地下世界过幸福的生活。
⑤ 厄里倪厄斯（Ἐρινύης），希腊神话中的复仇三女神的总称。
⑥ 塔塔洛斯（Τάρταρος），地狱。
⑦ 厄瑞布斯（Ἔρεβος），冥府中的地名。
⑧ 卡俄斯（χάος），冥府中的地名。
⑨ 达那伊得斯（Δαναΐδς），埃及王达那俄斯的50个女儿，奉父命杀死丈夫，死后被罚永远在地狱中往一个无底的水槽中注水。
⑩ 提提俄斯（Τιτυός），巨人，被宙斯投入地狱，让老鹰啄食他的内脏。
⑪ 西绪福斯（Σίσυφος），科任托斯国王，生前是个暴君，死后被罚在地狱中推巨石上山，永无休止。

"这就是我从古里亚斯那里听来的话，但是阿西俄库，你必须自己做决定。我被这个论证感动了，我只知道有一点是肯定的：每一个灵魂都是不朽的，此外还有，它离开这里的时候没有痛苦。所以，阿西俄库，无论是去上面还是去下面，你一定会幸福，只要你的生活是虔诚的。"

"苏格拉底，我真不好意思对你说什么。到现在为止我一直害怕死亡，不过现在我真的有点急切地期待死亡了。这个论证影响了我，那个有关上面的苍穹的论证也影响了我。我现在藐视活着，因为我要去一个更好的家。

"现在让我独自安静地待一会儿，我要回想一下你说的话。但是中午以后，请你再来看我。"

"我会照你说的去做。现在我要回居诺萨吉斯，我就是从那里被喊回来的。"

情 敌 篇

提 要

　　本篇在柏拉图手稿中的标题是"恋人"或"情人"（Lovers），空白处标有"情敌"（Rival Lovers）字样。中文译名也可译为"恋爱者"或"对手"。公元 1 世纪的塞拉绪罗在编定柏拉图作品篇目时，将本篇列为第四组四联剧的第四篇，称其性质是"伦理性的"，称其主题是"论哲学"。[①] 本篇译成中文约 0.6 万字。

　　对话的地点在雅典语法学家狄奥尼修斯开办的学校。苏格拉底在那里遇到了互为情敌的两名年轻人。一位知识渊博，热心学习各种知识，并且认为哲学就是学习各种各样的事情。另一位年轻人擅长体育，但是头脑简单，四肢发达。他们之间谈论的主题是：什么是哲学？

　　这位知识渊博的青年假定：哲学是一项可敬的、有益的事业，由学习许许多多事情组成。苏格拉底不同意这个意见。与体育相比，哲学家涉及的领域广泛，但在具体领域中不可能达到那些专门的行家的水平，不可能出类拔萃。哲学家就好像一些全能运动员，总体上取得冠军，但在单项比赛中只是一些二流的运动员。（136a）哲学家不可能成为各个具体部门的行家，他们要学的是相关技艺的理论，而不是它的实际操作。因此，"哲学由学习许多

---

　　① 参见第欧根尼·拉尔修：《名哲言行录》3：60。

事情和忙于使用各种技艺所组成，这种说法和真理相距甚远"。（139a）

讨论还涉及明智、自制、权威等问题。在这些问题上，作者的观点与柏拉图相同。他认为很少有人能够做到理性的自控，并且对他人实施权威。（参见《国家篇》521c—535a，《法篇》965a—968a。）作者也同意柏拉图的观点，认为只有一种权威，无论由谁来实施，是政治家、国王、家长，还是奴隶的主人。（参见《政治家篇》258a—259d）

有学者认为，在柏拉图去世以前，学园里可能发生过一场争论，这篇对话就是这场争论的产物。后来某个熟悉这篇对话的人给昔勒尼派的厄拉托斯塞尼起了"五项全能"和"单项比赛的二流选手"的绰号。所以，本篇出自某个学园派成员之手。

正 文

【132】我走进语法学家狄奥尼修斯①的学校，看见那里有一些出身好人家的非常吸引人的年轻人；他们的情人也在那里。有两名青年正在争论，但我无法弄清他们在争什么。他们似乎提到阿那克萨戈拉或欧诺庇德；【b】他们画出一些圆圈，并且用手比划着角度，描述某种天文现象，好像非常认真。我在他们的一位情人边上坐下，用肘部轻轻地推他，问这些青年在争什么，那么认真，我说"这事一定很重要，令人敬佩，所以他们那么认真"。

他说："你在说什么呀？很重要？令人敬佩？这些家伙只是在争一些天上的事情，说一些哲学的胡话。"

【c】我对他的回答十分惊讶，我问他："年轻人，哲学事业在你看来如此可鄙吗？你为什么要讲得如此尖刻？"

另外一个人——你瞧，这位青年的一个情敌正好坐在他旁边——听到了我的问题和他的回答，他说："苏格拉底，问他是否认为哲学是一项可鄙的

---

① 狄奥尼修斯（Διονυσίως），人名。

事业，你在浪费时间。你不明白他把所有时间都用来摔跤、填饱肚子、睡觉吗？除了说哲学是可鄙的，你还能指望他有其他的回答吗？"

【d】两位情人，一位把他的全部时间花在各种自由的学习①中，而另一位，刚才被辱骂过的，把他的全部时间花在体育上。我似乎不得不丢下我刚才已经问过的那个人——因为他没有说使用言辞能有什么好处，而只说行为的好话——而直接向那个声称比较聪明的人提问，以便能抓住机会从他那里学到一些有益的东西。【e】所以我说："我的问题是向所有人提的，如果你认为自己能提供一个较好的回答，那么我会问你同样的事情：你认为追求哲学是可敬的还是不可敬的？"

【133】就在我们说到这里的时候，那边的两位青年无意中听到了我们的谈话，于是他们沉默不语，把他们的争论撂在一边，走过来听我们谈话。这时候，我不知道他们的情人是什么感觉，而我却有点忐忑不安了——当我周围都是美貌的年轻人时，这种情况总是发生。然而，我感到，另外一位情人的魂不守舍不亚于我。他定下神来，以一种非常自重的方式回答我的问题。【b】他说："苏格拉底，如果我曾经把哲学当做可鄙的，那么我会认为自己不再是个人，其他任何人也都不会这样想！"他在这样说的时候故意提高嗓门，朝他的情敌摆出姿势，让他喜爱的青年能明确地得到这个信息。

我说："所以你认为哲学是一项值得敬佩的追求。"

他说："没错。"

我说："那么好，你认为对某些人来说，如果不知道某事物是什么，有可能知道它是可敬的还是可鄙的吗？"

他说："不可能。"

【c】我继续说道："所以你知道什么是哲学？"

他说："当然知道。"

我问道："那么，什么是哲学？"

---

① 指音乐、诗歌、文学、哲学等，相当于今人所说的博雅教育。

"不就是梭伦说的话吗？他说过：'随着年龄增长，我不断地学习许多事情。'我同意他的看法，想要追求哲学的人，无论年轻还是年长，总要学习这样那样的事情，以便在有生之年尽可能多地学习。"

最初，我认为他的话有点意思，但后来一想，我问他是否认为哲学是由学习许多事情组成的。

【d】他说："就是。"

我继续说："你相信哲学只是可敬的，或者相信它也是好的？"

他说："哲学当然也是好的。"

"你把这种性质当做哲学特有的，还是认为它也属于其他事物？比如说，你相信体育不仅是可敬的，而且也是好的，不是吗？"

【e】非常可笑的是，他给了我两个答案。他说："对他，我会说体育既不是可敬的又不是好的。对你，苏格拉底，我同意体育既是可敬的又是好的，因为我相信这种说法正确。"

然后我问道："你认为体育由许多训练组成吗？"

他说："确实如此，正如我认为哲学由学习许多事情组成。"

然后我说："你认为运动员想要得到的，除了能给他们带来良好的身体状况以外，还有什么东西吗？"

他说："他们想要的就是这些了。"

我继续说道："通过大量锻炼，就能有良好的身体状况吗？"

【134】他说："显然如此，如果只进行很少锻炼，怎么能有良好的身体状况呢？"

在我看来，说到这一步还算恰当，他会用他在体育锻炼中的某些经验来帮助我。所以我问："那么我的朋友，你怎么能够如此安静地坐在那里，和这个人说这些事情？你认为，大量的锻炼还是适度的锻炼能给人带来良好的身体状况？"

他说："苏格拉底，我想这一点连一头猪也能知道，【b】有人说过，适度的锻炼会产生良好的身体状况，有些人不睡不吃，有些人整天打坐，瘦骨嶙峋，他们当然不知道这个道理？"他的话讽刺了那些青年，连他们的情人也感到脸红了。

我说："那么好，你现在承认，既不是大量的锻炼，也不是少量的锻炼，而是适度的锻炼，会带来良好的身体状况，是吗？或者说你想要提出论证来反对我们俩？"

【c】他说："对他，我很乐意提出，我肯定能证明我的观点，哪怕我的处境不佳——因为他不会跟我竞争。但是，我没有必要与你争论。我同意，不是大量的锻炼，而是适度的锻炼，使人产生良好的身体状况。"

我说："食物怎么样？适度的还是大量的？"

关于食物他也表示了同样的观点。

【d】然后，我也使他赞成，与身体有关的其他一切事物，适度才是最有益的，而大量或少量都不是最有益的；对此他也表示同意。

我说："灵魂怎么样？什么分量的灌输使它受益最大，适度的还是不适度的？"

他说："适度的。"

"学习某些事情不就是给灵魂灌输一些东西吗？"

他表示同意。

"所以，适度的学习，而非大量的学习，是有益的，是吗？"

他表示同意。

【e】"现在假定我们想要问的是：什么样的锻炼和食物对身体是适度的；谁适合回答这个问题？"

我们三人都同意，最适合回答这个问题的人是医生或体育教练。

"播撒种子如何适量，我们应当问谁？"

农夫，这一次是我们全都同意的。

"如何在灵魂中播撒种子？假定我们要问播散多少才是适量的，我们应当问谁？"

【135】在这一点上，我们全都发现自己不知所措了。所以我开玩笑地问

他们："由于我们全都不知道该怎么办，要是你乐意，我们就问问在这里的这些青年，你们看怎么样？或者我们也许耻于这样做，就像荷马史诗中的求婚者，不想让其他任何人给那张弓安好弦绳①，是吗？"

在这一点上，他们似乎失去了和我争论的热情，所以我尝试着用一条不同的路径，我说："你们猜，一名哲学家需要学习的主要是什么科目，因为他不需要学习所有科目，甚至也不需要学习很多科目？"

【b】比较聪明的那个人接过话头说："他要学习的最可敬、最恰当的科目，是那些从中可以获得最大的哲学家的声望的科目，他还要学习适宜一名自由人的多种技艺，借此可以在所有技艺中显得像个专家，如果不是全部技艺，至少也是大多数真正重要的技艺——也就是说，要学习这些技艺的理论，但不是它们的实际操作。"

【c】我说："你指的是像建筑行业里的那些事吗？你用五六个明那就能买到一名工匠，但一名建筑大师要花费你几千德拉克玛，确实，在整个希腊也只有几名建筑大师。你是这种意思吗？"他表示同意，认为我所说的与他的意思相仿。

然后我说，哪怕是彻底掌握两门技艺都不可能，更不要说学习几种重要的技艺了。

他答道："苏格拉底，你一定不要认为我说的意思是哲学家需要理解每一种技艺，【d】像以此为职业的人那样去彻底掌握。他只需要在一个有教养的自由人的合理范围内弄懂这些技艺，这样就能比其他在场者更好地听懂行家的解释，也可以添加他自己的意见；以这种方式，他总是在那些在场者中间显得最有教养、最聪明，无论讨论或实践的是哪一种技艺。"

【e】由于我仍旧不太明确他的意思，于是我问："我理解你假定的哲学家是个什么样的人吗？在我看来，你的哲学家就像某个与赛跑运动员或摔跤运动员比赛的参加五项运动的运动员。他们在赛跑和摔跤中输了，只得了第

① 参见荷马：《奥德赛》21：285 以下。

二名，但在其他运动中得了第一名，打败了其他运动员。你也许正在按照这样的思路提出建议，【136】在那些全身心投入哲学的人中间也会产生这样的结果。在有关这些技艺的知识方面，他们排在那些获得第一名的人的后面，但是作为亚军，他们对其他人保持着优势；所以一名研究过哲学的人在所有领域中成为一名强大的竞争者。你描绘的人似乎就像这个样子。"

他说："苏格拉底，在我看来，当你把哲学家与参加五项运动的人相比，你就有了关于哲学家的正确观念。他是一个不受任何事物奴役的人，【b】也不会深究任何事物的细节，他只关注一件事，就像工匠所做的那样，他在其他所有方面都会落后，但他会在一定程度上涉及一切事务。"

在他提供了这个回答以后，我渴望准确地知道他的意思，所以我问他好人是有用的还是无用的。

他说："肯定是有用的，苏格拉底。"

"如果好人是有用的，那么坏人是无用的，对吗？"

他表示同意。

"那么好，你认为哲学家是有用的人，还是无用的人？"

【c】他同意哲学家是有用的，并且说他认为哲学家极为有用。

"那么好，让我们来看。假定你所说的是真的，这些人，这些亚军，什么时候对我们有用？因为哲学家显然在各种专门技艺中处于劣势。"

他表示同意。

我继续说道："你怎么样？如果你生了病，或者你非常关心的一位友生了病，你在为他找人治疗，你会请那位亚军，哲学家，去你家吗？或者说你会去请医生？"

【d】他说："我两个都会请。"

"不，别告诉我两个都会请，告诉我你会先请哪一位。"

他说："无人怀疑我会先请医生。"

"好吧，要是乘船遇上狂风暴雨，你宁愿把自己和你的财物托付给谁，舵手还是哲学家？"

"我宁愿托付给舵手。"

"其他情况不也一样吗，只要有工匠，哲学家就没有用处？"

【e】他说："似乎如此。"

"那么哲学家实际上对我们来说是无用的，是吗？因为我们确实总是有工匠。然而我们同意，好人是有用的，坏人是无用的。"

他被迫同意。

"我们下面该说什么呢？我应当继续提问，还是这样说太鲁莽了？"

"你想怎么问，就怎么问。"

【137】我说："我想说的一切就是总结一下已经说过的话。情况是这样的：我们同意哲学是令人敬佩的，哲学家是好的，好人是有用的，坏人是无用的；另一方面，我们同意只要有工匠在，哲学家就没有用，而工匠总是能够找到。这些都是我们同意的吗？"

他说："确实如此。"

"至少，按照你的论证，我们同意如果哲学是由关于技艺的知识组成的，【b】这是你的建议，那么只要存在那些有技艺的人，哲学家就是坏的和无用的。然而，我的朋友，哲学家并不像是这个样子的，哲学不会堕落到这种地步，要去学习技艺，也不需要去学其他许多事情，而是要学某种很不相同的事情——实际上我认为那样做是可耻的，因为那些追求技艺的人被人称做庸俗的。【c】不过，如果你能回答下面这个问题，我们就能够更加清楚地明白我说的是否对：谁懂得如何恰当地驯马，是使马变得较好的人，还是其他人？"

"是那些使马变得较好的人。"

"对马来说是这样，那么对其他动物来说也是这样吗？"

"对。"

"那么好，那些懂得如何使狗变得较好的人不就是那些懂得如何恰当地驯服它们的人吗？"

"是的。"

"那么使之变得较好和恰当的驯服是同一门技艺吗？"

他说："在我看来好像是的。"

"那么好，使之变得较好和恰当的驯服与区别好坏是一回事吗，或者说区别好坏是一门不同的技艺？"

他说："它们是相同的。"

【d】"至于人，你打算同意能使人变得较好和训练他们的技艺与区分好人与坏人的技艺是相同的吗？"

他说："肯定相同。"

"能对一个人实施的技艺也能对许多人实施，反之亦然，是吗？"

"是的。"

"什么样的知识能够恰当地约束城邦里那些无法无天的人？它不就是法律知识吗？"

"是的。"

"被你称做正义的东西与这种法律知识是相同的还是不同的？"

"是相同的。"

【e】"用来恰当地约束人的知识与用来区别好人和坏人的知识不是相同的吗？"

"是相同的。"

"对一个人有这种知识的人，无论是谁，对许多人也有这样的知识吗？"

"是的。"

"对许多无知的人，无论是谁，对一个人也是无知的吗？"

"你说得对。"

"所以，如果这里的一是一匹马，它不知道好马与坏马的区别，那么它也不会知道自己是哪一种马，对吗？"

"对。"

"如果这里的一是一头牛，它不知道好牛与坏牛的区别，那么它也不知道它是哪一种牛。"

他说："是的。"

"如果这里的一是一条狗，结果也一样吗？"

他表示同意。

【138】"那么好，如果一个人不知道好人与坏人的区别，那么他也不知道自己是好的还是坏的吗，因为他实际上是人？"

他有点担心了。

"不认识你自己，是聪明的还是不聪明的？"

"不聪明。"

"那么认识你自己是聪明的吗？"

他说："是的。"

"这似乎就是刻在德尔斐神庙上的铭文的意思，要明智和公正。"

"似乎如此。"

"这也是我们所理解的该如何恰当地约束自己，是吗？"

"是的。"

【b】"所以我们知道如何恰当地约束自己的方式是公正，我们评价自己和其他人的方式是明智。"

他说："好像是的。"

"所以公正和明智是一回事。"

"显然是。"

"不公正的人受到惩罚，城邦得到良好的治理，这种情况不也是这样吗？"

他说："对。"

"这是政治的技艺。"

他表示同意。

"那么好，当一个人恰当地治理一个城邦，他不是被称做僭主或国王吗？"

"是的。"

"他不是凭借国王的或僭主的技艺在治理吗？"

"对。"

"那么这些技艺与前面那些技艺是相同的吗？"

"好像是相同的。"

【c】"那么好，一个人恰当地管理着家务，他的名字叫什么？不是'家长'和'奴隶的主人'吗？"

"是的。"

"他良好地管理着家务不也是凭借公正吗，或者凭借其他什么技艺？"

"凭借公正。"

"所以这些人似乎都是一样的：国王、僭主、政治家、家长、奴隶的主人、明智的人、公正的人。他们都有一种技艺：国王的、僭主的、政治的、管理的和家庭的技艺，都是公正和明智。"

【d】他说："似乎如此。"

"如果一名哲学家在谈论病人的时候听不懂医生说的话，或者不能添加任何他自己的意见，不知道自己该说什么和做什么，这是可鄙的，当其他匠人做或说某些事情时，哲学家也处于这样的境况——我们刚才已经提到法官、国王或其他诸如此类的人讲话——他既听不懂他们的话，又不能添加自己的意见，他难道不可鄙吗？"

"苏格拉底，对这些事务不能贡献任何意见，他怎么能不可鄙呢？"

【e】我说："所以我们说他需要成为一名参加五项运动的运动员，在这些领域内他也要当亚军，是吗？再说，要想良好地治理他的家庭，他肯定不能把自己的家务交给其他任何人打理，或者自己甘愿当亚军，而应当亲自用公正和纪律来管理，是吗？"

在这一点上，他对我让步了。

"进一步说，如果他的友人托付他处理某些争执，【139】或者城邦委派他去调查和判决某些事情，我的朋友，在这些事情中他要是像第二名或第三名，而不是首当其冲，那么在这些情况下他肯定是可鄙的，不是吗？"

"我想是的。"

"所以我们可以这样说，我的朋友，哲学由学习许多事情和忙于使用各种技艺所组成，这种说法和真理相距甚远。"

我说这些话的时候，这个聪明的家伙为他自己在前面说的话感到脸红，陷入了沉默，而那个无知识的人则说我是对的；其他人也赞成我的话。

论 公 正

提 要

这篇小对话很可能来自早期描写苏格拉底的文献，相关内容可与色诺芬的《回忆苏格拉底》（第4卷第2章）、柏拉图的《国家篇》（331b—d）中的相关部分对照阅读。它和《论美德》一样，原先可能没有标题，后来由学园派人士称之为《论公正》，但这并不符合柏拉图对话的命名习惯。苏格拉底是对话人，另一名对话人在有些手稿中写的是克利尼亚，有些写的是无名氏，有些写的是友人。本篇译成中文约0.4万字。

苏格拉底提问：什么是公正？他以计数、测量和称重为例，指出判断公正与不公正是一门区别的技艺，法官用语言为工具，通过讲话区分公正与不公正。苏格拉底接着指出：同样的行为可以是公正的，也可以是不公正的，取决于具体情形。因此，公正是一种在正确的时间里采取行动的知识，而不公正就是在这方面的无知，知识使人辨别采取行动的适当场合。然后，苏格拉底追问：人们做不公正的事情是故意的还是非故意的？结论是：干坏事是出于无知，所以干坏事不是故意的。

正 文

谈话人：苏格拉底、友人

苏 【372】你能告诉我们什么是公正吗，或者说你认为这个问题不值得讨论？

友 我认为非常值得讨论。

苏 那么，什么是公正呢？

友 嗯，如果它不是由习俗当做公正建立起来的东西，它又能是什么呢？

苏 你这不是回答这个问题的方法。举例来说，如果你问我什么是眼睛，我就告诉你眼睛就是我用来看的东西；你想要我证明，我就说已经证明了。如果你问我"灵魂"是什么东西的名称，我告诉你灵魂就是我们用来思考的东西。还有，如果你问我什么是声音，我回答说它是我们用来交谈的东西。以同样的方式，现在请你告诉我什么是公正，通过我们如何使用它来回答，就像我刚才谈其他东西一样。

友 按照这种方式我无法回答。

苏 那么好，由于你无法按照这种方式回答，那么通过这种方式去发现公正对我们来说也许比较容易，是吗？每当我们想要区别什么东西长、什么东西短，我们用什么来衡量它们？不是用尺子吗？

友 是的。

苏 【373】除了用尺子，我们还要用什么技艺？不就是测量的技艺吗？

友 对，测量的技艺。

苏 我们用什么来区分什么东西轻、什么东西重？我们不是要用秤吗？

友 是的。

苏 除了秤，我们还要用什么技艺？不就是称重的技艺吗？

友 没错。

苏 那么好，当我们想要区别什么是公正、什么是不公正的时候，我们用什么工具来检验它们？除了这种工具，我们还要用什么技艺来处理它们？或者说，我这样说还是不能让你明白？

友　我不明白。

苏　好吧，让我们重新开始。每当我们对什么东西重、什么东西轻有不同意见时，谁在我们中间做决定？不就是称重的人吗？

友　是的。

苏　【b】每当我们对数量有不同意见，多或少，谁是做决定的人？不就是那些计数的人吗？

友　显然如此。

苏　每当我们相互之间对什么是公正、什么是不公正有不同意见的时候，我们去找谁？谁在我们中间，在一些具体事情上做决定？告诉我。

友　你是在说法官吗，苏格拉底？

苏　说得好！现在请你继续试着告诉我：决定什么东西大、什么东西小，这个时候测量的人在做什么？他们在测量，不是吗？

友　是的。

苏　称重的人决定什么东西重、什么东西轻，这个时候他们不是在称重吗？

友　他们当然是在称重。

苏　当计数的人决定多和少的时候，他们是在计数，不是吗？

友　是的。

苏　【c】当法官决定什么是公正、什么是不公正的时候，他们在做什么？回答我。

友　我回答不了。

苏　说"他们在说话"。

友　是的。

苏　每当法官要决定什么是公正、什么是不公正的时候，他们通过说话在我们中间做了决定，是吗？

友　是的。

苏　通过测量，测量者决定什么东西小、什么东西大，因为使用尺子可以决定这些东西的大小。

友　对。

苏　还有，通过称重，称重的人决定了什么东西重、什么东西轻，因为用秤可以决定这些东西的轻重。

友　是的。

苏　【d】还有，通过计数，计数者决定多与少，因为通过计数可以决定这些东西的多少。

友　对。

苏　就像我们刚才同意的那样，法官通过讲话在我们中间决定什么是公正、什么是不公正，因为使用语言可以决定这些事情。

友　说得好，苏格拉底。

苏　是的，我们确实要说，决定什么是公正、什么是不公正的似乎是语言。

友　看起来确实如此。

苏　公正与不公正又能是什么呢？假定有人问我们："尺子、测量的技艺、测量者，决定了什么东西大一些，什么东西小一些，那么什么是'大'，什么是'小'呢？"我们会告诉他，"大"就是超过，"小"就是不足。【e】或者有问："秤、称重的技艺和称重的人决定了什么东西重，什么东西轻，那么什么是'重'，什么是'轻'？"我们会告诉他，"重"就是使秤杆往上翘，"轻"就是使秤杆往下沉。以这种方式，如果有人问我们："讲话、审判的技艺，法官为我们决定了什么是公正，什么是不公正，那么'公正'和'不公正'能是什么？"我们该怎么回答？我们仍旧不能告诉他吗？

友　我们不能。

苏　【374】你认为人们做不公正的事情是自愿的，还是不自愿的？我的意思是：你认为行事不公正的人，他们不公正是自愿的还是不自愿的？

友　我要说他们是自愿的，苏格拉底，因为他们是邪恶的。

苏　那么，你认为人是邪恶的，故意做不公正的事情？

友　确实如此。你难道不这么看？

苏　不，要是我们相信那位诗人的话，我就一点也不会这么看。

友　哪位诗人？

苏　说过"无人自愿作恶，也无人不想要幸福"[①]的那一位。

友　但是，苏格拉底，你要知道古谚说得好，诗人撒过许多谎。

苏　【b】如果这位诗人在这一点上撒谎，我会感到惊讶。如果你有时间，让我们来考虑他说的是真话，还是谎言。

友　好吧，我有时间。

苏　那么，撒谎或者讲真话，你认为哪一样是公正的？

友　显然是讲真话。

苏　那么撒谎是不公正的了？

友　是。

苏　骗人或不骗人，你认为哪一样是公正的？

友　肯定是不骗人。

苏　那么，骗人是不公正的？

友　是的。

苏　好吧，伤害或帮助，哪一样是公正的？

友　帮助。

苏　那么伤害是不公正的？

友　是的。

苏　【c】所以讲真话、不骗人和帮助是公正的，而撒谎、伤害和骗人是不公正的。

友　是的，我以宙斯的名义起誓，确实如此。

---

① 引自厄庇卡尔谟：《残篇》7。厄庇卡尔谟是叙拉古早期喜剧诗人。

苏　哪怕对敌人也是这样吗？

友　当然不是！

苏　那么伤害敌人是公正的，帮助他们是不公正的？

友　是。

苏　伤害敌人不是公正的吗，哪怕你欺骗他们？

友　必定如此。

苏　撒谎、欺骗和伤害他们怎么样？这样做不是公正的吗？

友　【d】是的。

苏　那么好，你说帮助朋友是公正的，不是吗？

友　肯定是的。

苏　如果为了他们的利益，可以不欺骗他们，也可以欺骗他们，是吗？

友　甚至可以欺骗他们，我以宙斯的名义起誓。

苏　但是，通过欺骗他们来帮助他们是公正的，所以通过撒谎来帮助他们肯定也是公正的，不是吗？如果我们通过撒谎来帮助他们，那会怎么样？

友　哪怕我们撒谎，这样做也是公正的。

苏　这样看来，似乎撒谎和说真话都既是公正的，又是不公正的。

友　是的。

苏　不骗人和骗人既是公正的，又是不公正的。

友　我猜是这样的。

苏　伤害和帮助既是公正的，又是不公正的。

友　是的。

苏　【e】所以，所有诸如此类的事情好像都既是公正的，又是不公正的。

友　在我看来好像是这样的。

苏　那么，你听着。我像其他人一样有一只左眼，有一只右眼，不是吗？

友　是的。

苏　一个左鼻孔，一个右鼻孔？

友　没错。

苏　一只左手，一只右手？

友　是的。

苏　尽管你以同样的名字称呼它们，但你说有些是左，有些是右。如果我问你哪个是左，哪个是右，你会说在这边的是左，在那边的是右，不是吗？

友　是的。

苏　让我们返回我们的论点。尽管你以同样的名称称呼这些行为，【375】但你说有些是公正的，有些是不公正的。你能说出哪些是公正的，哪些是不公正的吗？

友　好吧，我假定，如果我们应当这样做，那么我们采取的每一种行为都会成为公正的，如果我们不应当这样做，那么我们的每一种行为都会成为不公正的。

苏　说得好！如果一个人应当这样做，那么他的每一项行为都是公正的，而当他不应当这样做的时候，他的每一项行为都是不公正的，是吗？

友　是的。

苏　做了公正的事情，这个人自己就是公正的，做了不公正的事情，这个人自己就是不公正的，不是吗？

友　你说得对。

苏　现在谁能给人动手术，烧灼和消除肿瘤，如果他应当这样做？

友　医生。

苏　【b】因为他知道该怎么办，或者说有其他某些原因？

友　因为他知道怎么办。

苏　谁能耕作、犁地、种植，如果他应当这样做？

友　农夫。

苏　因为他懂得怎样做，还是因为他不懂怎么做？

友　因为他懂。

苏　在其他事例中这样说不也是对的吗？如果事情是应当做的，那么懂得怎么做的人会做他应做的事情，而不懂得怎么做的人不会做他应做的事情，是吗？

友　是的。

苏　撒谎、欺骗和帮助怎么样？一个懂得怎样采取这些行动的人，在他应当这样做的时候，同时又在正确的时候，他会这样做，而不懂得怎样做的人不会这样做，是吗？

友　【c】是的。

苏　在应当做这些事情的时间里这样做了的人是公正的吗？

友　是的。

苏　他这样做是由于他的知识？

友　还能有其他什么原因？

苏　所以公正的人之所以公正是由于他的知识。

友　是的。

苏　不公正的人之所以不公正是由于相反的原因吗？

友　好像是这样的。

苏　公正的人之所以公正是由于他的智慧。

友　是的。

苏　不公正的人之所以不公正是由于他的无知。

友　我猜是这样的。

苏　所以，公正就是我们的祖先把它作为智慧传给我们的东西，不公正就是他们把它作为无知传给我们的东西。

友　【d】我猜是这样的。

苏　人的无知是自愿的还是不自愿的？

友　不自愿。

苏　所以他们不公正也是不自愿的吗？

友　似乎如此。

苏　不公正的人是邪恶的吗？

友　是的。

苏　所以，他们是邪恶的，他们的不公正是不自愿的？

友　绝对如此。

苏　他们的行动不公正是因为他们是不公正的吗？

友　是的。

苏　那么，他们的行动也是不自愿的吗？

友　当然。

苏　自愿去做的事情显然不会不自愿地发生。

友　不会。

苏　不公正的行动之所以发生是因为有不公正。

友　是的。

苏　不公正是不自愿的。

友　是的，不自愿。

苏　那么，他们不公正地行动，他们是不公正的，他们的邪恶是不自愿的。

友　不自愿，似乎如此。

苏　那么，在这种情况下诗人没有撒谎。

友　我想没有。

论 美 德

提　要

　　这篇小对话可能出自公元前 3 世纪中期的老学园。作者模仿柏拉图的文风，讨论的问题——美德能否传授——也是柏拉图对话讨论过的。它有一部分内容（377b—378c）与柏拉图《美诺篇》（93d—94e）相同。参与对话的人物有些手稿中写的是苏格拉底和美诺，有些写的是苏格拉底与马夫（或驯马人），有些则是匿名的友人。本篇译成中文约 0.3 万字。

　　苏格拉底提问：美德能教吗？如果不能，那么一个人要想变好，变得拥有美德，应当通过什么途径？是通过他的本性呢，还是通过其他途径？在苏格拉底的引导下，双方展开讨论。如果美德也像其他各种技艺一样可以通过学习来获得，那么就必须聆听行家的教诲。然而，就连修昔底德、塞米司托克勒、阿里斯底德、伯里克利这样的名人都无法把美德传给子孙，因此美德显然不可能通过这样的途径来获得，因为根本不存在能教美德的人。其次，美德也不能从人的本性中产生。否则就会像有养狗和养马的行家一样，有精通人性的行家，能掌握人内心的道德状况。所以，要成为有美德的人，既不能靠本性，也不能靠教育。那么美德到底是从哪里来的呢？排除了这两种可能，剩下唯一可供选择的答案是：美德源自神的恩赐。这一结论与《美诺篇》结尾处（100b）的推测是一样的。

正　文

谈话人：苏格拉底、友人

苏　【376】美德能教吗？如果不能，那么人通过本性变好，还是以其他某种方式变好？

友　【b】我不能马上回答你，苏格拉底。

苏　那么好吧，让我们来考虑一下。告诉我，如果某人想要用那种使专门的厨师变好的美德来使自己变好，他会怎么办？

友　显然，通过向好厨师学习。

苏　说得好。现在，要是他想成为一名好医生，那么为了变成一名好医生，他应当去找谁？

友　这也很明显——去找一名好医生。

苏　【c】如果他想要用那种使专门的建筑师变好的美德来使自己变好呢？

友　去找一位建筑师。

苏　如果他想要用使人变聪明和变好的美德来使自己变好，他必须到哪里去学习？

友　这种美德也一样，如果它能学的话，我假定他必须向好人学习。其他还能去哪里？

苏　那么告诉我，谁是我们城邦里的好人？让我们考虑使人变好的那些人。

友　【d】修昔底德、塞米司托克勒、阿里斯底德、伯里克利。

苏　我们能说出他们每个人的老师的名字吗？

友　不，我们不能；我没听说过。

苏　那么好，我们能说出一个学生的名字吗？他通过与这些人的交往变得聪明和好，无论他是外国人、公民，或者是其他人，无论他是自由人还是奴隶？

友　我没听说过。

苏　与其他人分享他们的美德，他们会不会妒忌？

友　也许。

苏　就像厨师、医生和建筑师是妒忌的——这样他们就不会有任何对手。因为在同一行当中要是有许多对手，那就无利可图了。好人要是生活在像他们自己一样的人中间，好人也会无利可图吗？

友　有可能。

苏　但他们不是公正的和好的吗？

友　是的。

苏　那么不是生活在好人中，而是生活在坏人中，会有利吗？

友　我无法告诉你。

苏　好吧，那么你能告诉我这一点吗，伤害是好人做的事，而帮助是坏人做的事，或者正好相反？

友　正好相反。

苏　【377】因此，好人帮助人，坏人伤害人？

友　是的。

苏　有人想要受伤害，而不是得到帮助吗？

友　当然没有。

苏　因此，没有人宁可生活在坏人中，而不是生活在好人中。

友　说得对。

苏　因此，没有一个好人会妒忌其他人变得和他本人一样好。

友　按照这个论证，显然如此。

苏　你听说过克莱俄芳图①是塞米司托克勒的儿子吗？

友　听说过。

———————

①　克莱俄芳图（Κλεόφαντος），人名。

苏 对于他的儿子变成最优秀的人，塞米司托克勒显然不会吝啬，如果塞米司托克勒真是个好人——他确实是个好人，我们承认——那么他也不会对任何人吝啬。

友 【b】是的。

苏 你知道吗，塞米司托克勒教他的儿子成为一名专业骑手，他能直立在马背上，能站在马背上扔标枪，他还有其他许多马上绝技，他父亲教他，使他在其他许多需要好教师教的事情上成为内行。你有没有听上一辈的人讲过？

友 听过。

苏 【c】所以无人能够批评他的儿子，说他天生的本能就是坏的。

友 不能，至少根据你的说法不能这样说。

苏 我们再来看。你有无听人说过——无论是年轻人还是老人——塞米司托克勒之子克莱俄芳图是一个聪明人和好人，就像他父亲那样？

友 从来没有。

苏 那么我们能否假定，如果美德确实能教，那么他想把这些事情教给儿子，但不想在他本人拥有的智慧方面使他的儿子变得比他的邻居更好？

友 【d】很不像是这个样子。

苏 然而，他就是你认为的这种美德的教师。让我们来看另外一个人，阿里斯底德，他抚养吕西玛库成长。在需要教师的事情上，他给了他的儿子最好的雅典人的教育，但他并没有使他的儿子比其他人更好。你和我都知道这件事，因为我们曾经和他待在一起。

友 是的。

苏 你也知道伯里克利，他抚养他的儿子【e】帕拉卢斯①和克珊西普②——实际上，我想你爱他们中的一个。如你所知，伯里克利教他们骑

---

① 帕拉卢斯（Πάραλος），人名。
② 克珊西普（Ξάνθιππος），伯里克利之子。

术——他们就像任何雅典人一样好——人文艺术和体育；他使他们精通各种需要教师的技艺；然而他不想使他们成为好人，是吗？

友 但是他们也许会成为好人，苏格拉底，要是他们不是年纪轻轻就死去的话。

苏 你在帮你男友的忙，这样做相当公正。如果美德是可教的，使人变好是可能的，那么伯里克利肯定已经使他的儿子拥有像他那样的美德，而不是只在人文艺术或体育方面成为行家。【378】但美德似乎是不可教的，因为修昔底德也养了两个儿子，美勒西亚和斯特芳①，你所说的伯里克利的儿子的话不能用到他们身上，因为你非常明白他们一个活得很长，另一个活得更长。确实，他们的父亲很好地教育他们，尤其是使他们成为雅典最优秀的摔跤手。他让一个儿子去找克珊西亚②，另一个去找欧多鲁斯③，他们不是当时最优秀的摔跤手吗？

友 是的。

苏 【b】所以很清楚，当他能使他的儿子变好而无须任何花费的时候，他决不会教他们必须花钱才能学的东西——如果美德能教，他难道不会教他们变好吗？

友 他似乎会教。

苏 也许修昔底德是个普通人，他在雅典人和他们的同盟者中间朋友不多？不，他出生在一个伟大的家族，能在雅典和其他希腊城邦做大事。【c】所以，如果美德能教，如果他本人因公务繁忙而没有时间，他会找到某个人——无论在当地还是在国外——使他的儿子变好。不，我的朋友，美德似乎是能教的。

友 不对，美德可能不能教。

苏 好吧，如果美德不能教，那么人生来就是善的吗？如果按下列方式

---

① 斯特芳（Στέφανος），人名。
② 克珊西亚（Ξανθίας），人名。
③ 欧多鲁斯（Εὐδώρους），人名。

考察，我们也许能找到结论。我们认为，好马有具体的本性吗？

友　有。

苏　【d】有些人拥有某种技艺，凭这种技艺他们知道好马的本性，知道哪些马适合赛跑，哪些马勇敢，哪些马怯懦，是这样吗？

友　是的。

苏　那么这种技艺是什么？它有名称吗？

友　马术。

苏　猎狗也与此相仿，有某种技艺，人凭着这种技艺能察觉狗的本性的好与坏？

友　有。

苏　它是什么？

友　猎术。

苏　金子和银子怎么样？我们认为，有许多兑换金钱的人通过观察就能区分好钱和坏钱，是吗？

友　【e】有这样的人。

苏　你叫他们什么？

友　试金者。

苏　还有，教练员通过观察人体特征就能知道好坏，就能在年轻人身上看到他们最有价值的特征，就能知道他们在哪些方面最有希望获得成功。

友　没错。

苏　好马、好狗，等等，或者好人，对城邦来说这些事物中的哪一样是最重要的？

友　【379】好人。

苏　是吗？你不是认为，只要人有内在的美德方面的好的特点，人们就会尽力承认它们？

友　是这样的。

苏　用来判断好人的天性的这种技艺是哪一种技艺，你能告诉我吗？

友 不，我不能。

苏 然而，这种技艺肯定有价值，拥有这种技艺的人也很有价值，【b】因为他们可以告诉我们哪位年轻人，当他仍旧还是个儿童的时候，就能变好。我们会把他们送到卫城里看管起来，就像银子，只会更加小心，用公费供养他们，不让他们受到任何伤害，避免打仗或其他危险。他们会被储藏起来，等他们成年了，当城市的保卫者和施恩者。

但是，说真话，我敢说，要成为有美德的人，既非凭本性，亦非凭教育。

友 【c】苏格拉底，如果既非凭本性，又非凭教育，你怎么能假定他们会变得有美德？

苏 我认为这个问题不容易解释。然而我猜，拥有美德很有可能是一种神的馈赠，人变好，就像神的先知和说神谕者所做的那样。因为变成先知和说神谕者既不是凭本性也不是凭技艺；它是通过众神的激励，变成他们所是的那种人。同理，【d】好人对他们的城邦宣布事情的结果和将要发生的事，在神的激励下，他们比那些算命的讲得更好，讲得更清楚。我在想，甚至连女人都说这种男人是神圣的，他是神的人。荷马经常使用这种赞美，其他诗人也一样。确实，当神希望一个城邦变得繁荣昌盛，他就把好人放在这个城邦里，每当一个城邦走向衰落，神就从这个城邦里把好人弄走。所以美德似乎既不是可教的，也不是天生的，而是由神恩赐给那些拥有者的。

神 翠 鸟

提 要

有许多古代手稿将本篇列为柏拉图的对话，但后来又被归为公元后 2 世纪的演说家和对话作者琉善（Lucian）的作品。16 世纪法国学者斯特芳（Henri Étienne, Stephanus）编纂柏拉图全集时没有收录这篇对话。因此，本篇的边码与其他对话不同，系约翰·库珀主编的《柏拉图全集》（Plato, Complete Works, ed.by John M.cooper, Hackett Publishing Company, Indianapolis, Cambridge, 1997.）中标注的边码。本篇译成中文约 0.2 万字。

苏格拉底与他忠诚的朋友凯勒丰去海边散步，路上听到了神翠鸟的叫声。苏格拉底对凯勒丰讲述了有关神翠鸟的神话故事，但是凯勒丰怀疑这则故事的真实性。苏格拉底争辩说，这种怀疑是没有根据的，我们人类根本无法得知神力的巨大，所以不应动辄拒绝承认人变形为动物这种奇迹。在对话的结尾处，苏格拉底赞扬妻子对丈夫的挚爱，希望他的两位妻子也像神翠鸟一样对丈夫忠诚。

柏拉图的《斐德罗篇》（258e—259d）提到过人变成蝉。思考宇宙、天穹、自然和神力之间的联系，强调人的知识的有限性，强调人和其他动物的亲缘性，是晚期柏拉图主义的特征。这篇短小的对话可能创作于公元前 150 年到公元 50 年之间。文章的用词和构思相当文雅，带有后世对柏拉图学园文风进行批评时所说的"亚细亚风格"。

正　文

谈话人：凯勒丰、苏格拉底

凯　【1】苏格拉底，通往海岬下的沙滩的路上传来的是什么声音？它如此甜美！什么样的生灵能发出这样的声音？生活在海里的动物肯定是不出声的。

苏　凯勒丰，这是一种海鸟，名叫神翠鸟①，经常发出悲泣和哀号。关于这种鸟，有一个古老的传说，是从古时候作为神话一直传下来的。他们说赫楞②之子埃俄罗斯③的女儿深深地爱着她的丈夫，为丈夫之死悲哀不已，她的丈夫是斯拉吉④的凯依克斯⑤，晨星欧弗鲁斯⑥之子——英俊的父亲生养的一位英俊的儿子。后来，出于某种神意，她长出鸟一样的翅膀，在海面飞翔，搜寻她的丈夫，因为她走遍了整个大地，都没能找到她的丈夫。

凯　【2】你讲的是翠鸟吗？我以前从来没有听到过这种声音；它确实让我有点惊异。不管怎么说，它的声音确实有点悲哀。这种鸟有多大，苏格拉底？

苏　不很大。然而众神由于她对丈夫的挚爱而赋予她巨大的荣耀。因为翠鸟在冬至期间筑巢时，天气会变得很平静，今天就是一个特别好的例子。你没看到今天的天气有多么晴朗，整个海面风平浪静，就像一面镜子，是吗？

凯　你说得对，今天确实像是一个"翠鸟日"，昨天也很像。但是，苏

---

①　神翠鸟（Ἀλκυών），亦称翠鸟或鱼狗，是一种传说中的"太平鸟"，巢居海上，冬至期间产卵时海浪平静。"翠鸟日"指冬至前后 14 日，在此期间海上风平浪静。

②　赫楞（Ἕλλην），希腊人的祖先。

③　埃俄罗斯（Αἴολοσ），人名。

④　斯拉吉（Τράχις），地名。

⑤　凯依克斯（Κέυξ），人名。

⑥　欧弗鲁斯（Εοσφόρος），星辰名。

格拉底，以众神的名义起誓，我们怎么能够相信这些古代的传说是真的呢，鸟变成女人，或者女人变成鸟？所有这类事情似乎都是完全不可能的。

苏 【3】啊，亲爱的凯勒丰，我们对什么可能与什么不可能的判断似乎太短视了——我们按照凡人的最佳能力去评价，而人的能力恰恰是无知、不可靠和盲目。许多事情在我们看来似乎是可能的或不可能的，许多东西似乎可以获得或不可获得——这种情况的发生经常是由于我们缺乏经验，由于我们心灵的幼稚和愚蠢。因为实际上，所有人，甚至非常老的人，都像儿童一样愚蠢，因为我们的生命确实非常短暂，若与永恒相比，不会比儿童的年龄更长。我的好朋友，对众神和神性的力量一无所知的人，或者对整个自然的力量一无所知的人，如何能够辨别这种事情的可能与不可能呢？

你注意到了吗，凯勒丰，前天的风暴有多大？有些人想到闪电、雷鸣和飓风的力量而惊恐万分，有些人可能会以为整个人类居住的世界就要崩溃了。【4】但是没过多久，天气又突然好转，从那时起一直晴朗到现在。所以你认为，改变狂风暴雨的天气、使整个宇宙重归宁静，比起重新塑造一个女人的形体，把它变成鸟，哪件事情更重大，哪件事情需要更加辛苦的工作？哪怕我们的儿童也能用泥土或蜡轻易地塑造出各种形状的东西来，用同样的材料。神拥有伟大的力量，我们的力量根本无法与之相比，所以对神来说，这种事情实际上很容易。我们要是问，整个上天比你本人大多少，你会怎么说？

凯 【5】苏格拉底，这种事情有谁能够想象或发现答案？甚至可以说这种问题根本不是人能够回答的。

苏 我们在人之间相互进行比较的时候，不是看到他们的能力或无能有巨大差别吗？成年人与只有五天或十天的婴儿相比，他们在实际生活的各种事务中所具有的能力远远超过婴儿，这些事务要通过我们精巧的技艺来完成，也要通过我们的身体和灵魂来完成；而如我所说，婴儿的心里甚至都不会想到这些事情。【6】与婴儿相比，一个身体完全长成的人的力量远远优于他们，一个成年人可以轻易地征服成千上万的婴儿；人生的最初阶段确实是完全无助的，不能做任何事情，这是自然所使然。所以，当一个人似乎都能够具有远远优于另外一个人的能力时，我们怎么能够设想把整个上天会对那些能够把握这类事情的人显现的力量拿来与我们的力量相比？也许确实有许多人会认为这样说是有道理的，正如宇宙的大小远远超过苏格拉底或凯勒丰的形体，所以它的力量、智慧和理智也会远远超过我们。

【7】对你、我以及许多像我们这样的人来说，许多事情是不可能的，但对其他一些人来说却很容易。当人们不懂的时候，要那些不会吹笛子的人吹笛子，或者要不识字的人阅读或书写，要比把女人变成鸟或把鸟变成女人更不可能。大自然放进蜂窝里的动物没有脚，也没有翅膀，但是后来大自然给了它脚和翅膀，用各种美丽的颜色打扮它，产生了能聪明地产出蜂蜜的蜜蜂；在不说话、无生命的卵中，大自然塑造出许多有翅膀、会行走，或在水中居住的动物，它们会使用（如某人所说）以太这种伟大的、神圣的技艺。【8】我们都是凡人，是微不足道的，我们看不清大大小小的事情，只能在黑暗中摸索；所以，我们不可能对不朽者的伟大力量做出任何可靠的判断，就好像我们涉及翠鸟或夜莺①。

啊，唱哀歌的翠鸟啊，我要把有关你的歌声的著名传说告诉我的孩子，我怎么从我的祖先那里接受下来，我就怎么对他们讲，我要不断地对我的妻子们说，克珊西帕和密尔托②，赞颂你的虔诚和你对丈夫的挚爱，特别要强调你从众神那里得到的荣耀。凯勒丰，你也会这样做吗？

凯　苏格拉底，这样做肯定是恰当的，这样说无疑是对夫妻之间关系的一种双重鼓励。

苏　好，现在该对翠鸟说声再见了，我们要从法勒伦③角去城里。

凯　当然了，我们走吧。

---

① 希腊神话中说普洛克涅变成了燕子，菲罗墨拉变成了夜莺。
② 密尔托（Μυρτός），人名。
③ 法勒伦（Φαληρεύμ），地名。

定 义 集

提 要

这是一本哲学术语的汇编,共收录 185 个词条,译成中文约 0.5 万字。它的具体编纂时间和编纂者无法得知。据学者们推测,它可能是由公元前 4 世纪的某些学园派成员完成的。

下定义是理性思维的重要方法。古希腊哲学家从苏格拉底开始就探讨事物的定义。他相信,知道了伦理概念的正确定义有助于矫正人们的道德行为。柏拉图在他的对话中尝试着用集合与划分的方法来获取定义。柏拉图学园里的许多哲学家也对定义感兴趣。学园派的首领斯彪西波写过一本《定义》。亚里士多德、塞奥弗拉斯特、克律西波等人也写过定义方面的论文。比较学园派与亚里士多德学派、斯多亚学派定义的异同,可以确定的是,集子里的许多定义简单地摘自柏拉图对话,有些定义被亚里士多德援引和批评过。这个集子中没有亚里士多德学派和斯多亚学派影响的痕迹。因此,可以说汇集在这本集子里的定义大体上反映了公元前 4 世纪学园派的思想。

这个集子是由两个独立的部分合成的。第一部分的术语按照哲学的三个部分来编排。自然哲学(411a—c)、伦理学(411d—414a)、关于知识和语言的哲学(414a—e)。第二部分(从 414e 的词条"功用"开始)则没有这样的内在结构。第二部分收录的部分词条与第一部分相同。

正　文

Ἀΐδιον（aidion）永久、永恒：【411】在所有时间都存在，包括过去和现在，不能被摧毁的。

Θεός（theos）神：在幸福方面能够自足的、不朽的、活生生的存在者；作为善本性的永恒的存在者。

Γένεσις（genesis）生成：发生，产生；成为存在者；变成存在者。

Ἥλιος（helios）太阳：唯一能被同一人从早到晚看见的天上的火；【b】白天最亮的星；最大的永恒的活生生的造物。

Κρόνος（chronos）时间：对太阳运行的度量。

Ἡμέρα（hemera）白天：太阳的行程，从升起到降落；与夜晚相反的光明。

Ἕως（heos）黎明：白天的开始；太阳最初的光。

Μεσημβρία（mesembria）中午：物体影子最短的时候。

Δείλη（deile）日落：白天的结束。

Νὺξ（nux）夜晚：与白天相对的黑暗；没有太阳的时候。

Τύχη（tuche）幸运：从不清楚到清楚的过程；超自然事件自动发生的原因。

Γῆρας（geras）老年：【c】有生命的东西由于时间流逝而出现的衰退。

Πνεῦμα（pneuma）风：空气在大地上的运动。

Ἀήρ（aer）气：一种元素，由于这种元素的存在而产生空间位移。

Οὐρανὸς（ouranos）天空：除了最高的气本身之外围绕所有可见事物的东西。

Ψυχὴ（psuche）灵魂：一种自动的东西；生灵的生命过程的原因。

Δύναμις（dunamis）能力：因其自身而可以产生某种结果的东西。

Ὄψις（opsis）视力、视觉：能够看见事物的状态。

Ὀστοῦν（ostoun）骨头：由于热而硬化了的骨髓。

Στοιχεῖον（stoicheion）元素：构成复合物的东西或复合物分解后的东西。

Ἀρετὴ（arete）美德：最好的品性；凡人的某种状态，因其自身而值得赞扬；某种状态，其拥有者因处于这种状态而被说成是好的；对法律的恰当遵守；某种品性，具有这种品性的人因此而被说成是完全卓越的；某种状态，能对法律产生出忠诚。

Φρόνησις（phronesis）实践的智慧：某种凭其自身就能产生出人的幸福的能力；关于什么是好什么是坏的知识；能产生幸福的知识；某种品性，凭此品性判断做什么和不做什么。

Δικιοσύνη（dikaiosune）正义：灵魂与其自身的一致，【e】构成灵魂的各个部分之间的相互尊重与关切；按其应得对每个人进行分配的状况；财产所有者按照对他显得正当的方式进行选择的状态；守法的生活方式的潜在状态；社会的平等；守法的状态。

Σωφροσύνη（sophrosune）节制：灵魂对通常发生的欲望和快乐的自控；灵魂的和谐与良好的约束，涉及通常的快乐和痛苦；灵魂在统治和被统治方面的和谐一致；正常的个人的独立性；灵魂的良好约束；【412】在什么是可敬的、什么是可鄙的这些方面灵魂达成的合理的一致意见；某种状态，处于这种状态的人对应做什么进行选择和保持谨慎态度。

Ἀνδρεία（andreia）勇敢：灵魂不因害怕而发生动摇的状态；军事方面的自信；有关战争事实的知识；灵魂的自我约束，涉及什么是可怕的；在顺从智慧方面的大胆；面对死亡事实时的果敢；在危险处境中保持正确思考的状态；用来对冲危险的力量；美德方面的刚毅的力量；在受到吓唬或鼓励时灵魂保持正确思考和冷静；【b】对战争的恐怖和经验保持无畏的信念；坚守法律的状态。

Ἐγκράτεια（enkrateia）自制：自我节制、忍受痛苦的能力；服从正确的思考；坚守正确思考的能力。

Αὐτάρκεια（autarkeia）自足：对善物的完全占有；某种自主的状态。

Ἐπιείκεια（epieikeia）公正：放弃一个人的权益；适度达成约定；理性灵魂在什么是可敬的、什么是可鄙的方面达成良好的约束。

Καρτερία（karteria）刚毅：为了可敬的东西而忍受痛苦；为了可敬的东西而忍受辛劳。

Θάρσος（tharsos）自信：预见不到任何坏的事物；不因某些坏事物的呈现而受干扰。

Ἀλυπία（alupia）无痛的：不承受痛苦的状态。

Φιλοπονία（philoponia）勤勉的：努力去完成一个人想要做的事情的状态；自愿的坚毅；在劳动方面无可指摘的状态。

Αἰδώς（aidos）谨慎：依据正确以及似乎最好的东西而自愿地克制鲁莽的行为；自愿地坚持最好的东西；小心地避免公正的批评。

Ἐλευθερία（eleutheria）自由：【d】对自己的生活进行控制；在各方面拥有唯一的权威；在生活中做自己喜欢的事情的力量；在使用和占有财产方面不吝惜。

Ἐλευθεριότης（eleutheriotes）慷慨：在挣钱方面的适宜状态；适度的花费和节约。

Πραότης（praiotes）温和：克制因愤怒而引起的冲动；灵魂的和谐。

Κοσμιότης（kosmiotes）礼节：自愿顺从似乎是最好的东西；对身体的姿势进行约束。

Εὐδαιμονία（eudaimonia）幸福：生活中的成功；各种善物的良好构成；充分而又良好地生活的能力；德性方面的完善；【e】充分的生活来源。

Μεγαλοπρέπεια（megaloprepeia）宏伟：依据最庄重的人的正确理性所确定的应当尊敬的东西。

Ἀγχίνοια（anchinoia）机敏：使其拥有者在各种情况下都能实现既定目标的灵魂的能力；洞察力。

Χρηστότης（chrestotes）诚实：道德上的真诚，加上理智；品性的卓越。

Καλοκαγαθία（kalokagathia）道德完善：决定做最好的事情的状态。

Μεγαλοψυχια（megalopsuchia）宽厚：待人接物方面的高尚；灵魂的宏大，加上理性。

Φιλανθρωπία（philanthropia）对人的热爱、仁慈：对人友好的品性和状态；乐意助人的状态；感恩的特性；记住别人的好，再加上帮助人。

Εὐσέβεια（eusebeia）虔诚：涉及神事时的公正；【413】自愿伺奉神的能力；把荣耀归于神的正确的观念；知道把荣耀归于神。

Ἀγαθὸν（agathon）好、善：因其自身的缘故而是或在。

Ἀφοβία（aphobia）无畏：不害怕的状态。

Ἀπάθεια（apatheia）不动情：不受情欲支配的状态。

Εἰρήνη（eirene）和平：与军事冲突相关的平静的时期。

Ῥαθυμια（raithumia）懒惰：灵魂的惰性状态；在激情的方面没有欲望。

Δεινότης（deinotes）机灵：使其拥有者能够实现具体目标的性情。

Φιλία（philia）友谊：对什么是可敬的和正义的持有一致的意见；按相同的生活方式做出决定；对道德判断和行为持有同样的看法；【b】生活方式的一致；共享仁慈的基础；共享提供和接受恩惠。

Εὐγένεια（eugeneia）高尚：高贵的品性；在言语和行动方面灵魂具有的良好教养。

Ἁίρεσις（hairesis）选择：正确的评价。

Εὔνοια（eunoia）仁慈：对其他人的亲切和友好。

Οἰκειότης（oikeiotes）亲戚：共有相同的血统。

Ὁμόνοια（homonoia）一致：在心中共有一切；想法和设定保持和谐。

Ἀγάπησις（agapesis）满足：接受所有东西。

Πολιτικὴ（politike）政治技能：关于什么是可敬的和有用的事物的知识；【c】关于如何在城邦中产生公正的知识。

Ἑταιρία（hetairia）友爱：同龄人由于相互结伴而形成的友谊。

Εὐβουλία（euboulia）审慎：推理的内在德性。

Πίστις（pistis）信念：坚持对事物如其所呈现的那样的看法；品性的坚定。

Ἀλήθεια（aletheia）真，真实性：用肯定和否定表达出来的正确状态；关于真相的知识。

Βούλησις（boulesis）愿望：以正确的推理为基础得出来的心愿；合理的欲望；自然的欲望，以理性为基础。

Συμβούλευσις（sumboutleusis）建议：对他人提出有关其行为以及应当怎么做的意见。

Εὐκαιρία（eukairia）好时机：做某事或拥有某事物的正确时间。

Εὐλάβεια（eulabeia）警惕：【d】提防坏事物；对安全的确保。

Τάξις（taxis）秩序：构成一个整体的所有成分在功能上的相同；一个社会应有的均衡；一个整体的共有成分的原因；学习方面应有的均衡。

Πρόσεξις（prosexis）关注：灵魂为了学习某事物而付出的努力。

Εὐφυία（euphuia）才能：学习方面的快捷；天资；天赋。

Εὐμάθεια（eumatheia）机灵：快捷地学习的心灵能力。

Δίκη（dike）审判：对发生的争执进行权威性的判决；就有无不公正进行争论。

Εὐνομία（eunomia）守法：【e】遵守良好的法律。

Εὐφοροσύνη（euphrosune）欢乐：乐意做有节制的人所做的事。

Τιμή（time）荣耀：对合乎美德的行为给予奖赏；由于美德而被赋予尊严；庄严地承受；对一个人的尊严的培育。

Προθυμια（prothumia）热忱：积极意愿的显现。

Χάρις（charis）慈善：自愿对他人进行救助；在某个恰当时刻放弃某些东西。

Ὁμόνοια（homonoia）和谐：统治者与被统治者就如何进行统治和被统治拥有共同的观点。

Πολιτεία（politeia）城邦：许多人为了成功地过上一种自足的生活而组

成的共同体；由许多人组成的共同体，依据法律进行统治。

Πρόνοια（pronoia）远见：【414】为将要发生的事件做准备。

Βουλή（boule）商量：考察哪些事情在将来是有利的。

Νίκη（nike）胜利：在竞争中取得成功的能力。

Εὐπορία（euporia）独创性：超过既有观点的良好判断。

Δωρεά（dorea）礼物：交换恩惠。

Καιρός（kairos）机会：获取某些有益事物的理想时间；适宜获得某些善物的时间。

Μνήμη（mneme）记忆：灵魂护卫居于灵魂中的真相的状态。

Ἔννοια（ennoia）深思：强烈的思考。

Νόησις（noesis）直觉：知识的起点。

Ἁγνεία（hagneia）虔诚：在涉及神事方面不犯错误；【b】以正常的方式荣耀神。

Μαντία（manteia）预言：不加证明地启示事件的知识。

Μαντική（mantike）占卜：对凡人的当前和未来进行周密思考的知识。

Σοφία（sophia）智慧：非假说的知识；始终存在的知识；对事物的原因进行深入思考的知识。

Φιλοσοφία（philosophia）哲学：对始终存在的知识的欲求；深入思考真理的状态；依据正确的理性对灵魂进行培育。

Ἐπιστήμη（episteme）知识：通过推理不能瓦解的灵魂的观念；【c】领悟通过理性不能瓦解的事物的能力；通过思考不能瓦解的真正的论证。

Δόξα（doxa）意见：可以被推理说服的想法；推理中的波动；由理性导向真假判断的思考。

Αἴσθησις（aisthesis）知觉：灵魂的波动；心灵借助身体进行的运动；为了人的利益做出的宣喻，由此在灵魂中产生一种非理性的能力，通过身体承认事物。

Ἕξις（hexis）状态：某种类别的灵魂的意向。

Φωνὴ（phone）声音：【d】思想通过嘴放射出来的东西。

Λόγος（logos）言语：能用字母表示每一存在物的人的声音；由名词和动词组成的语音，但没有音乐。

Ὄνομα（onoma）名词：非复合的语言的声音，用来表述事物以及一切非因其自身而存在的东西。

Διλεκτος（dialektos）言语：语言的表达，人发出的字母的声音；用于表述的共同符号，但没有音乐。

Συλλαβὴ（sullabe）音节：可以写下来的人的声音。

Ὅρος（horos）定义：说出来的某种东西，由种和属差组成。

Τεκμήριον（tekmerion）根据：【e】非自明的证据。

Ἀπόδειξις（apodeixis）证明：通过推理得出结论的真正的论证；通过先前已知的东西推出某些东西的论证。

Στοιχεῖον φωνῆς（stoicheion phones）音素：非复合的声音，是与其他声音相区别的原因。

Ὠφέλιμον（ophelimon）功用：使某事物好的原因。

Συμφέρον（sumpheron）有益、有利：能产生善物的东西。

Ἀγαθὸν（agathon）好、善：使存在者得以保存的东西；一切事物所趋向的那个原因，由此产生应当做出什么样的选择。

Σῶφρον（sophron）自控：灵魂组成部分的有序。

Δίκαιον（dikaion）正义：导致公平的法律规定。

Ἑκούσιον（hekousion）意愿：【415】能使事物自动的东西；为事物本身而选择的东西；通过思考获得的东西。

Ἐλεύθερον（eleutheron）自由：对自身的统治。

Μέτριον（metrion）中庸：在过分与不足之间，满足于严格的约束。

Μέτρον（metron）尺度：测量过分与不足的手段。

Ἆθρον ἀρετῆς（athlon aretes）美德的奖赏：因其自身而值得选择的回报。

Ἀθανασία（athanasia）不朽：有生命的基质的永久延续。

Ὅσιον（hosion）神圣：事奉神，与神达成一致。

Ἑορτὴ（heorte）节日：由法律规定的时间。

Ἄνθρωπος（anthropos）人：无翅、两足、指甲平滑的动物；唯一能获得理性知识的存在者。

Θυσία（thusia）献祭：【b】把牺牲献给神。

Εὐχὴ（euche）祈祷：凡人向神提出要求，请求赐予善物。

Βασιλεὺς（basileus）国王：法律上超越一切义务的官员；政治组织的首领。

Ἀρχὴ（arche）首领：负责一切的人。

Ἐξουσία（exousia）法律权威：由法律授予的谨慎处理事务的权力。

Νομοθέτης（nomothetes）立法者：使一个城邦得以治理的那些法律的制定者。

Νόμος（nomos）法律：众人的政治判断，不限于某个时候。

Ὑπόθεσις（hypothesis）前提、假设：无法证明的第一原则；在讨论中对要点进行总结。

Ψήφισμα（psephisma）政令：限于某个时间段的政治决定。

Πολιτικὸς（politikos）政治家：【c】知道如何组织城邦的人。

Πόλις（polis）城邦：遵循共同决定的一群人的居住地；处于相同法律下的一群人。

Πόλεως ἀρετὴ（poleos arete）城邦的美德：良好体制的建立。

Πολεμικὴ（polemike）军事技艺：拥有战争经验。

Συμμαχία（summachia）军事同盟：战争中各派结成的共同体。

Σωτηρία（soteria）保存：保证安全和健全。

Τύραννος（turannos）独裁者：按照自己的意见统治城邦的官员。

Σοφιστὴς（sophistes）智者：猎取富家年轻子弟，向他们收取学费的人。

Πλοῦτος（ploutos）富有、财富：【d】拥有充足的财产，过着幸福的生活；大量的可以带来幸福的财产。

Παρακαταθήκη（parakatatheke）存储：托付某些东西。

Κάθαρσις（katharsis）净化：把坏东西从好东西里面分离出来。

Νικᾶν（nikan）胜利：在冲突中占上风。

Ἀγαθὸς ἄνθροπος（agathos anthropos）好人、善人：能够为人取得善物的人。

Σώφρων（sophron）自控：有着适度欲望的人。

Ἐγκρατὴς（enkrates）自制：灵魂的某些部分与正确的理性发生矛盾时能加以控制。

Σπουδαῖος（spoudaios）卓越：全善之人；拥有与人相应的美德的人。

Σύννοια（sunnoia）忧虑：【e】一种非理性的不安宁的思想。

Δυσμαθία（dusmathia）愚蠢、愚笨：在学习方面迟钝。

Δεσποτεία（despoteia）统治奴隶的人、僭主：不对任何人承担义务的权威。

Ἀφιλοσοφία（aphilosophia）无哲学：那些仇恨哲学论证的人的状态。

Φόβος（phobos）恐惧：灵魂等待某些坏事降临时的惊骇。

Θυμὸς（thumos）欲望：灵魂非理性部分的激烈冲突，理性和思想无法使之有序。

Ἔκπληξις（ekplexis）惊骇：在等待某些坏事情降临时的恐惧。

Κολακεία（kolakeia）奉承：为了快乐而不考虑选择最好的人为伴；为了快乐而与人过度交往的状态。

Ὀργή（orge）愤怒：灵魂的欲望部分为了报复而发出的强烈要求。

Ὕβρις（hubris）攻击：不公正地推动某人去羞辱他人。

Ἀκρασία（akrasia）无节制：【416】一种强烈的状态，缺乏理性的正确引导而趋向于那些似乎快乐的东西。

Ὄκνος（oknos）懒惰：逃避劳动；因怯懦而不活动。

Ἀρχή（arche）起源：存在者的第一因。

Διαβολὴ（diabole）诽谤：通过言语而与朋友产生分离。

Καιρὸς（kairos）时机：适宜做或不做某事的时间。

Ἀδικία（adikia）不正义：藐视法律的状况。

Ἔνδεια（endeia）贫穷：缺乏财产。

Αἰσχύνη（aischune）羞耻：害怕得到坏名声。

Ἀλαζονεία（alazoneia）自负：缺乏善的人假装拥有善的状态。

Ἁμαρτία（hamartia）谬误：反对正确的推理。

Φθόνος（phthonos）妒忌：对朋友现在或过去拥有的财产或名声感到痛苦。

Ἀναισχυντία（anaischuntia）无耻：灵魂为了某种利益而接受耻辱。

Θρασύτης（thrasutes）鲁莽：在面对不应当面对的危险时过分大胆。

Φιλοτιμία（philotimia）虚荣：灵魂的一种状态，不加思考，无节制地浪费。

Κακοφυία（kakophuia）恶的本性：天然的恶，天生的错误；生来就有的疾病。

Ἐλπὶς（elpis）希望：对善的期待。

Μανία（mania）疯狂：真观念被摧毁时的状况。

Λαλιὰ（lalia）多嘴：在言语方面缺乏自制。

Ἐναντιότης（enantiotes）相反：同属一个种的事物之间的最大差距。

Ἀκουσιον（akousion）不由自主：未经思考就做了某事。

Παιδεία（paideia）教育：伺奉灵魂的能力。

Παίδευσις（paideusis）教导：教育的行为。

Νομοθετικὴ（nomothetike）立法技能：关于如何产生一个好城邦的知识。

Νουθέτησις（nouthetesis）告诫：用语言责备；使某人不犯错误的言语。

Βοήθεια（boetheia）帮助：防止某些坏事发生，要么是当前的，要么是将要发生的。

Κόλασις（kolasis）严惩：对灵魂过去所犯错误的处理。

Δύυνμις（dunamis）能力：言行上的优越；使其拥有者能够做某事的状态；天生的力量。

Σῴζειν（soizein）拯救：保持安全和健全。

书　信

提　要

　　柏拉图的传世书信共计 13 封，其真伪历来就有争议。一些西方学者详细考证过这些书信。大部分学者认定第 7 封和第 8 封是柏拉图的真作，其他书信的真伪不能确定。现有书信的编排顺序由古代编纂人编定，没有按照年代顺序排列。有学者建议柏拉图书信的实际顺序应为：13，2，11，10，4，3，7，8，6，1，5，9，12。公元 1 世纪的塞拉绪罗在编定柏拉图作品篇目时，将这些书信合为一种，列为第九组四联剧的第四篇，称其性质是"伦理性的"。[①] 译成中文约 4.2 万字。

　　柏拉图曾三次访问西西里。第一次是公元前 387 年，他在塔壬同等地游历时，应叙拉古城邦僭主狄奥尼修一世（约公元前 432 年—前 367 年）之召请访问西西里。柏拉图在访问期间因谈论僭主政体的弊端，激怒了狄奥尼修一世，被迫离开。狄奥尼修一世于公元前 367 年逝世，此时他的姻兄狄翁（约公元前 408 年—前 353 年）担任叙拉古首席大臣，召请柏拉图第二次来叙拉古，训练狄奥尼修二世成为哲学家、政治家。柏拉图以 60 岁高龄第二次来西西里。后来狄翁与狄奥尼修二世发生矛盾，被驱逐出境。柏拉图的生命也遭到威胁，后来在某些人的斡旋和当地发生战争的情况下，被允许暂时

　　[①]　参见第欧根尼·拉尔修：《名哲言行录》3∶59。

返回雅典，但要柏拉图保证战争结束后重返叙拉古。公元前 361 年，柏拉图践约第三次去西西里，调处狄奥尼修二世和狄翁间的矛盾，但仍无结果。柏拉图于公元前 360 年重返雅典。

现存柏拉图书信中有四封（1，2，3，13）的收信人是西西里的叙拉古僭主狄奥尼修二世。写信人在这些书信中讲述了柏拉图两次到访西西里的缘由和经过，旨在向希腊世界辨明柏拉图与狄奥尼修二世在政治上的关系，即所谓睿智和强权的相互结合。

第 4 封信十分简短，收信人是叙拉古宫廷首席大臣的狄翁。柏拉图于公元前 360 年返回雅典。此后，流亡在外的狄翁经过三年的筹备，于公元前 357 年集结雇佣军讨伐狄奥尼修。短短三个月，狄翁推翻了狄奥尼修的统治，威震希腊世界。此后狄翁困于叙拉古旧制颠覆以后的内乱，直至公元前 354 年被杀。

第 5 封信的收信人是马其顿国王腓力二世的长兄、佩尔狄卡三世。信中谈及民主制、寡头制、君主制等政治体制。

第 6 封信的收信人是小亚细亚某个城邦的僭主赫尔米亚，以及柏拉图学园的成员厄拉斯托和科里司库，信的主题仍旧是哲学与政治权力的结合。

第 7 封和第 8 封信的收信人是狄翁的家人和朋友。信件内容涉及柏拉图的生平、思想和政治实践。有学者说："在这些书信中，我们获悉柏拉图的风格，柏拉图的思想，柏拉图的真正灵魂。"[1]

第 9 封和第 12 封信的收信人是塔壬同城邦的最高军事长官阿尔基塔。柏拉图第一次访问西西里期间与他结识；柏拉图第二次访问西西里期间曾促使阿尔基塔与狄奥尼修结盟；柏拉图第三次访问西西里时遇到危险，阿尔基塔曾出手搭救柏拉图。

第 10 封信非常简短，收信人阿里斯托多鲁可能是柏拉图学园的一名学生。

---

[1]　L.A.Post, Thirteen Epistles of Plato: Introduction, Translation and Notes, Oxford, 1925, p.61.

第 11 封信的收信人是拉奥达玛。他可能是一位外邦数学家和政治家、柏拉图学园的学生。柏拉图在信中拒绝了前去帮他为新殖民地立法的请求，提醒他要注意立法的难度。

正　文

第 1 封

柏拉图致狄奥尼修①，祝万事顺遂！

【309】在那个时期，我和你一道监管你的帝国，享有你的信任，超过其他所有人，你由此得到了好处，而我却得到诽谤。尽管令人恼火，我悲哀地忍受着诽谤，因为我知道人们不会认为我真心同意你那些残忍的暴行。与你共同治理城邦的官员都可以为我作证，【b】我本人也曾和他们并肩战斗，保护过他们中的许多人，使他们免受大的伤害。尽管我握有最高权柄，多次使你的城邦安然无恙，但却被你如此无礼地打发；哪怕是一名乞丐，要是他曾在你们身边待过那么长时间，你们也不应该这样把他赶走，喝令他乘船离开。

从今往后，我要以远离世人的方式为自己盘算，而你，"身为一名僭主，将孤独地生活"。至于那块光彩夺目的黄金，【c】也就是你送给我的盘缠，送这封信的巴基乌斯②会替我归还，因为它既不足以支付我的旅行开支，我也不会将它用于其他需要。更何况，这样的礼物对你这位送礼人来说是极大的耻辱，对我来说接受它也会给我带来几乎同等的耻辱，因此我拒绝接受。不过，接受它还是把它给出去对你来说没什么区别。所以你还是把它收

---

① 狄奥尼修（Διονυσίους），叙拉古僭主，狄奥尼修二世，公元前 367 年继位。第 3 封书信中称收信人为"狄奥尼修和多利斯之子"（313a），而狄奥尼修一世的父亲叫赫谟克拉底。

② 巴基乌斯（Βακχεῖος），柏拉图的送信人。

回去，用来关心你的另一位同伴吧，就像当初关心我一样。【d】因为，我本人已经受够了你的关心。我现在要引用一下欧里庇得斯的话，这样做也是适宜的：当各种变故某一天落到你的头上，"你会祈求这样的一个人在你身边"①。我还想提醒你，其他悲剧家在讲到僭主被杀的时候，大都会让僭主呼喊：【310】"我没有朋友，惨呐，我完了！"②

但是，从来没有一位悲剧家会让僭主由于缺少黄金而灭亡。下面这首诗，那些有智慧的人觉得并不坏："闪亮的黄金不是最稀罕的，在无望的、可朽者的生活中；也不是钻石或银榻，尽管它在人面前接受检验时耀眼夺目；广袤的沃土产出累累果实，却不如善者的和谐理智那么自足。"③

【b】再见吧，你必须知道，你在许多事情上错过了我们。这样，你才会更好地对待其他人。

第 2 封

柏拉图致狄奥尼修，祝万事顺遂！

听阿基德谟④说，你不仅希望我对你保持缄默，而且希望我的朋友们也不说任何冒犯你的话，不做任何冒犯你的事，只有狄翁⑤例外。"只有狄翁例外"，【c】这个说法表明我并不统领我的朋友；因为，如果当初我这样统领你、狄翁以及其他人，那么如我所宣称的那样，这对我们大家都更好，也对其他所有希腊人更好。如今，我的权力仅止于让我遵循自己的教导。我

---

① 欧里庇得斯：《残篇》956。
② 阿德斯普：《残篇》347。
③ 阿德斯普：《残篇》138。
④ 阿基德谟（Αρχεδήμους），狄奥尼修二世的信使，参见《书信》3.319a；7.339a，349d。
⑤ 狄翁（Δίων），政治家，公元前408年—前353年。狄奥尼修一世去世时（公元前367年）担任叙拉古首席大臣，邀请柏拉图访问叙拉古。

之所以这样说，乃是因为克拉提斯托卢①和波吕克塞努②报告你的事情完全不可靠。【d】据说他们中间有一位向你报告，说他在奥林比亚听到我的一些同伴辱骂你；或许他的耳朵比我敏锐，因为我本人没有听到这些话。我认为你应当这么办：派人来向我询问，我会说实话，既不会犹豫，也不会感到难为情。

你我之间的关系是这样的，可以说，没有一个希腊人不知道我们俩，【e】而且我们之间的交往也不是什么秘密。但你不要忘记，这种事情将来也不会是什么秘密，听说这些事的人很多，因为我们之间的交往既不短暂，也不低调。可是我现在这样说有什么意思呢？让我从头开始讲起。

睿智和强权的相互吸引是一条自然法则，二者始终相互追逐，相互寻求，相互结合。此外，这也始终是人们感兴趣的话题，无论是自己谈论，还是听别人谈论，或者在诗歌中谈论。【311】比如，谈论希厄隆③或拉栖代蒙人鲍萨尼亚④的时候，人们乐意提到他们与西摩尼得的交往，说西摩尼得对他们说过什么和做过什么。还有，人们习惯一并歌颂科林斯的佩里安德和米利都的泰勒斯、伯里克利和阿那克萨戈拉、睿智的克娄苏⑤、梭伦和统治者居鲁士。【b】正是仿照这些例子，诗人们把克瑞翁和提瑞西亚⑥、波吕伊都斯⑦和弥诺斯、阿伽门农和涅斯托耳、奥德修斯和帕拉墨得斯⑧撮合在一起。在我看来，古人就是这样把普罗米修斯⑨和宙斯撮合在一起的。诗人们歌颂这些人，说他们有些彼此相争，有些彼此结下友谊，还有些在一个时候彼此相争，一个时候结下友谊，在有些问题上意见不合，在有些问题上意见

---

① 克拉提斯托卢（Κρατιστόλους），人名。
② 波吕克塞努（Πολυξένους），人名。
③ 希厄隆（Ἱέρωνος），人名。
④ 鲍萨尼亚（Παυσανίους），人名。
⑤ 克娄苏（Κροίσω），人名。
⑥ 提瑞西亚（Τειρεσίαν），神话人物。
⑦ 波吕伊都斯（Πολύειδους），神话人物。
⑧ 帕拉墨得斯（Παλαμήδης），神话人物。
⑨ 普罗米修斯（Προμηθεῖυς），神话人物。

一致。我说这些话是为了表明，【c】我们死后，那些关于我们的言论也不会停止。因此，我们必须在意这些言论，我们似乎必须为将来操心。因为依据某种本性，最卑劣的人完全不考虑将来，而最优秀的人所做的一切都是为了流芳百世。另外，我把这些视为明证，死者对世上的事有某种知觉。【d】那些最优秀的灵魂能预见到这一情形，那些最邪恶的灵魂则予以否认，那些属神的男人们的预见要比那些不属神的男人的预见更加权威。

我本人认为，如果我说的这些人有可能矫正他们之间的交往，那么他们会极为热情地去做，以便留下比现在更好的口碑。众神在上，如果说我们从前的交往有什么不愉快，我们今后仍旧有可能通过言辞和行动来加以矫正。【e】这是因为，我认为，如果我们品行端正，有关哲学的真知和言辞会更好；如果我们品行恶劣，结果就恰好相反。实际上，我们所做的事情不会有比关心这一点更虔诚的了，也不会有比忽视这一点更不虔诚的了。

至于这一点应当如何公正地实现，我要说一说。去西西里的时候，我在那些从事哲学的人里面享有极高的威望。【312】我之所以去叙拉古，是想让你和我一道作见证，让哲学可以因为我而在大多数人那里获得荣耀。但结果并非如我所愿。各中的原因不像大多数人会说的那样，而是由于你表现出对我不信任，想方设法要把我打发走，让其他人来取代我。你还对我进行调查，因为你不信任我，在我看来，许多人为此而大声喧嚷，说你瞧不起我，【b】所以专注于做其他事情。这些话已经广泛流传开来。

至于以后怎么做才算公正，你且听着，我正要回答你的问题：我和你应当如何相互对待，如果你完全瞧不起哲学，那么你无须理会我；如果你从其他人那里听到，或者发现有比从我这里听到的学说更好的学说，那你就要荣耀它们。但若我们的学说令你满意，你就应当最大地荣耀我。所以现在，就像从一开始那样，如果是你在引领，那么我将跟随。这是因为，【c】若我受到你的荣耀，我就会荣耀你；若我没有受到荣耀，我也就缄默不言。此外，若你率先荣耀我，你会被认为是荣耀了哲学。你也考察过其他人，这一事实本身会给你带来好名声，让许多人认为你是哲学家。但若你不荣耀我，而我荣耀你，我就会被人认为是贪慕钱财。我们知道，这样的行为在所有人那里都不会有好名声。总之，若你荣耀我，我们俩都能得到声誉；【d】但若我荣耀你，我们俩都会得到耻辱。对此我就说到这里。

那个天球①不太对。等阿基德谟到了，他会向你说明。此外，有关那个问题——比这更有价值也更加神圣的问题——他也会尽力解释，因为你对这个问题困惑不解，所以派他前来。据他说，你对有关"第一位"的论证不满，认为对它的论证不够充分。我必须以打哑谜的方式向你解释。万一这块写字板"在海上或陆上的层层叠叠中遭遇不测"，【e】读它的人就不明白了。这个问题是这样的。一切事物取决于万物之王，它是一切事物的目的和一切善行的原因。第二序列的事物取决于"第二位"的原则，第三序列的事物取决于"第三位"的原则。人的灵魂渴望学习它们是什么样的。它凝视着那些与自身有某些亲缘关系的事物，然而其中无一是完善的。【313】关于万物之王以及我提到的这些事情，可能完全不是这样的——接下来灵魂会说——"那么，它们是什么样的呢？"狄奥尼修和多利斯②之子啊，所有恶事物的原因就在于这个问题，就在于灵魂思考这一问题的阵痛。如果谁不能消除这种阵痛，他就永远不能真正地抵达真理。

在花园的月桂树下，你曾经亲口对我说，这个问题你已经想明白了，【b】而且这是你自己的发现。而我说，你要是真的弄明白了，那就免了我的许多口舌。不过，我还从来没有碰到过什么人，能做出这样的发现，而我可是为了这一问题付出了许多努力。你也许听别人讲过这个问题，也可能是由于神意而撞上了这个问题，于是就认为自己已经牢固掌握了有关这个问题的证明，但只是没能拴住它们。结果这个问题就以不同的表象向你冲击。【c】尽管它根本不是这个样子的，这种情况也不仅仅发生在你身上，你要知道，凡是第一次听我讲这些事情的人无一不处在这种状态之下。只是，

---

① 可能是一个球体模型，柏拉图学园里有天文学家，制作模型以再现日月星辰的运行。

② 多利斯（Δωρίς），人名，狄奥尼修二世之母。

有些人遇到的困难大些，有些人遇到的困难小些，但都难以摆脱，几乎没有人能不遇到任何困难。

鉴于已经发生了的这些事情和当前的情况，在我看来，我们已经非常接近你来信所问问题的答案：我们应当如何彼此相待。因为，你检验我的学说——跟其他人交谈，【d】将我的学说与其他人的学说相对照，并检验我的学说内容本身——如果这一检验是真的，那么这些学说现在就会生长在你身上。你和这些学说以及和我们也会亲如家人。怎样才能实现这些事情以及我们所说的一切呢？你这次派阿基德谟前来是对的。至于今后，等他回去以后把我的话转告你，你或许还会遇到其他一些难题。如果是这样的话——若你能正确考虑——你可以再派阿基德谟到我这里来，【e】而他也会像个商贩一样再次返回。如果你反复这样做两三次，并充分考察我送给你的这些话，要是当前令你困惑的事情没有变得截然不同，那么我会惊讶不已。所以，你就放心这样做吧！因为，你所能派遣的，或者阿基德谟所能贩运的，没有比这样的货物更美好、【314】更能讨神喜欢了。

但是，你要当心，千万别让这些话传到没有教养的人那里去。因为在我看来，对许多人而言，他们听到的话几乎没有什么能比这些更为荒唐可笑。而对那些禀赋良好的人来说，他们听到的也几乎没有什么能比这种学说更为神奇、更有启发性。经过多年的经常言说和反复倾听，在付出许多努力之后，它们才会像金子一样艰难地得到纯化。至于其中所发生的奇妙之处，你且听着。很多人听过这些话，他们善于学习，【b】也善于记忆，能在各方面进行彻底检验以做出判断，而他们已经年老，并且听了不下 30 年。他们现在都说，那些曾经被认为最不可信的学说，现在显得最为可信和最为清楚，而那些曾经被认为最为可信的观点，现在却显得恰恰相反。你要注意这些事情，当心不要在什么时候由于现在不恰当地流传而感到懊悔。最保险的是不写作而用心记。【c】因为写下来的东西不可能不流传开来。正因如此，我本人从未就这些内容写过什么。不会有什么柏拉图的著作，根本不会有。现在那些所谓的柏拉图著作属于那变得美和年轻的苏格拉底。再见吧，你要听我的话，反复读了这封信以后，现在就把它烧掉。关于这一点，我就说到这里。

关于波吕克塞努，你对我派他去你那里感到惊讶。【d】关于他，关于吕科佛隆①，以及你身边的其他人，我现在和我之前说的一样：就辩论而言，你在禀赋和言说方法上都远远超过他们；他们中没有一个人情愿接受驳斥——就像有些人认为的那样——都是不情愿的。不过，你对他们的态度和馈赠似乎已经非常适度。对于他们这样的人，说这些话已经太多了。【e】至于腓力司逊②，如果你要任用他，那就放心任用；但若可以的话，把他借给斯彪西波，并且派他过来。斯彪西波也会向你提出这样的请求。腓力司逊答应我，如果你派他来，他会非常乐意来雅典。你释放了来自采石场的那个人，这事做得好，而应他的家人和阿里斯通③之子赫格西普④提出的请求，也容易办到。因为你来信对我说，要是有人对他或这些人行不义，你一旦得知，便绝不允许。我还必须真实地向你报告吕西克利德⑤的情况。因为，在这些从西西里来到雅典的人中间，唯有他没有对你我之间的交往改变过看法。【315】他始终为所发生的事情说好话，并试图使之更好。

第 3 封

柏拉图致狄奥尼修，祝您快乐！

【b】我这么写，应该是找对了最好的问候语吧？或者说，我还不如按照我个人的习惯写上"祝万事顺遂"，正如我通常写信给朋友时的致意方式。

---

① 吕科佛隆（Λυκόφρον），人名。
② 腓力司逊（Φιλιστίων），人名。
③ 阿里斯通（Ἀρίστων），人名。
④ 赫格西普（Ἡγήσιππος），人名。
⑤ 吕西克利德（Λυσικλείδους），人名。

因为，据当时亲眼目睹的人说，你曾用这句话问候德尔斐的那位神。据说你还写过："快乐吧，并使当僭主的生活快乐始终。"【c】至于我，在招呼一个凡人的时候——更别说一位神了——我绝对不愿意这样命令他。就神而言，我不会违背神的本性强求神，因为神的本性远远超越快乐和痛苦。就人而言，快乐和痛苦通常会带来伤害，在灵魂中产生迟钝、遗忘、愚蠢、狂妄。关于问候语我就说这些。至于你，等你读完这封信，你愿意怎么接受，就怎么接受吧。

有不少人声称，你对去你那里的使者中的一些人说：【d】有一次，我听你说起打算殖民西西里的希腊城邦，并且要减轻叙拉古人的负担，把僭政变为王政。我当时劝阻你做这些事，如你所声称的那样，尽管你满腔热情；而今，我却教导狄翁做同样的事，并且试图借用你的这些构想来夺取你的政权。【e】你是否从这些话中得到过什么好处，你自己清楚；但无论如何，你伤害了我，因为你说的与事实截然相反。

我已经受够了菲力司提德和其他一些人在雇佣军和叙拉古民众中对我的诽谤，这都是由于我待在卫城里面；而城外那些人呢，一旦出了什么差错，他们就全都归咎于我，说你对我言听计从。你自己知道得最清楚，【316】一开始的时候，我自愿和你一起处理某些政务——当时我还认为能成就一些事情——但我适度处理的只是一些琐事，还有一些法律导言的撰写，其中不包括你或别人所添加的内容。因为我听说，后来你们中间有些人修改过这些导言；不过，对于能够明辨我的品性的人来说，我写的和你们改的很容易分清。但是，如我刚才所说，我不再需要在叙拉古人面前对我进行诽谤，倘若你说的那些话使其他人相信；我需要的毋宁是一场申辩，【b】反驳先前发生的诽谤，以及随之而来的现在愈加过分和恶毒的诽谤。对于二者，我必须进行双重申辩：首先要申明，我有理由避免和你共同处理城邦事务；其次要申明，我没有像你所说的那样给你提过建议，阻挠你——你说你打算殖民那些希腊城邦，【c】而我却成了你的绊脚石。所以，你先听听我所说的先前诽谤的缘起吧。

当初我来叙拉古是应你和狄翁的召请。狄翁接受过我的考验，早已成为我的异乡朋友，而且他的年岁已经使他成熟而沉稳——这些品质是但凡有理智的人必须具备的，若是他们想要为你当时手中那些重要事务出谋划策，而你却极为年轻，你对那些需要有经验的事情几乎没有经验。【d】后来，要么是人，要么是神，要么是某种机缘，和你一道流放了狄翁？而你成了孤家寡人。难道你认为，我当时在政事上和你有过什么合作吗？当我失去了我这位睿智的同道，看到留下来的是一个被众多恶人围绕的糊涂虫：他自认为在统治，但实际上并没有统治，而是被这些人统治着？在这样的情况下，我该怎么办呢？难道不是必定要做我所做的事情吗？——一方面，从今以后远离政事，【e】提防那些出于妒忌的诽谤；另一方面，尽全力使你们彼此之间成为亲密朋友，尽管你们彼此分离而且不和，你本人就是一个见证，我在为这一目标努力，从未松懈。不过，我俩仍旧勉强达成协议：【317】我出海返乡，因为你们城邦深陷战事；等和平到来，我和狄翁会再去叙拉古，你会召请我们。我第一次去叙拉古，以及我平安回家的经过就是这样。

等和平到来，你第二次召请我。但你没有遵守约定，而是写信让我独自前来，并说你只邀请我一个人，说你以后会派人再来请狄翁。正是由于这个原因，我拒绝前往，结果引来了狄翁的抱怨，因为他认为，【b】我应当听从你的召请前往叙拉古。一年后，来了一艘三层桨的战船，还有你的几封信。这些信的开头都写着，如果我能去叙拉古，那么有关狄翁的所有事情都会按我的心意办，如果我不去，那就会事与愿违。我真不好意思说，【c】当时你和为你做说客的其他人从意大利和西西里送来了多少封信，并送给我的多少位家人和熟人——这些信全都奉劝我去，并请求我无论如何要听从你，以狄翁为首的所有人都觉得，我应当出海，不要丧气。然而，我以年纪为理由推托他们，并坚称你抵抗不住那些诽谤我们、想使我们之间为敌的人。因为我当时看到，就如我现在看到的那样，无论是平民还是君主，但凡拥有数额过大、过多的财产，【d】一般说来，财富越多，滋生出来的诽谤者、以卑鄙手段追求快乐的党徒就越多，越可怕，财富和其他权力所产生的邪恶，没有比这更大的了。

　　尽管如此，我还是抛下所有的顾虑来了，我当时的考虑是，不能让我的任何一位朋友怪罪我说，由于我的怠慢，【e】他们的一切计划原本可以不落空，结果却破灭了。等我到了以后——当然，你知道后来所发生的一切——按照你信中的约定，我当然要求你首先召回狄翁，把他当做自己人，我指出了这一和解的可能。如果你当时听从我的意见，接受和解，对于你和叙拉古人，以及其他希腊人，结果兴许好过现在所发生的状况。就像我的意见所预示的那样。再者，我要求狄翁的财产由他的家人掌管，【318】不能分给那些人，你知道那些人是谁。还有，我认为每年按惯例要交给狄翁的收益应当送过去，应当送得更多一些，而不能变少，既然由我坐镇。然而，这些要求无一得以实现，于是我便要求离开。后来，你劝说我再待一年，声称你会变卖狄翁的所有财产，其中一半送到科林斯去，另一半留给狄翁的孩子。【b】我可以说清楚你许过多少空洞的诺言，但因为太多了，我就简略一些吧。你变卖了狄翁的所有财产，但没有征得狄翁的同意，尽管你声称未经他的同意你不会变卖。令人惊叹的家伙啊，你以最放肆的方式为你的许诺添上了最后一笔。因为，你要了一个伎俩——既不高尚又不巧妙，既不公正又无益处——试图把我吓走。你以为这样一来我就不会寻求让你归还这些财产了，尽管我并不清楚当时发生的事情。【c】在你流放赫拉克利德①的时候，无论是叙拉古人还是我，都认为这样做不公正。由于我和塞奥多特②、欧律比乌一道请求你不要这样做，而你却以此为充足理由，说你早就看出我根本不在为你着想，而是为狄翁以及狄翁的朋友和家人着想，还说既然塞奥多特和赫拉克利德受到指控，而他们是狄翁的家人，【d】所以我便竭尽全力不让他们受到处罚。

　　我与你在政事上的合作就是这些。如果你看到我对你还有其他任何疏

---

　　① 赫拉克利德（Ἡράκλειδης），人名。
　　② 塞奥多特（Θεοδότης），人名。

远，你便应当设想，所有这些都是出于相同的理由。你别感到惊讶！要是我慑服于你的统治，背叛那些因你而遭厄运的老朋友和异乡人——可以这么说，他一点儿也不比你差——【e】却选择你这个行不义者，做你命令我做的一切，显然是为了钱财，那么任何有理智的人都会认为我是个卑鄙小人。没有人会说我的改变会有其他什么原因，如果我变了的话，所发生的事情就会是这样，由于你，这些事造成了我与你之间的"狼的友谊"，以及老死不相往来。

我下面要说的传闻几乎紧接着我刚才说的传闻而来。我说过，我必须为自己做第二轮申辩。【319】请你注意，并请你全神贯注，要是你觉得我在说谎，而没有说实话。我可以断定，大约就在我从叙拉古启程前 20 天，当时阿基德谟和阿里斯托克利图①也在花园里，你就像现在这样抱怨我，说我对赫拉克利德和其他所有人的关心胜过对你的关心。当着这些人的面，你质问我是否记得，在我刚来的时候，【b】我命令你殖民那些希腊城邦。我承认我记得，并且说我现在依旧认为这么做是最好的。狄奥尼修啊，下面这些事情也必须说一说，因为我问你，我究竟是只向你提了这一点建议，抑或还有别的什么事情。你当时极其愤怒而又傲慢地回答了我。正如你所期望的，由于你当时的傲慢，梦想现在成了现实。如果我没记错，【c】你当时讪笑着说："我要先受教育，然后你再命令我做或者不做这一切。"我说，你记得真清楚。你说，"是受几何学的教育，还是怎样？"当时我没有说出已到嘴边的话，因为我担心，就为了这样一句话，我所期望的回航之路会由宽阔变得狭窄。

可是，我为什么要说这一切呢？切勿对我进行诽谤，说我不许你殖民那些被蛮族人毁灭的希腊城邦，【d】也不许你减轻叙拉古人之苦，把僭政转变为王政。你能诬告我的罪名没有比这些与我更不匹配的了。如若何处能举行一场卓越的审判，除了我说的这些事，我还可以给出更为确实的证言来反驳你，说我曾经命令你做这些事，而你却不愿意做这些事。这些计划如若实

---

① 阿里斯托克利图（Ἀριστοκρίτους），人名。

行，对你和叙拉古人，以及所有西西里人，都是最好的，【e】要清楚说明这一点并不困难。然而，伙计啊，如果你否认你说过这些话，那么我甘愿受罚；但若你承认，你接下来就应该相信斯特昔科鲁①是有智慧的，你可以模仿他的悔罪诗，收回你的谎言，改说真话。

第 4 封

柏拉图致叙拉古人狄翁，祝万事顺遂！

【320】我觉得，对于最近发生的这些行动②，显而易见，我一直抱着热切的希望，而且也非常急切地期盼这些行动终结。这更多的是出于对高尚事业的爱慕之心，而不是出于什么别的考虑。【b】因为我认为，那些确有能力且能如此行事的人理当得到相应的名望。

有神的保佑，当前的行动进展顺利，但最重要的竞赛还没有到来。这是因为，在勇敢、敏捷、力量方面的出众其他人也可以达到，而在真实、公正、威严，【c】以及在所有这些方面的优雅得体，谁都会赞同说，那些努力寻求荣耀的人当然会超越其他人。我现在要说的意思很清楚，但是我们还是需要提醒自己，那些人——你一定认识他们——应当超越其他人，远胜于大人超越儿童。因此，我们必须清楚地表明，我们就是我们声称所是的那种人，尤其是有赖于神，这些事情将很容易办到。

【d】这是因为，对其他人来说，若想为人所知，他们必须周游列邦；而你当前的情况是这样的：遍布全地的人们——这样说或许太过分了——都在关注一个地方，都在关注你。既然被所有人关注，你就要准备好，证明莱喀古斯和居鲁士已成过往，证明任何其他具有杰出品性和治国才能而被认为出

---

① 斯特昔科鲁（Στησίχορος），西西里诗人，约公元前 6 世纪，因在诗中诋毁海伦，被夺去视力，做了悔罪诗后，恢复视力。参见柏拉图：《斐德罗篇》243a—b。

② 指狄翁于公元前 357 年集结雇佣军讨伐狄奥尼修，推翻狄奥尼修的统治。

众的人已成过往，尤其是这儿的许多人，【e】甚至所有人都在说，一旦铲除狄奥尼修，这项事业很有可能会毁于你、赫拉克利德、塞奥多特，以及其他豪杰的爱荣誉之心。但愿没有人是这样的，可要是有谁万一真的变成这样，你就要表现得像个医生，【321】这样你们才会越来越好。

也许在你看来，我说的这些事情很可笑，因为你本人并不知道这些事。可我在剧场中看到，竞赛者受到孩子们的鼓励，也受到朋友们的鼓励，可想而知，他们是真诚的、善意的，是在为你们加油助威。因此，你们自己也要展开竞赛，而且要多给我们写信，如果有需要的话。

这里的情形和你们在时差不多。你们要写信，【b】说一说你们做了什么或者正在做什么。因为我们虽然听到很多，但对真相一无所知。这会儿，来自塞奥多特和赫拉克利德的信件已经到了拉栖代蒙和伊齐那，但正如我说，我们听到很多，但对真相一无所知。有些人认为你还不够勤奋，对此你要留意。所以，你不要忘了：取悦众人才有可能大有作为，【c】而刚愎自用伴随着孤独。祝你好运！

第 5 封

柏拉图致佩尔狄卡①，祝万事顺遂！

按你信中所说，我提议由欧福莱乌②去帮你打理事务，为你的事尽心尽力。此外，我理应向你提出异乡人之间所谓的"神圣的建议"，【d】涉及你提到过的其他事情，也涉及你当前应当如何使用欧福莱乌。这个人有许多方面都有用处，尤其是在你现在有所欠缺的那个方面，因为你年轻，也因为在这个方面针对年轻人的建议不多。

---

① 佩尔狄卡（Περδίκας），人名，佩尔狄卡三世，马其顿国王（公元前364年—前359年在位），腓力二世的长兄。

② 欧福莱乌（Εὐφραίως），人名。

政治体制就像动物，各有各的语言，一种是民主制的，一种是寡头制的，还有一种是君主制的。【e】许多人声称自己懂得这些语言，但除了极少数人，他们远远不能理解这些语言。无论哪一种政治体制，如果它向神和人说出自己的语言，并使其行为和语言一致，它就会永远兴盛和平安；但若它模仿另一种语言，它就会灭亡。对于这些，你会发现欧福莱乌对你不是一般的有用，尽管他在其他方面也很能干。【322】因为我期待，在你的那些随从中间，他绝不会是能帮你找到最少的君主制言辞的人，所以，如果在这些事情上任用他，你自己会受益，还会带给他极大的好处。

如果有人听到这些话以后说："看起来，柏拉图声称知道什么对民主制有利，然而，尽管他可以在民众中发言，给民众提供最好的建议，但他从来都没有站起来说过话。"——对此我要说的是："柏拉图在他的国家出生得太晚，他发现民众已经老了，【b】受前人的影响，已经习惯做许多与他的建议不同的事情；就好比向父亲提建议，向民众提建议是所有事情中令他最为快乐的，如果他不认为这是在白白地冒险，而且不是没有任何效果的话。我认为，他在给我提建议时也会这么办，要是我们看上去不可救药，他就会对我们说永远再见，【c】他会远远地回避给我提建议，就我的事情给我提建议。"祝你好运！

第 6 封

柏拉图致赫尔米亚①、厄拉斯托②、科里司库③，祝万事顺遂！

【c】在我看来，众神中有一位神，友善且慷慨地为你们准备了一份好运，如果你们能好好地迎接它的话，因为你们彼此住得很近，而且你们自身都有

---

① 赫尔米亚（Ἑρμεία），小亚细亚某城邦僭主。
② 厄拉斯托（Ἐράστως），柏拉图学园成员。
③ 科里司库（Κορίσκως），柏拉图学园成员。

所欠缺，【d】因而能够在最重要的事情上相互帮助。这是因为，对赫尔米亚来说，无论是大量的车骑，还是众多其他的军事同盟，或者添加大笔财富，都不如稳妥地拥有品性健全的朋友更能在各方面扩充自己的力量。对厄拉斯托和科里司库来说，除了有关型相的智慧，那最高尚的智慧，我认为——尽管我已老朽——他们还需要防御那些恶人和不义之人的智慧，【e】以及提高自我保护的能力。他们经验不足，因为他们的生活长期以来是和我们这些温和善良且没有坏心的人一起度过的。正因如此，我说他们还需要这些东西，以便他们不会被迫忽略那种真正的智慧，过分关心这种属人的和必不可少的智慧。但在我看来，赫尔米亚拥有这样一种能力，这既得益于他的天性——尽管我还没有和他见面——【323】也得益于经验带来的技艺。

可我这样说是什么意思呢？赫尔米亚啊，我比你更了解厄拉斯托和科里司库，我向你诉说、揭示和作证：你不容易找到比这些近邻更值得信赖的品性，我建议你用所有正当的方式接近这些人，而不要把此事看得无关紧要。对于科里司库和厄拉斯托，我建议你们反过来要紧跟赫尔米亚，通过相互依附，【b】努力进入友爱的结合。不过，万一你们中间有谁似乎是在以某种方式拆散这一结合——因为属人之物并不完全可靠——你们要往我和我的朋友们这里送信，说明你们埋怨的理由。因为我相信，来自我们这里的言辞以其公正和威严——如果你们之间的裂痕不是太严重的话——将会比其他任何咒语更能把你们再次联结和捆绑起来，恢复先前的友爱和关系。【c】如果所有人——我们和你们——都致力于这种哲学，尽我们所能，在每个人能力所及的范围内，那么现在的这些预言将成为主宰。但若我们不这样做，那么我也不会说这些话。因为我发布的是吉利的神谕，而且我认为我们将要做的一切是吉利的，如果神乐意的话。

你们三个人都必须阅读这封信，尤其是要聚在一起读；如果不能，那就两个两个一起读，尽量在一起读，尽可能经常读。你们还必须以此信为约，【d】当做一条至高的法——这是理所应当的——同时应当以一种不无品位的严肃和作为严肃之魅的戏谑起誓，向那位统率一切存在者和将要存在者的神起誓，并向那位统帅和至高的父起誓：如果我们真正致力于哲学，我们所有人就会清楚地认识他，就像那些蒙福的人所能做到的一样。

第 7 封

柏拉图致狄翁的各位家人和同伴，祝万事顺遂！

你们来信说，我应当认为你们的想法和狄翁相同，不仅如此，你们还催促我加入你们，【324】以行动和言辞尽我所能，可是我的回答是：如果你们的意见和期盼与狄翁相同，我就同意加入你们；如若不然，我就要多加斟酌。至于狄翁的想法和期盼是什么，我大致上能说一说，而且我不是在揣测，而是知道得很清楚。初到叙拉古的时候，我几近 40 岁，狄翁那时的年纪则和现在的希帕里努① 相仿，【b】而且他从那时起就一直秉持着一个意见：他觉得叙拉古人应该享有自由，接受最优秀的法律的治理，所以，如果某位神让希帕里努与狄翁齐心，就政治体制持有相同的意见，那也根本不是什么稀罕事。至于这一意见是如何形成的，年轻人和已不年轻的人都值得一听，而我会试着从头开始向你们细述，因为眼下正是时候。

年轻的时候，我的经历和许多人一样。我期待着，一旦可以自己做主，我就立刻投身城邦的公务。【c】然而，城邦事务中有这样一些机缘落到了我的身上。

当时的政治体制遭人诟病，引发了一场政变。领导并操控政变的有五十一人，其中十一人在城内，十人在庇莱厄斯②——分别管理市场和处理城邦需要打理的事务——【d】另外三十人③ 被任命为全权将领。这些人里

---

① 希帕里努（Ἱππαρῖνος），狄奥尼修一世与阿里丝托玛柯生的儿子，拥护狄翁。

② 庇莱厄斯（Πειραιῶς），地名，雅典最重要的港口。

③ 指三十僭主（τριᾱκάς），伯罗奔尼撒战争后，斯巴达取胜，在雅典扶植成立寡头制政府，公元前 404 年，雅典成立由三十僭主掌权的政府，掌权八个月。

面碰巧有几位是我的亲戚和熟人，而且，他们随即就邀请我参加这些我适宜参与的事情。因为年轻，我的反应一点儿也不奇怪。我期待这些人的治理会把城邦从一种不正义的生活引向正义的道路，因此我密切关注他们，看他们做些什么。我的确看到，这些人不久就表明先前的政治体制是一个黄金时代。【e】别的事就不说了，我年长的朋友苏格拉底——我几乎可以毫不惭愧地说，他是当时最正义的人——他们派他和其他人一道去抓一位公民，命令他把此人抓来处死，【325】这样就能拉苏格拉底入伙，不管他是否愿意；但是苏格拉底拒绝听命，宁愿冒着承受一切后果的危险，也不愿成为他们不虔诚行为的同伙。看到这一切以及其他此类并非琐细的事情，我心生反感，于是就从当时那些邪恶中抽身而退。

可是没过多久，三十人以及当时的整个政治体制垮台了。【b】参与公务和政务的渴望再次撩拨着我的心，但已经没有那么强烈。在那些动荡不安的日子里，发生了许多令人反感的事情，一些人在政变期间大肆报复仇敌也不罕见；不过，当时那些从流亡中归来的人还是表现得极为宽容和温和。可是，由于某种机缘，一些掌权者又把我们的同伴苏格拉底告上法庭，给他加上不虔诚的罪名，对他进行指控，【c】这是最不适合苏格拉底的指控。因为，正是以不敬神的罪名，一些人起诉他，另一些人则做出判决，把他处死；然而，正是他们处死的这个人当初不愿意参与抓捕他们的一位朋友，而当时他们自己也不幸地受到流放。

我观察着这些事情和这些处理政务的人，而且，我越是审视各种法律和习俗，随着我年岁渐长，我越觉得正确地处理政务非常困难。【d】如果没有朋友和可靠的同伴，就无法办事——要在身边找到这样的人很难，只因我们的城邦已经不再依照祖传的风俗和习惯进行治理；而要轻易地获得其他新朋友和可靠的伙伴绝无可能——成文法和风俗受到破坏，并且以令人惊讶的速度日益堕落，结果是，【e】尽管我当初对从政满腔热忱，但当我注意到这些情况，看到一切都已发生变动，我终于晕头转向了。一方面，我没有停止思考这些事情，【326】考虑整个体制如何才能变好，另一方面也在等待时机，但我最终想到，现今所有城邦的统治都很糟糕——它们的法律状况几乎无可救药，若无某种机缘神奇准备的话——而且我不得不说：要赞颂正确的哲学，凭借正确的哲学，才能看清一切城邦的正义和个人的正义；【b】除非正确地和真诚地爱智慧的那些人掌握了政治权力，或者城邦中当权的那些人出于某种神意真正地爱智慧，否则人这个族类将无法摆脱各种邪恶。

正是带着这一想法，我来到意大利和西西里，这是我第一次到达那里。可是，初来乍到的我一点儿也不喜欢当地所谓的幸福生活——全都是意大利式的和叙拉古式的筵席，白天要大吃大喝两顿，夜晚绝不独守空房——【c】以及伴随这种生活方式的各种习惯。在这样的习俗中，天底下没有哪一个从年轻时就养成这种生活习惯的人能够有朝一日变得睿智——再奇怪的人的本性也不会有这样的混合——也必定不会有朝一日变得节制，其他美德也一样；也没有哪个城邦会消停下来，无论它遵循什么样的法律，倘若人们认为应当无所节制地挥霍一切，【d】而且应当相信什么都不做，除了吃喝玩乐，苦苦追求"阿佛洛狄忒的快乐"；那么这样的城邦必定会在僭主制、寡头制和民主制之间轮流更替——永远不会停止，这些城邦的当权者也必然不会容许听到一个正义和公平的政治体制的名称。

想着这些事情以及怀着原先的那些想法，我辗转到了叙拉古，【e】这或许是由于某种机缘，但看来确实是由于某种更高的理智的设计，才为现今发生在狄翁和叙拉古身上的事情埋下肇因；恐怕还会有更多的事情发生呃，除非你们听从我现在给出的第二次建议。可是，【327】我怎么会说我当初到西西里就成了一切事情的肇因呢？在与当时还年轻的狄翁交往时，我用言辞向他揭示了我认为对人们最好的东西，并鼓励他努力践行，我可能并没有意识到自己浑然不觉地以某种方式促成了僭政以后的倾覆。因为，无论是在其他方面，还是对我当时所讲的内容，狄翁都极其善于学习，他如此敏锐而急切地聆听，【b】在我碰到的年轻人中间还从未有过像他这样的，而且，他愿意余生过一种不同于大多数意大利人和西西里人的生活，因为他热爱美德胜过热爱快乐和其他骄奢。正因如此，狄翁的生活方式越来越令那些遵照僭主的成规生活的人难以忍受，直到老狄奥尼修过世。

此后，狄翁想到，他通过正确教导而获得的那个想法不会只在他自己身上产生；【c】他也看到，同样的想法也在其他人身上产生，尽管不是许多人，但的确在一些人身上产生了，因此他相信，在众神襄助之下，狄奥尼修很有可能成为这些人中的一员；要是此事能够做成，狄奥尼修和其他叙拉古人的生活就将变得无与伦比的幸福。此外，他觉得我应该想尽一切办法尽快赶到叙拉古和他联手，【d】因为他想起与我的谈话轻易促成了他对那种最美和最好的生活的向往。眼下，要是他的努力能在狄奥尼修身上成功，他便怀着一些宏大的希望，即不经杀戮、死亡以及现今所发生的邪恶，便在全地建造起一种幸福而又真实的生活。抱着这些正确的想法，狄翁说服狄奥尼修召请我，他自己也来信恳求我尽一切可能尽快前来，【e】以免其他什么人遇到狄奥尼修，先行使狄奥尼修从最好的生活转向其他生活。以下就是他的恳求——要是细说，那可就长了。他说："我们还等什么呢？还有比当前这些神意的安排更有利的时机么？"他详细讲述了意大利和西西里的邦国、【328】他自己在那里拥有的权柄、狄奥尼修的年轻与期待；他说，狄奥尼修会热切地渴望哲学和教养，他自己的侄子和其他亲戚也会轻易受到我一直教导的这种学说的影响，从而极大地激励狄奥尼修；所以，唯有趁现在才能实现所有希望：【b】哲人与强大城邦的统治者结合为一。

他这样来鼓舞我，还说了许多其他类似的话。至于我的意见，我有些担心年轻人的品性究竟会变成什么样——因为年轻人的欲望变得快，并且经常变得与原来相反；但我也知道，狄翁灵魂的品性生来沉静，而且已经到了节制成熟的年纪。因此，我考虑再三，踌躇着是否应该接受召请出行，最终我还是倾向于认为，【c】无论谁想要着手实现这些关于法律和政治体制的构想，现在就必须尝试，因为我只要能说服一个人，我就能成就所有的善功。就是带着这样的想法和冲动，我离家启航，但我的动机并不像某些人所说的那样，而是根本上出于对自己的羞耻，以免有一天会觉得自己只是一名彻头彻尾的空谈家，永远不会自觉地参与任何行动，也免得有一天我可能会被人认为首先被叛了与狄翁的主客之谊和伙伴关系，【d】因为他当时的处境确实相当危险。要是他遭受什么不幸，或者被狄奥尼修和其他仇敌驱逐，受到流放的他就会来找我们，当面质问说：

"柏拉图啊，我这个流亡者到你这里来，不是因为我没有重甲兵，也不是因为我缺少骑兵来击退敌人，而是因为缺少言辞和劝说的能力，我本人清楚，你最能以言辞和劝说驱使年轻人追求善和正义，从而每次都能使他们彼此结成友谊和伙伴关系。【e】正是由于你没有在这些方面帮助我，如今我出走叙拉古，栖身此地。不过，我的遭遇不会给你带来什么耻辱，然而哲学——你一直在赞美的哲学，你说那受到所有人菲薄的哲学——现在它不是和我一道遭到背叛了吗？就你的行为而言。【329】要是我们凑巧住在麦加拉，你多半会前来帮助我们，响应我对你的召请，否则你就得认为自己是所有人里面最可鄙的一个。所以，你埋怨路途多么遥远、出海多么费时和劳顿，现在你以为你就能逃脱卑怯的名声吗？绝无可能！"

如果他这样说，对此我能给出什么得体的回答呢？不能。于是，我去了，【b】顺应理性和正义的要求；出于这些理由，我放下了自己那些并非不体面的清闲，屈身于看起来与我的学说和我本人皆不相合的僭政之下。我这一去，也就从异乡人的保护神宙斯那里解脱了，并使自己免受哲学的指责，这是因为，要是我由于颓废、胆怯而蒙羞，哲学恐怕也会蒙羞。

等我一到那里——我不应该长篇大论——我就发现，狄奥尼修身边处处是内讧，【c】充斥着对狄翁的诽谤。虽然我尽力保护狄翁，但我能做的实在有限。大概到了第四个月，狄奥尼修指控狄翁试图谋反，把他送上一艘小船，无礼地流放了他。后来，我们这些狄翁的朋友全都担心狄奥尼修会指控我们中的哪个人是狄翁的同谋，并加害于我们。关于我，叙拉古流传的一则消息称，我已被狄奥尼修处死，因为我是当时整起事端的祸因。【d】狄奥尼修察觉到了我们所有人的心绪，也担心从我们的恐惧中会滋生更大的事端，于是就热情地拉拢所有人，还特别安抚我，劝我振作起来，并且万般恳求我留下：因为，我从他身边逃开对他来说不是一件光彩的事，我留下来他才光彩，正是由于这个原因，他才假装热切地恳求。可是我们知道，僭主们的恳求经常混杂着强迫。【e】他设法阻挠我出海，把我带进卫城，安顿在一个地方，禁止任何一位船主把我从那里带走，除非他亲自派人过来命令他们把我带走；任何一位商贩，或者把守当地各条出口的长官，也不会坐视我只身离开，他们会立即逮捕我，送交狄奥尼修，尤其是当时已经流传着与早前截然相反的消息，【330】称狄奥尼修非同一般地依恋柏拉图。可实际情况是怎么样呢？我必须道出实情。随着时间的推移，通过了解我的生活方式和品性，他确实越来越依恋我，但他想要我赞扬他胜过我赞扬狄翁，想要我特别把他看做高于狄翁的朋友，而且他匪夷所思地热衷于达到这一目的。实现这一目的的最佳方式——如果他当真想要实现的话——【b】就是学习和聆听关于哲学的言辞，从而亲近我，跟从我，但他却退缩于此，听信诽谤者的各种谣言，唯恐自己一旦受到束缚，狄翁会趁机成就一切。然而，我强忍住这一切，依然坚持我来时的初衷，期待他或许会渴望过一种哲人的生活；但他的顽固抗拒获胜了。

我到达西西里并在那里度过的最初那段日子，【c】情况就是这样。此后，我离乡远行，应狄奥尼修的热情召请，再次访问那里。我的理由以及我的所作所为非常合理和正当，在建议你们当前情况下应当怎么办以后，我再来一一说明，以便回复那些一再询问我为什么愿意第二次去那里访问的人，免得我把附带的事当成了要说的正事。我要说的就是下面这些：

如果一个病人的生活方式有损健康，【d】我们只能首先建议他改变生活方式，此外没有其他办法。要是他愿意听从我们的建议，那就进一步给他别的劝告；要是他不愿意，那么无论谁逃避给这样的病人提建议，我就视其为勇士和良医，谁坚持给他提建议，我会反过来视其为懦夫和外行。对城邦来说也一样，无论它有一个主人还是多个主人；如果城邦想要得到某个有益的建议，而且使其政制稳妥地走在正道上，【e】那么向这些人提建议就是理智之子的分内事。倘若这些人完全背离正确的政治体制，也不愿意遵循它的轨迹，而且预先警告那位提建议者不要插手政治，也不要做任何变革，【331】否则就要处死他——如果这些人喝令提建议者为自己的意愿和欲望效劳，要他们建议如何用最简便、最快捷的方法来持久地满足自己的意愿和欲望，那么在我看来，上前提供此类建议的人是懦夫，望而却步的人才是男子汉。

这就是我持有的想法，每当有人就他生活中最重要的事情来向我寻求建议——比如怎么挣钱、【b】怎么保养身体、怎么呵护灵魂——如果我觉得他日常生活井井有条，或者愿意听从我对所问之事的建议，那么我会热心地给他提建议，不会敷衍了事。但若一个人根本就没有向我寻求建议，或者显然没有接受建议的诚意，那么我就不会主动找这种人给他提建议，也不会强迫他，哪怕他是我自己的儿子。至于奴隶，我会给他提建议，但若他不听从，我就强迫他听从；【c】可要是强迫一位父亲或母亲，我就觉得不敬了，除非他们已经精神错乱。如果他们过着某种陈腐的生活，而且这种生活合他们的心意，尽管不合我的心意，我也不应以无用的斥责激起他们的怨恨，更不应以阿谀奉承来迎合他们，想方设法满足他们的欲望——我宁愿死，也不愿沉迷于这些欲望。神志清明者应当对自己的城邦抱着同样的想法。【d】假如他认为城邦治理得不好，那就直言吧，如果说出来不是枉费口舌，也不会丧命；但是，他万万不可对自己的父母之邦使用暴力，改变政制，假如不经流放和杀戮就无法实现最好的政制的话，所以让他静默下来，为自己的和城邦的福祉祈祷吧。

依照这一原则，我会向你们提建议，如同我曾经和狄翁一道给狄奥尼修提建议。首先，你们每一天都要对自己的生活严格自律，【e】并能赢得忠实的朋友和同伴，以免遭受狄奥尼修的父亲那样的命运。他的父亲占领了许多曾被野蛮人洗劫过的西西里大城邦，并向那里殖民，但却不能在每一个城邦建立可靠的统治，因为他找不到真正的同伴。【332】无论在来自某个地方的异族人中间，还是在亲兄弟中间——是他亲自抚养了这些兄弟，把他们从平民变成权贵、从贫穷变得异常阔气。他不能以劝说、教导、恩惠和血亲关系把这些人中的任何一位变成权力的同盟者，因此他比大流士①差了七倍，大流士相信和依靠的既不是他的亲兄弟，也不是他自己抚养的人，而只是那些帮助他制服了米底亚人和阉人的同盟者。【b】他分给这些同盟者七份封地，每一份都比整个西西里还要大，而且他发现他们很忠实可靠，既不会攻打他，也不会相互讨伐。他树立了一个榜样，即一位好立法者和好君王应该是这样的：因为他通过制定法律而使波斯帝国一直存留至今，安然无恙。此外还有雅典人，他们占领了众多受到蛮族人侵扰，但尚有居民的希腊城邦，尽管并未殖民这些城邦。【c】但是，他们的统治还是维系了70年，因为他们在各个城邦都有朋友。可是老狄奥尼修呢，虽然把整个西西里联合成了一个城邦，但由于他的"智慧"，他不能相信任何人，只能勉强保住性命。因为他缺少可信赖的朋友，而对于美德和恶德而言，最鲜明的标志莫过于是否缺少这样的朋友。

这些就是我和狄翁向狄奥尼修提出的建议。由于他父亲的疏忽，【d】他不仅没有接触过什么教养，也没有什么恰当的交往。我们建议，他首先要有获得这些教育的愿望，而一旦开始为此努力，他就要在家人以及同龄人中为自己赢得其他齐心追求美德的朋友，最重要的是，他要成为自己齐心追求美德的朋友，因为他在这方面惊人地欠缺。我们没有把话说得那么明白——因为这么做不太安全——而是说得很隐晦，并且坚决主张，每个这样做的人将会拯救自己和他率领的所有人，【e】而要是不转向这条道路，结局就会截然相反。一旦他踏上我们所说的这条道路，并把自己变得神智清明和有节制，那么，要是他想要殖民那些荒弃的西西里城邦，用法律和政制把它们联结在一起，使得这些城邦对他和彼此之间如同一家，共同抗击蛮族人，【333】那么他就不仅能两倍扩大其父的疆域，而且能扩大许多倍；因为，如果这些能够实现，就能轻松地奴役迦太基人——比当初格隆②对他们的奴役更加有

---

① 大流士（Δαρεῖος），波斯国王。

② 格隆（Γέλων），叙拉古僭主。公元前485年，叙拉古的寡头党向当时担任骑兵指挥官的格隆求助，由此格隆成为叙拉古的僭主，在他统治时期，叙拉古战胜迦太基人，把统治权扩大到整个西西里。

力，而不是像现在这样，他的父亲反倒要按约定向这些野蛮人纳贡。

这些就是我们对狄奥尼修的劝说和鼓励，而各方面的传言却说我们图谋推翻他。这些消息最后操控了狄奥尼修，导致狄翁受到流放，而我们也陷入恐惧。【b】不过——为了说完在那个短暂时期所发生的众多变故——狄翁从伯罗奔尼撒和雅典回来以后，以行动斥责了狄奥尼修，然而，在狄翁两度解放城邦又两度将城邦交还给叙拉古人以后，叙拉古人对狄翁的态度和对狄奥尼修没有什么两样。当狄翁对狄奥尼修进行教育和训练、使他成为一名称职的君主、愿意终生支持他的时候，狄奥尼修听信了那些谣言，【c】说狄翁当时所做的一切都是阴谋推翻这个政府的一部分。他们说，狄翁的计划是使狄奥尼修的智力屈服于教育的咒语，使他失去对政治的兴趣，从而把权力转移到狄翁手中。到时候狄翁会用欺骗的手段把狄奥尼修赶下台，攫取王位。这样的小道消息在叙拉古人中间到处流传。不久以后，它们又一次传到狄奥尼修耳中，于是最可怕、最可耻的事情就发生了。

现在我必须向那些敦促我插手解决当前局势的人做一些解释。【d】我本人是一名雅典人，是狄翁的朋友和同盟者，我去见了那名僭主，试图调解他们之间的关系。在我与造谣者的斗争中，我失败了。然而，狄奥尼修试图用荣誉和金钱劝说我再次帮助他，要用我的证言和友谊来表明放逐狄翁是正确的，这个时候他完全失败了。此后，当狄翁返回他的祖国时，【e】他的同伴中有两人像我一样，是来自雅典的兄弟。然而，他与他们的友谊不是建立在哲学的基础上，而是建立在社会交往的基础上，这种朋友是当前流行的所谓朋友。他们的同伴关系是相互表示亲善的结果，也是加入不同秘仪的结果，陪伴狄翁回国的这两名兄弟就属于这种情况。他们的友谊建立在这种关系上，为狄翁的远征提供帮助。到达西西里以后，【334】他们看到狄翁成为在西西里人中间流传的谣言的牺牲品。狄翁解放了西西里人，但西西里人却把他说成试图谋反，自己想当僭主，他们不仅对他们本应表示欢迎的人作了伪证，而且实际上用自己的双手谋杀了他，就好像他们手持武器站在一旁，为凶手提供帮助。

我现在并非对他们的可耻与邪恶一无所知，也不想评论它，因为从今以后会有许多人发出这种谴责。【b】然而，若是雅典人也说有这样的人是雅典的耻辱，那么我就要说话了。因为我认为，拒绝背叛这个人的也是雅典人，如果他当时这样做，那么他可以获得财富和无数的荣誉。他忠于他的朋友并非出自一种低品格的友谊，而是出于一种对自由训练的共同参与，有理智的人只有在这种训练中才能取得自信，而不是由于灵魂或肉体的亲缘关系。所以，【c】杀害狄翁的这两个人并不足以成为这座城邦的耻辱，好像他们曾几何时成了值得一提的人物似的。

我说过的所有这些话都是为了向狄翁的朋友和亲人建议。除了这些，我还要第三次向你们重复同样的建议和主张。西西里不应当接受任何人主的奴役，其他城邦亦如此，而应当听命于法——这就是我的主张。因为，无论是对奴役者还是对被奴役者，【d】无论对他们自己还是对他们的后代子孙，这样的奴役都不是好事：进行这样的尝试是自取灭亡，禀性渺小和卑劣的灵魂才会热衷于争夺这种好处，因为它们根本不知道那些来世和今生属神和属人的善和正义。这些就是我试图劝说的内容，起初第一次是劝狄翁，第二次是劝狄奥尼修，现在轮到第三次来劝你们。看在宙斯这第三位拯救者的份上，你们要听我的劝，还要瞧瞧狄奥尼修和狄翁：前一位不听劝，因而现今活得并不高尚；【e】后一位听劝，因而死得高尚。因为，为了寻求那些对自己和对城邦最美的东西，一个人承受了可能要承受的一切，这完全是正确的和高尚的。因为，我们中间没有谁能逃避死亡，即使有人能不死，也不会如大多数人所认为的那样变得幸福。因为，没有灵魂的生命也就谈不上什么坏和好，【335】坏和好属于每一个灵魂，无论灵魂与身体连在一起，还是分离开来。必须永远真的相信那些古老而神圣的学说，这些学说告诉我们灵魂不朽，一旦灵魂摆脱了身体，灵魂就要受审判，并接受最严厉的惩罚。因此，我们必须认为，与犯下极大的罪行和不义相比，承受这些罪行和不义的坏处更小。【b】那个贪财而灵魂贫乏的人不听这些——即使听到，他也只会任意地讥笑——毫不羞耻地到处抢掠一切，好比野兽，只要他觉得有什么能让自己大吃大喝，或者饱享那种奴性的、低俗的快乐——以阿佛洛狄忒来称谓这种快乐实属不当；就像是瞎子，他看不到每一桩不义之举永远伴随着多么大的坏处，因为那些抢掠来的东西夹带着不虔诚，行不义者必然要受这种不虔诚的拖累，无论他在大地上奔波，【c】还是在地下经历那些毫无颜面而又凄惨透顶的旅程。

我说了这样一些话和其他类似的话来劝说狄翁，而对杀害他的那些凶手，我本人理当予以怒斥，正如我理当怒斥狄奥尼修一样。因为这两个方面极大地伤害了我，甚至可以说，也极大地伤害了所有其他人：这些凶手毁灭了一个愿意践行正义的人，而狄奥尼修尽管握有最大的权力，【d】但他根本不愿在整个国家践行正义。要是哲学与权力在他的国家真正结合的话，万丈光芒将会照耀所有希腊人和蛮族人，并在所有人心中充分确立那个真意见：没有哪个城邦或人能变得幸福，除非他凭借睿智在正义的指引下度过一生，无论是他自身拥有睿智和正义，还是由于虔诚者的统治而在品性上得到恰当的培育和教养。【e】狄奥尼修造成了这些伤害；对我来说，其他伤害与此相比都算不了什么。

然而，杀害狄翁的凶手并不知道他造成的伤害和狄奥尼修一样。因为，我非常了解狄翁——就一个人能够对其他人下断言的方面来说——倘若狄翁执掌邦国，【336】他无论如何都不会转向其他统治方式，而是会像下面这样：首先转向叙拉古，他自己的祖国，解除她所受的奴役，洁净并赋予她自由的装扮，然后他会尽一切手段，以适宜的和最好的法律来管束城邦公民；接下来，他急切想做的就是殖民整个西西里，把西西里从野蛮人手中解放出来，驱逐一部分野蛮人，再比希厄隆更加轻松地驯服余下的蛮族人。【b】如果一个正义、勇敢、节制且爱智慧的人完成了这些业绩，大多数人就会获得有关美德的同一意见，甚至可以说，要是狄奥尼修听劝，所有人都会获得一致的意见，并因此得到拯救。可如今，也许某位精灵或复仇女神光临，带来了不守法、不信神，最糟糕的是，带来了源于无知的胆大妄为——从无知中，波及所有人的所有邪恶生根发芽，并将最终给那些亲手种下这些邪恶的人结出最苦涩的果实——就是这种无知在第二次的时候颠覆并毁灭了一切。

【c】眼下，为了有个好兆头，我们在这第三次，要说一些吉利话。无论如何，我还是建议你们这些狄翁的朋友，要效仿他对祖国的热爱和节制的生活方式，并依照更好的征兆努力完成他的遗愿——他的遗愿是什么，你们已经听我讲清楚了——你们中间要是有谁不能遵照祖辈的习惯，过多立斯式的生活，【d】反而追求过一种杀害狄翁的凶手那样的生活和西西里人的生活，那就不要召他入伙，也别指望他哪天会干出什么忠诚有益的事情；为了整个西西里的殖民与公平，你们还要请别人来帮忙，从西西里本地和伯罗奔尼撒各地请人，而且也不要害怕雅典；因为，那里的人在美德上胜过所有人，而且他们憎恶那些杀害异乡人之徒的胆大妄为。

不过，假如以上这些事情晚些时候才能实现，【e】而内乱中每天涌现的众多的各种争执正在逼迫你们，那么，凡上天赐予过一丁点儿正确意见的人都应当知道：内乱中各方所遭受的不幸不会止息，直到在争斗中胜出的一方不再恶意地流放和杀戮平民，【337】也不再转而报复仇敌，而是克制自己，制定不偏不私的法律，不把自己的快乐放在失败的一方身上，从而以敬畏和恐惧这双重力量迫使失败的一方遵守这些法律——恐惧，是由于胜利的一方在实力上明显超过他们；敬畏，是因为胜利的一方显得超越快乐，更愿意也更能够顺服于法。若不如此，【b】深陷内乱的城邦便永远不能消除不幸，在自身处于这种状态的城邦中，种种纷争、敌意、仇恨和怀疑会连绵不断。

胜出的一方始终应当——无论他们何时渴望安宁——亲自从希腊人中选出他们听说是最优秀的人：这些人首先要到了一定的年纪，家中有妻儿，上面有德高望重的列祖列宗，而且都有殷实的家产——【c】对于一座万人城邦，五十个这样的人就足够了：应当百般恳求这些人，把他们从家里请来，并许以至高的荣誉；请来以后，应当请求并命令他们立法，并要他们起誓绝不偏向胜利者，也绝不偏向失败者，而是给整个城邦平等和共享。立法之后，一切便都取决于下面这一点了。【d】如果胜利者能让自己比失败者更加顺服于法，那么到处都会充满安宁和幸福，各种不幸将随之远离；可要是不能，就别来请我或者其他伙伴来帮助不听从当前这些吩咐的那个人。因为这些吩咐近似于当初狄翁和我为了叙拉古人而试图联手施行的计划，尽管这是一个次好的计划，最好的计划是努力和狄奥尼修本人一道实现惠泽所有人的共善，但比人更加强大的某种机遇击碎了这一计划。【e】不过，借着某种好运和神意，这一次你们要奋力更加顺利地实现这些计划。

我的建议和吩咐以及我初访狄奥尼修的经历就说到这里。至于后面那次旅程和航行的发生有多么合理，同时又有多么适宜，想要听一听的人接下来就可以如愿。

【338】如我所说，在给狄翁的家人和同伴提建议之前，我详细叙述了我在西西里度过的最初那段时光。这些事情过后，我尽我所能劝说狄奥尼修放我走，对于和平后的安排——因为当时西西里陷入了战事——我们双方达成了约定。狄奥尼修说，一旦觉得政务稳定下来，他便会再次派人来请狄翁和我；【b】他还让狄翁不要想着自己现在受到流放，而想着自己只是迁居而已。既然他这样说，我便答应再来。迎来和平以后，狄奥尼修派人前来请我，却要求狄翁再等一年，并坚持我无论如何都要来。狄翁催促和请求我尽快起程。因为从西西里传来许多消息，说狄奥尼修这会儿再次令人惊讶地渴望哲学，为此，狄翁急切地请求我不要回绝这次召请。我当然清楚，【c】年轻人对哲学常有这样的变化，可我还是觉得，至少在这时候不要理会狄翁和狄奥尼修更为稳妥，于是我答复说自己年纪大了，而且现在的做法也不合当初的约定，不意竟然招致两人的怨恨。

再往后，好像阿尔基塔①到了狄奥尼修那里——在离开之前，【d】我的起程时促成了阿尔基塔和塔壬同②人与狄奥尼修的宾主之情和友谊——叙拉古还有另外一些人曾经从狄翁那里听到一些事情，有些人又从这些人那里听到一些事情，因此心中充塞一些有关哲学的不实传闻。我认为，这些人试

---

① 阿尔基塔（Ἀρχύτης），塔壬同城邦的最高军事长官，柏拉图的朋友。
② 塔壬同（Ταραντῖνος），地名。

图跟狄奥尼修谈论这方面的内容，以为狄奥尼修完全听说了我本人的种种思想。不过，就学习能力而言，狄奥尼修并非没有天分，此外，他还极其爱荣誉。他们所说的内容也许讨他喜欢，【e】而一旦醒悟自己在我客居时什么都没听到，他便有些羞愧。所以，他开始渴望能听得更加清楚明白，爱荣誉之心也在催迫他——他在我前一次到访时没听到什么，我们在前面已经详细说明原因。因此，自我平安回家并回绝第二次召请以后——如我刚才所说，【339】我觉得狄奥尼修完全是出于爱荣誉而唯恐有人会认为我不愿去他那里是因为有了前面的经验，我瞧不起他的天资和习性，而且反感他的生活方式。

听过所发生的事情以后，我应当讲出真相，谁要是瞧不起我的哲学，反而认为这位僭主有理智，那么我也毫无怨言。狄奥尼修第三次派了一艘三层桨的战船来接我，好让我旅途安逸；还派来阿尔基塔的一位门生阿基德谟——【b】他认为我在西西里人中间最推重此人——以及西西里的其他名士，这些人全都给我带来同样的话，说狄奥尼修在哲学上有了惊人的进步。他清楚我对狄翁的态度，也知道狄翁同样渴望我起程赴叙拉古，所以他还送来一封很长的信。这封信抓住了这两个要点，开头是这样说的："狄奥尼修致柏拉图"，【c】然后是客套话，接着就直奔主题：

"要是你听我们的，现在就来西西里，那么，首先，有关狄翁的事就完全按照你的意思办——我知道你想要一个合理的解决，我会答应的——要不然，任何有关狄翁的事，无论是其他方面的，还是关乎他本人的，可都不会合乎你的心意。"

他这样述说了一番，【d】其他内容则有些冗长，现在说并不合适。此外，阿尔基塔和其他塔壬同人也陆续来信，赞扬狄奥尼修的哲学，还说若是我这个时候不去，我就会彻底瓦解我当初促成的他们与狄奥尼修之间的友谊，而这段友谊对政治来说可不是小事。我在那段时间收到的召请就是这样，从西西里和意大利来的人要把我拉过去，而雅典这边的人也来说项，【e】像是要把我推出去，于是同样的话又来了：我不应当背叛狄翁，也不应当背叛塔壬同的这些异乡人和同伴。而我自己觉得，一名年轻人听到有关丰功伟绩的谈论，而且本人又善学，从而产生对最好生活的向往，这倒也不奇怪。所以，我应当查明这一点究竟是真是假，绝不能轻易放过，以免自己遭来千古骂名，【340】万一这些传闻真的属实的话。怀着这样的考虑，我起程了——我当时忐忑不安，预感不妙——而我这一去果真是"第三次遇上了拯救者"，因为我之后再次幸运地平安返回。为此，除了要先感谢神，还应当感谢狄奥尼修，因为有许多人曾经想杀我，是他阻拦了他们，并在涉及我的事情上给予了应有的敬畏。

【b】到了那里，我觉得首先应当进行考察，看狄奥尼修是否真的热衷于哲学，还是那些接连不断传到雅典来的消息虚妄不实。考察这类事情有一种办法，不仅并不高尚，而且极其适用于僭主，尤其适用于那些被各种不实传闻充塞的僭主——狄奥尼修在很大程度上就是这样，我一到就察觉到了这一点。

应当向这类人说明这件事整个儿是怎样的，【c】要经历多少困难，吃多少苦头。听了的人要是真的爱智慧，因为拥有禀赋而亲近并配得上这种事，他便会认为，自己听到的是一条必须现在就全力以赴的神奇道路，其他生活就不值得过了。之后，他定当竭尽全力追随引导者在这条道路上前进，绝不松劲，直至抵达整条道路的终点，或者直到获得一种能力，使他不用引导者就能自己引领自己。【d】遵循这些想法，这个人这样生活着：无论做什么事，他总是不顾一切地紧紧依靠哲学，也紧紧依靠使他能够善学、强记，而且能够清醒地在自身中进行思考的生活习惯；与此相反的生活习惯，他终生厌恶。那些并不真的爱智慧的人则被各种意见熏染——就像那些身体受到阳光炙烤的人——一旦看到有多少学问要学，要吃多少苦，【e】每日里还要遵循与这件事相匹配的有节制的生活方式，他们便认定要做这件事对他们自己非常困难，而且他们实际上也无力从事这项工作；【341】但他们中间也有人说服自己相信，他们已经充分聆听了一切，无须再作什么努力。针对那些恣意放荡而又不能刻苦用功的人，这一考察本身既清楚明白，也最稳妥，因为他绝不会怪罪那位引领者，而只会怪罪他自己，毕竟是他自己无力践行这项工作所要求的一切。

我当时对狄奥尼修所说的话就出于这样一种考虑。不过，我并未详细说明一切，【b】狄奥尼修也没有恳求我这样做，这是因为，依靠从其他人那里误听来的那些说法，他佯装自己知道并完全掌握了许多最重要的东西。我甚至听说，此后他就把自己当时所听到的内容写成了文章，而且编得如同是他自己的本事一般，而与他曾经听到的内容毫无关系；可是，我对这些一无所知。但我知道，其他某些人也就同样的内容写了相关的文章，无论他们是什么人，他们并不知道自己。【c】关于所有写过和将会写文章的人——他们全都声称知道我严肃从事的那些工作，无论他们听我还是听其他人讲过，或者是他们自己的发现——至少我能断言的是：依照我的看法，这些人根本不可能对这些事情有所领会。从来就没有关于这些内容的我的著述，也永远不会有，因为它们根本不像其他学问那样可以言说。不过，关于这些事情，经过多次交谈和朝夕相处，突然间，如同光线被跃动的火苗点燃一样，【d】它便在灵魂中生成，此后就一直滋养自己。尽管如此，至少我深知，若要把这些事情写下来或者说出来，那么由我来说是最好的；而且，要是把它们写得很糟糕，会让我极其痛心，如果我觉得这些内容应当详细地写给大多数人，而且这些事情是可以言说的，那么对我们来说，此生还有什么事功比下面所说的事功更加美好呢？写下对人们有莫大助益的东西，【e】并把本性带进光明，呈现给所有人？但我认为，有关这些内容所做的尝试对人们来说不是好事，除了对少数人而言——他们凭借蛛丝马迹就能够自己做出发现，至于其他人，它会使一些人对它充满不正确的轻蔑，而让另一些人充满虚骄而又空洞的期望，【342】就好像他们学到了什么了不起的学问。

关于这些事情，我想再多说一些；说过以后，也许我现在所说的事情会清楚一些。因为有一种真正的学说①，它反驳那胆敢就这些事情写作的任何

---

① 指柏拉图"不成文的学说"。

人，虽然我以前多次讲述过这种真正的学说，可是看起来现在仍旧有必要说一说。

每一存在物都有三样东西，关于这个存在物的知识必定要通过这三样东西才能产生，而这第四样东西就是知识本身——此外，还应当补充第五样东西，【b】即那可以认识的并且真正存在的东西本身——第一是名称，第二是描述，第三是影像，第四是知识。如果想要明白我现在说的事情，你需要抓住一个例子，并依此思考所有情形。有一样东西叫做"圆"，它的名称就是我们刚才拼读出来的这个词本身。第二样东西是对它的描述，由名词和动词组成；因为，"每一端点到中心的距离相等"，这或许就是那个以"圆球"、"圆环"和【c】"圆"为名称的事物的描述。第三样东西是可以画下来和擦去的圆、用镟刀镟出和毁去的圆；尽管这些圆都跟圆本身有关，但圆本身不会经受这样的变化，因为它跟这些圆截然不同。第四样东西是关于这些圆的知识、理智和真意见；必须把它们算做一个整体，既不存在于声音中，也不存在于物体的形状中，而是存在于灵魂中；由此可见，这第四样东西既不同于圆本身的本性，【d】亦不同于前面所说的那三样东西。就亲缘性和相似性而言，在这四样东西中，理智最接近第五样东西，其余几样则离得较远。

同样的道理适用于直形、环形，以及颜色，适用于善、美、正义，适用于一切人工制造物和自然生成物，比如火、水，以及所有此类东西，适用于一切生命体和灵魂中的品性，也适用于一切行为和承受。【e】一个人若不能以某种方式把握这些东西中的前四样，他便永远不能最终分有关于第五样东西的知识。此外，由于言辞的缺陷，这四样东西虽然试图显明每个事物的存在，【343】但也同样多地试图显明每个事物的属性。因此，但凡有理智的人从来不敢把自己的思想付诸言辞的缺陷，尤其不会付诸不可更改的言辞，正如那些以种种记号刻写下来的东西一样。

不过，你应当重新领会我现在所说的内容。现实中用笔画下的或者用镟刀镟出的每一个圆，都充满了第五样东西的反面——因为每一个圆处处触及直——至于圆本身，我们认为，它自身根本没有相反的本性。我们还认为，这些圆的名称一点儿也不稳固，【b】如果把现在所说的"圆"称做"直"、把"直"称做"圆"，那也没有什么关系，而且改换和颠倒称呼的人会觉得和原来一样稳固。描述也是一样的道理：既然描述是由名词和动词组成的，那么它也绝对不是稳固不变的。这四样东西全都模糊不清，怎么说也说不完，但最重要的是，如我们刚才所说，在这二者之中——一为存在，一为属性——【c】灵魂寻求的知识不是属性，而是"是什么"，但这四样东西各自以言辞和行动呈现给灵魂的皆非灵魂所寻求的，它们所言说和所展示的每一样东西总是容易受到感官反驳，从而使所有人几乎都充满了各种困惑与不解。

在某些问题上——由于贫乏的教养，我们不习惯寻求真实，而是满足于各种影像的呈现——我们并没有成为彼此嘲笑的对象，受到那些提问者的追问，【d】他们有能力推究和反驳这四样东西。但在某些问题上，我们会逼迫某个人解答并阐明第五样东西，那个能够颠倒是非而又想要颠倒是非的人就会得势，并会使大部分听众以为，用言辞、文字或者回答作解释的人并不认识他试图书写或者言说的东西；因为这些听众有时候并不知道，应受指责的不是写作者或言说者的灵魂，而是四样东西各自低劣的本性。【e】不过，有一种活动贯穿所有这些事情，它顺着每一样东西上下游走，最终极其艰难地在禀有卓越本性的灵魂中生育出有关具有卓越本性之事物的知识；但要是具有劣等的本性——正如大多数人的灵魂在学习方面以及在所谓的品性方面生长的状态——【344】或是本性已经被败坏，那么连林扣斯①也不能使这样的人看见。简言之，假如一个人与这种事情没有亲缘关系，无论是善学还是强记，都永远不能使他看见——因为它根本不会在异质状态中产生；因此，那些与正义者和其他美好事物没有天然纽带又无亲缘关系的人——即使他们对别的东西既善学又强记——或者是那些与之有亲缘关系，但不善学也不强

---

① 林扣斯（Λυγκεὺς），希腊神话人物，娶达那俄斯之女许珀耳涅斯特拉为妻，新婚之夜被杀。

记的人，永远无法最大可能地习得有关美德或邪恶的真相。【b】因为，必须同时习得这些，也必须同时学习整个存在的虚假与真实，对之进行透彻的专门研究，付出许多时间，就像我一开始所说的那样："把这些东西——名称、描述、影像和感觉——放在一起相互摩擦，在友好的辩难和不带妒意的问答中检验它们，如此，关于每一存在者的智慧和理智才会极其艰难地迸射出光芒，【c】而理智要最大程度地耗尽人的力量。"

正是由于这个原因，每一个严肃的人都远远不会就那些严肃的主题进行写作，以免把它们抛入人群，激起众人的妒忌和疑惑。所以，简言之，应当由此认识到，每当某人看到写成的著述——立法者在法律方面的著述也好，任何其他方面的著述也好——这些著述对作者而言并非最严肃的，若作者本人严肃的话，对作者而言最严肃的东西隐藏在他那最美之域的某个地方。如果他把自己真正严肃从事的东西付诸文字，【d】"那么一定是"凡人，而非诸神，"亲手毁灭了你的心"。①

紧随这一叙事和离题话的那个人将会明白：无论是狄奥尼修，还是某个更小或更大的人物，如果他论述了最高和最初的本性，那么按照我的解释，他根本没有健全地聆听或习得他所撰写的内容：这是因为，如果他像我一样敬畏它们，他就不会鲁莽地把它们抛入不和谐、不得体之中。因为他撰写不是为了备忘——因为，【e】一旦用灵魂拥抱它，无论谁都不用担心遗忘；因为它位于最简短的言辞之中——倘若他真的写了，便只是出于可耻的爱荣誉之心，想要把它当成自己的创见，或者表明自己有教养，尽管他实际上配不上这一教养，【345】而只是热衷于具有教养可以得到名气而已。所以，如果狄奥尼修仅凭一次谈话就获得了教养——这也并非不可能——那么它究竟是怎样获得的呢？"宙斯明鉴！"如底比斯人所说。因为，如我所说，我只做过一次详细的说明，此后再也没有过。

如果有谁想要发现当时那些事情究竟是怎样发生的，那么他接下来就应

---

① 荷马：《伊利亚特》7：360；12：234。

当深思，究竟是什么原因，使我们没有第二次、第三次，乃至于更多次进行详细说明。狄奥尼修只听过一次，【b】但他自己做出了发现，或者他以前跟别人学过，所以他认为自己知道，而且确实知道得很充分，是吗？或者他认为我所说的毫无价值？或者还有第三种可能：他认为我所说的不适合他自己，高过了他自己的能力，而且他确实不能过一种关心智慧和美德的生活，是吗？因此，要是他认为我所说的毫无价值，他就会与众多论调相反的见证者抗辩——在这些问题上，由他们来当仲裁者可能比狄奥尼修权威得多；但要是他认为自己已经发现或者学会了我所说的东西，而且认为它们对于自由灵魂的教养很有价值，【c】那么，除非他是个怪人，否则他怎么能如此肆意侮辱他在这些问题上的引导者和主人？他是怎么污辱我的，我愿意讲一讲。

此后，没隔多久，尽管狄奥尼修先前曾经允许狄翁保留自己的财产并享受收益，但这个时候他不再允许狄翁所托付的人把钱送往伯罗奔尼撒，好像他已经彻底忘了那封信①。他说，这些财产的所有者不是狄翁，而是狄翁的儿子，也就是他的外甥，【d】按照法律要由他来监护。在那段时间里发生的事情大体上就是这些；经历了这样的波折，我算是看清了狄奥尼修对哲学的渴望，我完全有理由发火，无论我是否愿意。当时正值夏季，船只纷纷出海。我觉得，我不应当只是责备狄奥尼修，同样还要责备我自己，以及那些带我第三次穿越斯库拉②的海峡的人——【e】"我可能要再次经过险恶的卡律布狄斯"，③我应当对狄奥尼修说，既然狄翁受到这样的侮辱，我不能再待下去。可是狄奥尼修安抚并请求我留下，因为他觉得，我带着这些消息这么快就离开，对他可不是一件光彩的事；看到说不动我，他就说要给我安排回程。【346】我当时想乘一艘商船出航，我非常气愤，觉得即使受到阻拦也在所不惜，因为我显然没有行一点儿不义，反而遭受了不义。见我完全不同意留下来，他就使出下面的伎俩，确保我在这个航季能留下来。第二天，他来

---

① 参见本篇 339b—c。
② 斯库拉（Σκύλλα），神话中的六头女妖，居住在意大利墨西那海峡的岩礁上。
③ 卡律布狄斯（Χάρυβδις），参见荷马：《奥德赛》12：428。

找我，信誓旦旦地说：

"我和你做个了断吧"，他说，"省得我们就狄翁和狄翁的财产争执不休！【b】为了你的缘故，我会对狄翁这样做：我要求他带走自己的财产，去伯罗奔尼撒定居，但不是把他当成流放者，他可以出门到这里来，只要他和我以及你们这些朋友一致同意。但是这些都基于他不再搞阴谋反对我，对此，你跟你的家人们以及狄翁在本地的家人们要做担保，而狄翁也要向你们提供保证。还有，【c】他打算带走的财产应当存在伯罗奔尼撒和雅典，交付你们心仪的人，狄翁享有收益，但未经你们许可不得擅自取用。因为我不太相信，一旦拿到这些财产他还会对我公正——毕竟这些钱数目不小——我反而更相信你和你的家人。所以，你看这样是否能让你满意，满意你就再待一年，【d】下个航季再带着这些财产离开。我敢肯定，要是你为狄翁做了这些事，他会非常感谢你的！"

听完这番话，虽然有些不快，但我还是说让我考虑考虑，明天告诉他我对此事的决定。我们暂且同意这么办；之后，我独自想来想去，心思甚为烦乱，但我从一开始主要就是这么考虑的：

【e】"罢了！如果狄奥尼修根本不打算兑现任何许诺，我这一走，恐怕他就会致信狄翁，还会指使他的一众爪牙也这么做，信誓旦旦地告诉狄翁他现在对我说的这些，说他愿意尽力，但我却不愿意按他提议的那样做，完全不关心狄翁的事情。此外，如果他还是不愿意送我离开，无须给那些船主下什么命令，【347】只要随意向所有人表明他不想让我出海，又有谁愿意带我这样的船客呢，即使我冲出狄奥尼修的寝宫？"——其他各种不幸之外的不幸是，我当时住在寝宫旁边的花园里，甚至连守门人也不愿意放我离开那里，倘若没有接到狄奥尼修的命令——"不过，要是我待上一年，我就能致信狄翁，说明我当前的处境和我正在做的努力；况且，万一狄奥尼修兑现了他的哪条诺言，【b】那我就将做成一件并不完全滑稽可笑的事情——如果估算准确，狄翁的财产可能不少于一百塔伦特；可万一当前这些征兆应验了，我就不知道该拿自己怎么办了，尽管如此，或许我必须再熬一年，试着用行动检验狄奥尼修的伎俩。"

这样决定以后，第二天我对狄奥尼修说：

【c】"我决定留下！但我要求，"我说："你不能把我看成狄翁的主人，你得跟我一道给他写信，讲明当前这些决定，并且问他是否满意；要是他不满意，或者还有别的意愿和要求，让他尽快来信说明，到那时你可不能在他的事情上变卦。"

我就说了这些，我们达成的约定也跟刚才讲的差不多。此后，商船纷纷出航，我已不再可能乘船出海。然而就在这个时候，【d】狄奥尼修却想起来对我说，这笔财产一半归狄翁，一半归狄翁的儿子。他说，他要卖掉这笔财产，卖后所得一半会交人带走，另一半则留给狄翁的孩子，这样安排是最公道的。这番话让我惊愕万分，觉得无论再说什么都显得可笑，但我还是说，我们必须等狄翁的来信，并且再次去信告诉他这些事。可是，狄奥尼修随后就无比放肆地卖掉了狄翁的全部财产，【e】在哪儿卖，怎么卖，以及卖给谁全由他决定，他也始终没有对我说起过这些事；同样，我也没有再和他谈过狄翁的任何事，因为我觉得这样做已经无济于事了。至此，我一直以来都是这样救助哲学和各位朋友。然而，后来我和狄奥尼修的生活变了样：【348】我望着外面，就像一只渴望从笼中飞走的小鸟，而他却想方设法阻拦我、恐吓我，不肯归还狄翁的财产。尽管如此，在整个西西里面前。我们还声称是同伴。

再说，狄奥尼修后来违背其父的规矩，削减老雇佣兵的军饷，结果惹怒了士兵；他们聚在一起，宣布不屈服。【b】于是，狄奥尼修下令关闭卫城各座城门，试图动用暴力，可是士兵们马上冲向城下，吼着一首野蛮的战歌。狄奥尼修怕得要命，答应了他们的全部要求，而且答应轻甲兵中那些聚众闹事的士兵的还要更多。很快就有消息传开，说赫拉克利德是这场骚乱的主谋；听到这一消息，赫拉克利德便逃跑，藏了起来。【c】狄奥尼修派人四处捉拿，但无结果，他将塞奥多特召至花园——碰巧我当时正在花园中散步。他们谈的其他内容，我既不知道也没听到，但我知道也记得塞奥多特当着我的面对狄奥尼修是这样说的：

"柏拉图，"他说："我正在劝狄奥尼修这么做：要是我能把赫拉克利德带到这里来，在我们面前辩白当前这些对他的指控，那么，如果我们认定他不应再住在西西里，我便要求他带着妻儿乘船去伯罗奔尼撒，【d】并在那里定居，这样他就不会伤害狄奥尼修，并享受他自己财产的收益。其实，我早就派人找过他，眼下还在派人寻找，兴许他会响应我之前的或现在的召唤。但我要恳求狄奥尼修，如果有谁碰到赫拉克利德，无论是在乡下还是在这里，【e】都不许对他乱来，只能让他离开此地，直到狄奥尼修做出进一步的决定。你同意这些么？"他对狄奥尼修说。

"我同意。即使发现他在你家中，"他答道："也不许违背你现在说的话，对他乱来。"

第二天晚上，欧律比乌和塞奥多特俩人急急忙忙来找我，神情极为不安。塞奥多特说："柏拉图，昨天狄奥尼修就赫拉克利德的事对我和你许下了诺言，当时你在场吗？"

"当然在！"我说。

"可是现在，"他说："轻甲兵正在四处搜寻，捉拿赫拉克利德，而他可能就在附近什么地方。不过，【349】请你务必走一趟，和我们一起去见狄奥尼修。"

于是我们动身，去见了狄奥尼修。他们俩泪流满面，默不作声地呆站着，而我说："他们担心你违背昨天的承诺，对赫拉克利德下毒手；因为我认为，赫拉克利德已经回来了，曾在附近什么地方显身。"

听了这些话，狄奥尼修顿时火冒三丈，脸上五色杂陈，无比激愤；【b】塞奥多特俯身跪下，抓住他的手，哭着乞求他不要这样做。我插话安慰他说："放心吧，塞奥多特，狄奥尼修不至于违背昨天的承诺。"

狄奥尼修瞪着我，露出十足的僭主般的神情对我说，"对你，我可没承诺过什么，小的承诺没有，大的承诺也没有！"

"我以众神的名义起誓，"我说："你至少承诺了不做这个人现在恳求你不要做的事。”

说完这些话，我扭头走了出去。此后，【c】狄奥尼修继续追捕赫拉克利德，塞奥多特就给赫克利德传话，让他逃走。狄奥尼修派遣提西亚斯①带兵围捕赫拉克利德。不过，据说赫拉克利德先行一步，逃往迦太基人的领地，幸免于难。

打那以后，狄奥尼修觉得，既然他一直蓄谋不归还狄翁的财产，便可以此作为与我交恶的可靠理由。于是，他把我赶出卫城，【d】借口说有些女人需要在我住的花园里举行长达十天的献祭；他命令我在此期间待在外面，住到阿基德谟家里去。我在那里的时候，塞奥多特派人来请我，他对当时发生的事情大为光火，连连责怪狄奥尼修。听说我去过塞奥多特那里，【e】狄奥尼修就以此事作为跟我不和的另一个借口——就像前一个借口的姐妹：他派人来责问我是否真的应塞奥多特之请跟他见过面。

“当然喽。”我说。

“那么好吧。”那人说：“狄奥尼修要我告诉你，你做的这件事不好，因为你一直把狄翁和狄翁的朋友放在心上，却不太在意狄奥尼修。”

打那以后，狄奥尼修再也没有请我去他的寝宫，好像事实已经清楚地表明我是塞奥多特、赫拉克利德的朋友，却是他的仇敌；他还觉得我对他不怀好意，因为狄翁的财产已被挥霍干净。【350】此后，我就住在卫城外面的雇佣军兵营里。其他人，一些来自雅典的水手，也就是我的同胞，来找我，告诉我轻甲兵中有人诽谤我，还有人威胁说，要是在什么地方抓到我，他们一定会杀死我。于是，我就设法逃脱。我给阿尔基塔和塔壬同的其他朋友送信，说明我的处境。他们找了一个可以由城邦派遣使团的理由，【b】派出一艘三十支桨的船，还派了他们之中的拉弥库斯②。拉弥库斯一到，就为我向狄奥尼修求情，说我想要离开，请他无论如何勿加阻拦。狄奥尼修答应了这

---

① 提西亚斯（Τεισίας），人名。
② 拉弥斯库（Λαμίσκους），人名。

一请求，给了盘缠就打发我走了。至于狄翁的财产，我没有再索要，也没有谁归还。

到了伯罗奔尼撒的奥林比亚，我遇到正在观看赛会的狄翁，便把所发生的事情告诉他。他随即恳请宙斯为证，【c】号召我以及我的家人和朋友准备报复狄奥尼修。我们是由于受到异乡人的欺骗和愚弄——他当时这么说，也这么想——而他是由于受到不公正的驱逐和流放。听了这些话，我就让他召集我的朋友们帮忙，如果他们愿意的话；"但是"，我说："你和其他人一道以某种方式强迫我跟狄奥尼修同吃同住，还强迫我跟他共同参与祭仪，当时有那么多谣言，他很有可能相信我跟你图谋推翻他和他的统治，但他并没有杀我，【d】反而对我心存敬畏。再说，我差不多已经过了跟人并肩作战的岁数，加上我是你们之间共同的纽带，万一你们哪天需要彼此的友谊，愿意彼此为善呢；但若你们渴望彼此为恶，那就去找别人吧！"

由于对这场西西里之行和所遭到的不幸极为憎恨，我说了这些话。但他们不听劝，也不听从我所做的调解，结果是我酿成了现今发生在他们身上的一切恶。【e】至少就人事而言，倘若狄奥尼修把财产还给狄翁，或者与他彻底和好，这些恶就绝对不会发生——因为我会用我的意愿和力量轻易地制止狄翁——但现在，他们彼此冲突，至使全地充满种种邪恶。

【351】然而，狄翁的愿望也就是我本来要说的我和其他人应有的愿望；但凡持守中道的人，有关自己的权位和朋友，有关自己的城邦，他都会想到，只要多多行善，就能获得最大的权力和荣誉。但我并不是说，为了充实自己的、同伴的，还有城邦的腰包，一个人可以策动阴谋并召集同谋——这些人没有钱，又管不住自己，由于怯懦而屈从于各种快乐——【b】杀死那些有产业的人，称他们为敌人，夺取他们的财产，并且煽动诸位帮手和同伴一起下手，这样就没有哪个声称没有钱的人会控告他；我也不是说，一个人可以这样造福城邦来获得城邦的尊荣：利用投票决议把少数人的钱财分给大多数人，或者——如果他领导一个统治众多弱邦的大邦——【c】违背正义把这些小邦的钱财分给自己的城邦。这是因为，无论狄翁还是其他什么人，

都不会如此自愿地追逐将永远诅咒自己和后世子孙的权力，而会追求无须最少的死亡和流血就能实现的政制，制定最公正和最好的法律。这些也就是狄翁现今做的事，它宁可承受不虔诚，也不愿实行不虔诚，但他还是要好生提防，以免遭受不虔诚，尽管他就在对敌人的胜算达到顶峰时失足跌落。【d】这一遭遇毫不令人惊讶。因为，在应对不虔诚的人时，一个节制又神智清明的虔诚之人从来不会完全被这类人的灵魂蒙骗，然而，如果他碰上了一名好舵手的遭遇，兴许也并不令人惊讶：将至的风暴当然不会逃脱好舵手的注意，但风暴猛烈而出人意料的威力却可能不会引起他的注意，从而会被不知不觉地强行吞没。狄翁就是这样栽了跟头。因为，那些给他下绊子的人是恶人，这当然没有逃脱他的注意，但他们的无知、【e】其他邪门和贪婪到了何种程度，却没有引起他的注意。狄翁正是因此栽了跟头，长眠于墓中，给西西里蒙上了无尽的哀恸。

【352】说完这些，我接下来要提出的建议基本上已经说完，我也就说这些吧。至于我为什么要接着讲第二次西西里之行，乃是因为所发生的事情荒诞不经、有违常理，我觉得必须说一说。所以，如果有谁觉得我现在变得更加富有情理了，如果有谁认为所发生的那些事情有足够的缘由，那么对我们而言，我现在说的这些话还算是合适的和充足的。

第 8 封

柏拉图致狄翁的各位家人和同伴，祝万事顺遂！

【b】你们究竟应该如何考虑才能真的"万事顺遂"，我将尽我所能试着向你们说明。我希望能提出一些有益的建议，但不是只给你们——主要是给你们，【c】其次也是给所有叙拉古人，再次也是给你们的仇人和敌人，他们中间做了不洁之事的人除外；因为这种行为无药可救，也永远无人能将之涤净。你们要领会我现在说的这些话。

废除僭政以来，你们在西西里全地进行的每一场战斗都是出于同样的原因：一些人想要再次夺取权力，另一些人则想要彻底摆脱僭政。对于这种情形，【d】无论何时，多数人认为正确的建议是，应当提出会对敌人造成尽可能多的伤害、为朋友提供尽可能多好处的建议。可是，带给别人许多伤害却想自己不遭受许多伤害，这绝非易事。要看清这一点并不需要往远处跑，只需要看看现今这里所发生的事情，看一看西西里本地：一些人试图寻衅，另一些人则试图报复那些寻衅者。【e】如果要给别人讲这些故事，恐怕你们永远会是能干的教师。这些事情可以说并不少见；但是，在这些情形中，那些会对所有人——敌人与朋友——提供益处的东西，或者对双方都没有什么伤害的东西，并不容易看到，即使能看到也不容易施行，这样的建议和言辞上的努力类似于祈祷。那么，就让它完全是祈祷吧——【353】无论言说和思考什么，都始终应当从众神开始——我们得到的启示如下，愿它能够实现。

自战争爆发以来，这个家族几乎就一直统治着你们和你们的敌人，你们的父辈拥立这个家族，乃是因为陷入了绝境，那个时候，希腊人的西西里正遭受最深重的危机：被迦太基人毁灭，整个儿沦为野蛮人的地盘。为此，他们当时推选了既年轻又好战的狄奥尼修，【b】让他担当他适合从事的战争事务，还推选年长的希帕里努①为谋师，并将两人称为将要拯救西西里的"全权将领"②——人们所谓的"僭主"。至于西西里得救的原因，有人愿意归于神圣的天命和神，有人愿意归于统治者的美德，还有人愿意归于前述二者以及当时城邦的民众——随你们怎么看吧：无论如何，当时那代人由此得到拯救。

既然他们表明了自己是什么样的人，【c】那么或许所有人都应当感激这些拯救者。不过，如果此后僭政不当地滥用了城邦对它的馈赠，除了它现在遭受的那些惩罚，那就让它再付出其他的代价吧！然而，鉴于当前的情况，怎样惩罚他们才必定会是正确的呢？如果你们能轻而易举地摆脱他们，而且

---

① 希帕里努（Ἱππαρῖνος），狄翁的姐姐阿里丝托玛柯与老狄奥尼修之子。
② 全权将领（αὐτοκράτορας）。

无须经受巨大的危险和艰难，或者如果他们能顺利地再次获得权力，恐怕就不能建议我下面要说的内容了。而今，【d】你们双方都应当思索和回想：你们各自曾经多少次满怀希望地认为，几乎总是差那么一厘一毫就能万事如愿；然而，这一厘一毫每次都成为巨大灾难的原因，而且灾难永无尽头，旧的灾难看似结束了，新的灾难却又随之开始，如此循环往复，【e】整个僭主派和民主派便都有毁灭的危险。倘若这种极为可能又万分不幸的情形真的发生，那么整个西西里大概就会彻底废弃希腊语，转而接受腓尼基人或奥皮奇人①的统治和压迫。对此，所有希腊人都应当满腔热忱地寻找药方。所以，若是谁拥有比我将要说的更加正确也更加良好的药方，如果他将之公布于众，【354】那么称他为"爱希腊的人"便再也正确不过了。

我将试着阐明迄今为止以某种方式向我显现的事情，完全直言不讳，而且秉承一种不偏不倚的正义之词。因为我在以仲裁者的方式言说，就好像在与两个人交谈——一个曾实行僭主统治，另一个曾接受僭主统治——并且向他们每个人提出原有的建议。现今，我对每个僭主的建议是，脱离僭主的头衔和行为，转变为王政，如果能做到的话。【b】这是能够做到的，正如智慧且善良的莱喀古斯用行动所证明的。莱喀古斯看到，阿耳戈斯和墨西涅两地的同室族人从王政转变为听命于僭主，结果毁了他们自己和他们各自的城邦，莱喀古斯为他的城邦和族人担心，引入了一剂良药，亦即长老们的权限以及监察官对王权的有益限制，结果在这么多代人之后，他的城邦得以保全并声名卓著，这正是由于法成了人们至高无上的王，【c】而不是人们成了诸法的僭主。

如今我要奉劝诸位的话是这样的：那些渴慕僭政的人应当回避和及早逃离那些贪得无厌而愚蠢的人的幸福，努力转向王者的样式，臣服于王者之法，从自愿的人们和诸法那里获得最大的荣誉；【d】至于那些追求自由的习性、视奴役的重轭为恶而逃离人，我想建议他们当心，不要因为贪求某种不

---

① 奥皮奇人（Ὀπικι），族名。

合时宜的自由而有朝一日落入先辈的恶疾——那时的人们经由极大的政治动乱而罹患这一恶疾，因为他们对自由有着不适度的爱欲。在狄奥尼修和希帕里努掌权之前，当时在西西里的希腊人自认为活得很幸福：他们奢靡放荡，同时又统治着他们的统治者。【e】他们投石处死狄奥尼修之前的十位将军，完全没有依法审判，以为自己可以不听命于任何秉持正义或法律的主人，获得彻底的自由。由此，一连串僭政就落到他们头上。这是因为，奴役和自由无论哪一个过度，哪一个就是极恶，无论哪一个适度，哪一个就是极善，适度的是受神奴役，不适度的是受人奴役；对明智者而言，神是法，【355】对不明智者而言，神是快乐。

有鉴于此，我奉劝狄翁的朋友向全体叙拉古人宣布我提议的这些内容，以此作为狄翁和我共同的建议；狄翁现在对你们说的话——倘若他还活着，而且能够说话——我将代他解说。"那么，"也许有人会说："关于当前的事态，狄翁会有什么指示呢？"他的回话如下：

"诸位叙拉古人，你们首先要接纳这样的法，【b】你们要明白，这些法不会把你们的心思以及欲望拉向牟利和钱财，而是——有三种德性：灵魂的、身体的、财富的——最为尊崇灵魂的德性，其次是尊崇身体的德性，将之置于尊崇灵魂的德性之下，至于尊崇财富的德性，则列为第三等，也是最末一等，臣属于身体和灵魂。【c】如果一条律令能做到这些，那就是为你们正确制定的法，会使服从它的人真正幸福；而那些认为富人生活幸福的说法，本身就是可悲的——是妇孺蠢话——而且会使听信者变得可悲。我的这些劝告真实不虚，假如你们检验我现在就法所说的内容，你们便会通过实践认识到这一点：在所有问题上，实践显得是最真实的试金石。

"接受这样的法以后，【d】由于西西里危险重重，而你们既未充分征服对手，也未明显被对手征服，所以，走中间路线或许既正当又有益，对你们所有人来说——包括脱离了最严酷统治的你们，以及渴求再次获得权力的他们。他们的先辈曾经拯救希腊人脱离蛮族人——这是他们的最大功绩——由此我们现在才可能讨论政制问题；如果希腊人当时被毁灭，那就绝对不会留下任何讨论和希望了。所以，你们现在要经由王政达到自由，【e】而他们要成为负责任的王者，用法来主宰其他城邦公民以及王者自身，以免他们会行不法之事。

"基于上述一切，你们当怀着诚挚和善良的意愿，在众神帮助下立王。首先立我自己的儿子为王，缘于两重恩情，我自己的和我父亲的恩情——从前是我父亲把城邦从蛮族人手中解放出来，【356】而现今是我两次把城邦从僭主手中解放出来，对此你们自己就是见证人。接下来，立与我父亲同名的、狄奥尼修之子为第二位王，为他现在的援助和虔诚的品性；尽管他父亲是僭主，但他自愿让城邦自由，抛弃短命而不义的僭政，为他自己和家族赢得不朽的荣誉。最后，你们应当邀请第三个人成为叙拉古人的王——一座自愿的城邦的自愿的王——他现在是敌军的首领，【b】也就是狄奥尼修之子狄奥尼修①，如果他恐惧命运，并且为祖国、冷清的神庙和坟茔感到痛心，愿意自愿改换成王者的样子，以免由于争胜之心彻底断送一切，成为蛮族人的笑柄。

"有了三位王，无论赋予他们拉科尼亚式的权力②，还是削减其权力直到你们一致同意，你们都应当以下面的方式来对待他们。【c】我之前对你们说过这个方式，尽管如此，你们现在还要再听一遍。如果狄奥尼修和希帕里努家族愿意终止现今的各种灾难，在未来和当下为他们自己和子孙赢得荣耀，如我前述，你们就应当——从本地或外地，或不分本地外地——召请使节来主持和解之事，人选要经他们同意，人数也要经他们同意。【d】这些使节一到，就要首先立法，并建立这样一种体制：当由国王主持圣事以及与从前那些行善之人相配的其他事务，战争与和平的首领则由三十五位护法者担任，并有公民大会和议事会协助。应当由不同的法庭审理不同的案件，但以死刑和流放定罪的案件应由三十五人审理；除去这三十五人，还要从上一年的

---

① 指希帕里努，狄翁的姐姐阿里丝托玛柯与老狄奥尼修生的儿子。
② 即斯巴达的双王制权力。

长官中遴选法官，【e】每个官职上只选一位，而且应当是最优秀、最公正的长官。到了下一年，他们就要审理所有以死刑、监禁和迁居定罪的案件。但是，国王绝不可以担这类案件的法官。【357】他要像祭司一样保持洁净，免受血泊、监禁和流放带来的污染。

"我生前就考虑过这些事情，现在依然如此考虑。想当初，要是我跟你们一起征服了敌人——若异乡人的复仇女神未曾加以阻拦的话——我就会按照我考虑的来实施：之后，倘若事遂人愿，我会殖民西西里的其他地方；驱除现在盘踞在那里的蛮族人，除了某些为了共同的自由而反抗僭政的蛮族人，【b】并让希腊地区原先的居民回到他们的故土定居。我现在建议各位，为了这些目标你们要齐心协力，还要呼召所有人参与这些行动，并把不愿意参与的人视为公敌。要实现这些目标并非不可能。这是因为，如果有些目标碰巧存在于两个灵魂之中，而且经过推算即可发现它们是最好的目标，那么，判定它们不可能的人不太可能是个明白人。【c】我说的'两颗灵魂'分别是狄奥尼修之子希帕里努的灵魂和我儿子的灵魂；因为这两人已经达成一致，而我在想，其他所有关心城邦的叙拉古人也会一致同意的。

"好吧，你们要向众神祈祷和献祭，也要向其他配跟众神一道受飨的神灵祈祷和献祭，要心平气和地尽全力劝说和呼召朋友们和敌人们，不要停下来，【d】直到我们现在所说的这些事情——就像降临在清醒者身上的神圣的梦——会显著并幸运地实现。"

第 9 封

柏拉图致塔壬同的阿尔基塔①，祝万事顺遂！

————————
① 阿尔基塔（Αρχύτης），塔壬同城邦的最高军事长官，柏拉图第一次访问西西里期间与他结识，第二次访问期间促使阿尔基塔与狄奥尼修结盟，第三次访问西西里时，阿尔基塔曾出手搭救柏拉图。

阿尔基波①和菲洛尼德②一行已经到了我们这里，【e】带来了你交给他们的这封信，并报告了你那边的情况。关于城邦的事，他们已经办完——因为这根本不是什么难事——至于你的情况，他们也向我们讲了，说你因为无法摆脱公务而心烦意乱。的确，生命中最快乐的莫过于做自己的事，【358】尤其当一个人选择做你所从事的工作时——这几乎对所有人都是显而易见的。不过，你也应当牢记，我们每个人都不是仅仅为自己而生，我们的出生一部分归于祖国，一部分归于父母，一部分归于其他朋友，还有很多交给了掌控我们生命的那些时间；当国家亲自召唤我们承担公务时，不听从这一召唤兴许是荒唐的，【b】因为这样做就等于把位置让给那些糟糕的人，他们参与公务并非出于最高尚的动机。

我就说这么多了。我们现在正在关心厄刻克拉底③，今后也会这样做，为了你，为了他的父亲弗利尼翁，也为了这位年轻人自己。

第 10 封

柏拉图致阿里斯托多鲁④，祝万事顺遂！

【358c】我听狄翁说，你现在是，而且一直都是和他最为亲近的伙伴之一，在追求哲学的人中间，你展现出最有才华的品性。这是因为，只有稳重、可信赖和健全，我本人才称之为真正的哲学，而汲汲于其他事物的那些才智和精明，我认为它们的正确名称是机敏。

多保重，持守你现在的品性！

---

① 阿尔基波（Ἀρχίππους），人名。
② 菲洛尼德（Φιλωνίδην），人名。
③ 厄刻克拉底（Ἐχεκράτης），人名。
④ 阿里斯托多鲁（Ἀριστοδώρῳ），身份无从查考，可能是柏拉图学园的一名学生。

第 11 封

柏拉图致拉奥达玛①，祝万事顺遂！

【d】我先前给你写信说，就你所说的一切而言，你最好亲自到雅典来一趟。不过，既然你说这是不可能的，那么第二好的办法就是，如果可能的话，我或苏格拉底到你那里去，如你信中所说。不巧的是，【e】苏格拉底正患尿急痛，无法前往，而要是我去你那儿，万一不能完成你请我去做的事，那就丢人了。但是，对于这件事的实现，我本人不抱太大希望——我的理由需要另一封长信来详细说明——此外，由于年纪大了，我的身体已经不适宜长途旅行，也经不起陆上与海上会遇到的各种危险，何况现在的旅途处处充满危险。

不过，【359】我能向你和那些殖民者提出建议，我要说的事情——如赫西奥德所言——"看起来无关紧要，但却难以理解"。因为，如果他们认为，通过制定某种法律就能顺利建立一个政治体制，哪怕没有在城邦中照料日常生活的主人——以便奴隶和自由人在生活中既节制又勇敢——那么他们想错了。不过，【b】如果已经有配得上这种权柄的人，这种事就能实现。如果说还缺一个人来施教，我担心你们中间既没有施教者也没有受教育者，那么你们今后只能向众神祈祷了。事实上，从前那些城邦差不多也都是这样建立起来的，而且后来治理得很好，只是后来由于战争或其他重大事件发生，在这样的危急时刻，出现了握有大权、既美且好的人。

所以，【c】你们首先必须对这些目标抱有热烈的渴望，并把它们按照我说的加以理解，千万不要愚蠢地认为自己能够不费吹灰之力地取得成功。祝你好运！

---

① 拉奥达玛（Λαοδάμας），可能是一名外邦数学家和政治家，柏拉图学园的学生。

第 12 封

柏拉图致塔壬同的阿尔基塔，祝万事顺遂！

收到你那边送过来的著作，我们感到非常高兴，【d】并对写下这部作品的人感到无比景仰；在我们看来，这个人没有辱没他那些古老的祖先。因为，据说这些人是弥利安人①——他们原本是特洛伊人，后来在拉俄墨冬②治下迁移出去——他们是好人，正如流传的故事所说的那样。

你来信说到我的那些著作，它们还没有完全弄好，不过，就照它们现在这个样子，【e】我会给你送过去；关于这些著作的保管，既然我们已经有了彼此约定，我就不需要再叮嘱什么了。

第 13 封

柏拉图致叙拉古僭主狄奥尼修，祝万事顺遂！

【360】这句话权且充当我给你的这封信的开头，同时也算个符记③，以表明这封信出自我手。

那一天，你宴请一群来自罗克里④的年轻人，你的卧榻离我很远。你站了起来，走到我面前，对我说了一番热情洋溢的话，说得很精彩，至少我是这么想的。【b】我旁边躺着一位贵人，他也这么认为，于是他说："狄奥尼修啊，讲到智慧，你可真是从柏拉图那里受益匪浅啊！"而你当时说："在其他许多方面也一样，自从我请柏拉图来了以后，单是请了他来，我就马上受

---

① 弥利安人（Μύριοι），族名。

② 拉俄墨冬（Λαομέδον），人名。

③ 符记（σύμβολον），信物、符号。

④ 罗克里（Λοκρούς），地名。

益了。"你一定要再接再厉，这样我们才能让彼此更多地受益。

　　正是抱着这样的愿望，我现在给你送去几本有关毕泰戈拉学派和划分法的书，按照我们当初的约定，我还会给你派个人过来，【c】你和阿尔基塔——如果阿尔基塔已经到了你那里——兴许能用得上。此人名叫赫利肯①，是西泽库②地方人，他是欧多克索③的学生，深得其师真传。此外，他也熟识伊索克拉底④的一名学生，以及布律松⑤的伙伴波吕克塞努。除了这些，尤为难得的是，他不是一个说起话来索然无味的人，而且看上去没什么坏脾气，反倒是一个乐天和心地单纯的人。【d】我虽然这么说，却又有些担心，因为我是在表达对一个人的看法，而人是一种并不拙劣但却易变的生灵，只有很少人在很少事情上会有例外。我担心他也会这样，因此我在和他交谈时要对他进行观察，还向他的同乡打听他的情况，但没有人说过他一句坏话。不过，你还是要小心，要亲自对他进行考察。最要紧的事情是，无论何时有了闲暇，【e】你就要跟从他学习，并研究其他智慧；如果你没有闲暇，那就让他教会别人，以便你闲下来的时候再学，这样你就会变得更好，还会博取好名声，你从我这里获得的好处才会源源不断。这件事我就说到这里。

　　【361】关于你来信要我给你送去的东西，我已经拿到了阿波罗像，由勒普提涅⑥带给你。神像出自一位虽然年轻，但很高明的工匠之手，他的名字叫做勒俄卡瑞斯⑦。他的铺子里还有一件作品我认为非常精美，于是就买了下来，想献给你的妻子，因为无论我身体健康与否，她都以一种对于你我都很得体的方式悉心照料。请把礼物交给她，若你觉得合适。我还给孩子们送去了十二坛甜酒和两罐蜂蜜。【b】我们回来时没赶上储存无花果的季节，而

---

① 赫利肯（Ἑλίκων），人名。

② 西泽库（Κυζικός），地名。

③ 欧多克索（Εὐδώχος），人名。

④ 伊索克拉底（Ἰσοκράτης），人名。

⑤ 布律松（Βρύσων），人名。

⑥ 勒普提涅（Λεπτίνης），人名。

⑦ 勒俄卡瑞斯（Λεωχάρης），人名。

原本储藏的桃金娘果已经烂了。但我们下一回会照看得好些，勒普提涅会告诉你这些果树的情况。

买这些东西以及向城邦缴纳贡税所费的银钱，我是从勒普提涅那里拿的。我还告诉他，我们在琉卡狄亚人的船上的花费是自个儿掏的，总计大约 16 明那——我觉得，把这些事情告诉他对我们是适宜的，而且实话实说。所以，我拿到了这笔钱，一部分自己花了，【c】一部分用来购买送去给你们的这些物品。

接下来，你得听我讲讲钱的事，既涉及你在雅典要用的钱，也涉及我要用的钱。我对你说过，我会用你的钱，就像用其他热心朋友的钱一样，可是我会尽量少用，除非我和出钱者觉得不得不用，或者非常好用，或者用得划算。眼下我正好碰上这种情况。我的几个外甥女都已过世，【d】她们死的时候，我没有戴花冠，而你非要我戴不可——她们撇下四个女儿，一个已到结婚年龄，一个八岁，一个三岁多一点，还有一个不满一岁。她们的嫁妆理应由我和我那些热心朋友代为置办，可是，我恐怕活不到她们都出嫁的那一天了，到那个时候，未出嫁的只能靠她们自己了。另外，若是她们的父亲比我富裕，我就不必为她们置办嫁妆，可是实际上，现在就数我过得最好，而且当初是我靠着狄翁和别人帮忙，【e】给她们的母亲办的嫁妆。最年长的是斯彪西波姐姐的女儿，她将要嫁给斯彪西波。为此我至多需要 30 明那，这笔礼金对我们正合适。此外，如果我母亲过世，修坟的钱应当不会超过十明那。我当前所需要的开支大致就是这些。不过，要是我为了去见你而产生的任何开销，无论于私于公，我都会照我当初说的那样办：我会尽力压缩开支，【362】而那些在所难免的开销则由你来支付。

下面，我要说说你在雅典的开支情况。首先，如果需要我为你支付合唱队之类的费用，没有哪个异乡朋友可以为你垫支，尽管我们都期望有；其次，一旦发生与你自己的权益利害攸关的事情，乃至于立即付钱对你有利，而拖到你派人来再付钱则对你不利，这样做不仅麻烦，而且也丢你的面子。【b】我本人的经历表明确实有这种事，你信中还索要其他更大件的东西，为了给你送去，我派厄拉斯托去找伊齐那人安德罗美德，因为你一直叮嘱我，如果我有什么需要，都可以向你的这位异乡朋友支钱。可是人家说，以前他曾给你父亲垫支过钱，好不容易才收回，因此这一次他只能出一点，多了免谈。他这么说并不为过，而且是人之常情。于是，我便向勒普提涅要钱。勒普提涅值得赞扬，不是因为他出了钱，而是因为他很爽快，在其他牵涉到你的事情上，【c】他说话和做事都显得够朋友。我应当把诸如此类的事情告诉你，并且说明他们每个人对你的态度。

　　无论如何，在钱的问题上，我要对你直言不讳，因为这样做是正当的。此外，我还要根据我的体会说一说你周边的人。每次向你报告消息，涉及开支和花销的事他们就不愿报告，担心会招致你的不快。【d】所以，你要让他们习惯这些事，强迫他们向你报告，把这些事情说明白。你本人应当努力知道一切，自己做判断，切勿逃避，因为对统治而言，这样做是对你最好的治法。正当的开支和偿还债务是一件好事，无论是出于其他目的，还是为了获取钱财，这是你本人说过的话，你将来也会这样说。因此，不要让那些声称关心你的人在世人面前诽谤你，这对于你的名誉既不好也不美，要是你被视做一个难打交道的人。

　　【e】下面我要谈到狄翁。别的事情我目前还不能说些什么，要等到收到你的那些信，就如你说过的那样。不过，关于你不允许我向他提及的那些事情，我既没有向他提起过，也没有和他谈论过，可是我想要搞明白，他究竟会艰难地还是轻松地承受那些事情的发生，而在我看来，如果发生了，他可能不会只是有一点点不愉快。但在其他方面，我认为狄翁在言辞和行动上对你都很温和。

　　【363】至于克拉提努①——提摩修②的兄弟、我的同伴，让我们送他一副重甲兵的胸铠吧，也就是步兵所用的软甲中的一种；再送给克贝③的女儿

---

①　克拉提努（Κρατίνως），人名。
②　提摩修（Τιμοθέους），人名。
③　克贝（Κέβης），《斐多篇》对话人。

们三件七肘长的衬袍，不用阿谟尔古斯①价格昂贵的亚麻，而是用西西里的亚麻。你可能知道克贝这个名字，因为他已被写进那些苏格拉底的谈话；在那篇讨论灵魂的对话中，他和西米亚斯②一道与苏格拉底交谈。这个人对我们所有人都非常亲近和友善。

【b】至于那个符记——可以表明哪些书信是我严肃地写下的，哪些不是——我想你记得，可是你还要加以理解，并且要关注它。因为有许多人要我这样写，要公然拒绝他们可并不容易。那些严肃的书信以"神"开头，那些不那么严肃的书信以"众神"开头。

使者们请求我致信于你，这很自然。因为他们极其热心地到处赞美你和我，菲拉格鲁斯③也一样，当时他的手有些毛病。【c】从波斯大王那里回来的菲莱德斯④也谈起过你。要不是需要一封很长的书信的话，我也要写一写他说的内容，不过，既然如此，你就直接向勒普提涅询问吧。

如果要把胸铠或者我在信中提到的其他东西送来，你就把东西托付给你自己愿意托付的人；如果没有愿意托付的人，那就托付给忒里卢斯⑤吧。因为他总是出航，而且他是我们的朋友，他在其他事情上，以及在哲学上皆有造诣。他是提森⑥的姻亲，在我们起程离开的时候，提森正在担任城防官。

保重吧，你要爱智慧，还要鼓励其他那些更加年轻的人，【d】代我问候那些与你一起研究天球的人。你要交代其他人和阿里斯托克利图，一旦我有什么消息或书信送到你那里，他们应当确保你第一时间得知，还应当提醒你注意我说的内容。此外，别忘了偿还勒普提涅垫支的钱，而且要尽快偿付，其他人看到你这么对他，就会更加热心地为我们效劳。

---

① 阿谟尔古斯（Ἀμόργυς），地名。
② 西米亚斯（Σιμμίας），《斐多篇》对话人。
③ 菲拉格鲁斯（Φίλαγρος），人名。
④ 菲莱德斯（Φιλαίδης），人名。
⑤ 忒里卢斯（Τηρίλλος），人名。
⑥ 提森（Τείσωνος），人名。

【e】雅特洛克勒①——他当时和密洛尼得斯②一道被我释放为自由人——现在正和我派来的人一同在海上，他对你很友善，请你把他雇了吧，你可以随意支使他。至于这封信，你要保存原件或是一份备忘，而且你要始终如一。

_____

① 雅特洛克勒（Ἰατροκλῆς），人名。
② 密洛尼得斯（Μυρωνίδους），人名。

诗 句 集

提　要

据史料记载，年轻时的柏拉图深受诗歌的诱惑，如果没有遇到苏格拉底并且被苏格拉底的言论所吸引，他很有可能会成为一位有造诣的诗人。在献身哲学之前，柏拉图写过酒神颂、抒情诗和悲剧，但没有保存下来。他的对话中有一些非常富有诗意的散文段落，或许可以佐证柏拉图是一名诗人。

汇集于此的柏拉图诗歌共 18 首，刊于约翰·库珀主编的《柏拉图全集》（Plato, Plato Complete Works, ed. John M. Cooper, Hackett Publishing Company, Cambridge, 1997.）。前 17 首亦刊于赫尔曼·贝克毕编纂的《希腊诗选》（Hermann Beckby, ed., the Anthologia Graeca, Munich, 1957.）。

归于柏拉图名下的这些诗句主要是一些对句（两行诗），适宜用做墓志铭或其他铭文。前 10 首的来源是公元 3 世纪的罗马传记作家第欧根尼·拉尔修。（Diogenes Laertius, Lives of Eminent Philosophers, 2vols, Translated by R.d.Hicks, The Loeb Classical Library, reprinted, 1972，III.28–33。）其他 8 首源自中世纪流传下来的希腊诗集。

正 文

1

凝视星辰的阿斯特尔[①]，我的星；我愿是苍穹，用无数眼睛把你紧盯。

《希腊诗选》vii, 669

2

正如你像晨星[②]在活人中闪耀，所以死时你像暮星在死者中闪亮。

《希腊诗选》vii, 670

3

赫卡柏[③]和伊利昂的女人命中注定，出生伊始就要流泪满面；而你狄翁，神谴的贵人，所做之事取得完胜，新的希望更加高尚。现在你光荣地躺在故乡同胞宽阔的怀中，我要说，我的爱怨已然疯狂，噢，狄翁。

《希腊诗选》vii, 99

---

① 写给一位名叫阿斯特尔（Ἀστήρ）的年轻人，这位青年与柏拉图做伴研究天文学。参见第欧根尼·拉尔修：《名哲言行录》3：29。

② 晨星和暮星指的都是金星。

③ 赫卡柏（Ἑκάβη），特洛伊国王普里阿摩斯之妻，赫克托耳之母，在战争中失去丈夫和儿子。

4

阿莱克斯① 现在已不复往昔，我就只说这些；他容貌俊美，到处夺人眼目。啊，我的心上人，你为什么要把骨头拿给狗看？此后，你是否哀痛？如不这样，我们怎会失去斐德罗②？

《希腊诗选》vii, 100

5

阿凯娜莎③，来自科罗封④ 的女伴，她的皱纹里，坐落着热辣的爱恋。噢，你们实在不幸，首航就遭遇这个佳人，你们心中必会燃起难抑的欲火！

《希腊诗选》vii, 217

6

只要与阿伽松⑤ 亲热，我的灵魂就跃上嘴唇，难以忍受，飘飘欲仙。

《希腊诗选》v, 78

---

① 阿莱克斯（Ἀλεξις），人名。
② 斐德罗（Φαῖδρος），《斐德罗篇》、《会饮篇》对话人。
③ 阿凯娜莎（Ἀρχέανασσα），人名。
④ 科罗封（Κολόφων），地名。
⑤ 阿伽松（Ἀγάθων），《会饮篇》对话人。

7

我把苹果抛给你，如果你愿意爱我，就请收下它，让我品尝你少女的妩媚；如果你不愿意，也请你抓住它，思虑青春的短暂。

《希腊诗选》v, 79

8

我是一只苹果，爱你的人把我抛给你。答应我吧，克珊西帕①，你我都会老朽，何不珍惜。

《希腊诗选》v, 80

9

我们生为尤卑亚②的埃雷特里亚人，但我们现居苏萨③附近，唉，我们离故乡有多么遥远！

《希腊诗选》vii, 259

---

① 克珊西帕（Ξανθίππη），人名。
② 尤卑亚（Εὔβοια），岛名。
③ 苏萨（Σῶσα），地名，埃雷特里亚人于公元前 490 年被波斯人迁走，苏萨成为波斯国王大流士的首都。

10

有人拿走他发现的金子，留下带活结的绳索；金子的主人发现一无所剩，就珍爱这根发现金子用的绳索。

《希腊诗选》ix, 44

11

我，拉伊丝①，曾有大批年轻恋人上门，现在却在希腊受到鄙视和嘲笑，我要把这面铜镜献给帕斐娅②；因为我不希望看到我的现在，我也不能看到我的过去。

《希腊诗选》vi, 1

12

这个人让外邦人感到快乐，让他的同胞感到亲密；品达，甜美悦耳的缪斯的仆人。

《希腊诗选》vii, 35

_____

① 拉伊丝（Λάις），人名。
② 帕斐娅（Παφέια），即阿佛洛狄忒。这首诗刻在一面镜子上，由拉伊丝献给女神。

13

我们离开了爱琴海的汹涌波涛，来到这厄巴塔那①平原。再见了，著名的埃雷特里亚，我们从前的祖国。再见了，雅典，尤卑亚的邻居。再见了，亲爱的大海。

《希腊诗选》vii, 256

14

我是一位船长之坟；对面是一位农夫之墓。大地和大海之下同为死亡之地。

《希腊诗选》vii, 265

15

水手们，祝你们平安，无论是在海上，还是在陆上；我想让你们知道，你们经过的这个坟墓属于一位在海上翻船的人。

《希腊诗选》vii, 269

---

① 厄巴塔那（Ἐκβατάνα），地名。

16

有人说有九位缪斯，这样说有多么轻率！看看莱斯堡①的萨福②吧，她说缪斯有十位。

《希腊诗选》ix, 506

17

居里丝③在尼都斯④看到自己的雕像，她说："哎呀，普拉克西特勒⑤在什么地方看到我赤身裸体？"

《希腊诗选》xvi, 162

18

美惠三女神为自己寻找不会倒塌的神庙，结果发现了阿里斯托芬⑥的灵魂。

---

① 莱斯堡（Λέσβος），岛名。
② 萨福（Σαπφοῦς），希腊女诗人。
③ 居里丝（Κύπρις），即阿佛洛狄忒。著名雕刻家普拉克西特勒在小亚细亚卡里亚地区的尼都斯建有著名的阿佛洛狄忒雕像。
④ 尼都斯（Κνίδος），地名。
⑤ 普拉克西特勒（Πραχιτέλης），人名，雕刻家。
⑥ 阿里斯托芬（Αριστοφάνης），《会饮篇》对话人。

总 索 引 *

A

Abaris: Ἀβάρις 阿巴里斯 Chrm. 158b

Abdera: Ἄβδηρά 阿布德拉（地名）Prt.
309c; R. 10.600c

abortion: ἀμβλωσις 流产、堕胎 R.5.461c;
Tht.149d

Academy: Ἀκαδημία 阿卡德摩 Ax.367a;
Ly. 203a

Acarnania(ns): Ἀχαρνεύς 阿卡奈人
Euthd. 271c

Acesimbrotus: Ἀκεσίμβροτος 凡人的医

者 Cra. 394c

Achaeans: Ἀχαιοι 阿该亚人 Alc. 112b; L.
3.682d+, 3.685e, 3.706d+; R. 3.389e, 3.390e,
3.393+

Achaemenes: Ἀχαιμένους 亚凯美涅 Alc.
120e

Acharnae: Ἀχαρνη 阿卡奈（地名）Grg.
495d

Achelous: Ἀχελῶς 阿刻罗俄斯 Phdr. 230b,
263d

Acheron: Ἀχέρον 阿刻戎（地名）Ax.
371b; Phd. 112e, 113d

＊ 索引中的格式按"英文—希腊文—中文—标准页"顺序。标准页前为英文缩略语，
如下：Ap. 申辩篇、Chrm. 卡尔米德篇、Cra. 克拉底鲁篇、Criti. 克里底亚篇、Cri. 克里托篇、
Epin. 伊庇诺米篇、Ltr. 书信、Euthd. 欧绪德谟篇、Euthphr. 欧绪弗洛篇、Grg. 高尔吉亚篇、G.Hp.
大希庇亚篇、L.Hp. 小希庇亚篇、Ion 伊安篇、Lch. 拉凯斯篇、L. 法篇、Ly. 吕西斯篇、Mx. 美
涅克塞努篇、M. 美诺篇、Prm. 巴门尼德篇、Phd. 斐多篇、Phdr. 斐德罗篇、Phlb. 斐莱布篇、
Prt. 普罗泰戈拉篇、R. 国家篇、Sph. 智者篇、Stm. 政治家篇、Smp. 会饮篇、Tht. 泰阿泰德篇、
Ti. 蒂迈欧篇、Alc. 阿尔基比亚德上篇、2Alc. 阿尔基比亚德下篇、Hppr. 希帕库斯篇、Clt. 克
利托丰篇、Thg. 塞亚革斯篇、Min. 弥诺斯篇、Dem. 德谟多库篇、Sis. 西绪福斯篇、Eryx. 厄
里西亚篇、Ax. 阿西俄库篇、Riv. 情敌篇、Just. 论公正、Virt. 论美德、Hal. 神翠鸟、Def. 定义
集、Epgr. 诗句集。

Grg. 526e

Aegina/Aeginetan（place）:Αἴγίνη 伊齐那 /
伊齐奈坦（地名）Alc. 121b; Cra. 433a;
Grg. 511d; L. 4.708a; Ltr.4.321b, 13.362b;
Phd. 59c

Aegisthus:Αἴγισθος 艾吉苏斯 Thg. 124c

Aegyptus:Αἴγυπτος 埃古普托斯 Mx. 245d

Aeneas:Αἴνειας 埃涅阿斯 Lch. 191a+

Aeolus:Αἴολοσ 埃俄罗斯 Halc. 1

Aeschines:Αἰσχίνης 埃斯基涅 Ap. 33e;
Phd. 59b

Aeschylus:Αἰσχύλος 埃斯库罗斯
Smp.180a; quoted: Euthd.291d; Phd.
108a; R. 2.361b, 2.361e─362a, 3.380a,
3.381d, 3.383b, 3.391e, 8.550c, 8.563c

Aesop's fables:Αἴσωπος 伊索寓言 Alc.
123a; Phd. 60c+, 61b+

aether:αἰθήρ 以太 Ax. 366a; Epin. 981c,
984d+; Halc.7; Phd. 98c, 109c, 111b; Ti.
58d

Aexone:Αἴνειας 埃克松尼（地名）Lch.
197c; Ly. 204e

Agamedes:Ἀγαμήδης 阿伽美德 Ax. 367c

Agamemnon:Ἀγαμέμνον 阿伽门农 Ap.
41b; Cra. 395a+; L. 4.706d; L.Hp. 370b+;
Ltr. 2.311b; R. 2.383a, 3.3900, 3.392e+,
7.522d, 10.620b; Smp. 174c; Thg. 124c

Agathocles:Ἀγαθοκλῆς 阿伽索克莱 Lch.
180d; Prt. 316e

Agathon:Ἀγάθων 阿伽松,《会饮篇》谈
话人 Smp. 174e+, 194a+, 199d+, 212d+,

222e; his speech,（Smp. 194e—197e）;
Epgr. 6; Prt. 315d, 315e; Smp.172c, 173a,
174a, 175e, 194a+, 194e—197, 212d+

agent and patient: τι ποιεῖ και τοῦ
ποιοῦντος 行动者与承受者 Grg. 476b+;
Phlb.27a; R. 4.437; Tht. 157a, 159+,
182a+

Agis, name of a general:Ἀγις 领队（将军
的名称）Cra. 394c

Agis, son of Archidamus:Ἀγις 阿吉斯 Alc.
124a

Aglaion:Ἀγλαΐωνος 阿格莱翁 R. 4.439e

Aglaophon:Ἀγλαοφῶντος 阿格拉俄封
Grg. 448b; Ion 532e

agora of Athens: ἀγορά 市场（雅典的）
Eryx. 400c

agora of the model city: ἀγορά 市场（理
想城市的）L. 6.778c, 8.849, 11.917; 亦
见 wardens, in the model city（of the
market）

Agra:Ἀγρα 阿戈拉（狩猎女神）Phdr.
229c

agriculture: γεωργία 农业 Alc. 131a—
131b; Ax. 368c; Clt. 408e; Epgr. 14;Hppr.
225b—226a; Just. 375b; L. 3.681a, 8.842e+,
8.843+, 8.844c, 8.844d+, 8.845d+; Min. 316e,
317d; Phlb. 56b;R. 2.370c; Riv. 134e; Sph.
219a; Thg.121b, 124a, 125c; Ti. 77a; 亦见
hus-bandmen/husbandry; model city（par-
ticular laws）

air: ἀέρος/ἀήρ 气 Def. 411c; Epin. 981c,

137c, 137e, Thg. 123d, 126b, Virt. 377b, 378c—378e; ibis, 白鹭 Phdr. 274c; lion, 狮 R. 10.620; livestock, 牲畜 Alc. 122d; maggot, 蛆 Ax. 365c; many-headed beast, 多头兽 R. 9.588a+; mare, 母马 G.Hp. 288b+; monkey, 猴 G.Hp. 289a+, R. 10.620c; nightingale, 夜莺 Halc. 8, Phd. 85a, R. 10.620a; ox, 公牛 Grg.484b, L. 7.807a, Riv. 137e; pig, 猪 R. 2.378a, Riv. 134a; quail, 鹌鹑 G.Hp. 295e, Ly. 211e, 212d; reptile, 爬行动物 Ti. 92a; sheep, 绵羊 Min. 318a; snake, 蛇 Min. 319a; sow, 母猪 Lch. 196e; stork, 鹳 Alc. 135e; swallow, 燕子 Phd. 85a; swan, 天鹅 Phd. 84e+, R. 10.620a; wasp, 黄蜂 Eryx. 392b—392c; wolf, 狼 R. 3.415d, 8.565d, Sph. 231a

animal, ideal: ξῷον（理想的）Ti. 39e

Antaeus: Ἀνταῖός 安泰俄斯 L. 7.796a; Tht. 169b

Antenor: Ἀντήνωρ 安特诺尔 Smp. 221c

Anthemion: Ἀνθεμίωνος 安塞米翁 M. 90a

Antilochus:Ἀντίλοχος 安提罗科斯 Ion 537a

Antimoerus:Ἀντίμοιρος 安提谟鲁 Prt. 315a

Antiochis: Ἀντιοχὶς 安提奥启（乡族）Ap. 32b

Antiphon of Cephisus: Ἀντιφων 安提丰（凯菲索的）Ap. 33e

Antiphon of Rhamnus: Ἀντιφων 安提丰 Mx. 236a

Antiphon, the elder: Ἀντιφων 安提丰（老）Prm. 126c

Antiphon, the younger: Ἀντιφων 安提丰（小），《巴门尼德篇》讲述人 Prm. 126b+; 127a+

Antisthenes: Ἀντισθένης 安提斯泰尼 Phd. 59b

Anytus: Ἄνυτος 阿尼图斯，《美诺篇》谈话人 Ap. 18b, 23e, 25b, 28a, 29c, 30b, 30d, 31a, 34b, 36a; M. 90a, 90c—94, 94e, 95a

Apaturia: Ἀπατουρία 阿帕图利亚节 Ti. 21b

Apemantus: Ἀπημάντος 阿培曼图 G.Hp. 286b; L.Hp. 363b, 373a

Aphidnae: Ἀφιδναῖος 阿菲德那人 Grg. 487c

Aphrodite: Ἀφροδίτη 阿佛洛狄忒 Cra. 406b+; Epgr. 11, 17; Epin. 987b; Ltr. 7.335b; Phdr. 242d, 265b; Phlb. 12b+; R. 3.390c; Smp. 177e, 180d+, 181c, 196d, 203c

Apollo: Ἀπόλλον 阿波罗 Alc. 124b, 129a, 132c; Ap. 21b; Ax. 367c, 368a; Cra. 404e+, 405a, 405c; Criti. 108c; Euthd. 302c+; Grg. 472b; L. 1.624a, 1.632d, 2.653d, 2.654a, 2.662c, 2.664c, 2.665a, 2.672d, 3.686a, 6.766b, 7.796e, 8.833b, 11.936e, 12.945e, 12.946c+, 12.947a,

12.950e; Ltr. 3.315b, 13.361a;Phd. 58b, 60d, 61a, 61b, 85a; Phdr. 253b, 265b; Prt. 343b; R. 2.383a, 3.391a, 3.394a, 3.399e, 3.408b+, 4.427b, 5.469a; Smp. 190e+, 197a; 亦见 Delphi/Delphic oracle/god of Delphi

Apollodorus of Cyzicus: Ἀπολλόδω-ρος 阿波罗多洛（西泽库的）Ion 541c

Apollodorus of Phaleron: Ἀπολλόδω-ρος 阿波罗多洛（法勒伦的），《会饮篇》讲述人 Phd. 59a+, 117d; Smp. 172a+, 172e, 173a, 173d+

Apollodorus, brother of Aeantodorus: Ἀπολλόδωρος 阿波罗多洛（埃安托多鲁的兄弟）Ap. 34a, 38b

Apollodorus, father of Hippocrates: Ἀπολλόδωρος 阿波罗多洛，希波克拉底之父 Prt. 310a, 316b, 328d

apparitions:φάντασμα 幽灵 Epin. 984e+; L. 5.738c, 10.910a; Phd. 81d; Ti. 72a; 亦见 ghosts

appearance/appearing: ἐκφαίνεσθαι, φαίνεσθαι 表面现象、显得 G.Hp. 294a+; Prt. 356d; R. 2.365+; Sph. 235e+, 264a; Tht. 152b+, 158e+, 163+,170a

appetite(s): ἐπιθῡμία 欲望、胃口 Grg. 491e+, 505b+; L.3.687+, 3.689a+; Phdr. 253d+; R. 4.439c+, 5.475c, 8.558d+, 8.559c, 9.571b+, 9.580e+; Ti. 70a, 70e, 90b;亦见 desire(s); passion(ate/s)

Arcadia(ns): Ἀρκάδια 阿卡狄亚（人）R.

8.565d; Smp. 193a

Archeanassa: Ἀρχέανασσα 阿凯娜莎 Epgr. 5

Archedemus: Ἀρχεδήμους 阿基德谟 Ltr. 2.310b, 2.312d, 2.313d+, 3.319a, 7.339a, 7.349

Archelaus: Ἀρχέλαος 阿凯劳斯 2Alc. 141d; Grg. 470d, 471a, 472d, 479a, 479e, 525d; Thg. 124d

Archepolis: Ἀρχέπολίς 城邦首领 Cra. 394c

archers/archery: τοξευτής，τοξική 弓箭手 2Alc. 145c, 145e; Hppr. 226c—226d; L. 1.625d, 7.805a, 7.804c, 7.813d,8.833b+; L.Hp. 375a+; Riv. 135a; Sis. 391a—391b

Archidamus: Ἀρχιδάμους 阿基达姆 Alc. 124a

Archilochus: Ἀρχιλόχους 阿基洛库斯 Ion 531a, 531d, 532a; R.2.365c; quoted, Eryx. 397e

Archinus: Ἀρχῖνος 阿基努斯 Mx. 234b

Archippus: Ἀρχιππους 阿尔基波 Ltr. 9.357e

architect(s)/architecture: οἰκοδομεῖν, οἰκοδομια 建筑，参见 builder(s)/building

archon(s): ἄρχον 执政官 Euthphr. 2a; G.Hp. 285e; Mx. 238d; Phdr. 235e; Stm. 290e; Tht. 210d; 亦见 guardians of law; magistrates, in model city; office/officials

Archytas: Ἀρχύτης 阿尔基塔 Ltr. 7.338c,

Atreus: Ἀτρεὺς 阿特柔斯 Cra. 395b+; Stm. 268e+

Atropos: Ἀτρόπος 阿特洛波斯 L. 12.960c; R. 10.617c, 10.620e

Attic language, ancient: Ἀττικάγλῶ-σσα 阿提卡老方言 Cra. 398b, 401c, 410c, 418b+, 420b, 426c

Attica: Ἀττική 阿提卡（地名）Criti. 109b+; L. 3.698b+, 4.706b; Mx. 237b+;R. 3.404d; Ti. 24a+

attunement, the soul as an: ἁρμόζειν 调音（灵魂作为一种调音）Phd. 85e+, 91+; 亦见 harmonies/harmony

aulos: αὐλός 芦笛，参见 flute, flute-playing

Autochthon: Αὐτόχθον 奥托克松 Criti. 114c

autochthones: αἰτόχθωνος 本地人、非移民 Criti. 109d, 113c; Mx.237b, 237e, 245d; Stm. 269b, 271a+

autocracy/autocrat: δεσποτεία 僭主制 L. 2.661b, 3.697c+, 3.701e, 4.709e+, 4.714d+; 亦见 ty rannical/tyranny/tyrant (s)

Autolycus: Αὐτόλυκος 奥托吕科 R. 1.334b

auxiliaries in the ideal state: ἀρωγός 辅助者（理想城邦的）参见 guardians of ideal state; helpers

avarice: αἰσχροκέρδεια 贪婪、贪财，参见 greed

Avengers: τῑμωρός 复仇者 Ax. 372

aviary, in the mind:περιστερεών 鸟笼（心灵中的）Tht. 197c+

Axiochus: Ἀξίοχος 阿西俄库，《阿西俄库篇》谈话人 Ax. 364a—365c, 369a, 371d—371e; Euthd. 271a, 275a

Azaes: Ἀξάης 阿札厄斯 Criti. 114c

B

bacchanals/bacchants/Bacchic posses-sion: βάκχος, μαινᾶς, βακχεύσῐον 酒神信徒／酒神附体 Ion 534a; L. 2.672b, 7.815c, 7.790e; Phdr. 253a

Bacchius: Βακχεῖος 巴基乌斯 Ltr. 1.309c

bad(ness):κακός 坏、恶 Alc. 115a—117a, 118a, 125a—125b, 133c, 134a—134b, 135b—135c; 2Alc. 141a, 141c—144a, 146d—146e, 147d, 149c; Ap. 30d, 41; Ax. 369e—370a; Chrm. 156e; Clt. 407a, 409d; Def. 411d, 411e—412a, 412b, 412c, 413d, 415e, 416; Dem. 384e; Epin. 978a; Eryx. 393e, 395d—399d, 404e, 405d—406a; G.Hp. 296b+; Grg. 468a+, 477; Hppr. 227a—228a, 229e—232a; L. 2.656b, 2.660e+, 4.716e, 5.728b, 5.731c, 9.860d, 10.899e+, 10.905b, 10.906a; Ltr. 7.335a+, 7.351c; Ly.214d, 217b—221c; M. 77+; Min. 314d, 321d; Phd. 89; Phdr. 255b; Phlb.41a; Prt. 344c+, 345d+, 352c+, 353d+, 355a+, 357d+; R. 1.350c+, 2.364b+, 2.379b+, 3.391d+, 3.408e+,

Fates; Lachesis; necessity

Destiny, law of: μοῖρα 命运法则、宿命
Phdr. 248c+; 亦见 Adrastea

destructions, of human life in past:
διαφθορά 毁灭 Criti. 109d; L. 3.677a;Stm.
270c+; Ti. 22c+

Deucalion: Δευκαλίων 丢卡利翁 Criti.
112a; Ti. 22a

diakritike: διακριτικη 挑选，参见
discrimination or separation, art of

dialect(s): γλῶσσα 方言 Old Attic, 古阿
提卡的 Cra. 398b, 401c, 410c, 418b+,
420b, 426c; Cean, 开奥斯的 Prt. 341b+;
Doric, 多利亚的 Cra. 409a; Eretrian, 埃
雷特里亚的 Cra. 434c; Lesbian, 列斯堡
的 Prt. 341c, 346e; Theban, 底比斯的 Ltr.
7.345a, Phd. 62a; Thessalian, 帖撒利的
Cra. 405c

dialectic(al)/dialectician(s): διαλέγω,
διαλετικός 辩证的 / 辩证法家 Cra.
390c+; Epin. 991c; Euthd. 275+, 293+;
G.Hp. 301d; Grg. 448d, 471d+; L.
10.891d; 10.892d+; Ltr. 7.343d+; M. 81e+;
Phd. 101e; Phdr. 265d+, 266, 270d+, 276e,
277b+; Phlb. 15d+, 16c, 17a, 57e+, 59a;
Prm. 135d+; R. 5.454a, 6.499a, 6.511,
7.532a, 7.533c, 7.534, 7.536d+, 7.537d+,
7.538c+, 7.539a+; Sph. 216b, 227a+,
235b, 240a, 253d; Stm. 258b+, 261—
268c, 286a, 286d, 287c; Tht. 161e, 165e,
167e; 亦见 philosopher(s)

dialogues: διάλογος 对话 Ltr. 2.314c,
13.363a

dianoia: διανοια 思想，参见 thinking/
thought; understanding

Diaprepes: Διαπρέπης 狄亚瑞佩 Criti.
114c

dicast: δικαστής 审判者，参见 judge(s);
juries/jury/jurymen

dictator: δικτάτωρ 僭主、暴君，Def.
415c; 参见 tyranny/tyrannical/tyrant(s)

diet: δίαιτα 节食 L. 2.659e+; R. 8.561d; 亦
见 appetite(s); regimen; physical culture
and training; trainers/training

difference(s)/different: διαφορά
区别、差别、不同 Euthphr. 7e+; Phdr.
252c+,261e+; Prm. 143b+, 146b+,
153a; R. 1.329d, 5.454b+; Sph. 254e+,
257b+, 259a+; Tht. 186a; Ti. 35a+; 亦见
opposition(s); other(s)

dike: δίκη 正义、公平、公道，Def. 413d;
参见 etymology; good(ness/s); judgment
(s); just(ice); punishment; right(ness/s);
righteousness

Dinomache: Δεινομάχη 狄诺玛克 Alc.
104b, 105d, 123c

Diomedes: Διομήδης 狄奥墨德 2Alc.
150d; R. 3.389e

Dion, Athenian orator: Δίων 狄翁 Mx. 234b

Dion of Syracuse: Δίων 狄翁（叙拉古的）
Epgr. 3; Ltr. 2.310b+, 3.316c+, 3.317e+,
3.318e, 4.320a, 4.320d, 7.323e+, 7.326e+,

earth: γῆ 大地、土

AS COSMIC BODY, LAND, SOIL: 土地、土壤 Ax. 371b; Criti. 109d, 113c; Def. 411c; Mx.237b, 237e; Phd. 97e, 99b, 108e+; R. 3.414d+; Stm. 269b, 271a+; Ti. 33b+, 34a, 38d, 39b+, 40c; 亦见 universe

AS ELEMENT: 土元素 Epin. 981c; L. 10.889b, 10.891c+; Phlb. 29a; Ti. 31b+, 48b, 49c, 53b+, 55e+, 60b+, 60e+; 亦见 elements

Ecbatana: Ἐκβατάνα 厄巴塔那（地名）Epgr. 13

Echecrates of Phlius: Ἐχεκράτης 厄刻克拉底，《斐多篇》谈话人 Phd. 57a+, 88c+, 102a

Echecrates, son of Phrynion: Ἐχεκ-ράτης 厄刻克拉底 Ltr.9.358b

eclipse: ἔκλιψις 日蚀 Ax. 370b; Phd. 99d

education: παιδεύω/παίδεία 教育 Alc. 106e, 111a, 118b, 119b, 120e, 121e—122b, 123d, 124c; Ap. 20; Ax. 366d—367a; Chrm. 159c, 160a, 161d; Clt. 407c—407d; Cri. 45c+, 50d; Def. 416; Epin. 973d; Euthd. 276+, 306e; G.Hp. 283e+; Hppr. 228c—228e, 229c; L. 1.641c+, 1.643b+, 1.644b, 1. 647d, 2.653a+, 2.654a+, 2.656d+, 2.659d, 2.660a+, 2.660d+, 2.666e, 2.672e+, 3.694c+, 5.747a+, 6.765d+, 7.788+, 7.790e+, 7.795d+, 7.801d, 7.804d+, 7.808d+, 7.810e+, 7.812b+, 7.813c, 7.817e+, 7.819a+, 8.829d, 8.835a, 11.936a, 12.951e, 12.953d, 12.967e+; Lch. 179+, 185+; M. 93+;Min. 319c, 320b, 320c—320e; Mx.237b; Prt. 312b+, 313, 320a+, 324d+,325c+, 326a+, 328a, 339a; R. 2.376d+,3.391c+, 3.397b+, 3.398c+, 3.399a+, 3.401b+, 3.403, 3.408b+, 4.424e+, 4.429c+, 5.451d+, 5.466c+, 6.491d+, 6.498b+, 6.503e+, 7.518b+, 7.519a, 7.521d+, 7.526b+, 7.531d, 7.532d, 7.536d+, 7.536e, 10.600a+, 10.606e+; Riv. 135d; Sph. 229b+; Thg. 122b, 122e, 126e, 127e, 130c; Tht. 206a, 207d+; Ti. 44c, 87b; Virt. 377b—378a; 亦见 lyre; payment; reading; school(s)/schoolmasters; sophist (s);teacher(s)/teaching; wrestling; writers/writing

effluences, theory of: ἀπορροή 流射（流射理论）M. 76c+

Egypt/Egyptian(s): ΑἴγυπτΑἴγυπτος 埃及/埃及人 Criti. 108c, 113a, 114c; Epin. 987a; Euthd. 288b; Grg. 511d+; L. 2.656d+, 2.660c, 5.747c, 7.799a, 7.819b+, 12.953e; Mx. 239e, 241e, 245d; Phd. 80c; Phdr. 274c, 275b; Phlb. 18b; R. 4.436a; Stm. 290d+; Ti. 21c, 21e, 23d+, 25b

eidolon: εἴδωλον 形象、影像，参见 apparitions; image(s); likeness(es); shadows

Eileithuia: Εἰλειθυίας 伊利绪雅（地名）L.

6.784a

ekousion: ἑκούσιον 自愿，参见
etymology; voluntary

Elasippus: Ἐλάσιππος 厄拉西普 Criti.
114c

elder(s): πρεσβύτερος 长者 L.
3.680e+,3.690a, 3.692a, 4.714e, 4.721d,
9.879c,11.917a; R. 3.412c, 5.465a; 亦见
old age; senate

Elea(tic):Ἐλέα 爱利亚（地名）Sph.
216a, 241d+; Phdr. 261d

Eleatic Stranger:ξένοςἐξἘλέα 爱利亚客
人，《智者篇》、《政治家篇》谈话人

election: αἵρεσις，χειροτονία 选举，选
任 Ax. 369a; L. 6.753, 6.755b+, 6.756,
6.759+, 6.760b+, 6.763e, 6.765, 6.767d,
12.945b+

elements: μέρος 要素、原素 Cra.
422a+,434b; Def. 411c, 414e; Epin. 981c,
984b+; L. 10.889b, 10.891c+; Phlb. 29a,
30a+; Sph. 266b; Tht. 201e+; Ti. 31b+,
34c+, 48b+, 49b+, 51a+, 52d+, 55d+,
56d+, 58a+, 82a+

elenchus: ελήγχυς 辩驳，参见 inquiry

Eleusis: Ἐλευσῖς 厄琉息斯（地名）Ax.
371e; Mx. 243e

Eleven, the: ἕνδεκα 十一人，典狱官，参
见 commissioners of Athens

Elis: Ἠλεῖος 埃利斯(地名)Ap. 19e; G.Hp.
281a, 287c, 288c, 292e; L.Hp. 264b, 363d;
Prt. 314c, 315b+

embroidery: ποίκιλία 刺绣 R. 3.401a

emerald: σμάραγδος 翡翠 Phd. 110d

emigration: μετοικία 移居 L. 12.949e+

emmeleiai, or 'dances of peace': ἐμ-
μελήαι 和平舞蹈 L.7.816c

emotion(s): πάθος 情感 Grg. 481c; Phd.
83d; R.10.606; 亦见 passion(ate/s)

Empedocles: Ἐμπεδοκλέα 恩培多克勒 M.
76c; Sis. 389a; Tht.152e

enchantment(s): φάρμακον，ἐπῳδή 着
迷、巫术 Euthd. 290a; R. 2.364c; 亦见
magic(ian); sorcery; spells

end(s): τελευτή 目的 Grg. 467c+; L.
7.807c+; Lch. 185d+; Ly. 219c+; 亦见
final cause(s)

endurance: καρτερία 坚忍 Alc. 122c; Def.
412b, 412c; L. 1.633b+, 12.942d; R. 3.390d

Endymion: Ἐνδυμίων 恩底弥翁 Phd. 72c

enmity: ἔχθος 敌意 Euthphr. 7c+;
Ltr.3.318e, 7.337b; R. 8.547a; 亦见
faction; hatred; strife

enoplios: ἐνόπλις 埃诺普利（复合节拍）R.
3.400b

envy: φθόνος 妒忌 Ap. 18d; Def. 416;
G.Hp. 282a; L.5.731a+; Mx. 242a; 亦见
malice

Eosphorus: Εοσφόρος 欧弗鲁斯 Halc. 1

Epeius: Ἐπειους 厄培乌斯 Ion 533a; L.
7.796a; R. 10.620c

Ephebes: Ἐφήβους 爱菲伯斯（雅典军事
学校的学员）Ax. 366e

Ltr. 3.315b+, 6.323d, 8.353b, 8.356d, 8.357c, 13.363b; Min. 314b, 318b—319a; Mx. 237c, 238b; Phd. 62b+, 106e; Phdr. 246e+, 252c+, 273e+, 278d; Phlb. 33b, 65c; Prm. 134c+; Prt. 320d+, 345d; R. 2.362c, 2.364b+, 2.377e+, 2.379—386a, 3.388c+, 3.391c, 3.408c, 8.554b, 10.596d, 10.597d; Smp. 180b, 183b, 188d, 190b, 195c; Sph. 216b, 246a, 265b+; Stm. 269c+, 271d+, 274c+, 275a+, 276a, 276d; Thg. 126a, 130e; Tht. 176b; Ti. 29a, 30+, 38c, 40a+, 51e, 53b+, 55c, 68d, 71e; Virt. 379c—379d; 亦见 daemon(s); festival(s); heaven(s); mysteries; prayer(s); religion; spirit(s); temple(s)

gold(en): χρῡσός 金 / 金的 Alc. 122b—122c; Cra. 397e+; Criti. 112c; Dem. 383b; Epgr. 10; Eryx. 394c, 402a, 402b—404b; G.Hp. 289e+, 293e, 301a; Hppr. 231c—231d; L. 3.679b, 4.713b+, 5.742a, 5.743d, 5.746a, 12.955e; Ltr. 1.309c, 6.322d; Ly. 220a; Min. 313a—313b; Phd. 110e; R. 3.415a+, 3.416e, 4.419, 4.422d, 5.464c, 8.547a; Stm. 271b+, 303d; Ti. 18b, 59b; Virt. 378d

good(ness/s): ἀγαθόν 好（善）

THE GOOD AS AN ENTITY, QUALITY, FORM; RELATIONS TO AND DISTINCTNESS FROM OTHER ENTITIES, QUALITIES, FORMS, ETC.; THE GOOD AS AIM OF ACTION

AND/OR OBJECT OF KNOWLEDGE AND DESIRE: 作为实在、性质、型相的善；与其他实在、性质、型相的关系；作为行动的目标或作为知识与欲望的对象 Alc.116; 2Alc. 138b, 141a—146e, 148b—148c, 150c—150e; Cra. 384b, 439c+; Def. 411a, 411d, 412e, 413a, 414e, 415b, 415d, 416; Euthd. 278e+, 281; G.Hp. 287c, 296e+, 303e+; Grg. 468, 474d, 497+, 504, 506c+; Hppr. 227a—228a; L. 3.696b, 4.705e, 5.728a, 6.782e+, 10.896e, 10.900d, 12.966a; Ltr. 7.342d; Ly. 216b, 216d+, 220d; M. 88; Min. 321d; Phd. 65d, 75d, 100b; Phlb. 11b+, 20+, 55a+, 60a+, 62+, 65+; Prt. 332c, 333d+, 352+, 354+, 358; R. 2.379c, 2.380e+, 5.452e, 6.504e+, 6.507b, 6.508b+, 6.509, 7.517b+, 7.518c, 7.526e, 7.534b+, 7.540a, 10.608e; Smp. 201c+, 204e+, 206a, 212a; Tht. 177c+

GOOD MAN/MEN, GOOD CITY, GOOD LIFE, PARTICULAR GOODS, ETC.: 善人、好城邦、好生活、具体的善，等等 Alc. 107a—107b, 107d—109d, 115a—117a, 124b, 124e—125c, 127d, 128b—128e, 131b, 132a, 133a—133c, 134a, 135b—135c; 2Alc. 138b, 141a—146e, 146d, 148b—148c, 149c, 150c—150e; Ap. 28a, 30d, 41; Ax. 369e—370a; Chrm. 156e+; Clt. 407a, 409d—409e;

bigness

Greece/Greek（s）: Ἑλλάς 希腊 / 希腊人
Alc. 104a, 104b, 105b, 111a—111c, 113d,
122e, 123d—123e, 124b; 2Alc. 141a,
141c, 148e—149c; Epgr. 11; Epin. 987d+;
Eryx. 392d, 400a; G.Hp. 291a, 291d;
L. 1.635b, 3.685b+, 9.870a+, 10.887e;
Ltr. 8.353e; Ly. 223; Min. 315c—316d,
318c—318d, 320a; Mx. 242; Phd. 78a;
Phdr. 244b; Prt. 337d; R. 5.452c, 5.469b+,
6.494c; Riv. 135c; Stm. 262d; Thg. 126c;
亦见 Hellas/Hellenes/Hellenic

greed: φιλοχρηματια、γαστριμαργία
贪财、贪婪 Hppr. 225a—227d, 232c;
L.5.736e; Ltr. 7.335b; R. 3.390e+, 6.485e

green: χλωρός 绿色 Ti. 68c

grief: λῦπή，πένθος 悲痛，忧伤 L.
5.732c; Mx. 247c+; R. 3.387c+, 10.603e—
606b; 亦见 sorrow

guardians of ideal state: κηδεμών 卫士
（理想国的）R. 2.375e—376d, 3.412b—
417b, 4.419—425, 5.450c—471, 7.519c—
521b, 7.537a—537d, 7.539e—541b,
8.543a+; Ti. 18a; 亦见 helpers; rule/ruler
（s）

guardians of law: κηδεμών 卫士（法律的）
Ltr. 8.356d+; Min.320c

guardians of model city: κηδεμών 卫
士（理想城邦的）L. 12.964e+; 亦见
magistrates; nocturnal council

guardians of orphans: φύλαξ 卫士（婴儿

的）参见 orphans

Gyges:Γύγες 巨格斯 R. 2.359d+, 10.612b

gymnasiums: γυμνάσιον 体育场、摔跤
学校 Ax. 364a, 367a, 372; Eryx. 399a—
399b; Euthd. 272e+; L. 6.761c, 6.764c;
Ly. 206e; Prt. 326c; Stm. 294d+; 亦见
Lyceum; palaestra

gymnastics: γυμναστικός 体育锻炼
Alc. 108b—108e, 118d, 128c; Clt. 407c,
408e—409a, 410d; Cri. 50d; Grg. 464b+,
517e+; L. 1.636b+, 2.653d+, 2.672c,
2.673a, 2.673d, 5.743e, 7.789, 7.795d+,
7.807c, 8.830a+, 8.833a+, 8.839e+,
12.949a; Ly. 212d; Prt. 312b, 326c; R.
2.376e, 3.403d, 3.404a, 3.410a+, 4.424b,
4.441e+, 5.452—457b, 6.504a, 7.521e,
7.535b, 7.535d, 7.537; Riv. 132d, 133d—
134c; Sph. 229a; Stm. 294d+; Ti. 88c+;
亦见 athletic competitions and events;
boxers/boxing; contests; exercise（s）;
fencing; festival（s）; games; pancratium;
physical culture and training; sports;
trainers/training; wrestling

H

habit: ἔθος 习俗、习惯 L. 2.655e, 4.708c,
7.792e, 7.794e; R. 7.518e, 10.619c

Hades: Ἅιδης 哈得斯 Ax. 371a—372; Cra.
403a+; Grg.493b, 525c+; L. 10.904d;
Phd. 80d+, 108, 114, 115a; R. 2.363c+,
3.386b+, 7.521c, 10.612b, 10.614c; Smp.

1.645d+, 2.666b+; 亦见 drinking, drinking
parties; drunken（ness）

intuition: νόησις 直觉 Def. 414a; Phd. 66,
79, 83b

involuntary: ἀκούσιος 不自愿 Clt. 407d;
Def. 416; G.Hp. 296b+; Grg. 468, 509e;
Just. 373e—374a, 375c—375d; L. 5.730c,
9.860d+; L.Hp. 371e+; Ltr. 7.351c;
Prt. 345d+, 352c+, 355; Ti. 86e; 亦见
unintentional and intentional actions;
voluntary

Inykus: Ἴνυκους 伊尼库斯 G.Hp. 282e,
283c, 284b

Iolaus, and Heracles: Ἰόλαος 伊俄拉俄斯
（与赫拉克勒斯）Euthd. 297c+; Phd. 89c

Ion of Ephesus: Ἴων 伊安，《伊安篇》谈
话人

Ion, son of Apollo: Ἴων 伊安 Euthd. 302c

Ionian(s): Ἰόνια 伊奥尼亚（地名）Euthd.
302c; L. 3.680c; Lch. 188d; R. 3.398e+;
Smp. 182b, 220c+; Sph. 242d+; Thg.
129d; Tht. 179d+

Iphicles: Ἰφικλῆς 伊菲克勒 Euthd. 297e

Iris: Ἴρις 伊里斯 Tht. 155d

iron: σίδηρος 铁 Cra. 398a; Eryx. 400a—
400d; L.3.679a, 12.956a; R. 3.415a,
8.547a

irony: εἰρωνεία 讥讽 R. 1.337a

irrationals, in mathematics: ἄλογος 无理数
G.Hp.303b, R. 7.534d

irrigation works: ὑδρεία 水利 Criti. 111d,

117a+; L.6.761b+

Isis: Ἴσιδος 伊西斯 L. 2.657b

islands of the Blessed: μακάρων νῆσοι 福
岛参见 Blessed

islands of Ismenias:νῆσοι Ἰσμηνίου 伊司
美尼亚的岛屿 R. 1.336a

Isocrates: Ἰσοκράτης 伊索克拉底 Ltr.
13.360c; Phdr. 278e+

Isolochus: Ἰσολόχους 伊索洛库斯 Alc.
119a

Isthmian/Isthmus: Ἴσθμια 伊斯弥亚 Criti.
110d; L.12.950e; Ly. 205

Italy: Ἰταλία 意大利（地名）Eryx.
392d—393a; L. 2.659b, 6.777c; Ltr.
3.317b, 7.326b, 7.328a; R. 10.599e

Ithaca: Ἰθακα 伊塔卡（地名）Ion 535c; R.
3.393b

Itonian gates: Ἰτωνίαις 伊托尼亚（城门）
Ax. 364d—365a

ivory: ἐλέφας 象牙 G.Hp. 290b+, 290d,
301a; L. 12.956a

J

jealousy: ἐπίφθονος 妒忌 L. 5.731a+;
Mx. 242a; Phdr. 232, 247a; Ti. 29e; Virt.
376d—377a; 亦见 envy; fear

jesting: σκῶμμα 开玩笑 L. 6.778a; Ltr.
6.323d

joints, the: διαφυή 关节 Phd. 98d; Ti. 74a,
74e+

joy: ἡδονη, τέρψις 快乐、高兴 L. 5.732c;

Plato: Πλάτων 柏拉图 Ap. 34a, 38b; Ltr.
1.309b, 1.309c, 2.310b+, 2.311e, 2.312b+,
2.314a+, 2.314c, 3.315b, 3.315d+, 3.316a,
3.316b, 3.316e, 3.317c, 3.319c, 3.350c+,
4.320a, 4.321b, 5.322a+, 6.322d, 6.323a,
6.323b, 6.323c+, 7.324b+, 7.326a,
7.326e+, 7.328c, 7.329b, 7.329c, 7.329e,
7.330a, 7.331a+, 7.333a, 7.333d, 7.338c,
7.338d, 7.339a, 7.339b+, 7.341a+, 7.341d,
7.344d, 7.345a, 7.345c, 7.345d+, 7.347a,
7.347c, 7.348a, 7.349b, 7.349d, 7.350a+,
7.350d, 8.352b+, 8.355a, 9.358b, 11.358e,
12.359c+, 13.360b, 13.360e, 13.361a,
13.361c, 13.362d+, 13.363b, 13.363d+;
Phd. 59b

play: παιδιά 玩、游戏 L. 2.667d+; R.
4.425a, 7.536e; 亦见 children; games

Pleasure(goddess): Ἡδονή 快乐（女神）
Phlb. 12b, 22c, 23a, 26b, 28b

pleasure(s): ἡδονή 快乐 Alc. 122a; Ax.
365e, 366a, 370d, 371d; Clt. 407d; Def.
411e, 415e, 416; Eryx. 405e; G.Hp. 297e+,
299d+, 302b+, 303d, 303e; Grg.494c+,
495a+, 496+, 500e+; L.1. 633d+, 1.636c,
1.637a, 1.644c, 2.653a, 2.655d, 2.658e,
2.662d+, 2.667b+, 2.668a, 3.689a+,
3.700e, 5.727c, 5.732e+, 5.734, 6.782e,
6.783c, 7.792d+, 7.802d, 8.836e, 9.863b;
Ltr. 3.315c, 7.327b, 8.354e; Phd. 60a+,
64d, 69a, 83c+, 114e; Phdr. 237+, 258e;
Phlb. 11b+, 12c+, 19b, 21b+, 27e+,

31a, 31b, 31d+, 35+, 36c+, 37c+, 39a+,
40c+, 41d, 42d, 43a, 43d+, 44b+, 45+,
46e+, 47b, 47e, 50a+, 50e+, 51a+, 52a+,
53c+, 60a, 60b+, 60d+, 63e, 65c+, 66c,
67; Prt. 337b, 351+, 352e—357, 358;
R.3.402e+, 4.430a, 5.462b, 5.464, 6.485d,
6.485e, 6.505b+, 7.519a+, 8.561a, 9.572c,
9.580d+, 9.581e, 9.582d+, 9.583b,
9.583d, 9.583e, 9.584b, 9.584e+, 9.586a+,
9.586d+, 9.587; Stm. 288c; Tht. 156b; Ti.
47d, 64+, 69d, 86b+; 亦见 appetite(s);
desire(s)

Pleiades: Πλειάδης 普勒阿得斯 Ax. 370c

plurality: συχνός 参见 many, the
(contrasted with the one, etc.)

Pluto: Πλούτων 普路托 Ax. 371a—371b;
Cra. 402d+, 403e; Grg. 523b+; L. 8.828c,
8.828d

Pnyx: Πυκνὸς 普尼克斯（山名）Criti.
112a

poet(s): ποιητής 诗人 2Alc. 142e—
143a, 147b—147d, 148b; Ap. 18+, 22a+,
22c; Ax. 367d, 371c; Chrm. 162d; Epgr.
12; Euthphr. 6b; Hppr. 228b—229b; Ion
533e+; Just. 374a; L. 2.656c+, 2.659c,
2.660a, 2.661d, 2.662b, 2.669c+, 2.670e,
3.682a, 3.700d+, 4.719b+, 7.801b+,
7.802b, 7.811b+, 7.817, 8.829d, 9.858d+,
10.886c, 10.890a, 11.935e+, 12.941b,
12.957c+, 12.964c, 12.967c; Lch. 183a+;
Ltr. 1.309d+; Ly. 212e, 214a; M. 81b+,

Grg. 450d; L. 2.656e, 2.668e+; Prt. 311c;

R. 4.420c+; Sph. 235e+; Stm. 277a+; 亦见

statue(s)

Scylla: Σκύλλα 斯库拉 Ax. 369c; Ltr.

7.345e; R. 9.588c

Scythia(ns): ΣΚυθία 西徐亚（地名）

Σκύθης 西徐亚人 Eryx. 400b—400e;

Euthd. 299e; Grg. 483d; L. 1.637d+,

7.795a; Lch. 191a+; Mx. 239e; R. 4.435e,

10.600a

sea: θάλασσα 海 Ax. 368b, 370b; Epgr.

13, 14; Halc.1—2; L. 4.704b+; Phd. 109c

seasons:ὧραι 季节 Cra. 410c; Smp. 188a+;

亦见 climate

secret service(krupteia): κρυπτεία 秘仪 L.

1.633c

sedition: ἀπόστοσις 反叛 L. 9.856b+

seed: σπέρμα 种子 Min. 317d; Ti. 86c, 91b

seers: μάντις 巫师、祭司 Euthphr. 9a

Selene:σελήνη 月亮 Cra. 409a

self-advantage: πλεονεξία 自私自利 R.

2.359c

self-conceit: χαυνότης 自欺 Alc. 119d; Ap.

21c+, 22, 29a; L. 5.727b, 5.732a+, 9.863c;

Phdr. 237e; Phlb. 48d+; Sph. 230b+

self-contradiction(s): ἀδικοῦντα 自相矛

盾 Grg. 482b+; R. 10.603d

self-control: ἐγκράτεια, σωφροσύνη 自

制、自控 Alc. 121e—122a, 122c, 131b,

133c, 134a—134c; Def. 411e, 412b, 414e,

415d, 416; Grg. 491+; L.1. 626d+, 1.647d,

1.649c, 8.839e+; Ltr. 7.331e, 7.336e+;

Phd. 68c+, 82b, 114e; Phdr. 237e+, 256;

Prt. 326a, 329c; R. 3.389d+, 4.430e+,

4.443d+; 亦见 moderate/moderation;

modesty; temperance/temperate

self-cultivation: ποιεῖσθαι 自我修养 Alc.

119b, 120c—120d, 124b, 124d, 127e—

129a, 132b—132c, 135e

self-deception: ἐξαπατᾶσθαίαὑτὸν 自我

欺骗 Cra. 428d

self-esteem: ἀποβλέψαι 自尊 Alc. 103b—

104c, 122c

self-existence: αὐτὸκαθ`αὑτό 自存 Alc.

129; Phlb. 53d+; Tht. 153e, 157d; Ti. 51c+

self-indulgence: τρυφή 自我放纵 Ltr.

7.326c, 7.341a; R. 4.425e+

self-knowledge: γνῶσιναὑτὴν 自知 Alc.

124a, 129, 130e—131b, 132c—133e;

Chrm. 169e+; Phdr. 230a; Riv. 138a

self-love: ἑαυτοῦφιλία 自爱 L. 5.731e

self-mastery: αὐτος κράτος 自主，参见

self-control

self-motion: αὐτοςκίνησις 自动 Def. 411c;

L. 10.895b; Phdr. 245c, 245e; Stm. 269e;

Ti. 88e+

self-reliance: θράσος 自立 Mx. 248a

self-respect: αἰδώς 自尊 Mx. 247b

self-restraint: ἐγκράτεια 自制，参见 self-

control

self-sufficiency: αὐτάρκεια 自足 Def.

412b; L. 5.738d; Ly. 215a+

σταθμόςκαὶμέτρον 重量与尺度 L.
5.746d+

whole: ὅλος 全部、整体 Chrm. 156a;
Cra. 385c; Ion 532c+; L. 1.630e, 7.806c,
10.902d, 10.903b+, 10.903d, 10.905b,
12.965d+; Phdr. 270c; Prm. 137c+, 138e,
142d+, 144+, 147b, 148d, 150a+, 153c,
157c+, 159d; Prt. 329d, 349+; R. 4.420b+,
5.466a+, 5.474c+, 5.475b, 6.485d, 7.519e;
Sph. 244d+; Tht. 204+; Ti. 30c

wicked(ness): κακός 邪恶 Alc. 134b;
2Alc. 149e; Ax. 371e; Eryx. 393a, 397e,
399a, 399b, 404c, 404e—405b; Euthphr.
12c; Grg. 470e+; Hppr. 225b, 227e,
230c—232c; Just. 374a, 375d; L. 2.660e+,
10.885d, 10.899e+, 10.905b, 10.905d+,
10.908e, 12.948c, 12.950b; Ly. 214c;
Min. 314e, 319a; Phd. 81d, 89e; Prt. 323b,
327c+; R. 1.354, 2.364a, 2.365e; 亦见 bad
(ness); evil(s); injustice

wile: δόλος, στροφή 诱骗、诡计 L.Hp.
364c+, 365b+, 369e+

will, freedom of: βούλησις 自愿、意志自
由 L. 10.904c+

will, weakness of: βούλημα ἀσθέιω 意
志软弱 Eryx. 395a; Prt.352b+; 亦见
involuntary; voluntary

wills:ἄσμενος 希望、意愿 L. 11.922b—
924b

wine: οἶνοςβάκχιος 葡萄酒 Cra. 406c; L.
1.647e—649b, 2.666a+, 2.671d, 2.672b+,
2.674; Ltr. 13.361a; Ly. 212d, 219e; Min.
320a; Prt. 347c+; R. 5.475a; Ti. 60a; 亦见
Dionysus; drinking, drinking parties

wisdom/wise: σοφία 智慧 / 聪明 Alc.
118d, 121e—122a, 123d, 127d, 133b;
2Alc. 138c—139c, 140d—140e, 143a,
143b, 145a—145e, 146c, 147c, 148b,
150b; Ap. 21a+, 23a, 29, 35a; Chrm.
165d+, 170+; Cra. 398c; Def. 411d, 412a,
414b; Dem. 381e; Epin. 973b, 974c,
976c+, 977d, 979c+, 986c+, 989+, 992b,
992d; Eryx. 394a—395d, 398c; Euthd.
275a, 279d+, 282b+; G.Hp. 282c+, 283a,
283b, 287c, 289b, 296a; Halc. 6; Hppr.
228b—228e, 229d; Just. 375c; L.1. 631d,
3.689c+, 3.690b, 3.691b, 3.692b, 5.732a+,
5.733e, 9.863c, 10.886b, 10.897c+,
10.906b, 12.963e, 12.964b+, 12.965a;
L.Hp. 366a, 368e; Ltr. 1.310a, 6.322e+,
10.358c; Ly. 210, 212d; M. 74a, 88c+;
Min. 314c; Phd.62—69, 79, 107; Phdr.
250, 275b, 278d; Phlb. 49a; Prt. 309c,
329e+, 332+, 343, 352d, 358c; R. 1.349a,
1.350b, 2.375e+, 4.428, 4.442c, 6.485d,
6.489b, 8.568b, 9.591c+; Riv. 132d, 135b,
135d; Smp. 209a; Sph. 268b+; Tht. 145e,
166d, 167b, 170b, 176b+, 183b; Thg.
121d, 122e—123e, 125a—126d, 128a;
Virt. 376c—376d, 377c; 亦见 intelligence/
intelligible; philosopher(s); philosophy;
rational; reason; temperance/temperate;

6a, 8b; Grg. 523e+; L. 1.624a+, I. 625b,
1.632d, 1.636d, 2.662c, 5.730a, 5.745b,
6.757b, 6.774d, 8.843a, 8.848d, II. 921c,
11.936e, 12.941b, 12.941d, 12.950e,
12.953e, 12.965e; Ltr. 2.311b, 7.329b,
7.334d, 7.340a, 7.350c; Ly. 205d; Min.
318d, 319b——319e, 320d; Phdr. 227b,
246e+, 252c+, 255c, 275b; Phlb. 30d, 66d;
Prt. 312a, 321d, 329c; R. 2.378a, 2.379e,

2.383a, 3.388c+, 3.390b, 3.391c, 8.565d,
9.583b; Smp. 180e, 190c, 197b; Thg. 121a;
Ti. 40d+, 41a

Zeuxippus: Ζεύξιππος 宙克西波 Prt.
318b+

Zeuxis: Ζεῦξις 宙克西 Grg. 453c+

Zopyrus: Ζώπυρως 佐皮鲁斯 Alc. 122b

Zoroaster: Ζωροάστρους 佐罗亚斯特 Alc.
122a

责任编辑：张伟珍

封面设计：石笑梦

图书在版编目（CIP）数据

柏拉图全集 / ［古希腊］柏拉图 著；王晓朝 译 . — 修订本 . — 北京：
　人民出版社，2024.5
（"古希腊罗马哲学原典集成"译丛 / 王晓朝 主编）
ISBN 978 - 7 - 01 - 026437 - 0

I.①柏⋯　II.①柏⋯②王⋯　III.①柏拉图（Plato 前 427—前 347）-
　全集　IV.① B502.232-52

中国国家版本馆 CIP 数据核字（2024）第 064833 号

柏拉图全集［修订版］

BOLATU QUANJI

［古希腊］柏拉图 著　　王晓朝 译

人民出版社 出版发行
（100706　北京市东城区隆福寺街 99 号）

北京新华印刷有限公司印刷　新华书店经销

2024 年 5 月第 1 版　2024 年 5 月北京第 1 次印刷
开本：710 毫米 ×1000 毫米 1/16　印张：156
字数：2150 千字　印数：0,001—4,000 册

ISBN 978 - 7 - 01 - 026437 - 0　定价：856.00 元（全三卷）

邮购地址 100706　北京市东城区隆福寺街 99 号
人民东方图书销售中心　电话（010）65250042　65289539